szótárrész szerkezete

brainteaser ['breɪntiːzə] <fn> [C] fejtörő
brainwash ['breɪnwɒʃ] <ige> átnevel (**sy** vkit); agymosást végez (**sy** vkin)
brainwashing ['breɪnwɒʃɪŋ] <fn> [U] agymosás
brainwave ['breɪnweɪv] <fn> [C] biz BrE hirtelen jó ötlet; szenzációs ötlet
brainy ['breɪni] <mn> biz eszes; okos
braise [breɪz] <ige> *(húst, zöldséget)* párol
¹brake [breɪk] <fn> [C] fék
  ♦ **jam on the brake(s)** beletapos a fékbe
²brake [breɪk] <ige> (le)fékez
bramble ['bræmbl] <fn> BrE **1.** [C] szeder **2.** [C, U] szedercserje **3.** [C] tüskebokor
bran [bræn] <fn> [U] *(gabonáé)* korpa
¹branch [brɑːntʃ] <fn> [C] **1.** faág **2.** fiók(iroda): *The bank has branches all over Europe.* A banknak egész Európában vannak fiókjai. **3.** szakág(azat); (tudomány)ág
²branch [brɑːntʃ] <ige> elágazik; szétágazik: *The road branches here.* Az út itt elágazik.

branch off *(út)* elágazik

branch office [brɑːntʃ 'ɒfɪs] <fn> [C] kirendeltség; fiókiroda; fiókintézet
¹brand [brænd] <fn> [C] védjegy; márka; márkanév: *a well known brand* ismert márka
²brand [brænd] <ige> **1.** égetéssel megjelöl **2.** (meg)bélyegez: *be branded as thieves* tolvajnak bélyegezték őket
brandish ['brændɪʃ] <ige> *(fenyegetőleg)* hadonászik
brand loyalty ['brænd ˌlɔɪəlti] <fn> [C, U] gazd márkahűség
brand name ['brænd neɪm] <fn> [C] gazd márkanév; védjegy
brand new [ˌbrænd'njuː] <mn> vadonatúj
brandy ['brændi] <fn> [C,U] (brandies) **1.** brandy; konyak **2.** pálinka: *plum brandy* szilvapálinka
brash [bræʃ] <mn> **1.** rámenős; pimasz; tapintatlan **2.** *(öltözet)* harsány; élénk; feltűnő
brass [brɑːs] <fn> **1.** [U] sárgaréz **2.** **the brass** [sing + sing/pl v] a rézfúvósok
  ♦ **get down to brass tacks** a tárgyra tér
brass band [ˌbrɑːs'bænd] <fn> [C] rezesbanda
brassed off [ˌbrɑːst'ɒf] <mn> BrE kimerült; elege van
brassiere ['bræzɪə] <fn> [C] melltartó
brassy ['brɑːsi] <mn> **1.** rézszínű **2.** harsány; nagyhangú
brat [bræt] <fn> [C] biz vásott kölyök; csibész
brave [breɪv] <mn> bátor; merész
bravery ['breɪvəri] <fn> [U] bátorság; merészség

♦ angol vonzat

♦ stílusminősítés

♦ földrajzi/regionális besorolás

♦ angol példa és fordítása

♦ phrasal verb

♦ magyar megfelelő kék színnel

♦ többes számú alak

♦ állandósult szókapcsolat és fordítása

♦ állandósult szókapcsolatot bevezető jel

E F G H I J K L M N O P Q R S T U V W X Y Z

KEDVEZMÉNYES ELŐFIZETÉSSEL

Tisztelt Szótárhasználó!

Köszönjük, hogy a Grimm szótár megvásárlásával a minőséget választotta. Szótárainkat mind tartalmilag, mind formailag állandó innováció jellemzi. Ennek egyik fontos eleme, hogy a könyv megvásárlásával Önt egy kedvezményes árú online verzió is megilleti. Amennyiben Ön **a szótárt az iskolán keresztül vásárolta** meg, úgy kérjük, az alábbi kódot szíveskedjék beküldeni az *iskola@grimmonlineszotar.hu* e-mail címre:

IAT201511K1030

Amennyiben Ön **a szótárt könyvesboltban vásárolta**, és kíváncsi az online verzió aktuális beszerzési feltételeire, úgy kérjük, az alábbi kódot szíveskedjék beküldeni a *konyvesbolt@grimmonlineszotar.hu* címre.

KAT201511K1030

Válaszlevelünkben tájékoztatjuk Önt a hozzáférés feltételeiről. A fenti kód beküldése nem jelent vásárlási kötelezettséget. Amennyiben most nem kíván élni a kedvezményes vásárlás lehetőségével, úgy ezt a későbbiekben is bármikor megteheti.

Minden egyéb kérdésére is készséggel válaszolunk a fenti e-mail címen. Sikeres szótárhasználatot kívánunk!

Üdvözlettel:
a Grimm Szótárak

ANGOL–MAGYAR
MAGYAR–ANGOL
TANULÓSZÓTÁR
érettségizőknek és nyelvvizsgázóknak

Mozsárné Magay Eszter
P. Márkus Katalin

ANGOL–MAGYAR
MAGYAR–ANGOL
TANULÓSZÓTÁR
érettségizőknek és nyelvvizsgázóknak

Szerkesztette: Mozsárné Magay Eszter, P. Márkus Katalin

Szerkesztő munkatárs:
Gyáfrás Edit, Gyurácz Annamária, Iker Bertalan, Merényi Csaba,
Trepák Mónika, Vigh Szilvia
Lektorálta: Magay Tamás (angol–magyar szótárrész),
Peter Doherty (magyar–angol szótárrész)
Magyar nyelvi lektor: M. Pintér Tibor

Illusztráció: Tóth Péter, Grimm Kiadó

© Mozsárné Magay Eszter
© P. Márkus Katalin
© Maxim Könyvkiadó Kft.

Hatodik, aktualizált és javított kiadás, változatlan utánnyomás: 2020

Borítóterv: Hevesi István

Kiadja a Maxim Könyvkiadó Kft., a Grimm Szótárak kiadója.
Az 1795-ben alapított Magyar Könyvkiadók és Könyvterjesztők Egyesülésének tagja.
Felelős kiadó: Puskás Norbert
Kiadói szerkesztő: Nemcsók Adrienn
Műszaki szerkesztő: Szekretár Attila
6728 Szeged, Kollégiumi út 11/H
Tel: (62) 548-444, Fax: (62) 548-443
E-mail: info@maxim.co.hu

Készült a Generál Nyomda Kft.-ben, felelős vezető: Hunya Ágnes

Minden jog fenntartva, beleértve a sokszorosítás, a mű bővített, illetve rövidített
változata kiadásának jogát is. A kiadó írásos engedélye nélkül sem a teljes mű, sem
annak része semmilyen formában – akár elektronikusan vagy mechanikusan, beleértve
a fénymásolást és bármilyen adattárolást – nem sokszorosítható.

MX-1309

ISBN 978 963 261 892 0

Tartalomjegyzék

I. Bevezető

Előszó	IX
Használati útmutató	XI
Rövidítések	XIV
A szótárban alkalmazott fonetikai jelölések	XVII

II. Angol–magyar szótár

Tematikus rajzok:

Bicycle • *A kerékpár*	63
Car • *Az autó*	187
Desk • *Az íróasztal*	319
Computer • *A számítógép*	433
Bathroom • *A fürdőszoba*	645

Kulturális információs ablakok:

Big Apple	53
Big Ben	53
Boxing Day	64
Channel Tunnel, the	88
Charity shop	89
Christmas pudding	94
City, the	95
Cotswolds	124
(Christmas) Cracker	127
Date	139
Downing Street 10	161
East End	170
Fish and chips	208
Fleet Street	210
Foyles	219
Globe, the	234
Greenwich	243
Harrods	254
Hyde Park	269
Lady Chapel	305
Lake District, the	306
London Eye, the	321
Ploughman's lunch	411
Saint Patrick's Day	471
Santa Claus	474
Shepherd's pie	496
Thanksgiving Day	575
Uncle Sam	598
Union Jack	603
West End	630

III. Magyar–angol szótár

Tematikus rajzok:

Kitchen • *A konyha*	735
Room • *A szoba*	813
Body • *A test*	875
Classroom • *Az osztályterem*	977
The British Isles • *A brit szigetek*	1051
The United States of America • *Az Amerikai Egyesült Államok*	1052
Australia and New Zealand • *Ausztrália és Új-Zéland*	1054

Nyelvtani információs ablakok:

Általános alany • *One, you*	668
A vonatkozó névmások használata a vonatkozó mellékmondatokban: aki, ami, amely • *who, that, which*	670
Elöljárószók • *Prepositions*	760
Eltérések, különbségek a brit és az amerikai angol között • *Differences between British and American English*	764
Felszólító mód • *Imperative*	795
Főnevek • *Nouns*	810
Függő beszéd • *Reported Speech*	815
Igeidők • *Tenses*	864
Utókérdések, simuló kérdések • *Question tags*	888
Melléknévfokozás (középfok és felsőfok) • *Comparison of adjectives (comparatives and superlatives)*	966
Melléknévi igenév • *Participles*	968
„Mind, minden, mindegyik" • az „*all, every*" és „*each*" determinánsok	973
„Néhány" • a „*some*" és „*any*" determinánsok	986
Névelők • *Articles*	989
A szenvedő szerkezet • *The passive*	1048
Rövid válaszok • *Short answers*	1095

IV. Függelék

Geographical names • *Földrajzi nevek*	1119
Numbers • *Számok*	1124
Measures • *Mértékegységek*	1126
Irregular verbs • *Rendhagyó igék*	1129

Bevezető

Tisztelt Szótárhasználó!

Köszönjük, hogy választásával a Grimm Szótárakat és a modern magyar szótári kultúra első kétirányú angol **Tanulószótár**át tisztelte meg!

A **Tanulószótár** a legékesebb bizonyítéka annak, hogy sikerült utolérni a nyugati szótári kultúrát. A szótárak között ez a szótár veszi ugyanis leginkább figyelembe a **nyelvtanuló** célcsoport – legyen az érettségiző diák vagy nyelvvizsgára készülő felnőtt – igényeit. A **szókincs**et is ennek megfelelően állítottuk össze, a szótárban szép számmal találhatók a beszélt nyelvre, a kötetlen társalgásra jellemző szavak, nyelvi fordulatok, valamint diáknyelvi elemek is. A **szócikkek szerkezete** tartalmazza az összes szükséges információt, de kevésbé összetett, mint a kéziszótáraknál, így kezdő nyelvtanulók számára is könnyen érthető. Az áttekinthetőség és a gyorsabb keresés érdekében a címszót és az egyes jelentéspontokban található ekvivalenseket (jelentésbeli megfelelőket) **kék szín**nel kiemeltük.

Szótárunk **egy kötet**be foglalja az angol–magyar és a magyar–angol szótárrészt, a használó tehát két szótárt tart a kezében. Ennek az az előnye és jelentősége, hogy a szótárhasználatot egyszerre mindkét irányban lehetővé teszi. Ezt elég talán egyetlen példával szemléltetni. Az angol–magyar szótár(rész) megadja az angol szavak kiejtését, míg a magyar–angol rész – mint általában – ettől eltekint. Ám ha a magyar–angol részben kikeresett angol szó jelentésére vagyunk kíváncsiak, máris kéznél (azaz kéz*ben*) van az angol–magyar rész, amelyet felüthetünk a kérdéses címszónál, és ott megtaláljuk a kiejtését. A két szótárrész szerves egységet képez, kiegészíti egymást, és „kisegíti" a használót.

Az angol–magyar szótár fő kérdése: *mit jelent* az adott angol szó. A magyar–angol szótáré pedig: *hogy mondjuk* angolul a szóban forgó magyar szót. Mindkét részben közös, és egyben a szótár legfontosabb célja és feladata a *jelentések* közvetítése az angol és a magyar nyelv között. Egy-egy szónak általában egynél több jelentése van. A különféle jelentéseket a szótár vastag **kék arab szám**okkal különíti el. A szavak életét, viselkedését, más szavakkal való kapcsolatait **példák**, szókapcsolatok sokasága szemlélteti. Szótárunk kiemelt fontosságot tulajdonít az **idióma**knak és az ún. angol vonzatos igéknek, a „**phrasal verb**"-öknek.

A jelentésmegkülönböztetés mellett szótárunk feltünteti egy-egy szó **stiláris érték**ét is. A stiláris különbségekre a szótár rövidítésekkel figyelmeztet (például biz = bizalmas hangulatú, hangvételű szó, szl = szleng).

A jelentésbeli és stílusbeli kérdések mellett nem kevésbé fontos eleme a szótárnak a **nyelvtani információ**. Miután a szótár rövidségre kényszerül, itt is él a rövidítésekkel. Különféle szófajjelzéseket alkalmazunk: fn (főnév), mn (melléknév) stb., és azt is feltüntetjük például, hogy egy főnév után egyes számban (esz) vagy többes számban (tsz) áll-e az ige. Megadjuk továbbá a rendhagyó igék alakjait, valamint azt is jelezzük, hogy a melléknév a főnév előtt áll-e, vagy értelmezőként, hátravetve. E rövid előszóban azonban csupán néhány nyelvtani elemre utaltunk.

Tanulószótárunk a szócikkeken túl tartalmaz kifejezetten a nyelvtanuló számára fontos és hasznos információkat is. Ezek a címszavakhoz kapcsolódva, vagy azoktól függetlenül, grafikailag jól elkülönülő ún. **információs ablakok**ban találhatók. A nyelvtani információs ablakok különböző nyelvtani szabályokban segítenek eligazodni, a kulturális információs ablakok pedig érdekes tudnivalókat közölnek szokásokról, ünnepekről, intézményekről és sok másról. A vizuális tanulás előnyeit is kihasználja a szótár: a színes, **tematikus rajzok** egy-egy konkrét helyszínhez vagy szituációhoz kapcsolva mutatják be az adott téma legfontosabb szavait.

A szótár legelején szemléletes ábrán pillanatok alatt megelevenedik az angol–magyar, a kötet legvégén pedig a magyar–angol szótár szerkezete és használata.

Eredményes szótárforgatást kívánunk!

A Szerzők és a Kiadó

Használati útmutató

Az angol–magyar / magyar–angol tanulószótár főbb szerkesztési elvei

Szótárunkat elsősorban azoknak a magyar anyanyelvű használóknak szánjuk, akik szeretnék elsajátítani az angol nyelvet. Ezért a szokásos szótári felépítést a nyelvtanulást és a szókincs bővítését elősegítő nyelvtani, nyelvhasználati és kulturális információs ablakokkal, valamint tematikus rajzokkal egészítettük ki. A nyelvtanulást igyekeztünk segíteni azzal is, hogy kiemeltük az ún. álbarátokat, azaz azokat a szavakat, amelyek angol és magyar hangalakja és/vagy írásképe igen hasonló, de jelentése, jelentésszerkezete jelentősen eltér a két nyelvben.

Az egy kötetbe szerkesztett két szótárnak legnagyobb előnye az „átjárhatóság". Ez lehetővé teszi, hogy a használó a helytakarékossági okokból csak az egyik részben szereplő adatokhoz, információkhoz is gyorsan hozzáférjen. Az így felszabaduló helyet a címszavak számának növelésére tudtuk felhasználni. Ez a törekvés azonban bizonyos ésszerűsítést is szükségessé tett. Így pl. a szavak kiejtése, az igék és melléknevek rendhagyó alakjai, a főnevek megszámlálhatóságára vonatkozó információk csak az angol–magyar részben találhatók meg. Ha adott helyzetben (írásban/beszéd közben) mégis előfordul, hogy a használó az igényének megfelelő szót, kifejezést nem találja meg, keressen valamilyen rokonértelmű szót, amely mondanivalójának leginkább megfelel.

A szócikkek szerkezete és a szócikkekben alkalmazott jelölések

Az egyes címszavakhoz tartozó szótári információkat a használó az ábécérendbe szedett szócikkekben találja meg. Az azonos alakú, de eltérő nyelvtani viselkedésű és/vagy eltérő jelentésű ún. homonimákat a címszó elé illesztett arab indexszám különbözteti meg egymástól.

Az alábbiakban rövid áttekintést adunk a szócikkek egyes részeiben található szótári adattípusokról:

- Az angol–magyar részben a címszó után szögletes zárójelben megadtuk a **kiejtést**. Azokban az esetekben, amelyekben a brit és az amerikai kiejtés jelentősen eltér egymástól, mindkettőt feltüntettük. Az eddigi gyakorlattól eltérően minden esetben feltüntettük az összetett címszavak kiejtését is, attól függetlenül, hogy egybe- vagy különírandók.

- Csúcsos zárójelben < > áll a címszó **szófaji besorolása**, amelyet mindkét részben magyar rövidítések jelölnek.

- A címszót nyelvtani adatok követik, amelyek az adott címszó szófajához igazodnak. Az angol–magyar részben főnevek után szögletes zárójelben a megszámlálhatóságra vonatkozó információ található.

beak [biːk] <fn> [C] *(madáré)* csőr

Itt jelöltük azt is, ha az adott főnév után az ige egyes és többes számban is állhat.

> **barracks** ['bærəks] <fn> [C + sing/pl v] (barracks)
> kaszárnya; laktanya: *The barracks was/were
> built in 1957.* A laktanya 1957-ben épült.

Abban az esetben, ha a főnév többes száma rendhagyó, kerek zárójelben megadtuk a rendhagyó alako(ka)t.

> **curriculum** [kə'rɪkjʊləm] <fn> [C] (curricula v.
> curriculums) tanterv; tanmenet; tananyag:
> *be on the curriculum* benne van a tantervben

Az igéknél rendhagyó ige esetében a szófaji besorolást követik a rendhagyó alakok.

> **¹blow** [bləʊ] <ige> (blew, blown)

A nyelvtanulókat igyekszünk azzal is segíteni, hogy jelöltük azokat az eseteket, ahol az ige ragozásakor megkettőződik a tővégi mássalhangzó.

> **commit** [kə'mɪt] <ige> (commits, committing, committed)

A magyar–angol részben azon angol főnevek esetében, melyek többes száma rendhagyó, zárójelben megadtuk a rendhagyó alakokat.

> **tárgymutató** <fn> index (tsz: indices v. indexes)

Jelöltük még azt is, ha az angol megfelelő többes számú, illetve ha utána az ige egyes és többes számban is állhat.

> **távcső** <fn> binoculars <tsz>

> **tagság** <fn> **1.** *(viszony)* membership **2.** *(tagok)*
> membership <+ esz/tsz ige>

A magyar–angol részben az angol rendhagyó igét csillaggal (*) jelöltük.

> **titkol** <ige> hide*; conceal

A megfelelő rendhagyó alakok az angol–magyar részben és az igeragozási táblázatban kereshetők meg.
A mellékneveknél az angol megfelelő után csúcsos zárójelben a „csak hátravetve" megjegyzés szerepel azokban az esetekben, ha az adott melléknév csak a jelzett szó után állhat.

> **hatalmi** <mn> of power <csak hátravetve>: *hatalmi
> egyensúly* the balance of power

- Ahol szükséges volt, a címszó megfelelői után mindkét szótári részben feltüntettük az adott címszó leggyakrabban előforduló vonzatait és azok idegen nyelvi megfelelőit is.

> **boast** [bəʊst] <ige> **1.** dicsekszik; henceg (**about sg**
> vmivel)

> **tájékoztat** <ige> inform (**vkit vmiről** sy of/about sg)

XIII

- Amennyiben az adott címszó kötött formában használatos, a kötött formát a nyelvtani információk, több jelentésű szó esetében pedig az adott jelentést jelölő szám után vastagon szedve adtuk meg.

> **conscious** [ˈkɒnʃəs] <mn> **1.** tudatos **2.** eszméleténél levő: *become conscious* magához tér; visszanyeri az eszméletét/öntudatát **3. be conscious of sg** tudatában van vminek

- A szócikkekben arab számmal kezdődően ábrázoljuk a címszó jelentéseit és azok **megfelelőjét/megfelelőit** a másik nyelvben. A megfelelőket kék színnel kiemeltük. Ezeket megelőzheti az adott jelentéshez kapcsolódó **stílusminősítés, fogalomköri/szaknyelvi besorolás, földrajzi/regionális adat** és igen gyakran az ún. **szemantikai glossza**. Ez a kerek zárójelben található szótári adat pontosítja a megfelelő(ke)t, megkönnyíti az értelmezést, ill. segíthet az egyes jelentések elkülönítésében.

> **belly button** [ˈbelɪˌbʌtn] <fn> [C] biz köldök
>
> **tárgyeset** <fn> nyelvt accusative (case)
>
> **másodéves** <fn> *(egyetemista)* second-year student; AmE sophomore
>
> **toll** <fn> **1.** *(madáré)* feather **2.** *(íróeszköz)* pen

- Amikor a címszónak az adott jelentésben nincs egyértelmű megfelelője, ún. kettős tilde (≈) jelzi, hogy az adott szó/jelentés tartalmi/fogalmi körülírása következik a másik nyelvben.

> **cockney** [ˈkɒknɪ] <fn> **1.** [C] ≈ London East End negyedében született személy **2.** [U] ≈ London East End negyedében beszélt dialektus

- A megfelelők használatát többnyire egy vagy több példa szemlélteti.

- A szócikk végén, rombusszal (♦) bevezetve találhatók azok az állandósult szókapcsolatok (*szólások*), amelyek képi jelentésük alapján az adott címszó egyik jelentéséhez sem köthetők, mivel fő alkotóelemeik részben vagy teljesen elvesztették önálló jelentésüket.

- A „phrasal verb"-öket az adott angol igei szócikk legvégén, keretben adtuk meg.

Rövidítések

I. Nyelvtani adatok

ált névm	általános névmás
birt névm	birtokos névmás
C	countable noun (megszámlálható főnév)
csak hátravetve	posztponált helyzetben
det	determiner (determináns)
elölj	elöljárószó
előtag	előtag
esz	egyes szám
fn	főnév
hsz	határozószó
htl névelő	határozatlan névelő
ht névelő	határozott névelő
ige	ige
isz	indulatszó
kérd	kérdő/kérdés
kölcsönös névm	kölcsönös névmás
ksz	kötőszó
mn	melléknév
modális segédige	modális segédige
módsz	módosítószó
msz	mondatszó
mut névm	mutató névmás
neg	negative form (tagadó alak)
névm	névmás
nu	névutó
összet	összetétel
pl	plural (többes szám)
pp	past participle (múlt idejű melléknévi igenév)
pres part	present participle (jelen idejű melléknévi igenév)
pt	past simple (egyszerű múlt)
segédige	segédige
sg	something (valami)
sing	singular (egyes szám)
sorszn	sorszámnév
sy	somebody (valaki)
swhere	somewhere (valahol)
szem névm	személyes névmás
szn	számnév
törtszn	törtszámnév
tőszn	tőszámnév
tsz	többes szám
U	uncountable noun (megszámlálhatatlan főnév)
utótag	utótag
vh névm	visszaható névmás
vki, vkit (stb.)	valaki, valakit (stb.)
vmi, vmit (stb.)	valami, valamit (stb.)
von hsz	vonatkozó határozószó

von ksz	vonatkozó kötőszó
von névm	vonatkozó névmás

II. Nyelvi szint, stílusréteg

biz	bizalmas hangvételű, kötetlen, nem hivatalos
hiv	hivatalos
iron	ironikus
pej	elítélő, pejoratív
szl	szleng
tréf	tréfás
vál	választékos nyelvhasználat
vulg	durva, vulgáris

III. Földrajzi/Regionális besorolás

AmE	American English (amerikai angol)
BrE	British English (brit angol)

IV. Szakterületi/Fogalomköri besorolás

áll	állattan
asztrol	asztrológia
bibl	bibliai
biol	biológia
el	elektronika
ép	építészet/építőipar
fényk	fényképezés
film	film
fiz	fizika
földr	földrajz
gk	gépkocsi
hajó	hajózás
infor	informatika
irod	szépirodalom
isk	iskola
ját	játékok
jog	jogtudomány
kat	katonaság
kém	kémia
körny	környezetvédelem
közl	közlekedés
mat	matematika
mezőg	mezőgazdaság
műsz	műszaki
növ	növénytan

nyelvt	nyelvtudomány, nyelvtan
okt	oktatás(ügy), iskolai élet, nevelés
orv	orvostudomány
pol	politika
pszich	pszichológia
rep	repülés
sp	sport
szính	színház
távk	távközlés
tört	történelem, történettudomány
vall	vallás
vill	villamosság
zene	zeneművészet

V. Egyéb

ált	általában
átv	átvitt értelemben
kb.	körülbelül
pl.	például
rendsz.	rendszerint
ritk	ritka
röv	rövidítés
stb.	s a többi
ua.	ugyanaz
v.	vagy
/	vagylagosság jele
=	ugyanaz, mint
→	lásd ott, lásd még

XVII

A szótárban alkalmazott fonetikai jelölések

A kiejtést a szótár angol–magyar részében a címszavak után szögletes zárójelben adtuk meg. A kiejtést minden címszó után – legyen egyszerű vagy összetett – feltüntettük. Nem adtuk meg azonban azoknál a szócikkeknél, amelyeket kizárólag írásban használnak, pl. számos rövidítés esetében.

MAGÁNHANGZÓK	
JEL	PÉLDA
[ʌ]	much [mʌtʃ]
[ɑː]	bath [bɑːθ]
[æ]	mad [mæd]
[ə]	about [əˈbaʊt]
[e]	let [let]
[ɜː]	bird [bɜːd]
[ɪ]	bit [bɪt]
[iː]	see [siː]
[ɒ]	lot [lɒt]
[ɔ]	door [dɔː]
[ʊ]	bush [bʊʃ]
[uː]	mood [muːd]
[aɪ]	life [laɪf]
[aʊ]	town [taʊn]
[əʊ]	home [həʊm]
[eə]	pear [peə]
[eɪ]	day [deɪ]
[ɪə]	near [nɪə]
[ɔɪ]	coin [kɔɪn]
[ʊə]	poor [pʊə]

MÁSSALHANGZÓK	
JEL	PÉLDA
[b]	bad [bæd]
[d]	dig [dɪg]
[dʒ]	just [dʒʌst]
[f]	fat [fæt]
[g]	get [get]
[h]	hit [hɪt]
[x]	loch [lɒx]
[j]	yes [jes]
[k]	kick [kɪk]
[l]	leg [leg]
[m]	map [mæp]
[n]	need [niːd]
[ŋ]	ring [rɪŋ]
[p]	pick [pɪk]
[r]	rag [ræg]
[s]	sin [sɪn]
[ʃ]	shoe [ʃuː]
[t]	top [tɒp]
[θ]	thick [θɪk]
[ð]	that [ðæt]
[tʃ]	cheap [tʃɪp]
[v]	verb [vɜːb]
[w]	way [weɪ]
[z]	zone [zəʊn]
[ʒ]	measure [ˈmeʒə]

Hangsúlyjelek:

['] főhangsúly jele   pl. pollution [pəˈluːʃn]
[ˌ] mellékhangsúly jele   pl. European [ˌjʊərəˈpiːən]

ANGOL–MAGYAR SZÓTÁR

A, a

¹A, a [eɪ] <fn> [C, U] (A's, a's) **1.** *(betű)* A; a **2.** A zene *(hang)* A; a: *A flat* asz * *A sharp* aisz * *A major* A-dúr * *A minor* a-moll **3.** A *(osztályzat)* jeles **4.** A *(vércsoport)* A
 ♦ **from A to Z** ától cettig

²a [ə, hangsúlyos eɪ] <htl névelő> **1.** egy: *a bird* egy madár * *a piece of chocolate* egy darab csoki **2.** minden; bármely: *A cat can see in the dark.* Minden macska lát a sötétben. **3.** *(nem fordítjuk magyarra)* egy: *He is a teacher.* Ő tanár. * *You are a naughty boy.* Rosszcsont vagy! **4.** -ként; minden egyes: *once a week* hetenként egyszer; egyszer egy héten * *This wine costs $2 a bottle.* Ez a bor üvegenként két dollárba kerül. * *She can type 30 words a minute.* Percenként/Egy perc alatt 30 szót tud legépelni. * *He earns £300 a week.* Heti/ Hetenként 300 fontot keres. **5.** *(mennyiségre utaló kifejezésekben)*: *a lot of money* rengeteg pénz * *a bit of luck* (egy) kis szerencse * *a little encouragement* egy kis bátorítás

AA [ˌeɪˈeɪ] [= Automobile Association] BrE autóklub

AAA [ˌeɪeɪˈeɪ] [= American Automobile Association] AmE autóklub

aback [əˈbæk] <hsz> hátra(felé); visszafelé
 ♦ **be taken aback** elképed; meghökken; megrökönyödik

abandon [əˈbændən] <ige> **1.** *(feleséget stb.)* elhagy; otthagy **2.** abbahagy; félbeszakít **3.** *(elvet, reményt stb.)* felad: *abandon one's principles* feladja az elveit **4. abandon oneself to sg** átadja magát vminek

abandoned [əˈbændənd] <mn> **1.** elhagyatott; elhagyott: *an abandoned car* elhagyott autó **2.** szégyentelen: *an abandoned young woman* szégyentelen fiatal asszony

abashed [əˈbæʃt] <mn> zavarban lévő; zavart; szégyenkező; megszégyenített: *be abashed* zavarban van

abattoir [ˈæbətwɑː] <fn> [C] vágóhíd

abbess [ˈæbes] <fn> [C] apácafőnöknő

abbey [ˈæbɪ] <fn> [C] apátság

abbot [ˈæbət] <fn> [C] apát

abbreviate [əˈbriːvɪeɪt] <ige> rövidít: *abbreviated form* rövidített alak * *"Saint" is usually abbreviated to St.* A „Szent"-et általában Szt.-nek rövidítjük.

abbreviation [əˌbriːvɪˈeɪʃn] <fn> [C] rövidítés

ABC [ˌeɪbiːˈsiː] <fn> [U] **1.** ábécé **2.** alapelemek; alapismeretek; ábécé: *the ABC of sg* vminek az (alap)elemei
 ♦ **It is as easy/simple as ABC.** Megy, mint a karikacsapás./Pofonegyszerű./Gyerekjáték.

abdicate [ˈæbdɪkeɪt] <ige> **1.** *(hatalomról, trónról)* lemond; leköszön: *The king abdicated (the throne) in favour of his daughter.* A király a lánya javára mondott le a trónról. **2.** felad; átad

abdication [ˌæbdɪˈkeɪʃn] <fn> [C, U] **1.** lemondás **2.** feladás

abdomen [ˈæbdəmən] <fn> [C] has

abdominal [æbˈdɒmɪnl] <mn> hasi

abduct [æbˈdʌkt] <ige> *(gyereket stb.)* elrabol; megszöktet

abhor [əbˈhɔː] <ige> (abhorring, abhorred) utál; gyűlöl (**sg** vmit); irtózik (**sg** vmitől)

abhorrent [əbˈhɒrənt] <mn> iszonyatos; kellemetlen; elrémisztő (**to sy** vki számára)

abide [əˈbaɪd] <ige> (abides, abiding, abided, abided) elvisel; eltűr: *I can't abide him.* Ki nem állhatom./Utálom.

abide by sg kitart vmi mellett; megmarad vminél

ability [əˈbɪlətɪ] <fn> [C, U] (abilities) képesség; tehetség; adottság: *to the best of one's ability* legjobb képessége/tudása szerint * *She has the ability to pass the exam.* Megvannak az adottságai, hogy levizsgázzon./Megvan a képessége ahhoz, hogy levizsgázzon. * *He has some musical ability.* Van némi zenei tehetsége.

abject [ˈæbdʒekt] <mn> nyomorult; siralmas: *abject poverty* sötét nyomor

able [ˈeɪbl] <mn> **1. able to do sg** képes; alkalmas; tud vmit tenni: *I won't be able to go to the party.* Nem tudok elmenni a bulira. * *She will be able to write her homework.* Meg tudja írni a leckéjét./Meg fogja tudni írni a leckéjét. * *He is able to swim.* Tud úszni. **2.** tehetséges; ügyes; rátermett: *The ablest student in the class.* Az osztály legtehetségesebb tanulója.

able-bodied [ˌeɪblˈbɒdɪd] <mn> életerős; munkaképes; jó erőben lévő; *(katonai szolgálatra)* alkalmas

abnormal [æbˈnɔːml] <mn> rendellenes; abnormális

¹aboard [əˈbɔːd] <hsz> *(hajó, repülőgép)* fedélzetén; fedélzetére; vonaton: *go aboard* beszáll; hajóra száll; felszáll (vmire) * *All aboard!* Beszállás!

²aboard [əˈbɔːd] <elölj> *(hajó, repülőgép)* fedélzetén; fedélzetére; vonaton: *He went aboard the aircraft/ship/train.* Repülőre/Hajóra/Vonatra szállt.

abode [əˈbəʊd] <fn> [C] hiv lakóhely: *of no fixed abode* nincs állandó lak(ó)helye

abolish [əˈbɒlɪʃ] <ige> eltöröl; megszüntet: *The death penalty has been abolished.* A halálbüntetést eltörölték.

abolition [ˌæbəˈlɪʃn] <fn> [U] eltörlés; megszüntetés

A-bomb [ˈeɪbɒm] <fn> [C] atombomba

abominable [əˈbɒmɪnəbl] <mn> utálatos; fertelmes; iszonyatos; undorító

¹aboriginal [ˌæbəˈrɪdʒnəl] <mn> primitív; ősi; eredeti

²aboriginal [ˌæbəˈrɪdʒnəl] <fn> [C] *(főleg ausztrál)* őslakó; bennszülött

abort [əˈbɔːt] <ige> **1.** orv elvetél; koraszülése van **2.** elhalaszt; leállít; abbahagy; meg-/félbeszakít **3.** *(tervből stb.)* semmi sem lesz belőle

abortion [əˈbɔːʃn] <fn> [C, U] (el)vetélés; abortusz; terhességmegszakítás; magzatelhajtás: *have an abortion* megszakítja a terhességet

abortive [əˈbɔːtɪv] <mn> sikertelen: *an abortive attempt* sikertelen kísérlet

abound [əˈbaʊnd] <ige> **1.** bővelkedik (**in/ with sg** vmiben): *Our village abounds in nice forests.* A mi falunk szép erdőkben bővelkedik. **2.** hemzseg; bőven van: *Fish abound in this lake.* Ebben a tóban hemzsegnek a halak.

¹about [əˈbaʊt] <hsz> **1.** körülbelül; megközelítőleg; mintegy: *Wait about 5 minutes!* Körülbelül 5 percet várj! * *He is about 40 years old.* Körülbelül 40 éves./40 körül van. * *I arrived at about 3 o'clock.* 3 óra körül érkeztem. * *She is about right.* Nagyjából/Körülbelül igaza van. **2.** ki-be; mindenfelé; sokfelé; a közelben; itt valahol; köröskörül: *They were running about in the rain.* Ki-be/Mindenfelé futkároztak az esőben. * *There was nobody about.* Senki sem volt a közelben. * *They are somewhere about.* Itt vannak valahol. **3.** majdnem: *Paul is about as tall as Peter.* Paul majdnem olyan magas, mint Peter. * *I am just about ready.* Majdnem készen vagyok. **4. be about to do sg** készül vmit tenni: *She is about to leave.* Indulófélben van./Indulni készül. * *It's about to rain.* Mindjárt elered az eső.

²about [əˈbaʊt] <elölj> **1.** -ról, -ről; felől: *We talked about her problem.* A problémájáról beszélgettünk. * *What is she thinking about?* Miről gondolkozik? * *What is the book about?* Miről szól a könyv? **2.** vmi/vki körül/köré; -nál, -nél: *about 2006* 2006 táján * *She wore a warm coat about her shoulders.* Meleg kabát volt a válla körül. * *Have you got any money about you?* Van nálad pénz? **3.** vmi/vki miatt; vmivel/vkivel kapcsolatban: *What is he so happy about?* Miért/Mi miatt olyan boldog? * *There is something about your friend that I have to tell you.* Van valami a barátoddal kapcsolatban, amit el kell, hogy mondjak neked.

♦ **be up and about** már (teljesen) fent van
♦ **what/how about...?** mi van...?/milyen...?/mit szólnál... -hoz, -hez, -höz? *What about a dinner?* Mit szólnál egy vacsorához? * *What about you?* Mi van veled?/Na és te? * *What/How about that?* Mit szólsz ehhez? * *What about it?* Mit szólsz hozzá? ♦ **What about it?** Na és aztán? ♦ **What was all that about?** Miről volt szó?

¹above [əˈbʌv] <elölj> **1.** felett; fölé: *above the clouds* a felhők felett * *above sea level* tengerszint felett **2.** több, mint: *Inflation is above 5%.* Az infláció több, mint 5%. **3.** jobb, mint; felett: *above average* átlag feletti * *She is above suspicion.* Minden gyanú felett áll. * *I am above doing that.* Ilyesmire nem vagyok kapható.

♦ **above all** legfőképpen; mindenekelőtt; mindenek felett

²above [əˈbʌv] <mn> **1.** fenti: *Put it on the shelf above.* Tedd ezt a fenti polcra! **2.** több: *There will be an increase of 6% and above.* 6%-os emelkedés várható, vagy annál több. * *Children aged six and above.* Hat éves vagy annál nagyobb gyerekek.

³above [əˈbʌv] <hsz> **1.** fent; felett; felül: *from above* felülről * *be above sg* vmi fölött áll **2.** a fentiekben: *as was stated above* mint már fent említettük

above board [əˌbʌvˈbɔː] <mn> talpig becsületes; nyílt; egyenes; fair; korrekt

above-mentioned [əˌbʌvˈmenʃnd] <mn> fent említett

abreast [əˈbrest] <hsz> egymás mellett: *three abreast* hárman egymás mellett

♦ **keep abreast of sy/sg** lépést tart vkivel/vmivel ♦ **keep abreast of the times** lépést tart/halad a korral

abridge [əˈbrɪdʒ] <ige> lerövidít; kivonatol: *abridged version* rövidített változat

abridgement [əˈbrɪdʒmənt] <fn> [C, U] **1.** (le)rövidítés **2.** *(szövegé)* rövidített változat; kivonat

abroad [əˈbrɔːd] <hsz> **1.** külföldre: *go abroad* külföldre megy **2.** külföldön: *live abroad* külföldön él ∗ *from abroad* külföldről

abrupt [əˈbrʌpt] <mn> **1.** hirtelen; váratlan **2.** *(modor)* nyers; goromba

ABS [ˌeɪbiːˈes] [= anti-lock braking system] ABS (= blokkolásgátló rendszer)

abscess [ˈæbses] <fn> [C] kelés; tályog

abscond [əbˈskɒnd] <ige> megszökik; elszökik; elbújik

absence [ˈæbsəns] <fn> [U, C] távollét; távolmaradás; hiány(zás); kimaradás: *an absence of two years* két éves kimaradás ∗ *absence of mind* szórakozottság ∗ *In her absence I am doing her job.* Távollétében én veszem át a munkáját.

absent [ˈæbsənt] <mn> hiányzó: *be absent* hiányzik; távol marad ∗ *be absent from school* hiányzik az iskolából ∗ *Love is absent from her life.* A szeretet/szerelem hiányzik az életéből.

absentee [ˌæbsənˈtiː] <fn> [C] *(rendszeresen)* távol maradó; hiányzó; távollévő

absenteeism [ˌæbsənˈtiːɪzm] <fn> [U] *(munkahelyről)* rendszeres távolmaradás; gyakori hiányzás; lógás

absent-minded [ˌæbsəntˈmaɪndɪd] <mn> szórakozott

absolute [ˈæbsəluːt] <mn> **1.** teljes; abszolút; tökéletes: *the absolute truth* a teljes igazság ∗ *an absolute beginner* teljes/abszolút kezdő ∗ *absolute majority/minority* abszolút többség/kisebbség ∗ *absolute pitch* abszolút hallás ∗ *absolute value* abszolút érték **2.** *(hatalom)* korlátlan

absolutely [ˈæbsəluːtlɪ] <hsz> teljesen; feltétlenül; tökéletesen; abszolúte: *absolutely nothing at all* abszolúte semmi ∗ *Absolutely!* Hogyne!/Pontosan erről van szó!/Bizony!

absolution [ˌæbsəˈluːʃn] <fn> [U] felmentés

absolve [əbˈzɒlv] <ige> felment; feloldoz (**from sg** vmi alól)

absorb [əbˈsɔːb] <ige> **1.** felszív; magába szív; *(folyadékot)* abszorbeál: *be absorbed* felszívódik **2.** átv elmerül vmiben: *She is completely absorbed in her book.* Teljesen elmélyedt/elmerült a könyvében. **3.** átv befogad: *absorb information* információt befogad

absorbent [əbˈsɔːbənt] <mn> felszívó; elnyelő

absorbing [əbˈsɔːbɪŋ] <mn> érdekfeszítő; lebilincselő

absorption [əbˈsɔːpʃən] <fn> [U] kém abszorpció

abstain [əbˈsteɪn] <ige> tartózkodik (**from sg** vmitől)

abstention [əbˈstenʃn] <fn> [C, U] *(szavazáskor)* tartózkodás

abstinence [ˈæbstɪnəns] <fn> [U] tartózkodás; önmegtartóztatás; absztinencia

¹abstract [ˈæbstrækt] <mn> elvont; absztrakt: *abstract nouns* elvont főnevek ∗ *an abstract idea* elvont gondolat

²abstract [ˈæbstrækt] <fn> [C] absztrakt; rezümé; tartalmi kivonat

absurd [əbˈsɜːd] <mn> képtelen; nevetséges; abszurd

abundance [əˈbʌndəns] <fn> [U] bőség; gazdagság: *an abundance of food* töméntelen/bőséges ennivaló ∗ *in abundance* bőven ∗ *There was food in abundance.* Bőven volt élelem.

abundant [əˈbʌndənt] <mn> bőséges; kiadós; rengeteg

¹abuse [əˈbjuːz] <ige> (abusing, abused) **1.** visszaél (**sg** vmivel): *He abused his power.* Visszaélt az erejével/a hatalmával. **2.** durván bántalmaz; sérteget (**sy** vkitől); rosszul bánik vkivel (**sy** vkivel): *The old man was abused.* Az öreg embert durván bántalmazták.

²abuse [əˈbjuːs] <fn> [U] **1.** visszaélés: *an abuse of school property* az iskolai tulajdonnal való visszaélés ∗ *physical abuse* (testi) bántalmazás ∗ *sexual abuse* nemi erőszak ∗ *abuse of authority* hivatali hatalommal való visszaélés **2.** gorombáskodás; gorombaság; sértegetés; durva bánásmód; gyalázkodás: *shout abuse at sy* durvaságokat kiabál vkire **3.** helytelen használat

abusive [əˈbjuːsɪv] <mn> sértegető; gyalázkodó: *an abusive letter* mocskolódó levél ∗ *use abusive language* sértő kifejezéseket használ

abysmal [əˈbɪzməl] <mn> nyomorúságos; szánalmas; rettenetes: *The weather is abysmal.* Az idő rémes.

abyss [əˈbɪs] <fn> [C] irod szakadék; *(feneketlen)* mélység

AC, ac [ˌeɪˈsiː] **1.** [= air conditioning] légkondicionálás **2.** [= alternating current] AC (= váltakozó áram)

a/c 1. [= account] számla **2.** [= air conditioning] légkondicionálás

¹academic [ˌækəˈdemɪk] <mn> **1.** egyetemi; főiskolai: *academic qualifications* egyetemi végzettség ∗ *academic staff* oktatói kar ∗ *academic year* egyetemi tanév **2.** *(intézmény)* akadémiai **3.** tudományos (igényű); *(tárgyak)* humán: *academic degree* tudományos fokozat **4.** teoretikus; elvi; elméleti; akadémikus:

a purely academic question pusztán teoretikus kérdés

> **Vigyázat, álbarátok!**
> **academic** ≠ akadémiai (= of the academy)

²**academic** [ˌækəˈdemɪk] <fn> [C] egyetemi/főiskolai oktató

> **Vigyázat, álbarátok!**
> **academic** ≠ akadémikus (= academician; member of the Academy)

academically [ˌækəˈdemɪkli] <hsz> a tanulást illetően; a tanulás szintjén; ami az iskolai előmenetelt illeti
academy [əˈkædəmɪ] <fn> [C] (academies) **1.** *(tudományos)* akadémia **2.** főiskola; *(egyes intézmények nevében)* akadémia: *Academy of Music* Zeneakadémia
accelerate [əkˈseləreɪt] <ige> **1.** (fel)gyorsít: *The driver accelerated.* A vezető gyorsított. **2.** siettet: *His illness accelerated his death.* Betegsége siettette a halálát. **3.** gyorsul
acceleration [əkˌseləˈreɪʃn] <fn> [U] (fel)gyorsítás; siettetés; gyorsulás
accelerator [əkˌseləreɪtə] <fn> [C] **1.** gk gázpedál **2.** fiz gyorsító
accent [ˈæksent] <fn> [C] **1.** akcentus; kiejtésmód **2.** hangsúly(jel): *The accent is on the third syllable.* A hangsúly a harmadik szótagon van. **3.** ékezet **4.** átv hangsúly: *The accent is on work.* A hangsúly a munkán van.
accentuate [əkˈsentʃʊeɪt] <ige> (accentuates, accentuating, accentuated) kiemel; (ki)hangsúlyoz
accept [əkˈsept] <ige> **1.** elfogad: *accept the invitation* elfogadja a meghívást * *accept an apple* elfogad egy almát **2.** *(embert, határozatot)* akceptál **3.** elfogad; elhisz; *(ténybe, sorsba)* beletörődik; beleegyezik: *They can't accept that their father died.* Nem tudják elfogadni, hogy az édesapjuk meghalt. **4.** *(felelősséget)* (el)vállal: *He accepted responsibility for the accident.* Vállalta a felelősséget a balesetért.
acceptable [əkˈseptəbl] <mn> **1.** *(minőség, munka, döntés)* elfogadható **2.** kellemes; megfelelő; elfogadható
acceptance [əkˈseptəns] <fn> [C, U] elfogadás; beleegyezés: *gain/find/win acceptance* befogadják; elismerik * *meet with general acceptance* általános helyeslésre talál * *acceptance of a bill* váltó beváltása

accepted [əkˈseptɪd] <mn> *(általánosan)* elfogadott; bevett: *It is an accepted fact.* Általánosan elfogadott tény.
access [ˈækses] <fn> [U] **1.** bemenet; belépés; bejárat; átjáró: *We have access to our neighbour from our garden.* Van átjárónk a szomszédunkhoz a kertünkből. **2.** hozzáférhetőség; hozzáférés(i lehetőség); elérés; elérhetőség: *have access to sg/sy* hozzáfér vmihez/vkihez * szabad bejárása van vmihez/vkihez * *Students need easy access to the computer.* A számítógépnek könnyen hozzáférhetőnek kell lennie a tanulók számára. * *Do you have Internet access?* Van internet-hozzáférésed/internetelérésed?
  ♦ **access only** *(KRESZ)* átmenő forgalom
  ♦ **no access (for vehicles)** *(KRESZ)* (járművel) tilos a felhajtás ♦ **except for access** *(KRESZ)* kivéve célforgalom
access code [ˈækses kəʊd] <fn> [C] elérési kód
access course [ˈækses kɔːs] <fn> [C] BrE előkészítő; felkészítő tanfolyam
accessible [əkˈsesəbl] <mn> hozzáférhető; elérhető; megközelíthető: *His house is not accessible by car.* Háza autóval nem megközelíthető.
accession [əkˈseʃn] <fn> **1.** [U] *(hivatalba, hatalomra, trónra)* lépés: *accession to the throne* trónra lépés * *accession to power* hatalomra jutás **2.** [U] csatlakozás: *accession to the EU* EU-csatlakozás * *accession criteria (EU)* csatlakozási feltételek **3.** [C] *(könyvtári)* gyarapodás
accessory [əkˈsesərɪ] <fn> **1. accessories** [pl] tartozékok; kellékek **2. accessories** [pl] divatkellékek; kiegészítők **3.** [C] bűnrészes (**to sg** vmiben)
access provider [ˈækses prəˈvaɪdə] <fn> [C] infor internetszolgáltató
access time [ˈækses taɪm] <fn> [U] infor hozzáférési/elérési idő
accident [ˈæksɪdənt] <fn> **1.** [C] baleset; szerencsétlenség: *have an accident* balesetet szenved; baleset éri; karambolozik * *fatal accident* halálos (kimenetelű) baleset * *accident surgery* baleseti sebészet * *He met with an accident.* Baleset érte. **2.** [U, C] véletlen(ség): *by accident* véletlenül * *It was an accident!* Véletlen volt!
accidental [ˌæksɪˈdentl] <mn> véletlen: *It was accidental.* Véletlen volt.
accidentally [ˌæksɪˈdentlɪ] <hsz> véletlenül; akaratlanul
acclimatize [əˈklaɪmətaɪz] <ige> (acclimatizes, acclimatizing, acclimatized) megszokik (vhol); hozzászokik (**to sg** vmihez); beleszokik (**in sg** vmibe); akklimatizálódik: *become*

acclimatized//acclimatize oneself (to sg) akklimatizálódik (vmihez) * *It took me two years to become acclimatized to the cold weather.* Két évbe telt, mire megszoktam a hideg időjárást./Két évbe telt, mire hozzászoktam/akklimatizálódtam a hideg időjáráshoz.

accommodate [əˈkɒmədeɪt] <ige> **1.** hozzáigazít; hozzáilleszt; alkalmazkodik (**(oneself) to sg** vmihez): *accommodate oneself to circumstances* alkalmazkodik a körülményekhez * *I needed to accommodate to the new timetable.* Alkalmazkodnom kellett az új menetrendhez. **2.** *(lakásban)* elszállásol; elhelyez **3.** *(terem)* befogad: *The hall can accommodate two hundred people.* A (dísz)terem kétszáz ember befogadására alkalmas.

accommodating [əˈkɒmədeɪtɪŋ] <mn> szolgálatkész; szíves; készséges; előzékeny

accommodation [əˌkɒməˈdeɪʃn] <fn> **1.** [U] szállás(hely); elhelyezés; elszállásolás: *look for accommodation* szállást keres * *accommodation charge* szállásdíj **2.** [U] férőhely: *There is accommodation for your car in front of the hotel.* Van (férő)hely az autód számára a szálloda előtt. **3.** [U] kényelem **4. accommodations** [pl] AmE szállás; lakás

accompaniment [əˈkʌmpənɪmənt] <fn> [C] zene kíséret

accompany [əˈkʌmpəni] <ige> (accompanies, accompanying, accompanied) **1.** elkísér; kikísér **2.** zene kísér: *His teacher accompanied him on the piano.* Tanára zongorán kísérte. **3.** vmi kíséri; vele jár; jár vmivel: *Rain is usually accompanied by strong wind.* Az esőt rendszerint erős szél kíséri./Az eső rendszerint erős széllel jár. * *The course-book is accompanied by a video cassette.* A nyelvkönyvhöz videokazetta is tartozik.

accompanying document [əˈkʌmpəniɪŋ ˈdɒkʊmənt] <fn> [C] kísérő okmány

accomplice [əˈkʌmplɪs] <fn> [C] bűntárs; tettestárs; bűnrészes

accomplish [əˈkʌmplɪʃ] <ige> befejez; bevégez; megvalósít; *(célt)* elér

accomplished [əˈkʌmplɪʃt] <mn> **1.** tökéletes; kiváló; befejezett; kész: *an accomplished fact* befejezett tény **2.** rutinos (**in sg** vmiben)

accomplishment [əˈkʌmplɪʃmənt] <fn> **1.** [U] befejezés; teljesítés; megvalósítás; véghezvitel **2.** [C] képesség **3.** [U] teljesítmény

¹accord [əˈkɔːd] <fn> **1.** [U] összhang; egyetértés: *in accord with sg* összhangban vmivel **2.** [C] egyezmény

♦ **of one's own accord/free will** a (saját) maga jószántából; önszántából; saját akaratából

²accord [əˈkɔːd] <ige> **1.** összhangban van; megegyezik (**with sg** vmivel) **2.** megad; nyújt

accordance [əˈkɔːdns] <fn> [U] egyetértés; megegyezés: *in accordance with sg* vminek megfelelően; vmi szerint; értelmében; alapján

according to [əˈkɔːdɪŋ tə] <elölj> **1.** vki/vmi szerint; vminek megfelelően: *according to this book* e könyv szerint * *according to his instructions* utasításainak megfelelően * *He acts according to his promises.* Ígéreteinek megfelelően cselekszik. **2.** vmihez viszonyítva

accordingly [əˈkɔːdɪŋli] <hsz> **1.** eszerint: *act accordingly* cselekedj ennek megfelelően/értelmében **2.** következésképpen; ennélfogva

accordion [əˈkɔːdɪən] <fn> [C] tangóharmonika

accost [əˈkɒst] <ige> *(részeg, hajléktalan stb.)* leszólít

¹account [əˈkaʊnt] <fn> **1.** [C] számla; bankszámla; folyószámla: *bank account* bankszámla * *account number* (bank)számlaszám * *current account* folyószámla * *open an account* számlát nyit * *settle an account* rendezi a számlát * *She has an account with the National Bank.* Folyószámlája van a Nemzeti Banknál. **2. accounts** [pl] könyvelés: *keep the accounts up to date* legyen naprakész a könyvelés * *Who keeps the accounts for your firm?* Ki végzi a könyvelést a cégeteknél? **3.** [C] jelentés; beszámoló: *Give a full account of the accident.* Adj részletes jelentést/beszámolót a balesetről! **4.** [C] elszámolás; kimutatás

♦ **by/from all accounts** ahogy mindenki állítja; mindenesetre; feltétlenül ♦ **by his own account** saját állítása szerint ♦ **have an account to settle with sy** számol(nivalója van) vkivel ♦ **on his own account** saját felelősségére/számlájára ♦ **of great account** nagy fontosságú ♦ **of little account** jelentéktelen ♦ **of no account** nincs jelentősége; jelentéktelen ♦ **on every account** mindenképp(en) ♦ **on no account** semmiképpen; semmi esetre sem ♦ **take account of sg** számításba vesz vmit ♦ **take no account of sg** nem vesz figyelembe vmit

²account [əˈkaʊnt] <ige> tart; tekint; gondol (**sy/sg sg** vkit/vmit vminek)

account for sg 1. elszámol vmiről/vmivel **2.** magyaráz; megokol; indokol; igazol vmit

accountable [əˈkaʊntəbl] <mn> felelős (**for sg** vmiért): *hold sy accountable for sg* felelősnek tart vkit vmiért; felelősségre von vkit vmiért

accountancy [ə'kaʊntənsi] <fn> [U] könyvelés
accountant [ə'kaʊntənt] <fn> [C] könyvelő
account holder [ə'kaʊnt 'həʊldə] <fn> [C] gazd számlatulajdonos
accounting [ə'kaʊntɪŋ] <fn> [U] AmE könyvelés; számvitel
accounting control [ə'kaʊntɪŋ kən'trəʊl] <fn> [C] gazd belső ellenőrzés; revízió
accounting office [ə'kaʊntɪŋ ɒfɪs] <fn> [C] gazd könyvelőiroda
accreditation [ə,kredɪ'teɪʃən] <fn> [U] akkreditáció
accumulate [ə'kju:mjəleɪt] <ige> **1.** *(vagyont, kincset)* (össze)gyűjt; (fel)halmoz **2.** *(tárgy, vagyon, adósság)* (fel)halmozódik; torlódik; felgyülemlik
accuracy ['ækjərəsi] <fn> [U] pontosság; hitelesség; precizitás; szabatosság
accurate ['ækjərət] <mn> pontos; szabatos; precíz: *an accurate description* pontos leírás ∗ *My watch is accurate.* Pontos az órám.
accusation [,ækju:'zeɪʃn] <fn> [C, U] jog (meg-)vádolás; vádemelés; vád: *bring an accusation against sy* vádat emel vki ellen
accusative [ə'kju:zətɪv] <fn> [U] tárgyeset; accusativus
accusative case [ə'kju:zətɪv keɪs] <fn> [U] tárgyeset; accusativus
accuse [ə'kju:z] <ige> (accuses, accusing, accused) (meg)vádol (**sy of sg** vkit vmivel): *be accused of sg* vádolják vmivel ∗ *The police accused her of stealing.* A rendőrség lopással vádolta.
accused [ə'kju:zd] <fn> [C] **the accused** a vádlott; a terhelt
accusing [ə'kju:zɪŋ] <mn> *(pillantás)* vádló; szemrehányó
accustom [ə'kʌstəm] <ige> hozzászoktat (**sy to sg** vkit vmihez): *be accustomed to sg//become accustomed to sg//get accustomed to (doing) sg* hozzászokott vmihez; hozzá van szokva vmihez
accustomed [ə'kʌstəmd] <mn> megszokott; szokásos: *accustomed to sg* vmihez szokott
ace [eɪs] <fn> [C] **1.** *(kártyában)* ász: *ace of hearts* kőr ász **2.** *(teniszben)* ász **3.** biz kiválóság; menő; ász
 ♦ **sy's ace in the hole** vki (utolsó) ütőkártyája ♦ **have/keep an ace up one's sleeve** van még egy ütőkártyája
¹**ache** [eɪk] <ige> (aches, aching, ached) fáj: *My head aches/is aching.* Fáj a fejem. ∗ *I am aching all over.* Mindenem fáj.
²**ache** [eɪk] <fn> [C] fájdalom; fájás: *I have an ache in my stomach.* Fáj a gyomrom.
achieve [ə'tʃi:v] <ige> (achieves, achieving, achieved) **1.** *(célt)* elér: *He achieved his aim/purpose.* Elérte a célját./Célt ért. ∗ *Our firm achieved a big increase in car sales this month.* Cégünk e hónapban nagy növekedést ért el az autóeladások terén. **2.** véghez visz; (el)végez; megvalósít: *I haven't achieved much today.* Nem sok mindent végeztem ma. ∗ *He'll never achieve anything.* Sohasem viszi semmire. **3.** teljesít
achievement [ə'tʃi:vmənt] <fn> [C, U] **1.** teljesítmény; eredmény; siker: *sense of achievement* sikerélmény **2.** teljesítés
¹**acid** ['æsɪd] <mn> **1.** savas; savanyú: *acid drops* savanyú cukor ∗ *acid fruits* savanyú gyümölcsök **2.** fanyar: *acid humour* fanyar humor
²**acid** ['æsɪd] <fn> [C, U] kém sav
acid rain [,æsɪd'reɪn] <fn> [U] savas eső
acid test [,æsɪd'test] <fn> [C] tűzpróba; döntő próba
acknowledge [ək'nɒlɪdʒ] <ige> (acknowledges, acknowledging, acknowledged) **1.** *(bűncselekményt)* elismer; beismer: *I acknowledged that I had made a mistake.* Elismertem/Beismertem, hogy hibáztam. **2.** visszaigazol; nyugtáz; jóváhagy: *He acknowledged my letter.* Visszaigazolta/Nyugtázta a levelemet. **3.** *(tekintélyt)* elismer; méltányol: *He acknowledged their help.* Köszönetet mondott a segítségükért./Méltányolta, hogy segítettek.
acknowledg(e)ment [ək'nɒlɪdʒmənt] <fn> **1.** [U] *(hibáé stb.)* elismerés; beismerés **2.** [C, U] visszaigazolás; nyugtázás **3.** [C, U] elismervény: *acknowledgement of receipt* átvételi elismervény **4.** [C, U] *(teljesítményé stb.)* elismerés: *in acknowledgement of sg* vminek az elismeréseképpen **5.** **acknowledgements** [pl] köszönetnyilvánítás
acne ['ækni] <fn> [C] *(bőrön)* akne
acorn ['eɪkɔ:n] <fn> [C] makk
acoustics [ə'ku:stɪks] <fn> [pl] akusztika: *The acoustics aren't very good.* Nem túl jó az akusztika.
acquaint [ə'kweɪnt] <ige> **1.** megismertet (**sy with sy/sg** vkit vkivel/vmivel); értesít; tudat (**sy with sg** vkit vmiről) **2.** megismerkedik (**oneself with sg** vmivel)
acquaintance [ə'kweɪntəns] <fn> **1.** [C] *(ember)* ismerős **2.** [U, C] ismeretség: *make someone's acquaintance* megismerkedik vkivel; ismeretséget köt vkivel **3.** [U, C] ismeret; tudás: *His acquaintance with the works of Shakespeare is slight.* Nem igazán/Csak felületesen ismeri Shakespeare műveit.
acquainted [ə'kweɪntɪd] <mn> **1. be acquainted (with sy)** (felületes) ismeretségben van (vkivel) **2. be/become/get acquainted with sg** jártas vmiben; megismerkedik vmivel

acquire [ə'kwaɪə] <ige> (acquires, acquiring, acquired) **1.** (meg)szerez; (birtokra, vagyonra) szert tesz **2.** (tudást) elsajátít; magáévá tesz

acquisition [ˌækwɪ'zɪʃn] <fn> **1.** [U] (meg)szerzés **2.** (tulajdon, múzeumi tárgy, könyvtári könyvek stb.) szerzemény **3.** [U] (tudásé, nyelvé) elsajátítás

acquit [ə'kwɪt] <ige> (acquits, acquitting, acquitted) **1.** felment (**sy of/on sg** vkit vmi alól): *The judge acquitted the girl of murder.* A bíróság felmentette a lányt a gyilkosság alól. **2. acquit oneself** viselkedik: *She acquitted herself well.* Jól viselkedett./Kitett magáért.

acquittal [ə'kwɪtl] <fn> [C, U] jog felmentés; felmentő ítélet

acre ['eɪkə] <fn> [C] (4,147 m²) angol hold

acrimonious [ˌækrɪ'məʊnɪəs] <mn> (szó stb.) csípős; éles; maró; (harc, küzdelem stb.) elkeseredett

acrobat ['ækrəbæt] <fn> [C] légtornász; akrobata

acrobatic [ˌækrə'bætɪk] <mn> (mutatvány stb.) akrobatikus; akrobata-

acrobatics [ˌækrə'bætɪks] <fn> [pl] akrobatika

acronym ['ækrə(ʊ)nɪm] <fn> [C] mozaikszó; akronim

¹across [ə'krɒs] <elölj> **1.** át; keresztül: *walk across the road* átmegy az úton **2.** vmin túl; odaát: *across the sea* a tengeren túl ∗ *There is a building across the field.* A mező másik oldalán van egy épület.

²across [ə'krɒs] <hsz> **1.** át; keresztül **2.** át; odaát: *go across* átmegy **3.** széles: *3 miles across* 3 mérföld széles

♦ **with arms across** keresztbe font karokkal

¹act [ækt] <ige> **1.** viselkedik; cselekszik: *He acted like a child.* Gyerekesen viselkedett. ∗ *He acted quickly.* Gyorsan cselekedett. **2.** megjátszik (**sg** vmit): *I decided to act dumb.* Úgy döntöttem, hogy megjátszom a némát. **3.** szerepel; (szerepet) játszik; alakít: *act the part of Hamlet* Hamletet alakítja ∗ *Who is acting Juliet tonight?* Ki játssza este Júliát? **4.** hat: *The painkiller acts quickly.* A fájdalomcsillapító gyorsan hat. **5.** működik; tevékenykedik; intézkedik

---

act for sy//act on behalf of sy helyettesít; képvisel vkit
act on/upon sg 1. cselekszik; eljár vmi szerint **2.** (gyógyszer) hat vmire
act out sg eljátszik vmit
act up to one's principles elveihez hűen cselekszik

---

²act [ækt] <fn> [C] **1.** cselekedet; tett: *a foolish act* bolond cselekedet/tett ∗ *catch sy in the act of sg* tetten ér vkit vmin **2.** (színdarabé) felvonás **3.** törvény: *Parliament has passed an Act.* A Parlament elfogadott egy törvényt.

¹acting ['æktɪŋ] <mn> helyettes; ügyvezető: *acting manager* ügyvezető igazgató

²acting ['æktɪŋ] <fn> [U] színjátszás

action ['ækʃn] <fn> **1.** [U] cselekvés; tett: *take action* intézkedik ∗ *plan of action* cselekvési terv ∗ *He is a man of action.* Ő a tettek embere. ∗ *It is time for action.* Eljött a cselekvés/tettek ideje! **2.** [U] működés; mozgás: *bring sg into action* működésbe hoz vmit ∗ *come into action* működésbe lép ∗ *put/set sg in action* működésbe hoz vmit ∗ *The car is in action/out of action.* Az autó működik/nem működik. **3.** [C] cselekedet: *My son copied his father's actions.* A fiam utánozta az apja cselekedeteit. **4.** [U] hatás: *The harmful action of sunlight on the skin.* A napfény bőrre gyakorolt káros hatása. **5.** [U] (színdarabé) cselekmény **6.** [C, U] jog per: *bring an action against sy* pert indít vki ellen ∗ *legal action* per; kereset ∗ *take legal action against sy* beperel vkit **7.** [U] ütközet; csata: *He was killed in action.* Csatában esett el.

action-packed ['ækʃnpækt] <mn> (film stb.) cselekménydús; eseménydús; túlszervezett: *an action-packed weekend* eseménydús/túlszervezett hétvége

action replay ['ækʃn ˌriːpleɪ] <fn> [C] (tévében, pl. mérkőzés közvetítése közben stb.) ismétlés

activate ['æktɪveɪt] <ige> aktiv(iz)ál; működésbe hoz

¹active ['æktɪv] <mn> **1.** aktív; tevékeny; lelkes: *active participation* cselekvő részvétel ∗ *take an active part in sg* tevékenyen részt vesz vmiben ∗ *She is still really active.* Még mindig igen aktív. ∗ *She is an active member of our class.* Osztályunk tevékeny/aktív tagja. **2.** ható; működő: *active force* hatóerő ∗ *an active volcano* működő tűzhányó **3.** nyelvt (szerkezet) cselekvő: *active voice* cselekvő igealak

²active ['æktɪv] <fn> [sing] **the active** cselekvő (igealak): *The verb is in the active.* Az ige cselekvő szerkezetben áll.

activist ['æktɪvɪst] <fn> [C] aktivista; harcos

activity [æk'tɪvətɪ] <fn> (activities) **1.** [U] tevékenység; ténykedés; aktivitás; sürgés-forgás; nyüzsgés; pezsgés: *There has been a lot of activity in our village today.* Ma óriási forgalom van a falunkban. **2.** [C] elfoglaltság: *What is his favourite activity?* Mi a kedvenc elfoglaltsága? ∗ *He has many activities that take up his time.* Rengeteg az elfoglaltsága, amely felemészti

az idejét. **3.** [C] foglalkozás: *classroom activities* osztálytermi foglalkozások * *leisure activities* szabadidő(s) foglalkozás
actor ['æktə] <fn> [C] szín(műv)ész
actress ['æktrəs] <fn> [C] szín(műv)észnő
actual ['æktʃʊəl] <mn> **1.** tényleges; konkrét **2.** jelenlegi
♦ **in (actual) fact** valójában

> Vigyázat, álbarátok!
> **actual** ≠ aktuális (= timely; current)

actually ['æktʃʊəlɪ] <hsz> **1.** a helyzet az, hogy…: *Actually, I'll be a bit late home.* A helyzet az, hogy kicsit későn érek ma haza. * *We thought we could go to the beach but actually it was raining all day.* Azt hittük, ki tudunk menni a strandra, de a helyzet az, hogy egész nap esett az eső. **2.** valójában; tényleg(esen): *He said he was going to the school but actually he went to the cinema.* Azt mondta, iskolába megy, valójában azonban moziba ment. * *He actually did it.* Tényleg megcsinálta. **3.** tulajdonképpen; voltaképpen; az igazat megvallva: *Well, what did she actually say?* Mit is mondott tulajdonképpen?
actual value ['æktʃʊəl vælju:] <fn> [C] tényleges érték
acumen ['ækjumən] <fn> [U] gyors felfogás; éleslátás; érzék: *business acumen* üzleti érzék * *critical acumen* kritikai érzék
acupressure ['ækju,preʃə] <fn> [U] akupresszúra
acupuncture ['ækju,pʌŋktʃə] <fn> [U] akupunktúra
acute [ə'kju:t] <mn> **1.** heveny; fokozódó; erős; akut: *an acute illness* akut betegség **2.** kiáltó; akut; válságos; súlyos: *There is an acute shortage of doctors.* Súlyos orvoshiány van. **3.** éles eszű; ravasz: *an acute businessman* éles eszű üzletember **4.** *(érzékszervek stb.)* éles; fejlett: *acute ear/hearing* jó fül/hallás * *an acute sense of smell* jól fejlett/érzékeny szaglás **5.** éles; hegyes: *acute angle* hegyesszög * *acute triangle* hegyesszögű háromszög
AD [,eɪ'di:] [= (Latin) Anno Domini = in the year of our Lord] i.sz. (= időszámításunk szerint); Kr.u. (= Krisztus után)
ad [æd] [= advertisement] <fn> [C] apróhirdetés; újsághirdetés; reklám
adapt [ə'dæpt] <ige> **1.** alkalmaz; alkalmassá tesz; átalakít; átdolgoz: *adapt for television/the stage* televízióra/színpadra alkalmaz **2.** alkalmazkodik ((oneself) to sg vmihez): *It took him a while to adapt himself to his new school.* Időbe telt, míg alkalmazkodott az új iskolához. * *They adapted well.* Jól tudtak alkalmazkodni.
adaptable [ə'dæptəbl] <mn> **1.** alkalmazható **2.** alkalmazkodó; alkalmazkodni tudó
adaptation [,ædæp'teɪʃn] <fn> **1.** [U, C] *(irodalmi műé)* alkalmazás; átdolgozás: *a screen adaptation of Shakespeare's Hamlet* Shakespeare Hamletjének filmre/televízióra/képernyőre alkalmazása **2.** [U] *(körülményekhez stb.)* alkalmazkodás
adapter [ə'dæptə] <fn> [C] el **1.** adapter **2.** BrE elosztó
adaptor [ə'dæptə] → **adapter**
add [æd] <ige> **1.** hozzáad (to sg vmihez): *Add the flour to sugar.* Add hozzá a lisztet a cukorhoz. * *Add my name to the list.* Tedd hozzá a nevemet a listához. **2.** mat összead; hozzáad: *add two to three* háromhoz hozzáad kettőt * *You have to add 4 and 7 together if you want to get 11.* Négy meg hét az tizenegy. **3.** hozzátesz: *I would like to add that…* szeretném hozzátenni, hogy… * *I have nothing to add.* Nincs semmi hozzátennivalóm.
♦ **it all adds up to…** mindebből az derül ki, hogy…

> **add on** hozzászámít; hozzáad
> **add to** hozzáad; hozzátesz; (meg)növel
> **add up 1.** összead: *Add these numbers up.* Add össze ezeket a számokat. **2.** összegez **3.** *(számítás)* kijön
> **add up to 1.** *(összeget)* kitesz **2.** világosan mutat vmit

added ['ædəd] <mn> hozzáadott
adder ['ædə] <fn> [C] vipera
addict ['ædɪkt] <fn> [C] **1.** vmi káros szenvedély rabja; függő: *a drug/heroin addict* a kábítószer rabja; drogfüggő; heroinfüggő **2.** *(személy)* fanatikus
addicted [ə'dɪktɪd] <mn> **be addicted to sg** vminek a rabja; függő vmitől: *be addicted to drugs* kábítószerfüggő * *be addicted to computer games* rabja a számítógépes játékoknak
addiction [ə'dɪkʃn] <fn> [C] káros szenvedély; függőség; függés vmitől: *drug addiction* kábítószer-függőség
addictive [ə'dɪktɪv] <mn> függőséget okozó
addition [ə'dɪʃn] <fn> **1.** [U] összeadás: *addition and subtraction* összeadás és kivonás * *She is good at addition.* Jól ad össze./Összeadásban jó. **2.** [C] gyarapodás; kiegészítés: *an addition to the family* új gyer(m)ek a családban
♦ **in addition (to sg)** ráadásul; azonkívül; azonfelül; amellett; emellett

additional [ə'dɪʃnəl] <mn> további; kiegészítő; pót(lólagos)

additive ['ædətɪv] <fn> [C] adalékanyag

add-on ['ædɒn] <fn> [C] infor bővítő/kiegészítő eszköz(ök)

¹address [ə'dres] <fn> [C] **1.** (lak)cím; *(levélen)* címzés: *change of address* címváltozás * *email address* e-mail-cím **2. form/mode of address** megszólítás **3.** *(konferencián stb.)* (üdvözlő)beszéd; előadás: *presidential address* az elnök beszéde; az elnöki beszéd

²address [ə'dres] <ige> **1.** címez (**sg to sy** vmit vkinek); *(levelet)* megcímez **2.** beszédet intéz (**sy** vkihez); *(konferenciát stb.)* üdvözöl; beszédet mond/tart **3.** megszólít: *address sy as* vkit vminek szólít **4. address sg to sy** *(panaszt stb.)* intéz vkihez

♦ **address oneself to sg** hozzáfog vmihez; nekigyürkőzik (a feladatnak)

addressee [ˌædres'iː] <fn> [C] címzett

adenoids ['ædɪnɔɪdz] <fn> [pl] orv garatmandula

adept [ə'dept] <mn> ügyes; hozzáértő jártas (**at/in sg** vmiben)

adequate ['ædɪkwət] <mn> megfelelő; kielégítő; elfogadható; adekvát: *adequate clothing* megfelelő ruházat/öltözet * *adequate answer* kielégítő/adekvát válasz

adhere [əd'hɪə] <ige> (adheres, adhering, adhered) ragad; tapad (**to sg** vmihez)

> **adhere to sg** ragaszkodik vmihez; kitart vmi mellett; tartja magát vmihez: *I am adhering to my principles.* Ragaszkodom az elveimhez.

adherence [əd'hɪərəns] <fn> [U] **1.** (oda)tapadás (**to sg** vmihez) **2.** ragaszkodás (**to sg** vmihez); kitartás (**to sg** vmi mellett)

¹adhesive [əd'hiːsɪv] <mn> ragadós; tapadó; ragasztó: *adhesive tape* ragasztószalag * *adhesive plaster* leukoplaszt; sebtapasz

²adhesive [əd'hiːsɪv] <fn> [C, U] ragasztó: *You were using the wrong adhesive.* Rossz ragasztót használtál.

ad hoc [ˌæd 'hɒk] <mn> alkalmi; *(zsűri)* ad hoc; *(bizottság)* eseti

adjacent [ə'dʒeɪsnt] <mn> szomszédos; határos (**to sg** vmivel): *It's adjacent to the station.* Közvetlenül az állomás mellett van./Az állomás szomszédságában van. * *He bought the house adjacent to mine.* A velem szomszédos házat vette meg./A szomszéd házat vette meg.

adjective ['ædʒɪktɪv] <fn> [C] nyelvt melléknév

adjoin [ə'dʒɔɪn] <ige> határos; szomszédos; érintkezik (**sg** vmivel): *The hotel adjoins his house.* A szálloda a házával szomszédos.

adjoining [ə'dʒɔɪnɪŋ] <mn> szomszédos

adjourn [ə'dʒɜːn] <ige> elnapol; elhalaszt (**till/until sg** vmeddig) (**for sg** vmennyi időre): *adjourn the meeting until Monday* hétfőig elnapolja/berekeszti a találkozót

adjudicate [ə'dʒuːdɪkeɪt] <ige> (adjudicates, adjudicating, adjudicated) jog ítéletet hoz; ítélkezik

adjust [ə'dʒʌst] <ige> **1.** alkalmazkodik (**to sg/sy** vmihez/vkihez) **2.** beállít; beszabályoz; megigazít: *I must adjust my watch.* Be kell állítanom az órámat. * *Adjust your bicycle seat.* Állítsd be a bicikliülésedet! **3.** (hozzá)igazít (**sg to sg/sy** vmit vmihez/vkihez): *Adjust your speech to the age of the audience.* A hallgatóság korához igazítsd a beszédedet!

adjustable [ə'dʒʌstəbl] <mn> állítható; változtatható; igazítható; szabályozható

adjustable spanner [ˌədʒʌstəbl'spænə] <fn> [C] franciakulcs

adjustment [ə'dʒʌstmənt] <fn> [C, U] **1.** (be)igazítás; beállítás; beszabályozás; hozzáigazítás **2.** elrendezés; elintézés

ad-lib [ˌæd'lɪb] <ige> (ad-libs, ad-libbing, ad-libbed) szính improvizál; rögtönöz

administer [əd'mɪnɪstə] <ige> **1.** *(ügyeket)* intéz; *(intézményt)* igazgat; adminisztrál; kormányoz **2.** (ki)szolgáltat: *administer justice* igazságot szolgáltat **3.** *(orvosságot)* bead

administration [ədˌmɪnɪ'streɪʃn] <fn> **1.** [U] (köz)igazgatás; ügyintézés; ügyvitel; adminisztráció: *administration costs* adminisztrációs/ügyintézési költségek **2.** [C] AmE kormány(zat); kabinet: *the Carter administration* a Carter kormány(zat)/kabinet

administrative [əd'mɪnɪstrətɪv] <mn> (köz-) igazgatási; adminisztratív; adminisztrációs

administrator [əd'mɪnɪstreɪtə] <fn> [C] ügyintéző; adminisztrátor

admirable ['ædmərəbl] <mn> csodálatos; csodálatra méltó

admiral ['ædmərəl] <fn> [C] admirális

admiration [ˌædmə'reɪʃn] <fn> [U] csodálat (**for sy/sg** vki/vmi iránt)

admire [əd'maɪə] <ige> (admires, admiring, admired) **1.** (meg)csodál; gyönyörködik; (meg)bámul **2.** nagyra becsül

admirer [əd'maɪərə] <fn> [C] csodáló; hódoló; rajongó: *She has many admirers.* Sok csodálója van. * *She is an admirer of Bach.* Bach-rajongó.

admiring [əd'maɪərɪŋ] <mn> csodáló; rajongó

admissible [əd'mɪsəbl] <mn> elfogadható; megengedhető

admission [əd'mɪʃn] <fn> **1.** [C, U] belépés: *admission free* a belépés díjtalan * *admission fee/charge* belépődíj; belépti díj * *People were refused admission.* Senkit sem engedtek be. **2.** [C, U] isk felvétel **3.** [C] beismerés; elismerés; vallomás: *by his own admission* saját bevallása szerint * *admission of guilt* a bűnösség beismerése

admit [əd'mɪt] <ige> (admits, admitting, admitted) **1. admit sg//admit to (doing) sg//admit that...** bevall; elismer; beismer vmit/vminek a megtételét: *I have to admit (that...)* Be kell ismernem, (hogy...) * *It is generally admitted that...* Általánosan elismert tény, hogy... * *He admitted breaking into the house.* Beismerte, hogy betört a házba. **2.** *(moziba stb.)* bebocsát; beenged; beereszt (**into** sg vhova) **3.** *(kórházba, iskolába stb.)* felvesz (**into/to** sg vhova): *He was admitted to the university.* Felvették az egyetemre.

admittance [əd'mɪtns] <fn> [U] hiv beengedés; bebocsátás; belépés; bemenet(el): *no admittance* belépni tilos

admittedly [əd'mɪtɪdlɪ] <hsz> kétségtelenül; bevallottan

admonish [əd'mɒnɪʃ] <ige> figyelmeztet; (meg-)int (**for** sg vmiért/vmi miatt)

admonition [ˌædmə'nɪʃn] <fn> [C, U] intés; figyelmeztetés

ado [ə'duː] <fn> [U] hűhó: *much ado about nothing* sok hűhó semmiért * *without further ado* minden további/teketória nélkül

adolescence [ˌædə'lesns] <fn> [U] serdülőkor; kamaszkor

¹adolescent [ˌædə'lesnt] <mn> fiatalkorú; serdülő

²adolescent [ˌædə'lesnt] <fn> [C] serdülő(korú); kamasz(korban levő)

adopt [ə'dɒpt] <ige> **1.** örökbe fogad: *adopted child* örökbe fogadott gyermek **2.** elsajátít; *(nevet, magatartást, szokást)* felvesz; *(eljárást)* alkalmaz; *(javaslatot stb.)* elfogad: *adopt a policy* állásponthoz foglal/kialakít

adoption [ə'dɒpʃn] <fn> [U, C] **1.** örökbefogadás; adoptálás **2.** elfogadás

adoptive [ə'dɒptɪv] <mn> *(szülők)* örökbe fogadó

adorable [ə'dɔːrəbl] <mn> imádni való: *an adorable little girl* imádni való kislány

adore [ə'dɔː] <ige> **1.** *(embert, csokit stb.)* imád **2.** rajong; lelkesedik (**sy/sg** vkiért/vmiért)

adorn [ə'dɔːn] <ige> díszít; ékesít

adornment [ə'dɔːnmənt] <fn> [C, U] dísz(ítés); dísz(ítmény); ék(esítés)

adrenalin [ə'drenəlɪn] <fn> [U] adrenalin

adrift [ə'drɪft] <mn> *(csónak stb.)* sodródó: *be adrift* sodródik

adroit [ə'drɔɪt] <mn> ügyes (**at sg** vmiben)

¹adult ['ædʌlt] <fn> [C] felnőtt: *adults only* csak felnőttek(nek)

²adult ['ædʌlt] <mn> felnőtt: *adult education* felnőttoktatás * *adult population* felnőtt népesség

adulterate [ə'dʌltəreɪt] <ige> (meg)hamisít

adulterer [ə'dʌltərə] <fn> [C] házasságtörő (férfi)

adulteress [ə'dʌltəres] <fn> [C] házasságtörő (nő)

adultery [ə'dʌltərɪ] <fn> [U] házasságtörés

¹advance [əd'vɑːns] <fn> [C, U] **1.** haladás; előrenyomulás: *make an advance* halad * *in advance* előre/előzetesen * *well in advance* jó előre * *We paid for the tickets in advance.* Előre kifizettük a jegyeket./Elővételben megvettük a jegyeket. **2.** fejlődés; haladás: *rapid technological advance* gyors technológiai fejlődés **3.** előleg: *as an advance (on sg)* előlegképpen * *He got an advance on his salary.* Munkabérelőleget kapott. **4.** előzetes: *advance booking* helyfoglalás/előjegyzés/jegyelővétel **5. advances** [pl] közeledés; (fel)ajánlkozás: *make advances to sy* kikezd vkivel

²advance [əd'vɑːns] <ige> (advances, advancing, advanced) **1.** halad; előrenyomul: *The soldiers advanced towards the town.* A katonák előrenyomultak a város felé. * *advance in age/years* öregszik/korosodik **2.** fejlődik; előrehalad: *Our knowledge has advanced a lot.* Tudásunk sokat fejlődött./Tudásunk sokat haladt előre. **3.** előlegez./kölcsönad: *I'll advance you the money.* Megelőlegezem neked a pénzt. **4.** emelkedik: *Inflation advanced last year.* Az infláció emelkedett tavaly. **5.** *(rangban)* előléptet; *(ipart stb.)* fellendít; fejleszt; *(fejlődést)* előmozdít; elősegít

advanced [əd'vɑːnst] <mn> **1.** haladó: *an advanced course* haladó tanfolyam; tanfolyam haladóknak * *advanced students* haladók * *in the advanced stage of the illness* a betegség előrehaladott stádiumában * *Tom is young, but his reading is very advanced.* Tom fiatal, de korát megelőzve olvas. **2.** fejlett: *advanced industrial societies* fejlett ipari társadalmak

advancement [əd'vɑːnsmənt] <fn> [U] haladás; fejlődés; előlépés; felemelkedés

advance payment [əd'vɑːns peɪmənt] <fn> [C] gazd előleg

advantage [əd'vɑːntɪdʒ] <fn> [C, U] **1.** előny: *the advantages of living in the city* a városi lét előnyei * *have/gain an advantage over sy* előny-

ben van vkivel szemben * *unfair advantage* tisztességtelen előny * *Each of these schools has its advantages and disadvantages.* Mindegyik iskolának megvannak a maga előnyei és hátrányai. **2.** haszon; nyereség: *to my advantage* hasznomra/előnyömre/javamra **3.** sp *(teniszben)* előny: *advantage in/server* előny az adogatónál * *advantage out/receiver/striker* előny a fogadónál
♦ **take advantage of sy/sg** kihasznál vmit; kihasználja vminek az előnyeit *She took advantage of my generosity.* Kihasználta nagylelkűségemet. ♦ **turn sg to advantage** hasznára fordít vmit

advantageous [ædvən'teɪdʒəs] <mn> előnyös; hasznos; kedvező

adventure [əd'ventʃə] <fn> [C] kaland: *an adventure film* kalandfilm * *adventure holiday* izgalmas/kalandos nyaralás

adventurer [əd'ventʃərə] <fn> [C] kalandor; kalandvágyó utazó/turista

adventurous [əd'ventʃərəs] <mn> **1.** *(élet, utazás stb.)* kalandos **2.** kalandvágyó; merész

adverb ['ædvɜːb] <fn> [C] nyelvt határozószó

adverbial [əd'vɜːbɪəl] <mn> nyelvt határozói

adversary ['ædvəsərɪ] <fn> [C] (adversaries) **1.** ellenfél **2.** ellenség

adverse ['ædvɜːs] <mn> **1.** ellenséges; ellentétes **2.** kedvezőtlen; szerencsétlen: *adverse conditions* kedvezőtlen/mostoha körülmények

adversity [əd'vɜːsətɪ] <fn> [C, U] (adversities) szerencsétlenség; viszontagság; balszerencse; csapás: *in times of adversity* hányattatások idején; ínséges időkben

advert ['ædvɜːt] <fn> [C] BrE reklám; hirdetés

advertise ['ædvətaɪz] <ige> (advertises, advertising, advertised) **1.** (meg)hirdet; reklámoz; hirdetést tesz közzé: *We could sell our house by advertising it in some newspapers.* El tudnánk adni a házunkat, ha meghirdetnénk néhány napilapban. * *Advertise both your product and your services.* Reklámozd mind a termékedet, mind a szolgáltatásaidat! **2.** hirdetés útján keres (**for sg/sy** vmit/vkit): *We are advertising for a new car.* Hirdetés útján keresünk új autót.

advertisement [əd'vɜːtɪsmənt] <fn> [C] hirdetés; reklám: *insert an advertisement* apróhirdetést tesz közzé * *put an advertisement in a newspaper* hirdet(ést tesz közzé) az újságban

advertising ['ædvətaɪzɪŋ] <fn> [U] hirdetés; reklám

advertising agency ['ædvətaɪzɪŋ eɪdʒənsɪ] <fn> [C] gazd reklámügynökség

advertising campaign ['ædvətaɪzɪŋ kæmpeɪn] <fn> [C] gazd reklámkampány; reklámhadjárat: *online advertising campaign* internetes reklámkampány

advertising slogan ['ædvətaɪzɪŋ sləʊgən] <fn> [C] gazd reklámszlogen

advice [əd'vaɪs] <fn> [U] tanács: *act on sy's advice* vki tanácsa(i) szerint cselekszik; vki tanácsa(i) szerint jár el * *on sy's advice* vki tanácsára * *a piece of advice* (jó, baráti) tanács * *take sy's advice* megfogadja vki tanácsát * *Follow your doctor's advice.* Kövesd orvosod tanácsát. * *He gives advice for everybody.* Tanácsot ad mindenkinek. * *Let me give you a piece of advice./Let me give you some advice.* Adnék neked egy jó tanácsot. * *take medical advice* orvoshoz fordul

advisable [əd'vaɪzəbl] <mn> ajánlatos; tanácsos

advise [əd'vaɪz] <ige> (advises, advising, advised) **1.** tanácsol; javasol; ajánl (**sy to do sg** vkinek vmit megtenni): *advise sy on sg* tanácsot ad vkinek * *We advised him to stop drinking.* Azt tanácsoltuk/javasoltuk neki, hogy hagyja abba az ivást. * *He advises his friends on special issues.* Különleges ügyekben ad tanácsot barátainak. **2.** értesít; tájékoztat: *be well advised* jól értesült * *Please advise me what to do.* Kérlek, értesíts, mit tegyek!

adviser [əd'vaɪzə] <fn> [C] tanácsadó

advisor [əd'vaɪzə] <fn> [C] AmE tanácsadó

advisory [əd'vaɪzərɪ] <mn> tanácsadó(i): *advisory board* tanácsadó testület

¹**advocate** ['ædvəkət] <fn> [C] **1.** szószóló: *an advocate of reform* a reform szószólója **2.** (védő)ügyvéd

²**advocate** ['ædvəkeɪt] <ige> **1.** javasol **2.** támogat (**sy/sg** vki/vmit); szót emel (**sy/sg** vki/vmi mellett); *(ügyet)* védelmez

¹**aerial** ['eərɪəl] <fn> [C] BrE antenna

²**aerial** ['eərɪəl] <mn> légi: *aerial photograph* légi felvétel

aerobics [eə'rəʊbɪks] <fn> [U] aerobic

aerodynamics [ˌeərəʊdaɪ'næmɪks] <fn> [U] aerodinamika

aeronautics [ˌeərə'nɔːtɪks] <fn> [U] repüléstan; aeronautika

aeroplane ['eərəpleɪn] <fn> [C] röv **plane** repülő(gép)

aerosol ['eərəsɒl] <fn> [C] aeroszol(os doboz/flakon)

aesthetic [iːs'θetɪk] <mn> esztétikus; ízléses

aesthetics [iːs'θetɪks] <fn> [U] esztétika

afar [ə'fɑː] <hsz> **from afar** távolról; távolból

affable ['æfəbl] <mn> nyájas; szív(ély)es; barátságos

affair [əˈfeə] <fn> [C] **1.** esemény: *a quiet family affair* csendes családi esemény **2. affairs** [pl] ügy; eset; dolog: *an expert of financial affairs* pénzügyi szakértő ∗ *foreign affairs* külügyek ∗ *minister of foreign affairs* külügyminiszter ∗ *current affairs* aktuális események **3.** *(szexuális kapcsolat)* viszony (**with sy** vkivel): *He is having an affair with another woman.* Viszonya van egy másik nővel.

affect [əˈfekt] <ige> **1.** befolyásol (**sy/sg** vkit/vmit); (ki)hat(ással van) (**sy/sg** vkire/vmire); érint (**sy/sg** vkit/vmit): *The decision will not affect our work.* A döntés nem hat a munkánkra. ∗ *This doesn't affect you.* Ez nem érint téged./Ez nem vonatkozik rád. **2.** *(egészséget)* megtámad: *Smoking affected my father's health.* A dohányzás megtámadta apám egészségét. **3.** *(érzelmileg)* meghat; megindít; megérint: *be deeply affected by sg* mélyen megérintette vmi

affectation [ˌæfekˈteɪʃn] <fn> [U] modorosság; finomkodás; affektálás

affection [əˈfekʃn] <fn> [U] vonzalom; szeretet (**for/towards sy** vki iránt): *He has great affection for her.* Nagy vonzalmat érez iránta./Nagyon szereti.

affectionate [əˈfekʃnət] <mn> szerető; ragaszkodó; gyengéd

affectionately [əˈfekʃnətli] <hsz> szeretettel; gyengéden: *yours affectionately XY (levél végére)* szeretettel (ölel) XY

affiliate [əˈfɪlɪeɪt] <ige> **1.** egyesít; beolvaszt: *be affiliated to/with sg* kapcsolatban van vmivel; egyesül vmivel **2.** csatlakozik (**to sg** vmihez)

affiliation [əˌfɪlɪˈeɪʃn] <fn> [U] hovatartozás

affinity [əˈfɪnəti] <fn> [C, U] (affinities) **1.** rokonság **2.** vonzódás; vonzalom (**for/with sy/sg** vkihez/vmihez); affinitás (**with sy** vkivel); lelki/jellembeli rokonság (**between A and B** A és B között) **3.** kém affinitás

affirm [əˈfɜːm] <ige> (meg)erősít; bizonyít; helybenhagy; állít

affirmation [ˌæfəˈmeɪʃn] <fn> [U, C] állítás; jóváhagyás; helyeslés

affirmative [əˈfɜːmətɪv] <mn> igenlő; állító; megerősítő: *an affirmative answer//an answer in the affirmative* igenlő válasz

affix [ˈæfɪks] <fn> [C] nyelvt toldalék

afflict [əˈflɪkt] <ige> **1.** *(betegség)* kínoz: *He is afflicted by/with headache.* Fejfájás kínozza. **2.** szomorít; *(rossz hír)* lesújt

affliction [əˈflɪkʃn] <fn> [C, U] csapás; megpróbáltatás; szenvedés; nyomorúság

affluent [ˈæfluənt] <mn> gazdag; jómódú; módos; tehetős: *affluent society* jóléti társadalom

afford [əˈfɔːd] <ige> **1. can afford sg//to do sg** megengedheti magának; megtehet vmit: *We can't afford a new car.* Nekünk nem telik új autóra. ∗ *We can't afford to go skiing this year.* Nem engedhetjük meg magunknak a síelést idén. **2.** nyújt; ad: *The tree affords some shelter from the rain.* A fa némi menedéket nyújt az eső ellen.

affordable [əˈfɔːdəbl] <mn> megfizethető; elérhető; előteremthető

afforestation [əˌfɒrɪˈsteɪʃn] <fn> [U] erdősítés; fásítás

affront [əˈfrʌnt] <fn> [C] sértés; sérelem; bántás

afield [əˈfiːld] <hsz> mezőn; szabadban; távol; kint: *far afield* messze kint

afloat [əˈfləʊt] <hsz> **1.** vízen: *be afloat* úszik; lebeg **2.** elterjedve: *there is a story afloat* azt mesélik ∗ *get sg afloat (tevékenységet)* beindít **3. be afloat** gazd fenn tudja magát tartani; fizetőképes

afoot [əˈfʊt] <hsz> készülőben; folyamatban

afraid [əˈfreɪd] <mn> **1. be afraid (of sy/sg)** fél (vkitől/vmitől): *be afraid to do/of doing sg* fél/nem mer vmit megtenni ∗ *She is afraid of dogs.* Fél a kutyáktól. ∗ *He is afraid of losing his job.* Attól fél, hogy elveszíti az állását. ∗ *I was afraid to close the window.* Nem mertem becsukni az ablakot. ∗ *Don't be afraid!* Ne félj! **2. be afraid (that...)** attól fél/tart, hogy...: *I'm afraid that...* attól tartok, hogy.../sajnos... ∗ *I'm afraid I can't go to your party.* Attól tartok, hogy nem tudok elmenni a bulidra. ∗ *I'm afraid I've broken the mirror.* Sajnos eltörtem a tükröt. ∗ *"Are we on time?" "I'm afraid not".* „Időben vagyunk?" „Sajnos nem". ∗ *"Has he left?" "I'm afraid so."* „Elment?" „Sajnos igen."

afresh [əˈfreʃ] <hsz> újra; elölről

Africa [ˈæfrɪkə] <fn> Afrika

¹African [ˈæfrɪkən] <mn> afrikai

²African [ˈæfrɪkən] <fn> [C] afrikai

African American [ˌæfrɪkənəˈmerɪkən] <mn> afrikai amerikai

Afro-American [æfrəʊəˈmerɪkən] <mn> afroamerikai

after [ˈɑːftə] <elölj> <ksz> <hsz> **1.** *(időben)* után; utána; azután; miután: *day after day* nap nap után ∗ *the day after tomorrow* holnapután ∗ *the week after next* a jövő hét utáni hét ∗ *time after time* újra meg újra ∗ *after a while* kicsit később ∗ *She arrived after lunch.* Ebéd után érkezett. ∗ *After running an hour I went home.* Miután futottam egy órát, hazamentem. ∗ *I'll call you after I've spoken to Peter.* Hívlak, miután beszéltem Péterrel. **2.** *(térben)* mögött(e); után(a): *Close the door after* *you.* Csukd be az ajtót magad mögött/után! * *after you* csak ön után * *He ran after the bus.* Szaladt a busz után. * *Her name comes after yours.* Az ő neve a tiéd után jön. **3.** utána; a nyomában: *The police are after him.* A rendőrség a nyomában van. **4.** azok után; következtében: *She'll never visit him after what he said.* Sosem fogja őt meglátogatni azok után, amit mondott.

♦ **after all** végül is; végső soron; elvégre; különben is

aftercare ['ɑ:ftəkeə] <fn> [U] utókezelés; utógondozás

after-effect ['ɑ:ftərɪˌfekt] <fn> [C] utóhatás

afterlife ['ɑ:ftəlaɪf] <fn> [U] túlvilág

aftermath ['ɑ:ftəmæθ] <fn> [ált sing] következmény; utóhatás

afternoon [ˌɑ:ftə'nu:n] <fn> [C, U] délután: *Friday afternoon* péntek délután * *in the afternoon* délután; a délután folyamán * *this afternoon* ma délután * *yesterday afternoon* tegnap délután * *Good afternoon.* Jó napot kívánok!

afters ['ɑ:ftəz] <fn> [pl] biz utóétel; desszert

after-sales service ['ɑ:ftəseɪl sɜ:vɪs] <fn> [C, U] gazd *(eladás utáni karbantartás, javítás)* utószerviz

aftershave ['ɑ:ftəʃeɪv] <fn> [C, U] borotválkozás utáni arcvíz

aftertaste ['ɑ:ftəteɪst] <fn> [U] szájíz; utóíz

afterthought ['ɑ:ftəθɔ:t] <fn> [C] utógondolat; utólagos megfontolás

afterwards ['ɑ:ftəwədz] <hsz> utána; később; azután: *Let's go to the concert first and eat afterwards.* Először menjünk el a koncertre, utána együnk.

again [ə'gen] <hsz> megint; újra; újból; ismét: *again and again* újra meg újra * *once again* újból; ismét; még egyszer * *never again* soha többé * *You'll feel well again.* Megint jól érzed majd magad. * *This must never happen again.* Ez soha többé nem fordulhat elő.

♦ **as much/many again** még egyszer annyi; kétszer annyi ♦ **now and again** olykor/néhanapján ♦ **there/then again** azonban; másfelől viszont

against [ə'genst] <elölj> **1.** ellen; ellenére; ellenében; szemben: *against her will* akarata ellenére * *as against* ellentétben/szemben vmivel * *He was against the plan.* A terv ellen volt. * *I got a medicine against the disease.* Kaptam egy gyógyszert a betegség ellen. * *We are playing against that baseball team.* A másik baseball-csapat ellen játszunk. **2.** *(térbelileg)* ellen; neki-; -nak, -nek; vminek támaszkodva: *Put the chair against the wall.* A széket támaszd a falnak!

¹**age** [eɪdʒ] <fn> (ages) **1.** [C, U] (élet)kor: *at the age of 18* 18 éves kor(á)ban * *for his age* a korához képest * *under the age of 18* 18 éven aluli * *Children from 6–14 years of age attend primary school.* A gyerekek 6–14 éves korban járnak általános iskolába. * *He is of full age.* Nagykorú. * *She is of an age when…* Abban a korban van, amikor… * *They are of an age.* Egykorúak. * *I am 25 years of age.* 25 éves vagyok. * *She's your age.* Egyidős veled. * *When I was your age.* Amikor én annyi idős voltam, mint te… **2.** [U] öregkor: *She died of old age.* Végelgyengülésben halt meg. **3.** [C] kor: *the Bronze Age* a bronzkor(szak) **4. ages** [pl] nagyon hosszú idő: *I haven't seen you for ages.* Ezer éve nem láttalak.

♦ **come of age** eléri a törvényes kort; nagykorúvá válik

²**age** [eɪdʒ] <ige> (ageing/aging, aged) **1.** öregszik **2.** öregít

¹**aged** [eɪdʒd] <mn> -éves; -korú: *aged 20* 20 éves

²**aged** ['eɪdʒɪd] <mn> idős: *my aged teacher* az idős tanárom * *the aged* az öregek; az idősek

age group ['eɪdʒ gru:p] <fn> [C] korcsoport; korosztály; évjárat

¹**ageing** ['eɪdʒɪŋ] <mn> öregedő; korosodó

²**ageing** ['eɪdʒɪŋ] <fn> [U] öregedés

age limit ['eɪdʒˌlɪmɪt] <fn> [U] korhatár

agency ['eɪdʒənsɪ] <fn> [C] (agencies) ügynökség; képviselet: *advertising agency* reklámügynökség * *news agency* hírügynökség * *travel agency* utazási iroda

agenda [ə'dʒendə] <fn> [C] (agendas) napirend: *be on the agenda* napirenden van * *the first item on the agenda* az első napirendi pont

agent ['eɪdʒənt] <fn> [C] **1.** ügynök; képviselő: *estate agent* ingatlanügynök * *insurance agent* biztosítási ügynök **2. (secret) agent** (titkos) ügynök **3.** hatóanyag; vegyszer; szer: *cleaning agents* tisztítószerek **4.** közeg; reagens; (ható)anyag; vegyszer

age-old ['eɪdʒˌəʊld] <mn> réges-régi; ősrégi

aggravate ['ægrəveɪt] <ige> **1.** súlyosbít; rosszabbít: *be aggravated* súlyosbodik/rosszabbodik/fokozódik **2.** biz dühít; (fel)bosszant

aggravating ['ægrəveɪtɪŋ] <mn> **1.** *(körülmény)* súlyosbító **2.** biz kellemetlen; dühítő

aggravation [ˌægrə'veɪʃn] <fn> [C, U] **1.** súlyosbítás **2.** biz felbosszantás; elmérgesítés

¹**aggregate** ['ægrɪgət] <mn> összes; teljes; globális: *aggregate sum* teljes összeg

²**aggregate** ['ægrɪgət] <fn> [C] **1.** végeredmény; összeg: *in (the) aggregate* összesen/összességében * *on aggregate* összesítésben **2.** aggregátum

aggression [ə'greʃn] <fn> [U] **1.** agresszió **2.** támadás
aggressive [ə'gresɪv] <mn> agresszív; ellenséges; kötekedő
aggressiveness [ə'gresɪvnəs] <fn> [U] erőszakosság; agresszivitás
aggressor [ə'gresə] <fn> [C] támadó (fél); agresszor
aghast [ə'gɑːst] <mn> megdöbbent
agile ['ædʒaɪl] <mn> fürge; agilis
agio ['ædʒɪəʊ] <fn> [C] gazd ázsió
agitate ['ædʒɪteɪt] <ige> **1.** felforgat; felráz; megmozgat **2.** felizgat; felkavar **3.** agitál; kampányt indít (**for sg** vmi mellett)
agitation [,ædʒɪ'teɪʃn] <fn> **1.** [U] felkavarodás; izgatottság; nyugtalanság **2.** [U, C] agitálás; agitáció
agitator ['ædʒɪteɪtə] <fn> [C] uszító; agitátor
AGM [,eɪdʒɪː'em] [= Annual General Meeting] évi rendes közgyűlés
ago [ə'gəʊ] <hsz> (bizonyos idő) előtt; ezelőtt: *a few minutes ago* néhány perccel ezelőtt * *He died 3 years ago.* Három évvel ezelőtt halt meg. * *long ago* régen * *a long time ago* jó régen; réges-régen * *a year ago* tavaly
agog [ə'gɒg] <mn> izgatott: *be agog to/for sg* izgatott vmi miatt
agonize ['ægənaɪz] <ige> gyötrődik (**over sg** vmi miatt)
agonized ['ægənaɪzd] <mn> (tekintet stb.) megkínzott; kétségbeesett; gyötrelmes; aggodalmas
agonizing ['ægənaɪzɪŋ] <mn> gyötrő; gyötrelmes; kínzó
agony ['ægənɪ] <fn> [C, U] kín(lódás); gyötrelem; gyötrődés: *be in agony* nagy kínban van
agree [ə'griː] <ige> (agrees, agreeing, agreed) **1.** egyetért (**with sy/sg** vkivel/vmivel): *I agree that...* Egyetértek abban, hogy... * *I agree with you.* Egyetértek veled. * *He and his wife don't agree.* Ő és a felesége nem értenek egyet. **2.** hozzájárul (**to sg** vmihez); beleegyezik (**to sg** vmibe): *He agreed to the plan.* Hozzájárult a tervhez. * *She agreed to let him go early.* Beleegyezett, hogy korán induljon. * *I wanted to sell the house, and my wife agreed.* El akartam adni a házat, és a feleségem beleegyezett. **3.** megegyezik; megállapodik (**with sy about/on sg** vkivel vmiben): *as was agreed* ahogy megbeszéltük * *Could you agree about a price?* Meg tudnátok egyezni valami(lyen) árban? * *That is agreed!* Ebben megegyeztünk! * *We agreed to...* Abban maradtunk, hogy... **4.** egyezik (**with sg** vmivel): *The figures agree.* Egyeznek az adatok.
agreeable [ə'griːəbl] <mn> **1.** kellemes: *She is a most agreeable person.* Nagyon kellemes ember. **2.** **be agreeable to sg** hajlandó beleegyezni/belemenni vmibe; hozzájárul vmihez
agreed [ə'griːd] <mn> megegyezés szerinti; kölcsönösen megállapított/megállapodott: *Agreed!* Megegyeztünk!/Benne vagyok! * *Are we all agreed on this?* Megegyeztünk?/Mindannyian benne vagyunk?
agreement [ə'griːmənt] <fn> **1.** [C] megállapodás; szerződés; egyezség; egyezmény; megegyezés: *trade agreement* kereskedelmi megállapodás/szerződés * *conclude/make an agreement with sy* szerződést/megállapodást köt vkivel * *break an agreement* szerződést szeg * *The two parties failed to reach agreement.* A két fél nem jutott egyezségre. **2.** [U] beleegyezés; egyetértés: *If you want to go to the cinema, you will have to get your mother's agreement.* Ha moziba szeretnél menni, anyád beleegyezésére van szükséged. * *We are all in agreement.* Mindannyian egyetértünk egymással.
agricultural [,ægrɪ'kʌltʃrəl] <mn> mezőgazdasági
agriculture [,ægrɪ'kʌltʃə] <fn> [U] **1.** mezőgazdaság; földművelés (és állattenyésztés) **2.** mezőgazdaságtan
agritourism ['ægrɪtʊərɪzəm] <fn> [U] agroturizmus; falusi turizmus
aground [ə'graʊnd] <hsz> **run aground** (hajó) zátonyra fut; megfeneklik
ahead [ə'hed] <hsz> **1.** (vki/vmi) előtt; elöl; előre: *ahead of me* magam előtt * *The road ahead was blocked.* Elöl az utat eltorlaszolták. * *Go ahead until you reach the forest.* Menj előre, amíg el nem éred az erdőt! * *He is ahead of the other students.* Megelőzi/Túlszárnyalja a többi diákot. **2.** (időben) előre: *We have to plan ahead.* Előre kell terveznünk.
♦ **Just go ahead!** Csak rajta!
¹aid [eɪd] <fn> **1.** [U, C] segédeszköz; segítség: *The dictionary is an aid to learning languages.* A szótár jó segédeszköz a nyelvtanulásban. * *come to sy's aid* vki segítségére siet * *walk with the aid of a stick* bot segítségével jár * *first aid* elsősegély * *hearing aid* hallókészülék/hallásjavító készülék **2.** [U] segély; támogatás: *She is collecting money in aid of invalid people.* A mozgássérültek támogatására gyűjt.
²aid [eɪd] <ige> támogat; (meg)segít; elősegít: *He aided the blind.* A vakokat támogatta.
AIDS, Aids [eɪdz] [= Acquired Immune Deficiency Syndrome] <fn> [U] AIDS (= szerzett immunhiányos tünetegyüttes): *AIDS research* AIDS-kutatás
ailing ['eɪlɪŋ] <mn> fájó; beteg; gyengélkedő: *be ailing* betegeskedik

ailment ['eɪlmənt] <fn> [C] gyengélkedés; betegség

¹aim [eɪm] <ige> **1.** (meg)céloz; célba vesz (**at sy/sg** vkit/vmit); (rá)irányít (**sg at sy/sg** vmit vkire/vmire): *be aimed at sy/sg* vkire/vmire irányul ∗ *He aimed the ball into the net.* A labdát a hálóba célozta. ∗ *He aimed his gun at the fox.* A rókára irányította a puskáját. ∗ *What are you aiming at?* Hová akarsz ezzel kilyukadni? **2. aim sg at sy** szán vkinek vmit: *This book is aimed at adults.* Ezt a könyvet felnőtteknek szánták. **3.** szándékozik (**to do sg** vmit tenni): *She aims to go abroad next year.* Jövőre külföldre szándékozik menni.

²aim [eɪm] <fn> [C] cél; célzás; célkitűzés; szándék: *Her aim is to be a teacher.* Az a célja, hogy tanár legyen.

♦ **take aim at sy/sg** megcéloz/célba vesz vkit/vmit ♦ **He took aim and fired.** Célzott, és lőtt.

aimless ['eɪmləs] <mn> céltalan

ain't [eɪnt] biz **1.** [= am not, is not, are not] → **be 2.** [= has not, have not] → **have**

¹air [eə] <fn> **1.** [U] levegő: *fresh morning air* friss reggeli levegő ∗ *get some fresh air* friss levegőt szív ∗ *in the open air* a szabadban **2.** [U] levegő; ég: *He threw the ball up in the air.* Feldobta a labdát a levegőbe. ∗ *by air* légi úton ∗ *travel by air* repülővel utazik **3. airs** [pl] külső; arckifejezés; viselkedés **4.** [C] dal: *He played a simple air on the piano.* Egy egyszerű dalt zongorázott.

♦ **it is in the air 1.** hírlik; beszélik; szó van róla *There is a romance in the air.* Szerelemszagú a levegő. **2.** bizonytalan; lóg a levegőben ♦ **be on the air** a rádióban/tévében szerepel/megy ♦ **disappear/vanish into thin air** nyomtalanul eltűnik ♦ **give oneself airs** nagyképűsködik; adja az előkelőt ♦ **put on airs** megjátssza magát ♦ **take the air** sétál; levegőzik ♦ **be up in the air 1.** nem tud hova lenni örömében **2.** a plafonon van (dühében)

²air [eə] <ige> **1.** (ki)szellőztet: *Air the kitchen.* Szellőztesd ki a konyhát! **2.** fitogtat: *He is always airing his knowledge.* Mindig fitogtatja a tudását.

air ambulance ['eə æmbjələns] <fn> [C] légi mentők

air-bag ['eəbæg] <fn> [C] légzsák

air base ['eə beɪs] <fn> [C] légitámaszpont

air-bed ['eəbed] <fn> [C] felfújható gumimatrac

airborne ['eəbɔːn] <mn> légi úton szállított

airbrush ['eəbrʌʃ] <fn> [C] festékszóró

airbus ['eəbʌs] <fn> [C] légibusz

air-conditioned ['eəkən,dɪʃnd] <mn> légkondicionált; klimatizált: *The car is air-conditioned.* A kocsi légkondicionált./Klíma van a kocsiban.

air-conditioning ['eəkən,dɪʃnɪŋ] <fn> [U] légkondicionálás; klimatizálás

air-conditioner ['eəkən,dɪʃnə] <fn> [C] klíma (berendezés)

air cooling ['eə kuːlɪŋ] <fn> [U] léghűtés

aircraft ['eəkrɑːft] <fn> [C] (aircraft) repülőgép

aircraft carrier ['eəkrɑːft,kærɪə] <fn> [C] repülőgép-anyahajó

air-crash ['eəkræʃ] <fn> [C] repülőszerencsétlenség

aircrew ['eəkruː] <fn> [C + sing/pl v] repülőgép-személyzet; legénység

airfield ['eəfiːld] <fn> [C] repülőtér

air filter ['eə fɪltə] <fn> [C] légszűrő(betét)

airforce ['eəfɔːs] <fn> [C + sing/pl v] légierő: *the Royal Air Force* a brit királyi légierő

air gun ['eə gʌn] <fn> [C] légpuska

air hostess ['eə,həʊstes] <fn> [C] légiutas-kísérő (nő); stewardess

airing ['eərɪŋ] <fn> [U] **1.** szellőztetés: *This place needs airing.* Ki kell szellőztetni ezt a helyiséget. **2.** levegőzés

airless ['eələs] <mn> levegőtlen; fullasztó: *an airless room* levegőtlen szoba

airlift ['eəlɪft] <fn> [C] légihíd

airline ['eəlaɪn] <fn> [C] **1.** légitársaság **2.** repülőjárat: *international airlines* nemzetközi repülőjáratok

airliner ['eəlaɪnə] <fn> [C] utasszállító repülő (gép); utasgép

airmail ['eəmeɪl] <fn> [U] légiposta: *by airmail* légipostával

air mattress ['eə,mætrəs] <fn> [C] gumimatrac

airplane ['eəpleɪn] <fn> [C] AmE repülőgép

air pocket ['eə,pɒkɪt] <fn> [C] légzsák

air pollution ['eə pə,luːʃn] <fn> [U] légszennyezés; levegőszennyezés

airport ['eəpɔːt] <fn> [C] repülőtér: *airport lounge* rep(ülő)téri váró

air pump ['eə pʌmp] <fn> [C] légszivattyú

air punch ['eə pʌntʃ] <fn> [C] *(elégedetten az ég felé)* ökölcsapás a levegőbe

air raid ['eə reɪd] <fn> [C] légitámadás

air-raid shelter ['eəreɪd,ʃeltə] <fn> [C] óvóhely

airsick ['eəsɪk] <mn> légibeteg

airspace ['eəspeɪs] <fn> [U] légtér

airstrip ['eəstrɪp] <fn> [C] szükségleszállóhely

air terminal ['eə,tɜːmɪnl] <fn> [C] rep terminál

air ticket ['eə,tɪkɪt] <fn> [C] repülőjegy

airtight ['eətaɪt] <mn> légmentes

airtime ['eətaɪm] <fn> [U] *(rádió, tévé)* műsoridő; adásidő

air-traffic controller ['eə‚træfɪk kən'trəʊlə] <fn> [C] légiirányító

airwaves ['eəweɪvz] <fn> [pl] rádióhullámok

airway ['eəweɪ] <fn> [C] **1.** orv légút **2.** rep légifolyosó

airworthy ['eəwɜːði] <mn> rep *(repülőgép)* megbízható; biztonságos

airy ['eərɪ] <mn> **1.** *(helyiség)* levegős; szellős **2.** laza; könnyed

aisle [aɪl] <fn> [C] **1.** *(színházban, repülőgépen)* (sorok közti) folyosó **2.** *(templomban)* oldalhajó

ajar [ə'dʒɑː] <mn> <hsz> (félig) nyitott; nyitva: *The door was ajar when I returned.* Az ajtó kissé nyitva volt, amikor visszaértem.

akimbo [ə'kɪmbəʊ] <hsz> **with arms akimbo** csípőre tett kézzel

akin [ə'kɪn] <mn> rokon (**to sg** vmivel); hasonló (**to sg** vmihez)

à la carte [‚ɑː lɑː 'kɑːt] <mn> étlap szerint(i)

¹**alarm** [ə'lɑːm] <fn> **1.** [U] rémület; riadalom: *He cried with alarm.* Rémülten kiabált. * *false alarm* vaklárma **2.** [C] riadó; riasztás: *give/raise the alarm* riaszt **3.** [C] riasztó(berendezés): *set off the alarm (pl. betörő)* beindítja a riasztót * *Does his car have an alarm?* Van az autójának riasztója? * *My car alarm went off.* Beindult/Megszólalt a riasztóm (a kocsiban). **4.** [C] ébresztőóra; vekker

²**alarm** [ə'lɑːm] <ige> (fel)riaszt; megijeszt; megrémít: *be alarmed at sg* megrémül vmi miatt

alarm call (service) [ə'lɑːm kɔːl (‚sɜːvɪs)] <fn> [C] telefonébresztés

alarm clock [ə'lɑːm klɒk] <fn> [C] ébresztőóra; vekker

alas [ə'læs] <isz> óh, jaj!

Albania [æl'beɪnɪə] <fn> Albánia

¹**Albanian** [æl'beɪnɪən] <mn> albán

²**Albanian** [æl'beɪnɪən] <fn> [C] albán

album ['ælbəm] <fn> [C] **1.** *(könyv, berakó)* album **2.** nagylemez; album

alcohol ['ælkəhɒl] <fn> [U] alkohol; szeszes ital: *alcohol-free* alkoholmentes

¹**alcoholic** [ælkə'hɒlɪk] <mn> alkoholos; szeszes: *alcoholic drinks* szeszes italok

²**alcoholic** [ælkə'hɒlɪk] <fn> [C] alkoholista

ale [eɪl] <fn> [U, C] világos sör

¹**alert** [ə'lɜːt] <mn> éber; óvatos (**to sg** vmivel szemben): *You must be alert to the danger.* Óvatosnak kell lennünk veszély esetén.

²**alert** [ə'lɜːt] <fn> [C] riadó; riadókészültség: *be on (the) alert* kat készültségben van

³**alert** [ə'lɜːt] <ige> **1.** riaszt **2.** felhívja vkinek a figyelmét (**to sg** vmire)

A level ['eɪ‚levl] [= Advanced Level] <fn> [C] BrE ≈ emelt szintű érettségi: *take/do one's A levels* érettségit tesz… tárgyakból; leérettségizik… tárgyakból * *She failed her Chemistry A level.* Megbukott az érettségin kémiából. * *What subjects are you taking at A level?* Milyen tárgyakból teszel emelt szintű érettségit?

algae ['ældʒiː] <fn> [pl] alga

algebra ['ældʒɪbrə] <fn> [U] algebra

Algeria [æl'dʒɪərɪə] <fn> Algéria

Algiers [æl'dʒɪəz] <fn> Algír

¹**alias** ['eɪlɪəs] <fn> [C] álnév

²**alias** ['eɪlɪəs] <hsz> álnéven; más néven

alibi ['æləbaɪ] <fn> [C] (alibis) alibi; kifogás: *prove an alibi* alibit igazol

¹**alien** ['eɪlɪən] <mn> **1.** idegen **2.** külföldi **3.** átv idegen; ismeretlen: *alien customs* idegen szokások * *That is alien to him.* Számára az ismeretlen./Számára az alapvetően idegen.

²**alien** ['eɪlɪən] <fn> [C] **1.** idegen; külföldi (állampolgár) **2.** földön kívüli lény

alienate ['eɪlɪəneɪt] <ige> elidegenít: *become alienated from sy* elidegenedik vkitől

alienation [‚eɪlɪə'neɪʃn] <fn> [U] elidegenítés; elidegenedés

¹**alight** [ə'laɪt] <mn> égő: *be alight* ég; lángra lobban * *set sg alight* felgyújt vmit

²**alight** [ə'laɪt] <ige> **1.** *(járműről)* leszáll (**from sg/out of sg** vmiről): *alight from a bus* leszáll a buszról **2.** rászáll (**on sg** vmire): *The butterfly alighted on the fence.* A pillangó rászállt a kerítésre.

align [ə'laɪn] <ige> **1.** felsorakoztat; egyenesbe állít **2.** felsorakozik (**with sy** vki után)

♦ **align oneself with sy** csatlakozik vkihez; felsorakozik vki mögött

¹**alike** [ə'laɪk] <mn> egyforma; hasonló: *They are all alike.* Mind egyforma. * *The two girls are very alike.* A két lány nagyon hasonló/hasonlít/egyforma.

²**alike** [ə'laɪk] <hsz> egyformán; hasonlóan; ugyanúgy: *She treats all her children alike.* Mindegyik gyerekével ugyanúgy bánik. * *They look very much alike.* Nagyon egyformán néznek ki./Nagyon egyformák/hasonlítanak.

alimony ['ælɪmənɪ] <fn> [U] *(elvált házastárstól)* tartásdíj

alive [ə'laɪv] <mn> **1.** élő: *be alive* él; életben van * *keep sy alive* életben tart vkit * *Only four people were found alive after the accident.* A baleset után mindössze négy ember maradt életben. **2.** élénk: *She is very much alive.* Nagyon élénk/életerős/tevékeny.

♦ **alive to sg** tudatában van vminek ♦ **be alive and kicking** él és virul ♦ **be alive with sg** nyüzsög/hemzseg vmitől ♦ **come alive** feléled ♦ **Look alive!** Siess!/Mozgás!

♦ **Man alive!** Te jó Isten! ♦ **You don't know you're alive!** Nem is tudod, milyen jó dolgod van!

alkali metals ['ælkəlaɪ metlz] <fn> [pl] kém alkálifémek

¹all [ɔːl] <det> <névm> **1.** mind(en); összes: *all of my friends* minden barátom ∗ *all ten men* mind a tíz ember ∗ *fifteen all (teniszben)* tizenöt egyenlő/mind ∗ *All children came to visit us.* Minden gyerek meglátogatott minket. ∗ *All my plants are green.* Minden növényem zöld. ∗ *This is all yours.* Ez mind a tiéd. ∗ *We have eaten it all.* Mind megettük. ∗ *Do not eat all the fruits!* Ne edd meg az összes gyümölcsöt! **2.** egész: *All the bread was cut.* Az egész kenyeret felvágták. ∗ *He has lived all his life here.* Egész életében itt élt. ∗ *It was snowing all day.* Egész nap havazott. **3.** mindenki: *all of us* mindannyian ∗ *All of them came to my party.* Mindenki eljött a bulimra. ∗ *They were all present.* Mindenki jelen volt.

♦ **above all** mindenekelőtt; mindenekfölött; legfőképpen ♦ **all in all** mindent összevéve ♦ **all of a sudden/all at once** hirtelen; egyszerre csak ♦ **all or nothing** mindent vagy semmit ♦ **and all** meg minden ♦ **at all** egyáltalán ♦ **for all I know** már amennyire én tudom ♦ **not all that good/bad etc.** nem annyira jó/rossz stb. ♦ **not at all** azt szót nem érdemel; egyáltalán nem ♦ **that's all** ennyi az egész

²all [ɔːl] <hsz> **1.** teljesen; egészen; összesen: *all alone* teljesen egyedül ∗ *I was dressed all in blue.* Teljesen kékbe öltöztem. **2.** nagyon: *I was all excited.* Nagyon izgatott voltam.

♦ **all along** mindvégig ♦ **all but** majdnem *It is all but impossible to arrive on time.* Majdnem lehetetlen pontosan érkezni. ♦ **all the better** annál jobb ♦ **all the same** 1. mégis 2. mindegy ♦ **all over** 1. mindenhol 2. ízig-vérig ♦ **all over the world** világszerte ♦ **be all there** helyén van az esze ♦ **be all up with sy** neki már teljesen befellegzett ♦ **go all out for sg** szívvel-lélekkel küzd vmiért ♦ **I am all ears.** Csupa fül vagyok.

³all [ɔːl] <előtag> össz-; tiszta; rendkívül: *an all-American show* csak amerikaiakból álló műsor ∗ *all-important* rendkívül fontos; nagyfontosságú

all-clear [ˌɔːlˈklɪə] <fn> [sing] **the all-clear** légiriadó elmúlt (jelzés)

allegation [ˌælɪˈɡeɪʃn] <fn> [C] állítás

allege [əˈledʒ] <ige> állít: *She's alleged to have said that…* Állítólag azt mondta, hogy…

alleged [əˈledʒd] <mn> állítólagos

allegedly [əˈledʒɪdli] <hsz> állítólag

allegiance [əˈliːdʒəns] <fn> [U] lojalitás; állampolgári hűség

allegory [ˈæləɡəri] <fn> [C, U] (allegories) allegória

allergen [ˈælɜːdʒən] <fn> [U, C] orv allergén

allergic [əˈlɜːdʒɪk] <mn> átv is allergiás (**to sg** vmire)

allergy [ˈælədʒi] <fn> [C] (allergies) allergia (**to sg** vmire)

alleviate [əˈliːvieɪt] <ige> enyhít; csillapít; könnyít; tompít

alley [ˈæli] <fn> [C] **1.** sikátor; köz **2.** tekepálya **3.** fasor

alliance [əˈlaɪəns] <fn> [C] szövetség: *enter into an alliance with sy* szövetségre lép vkivel ∗ *form an alliance with sy* szövetkezik vkivel ∗ *political alliance* politikai szövetség

allied [ˈælaɪd, əˈlaɪd] <mn> **1.** *(hatalmak stb.)* szövetséges **2.** együtt (**with sg** vmivel) **3.** rokon (**to sy/sg** vkivel/vmivel); *(párttal stb.)* szövetségi viszonyban levő (**to sy/sg** vkivel)

Allies [ˈælaɪz] <fn> [pl] **the Allies** a szövetséges hatalmak

alligator [ˈælɪɡeɪtə] <fn> [C] aligátor

all-in [ˌɔːlˈɪn] <mn> mindent magában foglaló: *an all-in price* mindent magában foglaló ár

all-night [ˌɔːlˈnaɪt] <mn> éjszakai; egész éjjel tartó; egész éjjel nyitva tartó

allocate [ˈæləkeɪt] <ige> **1.** juttat **2.** *(pénzt, lakást stb.)* kioszt; kiutal

allocation [ˌæləˈkeɪʃn] <fn> [C, U] juttatás; kiutalás

allot [əˈlɒt] <ige> (allotting, allotted) **1.** *(pénzt, munkát, feladatot)* kiutal; kioszt (**to sy** vkinek) **2.** *(időt)* előirányoz; előír; megad; kijelöl: *in the allotted time* az előírt időben; a kijelölt időben

allotment [əˈlɒtmənt] <fn> [C] **1.** juttatás; kiutalás **2.** (veteményes)kert; zártkert; telek

all-out [ˌɔːlˈaʊt] <mn> teljes; totális: *all-out effort* teljes erőbedobás ∗ *all-out war* totális háború

allow [əˈlaʊ] <ige> **1.** megenged; engedélyez (**sy to do sg** vkinek vmit): *Please allow me to…* Engedje meg, kérem, hogy… ∗ *She allowed me to come in.* Megengedte/Engedélyezte, hogy bejöjjek. ∗ *Smoking isn't allowed here.* Itt tilos a dohányzás! **2.** ad (**sy sg** vkinek vmit): *He allows me too much money.* Túl sok pénzt ad nekem. ∗ *You are allowed an hour to complete the test.* Egy órád van a teszt befejezésére.

---

allow for sg figyelembe/számításba vesz; be(le)kalkulál vmit
allow sy in beenged vkit
allow sy through átenged vkit

allowance [əˈlauəns] <fn> [C] **1.** kedvezmény; engedmény; csökkentés **2.** juttatás; járandóság; járulék **3.** *(ruhaanyagnál stb.)* ráhagyás **4.** AmE zsebpénz
 ♦ **make allowances for sg//make an allowance for sg** figyelembe/tekintetbe/számításba vesz vmit

alloy [ˈælɔɪ] <fn> [C, U] ötvözet

all-purpose [ˌɔːlˈpɜːpəs] <mn> egyetemes; univerzális

all right [ˌɔːlˈraɪt] <mn> **1.** jó; rendben: *All right!* Rendben!/Oké!/Jó! * *Is everything all right?* Minden rendben van? **2.** *(egészségileg)* rendben; jól: *He is all right.* Jól van. * *You look ill. Are you all right?* Betegnek tűnsz. Jól vagy?/Nincs semmi baj? **3.** jó; finom; remek: *Is the coffee all right?* Jó/Finom a kávé?
 ♦ **that's all right** *(köszönetre adott válaszként)* szóra sem érdemes!/igazán szívesen (tettem/adtam stb.)

all-round [ˌɔːlˈraund] <mn> *(szakember stb.)* sokoldalú; univerzális

all-rounder [ˌɔːlˈraundə] <fn> [C] sokoldalú ember; mindenben kiváló ember

allspice [ˈɔːlspaɪs] <fn> [U] szegfűbors

All Saints' Day [ˌɔːlˈseɪnts deɪ] <fn> [C, U] mindenszentek napja

all-time [ˈɔːltaɪm] <mn> minden idők leg...: *the all-time best player* minden idők legjobb játékosa * *my all-time favourite song* minden idők kedvenc dala * *an all-time high* világrekord/világcsúcs * *Interest rates are at an all-time high.* Soha ilyen magasak nem voltak a kamatok./A kamatok már az égben járnak.

allude [əˈluːd] <ige> utal; hivatkozik (**to sg** vmire)

allure [əˈluə] <ige> (el)csábít; (el)csal; csalogat; vonz

alluring [əˈluərɪŋ] <mn> csábító

allusion [əˈluːʒn] <fn> [C] célzás; utalás; hivatkozás (**to sg** vmire): *make allusions to sg* célozgat vmire; célzásokat tesz vmire

¹**ally** [ˈælaɪ] <fn> [C] (allies) szövetséges: *his political allies* politikai szövetségesei * *England and France were allies in the war.* Anglia és Franciaország szövetségesek voltak a háborúban.

²**ally** [əˈlaɪ] <ige> (allies, allying, allied) szövetségre lép; szövetkezik (**with sy** vkivel): *England allied with France.* Anglia szövetségre lépett Franciaországgal.

almighty [ɔːlˈmaɪti] <mn> mindenható: *Almighty God* mindenható Isten * *the Almighty* a Mindenható

almond [ˈɑːmənd] <fn> [C] mandula

almost [ˈɔːlməust] <hsz> majdnem; szinte: *Breakfast is almost ready.* Majdnem kész a reggeli. * *I like almost everybody.* Majdnem mindenkit szeretek. * *almost never* szinte soha

alms [ɑːmz] <fn> [pl] alamizsna

alone [əˈləun] <hsz> **1.** egyedül; egymagában: *She lives alone.* Egyedül él. * *She made the decision alone.* Egyedül hozta a döntést. * *Our house stands alone on the hill.* A háznak egymagában áll a hegyen. * *leave/let sy alone* békén hagy vkit **2.** csak; kizárólag: *You alone can write that letter.* Csak/Kizárólag te tudod megírni azt a levelet.
 ♦ **all alone** teljesen egyedül ♦ **go it alone** biz egymaga intézi el; nem közösködik senkivel ♦ **let alone...** eltekintve vmitől; nem szólva/beszélve arról, hogy...

along [əˈlɒŋ] <elölj> <hsz> **1.** vmi mentén; hosszában: *We walked slowly along the road.* Lassan bandukoltunk az út mentén. * *There were oak trees along the riverbank.* Tölgyfák szegélyezték a folyópartot. **2.** tovább; előre: *Move along.* Menj tovább/előre! **3.** együtt vkivel: *May I bring the dog along?* Magammal hozhatom a kutyát? * *I took my friend along.* Magammal vittem a barátomat.
 ♦ **along with sy/sg** vkivel/vmivel együtt/egyetemben

alongside [əˌlɒŋˈsaɪd] <hsz> <elölj> **1.** mellett; mellé; hosszában; mentén: *Put your coat alongside mine.* A kabátodat tedd az enyém mellé! **2.** **alongside sy** vkivel együtt; vki mellett

aloof [əˈluːf] <mn> zárkózott; tartózkodó
 ♦ **keep/remain/stand aloof from sy/sg** távol tartja magát vkitől/vmitől; távol marad/elzárkózik vkitől/vmitől

aloud [əˈlaud] <hsz> hangosan: *read aloud* hangosan olvas

alphabet [ˈælfəbet] <fn> [C] ábécé

alphabetical [ˌælfəˈbetɪkl] <mn> betűrendes; ábécérendi: *in alphabetical order* ábécérendben/betűrendben

alpine [ˈælpaɪn] <mn> *(levegő, klíma, növények stb.)* alpesi; havasi; magaslati: *alpine events* sp alpesi versenyszámok * *alpine skiing* alpesi síelés

Alps [ælps] <fn> **the Alps** az Alpok

already [ɔːlˈredi] <hsz> **1.** már: *He has already eaten his lunch.* Már megette az ebédjét. * *I have already been there.* Voltam már ott. **2.** máris: *Are you leaving already?* Máris mész?

Alsace [ælˈsæs] <fn> Elzász

¹**Alsatian** [ælˈseɪʃn] <fn> [C] **1.** német juhászkutya; farkaskutya **2.** *(személy)* elzászi

²**Alsatian** [ælˈseɪʃn] <mn> elzászi

also ['ɔːlsəʊ] <hsz> is; szintén: *I speak English and also Spanish.* Beszélek angolul és spanyolul is. * *She was there also.* Ő is ott volt.
* *also ran* futottak még
altar ['ɔːltə] <fn> [C] oltár
alter ['ɔːltə] <ige> **1.** megváltoztat: *He's altered his plan.* Megváltoztatta a tervét. **2.** átalakít: *My skirt must be altered.* Át kell alakítani a szoknyámat. **3.** megváltozik; átalakul: *You have altered since we last met.* Megváltoztál legutóbbi találkozásunk óta.
alteration [,ɔːltə'reɪʃn] <fn> [C, U] **1.** (meg)változtatás; módosítás; átalakítás **2.** *(ruháé)* átalakítás; igazítás **3.** (meg)változás; átalakulás
¹alternate [ɔːl'tɜːnət] <mn> **1.** váltakozó: *alternate angles* mat váltószögek **2.** minden második: *on alternate days* minden második nap; másodnaponként
²alternate ['ɔːltəneɪt] <ige> **1.** váltogat; felváltva végez; váltogatja egymást: *alternate between studying and teaching* hol tanul, hol tanít; felváltva tanul és tanít **2.** váltakozik (**with sg** vmivel)
alternately [ɔːl'tɜːnətli] <hsz> felváltva; váltakozva
alternating current [,ɔːltəneɪtɪŋ'kʌrənt] <fn> [U] vill váltakozó áram
alternation [,ɔːltə'neɪʃn] <fn> [C, U] váltakozás
¹alternative [ɔːl'tɜːnətɪv] <mn> vagylagos; alternatív; egy másik: *alternative solution* alternatív megoldás * *alternative medicine* alternatív gyógyászat * *Choose an alternative date.* Válassz egy másik időpontot!
²alternative [ɔːl'tɜːnətɪv] <fn> [C] választás(i lehetőség); alternatíva: *have no alternative* nincs más választás(a)
alternatively [ɔːl'tɜːnətɪvli] <hsz> vagylagosan; felváltva
although [ɔːl'ðəʊ] <ksz> **1.** noha; jóllehet; habár: *Although her leg was broken, she went up to the hill.* Noha/Jóllehet eltört a lába, felment a hegyre. **2.** bár; de; habár: *I think he came by bus, although I'm not sure.* Azt hiszem, busszal jött, bár nem vagyok benne biztos.
altitude ['æltɪtjuːd] <fn> [C, U] magasság: *at high altitude* nagy magasságban
alto ['æltəʊ] <fn> [C, U] (altos) **1.** *(hang, szólam)* alt **2.** *(énekesnő)* alt
altogether [,ɔːltə'geðə] <hsz> **1.** összesen: *altogether 40 people* összesen 40 ember **2.** egészében véve; mindent összevéve: *It was raining the whole day, but altogether we enjoyed our trip.* Egész nap esett, de mindent összevéve élveztük az utat. **3.** egészen; teljesen: *I don't altogether agree with you.* Nem egészen értek veled egyet.
aluminium [,æljə'mɪnɪəm] <fn> [U] alumínium
alumna [ə'lʌmnə] <fn> [C] (alumnae) AmE volt diáklány; *(női)* hallgató
alumnus [ə'lʌmnəs] <fn> [C] (alumni) AmE volt diák/hallgató; öregdiák
always ['ɔːlweɪz] <hsz> mindig; örökké; folyton
Alzheimer's disease ['æltshaɪməz dɪziːz] <fn> [U] Alzheimer-kór
am [æm] → **be**
a.m., am [,eɪ'em] [= (Latin) ante meridiem] de. (= délelőtt): *at 11 am* de. 11-kor
A.M. [,eɪ'em] AmE → **a.m., am**
amalgamate [ə'mælgəmeɪt] <ige> (amalgamates, amalgamating, amalgamated) **1.** egyesít **2.** fuzionál
amass [ə'mæs] <ige> felhalmoz
¹amateur ['æmətə] <fn> [C] műkedvelő; amatőr: *Amateurs can compete in the Olympic Games.* Amatőrök versenyezhetnek az Olimpián.
²amateur ['æmətə] <mn> műkedvelő; amatőr: *He is an amateur footballer.* Amatőr focista.
amaze [ə'meɪz] <ige> meghökkent; megdöbbent; ámulatba ejt; elképeszt: *I was amazed at her stupidity.* Megdöbbentett a hülyesége. * *I was amazed to hear...* Meglepődve hallottam...
amazed [ə'meɪzd] <mn> ámuló; meghökkent
amazement [ə'meɪzmənt] <fn> [U] meglepetés; elképedés; meghökkenés; döbbenet: *to my amazement* meglepetésemre
amazing [ə'meɪzɪŋ] <mn> csodálatos; bámulatos
ambassador [æm'bæsədə] <fn> [C] nagykövet: *the British ambassador in Budapest/to Hungary* a budapesti/magyarországi brit nagykövet
¹amber ['æmbə] <fn> [U] **1.** borostyánkő **2.** *(jelzőlámpán)* sárga
²amber ['æmbə] <mn> aranysárga
ambidextrous [,æmbɪ'dekstrəs] <mn> *(mindkét kézzel egyformán ügyes)* kétkezes
ambience ['æmbɪəns] <fn> [U] *(helyé)* környezet; légkör
ambient ['æmbɪənt] <mn> **1.** környezeti; környező; körülvevő **2.** *(zene)* kellemes
ambiguity [,æmbɪ'gjuːəti] <fn> [C, U] (ambiguities) kétértelműség; kettős értelem; félreérthetőség
ambiguous [æm'bɪgjuəs] <mn> **1.** kétértelmű; félreérthető **2.** homályos; zavaros
ambition [æm'bɪʃn] <fn> **1.** [C] kitűzött cél; törekvés: *Her ambition was to be a doctor.* Kitűzött célja volt, hogy orvos legyen. **2.** [U] ambíció; becsvágy: *He is full of ambition.* Igen ambiciózus.

ambitious [æm'bɪʃəs] <mn> **1.** nagyratörő; igényes **2.** igyekvő; becsvágyó; céltudatos; törekvő; ambiciózus

ambivalent [æm'bɪvələnt] <mn> kétértelmű; ambivalens

ambulance ['æmbjələns] <fn> [C, U] **1.** mentőautó: *Call an ambulance!* Hívj mentőt! **2.** mentőszolgálat; a mentők

¹ambush ['æmbʊʃ] <fn> [C, U] **1.** lesben állás; támadás; rajtaütés lesből **2.** leshely; rejtekhely: *lie in ambush* lesben áll

²ambush ['æmbʊʃ] <ige> **1.** lesben áll **2.** lesből támad

ameba [ə'miːbə] <fn> [C] áll AmE amőba

amend [ə'mend] <ige> módosít; helyesbít

amendment [ə'mendmənt] <fn> [C, U] kiegészítés; módosítás; helyesbítés

amends [ə'mendz] <fn> [pl] kárpótlás; elégtétel: *make amends (to sy) for sg* **(a)** jóvátesz; helyrehoz vmit **(b)** kártérítést fizet vmiért

amenity [ə'miːnətɪ] <fn> [C] (amenities) szórakozási lehetőség; komfort; kényelem: *This town has a lot of amenities – good shops, cinemas, parks and theatres.* Ez a város számtalan szórakozási és bevásárlási lehetőséget/szolgáltatást kínál: jó kis boltokat, mozikat, parkokat és színházakat.

America [ə'merɪkə] <fn> Amerika

¹American [ə'merɪkən] <mn> amerikai: *American English* amerikai angol ∗ *American football* amerikai futball

²American [ə'merɪkən] <fn> [C] (*személy*) amerikai: *the Americans* az amerikaiak

Americanism [ə'merɪkənɪzəm] <fn> [C, U] amerikanizmus

amiability [ˌeɪmɪə'bɪlətɪ] <fn> [U] szeretetreméltóság; kedvesség; szívesség; szívélyesség; barátságosság

amiable ['eɪmɪəbl] <mn> kedves; barátságos; szeretetreméltó

amicable ['æmɪkəbl] <mn> baráti; barátságos

amicably [æmɪkəblɪ] <hsz> barátilag; barátságosan

amid [ə'mɪd] <elölj> közt; között; közepette

amidst [ə'mɪdst] → **amid**

amiss [ə'mɪs] <mn> rosszul; helytelenül: *take sg amiss* rossz néven vesz vmit; zokon vesz vmit ∗ *there is sg amiss* valami nem stimmel ∗ *Our plans are going amiss.* Rosszul mennek/alakulnak a terveink. ∗ *Don't take it amiss!* Ne vedd rossz néven!

ammeter ['æmiːtə] <fn> [C] vill árammérő

ammonia [ə'məʊnɪə] <fn> [U] **1.** ammónia **2.** szalmiákszesz

ammunition [ˌæmjʊ'nɪʃn] <fn> [U] lőszer; muníció

amnesia [æm'niːzɪə] <fn> [U] emlékezetkiesés; emlékezetvesztés; amnézia

amnesty ['æmnəstɪ] <fn> [C] (amnesties) közkegyelem; amnesztia

amoeba [ə'miːbə] <fn> [C] áll amőba

amok [ə'mɒk] <hsz>
♦ **run amok** ámokfutást rendez

among [ə'mʌŋ] <elölj> **1.** (*térben*) közt; között: *The tree stands among the flowers.* A fa a virágok között áll. **2.** (*személyek, dolgok csoportjában*) közt; között: *among other things* többek/egyebek közt **3.** (*osztozkodásnál stb.*) közt; között: *She devided the bread among her children.* Gyermekei között szétosztotta a kenyeret. **4.** között; közül: *He is among the best of our students.* A legjobb tanulóink között van. ∗ *one among many* egy a sok közül **5.** közé: *go among children* gyerekek közé megy

amongst [ə'mʌŋst] → **among**

amoral [ˌeɪ'mɒrəl] <mn> erkölcs nélküli; amorális

amorous ['æmərəs] <mn> szerelmi; (*pillantás*) szerelmes

amortization [əˌmɔːtaɪ'zeɪʃn] <fn> [U, C] amortizáció; értékcsökkenési leírás

amortize [ə'mɔːtaɪz] <ige> **1.** gazd amortizál; leír **2.** törleszt: *amortize one's loan* kölcsönt törleszt

¹amount [ə'maʊnt] <fn> [C] **1.** összeg: *pay the full amount* a teljes összeget kifizeti ∗ *up to the amount of…* …összeg erejéig **2.** mennyiség: *a large amount of gold* nagy mennyiségű arany ∗ *in small amounts* apránként; kis mennyiségekben ∗ *I like a large amount of sugar in my tea.* Azt szeretem, ha rengeteg cukor van a teámban. **3.** jelentőség: *It is of little amount.* Nem lényeges./Kicsi a jelentősége.

²amount [ə'maʊnt] <ige> **amount to sg 1.** (*összeget*) kitesz; (*összegre*) rúg: *The costs amounted to $50.* A költségek 50 dollárra rúgtak. ∗ *My debts amount to over $600.* Az adósságom több, mint 600 dollárt tesz ki. **2.** felér vmivel; egyenértékű vmivel: *It amounts to this/ that…* Ez annyit jelent, hogy… ∗ *It amounts to the same thing.* Egyre megy. **3.** ér vmennyit: *His information doesn't amount to much.* Információja nem ér sokat. ∗ *He will never amount to much.* Sohasem viszi sokra.

amphibian [æm'fɪbɪən] <fn> [C] **1.** áll kétéltű (*állat*) **2.** kétéltű jármű

amphitheater ['æmfɪθɪːətər] AmE → **amphitheatre**

amphitheatre ['æmfɪθɪətə] <fn> [C] **1.** tört (*ókori színház*) amfiteátrum; körszínház **2.** (*emelkedő padsorokkal*) előadóterem; auditórium (maximum)

ample ['æmpl] <mn> *(adag, ebéd stb.)* bő(séges); elegendő; gazdag; dús; bőven elég: *ample space* (bőven) elég hely

amplifier ['æmplɪfaɪə] <fn> [C] el erősítő

amplify ['æmplɪfaɪ] <ige> (amplifies, amplifying, amplified) **1.** nagyít; (ki)bővít **2.** el erősít; felerősít

amputate ['æmpjʊteɪt] <ige> (amputates, amputating, amputated) orv csonkol; amputál

amputation [,æmpjʊ'teɪʃn] <fn> [C, U] orv amputálás

amuse [ə'mjuːz] <ige> **1.** szórakoztat; mulattat; felvidít: *be amused by/at sg* mulat/derül/nevet vmin; élvez vmit ∗ *keep sy amused* szórakoztat vkit ∗ *She wasn't amused.* Nem találta viccesnek. **2. amuse oneself** szórakozik; jól érzi magát

amusement [ə'mjuːzmənt] <fn> **1.** [U] mulatság; mulattatás; élvezet; derültség: *to everyone's amusement* mindenki derültségére ∗ *Try to hide your amusement.* Próbáld megőrizni a komolyságod! **2.** [C] szórakozás; szórakozási lehetőség: *do sg for amusement* szórakozásból csinál vmit ∗ *surfing and other amusements* a szörfözés és más szórakozási lehetőségek

amusement arcade [ə'mjuːzmənt ɑːkeɪd] <fn> [C] játékterem

amusement park [ə'mjuːzmənt pɑːk] <fn> [C] vidámpark

amusing [ə'mjuːzɪŋ] <mn> szórakoztató; mulatságos; mulattató

an [ən] <htl névelő> *(magánhangzóval kezdődő szavak előtt)* egy: *an apple* egy alma

anaesthetic [,ænəs'θetɪk] <fn> [C, U] orv érzéstelenítő (szer): *be under anaesthetic* érzéstelenítik ∗ *have a general anaesthetic (for one's operation)* (a műtét alatt) elaltatják

anaesthetist [ə'niːsθətɪst] <fn> [C] orv altatóorvos; aneszteziológus

anaesthetize [ə'niːsθətaɪz] <ige> orv érzéstelenít(őt ad); elaltat

analog ['ænəlɔːg, 'ænəlɑːg] <mn> AmE → **analogue**

analogous [ə'næləgəs] <mn> hasonló (**to/with sg** vmihez); analóg (**to/with sg** vmivel)

analogue ['ænəlɒg] <mn> el, infor analóg

analogy [ə'nælədʒi] <fn> [U] analógia (**between** között)

analyse ['ænəlaɪz] <ige> elemez; analizál

analysis [ə'næləsɪs] <fn> [C] (analyses) elemzés; analízis: *analysis of the situation* helyzetelemzés

analyst ['ænəlɪst] <fn> [C] elemző

analytic(al) [ænə'lɪtɪk(l)] <mn> elemző; analitikus; analitikai

analyze ['ænəlaɪz] AmE → **analyse**

anarchist ['ænəkɪst] <fn> [C] anarchista

anarchy ['ænəki] <fn> [U] anarchia

anatomy [ə'nætəmi] <fn> **1.** [U] bonctan; anatómia **2.** [C, U] (anatomies) testfelépítés; anatómia: *the human anatomy* az ember testfelépítése; az emberi test anatómiája

ancestor ['ænsestə] <fn> [C] ős; előd

ancestry ['ænsestri] <fn> [C, U] (ancestries) **1.** származás; eredet: *He is of noble ancestry.* Nemesi származású. **2.** ősök: *He's of Scottish ancestry.* Skót származású./Családja skót eredetű./Családfáját skót ősökre vezetheti vissza.

¹**anchor** ['æŋkə] <fn> [C] **1.** horgony; vasmacska: *be lying/riding at anchor* horgonyoz ∗ *drop anchor* lehorgonyoz; horgonyt vet ∗ *weigh anchor* horgonyt fölszed **2.** *(rádióban, tévében)* hírolvasó bemondó(nő); műsorvezető(nő)

²**anchor** ['æŋkə] <ige> **1.** (le)horgonyoz; horgonyt vet: *They anchored (the boat) near the shore.* A parthoz közel horgonyoztak le. **2.** (le)rögzít: *Use a big stone to anchor your papers.* Használj egy nagy követ, hogy lerögzítsd a papírjaidat! **3.** *(műsort tévében/rádióban)* vezet; műsorvezető(je …nak/nek)

anchorman ['æŋkəmæn] <fn> [C] (anchormen) *(rádióban, tévében)* hírolvasó bemondó; műsorvezető

anchorwoman ['æŋkə,wʊmən] <fn> [C] (anchorwomen) *(rádióban, tévében)* hírolvasó bemondó(nő); műsorvezető(nő)

anchovy ['æntʃəvi] <fn> [C, U] (anchovies) szardella

ancient ['eɪnʃənt] <mn> ősi; ókori; antik: *the ancient world* az antik világ; az ókor ∗ *the ancient Greeks* a régi/az ókori görögök ∗ *ancient times* ókor ∗ *an ancient sweater* egy ősrégi pulóver

ancients ['eɪnʃənts] <fn> **the ancients** [pl] az ókori klasszikusok

and [ænd] <ksz> **1.** és; s; meg; valamint: *the dog and the cat* a kutya meg a macska ∗ *2 and 2 makes 4.* Kettő meg kettő az négy. ∗ *John and Mary were singing and dancing.* John és Mary énekelt, valamint táncolt. **2.** pedig; viszont: *And now, the sports news will follow.* Most pedig a sporthírek következnek.
♦ **and so on and so forth** és a többi, és a többi ♦ **And how!** De még mennyire! ♦ **better and better** egyre jobb(an)

anecdote ['ænɪkdəʊt] <fn> [C] anekdota

anesthetic [ænəs'θetɪk] AmE → **anaesthetic**

anesthetist [ə'niːsθətɪst] AmE → **anaesthetist**

anesthetize [əˈnesθətaɪz] AmE → **anaesthetize**

anew [əˈnjuː] <hsz> újra; újból

angel [ˈeɪndʒəl] <fn> [C] angyal: *You are an angel!* Te egy angyal vagy!

¹anger [ˈæŋgə] <fn> [U] düh; méreg; harag: *I was filled with anger.* Nem láttam a méregtől. ∗ *growing anger* növekvő harag ♦ **bottle up one's anger** visszafogja a dühét

²anger [ˈæŋgə] <ige> feldühít; felmérgesít; felbosszant

¹angle [ˈæŋgl] <fn> [C] **1.** mat szög: *at an angle* egy bizonyos szögben ∗ *right angle* derékszög ∗ *45° angle/an angle of 45°* 45°-os szög **2.** szemszög; szempont: *from many different angles* sokféle szempontból

²angle [ˈæŋgl] <ige> (angles, angling, angled) beállít: *angle sg at/towards sy* vkinek a szemszögéből állít be vmit

³angle [ˈæŋgl] <ige> **1.** horgászik (**for sg** vmire): *go angling* horgászni megy **2.** átv meg akar szerezni; ki akar járni magának (**for sg** vmit): *be angling for an invitation to…* (mindenáron) meg akarja magát hívatni vhova/vmire

angler [ˈæŋglə] <fn> [C] horgász

Anglican [ˈæŋglɪkən] <mn> vall anglikán

Anglicism [ˈæŋglɪsɪzəm] <fn> [C] (*idegen nyelvben*) anglicizmus

angling [ˈæŋglɪŋ] <fn> [U] horgászat

Anglo-Saxon [ˌæŋgləʊˈsæksn] <fn> [C] angolszász

angrily [ˈæŋgrəli] <hsz> mérgesen; dühösen

angry [ˈæŋgri] <mn> mérges; dühös; haragos: *a lot of angry people* sok mérges ember ∗ *be angry with sy* dühös/haragszik vkire ∗ *She got angry about the delay.* Dühbe gurult a késés miatt. ∗ *My behaviour made her angry.* Felbosszantotta a viselkedésem. ∗ *Don't be angry!* Ne haragudj!

anguish [ˈæŋgwɪʃ] <fn> [U] gyötrelem; kín

angular [ˈæŋgjʊlə] <mn> **1.** szögletes **2.** szikár; átv merev; darabos; (*arc stb.*) szögletes: *She is tall and angular.* Magas és szikár.

¹animal [ˈænɪml] <fn> [C] állat; élőlény: *domestic animals* háziállatok ∗ *animal eater* húsevő ∗ *animal rights activist* állatvédő ∗ *the animal kingdom* az állatvilág

²animal [ˈænɪml] <mn> (*ösztönök stb.*) állati

animated [ˈænɪmeɪtɪd] <mn> **1.** (*vita*) élénk **2.** animációs: *animated cartoon* rajzfilm; animációs film

animation [ˌænɪˈmeɪʃn] <fn> [U] film, infor animáció

animosity [ˌænɪˈmɒsəti] <fn> [U] ellenségeskedés; gyűlölködés (**between** vkik között)

ankle [ˈæŋkl] <fn> [C] boka

anklington [ˈæŋklɪŋtən] <fn> [C] (bokáig érő) gumicsizma

¹annex [ˈæneks] <fn> [C] (épület)szárny; toldaléképület; melléképület

²annex [əˈneks] <ige> **1.** (hozzá)csatol; hozzátold **2.** elfoglal; bekebelez

annexation [ˌænekˈseɪʃn] <fn> [U] hozzácsatolás; bekebelezés; elfoglalás

annexe [ˈæneks] <fn> [C] (épület)szárny; toldaléképület; melléképület

annihilate [əˈnaɪəleɪt] <ige> megsemmisít

anniversary [ˌænɪˈvɜːsəri] <fn> [C] (anniversaries) évforduló: *40th wedding anniversary* 40. házassági évforduló

annotated [ˈænəteɪtɪd] <mn> magyarázó jegyzetekkel ellátott; annotált

annotation [ˌænəˈteɪʃn] <fn> [C] magyarázó jegyzet

announce [əˈnaʊns] <ige> (announces, announcing, announced) **1.** kihirdet: *The trainer announced the winner of the skiing competition.* Az edző kihirdette a síverseny győztesét. **2.** bemond: *It was announced that the flight would be delayed.* Bemondták, hogy késni fog a járat. ∗ *He announced the next singer.* Bemondta a következő énekest. **3.** bejelent: *They have announced their engagement.* Bejelentették az eljegyzésüket.

announcement [əˈnaʊnsmənt] <fn> [C, U] bejelentés; közlemény; hirdetmény: *make an important announcement* fontos bejelentést tesz ∗ *The headmaster had an announcement to his colleagues.* Az igazgató közleményt/hirdetményt tett közzé a kollégái körében.

announcer [əˈnaʊnsə] <fn> [C] (*rádióban, tévében*) bemondó; műsorközlő

annoy [əˈnɔɪ] <ige> bosszant; bánt; idegesít: *be annoyed with sy* haragszik vkire ∗ *be annoyed at sg* bosszankodik vmi miatt ∗ *be annoyed that…* bosszankodik amiatt, hogy…

annoyance [əˈnɔɪəns] <fn> [C] bosszúság

annoyed [əˈnɔɪd] <mn> bosszús; ideges

annoying [əˈnɔɪɪŋ] <mn> bosszantó: *annoying habits* bosszantó/kellemetlen szokások

¹annual [ˈænjʊəl] <mn> **1.** évenkénti; évi: *annual meeting* évenkénti találkozó ∗ *Christmas is an annual event.* Minden évben van karácsony. **2.** egy évi; egy évre szóló; éves: *his annual income* éves/egy évi jövedelme

²annual [ˈænjʊəl] <fn> [C] **1.** évkönyv: *her favourite annual* kedvenc évkönyve **2.** egynyári növény

annual income [ænjʊəl ˈɪnkʌm] <fn> [C, U] gazd éves jövedelem/bevétel

annual leave [ænjʊəl liːv] <fn> [C] évi/éves szabadság: *How much annual leave do you get?* Mennyi az éves szabadságod?

anonymous [ə'nɒnɪməs] <mn> névtelen; ismeretlen

anorak ['ænəræk] <fn> [C] anorák

anorexia [,ænə'reksɪə] <fn> [U] *(kóros étvágytalanság)* anorexia

anorexia nervosa [,ænə,reksɪə nɜː'vəʊzə] <fn> [U] *(kóros étvágytalanság)* anorexia

anorexic [,ænə'reksɪk] <fn> [C] anorexiás

another [ə'nʌðə] <det> **1.** még egy; újabb: *I would like another coffee.* Kérek még egy kávét. * *Have another biscuit.* Vegyél még egy kekszet! **2.** (egy) másik; más: *We need another computer.* Szükségünk van egy másik számítógépre.
♦ **another time** máskor ♦ **in another way** másképp ♦ **one another** egymás(t) ♦ **with one another** egymással ♦ **That is quite another matter.** Ez egész más eset.

¹answer ['ɑːnsə] <fn> [C] **1.** válasz; felelet (**to sg** vmire): *in answer to sg* válaszképpen * *He gave me no answer.* Nem adott választ. * *Have you had an answer to your letter?* Kaptál választ a leveledre? **2.** *(feladaté, problémáé stb.)* megoldás: *The answer is wrong.* Rossz a (példa-) megoldás.

²answer ['ɑːnsə] <ige> **1.** válaszol; felel (**sy sg** vkinek vmit): *answer the exam questions* felel a vizsgakérdésekre * *Answer my questions, please!* Válaszolj a kérdéseimre, légy szíves! **2.** megválaszol (**sg** vmit): *Why don't you answer the letter?* Miért nem válaszolsz a levélre? **3.** *(telefont)* felvesz; *(csengetésre)* ajtót (ki)nyit: *answer the phone* felveszi a telefont * *answer the door* ajtót nyit **4.** megfelel; *(kérésnek, kívánságnak)* eleget tesz: *a man answering to the description* egy, a leírásnak megfelelő ember * *answer the purpose* a célnak megfelel * *This will answer my requirements.* Ez megfelel a kívánalmaimnak.

---

answer sy back felesel vkivel; visszabeszél vkinek
answer for sg/sy kezeskedik; szavatol; felelősséget vállal vmiért/vkiért
answer to the name of... vmilyen névre hallgat; vminek hívják

---

answerable ['ɑːnsərəbl] <mn> **1.** felelős (**to sy for sg** vkinek vmiért) **2.** megválaszolható; megoldható

answering machine ['ɑːnsərɪŋ mə,ʃiːn] <fn> [C] üzenetrögzítő

answerphone ['ɑːnsə,fəʊn] <fn> [C] üzenetrögzítő

ant [ænt] <fn> [C] hangya

antagonism [æn'tægənɪzəm] <fn> [C, U] kibékíthetetlen ellentét

antagonist [æn'tægənɪst] <fn> [C] ellenfél

¹Antarctic [æn'tɑːktɪk] <mn> déli-sarki; déli-sarkvidéki: *the Antarctic Ocean* a Déli-Jeges-tenger * *the Antarctic Circle* déli sarkkör

²Antarctic [æn'tɑːktɪk] <fn> [sing] **the Antarctic** Déli-sark(vidék); Antarktisz

anteater ['ænt,iːtə] <fn> [C] hangyász(medve)

antelope ['æntɪləʊp] <fn> [C] (antelopes v. antelope) antilop

antenatal [,æntɪ'neɪtl] <mn> születés előtti; *antenatal care* terhesgondozás * *antenatal clinic* terhesgondozó * *go for her antenatal* terhesrendelésre megy

antenna [æn'tenə] <fn> [C] (antennae) **1.** AmE antenna **2.** csáp; tapogatószerv

anthem ['ænθəm] <fn> [C] **1.** vall, zene *(kóruskompozíció istentiszteleteken)* anthem **2.** *(nemzeti)* himnusz: *the national anthem of Hungary* Magyarország (nemzeti) himnusza

anthill hangyaboly

anthology [æn'θɒlədʒi] <fn> [C] (anthologies) antológia; szöveggyűjtemény

anthropology [,ænθrə'pɒlədʒi] <fn> [U] antropológia; embertan

anti- ['ænti] <előtag> összet **1.** ellen-; ...elleni; *anti-*: *antiwar* háborúellenes * *antinuclear* antinukleáris **2.** ellentétes: *anticlockwise* az óramutató járásával ellentétes

anti-aircraft [,ænti'eəkrɑːft] <mn> légvédelmi

antibiotic [,æntibaɪ'ɒtɪk] <fn> [C] antibiotikum

antibody ['ænti,bɒdi] <fn> [C] ellenanyag; antitest

anticipate [æn'tɪsɪpeɪt] <ige> **1.** számít (**sg** vmire): *anticipate a surprise* kellemetlen meglepetésre számít * *She's not anticipating any trouble.* Semmiféle bajra nem számít. **2.** előre lát; megérez; gyanít **3.** elébe vág; megelőz; idő előtt megtesz: *anticipate a payment* lejárat előtt fizet **4.** előre jelez; sejtet

anticipation [æntɪsɪ'peɪʃn] <fn> [U] **1.** megérzés; előérzet **2.** *(időben)* megelőzés; elébe vágás **3.** előzetes várakozás: *in anticipation of sg* vmire számítva/várva

anticlimax [,ænti'klaɪmæks] <fn> [C, U] nagy csalódás; antiklimax

anticlockwise [,ænti'klɒkwaɪz] <hsz> az óramutató járásával ellenkező irányba(n)

antics ['æntɪks] <fn> [pl] bohóckodás

antidote ['æntɪdəʊt] <fn> [C] **1.** ellenméreg; ellenszer (**for/against sg** vmi ellen) **2.** átv ellenszer (**to sg** vmi ellen)

antifreeze ['æntɪfriːz] <fn> [C, U] fagyálló (folyadék)

antipathy [æn'tɪpəθɪ] <fn> [C, U] (antipathies) ellenszenv; antipátia (**against/to/towards sg** vmivel szemben)

antiquated ['æntɪkweɪtɪd] <mn> elavult; ósdi: *an antiqued car* ósdi/régimódi autó

¹antique [æn'tiːk] <mn> ó; ósdi; ókori; ódon; régi(módi); antik: *an antique desk* antik asztal

²antique [æn'tiːk] <fn> [C] régiség; antik tárgy; antik darab: *antique dealer* régiségkereskedő * *antique shop* régiségbolt; régiségkereskedés * *He collects antiques.* Régiségeket gyűjt. * *This armchair is an antique.* Ez a karosszék antik darab.

antiquity [æn'tɪkwətɪ] <fn> **1.** [U] az ókor **2. antiquities** [pl] antikvitások; régiségek; ókori emlékek

anti-Semitic [ˌæntɪ sə'mɪtɪk] <mn> antiszemita

anti-Semitism [ˌæntɪ 'semətɪzəm] <fn> [U] antiszemitizmus

¹antiseptic [ˌæntɪ'septɪk] <fn> [C, U] fertőtlenítőszer

²antiseptic [ˌæntɪ'septɪk] <mn> fertőtlenítő; fertőzésgátló; antiszeptikus: *an antiseptic cream* antiszeptikus/fertőzésgátló krém

antisocial [ˌæntɪ'səʊʃl] <mn> társadalomellenes; antiszociális

antithesis [æn'tɪθəsɪs] <fn> [C] (antitheses) ellentét; antitézis

anti-virus program [ˌæntɪ'vaɪrəsˌprəʊgræm] <fn> [C] infor vírusölő program

antler ['æntlə] <fn> [C, ált pl] agancs: *a pair of antlers* agancs

antonym ['æntənɪm] <fn> [C] ellentétes értelmű szó; antonima

anvil ['ænvɪl] <fn> [C] üllő

anxiety [æŋ'zaɪətɪ] <fn> [C, U] (anxieties) aggodalom; szorongás: *We waited for the result with anxiety.* Aggodalommal vártuk az eredményt. * *Her face was showing anxiety.* Arca szorongást tükrözött.

anxious ['æŋkʃəs] <mn> **1.** aggódó; aggodalmaskodó; nyugtalan (**about/for sg** vmi miatt): *an anxious look* aggódó pillantás * *I was anxious because my husband hasn't arrived yet.* Nyugtalan voltam, mert a férjem még nem érkezett meg. **2.** aggasztó: *an anxious moment* aggasztó pillanat **3. be anxious to...** alig várja, hogy...: *I am anxious to see him.* Alig várom/Égek a vágytól, hogy láthassam őt.

¹any ['enɪ] <det> **1.** valami; valamennyi; valaki; akármi; akármennyi; akárki; bármi; bármennyi; bárki; (tagadásban) semmi; semennyi: *Have you got any money?* Van nálad (valami) pénz? * *I don't have any money with me.* Nincs nálam semmi pénz. * *Do you want any sugar?* Kérsz egy kis cukrot? * *Do you speak any English?* Tudsz valamicskét angolul? * *We have hardly any coffee left.* Alig maradt (valami) kávénk. * *Have you got any news?* Van valami újság? **2.** amelyik; akármelyik; bármelyik: *Bring me any pillow you want.* Hozd ide nekem, amelyik párnát csak akarod! * *You can go any day to the cinema.* Bármelyik nap elmehetsz a moziba.

²any ['enɪ] <névm> **1.** valami; valamennyi; valaki; akármi; akármennyi; akárki; bármi; bármennyi; bárki; (tagadásban) semmi; semennyi: *There isn't any at home.* Nincs otthon semennyi. * *I want some milk but there isn't any.* Szeretnék egy kevés tejet, de nincs. * *I need some pens. Are there any in your bag?* Szükségem van néhány tollra. Van a táskádban? **2.** amelyik; akármelyik; bármelyik: *Any of them will do.* Bármelyik megfelel.

³any ['enɪ] <hsz> valamivel; egyáltalán; (tagadásban) semmivel: *any longer* tovább * *if any* ha egyáltalán valami * *not... any more* (többé) már nem * *I can't stay any longer.* Nem tudok tovább maradni. * *Is he any better?* Jobban érzi magát valamivel? * *I can't swim any faster.* Nem tudok gyorsabban úszni * *His writing hasn't improved any.* Írása egyáltalán nem fejlődött. * *Is this book any better than that one?* Jobb ez a könyv valamivel is, mint amaz? * *Do you feel any better?* Valamivel jobban érzed magad? * *They don't live here any more.* Ők már nem laknak itt. * *It isn't any use/good.* Semmire sem jó/használható.

anybody ['enɪbɒdɪ] <névm> **1.** akárki; bárki; mindenki: *anybody else* bárki más * *anybody who can drive knows that...* mindenki, aki tud vezetni, tudja, hogy... * *Anybody will tell her the truth.* Akárki/Bárki megmondja neki az igazságot. * *Anybody can swim – it is easy.* Akárki/Mindenki tud úszni – ez nem nehéz. **2.** valaki: *Has anybody seen my book?* Látta valaki a könyvemet? * *There wasn't anybody there.* Senki nem volt ott.

anyhow ['enɪhaʊ] <hsz> **1.** akárhogy(an); valahogy(an); (de) mégis; ennek ellenére; jól-lehet: *do sg just anyhow* csak úgy tessék-lássék módon csinál vmit * *feel anyhow* nem jól érzi magát * *all anyhow* jól-rosszul; éppen hogy * *She threw her things down to the bed, just anyhow.* Ledobálta a dolgait az ágyra, rendetlenül. * *They asked me not to go, but I went anyhow.* Megkértek, ne menjek, de azért én mégis/ennek ellenére elmentem. **2.** mindenesetre; mindenképpen; különben is: *Anyhow, you are here now.* Egyébként is, most itt vagy.

anymore [ˌeniˈmɔː] <hsz> (többé) már nem
anyone [ˈeniwʌn] → **anybody**
anyplace [ˈeniːpleɪs] AmE → **anywhere**
anything [ˈeniθɪŋ] <névm> **1.** valami; bármi; akármi; *(tagadásnál)* semmi: *hardly anything* alig valami; szinte semmi ∗ *Do you want anything to eat?* Szeretnél valamit enni? ∗ *Did you say anything?* Mondtál valamit? ∗ *Is there anything in the fridge?* Van valami a hűtőben? ∗ *I can't see anything.* Nem látok semmit. ∗ *Anything else?* Még valami(t)? **2.** bármi: *I am so hungry, I will eat anything.* Annyira éhes vagyok, hogy bármit megeszek. ∗ *"What would you like for Xmas?" "Anything will do."* „Mit szeretnél karácsonyra?" „Bármit./Bármi megteszi/megfelel." ∗ *He'll believe anything you say.* Bármit elhisz neked.
♦ **anything but safe** minden, csak nem biztonságos ♦ **as easy as anything** megy, mint a karikacsapás ♦ **like anything** nagyon ♦ **anything like sg/sy** némileg is; bármily mértékben is *He isn't anything like as tall as his brother.* Közel sem olyan magas, mint a bátyja. ♦ **...or anything** vagy ilyesmi
anytime [ˈenitaɪm] <hsz> bármikor
anyway [ˈeniweɪ] <hsz> **1.** valahogy(an); akárhogy(an): *The skirt is too expensive and anyway the colour doesn't suit you.* A szoknya túl drága, és a színe valahogy nem is áll jól neked. **2.** de mégis; (de) azért; különben is; úgyis: *It was raining, but we went to the cinema anyway.* Esett az eső, de mégis/azért elmentünk a moziba. ∗ *I couldn't come anyway.* Különben sem tudtam eljönni. **3.** szóval; mindenesetre: *well, anyway,...* na, szóval... ∗ *Anyway, I have to go now.* De most már mennem kell.
anywhere [ˈeniweə] <hsz> **1.** valahova; bárhova; *(tagadásban)* sehova: *Is your family going anywhere next year?* Megy valahova a családod jövőre? ∗ *Go anywhere you like.* Menj bárhova, ahova szeretnél! ∗ *You can put your bag down anywhere.* Akárhova leteheted a csomagodat. ∗ *We didn't go anywhere.* Sehova nem mentünk. **2.** valahol; bárhol; *(tagadásban)* sehol: *anywhere else* bárhol/akárhol másutt/máshol ∗ *hardly anywhere* szinte sehol ∗ *We can't find our book anywhere.* Sehol sem találjuk a könyvünket.
apart [əˈpɑːt] <hsz> **1.** széjjel; szét; szerte: *Put the tables wide apart.* Az asztalokat rakd jól széjjel! ∗ *Take the phone apart to repair it.* Szedd szét a telefont, hogy meg tudd javítani! **2.** külön; távol; félre: *They live apart.* Külön élnek. ∗ *The two villages are 4 miles apart.* A két falu 4 mérföld távolságra van egymástól. **3. apart from sg** vmin kívül; kivéve/leszámítva vmit; eltekintve vmitől: *apart from me* rajtam kívül; engem leszámítva ∗ *apart from a few mistakes* néhány hibát leszámítva ∗ *apart from this* ettől függetlenül/ eltekintve ∗ *I like all the fruits apart from the apple.* Minden gyümölcsöt szeretek, kivéve az almát.
apartment [əˈpɑːtmənt] <fn> [C] **1.** AmE lakás: *private apartment* magánlakás **2.** lakosztály: *the Royal Apartment* a királyi lakosztály **3.** apartman: *Self-catering holiday apartments are rented for visitors.* Apartmanok bérelhetők.
apartment block [əˈpɑːtmənt blɒk] <fn> [C] bérház
apartment house [əˈpɑːtmənt haʊs] <fn> [C] AmE bérház
apathetic [ˌæpəˈθetɪk] <mn> fásult; egykedvű; részvétlen; közönyös; apatikus
apathy [ˈæpəθi] <fn> [U] fásultság; érzéketlenség; közönyösség; apátia
¹ape [eɪp] <fn> [C] emberszabású majom
²ape [eɪp] <ige> majmol; utánoz
aperture [ˈæpətʃə] <fn> fényk lencsenyílás
apex [ˈeɪpeks] <fn> [C] *(tárgyé)* csúcs
apiece [əˈpiːs] <hsz> **1.** egyenként; darabonként **2.** fejenként; személyenként
apologize [əˈpɒlədʒaɪz] <ige> mentegetőzik; bocsánatot/elnézést kér (**to sy for sg** vkitől vmiért): *I have to apologize for taking so long to reply.* Bocsánatot kell kérnem, amiért oly soká válaszoltam. ∗ *Apologize to him for your rudeness.* Kérj tőle bocsánatot durvaságod miatt!
apology [əˈpɒlədʒi] <fn> [C, U] (apologies) bocsánatkérés; mentegetőzés: *make an apology to sy for sg* bocsánatot kér vkitől vmiért ∗ *make apologies for sg* mentegetőzik vmiért ∗ *Accept my apology for being late.* Bocsánatot kérek a késésért!
apostle [əˈpɒsl] <fn> [C] vall apostol: *the Apostles' Creed* az apostoli hitvallás; a Hiszekegy
apostrophe [əˈpɒstrəfi] <fn> [C] **1.** aposztróf **2.** hiányjel
app [æp] <fn> [C] (szoftver) alkalmazás
appal [əˈpɔːl] <ige> megrémít; megdöbbent: *be appalled at/by sg* megrémül vmitől
appall [əˈpɔːl] <ige> AmE → **appal**
appalling [əˈpɔːlɪŋ] <mn> ijesztő; megdöbbentő; szörnyű
apparatus [ˌæpəˈreɪtəs] <fn> [C, U] (apparatus v. apparatuses) **1.** készülék; eszköz; berendezés; felszerelés; szerkezet **2.** apparátus; gépezet: *state apparatus* államapparátus

apparent [əˈpærənt] <mn> **1.** nyilvánvaló; látható: *become apparent (to sy)* nyilvánvalóvá válik (vki számára) * *for no apparent reason* minden különösebb ok nélkül **2.** látszólagos: *her apparent unwillingness* látszólagos vonakodása

apparently [əˈpærəntli] <hsz> **1.** kétségtelenül; szemmel láthatóan; nyilvánvalóan **2.** látszólag; állítólag: *He wrote her a nice letter so apparently he is not angry with her any more.* Írt neki egy szép levelet, tehát úgy tűnik, hogy már nem haragszik rá.

apparition [ˌæpəˈrɪʃn] <fn> [C] kísértet

¹appeal [əˈpiːl] <ige> **1.** folyamodik; felhívást intéz; fordul (**to sy for sg** vkihez vmiért): *A lot of people appealed to the government for food.* Sok ember folyamodott élelemért a kormányhoz. * *The police appealed to people to drive slowly.* A rendőrség felhívást intézett a vezetőkhöz, hogy lassan vezessenek. **2.** jog fellebbez (**against sg** vmi ellen): *appeal against the ruling* fellebbez a határozat ellen * *The player appealed for a penalty.* A játékos tizenegyest reklamált. **3.** tetszik (**to sy** vkinek); vonz (**to sy** vkit): *The new toy appealed to my son.* Az új játék tetszett a fiamnak. * *It appeals to me.* Vonzónak találom.

²appeal [əˈpiːl] <fn> [C] **1.** felhívás; kérés; segélykérés: *They made an appeal for help.* Segítségért folyamodtak. **2.** jog fellebbezés: *Court of Appeal* fellebbviteli bíróság * *an appeal lies* fellebbezésnek helye van **3.** vonzerő; varázs: *She has never lost her appeal.* Sohasem vesztette el a vonzerejét/varázsát.

appealing [əˈpiːlɪŋ] <mn> **1.** vonzó; bájos; *(jellem, eszme stb.)* megnyerő *(pillantás stb.)* könyörgő; esedező

appear [əˈpɪə] <ige> **1.** megjelenik; megérkezik; jelentkezik; láthatóvá válik: *The sun appeared in the sky.* Kibújt/Megjelent a nap az égen. * *He didn't appear.* Nem jelent meg. * *She appeared in time for dinner.* Időben érkezett meg a vacsorára. **2.** (úgy) látszik; tűnik vminek: *It appears to me that...* Úgy látom, hogy... * *She appears to be happy.* Boldognak látszik. * *You appear sad.* Szomorúnak tűnsz. **3.** szerepel; fellép: *She will appear on television.* Szerepelni fog a TV-ben.

appearance [əˈpɪərəns] <fn> **1.** [U] megjelenés: *put in an appearance* megjelenik; megmutatja magát * *His appearance at the birthday party was surprising.* A születésnapi bulin való megjelenése meglepő volt. **2.** [U, C] kinézet; külső (megjelenés); külsőség; látszat: *keep up appearances* fenntartja a látszatot * *This new hat changed his appearance.* Ez az új kalap megváltoztatta a kinézetét/külsejét. * *Don't judge by appearances.* Ne ítélj a külsőségek alapján! **3.** [C] szereplés; fellépés: *the popstar's first public appearance* a popcsillag első nyilvános fellépése

♦ **Appearances are deceptive.** A látszat csal. ♦ **to/by/from all appearances** látszat szerint; látszatra

appease [əˈpiːz] <ige> lecsillapít; enyhít; lecsendesít

appendicitis [əˌpendɪˈsaɪtɪs] <fn> [U] orv vakbélgyulladás

appendix [əˈpendɪks] <fn> [C] **1.** (appendices) *(könyvben)* függelék **2.** (appendixes) vakbél; féregnyúlvány

appetiser [ˈæpɪtaɪzə] BrE → **appetizer**

appetising [ˈæpɪtaɪzɪŋ] BrE → **appetizing**

appetite [ˈæpɪtaɪt] <fn> [U] étvágy (**for sg** vmire)

appetizer [ˈæpɪtaɪzə] <fn> [C] előétel; aperitif

appetizing [ˈæpɪtaɪzɪŋ] <mn> étvágygerjesztő; ízletes; kívánatos

applaud [əˈplɔːd] <ige> (meg)tapsol; tetszést nyilvánít

applause [əˈplɔːz] <fn> [U] taps; tetszésnyilvánítás: *burst of applause* tapsvihar * *give sy a round of applause* lelkesen megtapsol vkit

apple [ˈæpl] <fn> [C] alma: *apple tree* almafa * *apple pie* almás pite * *apple juice* almalé * *apple sauce* almapüré

♦ **the apple of one's eye** a szeme fénye
♦ **upset sy's/the apple-cart** felborítja vkinek a terveit; keresztülhúzza vkinek a számításait ♦ **apple of discord** Erisz almája

appliance [əˈplaɪəns] <fn> [C] eszköz; készülék; szerkezet: *electrical appliances* elektromos készülékek

applicable [əˈplɪkəbl] <mn> alkalmazható (**to sg** vmire)

applicant [ˈæplɪkənt] <fn> [C] pályázó; kérelmező; kérvényező; jelentkező

application [ˌæplɪˈkeɪʃn] <fn> **1.** [C] kérvény; pályázat: *passport application* útlevélkérelem * *I made an application for the new job.* Megpályáztam az új állást. **2.** [U, C] felhasználás; alkalmazás: *for external application only (kenőcs)* csak külsőleg * *Discuss the application of this medicine with your doctor.* A gyógyszer felhasználását/alkalmazását tárgyald meg az orvosoddal! **3.** [U] szorgalom; igyekezet **4.** [C] *application (software)* infor felhasználói szoftver * *application program* alkalmazás; felhasználói program

application form [ˌæplɪˈkeɪʃn fɔːm] <fn> [C] jelentkezési lap; pályázati űrlap

applied [əˈplaɪd] <mn> alkalmazott: *applied mathematics* alkalmazott matematika

apply [ə'plaɪ] <ige> (applies, applying, applied) **1.** megpályáz; kérvényt benyújt; folyamodik (**to sy for sg** vkihez vmiért): *I will apply for the job.* Az állást meg fogom pályázni. * *Where shall I apply?* Hova/Kihez fordulhatok? **2.** vonatkozik; érvényes (**to sy/sg** vkire/vmire): *The school rules apply to all children.* Az iskolai szabályok minden gyerekre vonatkoznak/érvényesek. * *This doesn't apply to me.* Ez rám nem vonatkozik. * *It doesn't apply at weekends.* Hétvégén ez nem érvényes. * *Delete whichever does not apply.* A nem kívánt rész törlendő. **3.** bevon: *apply a dressing (sebet)* beköltöz **4.** *(festékét stb.)* felrak; felvisz; ráilleszt (**sg to sg** vmit vmire): *Apply some ointment to your wound.* Kend be a sebedet kenőccsel! **5.** alkalmaz; (fel)használ: *can't be applied* nem alkalmazható * *A new technology was applied.* Új technológiát alkalmaztak.

appoint [ə'pɔɪnt] <ige> **1.** kinevez (**sy (as) sg** vkit vmivé/vminek): *The bank appointed the new manager.* A bank kinevezte az új igazgatót. * *He was appointed to be the chairman.* Kinevezték elnöknek. **2.** *(időpontot, helyet)* kijelöl; kitűz; megjelöl: *at the appointed time* a kijelölt időre * *appoint a place* helyet meghatároz

appointment [ə'pɔɪntmənt] <fn> **1.** [C, U] (megbeszélt) időpont; megbeszélés; találkozó: *make an appointment with sy* megállapodik egy időpontban vkivel; előzetesen bejelenti magát vkinél; időpontot kér vkitől * *by appointment* megbeszélés/megállapodás szerint * *She had an appointment with the doctor at 2 p.m.* 2 órára van bejelentve az orvoshoz./2 órakor megbeszélt időpontja van az orvosnál. **2.** [U] kinevezés **3.** [C] állás

appreciate [ə'priːʃɪeɪt] <ige> (appreciates, appreciating, appreciated) **1.** értékel; nagyra becsül; megbecsül: *His music is not appreciated.* Nem értékelik a zenéjét. * *He appreciates good wine.* Élvezi/Értékeli a jó bort. * *I appreciate your help.* Nagyra becsülöm a segítségedet. * *His father doesn't appreciate him.* Az édesapja nem becsüli meg. **2.** tisztán lát; tudatában van: *I appreciate his problem.* Tisztán látom a problémáját. **3.** felmegy az ára: *My house has appreciated.* Házam értéke növekedett.

appreciation [ə,priːʃɪ'eɪʃn] <fn> [U] **1.** méltánylás; elismerés; méltatás; értékelés: *in appreciation of your help* segítséged elismeréseképpen **2.** megbecsülés; nagyrabecsülés; elismerés **3.** helyes megítélés; érzékelés (**of sg** vmié) **4.** értéknövekedés; áremelkedés

apprehension [,æprɪ'henʃn] <fn> [C, U] aggodalom; aggódás; félelem

apprehensive [,æprɪ'hensɪv] <mn> aggódó; félénk; nyugtalan (**about/of sg** vmi miatt)

apprentice [ə'prentɪs] <fn> [C] ipari tanuló; gyakornok; *(régebben)* inas: *apprentice plumber* vízvezetékszerelő-tanuló

apprenticeship [ə'prentɪsʃɪp] <fn> [C, U] *(ipari tanulóé)* tanulóidő; szakmai gyakorlat: *at the end of your apprenticeship* szakmai gyakorlatod végén

¹**approach** [ə'prəʊtʃ] <ige> **1.** (meg)közelít: *approach a question* rátér egy kérdésre * *I approached the rabbit very quietly.* Nagyon lassan közelítettem meg a nyulat. * *She is approaching eighty.* Közel jár a nyolcvanhoz. **2.** közeledik: *My birthday is approaching.* Közeledik a születésnapom. * *When you approach the city you will see a small green building in the middle of a square.* Amikor a belvároshoz közeledsz, majd meglátsz egy kicsi zöld épületet egy tér közepén. **3.** megkörnyékez: *She was approached by her colleague.* Megkörnyékezte/Közeledett hozzá a munkatársa.

²**approach** [ə'prəʊtʃ] <fn> **1.** [C] *(kérdése)* megközelítés; szemléletmód: *a new approach to teaching maths* a matektanítás új megközelítése **2.** [C] közeledés; (meg)közelítés: *make approaches to sy* közeledni próbál vkihez **3.** [U] vminek a közeledte: *the approach of the bus* a busz közeledte * *the approach of Christmas* karácsony közeledte **4.** [C] (vhova) odavezető/bevezető út: *approaches to the city* a belvárosba vezető utak

approachable [ə'prəʊtʃəbl] <mn> **1.** barátságos **2.** megközelíthető; hozzáférhető

approach road [ə'prəʊtʃ rəʊd] <fn> [C] bekötőút; bevezető/odavezető út

¹**appropriate** [ə'prəʊprɪət] <mn> megfelelő; helyénvaló; alkalmas; odaillő: *Thin clothes are not appropriate for cold weather.* A vékony ruha nem megfelelő hideg időben. * *Dirty hands are not appropriate for making dinner.* A piszkos kéz nem alkalmas a vacsorakészítéshez.

♦ **as appropriate** *(űrlap kitöltésénél)* értelemszerűen ♦ **delete as appropriate** a nem kívánt (rész, szó stb.) törlendő

²**appropriate** [ə'prəʊprɪeɪt] <ige> (appropriates, appropriating, appropriated) **1.** *(vmilyen célra)* félretesz; előirányoz: *We appropriated a large sum of money for buying a new car.* Félretettünk egy nagy összeget autóvásárlásra. **2.** eltulajdonít; kisajátít: *The boss appropriated our money.* A főnök eltulajdonította a pénzünket.

approval [ə'pruːvl] <fn> [U] **1.** helyeslés; jóváhagyás; helybenhagyás: *give one's approval* *to sg* beleegyezik vmibe * *Our parents gave our marriage their full approval by smiling.* Szüleink a házasságkötésünket illetőleg mosolylyal fejezték ki teljes helyeslésüket. * *It meets with my approval.* Helyeslem./Jóváhagyom. **2. on approval** (szíves) megtekintésre; próbaképpen

approve [ə'pru:v] <ige> (approves, approving, approved) **1.** helyesel; jóváhagy (**of sg** vmit): *He doesn't approve of smoking.* Nem helyesli a cigarettázást. * *I want you to approve of my idea.* Szeretném, ha jóváhagynád az ötletemet. **2.** hozzájárul (**sg** vmihez); beleegyezik (**sg** vmibe); jóváhagy (**sg** vmit): *The plan has been approved.* A tervhez hozzájárultak./A tervet jóváhagyták.

approx. 1. [= approximate] körülbelüli; hozzávetőleges **2.** [= approximately] kb. (= körülbelül)

¹**approximate** [ə'prɒksɪmət] <mn> hozzávetőleges; megközelítő; körülbelüli: *an approximate answer* hozzávetőleges válasz * *an approximate price* hozzávetőleges ár

²**approximate** [ə'prɒksɪmeɪt] <ige> (approximates, approximating, approximated) (meg-)közelít

approximately [ə'prɒksɪmətlɪ] <hsz> megközelítőleg; körülbelül; kb.; hozzávetőleg

approximation [əprɒksɪ'meɪʃn] <fn> [C, U] (meg-)közelítés; közeledés

Apr. [= April] ápr. (= április)

apricot ['eɪprɪkɒt] <fn> [C] sárgabarack; kajszibarack

April ['eɪprəl] <fn> [C, U] **röv Apr.** április: *April Fools' Day* április elseje * *He was born in April.* Áprilisban született. * *The performance is on 2ⁿᵈ April/2 April.* Az előadás április másodikán lesz. * *Today is Sunday, 10⁽ᵗʰ⁾ April 2011.* Ma 2011. április 10-e, vasárnap van. * *Today is Sunday, April 10⁽ᵗʰ⁾ 2011.* AmE Ma 2011. április 10-e, vasárnap van.

apron ['eɪprən] <fn> [C] **1.** kötény **2.** rep forgalmi előtér

apt [æpt] <mn> **1.** megfelelő; találó; odaillő: *an apt remark* találó megjegyzés **2.** gyors felfogású; értelmes; okos: *an apt student* értelmes diák **3. be apt to do sg** hajlamos vmire; hajlamos vmit megtenni

aptitude ['æptɪtjuːd] <fn> [U] hajlam; adottság; képesség; rátermettség (**for sg** vmire): *aptitude test* alkalmassági vizsga

aqualung ['ækwəlʌŋ] <fn> [C] *(könnyűbúváré)* légzőkészülék

aquarium [ə'kweərɪəm] <fn> [C] (aquariums v. aquaria) akvárium

Aquarius [ə'kweərɪəs] <fn> [U] asztrol vízöntő

aquatic [ə'kwætɪk] <mn> vízi: *aquatic sports* vízi sportok

¹**Arab** ['ærəb] <mn> arab

²**Arab** ['ærəb] <fn> [C] arab

Arabia [ə'reɪbɪə] <fn> Arábia

Arabian [ə'reɪbɪən] <mn> arab; arábiai: *The Arabian Nights* Ezeregyéjszaka

¹**Arabic** ['ærəbɪk] <mn> arab: *Arabic numerals* arab számok

²**Arabic** ['ærəbɪk] <fn> [U] *(nyelv)* arab

arable ['ærəbl] <mn> művelhető: *arable land* szántóföld

arbiter ['ɑːbɪtə] <fn> [C] választott bíró; döntőbíró

arbitrator ['ɑːbɪtreɪtə] választott bíró; döntőbíró

arbitrary ['ɑːbɪtrərɪ] <mn> önkényes; önhatalmú: *an arbitrary decision* önkényes döntés

arbitrate ['ɑːbɪtreɪt] <ige> *(vitát, választott bíróként)* (el)dönt

arbitration [ɑːbɪ'treɪʃn] <fn> [U] választottbírói eljárás; döntőbíráskodás: *court of arbitration* választott bíróság

arc [ɑːk] <fn> [C] (kör)ív

arcade [ɑː'keɪd] <fn> [C] **1.** árkád(sor): *shopping arcade* üzletsor **2.** játékterem

¹**arch** [ɑːtʃ] <fn> [C] **1.** ép boltív; bolthajtás; boltozat **2.** *(emberi lábé)* lábboltozat

²**arch** [ɑːtʃ] <ige> **1.** (be)boltoz; ível: *The cat arched its back.* A macska púpozta a hátát. **2.** boltozódik

arch- [ɑːtʃ] <előtag> fő(-); vezető

archaeologist [ˌɑːkɪ'ɒlədʒɪst] <fn> [C] régész; archeológus

archaeology [ˌɑːkɪ'ɒlədʒɪ] <fn> [U] régészet; archeológia

archaic [ɑː'keɪɪk] <mn> régies; ódon; elavult; archaikus

archangel ['ɑːkˌeɪndʒəl] <fn> [C, U] arkangyal

archbishop [ˌɑːtʃ'bɪʃəp] <fn> [C] érsek

archer ['ɑːtʃə] <fn> [C] sp íjász

archery ['ɑːtʃərɪ] <fn> [U] íjászat

architect ['ɑːkɪtekt] <fn> [C] építész(mérnök)

architecture ['ɑːkɪtektʃə] <fn> [U] **1.** építészet; építőművészet **2.** infor felépítés; architektúra

¹**archive** ['ɑːkaɪv] <fn> [C] infor archív/archivált állomány

²**archive** ['ɑːkaɪv] <ige> (archives, archiving, archived) infor archivál

archives ['ɑːkaɪvz] <fn> [pl] levéltár; archívum

archivist ['ɑːkɪvɪst] <fn> [C] levéltáros

archway ['ɑːtʃweɪ] <fn> [C] boltíves folyosó/átjáró; árkádsor

¹**Arctic** ['ɑːktɪk] <mn> **1.** északi-sarki; északi-sarkvidéki: *the Arctic Ocean* az Északi-Jeges-tenger **2. arctic** biz zimankós; nagyon hideg

²**Arctic** ['ɑːktɪk] <fn> **the Arctic** az Északi-sark (vidék)
ardent ['ɑːdnt] <mn> *(rajongó, csodáló)* lelkes; szenvedélyes; tüzes; izzó
arduous ['ɑːdjʊəs] <mn> **1.** nehéz; fáradságos; fárasztó; megerőltető; vesződséges **2.** meredek
are [ə, hangsúlyos ɑː] → **be**
area ['eərɪə] <fn> [C] **1.** térség; terület; övezet: *in this area* e(zen a) területen; ebben a térségben **2.** mért terület: *The room has an area of 25 square metres.* A szoba területe 25 négyzetméter. **3.** kutatási terület; szakterület
♦ **I am new to the area.** Új vagyok itt.
area code ['eərɪə kəʊd] <fn> [C] körzeti hívószám
arena [e'riːnə] <fn> [C] küzdőtér; aréna
aren't [ɑːnt] [= are not] → **be**
Argentina [ˌɑːdʒən'tiːnə] <fn> Argentína
¹**Argentinian** [ˌɑːdʒən'tɪnɪən] <fn> [C] *(személy)* argentínai; argentin
²**Argentinian** [ˌɑːdʒən'tɪnɪən] <mn> argentínai; argentin
arguable ['ɑːgjʊəbl] <mn> vitatható: *It's arguable that...* Kérdéses/Vitatható, hogy...
argue ['ɑːgjuː] <ige> (argues, arguing, argued) **1.** vitatkozik (**with sy about sg** vkivel vmiről); veszekszik: *Don't argue with me!* Ne vitatkozz velem! ∗ *They argue about money.* Pénzen vitatkoznak. ∗ *Stop arguing with each other about whose pen that is.* Ne vitatkozzatok (egymással) azon, hogy kié az a toll! **2.** érvel (**for/against sg** vmi mellett/vmi ellen); okoskodik; vitat vmit: *argue that...* azt vitatja, hogy... ∗ *She argued that we should eat more fruits.* Amellett érvelt, hogy több gyümölcsöt kellene ennünk.

argue sy into doing sg rábeszél vkit vmi megtételére
argue sy out of doing sg lebeszél vkit vmi megtételéről

argument ['ɑːgjʊmənt] <fn> [C] **1.** vita; szóváltás (**about/over sg with sy** vmiről vkivel): *have an argument with sy* vitatkozik/vitázik vkivel **2.** érv(elés): *There are a lot of arguments against smoking.* Számtalan érv szól a dohányzás ellen.
aria ['ɑːrɪə] <fn> [C] ária
arid ['ærɪd] <mn> *(föld, talaj)* száraz
Aries ['eəriːz] <fn> [C, U] asztrol Kos
arise [ə'raɪz] <ige> (arises, arising, arose, arisen) **1.** keletkezik; támad; származik; ered (**from/out of sg** vmiből) **2.** fakad; adódik; *(hála, prob-*

léma) felmerül: *New problems will arise.* Új gondok merülnek fel. **3.** feláll; felkel
aristocrat ['ærɪstəkræt] <fn> [C] arisztokrata; főnemes
aristocratic [ˌærɪstə'krætɪk] <mn> arisztokratikus; főnemesi
arithmetic [ə'rɪθmətɪk] <fn> [U] számtan; aritmetika
arithmetic progression [ərɪθˌmətɪk prə'greʃn] <fn> [U] számtani sor/haladvány
ark [ɑːk] <fn> [C] bárka: *Noah's ark//the ark* bibl Noé bárkája
¹**arm** [ɑːm] <fn> [C] **1.** *(testrész)* kar: *arm in arm* karonfogva ∗ *put an arm around sy* átkarol vkit ∗ *at arm's length* kartávolságban ∗ *keep sy at arm's length* távol tart magától vkit ∗ *with open arms* tárt karokkal **2.** karfa: *the arm of the chair* a szék karfája **3.** *(ruháé)* ujj **4.** *(folyóé)* ág: *arm of the river* folyóág
♦ **twist sy's arm** biz rákényszerít vkit vmire
²**arm** [ɑːm] <ige> **1.** felfegyverez **2.** (fel)fegyverkezik
armaments ['ɑːməmənts] <fn> [pl] kat fegyverzet
armchair ['ɑːmtʃeə] <fn> [C] karosszék; fotel
armed [ɑːmd] <mn> fegyveres; felfegyverzett: *armed forces* fegyveres erők; haderő ∗ *armed robber* fegyveres rabló ∗ *That man is armed.* Annál az embernél fegyver van.
armhole ['ɑːmhəʊl] <fn> [C] karkivágás
armistice ['ɑːmɪstɪs] <fn> [C] fegyverszünet
armor ['ɑːrmər] AmE → **armour**
armored ['ɑːrmərd] AmE → **armoured**
armour ['ɑːmə] <fn> [U] páncél(zat); vért(ezet); fegyverzet: *a suit of armour* teljes páncélzat
armoured ['ɑːməd] <mn> **1.** páncélozott: *armoured car* páncélgépkocsi **2.** páncélos; páncélautókkal ellátott: *armoured division* páncélos hadosztály
armpit ['ɑːmpɪt] <fn> [C] hónalj
armrest ['ɑːmrest] <fn> [C] *(bútoré)* karfa
arms [ɑːmz] <fn> [pl] fegyver: *be in arms* fegyverben áll ∗ *carry/bear arms* fegyvert visel ∗ *lay down arms* leteszi a fegyvert ∗ *take up arms (against sy)* fegyvert fog (vki ellen)
♦ **be up in arms** méltatlankodva tiltakozik
arms control ['ɑːmz kənˌtrəʊl] <fn> [U] fegyverkorlátozás
arms race ['ɑːmz reɪs] <fn> [C, U] fegyverkezési verseny
army ['ɑːmɪ] <fn> [C + sing/pl v] (armies) hadsereg; katonaság: *be in the army* katona ∗ *serve in the army* a hadseregben/katonaságnál szolgál ∗ *join the army* katonai pályára lép

A-road ['eɪrəʊd] <fn> [C] BrE elsőrendű főútvonal; autóút

arose [ə'rəʊz] → **arise**

¹around [ə'raʊnd] <hsz> **1.** körbe; körös-körül; szanaszét; mindenfelé: *I could hear laughter all around.* Nevetést hallottam mindenfelé. **2.** körül; köré: *go around* körben jár **3.** táján; felé; körülbelül: *We arrived around 2 p.m.* Délután 2 óra felé érkeztünk meg. **4.** valahol; közel; errefelé: *Are you around?* Itt vagy valahol? * *There was no one around.* Senki nem volt a közelben. **5.** ellenkező irányba(n); vissza: *Turn around.* Fordulj meg!

²around [ə'raʊnd] <elölj> **1.** körbe; körös-körül; szanaszét; mindenfelé: *walk around the town* körbejárja a várost * *The cats ran around the garden.* A cicák körös-körül szaladgáltak a kertben. * *Her clothes were lying around the bathroom.* Ruhái szanaszét feküdtek a fürdőszobában. **2.** körül; köré: *We sat around the fire.* A tűz körül ültünk. * *She put a scarf around her neck.* Sálat tett a nyaka köré. * *There is a fence around the garden.* A kertet kerítés veszi körül. **3.** valahol; közel; errefelé

arouse [ə'raʊz] <ige> (arouses, arousing, aroused) **1.** *(álomból)* (fel)ébreszt; (fel)kelt **2.** átv *(érdeklődést)* felkelt; *(érzést)* kelt; ébreszt: *arouse sy's suspicion* gyanút ébreszt vkiben

arrange [ə'reɪndʒ] <ige> (arranges, arranging, arranged) **1.** (meg)szervez; elintéz; lebonyolít; előkészít: *arrange for sy/sg to do sg* intézkedik, hogy... * *arrange a party* bulit szervez/rendez * *arrange differences* nézeteltéréseket elsimít * *as arranged* ahogy megbeszélték/megbeszéltük * *He has arranged to meet them.* Megszervezte/Elintézte, hogy találkozzam velük. * *I'll arrange for Peter to meet you at the airport.* Intézkedem, hogy Péter kimenjen eléd a reptérre. * *Please arrange for a taxi to pick me up at 3.* Légy szíves, rendelj nekem egy taxit 3-ra! **2.** elrendez: *Arrange the books on the shelf.* Rendezd el a könyveket a polcon! **3.** *(zeneművet stb.)* átdolgoz; alkalmaz: *arrange sg for the stage* színpadra alkalmaz

arrangement [ə'reɪndʒmənt] <fn> [C, U] **1.** elintézés; lebonyolítás; megszervezés; előkészítés: *make arrangements for sg* előkészületeket tesz vmire; intézkedik vmiben **2.** megállapodás; megegyezés: *by arrangement* megállapodás/megegyezés szerint * *come to an arrangement with sy* megegyezik vkivel; megállapodást köt vkivel **3.** elrendezés: *the arrangement of the furniture* a bútorok elrendezése * *flower/floral arrangement* virágkölteméy; csokor **4.** *(zeneműe stb.)* átirat; átdolgozás; feldolgozás

¹array [ə'reɪ] <fn> [C] **1.** sor; rend; elrendezés **2.** öltözék: *She is in fine array.* Szép ruhában van.

²array [ə'reɪ] <ige> **1.** elrendez **2.** (fel)díszít

arrears [ə'rɪəz] <fn> [pl] hátralék; lemaradás: *be in arrears with sg* lemaradásban van vmivel; el van maradva vmivel * *arrears of work* lemaradás a munkában

¹arrest [ə'rest] <ige> **1.** letartóztat; őrizetbe vesz: *be arrested* kézre kerül vki; őrizetbe veszik **2.** *(figyelmet)* leköt; megragad: *A noise arrested her attention.* Zaj ragadta meg a figyelmét. **3.** feltartóztat; megakadályoz

²arrest [ə'rest] <fn> [C, U] **1.** letartóztatás: *be under arrest* őrizetben van **2.** feltartóztatás **3.** leállás

arrival [ə'raɪvl] <fn> **1.** [U] (meg)érkezés: *on my arrival* érkezésemkor **2.** [C] jövevény; újonnan érkező személy: *new arrivals* újonnan érkezett vendégek **3. arrivals** [pl] *(reptéri kiírás)* érkezés

arrive [ə'raɪv] <ige> (arrives, arriving, arrived) **1.** (meg)érkezik: *arrive home* hazaérkezik * *What time will your train arrive in Budapest?* Mikor érkezik a vonatod Budapestre? * *The train arrived at the station 10 minutes late.* A vonat 10 perc késéssel ért az állomásra. **2.** megszületik **3.** megjön; eljön: *At last spring has arrived.* Végre megjött a tavasz.
♦ **arrive at a decision** elhatározásra jut

arrogance ['ærəgəns] <fn> [U] gőg; önteltség; nagyképűség; arrogancia

arrogant ['ærəgənt] <mn> gőgös; öntelt; arrogáns

arrow ['ærəʊ] <fn> [C] **1.** nyíl(vessző) **2.** *(jel)* nyíl

arse [a:s] <fn> [C] vulg segg

arsenic ['a:snɪk] <fn> [U] arzén

arson ['a:sn] <fn> [U] gyújtogatás

arsonist ['a:snɪst] <fn> [C] gyújtogató

art [a:t] <fn> **1.** [U] művészet: *work of art* műalkotás/műremek * *modern art* modern művészet * *He studies art.* Művészetet tanul. * *She is good at art.* Jó érzéke van a művészthez. **2.** [U, C] művészet(i ág); mű-; művész(et)i: *painting, dancing and other arts* a festészet, a tánc és egyéb művészeti ágak * *art exhibition* képzőművészeti kiállítás; tárlat * *the fine arts* képzőművészet; szépművészet * *arts and crafts* iparművészet **3.** [U, C] tudomány; készség; ügyesség: *the art of conversation* a beszélgetés tudománya **4. the (liberal) arts** [pl] bölcsészet(tudomány): *arts degree* bölcsészvégzettség * *arts department / faculty of* *arts* bölcsészettudományi kar; bölcsészkar * *arts student* bölcsészhallgató

art critic [ˌɑːt ˈkrɪtɪk] <fn> [C] műbíráló

artefact [ˈɑːtɪfækt] <fn> [C] műtárgy; műalkotás; műtermék

art exhibition [ˌɑːt ˌeksɪˈbɪʃn] <fn> [C] tárlat

artery [ˈɑːtərɪ] <fn> [C] (arteries) **1.** orv ütőér; verőér; artéria **2.** közl főútvonal

artful [ˈɑːtfl] <mn> ügyes; rafinált; ravasz; furfangos

art gallery [ˌɑːt ˈɡælərɪ] <fn> [C] (art galleries) képtár

arthritis [ɑːˈθraɪtɪs] <fn> [U] ízületi gyulladás

artichoke [ˈɑːtɪtʃəʊk] <fn> [C] növ articsóka

article [ˈɑːtɪkl] <fn> [C] **1.** (áru)cikk: *articles for personal use* használati cikkek/tárgyak **2.** újságcikk: *leading article* vezércikk **3.** nyelvt névelő: *definite article* határozott névelő * *indefinite article* határozatlan névelő **4.** jog cikkely; törvénycikk; paragrafus; szakasz; pont: *articles of the contract* a szerződés pontjai * *article 1 of the constitution* az alkotmány 1. pontja

¹articulate [ɑːˈtɪkjʊlət] <mn> *(beszéd)* világos; tiszta; tagolt: *She is quite articulate for a two-year-old girl.* Kétéves kislány létére egész jól fejezi ki magát./Kétéves kislány létére érthetően/tisztán beszél.

²articulate [ɑːˈtɪkjʊleɪt] <ige> (articulates, articulating, articulated) tagoltan ejt; érthetően fejezi ki magát; jól artikulál

articulated lorry [ɑːˌtɪkjʊleɪtɪdˈlɒrɪ] <fn> [C] kamion

artifice [ˈɑːtɪfɪs] <fn> [C] csel

artificial [ˌɑːtɪˈfɪʃl] <mn> **1.** mesterséges; mű-: *artificial light* mesterséges fény * *artificial flower* művirág * *artificial intelligence* infor mesterséges intelligencia **2.** *(mosoly stb.)* mesterkélt

artillery [ɑːˈtɪlərɪ] <fn> [U] kat tüzérség

artisan [ˌɑːtɪˈzæn] <fn> [C] mesterember; kézműves; (kis)iparos

artist [ˈɑːtɪst] <fn> [C] **1.** *(előadó, főleg zene)* művész **2.** festő(művész)

> Vigyázat, álbarátok!
> **artist** ≠ artista (= artiste)

artiste [ɑːˈtiːst] <fn> [C] artista

artistic [ɑːˈtɪstɪk] <mn> **1.** művészi(es) **2.** művészeti

artless [ˈɑːtləs] <mn> mesterkéletlen; egyszerű; egyenes; nyílt

artwork [ˈɑːtwɜːk] <fn> **1.** [C, U] műalkotás; művészeti alkotás **2.** [U] *(kiadványé)* grafika

arty [ˈɑːtɪ] <mn> művészieskedő; sznob

¹as [əz, hangsúlyos æz] <elölj> -ként: *She works as a doctor.* Orvosként dolgozik. * *He treats his children as adults.* Felnőttként kezeli a gyerekeit.

²as [əz, hangsúlyos æz] <ksz> **1.** ahogy; amint: *As I was getting off the train he saw me.* Ahogy leszálltam a vonatról, meglátott. **2.** mivel; miután; minthogy: *He didn't come as he had to travel abroad.* Nem jött, mivel külföldre kellett utaznia.

♦ **as if/though** mintha ♦ **as to** arra nézve, hogy; a tekintetben, hogy…; ami (pedig) …-t illeti ♦ **as from today** mától kezdve ♦ **as for that** ami azt illeti ♦ **as it is…** az igazság az… ♦ **as well as** és… is; valamint *She has a cat as well as a dog.* Van egy macskája és/meg egy kutyája is.

³as [əz, hangsúlyos æz] <hsz> olyan; ugyanolyan; mint: *as… as* olyan… mint * *(as) soft as butter* vajpuha * *twice as big as…* kétszer akkora, mint… * *as soon as* amint/mihelyt * *I am as tall as my sister.* Olyan magas vagyok, mint a nővérem.

♦ **as early as the first year** már az első évben is ♦ **as far as Budapest** egészen Budapestig ♦ **as far as I know** tudomásom szerint ♦ **as far as I am concerned** ami engem illet

asap [ˌeɪeseɪˈpiː] [= as soon as possible] ≈ amilyen gyorsan csak lehet

ascend [əˈsend] <ige> felszáll; felemelkedik; felmegy: *ascend the throne* trónra lép

Ascension [əˈsenʃn] <fn> [sing] vall **the Ascension** *(Krisztusé)* mennybemenetel

Ascension Day [əˈsenʃn deɪ] <fn> [C] vall áldozócsütörtök

ascent [əˈsent] <fn> [C] **1.** *(hegyé)* megmászás: *the ascent of Mount Everest* a Mount Everest megmászása **2.** emelkedő; meredek hegyoldal

ascertain [ˌæsəˈteɪn] <ige> kiderít; tisztáz: *ascertain the truth* kideríti az igazságot

¹ascetic [əˈsetɪk] <fn> [C] aszkéta

²ascetic [əˈsetɪk] <mn> aszkéta; aszketikus

ascribe [əˈskraɪb] <ige> (ascribes, ascribing, ascribed) tulajdonít (**sg to sy** vkinek vmit)

¹ash [æʃ] <fn> **1.** [U] hamu: *cigarette ash* cigarettahamu **2. ashes** [pl] hamvak: *burn to ashes* elhamvaszt

²ash [æʃ] <fn> [C] kőrisfa

ashamed [əˈʃeɪmd] <mn> szégyenkező; szégyenlős (**of sy/sg** vki/vmi miatt): *be ashamed of oneself* szégyelli magát * *He was ashamed of her old shoes.* Szégyellte a régi cipőjét. * *I'm ashamed of you!* Szégyenkezem miattad! * *be/feel ashamed for sy* szégyelli magát vki miatt

ashen ['æʃn] <mn> hamuszürke: *ashen-faced* holt sápadt

ashore [ə'ʃɔː] <hsz> parton; partra: *He went ashore.* Partra szállt./Kiszállt.

ashtray ['æʃtreɪ] <fn> [C] hamutartó

Ash Wednesday [,æʃ'wenzdeɪ] <fn> [U] vall hamvazószerda

Asia ['eɪʃə] <fn> Ázsia

Asia Minor [,eɪʃə'maɪnə] <fn> Kis-Ázsia

¹Asian ['eɪʃn] <mn> ázsiai

²Asian ['eɪʃn] <fn> [C] ázsiai

Asiatic [,eɪʃɪ'ætɪk] <mn> ázsiai

¹aside [ə'saɪd] <hsz> **1.** félre; el-: *put/set aside* félretesz ∗ *stand aside* félreáll **2. aside from** főleg AmE eltekintve vmitől

²aside [ə'saɪd] <fn> [C] szính félre(szólás)

ask [ɑːsk] <ige> **1.** (meg)kérdez: *Can I ask you a question?* Kérdezhetek valamit? ∗ *He asked (me) my name.* Megkérdezte a nevemet. ∗ *He asked me where the post office was.* Megkérdezte tőlem, hol a posta. ∗ *She asked me a question.* Feltett nekem egy kérdést. ∗ *"What's the time?" he asked.* „Hány óra?" – kérdezte. **2.** (meg); kér: *Can I ask you a favour?* Kérhetek tőled egy szívességet? ∗ *I asked him if he would drive me home.* Megkértem, lenne szíves hazavinni. ∗ *I asked him to buy me an apple.* Megkértem, hogy vegyen nekem egy almát. **3.** meghív (**sy to sg** vkit vmire): *Ask the whole family to lunch.* Hívd meg az egész családot ebédre!

♦ **ask for trouble** keresi a bajt ♦ **Ask me another!** Könnyebbet kérdezz! ♦ **Don't ask me!** Fogalmam sincs! ♦ **if you ask me** véleményem szerint ♦ **You asked for it!** Ezt magadnak köszönheted!/Kellett ez neked?/Úgy kellett! ♦ **You may well ask!** Jótól kérdezed!/Jó kérdés!

---

ask about/after sy kérdezősködik; érdeklődik vki után

ask for sg kér vmit: *ask for help* segítséget kér

ask for sy keres vkit

ask sy in behívat vkit

ask sy out 1. kihívat vkit **2.** *(színházba, vacsorázni stb.)* meghív; elhív vkit

ask sy over/round meghív; elhív vkit: *ask sy over to dinner* meghív vkit vacsorára

---

askance [ə'skæns] <hsz>
♦ **look askance at sy** ferde szemmel néz vkit

askew [ə'skjuː] <hsz> ferdén

asking price ['ɑːskɪŋ praɪs] <fn> [C] kínálati ár; irányár

asleep [ə'sliːp] <mn> **1.** alvó; alva; álomban: *fall asleep* elalszik ∗ *The baby is (fast) asleep.* Mélyen elaludt a baba. **2.** (el)zsibbadt: *My foot is asleep.* A lábam elzsibbadt.

A/S level, AS level [eɪ 'es levl] [= Advanced Subsidiary level] <fn> [C, U] isk BrE *(17 éves korban, az A2-vel együtt képezik az A level-t, amely az egyetemre való felvétel előfeltétele, kb. a mi kitűnő érettséginknek felel meg)* A/S szintű vizsga

asparagus [ə'spærəgəs] <fn> [U] növ spárga

aspect ['æspekt] <fn> [C] **1.** szempont; nézőpont; oldal; aspektus: *Pronunciation is an important aspect of learning languages.* A nyelvtanulásnál fontos szempont a kiejtés. **2.** *(épületé)* fekvés: *Our house has a south-facing aspect.* Házunk déli fekvésű. **3.** külső; megjelenés; arckifejezés

aspen ['æspən] <fn> [C] rezgő nyár(fa)

asphalt ['æsfælt] <fn> [U] aszfalt

aspic ['æspɪk] <fn> [U] kocsonya; aszpik

aspirant ['æspərənt] <fn> [C] pályázó; jelölt; aspiráns (**to/for sg** vmire); várományos

aspiration [,æspə'reɪʃn] <fn> [U, C] törekvés; aspiráció; ambíció

aspire [ə'spaɪə] <ige> törekszik; vágyik (**to sg** vmire); vágyakozik (**after sg** vmi után)

¹ass [æs] <fn> [C] (asses) átv is szamár: *make an ass of oneself* biz blamálja magát

²ass [æs] <fn> vulg AmE → **arse**

assailant [ə'seɪlənt] <fn> [C] támadó; merénylő

assassin [ə'sæsɪn] <fn> [C] orgyilkos

assassinate [ə'sæsɪneɪt] <ige> orvul meggyilkol; megöl; merényletet követ el (**sy** vki ellen): *X was assassinated* X ellen merényletet követtek el, X merénylet áldozata lett

¹assault [ə'sɔːlt] <fn> [C] **1.** kat, átv (meg)támadás; roham: *make an assault on sy* **(a)** megtámad vkit; erőszakoskodik vkivel; bántalmaz vkit kat **(b)** rohamot indít vki ellen; megrohamoz vkit **2.** jog testi sértés; tettlegesség **3.** *(nemi)* erőszak

²assault [ə'sɔːlt] <ige> **1.** (meg)támad; főleg kat (meg)rohamoz **2.** jog tettleg bántalmaz: *was sexually assaulted* megerőszakolták

assault course [əs'ɔːlt kɔːs] <fn> [C] kat *(kemény kiképzéshez)* akadálypálya

assemble [ə'sembl] <ige> **1.** összegyűjt **2.** összegyűlik; gyülekezik **3.** összeszerel; összeállít

assembly [ə'semblɪ] <fn> [C, U] **1.** gyűlés: *assembly room/hall* nagyterem; díszterem; aula ∗ *general assembly* közgyűlés **2.** gyülekezés: *right of assembly* gyülekezési jog **3.** *(autóé stb.)* összeszerelés

assembly line [ə'semblɪ laɪn] <fn> [C] futószalag

assembly plant [ə'semblɪ plɑːnt] <fn> [C] öszszeszerelő üzem

¹assent [ə'sent] <ige> hozzájárul (**to sg** vmihez); beleegyezik (**to sg** vmibe)

²assent [ə'sent] <fn> [U] hozzájárulás; beleegyezés: *give one's assent* beleegyezését adja ∗ *by common assent* közös megegyezés alapján

assert [ə'sɜːt] <ige> **1.** állít; kijelent **2.** erősítget; *(ártatlanságot)* bizonygat **3.** *(igényt stb.)* érvényesít; érvényre juttat; *(jogainak)* érvényt szerez **4. assert oneself** hangsúlyozza a jogait; érvényesülni kíván; jól helyezkedik

assertion [ə'sɜːʃn] <fn> **1.** [C] állítás; kijelentés **2.** [C] bizonygatás **3.** [U] *(igényé)* érvényesítés **4.** [C] követelés

assess [ə'ses] <ige> **1.** *(kárt, értéket stb.)* felbecsül; megbecsül; megállapít **2.** *(dolgozatokat stb.)* értékel; becsül; taksál; *(teljesítményt, helyzetet stb.)* felmér: *assess the situation* felméri a helyzetet ∗ *assess sy's suitability for the job* felméri vkinek az állásra való alkalmasságát

assessment [ə'sesmənt] <fn> [C, U] **1.** felbecsülés; megbecsülés **2.** *(dolgozatoké stb.)* értékelés; felmérés; becslés: *after careful assessment of new evidence* az új bizonyíték alapos kiértékelése után **3.** *(adóé)* kivetés; (meg)adóztatás

asset ['æset] <fn> [C] *(ember)* nyereség; erősség: *He is a great asset to all of us.* Ő mindannyiunk számára nagy nyereség.

assets ['æsets] <fn> [pl] vagyon(tárgyak)

assiduous [ə'sɪdjʊəs] <mn> szorgalmas; lelkiismeretes; kötelességtudó

assign [ə'saɪn] <ige> **1.** *(feladatot, időpontot stb.)* kijelöl; megállapít; megjelöl; *(állásra)* kinevez: *assign sy to the job* kinevez vkit az állásra ∗ *He assigned the task to me.* Kijelölte nekem a feladatot. **2.** *(összeget vmire)* (rá)szán **3.** *(szerepet)* kioszt; *(házi feladatot)* felad **4.** tulajdonít (**sg to sy/sg** vkinek/vminek vmit) **5.** átutal; kiutal (**sg to sy** vkinek vmit)

assignment [ə'saɪnmənt] <fn> [C, U] **1.** kijelölés; kinevezés; megbízás **2.** megbízatás; feladat; AmE házi feladat **3.** átruházás; juttatás; kiutalás

assimilate [ə'sɪməleɪt] <ige> **1.** hasonlóvá válik; hasonul; asszimilálódik **2.** elkeveredik; beilleszkedik; beolvad (**into sg** vmibe/vhova) **3.** hasonlóvá tesz; hasonít **4.** biol *(táplálékot)* feldolgoz; asszimilál **5.** *(népet, kisebbséget)* beolvaszt; magába olvaszt; asszimilál

assimilation [əˌsɪmə'leɪʃən] <fn> [U] **1.** hasonulás; asszimilálódás **2.** elkeveredés; beilleszkedés; beolvadás **3.** biol feldolgozás; asszimilálás; asszimiláció **4.** beolvasztás; befogadás; hasonítás; asszimiláció

assist [ə'sɪst] <ige> segédkezik; segít (**sy with sg//sy in doing sg//sy to do sg** vkinek vmivel//vkinek vmiben//vkinek vmit tenni); asszisztál (**sy in sg** vkinek vmihez)

assistance [ə'sɪstəns] <fn> [U] segítség: *without your assistance* segítséged nélkül

¹assistant [ə'sɪstənt] <fn> [C] **1.** helyettes; aszszisztens **2.** alkalmazott: *shop assistant* bolti alkalmazott; eladó

²assistant [ə'sɪstənt] <mn> helyettes; segéd-: *assistant headmaster* helyettes igazgató; igazgatóhelyettes ∗ *assistant manager* igazgatóhelyettes; helyettes igazgató ∗ *assistant professor* AmE *(egyetemen, főiskolán)* adjunktus

¹associate [ə'səʊʃɪeɪt] <ige> (associates, associating, associated) **1.** társít; összekapcsol; kapcsolatba hoz (**sy/sg with sy/sg** vkit/vmit vkivel/vmivel); asszociál: *We associate snow with winter.* A havat a téllel társítjuk/kapcsoljuk össze./A hóról a tél jut eszünkbe. **2.** társul; szövetkezik; kapcsolatban van; összejár (**with sy** vkivel): *Do you associate with each other after office hours?* Összejártok munkaidőn túl?

²associate [ə'səʊʃɪət] <fn> [C] (munka)társ; tag

³associate [ə'səʊʃɪət] <mn> társ-; tag-; kisegítő: *an associate member* társult tag; kültag ∗ *associate professor* AmE *(egyetemen, főiskolán)* docens

associated company [ə'səʊʃɪeɪtɪd 'kʌmpəni] <fn> [C] tagvállalat; társult vállalkozás

association [əˌsəʊsɪ'eɪʃn] <fn> **1.** [C] egyesület; társaság; szövetség **2.** [U] társulás; egyesülés **3.** [U] társítás; asszociáció: *association of ideas* gondolattársítás; képzettársítás

♦ **in association with** együttműködve (vkivel); közösen (vkivel)

Association Football [əsˌəʊsɪeɪʃn'fʊtbɔːl] <fn> [U] *(ellentéthen a rögbivel)* labdarúgás; futball

assorted [ə'sɔːtɪd] <mn> válogatott; vegyes

assortment [ə'sɔːtmənt] <fn> [C] választék; készlet

assume [ə'sjuːm] <ige> (assumes, assuming, assumed) **1.** feltételez; feltesz: *Assuming that…* Feltéve, hogy… ∗ *He is assumed to be…* Feltételezik róla, hogy… ∗ *I assume you were ill.* Feltételezem, hogy beteg voltál. **2.** *(tisztséget, felelősséget stb.)* magára vállal: *assume control of sg* átveszi az irányítást/uralmat vmi felett ∗ *He assumed the role of leader.* Vezetői szerepet vállalt magára. **3.** *(magatartást, tulajdonságot stb.)* (fel)ölt; felvesz

assumed name [əˌsjuːmd'neɪm] <fn> [C] álnév
assumption [ə'sʌmpʃn] <fn> [C] feltevés; feltételezés; előfeltétel: *on the assumption that...* feltéve, hogy...; annak feltételezésével, hogy...; abból kiindulva, hogy...; annak tudatában, hogy... ∗ *a reasonable assumption* jogos feltételezés
assurance [ə'ʃɔːrəns] <fn> **1.** [C] ígéret; biztosíték; garancia: *Give me your assurance that you will help.* Ígérd meg, hogy segítesz./Biztosíts arról, hogy segítesz. **2.** [U] biztosítás: *life assurance* életbiztosítás **3.** [U] bizonyosság; biztonság **4.** [U] önbizalom; magabiztosság
assure [ə'ʃɔː] <ige> (assures, assuring, assured) **1.** biztosít (**sy of sg** vkit vmiről): *I can assure you that it's true.* Biztosíthatlak afelől/arról, hogy ez igaz./Garantálom, hogy ez igaz. ∗ *You can rest assured...* Nyugodt lehetsz afelől, hogy... **2.** meggyőz
assured [ə'ʃɔːd] <mn> magabiztos; határozott
asterisk ['æstərɪsk] <fn> [C] *(nyomdai jel)* csillag(jel)
asthma ['æsmə] <fn> [U] asztma: *asthma attack* asztmaroham
¹asthmatic [æs'mætɪk] <fn> [C] asztmás ember; asztmabeteg
²asthmatic [æs'mætɪk] <mn> asztmás
astonish [ə'stɒnɪʃ] <ige> megdöbbent; meglep: *be astonished at hearing sg*//*be astonished to hear sg* megdöbbenve hallja; megdöbbenve hall vmit ∗ *look astonished* elképedve bámul ∗ *I was astonished by his enthusiasm.* Lelkesedése meglepett.
astonishing [ə'stɒnɪʃɪŋ] <mn> megdöbbentő
astonishment [ə'stɒnɪʃmənt] <fn> [U] csodálkozás; meglepődés; megdöbbenés: *to my astonishment* csodálkozásomra
astound [ə'staʊnd] <ige> meglep: *I was astounded to hear* Meghökkenve hallottam, hogy...
astounding [ə'staʊndɪŋ] <mn> meglepő; meghökkentő
astray [ə'streɪ] <hsz> téves irányba(n): *go astray* eltéved ∗ *lead sy astray* tévútra vezet vkit
¹astride [ə'straɪd] <elölj> lovaglóülésben; lovaglóhelyzetben: *He sat astride the horse.* Lovaglóülésben ült a lovon.
²astride [ə'straɪd] <hsz> lovaglóülésben; lovaglóhelyzetben: *with legs astride* szétvetett lábakkal
astrology [ə'strɒlədʒi] <fn> [U] asztrológia
astronaut ['æstrənɔːt] <fn> [C] űrhajós; asztronauta
astronomy [ə'strɒnəmi] <fn> [U] csillagászat; asztronómia
astrophysics [ˌæstrəʊ'fɪzɪks] <fn> [pl] asztrofizika

astute [ə'stjuːt] <mn> ravasz; ügyes: *an astute businessman* dörzsölt üzletember
asylum [ə'saɪləm] <fn> **1.** [C] menedékhely **2.** [U] menedék(jog): *political asylum* politikai menedékjog ∗ *seek/grant (political) asylum* politikai menedékjogot kér/kap
asylum seeker [ə'saɪləm 'siːkə] <fn> [C] menedékkérő
asymmetric(al) [ˌeɪsɪ'metrɪk(əl)] <mn> aszimmetrikus
¹at [ət, hangsúlyos æt] <elölj> **1.** *(hely)* -ban, -ben; -on, -en, -ön, -n; -nál, -nél: *at home* otthon ∗ *I was at school.* Iskolában voltam. ∗ *He is at the railway station.* A vasútállomáson van. ∗ *"Where's Sissy?" "She's at Peter's."* „Hol van Sissy?" „Péteréknél (van)." **2.** *(idő)* -kor: *at 3 o'clock* három órakor ∗ *at Easter* húsvétkor ∗ *at his death* halálakor ∗ *at night* éjjel ∗ *at the age of 15* 15 éves korában ∗ *at the moment* abban a pillanatban ∗ *He got married at 20.* Húszéves korában nősült. **3.** *(irány)* -ra, -re: *He threw a stone at her.* Egy követ dobott rá. ∗ *Look at me!* Nézz rám! **4.** *(vmilyen munkában/elfoglaltságban)* -ban: *He is at work.* Dolgozik./Munkában van. ∗ *He is hard at work.* Keményen dolgozik. ∗ *She is at play.* Játszik. ∗ *Those countries are at war.* Azok az országok háborúban állnak. **5.** *(értékben)* -ért: *I bought it at 50p.* 50 pennyért vettem. ♦ **at all** egyáltalán ♦ **not at all** egyáltalán nem ♦ **at first** először ♦ **at full speed** teljes gőzzel ♦ **at last** végre ♦ **at least** legalább(is) ♦ **at once** azonnal ♦ **at that** méghozzá; ráadásul ♦ **two at a time** kettesével
²at [æt] <fn> [U] infor *(@)* kukac
ate [et, AmE eɪt] → **eat**
atheism ['eɪθɪɪzm] <fn> [U] ateizmus
atheist ['eɪθɪɪst] <fn> [C] ateista
Athens ['æθɪnz] <fn> Athén
athlete ['æθliːt] <fn> [C] **1.** sportoló **2.** atléta
athletic [æθ'letɪk] <mn> **1.** atlétikai: *athletic events* atlétikai események **2.** izmos; kisportolt: *You look very athletic.* Nagyon kisportolt vagy.
athletics [æθ'letɪks] <fn> [sing] atlétika
at-home [ət'həʊm] <fn> [C] fogadónap
atishoo [ə'tɪʃuː] <isz> Hapci!
¹Atlantic [ət'læntɪk] <mn> atlanti(-óceáni)
²Atlantic [ət'læntɪk] <fn> **the Atlantic (Ocean)** Atlanti-óceán
atlas ['ætləs] <fn> [C] (atlases) atlasz
ATM [ˌeɪtiː'em] [= Automated Teller Machine] <fn> [C] ATM (= bankjegykiadó automata)
ATM machine → **ATM**
atmosphere ['ætməsfɪə] <fn> **1.** [U] légkör: *the pollution of the atmosphere* a légkör szennye-

zettsége **2.** [U] éghajlat: *warm atmosphere* meleg éghajlat **3.** [C] átv légkör; hangulat: *The atmosphere at home is always happy.* Otthon mindig derűs a légkör.

atmospheric [ˌætməsˈferɪk] <mn> légköri

atom [ˈætəm] <fn> [C] atom

atom bomb [ˈætəm bɒm] <fn> [C] atombomba

atomic [əˈtɒmɪk] <mn> atom-: *atomic bomb* atombomba ∗ *atomic energy* atomenergia ∗ *atomic number* atomszám ∗ *atomic physics* atomfizika ∗ *atomic power* atomenergia ∗ *atomic power station* atomerőmű ∗ *atomic weapon* atomfegyver

atomizer [ˈætəmaɪzə] <fn> [C] porlasztó(készülék)

atrocious [əˈtrəʊʃəs] <mn> **1.** *(bűncselekmény stb.)* iszonyatos **2.** förtelmes; borzasztó; szörnyű

atrocity [əˈtrɒsəti] <fn> [C, U] (atrocities) szörnyűség; rémség; rémtett; kegyetlenség; atrocitás

attach [əˈtætʃ] <ige> **1.** (hozzá)ragaszt; (hozzá-)csatol; mellékletként küld; mellékel (**sg to sg** vmit vmihez): *attached file (e-mailnél)* csatolt file/fájl ∗ *please find attached* csatoltan megküldjük ∗ *attach oneself to sy/sg* csatlakozik vkihez/vmihez **2.** ragaszkodik (**to sy** vkihez): *attach importance to sg* fontosságot tulajdonít vminek ∗ *Our children are very attached to us.* A gyermekeink nagyon ragaszkodnak hozzánk./A gyermekeink nagyon szeretnek minket.

attaché [əˈtæʃeɪ] <fn> [C] követségi titkár; attasé

attaché case [əˈtæʃeɪ keɪs] <fn> [C] diplomatatáska; irattáska

attachment [əˈtætʃmənt] <fn> **1.** [C] infor melléklet; csatolt állomány; csatolmány **2.** [C, U] tartozék; kellék: *attachments for this tool* tartozékok e szerszámhoz **3.** ragaszkodás; kötődés (**to sy/sg** vkihez/vmihez); szeretet (**to/for sy/sg** vki/vmi iránt); gyengéd szálak: *her strong attachment to her mother* erős kötődése/ragaszkodása édesanyjához ∗ *He feels attachment for this old house.* Gyengéd szálak fűzik ehhez az öreg házhoz.

¹attack [əˈtæk] <ige> **1.** megtámad; megrohamoz: *She was attacked.* Megtámadták. ∗ *The army attacked the country.* A katonaság megtámadta az országot. **2.** *(betegség)* megtámad: *A strange disease attacked my plants.* Növényeimet egy különös betegség támadta meg.

²attack [əˈtæk] <fn> [C, U] **1.** támadás: *attack on the president* az elnök elleni támadás ∗ *The town came under attack at night.* A várost az éjjel támadás érte. **2.** *(betegségé)* roham: *heart attack* szívroham; szívinfarktus
♦ **Attack is the best form of defence.** Legjobb védekezés a támadás.

attacker [əˈtækə] <fn> [C] támadó

attain [əˈteɪn] <ige> *(célt stb.)* elér; megvalósít

attainment [əˈteɪnmənt] <fn> **1.** [U] *(célé stb.)* elérés; *(tudásé stb.)* megszerzés **2. attainments** [pl] tehetség; képesség; tudás

¹attempt [əˈtempt] <fn> [C] **1.** kísérlet: *He made no attempt to visit me.* Kísérletet sem tett arra, hogy meglátogasson. **2.** próbálkozás: *at the first attempt* első próbálkozásra ∗ *brave attempt* bátor próbálkozás **3.** merénylet: *an attempt on sy's life* merénylet vki élete ellen

²attempt [əˈtempt] <ige> megpróbál; megkísérel: *attempted murder* gyilkossági kísérlet

attend [əˈtend] <ige> **1.** részt vesz (**sg** vmin); jelen van (**sg** vhol): *attend a meeting* gyűlésen/értekezleten vesz részt ∗ *attend lectures (egyetemen, főiskolán)* előadásokra jár; előadásokat látogat/hallgat ∗ *attend church regularly* rendszeresen jár templomba; rendszeres templomba járó ∗ *attend school* iskolába jár ∗ *She attended my party.* Részt vett a bulimon. **2.** ápol; kezel: *That nurse attended him.* Az a nővér ápolta. **3.** meghallgat: *Will you attend my speech?* Meghallgatod a beszédemet? **4.** figyel (**to sg/sy** vmire/vkire): *attend to a problem* foglalkozik egy problémával ∗ *I'll attend to it!* Majd én utánanézek!

attend to sy/sg foglalkozik vkivel/vmivel

attendance [əˈtendəns] <fn> **1.** [U] jelenlét; részvétel; látogatás; megjelenés: *attendance at school* iskolalátogatás ∗ *attendance list* jelenléti ív ∗ *Church attendance dropped sharply in the 70s.* A templomba járás drasztikusan visszaesett a 70-es években./A templomba járók száma drasztikusan csökkent/visszaesett a 70-es években. **2.** [C, U] résztvevők; hallgatóság; látogatottság; nézőszám: *attendance of 100* 100 főnyi hallgatóság ∗ *poor attendance* gyenge látogatottság **3.** [U] ápolás; kezelés: *medical attendance* orvosi kezelés; betegellátás ∗ *doctor in attendance* ügyeletes orvos **4.** [U] *(szállodában, üzletben)* kiszolgálás

¹attendant [əˈtendənt] <fn> [C] **1.** gondozó; kezelő; kísérő; felügyelő; őr: *a car park attendant* parkolóőr **2.** látogató; résztvevő

²attendant [əˈtendənt] <mn> **1.** gondozó; kiszolgáló; kísérő **2.** jelenlévő

attention

attention [ə'tenʃn] <fn> [U] **1.** figyelem: *call sy's attention to sg* vki figyelmét felhívja vmire ∗ *draw sy's attention to sg* a figyelmét ráirányítja vmire ∗ *pay no attention to sg* nem törődik vmivel ∗ *May I have your attention, please!* Szíveskedjen (rám) figyelni! ∗ *Pay attention!* Figyelj! **2.** gondozás; gondoskodás; karbantartás; ellátás; kezelés: *medical attention* orvosi ellátás **3.** figyelmesség; udvariasság **4.** vigyázzállás: *He stood at/to attention.* Vigyázzban állt.
  ♦ **Attention!** kat Vigyázz! ♦ **(for the) attention of Mr Brown** (levélnél) Brown úr figyelmébe/kezébe/kezéhez ♦ **pay attention (to sy/sg)** figyel; vigyáz (vkire/vmire)

attentive [ə'tentɪv] <mn> figyelmes

attic ['ætɪk] <fn> [C] padlásszoba; tetőtér; manzárd(szoba)

attitude ['ætɪtjuːd] <fn> [C] **1.** álláspont; állásfoglalás; hozzáállás (**to/towards sg** vmihez); felfogás: *unfriendly attitude* barátságtalan hozzáállás ∗ *What is your attitude to this idea?* Mi az álláspontod ezzel az ötlettel kapcsolatban? **2.** testhelyzet: *in various attitudes* különböző testhelyzetekben

attn, attn. [= for the attention of] (levélnél) figyelmébe; kezébe: *attn Mr Brown* Brown úr kezébe

attorney [ə'tɜːni] <fn> [C] (attorneys) AmE ügyvéd; jogi képviselő; meghatalmazott: *letter/power of attorney* ügyvédi meghatalmazás

attract [ə'trækt] <ige> **1.** vonz: *music attracts a lot of people* a zene sok embert vonz ∗ *The fox was attracted by the smell of the cats.* A rókát vonzotta a macskaszag. **2.** vonzódik; vonzalmat érez (**to sy** vki iránt): *He felt attracted to her.* Vonzalmat érzett iránta.

attraction [ə'trækʃn] <fn> **1.** [U] fiz vonzás: *magnetic attraction* mágneses vonzás **2.** [C] vonzódás; vonzalom; varázs; báj; vonzerő **3.** [C, U] attrakció; (turista)látványosság

attractive [ə'træktɪv] <mn> **1.** vonzó; bájos; csinos **2.** (ajánlat, ár) csábító; előnyös: *an attractive offer* csábító ajánlat

¹attribute ['ætrɪbjuːt] <fn> [C] **1.** (jellemző) tulajdonság **2.** nyelvt jelző

²attribute [ə'trɪbjuːt] <ige> tulajdonít (**sg to sy/sg** vkinek/vminek vmit): *They attributed his success to hard work.* Sikerét a kemény munkának tulajdonították. ∗ *This sonata is attributed to Bach.* Ezt a szonátát Bachnak tulajdonítják.

aubergine ['əʊbəʒiːn] <fn> [C, U] BrE padlizsán

auburn ['ɔːbən] <mn> (haj) aranybarna; vörösesbarna

¹auction ['ɔːkʃn] <fn> [C] árverés; aukció: *sell sg at/by (an) auction* árverésen ad el vmit

²auction ['ɔːkʃn] <ige> elárverez: *auction a picture* egy képet elárverez

auctioneer [ˌɔːkʃə'nɪə] <fn> [C] árverésvezető

audacious [ɔː'deɪʃəs] <mn> merész; vakmerő; pimasz; szemtelen; hetyke

audacity [ɔː'dæsəti] <fn> [U] vakmerőség; merészség; pimaszság

audible ['ɔːdəbl] <mn> hallható

audience ['ɔːdiəns] <fn> [C] **1.** közönség; hallgatóság; publikum **2.** audiencia; kihallgatás (**with sy** vkinél)

audiovisual [ˌɔːdiəʊ'vɪʒuəl] <mn> audiovizuális: *audiovisual aids* audiovizuális eszközök

¹audit ['ɔːdɪt] <fn> [C] gazd könyvvizsgálat; revízió

²audit ['ɔːdɪt] <ige> auditál; könyvvizsgálatot tart

auditing ['ɔːdɪtɪŋ] <fn> [U, C] gazd könyvvizsgálat

audition [ɔː'dɪʃn] <fn> **1.** [C] meghallgatás; próbaéneklés; próbajáték **2.** [U] hallás; hallóképesség

auditor ['ɔːdɪtə] <fn> [C] könyvvizsgáló; revizor

auditorium [ˌɔːdɪ'tɔːriəm] <fn> [C] (auditoriums v. auditoria) nézőtér; előadóterem; auditórium

Aug. [= August] aug. (= augusztus)

augment [ɔːg'ment] <ige> növel; nagyobbít

August ['ɔːgəst] <fn> [C] röv **Aug.** augusztus: *He was born in August.* Augusztusban született.

aunt [ɑːnt] <fn> [C] néni; nagynéni: *Aunt Helen* Helen néni

auntie ['ɑːnti AmE 'ænti] <fn> [C] biz néni(kém); (nagy)nénikém

aunty ['ɑːnti AmE 'ænti] <fn> [C] biz néni(kém); (nagy)nénikém

au pair [ˌəʊ'peə] <fn> [C] au pair: *au pair girl* bébiszitter

aura ['ɔːrə] <fn> [U] aura; kisugárzás

auspices ['ɔːspɪsɪz] <fn> [pl] pártfogás: *under the auspices of sy/sg* vkinek/vminek az égisze/védnöksége alatt

auspicious [ɔː'spɪʃəs] <mn> sokat ígérő; sikeres; kedvező

Aussie ['ɒzi] <mn> biz ausztráliai

austere [ɔː'stɪə] <mn> **1.** egyszerű; józan; higgadt **2.** (ember) szigorú; kemény; aszketikus

austerity [ɔː'sterəti] <fn> [U] szigorúság; egyszerűség; ridegség, keménység, aszketizmus

Australia [ɒ'streɪliə] <fn> Ausztrália

→ Lásd a Tartalomjegyzékben a Tematikus rajzokat!

¹**Australian** [ɒ'streɪlɪən] <mn> ausztrál(iai)
²**Australian** [ɒ'streɪlɪən] <fn> [C] (személy) ausztráliai: *two Australians* két ausztráliai
Austria ['ɒstrɪə] <fn> Ausztria
¹**Austrian** ['ɒstrɪən] <mn> ausztriai; osztrák
²**Austrian** ['ɒstrɪən] <fn> [C] (személy) ausztriai; osztrák
authentic [ɔː'θentɪk] <mn> hiteles; autentikus
authenticate [ɔː'θentɪkeɪt] <ige> jog hitelesít; jóváhagy; igazol; hivatalosan elismer: *Some services require users' identities to be authenticated.* Néhány szolgáltató a felhasználók személyazonosságának hitelesítését követeli.
authentication [ɔːˌθentɪ'keɪʃn] <fn> [U] jog hitelesítés; jóváhagyás; igazolás
author ['ɔːθə] <fn> [C] szerző; író
authoress ['ɔːθəres] <fn> [C] írónő
authoritarian [ɔːˌθɒrɪ'teərɪen] <mn> tekintélyelvű
authority [ɔː'θɒrətɪ] <fn> **1.** [U] tekintély; hatalom; jog: *have authority over sy* tekintélye van vki előtt ∗ *have the authority to do sg* hatalmában/jogában áll vmit tenni **2.** [C] (authorities) szakértő; szaktekintély (**on sg** vmiben): *He is a great authority on plants.* A növények ismert szakértője/szaktekintélye./Nagy tekintély(nek számít) a növénytanban. **3.** [C] (authorities) hatóság: *the authorities* a hatóságok ∗ *local authority* helyhatóság; önkormányzat **4.** [U] felhatalmazás; meghatalmazás (**to do sg** vminek a megtételére): *without authority* illetéktelenül
♦ **I have it on good authority.** Biztos forrásból tudom. ♦ **Who is in authority here?** Ki itt a főnök?
authorization [ˌɔːθərаɪ'zeɪʃn] <fn> [C, U] engedély; felhatalmazás; meghatalmazás
authorize ['ɔːθəraɪz] <ige> felhatalmaz; meghatalmaz; engedélyez
autobiography [ˌɔːtəʊbaɪ'ɒɡrəfɪ] <fn> [C] (autobiographies) önéletrajz
autocracy [ɔː'tɒkrəsɪ] <fn> [C, U] (autocracies) önkényuralom
autocrat ['ɔːtəkræt] <fn> [C] diktátor; zsarnok
autocratic [ˌɔːtə'krætɪk] <mn> **1.** önkényuralmi; egyeduralmi **2.** zsarnoki
¹**autograph** ['ɔːtəɡrɑːf] <fn> [C] autogram: *sign autograph* autogramot ad
²**autograph** ['ɔːtəɡrɑːf] <ige> aláír; dedikál; autogramot ad
automate ['ɔːtəmeɪt] <ige> automatizál
¹**automatic** [ˌɔːtə'mætɪk] <mn> **1.** automatikus: *Breathing is automatic.* A légzés automatikus. **2.** automata; önműködő: *automatic washing machine* automata mosógép **3.** gépies: *automatic response* gépies válasz
²**automatic** [ˌɔːtə'mætɪk] <fn> [C] **1.** önműködő fegyver **2.** automata sebességváltós kocsi
automatically [ˌɔːtə'mætɪklɪ] <hsz> automatikusan; önműködően
automatic data processing [ˌɔːtə'mætɪk ˌdeɪtə'prəʊsesɪŋ] <fn> [U] elektronikus adatfeldolgozás
automatic pilot [ˌɔːtəmætɪk'paɪlət] <fn> [C] rep robotpilóta
automatic transmission [ˌɔːtəmætɪk trænz'mɪʃn] <fn> [C] automata sebességváltó
automation [ˌɔːtə'meɪʃn] <fn> [U] automatizálás; automatika
automobile ['ɑːtəmʊbiːl] <fn> [C] AmE autó
autonomous [ɔː'tɒnəməs] <mn> önálló; öntörvényű; autonóm
autonomy [ɔː'tɒnəmɪ] <fn> [U] önkormányzat; autonómia
autopsy ['ɔːtɒpsɪ] <fn> [C] (autopsies) boncolás; halottszemle
autumn ['ɔːtəm] <fn> [C] ősz: *by autumn* őszre ∗ *in autumn* ősszel ∗ *a nice autumn day* szép őszi nap ∗ *this autumn* az ősszel
autumnal [ɔː'tʌmnəl] <mn> őszi(es)
auxiliary [ɔːɡ'zɪlɪərɪ] <mn> segéd-; kisegítő: *auxiliary verb* segédige
avail [ə'veɪl] <fn> [U] haszon: *of no avail* hasztalan; hiábavaló; eredménytelen ∗ *to no avail / without avail* hiába; eredménytelenül ∗ *Her efforts were of no avail.* Erőfeszítései hiábavalónak bizonyultak. ∗ *He tried to swim but to no avail.* Úszni próbált, de hiába.
available [ə'veɪləbl] <mn> elérhető; igénybe vehető; rendelkezésre álló; kapható: *no longer available* lejárt ∗ *He is not available.* Nem elérhető. ∗ *There aren't any rooms available.* Nincs igénybe vehető szoba./Nincs rendelkezésre álló szoba.
avalanche ['ævəlɑːntʃ] <fn> [C] átv is lavina: *an avalanche of letters* levéláradat
avant-garde [ˌævɒŋ'ɡɑːd] <mn> avantgárd
avarice ['ævərɪs] <fn> [U] kapzsiság
avaricious [ˌævə'rɪʃəs] <mn> kapzsi
avenge [ə'vendʒ] <ige> **1.** megtorol; megbosszul (**sg** vmit): *He swore to avenge the insult.* Megesküdött hogy megtorolja a sértést. **2. avenge oneself on sy** bosszút áll vkin
avenue ['ævənjuː] <fn> [C] **1.** fasor **2.** sugárút; széles út
¹**average** ['ævərɪdʒ] <fn> **1.** [C] mat átlag: *on average* átlagosan; átlag(ban) ∗ *The average of 2, 3 and 7 is 4.* A 2, a 3 és a 7 átlaga 4. **2.** [U] átlag: *His work is above average.* Munkája átlagon felüli.

²average ['ævərɪdʒ] <mn> átlagos; átlag-; közepes: *average age* átlagéletkor * *average income* átlagjövedelem * *an average student* átlagos tanuló * *average price* átlagár * *average wage* átlagbér * *average temperature* középhőmérséklet * *of average height* középmagas

³average ['ævərɪdʒ] <ige> (averages, averaging, averaged) átlagosan/átlagban kitesz; átlag megtesz; átlagot elér; átlagot vesz: *average sg* vminek az átlagát kiszámítja * *Our mail averages 5 letters a week.* Postánk átlagosan 5 levelet tesz ki hetente. * *I averaged 15 kilometers a day by bike.* Átlag napi 15 kilométert tettem meg biciklivel.

> **average out (at sg)** *(összeget)* átlagban kitesz

averse [ə'vɜːs] <mn> **be averse to sg** idegenkedik vmitől; ellene van vminek

aversion [ə'vɜːʃn] <fn> [C] idegenkedés (**to sy** vkitől): *have an aversion to sg/sy* idegenkedik vmitől/vkitől
 ♦ **It is my pet aversion.** Ez az, amit a legjobban utálok.

avert [ə'vɜːt] <ige> **1.** elfordít **2.** elhárít; megelőz; megakadályoz

aviary ['eɪviəri] <fn> [C] (aviaries) madárház

aviation [ˌeɪvi'eɪʃn] <fn> [U] repülés(tan); repülés(technika)

avid ['ævɪd] <mn> **1.** mohó (**for sg** vmire): *He is an avid reader.* Könyvmoly. **2.** *(gyűjtő)* lelkes

avocado [ˌævə'kɑːdəʊ] <fn> [C] (avocados) avokádó

avoid [ə'vɔɪd] <ige> **1.** elkerül; kikerül: *Avoid the rush hour.* Kerüld el a csúcsforgalmat! * *Avoid him.* Kerüld el őt! **2.** kitér: *He avoided answering our questions.* Kitért kérdéseink megválaszolása elől. **3.** elkerül; távol tartja magát: *You have to avoid eating sweets.* El kell kerülni az édességevést.

avoidable [ə'vɔɪdəbl] <mn> elkerülhető

avoidance [ə'vɔɪdns] <fn> [U] elkerülés

await [ə'weɪt] <ige> vár(akozik)

¹awake [ə'weɪk] <mn> **be awake** ébren van: *be wide awake* **(a)** éber **(b)** teljesen ébren van

²awake [ə'weɪk] <ige> (awakes, awaking, awoke, awoken) **1.** átv is felébreszt; felkelt **2.** átv is felébred: *I awoke to find that...* Arra ébredtem, hogy.../Felébredve azt látom, hogy...

> **awake to sg** ráébred vmire: *awake to reality* ráébred a valóságra

awaken [ə'weɪkən] <ige> **1.** átv is felébred **2.** átv is felébreszt; felkelt: *awaken sy to sg* vkit vminek a tudatára ébreszt * *We were awakened by the dustcart.* A kukáskocsi ébresztett fel minket. * *My interest was awoken by the music.* Felkeltette érdeklődésemet a zene.

awakening [ə'weɪkənɪŋ] <fn> [U] **1.** felébresztés; *(érdeklődésé stb.)* felkeltés **2.** átv is ébredés
 ♦ **a rude awakening** keserves csalódás

¹award [ə'wɔːd] <fn> [C] **1.** díj: *He won the award for best writer.* Elnyerte a legjobb írónak járó díjat. **2.** jutalom; kitüntetés: *She was given an award for her bravery.* Bátorságáért jutalomban részesült. **3.** *an award for compensation* jog kártérítés megítélése

²award [ə'wɔːd] <ige> **1.** odaítél; díjjal kitüntet: *They awarded her first prize.* Neki ítélték az első díjat. **2.** *(kártérítést stb.)* megítél: *the court awarded damages of over 3 million to...* a bíróság 3 millió feletti kártérítést ítélt meg... -nak

aware [ə'weə] <mn> **be aware of sg** tudatában van vminek; tudja, hogy: *become aware of sg* rádöbben vmire * *I am aware of the problem.* Tisztában vagyok a problémával. * *I am not aware of it.* Nem tudok róla.

¹away [ə'weɪ] <hsz> **1.** el; messze; messzire: *run away* elszalad * *She lives far away.* Messze lakik. * *Go away!* Menj innen! * *I will be away for a week.* Egy hétre elutazom. * *She was away from school yesterday.* Nem volt iskolában tegnap. * *He put the cheese away in the fridge.* Elrakta a sajtot a hűtőbe. * *Take it away!* Vidd el! **2.** távol: *5 kilometres away* 5 kilométernyi távolságra **3.** megszakítás nélkül; rendületlenül: *They worked away all day.* Végigdolgozták a napot. * *Sleep away!* Aludj tovább!
 ♦ **away with you** takarodj innen ♦ **straight/right away** rögtön

²away [ə'weɪ] <mn> *away game/match* idegenben játszott mérkőzés

awe [ɔː] <fn> [U] félelemmel vegyes tisztelet/bámulat; megilletődés: *stand in awe of sy* félve tisztel vkit; respektál vkit * *She looked in awe at the king.* (Félelemmel vegyes) tisztelettel nézett a királyra.

awesome ['ɔːsəm] <mn> **1.** félelmetes; tiszteletet parancsoló **2.** biz AmE szuper; pompás

awful ['ɔːfl] <mn> pocsék; borzasztó; rettenetes; szörnyű: *awful weather* pocsék idő * *an awful lot of...* borzasztó sok... * *an awful accident* rettenetes baleset * *an awful headache* szörnyű fejfájás

awfully ['ɔːfli] <hsz> borzasztóan; szörnyen; rettenetesen: *awfully silly* rém hülye * *I'm*

awfully sorry... Borzasztóan/Roppant sajnálom...; Ezer bocsánat...
awkward ['ɔːkwəd] <mn> **1.** rossz; nehéz; alkalmatlan: *This bag is awkward to carry to the station.* Nagyon rossz/nehéz ezt a csomagot kicipelni az állomásra. * *The desk is in a very awkward place.* Az íróasztal meglehetősen rossz/alkalmatlan helyen van. **2.** kellemetlen; kínos: *an awkward silence* kínos csönd * *at an awkward moment* rosszkor * *We felt awkward.* Kellemetlenül éreztük magunkat. **3.** esetlen; ügyetlen; félszeg: *My friend is very awkward when he dances.* A barátom tánc közben nagyon esetlen.
  ♦ **the awkward age** kamaszkor ♦ **an awkward customer** nehéz pacák
awkwardly ['ɔːkwədli] <hsz> ügyetlenül; rosszul; félszegen; esetlenül
awkwardness ['ɔːkwədnəs] <fn> [U] ügyetlenség; esetlenség, félszegség; kellemetlenség

awning ['ɔːnɪŋ] <fn> [C] ponyva(tető); (kocsi-)ponyva; védőtető
awoke [ə'wəʊk] → **awake**
¹**awry** [ə'raɪ] <mn> ferde; fonák; lekonyuló; kajla; srég
²**awry** [ə'raɪ] <hsz> ferdén; fonákul; srégen; rendetlenül: *go awry* kudarcba fullad
ax [æks] <fn> [C] AmE fejsze; balta
axe [æks] <fn> [C] fejsze; balta
  ♦ **the axe** leépítés ♦ **get the axe** biz **1.** leépítik; elbocsátják; kiteszik **2.** *(építkezést stb.)* leállítják
axis ['æksɪs] <fn> [C] (axes) mat, fiz, átv tengely
axle ['æksl] <fn> [C] *(jármű kerekéé)* tengely
aye [aɪ] <fn> [C] *(parlamentben)* igenlő szavazat
¹**azure** ['æʒə] <mn> égszínkék; azúr(kék): *azure skies* felhőtlen ég(bolt)
²**azure** ['æʒə] <fn> [U] égszínkék/azúrkék szín/ égbolt

B, b

B, b [biː] <fn> [C, U] (B's, b's) **1.** *(betű)* B; b **2. B** zene *(hang)* H; h: *B major* H-dúr ∗ *B minor* h-moll ∗ *B flat major* B-dúr ∗ *B flat minor* b-moll **3. B** *(osztályzat)* jó **4. B** *(vércsoport)* B
b. [= born] sz.; szül.; (= született): *Shelley, b. 1792* Shelley, szül. 1792-ben
BA [ˌbiːˈeɪ] [= Bachelor of Arts] <fn> [C] *(első felsőfokú, humán végzettségi szint)* BA
babble [ˈbæbl] <fn> [U] **1.** hangzavar **2.** gügyögés; gagyogás **3.** (víz)csobogás
babe [beɪb] <fn> [C] **1.** szl szivi; pipi; csaj **2.** csecsemő; (kis)baba; bébi
baboon [bəˈbuːn] <fn> [C] pávián
baby [ˈbeɪbɪ] <fn> [C] (babies) **1.** (kis)baba; csecsemő; bébi: *She is going to have a baby.* Kisbabát vár. **2.** (állat)kölyök; gyerek-; bébi-: *baby elephant* elefántbébi **3.** bébi-; kicsi; apró: *baby camera* zsebfényképezőgép **4.** szl bébi; szívem

♦ **carry the baby** tartja a hátát ♦ **throw the baby out with the bathwater** a fürdővízzel együtt a gyereket is kiönti
baby boom [ˈbeɪbɪ buːm] <fn> [C] demográfiai hullám/robbanás
baby carriage [ˈbeɪbɪˌkærɪdʒ] <fn> [C] gyerekkocsi
babyish [ˈbeɪbɪʃ] <mn> gyerekes; kisbabás; dedós
baby-minder [ˈbeɪbɪˌmaɪndə] <fn> [C] bébiszitter; gyerekfelügyelő
babysit [ˈbeɪbɪsɪt] <ige> (babysitting, babysat, babysat) *(a szülők távollétében)* bébiszittel; gyerekre vigyáz
babysitter [ˈbeɪbɪsɪtə] <fn> [C] gyerekfelügyelő; bébiszitter
bachelor [ˈbætʃələ] <fn> [C] **1.** nőtlen férfi; legényember; agglegény: *old bachelor* agglegény ∗ *bachelor dinner* legénybúcsú **2. Bachelor of Arts** röv BA isk *(első felsőfokú, humán végzettségi szint)* alapképzés
¹**back** [bæk] <fn> [C] **1.** hát: *sleep on his back* a hátán alszik **2.** vminek a háta/hátsó része; vége: *the back of the book* a könyv hátlapja ∗ *at the back of the class* az osztályterem végében **3.** széktámla **4.** (labdajátékban) hátvéd

♦ **at/in the back of your mind** tudat alatt ♦ **be at the back of sy/sg** támogat vkit; vmi mögött van ♦ **behind sy's back** vkinek a háta mögött ♦ **get off sy's back** leszáll vkiről ♦ **have one's back to the wall** szorult helyzetben van; sarokba van szorítva ♦ **put sy's back up** felbosszant vkit

²**back** [bæk] <mn> **1.** hátsó; hátulsó: *back door* hátsó ajtó ∗ *in the back row* a hátulsó sorban ∗ *back page* hátlap **2.** hátralékos; elmaradt; kifizetetlen: *back rent* kifizetetlen lakbér **3.** régi: *back issues of a paper* újság régi számai

³**back** [bæk] <hsz> **1.** vissza: *Give it back to me.* Add vissza! **2.** vissza; hátra(felé): *run away without looking back* elfut anélkül, hogy visszanézne **3.** vissza: *hold back his tears* visszatartja a könnyeit **4.** *(válaszként)* vissza: *Phone me back.* Hívj vissza! ∗ *You hit me so I hit you back.* Te megütöttél, így én visszaütöttem. **5.** *(időben)* vissza: *think back to one's wedding* visszaemlékezik esküvőjére

♦ **back and forth** oda-vissza ♦ **back home** nálunk odahaza ♦ **back in 2000** még 2000-ben

⁴**back** [bæk] <ige> **1.** támogat: *The bank refused to back our plan.* A bank nem hajlandó tovább támogatni a tervünket. **2.** *(lóra, csapatra)* tesz; fogad **3.** tolat: *He backed the car out of the garage.* Autójával kitolatott a garázsból. **4.** *(szólistát)* kísér

♦ **back the wrong horse** rossz lóra tesz

---

back away hátrál; visszahúzódik (**from sy/sg** vkitől/vmitől)
back down visszakozik; meghátrál
back off visszakozik; visszahúzódik
back out visszalép (**of sg** vmitől)
back sy/sg up támogat vkit/vmit

---

backache [ˈbækeɪk] <fn> [C, U] hátfájás; derékfájás: *have (a) backache* fáj a dereka
backbencher [ˌbækˈbentʃə] <fn> [C] független képviselő
backbiting [ˈbækˌbaɪtɪŋ] <fn> [U] rágalmazás; szidalmazás; szapulás
backbone [ˈbækbəʊn] <fn> **1.** [C] (hát)gerinc **2.** [sing] gerince; legfontosabb része (**of sg** vminek): *the backbone of the team* a csapat gerince; a csapat legfontosabb embere **3.** [U]

gerinc; jellem: *He has got backbone.* Gerinces/Jellemes ember.
backbreaking ['bæk‚breɪkɪŋ] <mn> *(munka)* fárasztó; kimerítő: *backbreaking work* kimerítő munka
backchat ['bæktʃæt] <fn> [U] feleselés; visszabeszélés
backcloth ['bækklɒθ] <fn> [C] szính háttérfüggöny
backcomb ['bækkəʊm] <ige> tupíroz
backdate [‚bæk'deɪt] <ige> korábbra keltez
back door [‚bæk'dɔː] <fn> [C] hátsó ajtó
backdrop ['bækdrɒp] <fn> **1.** [C] szính háttérfüggöny **2.** [sing] átv vminek a háttere
backer ['bækə] <fn> [C] támogató
backfire [‚bæk'faɪə] <ige> visszafelé sül el: *The plot backfired.* Az összeesküvés visszafelé sült el.
background ['bækgraʊnd] <fn> **1.** [U] háttér: *in the background of the picture* a kép hátterében **2.** [U] átv háttér: *remain in the background* a háttérben marad **3.** [C] *(családi, társadalmi)* háttér; származás; neveltetés: *She is a young lady of excellent background.* Kifogástalan neveltetésű fiatal hölgy.
backhand ['bækhænd] <fn> [sing] fonák (ütés)
backing ['bækɪŋ] <fn> [U] **1.** (anyagi) támogatás: *financial backing* pénzügyi támogatás **2.** hátlap: *the backing of the book* a könyv hátlapja
backlash ['bæklæʃ] <fn> [C] dühös reagálás/reakció
backlog ['bæklɒg] <fn> [C] elvégzésre váró munka; *(munkában)* hátralék
backpack ['bækpæk] <fn> [C] hátizsák
backpacker ['bækpækə] <fn> [C] hátizsákos turista
back-pedal [‚bæk'pedl] <ige> (backpedalling, backpedalled) **1.** *(kerékpáron)* visszafelé hajtja a pedált **2.** visszakozik
back seat [‚bæk'siːt] <fn> [C] hátsó ülés
♦ **take a backseat** háttérben marad
backside ['bæksaɪd] <fn> [C] biz hátsó rész; far
backslash ['bækslæʃ] <fn> [C] fordított perjel; \ jel
¹backstage [‚bæk'steɪdʒ] <mn> a színfalak mögött zajló
²backstage [‚bæk'steɪdʒ] <hsz> **1.** a színfalak/kulisszák mögött/mögé **2.** a kulisszák mögött; rejtve
back street [‚bæk striːt] <fn> [C] mellékutca
backstroke ['bækstrəʊk] <fn> [C] hátúszás: *do backstroke* háton úszik
back talk ['bæk tɔːk] <fn> [U] feleselés
backtrack ['bæktræk] <ige> visszatáncol; visszalép: *backtrack on its plans* visszalép a tervétől

backup ['bækʌp] <fn> [C] infor (biztonsági) másolat
backward ['bækwəd] <mn> **1.** hátrafelé/visszafelé irányuló: *backward movement* visszavonulás ∗ *backward and forward movement* előre-hátra mozgás **2.** fejletlen; elmaradott; (fejlődésben) visszamaradt: *a backward country* fejlődésben visszamaradt ország
backwards ['bækwədz] <hsz> hátra(felé); vissza(felé): *look backwards* hátranéz; visszanéz
backyard [‚bæk'jɑːd] <fn> [C] **1.** BrE hátsó udvar **2.** AmE hátsó kert
bacon ['beɪkən] <fn> [U] angolszalonna: *bacon and eggs* pirított szalonna tojással ∗ *fat bacon* kövér szalonna
bacteria [bæk'tɪəriə] <fn> [pl] baktérium(ok)
bad [bæd] <mn> (worse, worst) **1.** rossz (**at sg** vmiben): *bad at Spanish* rossz spanyolból **2.** káros; ártalmas (**for sg** vmire): *Smoking is bad for your health.* A dohányzás káros az egészségre. **3.** rossz; kellemetlen: *a bad day* egy rossz nap ∗ *a bad decision* rossz döntés ∗ *bad weather* rossz időjárás **4.** *(erkölcsileg)* rossz; gonosz: *have a bad name* rossz híre van ∗ *get into bad ways* rossz útra tér ∗ *bad language* káromkodás **5.** komoly; súlyos; erős: *have a bad cold* erősen megfázott ∗ *My headache is getting worse.* Egyre erősebben fáj a fejem. **6.** *(minőségileg)* rossz; romlott; *(levegő)* elhasznált: *bad air* elhasznált levegő ∗ *bad meat* romlott hús **7.** *(testrész)* beteg(es); gyenge; rossz: *have a bad heart* rossz a szíve ∗ *feel bad* rosszul érzi magát
♦ **bad blood** harag; gyűlölködés ♦ **not bad** biz egész jó ♦ **too bad** biz kár
bad debt [bæd det] <fn> [C, U] behajthatatlan követelés
badge [bædʒ] <fn> [C] (szolgálati) jelvény; kitűző: *badges of rank* rangjelzés
badger ['bædʒə] <fn> [C] borz
badly ['bædli] <hsz> (worse, worst) **1.** rosszul: *play badly* rosszul játszik **2.** súlyosan; komolyan: *badly wounded* súlyosan megsérült **3.** nagyon: *be badly in need of help* nagyon nagy szüksége van segítségre
♦ **be badly off 1.** szegény **2.** *(anyagilag)* rosszul áll
badminton ['bædmɪntən] <fn> [U] tollaslabda
bad-tempered [‚bæd'tempəd] <mn> rosszkedvű; zsémbes: *a bad-tempered man* zsémbes ember
baffle ['bæfl] <ige> megzavar; összezavar; zavarba ejt: *be completely baffled* teljesen össze van zavarodva
¹bag [bæg] <fn> **1.** [C] zacskó; szatyor: *paper bag* papírzacskó ∗ *plastic shopping bag* műanyag bevásárlószatyor **2.** [C] (kézi)táska;

²**bag**

bőrönd **3.** [C] *(mennyiség)* zacskónyi: *a bag of rice* egy zacskó rizs **4. bags of** [pl] biz rengeteg: *have bags of time* rengeteg ideje van

²**bag** [bæg] <ige> (bagging, bagged) **1.** zsákba rak: *The fruit is bagged at the farm.* A gyümölcsöt zsákba rakják a farmon. **2.** megkaparint; ráteszi a kezét; zsebre tesz/vág: *bag the best seats* megkaparintja megának a legjobb helyeket

bagel ['beɪgl] <fn> [C] *(gyűrű alakú sütemény)* bagel

baggage ['bægɪdʒ] <fn> [U] **1.** AmE poggyász; csomag: *baggage reclaim* repülőtéri poggyászkiadás ∗ *excess baggage* túlsúly **2.** átv biz *(amit az ember a múltjából cipel)* örökség; teher

baggy ['bægɪ] <mn> bő; lötyögős; buggyos

bag lady ['bæg,leɪdɪ] <fn> [C] hajléktalan nő

bagpipes ['bægpaɪps] <fn> [pl] (skót) duda

¹**bail** [beɪl] <fn> [U] jog óvadék: *be released on bail* óvadék fejében szabadlábra helyezik ∗ *refuse bail* elutasítja az ideiglenes szabadlábra helyezés iránti kérelmet

²**bail** [beɪl] <ige> óvadék ellenében szabadlábra helyez

bail sy out 1. óvadékot tesz le vkiért **2.** kihúz vkit a pácból

bailiff ['beɪlɪf] <fn> [C] bírósági végrehajtó

bait [beɪt] <fn> [C, U] **1.** csalétek; csali; csalikukac **2.** csalétek; mézesmadzag; ámítás, csalogatás: *take the bait* bekapja a horgot; lépre megy

bake [beɪk] <ige> **1.** (meg)süt: *bake apple pie* almás pitét süt ∗ *bake bread* kenyeret süt **2.** (meg)sül: *the bread is baking* sül a kenyér **3.** *(téglát)* (ki)éget

baked beans [,beɪkt'biːnz] <fn> [pl] paradicsomszószos főtt bab

baked potatoes [,beɪktpə'teɪtəuz] <fn> [pl] sült burgonya/krumpli

baker ['beɪkə] <fn> **1.** [C] pék **2. the baker's** [sing] péküzlet

bakery ['beɪkərɪ] <fn> [C] (bakeries) pékség; sütöde

baking powder ['beɪkɪŋ,paʊdə] <fn> [U] sütőpor

¹**balance** ['bæləns] <fn> **1.** [U] *(fizikai és átv.)* egyensúly: *the balance of power* hatalmi/politikai egyensúly ∗ *lose one's balance* elveszti az egyensúlyát **2.** [C, ált sing] gazd egyenleg: *Could you tell me my balance?* Lenne szíves megmondani mennyi az egyenlegem? **3.** [C, ált sing] fennmaradó összeg; maradvány: *You can pay €50 now and the balance next month.* Kifizethetsz most 50 eurót, s a fennmaradó összeget majd a jövő hónapban. **4.** [C] pénz, ker egyenleg, mérleg: *(the) balance due* fizetési egyenleg ∗ *balance of payments* fizetési mérleg **5.** [C] *(eszköz)* mérleg: *chemical/precision balance* precíziós mérleg; aranymérleg

♦ **in the balance** bizonytalan ♦ **(catch/throw sy) off balance 1.** felborítja vki (lelki) egyensúlyát **2.** megzavar/meghökkent vkit ♦ **on balance** mindent összevéve

²**balance** ['bæləns] <ige> **1.** *(mérleg stb.)* egyensúlyban van **2.** *(tárgyat)* egyensúlyban tart; egyensúlyba hoz; egyensúlyoz: *balance a ball on his head* labdát egyensúlyoz a fején **3.** *(bevétel-kiadás)* egyensúlyban van **4.** *(adósságot)* kiegyenlít; kifizet: *balance an account* számlát kiegyenlít **5.** *(következményt stb.)* mérlegel; megfontol; latolgat

balanced ['bælənst] <mn> **1.** kiegyensúlyozott **2.** egyenlő számú; egyenlő számból álló

balance sheet ['bæləns ʃiːt] <fn> [C, U] gazd mérleg; eredménykimutatás: *balance sheet total* mérlegfőösszeg

balcony ['bælkənɪ] <fn> [C] (balconies) **1.** erkély; balkon **2.** *(színházban)* erkély(páholy)

bald [bɔːld] <mn> **1.** kopasz; csupasz: *go bald* kopaszodik **2.** szépítés nélküli; egyenes: *the bald truth* a meztelen igazság **3.** dísztelen; sivár; szegényes

Balkans ['bɔːlkənz] <fn> [pl] **the Balkans** a Balkán-félsziget

¹**ball** [bɔːl] <fn> [C] **1.** labda: *a tennis ball* teniszlabda ∗ *throw a ball* labdát dob **2.** golyó; gömb; gombolyag: *a ball of wool* gyapjúgombolyag **3. ball of the foot** lábujjpárna **4. balls** [pl] herék; biz golyók

♦ **(be) on the ball** biz jó fej; képben van; jól értesült ♦ **play ball (with sy)** (korrektül) együttműködik vkivel ♦ **set/start the ball rolling** *(pl. beszélgetést)* elindít; beindít vmit

²**ball** [bɔːl] <fn> [C] bál

ballad ['bæləd] <fn> [C] ballada

ball bearing [,bɔːl'beərɪŋ] <fn> [C] golyóscsapágy

ball boy ['bɔːl bɔɪ] <fn> [C] labdaszedő (fiú)

ballet ['bæleɪ] <fn> [C, U] balett

ball game ['bɔːl geɪm] <fn> [C] **1.** labdajáték **2.** AmE baseball mérkőzés

♦ **a (whole) new/different ball game** teljesen új/más dolog/helyzet

ball girl ['bɔːl gɜːl] <fn> [C] labdaszedő (lány)

ballistic [bə'lɪstɪk] <mn> ballisztikus: *ballistic missile* ballisztikus rakéta

balloon [bə'luːn] <fn> [C] **1.** luftballon; léggömb **2.** léggömb; hőlégballon: *go up in a balloon* hőlégballonnal felszáll

ballot ['bælət] <fn> **1.** [C, U] titkos választás/szavazás: *hold a ballot* titkos szavazást tart **2.** [C] szavazócédula; szavazat: *count the ballots* számlálja a szavazócédulákat **3. the ballot** [sing] szavazatok száma

ballot box ['bælət bɒks] <fn> [C] szavazóláda; szavazóurna

ballot paper ['bælət,peɪpə] <fn> [C] szavazólap

ballpoint ['bɔːlpɔɪnt] <fn> [C] golyóstoll

ballroom ['bɔːlruːm] <fn> [C] táncterem

ballroom dancing [,bɔːlruːm'dɑːnsɪŋ] <fn> [U] társastánc; társasági tánc

balm ['bɑːm] <fn> [C, U] **1.** (gyógy)balzsam **2.** gyógyír; vigasz: *His words were a balm to me.* A szavai vigaszt nyújtottak számomra.

balmy ['bɑːmɪ] <mn> balzsamos; finom; kellemes; megnyugtató

Baltic ['bɔːltɪk] <mn> balti: *the Baltic Sea* a Balti-tenger

bamboo [,bæm'buː] <fn> [C, U] bambusz(nád)

¹**ban** [bæn] <ige> (banning, banned) **1.** (meg)tilt; betilt (**sg** vmit): *The film was banned.* A filmet betiltották. **2.** kitilt; eltilt (**sy from sg** vkit vmitől): *I was banned from the celebration.* Kitiltottak az ünnepségről. ∗ *He was banned from driving.* Eltiltották a vezetéstől.

²**ban** [bæn] <fn> [C] tilalom: *There is a ban on smoking.* Tilos a dohányzás!

banana [bə'nɑːnə] <fn> [C] banán: *a bunch of bananas* egy fürt banán

¹**band** [bænd] <fn> [C] **1.** zenekar; együttes: *jazz band* dzsesszzenekar **2.** csapat; csoport: *a band of rebels* felkelők egy csoportja

²**band** [bænd] <fn> [C] **1.** szalag; pánt **2.** csík; sáv: *The Hungarian flag has bands of red, white and green.* A magyar zászlón piros, fehér és zöld sávok láthatók.

¹**bandage** ['bændɪdʒ] <fn> [C] *(seben)* kötés; kötszer

²**bandage** ['bændɪdʒ] <ige> beköt öz; bepólyáz

Band-Aid ['bændeɪd] <fn> [C] sebtapasz; gyorstapasz

B&B, B and B [,biː'ən'biː] [= bed and breakfast] <fn> [C] panzió

bandit ['bændɪt] <fn> [C] bandita; útonálló

bandwagon ['bænd,wægən] <fn> **1.** [C] AmE *(felvonulás élén)* zenészek kocsija **2.** [ált sing] sikeres/divatos irányzat
  ♦ **climb/jump on the bandwagon** a többiekkel/többséggel tart

bandwidth ['bændwɪdθ] <fn> [C, ált sing] infor sávszélesség

bandy-legged [,bændɪ'legd] <mn> ó-lábú; csámpás

¹**bang** [bæŋ] <ige> **1.** bevágódik; becsapódik: *I heard a door bang.* Hallottam, ahogy becsapódott egy ajtó. **2.** bevág; becsap **3.** üt; ver; püföl: *bang one's fist on the table* öklével üti/veri az asztalt **4.** dönget; dörömböl: *bang on the door* dörömböl az ajtón **5.** (véletlenül) beüt; bevág: *bang her head on the shelf* beüti a fejét a polcba

²**bang** [bæŋ] <fn> [C] **1.** csattanás; dörej; dörrenés **2.** (kemény) ütés

³**bang** [bæŋ] <isz> bumm; puff; durr

banger ['bæŋə] <fn> [C] **1.** virsli; kolbász **2.** tragacs **3.** petárda

bangle ['bæŋgl] <fn> [C] karperec

bangs [bæŋz] <fn> [pl] frufru

banish ['bænɪʃ] <ige> **1.** száműz: *be banished from the country* száműzik az országból **2.** *(gondot)* elűz; elhesseget; *(félelmet)* eloszlat

banishment ['bænɪʃmənt] <fn> [U] száműzés; száműzetés

banister ['bænɪstə] <fn> [C, ált pl] lépcsőkorlát; lépcsőkarfa

¹**bank** [bæŋk] <fn> [C] **1.** bank: *go to the bank* elmegy a bankba **2.** összet -bank: *blood bank* vérbank ∗ *databank* adatbank **3.** folyópart **4.** (föld)töltés

²**bank** [bæŋk] <ige> **1.** bankba tesz; betesz **2.** bankban tartja a pénzét: *Who do you bank with?* Melyik bankban tartod a pénzed? ∗ *I bank with/at Barclays.* A Barclays Bankban van a számlám. **3.** rep *(repülőgép fordulásnál)* bedől: *The plane banked to the right.* A repülőgép jobbra (be)dőlt.

bank on sy/sg számít vkire/vmire; bízik vkiben

bank account ['bæŋk ə,kaʊnt] <fn> [C] bankszámla

bank balance ['bæŋk ,bæləns] <fn> [C] banki egyenleg; számlaegyenleg: *bank balance enquiry* számlaegyenleg lekérdezése

bank card ['bæŋk kɑːd] <fn> [C] bankkártya

bank clerk ['bæŋk klɑːk] <fn> [C] banktisztviselő

bank credit ['bæŋk ,kredɪt] <fn> [C, U] gazd bankhitel

banker ['bæŋkə] <fn> [C] bankár; bankember

bank holiday [,bæŋk 'hɒlədeɪ] <fn> [C] munkaszüneti nap; hivatalos ünnep(nap)

banking ['bæŋkɪŋ] <fn> [U] bankszakma

banking hours ['bæŋkɪŋ ,aʊəz] <fn> [pl] bank nyitvatartási ideje

bank loan ['bæŋk ləʊn] <fn> [C] gazd bankkölcsön; bankhitel: *obtain financing through bank loans* bankkölcsönökből teremti meg a finanszírozást

bank manager ['bæŋk ˌmænɪdʒə] <fn> [C] bankigazgató

banknote ['bæŋknəʊt] <fn> [C] bankjegy

Bank of Mum and Dad [ˌbæŋk əv 'mʌm ən 'dæd] <fn> [sing] *(gyermek pénzügyi háttere)* anyabank/apabank

bank rate ['bæŋk reɪt] <fn> [C] gazd leszámítolási kamatláb/ráta; bankkamatláb: *The bank rate was made public weekly.* A leszámítolási kamatlábat hetenként hozták nyilvánosságra.

bankrupt ['bæŋkrʌpt] <mn> csődbe ment; fizetésképtelen: *go bankrupt* csődbe jut

bankruptcy ['bæŋkrʌptsɪ] <fn> [C, U] (bankruptcies) csőd; fizetésképtelenség: *bankruptcy proceedings* csődeljárás

bank statement ['bæŋkˌsteɪtmənt] <fn> [C] számlakivonat

bank transfer ['bæŋk trænsˌfɜː] <fn> [C, U] gazd bankátutalás

banner ['bænə] <fn> [C] **1.** transzparens; tábla **2.** zászló; lobogó **3.** *(weboldalon)* szalagreklám **4.** szalagcím

banns [bænz] <fn> [pl] *(házasulandóké)* kihirdetés

banquet ['bæŋkwɪt] <fn> [C] bankett; díszebéd; díszvacsora

banter ['bæntə] <fn> [U] heccelődés; ugratás

baptise [bæp'taɪz] BrE → **baptize**

baptism ['bæptɪzm] <fn> [C, U] keresztelés; keresztelő: *certificate of baptism* keresztlevél

baptize [bæp'taɪz] <ige> megkeresztel: *be baptized* megkeresztelik * *She was baptized Kathleen Mary.* Katalin Máriának keresztelték.

¹**bar** [bɑː] <fn> [C] **1.** italmérés; büfé **2.** (bár)pult **3.** (vas)rúd; korlát; rács: *iron bar* vasrúd **4.** *(arany; ezüst)* rúd; *(csokoládé)* tábla; *(szappan)* darab: *a bar of chocolate* egy tábla csokoládé * *a bar of soap* egy darab szappan **5.** zene ütem; taktus: *He sang three bars of the song.* Elénekelte a dal három ütemét. **6.** akadály; gát **7. the Bar** [sing] jog BrE *(barristerek)* az ügyvédi kar; ügyvédi kamara

♦ **behind bars** *(bűnöző)* rács mögött

²**bar** [bɑː] <ige> (barring, barred) **1.** *(korláttal)* elzár; eltorlaszol; bezár **2.** (meg)tilt; eltilt (**sy from sg** vkit vmitől): *be barred from playing* eltiltották a játéktól * *The new rule bars the export of potatoes.* Az új szabály megtiltja a krumpli exportját. **3.** gátol; akadályoz; útját állja (**sy/sg** vkinek/vminek): *bar the way to progress* gátolja a haladást * *bar sy's path* útját állja vkinek

barbarian [bɑː'beərɪən] <fn> [C] *(ember)* barbár

barbaric [bɑː'bærɪk] <mn> barbár; durva; vad; kegyetlen

¹**barbecue** ['bɑːbɪkjuː] <fn> [C] röv BBQ **1.** *(szabadban)* grillsütő; rostély **2.** szabadtéri hússütés; szalonnasütés

²**barbecue** ['bɑːbɪkjuː] <ige> roston süt

barbed wire [ˌbɑːbd'waɪə] <fn> [U] szögesdrót

barbell ['bɑːbəl] <fn> [C] súlyzó

barber ['bɑːbə] <fn> [C] **1.** borbély; fodrász **2. barber's** BrE borbélyüzlet

bar chart ['bɑː tʃɑːt] <fn> [C] oszlop-grafikon

bar code ['bɑː kəʊd] <fn> [C] vonalkód

bare [beə] <mn> **1.** csupasz; meztelen: *She had bare feet.* Mezítláb volt. **2.** csupasz; üres: *The walls are bare.* A falak csupaszok. **3.** kopár; kietlen **4.** *(kéz; ököl)* puszta: *kill sy with bare hands* puszta kézzel megöl vkit **5.** *(tény)* puszta; kendőzetlen: *the bare facts* a puszta tények **6.** hiányos; éppen csak hogy elegendő: *bare majority* csekély többség * *the bare minimum* a minimum; a legszükségesebb

bareback ['beəbæk] <hsz> nyereg nélkül; szőrén: *ride bareback* szőrén üli meg a lovat

barefaced ['beəfeɪst] <mn> arcátlan; pimasz

¹**barefoot** ['beəfʊt] <mn> mezítlábas

²**barefoot** ['beəfʊt] <hsz> mezítláb: *go barefoot* mezítláb jár

¹**bareheaded** [ˌbeə'hedɪd] <mn> fedetlen fejű

²**bareheaded** [ˌbeə'hedɪd] <hsz> fedetlen fejjel; hajadonfőtt

barely ['beəlɪ] <hsz> **1.** alig; éppen csak hogy: *He barely drank anything.* Alig ivott valamit. **2.** szűkösen; hiányosan: *be barely furnished* hiányosan van bútorozva

¹**bargain** ['bɑːgən] <fn> [C] **1.** jó/alkalmi vétel: *It was a bargain.* Alkalmi vétel volt. **2.** alku; egyezség: *make a bargain with sy* alkut köt vkivel

♦ **into the bargain** ráadásul

²**bargain** ['bɑːgən] <ige> alkudozik; alkuszik

bargain basement ['bɑːgɪnˌbeɪsmənt] <fn> [C] leértékelt áruk osztálya

bargain price [ˌbɑːgɪn'praɪs] <fn> [C] alkalmi/leszállított ár

¹**barge** [bɑːdʒ] <fn> [C] uszály(hajó)

²**barge** [bɑːdʒ] <ige> átfurakodik: *barge one's way through the crowd* keresztülfurakszik a tömegen

bar graph ['bɑː grɑːf] <fn> [C] oszlop-grafikon

baritone ['bærɪtəʊn] <fn> [C] bariton

¹**bark** [bɑːk] <fn> [U] fakéreg

²**bark** [bɑːk] <fn> [C] ugatás

♦ **His bark is worse than his bite.** Amelyik kutya ugat, az nem harap.

³**bark** [bɑːk] <ige> **1.** ugat; csahol; megugat (**at sy** vkit): *The dog was barking all night long.* A kutya egész éjjel ugatott. **2.** nyers/parancsoló hangon szól; ráripakodik (**at sy** vkire): *"No," he barked (out).* „Nem!" – szólt rá parancsoló hangon.

♦ **bark up the wrong tree** rossz nyomon jár; rossz helyen kereskedik
barley ['bɑːlɪ] <fn> [U] árpa
barmaid ['bɑːmeɪd] <fn> [C] pultosnő; pincérnő
barman ['bɑːmən] <fn> [C] (barmen) pultos; csapos
barmy ['bɑːmɪ] <mn> biz ütődött; féleszű
barn [bɑːn] <fn> [C] csűr; pajta
barometer [bə'rɒmɪtə] <fn> [C] légnyomásmérő; barométer: *The barometer points to rain.* A barométer esőre áll.
baron ['bærən] <fn> [C] báró
baroque [bə'rɒk] <mn> barokk: *baroque architecture* barokk építészet
barracks ['bærəks] <fn> [C + sing/pl v] (barracks) kaszárnya; laktanya: *The barracks was/were built in 1957.* A laktanya 1957-ben épült.
barrage ['bærɑːʒ] <fn> **1.** [sing] kat zárótűz **2.** [sing] átv *(kérdéseké)* össztűz; kereszttűz: *a barrage of questions* kérdések özöne **3.** [C] (duzzasztó)gát; völgyzáró gát
barrel ['bærəl] <fn> [C] **1.** hordó: *a barrel of oil* olajoshordó ∗ *beer barrel* söröshordó **2.** puskacső; ágyúcső: *gun barrel* a fegyver csöve
barrel organ ['bærəl,ɔːgən] <fn> [C] kintorna; verkli
barren ['bærən] <mn> terméketlen; meddő; puszta; sivár
¹**barricade** [ˌbærɪ'keɪd] <fn> [C] barikád; (utcai) torlasz: *put up barricades* barikádot állít fel
²**barricade** [ˌbærɪ'keɪd] <ige> eltorlaszol
barrier ['bærɪə] <fn> [C] **1.** korlát; sorompó; határ **2.** akadály; korlát; gát: *The lack of self-confidence is a barrier to success.* Az önbizalomhiány a siker akadálya.
barrister ['bærɪstə] <fn> [C] *(angol ügyvéd magasabb bíróság előtti felszólalási joggal)* barrister
barrow ['bærəʊ] <fn> [C] talicska; taliga; targonca
¹**barter** ['bɑːtə] <ige> **1.** elcserél; kicserél; cserébe ad (**sg for sg** vmit vmiért) **2.** cserekereskedelmet folytat
²**barter** ['bɑːtə] <fn> [U] gazd cserekereskedelem
¹**base** [beɪs] <fn> [C] **1.** alj; talp: *It has a flat base.* Lapos az alja. **2.** székhely; bázis: *The company's base is in Budapest.* A cég székhelye Budapesten található. **3.** alap; alapzat: *the base of the column* az oszlop alapzata **4.** alap; kiindulási pont **5.** *(számrendszeré)* alap
²**base** [beɪs] <ige> **1.** alapoz; alapul (**on sg** vmire/vmin): *The film is based on a true story.* A film igaz történeten alapul. **2.** alapít: *base a new company* új céget alapít **3.** **be based in...** székhelye/állomáshelye …ban/-ben van: *Where are you based now?* Most hol a székhelyed/hol dolgozol? ∗ *Our parent company is based in Scotland.* Anyavállalatunk központja/székhelye (pillanatnyilag) Skóciában van.
baseball ['beɪsbɔːl] <fn> [U] baseball: *play baseball* baseballozik
baseball cap ['beɪsbɔːl kæp] <fn> [C] baseballsapka
baseline ['beɪslaɪn] <fn> [C] alapvonal
basement ['beɪsmənt] <fn> [C] alagsor
base pay [beɪs peɪ] <fn> [U] AmE alapfizetés; alapbér
base rate [beɪs reɪt] <fn> [C] **1.** alapbér **2.** gazd BrE alapkamatláb
bases ['beɪsiːz] → **basis, base**
¹**bash** [bæʃ] <ige> **1.** nagy erővel megüt; bever; *(ajtót)* betör: *bash his head* beveri a fejét **2.** hevesen bírál; kritizál

bash sg down/in beüt; behorpaszt; betör vmit
bash sy up összever vkit

²**bash** [bæʃ] <fn> [C] erős ütés: *give a bash on the face* jól pofon vág
bashful ['bæʃfl] <mn> félénk; szégyenlős
basic ['beɪsɪk] <mn> alap-; alapvető: *basic needs* alapvető szükségletek; létfeltétel ∗ *basic principle* alapelv
basically ['beɪsɪklɪ] <hsz> alapjában véve; lényegében: *You are basically right.* Alapvetően/lényegében igazad van.
basics ['beɪsɪks] <fn> [pl] az alapok; vminek az alapjai
basil ['bæzl] <fn> [U] bazsalikom
basin ['beɪsn] <fn> [C] **1.** mosdó(kagyló) **2.** öblös edény; tál **3.** geol medence
basis ['beɪsɪs] <fn> [C] (bases) alap; kiindulópont: *on the basis of sg* vminek az alapján ∗ *on a first-come first-served basis* (szigorúan) érkezési sorrendben ∗ *on weekly basis* heti rendszerességgel/rendszerben
bask [bɑːsk] <ige> sütkérezik: *bask in the sun* napozik

bask in sg átv örvendez; sütkérezik vmiben: *bask in his favour* vki kegyeit élvezi

basket ['bɑːskɪt] <fn> [C] **1.** kosár: *a clothes basket* szennyes kosár ∗ *a shopping basket* bevásárló kosár **2.** *(kosárlabdában)* kosár
basketball ['bɑːskɪtbɔːl] <fn> [C] kosárlabda
¹**Basque** [bæsk] <mn> baszk
²**Basque** [bæsk] <fn> [C, U] **1.** *(személy)* baszk **2.** *(nyelv)* baszk

¹**bass** [beɪs] <fn> zene **1.** [U] basszus szólam **2.** [C] basszus **3.** [C] nagybőgő **4.** [C] basszusgitár
²**bass** [beɪs] <mn> zene basszus: *bass clef* basszuskulcs * *the bass part* basszus szólam; basszus
bass guitar [ˌbeɪsgɪˈtɑː] <fn> [C] zene basszusgitár
bassoon [bəˈsuːn] <fn> [C] fagott
bastard [ˈbɑːstəd] <fn> [C] szemét/rohadék alak
baste [beɪst] <ige> *(húst sütés közben)* zsírral meglocsol
¹**bat** [bæt] <fn> [C] **1.** denevér **2.** ütő: *cricket bat* krikettütő
²**bat** [bæt] <ige> (batting, batted) labdát üt
♦ **not bat an eyelid** szeme sem rebben
batch [bætʃ] <fn> [C] **1.** csoport **2.** egy tétel; szállítmány **3.** egy csomó; adag; halom
bated [ˈbeɪtɪd] <mn>
♦ **with bated breath** lélegzet-visszafojtva
¹**bath** [bɑːθ] <fn> **1.** [C] fürdőkád **2.** [sing] fürdés; fürdőzés: *have a bath* fürdik **3.** [C] fürdő: *go to the public bath* elmegy a fürdőbe/az uszodába
²**bath** [bɑːθ] <ige> (meg)fürdet: *bath the baby* megfürdeti a kisbabát
bathe [beɪð] <ige> fürdet; kimos; áztat
bather [ˈbeɪðə] <fn> [C] fürdőző; strandoló
bathing [ˈbeɪðɪŋ] <fn> [U] fürdőzés
bathing cap [ˈbeɪðɪŋ kæp] <fn> [C] fürdősapka
bathing suit [ˈbeɪðɪŋ suːt] <fn> [C] fürdőruha
bathing trunks [ˈbeɪðɪŋ trʌŋks] <fn> [pl] fürdőnadrág
bathrobe [ˈbɑːθrəʊb] <fn> [C] fürdőköpeny
bathroom [ˈbɑːθruːm] <fn> [C] fürdőszoba

→ Lásd a Tartalomjegyzékben a Tematikus rajzokat!

bath towel [ˈbɑːθ ˌtaʊəl] <fn> [C] fürdőlepedő
bathtub [ˈbɑːθtʌb] <fn> [C] fürdőkád
baton [ˈbætɒn] <fn> [C] **1.** gumibot **2.** karmesteri pálca **3.** pálca; vessző; stafétabot
batsman [ˈbætsmən] <fn> [C] (batsmen) *(krikettben)* ütőjátékos
¹**batter** [ˈbætə] <ige> **1.** (ismételten) üt; ver; dönget; összezúz; rongál; tönkretesz: *batter at the door with one's fists* öklével döngeti az ajtót **2.** *(családtagot)* (rendszeresen) bántalmaz
²**batter** [ˈbætə] <fn> [U] *(sütés előtt)* híg tésztaanyag
battered [ˈbætəd] <mn> **1.** *(ruhadarab, autó)* viharvert; roskadozó; rozoga; ütött-kopott; ócska **2.** *(gyermek, családtag)* bántalmazott
battery [ˈbætri] <fn> (batteries) **1.** [C] elem; telep; akku(mulátor): *a flat battery* lemerült akku **2.** [C] kat üteg **3.** [U] tettlegesség; bántalmazás
battery farm [ˈbætrɪˌfɑːm] <fn> [C] nagyüzemi csirkefarm
battery hen [ˈbætrɪ hen] <fn> [C] csirkefarmon nevelt csirke
¹**battle** [ˈbætl] <fn> **1.** [C, U] csata; ütközet: *win the battle* megnyeri a csatát **2.** [C] küzdelem; harc: *fight a losing battle* szélmalomharcot vív; hiába hadakozik * *The doctors had a battle to save his life.* Az orvosok az ő életének megmentéséért küzdöttek.
²**battle** [ˈbætl] <ige> küzd; harcol
battleaxe [ˈbætlæks] <fn> [C] csatabárd
battlefield [ˈbætlfiːld] <fn> [C] csatatér; harcmező
battleship [ˈbætlʃɪp] <fn> [C] csatahajó
batty [ˈbætɪ] <mn> szl hóbortos; bolondos; bugygyant; dilis
baulk [bɔːk] <ige> **1.** szembeszáll; ellenszegül **2. baulk at sg** *(nehézségtől)* visszariad; visszahőköl **3.** *(ló)* kitör; blokkol; ellenszegül
Bavaria [bəˈveərɪə] <fn> Bajorország
¹**Bavarian** [bəˈveərɪən] <mn> bajor(országi)
²**Bavarian** [bəˈveərɪən] <fn> [C, U] **1.** *(személy)* bajor **2.** *(dialektus)* bajor
bawdy [ˈbɔːdɪ] <mn> erkölcstelen; feslett; trágár: *bawdy talk* trágár beszéd
bawl [bɔːl] <ige> kiált; kiabál; üvölt(özik); ordít(ozik); bömböl: *bawl for help* segítségért kiált
¹**bay** [beɪ] <fn> [C] **1.** öböl: *There were ships in the bay.* Az öbölben hajók voltak. **2.** *(vmilyen célra)* kijelölt terület; *(poggyásznak)* fülke; rekesz; *(buszé)* (kocsi)állás **3.** babér(fa) **4.** pej (ló)
²**bay** [beɪ] <ige> üvölt; ugat; vonyít: *bay at the moon* ugatja a holdat
bay leaf [ˈbeɪ liːf] <fn> [C] babérlevél
bayonet [ˈbeɪənɪt] <fn> [C] szurony; bajonett
bay window [ˌbeɪˈwɪndəʊ] <fn> [C] kiugró ablakfülke
bazaar [bəˈzɑː] <fn> [C] **1.** bazár **2.** BrE jótékony célú vásár
BBQ [= barbecue] → **barbecue**
BC, B.C. [ˌbiːˈsiː] [= before Christ] i.e. (= időszámításunk előtt(i)); Kr.e. (= Krisztus előtt(i))
be [biː] <ige> (I am/I'm, you are/you're, he is/he's, she is/she's, it is/it's, we are/we're, they are/they're, being, I/he/she/it was, we/you/they were, been; neg: I am not/I'm not, you/we/they are not/aren't, he/she/it is not/isn't, I/he/she/it was not/wasn't, we/you/they were not/weren't) **1.** van; létezik: *I am a girl.* Lány vagyok. * *My grandfather was a dentist.* A nagyapám fogorvos volt. * *The grass is green.* A fű

zöld. ∗ *He is five years old.* Ötéves. **2.** van vhol/vmikor: *My mum is upstairs.* Az anyukám fönt van. ∗ *I've never been to Spain.* Soha nem voltam Spanyolországban. **3.** van: *There is a bag on the table.* Van egy táska az asztalon. ∗ *There was no answer.* Nem volt válasz. **4.** *(folyamatos igeidők kifejezésére)*: *I am working now.* (Most) dolgozom. ∗ *She was reading a book.* (Éppen) olvasott egy könyvet. **5.** *(jövő idő)*: *I am here till Monday.* Hétfőig leszek itt. ∗ *The party is on Tuesday.* A buli kedden lesz. **6.** *(szenvedő szerkezet)*: *The cheese is made in France.* A sajt Franciaországban készült. ∗ *He was sent to London.* Londonba küldték. ∗ *The house was built in 1920.* A házat 1920-ban építették. ∗ *The letter is written.* Megírták a levelet. ∗ *Lunch is now being served in the dining room.* Tálalva (van) az ebédlőben. ∗ *My room is being painted.* Most festik ki a szobámat. **7.** *(kötelezettség/szándék kifejezésére)*: *We were to have gone to our honeymoon, but it was raining.* Úgy volt, hogy nászútra megyünk, de esett az eső. ∗ *What is to be written?* Mit kell megírni? ∗ *You are to learn.* Tanulnod kell.
♦ **be all over sy** elhalmoz vkit figyelme minden jelével ♦ **be up against a difficult task** nehéz feladattal áll szemben ♦ **be well in with sy** jó viszonyban van vkivel ♦ **be well off** jól áll (anyagilag) ♦ **be (well) up in a subject** alaposan ismeri a tárgyat ♦ **it is up to sy** vkitől függ; vkin áll ♦ **we are in for storm** viharra számíthatunk

be about 1. a közelben van: *Is she about?* Itt van a közelben? **2. be about to do sg** *(éppen most)* készül vmit tenni
be after sy/sg 1. *(sorban, sorrendben)* vki/vmi mögött van **2.** üldöz vkit/vmit **3.** vágyik/áhítozik vki/vmi után
be back visszajön; visszatér
be behind hátra van; elmaradt; késik
be by sg 1. támogat vmit **2.** vmi mellett van
be down 1. lemegy; lejön; leszáll; lent van; *(redőny)* le van eresztve: *He'll be right down.* Rögtön lejön. **2.** *(szél)* elül **3.** le van strapálva; *(idegileg)* kiborult **4.** *(anyagilag)* tönkrement
be down on sy biz pikkel vkire; szigorúan bánik vkivel
be for sg 1. megy; készül vhová: *The bus was for London.* A busz Londonba készült. **2.** támogat; mellette van; pártol vmit **3.** *(büntetés)* vár rá: *You're for it this time.* Most majd lesz nemulass.

be in 1. *(vonat; hajó)* befutott; megjött **2.** *(jelölt/párt választáson)* bejutott **3.** bent tartózkodik: *He is in.* Itthon van. **4.** divatban van
be in on sg jelen van; be van avatva vmibe
be off 1. biz elmegy; eltávozik **2.** vége van vminek: *The negotiation is off.* Lefújták a tárgyalást. **3.** *(gomb)* lejött; levált; leszakadt **4.** *(tévé; fűtés)* nincs bekapcsolva; *(gáz; villany)* nem ég **5. be well off** *(anyagilag)* jól áll **6.** téved: *You are at least 1,000 forints off.* Legalább 1 000 forinttal téved(sz).
be on 1. rendelkezésre áll; van **2.** *(tévé, fűtés)* be van kapcsolva; *(gáz, villany)* ég **3.** folyamatban van
be on to sg tud vmiről; tudomása van vmiről
be out 1. házon kívül van **2.** *(jelölt)* kiesett; megbukott **3.** végére ért; elfogyott **4.** *(sztrájk idején)* munka nélkül van; nem dolgozik **5.** *(sajtótermék)* megjelent; *(titok)* kitudódott **6.** téved (**in sg** vmiben)
be out for sg 1. minden igyekezetével törekszik vmire **2.** biz rámegy; rááll vmire
be out with sy nincs jóban vkivel
be over 1. átmegy; átjön **2.** elmúlt; vége van
be round itt/ott van; idejön; odamegy: *I'll be round in 10 minutes.* 10 percen belül itt leszek.
be through 1. végére ér (**with sg** vminek); elkészül (**with sg** vmivel): *Are you through with that article?* Végére ért annak a cikknek? **2.** biz elege van (**with sg** vmiből): *I'm through.* Elegem van. **3.** *(telefonálásnál)* kapcsolva van: *you are through* tessék/lehet beszélni
be up 1. ébren van; fenn van **2.** felkelt **3.** magasan áll/van **4.** folyamatban van: *there is sg up* itt vmi készül; itt vmi nincs rendben **5.** elmúlt; lejárt; vége van: *time is up* letelt az idő **6.** átv fenn van vhol: *be up in London* fenn van Londonban
be up to sg 1. felér vmivel; képes vmire; meg tud birkózni vmivel: *He is up to his job.* Meg tud birkózni a munkájával. **2.** vmiben sántikál/mesterkedik

¹**beach** [bi:tʃ] <fn> [C] tengerpart: *be on the beach* strandol
²**beach** [bi:tʃ] <ige> partra húz; partra vet: *beach the boat onto the shore* partra húzza a hajót
beach ball ['bi:tʃ bɔ:l] <fn> [C] strandlabda
beach chair ['bi:tʃtʃeə] <fn> [C] nyugágy
beachwear ['bi:tʃweə] <fn> [U] strandruházat

beacon ['biːkən] <fn> [C] jelzőtűz; világítótorony

bead [biːd] <fn> **1.** [C] gyöngyszem: *thread beads* gyöngyöt fűz **2. beads** [pl] nyaklánc; gyöngysor **3.** [C] csepp: *beads of dew* harmatcseppek

beak [biːk] <fn> [C] *(madáré)* csőr

beaker ['biːkə] <fn> [C] **1.** serleg **2.** főzőpohár; bögre

¹beam [biːm] <fn> [C] **1.** napsugár; fénysugár **2.** gerenda: *main beam* főgerenda **3.** sugárzó mosoly

²beam [biːm] <ige> **1.** *(tévé, rádió)* sugároz; közvetít: *The programme is beamed live.* A programot élőben közvetítik. **2.** *(nap)* sugárzik; tűz **3.** boldogan mosolyog; sugárzik; ragyog: *Her face beamed.* Sugárzott az arca.

bean [biːn] <fn> [C] bab(szem): *cook green beans* zöldbabot főz

♦ **full of beans** eleven ♦ **spill the beans** *(titkot)* elárul; kifecseg; kikotyog; elköp (vmit)

¹bear [beə] <fn> [C] medve

²bear [beə] <ige> (bore, borne) **1.** (el)visel; (el)tűr; kiáll; kibír: *bear the pain bravely* bátran viseli a fájdalmat * *He cannot bear pop music.* Ki nem állhatja a popzenét. **2.** *(súlyt)* hordoz; elbír **3.** szül: *Our mum has borne three children.* Az anyukánk három gyermeket szült. **4.** *(gyümölcsfa)* terem; hoz **5.** hordoz; visel; cipel: *bear the blame* viseli a felelősséget

♦ **bear the brunt of sg** viseli vminek a következményeit ♦ **bear fruit** meghozza gyümölcsét ♦ **bear arms** katonáskodik ♦ **bear hard/heavily/severely on sy** keservesen sújtja; érzékenyen érinti

bear down (on sy/sg) 1. fenyegetően közeledik (vki/vmi felé) **2.** lecsap (vkire/vmire): *bear down on the enemy* lecsap az ellenségre

bear sy/sg out megerősít; igazol vkit/vmit: *bear out a statement* igazol egy állítást

bear up kitart; jól tűri a bajt

bear with sy/sg türelmes; elnéző vkivel/vmivel

bearable ['beərəbl] <mn> elviselhető

beard [bɪəd] <fn> [C, U] szakáll

bearded ['bɪədɪd] <mn> szakállas

bearer ['beərə] <fn> [C] gazd *(dokumentum/csekk/váltó birtokosa)* bemutató; tulajdonos; átadó

bearing ['beərɪŋ] <fn> **1.** [U] súly; fontosság; jelentőség; *(kérdésé; érvé)* kihatás **2.** [U] viselkedés; magatartás **3.** [C] helyzet; irány: *take the ship's bearing* meghatározza a hajó helyzetét

beast [biːst] <fn> [C] állat: *wild beast* vad(állat)

beastly ['biːstlɪ] <mn> állati(as); brutális; durva

¹beat [biːt] <ige> (beat, beaten) **1.** üt; ver **2.** megver; legyőz: *He always beats me at chess.* Sakkban mindig megver. * *beat the world record* megdönti a világrekordot **3.** dobog; dobol: *Her heart is still beating.* Még mindig dobog a szíve. **4.** *(tojást)* felver

♦ **beat about the bush** köntörfalaz ♦ **(it) beats me** fogalmam sincs

beat sy/sg off elkerget; visszaver; elhárít vkit/vmit

beat sy up összever; megver vkit: *be badly beaten up* csúnyán összeverték

²beat [biːt] <fn> **1.** [C] dobogás; dobbanás: *hear the beat of the drum* hallja a dobpergést **2.** [C] ritmus; ütem: *follow the beat* követi a ritmust **3.** [sing] őrjárat: *be out on the beat* őrjáraton van

¹beaten ['biːtn] → **¹beat**

²beaten ['biːtn] <mn> **1.** legyőzött; megvert **2.** kidolgozott; kikalapált: *beaten iron* kovácsolt vas **3.** kimerült **4.** használatos: *the beaten track* a kitaposott út

♦ **off the beaten track** távoli/félreeső helyen

beating ['biːtɪŋ] <fn> [C] **1.** ütés; verés: *get a good beating* alaposan elverik **2.** vereség; kudarc

beautician [bjuːˈtɪʃn] <fn> [C] kozmetikus

beautiful ['bjuːtəfl] <mn> szép; gyönyörű; csodálatos: *a beautiful little girl* gyönyörű szép kislány * *a beautiful flower* csodálatos virág

beautify ['bjuːtɪfaɪ] <ige> szépít; díszít; ékesít

beauty ['bjuːtɪ] <fn> (beauties) **1.** [U] szépség: *the beauty of poetry* a költészet szépsége * *She is a real beauty.* Valódi szépség. **2.** [C] szépség; szép nő

beauty contest ['bjuːtɪˌkɒntest] <fn> [C] szépségverseny

beauty parlour ['bjuːtɪˌpɑːlə] <fn> [C] szépségszalon

beauty queen ['bjuːtɪ kwiːn] <fn> [C] szépségkirálynő

beauty salon ['bjuːtɪˌsælɒn] <fn> [C] szépségszalon

beauty shop ['bjuːtɪ ʃɒp] <fn> [C] AmE szépségszalon

beauty spot ['bjuːtɪ spɒt] <fn> [C] ≈ szép táj/vidék

beaver ['biːvə] <fn> [C] hód

became [bɪ'keɪm] → **become**
because [bɪ'kɒz] <ksz> mert: *He was angry because you were late.* Mérges volt, mert elkéstél.
because of [bɪ'kɒz əv] <elölj> vmi miatt: *He came back because of the rain.* Az eső miatt jött vissza.
beckon ['bekən] <ige> **1.** odahív; int; bólint (**to sy** vkinek): *He beckoned to me.* Intett nekem. **2.** átv is hív: *work beckons* hív a munka
become [bɪ'kʌm] <ige> (became, become) válik vmivé; lesz vmi: *become thirsty* szomjas lesz ∗ *She became a famous writer.* Híres író lett. ∗ *What has become of him?* Mi lett/történt vele?; Mi lett belőle? ∗ *The weather is becoming colder.* Az idő egyre hidegebb.
bed [bed] <fn> **1.** [C, U] ágy; fekhely: *be in bed* ágyban van ∗ *get out of bed (ágyból)* felkel ∗ *go to bed* ágyba megy; lefekszik (aludni) ∗ *make the bed* megágyaz **2.** [C] (folyó)meder: *The river bed is dry.* A folyómeder kiszáradt. **3.** [C] virágágy: *bed of roses* rózsaágy
bed and breakfast [,bed n'brekfəst] <fn> [C, U] röv **B&B** szoba reggelivel
bedclothes ['bedkləʊðz] <fn> [pl] ágynemű
bedding ['bedɪŋ] <fn> [U] ágynemű; ágyfelszerelés
bedlam ['bedləm] <fn> [U] zsivaj; lárma; zajongás; zűrzavar
bed linen ['bed,lɪnɪn] <fn> [C] ágynemű
bedraggled [bɪ'dræɡld] <mn> sáros; piszkos; besározott; bepiszkított
bedridden ['bedrɪdn] <mn> *(beteg)* ágyhoz kötött
bedroom ['bedru:m] <fn> [C] hálószoba: *have a house with four bedrooms* négy hálószobás háza van ∗ *single/double bedroom (szállodában)* egyágyas/kétágyas szoba
bedside ['bedsaɪd] <fn> [ált sing] az ágy széle/oldala: *sit at sy's bedside* vki betegágyánál ül
bedsit [,bed'sɪt] <fn> [C] BrE albérleti szoba; garzon
bedspread ['bedspred] <fn> [C] ágytakaró
bedstead ['bedsted] <fn> [C] ágykeret; ágyszerkezet
bedtime ['bedtaɪm] <fn> [U] lefekvés ideje: *bedtime story* esti mese
bee [bi:] <fn> [C] áll méh: *bee sting* méhcsípés
♦ **have a bee in one's bonnet** bogaras; rögeszméje van
beech [bi:tʃ] <fn> **1.** [C] bükkfa **2.** [U] *(anyag)* bükk(fa)
beef [bi:f] <fn> [U] marhahús: *roast beef* marhasült ∗ *a slice of roast beef* marhaszelet
beefburger ['bi:f,bɜ:ɡə] <fn> [C] hamburger

Beefeater ['bi:f,i:tə] <fn> [C] *(a Towerban)* testőr
beef tea [,bi:f'ti:] <fn> [U] *(marhából) (sűrű)* erőleves
beefy ['bi:fɪ] <mn> tagbaszakadt; nagydarab
beehive ['bi:haɪv] <fn> [C] méhkas; kaptár
bee-keeper ['bi:ki:pə] <fn> [C] méhész
been [bi:n] → **be**
¹beep [bi:p] <fn> [C] tülkölés; csipogás; sípolás
²beep [bi:p] <ige> tülköl; csipog; sípol
beeper ['bi:pə] <fn> [C] AmE csipogó; személyhívó
beer [bɪə] <fn> **1.** [U] sör: *a glass of beer* egy pohár sör **2.** [C] egy pohár sör: *Two beers, please.* Két (pohár) sört kérek.
beeswax ['bi:zwæks] <fn> [U] méhviasz
beet [bi:t] <fn> [C, U] **1.** cukorrépa **2.** AmE cékla
beetle ['bi:tl] <fn> [C] bogár
beetroot ['bi:tru:t] <fn> [C, U] cékla
¹before [bɪ'fɔ:] <hsz> előbb; előzőleg; korábban: *I have never seen you before.* Azelőtt még soha nem láttalak. ∗ *We've met before.* Találkoztunk már.
²before [bɪ'fɔ:] <elölj> **1.** *(időben)* előtt: *before lunch* ebéd előtt **2.** *(térben)* előtt: *before the judge* a bíró előtt
³before [bɪ'fɔ:] <ksz> **1.** mielőtt: *She had left a message before she went away.* Üzenetet hagyott; mielőtt elment. **2.** inkább mint(hogy): *I'll die before I yield.* Inkább meghalok, mintsem hogy engedjek.
beforehand [bɪ'fɔ:hænd] <hsz> előzőleg; előzetesen; előre; előbb: *He knew it beforehand.* Előbb tudta.
beg [beɡ] <ige> (begging, begged) **1.** kér; könyörög; esdekel (**for sg** vmiért): *beg for mercy* bocsánatért esdekel **2.** koldul (**for sg** vmit): *beg for money* pénzt koldul
♦ **I beg your pardon.** 1. Elnézést!; Bocsánatot kérek! 2. Tessék? ♦ **go begging** szabadon elvihető; mindenkié ♦ **I beg to differ/disagree.** Ha szabad elmondanom, én mást gondolok.
began [bɪ'ɡæn] → **begin**
beggar ['beɡə] <fn> [C] koldus
begin [bɪ'ɡɪn] <ige> (beginning, began, begun) **1.** (el-) kezd; megkezd; hozzáfog; nekilát vmihez; belefog vmibe: *begin one's lessons with the exercises* leckéit a gyakorlatokkal kezdi ∗ *begin to cry* elkezd sírni ∗ *begin to work on the project* elkezd dolgozni a témán **2.** (el)kezdődik: *The concert begins at ten.* A koncert tízkor kezdődik.

♦ **to begin with** 1. eleinte 2. először is

beginner [bɪˈɡɪnə] <fn> [C] kezdő
beginning [bɪˈɡɪnɪŋ] <fn> **1.** [C] kezdet; vminek az eleje: *at the beginning of sg* vminek a kezdetén ✱ *from beginning to end* az elejétől a végéig **2. beginnings** [pl] a kezdetek
begrudge [bɪˈɡrʌdʒ] <ige> nem szívesen ad; irigyel (**sy sg** vkitől vmit); sajnál (**sg** vmit): *I don't begrudge him his success.* Nem irigylem tőle a sikerét. ✱ *She begrudged paying so much for a dress.* Sajnálta, hogy annyit kell fizetni egy ruháért.
beguile [bɪˈɡaɪl] <ige> (el)ámít; (el)csábít; (el)szédít; megcsal
begun [bɪˈɡʌn] → **begin**
behalf [bɪˈhɑːf] <fn>
  ♦ **on behalf of sy // on sy's behalf** vki nevében; vki helyett; vki érdekében
behave [bɪˈheɪv] <ige> **1.** viselkedik: *behave like a gentleman* úriemberként viselkedik **2.** jól/rendesen viselkedik: *Behave yourselves!* Viselkedjetek rendesen!
behavior [bɪˈheɪvjər] AmE → **behaviour**
behaviour [bɪˈheɪvjə] <fn> [U] viselkedés(mód); magatartás; magaviselet
¹**behind** [bɪˈhaɪnd] <hsz> **1.** hátul; mögött: *have a house with a garden behind* van egy háza hátul kerttel **2.** hátra: *further behind* hátrébb **3.** elmaradva; lemaradva: *be behind in his work* lemaradt a munkájával ✱ *They are a week behind.* Egy héttel lemaradtak. **4.** az előző helyen; ott: *I've left the tickets behind.* Ottfelejtettem a jegyeket.
²**behind** [bɪˈhaɪnd] <elölj> **1.** mögött; mögé: *A boy was sitting behind me.* Egy fiú ült mögöttem. **2.** elmaradva; lemaradva: *He is behind other boys in his school work.* A tanulásban lemarad(t) a többiektől.
³**behind** [bɪˈhaɪnd] <fn> [C] hátsó; far; ülep
behindhand [bɪˈhaɪndhænd] <mn/hsz> elmaradt; visszamaradt: *be behindhand with one's work* elmaradt a munkájával
¹**beige** [beɪʒ] <mn> nyersgyapjúszínű; bézs
²**beige** [beɪʒ] <fn> [U] bézs (szín)
being [ˈbiːɪŋ] <fn> **1.** [C] lény; teremtmény: *human beings* emberek **2.** [U] lét; létezés: *come into being* létrejön; megalakul
belated [bɪˈleɪtɪd] <mn> megkésett; elkésett
belch [beltʃ] <ige> **1.** böfög **2.** *(füstöt, tüzet)* okád
belfry [ˈbelfrɪ] <fn> [C] harangtorony
¹**Belgian** [ˈbeldʒən] <mn> belgiumi; belga
²**Belgian** [ˈbeldʒən] <fn> [C] *(személy)* belga
Belgium [ˈbeldʒəm] <fn> Belgium
belie [bɪˈlaɪ] <ige> meghazudtol
belief [bɪˈliːf] <fn> **1.** [U] hit; hiedelem; meggyőződés; vélekedés: *belief in God* istenbe vetett hit ✱ *to the best of my belief* legjobb tudomásom szerint ✱ *It is past/beyond all belief.* Ez hihetetlen. **2.** [U] bizalom (**in sy/sg** vkiben/vmiben): *He has no belief in doctors.* Nincs bizalma az orvosokban. **3.** [C] *(vallási, politikai)* meggyőződés
believable [bɪˈliːvəbl] <mn> (el)hihető
believe [bɪˈliːv] <ige> **1.** (el)hisz (**sy sg** vkinek vmit): *Believe it or not!* Akár hiszed, akár nem! ✱ *Don't believe a word of it.* Egy szót se higgy belőle. ✱ *I can't believe it.* Nem hiszem el. ✱ *Believe me!* Higgye el nekem! **2.** gondol; vél: *It is believed that the burglar has left the town.* Azt gondolják, hogy a betörő elhagyta a várost. **3.** hisz; bízik (**in sy/sg** vkiben/vmiben): *I don't believe in miracles.* Nem hiszek a csodákban. **4.** *(hívő)* hisz (**in sy/sg** vkiben/vmiben): *I believe in God.* Hiszek Istenben.
believer [bɪˈliːvə] <fn> [C] hívő; vallásos (ember): *be a great believer in sg* nagy híve vminek
bell [bel] <fn> [C] **1.** harang; csengettyű: *the bell of the church* a templom harangja ✱ *The church bells are ringing.* Harangoznak./Szólnak a harangok. **2.** csengő: *ring the bell* csenget
  ♦ **It rings a bell.** Ismerősen hangzik.
bellow [ˈbeləʊ] <ige> **1.** üvölt; ordít **2.** bőg; bömböl
belly [ˈbelɪ] <fn> [C] has; gyomor
¹**bellyache** [ˈbelɪeɪk] <fn> [C] hasfájás; hasgörcs
²**bellyache** [ˈbelɪeɪk] <ige> nyafog; panaszkodik; nyavalyog
belly button [ˈbelɪˌbʌtn] <fn> [C] biz köldök
belly dance [ˈbelɪ dɑːns] <fn> [C] hastánc
belly flop [ˈbelɪ flɒp] <fn> [C] *(ugrás)* hasas
belong [bɪˈlɒŋ] <ige> **1.** tartozik (**to sy** vkihez;): vkinek a tulajdona: *It belongs to me.* Ez az enyém. **2.** tartozik (**to sg/swhere** vkihez/vhova): *These islands belong to Greece.* Ezek a szigetek Görögországhoz tartoznak. ✱ *I belong here.* Idevalósi vagyok. **3.** tartozik; való (**in swhere** vhova): *This chair belongs in the kitchen.* Ez a szék a konyhába való.
belongings [bɪˈlɒŋɪŋz] <fn> [pl] holmi; személyes tárgyak
beloved [bɪˈlʌvɪd] <mn> szeretett; kedvelt
¹**below** [bɪˈləʊ] <hsz> **1.** alatt; lent: *see the trees below* látja ott lent a fákat ✱ *The temperature is 15 degrees below zero.* A hőmérséklet mínusz 15 fok. **2.** le; alulra; alá
²**below** [bɪˈləʊ] <elölj> **1.** alatt: *There is a scar below his eye.* Van egy sebhely a szeme alatt. **2.** alá: *Do not write below these words.* Ne írj e szavak alá!

¹belt [belt] <fn> [C] **1.** öv; szíj **2.** övezet; zóna: *live in the town's industrial belt* a város ipari övezetében él
♦ **below the belt** tisztességtelen; övön aluli ♦ **have sg under one's belt** elért vmit; van (már) vmi a tarsolyában; van vmi mögötte(, amire büszke lehet) ♦ **tighten one's belt** átv összébb húzza a nadrágszíját

²belt [belt] <ige> **1.** övvel összefog/megerősít **2.** szíjjal elver/megver **3.** biz BrE *(járművel)* száguld; tép; repeszt: *belt along on one's bicycle* bicikilin tép/repeszt

belt sg out biz teli tüdőből kiabál/harsog vmit
belt up befogja (a száját); elhallgat

bemoan [bɪˈməʊn] <ige> fájlal; sirat; gyászol
bemused [bɪˈmjuːzd] <mn> tanácstalan; összezavart
bench [bentʃ] <fn> **1.** [C] pad **2.** **the bench** [sing] sp *(tartalékosok padja)* a kispad **3.** **benches** [pl] pol *(a brit parlamentben)* (képviselői) padsorok
benchmark [ˈbentʃmɑːk] <fn> [C] mérce; viszonyítási alap/érték
¹bend [bend] <ige> (bent, bent) **1.** (meg/be)hajlít: *Bend your arms.* Hajlítsd be a karodat! **2.** (meg)hajol: *I bent down and picked up my key.* Lehajoltam és felvettem a kulcsomat. **3.** kanyarodik: *The road bent sharply.* Az út élesen kanyarodott.

be bent on (doing) sg feltett szándéka, hogy…; azon van, hogy…

²bend [bend] <fn> **1.** [C] kanyar; görbület: *There is a sharp bend in the road.* Van egy éles kanyar az úton. **2.** **the bends** [pl] keszonbetegség; légembólia: *Suffer from the bends.* Keszonbetegsége van.
♦ **round the bend** őrült ♦ **drive sy round the bend** megőrjít vkit
¹beneath [bɪˈniːθ] <hsz> lent; alul: *from beneath* alulról/lentről
²beneath [bɪˈniːθ] <elölj> **1.** alatt: *beneath the bridge* a híd alatt **2.** alá **3.** méltóságán aluli: *She behaved beneath her.* Méltóságán aluli módon viselkedett.
benefactor [ˈbenɪfæktə] <fn> [C] jótékony adományozó; adakozó; jótevő
beneficent [bəˈnefɪsnt] <mn> jótékony; jótevő; üdvös

beneficial [ˌbenɪˈfɪʃl] <mn> jótékony (hatású); előnyös; hasznos
beneficiary [ˌbenɪˈfɪʃəri] <fn> [C] jog haszonélvező; kedvezményezett
¹benefit [ˈbenɪfɪt] <fn> [C, U] **1.** előny; haszon **2.** segély: *child benefit* gyermekgondozási segély **3.** nem pénzbeli juttatások
²benefit [ˈbenɪfɪt] <ige> átv is hasznára van; kedvez: *benefit from sg* hasznot húz; profitál vmiből
benevolent [bəˈnevələnt] <mn> jóindulatú; jóakaratú; segítőkész
benign [bəˈnaɪn] <mn> **1.** jóságos; emberséges **2.** *(daganat, betegség)* jóindulatú
¹bent [bent] → **¹bend**
²bent [bent] <mn> (meg/be)hajlított; görbe; ívelt
bequeath [bɪˈkwiːð] <ige> örökségül hagy; ráhagy (**sy** vkire); hagyományoz (**to sy** vkinek)
bequest [bɪˈkwest] <fn> [C] örökség
bereaved [bɪˈriːvd] <mn> gyászoló: *the bereaved* a gyászolók; a gyászoló család
berry [ˈberi] <fn> [C] (berries) bogyó
berserk [bəˈzɜːk] <mn> nagyon dühös; dühödt
berth [bɜːθ] <fn> [C] **1.** *(hajón, hálókocsiban)* fekhely; hálóhely **2.** kikötőhely; horgonyzóhely
♦ **give sy a wide berth** vkit nagy ívben elkerül
beseech [bɪˈsiːtʃ] <ige> (besought, besought) könyörög; esdekel
beside [bɪˈsaɪd] <elölj> **1.** mellett: *beside the lake* a tó mellett **2.** mellé: *Sit beside me.* Ülj mellém!
♦ **beside the point** lényegtelen; mellékes; nem tartozik a tárgyhoz
¹besides [bɪˈsaɪdz] <hsz> ezenkívül; azonkívül; emellett; amellett: *He plays the piano besides working as a teacher.* Zongorázik amellett, hogy tanárként dolgozik. ∗ *I don't want to go. Besides, I hate parties.* Nem akarok menni. Különben is utálom a bulikat.
²besides [bɪˈsaɪdz] <elölj> (vkin/vmin) kívül; mellett: *There are many rivers in England besides the Thames.* A Temzén kívül sok folyó van még Angliában.
besiege [bɪˈsiːdʒ] <ige> (meg)ostromol; lerohan
besought [bɪˈsɔːt] → **beseech**
bespectacled [bɪˈspektəkld] <mn> szemüveges
¹best [best] <mn> legjobb: *my best friend* a legjobb barátom
♦ **your best bet** a legcélszerűbb; a legjobbnak ígérkező megoldás

²best [best] <hsz> a legjobban
♦ **as best you can** amilyen jól csak tudod; amennyire tőled telik
³best [best] <fn> [sing] **the best** a legjobb(ak): *the best of us* a legjobbak közülünk
♦ **all the best** minden jót ♦ **at best** a legjobb esetben ♦ **it was all for the best** végül is jól alakul(t); jó sült ki belőle ♦ **bring out the best/worst in sy** a legjobbat/legrosszabbat hozza ki vkiből ♦ **do/try your best** minden tőle telhetőt megpróbál ♦ **look your best** a legjobban néz ki ♦ **make the best of sg** jó képet vág a dologhoz

best man [,best'mæn] <fn> [sing] *(vőlegényé)* tanú; násznagy

bestseller [,best'selə] <fn> [C] sikerkönyv; bestseller

¹bet [bet] <fn> [C] **1.** *(pénzben, tétben)* fogadás: *have a bet* fogad vmire **2.** vélemény; tipp

²bet [bet] <ige> (betting, bet, bet) **1.** *(pénzben, tétben)* fogad; *(tétet)* feltesz: *I bet on the wrong horse.* Rossz lóra tettem. **2.** fogad; esküdni merne, hogy: *I bet he can't climb the Mount Everest.* Esküdni mernék, hogy nem tudja megmászni a Mount Everestet.

betray [bɪ'treɪ] <ige> **1.** elárul; cserben hagy; hűtlenné válik **2.** tanúsít; vall; tanúskodik

betrayal [bɪ'treɪəl] <fn> [C, U] árulás

¹better ['betə] <mn> jobb: *They have seen better days.* Jobb napokat láttak. * *He is far better at English than me.* Ő sokkal jobban tud angolul, mint én./Neki sokkal jobban megy az angol, mint nekem.

²better ['betə] <hsz> jobban: *He's a lot better today.* Mára sokkal jobban van. * *Sue speaks English better than I do.* Sue jobban tud/beszél angolul, mint én. * *You could have done it better.* Jobban is megcsinálhattad volna.
♦ **(be) better off** jobban tenné, ha ♦ **you had better** jobban teszed, ha ♦ **Better late than never.** Jobb későn, mint soha.

³better ['betə] <fn> [U] (a) jobb: *We expected better.* Jobbat vártunk./Jobbra számítottunk.
♦ **get the better of sy** fölébe kerekedik vkinek; felülmúl vkit

betting shop [,betɪŋ 'ʃɒp] <fn> [C] fogadóiroda

¹between [bɪ'twiːn] <elölj> **1.** *(térben)* között: *I was sitting between Anna and Peter.* Anna és Péter között ültem. **2.** *(időben)* között: *between 7 and 8 o'clock* 7 és 8 óra között **3.** közül: *choose between the two jobs* két állás közül választ **4.** közé: *Nothing can come between us.* Semmi sem állhat közénk.

²between [bɪ'twiːn] <hsz> közben; között(ük): *I ate breakfast and dinner but nothing between.* Reggeliztem és vacsoráztam, de közben nem ettem semmit.

beverage ['bevərɪdʒ] <fn> [C] ital

bevy ['bevɪ] <fn> [C] csapat; csoport; lánysereg

beware [bɪ'weə] <ige> vigyáz; óvakodik; tartózkodik (**of sy/sg** vkitől/vmitől): *Beware of the dog!* Vigyázat, harapós kutya! * *Beware of pickpockets!* Óvakodjunk a zsebtolvajoktól!

bewilder [bɪ'wɪldə] <ige> teljesen összezavar; zavarba hoz; meghökkent

bewilderment [bɪ'wɪldəmənt] <fn> [U] elképedés

bewitch [bɪ'wɪtʃ] <ige> megbabonáz

¹beyond [bɪ'jɒnd] <hsz> **1.** vmin túl: *the ocean and the lands beyond* a tengereken túli földrészek **2.** vmely idő után: *beyond 2007* 2007 után **3.** afelett; azon kívül

²beyond [bɪ'jɒnd] <elölj> **1.** túl; mögött: *beyond the mountains* a hegyeken túl **2.** túl; kívül; felett: *beyond imagination* minden képzeletet felülmúlva * *beyond belief* hihetetlen
♦ **be beyond sy** érthetetlen vki számára; vkinek (ez) magas

¹bias ['baɪəs] <fn> [C, U] **1.** részrehajlás; elfogultság; előítélet: *without bias* elfogultság nélkül; előítélet-mentesen **2.** súlypontetolódás; több hangsúly vmin

²bias ['baɪəs] <ige> **1.** eltérít; másfelé terel **2.** befolyásol

biased ['baɪəst] <mn> elfogult; részrehajló

bib [bɪb] <fn> [C] előke; partedli

Bible ['baɪbl] <fn> [sing] **the Bible** a Biblia: *Bible class* bibliaóra

biblical ['bɪblɪkl] <mn> bibliai

bicker ['bɪkə] <ige> veszekedik; pörlekedik; civódik

bicycle ['baɪsɪkl] <fn> [C] kerékpár; bicikli

→ Lásd a Tartalomjegyzékben a Tematikus rajzokat!

¹bid [bɪd] <fn> [C] **1.** (ár)ajánlat; ráígérés: *make a bid of $200 for a picture* 200 dolláros (ár)ajánlatot tesz egy képre **2.** kísérlet: *make a bid* kísérletet tesz

²bid [bɪd] <ige> (bidding, bid, bid) *(árat)* ígér; (ár)ajánlatot tesz; licitál: *bid $100,000 for the vase* a vázáért 100 000 dollárt ígér

bidding ['bɪdɪŋ] <fn> [U] licitálás

bide [baɪd] <ige>
♦ **bide one's time** (ki)várja a megfelelő időt

bidet ['biːdeɪ] <fn> [C] bidé
big [bɪg] <mn> (bigger, biggest) **1.** nagy: *a big house* nagy ház ∗ *It's bigger than a bag.* Nagyobb, mint egy táska. **2.** idősebb: *my big brother* az idősebb testvérem **3.** nagy; fontos: *a big decision* fontos döntés **4.** jó; remek: *have a big time* remekül érzi magát
  ♦ **a big cheese** szl nagykutya ♦ **Big deal!** biz Nem nagy ügy!

Big Apple

A Big Apple egy kedves elnevezése New Yorknak. Ezt a nevet az 1920–1930-as évek dzsesszzenészei terjesztették el, akik számára New York a legjobb kilátásokat, karrierlehetőségeket nyújtotta.

Big Ben

13,5 tonna súlyú harang a londoni parlament épületének óratornyában, amely mély zengésű kongásával jelzi a pontos időt. Ez a harangkongás egyben a BBC időjelzése is. A parlament ülésezése alatt az óra számlapját kivilágítják.

big-head ['bɪghed] <fn> [C] biz beképzelt alak
bigot ['bɪgət] <fn> [C] bigott ember
bigoted ['bɪgətɪd] <mn> bigott
big time ['bɪg taɪm] <fn> [sing] biz **the big time** pályának csúcsa; igazi (nagy) siker: *He finally hit the big time with his new film.* Végül befutott új filmjével.
¹**bike** [baɪk] <fn> [C] **1.** bicikli; bringa; bicaj: *ride a bike* biciklizik/bringázik **2.** motor(kerékpár)
²**bike** [baɪk] <ige> biciklizik; bringázik
bike path ['baɪkpɑːθ] <fn> [C] bicikliút; kerékpársáv
biker ['baɪkə] <fn> [C] biz motorosbanda tagja
bikini [bɪ'kiːnɪ] <fn> [C] bikini
bilberry ['bɪlbərɪ] <fn> [C] áfonya
bilingual [baɪ'lɪŋgwəl] <mn> kétnyelvű; bilingvis
bill [bɪl] <fn> [C] **1.** számla: *ask for the bill* kéri a számlát **2.** törvényjavaslat: *the new education bill* az új oktatási törvényjavaslat **3.** AmE bankjegy **4.** *(madáré)* csőr **5.** plakát; hirdetmény
billboard ['bɪlbɔːd] <fn> [C] AmE *(plakátok részére)* hirdetőtábla; palánk
billfold ['bɪlfəʊld] <fn> [C] AmE pénztárca; levéltárca

billiards ['bɪljədz] <fn> [U] billiárd: *play billiards* biliárdozik
billion ['bɪljən] <szn> milliárd: *billions of dollars* dollármilliárdok
bill of exchange [ˌbɪləvɪks'tʃeɪndʒ] <fn> [C] gazd váltó
bill of fare [ˌbɪləv'feə] <fn> [C] étlap
bill of freight [ˌbɪləv'freɪt] <fn> [C] száll fuvarlevél
bill of sale [ˌbɪləv'seɪl] <fn> [C] gazd adásvételi szerződés
billow ['bɪləʊ] <ige> **1.** lengedezik: *billow in the breeze* lengedezik a szélben **2.** gomolyog: *Smoke billowed from the burning building.* Füst gomolygott az égő házból.
billy goat ['bɪlɪgəʊt] <fn> [C] bakkecske
bin [bɪn] <fn> [C] **1.** szemetesláda; hulladékgyűjtő **2.** tartó; láda; doboz
bind [baɪnd] <ige> (bound, bound) **1.** (össze)köt; megköt(öz) (**to sy/sg** vkihez/vmihez): *They bound him to a chair.* Odakötözték egy székhez. **2.** *(könyvet)* beköt: *bound in cloth* vászonkötésű **3.** *(sebet)* bekötöz: *bind up one's wounds* bekötözi a sebeit **4.** kötelez: *I'm bound by my promise.* Az ígéretem kötelez. **5.** összekapcsol; összefűz: *They are bound together by a close friendship.* Szoros barátság fűzi össze őket.
binder ['baɪndə] <fn> [C] **1.** könyvkötő **2.** iratgyűjtő
¹**binding** ['baɪndɪŋ] <mn> kötelező érvényű (**upon sy** vkire): *legally binding* jogerős; törvénynél fogva kötelező
²**binding** ['baɪndɪŋ] <fn> **1.** [C, U] *(könyvé)* kötés; borító **2.** [U] szegély
binoculars [baɪ'nɒkjʊləz] <fn> [pl] kétcsövű látcső/távcső
biochemistry [ˌbaɪəʊ'kemɪstrɪ] <fn> [U] biokémia
biodegradable [ˌbaɪəʊdɪ'greɪdəbl] <mn> biológiailag lebomló; környezetbarát
biodiversity [ˌbaɪəʊdaɪ'vɜːsətɪ] <fn> [U] biodiverzitás
biography [baɪ'ɒgrəfɪ] <fn> [C, U] (biographies) életrajz
biological [ˌbaɪə'lɒdʒɪkl] <mn> biológiai
biologist [baɪ'ɒlədʒɪst] <fn> [C] biológus
biology [baɪ'ɒlədʒɪ] <fn> [U] biológia: *teach biology* biológiát tanít
biosphere ['baɪəsfɪə] <fn> [U] bioszféra
biotechnology [ˌbaɪətek'nɒlədʒɪ] <fn> [U] biotechnológia
birch [bɜːtʃ] <fn> **1.** [C] nyírfa **2.** [U] *(anyag)* nyír(fa)
birch tree ['bɜːtʃ triː] <fn> [C] nyírfa
bird [bɜːd] <fn> [C] madár: *bird's nest* madárfészek

♦ **birds of a feather (flock together)** madarat tolláról(, embert barátjáról) ♦ **kill two birds with one stone** két legyet üt egy csapásra ♦ **A little bird told me.** Csiripelték a verebek. ♦ **A bird in the hand is worth two in the bush.** Jobb ma egy veréb, mint holnap egy túzok. ♦ **The bird has flown.** Lelépett a jómadár.
birdcage ['bɜːdkeɪdʒ] <fn> [C] madárkalitka
bird flu ['bɜːd fluː] <fn> [U] madárinfluenza
bird of prey [ˌbɜːd əv'preɪ] <fn> [C] ragadozó madár
bird-watcher ['bɜːdwɒtʃə] <fn> [C] madár(meg)figyelő
biro ['baɪrəʊ] <fn> [C] (biros) golyóstoll
birth [bɜːθ] <fn> **1.** [C, U] születés: *the birth of a child* egy gyermek születése ∗ *weigh 3 kilos at birth* 3 kilóval születik **2.** [C, U] szülés: *a difficult birth* nehéz szülés **3.** [U] származás: *of noble birth* nemes származású ♦ **give birth (to sy)** szül (vkit)
birth certificate ['bɜːθ səˌtɪfɪkət] <fn> [C] születési anyakönyvi kivonat
birth control ['bɜːθ kənˌtrəʊl] <fn> [U] születésszabályozás; családtervezés
birthday ['bɜːθdeɪ] <fn> [C] születésnap: *My birthday is in October.* Októberben van a szülinapom.
birthmark ['bɜːθmɑːk] <fn> [C] anyajegy
birthplace ['bɜːθpleɪs] <fn> [C] születési hely
birthrate ['bɜːθreɪt] <fn> [C] születési arány(szám)
biscuit ['bɪskɪt] <fn> [C] **1.** keksz: *a packet of biscuits* egy csomag keksz **2.** AmE ≈ pogácsa
bishop ['bɪʃəp] <fn> [C] **1.** püspök **2.** *(sakkban)* futó
¹bit [bɪt] <fn> [C] **1.** (kis) darab; darabka; rész: *bits of sg* darabok (vmiből) ∗ *bits of broken glass* üvegtörmelékek/-darabok ∗ *This is the best bit.* Ez a legjobb rész. **2.** falat; darab: *a bit of cake* egy darab/falat torta
♦ **a bit** egy kicsit/kissé ♦ **not a bit** egyáltalán nem ♦ **bit by bit** apránként ♦ **bits and pieces** biz egy-két apróság ♦ **bit of a/an...** *(probléma stb.)* meglehetősen/elég nagy ♦ **do one's bit** biz kivesziі a részét vmiből; kitesz magáért ♦ **fall to bits** darabokra hull/esik ♦ **be thrilled to bits** biz el van ragadtatva vmitől; odáig van (örömében) ♦ **I'll be out for a bit.** Kis időre kimegyek. ♦ **It's a bit much.** Ez egy kicsit sok/erős. ♦ **I was a little bit late.** Kissé elkéstem.
²bit [bɪt] <fn> [C] infor bit
³bit [bɪt] <fn> [C] zabla
⁴bit [bɪt] → **²bite**

bitch [bɪtʃ] <fn> [C] **1.** szuka **2.** szl szajha; ribanc
bitchy ['bɪtʃɪ] <mn> gonosz; rosszindulatú
¹bite [baɪt] <fn> [C, U] harapás; falat; harapnivaló: *I took a bite of my peach.* Ettem egy harapást az őszibarackomból. ∗ *She hasn't had a bite to eat since morning.* Reggel óta egy falatot sem evett.
♦ **at/in one bite** egy harapásra
²bite [baɪt] <ige> (bit, bitten) **1.** harap (**into sg** vmibe); (meg)harap (**sy/sg** vkit/vmit): *He was bitten by my dog.* Megharapta a kutyám. **2.** *(rovar)* (meg)csíp: *We were bitten by small insects.* Apró rovarok csíptek meg minket.
biting ['baɪtɪŋ] <mn> *(hideg szél)* metsző; csípős
bitten ['bɪtn] → **bite**
bitter ['bɪtə] <mn> **1.** *(íz)* keserű; kesernyés: *Grapefruit leaves a bitter taste in the mouth.* A grapefruit keserű szájízt hagy. **2.** csalódott; elkeseredett: *be bitter about loosing her job* elkeseredett, mert elvesztette az állását ∗ *a bitter quarrel* elkeseredett vita **3.** *(szél; hideg)* zord; metsző
bitterly ['bɪtəlɪ] <hsz> **1.** keservesen: *She wept bitterly.* Keservesen sírt. **2.** *bitterly cold* dermesztő hideg
biz [bɪz] <fn> [U] biz üzlet; biznisz
bizarre [bɪ'zɑː] <mn> bizarr; különös
blab [blæb] <ige> biz cseveg; fecseg; pletykál
blabbermouth ['blæbəmaʊθ] <fn> [C] pletykafészek
¹black [blæk] <mn> **1.** fekete: *a black dress* fekete ruha **2.** fekete (bőrű): *a black writer* fekete (bőrű) író **3.** fekete; illegális **4.** sötét; komor; reménytelen: *Things look black.* Rosszul állnak a dolgok. **5.** haragos
♦ **give sy a black look** haragosan néz vkire
²black [blæk] <fn> **1.** [U] fekete: *be dressed in black* fekete ruhába öltözött **2. Black** [C, ált pl] néger; fekete (bőrű)
♦ **be in the black** van pénze a bankszámláján ♦ **in black and white** írásban; nyomtatásban; feketén-fehéren
black(-)and(-)white [ˌblæk ən'waɪt] <mn> *(tévé, fénykép)* fekete-fehér
blackberry ['blækbərɪ] <fn> [C] (blackberries) szeder
blackbird ['blækbɜːd] <fn> [C] fekete rigó
blackboard ['blækbɔːd] <fn> [C] isk tábla
black coffee ['blæk kɒfɪ] <fn> [C, U] feketekávé
blackcurrant [ˌblæk'kʌrənt] <fn> [C, U] fekete ribiszke
blacken ['blækən] <ige> **1.** feketére fest **2.** befeketít; bemocskol; rágalmaz **3.** megfeketedik

black eye [ˌblæk'aɪ] <fn> [C] monokli; véraláfutásos szem
blackhead ['blækhed] <fn> [C] mitesszer
black hole [ˌblæk'həʊl] <fn> [C] fekete lyuk
black ice [ˌblæk'aɪs] <fn> [U] *(úton)* vékony (áttetsző) jégréteg
blackjack ['blækdʒæk] <fn> **1.** [U] ját huszonegy(ezés) **2.** [C] AmE gumibot
blackleg ['blækleg] <fn> [C] sztrájktörő
blacklist ['blæklɪst] <fn> [C] feketelista
¹blackmail ['blækmeɪl] <fn> [U] zsarolás
²blackmail ['blækmeɪl] <ige> (meg)zsarol (**sy** vkit)
blackmailer ['blækmeɪlə] <fn> [C] zsaroló
black market [ˌblæk'mɑːkɪt] <fn> [ált sing] feketepiac
blackout ['blækaʊt] <fn> [C] **1.** tudatkihagyás; eszméletvesztés **2.** áramszünet **3.** *(légvédelmi)* elsötétítés **4.** zárlat: *a news blackout* hírzárlat
black pudding [ˌblæk'pʊdɪŋ] <fn> [C, U] véres hurka
black sheep [ˌblæk'ʃiːp] <fn>
 ♦ **the black sheep of the family** a család szégyene
blacksmith ['blæksmɪθ] <fn> [C] kovács
black spot ['blæk spɒt] <fn> [C] BrE *(úton autósoknak)* veszélyes hely; sok balesetet látott útszakasz
bladder ['blædə] <fn> [C] (húgy)hólyag
blade [bleɪd] <fn> [C] **1.** *(kése, borotváé, kardé)* penge **2.** *(turbínáé, vízikeréké)* lapát; *(légcsavaré)* szárny; *(evezőé)* toll **3.** *(fű, szalma)* szál: *a blade of grass* fűszál
blah [blɑː] <mn> unalmas; színtelen
¹blame [bleɪm] <fn> [U] **1.** felelősség; vétkesség; hiba: *take the blame for the accident* vállalja a felelősséget a baleset miatt * *shift/lay the blame upon/onto sy* vkire keni a felelősséget; vkit hibáztat * *The blame is mine.* Én vagyok a hibás. **2.** szemrehányás; vád
²blame [bleɪm] <ige> hibáztat; okol (**sy for sg** vkit vmiért): *She has only herself to blame.* Csak önmagát hibáztathatja/okolhatja.
blameless ['bleɪmləs] <mn> ártatlan; feddhetetlen
blanch [blɑːntʃ] <ige> **1.** blansíroz; *(zöldséget)* előfőz **2.** *(arcot)* (el)sápaszt
blancmange [bləˈmɒndʒ] <fn> [U] puding
bland [blænd] <mn> **1.** egyhangú; színtelen; unalmas **2.** íztelen; fűszerezetlen
¹blank [blæŋk] <mn> **1.** üres; kitöltetlen **2.** *(tekintet)* üres; kifejezéstelen
²blank [blæŋk] <fn> [C] *(űrlapon)* kitöltendő hely/rovat: *fill in the blank* kitölti az űrlap stb. megfelelő részeit

blank cartridge [ˌblæŋk'kɑːtrɪdʒ] <fn> [C] vaktöltény
¹blanket ['blæŋkɪt] <fn> [C] takaró; pokróc: *blanket of snow* hótakaró
²blanket ['blæŋkɪt] <ige> letakar; betakar
³blanket ['blæŋkɪt] <mn> mindenre/mindenkire kiterjedő; általános
blare [bleə] <ige> bömböl; üvölt; harsog
blarney ['blɑːni] <ige> hízeleg
blasphemy ['blæsfəmi] <fn> [C, U] istenkáromlás
¹blast [blɑːst] <fn> [C] **1.** széllökés; szélroham **2.** robbanás **3.** tülkölés; szirénázás: *give a blast on his horn* dudál
²blast [blɑːst] <ige> **1.** robbant; szétrombol: *They blasted away the rock to build the new road.* (Szét)robbantották a sziklát, hogy megépítsék az új utat. **2.** elpusztít: *The crop was blasted by a frost.* A termést elpusztította a fagy.
blast-off ['blɑːstɒf] <fn> [U] *(űrhajóé)* kilövés; fellövés; felszállás
blatant ['bleɪtənt] <mn> kirívó; nyilvánvaló; szembetűnő: *a blatant lie* nyilvánvaló hazugság
blather ['blæðə] <ige> összevissza fecseg; butaságokat beszél
¹blaze [bleɪz] <fn> [C] **1.** tűz: *put out the blaze* eloltja a tüzet **2.** ragyogás; fény; tündöklés **3.** *(ló homlokán)* csillag **4.** (turista)jelzés; *(fatörzsön)* bemetszés
²blaze [bleɪz] <ige> **1.** *(tűz)* lángol; lobog; ég **2.** ragyog; tündöklik

blaze up 1. lángra lobban **2.** dühbe gurul

blazer ['bleɪzə] <fn> [C] blézer
blazing ['bleɪzɪŋ] <mn> **1.** *(nap)* tűző **2.** *(tűz)* lobogó
¹bleach [bliːtʃ] <ige> **1.** *(ruhát)* (ki)fehérít **2.** (ki)szőkít
²bleach [bliːtʃ] <fn> [U] fehérítő(szer)
bleak [bliːk] <mn> **1.** kilátástalan; sivár: *a bleak future* kilátástalan jövő **2.** kietlen; kopár; sivár: *a bleak landscape* sivár táj **3.** *(időjárás)* zord
bleary ['blɪəri] <mn> *(szem)* kivörösödött; fátyolos
bleat [bliːt] <ige> **1.** béget; mekeg **2.** biz nyafog
bled [bled] → **bleed**
bleed [bliːd] <ige> (bled, bled) vérzik: *bleed at the nose* vérzik az orra * *He was bleeding heavily.* Erősen vérzett.
bleeding ['bliːdɪŋ] <fn> [U] vérzés: *stop the bleeding* megállítja a vérzést
¹bleep [bliːp] <fn> [C] csipogás; fütyülés

²**bleep** [bli:p] <ige> **1.** *(műszer)* csipog; fütyül **2.** BrE *(orvost stb.)* személyhívón hív

bleeper ['bli:pə] <fn> [C] BrE csipogó; személyhívó

blemish ['blemɪʃ] <fn> [C] **1.** hiba; folt **2.** szégyenfolt: *without blemish* feddhetetlen

¹**blend** [blend] <fn> [C] **1.** keverék; elegy **2.** nyelvt keverékszó

²**blend** [blend] <ige> **1.** (össze)kever; elegyít; vegyít: *blend the flour and the eggs together* összekeveri a lisztet és a tojást **2.** összeolvaszt; *(hangokat)* összhangba hoz; *(színeket)* kever **3.** (össze)keveredik; (össze)vegyül **4.** beleolvad (**into** sg vmibe): *blend into sy's surroundings* beleolvad a környezetébe **5. blend (in)** harmonizál; összhangban van; egybeolvad (**with** sg vmivel)

blender ['blendə] <fn> [C] *(háztartási)* turmixgép; keverőgép

bless [bles] <ige> (blessed/blest, blessed/blest) (meg)áld
 ♦ **Bless you!** biz *(tüsszentéskor)* Egészségére!/Egészségedre!

blessed ['blesɪd] <mn> áldott

blessing ['blesɪŋ] <fn> [C] áldás: *say a blessing at meal* elmondja az asztali áldást

blether ['bleðə] <ige> összevissza fecseg; szamárságokat beszél; blablázik

blew [blu:] → ¹**blow**

¹**blight** [blaɪt] <fn> [sing] **1.** *(növényen)* üszög; penész **2.** ártalmas/káros hatás; csapás

²**blight** [blaɪt] <ige> *(reményeket)* tönkretesz; meghiúsít

¹**blind** [blaɪnd] <mn> **1.** vak: *be blind in one eye* fél szemére vak **2.** beláthatatlan: *blind corner* be nem látható kanyar
 ♦ **be blind to sy's faults** nem veszi észre a másik hibáit ♦ **turn a blind eye (to** sg**)** úgy tesz; mintha nem venne észre vmit; szemet huny vmi fölött

²**blind** [blaɪnd] <fn> **1.** [C] ablakredőny; roló: *pull down the blind* lehúzza a rolót **2. the blind** [pl] a vakok: *The blind use guide dogs.* A vakok vakvezető kutyákat használnak.

³**blind** [blaɪnd] <ige> **1.** megvakít: *She was blinded in the explosion.* Megvakult a robbanás következtében. **2.** elvakít: *be blinded by the sun* elvakítja a napfény

blind alley [ˌblaɪnd'ælɪ] <fn> [C] átv is zsákutca; kilátástalan helyzet

blind date [ˌblaɪnd'deɪt] <fn> [C] ≈ vakrandi

blinders ['blaɪndəz] <fn> [pl] AmE *(lónak)* szemellenző

¹**blindfold** ['blaɪndfəʊld] <fn> [C] szembekötő kendő

²**blindfold** ['blaɪndfəʊld] <ige> szemkötőt tesz vkire; *(szemet)* beköt

bling [blɪŋ] <fn> [U] infml drága, hivalkodó ékszerek/ruhák

blink [blɪŋk] <ige> **1.** hunyorít; pislog **2.** pislákol

blinker ['blɪŋkə] <fn> [C] AmE index; irányjelző

blinkers ['blɪŋkəz] <fn> [pl] *(lónak)* szemellenző

blinking ['blɪŋkɪŋ] <mn> pislogó; hunyorgó

bliss [blɪs] <fn> [U] (felhőtlen) boldogság; üdvösség; gyönyör: *undiluted bliss* zavartalan boldogság

blissful ['blɪsfl] <mn> boldog; üdvözült; áldott

blister ['blɪstə] <fn> [C] *(bőrön)* (víz)hólyag

blithering ['blɪðərɪŋ] <mn> értelmetlenül locsogó; ostoba

blizzard ['blɪzəd] <fn> [C] hóvihar

bloat ['bləʊt] <ige> felfúj; puffaszt: *My stomach is bloated.* Fel vagyok fúvódva.

bloated ['bləʊtɪd] <mn> püffedt; duzzadt

blob [blɒb] <fn> [C] folt; paca

¹**block** [blɒk] <fn> [C] **1.** lakóház; irodaház: *block of flats* lakóház; (nagyobb) bérház **2.** háztömb; épülettömb: *You have to drive round the block.* Meg kell kerülnötök a háztömböt. **3.** tömb; kocka: *block of stone* kőtömb **4.** tuskó; rönk **5.** akadály: *put up a road block outside the city* lezárja a városba vezető utat

---

Vigyázat, álbarátok!
block ≠ blokk (= *(pénztári)*receipt; AmE sales slip)

---

²**block** [blɒk] <ige> **1.** eltorlaszol; elzár: *A fallen oak tree blocked the road.* Egy kidőlt tölgyfa eltorlaszolta az utat. **2.** gátol; akadályoz: *block progress* gátolja a haladást

¹**blockade** [blɒ'keɪd] <fn> [C] ostromzár; blokád

²**blockade** [blɒ'keɪd] <ige> körülvesz; ostromzár alá vesz

blockage ['blɒkɪdʒ] <fn> [C] akadály; elzáródás

blockbuster ['blɒkbʌstə] <fn> [C] bombasiker; kasszasiker

block capitals [ˌblɒk'kæpɪtlz] <fn> [pl] (nyomtatott) nagybetűk

blockhead ['blɒkhed] <fn> [C] tökfej; fafej

block letters [ˌblɒk'letəz] <fn> [pl] (nyomtatott) nagybetűk: *write sg in block letters* nagybetűkkel ír vmit

bloke [bləʊk] <fn> [C] szl BrE pasas; pasi; pali; pofa

blond [blɒnd] <mn> *(ált. férfi)* szőke: *a blond boy* szőke fiú

¹blonde [blɒnd] <fn> [C] szőke nő
²blonde [blɒnd] <mn> *(ált. nő)* szőke: She is tall and blonde. Magas és szőke.
blood [blʌd] <fn> [U] **1.** vér: *lose a lot of blood* sok vért veszt **2.** származás; eredet: *We are of noble blood.* Nemesi származásúak vagyunk.

♦ **in cold blood** hidegvérrel ♦ **in one's blood** a vérében van ♦ **spill blood** vért ont

blood bank ['blʌd bæŋk] <fn> [C] véradó (központ); vérbank
blood count ['blʌd kaʊnt] <fn> [C] vérsejtszám(lálás); vérkép
blood donor ['blʌd ˌdəʊnə] <fn> [C] véradó
blood group ['blʌd gruːp] <fn> [C] vércsoport
blood pressure ['blʌd preʃə] <fn> [U] vérnyomás
bloodshed ['blʌdʃed] <fn> [U] vérontás
bloodshot ['blʌdʃɒt] <mn> *(szem)* véraláfutásos; gyulladt
bloodstain ['blʌdsteɪn] <fn> [C] vérfolt
blood transfusion ['blʌd trænsfjuːʒn] <fn> [C] vérátömlesztés
blood type ['blʌd taɪp] <fn> [C] vércsoport
blood vessel ['blʌd ˌvesl] <fn> [C] véredény
bloody ['blʌdɪ] <mn> (bloodier, bloodiest) **1.** véres **2.** *átv* véres; vérengző; kegyetlen: *a bloody battle* véres csata **3.** *szl* BrE rohadt; átkozott: *a bloody fool* átkozott bolond
¹bloom [bluːm] <fn> [C] virág

♦ **in bloom** virágzik

²bloom [bluːm] <ige> kivirul; virágzik; virít
blooming ['bluːmɪŋ] <mn> virágzó; viruló
¹blossom ['blɒsəm] <fn> [C, U] virág; virágzás: *the pear tree is in blossom* a körtefa virágzik
²blossom ['blɒsəm] <ige> kivirul; virágzik
¹blot [blɒt] <fn> [C] **1.** folt; paca **2.** szégyenfolt
²blot [blɒt] <ige> (blotting, blotted) **1.** foltot ejt; betintáz **2.** felitat
blotch [blɒtʃ] <fn> [C] *(bőrön)* piros folt
blotter ['blɒtə] <fn> [C] *(blokk, mappa)* itatós
blotting paper ['blɒtɪŋ peɪpə] <fn> [U] itatóspapír
blouse [blaʊz] <fn> [C] blúz
¹blow [bləʊ] <ige> (blew, blown) **1.** *(szél)* fúj: *The wind is blowing.* Fúj a szél. **2.** *(szájjal)* fúj: *blow the dust off the book* lefújja a port a könyvről **3.** *(sípot; hangszert)* fúj: *She blew a whistle.* Megfújta a sípját. **4.** *(orrot)* fúj: *blow one's nose* kifújja az orrát **5.** *(biztosíték)* kiég; kiolvad: *Something blew the fuse.* Valami kivágta a biztosítékot. ∗ *A fuse has blown.* Kiégett egy biztosíték. **6.** *biz* elszúr vmit; *(alkalmat)* elszalaszt: *I've blown my chances.* Lőttek az esélyeimnek. **7.** *biz (pénzt)* elszór; elherdál

blow sy/sg away 1. lelő vkit/vmit **2.** elpusztít; megsemmisít vkit/vmit
blow sg out *(gyertyát)* elfúj
blow over *(vita, gondok)* elmúlik; véget ér: *It'll all blow over.* El fog múlni.
blow up 1. felrobban **2.** *(veszekedés)* kitör **3.** *biz* dühbe gurul; feldühödik
blow sg up 1. felrobbant vmit **2.** felfúj; felpumpál vmit **3.** *(fényképet)* nagyít

²blow [bləʊ] <fn> [C] **1.** ütés; ökölcsapás: *He received a blow on his head.* Kapott egy nagyot a fejére. **2.** *(sors)*csapás; megrázkódtatás: *His father's death was a great blow to him.* Az apja halála nagy csapásként érte/mélyen megrendítette. **3.** fújás; fúvás: *Give your nose a blow!* Fújd ki az orrodat!

♦ **a blow-by-blow account** minden részletre kiterjedő beszámoló ♦ **come to blows with sy** veszekedni, verekedni kezd vkivel

blow-dry ['bləʊdraɪ] <ige> (blow-dried; blow-dried) *(hajszárítóval)* szárít
blowlamp ['bləʊlæmp] <fn> [C] forrasztólámpa; lángvágó
blown [bləʊn] → **¹blow**
blowtorch ['bləʊtɔːtʃ] <fn> [C] AmE forrasztólámpa; lángvágó
blowout ['bləʊaʊt] <fn> [C] *biz* **1.** defekt **2.** lakomázás; eszem-iszom
blow-up ['bləʊʌp] <fn> [C] felnagyított fénykép; nagyítás
¹blubber ['blʌbə] <fn> [U] bálnazsír; fókazsír
²blubber ['blʌbə] <ige> zokog; bőg
bludgeon ['blʌdʒən] <ige> **1.** megver; elver **2.** belekényszerít (**into sg** vmibe)
¹blue [bluː] <mn> **1.** kék: *The sky is blue.* Kék az ég. **2.** szomorú; rosszkedvű: *I am feeling blue.* Szomorú vagyok.

♦ **blue with cold** nagyon fázik

²blue [bluː] <fn> [C, U] *(szín, ruha)* kék: *be dressed in blue* kékbe öltözött

♦ **into the blue** az ismeretlenbe ♦ **out of the blue** váratlanul; a semmiből

blueberry ['bluːbəri] <fn> [C] (blueberries) áfonya
blue cheese [ˌbluːˈtʃiːz] <fn> [U] márványsajt; rokfort; kék sajt
blue-collar [ˌbluːˈkɒlə] <mn> *(munka, dolgozó)* fizikai
blue-collar worker [ˌbluːˈkɒlə ˈwɜːkə] <fn> [C] fizikai dolgozó
blue movie [ˌbluːˈmuːvɪ] <fn> [C] AmE szexfilm; pornófilm

blueprint ['blu:prɪnt] <fn> [C] tervezet; tervrajz
blues [blu:z] <fn> **1.** [U] zene blues(zene) **2. the blues** [pl] biz rossz hangulat: *have the blues* rosszkedvű
¹bluff [blʌf] <ige> blöfföl; linkel; becsapja a világot
²bluff [blʌf] <fn> [C, U] blöff; ámítás; becsapás
bluish ['blu:ɪʃ] <mn> kékes
¹blunder ['blʌndə] <fn> [C] baklövés; melléfogás; tévedés: *make a blunder* melléfog
²blunder ['blʌndə] <ige> baklövést követ el; melléfog; hibázik
¹blunt [blʌnt] <mn> **1.** életlen; tompa **2.** nyers (modorú)
²blunt [blʌnt] <ige> kicsorbít
bluntly ['blʌntlɪ] <hsz> kereken; nyíltan: *speak bluntly* őszintén beszél
blur [blɜ:] <ige> (blurring, blurred, blurred) elhomályosít; elmaszatol; elken
blurb [blɜ:b] <fn> [C] *(könyv borítólapján)* fül(szöveg)
blurred [blɜ:d] <mn> homályos; elmaszatolt; elkent
blush [blʌʃ] <ige> elpirul; elvörösödik: *blush with shame* elpirul szégyenében
blusher ['blʌʃə] <fn> [C, U] arcpirosító
blustery ['blʌstərɪ] <mn> szeles; viharos
Blvd. [= boulevard] → **boulevard**
BO [ˌbi:'əʊ] [= body odour] <fn> [U] kellemetlen testszag
boar [bɔ:] <fn> [C] (boar v. boars) **1.** *(disznó hímje)* kan **2.** vaddisznó; vadkan
¹board [bɔ:d] <fn> **1.** [C] deszka(lap); tábla: *floor-boards* padlódeszka **2.** [C] *(iskolai)* tábla **3.** [C] fedélzet **4.** [C + sing/pl v] testület; bizottság: *be on the board* a bizottságban ül **5.** [C] ellátás; koszt: *full board* teljes ellátás
²board [bɔ:d] <ige> **1.** *(vonatba, repülőbe)* felszáll; beszáll: *We boarded the train.* Felszálltunk a vonatra. **2.** étkezik; kosztol **3.** kosztot ad vkinek
boarder ['bɔ:də] <fn> [C] BrE **1.** bentlakásos iskola tanulója **2.** bérlő; lakó
board game ['bɔ:d geɪm] <fn> [C] társasjáték
boarding card ['bɔ:dɪŋ kɑ:d] <fn> [C] *(repülőn; hajón)* beszállókártya
boarding house ['bɔ:dɪŋ haʊs] <fn> [C] panzió
boarding school ['bɔ:dɪŋ sku:l] <fn> [C] bentlakásos/bennlakásos iskola; kollégium
board meeting ['bɔ:d mi:tɪŋ] <fn> [C] igazgatósági/bizottsági ülés
board member ['bɔ:d membə] <fn> [C] igazgatósági/választmányi/elnökségi tag
board of directors [ˌbɔ:d əv daɪ'rektəz] <fn> [C] igazgatóság; igazgatótanács: *The board of directors represents the interests of owners.* Az igazgatóság a tulajdonosok érdekeit képviseli.
board of management [ˌbɔ:d əv 'mænɪdʒmənt] <fn> [C] vezetőség; igazgatóság: *board of management meetings* vezetőségi értekezletek
boardroom ['bɔ:dru:m] <fn> [C] ülésterem; igazgatói tanácsterem
boast [bəʊst] <ige> **1.** dicsekszik; henceg (**about sg** vmivel) **2.** büszkélkedik: *This town boasts beautiful beaches.* A város gyönyörű strandokkal büszkélkedhet.
boastful ['bəʊstfl] <mn> dicsekvő; hencegő
boat [bəʊt] <fn> [C] **1.** hajó: *travel by boat* hajóval utazik **2.** csónak
 ♦ **be in the same boat** egy hajóban eveznek ♦ **miss the boat** lemarad/lecsúszik vmiről ♦ **rock the boat** bajt hoz vkire/vmire; kellemetlen helyzetbe hoz vkit/vmit
boat people ['bəʊt,pi:pl] <fn> [pl] csónakon menekülő bevándorlók
boat train ['bəʊt treɪn] <fn> [C] vonat hajócsatlakozással; hajóvonat
¹bob [bɒb] <ige> (bobbing, bobbed, bobbed) (gyorsan) fel-le mozog: *The boats are bobbing up and down in the water.* A hajók himbálóznak a vízen.

bob up (hirtelen) felbukkan

²bob [bɒb] <fn> [C] (bobs) bubifrizura
³bob [bɒb] <ige> rövidre vág(at); kurtít
bobbin ['bɒbɪn] <fn> [C] orsó; gombolyító; cséve
bobby ['bɒbɪ] <fn> [C] biz BrE rendőr; zsaru
bobcat ['bɒbkæt] <fn> [C] amerikai hiúz
bobsled ['bɒbsled] <fn> [C] AmE bob
bobsleigh ['bɒbsleɪ] <fn> [C] bob
bodily ['bɒdɪlɪ] <mn> testi; fizikai
body ['bɒdɪ] <fn> **1.** [C] test: *the human body* az emberi test **2.** [C] törzs **3.** [C] holttest: *The murderer took the body to the forest.* A gyilkos az erdőbe vitte a holttestet. **4.** [C + sing/pl v] testület: *in one body* testületileg **5.** [C] (idegen) tárgy; test: *foreign body* idegen test **6.** [C] karosszéria

→ Lásd a Tartalomjegyzékben a Tematikus rajzokat!

body building ['bɒdɪbɪldɪŋ] <fn> [U] testépítés
body butter ['bɒdɪ bʌtə] <fn> [C, U] testvaj
body clock ['bɒdɪ klɒk] <fn> [C] biz biológiai óra
bodyguard ['bɒdɪgɑ:d] <fn> [C] testőr
body language ['bɒdɪˌlæŋgwɪdʒ] <fn> [U] testbeszéd

body lotion ['bɒdi ləʊʃn] <fn> [C, U] testápoló
body odour ['bɒdi əʊdə] <fn> [U] **röv BO** kellemetlen testszag
body scrub ['bɒdi skrʌb] <fn> [U, C] testradír
body wash ['bɒdi wɒʃ] <fn> [C, U] tusfürdő
bodywork ['bɒdiwɜːk] <fn> [U] karosszéria
bog [bɒg] <fn> **1.** [C, U] mocsár; láp **2.** [C] szl budi; klotyó
bogeyman ['bəʊgɪmæn] <fn> [C] (bogeymen) mumus
boggle ['bɒgl] <ige> **1.** megijed; meglepődik; összezavarodik **2.** visszariad; visszaretten (**at** vmitől)
boggy ['bɒgɪ] <mn> mocsaras
bogus ['bəʊgəs] <mn> hamis; színlelt
¹boil [bɔɪl] <ige> **1.** (vizet stb.) (fel)forral **2.** (fel)forr: *The kettle is boiling.* Forr a teavíz. **3.** főz: *boil an egg* tojást főz **4.** dühöng: *boil with rage* eszi a méreg

boil away elforr
boil sg down 1. lepárol; elfőz vmit **2.** (röviden) összefoglal vmit
boil down to sg összefoglalható vmiben
boil over 1. (folyadék edényből) kifut **2.** kitör belőle a düh; dühös (lesz)

²boil [bɔɪl] <fn> **1.** [sing] forrás; forralás **2.** [C] kelés
boiler ['bɔɪlə] <fn> [C] kazán
boiler suit ['bɔɪlə suːt] <fn> [C] overall; kezeslábas; munkaruha
boiling hot [,bɔɪlɪŋ'hɒt] <mn> tűzforró
boiling point [,bɔɪlɪŋ pɔɪnt] <fn> [C] forráspont
boisterous ['bɔɪstərəs] <mn> lármás; hangos; heves; viharos
bold [bəʊld] <mn> **1.** bátor; merész **2.** (szín) élénk; erős; feltűnő **3.** (betűtípus) félkövér
Bolivia [bə'lɪvɪə] <fn> [C] Bolívia
¹bolt [bəʊlt] <fn> [C] **1.** anyacsavar **2.** tolózár; retesz: *shoot the bolts* ráhúzza a reteszt **3.** villám(csapás) **4.** rövid nyílvessző **5.** (szövet) vég: *a bolt of cloth* egy vég szövet
²bolt [bəʊlt] <ige> **1.** bereteszel; elreteszel **2.** (ennivalót) behabzsol; bekap: *bolt down a sandwich* bekap egy szendvicset **3.** (ló) megbokrosodik
³bolt [bəʊlt] <hsz> mereven; egyenesen
♦ **bolt upright** egyenesen; kihúzva magát
¹bomb [bɒm] <fn> [C] bomba: *A bomb exploded.* Bomba robbant.
²bomb [bɒm] <ige> **1.** bombáz: *The whole city was bombed in the war.* A háborúban az egész várost (le)bombázták. **2.** (terrorista) (bombát) robbant **3. bomb along** biz dönget; száguld

bombard [bɒm'bɑːd] <ige> átv is bombáz; támad: *bombard sy with questions* kérdésekkel bombáz vkit
bombastic [bɒm'bæstɪk] <mn> (stílus, beszéd) bombasztikus
bomb disposal ['bɒm dɪspəʊzl] <fn> [U] (bombáé) hatástalanítás
bombed [bɒmd] <mn> biz AmE (alkoholtól, kábítószertől) belőve; beállva
bombing ['bɒmɪŋ] <fn> [C, U] **1.** bombázás **2.** robbantás
bombshell ['bɒmʃel] <fn> [C] **1.** biz bombahír **2.** bomba nő: *a blonde bombshell* szőke bombázó
bond [bɒnd] <fn> [C] **1.** kapocs; kötelék **2.** kötés; ragasztás **3.** kötvény
¹bone [bəʊn] <fn> **1.** [C] csont: *break a bone in his arm* eltöri az egyik karcsontját **2.** [C] (hal)szálka: *This fish has a lot of bones in it.* Ebben a halban rengeteg a szálka. **3.** [U] (anyag) csont
♦ **have a bone to pick with sy** biz elintéznivalója/leszámolnivalója van vkivel ♦ **make no bones about (doing) sg** biz nem habozik/tétovázik vmit megtenni ♦ **work one's fingers to the bone** agyondolgozza magát
²bone [bəʊn] <ige> kicsontoz: *bone the meat* kicsontozza a húst
bone-dry [,bəʊn'draɪ] <mn> csontszáraz
bone marrow ['bəʊn mærəʊ] <fn> [U] csontvelő
bonfire ['bɒnfaɪə] <fn> [C] örömtűz
bonk [bɒŋk] <ige> megüt; megcsap: *bonk sy on the head* megüti vkinek a fejét
bonkers ['bɒŋkəz] <mn> biz dilis; buggyant; őrült
bonnet ['bɒnɪt] <fn> [C] **1.** motorháztető/-fedél **2.** főkötő
bonus ['bəʊnəs] <fn> [C] (bonuses) **1.** jutalom; prémium: *a Christmas bonus* újévi jutalom **2.** (biztosításnál) engedmény; bónusz **3.** szerencse; áldás: *I love my job, and it's a bonus that it's so close to home.* Szeretem a munkámat, és az egy külön szerencse, hogy közel van az otthonomhoz.
bony ['bəʊnɪ] <mn> **1.** csontos; szálkás **2.** csontsovány; csontos
¹boo [buː] <fn> [C] (boos) pfujolás; pisszegés
²boo [buː] <ige> kifütyül; pfujol
¹boob [buːb] <fn> [C] biz **1.** baki; kínos tévedés **2. boobs** [pl] cici; didi
²boob [buːb] <ige> biz bakizik; buta hibát ejt
¹book [bʊk] <fn> **1.** [C] könyv: *read a book* könyvet olvas **2.** [C] füzet **3. books** [pl] főkönyv; üzleti könyvek **4.** [C] (Bibliában) könyv: *the book of Job* Jób könyve **5. the book** [sing] a Szentírás

²book

♦ **be in sy's good/bad books** biz jó/rossz vkinél ♦ **by the book** pontosan betartva a szabályokat; ahogyan a nagykönyvben meg van írva
²book [bʊk] <ige> **1.** (előre) lefoglal; előjegyez: *book a table* asztalt foglal **2.** *(vmi szabálytalanság miatt)* felír; megbüntet: *be booked for speeding* gyorshajtásért megbüntették ∗ *X was booked.* sp X sárga lapot kapott.

> **book in** *(érkezéskor a szállodába)* bejelentkezik
> **book sy in** szállást foglal vki számára; befizet vkit
> **book out** *(távozáskor a szállodából)* kijelentkezik

bookcase ['bʊkkeɪs] <fn> [C] könyvespolc; könyvszekrény
booked [bʊkt] <mn> (előre) lefoglalt
booking ['bʊkɪŋ] <fn> [C, U] jegyrendelés; helyfoglalás; előjegyzés: *make a booking* szobát foglal
booking office ['bʊkɪŋ,ɒfɪs] <fn> [C] jegypénztár
bookkeeper ['bʊkkiːpə] <fn> [C] gazd könyvelő
bookkeeping ['bʊkkiːpɪŋ] <fn> [U] könyvelés
booklet ['bʊklət] <fn> [C] (tájékoztató) füzet; brosúra
bookmaker ['bʊk,meɪkə] <fn> [C] bukméker
bookmark ['bʊkmaːk] <fn> [C] könyvjelző
bookmobile ['bʊkməʊ,biːl] <fn> [C] AmE mozgókönyvtár
bookseller ['bʊk,selə] <fn> [C] könyvkereskedő
bookshelf ['bʊkʃelf] <fn> [C] (bookshelves) könyvespolc
bookshop ['bʊkʃɒp] <fn> [C] könyvkereskedés; könyvesbolt
bookstall ['bʊkstɔːl] <fn> [C] könyvesbódé; *(utcai)* könyvárus
bookstore ['bʊkstɔː] <fn> [C] AmE könyvkereskedés; könyvesbolt
book token ['bʊk,təʊkən] <fn> [C] könyvutalvány
bookworm ['bʊkwɜːm] <fn> [C] *(személy)* könyvmoly
¹boom [buːm] <fn> [C] **1.** fellendülés: *There has been a boom in car sales.* Fellendülés tapasztalható az autóeladások terén. **2.** dörgés; dübörgés; zúgás **3.** nagyvitorlarúd; bum **4.** *(mikrofoné)* állvány
²boom [buːm] <ige> **1.** dörög; zúg; morajlik: *The guns boomed.* Dörögtek a fegyverek. **2.** *(vállalkozás)* fellendül; virágzik: *Car business is booming.* Virágzik az autókereskedelem.
boomerang ['buːməræŋ] <fn> [C] bumeráng

boon [buːn] <fn> [C] áldás; jótétemény
boorish ['bʊərɪʃ] <mn> durva; faragatlan
boost [buːst] <ige> növel; fellendít: *Our company has to boost exports.* Cégünknek növelnie kell a kivitelt.
booster ['buːstə] <fn> [C] **1.** *(szer)* erősítő; fokozó **2.** gyorsítórakéta
¹boot [buːt] <fn> [C] **1.** csizma; bakancs; *(magasszárú)* cipő: *a pair of brown boots* egy pár barna bakancs ∗ *riding boots* lovaglócsizma ∗ *hiking/walking boots* túracipő **2.** *(autóban)* csomagtartó: *put sg in the boot* a csomagtartóba tesz vmit

♦ **give sy the boot** biz *(állásból)* kirúg ♦ **get the boot** biz kirúgják ♦ **put the boot in** szl belerúg vkibe; durva eszközökhöz folyamodik ♦ **to boot** ráadásul
²boot [buːt] <ige> **1.** biz (bele)rúg: *boot the ball away* elrúgja a labdát **2.** infor *(rendszert)* indít **3.** infor *(rendszer)* indul

> **boot sy out** biz kirúg; elbocsát vkit: *The boss booted him out.* A főnöke kirúgta.
> **boot up** infor *(rendszert)* indít

booth [buːð] <fn> [C] fülke; bódé; elárusítóhely
bootlace ['buːtleɪs] <fn> [C] cipőfűző
¹bootleg ['buːtleg] <mn> **1.** *(áru)* csempészett **2.** *(felvétel)* kalóz: *bootleg CD* kalóz CD
²bootleg ['buːtleg] <fn> [C] **1.** csempészáru **2.** kalózfelvétel
¹booze [buːz] <fn> [U] biz pia
²booze [buːz] <ige> biz piál
booze-up ['buːzʌp] <fn> [C] biz BrE piálás; ivászat
¹border ['bɔːdə] <fn> [C] **1.** (ország)határ: *cross the border* átlépi a határt **2.** szegély: *an orange skirt with a blue border* narancssárga szoknya kék szegéllyel ∗ *There is a border of flowers near the gate of our garden.* Virágszegély van a kertkapunk mellett.
²border ['bɔːdə] <ige> **1.** körülvesz; körbevesz: *The forest is bordered by flowers.* Az erdőt virágok veszik körül. **2.** határol; határos: *Austria borders Hungary.* Ausztria határos Magyarországgal. **3.** szegélyez; beszeg
borderline ['bɔːdəlaɪn] <fn> [C] határ(vonal): *a borderline case* határeset
¹bore [bɔː] <fn> **1.** [sing] unalmas dolog; nyűg: *It's a bore having to go to school every day.* Dögunalom minden nap iskolába menni. **2.** [C] unalmas alak
²bore [bɔː] <ige> **1.** untat: *You are boring me.* Untatsz. **2.** (ki)fúr; kiváj: *bore a hole* lyukat fúr

³bore [bɔːn] → **bear**

bored [bɔːd] <mn> unatkozó; unott: *be bored with sg* un vmit

boredom ['bɔːdəm] <fn> [U] unalom

boring ['bɔːrɪŋ] <mn> unalmas: *a boring book* unalmas könyv

born [bɔːn] <mn> **1.** (vmilyen) születésű; -szülött: *British-born* brit születésű * *be born* megszületik * *Peter was born on 19 October 1988.* Péter 1988. október 19-én született. **2.** (vmire/vmilyennek) született: *He's a born leader.* Született vezető.

borne [bɔːn] → **bear**

borough ['bʌrə] <fn> [C] város; (pl. kerületi) önkormányzat

borrow ['bɒrəʊ] <ige> **1.** kölcsönöz; kölcsönvesz; kölcsönkér (**from sy** vkitől): *I borrowed $250 from my friend.* Kölcsönkértem 250 dollárt a barátomtól. **2.** (gondolatokat, szavakat) átvesz; kölcsönöz

borrower ['bɒrəʊə] <fn> [C] kölcsönző

Bosnia ['bɒznɪə] <fn> Bosznia

bosom ['bʊzəm] <fn> [C] kebel; mell: *a bosom friend* kebelbarát

¹boss [bɒs] <fn> [C] biz főnök; igazgató

²boss [bɒs] <ige> irányít; vezet; parancsolgat: *He bosses his friends about.* Parancsolgat a barátainak.

bossy ['bɒsɪ] <mn> parancsolgató; erőszakos

botanic(al) [bə'tænɪkl] <mn> növénytani; botanikus: *botanical garden(s)* botanikus kert

botanist ['bɒtənɪst] <fn> [C] botanikus

botany ['bɒtənɪ] <fn> [U] növénytan; botanika

¹botch [bɒtʃ] <fn> [C] kontármunka

²botch [bɒtʃ] <ige> (munkát) összecsap; elfuserál

¹both [bəʊθ] <névm> mindkét; mindkettő: *Both (of the) women were English.* Mindkét nő angol volt. * *They both live in London.* Mindketten Londonban élnek.

²both [bəʊθ] <ksz> **both... and...** mind… mind…; …is, …is: *Both John and Mary will be there.* Mind John, mind Mary ott lesz. * *He is both nice and clever.* Kedves is, okos is./Kedves, s amellett okos is

¹bother ['bɒðə] <ige> **1.** nyaggat; háborgat; bosszant: *Don't bother me!* Ne nyaggass! **2.** alkalmatlankodik; zavar: *I'm sorry to bother you!* Ne haragudj, hogy zavarlak! **3.** gondot csinál vmiből; vesződik; bajlódik: *Don't bother with/about it!* **(a)** Ne vesződj/bajlódj vele! **(b)** Ne aggódj miatta! * *Don't bother to do it!* Ne törődj vele!

²bother ['bɒðə] <fn> [U] gond; kellemetlenség; bosszúság; méreg: *What a bother!* Milyen bosszantó!

bottle ['bɒtl] <fn> [C] **1.** palack; üveg: *beer bottle* sörösüveg **2.** (mennyiség) üveg: *a bottle of lemonade* egy üveg limonádé

bottle bank ['bɒtl bæŋk] <fn> [C] (üvegek gyűjtésére) konténer

bottleneck ['bɒtlnek] <fn> [C] **1.** útszűkület; torlódás **2.** akadály; lassító tényező

bottle opener ['bɒtl ˌəʊpənə] <fn> [C] sörnyitó

bottom ['bɒtəm] <fn> **1.** [C] vminek az alja/feneke: *at the bottom of the hill* a hegy lábánál * *in the bottom of my bag* a táskám fenekén **2.** [sing] vminek a túlsó vége: *The school is at the bottom of the road.* Az iskola az út végén van. **3.** [C] fenék; ülep: *I fell on my bottom.* A fenekemre estem. **4.** **bottoms** [pl] alsó (rész): *pyjama bottoms* pizsama alsó

♦ **Bottoms up!** Fenékig!

bottom line [ˌbɒtəm'laɪn] <fn> [sing] **the bottom line** a dolog lényege; a lényeg…

bough [baʊ] <fn> [C] (vastag) faág

bought [bɔːt] → **buy**

boulder ['bəʊldə] <fn> [C] sziklatömb; kőszikla

boulevard ['buːləvɑːd] <fn> [C] (gyakran fasorral) körút; sugárút

¹bounce [baʊns] <ige> **1.** ugrál: *bounce on the bed* ugrál az ágyon **2.** (labda) ugrál; pattog; pattan **3.** (labdát) üttöget **4.** (csekket fedezet hiányában) visszadob

²bounce [baʊns] <fn> [C] (labdáé) visszapattanás; visszaugrás

bouncer ['baʊnsə] <fn> [C] kidobóember

bouncing ['baʊnsɪŋ] <mn> egészséges; életerős

bouncy ['baʊnsɪ] <mn> **1.** rugalmas; puha **2.** energikus; életerős

¹bound [baʊnd] <mn> **1.** szükségszerű; valószínű; bizonyos: *be bound to happen* feltétlenül be fog következni * *It's bound to rain soon.* Biztos esni fog hamarosan. **2.** (jogilag, erkölcsileg) köteles: *He is bound to pass his exams.* Köteles levizsgázni. **3.** **be bound for** vhova tartó; úton vmi felé

♦ **bound up with sg** vmivel szorosan összefüggő

²bound [baʊnd] <ige> **1.** határol; szegélyez: *The road was bounded by the forest.* Az utat az erdő szegélyezte. **2.** ugrik; ugrál; ugrándozik

³bound [baʊnd] <fn> [C] ugrás

⁴bound [baʊnd] → **bind**

boundary ['baʊndərɪ] <fn> [C] (boundaries) határ; határvonal; mezsgye

boundless ['baʊndləs] <mn> határtalan

bounds [baʊndz] <fn> [pl] határ: *know no bounds* nem ismer határt

♦ **out of bounds 1.** tiltott területen **2.** játékterületen kívül **3.** túlmegy minden határon

bountiful ['baʊntɪfl] <mn> nagylelkű; jótékony; bőkezű

bounty ['baʊntɪ] <fn> (bounties) **1.** [C] jutalmazás; pénzjutalom **2.** [U] jótékonyság; nagylelkűség; adakozás

bouquet [bʊ'keɪ] <fn> **1.** [C] (virág)csokor **2.** [C, U] (boré) illat; buké

bourgeois ['bʊəʒwɑː] <mn> pej polgári; burzsoá

bout [baʊt] <fn> [C] **1.** küzdelem; harc **2.** sp (ökölvívásban, birkózásban) menet; (vívásban) csörte **3.** (betegségé) roham

boutique [buː'tiːk] <fn> [C] butik

¹**bow** [baʊ] <ige> **1.** meghajt; (a fejét) lehajtja **2.** meghajol; fejet hajt (**to sy/sg** vki/vmi előtt)

²**bow** [baʊ] <ige> (meg)hajlít; görbít; ível

³**bow** [baʊ] <fn> [C] **1.** meghajlás: *take a bow* meghajol **2.** hajóorr

⁴**bow** [baʊ] <fn> [C] **1.** csomó; masni **2.** sp íj **3.** (hangszeré) vonó

bowel ['baʊəl] <fn> [C, ált pl] **1.** orv bél: *large bowel* vastagbél ∗ *small bowel* vékonybél ∗ *have trouble with one's bowels* baj van a beleivel **2. bowels** [pl] vminek a belseje/gyomra: *the bowels of the Earth* a Föld gyomra

bowel movement ['baʊəl muːvmənt] <fn> [C] orv székletürítés; székelés

bowels ['baʊəlz] → **bowel**

¹**bowl** [baʊl] <fn> [C] **1.** (mély) tál; csésze: *soup bowl* levesestál **2.** (mennyiség) tál: *a bowl of soup* egy tál leves

²**bowl** [baʊl] <ige> **1.** (kriketben) labdát dob **2.** gördít; gurít; hajít

bowl sy over 1. feldönt; fellök vkit: *He ran away and bowled me over.* Elszaladt és fellökött engem. **2.** (kellemesen) meglep vkit: *be bowled over by sg* biz (látványtól) szóhoz sem jut; (hír hallatán) teljesen kiakad

bow-legged [ˌbəʊ'legɪd] <mn> karikalábú

bowler ['bəʊlə] <fn> [C] **1.** (kriketben) dobó **2.** keménykalap

bowler hat [ˌbəʊlə'hæt] <fn> [C] keménykalap

bowling ['bəʊlɪŋ] <fn> [U] teke; tekézés: *go bowling* tekézni megy

bowling alley ['bəʊlɪŋˌælɪ] <fn> [C] tekecsarnok; tekepálya

bowls ['bəʊlz] <fn> [U] (fagolyókkal játszott játék, melynek célja, hogy nagyobb, sötét színű golyókat minél közelebb gurítsanak egy kisebb, fehér golyóhoz) teke; tekézés

bow tie [ˌbəʊ'taɪ] <fn> [C] csokornyakkendő

bow-wow ['baʊwaʊ] <fn> [C] biz kutyus; vau-vau

¹**box** [bɒks] <fn> **1.** [C] doboz; láda **2.** [C] (mennyiség) doboz: *a box of chocolates* egy doboz csokoládé **3.** [C] szính páholy **4.** [C] (nagyobb helyiségben leválasztott rész) fülke; boksz **5.** [C] (önálló) fülke; bódé: *a phone box* telefonfülke **6.** [C] (szövegközi) rubrika; négyzet; keret **7. the box** [sing] biz BrE tévé: *on the box* a tévében

²**box** [bɒks] <ige> **1.** bokszol; biz bunyózik **2.** megüt; megpofoz **3.** dobozba csomagol

boxcar ['bɒkskɑː] <fn> [C] AmE zárt teherkocsi/tehervagon

Bicycle • *A kerékpár*

1	cycle path; AmE bike path	kerékpárút	13	gear lever; AmE gear shift	sebességváltó
2	saddle	nyereg	14	bell	csengő
3	carrier	csomagtartó	15	light	lámpa
4	rear light	hátsó lámpa	16	dynamo	dinamó
5	tyre; AmE tire	gumiabroncs	17	bicycle lock	biciklizár
6	valve	szelep	18	bicycle helmet	(biciklis) sisak
7	pump	pumpa	19	reflector	fényvisszaverő prizma; macskaszem
8	chain	biciklilánc	20	spoke	küllő
9	pedal	pedál	21	inner tube	kerékpárbelső
10	water bottle	(biciklis) kulacs	22	toolbag	szerszámos táska
11	bicycle bag	biciklis táska			
12	handlebars <tsz>	kormány			

63

boxer ['bɒksə] <fn> [C] **1.** bokszoló; ökölvívó; biz bunyós **2.** bokszer; német buldog
boxers ['bɒksəz] <fn> [pl] bokszer(alsó)
boxer shorts ['bɒksə ʃɔːts] <fn> [pl] bokszer(alsó)
boxing ['bɒksɪŋ] <fn> [U] boksz; ökölvívás
Boxing Day ['bɒksɪŋ deɪ] <fn> [C, U] karácsony másnapja

🇬🇧 *Boxing Day*

Boxing Daynek hívják karácsony második napját, mivel korábban ezen a napon az volt a szokás, hogy a ház személyzetének és a szállítóknak kis figyelmességként apró ajándékokat adtak.

boxing gloves ['bɒksɪŋ glʌvz] <fn> [pl] bokszkesztyű
boxing match ['bɒksɪŋ mætʃ] <fn> [C] bokszmérkőzés
box number ['bɒks ˌnʌmbə] <fn> [C] *(újsághirdetésben)* jelige
box office ['bɒks ˌɒfɪs] <fn> [C] jegypénztár
boy [bɔɪ] <fn> [C] fiú: *They have five children: two boys and three girls.* Öt gyermekük van: két fiú és három lány.
¹boycott ['bɔɪkɒt] <ige> bojkottál
²boycott ['bɔɪkɒt] <fn> [C] bojkott
boyfriend ['bɔɪfrend] <fn> [C] udvarló; (vkinek a) barát(ja)
boyhood ['bɔɪhʊd] <fn> [U] *(fiúé)* gyermekkor
boyish ['bɔɪɪʃ] <mn> fiús; kisfiús
Boy Scout [ˌbɔɪˈskaʊt] <fn> [C] cserkész: *Boy Scouts* cserkészet; cserkészek
bra [brɑː] <fn> [C] melltartó
¹brace [breɪs] <fn> **1.** [C] fogszabályzó **2. braces** [pl] nadrágtartó **3.** [C] merevítő
²brace [breɪs] <ige> **brace oneself (for sg)** felkészül (vmire): *Brace yourself for some bad news.* Készülj fel a rossz hírekre!
bracelet ['breɪslət] <fn> [C] karkötő
¹bracket ['brækɪt] <fn> [C] **1.** zárójel: *in brackets* zárójelben **2.** kategória: *income brackets* jövedelemkategóriák **3.** tartó; polc; konzol; falikar
²bracket ['brækɪt] <ige> **1.** zárójelbe tesz **2.** egy kalap alá vesz
brag [bræg] <ige> (bragging, bragged, bragged) henceg; kérkedik
¹braid [breɪd] <fn> [C] **1.** AmE hajfonat; copf **2.** zsinórozás; zsinórdíszítés
²braid [breɪd] <ige> fon; összeteker; befon
brain [breɪn] <fn> **1.** [C] agy **2.** [U, C] ész: *She has got a good brain.* Jó eszű. **3.** [C, ált pl] biz *(okos ember)* fej; agy: *one of the best brains* egyike a legokosabb embereknek
♦ **rack one's brains** töri a fejét
brainchild ['breɪntʃaɪld] <fn> [sing] agyszülemény; ötlet
brain-dead ['breɪnded] <mn> agyhalott
brain-death ['breɪndeθ] <fn> [U] agyhalál
brain drain ['breɪn dreɪn] <fn> [sing] agyelszívás
brainless ['breɪnləs] <mn> esztelen; ostoba
brainstorm ['breɪnstɔːm] <fn> [C] **1.** hirtelen fellépő elmezavar; kihagyás: *have a brainstorm (vizsgán)* leblokkol **2.** biz AmE hirtelen jó ötlet; szenzációs ötlet
brainstorming ['breɪnstɔːmɪŋ] <fn> [U] ötletelés; ötletbörze
brainteaser ['breɪntiːzə] <fn> [C] fejtörő
brainwash ['breɪnwɒʃ] <ige> átnevel **(sy** vkit); agymosást végez **(sy** vkin)
brainwashing ['breɪnwɒʃɪŋ] <fn> [U] agymosás
brainwave ['breɪnweɪv] <fn> [C] biz BrE hirtelen jó ötlet; szenzációs ötlet
brainy ['breɪnɪ] <mn> biz eszes; okos
braise [breɪz] <ige> *(húst, zöldséget)* párol
¹brake [breɪk] <fn> [C] fék
♦ **jam on the brake(s)** beletapos a fékbe
²brake [breɪk] <ige> (le)fékez
bramble ['bræmbl] <fn> BrE **1.** [C] szeder **2.** [C, U] szedercserje **3.** [C] tüskebokor
bran [bræn] <fn> [U] *(gabonáé)* korpa
¹branch [brɑːntʃ] <fn> [C] **1.** faág **2.** fiók(iroda): *The bank has branches all over Europe.* A banknak egész Európában vannak fiókjai. **3.** szakág(azat); (tudomány)ág
²branch [brɑːntʃ] <ige> elágazik; szétágazik: *The road branches here.* Az út itt elágazik.

branch off *(út)* elágazik

branch office [brɑːntʃ 'ɒfɪs] <fn> [C] kirendeltség; fiókiroda; fiókintézet
¹brand [brænd] <fn> [C] védjegy; márka; márkanév: *a well known brand* ismert márka
²brand [brænd] <ige> **1.** égetéssel megjelöl **2.** (meg)bélyegez: *be branded as thieves* tolvajnak bélyegezték őket
brandish ['brændɪʃ] <ige> *(fenyegetőleg)* hadonászik
brand loyalty ['brænd ˌlɔɪəltɪ] <fn> [C, U] gazd márkahűség
brand name ['brænd neɪm] <fn> [C] gazd márkanév; védjegy
brand new [ˌbrænd'njuː] <mn> vadonatúj
brandy ['brændɪ] <fn> [C, U] (brandies) **1.** brandy; konyak **2.** pálinka: *plum brandy* szilvapálinka

brash [bræʃ] <mn> **1.** rámenős; pimasz; tapintatlan **2.** *(öltözet)* harsány; élénk; feltűnő
brass [brɑːs] <fn> **1.** [U] sárgaréz **2. the brass** [sing + sing/pl v] a rézfúvósok
 ♦ **get down to brass tacks** a tárgyra tér
brass band [ˌbrɑːsˈbænd] <fn> [C] rezesbanda
brassed off [ˌbrɑːstˈɒf] <mn> BrE kimerült; elege van
brassiere [ˈbræzɪə] <fn> [C] melltartó
brassy [ˈbrɑːsɪ] <mn> **1.** rézszínű **2.** harsány; nagyhangú
brat [bræt] <fn> [C] biz vásott kölyök; csibész
brave [breɪv] <mn> bátor; merész
bravery [ˈbreɪvərɪ] <fn> [U] bátorság; merészség
bravo [ˌbrɑːˈvəʊ] <isz> Bravó!
¹brawl [brɔːl] <fn> [C] biz dulakodás; bunyó
²brawl [brɔːl] <ige> biz dulakodik; bunyózik; randalíroz; verekszik
brawn [brɔːn] <fn> [U] **1.** testi erő; izom(erő): *have plenty of brawn* izmos **2.** BrE disznósajt
brawny [ˈbrɔːnɪ] <mn> izmos; erős
bray [breɪ] <ige> *(szamár)* ordít; bőg
brazen [ˈbreɪzn] <mn> arcátlan; szégyentelen; vulg pofátlan: *a brazen lie* arcátlan hazugság
Brazil [brəˈzɪl] <fn> Brazília
¹Brazilian [brəˈzɪlɪən] <mn> brazíliai
²Brazilian [brəˈzɪlɪən] <fn> [C] *(nő, férfi)* brazíliai
¹breach [briːtʃ] <fn> **breach (of the law)** [C] törvényszegés; törvénysértés: *breach of contract* szerződésszegés
²breach [briːtʃ] <ige> **1.** *(törvényt)* megszeg; megsért **2.** rést üt vmiben; áttör vmit
bread [bred] <fn> [U] kenyér: *a loaf of bread* egy (egész) kenyér ∗ *earn one's bread* kenyeret/pénzt keres
 ♦ **know which side one's bread is buttered** biz **1.** tudja honnan fúj a szél **2.** megvan a magához való esze
bread bin [ˈbred bɪn] <fn> [C] kenyértartó
breadcrumbs [ˈbredkrʌmz] <fn> [pl] zsemlemorzsa
breadth [bredθ] <fn> **1.** [C, U] szélesség **2.** [U] széles látókör; nyitottság: *breadth of view* széles látókör
breadwinner [ˈbredˌwɪnə] <fn> [C] kenyérkereső
¹break [breɪk] <ige> (broke, broken) **1.** (öszsze)törik; eltörik: *break into pieces* darabokra törik **2.** (össze)tör; eltör; betör: *break one's arm* eltöri a karját ∗ *break the window* betöri az ablakot **3.** elromlik; tönkremegy: *The TV is broken.* Elromlott a tv. **4.** megszakít; kis szünetet tart: *I've broken my journey at London.* Londonban megszakítottam az utamat. **5.** megdönt: *break a record* csúcsot dönt **6.** *(pénzt)* felvált **7.** megszeg; megsért: *break one's promise* megszegi az ígéretét **8.** abbahagy; abbamarad: *The silence was broken by the sound of a car.* A csendet megtörte egy autó zaja. **9.** *(hang)* mutál; elcsuklik
 ♦ **break even 1.** nullszaldót csinál/ér el átv **2.** anyagilag egyenesbe jön ♦ **break loose** elszabadul; kiszabadul ♦ **break the news to sy//break it to sy** közli vkivel a (rossz) hírt

---

break away elszabadul; megszökik; elmenekül (**from sg/sy** vmitől/vkitől)
break down 1. *(jármű, gép)* elromlik; lerobban **2.** *(tárgyalás)* megszakad; leáll **3.** *(idegileg)* kiborul
break sg down 1. betör; lerombol; lebont vmit **2.** *(vegyileg)* lebont; elemekre bont vmit
break sg in 1. *(ajtót)* betör; feltör **2.** *(beszélgetést)* félbeszakít
break into sg 1. betör vhova **2.** hirtelen elkezd vmit: *break into a run* futásnak ered
break off 1. letörik; leszakad **2.** abbahagy; elhallgat; félbeszakad
break sg off 1. letör vmit **2.** *(kapcsolatot)* megszakít; félbeszakít
break out 1. elszökik **2.** *(kellemetlen dolog)* kitör
break through sg áttör; áthatol vmin
break up 1. darabokra törik **2.** véget ér **3.** szaz
break sg up 1. darabokra tör; feldarabol vmit **2.** felbont; részeire bont vmit **3.** feloszlat vmit
break with sy szakít vkivel
break with sg felhagy vmivel

---

²break [breɪk] <fn> [C] **1.** megszakítás; megszakadás: *without a break* megszakítás nélkül **2.** törés; hasadás: *There is no break in my leg.* Nincs törés a lábamban. **3.** szünet: *take a break* (egy kis) szünetet tart ∗ *at break* a szünetben **4.** *(hirtelen)* változás (**in sg** vmiben); szakítás (**with sg** vmivel): *She needed a break with her traditions.* Szakítania kellett a hagyományaival. **5.** alkalom; nagy esély; nagy dobás: *give sy a break* esélyt ad vkinek
 ♦ **break of day** hajnal ♦ **Give me a break!** Hagyjál már!
breakable [ˈbreɪkəbl] <mn> törékeny; törhető
breakaway [ˈbreɪkəweɪ] <mn> szakadár
breakdown [ˈbreɪkdaʊn] <fn>[C] **1.** műszaki hiba; meghibásodás; üzemzavar **2.** sikertelenség;

bukás; kudarc **3.** idegösszeomlás; idegösszeroppanás **4.** elemzés; részletezés
breakdown truck ['breɪkdaʊn trʌk] <fn> [C] autómentő
breakfast ['brekfəst] <fn> [C, U] reggeli: *have breakfast* reggelizik
break-in ['breɪkɪn] <fn> [C] betörés
breakneck ['breɪknek] <mn> nyaktörő: *at breakneck speed* nyaktörő iramban
breakout ['breɪkaʊt] <fn> [C] **1.** *(börtönből)* szökés **2.** *(járványé stb.)* kitörés
breakthrough ['breɪkθruː] <fn> [C] áttörés (**in sg** vmiben)
breakup ['breɪkʌp] <fn> [C] **1.** felbomlás; szétválás; különválás: *the breakup of the marriage* a házasság felbomlása **2.** szétesés; felbomlás: *the breakup of the empire* a birodalom felbomlása **3.** felbontás
breast [brest] <fn> [C] **1.** mell; kebel; emlő: *give a child the breast* kisbabát megszoptat **2.** melle(húsa): *chicken breast* csirkemell
♦ **make a clean breast of sg 1.** mindent beismer **2.** tiszta vizet önt a pohárba
breastfeed ['brestfiːd] <ige> (breastfed, breastfed) (meg)szoptat; anyatejen nevel
breast pocket [,brest'pɒkɪt] <fn> [C] szivarzseb
breaststroke ['breststrəʊk] <fn> [U] mellúszás; biz mell
breath [breθ] <fn> **1.** [C] lélegzés **2.** [U] lélegzet; lehelet: *be out of breath* kifulladt * *hold one's breath* visszatartja a lélegzetét * *take a deep breath* mély lélegzetet vesz
♦ **waste one's breath** hiába beszél
breathalyse ['breθəlaɪz] <ige> megszondáz
breathalyze ['breθəlaɪz] AmE → **breathalyse**
breathalyser ['breθəlaɪzə] <fn> [C] (alkohol-)szonda
breathalyzer ['breθəlaɪzər] AmE → **breathalyser**
breathe ['briːð] <ige> **1.** lélegzik; lélegzetet vesz: *breathe hard* nehezen lélegzik **2.** (be)lehel; (ki)lehel **3.** suttogva mond: *"I love you," he breathed.* „Szeretlek" – suttogta.
breathing ['briːðɪŋ] <fn> [U] légzés
breathless ['breθləs] <mn> **1.** kifulladt **2. be breathless** eláll a lélegzete; izgatott
breathtaking ['breθ,teɪkɪŋ] <mn> lélegzetelállító
breath test ['breθ test] <fn> [C] alkoholszondás vizsgálat; szondázás; alkoholpróba
bred [bred] → **¹breed**
breeches ['brɪtʃɪz] <fn> [pl] térdnadrág; bricsesz
¹breed [briːd] <ige> (bred, bred) **1.** nemz **2.** párosodik; párzik **3.** költ: *Birds breed in the spring.* A madarak tavasszal költenek. **4.** szaporodik: *breed like rabbits* szaporák, mint a nyulak **5.** tenyészt; szaporít; nevel: *These horses were bred in Hungary.* Ezeket a lovakat Magyarországon tenyésztették. **6.** okoz; előidéz vmit
²breed [briːd] <fn> [C] **1.** fajta **2.** tenyésztés; tenyészet **3.** iron kaszt; emberfaj
breeder ['briːdə] <fn> [C] tenyésztő
breeding ['briːdɪŋ] <fn> [U] **1.** tenyésztés: *sheep breeding* juhtenyésztés **2.** szaporodás **3.** nevelés; neveltetés; származás: *good breeding* jólneveltség
¹breeze [briːz] <fn> **1.** [C] szél; szellő **2.** [sing] biz könnyű dolog/feladat
²breeze [briːz] <ige> **breeze in** (fesztelenül) bejön; belibben; belibeg
breezy ['briːzi] <mn> **1.** szeles **2.** fesztelen; élénk; vidám
brethren ['breðrən] <fn> [pl] (hit)testvérek; felebarátok
¹brew [bruː] <fn> [C] *(ital)* egy főzet
²brew [bruː] <ige> **1.** *(italt, sört)* főz **2.** *(teát)* (le)forráz **3.** *(tea)* forró vízben ázik **4.** *(tervet)* kifőz
♦ **a storm is brewing** vihar van készülőben ♦ **there is something brewing** vmi készül/vmi van a levegőben
brewery ['bruːəri] <fn> [C] (breweries) sörfőzde; sörgyár
¹bribe [braɪb] <fn> [C] csúszópénz: *accept bribes* csúszópénzt elfogad
²bribe [braɪb] <ige> megveszteget; lepénzel: *bribe a witness* megveszteget egy tanút
bribery ['braɪbəri] <fn> [U] megvesztegetés
brick [brɪk] <fn> [C, U] tégla: *brick house* téglaház
brickie ['brɪki] <fn> [C] biz BrE kőműves
bricklayer ['brɪk,leɪə] <fn> [C] kőműves
bridal ['braɪdl] <mn> menyasszonyi; menyegzői
bride [braɪd] <fn> [C] *(az esküvő napján)* menyasszony
bridegroom ['braɪdgruːm] <fn> [C] *(az esküvő napján)* vőlegény
bridesmaid ['braɪdzmeɪd] <fn> [C] koszorúslány
¹bridge [brɪdʒ] <fn> **1.** [C] híd: *go over the bridge* átmegy a hídon **2.** [U] *(kártyajáték)* bridzs **3.** [C] orrnyereg: *on the bridge of his nose* az orrnyergén **4.** [C] *(fogazatban)* híd **5.** [C] hegedűláb **6.** [C] *(hajón)* parancsnoki híd
²bridge [brɪdʒ] <ige> hidat épít: *bridge a river* hidat épít a folyón
♦ **bridge a/the gap** szakadékot áthidal
bridging loan [brɪdʒɪŋ ləʊn] <fn> [C] gazd BrE áthidaló hitel; áthidaló kölcsön

¹bridle ['braɪdl] <fn> [C] kantár
²bridle ['braɪdl] <ige> felkantároz
bridle path ['braɪdl pɑːθ] <fn> [C] lovaglóút; ösvény
¹brief [briːf] <mn> rövid: *a brief description* rövid leírás
 ♦ **in brief** röviden
²brief [briːf] <fn> [C] tájékoztatás; eligazítás
³brief [briːf] <ige> eligazít; eligazítást ad
briefcase ['briːfkeɪs] <fn> [C] aktatáska
briefing ['briːfɪŋ] <fn> [C, U] eligazítás, tájékoztatás
briefly ['briːfli] <hsz> röviden; néhány szóval
briefs [briːfs] <fn> [pl] alsó(nadrág); bugyi
brigade [brɪˈɡeɪd] <fn> [C] **1.** kat dandár **2.** brigád: *fire brigade* tűzoltóság
brigadier [ˌbrɪɡəˈdɪə] <fn> [C] kat dandárparancsnok
bright [braɪt] <mn> **1.** tiszta; derült; ragyogó: *a bright, sunny day* ragyogó napsütéses nap **2.** *(szín)* világos; élénk: *bright yellow* élénk sárga **3.** vidám; ragyogó: *She is bright and cheerful today.* Ma vidám és élénk. **4.** okos; eszes: *the brightest pupil in our class* osztályunk legokosabb tanulója **5.** ígéretes; szép; fényes: *have a bright future* fényes jövő áll előtte
brighten ['braɪtn] <ige> **1.** *(idő)* kiderül; kitisztul: *It was beginning to brighten up.* Kezdett kiderülni/kitisztulni az idő. **2.** *(szobát)* derűsebbé; világosabbá tesz **3.** felderül; felvidul **4.** felderít; felvidít
brightness ['braɪtnəs] <fn> [U] ragyogás; fényesség; világosság
brill [brɪl] <mn> biz klassz; szuper
brilliance ['brɪljəns] <fn> [U] **1.** ragyogás; fényesség; világosság **2.** éleselméjűség
brilliant ['brɪljənt] <mn> **1.** ragyogó; fényes: *brilliant sunshine* ragyogó napsütés **2.** kiváló; pompás; nagyszerű: *a brilliant idea* pompás ötlet * *a brilliant young doctor* kiváló fiatal orvos
brim [brɪm] <fn> [C] **1.** *(poháré)* szél; perem: *full to the brim* csordultig tele **2.** *(kalapé)* karima
bring [brɪŋ] <ige> (brought, brought) **1.** hoz; elhoz: *Bring me a glass of water.* Hozz nekem egy pohár vizet. * *He brought her to the church.* Elhozta őt a templomba. **2.** okoz; előidéz; eredményez: *bring relief* enyhülést okoz * *Money doesn't bring happiness.* A pénz nem boldogít. **3.** *(vmilyen állapotba)* hoz: *bring it to the boil* felforral * *bring up-to-date* korszerűsít * *This brings us to the end of the meeting.* Ezzel eljutottunk az értekezlet végéhez. **4.** rávesz; rábír: *I cannot bring myself to believe.* Képtelen vagyok elhinni.

bring sg about előidéz; okoz; végrehajt vmit
bring sg back 1. visszahoz; visszaállít vmit **2.** feleleveníti; visszaidéz vmit
bring sy/sg down lelő; eltalál vkit/vmit
bring sg down 1. *(árat)* csökkent; leszállít **2.** *(hatalmat)* megdönt; *(kormányt, miniszterelnököt stb.)* megbuktat
bring sg forward 1. *(időpontot)* előrehoz **2.** *(témát)* felvet; előhoz
bring sg in behoz; bevezet vmit
bring sy in felkér; alkalmaz vkit
bring sg off véghez visz; sikerre visz vmit
bring sg on okoz; előidéz vmit
bring sg out 1. kihoz; megjelentet; közzétesz **2.** *(rejtett tulajdonságot)* kihangsúlyoz; kiemel; felszínre hoz
bring sy out biztat; szóra bír vkit
bring sy round 1. eszméletére térít; feléleszt vkit **2.** meggyőz; megnyer; saját pártjára állít vkit
bring sg round *(beszélgetést)* ráterel (**to sg** vmire)
bring sg up 1. *(témát)* felhoz; felvet **2.** *(ételt)* kiokád; kihány
bring sy up felnevel vkit

brink [brɪŋk] <fn> [sing] vminek a széle, határa: *on the brink of sg* vminek a szélén/határán
brisk [brɪsk] <mn> fürge; eleven; élénk; mozgékony
bristle ['brɪsl] <fn> [C] borosta; sörte
bristly ['brɪsli] <mn> szúrós; tüskés; borostás
Brit ['brɪt] <fn> biz brit; angol
Britain ['brɪtn] <fn> Nagy-Britannia

→ Lásd a Tartalomjegyzékben a Tematikus rajzokat!

¹British ['brɪtɪʃ] <mn> brit
²British ['brɪtɪʃ] <fn> **the British** [pl] a britek
Briton ['brɪtn] <fn> [C] **1.** *(Anglia őslakói)* brit(on) **2.** brit (ember)
brittle ['brɪtl] <mn> törékeny
broach [brəʊtʃ] <ige> **1.** szóba hoz; szóvá tesz; felvet: *broach a subject* témát felvet **2.** csapra ver
broad [brɔːd] <mn> **1.** széles: *broad shoulders* széles vállak * *a broad street* széles utca **2.** átfogó; általános; tág: *in broad terms* nagy vonalakban * *in the broadest sense* a legtágabb értelemben **3.** erős; intenzív: *broad accent* erős akcentus
 ♦ **in broad daylight** fényes nappal

¹broadcast ['brɔːdkɑːst] <ige> (broadcast, broadcast) **1.** közvetít; sugároz: *broadcast live* élőben közvetít **2.** közhírré tesz; terjeszt

²broadcast ['brɔːdkɑːst] <fn> [C] közvetítés; adás; műsorszórás: *a live broadcast* élő közvetítés ∗ *news broadcast (rádióban, tévében)* hírek

broadcaster ['brɔːdkɑːstə] <fn> [C] műsorvezető

broadcasting ['brɔːdkɑːstɪŋ] <fn> [U] műsorszórás

broaden ['brɔːdn] <ige> **1.** (ki)szélesedik **2.** (ki)szélesít

broad jump ['brɔːd dʒʌmp] <fn> **the broad jump** [sing] AmE távolugrás

broadly ['brɔːdli] <hsz> nagyjából; nagyjában; nagy általánosságban: *broadly speaking* nagyjából (véve)/nagyjában

broad-minded [ˌbrɔːd'maɪndɪd] <mn> liberális gondolkodású; megértő

Broadway ['brɔːdweɪ] <fn> AmE *(New Yorkban a színházi és éjszakai élet központja)* Broadway

broccoli ['brɒkəli] <fn> [U] brokkoli

brochure ['brəʊʃə] <fn> [C] prospektus; (tájékoztató) füzet; reklámfüzet

broil [brɔɪl] <ige> **1.** AmE roston süt; grillez **2.** roston sül

broiler ['brɔɪlə] <fn> [C] AmE rost; grillsütő

broiler chicken ['brɔɪlə tʃɪkɪn] <fn> [C] AmE sütni/rántani való csirke

¹broke [brəʊk] → **¹break**

²broke [brəʊk] <mn> pénztelen; egy vasa sincs: *go broke* tönkremegy

¹broken ['brəʊkən] → **¹break**

²broken ['brəʊkən] <mn> **1.** eltört; törött: *a broken leg* törött láb **2.** tört: *in broken English* tört angolsággal **3.** megtört; elkeseredett: *a broken man* megtört ember **4.** rossz; tönkrement: *The washing machine's broken.* A mosógép elromlott/lerobbant. **5.** *(házasság)* megromlott; felbomlott; tönkrement **6.** szaggatott; egyenetlen: *a broken line* szaggatott vonal

broker ['brəʊkə] <fn> [C] gazd bróker

brokerage firm ['brəʊkərɪdʒ ˌfɜːm] <fn> [C] gazd brókercég; brókerügynökség

brolly ['brɒli] <fn> [C] (brollies) biz BrE esernyő

bronchitis [brɒŋ'kaɪtɪs] <fn> [U] hörghurut; bronchitis

¹bronze [brɒnz] <fn> **1.** [U] bronz **2.** [C] bronzérem

²bronze [brɒnz] <mn> bronz

bronzed [brɒnzd] <mn> lebarnult

bronze medal [ˌbrɒnz'medl] <fn> [C] bronzérem

bronze medallist [ˌbrɒnz'medlɪst] <fn> [C] bronzérmes

brooch [brəʊtʃ] <fn> [C] bross; kitűző

¹brood [bruːd] <ige> **1.** tépelődik; mereng; tűnődik **2.** *(tyúk)* költ; kotlik

²brood [bruːd] <fn> [C + sing/pl v] **1.** *(madáré)* fészekalja; költés **2.** poronty

brook [brʊk] <fn> [C] csermely; patak

broom [bruːm] <fn> **1.** [C] seprű; partvis **2.** [U] rekettye

broomstick ['bruːmstɪk] <fn> [C] seprűnyél

Bros, Bros. [brɒs] [= brothers] *(gazdasági társaság nevében)* fivérek; testvérek

broth [brɒθ] <fn> [U] húsleves; *(sűrű)* zöldségleves (hússal)

brothel ['brɒθl] <fn> [C] bordélyház

brother ['brʌðə] <fn> [C] **1.** (fiú)testvér; fivér: *brothers and sisters* testvérek ∗ *big brother* báty ∗ *little brother* öcs **2.** (hit)testvér; felebarát

brotherhood ['brʌðəhʊd] <fn> **1.** [U] testvériség **2.** [C + sing/pl v] szervezet; közösség; társulat

brother-in-law ['brʌðərɪnlɔː] <fn> [C] (brothers-in-law) sógor

brotherly ['brʌðəli] <mn> testvéri; felebaráti

brought [brɔːt] → **bring**

brow [braʊ] <fn> [C] **1.** szemöldök **2.** homlok **3.** hegyorom; hegycsúcs

browbeat ['braʊbiːt] <ige> (browbeat, browbeaten) *(erőszakkal)* belekényszerít (**into sg** vmibe)

¹brown [braʊn] <mn> barna: *have got brown eyes* barna szeme van

²brown [braʊn] <ige> *(ételt)* (meg)barnít; barnára süt; pirít: *brown the meat* megpirítja a húst

³brown [braʊn] <fn> [C, U] *(szín)* barna

brownie ['braʊni] <fn> [C] **1.** csokoládétorta **2. Brownie** v. **Brownie Guide** cserkészlány; l(e)ánycserkész: *the Brownies (lányok, 7–10 év között)* kiscserkészek

brownie points ['braʊni pɔɪnts] <fn> [pl] jó pont: *earn brownie points with sy* jó pontot szerez vkinél

browse [braʊz] <ige> **1.** nézelődik; böngészget; olvasgat **2. be browsing the Internet** keres/böngészik az interneten

browser ['braʊzə] <fn> [C] *(számítógépes)* böngésző(program)

¹bruise [bruːz] <fn> [C] horzsolás; zúzódás; ütődés; folt

²bruise [bruːz] <ige> (fel)horzsol; felsért

brunch [brʌntʃ] <fn> [C] biz késői reggeli/korai ebéd

brunette [bruː'net] <fn> [C] barna hajú (nő)

¹brush [brʌʃ] <fn> **1.** [C] kefe: *sweeping brush* partvis **2.** [C] ecset; pamacs **3.** [C] *(rókáé)* farok **4.** [U] AmE csalit; bozót **5.** [sing] seprés; kefélés: *give sg a brush* kikefél vmit
♦ **a brush with sy/sg** nézeteltérés/összetűzés
²brush [brʌʃ] <ige> **1.** (le)kefél: *brush one's teeth* fogat mos **2.** (le)söpör **3.** *(finoman)* megérint

> **brush sy/sg aside** elhárít; félresöpör; félretol vkit/vmit
> **brush sg off** lesöpör; leráz magáról; elutasít vmit
> **brush sg up//brush up on sg** *(tudást)* felfrissít; felelevenít: *brush up one's English* felfrissíti az angol nyelvtudását

brusque [brʊsk, bruːsk, AmE brʌsk] <mn> nyers; rideg; durva; udvariatlan
Brussels sprout [ˌbrʌslz'spraʊt] <fn> [C] kelbimbó
brutal ['bruːtl] <mn> brutális; durva; embertelen
brutality [bruː'tæləti] <fn> [C, U] (brutalities) brutalitás; durvaság; kegyetlenség
¹brute [bruːt] <fn> [C] **1.** kegyetlen ember **2.** vadállat
²brute [bruːt] <mn> állati; brutális; nyers: *use brute force* nyers erőt alkalmaz
BSc [ˌbiːes'siː] [= Bachelor of Science] ≈ főiskolai szintű természettudományi végzettség
BSE [ˌbiːes'iː] [= bovine spongiform encephalopathy; mad cow disease] <fn> [U] BSE (= szarvasmarhák szivacsos agyvelőbántalma)
BTW [=by the way] mellesleg; jut eszembe; apropó
¹bubble ['bʌbl] <fn> [C] buborék
²bubble ['bʌbl] <ige> **1.** bugyborékol; bugyog **2.** pezseg; habzik

> **bubble over** boldogan sugárzik: *bubble over with joy* túlárad az örömtől

bubble bath ['bʌbl baːθ] <fn> [C] pezsgőfürdő
¹buck [bʌk] <fn> [C] **1.** biz AmE dollár; dolcsi **2.** *(szarvas, nyúl)* bak; hím **3.** fűrészbak **4.** *(tornaszer)* bak
♦ **pass the buck 1.** másra hárítja a felelősséget **2.** másra keni a hibáját
²buck [bʌk] <ige> **1.** ugrándozik **2.** *(autó)* akadozva indul
¹bucket ['bʌkɪt] <fn> [C] vödör
²bucket ['bʌkɪt] <ige>

> **bucket down** *(eső)* zuhog; ömlik

¹buckle ['bʌkl] <fn> [C] csat; kapocs
²buckle ['bʌkl] <ige> **1.** becsatol **2.** (be)csatolható: *It buckles at the side.* Az oldalán lehet becsatolni. **3.** meghajlít; elgörbít **4.** meghajlik; elgörbül

> **buckle up** becsatolja/beköti magát

¹bud [bʌd] <fn> [C] rügy; bimbó: *come into bud* kirügyezik
♦ **nip sg in the bud** csírájában elfojt vmit
²bud [bʌd] <ige> (ki)rügyezik; bimbózik
Buddhism ['bʊdɪzm] <fn> [U] buddhizmus
¹Buddhist ['bʊdɪst] <fn> [C] buddhista
²Buddhist ['bʊdɪst] <mn> buddhista
budding ['bʌdɪŋ] <mn> bimbódzó
buddy ['bʌdi] <isz> biz Öreg!; Haver!
budge [bʌdʒ] <ige> **1.** (meg)moccan; (el)mozdul **2.** (meg)mozdít; (el)mozdít **3.** megváltoztatja a véleményét: *He won't budge from his opinion.* Nem tágít a véleményétől.
budgerigar ['bʌdʒərɪgɑː] <fn> [C] törpepapagáj
¹budget ['bʌdʒɪt] <fn> [C, U] költségvetés; büdzsé: *the government's budget* a kormány költségvetése
²budget ['bʌdʒɪt] <ige> (be)tervez; előirányoz: *30 million forints has been budgeted for the project.* 30 millió forintot irányoztak elő a költségvetésben a projektre.
budget flight ['bʌdʒɪt flaɪt] <fn> [C] fapados járat
buffalo ['bʌfələʊ] <fn> [C] (buffalo v. buffaloes) bivaly; bölény
buffer ['bʌfə] <fn> [C] **1.** ütköző; puffer **2.** infor tároló; puffer
buffet ['bʊfeɪ] <fn> [C] **1.** svédasztal **2.** büfé; büfékocsi
buffet car ['bʊfeɪ kɑː] <fn> [C] büfékocsi
buffet lunch ['bʊfeɪ lʌntʃ] <fn> [C, U] svédasztal(os ebéd)
bug [bʌg] <fn> **1.** [C] rovar; bogár **2.** [C] biz *(átmeneti)* enyhe vírus; bacilus **3.** [C] infor (üzem)zavar; programhiba **4.** [C] lehallgatókészülék; poloska **5.** [sing] biz mánia; (hirtelen jött) hobbi: *be bitten by the golf bug* hirtelen a golfozás lett a hobbija
bug-eyed ['bʌgaɪd] <mn> gülü szemű
buggy ['bʌgi] <fn> [C] (buggies) BrE (összecsukható) babakocsi
bugle ['bjuːgl] <fn> [C] kürt
build [bɪld] <ige> (built, built) **1.** épít: *build a house* házat épít **2.** gyárt; készít: *build an*

aircraft repülőgépet gyárt **3.** létrehoz; felépít: *build a business* felépít egy céget

build on sy/sg 1. épít/alapoz vmire/vkire **2.** számít vkire/vmire

build sg up 1. befalaz; elfalaz vmit **2.** *(területet)* beépít **3.** fejleszt; (meg)erősít vmit **4.** *(ügyet)* felfúj

builder ['bɪldə] <fn> [C] **1.** építő (mester) **2.** kőműves

building ['bɪldɪŋ] <fn> **1.** [C] épület: *an old building* öreg épület **2.** [U] építés; építkezés: *The building of the museum began last year.* A múzeum építése múlt évben kezdődött.

building block ['bɪldɪŋ blɒk] <fn> **1.** *(játék)* építőkocka **2. building blocks** [pl] átv építőelemek; építőkövek

building site ['bɪldɪŋ saɪt] <fn> [C] építési terület; telek

building society ['bɪldɪŋ səsaɪətɪ] <fn> [C] lakásépítő társaság

built [bɪlt] → **build**

built-in cupboard [ˌbɪlt'ɪn kʌbəd] <fn> [C] beépített szekrény

built-up [ˌbɪlt'ʌp] <mn> *(terület)* beépített: *a built-up area* lakott terület

bulb [bʌlb] <fn> [C] **1.** villanykörte; égő: *a 60-watt bulb* 60 wattos villanykörte **2.** gumó; (virág)hagyma: *tulip bulb* tulipánhagyma

Bulgaria [bʌl'geərɪə] <fn> Bulgária

¹Bulgarian [bʌl'geərɪən] <mn> bolgár

²Bulgarian [bʌl'geərɪən] <fn> [C] bolgár férfi/nő

¹bulge [bʌldʒ] <ige> **1.** kidudorodik, kidülled: *His eyes bulged.* Kidülledtek a szemei. **2.** tele van tömve (**with sg** vmivel): *My bag was bulging with chocolate.* A táskám tele volt tömve csokoládéval.

²bulge [bʌldʒ] <fn> [C] dudor; kidudorodás

bulging ['bʌldʒɪŋ] <mn> kidagadó; duzzadó

bulimia [buːˈlɪmɪə] <fn> [U] bulimia

bulk [bʌlk] <fn> **1.** [U] tömeg; terjedelem **2.** [sing] vminek a zöme, nagyja: *The bulk of the work was done.* A munka nagyja el volt végezve.

♦ **in bulk** nagyban; nagy tételben; ömlesztve

bulk buyer ['bʌlk ˌbaɪə] <fn> [C] gazd nagybani vevő/vásárló

bulky ['bʌlkɪ] <mn> (bulkier, bulkiest) terjedelmes; testes; vastag: *Bulky items are stored here.* Itt nagy terjedelmű árukat raktároznak.

bull [bʊl] <fn> [C] **1.** bika: *a bull elephant* elefántbika **2.** bulla: *the papal bull* a pápai bulla
♦ **like a bull in a china shop** (mint) elefánt a porcelánboltban

bulldog ['bʊldɒg] <fn> [C] bulldog

bulldoze ['bʊldəʊz] <ige> **1.** buldózerrel lerombol; ledózerol **2.** nyomul; tolakszik: *bulldoze one's way through the crowd* keresztülverekedi magát a tömegen

bulldozer ['bʊldəʊzə] <fn> [C] buldózer: *The bulldozer knocked down the house.* A buldózer lerombolta a házat.

bullet ['bʊlɪt] <fn> [C] lövedék; golyó: *The bullet hit the hunter.* A golyó eltalálta a vadászt.

bulletin ['bʊlətɪn] <fn> [C] **1.** *(hivatalos)* jelentés/közlemény: *news bulletin* (rádióban, tévében) hírek **2.** hírlevél; közlöny

bulletin board ['bʊlətɪn bɔːd] <fn> [C] hirdetőtábla

bulletproof ['bʊlɪtpruːf] <mn> golyóálló

bullfight ['bʊlfaɪt] <fn> [C] bikaviadal

bullfighter ['bʊlfaɪtə] <fn> [C] bikaviador; toreádor

bullion ['bʊlɪən] <fn> [U] rúdarany; rúdezüst

bullshit ['bʊlʃɪt] <fn> [U] hülyeség; marhaság

¹bully ['bʊlɪ] <fn> [C] (bullies) durva/erőszakos/verekedő ember

²bully ['bʊlɪ] <ige> (bullies, bullying, bullied) megfélemlít; terrorizál: *He is always bullying his friends.* Mindig terrorizálja a barátait.

bullying ['bʊlɪɪŋ] <fn> [U] erőszakoskodás; durva bánásmód

¹bum [bʌm] <fn> [C] **1.** biz popsi; fenék **2.** biz AmE csavargó; hajléktalan

²bum [bʌm] <mn> biz értéktelen; vacak; pocsék

³bum [bʌm] <ige> **1.** csavarog **2.** kér; kunyerál

bum around csavarog; lődörög

bumbag ['bʌmbæg] <fn> [C] biz övtáska

¹bump [bʌmp] <ige> **1.** megüt; bever: *bump one's head* beveri a fejét **2.** megbotlik; beleütközik **3.** pattog; pattan; zötyög; döcög

bump into sy véletlenül összefut vkivel: *I bumped into him in the street.* Véletlenül összefutottunk az utcán.

bump sy off szl kinyír vkit; eltesz vkit láb alól

²bump [bʌmp] <fn> [C] **1.** *(fejen)* púp; dudor; tipli: *I was covered in bumps.* Tele voltam dudorral. **2.** puffanás: *fall down with a bump*

tompa puffanással elesik **3.** egyenetlenség; hepehupa; úthiba: *There are bumps in the road.* Hepehupás az út. **4.** koccanás; ütközés
bumper ['bʌmpə] <fn> [C] gk lökhárító
bumper car ['bʌmpə kɑː] <fn> [C] dodzsem
bumptious ['bʌmpʃəs] <mn> beképzelt; önhitt; nagyképű
bumpy ['bʌmpɪ] <mn> (bumpier, bumpiest) egyenetlen; göröngyös; hepehupás: *a bumpy road* göröngyös út
bun [bʌn] <fn> [C] **1.** édes sütemény; ≈ briós **2.** AmE zsemle **3.** konty
bunch [bʌntʃ] <fn> **1.** [C] köteg; csomó: *a bunch of keys* kulcscsomó **2.** [C] csokor: *a bunch of flowers* egy csokor virág **3.** [C] fürt: *a bunch of grapes* egy fürt szőlő **4. bunches** [pl] két copf **5.** [C + sing/pl v] biz banda; csapat
¹bundle ['bʌndl] <fn> [C] köteg; csomó; nyaláb
²bundle ['bʌndl] <ige> **1.** kötegbe/csomóba köt **2.** (be)tuszkol (**into** vmibe)
bung [bʌŋ] <fn> [C] dugasz; dugó
bungalow ['bʌŋgələʊ] <fn> [C] földszintes ház; nyaraló; bungaló
bungee jumping [,bʌndʒiː'dʒʌmpɪŋ] <fn> [U] (magasból) kötélugrás
bungle ['bʌŋgl] <ige> elfuserál; eltol; elront
bunk [bʌŋk] <fn> [C] **1.** (hajón, vonaton) hálóhely **2.** emeletes ágy
 ♦ **do a bunk** meglóg/lelép
bunk bed ['bʌŋk bed] <fn> [C] emeletes ágy
bunker ['bʌŋkə] <fn> [C] **1.** (föld alatti óvóhely) bunker **2.** (golfpályán) homokcsapda; terepakadály
bunny ['bʌnɪ] <fn> [C] (bunnies) nyuszi
buoy [bɔɪ, AmE 'buːɪ] <fn> [C] bója
buoyant ['bɔɪənt] <mn> **1.** lebegni/úszni képes **2.** élénk; vidám; jókedvű
¹burden ['bɜːdn] <fn> [C] teher; súly; rakomány; megterhelés: *be a burden to sy* terhére van vkinek
²burden ['bɜːdn] <ige> (meg)terhel; megrak: *burdened with debt* adóságokkal (meg)terhelt
burdensome ['bɜːdnsəm] <mn> nehéz; terhes; fárasztó
bureau ['bjʊərəʊ] <fn> [C] (bureaux v. AmE bureaus) **1.** AmE kormányhivatal; minisztérium **2.** iroda; hivatal **3.** BrE (redőnyös) íróasztal
bureaucracy [bjʊ'rɒkrəsɪ] <fn> (bureaucracies) **1.** [U] bürokrácia **2.** [C, U] közigazgatási hivatali szervezet/apparátus
burger ['bɜːgə] <fn> [C] hamburger
burglar ['bɜːglə] <fn> [C] betörő

burglar alarm ['bɜːglə əlɑːm] <fn> [C] betörésjelző (készülék)
burglarize ['bɜːglərɑɪz] <ige> AmE (házat) kirabol; kifoszt; (éjjel) betör
burglary ['bɜːglərɪ] <fn> [C, U] (burglaries) betörés(es lopás)
burgle ['bɜːgl] <ige> BrE betör vhova; (házat) kirabol
burial ['berɪəl] <fn> [C, U] temetés
burial ground ['berɪəl graʊnd] <fn> [C] temető
¹burn [bɜːn] <ige> (burnt/burned, burnt/burned) **1.** (el)ég; megég: *The forest is burning.* Ég az erdő. **2.** világít; fénylik: *All the lights are burning.* Minden lámpa ég/világít. **3.** (el)éget; megéget; kiéget: *They had to burn the old furniture.* El kellett égetniük az öreg bútorokat. **4.** éget; csíp; mar: *This mustard burns my tongue.* Ez a mustár csípi a nyelvemet.
 ♦ **burn one's boats/bridges** minden hidat feléget (maga mögött) ♦ **have money to burn** felveti a pénz, rengeteg pénze van

> **burn away** elég
> **burn sg away** eléget vmit
> **burn down** porig ég; leég
> **burn sg down** porig éget; felgyújt; feléget vmit
> **burn out** kiég
> **burn sg out** kiéget vmit
> **burn up 1.** fellobog; fellángol **2.** teljesen elég
> **burn sg up** teljesen eléget vmit
> **burn with sg** ég vmitől; forr benne vmi: *burn with desire* ég a vágytól

²burn [bɜːn] <fn> [C] **1.** égési seb/sérülés: *There is a burn on his leg.* Égési seb van a lábán. **2.** (szőnyegen) kiégés; égésfolt
burner ['bɜːnə] <fn> [C] (gáz)égő; (gáz)rózsa: *four-burner stove* négy gázégős tűzhely
burning ['bɜːnɪŋ] <mn> **1.** égető; forró: *burning hot* tűzforró **2.** kínzó; égető; sürgős: *burning question* égető kérdés
burnt [bɜːnt] → **¹burn**
burp [bɜːp] <ige> **1.** böfög **2.** büfizik
¹burrow ['bʌrəʊ] <fn> [C] rókalyuk; vakondlyuk; (földben) lyuk
²burrow ['bʌrəʊ] <ige> **1.** lyukat ás; kapar; fúr: *burrow a hole* lyukat fúr **2.** kiás; feltúr **3.** (tudományosan) búvárkodik; kutat
bursar ['bɜːsə] <fn> [C] (iskolában, egyetemen) gazdasági igazgató/vezető
¹burst [bɜːst] <ige> (burst, burst) **1.** szétrepeszt; kidurrant; átszakít: *My son burst a big balloon.* A fiam kidurrantott egy nagy léggömböt.

²burst

2. kipukkad; szétreped; kidurran: *The tyre burst.* Szétrepedt a gumi.
♦ **be bursting (with sg)** tele van (vmivel)
♦ **be bursting to do sg** alig várja, hogy vmit megtegyen

burst in 1. beront **2.** közbevág
burst sg in betör vmit
burst in on sy rátör vkire
burst into sg 1. (hirtelen) rákezd vmire: *burst into laughter* nevetésbe tör ki * *burst into tears* könnyekre fakad * *burst into flames* lángra lobban **2.** *(szobába)* beront
burst out (hirtelen) rákezd: *burst out laughing* nevetésben tör ki

²**burst** [bɜːst] <fn> [C] **1.** törés; repedés: *a burst in the water pipe* csőrepedés **2.** kitörés; hirtelen fellángolás: *a burst of applause* tapsvihar

bury ['berɪ] <ige> **1.** eltemet **2.** elás: *The dog buried its bone.* A kutya elásta a csontját. **3.** elrejt; eltitkol: *She knows how to bury her feelings.* Tudja, hogy kell elrejteni az érzéseit.

bus [bʌs] <fn> [C] (buses) (autó)busz: *go to school by bus* busszal megy iskolába
♦ **miss the bus** átv elszalasztja az alkalmat

bush [bʊʃ] <fn> **1.** [C] bokor; cserje **2. the bush** [U] bozótos terület; cserjés; csalitos
♦ **beat about the bush** kertel/köntörfalaz/hímez-hámoz

bushy ['bʊʃɪ] <mn> bozontos; sűrű

business ['bɪznəs] <fn> **1.** [U] üzlet; vállalkozás: *go into business* vállalkozásba kezd/fog; üzleti pályára lép **2.** [C] üzlet; vállalkozás; cég: *have a business in Vienna* üzlete van Bécsben **3.** [U] üzleti ügy; kiküldetés: *a business trip* üzleti út **4.** [U] üzleti forgalom **5.** [U] vki dolga; feladata: *none of your business* semmi közöd hozzá **6.** [U] ügy; dolog: *have some unfinished business* van néhány elintézetlen dolga
♦ **get down to business** nekilát a munkának ♦ **have no business doing sg** nincs joga vmit megtenni ♦ **He means business.** biz Nem tréfál. ♦ **Mind your own business.** Törődj a magad dolgával!

business card ['bɪznəs kɑːd] <fn> [C] névjegykártya
business class ['bɪznəs klɑːs] <fn> [U] *(repülőn)* első osztály
business form ['bɪznəs fɔːm] <fn> [C] cégforma; vállalkozás jogi formája
business hours ['bɪznəs aʊəz] <fn> [pl] félfogadás; nyitvatartás

businesslike ['bɪznəslaɪk] <mn> gyakorlatias; tárgyszerű; szakszerű
businessman ['bɪznəsmæn] <fn> [C] (businessmen) **1.** üzletember **2.** jó üzleti érzékkel rendelkező ember: *I'm not much of a businessman.* Nem vagyok valami nagy üzletember.

business manager ['bɪznəs mænɪdʒə] <fn> [C] **1.** vállalatvezető; igazgató; menedzser **2.** kereskedelmi igazgató
business strategy ['bɪznəs strætədʒɪ] <fn> [C, U] üzleti stratégia
business year ['bɪznəs jɪə] <fn> [C] gazdasági év; költségvetési év
businesswoman ['bɪznəsˌwʊmən] <fn> [C] (businesswomen) **1.** üzletasszony **2.** jó üzleti érzékkel rendelkező nő

busk ['bʌsk] <ige> utcán zenél/énekel
bus lane ['bʌs leɪn] <fn> [C] buszsáv
bus service ['bʌsˌsɜːvɪs] <fn> [C, U] autóbusz-közlekedés; (autó)buszjárat
bus shelter ['bʌs ʃeltə] <fn> [C] *(fedett)* (autó-)busz-megálló
bus station ['bʌsˌsteɪʃn] <fn> [C] autóbusz-állomás; autóbusz-pályaudvar; autóbusz-végállomás
bus stop ['bʌs stɒp] <fn> [C] buszmegálló

¹**bust** [bʌst] <ige> (bust/busted, bust/busted) **1.** széttör; betör; tönkretesz **2.** letartóztat
²**bust** [bʌst] <mn> **1.** elromlott; törött **2.** tönkrement; csődbe jutott: *go bust* befuccsol
³**bust** [bʌst] <fn> [C] **1.** mellszobor **2.** *(női)* mell

¹**bustle** ['bʌsl] <fn> [C] nyüzsgés; sürgés-forgás
²**bustle** ['bʌsl] <ige> **1.** nyüzsög; sürgölődik **2.** sürget; siettet

busy ['bɪzɪ] <mn> (busier, busiest) **1. be busy** elfoglalt; sok a dolga: *She is busy tonight.* Ma este sok a dolga. **2.** mozgalmas; zsúfolt; forgalmas: *a busy week* mozgalmas hét **3.** *(telefon)* foglalt: *The line is busy.* Foglalt a vonal.

busybody ['bɪzɪˌbɒdɪ] <fn> [C] fontoskodó ember

¹**but** [bət, hangsúlyos bʌt] <ksz> **1.** de; hanem; azonban: *He is Scottish but he lives in England.* Ő skót, de Angliában él. * *His father won't be there but his mother might.* Az apja nem lesz ott, de az anyja lehet. * *Jo was there but his father was not.* Jo ott volt, az apja azonban nem. **2.** de hiszen: *But that's not true!* De hiszen ez nem igaz!

²**but** [bət, hangsúlyos bʌt] <elölj> **1.** kivéve; vmin kívül: *Everyone was there but him.* Mindenki ott volt, kivéve őt. **2. the last but one** utolsó előtti: *His house is the last but one in this street.*

Ebben az utcában az ő háza az utolsó előtti ház.

♦ **but for sy/sg** vki/vmi nélkül/kivételével

³but [bət, hangsúlyos bʌt] <hsz> csak; csupán; alig: *We've got but few apples left.* Csak pár almánk maradt. * *The train arrived but 2 hours ago.* A vonat alig 2 órája érkezett.

¹butcher ['bʊtʃə] <fn> [C] **1.** hentes; mészáros: *the butcher's* hentes(üzlet) **2.** (tömeg)gyilkos

²butcher ['bʊtʃə] <ige> (le)mészárol; (le)öl; levág

butler ['bʌtlə] <fn> [C] főkomornyik

¹butt [bʌt] <ige> (fel)öklel; fejjel nekimegy/támad

butt in közbevág

²butt [bʌt] <fn> [C] **1.** puskatus **2.** (cigaretta-)csikk **3.** biz AmE fenék **4.** *(szarvval)* öklelés; döfés **5.** céltábla: *the butt for their jokes* tréfáik céltáblája **6.** nagy hordó

¹butter ['bʌtə] <fn> [U] vaj: *I put some butter into the frying pan.* Tettem egy kis vajat a serpenyőbe.

♦ **Butter wouldn't melt in his mouth.** Olyan, mintha kettőig sem tudna számolni.

²butter ['bʌtə] <ige> megvajaz: *He buttered a roll.* Megvajazott egy zsömlét.

butter sy up hízeleg vkinek

butter dish ['bʌtə dɪʃ] <fn> [C] vajtartó (edény)
butterfly ['bʌtəflaɪ] <fn> **1.** [C] (butterflies) pillangó; lepke **2.** [sing] pillangóúszás

♦ **have butterflies (in sy's stomach)** biz nagyon izgul/lámpalázas

buttocks ['bʌtəks] <fn> [pl] fenék; far; tompor
¹button ['bʌtn] <fn> [C] **1.** gomb: *coat button* kabátgomb **2.** (kapcsoló)gomb; *(készüléken)* billentyű: *press the button* megnyomja a gombot; beindít

♦ **bright as a button** vág az esze, mint a borotva

²button ['bʌtn] <ige> **1.** begombol vmit **2.** gombolódik: *dress that buttons down the back* hátul gombolódó ruha

buttonhole ['bʌtnhəʊl] <fn> [C] **1.** gomblyuk **2.** gomblyukban viselt virágocska

buxom ['bʌksəm] <mn> gömbölyded; telt (keblű); formás

buy [baɪ] <ige> (bought, bought) **1.** (meg)vásárol; (meg)vesz: *He bought me a new hat.* Vett nekem egy új kalapot. **2.** biz bevesz; elhisz; vevő vmire: *I don't buy that nonsense.* Nem vagyok vevő erre a képtelenségre.

♦ **buy time** időt nyer

buy sy off biz lefizet vkit
buy sy out kifizet/kivásárol vkit
buy sg up felvásárol; összevásárol vmit

buyer ['baɪə] <fn> [C] **1.** vásárló; vevő **2.** anyagbeszerző
buzz [bʌz] <ige> **1.** zümmög; döngicsél **2.** csönget

buzz off biz elhúz; eltűnik

buzzard ['bʌzəd] <fn> [C] egerészölyv
buzzer ['bʌzə] <fn> [C] csengő; berregő
buzzword ['bʌzwɜːd] <fn> [C] divatos szó/kifejezés/frázis
¹by [baɪ] <hsz> közel; a közelben: *He walked by.* Elment mellettem.
²by [baɪ] <elölj> **1.** *(hely)* mellett; közelében; -nál, -nél: *by the door* az ajtónál * *Our house is by the lake.* Házunk a tónál áll. **2.** *(időpont)* (legkésőbb) -ra, -re; -ig: *I must finish it by seven o'clock.* Be kell fejeznem ezt hét órára. * *Please do it by tomorrow.* Kérlek, csináld meg holnapig! **3.** *(jármű)* -val, -vel: *I will travel by bus.* Busszal fogok utazni. **4.** *(vminek a használatával)* -val, -vel: *pay by credit card* hitelkártyával fizet * *made by hand* kézzel készült **5.** *(szenvedő szerkezetekben)*: *(written) by…* írta… * *He was caught by a policeman.* Elkapta egy rendőr. **6.** *(vmi révén)* -val, -vel: *She earns his living by teaching.* Tanítással keresi a kenyerét. **7.** szerint; értelmében; alapján: *by this rule* e szerint a szabály szerint * *By my watch it is four o'clock.* Az én órám szerint négy óra van. **8.** vminél fogva: *grab her by the arm* karon ragad **9.** *(szorzás, osztás)* -val, -vel: *multiply three by two* hármat kettővel megszoroz **10.** *(mennyiség)* -val, -vel: *Prices have gone up by 10 per cent.* Az árak 10 százalékkal felmentek. * *paid by the hour* órabérben fizetik **11.** *(fokozatosan)* -ként: *day by day* napról napra * *little by little* lassanként **12.** vmire nézve; vmit illetőleg: *He's a carpenter by trade.* Mesterségére nézve asztalos.

♦ **by and by** lassacskán; idővel; hamarosan
♦ **by and large** nagyjából ♦ **by far** sokkal/messze ♦ **by the way** mellesleg/apropó
♦ **one by one** egyenként

bye [baɪ] <isz> viszlát; szia(sztok): *Bye for now!* Akkor szia(sztok)!

bye-bye [ˌbaɪˈbaɪ] → **bye**
by-election [ˈbaɪɪlekʃn] <fn> [C] időközi választás; pótválasztás
bygone [ˈbaɪgɒn] <mn> régmúlt
♦ **let bygones be bygones** borítsunk fátylat a múltra
¹bypass [ˈbaɪpɑːs] <fn> [C] **1.** kerülőút; terelőút **2.** orv bypass-műtét
²bypass [ˈbaɪpɑːs] <ige> megkerül; kikerül; elkerül: *We tried to bypass the city centre.* Megpróbáltuk elkerülni a várost.

by-product [ˈbaɪˌprɒdʌkt] <fn> [C] ipar melléktermék
bystander [ˈbaɪstændə] <fn> [C] szemlélő; nézelődő
byte [baɪt] <fn> [C] infor bájt
byword [ˈbaɪwɜːd] <fn> [C] **1.** jelképe vminek: *She is a byword for laziness.* A lustaság megtestesítője. **2.** ÁmE szállóige; közmondás

C, c

¹C, c [siː] <fn> [C, U] (C's, c's) **1.** *(betű)* C; c **2.** C zene *(hang)* C; c: *C major* C-dúr * *C minor* c-moll * *C sharp* cisz **3. C** *(osztályzat)* közepes

²C 1. [= Celsius, Centigrade] °C (= Celsius-fok) **2.** [= Century] sz. (= (év)század) **3.** [= Copyright, ©] ©; szerzői jog; copyright

³c 1. [= cent(s)] AmE cent **2.** [= (Latin) century] sz. (= (év)század) **3.** [= (Latin) circa = about, approximately] *(dátum előtt)* k. (= körül) **4.** [= cup] AmE *(főzésnél)* csésze: *add 4c flour* adj hozzá 4 csésze lisztet

cab [kæb] <fn> [C] **1.** taxi **2.** *(teherautón)* vezetőfülke

cabaret ['kæbəreɪ] <fn> **1.** [C, U] kabaré(műsor): *cabaret show* kabaréműsor **2.** [C] zenés szórakozóhely

cabbage ['kæbɪdʒ] <fn> [C] káposzta

cabbie ['kæbɪ] <fn> [C] taxisofőr; taxis

cabby ['kæbɪ] <fn> [C] taxisofőr; taxis

cabdriver ['kæb,draɪvə] <fn> [C] AmE taxisofőr; taxis

cabin ['kæbɪn] <fn> [C] **1.** *(hajón)* kajüt; kabin: *cabin cruiser* kajütös motorcsónak; (motoros) jacht **2.** *(repülőn)* utastér **3.** *(kötélpályán)* kocsi; (utas)kabin **4.** fakunyhó; bódé

cabinet ['kæbɪnət] <fn> **1.** [C] (fiókos) szekrény: *bathroom cabinet* fürdőszobaszekrény * *glass cabinet* konyhaszekrény * *medicine cabinet* orvosságos szekrény **2.** [C] *(tévé, rádió)* doboz **3. the Cabinet** [U] pol kormány; kabinet: *cabinet meeting* kormányülés * *cabinet reshuffle* kormányátalakítás

cabinet-maker ['kæbɪnət,meɪkə] <fn> [C] műbútorasztalos

cable ['keɪbl] <fn> [C] **1.** el kábel; vezeték **2.** (hajó)kötél; drótkötél; sodrony **3.** kábel(televízió): *cable channels* kábeltelevízió-csatorna

cable car ['keɪbl kɑː] <fn> [C] *(jármű, drótkötélpályás felvonó)* sikló

cable railway ['keɪbl reɪlweɪ] <fn> [C] drótkötélpálya

cable television [,keɪbl telɪ'vɪʒn] <fn> [U] kábeltelevízió

cable TV [,keɪbl tiː'viː] <fn> [U] kábeltévé

cabman ['kæbmən] <fn> [C] taxisofőr; taxis

cab rank ['kæb ræŋk] <fn> [C] taxiállomás

cabstand ['kæbstænd] <fn> [C] AmE taxiállomás

cacao [kə'kaʊ] <fn> [C] növ kakaó(bab)

¹cache [kæʃ] <fn> [C] **1.** rejtekhely **2.** elrejtett holmi; élelem; készlet **3.** infor gyorsító tár; gyorstár

²cache [kæʃ] <ige> eldug; elrejt

¹cackle ['kækl] <ige> **1.** *(tyúk)* (kot)kodácsol; *(liba)* gágog **2.** átv biz vihog; vihorászik

²cackle ['kækl] <fn> [C] **1.** gágogás; kotkodácsolás **2.** átv biz vihogás

♦ **Cut the cackle!** biz Elég a szövegből!

cactus ['kæktəs] <fn> [C] (cactuses v. cacti) növ kaktusz

CAD [kæd, ,siːeɪ'diː] [= computer-aided design] <fn> [U] CAD (= számítógéppel támogatott tervezés)

caddie ['kædɪ] <fn> [C] *(golfban)* labdaszedő és ütőhordó fiú

¹caddy ['kædɪ] <fn> [C] (caddies) *(golfban)* labdaszedő és ütőhordó fiú

²caddy ['kædɪ] <fn> [C] (caddies) kis teásdoboz

cadet [kə'det] <fn> [C] hadapród; kadét

cadge [kædʒ] <ige> biz kunyerál (**sg from/off sy** vmit vkitől)

cadger ['kædʒə] <fn> [C] koldus

caesarean [sɪ'zeərɪən] <fn> [C] orv császármetszés

caesarean section [sɪ,zeərɪən'sekʃn] <fn> [C] orv császármetszés

café ['kæfeɪ] <fn> [C] (cafés) kávéház; kávézó; kis étterem

cafeteria [,kæfə'tɪərɪə] <fn> [C] önkiszolgáló étterem

caffeine ['kæfiːn] <fn> [U] *(kávéban, teában)* koffein

¹cage [keɪdʒ] <fn> [C] (cages) **1.** kalitka; ketrec **2.** bányalift

²cage [keɪdʒ] <ige> kalitkába zár

cagey ['keɪdʒɪ] <mn> biz óvatos; elővigyázatos (**about sg** vmivel)

cajole [kə'dʒəʊl] <ige> levesz a lábáról; hízeleg: *cajole sy into doing sg* hízelgéssel rávesz vkit vminek a megtételére * *cajole sg out of sy* kicsal vmit vkitől

cake [keɪk] <fn> **1.** [C, U] sütemény; torta: *chocolate cake* csokis sütemény, csoki torta * *birthday cake* születésnapi torta * *cake tin* sütőforma; tepsi * *Would you like a piece of cake?* Kérsz egy süteményt / szelet tortát? **2. a cake of soap** [C] egy darab szappan

calamity 76

♦ **be selling like hot cakes** úgy veszik/viszik, mint a cukrot ♦ **have one's cake and eat it** biz a kecske is jóllakik, a káposzta is megmarad ♦ **take the cake** biz övé a pálma ♦ **cakes and ale** dínomdánom

> Vigyázat, álbarátok!
> **cakes** ≠ keksz (= biscuit)

calamity [kəˈlæmɪtɪ] <fn> [C, U] (calamities) csapás; szerencsétlenség; katasztrófa
calcium [ˈkælsɪəm] <fn> [U] kalcium
calculable [ˈkælkjʊləbl] <mn> (költség, mennyiség stb.) kiszámítható
calculate [ˈkælkjʊleɪt] <ige> (calculates, calculating, calculated) **1.** (költséget stb.) kiszámít; (árat stb.) kalkulál **2.** (esélyeket) mérlegel; tekintetbe/számba vesz **3.** AmE hisz; vél; feltesz

> **calculate on sg/sy** számol vmivel/vkivel

calculated [ˈkælkjʊleɪtɪd] <mn> **1.** kiszámított **2.** szándékos: *calculated risk* tudatos kockázat
calculating [ˈkælkjʊleɪtɪŋ] <mn> **1.** számoló: *calculating machine* számológép **2.** számító; ravasz
calculation [ˌkælkjʊˈleɪʃn] <fn> [U, C] **1.** mat (ki)számítás; kalkulálás; kalkuláció **2.** biz terv; kitervelés
calculator [ˈkælkjʊleɪtə] <fn> [C] számológép: *pocket calculator* zsebszámológép
calendar [ˈkæləndə] <fn> [C] **1.** naptár **2.** jegyzék; lajstrom; előjegyzések
calendar year [ˈkæləndə jɪə] <fn> [C] naptári év
¹**calf** [kɑːf] <fn> [C] (calves) **1.** borjú **2.** borjúbőr
²**calf** [kɑːf] <fn> [C] (calves) vádli; lábikra
caliber [ˈkælɪbər] AmE → **calibre**
calibrate [ˈkælɪbreɪt] <ige> **1.** kalibrál **2.** hitelesít
calibre [ˈkæləbə] <fn> **1.** [C] (belső) átmérő; furat; kaliber **2.** [U] képesség; rátermettség; kaliber: *He is a student of extremely high calibre.* Kimagaslóan jó képességű tanuló.
¹**call** [kɔːl] <fn> [C] **1.** kiáltás: *a call for help* segélykiáltás **2.** (telefon)hívás; (telefon)beszélgetés: *local call* helyi hívás ∗ *long-distance call* távolsági hívás ∗ *calls list* híváslista ∗ *missed call* nem fogadott hívás ∗ *received call* fogadott hívás ∗ *There is a call for you.* Telefonhívásod érkezett. ∗ *I made a call to him.* Felhívtam. ∗ *Give me a call!* Hívjon fel! **3.** (rövid) látogatás; vizit: *They paid/made a call on Peter.* Meglátogatták Petert./Rövid látogatást tettek Peternél. ∗ *The doctor has ten calls to make today.* Az orvosnak tíz hívásra kell ma kimennie. **4.** hívó szó; hivatás; elhivatottság **5.** szükség; igény; kereslet: *There is a call for lawyers.* Igény van jogászokra. ∗ *There is call for it.* Van piaca. **6.** madárfütty
♦ **(be) on call** ügyel; ügyeletes ♦ **You've no call to do this.** Semmi szükséged nincs arra, hogy ezt tedd!
²**call** [kɔːl] <ige> **1.** hív; (el)nevez: *She is called Mary.* Marynek hívják. ∗ *They called her Mary.* Marynek hívták. **2.** szól; (ki)kiált: *I will come when you call.* Jövök, ha szólsz. ∗ *He called for help.* Segítségért kiáltott. ∗ *"Lunch is ready," my mother called.* „Kész az ebéd!" – kiáltott az édesanyám. **3.** (orvost) odahív; (ki)hív: *We had to call a doctor.* Orvost kellett hívnunk. **4.** telefonál (**sy** vkinek); (telefonon) felhív (**sy** vkit): *I will call you later!* Később felhívlak! ∗ *Call me back, please!* Hívj vissza, kérlek! **5.** meglátogat (**on sy** vkit); látogatást tesz (**at sy's place** vkinél): *Yesterday I called to see him.* Tegnap meglátogattam őt./Tegnap benéztem hozzá. ∗ *Call me on tomorrow!* Holnap látogass meg! ∗ *I'll call you again.* Újra eljövök. ∗ *Has anyone called?* Volt itt valaki? ∗ *The train calls at every station.* A vonat minden állomáson megáll.

♦ **call in question** kétségbe von ♦ **Let's call it a day.** Mára elég lesz! ♦ **Don't call us, we'll call you.** Ha nem írunk, ne válaszolj(atok)!

> **call at sg 1.** érint vmit **2.** (hajó) kiköt vhol; (vonat) megáll vhol
> **call about sg** hív/telefonál vmilyen ügyben
> **call by** biz (rövid látogatást tesz) beugrik
> **call sy down** biz megdorgál; rendreutasít; megró vkit
> **call for sy 1.** hív vkit; hívat vkit **2.** érte megy/jön; beszól vkiért
> **call for sg** igényel; megkíván vmit: *This calls for a celebration.* Ezt meg kell ünnepelni!
> **call in 1.** (hajó) kiköt **2.** AmE betelefonál
> **call in sy 1.** benéz vkihez **2.** meghív; behív; behívat vkit
> **call in sg** (forgalomból) bevon vmit
> **call sg off** lemond; leállít vmit; (mérkőzést stb.) lefúj
> **call on/upon sy 1.** meglátogat vkit; benéz vkihez **2.** felszólít vkit (**to sg** vmire); vkihez fordul (**for sg** vmiért): *Now I call upon Mr McGay to address the meeting.* Most felkérem McGay urat, hogy szóljon az ülés résztvevőihez.

call out felkiált
call sy out 1. *(orvost stb.)* kihív; kihívat **2.** *(katonaságot stb.)* kirendel; kivezényel
call out for sg kiált vmiért; követel vmit
call sy up 1. *(telefonon)* felhív vkit **2.** *(katonának)* behív vkit
call sg up *(emléket)* felidéz

call box ['kɔːl bɒks] <fn> [C] telefonfülke
call diverting ['kɔːl daɪvɜːtɪŋ] <fn> [U] hívásátirányítás
caller ['kɔːlə] <fn> [C] **1.** *(telefonálásnál)* hívó (fél) **2.** látogató
call forwarding ['kɔːl fɔːwədɪŋ] <fn> [U] hívásátirányítás
call-in ['kɔːlɪn] <fn> [C] AmE *(rádióban, televízióban)* telefonos műsor
calling ['kɔːlɪŋ] <fn> [U, C] hivatás; elhivatottság
calling card ['kɔːlɪŋ kaːd] <fn> [C] névjegy
callous ['kæləs] <mn> könyörtelen; érzéketlen; lelketlen
call-out ['kɔːlaʊt] <fn> [C] *(vmilyen szolgáltatóé)* kiszállás: *call-out charge(s)* kiszállási díj
call-up ['kɔːlʌp] <fn> [C] kat behívó
callus ['kæləs] <fn> [C] bőrkeményedés
¹**calm** [kaːm] <mn> (calmer, calmest) **1.** nyugodt: *stay calm* nyugodt marad * *Keep calm!* Őrizd meg a nyugalmadat! **2.** csendes; nyugodt: *We had calm weather last week.* A múlt héten csendes időnk volt./A múlt héten szél se rebbent. * *The sea was calm.* A tenger sima/nyugodt volt.
²**calm** [kaːm] <ige> megnyugtat; lecsillapít; lecsendesít

calm down lecsillapodik; lecsendesedik
calm sy down megnyugtat; lecsillapít; lecsendesít vkit

³**calm** [kaːm] <fn> [C, U] **1.** csend; nyugalom **2.** szélcsend
calorie ['kælərɪ] <fn> [C] kalória
Calor gas ['kælə gæs] <fn> [U] PB-gáz
calves [kaːvz] → ¹**calf**, ²**calf**
Cambodia [kæm'bəʊdɪə] <fn> Kambodzsa
came [keɪm] → **come**
camel ['kæml] <fn> [C] teve
camera ['kæmərə] <fn> [C] **1.** fényképezőgép; kamera **2.** *(film, TV)* kamera: *TV camera* tv-kamera * *video camera* videokamera
cameraman ['kæmrəmæn] <fn> [C] (cameramen) operatőr; kameraman
camomile ['kæməmaɪl] <fn> [C] kamilla: *camomile tea* kamillatea

¹**camouflage** ['kæməflaːʒ] <fn> [U] álcázás
²**camouflage** ['kæməflaːʒ] <ige> álcáz
¹**camp** [kæmp] <fn> [C, U] (sátor)tábor: *pitch/set up camp* tábort üt * *break camp* tábort bont * *be in camp* táborozik
²**camp** [kæmp] <ige> sátoroz(ik); táboroz(ik): *go camping* sátoroz(ik)
¹**campaign** [kæm'peɪn] <fn> [C] **1.** kampány; mozgalom: *advertising campaign* reklámkampány * *election campaign* választási kampány **2.** kat hadjárat
²**campaign** [kæm'peɪn] <ige> kampányban részt vesz; kampányt indít; kampányol: *campaign against smoking* a dohányzás ellen kampányol
camp bed [ˌkæmp'bed] <fn> [C] kempingágy
camper ['kæmpə] <fn> [C] **1.** táborozó; sátorlakó; kempingező **2.** lakókocsi
campfire ['kæmpfaɪə] <fn> [C, U] tábortűz
campground ['kæmpgraʊnd] <fn> [C, U] AmE kemping
camping ['kæmpɪŋ] <fn> [U] kempingezés; táborozás: *camping equipment* kempingfelszerelés * *camping facilities* kempingszolgáltatások * *camping ground* kemping * *camping site* kemping * *go on a camping holiday* kempingezni megy; kempingben tölti a szabadságát

Vigyázat, álbarátok!
camping ≠ kemping (= campsite)

campsite ['kæmpsaɪt] <fn> [C] kemping; táborhely
campus ['kæmpəs] <fn> [C, U] (campuses) az egyetem területe; campus
¹**can** [kæn] <modális segédige> (could; neg cannot/can't, could not/couldn't) **1.** tud; képes vmire: *Can you cook?* Tudsz főzni? * *No, I can't.* Nem, nem tudok. * *Can you tell me the way to the post office, please?* Meg tudná nekem mondani a postához vezető utat? * *He couldn't come.* Nem tudott eljönni. * *I can speak Spanish.* Beszélek/Tudok spanyolul. **2.** -hat, -het: *I can't go back.* Nem mehetek vissza. * *Can I have some more chocolate?* Kaphatnék még csokoládét? * *You can go.* (El)mehetsz. * *You can but try.* Azért mégis megpróbálhatod. **3.** *(feel, hear, smell, see, taste igékkel):* *I can't hear anything.* Nem hallok semmit. * *I can smell something burning.* Érzem, hogy ég valami. * *Can you see it?* Látod? * *I can't believe it.* Nem hiszem el! **4.** lehetséges; valószínű: *It can be cold outside.* Hideg lehet kint. **5.** *(kétség, meglepődés kifejezésénél):* *What can he be*

doing? Mit csinálhat? * *You can't have slept during the film!* Nem lehet, hogy elaludtál a film alatt! **6.** *(feltételes mondatokban):* Could you visit her? Meg tudnád látogatni?

²**can** [kæn] <fn> [C] **1.** kanna; doboz **2.** AmE konzerv(doboz); bádogdoboz

³**can** [kæn] <ige> (cans, canning, canned) konzervál; befőz; eltesz

Canada ['kænədə] <fn> Kanada

¹**Canadian** [kə'neɪdɪən] <fn> [C] *(személy)* kanadai: *three Canadians* három kanadai

²**Canadian** [kə'neɪdɪən] <mn> kanadai: *Canadian English* kanadai angol

canal [kə'næl] <fn> [C] csatorna: *the Suez Canal* a Szuezi-csatorna

canary [kə'neərɪ] <fn> [C] (canaries) kánári(madár)

Canary Islands [kə,neərɪ'aɪləndz] <fn> Kanári-szigetek

cancel ['kænsl] <ige> (cancels, cancelling, cancelled, AmE canceling, canceled) **1.** *(járatot, megrendelést stb.)* töröl; *(meghívást, előadást, utazást stb.)* lemond: *cancel the concert* törli/lemondja a koncertet * *The match has been cancelled.* Elmarad a meccs. * *I will cancel my order.* Lemondom a rendelésemet. **2.** infor visszavon; „mégse": *"Cancel" in your computer means "Mégse" in Hungarian.* A számítógépen a „Cancel" jelentése magyarul: „Mégse". **3.** érvénytelenít: *My ticket was cancelled.* A jegyemet érvénytelenítették.

> **cancel (each other) out** egymást megsemmisítik/kiegyenlítik; mat kiesik

cancellation [,kænsə'leɪʃn] <fn> [U, C] **1.** törlés; lemondás **2.** érvénytelenítés

¹**Cancer** ['kænsə] <fn> [C, U] asztrol Rák

²**cancer** ['kænsə] <fn> [C, U] orv rák: *die of cancer* rákban hal meg * *cancer research* rákkutatás

candid ['kændɪd] <mn> őszinte; nyílt; szókimondó

candidacy ['kændɪdəsɪ] <fn> [U] jelöltség

candidate ['kændɪdət] <fn> [C] jelölt

candied ['kændɪd] <mn> *(gyümölcs)* cukrozott

candle ['kændl] <fn> [C] gyertya
 ♦ **burn the candle at both ends** két végén égeti a gyertyát ♦ **cannot hold a candle to sy** nyomába sem léphet/ér vkinek
 ♦ **The game is not worth the candle.** Nem éri meg a fáradságot.

candlelight ['kændllaɪt] <fn> [U] gyertyafény: *by candlelight* gyertyafénynél

candlestick ['kændlstɪk] <fn> [C] gyertyatartó

candor ['kændə] AmE → **candour**

candour ['kændə] <fn> [U] őszinteség; pártatlanság; elfogulatlanság

candy ['kændɪ] <fn> [C, U] (candies) AmE édesség

candyfloss ['kændɪflɒs] <fn> [C, U] vattacukor

candy store ['kændɪ stɔ:] <fn> [C] AmE édességbolt

¹**cane** [keɪn] <fn> [C, U] **1.** nád: *sugar cane* cukornád **2.** sétabot; nádpálca

²**cane** [keɪn] <ige> **1.** vesszőz; megver; megbotoz **2.** náddal befon

cane sugar ['keɪn,ʃʊgə] <fn> [U] nádcukor

canine ['keɪnaɪn] <fn> [C] orv szemfog; tépőfog

canine tooth ['keɪnaɪn tu:θ] <fn> [C] orv szemfog; tépőfog

canister ['kænɪstə] <fn> [C] bádogdoboz

canned [kænd] <mn> **1.** dobozos; konzerv-: *canned food* AmE konzerv * *canned meat* húskonzerv **2. canned music** konzervzene; gépzene **3.** biz AmE tökrészeg

cannery ['kænərɪ] <fn> [C] (cannery) konzervgyár

cannibal ['kænɪbl] <fn> [C] kannibál

cannon ['kænən] <fn> [C] (cannon v. cannons) kat ágyú: *cannon ball* ágyúgolyó

cannot ['kænɒt] röv can't → ¹**can**

canny ['kænɪ] <mn> sunyi; ravasz; okos

¹**canoe** [kə'nu:] <fn> [C] (canoes) sp **1.** kenu **2.** BrE kajak

²**canoe** [kə'nu:] <ige> (canoes, canoeing, canoed) sp **1.** kenuzik **2.** BrE kajakozik

canoeing [kə'nu:ɪŋ] <fn> [U] sp kajak-kenu

canon ['kænən] <fn> [C] **1.** kánon; egyházi törvény **2.** kanonok **3.** zene kánon

can opener ['kæn,əʊpənə] <fn> [C] konzervnyitó

canopy ['kænəpɪ] <fn> [C] (canopies) *(ágyé stb.)* mennyezet; baldachin

cant [kænt] <fn> [U] **1.** zsargon; tolvajnyelv **2.** nyafogás; halandzsa

can't [kɑ:nt] [= cannot] → ¹**can**

cantankerous [kæn'tæŋkərəs] <mn> veszekedő

canteen [kæn'ti:n] <fn> [C] **1.** menza; étkezde; kantin **2.** kulacs **3.** doboz: *canteen of cutlery* evőeszközkészlet dobozban

canvas ['kænvəs] <fn> **1.** [U] vászon; ponyva: *We spent three nights under canvas.* Három éjszakát töltöttünk sátorban. **2.** [C] *(festői)* vászon; olajfestmény

canvass ['kænvəs] <ige> **1.** pol korteskedik (**for sy** vki mellett) **2.** házal; aláírásokat gyűjt

canyon ['kænjən] <fn> [C] kanyon; szurdok

¹**cap** [kæp] <fn> [C] **1.** sapka: *Put your cap on!* Vedd fel a sapkádat! **2.** kupak; fedő; tető: *Put the cap on the bottle!* Tedd az üvegre a kupakot!

♦ **cap in hand** alázatosan ♦ **send the cap round** adományokat gyűjt ♦ **If the cap fits wear it!** Akinek nem inge, ne vegye magára! ♦ **Put on your thinking cap!** Törd a fejed!

²**cap** [kæp] <ige> (caps, capping, capped) **1.** sapkával ellát; befed **2.** túltesz; felülmúl; ráduplázz **3.** megszabja a határát (**sg** vminek); limitál (**sg** vmit) **4.** sp válogatott csapatba bevesz

♦ **to cap it all** biz mindennek a tetejébe

capability [ˌkeɪpəˈbɪləti] <fn> [C, U] (capabilities) képesség; ügyesség; adottság

capable [ˈkeɪpəbl] <mn> **1.** képes (**of (doing) sg** vmire): *I'm sure you are capable of jumping higher if you try.* Biztos vagyok benne, hogy képes vagy magasabbra ugrani, ha megpróbálod. **2.** tehetséges; ügyes: *a capable student* tehetséges tanuló ∗ *She is so capable.* Olyan ügyes!

capacity [kəˈpæsəti] <fn> (capacities) **1.** [U] térfogat; kapacitás: *filled to capacity* zsúfolásig megtelt ∗ *What is the capacity of this tank?* Mekkora a térfogata ennek a tartálynak? **2.** [U] tehetség; képesség; adottság (**for (doing) sg** vmihez): *He has a great capacity for learning languages.* Nagy tehetsége van a nyelvtanuláshoz./Kimondott nyelvtehetség. **3.** [C] (vkinek a szerepe) minőség: *in his capacity as a lawyer* jogászi minőségében ∗ *In what capacity?* Milyen minőségben?

¹**cape** [keɪp] <fn> [C] köpeny; pelerin
²**cape** [keɪp] <fn> [C] hegyfok
¹**caper** [ˈkeɪpə] <fn> [C] szökkenés
²**caper** [ˈkeɪpə] <fn> [C] kapribogyó
³**caper** [ˈkeɪpə] <ige> szökdécsel; ugrabugrál

¹**capital** [ˈkæpɪtl] <fn> [C] **1.** főváros **2.** nagybetű; nagy kezdőbetű **3.** tőke: *make capital of sg* tőkét kovácsol vmiből ∗ *starting capital* kezdő tőke ∗ *capital account* tőkeszámla ∗ *capital expenditure* tőkeberuházás ∗ *capital investment* tőkebefektetés ∗ *capital goods* tőkejavak

²**capital** [ˈkæpɪtl] <mn> **1.** főbenjáró: *a capital offence* főbenjáró sértés ∗ *capital punishment* halálbüntetés **2.** nagy(obb); fő; legfőbb: *of capital importance* döntő fontosságú **3.** nagyszerű: *a capital idea* remek ötlet

³**capital** [ˈkæpɪtl] <fn> [C] ép oszlopfő

capital city [ˌkæpɪtl ˈsɪti] <fn> [C] főváros
capitalise [ˈkæpɪtəlaɪz] BrE → **capitalize**
capitalism [ˈkæpɪtəlɪzm] <fn> [U] kapitalizmus
capitalist [ˈkæpɪtlɪst] <fn> [C] tőkés; kapitalista
capitalistic [ˌkæpɪtəˈlɪstɪk] <mn> tőkés; kapitalista

capitalize [ˈkæpɪtəlaɪz] <ige> **1.** tőkésít **2.** hasznosít **3.** nagy kezdőbetűvel ír

capitalize on sg tőkét kovácsol vmiből

capital letter [ˌkæpɪtl ˈletə] <fn> [C] nagybetű; nagy kezdőbetű
Capitol [ˈkæpɪtl] <fn> **the Capitol** *(az USA parlamentje)* a Capitolium
capitulate [kəˈpɪtʃʊleɪt] <ige> (capitulates, capitulating, capitulated) megadja magát; kapitulál
capricious [kəˈprɪʃəs] <mn> szeszélyes
Capricorn [ˈkæprɪkɔːn] <fn> [C, U] asztrol bak
capsicum [ˈkæpsɪkəm] <fn> [C] növ *(termés)* paprika
capsize [kæpˈsaɪz] <ige> **1.** *(csónak, hajó)* felborul **2.** *(csónakot, hajót)* felborít
capsule [ˈkæpsjuːl] <fn> [C] **1.** orv kapszula **2.** növ magtok **3.** kabin: *space capsule* űrkabin
Capt. [= captain] → **captain**
captain [ˈkæptɪn] <fn> [C] röv **Capt. 1.** *(hajóé, repülőgépé)* kapitány: *the captain of the ship* a hajó kapitánya; hajóvezető **2.** sp *(csapaté)* kapitány; vezető: *He is the captain of our hockey team.* Ő a hokicsapatunk kapitánya.
caption [ˈkæpʃn] <fn> [C] képaláírás; felirat: *You can get further information from the caption below.* További információt az alábbi képaláírásból nyerhet.
captivate [ˈkæptɪveɪt] <ige> elragad; meghódít; magával ragad: *He is captivated by her beauty.* Szépsége meghódította/lenyűgözte.
captivating [ˈkæptɪveɪtɪŋ] <mn> elragadó; lebilincselő
¹**captive** [ˈkæptɪv] <fn> [C] fogoly: *take sy captive* foglyul ejt vkit ∗ *hold sy captive* rabságban tart vkit
²**captive** [ˈkæptɪv] <mn> **1.** bezárt; elzárt; foglyul ejtett **2.** bebörtönzött
captivity [kæpˈtɪvəti] <fn> [U] fogság; rabság: *be in captivity* fogságban van
¹**capture** [ˈkæptʃə] <ige> (captures, capturing, captured) **1.** *(tolvajt stb.)* elfog; foglyul ejt **2.** *(várat stb.)* elfoglal; bevesz **3.** *(figyelmet)* megragad; *(érdeklődést)* felkelt
²**capture** [ˈkæptʃə] <fn> [U] **1.** foglyul ejtés; elfogás **2.** fogás; zsákmányolás **3.** elfoglalás
car [kɑː] <fn> [C] **1.** autó; kocsi: *by car* autóval ∗ *company car* cégautó ∗ *car aerial* autóantenna ∗ *car body* karosszéria ∗ *car phone* autótelefon ∗ *car rental* autókölcsönzés ∗ *Go in my car!* Menj az én kocsimmal! **2.** AmE *(vasúti)* kocsi; vagon: *dining car* étkezőkocsi

* *sleeping car* hálókocsi **3.** *(lifté)* fülke; *(léghajóé)* kosár **4.** AmE teherkocsi

→ Lásd a Tartalomjegyzékben a Tematikus rajzokat!

carafe [kəˈræf] <fn> [C] üvegkancsó
caramel [ˈkærəmel] <fn> **1.** [U] karamell **2.** [C] *(cukorka)* tejkaramella
carat [ˈkærət] <fn> [C] karát: *18-carat gold* 18 karátos arany
caravan [ˈkærəvæn] <fn> [C] BrE **1.** lakókocsi: *caravan site* lakókocsitábor **2.** karaván
caravanning [ˈkærəvænɪŋ] <fn> [U] BrE kempingezés lakókocsival: *go caravanning* lakókocsival megy kempingezni
caraway [ˈkærəweɪ] <fn> [C] kömény: *caraway seed* kömenymag
carbine [ˈkɑːbaɪn] <fn> [C] karabély
carbohydrate [ˌkɑːbəʊˈhaɪdreɪt] <fn> [C, U] szénhidrát
carbon [ˈkɑːbən] <fn> [U] szén: *carbon dioxide* szén-dioxid * *carbon dioxide concentration* szén-dioxid koncentráció * *carbon monoxide* szén-monoxid * *carbon copy* gépelt másolat * *carbon dating* radiokarbon-kormeghatározás * *carbon paper* indigó
carbonated [ˈkɑːbəneɪtɪd] <mn> szénsavas
carbon footprint [ˌkɑːbən ˈfʊtprɪnt] <fn> [C] *(emberi tevékenységek által kibocsátott széndioxid mérésére)* szénlábnyom
carbonic acid [kɑːˌbɒnɪk ˈæsɪd] <fn> [U] szénsav
car boot sale [ˌkɑːˈbuːt seɪl] <fn> [C] BrE *(használt holmik csomagtartóból történő árusítása bolhapiacon)* garázsvásár
carburetor [ˌkɑːbəˈretə] <fn> [C] gk AmE karburátor
carburettor [ˌkɑːbəˈretə] <fn> [C] gk karburátor
carcase [ˈkɑːkəs] <fn> [C] BrE *(állaté)* tetem
carcass [ˈkɑːkəs] <fn> [C] *(állaté)* tetem
carcinogen [kɑːˈsɪnədʒən] <fn> [C] orv rákkeltő anyag
carcinogenic [ˌkɑːsɪnəˈdʒenɪk] <mn> orv rákkeltő
card [kɑːd] <fn> **1.** [C] (játék)kártya: *house of cards* kártyavár * *She often plays cards with her friends.* Gyakran kártyázik a barátaival. **2. cards** [pl] kártyajáték: *She always wins at cards.* Mindig nyer a kártyában. **3.** [C] kártya: *birthday card* születésnapi üdvözlet * *business card* névjegykártya * *Christmas card* karácsonyi üdvözlőlap * *credit card* hitelkártya * *identity card* személyi igazolvány/lap * *phonecard* telefonkártya * *Can I pay by card?* Fizethetek kártyával? **4.** [U] karton: *nice shapes cut out from card* kartonból kivágott szép formák

♦ **lay/put one's cards on the table** nyílt lapokkal/kártyákkal játszik ♦ **play one's cards well** ügyesen intézi a dolgait ♦ **throw in one's cards** feladja a játékot; bedobja a törülközőt ♦ **He is a knowing card.** Öreg róka. ♦ **It is on/in the cards that…** Nagyon valószínű, hogy…
cardboard [ˈkɑːdbɔːd] <fn> [U] karton(papír): *cardboard box* kartondoboz
card game [ˈkɑːd ɡeɪm] <fn> [C] kártyajáték
cardholder [ˈkɑːdhəʊldə] <fn> [C] gazd hitelkártya-tulajdonos: *Every single payment is authorised by the cardholder.* Minden egyes kifizetést a kártyatulajdonos engedélyez.
cardigan [ˈkɑːdɪɡən] <fn> [C] kardigán
¹**cardinal** [ˈkɑːdɪnl] <fn> [C] bíboros
²**cardinal** [ˈkɑːdɪnl] <mn> legfőbb; sarkalatos: *cardinal sins* sarkalatos bűnök
cardinal number [ˌkɑːdɪnlˈnʌmbə] <fn> [C] tőszámnév
cardinal points [ˌkɑːdɪnlˈpɔɪnts] <fn> **the cardinal points** [pl] a négy égtáj/világtáj
card index [ˈkɑːd ɪndeks] <fn> [C] kartoték; cédulakatalógus
cardphone [ˈkɑːdfəʊn] <fn> [C] kártyás telefon
¹**care** [keə] <fn> **1.** [U] gond; gondosság; gondoskodás; törődés: *with care* gondosan; nagy gondossággal * *leave sy in sy's care* vkinek a gondjaira bíz vkit * *child in care* állami gondozott (gyermek) **2.** [C] gond; aggodalom: *free from care* gond nélkül * *all the cares of the world* a világ összes gondja * *At last she felt free from her cares.* Végre gondtalannak érezhette magát.

♦ **take sy into care** (gyermeket) (állami) gondozásba vesz *children taken into care* állami gondozottak ♦ **care of sy//c/o** vki leveleivel/címén ♦ **in care of sy** AmE vki leveleivel/címén ♦ **Take care!/Have a care!** Vigyázz! ♦ **Take care of yourself!** Vigyázz magadra! ♦ **Take care when you cross the road!** Vigyázz az átkelésnél! ♦ **Take care of the washing up!** Gondoskodj a mosogatásról!
²**care** [keə] <ige> (cares, caring, cared) **1.** törődik (**about/for sy/sg** vkivel/vmivel); gondol (**about/for sy/sg** vkire/vmire): *I don't care whether they win or lose.* Nem érdekel, hogy nyernek-e vagy veszítenek. **2.** gondoskodik (**for sy** vkiről/vmiről); gondoz (**for sy** vkit/vmit): *I care for my grandfather.* Gondoskodom a nagyapámról./Gondozom a nagyapámat. * *He cares for his animals.* Törődik az állataival. **3.** kér; szeretne: *Would you please care for a cup of hot coffee?* Kér/Szeretne egy csésze forró kávét? * *Would you care to have lunch with me?* Szeretne velem ebédelni?

♦ **Who cares?** Kit érdekel? ♦ **I couldn't care less.** Kisebb gondom is nagyobb annál.
career [kəˈrɪə] <fn> [C] pálya(futás); hivatás; életpálya; karrier: *careers advisor/officer* pályaválasztási tanácsadó
carefree [ˈkeəfriː] <mn> gondtalan
careful [ˈkeəfl] <mn> **1.** óvatos: *Be careful!* Vigyázz! **2.** gondos; figyelmes
carefulness [ˈkeəflnəs] <fn> [U] gondosság; óvatosság; törődés
careless [ˈkeələs] <mn> **1.** hanyag; *(munka, ember)* gondatlan; figyelmetlen **2.** *(cselekedet)* meggondolatlan **3.** *(autóvezetésnél stb.)* elővigyázatlan; könnyelmű
carelessly [ˈkeələsli] <hsz> gondtalanul; lazán; hanyagul
carelessness [ˈkeələsnəs] <fn> [U] gondatlanság; figyelmetlenség; hanyagság; meggondolatlanság
¹caress [kəˈres] <fn> [C] simogatás; cirógatás
²caress [kəˈres] <ige> simogat; cirógat; dédelget
caretaker [ˈkeəˌteɪkə] <fn> [C] (ház)felügyelő; (ház)gondnok
cargo [ˈkɑːgəʊ] <fn> [C, U] (cargoes v. AmE cargos) *(hajón stb.)* rakomány; teher: *a cargo of bananas* banánszállítmány ∗ *cargo boat* teherhajó ∗ *cargo plane* teherszállító repülőgép
Caribbean [ˌkærəˈbɪən] <fn> **the Caribbean** [U] a Karib-szigetek: *the Caribbean See* a Karib-tenger
caricature [ˈkærɪkətʃʊə] <fn> [C] karikatúra
caries [ˈkeəriːz] <fn> [U] orv (fog)szuvasodás
Carinthia [kəˈrɪnθɪə] <fn> Karintia
carnage [ˈkɑːnɪdʒ] <fn> [C, U] vérfürdő
carnation [kɑːˈneɪʃn] <fn> [C] szegfű
carnival [ˈkɑːnɪvl] <fn> [C] farsang; karnevál
carnivore [ˈkɑːnɪvɔː] <fn> [C] áll húsevő
carol [ˈkærəl] <fn> [C] (vidám) dal; ének: *Christmas carol* karácsonyi ének
carousel [ˌkærəˈsel] <fn> [C] AmE körhinta
¹carp [kɑːp] <fn> [C] (carp) ponty
²carp [kɑːp] <ige> ócsárol
car park [ˈkɑː pɑːk] <fn> [C] autóparkoló; parkoló(hely); (fedett) parkolóház: *car park attendant* parkolóőr
carpenter [ˈkɑːpəntə] <fn> [C] ács
carpentry [ˈkɑːpəntri] <fn> [U] ácsmesterség
¹carpet [ˈkɑːpɪt] <fn> [C] szőnyeg: *carpet of flowers* virágszőnyeg ∗ *fitted carpet* szőnyegpadló
²carpet [ˈkɑːpɪt] <ige> szőnyeggel borít
car pool [ˈkɑː puːl] <fn> **1.** [U] közös kocsihasználat **2.** [C, U] kocsiállomány; kocsipark
carport [ˈkɑːpɔːt] <fn> [C] fedett autóparkoló
carriage [ˈkærɪdʒ] <fn> [C] **1.** (vasúti) kocsi; vagon: *railway carriage* vasúti kocsi ∗ *He is sitting in the eighth carriage at the back of the train.* A nyolcadik kocsiban ül, a vonat végében. **2.** (lovas) kocsi; (lovas) hintó: *a horse-drawn carriage* lovas kocsi **3.** szállítás; fuvar(ozás): *carriage paid* fuvardíj fizetve
carriageway [ˈkærɪdʒweɪ] <fn> [C] (carriageways) úttest; útpálya: *dual carriageway* osztott pályás úttest
carrier [ˈkærɪə] <fn> [C] **1.** BrE (nagy méretű) bevásárlótáska; szatyor **2.** *(vállalat)* fuvarozó; szállító; szállítmányozó; speditőr **3.** bacilushordozó; bacilusgazda **4.** kat csapatszállító jármű **5.** (csomag)tartó
carrier bag [ˈkærɪə bæg] <fn> [C] BrE (nagyméretű) bevásárlótáska; szatyor
carrion [ˈkærɪən] <fn> [U, C] dög
carrot [ˈkærət] <fn> [C] sárgarépa
carry [ˈkæri] <ige> (carries, carrying, carried) **1.** visz; cipel: *She is carrying a bag.* Visz egy csomagot. **2.** visel; hord: *The police carry guns.* A rendőrség fegyvert visel/hord. **3.** szállít; visz: *Yellow trams carry you to the square.* Sárga villamosok szállítják az embereket a térre. **4.** maga után von: *The robbery carries punishment.* A rablás büntetést von maga után. **5.** tart: *The walls carry the roof.* A falak tartják a tetőt. **6.** hordoz: *Insects can carry diseases.* A rovarok betegségeket hordozhatnak. **7.** elfoglal; megnyer: *carry the town* beveszi a várost

♦ **carry authority** tekintélye/súlya van
♦ **carry it high** magasan hordja az orrát
♦ **carry oneself badly 1.** rosszul viselkedik **2.** rossz a tartása ♦ **It won't carry you very far.** Nem mész vele valami sokra.
♦ **You carry things too far.** Túlzásba viszitek a dolgokat.

carry sg about/around 1. fel-alá járkál vmivel **2.** magával/magánál hord vmit
carry away 1. elvisz **2.** elragad; magával ragad
carry sg off elvisz; elnyer vmit: *carry off the palm* győzelmet arat
carry on with sy biz viszonya van vkivel
carry sg on//carry on with sg folytat vmit: *Carry on working!/Carry on with your work!* Folytasd a munkádat!
carry sg out 1. *(ígéretet, parancsot stb.)* teljesít: *carry out one's promise* teljesíti az ígéretét **2.** *(feladatot)* teljesít; megcsinál: *Carry out your work!* Teljesítsd/Csináld meg a munkádat!
carry sg through befejez; végigcsinál; valóra vált vmit

carryall ['kærɪɔːl] <fn> [C] AmE útitáska; utazózsák

carrycot ['kærɪkɒt] <fn> [C] mózeskosár; babahordozó

¹carry-on ['kærɪɒn] <fn> [C] AmE kézitáska; kézipoggyász

²carry-on ['kærɪɒn] <fn> [C] *(viselkedés)* jelenet: *What a carry-on!* Mekkora hiszti/cirkusz!

carsick ['kɑːsɪk] <mn> *He gets/feels carsick.* Hányingere van az autózástól.

¹cart [kɑːt] <fn> [C] **1.** *(kétkerekű)* taliga; targonca; kordé **2.** *(négykerekű)* kocsi; szekér

²cart [kɑːt] <ige> (el)szállít; fuvaroz; hurcol

cartel [kɑː'tel] <fn> [C] gazd kartell

cartilage ['kɑːtɪlɪdʒ] <fn> [C] orv porc

carton [kɑːtn] <fn> [C] doboz; karton: *a carton of milk* egy karton tej

cartoon [kɑː'tuːn] <fn> [C] **1.** rajzfilm: *animated cartoon* animációs film/rajzfilm **2.** karikatúra

cartridge ['kɑːtrɪdʒ] <fn> [C] **1.** töltény **2.** *(magnóé stb.)* kazetta **3.** *(tollba stb.)* patron

cartwheel ['kɑːtwiːl] <fn> [C] **1.** cigánykerék: *do/turn cartwheels* cigánykereket hány **2.** kocsikerék

carve [kɑːv] <ige> (carves, carving, carved) **1.** (ki)farag **2.** *(húst stb.)* (fel)szeletel; felvág (szeletekre)

carver ['kɑːvə] <fn> [C] fafaragó; szobrász(művész)

carving ['kɑːvɪŋ] <fn> [C, U] (fa)faragás

carving knife ['kɑːvɪŋ naɪf] <fn> [C] (carving knives) szeletelőkés

car wash ['kɑːwɒʃ] <fn> [C, U] autómosó

¹cascade [kæ'skeɪd] <fn> [C] vízesés

²cascade [kæ'skeɪd] <ige> (cascades, cascading, cascaded) zuhog: *cascade down (víztömeg)* lezúdul

¹case [keɪs] <fn> [C] **1.** láda; doboz; skatulya **2.** tok; tartó; (védő)huzat: *pillowcase* párnahuzat ∗ *Keep your camera in its case!* A kamerádat tartsd a tokjában! **3. violin case** hegedűtok

²case [keɪs] <fn> [C] **1.** eset: *in this/that case* ebben/abban az esetben ∗ *in case of fire* tűz esetén ∗ *in any case* mindenesetre ∗ *in no case* semmi esetre sem ∗ *In some cases it is necessary to make decisions.* Vannak (bizonyos) esetek, amikor dönteni kell. ∗ *Take a coat with you in case the weather is cold.* Vigyél magaddal kabátot arra az esetre, ha hideg lesz/hátha hideg lesz! ∗ *If that is the case…* Ha így áll a dolog… **2.** orv eset: *case history* kórelőzmény; anamnézis ∗ *case record* kórlap ∗ *The most serious cases were treated in the hospital.* A legsúlyosabb eseteket kórházban kezelték. **3.** jog ügy; eset: *a divorce case* válási ügy ∗ *a murder case* gyilkossági eset/ügy
  ♦ **as the case may be** illetve; illetőleg
  ♦ **just in case…** feltéve, hogy…; arra az esetre, ha netán… *Take an umbrella just in case.* Vigyél magaddal ernyőt, biztos, ami biztos! ♦ **make out a case against sy** vádat emel vki ellen ♦ **the case in point** a szóban forgó eset ♦ **Put the case that…** Tegyük fel, hogy…

case law ['keɪs lɔː] <fn> [U] esetjog

case study ['keɪs stʌdɪ] <fn> [C] (case studies) esettanulmány

casement window [,keɪsmənt 'wɪndəʊ] <fn> [C] szárnyas ablak

¹cash [kæʃ] <fn> [U] (kész)pénz: *be in cash* van pénze ∗ *be out of cash* nincs pénze ∗ *cash desk* pénztár ∗ *cash flow* (vállalati) pénzforgalom ∗ *Have you got any cash with/on you?* Van nálad pénz? ∗ *I have no cash with/on me.* Nincs nálam készpénz. ∗ *Payments can be made both in cash and by cheque.* A kifizetéseket mind készpénzben, mind csekken lehet teljesíteni.

²cash [kæʃ] <ige> *(csekket)* bevált: *We cashed our cheques at the bank.* Beváltottuk csekkjeinket a bankban.

---
cash in befizet
cash in on sg hasznot húz vmiből

---

cash balance ['kæʃ ,bæləns] <fn> [C] gazd készpénzállomány; készpénzkészlet; pénztárállomány

cash book ['kæʃ bʊk] <fn> [C] gazd pénztárkönyv

cash desk ['kæʃ desk] <fn> [C] pénztár(pult)

cash dispenser ['kæʃ dɪ,spensə] <fn> [C] bankjegykiadó automata

cash flow ['kæʃ fləʊ] <fn> [U] gazd (kész)pénzforgalom; pénzáramlás

cashier [kæ'ʃɪə] <fn> [C] pénztáros

cash in hand ['kæʃ ɪn hænd] <fn> [C] gazd készpénzállomány; készpénzkészlet; pénztárállomány

cashless ['kæʃləs] <mn> gazd készpénz nélküli; készpénzmentes; készpénzkímélő: *cashless society* készpénz nélküli társadalom ∗ *cashless shopping* készpénz nélküli vásárlás

cash machine ['kæʃ mə,ʃiːn] <fn> [C] bankjegykiadó automata

cash management ['kæʃ ,mænɪdmənt] <fn> [U] **1.** gazd pénzgazdálkodás **2.** pénztárkezelés

cashmere ['kæʃmɪə] <fn> [U] kasmír

cash on delivery [ˌkæʃɒndɪ'lɪvərɪ] <fn> [U] utánvét(tel); átvételkor fizetve

cash payment ['kæʃ ˌpeɪmənt] <fn> [C, U] gazd készpénzfizetés

cashpoint ['kæʃpɔɪnt] <fn> [C] bankjegykiadó automata

cash price ['kæʃ praɪs] <fn> [C] készpénzár

cash register ['kæʃ ˌredʒɪstə] <fn> [C] pénztárgép

cash transaction ['kæʃ ˌtrænzækʃn] <fn> [C] gazd készpénzügylet

casing ['keɪsɪŋ] <fn> [U, C] burkolat; borítás; tok

casino [kə'siːnəʊ] <fn> [C] (casinos) (játék)kaszinó

cask [kɑːsk] <fn> [C] hordó

casket ['kɑːskɪt] <fn> [C] 1. ládika; kazetta 2. AmE koporsó

casserole ['kæsərəʊl] <fn> [C, U] 1. (tűzálló tálban) ragu 2. tűzálló edény/tál

cassette [kə'set] <fn> [C] (magnó-, video-) kazetta

cassette player [kə'set pleɪə] <fn> [C] lejátszómagnó

cassette recorder [kə'set rɪˌkɔːdə] <fn> [C] kazettás magnó

cassock ['kæsək] <fn> [C] reverenda

¹cast [kɑːst] <fn> [C] 1. (sing/pl v) szereposztás: *an all-star cast* sztárszereposztás 2. öntvény; öntőminta 3. dobás 4. ürülék 5. fajta; típus: *cast of mind* lelkület; lelki alkat ∗ *cast of features* arcvonások 6. orv gipsz(kötés)

²cast [kɑːst] <ige> (casts, casting, cast, cast) 1. kivet; dob; hajít: *cast a glance at sg* rápillant vmire; pillantást vet vmire ∗ *He cast his net into the sea.* Kivetette a hálóját a tengerbe. 2. (ruhát, bőrt stb.) ledob; levet: *Snakes cast their skins every year.* A kígyók minden évben vedlenek. 3. (szerepet) kioszt: *I was cast as a doctor in the play.* Orvos szerepet osztottak nekem a darabban. 4. (szobrot) kiönt: *He casts gold.* Aranyat önt. 5. (ki)számol: *cast figures* számokat összead

♦ **cast doubt on sg** kétségbe von vmit
♦ **cast a shadow over sg** árnyat vet vmire
♦ **cast a spell on/over sy** megbabonáz/elbűvöl vkit

---

cast about/around for sg keresgél vmit
cast sy/sg aside félretesz; félredob vkit/vmit
cast sg away eldob vmit
be cast away hajótörést szenved
cast sg off 1. (kikötőkötelet) elold 2. (ruhát) levet; ledob 3. (kötést) befejez

---

cast sy off (barátot stb.) eltaszít; elbocsát; elutasít; ellök
cast sy/sg out kivet (magából) vkit/vmit
cast sg up 1. (számokat) összead 2. partra vet vmit 3. felhánytorgat vmit

---

castaway ['kɑːstəweɪ] <fn> [C] hajótörött

caster ['kɑːstə] <fn> [C] (bútoron) görgő

caster sugar [ˌkɑːstə'ʃʊgə] <fn> [U] finom kristálycukor

¹casting ['kɑːstɪŋ] <mn> döntő: *casting vote* döntő szavazat

²casting ['kɑːstɪŋ] <fn> 1. [U] öntvény 2. [C] szính szereposztás 3. [U] szereplőválogatás

cast iron [ˌkɑːst'aɪən] <fn> [U] öntöttvas

cast-iron [ˌkɑːst'aɪən] <mn> 1. öntöttvas- 2. átv haj(lít)hatatlan; merev; szilárd: *cast-iron muscles* kőkemény izmok

castle ['kɑːsl] <fn> [C] 1. vár 2. kastély: *the Windsor Castle* a Windsori Kastély 3. (sakkban) bástya

♦ **build castles in Spain/in the air** légvárakat épít ♦ **An Englishman's/A man's home is his castle.** Az én házam az én váram.

cast-off ['kɑːstɒf] <mn> levetett; kiselejtezett; elvetett

cast-offs ['kɑːstɒfs] <fn> [pl] levetett ruhák

castor ['kɑːstə] → **caster**

castor oil [ˌkɑːstə'ɔɪl] <fn> [U] ricinusolaj

castor sugar [ˌkɑːstə'ʃʊgə] → **caster sugar**

castrate [kæ'streɪt] <ige> (ki)herél; kasztrál

casual ['kæʒʊəl] <mn> 1. utcai; (hét)köznapi: *casual clothes* utcai/hétköznapi ruha 2. véletlen: *We had a casual meeting this morning.* Ma reggel véletlenül összetalálkoztunk. 3. alkalmi: *casual work/job* alkalmi munka ∗ *casual worker* alkalmi munkás 4. alkalmi; rendszertelen: *a casual newspaper reader* alkalmi újságolvasó

casualty ['kæʒʊəltɪ] <fn> [C] (casualties) 1. sérült: *casualty (department)* baleseti osztály; sebészet ∗ *There were many serious casualties in the bus crash.* Rengeteg komoly sérültje (és halálos áldozata is) volt a buszkarambolnak. ∗ *He was taken to casualty.* A baleseti osztályra vitték./A sebészetre vitték. 2. veszteség; halálos áldozat: *They had suffered heavy casualties in the war.* Súlyos veszteségeket szenvedtek (el) a háborúban./A háborúban sok volt a halálos áldozat.

cat [kæt] <fn> [C] 1. macska; cica: *cat food* macskaeledel 2. macskaféle: *the big cats* a nagymacskák

♦ **bell the cat** bemegy az oroszlán barlangjába ♦ **let the cat out of the bag** elárulja

a titkot ♦ **like a cat on hot bricks** tűkön ül ♦ **play cat and mouse with sy/ play a game of cat and mouse** úgy játszik vkivel, mint (a) macska az egérrel
catalog ['kætəlɒg] AmE → **catalogue**
¹**catalogue** ['kætəlɒg] <fn> [C] katalógus; árjegyzék
²**catalogue** ['kætəlɒg] <ige> jegyzékbe/katalógusba vesz; lajstromoz
catalytic converter [ˌkætəlɪtɪk kən'vɜːtə] <fn> [C] *(autóban)* katalizátor
cat-and-dog [ˌkæt ən'dɒg] <mn>
♦ **live/lead a cat-and-dog life** kutya-macska barátságban élnek
¹**catapult** ['kætəpʌlt] <fn> [C] 1. csúzli 2. katapult
²**catapult** ['kætəpʌlt] <ige> vmin áthajít/átröpít

Vigyázat, álbarátok!
catapult ≠ katapultál (= eject)

catarrh [kə'tɑː] <fn> [U] orv hurut
catastrophe [kə'tæstrəfi] <fn> [C, U] katasztrófa
catastrophic [ˌkætə'strɒfɪk] <mn> katasztrofális
catcall ['kætkɔːl] <fn> [C] kifütyülés; pfujolás
¹**catch** [kætʃ] <ige> (catches, catching, caught, caught) 1. elkap; (meg)fog; elfog; megragad: *catch the ball* elkapja a labdát ∗ *catch fire* tüzet fog; meggyullad ∗ *The cat caught a mouse.* A macska megfogott egy egeret. ∗ *He caught a fish.* Fogott egy halat. 2. *(tolvajt)* elfog; *(halat)* fog 3. rajtakap; tetten ér: *catch sy lying* hazugságon kap vkit 4. *(járművet)* elér; elcsíp: *He caught the last bus.* Elérte az utolsó buszt. 5. *(ujjat)* becsíp: *My fingers got caught in the door.* Becsíptem az ujjamat az ajtóba. 6. *(betegséget)* elkap: *catch a cold* megfázik 7. megüt 8. felfog: *Did you catch it?* Felfogtad?
♦ **catch sy red-handed** tetten ér vkit
♦ **catch sy at it** tetten ér vkit ♦ **catch sy in the very act//catch sy in the act of doing sg** tetten ér vkit ♦ **You'll catch it!** Kikapsz!

catch at sg megragad vmit; utánakap vminek
catch on 1. megért; kapcsol **2.** népszerű lesz; sikere van; beválik
catch up felzárkózik
catch sy up 1. utolér; beér vkit **2.** felszed; felcsíp vkit

catch sg up bepótol vmit
catch up on sg bepótol vmit; behozza a lemaradását vmiben
catch up with sg/sy 1. *(lemaradást)* utolér; behoz **2.** elkap vkit

²**catch** [kætʃ] <fn> [C] **1.** fogás: *The ship came back with a big catch of fish.* A hajó óriási fogással tért vissza. **2.** *(labdáé)* elkapás **3.** kilincs; zár **4.** csapda; csel; csalafintaság: *There is a catch in this question.* Van valami csalafintaság ebben a kérdésben.
catcher ['kætʃə] <fn> [C] *(játékos)* fogó
catching ['kætʃɪŋ] <mn> *(betegség)* ragályos
catchment area ['kætʃmənt‚eəriə] <fn> [C] **1.** vízgyűjtő terület **2.** *(iskoláé stb.)* vonzáskörzet
catchword ['kætʃwɜːd] <fn> [C] **1.** jelszó; jelige; jelmondat **2.** *(szótárban)* élőfej
catchy ['kætʃi] <mn> *(dallam)* fülbemászó
category ['kætəgəri] <fn> [C] (categories) osztály; kategória
cater ['keɪtə] <ige> **1.** (élelemmel) ellát; élelmez (**for sy** vkit) **2.** gondoskodik (**for sy** vkiről)
catering ['keɪtərɪŋ] <fn> [U] élelmezés; ellátás: *do the catering* gondoskodik az ételekről ∗ *catering service* partiszerviz ∗ *catering industry/ trade* vendéglátóipar
caterpillar ['kætəpɪlə] <fn> [C] **1.** *(állat)* hernyó **2.** lánctalp: *caterpillar tractor* hernyótalpas traktor
catfish ['kætfɪʃ] <fn> [C] (catfish) **1.** harcsa **2.** szl *(közösségi hálón)* hamis/kamu felhasználó
cat flap ['kæt flæp] <fn> [C] kutyakijárat, macskaajtó
cathedral [kə'θiːdrəl] <fn> [C] székesegyház
¹**Catholic** ['kæθlɪk] <fn> [C] *(római)* katolikus
²**Catholic** ['kæθlɪk] <mn> **1.** *(római)* katolikus **2.** általános; egyetemes
Catholicism [kə'θɒləsɪzm] <fn> [U] katolicizmus
catkin ['kætkɪn] <fn> [C, U] barka
CAT scan ['kæt skæn] <fn> [C] orv *(vizsgálat)* CT
CAT scanner ['kæt skænə] <fn> [C] orv komputertomográf
Catseye® ['kætsaɪ] <fn> [C] *(úttesten)* macskaszem

Vigyázat, álbarátok!
catseye ≠ *(bicíklin stb.)* macskaszem (= reflector)

catsuit ['kætsuːt] <fn> [C] macskanadrág; cicanadrág

cattle ['kætl] <fn> [pl] szarvasmarha: *cattle farm* marhafarm ∗ *The cattle are in the meadow.* A marhák kint vannak a legelőn. ∗ *He rears cattle.* Marhatenyésztéssel foglalkozik.

catty ['kæti] <mn> rosszindulatú; ravasz; gonosz

catwalk ['kætwɔːk] <fn> [C] **1.** *(divatbemutatón)* kifutó **2.** ösvény; gyalogút; palló; gyaloghíd; stég

caught [kɔːt] → **catch**

cauliflower ['kɒliˌflaʊə] <fn> [C, U] karfiol

¹cause [kɔːz] <fn> [C] **1.** ok; indíték (**of sg** vminek): *the cause of her death* halálának oka **2.** alap; (indító)ok (**for sg** vmire): *There is no cause for concern.* Nincs ok aggodalomra. ∗ *He complains without cause.* Ok nélkül panaszkodik. **3.** ügy: *to a good cause* a jó ügy érdekében ∗ *They are fighting for the same cause.* Egy ügyért harcolnak.

²cause [kɔːz] <ige> (causes, causing, caused) **1.** okoz; előidéz: *The fire was caused by a burning cigarette.* Égő cigaretta okozta a tüzet. ∗ *She caused trouble.* Bajt okozott. **2.** indít(ékul szolgál); ösztönöz

causeway ['kɔːzweɪ] <fn> [C] gát; töltés; töltésút

caustic ['kɔːstɪk] <mn> **1.** kém maró **2.** átv *(kritika)* csípős; éles

¹caution ['kɔːʃn] <fn> [U] **1.** óvatosság: *extreme caution* fokozott/rendkívüli óvatosság ∗ *Bike with caution!* Óvatosan biciklizz! **2.** figyelmeztetés **3.** BrE megrovás; intés; dorgálás

²caution ['kɔːʃn] <ige> figyelmeztet; óva int

cautious ['kɔːʃəs] <mn> óvatos

cavalry ['kævlri] <fn> [U + sing/pl v] **1.** tört lovasság **2.** kat páncélos alakulat

cave [keɪv] <fn> [C] **1.** barlang **2.** üreg

cavern ['kævən] <fn> [C] **1.** barlang **2.** üreg

cavity ['kævəti] <fn> (cavities) **1.** üreg; lyuk; odú **2.** orv (fog)szuvasodás; lyuk

cavort [kə'vɔːt] <ige> ugrabugrál

CD [ˌsiː'diː] [= compact disc] <fn> [C] CD (= kompaktlemez)

CD burner [ˌsiː'diːˌbɜːnə] <fn> [C] infor CD-író

CD player [ˌsiː'diːˌpleɪə] <fn> [C] CD-lejátszó

CD-ROM [ˌsiː'diːˈrɒm] [= compact disc read-only memory] <fn> [C, U] CD-ROM

CD-ROM drive [ˌsiː'diːˈrɒm draɪv] <fn> [C] CD-ROM-meghajtó; CD-olvasó

CD writer [ˌsiː'diːˌraɪtə] <fn> [C] infor CD-író

cease [siːs] <ige> (ceases, ceasing, ceased) **1.** abbahagy; megszüntet: *Cease fire!* Tüzet szüntess! **2.** abbamarad; megszűnik; eláll; elmúlik

ceasefire ['siːsˌfaɪə] <fn> [C] tűzszünet

ceaseless ['siːsləs] <mn> szüntelen

cedar ['siːdə] <fn> [C, U] cédrus(fa)

cede [siːd] <ige> átenged (**sg to sy** vmit vkinek)

ceiling ['siːlɪŋ] <fn> [C] **1.** plafon; mennyezet **2.** felső határ; plafon

celebrate ['seləbreɪt] <ige> (celebrates, celebrating, celebrated) **1.** (meg)ünnepel **2. celebrate mass** misézik

celebration [ˌselə'breɪʃn] <fn> [C] (meg)ünneplés: *a birthday celebration* születésnapi ünnepség ∗ *Christmas celebrations* karácsonyi ünnepek

celebrity [sə'lebrəti] <fn> [C] (celebrities) híres ember; híresség; ismert személyiség

celery ['seləri] <fn> [U] zeller

celestial [sə'lestiəl] <mn> égi; mennyei: *celestial bodies* égitestek

celibacy ['seləbəsi] <fn> [U] cölibátus; nőtlenség

celibate ['seləbət] <mn> nőtlen; hajadon; szüzességi fogadalmat tett (férfi/nő)

cell [sel] <fn> [C] **1.** cella; zárka **2.** sejt: *brain cells* agysejtek ∗ *stem cell* őssejt **3.** el *(akkumulátorban stb.)* cella

cellar ['selə] <fn> [C] pince: *wine cellar* borospince

cellist ['tʃelɪst] <fn> [C] csellista

cello ['tʃeləʊ] <fn> [C] cselló: *play the cello* csellózik

cellophane ['seləfeɪn] <fn> [U] celofán

cell phone ['selfəʊn] <fn> [C] AmE mobiltelefon

cellular phone [ˌseljʊlə'fəʊn] <fn> [C] AmE mobiltelefon

Celsius ['selsiəs] <mn> röv C Celsius: *twenty degrees Celsius* 20 Celsius-fok

Celt [kelt] <fn> [C] *(személy)* kelta: *the Celts* a kelták

¹Celtic ['keltɪk] <fn> **1.** [C] *(személy)* kelta **2.** [U] *(nyelv)* kelta

²Celtic ['keltɪk] <mn> kelta

¹cement [sə'ment] <fn> [U] cement

²cement [sə'ment] <ige> **1.** (cementtel) összeragaszt; cementez **2.** átv megszilárdít; megerősít

cement mixer [sə'ment ˌmɪksə] <fn> [C] betonkeverő

cemetery ['semətri] <fn> [C] (cemeteries) temető

¹censor ['sensə] <ige> cenzúráz; megvizsgál; meghúz

²censor ['sensə] <fn> [C] cenzor

censorship ['sensəʃɪp] <fn> [U] cenzúra

¹censure ['senʃə] <fn> [U] megrovás; (elítélő) bírálat

²censure ['senʃə] <ige> megró; elítél

census ['sensəs] <fn> [C] (censuses) népszámlálás

cent [sent] <fn> [C] röv c, ct cent

centenary [sen'ti:nərɪ] <fn> [C] (centenaries) centenárium; századik évforduló

centennial [sen'tenɪəl] <fn> [C] AmE centenárium; századik évforduló

center ['sentə] AmE → ¹**centre**, ²**centre**

centigrade ['sentɪgreɪd] <mn> százas beosztású; Celsius: *centigrade thermometer* Celsius-hőmérő * *20 degrees centigrade* 20 Celsius-fok

centimeter ['sentɪ,mi:tər] AmE → **centimetre**

centimetre ['sentɪ,mi:tə] <fn> [C] **röv cm** centiméter

central ['sentrəl] <mn> **1.** *(középen lévő)* központi: *central heating* központi fűtés * *Central Europe* Közép-Európa **2.** *(fő)* központi

central bank [,sentrəl'bæŋk] <fn> [C] gazd központi bank; jegybank

centralize ['sentrəlaɪz] <ige> (centralizes, centralizing, centralized) **1.** központosít; centralizál **2.** központosul

central locking [,sentrəl'lɒkɪŋ] <fn> [C] központi zár

central reservation [,sentrəl,rezə'veɪʃn] <fn> [C] *(autópályán)* középső sáv

central station [,sentrəl'steɪʃn] <fn> [C] főpályaudvar

¹**centre** ['sentə] <fn> [C] **1.** közép(pont); vminek a közepe: *the centre of the circle* a kör közepe * *The egg has a yellow centre.* A tojásnak sárga a közepe. **2.** központ; centrum: *shopping centre* bevásárlóközpont * *sports centre* sportközpont * *town centre* városközpont * *the centre of interest* az érdeklődés középpontja **3.** *(betegségé)* góc **4.** közép(párt); centrumpárt

²**centre** ['sentə] <ige> (centres, centring, centred) **1.** összpontosít; középpontba állít; központosít **2.** összpontosul (**on/upon sg** vmire)

centre forward [,sentə'fɔ:wəd] <fn> [C] sp középcsatár

century ['sentʃərɪ] <fn> [C] (centuries) (év)század: *the twentieth (20th) century* a huszadik század

CEO [,si:i:'əʊ] [= chief executive officer] <fn> [C] elnök-vezérigazgató

ceramics [sə'ræmɪks] <fn> **1.** [U, sing] kerámia(ipar) **2.** [pl] kerámia(i termékek)

cereal ['sɪərɪəl] <fn> **1.** [C] gabona(nemű) **2.** [C, U] müzli: *a bowl of cereal with milk* egy tál müzli tejjel

cerebral ['serərəl] <mn> orv agyi: *cerebral haemorrhage* agyvérzés

¹**ceremonial** [,serə'məʊnɪəl] <mn> szertartásos; ünnepélyes

²**ceremonial** [,serə'məʊnɪəl] <fn> [C] szertartás; ünnepély

ceremonious [,serə'məʊnɪəs] <mn> **1.** szertartásos; ünnepélyes **2.** merev; formális

ceremony ['serəmənɪ] <fn> [C] (ceremonies) szertartás; ünnepély; ceremónia

cert [sɜ:t] <fn> [U] biztos; tuti *(dolog)*: *It's a dead cert (that…)* Az tuti(, hogy…)

certain ['sɜ:tn] <mn> **1.** biztos: *I'm certain that…* Biztos vagyok benne, hogy… * *It is certain, that…* Biztos, hogy… **2.** bizonyos; valami: *in certain cases* bizonyos/egyes esetekben * *to a certain degree* bizonyos mértékben * *to a certain extent* bizonyos mértékben/fokig * *a certain Mr White* bizonyos/valami White úr * *Certain fruits are rich in vitamin C.* Bizonyos gyümölcsök C-vitaminban gazdagok.
♦ **make certain (of sg)** meggyőződik (vmiről) *Make certain that the lake is deep enough.* Győződj meg róla, hogy elég mély-e a tó!
♦ **for certain** bizonyosan; biztosan

certainly ['sɜ:tnlɪ] <hsz> **1.** kétségtelenül; biztosan: *He is certainly the best runner.* Kétségtelenül ő a legjobb futó. **2.** *(válaszként)* hogyne; feltétlenül: *Will you lend me your bike? Certainly!/Certainly not!* Kölcsönadnád a biciklidet? Hogyne!/Semmi esetre sem!

certainty ['sɜ:tntɪ] <fn> [C] (certainties) bizonyosság; biztos dolog

certificate [sə'tɪfɪkət] <fn> [C] **1.** bizonyítvány; igazolás; igazolvány: *birth certificate* születési bizonyítvány; anyakönyvi kivonat * *certificate of origin* származási bizonyítvány **2.** *(iskolai)* bizonyítvány; oklevél: *Certificate of Secondary Education* középiskolai végbizonyítvány

certify ['sɜ:tɪfaɪ] <ige> (certifies, certifying, certified) **1.** *(írásban, hivatalosan)* igazol; bizonyít: *This is to certify that…* Ezennel igazoljuk, hogy… **2.** elmebajosnak nyilvánít

certitude ['sɜ:tɪtju:d] <fn> [C, U] bizonyosság

CFC [,si:ef'si:] [= chlorofluorocarbon] <fn> [C, U] klorofluorokarbon; freon

chafe [tʃeɪf] <ige> **1.** *(sebet)* (fel)horzsol **2.** (ki)dörzsöl **3.** felháborodik; dühöng (**at sg** vmi miatt)

¹**chain** [tʃeɪn] <fn> [C] **1.** lánc: *bicycle chain* biciklilánc * *I wear a silver chain round my neck.* Ezüst nyakláncot viselek. **2.** lánc(olat): *chain store* üzletlánc * *chain of mountains* hegylánc * *chain of events* események sorozata

²**chain** [tʃeɪn] <ige> megláncol; odaláncol; megköt; odaköt (**to sg** vmihez)

chain reaction [,tʃeɪn rɪ'ækʃn] <fn> [C] láncreakció

chain store [,tʃeɪn 'stɔ:] <fn> [C] gazd üzletlánc; üzlethálózat

¹chair [tʃeə] <fn> **1.** [C] szék: *armchair* karosszék ∗ *wheelchair* kerekes szék; tolókocsi **2.** [U] elnök(ség): *She is in the chair this morning.* Ma reggel ő elnököl. ∗ *leave the chair* berekeszti az ülést **3.** [C] *(egyetemen)* tanszék

²chair [tʃeə] <ige> elnököl: *chair the meeting* vezeti az ülést; elnököl az ülésen

chairlift ['tʃeəlɪft] <fn> [C] sífelvonó; libegő

chairman ['tʃeəmən] <fn> [C] (chairmen) *(szervezeté, ill. ülésen, konferencián stb.)* elnök

chairmanship ['tʃeəmənʃɪp] <fn> [U] elnökség; elnöki tisztség: *under the chairmanship of sg* vki elnöklése alatt

chairperson ['tʃeə,pɜːsn] <fn> [C] *(ülésen, értekezleten stb.)* elnök

chairwoman ['tʃeə,wʊmən] <fn> [C] (chairwomen) *(értekezleten, konferencián stb.)* elnöknő

chalet [ʃæleɪ] <fn> [C] nyaraló(ház); faház

chalice ['tʃælɪs] <fn> [C] kehely

chalk [tʃɔːk] <fn> **1.** [U] mészkő: *These cliffs are made of chalk.* Ezek a sziklák mészkőből vannak. **2.** [C, U] kréta: *a piece of chalk* egy darab kréta ∗ *a box of chalks* egy doboz kréta
 ♦ **as different/alike as chalk and/from cheese/as like as chalk to cheese** *(különbség)* ég és föld ♦ **the best by a long chalk** messze a legjobb ♦ **not by a long chalk** korántsem

¹challenge ['tʃælɪndʒ] <ige> (challenges, challenging, challenged) **1.** *(küzdelemre stb.)* kihív: *Girls challenged the boys to a football match.* A lányok kihívták a fiúkat egy focimeccsre. **2.** kérdőre/felelősségre von **3.** ösztönöz; motivál: *His job doesn't challenge him.* Munkája nem ösztönzi/motiválja. **4.** biztat: *We challenged him to jump.* Biztattuk, hogy ugorjon. **5.** kétségbe von; vitat; megkérdőjelez

²challenge ['tʃælɪndʒ] <fn> [C] **1.** *(párbajra stb.)* kihívás **2.** kétségbevonás **3.** feladat; kihívás

challenger ['tʃælɪndʒə] <fn> [C] kihívó

challenging ['tʃælɪndʒɪŋ] <mn> kihívó

chamber ['tʃeɪmbə] <fn> [C] **1.** kamara: *Chamber of Commerce* Kereskedelmi Kamara ∗ *chamber music* kamarazene ∗ *chamber orchestra* kamarazenekar **2.** *(ülés)*terem; szoba **3.** *(országgyűlésé)* ház: *the Upper Chamber* felsőház ∗ *the Lower Chamber* alsóház **4.** *(szívé)* kamra **5.** töltenytartó

chambermaid ['tʃeɪmbəmeɪd] <fn> [C] *(szállodában)* szobaasszony; szobalány

chameleon [kə'miːliən] <fn> [C] kaméleon

chamois ['ʃæmwaː] <fn> **1.** [C] zerge **2.** [U] szarvasbőr

champagne [ʃæm'peɪn] <fn> [U, C] pezsgő

¹champion ['tʃæmpiən] <fn> [C] sp bajnok: *tennis champion* teniszbajnok ∗ *world champion* világbajnok

²champion ['tʃæmpiən] <ige> síkra száll vmiért; kiáll vmi (ügy)ért

championship ['tʃæmpiənʃɪp] <fn> [C] **1.** bajnokság: *swimming championship* úszóbajnokság **2.** bajnoki cím **3.** síkraszállás

¹chance [tʃɑːns] <fn> **1.** [C] alkalom; lehetőség; esély; valószínűség: *I haven't had a chance to write my letter.* Nem volt alkalmam megírni a levelet. ∗ *It was his very last chance to escape from the prison.* Ez volt a legutolsó lehetőség/esély arra, hogy megszökjön a börtönből. ∗ *I had a good chance of passing my maths exam.* Jó esélyem volt arra, hogy letehessem a matekvizsgát. **2.** [U] véletlen: *by chance* véletlenül ∗ *leave nothing to chance* semmit sem bíz a véletlenre **3.** [C, U] kockázat; szerencse: *take chances* kockáztat ∗ *take one's chance* szerencsét próbál ∗ *game of chance* szerencsejáték
 ♦ **have even chances** egyenlő esélyük van ♦ **on the off chance** abban a valószínűtlen esetben ♦ **The chances are that...** Nagyon valószínű, hogy... ♦ **stand a good chance of** jó esélye van ♦ **have an eye to the main chance** mindenben a maga hasznát keresi

²chance [tʃɑːns] <ige> (chances, chancing, chanced) **1.** megkockáztat **2. chance to do sg** véletlenül tesz vmit: *I chanced to meet him.* Véletlenül találkoztam vele.

chance (up)on sg véletlenül ráakad/rábukkan/rátalál vmire

³chance [tʃɑːns] <mn> véletlen

chancellor ['tʃɑːnsələ] <fn> [C] pol **1.** kancellár **2. Chancellor of the Exchequer** BrE pénzügyminiszter **3.** BrE rektor

chancy ['tʃɑːnsi] <mn> kockázatos; rizikós

chandelier [ˌʃændə'lɪə] <fn> [C] csillár

¹change [tʃeɪndʒ] <ige> (changes, changing, changed) **1.** (meg)változik: *She has changed a lot.* Sokat változott. ∗ *Her life changed completely when her parents died.* Az élete teljesen megváltozott, amikor meghaltak a szülei. **2.** (meg)változtat: *change course* irányt változtat ∗ *change lanes* sávot vált ∗ *She has changed the colour of her hair.* Megváltoztatta a hajszínét. **3.** (ki)cserél; vált *(sg for sg* vmit vmire)*: *change places with sy* helyet cserél vkivel ∗ *change gear* sebességet vált ∗ *He has changed his address.* Elköltözött. **4.** átöltözik: *I must get changed.* Át kell öltöznöm. ∗ *You* *must change before you go to the concert.* Át kell öltöznöd, mielőtt elmész a koncertre. **5.** átszáll: *change buses/trains* buszra/vonatra átszáll * *Where do I have to change?* Hol kell átszállnom? * *All change!* Végállomás! **6.** *(pénzt stb.)* (át)vált; felvált; bevált: *change money* pénzt vált * *change forints into dollars* dollárra váltja a forintot * *change a $100 note* felvált egy százdollárost * *Where can I change my cheques?* Hol tudom beváltani a csekkjeimet?

♦ **change one's mind** meggondolja magát
♦ **change for the better** jobbra fordul; javul ♦ **change the baby** tisztába teszi a csecsemőt/babát ♦ **change hands** gazdát cserél

---

change back into sg 1. visszaváltoztat vmivé **2.** visszaváltozik vmivé
change down *(kisebb sebességre)* visszakapcsol
change into sg 1. átalakul vmivé **2.** átöltözik vmibe **3.** *(pénzt)* átvált
change over 1. helyet cserél **2.** áttér; átvált; átáll
change up nagyobb sebességre kapcsol

---

²**change** [tʃeɪndʒ] <fn> **1.** [U] (pénz)váltás **2.** [U] aprópénz; visszajáró pénz: *small change* aprópénz * *I haven't got any change.* Nincs aprópénzem. * *The shop assistant gave me 10 pence change.* Az eladó 10 pennyt adott vissza. * *Keep the change!* Nem kérek vissza! **3.** [C] változtatás; változás; átalakulás: *a change in the weather* időjárás-változás * *change of voice* mutálás * *change of life* klimax * *change of air* levegőváltozás **4.** [C] csere: *an oil change* olajcsere **5.** [C] változat **6.** [C] *(közlekedési eszközre)* átszállás

♦ **for a change** a változatosság kedvéért
♦ **a change for the better/worse** javulás; rosszabbodás ♦ **give short change** kurtán elintéz vkit ♦ **take the change out of sy** bosszút áll vkin vmiért

changeable ['tʃeɪndʒəbl] <mn> **1.** *(időjárás stb.)* változékony **2.** megváltoztatható **3.** ingatag
changeover [ˌtʃeɪndʒˈəʊvə] <fn> [C] rendszervált(oz)ás
changing room ['tʃeɪndʒɪŋ ruːm] <fn> [C] öltöző
¹**channel** ['tʃænl] <fn> [C] **1.** *(természetes, mesterséges)* csatorna: *the English Channel* a La Manche csatorna **2.** (tévé)csatorna **3.** út; mód: *through the usual channels* a szokásos úton(-módon)/módon

²**channel** ['tʃænl] <ige> (channels, channelling, channelled) **1.** csatornáz **2.** *(vizet, energiát stb.)* terel; elvezet; levezet
Channel Tunnel ['tʃænl tʌnl] <fn> [U] **the Channel Tunnel** *(Anglia és Franciaország között, a La Manche csatorna alatti alagút)* Csalagút

---

🇬🇧 *Channel Tunnel, the*

Channel Tunnelnek (magyarul Csalagútnak) hívják a La Manche csatorna alatt 1994-ben megnyitott alagutat, amely Angliát vasúttal köti össze Franciaországgal és így az európai kontinenssel.

---

¹**chant** [tʃɑːnt] <fn> [C] **1.** (egyházi) ének; zsolozsma **2.** szlogen(skandálás)
²**chant** [tʃɑːnt] <ige> **1.** énekel; kántál **2.** *(szlogeneket)* skandál
chaos ['keɪɒs] <fn> [U] káosz
chaotic [keɪˈɒtɪk] <mn> kaotikus
¹**chap** [tʃæp] <fn> [C] biz fickó; pasas
²**chap** [tʃæp] <fn> [C] *(bőrön)* repedés; kicserepesedés
³**chap** [tʃæp] <ige> (chaps, chapping, chapped) *(bőr)* kirepedezik; kicserepesedik
chapel ['tʃæpl] <fn> [C] kápolna
chaplain ['tʃæplɪn] <fn> [C] káplán; lelkész
chapped [tʃæpt] <mn> *(bőr)* repedezett: *chapped lips* kicserepesedett száj
chapter ['tʃæptə] <fn> [C] fejezet: *Open your book at Chapter 2.* A 2. fejezetnél nyisd ki a könyvedet!
character ['kærəktə] <fn> **1.** [U] jellemző vonás; jelleg; sajátosság; karakter: *a face with a lot of character* nagyon karakteres arc * *Our new house has changed the character of the street.* Új házunk megváltoztatta az utca jellegét. **2.** [U] jellem; egyéniség; személyiség: *She has a strong but gentle character.* Erős, de finom jellem. **3.** [C] alak; figura; szereplő; regényalak: *cartoon characters* rajzfilmfigurák **4.** [C] infor karakter; betű **5.** [U] hírnév: *bear a good character* jó hírnévnek örvend **6.** [C, U] biz pacák; fazon; alak: *My son is a character.* A fiam egy fazon.
¹**characteristic** [ˌkærəktəˈrɪstɪk] <fn> [C] jellemvonás; ismertetőjel; jellegzetesség
²**characteristic** [ˌkærəktəˈrɪstɪk] <mn> jellemző; jellegzetes; sajátos; tipikus: *characteristic of sy* jellemző vkire
characterize ['kærəktəraɪz] <ige> jellemez
charcoal ['tʃɑːkəʊl] <fn> [U] faszén
¹**charge** [tʃɑːdʒ] <ige> (charges, charging, charged) **1.** *(árat, költséget)* kér; felszámít:

How much do you charge for it? Mennyibe kerül? **2.** (meg)vádol (**with sg** vmivel): *She was charged with stealing.* Lopással vádolták. **3.** (meg)támad; megrohamoz: *The children charged into the kitchen.* A gyerekek berontottak a konyhába. **4.** megtölt; feltölt: *The battery is to be charged.* Az akkut fel kell tölteni. **5.** megbíz (**sy with sg** vkit vmivel): *be charged with sg* megbízást kap vmire **6.** (számlát) megterhel: *charge an account* számlát megterhel

²**charge** [tʃɑːdʒ] <fn> **1.** [C, U] díj; ár: *free of charge* díjmentesen; ingyen * *There is a charge of 450 Ft for the use of the bike.* A bicikli használatának díja 450 Ft. **2.** [C, U] vád: *bring charge against sy* vádat emel vki ellen **3.** [U] feladat; felelősség; megbízatás: *His charge is to obtain information.* Az információszerzés a feladata. * *The captain is in charge of the ship.* A kapitány felelős a hajóért. **4.** [C] kat támadás; roham: *The charge was led down the hill.* A támadást/rohamot a hegyről indították. **5.** [U] el töltés: *the positive/negative charge* a pozitív/negatív töltés **6.** [U] teher: *be a charge on sy* teher vki számára

♦ **give sy in charge** átad vkit a rendőrségnek ♦ **bring a charge against sy** vmely vétség alapos gyanújával vádat emel vki ellen ♦ **take charge 1.** átvesz **2.** magához vesz; gondjaiba vesz (**of sg/sy** vmit/vkit) ♦ **Who is in charge here?** Ki itt a főnök?

¹**charger** [ˈtʃɑːdʒə] <fn> [C, U] tört harci mén
²**charger** [ˈtʃɑːdʒə] <fn> [C] akkutöltő

charitable [ˈtʃærɪtəbl] <mn> **1.** jószívű; jóindulatú **2.** jótékonysági: *charitable institution/organization* jótékonysági intézmény/szervezet * *charitable gift* szeretetadomány

charity [ˈtʃærəti] <fn> (charities) **1.** [C] jótékonysági intézmény: *The Red Cross is a well known charity.* A Vöröskereszt ismert jótékonysági intézmény. **2.** [U] jótékonyság; emberbaráti szeretet: *a charity concert* jótékonysági koncert * *live on charity* alamizsnából él * *He helped him out of charity.* Emberbaráti szeretetből segített neki.

> 🇬🇧 **Charity shop**
> • **Adománybolt**
>
> Nagy Britannia számos „charity shopjába" lehet használt ruhákat, könyveket, játékokat és háztartási cikkeket bevinni. Ezeket önkéntes segítők értékesítik, és a bevételeket jótékonysági célokra fordítják.

charlatan [ˈʃɑːlətən] <fn> [C] sarlatán; kuruzsló

¹**charm** [tʃɑːm] <fn> **1.** [U, C] báj **2.** [U, C] varázslat; varázsige **3.** [C] amulett; talizmán
²**charm** [tʃɑːm] <ige> megbűvöl; elbűvöl; megbabonáz; elvarázsol

charming [ˈtʃɑːmɪŋ] <mn> elragadó; bájos; tüneményes

charred [tʃɑːd] <mn> szénné égett

chart [tʃɑːt] <fn> [C] **1.** térkép; diagram; grafikon; táblázat: *weather chart* időjárási térkép **2.** tengerészeti térkép

¹**charter** [ˈtʃɑːtə] <fn> [C, U] **1.** alapokmány; oklevél; okmány; okirat **2.** pol charta; alapokmány **3.** hajó-/repülőbérleti szerződés; bérbevétel
²**charter** [ˈtʃɑːtə] <ige> *(hajót, repülőgépet)* bérel; bérbe vesz; kibérel: *chartered plane* bérelt repülőgép; chartergép * *charter party* hajóbérleti szerződés

chartered accountant [ˌtʃɑːtədəˈkaʊntənt] <fn> [C] gazd BrE hiteles/okleveles könyvvizsgáló/könyvszakértő

charter flight [ˈtʃɑːtə flaɪt] <fn> [C] *(bérelt repülőgépé)* különjárat; charterjárat

¹**chase** [tʃeɪs] <ige> (chases, chasing, chased) **1.** kerget; üldöz; űz **2.** utánaszalad **3.** száguld

> **chase after sy/sg** üldözőbe vesz; hajszol vkit/vmit; lohol vki/vmi után
> **chase around** szaladgál
> **chase sy/sg away/out** elkerget; kisöpör vkit/vmit
> **chase up sg/sy** vadászik vmire/vkire; felhajt vmit/vkit

²**chase** [tʃeɪs] <fn> [C] **1.** üldözés: *give chase (to sg/sy)* üldöz(őbe vesz) (vmit/vkit) **2.** vadászat

chasm [ˈkæzəm] <fn> [C] átv is szakadék; űr

chassis [ˈʃæsi] <fn> [C] (chassis) alváz

chaste [tʃeɪst] <mn> **1.** tiszta; érintetlen **2.** szemérmes; romlatlan

chasten [ˈtʃeɪsn] <ige> fegyelmez; (meg)fenyít; büntet

¹**chat** [tʃæt] <fn> [C] **1.** terefere; csevegés; beszélgetés: *I had a long chat with her.* Hosszan dumcsiztunk. **2.** infor csevegés; csetelés
²**chat** [tʃæt] <ige> (chats, chatting, chatted) **1.** cseveg: *chat with sy* diskurál; beszélget vkivel * *chat sy up* beszédbe elegyedik vkivel **2.** infor cseveg; csetel

chat room [ˈtʃæt ruːm] <fn> [C] infor chatszoba; csevegőszoba

chat show [ˈtʃæt ʃəʊ] <fn> [C] BrE televíziós beszélgetőműsor; terefere

¹chatter ['tʃætə] <ige> **1.** fecseg; locsog; karatytyol; csacsog **2.** *(fog)* vacog
²chatter ['tʃætə] <fn> [U] fecsegés; karattyolás
chatterbox ['tʃætəbɒks] <fn> [C] csacsogó; locsogó; locsi-fecsi; szövegláda
chatty ['tʃæti] <mn> fecsegő; csevegő
¹chauffeur ['ʃəʊfə] <fn> [C] sofőr; gépkocsivezető
²chauffeur ['ʃəʊfə] <ige> *(gépkocsit)* vezet
¹cheap [tʃiːp] <mn> (cheaper, cheapest) **1.** olcsó **2.** értéktelen
  ♦ **as cheap as dirt** piszok olcsó ♦ **feel cheap** biz kutyául érzi magát ♦ **get off cheap** olcsón megússza ♦ **hold sg/sy cheap** nem sokra becsül vmit/vkit ♦ **make sy feel cheap** leéget vkit *make oneself cheap* lejáratja magát; lealacsonyodik
²cheap [tʃiːp] <hsz> olcsón: *I got it cheap.* Olcsón kaptam meg.
cheapen ['tʃiːpn] **1.** olcsóbbá tesz; *(árat)* leszállít; csökkent **2.** degradál
cheapskate ['tʃiːpskeɪt] <fn> [C] biz zsugori/sóher alak
¹cheat ['tʃiːt] <ige> **1.** csal; szélhámoskodik; svindlizik: *He cheats a lot.* Sokat csal. **2.** kicsal (**sg out of sy** vkiből vmit) **3.** megcsal (**on sy** vkit)
²cheat ['tʃiːt] <fn> [C] **1.** csaló **2.** csalás
¹check [tʃek] <ige> **1.** ellenőriz; átvizsgál: *Check whether your answers are correct.* Ellenőrizd, hogy helyesek-e a válaszaid. ∗ *Check the oil of your car!* Ellenőrizd az autód olajszintjét! ∗ *Check your car before you go!* Mielőtt elmész, vizsgáld át az autódat! **2.** meggyőződik: *It is raining, check that your windows are closed.* Esik az eső, győződj meg arról, hogy az ablakaid be vannak-e zárva. **3.** AmE *(reptéren)* felad; *(ruhatárba)* bead: *check sy's bags* csomagokat felad ∗ *I want to check my coats.* Be akarom adni a kabátokat a ruhatárba. **4.** megállít; megakaszt; visszafojt: *check the flow of water* megállítja a vízfolyást ∗ *check oneself* uralkodik magán

---

check in 1. *(repülőtéren, szállodában)* bejelentkezik (**at sg** vhol) **2.** *(munkába érkezéskor)* blokkol; bélyegez
check off 1. *(nevet)* kipipál **2.** *(munkából távozáskor)* blokkol; bélyegez
check out 1. *(szállodából)* kijelentkezik; távozik **2.** *(munkából távozáskor)* blokkol; bélyegez **3.** AmE ellenőriz; kivizsgál; utánanéz
check up on sg/sy ellenőriz; átvilágít; megvizsgál vmit/vkit; utánanéz vminek/vkinek

---

²check [tʃek] <fn> **1.** [C] ellenőrzés; (felül)vizsgálat: *keep a check on sg* ellenőriz vmit; felügyeletet gyakorol vmi felett; *(indulatot stb.)* féken tart ∗ *hold/keep sy in check* sakkban tart vkit ∗ *The police make a check on all cars.* A rendőrség minden autón ellenőrzést hajt végre./A rendőrség minden autót ellenőriz/átvizsgál. ∗ *Have a quick check to see that you have closed the door.* Ellenőrizd, hogy biztosan becsuktad-e az ajtót! **2.** [U] sakk: *be in check (király a sakktáblán)* sakkban van ∗ *Check!* Sakk! **3.** [C] *(minta)* kocka **4.** [C, U] akadály **5.** [C] elismervény; ellenőrző szelvény; ruhatári jegy **6.** [C] AmE *(étteremben)* számla **7.** [C] AmE csekk
checkbook [,tʃek'bʊk] <fn> [C] AmE csekkfüzet
checked [tʃekt] <mn> kockás; pepita
¹checker ['tʃekə] <fn> [C] ellenőr
²checker ['tʃekə] <fn> [C] AmE pénztáros
³checker ['tʃekə] <fn> [U] infor. összet AmE *(program)* ellenőrző: *a spelling checker* helyesírás-ellenőrző
checkerboard ['tʃekəbɔːd] <fn> [C] AmE sakktábla
checkered ['tʃekəd] <mn> AmE kockás
checkers ['tʃekəz] <fn> [pl + sing v] AmE dámajáték
check-in ['tʃekɪn] <fn> [C] **1.** *(reptéren)* jelentkezés; megjelenés: *check-in desk (reptéren)* jegy- és poggyászkezelés (helye); utasfelvétel ∗ *check-in time (reptéren)* megjelenési idő **2.** *(szállodában)* bejelentkezés
checking account ['tʃekɪŋ ə,kaʊnt] <fn> [C] gazd AmE csekkszámla; folyószámla; bankszámla: *checking account loan* folyószámlahitel
checklist ['tʃeklɪst] <fn> [C] emlékeztető (feljegyzések)
¹checkmate ['tʃekmeɪt] <fn> [U] (sakk-)matt
²checkmate ['tʃekmeɪt] <ige> átv is mattot ad
checkout ['tʃekaʊt] <fn> [C] **1.** *(bevásárlóközpontban)* pénztár; kassza **2.** *(szállodából)* kijelentkezés
checkpoint ['tʃekpɔɪnt] <fn> [C] határátkelőhely; *(határnál)* ellenőrzőpont
checkroom ['tʃekruːm] <fn> [C] AmE **1.** *(színházban)* ruhatár **2.** csomagmegőrző
checkup ['tʃekʌp] <fn> [C] orv kivizsgálás; felülvizsgálat: *general checkup* általános kivizsgálás
cheek [tʃiːk] <fn> **1.** [C] arc: *His cheeks are red.* Piros az arca. **2.** [U] pofátlanság; szemtelenség: *Have the cheek to…* Van képe/pofája, hogy… ∗ *What a cheek!* Micsoda szemtelenség!
cheekbone ['tʃiːkbəʊn] <fn> [C] arccsont; pofacsont

cheeky ['tʃiːkɪ] <mn> pimasz; szemtelen: *She was cheeky to her mother.* Szemtelen volt az édesanyjával.

¹**cheep** [tʃiːp] <ige> csipog

²**cheep** [tʃiːp] <fn> [U] **1.** csipogás **2.** pisszenés

¹**cheer** [tʃɪə] <fn> **1.** [C] éljenzés: *Three cheers for the King!* Háromszoros éljen a királynak! **2.** [U] jó hangulat; jókedv: *He is of good cheer.* Jó hangulatban van./Jókedvű.

²**cheer** [tʃɪə] <ige> (meg)éljenez; megtapsol
  ♦ **Cheer up!** Fel a fejjel!

cheer sy on buzdít vkit
cheer up felvidul
cheer sy up felvidít; felderít vkit

cheerful ['tʃɪəfl] <mn> derűs; víg; jókedvű

cheerio [,tʃɪərɪ'əʊ] <isz> biz BrE *(távozáskor)* viszlát!; sziasztok!

cheerleader ['tʃɪe,liːdə] <fn> [C] szurkolókórus vezetője; előszurkoló; vezérszurkoló

cheerless ['tʃɪələs] <mn> szomorú

cheers [tʃɪəz] <isz> biz **1.** Egészségére! **2.** BrE Viszlát!; Szia! **3.** BrE Kösz!

cheery ['tʃɪərɪ] <mn> vidám

cheese [tʃiːz] <fn> [C, U] sajt: *cheese sandwich* sajtos szendvics * *a piece of cheese* egy darab/szelet sajt

cheeseburger ['tʃiːzbɜːgə] <fn> [C] sajtburger

cheesecake ['tʃiːzkeɪk] <fn> [C] túrós lepény

cheetah ['tʃiːtə] <fn> [C] gepárd

chef [ʃef] <fn> [C] főszakács; séf

¹**chemical** ['kemɪkl] <fn> [C] kemikália; vegyszer

²**chemical** ['kemɪkl] <mn> kémiai

chemist ['kemɪst] <fn> [C] **1.** gyógyszerész: *(the) chemist's (shop)* illatszerbolt (és gyógyszertár) **2.** vegyész

chemistry ['kemɪstrɪ] <fn> [U] kémia

cheque [tʃek] <fn> [C] csekk: *pay by cheque* csekkel fizet * *traveller's cheque* utazási csekk * *cheque account* csekkszámla * *cheque card* csekk-kártya * *He gave me a cheque for $100.* Egy 100 dolláros csekket adott nekem.

chequebook ['tʃekbʊk] <fn> [C] csekkfüzet

chequered ['tʃekəd] <mn> kockás

cherish ['tʃerɪʃ] <ige> **1.** dédelget; babusgat **2.** *(reményt stb.)* táplál: *He cherishes the hope that...* Abban reménykedik, hogy...

¹**cherry** ['tʃerɪ] <fn> [C] (cherries) cseresznye

²**cherry** ['tʃerɪ] <mn> cseresznyepiros

chess [tʃes] <fn> [U] sakk: *play a game of chess* játszik egy sakkpartit * *Can you play chess?* Tud(sz) sakkozni?

chessboard ['tʃesbɔːd] <fn> [C] sakktábla

chessman ['tʃesmæn] <fn> [C] (chessmen) sakkfigura

chess piece ['tʃes piːs] <fn> [C] sakkfigura

¹**chest** [tʃest] <fn> [C] mellkas: *chest pains* mellkasi fájdalmak * *I caught a cold on my chest.* Légcsőhurutot kaptam.
  ♦ **get sg off one's chest** kimondja, ami a szívét nyomja

²**chest** [tʃest] <fn> [C] láda; szekrény: *tool chest* szerszámosláda * *chest of drawers* fiókos szekrény; komód

¹**chestnut** ['tʃesnʌt] <fn> [C] **1.** gesztenye **2.** pej (ló); sárga (ló) **3.** biz szakállas vicc

²**chestnut** ['tʃesnʌt] <mn> **1.** gesztenyebarna **2.** *(ló színe)* sárga

chew [tʃuː] <ige> (chews, chewing, chewed) (meg)rág: *chew one's nails* rágja a körmét

chewing gum ['tʃuːɪŋ gʌm] <fn> [U] rágó(gumi)

chic [ʃiːk] <fn> [U] elegancia; sikk

chick [tʃɪk] <fn> [C] **1.** kiscsirke; napos csibe **2.** biz *(lány)* pipi

¹**chicken** ['tʃɪkɪn] <fn> **1.** [C] csirke: *He keeps chickens.* Csirkéket tart. **2.** [U] csirke(hús): *chicken soup* csirkeleves
  ♦ **She is no chicken.** Már nem mai csirke.
  ♦ **Don't count your chickens before they are hatched.** Ne igyál előre a medve bőrére!

²**chicken** ['tʃɪkɪn] <ige>

chicken out biz kihúzza magát; kiszáll; kihátrál (**of sg** vmiből): *She chickened out at the very last minute.* A legutolsó pillanatban szállt ki.

chicken flu ['tʃɪkɪnfluː] <fn> [C] madárinfluenza

chicken hearted [,tʃɪkɪn'hɑːtɪd] <mn> félénk; nyuszi

chickenpox ['tʃɪkɪnpɒks] <fn> [U] orv bárányhimlő

¹**chief** [tʃiːf] <mn> fő; legfőbb: *The chief problem is...* A legfőbb gond... * *He is the chief financial manager of the firm.* Ő a cég első számú pénzügyi vezetője.

²**chief** [tʃiːf] <fn> [C] **1.** vezető; főnök: *industry chiefs* ipari vezetők/főnökök **2.** törzsfőnök: *the chief of the tribe* törzsfőnök

chief executive officer [tʃiːfɪgzekjətɪv'ɒfɪsə] <fn> [C] vezérigazgató

chiefly ['tʃiːflɪ] <hsz> főleg; elsősorban

child [tʃaɪld] <fn> [C] (children) gyer(m)ek: *have a child* gyermeket szül; gyermeke születik * *a four-year-old child*//*a child of four* négyéves gyermek * *child under three* három éven aluliak

* *children's choir* gyermekkórus * *children's disease* gyermekbetegség * *children's home* gyermekotthon * *children's room* gyerekszoba * *children's wear* gyerekruha * *Be a good child!* Légy jó gyerek! * *That's child's play.* Gyerekjáték!

child abuse ['tʃaɪld əˌbjuːs] <fn> [U] gyerekekkel szembeni erőszak
child benefit [ˌtʃaɪld'benɪfɪt] <fn> [C, U] családi pótlék
childbirth ['tʃaɪldbɜːθ] <fn> [U] gyermekszülés
childhood ['tʃaɪldhʊd] <fn> [U] gyermekkor: *from childhood* gyermekkora óta
childish ['tʃaɪldɪʃ] <mn> gyerekes
childless ['tʃaɪldləs] <mn> gyermektelen
childlike ['tʃaɪldlaɪk] <mn> gyermeki
children ['tʃɪldrən] → **child**
child seat ['tʃaɪld siːt] <fn> [C] *(autóban)* gyermekülés
child welfare ['tʃaɪld welfeə] <fn> [U] gyermekgondozás

¹**chill** [tʃɪl] <fn> **1.** [U] hideg, fagy: *take the chill off sg* kissé felmelegít/meglangyosít vmit **2.** [C] biz meghűlés: *I have caught a chill.* Meghűltem./Megfáztam.
²**chill** [tʃɪl] <mn> átv is hűvös; hideg; fagyos
³**chill** [tʃɪl] <ige> (le)hűt; (meg)fagyaszt; (be-)hűt: *chilled to the bone* teljesen átfagyott/összefagyott * *Chill the wine.* Hűtsd le/be a bort!
chillax [tʃɪˈlæks] <ige> szl lazít; kienged; megnyugszik
chilly ['tʃɪlɪ] <mn> (chillier, chilliest) **1.** hideg; hűvös: *It is quite chilly today.* Ma meglehetősen hideg van. **2.** *(fogadtatás stb.)* barátságtalan; hideg; hűvös: *She was given a chilly welcome.* Hűvös/Barátságtalan fogadtatásban volt része.

¹**chime** [tʃaɪm] <fn> [C] **1.** harangjáték; harangszó **2.** óraütés **3.** *(hangszereké)* összhang
²**chime** [tʃaɪm] <ige> **1.** harangoz: *chime the bells* harangoz **2.** *(harang)* szól; *(óra)* üt: *The bells chimed.* Szóltak a harangok. * *The clock chimed 10 o'clock.* Tízet ütött az óra. **3.** *(harang)* cseng-bong; *(óra)* csenget; berreg

chime in közbeszól
chime in with sg 1. összhangban van vmivel **2.** közbevet vmit

chimney ['tʃɪmnɪ] <fn> [C] (chimneys) kémény
chimney piece ['tʃɪmnɪpiːs] <fn> [C] kandallópárkány
chimney sweep ['tʃɪmnɪswiːp] <fn> [C] kéményseprő

chimp [tʃɪmp] <fn> [C] biz csimpánz
chimpanzee [ˌtʃɪmpænˈziː] <fn> [C] csimpánz
chin [tʃɪn] <fn> [C] áll: *double chin* toka
♦ **up to the chin** nyakig; fülig ♦ **wag one's chin** jártatja a száját ♦ **Keep your chin up!** Fel a fejjel!
China ['tʃaɪnə] <fn> Kína
china ['tʃaɪnə] <fn> **1.** [U] porcelán: *12 china plates* 12 porcelántányér **2.** [C] porcelán (edény); porcelánkészlet
chinaware ['tʃaɪnəweə] <fn> [C] porcelán (edény); porcelánkészlet
¹**Chinese** [ˌtʃaɪˈniːz] <mn> kínai
²**Chinese** [ˌtʃaɪˈniːz] <fn> **1.** [C] *(személy)* kínai **2.** [U] *(nyelv)* kínai
¹**chink** [tʃɪŋk] <fn> [C] rés; repedés; hasadás; hasadék
²**chink** [tʃɪŋk] <fn> [U] *(üvegé stb.)* csengés
³**chink** [tʃɪŋk] <ige> csörög; csörömpöl; csörget; megcsendít
¹**chinwag** ['tʃɪnwæg] <fn> [U] csevegés; fecsegés; dumálás
²**chinwag** ['tʃɪnwæg] <ige> cseveg; fecseg; locsog; traccsol
¹**chip** [tʃɪp] <fn> [C] **1.** csorba; (ki)csorbulás: *This cup has a chip in it.* Ez a csésze csorba. **2. chips** [pl] sült krumpli; hasábburgonya; chips: *We had chips and salad for dinner.* Vacsorára sült krumplit ettünk salátával. **3.** infor, el csip; chip: *The (micro)chip is used in computers to store information.* A (mikro)csipet a számítógépnél használják információtárolásra. **4.** zseton
♦ **chip off the old block** apja fia ♦ **have a chip on one's/the shoulder** meg van sértve; kisebbrendűségi komplexusai vannak
²**chip** [tʃɪp] <ige> (chips, chipping, chipped) **1.** kicsorbít; lepattint; letör: *She chipped my cup.* Kicsorbította a csészémet. **2.** kicsorbul; letörik

chip in (with sg) biz **1.** beleszól; belekotyog (vmit): *He chipped in with a remark.* Közbeszúrt egy megjegyzést. **2.** hozzájárul (vmivel): *He chipped in with a pound for the gift.* Egy fonttal járult hozzá az ajándékhoz.
chip off *(festék)* lepattogzik

chipmunk ['tʃɪpmʌŋk] <fn> [C] amerikai csíkos földimókus
chip pan ['tʃɪp pæn] <fn> [C] olajsütő
chippy ['tʃɪpɪ] <fn> [C] (chippies) **1.** ≈ sült krumplit és egyéb sült ételt árusító üzlet/bódé **2.** ács

chip shop ['tʃɪp ʃɒp] <fn> [C] ≈ sült krumplit és egyéb sült ételt árusító üzlet/bódé

chirp [tʃɜ:p] <ige> *(madár)* csicsereg; csiripel; *(tücsök)* cir(i)pel

chirpy ['tʃɜ:pɪ] <mn> élénk; (nagyon) vidám; jókedvű

¹chisel ['tʃɪzl] <fn> [C] véső

²chisel ['tʃɪzl] <ige> (chisels, chiselling, chiselled, AmE chisels, chiseling, chiseled) (ki-)vés

chit [tʃɪt] <fn> [C] cetli; jegyzet; rövid feljegyzés

chit-chat ['tʃɪt tʃæt] <fn> [C, U] biz terefere; triccs-traccs

chivalrous ['ʃɪvlrəs] <mn> lovagias; udvarias; gavallér

chivalry ['ʃɪvəlrɪ] <fn> [U] **1.** udvariasság; lovagiasság **2.** tört lovagi rend

chives [tʃaɪvz] <fn> [pl] snidling; metélőhagyma

chlorinate ['klɔ:rɪneɪt] <ige> (chlorinates, chlorinating, chlorinated) klóroz

chlorine ['klɔ:ri:n] <fn> [U] kém klór

choc-ice ['tʃɒkaɪs] <fn> [C] fagylalt csokoládébevonattal; csokis fagylalt

choc-a-block [,tʃɒkə'blɒk] <mn> biz dugig tele

chock-full [,tʃɒk'fʊl] <mn> biz dugig tele (**of sg** vmivel); zsúfolt

¹chocolate ['tʃɒklət] <fn> **1.** [U] csokoládé; csoki: *a bar of chocolate* csokoládészelet ∗ *milk chocolate* tejcsoki ∗ *plain chocolate* keserű csokoládé ∗ *He likes chocolate.* Szereti a csokit. **2.** [C] bonbon: *a box of chocolate* egy doboz bonbon **3.** [C, U] *(ital)* csokoládé; kakaó: *a cup of hot chocolate* egy csésze forró kakaó

²chocolate ['tʃɒklət] <mn> **1.** csokoládés: *chocolate cake* csokis süti; csokitorta ∗ *chocolate ice-cream* csokifagyi **2.** csokoládébarna

¹choice [tʃɔɪs] <fn> (choices) **1.** [C] választás; választási lehetőség: *by/for choice* legszívesebben; ha választani kell ∗ *She made the right choice between the two possibilities.* Jól választott a két lehetőség közül. ∗ *I didn't have much choice.* Nem volt sok választásom. ∗ *He had no choice but to tell the truth.* Nem volt más választása, mint elmondani az igazat. **2.** [U] választék: *a big choice of fruits* a gyümölcsök nagy választéka

²choice [tʃɔɪs] <mn> válogatott; a legjobb minőségű; kitűnő

choir ['kwaɪə] <fn> [C + sing/pl v] kórus: *the church choir* a templomi kórus

¹choke [tʃəʊk] <ige> (chokes, choking, choked) **1.** megfullad; fulladozik: *be choking* fullad **2.** megfojt; fojtogat: *The man may have been choked.* A férfit megfojthatták. **3.** eltöm: *The pipe is choked with dirt.* A cső eltömődött kosszal.

choke sg back *(haragot, sírást stb.)* visszafojt; elfojt

choke sg off biz elfojt; elnyom vmit

choke sy up meghat; megindít vkit

be choked up about sg/sy szl pipa vmi/vki miatt

²choke [tʃəʊk] <fn> [C] **1.** fuldoklás; megfulladás **2.** megfojtás; elfojtás **3.** *(autóé)* szívató

choose [tʃu:z] <ige> (chooses, choosing, chose, chosen) **1.** (ki)választ: *choose a profession* pályát választ **2.** (el)dönt; elhatározza magát: *He has chosen where to travel.* Eldöntötte, hova utazzon.

♦ **There is nothing to choose between them.** Egyik tizenkilenc, a másik egy híján húsz. ♦ **I cannot choose but...** Kénytelen vagyok...

choosey ['tʃu:zɪ] <mn> válogatós; finnyás

choosy ['tʃu:zɪ] <mn> AmE válogatós; finnyás

¹chop [tʃɒp] <ige> (chops, chopping, chopped) feldarabol; felvág; felaprít: *Chop the chicken up into small pieces.* Darabold fel a csirkét apró darabokra! ∗ *He chopped some wood.* Felvágott egy kis fát.

♦ **chop and change** forog, mint a szélkakas; változtatja a véleményét

chop sg back *(kiadást)* csökkent
chop sg down *(fát)* kivág
chop in beleszól
chop sg off levág vmit

²chop [tʃɒp] <fn> **1.** [C] hússzelet; bordaszelet: *a lamb chop* egy szelet bárányhús **2.** [C] vágás; szeletelés **3.** [C] ütés: *a karate chop* karate ütés **4.** **chops** [pl] állkapocs; pofa: *The dog was licking its chops.* A kutya a pofáját nyalogatta.

chop-chop [,tʃɒp 'tʃɒp] <isz> infml Gyerünk, gyerünk!; Gyorsan!

chopper ['tʃɒpə] <fn> [C] **1.** húsvágóbárd **2.** helikopter

chopsticks ['tʃɒpstɪks] <fn> [pl] evőpálcikák

chord [kɔ:d] <fn> [C] **1.** zene akkord **2.** mat húr

chore [tʃɔ:] <fn> [C] mindennapi házimunka: *do the household chores* a mindennapi házimunkát végzi; a mindennapi háztartási aprómunkát végzi

chorus ['kɔ:rəs] <fn> [C] (choruses) **1.** énekkar **2.** refrén: *Everybody will join in the chorus.* Mindenki bekapcsolódik a refrénbe. **3.** *(mű)* kórus: *the Hallelujah Chorus* a Halleluja Kórus

chose [tʃəʊz] → **choose**
chosen ['tʃəʊzn] → **choose**
Christ [kraɪst] <fn> Krisztus
christen ['krɪsn] <ige> 1. megkeresztel 2. elnevez; keresztel
christening ['krɪsnɪŋ] <fn> [C] keresztelő
¹**Christian** ['krɪstʃən] <fn> [C] *(személy)* keresztény/keresztyén; hívő
²**Christian** ['krɪstʃən] <mn> keresztény/keresztyén; hívő
Christianity [ˌkrɪstɪ'ænətɪ] <fn> [U] kereszténység
Christian name ['krɪstʃən neɪm] <fn> [C] keresztnév
Christmas ['krɪsməs] <fn> [C, U] karácsony: *at Christmas* karácsonykor * *Christmas present* karácsonyi ajándék * *Christmas cake* karácsonyi marcipán torta * *Christmas holiday* karácsonyi/téli szünet * *Christmas pudding* karácsonyi puding * *Father Christmas* Mikulás * *Merry Christmas!* Boldog karácsonyt (kívánok)! * *We had a nice Christmas.* Szép karácsonyunk volt.
Christmas card ['krɪsməs kɑːd] <fn> [C] karácsonyi üdvözlőlap
Christmas carol [ˌkrɪsməs'kærəl] <fn> [C] karácsonyi ének
Christmas Day [ˌkrɪsməs'deɪ] <fn> [C, U] karácsony első napja
Christmas Eve [ˌkrɪsməs'iːv] <fn> [C, U] szenteste

🇬🇧 *Christmas pudding*

Kuglóf formájú, sok cukrozott gyümölccsel, aszalt szilvával, mazsolával készített, gazdagon fűszerezett karácsonyi édesség. A legtöbb háznál már szeptemberben elkészítik, hogy jól összeérjen.

Christmas tree ['krɪsməs triː] <fn> [C] karácsonyfa
chrome [krəʊm] <fn> [U] króm
chromium-plated ['krəʊmɪəmˌpleɪtɪd] <mn> krómozott
chromosome ['krəʊməsəʊm] <fn> [C] kromoszóma
chronic ['krɒnɪk] <mn> 1. *(betegség)* idült; krónikus 2. állandó; tartós: *chronic unemployment* tartós munkanélküliség 3. *(hazug ember stb.)* javíthatatlan
chronicle ['krɒnɪkl] <fn> [C] krónika
chubby ['tʃʌbɪ] <mn> pufók; pirospozsgás
¹**chuck** [tʃʌk] <ige> biz 1. *(labdát, szemetet stb.)* (el)dob; kidob; hajít 2. **chuck sg (in/up)** abbahagy; felad; otthagy vmit: *Chuck it!* Hagyd (már) abba! 3. *(barátnőt stb.)* otthagy

chuck sg away biz 1. eldob vmit 2. *(alkalmat)* elszalaszt; kihagy
chuck sg in biz BrE felad; abbahagy vmit
chuck sg out biz kidob vmit; megszabadul vmitől

²**chuck** [tʃʌk] <fn> [U] marhatartja
♦ **give sy the chuck** *(állásból)* kirúg ♦ **get the chuck** kirúgják
chuckle ['tʃʌkl] <ige> (chuckles, chuckling, chuckled) kuncog: *chuckle to oneself* kuncog magában
chuffed [tʃʌft] <mn> szl BrE elégedett; boldog
chug [tʃʌg] <ige> (chugs, chugging, chugged) pöfög
chum [tʃʌm] <fn> [C] cimbora; haver
chunk [tʃʌŋk] <fn> [C] *(kenyér, hús, sajt stb.)* nagy darab
chunky ['tʃʌŋkɪ] <mn> 1. jókora; vastag 2. tagbaszakadt
church [tʃɜːtʃ] <fn> 1. [C] templom: *the church coir* templomi kórus * *the church tower* templomtorony 2. [C, U] istentisztelet; (szent-) mise: *We go to church every Sunday.* Minden vasárnap istentiszteletre/misére megyünk. 3. [C] egyház: *a member of the Catholic Church* a katolikus egyház tagja * *the Church of England* az anglikán egyház * *the Church of Scotland* a skót református egyház * *the dialogue between Church and State* az egyház és az állam közti párbeszéd
churchgoer ['tʃɜːtʃˌgəʊə] <fn> [C] templomba járó ember
church wedding [ˌtʃɜːtʃ'wedɪŋ] <fn> [C] egyházi esküvő
churchyard ['tʃɜːtʃjɑːd] <fn> [C] sírkert; temető
¹**churn** [tʃɜːn] <fn> [C] köpű
²**churn** [tʃɜːn] <ige> 1. *(gyomrot)* felkavar: *sg makes one' stomach churn* felkavarodik tőle az ember gyomra 2. *(motort)* túráztat; melegít 3. *(vajat)* köpül; *(habot)* ver
chute [ʃuːt] <fn> [C] 1. akna 2. csúszda 3. ejtőernyő 4. AmE vízesés; zuhatag
CIA [ˌsiːaɪ'eɪ] [= Central Intelligence Agency] CIA (= Központi Hírszerző Ügynökség)
cider ['saɪdə] <fn> [U] almabor
cigar [sɪ'gɑː] <fn> [C] szivar
cigarette [ˌsɪgə'ret] <fn> [C] cigaretta
cigarette case [ˌsɪgə'ret keɪs] <fn> [C] cigarettatárca

cigarette end [ˌsɪgə'ret end] <fn> [C] cigaretta-csikk
cinch [sɪntʃ] <fn> [U] **1.** szl AmE *(könnyű eset/dolog)* gyerekjáték **2.** szl AmE holtbiztos/tuti dolog
cinder ['sɪndə] <fn> [C] parázs: *burnt to a cinder* szénné égett
cinders ['sɪndəz] <fn> [pl] hamu
Cinderella [ˌsɪndə'relə] <fn> Hamupipőke
cinder track ['sɪndə træk] <fn> [C] sp salakpálya
cine camera ['sɪnɪˌkæmərə] <fn> [C] filmfelvevő (gép)
cinema ['sɪnəmə] <fn> [C] mozi: *go to the cinema* moziba megy
cinnamon ['sɪnəmən] <fn> [U] fahéj
cipher ['saɪfə] <fn> [U, C] **1.** titkosírás **2.** mat zéró; nulla **3.** (arab) számjegy **4.** *(ember)* senki; nulla: *He is a mere cipher.* Ő egy nagy nulla.
¹**circle** ['sɜːkl] <fn> **1.** [C] kör: *draw a circle* egy kört rajzol ∗ *come full circle* teljes kört ír le ∗ *We sat in a circle round the tree.* Körbeültük a fát. **2.** [C] *(baráti stb.)* kör: *circle of friends* baráti kör ∗ *in our circles* a mi köreinkben **3.** [U] erkély: *upper circle (színházban)* második emeleti erkély **4.** [C] körforgás; ciklus
♦ **a vicious circle** ördögi kör
²**circle** ['sɜːkl] <ige> (circles, circling, circled) **1.** körbejár; kering; köröz **2.** körülvesz **3.** bekarikáz
circuit ['sɜːkɪt] <fn> [C] **1.** kör(pálya) **2.** el áramkör **3.** körforgás **4.** kerület **5.** *(bíróé stb.)* ≈ körút; kiszállás **6.** sp körmérkőzés
¹**circular** ['sɜːkjʊlə] <mn> **1.** kör alakú; körkörös **2.** visszatérő; kör-: *circular letter* körlevél ∗ *circular saw* körfűrész ∗ *circular railway* körvasút
²**circular** ['sɜːkjʊlə] <fn> [C] körlevél
circulate ['sɜːkjʊleɪt] <ige> **1.** forog; kering; cirkulál: *Blood circulates through the body.* Vér kering a testünkben. **2.** közkézen/közszájon forog **3.** forgalomban van **4.** *(hír)* terjed **5.** forgalomba hoz; terjeszt; *(levelet stb.)* köröz
circulation [ˌsɜːkjʊ'leɪʃn] <fn> **1.** [U] körforgás; cirkuláció **2.** [U] orv (vér)keringés **3.** [U] *(kereskedelemben stb.)* forgalom: *put into circulation* forgalomba hoz ∗ *withdraw from circulation* kivon a forgalomból **4.** [C] *(újságé stb.)* példányszám
circulatory [ˌsɜːkjʊ'leɪtəri] <mn> orv keringési
circumference [sə'kʌmfrəns] <fn> [C, U] mat kerület; körméret
circumscribe ['sɜːkəmskraɪb] <ige> **1.** körülír **2.** körülhatárol

circumspect ['sɜːkəmspekt] <mn> körültekintő; megfontolt
circumspection [ˌsɜːkəm'spekʃn] <fn> [U] körültekintés; óvatosság
circumstances ['sɜːkəmstənsɪz] <fn> [pl] **1.** körülmények: *in/under the circumstances* ilyen körülmények között ∗ *in normal circumstances* normál körülmények között ∗ *under no circumstances* semmi esetre sem **2.** anyagi körülmények; viszonyok: *be in good circumstances* jó anyagi körülmények között él
circumstantial [ˌsɜːkəm'stænʃl] <mn> **1.** *(beszámoló stb.)* körülményes; részletes; részletező **2.** mellékes; másodlagos; kiegészítő **3. circumstantial evidence** *(a körülményekből adódó)* közvetett bizonyíték
circus ['sɜːkəs] <fn> [C] **1.** cirkusz **2.** körtér: *The most famous circus is Piccadilly Circus in London.* A leghíresebb körtér a londoni Piccadilly Circus.
cistern ['sɪstən] <fn> [C] vízgyűjtő; víztároló; víztartály; ciszterna
cite [saɪt] <ige> **1.** idéz **2.** jog (meg)idéz; beidéz **3.** hivatkozik (**sg/sy** vmire/vkire): *cite a book* egy könyvre hivatkozik
citizen ['sɪtɪzn] <fn> [C] **1.** állampolgár: *a Hungarian citizen* magyar állampolgár ∗ *senior citizen* nyugdíjas **2.** *(városi)* polgár: *the citizens of Budapest* Budapest polgárai
citizenship ['sɪtɪznʃɪp] <fn> [U] állampolgárság
citric acid [ˌsɪtrɪk'æsɪd] <fn> [U] citromsav
citrus ['sɪtrəs] <fn> [C] citrusfélék; déligyümölcsök
citrus fruit ['sɪtrəs fruːt] <fn> [C] citrusfélék; déligyümölcsök
city ['sɪti] <fn> **1.** [C] (cities) város: *city hall* városháza ∗ *in the city* a belvárosban **2. the City** [U] London belvárosa: *a City stockbroker* londoni tőzsdeügynök

🇬🇧 *City, the*

The City vagy City of London: London közigazgatásától független terület a város keleti részén. London történelmi magja és Nagy Britannia fő pénzügyi központja.

city center [ˌsɪti'sentər] AmE → **city centre**
city centre [ˌsɪti'sentə] <fn> [U] városközpont; belváros; centrum
civic ['sɪvɪk] <mn> **1.** polgári **2.** városi: *the civic centre* közigazgatási negyed; középületek
civics ['sɪvɪks] <fn> [U] főleg AmE *(tantárgy)* állampolgári ismeretek

civil ['sɪvl] <mn> **1.** polgári; polgár-: *civil action/case* polgári per * *civil court* polgári bíróság * *a civil marriage/wedding* polgári esküvő **2.** udvarias: *Be civil.* Légy udvarias!

civil airport [,sɪvl'eəpɔːt] <fn> [C] közforgalmi repülőtér

civil aviation ['sɪvl,eɪvɪ'eɪʃn] <fn> [U] polgári repülés

civil defence [,sɪvldɪ'fens] <fn> [U] polgári védelem

civil defense [,sɪvldɪ'fens] AmE → **civil defence**

civil disobedience [,sɪvldɪsə'biːdɪəns] <fn> [C, U] polgári engedetlenség

civil engineer [,sɪvlendʒɪ'nɪə] <fn> [C] építőmérnök

civil engineering [,sɪvlendʒɪ'nɪərɪŋ] <fn> [U] építőmérnöki munka/szak/tudományok

¹civilian [sɪ'vɪlɪən] <mn> polgári; civil: *in civilian life* civilben; a magánéletben

²civilian [sɪ'vɪlɪən] <fn> [U] civil (ember); polgári egyén

civilization [,sɪvlaɪ'zeɪʃn] <fn> [C, U] civilizáció; kultúra: *the Roman civilization* a római kultúra/civilizáció

civilize ['sɪvəlaɪz] <ige> civilizál; kiművel

civil law [,sɪvl'lɔː] <fn> [C, U] **1.** polgári jog; magánjog **2.** polgári törvénykönyv

civil rights leader [,sɪvl'raɪts liːdə] <fn> [C] polgárjogi vezető

civil servant [,sɪvl'sɜːvənt] <fn> [C] köztisztviselő; (állami) tisztviselő; közalkalmazott

civil service [,sɪvl'sɜːvɪs] <fn> [U] közigazgatás; közszolgálat: *the civil service* közigazgatás; a közhivatalok; köztisztviselői kar

civil war [,sɪvl'wɔː] <fn> [C] polgárháború

CJD [,siːdʒeɪ'diː] [= Creutzfeldt–Jakob Disease] Creutzfeldt–Jakob-kór

¹claim [kleɪm] <ige> **1.** kér; követel; igényel; folyamodik: *claim back* visszaigényel * *He claimed political asylum.* Politikai menedékjogot kért./Politikai menedékjogért folyamodott. * *The storm claimed a lot of lives.* A vihar rengeteg életet követelt. **2.** állít: *She claimed that...* Azt állította, hogy...

²claim [kleɪm] <fn> [C] **1.** igény (**to sg** vmire); követelés: *a rightful claim to sg* jogos igény vmire * *claim for damages* kártérítési igény * *make a claim* bejelenti az igényét * *lay claim to sg* igényt tart vmire * *She put in a claim for an allowance.* Segélyért folyamodik. **2.** állítás: *She has denied his claims.* Tagadta az állításait. **3.** jogalap; jogcím: *have a claim on sg* jogot formál vmire

clam [klæm] <fn> [C] ehető kagyló

clamber ['klæmbə] <ige> (fel)mászik; felkapaszkodik; (fel)kúszik (**up sg** vmire)

clammy ['klæmɪ] <mn> (idő, kéz stb.) (hidegen) nyirkos

clamorous ['klæmərəs] <mn> zajos; lármás

clamor ['klæmə] AmE → **clamour**

clamour ['klæmə] <fn> [U] **1.** zaj; lárma **2.** tömeges/zajos követelése (**for sg** vminek); kiabálás; panasz

¹clamp [klæmp] <fn> [C] **1.** satu; csiptető; szorító; fogó **2.** kerékbilincs

²clamp [klæmp] <ige> **1.** összekapcsol; összeszorít; összefog **2.** (satuba) befog **3.** (autóra) kerékbilincset tesz: *My car has been clamped.* Kerékbilincset tettek a kocsimra.

> **clamp down on sy** biz lecsap vkire

clampdown [,klæmp'daʊn] <fn> [C] rajtaütés (szerű vizsgálat)

clan [klæn] <fn> [C] (főleg Skóciában) klán

clandestine [klæn'destɪn] <mn> titkos; rejtett

¹clang [klæŋ] <ige> **1.** cseng; zeng; csörög **2.** csörget; csenget

²clang [klæŋ] <fn> [C] csengés; zengés; csörgés

clank [klæŋk] <ige> **1.** csörög **2.** csörget; csörömpöl

¹clap [klæp] <ige> (claps, clapping, clapped) **1.** (meg)tapsol: *Clap your hands and raise a shout.* Tapsolj és kiabálj! **2.** **clap sy on sg** megveregeti vkit vhol: *clap sy on the back* megveregeti a vállát

> **clap sy in** (börtönbe) becsuk vkit

²clap [klæp] <fn> [C] **1.** taps(olás): *give sy a clap* megtapsol vkit **2.** csattanás; dörgés: *the clap of thunder* mennydörgés

clapper ['klæpə] <fn> [C] harangnyelv

claret ['klærət] <fn> [C, U] (bordeaux-i) vörösbor

clarification [,klærəfɪ'keɪʃn] <fn> [U] **1.** tisztázás **2.** (folyadéké) derítés

clarify ['klærəfaɪ] <ige> (clarifies, clarifying, clarified) **1.** tisztáz **2.** (folyadékot) megtisztít; derít

clarinet [,klærə'net] <fn> [C] zene klarinét

clarity ['klærətɪ] <fn> [U] tisztaság; világosság; érthetőség

¹clash [klæʃ] <ige> (clashes, clashing, clashed) **1.** összecsap; összeütközik; összetűzésbe kerül (**with sy** vkivel) **2.** üti egymást (**with sg** vmivel); nem illik (**with sg** vmihez): *Your skirt clashes with your shoes.* A szoknyád nem illik a cipődhöz. **3.** összeesik; egybeesik; ütközik (**with sg** vmivel): *The concert clashed with my English lesson.* A hangverseny egybeesett/ütközött az angolórámmal. **4.** összecsap; ösz-szeüt: *He clashed the cymbals.* Összecsapta a cintányérokat. **5.** ellenkezik (**with sy** vkivel) **6.** zörög

²**clash** [klæʃ] <fn> [C] (clashes) **1.** összecsapás; összeütközés; összetűzés: *clash of views* nézeteltérés **2.** csörömpölés; csattanás: *the clash of swords* a kardok csörömpölése

¹**clasp** [klɑːsp] <fn> [C] **1.** *(táskáé, nyakláncé stb.)* kapocs; csat; zár **2.** kézszorítás; fogás **3.** átkarolás; átölelés

²**clasp** [klɑːsp] <ige> **1.** átölel; átkarol; átfog; erősen tart **2.** megragad: *clasp sy's hand* megszorítja vkinek a kezét ∗ *clasp one's hands* összekulcsolja a kezét **3.** bekapcsol; *(csatot)* becsatol

clasp knife [ˈklɑːsp naɪf] <fn> [C] (clasp knives) zsebkés; bicska

¹**class** [klɑːs] <fn> **1.** [C] isk osztály: *There are two new boys in our class.* Az osztályunkba két új fiú érkezett. ∗ *The whole class loves maths.* Az egész osztály imádja a matekot. **2.** [C] isk (tanítási) óra: *The second class begins at 9 o'clock.* A második óra 9-kor kezdődik. ∗ *There were no classes today.* Ma nem volt tanítás. **3.** [C, U] *(társadalmi, rendszertani)* osztály: *class conflict* osztályellentét ∗ *the middle class* a középosztály ∗ *different classes of animals* az állatok számos különböző osztálya **4.** [U] *(hajón, vonaton)* osztály: *Buy a first-class ticket to London.* Vegyél egy első osztályra szóló jegyet Londonba! **5.** [C] AmE évfolyam **6.** [C] AmE tanfolyam; kurzus

²**class** [klɑːs] <ige> osztályoz; osztályba sorol; besorol

¹**classic** [ˈklæsɪk] <fn> [C] klasszikus mű; remekmű: *a famous children's classic* híres, gyermekeknek írt, klasszikus mű

²**classic** [ˈklæsɪk] <mn> **1.** klasszikus; tipikus; jellegzetes: *She made the classic mistake...* Azt a klasszikus/tipikus hibát követte el, hogy... ∗ *It is a classic example of cheating.* Ez a csalás klasszikus esete. **2.** remek; kitűnő; elsőrangú: *It is a classic novel.* Ez egy kitűnő regény.

classical [ˈklæsɪkl] <mn> klasszikus: *classical music* klasszikus zene; komolyzene ∗ *the classical writers* klasszikus szerzők

classics [ˈklæsɪks] <fn> [U] **1.** (szak) klasszika--filológia; latin és görög nyelv és irodalom **2. the classics** *(irodalmi mű)* a klasszikusok

classified ad [ˌklæsɪfaɪd ˈæd] <fn> [C] apróhirdetés

classified advertisement [ˌklæsɪfaɪd əd'vɜː-tɪsmənt] <fn> [C] apróhirdetés

classified directory [ˌklæsɪfaɪd dəˈrektəri] <fn> [C] szaknévsor: *the UK's leading online classi-fied directory service* az Egyesült Királyság legnagyobb internetes szaknévsora

classmate [ˈklɑːsmeɪt] <fn> [C] osztálytárs

classroom [ˈklɑːsruːm] <fn> [C] tanterem; osztály(terem): *classroom activities* csoportos foglalkozás

→ Lásd a Tartalomjegyzékben a Tematikus rajzokat!

classy [ˈklɒsi] <mn> (classier, classiest) biz elegáns; előkelő; príma; klassz

¹**clatter** [ˈklætə] <ige> **1.** csörget; zörget **2.** csörög; csörömpöl

²**clatter** [ˈklætə] <fn> [U] csörömpölés; zörgés; csörgés; csattogás

clause [klɔːz] <fn> [C] **1.** nyelvt mellékmondat; tagmondat **2.** jog (törvény)szakasz; záradék; kikötés; paragrafus

¹**claw** [klɔː] <fn> [C] **1.** karom; köröm **2.** *(ráké)* olló

²**claw** [klɔː] <ige> (meg)karmol

clay [kleɪ] <fn> [U] agyag

clay court [ˌkleɪˈkɔːt] <fn> [C] salakos teniszpálya

¹**clean** [kliːn] <mn> (cleaner, cleanest) **1.** tiszta: *make sg clean* vmit (ki)tisztít ∗ *Is it clean or dirty?* Tiszta vagy piszkos? ∗ *The air is clean today.* Ma tiszta a levegő. **2.** üres; tiszta: *a clean sheet of paper* egy üres/tiszta papírlap **3.** büntetlen: *clean record* büntetlen előélet **4.** *(erkölcsileg)* makulátlan **5.** sima; akadálymentes **6.** *(nem drogfüggő)* tiszta

♦ **make a clean sweep (of sg) 1.** nagy tisztogatást végez; felszámol vmit **2.** elsöprő győzelmet arat ♦ **as clean as a new pin** vadonatúj

²**clean** [kliːn] <ige> (ki)tisztít; megtisztít; letisztít; (ki)takarít; (meg)mos; (le)súrol: *clean the bathroom* kitakarítja a fürdőszobát ∗ *clean sy's teeth* megmossa a fogát ∗ *clean one's plate* mindent megeszik, ami a tányéron van

clean sg down lecsutakol vmit
clean sg out kitisztít vmit
clean sy/sg out kifoszt vkit/vmit: *He cleaned me out* Kirabolt.
clean up (ki)takarít
clean sg up 1. (ki)takarít; megtisztít vmit **2.** *(pénzt)* nyer; besöpör **3.** *(helyiséget stb. vkitől)* megtisztít
clean sy up eltávolít vkit

³**clean** [kliːn] <hsz> teljesen; tökéletesen: *I clean forgot it.* Teljesen kiment a fejemből.

♦ **come clean** biz megmondja az igazat; mindent bevall

clean-cut [ˌkliːn'kʌt] <mn> **1.** ápolt; gondozott; rendes **2.** élesen körülhatárolt; világos

cleaner ['kliːnə] <fn> [C] **1.** takarító(nő) **2.** tisztítószer: *window cleaner* ablaktisztító **3. the cleaner's** (vegy)tisztító

cleaners ['kliːnəz] <fn> [pl] (vegy)tisztító

cleaning ['kliːnɪŋ] <fn> [U] (ki)takarítás; (ki-) tisztítás: *do the cleaning* (ki)takarít

cleaning lady ['kliːnɪŋˌleɪdɪ] <fn> [C] takarítónő; bejárónő

cleanliness [klenlɪnəs] <fn> [U] tisztaság; rendesség

¹**cleanly** ['kliːnlɪ] <hsz> **1.** tisztán **2.** nehézség nélkül; könnyen; simán

²**cleanly** ['kliːnlɪ] <mn> tiszta; rendes

clean-shaven [ˌkliːn'ʃeɪvn] <mn> simára borotvált

clean-up [ˌkliːn'ʌp] <fn> [U] tisztogatás; nagytakarítás

cleanse [klenz] <ige> (meg)tisztít

cleanser ['klenzə] <fn> [C] (arc)lemosó

¹**clear** [klɪə] <mn> (clearer, clearest) **1.** tiszta; érthető; jól hallható: *She speaks in a clear voice.* Tiszta/Érthető hangon beszél. **2.** tiszta; átlátszó: *clear glass* tiszta/átlátszó üveg/pohár **3.** (*idő*) tiszta; felhőtlen; derült: *a clear day* derült/felhőtlen nap **4.** érthető; nyilvánvaló; világos: *as clear as day* világos, mint a nap * *clear majority* abszolút többség * *make sg clear to sy* megértet vmit vkivel * *make oneself clear* megérteti magát **5.** (*út*) szabad; akadálymentes: *The road is clear.* Szabad/Akadálymentes az út. **6.** tiszta; makulátlan; szabad: *clear conscience* tiszta lelkiismeret **7.** teljes; egész **8. be clear about sg** biztos vmiben
♦ **as clear as mud** világos, mint a vakablak ♦ **All clear!** Minden rendben, tiszta a levegő!

²**clear** [klɪə] <ige> **1.** (meg)tisztít; eltávolít; (le)takarít: *clear one's throat* köszörüli a torkát **2.** (*ég*) kiderül; megtisztul **3.** (*adósságot*) kiegyenlít; kifizet **4.** (*asztalt*) leszed **5.** (*akadályt, távolságot*) átugrik; megugrik; (*lécet*) átvisz **6.** (*csekket*) bevált **7.** tisztáz (**sy** vkit) **8.** vámkezeltet; elvámoltat: *clear goods through customs* vámkezelteti/elvámoltatja az árut
♦ **clear the air** tiszta vizet önt a pohárba
♦ **Clear the way!** Utat!

clear away (*felhő*) elszáll; (*köd*) felszáll
clear sg away (*asztalt*) leszed; eltávolít; eltakarít vmit
clear off biz **1.** lelép; meglóg **2.** kiárusít

clear out biz lelép
clear sg out 1. (*helyiséget*) kitakarít **2.** megszabadul vmitől; kiselejtez; kidob; kiürít vmit
clear up 1. (*ég, idő*) kitisztul; kiderül **2.** kitakarít
clear sg up 1. kitakarít; rendbe hoz; rendet rak vmit **2.** tisztáz; kiderít vmit

³**clear** [klɪə] <hsz> tisztán: *Stand clear of the doors!* (*vonaton, metrón stb.*) Ne tartózkodjunk az ajtó közelében!/Hagyjuk szabadon a kijáratot!

clearance [klɪərəns] <fn> [U] **1.** megtisztítás **2.** vámvizsgálat; vámkezelés **3.** engedély; igazolvány **4.** térköz; hézag **5.** (*repülőé*) felszállási engedély

clearance sale ['klɪərəns seɪl] <fn> [C] kiárusítás

clear-cut [ˌklɪə'kʌt] <mn> **1.** éles **2.** világos; félreérthetetlen; tiszta

clearing ['klɪərɪŋ] <fn> **1.** [C] tisztás; erdővágás **2.** [U] gazd klíring

clearly ['klɪəlɪ] <hsz> **1.** tisztán; világosan; érthetően **2.** nyilván(valóan): *He is clearly innocent.* Nyilván(valóan) ártatlan. **3.** kétségtelenül; egyértelműen: *Clearly, this house will cost a lot more than we imagined.* Az igazság az, hogy ez a ház jóval többe kerül, mint képzeltük. * *That's clearly his mistake.* Kétségtelenül az ő hibája.

cleavage ['kliːvɪdʒ] <fn> [C, U] **1.** dekoltázs **2.** hasadás; hasítás

cleave [kliːv] <ige> (cleaves, cleaving, cleaved/ cleft/clove, cleaved/cleft/cloven) **1.** (ketté-/ szét)hasít (**sg** vmit): *cleave in two* kettéhasít **2.** (szét)hasad **3.** ragaszkodik (**to sy** vkihez)

clef [klef] <fn> [C] zene (*hangjegyé*) kulcs: *the bass clef* basszuskulcs

¹**cleft** [kleft] <fn> [C] hasadék; szakadék

²**cleft** [kleft] → ¹**cleave**

clemency ['klemənsɪ] <fn> [U] **1.** irgalom; könyörület **2.** (*időjárásé*) enyheség

clement ['klemənt] <mn> **1.** irgalmas; könyörületes **2.** (*időjárás*) enyhe; kellemes

clench [klentʃ] <ige> **1.** összeszorít: *clench one's teeth* összeszorítja a fogát * *clench one's fists* ökölbe szorítja a kezét **2.** megragad

clergy ['klɜːdʒɪ] <fn> [pl] papság; klérus

clergyman ['klɜːdʒɪmən] <fn> [C] (clergymen) pap; lelkész

¹**clerical** ['klerɪkl] <mn> papi; klerikális

²**clerical** ['klerɪkl] <mn> irodai: *clerical work* irodai munka * *clerical error* elírás

clerk [klɑːk] <fn> [C] **1.** hivatalnok; tisztviselő **2.** irodai dolgozó **3.** AmE (bolti) eladó

clever [klevə] <mn> (cleverer, cleverest) **1.** okos; eszes: *She is clever at biology.* Jól megy neki a biológia. **2.** ügyes: *You are a clever boy!* Ügyes kisfiú vagy!

¹click [klɪk] <fn> [C] **1.** kattanás; csattanás **2.** infor kattintás; klikkelés

²click [klɪk] <ige> **1.** infor *(egérrel)* kattint; klikkel: *click on* rákattint * *Click the ENTER button.* Klikkelj/Kattints az ENTER gombra! **2.** kattan **3.** csattant; csettint; kattint **4.** egyből egymásra találnak: *We just clicked.* Első látásra egymásba estünk.

♦ **It has clicked for me.** Leesett a húszfilléres.

client ['klaɪənt] <fn> [C] **1.** ügyfél; üzletfél; kliens **2.** vevő; vásárló; vendég

cliff [klɪf] <fn> [C] szikla(szirt)

cliffhanger ['klɪf,hæŋə] <fn> [C] szuperkrimi; feszültséggel teli bűnügyi történet

climacteric <fn> [U] biol klimaktérium; klimax

climate ['klaɪmɪt] <fn> [C] **1.** éghajlat; klíma: *travel to a warmer climate* melegebb éghajlatra utazik * *a wet climate* nedves éghajlat(ú terület) **2.** átv légkör; klíma: *climate of opinion* közhangulat

climate change ['klaɪmət tʃeɪndʒ] <fn> [U] klímaváltozás

climax ['klaɪmæks] <fn> [C] **1.** csúcspont; tetőpont; fénypont **2.** orgazmus

¹climb [klaɪm] <ige> **1.** megmászik *(sg* vmit): *We climbed the hill.* Megmásztuk a hegyet. **2.** *(út vhova)* emelkedik; felkúszik; felvisz: *The road climbs into the hill.* Az út felvisz a hegyre.

♦ **The higher you climb the harder you fall.** Minél magasabbra mászol, annál nagyobbat esel.

---

climb down visszavonul; visszakozik; alább adja

climb down sg leereszkedik; lemászik vmiről

climb through sg átmászik; átkúszik vmin: *climb through a hole* átmászik egy lyukon

climb up sg felmászik vmire: *We climbed up to the top of the tree.* Felmásztunk a fa tetejére.

---

²climb [klaɪm] <fn> [C] **1.** (meg)mászás **2.** *(úté)* emelkedés

climbdown ['klaɪmdaʊn] <fn> [C] visszakozás

climber ['klaɪmə] <fn> [C] **1.** hegymászó **2.** törtető; karrierista **3.** kúszónövény

¹clinch [klɪntʃ] <ige> **1.** *(vitát)* eldönt; *(alkut stb.)* megköt **2.** megszegel; összeszegel **3.** *(bokszban)* lefog; egymásba kapaszkodnak; összekapaszkodnak

²clinch [klɪntʃ] <fn> [U] (szoros) átkarolás/ölelés

cling [klɪŋ] <ige> (clings, clinging, clung, clung) **1.** belekapaszkodik (**to sy** vkibe); ragaszkodik (**to sy** vkihez); csüng; lóg (**to sy** vkin) **2.** rátapad (**to sy** vkire) **3.** tapad (**to sg** vmihez)

cling film ['klɪŋfɪlm] <fn> [U] (háztartási) fólia

clinic ['klɪnɪk] <fn> [C] **1.** rendelőintézet; szakrendelő; AmE járóbeteg-rendelés **2.** (magán)klinika

clinical ['klɪnɪkl] <mn> klinikai: *clinical thermometer* lázmérő * *clinical trial (gyógyszeré)* klinikai kipróbálás

¹clink [klɪŋk] <ige> **1.** csörget: *clink glasses* koccint **2.** csörög; csörömpöl; zörög

²clink [klɪŋk] <fn> [U] csengés; csörgés; csörömpölés; zörgés

³clink [klɪŋk] <fn> [C, U] szl *(börtön)* sitt

¹clip [klɪp] <fn> [C] kapocs; csíptető; csipesz: *paper clip* gemkapocs * *hair-clip* hajcsipesz

²clip [klɪp] <ige> (clips, clipping, clipped) (össze)kapcsol; csíptet; tűz: *He clipped his letter to the book.* Levelét a könyvhöz tűzte/kapcsolta.

³clip [klɪp] <fn> [C] **1.** nyírás; vágás **2.** (video-) klip

⁴clip [klɪp] <ige> (clips, clipping, clipped) (meg-)nyír; (le)vág: *clip finger nails* körmöt vág * *I clipped her hair short.* Levágtam a haját.

clipboard ['klɪpbɔːd] <fn> [C] **1.** csíptetős írómappa **2.** infor vágólap

clip joint ['klɪp dʒɔɪnt] <fn> [C] szl szórakozóhely; rablótanya

clippers ['klɪpəz] <fn> [pl] vágó/nyeső/nyíró eszköz/gép: *nail clippers* körömcsipesz * *hedge clippers* sövénynyíró gép

clipping ['klɪpɪŋ] <fn> [C] **1.** nyírás; kivágat **2.** AmE újságkivágás

clique [kliːk] <fn> [C] klikk

cloak [kləʊk] <fn> [C] köpönyeg; palást; lepel

cloakroom ['kləʊkruːm] <fn> [C] **1.** ruhatár: *cloakroom attendant* ruhatárosnő * *cloakroom ticket* ruhatári jegy **2.** mosdó; vécé

¹clobber ['klɒbə] <fn> [U] biz szerelés; öltözék; cucc

²clobber ['klɒbə] <ige> **1.** összever **2.** legyőz; megver

¹clock [klɒk] <fn> [C] **1.** *(fali-/álló-)* óra: *alarm clock* ébresztőóra * *put/set the clock ahead/forward* előreállítja az órát * *The clock struck twelve.* Az óra tizenkettőt/éjfélt ütött. **2.** stopper **3.** biz kilométerszámláló; sebességmérő

♦ **put/turn the clock back** visszafelé forgatja a történelem kerekét ♦ **round the clock** huszonnégy órán át; éjjel-nappal ♦ **work against the clock** versenyt fut az idővel ♦ **work round the clock** 24 órán át dolgozik; éjjel-nappal dolgozik

²**clock** [klɒk] <ige> **1.** *(időt, sebességet)* mér **2.** *(időt versenyen)* elér; teljesít: *I clocked 2.5.* 2,5-öt futottam.

> **clock in** *(munkába érkezéskor)* bélyegez; blokkol
> **clock off/out** *(munkából távozáskor)* bélyegez; blokkol

clock-radio [ˌklɒkˈreɪdɪəʊ] <fn> [C] rádiós ébresztőóra
clockwise [ˈklɒkwaɪz] <hsz> az óramutató járásával megegyező irányban
clockwork [ˈklɒkwɜːk] <fn> [U] óramű
♦ **It goes like clockwork.** Megy, mint a karikacsapás.
clod [klɒd] <fn> [C] **1.** göröngy; rög **2.** félkegyelmű; trotli; hátramozdító
¹**clog** [klɒg] <fn> [C] fapapucs; facipő; klumpa
²**clog** [klɒg] <ige> (clogs, clogging, clogged) **1.** eldugul; eltömődik **2.** akadályoz; eltöm; eltorlaszol
cloister [ˈklɔɪstə] <fn> [C] **1.** keresztfolyosó; kerengő; árkád(sor) **2.** kolostori élet
¹**clone** [kləʊn] <fn> [C] biol klón
²**clone** [kləʊn] <ige> biol klónoz
¹**close** [kləʊs] <mn> (closer, closest) **1.** közel; szorosan egymás mellett: *They live close to the school.* Egészen közel laknak az iskolához. * *The flowers are close together.* A virágok szorosan egymás mellett vannak. **2.** *(meghitt)* közeli: *close friends* közeli/szoros barátok **3.** *(verseny)* szoros: *The race was very close.* Nagyon szoros volt a verseny. **4.** zárt; csukott **5.** alapos; pontos: *close examination* alapos kivizsgálás * *close translation* szöveghű fordítás **6.** tömött; tömör: *close order* tömött sorok **7.** zárkózott; hallgatag **8.** *(levegő)* fülledt; nyomott
♦ **at close quarters** közel egymáshoz
♦ **keep a close watch on sy** éberen figyel vkit ♦ **on closer examination** közelebbről megvizsgálva ♦ **It was a close shave/call.** Egy hajszálon múlt.
²**close** [kləʊz] <ige> (closes, closing, closed) **1.** becsuk; bezár: *Close your books!* Csukjátok be a könyveiteket! * *Close your eyes!* Csukd be a szemed! * *The shops are closed today.* Az üzletek ma zárva tartanak. **2.** bezáródik; összecsukódik; becsukódik; bezárul **3.** lezár; befejez **4.** befejeződik; végződik; véget ér

> **close down** *(adás)* zárul; *(TV stb.)* beszünteti az adást
> **close sg down** (be)zár; becsuk; befejez vmit
> **close in 1.** *(éjszaka stb.)* közeleg **2.** *(megközelít és)* bekerít
> **close in on sy** (megközelít és) bekerít vkit
> **close up 1.** bezárul; elzáródik; összezárul **2.** *(seb)* begyógyul
> **close sg up** összevon; összeszorít; összébb zár vmit
> **close with** nekitámad; összecsap

³**close** [kləʊs] <fn> [C] sikátor; köz
⁴**close** [kləʊz] <fn> [U] zárás; vminek a vége; befejezés: *come to a close* véget ér; befejeződik * *bring to a close* befejez
closed [kləʊzd] <mn> zárt: *behind closed doors* zárt ajtók mögött
closed-circuit television [ˌkləʊzdˌsɜːrkɪtˈtelɪvɪʒn] <fn> [C, U] röv **CCTV** zárt láncú televízió; ipari televízió
closedown [ˈkləʊzdaʊn] <fn> [C, U] *(gyáré stb.)* bezárás; leállítás; megszüntetés
close-fisted [ˌkləʊsˈfɪstɪd] <mn> szűkmarkú; fukar
close-fitting [ˌkləʊsˈfɪtɪŋ] <mn> testhezálló; szoros; feszes
close-knit [ˌkləʊsˈnɪt] <mn> szorosan összetartozó
closely [ˈkləʊslɪ] <hsz> **1.** közelről; figyelmesen: *Look closely at her.* Nézd meg figyelmesen! **2.** szorosan **3.** gondosan
¹**closet** [ˈklɒzɪt] <fn> [C] AmE **1.** faliszekrény; beépített szekrény **2.** lomtár

> Vigyázat, álbarátok!
> **closet** ≠ klozet (= BrE **loo**; BrE **lav**)

²**closet** [ˈklɒzɪt] <mn> titkos; rejtett: *closet homosexual* melegségét titkoló férfi
³**closet** [ˈklɒzɪt] <ige> *(szobába)* bezárkózik: *be closeted with sy* bizalmas megbeszélésre elvonul vkivel * *be closeted together* össze van(nak) zárva
close-up [ˈkləʊsʌp] <fn> [C, U] fényk, film közelkép; premier plán
closing date [ˈkləʊzɪŋ deɪt] <fn> [C] végső határidő; jelentkezési határidő; beküldési határidő
closing time [ˈkləʊzɪŋ taɪm] <fn> [C] záróra

closure ['kləʊʒə] <fn> [C, U] *(üzleté, üzemé)* bezárás

¹clot [klɒt] <fn> [C] **1.** (vér)csomó; (vér)rög: *clot of blood//blood clot* vérrög **2.** BrE hülye

²clot [klɒt] <ige> (clots, clotting, clotted) orv megalvad; csomósodik: *a drug that stops blood from clotting* véralvadásgátló gyógyszer ∗ *Blood clots easily.* A vér könnyen alvad.

cloth [klɒθ] <fn> **1.** [U] szövet; anyag; posztó: *I bought some cotton cloth.* Vettem pamutszövetet. **2.** [C] (cloths) rongy; törlő(rongy): *a damp cloth* nedves rongy

clothe [kləʊð] <ige> (fel)öltöztet; felruház

clothes [kləʊðz] <fn> [pl] ruha; ruházat; ruhanemű: *put on one's clothes* felöltözik ∗ *change one's clothes* átöltözik

clothes brush ['kləʊðz ˌbrʌʃ] <fn> [C] ruhakefe

clothes-hanger ['kləʊðzˌhæŋə] <fn> [C] ruhaakasztó; vállfa

clothes horse <fn> [C] ruhaszárító; ruhaakasztó

clothes peg ['kləʊz peg] <fn> [C] ruhacsipesz

clothes pin ['kləʊzpɪn] <fn> [C] AmE ruhacsipesz

clothing ['kləʊðɪŋ] <fn> [U] öltözet; ruházat; ruhanemű

¹cloud [klaʊd] <fn> **1.** [C, U] felhő: *dark clouds* sötét felhők ∗ *cloud of dust* porfelhő ∗ *cloud of smoke* füstfelhő **2.** [C] árnyék; sötétség **3. the cloud** [sing] infor felhő
 ♦ **have one's head in the clouds** a fellegekben jár ♦ **be on cloud nine** biz madarat lehet vele fogatni ♦ **be under a cloud 1.** bajban van **2.** gyanú alatt áll ♦ **Every cloud has a silver lining.** Minden rosszban van valami jó.

²cloud [klaʊd] <ige> **1.** beborul; elhomályosul **2.** elhomályosít **3.** elkomorul

cloud over befelhősödik

cloudburst ['klaʊdbɜːst] <fn> [C] felhőszakadás

cloud cuckoo land [klaʊd 'kʊkuː lænd] <fn> [U] infml (AmE la-la land) ábrándvilág; csodaország

cloudy ['klaʊdɪ] <mn> **1.** felhős **2.** *(folyadék)* homályos; zavaros

¹clout [klaʊt] <fn> biz **1.** [C] pofon; erős ütés **2.** [U] (politikai) hatalom; befolyás; nyomás

²clout [klaʊt] <ige> erőset üt

¹clove [kləʊv] <fn> [C] szegfűszeg

²clove [kləʊv] <fn> [C] fokhagymagerezd

³clove [kləʊv] → **cleave**

cloven [kləʊvn] → **cleave**

cloven-hoofed [ˌkləʊvn'huːft] <mn> hasított patájú

clover ['kləʊvə] <fn> [C] lóhere
 ♦ **be/live in clover** gyöngyélete van; él, mint Marci Hevesen

cloverleaf ['kləʊvəliːf] <fn> [C] (cloverleaves) lóherelevél

¹clown [klaʊn] <fn> [C] átv is bohóc

²clown [klaʊn] <ige> bohóckodik

¹club [klʌb] <fn> [C] **1.** klub; egy(esü)let; társaság **2.** bunkósbot; buzogány; dorong **3.** golfütő **4.** *(kártyajátékban)* treff; makk: *the Jack of clubs* treff bubi ∗ *I played a club.* Treffet/Makkot hívtam.

²club [klʌb] <ige> (clubs, clubbing, clubbed) **1.** egyesít **2.** bunkósbottal (meg)üt **3. go clubbing** diszkózik

club together to do sg egyesül; összeáll; összefog: *We all clubbed together to buy her a new coat.* Összeadtunk neki egy új kabátravalót.

clue [kluː] <fn> [C] **1.** nyom(ra vezető jel); bűnjel; támpont; kiindulási pont **2.** megoldás/megfejtés kulcsa
 ♦ **I don't have a clue.//I haven't a clue.** Fogalmam sincs.

clump [klʌmp] <fn> [C] **1.** (fa)csoport **2.** rakás; csomó; halom

clumsy ['klʌmzɪ] <mn> (clumsier, clumsiest) ügyetlen; esetlen: *that clumsy boy* az az ügyetlen fiú

clung [klʌŋ] → **cling**

¹cluster ['klʌstə] <fn> [C] **1.** csoport **2.** fürt: *a cluster of grapes* egy fürt szőlő

²cluster ['klʌstə] <ige> csoportosul: *cluster (a)round sy* csoportosul vki körül; vki köré gyűlik

¹clutch [klʌtʃ] <ige> **1.** megragad; megfog **2.** átkarol; átkulcsol; (bele)kapaszkodik **3.** kuplungoz

²clutch [klʌtʃ] <fn> **1.** [C] kuplung: *Take your foot off the clutch.* Vedd le a lábadat a kuplungról! **2.** [U] szorítás; megragadás; megfogás

¹clutter ['klʌtə] <fn> [U] zűrzavar; összevisszaság; rumli

²clutter ['klʌtə] <ige> rendetlenséget/összevisszaságot csinál

clutter sg (up) with sg telezsúfol; teletöm vmit vmivel

cm [= centimetre(s)] cm (= centiméter)

Co. [kəʊ AmE koʊ] [= company] társ. (= társaság)

c/o [ˌsiː'əʊ] [= care of] *(levélcímen)* címén

¹coach [kəʊtʃ] <fn> [C] **1.** *(távolsági)* autóbusz: *coach station/terminal* távolsági autóbusz-pályaudvar * *travel by coach* busszal utazik * *go to Italy on a coach tour* olaszországi utat tesz autóbusszal **2.** hintó; fogat **3.** *(vasúti)* kocsi **4.** edző: *tennis coach* teniszedző **5.** szövetségi kapitány: *He is Italy's national coach.* Ő az olasz szövetségi kapitány. **6.** magántanító

²coach [kəʊtʃ] <ige> *(vizsgára, versenyre)* felkészít; edz: *He coached the girl for the Olympics.* Ő készítette fel a lányt az olimpiára.

coaching ['kəʊtʃɪŋ] <fn> [C] **1.** edzés **2.** *(vizsgára)* felkészítés; instruálás

coachwork ['kəʊtʃwɜːk] <fn> [C] gk karosszéria

coal [kəʊl] <fn> [U] szén

♦ **carry coal to Newcastle** Dunába/tengerbe hord vizet ♦ **call sy over the coals** elővesz vkit ♦ **haul sy over the coals** alaposan lehord vkit

coalition [ˌkəʊə'lɪʃn] <fn> [C] pol koalíció: *coalition government* koalíciós kormány * *form a coalition* koalíciót alakít

coal mine ['kəʊl maɪn] <fn> [C] szénbánya
coal miner ['kəʊl maɪnə] <fn> [C] szénbányász
coal mining ['kəʊl maɪnɪŋ] <fn> [U] szénbányászat
coal pit ['kəʊlpɪt] <fn> [C] szénbánya
coal production ['kəʊl prədʌkʃn] <fn> [U] széntermelés
coal supply ['kəʊl səplaɪ] <fn> [U] szénellátás

coarse [kɔːs] <mn> (coarser, coarsest) **1.** *(anyag)* durva: *coarse sand* durva homok * *coarse material* durva/vastag anyag **2.** átv durva; közönséges: *a coarse joke* durva vicc

¹coast [kəʊst] <fn> [C] (tenger)part; partvidék: *It is on the east coast.* A keleti parton/partvidéken van.

♦ **The coast is clear.** Tiszta a levegő!

²coast [kəʊst] <ige> *(biciklivel lejtőn)* legurul: *My friends were coasting along on their bikes.* A barátaim biciklivel gurultak le.

coaster ['kəʊstə] <fn> [C] **1.** parti hajó **2.** poháralátét **3.** AmE *(vidámparkban)* hullámvasút
coastguard ['kəʊstgɑːd] <fn> [C] parti őrség
coastline ['kəʊstlaɪn] <fn> [C] partvonal; tengerpart

¹coat [kəʊt] <fn> [C] **1.** kabát: *leather coat* bőrkabát **2.** *(állaté)* bunda: *This bear has a shaggy coat.* Ennek a mackónak bozontos a bundája. **3.** *(külső)* réteg; bevonat: *coat of paint* festékréteg * *ground coat* alapozófesték; alapozás **4.** takaró

♦ **turn one's coat** köpönyeget forgat ♦ **It is not the coat that makes the gentleman.** Nem a ruha teszi az embert.

²coat [kəʊt] <ige> bevon (**sg with sg** vmit vmivel)

coated ['kəʊtɪd] <mn> **1.** borított; burkolt; bevont: *sugar-coated* cukorbevonatú **2.** lepedékes: *coated tongue* lepedékes nyelv

coat hanger ['kəʊtˌhæŋə] <fn> [C] vállfa
coatigan ['kəʊtɪgən] <fn> [C] (hosszú, kötött) kardigán
coating ['kəʊtɪŋ] <fn> [C] **1.** bevonat; fedőréteg; burkolat; festékréteg **2.** *(festékkel)* alapozás
coat of arms [ˌkəʊt əv'ɑːmz] <fn> [C] (coats of arms) címer
coat rack ['kəʊt ræk] <fn> [C] *(előszobában)* fogas
coat stand ['kəʊtstænd] <fn> [C] *(álló)* fogas
coax [kəʊks] <ige> rábeszél (**into sg/into doing sg** vmire//vminek a megtételére); csalogat: *coax sy into coming out* kicsal vkit vhonnan

coax sg out of sy kicsikar vkiből vmit

cob [kɒb] <fn> [C] kukoricacső
¹cobble ['kɒbl] <fn> [C] macskakő
²cobble ['kɒbl] <ige> macskakövekkel fed

cobble sg together *(vacsorát, dolgozatot stb.)* összedob; összecsap

cobbler ['kɒblə] <fn> [C] cipész; suszter

♦ **The cobbler should stick to his last.** A suszter maradjon a kaptafánál.

cobblestones ['kɒblstəʊnz] <fn> [pl] macskakő
cobweb ['kɒbweb] <fn> [C] pókháló
cocaine [kəʊ'keɪn] <fn> [U] kokain
¹cock [kɒk] <fn> [C] **1.** kakas: *The cock was crowing in the morning.* A kakas kukorékolt reggel. **2.** *(madáré)* hím; (-)kakas: *a cock pheasant* fácánkakas **3.** (víz)csap **4.** *(lőfegyveren)* kakas **5.** szl farok; fasz

²cock [kɒk] <ige> **1.** *(ravaszt lőfegyveren)* felhúz **2.** felállít: *The dog cocked its ears.* A kutya hegyezte a fülét. **3.** *(kalapot)* félrecsap

cockney ['kɒknɪ] <fn> **1.** [C] ≈ London East End negyedében született személy **2.** [U] ≈ London East End negyedében beszélt dialektus
cockpit ['kɒkpɪt] <fn> [C] pilótafülke
cockroach ['kɒkrəʊtʃ] <fn> [C] svábbogár
cocksure [ˌkɒk'ʃɔː] <mn> magabiztos; öntelt
cocktail ['kɒkteɪl] <fn> [C] koktél: *cocktails* koktélparti
cocky ['kɒkɪ] <mn> fennhéjázó; kérkedő; arcátlan; beképzett; pimasz
cocoa ['kəʊkəʊ] <fn> [U] **1.** kakaó(por) **2.** *(ital)* kakaó: *a cup of cocoa* egy csésze forró kakaó

cocoa butter ['kəʊkəʊ bʌtə] <fn> [U] kakaóvaj
coconut ['kəʊkənʌt] <fn> [C] kókuszdió
cocoon [kə'ku:n] <fn> [C] selyemgubó
cod [kɒd] <fn> [C, U] (cod) tőkehal
coddle ['kɒdl] <ige> (el)kényeztet; agyonbabusgat
¹code [kəʊd] <fn> [C, U] **1.** titkosírás; kód: *break a code* titkosírást megfejt ∗ *code number* azonosító kód/szám; kódszám ∗ *code word* jelige ∗ *The message was written in code.* Az üzenetet titkosírással írták./Az üzenetet kódolták. **2.** jogszabálygyűjtemény; törvénykönyv; kódex: *the penal code* büntető törvénykönyv **3.** szabály(zat): *the Highway Code (a közúti közlekedés szabályai)* a KRESZ
²code [kəʊd] <ige> kódol; rejtjelez: *coded message* kódolt üzenet
codify ['kəʊdɪfaɪ] <ige> (codifies, codifying, codified) törvénybe foglal; kodifikál
coed [,kəʊ'ed] <fn> [C] AmE ≈ diáklány koedukációs iskolában
coeducational [,kəʊedju:'keɪʃnəl] <mn> koedukációs: *coeducational school* koedukációs iskola
coerce [kəʊ'ɜ:s] <ige> kényszerít (**into sg//into doing sg** vmire//vminek a megtételére)
coercion [kəʊ'ɜ:ʃn] <fn> [U] kényszer(ítés)
coercive [kəʊ'ɜ:sɪv] <mn> **1.** kényszerítő: *coercive measures* kényszerrendszabály **2.** korlátozó
coexist [,kəʊɪg'zɪst] <ige> egyidejűleg létezik/van/él; egymás mellett él
coexistence [,kəʊɪg'zɪstəns] <fn> [U] együttélés
coexistent [,kəʊɪg'zɪstənt] <mn> egyidejűleg élő/létező; együttélő
co-finance ['kəʊfaɪnæns] <ige> társfinanszíroz
coffee ['kɒfɪ] <fn> **1.** [U] kávé: *black coffee* feketekávé ∗ *white coffee* tejeskávé ∗ *instant coffee* neszkávé ∗ *Would you like coffee or tea?* Kávét vagy teát kér(sz)? **2.** [C] *(egy csészével)* kávé: *Three coffees, please.* Három kávét kérek.
coffee bar ['kɒfɪ bɑ:] <fn> [C] kávézó; eszpresszó
coffee break ['kɒfɪ breɪk] <fn> [C] kávészünet
coffee cup ['kɒfɪ kʌp] <fn> [C] kávéscsésze
coffee grinder ['kɒfɪ,graɪndə] <fn> [C] kávédaráló
coffee house ['kɒfɪhaʊs] <fn> [C] kávéház
coffee machine ['kɒfɪ mə,ʃi:n] <fn> [C] kávéautomata
coffee maker ['kɒfɪ,meɪkə] <fn> [C] *(gép)* kávéfőző; eszpresszógép
coffee pot ['kɒfɪpɒt] <fn> [C] káveskanna
coffee shop ['kɒfɪ ʃɒp] <fn> [C] kávézó; bisztró
coffee table ['kɒfɪ,teɪbl] <fn> [C] dohányzóasztal: *coffee-table book* díszkiadás
coffin ['kɒfɪn] <fn> [C] koporsó
cog [kɒg] <fn> [C] *(fogaskeréké)* fog

cogwheel ['kɒgwi:l] <fn> [C] fogaskerék
cohere [kəʊ'hɪə] <ige> **1.** összetapad **2.** összefügg
coherence [kəʊ'hɪərəns] <fn> [U] összefüggés; koherencia
coherent [kəʊ'hɪərənt] <mn> összefüggő; összetartozó; koherens
cohesion [kəʊ'hi:ʒn] <fn> [U] összetapadás; összetartás; kohézió
¹coil [kɔɪl] <fn> **1.** [C] tekercs; orsó; köteg **2.** [U] tekercselés **3.** [C] orv *(fogamzásgátló)* spirál
²coil [kɔɪl] <ige> **1.** felteker; felcsavar; felgöngyölít **2.** feltekeredik; felcsavarodik; felgöngyölődik **3.** *(kígyó stb.)* tekereg; kígyózik

coil up összetekeredik

coin [kɔɪn] <fn> [C] érme
♦ **pay sy in his own coin** visszafizeti a kölcsönt vkinek ♦ **the other side of the coin** az érem másik oldala ♦ **toss/flip a coin** pénzt feldob; pénzfeldobással eldönt
coincide [,kəʊɪn'saɪd] <ige> **1.** *(időben, helyileg stb.)* ütközik; egybeesik (**with sg** vmivel) **2.** *(vélemény, gondolat stb.)* megegyezik; egybevág (**with sg** vmivel): *Our tastes coincide.* Egyezik az ízlésünk.
coincidence [kəʊ'ɪnsɪdəns] <fn> [C, U] **1.** véletlen **2.** egybevágás; megegyezés **3.** *(időben)* egybeesés; ütközés
coincidental [kəʊ,ɪnsɪ'dəntl] <mn> **1.** véletlen **2.** egybeeső
coin-operated ['kɔɪn,ɒpəreɪtɪd] <mn> *(automata)* pénzbedobós
Coke® [kəʊk] <fn> [U] biz *(Coca-Cola)* kóla
coke [kəʊk] <fn> [U] **1.** koksz **2.** biz kokain; kokó
colander ['kʌləndə] <fn> [C] szűrőedény
¹cold [kəʊld] <mn> (colder, coldest) **1.** hideg: *cold water* hideg víz ∗ *cold pack* hideg borogatás ∗ *as cold as ice* jéghideg ∗ *cold store* hűtőház ∗ *get/grow cold* kihűl; lehűl ∗ *It's cold today.* Ma hideg van. ∗ *He is/feels cold.* Fázik. ∗ *We had cold chicken for dinner.* Vacsorára hideg csirkét ettünk. **2.** *(ember)* hideg; rideg; hűvös; közönyös: *leave sy cold* hidegen hagy vkit ∗ *cold war* hidegháború ∗ *in cold blood* hidegvérrel ∗ *He is a cold person.* Ő egy hűvös/közönyös ember.
♦ **get cold feet** be van gyulladva ♦ **give sy the cold shoulder** félvállról beszél vkivel ♦ **go cold over** átjárja a hideg
²cold [kəʊld] <fn> **1.** [U] hideg: *We don't like the cold.* Nem szeretjük a hideget. **2.** [C, U] nátha; megfázás: *I have got a bad cold.* Nagyon náthás

vagyok. * *I have got a cold.* Megfáztam. * *You will catch a cold.* Megfázol.

cold-blooded [ˌkəʊldˈblʌdɪd] <mn> *(állat, gyilkos)* hidegvérű

cold cuts [ˈkəʊld kʌts] <fn> [pl] hideg hús; AmE felvágott

cold-hearted [ˌkəʊldˈhɑːtɪd] <mn> kőszívű

collaborate [kəˈlæbəreɪt] <ige> **1.** együttműködik; közösen dolgozik (**on sg with sy** vmin vkivel) **2.** pej kollaborál (**with sy** vkivel): *collaborate with the enemy* az ellenséggel kollaborál

collaboration [kəˌlæbəˈreɪʃn] <fn> [U] **1.** együttműködés **2.** pej kollaborálás

¹collapse [kəˈlæps] <ige> (collapses, collapsing, collapsed) **1.** leomlik; összeomlik; összedől: *Suddenly the walls collapsed.* Hirtelen összeomlottak/leomlottak a falak. **2.** elájul; összeesik **3.** *(tárgyalás stb.)* félbeszakad **4.** *(hatalom)* megdől **5.** összecsukódik: *Do these chairs collapse?* Ezek összecsukható székek?

²collapse [kəˈlæps] <fn> [U] **1.** összeomlás; bukás **2.** ájulás; összeesés; kollapszus

collapsible [kəˈlæpsəbl] <mn> összecsukható

¹collar [ˈkɒlə] <fn> [C] **1.** gallér **2.** nyakörv
♦ **become/get hot under the collar** dühbe gurul

²collar [ˈkɒlə] <ige> megragad; nyakon csíp; elkap; elcsíp

collarbone [ˈkɒləbəʊn] <fn> [C] kulcscsont

collate [kəˈleɪt] <ige> (collates, collating, collated) összevet; egybevet; összehasonlít

colleague [ˈkɒliːɡ] <fn> [C] kolléga

¹collect [kəˈlekt] <ige> **1.** összegyűjt; beszed; összeszed: *collect money* pénzt beszed * *collect taxes* adót behajt * *collect oneself* összeszedi magát * *He collected the dirty glasses.* Összeszedte a piszkos poharakat. **2.** gyűjt: *She collects postcards.* Képeslapokat gyűjt. **3.** *(gyereket, csomagot stb.)* érte megy és elhoz: *I will collect my children at 6 o'clock.* 6 órára megyek a gyerekeimért. **4.** *(tömeg stb.)* összegyűlik

²collect [kəˈlekt] <hsz> utánvéttel: *call sy collect* AmE a hívást a hívott fél fizeti

collected [kəˈlektɪd] <mn> **1.** *(ember)* higgadt; összeszedett; fegyelmezett **2.** összegyűjtött

collection [kəˈlekʃn] <fn> [C] **1.** gyűjtemény: *a large collection of china* nagy porcelángyűjtemény **2.** gyűjtés: *a newspaper collection* újságpapírgyűjtés **3.** *(divat)* kollekció: *the new autumn collection* az új őszi kollekció

¹collective [kəˈlektɪv] <mn> együttes; közös; kollektív: *collective ownership* közös tulajdon(jog) * *collective property* köztulajdon; társadalmi tulajdon * *collective agreement* kollektív szerződés * *collective bargaining (agreement)* kollektív szerződés

²collective [kəˈlektɪv] <fn> [C + sing/pl v] munkaközösség; kollektíva

collective dismissal [kəˌlektɪv dɪsˈmɪsl] <fn> [C, U] tömeges elbocsátás/munkaerő-leépítés

collect on delivery [kəˌlektɒndɪˈlɪvərɪ] <fn> [U] gazd AmE utánvét(tel); átvételkor készpénzben fizetendő

collector [kəˈlektə] <fn> [C] gyűjtő; pénzbeszedő; díjbeszedő: *stamp collector* bélyeggyűjtő

college [ˈkɒlɪdʒ] <fn> [C] **1.** főiskola: *My sister is away at college in New York.* A nővérem főiskolán tanul New Yorkban. **2.** egyetemi kollégium: *live in college* kollégiumban lakik * *Some British universities are divided into colleges, e.g. in Oxford or Cambridge.* Néhány angol egyetem egyetemi kollégiumokból áll, mint például Oxfordban vagy Cambridge-ben. **3.** testület; kollégium: *He is a member of the International College of Cardiology.* A nemzetközi Kardiológiai Testület/Kollégium tagja.

collide [kəˈlaɪd] <ige> összeütközik (**with sy/sg** vkivel/vmivel)

collision [kəˈlɪʒn] <fn> [C, U] (össze)ütközés; karambol: *a head-on collision* frontális ütközés

colloquial [kəˈləʊkwɪəl] <mn> kötetlen/bizalmas/társalgási nyelvi; bizalmas (hangulatú)

Cologne [kəˈləʊn] <fn> Köln

¹colon [ˈkəʊlən] <fn> [C] kettőspont

²colon [ˈkəʊlən] <fn> [U] vastagbél

colonel [ˈkɜːnl] <fn> [C] ezredes: *Colonel John Morton* John Morton ezredes

colonization [ˌkɒlənaɪˈzeɪʃn] <fn> [U] gyarmatosítás

colonize [ˈkɒlənaɪz] <ige> gyarmatosít

colony [ˈkɒlənɪ] <fn> [C] (colonies) **1.** gyarmat **2.** csoport; telep(ülés); kolónia

color [ˈkʌlər] AmE → **¹colour**

color-blind [ˈkʌlərblaɪnd] AmE → **colour-blind**

colored [ˈkʌlərd] AmE → **coloured**

colorfast [ˈkʌlərfæst] AmE → **colourfast**

colorful [ˈkʌlərfəl] AmE → **colourful**

coloring [ˈkʌlərɪŋ] AmE → **¹colouring, ²colouring**

colorless [ˈkʌlərlɪs] AmE → **colourless**

colossal [kəˈlɒsl] <mn> hatalmas; óriási; kolosszális

colossus [kəˈlɒsəs] <fn> [C] (colossi v. colossuses) **1.** hatalmas szobor; szoborkolosszus **2.** hatalmas ember/állat

¹colour [ˈkʌlə] <fn> **1.** [C, U] szín: *colour film* színes film * *colour scheme* színösszeállítás

∗ *What colour is your hair?* Milyen színű a hajad? **2.** [U] szín(esség); élet(szerűség): *The old village is full of colour.* Az öreg falu pezseg az élettől. **3.** [U] arcszín; arcpír: *a person of colour* színes bőrű személy ∗ *She looks off colour today.* Ma nem érzi jól magát./Ma rossz színben van. **4.** [C] festék **5. colours** [pl] nemzeti színek/zászló: *Hungary's national colours* Magyarország nemzeti színei ∗ *with flying colours* lengő zászlókkal; győzteskén ♦ **be with the colours** katonai szolgálatot teljesít ♦ **change colours** elsápad; belesápad ♦ **get/win one's colours** bekerül a válogatott csapatba ♦ **paint sg in bright colours** rózsaszínű megvilágításban ecsetel vmit ♦ **put a false colour on sg** hamis színben tüntet fel vmit ♦ **show one's true colours** kimutatja a foga fehérjét

²**colour** ['kʌlə] <ige> **1.** átv is (ki)színez **2.** elpirul

colour-blind ['kʌləblaɪnd] <mn> színvak

coloured ['kʌləd] <mn> **1.** színes; színpompás; -színű: *coloured pencil* színes ceruza **2.** színes bőrű: *coloured people* színes bőrűek

colourfast ['kʌləfɑːst] <mn> *(mosásnál)* színtartó

colourful ['kʌləfl] <mn> színes; élénk színű; sokszínű; színpompás

¹**colouring** ['kʌlərɪŋ] <mn> színező; festő: *colouring matter* színezőanyag; színezék

²**colouring** ['kʌlərɪŋ] <fn> [C, U] **1.** szín(ezet) **2.** színezés; színeződés

colouring book ['kʌlərɪŋ bʊk] <fn> [C] kifestőkönyv

colourless ['kʌləlɪs] <mn> **1.** színtelen **2.** unalmas

colour set ['kʌlə set] <fn> [C] színes televízió

colour television ['kʌlə ˌtelɪvɪʒn] <fn> [C, U] színes televízió

colour TV ['kʌlətiːˌviː] <fn> [C, U] színes tévé

column ['kɒləm] <fn> [C] **1.** oszlop: *column of smoke* füstoszlop ∗ *spinal column* gerincoszlop **2.** *(újságban)* rovat: *Her column appears regularly in that magazine.* Rendszeresen megjelenő rovata van abban a magazinban. **3.** *(szótárban stb.)* hasáb: *Each page of the dictionary has two columns.* A szótár minden oldalán két hasáb található. **4.** kat hadoszlop; menetoszlop

columnist ['kɒləmnɪst] <fn> [C] AmE *(újságban)* rovatvezető

coma ['kəʊmə] <fn> [C] kóma

¹**comb** [kəʊm] <fn> [C] **1.** fésű **2.** fésülés **3.** *(méheké)* lép **4.** *(tyúkfélék fején)* taraj; taréj

²**comb** [kəʊm] <ige> **1.** (meg)fésülködik: *Have you already combed your hair?* Megfésülködtél már? **2.** fésül **3.** *(területet stb.)* átvizsgál; átfésül

¹**combat** ['kɒmbæt] <fn> [C, U] küzdelem; harc; ütközet

²**combat** ['kɒmbæt] <ige> megtámad; küzd; harcol: *combat crime* a bűnözés ellen küzd ∗ *combat inflation* harcol az infláció ellen ∗ *combat disease* harcol a betegséggel

combatant ['kɒmbətənt] <fn> [C] harcos

combination [ˌkɒmbɪ'neɪʃn] <fn> [C, U] **1.** egyesítés; keverék; egybeolvadás; kombináció **2.** egyesülés **3.** vegyület; keverék **4.** (szám-)kombináció **5.** oldalkocsis motorkerékpár

combine [kəm'baɪn] <ige> (combines, combining, combined) **1.** egyesít; összekapcsol; összeköt; kombinál: *combine business with pleasure* összeköti a kellemest a hasznossal **2.** egyesül; szövetkezik: *Everything combined against me.* Minden összeesküdött ellenem. **3.** vegyül; keveredik

combustible [kəm'bʌstəbl] <mn> éghető; gyúlékony

combustion [kəm'bʌstʃən] <fn> [U] (el)égés; gyulladás: *internal combustion engine* belső égésű motor; robbanómotor

come [kʌm] <ige> (comes, coming, came, come) **1.** jön: *Someone's coming.* Valaki jön. ∗ *My dog always comes when I call her.* A kutyám mindig jön, ha hívom. ∗ *Come here!* Gyere ide! ∗ *Come and see me!* Látogass meg! **2.** következik; sorra kerül; közeleg: *April comes after March.* Március után április következik. ∗ *Eastern is coming soon.* Húsvét közeleg. ∗ *The letter "c" comes between "b" and "d" in the alphabet.* A „c" betű az ábécében a „b", illetve a „d" között áll/következik. **3.** megérkezik; eljön; beköszönt; bejön; begördül: *The parcel has already come.* Megérkezett már a csomag. ∗ *The snow came too late.* Későn érkezett meg/jött a hó. ∗ *We are coming home at six o'clock.* Hat órára érkezünk haza. ∗ *Autumn is coming soon.* Hamarosan beköszönt az ősz. ∗ *The train came slowly into the railway station.* A vonat lassan begördült az állomásra. ∗ *Time has come.* Elérkezett az idő. **4.** elérkezik; megtörténik vmi; vmilyen helyzetbe kerül vki: *come to pass* történik ∗ *How did you come to break your leg?* Hogyhogy eltört a lábad? ∗ *She came to like him.* Megszerette őt. ∗ *I came to realize that he was ill.* Rájöttem, hogy beteg. **5.** származik; ered: *Where do you come from?* Hova valósi vagy?/Honnan jössz?/Honnan származol? **6.** lesz; válik vmivé/vmilyenné: *come to nothing* semmivé lesz **7.** *(összegszerűleg)* kitesz: *The bill comes to £10.* A számla 10 fontot

tesz ki. * *How much does it come to?* Menynyibe kerül?
♦ **come what may** történjék bármi ♦ **easy come easy go** könnyen jött, könnyen ment ♦ **the time to come** a jövendő *I will be there in the days to come.* Ott leszek az elkövetkezendő napokban. ♦ **How come!** Hogyhogy? ♦ **Come on!** Gyerünk!/Ugyan! ♦ **Come now!** Ugyan, kérlek! ♦ **What has come over him?** Hát őt mi lelte? ♦ **Come come!** Ugyan, menj már! ♦ **come of age** eléri a nagykorúságot ♦ **come to fetch/pick up sg/sy** eljön vmiért/vkiért ♦ **come to light** napvilágra kerül, kiderül

come about megtörténik
come across sikere/hatása van
come across sy/sg rábukkan; ráakad vkire/vmire
come along 1. vele jön/megy; elkísér 2. halad 3. siess! mozgás!
come apart szétesik
come at sg 1. hozzáfér; hozzájut vmihez 2. rájön vmire
come away 1. lejön; leválik 2. eljön
come back 1. visszajön; visszatér 2. eszébe jut
come before sy/sg 1. megelőz vkit/vmit 2. *(ügy, ügyirat)* vki/vmi elé kerül
come between beleavatkozik
come by sg (meg)szerez; megkap vmit; hozzájut vmihez: *hard to come by* nehéz hozzájutni
come down 1. lejön; leszáll; földet ér; lezuhan; ledől 2. *(egyetemen)* végez (**from** vhol) 3. *(eső)* esik: *The rain came down in torrents.* Ömlött az eső. 4. *(ár)* csökken; lemegy: *Prices are coming down.* Csökkennek az árak. 5. *(erkölcsileg)* lecsúszik; lesüllyed: *She has come down in the world.* Lecsúszott. 6. *(vagyon stb.)* rászáll; öröklődik
come down on sy 1. jól leszid vkit 2. rászáll vkire 3. megbüntet vkit
come down to sg eljut vmeddig
come down with sg ágynak esik: *come down with the flu* influenzában megbetegszik
come forward 1. jelentkezik; előlép 2. előjön; előáll
come from sg származik; jön vhonnan; vhová való(si)
come in 1. bejön; megérkezik; befut: *Come in!* Tessék!/Gyere be! * *He came in first.* Elsőnek érkezett/futott be. 2. *(pénz)* befolyik 3. divatba jön 4. hatalomra jut 5. megérik

come in for sg részesül vmiben; részt kap vmiből: *And where do I come in?* biz És mi az én részem/hasznom ebből?
come in handy/useful kapóra jön
come in on sg *(üzletbe stb.)* beszáll vmibe
come into sg 1. bejön; belép vhova: *come into fashion* divatba jön * *come into being/existence* létrejön * *come into power* hatalomra jut 2. örököl vmit
come off 1. leesik 2. lejön; leszakad; lemállik 3. leveszik a műsorról 4. *(pénz)* lejön 5. *(üzlet)* bejön; megvalósul; sikerül: *The ceremony came off as planned.* A szertartás a tervek szerint zajlott.
Come off it! Hagyd már abba!
come on 1. utána jön; sorra kerül; következik; jön; közeledik 2. *(gyermek)* jól fejlődik; *(terv)* alakul 3. rátalál; rábukkan 4. *(színész)* belép a színre
come on to sg rátér vmire
come out 1. kitudódik; kiderül 2. *(könyv stb.)* megjelenik 3. sztrájkba lép 4. *(szín)* kijön; kifakul 5. *(számtanpélda)* kijön 6. nyíltan vállalja melegségét/homoszexualitását
come out against sg kirohan vmi ellen
come out at sg vmennyit kitesz; vmennyire rúg
come out for sy síkraszáll vkiért
come out with sg kirukkol vmivel
come over 1. átjön 2. átpártol; átáll 3. vmilyen fogadtatásban részesül 4. elfogja vmi érzés: *What has come over you?* Hát veled mi történt?

comeback ['kʌmbæk] <fn> [C] 1. visszatérés: *stage/make a comeback* (divatba stb.) visszatér 2. visszavágás
comedian [kə'miːdɪən] <fn> [C] 1. komikus 2. bolondozó ember; tréfacsináló
comedown ['kʌmdaʊn] <fn> [C] 1. *(társadalmilag)* lecsúszás 2. megalázás
comedy ['kɒmədɪ] <fn> [C, U] 1. vígjáték: *romantic comedy* romantikus vígjáték 2. átv is komédia
¹**comfort** ['kʌmfət] <fn> 1. [U] jólét: *He lives in comfort.* Jólétben él. 2. [U, C] kényelem; komfort: *That hotel has all modern comforts/every modern comfort.* Az a szálloda teljes kényelmet nyújt. 3. [C] vigasz(talás): *words of comfort* vigasztaló szavak * *She is a great comfort to him.* Nagy vigaszt jelent neki. 4. **(public) comfort station** AmE nyilvános vécé
²**comfort** ['kʌmfət] <ige> (meg)vigasztal
comfortable ['kʌmftəbl] <mn> 1. kényelmes: *a pair of comfortable shoes* kényelmes cipő

* *Make yourself comfortable!* Helyezd magad kényelembe! **2.** kellemes: *comfortable income* szép jövedelem **3. feel/be comfortable** *(beteg)* könnyebben/jobban érzi magát

comforter ['kʌmfətə] <fn> [C] **1.** *(ember)* vigasztaló **2.** AmE steppelt paplan **3.** BrE cumi

comfy ['kʌmfɪ] <mn> biz kényelmes

¹comic ['kɒmɪk] <mn> vidám; tréfás; humoros; komikus

²comic ['kɒmɪk] <fn> [C] **1.** komikus **2. comics** [pl] képregény

comical ['kɒmɪkl] <mn> tréfás; mulatságos; komikus

comic strip ['kɒmɪk strɪp] <fn> [C] képregény

¹coming ['kʌmɪŋ] <mn> elkövetkezendő; jövő: *in the coming months* az elkövetkezendő hónapokban * *This coming Monday is Christmas.* A jövő hétfő (már) karácsony.

²coming ['kʌmɪŋ] <fn> [C] (el)jövetel; érkezés; megjelenés: *comings and goings* jövés-menés * *With coming of spring days get longer.* A tavasz közeledtével a napok egyre hosszabbak.

comma ['kɒmə] <fn> [C] *(írásjel)* vessző: *inverted commas* idézőjel

¹command [kə'mɑːnd] <fn> **1.** [C] parancs: *All his commands are obeyed.* Minden parancsát teljesítik. **2.** [U] parancsnokság: *take command* átveszi a hatalmat * *be at sy's command* vkinek a rendelkezésére áll * *have command of sg* uralkodik vmi felett * *He is in command of the ship.* Ő a hajó parancsnoka. **3.** [U] rendelkezés vmivel; képesség; tudás; ismeret: *command of a language* nyelvtudás * *He has a good command of Spanish.* Jól tud spanyolul. **4.** [C] infor parancs

²command [kə'mɑːnd] <ige> **1.** parancsol: *I command you to go home.* Azt parancsolom, hogy menj haza! **2.** uralkodik: *She commands herself.* Uralkodik önmagán. **3.** rendelkezik vkivel/vmivel; kelt/kivált vmit: *He commands great respect.* Nagy tiszteletet parancsol/kelt. **4.** vki parancsnoksága alatt áll

commander [kə'mɑːndə] <fn> [C] parancsnok

commanding [kə'mɑːndɪŋ] <mn> **1.** impozáns: *She has a commanding appearance.* Impozáns megjelenése van. **2.** (tiszteletet) parancsoló; büszke; uras **3.** parancsnokló: *commanding officer* parancsnok

commandment [kə'mɑːndmənt] <fn> [C] parancs(olat): *the Ten Commandments* a tízparancsolat

commemorate [kə'meməreɪt] <ige> **1.** megemlékezik (**sy/sg** vkiről/vmiről) **2.** megünnepel (**sg** vmit)

commemoration [kə,memə'reɪʃn] <fn> [C, U] emlékünnep; megemlékezés: *in commemoration of sy/sg* vki/vmi emlékére

commence [kə'mens] <ige> **1.** elkezd **2.** elkezdődik

commencement [kə'mensmənt] <fn> **1.** kezdet; elkezdés **2.** AmE diplomaosztó ünnepély

commend [kə'mend] <ige> **1.** (meg)dicsér **2.** rábíz **3.** (be)ajánl: *commend sg to sy's attention* vkinek a figyelmébe ajánl vmit

commendable [kə'mendəbl] <mn> dicséretes

commendation [,kɒmen'deɪʃn] <fn> [C, U] **1.** (be)ajánlás **2.** dicséret

¹comment ['kɒment] <fn> [C] észrevétel; magyarázat; megjegyzés; kommentár: *make a comment on sg* hozzászól vmihez * *No comment!* Nincs semmi megjegyzésem/hozzáfűznivalóm!

²comment ['kɒment] <ige> magyaráz (**on sg** vmit); hozzászól; megjegyzést/kommentárt fűz (**on sg** vmihez)

commentary ['kɒməntri] <fn> [C] (commentaries) **1.** közvetítés: *running commentary* helyszíni közvetítés * *sports commentary* sportközvetítés **2.** magyarázó szöveg/jegyzet; kommentár: *political commentary* politikai kommentár

commentator ['kɒmənteɪtə] <fn> [C] **1.** riporter; (helyszíni) közvetítő **2.** hírmagyarázó; kommentátor

commerce ['kɒmɜːs] <fn> [U] kereskedelem: *Chamber of Commerce* Kereskedelmi Kamara

¹commercial [kə'mɜːʃl] <mn> kereskedelmi: *commercial bank* kereskedelmi bank * *a commercial TV channel* kereskedelmi tévécsatorna

²commercial [kə'mɜːʃl] <fn> [C] *(rádióban, tévében)* reklám

commercialize [kə'mɜːʃəlaɪz] <ige> üzleti alapokra helyez

¹commission [kə'mɪʃn] <fn> [C, U] **1.** megbízás; meghatalmazás: *a commission to paint portrait* megbízás portréfestésre **2.** bizottság **3.** jutalék: *charge a commission* jutalékot számít **4.** kinevezés **5.** bizomány: *commission agent* bizományi ügynök * *goods on commission* bizományi áru

²commission [kə'mɪʃn] <ige> **1.** megbíz (**sy to do sg** vkit vmivel); felkér (**sy to do sg** vkit vmire) **2.** kinevez; megtesz vkit vminek/vmivé

commit [kə'mɪt] <ige> (commits, committing, committed) **1.** elkövet: *commit a crime* bűncselekményt követ el **2. commit oneself to (doing) sg** elkötelezi magát vmire

3. commit to prison börtönbüntetésre ítél; előzetes letartóztatásba helyez **4. commit oneself on sg** állást foglal vmi mellett

committed [kəˈmɪtɪd] <mn> elkötelezett

commitment [kəˈmɪtmənt] <fn> [C, U] **1.** elkötelezés **2.** elkötelezettség **(to sg** vmire) **3.** kötelezettség: *make a commitment* kötelezettséget vállal

committee [kəˈmɪtɪ] <fn> [C + sing/pl v] bizottság: *the education committee* oktatási bizottság * *be/sit on a committee* (vmely) bizottság tagja; bizottsági tag * *He is on the committee of the local tennis club.* Tagja a helyi teniszklub bizottságának.

commodity [kəˈmɒdətɪ] <fn> [C] (commodities) árucikk: *commodity credit* áruhitel * *commodity exchange* árutőzsde * *commodity market* árupiac; árutőzsde * *commodity production* árutermelés * *household commodities* háztartási cikkek

¹common [ˈkɒmən] <mn> (commoner, commonest) **1.** gyakori; közönséges; megszokott; átlagos: *Dogs are common animals in Hungary.* A kutya gyakori állat Magyarországon. * *Common sugar is not expensive.* A közönséges cukor nem drága. * *Accidents are quite common there.* Ott eléggé megszokottak/gyakoriak a balesetek. * *common man* átlagember * *the common people* az egyszerű emberek * *common sense* józan ész **2.** közös; köz-: *They have a common language.* Közös a nyelvük. * *common noun* köz(fő)név * *common ground* tárgyalási alap **3.** mat közös: *common denominator* közös nevező * *common divisor* közös osztó * *highest common factor* legnagyobb közös osztó **4.** közönséges; ordináré ♦ *it's common knowledge* köziismert tény; köztudomású ♦ *be common talk* közszájon forog ♦ *the common run* a szürke átlag ♦ *by common assent/consent* közös megegyezés alapján

²common [ˈkɒmən] <fn> [C] közös földterület/rét ♦ *have sg in common with sy* van vmi közös vonásuk; közösek vmiben ♦ *in common with sy* közösen vkivel; hasonlóan vkihez

³common [ˈkɒmən] <fn> [C] közlegelő

common law [ˌkɒmənˈlɔː] <fn> [U] BrE szokásjog; precedensjog

commoner [ˈkɒmənə] <fn> [C] közember; polgár

common-law husband/wife [ˌkɒmənlɔː ˈhʌzbənd/ˈwaɪf] <fn> [C] élettárs

commonly [ˈkɒmənlɪ] <hsz> rendszerint; általában: *commonly called...* közismert nevén...

¹commonplace [ˈkɒmənpleɪs] <mn> elcsépelt; közhelyszerű; mindennapos; elkoptatott

²commonplace [ˈkɒmənpleɪs] <fn> [C] **1.** közhely; szólam **2.** mindennapos dolog

Commons [ˈkɒmənz] <fn> [pl] **the Commons** az angol alsóház

commonwealth [ˈkɒmənwelθ] <fn> [C, U] nemzetközösség: *the Commonwealth* Brit Nemzetközösség

commotion [kəˈməʊʃn] <fn> [U] nyugtalanság; zűrzavar; lárma; izgatottság

communal [ˈkɒmjʊnl] <mn> közös(ségi); köz(ös); kommunális

commune [ˈkɒmjuːn] <fn> [C + sing/pl v] **1.** önkormányzat **2.** kommuna

communicate [kəˈmjuːnɪkeɪt] <ige> (communicates, communicating, communicated) **1.** érintkezik; kommunikál **(with sy** vkivel): *The two presidents communicate with each other by letter.* A két elnök levélen keresztül érintkezik egymással. * *We communicate by e-mail.* E-mailen kommunikálunk. **2.** *(gondolatot stb.)* közöl; átad; közvetít **(to sy** vkinek): *He communicated his ideas to the group.* Gondolatait közölte a csoporttal./Gondolatait átadta a csoportnak. * *She communicated the facts to him.* Közölte vele a tényeket. **3.** *(szoba)* egymásba nyílik: *communicating door* átjáróajtó

communication [kəˌmjuːnɪˈkeɪʃn] <fn> **1.** [U] közlés(folyamat); kommunikáció: *form of communication* a kommunikáció módja **2.** [U] érintkezés; kapcsolat: *enter into communication* érintkezésbe lép * *be in close communication with sy* szoros kapcsolatban áll vkivel **3.** [C] értesítés; üzenet: *I received his communication in Monday's post.* A hétfői postával megkaptam az értesítését. **4. communications** [pl] távközlés; híradástechnika: *communications satellite* távközlési műhold

communication cord [kəˌmjuːnɪˈkeɪʃn kɔːd] <fn> [C] vészfék

communicative [kəˈmjuːnɪkətɪv] <mn> közlékeny: *communicative skills* kommunikatív képesség

communion [kəˈmjuːnɪən] <fn> [U] **1.** (lelki) közösség: *hold communion with oneself* lelkiismeret-vizsgálatot tart **2. (Holy) Communion** *(katolikus)* áldozás; *(protestáns)* úrvacsora

communiqué [kəˈmjuːnɪkeɪ] <fn> [C] (hivatalos) közlemény

communism [ˈkɒmjʊnɪzm] <fn> [U] kommunizmus

¹communist [ˈkɒmjʊnɪst] <mn> kommunista: *communist party* kommunista párt

²communist [ˈkɒmjʊnɪst] <fn> [C] *(személy)* kommunista

community [kəˈmjuːnəti] <fn> **1.** [U] a köz(össég); társadalom: *community centre* művelődési központ; közösségi ház ∗ *community service* közmunka; közérdekű munka ∗ *the whole community* az egész társadalom **2.** [C] (communities) közösség: *community of property* vagyonközösség ∗ *the Indian community in Brighton* a brightoni indiai közösség

commutation ticket [ˌkɒmjuːˈteɪʃnˌtɪkɪt] <fn> [C] *(vasúti, busz- stb.)* bérlet

commute [kəˈmjuːt] <ige> **1.** ide-oda közlekedik; ingázik **2.** jog *(büntetést)* átváltoztat ((in)to sg vmire) **3.** kicserél; felcserél

commuter [kəˈmjuːtə] <fn> [C] ingázó

¹compact [ˈkɒmpækt] <fn> [C] szerződés; megállapodás

²compact [ˈkɒmpækt] <fn> [C] púdertartó

³compact [kəmˈpækt] <mn> tömör; kompakt: *compact camera* kis fényképezőgép/kamera

compact disc [ˌkɒmpæktˈdɪsk] <fn> [C] röv **CD** kompaktlemez; CD: *compact disc player* kompaktlemezjátszó; CD-lemezjátszó

companion [kəmˈpænjən] <fn> [C] **1.** társ **2.** kézikönyv

companionship [kəmˈpænjənʃɪp] <fn> [U] társaság: *I enjoy the companionship of young people.* Élvezem a fiatalok társaságát.

company [ˈkʌmpəni] <fn> **1.** [C] (companies) cég; vállalat: *advertising company* reklámcég **2.** [U] társaság; vendégség; vendégek: *bad company* rossz társaság ∗ *in the company of sy* vkinek a társaságában ∗ *keep the company amused* szóval tartja a társaságot ∗ *She has no company at all.* Egyáltalán nincs társasága. ∗ *They are having company tonight.* Ma este vendégeik vannak. **3.** [C] szính társulat
♦ **keep company with sy** jár vkivel; *(szerelmesek)* együtt járnak ♦ **keep good company** jó társaságba jár ♦ **keep sy company** együtt van vkivel; szórakoztat vkit
♦ **present company excepted** a jelenlévők kivételével

comparable [ˈkɒmpərəbl] <mn> összehasonlítható (**with sg** vmivel); hasonlítható; hasonló (**to sg** vmihez)

¹comparative [kəmˈpærətɪv] <fn> [C] nyelvt *(melléknévé)* középfok: *The comparative of "good" is "better".* A „good" középfoka a „better".

²comparative [kəmˈpærətɪv] <mn> **1.** viszonylagos; relatív **2.** összehasonlító: *comparative linguistics* összehasonlító nyelvészet

comparatively [kəmˈpærətɪvli] <hsz> viszonylag; aránylag; relatíve

¹compare [kəmˈpeə] <ige> (compares, comparing, compared) **1.** összehasonlít (**sg/sy with sg/sy** vmit/vkit vmivel/vkivel): *not to be compared with sg* nem lehet vmivel egy lapon említeni; összehasonlíthatatlan ∗ *as compared to/with sg* összehasonlítva vmivel; vmihez képest/viszonyítva ∗ *compared to/with his father* az apjához képest **2.** hasonlít (**sg/sy to sg/sy** vmit/vkit vmihez/vkihez) **3.** felér; versenyez (**with/to sg/sy** vmivel/vkivel); hasonlítható (**with/to sg** vmihez): *It's a brilliant book and simply it doesn't compare.* Ragyogó könyv, és egyszerűen páratlan a maga nemében./Ragyogó könyv, nem veszi fel vele a versenyt semmi sem. **4.** *(melléknevet)* fokoz
♦ **compare notes with sy** tapasztalatcserét folytat vkivel; kicserélik nézeteiket

²compare [kəmˈpeə] <fn> [U] **beyond compare** páratlan; felülmúlhatatlan

comparison [kəmˈpærɪsn] <fn> [C] összehasonlítás: *in comparison with sg* vmihez képest ∗ *We made a comparison between the two men.* Összehasonlítást tettünk a két férfi között.

compartment [kəmˈpɑːtmənt] <fn> [C] **1.** vasúti fülke **2.** rekesz; fach

compass [ˈkʌmpəs] <fn> [C] **1.** iránytű; tájoló **2. compasses** [pl] körző: *a pair of compasses* (egy) körző **3.** terjedelem; kiterjedés

compassion [kəmˈpæʃn] <fn> [U] szánalom; könyörület

compassionate [kəmˈpæʃnət] <mn> könyörületes

compatible [kəmˈpætəbl] <mn> összeegyeztethető; összeférhető; kompatibilis (**with sg** vmivel)

compatriot [kəmˈpætrɪət] <fn> [C] honfitárs

compel [kəmˈpel] <ige> (compels, compelling, compelled) kényszerít (**sy to do sg** vkit vmire): *I am compelled to…* Kénytelen vagyok…

compendium [kəmˈpendɪəm] <fn> [C] (compendiums v. compendia) *(könyvé stb.)* tömör kivonat

compensate [ˈkɒmpənseɪt] <ige> **1.** kárpótol; kártalanít; kompenzál (**for sg** vmiért) **2.** pótol **3.** kiegyenlít; ellensúlyoz; kompenzál (**sg for sg** vmit vmivel)

compensation [ˌkɒmpənˈseɪʃn] <fn> [C, U] **1.** kártalanítás; kártérítés, kárpótlás; kompenzáció: *Did you receive any compensation for your injuries at work?* Kaptál valami kártérítést a munka közben szerzett sérüléseidért? **2.** ellensúlyozás

compère [ˈkɒmpeə] <fn> [C] BrE *(tévében stb.)* bemondó; konferanszié

compete [kəmˈpiːt] <ige> (competes, competing, competed) **1.** versenyez; versenyen indul; vetélkedik **2.** pályázik (**for sg** vmi elnyerésére): *compete for the job* az állásra pályázik

competence ['kɒmpɪtəns] <fn> [U] **1.** alkalmasság; hozzáértés; szakértelem **2.** illetékesség; hatáskör; kompetencia

competent ['kɒmpɪtənt] <mn> **1.** alkalmas; nagyon jó; hozzáértő; szakértő: *He is competent is sg.* Ért valamihez. **2.** illetékes; kompetens: *He is not competent.* Illetéktelen. **3.** nagyon jó; elég jó; elegendő; kellő

competition [ˌkɒmpə'tɪʃn] <fn> **1.** [C] verseny: *participate in a competition* versenyez ∗ *Will you enter the tennis competition?* Indulsz a teniszversenyen? **2.** [U] versengés; konkurencia: *fierce competition among the two firms* kíméletlen versengés a két cég között ∗ *There is a lot of competition for this job.* Rengetegen pályáznak erre az állásra.

competitive [kəm'petətɪv] <mn> **1.** verseny-: *competitive spirit* versenyszellem ∗ *competitive sport* versenysport **2.** versengő **3.** *(piac, ár)* versenyképes

competitiveness [kəm'petətɪvnəs] <fn> [U] versenyképesség

competitor [kəm'petɪtə] <fn> [C] **1.** versenyző; induló **2.** versenytárs; vetélytárs

compilation [ˌkɒmpɪ'leɪʃn] <fn> **1.** [U] *(szótáré stb.)* összeállítás; szerkesztés **2.** [C] válogatás; gyűjtemény

compile [kəm'paɪl] <ige> (compiles, compiling, compiled) (meg)szerkeszt; összeállít

complacency [kəm'pleɪsnsɪ] <fn> [U] önteltség; önelégültség; (meg)elégedettség

complacent [kəm'pleɪsnt] <mn> önelégült; öntelt

complain [kəm'pleɪn] <ige> panaszkodik (**about sg/that** vmi miatt/vmire); elpanaszol (**of sg** vmit)

complaint [kəm'pleɪnt] <fn> **1.** [C] panasz: *make a complaint* panaszt tesz **2.** [U] panaszkodás **3.** [U] reklamáció **4.** [C] orv betegség; panasz: *What is your complaint?* Mi a panasza?

¹complement ['kɒmplɪmənt] <fn> [C] **1.** kiegészítés **2.** nyelvt állítmánykiegészítő; bővítmény **3.** teljes létszám

²complement ['kɒmplɪment] <ige> kiegészít: *complement each other* **(a)** *(pl. személyek)* kiegészítik egymást **(b)** *(pl. bútorhuzat és szőnyeg színei)* illenek egymáshoz

complementary [ˌkɒmplɪ'mentərɪ] <mn> (egymást) kiegészítő

¹complete [kəm'pliːt] <mn> **1.** teljes; hiánytalan; egész: *a complete set of stamps* teljes bélyeggyűjtemény ∗ *The team is complete.* Teljes/Hiánytalan a csapat. **2.** befejezett; elkészült; kész: *The work is now complete.* A munka elkészült. **3.** tökéletes; teljes: *a complete surprise* tökéletes meglepetés

²complete [kəm'pliːt] <ige> (completes, completing, completed) **1.** befejez **2.** *(űrlapot)* kitölt **3.** kiegészít

completely [kəm'pliːtlɪ] <hsz> teljesen

completion [kəm'pliːʃn] <fn> [U] befejezés; elvégzés; vminek az elkészülte; elkészülés

¹complex ['kɒmpleks] <mn> **1.** összetett; komplex **2.** bonyolult

²complex ['kɒmpleks] <fn> [C] **1.** összesség; az egész **2.** pszich komplexus **3.** épületegyüttes; épületkomplexum

complexion [kəm'plekʃn] <fn> [C, U] **1.** arcszín **2.** jelleg; színezet: *put a false/good complexion on sg* hamis/jó színben tüntet fel vmit **3.** külső megjelenés

compliance [kəm'plaɪəns] <fn> [U] **1. compliance with sg** teljesítése vminek: *in compliance with sg* vminek megfelelően **2.** engedékenység

compliant [kəm'plaɪənt] <mn> **1.** engedékeny **2.** szolgálatkész

complicate ['kɒmplɪkeɪt] <ige> bonyolít; komplikál

complicated ['kɒmplɪkeɪtɪd] <mn> bonyolult; komplikált

complication [ˌkɒmplɪ'keɪʃn] <fn> [C] **1.** bonyodalom **2.** orv komplikáció; szövődmény **3.** bonyolultság

complicity [kəm'plɪsətɪ] <fn> [U] bűnpártolás; bűnrészesség

¹compliment ['kɒmplɪmənt] <fn> [C] **1.** bók; gratuláció: *pay a compliment to sy* bókot mond vkinek ∗ *fish for compliments* bókokra vadászik ∗ *pay sy compliments on sg* melegen gratulál vkinek vmihez **2. compliments** [pl] üdvözlet: *send one's compliments to sy* üdvözletét küldi vkinek ∗ *compliments of the season* karácsonyi/újévi üdvözlet ∗ *with the compliments of the management (ajándékkísérő levélen stb.)* tisztelete jeléül a vezetőség ∗ *Give my compliments to him.* Kérem, adja át tiszteletemet/üdvözletemet!

♦ **pay sy a compliment** bókol vkinek

²compliment ['kɒmplɪment] <ige> bókol; gratulál (**sy on sg** vkinek vmiért); bókot mond

complimentary [ˌkɒmplɪ'mentərɪ] <mn> **1.** hízelgő: *complimentary remarks* hízelgő megjegyzések **2.** tisztelet-: *a complimentary ticket* tiszteletjegy ∗ *complimentary copy* tiszteletpéldány

comply [kəm'plaɪ] <ige> (complies, complying, complied) **1.** *(parancsot, kérést stb.)* teljesít (**with sg** vmit); *(előírásnak, kívánságnak stb.)* eleget tesz (**with sg** vminek): *comply with my wishes* teljesíti a kívánságomat **2.** engedelmeskedik (**with sg** vminek)

¹component [kəmˈpəʊnənt] <fn> [C] alkatrész; alkotóelem; komponens

²component [kəmˈpəʊnənt] <mn> komponens; alkotó: *component elements* alkotóelemek

compose [kəmˈpəʊz] <ige> (composes, composing, composed) **1.** *(zenét)* komponál; szerez **2.** alkot; képez: *be composed of sg* áll vmiből **3. compose oneself** összeszedi magát **4.** *(írást, írásművet stb.)* (meg)fogalmaz; megszerkeszt

composed [kəmˈpəʊzd] <mn> nyugodt; higgadt

composer [kəmˈpəʊzə] <fn> [C] zeneszerző

composition [ˌkɒmpəˈzɪʃn] <fn> **1.** [C] összeállítás; kompozíció **2.** [U] zeneszerzés **3.** [C] zenemű; szerzemény **4.** [C] (iskolai) fogalmazás **5.** [U] *(anyagé)* összetétel: *the composition of the chemical* a vegyszer összetétele **6.** [U] betűszedés

compost [ˈkɒmpɒst] <fn> [U] komposzt

composure [kəmˈpəʊʒə] <fn> [U] higgadtság; nyugalom

compote [ˈkɒmpəʊt, ˈkɒmpɒt] <fn> [C] kompót; befőtt

¹compound [ˈkɒmpaʊnd] <fn> [C] **1.** keverék; vegyülék; vegyület **2.** nyelvt (szó)összetétel; összetett szó

²compound [kəmˈpaʊnd] <ige> összekever; elegyít

compound fraction [ˌkɒmpaʊndˈfrækʃn] <fn> [C] emeletes tört

compound fracture [ˌkɒmpaʊndˈfræktʃə] <fn> [C] nyílt csonttörés

compound interest [ˌkɒmpaʊndˈɪntrəst] <fn> [C] kamatos kamat

compound sentence [ˌkɒmpaʊndˈsentəns] <fn> [C] összetett mondat

comprehend [ˌkɒmprɪˈhend] <ige> **1.** megért; felfog **2.** magába(n) foglal

comprehensible [ˌkɒmprɪˈhensəbl] <mn> érthető

comprehension [ˌkɒmprɪˈhenʃn] <fn> [U] megértés; felfogás; felfogóképesség: *It is beyond my comprehension.* Ez nekem magas!

¹comprehensive [ˌkɒmprɪˈhensɪv] <mn> átfogó; széles körű; minden részletre kiterjedő: *a comprehensive explanation* átfogó magyarázat ∗ *comprehensive insurance* casco biztosítás

²comprehensive [ˌkɒmprɪˈhensɪv] <fn> [C] BrE általános középiskola: *Comprehensive (school) is for pupils between the ages of 11 and 18.* Az általános középiskolába 11 és 18 év közötti diákok járnak.

¹compress [kəmˈpres] <ige> összeprésel; összenyom; összesűrít; tömörít: *compressed air* sűrített levegő

²compress [ˈkɒmpres] <fn> [U, C] borogatás

comprise [kəmˈpraɪz] <ige> áll (**sg** vmiből); tartalmaz; felölel; magába(n) foglal (**sg** vmit)

¹compromise [ˈkɒmprəmaɪz] <fn> [C] megállapodás; kiegyezés; kompromisszum: *reach a compromise* megállapodásra jut; kompromisszumot köt

²compromise [ˈkɒmprəmaɪz] <ige> (compromises, compromising, compromised) **1.** kiegyezik; megállapodásra/kompromisszumra jut (**on sg** vmiben) **2.** kompromittál vkit: *compromise oneself* blamálja/kompromittálja magát

compulsion [kəmˈpʌlʃn] <fn> [U] kényszer: *under compulsion* kényszer hatása alatt ∗ *I was under no compulsion to go.* Nem kényszerítettek, hogy elmenjek.

compulsive [kəmˈpʌlsɪv] <mn> **1.** kényszeres; megrögzött; megszállott **2.** érdekfeszítő

compulsory [kəmˈpʌlsri] <mn> kötelező: *compulsory subject* kötelező tantárgy ∗ *compulsory insurance* kötelező biztosítás ∗ *Maths is compulsory for all children.* A matek minden gyermek számára kötelező.

computation [ˌkɒmpjuːˈteɪʃn] <fn> [C, U] mat (ki)számítás

compute [kəmˈpjuːt] <ige> (computes, computing, computed) (ki)számít

computer [kəmˈpjuːtə] <fn> [C] számítógép: *personal computer* röv **PC** személyi számítógép ∗ *sg is processed by computer* számítógéppel dolgozzák fel ∗ *computer game* számítógépes játék ∗ *computer operator* infor operátor ∗ *computer program* számítógépes program ∗ *computer-controlled* számítógép vezérelte/vezérlésű ∗ *computer programmer* programozó ∗ *computer technology* komputertechnika ∗ *computer science* informatika ∗ *The list of addresses is on the computer.* A címlista a számítógépen van.

→ Lásd a Tartalomjegyzékben a Tematikus rajzokat!

computing [kəmˈpjuːtɪŋ] <fn> [U] számítástechnika: *He studies computing at the university.* Számítástechnikát tanul az egyetemen.

computerize [kəmˈpjuːtəraɪz] <ige> (computerizes, computerizing, computerized) számítógépesít; számítógéppel feldolgoz/ellát: *Our firm is fully computerized.* A cégünk teljesen számítógépesített.

comrade [ˈkɒmreɪd] <fn> [C] kat bajtárs; pol elvtárs

comradeship [ˈkɒmreɪdʃɪp] <fn> [U] bajtársiasság

¹**con** [kɒn] <ige> (cons, conning, conned) becsap; rászed (**sy into doing sg** vkit vmire)
²**con** [kɒn] <fn> [C] csalás; becsapás; átverés
³**con** [kɒn] <fn> [C] ellenérv: *the pros and cons* az ellene és a mellette szóló érvek
conceal [kən'siːl] <ige> **1.** elrejt **2.** eltitkol
concealer [kən'siːlə] <fn> [U, C] *(kozmetikum)* korrektor
concede [kən'siːd] <ige> **1.** beleegyezik; elismer **2.** *(jogot stb.)* megad
conceit [kən'siːt] <fn> [U] önteltség; beképzeltség
conceited [kən'siːtɪd] <mn> öntelt
conceivable [kən'siːvəbl] <mn> elképzelhető
conceive [kən'siːv] <ige> **1.** kigondol **2.** megért; elképzel; felfog: *conceive of sg* megfogan vkiben a gondolat * *I can't conceive why he did that.* El sem tudom képzelni, miért tette. **3.** teherbe esik
concentrate ['kɒnsntreɪt] <ige> (concentrates, concentrating, concentrated) **1.** összpontosít; koncentrál (**on sg** vmire): *Concentrate more on your work.* Jobban koncentrálj a munkádra! **2.** (össze)sűrít **3.** *(csapatokat)* összevon **4.** összpontosul; koncentrálódik
concentration [ˌkɒnsn'treɪʃn] <fn> [U] **1.** koncentrálás; összpontosítás: *He reads with great concentration.* Nagy figyelemmel/összpontosítással olvas. **2.** sűrítés **3.** összevonás: *concentration of troops* csapatösszevonás **4.** *(vegyszereké stb.)* koncentráció
concept ['kɒnsept] <fn> [C] fogalom
conception [kən'sepʃn] <fn> [C, U] **1.** elképzelés; elgondolás; eszme; felfogás; koncepció: *power of conception* képzelőerő; felfogóképesség **2.** fogamzás
¹**concern** [kən'sɜːn] <ige> **1. concern sy/sg** vonatkozik vkire/vmire; szól vkiről/vmiről: *concerning...* -ra/-re vonatkozóan; vkit/vmit illetőleg * *be concerned in sg* érinti vmi * *the parties concerned* az érdekelt felek * *those concerned* az érdekeltek * *as far as I am concerned* ami engem illet * *This notice doesn't concern you.* Ez a közlemény nem vonatkozik rád. * *The letter concerns my neighbours.* A levél a szomszédaimról szól. **2.** nyugtalanít; aggaszt: *be concerned about/for sg/sy* nyugtalankodik vmi/vki miatt * *It concerns me.* Ez nyugtalanít engem.
²**concern** [kən'sɜːn] <fn> **1.** [U] aggodalom; gond; nyugtalanság: *I am full of concern about my children.* Tele vagyok aggodalommal a gyermekeim miatt. * *There are a lot of concern about him.* Sok gond van vele. **2.** [C] érdekeltség; kapcsolat; vonatkozás: *have a concern in sg* érdekelt vmiben * *It is no concern of mine.* Semmi közöm hozzá. * *Your marriage isn't my concern.* A te házasságodhoz semmi közöm. **3.** [C] vállalkozás; vállalat
concerning [kən'sɜːnɪŋ] <elölj> vmit/vkit illetőleg; vmire/vkire vonatkozólag/vonatkozóan: *concerning me* ami engem illet
concert ['kɒnsət] <fn> [C] hangverseny; koncert: *go to concert* hangversenyre jár * *concert hall* hangversenyterem * *We attended a rock concert last night.* Egy rockkoncerten voltunk tegnap este.
concerted [kən'sɜːtɪd] <mn> közös; összehangolt
concertina [ˌkɒnsə'tiːnə] <fn> [C] harmonika
concerto [kən'tʃeətəʊ] <fn> [C] (concertos) versenymű: *violin concerto in D major* D-dúr hegedűverseny
concession [kən'seʃn] <fn> [C, U] **1.** engedmény: *make a concession* engedményt tesz * *as a concession* engedményképpen **2.** engedély; koncesszió
conciliate [kən'sɪlɪeɪt] <ige> (conciliates, conciliating, conciliated) **1.** kibékít **2.** összeegyeztet
conciliation [kənˌsɪlɪ'eɪʃn] <fn> [U] **1.** békéltetés **2.** (össze)egyeztetés; kiegyezés
conciliator [kən'sɪlɪeɪtə] <fn> [C] döntőbíró; békéltető
concise [kən'saɪs] <mn> tömör; rövid: *concise dictionary* kéziszótár
conclude [kən'kluːd] <ige> **1.** befejez; lezár **2.** (ki)következtet (**sg from sy** vmiből vmit/vmire): *I concluded that...* Azt a következtetést vontam le, hogy... **3.** *(szerződést)* (meg)köt: *conclude an agreement with sy* megállapodást köt vkivel
conclusion [kən'kluːʒn] <fn> [C] **1.** következtetés; konklúzió: *draw a conclusion* következtetést von le * *jump/rush to conclusions* elhamarkodott következtetéseket von le; elhamarkodottan dönt * *I came to the conclusion that...* Arra a következtetésre jutottam, hogy... **2.** befejezés: *in conclusion* befejezésképpen **3.** (szerződés)kötés
conclusive [kən'kluːsɪv] <mn> *(érv stb.)* döntő: *conclusive proof* döntő bizonyíték
concoct [kən'kɒkt] <ige> **1.** (össze)kotyvaszt **2.** *(tervet stb.)* kifőz; kieszel
concoction [kən'kɒkʃn] <fn> [C, U] **1.** kotyvalék; (össze)kotyvasztás **2.** kiagyalás
concordance [kən'kɔːdəns] <fn> **1.** [C] *(bibliai is)* konkordancia **2.** [C] infor konkordancia **3.** [U] egyezés; összhang
concourse ['kɒnkɔːs] <fn> [C] *(pályaudvaron stb.)* (elő)csarnok
¹**concrete** ['kɒŋkriːt] <mn> kézzelfogható; létező; konkrét

²concrete ['kɒŋkriːt] <fn> [U] beton: *concrete mixer* betonkeverő

³concrete ['kɒŋkriːt] <ige> **1.** betonoz **2.** megkeményedik

concur [kən'kɜː] <ige> (concurs, concurring, concurred) **1.** egyetért (**with** sy vkivel) **2.** egybeesik

concurrence [kən'kʌrəns] <fn> [U] **1.** egybeesés **2.** egyetértés

concurrent [kən'kʌrənt] <mn> **1.** egyidejű **2.** egybehangzó; megegyező; összevágó

concuss [kən'kʌs] <ige> *be concussed* agyrázkódást szenved

concussion [kən'kʌʃn] <fn> [C, U] agyrázkódás

condemn [kən'dem] <ige> **1.** jog (el)ítél: *be condemned to death* halálra ítélték **2.** megbélyegez; elítél: *She condemns violence.* Elítéli az erőszakot.

condemnation [,kɒndem'neɪʃn] <fn> [U] elítélés; kárhoztatás; rosszallás; helytelenítés; megbélyegzés

condensation [,kɒnden'seɪʃn] <fn> [U] **1.** (be)párásodás; lecsapódás **2.** sűrítés; cseppfolyósítás; kondenzálás **3.** kondenzvíz

condense [kən'dens] <ige> (condenses, condensing, condensed) **1.** (folyadékot) sűrít; cseppfolyósít; kondenzál: *condensed milk* sűrített tej **2.** (szöveget) tömörít **3.** (pára) sűrűsödik; cseppfolyósodik; lecsapódik

condescend [,kɒndɪ'send] <ige> átv leereszkedik; kegyeskedik

condescending [,kɒndɪ'sendɪŋ] <mn> leereszkedő; lekezelő (**towards** sy vkivel szemben)

condiment ['kɒndɪmənt] <fn> [C] fűszer

¹condition [kən'dɪʃn] <fn> **1.** [U] állapot; helyzet: *Your bike is in very good condition.* A biciklid nagyon jó állapotban van. **2.** [C] feltétel: *on one condition* egy feltétellel ∗ *on no condition* semmiképpen ∗ *On condition that…* Azzal a feltétellel, hogy… **3. conditions** [pl] viszonyok; körülmények: *bad traffic conditions* rossz közlekedési viszonyok ∗ *under these conditions* ilyen körülmények között ∗ *living conditions* életfeltételek; életkörülmények **4.** [C] betegség: *medical condition* egészségügyi probléma ∗ *have a heart condition* problémá van a szívével; szívproblémái vannak **5.** [C, U] (társadalmi) rang: *all sorts and conditions of men* minden rendű és rangú ember

²condition [kən'dɪʃn] <ige> **1.** feltételhez köt; kiköt **2.** kondicionál

¹conditional [kən'dɪʃnəl] <mn> feltételes: *a conditional offer* feltételes ajánlat

²conditional [kən'dɪʃnəl] <fn> [U] nyelvt feltételes mód: *first conditional* feltételes jelen idő ∗ *second conditional* feltételes múlt idő ∗ *Put it in the conditional!* Tedd feltételes módba!

conditioner [kən'dɪʃnə] <fn> [C, U] (haj)kondicionáló (szer); (haj)balzsam

condolence [kən'dəʊləns] <fn> [U, C] részvétnyilvánítás: *Please accept my condolences.* Őszinte részvétem.

condom ['kɒndəm] <fn> [C] óvszer

condominium [,kɒndə'mɪniəm] <fn> [C] AmE öröklakás

conducive [kən'djuːsɪv] <mn> *be conducive to sg* hozzájárul vmihez; elősegít; előmozdít vmit

¹conduct [kən'dʌkt] <ige> **1.** vezet (**to** vhova): *conducted tour* (szervezett) társasutazás; csoportos látogatás/városnézés/vezetés (idegenvezetővel) ∗ *He conducted the group (a)round the cathedral.* Körbevezette a csoportot a katedrálisban. **2.** (karmester) vezényel: *The choir was conducted by a young conductor.* A kórust egy fiatal karmester vezényelte. **3.** igazgat; irányít **4.** el (elektromosságot stb.) vezet **5. conduct oneself** viselkedik

²conduct ['kɒndʌkt] <fn> [U] **1.** vezetés; irányítás; igazgatás: *under the conduct of sy* vki vezetése alatt **2.** magaviselet; viselkedés: *bad conduct* rossz magaviselet

conductor [kən'dʌktə] <fn> [C] **1.** karmester **2.** kalauz **3.** vezető; kísérő **4.** el, fiz (áramé stb.) vezető **5.** konduktor

cone [kəʊn] <fn> [C] **1.** tölcsér: *ice-cream cone* (fagyi)tölcsér **2.** toboz **3.** kúp; tölcsér **4.** (úton) terelőbója

confectioner [kən'fekʃnə] <fn> [C] cukrász

confectionery [kən'fekʃnəri] <fn> [C] **1.** édesség; cukrászsütemény **2.** cukrászda

confederacy [kən'fedərəsi] <fn> [C, U] **1.** államszövetség; konföderáció **2.** összeesküvés

confederate [kən'fedərət] <fn> [C] szövetséges

confederation [kən,fedə'reɪʃn] <fn> [C] (állam)szövetség

confer [kən'fɜː] <ige> (confers, conferring, conferred) **1.** tanácskozik; tárgyal (**with** sy vkivel) **2.** (címet, rangot stb.) adományoz (**on** sy vkinek): *confer a doctorate on sy* doktorrá avat vkit

conference ['kɒnfrəns] <fn> [C] értekezlet; konferencia: *He attended an international doctors' conference.* Egy nemzetközi orvoskonferencián vett részt.

confess [kən'fes] <ige> **1.** beismer; elismer; bevall **2.** (bűnt) megvall **3.** vall gyón **4.** vall gyóntat **5. confess to sg** hitet tesz vmi mellett

confession [kən'feʃn] <fn> [C, U] **1.** vallomás: *He made a full confession.* Mindent bevallott./Vallomást tett. **2.** gyónás

confessional [kən'feʃnəl] <fn> [C] gyóntatószék
confetti [kən'feti] <fn> [U] konfetti
confidant ['kɒnfɪdænt] <fn> [C] kebelbarát
confide [kən'faɪd] <ige> (confides, confiding, confided) rábíz (**sg to sy** vmit vkire)

> **confide in sy** bizalmába avat vkit; megbízik vkiben

confidence ['kɒnfɪdəns] <fn> [U] **1.** bizalom: *gain sy's confidence* elnyerni vkinek a bizalmát * *take sy into one's confidence* bizalmába fogad/avat vkit * *lack of confidence* bizalomhiány * *in confidence* bizalmasan * *Children have confidence in their parents.* A gyerekek (meg)bíznak a szüleikben. **2.** magabiztosság: *with great confidence* nagy magabiztossággal * *confidence in oneself* önbizalom * *She is full of confidence.* Tele van önbizalommal.
confident ['kɒnfɪdənt] <mn> **1.** bizakodó; (maga)biztos: *I am confident that...* Biztos vagyok benne, hogy... **2.** beképzelt
confidential [,kɒnfɪ'denʃl] <mn> bizalmas; titkos
confidentially [,kɒnfɪ'denʃəli] <hsz> bizalmasan
confine [kən'faɪn] <ige> (confines, confining, confined) **1.** (be)zár **2.** bebörtönöz; elzár **3.** korlátoz: *confine oneself to sg* szorítkozik vmire * *be confined to sg* korlátozódik vmire ♦ **be confined to bed** nyomja az ágyat, ágyhoz kötött ♦ **be confined within the walls** négy fal közé van zárva
confinement [kən'faɪnmənt] <fn> [U] **1.** bezárás; bebörtönzés; fogság: *solitary confinement* magánzárka **2.** szülés: *her second confinement* második szülése
confines ['kɒnfaɪnz] <fn> [pl] határok: *within the confines of sg* vminek a határai között
confirm [kən'fɜːm] <ige> **1.** visszaigazol; megerősít: *Confirm the date of his arrival!* Igazold vissza érkezésének időpontját! **2.** érvényesít; megerősít: *have sg confirmed* érvényesíttet vmit **3.** vall bérmál; konfirmál: *He was confirmed when he was fourteen.* Tizennégy évesen konfirmált/bérmálkozott.
confirmation [,kɒnfə'meɪʃn] <fn> [C, U] **1.** megerősítés; visszaigazolás; érvényesítés **2.** vall (katolikusoknál) bérmálás; (protestánsoknál) konfirmáció
confirmed [kən'fɜːmd] <mn> megrögzött: *a confirmed bachelor* megrögzött agglegény
confiscate ['kɒnfɪskeɪt] <ige> (confiscates, confiscating, confiscated) elkoboz

confiscation [,kɒnfɪ'skeɪʃn] <fn> [U] elkobzás
¹conflict ['kɒnflɪkt] <fn> [C] viszály; nézeteltérés; konfliktus: *conflict of interest* érdekellentét * *come into conflict with sy* összeütközésbe kerül vkivel
²conflict [kən'flɪkt] <ige> ellentmondásba/összeütközésbe kerül; ellentétben áll; ellenkezik (**with sg/sy** vmivel/vkivel)
conform [kən'fɔːm] <ige> **1.** alkalmazkodik; idomul (**to sg/sy** vmihez/vkihez) **2.** hasonlóvá tesz; hozzáilleszt (**to sg** vmihez) **3.** összhangban van; megegyezik (**to sg** vmivel)
confound [kən'faʊnd] <ige> **1.** összezavar; összekever; összekuszál **2.** zavarba hoz **3.** elront; szétrombol
confront [kən'frʌnt] **1.** szembesít (**sy with sy** vkit vkivel) **2.** szembeszáll: *confront danger* szembenéz a veszéllyel
confrontation [,kɒnfrʌn'teɪʃn] <fn> [C, U] szembesítés
confuse [kən'fjuːz] <ige> (confuses, confusing, confused) **1.** összezavar: *get confused* megzavarodik; összezavarodik **2.** összetéveszt; összekever: *confuse sg and/with sg* összetéveszt vmit vmivel * *sg should not be confused with sg* vmi nem tévesztendő össze vmivel * *Don't confuse those words.* Ne téveszd össze azokat a szavakat! * *I confuse the twins.* Összekeverem az ikreket.
confused [kən'fjuːzd] <mn> **1.** zavaros; zűrös **2.** (ember) zavarodott **3.** zavarban lévő; összezavart; összezavarodott
confusing [kən'fjuːzɪŋ] <mn> zavaros
confusion [kən'fjuːʒn] <fn> [U] **1.** zűrzavar; rumli; rendetlenség: *The room was in complete confusion.* A szobában minden a feje tetején állt. **2.** összetévesztés; összecserélés **3.** zavar(odottság); meghökkenés; megdöbbenés
congeal [kən'dʒiːl] <ige> **1.** megdermed; megfagy **2.** megdermeszt
congenial [kən'dʒiːniəl] <mn> **1.** kedvező **2.** rokon lelkű; hasonló beállítottságú
congenital [kən'dʒenɪtl] <mn> veleszületett
congested [kən'dʒestɪd] <mn> (utca stb.) zsúfolt: *congested traffic* forgalmi dugó
congestion [kən'dʒestʃən] <fn> [U] forgalmi torlódás; dugó
conglomeration [kən,glɒmə'reɪʃn] <fn> [C] **1.** halom; rakás **2.** konglomeráció
congratulate [kən'grætʃuleɪt] <ige> (congratulates, congratulating, congratulated) gratulál (**sy on sg** vkinek vmiért/vmilyen alkalomból): *congratulate Steve on passing his driving test* gratulál Stevenek gépjárművezetői vizsgája sikeres letételéért

congratulations [kənˌgrætʃuˈleɪʃnz] <fn> [pl] gratuláció: *Congratulations!* Gratulálok!
congregate [ˈkɒŋgrɪgeɪt] <ige> **1.** összegyűlik; (össze)gyülekezik **2.** összegyűjt
congregation [ˌkɒŋgrɪˈgeɪʃn] <fn> [C + sing/pl v] (keresztény/keresztyén) gyülekezet; a hívők
congress [ˈkɒŋgres] <fn> **1.** [C] kongresszus **2. Congress** [U] az USA kongresszusa
Congressman [ˈkɒŋgresmən] <fn> [C] (Congressmen) AmE képviselő
Congresswoman [ˈkɒŋgresˌwʊmən] <fn> [C] (Congresswomen) AmE képviselőnő
conical [ˈkɒnɪkl] <mn> kúp alakú; kúpos
conifer [ˈkɒnɪfə] <fn> [C] tűlevelű
¹conjecture [kənˈdʒektʃə] <ige> sejt; feltételez; feltesz; gyanít
²conjecture [kənˈdʒektʃə] <fn> [C, U] sejtés; feltételezés; feltevés
conjugal [ˈkɒndʒʊgl] <mn> házassági; házastársi: *conjugal duty* házastársi kötelezettség
conjugate [ˈkɒndʒʊgeɪt] <ige> (conjugates, conjugating, conjugated) **1.** *(igét)* ragoz **2.** összekapcsol; összeköt; párosít **3.** egyesül
conjugation [ˌkɒndʒʊˈgeɪʃn] <fn> [C, U] igeragozás
conjunction [kənˈdʒʌŋkʃn] <fn> [C] **1.** nyelvt kötőszó **2.** összetalálkozás **3.** kapcsolat: *in conjunction with sy* vkivel együtt/egyetértésben
conjunctivitis [kənˌdʒʌŋktˈvaɪtɪs] <fn> [U] kötőhártya-gyulladás
conjure [ˈkʌndʒə] <ige> (conjures, conjuring, conjured) **1.** (elő)varázsol; bűvészkedik **2.** *(ördögöt)* kiűz **3.** ünnepélyesen felszólít

> **conjure sg away** elvarázsol; eltüntet vmit
> **conjure sg up 1.** elővarázsol vmit **2.** *(emléket)* felidéz

conjurer [ˈkʌndʒərə] <fn> [C] bűvész
conjuring trick [ˈkʌndʒərɪŋ trɪk] <fn> [C] bűvészmutatvány
conjuror [ˈkʌndʒərə] <fn> [C] bűvész
¹conk [kɒŋk] <fn> [C] biz orr; nózi
²conk [kɒŋk] <ige> biz (erősen) fejbe üt

> **conk out** biz **1.** *(gép)* bedöglik; lerobban; lerohad **2.** *(fáradtságtól)* elalszik; kinyúlik

con man [ˈkɒnmæn] <fn> [C] (con men) biz szélhámos
connect [kəˈnekt] <ige> **1.** összeköt; összekapcsol **2.** összefüggésbe/kapcsolatba hoz (**sy/sg with sy/sg** vkit/vmit vkivel/vmivel) **3.** összefügg **4.** egyesül **5.** *(vonat stb.)* csatlakozik (**with sg** vmihez) **6.** el sorba kapcsol
connected [kəˈnektɪd] <mn> **1.** összefüggő; kapcsolatban levő; kapcsolatos **2.** csatlakozó
connecting [kəˈnektɪŋ] <mn> összekötő: *connecting link* összekötő kapocs * *connecting door* összekötő ajtó * *connecting train* csatlakozó vonat
connection [kəˈnekʃn] <fn> [C] **1.** kapcsolat; összefüggés: *in connection with sg* vmivel kapcsolatban * *a connection between smoking and cancer* összefüggés a dohányzás és a rák közt * *in this connection* ebben az összefüggésben/vonatkozásban * *railway connection* vasúti összeköttetés * *telephone connection* telefonkapcsolat; telefonvonal * *wrong connection* téves kapcsolás **2.** kapcsolat; összeköttetés **3.** *(vonaté stb.)* csatlakozás: *We missed the connection.* Leköstük a csatlakozást. **4.** rokoni kapcsolat
conquer [ˈkɒŋkə] <ige> **1.** átv is meghódít **2.** legyőz; leigáz
conqueror [ˈkɒŋkərə] <fn> [C] hódító
conquest [ˈkɒŋkwest] <fn> [C, U] **1.** *(területé, emberé stb.)* (meg)hódítás; legyőzés: *the Norman Conquest* tört a normann hódítás **2.** meghódított terület
conscience [ˈkɒnʃns] <fn> [U] lelkiismeret: *for conscience's sake* lelkiismeretének megnyugtatására * *make sg a matter of conscience* lelkiismereti kérdést csinál vmiből * *I have a clear conscience.* Tiszta a lelkiismeretem. * *I have a guilty conscience.* Rossz a lelkiismeretem. * *in all conscience* **(a)** nyugodt lélekkel **(b)** valóban; bizonyára
conscientious [ˌkɒnʃiˈenʃəs] <mn> lelkiismeretes: *conscientious objector* katonai szolgálat-megtagadó
conscious [ˈkɒnʃəs] <mn> **1.** tudatos **2.** eszméleténél levő: *become conscious* magához tér; visszanyeri az eszméletét/öntudatát **3. be conscious of sg** tudatában van vminek
consciousness [ˈkɒnʃəsnəs] <fn> [U] **1.** eszmélet; öntudat: *regain consciousness* visszanyeri az eszméletét * *He lost consciousness.* Elvesztette az eszméletét. **2.** tudat(osság)
¹conscript [kənˈskrɪpt] <ige> *(katonát)* besoroz
²conscript [ˈkɒnskrɪpt] <fn> [C] *(katona)* besorozott; újonc; sorkatona
conscription [kənˈskrɪpʃn] <fn> [U] sorozás
consecrate [ˈkɒnsɪkreɪt] <ige> **1.** felszentel: *consecrate the new church* felszenteli az új templomot **2.** szán; szentel (**to sg** vminek)

consecutive [kənˈsekjʊtɪv] <mn> **1.** egymás utáni; egymásra következő: *on five consecutive days* öt egymást követő napon **2.** nyelvt *(mellékmondat)* következményes

consecutively [kənˈsekjʊtɪvlɪ] <hsz> egyfolytában; folyamatosan

consensus [kənˈsensəs] <fn> [U] közmegegyezés; konszenzus: *reach a consensus* közös megegyezésre/konszenzusra jut

¹**consent** [kənˈsent] <fn> [U] beleegyezés; hozzájárulás: *They gave their consent to sg.* Áldásukat adták vmire./Beleegyeztek vmibe. ∗ *I have to get my father's consent first.* Először apám hozzájárulására van szükségem.
   ♦ **by common consent** közös megegyezéssel ♦ **with one consent** egyhangúlag ♦ **Silence gives consent.** A hallgatás beleegyezés.

²**consent** [kənˈsent] <ige> beleegyezik; jóváhagy; hozzájárul

consequence [ˈkɒnsɪkwəns] <fn> **1.** [C] következmény: *take the consequences* viseli a következményeket ∗ *as a consequence* következésképpen ∗ *in consequence of sg* vminek a következtében **2.** [U] fontosság: *of no/little consequence* nem fontos/számottevő; jelentéktelen

consequent [ˈkɒnsɪkwənt] <mn> **1.** vmiből következő/eredő **2.** következetes; konzekvens

consequently [ˈkɒnsɪkwəntlɪ] <hsz> következésképpen; tehát

conservation [ˌkɒnsəˈveɪʃn] <fn> [U] **1.** fenntartás; megőrzés; védelem: *conservation of the forests* az erdők megőrzése/védelme ∗ *Conservation groups are protesting against…* A természetvédők/környezetvédők tiltakoznak… **2.** természetvédelem: *conservation area* természetvédelmi terület

conservationist [ˌkɒnsəˈveɪʃnɪst] <fn> [C] természetvédő; környezetvédő

¹**conservative** [kənˈsɜːvətɪv] <mn> **1.** konzervatív: *conservative views* konzervatív nézetek **2.** óvatos

²**conservative** [kənˈsɜːvətɪv] <fn> [C] konzervatív

conservatoire [kənˈsɜːvətwɑː] <fn> [C] zene konzervatórium

conservatory [kənˈsɜːvətrɪ] <fn> [C] (conservatories) **1.** üvegház **2.** zene AmE konzervatórium

¹**conserve** [kənˈsɜːv] <fn> [C] konzerv

²**conserve** [kənˈsɜːv] <ige> (conserves, conserving, conserved) **1.** megőriz; megtart; konzervál **2.** befőz; tartósít

consider [kənˈsɪdə] <ige> **1.** megfontol; fontolgat; fontolóra vesz; vmire gondol **2.** tart vminek: *be considered rich* gazdagnak tekintik/tartják ∗ *I consider him to be a good doctor.* Jó orvosnak tartom. **3.** *(kérdést)* megvizsgál **4.** figyelembe/tekintetbe vesz: *He considers his family.* Figyelembe veszi a családját./Tekintettel van a családjára. ∗ *consider the fact that…* tekintetbe veszi a tényt, hogy…

considerable [kənˈsɪdərəbl] <mn> jelentős; tetemes; tekintélyes: *a considerable amount* tetemes összeg

considerate [kənˈsɪdərət] <mn> figyelmes

consideration [kənˌsɪdəˈreɪʃn] <fn> [U] **1.** megfontolás; figyelembevétel: *after much consideration* alapos megfontolás után ∗ *political and economical considerations* politikai és gazdasági megfontolások ∗ *take into consideration* figyelembe/tekintetbe vesz ∗ *leave out of consideration* figyelmen kívül hagy **2.** szempont: *Time is another consideration.* Az idő egy további szempont. **3.** előzékenység; figyelmesség: *She shows no consideration for his teacher.* Nincs tekintettel a tanáraira.

considering [kənˈsɪdərɪŋ] <hsz> tekintettel vmire; figyelembe véve vmit; ha meggondoljuk, (hogy…)

consign [kənˈsaɪn] <ige> **consign sg/sy to sg** tesz; helyez vmit/vkit vhova

consignation [ˌkɒnsɪgˈneɪʃən] <fn> [U] **1.** gazd bizomány(ba adás) **2.** száll *(árué)* elküldés

consignee [ˌkɒnsaɪˈniː] <fn> [C] **1.** gazd bizományos **2.** száll *(árué)* címzett; átvevő

consigner [kənˈsaɪnə] <fn> [C] **1.** gazd bizományba adó **2.** száll *(árué)* feladó; küldemény feladója

consignment [kənˈsaɪnmənt] <fn> **1.** [C] küldemény; szállítmány: *consignment of goods* áruszállítmány **2.** [U] *(árué)* küldés

consist [kənˈsɪst] <ige> **consist of sg** áll vmiből

consistency [kənˈsɪstənsɪ] <fn> **1.** [C, U] állag; összetétel **2.** [C, U] sűrűség **3.** [U] következetesség

consistent [kənˈsɪstənt] <mn> **1.** következetes; konzekvens **2.** megegyező (**with sg** vmivel) **3.** sűrű

consolation [ˌkɒnsəˈleɪʃn] <fn> [C, U] vigasz(talás): *consolation prize* vigaszdíj

¹**console** [kənˈsəʊl] <ige> (consoles, consoling, consoled) vigasztal

²**console** [ˈkɒnsəʊl] <fn> [C] **1.** játékasztal; játszóasztal **2.** tartópillér, konzol **3.** el, infor kapcsolótábla; kezelőpult; konzol **4.** tévészekrény

consolidate [kənˈsɒlɪdeɪt] <ige> (consolidates, consolidating, consolidated) **1.** megerősít; megszilárdít; konszolidál **2.** egyesít **3.** megszilárdul

consolidation [kənˌsɒlɪ'deɪʃn] <fn> [U] *(hatalomé stb.)* megszilárdítás; konszolidáció

consommé [kən'sɒmeɪ] <fn> [U] húsleves; erőleves

consonant ['kɒnsənənt] <fn> [C] nyelvt mássalhangzó

consort ['kɒnsɔːt] <fn> [C] hitves; házastárs: *the prince consort* a királynő férje

conspicuous [kən'spɪkjuəs] <mn> **1.** nyilvánvaló **2.** szembetűnő; feltűnő; rikító

conspiracy [kən'spɪrəsi] <fn> [C] (conspiracies) összeesküvés

conspirator [kən'spɪrətə] <fn> [C] összeesküvő

conspire [kən'spaɪə] <ige> (conspires, conspiring, conspired) összeesküszik (**against sg/sy** vmi/vki ellen): *Everything was conspiring against me.* Minden összeesküdött ellenem.

constable ['kʌnstəbl] <fn> [C] BrE (köz)rendőr

constabulary [kən'stæbjʊləri] <fn> [C] (constabularies) rendőrség

constant ['kɒnstənt] <mn> **1.** állandó; folyamatos: *There was a constant rain.* Folyamatosan esett az eső. **2.** változatlan: *constant temperature* változatlan hőmérséklet

constellation [ˌkɒnstə'leɪʃn] <fn> [C] csillagkép; csillagzat; a csillagok állása; konstelláció

consternation [ˌkɒnstə'neɪʃn] <fn> [U] megdöbbenés; megrökönyödés

constipated ['kɒnstɪpeɪtɪd] <mn> szorulásos: *be constipated* székrekedése/szorulása van

constipation ['kɒnstɪ'peɪʃn] <fn> [U] székrekedés; szorulás

constituency [kən'stɪtjuənsi] <fn> [C] (constituencies) választókerület; szavazókerület

¹**constituent** [kən'stɪtjuənt] <fn> [C] **1.** alkotórész; alkotóelem **2.** pol választó(polgár)

²**constituent** [kən'stɪtjuənt] <mn> összetevő; alkotó-: *constituent part* alkotórész

constitute ['kɒnstɪtjuːt] <ige> (constitutes, constituting, constituted) alkot; képez

constitution [ˌkɒnstɪ'tjuːʃn] <fn> [C] **1.** alkotmány; alapszabály **2.** (test)alkat; szervezet **3.** összetétel

constitutional [ˌkɒnstɪ'tjuːʃnəl] <mn> **1.** alkotmányos **2.** jogállami: *constitutional state* jogállam **3.** alkati; szervezeti

constrain [kən'streɪn] <ige> kényszerít (**sg to (do) sg** vkit vmire/vkit vmi megtételére): *feel/be constrained to do sg* vminek a megtételére kényszerül

constraint [kən'streɪnt] <fn> [C, U] kényszer

construct [kən'strʌkt] <ige> **1.** megépít; felépít: *A bridge is (being) constructed here.* Itt egy híd épül. **2.** (meg)szerkeszt: *construct sentences* mondatokat szerkeszt

construction [kən'strʌkʃn] <fn> **1.** [U] építés: *the construction of hotels* szállodák építése **2.** [C] épület: *a famous construction* híres épület **3.** [C] szerkezet; konstrukció **4.** [C] nyelvt szerkezet

constructive [kən'strʌktɪv] <mn> **1.** építő; konstruktív **2.** szerkezeti

consul ['kɒnsl] <fn> [C] konzul

consulate ['kɒnsjʊlət] <fn> [C] konzulátus

consult [kən'sʌlt] <ige> **1.** tanácsot kér (**sy on sg** vkitől vmire vonatkozóan); tanácsért fordul vkihez: *consult the doctor* tanácsot kér az orvostól **2.** tanácskozik; értekezik; konzultál (**with sy about sg** vkivel vmiről)

consultancy [kən'sʌltənsi] <fn> **1.** [C] tanácsadó cég/iroda **2.** [U] tanácsadói tevékenység; tanácsadás: *consultancy fees* tanácsadási díjak

consultant [kən'sʌltənt] <fn> [C] **1.** (szak)tanácsadó: *He works at a firm of consultants.* Egy (szak)tanácsadó cégnél dolgozik. **2.** szakorvos; konzultáló orvos: *a consultant heart surgeon* szívspecialista

consultation [ˌkɒnsl'teɪʃn] <fn> [C, U] **1.** tanácskozás; szaktanácsadás; konzultáció **2.** tanácskérés **3.** szaktanácskozás; (orvosi) konzílium: *hold a consultation* konzíliumot tart

consulting [kən'sʌltɪŋ] <mn> (szak)tanácsadó: *consulting engineer* mérnökszakértő * *consulting physician* konzultáló orvos

consulting hours [kən'sʌltɪŋ aʊəs] <fn> [pl] **1.** rendelési idő: *consulting hours 2 p.m. to 4 p.m.* rendel du. 2–4-ig **2.** félfogadás; fogadóórák

consulting room [kən'sʌltɪŋ ruːm] <fn> [C] orvosi rendelő

consume [kən'sjuːm] <ige> (consumes, consuming, consumed) **1.** *(ételt)* (el)fogyaszt: *We consumed a lot of food.* Rengeteg ételt fogyasztottunk (el). **2.** *(üzemanyagot stb.)* fogyaszt: *His lorry consumes a lot of petrol.* A teherautója sok benzint fogyaszt. **3.** felhasznál; felemészt **4.** elpusztít **5.** elfogy **6.** elpusztul

consumer [kən'sjuːmə] <fn> [C] fogyasztó: *consumer goods* fogyasztói cikkek * *consumer rights* fogyasztói jogok * *consumer protection* fogyasztóvédelem

consumer durables [kən'sjuːmə ˌdjʊərəblz] <fn> [pl] gazd BrE tartós fogyasztási cikkek

consumer goods [kən'sjuːmə gʊdz] <fn> [pl] gazd fogyasztási cikkek

consumer price [kən'sjuːmə praɪs] <fn> [C] gazd fogyasztói ár

consumer research [kən'sjuːmə rɪˌsɜːtʃ] <fn> [U] piackutatás

¹consummate ['kɒnsəmeɪt] <ige> **1.** véghez visz; (be)teljesít **2.** *(házasságot)* elhál
²consummate [kən'sʌmət] <mn> tökéletes
consumption [kən'sʌmpʃn] <fn> [U] fogyasztás; felhasználás: *unfit for human consumption* emberi fogyasztásra alkalmatlan ✻ *consumption tax* fogyasztási adó
¹contact ['kɒntækt] <fn> **1.** [C] kapcsolat; ismerős: *I have several contacts at the university.* Számos kapcsolatom/ismerősöm van az egyetemen. **2.** [C] el kapcsolat; érintkezés: *There is an electric contact between the two wires.* A két vezeték között elektromos kapcsolat áll fenn. **3.** [U] kapcsolat: *make contacts with sy* kapcsolatot teremt vkivel ✻ *be in contact with sy* kapcsolatban áll vkivel ✻ *She doesn't have much contact with her neighbours.* Nincs sok kapcsolata a szomszédaival.
²contact ['kɒntækt] <ige> kapcsolatba lép; érintkezésbe lép; értesít; megkeres: *I contacted the doctor.* Értesítettem az orvost./Érintkezésbe léptem az orvossal.
contact lens ['kɒntækt lenz] <fn> [C] kontaktlencse
contagious [kən'teɪdʒəs] <mn> *(betegség)* fertőző
contain [kən'teɪn] <ige> **1.** tartalmaz **2.** fékez; visszatart: *contain oneself* uralkodik magán
container [kən'teɪnə] <fn> [C] tartály; konténer: *container ship* tartályhajó ✻ *container lorry* konténeres kamion
contaminate [kən'tæmɪneɪt] <ige> (contaminates, contaminating, contaminated) (be-)szennyez
contamination [kən,tæmɪ'neɪʃn] <fn> [U] szennyez(őd)és
contemplate ['kɒntəmpleɪt] <ige> (contemplates, contemplating, contemplated) **1.** megfontol; fontolóra vesz **2.** szemlél **3.** elmélkedik
contemplation [,kɒntəm'pleɪʃn] <fn> [U] **1.** szemlél(őd)és **2.** elmélkedés **3.** fontolgatás
contemporaneous [kən,tempə'reɪnɪəs] <mn> **1.** egyidejű **2.** kortárs
¹contemporary [kən'temprərɪ] <mn> **1.** egykorú: *Those paintings are contemporary.* Azok a festmények egykorúak. **2.** korabeli **3.** kortárs; jelenkori: *contemporary art* kortárs művészet
²contemporary [kən'temprərɪ] <fn> [C] (contemporaries) kortárs
contempt [kən'tempt] <fn> [U] megvetés: *with contempt* megvetéssel
contemptuous [kən'temptjʊəs] <mn> megvető; lenéző
contend [kən'tend] <ige> **1.** versenyez; küzd; verseng (**for** sg vmiért) **2.** állít; vitat; kijelent (**that**... hogy...) **3. contend with sy** harcban áll vkivel: *contend with/against the problem* megküzd a problémával
¹content [kən'tent] <mn> **1.** (meg)elégedett **2.** hajlandó
²content ['kɒntent] <fn> **1. contents** [pl] tartalom: *the contents of the bag* a táskám tartalma **2. contents** [pl] *(könyvé stb.)* tartalom(jegyzék): *a table of contents* tartalomjegyzék **3.** [sing] *(írásmű)* tartalom; (fő) téma **4.** [sing] *(vegyi stb.)* összetétel; tartalom: *It has a high sugar content.* Magas a cukortartalma.
contented [kən'tentɪd] <mn> (meg)elégedett (**with** sg vmivel)
contention [kən'tenʃn] <fn> [C, U] **1.** állítás; álláspont **2.** vita **3.** harc; küzdelem
contentment [kən'tentmənt] <fn> [U] (meg)elégedettség; megelégedés
¹contest ['kɒntest] <fn> [C] verseny; versengés; mérkőzés: *maths contest* matekverseny
²contest [kən'test] <ige> **1.** küzd; harcol **2.** verseng **3.** (el)vitat; kétségbe von

♦ **contest a seat (in Parliament)** képviselőjelöltként lép fel
contestant [kən'testənt] <fn> [C] versenyző
context ['kɒntekst] <fn> [C] szövegkörnyezet; szövegösszefüggés; kontextus: *in this context* ebben az összefüggésben
continent ['kɒntɪnənt] <fn> [C] földrész; világrész; kontinens: *the Continent (Nagy-Britannia nélkül)* az európai kontinens; Európa
continental [,kɒntɪ'nentl] <mn> **1.** szárazföldi: *continental climate* szárazföldi klíma **2.** *(Nagy-Britannia nélkül)* európai
continental breakfast [,kɒntɪnentl'brekfəst] <fn> *(kávé, zsömle, vaj, dzsem)* (sima) reggeli
contingency [kən'tɪndʒənsɪ] <fn> [C] előre nem látott esemény; eshetőség
continual [kən'tɪnjʊəl] <mn> folytonos; folyamatos; állandó; örökös
continuation [kən,tɪnjʊ'eɪʃn] <fn> [U] **1.** folytat(ód)ás **2.** meghosszabbítás; fenntartás
continue [kən'tɪnjuː] <ige> (continues, continuing, continued) **1.** *(tovább csinál)* folytat: *to be continued* folytatása következik ✻ *They continued their conversation at school.* Az iskolában folytatták a beszélgetést. ✻ *Continue learning until six o'clock!* Folytasd a tanulást (egészen) hat óráig! **2.** *(folyamatosan végez)* folytat: *He continued his way happily.* Boldogan folytatta az útját./Boldogan ment tovább. **3.** folytatódik: *The meeting will continue after lunch.* Az értekezlet ebéd után folytatódik.
continuity [,kɒntɪ'njuːətɪ] <fn> [U] folyamatosság; folytonosság

continuous [kən'tɪnjʊəs] <mn> folytonos; folyamatos: *the continuous tense* nyelvt folyamatos (ige)idő * *present/past continuous* nyelvt folyamatos jelen/múlt (idő) * *We hear the continuous noise of the traffic.* Halljuk a közlekedés folyamatos zaját.

contortion [kən'tɔːʃn] <fn> [C] **1.** kificamodás **2.** eltorzítás **3.** eltorzulás; grimasz

contour ['kɒntʊə] <fn> [C] körvonal; kontúr

contraband ['kɒntrəbænd] <fn> **1.** [C] csempészáru **2.** [U] csempészet

contraception [ˌkɒntrə'sepʃn] <fn> [U] orv fogamzásgátlás

¹contraceptive [ˌkɒntrə'septɪv] <fn> [C] fogamzásgátló (szer): *use contraceptives* védekezik

²contraceptive [ˌkɒntrə'septɪv] <mn> fogamzásgátló: *contraceptive pill* fogamzásgátló tabletta

¹contract ['kɒntrækt] <fn> [C] szerződés; megállapodás: *sign a contract with sy* szerződést ír alá vkivel * *enter into a contract//make a contract with sy* megállapodást/szerződést köt vkivel * *party to the contract* szerződő fél * *contract of employment* munkaszerződés * *contract of sale* adásvételi szerződés

²contract [kən'trækt] <ige> **1.** összemegy; összehúzódik: *Metal contracts as it cools.* A fém összemegy/összehúzódik, ha lehűl. **2.** összehúz; összevon **3.** szerződést köt; szerződik: *He has contracted to build a new school.* Szerződést kötött egy új iskola építésére. **4.** *(betegséget)* megkap: *He contracted malaria.* Elkapta a maláriát. **5.** *(házasságot)* köt

contraction [kən'trækʃn] <fn> [C, U] **1.** összehúzódás; zsugorodás **2.** összehúzás; összevonás **3.** (le)rövidítés

contractor [kən'træktə] <fn> [C] **1.** (építési) vállalkozó; kivitelező **2.** szállító

contradict [ˌkɒntrə'dɪkt] <ige> ellentmond

contradiction [ˌkɒntrə'dɪkʃn] <fn> [C, U] ellentmondás

contradictory [ˌkɒntrə'dɪktəri] <mn> ellentmondó; ellentmondásos

contraflow ['kɒntrəfləʊ] <fn> [U] *(az autópálya egyik felén)* kétirányú forgalom

contraindication [ˌkɒntrəˌɪndɪ'keɪʃn] <fn> [C] ellenjavallat

contraption [kən'træpʃn] <fn> [C] szerkezet; szerkentyű

¹contrary ['kɒntrəri] <fn> [U] az ellenkező(je vminek): *on the contrary* épp ellenkezőleg * *to the contrary* ellenkező értelemben

²contrary ['kɒntrəri] <hsz> **contrary to 1.** vmivel ellentétben/szemben: *contrary to expectations* a várakozásokkal ellentétben * *contrary to my mother's fears...* anyám félelmeivel szemben... **2.** vmi ellenére: *contrary to all advice...* minden intelem/tanács ellenére...

³contrary ['kɒntrəri] <mn> ellenkező; ellentétes

¹contrast [kən'trɑːst] <ige> **1.** összehasonlít; szembeállít: *I contrasted the two cars.* Összehasonlítottam a két autót. **2.** ellentétben áll (**with sg** vmivel); különbözik; elüt (**with sg** vmitől): *His acts contrast with his promises.* Tettei ellentmondanak ígéreteinek.

²contrast ['kɒntrɑːst] <fn> [C] különbség; ellentét; kontraszt: *in contrast to/with sg* vmivel ellentétben

contravene [ˌkɒntrə'viːn] <ige> (contravenes, contravening, contravened) **1.** *(törvényt stb.)* megsért; áthág **2.** ellentmond vminek; ellenszegül

contribute ['kən'trɪbjuːt] <ige> (contributes, contributing, contributed) **1.** hozzájárul (**to sg** vmihez); közreműködik (**to sg** vmiben): *We contributed to his present.* Hozzájárultunk az ajándékához. * *Slippery road was said to have contributed to the accident.* Állítólag a síkos út járult hozzá a balesethez. **2.** ad(akozik): *I contributed meat for lunch.* Húst adtam az ebédhez. **3.** cikkeket ír: *contribute (articles) to a paper* (cikkeket) ír egy lapnak

contribution [ˌkɒntrɪ'bjuːʃn] <fn> [C] **1.** adakozás; adomány; járulék: *contributions of clothing* ruhaadományok **2.** hozzájárulás: *It was a contribution to the success of the project.* Ez nagyban hozzájárult a projekt sikeréhez. **3.** közreműködés **4.** *(újságban stb.)* közlemény; cikk

contributor [kən'trɪbjʊtə] <fn> [C] **1.** hozzájáruló; adakozó **2.** közreműködő; *(lapnál stb.)* külső munkatárs; szerző

contrive [kən'traɪv] <ige> (contrives, contriving, contrived) **1.** kigondol; kieszel; kitalál **2.** feltalál **3. contrive to do sg** sikerül vmit tennie

¹control [kən'trəʊl] <fn> [U] **1.** irányítás; vezérlés; fennhatóság: *The firm is under government control.* A cég állami irányítás alatt áll. * *He is in control of the company.* Ő irányítja a céget. **2.** uralom (**on/over sg** vmi felett); *(járműé)* kormányzás; *(hatalomé)* ellenőrzés: *be in control of sg* uralma/ellenőrzése alatt tart vmit; kézben tart vmit * *circumstances beyond our control* akaratunkon kívül álló körülmények; körülmények, amelyek nem tőlünk függnek * *be/get out of control* elszabadul; kezelhetetlenné/ellenőrizhetetlenné válik (vmi); fegyelmezhetetlenné válik; *(iskolai osztály)* kicsúszik a kezéből * *bring/get/keep sg under control* (tüzet) megfékez; *(osztályt, tömeget*

²control 120

stb.) kézébe vesz; megfegyelmez; *(tömegtüntetést stb.)* ellenőrzés(e) alá von ∗ *keep control of the class (tanár)* kézben tartja az osztályt; fegyelmet tart az osztályban ∗ *He lost control of the car.* Elvesztette uralmát a kocsi fölött. ∗ *He got so angry he lost control.* Annyira dühös lett, hogy (teljesen) elvesztette az önuralmát. ∗ *take control of sg (katonailag stb.)* uralma/ellenőrzése alá von vmit ∗ *Don't worry! Everything is under control.* Ne aggódj, minden rendben! **3.** ellenőrzés: *passport control* útlevél-ellenőrzés ∗ *control group (pl. gyógyszergyárban)* kontrollcsoport; ellenőrző csoport **4. controls** [pl] rep vezérlés; irányítás; vezérlőberendezés/pult; vezérmű: *He is at the controls.* Ő vezérli/irányítja/kormányozza a gépet.

²control [kən'trəʊl] <ige> (controls, controlling, controlled) **1.** irányít; vezet: *He controls the whole company.* Ő vezeti az egész céget. **2.** megfékez; kézben tart; korlátoz; szabályoz: *He can't control his horse.* Nem tudja megfékezni a lovat. ∗ *Control yourself!* Uralkodj magadon! **3.** ellenőriz: *Government controls immigration.* A kormány ellenőrzi a bevándorlást. **4.** *(nehéz helyzetet)* kezel

> Vigyázat, álbarátok!
> **control** ≠ kontrollál (= check)

control key [kən'trəʊl kiː] <fn> [C] infor vezérlőbillentyű; kontrollbillentyű; Ctrl billentyű
controller [kən'trəʊlə] <fn> [C] **1.** ellenőr **2.** irányító **3.** infor szabályozó-/vezérlőegység; kontroller; vezérlőkártya
¹controlling [kən'trəʊlɪŋ] <fn> [U] **1.** gazd *(ügyvitelé)* vezetés **2.** *(elszámolásé)* ellenőrzés; megvizsgálás
²controlling [kən'trəʊlɪŋ] <mn> vezető; irányító
controlling interest [kən,trəʊlɪŋ 'ɪntrəst] <fn> [C] ellenőrző többség; ellenőrző részesedés
control panel [kən'trəʊl pænl] <fn> [C] vezérlőpult; kezelőpult; kapcsolólap
control stick [kən'trəʊl stɪk] <fn> [C] *(repülőé)* botkormány
control tower [kən'trəʊl ,taʊə] <fn> [C] *(reptéren)* irányítótorony
controversial [,kɒntrə'vɜːʃl] <mn> ellentmondásos; vitatható; vitás; vitatott
controversy ['kɒntrəvɜːsi] <fn> [C, U] (controversies) vita
contusion [kən'tjuːʒn] <fn> [C, U] orv zúzódás
conundrum [kə'nʌndrəm] <fn> [C, U] talány; rejtvény

convalesce [,kɒnvə'les] <ige> (convalesces, convalescing, convalesced) lábadozik; gyógyul; felépül
convalescence [,kɒnvə'lesns] <fn> [U] lábadozás; gyógyulás
convalescent [,kɒnvə'lesnt] <mn> lábadozó: *convalescent home* szanatórium
convene [kən'viːn] <ige> (convenes, convening, convened) **1.** *(értekezletet)* összehív **2.** gyülekezik; összegyűlik
convener [kən'viːnə] <mn> összehívó; szervező
convenience [kən'viːniəns] <fn> **1.** [U] kényelem: *for convenience* a kényelem érdekében **2.** [C] komfort: *a house with all the modern conveniences* összkomfortos ház **3. (public) convenience** [C] BrE *(nyilvános)* vécé ♦ **at your convenience** amikor önnek megfelel ♦ **at your earliest convenience** *(levélben)* mielőbb ♦ **marriage of convenience** érdekházasság
convenience food [kən'viːniəns fuːd] <fn> [U, C] készétel; mirelit
convenient [kən'viːniənt] <mn> **1.** kényelmes: *Travelling by ship is more convenient than anything else.* Hajón utazni kényelmesebb, mint bármely más járművön. **2.** alkalmas; megfelelő: *at a convenient time* alkalmas időben ∗ *This is the most convenient time for me to phone him.* Ez a legalkalmasabb pillanat arra, hogy felhívjam.
convent ['kɒnvənt] <fn> [C] zárda; apácakolostor
convention [kən'venʃn] <fn> [C, U] **1.** *(államok közötti)* egyezmény; megállapodás **2.** illem(-szabályok); szokás(ok); konvenció: *He doesn't care about convention.* Nem törődik a (társadalmi) illemszabályokkal. **3.** konvenció; elnökjelölő kongresszus; konferencia
conventional [kən'venʃnəl] <mn> hagyományos; szokásszerű; egyezményes; konvencionális
converge [kən'vɜːdʒ] <ige> (converges, converging, converged) **1.** mat összetart; konvergál **2.** *(utca, folyó stb.)* összefut
convergence [kən'vɜːdʒəns] <fn> [C, U] mat összetartás; konvergencia
conversation [,kɒnvə'seɪʃn] <fn> [C] beszélgetés; társalgás: *long conversations on the phone* hosszú telefonbeszélgetések ∗ *carry on a conversation* beszélgetést folytat ♦ *get into conversation with sy* beszédbe elegyedik vkivel
conversational [,kɒnvə'seɪʃnəl] <mn> **1.** társalgási: *conversational English* társalgási angol **2.** beszédes: *He is in a conversational mood.* Beszédes kedvében van.

¹converse [kənˈvɜːs] <ige> (converses, conversing, conversed) beszélget; társalog (**with sy on/about sg** vkivel vmiről)

²converse [ˈkɒnvɜːs] <mn> ellentétes; fordított

³converse [ˈkɒnvɜːs] <fn> [C] ellentét

conversely [ˈkɒnvɜːsli] <hsz> fordítva; viszont; ezzel szemben; ellenben

conversion [kənˈvɜːʃn] <fn> [C, U] **1.** átalakítás; átváltoztatás (**into, to sg** vmire, vmivé) **2.** átváltás; átszámítás; konvertálás (**into sg** vmire): *conversion table* átszámítási táblázat **3.** átalakulás; átváltozás (**into, to sg** vmire, vmivé) **4.** vall megtérés

convert [kənˈvɜːt] <ige> **1.** (át)vált; konvertál (**into sg** vmire): *convert forints into dollars* forintot dollárra vált **2.** cserél (**into sg** vmire): *We converted grandmother's house into three flats.* A nagymama házát három lakásra cseréltük. **3.** átalakít(ható) (**into sg** vmivé) **4.** vall megtérít; áttérít (**sy to sg** vkit vmilyen hitre): *He was converted (to Christianity).* (keresztény/keresztyén lett) Megtért./Hitre jutott.

¹convertible [kənˈvɜːtəbl] <mn> **1.** átalakítható; átváltoztatható **2.** átváltható; konvertálható **3.** *(valuta)* konvertibilis

²convertible [kənˈvɜːtəbl] <fn> [C] *(autó)* kabrió

convey [kənˈveɪ] <ige> **1.** átad; átruház; továbbít **2.** (el)szállít; (ki)visz; (ki)hord **3.** *(vmilyen kívánságot stb. vkinek)* közöl; közvetít; átad; tolmácsol: *Please convey my appreciation to your father.* Kérem, tolmácsolja őszinte elismerésemet édesapjának!

conveyor belt [kənˈveɪə belt] <fn> [C] szállítószalag; futószalag

¹convict [kənˈvɪkt] <ige> elítél (**sy of sg** vkit vmiért)

²convict [ˈkɒnvɪkt] <fn> [C] elítélt; fegyenc

conviction [kənˈvɪkʃn] <fn> [C] **1.** elítélés; (büntető) ítélet **2.** meggyőződés; hit: *against my conviction* meggyőződésem ellenére ∗ *It's my conviction that he isn't right.* Meggyőződésem, hogy nincs igaza. **3.** meggyőzés

convince [kənˈvɪns] <ige> (convinces, convincing, convinced) meggyőz (**sy of sg** vkit vmiről): *I am convinced that...* Meg vagyok győződve arról, hogy.../(Az a)meggyőződésem, hogy...

convincing [kənˈvɪnsɪŋ] <mn> meggyőző

convoy [ˈkɒnvɔɪ] <fn> [C, U] **1.** konvoj **2.** kísérőhajó

convulse [kənˈvʌls] <ige> (convulses, convulsing, convulsed) megráz(kódtat): *be convulsed with pain* fetreng a fájdalomtól ∗ *He is convulsed with laughter.* Dől/Gurul a nevetéstől./Rázza a nevetés.

convulsion [kənˈvʌlʃn] <fn> [C] **1.** görcs(ös rángató(d)zás); vonaglás **2.** (társadalmi, politikai) megrázkódtatás

coo [kuː] <ige> **1.** turbékol; búg **2.** gügyög

¹cook [kʊk] <ige> **1.** *(ételt)* (meg)főz; (meg)süt; elkészít **2.** *(étel)* (meg)fő; (meg)sül; (el)készül
♦ **cook the accounts/books** számlát hamisít ♦ **What's cooking?** Mi megy itt?

cook up kitalál; kifőz

²cook [kʊk] <fn> [C] szakács(nő)
♦ **Too many cooks spoil the broth.** Sok szakács elsózza a levest.

cookbook [ˈkʊkbʊk] <fn> [C] AmE szakácskönyv

cooker [ˈkʊkə] <fn> [C] tűzhely: *gas cooker* gáztűzhely ∗ *electric cooker* villanytűzhely

cookery [ˈkʊkəri] <fn> [U] szakácsművészet; konyhaművészet

cookery book [ˈkʊkəri bʊk] BrE szakácskönyv

cookie [ˈkʊki] <fn> [C] **1.** AmE süti; keksz **2.** infor *(apró adatsor)* süti; cookie

cooking [ˈkʊkɪŋ] <fn> [U] **1.** főzés; sütés: *do the cooking* főz **2.** *(főzésmód)* konyha: *Italian cooking* olasz konyha

¹cool [kuːl] <mn> (cooler, coolest) **1.** hűvös; hideg: *cool weather* hűvös idő ∗ *cool lemonade* hideg limonádé ∗ *It is turning cool.* Lehűl. **2.** higgadt **3.** közömbös **4.** biz szuper; klassz: *What a cool hat it is.* De szuper ez a kalap!
♦ **as cool as a cucumber** rendíthetetlen nyugalmú ♦ **he is a cool customer** flegma alak ♦ **keep cool** megőrzi a nyugalmát ♦ **play it cool** megőrzi a nyugalmát ♦ **That's cool!/Cool!** biz Szuper!

²cool [kuːl] <ige> **1.** lehűl **2.** lehűt; kihűt **3. cool down/off** megnyugszik; lecsillapodik; *(kedély)* lehűl; *(lelkesedés)* lelohad: *Cool down!* Nyugi!

³cool [kuːl] <fn> [U] hűvösség
♦ **keep one's cool** megőrzi hidegvérét ♦ **lose one's cool** elveszíti hidegvérét

coolant [ˈkuːlənt] <fn> [U] hűtőfolyadék

cool bag [ˈkuːl bæg] <fn> [C] hűtőtáska

cool box [ˈkuːl bɒks] <fn> [C] hűtőtáska

cooler [ˈkuːlə] <fn> [C] **1.** AmE hűtőtáska **2.** hűtőszekrény; hűtőkészülék **3. the cooler** biz, szl hűvös; sitt

cool-headed [ˌkuːlˈhedɪd] <mn> higgadt

coolness [ˈkuːlnəs] <fn> [U] **1.** hűvösség **2.** higgadtság; hidegvér

co-op [ˈkəʊɒp] <fn> [C] **1.** szövetkezet **2.** szövetkezeti bolt

cooperate [kəʊˈɒpəreɪt] <ige> (cooperates, cooperating, cooperated) együttműködik; szövetkezik (**with sy** vkivel)

cooperation [kəʊˌɒpəˈreɪʃn] <fn> [U] együttműködés; kooperáció

¹cooperative [kəʊˈɒpəretɪv] <mn> **1.** szövetkezeti **2.** együttműködő; segítőkész
²cooperative [kəʊˈɒpəretɪv] <fn> [C] szövetkezet
¹coordinate [kəʊˈɔːdɪneɪt] <ige> (coordinates, coordinating, coordinated) összhangba hoz; összehangol; koordinál
²coordinate [kəʊˈɔːdɪneɪt] <fn> [C] földr, mat koordináta
coordination [kəʊˌɔːdɪˈneɪʃn] <fn> [U] összhangba hozás; összehangolás; koordináció
¹cop [kɒp] <fn> [C] biz zsaru; hekus
²cop [kɒp] <ige> (cops, copping, copped) biz elkap; nyakon csíp

cop out of sg (bajból stb.) kimászik

copartner [ˌkəʊˈpɑːtnə] <fn> [C] üzlettárs
cope [kəʊp] <ige> (copes, coping, coped) megbirkózik (**with sg** vmivel); győzi; megállja a helyét (**with sg** vmiben): *She can't cope with her children.* Nem tud mit kezdeni a gyerekeivel./Nem boldogul a gyerekeivel.
copier [ˈkɒpɪə] <fn> [C] másológép
co-pilot [ˈkəʊˌpaɪlət] <fn> [C] másodpilóta
cop-out [ˈkɒpaʊt] <fn> [U] biz kihátrálás (vmiből)
¹copper [ˈkɒpə] <fn> **1.** [U] vörösréz **2.** [C] rézedény **3.** [C, ált pl] aprópénz; garas
²copper [ˈkɒpə] <fn> [C] röv **cop** biz zsaru
copulate [ˈkɒpjʊleɪt] <ige> (copulates, copulating, copulated) párosodik; párzik; közösül
copulation [ˌkɒpjʊˈleɪʃn] <fn> [U] párosodás; párzás; közösülés
¹copy [ˈkɒpɪ] <fn> [C] (copies) **1.** másolat; utánzat; kópia: *make a copy of sg* fénymásolatot készít vmiről ∗ *This picture is just a copy of the real painting.* Ez a kép csak másolata a valódi festménynek. **2.** (könyvé, újságé) példány: *a copy of "The Times"* a „The Times" egy példánya **3.** (nyomdai) kézirat: *fair/clean copy* tisztázat
²copy [ˈkɒpɪ] <ige> (copies, copying, copied) **1.** átmásol; bemásol; lemásol **2.** utánoz
¹copybook [ˈkɒpɪbʊk] <fn> [C] gyakorlófüzet
²copybook [ˈkɒpɪbʊk] <mn> pontos; mintaszerű; korrekt
copycat [ˈkɒpɪkæt] <fn> [C] utánozó majom
copy editor [ˈkɒpɪˌedɪtə] <fn> [C] olvasószerkesztő
copyright [ˈkɒpɪraɪt] <fn> [C, U] szerzői jog
copywriter [ˈkɒpɪˌraɪtə] <fn> [C] **1.** reklámszövegíró **2.** (újságé) cikkíró
coral [ˈkɒrəl] <fn> [U] korall

cord [kɔːd] <fn> **1.** [C] kötél; spárga; zsinór **2.** [C] AmE huzal; kábel **3.** [C] orv szál; zsinór **4. cords** [pl] kord(nadrág)
¹cordial [ˈkɔːdɪəl] <mn> szívélyes; szívből jövő; barátságos
²cordial [ˈkɔːdɪəl] <fn> [C, U] **1.** BrE szörp **2.** AmE likőr
cordiality [ˌkɔːdɪˈælətɪ] <fn> [U] szívélyesség
cordless phone [ˌkɔːdləsˈfəʊn] <fn> [C] vezeték/zsinór nélküli telefon
¹cordon [ˈkɔːdn] <fn> [C] kordon
²cordon [ˈkɔːdn] <ige> **cordon off sg** kordonnal lezár/körülvesz vmit; kordont húz vhol
corduroy [ˈkɔːdərɔɪ] <fn> **1.** [U] kord(bársony) **2. corduroys** [pl] kord(bársony)nadrág
¹core [kɔː] <fn> **1.** [C] (almáé stb.) magház **2.** [C] mag: *apple core* almamag **3.** [U] vminek a belseje; veleje; lényege; magja: *the core of the argument* a vita lényege ∗ *the hard core* a kemény mag **4.** [C] (kábel)ér

♦ **get to the core of sg** belemélyed vmibe
♦ **touch sy to the core** mélyen érint vkit
♦ **to the core** ízig-vérig; a velejéig

²core [kɔː] <ige> (cores, coring, cored) (gyümölcsöt) kimagoz
core time [ˈkɔː taɪm] <fn> [U] alapmunkaidő
¹cork [kɔːk] <fn> **1.** [U] parafa: *a piece of cork* egy darab parafa **2.** [C] dugó: *Put a cork in the bottle.* Tegyél egy dugót az üvegbe!
²cork [kɔːk] <ige> (be)dugaszol
corkscrew [ˈkɔːkskruː] <fn> [C] dugóhúzó
¹corn [kɔːn] <fn> [U] **1.** BrE gabona; gabonaszem: *a field of corn* gabonamező **2.** AmE kukorica: *sweet corn//corn on the cob* csemegekukorica
²corn [kɔːn] <fn> [C] orv tyúkszem: *remove a corn* tyúkszemet kivág
corncob [ˈkɔːnkɒb] <fn> [C] kukoricacsutka
corned beef [ˌkɔːndˈbiːf] <fn> [C, U] ≈ (be)sózott marhahús
¹corner [ˈkɔːnə] <fn> [C] **1.** sarok; szeglet; zug: *round the corner* a sarkon túl ∗ *people from all the corners of the world* emberek a világ minden szegletéből ∗ *The school is on the corner of the street.* Az iskola a sarkon van. ∗ *The chair is in the corner of the room.* A szék a szoba sarkában áll. **2.** kanyar: *turn the corner* bekanyarodik a sarkon ∗ *take a corner* kanyarodik **3.** sp szögletrúgás

♦ **be in a tight corner** nehéz helyzetben van ♦ **cut corners 1.** levágja a kanyart **2.** egyszerűsíti az ügyintézést ♦ **drive sy into a corner** sarokba szorít vkit ♦ **He is just around the corner.** Már itt jár a kertek alatt. ♦ **out of the corner of one's eye** (lát vmit) szeme sarkából

²**corner** ['kɔ:nə] <ige> **1.** sarokba szorít **2.** kanyarodik: *This car corners well.* Ez az autó jól veszi a kanyart.

corner kick ['kɔ:nə kɪk] <fn> [C] sp szögletrúgás: *take a corner kick* szögletrúgást végez

cornerstone ['kɔ:nəstəʊn] <fn> [C] átv is sarokkő; szegletkő

cornfield ['kɔ:nfi:ld] <fn> [C] **1.** BrE búzatábla; gabonaföld **2.** AmE kukoricatábla

cornflakes ['kɔ:nfleɪks] <fn> [pl] kukoricapehely

cornflower ['kɔ:nflaʊə] <fn> [C] búzavirág

Cornish ['kɔ:nɪʃ] <mn> *(kelta)* cornwalli

corny ['kɔ:nɪ] <mn> **1.** gabonában dús **2.** *(vicc stb.)* elcsépelt; elkoptatott **3.** tyúkszemes

coronary ['kɒrənərɪ] <fn> [C] (coronaries) orv **1.** biz szívroham; szívinfarktus **2.** koszorúér-: *coronary artery* koszorúér * *coronary thrombosis* koszorúér-trombózis

coronation [ˌkɒrə'neɪʃn] <fn> [C] koronázás

coroner ['kɒrənə] <fn> [C] halottkém

¹**corporal** ['kɔ:prəl] <fn> [C] tizedes; káplár

²**corporal** ['kɔ:prəl] <mn> testi: *corporal punishment* testi fenyítés

corporate ['kɔ:pərət] <mn> testületi; egyetemleges: *corporate responsibility* egyetemleges felelősség * *corporate body* jogi személy

corporation [ˌkɔ:pə'reɪʃn] <fn> [C] **1.** *(pl. önkormányzati)* testület **2.** gazd társaság; vállalat: *corporation tax* társasági adó

corps [kɔ:] <fn> [C + sing/pl v] (corps) **1.** testület: *the diplomatic corps* diplomáciai testület **2.** kat alakulat

corpse [kɔ:ps] <fn> [C] holttest

corpulent ['kɔ:pjulənt] <mn> kövér

Corpus Christi [ˌkɔ:pəs'krɪstɪ] <fn> [U] vall úrnapja

¹**correct** [kə'rekt] <mn> helyes; kifogástalan; hibátlan; megfelelő; korrekt: *the correct answer* a helyes válasz * *the correct time* a pontos idő

²**correct** [kə'rekt] <ige> kijavít; megjavít; helyesbít; korrigál

correction [kə'rekʃn] <fn> [C, U] kijavítás; megjavítás; helyesbítés; korrigálás

correctness [kə'rektnəs] <fn> [U] helyesség; kifogástalanság

correlate ['kɒrəleɪt] <ige> (correlates, correlating, correlated) **1.** kölcsönös összefüggésben van (**with sg** vmivel) **2.** összefüggésbe hoz (**with sg** vmivel)

correlation [ˌkɒrə'leɪʃn] <fn> [C, U] (kölcsönös) összefüggés; viszonosság; (kölcsön)viszony; korreláció

correspond [ˌkɒrə'spɒnd] <ige> **1.** megfelel (**to sg** vminek); (meg)egyezik (**to sg** vmivel) **2.** megegyezik; összhangban van (**with sg** vmivel) **3.** levelez

correspondence [ˌkɒrə'spɒndəns] <fn> [U] **1.** megfelelés; összhang **2.** levelezés: *correspondence column (levelek a szerkesztőhöz)* „Tisztelt szerkesztőség!" * *correspondence course* levelező tagozat/oktatás

correspondent [ˌkɒrə'spɒndənt] <fn> [C] **1.** tudósító: *foreign correspondent* külföldi tudósító **2.** levelező

corresponding [ˌkɒrə'spɒndɪŋ] <mn> megfelelő

corridor ['kɒrɪdɔ:] <fn> [C] folyosó

corrode [kə'rəʊd] <ige> **1.** korrodál **2.** rozsdásodik; korrodálódik

corrosion [kə'rəʊʒn] <fn> [U] **1.** rozsda; rozsdásodás; korrózió **2.** szétmarás

corrugated ['kɒrəgeɪtɪd] <mn> hullám-: *corrugated cardboard* hullámpapír * *corrugated iron* hullámlemez

¹**corrupt** [kə'rʌpt] <mn> **1.** megvesztegethető; korrupt **2.** romlott; erkölcstelen: *corrupt practices* tisztességtelen eljárás **3.** elrontott

²**corrupt** [kə'rʌpt] <ige> **1.** elront **2.** megveszteget; korrumpál

corruptible [kə'rʌptəbl] <mn> **1.** megvesztegethető **2.** romlandó

corruption [kə'rʌpʃn] <fn> [U] **1.** romlás; romlottság **2.** megvesztegetés; korrupció

corset ['kɔ:sɪt] <fn> [C] fűző

cos [kəz] → **because**

cosiness ['kəʊzɪnəs] <fn> [U] meghittség; lakályosság; melegség

cosmetic [kɒz'metɪk] <mn> kozmetikai: *cosmetic articles* szépítőszerek; piperecikkek * *cosmetic surgery* kozmetikai műtét; arcplasztika

cosmetician [ˌkɒzmə'tɪʃn] <fn> [C] kozmetikus

cosmetics [kɒz'metɪks] <fn> [pl] **1.** kozmetika: *cosmetics industry* kozmetikai ipar **2.** szépítőszerek

cosmic ['kɒzmɪk] <mn> kozmikus

cosmopolitan [ˌkɒzmə'pɒlɪtən] <mn> kozmopolita

cosmos ['kɒzmɒs] <fn> [U] világegyetem

¹**cost** [kɒst] <fn> [C] **1.** átv is ár: *the cost of the oil* az olaj ára * *at the cost of his own life* a saját élete árán * *at all costs/at any cost* minden áron **2.** költség; kiadás: *cost of living* megélhetési költségek * *cost of labour* munkabérköltség * *cost of transport* szállítási költség * *at cost* önköltségi áron * *The cost of the new house is high.* Az új ház kiadásai/költségei magasak. * *We managed to get our costs down.* Csökkenteni tudtuk a kiadásainkat. * *to one's cost* a saját kárán

²**cost** [kɒst] <ige> (cost, costing, cost, cost) **1.** kerül vmibe: *How much does this painting cost?* Mennyibe kerül ez a festmény? **2.** átv kerül vmibe: *Speeding cost him his life.* A gyorshajtás az életébe került. * *Cost what it may.* Kerül, amibe kerül. **3.** kikalkulálja az árát vminek

co-star ['kəʊstɑː] <ige> (co-stars, co-starring, co-starred) más sztárokkal együtt lép fel/szerepel: *X co-stars with Y* a főszerepben X és Y

cost-effective ['kɒstɪˌfektɪv] <mn> gazdaságos; költséghatékony

cost estimate ['kɒst ˌestɪmeɪt] <fn> [C] költségelőirányzat; költségbecslés

costly ['kɒstlɪ] <mn> költséges

costume ['kɒstjuːm] <fn> [C] **1.** jelmez: *costume ball* jelmezbál **2.** ruha; öltözet: *swimming costume* fürdőruha **3.** viselet: *national costume* népviselet **4.** szính *(korabeli viselet)* kosztüm: *She had three costume changes during the play.* Háromszor kellett átöltöznie a darabban.

> Vigyázat, álbarátok!
> **costume** ≠ *(női)* kosztüm (= suit; ensemble)

costume drama ['kɒstjuːm drɑːmə] <fn> [C, U] kosztümös színdarab

costume jewellery ['kɒstjuːm dʒuːəlrɪ] <fn> [U] divatékszer; bizsu

costume jewelry <fn> [U] AmE divatékszer; bizsu

cosy ['kəʊzɪ] <mn> kényelmes; meghitt; barátságos; lakályos

cot [kɒt] <fn> [C] **1.** BrE gyermekágy **2.** AmE tábori ágy; kempingágy

🇬🇧 *Cotswolds*

Ez a Birmingham és Bristol között elterülő háborítatlan, dimbes-dombos táj Anglia legcsodálatosabb vidéke. Elbűvölő falvak és kisvárosok tűzdelik, a dombok között meghúzódó mesebeli, mézszínű házak pedig hamisítatlan vidéki angliai hangulatot varázsolnak a látogatók elé.

cottage ['kɒtɪdʒ] <fn> [C] nyaraló; nyári lak; házikó

cottage cheese [ˌkɒtɪdʒ'tʃiːz] <fn> [U] ≈ túró

cotton ['kɒtn] <fn> [U] **1.** pamut: *cotton cloth/fabric* pamutszövet * *cotton goods* pamutáru * *cotton shirt* pamuting **2.** gyapot: *huge cotton fields* hatalmas gyapotföldek **3.** cérna; pamutfonál **4.** AmE vatta

> Vigyázat, álbarátok!
> **cotton** ≠ koton (= condom)

cotton candy [ˌkɒtn'kændɪ] <fn> [U] AmE vattacukor

cotton wool [ˌkɒtn'wʊl] <fn> [U] BrE vatta

couch [kaʊtʃ] <fn> [C] dívány; heverő; kanapé

couchette [kuː'ʃet] <fn> [C] fekvőkocsi

couch potato ['kaʊtʃ pəteɪtəʊ] <fn> [C] biz állandóan a tévét bámuló ember

cougar ['kuːgə] <fn> [C] puma

¹**cough** [kɒf] <ige> köhög

> **cough sg up 1.** kiköhög/felköhög vmit **2.** kinyög vmit **3.** *(pénzt)* kipenget; leperkál

²**cough** [kɒf] <fn> [C] köhögés: *He gave a little nervous cough.* Egy ideges kis köhögést hallatott. * *She has a bad cough.* Csúnyán köhög.

cough drop ['kɒf drɒp] <fn> [C] köhögés elleni cukorka

cough sweet ['kɒf swiːt] <fn> [C] köhögés elleni cukorka

cough mixture ['kɒfˌmɪkstʃə] <fn> [U] köptető

cough syrup ['kɒfˌsɪrəp] <fn> [U] köptető

could [kʊd] <módális segédige> **1.** *(can múlt ideje)* tudott (vmit tenni): *She could not (couldn't) get up this morning.* Ma reggel nem tudott felkelni. * *When she was young she could come to visit us.* Amikor fiatal volt, el tudott jönni meglátogatni minket. * *I could hear him singing.* Hallottam őt énekelni. **2.** (feltételes) tud(na); -hat(na); -het(ne): *I could come tomorrow.* Jöhetnék holnap. * *You could catch the bus if you ran fast.* Elérhetnéd a buszt, ha gyorsan futnál. **3.** *(igeidő-megfeleltetés):* *He said we could come.* Azt mondta, hogy jöhetünk. **4.** lehet, hogy…: *He could be at school.* Lehet, hogy iskolában van. * *It could be windy tomorrow.* Holnap lehet, hogy szeles idő lesz. **5.** *(udvarias kérés):* *Could I have a coffee, please?* Kaphatnék egy kávét? * *Could you open the window?* Lennél/Lenne olyan kedves, s kinyitná(d) az ablakot? * *I wonder if I could borrow your pen?* Kölcsönkérhetném-e a tolladat?

couldn't ['kʊdnt] [= could not] → ¹**can, could**

council ['kaʊnsl] <fn> [C] tanács(kozó testület): *be/meet in council* tanácskozik * *council estate* lakótelep * *council house* tanácsi bérlakás; lakótelepi bérház * *council of war* haditanács * *The town council plans to construct a new motorway.* A városi tanács új autópálya építését tervezi.

councilor ['kaʊnsələr] <fn> [C] AmE tanácstag
councillor ['kaʊnsələ] <fn> [C] tanácstag
¹counsel ['kaʊnsl] <ige> (counsels, counselling, counselled, AmE counseling, counseled) tanácsol; javasol; ajánl
²counsel ['kaʊnsl] <fn> [U] **1.** tanács; javaslat **2.** ügyvéd; jogtanácsos; jogi képviselő: *counsel for the defence* védőügyvéd
counselor ['kaʊnslə] <fn> [C] AmE **1.** tanácsadó **2.** AmE ügyvéd; jogtanácsos
counsellor ['kaʊnsələr] <fn> [C] **1.** tanácsadó **2.** AmE ügyvéd; jogtanácsos
¹count ['kaʊnt] <ige> **1.** (meg)számol **2.** elszámol: *Let's count from 1 to 10!* Számoljunk el 1-től 10-ig! **3.** számít: *His opinion doesn't count.* Nem számít a véleménye. * *That doesn't count.* Ez nem számít. **4.** beleszámít: *not counting* nem számítva * *There are 126 pupils at school, counting my children.* 126 tanuló jár az iskolába, beleszámítva az én gyerekeimet is.

count against sy vki ellen szól vmi
count down visszaszámol
count for sg vminek számít
count sy in be(le)számít; számításba vesz: *Count me in!* Én is itt vagyok!
count on/upon sy számít vkire: *You can always count on me.* Mindig számíthatsz rám!
count sg out *(pénzt asztalra)* leszámol; kiszámol
count sy out 1. *(ökölvívásban)* rászámol vkire **2.** nem számít be; nem számít vkire: *You can count me out (of it).* Engem ebből kihagyhatsz!

²count ['kaʊnt] <fn> [C] **1.** számolás: *She did a quick count.* Gyors számolást hajtott végre. **2.** (meg)számlálás: *There was a count of all the votes after the elections.* A választások után következett az összes szavazat megszámlálása. **3.** vádpont

♦ **keep count of sg** számontart vmit ♦ **lose count of sg 1.** eltéveszti a számolást **2.** képtelen számontartani vmit ♦ **lose count of time** kihagy az időérzéke ♦ **take no count of sg** nem vesz figyelembe vmit

³count ['kaʊnt] <fn> [C] gróf
countable ['kaʊntəbl] <mn> megszámlálható

countdown ['kaʊntdaʊn] <fn> [C] visszaszámlálás
countenance ['kaʊntənəns] <fn> [U] arckifejezés; ábrázat
¹counter ['kaʊntə] <fn> [C] **1.** pult: *under the counter* a pult alatt * *from under the counter* a pult alól **2.** söntés **3.** *(bankban, postán)* pénztárablak
²counter ['kaʊntə] <fn> [C] zseton; játékpénz
³counter ['kaʊntə] <fn> [C] számláló (készülék)
⁴counter ['kaʊntə] <ige> **1.** ellenáll; szembehelyezkedik **2.** (el)hárít
⁵counter ['kaʊntə] <hsz> ellentétben; ellenkezően (**to sg** vmivel)
⁶counter ['kaʊntə] <előtag> ellen-
counteract [ˌkaʊntərˈækt] <ige> **1.** ellensúlyoz; hatástalanít; közömbösít **2.** ellenszegül
¹counterbalance ['kaʊntəbæləns] <fn> [U] ellensúly
²counterbalance [ˌkaʊntəˈbæləns] <ige> (counterbalances, counterbalancing, counterbalanced) ellensúlyoz
counterclockwise [ˌkaʊntəˈklɒkwaɪz] <hsz> AmE az óramutató járásával ellenkező irányba(n)
¹counterfeit ['kaʊntəfɪt] <mn> hamis(ított): *counterfeit money* hamis pénz
²counterfeit ['kaʊntəfɪt] <ige> **1.** *(pénzt stb.)* hamisít **2.** tettet
counterfoil ['kaʊntəfɔɪl] <fn> [C] BrE (ellenőrző) szelvény
countermeasure ['kaʊntəˌmeʒə] <fn> [C] ellenintézkedés
counterpart ['kaʊntəpɑːt] <fn> [C] ellenpár; hasonló szerepet betöltő személy; kolléga: *the Hungarian Ambassador and his American counterpart* a magyar nagykövet és amerikai kollégája
counterpoint ['kaʊntəpɔɪnt] <fn> [C] zene ellenpont
counterproductive [ˌkaʊntəprəˈdʌktɪv] <mn> *(az elérni kívánttal épp ellentétes hatású)* terméketlen
countersign ['kaʊntəsaɪn] <ige> ellenjegyez
countess ['kaʊntɪs] <fn> [C] grófnő; grófné
country ['kʌntrɪ] <fn> **1.** [C] ország **2. the country** [U] vidék: *go up country* vidékre utazik * *to the country* vidékre; falura * *country life* vidéki élet * *country town* vidéki város * *I spend my summer holidays in the country.* Vidéken töltöm a nyári szabadságomat. **3.** [U] táj; vidék
country and western (music) [ˈkʌntrɪ ænd ˈwestən mjuːzɪk] <fn> [U] countryzene
country house [ˌkʌntrɪˈhaʊs] <fn> [C] vidéki kastély; kúria

country music ['kʌntrɪˌmjuːzɪk] <fn> [U] countryzene

country road [ˌkʌntrɪ'rəʊd] <fn> [C, U] országút

countryside ['kʌntrɪsaɪd] <fn> [U] vidék; táj; környék

county ['kaʊntɪ] <fn> [C] (counties) **1.** BrE grófság **2.** megye

coup [kuː] <fn> [C] **1.** merész tett **2.** puccs; államcsíny

coupé ['kuːpeɪ] <fn> [C] *(kétajtós kocsi)* kupé

¹**couple** ['kʌpl] <fn> [C] **1.** pár: *a young couple* egy fiatal pár ∗ *four couples* négy (házas)pár ∗ *the newly married couple* az ifjú pár **2. a couple of** néhány; (egy)pár: *for a couple of weeks* néhány hétig ∗ *We went to the theatre with a couple of friends.* Pár/Néhány barátunkkal mentünk színházba. **3.** két: *I need a couple of eggs.* Két tojásra van szükségem.

²**couple** ['kʌpl] <ige> (couples, coupling, coupled) **1.** összekapcsol; párosít **2.** összekapcsolódik; párosul

coupon ['kuːpɒn] <fn> [C] szelvény; kupon

courage ['kʌrɪdʒ] <fn> [U] bátorság: *lose courage* elbátortalanodik

♦ **pluck up one's courage** összeszedi a bátorságát

courageous [kə'reɪdʒəs] <mn> bátor

courgette [ˌkɔː'ʒet] <fn> [C] cukkini

courier ['kʊrɪə] <fn> [C] **1.** idegenvezető **2.** futár

course [kɔːs] <fn> [C] **1.** tanfolyam; kurzus: *I was taking a course in bookkeeping.* Könyvelői tanfolyamon vettem részt. ∗ *He is doing a law course at university.* Az egyetemen jogot tanul. ∗ *What course are you taking at college?* Milyen tárgyakat veszel/vettél fel a főiskolán? **2.** *(étel)* fogás: *main course* fő fogás ∗ *three-course lunch* háromfogásos ebéd **3.** pálya: *golf-course* golfpálya **4.** (út)irány: *change course* irányt változtat ∗ *We followed the course of the steam.* A patak mentén mentünk tovább. **5.** folyamat: *in the course of sg* vmi folyamán/során ∗ *during the course of the journey* az utazás során/folyamán **6.** kezelés; kúra

♦ **in due course** kellő időben ♦ **in the normal course of events/things** normál menetben; rendes körülmények között ♦ **let nature take her course** szabad folyást enged a természetnek ♦ **let matters run/take their course** szabad folyást enged a dolgoknak ♦ **of course** természetesen ♦ **run its course** lezajlik ♦ **stay the course** nem adja fel

coursebook ['kɔːsbʊk] <fn> [C] tankönyv

coursework ['kɔːswɜːk] <fn> [U] *(szorgalmi időben végzett, a félévi vagy év végi jegybe beszámító)* iskolai munka

¹**court** [kɔːt] <fn> [C] **1.** bíróság: *appear in court* megjelenik a bíróságon/a bíróság előtt ∗ *court of law* bíróság; törvényszék ∗ *out of court* peren kívül ∗ *Court of Appeal* fellebbviteli bíróság ∗ *court of first instance* elsőfokú bíróság **2.** *(sport)* pálya: *badminton court* tollaslabdapálya **3.** *(királyi)* udvar: *the Court of St James's* az angol királyi udvar ∗ *at court* az udvarnál ∗ *The British Court is in London.* Az angol királyi udvar Londonban van. **4.** udvarlás: *pay court to sy* udvarol vkinek

²**court** [kɔːt] <ige> **1.** udvarol vkinek **2.** *(bajt, veszélyt)* keres; kihív vmit: *court danger/disaster* kihívja a veszélyt/sorsot maga ellen

courteous ['kɜːtɪəs] <mn> udvarias

courtesy ['kɜːtəsɪ] <fn> [U] udvariasság: *by courtesy of sy* vkinek a szívessége folytán/szívességéből

courtroom ['kɔːtruːm] <fn> [C] tárgyalóterem

cousin ['kʌzn] <fn> [C] unokatestvér: *first/full cousin* elsőfokú unokatestvér ∗ *second cousin* másod-unokatestvér

courtyard ['kɔːtjɑːd] <fn> [C] *(házé)* udvar

¹**cover** ['kʌvə] <ige> **1.** (be)takar; (le)takar; (be)borít; (be)fed: *I covered the bed with a blanket.* Az ágyat takaróval takartam le/be. ∗ *The cat is covered with fur.* A macskát szőr borítja. ∗ *The hill is covered by forest.* A hegyet erdő borítja. **2.** leplez: *He cried to cover his fears.* Kiabált, hogy leplezze félelmét. **3.** *(kiadást stb.)* fedez; biztosít: *He will cover your expenses.* Kiadásaidat fedezni fogja. ∗ *I am covered against all accidents.* Biztosítva vagyok mindenféle baleset ellen. **4.** *(utat)* megtesz: *We covered 20 kilometres.* Megtettünk 20 kilométert. **5.** felölel; magába foglal: *His studies cover a wide field.* Tanulmányai nagy területet ölelnek fel. **6.** közvetít; tudósít: *cover sg live* élőben közvetít vmit ∗ *Will the BBC cover the water-polo finals?* Közvetíti a BBC a vízilabdadöntőt? **7.** véd(elmez)

---

cover sg in betemet; betakar vmit
cover sg up betakar; elleplez; eltussol vmit
cover up for sy falaz vkinek
be covered with sg elfogja vmely érzés

---

²**cover** ['kʌvə] <fn> [C] **1.** fedél; fedő; borító; takaró; terítő; huzat: *plastic cover* műanyag borító/huzat ∗ *I put a cover on the hole.* Egy fedelet tettem a lyukra. **2.** *(könyvé)* borító: *The book has a picture on the cover.* A könyv borítóján egy kép látható. **3.** *(levélé)* boríték: *under separate cover* külön levélben/borítékban **4.** biztosítás: *We have got a cover against*

fire. Biztosításunk van tűz ellen. **5.** menedék; fedezék

♦ **from cover to cover** elejétől végig ♦ **take cover** meghúzza magát vhol; elrejtőzik ♦ **under cover of friendship** a barátság ürügyén ♦ **under cover of night** az éj leple alatt

coverage ['kʌvərɪdʒ] <fn> [U] **1.** *(tévében, rádióban)* tudósítás; közvetítés; tájékoztatás: *live coverage* élő közvetítés **2.** kiterjedés; kör: *provide coverage of practically all problematic issues* kiterjed gyakorlatilag minden problematikus kérdés(kör)re ∗ *insurance coverage* biztosítási kör

covering ['kʌvərɪŋ] <fn> [C] takaró; borítás; befedés: *covering of snow* hótakaró

cover letter ['kʌvə ˌletə] <fn> [C] AmE *(álláspályázatnál; önéletrajzhoz)* kísérőlevél

cover story ['kʌvəˌstɔːri] <fn> [C] (cover stories) címlapsztori

covert ['kʌvət] <mn> titkolt; rejtett

cow [kaʊ] <fn> [C] tehén

♦ **till the cows come home** ítéletnapig

coward ['kaʊəd] <fn> [C] gyáva

cowardice ['kaʊədɪs] <fn> [U] gyávaság

cowardly ['kaʊədli] <mn> gyáva

cowboy ['kaʊbɔɪ] <fn> [C] **1.** AmE cowboy **2.** biz BrE kontár; fuser

cower ['kaʊə] <ige> kuporog; meglapul; megbújik

cowpat ['kaʊpæt] <fn> [C] tehénlepény

cowshed ['kaʊʃed] <fn> [C] tehénistálló

cowslip ['kaʊslɪp] <fn> [C] **1.** BrE kankalin; primula **2.** AmE mocsári gólyahír

cox [kɒks] <fn> [C] sp *(versenycsónakban)* kormányos

cozy ['kəʊzi] → **cosy**

crab [kræb] <fn> [C, U] (tengeri) rák

¹**crack** [kræk] <fn> [C] **1.** repedés; rés: *a crack on the glass* repedés a poháron ∗ *The window is opened just a crack.* Az ablak résnyire van nyitva. **2.** csattanás: *a crack of thunder* a villám csattanása ∗ *give a crack* reccsen **3.** szellemes bemondás: *She made a crack about his big nose.* Gúnyos megjegyzést tett a nagy orrára. **4.** ütés: *crack on the head* fejbe ütés **5.** *(erős kábítószer)* krekk

²**crack** [kræk] <ige> **1.** betörik; elreped; szétreped: *The window will be cracked.* Betörik az ablak. ∗ *I've cracked a rib.* Elrepedt egy bordám. **2.** *(viccet)* elsüt **3.** csattant; pattint: *crack a whip* ostorral pattint **4.** (szét)repeszt; betör; feltör: *Try to crack the peanuts between your fingers.* Próbáld feltörni a mogyorót az ujjaid közt! **5.** csattan; pattan; reccsen; recseg: *Stop cracking your knuckles!* Ne ropog-

tasd az ízületeidet! **6.** ráüt **7.** biz *(példát)* megold; *(kódot)* megfejt **8.** biz *(bűnszövetkezetet)* felgöngyölít

crack down on sy *(bűnözőre)* lecsap; rámászik vkire

crack off lepattogzik

crack up 1. dől a nevetéstől; elneveti magát **2.** bedilizik; összeroppan; megőrül **3.** összetörik; szétzúzódik

crack sy up (meg)nevettet vkit

get cracking *(munkának)* nekilát; nekiesik

crackdown ['krækdaʊn] <fn> [C] szigorú rendőri intézkedés; razzia; vminek a felgöngyölítése

cracked [krækt] <mn> **1.** repedt **2.** dilis

cracker ['krækə] <fn> [C] **1.** sós keksz **2.** petárda **3.** infor számítógépes betörő; programfeltörő; szoftverkalóz; cracker **4. crackers** [pl] diótörő **5.** biz jó bemondás/poén

🇬🇧 *(Christmas) Cracker*

Nagyméretű, szaloncukor formájú karácsonyi meglepetés, melyet általában vacsorakor nyitnak ki: fodros végeit két oldalról meghúzzák, így pukkanó hangot hallatva kinyílik. Pár soros vicces szöveget, édességet, illetve egy kis meglepetést tartalmaz.

crackers ['krækəz] <mn> dilis; ütődött; őrült

¹**crackle** ['krækl] <fn> [U] recsegés; ropogás; pattogás

²**crackle** ['krækl] <ige> (crackles, crackling, crackled) recseg; ropog; pattog

crackling ['kræklɪŋ] <fn> [U] **1.** töpörtyű **2.** recsegés; ropogás; pattogás

¹**crackpot** ['krækpɒt] <fn> [C] *(ember)* dilis; ütődött

²**crackpot** ['krækpɒt] <mn> őrült; bolond: *crackpot ideas* őrült ötletek

¹**cradle** ['kreɪdl] <fn> [C] bölcső

♦ **from the cradle to the grave** a bölcsőtől a koporsóig/sírig

²**cradle** ['kreɪdl] <ige> (cradles, cradling, cradled) (bölcsőben) ringat: *cradle to sleep* álomba ringat

¹**craft** [krɑːft] <fn> **1.** [C, U] mesterség: *He knows the craft of making jewellery.* Tudja az ékszerkészítés mesterségét. **2.** [U] ravaszság; fortély

²**craft** [krɑːft] <fn> [C] (craft) hajó; vízi jármű: *The harbour was full of craft.* A kikötő tele

volt hajókkal./A kikötő tele volt vízi járművekkel.

craftsman ['krɑːftsmən] <fn> [C] (craftsmen) kézműves; mesterember; (kis)iparos

craftsmanship ['krɑːftsmənʃɪp] <fn> [U] szakértelem; szaktudás

crafty ['krɑːftɪ] <mn> fortélyos; ravasz; cseles

craggy ['krægɪ] <mn> 1. sziklás 2. *(arc)* barázdált; ráncos; csontos; markáns

cram [kræm] <ige> (crams, cramming, crammed) 1. (bele)gyömöszöl; (bele)zsúfol (**into sg** vmibe); (tele)töm (**with sg** vmivel): *He crammed all his trousers into his rucksack.* Az összes nadrágját belegyömöszölte a hátizsákjába. * *He crammed food into his mouth.* Ételt tömött a szájába. * *The train was crammed.* Zsúfolt/Tömve volt a vonat. 2. teletömi magát 3. bemagol 4. *(tananyagot stb.)* vkinek a fejébe ver; *(vizsgára)* előkészít 5. *(vizsgára)* magol

cram-full [,kræm'fʊl] <mn> zsúfolt

crammer ['kræmə] <fn> [C] vizsgára előkészítő iskola/instruktor

cramp [kræmp] <fn> [U, C] görcs

cramped [kræmpt] <mn> *(hely)* szűk(ös)

cranberry ['krænbərɪ] <fn> [C] (cranberries) tőzegáfonya; vörösáfonya

crane [kreɪn] <fn> [C] 1. *(gép)* daru 2. *(madár)* daru

crank [kræŋk] <fn> [C] 1. különc; nehezen kezelhető ember 2. indítókar; kurbli

cranky ['kræŋkɪ] <mn> különc; nehezen kezelhető; hóbortos

cranny ['krænɪ] <fn> [C] (crannies) hasadék; rés; repedés

¹crash [kræʃ] <fn> [C] 1. katasztrófa; baleset; szerencsétlenség; karambol: *plane crash* repülőszerencsétlenség * *train crash* vonatszerencsétlenség 2. csattanás 3. összeomlás; pénzügyi krach: *the crash of the stock exchange* tőzsdekrach 4. infor rendszerösszeomlás; rendszerleállás; lefagyás

²crash [kræʃ] <ige> 1. ütközik; karambolozik; belerohan vmibe; *(kocsit)* összetör: *He crashed the car into the wall.* Autójával ment a falba. 2. *(repülőgép)* lezuhan 3. becsapódik: *A stone crashed through the window.* Egy kő csapódott be az ablakon. 4. *(tőzsde stb.)* öszszeomlik 5. infor lefagy 6. megbukik

crash barrier ['kræʃ,bærɪə] <fn> [C] BrE kordon; védőkorlát

crash course ['kræʃ kɔːs] <fn> [C] gyorstalpaló/intenzív tanfolyam

crash diet [,kræʃ'daɪət] <fn> [C] radikális diéta

crash-helmet ['kræʃ,helmɪt] <fn> [C] bukósisak

crashing ['kræʃɪŋ] <mn> iszonyatosan: *a crashing bore* halálosan unalmas ember

crash-land ['kræʃlænd] <ige> kényszerleszállást hajt végre

crash-landing ['kræʃ,lændɪŋ] <fn> [C] kényszerleszállás

crater ['kreɪtə] <fn> [C] 1. kráter 2. bombatölcsér

crave [kreɪv] <ige> (craves, craving, craved) 1. könyörög (**sg from/of sy** vkinek vmiért) 2. áhítozik; vágyakozik (**after/for sg** vmire//vmi után)

craving ['kreɪvɪŋ] <fn> [C] heves vágy; sóvárgás

¹crawl [krɔːl] <ige> 1. mászik; csúszik; kúszik: *The baby crawled towards his mother.* A kisbaba az édesanyjához mászott. * *Worms were crawling across the apple tree.* Kukacok másztak az almafán. 2. *(forgalom stb.)* vontatottan halad; vánszorog 3. nyüzsög; hemzseg (**with sg** vmitől); ellepi vmi

²crawl [krɔːl] <fn> [U] 1. The gyorsúszás: *do the crawl* gyorsúszásban úszik; gyorsúszást végez 2. lépésben haladás; mászás: *He drove at a crawl through the bridge.* Lépésben ment át a hídon.

crayfish ['kreɪfɪʃ] <fn> [C] (crayfish) folyami/édesvízi rák

crayon ['kreɪən] <fn> [C] (pasztell)kréta; zsírkréta

craze [kreɪz] <fn> [C] divat(őrület); (divat)mánia/-hóbort: *the latest craze* a legutolsó divat

crazy ['kreɪzɪ] <mn> (crazier, craziest) őrült: *drive sy crazy* megőrjít * *be crazy about sy/sg* bele van habarodva vkibe; majd megőrül vmiért * *go crazy* megőrül; megbolondul

crazy golf ['kreɪzɪ gɒlf] <fn> [U] minigolf

creak [kriːk] <ige> nyikorog; recseg: *The chair is creaking.* Nyikorog a szék.

creaky ['kriːkɪ] <mn> nyikorgó; csikorgó

¹cream [kriːm] <fn> 1. [U] tejszín 2. [C] krém; kenőcs: *face-cream* arckrém 3. [U] *(étel)* krém: *ice-cream* jégkrém 4. [U] vminek a színe-java; krémje 5. [U] krémszín; vajszín

²cream [kriːm] <mn> 1. tejszínes: *a cream cake* tejszínes süti 2. krémszínű; vajszínű

³cream [kriːm] <ige> 1. **cream off** átv is lefölöz 2. felver; krémmé kever 3. beken 4. *(tej)* fölösödik

creamer [kriːmə] <fn> [U] tejszín(pótló); kávékrémpor

¹crease [kriːs] <ige> (creases, creasing, creased) 1. (össze)gyűr 2. (össze)gyűrődik

²crease [kriːs] <fn> [C] gyűrődés; ránc

create [kriːˈeɪt] <ige> (creates, creating, created) 1. teremt; alkot: *God created the world.* Isten teremtette a világot. 2. kifejleszt; létrehoz; kreál: *create jobs* munkahelyet teremt ∗ *The company will create a new kind of perfume.* A cég újfajta parfümöt fog kifejleszteni. **3.** vmilyen rangra emel: *He was created a president.* Elnöki rangra emelték./Megtették elnöknek. **4.** biz hisztizik

creation [kriːˈeɪʃn] <fn> **1.** [U] teremtés; alkotás; létrehozás: *the Creation* a világ teremtése **2.** [C] teremtmény **3.** [C] alkotás; kreáció: *his latest creations* legújabb alkotásai

creative [kriːˈeɪtɪv] <mn> alkotó; teremtő; kreatív

creator [kriːˈeɪtə] <fn> alkotó; teremtő

creature [ˈkriːtʃə] <fn> [C] **1.** teremtmény **2.** biz teremtés

creche [kreʃ, AmE kreʃ, kreɪʃ] <fn> [C] **1.** bölcsőde **2.** AmE betlehem

credence [ˈkriːdns] <fn> hit(el); hiedelem: *give/attach credence to sg* hitelt ad vminek

credentials [krəˈdenʃlz] <fn> [pl] **1.** megbízólevél **2.** igazoló iratok; igazolvány

credibility [ˌkredəˈbɪlətɪ] <fn> [U] (szava)hihetőség; hitelesség

credible [ˈkredəbl] <mn> hihető

¹credit [ˈkredɪt] <fn> **1.** [U] hitel: *buy sg on credit* hitelre vesz vmit; hitelbe vásárol ∗ *credit standing* hitelképesség ∗ *credit rating* hitelminősítés ∗ *credit period* hitel teljes futamideje ∗ *accord/give/grant/offer credit* hitelt nyújt ∗ *obtain credit* hitelt kap ∗ *open a credit* hitelt nyit **2.** [C] követelés; jóváírás: *debit and credit* tartozik és követel **3.** [U] hírnév; dicsőség; büszkeség: *her credit is good* jó hírnévnek örvend ∗ *it does one credit* becsületére válik vmi; növeli a hírnevét ∗ *get/take credit for sg* az ő érdemének tekint vmit ∗ *give sy credit for sg* elismerését fejezi ki vkinek vmi miatt ∗ *She's a credit to her team.* Csapatának a büszkesége. **4.** [U] hitel; bizalom: *give credit to sg* hitelt ad vminek **5.** [C] AmE tanegység; pontegység; kredit(pont): *credit system* kreditrendszer **6. (the) credits** [pl] a film alkotói; stáblista

²credit [ˈkredɪt] <ige> **1.** hisz vkinek; elhisz; hitelt ad vminek: *I simply can't credit.* Nem hiszem el! **2. credit sy with sg** vkinek vmit tulajdonít **3.** hitelt ad/nyújt; hitelez; jóváír; átutal: *credit a sum to sy//credit sy with a sum* vkinek (a számláján) jóváír egy összeget

creditable [ˈkredɪtəbl] <mn> **1.** dicséretre méltó; elfogadható **2.** hitelképes

credit account [ˈkredɪt əˌkaʊnt] <fn> [C] hitelszámla

credit card [ˈkredɪt kɑːd] <fn> [C] hitelkártya

credit note [ˈkredɪt nəʊt] <fn> [C] jóváírási értesítés; hitelkimutatás

creditor [ˈkredɪtə] <fn> [C] hitelező

creditworthiness [ˈkredɪtwɜːðɪnəs] <fn> [U] gazd bonitás; hitelképesség

creditworthy [ˈkredɪtwɜːðɪ] <mn> gazd hitelképes

credulous [ˈkredjʊləs] <mn> hiszékeny

creed [ˈkriːd] <fn> [C] hitvallás; hiszekegy

creek [kriːk] <fn> [C] **1.** AmE patak; csermely **2.** BrE kis öböl
 ♦ **be up the creek (without a paddle)// be up a creek** biz bajban/szarban van; gáz van

¹creep [kriːp] <ige> (creeps, creeping, crept, crept) **1.** lopakodik; csúszik-mászik; kúszik: *The fox crept towards the cat.* A róka a macskához lopakodott. **2.** *(autó)* araszol **3.** borzong: *give sy the creeps//make one's flesh creep* biz libabőrös lesz vmitől; borsódzik a háta vmitől

---

creep away elsurran; eloson
creep down lekúszik
creep in(to) sg *(hiba stb.)* beszivárog; belopakodik; becsúszik vmibe

---

²creep [kriːp] <fn> [C] biz **1.** szemét/szar alak **2.** hízelgő; talpnyaló
 ♦ **give sy the creeps** végigfut a hátán a hideg

creepy-crawly [ˌkriːpɪˈkrɔːlɪ] <fn> [C] (creepy-crawlies) *(rovar)* csúszómászó

cremate [krəˈmeɪt] <ige> (cremates, cremating, cremated) (el)hamvaszt

crêpe [ˈkreɪp] <fn> **1.** [U] *(textil)* krepp **2.** [C] palacsinta

crêpe paper [ˈkreɪp peɪpə] <fn> [U] krepp-papír

crept [krept] → **¹creep**

crescent [ˈkresnt, ˈkreznt] <fn> [C] **1.** félhold **2.** ívelt házsor

crest [krest] <fn> [C] **1.** hegyhát; hegygerinc **2.** *(sikeré)* csúcs; vminek a teteje **3.** *(kakasé)* taréj; bóbita **4.** sisakdísz **5.** címerpajzs

crestfallen [ˈkrestˌfɔːlən] <mn> csüggedt

crew [kruː] <fn> [C + sing/pl v] **1.** *(hajón, repülőgépen)* legénység; személyzet **2.** csapat; banda

¹crib [krɪb] <fn> [C] **1.** bölcső **2.** AmE gyerekágy **3.** jászol; betlehem **4.** isk puska **5.** plágium

²crib [krɪb] <ige> (cribs, cribbing, cribbed) **1.** isk kipuskáz; puskázik **2.** plagizál **3.** bezsúfol

¹cricket [ˈkrɪkɪt] <fn> [C] tücsök

²cricket [ˈkrɪkɪt] <fn> [U] krikett

crime [kraɪm] <fn> **1.** [C] bűncselekmény; bűntény: *crime prevention* bűnmegelőzés ∗ *crime against humanity* emberiség elleni bűntett **2.** [U] vétek

¹criminal [ˈkrɪmɪnl] <fn> [C] bűnöző

²**criminal** ['krımınl] <mn> **1.** büntetőjogi; bűnügyi; bűnvádi: *criminal act* bűntett; bűncselekmény * *criminal code* büntető törvénykönyv * *criminal law* büntetőjog * *bring criminal charges against sy* bűnvádi eljárást indít vki ellen * *criminal proceedings* büntetőeljárás; bűnvádi eljárás **2.** bűnös; vétkes

¹**crimson** ['krımzn] <mn> karmazsin(vörös)

²**crimson** ['krımzn] <fn> [U] (szín) karmazsin(vörös)

cringe [krındʒ] <ige> **1.** visszariad; meglapul **2.** megalázkodik; hajlong (**before sy** vki előtt)

¹**crinkle** ['krıŋkl] <ige> (crinkles, crinkling, crinkled) **1.** (össze)gyűr **2.** (össze)gyűrődik

²**crinkle** ['krıŋkl] <fn> [C] ránc; redő

crinkly ['krıŋklı] <mn> ráncos; gyűrött; göndör

¹**cripple** ['krıpl] <fn> [C] nyomorék; béna; mozgásképtelen

²**cripple** ['krıpl] <ige> (cripples, crippling, crippled) **1.** megnyomorít; megbénít: *be crippled with arthritis* ízületi gyulladás nyomorította meg; ízületi gyulladástól lett mozgássérült/mozgásképtelen **2.** tönkretesz

crisis ['kraısıs] <fn> [C, U] (crises) válság; krízis: *economic crisis* gazdasági válság * *crisis staff* válságstáb

crisis management ['kraısıs ˌmænıdʒmənt] <fn> [U] válságkezelés; válságmenedzsment: *expert in crisis management* válságkezelési szakember

¹**crisp** [krısp] <mn> **1.** ropogós: *crisp biscuit* ropogós keksz **2.** friss: *crisp lettuce* friss saláta **3.** határozott **4.** *(idő)* csípős; friss

²**crisp** [krısp] <fn> [ált pl] burgonyaszirom; sült krumpli; chips

¹**crisscross** ['krıskrɒs] <mn> cikcakkos; kereszt-

²**crisscross** ['krıskrɒs] <ige> keresztez

³**crisscross** ['krıskrɒs] <fn> **1.** összevisszaság; zűr(zavar) **2.** *(írástudatlan aláírása)* keresztvonás; X

criterion [kraı'tıərıen] <fn> [C] (criteria) kritérium

critic ['krıtık] <fn> [C] kritikus; bíráló: *music critic* zenekritikus

critical ['krıtıkl] <mn> **1.** bíráló; kritikus: *He was really critical of her school work.* Igen kritikus szemlélője volt az iskolai munkájának./Erősen kritizálta az iskolában nyújtott teljesítményét. **2.** válságos: *be in a critical condition* válságos állapotban van

criticism ['krıtısızm] <fn> [C] bírálat; kritika: *constructive criticism* konstruktív kritika

criticize ['krıtısaız] <ige> (criticizes, criticizing, criticized) (meg)bírál, (meg)kritizál

critique [krı'tiːk] <fn> [C] (mű)bírálat; kritika

¹**croak** [krəʊk] <fn> [C] **1.** brekegés **2.** károgás

²**croak** [krəʊk] <ige> **1.** brekeg **2.** károg

Croat ['krəʊæt] <fn> **1.** [C] *(személy)* horvát **2.** [U] *(nyelv)* horvát

Croatia [krəʊ'eıʃə] <fn> Horvátország

¹**Croatian** [krəʊ'eıʃn] <mn> horvát

²**Croatian** [krəʊ'eıʃn] <fn> **1.** [C] *(személy)* horvát **2.** [U] *(nyelv)* horvát

¹**crochet** ['krəʊʃeı] <fn> [U] horgolás

²**crochet** ['krəʊʃeı] <ige> horgol

crockery ['krɒkərı] <fn> [U] *(cserép, porcelán)* edény(ek)

crocodile ['krɒkədaıl] <fn> [C] krokodil: *crocodile tears* krokodilkönnyek

crocus ['krəʊkəs] <fn> [C] növ sáfrány; krókusz

crook [krʊk] <fn> **1.** [C] kampó; horog **2.** [U] hajlat; görbület **3.** [C] AmE csaló **4.** [C] pásztorbot

crooked ['krʊkıd] <mn> **1.** görbe; hajlott; ferde; nem egyenes **2.** horgas; kampós **3.** tisztességtelen; hamis: *a crooked little man* kis aljas

¹**crop** [krɒp] <fn> [C] **1.** termés; termény: *a good crop of apples* jó almatermés * *tomato crop* paradicsomtermés * *out of crop* parlagon heverő * *crop failure* rossz termés **2.** begy **3.** cserzett bőr **4.** hajvágás **5.** ostor(nyél)

²**crop** [krɒp] <ige> (crops, cropping, cropped) **1.** rövidre nyír; *(hajat)* levág **2.** megművel **3.** terem

crop up felbukkan

cropper ['krɒpə] <fn>
♦ **come a cropper** biz **1.** *(lóval, kerékpárral)* elvágódik; felbukik **2.** *(vizsgán)* meghúzzák; megbukik **3.** kudarcot vall; leég; pofára esik

croquet ['krəʊkeı] <fn> [U] *(játék)* krokett

¹**cross** [krɒs] <fn> [C] **1.** kereszt: *There is a cross on the top of the church.* Kereszt látható a templom tetején. **2.** kereszt; áthúzás: *You can see a cross on the tree which shows where to go.* Egy kereszt látható a fán, amely útba igazít. **3.** biol *(fajtáknál)* keresztezés **4.** szenvedés; megpróbáltatás; kereszt: *bear/carry one's cross* viseli/hordja a keresztjét

²**cross** [krɒs] <ige> **1.** átmegy; átkel; áthalad: *cross the road* átmegy/átkel az úton **2.** keresztbe tesz: *He crossed his legs.* Keresztbe tette a lábát. **3. cross oneself** keresztet vet **4.** *(fajokat)* keresztez: *The two plants have been crossed.* A két növényt keresztezték. **5.** felbosszant **6.** *(utak)* keresztezik egymást
♦ **I'll cross my fingers (for you).//I'll keep my fingers crossed (for you).** Majd

szorítok (érted)! ♦ **It just crossed my mind that...** Épp átfutott az agyamon...

cross sg off/out *(listáról)* kihúz; kitöröl vmit
cross over to/into sg átáll vmire

³**cross** [krɒs] <mn> **1.** kereszt irányú **2.** ellentétes (**to sg** vmivel) **3.** biz mérges; dühös; ingerült (**with sy** vkire): *I was cross with him.* Mérges voltam rá./Haragudtam rá.
crossbar ['krɒsbɑː] <fn> [C] keresztvas
¹**crossbreed** ['krɒsbriːd] <ige> biol keresztez
²**crossbreed** ['krɒsbriːd] <fn> [C, U] keresztezés
¹**crosscheck** [,krɒs'tʃek] <ige> egyeztet; ellenőriz
²**crosscheck** ['krɒstʃek] <fn> [U] egyeztetés; ellenőrzés
cross-country [,krɒs'kʌntri] <mn> terep-: *cross-country running* terepfutás * *cross-country skiing* sífutás
cross-examination [,krɒsɪg,zæmə'neɪʃn] <fn> [U] keresztkérdések feltevése
cross-examine [,krɒsɪg'zæmɪn] <ige> (cross-examines, cross-examining, cross-examined) keresztkérdéseket tesz fel vkinek
crossing ['krɒsɪŋ] <fn> [C] **1.** (út)kereszteződés **2.** átkelőhely: *(border) crossing point* határátkelőhely * *pedestrian crossing* gyalogátkelőhely; zebra **3.** *(tengeren)* átkelés
cross-legged [,krɒs'legd] <hsz> törökülésben; keresztbe tett lábakkal
crossover ['krɒsəʊvə] <fn> [C] stílusok, irányzatok keveredése/találkozása
cross rate ['krɒsreɪt] <fn> [C] gazd keresztárfolyam
cross-reference [,krɒs'refrəns] <fn> [C] *(könyvben)* utalás
crossroads ['krɒsrəʊdz] <fn> [C + sing v] (crossroads) **1.** útkereszteződés **2.** átv válaszút: *I am at a crossroads.* Válaszút előtt állok.
cross section ['krɒs sekʃn] <fn> [C, U] átv is keresztmetszet
crosswalk ['krɒswɔːk] <fn> [C] AmE gyalogátkelőhely; zebra
crossword (puzzle) ['krɒswɜːd] <fn> [C] keresztrejtvény
crotchet ['krɒtʃɪt] <fn> [C] zene *(hangjegy)* negyed
crouch [kraʊtʃ] <ige> **1.** (le)guggol **2.** gubbaszt; kuporog; (meg)lapul
¹**crow** [krəʊ] <fn> [C] varjú
 ♦ **as the crow flies** légvonalban; toronyiránt ♦ **eat crow** szl befogja a száját; kussol
 ♦ **Stone the crows!** Ez nem lehet igaz!

²**crow** [krəʊ] <ige> **1.** kukorékol **2.** sikongat **3.** dicsekszik; felvág: *He keeps crowing about his exam results.* Állandóan dicsekszik a vizsgaeredményeivel.
¹**crowd** [kraʊd] <fn> [C + sing/pl v] **1.** (ember)tömeg: *the crowd* a tömegek; köznép * *A large crowd was waiting for the train.* Hatalmas tömeg várt a vonatra. * *There were crowds of people at the football-match.* Tömegek voltak a futballmérkőzésen. **2.** társaság; banda: *a nice crowd* jó társaság/csapat
²**crowd** [kraʊd] <ige> **1.** begyűlik; elárasz; megtölt: *People crowded the streets.* Az emberek elözönlötték az utcákat. **2.** **crowd (a)round sy** vki köré gyűlik; tolong: *The pupils crowded round their teacher.* A diákok a tanáruk körül tolongtak.

crowd in beözönlik
crowd in on/upon sy *(gondok stb.)* elborítanak vkit
crowd sy/sg out kiszorít vkit/vmit

crowded ['kraʊdɪd] <mn> zsúfolt
crowdfunding ['kraʊdfʌndɪŋ] <fn> [U] közösségi finanszírozás
¹**crown** [kraʊn] <fn> [C] **1.** korona: *wear a crown* koronát visel **2.** *(fejé, hegyé)* tető: *We climbed the crown of the hill.* Felmásztunk a dombtetőre. **3.** *(fog)* korona **4.** **the Crown** a Korona; *(királyi hatalom)* a Király/Királynő **5.** *(pénz)* korona
²**crown** [kraʊn] <ige> **1.** (meg)koronáz: *Queen Elizabeth was crowned in 1953.* Erzsébet királynőt 1953-ban koronázták meg. **2.** betetőz: *crowned with success* siker koronázta * *to crown it all/everything...* (mindennek a) tetejébe * *That crowns all!* Ez mindennek a teteje! **3.** *(fogra)* koronát feltesz **4.** szl fejbe ver; kupán vág
crown colony [,kraʊn'kɒləni] <fn> [C] (crown colonies) koronagyarmat
crown jewels [,kraʊn'dʒuːəlz] <fn> [pl] koronaékszerek
Crown prince [,kraʊn'prɪns] <fn> [C] trónörökös; koronaherceg
crucial ['kruːʃl] <mn> döntő; alapvető; kritikus: *the crucial moment* a döntő pillanat * *play a crucial role in sg* döntő szerepe van vmiben * *It is crucial that...* Döntően/Életbevágóan fontos, hogy...
crucifix ['kruːsəfɪks] <fn> [C] feszület
crucifixion [,kruːsə'fɪkʃn] <fn> [U, C] keresztre feszítés
crucify ['kruːsɪfaɪ] <ige> (crucifies, crucifying, crucified) keresztre feszít

crude [kru:d] <mn> **1.** nyers; finomítatlan: *crude oil* nyersolaj **2.** *(modor)* durva; *(ember)* primitív; egyszerű **3.** kidolgozatlan; ki nem fejlődött

cruel ['kru:əl] <mn> (crueller, cruellest) kegyetlen: *a cruel dictator* kegyetlen diktátor * *He is cruel to his dog.* Kegyetlen a kutyájával.

cruelty ['kru:əltı] <fn> [C, U] (cruelties) kegyetlenkedés; kegyetlenség; embertelenség: *extreme cruelty* kegyetlen bánásmód * *cruelty to animals* állatkínzás

¹cruise [kru:z] <fn> [C] tengeri (luxus)utazás; hajóút: *go on a cruise* tengeri utazáson vesz részt

²cruise [kru:z] <ige> (cruises, cruising, cruised) **1.** tengeren utazik; hajózik; vitorlázik: *We spent 10 days cruising the Caribbean.* 10 napot utaztunk a Karib-öbölben. **2.** cirkál **3.** *(gépkocsi, repülő)* halad; hajt; megy: *cruising speed* gk utazósebesség; rep repülősebesség

cruise missile [ˌkru:z'mɪsaɪl] <fn> [C] cirkálórakéta

cruiser ['kru:zə] <fn> [C] **1.** *(hadihajó)* cirkáló **2.** nagy motorcsónak; yacht

crumb [krʌm] <fn> [C] morzsa: *a few crumbs of information* információmorzsák

crumble ['krʌmbl] <ige> (crumbles, crumbling, crumbled) **1.** (szét-/rá)morzsol; morzsál: *Crumble the cheese over the soup.* Morzsold (rá) a sajtot a levesre! **2.** morzsolódik; szétporlad; omlik; szétesik; összedől: *The walls of our old house were crumbling.* Az öreg házunk falai omladoztak.

crumbly ['krʌmblı] <mn> **1.** morzsálódó; omlós; szétporladó **2.** omladozó; roskatag

crummy ['krʌmı] <mn> pocsék

crumple ['krʌmpl] <ige> (crumples, crumpling, crumpled) **1.** összegyűr **2.** (össze)gyűrődik

crunch [krʌntʃ] <ige> **1.** ropogtat: *He was crunching nuts.* Diót ropogtatott. **2.** ropog: *The small stones crunched under the bike tyres.* A kis kavicsok ropogtak a bicikli kereke alatt.

crunchy ['krʌntʃı] <mn> ropogós

crusade [kru:'seɪd] <fn> [C] **1. (Crusade)** keresztes hadjárat **2.** kampány

crusader [kru:'seɪdə] <fn> [C] keresztes lovag/vitéz

¹crush [krʌʃ] <ige> **1.** összetör; összezúz; szétmorzsol; összeprésel: *crush to pieces* darabokra tör * *get crushed* összenyomódik **2.** *(lázadást)* letör; lever; *(ellenállást)* felmorzsol **3.** összenyom; összezsúfol **4.** összegyűrődik

²crush [krʌʃ] <fn> [C] **1.** összenyomás **2.** tolongás **3.** rostos gyümölcslé **4. a crush on sy** biz fellángolás vki iránt: *have a crush on sy* belehabarodott/belezúgott vkibe

crushing ['krʌʃɪŋ] <mn> megsemmisítő: *a crushing defeat* megsemmisítő vereség

crust [krʌst] <fn> [C, U] **1.** kéreg: *the earth's crust* földkéreg **2.** (kenyér)héj **3.** AmE tészta

crustacean [krʌ'steɪʃn] <fn> [C] áll héjas állat; rákféle

crusty ['krʌstı] <mn> **1.** héjas; kérges; ropogós: *crusty bread* ropogós kenyér **2.** biz mogorva; zsémbes

crutch [krʌtʃ] <fn> [C] **1.** mankó: *be/walk on crutches* mankóval jár **2.** átv támasz

¹cry [kraɪ] <ige> (cries, crying, cried, cried) **1.** sír: *She was crying herself to sleep.* Álomba sírta magát. **2.** kiált; kiabál: *He cried for help.* Segítségért kiáltott.

cry down sg leszól vmit
cry for sg sírva kér vmit
cry off visszalép; meggondolja magát
cry out elkiáltja magát
cry out against sg tiltakozik vmi ellen
cry out for sg égető/nagy szüksége van vmire

²cry [kraɪ] <fn> [C] (cries) **1.** (fel)kiáltás: *battle cry* csatakiáltás * *a cry for help* segélykiáltás **2.** kiabálás **3.** sírás: *have a good cry* jól kisírja magát **4.** ugatás
♦ **it is a far cry from sg** messze esik vmitől; össze sem lehet hasonlítani vmivel; nem lehet vele egy napon említeni ♦ **follow the cry** a nyájjal tart

crying ['kraɪɪŋ] <mn> égbekiáltó; őrült nagy: *it is a crying shame* rettentő szégyen * *there is a crying need for sg* égető szüksége van vmire

crypt [krɪpt] <fn> [C] altemplom; kripta

crystal ['krɪstl] <fn> **1.** [U] kristály(üveg): *a crystal vase* kristályváza **2.** [C] kristály: *salt and sugar crystals* só- és cukorkristályok

CS gas [ˌsi:es'gæs] <fn> [U] könnygáz

ct [= cent(s)] cent

CT scan [ˌsi: 'ti: skæn] <fn> [C] komputertomográfia

cub [kʌb] <fn> [C] **1.** *(állaté)* kölyök: *a fox and her cubs* róka és a kölykei * *have cubs* kicsinyei vannak **2. the Cubs** *(8 és 11 év között)* kiscserkészek: *join the Cubs* beáll kiscserkésznek

Cuba ['kju:bə] <fn> Kuba

¹Cuban ['kju:bən] <mn> kubai

²Cuban ['kju:bən] <fn> [C] *(személy)* kubai

¹cube [kju:b] <fn> [C] **1.** kocka: *cube sugar* kockacukor * *ice-cube* jégkocka * *Cut the cucumber into cubes.* Vágd kockára az uborkát! **2.** mat köb: *cube root* köbgyök * *The cube of 2 is 8.* A 2 köbe 8.

²**cube** [kju:b] <ige> (cubes, cubing, cubed) mat köbre emel
cubic ['kju:bɪk] <mn> köb-: *cubic metre* köbméter
cubicle ['kju:bɪkl] <fn> [C] **1.** hálófülke **2.** kabin; (uszodai) öltöző
cuckoo ['kʊku:] <fn> [C] kakukk
cuckoo clock ['kʊku: klɒk] <fn> [C] kakukkos óra
cucumber ['kju:kʌmbə] <fn> [C] uborka
¹**cuddle** ['kʌdl] <fn> [C] ölel(kez)és: *give sy a cuddle* megölel vkit
²**cuddle** ['kʌdl] <ige> (cuddles, cuddling, cuddled) megölel; átölel; ölelget: *cuddle up to sy* odabújik vkihez
¹**cue** [kju:] <fn> [C] **1.** *(színdarabban)* végszó **2.** utasítás; intés: *give the cue (karmester)* beint * *take one's cue from sy* követ; utánoz vkit; igazodik vkihez
²**cue** [kju:] <fn> [C] *(biliárdnál)* dákó
cuff [kʌf] <fn> [C] kézelő; mandzsetta
♦ **off the cuff** kapásból ♦ **speak off the cuff** rögtönöz
cufflinks [kʌflɪŋks] <fn> [pl] mandzsettagomb
cuisine [kwɪ'zi:n] <fn> [U] *(főzésmód)* konyha: *French cuisine* francia konyha
cul-de-sac ['kʌldəsæk] <fn> [C] (cul-de-sacs v. culs-de-sac) zsákutca
cull ['kʌl] <ige> *(adatokat)* gyűjt; leszed (az internetről)
cult [kʌlt] <fn> [C] **1.** kultusz **2.** szekta
cultivate ['kʌltɪveɪt] <ige> (cultivates, cultivating, cultivated) **1.** *(földet)* művel **2.** termeszt: *He cultivates mushrooms.* Gombát termeszt. **3.** *(kapcsolatot)* ápol; tart; kultivál **4.** *(képességet stb.)* kidolgoz; kiművel; kifejleszt
cultivated ['kʌltɪveɪtɪd] <mn> **1.** *(talaj)* megművelt **2.** *(növény)* termesztett; kultúr- **3.** *(ember)* (ki)művelt; kulturált
cultivation [,kʌltɪ'veɪʃn] <fn> [U] **1.** (meg)művelés **2.** termesztés **3.** ápolás; kultiválás **4.** műveltség
cultural ['kʌltʃrəl] <mn> **1.** kulturális: *cultural differences* kulturális/műveltségbeli különbségek **2.** kultúr-; kulturális: *the cultural life of our district* kerületünk kulturális élete * *cultural heritage* kulturális örökség
culture ['kʌltʃə] <fn> **1.** [C, U] kultúra: *the ancient Greek culture* az ókori görög kultúra **2.** [U] kulturáltság; műveltség; kultúra: *He is a man of little culture.* Műveltsége alacsony. **3.** [U] *(földé)* művelés; termesztés **4.** [C] biol (baktérium)tenyészet; kultúra
cultured ['kʌltʃəd] <mn> művelt; kulturált
cunning ['kʌnɪŋ] <mn> ravasz
cup [kʌp] <fn> [C] **1.** csésze **2.** *(mennyiség)* csésze; csészényi: *Would you like a cup of tea?* Kérsz egy csésze teát? **3.** sp *(díj)* kupa; serleg: *He won a cup in running.* Nyert egy kupát futásban. **4.** sp *(bajnokság)* kupa: *the World Cup (atlétika, labdarúgás, stb.)* a Világkupa; a Világbajnokság * *cup final* kupadöntő * *cup tie* kupamérkőzés * *cup winner* kupagyőztes **5.** vall kehely
♦ **be not one's cup of tea** biz nem neki való dolog; nem neki találták ki; nem az ő esete ♦ **That is quite another cup of tea.** Ez egész más eset.
cupboard ['kʌbəd] <fn> [C] (fali)szekrény: *kitchen cupboard* konyhaszekrény
curable ['kjʊərəbl] <mn> gyógyítható
curd [kɜ:d] <fn> [C] aludttej (sűrűje)
curdle ['kɜ:dl] <ige> (curdles, curdling, curdled) **1.** megalvad; megalszik **2.** megalvaszt **3.** megfagyaszt **4.** megfagy: *The sight made my blood curdle.* A látványtól megfagyott a vér az ereimben.
¹**cure** [kjʊə] <ige> (cures, curing, cured) **1.** (meg-)gyógyít; kigyógyít (**sy of sg** vkit vmiből): *This disease can't be cured.* Ez a betegség gyógyíthatatlan. **2.** meggyógyul **3.** tartósít; pácol
²**cure** [kjʊə] <fn> [C] **1.** gyógymód: *There is no cure for the cold.* A náthának nincs gyógymódja. **2.** kezelés **3.** gyógyulás **4.** pácolás
cure-all ['kjʊərɔ:l] <fn> [C, U] csodaszer
curfew ['kɜ:fju:] <fn> [C] **1.** kijárási tilalom: *impose a curfew* kijárási tilalmat rendel el **2.** takarodó
curiosity [,kjʊərɪ'ɒsəti] <fn> **1.** [U] kíváncsiság: *out of curiosity* kíváncsiságból **2.** [C] (curiosities) érdekesség; ritkaság; különlegesség; kuriózum: *many historical curiosities* sok történelmi érdekesség/ritkaság * *old curiosities* régiségek
curious ['kjʊərɪəs] <mn> **1.** kíváncsi: *She is curious.* Kíváncsi. * *She was curious to know where her friend lived.* Szerette volna tudni, hol lakik a barátja. **2.** furcsa; különös
¹**curl** [kɜ:l] <fn> [C] **1.** göndör(ödő) hajfürt; hajtincs: *Her hair used to be in curls.* Régebben göndör volt a haja. **2.** karika; csavarodás: *curls of smoke* füstkarikák
²**curl** [kɜ:l] <ige> **1.** (be)göndörít; becsavar **2.** göndörödik **3.** csavarodik: *The leaves became curled up.* A falevelek összepöndörödtek.

curl up összegömbölyödik; összekuporodik

curler ['kɜ:lə] <fn> [C] hajcsavaró
curly ['kɜ:li] <mn> (curlier, curliest) *(haj)* göndör
currant ['kʌrənt] <fn> [C] **1.** ribizli **2.** mazsola
currency ['kʌrənsi] <fn> [C, U] (currencies) pénznem; valuta; fizetőeszköz: *foreign currency*

külföldi fizetőeszköz * *currency restriction* devizakorlátozás

¹current ['kʌrənt] <mn> **1.** mai; legfrissebb: *the current fashion* a mai/legutolsó divat **2.** közhasználatú; elterjedt; érvényes: *current events* aktuális események * *This expression is not in current use.* Ez nem egy elterjedt kifejezés. **3.** gazd folyó-: *current account* folyószámla * *current month* folyó hó

²current ['kʌrənt] <fn> **1.** [C] ár(amlat): *swim against the strong current* az erős árral szemben úszni **2.** [U] (villamos)áram: *electric current* elektromos áram * *current supply* áramszolgáltatás

currently ['kʌrəntlɪ] <hsz> jelenleg

curriculum [kə'rɪkjʊləm] <fn> [C] (curricula v. curriculums) tanterv; tanmenet; tananyag: *be on the curriculum* benne van a tantervben

curriculum vitae [kə,rɪkjʊləm'viːtaɪ] <fn> [C] (curriculum vitaes v. curricula vitae) **röv CV** önéletrajz; szakmai önéletrajz

curried ['kʌrɪd] <mn> currys; curryvel: *curried chicken* csirke curryvel

¹curry ['kʌrɪ] <fn> [C, U] (curries) **1.** (fűszer) curry **2.** (étel) curry

²curry ['kʌrɪ] <ige> **1.** (lovat) lecsutakol **2.** elver **3. curry favour with sy** igyekszik magát vkinél behízelegni

curry powder ['kʌrɪ ,paʊdə] <fn> [C, U] (fűszer) curry

¹curse [kɜːs] <fn> [C] **1.** átok: *There is a curse on the house.//The house is under a curse.* Átok ül a házon. **2.** káromkodás; szitok

²curse [kɜːs] <ige> (curses, cursing, cursed) **1.** (meg)átkoz **2.** káromkodik; átkozódik; szitkozódik

cursor ['kɜːsə] <fn> [C] infor kurzor

cursory ['kɜːsərɪ] <mn> futólagos; felületes

¹curtain ['kɜːtn] <fn> [C] átv is függöny: *draw the curtain* behúzza a függönyt * *the curtain rises/falls* a függöny felmegy/legördül * *curtain of mist* ködfátyol * *The curtain goes up at 7.* Az előadás 7 órakor kezdődik.

²curtain ['kɜːtn] <ige> **1.** befüggönyöz **2.** elrejt

> **curtain sg off** elfüggönyöz vmit

¹curtsey ['kɜːtsɪ] <fn> [C] pukedli
²curtsey ['kɜːtsɪ] <ige> pukedlizik
¹curtsy ['kɜːtsɪ] → **¹curtsey**
²curtsy ['kɜːtsɪ] → **²curtsey**

¹curve [kɜːv] <fn> [C] **1.** kanyar; (út)kanyarulat **2.** görbület **3.** mat görbe

²curve [kɜːv] <ige> (curves, curving, curved) **1.** görbít; hajlít **2.** kanyarodik; kanyarog: *The road curved to the left.* Az út balra kanyarodott. * *The river curves round the hill.* A folyó a hegy körül kanyarog. **3.** görbül; elhajlik

¹cushion ['kʊʃn] <fn> [C] (dívány)párna
²cushion ['kʊʃn] <ige> kipárnáz

cushy ['kʊʃɪ] <mn> kényelmes; könnyű: *a cushy job* kényelmes állás

custard ['kʌstəd] <fn> [U] (tej)sodó

custodian [kʌ'stəʊdɪən] <fn> [C] **1.** (múzeum)őr; múzeumi teremőr; (könyvtári) felügyelő **2.** AmE házfelügyelő; (épület)gondnok

custody ['kʌstədɪ] <fn> [U] **1.** felügyelet **2.** őrizet; letartóztatás: *take sy into custody* őrizetbe vesz vkit * *He is (kept) in custody.* Őrizetbe vették./Előzetes letartóztatásban van.

custom ['kʌstəm] <fn> [C, U] **1.** szokás: *social customs* társadalmi szokások * *as was his custom* szokása szerint * *It's the custom of the country.* Errefelé így szokás. **2.** vevőkör: *take away custom* elviszi a vevőkört

customary ['kʌstəmərɪ] <mn> szokásos

customer ['kʌstəmə] <fn> [C] **1.** vevő; vendég; ügyfél: *regular customer* törzsvendég **2.** biz pasas; alak; pofa
♦ **a queer customer** biz fur(cs)a alak

customer service ['kʌstəmə ,sɜːvɪs] <fn> [C] gazd vevőszolgálat; ügyfélszolgálat: *customer service manager* ügyfélszolgálati menedzser

customs ['kʌstəmz] <fn> [pl] **1.** vám(vizsgálat): *go through customs and passport control* átmegy az útlevél- és vámvizsgálaton * *customs officer* vámtiszt * *customs clearance* vámkezelés; vámvizsgálat * *customs inspection* vámvizsgálat **2.** (fizetendő) vám: *pay customs* vámot fizet

customs barrier ['kʌstəmz ,bærɪə] <fn> [C] gazd vámsorompó

customs declaration ['kʌstəmz deklə,reɪʃn] <fn> [C] gazd vámáru-nyilatkozat; vámnyilatkozat

¹cut [kʌt] <fn> [C] **1.** vágás: *a cut on my hand* vágás a kezemen * *a haircut* hajvágás **2.** szabás: *the cut of the trousers* a nadrág szabása **3.** szelet **4.** csökkentés: *cut in prices//price cut* árleszállítás * *tax cut* adócsökkentés
♦ **a cut above sg/sy** jobb, mint vmi/vki; vmivel jobb vminél/vkinél ♦ **cut and thrust** pengeváltás; élénk vita ♦ **short cut** rövidebb út *Is there a short cut to the shop?* Van rövidebb út a bolthoz?

²cut [kʌt] <ige> (cuts, cutting, cut, cut) **1.** (el-)vág; félbevág; megvág: *cut the apple into two parts* félbevágja az almát * *cut in half* kettévág; megfelez * *I cut my fingers.* Elvágtam az ujjamat. **2.** levág; szel: *cut into slices* szeletel

∗ *She cut two slices from the loaf.* Levágott két szeletet a kenyérből. **3.** *(hajat, füvet)* lenyír; levág: *cut one's nails* körmöt vág ∗ *I had my hair cut.* Levágattam a hajam. **4.** csökkent: *My salary has been cut by 5%.* A fizetésem 5%-kal csökkent. **5.** *(anyagot)* kiszab **6.** *(cikket)* lerövidít; töröl; (meg)húz; *(filmet)* vág **7.** *(kártyát)* emel **8.** átvág: *He cut through the park.* Átvágott a parkon. **9.** *(óráról)* ellóg: *cut a class* egy óráról ellóg **10. cut and paste** infor kivág és beilleszt

♦ **cut and come again** repetát kér ♦ **cut and run** pánikszerűen távozik ♦ **cut sy dead** keresztülnéz vkin ♦ **cut losses** szabadon enged ♦ **cut sy short** félbeszakít vkit; szavába vág vkinek ♦ **cut sg short** rövidre fog vmit ♦ **cut one's teeth** kibújnak a fogai ♦ **cut one's teeth on/in sg (/doing sg)** megszerzi az első tapasztalatokat vmiben

cut across sg *(területen)* átvág
cut sg away levág; lemetsz; lefarag vmit
cut sg back 1. *(növényt)* visszametsz; megmetsz **2.** *(költséget stb.)* csökkent; lefarag
cut back on sg *(költségeket stb.)* csökkent; lefarag
cut sg down 1. levág; kivág vmit **2.** csökkent vmit
cut down on sg 1. *(költséget stb.)* csökkent; lefarag **2.** *(pl. szénhidrátmennyiséget)* csökkent; kevesebbet fogyaszt
cut in (on sy/sg) 1. félbeszakít (vkit/vmit) **2.** *(autóval stb.)* bevág; elé vág (vkinek/vminek)
cut sg off 1. levág; lemetsz; elvág vmit **2.** megszakít; kikapcsol; szétkapcsol vmit: *He cut off the electricity.* Megszakította/Kikapcsolta az áramot. ∗ *We were cut off.* Szétkapcsoltak.
cut sy off 1. félbeszakít vkit: *We were cut off in the middle of our conversation.* Félbeszakították a beszélgetésünket. **2.** kitagad vkit
cut out *(gép)* leáll; kihagy
cut sg out 1. kivág; kiszab vmit **2.** *(írásból)* kihúz; kihagy; eltávolít vmit **3.** leszokik; lemond vmiről
be cut out for sg//be cut out to be sg biz vmire különösen alkalmas; vmire termett; neki való
cut sg up felvág; felszel; felaprít; összevág vmit
cut sy up biz **1.** elszomorít; kiborít vkit **2.** megsebesít vkit

cut and dried [ˌkʌtænd'draɪd] <mn> előre elkészített; kész

cut-and-paste [ˌkʌtænd'peɪst] <fn> [C] infor kivágás és beillesztés
cutback ['kʌtbæk] <fn> [U] **1.** költségcsökkentés; fizetéscsökkentés; leépítés **2.** visszaugrás
cute [kjuːt] <mn> (cuter, cutest) **1.** helyes; aranyos; édes: *What a cute little dog!* De cuki kiskutya! **2.** agyafúrt; ravasz
cutlery ['kʌtləri] <fn> [U] evőeszköz(ök)
cutlet ['kʌtlət] <fn> [C] (borda)szelet
cutoff ['kʌtɒf] <fn> [C, U] **1.** kikapcsolás **2.** leállítás **3. cutoffs** [pl] levágott darabok; hulladék
cut-price [ˌkʌt'praɪs] <mn> leszállított árú; olcsó: *cut-price goods* leértékelt áru
cut-rate [ˌkʌt'reɪt] <mn> AmE leszállított árú; olcsó
cutter ['kʌtə] <fn> [C] **1.** szabász; vágó **2. cutters** [pl] vágószerszám; vágó(eszköz); vágógép **3.** film vágó **4.** egyárbócos (vitorlás-) hajó
cutthroat ['kʌtθrəʊt] <mn> gyilkos; kíméletlen: *cutthroat competition* könyörtelen/öldöklő verseny
¹**cutting** ['kʌtɪŋ] <mn> **1.** vágó **2.** átv csípős; éles; bántó: *cutting remark* bántó megjegyzés
²**cutting** ['kʌtɪŋ] <fn> [C] **1.** dugvány **2.** (újság-)kivágat; lapkivágás **3.** metszés; (le)vágás **4.** *(filmé)* vágás: *cutting room* vágószoba **5.** *(hegyoldalban)* bevágás **6.** csökkentés
cutting-edge [ˌkʌtɪŋ 'edʒ] <mn> élvonalbeli; csúcs-: *cutting-edge technology* csúcstechnológia
CV [ˌsiː'viː] [= curriculum vitae] <fn> [C] (CVs) CV (= önéletrajz)
cyberbullying ['saɪbəbʊliɪŋ] <fn> [U] online zaklatás
cybercafé ['saɪbəˌkæfeɪ] <fn> [C] internetkávézó
cybernetics [ˌsaɪbə'netɪks] <fn> [U] infor kibernetika
cyberspace ['saɪbəspeɪs] <fn> [U] infor kibertér
¹**cycle** ['saɪkl] <fn> [C] **1.** kerékpár; bicikli; bringa: *cycle lane/path* kerékpárút ∗ *cycle race* kerékpárverseny; bicikliverseny **2.** körforgás; ciklus **3.** időszak; korszak; periódus; ciklus **4.** (dal)ciklus
²**cycle** ['saɪkl] <ige> (cycles, cycling, cycled) kerékpározik; biciklizik: *go cycling* biciklizni/bringázni megy
cycling ['saɪklɪŋ] <fn> [U] kerékpározás; biciklizés: *cycling tour* kerékpártúra
cyclist ['saɪklɪst] <fn> [C] kerékpáros; biciklista
cyclone ['saɪkləʊn] <fn> [C] ciklon

cylinder ['sɪlɪndə] <fn> [C] henger
cymbal ['sɪmbl] <fn> [ált pl] zene cintányér
cynic ['sɪnɪk] <fn> [C] cinikus (ember)
cynical ['sɪnɪkl] <mn> cinikus
cynicism ['sɪnɪsɪzm] <fn> [U] cinizmus
cypress [saɪprəs] <fn> [C] ciprus(fa)
Cypriot ['sɪprɪət] <fn> [C] *(személy)* ciprusi
Cypriote ['sɪprɪəʊt] → **Cypriot**
Cyprus ['saɪprəs] <fn> Ciprus

Cyrillic [sə'rɪlɪk] <fn> [U] cirill ábécé; cirillika
cyst [sɪst] <fn> [C] orv ciszta
cystitis [sɪ'staɪtɪs] <fn> [U] orv hólyaghurut
czar [zɑː] <fn> [C] cár
¹Czech [tʃek] <mn> cseh: *the Czech Republic* a Cseh Köztársaság; Csehország
²Czech [tʃek] <fn> **1.** [C] *(személy)* cseh **2.** [U] *(nyelv)* cseh: *in Czech* csehül

D, d

¹D, d [diː] <fn> [C, U] (D's, d's) **1.** *(betű)* D; d **2. D** zene *(hang)* D; d: *D major* D-dúr ∗ *D minor* d-moll ∗ *D sharp* Disz/disz ∗ *D flat* Desz/desz **3. D** AmE *(osztályzat)* erős elégséges

²D 1. [= Democrat] *(az amerikai Demokrata Párt tagja)* demokrata **2.** [= Democratic] *(az amerikai Demokrata Párttal kapcsolatos)* demokrata

d. [= died] megh. (= meghalt): *Shelley, d. 1822* Shelley, megh. 1822-ben

'd 1. → **had 2.** → **would 3.** → **should**

¹dab ['dæb] <ige> (dabbing, dabbed) *(vattával, szivaccsal, óvatosan)* megnyomogat; *(parfümöt, púdert)* pamacsol

²dab [dæb] <fn> [C] **1.** érintés; (meg)legyintés **2.** csipetnyi; darabka **(of sg** vmiből): *a dab of perfume* egy kis parfüm

dabble ['dæbl] <ige> **1.** beleszagol **(in sg** vmibe); belekontárkodik; felületesen foglalkozik vmivel **2.** (be)nedvesít; megnedvesít; (meg)mártogat

dabbler ['dæblə] <fn> [C] kontár **(in/with/at sg** vmiben)

dab hand [,dæb'hænd] <fn> [C] biz ügyes kezű; hozzáértő: *be a dab hand in the kitchen* jól tud főzni

dad [dæd] <fn> [C] biz apu(ka)

daddy ['dædɪ] <fn> [C] (daddies) biz apu(ka)

daffodil ['dæfədɪl] <fn> [C] nárcisz

daft [dɑːft] <mn> biz ostoba; együgyű; bolond

dagger ['dægə] <fn> [C] tőr
  ♦ **be at daggers drawn with sy** háborúban van vkivel ♦ **look daggers at sy** gyilkos pillantást vet vkire

¹daily ['deɪlɪ] <mn> (minden)napi; mindennapos: *our daily bread* mindennapi kenyerünk ∗ *daily habit* állandó szokás

²daily ['deɪlɪ] <hsz> naponként; naponta

³daily ['deɪlɪ] <fn> [C] (dailies) biz napilap

daily allowance [,deɪlɪ ə'laʊəns] <fn> [C] napidíj

dainty ['deɪntɪ] <mn> **1.** *(étel)* finom; ízletes; ízléses **2.** *(alak)* kecses; finom

dairy ['deərɪ] <fn> [C] (dairies) tejgazdaság; tejüzem

dairy produce ['deərɪ prədjuːs] <fn> [U] tejtermék

daisy ['deɪzɪ] <fn> [C] (daisies) százszorszép
  ♦ **push up the daisies** biz alulról szagolja az ibolyát

¹dam [dæm] <fn> [C] (völgyzáró) gát; védőgát; duzzasztógát

²dam [dæm] <ige> (damming, dammed) eltorlaszol; elzár; elrekeszt

¹damage ['dæmɪdʒ] <ige> **1.** megrongál; megkárosít **(sg** vmit); kárt okoz **(sg** vminek): *The car was badly damaged by the crash.* Az autó nagyon megrongálódott a karambolban. **2.** árt **(sy/sg** vkinek/vminek); megkárosít **(sy** vkit); hátrányt okoz **(sy** vkinek): *Smoking damages your health.* A dohányzás károsítja az egészséget.

²damage ['dæmɪdʒ] <fn> **1.** [U] kár; rongálódás; sérülés; sérelem: *repair the damage* helyrehozza a károkat ∗ *cause sy damage* kárt okoz vkinek **2. damages** [pl] kártérítés: *recover damages* kártérítésben részesül ∗ *damages claim* kártérítési igény

damage event ['dæmɪdʒ ɪ,vent] <fn> [C] gazd káresemény

damaging ['dæmɪdʒɪŋ] <mn> káros; ártalmas; hátrányos

¹damn [dæm] <mn> átkozott; piszkos; kegyetlen: *Where's that damn key!* Hol van az az átkozott kulcs!

²damn [dæm] <isz> a fenébe!; a kutyafáját!

³damn [dæm] <ige> **1.** (el)átkoz; megátkoz; káromol: *Damn you!* Az ördög vigyen el! **2.** *(könyvet, színdarabot stb.)* elítél; lehúz; leszól: *The film was damned by the critics.* A filmet lehúzták a kritikusok.

⁴damn [dæm] <fn>
  ♦ **I don't give a damn!** Fütyülök rá!

damnation [,dæm'neɪʃn] <fn> [U] kárhozat; elkárhozás; kárhoztatás: *eternal damnation* örök kárhozat

damned [dæmd] <mn> (el)átkozott; (el)kárhozott; istenverte: *one damned thing after another* egyik átkozott dolog a másik után ∗ *The damned thing won't start!* Az istenverte nem indul!

¹damp [dæmp] <mn> nyirkos; nedves; párás

²damp [dæmp] <fn> [U] nyirkosság; nedvesség; párásság

dampen ['dæmpən] <ige> **1.** csillapít; mérsékel; lelankaszt **2.** megnedvesít

damper ['dæmpə] <fn> [U] biz lehangoló/lecsüggesztő esemény
  ♦ **put a damper on sy** biz elbátortalanít vkit

dampness ['dæmpnəs] <fn> [U] nedvesség; nyirkosság; veríték

¹dance [dɑːns] <ige> **1.** táncol: *go dancing* táncolni megy **2.** ugrándozik; szökdécsel: *dance for joy* ugrándozik örömében
♦ **dance to sy's tune** úgy táncol, ahogy vki fütyül

²dance [dɑːns] <fn> **1.** [C] táncmulatság; bál: *go to a dance* bálba megy **2.** [C, U] tánc: *join the dance* táncra perdül
♦ **lead sy a dance** biz **1.** jól megtáncoltat vkit; elbánik vkivel **2.** orránál fogva vezet vkit

dancer [dɑːnsə] <fn> [C] táncos(nő): *a ballet dancer* balett-táncos

dancing ['dɑːnsɪŋ] <fn> [U] tánc(olás): *There was dancing too at his birthday party.* Volt tánc is a szülinapján.

dandelion ['dændɪlaɪən] <fn> [C] pitypang; gyermekláncfű

dandruff ['dændrʌf] <fn> [U] *(fejbőrön)* korpa

Dane [deɪn] <fn> [C] *(ember)* dán: *the Danes* a dánok

danger ['deɪndʒə] <fn> **1.** [C, U] veszély: *be in danger* veszélyben van **2.** [C] veszély (**to sy/ sg** vki/vmi számára): *Drinking too much alcohol is a serious danger to health.* A túl sok alkohol fogyasztása komoly veszélyt jelent az egészségre.

dangerous ['deɪndʒərəs] <mn> veszélyes: *It is dangerous to cross the road here.* Itt veszélyes átkelni az úton.

dangerously ['deɪndʒərəsli] <hsz> **1.** veszélyesen: *He was standing dangerously close to the animal.* Veszélyesen közel állt az állathoz. **2.** veszélyesen; súlyosan: *dangerously ill* súlyosan beteg

dangle ['dæŋgl] <ige> **1.** (le)lógat; lóbál; himbál **2.** leng; lóg; lóbálózik; himbálódzik: *sit with one's legs dangling* lábait lóbálva ül

¹Danish ['deɪnɪʃ] <mn> dán

²Danish ['deɪnɪʃ] <fn> [U] dán (nyelv)

dank [dæŋk] <mn> *(idő, épület)* nyirkos; hideg

Danube ['dænjuːb] <fn> **the Danube** a Duna

¹dare [deə] <ige> **1.** mer; merészel; bátorkodik (**to do sg** vmit megtenni): *I didn't dare to tell you the truth.* Nem mertem neked elmondani az igazságot. **2.** rávesz; bátorít (**sy to do sg** vkit vmi megtételére): *The older boys had dared him to do it.* Az idősebb fiúk vették rá arra, hogy megtegye.
♦ **don't you dare** ne merészeld ♦ **how dare you** hogy merészel ♦ **I dare say** kétségkívül; nagyon is

²dare [deə] <fn> [C, ált sing] mersz; merészség; vakmerőség

daring ['deərɪŋ] <mn> merész; vakmerő; bátor

¹dark [dɑːk] <mn> **1.** sötét: *get dark* sötétedik **2.** *(szín)* sötét: *a dark blue skirt* sötétkék szoknya **3.** sötét (bőrű); sötét hajú **4.** komor; sötét; szomorú: *see the dark side of things* a sötét oldaláról nézi a dolgokat **5.** titkos; homályos; rejtelmes **6.** sötét; baljós; szomorú: *dark purpose* sötét szándék
♦ **keep sg dark** titokban tart vmit

²dark [dɑːk] <fn> [sing] sötétség: *in the dark* sötétségben
♦ **after dark** sötétedés után ♦ **before dark** sötétedés előtt ♦ **keep sy in the dark** bizonytalanságban tart vkit

Dark Ages ['dɑːk eɪdʒɪz] <fn> [pl] **the Dark Ages** a sötét középkor

darken ['dɑːkən] <ige> (el)sötétedik; (el)sötétít
♦ **Never darken my doors again!** Be ne tegye a lábát többé ide!

darkness ['dɑːknəs] <fn> [U] sötétség; homály(osság)

darkroom ['dɑːkruːm] <fn> [C] sötétkamra

darling ['dɑːlɪŋ] <fn> [C] kedves: *Darling!* Drágám!/Kedvesem!

¹dart [dɑːt] <fn> **1.** [C] dárda **2.** [C] *(a darts játékban)* dobónyíl **3.** **darts** [U + sing v] célba dobó játék; darts

²dart [dɑːt] <ige> **1.** szökken; (neki)lendül **2.** hajít; *(tekintetet, pillantást)* vet; *(sugarakat)* szór; *(fullánkot)* kidug: *dart a glance at sy* pillantást vet vkire

dartboard ['dɑːtbɔːd] <fn> [C] *(a darts játékban)* dobótábla

¹dash [dæʃ] <fn> **1.** [C] gondolatjel **2.** [sing] rohanás; futás: *make a dash for the door* az ajtó felé rohan **3.** [C, ált sing] egy cseppnyi; egy csipetnyi: *a dash of salt* egy csipetnyi só **4.** [U] (neki)ütődés; csattanás

²dash [dæʃ] <ige> **1.** rohan: *I have to dash or I will be late.* Rohannom kell, különben elkésem. **2.** nekicsap; odavág: *dash sg to pieces* darabokra tör vmit

dashboard ['dæʃbɔːd] <fn> [C] gk műszerfal

data ['deɪtə] <fn> [U + sing/pl v] adat(ok): *The data was/were collected last year.* Az adatokat tavaly gyűjtötték.

database ['deɪtəbeɪs] <fn> [C] adatbázis; adattár

databank ['deɪtəbæŋk] <fn> [C] adatbank

data protection ['deɪtəprə,tekʃn] <fn> [U] adatvédelem

¹date [deɪt] <fn> [C] **1.** dátum; keltezés; időpont: *date of birth* születési időpont * *date of delivery* szállítási határidő * *date of issue* kibocsátás napja * *date of receipt* kézhezvétel

időpontja **2.** találka; randevú; randi: *make a date with sy* randevúzik vkivel **3.** datolya **4.** biz barát(nő); partner
♦ **out of date 1.** régimódi **2.** érvénytelen ♦ **to date** mostanáig ♦ **up to date 1.** modern **2.** tájékozott; naprakész

🇬🇧 🇺🇸 *Date • Keltezés*

7 April / April 7 (kiolvasva: *the seventh of April / April the seventh /* AmE *April seventh*). A napot ritkábban, de sorszámként is írják: *7th April / April 7th* (kiolvasva: *the seventh of April / April the seventh /* AmE *April seventh*) április hetedike.
I was born on 7 April / April 7 1998 (kiolvasva: *on the seventh of April / on April the seventh, nineteen ninety-eight*) 1998. április 7-én születtem.
Today is Saturday, 7(th) April 2012 / Saturday, April 7(th) 2012. Ma 2012. április 7-e, szombat van.
A brit angolban a nap szerepel a hónap előtt, az amerikai angolban fordítva, a hónap után tüntetik fel a napot. Ha a nap és a hónap mellett az évet is kiírjuk, a brit angolban általában nem teszünk vesszőt az évszám elé kivéve, ha mondatba ágyazva szerepel a dátum: *7 April 1998* de *I was born on 7 April, 1998.* Az amerikai angolban ezzel szemben mindig teszünk vesszőt az évszám elé: *April 7, 1998* és *I was born on 7 April / April 7, 1998.*
Hasznos tudni, hogy keltezéskor a magyartól eltérően a brit és az amerikai angolban nem szokás kiírni a dátum elé a helységet: *7 April / April 7, 2012*
Keltezés számokkal (pl. levelezésben, önéletrajzban): 7/4/12, 7.4.12 vagy **7-4-12**, AmE Hogy elkerüljék az angol és az amerikai sorrend miatti félreértéseket, a hivatalos szövegekben ma már egyre inkább az ISO 8601-es nemzetközi szabvány szerinti keltezést használják: *2012-04-07* (Négy számjegy jelöli az évet, majd kettő a hónapot, és végül kettő a napot. A főbb egységek kötőjellel vannak elválasztva.)

²**date** [deɪt] <ige> **1.** keltez; meghatározza (vminek) az idejét; datál: *I can't date this picture exactly.* Nem tudom pontosan meghatározni, mely időből kelteződik a kép. **2.** keltez; dátumot ír **3.** elavul; kimegy a divatból: *begin to date* kezd elavulni **4.** AmE jár (**sy** vkivel)
♦ **date back to…//date from…** *(vmilyen korból)* származik; ered

dated ['deɪtɪd] <mn> elavult; régimódi; avítt
date rape ['deɪt reɪp] <fn> [C, U] randevún elkövetett nemi erőszak
daughter ['dɔːtə] <fn> [C] leánygyermek; (vkinek a) lány(a): *have a daughter* van egy lánya
daughter-in-law ['dɔːtərɪnlɔː] <fn> [C] (daughters-in-law) (vkinek a) meny(e)
daunt ['dɔːnt] <ige> megfélemlít; megrémít; elijeszt; elbátortalanít: *nothing daunted* bátran; félelem nélkül
daunting ['dɔːntɪŋ] <mn> ijesztő; rémisztő; félelmetes
dawdle ['dɔːdl] <ige> piszmog; andalog; cselleng
¹**dawn** [dɔːn] <ige> **1.** hajnalodik; virrad; pirkad **2.** dereng; világossá válik (**on sy** vki számára): *It dawned on me.* Kezdett derengeni./Ráeszméltem. **3.** *(gondolat stb.)* születik; elkezdődik
²**dawn** [dɔːn] <fn> **1.** [C, U] hajnal; virradat; pirkadat: *at dawn* hajnalban **2.** [sing] átv hajnal; kezdet: *the dawn of civilization* a civilizáció kezdete
day [deɪ] <fn> **1.** [C, U] *(időtartam)* nap: *every day* mindennap ∗ *the day after tomorrow* holnapután ∗ *the day before yesterday* tegnapelőtt ∗ *day by day* napról napra ∗ *a day off* szabadnap ∗ *twice a day* kétszer naponta ∗ *from day to day* napról napra ∗ *one/some day* majd egyszer **2.** [C] nap; nappal: *by day* nappal ∗ *work day and night* éjjel-nappal dolgozik **3.** [C, ált pl] vminek az idején: *the good old days* a régi szép idők ∗ *in my young days* fiatalkoromban ∗ *in those days* akkoriban ∗ *in days to come* a jövőben
♦ **day in, day out 1.** nap nap után **2.** reggeltől estig ♦ **day-to-day** mindennapos ♦ **keep/save sg for a rainy day** félretesz a rossz napokra; takarékoskodik ♦ **make sy's day** bearanyozza a napját ♦ **the other day** a minap ♦ **other days other ways** más idők, más emberek ♦ **some day or other** majd egyszer ♦ **these days** mostanában; manapság ♦ **win the day** győzedelmeskedik ♦ **at the end of the day** végül; végső soron ♦ **Let's call it a day.** Mára befejeztük.
♦ **save the day** (meg)menti a helyzetet
daybreak ['deɪbreɪk] <fn> [U] hajnal; virradat
¹**daydream** ['deɪdriːm] <fn> [C] álmodozás; ábrándozás
²**daydream** ['deɪdriːm] <ige> álmodozik; ábrándozik
daylight ['deɪlaɪt] <fn> [U] nappal; nappali világosság: *by daylight* nappal
♦ **in broad daylight** fényes nappal

day nursery ['deɪ,nɜːsrɪ] <fn> [C] **1.** bölcsőde **2.** óvoda
day return [,deɪ rɪ'tɜːn] <fn> [C] napi retúrjegy
day ticket ['deɪ,tɪkət] <fn> [C] napijegy
daytime ['deɪtaɪm] <fn> [U] nap(pal): *in (the) daytime* nappal; napközben
day trip ['deɪ trɪp] <fn> [C] egynapos kirándulás
¹daze [deɪz] <ige> elkábít; elszédít; elbódít
²daze [deɪz] <fn> [U] kábultság
♦ **in a daze** kábulatban
dazed [deɪzd] <mn> **1.** kábult; elkábított **2.** elképedt
dazzle ['dæzl] <ige> **1.** *(fény)* (el)vakít **2.** csodálattal tölt el; elkápráztat
DC [,diː'siː] [= direct current] egyenáram
D-day ['diːdeɪ] <fn> [U] **1.** tört *(1944. június 6.)* a normandiai partraszállás napja **2.** átv a nagy nap: *They are preparing themselves for D-day.* Előkészülnek a nagy napra.
¹dead [ded] <mn> **1.** halott: *a dead body* holttest * *He is dead.* Halott. **2.** már nem használt; már nem használható; holt: *dead language* holt nyelv * *dead battery* kimerült elem **3.** élettelen; kihalt: *The streets are dead at night.* Az utcák éjszaka kihaltak. **4.** zsibbadt: *go dead* elzsibbad **5.** teljes; abszolút: *dead silence* teljes csend
♦ **dead as a doornail/dodo** meghalt
♦ **dead to the world** mélyen alszik ♦ **flog a dead horse** fölöslegesen csinál vmit
♦ **drop dead** holtan esik össze
²dead [ded] <hsz> **1.** teljesen; nagyon; egészen: *dead tired* nagyon fáradt * *dead certain* egészen bizonyos **2.** hirtelen: *stop dead* hirtelen megáll
³dead [ded] <fn> **the dead** [pl] a halottak; a holtak: *They have to bury the dead.* El kell temetniük a halottakat.
♦ **in the dead of night** az éjszaka közepén
dead end [,ded'end] <fn> **1.** [C] zsákutca **2.** [sing] kiúttalanság; zsákutca
deadline ['dedlaɪn] <fn>[C] határidő: *before deadline* határidő előtt * *set a deadline* határidőt szab * *meet deadlines* határidőt betart
¹deadlock ['dedlɒk] <fn> [U] megoldhatatlan helyzet; holtpont: *The talks ended in (a) deadlock.* A tárgyalások holtpontra jutottak.
²deadlock ['dedlɒk] <ige> holtpontra jut
deadlocked ['dedlɒkt] <mn> holtpontra jutott
¹deadly ['dedlɪ] <mn> **1.** halálos; halált okozó: *a deadly virus* halálos vírus **2.** biz dögunalmas
²deadly ['dedlɪ] <hsz> halálosan; szörnyen: *deadly pale* halálosan sápadt

deadpan ['dedpæn] <mn> unott; érzéketlen; szenvtelen
¹deaf [def] <mn> süket: *go deaf* megsüketül * *turn a deaf ear to sg* nem akar meghallani vmit
²deaf [def] <fn> [pl] **the deaf** a süketek
deaf(-)and(-)dumb [,defən'dʌm] <fn> [C] süketnéma
deafen ['defn] <ige> (meg)süketít
deafening ['defnɪŋ] <mn> fülsiketítő
deaf-mute [,def'mjuːt] <fn> [C] süketnéma
deafness ['defnəs] <fn> [U] süketség
¹deal [diːl] <fn> [C] **1.** üzlet; alku; megegyezés; megállapodás: *make a deal with sy* üzletet köt vkivel * *It's a deal.* Megegyeztünk. **2.** bánásmód; eljárás: *a fair deal* korrekt bánásmód/üzlet **3.** *(kártyában)* osztás; kezdés
♦ **a big deal** nagy ügy ♦ **no big deal** nem nagy ügy ♦ **a good/great deal (of sg)** rengeteg; jó sok
²deal [diːl] <ige> (dealt, dealt) **1.** kereskedik (**with sy** vkivel) (**in sg** vmivel): *This shop deals in books.* Ez az üzlet könyvekkel kereskedik. **2.** *(kártyát)* oszt: *deal out the cards* kiosztja a kártyákat **3.** biz *(kábítószerrel)* üzletel; kereskedik
♦ **deal sy/sg a blow//deal a blow to sy/sg 1.** ütést mér vkire/vmire **2.** csapást jelent (vki számára)

---
deal sg out szétoszt vmit
deal with sy/sg foglalkozik vkivel/vmivel; kezel vkit/vmit; bánik vkivel; (el)intéz vmit

---

dealer ['diːlə] <fn> [C] **1.** kereskedő; forgalmazó **2.** *(kártyában)* osztó **3.** kábítószer-kereskedő; díler
dealing ['diːlɪŋ] <fn> **1.** [U] kereskedés **2.** **dealings** [pl] (kereskedelmi/üzleti) kapcsolat(ok): *have dealings with sy* kapcsolatban áll vkivel **3.** **dealings** [pl] viselkedés; bánásmód; eljárás(i mód): *square dealings* tisztességes eljárás
dealt [delt] → **²deal**
¹dear [dɪə] <mn> **1.** drága; kedves: *my dear friend* (az én) kedves barátom **2.** *(levélben)* kedves; tisztelt: *Dear Sam,* Kedves Sam! **3.** költséges; drága: *That jumper is too dear.* Az a pulcsi túl drága.
²dear [dɪə] <fn> [C] kedves; drága: *my dear* kedvesem
³dear [dɪə] <isz> jaj: *Oh dear!* Ó jaj! * *My dear!* Te jó Isten!
dearly ['dɪəlɪ] <hsz> **1.** nagyon; erősen: *I'd dearly like to go.* Nagyon szeretnék elmenni. **2.** drá-

gán; keményen: *pay dearly (for sg)* keményen megfizet (vmiért)

death [deθ] <fn> [C, U] halál; haláleset: *till death* életfogytiglan/mindhalálig ∗ *notify death* halálesetet bejelent ∗ *cause of death* a halál oka
♦ **be the death of sy** sírba visz vkit ♦ **old on like grim death** kétségbeesetten tart ♦ **catch your death of cold** szörnyen megfogsz fázni ♦ **be in at the death** a kritikus pillanatban jelen van ♦ **put sy to death** megöl vkit

¹**deathly** ['deθli] <mn> halálos: *deathly hush* halálos csend

²**deathly** ['deθli] <hsz> halálosan: *deathly pale* halálosan sápadt

death penalty ['deθ‚penlti] <fn> [sing] halálbüntetés

death toll ['deθ təʊl] <fn> [C] halálos áldozatok száma

death trap ['deθ træp] <fn> [C] életveszélyes hely; veszélyes útkereszteződés

debatable [dɪ'beɪtəbl] <mn> vitatható

¹**debate** [dɪ'beɪt] <fn> [C, U] vita; tanácskozás: *heated debate* heves vita

²**debate** [dɪ'beɪt] <ige> vitatkozik; megvitat; megtárgyal

¹**debit** ['debɪt] <fn> [C, U] tartozás; terhelés; kifizetés: *debit account* adósszámla ∗ *debit note* terhelési értesítés ∗ *pass to sy's debit* terhére ír vkinek

²**debit** ['debɪt] <ige> bankszámláról kifizet; *(számlát)* megterhel

debit card ['debɪt kɑːd] <fn> [C] bankkártya

debris ['debriː, 'deɪbriː] <fn> [U] törmelék(ek); rom(ok); roncs(ok)

debt [det] <fn> [C, U] adósság; tartozás: *bad debts* behajthatatlan követelések ∗ *be in debt* el van adósodva ∗ *get into debt* eladósodik ∗ *meet one's debts* adósságát kiegyenlíti ∗ *owe sy a debt of gratitude* hálával tartozik vkinek

debt collector ['det kə‚lektə] <fn> [C] gazd adósságbehajtó

debtor ['detə] <fn> [C] adós

debut ['deɪbjuː] <fn> [C] debütálás; első fellépés; bemutatkozás: *make one's debut* bemutatkozik

Dec. [= December] dec. (= december)

decade ['dekeɪd] <fn> [C] évtized

decaf ['diːkæf] <fn> [C, U] biz koffeinmentes kávé

decaffeinated [‚diː'kæfɪneɪtɪd] <mn> koffeinmentes

decalcify [‚diː'kælsɪfaɪ] <ige> (decalcifies, decalcifying, decalcified) mésztelenít; eltávolítja a vízkövet

decamp [dɪ'kæmp] <ige> szedi a sátorfáját; meglóg

decathlete [dɪ'kæθliːtə] <fn> [C] tízpróbázó

decathlon [dɪ'kæθlɒn] <fn> [C] tízpróba

¹**decay** [dɪ'keɪ] <fn> [U] **1.** hanyatlás; pusztulás: *fall into decay* romba dől **2.** rothadás; szuvasodás; korhadás

²**decay** [dɪ'keɪ] <ige> **1.** hanyatlik; pusztul **2.** rothad; szuvasodik; korhad: *decayed tooth* szuvas/romlott fog

decease [dɪ'siːs] <ige> meghal

deceased [dɪ'siːst] <fn> [sing] **the deceased** az elhunyt (személy)

deceit [dɪ'siːt] <fn> [U] csalás; félrevezetés; megtévesztés

deceitful [dɪ'siːtfl] <mn> csaló; álnok; megtévesztő; fondorlatos

deceive [dɪ'siːv] <ige> **1.** becsap; rászed; megtéveszt; ámít: *deceive sy's hopes* csalódást okoz ∗ *deceive oneself* becsapja/ámítja magát **2.** *(házastárst)* megcsal

December [dɪ'sembə] <fn> [C, U] röv **Dec.** december

decency ['diːsnsi] <fn> [U] tisztesség(tudás); illem; becsületesség: *for decency's sake* a tisztesség kedvéért

decent ['diːsnt] <mn> **1.** megfelelő; tisztességes; rendes: *decent job* rendes munka **2.** tisztességes; rendes: *It was decent of you.* Rendes dolog volt tőled. **3.** illő; illendő

deception [dɪ'sepʃn] <fn> [C, U] csalás; megtévesztés; félrevezetés

deceptive [dɪ'septɪv] <mn> megtévesztő; félrevezető; csalóka

decide [dɪ'saɪd] <ige> **1.** (el)dönt; elhatároz: *The matter is decided.* Eldöntött dolog. ∗ *I can't decide.* Nem tudok dönteni./Nem tudom magam elhatározni. ∗ *He decided to leave.* Elhatározta, hogy elmegy. **2.** *(eredményt)* eldönt; meghatároz **3.** meggyőz; rávesz: *You have decided me.* Meggyőztél.

decide on/upon sg határoz; dönt vmiről

decided [dɪ'saɪdɪd] <mn> **1.** határozott; kifejezett; egyértelmű; szemmel látható: *a decided refusal* kifejezett elutasítás **2.** *(személy)* határozott; elszánt: *decided manner* határozott fellépés

¹**decimal** ['desɪml] <mn> tízes; tízes alapú; decimális: *decimal system* tízes számrendszer ∗ *accurate to two decimal places* két tizedesjegy pontosságú

²**decimal** ['desɪml] <fn> [C] tizedes tört

decimal fraction [‚desɪml'frækʃn] <fn> [C] tizedes tört

decimal point [ˌdesəmlˈpɔɪnt] <fn> [C] tizedesjel; tizedesvessző

decipher [dɪˈsaɪfə] <ige> **1.** kibetűz; el tud olvasni **2.** *(képírást, kódot)* megfejt

decision [dɪˈsɪʒn] <fn> **1.** [C, U] döntés; elhatározás; határozat: *make a decision about sg* döntést hoz vmiről ∗ *come to a decision* határoz **2.** [U] döntési képesség

decisive [dɪˈsaɪsɪv] <mn> **1.** döntő: *the decisive battle* a döntő csata **2.** *(magatartás)* határozott; szilárd

deck [dek] <fn> [C] **1.** *(hajón)* fedélzet: *upper deck* felső fedélzet ∗ *on deck* a fedélzeten/fedélzetre **2.** *(járművön)* utastér; *(emeletes járművön)* szint; emelet **3.** AmE kártyacsomag: *deck of cards* egy pakli kártya
♦ **clear the decks (for sg)** nekikészül (vminek)

deckchair [ˈdektʃeə] <fn> [C] nyugágy

declaration [ˌdekləˈreɪʃn] <fn> **1.** [C, U] nyilatkozat; kimondás; hivatalos bejelentés: *the Declaration of Independence* Függetlenségi nyilatkozat **2.** [C] bevallás; nyilatkozat: *tax declaration* adóbevallás ∗ *declaration of income* jövedelemadó-bevallás

declare [dɪˈkleə] <ige> **1.** bejelent; kijelent: *declare war on sy* hadat üzen vkinek **2.** nyilatkozik; bevall: *Have you got anything to declare?* Van valami elvámolnivalója?

¹decline [dɪˈklaɪn] <ige> **1.** hanyatlik; gyengül **2.** udvariasan elhárít; visszautasít **3.** *(főnevet)* ragoz

²decline [dɪˈklaɪn] <fn> [C, U] hanyatlás; gyengülés; romlás: *be in decline//be on the decline* hanyatlóban van; hanyatlásnak indul ∗ *decline in health* az egészség romlása

decode [ˌdiːˈkəʊd] <ige> el, infor *(rejtjelet, kódot)* dekódol; megfejt

decoder [ˌdiːˈkəʊdə] <fn> [C] el dekóder

decompose [ˌdiːkəmˈpəʊz] <ige> **1.** elemeire bont; felbont **2.** szétmállik; elrohad

decomposition [ˌdiːkɒmpəˈzɪʃn] <fn> [U] felbomlás; rothadás; oszlás

decontaminate [ˌdiːkənˈtæmɪneɪt] <ige> fertőtlenít; sugármentesít

decontamination [ˌdiːkəntæmɪˈneɪʃn] <fn> [U] fertőtlenítés; sugármentesítés

decorate [ˈdekəreɪt] <ige> **1.** kifest; tapétáz: *decorate the walls green* zöld színűre festi a falakat **2.** díszít: *decorate the Xmas tree with glass balls* üveggömbökkel díszíti fel a karácsonyfát

decoration [ˌdekəˈreɪʃn] <fn> **1.** [C, U] dekoráció; díszítés **2.** [U] festés; tapétázás; felújítás **3.** [C] kitüntetés; érdemrend

decorator [ˈdekəreɪtə] <fn> [C] szobafestő; tapétázó

¹decrease [dɪˈkriːs] <ige> **1.** csökken; fogy: *Imports are decreasing.* Csökkenőben van a behozatal. **2.** csökkent

²decrease [ˈdiːkriːs] <fn> [C, U] **1.** csökkenés; fogyás **2.** csökkentés

¹decree [dɪˈkriː] <fn> [C] rendelet; végzés; határozat

²decree [dɪˈkriː] <ige> (decreed, decreed) elrendel; megparancsol

decrepit [dɪˈkrepɪt] <mn> elvénült; rozoga; omladozó; düledező

dedicate [ˈdedɪkeɪt] <ige> **1.** szentel; áldoz **(sg to sy/sg** vmit vkinek/vminek): *dedicate one's life to sy/sg* vkinek/vminek szenteli az életét **2.** ajánl; dedikál **(sg to sy** vmit vkinek)

dedicated [ˈdedɪkeɪtɪd] <mn> odaadó; elkötelezett

dedication [ˌdedɪˈkeɪʃn] <fn> **1.** [U] elkötelezettség **2.** [C] *(könyvben)* ajánlás; dedikálás

deduce [dɪˈdjuːs] <ige> **1.** levezet; visszavezet; leszármaztat **2.** következtet: *deduce sg from a fact* egy tényből vmire következtet

deduct [dɪˈdʌkt] <ige> kivon; levon; leszámít

deduction [dɪˈdʌkʃn] <fn> [C, U] **1.** dedukció; következtetés: *make deductions from the facts* a tényekből következtet **2.** levonás: *deduction of tax* adólevonás

deed [diːd] <fn> [C] **1.** tett; cselekedet: *a brave deed* bátor cselekedet **2.** hivatalos okirat; okmány

¹deep [diːp] <mn> **1.** mély: *deep water* mély víz **2.** *(szín, hang)* sötét; mély: *deep brown* sötétbarna ∗ *a deep voice* mély hang **3.** *(érzelem)* mély(séges): *deep love* mélységes szerelem **4.** alapos: *deep understanding* alapos ismeret **5.** komoly; súlyos: *be in deep trouble* súlyos gondjai vannak
♦ **deep in thought** belemerülve a gondolataiba ♦ **take a deep breath** mély lélegzetet vesz ♦ **go off at the deep end** elveszti a türelmét ♦ **in deep water** nehézségek között

²deep [diːp] <fn> [sing] **the deep 1.** óceán; tenger **2.** vminek a közepe/mélye: *in the deep of the night* az éjszaka közepén

³deep [diːp] <hsz> mélyen: *breathe deep* mélyen lélegzik
♦ **deep down** a lelke mélyén

deepen [ˈdiːpən] <ige> **1.** mélyül **2.** mélyít

deep freeze [ˌdiːpˈfriːz] <fn> [C] mélyhűtő; fagyasztó

deep-frier [ˌdiːpˈfraɪə] <fn> [C] olajsütő

deep-fry [ˌdiːpˈfraɪ] <ige> bő zsírban (meg)süt

deeply [ˈdiːpli] <hsz> **1.** mélyen: *sigh deeply* nagyot sóhajt **2.** mély(séges)en: *deeply offended* mélységesen megsértett

deep-rooted [ˌdiːpˈruːtɪd] <mn> *(előítélet)* mélyen gyökerező; *(érzelem)* mélyről jövő
deer [dɪə] <fn> [C] (deer) őz; szarvas
deface [dɪˈfeɪs] <ige> elcsúfít; megrongál
¹default [dɪˈfɔːlt] <fn> **1.** [C, U] mulasztás; nem teljesítés: *default in paying* fizetés nem teljesítése ∗ *by default* vmi mulasztása miatt **2.** [sing] infor alapértelmezés
²default [dɪˈfɔːlt] <ige> **1.** elmulaszt; mulasztást követ el; nem tesz eleget vminek **2.** infor alapértelmezés szerint működik
¹defeat [dɪˈfiːt] <ige> **1.** legyőz; megver **2.** *(tervet)* meghiúsít
²defeat [dɪˈfiːt] <fn> [C, U] vereség; kudarc: *suffer a defeat* vereséget szenved
¹defect [ˈdiːfekt] <fn> [C] fogyatékosság; hiányosság; hiba: *physical defect* testi hiba ∗ *free from defects* hibátlan

> Vigyázat, álbarátok!
> **defect** ≠ defekt (= BrE puncture; AmE flat)

²defect [dɪˈfekt] <ige> **1.** elszakad; elfordul vkitől; elhagy vkit **2.** disszidál
defence [dɪˈfens] <fn> **1.** [U] védelem: *fight in defence of one's country* hazája védelmében harcol **2.** [C] védekezés (**against sg** vmi ellen); védekezőképesség **3.** [U] honvédelem: *Ministry of Defence* Honvédelmi Minisztérium **4.** [C] jog *(bíróságon)* védelem: *set up a defence* védelmet előkészít **5. the defence** [sing + sing/pl v] jog a védelem: *The defence claim/claims that the man was lying.* A védelem azt állítja, hogy a férfi hazudott. **6. the defence** [sing] sp védelem
defend [dɪˈfend] <ige> **1.** (meg)véd; oltalmaz (**against/from sy/sg** vkitől/vmitől) **2.** jog *(bíróságon)* véd: *defend sy in court* véd vkit a bíróságon **3.** megvéd: *defend one's title* megvédi a címét **4.** érvet felhoz; megvéd **5.** sp védekezik
defendant [dɪˈfendənt] <fn> [C] alperes; vádlott
defender [dɪˈfendə] <fn> [C] **1.** védő **2.** védő (játékos)
defense [dɪˈfens] AmE → **defence**
¹defensive [dɪˈfensɪv] <mn> védekező; defenzív
²defensive [dɪˈfensɪv] <fn>
  ♦ **be on the defensive** védekező állásban van
defiance [dɪˈfaɪəns] <fn> [U] dac; ellenszegülés
defiant [dɪˈfaɪənt] <mn> ellenszegülő
deficiency [dɪˈfɪʃnsi] <fn> [C, U] hiány(osság); fogyatékosság; elégtelenség (**in/of sg** vmiben)

deficient [dɪˈfɪʃnt] <mn> hiányos; hibás; elégtelen; fogyatékos
deficit [ˈdefəsɪt] <fn> [C] hiány; deficit
define [dɪˈfaɪn] <ige> **1.** meghatároz; értelmez; definiál **2.** meghatároz; behatárol
definite [ˈdefənət] <mn> határozott; egyértelmű: *a definite answer* egyértelmű válasz
definite article [ˌdefənətˈɑːtɪkl] <fn> [C] határozott névelő
definitely [ˈdefənətli] <hsz> **1.** határozottan; kétségtelenül; feltétlenül; minden bizonynyal **2.** Persze!; Hogyne!
definition [ˌdefəˈnɪʃn] <fn> [C, U] meghatározás; definíció; *(szótári)* értelmezés
definitive [dɪˈfɪnətɪv] <mn> végleges; tökéletes; döntő: *definitive proof* döntő bizonyíték ∗ *definitive edition* végleges kiadás
deflate [ˌdiːˈfleɪt] <ige> **1.** *(léggömböt)* leereszt **2.** *(levegőt)* kienged; kireszt **3.** elbátortalanít; *(lelkesedést)* lelohaszt
deforestation [ˌdiːfɒrɪˈsteɪʃn] <fn> [U] erdőirtás
deform [dɪˈfɔːm] <ige> deformál; eltorzít
deformed [dɪˈfɔːmd] <mn> torz
deformity [dɪˈfɔːməti] <fn> [C, U] (deformities) formátlanság; torzulás; alakbeli rendellenesség; testi fogyatékosság
defraud [dɪˈfrɔːd] <ige> *(pénzt)* (el)sikkaszt; kicsal: *defraud sy of millions* milliókat sikkaszt vkitől
defrost [ˌdiːˈfrɒst] <ige> **1.** *(mélyhűtött élelmiszert)* kiolvaszt: *defrost the chicken* kiolvasztja a csirkét **2.** *(mélyhűtött élelmiszer)* kiolvad **3.** leolvaszt; jégtelenít: *defrost a fridge* leolvasztja a hűtőgépet
deft [deft] <mn> fürge; ügyes; gyors
defuse [ˌdiːˈfjuːz] <ige> **1.** *(bombát)* hatástalanít **2.** enyhít: *defuse the crisis* enyhíti a válságot
defy [dɪˈfaɪ] <ige> (defying, defies, defied) **1.** kihív; szembeszáll; dacol **2.** felülmúl: *defy description* minden képzeletet felülmúl
degrade [dɪˈɡreɪd] <ige> **1.** megaláz; lealacsonyít **2.** elront; leront; elcsúfít: *be degraded in quality* minőségileg romlik **3.** szétmállik; elporlad; lebomlik
degree [dɪˈɡriː] <fn> **1.** [C] (hő)fok: *The temperature is only 15 degrees (Celsius).* Csak 15 fok (15 °C) van. **2.** [C] *(geometriai)* fok: *angle of 60 degrees (60°)* 60 fokos szög **3.** [C] *(tudományos)* fokozat; diploma: *have a degree in history* történelemből van diplomája **4.** [C, U] mérték; fok: *to a certain degree* bizonyos fokig/mértékig ∗ *by degrees* fokozatosan; lassacskán
dehydrate [ˌdiːˈhaɪdreɪt] <ige> **1.** kiszárad: *Runners can dehydrate very quickly.* A futók gyorsan

kiszáradhatnak. **2.** víztelenít; dehidrál; (ki-)szárít; aszal: *dehydrated (élelmiszer)* szárítással tartósított; szárított; aszalt ∗ *dehydrate plums* szilvát aszal

de-ice [ˌdiːˈaɪs] <ige> jégtelenít

deign [deɪn] <ige> méltóztat; hajlandó; kegyeskedik (**to do sg** vmit megtenni)

deity [ˈdeɪəti] <fn> [C] (deities) isten(nő); istenség

dejected [dɪˈdʒektɪd] <mn> lehangolt; csüggedt; szomorú

¹delay [dɪˈleɪ] <fn> [C, U] késés; késedelem: *without delay* késedelem nélkül; azonnal

²delay [dɪˈleɪ] <ige> **1.** késleltet: *be delayed by fog (repülőgép)* köd miatt késik ∗ *I was delayed because of the accident.* A baleset miatt késtem. **2.** elhalaszt: *They had to delay their journey.* El kellett halasztaniuk az utazást.

¹delegate [ˈdelɪɡət] <fn> [C] küldött; képviselő; delegátus

²delegate [ˈdelɪɡeɪt] <ige> **1.** kiküld; megbíz; meghatalmaz **2.** átruház: *delegate powers* hatáskört átruház

delegation [ˌdelɪˈɡeɪʃn] <fn> **1.** [C + sing/pl v] küldöttség; delegáció **2.** [U] megbízás; átruházás; felhatalmazás

delete [dɪˈliːt] <ige> töröl; kihúz (**from sg** vhonnan)

deletion [dɪˈliːʃn] <fn> [C, U] törlés; kihúzás

deli [ˈdeli] <fn> [C] biz csemegeüzlet

¹deliberate [dɪˈlɪbərət] <mn> **1.** szándékos; (előre) megfontolt: *deliberate attack* előkészített támadás **2.** megfontolt; körültekintő; előrelátó: *deliberate voice* megfontolt hang

²deliberate [dɪˈlɪbəreɪt] <ige> tanakodik; fontolgat; meggondol: *deliberate on a question* fontolgat egy kérdést

delicacy [ˈdelɪkəsi] <fn> (delicacies) **1.** [U] gyengeség; törékenység **2.** [U] finomság; tapintat; gyengédség **3.** [C] finomság; csemege

delicate [ˈdelɪkət] <mn> **1.** finom; érzékeny: *delicate skin* érzékeny bőr **2.** beteges; gyenge; érzékeny: *a delicate child* beteges gyerek **3.** *(szín)* halvány; finom: *The skirt has delicate colours.* A szoknyának finom színei vannak. **4.** törékeny: *Those glasses are very delicate.* Azok a poharak nagyon törékenyek.

delicatessen [ˌdelɪkəˈtesn] <fn> [C] csemegeüzlet; csemegebolt

delicious [dɪˈlɪʃəs] <mn> pompás; remek; ízletes; isteni

¹delight [dɪˈlaɪt] <ige> örömöt szerez (**sy** vkinek); gyönyörködtet; elragadtat: *be delighted at sg* el van ragadtatva vmitől ∗ *I was delighted to hear.* Örömmel hallottam.

delight in sg élvezetet talál vmiben; örömét leli vmiben: *delight in doing sg* örömmel csinál vmit

²delight [dɪˈlaɪt] <fn> [C, U] öröm; élvezet; boldogság: *with delight* boldogan ∗ *It is a delight to read.* Élvezet olvasni.

delightful [dɪˈlaɪtfl] <mn> elragadó; elbűvölő; pompás

¹delinquent [dɪˈlɪŋkwənt] <fn> [C] bűnöző; vétkes; tettes

²delinquent [dɪˈlɪŋkwənt] <mn> bűnös; vétkes

deliver [dɪˈlɪvə] <ige> **1.** kézbesít; (ki)szállít: *deliver a message* üzenetet átad ∗ *The postman delivered a letter.* A postás egy levelet kézbesített. **2.** szülést levezet: *deliver sy's/a/the baby* segít világra hozni a kisbabát ∗ *The baby was delivered by caesarean section.* A baba császárral született. **3.** szül: *She delivered a boy.//She was delivered of a boy.* Fia született. **4.** *(előadást)* ad; tart: *deliver a speech* beszédet mond **5.** teljesít (**on sg** vmit) **6.** megszabadít (**sy from sg** vkit vmitől): *deliver sy from suffering* megszabadít vkit a szenvedésektől

delivery [dɪˈlɪvəri] <fn> (deliveries) **1.** [C, U] kézbesítés: *pay for goods on delivery* szállításkor fizet az áruért **2.** [C] szállítmány **3.** [C] szülés: *an easy delivery* könnyű szülés

delta [ˈdeltə] <fn> [C] torkolatvidék; delta: *the delta of the Nile* a Nílus deltája

delude [dɪˈluːd] <ige> félrevezet; ámít; becsap: *delude oneself with false hopes* hiú reményekkel áltatja magát

deluge [ˈdeljuːdʒ] <fn> [C] **1.** özönvíz; felhőszakadás; áradat: *a deluge of words* szóáradat

delusion [dɪˈluːʒn] <fn> [C, U] **1.** káprázat; tévhit: *labour under a delusion* tévhitben él **2.** félrevezetés; megtévesztés; csalás

deluxe [dəˈlʌks] <mn> osztályon felüli; luxus (minőségű/kivitelű)

delve [delv] <ige> turkál; kotorászik; kutat: *She delved into her pocket to find the keys.* A zsebében kotorászott, hogy megtalálja a kulcsokat.

delve into sg kutat vmi után; vminek a mélyére hatol: *delve into sy's past* kutatja vki múltját

¹demand [dɪˈmɑːnd] <ige> **1.** kér; követel (**sg of sy** vmit vkitől) **2.** igényel; megkövetel: *It demands skill.* Ügyességet igényel.

²demand [dɪˈmɑːnd] <fn> **1.** [C] kérés; követelés: *demand for more money* több pénzre vonatkozó követelés **2.** [U] kereslet; igény (**for sg** vmire): *supply and demand* kereslet-kínálat ∗ *be in great demand* nagyon kapós **3. demands** [pl] követelmények; igények: *make great demands on sy/sg* erősen igénybe vesz vkit/vmit

demanding [dɪˈmɑːndɪŋ] <mn> **1.** igényes; sokat követelő **2.** megerőltető; igénybe vevő

demo [ˈdeməʊ] <fn> [C] (demos) **1.** demonstráció; tüntetés **2.** demó(kazetta); *(szoftver, szalag)* bemutatóanyag/-program

democracy [dɪˈmɒkrəsi] <fn> [C, U] (democracies) demokrácia

democrat [ˈdeməkræt] <fn> [C] (democrats) **1.** demokrata **2. Democrat** AmE a Demokrata Párt tagja

democratic [ˌdeməˈkrætɪk] <mn> **1.** demokratikus: *a democratic country* demokratikus ország **2. Democratic** AmE Demokrata: *the Democratic Party* a Demokrata Párt

democratically [ˌdeməˈkrætɪkli] <hsz> demokratikusan: *democratically elected* demokratikusan választott

demographic [ˌdeməˈgræfɪk] <mn> demográfiai

demography [dɪˈmɒgrəfi] <fn> [U] demográfia

demolish [dɪˈmɒlɪʃ] <ige> lerombol; ledönt; elpusztít; tönkretesz

demolition [ˌdeməˈlɪʃn] <fn> [C, U] lerombolás; lebontás: *demolition work* bontási munka

demonstrate [ˈdemənstreɪt] <ige> **1.** szemléltet; bemutat **2.** tüntet (**against sy/sg** vki/vmi ellen): *demonstrate against the government* tüntet a kormány ellen

demonstration [ˌdemənˈstreɪʃn] <fn> **1.** [C] tüntetés; demonstráció (**against sy/sg** vki/vmi ellen): *a demonstration against the war* háborúellenes tüntetés **2.** [C, U] szemléltetés; bemutatás: *give sy a brief demonstration of sg* rövid bemutatót tart vkinek vmiről

demonstrator [ˈdemənstreɪtə] <fn> [C] tüntető

demoralise [dɪˈmɒrəlaɪz] BrE → **demoralize**

demoralize [dɪˈmɒrəlaɪz] <ige> elbátortalanít; lehangol; elcsüggeszt; züllesztet

demure [dɪˈmjʊə] <mn> illedelmes

den [den] <fn> [C] **1.** *(állaté)* barlang; odú **2.** dolgozószoba; odú

denial [dɪˈnaɪəl] <fn> **1.** [C, U] cáfolat; visszautasítás; megtagadás: *a flat denial* egyenes visszautasítás **2.** [U] *(igazságé)* tagadás; el nem ismerés

Denmark [ˈdenmɑːk] <fn> Dánia

denomination [dɪˌnɒmɪˈneɪʃn] <fn> [C] vall felekezet

denounce [dɪˈnaʊns] <ige> **1.** elítél(őeń nyilatkozik); megbélyegez **2.** feljelent; besúg

dense [dens] <mn> **1.** sűrű; tömör: *dense fog* sűrű köd **2.** biz lassú felfogású; buta

density [ˈdensəti] <fn> [U] **1.** sűrűség **2.** fajsúly

¹dent [dent] <fn> [C] (be)horpadás; (be)mélyedés; benyomódás

²dent [dent] <ige> behorpaszt

dental [ˈdentl] <mn> **1.** fogorvosi; fogászati: *dental floss* fogselyem ∗ *dental mechanic* fogtechnikus ∗ *dental surgeon* szájsebész ∗ *dental treatment* fogkezelés **2.** nyelvt dentális: *dental consonant* dentális mássalhangzó

dentist [ˈdentɪst] <fn> **1.** [C] fogorvos: *go to the dentist* elmegy a fogorvoshoz **2. the dentist's** [sing] fogorvosi rendelő; fogászat

dentures [ˈdentʃəz] <fn> [pl] műfogsor

denunciation [dɪˌnʌnsiˈeɪʃn] <fn> [C, U] **1.** elítélés; megbélyegzés **2.** feljelentés; besúgás

deny [dɪˈnaɪ] <ige> (denies, denying, denied) **1.** visszautasít; tagad; cáfol: *He denied that he had stolen the bike.* Tagadta, hogy ő lopta el a biciklit. **2.** megtagad (**sy sg** vkitől vmit)

deodorant [diˈəʊdərənt] <fn> [C, U] dezodor

depart [dɪˈpɑːt] <ige> (el)indul; elmegy; eltávozik: *The train departs from platform 5.* A vonat az 5. vágányról indul.

department [dɪˈpɑːtmənt] <fn> [C + sing/pl v] **1.** tanszék: *the History Department* történettudományi tanszék **2.** rész; részleg; osztály: *the food department* élelmiszerosztály **3.** minisztérium: *Department of Education* Oktatási Minisztérium

departure [dɪˈpɑːtʃə] <fn> [C, U] **1.** (el)indulás: *departures* (kiírás pályaudvaron, repülőtéren) indulás ∗ *departure platform* indulási peron **2.** búcsú: *take one' departure* búcsút vesz **3.** elhajlás; eltérés (**from sg** vmitől): *departure from the truth* az igazság kiforgatása **4.** halál; elhalálozás

depend [dɪˈpend] <ige> függ; múlik: *That depends!/It all depends!* Ez attól függ!

---

depend on sy/sg 1. számít vkire/vmire; bízik vkiben/vmiben: *You can depend on me.* Számíthatsz rám. **2.** támaszkodik vkire/vmire: *Children depend on their parents.* A gyerekeket a szülők tartják el. **3.** függ vkitől/vmitől: *My future depends on this exam.* A jövőm ettől a vizsgától függ.

---

dependable [dɪˈpendəbl] <mn> megbízható

dependant [dɪˈpendənt] <fn> [C] **1.** *(személy)* alattvaló; alárendelt **2.** eltartott

dependence [dɪˈpendəns] <fn> [U] **1.** függőség (**on sy/sg** vkitől/vmitől): *drug dependence* kábítószer-függőség **2.** bizalom (**on sy/sg** vkiben/vmiben): *place dependence on sy* bízik vkiben

dependent [dɪˈpendənt] <mn> **1.** függő: *be dependent on sy/sg* függ vkitől/vmitől **2.** ellátatlan; eltartott: *be dependent on sy/sg* rá van utalva vkire/vmire

depict [dɪˈpɪkt] <ige> lefest; leír; ábrázol

deplorable [dɪˈplɔːrəbl] <ige> szánalomra méltó; siralmas

deplore [dɪˈplɔː] <ige> **1.** sajnál; szán: *deplore one's fate* sajnálkozik sorsa felett **2.** helytelenít; rosszall

deploy [dɪˈplɔɪ] <ige> **1.** harckészültségbe állít; bevet **2.** hasznosít

deport [dɪˈpɔːt] <ige> deportál; kényszerkitelepít

deportation [ˌdiːpɔːˈteɪʃn] <fn> [C, U] deportálás; kitoloncolás; elhurcolás

¹deposit [dɪˈpɒzɪt] <fn> [C] **1.** foglaló; előleg: *pay a deposit on sg* előleget fizet vmire **2.** *(bankban)* betét: *make a deposit (at a bank)* (bank)betétet elhelyez **3.** lerakódás; üledék: *river deposits* folyami lerakódás; hordalék

²deposit [dɪˈpɒzɪt] <ige> **1.** *(bankba)* betesz: *Our money is deposited in the bank.* A pénzünket betettük a bankba. **2.** *(üledéket, homokot)* lerak: *be deposited* lerakódik **3.** letesz; lerak: *She deposited her bag on the chair.* Táskáját lerakta a székre.

deposit account [dɪˈpɒzɪt əkaʊnt] <fn> [C] betétszámla; folyószámla

depot [depəʊ] <fn> [C] **1.** raktár; lerakat; telephely; depó **2.** száll elosztó pályaudvar

depreciate [dɪˈpriːʃieɪt] <ige> **1.** *(pénzt)* leértékel; devalvál **2.** lebecsül; lealacsonyít; becsmérel; leszól **3.** elértéktelenedik; devalválódik

depreciation [dɪˌpriːʃiˈeɪʃn] <fn> [C, U] **1.** értékcsökkenés; devalváció **2.** lebecsülés; becsmérlés

depress [dɪˈpres] <ige> **1.** elcsüggeszt; elkedvetlenít **2.** *(árat, színvonalat)* csökkent; *(kereskedelemben)* pangást idéz elő **3.** *(pedált, billentyűt)* lenyom

depressed [dɪˈprest] <mn> **1.** lehangolt; levert; szomorú; depressziós: *become depressed* kedvét veszti; depresszióssá válik **2.** *(kereskedelem, ipar)* lanyha; pangó: *an economically depressed area* gazdaságilag elmaradott terület

depressing [dɪˈpresɪŋ] <mn> lehangoló; nyomasztó

depression [dɪˈpreʃn] <fn> **1.** [U] lehangoltság; depresszió: *post-natal depression* szülés utáni depresszió **2.** [C, U] *(üzleti)* pangás; válság **3.** [C] mélyedés; horpadás **4.** [C] alacsony légnyomás(ú légtömegek)

deprivation [ˌdeprɪˈveɪʃn] <fn> [U] **1.** megvonás; megfosztás **2.** nélkülözés

deprive [dɪˈpraɪv] <ige> elvon; megfoszt (**sy/sg of sg** vkit/vmit vmitől): *be deprived of sg* megfosztják vmitől; elvonnak tőle vmit

depth [depθ] <fn> **1.** [C, U] átv is mélység: *the depth of one's knowledge* tudása mélysége ∗ *The hole is 3 cm in depth.* A lyuk 3 cm mély. **2.** [C, U] *(vízé)* magasság; *(falé)* vastagság **3.** **the depths** [pl] feneketlen mélység/szakadék: *the depths of the ocean* az óceán legmélye

♦ **in depth** alaposan; tüzetesen ♦ **be out of one's depth** túl nagy fába vágta a fejszéjét

deputy [ˈdepjʊti] <fn> [C] (deputies) helyettes; megbízott

derange [dɪˈreɪndʒ] <ige> **1.** rendetlenséget csinál; *(iratokat)* széthány **2.** *(működést)* megzavar; kihoz a rendes kerékvágásból: *derange one's plans* felborítja vki terveit **3.** őrületbe kerget: *be deranged* megháborodott

derby [ˈdɑːbi] <fn> [C] (derbies) **1.** BrE verseny; helyi rangadó **2. Derby** BrE *(lóverseny)* az epsomi derbi **3.** AmE keménykalap

derelict [ˈderəlɪkt] <mn> **1.** elhanyagolt; gazdátlan **2.** AmE hanyag; kötelességmulasztó

deride [dɪˈraɪd] <ige> kigúnyol; kinevet

derision [dɪˈrɪʒn] <fn> [U] **1.** kigúnyolás; kicsúfolás **2.** gúny tárgya

derisive [dɪˈraɪsɪv] <mn> gúnyos

derivation [ˌderɪˈveɪʃn] <fn> [C, U] **1.** származás; eredet **2.** nyelvt származék(szó) **3.** (le)származtatás; levezetés (**from sg** vmiből)

¹derivative [dɪˈrɪvətɪv] <mn> **1.** leszármaztatott **2.** nyelvt származék(szó); *(szó)* képzett **3.** *(vegyület)* derivát(um) **4.** nem eredeti; önállótlan

²derivative [dɪˈrɪvətɪv] <fn> [C] **1.** származék(-szó); képzett szó **2.** *(vegyi)* származék; melléktermék **3.** mat differenciálhányados; *(függvényé)* derivált

derive [dɪˈraɪv] <ige> **1.** származik; ered (**from sg** vmiből): *be derived from sg* vmiből származik; ered **2.** származtat; nyer (**from sg** vmiből)

dermatologist [ˌdɜːməˈtɒlədʒɪst] <fn> [C] bőrgyógyász

derogation [ˌderəˈgeɪʃn] <fn> [U] **1.** csökkentés; *(jogé)* megcsorbítás **2.** becsmérlés

derogatory [dɪˈrɒgətəri] <mn> lekicsinylő; lealacsonyító; elítélő

descend [dɪˈsend] <ige> **1.** lemegy: *descend the stairs* lemegy a lépcsőn **2.** leereszkedik; leszáll: *The plane started to descend.* A repülő elkezdett leereszkedni. **3.** leszármazik (**from sy** vkitől); *(örökségként)* száll (**on sy** vkire)

descend on sy megrohan vkit

descendant [dɪ'sendənt] <fn> [C] leszármazott; utód
descent [dɪ'sent] <fn> [C, U] **1.** leszállás; leereszkedés: *The plane began its descent.* A repülő elkezdte a leszállást. **2.** (le)származás
describe [dɪ'skraɪb] <ige> leír; ecsetel
description [dɪ'skrɪpʃn] <fn> **1.** [C, U] leírás: *a detailed description* részletes leírás **2.** [C] fajta; féle: *of the worst description* a legrosszabb fajtájú
descriptive [dɪ'skrɪptɪv] <mn> leíró: *descriptive grammar* leíró nyelvtan
¹**desert** ['dezət] <fn> [C, U] sivatag; pusztaság
²**desert** ['dezət] <mn> **1.** *(vidék)* lakatlan; puszta: *desert island* lakatlan sziget **2.** *(állat, növény)* sivatagi
³**desert** [dɪ'zɜːt] <ige> **1.** elhagy; otthagy: *His friends are deserting him.* Fokozatosan elhagyják a barátai. **2.** dezertál; megszökik: *desert from the army* megszökik a katonaságtól **3.** átpártol; átáll (**to** vhová)
deserted [dɪ'zɜːtɪd] <mn> elhagyott; lakatlan
deserter [dɪ'zɜːtə] <fn> [C] katonaszökevény
desertion [dɪ'zɜːʃn] <fn> [U] szökés; elhagyás; dezertálás
deserve [dɪ'zɜːv] <ige> megérdemel: *deserve attention* figyelemre méltó
¹**design** [dɪ'zaɪn] <ige> **1.** *(épületet)* (meg)tervez; *(gépet)* (meg)szerkeszt **2.** szándékol; tervez; kigondol: *design a room as a study* egyik szobát dolgozószobának jelöli ki
²**design** [dɪ'zaɪn] <fn> **1.** [C] tervrajz; szerkezeti rajz; vázlat: *a design for sg* vminek a tervrajza **2.** [U] tervezés: *design faults* tervezési hibák **3.** [U] (forma)tervezés; kivitelezés: *study design at university* tervezést tanul az egyetemen **4.** [C] *(dísz)* minta: *a floral design* virágos minta **5.** [C, U] terv; szándék: *by design* szándékosan
designer [dɪ'zaɪnə] <fn> [C] (műszaki) tervező; rajzoló
desirable [dɪ'zaɪərəbl] <mn> kívánatos
¹**desire** [dɪ'zaɪə] <fn> [C] óhaj; kívánság; vágy: *have a desire for sg* vágyik vmire * *at sy's desire* vki kívánságára
²**desire** [dɪ'zaɪə] <ige> **1.** óhajt; kíván: *if desired* kívánságra **2.** kér; követel
desk [desk] <fn> [C] **1.** íróasztal; (iskola)pad **2.** kassza; pénztár; pult: *pay at the desk* a pénztárnál fizet * *information desk* információs pult

→ Lásd a Tartalomjegyzékben a Tematikus rajzokat!

desktop ['desktɒp] <fn> [C] **1.** *(számítógép képernyőjén)* asztal **2.** asztali számítógép **3.** íróasztal felülete
desktop computer [ˌdesktɒpkəm'pjuːtə] <fn> [C] asztali számítógép
¹**desolate** ['desələt] <mn> **1.** elhagyatott; sivár; lakatlan **2.** *(ember)* lesújtott; nyomorult; reményvesztett
²**desolate** ['desəleɪt] <ige> **1.** *(országot)* elpusztít; elnéptelenít **2.** lehangol; lesújt
¹**despair** [dɪ'speə] <fn> [U] kétségbeesés: *be in despair* kétségbe van esve * *give way to despair* kétségbeesik
²**despair** [dɪ'speə] <ige> **1.** kétségbeesik: *Don't despair!* Ne ess kétségbe! **2.** reményvesztetten felad (**of sg** vmit)
despatch [dɪ'spætʃ] → **dispatch**
desperate ['despərət] <mn> **1.** reménytelen; kétségbeesett: *a desperate attempt* kétségbeesett próbálkozás **2.** elszánt: *a desperate fellow* mindenre elszánt fickó **3.** sóvárgó: *be desperate for sg* sóvárog vmi után **4.** komoly; borzasztó: *a desperate shortage of food* komoly élelmiszerhiány
desperation [ˌdespə'reɪʃn] <fn> [U] kétségbeesés; elszántság
despicable [dɪ'spɪkəbl] <mn> megvetendő; alávaló
despise [dɪ'spaɪz] <ige> lenéz; lebecsül; megvet: *It is not to be despised.* Nem megvetendő.
despite [dɪ'spaɪt] <elölj> ellenére; dacára: *Despite the rainy weather they enjoyed their journey.* Az esős idő ellenére élvezték az útjukat.
despondent [dɪ'spɒndənt] <mn> csüggedt; levert: *feel despondent* rossz hangulatban van
dessert [dɪ'zɜːt] <fn> [C, U] édesség; desszert: *He has pancakes for dessert.* Édességnek palacsintát eszik.
dessert-spoon [dɪ'zɜːtspuːn] <fn> [C] kiskanál; gyermekkanál
destination [ˌdestɪ'neɪʃn] <fn> [C] célállomás; rendeltetési hely; úti cél
destine ['destɪn] <ige> szán (**for sg** vmire): *He was destined for the church.* Papi pályára szánták. * *They were destined never to meet.* A sors úgy akarta, hogy soha ne találkozzanak.
destiny ['destənɪ] <fn> [C, U] (destinies) sors; végzet; rendeltetés

destitute ['destɪtjuːt] <mn> szűkölködő; nyomorgó

destitution [ˌdestɪ'tjuːʃn] <fn> [U] nyomor; szegénység

destroy [dɪ'strɔɪ] <ige> 1. elpusztít; (le)rombol; romba dönt: *destroy sy's hopes* reményétől megfoszt vkit ∗ *The building was destroyed.* Az épületet lerombolták. 2. elpusztít; megöl: *destroy the germs* elpusztítja a baktériumokat

destruction [dɪ'strʌkʃn] <fn> [U] 1. (le)rombolás; (el)pusztítás; megsemmisítés: *destruction test* töréspróba 2. romlás; pusztulás: *rush to one's own destruction* saját vesztébe rohan

destructive [dɪ'strʌktɪv] <mn> romboló (hatású); destruktív; pusztító; ártalmas (**of/to sg** vmire)

detach [dɪ'tætʃ] <ige> 1. elkülönít; elválaszt; leválaszt (**from sg** vmiről) 2. *(katonai egységet)* kikülönít

detachable [dɪ'tætʃəbl] <mn> levehető; leszerelhető; lecsavarható

detached [dɪ'tætʃt] <mn> 1. különálló; önálló; elkülönített: *detached house* különálló ház 2. *(vélemény, nézet)* tárgyilagos

detachment [dɪ'tætʃmənt] <fn> 1. [U] *(lelki)* függetlenség; pártatlanság 2. [C] különítmény: *a military detachment* katonai különítmény

¹detail ['diːteɪl] <fn> 1. [C, U] részlet; részletezés: *in detail* részletesen ∗ *go into details* részletekbe bocsátkozik 2. [C] *(katonai)* különítmény

²detail ['diːteɪl] <ige> 1. részletez; felsorol 2. *(osztagot)* kirendel

detailed ['diːteɪld] <mn> részletes

detain [dɪ'teɪn] <ige> 1. fogva tart; őrizetbe vesz: *He has been detained by the police.* Őrizetbe vette a rendőrség. 2. akadályoz; feltart; visszatart

detect [dɪ'tekt] <ige> 1. kinyomoz; leleplez 2. észlel; felfedez

detection [dɪ'tekʃn] <fn> [U] 1. kiderítés; leleplezés; kinyomozás 2. (hiba)érzékelés

detective [dɪ'tektɪv] <fn> [C] detektív; nyomozó

détente ['deɪtɒnt ˌdeɪ'tɑːnt] <fn> [U] *(két ország közötti feszültségé)* enyhülés

detention [dɪ'tenʃn] <fn> [C, U] 1. fogva tartás; letartóztatás: *keep in detention* fogva tart 2. visszatartás; feltartóztatás

deter [dɪ'tɜː] <ige> (deterring, deterred) elrettent; megijeszt: *deter sy from doing sg* elrettent vkit vmi megtételétől

detergent [dɪ'tɜːdʒənt] <fn> [C, U] tisztítószer; mosószer

deteriorate [dɪ'tɪərɪəreɪt] <ige> 1. megront 2. (meg)romlik: *Her condition suddenly deteriorated.* Állapota hirtelen megromlott.

deterioration [dɪˌtɪərɪə'reɪʃn] <fn> [C, U] rosszabbodás; (meg)romlás

determination [dɪˌtɜːmɪ'neɪʃn] <fn> [U] 1. meghatározás 2. döntés; elhatározás; szándék

determine [dɪ'tɜːmɪn] <ige> 1. meghatároz; megállapít 2. eldönt; elhatároz: *be determined on sg* elhatározza magát vmire 3. határoz; dönt (**on sg** vmi mellett)

determined [dɪ'tɜːmɪnd] <mn> (el)határozott; elszánt; eltökélt

¹deterrent [dɪ'terənt] <fn> [U] elrettentő példa/dolog/eszköz

²deterrent [dɪ'terənt] <mn> elrettentő

detest [dɪ'test] <ige> utál; megvet

detestable [dɪ'testəbl] <mn> utálatos

detonate ['detəneɪt] <ige> 1. (fel)robban 2. (fel-)robbant

detonation [ˌdetə'neɪʃn] <fn> [C, U] detonáció; robbantás

detour ['diːtʊə] <fn> [C] 1. kerülő (út); kitérés: *make a detour to avoid the traffic* kerülőt tesz, hogy a nagy forgalmat elkerülje 2. AmE terelőút

detract [dɪ'trækt] <ige> levon (**from sg** vmiből); csökkenti az értékét: *That doesn't detract from his merit.* Ez nem von le semmit sem az ő érdeméből.

detriment ['detrɪmənt] <fn> [U] kár; hátrány: *to the detriment of sy/sg* vki/vmi kárára ∗ *without detriment* minden kár nélkül

detrimental [ˌdetrɪ'mentl] <mn> káros; hátrányos: *detrimental effect* káros hatás

deuce [djuːs] <fn> [U] *(teniszben)* negyven mind

devaluation [ˌdiːvæljʊ'eɪʃn] <fn> [U] leértékelés

devalue [ˌdiː'væljuː] <ige> leértékel; alábecsül

devastate ['devəsteɪt] <ige> 1. elpusztít; letarol 2. *(érzelmileg)* feldúl

devastating ['devəsteɪtɪŋ] <mn> 1. *(vihar)* pusztító; megsemmisítő 2. lesújtó: *devastating news* lesújtó hír ∗ *devastating criticism* megsemmisítő kritika 3. ellenállhatatlan: *a devastating beauty* ellenállhatatlan szépség

devastation [ˌdevə'steɪʃn] <fn> [U] 1. pusztítás 2. pusztulás

develop [dɪ'veləp] <ige> 1. *(érveket, gondolatokat)* (ki)fejleszt; kifejt 2. *(természeti kincseket)* kiaknáz; *(felhasználatlan területet)* hasznosít 3. *(betegséget)* megkap: *develop cancer* rákos lesz 4. *(filmet)* előhív 5. (ki)fejlődik; kibontakozik; kialakul: *develop from a child into an adult* gyermekből felnőtté érik 6. mutatkozik; jelentkezik; kialakul: *Trouble is develop-*

ing. Problémák jelentkeznek. **7.** AmE kitudódik

developed [dɪ'veləpt] <mn> fejlett: *developed country* (iparilag) fejlett ország

developing [dɪ'veləpɪŋ] <mn> fejlődő: *developing country* fejlődő ország

development [dɪ'veləpmənt] <fn> **1.** [U] (ki)fejlődés: *the child's development* a gyermek fejlődése **2.** [C, U] (ki)fejlesztés: *the development of new drugs* új gyógyszerek kifejlesztése ∗ *research and development* kutatás-fejlesztés **3.** [U] kifejtés; kidolgozás **4.** [C] fejlemény **5.** [U] *(filmé)* előhívás

deviate ['diːvɪeɪt] <ige> eltér; elhajlik (**from sg** vmitől)

deviation [ˌdiːvɪ'eɪʃən] <fn> [C, U] eltérés; elhajlás (**from sg** vmitől)

device [dɪ'vaɪs] <fn> [C] **1.** készülék; szerkezet: *labour-saving devices* háztartási gépek **2.** eszköz; megoldás **3.** fogás; trükk **4.** terv; elgondolás: *leave sy to his own devices* sorsára hagy vkit

devil ['devl] <fn> [C] **1.** ördög: *The devil take it!* Vigye el az ördög! **2.** rossz szellem; démon **3.** elvetemült ember **4. poor devil** szerencsétlen flótás
 ♦ **talk of the devil** nem kell az ördögöt a falra festeni ♦ **go to the devil** tönkremegy ♦ **give sy the devil** befűt vkinek ♦ **raise the devil (about sg)** nagy balhét csap (vmi miatt) ♦ **between the devil and the deep see** két tűz között ♦ **devil's dozen** tizenhárom ♦ **There'll be the devil to pay.** Ennek nagy ára lesz!

devious ['diːvɪəs] <mn> *(észjárás)* körmönfont; ravasz; csavaros: *by devious ways* mindenféle mesterkedéssel

devise [dɪ'vaɪz] <ige> **1.** kigondol; kieszel; kitalál **2.** *(gépet)* (meg)szerkeszt

devoid [dɪ'vɔɪd] <mn> mentes (**of sg** vmitől): *devoid of hope* reménytelen

devolution [ˌdiːvə'luːʃn] <fn> [U] **1.** *(jogköré)* áthárítás; átruházás **2.** decentralizálás; decentralizáció

devote [dɪ'vəʊt] <ige> szentel; szán (**to sg** vminek/vmire): *He devotes his spare time to his family.* Szabadidejét a családjának szenteli.

devoted [dɪ'vəʊtɪd] <mn> hű; ragaszkodó; odaadó: *She is devoted to her husband.* Hű a férjéhez.

devotion [dɪ'vəʊʃn] <fn> [U] **1.** rajongás; odaadás; hűség (**to sy** vki iránt) **2.** szentelés (**to sg** vminek) **3. devotions** [pl] *(igeolvasás, igehallgatás, imádság)* áhítat

devour [dɪ'vaʊə] <ige> **1.** elnyel; (fel)fal: *devour a whole packet of chips* felfal egy egész zacskó burgonyaszirmot **2.** átv *(újságot, könyvet stb.)* fal: *She devoured everything she could lay her hands on.* Falt minden könyvet, ami csak a keze ügyébe került. **3.** *(épületet stb.)* elpusztít: *Flames devoured the house.* A lángok elpusztították az egész házat.

dew [djuː] <fn> [U] harmat

dexterity [dek'sterətɪ] <fn> [U] (kéz)ügyesség; fürgeség

dexterous ['dekstərəs] <mn> ügyes (**in sg** vmiben)

diabetes [ˌdaɪə'biːtiːz] <fn> [U] cukorbaj; cukorbetegség

¹**diabetic** [ˌdaɪə'betɪk] <fn> [C] cukorbeteg; cukorbajos

²**diabetic** [ˌdaɪə'betɪk] <mn> diabetikus: *diabetic chocolate* diabetikus csokoládé

diabolic [ˌdaɪə'bɒlɪk] <mn> ördögi

diagnose [ˈdaɪəɡnəʊz] <ige> *(betegséget)* diagnosztizál; megállapít; meghatároz

diagnosis [ˌdaɪəɡ'nəʊsɪs] <fn> [C, U] (diagnoses) diagnózis; kórmeghatározás

¹**diagonal** [daɪ'æɡənl] <mn> átlós; rézsútos: *a diagonal line* átlós vonal

²**diagonal** [daɪ'æɡənl] <fn> [C] átló

diagonally [daɪ'æɡənəlɪ] <hsz> átlósan

diagram ['daɪəɡræm] <fn> [C] **1.** (sematikus) ábra; diagram **2.** grafikon; görbe

¹**dial** ['daɪəl] <ige> (dials, dialling, dialled, AmE dialing, dialed) *(telefonon)* tárcsáz: *dial the wrong number* rossz számot tárcsáz

²**dial** ['daɪəl] <fn> [C] **1.** óralap; számlap **2.** programkapcsoló; *(rádión)* állomáskereső **3.** *(régi telefonokon)* (szám)tárcsa

dialect ['daɪəlekt] <fn> [C, U] nyelvjárás; tájnyelv; tájszólás; dialektus

dialling code ['daɪəlɪŋ kəʊd] <fn> [C] BrE *(telefonszám előtt)* körzetszám; körzeti hívószám

dialling tone ['daɪəlɪŋ təʊn] <fn> [C, ált sing] BrE tárcsahang; vonal

dialog ['daɪələːɡ] AmE → **dialogue**

dialogue ['daɪəlɒɡ] <fn> [C, U] **1.** párbeszéd; dialógus; beszélgetés **2.** megbeszélés; tárgyalás

diameter [daɪ'æmɪtə] <fn> [C] átmérő

diamond ['daɪəmənd] <fn> **1.** [C, U] gyémánt: *diamond wedding* gyémántlakodalom **2.** [C] mat rombusz: *draw a diamond* rajzol egy rombuszt **3.** [C] *(kártyában)* káró

diaper ['daɪəpə] <fn> [C] AmE pelenka

diaphragm ['daɪəfræm] <fn> [C] **1.** orv rekeszizom **2.** pesszárium

diarrhea [ˌdaɪə'riːə] AmE → **diarrhoea**

diarrhoea [ˌdaɪə'rɪə] <fn> [U] hasmenés

diary ['daɪərɪ] <fn> [C] (diaries) **1.** napló: *keep a diary* naplót vezet **2.** határidőnapló

¹dice [daɪs] <fn> (dice) **1.** [C] (dobó)kocka; játékkocka: *throw the dice* dob a kockával **2.** [U] kockajáték

²dice [daɪs] <ige> **1.** *(zöldséget stb.)* kockára vág: *dice the carrots* kockára vágja a sárgarépát **2.** kockázik

dickens ['dɪkɪnz] <fn> [pl] ördög; fene: *What the dickens?* Mi a fene?

dictate [dɪk'teɪt] <ige> **1.** diktál; tollba mond **2.** parancsol; előír

dictation [dɪk'teɪʃn] <fn> [C, U] **1.** diktálás; tollbamondás **2.** parancs(olás); utasítás

dictator [dɪk'teɪtə] <fn> [C] diktátor; zsarnok

dictatorial [ˌdɪktə'tɔːriəl] <mn> **1.** diktatórikus; *(hatalom)* diktátori; *(rendszer)* parancsuralmi

dictatorship [ˌdɪk'teɪtəʃɪp] <fn> [C, U] diktatúra; parancsuralom

dictionary ['dɪkʃənri] <fn> [C] (dictionaries) **1.** szótár: *dictionary entry* szócikk **2.** lexikon

did [dɪd] → do

diddle ['dɪdl] <ige> rászed; becsap

die [daɪ] <ige> (dies, dying, died, died) **1.** meghal **(of/from sg** vmiben): *die from a wound* belehal sérülésébe ∗ *die of hunger* éhen hal ∗ *die by violence* erőszakos halált hal ∗ *die in his sleep* alvás közben leli halálát **2.** *(szokás)* kihal; megszűnik: *The old customs are dying.* A régi szokások kihalnak. ∗ *Our love will never die.* Szerelmünk soha nem fog megszűnni.
  ♦ **be dying for sg** sóvárog; majd meghal vmiért ♦ **die hard** lassan változik ♦ **die laughing** majd meghal a nevetéstől ♦ **die of shame** meghal a szégyentől

die away *(hang)* elhal; elhalkul
die out 1. megszűnik **2.** *(szokás, faj)* kihal

diesel ['diːzl] <fn> **1.** [U] dízelolaj: *run on diesel* dízelolajjal megy **2.** [C] dízel(autó): *diesel engine* dízelmotor

diet ['daɪət] <fn> **1.** [C, U] étrend; táplálkozás: *a healthy diet* egészséges étrend **2.** [C] diéta: *go on a diet* elkezd diétázni

differ ['dɪfə] <ige> **1.** különbözik; eltér **(from sy/sg** vkitől/vmitől): *Those two pencils differ from each other in cost.* Az a két ceruza árban különbözik/tér el egymástól. **2.** másként vélekedik; nem ért egyet **(with sy about/on sg** vkivel vmiben): *I differed with my mum about an important question.* Egy fontos kérdésben másként vélekedtem, mint édesanyám.

difference ['dɪfrəns] <fn> **1.** [C, U] különbség; különbözet: *It makes all the difference* Ez már mindjárt más! ∗ *It makes no difference.* Mindegy. **2.** [C] nézeteltérés

different ['dɪfrənt] <mn> **1.** különböző; eltérő **(from/to sg** vmitől): *Baseball is different from basketball.* A baseball különbözik a kosárlabdától. ∗ *be different than* AmE különbözik vmitől **2.** különféle: *There are 15 different sorts of salad on the table.* 15 különféle saláta van az asztalon.

differentiate [ˌdɪfə'renʃieɪt] <ige> **1.** különbséget tesz; megkülönböztet **(from sy/sg** vkitől/vmitől) **2.** elválik; elkülönül **(from sg** vmitől)

difficult ['dɪfɪklt] <mn> **1.** nehéz; bonyolult: *a difficult test* bonyolult teszt ∗ *It is very difficult to learn that language.* Nagyon nehéz megtanulni azt a nyelvet. **2.** problémás; nehéz (természetű): *a difficult child* nehezen kezelhető gyerek

difficulty ['dɪfɪklti] <fn> [C, U] (difficulties) nehézség; akadály: *have difficulty in sg* problémája van vmivel ∗ *write with difficulty* nehezen ír ∗ *make/raise difficulties* nehézségeket támaszt

diffident ['dɪfɪdənt] <mn> félénk; bátortalan

¹diffuse [dɪ'fjuːz] <mn> terjengős; szétterjedt

²diffuse [dɪ'fjuːs] <ige> **1.** terjeszt; áraszt; sugároz **2.** terjed; árad

¹dig [dɪg] <ige> (digging, dug, dug) (ki-/fel)ás
  ♦ **dig one's own grave** saját sírját ássa
  ♦ **dig deep (into sg)** erőfeszítést tesz vmi megszerzésére
  ♦ **dig one's heels in** megmakacsolja magát

dig in biz *(ételnek)* nekiesik; elkezd enni
dig in sg *(munkába)* beletemetkezik
dig (oneself) in fedezékbe ás; beássa magát
dig into sg 1. biz *(ételnek)* nekiesik **2.** *(tanulmányokba)* beleássa magát
dig sg out 1. kiás vmit **2.** előás; előkotor vmit
dig sg up 1. kiás vmit **2.** *(földet)* (fel)ás **3.** *(ásatáskor)* felszínre hoz vmit **4.** *(információt)* előás

²dig [dɪg] <fn> [C] **1.** *(könyökkel)* bökés: *give sy a dig* megbök vkit **2.** csípős megjegyzés: *make digs at sy* csípős megjegyzéseket tesz vkire **3.** ásatás **4. digs** [pl] albérlet; kégli

¹digest ['daɪdʒest] <fn> [C] kivonat

²digest [daɪ'dʒest] <ige> **1.** átv is megemészt **2.** kivonatol

digestible [daɪ'dʒestəbl] <mn> emészthető

digestion [daɪ'dʒestʃən] <fn> [C, U] emésztés

digit ['dɪdʒɪt] <fn> [C] **1.** *(kézen, lábon)* ujj **2.** *(arab)* szám(jegy): *a five-digit telephone number* öt számjegyű telefonszám

digital ['dɪdʒɪtl] <mn> infor digitális: *a digital camera* digitális kamera/fényképezőgép ∗ *digital recording* digitális felvétel

digitize ['dɪdʒɪtaɪz] <ige> infor digitalizál

dignified ['dɪgnɪfaɪd] <mn> méltóságteljes; tiszteletet parancsoló

dignity ['dɪgnəti] <fn> [U] 1. *(rang)* méltóság 2. magasztosság

digress [daɪ'gres] <ige> *(tárgytól)* eltér; elkalandozik

dike [daɪk] → **dyke**

dilapidated [dɪ'læpɪdeɪtɪd] <mn> rozoga; düledező; rozzant

dilate [daɪ'leɪt] <ige> 1. (ki)nyújt, (ki)tágít 2. (ki-)tágul

dilemma [dɪ'lemə] <fn> [C] dilemma; nehéz helyzet

diligence ['dɪlɪdʒəns] <fn> [U] szorgalom

diligent ['dɪlɪdʒənt] <mn> szorgalmas

dill [dɪl] <fn> [U] kapor

dilute [daɪ'luːt] <ige> 1. *(folyadékot)* (fel)hígít 2. *(érzéseket, félelmeket)* gyengít

¹dim [dɪm] <mn> (dimmer, dimmest) 1. homályos: *grow dim* elhomályosul 2. borús; komor; kilátástalan: *take a dim view of sg* sötét színben lát vmit 3. *(értelem)* tompa; ködös

²dim [dɪm] <ige> (dimming, dimmed) 1. elhomályosít; (le)tompít: *dim the/one's headlights* gk tompított fényre vált 2. elhomályosul; elhalványodik

dime [daɪm] <fn> [C] AmE tízcentes érme

dimension [daɪ'menʃn] <fn> 1. [C, ált pl] méret; kiterjedés; nagyság 2. [C] szempont

diminish [dɪ'mɪnɪʃ] <ige> 1. csökkent; kisebbít 2. fogy; csökken

dimple ['dɪmpl] <fn> [C] *(arcon)* gödröcske

din [dɪn] <fn> [sing] zaj; lárma

dine [daɪn] <ige> étkezik; ebédel; vacsorázik: *dine out* étteremben eszik

diner ['daɪnə] <fn> [C] 1. étteremben étkező ember 2. AmE olcsó (gyors)étterem

ding-dong ['dɪŋdɒŋ] <fn> 1. [U] csengés-bongás; harangszó 2. [sing] hangos vita/veszekedés

dinghy ['dɪŋi] <fn> [C] (dinghies) 1. kis vitorláshajó 2. felfújható gumicsónak

dingy ['dɪndʒi] <mn> piszkos; koszos; rendetlen; elhanyagolt: *a dingy room* rendetlen szoba

dining car ['daɪnɪŋ kɑː] <fn> [C] étkezőkocsi

dining room ['daɪnɪŋ ruːm] <fn> [C] ebédlő; étterem

dining table ['daɪnɪŋˌteɪbl] <fn> [C] ebédlőasztal

dinky ['dɪŋki] <mn> 1. BrE csinos; cuki 2. AmE jelentéktelen; harmadrangú

dinner ['dɪnə] <fn> [U, C] *(főétkezés)* ebéd; vacsora: *have dinner* ebédel; vacsorázik

dinner jacket ['dɪnəˌdʒækɪt] <fn> [C] BrE szmoking

dinner table ['dɪnəˌteɪbl] <fn> [C] ebédlőasztal

dinosaur ['daɪnəsɔː] <fn> [C] dinoszaurusz

¹dip [dɪp] <ige> (dipping, dipped) 1. megmárt; bemárt: *dip her toe into the pool* bemártja lábujját a medencébe 2. *dip one's headlights* gk tompított fényre vált 3. *(vásznat)* fest; *(gyertyát)* önt 4. *(vízben)* (el)merül; (le)süllyed 5. leszáll; *(nap)* lebukik; *(talaj)* lejt 6. hirtelen leereszkedik; csökken: *Sales have dipped this year.* Az eladások csökkentek az idén. 7. átv is merít; vesz (**out of/from** vmiből/vhonnan)

dip into sg 1. *(megtakarított pénzhez)* hozzányúl 2. *(könyvbe, újságba)* beleolvas

²dip [dɪp] <fn> 1. [C] csökkenés 2. [C] mélyedés; *(terepé)* dőlés; lejtősség 3. [C] megmártózás; fürdés 4. [C, U] *(keksz, chips, zöldség stb. mártogatásához)* mártás

diploma [dɪ'pləʊmə] <fn> [C] diploma; oklevél: *have a teaching diploma* tanári diplomája van

diplomacy [dɪ'pləʊməsi] <fn> [U] 1. diplomácia 2. diplomáciai érzék

diplomat ['dɪpləmæt] <fn> [C] diplomata

diplomatic [ˌdɪplə'mætɪk] <mn> 1. diplomáciai: *diplomatic relations* diplomáciai kapcsolatok 2. diplomatikus; tapintatos

dire ['daɪə] <mn> szörnyű; irtózatos; iszonyatos: *dire consequences* szörnyű következmények

¹direct [də'rekt] <mn> 1. közvetlen: *a direct flight to London* közvetlen járat Londonba 2. egyenes; közvetlen: *direct access* infor közvetlen elérés ∗ *be in direct contact with sy* közvetlen kapcsolatban van vkivel ∗ *the direct road* az egyenes/legrövidebb út 3. *(ember, viselkedés stb.)* egyenes; nyílt; *(válasz)* határozott; félreérthetetlen: *a direct answer* félreérthetetlen válasz

²direct [də'rekt] <hsz> közvetlenül: *fly direct to Paris from London* közvetlenül Párizsba repül Londonból ∗ *dispatch goods direct to sy* közvetlenül vkihez küldi az árut

³direct [də'rekt] <ige> 1. irányít; útba igazít; küld: *Can you direct me to the museum, please?* Volna szíves elirányítani a múzeumba? ∗ *I was directed to an office.* Egy hivatalba irányítottak. 2. *(munkát)* irányít; *(alárendeltet)* utasít; *(ügyeket)* visz: *as directed* parancsnak megfelelően; utasítás szerint ∗ *A policeman was directing the traffic.* Rendőr irányította a forgalmat. 3. *(figyelmet)* irányít: *The media's* *attention has been directed towards events abroad.* A média figyelme a külföldi eseményekre irányul. **4.** film, szính rendez: *directed by...* rendezte...

direction [dəˈrekʃn] <fn> **1.** [C, U] irány: *in every direction* minden irányban * *in the opposite direction* az ellenkező irányba(n) * *change direction* megváltozik az iránya * *sense of direction* tájékozódó képesség **2.** [C, U] irány; cél **3.** [ált pl] útbaigazítás; használati utasítás; előírás: *directions for use* használati utasítás **4.** [U] irányítás; vezetés; igazgatás: *under the direction of...* ...irányításával/vezetésével

director [dəˈrektə, daɪˈrektə] <fn> [C] **1.** igazgató: *He is the director of the school.* Ő az iskola igazgatója. **2.** *(filmé, színdarabé)* rendező

directorate [dəˈrektərət] <fn> [C] igazgatóság

directory [dəˈrektəri] <fn> [C] (directories) **1.** címjegyzék **2.** telefonkönyv **3.** infor könyvtár; címtár **4.** igazgatóság

dirt [dɜːt] <fn> [U] **1.** piszok; kosz; szenny; sár **2.** föld: *dirt floor* földes padló * *dirt road* földút **3.** salak; ürülék **4.** ocsmányság; hazugság: *dig up dirt* ocsmány hazugságokat hoz felszínre
♦ **treat sy like dirt** biz úgy bánik vkivel, mint egy ronggyal

¹**dirty** [ˈdɜːti] <mn> (dirtier, dirtiest) **1.** piszkos; szennyes; koszos: *dirty weather* vacak/pocsék idő **2.** erkölcstelen; mocskos; trágár: *dirty story* malac vicc **3.** aljas; alávaló; hitvány: *give sy a dirty look* görben néz vkire

²**dirty** [ˈdɜːti] <ige> **1.** bepiszkít; beszennyez **2.** (be)piszkolódik; beszennyeződik

disability [ˌdɪsəˈbɪləti] <fn> [C, Ú] (disabilities) rokkantság; *(testi, szellemi)* fogyatékosság

disability pension [ˌdɪsəˈbɪləti ˌpenʃn] <fn> [C] rokkantnyugdíj; rokkantsági nyugdíj

disable [dɪsˈeɪbl] <ige> **1.** átv is *(embert, ipart)* megnyomorít; megbénít **2.** elgyengít

¹**disabled** [dɪsˈeɪbəld] <mn> munkaképtelen; rokkant; mozgássérült: *The accident left her disabled.* A baleset következtében mozgássérült lett.

²**disabled** [dɪsˈeɪbəld] <fn> **the disabled** [pl] a mozgássérültek

disadvantage [ˌdɪsedˈvɑːntɪdʒ] <fn> [C] hátrány: *advantages and disadvantages* előnyök és hátrányok * *at a disadvantage* hátrányos helyzetben * *to sy's disadvantage* vki hátrányára; kárára

disadvantaged [ˌdɪsedˈvɑːntɪdʒd] <mn> hátrányos helyzetű

disagree [ˌdɪsəˈgriː] <ige> **1.** ellenkezik; ellentétben áll; nem ért egyet (**with sy** vkivel); más véleményen van (**about/over sg** vmit illetőleg): *I am sorry to disagree.* Sajnálom, de kénytelen vagyok ellentmondani. **2.** nem felel meg; árt: *The climate disagrees with me.* Nem bírom az éghajlatot.

disagreeable [ˌdɪsəˈgriːəbl] <mn> *(dolog)* kellemetlen; bosszantó; *(ember)* ellenszenves

disagreement [ˌdɪsəˈgriːmənt] <fn> [C, U] **1.** véleménykülönbség; nézeteltérés (**with sy about sg** vkivel vmi miatt) **2.** különbözés (**between sy/sg** vki/vmi között)

disappear [ˌdɪsəˈpɪə] <ige> eltűnik: *The thieves disappeared from the prison.* A rablók eltűntek a börtönből.

disappearance [ˌdɪsəˈpɪərəns] <fn> [C, U] eltűnés

disappoint [ˌdɪsəˈpɔɪnt] <ige> **1.** kiábrándít; csalódást okoz: *be disappointed in sy/sg* csalódik vkiben/vmiben **2.** meghiúsít **3.** cserben hagy

disappointing [ˌdɪsəˈpɔɪntɪŋ] <mn> kellemetlen; bosszantó

disappointment [ˌdɪsəˈpɔɪntmənt] <fn> **1.** [U] csalódás; kiábrándultság: *to my great disappointment* nagy csalódásomra **2.** [C] csalódás: *Her birthday party was a disappointment because her best friends didn't come.* A szülinapi bulija nagy csalódás volt, hiszen a legjobb barátai nem jöttek el.

disapproval [ˌdɪsəˈpruːvl] <fn> [U] rosszallás; helytelenítés: *in disapproval* rosszallóan

disapprove [ˌdɪsəˈpruːv] <ige> kifogásol; helytelenít (**of sg** vmit): *I disapprove of smoking.* Helytelenítem a dohányzást.

disarm [dɪsˈɑːm] <ige> **1.** átv is lefegyverez **2.** leszerel

disarmament [dɪsˈɑːməmənt] <fn> [U] lefegyverzés; leszerelés

disaster [dɪˈzɑːstə] <fn> [C, U] **1.** katasztrófa; súlyos csapás: *disaster area* katasztrófasújtott terület/övezet * *The flood was the greatest disaster of the spring.* A tavasz legnagyobb katasztrófája az árvíz volt. **2.** átv katasztrófa; szerencsétlenség: *Our journey was a disaster! Everybody was sick all week!* Az utunk katasztrófa volt! Mindenki rosszul volt egész héten!

disastrous [dɪˈzɑːstrəs] <mn> végzetes; katasztrofális

disburse [dɪsˈbɜːs] <ige> gazd *(pénzt)* kifizet; kiad; folyósít: *The EU disburses aid.* Az EU támogatást folyósít.

disc [dɪsk] <fn> [C] (discs) **1.** korong; tárcsa: *the disc of the sun* napkorong * *disc brake* tárcsás fék **2.** (hang)lemez; CD **3.** infor BrE lemez; diszk **4.** orv porckorong: *slipped disc* porckorongsérv

¹discharge [dɪsˈtʃɑːdʒ] <ige> **1.** (kórházból) elbocsát; (katonát) leszerel; szabadlábra helyez: *discharge from the army* (katonát) leszerel **2.** (folyadékot, gázt) kibocsát; kienged: *Radioactive waste is discharged from the factory.* Radioaktív anyagokat bocsát ki a gyár. **3.** (feladatot) teljesít; végrehajt: *discharge a task* végrehajt egy feladatot

²discharge [ˈdɪstʃɑːdʒ] <fn> [C, U] **1.** (kórházból) elbocsátás; (katonai) leszerelés; kiengedés; szabadlábra helyezés **2.** (vízé) kiömlés; (gázé) ömlés; váladék; (gennyes) folyás **3.** (feladaté) teljesítés; (adósságé) kiegyenlítés: *in full discharge* (számlán) fizetve

¹discipline [ˈdɪsəplɪn] <fn> **1.** [U] fegyelem: *maintain discipline* fegyelmet tart **2.** [U] fegyelmezés **3.** [C] tudományág **4.** [C] sportág

²discipline [ˈdɪsəplɪn] <ige> **1.** fegyelmez: *He disciplines himself.* Fegyelmezi magát. **2.** megbüntet: *She never disciplines her daughter.* Sohasem bünteti a lányát.

disc jockey [ˈdɪskˌdʒɒkɪ] <fn> [C] röv **DJ** lemezlovas

disclose [dɪsˈkləʊz] <ige> **1.** kitakar; felfed **2.** elárul; leleplez; feltár **3.** közzétesz

disclosure [dɪsˈkləʊʒə] <fn> [C, U] közzététel; közlés; felfedés

Discman® [ˈdɪskmæn] <fn> [C] (discmans) discman

disco [ˈdɪskəʊ] <fn> [C] (discos) diszkó

discolor [dɪsˈkʌlər] AmE → **discolour**

discolour [dɪsˈkʌlə] <ige> **1.** elszíntelenít **2.** elszíntelenedik; elszíneződik

discomfort [dɪsˈkʌmfət] <fn> [U] kényelmetlenség; feszélyezettség; rossz érzés

disconnect [ˌdɪskəˈnekt] <ige> szétkapcsol; (vizet, gázt) kikapcsol; (áramot) megszakít

discord [ˈdɪskɔːd] <fn> **1.** [U] viszály(kodás) **2.** [C, U] hangzavar

¹discount [ˈdɪskaʊnt] <fn> árengedmény; leszámítolás: *get a 20% discount on sg* 20%-os árengedményt kap vmire ∗ *discount price* kedvezményes ár ∗ *discount shop* diszkontüzlet

²discount [dɪsˈkaʊnt] <ige> **1.** diszkontál; leszámítol **2.** figyelmen kívül hagy; mellőz

discount flight [ˈdɪskaʊnt flaɪt] <fn> [C] fapados repülőjárat

discount rate [ˈdɪskaʊnt reɪt] <fn> [C] gazd leszámítolási kamatláb; diszkontráta

discourage [dɪsˈkʌrɪdʒ] <ige> **1.** elveszi a kedvét; elkedvetlenít; elbátortalanít: *become discouraged* elkedvetlenedik **2.** ellenez; lebeszél: *discourage sy from (doing) sg* lebeszél vkit vmiről

discourse [ˈdɪskɔːs] <fn> [C, U] beszélgetés; eszmecsere: *discourse analysis* nyelvt szövegnyelvészet

discover [dɪˈskʌvə] <ige> **1.** felfedez; feltalál **2.** észrevesz (vmit); rájön (vmire)

discoverer [dɪˈskʌvərə] <fn> [C] felfedező

discovery [dɪˈskʌvərɪ] <fn> [C, U] (discoveries) felfedezés: *the latest discoveries* a legutóbbi felfedezések

discredit [dɪsˈkredɪt] <ige> rossz hírét költi (vkinek); lejárat (vkit): *be discredited* hitelét veszti

discreet [dɪsˈkriːt] <mn> **1.** óvatos; megfontolt **2.** tapintatos; diszkrét

discretion [dɪˈskreʃn] <fn> [U] **1.** megítélés; belátás: *at sy's discretion* vki megítélése szerint ∗ *Use your discretion.* Tégy belátásod szerint. **2.** tapintat; körültekintés; megfontoltság

discriminate [dɪˈskrɪmɪneɪt] <ige> **1.** megkülönböztet (**from** egymástól) **2.** különbséget tesz (**between** között): *discriminate against sy* elfogult vkivel szemben; kirekeszt vkit

discrimination [dɪˌskrɪmɪˈneɪʃn] <fn> [U] **1.** diszkrimináció; megkülönböztetés; különbségtétel: *racial discrimination* faji megkülönböztetés **2.** megkülönböztetett bánásmód **3.** ítélőképesség

discus [ˈdɪskəs] <fn> **1.** [C] diszkosz **2. the discus** [sing] diszkoszvetés

discuss [dɪˈskʌs] <ige> **1.** megvitat; megtárgyal; megbeszél (**sg with sy** vmit vkivel): *He wanted to discuss his work with me.* Meg akarta beszélni velem a munkáját. **2.** (írásműben) tárgyal

discussion [dɪˈskʌʃn] <fn> [C, U] megbeszélés; tárgyalás; vita: *come up for discussion* megvitatásra kerül ∗ *under discussion* megvitatás alatt

¹disdain [dɪsˈdeɪn] <fn> [U] lenézés; megvetés

²disdain [dɪsˈdeɪn] <ige> lenéz; megvet

disdainful [dɪsˈdeɪnfl] <mn> lenéző; lekicsinylő; megvető

disease [dɪˈziːz] <fn> [U] betegség; kór; baj: *an infectious disease* fertőző betegség ∗ *suffer from a disease* betegségtől szenved

diseased [dɪˈziːzd] <mn> beteg; kóros

disfigure [dɪsˈfɪgə] <ige> eltorzít

disfigurement [dɪsˈfɪgəmənt] <fn> [U] eltorzítás

¹disgrace [dɪsˈgreɪs] <fn> [U] **1.** szégyen: *be a disgrace to* szégyenére válik **2.** kegyvesztettség: *fall into disgrace (with sy)* kegyvesztetté válik (vkinél)

²disgrace [dɪsˈgreɪs] <ige> **1.** szégyent hoz vkire **2.** megvonja kegyeit (vkitől)

disgraceful [dɪsˈgreɪsfl] <mn> szégyenletes; botrányos

disgruntled [dɪsˈgrʌntld] <mn> elégedetlen; zsémbes

¹disguise [dɪs'gaɪz] <fn> [C, U] **1.** álruha: *throw off disguise* leveti az álarcot **2.** tettetés; színlelés

²disguise [dɪs'gaɪz] <ige> **1.** álruhába öltöztet **2.** *(érzelmet)* palástol; leplez; elrejt

¹disgust [dɪs'gʌst] <fn> [U] felháborodás; undor; utálat (**at/for sy/sg** vki/vmi iránt): *to the disgust of sy* vkinek nagy felháborodására

²disgust [dɪs'gʌst] <ige> undort/ellenszenvet kelt: *be disgusted at/with sg* undort kelt benne vmi; fel van háborodva vmi miatt

disgusting [dɪs'gʌstɪŋ] <mn> **1.** undorító: *What a disgusting smell it has got!* Micsoda undorító szaga van! **2.** felháborító: *It is disgusting that they sent him away.* Felháborító, hogy elküldték.

dish [dɪʃ] <fn> **1.** [C] edény; tál: *a glass dish* üvegtál **2. the dishes** [pl] (asztali) edények: *wash/do the dishes* elmosogat **3.** [C] étel; fogás: *main dish* főétel; főfogás ∗ *We had a meat dish to finish with.* Befejezésképpen húsételt ettünk. **4.** [C] parabolaantenna

dishcloth ['dɪʃklɒθ] <fn> [C] mosogatórongy

dishearten [dɪs'hɑːtn] <ige> elcsüggeszt

disheveled [dɪ'ʃevld] AmE → **dishevelled**

dishevelled [dɪ'ʃevld] <mn> zilált; kócos; borzas

dishonest [dɪs'ɒnɪst] <mn> nem becsületes; tisztességtelen; becstelen

dishonesty [dɪs'ɒnəsti] <fn> [U] tisztességtelenség; becstelenség

dish towel ['dɪʃˌtaʊəl] <fn> [C] konyharuha

dishwasher ['dɪʃˌwɒʃə] <fn> [C] mosogatógép

disinfect [ˌdɪsɪn'fekt] <ige> fertőtlenít

disinfectant [ˌdɪsɪn'fektənt] <fn> [C, U] fertőtlenítőszer

disinherit [ˌdɪsɪn'herɪt] <ige> *(örökségből)* kitagad; kizár

disintegrate [dɪs'ɪntɪgreɪt] <ige> **1.** felbomlik; szétesik **2.** felbomlaszt; elmállaszt; szétporlaszt

disinterested [dɪs'ɪntrəstɪd] <mn> **1.** nem érdekelt; érdektelen **2.** elfogulatlan

disk [dɪsk] <fn> [C] (disks) **1.** infor lemez; diszk **2.** AmE → **disc**

disk drive ['dɪsk draɪv] <fn> [C] lemezmeghajtó

¹dislike [dɪs'laɪk] <ige> nem szeret (vmit); irtózik (vmitől); idegenkedik (vmitől)

²dislike [dɪs'laɪk] <fn> [U, sing] ellenszenv; idegenkedés (**of/for/to sy/sg** vkitől/vmitől): *have a strong dislike of hard work* utálja a nehéz munkát ∗ *take a dislike to sy/sg* megutál vkit/vmit

dislocate ['dɪsləkeɪt] <ige> **1.** *(testrészt)* kificamít: *be dislocated* kificamodik **2.** elmozdít

dislocation [ˌdɪslə'keɪʃn] <fn> [C, U] **1.** ficam; kificamodás **2.** eltolódás

dismal ['dɪzməl] <mn> **1.** szomorú; nyomasztó; lehangoló **2.** biz gyenge minőségű

dismantle [dɪs'mæntl] <ige> *(gépet)* szétszed

¹dismay [dɪs'meɪ] <fn> [U] rémület; döbbenet; félelem

²dismay [dɪs'meɪ] <ige> **1.** megrémít; megdöbbent (**at/by sg** vmi miatt): *be dismayed* megdöbben **2.** elcsüggeszt

dismiss [dɪs'mɪs] <ige> **1.** *(állásból)* elbocsát; elküld; meneszt: *She was dismissed from her job.* Kirúgták az állásából. **2.** elenged; *(gyűlést)* feloszlat: *Dismiss!* Oszolj! ∗ *After the end of the lesson the teacher dismissed the class.* Az óra végén a tanár hazaküldte az osztályt. **3.** *(gondolatot, ötletet)* elűz; elhesseget; elvet **4.** *(kérelmet)* elutasít

dismissal [dɪs'mɪsl] <fn> [C, U] **1.** elbocsátás; menesztés **2.** elutasítás

dismount [dɪs'maʊnt] <ige> *(lóról, kerékpárról)* leszáll

disobedience [ˌdɪsə'biːdiəns] <fn> [U] engedetlenség; szófogadatlanság

disobedient [ˌdɪsə'biːdiənt] <mn> engedetlen; szófogadatlan

disobey [ˌdɪsə'beɪ] <ige> nem fogad szót; nem engedelmeskedik: *punish sy for disobeying orders* parancsmegtagadás miatt büntet vkit

¹disorder [dɪs'ɔːdə] <fn> **1.** [U] rendetlenség; (zűr-)zavar **2.** [U] zavargás; rendzavarás: *Disorder broke out on the streets.* Utcai zavargás robbant ki. **3.** [C, U] *(emberi szervezetben)* rendellenesség; zavar

²disorder [dɪs'ɔːdə] <ige> **1.** összezavar **2.** *(gyomrot)* elront; *(egészséget)* tönkretesz

disorderly [dɪs'ɔːdəli] <mn> **1.** *(személy, viselkedés)* rendbontó; rendzavaró; fékletelen: *disorderly conduct* rendzavarás ∗ *disorderly person* rendzavaró ember ∗ *drunk and disorderly* jog részeges és garázda **2.** rendetlen: *disorderly room* rendetlen szoba

¹dispatch [dɪ'spætʃ] <ige> **1.** *(levelet)* elküld; *(csomagot)* felad **2.** *(csapatot)* elindít

²dispatch [dɪ'spætʃ] <fn> **1.** [U] elküldés; feladás **2.** [C] értesítés; tudósítás **3.** [C] jelentés

dispensable [dɪ'spensəbl] <mn> mellőzhető; nélkülözhető

dispense [dɪ'spens] <ige> **1.** kioszt; szétoszt **2.** *(igazságot)* szolgáltat **3.** *(gyógyszert)* elkészít: *dispense a prescription* egy receptet elkészít

dispense with sy/sg megvan vki/vmi nélkül; tud nélkülözni vkit/vmit; lemond vkiről/vmiről

dispenser [dɪˈspensə] <fn> [C] (adagoló) automata: *a cash dispenser* pénzautomata

dispensing chemist [dɪˌspensɪŋˈkemɪst] <fn> [C] gyógyszerész

disperse [dɪˈspɜːs] <ige> szétszór; feloszlat; szétoszlat

dispirited [dɪˈspɪrɪtɪd] <mn> csüggedt

displace [dɪsˈpleɪs] <ige> 1. *(helyéből, állásából)* elmozdít; helyébe lép 2. kiszorít

¹display [dɪˈspleɪ] <ige> 1. *(árut stb.)* kiállít; bemutat 2. *(érzelmet)* kimutat; elárul 3. infor megjelenít; mutat

²display [dɪˈspleɪ] <fn> 1. [C, U] *(árué stb.)* kiállítás; bemutatás: *be on display* ki van állítva 2. [C] el, infor kijelző; képernyő 3. [C, U] megnyilatkozás; *(érzelmeké)* kimutatás

displease [dɪsˈpliːz] <ige> bosszant; dühít (vkit); nem tetszik (vkinek): *be displeased with sy/sg* elégedetlen vkivel/vmivel; bosszantja vki/vmi

disposable [dɪˈspəʊzəbl] <mn> *(pelenka, borotva, fényképezőgép)* eldobható; egyszer használatos

disposal [dɪˈspəʊzl] <fn> [U] elintézés; megoldás; megszabadulás (vmitől): *disposal of difficulty* egy nehézség megoldása * *waste disposal* szemét- és hulladékeltakarítás * *bomb disposal* robbanóanyag hatástalanítása

♦ **be at sy's disposal** vki rendelkezésére áll

dispose [dɪˈspəʊz] <ige> *(tárgyakat)* elrendez; elhelyez; rendbe hoz/tesz

> **dispose of sy/sg** megszabadul vkitől/vmitől; túlad vkin/vmin: *dispose of an opponent* megszabadul ellenfelétől * *dispose of a question* megold/elintéz egy kérdést

disposed [dɪˈspəʊzd] <mn> 1. **be disposed to do sg** hajlandó/kész vmit megtenni: *I am disposed to believe that…* Hajlandó/Hajlamos vagyok azt hinni, hogy… 2. *(vmilyen)* szándékú: *be ill-disposed towards sy* barátságtalan vkivel szemben

disposition [ˌdɪspəˈzɪʃn] <fn> 1. [C, ált sing] jellem; természet; lelkület; mentalitás; habitus: *She is of a cheerful disposition.* Vidám természete van. 2. [C, ált sing] képesség; hajlam; hajlandóság (**to/towards sg** vmire) 3. [C, ált sing] elrendezés; berendezés; beosztás 4. [C] jog intézkedés; rendelkezés

disproportion [ˌdɪsprəˈpɔːʃn] <fn> [C, U] aránytalanság; egyenlőtlenség (**between sg** vmi között)

disproportionate [ˌdɪsprəˈpɔːʃnət] <mn> aránytalan (**to sg** vmihez viszonyítva)

disprove [dɪsˈpruːv] <ige> megcáfol; megdönt

disputable [dɪˈspjuːtəbl] <mn> vitatható; kétségbevonható; kétséges

¹dispute [dɪˈspjuːt] <fn> [C, U] 1. vita; vitatkozás (**about/over sg** vmin): *beyond dispute* vitathatatlan; vitán felül 2. veszekedés

²dispute [dɪˈspjuːt] <ige> 1. vitatkozik; veszekszik (**about sg** vmin): *dispute about money* vitatkozik a pénzen 2. *(kérdést)* (meg)vitat; *(állítást)* kétségbe von; vitat; *(tulajdont)* elvitat 3. *(vmely célért)* harcol

disqualification [dɪsˌkwɒlɪfɪˈkeɪʃn] <fn> [C, U] 1. diszkvalifikáció; kizárás 2. alkalmatlanság

disqualify [dɪsˈkwɒlɪfaɪ] <ige> 1. diszkvalifikál; kizár (**from sg** vhonnan) 2. alkalmatlanná/képtelenné tesz (**for sg** vmire)

¹disregard [ˌdɪsrɪˈɡɑːd] <fn> [U] semmibevétel; tiszteletlenség; nemtörődömség (**for/of sy/sg** vkivel/vmivel szemben)

²disregard [ˌdɪsrɪˈɡɑːd] <ige> *(tényt, körülményt)* figyelmen kívül hagy; elhanyagol; semmibe vesz; *(törvényt)* áthág; megszeg: *Safety rules were disregarded.* A biztonsági előírásokat figyelmen kívül hagyták. * *disregard an order* parancsot megszeg

disrepair [ˌdɪsrɪˈpeə] <fn> [U] elhanyagoltság; megrongáltság: *fall into disrepair* tönkremegy

disreputable [dɪsˈrepjʊtəbl] <mn> rossz hírű; tisztességtelen; gyalázatos

disrepute [ˌdɪsrɪˈpjuːt] <fn> [U] rossz hírnév; szégyen

disrespect [ˌdɪsrɪˈspekt] <fn> [U] tiszteletlenség (**for sy/sg** vki/vmi iránt)

disrespectful [ˌdɪsrɪˈspektfl] <mn> tiszteletlen; udvariatlan

disrupt [dɪsˈrʌpt] <ige> 1. megzavarja vminek a működését; szétszakít; szétrombol; feldarabol 2. megszakít; félbeszakít

disruption [dɪsˈrʌpʃn] <fn> [C, U] szétszakítás; szétszakadás; feldarabolás

disruptive [dɪsˈrʌptɪv] <mn> zavart keltő; bomlasztó

dissatisfaction [ˌdɪsætɪsˈfækʃn] <fn> [U] elégedetlenség (**with/at sy/sg** vkivel/vmivel)

dissatisfied [ˌdɪsˈsætɪsfaɪd] <mn> (meg)elégedetlen (**with sg** vmivel)

dissect [dɪˈsekt] <ige> 1. felboncol; feldarabol 2. átv boncolgat; elemez

dissension [dɪˈsenʃn] <fn> [U] véleményeltérés; széthúzás

¹dissent [dɪˈsent] <fn> [U] véleménykülönbség

²dissent [dɪˈsent] <ige> más véleményen van; eltér a véleménye (**from sg** vmitől)

dissenter [dɪˈsentə] <fn> [C] 1. elszakadó; elpártoló 2. **Dissenter** tört *(Angliában)* nem anglikán protestáns; más hitű; disszenter

dissertation [ˌdɪsə'teɪʃn] <fn> [C] disszertáció; értekezés (**on sg** vmiről)
disservice [dɪ's3:vɪs, ˌdɪs's3:vɪs] <fn> [U, sing] rossz szolgálat; hátrány; kár: *do (a) disservice to sy/sg* kárt okoz vkinek/vminek
dissident ['dɪsɪdənt] <fn> [C] **1.** másként gondolkodó; más véleményen levő ember **2.** szakadár; disszidens
dissolution [ˌdɪsə'lu:ʃn] <fn> [U] **1.** *(parlamenté)* feloszlatás; *(intézményé)* eltörlés; *(házasságé)* felbontás **2.** *(élő szervezeté)* (fel)bomlás; pusztulás
dissolve [dɪ'zɒlv] <ige> **1.** (fel)olvad; oldódik (**in sg** vmiben) **2.** (fel)olvaszt; felold (**sg** vmit) **3.** *(parlamentet)* feloszlat; *(házasságot)* felbont **4.** *(tömeg, felhő)* eloszlik **5.** szertefoszlik
distance ['dɪstəns] <fn> [C, U] **1.** táv(olság); messzeség: *in the distance* messze; a távolban * *keep one's distance* tartja a 3 lépés távolságot * *at a distance of 3 miles* 3 mérföldnyi távolságra (van) **2.** táv; útszakasz: *no distance at all* egészen közel (van)
distance learning ['dɪstəns lɜ:nɪŋ] <fn> [U] távoktatás
distant ['dɪstənt] <mn> **1.** átv is távol(i); messzi: *travel to distant parts of the world* a világ távoli részeibe utazik * *distant relative* távoli rokon **2.** elgondolkodó; merengő: *distant look* merengő pillantás **3.** tartózkodó; távolságtartó
distaste [dɪs'teɪst] <fn> [U, sing] utálat; ellenszenv (**for sy** vki iránt)
distasteful [dɪs'teɪstfl] <mn> utálatos; visszataszító; ellenszenves: *a distasteful remark* ellenszenves megjegyzés
distil [dɪ'stɪl] <ige> (distilling, distilled) **1.** (le)párol; desztillál **2.** átv leszűr
distill [dɪ'stɪl] AmE → **distil**
distillation [ˌdɪstɪ'leɪʃn] <fn> [C, U] **1.** lepár(ol)ás; desztilláció **2.** párlat
distinct [dɪ'stɪŋkt] <mn> **1.** különböző; eltérő (**from sg** vmitől) **2.** világos; pontosan kivehető/érthető **3.** határozott: *distinct improvement* határozott javulás
distinction [dɪ'stɪŋkʃn] <fn> **1.** [C, U] megkülönböztetés; különbség: *make/draw a distinction between sy/sg* különbséget tesz vkik/vmik között **2.** [C, U] kiválóság; elismertség: *writer of distinction* neves író **3.** [C] isk kitűnő(en megfelelt)
distinguish [dɪ'stɪŋgwɪʃ] <ige> **1.** megkülönböztet (**from sy/sg** vkitől/vmitől) **2.** különbséget tesz (**between** vkik/vmik között) **3.** *(homályban)* kivesz; felismer; meglát **4.** kiemel; kitüntet: *distinguish oneself by sg* kitűnik vmivel
distinguished [dɪ'stɪŋgwɪʃt] <mn> **1.** kiváló; kitűnő: *distinguished for sg* híres vmiről **2.** előkelő; finom: *He looks distinguished.* Előkelő megjelenésű.
distract [dɪ'strækt] <ige> **1.** *(figyelmet)* eltérít; elvon (**from sg** vmitől) **2.** megzavar; nyugtalanít
distracted [dɪ'stræktɪd] <mn> figyelmetlen; zaklatott; zavart
distraction [dɪ'strækʃn] <fn> [C, U] **1.** *(figyelemé)* (meg)zavarás; elterelés; elvonás **2.** nyugtalanság; zaklatottság **3.** őrület: *love sy to distraction* az őrülésig szeret vkit * *drive to distraction* megőrjít
¹**distress** [dɪ'stres] <fn> [U] **1.** aggodalom; bánat; kétségbeesés; gyötrelem **2.** baj; (vég)veszély: *distress landing* kényszerleszállás * *distress signal* vészjel **3.** nyomor; ínség

♦ **be in distress** 1. kétségbe van esve 2. végveszélyben van

²**distress** [dɪ'stres] <ige> **1.** kétségbe ejt; lehangol; aggaszt **2.** *(kellemetlen helyzetbe)* kényszerít **3.** kifáraszt
distressed [dɪ'strest] <mn> **1.** szomorú; lehangolt; csüggedt **2.** kimerült; kifáradt **3.** nyomorgó; ínséges: *distressed areas* (gazdasági) válság sújtotta vidék
distressing [dɪ'stresɪŋ] <mn> lehangoló; elszomorító; aggasztó
distribute ['dɪstrɪbju:t] <ige> **1.** kioszt; szétoszt; feloszt (**among sy/sg** vkik/vmik között) **2.** *(leveleket)* kihord **3.** *(árut)* eloszt; szétoszt; terjeszt **4.** osztályoz
distribution [ˌdɪstrɪ'bju:ʃn] <fn> [U] **1.** kiosztás; szétosztás; elosztás **2.** eloszlás; megoszlás; disztribúció **3.** osztályozás
district ['dɪstrɪkt] <fn> [C] **1.** vidék; terület; negyed: *the financial district* üzleti negyed **2.** kerület; körzet: *postal district* postai körzet * *district council* kerületi tanács
¹**distrust** [dɪs'trʌst] <fn> [U] bizalmatlanság; gyanakvás
²**distrust** [dɪs'trʌst] <ige> nem hisz vkinek/vminek; bizalmatlankodik vkivel szemben
disturb [dɪ'stɜ:b] <ige> **1.** (meg)zavar; háborgat: *Please don't disturb yourself.* Kérem, ne zavartassa magát! **2.** (fel)izgat; nyugtalanít; aggaszt **3.** meg-/elmozdít
disturbance [dɪ'stɜ:bəns] <fn> [C, U] **1.** zavarás; háborgatás **2.** zavargás **3.** *(vmi működésében)* rendellenesség; zavar
disturbing [dɪ'stɜ:bɪŋ] <mn> nyugtalanító; zavaró
disuse [ˌdɪs'ju:s] <fn> [U] használatlanság: *fall into disuse* elavul; használaton kívül kerül
disused [ˌdɪs'ju:zd] <mn> nem használt; elhagyott

¹**ditch** [dɪtʃ] <fn> [C] (vizes)árok; csatorna
♦ **to the last ditch** (küzd) utolsó leheletéig; végsőkig

²**ditch** [dɪtʃ] <ige> **1.** árkol **2.** átv biz dob; ejt: *She ditched her old friends when she graduated.* Dobta régi barátait, amikor diplomát szerzett.

¹**dither** ['dɪðə] <ige> **1.** habozik; nem tud dönteni/határozni **2.** reszket; izgul

²**dither** ['dɪðə] <fn>
♦ **be in a dither about sg** cidrizik; problémázik; nem tud dönteni vmiről

¹**dive** [daɪv] <ige> (dived/AmE dove, dived) **1.** fejest ugrik: *He dived into the lake.* Fejest ugrott a tóba. **2.** *(búvár)* (hirtelen) le-/alábukik; *(tengeralattjáró)* le-/alámerül: *The seagulls dived under the water for fish.* A sirályok lebuktak a vízbe halért. **3.** búvárkodik: *What I love during my summer holiday is to go diving.* Amit a nyaralásomon imádok, az a könnyűbúvárkodás/légzőcsővel úszás. **4.** *(repülőgép)* zuhan

dive into sg 1. *(zsebbe, táskába)* (hirtelen) benyúl **2.** *(vmi titok megfejtésébe)* belemerül

²**dive** [daɪv] <fn> [C] **1.** fejes(ugrás); műugrás: *high dive* toronyugrás **2.** *(vízben)* le-/alábukás **3.** zuhanórepülés; zuhanás

diver ['daɪvə] <fn> [C] **1.** búvár **2.** sp műugró

diverge [daɪ'vɜːdʒ] <ige> **1.** *(út stb.)* elágazik (**from sg** vmitől) **2.** *(vélemény stb.)* eltér; különbözik (**from sg** vmitől)

diverse [daɪ'vɜːs] <mn> **1.** sokféle; változatos **2.** különböző; eltérő

diversion [daɪ'vɜːʃn] <fn> **1.** [C, U] elvezetés; *(forgalomé, folyóé)* elterelés **2.** [C] terelőút **3.** [C] *(figyelemé)* eltérítés

diversity [daɪ'vɜːsəti] <fn> [U] különféleség; sokféleség; változatosság

divert [daɪ'vɜːt] <ige> **1.** *(repülőgépet, forgalmat)* eltérít; *(folyót)* elvezet **2.** *(figyelmet)* elterel

¹**divide** [dɪ'vaɪd] <ige> **1.** (fel)oszt; szétoszt (**between/among sy** vkik között): *The boys divided the chocolate out between themselves.* A fiúk elosztották a csokit maguk között. **2.** eloszlik; szétválik (**into sg** vmire); *(út)* elágazik **3.** *(közösséget)* kettéoszt; megoszt: *Opinions are divided.* Megoszlanak a vélemények. **4.** mat (el)oszt: *divide by 3* hárommal oszt **5.** *(szót)* elválaszt; szétválaszt; elkülönít (**from sg** vmitől)

divide sg up feloszt; (ki)adagol vmit

²**divide** [dɪ'vaɪd] <fn> [C, ált sing] **1.** megosztottság; különbség: *The divide between rich and poor countries is growing.* A szegény és a gazdag országok közötti különbség nő. **2.** AmE vízválasztó

divided highway [dɪ,vaɪdɪd'haɪweɪ] <fn> [C] osztott pályás úttest; autópálya

dividend ['dɪvɪdend] <fn> [C] gazd (részvény-)osztalék: *pay/receive a dividend* osztalékot fizet/kap

¹**divine** [dɪ'vaɪn] <mn> **1.** isteni: *divine service* istentisztelet **2.** biz pompás; isteni; mennyei; remek

²**divine** [dɪ'vaɪn] <fn> [C] **1.** pap; lelkész **2.** hittudós; teológus

³**divine** [dɪ'vaɪn] <ige> **1.** megjövendöl; megjósol **2.** *(jövőt)* megsejt; megérez

diving ['daɪvɪŋ] <fn> [U] **1.** sp (mű)ugrás **2.** lebukás; alábukás; lemerülés **3.** zuhanás; zuhanórepülés

diving bell ['daɪvɪŋ bel] <fn> [C] búvárharang
diving dress ['daɪvɪŋ dres] <fn> [C] búvárruha

divinity [dɪ'vɪnəti] <fn> **1.** [C] isten(ség) **2.** [U] istenség; isteni természet **3.** [U] hittudomány; teológia: *Doctor of Divinity* a hittudományok doktora * *divinity student* teológiai hallgató; teológus

division [dɪ'vɪʒn] <fn> **1.** [U] (el)osztás; megosztás; felosztás (**into sg** vmire) **2.** [C] hadosztály **3.** [C, U] véleménykülönbség (**within sy** vkik között) **4.** [C] részleg; osztály; ágazat **5.** [C] mat osztás: *division sign* osztójel **6.** *(szavaké)* elválasztás

¹**divorce** [dɪ'vɔːs] <fn> [C, U] *(házasfeleké)* (el)válás: *to get a divorce from sy* elválik vkitől

²**divorce** [dɪ'vɔːs] <ige> **1.** elválik (vkitől): *be divorced* elvált * *My parents got divorced.* A szüleim elváltak. **2.** *(házasfeleket)* elválaszt **3.** elszakít; szétválaszt (**from sg** vmitől)

divorced [dɪ'vɔːst] <mn> elvált: *She is divorced.* Elvált.

DIY [,diː.aɪ'waɪ] [= do-it-yourself] <fn> [U] csináld magad: *a DIY store* barkácsbolt

dizziness ['dɪzɪnəs] <fn> [U] szédülés

dizzy ['dɪzɪ] <mn> **1.** szédülő: *feel/get dizzy* szédül **2.** szédítő

DNA [,diː.en'eɪ] [= deoxyribonucleic acid] <fn> [U] DNS (= dezoxiribonukleinsav)

¹**do** [duː] <ige> (I/you/we/they do, he/she/it does, doing, did, done; neg: do not/don't, does not/doesn't; did not/didn't) **1.** csinál; tesz: *What are you doing?* Mit csinál(sz most)? * *What do you do on Saturdays?* Mit szoktál szombatonként csinálni? * *do one's best* megtesz minden tőle telhetőt * *do one's duty* megteszi a kötelességét * *Well done!* Bravó!/Ez igen!

2. (el)készít; (meg)csinál: *do a sum* számtanpéldát megcsinál/megold * *do the cooking* főz **3.** vhogy halad/teljesít; vmilyen eredményt elér: *How's he doing at school?* Hogyan teljesít az iskolában? **4.** (el)végez; (szolgáltatást) nyújt: *Do you do eye tests here?* Végeznek itt szemvizsgálatot? **5.** (kérdést) megold; (feladatot) elvégez: *Who can do the last question?* Ki tudja megoldani az utolsó kérdést? **6.** vmilyen teljesítményt elér: *The car was doing 100.* Az autó 100 mérföldes sebességgel száguldott. **7.** rendbe tesz: *do a room* szobát kitakarít **8.** vmilyen hatást kivált: *This warm tea will do you good.* Ez a meleg tea jót fog tenni neked. **9.** megteszi; jó lesz; megfelel: *Will this room do?* Ez a szoba megfelel? * *That will do.* **(a)** Ez megfelel! **(b)** Elég volt!/Abbahagyni! **10.** (vmilyen tárgyat) tanul: *do French* franciául tanul **11.** becsap; rászed; elbánik vkivel: *You've been done!* Becsaptak! **12. be done** kivan: *I'm done.* Ki vagyok merülve. **13.** végez vkivel/vmivel: *Be/Have done!* Ebből elég volt! * *Done!* Megegyeztünk!/Rendben! * **be done for** biz vége van

♦ **be/have to do with sy/sg** köze van vkihez/vmihez ♦ **could do with sg** jól jönne/esne ♦ **over and done with** egyszer s mindenkorra (vége) ♦ **That will do.** 1. Ez megfelel! 2. Elég volt!/Abbahagyni!

do away with sy/sg megszabadul vmitől/vkitől
do away with sy elpusztít; megöl vkit; eltesz vkit láb alól
do away with sg 1. megszüntet vmit **2.** elpusztít vmit
do sy in biz megöl; kicsinál; kinyír vkit
do sg out (helyiséget) kitakarít; kicsinosít
do sy out of sg kicsal vkiből vmit; (vagyonából) kiforgat vkit
do sg up 1. begombol; beköt vmit: *do up one's jacket* begombolja a kabátját **2.** (épületet) felújít; modernizál
do with sg beéri; megelégszik vmivel: *I could do with a holiday.* Rám férne egy kis szabadság.
do without sg megvan; boldogul vmi nélkül

²**do** [du:] <segédige> **1.** (kérdésben, tagadásban, rövid válaszokban és mondatvégi utókérdésekben): "*Do you see her?*" "*Yes, I do.*/*No, I don't.*" "Látod őt?" "Igen, látom./Nem, nem látom." * *I don't know.* Nem tudom. * *You live in Budapest, don't you.* Budapesten laksz, nem/ugye? * *She doesn't learn English, does she.* Ő nem tanul angolul, ugye/nem? **2.** (nyomósítás): *You do speak well in English.* Valóban jól beszélsz angolul. * *He did go.* Tényleg elment. **3.** (az ige ismétlésének elkerülésére): *She runs much faster than I do.* Sokkal gyorsabban fut, mint én. * "*Who said that?*" "*I did.*" „Ki mondta ezt?" „Én." * "*I hate chocolate.*" "*So do I.*" „Utálom a csokoládét." „Én is."

doc [dɒk] <fn> [C] biz doki
docile ['dəʊsaɪl] <mn> tanulékony; engedelmes; kezelhető
¹**dock** [dɒk] <fn> **1.** [C, U] (hajó)dokk; kikötő **2. docks** [pl] (a hozzájuk tartozó épületekkel) dokkok **3.** [C, ált sing] vádlottak padja
²**dock** [dɒk] <ige> **1.** (hajó) kiköt; dokkol **2.** (két űrhajó) összekapcsolódik **3.** (fizetésből büntetésként) levon **4.** (állat farkát) megkurtít
docker ['dɒkə] <fn> [C] dokkmunkás
dockworker ['dɒk,wɜːkə] <fn> [C] dokkmunkás
dockyard ['dɒkjɑːd] <fn> [C] hajógyár
¹**doctor** ['dɒktə] <fn> **1.** [C] orvos; doktor: *go to the doctor* elmegy az orvoshoz **2. the doctor's** [sing] orvos(i rendelő) **3.** [C] (egyetemi fokozat) doktor: *Doctor of Philosophy* a filozófia doktora
²**doctor** ['dɒktə] <ige> (okmányt, adatokat) hamisít; (eredményt, szöveget) megmásít
doctorate ['dɒktərət] <fn> [C] doktorátus
document ['dɒkjumənt] <fn> [C] okirat; okmány
¹**documentary** [,dɒkju'mentəri] <mn> **1.** okirati; okmányszerű; hiteles **2.** ismeretterjesztő: *documentary film* dokumentumfilm
²**documentary** [,dɒkju'mentəri] <fn> [C] dokumentumfilm; ismeretterjesztő film
¹**dodge** [dɒdʒ] <fn> [C] fortély; csel; trükk; mesterkedés
²**dodge** [dɒdʒ] <ige> **1.** elugrik; (ütés, személy elől) kitér; (ütést, személyt) kikerül **2.** (nehézséget) kikerül; (kötelesség alól) kihúzza magát: *dodge the law* kijátssza a törvény(eke)t * *dodge a question* kitér a kérdés elől
dodger ['dɒdʒə] <fn> [C] svindler
dodgy ['dɒdʒi] <mn> (dodgier, dodgiest) biz BrE zavaros; gyanús
doe [dəʊ] <fn> [C] őzsuta; nőstény nyúl/patkány
does [dʌz] → **do**
doesn't ['dʌznt] [= does not] → **do**
¹**dog** [dɒg] <fn> [C] **1.** kutya; eb: *Mind the dog!* Harapós kutya! **2.** szl fickó; alak: *dirty dog* piszok fráter **3.** (bizonyos emlősöké) hím: *dog fox* kan róka

♦ **a dog's life** kutya rossz sors ♦ **Every dog has its day.** A szerencse nem kerül el senkit.
♦ **tail wagging the dog** a farok csóválja a kutyát ♦ **sick as a dog** rosszul van; rossz a gyomra ♦ **dog in the manger** irigy kutya

²**dog** [dɒg] <ige> (dogging, dogged) **1.** nyomában/sarkában van (vkinek); üldöz (vkit): *dog one's footsteps* minden lépését követi vkinek **2.** nehézségeket okoz; elront

dog-eared ['dɒgɪəd] <mn> *(könyv)* szamárfüles
dogged ['dɒgɪd] <mn> makacs; kitartó
dogma ['dɒgmə] <fn> [C, U] dogma; hittétel
dogmatic [dɒg'mætɪk] <mn> **1.** dogmatikus **2.** ellentmondást nem tűrő; határozott
dogsbody ['dɒgzbɒdɪ] <fn> [C] (dogsbodies) biz BrE *(akire mindent rásóznak)* mindenes; kuli
dog-tired [,dɒg'taɪəd] <mn> holtfáradt
doing ['du:ɪŋ] <fn> **1.** [U] tett: *that requires some doing* ez nem olyan könnyű/egyszerű * *Is this your doing?* Ezt te csináltad? **2. doings** [pl] cselekedetek; üzelmek; mesterkedések: *Fine doings these!* Szép kis ügy!
do-it-yourself [,du:ɪtjə'self] <mn> *(bútor stb.)* összeállítható; csináld magad
doldrums ['dɒldrəmz] <fn>
♦ **in the doldrums** biz **1.** *(üzleti, gazdasági)* pangás biz BrE **2.** nyomott kedélyállapot; rossz hangulat

¹**dole** [dəʊl] <fn> **the dole** [sing] biz BrE munkanélküli-segély: *be on the dole* munkanélküli-segélyen él
²**dole** [dəʊl] <ige>

dole sg out szűkmarkúan oszt szét vmit

doll [dɒl] <fn> [C] (játék)baba
dollar ['dɒlə] <fn> **1.** [C] *(jele: $)* dollár **2. the dollar** [sing] *(a pénzpiacon)* a dollár értéke
dollop ['dɒləp] <fn> [C] biz kupac; massza; halom
dolphin ['dɒlfɪn] <fn> [C] delfin
domain [də'meɪn] <fn> [C] **1.** *(kutatási)* terület; szakterület; tevékenységi kör: *be outside one's domain* nem tartozik az érdeklődési körébe * *be in the public domain* a nyilvánosság előtt zajlik **2.** infor (értelmezési) tartomány: *domain controller* tartományvezérlő * *domain user* tartományfelhasználó
dome [dəʊm] <fn> [C] kupola
domestic [də'mestɪk] <mn> **1.** belföldi; hazai: *fly by a domestic flight* belföldi járattal repül * *domestic affairs* belügyek **2.** házi; háztartási; családi: *domestic violence* családon belüli erőszak * *She hates domestic tasks like cooking or cleaning.* Utálja az olyan házimunkákat,

mint a főzés vagy a takarítás. **3.** *(állat)* házi-: *domestic animals* háziállatok **4.** házias
domesticated [də'mestɪkeɪtɪd] <mn> házias, háziasított
domestic market [də,mestɪk 'ma:kɪt] <fn> [C] gazd hazai/belföldi piac
domestic product [də,mestɪk 'prɒdʌkt] <fn> [C] gazd hazai termék
dominance ['dɒmɪnəns] <fn> [U] dominancia; túlsúly; uralkodó/vezető szerep
dominant ['dɒmɪnənt] <mn> domináns; túlsúlyban levő; uralkodó
dominate ['dɒmɪneɪt] <ige> (dominates, dominating, dominated) **1.** dominál; uralkodik (**sy** vkin); vezető szerepet játszik: *dominate the conversation* nem enged mást szóhoz jutni * *That child dominates the smaller children.* Az a gyerek uralkodik a kisebbeken. **2.** *(épület stb.)* kimagaslik; uralja a vidéket
dominion [də'mɪnjən] <fn> **1.** [U] uralom; uralkodás; hatalom **2.** [C] domínium
domino ['dɒmɪnəʊ] <fn> [C] (dominoes) *(játék)* dominó: *play a game of dominoes* dominózik
donate [dəʊ'neɪt] <ige> adományoz; ajándékoz (**to sy/sg** vkinek/vminek)
donation [dəʊ'neɪʃn] <fn> [C] adomány; ajándék
¹**done** [dʌn] <mn> **1.** *(étel)* jól át-/megfőtt **2.** kész; elvégzett **3.** kimerült; elfáradt
²**done** [dʌn] → **do**
donkey ['dɒŋkɪ] <fn> [C] szamár
donkey work ['dɒŋkɪwɜ:k] <fn> [U] biz BrE gürcölés; kulimunka
donor ['dəʊnə] <fn> [C] **1.** véradó; *(szervátültetésnél)* donor **2.** adományozó
don't [dəʊnt] [= do not] → **do**
doodad ['du:dæd] <fn> [C] AmE izé; hogyishívják
doodah ['du:da:] <fn> [C] BrE izé; hogyishívják
¹**doodle** ['du:dl] <ige> *(szórakozottan)* firkálgat
²**doodle** ['du:dl] <fn> [C] irkafirka; firkálás
¹**doom** [du:m] <fn> [U] balsors; *(fenyegető)* végzet: *impending doom* közelgő baj
²**doom** [du:m] <ige> (el)ítél (**to sg** vmire)
doomed [du:md] <mn> kudarcra/halálra ítélt
doomsday ['du:mzdeɪ] <fn> [U] utolsó ítélet: *till doomsday* ítéletnapig
door [dɔ:] <fn> [C] ajtó; kapu: *Close the door, please.* Légy szíves, csukd be az ajtót! * *Answer the door.* Nyiss ajtót! * *next door* a szomszéd(ban) * *out of doors* kint (a szabadban) * *keep within doors* otthon marad * *from door to door* háztól házig * *show sy to the door* kikísér vkit * *show sy the door* távozásra szólít fel; kitessékel vkit
♦ **lie at sy's door** vkinek a lelkén szárad

doorbell ['dɔːbel] <fn> [C] ajtó-/kapucsengő: *ring the doorbell* csenget a kapucsengőn

door-to-door [,dɔːtə'dɔː] <hsz> háztól házig: *door-to-door delivery* házhoz szállítás

doorknob ['dɔːnɒb] <fn> [C] ajtógomb; kilincsgomb

doormat ['dɔːmæt] <fn> [C] lábtörlő

doorstep ['dɔːstep] <fn> [C] küszöb; bejárati lépcső

doorway ['dɔːweɪ] <fn> [C] kapu(alj); ajtó(nyílás): *The dog was sleeping in the doorway.* A kutya a kapuban/az ajtóban aludt.

¹**dope** [dəʊp] <fn> biz **1.** [U] kábítószer; drog **2.** [U] sp doppingszer; ajzószer **3.** [C] buta/ostoba alak

²**dope** [dəʊp] <ige> **1.** kábítószert ad (be) (vkinek); elkábít **2.** *(versenyzőt)* doppingol

dope test ['dəʊp test] <fn> [C] doppingvizsgálat

dopey ['dəʊpi] <mn> (dopier, dopiest) **1.** kábult; kótyagos **2.** biz buta; ostoba

dorm ['dɔːm] biz → **dormitory**

dormitory ['dɔːmətri] <fn> [C] (dormitories) **1.** BrE hálóterem **2.** AmE *(egyetemen, főiskolán)* diákotthon; kollégium(i épület)

dorsal ['dɔːsl] <mn> háton levő; háti; dorzális: *dorsal nerves* háti/dorzális idegek

DOS [dɒs] [= disk operating system] <fn> [U] DOS (= lemezoperációs rendszer)

dosage ['dəʊsɪdʒ] <fn> [C] *(gyógyszeré)* adagolás

¹**dose** [dəʊs] <fn> [C] adag

²**dose** [dəʊs] <ige> **1.** *(orvosságot)* adagol; orvosságot bead/bevesz **2. dose oneself (up) with sg** gyógyszereli magát vmivel

doss [dɒs] <ige> szl BrE

> **doss about/around** eltétlenkedi/ellötyögi az időt
>
> **doss down** *(nem rendes ágyba)* ledől; leheveredik; lefekszik

dosser ['dɒsə] <fn> [C] szl BrE **1.** hajléktalan **2.** lusta; tétlen ember; lajhár

dosshouse ['dɒshaʊs] <fn> [C] szl éjjeli menedékhely

¹**dot** [dɒt] <fn> [C] **1.** (írásjel) pont **2.** folt; pötty: *The blouse was black with white dots.* A blúz fekete volt fehér pettyekkel.

♦ **on the dot** biz hajszál pontosan

²**dot** [dɒt] <ige> (dotting, dotted) **1.** (ki)pontoz; *(betűre)* pontot tesz: *dotted line* pontozott vonal * *He doesn't dot his i's.* Nem tesz pontot az i betűire. **2.** tarkít; pettyez: *dotted with sg* (vmivel) tarkított

dotcom [,dɒt'kɒm] <fn> [C] gazd interneten kereskedő cég

¹**double** ['dʌbl] <mn> **1.** kétszeres; dupla: *I ate a double portion of chicken.* Dupla/Két adag csirkét ettem. * *His pay is double my pay.* Az ő fizetése az én fizetésem kétszerese. **2.** kettős; dupla: *double door* kétszárnyú/dupla ajtó * *His telephone number is nine eight double two three seven.* A telefonszáma 98 22 37. **3.** kétszemélyes; dupla; iker: *double bedroom* kétágyas szoba

²**double** ['dʌbl] <hsz> duplán; kettesével; kétszeresen; kétszer annyit: *see double* kettősen/duplán lát

³**double** ['dʌbl] <fn> **1.** [C] hasonmás; alteregó: *John is double of his brother.* John a bátyja hasonmása. **2.** [C] dublőr; dublőz **3.** [C] *(szeszes ital)* dupla **4.** [U] vminek a kétszerese/duplája: *double or quits* dupla vagy semmi **5.** [C] *(szállodában)* kétágyas szoba **6. doubles** [pl] sp páros: *men's doubles* férfi páros

♦ **at/on the double** gyorsan

⁴**double** ['dʌbl] <ige> (doubles, doubling, doubled) **1.** megkettőz; megdupláz: *double one's income* duplájára emeli a jövedelmét **2.** megkettőződik; megduplázódik: *The number of children in their family has doubled.* A gyermekek száma megkétszereződött a családjukban. * *The price has doubled.* Az ár megduplázódott. **3.** összehajt; összefon; összeszorít: *double one's fist* ökölbe szorítja a kezét * *double the legs* keresztbe teszi a lábát **4.** futólépésben megy **5.** *(folyó)* visszakanyarodik

double agent [,dʌbl'eɪdʒənt] <fn> [C] kettős ügynök

double-check [,dʌbl'tʃek] <ige> újra átnéz; gondosan ellenőriz

double chin [,dʌbl'tʃɪn] <fn> [C] (lógó) toka

double-click [,dʌbl'klɪk] <ige> infor *(egérrel)* duplán kattint: *double-click (on) the icon* duplán kattint az ikonra

double-cross [,dʌbl'krɒs] <ige> biz *(cinkostársat)* becsap; átejt

double-decker [,dʌbl'dekə] <fn> [C] emeletes busz

double fault [,dʌbl'fɔːlt] <fn> [C] *(teniszben)* kettős hiba

double feature [,dʌbl'fiːtʃə] <fn> [C] *(egy műsorban a moziban)* két nagy film

double-glazing [,dʌbl'gleɪzɪŋ] <fn> [U] hőszigetelő üvegezés

double-quick [,dʌbl'kwɪk] <hsz> nagyon gyorsan; futólépésben

¹**doubt** [daʊt] <fn> [C, U] kétség; kétely: *cast doubts on sg* kétségbe von vmit * *beyond/without doubt* kétségkívül * *in doubt* kétségben; bizonyta-

lanságban ∗ **no doubt** kétségkívül ∗ *There is some doubt whether she'll arrive on time.* Kétséges, hogy pontosan érkezik-e.
²**doubt** [daʊt] <ige> kételkedik (vmiben); kétségbe von (vmit): *I doubt if she is ready.* Kételkedem abban, hogy kész van-e. ∗ *I doubt his honesty.* Kétségbe vonom az őszinteségét. ∗ *I (rather) doubt it.* Kétlem.
doubtful ['daʊtfl] <mn> **1.** kétséges; kétes; kérdéses **2.** bizonytalan; határozatlan (**about sg** vmiben)
doubtless ['daʊtləs] <hsz> kétségtelenül
dough [dəʊ] <fn> **1.** [C, U] *(sütés előtt)* nyers tészta **2.** [U] szl *(pénz)* dohány; guba
doughnut ['dəʊnʌt] <fn> [C] fánk
¹**dove** [dəʊv] → ¹**dive**
²**dove** [dʌv] <fn> [C] galamb
¹**down** [daʊn] <hsz> **1.** le; lefelé; lent: *Sit down, please!* Kérlek, ülj le! ∗ *She bent down.* Lehajolt. ∗ *We are watching the sun going down.* Nézzük a lemenő napot. **2.** lejjebb: *They promised us that prices would go down by 10 percent.* Megígérték, hogy 10%-kal fognak csökkenni az árak. ∗ *I'll turn the heating down a bit.* Kicsit lejjebb veszem a fűtést. **3.** *(papírra, füzetbe stb.)* le-: *I always write everything down.* Mindig mindent leírok. **4.** *(délen)* lent; le: *They flew down to Texas.* Leutaztak Texasba.
♦ **be down on sy** pikkel vkire ♦ **be down to sy** *(feladat, kötelesség)* vkire marad ♦ **down under** Ausztrália, Új-Zéland/Ausztráliába(n), Új-Zélandba(n) ♦ **be down with a cold** megfázással fekszik ♦ **down to recent times** a legújabb időkig ♦ **down and out** teljesen tönkrement; lecsúszott
²**down** [daʊn] <elölj> **1.** le; lefelé; lent: *The ball of the children is rolling down the hill.* A gyerekek labdája legurul a hegyről. ∗ *They are running down the hill.* Leszaladnak a hegyről. **2.** *(vmin)* végig: *Go down the street till you reach the bank.* Menj végig az utcán, amíg eléred a bankot. ∗ *They ran down the road.* Végigszaladtak az úton.
³**down** [daʊn] <mn> **1.** szomorú; rosszkedvű **2.** kisebb, kevesebb **3. be down** infor *(számítógép)* áll; nem működik
⁴**down** [daʊn] <fn> [C] pehely; pihe
♦ **the ups and downs of life** az élet viszontagságai
⁵**down** [daʊn] <ige> **1.** *(italt)* felhajt **2.** *(ellenfelet)* legyőz
down-and-out [ˌdaʊnænd'aʊt] <mn> ágrólszakadt
downcast ['daʊnkɑːst] <mn> **1.** csüggedt; levert; lehangolt **2.** *(szem)* lesütött

downfall ['daʊnfɔːl] <fn> [U] átv is bukás; esés; összeomlás: *the downfall of the government* a kormány bukása ∗ *Drinking was his downfall.* Az ivás volt a veszte.
downhearted [ˌdaʊn'hɑːtɪd] <mn> szomorú; lehangolt; elcsüggedt
¹**downhill** [ˌdaʊn'hɪl] <mn> **1.** lefelé/völgy felé menő: *downhill course* lesiklópálya **2.** lejtős
²**downhill** [ˌdaʊn'hɪl] <hsz> dombról le; lefelé: *It's easier running downhill.* Könnyebb dombról lefelé futni.

🇬🇧 **Downing Street 10**

1725 óta a mindenkori angol miniszterelnök hivatalos rezidenciája.

¹**download** ['daʊnləʊd] <fn> [C] infor letöltés
²**download** [ˌdaʊn'ləʊd] <ige> *(internetről)* letölt
downmarket [ˌdaʊn'mɑːkɪt] <mn> olcsó és gyenge minőségű; silány; bóvli
downpour ['daʊnpɔː] <fn> [C] felhőszakadás
¹**downright** ['daʊnraɪt] <mn> teljes; kétségtelen; igazi; valódi: *downright lie* kétségtelen hazugság
²**downright** ['daʊnraɪt] <hsz> igazán; kimondottan; kétségtelenül; határozottan
downside ['daʊnsaɪd] <fn> [C, ált sing] vmi hátulütője; rossz oldala: *The downside of living here is that it's far from London.* Annak, hogy itt lakunk az a hátulütője, hogy messze van Londontól.
Down's syndrome ['daʊnz sɪndrəʊm] <fn> [U] orv Down-kór
¹**downstairs** [ˌdaʊn'steəz] <hsz> **1.** földszinten; lent **2.** *(lépcsőn)* lefelé: *go downstairs (a földszintre)* lemegy
²**downstairs** [ˌdaʊn'steəz] <mn> lenti; földszinti: *a downstairs bathroom* lenti fürdőszoba
³**downstairs** [ˌdaʊn'steəz] <fn> **the downstairs** [sing] földszint; földszinti/lenti szobák
downstream [ˌdaʊn'striːm] <hsz> *(folyón)* lefelé
down-to-earth [ˌdaʊntu'ɜːθ] <mn> talpraesett; gyakorlatias
¹**downtown** [ˌdaʊn'taʊn] <hsz> AmE a (bel)városba(n)
²**downtown** ['daʊntaʊn] <fn> [U] AmE belváros: *a downtown store* belvárosi üzlet
downtrodden ['daʊntrɒdn] <mn> *(nép)* elnyomott; leigázott
downward ['daʊnwəd] <mn> lefelé haladó/irányuló

downwards ['daʊnwədz] <hsz> lefelé: *The road runs downwards.* Az út lejt.
dowry ['daʊrɪ] <fn> [C] hozomány
¹doze [dəʊz] <ige> szundikál; bóbiskol

> **doze off** biz elszundít; elbóbiskol

²doze [dəʊz] <fn> [sing] szundikálás; bóbiskolás: *have a little doze* bóbiskol egy kicsit
dozen ['dʌzn] <fn> **1.** [C] (dozen) tucat: *half a dozen* fél tucat ∗ *buy a dozen eggs* vesz egy tucat tojást **2. dozens (of sg)** [pl] biz egy csomó; rengeteg: *I've been there dozens of times.* Rengetegszer voltam ott.
dozy ['dəʊzɪ] <mn> **1.** álmos **2.** biz BrE buta
Dr, Dr. [= Doctor] dr.; Dr. (= doktor)
drab [dræb] <mn> (drabber, drabbest) *(öltözet, kinézet)* szürke; unalmas; örömtelen
¹draft [drɑːft] <fn> [C] **1.** vázlat; fogalmazvány; piszkozat; tervrajz **2.** fizetési átutalás/utalvány; (intézményezett) váltó **3.** sorozás; behívás
²draft [drɑːft] <ige> **1.** vázlatot/piszkozatot ír; (meg)fogalmaz; megír; tervezetet készít **2.** AmE *(katonának)* besoroz; behív: *He was drafted into the army.* Besorozták.
draftsman ['drɑːftsmən] AmE → **draughtsman**
drafty ['drʌftɪ] AmE → **draughty**
¹drag [dræɡ] <ige> (dragging, dragged) **1.** húz; vonszol: *The greengrocer dragged a heavy sack of onions into his shop.* A zöldséges egy nehéz hagymászsákot vonszolt az üzletébe. **2.** magával cipel/hurcol: *She dragged her child away from the toy shop.* Elhurcolta a gyereket a játéküzletből. **3.** *(idő)* a végtelenségbe nyúlik; vánszorog: *Time was dragging when we had to listen to his speech.* Az idő (csak úgy) vánszorgott, amikor a beszédét kellett hallgatnunk. **4.** *(folyó/tó fenekét)* kotor; átkutat **(sg for sg** vmit vmiért) **5.** *(számítógép képernyőjén egérrel)* áthúz; áthelyez

> **drag sy away** *(akarata ellenére)* elhurcol vkit
> **drag sy down** *(vmely esemény)* elszomorít; elkedvetlenít vkit
> **drag sg out** *(időben)* elnyújt vmit
> **drag sg out of sy** *(titkot, információt)* kihúz; kiszed vkiből

²drag [dræɡ] <fn> **1.** [sing] szl nyűg; teher; kellemetlenség: *be a drag on sy* nyűg vki nyakán **2.** [U] húzás; vonszolás: *walk with a drag* húzza a lábát **3.** [U] biz *(férfi színész által viselt)* női jelmez: *men in drag* nőnek öltözött férfi színészek **4.** [C] szl *(cigarettából)* szippantás; slukk **5.** [U] *(repülőgépé)* légellenállás
dragon ['dræɡən] <fn> [C] sárkány
dragonfly ['dræɡənflaɪ] <fn> [C] szitakötő
¹drain [dreɪn] <fn> **1.** [C] szennyvízcsatorna: *I poured the water down the drain.* A vizet leöntöttem a csatornába. **2. drains** [pl] csatornahálózat

♦ **a drain on sg** nagy érvágás ♦ **throw money down the drain** kidobja a pénzt az ablakon

²drain [dreɪn] <ige> **1.** elfolyik; elszív; lecsapol: *The water will slowly drain away.* A víz lassan el fog folyni. **2.** kiszárad; kiszárít; megszárít: *leave the glasses to drain* hagyja a poharakat megszáradni **3.** *(poharat)* teljesen kiiszik; kiürít **4.** *(erőforrást)* kiszipolyoz; elhasznál: *The journey drained me.* Az utazás teljesen kifárasztott.
drainpipe ['dreɪnpaɪp] <fn> [C] **1.** ereszcsatorna **2.** szennyvízcsatorna
dram [dræm] <fn> [C] *(általában whisky)* korty alkohol
drama ['drɑːmə] <fn> **1.** [C] színdarab; színmű; dráma: *watch a drama by Shakespeare* egy Shakespeare-drámát néz **2.** [C] színművészet; színműirodalom; drámaírás: *He's a student of drama.* Színművészetet tanul. **3.** [C, U] átv dráma(i esemény): *There was a big drama at the shop when the shelf fell down.* Óriási dráma volt a boltban, amikor lezuhant a polc.
dramatic [drə'mætɪk] <mn> **1.** szín(ház)i; drámai: *dramatic club* színjátszó klub ∗ *dramatic performance* színielőadás **2.** drámai; megrázó **3.** izgalmas; hatásos
dramatise ['dræmətaɪz] BrE → **dramatize**
dramatize ['dræmətaɪz] <ige> **1.** *(regényt stb.)* színre/színpadra alkalmaz; megfilmesít **2.** átv drámát csinál; nagy felhajtást csinál
drank [dræŋk] → **¹drink**
drastic ['dræstɪk] <mn> erőteljes; drasztikus; szigorú; hatásos
¹draught [drɑːft] <fn> **1.** [C] (lég)huzat **2.** [C] korty: *at a draught* egy hajtásra **3.** [C] *(hajóé)* merülési magasság **4. draughts** [U + sing v] *(játék)* dáma

♦ **beer on draught** csapolt sör

²draught [drɑːft] <mn> **1.** igavonó: *draught horse* igavonó ló **2.** csapolt: *draught beer* csapolt sör
draughtsman ['drɑːftsmən] <fn> [C] műszaki rajzoló
draughty ['drɑːftɪ] <mn> huzatos
¹draw [drɔː] <ige> (drew, drawn) **1.** (le)rajzol: *draw a picture of sg* lerajzol vmit **2.** (ki)húz;

dresser

előhúz: *He drew a card.* Kihúzott egy kártyát. ∗ *She drew a pair of scissors from her bag.* A táskájából előhúzott egy ollót. **3.** el-/behúz: *draw the curtains* behúzza a függönyöket **4.** *(pillantást, tömeget)* vonz **5.** *(levegőt)* (be)szív: *draw a deep breath* mély lélegzetet vesz **6.** *(következtetést)* levon (**from sg** vmiből): *draw a conclusion from sg* következtetést von le vmiből **7.** *(ihletet, információt)* merít (**from sy/sg** vkitől/vmitől) **8.** közeledik: *draw to an end* vége felé jár ∗ *The car drew into the village.* Az autó a falu felé közeledett. ∗ *The day of his birthday drew nearer.* Közeledett a születésnapja. **9.** húz: *She drew her coat tightly around her shoulders.* Szorosan összehúzta a kabátját. **10.** döntetlen eredményt ér el; *(mérkőzés)* döntetlenre végződik: *The team drew yesterday.* A csapat döntetlenül játszott tegnap. ∗ *The match was drawn.* A mérkőzés döntetlenre végződött. **11.** *(pénzt a bankból)* felvesz; kivesz: *I have to draw (out) $100 from the bank.* Ki kell vennem 100 dollárt a bankból.

♦ **draw (sy's) attention to sg** felhívja a figyelmet vmire ♦ **draw a blank 1.** nem jár eredménnyel **2.** eredménytelenül végződik ♦ **draw a distinction between sg and sg** különbséget tesz két dolog között ♦ **draw the line at sg** megszabja a határt ♦ **draw lots** sorsot húz

---

draw in *(napok)* rövidülnek: *The days are drawing in.* Rövidülnek a napok.
draw into sg befut; begördül vhova: *draw into the station* begördül az állomásra
draw sy on csalogat; csábít vkit
draw out *(napok)* hosszabbodnak: *The days are drawing out.* Hosszabbodnak a napok.
draw sy out beszédre bír vkit
draw sg out *(beszélgetést stb.)* elnyújt
draw up *(járművek)* megáll
draw sg up *(dokumentumot)* megfogalmaz; összeállít: *draw up a list* listát összeállít

---

²draw [drɔː] <fn> [C] **1.** döntetlen: *The match ended in a draw.* A meccs döntetlenre végződött. **2.** sorsolás; sorshúzás **3.** vonz(ó)erő
drawback ['drɔːbæk] <fn> [C] hátrány
drawer [drɔː] <fn> [C] fiók
drawing ['drɔːɪŋ] <fn> **1.** [U] rajzolás **2.** [C] rajz
drawing board ['drɔːɪŋ bɔːd] <fn> [C] rajztábla
drawing pin ['drɔːɪŋ pɪn] <fn> [C] rajzszög
drawing room ['drɔːɪŋ ruːm] <fn> [C] fogadószoba; szalon

¹drawl [drɔːl] <ige> vontatottan beszél
²drawl [drɔːl] <fn> [sing] vontatott beszéd(stílus)
¹drawn [drɔːn] <mn> *(arc)* nyúzott; fáradt
²drawn [drɔːn] → **¹draw**
¹dread [dred] <ige> retteg; fél
²dread [dred] <fn> [U] rettegés; félelem: *be in dread of sy/sg* retteg vkitől/vmitől
dreadful ['dredfl] <mn> **1.** félelmetes; szörnyű **2.** rettenetes; borzasztó; rémes: *dreadful weather* rémes idő
¹dream [driːm] <ige> (dreamt/dreamed, dreamt/dreamed) **1.** álmodik (**about/of sg** vmiről): *You must have dreamt it.* Biztosan csak álmodtad. **2.** ábrándozik; álmodozik (**of sg** vmiről): *She always dreams of becoming a singer.* Mindig arról ábrándozik, hogy énekesnő lesz.
²dream [driːm] <fn> [C] **1.** álom: *a bad dream* rossz álom ∗ *have a dream* álmodik **2.** vágyálom; ábránd: *live in a dream* álomvilágban él ∗ *It is my dream to win.* Az álmom, hogy győzzek.
dreamer ['driːmə] <fn> [C] álmodozó
dreamt [dremt] → **¹dream**
dreary ['drɪəri] <mn> (drearier, dreariest) sivár; barátságtalan; kietlen
drench [drentʃ] <ige> átáztat; átitat (**with sg** vmivel): *get drenched* bőrig ázik
¹dress [dres] <fn> **1.** [C] *(női)* ruha: *She is wearing a blue dress.* Kék ruhát visel. **2.** [U] ruha; öltözet; viselet: *They were wearing evening dress.* Estélyi ruhát viseltek.
²dress [dres] <ige> **1.** (fel)öltözik: *I dressed quickly and went to the theatre.* Gyorsan felöltöztem, és elmentem a színházba. **2.** (fel)öltöztet: *The mother dressed her children.* Az anya felöltöztette a gyerekeit. **3.** öltöz(köd)ik: *dress well* jól öltözik **4.** rendbe hoz; megigazít: *dress one's hair* megigazítja a haját ∗ *dress a shop window* kirakatot rendez **5.** *(sebet)* bekötöz; ellát: *I dressed his cut leg.* Bekötöztem az elvágott lábát. **6.** *(húst, szárnyast, halat)* tisztít **7.** *(salátát)* elkészít

♦ **be dressed to kill** nagyon kiöltözött; dögös

---

dress up kiöltözik; kicsípi magát
dress sg up felöltöztet; felcicomáz vmit (**with sg** vmivel)

---

dressage ['dresɑːʒ] <fn> [U] **1.** díjlovaglás **2.** díjhajtás
dresser ['dresə] <fn> [C] **1.** BrE tálalóasztal; konyhaszekrény; kredenc **2.** AmE toalettasztal; fésülködőasztal **3.** öltöztető(nő)

dressing ['dresɪŋ] <fn> **1.** [C] *(seben)* kötés; kötszer **2.** [C, U] *(saláta)* öntet

dressing gown ['dresɪŋ gaʊn] <fn> [C] fürdőköpeny; köntös; pongyola

dressing room ['dresɪŋ ruːm] <fn> [C] öltöző

dressing table ['dresɪŋ teɪbl] <fn> [C] fésülködőasztal

dressmaker ['dres,meɪkə] <fn> [C] varrónő

drew [druː] → **¹draw**

¹dribble ['drɪbl] <ige> **1.** csepeg; csurog; szivárog **2.** csepegtet; csurgat: *dribble out a liquid* folyadékot kicsepegtet **3.** nyáladzik **4.** *(futballban)* cselez **5.** *(futballban labdát)* cselezve vezet

²dribble ['drɪbl] <fn> **1.** [C, U] csepegés; szivárgás **2.** [C, U] nyáladzás **3.** [C] sp *(futballban)* cselezés

¹dried [draɪd] <mn> *(gyümölcs stb.)* szárított; aszalt

²dried [draɪd] → **²dry**

¹drier ['draɪə] <fn> [C] *(haj- stb.)* szárító

²drier ['draɪə] → **¹dry**

¹drift [drɪft] <ige> **1.** *(vízben, levegőben)* sodródik; úszik; lebeg: *drift with the current* úszik az árral ∗ *The boat drifted down the river.* A csónak lefelé sodródott a folyón. **2.** sodródik; bolyong: *let oneself drift* elhagyja magát **3.** *(hó)* (fel)halmozódik **4.** irányul; halad; sodródik (vmi felé): *drift into war* háborúba sodródik

> **drift apart** eltávolodik

²drift [drɪft] <fn> **1.** [C, U] áramlás; sodródás; mozgás **2.** [sing] szándék; irány(zat); tendencia: *the drift of his lecture* előadásának célja **3.** [C] hókupac; futóhomok

¹drill [drɪl] <fn> [C] **1.** fúró(gép) **2.** gyakorlat(ozás); kiképzés

²drill [drɪl] <ige> **1.** (át)fúr; kifúr **2.** gyakorlatozik **3.** begyakoroltat; kiképez; besulykol

¹drink [drɪŋk] <ige> (drank, drunk) **1.** iszik: *drink a cup of coffee* egy csésze kávét iszik **2.** *(alkoholt)* iszik: *He has drunk so much that his wife divorced him.* Annyit ivott, hogy a felesége elvált tőle.

> **drink sg in** beszív; magába szív vmit
> **drink to sy** vkinek az egészségére iszik
> **drink sg up** *(a poharat)* az utolsó csöppig kiüríti/kiissza

²drink [drɪŋk] <fn> [C, U] **1.** ital; innivaló: *have a drink* iszik egyet **2.** alkohol; szeszes ital: *He drank too much drink.* Túl sok szeszes italt ivott.

drink-driver [,drɪŋk'draɪvə] <fn> [C] ittas vezető

drink-driving [,drɪŋk'draɪvɪŋ] <fn> [U] ittas vezetés

drinking ['drɪŋkɪŋ] <fn> [U] iszákosság; részegeskedés

drinking water ['drɪŋkɪŋ wɔːtə] <fn> [U] ivóvíz

¹drip [drɪp] <ige> (dripping, dripped) **1.** csöpög **2.** csöpögtet

²drip [drɪp] <fn> **1.** [sing] csöpögés **2.** [sing] csöpögtetés **3.** [C] csöpp **4.** [C] orv BrE infúzió: *He was on a drip after the accident.* Infúzión volt a baleset után.

¹drip-dry [,drɪp'draɪ] <mn> facsarás/csavarás nélkül (száradó); vasalást nem igénylő

²drip-dry ['drɪpdraɪ] <ige> *(ruhát)* facsarás/csavarás nélkül, vasalást nem igénylően szárít

¹dripping ['drɪpɪŋ] <mn> csöpögő: *dripping wet* csuromvizes

²dripping ['drɪpɪŋ] <fn> [U] pecsenyelé; szaft

¹drive [draɪv] <ige> (drove, driven) **1.** *(járművet)* vezet: *drive a car* autót vezet **2.** kocsival megy/jár: *I usually drive to work.* Általában kocsival járok dolgozni. **3.** autóval elvisz: *My friend drove me to the school.* A barátom vitt el az iskolába. **4.** *(kellemetlen/rossz helyzetbe/állapotba)* (bele)kerget; (bele)kényszerít; késztet: *drive sy to despair* kétségbe ejt vkit ∗ *drive sy crazy* őrületbe kerget/megőrjít vkit **5.** *(pl. szöget)* beüt; bever: *drive a nail into the wall* szöget ver be a falba **6.** *(vmilyen cselekvésre kényszerít)* hajt; hajszol; kerget: *He drives himself so hard.* Agyonhajszolja magát. **7.** *(gépet)* hajt; működtet: *The engine drives the wheels.* A motor hajtja a kerekeket. **8.** *(állatot)* hajt; terel

♦ **drive a hard bargain** előnyös üzletet köt ♦ **drive sg home (to sy)** megértet vmit vkivel

> **drive at sg** céloz vmire; akar vmit: *What are you driving at?* Mire célzol?
> **drive away** *(autóval)* elhajt
> **drive sy/sg away** elűz; elhajt; elsodor; útjából kitérít vkit/vmit
> **drive off** *(kocsival)* elhajt
> **drive sy/sg off** elkerget vkit/vmit

²drive [draɪv] <fn> **1.** [C] autó(ká)zás; kocsikázás: *We went for a short drive in my brother's car.* Egy rövid autó(ká)zásra mentünk a bátyám autójával. ∗ *It's only a five-minute drive* *(away).* Autóval csak öt percnyire van. **2.** [C] kocsifelhajtó/-behajtó; kocsiút **3.** [C] utca **4.** [C] kampány; mozgalom **5.** [U] energia; lendület: *He has drive and initiative.* Van benne lendület és kezdeményező kedv. **6.** [C, U] ösztön **7.** [C] sp hosszú, egyenes ütés **8.** [C] infor (lemez)meghajtó **9.** [U] gk (meg)hajtás: *front-wheel drive* elsőkerék-meghajtás

drive-by ['draɪvbaɪ] <mn> *(bűncselekmény)* mozgó autóból végrehajtott

drive-in ['draɪvɪn] <fn> [C] AmE **1.** autósmozi **2.** autósvendéglő

¹**drivel** ['drɪvl] <fn> [U] **1.** badar/süket beszéd **2.** ostobaság; sületlenség

²**drivel** ['drɪvl] <ige> (drivelling, drivelled; AmE driveling, driveled) ostobaságokat beszél; hetet-havat összehord

driven ['drɪvn] → ¹**drive**

driver ['draɪvə] <fn> [C] **1.** sofőr; (gépkocsi)vezető **2.** (fogat)hajtó **3.** infor driver; *(program)* meghajtó

driver's license ['draɪvərz ˌlaɪsns] <fn> [C] AmE vezetői engedély; jogosítvány

driveway ['draɪvweɪ] <fn> [C] kocsifelhajtó/-behajtó; kocsiút

¹**driving** ['draɪvɪŋ] <fn> [U] **1.** (jármű)vezetés **2. (coach) driving** fogathajtás

²**driving** ['draɪvɪŋ] <mn> **1.** erőteljes: *driving rain* felhőszakadás **2.** hajtó: *driving force* hajtóerő

driving instructor ['draɪvɪŋ ɪnˌstrʌktə] <fn> [C] (gép)járművezető-oktató

driving lesson ['draɪvɪŋ ˌlesn] <fn> [C] járművezető-képző óra: *take/have driving lessons* gépjárművezető-tanfolyamra jár

driving licence ['draɪvɪŋ ˌlaɪsns] <fn> [C] vezetői engedély; jogosítvány

driving school ['draɪvɪŋ skuːl] <fn> [C] autósiskola

driving test ['draɪvɪŋ test] <fn> [C] gépjárművezetői vizsga

¹**drizzle** ['drɪzl] <fn> [U] szemerkélő/szitáló eső

²**drizzle** ['drɪzl] <ige> *(eső)* szemerkél; szitál

¹**drone** [drəʊn] <ige> **1.** *(gép)* zúg; búg **2.** zümmög

drone on monoton hangon beszél

²**drone** [drəʊn] <fn> [sing] **1.** zúgás; búgás: *the drone of an engine* egy gép zúgása **2.** zümmögés; döngés: *the drone of insects* bogarak zümmögése

³**drone** [drəʊn] <fn> [C] *(méh)* here

droop [druːp] <ige> **1.** lekonyul; ellankad; elhervad **2.** elszontyolodik; elkedvetlenedik

¹**drop** [drɒp] <ige> (dropping, dropped) **1.** (le-)ejt; elejt; *(bombát)* (le)dob; *(levelet)* bedob: *I dropped the glass and it broke.* Leejtettem a poharat, és összetört. **2.** (le)esik: *The plate dropped from the table.* A tányér leesett az asztalról. **3.** összeesik; elesik: *He almost dropped with surprise.* Majdnem összeesett a meglepetéstől. **4.** (le)csökken; (le)süllyed; (le)csökkent: *drop one's voice* halkabban beszél * *Prices dropped last year.* Az árak tavaly csökkentek. * *The temperature will drop to minus 3.* A hőmérséklet le fog süllyedni mínusz 3 fokra. **5.** kitesz; letesz (**sy** vkit): *Shall we drop you at school?* Letegyünk az iskolánál? **6.** abbahagy (**sg** vmit); felhagy (**sg** vmivel): *I am going to drop history this year.* Abbahagyom/Kihagyom idén a történelmet. **7.** kihagy (**sy/sg** vkit/vmit) (**from sg** vhonnan): *He was dropped from the team.* Kihagyták a csapatból. **8.** csöpög

♦ **drop dead** biz holtan esik össze ♦ **drop sy a line** biz pár sort ír vkinek ♦ **The penny has dropped.** Leesett a tantusz.

drop by *(látogatóba)* fel-/beugrik
drop in (on sy) *(látogatóba)* benéz (vkihez)
drop off 1. leesik; lehull **2.** *(érdeklődés)* hanyatlik; csökken **3.** biz elalszik; elbóbiskol
drop sy off *(járműből)* kitesz; letesz vkit
drop out (of sg) visszalép (vmitől); lemorzsolódik; kimarad (vhonnan); *(versenyből)* kiesik

²**drop** [drɒp] <fn> **1.** [C] csepp: *a drop of rain* esőcsepp * *drop by drop* cseppenként **2.** [sing] (le)esés; visszaesés; csökkenés; hanyatlás: *a drop in prices* árcsökkenés **3.** [C] *(folyadék)* egy kevés: *I'll have a drop of milk in my coffee.* Egy kevés tejjel fogom inni a kávét. **4.** [C] cukorka; drazsé **5. drops** [pl] *(orvosság)* cseppek

♦ **at the drop of a hat** azonnal; egyik pillanatról a másikra ♦ **a drop in the bucket** csepp a tengerben

drop-out [ˌdrɒp'aʊt] <fn> [C] **1.** kimaradt/lemorzsolódott tanuló; lemorzsolódás **2.** társadalmi szokások ellen lázadó ember

droppings ['drɒpɪŋz] <fn> [pl] *(madaraké, állatoké stb.)* ürülék

drought [draʊt] <fn> [C, U] szárazság; aszály

drove [drəʊv] → ¹**drive**

drown [draʊn] <ige> **1.** vízbe fullad; megfullad: *She fell into the river and drowned.* Beleesett a vízbe és megfulladt. **2.** vízbe fojt: *drown oneself* vízbe öli magát **3.** *(földet)* eláraszt; elönt **4.** *(hangot)* elnyom; elfojt; elnyel

drowse [draʊz] <ige> **1.** elálmosít **2.** szundikál
drowsiness ['draʊzɪnəs] <fn> [U] álmosság; kábaság
drowsy ['draʊzɪ] <mn> **1.** álmos; kába **2.** álmosító
¹drudge [drʌdʒ] <fn> átv kuli; rabszolga
²drudge [drʌdʒ] <ige> kulizik; robotol
drudgery ['drʌdʒərɪ] <fn> [U] robot(olás); rabszolgamunka; lélekölő munka; kulimunka; favágás
¹drug [drʌg] <fn> [C] **1.** gyógyszer: *The doctor gave me a new drug for my stomach.* Az orvos új gyógyszert adott a gyomromra. **2.** kábítószer; drog: *take drugs* kábítószert fogyaszt/szed ∗ *He's on drugs.* Kábítószerezik./Drogozik.
²drug [drʌg] <ige> (drugging, drugged) **1.** kábítószert ad be; elkábít **2.** kábítószert szed; drogozik **3.** *(ételbe, italba)* kábítószert kever
drug abuse ['drʌg ə‚bjuːs] <fn> [U] kábítószerrel való visszaélés
drug addict ['drʌg ‚ædɪkt] <fn> [C] kábítószerfüggő (ember); drogos; drogfüggő
drug addiction ['drʌg ə‚dɪkʃn] <fn> [U] kábítószer-függőség; drogfüggőség
drug deal ['drʌg‚diːl] <fn> [C] kábítószerüzlet
drug dealer ['drʌg‚diːlə] <fn> [C] kábítószerárus; drogárus
drugstore ['drʌgstɔː] <fn> [C] AmE illatszerbolt és gyógyszertár; drogéria
drug trafficking ['drʌg‚træfɪkɪŋ] <fn> [U] kábítószer-kereskedelem; kábítószer-csempészés
¹drum [drʌm] <fn> [C] **1.** zene dob: *play the drums* dobol **2.** *(dob alakú)* tartály; (fém)hordó: *oil drum* olajoshordó
²drum [drʌm] <ige> (drumming, drummed) **1.** dobol: *He likes to drum.* Szeret dobolni. **2.** *(ujjaival)* dobol: *drum one's fingers on the table* dobol az ujjaival az asztalon

> **drum sg into sy** belesulykol; fejébe ver vkinek vmit
> **drum sg up** *(támogatást)* szerez

drummer ['drʌmə] <fn> [C] dobos
drumstick ['drʌmstɪk] <fn> [C] **1.** dobverő **2.** csirkecomb
¹drunk [drʌŋk] <mn> részeg; ittas: *dead drunk* tökrészeg ∗ *drunk with joy* örömtől mámoros
²drunk [drʌŋk] <fn> [C] részeges/iszákos (ember)
³drunk [drʌŋk] → **¹drink**
drunkard ['drʌŋkəd] <fn> [C] részeges/iszákos (ember)

drunken ['drʌŋkən] <mn> részeg; ittas
¹dry [draɪ] <mn> (drier, driest) **1.** száraz: *The washing isn't dry yet.* A mosott ruhák még nem száradtak meg. **2.** *(haj, bőr)* kiszáradt; száraz **3.** *(bor, pezsgő)* száraz: *I like dry red wine.* A száraz vörösbort szeretem. **4.** *(beszéd)* száraz; unalmas; *(humor)* fanyar **5.** szomjas: *be/feel dry* szomjas **6.** *(gyümölcs)* szárított **7.** *(ország)* alkoholfogyasztást tiltó: *dry law* alkoholfogyasztást tiltó törvény ∗ *…is a dry country* alkoholfogyasztást tiltó ország
²dry [draɪ] <ige> (dries, drying, dried) **1.** (meg-)szárad; kiszárad: *It'll dry in the sun.* Meg fog száradni a napon. **2.** (meg)szárít; aszal: *She dries her hair in the sun.* A napon szárítja a haját.

> **dry out** kiszárad
> **dry sg out** kiszárít vmit
> **dry sy out** leszoktat az alkoholról vkit
> **dry up 1.** kiszárad; felszárad; elapad **2.** megszűnik; befejeződik **3.** elhallgat; *(beszédébe)* belesül
> **dry sg up** *(edényt stb.)* eltörölget

dry-clean [‚draɪ'kliːn] <ige> szárazon tisztít; vegytisztít
dry-cleaner's [‚draɪ'kliːnəz] <fn> [C] vegytisztító
dual ['djuːəl] <mn> kettős
dual carriageway [‚djuːəl'kærɪdʒweɪ] <fn> [C] osztott pályás úttest; autópálya
dual citizenship [‚djuːəl'sɪtɪznʃɪp] <fn> [U] kettős állampolgárság
dual nationality [‚djuːəl'næʃə'nælətɪ] <fn> [U] kettős állampolgárság
dub [dʌb] <ige> (dubbing, dubbed) **1.** elnevez; vminek hív; csúfol: *He was dubbed by the newspapers "The Devil".* Az újságok úgy nevezték el, hogy „az Ördög". **2.** *(filmet)* szinkronizál: *The film was dubbed into Hungarian.* A filmet magyarra szinkronizálták.
dubious ['djuːbɪəs] <mn> **1.** kétkedő; bizonytalan (**about sg** vmivel kapcsolatban) **2.** kétes; gyanús; félreérthető
duchess ['dʌtʃɪs] <fn> [C] hercegnő; hercegné
duchy ['dʌtʃɪ] <fn> [C] hercegi uradalom; hercegség
¹duck [dʌk] <fn> (ducks v. duck) **1.** [C] kacsa **2.** [U] kacsa(hús)
  ♦ **like water off the duck's back** mint a falra hányt borsó ♦ **take to sg like a duck to water** úgy megy neki, mintha mindig ezt csinálta volna/mint a karikacsapás
²duck [dʌk] <ige> **1.** félrekapja a fejét; behúzza a nyakát: *She ducked so the ball couldn't hit her.*

Behúzta a nyakát, így a labda nem találta el. **2.** víz alá nyom; lebuktat **3.** alábukik; lemerül **4.** átv biz kibújik (**out of sg** vmi alól)

duct [dʌkt] <fn> [C] **1.** *(élő testben)* csatorna; járat; vezeték: *tear ducts* könnycsatorna **2.** (cső)vezeték

¹dud [dʌd] <fn> [C] értéktelen dolog; hamisítvány

²dud [dʌd] <mn> biz *(csekk)* fedezetlen; *(bankjegy)* hamis: *a dud coin* hamis pénzérme

¹due [dju:] <mn> **1.** várható: *The plane is due at 12 o'clock.* A repülőgépnek 12 órára kell megérkeznie. ∗ *She is due to start school next year.* Jövőre kell elkezdenie az iskolát. **2.** lejáró; esedékes: *be/become due* esedékessé válik; lejár ∗ *Our rent will be due at the beginning of November.* A lakbér november elején lesz esedékes. **3.** tulajdonítható; köszönhető (**to sy/sg** vkinek/vminek): *The accident was due to fast driving.* A baleset a gyorshajtásnak köszönhető. ∗ *Her illness was due to the cool weather.* Betegsége a hűvös időnek volt köszönhető. **4.** jogosult; kijár (**to sy** vkinek vmi): *sy is due for sg* vkinek jár/esedékes vmi ∗ *He's due for promotion soon.* (Most már) hamarosan esedékes az előrelépése.

♦ **in due course** megfelelő időben; pontosan ♦ **in due form** kellő formák között

²due [dju:] <hsz> *(vmelyik égtáj felé)* egyenesen; pontosan: *The plane was flying due north.* A repülőgép egyenesen észak felé repült.

³due [dju:] <fn> [C] **1.** követelés; járandóság; jutalék: *give him his due* megadja neki azt, ami megilleti **2. dues** [pl] illeték; adó; díj; tagdíj

duel ['dju:əl] <fn> [C] párbaj

duet [dju'et] <fn> [C] duett; kettős

dug [dʌg] → **¹dig**

duke [dju:k] <fn> [C] herceg

¹dull [dʌl] <mn> **1.** unalmas; egyhangú: *a dull film* unalmas film ∗ *His life is so dull.* Olyan egyhangú az élete. **2.** *(szín)* matt; fakó **3.** *(fájdalom, zaj)* tompa: *I felt a dull pain in my stomach.* Tompa fájdalmat éreztem a gyomromban. **4.** tompa; életlen: *a dull knife* tompa/életlen kés **5.** lassú észjárású; buta

²dull [dʌl] <ige> **1.** (el)tompít; (el)butít **2.** eltompul; elbutul **3.** *(szerszámot)* tompává tesz **4.** *(hangot)* tompít; *(fájdalmat)* enyhít **5.** *(színt)* kifakít

duly ['dju:lɪ] <hsz> **1.** illendően; megfelelően; helyesen **2.** kellő időben; pontosan

dumb [dʌm] <mn> **1.** néma: *be deaf and dumb* süketnéma ∗ *a dumb show* némajáték ∗ *strike sy dumb* elnémít vkit **2.** hallgatag **3.** biz ostoba; buta

♦ **dumb as a fish** kuka

dumb-bell ['dʌmbel] <fn> [C] súlyzó

dumbfound [dʌm'faʊnd] <ige> meglep; meghökkent; megdöbbent; elképeszt

dumbfounded [dʌm'faʊndɪd] <mn> meglepett; meghökkent; megdöbbent; elképedt

dummy ['dʌmɪ] <fn> [C] (dummies) **1.** *(kirakati)* próbababa **2.** biz *(ember)* ostoba; buta **3.** cumi **4.** *(tárgy)* utánzat; vminek látszó tárgy: *a dummy gun* fegyvernek látszó tárgy

¹dump [dʌmp] <ige> **1.** lehajigál: *My children always dump their clothes in the middle of the room.* A gyermekeim mindig lehányják a ruháikat a szoba közepén. **2.** kiönt; kirak; kiborít; lerak: *They dumped the rubbish by the side of the fence.* A szemetet a kerítés mentén rakták le. **3.** biz ejt; elhagy (**sy** vkit): *She dumped him for another boy.* Ejtette a fiút egy másik miatt.

²dump [dʌmp] <fn> [C] **1.** szemétdomb; szeméttelep **2.** katonai raktár **3.** biz koszfészek

♦ **down in the dumps** szomorú; lehangolt; maga alatt van

dumping ['dʌmpɪŋ] <fn> [U] lerakás; lehányás; kiborítás; kiöntés

dumpling ['dʌmplɪŋ] <fn> [C] gombóc

dune [dju:n] <fn> [C] (homok)dűne; homokbucka; homokdomb

dungarees [ˌdʌŋgə'ri:z] <fn> [pl] BrE kantáros nadrág

dungeon ['dʌndʒən] <fn> [C] *(föld alatti)* (vár)börtön

dunk [dʌŋk] <ige> mártogat; tunkol; áztat

duo ['dju:əʊ] <fn> [C] (duos) duó; duett; kettős

¹dupe [dju:p] <ige> becsap; rávesz (**sy into doing sg** vkit vmi megtételére): *He was duped into giving them his passport.* Rávették, hogy adja oda az útlevelét.

²dupe [dju:p] <fn> [C] becsapott alak; rászedett ember; balek

¹duplicate ['dju:plɪkeɪt] <ige> **1.** (le)másol; másolatot készít **2.** sokszorosít **3.** (meg)ismétel

²duplicate ['dju:plɪkət] <fn> [C] **1.** másolat; duplum **2.** másodpéldány; másolat

³duplicate ['dju:plɪkət] <mn> másolt

durable ['djʊərəbl] <mn> tartós; maradandó; elkoptathatatlan

durable goods [ˌdjʊərəbl 'gʊdz] <fn> [pl] gazd AmE tartós fogyasztási cikkek

duration [dju'reɪʃn] <fn> [U] (idő)tartam; (vminek az) ideje

during ['djʊərɪŋ] <elölj> vminek a folyamán; alatt; közben: *during that time* ezalatt

dusk [dʌsk] <fn> [U] alkony; szürkület; félhomály

¹dust [dʌst] <fn> [U] por: *a speck of dust* porszem ♦ **bite the dust** fűbe harap ♦ **raise dust** (nagy) port kavar fel; botrányt csinál

²dust [dʌst] <ige> **1.** leporol; *(port)* (le)töröl(get): *I dusted the furniture this morning.* Ma reggel leporoltam a bútorokat. **2.** beszór; behint: *cake dusted with sugar* cukorral meghintett sütemény

dustbin ['dʌstbɪn] <fn> [C] szemétláda; szemetesvödör; szeméttartó; szemeteskuka: *I threw the empty bottles into the dustbin.* Az üres üvegeket kidobtam a szemesládába.

duster ['dʌstə] <fn> [C] portörlő (rongy)

dust jacket ['dʌst dʒækɪt] <fn> [C] *(könyvé)* borító

dustman ['dʌstmən] <fn> [C] (dustmen) *(ember)* szemetes

dustpan ['dʌstpæn] <fn> [C] *(takarításhoz)* szemétlapát

dusty ['dʌsti] <mn> poros

¹Dutch [dʌtʃ] <mn> holland

²Dutch [dʌtʃ] <fn> **1. the Dutch** [pl] a hollandok **2.** [U] *(nyelv)* holland

Dutchman ['dʌtʃmən] <fn> [C] (Dutchmen) *(férfi)* holland

Dutchwoman ['dʌtʃ,wʊmən] <fn> [C] (Dutchwomen) *(nő)* holland

dutiful ['djuːtɪfl] <mn> **1.** kötelességtudó **2.** engedelmes; szófogadó; alázatos

duty ['djuːti] <fn> (duties) **1.** [C, U] kötelesség: *in duty bound* kötelességszerűen ∗ *do one's duty* teljesíti a kötelességét ∗ *It is my duty to help my mother.* Kötelességem segíteni az (édes)anyámnak. **2.** [C, U] feladat; szolgálat: *on duty* szolgálatban ∗ *off duty* szolgálaton kívül ∗ *do duty for sy* helyettesít vkit **3.** [C] vám; illeték: *liable to duty* vámköteles

duty-free [,djuːtɪ'friː] <mn> gazd vámmentes; illetékmentes

duvet ['duːveɪ] <fn> [C] (pehely)paplan; steppelt paplan

DVD [,diːviː'diː] [= digital videodisc/digital versatile disk] <fn> [C] (DVDs) DVD (= digitális videolemez)

DVD player [,diːviː'diː pleɪə] <fn> [C] DVD-lejátszó

¹dwarf [dwɔːf] <fn> [C] (dwarfs v. dwarves) törpe

²dwarf [dwɔːf] <ige> átv eltörpít: *be dwarfed by sg* eltörpül vmi mellett

dwell [dwel] <ige> (dwelt/dwelled, dwelt/dwelled) lakik; tartózkodik: *dwell on an island* egy szigeten lakik

> **dwell on/upon sg** *(témánál, tárgynál)* hosszasan időzik

dwelling ['dwelɪŋ] <fn> [C] lakás; lakóhely

dwelt [dwelt] → **dwell**

dwindle ['dwɪndl] <ige> csökken; gyengül; fogy: *dwindle to nothing* semmivé lesz

¹dye [daɪ] <fn> [C, U] (dyes) festék

²dye [daɪ] <ige> (dyes, dyeing, dyed) *(hajat, textíliát)* (be)fest: *She dyed her hair blond.* Szőkére festette a haját.

dying ['daɪɪŋ] <mn> **1.** *(ember)* haldokló; *(hang)* elhaló: *dying words* (az elhunyt) utolsó szavai ∗ *in a dying voice* elhaló hangon **2.** *(szokás, intézmény)* halódó; megszűnő

dyke [daɪk] <fn> [C] (védő)gát; töltés

dynamic [daɪ'næmɪk] <mn> **1.** fiz dinamikai; dinamikus **2.** dinamikus; erőteljes; lendületes

dynamite ['daɪnəmaɪt] <fn> [U] **1.** dinamit **2.** szenzáció

dynamo ['daɪnəməʊ] <fn> [C] (dynamos) el dinamó

dynasty ['dɪnəsti, AmE 'daɪnəsti] <fn> [C] (dynasties) dinasztia; uralkodóház

dyslexia [dɪs'leksɪə] <fn> [U] diszlexia

¹dyslexic [dɪs'leksɪk] <mn> diszlexiás

²dyslexic [dɪs'leksɪk] <fn> [C] diszlexiás (ember)

E, e

¹E, e [iː] <fn> [C, U] (E's, e's) **1.** *(betű)* E; e **2. E** zene *(hang)* E; e: E major E-dúr ∗ E minor e-moll **3. E** AmE *(osztályzat)* gyenge elégséges

²E 1. [= East] K (= kelet) **2.** [= Eastern] K-i (= keleti) **3.** [= Ecstasy] szl *(kábítószer)* ecstasy

e- [iː] [= electronic] <előtag> infor elektronikus: *e-mail* elektronikus levél ∗ *e-commerce* elektronikus/internetes kereskedelem

¹each [iːtʃ] <det> mindegyik; minden (egyes): *Each student was present.* Mindegyik tanuló jelen volt. ∗ *Each flower in this garden is pink.* Ebben a kertben minden (egyes) virág rózsaszín.

²each [iːtʃ] <névm> **1.** mindegyik; minden (egyes): *each of the answers* mindegyik válasz; minden (egyes) válasz **2. each other** egymás(t): *They looked at each other.* Egymást nézték.

eager ['iːɡə] <mn> **1.** *(diák)* buzgó; lelkes **2.** mohó; sóvár (**for/about sg** vmire): *be eager to do sg* ég a vágytól, hogy tehessen valamit ∗ *eager to learn* tudni vágyó ∗ *He is eager for her arrival.* Sóvárogva várja megérkezését. **3.** *(figyelem, pillantás)* sóvár: *eager look* sóvárgó pillantás

♦ **eager beaver** biz stréber; buzgó mócsing

eagerness ['iːɡənəs] <fn> [U] buzgalom; vágy

eagle ['iːɡl] <fn> [C] sas

eagle-eyed [ˌiːɡl'aɪd] <mn> sasszemű

¹ear [ɪə] <fn> **1.** [C] fül: *keep one's ears open* fülel; nyitva tartja a fület **2.** [U] átv *(zenei)* hallás; fül: *have no ear* nincs hallása ∗ *play (sg) by ear (hangszeren)* hallás után játszik

♦ **fall on deaf ears** süket fülekre talál
♦ **give/lend an ear to sy** meghallgat vkit
♦ **go in one ear and out of the other** egyik fülén be, a másikon ki ♦ **lend an ear to sy** meghallgat vkit ♦ **play it by ear** biz a pillanat hatása alatt dönt; abban a percben dönt ♦ **prick up one's ears** hegyezi a fület; fülel ♦ **I am all ears.** Csupa fül vagyok.

²ear [ɪə] <fn> [C] *(gabonáé)* kalász

earache ['ɪəreɪk] <fn> [U] fülfájás

earbuds ['ɪəbʌdz] <fn> [pl] fülhallgató

eardrum ['ɪədrʌm] <fn> [C] dobhártya

earl [ɜːl] <fn> [C] BrE gróf: *the Earl of Roddington* Roddington grófja

earlobe ['ɪələʊb] <fn> [C] fülcimpa

¹early ['ɜːli] <mn> (earlier, earliest) **1.** kora(i): *early morning* kora reggel ∗ *the earliest possible date* a lehető legkorábbi dátum ∗ *his early works* korai munkái ∗ *in his early days* fiatalkorában ∗ *She is in her early forties.* A negyvenes évei elején jár. **2.** régi; kezdeti; korai: *early musical instruments* régi hangszerek ∗ *in early Christian times* a kora keresztény időkben **3.** közeli: *I am waiting for your early reply.* Mielőbbi válaszodat várom. **4.** korai; idő előtti: *an early lunch* korai ebéd ∗ *her early death* korai ∗ *It's too early to leave yet.* Még túl korai elmenni.

♦ **an early bird/riser** koránkelő ♦ **keep early hours** korán fekszik és korán kel
♦ **at the very earliest** a (leges)legkorábban ♦ **The early bird gets/catches the worm.** Ki korán kel, aranyat lel.

²early ['ɜːli] <hsz> (earlier, earliest) **1.** korán: *as early as possible* amilyen korán csak lehet ∗ *it's (too) early in the day//it's early days (yet) (megítélni, eldönteni stb.)* (túl) korai ∗ *He arrived early.* Korán érkezett. ∗ *I have already seen him earlier.* Korábban már láttam őt. **2.** idő előtt; (túl) korán: *He came 5 minutes early.* 5 perccel korábban/előbb érkezett. ∗ *Hopefully the baby won't arrive earlier.* Reméllhetőleg nem jön korábban a baba. ∗ *Sorry – I know I'm early.* Elnézést – tudom, hogy korán érkeztem. **3.** korán; vminek az elején: *early in the morning* korán reggel ∗ *early in the afternoon* kora délután

early retirement [ˌɜːli rɪ'taɪəmənt] <fn> [U] korengedményes nyugdíj

¹earmark ['ɪəmɑːk] <fn> [C] **1.** ismertetőjel **2.** *(könyvben)* szamárfül

²earmark ['ɪəmɑːk] <ige> *(pénzt)* előirányoz

earmuffs ['ɪəmʌfs] <fn> [pl] fülvédő

earn [ɜːn] <ige> **1.** *(pénzt)* keres: *He earns $50 a day.* Napi 50 dollárt keres. ∗ *I earn my living by writing novels.* Regényírásból élek/keresem a kenyerem. **2.** *(elismerést, pihenést stb.)* kiérdemel

earnest ['ɜːnɪst] <mn> megfontolt; határozott; komoly: *an earnest effort* határozott erőfeszítés ∗ *an earnest student* (túl) komoly diák

earnings ['ɜːnɪŋz] <fn> [pl] kereset; jövedelem; bevétel

earphones ['ɪəfəʊnz] <fn> [pl] fülhallgató

earplug ['ɪəplʌɡ] <fn> [C] füldugó

earring ['ɪərɪŋ] <fn> [C,ált pl] fülbevaló: *a pair of earrings* fülbevaló

earshot ['ɪəʃɒt] <fn> [U] hallótávolság: *out of earshot (of sy/sg)* hallótávolságon kívül * *within earshot (of sy/sg)* hallótávolságon belül

earsplitting ['ɪə‚splɪtɪŋ] <mn> *(zaj)* fülsiketítő

¹earth [ɜːθ] <fn> **1. the Earth** [U] a Föld; földgolyó: *earth and heaven* a Föld és az ég * *nowhere on earth* biz sehol a föld kerekén * *What on earth…?* biz Mi a csuda? * *Where on earth?* biz Hol a csudában? **2.** [U] föld; talaj **3.** [U] szárazföld: *the earth and sky* a szárazföld és az ég **4.** [C] odú **5.** [C] el föld(elés)
 ♦ **come down to earth** átv *(szembenéz a valósággal)* leszáll a fellegekből ♦ **run sy/sg to earth** nyomára akad vkinek/vminek; rátalál vkire/vmire; kiszimatol vmit ♦ **who on earth?** ki a csuda?

²earth [ɜːθ] <ige> el *(vezetéket)* földel

¹earthenware ['ɜːθnweə] <fn> [U] agyag; agyagedény

²earthenware ['ɜːθnweə] <mn> agyag-

earthenware pottery ['ɜːθnweə ‚pɒtəri] <fn> [C, U] agyagedény

earthly ['ɜːθli] <mn> **1.** *(lét, örömök stb.)* földi; világi **2.** lehetséges: *there is no earthly reason (for/why)* teljesen értelmetlen; az ég-világon semmi értelme

earthquake ['ɜːθkweɪk] <fn> [C] átv is földrengés

earthworm ['ɜːθwɜːm] <fn> [C] földigiliszta

earthy ['ɜːθi] <mn> (earthier, earthiest) **1.** földi; (e)világi **2.** földszerű: *earthy smell* földszag

¹ease [iːz] <fn> [U] **1.** nyugalom; kényelem: *a life of ease* gondtalan élet **2.** természetesség; egyszerűség **3.** könnyedség: *with ease* könnye(dé)n; könnyűszerrel
 ♦ **at ease** nyugodtan; kényelmesen; ráérősen
 ♦ **be/feel at ease** lazít; nyugodt; kényelmesen tesz vmit ♦ **be/feel ill at ease** zavarban van; feszeng; kényelmetlenül érzi magát; nem érzi jól magát a bőrében ♦ **put sy at (one's) ease** megnyugtat vkit ♦ **take one's ease** kényelembe helyezi magát; kikapcsolódik

²ease [iːz] <ige> **1.** *(terhet, feladatot)* (meg)könnyít **2.** megnyugtat: *It would ease my mind if you visited him.* Megnyugtatna, ha meglátogatnád. **3.** *(fájdalmat, bánatot)* csillapít; enyhít **4.** megszabadít (**of/from sg** vmitől) **5.** cipel: *Ease this armchair carefully up the narrow staircase.* Ezt a karosszéket óvatosan vidd föl a keskeny lépcsőn!

ease off 1. *(feszültség)* felenged **2.** *(fájdalom stb.)* csökken; enyhül: *The pain has eased off.* Enyhült a fájdalom.

ease up 1. *(autóval)* lassít **2.** *(munkában)* lazít **3.** *(feszültség)* enyhül **4.** *(sebesség)* csökken

easel ['iːzl] <fn> [C] festőállvány

easily ['iːzɪli] <hsz> **1.** könnyen; könnyedén; könnyűszerrel; simán: *He easily gets tired.* Könnyen elfárad. * *She learns languages easily.* Könnyen tanul nyelveket. **2.** kétségtelenül; minden kétséget kizáróan: *easily the best* vitán felül a legjobb

¹east, East [iːst] <mn> röv E keleti: *East Africa* Kelet-Afrika * *the east coast* a keleti part * *an east wind* keleti szél * *the east side of the house* a ház keleti oldala * *East End (London szegénynegyedei)* East End

²east [iːst] <fn> [U + sing] **1.** kelet: *in the east of England* Anglia keleti részén * *to the east of Scotland* Skóciától keletre * *Wind is blowing from the east.* Keletről fúj a szél. **2.** röv E Kelet: *He lives in the east.* Keleten él./A keleti országrészen él. **3. the East** *(ázsiai országok, főleg Kína, Japán, India)* a Kelet

³east [iːst] <hsz> keletnek; keletre; kelet felé: *The train goes east.* A vonat kelet felé megy.

eastbound ['iːstbaʊnd] <mn> *(szerelvények stb.)* kelet felé tartó: *the eastbound traffic* a kelet felé tartó forgalom

> 🇬🇧 **East End**
>
> A londoni East End „docklandjeivel" (London kikötői része) korábban szegény, de barátságos munkásnegyed volt. Mára igényes lakó- és irodanegyedekkel, valamint repülőtérrel (London City Airport) rendelkező modern városrésszé változott.

Easter ['iːstə] <fn> [U, C] húsvét: *at Easter* húsvétkor * *Easter egg* húsvéti tojás * *the Easter holidays* húsvéti szünet * *Easter Sunday/Day* húsvétvasárnap * *Easter Monday* húsvéthétfő * *Happy Easter!* Boldog Húsvétot!

easterly ['iːstəli] <mn> keleti: *easterly direction* keleti irány * *an easterly wind* keleti szél

eastern, Eastern ['iːstən] <mn> röv E keleti: *Eastern Europe* Kelet-Európa * *an eastern custom* keleti szokás * *the former Eastern bloc* az egykori keleti blokk

eastward ['iːstwəd] <mn> keleti (irányú): *in an eastward direction* keleti irányba(n)

eastwards ['iːstwədz] <hsz> keletre; keleti irányba(n): *Turn eastwards.* Fordulj keletre! * *move eastwards* keleti irányba mozog

easy ['iːzɪ] <mn> **1.** könnyű: *an easy job* könnyű munka ∗ *on easy terms* fizetési könnyítéssel ∗ *That's easy for you to say.* Könnyű azt mondani! **2.** gondtalan; nyugodt; kellemes: *easy about sg* nyugodt vmi felől ∗ *an easy life* gondtalan élet **3.** barátságos; könnyed; fesztelen: *an easy smile* barátságos mosoly ∗ *of easy virtue* laza erkölcsű **4.** *(ruha)* kényelmes

♦ **easy come easy go** biz könnyen jött, könnyen ment ♦ **as easy as anything** gyerekjáték ♦ **be on easy street** jó dolga van; él, mint Marci hevesen ♦ **go easy on sy** biz kíméletesen bánik vkivel ♦ **go easy on sg** *(hogy jusson is, maradjon is)* óvatosan bánik; vigyáz vmivel; beoszt vmit ♦ **I'm easy!** Nekem mindegy!/Nem bánom! ♦ **That's easier said than done.** Könnyebb mondani, mint megtenni!/Könnyű azt mondani! ♦ **take it/things easy** nem erőlteti meg magát; lazít ♦ **Take it easy!** Ne aggódj!/Nyugi!/Csak semmi izgalom!

easy chair [ˌiːzɪ'tʃeə] <fn> [C] karosszék; fotel
easy-going [ˌiːzɪ'ɡəʊɪŋ] <mn> higgadt; lezser; kényelmes
eat [iːt] <ige> (ate, eaten) **1.** eszik: *Shall we eat at 4 o'clock?* 4 órakor együnk? ∗ *good to eat* jóízű; ehető **2.** *(sav)* kiesz; kimar

♦ **be eaten up with pride** fönt hordja az orrát ♦ **eat like a horse** zabál, mint egy ló ♦ **eat one's heart out** bánkódik; emészti magát vmi miatt ♦ **eat out of sy's hand** levesz vkit a lábáról; kezes bárány; vkinek a tenyeréből eszik ♦ **eat one's words** visszaszívja, amit mondott ♦ **eat sy out of house and home** kiesz vkit a vagyonából ♦ **I will eat my hat if...** Megeszem a kalapomat, ha... ♦ **You must eat to live.** Azért eszünk, hogy éljünk.

> **eat sg away** *(sav, rozsda)* kimar vmit
> **eat into sg** *(sav)* kimar vmit; beleeszi magát vmibe: *Acid eats into metal.* A sav beleeszi magát a fémbe.
> **eat out** nem otthon eszik; étteremben eszik

eatable ['iːtəbl] <mn> *(étel)* ehető; élvezhető
eatables ['iːtəblz] <fn> [pl] ennivaló; étel
eat-by date ['iːtbaɪˌdeɪt] <fn> [C] *(élelmiszeré)* eltarthatósági idő
eaten ['iːtn] → **eat**
eavesdrop ['iːvzdrɒp] <ige> (eavesdropping, eavesdropped) *(titokban)* hallgatódzik; fülel: *eavesdrop on sy* kihallgat vkit
¹**ebb** [eb] <fn> [U] **1.** apály: *ebb tide* apály **2.** átv mélypont; hanyatlás; (vissza)esés

♦ **the ebb and flow of sg/sy** átv ingadozás; hullámzás ♦ **be at a low ebb//be at one's lowest ebb** átv *(üzlet)* hanyatlóban van; nem mennek jól a dolgok; pocsék állapotban van ♦ **be on the ebb** átv is apad; hanyatlóban van; visszaesik

²**ebb** [eb] <ige> **1.** *(tenger)* apad **2.** hanyatlik; *(üzlet)* visszaesik; csökken: *His strength is ebbing fast.* Gyorsan hanyatlik az ereje.
ebony ['ebnɪ] <fn> [U] **1.** ében(fa) **2.** *(szín)* ébenfekete
e-book ['iːˌbʊk] <fn> [C] e-könyv
e-cash ['iːkæʃ] <fn> [U] infor elektronikus pénz; e-pénz
¹**echo** ['ekəʊ] <fn> [C] (echoes) átv is visszhang
²**echo** ['ekəʊ] <ige> (echoes, echoing, echoed) **1.** visszhangzik (**to/with sg//sg (back)** vmitől): *The cave is echoing.* Visszhangzik a barlang. ∗ *The hills echoed with our cries.* A hegy kiáltásainktól visszhangzott/zengett. **2.** visszhangoz; ismétel: *She echoed his opinion.* A véleményét visszhangozta.
¹**eclipse** [ɪ'klɪps] <fn> [C] **1.** *(napé, holdé)* fogyatkozás: *eclipse of the moon//lunar eclipse* holdfogyatkozás ∗ *eclipse of the sun//solar eclipse* napfogyatkozás ∗ *a total/partial eclipse (of the sun)* teljes/részleges napfogyatkozás **2.** hanyatlás: *be in eclipse* hanyatlóban van
²**eclipse** [ɪ'klɪps] <ige> (eclipsing, eclipsed) **1.** háttérbe szorít; elhomályosít; eltakar **2.** felülmúl; túlszárnyal: *Your success eclipsed his achievements.* Sikered felülmúlta az ő eredményeit.
ecofriendly ['iːkəʊˌfrendlɪ] <mn> környezetbarát
ecological [ˌiːkə'lɒdʒɪkl] <mn> ökológiai: *ecological balance* ökológiai egyensúly
ecologically [ˌiːkə'lɒdʒɪklɪ] <hsz> ökológiailag: *ecologically beneficial* környezetbarát
ecologist [ɪ'kɒlədʒɪst] <fn> [C] ökológus
ecology [ɪ'kɒlədʒɪ] <fn> [U] ökológia; környezettan
e-commerce ['iːˌkɒmɜːs] <fn> [U] e-kereskedelem; elektronikus kereskedelem
economic [ˌiːkə'nɒmɪk] <mn> **1.** (köz)gazdasági: *economic aid* gazdasági segély ∗ *economic life* gazdasági élet ∗ *economic growth* gazdasági növekedés ∗ *economic policy* gazdaságpolitika ∗ *economic reforms* gazdasági reformok ∗ *the country's economic future* az ország gazdasági jövője **2.** gazdaságos; jövedelmező; rentábilis: *This system is more economic.* Ez a rendszer rentábilisabb.
economical [ˌiːkə'nɒmɪkəl] <mn> **1.** *(ember)* takarékos; beosztó **2.** *(autó, fűtés stb.)* gazdaságos; kifizetődő

♦ **economical with the truth** nem erőssége az igazmondás
economics [ˌiːkəˈnɒmɪks] <fn> [U, sing] közgazdaság-tudomány, közgazdaságtan
economist [ɪˈkɒnəmɪst] <fn> [C] közgazdász
economize [ɪˈkɒnəmaɪz] <ige> takarékoskodik; takarékosan bánik (**on sg** vmivel); jól beoszt (**sg** vmit)
economy [ɪˈkɒnəmi] <fn> [C] (economies) **1.** takarékosság; megtakarítás: *economy class (repülőn)* turistaosztály ∗ *economy pack* gazdaságos csomagolás ∗ *make economies* takarékoskodik ∗ *practice economy* takarékoskodik **2.** *(országé)* (köz)gazdaság; gazdasági rendszer/élet: *the world economy* világgazdaság **3.** gazdaságtan
ecosystem [ˈiːkəʊˌsɪstəm] <fn> [C] ökorendszer
ecotourism [ˈiːkəʊˌtʊərɪzm] <fn> [U] ökoturizmus
ecstasy [ˈekstəsi] <fn> (ecstasies) **1.** [C, U] eksztázis; örömmámor; elragadtatás: *go into ecstasy over sg* vmin fellelkesedik; ujjong vmi miatt **2. Ecstasy** [U] röv **E** ecstasy (tabletta)
ecumenical [ˌiːkjuːˈmenɪkl] <mn> ökumenikus
ecumenism [iˈkjuːmənɪzm] <fn> [U] ökumenizmus
eczema [ˈeksɪmə] <fn> [U] orv ekcéma
ed., Ed. 1. [= edited (by)] szerkesztette **2.** [= edition] *(könyvé, sajtóterméké stb.)* kiad. (= kiadás) **3.** [= editor] *(könyvé, újságé stb.)* szerk. (= szerkesztő)
¹**eddy** [ˈedi] <fn> [C] (eddies) örvény; forgatag
²**eddy** [ˈedi] <ige> (eddies, eddying, eddied) kavarog
¹**edge** [edʒ] <fn> [C] **1.** él: *the edge of the sword* a kard éle ∗ *have no edge* nincs éle; tompa ∗ *have a sharp edge* éles **2.** *(függönyé, szöveté, ruhadarabé, asztalé, úté, papíré)* szél; perem; karima; szegély: *the edge of the table* az asztal széle ∗ *a small house on the edge of the village* egy kis ház a falu szélén
♦ **be on edge** ideges; ingerült; izgatott; tűkön ül ♦ **have an edge on/over sy//have the upper edge** előnyben van vkivel szemben ♦ **set sy's teeth on edge** (fel)borzolja/őrli az idegeit; ideigeire megy (vmi vkinek) ♦ **take the edge off sg** letompít vmit; elveszi vminek az élét
²**edge** [edʒ] <ige> (edging, edged) **1.** beszeg; szegélyez: *a skirt edged with white lace* fehér csipkével (be)szegett szoknya **2.** közelebb húz: *Edge your chair nearer to me.* Húzd közelebb hozzám a székedet! ∗ *He edged closer to her.* Közelebb húzódott/furakodott hozzá.

---

edge away elsomfordál
edge in besompolyog; befurakodik
edge off kisomfordál
edge sy out (of) *(állásból)* megfúr vkit; kitúr vkit

---

edgeways [ˈedʒweɪz] <hsz> féloldalt; oldalvást
♦ **I could hardly get a word in edgeways.** Alig jutottam szóhoz.
edgewise [ˈedʒwaɪz] AmE → **edgeways**
edgy [ˈedʒi] <mn> *(ember)* ingerült; ideges
edible [ˈedəbl] <mn> ehető
edict [ˈiːdɪkt] <fn> [C] kormányrendelet
edifice [ˈedɪfɪs] <fn> [C] épület; építmény
edify [ˈedɪfaɪ] <ige> (edifies, edifying, edified) oktat
edifying [ˈedɪfaɪɪŋ] <mn> *(könyv, film stb.)* tanulságos; épületes
edit [ˈedɪt] <ige> **1.** *(könyvet, kéziratot, újságot, folyóiratot)* (meg)szerkeszt; sajtó alá rendez; kiad: *edited by...* szerkesztette... **2.** *(filmet)* (össze)vág

---

edit sg out (of sg) kicenzúráz; kihagy vmit (vmiből)

---

edition [ɪˈdɪʃn] <fn> [C] *(könyvé, sajtóterméké)* kiadás: *morning edition* reggeli kiadás
editor [ˈedɪtə] <fn> [C] **1.** *(könyvé, újságé, szótáré, magaziné stb.)* szerkesztő: *editor in chief* főszerkesztő ∗ *a dictionary editor* szótárszerkesztő ∗ *letter to the editor* olvasói levél **2.** *(filmé)* vágó
¹**editorial** [ˌedɪˈtɔːriəl] <mn> szerkesztői; szerkesztőségi: *editorial board* szerkesztőbizottság ∗ *editorial office (hely)* szerkesztőség ∗ *editorial staff (személyzet)* szerkesztőség ∗ *editorial work* szerkesztői munka
²**editorial** [ˌedɪˈtɔːriəl] <fn> [C] *(újságban)* vezércikk
EDP [ˌiːdiːˈpiː] [= electronic data processing] számítógépes adatfeldolgozás
educate [ˈedjʊkeɪt] <ige> (educating, educated) oktat; nevel; taníttat; iskoláztat; kitanít; kiművel: *He was educated at Summerhill.* Tanulmányait Summerhillben végezte
educated [ˈedjʊkeɪtɪd] <mn> iskolázott; művelt; tanult; képzett
education [ˌedjʊˈkeɪʃn] <fn> [U] **1.** *(iskolában)* nevelés; oktatás: *adult education* felnőttoktatás ∗ *compulsory education* tankötelezettség ∗ *further education* továbbtanulás ∗ *higher*

education felsőoktatás * *primary/elementary education* elemi/általános iskolai oktatás **2.** műveltség; művelődés; neveltetés; iskoláztatás: *without education (ember)* tanulatlan **3. Education** oktatásügy; nevelésügy **4.** pedagógia; neveléstudomány

educational [ˌedjuˈkeɪʃnəl] <mn> oktatási; tanulmányi; pedagógiai; nevelési; ismeretterjesztő; oktató; (köz)oktatásügyi: *educational aids* oktatási segédeszközök * *educational film* oktatófilm * *educational games/toys* oktató célú/nevelő hatású játékok * *educational level/standard* tanulmányi színvonal * *educational system* iskolarendszer

edutainment [ˌedjuˈteɪnmənt] <fn> [U] szórakozva oktatás; szórakoztatva tanítás

eel [iːl] <fn> [C, U] angolna

eerie [ˈɪərɪ] <mn> kísérteties; félelmetes; hátborzongató; ijesztő

¹effect [ɪˈfekt] <fn> [C, U] hatás; kihatás; effektus; következmény; eredmény (**on sg** vmire): *have an effect on sg/sy* vmire/vkire hat(ást gyakorol) * *have no effect//be of no effect* nem hat * *have an adverse effect on sg* káros hatással van vmire * *the effects of acid rain on the forests* a savas esőzések hatása az erdőkre * *feel the effects of sg* érzi vminek a hatását * *suffer no ill effects* nem szenved maradandó károsodást **2.** [C, U] hatály: *come into effect* hatályba lép **3. effects** [pl] ingóságok **4. effects** [pl] film effektek; hangkulissza

♦ **bring sg (in)to effect** végrehajt vmit
♦ **cause and effect** ok-okozat ♦ **for effect** a hatás kedvéért ♦ **(be) in effect 1.** hatályban van; érvényes **2.** valójában; tulajdonképpen ♦ **put into effect** megvalósít ♦ **take effect 1.** hatályba/életbe lép **2.** *(orvosság)* hatása van); hat(ni kezd); használ; *(oltás)* megered ♦ **to no effect** hiába

²effect [ɪˈfekt] <ige> **1.** okoz; eredményez; létrehoz: *effect a change* változást eredményez **2.** megvalósít: *effect an insurance* biztosítást köt * *effect payment* fizetést eszközöl **3.** *(üzletet)* lebonyolít

effective [ɪˈfektɪv] <mn> **1.** hatásos; hatékony; eredményes: *effective teaching methods* hatékony tanítási módszerek **2.** tényleges; effektív; valóságos **3.** érvényes: *become effective* érvénybe/hatályba lép

effectively [ɪˈfektɪvlɪ] <hsz> hatékonyan; hathatósan; ténylegesen; eredményesen

effectiveness [ɪˈfektɪvnəs] <fn> [U] **1.** hatékonyság **2.** hatásosság

effectual [ɪˈfektʃuəl] <mn> **1.** hathatós **2.** érvényes

effectuate [ɪˈfektʃueɪt] <ige> megvalósít

effervescent [ˌefəˈvesnt] <mn> **1.** szénsavas; pezsgő; habzó: *effervescent tablets* pezsgőtabletta **2.** átv eleven; élénk; pezsdülő; pezsgő

efficacious [ˌefɪˈkeɪʃəs] <mn> hathatós

efficacy [ˈefɪkəsɪ] <fn> [U] hathatósság; hatásfok

efficiency [ɪˈfɪʃnsɪ] <fn> [U] hathatósság; hatékonyság; hatásfok; eredményesség; teljesítőképesség; termelékenység

efficient [ɪˈfɪʃnt] <mn> *(személy, szervezet stb.)* hatékony; produktív; eredményes; teljesítőképes; termelékeny: *an efficient secretary* kitűnő titkárnő * *a perfectly efficient system* tökéletesen működő rendszer

effort [ˈefət] <fn> [C, U] **1.** *(testi, szellemi)* erőfeszítés; fáradozás; vesződség; igyekezet: *make an effort* erőfeszítést tesz; megerőlteti magát * *make every effort* megtesz minden tőle telhetőt * *use every effort to do sg* minden erejét megfeszítve csinál vmit * *wasted effort* hiábavaló fáradság * *without effort* könnyűszerrel; fáradság nélkül * *It was a good effort.* Jól sikerült! **2.** próba; próbálkozás: *Make an effort!* Próba szerencse!

♦ **bend one's efforts towards sg** minden erejét összpontosítja vmire ♦ **spare no effort** nem sajnálja a fáradságot

effortless [ˈefətləs] <mn> könnyű; könnyed

effusive [ɪˈfjuːsɪv] <mn> túláradó; áradozó: *be effusive* ömleng

EFL [iːefˈel] [= English as a Foreign Language] az angol, mint idegen nyelv

e.g., eg [ˌiːˈdʒiː] [= (latin) exempli gratia = for example] pl. (= például)

egg [eg] <fn> [C] tojás: *bacon and eggs* pirított szalonna tojással * *boiled egg* lágytojás * *fried egg(s)* tükörtojás * *scrambled eggs* rántotta

♦ **in the egg** kezdeti stádiumban ♦ **put all one's eggs in(to) one basket** mindent egy lapra tesz fel ♦ **walk on eggs** tojástáncot jár

eggcup [ˈegkʌp] <fn> [C] tojástartó

eggplant [ˈegplɑːnt] <fn> [C, U] AmE padlizsán

eggshell [ˈegʃel] <fn> [C, U] tojáshéj

♦ **walk on eggshells** tojástáncot jár

egg timer [ˈegˌtaɪmə] <fn> [C] homokóra

ego [ˈiːgəʊ] <fn> [C] (egos) személyiség; az én; ego; öntudat; önérzet

egoism [ˈiːgəʊɪzm] <fn> [U] egoizmus; önzés; beképzeltség

egoist [ˈiːgəʊɪst] <fn> [C] egoista; önző/beképzelt ember

egoistic [ˌiːgəʊˈɪstɪk] <mn> önző; egoista

egoistical [ˌiːgəʊˈɪstɪkl] → **egoistic**

egotism [ˈegətɪzm] → **egoism**

egotist ['egətɪst] → **egoist**
egotistic [,egə'tɪstɪk] → **egoistic**
Egypt ['i:dʒɪpt] <fn> Egyiptom
¹Egyptian [ɪ'dʒɪpʃn] <fn> [C] egyiptomi
²Egyptian [ɪ'dʒɪpʃn] <mn> egyiptomi
¹eight [eɪt] <szn> nyolc: *eight candles* nyolc gyertya * *a girl of eight* nyolcéves kislány * *an eight-year-old boy* nyolcéves fiú * *an eight-sided figure* nyolcoldalú alakzat * *She is eight (years old).* Nyolc éves. * *Six and two is/makes eight.* Hat meg kettő az nyolc. * *I got up at eight (o'clock).* Nyolckor/8-kor keltem. * *I must be at home by eight.* Nyolcra/8-ra otthon kell lennem. * *Look at page eight.* Nézd meg a nyolcadik oldalt!
♦ *He's had one over the eight.* Felöntött a garatra.
²eight [eɪt] <fn> [C] **1.** nyolcas: *number eight* nyolcas szám * *the number eight tram* a nyolcas villamos **2.** *(csónak)* nyolcas; nyolcevezős: *The Cambridge eight won.* A cambridge-i nyolcas/nyolcevezős nyert.
¹eighteen [,eɪ'ti:n] <szn> tizennyolc: *eighteen pencils* tizennyolc ceruza * *eighteen of us* tizennyolcan * *a boy of eighteen* tizennyolc éves fiú * *She is eighteen (years old).* Tizennyolc (éves).
²eighteen [,eɪ'ti:n] <fn> [C] tizennyolcas: *number eighteen* tizennyolcas szám * *the number eighteen bus* a tizennyolcas busz
¹eighteenth [,eɪ'ti:nθ] <sorszn> tizennyolcadik: *the eighteenth century* a tizennyolcadik század * *the eighteenth of May//18ᵗʰ May//May 18ᵗʰ* május tizennyolcadika/18-a * *the eighteenth time* tizennyolcadszor * *I will be the eighteenth in the race.* Én leszek a tizennyolcadik a versenyen. * *Today is his seventeenth birthday, so next year will be his eighteenth.* Ma van a tizenhetedik születésnapja, jövőre lesz tehát a tizennyolcadik.

→ A keltezéssel kapcsolatos kifejezéseket lásd a **¹date** szócikk információs ablakában!

²eighteenth [,eɪ'ti:nθ] <fn> [C] tizennyolcad: *ten eighteenth* tíz tizennyolcad
¹eighth [eɪtθ] <sorszn> nyolcadik: *the eighth century* a nyolcadik század * *Henry VIII (= Henry the eighth)* VIII. Henrik * *the eighth time* nyolcadszor * *on the eighth floor* a nyolcadik emeleten * *eighth note* nyolcad (hangjegy) * *He finished eighth in the race.* Nyolcadikként végzett a versenyen. * *I arrived eighth.* Nyolcadikként érkeztem. * *Today is his eighth birthday.* Ma van a nyolcadik születésnapja.

→ A keltezéssel kapcsolatos kifejezéseket lásd a **¹date** szócikk információs ablakában!

²eighth [eɪtθ] <fn> [C] nyolcad: *cut the apples into eighths* nyolcad részekre vágja az almát * *ten eighth* tíz nyolcad * *the eighth of an apple* alma nyolcada * *the eighth part of the total amount* a teljes összeg nyolcad része
¹eightieth ['eɪtiəθ] <sorszn> nyolcvanadik
²eightieth ['eɪtiəθ] <fn> [C] nyolcvanad: *one eightieth* egy nyolcvanad
¹eighty ['eɪti] <szn> nyolcvan: *eighty people* nyolcvan ember * *She is eighty.* Nyolcvan éves. * *He died at eighty.* Nyolcvan éves korában halt meg.
²eighty ['eɪti] <fn> (eighties) **1.** [C] *(számjegy)* nyolcvanas **2. the eighties** [pl] *(évszázadban)* a nyolcvanas évek: *life in the eighties* élet a nyolcvanas években **3. the eighties** [pl] *(életkor)* a nyolcvanas évek: *She is in her early/mid/late eighties.* Nyolcvan évei elején/közepén/végén jár.
¹either ['aɪðə, AmE 'i:ðə] <det> **1.** *(a kettő közül)* egyik; valamelyik; akármelyik; bármelyik: *You can use either pencil. (a kettő közül)* Bármelyik ceruzát használhatod. **2.** mindkét; mindkettő: *on either side* mindkét oldalon * *He can write with either hand.* Mindkét kezével tud írni.
²either ['aɪðə, AmE 'i:ðə] <névm> **1.** *(a kettő közül)* egyik; valamelyik; akármelyik; bármelyik: *either of them (a kettő közül)* egyik(et); valamelyik(et) **2.** mindkét; mindkettő
³either ['aɪðə, AmE 'i:ðə] <hsz> **1.** sem: *I don't like honey and I don't like nut either.* Nem szeretem a mézet, és a diót sem. * *She isn't blond and she isn't brown either.* Nem szőke, de/és nem is barna. * *"I don't like it." "Me either."* „Nem szeretem." „Én sem." * *"I haven't been to America." "I haven't either."* „(Még) nem voltam Amerikában." „Én sem." **2. either... or...** vagy... vagy...; akár... akár...: *He is either teacher or doctor.* Vagy tanár, vagy orvos. * *You can either go or stay.* Akár mehetsz, akár maradhatsz./Mehetsz is, maradhatsz is.
ejaculate [ɪ'dʒækjʊleɪt] <ige> (ejaculates; ejaculating, ejaculated) **1.** ejakulál; kilövell **2.** (fel-)kiált
eject [ɪ'dʒekt] <ige> **1.** kidob; kihajít (**sy from sg** vkit vhonnan) **2.** katapultál **3.** kilök; kivet; ki-

electrode

dob (sg from sg vmit vmiből): *"eject" button (videón)* szalag-/kazettakidobó gomb

ejection seat [ɪ'dʒekʃn siːt] <fn> [C] katapultülés

ejector seat [ɪ'dʒektə siːt] <fn> [C] katapultülés

eke [iːk] <ige> **eke sg out 1.** kiegészít; kipótol vmit **2.** *(pénzt)* összekapar: eke out a living összekapar vmi kis megélhetést magának; éppen hogy megél

¹elaborate [ɪ'læbərət] <mn> **1.** bonyolult; komplikált; körülményes: *an elaborate design* bonyolult terv **2.** *(terv)* gondosan kidolgozott; alapos

²elaborate [ɪ'læbərət] <ige> (elaborating, elaborated) **1.** (bővebben) kifejt/részletez (**on/upon sg** vmit) **2.** *(alaposan, részleteiben)* kidolgoz; kialakít; kimunkál

elapse [ɪ'læps] <ige> (elapsing, elapsed) *(idő)* (el)múlik; (el)telik; lejár

¹elastic [ɪ'læstɪk] <mn> **1.** ruganyos; rugalmas; gumírozott: *elastic band* gumiszalag; gumipánt ∗ *elastic hose* gumiharisnya **2.** átv rugalmas; tág(ítható); képlékeny: *elastic concept* tág fogalom ∗ *The plans are still elastic.* A tervek még meglehetősen képlékenyek/alakíthatóak.

²elastic [ɪ'læstɪk] <fn> [C] gumiszalag; gumi

¹elbow ['elbəʊ] <fn> [C] **1.** *(testrész)* könyök **2.** *(ruháé)* könyök **3.** *(csőé)* könyök; görbület; hajlat

♦ **at one's elbow** keze ügyében (van) ♦ **get the elbow** biz kiadják az útját ♦ **give sy the elbow** biz kiadja az útját vkinek; ejt vkit ♦ **out at elbows** *(kabátnak)* lyukas a könyöke ♦ **up to the elbows with/in** *(munkában)* nyakig ül/van

²elbow ['elbəʊ] <ige> tolakodik; könyököl; tülekszik; lök(dös)

♦ **elbow one's way through the crowd** átfurakodik a tömegen

elbow sy aside félrelök vkit
elbow sy out of sg kisemmiz vkit vmiből

elbow grease ['elbəʊ griːs] <fn> [U] biz megerőltető házimunka; gürcölés; kemény munka/meló

elbow room ['elbəʊruːm] <fn> [U] biz mozgástér: *give sy elbow room* (kellő) mozgásteret ad; szabad teret enged vkinek

¹elder ['eldə] <mn> *(összehasonlításnál)* idősebb; öregebb: *the elder of their two children* két gyerekük közül az idősebb(ik) ∗ *my elder brother* a bátyám ∗ *my elder sister* a nővérem

²elder ['eldə] <fn> [C] **1. elders** [pl] az idősek; az öregek; az idősebbek **2.** idősebb: *She is my elder by three years.* Ő három évvel idősebb nálam. **3.** vall presbiter

³elder ['eldə] <fn> [C] bodza(fa)

¹elderly ['eldəli] <mn> idős: *an elderly lady* idős hölgy

²elderly ['eldəli] <fn> [pl] **the elderly** időskorúak

eldest ['eldɪst] <mn> legidősebb

¹elect [ɪ'lekt] <ige> **1.** pol (meg)választ (**sy to/as sg** vkit vminek): *He was elected (as) chairman.* Megválasztották elnöknek. **2.** dönt (**to do sg** vmi mellett)

²elect [ɪ'lekt] <mn> kiválasztott; kijelölt: *the president elect* a megválasztott (de hivatalba még nem lépett) elnök

election [ɪ'lekʃn] <fn> [C, U] pol választás: *call an election* választásokat kiír ∗ *election campaign* választási kampány ∗ *election results* választási eredmények ∗ *general election* általános választás ∗ *lose/win an election* választást elveszít/megnyer ∗ *presidential election* elnökválasztás

elective [ɪ'lektɪv] <mn> *(tantárgy)* fakultatív; választható

elector [ɪ'lektə] <fn> [C] pol *(polgár)* választó; szavazó

electoral [ɪ'lektrl] <mn> pol választási; választói: *electoral district* választókerület ∗ *electoral roll* választói névjegyzék ∗ *electoral reforms* választási reformok

electorate [ɪ'lektərət] <fn> [C + sing/pl v] választók; választóközönség; a választásra jogosultak

electric [ɪ'lektrɪk] <mn> **1.** elektromos; villamos; villany-: *electric current* elektromos áram; villanyáram ∗ *electric vehicle* elektromos jármű ∗ *electric chair* villamosszék ∗ *electric power* villamos energia ∗ *electric fence* villanypásztor ∗ *electric light* villanyvilágítás ∗ *electric shock* **(a)** áramütés orv **(b)** elektrosokk **2.** *(légkör, hangulat)* vibráló; feszültséggel terhes; felvillanyozott

electrical [ɪ'lektrɪkl] <mn> elektromos; villamos; áram-: *electrical appliances* elektromos készülékek ∗ *an electrical fault* elektromos hiba ∗ *electrical engineer* villamosmérnök ∗ *electrical engineering* elektrotechnika ∗ *electrical fitter* villanyszerelő

electric car [ɪˌlektrɪk 'kaː] <fn> [C] elektromos autó

electrician [ɪˌlek'trɪʃn] <fn> [C] villanyszerelő

electricity [ɪˌlek'trɪsəti] <fn> [U] elektromosság; villamosság; villanyáram

electrify [ɪ'lektrɪfaɪ] <ige> (electrifies, electrifying, electrified) **1.** *(pályaszakaszt)* villamosít **2.** átv felvillanyoz

electrode [ɪ'lektrəʊd] <fn> [C] elektród

electron [ɪˈlektrɒn] <fn> [C] elektron
electronic [ɪˌlekˈtrɒnɪk] <mn> 1. elektronikus; elektronikai 2. számítógépes: *electronic data processing* számítógépes adatfeldolgozás
electronic banking [ɪlekˌtrɒnɪk ˈbæŋkɪŋ] <fn> [U] gazd elektronikus banki szolgáltatás
electronic cash [ɪlekˌtrɒnɪk ˈkæʃ] <fn> [U] elektronikus készpénz
electronic commerce [ɪlekˌtrɒnɪk ˈkɒmɜːs] <fn> [U] gazd elektronikus/internetes kereskedelem
electronic mail [ˌɪlektrɒnɪkˈmeɪl] → **e-mail**
electronics [ɪˌlekˈtrɒnɪks] <fn> [U] elektronika
elegance [ˈelɪɡəns] <fn> [U] elegancia; választékosság
elegant [ˈelɪɡənt] <mn> *(személy, ruha)* elegáns; előkelő; finom
element [ˈelɪmənt] <fn> [C] 1. kém elem 2. ált (alkotó)elem; rész 3. faktor; tényező: *an element of uncertainty* bizonytalansági tényező 4. **the elements** [pl] *(vihar stb.)* az elemek; természeti erők: *be exposed to the elements* az elemeknek kitéve 5. **elements** [pl] alapfogalmak
♦ **be in one's element** elemében van ♦ **be out of one's element** nincs formában/elemében
elementary [ˌelɪˈmentərɪ] <mn> 1. elemi; alapvető: *an elementary mistake* alapvető hiba 2. alap-; alapfokú; kezdetleges: *elementary school* általános iskola 3. kém, fiz elemi: *elementary particle* elemi részecske
elephant [ˈelɪfənt] <fn> [C] elefánt
elevate [ˈelɪveɪt] <ige> (elevating, elevated) 1. (fel)emel 2. fejleszt; előléptet 3. átv felmagasztal
elevated [ˈelɪveɪtɪd] <mn> 1. felemelt; magas: *elevated railway/*AmE *railroad* magasvasút 2. *(stílus, helyzet, hangulat)* emelkedett; *(gondolat)* magasröptű; magasztos
elevation [ˌelɪˈveɪʃn] <fn> 1. [U] emelés 2. [U] emelkedés; (tengerszint feletti) magasság; magaslat: *at an elevation of 3,500 meters* 3500 méter tengerszint feletti magasságon 3. [C] homlokrajz; homlokzat 4. [U] emelkedettség 5. [U] felemelkedés; előléptetés
elevator [ˈelɪveɪtə] <fn> [C] AmE 1. lift; felvonó: *elevator attendant* liftkezelő; liftes 2. gabonaraktár
¹**eleven** [ɪˈlevn] <szn> tizenegy: *eleven candles* tizenegy gyertya ∗ *a girl of eleven* tizenegy éves kislány ∗ *eleven of us* tizenegyen ∗ *She is eleven (years old).* Tizenegy éves. ∗ *She got up at eleven (o'clock).* Tizenegykor kelt fel. ∗ *Six and five is/make eleven.* Hat meg öt az tizenegy. → ¹**eight**

²**eleven** [ɪˈlevn] <fn> [C] 1. *(számjegy)* tizenegyes 2. sp (futball)csapat: *He plays for the Hungarian national eleven.* A magyar labdarúgó válogatott/ A nemzeti tizenegy játékosa. → ²**eight**
¹**eleventh** [ɪˈlevnθ] <sorszn> tizenegyedik: *the eleventh of May//May eleventh (May 11)* május tizenegyedike ∗ *He came eleventh in the race.* Tizenegyediknek futott be a versenyen. ∗ *It's his eleventh birthday tomorrow.* Holnap lesz a tizenegyedik születésnapja. → ¹**eighth**
♦ **at the eleventh hour** az utolsó pillanatban; a tizenkettedik órában

→ A keltezéssel kapcsolatos kifejezéseket lásd a ¹**date** szócikk információs ablakában!

²**eleventh** [ɪˈlevnθ] <fn> [C] tizenegyed: *the eleventh of an apple* alma egy tizenegyede → ²**eighth**
elf [elf] <fn> [C] (elves) tündér; manó; kobold; törpe
elicit [ɪˈlɪsɪt] <ige> *(titkot)* kicsal; kiszed
eligible [ˈelɪdʒəbl] <mn> 1. alkalmas; megfelelő (**for sg/to do sg** vmire) 2. választható; jogosult (**for sg/to do sg** vmire): *be eligible for social security* társadalombiztosításra jogosult ∗ *be eligible to vote* választásra jogosult 3. partiképes: *eligible bachelor* partiképes nőtlen férfi/agglegény
eliminate [ɪˈlɪmɪneɪt] <ige> (eliminating, eliminated) 1. kiküszöböl; kirekeszt; kihagy; kizár; eltávolít; megszüntet (**sg/sy from sg** vmit/vkit vmiből) 2. felszámol 3. sp félreállít; (ki)selejtez (**sy from sg** vkit vmiből/vhonnan) 4. **be eliminated (from sg)** *(versenyből)* kiesik
elimination [ɪˌlɪmɪˈneɪʃn] <fn> [C, U] 1. eltávolítás; kizárás 2. sp *(versenyből)* kiesés: *elimination tournament* kieséses verseny 3. sp selejtező 4. eliminálás
élite [eɪˈliːt, ɪˈliːt] <fn> [C + sing/pl v] elit: *the country's intellectual elite* az ország szellemi elitje
elk [elk] <fn> [C] (elk v. elks) 1. jávorszarvas 2. AmE jávorantilop
elm [elm] <fn> [C, U] szilfa
elm tree [ˈelmtriː] <fn> [C, U] szilfa
elongate [ˈiːlɒŋɡeɪt] <ige> 1. (meg)hosszabbít 2. (meg)nyúlik
elope [ɪˈləʊp] <ige> megszökik; meglép
eloquence [ˈeləkwəns] <fn> [U] ékesszólás
eloquent [ˈeləkwənt] <mn> ékesszóló
else [els] <hsz> 1. egyébként; különben; vagy; *or else* vagy pedig; ellenkező esetben; másként nem 2. egyéb; más; még: *everybody else* mindenki más ∗ *no one else* senki más ∗ *nothing else* semmi más(t) ∗ *anywhere else* bárhol

máshol * *That's something else.* Az valami más. * *Anything else?* Mivel szolgálhatok még? * *What else can we do?* Mi mást tehetünk?/ Még mit tehetünk? * *Who else was there?* Ki volt még ott?

elsewhere [ˌelsˈweə] <hsz> **1.** máshol; másutt: *Go and play elsewhere.* Menj és játssz máshol! **2.** máshová; másfelé: *Go elsewhere.* Menj máshová!

elucidate [ɪˈluːsɪdeɪt] <ige> megmagyaráz

elusive [ɪˈluːsɪv] <mn> **1.** *(gondolat)* nehezen érthető/felfogható; *(válasz)* kitérő **2.** *(tolvaj)* cseles; nehezen rajtakapható

¹e-mail, email [ˈiːmeɪl] <fn> [U] infor e-mail; elektronikus posta: *send an e-mail* e-mailt küld

²e-mail, email [ˈiːmeɪl] <ige> infor e-mailezik; e-mailt küld vkinek

emancipated [ɪˈmænsɪpeɪtɪd] <mn> emancipált

emancipation [ɪˌmænsɪˈpeɪʃn] <fn> [U] emancipáció

embargo [ɪmˈbɑːɡəʊ] <fn> [C] (embargoes) embargó; kiviteli/behozatali tilalom: *impose/lay/place/put an embargo on a country* embargóval sújt egy országot

embark [ɪmˈbɑːk] <ige> **1.** hajóra száll; (hajóba) beszáll **2.** behajóz; hajóba berak

> **embark on/upon sg** nekilát vminek; belefog vmibe

embarrass [ɪmˈbærəs] <ige> **1.** zavarba hoz; kellemetlen helyzetbe hoz **2.** gátol; akadályoz

embarrassed [ɪmˈbærəst] <mn> zavarban lévő; zavart: *an embarrassed smile* zavart mosoly * *He is embarrassed.* Zavarban van./Feszélyezett.

embarrassing [ɪmˈbærəsɪŋ] <mn> *(kérdés, helyzet)* kínos; zavaró; kellemetlen; zavarba hozó

embarrassment [ɪmˈbærəsmənt] <fn> [U] kínos helyzet; zavar(odottság); zavaró tényező

embassy [ˈembəsi] <fn> [C] (embassies) pol nagykövetség

embellish [ɪmˈbelɪʃ] <ige> **1.** *(elbeszélést)* kiszínez **2.** (fel)díszít; szépít; ékesít

embers [ˈembəz] <fn> [pl] parázs

embezzle [ɪmˈbezl] <ige> (el)sikkaszt

embezzlement [ɪmˈbezlmənt] <fn> [U] sikkasztás

embitter [ɪmˈbɪtə] <ige> elkeserít; megkeserít

emblem [ˈembləm] <fn> [C] embléma; jelkép; szimbólum: *national emblem* nemzeti jelvény/szimbólum

embody [ɪmˈbɒdi] <ige> (embodying, embodied) megtestesít; magába foglal

¹embrace [ɪmˈbreɪs] <ige> (embracing, embraced) **1.** átkarol; átölel; megölel: *They embraced (each other).* Megölelték egymást. **2.** *(szempontot, részleteket)* átfog; felölel; magába foglal

²embrace [ɪmˈbreɪs] <fn> [C, U] ölelés

embroidery [ɪmˈbrɔɪdəri] <fn> [U, C] hímzés; kézimunka

embryo [ˈembriəʊ] <fn> [C] (embryos) embrió; magzat

♦ **in embryo** csírájában

¹emerald [ˈemrəld] <fn> [C, U] smaragd

²emerald [ˈemrəld] <mn> smaragdzöld

emerald green [ˌemrəldˈɡriːn] <mn> smaragdzöld

emerge [ɪˈmɜːdʒ] <ige> (emerging, emerged) **1.** felbukkan; előbukkan; feltűnik: *The moon emerged from behind the clouds.* A hold felbukkant a felhők mögül. **2.** kiderül; kitudódik; nyilvánosságra kerül: *It emerged.* Kiderült. **3.** *(ismeretlenségből)* kiemelkedik

emergency [ɪˈmɜːdʒənsi] <fn> [C, U] szükségállapot; vészhelyzet; kényszerhelyzet; szorultság: *state of emergency* szükségállapot * *in an emergency/in case of emergency* szükség/veszély esetén; sürgős esetben * *emergency call* segélyhívás * *emergency doctor* ügyeletes orvos * *emergency exit* vészkijárat * *emergency landing* kényszerleszállás * *emergency room* AmE baleseti osztály * *emergency telephone* segélykérő telefon

emergency brake [iˈmɜːdʒənsi breɪk] <fn> [C] **1.** vészfék **2.** AmE kézifék

emergent state [ˌɪmɜːdʒəntˈsteɪt] <fn> [C] függetlenné váló ország

emigrant [ˈemɪɡrənt] <fn> [C] kivándorló; emigráns

emigrate [ˈemɪɡreɪt] <ige> (emigrating, emigrated) kivándorol; emigrál

emigration [ˌemɪˈɡreɪʃn] <fn> [C, U] kivándorlás; emigráció

eminence [ˈemɪnəns] <fn> **1.** [U] kiválóság; kitűnőség; híresség **2. His Eminence** [C] őeminenciája

eminent [ˈemɪnənt] <mn> *(személy)* kiemelkedő; kiváló; jelentékeny; tekintélyes; kitűnő

emission [ɪˈmɪʃn] <fn> [U] **1.** kibocsátás; forgalomba hozatal **2.** *(fényé, hőé)* kisugárzás; kiáramlás **3.** *(folyadéké, lávaé)* kiáramlás; kiáradás; kiömlés

emission-free [ɪˌmɪʃnˈfriː] <mn> szennyezésmentes

emit [ɪˈmɪt] <ige> (emitting, emitted) **1.** *(hőt, fényt, illatot)* kibocsát; kiáraszt; kisugároz **2.** *(hangot)* kiad **3.** *(terméket)* kibocsát; forgalomba hoz

emotion [ɪˈməʊʃn] <fn> [C, U] **1.** érzelem; érzés; emóció; meghatottság **2.** indulat: *She lost control of her emotions.* Nem tudott úrrá lenni az indulatain.

emotional [ɪˈməʊʃnəl] <mn> **1.** érzelmi; lelki; emocionális: *emotional balance* lelki egyensúly **2.** *(jellem)* érzékeny; érzelmes **3.** érzelgős

emperor [ˈempərə] <fn> [C] császár

emphasis [ˈemfəsɪs] <fn> [C, U] (emphases) **1.** *(kiejtésben)* hangsúly **2.** átv is súlypont; központi kérdés; nyomaték: *with emphasis* nyomatékosan ∗ *place/put emphasis on sg* kiemel/kihangsúlyoz vmit

emphasize [ˈemfəsaɪz] <ige> (emphasizing, emphasized) (ki)hangsúlyoz; aláhúz; kiemel; hangoztat

emphatic [ɪmˈfætɪk] <mn> hangsúlyos; nyomatékos; kifejezett; határozott

empire [ˈempaɪə] <fn> [C] **1.** birodalom: *the Roman Empire* a Római Birodalom **2.** uralom; hatalom

¹**employ** [ɪmˈplɔɪ] <fn> [U] alkalmazás: *be in sy's employ*//*be in the employ of sy* biz vki alkalmazásában áll; dolgozik vkinek

²**employ** [ɪmˈplɔɪ] <ige> **1.** *(munkaadó)* alkalmaz; foglalkoztat; dolgoztat (**sy as sg** vkit vmiként): *be employed at* alkalmazásban van vhol; vhol dolgozik **2.** (fel)használ; *(eszközt, módszert, erőt)* alkalmaz; igénybe vesz

employee [ɪmˈplɔɪiː] <fn> [C] munkavállaló; alkalmazott; dolgozó: *the employees* személyzet; az összes dolgozók; az alkalmazottak

employer [ɪmˈplɔɪə] <fn> [C] munkáltató; munkaadó

employment [ɪmˈplɔɪmənt] <fn> [U, C] állás; foglalkozás; munka; alkalmaz(tat)ás: *full-time employment* teljes állás; főállás ∗ *part-time employment* részfoglalkozás; félállás ∗ *full employment* teljes foglalkoztatottság ∗ *be in employment* alkalmazásban van ∗ *be out of employment* nincs állása

employment contract [ɪmˌplɔɪmənt ˈkɒntrækt] <fn> [C] jog munkaszerződés

empower [ɪmˈpaʊə] <ige> meghatalmaz; felhatalmaz; képessé tesz

empress [ˈemprəs] <fn> [C] császárnő

empties [ˈemptɪz] <fn> [pl] üres üvegek; üres ládák

emptiness [ˈemptɪnəs] <fn> [U, sing] átv is űr; üresség

¹**empty** [ˈemptɪ] <mn> (emptier, emptiest) átv is üres: *feel empty* **(a)** üresnek/kiüresedettnek érzi magát átv **(b)** éhes ∗ *empty phrases* üres/semmitmondó frázisok ∗ *empty words* üres szavak ∗ *on an empty stomach* éhgyomorra ∗ *The house is standing empty.* Üresen áll a ház.

♦ **the empty nest** *(ahonnan kiröpültek a gyerekek)* az üres fészek

²**empty** [ˈemptɪ] <ige> (emptying, emptied) **1.** kiürít; kifolyat; kiborít (**sg out/sg out of sg** vmit//vmit vmiből) **2.** kiürül; kifolyik (**out of sg** vmiből)

empty into sg 1. beleönt vmibe **2.** *(folyó)* torkollik vmibe

empty-handed [ˌemptɪˈhændɪd] <mn> üres kezű

empty-headed [ˌemptɪˈhedɪd] <mn> üresfejű

enable [ɪˈneɪbl] <ige> (enabling, enabled) **1.** képessé tesz; lehetővé tesz; lehetségessé tesz: *enable sy to do sg* képessé tesz vkit vmire ∗ *enable sg to be done* lehetővé/alkalmassá tesz vmit **2.** jog feljogosít; felhatalmaz; meghatalmaz (**to do sg** vmit tenni)

enact [ɪˈnækt] <ige> **1.** jog törvénybe iktat **2.** szính *(szerepet, darabot)* előad; bemutat; színre hoz; eljátszik: *be enacted* előadják; bemutatják; eljátsszák

¹**enamel** [ɪˈnæml] <fn> [U, C] **1.** zománc; zománcfesték; máz; lakk **2.** fogzománc

²**enamel** [ɪˈnæml] <ige> (BrE enamelling, enamelled; AmE enameling, enameled) zománcoz; lakkoz

enameled [ɪˈnæmld] AmE → **enamelled**

enamelled [ɪˈnæmld] <mn> zománcos; zománcozott

encash [ɪnˈkæʃ] <ige> **1.** *(pénzt)* beszed; behajt; inkasszál **2.** *(csekket)* bevált

enchant [ɪnˈtʃɑːnt] <ige> **1.** megbabonáz; elvarázsol; elbájol **2.** elbűvöl; magával ragad: *be enchanted by/with sg* el van bűvölve/ragadtatva vmitől

enchanting [ɪnˈtʃɑːntɪŋ] <mn> elbűvölő; elragadó; varázslatos

encircle [ɪnˈsɜːkl] <ige> (encircles, encircling, encircled) körülkerít; bekerít; körülvesz: *encircled by a coral reef* korallzátonnyal körülvéve

enclose [ɪnˈkləʊz] <ige> (encloses, enclosing, enclosed) **1.** bezár; becsuk (**sg in sg** vmit vmibe) **2.** bekerít; szegélyez; körülvesz **3.** mellékel; csatol: *enclosed please find*//*please find enclosed* csatoltan/mellékelve megküldjük

enclosure [ɪnˈkləʊʒə] <fn> **1.** [C] körülzárt hely; elkerített terület **2.** [C, U] bekerítés; körülkerítés **3.** [C] *(levélben)* melléklet

encode [ɪnˈkəʊd] <ige> (encoding, encoded) infor (be)kódol

¹encore ['ɒŋkɔː] <fn> [C] ráadás; újrázás
²encore ['ɒŋkɔː] <isz> bravó!; hogy volt!
¹encounter [ɪn'kaʊntə] <ige> **1.** *(problémával, ellenállással)* szembekerül; találkozik: *encounter difficulties* nehézségekkel kerül szembe **2.** összeakad; összefut; találkozik (**sy** vkivel): *I encountered my boss on the street.* Az utcán összefutottam a főnökömmel. **3.** *(ellenséggel)* összecsap; megütközik
²encounter [ɪn'kaʊntə] <fn> [C] **1.** *(véletlen)* találkozás; összetalálkozás (**of/with sy** vkivel): *after a brief encounter* röpke találkozás után **2.** *(ellenséges)* összecsapás; összetűzés; szembekerülés: *the encounter between the armies* a hadseregek közti összecsapás **3.** sp találkozó
encourage [ɪn'kʌrɪdʒ, AmE ɪn'kɜːrɪdʒ] <ige> (encouraging, encouraged) **1.** ösztönöz; (fel-)bátorít; buzdít; biztat (**to do sg** vmire): *He encouraged me not to give up.* Biztatott, nehogy feladjam. **2.** támogat; segít; előmozdít
encouragement [ɪn'kʌrɪdʒmənt, AmE ɪn'kɜːrɪdʒmənt] <fn> [C, U] **1.** ösztönzés; bátorítás; buzdítás; biztatás **2.** támogatás; megerősítés
encouraging [ɪn'kʌrɪdʒɪŋ, AmE ɪn'kɜːrɪdʒɪŋ] <mn> biztató; bátorító; ösztönző
encumber [ɪn'kʌmbə] <ige> **1.** megterhel; túlterhel **2.** akadályoz; hátráltat; (meg)gátol; megnehezít
encyclop(a)edia [ɪnˌsaɪklə'piːdɪə] <fn> [C] enciklopédia; lexikon
¹end [end] <ige> **1.** véget ér; végződik; befejeződik; megszűnik: *The war ended about 60 years ago.* A háború mintegy 60 évvel ezelőtt ért véget. **2.** befejez (**sg** vmit); véget vet (**sg** vminek): *After three months he ended the affair.* Három hónap múlva fejezte be az ügyet.

---
end in sg végződik vmiben: *end in tears* sírás (lesz) a vége
end up (be)végez; befejez; végzi vhogy; kiköt vhol: *He'll end up in prison.* Börtönben fogja végezni.

---

²end [end] <fn> [C] **1.** *(térben)* vég(ződés); befejezés; befejező szakasz; határ: *from beginning to end* elejétől a végéig * *We joined the end of the queue.* A sor végére álltunk. * *Turn left at the end of the street.* Az utca végén fordulj jobbra! **2.** *(időben)* befejez(őd)és, vég(ződés): *come to an end* befejeződik; véget ér **3.** átv vége vminek: *at the end of the film* a film végén * *the end (filmnek) vége* * *Read a book to the end.* Olvass el egy könyvet végig! **4.** vég; halál: *meet one's end* meghal **5.** (vég)cél; terv; törekvés: *He tried everything to achieve his own ends.* Mindent megtett saját céljai elérése érdekében.

♦ **an end itself** öncél ♦ **at the end of the day** végül is ♦ **be at an end of sg** vmi véget ér/befejeződik ♦ **bring to an end** befejez ♦ **begin/start at the wrong end** rosszul fog neki vminek ♦ **come to a bad end** rossz vége lesz ♦ **draw to an end** vége felé jár; a végéhez közeledik ♦ **end to end** szorosan egymás mögött ♦ **for weeks on end** heteken át ♦ **in the end** végre (valahára) ♦ **keep one's end up 1.** nem hagyja magát **2.** megteszi a magáét ♦ **make both ends meet** épp(en) hogy megél; addig nyújtózkodik, míg a takarója ér ♦ **make an end of sg//put an end to sg** véget vet vminek ♦ **no end** nagyon; rettentően ♦ **no end of** rengeteg ♦ **set one's hair on end** égnek áll tőle a haja ♦ **think no end of sy** végtelenül nagyra tart/becsül vkit ♦ **to no end** feleslegesen ♦ **to this end** e célból ♦ **to the very end** végig ♦ **He is the absolute end!** Ő a legrosszabb (teljes csőd). ♦ **The end justifies the means.** A cél szentesíti az eszközt.

endanger [ɪn'deɪndʒə] <ige> veszélyeztet; kockáztat: *endangered species* veszélyeztetett fajok
endearing [ɪn'dɪərɪŋ] <mn> megnyerő; gyengéd; nyájas
endearment [ɪn'dɪəmənt] <fn> [C, U] gyengédség
endeavor [ɪn'devər] AmE → **endeavour**
¹endeavour [ɪn'devə] <fn> [C, U] törekvés; erőfeszítés; igyekezet
²endeavour [ɪn'devə] <ige> törekszik; igyekszik (**to do sg** vmit tenni)
ending ['endɪŋ] <fn> [C] **1.** befejezés; vég(ződés): *happy ending* happy end **2.** nyelvt végződés; rag; képző
endless ['endləs] <mn> *(térben, időben)* végtelen
endorse [ɪn'dɔːs] <ige> (endorsing, endorsed) **1.** *(csekket hátlapján)* aláír; hátirattal ellát; érvényesít; *(váltót)* forgat(mányoz), zsirál **2.** hozzájárul, jóváhagy, támogat, helyesel, megerősít, hitelesít **3.** BrE *(rendőr)* megbírságol; *(jogosítványba)* szabálysértést bejegyez: *have one's licence endorsed (szabálysértésért)* megbünteti (a rendőr); megbírságolják
endorsement [ɪn'dɔːsmənt] <fn> [C, U] **1.** *(csekké, váltóé)* hátirat, forgat(mányoz)ás **2.** jóváhagyás; támogatás **3.** BrE *(jogosítványban)* bejegyzés szabálysértésről
endurance [ɪn'djʊərəns] <fn> [U] **1.** állóképesség; kitartás; állhatatosság; teherbírás **2.** béketűrés; eltűrés

endure

♦ **be beyond/past endurance** túllépi az elviselhetőség határát; egyszerűen elviselhetetlen

endure [ɪn'djʊə] <ige> (enduring, endured) **1.** *(barátság, szokás)* (el)tart; fennmarad **2.** *(bajban)* kitart: *You must endure to the end.* Ki kell tartanod a végsőkig. **3.** *(fájdalmat)* elvisel; kibír; kiáll; elszenved; eltűr

enduring [ɪn'djʊərɪŋ] <mn> tartós; hosszan tartó

end user ['end.ju:zə] <fn> [C] *(aki ténylegesen elfogyasztja/felhasználja a terméket)* végfelhasználó; végső fogyasztó

¹enemy ['enəmɪ] <mn> ellenséges

²enemy ['enəmɪ] <fn> [C] (enemies) ellenség: *make an enemy of someone* vkit az ellenségévé tesz

energetic [ˌenə'dʒetɪk] <mn> életerős; energikus; aktív; erélyes; tetterős

energy ['enədʒɪ] <fn> **1.** [U] energia: *energy crisis* energiaválság * *energy-saving* energiatakarékos * *solar energy* napenergia * *a waste of energy* energiapazarlás **2. energies** [pl] átv energia: *Put all your energies into your work.* Minden energiádat fordítsd a munkára.

engage [ɪn'geɪdʒ] <ige> (engaging, engaged) **1.** szerződtet; alkalmaz; *(munkahelyre)* felvesz: *She is engaged as a secretary.* Titkárnőként alkalmazzák. **2.** eljegyez **3.** lefoglal **4.** *(fogaskerekek)* összekapcsolódnak **5.** leköt: *engage sy's attention* leköti vki figyelmét **6.** megtámad: *engage the enemy* megtámadja az ellenséget **7.** *(sebességet)* kapcsol

engage in sg belekezd vmibe; beleveti magát vmibe: *engage in conversation with sy* szóba elegyedik vkivel

engaged [ɪn'geɪdʒd] <mn> **1.** eljegyzett: *engaged couple* jegyespár * *They are engaged.* Eljegyezték egymást. * *Sue is engaged to Tom.* Tom eljegyezte Sue-t. **2.** elfoglalt; el van foglalva; foglalkozik (**in/on sg** vmivel): *He is engaged in social work.* Szociális munkával foglalkozik. **3.** *(telefon, WC)* foglalt: *engaged tone* foglalt jelzés * *The line's engaged.* Foglalt a szám/vonal. **4.** *(fogaskerekek)* összekapcsolódott

engagement [ɪn'geɪdʒmənt] <fn> [C] **1.** eljegyzés; kézfogó (**to sy** vkivel): *engagement party* eljegyzés * *engagement ring* jegygyűrű **2.** elfoglaltság; program; megbeszélés; megbeszélt találkozó: *have an engagement* programja van * *engagement diary* határidőnapló **3.** szerződtetés; alkalmazás; állás

engaging [ɪn'geɪdʒɪŋ] <mn> *(mosoly)* megnyerő

engine ['endʒɪn] <fn> [C] **1.** *(autóé, repülőgépé)* motor: *engine failure* motorhiba * *engine oil* motorolaj * *petrol engine* benzinmotor * *switch the engine on* bekapcsolja a motort; ráadja a gyújtást * *switch the engine off* kikapcsolja a motort **2.** mozdony

engine driver ['endʒɪn draɪvə] <fn> [C] mozdonyvezető

engineer [ˌendʒɪ'nɪə] <fn> [C] **1.** mérnök: *mechanical engineer* gépészmérnök **2.** gépész; szerelő **3.** AmE mozdonyvezető

engineering [ˌendʒɪ'nɪərɪŋ] <fn> [U] mérnöki munka; mérnökség; mérnöki/műszaki tudományok: *mechanical engineering* gépészet; gépészmérnöki szak/kar * *study engineering* a műszaki egyetemen tanul; a gépészmérnöki karon tanul

England ['ɪŋglənd] <fn> Anglia

→ Lásd a Tartalomjegyzékben a Tematikus rajzokat!

¹English ['ɪŋglɪʃ] <mn> angol: *four English men* négy angol ember/férfi * *the English language* az angol nyelv * *the Queen's/King's English* angol irodalmi nyelv; helyes angolság

²English ['ɪŋglɪʃ] <fn> **1. the English** [pl] az angolok **2.** [U] *(nyelv)* angol: *(be written) in English* angolul (van) * *She speaks English.* Beszél angolul. * *She has a degree in English.* Angol tanári diplomája van.

Englishman ['ɪŋglɪʃmən] <fn> [C] (Englishmen) angol ember/férfi

Englishwoman ['ɪŋglɪʃˌwʊmən] <fn> [C] (Englishwomen) angol nő

engrave [ɪn'greɪv] <ige> (engraving, engraved) bevés; rávés; gravíroz; farag (**on sg** vmire/vmibe): *be engraved in/on your mind/memory* emlékezetébe van vésve

engraving [ɪn'greɪvɪŋ] <fn> [C] műv metszet; véset

enigma [ɪ'nɪgmə] <fn> [C] talány; rejtély; rejtvény

enigmatic [ˌenɪg'mætɪk] <mn> rejtélyes; titokzatos; talányos

enjoy [ɪn'dʒɔɪ] <ige> **1.** élvez: *enjoy doing sg* örömét leli vmiben; élvez vmit (csinálni) * *enjoy oneself* jól érzi magát; jól mulat/szórakozik * *I enjoy singing.* Szeretek énekelni. * *She enjoyed the film.* Tetszett neki a film. **2.** bír: *She has always enjoyed good health.* Mindig is jó egészségnek örvendett. **3.** *(étel, ital)* ízlik: *Enjoy your meal.* Jó étvágyat!

enjoyable [ɪn'dʒɔɪəbl] <mn> élvezetes; kellemes; szórakoztató

enjoyment [ɪn'dʒɔɪmənt] <fn> [C, U] élvezet; öröm; kedvtelés

enlarge [ɪn'lɑːdʒ] <ige> (enlarging, enlarged) **1.** (fel)nagyít; (meg)növel; bővít: *enlarging the EU* EU-bővítés **2.** (meg)növekedik; megnagyobbodik; kiterjed

> **enlarge on/upon sg** hosszasan fejteget vmit

enlargement [ɪn'lɑːdʒmənt] <fn> [C, U] **1.** kinagyítás; felnagyítás; bővítés; gyarapítás (**of sg** vmié) **2.** (meg)nagyobbodás **3.** fénykép nagyítás; nagyított kép: *Give me an enlargement.* Adj nekem egy nagyítást! **4.** *(EU)* bővítés

enlighten [ɪn'laɪtn] <ige> felvilágosít (**sy about/on sg** vkit vmiről)

enlightened [ɪn'laɪtnd] <mn> felvilágosult; felvilágosodott

enlightening [ɪn'laɪtnɪŋ] <mn> tanulságos

enlightenment [ɪn'laɪtnmənt] <fn> [U] **1.** felvilágosítás **2. the (Age of) Enlightenment** a felvilágosodás (kora)

enmity ['enmɪti] <fn> [C, U] (enmities) ellenségeskedés; ellenséges viszony; gyűlölség

enormous [ɪ'nɔːməs] <mn> óriási; hatalmas

¹enough [ɪ'nʌf] <det> elegendő; elég: *Is there enough sugar?* Van elég cukor? ∗ *I didn't have enough clothes.* Nem volt elég ruhám.

²enough [ɪ'nʌf] <névm> elegendő; elég: *I have had enough, thank you.* Köszönöm, elég/jóllaktam! ∗ *(I've had) enough of that!* Most aztán elég volt!

♦ **Enough is enough!** Ami sok, az sok!

³enough [ɪ'nʌf] <hsz> eléggé; meglehetősen: *She swims well enough.* Elég jól úszik. ∗ *She is pretty enough, but not beautiful.* Meglehetősen/Elég csinos, de nem kifejezetten szép.

♦ **strangely enough** különösképpen; furcsa/sajátos módon

enquire [ɪn'kwaɪə] → **inquire**

enquiry [ɪn'kwaɪəri] → **inquiry**

enrage [ɪn'reɪdʒ] <ige> felbőszít; feldühít

enraged [ɪn'reɪdʒd] <mn> dühös; felháborodott; haragos (**at/about sg** vmi miatt)

enrapture [ɪn'ræptʃə] <ige> (enrapturing, enraptured) elbájol; elragadtat

enraptured [ɪn'ræptʃəd] <mn> elragadtatott (**by sg** vmitől)

enrich [ɪn'rɪtʃ] <ige> **1.** átv is (meg)gazdagít: *Reading enriches your mind.* Az olvasás gazdagítja az elmét. **2.** kém dúsít; feljavít

enrol [ɪn'rəʊl] <ige> (enrolling, enrolled) **1.** *(listára)* beír; bejegyez **2.** *(iskolába)* beiratkozik: *enrol on a course* beiratkozik egy tanfolyamra

enroll [ɪn'rəʊl] AmE → **enrol**

en route [ɒn'ruːt] <mn> úton; útban; út közben

ensemble [ɒn'sɒmbl] <fn> [C] **1.** kosztüm; *(több részes női ruha)* komplé **2.** zene együttes

ensue [ɪn'sjuː] <ige> (ensuing, ensued) következik (**from sg** vmiből)

ensuing [ɪn'sjuːɪŋ] <mn> (rá)következő: *the ensuing years* a jövő/(rá)következő évben

ensure [ɪn'ʃʊə] <ige> (ensuring, ensured) **1.** biztosít (**against/from sg** vmi ellen) **2.** gondoskodik (**of sg** vmiről): *Could you ensure that…* Gondoskodnál arról, hogy…

entail [ɪn'teɪl] <ige> maga után von (**sg** vmit); vmilyen következménnyel jár; együtt jár (**sg** vmivel)

enter ['entə] <ige> **1.** belép; bemegy; bejön; beutazik; beérkezik (**sg** vhova): *She entered the room.* Belépett a szobába. **2.** *(versenyen)* indul; *(versenyre, vizsgára)* benevez; jelentkezik (**for sg** vmire): *He entered for the race.* Benevezett a versenyre. **3.** infor *(rendszerbe)* belép; *(adatot)* bevisz; beír; bead **4.** beír; bejegyez; feljegyez: *enter one's name* feliratkozik **5.** *(munkahelyre)* belép; *(iskolát, egyetemet stb.)* elkezd: *She entered (the) university last year.* Tavaly vették föl az egyetemre./Tavaly kezdte el az egyetemet. **6.** szính belép; színre lép: *enter Hamlet* Hamlet belép

> **enter into sg 1.** *(vitába, társalgásba)* belekezd; belebocsátkozik vmibe: *enter into correspondence with sy* levelezésbe kezd vkivel ∗ *enter into relations with sy* kapcsolatba lép vkivel **2.** részt vesz vmiben
>
> **enter on/upon sg** *(működést, pályát)* megkezd: *enter on/upon a conversation* beszélgetést kezd; szóba elegyedik vkivel
>
> **enter up sg** bejegyez; beír vmit

enter key ['entə kiː] <fn> [C] infor Enter billentyű: *Press the enter key.* Nyomd meg az Enter billentyűt!

enterprise ['entəpraɪz] <fn> [C] **1.** vállalkozás: *business enterprise* üzleti vállalkozás **2.** vállalat; cég **3.** vállalkozószellem

enterprising ['entəpraɪzɪŋ] <mn> vállalkozószellemű

entertain [ˌentə'teɪn] <ige> **1.** szórakoztat; mulattat **2.** megvendégel; vendégül lát: *They entertained us to dinner.* Vendégül láttak minket vacsorára. ∗ *We entertain a great deal.* Sokat vendégeskedünk. **3.** tekintetbe vesz;

mérlegel; *(gondolattal)* foglalkozik: *entertain an idea* a fejébe vesz/a fejében forgat egy gondolatot

entertainer [ˌentəˈteɪnə] <fn> [C] kabarészínész

entertaining [ˌentəˈteɪnɪŋ] <mn> szórakoztató

entertainment [ˌentəˈteɪnmənt] <fn> [C, U] **1.** szórakozás: *for my own entertainment* saját szórakozásomra; szórakozásból **2.** szórakoztatás: *the entertainment industry* szórakoztató ipar * *entertainment tax* vigalmi adó **3.** szórakozási lehetőség; vendéglátás; program; mulatság: *lack of entertainment* a szórakozási lehetőség hiánya **4.** *(újságban)* kulturális műsorok/rovat

enthusiasm [ɪnˈθjuːzɪæzm] <fn> [U] lelkesedés; rajongás **(for sg** vmiért)

enthusiast [ɪnˈθjuːzɪæst] <fn> [C] rajongó: *He is a football enthusiast.* Futballrajongó.

enthusiastic [ɪnˌθjuːzɪˈæstɪk] <mn> rajongó; lelkes **(about/over sg** vmi miatt/vmitől)

entice [ɪnˈtaɪs] <ige> (enticing, enticed) csalogat; csábít(gat): *entice away from sy* elcsábít vkitől

enticing [ɪnˈtaɪsɪŋ] <mn> csábító: *an enticing smell* csábító illat

entire [ɪnˈtaɪə] <mn> teljes; egész: *in the entire town* az egész városban * *Take the entire month off.* Vedd ki az egész hónapot!

entirely [ɪnˈtaɪəli] <hsz> teljesen; egészen; maradéktalanul: *not entirely satisfactory* nem egészen kielégítő * *an entirely different matter* egész más ügy/eset * *It's entirely up to you.* Teljesen tőled függ. * *He is entirely happy.* Maradéktalanul boldog.

entitle [ɪnˈtaɪtl] <ige> **1.** címet ad; *(könyvet)* címmel ellát: *a film entitled…* …című film **2.** feljogosít; felhatalmaz **(to sg** vmire): *be entitled to sg* joga van vmihez * *entitled to vote* választásra jogosult

entrance [ˈentrəns] <fn> **1.** [C] bejárat **(to/of sg** vmié): *the entrance of the house* a ház bejárata * *main entrance* főbejárat * *entrance hall* előtér; előcsarnok **2.** [C, U] belépés; megjelenés: *entrance fee* belépődíj * *No entrance!* Belépni tilos! * *The king now makes his first entrance in Scene 1.* Most lép színpadra először a király az első színben. **3.** [U] *(intézménybe)* felvétel **(to sg** vhová/vmibe): *entrance to university* felvétel az egyetemre * *entrance exam(ination)* felvételi vizsga

entrant [ˈentrənt] <fn> [C] **1.** pályakezdő; *(egyetemre stb.)* újonnan felvett **2.** *(versenyre, pályázatra)* jelentkező; *(versenyen, pályázaton)* résztvevő; pályázó

entrepreneur [ˌɒntrəprəˈnɜː] <fn> [C] vállalkozó

entrust [ɪnˈtrʌst] <ige> **1.** *(gyereket, értéktárgyat)* rábíz **(sy/sg to sy** vkit/vmit vkire) **2.** megbíz **(sy with sg** vkit vmivel): *entrust sy with a task* vkit feladattal bíz meg

entry [ˈentrɪ] <fn> (entries) **1.** [C] bejárat: *Leave your shoes in the entry.* A cipődet hagyd a bejáratban. **2.** [U] belépés; bebocsátás: *the entry of the headmaster* az igazgató belépése * *pay on entry* fizetés belépéskor/beszálláskor * *obtain entry* bebocsátást nyer * *his sudden entry* hirtelen betoppanása * *No entry!* **(a)** Belépni tilos! **(b)** Behajtani tilos! **3.** [C] *(országba)* beutazás: *entry visa* beutazási engedély; vízum **4.** [C] *(színészé)* bevonulás; belépő; fellépés **5.** [C] *(versenyre)* (be)nevezés: *the closing date for entries* a nevezések határideje **6.** [C] *(adaté)* bejegyzés; beírás; bevitel **7.** [C] *(szótárban, lexikonban stb.)* címszó; szócikk

Entryphone® [ˈentrɪfəʊn] <fn> [C] kaputelefon

enumerate [ɪˈnjuːməreɪt] <ige> (enumerating, enumerated) felsorol

envelop [ɪnˈveləp] <ige> (enveloping, enveloped) bebugyolál; beburkol; átv betakar; beborít: *enveloped in fog* ködbe borult * *She is enveloped in a woollen blanket.* Gyapjútakaróba bugyolálták.

envelope [ˈenvələʊp] <fn> [C] (levél)boríték

enviable [ˈenvɪəbl] <mn> irigylésre méltó

envious [ˈenvɪəs] <mn> irigy **(of sg** vmire): *an envious look* irigy pillantás

environment [ɪnˈvaɪərənmənt] <fn> **1.** [C, U] környezet; légkör; miliő: *live in a happy environment* boldog légkörben/miliőben él **2. the environment** [U] a környezet: *protection of the environment* környezetvédelem

environmental [ɪnˌvaɪərənˈmentl] <mn> környezetvédelmi; környezeti: *environmental protection* környezetvédelem * *the environmental damages* környezeti károk/ártalmak * *environmental pollution* környezetszennyezés * *an environmental group* egy környezetvédő csoport

environmentalist [ɪnˌvaɪərənˈmentlɪst] <fn> [C] környezetvédő; környezetvédelmi szakember

environs [ɪnˈvaɪərənz] <fn> [pl] környék; vidék

¹envy [ˈenvɪ] <fn> [U] irigység **(at/of sg** vmire): *His house is the envy of his friends.* A háza irigység tárgya a barátai szemében. * *She is the envy of others.* Mások irigykednek rá.

²envy [ˈenvɪ] <ige> (envying, envies, envied) irigyel **(sy/sg** vkit/vmit): *She envied me.* Irigyelt engem. * *I envy that dress.* Irigylem azt a ruhát.

ephemeral [ɪˈfemrəl] <mn> múló; rövid életű; tiszavirág életű

¹epic [ˈepɪk] <fn> [C] eposz; hősköltemény

²epic [ˈepɪk] <mn> epikus; elbeszélő

epicentre ['epɪˌsentə] <fn> [C] *(földrengésé)* epicentrum

epicenter ['epɪˌsentər] AmE → **epicentre**

epidemic [ˌepɪ'demɪk] <fn> [C] járvány; ragály; vész

Epiphany [ɪ'pɪfəni] <fn> [U] vízkereszt

episode ['epɪsəʊd] <fn> [C] **1.** epizód; mellékesemény **2.** *(TV-/rádiósorozaté)* rész(let); epizód

epitaph ['epɪtɑːf] <fn> [C] sírfelirat

epoch ['iːpɒk] <fn> [C] kor(szak)

¹equal ['iːkwəl] <mn> **1.** egyenlő: *equal rights* egyenlő jogok * *equal money for equal work* egyenlő munkáért egyenlő pénz(t) * *equal opportunities* esélyegyenlőség * *equal sums* egyenlő/azonos pénzösszegek * *of equal size* egyforma nagy/méretű * *A pint is roughly equal to half a litre.* Egy pint durván fél liternek felel meg. **2. be equal to sg** megbirkózik vmivel; megállja a helyét vmiben; alkalmas vmire: *be equal to a task* megbirkózik egy feladattal * *be equal to the challenge* eleget tesz/megfelel a kihívásnak **3.** egyenrangú; egyenértékű (**to sy** vkivel) **4.** változatlan; egyforma; egyöntetű

♦ **be on equal terms with sy** egyenlő/ ugyanolyan feltételekkel rendelkeznek

²equal ['iːkwəl] <fn> [C] *(ember, társ)* egyenrangú: *your equals* a veled egyenrangúak * *I am not your equal at swimming.* Úszásban nem vagyok veled egyenrangú.

³equal ['iːkwəl] <ige> (BrE equalling, equalled; AmE equaling, equaled) **1.** egyenlő; megegyezik (**sg in sg** vmivel vmiben) **2.** sp *(csúcsot)* beállít **3.** mat egyenlő: *One plus two equals three.* Egy meg kettő egyenlő három.

equality [ɪ'kwɒlətɪ] <fn> [U] egyenlőség; egyformaság; egyenrangúság; egyenjogúság

equalize ['iːkwəlaɪz] <ige> (equalizing, equalized) **1.** *(értékben)* kiegyenlít; egyenlővé tesz **2.** sp (ki)egyenlít

equalizer ['iːkwəlaɪzə] <fn> [C] sp BrE egyenlítő gól

equally ['iːkwəlɪ] <hsz> egyaránt; egyformán; azonosan; egyforma mértékben: *All are equally cheap.* Mindegyik egyformán olcsó.

equals sign ['iːkwəlz saɪn] <fn> [C] mat egyenlőségjel

equation [ɪ'kweɪʒn] <fn> [C] mat egyenlet: *solve an equation* egyenletet megold

equator [ɪ'kweɪtə] <fn> [U] **the equator / the Equator** egyenlítő; az Egyenlítő

equatorial [ˌekwə'tɔːrɪəl] <mn> egyenlítői

equestrian [ɪ'kwestrɪən] <mn> lovas-: *equestrian sports* lovassport(ok) * *equestrian competition* lovasverseny * *equestrian events (olimpiai szám)* lovaglás

equinox ['iːkwɪnɒks] <fn> [U] nap-éj egyenlőség

equip [ɪ'kwɪp] <ige> (equipping, equipped) **1.** felszerel: *be well equipped* jól felszerelt **2.** *(házat)* berendez **3.** ellát (**sy with sg** vkit vmivel)

equipment [ɪ'kwɪpmənt] <fn> [U] felszerelés(i tárgyak); berendezés: *office equipment* irodai berendezés

¹equivalent [ɪ'kwɪvələnt] <mn> egyenértékű; ekvivalens

²equivalent [ɪ'kwɪvələnt] <fn> [C] *(szó, érték)* megfelelő; *(szóé)* ekvivalens; egyenértékes

era ['ɪərə] <fn> [C] kor(szak); éra

eradicate [ɪ'rædɪkeɪt] <ige> kipusztít; kiirt

erase [ɪ'reɪz] <ige> (erasing, erased) **1.** *(írást)* kihúz; kitöröl; kiradíroz **2.** infor *(adatot)* töröl **3.** *(emléket)* kitöröl: *erase sg from one's memory* vmit kitöröl az emlékezetéből

eraser [ɪ'reɪzər] <fn> [C] főleg AmE radír(gumi)

e-reader ['iː riːdə] <fn> [C] e-könyvolvasó

¹erect [ɪ'rekt] <ige> **1.** *(állványt, sátrat)* (fel)állít **2.** *(épületet)* emel; felépít; felhúz

²erect [ɪ'rekt] <mn> **1.** egyenes; függőleges: *with head erect* emelt fővel **2.** *(pénisz)* merev

erection [ɪ'rekʃn] <fn> **1.** [U] (fel)állítás; emelés; felépítés **2.** [C] biol erekció

ergonomics [ˌɜːgə'nɒmɪks] <fn> [U + sing v] ergonómia

erosion [ɪ'rəʊʒn] <fn> [U] erózió; kimarás

erotic [ɪ'rɒtɪk] <mn> erotikus; érzéki

eroticism [ɪ'rɒtɪsɪzm] <fn> [U] erotika

errand ['erənd] <fn> [C] megbízás; elintéznivaló; küldetés: *go on/run errands for sy* megbízásokat bonyolít le vkinek

erratic [ɪ'rætɪk] <mn> egyenetlen; kiszámíthatatlan; szeszélyes

erroneous [ɪ'rəʊnɪəs] <mn> téves: *erroneous belief* tévhit

error ['erə] <fn> **1.** [C] hiba: *grave error* súlyos hiba * *commit an error* hibát követ el **2.** [U] tévedés: *be in error* téved * *error of judgement* téves ítélet/megítélés * *I did it in error.* Tévedésből csináltam.

erupt [ɪ'rʌpt] <ige> **1.** *(vulkán, háború stb.)* kitör: *erupt in anger* dührohamot kap **2.** *(pattanás)* *(hirtelen)* kinő; *(fog)* kibújik: *My skin erupted in pimples.* Tele lettem pattanással.

eruption [ɪ'rʌpʃn] <fn> [C, U] **1.** *(vulkáné, háborúé stb.)* kitörés **2.** *(bőr)*kiütés; *(fog)*áttörés

escalate ['eskəleɪt] <ige> (escalating, escalated) **1.** *(háború, konfliktus)* erősödik; fokozódik; kiterjed **2.** *(konfliktust)* fokoz; kiterjeszt **3.** *(ár)* emelkedik; felszökik

escalation [ˌeskə'leɪʃn] <fn> [U] **1.** *(háborúé, konfliktusé)* fokozódás; kiterjedés **2.** *(konfliktusé)* kiterjesztés **3.** *(áré)* emelkedés

escalator ['eskəleɪtə] <fn> [C] mozgólépcső

¹escape [ɪ'skeɪp] <ige> (escaping, escaped) **1.** (meg)szökik; elszökik; (el)menekül; megmenekül (**from sg** vhonnan/vmiből/vmi elől): *He escaped from prison.* Megszökött a börtönből. * *He escaped unharmed.* Ép bőrrel úszta meg. **2.** nem jut eszébe; (figyelmet) elkerül: *Nothing escapes his attention.* Semmi nem kerüli el a figyelmét. * *It escaped my notice.* Elkerülte a figyelmemet. * *His name escaped me.* Nem jutott eszembe a neve. **3.** (gáz, folyadék) elillan; kiömlik; szökik

²escape [ɪ'skeɪp] <fn> **1.** [C, U] (meg)szökés; (meg)menekülés; menekvés **2.** [C] (gázé, folyadéké) (el)szivárgás; elillanás; kiáramlás
♦ **as an escape** menekülésképpen ♦ **had a narrow/near escape** éppenhogy megmenekült; egy hajszálon múlt az élete ♦ **make one's escape from sg** megmenekül vmiből

escape key [ɪ'skeɪp kiː] <ige> [C] infor Escape billentyű; váltóbillentyű

¹escort ['eskɔːt] <fn> [C] **1.** (védő)kíséret **2.** kísérő; kíséret

²escort [ɪ'skɔːt] <ige> **1.** (fedezettel) kísér **2.** elkísér; kísérget

especially [ɪ'speʃli] <hsz> **1.** különösen; főleg; (leg)főképpen; különösképpen; kiváltképpen: *She loves all fruits, especially strawberries.* Minden gyümölcsöt szeret, főleg az epret. **2.** kimondottan; kifejezetten: *I bought it especially for you.* Kimondottan neked vettem.

espionage ['espɪənɑːʒ] <fn> [U] kémkedés

essay ['eseɪ] <fn> [C] **1.** esszé; tanulmány; rövid értekezés **2.** isk dolgozat; fogalmazás

essence ['esns] <fn> **1.** [U] (könyvé, elméleté) lényeg; esszencia: *in essence* lényegében **2.** [C, U] kivonat; esszencia; sűrítmény: *vanilla essence* vaníliaesszencia

¹essential [ɪ'senʃl] <mn> **1.** lényeges; nélkülözhetetlen **2.** alapvető: *It is essential that…* Elengedhetetlen, hogy…

²essential [ɪ'senʃl] <fn> [ált pl] **1.** (a) lényeg; alapszükségletek; a legszükségesebb dolgok **2.** (a) lényeg; alap(elemek): *the essentials of French grammar* a francia nyelvtan alapja/alapelemei; alapfokú francia nyelvtan; francia nyelvtan alapfokon

essentially [ɪ'senʃli] <hsz> lényegében; alapjában véve

establish [ɪ'stæblɪʃ] <ige> **1.** (céget, kapcsolatot) (meg)alapít; létesít **2.** (tényt, ártatlanságot) megállapít; (be)bizonyít; kimutat: *The police established that he was guilty.* A rendőrség megállapította, hogy bűnös. **3.** (törvényt) létrehoz; alkot **4.** (rekordot, elméletet) felállít **5.** (bizottságot) felállít; (meg)alakít **6.** (békét, rendet) helyreállít
♦ **establish oneself** felépíti a karrierjét; felküzdi magát vmivé ♦ **establish one's reputation as…** megalapozza a hírnevét, mint…

establishment [ɪ'stæblɪʃmənt] <fn> **1.** [C] intézmény; létesítmény **2.** [U] létesítés; létrehozás **3. the Establishment** [U] BrE uralkodó osztály; a hatalom; a hatalmi elit; a politikai elit

estate [ɪ'steɪt] <fn> [C] **1.** (föld)birtok: *They have an estate in Ireland.* (Föld)birtokuk van Írországban. **2.** BrE (lakó)telep; (gyár)telep; (ipar)telep: *a housing/industrial estate* lakótelep/ipartelep **3.** vagyon; javak: *personal estate* ingóságok **4.** jog birtoklás

estate agent [ɪ'steɪt ˌeɪdʒənt] <fn> [C] ingatlanügynök

estate car [ɪ'steɪt kɑː] <fn> [C] kombi

¹esteem [ɪ'stiːm] <fn> [U] **1.** tisztelet; nagyrabecsülés **2.** vélemény: *in my esteem* véleményem szerint

²esteem [ɪ'stiːm] <ige> **1.** tisztel; (nagyra) becsül; megbecsül **2.** értékel; tart (**sg as sg** vmit vminek)

¹estimate ['estɪmeɪt] <ige> (estimating, estimated) **1.** (árat, értéket) (fel)becsül; megbecsül (**at sg** vmire): *estimated value* becslési érték * *Police estimated the crowd at 50,000.* A rendőrség 50 000-re becsülte a tömeget. **2.** értékel

²estimate ['estɪmət] <fn> [C] **1.** becslés; felbecsülés: *a rough estimate* durva/hozzávetőleges becslés * *at a rough estimate* hozzávetőleges becslés alapján * *in my estimate* véleményem/nézetem szerint **2.** költségelőirányzat; (becsült) előzetes költségvetés

estimation [ˌestɪ'meɪʃn] <fn> [U] **1.** becslés; vélemény: *in my estimation* véleményem/becslésem/nézetem szerint **2.** nagyrabecsülés; megbecsülés; értékelés: *hold sy in estimation* nagyra tart vkit

Estonia [e'stəʊnɪə] <fn> Észtország

¹Estonian [e'stəʊnɪən] <fn> **1.** [C] (személy) észt **2.** [U] (nyelv) észt

²Estonian [e'stəʊnɪən] <mn> észt

estuary ['estʃʊəri, AmE 'estʃʊeri] <fn> [C] (estuaries) (folyó)torkolat: *the Thames estuary* a Temze-torkolat

etc. [ɪt'setrə] [= (latin) et cetera = and so on] stb. (= és a többi)

eternal [ɪ'tɜːnl] <mn> **1.** örök(ös); örökkévaló: *eternal life* vall örök élet **2.** (panaszkodás, siránkozás) szüntelen; szakadatlan

eternity [ɪˈtɜːnətɪ] <fn> **1.** [U] örökkévalóság **2. an eternity** egy örökkévalóság: *He waited for an eternity.* Egy örökkévalóságig várakozott.
ethical [ˈeθɪkl] <mn> **1.** erkölcsi; etikai **2.** erkölcsös; etikus
ethics [ˈeθɪks] <fn> **1.** [U] etika; erkölcstan **2.** [pl] erkölcs; morál: *a code of ethics* etikai kódex
ethnic [ˈeθnɪk] <mn> etnikai; nemzetiségi: *ethnic cleansing* etnikai tisztogatás * *ethnic group* etnikai csoport; népcsoport; etnikum * *ethnic minority* nemzeti kisebbség; nemzetiség * *the ethnic Albanians living in Germany* a Németországban élő albán (nemzeti) kisebbség
ethnographer [eθˈnɒɡrəfə] <fn> [C] etnográfus; néprajzos
ethnography [eθˈnɒɡrəfɪ] <fn> [U] néprajz; etnográfia
etiquette [ˈetɪket] <fn> [U] etikett; illemszabályok
EU [ˌiːˈjuː] [= (the) European Union] EU (= (az) Európai Unió)
EU-accession [iːˌjuːəkˈseʃn] <fn> [U] EU-csatlakozás
euphoria [juːˈfɔːrɪə] <fn> [U] eufória
euphoric [juːˈfɒrɪk] <mn> euforikus
euro [ˈjʊərəʊ] <fn> [C] euró (jele €): *The prices are given in euros.* Az árakat euróban adták meg. * *It costs 50 euros.* 50 euróba kerül.
Eurobond [ˈjʊərəˌbɒnd] <fn> [C] eurókötvény
Euroland [ˈjʊərəʊˌlænd] <fn> [sing] eurótérség
Eurozone [ˈjʊərəʊˌzəʊn] <fn> [sing] euróövezet; eurózóna
Europe [ˈjʊərəp] <fn> [C] Európa
¹**European** [ˌjʊərəˈpiːən] <mn> európai: *the European Union (EU)* az Európai Unió (EU) * *European champion* sp Európa-bajnok * *European championship* sp Európa-bajnokság
²**European** [ˌjʊərəˈpiːən] <fn> [C] (személy) európai
euthanasia [ˌjuːθəˈneɪzɪə] <fn> [U] orv eutanázia
EV [ˌiːˈviː] [= electric vehicle] elektromos jármű
evacuate [ɪˈvækjʊeɪt] <ige> (evacuating, evacuated) **1.** evakuál; kiürít; kitelepít **2.** biol ürít
evacuation [ɪˌvækjʊˈeɪʃn] <fn> [C, U] **1.** evakuálás; (ki)ürítés; kitelepítés **2.** biol ürítés
evade [ɪˈveɪd] <ige> (evading, evaded) **1.** kitér (**sg** vmi elől); kivonja magát (**sg** vmi alól): *evade a question* kitér egy kérdés elől * *evade a duty* kihúzza magát a kötelesség alól * *evade the law* kijátssza a törvényt **2.** *(veszélyt)* elkerül; megmenekül (**sg** vmitől)
evaluate [ɪˈvæljʊeɪt] <ige> (evaluating, evaluated) **1.** (ki)értékel: *evaluate the situation* kiértékeli a helyzetet * *evaluate sy as a writer* íróként értékel vkit **2.** számokban kifejez

evaluation [ɪˌvæljʊˈeɪʃn] <fn> [C, U] (ki)értékelés; értékbecslés
evaporate [ɪˈvæpəreɪt] <ige> (evaporating, evaporated) **1.** elpárolog; elgőzölög **2.** elpárologtat; elgőzölögtet: *evaporated milk* sűrített tej **3.** *(remény, érzés)* szertefoszlik; eltűnik; meghiúsul; füstbe megy
evasion [ɪˈveɪʒn] <fn> [C, U] **1.** *(törvényé)* kijátszás; megkerülés **2.** *(vmi elől való)* kitérés
evasive [ɪˈveɪsɪv] <mn> *(válasz)* kitérő
eve [iːv] <fn> [C] **1. Christmas Eve** Szenteste **2. New Year's Eve** Szilveszter **3.** előeste: *on the eve of the battle* a csata előestéjén
¹**even** [ˈiːvn] <hsz> **1.** sőt; még (…is); még (csak)… sem: *She works a lot, even at weekends.* Sokat dolgozik, még hétvégén is. * *Not even she managed it.* Még ő sem birkózott meg vele. * *Even as a child he was…* Már gyerekként… * *He didn't shout – he didn't even cry.* Nem kiabált – még csak nem is sírt. * *I never even met him.* Még csak nem is találkoztam vele soha. **2.** *(fokozásként)* még: *My boots are dirty, but his are even dirtier.* Az én bakancsom piszkos, az övé azonban még piszkosabb. * *That's even better.* Az még jobb. * *Even you can cook.* Még te is tudsz főzni.
♦ **even if** még akkor is, ha… *Even if he were rich,…* Még ha gazdag volna is,… ♦ **even now** 1. még most is/sem **2.** éppen most ♦ **even so** mégis/ennek ellenére ♦ **even then** 1. még akkor is/sem **2.** éppen akkor ♦ **even though** noha; ámbár; habár; jóllehet; pedig *Even though she is on holiday, she is still working.* Noha szabadságon van, mégis dolgozik.
²**even** [ˈiːvn] <mn> **1.** egyenletes; sík; sima; egyenes: *even surface* sík/sima felület * *The floor is even.* A padló egyen(let)es/sík. **2.** egyenletes; egyöntetű; egyforma; egyenlő; kiegyenlített **3.** *(szám)* páros
♦ **be/get even with sy** leszámol vkivel; bosszút áll vkin ♦ **break even** gazd nullszaldót csinál/ér el ♦ **make even** egyenget ♦ **Now we're even.** Most kvittek vagyunk.
³**even** [ˈiːvn] <ige> (ki)egyenlít; (ki)egyenesít

even out kiegyenlítődik
even sg out kiegyenlít vmit
even sg up kiegyenlít vmit: *That will even things up.* Ez majd kiegyenlíti/helyrehozza a dolgokat.

evening [ˈiːvnɪŋ] <fn> [C, U] **1.** est(e): *all evening* minden este * *evenings* esténként * *in the*

evening classes

evening este * *this evening* ma este **2.** *(rendezvény)* est(e)

evening classes ['i:vnɪŋˌklɑ:sɪz] <fn> [pl] esti tanfolyam

evening dress ['i:vnɪŋ dres] <fn> [C] **1.** estélyi öltözet **2.** estélyi ruha

event [ɪ'vent] <fn> [C] **1.** esemény: *the biggest musical event of the year* az év legnagyobb zenei eseménye **2.** *(történés)* eset: *in the event of sg* vminek az esetén * *at all events* mindenesetre * *after the event* utána; utólag * *before the event* előbb; előre; korábban * *in any event* akármi történjék is **3.** (sport)esemény; (verseny)szám: *Long jump will be the first event.* Az első szám a távolugrás lesz.

eventful [ɪ'ventfl] <mn> *(nap, utazás)* eseménydús; eseményekben gazdag

eventual [ɪ'ventʃuəl] <mn> végső

eventually [ɪ'ventʃuəli] <hsz> végül is; végső fokon; végül

ever ['evə] <hsz> **1.** valaha; egyszer; valamikor: *hardly ever//rarely if ever* szinte soha * *Have you ever been to London?* Voltál valaha Londonban? * *It's worse than ever.* Rosszabb, mint valaha. * *I have never ever seen...* Soha életemben nem láttam... **2.** mindig; örökké: *ever since...* amióta csak...; ...óta mindig * *ever since I was a child* gyerekkorom óta mindig * *for ever* (mind)örökre * *the ever increasing...* az állandóan/a folyvást növekvő... * *They lived happily ever after.* Boldogan éltek, amíg meg nem haltak. * *As/Yours ever (levélbefejezés)* Sok/Őszinte szeretettel... **3.** *(nyomatékként)*: *ever so often* nagyon is sokszor * *What ever shall I do?* Na most aztán mit tegyek?

♦ **ever and again** újra meg újra ♦ **ever so** nagyon; igazán ♦ **now if ever is the time** most vagy soha

evergreen ['evəgri:n] <mn> örökzöld

everlasting [ˌevə'lɑ:stɪŋ] <mn> **1.** vall örökkévaló; örökké tartó; örök(ös): *life everlasting* örök élet **2.** átv is szüntelen; szakadatlan **3.** elpusztíthatatlan; korlátlanul/korlátlan ideig eltartható

evermore [ˌevə'mɔ:] <hsz> mindig; örökké

every ['evrɪ] <det> [+ sing n] **1.** minden (egyes); valamennyi; mindegyik; az összes: *every word* minden szó * *every day* mindennap * *every other day* minden másnap * *every five minutes* ötpercenként **2.** mind(enki); mindegyik: *every one of us* mindegyikünk * *Every hour brought us nearer our marriage.* Minden órával közelebb kerültünk az esküvőnkhöz. **3.** *(lehető, lehetséges)* minden: *have every reason to do sg* minden oka megvan rá, hogy megtegyen vmit

♦ **every here and there** egyszer-egyszer; itt-ott ♦ **every now and then** (nagy) néha ♦ **every time** minden alkalommal

---

Car • *Az autó*

1	bonnet; AmE hood	motorháztető
2	headlight	fényszóró; reflektor
3	indicator; AmE turn signal	irányjelző; index
4	tyre; AmE tire	(autó)gumi
5	hubcap	dísztárcsa
6	rear-view mirror	(belső) visszapillantó tükör
7	windscreen wiper; AmE windshield wiper	ablaktörlő
8	speedometer	sebességmérő
9	aerial; AmE antenna	antenna
10	windscreen; AmE windshield	szélvédő
11	bumper	lökhárító
12	number plate	rendszám
13	number plate; AmE license plate	rendszámtábla
14	wing mirror; AmE side-view mirror	(külső) visszapillantó tükör
15	door	ajtó
16	steering wheel	kormánykerék
17	seat	ülés
18	clutch	kuplung
19	brake	fék
20	accelerator; AmE gas pedal	gázpedál
21	gear lever; AmE gear shift	seb(esség)váltó (kar)
22	handbrake; AmE emergency brake	kézifék
23	wing; AmE fender	sárvédő
24	rear light; AmE tail light	hátsó lámpa
25	boot; AmE trunk	csomagtartó

187

everybody ['evrɪˌbɒdɪ] <névm> mindenki

everyday ['evrɪdeɪ] <mn> mindennapi; mindennapos; hétköznapi: *in everyday life* a mindennapi életben ∗ *everyday occurrence* mindennapos esemény ∗ *everyday language* köznapi beszéd/nyelv

everyone ['evrɪwʌn] <névm> mind(enki); mindegyik; valahány; ki-ki; bárki: *to everyone's amazement* mindenki csodálatára/bámulatára ∗ *be on everyone's lip* közszájon forog ∗ *Listen everyone!* Figyeljen mindenki!

everything ['evrɪθɪŋ] <névm> minden: *everything else* minden más ∗ *in spite of everything* mindennek ellenére ∗ *My children mean everything to me.* A gyerekeim a mindeneim. ∗ *(Is) everything all right?* Minden rendben?

everywhere ['evrɪweə] <hsz> **1.** mindenhol: *I've looked everywhere for my pen.* Mindenhol kerestem a tollamat. **2.** mindenhová; mindenüvé: *everywhere he goes* ahová csak megy

¹evidence ['evɪdəns] <fn> [U] **1.** jog, tud bizonyíték; (tanú)bizonyság: *for lack of evidence* bizonyíték hiányában **2.** tanúvallomás: *give evidence for/against sy* tanúskodik vki mellett/ellen; tanúvallomást tesz vki mellett/ellen ∗ *give evidence of sg* tanúskodik vmiről **3.** tanújel; nyilvánvalóság: *be in evidence* látható

²evidence ['evɪdəns] <ige> bizonyít; igazol

evident ['evɪdənt] <mn> nyilvánvaló; szemmel látható; kézzelfogható; evidens

¹evil ['iːvl] <mn> *(ember)* rossz; gonosz; komisz; bűnös: *evil day* szerencsétlen/peches nap

²evil ['iːvl] <fn> [C, U] gonoszság; rossz: *do evil* rosszat cselekszik ∗ *the lesser of the two evils* két rossz közül a kevésbé rossz ∗ *speak evil of sy* vkinek a rosszhírét kelti

evoke [ɪ'vəʊk] <ige> (evoking, evoked) **1.** *(emléket)* felelevenít; felidéz **2.** *(érzést)* kivált; előidéz; okoz; kelt: *evoke a smile* mosolyt kelt

evolution [ˌiːvə'luːʃn] <fn> [U] **1.** (ki)fejlődés; kialakulás: *the evolution of events* az események fejlődése/alakulása **2.** biol evolúció: *the theory of evolution* az evolúció elmélete

evolve [ɪ'vɒlv] <ige> (evolving, evolved) **1.** kifejleszt; kialakít **2.** kifejlődik; kialakul

ex- [eks] <előtag> volt; hajdani; egykori: *her ex-husband* a volt férje

exacerbate [ɪg'zæsəbeɪt] <ige> (exacerbating, exacerbated) **1.** *(állapot, fájdalom)* romlik; rosszabbodik; rosszabbra fordul; súlyosbodik **2.** súlyosbít; növel

exact [ɪg'zækt] <mn> pontos; szabatos; precíz; egzakt: *an exact copy* pontos másolat ∗ *an exact science* egzakt tudomány

exacting [ɪg'zæktɪŋ] <mn> *(ember, munka)* igényes: *be exacting* magas követelményeket állít; nagyok az igényei

exactly [ɪg'zæktlɪ] <hsz> **1.** pontos(an); éppen: *not exactly* nem egészen ∗ *What exactly did you say?* Mit mondtál pontosan? ∗ *He isn't exactly the right man for the job.* Nem éppen ő a legalkalmasabb ember az állásra. ∗ *He is not exactly an Adonis.* Nem éppen Adonisz. **2. exactly!** pontosan!; erről van szó!; úgy van!

exaggerate [ɪg'zædʒəreɪt] <ige> (exaggerating, exaggerated) (el)túloz; (fel)nagyít

exaggeration [ɪgˌzædʒə'reɪʃn] <fn> [C, U] túlzás; nagyítás

exaltation [ˌegzɔː'teɪʃn] <fn> [U] **1.** lelkesültség; túlfűtöttség; egzaltáció **2.** (fel)magasztalás

exalted [ɪg'zɔːltɪd] <mn> **1.** *(személy)* magas(-rangú) **2.** egzaltált; túlfűtött; lelkes(ült)

exam [ɪg'zæm] <fn> [C] vizsga: *enter for an exam* vizsgára jelentkezik ∗ *pass/fail an exam* átmegy/megbukik a vizsgán ∗ *take/sit (for) an exam* vizsgázik

examination [ɪgˌzæmɪ'neɪʃn] <fn> **1.** [C] *(iskolai, egyetemi)* vizsga: *examination fee* vizsgadíj ∗ *examination paper* írásbeli vizsga; ZH **2.** [C, U] orv is (felül)vizsgálat; megvizsgálás; kivizsgálás: *under examination* kivizsgálás alatt **3.** [U, C] *(tanúé)* kihallgatás

examine [ɪg'zæmɪn] <ige> (examining, examined) **1.** (meg)vizsgál; (át)vizsgál; (ki)vizsgál; felülvizsgál **2.** vizsgáztat **3.** tanulmányoz; átvizsgál: *examine into sg* alaposan átvizsgál/megvizsgál vmit ∗ *examine thoroughly/closely* átkutat **4.** *(tanút)* kihallgat

examinee [ɪgˌzæmɪ'niː] <fn> [C] vizsgázó; jelölt

examiner [ɪg'zæmɪnə] <fn> [C] vizsgáztató: *external examiner* külső vizsgáztató

example [ɪg'zɑːmpl] <fn> [C] **1.** példa: *for example* röv **e.g.** például (pl.) **2.** eszménykép; példa(kép): *set a good example* jó példát mutat **3. make an example of sy** példásan megbüntet vkit; példát statuál: *Let this be an example to you.* Legyen ez számodra figyelmeztetés!

exasperate [ɪg'zæspəreɪt] <ige> (exasperating, exasperated) elkeserít; felbőszít; feldühít; felbosszant

exasperated [ɪg'zæspəreɪtɪd] <mn> dühös; bősz(ült); felháborodott; ingerült (**at/by sy** vkire)

exasperating [ɪg'zæspəreɪtɪŋ] <mn> idegesítő; kellemetlen

excavate ['ekskəveɪt] <ige> (excavating, excavated) kiás; feltár; kiváj; felszínre hoz; kikotor: *excavate a site* ásatásokat végez

excavation [,ekskə'veɪʃn] <fn> [C] kiásás; ásatás; feltárás

excavator ['ekskəveɪtə] <fn> [C] kotrógép; markológép

exceed [ɪk'siːd] <ige> **1.** *(összeget)* felülmúl; meghalad: *His expenditure exceeds his income.* Kiadása meghaladja bevételét. **2.** *(sebességhatárt)* túllép; áthág

exceedingly [ɪk'siːdɪŋlɪ] <hsz> rendkívül; nagyon; roppantul

excel [ɪk'sel] <ige> (excelling, excelled) **1.** túltesz (**sy** vkin): *She excels us all at swimming.* Mindannyiunkon túltesz úszásban. **2.** kitűnik; kiemelkedik (**in/at sg//as sg** vmiben/vmiként): *He excelled in maths/at football.* Kiemelkedett/Remekelt matekban/fociban.

Excellency ['eksələnsɪ] <fn> [C] (Excellencies) excellencia: *His Excellency the Spanish Ambassador* Őexcellenciája a spanyol nagykövet

excellent ['eksələnt] <mn> kitűnő; kiváló; kimagasló

¹**except** [ɪk'sept] <ige> kivesz (**from sg** vmiből/vhonnan); kivételt tesz: *present company excepted* a jelenlévők kivételek; tisztelet a kivételnek ∗ *with John excepted* John kivételével

²**except** [ɪk'sept] <elölj> kivéve; kivételével: *except for* kivéve (ha); vminek/vkinek a kivételével; eltekintve attól... ∗ *They are all here except him.* Mind itt vannak, kivéve őt.

exception [ɪk'sepʃn] <fn> [C] kivétel: *without exception* kivétel nélkül ∗ *make an exception* kivételt tesz ∗ *the exception to the rule* kivétel a szabály alól ∗ *with the exception of Jim* Jim kivételével ∗ *The exception proves the rule.* A kivétel erősíti a szabályt.

exceptional [ɪk'sepʃnəl] <mn> **1.** kivételes; rendkívüli: *He is an exceptional athlete.* Kivételes atléta. **2.** *(kivételt képező)* kivételes: *exceptional case* kivételes eset

excerpt ['eksɜːpt] <fn> [C] *(könyvből, írásműből)* kivonat; részlet; szemelvény (**from sg** vmiből)

excess [ɪk'ses] <fn> **1.** [U] túl(ságosan) sok: *an excess of alcohol* túl sok alkohol ∗ *be in excess of sg* meghalad vmit; több, mint vmi ∗ *He drinks to excess.* Túl sokat iszik. **2.** [U] többlet; felesleg: *excess luggage/baggage* pogyásztúlsúly ∗ *He had to pay the excess.* Különbözetet/Túlsúlyt kellett fizetnie. **3. excesses** [pl] túlzás; szertelenség; kicsapongás: *commit excesses* mértéktelenül viselkedik

excessive [ɪk'sesɪv] <mn> túlságos; túlzott; túlzásba vitt

¹**exchange** [ɪks'tʃeɪndʒ] <ige> (exchanging, exchanged) **1.** kicserél; elcserél; becserél (**for sg** vmire) **2.** *(pénzt)* átvált; bevált (**for sg** vmire) **3.** *(helyet)* cserél; *(pillantást)* vált: *exchange words with sy* szóváltásba keveredik; szóváltása van vkivel

²**exchange** [ɪks'tʃeɪndʒ] <fn> **1.** [C, U] *(árué)* csere; (el)cserélés: *in exchange for sg* vmiért cserébe ∗ *exchange of views* eszmecsere; véleménycsere ∗ *exchange of goods* árucsere ∗ *exchange of letters* levélváltás **2.** [U] pénzváltás: *exchange rate* (átváltási) árfolyam; devizaárfolyam; valutaárfolyam **3.** [C] szóváltás: *an angry exchange* szócsata; dühös szóváltás **4.** [C] cserelátogatás; diákcsere: *exchange student* cserediák **5.** [C] telefonközpont **6.** [C] gazd tőzsde

Exchequer [ɪks'tʃekə] <fn> [U] **the Exchequer** BrE pénzügyminisztérium: *Chancellor of the Exchequer* pénzügyminiszter

excitable [ɪk'saɪtəbl] <mn> ingerlékeny; indulatos; izgulékony

excite [ɪk'saɪt] <ige> (exciting, excited) **1.** *(hír, újdonság)* felizgat; felingerel; felzaklat; felidegesít: *get excited* izgalomba jön **2.** (fel)izgat; gerjeszt; *(érdeklődést, csodálatot)* felkelt; felébreszt

excited [ɪk'saɪtɪd] <mn> izgatott: *Don't get excited!* Ne gurulj!

excitement [ɪk'saɪtmənt] <fn> [U, C] izgalom; izgatottság

exciting [ɪk'saɪtɪŋ] <mn> *(könyv, film, játék)* izgalmas; izgató; érdekfeszítő; lebilincselő

exclaim [ɪk'skleɪm] <ige> **1.** felkiált; felsikolt **2. exclaim against sg** tiltakozik vmi ellen

exclamation [,eksklə'meɪʃn] <fn> [C] felkiáltás

exclamation mark [,eksklə'meɪʃn mɑːk] <fn> [C] felkiáltójel

exclamation point [,eksklə'meɪʃn pɔɪnt] <fn> [C] AmE felkiáltójel

exclude [ɪk'skluːd] <ige> (excluding, excluded) **1.** *(személyt, lehetőséget)* kizár; kirekeszt **2.** sp kiállít (**from swhere** vhonnan)

excluding [ɪk'skluːdɪŋ] <elölj> kivéve, ...kivételével: *the club's expenses excluding the cost of stationery* az egyesület kiadásai az írószerköltségek kivételével

exclusion [ɪk'skluːʒn] <fn> [U, C] **1.** kizárás; kirekesztés (**from swhere** vhonnan) **2.** sp kiállítás **3. to the exclusion of sg/sy** vminek/vkinek a kivételével

exclusive [ɪk'skluːsɪv] <mn> **1.** *(szálloda)* előkelő; *(ruha, étterem, társaság)* exkluzív **2.** *(klub stb.)* zárt körű **3.** *(interjú, újságcikk stb.)* exkluzív **4.** *(jog, hatalom stb.)* egyedüli; kizárólagos: *for one's exclusive use* vki kizárólagos használatára

♦ **exclusive of sy/sg** vki/vmi kivételével; nem számítva vkit/vmit

excruciating [ɪk'skruːʃeɪtɪŋ] <mn> kínos; kínzó; gyötrő; gyötrelmes: *excruciating headache* kínzó fejfájás

excursion [ɪk'skɜːʃn] <fn> [C] **1.** kirándulás: *a day's excursion* egynapos kirándulás ∗ *make an excursion/go on an excursion* kirándul **2.** *(más témára)* elkalandozás; kitérő

excusable [ɪk'skjuːzəbl] <mn> megbocsátható; menthető

¹**excuse** [ɪk'skjuːz] <ige> **1.** megbocsát; elnéz vkinek vmit: *Excuse me!* Elnézést kérek!/Bocsánat!/Pardon! AmE Tessék?/Kérem? ∗ *Excuse my troubling you.* Bocsásson meg, hogy alkalmatlankodom. ∗ *I must excuse myself for being late.* Elnézést a késésért! ∗ *I cannot excuse your conduct.* Nem tűröm ezt a viselkedést! ∗ *Excuse me for asking.* Elnézést, hogy megkérdezem! ∗ *Excuse me, what time is it?* Elnézést (kérek), mennyi az idő? **2.** felment **(sy from sg** vkit vmi alól**)**

²**excuse** [ɪk'skjuːs] <fn> [C] **1.** mentség: *by way of excuses* mentségül ∗ *in excuse of sg* vminek a mentségére ∗ *offer one's excuses* mentegetődzik ∗ *make excuses for* exkuzálja/mentegeti magát ∗ *There is no excuse for…* Nincs mentség arra, hogy… **2.** kifogás; ürügy: *The weather is a good excuse for not going to the party.* Az idő jó ürügy arra, hogy ne menjünk el a buliba.

execute ['eksɪkjuːt] <ige> (executing, executed) **1.** *(parancsot)* végrehajt; teljesít; *(tervet)* kivitelez; véghez visz; megvalósít; *(manővert)* végrehajt **2.** *(gyilkost stb.)* kivégez

execution [ˌeksɪ'kjuːʃn] <fn> [U] **1.** végrehajtás; teljesítés; kivitelezés; megvalósítás **2.** [U, C] kivégzés

¹**executive** [ɪg'zekjʊtɪv] <mn> **1.** pol közigazgatási; végrehajtó; végrehajtási: *executive power/authority* végrehajtó hatalom ∗ *the executive branch (of government)* közigazgatás **2.** adminisztratív: *executive skills* adminisztrátori képesség

²**executive** [ɪg'zekjʊtɪv] <fn> **1.** [C] gazd menedzser; vezető; (ügyvezető) igazgató; főtisztviselő **2.** [C + sing/pl] végrehajtó testület/szerv; főnökség

executive board [ɪg'zekjʊtɪv bɔːd] <fn> [C] igazgatóság

executive manager [ɪg'zekjʊtɪv ˌmænɪdʒə] <fn> [C] ügyvezető igazgató

exemplary [ɪg'zempləri] <mn> **1.** *(magatartás, tanuló)* példamutató; példás; példaszerű **2.** *(büntetés)* elrettentő

¹**exempt** [ɪg'zempt] <mn> mentes **(from sg** vmi alól**)**: *Students are exempt from certain exams.* A diákok fel vannak mentve bizonyos vizsgák alól.

²**exempt** [ɪg'zempt] <ige> mentesít **(sy from sg** vkit vmi alól**)**: *He was exempted from military service.* Felmentették a katonai szolgálat alól.

exemption [ɪg'zempʃn] <fn> [C, U] **1.** mentesség **2.** mentesítés; felmentés

¹**exercise** ['eksəsaɪz] <fn> **1.** [C] gyakorlat; feladat; gyakorlás: *Do exercise A on page 42.* Csináld meg a 42. oldalon az A feladatot! ∗ *Do English exercises.* Csinálj angol feladatokat! **2.** [U] sp (test)mozgás; (test)gyakorlás; torna(gyakorlat): *lack of exercise* mozgás hiánya ∗ *regular exercise* rendszeres testmozgás/torna ∗ *Take more exercise.* Végezz több testmozgást! **3.** [C] kat (had)gyakorlat; manőver: *military exercises* hadgyakorlat **4.** [U] gyakorlás: *the exercise of power* a hatalom gyakorlása

²**exercise** ['eksəsaɪz] <ige> (exercising, exercised) **1.** edz(i magát); gyakorlatozik; gyakorlatokat végez; mozog: *I exercise every morning.* Minden reggel tornázom. **2.** *(jogot, foglalkozást, mesterséget)* gyakorol; folytat; űz: *exercise a right* jogot érvényesít

exercise book ['eksəsaɪz bʊk] <fn> [C] *(iskolai)* füzet

exert [ɪg'zɜːt] <ige> **1.** gyakorol: *exert pressure on sy* nyomást gyakorol vkire ∗ *He exerts his authority.* Gyakorolja a hatalmát./Latba veti minden tekintélyét. **2.** erőlködik: *Please exert yourselves.* Erőltessétek meg magatokat, kérlek!

¹**exhaust** [ɪg'zɔːst] <ige> **1.** *(testileg)* kimerít; kifáraszt; *(erőt)* felhasznál: *I am exhausted.* Kimerültem./Ki vagyok merülve. **2.** *(témát)* kimerít: *We've exhausted that topic.* Kimerítettük a témát.

²**exhaust** [ɪg'zɔːst] <fn> **1.** [C] kipufogó(cső) **2.** [U] kipufogógáz

exhausted [ɪg'zɔːstɪd] <mn> **1.** *(ember)* kimerült: *I'm exhausted.* Ki vagyok merülve./Teljesen kivagyok. **2.** *(készlet)* üres; kimerült

exhausting [ɪg'zɔːstɪŋ] <mn> *(utazás, tevékenység)* kimerítő; fárasztó; megerőltető

exhaustion [ɪg'zɔːstʃn] <fn> [U] kimerültség

exhaustive [ɪg'zɔːstɪv] <mn> kimerítő; alapos

exhaust pipe [ɪg'zɔːst paɪp] <fn> [C] kipufogó(cső)

¹**exhibit** [ɪg'zɪbɪt] <ige> **1.** *(képet stb.)* bemutat; kiállít **2.** *(tulajdonságot)* kimutat; *(tünetet)* mutat

²**exhibit** [ɪg'zɪbɪt] <fn> [C] **1.** *(múzeumban)* kiállított tárgy **2.** jog bizonyíték **3.** AmE kiállítás

exhibition [ˌeksɪ'bɪʃn] <fn> [C] **1.** *(képeké stb.)* kiállítás: *Paintings will be on exhibition.* A fest-

ményeket kiállítják. **2.** bemutató; bemutatás: *make an exhibition of oneself* nevetségessé teszi magát
exhibition centre [eksɪˈbɪʃn ˌsentə] <fn> [C] vásárközpont; kiállítási központ
exhibition hall [eksɪˈbɪʃn ˌhɔːl] <fn> [C] kiállítási csarnok
exhibition organizer [eksɪˈbɪʃn ˌɔːgənaɪzə] <fn> [C] kiállításszervező
exhibition stand [eksɪˈbɪʃn ˌstænd] <fn> [C] kiállítási stand
exhilarating [ɪgˈzɪləreɪtɪŋ] <mn> felvidító: *It was an exhilarating experience.* Ez engem nagyon feldobott.
exhumation [ˌekshjuːˈmeɪʃn] <fn> [U] exhumálás; kihantolás
exhume [eksˈhjuːm] <ige> exhumál; kihantol
¹**exile** [ˈeksaɪl] <fn> **1.** [U] száműzetés; száművetés: *go into exile* száműzetésbe vonul ∗ *live in exile* száműzetésben él ∗ *government in exile* külföldön/száműzetésben működő kormány ∗ *send sy into exile* száműz vkit **2.** [C] száműzött
²**exile** [ˈeksaɪl] <ige> száműz (**from swhere** vhonnan)
exist [ɪgˈzɪst] <ige> **1.** létezik; él: *Do such things exist?* Léteznek ilyen dolgok?/Létezik ilyen? ∗ *UFOs do exist.* Igenis léteznek ufók. ∗ *Fish can't exist out of water.* A hal nem él meg a vízen kívül. **2.** megél; fenntartja magát: *exist on bread and water* kenyéren és vízen él **3.** *(szokás, hagyomány)* fennáll; létezik; van
existence [ɪgˈzɪstəns] <fn> [U] **1.** létezés; fennállás: *be in existence* létezik ∗ *come into existence* létrejön; keletkezik ∗ *remain in existence* fennmarad; tovább él **2.** *(egyéné)* lét; élet; megélhetés; vegetálás: *an unhappy existence* boldogtalan lét
existent [ɪgˈzɪstənt] <mn> létező; (ma is) meglevő; jelenlevő; fennálló
¹**exit** [ˈeksɪt] <fn> [C] **1.** *(épületé)* kijárat: *emergency exit* vészkijárat **2.** kiutazás: *exit visa* kiutazási engedély **3.** *(autópályáé)* kijárat; lehajtó **4.** (el)távozás; lelépés: *Macbeth's exit* Macbeth távozása ∗ *make one's exit* **(a)** távozik **(b)** távozik az élők sorából; meghal
²**exit** [ˈeksɪt] <ige> **1.** *(a színről)* távozik; el: *Exit Hamlet (színpadi utasítás)* Hamlet el **2.** meghal
exodus [ˈeksədəs] <fn> [U] kivonulás
exorbitant [ɪgˈzɔːbɪtənt] <mn> *(árak, igények)* túlzott; horribilis: *exorbitant price* uzsoraár; szemérmetlenül magas ár
exotic [ɪgˈzɒtɪk] <mn> egzotikus; idegen
expand [ɪkˈspænd] <ige> **1.** megnövel; *(üzleti kapcsolatokat, tevékenységet)* kiterjeszt; kitágít;

kibővít **2.** kitágul; kiterjed; terjeszkedik; kibővül; kiszélesedik
expansion [ɪkˈspænʃn] <fn> [U] **1.** kitágítás; kiterjesztés; megnövelés; kibővítés **2.** terjeszkedés; kiterjedés; kibővülés; (ki)tágulás
expect [ɪkˈspekt] <ige> **1.** vár: *We expect a letter.* Levelet várunk. ∗ *That was to be expected.* Várható volt. **2.** gondol; hisz: *She expects to be right.* Azt hiszi, igaza van. ∗ *I expect so.//I don't expect so.* Azt hiszem./Nem hiszem. ∗ *I expect not.* Azt hiszem, nem. **3.** elvár (**sg from sy//sy to do sg** vkitől vmit): *You are expected to sweep the floor.* Elvárják tőled, hogy söpörj fel. **4.** valószínűnek tart; feltételez: *I expect you are thirsty.* Feltételezem, hogy szomjas vagy. **5. be expecting a baby** biz kisbabát vár
expectant [ɪkˈspektənt] <mn> **1.** várakozó; várakozással teli; reményteljes **2.** terhes; várandós: *an expectant mother* terhes anya
expectation [ˌekspekˈteɪʃn] <fn> [U, C] **1.** várakozás: *in expectation of sg* vmire várva/számítva ∗ *expectation of life* várható élettartam ∗ *My expectation is that…* Elvárom, hogy… **2.** remény **3. expectations** [pl] remények; várakozások; elvárások: *contrary to all expectations* minden várakozás ellenére ∗ *It is beyond all expectations.* Minden várakozást felülmúl.
  ♦ **come up to expectations//live up to (one's) expectations** beváltja a hozzáfűzött reményeket
¹**expedient** [ɪkˈspiːdiənt] <fn> [C] kisegítő eszköz; segédeszköz
²**expedient** [ɪkˈspiːdiənt] <mn> hasznos; célszerű; ajánlatos; tanácsos; célravezető
expedition [ˌekspəˈdɪʃn] <fn> [C] **1.** felfedező út **2.** expedíció; (tudományos) kutatóút **3.** *(résztvevők)* expedíció
expel [ɪkˈspel] <ige> (expelling, expelled) **1.** *(iskolából)* kicsap, kirúg (**from swhere** vhonnan): *She was expelled from school when she was 16.* 16 éves korában kicsapták az iskolából. **2.** elűz; elhajt; elkerget; kiűz (**from swhere** vhonnan) **3.** *(országból)* kiutasít; kiparancsol; kitilt (**from swhere** vhonnan) **4.** *(pártból)* kizár (**from swhere** vhonnan)
expenditure [ɪkˈspendɪtʃə] <fn> [U] **1.** *(időé, energiáé)* felhasználás; ráfordítás **2.** költség; kiadás
expense [ɪkˈspens] <fn> **1.** [C, U] költség; kiadás; ráfordítás: *at my own expense* saját költségemre ∗ *spare no expense* kerül, amibe kerül; nem sajnálja a pénzt **2. expenses** [pl] költségek: *travelling expenses* útiköltségek
  ♦ **at no expense** ingyen ♦ **at sy's expense** **1.** vkinek a költségén/költségére **2.** vkinek a kárára/rovására ♦ **at the expense of sg**

expensive 192

vminek a rovására; azon az áron, hogy ♦ **put oneself to expense** költségekbe veri magát

expensive [ɪk'spensɪv] <mn> drága; költséges

¹experience [ɪk'spɪərɪəns] <fn> **1.** [U] tapasztalat: *many years' teaching experience* sok éves tanítási tapasztalat * *learn from experience* okul a tapasztalatokból * *know from experience* tapasztalatból tudja * *I know from experience that…* Tapasztalatból tudom, hogy… **2.** [C] élmény: *an unforgettable experience* felejthetetlen élmény **3.** [U] jártasság; ismeret; gyakorlat: *computing experience* jártasság a számítástechnikában

²experience [ɪk'spɪərɪəns] <ige> (experiencing, experienced) átél; megél; (meg)tapasztal

experienced [ɪk'spɪərɪənst] <mn> tapasztalt; gyakorlott: *an experienced mountaineer* tapasztalt hegymászó * *be experienced in sg* vmiben jártas

¹experiment [ɪk'sperɪmənt] <fn> [C, U] kísérlet: *chemical experiments* kémiai kísérletek * *prove sg by experiment* kísérlettel bizonyít vmit * *conduct/carry out/do/perform an experiment* kísérletet végez/lefolytat; kísérletezik

²experiment [ɪk'sperɪmənt] <ige> kísérletezik (**on sg/with sg** vmin/vmivel)

¹expert ['eksp3:t] <mn> szakértői; szakmai; szakavatott; szakszerű (**at/in (doing) sg** vmiben): *expert knowledge* szaktudás * *expert opinion* szakvélemény

²expert ['eksp3:t] <fn> [C] szakértő; szakember (**at/in/on (doing) sg** vmiben)

expertise [,eksp3:'ti:z] <fn> [U] **1.** szakértelem; szaktudás; hozzáértés **2.** szakvélemény

expire [ɪk'spaɪə] <ige> (expiring, expired) **1.** *(jogosítvány, útlevél)* lejár; hatályát/érvényét veszti **2.** *(hivatali idő)* megszűnik; letelik; véget ér **3.** kialszik; kihamvad; kihal; kileheli a lelkét

expiry [ɪk'spaɪərɪ] <fn> [U] *(határidőé)* lejárat: *expiry date* szavatossági idő lejárta; lejárat napja

explain [ɪk'spleɪn] <ige> **1.** (meg)magyaráz; kifejt (**sg to sy** vmit vkinek) **2.** indokol: *That explains his silence.* Ez indokolja a hallgatását.

explain sg away kimagyaráz vmit

explanation [,eksplə'neɪʃn] <fn> [C] magyarázat; értelmezés

explicit [ɪk'splɪsɪt] <mn> világos; kifejezett; határozott

explode [ɪk'spləʊd] <ige> (exploding, exploded) **1.** (fel)robban; levegőbe repül: *The bomb exploded.* Felrobbant a bomba. **2.** felrobbant; levegőbe röpít **3.** *(düh, nevetés)* kitör; kirobban: *explode with fury* megpukkad mérgében * *The children exploded into laughter.* A gyerekek nevetésben törtek ki. * *I soon will explode with anger.* Mindjárt felrobbanok a dühtől. * *She exploded.* Feldühödött. **4.** átv *(népesség)* hirtelen megemelkedik; ugrásszerűen megnő **5.** *(elméletet)* megdönt

¹exploit ['eksplɔɪt] <fn> [C] hőstett

²exploit [ɪk'splɔɪt] <ige> **1.** *(munkást)* kihasznál; kizsákmányol **2.** *(természeti kincseket)* kiaknáz; kitermel

exploitation [,eksplɔɪ'teɪʃn] <fn> [U] **1.** kiaknázás; felhasználás; kitermelés **2.** *(munkásé)* kizsákmányolás

exploration [,eksplə'reɪʃn] <fn> [C, U] **1.** felfedező út **2.** felderítés; felfedezés; kutatás

explore [ɪk'splɔː] <ige> (exploring, explored) **1.** felfedező utat tesz **2.** felfedez; kikutat; megvizsgál; felderít

explorer [ɪk'splɔːrə] <fn> [C] felfedező

explosion [ɪk'spləʊʒn] <fn> [C] **1.** (fel)robbanás: *a gas explosion* gázrobbanás **2.** *(áré, népességé)* ugrásszerű robbanás: *population explosion* demográfiai robbanás **3.** *(érzelmeké)* kitörés

¹explosive [ɪk'spləʊsɪv] <mn> **1.** *(természet)* heves; lobbanékony **2.** *(gáz)* robbanó; robbanékony

²explosive [ɪk'spləʊsɪv] <fn> [C] robbanóanyag; robbanószer

¹export [ɪk'spɔːt] <ige> **1.** *(árut)* kivisz; exportál: *exporting country* exportáló ország **2.** infor *(adatot)* kivisz

²export ['ekspɔːt] <fn> **1.** [U] kivitel; export: *export licence* kiviteli engedély * *export trade* külkereskedelem * *barriers to export* exportkorlátozások * *export restraints* exportkorlátozások **2. exports** [pl] exportcikkek; exportáru; kiviteli cikk(ek) **3. exports** [pl] *(országé)* kivitel

exporter [ɪk'spɔːtə] <fn> [C] exportőr

expose [ɪk'spəʊz] <ige> (exposing, exposed) **1.** feltár; felfed; leleplez: *A newspaper exposed his activities.* Egy újság fedte fel tetteit. **2.** *(hatásnak)* kitesz (**to sg** vminek): *expose sy to danger* veszélynek tesz ki vkit **3.** közszemlére tesz **4.** *(filmet)* exponál

exposed [ɪk'spəʊzd] <mn> **1.** védtelen; *(az időjárás hatásainak)* kitett **2.** *(tárgy)* kiállított **3.** leleplezett; feltárt **4.** *(film)* exponált

exposure [ɪk'spəʊʒə] <fn> **1.** [U] *(hatásnak)* kitevés; kitettség: *die of exposure* halálra fagy **2.** [U] leleplezés; felfedés **3.** [U] *(nemi szervé)* mutogatás: *indecent exposure* közszemérmet sértő meztelenkedés **4.** [C] *(filmé)* felvétel; expozíció: *exposure meter* fénymérő

¹**express** [ɪk'spres] <ige> **1.** kifejez; kimond; kinyilvánít; megfogalmaz: *express the hope that...* reményét fejezi ki, hogy... * *express oneself* kifejezi magát **2.** AmE *(levelet)* expressz küld

²**express** [ɪk'spres] <mn> **1.** világos; határozott; kifejezett; nyomatékos: *my express wish* kifejezett/egyértelmű kívánságom **2.** expressz; gyors: *express letter* expresszlevél * *express train* gyorsvonat; expressz

³**express** [ɪk'spres] <fn> [C] **1.** gyorsvonat; expresszvonat **2.** gyorsküldemény: *send a parcel by express* csomagot expresszárukén küld

⁴**express** [ɪk'spres] <hsz> gyorsan; sürgősen; expressz: *send the letter express* expressz adja fel a levelet

expression [ɪk'spreʃn] <fn> **1.** [C] kifejezés; szóhasználat: *slang expression* szleng kifejezés * *a lot of new expressions* rengeteg új kifejezés **2.** [C] arckifejezés **3.** [C, U] *(gondolaté, érzelemé)* kifejezés; kinyilvánítás: *beyond/past expression* kimondhatatlan; szóval el nem mondható

expressway [ɪk'spresweɪ] <fn> [C] AmE autópálya

expulsion [ɪk'spʌlʃn] <fn> [C, U] kiutasítás; kitiltás; kizárás; isk kicsapás (**from swhere** vhonnan)

exquisite [ɪk'skwɪzɪt] <mn> kitűnő; tökéletes; remek; csoda szép; válogatott; rendkívüli

extend [ɪk'stend] <ige> **1.** *(határidőt)* meghosszabbít: *Extend your visit by four days.* Hosszabbítsd meg látogatásodat négy nappal! **2.** kiterjeszt; kinyújt: *He extended his hand to her.* Kitárta/Kinyújtotta felé a karját. **3.** *(területet)* kiszélesít; kibővít; megnagyobbít **4.** növel; nyújt; ad: *extend a warm welcome to sy* meleg szeretettel fogad vkit **5.** *(terület)* kiterjed; nyúlik; ér; elterül: *extend as far as the lake* egészen a tóig ér/elhúzódik

extension [ɪk'stenʃn] <fn> [C] **1.** kibővítés; hozzáépítés; toldás; toldaléképület; új épületszárny; meghosszabbítás: *an extension to the house* hozzáépítés; épülettoldalék **2.** *(vízumé stb.)* meghosszabbítás: *a two-day extension to the holiday* a szünidő két napos meghosszabbítása **3.** *(bizonyos projekteké)* kiterjesztés; kibővítés **4.** *(hatalomé, határé)* kiterjedés; terjedelem **5.** *(telefoné)* mellékállomás: *Extension 15 please.* Kérem a 15-ös melléket! **6.** levelező oktatás

extent [ɪk'stent] <fn> [U] **1.** kiterjedés; terjedelem; nagyság; méret: *What is the extent of your garden?* Mekkora a kertetek (mérete/kiterjedése)? **2.** mérték; fok: *To what extent can we trust him?* Milyen mértékben bízhatunk benne?/Mennyire bízhatunk benne? ♦ **to a certain extent//to some extent** bizonyos mértékig/fokig; valamelyest ♦ **to such an extent that...** oly mértékben, hogy...

¹**exterior** [ɪk'stɪərɪə] <mn> külső: *an exterior wall of the house* a ház egy külső fala

²**exterior** [ɪk'stɪərɪə] <fn> [C] külső (oldal); külsőség; külalak; külszín; megjelenés: *On the exterior he is charming.* Külsőleg vonzó.

exterminate [ɪk'stɜːmɪneɪt] <ige> kiirt; kipusztít; eltöröl; megsemmisít

extermination [ɪk,stɜːmɪ'neɪʃn] <fn> [U] kiirtás; kipusztítás; eltörlés; megsemmisítés

external [ɪk'stɜːnl] <mn> **1.** külső: *for external use/application only* *(orvosság)* csak külsőleg használható **2.** külső; idegen; külföldi

externals [ɪk'stɜːnlz] <fn> [pl] külsőségek; külszín

extinct [ɪk'stɪŋkt] <mn> **1.** *(faj)* kihalt; letűnt; kipusztult: *become extinct* kihal; kipusztul; kivész * *Mammoths became extinct.* A mamutok kihaltak. **2.** *(vulkán)* kialudt: *That volcano was thought to be extinct.* Azt hitték, az a vulkán kialudt.

extinction [ɪk'stɪŋkʃn] <fn> [U] kipusztulás; kihalás

extinguish [ɪk'stɪŋgwɪʃ] <ige> **1.** *(tüzet, lámpát)* kiolt; elolt **2.** megsemmisít; elpusztít; kiirt **3.** megszüntet; eltöröl

extinguisher [ɪk'stɪŋgwɪʃə] <fn> [C] tűzoltó készülék; oltókészülék

extort [ɪk'stɔːt] <ige> kicsikar; kierőszakol (**sg from sy** vmit vkitől)

extortion [ɪk'stɔːʃn] <fn> [U] kicsikarás; kikényszerítés

¹**extra** ['ekstrə] <mn> **1.** külön-; mellék-; többlet-; pót-; pótlólagos; extra: *extra costs* különkiadások * *extra charges* különdíjak * *extra earnings* mellékjövedelem * *a lot of extra work* sok többletmunka * *extra charge* felár, pótdíj * *extra time (futballban)* hosszabbítás * *We need an extra chair.* Még egy székre van szükségünk. **2.** rendkívüli; különleges: *an extra-large box* egy extra méretű doboz

²**extra** ['ekstrə] <hsz> külön; rendkívül: *Lunch is extra.* Az ebéd külön fizetendő. * *Please be extra careful.* Kérem, legyen rendkívül óvatos!

³**extra** ['ekstrə] <fn> [C] **1. extras** [pl] *(autóhoz)* extrák; kiegészítők **2.** film statiszta **3.** *(újságé)* rendkívüli kiadás; különkiadás **4. extras** [pl] külön kiadások; többletkiadás

¹**extract** ['ekstrækt] <fn> [C] **1.** (tartalmi) kivonat; szemelvény; részlet: *a short extract from*

the novel rövid részlet a regényből **2.** esszencia

²**extract** [ɪk'strækt] <ige> **1.** kihúz: *extract a tooth* fogat kihúz ∗ *extract the information from sy* kihúzza az információt vkiből **2.** *(könyvből)* kivonatol **3.** kivon; lepárol: *extract oil from the plant* olajat von ki a növényből **4.** kicsikar

extraordinary [ɪk'strɔːdnərɪ] <mn> **1.** rendkívüli; óriási: *a girl of extraordinary beauty* egy rendkívül szép lány **2.** különös; furcsa; szokatlan: *extraordinary dream* különleges/különös álom ∗ *His behaviour is a bit extraordinary.* Viselkedése kissé furcsa.

¹**extreme** [ɪk'striːm] <mn> **1.** rendkívüli; óriási; a legnagyobb: *extreme pain* rendkívüli fájdalom ∗ *extreme poverty* a legnagyobb szegénység **2.** radikális; (leg)szélső; túlzó: *extreme right/left* szélső jobboldali(i)/baloldali(i) ∗ *hold extreme views/opinions* túlzó/szélsőséges nézeteket vall

²**extreme** [ɪk'striːm] <fn> [C] véglet: *go from one extreme to the other* egyik végletből a másikba esik

extremely [ɪk'striːmlɪ] <hsz> rendkívül(i módon); nagyon: *extremely useful* rendkívül hasznos ∗ *an extremely tempting offer* rendkívül csábító ajánlat

extricate ['ekstrɪkeɪt] <ige> (extricating, extricated) kiszabadít (**from sg** vhonnan)

exuberant [ɪg'zjuːbrənt] <mn> *(érzelem)* túláradó; *(növényzet)* dús

¹**eye** [aɪ] <fn> [C] **1.** *(érzékszerv)* szem: *Close your eyes.* Csukd be a szemed! ∗ *She has green eyes.* Zöld a szeme. **2.** *(érzék vmihez)* szem: *have an eye for sg* jó szeme van vmihez ∗ *A surgeon needs a good eye.* Egy sebésznek jó szeme kell, hogy legyen. **3.** tekintet; pillantás: *Her eye fell on a little boy.* Tekintete egy kisfiúra esett. **4.** *(tűé)* fok; lyuk; *(kapocsé)* szem **5.** *(krumplié)* csíra(szem); rügy **6.** *(forgószélé)* szem
♦ **all my eyes/my eyes!** képtelenség/nem létezik! ♦ **an eye for an eye** szemet szemért ♦ **as far as the eye can reach** ameddig a szem ellát ♦ **be all eyes** csupa szem ♦ **be up to one's eye in work** nyakig van a munkában ♦ **catch sy's eye** megragadja/magára vonja vkinek a figyelmét ♦ **close/shut one's eyes to sg** szemet huny vmi fölött ♦ **cry one's eyes out** kisírja a szemét ♦ **eye to eye** szemtől szembe ♦ **give an eye to sg** szemmel tart vmit ♦ **have all one's eyes about one** nyitva van a szeme ♦ **have an eye for sg** van szeme vmire ♦ **have eyes only for sy** csak egyvalaki érdekli ♦ **in the eyes of sy//in sy's eyes** vki szerint *in my eyes* szerintem/az én véleményem szerint ♦ **keep an eye on sy** figyel vkit; szemmel tart vkit; vkin rajta tartja a szemét ♦ **keep an eye open** nyitva tartja a szemét ♦ **look sy in the eyes** szemébe néz vkinek ♦ **make eyes at sy** szerelmes pillantásokat vet vkire ♦ **open sy's eyes** felnyitja vkinek a szemét ♦ **see eye to eye with sy** egy véleményen van vkivel ♦ **set eyes on sy** észrevesz; megpillant vkit ♦ **turn a blind eye to sg** szemet huny vmi felett ♦ **with an eye to sg** tekintettel vmire ♦ **with the naked eye** puszta szemmel ♦ **with one's eyes on sg** vminek a teljes tudatában

²**eye** [aɪ] <ige> (eyeing/eying, eyed) megnéz; végigmér; szemügyre vesz; mustrál

eyeball ['aɪbɔːl] <fn> [C] szemgolyó

eyebrow ['aɪbraʊ] <fn> [C] szemöldök: *eyebrow pencil* szemöldök ceruza
♦ **raise one's eyebrows** *(meglepetten, helytelenítően)* felhúzza a szemöldökét

eye-catching ['aɪˌkætʃɪŋ] <mn> szembetűnő

eyeglasses ['aɪˌglɑːsɪz] <fn> [pl] szemüveg

eyelash ['aɪlæʃ] <fn> [C, főleg pl] szempilla: *She's got false eyelashes.* Műszempillája van.

eyelid ['aɪlɪd] <fn> [C] szemhéj: *not bat/stir an eyelid* szeme se rebben

eyeliner ['aɪˌlaɪnə] <fn> [C] szemkihúzó; szemceruza

eye-opener ['aɪˌəʊpənə] <fn> [C] meglepetés: *That was an eye-opener.* Ez felnyitotta a szemem./Leleplezte az igazságot.

eyeshadow ['aɪˌʃædəʊ] <fn> [U] szemhéjfesték

eyesight ['aɪsaɪt] <fn> [U] látás; látóképesség: *eyesight test* látásvizsgálat ∗ *have good/poor eyesight* jó/rossz a látása

eyesore ['aɪsɔː] <fn> [C] szemet sértő (látvány): *be an eyesore* bántja az ember szemét

eyewitness ['aɪˌwɪtnəs] <fn> [C] szemtanú

eyrie ['ɪərɪ] <fn> [C] sasfészek

F, f

¹F, f [ef] <fn> [C, U] (F's, f's) **1.** *(betű)* F; f **2. F** zene *(hang)* F; f: *F major* F-dúr * *F minor* f-moll **3. F** *(osztályzat)* elégtelen

²F 1. [= Fahrenheit] F (= Fahrenheit) **2.** [= Fellow] *(tudományos testületé)* tag **3.** [= Farad] F (= farad)

f, f. 1. [= female] nő(i) **2.** [= feminine] nyelvt nőnem(ű) **3.** [= forte] zene forte

FA [ˌefˈeɪ] [= Football Association] **the FA** *(Angliában és Walesben)* Labdarúgó Szövetség

fable [ˈfeɪbl] <fn> [C] tanmese, állatmese

fabled [ˈfeɪbld] <mn> **1.** legendás, híres **2.** kitalált; koholt

fabric [ˈfæbrɪk] <fn> **1.** [U, C] anyag; textil; szövet **2.** [sing] struktúra; szerkezet: *the fabric of society* a társadalom felépítése/szerkezete

fabulous [ˈfæbjʊləs] <mn> **1.** kitűnő: *a fabulous cook* kitűnő szakács **2.** óriási; hatalmas; mesés: *fabulous wealth* óriási/hatalmas vagyon

facade [fəˈsɑːd] <fn> [C] **1.** homlokzat **2.** külszín; látszat

façade [fəˈsɑːd] → facade

¹face [feɪs] <fn> [C] **1.** arc: *a freckled face* szeplős arc * *have a long face* hosszúkás az arca **2.** előlap; oldallap: *put sg face up* lapjával felfelé tesz le vmit * *The dice has six faces.* A kockának hat oldala van.

♦ **disappear/vanish off the face of the earth** eltűnik a föld színéről ♦ **face to face (with sg)** szemtől szembe (vmivel) ♦ **make/pull faces/a face (at sy/sg)** arcokat/pofákat vág (vkihez/vmihez) ♦ **(pull/wear) a long face** savanyú ábrázat(ot vág) ♦ **to sy's face** szemtől szembe vki szemébe ♦ **lose face** 1. elveszíti hidegvérét; megzavarodik 2. tekintélyét veszti ♦ **save (one's) face** megőrzi tekintélyét

²face [feɪs] <ige> **1.** *(vmilyen irányba)* néz: *The terrace faces north.* A terasz északra néz. * *The window faces the garden.* Az ablak a kertre néz. **2.** átv szembenéz (**sg** vmivel): *We've got to face the facts.* Szembe kell néznünk a tényekkel.

♦ **face the music** tartja a hátát; szembenéz a következményekkel ♦ **be faced with sg** vmivel szemben áll

face up to sg belát vmit; szembenéz vmivel

face cloth [ˈfeɪsklɒθ] <fn> [C] arctörlő; kéztörlő

face cream [ˈfeɪs kriːm] <fn> [U] arckrém

faceless [ˈfeɪsləs] <mn> jellegtelen; egyéniség nélküli

facelift [ˈfeɪslɪft] <fn> [C] **1.** arcfelvarrás: *have a facelift* felvarratja az arcát **2.** *(épületé, lakásé)* felújítás: *give the room a complete facelift* teljesen felújítja a szobát

face mask [ˈfeɪs mɑːsk] <fn> [C, U] arcpakolás

facepalm [ˈfeɪspɑːm] <ige> infml *(kínos, bosszantó sth. érzés kifejezésére)* kezébe temeti az arcát; kezével az arcát eltakarja

facetious [fəˈsiːʃəs] <mn> szellemeskedő; humoros

face value [ˌfeɪsˈvæljuː] <fn> [C, U] gazd névérték

facial [ˈfeɪʃl] <mn> arci; arc-: *facial expression* arckifejezés

facilitate [fəˈsɪlɪteɪt] <ige> megkönnyít; előmozdít; elősegít; lehetővé tesz

facility [fəˈsɪləti] <fn> (facilities) **1. facilities** [pl] *(megfelelő)* felszerelés; *(szórakozási, sportolási)* lehetőség: *cooking facilities* főzési lehetőség * *sports facilities* sportolási lehetőség **2.** [U] képesség; alkalmasság (**for sg** vmire): *He has a good facility for languages.* Jó nyelvérzéke van.

fact [fækt] <fn> **1.** [C] tény; megtörtént eset: *It's a fact.* Ez tény. **2.** [U] tények; valóság: *story founded on fact* igaz történet

♦ **after the fact** a tett elkövetése után ♦ **facts and figures** részletes információk ♦ **a fact of life** megváltoztathatatlan tény ♦ **the facts of life** a nemi élet tényei ♦ **in (actual) fact** 1. valójában 2. tulajdonképpen ♦ **The fact (of the matter) is (that)...** Az igazság az, (hogy...)

factor [ˈfæktə] <fn> [C] **1.** tényező; (alkotó)elem: *factor of evolution* fejlődést kialakító tényező **2.** mat (szorzó)tényező

factory [ˈfæktri] <fn> [C] (factories) gyár; üzem: *factory farm* nagyüzemi mezőgazdaság * *factory system* nagyüzemi termelés * *factory worker* gyári munkás

faculty [ˈfækltɪ] <fn> [C] (faculties) **1.** képesség: *faculty of hearing* hallóképesség * *mental faculties* szellemi képességek **2.** *(egyetemi)* kar; fakultás: *Faculty of Arts* bölcsészkar

fad [fæd] <fn> [C] biz múló (divat)hóbort; szeszély: *the latest fad* a legújabb hóbort

fade [feɪd] <ige> **1.** kifakul: *The curtains had faded in the sun.* A függönyök kifakultak a naptól.

2. kifakít: *The sun has faded the curtains.* A nap kifakította a függönyöket. **3. fade (away)** elhalványul; elhalkul; (lassan) eltűnik: *Her smile faded.* Mosolya elhalványult. ∗ *The laughter faded (away).* A nevetés lassan elhalkult.

fade away *(egészségileg)* gyengül; halódik
fade in *(kép)* (fokozatosan) előtűnik; *(hang)* (fokozatosan) erősödik
fade out *(kép)* (fokozatosan) elhalványodik; *(hang)* (fokozatosan) elhalkul

faeces ['fiːsiːz] <fn> [pl] bélsár; ürülék
fag [fæg] <fn> BrE **1.** [C] szl cigi **2.** [sing] biz macera; strapa; kínlódás: *What a fag!* Micsoda strapa! **3.** [C] szl AmE buzi; homokos
fag end ['fæg end] <fn> biz BrE **1.** [C] csikk; cigarettavég **2.** [sing] vminek a vége/maradéka: *I only caught the fag end of their conversation.* Csak a beszélgetésük végét tudtam elkapni.
Fahrenheit ['færənhaɪt] <fn> [U] fiz Fahrenheit
¹**fail** [feɪl] <ige> **1.** megbukik; kudarcot vall: *fail the exam* megbukik a vizsgán **2.** megbuktat **(sy** vkit): *The examiners failed him.* A vizsgáztatók megbuktattak. **3.** nem sikerül; eredménytelen/sikertelen marad; kudarcba fullad: *fail to do sg* nem sikerül vmit megtennie ∗ *Our hopes failed.* Reményeink meghiúsultak. **4.** elmulaszt: *I failed to hear this remark.* Nem hallottam ezt a megjegyzést. ∗ *I shall not fail to do it.* Nem fogom elmulasztani, hogy megtegyem. **5.** kifogy; kiürül; nem elégséges: *The potato crop has failed this year.* Az idei burgonyatermés nem kielégítő. **6.** romlik; gyengül: *My eyesight is failing.* Romlik a látásom. **7.** leáll; meghibásodik; lerobban: *The brakes failed.* A fék meghibásodott. **8.** cserben hagy; elhagy: *His memory failed him.* Cserben hagyta a memóriája. ∗ *His friends failed him.* Cserben hagyták a barátai.
²**fail** [feɪl] <fn> [C] bukás: *He got three fails in his exams.* Három tárgyból megbukott.

♦ **without fail 1.** feltétlenül; haladéktalanul **2.** mindig

¹**failing** ['feɪlɪŋ] <fn> [C] gyengeség; gyenge pont: *be aware of one's own failings* tisztában van gyenge pontjaival
²**failing** ['feɪlɪŋ] <elölj> vmi hiányában: *Failing his help, we shall have to try something else.* Segítsége hiányában valami mást kell megpróbálnunk.
fail-safe ['feɪlseɪf] <mn> üzembiztos; *(veszély, hiba esetén)* (a működést) automatikusan kikapcsoló: *fail-safe system* üzembiztos rendszer

failure ['feɪljə] <fn> **1.** [U] sikertelenség; kudarc; bukás: *All my efforts ended in failure.* Minden próbálkozásom kudarcba fulladt. ∗ *The play was a failure.* A színdarab megbukott. **2.** [C] sikertelen ember: *She was a failure as a teacher.* Tanárként sikertelen volt. **3.** [C, U] (el)mulasztás: *a failure to do what one has promised* az ígéret megtartásának elmulasztása **4.** [C, U] *(egészségé)* (el)romlás; gyengülés; *(szervi)* elégtelenség: *suffer from heart failure* szívelégtelenségben szenved **5.** [C, U] *(gépé)* elromlás; meghibásodás; hiba: *engine failure* motorhiba ∗ *a failure in the power supply* áramszünet **6.** [C, U] hiány; elégtelenség; kimerülés: *crop failure* rossz termés ∗ *failure of rain* szárazság
¹**faint** [feɪnt] <mn> **1.** *(szín, körvonal)* halvány; elmosódott; *(hang)* gyenge; halk; *(illat)* enyhe; alig érezhető: *a faint light* halvány fény ∗ *a faint smell of perfume* alig érezhető parfümillat ∗ *Their voices are going fainter.* Hangjuk egyre halkabb lesz. **2.** átv *(kísérlet, ellenállás)* gyenge; erőtlen; *(mosoly)* halvány; kényszeredett: *a faint show of resistance* gyenge ellenállás **3.** *(személy)* gyenge; erőtlen; lankadt: *feel faint* gyengének/erőtlennek érzi magát **4.** bátortalan; félénk: *faint heart* félénk természet

♦ **not have the faintest (idea)** sejtelme sincs róla

²**faint** [feɪnt] <ige> elájul; eszméletét veszti
³**faint** [feɪnt] <fn> [sing] ájultság; eszméletlenség: *dead faint* teljes eszméletlenség; kóma
faint-hearted [,feɪnt'hɑːtɪd] <mn> bátortalan; gyáva; félénk
¹**fair** [feə] <mn> **1.** megfelelő; elfogadható: *a fair price* elfogadható ár ∗ *The punishment was very fair.* A büntetés elfogadható volt. **2.** méltányos; igazságos **(to/on sy** vkivel szemben): *a fairer distribution of wealth* a vagyon igazságosabb elosztása ∗ *They were fair to both players.* Mindkét játékossal igazságosan bántak. **3.** jó(-kora); bőséges: *We've still got a fair amount to do.* Még mindig jó sok mindent kell csinálnunk. **4.** *(bőr)* világos; *(haj)* szőke **5.** *(idő)* szép; tiszta: *fair sky* derült/felhőtlen égbolt

♦ **fair enough** rendben ♦ **(more than) your fair share of sg** több mint méltányos ♦ **by fair means or foul** mindenáron; ha törik, ha szakad ♦ **fair and square** becsületes; tisztességes; korrekt ♦ **All's fair in love and war.** Szerelemben és háborúban mindent szabad.

²**fair** [feə] <fn> [C] **1.** vidámpark **2.** vásár; kiállítás: *a trade fair* ipari vásár ∗ *a book fair* könyvvásár
fairground ['feəgraʊnd] <fn> [C] vásártér; vásár területe

fair-haired [ˌfeəˈheəd] <mn> szőke
fairly [ˈfeəlɪ] <hsz> **1.** igazságosan; becsületesen; korrektül: *treat sy fairly* igazságosan bánik vkivel **2.** eléggé; meglehetősen; egészen: *speak English fairly well* meglehetősen jól beszél angolul * *know sy fairly well* egészen jól ismer vkit
fairness [ˈfeənəs] <fn> [U] igazságosság; korrektség
 ♦ **in (all) fairness (to sy)** hogy méltányosak legyünk vele
fair play [ˌfeəˈpleɪ] <fn> [U] **1.** korrekt eljárás **2.** sp tisztességes játék
fair trade [ˌfeəˈtreɪd] <fn> [U] tisztességes kereskedelem
fairy [ˈfeərɪ] <fn> [C] (fairies) **1.** tündér **2.** szl buzi; homokos
fairy tale [ˈfeərɪ teɪl] <fn> [C] tündérmese
faith [feɪθ] <fn> **1.** [U] bizalom; hit: *have faith in sy/sg* megbízik vkiben/vmiben * *give faith to a piece of news* hitelt ad a híreknek **2.** [U] vall hit: *Even in bad times she never lost her faith.* Még a nehéz időkben sem veszítette el a hitét. **3.** [C] vallás: *the Christian faith* a keresztény vallás
 ♦ **in good faith** jóhiszeműen
faithful [ˈfeɪθfl] <mn> **1.** hűséges; odaadó (**to sy/sg** vkihez/vmihez): *a faithful friend* hűséges barát * *remain faithful to sy* hű marad vkihez; sose csal meg vkit **2.** megbízható; hiteles; hitelt érdemlő; pontos: *a faithful copy* hiteles másolat
faithfully [ˈfeɪθfəlɪ] <hsz> **1.** hűségesen; odaadóan **2.** megbízhatóan; pontosan **3.** (hivatalos levelek végén): *Yours faithfully* Nagy tisztelettel
faithless [ˈfeɪθləs] <mn> hűtlen; szószegő; áruló: *a faithless wife* hűtlen feleség
¹**fake** [feɪk] <fn> [C] **1.** hamisítvány: *The painting was a fake.* A kép hamisítvány volt. **2.** szélhámos
²**fake** [feɪk] <mn> (nem valódi) hamis: *a fake passport* hamis útlevél
³**fake** [feɪk] <ige> **1.** hamisít: *fake a document* iratot hamisít **2.** (érzést) megjátszik; tettet
falcon [ˈfɔːlkən] <fn> [C] sólyom
¹**fall** [fɔːl] <ige> (fell, fallen) **1.** (le)esik; (le)hull: *fall onto the floor* leesik a földre * *let fall* elejt **2.** elesik: *I fell over and cut my knee.* Elestem és felsértettem a lábamat. **3.** (haj, anyag) lelóg: *The veil fell almost to her waist.* A fátyol majdnem a derekáig ért. **4.** csökken; esik: *fall in esteem* csökken a becsülete * *Demand for new houses has fallen.* Az új házak iránti kereslet csökkent. **5.** vereséget szenved; megbukik: *The government fell.* A kormány megbukott. **6.** (háborúban) elesik **7.** (vki/vmi állapota) (el)változik; (vki vmilyenné) válik: *fall asleep* elalszik * *fall in love with sy* szerelmes lesz vkibe **8.** (vmilyen időpontra) esik: *My birthday will fall on a Sunday.* Vasárnapra fog esni a születésnapom. **9.** (vmilyen csoportba) tartozik

 ♦ **fall flat** nem sikerül; rosszul sül el ♦ **fall short of sg 1.** a vártnál kevesebb **2.** nem felel meg a várakozásnak

fall apart szétesik
fall back on sy/sg vkire/vmire támaszkodik: *I have little money in the bank to fall back on.* Kevés pénzem van a bankban, amire támaszkodni tudnék.
fall down 1. (személy) kudarcot vall; (terv) meghiúsul **2.** (épület) összeomlik; (tárgy) eldől
fall for sy biz beleesik; szerelmes lesz vkibe
fall for sg biz bedől vminek: *He fell for the trick.* Bedőlt a tréfának.
fall in sorakozik; sorba áll: *Fall in!* Sorakozz!
fall on sg ráesik vmire; lecsap vmire; nekiesik vminek: *fall on one's food* nekiesik az ételnek
fall out összevesz (**with sy** vkivel); megharagszik (**with sy** vkire)
fall over átbukik
fall through nem sikerül; megbukik; meghiúsul: *Our plans fell through.* A terveink meghiúsultak.

²**fall** [fɔːl] <fn> **1.** [C] esés: *I had a bad fall and broke my leg.* Csúnyán elestem és eltörtem a lábam. **2.** [C] esés; hullás: *a heavy fall of snow* nagy hóesés * *fall of leaves* lombhullás **3.** [C, ált sing] csökkenés: *a fall in the price of petrol* a benzin árának csökkenése **4.** [C, ált sing] bukás: *the fall of the Roman Empire* a Római Birodalom bukása **5. falls** [pl] vízesés **6. the Fall** [U] bibl, vall a bűnbeesés **7.** [C, U] AmE ősz: *last fall* tavaly ősszel
fallacy [ˈfæləsɪ] <fn> [C] (fallacies) téveszme; tévhit
fallen [ˈfɔːlən] → ¹**fall**
fallible [ˈfæləbl] <mn> esendő
fallout [ˈfɔːlaʊt] <fn> [U] radioaktív szennyezőanyag; atomcsapadék; radioaktív pereső/csapadék
false [fɔːls] <mn> **1.** helytelen; téves; hibás: *false information* téves információ * *false start (versenyen)* hibás rajt **2.** nem valódi; nem igazi; mű-: *false eyelashes* műszempilla * *false*

window vakablak **3.** hamis: *a false passport* hamis útlevél **4.** színlelt: *a false smile* színlelt mosoly **5.** hűtlen; kétszínű

false friend [,fɔːls'frend] <fn> [C] **1.** hűtlen barát **2.** nyelvt álbarát

false teeth [,fɔːls'tiːθ] <fn> [pl] műfogsor

falsification [,fɔːlsɪfɪ'keɪʃn] <fn> [C, U] (meg-)hamisítás

falsify ['fɔːlsɪfaɪ] <ige> (falsifying, falsifies, falsified) *(okiratot, információt)* (meg)hamisít

falter ['fɔːltə] <ige> **1.** habozik; ingadozik; meginog: *Her courage never faltered.* Bátorsága soha nem ingott meg. **2.** *(hang)* akadozik; bizonytalankodik; remeg, elcsuklik: *His voice faltered.* A hangja elcsuklott. **3.** tétován/bizonytalanul jár/mozog; botladozik; tántorog; *(pl. motor)* akadozik: *I saw him falter after the accident.* Bizonytalanul mozgott a baleset után.

fame [feɪm] <fn> [U] hírnév

famed [feɪmd] <mn> híres (**for sg** vmiről)

familiar [fə'mɪlɪə] <mn> **1.** ismerős; ismert: *a familiar face* ismerős arc **2.** tájékozott; jártas (**with sg** vmiben): *I'm not familiar with his poetry.* Nem vagyok jártas a költészetében. **3.** bizalmaskodó; tolakodó (**with sy** vkivel): *He is much too familiar with Anna.* Túl sokat enged meg magának Annával szemben.

familiarise [fə'mɪlɪəraɪz] → **familiarize**

familiarize [fə'mɪlɪəraɪz] <ige> **1. familiarize oneself** megismerkedik (**with sg** vmivel): *We need time to familiarize ourselves with the day's schedule.* Szükségünk van egy kis időre, hogy megismerkedjünk a napi programmal. **2.** megismertet (**sy with sg** vkit vmivel)

family ['fæmlɪ] <fn> (families) **1.** [C + sing/pl v] család: *Almost every family in Hungary owns a television.* Magyarországon majdnem minden családban van egy televízió. ∗ *All my family enjoy playing football.* A családom minden tagja szeret focizni. **2.** [C + sing/pl v, U] gyerekek: *They are hoping to start a family soon.* Remélik, hogy lassan gyerekeik lesznek. **3.** [U] családi; család-; házi: *family bible* családi biblia ∗ *family tree* családfa ∗ *family doctor* háziorvos **4.** [C] áll, növ család
♦ **run in the family** öröklődik a családban

family name ['fæmlɪ neɪm] <fn> [C] családnév; vezetéknév

family planning [,fæmlɪ'plænɪŋ] <fn> [U] családtervezés

famine ['fæmɪn] <fn> [C, U] éhínség

famous ['feɪməs] <mn> híres: *a famous hotel* egy híres hotel ∗ *He is famous for his novels.* Regényeiről híres.

¹fan [fæn] <fn> [C] **1.** rajongó: *crowds of football fans* futballrajongók/szurkolók tömegei ∗ *movie fans* mozirajongók **2.** ventilátor: *electric fan* villanyventilátor **3.** legyező

²fan [fæn] <ige> (fanning, fanned) **1.** legyez; hűsít: *I tried to fan myself with a newspaper.* Megpróbáltam legyezni magam egy újsággal. **2.** fújja a tüzet: *Fanned by the wind, the fire spread rapidly.* A (nagy) szélben a tűz gyorsan terjedt.

> **fan out** szétoszlik: *The police fanned out to surround the bank.* A rendőrség körbevette a bankot.
> **fan sg out** *(legyező alakban)* szétterít; szétterjeszt vmit: *The bird fanned out its tail feathers.* A madár legyező alakban szétterítette tollát.

fanatic [fə'nætɪk] <fn> [C] rajongó; fanatikus; megszállott: *a fitness fanatic* fitneszrajongó

fanatical [fə'nætɪkl] <mn> megszállott

fanaticism [fə'nætɪsɪzm] <fn> [C, U] megszállottság; fanatizmus

fancier ['fænsɪə] <fn> [C] kedvelő; barát; szakértő; tenyésztő: *a dog fancier* kutyabarát; kutyatenyésztő

fanciful ['fænsɪfl] <mn> különös; furcsa; irreális

¹fancy ['fænsɪ] <ige> (fancying, fancies, fancied) **1.** biz BrE (meg)kíván (**sg** vmit); kedve van vmihez: *I didn't fancy swimming in the lake.* Nem volt kedvem úszni a tóban. **2.** biz BrE *(szexuálisan)* vonzódik (**sy** vkihez): *She fancies me.* Vonzódik hozzám. **3. fancy oneself** képzeli magát ((**as**) **sg** vminek): *I can't fancy myself (as) a soldier.* Nem tudom magam elképzelni katonának. **4. fancy oneself** sokra tartja magát; öntelt; beképzelt **5.** hisz; gondol; képzel: *I fancied (that) I saw something moving in the dark.* Azt képzeltem, hogy láttam valamit a sötétben megmozdulni.

²fancy ['fænsɪ] <mn> (fancier, fanciest) **1.** bonyolult; túl díszes; csicsás **2.** drága; luxus: *a fancy hotel* luxushotel

³fancy ['fænsɪ] <fn> (fancies) **1.** [C, U] képzelet; képzelődés; látomás; fantázia: *the fancies of a poet* egy költő látomásai ∗ *the world of fancy* a képzelet világa **2.** [sing] szeszély; *(pillanatnyi)* kedv: *passing fancy* pillanatnyi szeszély; érdeklődés **3. fancies** [pl] cukrászkülönlegességek
♦ **catch/take sy's fancy** megtetszik (vkinek) ♦ **take a fancy to sy/sg** megkedvel vkit/vmit

fancy dress [ˌfænsɪ'dres] <fn> [U] jelmez
fancy-free [ˌfænsɪ'friː] <mn> szabad a szíve; senkibe sem szerelmes
fandom ['fændəm] <fn> [C] szurkolók, rajongók (összessége)
fanfare ['fænfeə] <fn> [C] harsonaszó
fang [fæŋ] <fn> [C] agyar; méregfog
fantastic [fæn'tæstɪk] <mn> **1.** biz fantasztikus; tüneményes: *The weather was fantastic.* Az időjárás fantasztikus volt. **2.** különös; hihetetlen: *It seemed fantastic that they still remembered me.* Hihetetlennek tűnt, hogy még mindig emlékeznek rám. **3.** biz hatalmas: *a fantastic amount of money* hatalmas nagy összeg
fantasy ['fæntəsɪ] <fn> [C, U] (fantasies) fantázia; szertelen gondolat; agyszülemény: *a fantasy world* fantáziavilág
fanzine ['fænziːn] <fn> [C] rajongók magazinja
FAQ [ˌefeɪ'kjuː] [= frequently asked questions] *(az Interneten)* GYIK (= gyakran ismételt kérdések)
¹far [fɑː] <mn> (farther v. further, farthest v. furthest) **1.** messzi; távoli: *in the far future* a távoli jövőben **2.** túlsó; távolabbi: *the far side* túlsó/másik oldal **3.** *(politikában)* szélső; szélsőséges

♦ **a far cry from sg/doing sg** teljesen más; össze sem hasonlítható

²far [fɑː] <hsz> (farther v. further, farthest v. furthest) **1.** messze; távol: *not far from here* nem messze innen ∗ *far away in the distance* a messze távolban **2.** sokkal; jóval; nagyon: *far into the night* késő estig ∗ *It's far better.* Ez sokkal jobb.

♦ **as far as the eye can see** ameddig a szem ellát ♦ **as far as I know** tudomásom szerint ♦ **as/so far as** vmit illetően; ami vmit/vkit illet ♦ **as far as I'm concerned** ami engem illet ♦ **by far** vitathatatlanul ♦ **far afield** messze; távol ♦ **far from sg** egyáltalán nem ♦ **far from it** éppen ellenkezőleg ♦ **few and far between** nem gyakori; ritka ♦ **so far so good** eddig rendben volna; eddig megvolnánk

faraway ['fɑːrəweɪ] <mn> **1.** távoli; messzi **2.** *(tekintet)* távolba meredő; révedező
¹fare [feə] <fn> [C] **1.** menetdíj; viteldíj: *travel at half fare* kedvezményesen utazik **2.** [C] utas; fuvar
²fare [feə] <ige> boldogul; sikerül: *fare well* jól megy sora; sikeres
Far East [ˌfɑːr'iːst] <fn> [sing] **the Far East** Távol-Kelet
¹farewell [ˌfeə'wel] <isz> Isten vele!
²farewell [ˌfeə'wel] <fn> [C] búcsú

far-fetched [ˌfɑː'fetʃt] <mn> a valóságtól elrugaszkodott; valószínűtlen; erőltetett; túlzott: *sound very far-fetched* valószínűtlennek hangzik
¹farm [fɑːm] <fn> [C] gazdaság; farm
²farm [fɑːm] <ige> gazdálkodik
farmer ['fɑːmə] <fn> [C] gazdálkodó; földműves; farmer

> Vigyázat, álbarátok!
> **farmer** ≠ farmernadrág (= jeans)

farmhouse ['fɑːmhaʊs] <fn> [C] *(farmon)* lakóépület
farming ['fɑːmɪŋ] <fn> [U] gazdálkodás; földművelés; mezőgazdaság
far-reaching ['fɑːˌriːtʃɪŋ] <mn> messzemenő; széleskörű; nagy horderejű
far-sighted [ˌfɑː'saɪtɪd] <mn> **1.** előrelátó **2.** AmE távollátó
¹fart [fɑːt] <ige> biz fingik
²fart [fɑːt] <fn> biz fing
farther ['fɑːðə] → **far**
farthest ['fɑːðɪst] → **far**
fascinate ['fæsɪneɪt] <ige> elbűvöl; lebilincsel; lenyűgöz
fascination [ˌfæsɪ'neɪʃn] <fn> [C, U] bűvölet; vonzerő
fashion ['fæʃn] <fn> **1.** [C, U] divat: *come into fashion* divatba jön ∗ *be in fashion* divatban van ∗ *be out of fashion* kiment a divatból **2.** [sing] mód; módszer: *behave in a brutal fashion* brutálisan viselkedik
fashionable ['fæʃnəbl] <mn> elegáns; divatos; felkapott: *fashionable clothes* elegáns/divatos ruhák ∗ *fashionable furniture* divatos bútorok
¹fast [fɑːst] <mn> **1.** gyors; sebes: *a fast car* gyors autó ∗ *He is a fast learner.* Gyorsan tanul. **2. be fast** *(óra)* siet: *My watch must be fast.* Az órám biztosan siet. **3.** rögzített; mozdulatlan; erős **4.** tartós; nem fakuló; *(festék)* színtartó

♦ **fast and furious** szédületes gyorsaságú és energiájú

²fast [fɑːst] <hsz> **1.** gyorsan: *drive fast* gyorsan vezet **2.** mélyen; erősen: *She was fast asleep.* Mélyen aludt.
³fast [fɑːst] <ige> böjtöl
⁴fast [fɑːst] <fn> [C] böjt
fasten ['fɑːsn] <ige> **1.** (be)kapcsol; (be)gombol: *Fasten your seatbelts, please!* Kérem, kapcsolják be a biztonsági öveket! ∗ *He fastened up his coat.* Begombolta a kabátját. **2.** (be-)kapcsolódik; (be)gombolódik **3.** odaerősít

(**on sg** vmihez); hozzáerősít (**to sg** vmihez); ráköt (**on sg** vmire); összekapcsol (**together sg** vmit) **4.** rögzít

fastener ['fɑːsnə] <fn> [C] kapocs; csat; zár; retesz

fast food [ˌfɑːstˈfuːd] <fn> [U] (hamburger, hot dog) gyorséttermi étel

fastidious [fæˈstɪdɪəs] <mn> igényes; válogatós; kényes

¹fat [fæt] <mn> (fatter, fattest) **1.** (ember) kövér; elhízott; testes: *get fat* meghízik; elhízik **2.** (hús) zsíros **3.** vastag; vaskos: *a fat volume* vastag/vaskos kötet
 ♦ **fat chance (of sg/doing sg)** bízhatsz benne; sok remény van rá ♦ **a fat lot of good/use** sokra megyek vele!

²fat [fæt] <fn> **1.** [U] zsír; háj **2.** [C, U] (főzéshez) zsiradék; zsír; olaj: *vegetable fat* növényi zsiradék * *animal fat* állati zsiradék
 ♦ **live on the fat of the land** jólétben/bőségben él ♦ **The fat is in the fire.** A baj megtörtént./A hiba megesett.

fatal ['feɪtl] <mn> **1.** halálos: *fatal disease* halálos betegség * *fatal accident* halálos baleset **2.** (hiba) végzetes; súlyos: *a fatal error* súlyos hiba

fatality [fəˈtæləti] <fn> [C] (fatalities) **1.** halálos kimenetelű szerencsétlenség **2.** (háborúban) halálos áldozat(ok); elesettek: *the fatalities of the war* a háború áldozatai **3.** balsors; balszerencse

fatally ['feɪtəli] <hsz> életveszélyesen: *fatally injured* életveszélyesen megsérült

fate [feɪt] <fn> [C, U] sors; végzet: *He met his fate.* Meghalt.

¹father ['fɑːðə] <fn> [C] **1.** apa: *from father to son* apáról fiúra **2. Father** vall (Isten) Atya: *God the Father* Atyaisten **3. Father** vall (pap megszólítása) atya: *Father Ladislaus* László atya * *the Holy Father* (a pápa) a szentatya
 ♦ **like father like son** az alma nem esik messze a fájától

²father ['fɑːðə] <ige> **1.** (gyermeket) nemz **2.** (ötletet, tervet) feltalál; alkot

Father Christmas [ˌfɑːðəˈkrɪsməs] <fn> [C] Mikulás

fatherhood ['fɑːðəhʊd] <fn> [U] apaság

father-in-law ['fɑːðərɪnlɔː] <fn> [C] (fathers-in-law) após

fathom ['fæðəm] <ige> (meg)ért (**sy/sg** vkit/vmit); mélyére hatol (**sg** vminek); kipuhatol (**sg** vmit): *fathom the mystery* felfedi a rejtélyt

fatigue [fəˈtiːg] <fn> [U] **1.** fáradtság; kimerültség: *mental fatigue* szellemi kimerültség * *physical fatigue* fizikai fáradtság **2.** fiz anyagkifáradás

fattening ['fætnɪŋ] <mn> (étel) hizlaló

¹fatty ['fæti] <mn> (fattier, fattiest) (étel) zsíros; olajos: *fatty foods* zsíros ételek

²fatty ['fæti] <fn> [C] (fatties) biz dagi; pufi

faucet ['fɔːsɪt] <fn> [C] AmE (víz)csap: *turn a faucet on* megnyitja a vízcsapot

¹fault [fɔːlt] <fn> **1.** [C, U] hiba; hiányosság: *commit a fault* hibát követ el * *in spite of all his faults* minden hibája ellenére * *It was his fault.* Az ő hibája volt. **2.** [C, U] (szerkezetben stb.) hiba; meghibásodás **3.** [C] sp (teniszben) hibapont; szabálytalan adogatás
 ♦ **be at fault** hibás ♦ **find fault with sy/sg** bírál; kritizál vkit/vmit ♦ **to a fault** túlzottan; nagyon is

²fault [fɔːlt] <ige> kifogásol; kritizál

faultless ['fɔːltləs] <mn> hibátlan; tökéletes; kifogástalan

faulty ['fɔːlti] <mn> **1.** (gép, szerkezet, munka) hibás; téves; helytelen **2.** (érvelés) elhibázott; téves

faux pas [ˌfəʊˈpɑː] <fn> [C] (faux pas) illetlenség

fave [feɪv] <fn> [C] biz (személy, dolog) kedvenc: *It's one of my faves.* Ez az egyik kedvencem.

favor ['feɪvər] AmE → **favour**

favorable ['feɪvərəbl] AmE → **favourable**

favorite ['feɪvrət] AmE → **favourite**

¹favour ['feɪvə] <fn> **1.** [C] szívesség: *ask sy a favour//ask a favour of sy* szívességet kér vkitől * *do sy a favour* szívességet tesz vkinek **2.** [U] rokonszenv; jóindulat: *be out of favour* kegyvesztett * *be in favour with sy* vki pártfogását élvezi * *gain one's favour* megnyeri vki tetszését/kegyeit
 ♦ **be in favour of sy/sg** vki/vmi mellett van; támogat vkit/vmit ♦ **by your favour** szíves engedelmével ♦ **in sy's favour 1.** (dönt) vki javára **2.** (voksol) vki mellett

²favour ['feɪvə] <ige> **1.** támogat; pártfogol; vki/vmi mellett dönt: *I don't favour the idea.* Nem támogatom az ötletet. **2.** előnyben részesít; jobban szeret vkit/vmit: *I favour travelling by bus.* Jobban szeretek busszal utazni.

favourable ['feɪvərəbl] <mn> előnyös; kedvező: *favourable weather conditions* kedvező időjárás

¹favourite ['feɪvrət] <mn> kedvenc; legkedveltebb: *favourite colour* kedvenc szín * *favourite song* legkedveltebb dal

²favourite ['feɪvrət] <fn> [C] **1.** (személy, dolog) kedvenc: *Which one's your favourite?* Melyik a kedvenced? **2.** esélyes; favorit: *They are the hot favourites to win the European Cup.* Ők a legesélyesebbek az Európa-bajnokság megnyerésére.

¹**fawn** [fɔ:n] <mn> (világos) sárgásbarna
²**fawn** [fɔ:n] <fn> [U] (világos) sárgásbarna (szín)
³**fawn** [fɔ:n] <fn> [C] fiatal őz; őzborjú; szarvasborjú
¹**fax** [fæks] <fn> **1.** [C] fax: *send sy a fax* faxot küld vkinek **2.** [C, U] fax(gép): *send the document by fax* faxon küldi el a dokumentumot ∗ *I have a fax at home.* Van otthon faxom.
²**fax** [fæks] <ige> (el)faxol
faze ['feɪz] <ige> biz bosszant; zavar; ingerel; zavarba hoz
FBI [ˌefbiː'aɪ] [= Federal Bureau of Investigation] FBI (= Szövetségi Nyomozóiroda)
¹**fear** [fɪə] <fn> [C, U] félelem; rettegés; aggódás; aggodalom: *fear of flying* a repüléstől való félelem ∗ *have fears for the future* retteg a jövőtől

♦ **for fear of (doing) sg/for fear (that)...** nehogy ♦ **go in fear of one's life** félti az életét; rettegésben él ♦ **put the fear of God into sy** észre térít vkit ♦ **No fear!** Ki van zárva!/Szó sem lehet róla!

²**fear** [fɪə] <ige> **1.** fél (**sy/sg** vkitől/vmitől): *fear death* fél a haláltól **2.** (vmi rossztól) tart: *fear the worst* a legrosszabbtól tart

fear for sy/sg aggódik vkiért/vmiért; félt vkit/vmit: *They fear for her safety.* Féltik a biztonságát.

fearful ['fɪəfl] <mn> **1. be fearful of sg/of doing sg/that...** fél vmitől: *He was fearful that he would fail.* Félt, hogy meg fog bukni. **2.** rettenetes; szörnyű: *a fearful mess* szörnyű felfordulás
fearless ['fɪələs] <mn> vakmerő; bátor; félelmet nem ismerő
feasibility [ˌfiːzə'bɪləti] <fn> [U] megvalósíthatóság
feasible ['fiːzəbl] <mn> (terv, javaslat, ötlet) megvalósítható; végrehajtható; keresztülvihető
¹**feast** [fiːst] <fn> **1.** [C] (ünnepi) lakoma; ünnepség: *a wedding feast* esküvői vacsora **2.** [C] ünnep(nap) **3.** [ált sing] átv csemege; élvezet: *a feast for the eyes* szemgyönyörködtető látvány
²**feast** [fiːst] <ige> **1.** lakomázik; lakomát csap **2.** megvendégel **3.** gyönyörködtet: *feast one's eyes on sg* gyönyörködik vmiben
feat [fiːt] <fn> [C] (hős)tett; nagy teljesítmény: *feats of engineering* a technika vívmányai
feather ['feðə] <fn> [C] (madár)toll

♦ **that's a feather in his cap** dicséretére/dicsőségére válik

¹**feature** ['fiːtʃə] <fn> [C] **1.** jellegzetesség; sajátosság: *striking feature* szembeötlő/feltűnő jellegzetesség ∗ *special features* sajátos jellegzetesség(ek)/vonás(ok) **2.** (arc)vonás **3.** színes (újság)cikk; érdekes tv-műsor: *a special feature on global warming* érdekes cikk a globális felmelegedésről **4.** játékfilm
²**feature** ['fiːtʃə] <ige> **1.** kiemel; hangsúlyoz: *feature a piece of news* fő helyen hoz egy hírt ∗ *a film featuring Robert De Niro* film Robert De Niroval a főszerepben **2.** kiemelkedő szerepet kap (**in sg** vmiben)
Feb. [= February] feb. (= február)
February ['februəri] <fn> [U, C] röv **Feb.** február
feces ['fiːsiːz] AmE → **faeces**
fed [fed] → ¹**feed**
federal ['fedərəl] <mn> szövetségi; központi; államközi: *federal state* szövetségi állam ∗ *federal highway* állami közút
federation [ˌfedə'reɪʃn] <fn> [C] **1.** államszövetség; szövetségi állam **2.** szövetség
fed up [ˌfed'ʌp] <mn> biz elege van (**with sy/sg** vkiből/vmiből); torkig van (**with sy/sg** vkivel/vmivel): *I'm fed up with you.* Elegem van belőled.
fee [fiː] <fn> [C] **1.** (írónak, ügyvédnek) tiszteletdíj; honorárium: *author's fee* szerzői tiszteletdíj **2.** illeték; (tan)díj: *entrance fee* belépődíj ∗ *examination fee* vizsgadíj ∗ *club fee* egyesületi tagdíj ∗ *university fees* egyetemi tandíj
feeble ['fiːbl] <mn> (feebler, feeblest) **1.** gyenge; beteges; erőtlen: *a feeble light* gyenge fény ∗ *a feeble old man* erőtlen/beteges öregember **2.** (érv, kifogás) gyenge; ügyetlen; suta: *a feeble excuse* gyenge kifogás
¹**feed** [fiːd] <ige> (fed, fed) **1.** táplál; (meg)etet: *feed the cat* megeteti a macskát ∗ *feed the plants* táplálja a növényt **2.** eszik; táplálkozik: *Snakes feed at night.* A kígyók éjjel táplálkoznak. **3.** (gépet) etet; (anyagot gépbe) adagol; önt; betáplál: *feed all the data into a computer* az összes információt számítógépre viszi ∗ *Vegetables are fed into the machine here.* A gépbe itt kell a zöldséget adagolni. **4.** (újságot, hírműsort) anyaggal/információval ellát: *feed information to the newspaper* az újságot információval látja el
²**feed** [fiːd] <fn> **1.** [C] etetés; táplálás **2.** [C] evés **3.** [U] takarmány; táp **4.** [U] (gépbe) táplálás; adagolás; (gépé) etetése
feedback ['fiːdbæk] <fn> [U] visszacsatolás; visszajelzés: *have positive feedback from sy* jó visszajelzéseket kap vkitől
feeder road ['fiːdə rəʊd] <fn> [C] becsatlakozó út; becsatlakozás
¹**feel** [fiːl] <ige> (felt, felt) **1.** (vhogyan) érzi magát: *feel cold* fázik ∗ *feel sick* hányingere van

* *feel happy* boldog **2. feel as if** úgy érzi, mintha…: *He felt as if he had been there before.* Úgy érezte, mintha már járt volna ott. **3. feel like** úgy érzi/gondolja, hogy…: *The meeting only took thirty minutes, but it felt like hours.* A megbeszélés csak harminc perces volt, de úgy éreztem, mintha órákig tartott volna. **4.** érez (**sg** vmit): *He couldn't feel his legs.* Nem érezte a lábait. * *I could feel the tension.* Éreztem a feszültséget. **5.** (vmilyennek) érződik: *feel soft* puha tapintású **6.** vél; gondol: *I felt (that) I had to apologise.* Úgy gondoltam, hogy bocsánatot kell kérnem. **7.** keres; keresgél (**sg** vmit): *He felt in his bag for the keys.* A táskájában keresgélte a kulcsokat. **8.** érzékeny (**sg** vmire): *feel the heat* érzékeny a melegre

♦ **feel free (to do sg)** ne habozzon (megtenni vmit) ♦ **feel like sg/doing sg** kedve van vmihez ♦ **feel one's age** érzi, hogy öregszik ♦ **not feel oneself** nem érzi magát a legjobban ♦ **feel one's way 1.** (sötétben) tapogatózva megy átv **2.** óvatosan jár el ♦ **feel (it) in your bones (that…)** valami azt súgja(, hogy…)

feel for sy együtt érez vkivel
feel up to (doing) sg kedve van vmihez; elég erősnek érzi magát vmihez

²**feel** [fi:l] <fn> [sing] **1.** érzés; benyomás; érzet: *feel of joy* örömérzet **2.** tapintás: *rough to the feel* érdes tapintású
feeler ['fi:lə] <fn> [C, ált pl] *(rovaré)* csáp; tapogató; *(csigáé)* szarv

♦ **put out feelers** véleményt kipuhatol; puhatoló(d)zik

feeling ['fi:lɪŋ] <fn> **1.** [C] érzés; érzet: *a feeling of cold* hidegérzet **2.** [sing] (meg)érzés; előérzet: *have the feeling of being followed* úgy érzi, hogy követik **3.** [C, U] vélemény; álláspont: *public feeling* közvélemény **4.** [U, C] *(mint érzelem)* érzés: *speak with feelings* meghatottan/átérzéssel beszél **5.** [C, U] érzék (**for sg** vmihez): *have a feeling for languages* jó nyelvérzéke van **6.** [U] érzet; érzékelés: *He lost all feeling in his arms.* Nem érezte a karjait.

♦ **bad/ill feeling** harag; rossz hangulat
♦ **No hard feelings.** Nincs harag!

feet [fi:t] → **foot**
feign [feɪn] <ige> színlel; tettet: *feign death* halottnak tetteti magát * *feign sick* betegnek tetteti magát
¹**feint** [feɪnt] <fn> [C] sp csel
²**feint** [feɪnt] <ige> sp cselez

feline ['fi:laɪn] <mn> macskafélék családjára jellemző; macskaféle
¹**fell** [fel] → ¹**fall**
²**fell** [fel] <ige> **1.** *(fát)* kidönt; kivág **2.** *(ellenfelet)* földre kényszerít; leterít
¹**fellow** ['feləʊ] <fn> [C] **1.** *(tudományos/művészeti társaságban)* tag **2. (research) fellow** tudományos kutató/munkatárs **3.** fickó; cimbora: *a decent fellow* rendes ember
²**fellow** ['feləʊ] <mn> -társ; kolléga: *fellow actor* színész kolléga * *fellow student* iskolatárs
¹**felt** [felt] → ¹**feel**
²**felt** [felt] <fn> [U] nemez; filc
¹**female** ['fi:meɪl] <mn> **1.** *(nemhez tartozó)* női: *female child* lánygyermek * *female voice* női hang **2.** nőstény-: *female lion* nőstényoroszlán **3.** *(virág)* bibés; termős
²**female** ['fi:meɪl] <fn> [C] **1.** nő; lány; asszony **2.** nőstény (állat) **3.** termős/bibés virág
feminine ['femənɪn] <mn> **1.** női; nőies: *look feminine* nőiesnek néz ki **2.** nyelvt nőnemű
feminism ['femənɪzm] <fn> [U] feminizmus
¹**feminist** ['femənɪst] <fn> [C] feminista
²**feminist** ['femənɪst] <mn> feminista: *feminist ideas* feminista gondolatok * *the feminist movement* a feminista mozgalom
¹**fence** [fens] <fn> [C] **1.** kerítés; sövény; korlát; palánk: *wire fence* drótkerítés **2.** sp *(díjugratásban)* akadály; sövény **3.** biz orgazda

♦ **sit on the fence** semleges marad; nem csatlakozik egyik félhez sem ♦ **mend your fences** *(politikában)* szem előtt tartja az érdekét ♦ **be on the right side of the fence** jól helyezkedett

²**fence** [fens] <ige> **1.** (be)kerít: *fence a town with walls* a várost fallal veszi körül **2.** sp vív

fence sy/sg in elkerít; bekerít vkit/mit
fence sy in sg korlátoz vkit vmiben
fence sg off kerítéssel elválaszt; elkerít vmit

fencer ['fensə] <fn> [C] sp vívó
fencing ['fensɪŋ] <fn> [U] **1.** sp vívás **2.** kerítés; sövény; védőfal
fend [fend] <ige>

fend for oneself gondoskodik magáról; saját lábán áll: *He's old enough to fend for himself.* Már elég öreg, hogy gondoskodjon magáról.
fend sy/sg off elhárít; kivéd vkit/vmit: *fend off questions* elhárítja a kérdéseket

fender ['fendə] <fn> [C] **1.** *(kandalló előtt)* ellenző; tálca **2.** AmE sárhányó; sárvédő

¹ferment [fə'ment] <ige> **1.** *(folyadékot)* erjeszt: *ferment wine* bort erjeszt **2.** (meg)erjed; forr

²ferment ['fɜːment] <fn> [U] *(népé)* forrongás; felizgatott lelkiállapot: *The village was in ferment.* A falu forrongott.

fermentation [,fɜːmen'teɪʃn] <fn> [U] **1.** *(folyadéké)* erjedés; forrás **2.** *(folyadéké)* erjesztés **3.** *(népé)* forrongás

fern [fɜːn] <fn> [C] növ páfrány

ferocious [fə'rəʊʃəs] <mn> vad; kegyetlen: *ferocious war* kegyetlen háború * *ferocious storm* vad vihar

¹ferry ['feri] <fn> [C] (ferries) komp; átkelőhajó: *go by the ferry* komppal utazik

²ferry ['feri] <ige> (ferrying, ferries, ferried) *(vízi-, ill. egyéb járművel)* szállít

ferryboat ['feribəʊt] <fn> [C] komp; átkelőhajó

ferryman ['ferimən] <fn> [C] révész

fertile ['fɜːtaɪl] <mn> **1.** *(talaj)* termékeny; termő **2.** *(ember, növény)* termékeny; szapora; szaporodásra képes **3.** *(képzelet)* élénk; gazdag

fertility [fɜː'tɪləti] <fn> [U] termékenység; termőképesség

fertilise ['fɜːtəlaɪz] → **fertilize**

fertiliser ['fɜːtəlaɪzə] → **fertilizer**

fertilize ['fɜːtəlaɪz] <ige> **1.** megtermékenyít **2.** (mű)trágyáz

fertilizer ['fɜːtəlaɪzə] <fn> [C, U] műtrágya

fervent ['fɜːvənt] <mn> heves; buzgó; lelkes: *a fervent supporter* lelkes támogató

fester ['festə] <ige> **1.** orv meggyűlik; (el)genynyed; elfertőződik **2.** *(helyzet)* elmérgesedik

festival ['festɪvl] <fn> [C] **1.** fesztivál **2.** vall ünnep

festive ['festɪv] <mn> örömteli; ünnepies; ünnepi hangulatú: *festive board* ünnepi asztal * *the festive season* karácsonyi ünnepek

festivity [fe'stɪvəti] <fn> (festivities) **1. festivities** [pl] ünnepség(ek) **2.** [U] vidámság; mulatság

¹festoon [fe'stuːn] <fn> [C] *(díszítésre használt)* (virág)füzér; girland

²festoon [fe'stuːn] <ige> (virág)füzérrel/girlanddal díszít

fetch [fetʃ] <ige> **1.** (érte megy és) elhoz: *Come and fetch me.* Gyere el értem. **2.** eladható vmennyiért: *It fetches a high price.* Drágán kel el.

♦ **fetch and carry (for sy)** küldönci/kifutói teendőket teljesít (vkinek)

fetch up biz érkezik; jut: *fetch up at a port* kikötőbe ér

fetching ['fetʃɪŋ] <mn> biz elbájoló; elbűvölő: *a fetching smile* elbűvölő mosoly * *a fetching hat* elbűvölő kalap

feud [fjuːd] <fn> [C] ellenségeskedés; viszály (**with/between sy** vkivel/vkik között // **over sg** vmi miatt)

fever ['fiːvə] <fn> **1.** [C, U] láz: *high fever* magas láz **2.** [sing] izgalom; izgatottság; láz: *be in a fever of excitement* lázas izgalom fogja el

feverish ['fiːvərɪʃ] <mn> **1.** lázas; izgatott; túlfűtött: *a feverish activity* lázas tevékenység **2.** *(beteg)* lázas: *She was feverish.* Lázas volt.

few [fjuː] <mn> **1.** kevés; csekély számú; nem sok: *Few students attend this lecture.* Kevés diák látogatja ezt az előadást. **2. a few** néhány: *I'll arrive in a few minutes.* Néhány perc múlva megérkezem. * *I have a few questions.* Van néhány kérdésem.

♦ **few and far between** nem gyakori; ritka
♦ **a good few//quite a few** elég sok; egész sok

fiancé [fi'ɒnseɪ] <fn> [C] vőlegény; jegyes

fiancée [fi'ɒnseɪ] <fn> [C] menyasszony; jegyes

fiasco [fi'æskəʊ] <fn> [C] (fiascos v. fiascoes) kudarc; sikertelenség; fiaskó

¹fib [fɪb] <fn> [C] biz füllentés: *tell a fib* füllent

²fib [fɪb] <ige> (fibbing, fibbed) biz füllent

fibber ['fɪbə] <fn> [C] biz füllentő

fiber ['faɪbə] AmE → **fibre**

fibre ['faɪbə] <fn> **1.** [U] *(ételben)* (növényi) rost: *high in fibre* növényi rostban gazdag **2.** [C, U] rost(anyag) **3.** [C] rostszál; izomrost; rostos szövet: *wood fibres* farost * *muscle fibres* izomrost **4.** [U] természet; jellemvonás: *our moral fibre* erkölcsiségünk

fibreglass ['faɪbəglɑːs] <fn> [U] üvegszál

fickle ['fɪkl] <mn> ingatag; bizonytalan; szeszélyes; megbízhatatlan

fiction ['fɪkʃn] <fn> **1.** [U] regényirodalom: *light fiction* szórakoztató regény * *romantic fiction* romantikus regény **2.** [C, U] valótlanság; koholmány; kitalálás

fictional ['fɪkʃnəl] <mn> képzelt; kitalált: *fictional characters* kitalált szereplők

fictitious [fɪk'tɪʃəs] <mn> nem létező; képzelt; kitalált: *The characters in the novel are fictitious.* A regényben az összes szereplő kitalált.

¹fiddle ['fɪdl] <fn> [C] biz **1.** hegedű **2.** BrE trükk; csalás: *a tax fiddle* adócsalás

♦ **fit as a fiddle** makkegészséges ♦ **play second fiddle (to sy/sg)** alárendelt szerepet játszik (vki/vmi mellett)

²**fiddle** ['fɪdl] <ige> **1.** játszadozik; babrál (**with sg** vmivel): *to fiddle with a pen* egy tollal babrál **2.** biz *(hivatalos papírokat)* (meg)hamisít

fiddle about/around jön-megy; vacakol; piszmog

fiddler ['fɪdlə] <fn> [C] biz hegedűs
¹**fidget** ['fɪdʒɪt] <ige> fészkelődik; idegeskedik; babrál; játszik (**with sg** vmivel): *Stop fidgeting!* Ne fészkelődj!
²**fidget** ['fɪdʒɪt] <fn> [C] nyugtalan izgő-mozgó ember
fidgety ['fɪdʒəti] <mn> izgő-mozgó; folyton mocorgó; ideges; türelmetlen
¹**field** [fiːld] <fn> **1.** [C] mező; rét; szántóföld: *a field of wheat* búzamező ∗ *in the fields* a földeken/mezőn ∗ *pasture field* legelő **2.** [C] (szak-)terület: *famous in the field of music* a zene területén híres ∗ *field of research* kutatási terület ∗ *field of activity* tevékenységi/működési terület ∗ *it's outside his field* nem tartozik az érdeklődési körébe ∗ *one's field* vki(nek a speciális) érdeklődési köre **3.** [C] sp pálya; mező: *a football field* focipálya **4.** [C] (erő)tér: *field of view* látómező; látótér **5.** [sing] piac; eladási terület
²**field** [fiːld] <ige> **1.** *(labdát krikettben)* megfog; megállít; visszadob **2.** csapatot összeállít
field day ['fiːld deɪ] <fn> [C] **1.** nagy nap; nagy esemény napja; sikerek napja **2.** AmE *(iskoláskoknak)* szabadtéri torna/gyakorlatok napja **3.** kirándulónap **4.** atlétikai találkozó/verseny **5.** hadgyakorlat napja; katonai gyakorlónap
♦ **have a field day** jó napja van; ez az ő napja

field events ['fiːld ɪˌvents] <fn> [pl] *(atlétikában)* dobó- és ugrószámok
field trip ['fiːld trɪp] <fn> [C] tanulmányi kirándulás
field work ['fiːld wɜːk] <fn> [U] terepmunka
fierce [fɪəs] <mn> **1.** *(ember, állat)* vad; kegyetlen; támadó: *a fierce dog* vad kutya ∗ *fierce eyes* kegyetlen szemek **2.** *(cselekedet)* brutális; erőszakos; heves: *fierce fighting* brutális verekedés ∗ *a fierce attack* erőszakos támadás **3.** *(időjárás)* heves; vad; dühöngő: *fierce wind* heves szél
fiery ['faɪəri] <mn> **1.** égő; tüzes; izzó: *fiery sky* izzó égbolt **2.** heves; lobbanékony; szenvedélyes: *a fiery debate* heves vita ∗ *a fiery speech* szenvedélyes beszéd **3.** *(étel, ital)* nagyon erős; csípős: *a fiery dish* csípős étel
¹**fifteen** [ˌfɪfˈtiːn] <szn> tizenöt → ¹**eight**
²**fifteen** [ˌfɪfˈtiːn] <fn> [C] tizenötös → ²**eight**
¹**fifth** [fɪfθ] <sorszn> ötödik → ¹**eighth**

→ A keltezéssel kapcsolatos kifejezéseket lásd a ¹**date** szócikk információs ablakában!

²**fifth** [fɪfθ] <fn> [C] ötöd → ²**eighth**
¹**fiftieth** [ˈfɪftiəθ] <sorszn> ötvenedik → ¹**eightieth**
²**fiftieth** [ˈfɪftiəθ] <fn> [C] ötvened → ²**eightieth**
¹**fifty** ['fɪfti] <szn> ötven → ¹**eighty**
²**fifty** ['fɪfti] <fn> [C] ötvenes → ²**eighty**
fifty-fifty [ˌfɪftiˈfɪfti] <hsz> biz fele-fele arányban; fifti-fifti; felesben; egyenlően: *divide the price fifty-fifty* a fizetendő összeget egyenlően elosztja
¹**fig** [fɪg] <fn> [C] füge
♦ **not care/give a fig (for sy/sg)** fütyül (vkire/vmire)
²**fig. 1.** [= figure] ábr. (= ábra) **2.** [= figurative(ly)] átv. (= átvitt értelem(ben))
¹**fight** [faɪt] <ige> (fought, fought) **1.** harcol (**against sy** vki ellen); verekszik (**with sy** vkivel): *fight a battle* csatát vív ∗ *fight against the enemy* az ellenség ellen harcol **2.** harcol; küzd (**against sg** vmi ellen): *fight against racism* a rasszizmus ellen harcol ∗ *fight the disease* betegség ellen harcol **3.** harcol; küzd (**for sg** vmiért): *fight an election* küzd a választásokon **4.** veszekszik; vitatkozik (**about/over sg** vmiről): *fight about money* a pénz miatt vitatkozik
♦ **fight for life** küzd az életéért ♦ **fight shy of sg//fight shy of doing sg** kitér vmi elől ♦ **fight to the death/finish** élet-halál harc

fight back/down sg *(szenvedélyt, érzelmet)* leküzd; legyőz: *fight down one's disgust* legyőzi az undorát
fight off sy/sg visszaszorít vkit/vmit: *fight off the enemy* visszaszorítja az ellenséget
fight sg out kiharcol vmit

²**fight** [faɪt] <fn> **1.** [C] verekedés; harc: *a fight broke out* verekedés tört ki ∗ *get into a fight* verekedésbe keveredik ∗ *close fight* közelharc **2.** [sing] küzdelem; harc: *fight against crime* a bűnözés elleni küzdelem **3.** [C] veszekedés; vita: *a fight over money* a pénz miatti veszekedés **4.** [C] harci kedv: *There was no fight left in him.* Nem volt már benne küzdeni akarás.

♦ **pick a fight (with sy)** beleköt (vkibe)
♦ **put up a good fight** derekasan küzd
fighter ['faɪtə] <fn> [C] **1.** harcos; bokszoló **2.** vadász(repülő)gép
fighter plane ['faɪtə pleɪn] <fn> [C] vadász(repülő)gép
fighting ['faɪtɪŋ] <fn> [U] harc; küzdelem; verekedés
figurative ['fɪgərətɪv] <mn> képletes; jelképes; átvitt értelmű: *in a figurative sense* átvitt értelemben
¹figure ['fɪgə] <fn> [C] **1.** számadatok; összeg: *The latest unemployment figures.* A legfrissebb munkanélküliségi adatok. **2.** számjegy: *double figures* két (szám)jegyű szám ∗ *single figures* egy (szám)jegyű szám **3. figures** [pl] biz számtan; számolás: *good at figures* jó számtanból **4.** alak; megjelenés; testalkat: *she's got a fine figure* jó alakja van **5.** alak; figura: *a central figure* központi alak **6.** ábra; illusztráció

♦ **be/become a figure of fun** nevetséges figura ♦ **in round figures** kerek számmal

²figure ['fɪgə] <ige> **1.** szerepel: *His phone number doesn't figure in the list.* A telefonszáma nem szerepel a listán. **2.** AmE gondol; hisz; vél: *I figure that…* Úgy gondolom… **3.** AmE számol; kalkulál

♦ **it/that figures** biz Várható volt!

figure on sg számít vmire
figure sg out 1. kitalál; magyarázatot talál vmire **2.** (ki)számol vmit

figurehead ['fɪgəhed] <fn> [C] névleges vezető; báb
figure skating ['fɪgəˌskeɪtɪŋ] <fn> [U] műkorcsolyázás
filch [fɪltʃ] <ige> biz *(apróságot)* elcsen; ellop; elemel
¹file [faɪl] <fn> [C] **1.** dosszié; irattartó **2.** infor állomány; fájl: *delete a file* kitöröl egy fájlt **3.** akta; ügyirat; kartoték: *secret police files* titkos rendőrségi akták **4.** ráspoly; reszelő

♦ **in single file** libasorban

²file [faɪl] <ige> **1.** *(iratokat)* iktat; kartotékol; irattároz **2.** *(kérelmet, stb.)* benyújt: *file for divorce* válókeresetet nyújt be **3.** egyes sorban vonul; libasorban halad **4.** (le)reszel
filet [fɪ'leɪ] AmE → **fillet**
fill [fɪl] <ige> **1.** megtölt **2.** megtelik (**with sg** vmivel) **3.** *(érzelemmel)* eltölt **4.** *(állást)* betölt **5.** *(vmilyen tevékenységgel)* időt tölt

fill sg in 1. *(űrlapot)* kitölt **2.** betöm; kitölt vmit
fill sg out AmE kitölt vmit
fill up megtelik
fill sg up megtölt vmit: *fill up the tank with oil* megtölti a tartályt olajjal

fillet ['fɪlɪt] <fn> [C, U] *(csonttalan hússzelet)* filé
¹filling ['fɪlɪŋ] <fn> **1.** [C] (fog)tömés **2.** [C, U] *(ételekben)* töltelék **3.** [U] töltőanyag; tömőanyag
²filling ['fɪlɪŋ] <mn> *(étel)* laktató; kiadós
¹film [fɪlm] <fn> **1.** [C, U] (játék)film: *my favourite film* a kedvenc filmem **2.** [U] filmművészet; filmipar **3.** [U] film(tekercs): *a roll of film* egy tekercs film **4.** [ált sing] hártya; vékony réteg
²film [fɪlm] <ige> filmre vesz; *(filmet)* forgat
¹filter ['fɪltə] <fn> [C] **1.** szűrő: *an oil filter* olajszűrő **2.** közl kiegészítő lámpa
²filter ['fɪltə] <ige> **1.** (meg)szűr **2.** beszivárog; átszűrődik: *Sunlight filtered through the branches.* Napsugár szűrődött át az ágakon. **3.** közl *(kiegészítő lámpánál)* jobbra/balra bekanyarodik
filter tip ['fɪltə tɪp] <fn> [C] **1.** füstszűrő **2.** füstszűrős cigaretta
filth [fɪlθ] <fn> [U] **1.** piszok; szenny; mocsok **2.** trágárság; ocsmányság
filthy ['fɪlθɪ] <mn> (filthier, filthiest) **1.** szennyes; mocskos **2.** erkölcstelen; ocsmány; trágár
fin [fɪn] <fn> [C] **1.** uszony; úszószárny **2.** *(repülőgépen)* (függőleges) vezérsík
¹final ['faɪnl] <mn> **1.** végső; utolsó: *the final chapter* az utolsó fejezet ∗ *a final warning* utolsó figyelmeztetés **2.** végleges; döntő: *final judgement* jogerős ítélet
²final ['faɪnl] <fn> **1.** [C] döntő: *reach the final* bejut a döntőbe **2. finals** [pl] *(egyetemen, főiskolán)* záróvizsga: *take his finals* záróvizsgázik
finalise ['faɪnəlaɪz] BrE → **finalize**
finalist ['faɪnəlɪst] <fn> sp döntős
finalize ['faɪnəlaɪz] <ige> véglegesít
finally ['faɪnəlɪ] <hsz> **1.** végül (is); végre: *I finally managed to get into the house.* Végül sikerült bejutnom a házba **2.** végezetül; befejezésül: *Finally, I'd like to thank everyone for coming.* Végezetül szeretném megköszönni, hogy mindenki eljött. **3.** véglegesen; megmásíthatatlanul
¹finance ['faɪnæns] <fn> **1.** [U] pénzügy: *Ministry of Finance* pénzügyminisztérium **2. finances** [pl] pénzügyek; pénzügyi források; bevételek
²finance ['faɪnæns] <ige> pénzel; finanszíroz

financial [faɪˈnænʃl] <mn> pénzügyi: *give financial advice* pénzügyi tanácsokat ad
financial adviser [faɪˈnænʃl ədˌvaɪzə] <fn> [C] gazd pénzügyi tanácsadó
finch [fɪntʃ] <fn> [C] áll pinty(őke)
¹find [faɪnd] <ige> (found, found) **1.** (meg)talál; meglel; rátalál; rábukkan: *find an answer for a problem* megtalálja a megoldást * *find his way home* hazatalál **2.** vmilyennek talál vmit: *How do you find this wine?* Milyennek találja ezt a bort? **3.** vmilyennek talál/ítél; megállapít: *find sg strange* furcsának talál vmit * *find sy guilty* bűnösnek talál vkit **4.** *(pénzt)* előteremt; megszerez **5.** ellát vmivel: *be well found* jól fel van szerelve
♦ **find fault (with sy/sg)** hibát talál (vkiben/vmiben) ♦ **find one's feet** megszokik vhol; magára talál ♦ **find one's tongue/voice** *(társaságban)* megtalálja a hangját

> **find against sy** ellene dönt; bűnösnek talál vkit
> **find for sy** vki javára dönt; ártatlannak talál vkit
> **find sg out 1.** megérdeklődik; megtudakol vmit **2.** megtud; rájön vmire; felfedez vmit
> **find sy out** rajtakap vkit

²find [faɪnd] <fn> [C] lelet; felfedezés
finding [ˈfaɪndɪŋ] <fn> [C] **1.** felfedezés; feltalálás **2.** ténymegállapítás; tények rögzítése **3.** bírói határozat
¹fine [faɪn] <mn> **1.** szép; kitűnő; nagyszerű; remek: *We had a really fine time.* Kitűnően éreztük magunkat. **2.** finom; vékony: *fine blond hair* vékony szálú, szőke haj * *a fine thread* vékony fonal **3.** *(idő)* derült; szép; tiszta **4.** finom; apró(szemcsés): *fine sand* finom homok * *fine coal* aprószén **5.** egészséges: *be fine* jól van/egészséges **6.** nagyszerű; megfelelő **7.** apró; alig megkülönböztethető **8.** tiszta; szennyeződésmentes: *fine gold* színarany **9.** éles; hegyes: *fine edge* éles szél
²fine [faɪn] <fn> [C] *(pénz)*bírság: *impose a fine on sy* megbírságol
³fine [faɪn] <ige> (meg)bírságol
¹finger [ˈfɪŋɡə] <fn> [C] ujj: *little finger* kisujj * *ring/third finger* gyűrűsujj * *middle/second finger* középső ujj * *first finger* mutatóujj
♦ **be all fingers and thumbs** ügyetlen, kétbalkezes ♦ **cross your fingers//keep one's fingers crossed** szurkol/szorít vkinek ♦ **give sy the finger** *(durva kézmozdulattal)* beint vkinek ♦ **have a finger in the pie** része van benne; benne van a keze ♦ **have a finger in every pie** mindenbe beleüti az orrát ♦ **have one's fingers in the till** lop; sikkaszt ♦ **not lift/raise a finger to do sg** kisujját sem mozdítja azért, hogy vmit megtegyen

²finger [ˈfɪŋɡə] <ige> (meg)tapint; kézbe vesz
fingernail [ˈfɪŋɡəneɪl] <fn> [C] *(kézen)* köröm
fingerprint [ˈfɪŋɡəprɪnt] <fn> [C] ujjlenyomat
fingertip [ˈfɪŋɡətɪp] <fn> [C] ujjhegy
♦ **have sg at your fingertips** vmi a kisujjában van
finicky [ˈfɪnɪki] <mn> **1.** válogatós; kényes(kedő) **2.** szőrszálhasogató
¹finish [ˈfɪnɪʃ] <ige> **1.** befejeződik; végződik; véget ér **2.** befejez; elkészül: *I have finished.* Elkészültem. * *I'm almost finished.* Majdnem kész vagyok. **3.** megeszik/megiszik (**sg** vmit): *finish up the cake* megeszi a süteményt **4.** *(versenyen)* vhol/vmilyen helyen végez: *finish second* második helyen végez

> **finish sy off** biz **1.** elintéz vkit; elbánik vkivel **2.** teljesen kifáraszt vkit
> **finish sg off** biz **1.** befejez vmit **2.** megeszik/megiszik vmit
> **finish with sy** biz szakít vkivel
> **finish with sg** végez vmivel

²finish [ˈfɪnɪʃ] <fn> [C] **1.** vég(e vminek); befejezés; célba érés: *from start to finish* elejétől a végéig * *the finish* *(verseny finise)* hajrá **2. the finish** sp célvonal **3.** *(festékkel)* felület; kidolgozás; bevonat
Finland [ˈfɪnlənd] <fn> Finnország
Finn [fɪn] <fn> [C] *(személy)* finn(országi)
¹Finnish [ˈfɪnɪʃ] <mn> finn
²Finnish [ˈfɪnɪʃ] <fn> [U] *(nyelv)* finn
fir [fɜː] <fn> [C] fenyő(fa)
¹fire [ˈfaɪə] <fn> **1.** [C, U] tűz; tűzvész: *put out the fire* eloltja a tüzet * *(be) on fire* ég * *catch fire* meggyullad **2.** [C] *(kandallóban stb.)* tűz: *build a fire* tüzet rak **3.** [C] kályha; tűzhely: *a gas fire* gázkályha **4.** [U] *(lőfegyveré)* tűz: *open fire* tüzet nyit **5.** [U] hév; szenvedély
♦ **come/be under fire** erősen kritizálják
♦ **play with fire** játszik a tűzzel
²fire [ˈfaɪə] <ige> **1.** meggyullad; tüzet fog **2.** *(lőfegyver)* elsül: *The pistol failed to fire.* A pisztoly nem sült el. **3.** *(lőfegyverrel)* lő; *(lőfegyvert)* elsüt: *fire the gun into the air* a levegőbe lő * *fire on the crowd* a tömeg közé lő/lövet * *The police fired two shots at the suspect.* A rendőrség két lövést adott le a gyanúsí-

tottra. **4.** *(állásából)* elbocsát; meneszt: *be fired* elbocsátották **5.** lelkesít; hevít; tűzbe hoz **6.** *(téglát, cserepet)* kiéget

fire alarm ['faɪər əˌlɑːm] <fn> [C] *(készülék)* tűzjelző

firearm ['faɪərɑːm] <fn> [C] lőfegyver

fire brigade ['faɪə brɪˌɡeɪd] <fn> [C] tűzoltóság

fire department ['faɪə dɪˌpɑːtmənt] <fn> [C] AmE tűzoltóság

fire engine ['faɪərˌendʒɪn] <fn> [C] tűzoltóautó

fire escape ['faɪər ɪˌskeɪp] <fn> [C] *(tűzoltóké)* tűzlépcső; mentőlétra

fire extinguisher ['faɪər ɪkˌstɪŋɡwɪʃə] <fn> [C] tűzoltó készülék; oltókészülék

fire fighter ['faɪəˌfaɪtə] <fn> [C] tűzoltó

fireman ['faɪəmən] <fn> [C] (firemen) tűzoltó

fireplace ['faɪəpleɪs] <fn> [C] kandalló

fireproof ['faɪəpruːf] <mn> tűzálló

fireside ['faɪəsaɪd] <fn> [C] kandallósarok: *sit by the fireside* a kandalló mellett ül

fire station ['faɪəˌsteɪʃn] <fn> [C] tűzoltóállomás; tűzoltólaktanya

firewall ['faɪəwɔːl] <fn> [C] infor tűzfal

firewood ['faɪəwʊd] <fn> [U] tűzifa

firework ['faɪəwɜːk] <fn> **1.** [C] *(tűzijátékhoz)* rakéta; petárda **2. fireworks** [pl] tűzijáték

¹firm [fɜːm] <mn> **1.** szilárd; kemény; tömör: *firm foundation* szilárd alap ∗ *The peaches are still too firm.* A barackok még mindig túl kemények. **2.** erőteljes; biztos; határozott: *a firm handshake* erőteljes kézfogás ∗ *firm voice* határozott hang ∗ *walk with firm steps* határozott léptekkel jár **3.** határozott (**with sy** vkivel)

♦ *a firm hand* kemény kéz ♦ **be on firm ground** biztos talajt érez a lába alatt

²firm [fɜːm] <fn> [C] cég; társaság

³firm [fɜːm] <ige> megszilárdít; megerősít; rögzít

firmness ['fɜːmnəs] <fn> [U] **1.** keménység; szilárdság **2.** határozottság

¹first [fɜːst] <det> első: *my first husband* az első férjem → **¹eighth**

♦ **at first glance/sight** első látásra ♦ **first things first** mindent a maga idejében; kezdjük a lényeggel

→ A keltezéssel kapcsolatos kifejezéseket lásd a **¹date** szócikk információs ablakában!

²first [fɜːst] <hsz> **1.** elsőnek; elsőként: *came first in the race* elsőnek ért be a versenyen **2.** előbb; legelőször: *I have to finish my work first, then we can go.* Előbb be kell fejeznem a munkám, utána mehetünk **3.** először; első alkalommal: *I first met him in July.* Júliusban találkoztam vele először.

♦ **at first** először (is); eleinte ♦ **come first** mindennél előbbre való ♦ **first and foremost** mindenekelőtt; elsősorban ♦ **first and last** egészében véve; mindent egybevetve ♦ **first of all** elsősorban; mindenekelőtt ♦ **first off** biz először is ♦ **on a first come, first served basis** érkezési sorrendben

³first [fɜːst] <fn> [C] **1. the first** (az) első **2. a first** első alkalom: *This new technique is a first for Hungary.* Ezt az új technikát első alkalommal használják Magyarországon.

♦ **from first to last** a kezdetektől végig ♦ **from the very first** elejétől fogva

first aid [ˌfɜːst'eɪd] <fn> [U] elsősegély: *give first aid* elsősegélyben részesít

first aid box [ˌfɜːst'eɪd bɒks] <fn> [C] elsősegélytáska

¹first class [ˌfɜːst'klɑːs] <fn> [U] *(vonaton, repülőn)* első osztály

²first class [ˌfɜːst'klɑːs] <mn> **1.** *(szolgáltatás)* első osztályú: *a first-class ticket* első osztályú jegy **2.** kitűnő; elsőrendű; nagyszerű **3.** BrE *(diploma)* jeles/kitűnő minősítésű

³first class [ˌfɜːst'klɑːs] <hsz> *(utazik)* első osztályon: *travel first class* első osztályon utazik

first floor [ˌfɜːst'flɔː] <fn> [C] **the first floor 1.** BrE első emelet **2.** AmE földszint

first-hand [ˌfɜːst'hænd] <mn> *(hír stb.)* első kézből való

firstly ['fɜːstlɪ] <hsz> először (is)

first name [ˈfɜːst neɪm] <fn> [C] keresztnév

first night [ˌfɜːst'naɪt] <fn> [C] *(előadás)* bemutató

first-rate [ˌfɜːst'reɪt] <mn> elsőrendű; kiváló

¹fish [fɪʃ] <fn> [C, U] (fish v. fishes) hal: *shoals of fish* halraj ∗ *smoked fish* füstölt hal ∗ *How many fish have you caught?* Mennyi halat fogtál? ∗ *The list contains nearly 400 fishes.* A lista közel 400 halfajtát tartalmaz.

♦ **be like a fish out of water** olyan; mint a partra vetett hal ♦ **have other/bigger fish to fry** más dolga is van ♦ **an odd fish//a queer fish** biz BrE csodabogár; különös/furcsa alak

²fish [fɪʃ] <ige> **1.** halászik; horgászik **2.** kotorászik; keresgél: *fish around in her bag for her ticket* keresgéli a jegyeket a táskájában

fish for sg átv vadászik vmire; *(meghívást stb.)* kierőszakol: *fish for information* információkra vadászik

fish sy/sg out (of sg) kihalászik vkit/vmit (vhonnan)

fish and chips [ˌfɪʃ ənˈtʃɪps] <fn> [U] sült hal hasábburgonyával

🇬🇧 Fish and chips

Tejes lisztbe forgatott, zsírban sütött hal, sült krumplival. Angliában máig a legkedveltebb gyorsétel. Korábban ez volt az angol munkásosztály legjellegzetesebb étele. Az irodalomban Charles Dickens említi legelőször a Twist Olivérben.

fisherman [ˈfɪʃəmən] <fn> [C] (fishermen) halász
fish finger [ˌfɪʃˈfɪŋgə] <fn> [C] BrE halkrokett; halrudacska
fishhook [ˌfɪʃhʊk] <fn> [C] horog
fishing [ˈfɪʃɪŋ] <fn> [C] halászat
fishing boat [ˈfɪʃɪŋ bəʊt] <fn> [C] halászhajó
fishing rod [ˈfɪʃɪŋ rɒd] <fn> [C] horgászbot
fishmonger [ˈfɪʃˌmʌŋgə] <fn> BrE **1.** [C] halárus **2. fishmonger's** [sing] halbolt
fish stick [ˈfɪʃ stɪk] <fn> [C] AmE halkrokett; halrudacska
fishy [fɪʃi] <mn> (fishier, fishiest) **1.** halszagú; halízű **2.** biz gyanús; kétes
fist [fɪst] <fn> [C] ököl: *clench one's fists* ökölbe szorítja a kezét
fist bump [ˈfɪst bʌmp] <fn> [C] infml ökölpacsi: *do/give a fist bump* ökölpacsit ad
¹**fit** [fɪt] <ige> (fitting, fitted) **1.** megfelel; passzol; *(ruha vhogyan)* áll; (össze)illik; (hozzá)illik: *The key didn't fit the lock.* A kulcs nem illett a zárba. * *Your dress fits very well.* Nagyon jól áll rajtad a ruha. **2.** belefér (**in/into/on/onto sg** vhova/vmibe); elfér (**in sg** vhol); van rá hely: *It will fit in the back of the car.* El fog férni a csomagtartóban. **3.** felszerel; helyére rak/illeszt **4.** hozzásegít; alkalmassá tesz: *His experience fitted him for the job.* A tapasztalata alkalmassá tette a munka elvégzésére.
♦ **fit (sy) like a glove** mintha rá szabták/öntötték volna

fit in (be)illeszkedik; összhangban áll (**with sy/sg** vkivel/vmivel)
fit sy/sg in időt szakít vkire/vmire
fit sy/sg out/up felszerel; ellát vkit/vmit (**with sg** vmivel)

²**fit** [fɪt] <mn> (fitter, fittest) **1.** jó erőben van; egészséges; fitt: *be/feel fit* egészséges; fitt **2.** alkalmas; megfelelő; jó (**for sg** vmire): *fit for duty/service* (katonai) szolgálatra alkalmas * *fit to eat* ehető
♦ **(as) fit as a fiddle** makkegészséges
♦ **see/think fit (to do sg)** elhatároz vmit; célszerűnek/helyesnek tart vmit
³**fit** [fɪt] <fn> **1.** [C] *(betegségé)* (görcsös) roham: *an epileptic fit* epilepsziás roham * *fit of coughing* köhögési roham **2.** [C, U] passzolás; hozzáállás: *a perfect fit* nagyszerűen álló ruha
♦ **by/in fits and starts** rendszertelenül; megszakításokkal ♦ **have/throw a fit** biz rohamot kap; rájön a roham
fitness [ˈfɪtnəs] <fn> [U] **1.** alkalmasság **2.** erőnlét; kondíció; fitnesz
fitted [ˈfɪtɪd] <mn> **1.** *(szekrény, szőnyeg stb.)* beépített: *fitted carpet* faltól-falig szőnyeg * *fitted kitchen* beépített konyha **2.** *(személy)* rátermett; alkalmas (**for sg** vmire)
fitter [ˈfɪtə] <fn> [C] **1.** szerelő **2.** szabó
¹**fitting** [ˈfɪtɪŋ] <mn> megfelelő; illő; alkalmas
²**fitting** [ˈfɪtɪŋ] <fn> [C, ált pl] alkatrész(ek); szerelvény(ek); felszerelési cikkek tartozék(ok)
fitting room [ˈfɪtɪŋ ruːm] <fn> [C] próbafülke
¹**five** [faɪv] <szn> öt → ¹**eight**
²**five** [faɪv] <fn> [C] ötös → ²**eight**
fiver [ˈfaɪvə] <fn> [C] ötfontos/ötdolláros bankjegy
¹**fix** [fɪks] <ige> **1.** rögzít; felerősít; odaerősít: *fix a shelf to the wall* felerősít egy polcot a falra **2.** megjavít; megcsinál; rendbe hoz **3.** *(időpontot)* megállapít; kitűz; kijelöl: *There is nothing fixed yet.* Még semmi sem biztos. **4.** AmE *(ételt, italt)* (el)készít; előkészít: *I'll fix you a drink.* Készítek neked egy italt. **5.** rendbe hoz; rendbe szed: *I have to fix my hair.* Rendbe kell hoznom a hajam. **6.** biz bundázik; megveszteget: *The match has been fixed.* A meccset megbundázták. **7.** *(állatot)* ivartalanít **8.** biz ellátja a baját; elintéz vkit
♦ **fix one's eyes on sy/sg** mereven bámul vkit/vmit ♦ **fix the blame on sy** vkire hárítja a felelősséget

fix on sg kijelöl; kiválaszt vmit; megállapodik vmiben: *fix on a date* megállapodik egy időpontban
fix sg up 1. rendbe hoz; megjavít; megcsinál vmit **2.** elintéz vmit: *I fixed up an interview with him.* Elintéztem egy megbeszélést vele.
fix sy up elhelyez; elszállásol; ellát vkit: *I'll fix you up for the night.* Nálam aludhatsz éjjel.

²**fix** [fɪks] <fn> [C] **1.** megoldás: *There is no quick fix.* Nincs gyors megoldás. **2.** biz szorultság;

kellemetlen helyzet; nehézség: *be in a fix* kellemetlen helyzetben van **3.** biz bunda; megvesztegetés **4.** biz kábítószer-injekció; belövés **5.** *(hajóé, repülőgépé)* helyzetpontbemérés; helyzetmeghatározás

fixed [fɪkst] <mn> **1.** rögzített; véglegesített; állandó: *fixed income* állandó jövedelem * *fixed price* szabott ár; kötött ár **2.** mozdíthatatlan; fix; szilárd

fixed-term contract [fɪkstɜːm ˈkɒntrækt] <fn> [C] határozott időre szóló szerződés

fixings [ˈfɪksɪŋz] <fn> [pl] AmE *(ételhez)* körítés

fixture [ˈfɪkstʃə] <fn> [C] **1.** verseny/sportesemény kitűzött időpontja; lekötött mérkőzés **2.** tartozék; kellék; szerelvény **3.** (rögzített) bútor; berendezési tárgy

¹fizz [fɪz] <fn> [U] sistergés; pezsgés
²fizz [fɪz] <ige> sistereg; pezseg
fizzle [ˈfɪzl] <ige> BrE sistereg; serceg

fizzle out biz *(terv, vállalkozás)* meghiúsul; sikertelenségbe/kudarcba fullad; *(mérkőzés stb.)* ellaposodik; leül

fizzy [ˈfɪzɪ] <mn> *(ital)* szénsavas

flabbergast [ˈflæbəgɑːst] <ige> elképeszt; megdöbbent: *be flabbergasted* megdöbben(t); elképed(t)

flabby [ˈflæbɪ] <mn> *(bőr)* petyhüdt; lottyadt; *(izom)* ernyedt; elpuhult; erőtlen; gyenge

¹flag [flæg] <fn> [C] **1.** zászló; lobogó: *fly a flag* lobogót kitűz **2.** jelzőzászló **3.** növ nőszirom; írisz: *yellow flag* sárga nőszirom
♦ **fly/show/wave the flag** fitogtatja az erejét ♦ **strike/lower his flag** beadja derekát; megadja magát

²flag [flæg] <ige> (flagging, flagged) **1.** (el)lankad; gyengül; fárad **2.** megjelöl

flag sy/sg down leint vkit/vmit: *flag down a police car* leint egy rendőrautót

flag day [ˈflæg deɪ] <fn> [C] BrE jótékony célú gyűjtés napja

flagpole [ˈflægpəʊl] <fn> [C] zászlórúd

flagrant [ˈfleɪgrənt] <mn> felháborító; botrányos; kirívó

flair [fleə] <fn> **1.** [sing] érzék; hajlam; készség (**for sg** vmire): *have a flair for languages* jó nyelvérzéke van **2.** [U] stílus; kreativitás

¹flake [fleɪk] <fn> [C] **1.** pehely: *flakes of snow* hópehely **2.** csodabogár

²flake [fleɪk] <ige> *(festék)* rétegesen leválik; lepattogzik; *(bőr)* (le)hámlik

flake off *(festék)* lepattogzik; *(bőr)* (le)hámlik

flake out *(elalszik, összeesik)* fáradtságtól

flaky [ˈfleɪkɪ] <mn> **1.** *(hó, gyapjú)* pelyhes; pihés **2.** réteges; pikkelyes: *flaky pastry* leveles tészta **3.** AmE *(személy)* különös; furcsa

¹flame [fleɪm] <fn> **1.** [C, U] láng: *be in flames* lángokban áll * *burst into flames* kigyullad **2.** [C] lángolás; szenvedély **3.** [C] szerelmese vkinek: *an old flame* régi szerelem

²flame [fleɪm] <ige> **1.** ég; lobog **2.** *(tűz, szenvedély)* (fel)lángol **3.** *(interneten)* durva/sértő üzenetet küld

flammable [ˈflæməbl] <mn> gyúlékony; lobbanékony; tűzveszélyes

flan [flæn] <fn> [C, U] BrE zöldséggel/sajttal/tojással/gyümölccsel töltött vajastészta-kosár(ka)

flannel [ˈflænl] <fn> **1.** [U] flanel: *a flannel shirt* flanel ing **2.** [C] arc-/kéztörlő **3. flannels** [pl] flanelnadrág

¹flap [flæp] <fn> **1.** [C] *(sapkán)* fül; *(zseben)* hajtóka; *(borítékon)* ragasztós hátrész **2.** [C] *(zászlóé, vitorláé)* (szárny)csapkodás; lobogás; libegés **3.** [C] *(repülőgépé)* segédszárny
♦ **be in a flap** fel van dúlva; izgatott

²flap [flæp] <ige> (flapping, flapped) **1.** *(szélben)* lobog; *(szárnnyal)* csapkod: *The bird flapped its wings.* A madár csapkodott a szárnyával. **2.** biz BrE idegeskedik

flapjack [ˈflæpdʒæk] <fn> **1.** [C, U] BrE zabpehelyből készült édes sütemény **2.** [C] AmE *(vastag)* palacsinta

¹flare [fleə] <ige> **1.** fellobban; lobogva ég **2.** *(nadrág alja)* kiszélesedik: *flared trousers* trapéznadrág **3.** *(orrlyuk)* kitágul

flare up 1. *(tűz)* fellobban **2.** *(indulat)* fellángol

²flare [fleə] <fn> [C] **1.** *(lángé)* fellobbanás **2.** jelzőfény; jelzőtűz: *flare bomb* világítóbomba **3.** *(nadrágé, szoknyáé)* kiszélesedés; kiszélesedő rész

flare-up [ˈfleərʌp] <fn> [C] **1.** felfortyanás; veszekedés; *(haragé, betegségé)* fellobbanás **2.** *(tűzé)* fellobbanás

¹flash [flæʃ] <ige> **1.** (fel)villan; rávillant: *The driver flashed his lights at us.* A sofőr villogtatott nekünk. **2.** átsuhan; átvillan: *The thought flashed through his mind.* Átvillant az agyán a gondolat. **3.** *(rádión, televízión)* továbbít; lead: *flash a piece of news* hírt továbbít/sugároz **4.** gyorsan megmutat: *flashed one's passport* gyorsan megmutatja az útlevelét **5.** *(nemi szervét)* mutogat

flash back visszapillant a múltba

²**flash** [flæʃ] <fn> **1.** [C] (fel)villanás; fellobbanás; felragyogás: *a flash of hope* reménysugár * *a flash of lightning* villám * *a flash of wit* (pillanatnyi) ötlet **2.** [C] gyorshír; rövid újsághír **3.** [C, U] vaku **4.** [C] BrE *(egyenruhán)* hadosztályjelvény
♦ **a flash in the pan** szalmaláng(szerű teljesítmény) ♦ **in/like a flash** egy pillanat/szempillantás alatt

³**flash** [flæʃ] <mn> biz BrE feltűnő; rikító; előkelő: *a flash car* feltűnő (és piszok drága) autó

flashback ['flæʃbæk] <fn> [C, U] *(könyvben, filmben)* időbeli visszaugrás/visszapillantás; visszaspergetett jelenet

flashbulb ['flæʃbʌlb] <fn> [C] villanólámpa

flash drive ['flæʃ draɪv] <fn> [C] USB-kulcs; pendrive

flasher ['flæʃə] <fn> [C] **1.** gk AmE villogó **2.** szatír; mutogatós

flashlight ['flæʃlaɪt] <fn> [C] AmE zseblámpa

flask [flɑːsk] <fn> [C] **1.** termosz; (lapos) palack; kulacs **2.** lombik

¹**flat** [flæt] <fn> **1.** [C] lakás: *live in a flat* lakásban lakik * *a new block of flats* egy új tömbház **2.** [sing] lap(os felület): *the flat of the hand* tenyér **3.** [C] síkság; lapály; alföld **4.** [C] *(keréké)* defekt: *get a flat* defektet kap **5.** [C] állódíszlet; színfal **6.** [C] zene *(módosító jel)* b; bé (b jel) **7. flats** [pl] lapos talpú cipő

²**flat** [flæt] <mn> **1.** lapos: *flat roof* lapos tető **2.** sima; sík; egyenletes **3.** *(keréké)* lapos **4.** *(elem)* kimerült: *go flat (akkumulátor)* lemerül **5.** *(étel, ital)* áporodott; erejét vesztett; romlott **6.** egyhangú; szürke; unalmas; élettelen: *life is flat* unalmas az élet **7.** zene *(hang)* félhanggal leszállított: *A flat* asz **8.** zene hamis **9.** határozott: *a flat refusal* határozott visszautasítás
♦ **fall flat** kudarcba fullad; nincs sikere

³**flat** [flæt] <hsz> **1.** laposan; lapjával: *lie down flat on the ground* elnyúlik a földön **2.** biz határozottan; nyíltan; kereken: *tell sy flat* kereken megmondja vkinek **3.** *(énekel, zenél)* hamisan: *sing flat* hamisan énekel

flatly ['flætli] <hsz> biz **1.** kereken; határozottan **2.** egyhangúan; unalmasan

flatmate ['flætmeɪt] <fn> [C] lakótárs

flatten ['flætn] <ige> **1.** lelapul; odalapul **2.** lelapít **3.** *(autógumi)* leereszt **4.** ellaposít; unalmassá tesz **5.** *(zenében)* félhanggal leszállít

flatter ['flætə] <ige> **1.** hízeleg **2.** hízelgő vkire nézve; előnyös színben tüntet fel vkit: *This picture flatters her.* A kép előnyös színben tünteti fel. **3.** áltatja magát: *He flatters himself that he will pass the exam.* Abban a hitben ringatja magát, hogy át fog menni a vizsgán.

flatterer ['flætərə] <fn> [C] hízelgő

flattering ['flætərɪŋ] <mn> hízelgő

flattery ['flætərɪ] <fn> [U] hízelgés

flatware ['flætweə] <fn> [U] AmE evőeszköz; tányérfélék

flaunt [flɔːnt] <ige> fitogtat (**sg** vmit); kérkedik; hivalkodik (**sg** vmivel)

flautist ['flɔːtɪst] <fn> [C] fuvolás

flavor ['fleɪvər] AmE → **flavour**

flavoring ['fleɪvərɪŋ] AmE → **flavouring**

¹**flavour** ['fleɪvə] <fn> **1.** [C, U] íz; zamat; aroma: *They sell 23 different flavours of ice cream.* 23 különböző ízű fagylaltot árusítanak. **2.** [sing] jellemző tulajdonság; sajátosság

²**flavour** ['fleɪvə] <ige> ízesít; fűszerez: *The sauce is flavoured with fresh herbs.* A mártás friss fűszerekkel van ízesítve.

flavouring ['fleɪvərɪŋ] <fn> [C, U] ízesítő; aroma: *vanilla flavouring* vaníliaaroma

flaw [flɔː] <fn> [C] **1.** hiba; tévedés **2.** jellemhiba; szépséghiba

flawless ['flɔːləs] <mn> hibátlan; tökéletes

flea [fliː] <fn> [C] bolha

flea market ['fliːˌmɑːkɪt] <fn> [C] bolhapiac

fled [fled] → **flee**

flee [fliː] <ige> (fled, fled) (el)menekül: *flee from the war* elmenekül a háború elől * *flee the country* elmenekül (az országból); külföldre szökik

¹**fleece** [fliːs] <fn> **1.** [C] *(állaton)* gyapjú **2.** [C, U] *(anyag, kabát)* gyapjú

²**fleece** [fliːs] <ige> biz kifoszt; megvág; átver vkit: *This restaurant fleeced many tourists.* Ez az étterem sok turistát átvert.

fleet [fliːt] <fn> [C] **1.** hajóhad; flotta **2.** (jármű)állomány; járműpark: *a fleet of buses* buszállomány

Fleet Street ['fliːt striːt] <fn> [C] *(London utcája, mely az angol újságírás központja/székhelye volt)* az angol sajtó/újságírás

🇬🇧 **Fleet Street**

Hosszú ideig a Fleet Street volt az angol újságírás és -kiadás központja. A modern számítógépes technológia elterjedésének következtében azonban az 1980-as években az újságok nagyrészt áttelepültek a London keleti részén elhelyezkedő Wappingba. A Fleet Street elnevezés azonban mindmáig használatos a brit sajtó összefoglaló neveként.

flesh [fleʃ] <fn> [U] *(emberé, állaté, gyümölcsé)* hús ♦ **flesh and blood** 1. az emberi test 2. az emberi természet ♦ **in the flesh** teljes életnagyságban ♦ **make your flesh creep** megborzaszt; borsózik tőle az ember háta ♦ **one's own flesh and blood** saját hozzátartozói

flesh wound ['fleʃ wuːnd] <fn> [C] *(mélyre nem hatoló)* felületi seb

flew [fluː] → **¹fly**

flex [fleks] <fn> [C, U] (szigetelt) kábel; vasalózsinór

flexible ['fleksəbl] <mn> hajlékony; rugalmas

flexitime ['fleksɪtaɪm] <fn> [U] rugalmas munkaidő

flextime ['flekstaɪm] AmE → **flexitime**

¹flicker ['flɪkə] <ige> 1. pislákol; felvillan 2. *(érzelem)* fellobban; *(gondolat)* felvillan 3. megrebben

²flicker ['flɪkə] <fn> [C] 1. felvillanás; vibrálás 2. *(érzelemé)* fellobbanás; *(gondolaté)* felvillanás 3. rezzenés

flick knife ['flɪk naɪf] <fn> [C] (flick knives) BrE rugós bicska

flight [flaɪt] <fn> 1. [C] repülőút: *It was my first flight.* Ez volt az első repülőutam. 2. [C] (repülő)járat: *flight 565 to Australia* az 565-ös járat Ausztrália felé 3. [U] repülés: *in flight* repülés közben 4. [C] (két emelet közötti) lépcsősor 5. [U, sing] menekülés 6. [C] *(madaraké, repülőgépeké)* repülőraj 7. [C] *(képzeleté)* szárnyalás
♦ **in the first/top flight** a legjobbak között van; az élen van ♦ **take flight** elrohan; elmenekül

flight attendant ['flaɪt ə‚tendənt] <fn> [C] légiutas-kísérő; steward; stewardess

flight recorder ['flaɪt rɪˌkɔːdə] <fn> [C] *(repülőgépeké)* feketedoboz

flighty ['flaɪti] <mn> könnyelmű; léha; felületes; ingatag; szeleburdi: *a flighty young woman* könnyelmű fiatal lány

flimsy ['flɪmzi] <mn> 1. vékony; gyenge; törékeny; laza; ritka szövésű: *a flimsy dress* vékony ruha 2. gyatra; gyenge; erőtlen: *a flimsy excuse* gyenge kifogás

flinch [flɪntʃ] <ige> 1. hátrahőköl; visszaretten (**from sy/sg** vkitől/vmitől); meghátrál (**at sg** vmi elől): *flinch away from the dog* visszaretten a kutyától 2. *(az arcizma)* (össze)rándul; (meg)rándul: *without flinching* egy arcizma sem rándult

¹fling [flɪŋ] <ige> (flung, flung) 1. dob; hajít 2. **fling open** *(ajtó)* hirtelen kivágódik 3. **fling open** *(ajtót)* kitár

²fling [flɪŋ] <fn> [C] 1. dobás; hajítás 2. rövid viszony: *have a fling with sy* viszonya van vkivel 3. szórakozás; mulatozás

¹flip [flɪp] <ige> (flipping, flipped) 1. hirtelen átfordít 2. feldob: *flip a coin into the air* feldob egy érmét 3. feldühödik; kiborul: *She flipped when she saw the mess in the living-room.* Feldühödött, amikor meglátta a nappaliban a rendetlenséget.

flip over felfordul; felborul; megfordul
flip through sg átlapoz; átfut vmit

²flip [flɪp] <fn> [C] 1. *(ujjal)* fricska; pattintás; csettintés 2. feldobás: *flip of a coin* pénzfeldobás

³flip [flɪp] <mn> biz komolytalan; nyegle

flip-flop ['flɪpflɒp] <fn> [C] *(lábujjak között futó pánttal ellátott)* papucs

flippant ['flɪpənt] <mn> komolytalan; nyegle

flipper ['flɪpə] <fn> [C] 1. *(állaté)* uszony; úszóláb; úszószárny 2. *(könnyűbúváré)* uszony

¹flirt [flɜːt] <ige> kacérkodik; flörtöl

flirt with sg kacérkodik vmivel

²flirt [flɜːt] <fn> [C] flörtölgető nő/férfi

flirtatious [flɜːˈteɪʃəs] <mn> kacérkodó; flörtölős

flit [flɪt] <ige> (flitting, flitted) 1. röpköd; szálldogál; cikázik 2. *(gondolat)* (át)villan; (át-) suhan

¹float [fləʊt] <ige> 1. úszik; lebeg: *float down the stream* leúszik az árral 2. felszínen tart 3. *(fát)* úsztat; tutajoz 4. *(hajót)* vízre bocsát 5. *(árfolyamot)* lebegtet 6. *(részvényt)* tőzsdére bevezet 7. forgalomba hoz; kibocsát

²float [fləʊt] <fn> 1. [C] úszó/lebegő/sodródó tárgy 2. [C] ≈ ital fagylalttal a tetején 3. [C] gumiöv; úszógumi 4. [U] *(kasszában a nyitáskor)* aprópénz 5. [C] ≈ felvonulási menetben kerekeken van tatott feldíszített dobogó

floating ['fləʊtɪŋ] <mn> 1. rugalmas(an változó): *floating exchange rate* rugalmas árfolyam 2. forgalomban lévő

floating voter [‚fləʊtɪŋˈvəʊtə] <fn> [C] szavazatát változtatgató ember; bizonytalan választó

¹flock [flɒk] <fn> 1. [C] nyáj; falka; raj: *flock of sheep* juhnyáj 2. [C] *(ember)* sereg; tömeg: *flocks of tourists* turisták tömegei 3. [U] *(párna, paplan töltésére)* pihe; szivacs

²flock [flɒk] <ige> összesereglik; összegyűlik

flog [flɒg] <ige> (flogging, flogged) **1.** (meg-)korbácsol; ostoroz **2.** biz BrE elpasszol; elad ♦ **flog a dead horse** hiábavaló erőfeszítést tesz ♦ **flog sg to death** unalomig ismételget vmit

flogging ['flɒgɪŋ] <fn> [C, U] megkorbácsolás; megostorozás

¹flood [flʌd] <ige> **1.** elönt; kiárad; eláraszt **2.** özönlik; tömegestől jön **3.** (érzelem, gondolat) elönt

²flood [flʌd] <fn> [C] **1.** ár(víz) **2.** özön; áradat: *a flood of letters* levelek özöne; levéláradat

floodlight ['flʌdlaɪt] <fn> [C] reflektorfény

floodlit ['flʌdlɪt] <mn> kivilágított

¹floor [flɔː] <fn> [C] **1.** padló(zat); (padló)burkolat **2.** emelet: *live on the second floor* a második emeleten lakik **3.** vminek a feneke: *the ocean floor* az óceán feneke
♦ **get/have the floor//be given the floor** engedélyt kap a felszólalásra ♦ **take the floor** felszólal ♦ **questions from the floor** a hallgatóság/közönség kérdései ♦ **wipe the floor with sy** biz **1.** laposra ver vkit **2.** letol vkit a sárga földig

²floor [flɔː] <ige> **1.** biz padlóra küld; földhöz vág: *He was floored with a single punch.* Az első ütés a padlóra küldte. **2.** (padlót) parkettáz; burkol

floorboard ['flɔːbɔːd] <fn> [C] padlódeszka

floor leader ['flɔːˌliːdə] <fn> [C] frakcióvezető

¹flop [flɒp] <ige> (flopping, flopped) **1.** (fáradtságtól) leroskad; lerogy; összeroskad **2.** lecsüng: *His hair keeps flopping over into his eyes.* A haja mindig belelóg a szemébe. **3.** biz (könyv, film) megbukik; (terv) kudarcot vall: *His first book flopped.* Az első könyve megbukott.

²flop [flɒp] <fn> **1.** [sing] puffanás; esés; zuhanás **2.** [C] biz bukás; kudarc; sikertelenség: *The book was a complete flop.* A könyv teljesen megbukott.

floppy ['flɒpɪ] <mn> (floppier, floppiest) lelógó; lecsüngő; laza; ernyedt

Florence ['flɒrəns] <névm> Firenze

florist ['flɒrɪst] <fn> [C] **1.** virágárus **2. the florist's** virágbolt/-üzlet

flour ['flaʊə] <fn> [U] liszt

¹flourish ['flʌrɪʃ] <ige> **1.** virágzik; virul; gazdagon nő/tenyészik **2.** fejlődik; gyarapszik; virágzik **3.** lenget; lebegtet; lobogtat

²flourish ['flʌrɪʃ] <fn> [C] széles/lendületes mozdulat; lengetés; lobogtatás

¹flow [fləʊ] <fn> [sing] **1.** folyás; ömlés: *stop the flow of blood* megállítja a vérzést **2.** áramlás: *the flow of information* információáramlás **3.** áradat: *flow of words* szóáradat ∗ *flow of visitors* látogatók áradata

²flow [fləʊ] <ige> **1.** folyik; ömlik; áramlik: *The river flows through five countries.* A folyó öt országon folyik keresztül. **2.** (beszélgetés) könnyen gördül **3.** (érzés) eláraszt; elönt: *Fear flowed over me.* Elöntött a félelem. **4.** (haj, ruha) leng(edezik); lelóg **5.** (dagály) emelkedik

¹flower ['flaʊə] <fn> [C] virág: *a bunch of flowers* egy csokor virág ∗ *be in flower* virágzik ∗ *wild flowers* mezei virágok

²flower ['flaʊə] <ige> virágzik; virágba borul

flower arranging ['flaʊə əˈreɪndʒɪŋ] <fn> [U] virágkötészet

flower bed ['flaʊəbed] <fn> [C] virágágy

flowerpot ['flaʊəpɒt] <fn> [C] virágcserép

flowery ['flaʊərɪ] <mn> **1.** virágos; virágzó; virágokkal borított **2.** (stílus, beszéd) szóvirágokkal ékes

flown [fləʊn] → **¹fly**

flu [fluː] <fn> [U] influenza: *be in bed with flu* influenzával ágyban fekszik ∗ *He has got (the) flu.* Influenzás.

fluctuate ['flʌktʃʊeɪt] <ige> ingadozik; változik; hullámzik

fluctuation [ˌflʌktʃʊˈeɪʃn] <fn> [C, U] ingadozás; változás; hullámzás

fluent ['fluːənt] <mn> **1.** (beszéd) folyékony: *She is fluent in Italian.* Folyékonyan beszél olaszul. ∗ *He speaks fluent German.* Folyékonyan beszél németül. **2.** (stílus, beszéd) gördülékeny, könnyed

fluently ['fluːəntlɪ] <hsz> folyékonyan

¹fluff [flʌf] <fn> [U] **1.** pehely; pihe; bolyh **2.** finom/puha szőr(me) **3.** biz AmE könnyű/szórakoztató vígjáték/olvasmány

²fluff [flʌf] <ige> **1.** biz elhibáz; elront; eltol: *The actor fluffed his lines.* A színész elrontotta a szövegét. **2. fluff (out)** (madár a tollát) felborzol **3. fluff (up)** (párnát) felráz: *I'll fluff up your pillow.* Felrázom a párnádat.

fluffy ['flʌfɪ] <mn> (fluffier, fluffiest) bolyhos; pelyhes; pihés; vattaszerű

¹fluid ['fluːɪd] <fn> [C, U] folyadék: *drink plenty of fluids* sok folyadékot iszik

²fluid ['fluːɪd] <mn> **1.** cseppfolyós; folyékony **2.** (stílus) folyékony; gördülékeny; könnyed **3.** kialakulófélben levő; változó

flung [flʌŋ] → **¹fling**

flunk [flʌŋk] <ige> biz AmE **1.** (vizsgán) megbukik: *He flunked chemistry.* Megbukott kémiából. **2.** (vizsgán) megbuktat; megvág (**sy** vkit): *be flunked (vizsgán)* megvágták

flunk out *(iskolából)* kibukik

flurry ['flʌrɪ] <fn> [C] (flurries) **1.** izgatottság; izgalom; ideges kapkodás: *in the flurry of excitement* a nagy izgalomban **2.** hóvihar; zápor: *flurry of snow* hirtelen rövid hóvihar

¹**flush** [flʌʃ] <ige> **1.** elpirul; kipirul; elvörösödik: *Her face flushed.* Elpirult. **2.** kiöblít; vízsugárral kitisztít; *(vécét)* leöblít

²**flush** [flʌʃ] <fn> [C] **1.** elpirulás; kipirulás; elvörösödés **2.** felhevülés; fellobbanás: *a flush of anger* dühkitörés **3.** vízöblítés; *(vízsugárral)* tisztítás

¹**fluster** [flʌstə] <ige> összezavar; idegesít; felizgat; nyugtalanít

²**fluster** [flʌstə] <fn> [C] izgatottság; idegesség; nyugtalanság: *get in a fluster* izgatott/ideges lesz

flustered ['flʌstəd] <mn> izgatott; zaklatott; ideges; összezavart

flute [fluːt] <fn> [C] fuvola

¹**flutter** ['flʌtə] <ige> **1.** lebeg; lobog; csapkod: *Flags were fluttering in the breeze.* Zászlók lobogtak a szélben. **2.** *(szív az izgalomtól)* gyorsan ver; *(gyomor)* remeg

²**flutter** ['flʌtə] <fn> **1.** [sing] lebegés; lobogás; verdesés **2.** [C] szl BrE *(lóversenyen)* fogadás **3.** [C] nyugtalanság; aggodalom; szorongás; izgalom: *be in a flutter* izgalomban van; ki van kelve magából

¹**fly** [flaɪ] <ige> (flying, flies, flew, flown) **1.** repül; száll **2.** repül; *(repülőn)* utazik: *fly to Berlin* Berlinbe repül/utazik ∗ *fly KLM* KLM-mel repül **3.** repülőn szállít: *Food supplies were flown (in) to Indonesia.* Élelmet szállítottak repülőn Indonéziába. **4.** repülőgépet vezet: *I learned to fly when I was 22.* 22 éves koromban tanultam repülőt vezetni. **5.** átv elrepül; elszáll: *The holiday seems to have flown by.* A nyaralás hamar elröpült. **6.** rohan; siet; fut: *It is getting late, we must fly.* Későre jár, rohannunk kell. **7.** lobogtat a levegőben **8.** lobog a levegőben

♦ **fly high** magasra tör; sikeres ♦ **fly off the handle** dühbe gurul; begorombul ♦ **fly the coop** szl AmE lelép; lelécel ♦ **let fly (at sy/sg)** elveszti a türelmét; ideges lesz (vkivel/vmivel szemben)

²**fly** [flaɪ] <fn> [C] (flies) **1.** áll légy **2.** *(nadrágon)* slicc: *His fly was undone.* A slicce le volt húzódva.

♦ **die/fall/drop like flies** hullanak, mint a legyek ♦ **a/the fly in the ointment** szépséghiba; árnyoldal; bibi ♦ **(there are) no flies on sy** biz nem esett a feje lágyára; ügyes fickó ♦ **not harm/hurt a fly** a légynek sem ártana

flying ['flaɪɪŋ] <mn> repülő; szálló; gyorsan elmúló

♦ **with flying colours** kitűnő eredménnyel; diadalmasan ♦ **get off to a flying start** jól/sikeresen indul

flyover ['flaɪˌəʊvə] <fn> [C] *(járművek számára)* felüljáró

FM [ˌef'em] [= frequency modulation] *(rádiósáv)* FM

foal [fəʊl] <fn> [C] csikó

¹**foam** [fəʊm] <fn> [U] **1.** hab **2.** habszivacs: *a foam mattress* habszivacs matrac

²**foam** [fəʊm] <ige> habzik

♦ **foam at the mouth 1.** habzik a szája biz **2.** nagyon mérges

¹**fob** [fɒb] <fn> [C] **1.** óralánc **2.** *(kulcstartón)* fityegő; mütyürke

²**fob** [fɒb] <ige> (fobbing, fobbed)

fob sy off (with sg) 1. leráz vkit magáról (vmivel) **2.** félrevezet; becsap vkit (vmivel)

¹**focus** ['fəʊkəs] <ige> (focusing, focused v. focussing, focussed) **1.** *(tekintetet, gondolatot)* koncentrál; összpontosít (**on sg** vmire): *focus on a problem* egy problémára koncentrál **2.** *(lencsét, mikroszkópot)* fókuszba/élesre állít; fókuszál (**on sg** vmire)

²**focus** ['fəʊkəs] <fn> [C] (focuses, foci) **1.** *(lencsée, tüköre, görbéé)* gyújtópont; fókusz; középpont: *be in focus (a kép)* éles **2.** *(figyelemé, érdeklődésé)* középpont

¹**fog** [fɒg] <fn> **1.** [C, U] köd: *dense fog* sűrű köd **2.** [sing] biz zavar; bizonytalanság

²**fog** [fɒg] <ige> **1.** **fog up** *(ablak)* bepárásodik **2.** elködösít; elhomályosít; elbizonytalanít; összezavar: *I'm a bit fogged.* Kissé össze vagyok zavarodva.

foggy ['fɒgɪ] <mn> (foggier, foggiest) ködös

♦ **not have the foggiest (idea)** biz halvány sejtelme sincs róla

foghorn ['fɒghɔːn] <fn> [C] ködkürt; ködsziréna

¹**foil** [fɔɪl] <fn> **1.** **(aluminium) foil** [U] alufólia **2.** [C] sp *(vívás)* tőr

²**foil** [fɔɪl] <ige> meghiúsít; megakadályoz; kudarcba fullaszt

foist [fɔɪst] <ige>

foist sg on/upon sy ráerőltet/rátukmál/rásóz vkire vmit

¹fold [fəʊld] <ige> **1. fold (up)** összehajtogat; összehajt: *Will you help me to fold (up) the sheets?* Segítesz a lepedőket összehajtogatni? **2. fold (up)** *(asztal, ágy stb.)* összecsukódik; összehajlik **3.** becsomagol; bebugyolál: *fold the baby in a blanket* bebugyolálja a gyereket egy takaróba **4.** *(vállalkozás)* bezár; becsuk; tönkremegy
♦ **fold one's arms** összefonja a karjait ♦ **fold one's hands** összekulcsolja a kezeit ♦ **fold sy in one's arms** karjába zár

fold sg in *(ételbe)* belekever; beledolgoz vmit
fold up *(asztal, ágy)* összecsukódik; összehajlik
fold sg up összehajtogat; összehajt vmit

²fold [fəʊld] <fn> **1.** [C] (be)hajtás **2.** [C] *(anyagon)* berakás **3.** [C] karám; akol **4. the fold** [sing] *(híveké)* a nyáj; a gyülekezet
folder ['fəʊldə] <fn> [C] **1.** iratgyűjtő; dosszié **2.** infor mappa
folding ['fəʊldɪŋ] <mn> összecsukható; összehajtható; lehajtható; felhajtható: *folding bed* összecsukható ágy * *folding ladder* összecsukható létra * *folding seat* felhajtható ülés
foliage ['fəʊlɪɪdʒ] <fn> [U] lomb(ozat); lombkorona
¹folk [fəʊk] <fn> **1.** [pl] biz nép; emberek: *old folk* idős emberek **2. folks** [pl] biz hozzátartozók; szülők **3.** [U] népzene: *a folk festival* népzenei fesztivál
²folk [fəʊk] <mn> népi; nép-: *folk art* népművészet * *folk dance* néptánc
folklore ['fəʊklɔː] <fn> [U] folklór
folk music ['fəʊkˌmjuːzɪk] <fn> [U] népzene
follow ['fɒləʊ] <ige> **1.** követ; utána jön/megy: *The cat followed her.* A cica követte. **2.** *(irányt)* követ: *Follow this road until you get to the hospital, then turn right.* Kövesse az utat a kórházig, utána forduljon jobbra. **3.** *(utasítást, példát)* követ: *follow the instructions* követi az utasításokat * *follow his advice* vki tanácsát megfogadja **4.** *(megért vmit)* követ: *I don't quite follow you.* Nem igazán értelek. **5.** figyelemmel kísér; érdekli vmi: *follow the basketball championships* figyelemmel kíséri a kosárlabda-bajnokságot **6.** következik: *It does not follow that…* Ebből nem következik az, hogy…
♦ **follow your nose 1.** egyenesen előre megy **2.** az orra/ösztöne után megy ♦ **follow suit 1.** *(kártyában)* visszahívja a partner/ellenfél színét **2.** követ; utánoz vkit vmiben ♦ **follow in sy's footsteps** vki nyomdokain halad

follow sg through végigcsinál; megvalósít vmit
follow sg up 1. további lépéseket tesz; végigcsinál vmit **2.** nyomon követ vmit

follower ['fɒləʊə] <fn> [C] követő; vki híve; hű/meghitt embere: *a follower of Jesus* Jézus követője * *a follower of healthy lifestyle* az egészséges életmód híve
¹following ['fɒləʊɪŋ] <mn> (utána) következő: *the following day* másnap
♦ **a following wind** hátszél
²following ['fɒləʊɪŋ] <fn> **1.** [sing] rajongók; hívek; követők: *have a huge following* rengeteg rajongója van **2. the following** [sing + sing/pl v] *the following is/are…* *(felsorolás előtt)* a következő(k)
³following ['fɒləʊɪŋ] <elölj> vmit követően
follow-up ['fɒləʊʌp] <fn> [C, U] **1.** vmit követő cselekvés; folytatás **2.** orv utókezelés
folly ['fɒlɪ] <fn> [C, U] (follies) butaság; ostobaság; bolondság: *an act of folly* buta/ostoba cselekedet
fond [fɒnd] <mn> **1. be fond of sy/sg//be fond of doing sg** kedvel/szeret vkit/vmit; kedvel/szeret vmit tenni: *be fond of music* szereti/kedveli a zenét **2.** kedves; gyengéd; szerető: *a fond mother* gyöngéd édesanya **3.** dédelgetett; hiú: *fond hope* hiú remény
font [fɒnt] <fn> [C] infor betűtípus; karakterkészlet
food [fuːd] <fn> **1.** [U] ennivaló; élelmiszer **2.** [C, U] étel; eledel: *canned food* konzerv * *French food* francia konyha/ételek * *How was the food in the hotel?* Milyen volt a konyha a hotelben?
food chain ['fuːd tʃeɪn] <fn> [C] biol tápláléklánc
food poisoning ['fuːdˌpɔɪznɪŋ] <fn> [U] ételmérgezés
food processor ['fuːdˌprəʊsesə] <fn> [C] háztartási robotgép
foodstuff ['fuːdstʌf] <fn> [C] élelmiszer
¹fool [fuːl] <fn> **1.** [C] *(ember)* bolond; ostoba **2.** [C] udvari bolond; bohóc **3.** [C, U] BrE gyümölcskrém
♦ **make a fool of sy/oneself** bolondot csinál vkiből/magából ♦ **act/play the fool** bolondozik ♦ **be no/nobody's fool** nem esett a feje lágyára
²fool [fuːl] <ige> **1.** rászed; becsap; lóvá tesz **2.** bolondozik

fool about/around 1. bolondozik; hülyéskedik; haszontalan dolgokkal tölti az időt **2.** *(házastársat)* megcsal (**with sy** vkivel)
fool sy into sg biz behúz vkit vmibe

foolish ['fuːlɪʃ] <mn> **1.** buta; meggondolatlan: *I was foolish to trust him.* Buta voltam, hogy megbíztam benne. **2.** nevetséges: *feel foolish* nevetségesnek érzi magát

foolproof ['fuːlpruːf] <mn> könnyen kezelhető; biztonságos

¹foot [fʊt] <fn> [C] (feet) **1.** láb(fej): *get to his feet* feláll * *in bare feet* mezítláb * *on foot* gyalog **2.** *(zoknié)* lábrész; talp **3.** vminek az alja/a lába/a vége: *at the foot of the page* a lap alján * *the foot of the stairs* a lépcső alja **4.** *(hosszmérték)* láb: *fly at 30,000 feet* 30 000 láb magasan repül **5.** versláb
♦ **fall/land on one's feet** talpára esik; feltalálja magát; szerencséje van ♦ **get/start off on the right/wrong foot (with sy)** biz jól/rosszul kezdi a kapcsolatot (vkivel) ♦ **have one foot in the grave** biz fél lábbal a sírban van ♦ **My foot!** biz Ugyan mondd már! ♦ **be back on one's feet** újra egészséges; *(nehézségeket követően)* talpra állt ♦ **be rushed/run off one's feet** agyondolgozza magát ♦ **put your foot down** átv biz sarkára áll ♦ **put one's feet up** kényelembe helyezi magát; pihen ♦ **stand on one's own (two) feet** átv megáll a maga lábán ♦ **be under one's feet** átv láb alatt van ♦ **have cold feet** biz be van gyulladva; meg van ijedve ♦ **have a foot in the door** fél lábbal benn van; kezdenek jól menni a dolgai ♦ **put a foot wrong** hibázik ♦ **put one's best foot forward** minden tőle telhetőt megtesz ♦ **put your foot in it** véletlenül butaságot csinál/mond ♦ **sweep sy off his feet** levesz vkit a lábáról

²foot [fʊt] <ige>
♦ **foot the bill** biz kifizet vmit; viseli a költségeket; megfizet vmiért

foot-and-mouth disease [ˌfʊtənˈmaʊθ dɪˌziːz] <fn> [U] száj- és körömfájás

football ['fʊtbɔːl] <fn> **1.** [U] BrE labdarúgás; futball: *football match* futballmeccs **2.** [C] futball-labda **3.** [U] AmE amerikai futball; rögbi

footballer ['fʊtbɔːlə] <fn> [C] labdarúgó

football pools ['fʊtbɔːl puːlz] <fn> [pl] BrE totó

footbridge ['fʊtbrɪdʒ] <fn> [C] gyaloghíd; palló

footing ['fʊtɪŋ] <fn> <sing> **1.** talpalatnyi hely: *lose his footing* elveszti a lába alól a talajt; megcsúszik * *miss his footing* rosszul lép **2.** helyzet; állapot; körülmények: *The company is on a firm footing.* A cégnek jó a helyzete. **3.** *(személyeké, intézményeké)* viszony(ok): *be on an equal footing* egyenrangú

footloose ['fʊtluːs] <mn> *(személy)* szabad; helyhez nem kötött; korlátoktól mentes

footnote ['fʊtnəʊt] <fn> [C] lapalji jegyzet; lábjegyzet

footpath ['fʊtpɑːθ] <fn> [C] ösvény; gyalogút

footprint ['fʊtprɪnt] <fn> [C] lábnyom

footsie ['fʊtsi] <fn> [U]
♦ **play footsie with sy** láb-flört az asztal alatt

footsore ['fʊtsɔː] <mn> fájós lábú; lábfájós

footstep ['fʊtstep] <fn> **1.** [C] lépés (zaja) **2.** [C] lábnyom
♦ **follow in sy's footsteps** vkinek a nyomdokába lép

footwear ['fʊtweə] <fn> [C] cipő; lábbeli

¹for [fə, hangsúlyos fɔː] <elölj> **1.** számára; részére; -nak, -nek: *garments for men* férfiruhák * *This is for you.* Ezt neked szántam. **2.** felé: *buses for London* Londonba közlekedő buszok **3.** végett; céljából: *send for a cab* taxiért küld * *for sale* eladó **4.** vki/vmi helyett/nevében: *She is writing for me.* Helyettem ír. **5.** miatt, -tól -től: *dance for joy* örömében táncol * *We couldn't see for the fog.* A köd miatt nem láttunk. **6.** *(időben)* -ra, -re; -ig: *the lesson for Monday* lecke hétfőre * *She'll come home for Christmas.* Karácsonyra itthon lesz. **7.** vmilyen hosszan: *walk for a mile* egy mérföldet gyalogol **8.** -ért; cserébe: *I sold it for a hundred pounds.* Száz fontért adtam el. **9.** érdekében; *(támogatásképp)* mellett: *He is for free trade.* A szabadkereskedelem oldalán áll. **10.** vmihez képest: *She's big for his age.* Korához képest fejlett.
♦ **be in for it** majd megkapja a magáét ♦ **for all** vmi ellenére ♦ **word for word** szóról szóra ♦ **as for me** ami engem illet ♦ **take sy for sg** vkit vminek néz ♦ **for real** komolyan; tényleg

²for [fə, hangsúlyos fɔː] <ksz> mert; mivel; minthogy: *She couldn't come for she was ill.* Nem tudott eljönni, mivel beteg volt.

forbad(e) [fəˈbæd] → **forbid**

forbid [fəˈbɪd] <ige> (forbidding, forbade v. forbad, forbidden) **1.** megtilt; (be)tilt: *smoking is forbidden* tilos a dohányzás **2.** megakadályoz
♦ **God/Heaven forbid (that...)!** Isten ments/őrizz!

forbidden [fəˈbɪdn] → **forbid**

¹force [fɔːs] <fn> **1.** [U] erő(szak): *use force* erőszakot alkalmaz * *by force* erőszakkal * *brute*

²**force**

force nyers erő **2.** [U] hatalom; befolyás; tekintély **3.** [C] erő; hatalom **4.** [C] testület: *the detective force* a nyomozó testület **5.** [C] osztag; sereg; *(katonai, rendőri)* erő(k): *the allied forces* a szövetséges erők ∗ *the armed forces* fegyveres erők **6.** [U] érvény(esség): *be in force* érvényben/hatályban van **7.** [C, U] fiz erő: *magnetic force* mágneses erő

♦ **force of habit** a szokás hatalma ♦ **the forces of nature** a természet ereje ♦ **in force 1.** nagy számban **2.** érvényben/hatályban van ♦ **join/combine forces (with sy)** összefog (vkivel); együttműködik vkivel; egyesítik erőiket

²**force** [fɔːs] <ige> **1.** erőltet; (ki)kényszerít; (ki)erőszakol: *force sg open* erőszakkal felnyit/feltör vmit ∗ *force a door (open)* feltöri az ajtót ∗ *He was forced to resign.* Lemondatták. **2.** magára erőltet: *She forced a smile.* Mosolyt erőltet magára. **3.** üvegházban termeszt; speciális körülmények között termeszt: *force fruit* siettetni a gyümölcs érését

♦ **force sy's hand** kikényszerít vkiből vmilyen cselekedetet; siettet/sürget vkit ♦ **force the pace** erőlteti a menetet

---

force sg back (érzéseket) visszatart; elnyom: *force back one's tears* visszatartja a sírását
force sg down 1. (ételt) lenyom; lekényszerít **2.** (repülőgépet) leszállásra kényszerít
force sy into sg belekényszerít vkit vmibe
force sg out of sy kikényszerít; kiprésel vmit vkiből

---

forced [fɔːst] <mn> kikényszerített; kierőltetett: *forced labour* kényszermunka ∗ *forced landing* kényszerleszállás ∗ *forced laugh* kikényszerített/mesterkélt nevetés
forceful ['fɔːsfl] <mn> erős; erőteljes; nagy hatású
forceps ['fɔːseps] <fn> [pl] orv csipesz; fogó
¹**fore** [fɔː] <fn> [sing]

♦ **be/come to the fore** előtérben van; élre kerül

²**fore** [fɔː] <mn> elülső; elöl levő; első
forearm ['fɔːrɑːm] <fn> [C] al(só)kar
¹**forecast** ['fɔːkɑːst] <ige> (forecast) előre lát; megjósol
²**forecast** ['fɔːkɑːst] <fn> [C] előrejelzés; prognózis; jóslat: *weather forecast* időjárás-előrejelzés ∗ *economic forecast* gazdasági előrejelzés
forefather ['fɔːˌfɑːðə] <fn> [C] ős(apa); előd
forefinger ['fɔːˌfɪŋɡə] <fn> [C] mutatóujj
forefront ['fɔːfrʌnt] <fn> [sing]

♦ **be in the forefront** az élvonalban van

foreground ['fɔːɡraʊnd] <fn> [sing] előtér: *in the foreground* az előtérben
forehand ['fɔːhænd] <fn> [C] (ütés) tenyeres
forehead ['fɔːhed, 'fɒrɪd] <fn> [C] homlok
foreign ['fɒrən] <mn> **1.** külföldi; idegen: *foreign word* idegen szó ∗ *a foreign student* külföldi diák **2.** külügyi; kül-: *the Foreign Office* külügyminisztérium ∗ *the Foreign Secretary* külügyminiszter ∗ *Foreign Legion* idegenlégió ∗ *foreign trade* külkereskedelem ∗ *foreign policy* külpolitika **3.** idegen; ismeretlen: *It is foreign to me.* Nem ismerem.
foreigner ['fɒrənə] <fn> [C] (ember) külföldi
foreign-language ['fɒrən ˌlæŋɡwɪdʒ] <mn> idegen nyelvű
foreman ['fɔːmən] <fn> [C] (foremen) **1.** művezető; munkafelügyelő; csoportvezető **2.** esküdtek vezetője; esküdtszék elnöke
foresee [fɔːˈsiː] <ige> (foresaw, foreseen) előre lát; (meg)jósol; (meg)sejt
foreseeable [fɔːˈsiːəbl] <mn> előre látható

♦ **in the foreseeable future** belátható időn belül; a közeljövőben

foresight ['fɔːsaɪt] <fn> [U] előrelátás; gondoskodás; körültekintés
forest ['fɒrɪst] <fn> [C, U] erdő(ség)
forester ['fɒrɪstə] <fn> [C] erdész
forestry ['fɒrɪstri] <fn> [U] erdészet
forever [fərˈevə] <hsz> **1.** örökké; örökre: *Their lives changed forever.* Az életük örökre megváltozott. **2.** folyton; állandóan: *They are forever having noisy parties.* Állandóan zajos partikat rendeznek.
foreword ['fɔːwɜːd] <fn> [C] előszó
¹**forfeit** ['fɔːfɪt] <ige> (jogot vmire) eljátszik; elveszít: *forfeit one's driving licence* bevonják a jogosítványát
²**forfeit** ['fɔːfɪt] <fn> [C] **1.** (játékban) zálog **2.** (pénz)bírság; büntetés
forgave [fəˈɡeɪv] → **forgive**
¹**forge** [fɔːdʒ] <ige> **1.** (aláírást, pénzt, hivatalos papírokat) hamisít: *a forged signature* hamisított aláírás **2.** kovácsol

---

forge ahead előretör; teljes gőzzel halad; nyomul

---

²**forge** [fɔːdʒ] <fn> [C] kovácsműhely
forgery ['fɔːdʒəri] <fn> (forgeries) **1.** [U] hamisítás **2.** [C] hamisítvány; hamis (ok)irat
forget [fəˈɡet] <ige> (forgetting, forgot, forgotten) **1.** elfelejt; nem emlékszik: *I forgot her name.* Elfelejtettem a nevét. **2.** megfeledkezik (**about sg** vmiről); elfelejt (**to do sg** megtenni vmit): *Dad's always forgetting to lock the door.* Apa

mindig elfelejti becsukni az ajtót. **3.** ottfelejt; elhagy; elfelejt magával vinni: *I've forgotten my keys.* Elfelejtettem magammal hozni a kulcsomat.
- ♦ **forget oneself** megfeledkezik magáról
- ♦ **Forget it.** Felejtsük el!/Ne törődj vele!

forgetful [fə'getfl] <mn> feledékeny

forgive [fə'gɪv] <ige> (forgave, forgiven) **1.** megbocsát (**for sg** vmint): *I'll never forgive him for behaving like that.* Soha nem bocsátom meg neki, hogy úgy viselkedett. **2.** *(udvarias forma)* bocsásson meg; ne haragudjon: *forgive me for (doing) sg* bocsásson meg, hogy…; ne haragudjon, hogy… ∗ *forgive me for interrupting* bocsásson meg, hogy félbeszakítom

forgiven [fə'gɪvn] → **forgive**

forgot [fə'gɒt] → **forget**

forgotten [fə'gɒtn] → **forget**

¹fork [fɔːk] <fn> [C] **1.** villa **2.** vasvilla **3.** *(úté, folyóé)* elágazás

²fork [fɔːk] <ige> **1.** *(út, folyó)* elágazik; szétágazik **2.** útelágazásnál vmerre megy: *Fork left where the road divides.* Forduljon balra, ahol az út szétágazik.

¹form [fɔːm] <fn> **1.** [C] *(tárgyé)* alak; forma: *take form* alakot ölt; kiformálódik; kialakul **2.** [C] mód; forma: *Running is the best form of exercise.* A futás a testedzés legjobb formája. **3.** [C] nyelvt alak: *irregular forms* rendhagyó alakok **4.** [C] űrlap; formanyomtatvány: *fill in the form* kitölti az űrlapot **5.** [U] erőnlét; forma: *show good form* jó formában/erőnlétben van **6.** [C] BrE *(iskolában)* osztály

²form [fɔːm] <ige> **1.** (ki)alakul; formálódik; képződik: *A crowd formed around the accident.* Tömeg alakult ki a baleset helyszínén. **2.** (ki)alakít; formál: *She formed the clay into a pot.* Korsó alakot formált az agyagból. **3.** *(szervezetet, együttest)* létrehoz; (meg)alakít; (meg)alapít: *form a government* kormányt alakít ∗ *form a band* együttest alapít **4.** *(nyelvtani alakot)* képez **5.** (ki)alakít; létrehoz: *form pairs* párokat alakít

formal ['fɔːml] <mn> **1.** formális; hivatalos: *make a formal speech* hivatalos beszédet mond **2.** szertartásos; ünnepélyes; udvariassági; formális; merev: *formal call* udvariassági látogatás **3.** *(kert, szoba, épület)* egyenesre alakított: *formal garden* franciakert **4.** alaki; formális

formality [fɔː'mælətɪ] <fn> **1.** [C] külsőség; formaság **2.** [U] szertartásosság; ceremónia

¹format ['fɔːmæt] <fn> [C, U] **1.** *(könyvé)* alak; formátum **2.** *(számítógépes adattárolásnál)* formátum **3.** *(műsoré, újságé)* kialakítás; formátum

²format ['fɔːmæt] <ige> **1.** infor *(lemezt)* formatál; formáz **2.** *(újságot, számítógépes dokumentumot)* formáz; kialakítja a formáját

former ['fɔːmə] <mn> **1.** előbbi; korábbi; (meg-)előző: *her former husband* az előző férje **2.** régi; egykori: *a former pupil of mine* egy volt tanítványom **3. the former** az előbb/a korábban említett; az első: *I prefer the former option to the latter.* Az első alternatíva jobban tetszik, mint a második.
- ♦ **be a shadow/ghost of one's former self** csak árnyéka önmagának

formerly ['fɔːməlɪ] <hsz> azelőtt; régebben; korábban; valamikor

formula ['fɔːmjələ] <fn> [C] (formulas v. formulae) mat, kém képlet

forth [fɔːθ] <hsz> előre; ki: *go forth* elmegy; elindul ∗ *back and forth* oda-vissza
- ♦ **and so forth** *(felsorolásnál)* és így tovább
- ♦ **from that day/time forth** mától kezdve

forthcoming [ˌfɔːθ'kʌmɪŋ] <mn> **1.** közelgő; hamarosan elkövetkező; *(könyv)* megjelenés alatt(i): *forthcoming events* soron következő események ∗ *forthcoming conference* közelgő konferencia ∗ *forthcoming books* a rövidesen megjelenő könyvek **2.** rövidesen rendelkezésre álló: *Financial support is forthcoming.* Rövidesen rendelkezésre fog állni a pénzügyi támogatás. **3.** készséges: *He wasn't very forthcoming.* Nem volt túlságosan készséges.

forthright ['fɔːθraɪt] <mn> szókimondó; nyílt; őszinte

¹fortieth ['fɔːtɪəθ] <sorszn> negyvenedik → **¹eightieth**

²fortieth ['fɔːtɪəθ] <fn> [C] negyvened → **²eightieth**

fortitude ['fɔːtɪtjuːd] <fn> [U] bátorság; (lelki-)erő; kitartás

fortnight ['fɔːtnaɪt] <fn> [C] BrE két hét: *a fortnight ago* két héttel ezelőtt

¹fortnightly ['fɔːtnaɪtlɪ] <mn> kéthetenkénti

²fortnightly ['fɔːtnaɪtlɪ] <hsz> kéthetenként

fortress ['fɔːtrəs] <fn> [C] erőd(ítmény); vár

fortify ['fɔːtɪfaɪ] <ige> (fortifying, fortifies, fortified) megerősít

fortunate ['fɔːtʃənət] <mn> szerencsés: *It was fortunate, that…* Szerencse/Szerencsénk volt, hogy…

fortunately ['fɔːtʃənətlɪ] <hsz> szerencsére

fortune ['fɔːtʃən] <fn> **1.** [C] vagyon: *lose a fortune* egy vagyont veszít **2.** [C, U] szerencse; véletlen: *Fortune smiled on us.* Ránk mosolygott a szerencse. **3.** [C, U] sors; végzet: *the fortunes of war* hadi sors **4.** [C] jövő; jövendő: *tell fortune* jósol; jövendőt mond

fortune teller ['fɔːtʃən‚telə] <fn> [C] jövendőmondó; jós(nő)

¹forty ['fɔːtɪ] <szn> negyven → **¹eighty**

²forty ['fɔːtɪ] <fn> [C] negyvenes → **²eighty**

¹forward ['fɔːwəd] <hsz> **1.** előre; elöl: *go straight forward* egyenesen előre megy ∗ *lean forward* előre hajol ∗ *be a step forward* lépéselőnyben van **2.** *(időben)* előre; tovább: *from that day forward* attól a naptól fogva **3.** korábbra: *Bring the meeting forward one week.* Egy héttel korábbra hozza a találkozót. **4.** előtérbe; a figyelem középpontjába: *push herself forward* előtérbe tolja magát

²forward ['fɔːwəd] <mn> **1.** elülső; elöl lévő: *the forward cabins* az elülső kabinok **2.** előre irányuló/haladó: *forward and backward movement* előre- és hátramozgás **3.** túlzottan magabiztos; öntelt szemtelen

³forward ['fɔːwəd] <fn> [C] sp csatár; támadójátékos

⁴forward ['fɔːwəd] <ige> **1.** továbbít; továbbküld; továbbad: *forward a request* kérést továbbít **2.** előmozdít; elősegít: *forward sy in rank* előléptet vkit

forwarder ['fɔːwədə] <fn> **1.** [C] száll szállító; szállítmányozó; fuvarozó; szállítóvállalat **2.** [C] gazd feladó; küldő

forwarding ['fɔːwədɪŋ] <fn> **1.** [U] száll továbbítás; utána küldés **2.** [U] gazd feladás; elküldés **3.** [U] száll szállítás; szállítmányozás

forwarding address ['fɔːwədɪŋ ədres] <fn> [C] *(ahová vki a leveleit kéri)* új (postai) cím

forwards ['fɔːwədz] <hsz> *(térben, időben)* előre

foster ['fɒstə] <ige> **1.** *(átmenetileg)* felnevel; táplál **2.** elősegít; előmozdít

foster child [‚fɒstə'tʃaɪld] <fn> [C] (foster children) fogadott/nevelt gyermek

foster father [‚fɒstə'fɑːðə] <fn> [C] nevelőapa

foster mother [‚fɒstə'mʌðə] <fn> [C] nevelőanya

fought [fɔːt] → **¹fight**

¹foul [faʊl] <fn> [C] sp *(bokszban)* övön aluli ütés; *(futballban)* szabálytalanság

²foul [faʊl] <mn> **1.** büdös; visszataszító; áporodott: *foul breath* rossz lehelet **2.** *(hangulat, természet)* kellemetlen; nagyon rossz: *be in a foul mood* nagyon rossz hangulatban van **3.** *(beszéd)* ocsmány; durva: *use foul language* káromkodik **4.** *(időjárás)* borzasztó; viharos **5.** *(tett)* aljas; alávaló: *foul deed* aljasság; gaztett **6.** piszkos; koszos; szennyes: *foul water* zavaros/szennyes víz

♦ **fall foul of sy/sg** nehéz/kellemetlen helyzetbe kerül (vkivel/vmivel szemben)

³foul [faʊl] <ige> **1.** bemocskol; bepiszkít **2.** sp szabálytalanságot követ el; szabálytalankodik

foul sg up biz elszúr; elront vmit: *The rain fouled up my plans.* Az eső elrontotta a terveimet.

foul-mouthed [‚faʊl'maʊðd] <mn> káromkodó; trágár beszédű; mocskos szájú

foul-play [‚faʊl'pleɪ] <fn> [U] **1.** sp szabálytalanság **2.** jog bűntett

¹found [faʊnd] → **¹find**

²found [faʊnd] <ige> **1.** *(intézményt stb.)* alapít; létesít **2.** alapoz (**on sg** vmire): *be founded on fact* tényen alapszik **3.** *(fémet)* olvaszt; önt

foundation [faʊn'deɪʃn] <fn> **1.** [C] *(házé)* alap: *lay the foundation of a new house* leteszi egy új ház alapjait **2.** [U] alapítás: *the foundation of a company* egy cég megalapítása **3.** [C] alap; megalapozottság; alapelv: *be without foundation* minden alapot nélkülöz; alaptalan **4.** [C] alapítvány **5.** [U] alapozó(krém)

¹founder ['faʊndə] <fn> [C] alapító; adományozó: *founder member* alapító tag ∗ *the founder of the company* a cég alapítója

²founder ['faʊndə] <ige> **1.** *(terv)* kudarcot vall **2.** *(hajó)* elsüllyed; megfeneklik

fountain ['faʊntɪn] <fn> [C] szökőkút

fountain pen ['faʊntɪn pen] <fn> [C] töltőtoll

¹four [fɔː] <szn> négy → **¹eight**

²four [fɔː] <fn> [C] négy; négyes → **²eight**

♦ **on all fours** négykézláb

four-leaf clover [‚fɔːliːf'kləʊvə] <fn> [C] négylevelű lóhere

four-legged [‚fɔː'legɪd] <mn> négylábú

four-letter word ['fɔː‚letə'wɜːd] <fn> [C] káromkodás; trágárság; csúnya szó

four-star ['fɔːstɑː] <mn> *(szálloda, étterem)* négycsillagos

fourteen [‚fɔː'tiːn] <szn> tizennégy → **¹eight**

¹fourth [fɔːθ] <sorszn> negyedik → **¹eighth**

→ A keltezéssel kapcsolatos kifejezéseket lásd a **¹date** szócikk információs ablakában!

²fourth [fɔːθ] <fn> [C] negyed → **²eighth**

fourthly ['fɔːθlɪ] <hsz> negyedszer; negyedsorban

four-wheel drive [‚fɔːwiːl'draɪv] <fn> **1.** [C, U] négykerékmeghajtás **2.** **(a car with) four-wheel drive** [C] négykerék-meghajtású autó

fowl [faʊl] <fn> [C, U] (fowl v. fowls) baromfi; háziszárnyas

¹fox [fɒks] <fn> **1.** [C] róka **2.** [U] rókaszőr(me) **3.** [C] ravasz ember **4.** [C] biz AmE dögös nő

²fox [fɒks] <ige> összezavar (**sy** vkit): *It foxed me!* Teljesen összezavart!

foxglove ['fɒksglʌv] <fn> [C] növ gyűszűvirág

fox-hunting ['fɒks,hʌntɪŋ] <fn> [U] rókavadászat

foxy ['fɒksɪ] <mn> **1.** ravasz; furfangos **2.** rőt; vöröses; rókaszínű **3.** biz AmE szexi; vonzó; dögös

🇬🇧 *Foyles*

1903-ban William and Gilbert Foyle által alapított könyvesbolt. London egyik legnagyobb könyvesboltja, ahol hatalmas a választék új és antikvár könyvekből.

fraction ['fræk∫n] <fn> **1.** [C] vminek a tört része; vminek a töredéke: *at a fraction of the expense* sokkal kevesebb költséggel **2.** [C] tört(szám): *vulgar fraction* közönséges tört

Vigyázat, álbarátok!
fraction ≠ *(politikai)* frakció (= faction; parliamentary group)

¹fracture ['frækt∫ə] <fn> [C, U] (csont)törés: *fracture of a rib* bordatörés

²fracture ['frækt∫ə] <ige> **1.** *(csontot stb.)* eltör: *fracture one's leg* eltöri a lábát **2.** (el)törik; betörik; összetörik: *the bone fractured* a csont eltörött

fragile ['frædʒaɪl] <mn> törékeny

¹fragment ['frægmənt] <fn> [C] szilánk; töredék; részlet; maradék: *smash to fragments* apró darabokra tör ∗ *I heard only fragments of their conversation.* A beszélgetésüknek csak a foszlányait hallottam.

²fragment [fræg'ment] <ige> darabokra hullik/ tör; szétreped

fragmentary ['frægməntərɪ] <mn> töredékes; foszlányos

fragrance ['freɪgrəns] <fn> [C, U] illat

fragrant ['freɪgrənt] <mn> illatos

frail [freɪl] <mn> *(testalkat, egészség)* törékeny: *She's getting very frail.* Nagyon elgyengült.

¹frame [freɪm] <fn> [C] **1.** (kép)keret; ráma: *picture frame* képkeret ∗ *window frame* ablakkeret **2.** váz; alváz **3. frames** [pl] (szemüveg)keret **4.** testalkat; testfelépítés: *have a strong frame* erős testalkatú
♦ **frame of mind** lelkiállapot; hangulat

²frame [freɪm] <ige> **1.** bekeretez **2.** jog gonosz tervet sző (**against sy** vki ellen); hamisan (meg-)vádol; (meg)gyanúsít: *The man claims he was framed.* A férfi azt állítja, hogy hamisan vádolták. **3.** megfogalmaz: *frame a question* kérdést fogalmaz meg

frame-up ['freɪmʌp] <fn> [C] biz hamis/koholt vád(ak); koncepciós per

framework [freɪmwɜːk] <fn> [C] szerkezet; keret; váz

franc [fræŋk] <fn> [C] *(pénznem)* frank

France [frɑːns] <névm> Franciaország

¹franchise ['frænt∫aɪz] <ige> feljogosít

²franchise ['frænt∫aɪz] <fn> [C, U] franchise

Franco- [,fræŋkəʊ] <előtag> francia-: *Franco-Italian border* a francia-olasz határ

frank [fræŋk] <mn> őszinte; nyílt; egyenes: *I'm going to be frank with you.* Őszinte leszek veled.

Frankenfood ['fræŋkənfuːd] <fn> [C, U] infml génmódosított élelmiszer

frankly ['fræŋklɪ] <hsz> őszintén; nyíltan; egyenesen: *frankly speaking / quite frankly* őszintén szólva

frankfurter ['fræŋkfɜːtə] <fn> [C] virsli; frankfurti

frankness ['fræŋknəs] <fn> [U] őszinteség

frantic ['fræntɪk] <mn> **1.** kétségbeesett; szörnyű; őrületes: *be in a frantic hurry* szörnyen siet **2.** zaklatott; dühöngő; eszeveszett: *frantic with anger* dühöngő; dühödt ∗ *be frantic with joy* tombol örömében ∗ *go frantic* magán kívül lesz

fraternal [frə'tɜːnl] <mn> testvéri

fraud [frɔːd] <fn> **1.** [C, U] csalás; szélhámosság: *by fraud* csalással **2.** [C] csaló; szélhámos

fraudulent ['frɔːdjələnt] <mn> **1.** tisztességtelen; csalással szerzett **2.** csaló, csalárd; fondorlatos

¹fray [freɪ] <ige> **1.** (ki)rojtosodik; foszlik: *This material frays easily.* Ez az anyag könnyen foszlik. **2.** *(idegeket)* felborzol: *This noise frays my nerves.* Ez a zaj tönkreteszi/felborzolja az idegeimet. **3.** *(idegek)* felborzolódik

²fray [freɪ] <fn> [sing] **the fray** összetűzés; vita; csata: *join the fray* bekapcsolódik a vitába

¹freak [friːk] <fn> [C] **1.** vminek az őrültje/bolondja: *a jazz freak* dzsesszrajongó **2.** csodabogár; fura szerzet **3.** szokatlan/váratlan eset

²freak [friːk] <ige> biz frászt kap; kiborul; a frászt hozza vkire: *My mother freaked when she saw my clothes.* Édesanyám kiborult, amikor meglátta a ruhámat.

freak out biz kiborul; a frász jön rá

freckle ['frekl] <fn> [C] szeplő

¹free [fri:] <mn> (freer, freest) **1.** szabad; független: *set sy free* szabadon enged vkit **2.** szabad; korlátozás nélküli: *a free choice* szabad választás * *free elections* szabad választások * *free press* szabad sajtó **3.** ingyenes: *free sample* ingyenes minta * *a free copy* tiszteletpéldány * *Admission is free.* A belépés ingyenes. **4.** szabad; nem (el)foglalt: *This seat is free.* Ez a hely szabad. **5.** mentes (**from/of sg** vmitől): *free from pain* fájdalommentes * *free of duty* vámmentes
♦ **free and easy** fesztelen; könnyed ♦ **give/allow a free hand** szabad kezet ad vkinek vmiben ♦ **get/take a free ride** ingyen kap vmit (amiért más fizet)

²free [fri:] <ige> **1.** kiszabadít: *2,000 political prisoners will be freed.* 2000 politikai fogoly fog kiszabadulni. **2.** megszabadít vkit (**of/from sg** vmitől): *The police want to free the town of violent crime.* A rendőrség meg akarja szabadítani a várost az erőszakos bűncselekményektől. **3.** szabaddá tesz; módot ad vkinek vmire: *Winning the prize freed him to write full-time.* A díj megnyerése módot adott arra, hogy főfoglalkozásként írjon.

³free [fri:] <hsz> **1.** ingyen: *travel free* ingyen utazik **2.** szabadon: *run free* szabadon van

freedom ['fri:dəm] <fn> **1.** [U] szabadság; függetlenség: *fight for freedom* szabadságharc; függetlenségi harc **2.** [C, U] szabadság; lehetőség: *freedom of speech* szólásszabadság **3.** [U] mentesség (**from sg** vmitől): *freedom from fear* félelem nélküli élet **4.** [U] használati jog; (elő)jog: *freedom of contract* szerződéskötési jog * *You can have the freedom of the house.* Tiétek az egész ház!/Érezzétek magatokat otthon!

Freefone ['fri:fəʊn] <fn> [U] *(a hívott által fizetett telefonhívás)* zöld szám

free kick [ˌfri:'kɪk] <fn> [C] *(futballban)* szabadrúgás

¹freelance ['fri:lɑ:ns] <mn> szabadúszó: *a freelance artist* szabadúszó művész

²freelance ['fri:lɑ:ns] <hsz> szabadúszóként: *work freelance* szabadúszóként dolgozik

³freelance ['fri:lɑ:ns] <ige> szabadúszóként dolgozik

freely ['fri:lɪ] <hsz> **1.** szabadon; önként **2.** nyíltan; őszintén

Freephone ['fri:fəʊn] <fn> [U] *(a hívott által fizetett telefonhívás)* zöld szám

free-range ['fri:reɪndʒ] <mn> *(baromfi, tojás)* parlagi; nem nagyüzemi tenyésztésű

free speech ['fri: spi:tʃ] <fn> [U] szólásszabadság

free time [ˌfri:'taɪm] <fn> [U] szabadidő: *What do you do in your free time?* Mit csinálsz a szabadidődben?

freeway ['fri:weɪ] <fn> [C] AmE autópálya; autóút

¹freeze [fri:z] <ige> (froze, frozen) **1.** (meg-/be)fagy: *The lake has frozen.* A tó befagyott. **2.** (meg-/be)fagyaszt: *frozen food* mélyhűtött élelmiszer(ek) **3.** *(időjárás)* fagy: *It's going to freeze tonight.* Ma éjjel fagyni fog. **4.** nagyon fázik; összefagy: *I'm freezing.* Majd megfagyok. **5.** *(rémülettől)* megdermed; kővé mered: *The smile froze on her lips.* Ráfagyott az arcára a mosoly. **6.** *(kiadásokat, árakat)* befagyaszt **7.** *(számítógép)* lefagy
♦ **make one's blood freeze** megfagyasztja a vért az ereiben

freeze sy out *(beszélgetésből stb.)* kizár; kiszorít vkit (**of sg** vhonnan)
freeze over befagy

²freeze [fri:z] <fn> **1.** [sing] *(időjárás)* fagy **2.** [C] *(kiadásoké, áraké)* befagyasztás

freezer ['fri:zə] <fn> [C] fagyasztó; mélyhűtő

freezer bag ['fri:zə bæg] <fn> [C] fagyasztózacskó

freezing compartment ['fri:zɪŋ kəmˌpɑ:tmənt] <fn> [C] *(hűtőszekrényé)* fagyasztórész; mélyhűtő

freezing point ['fri:zɪŋ pɔɪnt] <fn> [U] fagy(ás)pont

¹freight [freɪt] <fn> [U] **1.** (teher)szállítmány; fuvar; rakomány: *fast freight* gyorsáru **2.** fuvardíj

²freight [freɪt] <ige> fuvaroz; árut szállít

freighter ['freɪtə] <fn> [C] **1.** teherhajó **2.** teherszállító repülőgép

freight train ['freɪt treɪn] <fn> [C] tehervonat

¹French [frentʃ] <mn> francia: *French culture* francia kultúra

²French [frentʃ] <fn> [U] **1.** *(nyelv)* francia: *How do you say it in French?* Hogy mondod ezt franciául? **2. the French** a franciák

French fries [ˌfrentʃ'fraɪz] <fn> [pl] AmE sült burgonya/krumpli; hasábburgonya

Frenchman ['frentʃmən] <fn> [C] (Frenchmen) francia férfi

French windows [ˌfrentʃ'wɪndəʊz] <fn> [pl] üvegezett erkélyajtó; francia ablak

Frenchwoman ['frentʃˌwʊmən] <fn> [C] (Frenchwomen) francia nő

frenzy ['frenzɪ] <fn> [C, U] (frenzies) őrjöngés; dühöngés; őrület; őrült szenvedély: *frenzy of activity* nagy sürgés-forgás * *frenzy of joy* kitörő öröm

frequency ['friːkwənsı] <fn> [C, U] (frequencies) **1.** gyakoriság; gyakori előfordulás: *frequency of errors* hibaeloszlás ∗ *frequency of respiration* lélegzetvétel szaporasága **2.** rezgésszám; frekvencia: *high frequency* nagyfrekvencia ∗ *low frequency* alacsony frekvencia **3.** hullámsáv

frequent ['friːkwənt] <mn> gyakori

frequently ['friːkwəntlı] <hsz> gyakran

fresh [freʃ] <mn> **1.** friss: *fresh flowers* friss virágok ∗ *fresh fruit* friss gyümölcs **2.** *(nem régi)* friss: *fresh footprints* friss lábnyomok **3.** új: *fresh ideas* új ötletek **4.** friss; üde; tiszta: *fresh air* friss levegő **5.** friss; üde; hamvas: *fresh complexion* üde arcszín ∗ *look fresh* pompás színben van **6.** *(víz) édes*: *fresh water* édesvíz **7.** önhitt; elbizakodott; szemtelen

fresher ['freʃə] <fn> [C] BrE *(egyetemista, főiskolás)* elsőéves; gólya

freshman ['freʃmən] <fn> [C] (freshmen) AmE *(egyetemista, főiskolás)* elsőéves; gólya

freshness ['freʃnəs] <fn> [U] **1.** frissesség; üdeség **2.** elevenség; erőteljesség

freshwater ['freʃwɔːtə] <mn> édesvízi: *freshwater lake* édesvízi tó ∗ *freshwater lobster* folyami rák

¹fret [fret] <ige> (fretting, fretted) nyugtalankodik; gyötrődik; idegeskedik (**about/over sg** vmi miatt)

²fret [fret] <fn> [C] *(húros hangszereken)* érintő

Fri, Fri. [= Friday] pén. (= péntek)

friction ['frıkʃn] <fn> **1.** [U] súrlódás; dörzsölés **2.** [U, C] átv súrlódás; feszültség; veszekedés: *political friction* politikai feszültség

Friday ['fraıdeı] <fn> [C, U] péntek

fridge [frıdʒ] <fn> [C] hűtőszekrény

fried [fraıd] <mn> *(olajban, zsírban)* sült: *fried egg* tükörtojás

friend [frend] <fn> [C] **1.** (jó) barát: *a close friend* közeli barát ∗ *my best friend* a legjobb barátom **2.** barát(nő) **3.** barátja vminek; pártfogó; támogató: *friend of arts* a művészetek kedvelője

♦ **A friend in need is a friend indeed.** Bajban ismerszik meg a jó barát. ♦ **have friend in high places** jó összeköttetései vannak ♦ **make friends** összebarátkozik vkivel

friendliness ['frendlınəs] <fn> [U] barátságosság; barátságos modor

¹friendly ['frendlı] <mn> (friendlier, friendliest) **1.** barátságos; kedves; nyájas (**to/towards sy** vkivel szemben): *a friendly smile* barátságos mosoly **2. be friendly//be on friendly terms with sy** baráti viszonyban van vkivel **3.** barátságos; baráti: *a friendly match* barátságos mérkőzés **4.** kedvező; előnyös: *friendly winds* kedvező szelek **5.** -barát: *environmentally-friendly* környezetbarát

²friendly ['frendlı] <fn> [C] (friendlies) barátságos mérkőzés

friendship ['frendʃıp] <fn> [C, U] barátság; baráti viszony

fries [fraız] <fn> [pl] sült burgonya/krumpli; hasábburgonya

fright [fraıt] <fn> [C, U] ijedtség; rémület; riadalom: *be in a fright* meg van ijedve ∗ *get a fright* megrémül

frighten ['fraıtn] <ige> megijeszt; megrémít; megriaszt: *be frightened to death* halálra rémül

frightened ['fraıtnd] <mn> **1.** ijedt; rémült: *a frightened man* rémült ember **2. be frightened** fél (**of sy/sg** vkitől/vmitől): *be frightened of spiders* fél a pókoktól

frightful ['fraıtfl] <mn> ijesztő; szörnyű; borzasztó; rettenetes; rémes: *frightful weather* szörnyű időjárás

frigid ['frıdʒıd] <mn> **1.** *(klíma)* hideg; fagyos; jeges **2.** *(modor, viselkedés)* hideg; rideg; kimért **3.** *(nemileg közömbös)* frigid

frigidity [frı'dʒıdətı] <fn> [U] **1.** frigiditás **2.** közöny; ridegség

frill [frıl] <fn> **1.** [C] *(ruhán)* fodor, redő **2. frills** [pl] fölösleges cicoma; nélkülözhető dolog

fringe [frındʒ] <fn> [C] **1.** frufru: *a short fringe* rövid frufru **2.** rojt; bojt **3.** BrE szél; perem: *live on the fringe of society* a társadalom peremére szorult ∗ *the outer fringes of London* London külvárosai

fringe benefits ['frındʒ͵benıfıts] <fn> [pl] járulékos szolgáltatás/juttatás; mellékjuttatás

frisk [frısk] <ige> **1.** (meg)motoz: *We were all frisked.* Mindenkit megmotoztak. **2.** ugrándozik; hancúrozik

frisky ['frıskı] <mn> játékos kedvű; élénk; tüzes; eleven

fritter ['frıtə] <ige>

fritter sg away *(időt, pénzt)* elherdál; elfecsérel; elpazarol

frivolous ['frıvələs] <mn> komolytalan; léha; könnyelmű

frizzy ['frızı] <mn> *(haj)* göndör; bodros

fro [frəʊ] <hsz>

♦ **to and fro** ide-oda; fel és alá

frog [frɒg] <fn> [C] béka

frogman ['frɒgmən] <fn> [C] (frogmen) békaember

frolic ['frɒlık] <ige> (frolicking, frolicked) bolondozik; mókázik; csintalankodik: *Many* *children were frolicking on the beach.* Sok gyermek mókázott/hancúrozott/ugrabugrált a tengerparton.

from [frəm, hangsúlyos frɒm] <elölj> **1.** *(hely)* -ból, -ből; -tól, -től; -ról, -ről: *from London to Paris* Londonból Párizsba ∗ *from above* felülről ∗ *from behind* hátulról ∗ *I'm from England.* Angliából jövök. **2.** *(időben)* óta; fogva; kezdődőleg: *from now on* mostantól fogva ∗ *from 6 to 10* 6-tól 10-ig **3.** távol; vmilyen távolságra: *The shop is three miles (away) from the office.* Az üzlet három mérföldnyire van a hivataltól. **4.** elől; ellen; -tól, -től: *protect from the enemy* megvéd az ellenségtől **5.** *(megkülönböztetés)* vmivel szemben; -tól, -től: *differ from others* különbözik a többiektől **6.** *(nyersanyagból)* -ból, -ből: *wine is made from grapes* a bort szőlőből készítik **7.** miatt; -tól, -től: *suffer from hunger* éhségtől szenved **8.** *(ár)* -tól, -től; kezdődően: *Prices start from $500.* Az árak 500 dollárnál kezdődnek.

¹front [frʌnt] <fn> **1. the front** [sing] eleje; elülső része vminek: *the front of the car* az autó eleje ∗ *the front of a building* a ház homlokzata **2. the front** [sing] vmi előtti rész: *There is a tall tree at the front of the house.* Egy magas fa áll a ház előtt. **3.** [C] *(tevékenységé)* terület; tér **4. the front** [sing] *(háborúban)* front: *serve at the front* a fronton szolgál **5.** [sing] megjátszás; látszat; álarc **6.** [C] *(időjárási)* front ♦ **in front of 1.** előtt *She sits in front of the television all day long.* Egész nap a televízió előtt ül. **2.** elé *Don't stand in front of the television.* Ne állj a televízió elé. ♦ **up front** biz előlegként

²front [frʌnt] <mn> elülső; mellső; elöl lévő: *front garden* előkert ∗ *the front row* az első sor

³front [frʌnt] <ige> **1.** *(épület, ablak)* vmerre néz **2.** *(szervezetet, csoportot)* vezet; képvisel: *He fronted a multinational company.* Multinacionális céget vezetett. **3.** homlokzatot kiképez: *The house is fronted with stones.* A ház kőhomlokzatú.

front door [ˌfrʌntˈdɔː] <fn> [C] bejárati ajtó; főbejárat

frontier [ˈfrʌntɪə] <fn> **1.** [C] (ország)határ: *frontier town* határváros **2. the frontiers** [pl] vminek a határa(i): *the frontiers of knowledge* a tudás határai **3.** [C] tört AmE *(a vadnyugat gyéren lakott lakott területe, a civilizáció széle)* határvidék

¹front page [ˌfrʌntˈpeɪdʒ] <fn> [C] *(újságé)* címoldal

²front-page [ˈfrʌntpeɪdʒ] <mn> *(hír)* nagy horderejű; szenzációs

front-wheel drive [ˌfrʌntwiːlˈdraɪv] <fn> [C] elsőkerék-meghajtás

¹frost [frɒst] <fn> [C, U] **1.** fagy: *ground frost* talaj menti fagy ∗ *hard frost* kemény/erős fagy **2.** [U] dér; zúzmara

²frost [frɒst] <ige> **1.** be-/eljegesedik; el-/megfagy **2.** le-/megfagyaszt **3.** *(süteményt)* cukormázzal bevon **4.** *(hajat)* melíroz

frostbite [ˈfrɒstbaɪt] <fn> [U] *(testrészé)* fagyás

frosty [ˈfrɒstɪ] <mn> **1.** hideg; fagyos; jeges **2.** *(viselkedés)* fagyos; rideg; hűvös: *frosty reception* hűvös fogadtatás

¹froth [frɒθ] <fn> [U] hab; tajték

²froth [frɒθ] <ige> habzik; tajtékzik: *be frothing at the mouth* habzik a szája; tajtékzik a dühtől

¹frown [fraʊn] <ige> szigorú/komor arcot vág; összehúzza a szemöldökét: *He frowned at me.* Szigorúan nézett rám.

²frown [fraʊn] <fn> [C] szemöldök ráncolása; szigorú/komor arckifejezés

froze [frəʊz] → **¹freeze**

¹frozen [ˈfrəʊzn] → **¹freeze**

²frozen [ˈfrəʊzn] <mn> **1.** mélyhűtött; mirelit: *frozen food* mélyhűtött élelmiszer(ek) ∗ *frozen meat* fagyasztott hús **2.** összefagyott; átfagyott: *I'm absolutely frozen!* Teljesen átfagytam!

frugal [ˈfruːgl] <mn> **1.** takarékos; beosztó; igénytelen: *a frugal life* takarékos élet **2.** mértékletes; egyszerű; szerény: *a frugal lunch* szerény ebéd

fruit [fruːt] <fn> [C, U] **1.** gyümölcs; termény: *bear fruit* gyümölcsöt terem ∗ *dried fruit* aszalt gyümölcs ∗ *fresh fruit* friss gyümölcs **2. the fruits** [pl] átv gyümölcse (**of sg** vminek); eredménye (**of sg** vminek): *the fruits of labours* a munka gyümölcse

fruitcake [ˈfruːtkeɪk] <fn> [C, U] gyümölcskenyér

fruitful [ˈfruːtfl] <mn> eredményes; gyümölcsöző; termékeny

fruition [fruːˈɪʃn] <fn> [U] *(tervé)* megvalósulás; beérés: *come to fruition* valóra válik; megvalósul

fruitless [ˈfruːtləs] <mn> eredménytelen; sikertelen; meddő

fruit machine [ˈfruːt məˌʃiːn] <fn> [C] pénzbedobós játékautomata; nyerőgép

fruit salad [ˌfruːtˈsæləd] <fn> [C, U] gyümölcssaláta

fruit tree [ˈfruːt triː] <fn> [C] gyümölcsfa

fruity [ˈfruːtɪ] <mn> (fruitier, fruitiest) **1.** gyümölcsízű; zamatos **2.** *(hang)* telt; zengő; mély

frustrate [frʌˈstreɪt] <ige> **1.** frusztrál; elcsüggeszt; csalódást okoz: *feel frustrated* frusztráltnak érzi magát **2.** *(tervet)* meghiúsít; megbuktat

frustration [frʌ'streɪʃn] <fn> [C, U] frusztráltság; csalódás; csalódottság

fry [fraɪ] <ige> (frying, fries, fried) *(olajban, zsírban)* (meg)süt: *fried potatoes* olajban/zsírban sült burgonya/krumpli

frying pan ['fraɪɪŋ pæn] <fn> [C] *(nyeles)* serpenyő
 ♦ **out of the frying pan into the fire** cseberből vederbe

ft [= foot v. feet] *(mértékegység)* láb

¹fuck [fʌk] <isz> vulg Basszus!

²fuck [fʌk] <ige> vulg **1.** baszik **2.** megbasz

fucking ['fʌkɪŋ] <mn> vulg rohadt; vacak; szaros; kurva

fuel ['fju:əl] <fn> [C, U] üzemanyag; fűtőanyag: *fuel tank* üzemanyagtartály

¹fugitive ['fju:dʒətɪv] <fn> [C] szökevény; menekülő

²fugitive ['fju:dʒətɪv] <mn> **1.** *(bűnöző)* szökevény; menekülő: *a fugitive criminal* szökésben lévő bűnöző **2.** futó; múlékony; rövid életű: *a fugitive idea* futó ötlet

fulfil [fʊl'fɪl] <ige> (fulfilling, fulfilled) **1.** *(tervet)* teljesít; valóra vált: *fulfil one's ambition* valóra váltja vágyát * *fulfil one's dream* valóra váltja az álmát **2.** *(követelményeknek)* megfelel; eleget tesz; *(követelményt)* teljesít: *fulfil a duty* teljesíti a feladatot **3.** *(igényt)* kielégít: *I had a job that really fulfilled me.* Olyan munkám volt, ami igazán kielégített.

fulfill [fʊl'fɪl] AmE → **fulfil**

¹full [fʊl] <mn> **1.** tele; teli (**of sg** vmivel): *be full of hope* tele van reménnyel * *be full of sg* tele van vmivel * *full to the brim* csordultig tele * *a full bottle* egy teli üveg **2.** *(étellel)* jóllakott; tele: *I'm full (up).* Jóllaktam./Tele vagyok. **3.** teljes; hiánytalan: *full price* teljes ár * *full statement* teljes/részletes nyilatkozat **4.** maximális; a legjobb/legnagyobb: *at full speed* a legnagyobb sebességgel **5.** *(ruha)* bő **6.** telt; testes: *full lips* telt ajkak * *full voice* telt/öblös hang **7.** bőséges; kiadós: *full meal* bőséges/kiadós étkezés
 ♦ **at full stretch** *(működik)* teljes gőzzel/intenzitással ♦ **full of beans/life** tele élettel/energiával ♦ **in full** teljes egészében ♦ **in full swing** már javában tart ♦ **in full view of sy** vki szeme láttára ♦ **to the full** egészen; teljesen; teljes mértékben

²full [fʊl] <hsz> pontosan; éppen: *He kissed her full on the lips.* Szájon csókolta.

fullback ['fʊlbæk] <fn> [C] hátvéd

full board [ˌfʊl'bɔːd] <fn> [U] teljes panzió; teljes ellátás

full-fledged [ˌfʊl'fledʒd] <mn> AmE (teljesen) kifejlett; teljes értékű

full-grown [ˌfʊl'ɡrəʊn] <mn> *(növény, állat)* teljesen kifejlett

full-length [ˌfʊl'leŋθ] <mn> **1.** *(portré)* teljes nagyságú; életnagyságú **2.** *(film)* teljes terjedelmű/hosszúságú **3.** *(ruha)* hosszú; földig érő

full moon [ˌfʊl'muːn] <fn> [C, U] telihold; holdtölte

full-page [ˌfʊl'peɪdʒ] <mn> egész oldalas: *full-page illustration* egész oldalas illusztráció

full-scale [ˌfʊl'skeɪl] <mn> **1.** széles körű; teljes körű **2.** eredeti méretű/nagyságú

full stop [ˌfʊl'stɒp] <fn> [C] *(írásjel)* pont

¹full-time [ˌfʊl'taɪm] <mn> teljes munkaidejű; teljes munkaidős; egész napi: *a full-time worker* teljes munkaidőben foglalkoztatott dolgozó * *a full-time job* egész napos állás

²full-time [ˌfʊl'taɪm] <hsz> teljes munkaidőben; főfoglalkozásként: *work full-time* teljes munkaidőben dolgozik

fully ['fʊli] <hsz> teljesen; teljes egészében; teljes mértékben: *fully paid* teljesen kifizetve * *treat a subject fully* részletesen foglalkozik a tárggyal

fully-fledged [ˌfʊli'fledʒd] <mn> (teljesen) kifejlett; teljes értékű

fumble ['fʌmbl] <ige> *(ügyetlenül)* matat; kotorászik; keresgél; babrál: *fumble in a drawer* matat a fiókban * *fumble for words* keresgéli a szavakat

fume [fjuːm] <ige> **1.** mérgelődik; dühöng; bosszankodik **2.** füstöl; gőzöl; gázosít; párologtat vmit

fumes [fjuːmz] <fn> [pl] füst; gáz(ok); pára: *toxic fumes* mérgező gázok * *petrol fumes* benzingőz

¹fun [fʌn] <fn> [U] tréfa; móka; szórakozás; jó mulatság; vidámság: *We had a lot of fun last night.* Jót szórakoztunk tegnap este.
 ♦ **(just) for fun/(just) for the fun of it** (csak) szórakozásból ♦ **in fun** viccből; heccből ♦ **make fun of sy/sg** kicsúfol; kinevet vkit/vmit

²fun [fʌn] <mn> szórakoztató; vicces; mókás: *a fun guy* vicces alak

¹function ['fʌŋkʃn] <fn> **1.** [C, U] hivatás; szerep; feladat; rendeltetés; funkció: *fulfil her function as a mother* teljesíti anyai hivatását **2.** [C] társadalmi esemény; rendezvény; fogadás: *private function* zárt körű rendezvény **3.** [C] mat függvény: *be the function of sg* vminek a függvénye

²function ['fʌŋkʃn] <ige> működik; funkcionál; ténykedik: *function as an artist* művészként dolgozik * *The heart has ceased to function.* Leállt a szívműködés.

function key ['fʌŋkʃn kiː] <fn> [C] infor funkcióbillentyű

¹fund [fʌnd] <fn> **1.** [C] *(vmilyen célra gyűjtött)* anyagi alap: *start a fund (vmilyen alapra)* gyűjtést indít * *old-age pension fund* öregségi biztosító pénztár **2. funds** [pl] (alap)tőke; anyagi eszközök: *raise funds* anyagi alapot teremt; előteremti a pénzt * *be out of funds* nincs pénze.

²fund [fʌnd] <ige> anyagilag támogat; finanszíroz; pénzel

fundamental [,fʌndə'mentl] <mn> alap-; alapvető: *the fundamental rules of grammar* a nyelvtan alapszabályai * *fundamental difference* alapvető különbség

fund-raising ['fʌnd reɪzɪŋ] <fn> [U] pénz/anyagiak előteremtése

funeral ['fjuːnrəl] <fn> [C] temetés

funfair ['fʌnfeə] <fn> [C] vidámpark; vurstli

funicular [fjuːˈnɪkjʊlə] <fn> [C] drótkötélpálya; sikló

funnel ['fʌnl] <fn> [C] **1.** tölcsér **2.** *(hajón, mozdonyon)* kémény

funnies ['fʌnɪz] <fn> [pl] *(újságban)* komikus rajzsorozat

funnily ['fʌnɪli] <hsz> különösen; furcsán

  ♦ **funnily enough** furcsa módon

funny ['fʌni] <mn> (funnier, funniest) **1.** vicces; mulatságos; tréfás; mókás: *a funny story* egy vicces történet **2.** furcsa; különös; szokatlan: *a funny idea* furcsa egy gondolat **3.** (kicsit) beteg: *I feel a bit funny today.* Nem érzem ma jól magam.

fur [fɜː] <fn> **1.** [U] *(állati)* szőr(zet); bunda **2.** [C, U] szőrme; prém: *a fur coat* bunda; szőrmekabát

furious ['fjʊərɪəs] <mn> **1.** nagyon mérges; dühös (**with sy** vkire): *to get furious* dühbe gurul **2.** heves; vad; tomboló: *a furious row* heves vita

furnace ['fɜːnɪs] <fn> [C] kohó; olvasztókemence; kazán

furnish ['fɜːnɪʃ] <ige> **1.** (szobát, házat) berendez; (be)bútoroz **2.** ellát; felszerel; juttat: *furnish an expedition* expedíciót felszerel

furnishings ['fɜːnɪʃɪŋz] <fn> [pl] *(szobáé, házé)* berendezés

furniture ['fɜːnɪtʃə] <fn> [U] bútor(zat); bútorok; berendezés: *garden furniture* kerti bútor * *a piece of furniture* egy bútor(darab)

furrow ['fʌrəʊ] <fn> [C] ránc; *(arcon)* barázda

furry ['fɜːri] <mn> szőrös; bolyhos; bundás

¹further ['fɜːðə] <mn> újabb; további; távolabbi: *further orders* újabb rendelkezések * *further education* továbbtanulás * *further expenses* további költségek * *a further volume* egy további kötet * *until further notice* további értesítésig

²further ['fɜːðə] <hsz> **1.** tovább; messzebb; távolabb: *I can't walk further.* Nem tudok tovább gyalogolni. * *I'll inquire further.* Tovább fogok érdeklődni. **2.** egyébként; különben; azonkívül: *I may further mention* megemlítem továbbá

³further ['fɜːðə] <ige> támogat; elősegít; pártfogol

furthermore [,fɜːðə'mɔː] <hsz> továbbá; azonkívül; ráadásul

furthermost ['fɜːðəməʊst] <mn> legtávolabbi; legmesszebb lévő

¹furthest ['fɜːðɪst] <mn> legtávolabbi; legmesszebb eső/fekvő

²furthest ['fɜːðɪst] <hsz> legtávolabb(ra); legmesszebb(re)

furtive ['fɜːtɪv] <mn> titkolt; lopva ejtett/megtett: *a furtive glance* titkos pillantás * *a furtive smile* rejtett mosoly

fury ['fjʊəri] <fn> [U] düh; tombolás; őrjöngés: *get into a fury* dühbe gurul

¹fuse [fjuːz] <fn> [C] **1.** *(elektromos)* biztosíték: *blow the fuse* kivágja a biztosítékot * *The fuse has blown.* Kiégett a biztosíték. **2.** gyújtózsinór; kanóc

²fuse [fjuːz] <ige> **1.** *(biztosíték)* kiég; kiolvad: *The lights have fused.* Kiégett a biztosíték. **2.** *(biztosítékot)* kivág **3.** *(fémet)* megolvaszt; összeolvaszt: *fuse two pieces together* két részt összeolvaszt **4.** egyesül; egybeolvad; fuzionál

fuselage ['fjuːzəlɑːʒ] <fn> [C] *(repülőgépé)* törzs

fusion ['fjuːʒn] <fn> [U] **1.** *(fémé)* összeolvadás: *fusion point* olvadáspont **2.** *(intézményeké, dolgoké)* összeolvadás; egyesülés; fúzió **3.** fiz (mag)fúzió: *fusion reaction* fúziós (mag)reakció

¹fuss [fʌs] <fn> [U] hűhó; fontoskodás; nagy felhajtás: *without any fuss* minden hűhó nélkül

  ♦ **kick up a fuss** biz lármát csap; nagy felhajtást csinál; balhézik ♦ **make a fuss about/over sg** nagy ügyet/felhajtást csinál vmiből *Don't make a fuss!* Ne vacakolj!/Ne cirkuszolj! ♦ **make a fuss of sy** nagy felhajtást csinál vki miatt

²fuss [fʌs] <ige> **1.** *(szükségtelenül)* izgul; aggódik: *Don't fuss!* Ne izgulj! **2.** mindenből nagy ügyet csinál; fontoskodik; aprólékoskodik

fusspot ['fʌspɒt] <fn> [C] biz kicsinyeskedő; akadékoskodó ember

fussy ['fʌsi] <mn> (fussier, fussiest) **1.** *(ember)* kicsinyeskedő; akadékoskodó; kötekedő:

a fussy eater finnyás **2.** túl díszes; csicsás; cicomás

fusty ['fʌstɪ] <mn> **1.** dohos; áporodott; fülledt; állott: *a dark fusty room* sötét dohos szoba **2.** régimódi; avítt; poros; elavult: *fusty ideas* régimódi gondolatok/elképzelések

futile ['fju:taɪl] <mn> hatástalan; eredménytelen; hiábavaló: *a futile attempt* hiábavaló kísérlet

futility [fju:'tɪlətɪ] <fn> [U] hatástalanság; eredménytelenség; hiábavalóság

¹future ['fju:tʃə] <fn> **1. the future** [sing] a jövő: *in the near future* a közeljövőben **2.** [C] vki/vmi jövője: *his future is uncertain* a jövője bizonytalan **3.** [U] biztató kilátások: *He has a brilliant future before him.* Nagy jövő áll előtte. **4. the future tense** [sing] jövő idő: *the future perfect* befejezett jövő idő

²future ['fju:tʃə] <mn> elkövetkezendő; jövő(beli); későbbi: *future generations* a jövő nemzedéke ∗ *my future wife* jövendőbelim

fuzz [fʌz] <fn> **1.** [U] bolyh; pehely(szőr); pihe **2. the fuzz** [sing] szl rendőrség; a zsaruk

fuzzy ['fʌzɪ] <mn> **1.** göndör; borzas; bolyhos; pelyhes **2.** elmosódott; homályos; zavaros

FYI [,ef waɪ 'aɪ] [= for your information] ajánlom figyelmedbe; tájékoztatásul

G, g

¹G, g [dʒiː] <fn> [C, U] (G's, g's) **1.** *(betű)* G; g **2. G** zene *(hang)* G; g: *G major* G-dúr ∗ *G minor* g-moll ∗ *G sharp* gisz ∗ *G flat* gesz ∗ *G clef* g-kulcs; violinkulcs

²g 1. [= gram(s), gramme(s)] g (= gramm) **2.** [= gravity] gravitáció

gab [gæb] <fn> [U] fecsegés: *have the gift of the gab* jó dumája/beszélőkéje/szövege van

¹gabble ['gæbl] <ige> (gabbles, gabbling, gabbled) **1.** (el)hadar **2.** fecseg; locsog

²gabble ['gæbl] <fn> [U] **1.** hadarás **2.** fecsegés; locsogás

gable ['geɪbl] <fn> [C] oromfal: *gable window* oromablak

gadget ['gædʒɪt] <fn> [C] biz kütyü

¹gaff [gæf] <fn> [C] **1.** szigony **2.** halászkampó

²gaff [gæf] <fn> [U] szl
♦ **blow the gaff on sy** bemószerol; beköp vkit

gaffe [gæf] <fn> [C, U] ügyetlenség; elszólás; baklövés

¹gag [gæg] <ige> (gags, gagging, gagged) **1.** *(száját)* betöm; kipeckel **2.** elnémít **3.** *(színpadon)* bemondást rögtönöz

²gag [gæg] <fn> [U] **1.** szájpecek **2.** *(színpadon)* bemondás; geg; poén **3.** AmE *(tréfás)* beugratás

gaga ['gɑːgɑː] <mn> gügye; szenilis; hülye

gage [geɪdʒ] AmE → **gauge**

¹gain [geɪn] <ige> **1.** (el)nyer: *He gained first prize.* Első díjat nyert. **2.** (meg)szerez: *gain experience* tapasztalatot szerez ∗ *Try to gain more information about the possibilities.* Próbálj meg több információt szerezni a lehetőségekről! **3.** hízik; gyarapszik: *He has gained a lot of weight recently.* Sokat hízott az utóbbi időben. **4.** *(óra)* siet: *My watch gained three minutes.* Az órám három percet sietett. **5.** *(célt)* elér: *gain entry* bejut vhova **6.** hasznot húz (**by/from sg** vmiből)
♦ **gain ground** teret nyer; tért hódít ♦ **gain the day** felülkerekedik; győz

gain in sg növekszik; gyarapodik vmire nézve

gain on sy/sg utolér; megközelít vkit/vmit: *They are gaining on us.* Utolérnek.

gain on sg tért hódít vmivel szemben: *The sea gains on the land.* A tenger egyre több teret foglal/hódít el a szárazföldből.

²gain [geɪn] <fn> [C, U] **1.** nyereség; haszon **2.** gyarapodás: *gain in weight* súlygyarapodás
♦ **No gains without pains.** Nincsen rózsa tövis nélkül.

gainful ['geɪnfl] <mn> hasznos; jövedelmező: *gainful employment* kereső/jövedelmező foglalkozás

gal. [= gallon] <fn> [C] *(űrmérték)* gallon

¹gala ['gɑːlə] <fn> [C] **1.** díszünnepély; gála: *swimming gala* úszógála **2.** bemutató

²gala ['gɑːlə] <mn> ünnepi; dísz-: *gala performance* díszelőadás ∗ *gala night* gálaest

galaxy ['gæləksɪ] <fn> [C] (galaxies) **1.** tejút(-rendszer); csillagrendszer; galaxis: *the Galaxy* a Tejútrendszer, Galaktika **2.** biz hírességek; híres emberek csoportja

gale [geɪl] <fn> [C] **1.** szélvihar: *gale force* szélerősség **2.** élénkség; vidámság: *a gale of laughter* hahota

gall bladder ['gɔːl,blædə] <fn> [C] epehólyag

gallery ['gælərɪ] <fn> [C] (galleries) **1.** képtár; galéria **2.** karzat; erkély: *play to the gallery* a karzatnak játszik; a tömeg kegyeire vadászik **3.** *(bányában)* aknafolyosó; vágat; tárna

galley ['gælɪ] <fn> [C] gálya

gallon ['gælən] <fn> [C] *(űrmérték)* gallon

¹gallop ['gæləp] <fn> [U] vágta; galopp: *at a gallop* vágtában ∗ *go for a gallop* kivágtat ∗ *break into a gallop* vágtázni kezd

²gallop ['gæləp] <ige> *(lovas, ló)* vágtázik; vágtat; galoppozik

gallop through sg 1. elhadar vmit; gyorsan elolvas vmit **2.** sebtében végez vmivel

gallows ['gæləʊz] <fn> [C] (gallows) akasztófa; bitó: *gallows humour* akasztófahumor

gallstone ['gɔːlstəʊn] <fn> [C] epekő

¹gamble ['gæmbl] <ige> (gambles, gambling, gambled) **1.** *(pénzt, vagyont)* eljátszik; elkártyáz (**on sg** vmin/vhol): *My uncle gambled all the* *family's money on the race.* A nagybátyám eljátszotta a család minden pénzét a versenyen. **2.** kockáztat (**sg on sg** vmit vmin/vhol)

> **gamble on sg** számít vmire: *You may gamble on that.* Erre nyugodtan számíthatsz. ∗ *We started the garden party gambling on the weather staying sunny.* Elkezdtük a kerti partit, arra számítva, hogy napos marad az idő.
>
> **gamble with sg** pej játszik vmivel

²**gamble** ['gæmbl] <fn> [C] kockázatos vállalkozás/ügy
gambler ['gæmblə] <fn> [C] (szerencse)játékos; hazardőr
gambling ['gæmblɪŋ] <fn> [C] szerencsejáték
gambol ['gæmbl] <ige> (gambols, gambolling, gambolled; AmE gamboling, gamboled) ugrándozik; szökdécsel; szökell

¹**game** [geɪm] <fn> **1.** [C] játék: *What is your favourite game?* Mi a kedvenc játékod? **2.** [C] játszma; játék; (kártya)parti: *He won (by) six games to one.* 6:1-re megnyerte a játszmát. ∗ *The game is two all.* 2:2 az állás. ∗ *be off one's game (sportoló stb.)* rosszul játszik; nincs formában ∗ *be on one's game* jól játszik; jó formában van ∗ *play a game of cards* kártyázik ∗ *a game of bridge* bridzsparti ∗ *a game of chess* sakkparti ∗ *ball games* labdajátékok **3. games** [pl] *(sportverseny)* játékok: *the Olympic Games* az olimpiai játékok ∗ *the Games* nemzetközi atlétikai játékok **4.** [U] *(állat)* vad: *small game* apróvad ∗ *gamekeeper/game warden* vadőr ∗ *We shot a big game.* Egy nagyvadat lőttünk. **5.** [U] vadpecsenye
♦ **at this/that stage of the game** ezen a ponton; ha már erről van szó ♦ **have/play a game with sy** bolonddá tesz vkit; játszik vkivel; tréfát űz vkiből ♦ **make a game of sy** gúnyt űz vkiből ♦ **give the game away 1.** elszólja magát biz **2.** *(titkot)* elköp ♦ **play the game** átv betartja a játékszabályokat ♦ **The game is on.** A játék folyik. ♦ **The game is up.** A játéknak vége./A játszma elveszett. ♦ **What's his game?** Mit akar?

²**game** [geɪm] <mn> bátor; vagány; határozott; belevaló: *be game for anything* mindenre kapható ∗ *Are you game?* Benne vagy?
game-bag ['geɪmbæɡ] <fn> [C] vadászzsákmány
game bird ['geɪm bɜːd] <fn> [C] szárnyas vad
game licence [ˌgeɪm'laɪsns] <fn> [C] vadászengedély
game license [ˌgeɪm'laɪsns] AmE → **game licence**
game park ['geɪm pɑːk] <fn> [C] vadaspark
game point [ˌgeɪm'pɔɪnt] <fn> [C] mérkőzéslabda
game reserve ['geɪm rɪzɜːv] <fn> [C] vadaskert
game show ['geɪm ʃəʊ] <fn> [C] televíziós vetélkedő
game warden ['geɪm wɔːdn] <fn> [C] vadőr
gammon ['gæmən] <fn> [U] füstölt sonka
gander ['gændə] <fn> [C] gúnár
¹**gang** [gæŋ] <fn> [C + sing/pl v] **1.** (gengszter-)banda **2.** csapat; banda; baráti kör: *a gang of kids* gyerekcsapat ∗ *I haven't seen any of the gang since October.* Október óta nem láttam senkit a csapatból/bandából/baráti körből. **3.** (munkás)csoport; brigád
²**gang** [gæŋ] <ige>

> **gang together** biz összeáll; szövetkezik
> **gang up** biz összeáll; szövetkezik (**on/against sy** vki ellen)

gangster ['gæŋstə] <fn> [C] gengszter; bandita
gangway ['gæŋweɪ] <fn> [C] **1.** *(ülések, sorok közti)* folyosó; átjáró **2.** kikötőhíd; hajóhíd
gantry ['gæntri] <fn> [C] (gantries) **1.** szemaforhíd **2.** portáldaru
gaol [dʒeɪl] <fn> [C] börtön; fegyház
gap [gæp] <fn> [C] **1.** nyílás; rés: *a gap between teeth* fogak közti rés **2.** hiány(osság): *gaps in his knowledge of mathematics* hiányosságok a matematikai tudásában ∗ *bridge/close/fill/stop a gap* hiányt/hézagot pótol
gape [geɪp] <ige> (gapes, gaping, gaped) **1.** tátva marad a szája; tátott szájjal bámul (**at sy/sg** vkit/vmit) **2.** tátong
gaping ['geɪpɪŋ] <mn> **1.** bámész **2.** ásít(oz)ó **3.** *(seb stb.)* tátongó
garage ['gærɑːʒ] <fn> [C] **1.** garázs: *the door of the garage* a garázs ajtaja **2.** autószerviz; szerviz(állomás) **3.** benzinkút
garbage ['gɑːbɪdʒ] <fn> [C] AmE (konyhai) hulladék; szemét
garbage can ['gɑːbɪdʒ kæn] <fn> [C] AmE szemétláda; kuka
garbage collection ['gɑːbɪdʒ kəˌlekʃn] <fn> [U] AmE szemétgyűjtés; szemételszállítás
garbage dump ['gɑːbɪdʒ dʌmp] <fn> [C] AmE szemétlerakó (hely); szeméttelep
garbage truck ['gɑːbɪdʒ trʌk] <fn> [C] AmE kukásautó
¹**garden** ['gɑːdn] <fn> **1.** [C] kert **2. gardens** [pl] park: *botanical gardens* botanikus kert ∗ *zoological gardens* állatkert

²garden ['gɑːdn] <ige> kertészkedik: *She doesn't garden too much.* Nem túl sokat kertészkedik.
garden centre ['gɑːdn ,sentə] <fn> [C] kertészeti szakbolt
garden city [,gɑːdn'sɪtɪ] <fn> [C] BrE kertváros
gardener ['gɑːdnə] <fn> [C] kertész
garden gate ['gɑːdn,geɪt] <fn> [C] kertkapu
gardening ['gɑːdnɪŋ] <fn> [U] kertészkedés: *do some gardening* kertészkedik (egy kicsit)
garden party ['gɑːdn,pɑːtɪ] <fn> [C] (garden parties) kerti fogadás/parti
¹gargle ['gɑːgl] <fn> [C, U] szájvíz; toroköblítő
²gargle ['gɑːgl] <ige> (gargles, gargling, gargled) gargarizál (**with sg** vmivel)
garish ['geərɪʃ] <mn> rikító; feltűnő
garlic ['gɑːlɪk] <fn> [C] fokhagyma
garment ['gɑːmənt] <fn> [C] **1.** ruha; öltözet **2.** ruhadarab
¹garnish ['gɑːnɪʃ] <ige> (ételt) díszít; körít
²garnish ['gɑːnɪʃ] <fn> **1.** [U] köret; körítés; garnírung **2.** [C] szóvirág
garrison ['gærɪsn] <fn> [C] kat helyőrség
garrulous ['gærələs] <mn> bőbeszédű
¹gas [gæs] <fn> **1.** [C, U] (gases) gáz: *gas attack* gáztámadás ∗ *tear gas* könnygáz ∗ *Oxygen is a gas.* Az oxigén egy gáz. **2.** [U] (főzéshez) (föld)gáz: *turn on/off the gas* meggyújtja/eloltja a gázt **3.** [U] AmE benzin: *step on the gas* gázt ad; beletapos a gázba
²gas [gæs] <ige> (gases, gassing, gassed) elgázosít; (gázzal) megmérgez
gas appliance ['gæs ə'plaɪəns] <fn> [C] gázkészülék
gas bill ['gæs bɪl] <fn> [C] gázszámla
gas chamber ['gæs tʃeɪmbə] <fn> [C] gázkamra
gas cooker ['gæs,kʊkə] <fn> [C] gáztűzhely
¹gash [gæʃ] <fn> [C] tátongó, mély seb/vágás
²gash [gæʃ] <ige> (mélyen) megvág; bevág; behasít: *gash one's knee* bevágja/összeszabdalja a térdét
gas heating ['gæs,hiːtɪŋ] <fn> [U] gázfűtés
gas mask ['gæs mɑːsk] <fn> [C] gázálarc
gas meter ['gæs,miːtə] <fn> [C] gázóra
gasoline ['gæsəliːn] <fn> [U] **1.** AmE benzin **2.** rep gazolin
¹gasp [gɑːsp] <ige> **1.** zihál: *gasp for breath* levegő után kapkod ∗ *gasp out sg* zihálva elmond vmit **2.** (meglepetéstől) eláll a lélegzete
²gasp [gɑːsp] <fn> [C] zihálás
♦ **be at one's last gasp** a végét járja/az utolsókat rúgja
gas station ['gæs,steɪʃn] <fn> [C] AmE benzinkút
gastric ['gæstrɪk] <mn> orv gyomor-
gastroenteritis [,gæstrəʊentə'raɪtɪs] <fn> [U] orv gyomor- és bélhurut

gastronomic [,gæstrə'nɒmɪk] <mn> gasztronómiai; konyhaművészeti
gate [geɪt] <fn> [C] **1.** kapu: *iron gate* vaskapu **2.** (repülőgéphez) kapu; kijárat: *Go to gate 3 for flight B51.* A B51-es járathoz fáradjon a hármas kapuhoz/kijárathoz! **3.** (meccsen) közönség; nézőszám: *gate money* (meccsen) bevétel
gateau ['gætəʊ] <fn> [C] (gateaux) torta
gatecrash ['geɪtkræʃ] <ige> hívatlanul betolakodik/beállít; (hangversenyen stb.) potyázik
gatecrasher ['geɪtkræʃə] <fn> [C] betolakodó; hívatlan vendég; (hangversenyen stb.) potyázó
gateway ['geɪtweɪ] <fn> [C] **1.** kapubejárat; kapualj **2. a gateway to sg** vminek a kapuja
gather ['gæðə] <ige> **1. gather sg (together/up)** összegyűjt; összeszed vmit: *gather strength* erőt gyűjt ∗ *I gathered up all the papers.* Az összes papírt összegyűjtöttem. **2.** (gabonát stb.) betakarít; begyűjt: *Farmers gather the corn.* A farmerek betakarítják a gabonát. **3.** (össze)gyűlik; gyülekezik; összejön (**round sy/sg** vki/vmi köré): *The family gathered around the tree.* A család a fa köré gyűlt. ∗ *A big crowd of people gathered.* Nagy embertömeg verődött össze. **4.** rájön; megtud; kivesz; értesül róla: *I gathered that he loved me.* Rájöttem, hogy szeret. ∗ *What I gather from your letter is…* Leveledből azt veszem ki, hogy… **5.** (ruhát) összehúz **6.** növekszik; fokozódik: *gather speed* felgyorsul
♦ **be gathered to one's fathers** (meghal) megtér őseihez ♦ **gather oneself together** összeszedi magát
gathering ['gæðərɪŋ] <fn> [C] összejövetel
gaudy ['gɔːdɪ] <mn> cifra; rikító; csiricsáré
¹gauge ['geɪdʒ] <fn> [C] **1.** mérő(eszköz/-műszer); mérce **2.** méret; űrtartalom; mérték **3.** nyomtáv **4.** sablon; idomszer; kaliber
²gauge ['geɪdʒ] <ige> (gauges, gauging, gauged) **1.** megmér **2.** (képességeket stb.) felmér
gaunt [gɔːnt] <mn> sovány; szikár
gauze [gɔːz] <fn> [U] géz: *gauze bandage* kötözőpólya; mullpólya
gave [geɪv] → **give**
gawk [gɔːk] <ige> bámészkodik; bámul
¹gay [geɪ] <mn> **1.** vidám: *gay music* vidám zene **2.** élénk színű; tarka: *gay flowers* tarka virágok **3.** (férfi) meleg; homoszexuális
²gay [geɪ] <fn> [C] (férfi) meleg; homoszexuális
¹gaze [geɪz] <fn> [U] nézés; bámulás
²gaze [geɪz] <ige> (gazes, gazing, gazed) bámul (**at sg/sy** vkit/vmit); bámészkodik

gazette [gə'zet] <fn> [C] hivatalos lap; közlöny

GB [,dʒiː'biː] [= Great Britain] Nagy-Britannia

GCSE [,dʒiːsiːesˈiː] [= General Certificate of Secondary Education] <fn> [C, U] (GCSEs) *(16 éves korban letehető középiskolai záróvizsga)* ≈ érettségi

GDP [,dʒiːdiːˈpiː] [= gross domestic product] <fn> GDP; BHT (= bruttó hazai termék)

¹gear [gɪə] <fn> **1.** [C, U] *(jármű)* sebesség(fokozat): *change gear* sebességet vált * *change into second gear* második sebességre vált; másodikba teszi * *reverse gear* hátramenet(i fokozat) * *He is in first/second/top gear.* Első/Második/Negyedik/Ötödik sebességben van. **2.** [C, ált pl] *(jármű)* sebességváltó **3.** [U] felszerelés: *sports gear* sportfelszerelés **4.** [U] biz szerelés; öltözék **5.** [C, U] készülék; szerkezet

²gear [gɪə] <ige>

> **gear sg to/towards sy/sg** vkihez/vmihez igazít/szab vmit; vki/vmi számára rendez/szervez vmit
> **gear up** (fel)készül **(for/to sg** vmire)
> **gear sy/sg up** felkészít vkit/vmit **(for/to sg** vmire)

gearbox ['gɪəbɒks] <fn> [C] seb(esség)váltó
gear lever ['gɪə,liːvə] <fn> [C] seb(esség)váltó (kar)
gear shift ['gɪəʃɪft] <fn> [C] AmE seb(esség)váltó (kar)
gear stick ['gɪəstɪk] <fn> [C] seb(esség)váltó (kar)
gee [dʒiː] <isz> **1.** *(ló biztatására)* gyí **2.** AmE jé; hű
geek [giːk] <fn> [C] infml **1.** *(az informatikában jártas, megszállott)* kockafej **2.** unalmas/esetlen alak
geese [giːs] → **goose**
gel [dʒel] <fn> [C, U] gél; zselé
gem [dʒem] <fn> [C] **1.** drágakő; ékkő **2.** átv gyöngyszem; vminek a legszebb darabja
Gemini ['dʒemɪnaɪ] <fn> [pl] asztrol Ikrek
gender ['dʒendə] <fn> [C, U] nyelvt nem
gene [dʒiːn] <fn> [C] gén
¹general ['dʒenrəl] <mn> **1.** általános; köz-; közös: *general opinion* általános vélemény * *a general description* általános leírás * *general education* közoktatás * *general knowledge* általános műveltség * *in general* általában véve * *the general public* a nagyközönség; a közvélemény * *in general terms* általában véve; általánosságban * *as a general rule* általánosságban * *be in general use* általános használatban van; közhasználatban van; közhasználatú * *This toilet is for general use.* Ez egy nyilvános WC. **2.** hivatalos: *general holiday* hivatalos szünnap **3.** fő-: *general staff* vezérkar * *general manager* főigazgató; vezérigazgató

²general ['dʒenrəl] <fn> [C] tábornok: *General Smith* Smith tábornok (úr)
general election [,dʒenrəl ɪ'lekʃn] <fn> [C] általános választás; (parlamenti) képviselőválasztás
general manager [,dʒenrəl 'mænɪdʒə] <fn> [C] vezérigazgató: *appoint a new general manager* új vezérigazgatót kinevez
general meeting [,dʒenrəl 'miːtɪŋ] <fn> [C] közgyűlés
general partner [,dʒenrəl 'pɑːtnə] <fn> [C] beltag; korlátlan felelősségű társ
generalize ['dʒenrəlaɪz] <ige> (generalizes, generalizing, generalized) általánosít
generally ['dʒenrəli] <hsz> **1.** rendszerint; általában (véve): *generally speaking* általánosságban szólva; nagy általánosságban **2.** általánosan
general practitioner [,dʒenrəl præk'tɪʃnə] <fn> [C] röv **GP** háziorvos; körzeti orvos
general strike [,dʒenrəl'straɪk] <fn> [C] általános sztrájk
generate ['dʒenəreɪt] <ige> (generates, generating, generated) **1.** létrehoz; előállít; fejleszt; termel; generál **2.** okoz; előidéz
generation [,dʒenə'reɪʃn] <fn> [C] nemzedék; generáció: *all three generations* mindhárom generáció * *generation gap* generációs ellentét/különbség * *first generation computer* első generációs számítógép
generator ['dʒenəreɪtə] <fn> [C] áramfejlesztő; generátor
generosity [,dʒenə'rɒsəti] <fn> [U] nagylelkűség
generous ['dʒenrəs] <mn> **1.** nagylelkű; bőkezű: *It was really generous of you to...* Igazán nagylelkű voltál, hogy... **2.** kiadós; bőséges: *a generous dinner* kiadós vacsora
genesis ['dʒenəsɪs] <fn> [U] keletkezés; eredet: *the (Book of) Genesis* Mózes első könyve
genetic [dʒə'netɪk] <mn> genetikai: *genetic code* genetikai kód * *genetic engineering* génsebészet * *genetic fingerprint* genetikai ujjlenyomat
genetically modified [dʒə,netɪkli'mɒdɪfaɪd] <mn> röv **GM** *(növény stb.)* genetikailag módosított; génkezelt
genetics [dʒə'netɪks] <fn> [U] genetika
Geneva [dʒə'niːvə] <fn> Genf
genial ['dʒiːnɪəl] <mn> barátságos; szívélyes

geniality [ˌdʒiːnɪˈælətɪ] <fn> [U] barátságosság; szívélyesség; derűs kedély
genitalia [ˌdʒenɪˈteɪlɪə] <fn> [pl] nemi szervek; ivarszervek
genitals [ˈdʒenɪtlz] <fn> [pl] nemi szervek; ivarszervek
genitive (case) [ˈdʒenətɪv] <fn> [C] nyelvt birtokos eset; genitivus
genius [ˈdʒiːnɪəs] <fn> [C] (geniuses v. genii) lángész; zseni; géniusz
genocide [ˈdʒenəsaɪd] <fn> [U] népirtás
genome [ˈdʒiːnəʊm] <fn> [C] génállomány; genom
genre [ˈʒɒnrə] <fn> [C] műfaj; zsáner
gentle [ˈdʒentl] <mn> (gentler, gentlest) **1.** *(származást tekintve)* nemes: *of gentle birth* nemesi származású **2.** gyengéd; szelíd; finom **3.** *(éghajlat stb.)* enyhe: *a gentle slope* enyhe emelkedő **4.** gyenge: *the gentler sex* a gyengébb nem
gentleman [ˈdʒentlmən] <fn> [C] (gentlemen) **1.** úr; férfi: *Ladies and gentlemen* Hölgyeim és uraim! * *Two gentlemen have arrived.* Két úr érkezett. **2.** úriember: *gentlemen's agreement* szóbeli megállapodás; becsületbeli megegyezés * *He is a real gentleman.* Igazi/Vérbeli úriember.
gents [dʒents] <fn> [pl] *(illemhelyen)* férfiak
genuine [ˈdʒenjʊɪn] <mn> **1.** eredeti; valódi: *genuine gold* valódi arany **2.** őszinte: *a genuine desire* őszinte vágy
genus [ˈdʒiːnəs] <fn> [C] biol genus; nem; nemzetség
geography [dʒɪˈɒɡrəfɪ] <fn> [U] földrajz
geology [dʒɪˈɒlədʒɪ] <fn> [U] geológia
geometry [dʒɪˈɒmətrɪ] <fn> [U] mértan; geometria
germ [dʒɜːm] <fn> **1.** [C] baktérium: *kill all known germs* minden ismert baktériumot elpusztít * *germ carrier* bacilusgazda **2.** [C, U] átv is csíra: *kill sg in its germ* csírájában elfojt vmit
¹German [ˈdʒɜːmən] <mn> német: *German class* németóra * *German course* németnyelv-tanfolyam * *the German language* a német nyelv * *German Department* német tanszék * *He is German (by birth).* Ő német (születésű).
²German [ˈdʒɜːmən] <fn> **1.** [C] *(személy)* német: *the Germans* a németek **2.** [U] *(nyelv)* német: *in German* németül (van írva) * *Do you speak German?* Tudsz németül? **3.** [U] német nyelvtudás: *His German is good.* Jó a német nyelvtudása.
German measles [ˈdʒɜːmən ˈmiːzlz] <fn> [U] rubeola; rózsahimlő
Germany [ˈdʒɜːmənɪ] <fn> Németország

gesticulate [dʒeˈstɪkjʊleɪt] <ige> (gesticulates, gesticulating, gesticulated) gesztikulál
gesture [ˈdʒestʃə] <fn> [C] gesztus
get [ɡet] <ige> (gets, getting, got, got; AmE gotten) **1.** kap; szerez; vesz: *not to be got* nem kapható * *get sg for sy//get sy sg* vkinek vmit (meg)szerez * *I got a record.* Kaptam egy lemezt. * *Can I get a piece of chocolate?* Kaphatok egy darab csokit? * *How much did you get for this dress?* Mennyit kaptál ezért a ruháért? * *I must get a roll.* Kell vennem egy zsömlét. **2.** *(betegséget)* (el)kap: *get the chicken-pox* bárányhimlőt kap * *I got a cold.* Megfáztam. **3.** *(vmivé/vmilyenné)* lesz; válik: *get dirty* bepiszkolódik * *get excited* izgalomba jön * *get hungry* megéhezik * *get old* megöregszik * *get tired* elfárad * *get used to sg* hozzászokik vmihez; megszokik vmit * *be getting better* gyógyulófélben van * *Get better!* Gyógyulj meg! * *It is getting warmer and warmer.* Egyre melegebb és melegebb lesz. **4.** elhoz: *get sy from school* elhoz vkit az iskolából **5.** *(vmilyen helyzetbe)* juttat: *You will get me into trouble.* Bajba juttatsz engem. **6.** felfog; (meg)ért: *She never gets the jokes.* Sosem érti (meg) a vicceket. * *Got it?* Érted?/Felfogtad? * *I don't get him.* Nem értem őt. * *You have got it wrong.* Félreértetted a dolgot. **7.** *(vhova)* (el-)jut; kerül; érkezik: *get home* hazaér * *Will he get there in time?* Odaér időben? * *It was difficult to get to the town.* Nehéz volt eljutni a városba. * *We won't get anywhere this way.* Így nem jutunk előbbre! **8. have got** van vmije: *She has got blue eyes.* Kék szeme van. * *I have got a cat.* Van egy cicám. **9. have got to** kell: *I have got to visit her.* Meg kell látogatnom őt. **10.** rávesz (sy to do sg vkit vmire): *I got my friend to help me.* Rávettem a barátomat, hogy segítsen nekem. * *Get him to go.* Vedd rá, hogy induljon! **11.** elfog; elkap: *We'll get them!* Elkapjuk őket! **12.** hozzáfog (to do sg vmihez): *get to work* dolgozni kezd **13.** sikerül elvégezni (sg vmit): *get sg ready* elkészít; megcsinál vmit * *get the lunch ready* elkészíti az ebédet * *I got the book read yesterday.* Tegnap sikerült kiolvasnom a könyvet.
♦ **get even with sy** biz elszámol vkivel; elégtételt vesz vkin ♦ **get fed up with sg** elege van vmiből ♦ **get hold of sg** hozzájut vmihez; megszerez vmit ♦ **get hot under the collar** biz elönti a pulykaméreg ♦ **get into hot water** biz bajba keveredik ♦ **get nowhere** nem megy semmire ♦ **get rid of sy/sg** megszabadul vkitől/vmitől ♦ **get sg right** tisztáz vmit ♦ **get somewhere/there** sikerül (vkinek vmi); sikert

ér el ♦ **Get lost!** Tűnj el! ♦ **Get you!** Ne mondd! ♦ **Let's get going/started!** Indulás! ♦ **What's got him?** Mi ütött belé? ♦ **What's that got to do with it?** Mi köze van ehhez annak?

get about 1. *(hír)* terjed **2.** *(beteg)* lábadozik; talpra áll **3.** jár(kál); utazik; mozog
get across *(mondanivaló lényege stb.)* hallatszik; eljut (**to sy** vkihez)
get across sy megsért; bosszant vkit
get across sg átjut vmin
get sg across megértet vmit (**to sy** vkivel)
get ahead jól halad; viszi vmire; boldogul
get ahead of sy túltesz vkin
get along 1. elmegy; elindul; távozik **2.** boldogul; halad; érvényesül
get along with sy kijön; megvan vkivel
get at sg 1. hozzáfér; hozzájut vmihez **2.** céloz; utal vmire
get at sy biz **1.** lefizet; megkörnyékez vkit **2.** macerál; nyaggat; cikiz vkit
get away 1. elmegy; elszökik; elmenekül (**from swhere** vhonnan): *Get away!* Menj már! ∗ *They got away from the prison in a stolen car.* Egy lopott autóval menekültek el a börtönből. **2.** *(kikapcsolódni)* elmegy; elutazik
get away with sg 1. meglép vmivel **2.** megúszik vmit: *get away with a warning* egy figyelmeztetéssel megússza
get back visszatér; visszamegy; visszajön: *Will you get back on time?* Pontosan érkezel majd vissza?
get sg back visszakap vmit
get behind lemarad; elmarad
get by 1. boldogul **2.** *(elfogadható)* elmegy: *This jumper will get by.* Elmegy ez a pulcsi.
get down 1. lejön; lemegy **2.** felkel az asztaltól
get sg down 1. lenyel vmit **2.** leír; lejegyez vmit
get sy down biz kikészít; kiborít; lehangol vkit
get down to sg foglalkozni kezd vmivel; *(munkának)* nekilát
get in 1. bemegy; beszáll **2.** megérkezik; beérkezik: *My train will get in earlier.* A vonatom korábban fog beérkezni. **3.** *(pl. választást)* megnyer **4.** *(iskolába, egyetemre)* bejut
get sy in *(szerelőt, orvost stb.)* kihív; hívat
get sg in 1. beszúr; közbeiktat vmit **2.** *(termést)* betakarít **3.** beszerez vmit

get in on sg biz rész vesz vmiben
get in with sy biz igyekszik a kegyeibe férkőzni vkinek
get into sg 1. belekerül vmibe; vmilyen állapotba jut/kerül: *get into a temper* kiborul **2.** belejön vmibe: *He'll soon get into it.* Hamarosan belejön. **3.** *(ruhába)* belebújik **4.** *(járműbe)* beszáll
get off 1. leszáll; kiszáll **2.** *(vmit)* megúszik; elmegy; elmenekül: *They got off with a fine.* Pénzbírsággal megúszták. **3.** elindul
get sy off elkészít; elindít vkit: *She is getting her children off to school.* Elindítja a gyerekeit az iskolába.
get sg off 1. postáz vmit; *(levelet)* elküld **2.** megtanul; bevág vmit
get off with sy biz viszonyt kezd vkivel
get on 1. beszáll; felszáll **2.** továbbmegy; halad; igyekszik; siet **3.** boldogul, érvényesül: *get on in life* boldogul az életben **4.** megfér; kijön (**with sy** vkivel): *They get on very well.* Jól megférnek/kijönnek egymással. ∗ *I get on well with my friends.* Jól kijövök a barátaimmal.
get on at sy kritizál vkit: *She is always getting on at me.* Állandóan kritizál.
get out 1. kimegy; kijut; távozik; kiszáll **2.** kitudódik
get sg out *(művet)* megjelentet; elkészít vmit
get sg out of sy kiszed; kicsikar vkiből vmit
get out of sg 1. eltávozik vhonnan **2.** kibújik vmi alól
get over sg 1. átkel; átmegy vmin **2.** átesik vmin; *(nehézségeken)* túljut; *(akadályt)* legyőz; átvészel; kihever: *get over an illness* betegségből meggyógyul
get sg over 1. megértet vmit (**to sy** vkivel) **2.** túlesik vmin; letud vmit
get round sg 1. kikerül; megkerül vmit **2.** *(nehézséget, akadályt)* megold; leküzd
get round sy biz megnyer; levesz a lábáról; ujja köré csavar vkit
get round to sg hozzájut vmihez; sort kerít vmire
get through 1. *(vhova)* eljut **2.** *(telefon-)* összeköttetést létesít (**to sy** vkivel) **3.** *(vizsgán)* átmegy; átjut
get sg through *(törvényjavaslatot)* megszavaz
get sy through *(vizsgán stb.)* átsegít vkit
get through with sg végez vmivel
get together összejön; (össze)találkozik; gyülekezik

get sg together összeszed vmit
get up *(ágyból)* felkel; feláll: *He hasn't got up yet.* Még nem kelt fel.
get sy up felkelt vkit
get sg up összehoz; összeállít; megcsinál; szervez vmit: *get up a party* bulit szervez
get oneself up kiöltözik
get up to sg 1. elkövet vmit **2.** vmiben töri a fejét; kiszel vmit **3.** elér vhová

getaway ['getəweɪ] <fn> [C] menekülés
get-together ['get tə'geðə] <fn> [C] összejövetel; találka; együttlét
geyser ['giːzə] <fn> [C] gejzír
ghastly ['gɑːstlɪ] <mn> förtelmes; rettenetes; szörnyű; borzasztó
gherkin ['gɜːkɪn] <fn> [C] apró (ecetes) uborka
ghetto ['getəʊ] <fn> [C] (ghettos v. ghettoes) gettó
ghost [gəʊst] <fn> [C] szellem; kísértet
♦ **give up the ghost 1.** *(meghal)* kileheli a lelkét **2.** *(készülék)* felmondja a szolgálatot
♦ **haven't a/the ghost of a chance** semmi esélye sincs
ghost train ['gəʊst treɪn] <fn> [C] szellemvasút: *go on the ghost train* a szellemvasúton utazik
¹**giant** ['dʒaɪənt] <fn> [C] óriás
²**giant** ['dʒaɪənt] <mn> óriási; hatalmas
giant slalom [,dʒaɪənt'slɑːləm] <fn> [C, U] óriás műlesiklás
giddiness ['gɪdɪnəs] <fn> [U] **1.** szédülés **2.** könnyelműség
giddy ['gɪdɪ] <mn> **1.** szédülő: *I am/feel/turn giddy.* Szédülök. **2.** *(mélység stb.)* szédítő
gift [gɪft] <fn> [C] **1.** ajándék: *a birthday gift* születésnapi ajándék **2.** tehetség; adottság; képesség (**for sg** vmihez): *She has a gift for mathematics.* Van tehetsége a matematikához.
gifted ['gɪftɪd] <mn> tehetséges
gift token ['gɪft,təʊkən] <fn> [C] ajándékutalvány
gift voucher ['gɪft,vaʊtʃə] <fn> [C] ajándékutalvány
gigantic [dʒaɪ'gæntɪk] <mn> hatalmas; óriási; gigantikus
¹**giggle** ['gɪgl] <ige> (giggles, giggling, giggled) vihog; kuncog
²**giggle** ['gɪgl] <fn> [C] vihogás; kuncogás
gill [gɪl] <fn> [C] kopoltyú
gimmick ['gɪmɪk] <fn> [C] **1.** trükk; csel **2.** (reklám)fogás: *an advertising gimmick* reklámfogás **3.** szerkentyű
¹**ginger** ['dʒɪndʒə] <fn> [U] gyömbér

²**ginger** ['dʒɪndʒə] <mn> vörösessárga; vörösesszőke: *ginger hair* vörösesszőke haj ∗ *She is ginger-haired.* Vörösesszőke.
ginger ale [,dʒɪndʒə'eɪl] <fn> [U] gyömbérsör
ginger beer [,dʒɪndʒə'bɪə] <fn> [U] gyömbérsör
gingerbread ['dʒɪndʒəbred] <fn> [U] gyömbérkenyér
gipsy ['dʒɪpsɪ] → **gypsy**
giraffe [dʒə'rɑːf] <fn> [C] (giraffe v. giraffes) zsiráf
girl [gɜːl] <fn> [C] lány; kislány: *Hello girls and boys!* Sziasztok fiúk, lányok! ∗ *She is a lovely little girl.* Ő egy szép kislány.
girlfriend ['gɜːlfrend] <fn> [C] barátnő: *Have you got a girlfriend?* Van barátnőd?/Jársz valakivel?
girlhood ['gɜːlhʊd] <fn> [U] leánykor: *in her girlhood* leánykorában
girlish ['gɜːlɪʃ] <mn> lányos
giro ['dʒaɪrəʊ] <fn> gazd BrE **1.** [U] zsíró **2.** [C] (giros) *(az állam által kiutalt segély főleg munkanélkülieknek)* pénzesutalvány; csekk
gist [dʒɪst] <fn> [U] lényeg; vminek a magva/veleje: *Get down to the gist of the matter!* Térj a dolog lényegére!
give [gɪv] <ige> (gives, giving, gave, given) **1.** (oda)ad; ajándékoz; adományoz: *She gave me a pen.* Adott nekem egy tollat. **2.** ad; nyújt; szentel: *give the permission* megadja az engedélyt ∗ *He gave me a kiss.* Adott nekem egy csókot. ∗ *She gives all her time to her family.* Minden idejét a családjának szenteli. **3.** okoz: *This old house gives us a lot of trouble.* Ez a régi ház rengeteg bajt okoz nekünk. ∗ *The cold water gave me a pain in my ears.* A hideg víz fülfájást okozott. **4.** ad; értésére ad; közöl: *give judgement* ítéletet mond ∗ *They gave him two years in prison.* Két év börtönbüntetést adtak neki. ∗ *I gave them ten minutes to leave.* Tíz percet adtam nekik az indulásra. **5.** *(üdvözletet stb.)* átad: *Give him my best regards!* Add át neki üdvözletemet! **6.** enged; (meg-)ad: *give way (to) (közlekedésben)* elsőbbséget ad
♦ **give as good as one gets** nem marad adósa vkinek ♦ **give and take** kompromisszumra jut ♦ **give or take** plusz mínusz ♦ **give a shout** kiált ♦ **I'll give you best.** Elismerem, hogy erősebb vagy nálam. ♦ **I'll give you that.** Ezt elismerem. ♦ **I'll give you what for!** Majd adok én neked! ♦ **The weather gives.** Enyhül az idő. ♦ **What gives?** Mi történt?/Mi van? ♦ **give sy to understand** értésére adja vkinek

give sg away odaad; elajándékoz vmit
give sy/sg away beárul; elárul vkit/vmit
give sg back visszaad vmit
give in enged; megadja magát (**to sy/sg** vkinek/vminek)
give sg in bead; benyújt vmit
give sg off *(illatot, hőt stb.)* áraszt; sugároz; kibocsát
give out 1. *(készlet)* elfogy; kifogy; kimerül **2.** lerobban; felmondja a szolgálatot
give sg out 1. kioszt; szétoszt vmit **2.** kibocsát vmit; *(illatot stb.)* áraszt **3.** közhírré tesz; kihirdet vmit
give over sg abbahagy vmit
give sg over szentel vmit (**to sg** vminek)
give oneself over átadja magát (**to sg** vminek): *give oneself over to work* átadja magát a munkának
give sg up 1. felad; abbahagy vmit; felhagy vmivel; lemond vmiről: *You have to give up smoking. Abba kell hagynod a dohányzást.* ∗ *I give it up.* Feladom. **2.** átenged; átad vmit: *give up one's seat* átadja a helyét
give oneself up *(rendőrségen stb.)* feladja/feljelenti magát

giveaway ['gɪvəweɪ] <fn> [C] **1.** áruló/árulkodó jel **2.** *(vásárlásnál)* ráadás; apró ajándék
¹given ['gɪvn] <mn> **1.** (meg)adott: *at a given time and place* a megadott időben és helyen ∗ *within a given time* adott időn belül **2.** hajlamos (**to sg** vmire): *She is given to depression.* Depresszióra hajlamos.
²given ['gɪvn] <elöl> vmit figyelembe véve; feltéve, hogy: *Given their youth, they've done quite well.* Fiatal korukat figyelembe véve egészen jól teljesítettek. ∗ *Given that A equals 5, A plus 2 equals 7.* A + 2 = 7, feltéve, hogy A = 5.
³given ['gɪvn] → **give**
given name ['gɪvn neɪm] <fn> [C, U] főleg AmE keresztnév
giver ['gɪvə] <fn> [C] adományozó; adakozó; ajándékozó
glacial ['gleɪʃl] <mn> **1.** jégkori; jégkorszaki: *glacial epoch/period* jégkorszak **2.** jeges; jéghideg **3.** *(mosoly stb.)* fagyos
glacier ['glæsɪə, AmE 'gleɪʃər] <fn> [C] gleccser
glad [glæd] <mn> (gladder, gladdest) **1.** boldog (**about sg** vmi miatt): *a glad smile* boldog mosoly ∗ *I am glad to see you again.* Boldog vagyok, hogy újra látlak!/Örülök, hogy újra látlak! **2. be glad of sg** hálás vmiért: *I'd be glad of your help.* Hálás lennék, ha segítenél.
gladly ['glædlɪ] <hsz> örömmel

gladness ['glædnəs] <fn> [U] öröm; boldogság
glamorise ['glæməraɪz] BrE → **glamorize**
glamorize ['glæməraɪz] <ige> (glamorizes, glamorizing, glamorized) dicsőít; (fel)magasztal
glamor ['glæmə] AmE → **glamour**
glamour ['glæmə] <fn> [U] varázs; fényesség; csillogás; ragyogás
¹glance [glɑːns] <fn> [C] **1.** pillantás: *at a glance* egy(etlen) pillantásra ∗ *at first glance* első pillantásra **2.** (fel)csillanás; csillámlás
²glance [glɑːns] <ige> (glances, glancing, glanced) **1.** pillant(ást vet) (**at sg** vmire) **2.** csillog; ragyog

glance off sg lepattan vhonnan
glance over sg futólag végigsiklik vmin a tekintete: *glance over a report* futólag átnéz egy jelentést
glance round futólag körülnéz
glance through sg futólag átnéz vmit

gland [glænd] <fn> [C] mirigy
¹glare [gleə] <ige> (glares, glaring, glared) **1.** (vakítóan) ragyog; *(nap)* tűz **2.** haragos/ ellenséges tekintetet vet (**at sy/sg** vkire/vmire)
²glare [gleə] <fn> **1.** [U] ragyogás; vakító fény **2.** [C] dühös/átható pillantás
glaring ['gleərɪŋ] <mn> **1.** vakító; ragyogó **2.** *(hiba stb.)* kirívó; otromba; feltűnő: *glaring error* feltűnő hiba
glass [glɑːs] <fn> **1.** [U] üveg: *glass eye* üvegszem ∗ *glass toy* üvegjáték ∗ *Those objects are made of glass.* Azokat a tárgyakat üvegből készítik./Azok a tárgyak üvegből készültek. **2.** [C] pohár: *a glass of water* egy pohár víz **3. glasses** [pl] szemüveg: *a pair of glasses* szemüveg ∗ *She wears glasses.* Szemüveges. **4. the glass** [sing] barométer
♦ **He had a glass too much.** Felöntött a garatra.
glass fibre [ˌglɑːsˈfaɪbə] <fn> [U] üvegszál
glasshouse ['glɑːshaʊs] <fn> [C] üvegház; melegház
glassy ['glɑːsɪ] <mn> **1.** üveg-; üvegből való; üvegszerű **2.** *(tekintet, szem)* kifejezéstelen; üveges
glaucoma [glɔːˈkəʊmə] <fn> [U] (zöld) hályog; glaukóma
¹glaze [gleɪz] <ige> (glazes, glazing, glazed) **1.** *(ablakot stb.)* (be)üvegez **2.** mázzal bevon; zománcoz **3.** *(szem)* megüvegesedik
²glaze [gleɪz] <fn> [U] **1.** zománc **2.** máz; bevonat

glazed [gleɪzd] <mn> **1.** *(áru)* zománcos **2.** átv *(tekintet)* üveges

glazing ['gleɪzɪŋ] <fn> [U] **1.** *(épületé)* üvegezés **2.** (cukor)máz; glazúr

¹gleam [gliːm] <fn> [C] **1.** *(fényé stb.)* felcsillanás; csillámlás: *the gleam of your eyes* a szemed felcsillanása **2.** megvillanás: *a gleam of hope* reménysugár

²gleam [gliːm] <ige> fénylik; ragyog; csillog; felcsillan

glean [gliːn] <ige> **1.** gyűjt(öget) **2.** tallóz

glee [gliː] <fn> [U] **1.** vidámság; öröm **2.** káröröm

gleeful ['gliːfl] <mn> **1.** örömteli **2.** jókedvű; vidám **3.** kárörvendő

¹glide [glaɪd] <ige> (glides, gliding, glided) **1.** siklik; csúszik **2.** (el)suhan **3.** *(levegőben)* lebeg **4.** *(vitorlázó repülőgép)* siklórepüléssel lebeg; siklik; repül; vitorlázik

²glide [glaɪd] <fn> **1.** siklás **2.** csúszás **3.** siklórepülés; vitorlázórepülés

glider ['glaɪdə] <fn> [C] vitorlázó repülőgép

gliding ['glaɪdɪŋ] <fn> [U] **1.** siklás **2.** siklórepülés; vitorlázórepülés

¹glimmer ['glɪmə] <ige> **1.** *(tűz, parázs)* pislog; izzik; parázslik **2.** csillog; felcsillan; csillámlik; fénylik; villog; pislákol

²glimmer ['glɪmə] <fn> **1.** [U] pislákolás **2.** [C] (halvány) fénysugár: *a glimmer of hope* (halvány) reménysugár

¹glimpse [glɪmps] <fn> [C] futó pillantás: *catch/get a glimpse of sg* megpillant vmit; futó pillantást vet vmire

²glimpse [glɪmps] <ige> (glimpses, glimpsing, glimpsed) megpillant

¹glint [glɪnt] <fn> [C, U] csillogás; fényesség; ragyogás; (fel)villanás

²glint [glɪnt] <ige> csillog; fénylik; ragyog; villan; villog; tündököl

glisten ['glɪsn] <ige> fénylik; ragyog; világít; csillog

glitch [glɪtʃ] <fn> [U, C] zavar; működési hiba

¹glitter ['glɪtə] <ige> csillog; ragyog; fénylik
♦ **All that glitters is not gold.** Nem mind arany, ami fénylik.

²glitter ['glɪtə] <fn> [U] csillogás; ragyogás

glitterati [ˌglɪtə'rɑːti] <fn> [pl] biz a társadalom krémje

glittering ['glɪtərɪŋ] <mn> **1.** csillogó; ragyogó; szikrázó: *glittering jewels* ragyogó/csillogó-villogó ékszerek **2.** átv ragyogó; pompás; remek: *a glittering career* ragyogó karrier

gloat [gləʊt] <ige> **gloat about/at/over/upon sg** kárörömöt érez vmin; kárörvendve néz vmit

global ['gləʊbl] <mn> **1.** világ-; az egész világra kiható; globális: *global village* világfalu * *global warming* globális felmelegedés * *a global problem* világméretű probléma **2.** összesített; teljes körű

globalisation [ˌgləʊbəlaɪ'zeɪʃn] BrE → **globalization**

globalization [ˌgləʊbəlaɪ'zeɪʃn] <fn> [U] globalizáció

globe [gləʊb] <fn> **1. the globe** [sing] a Föld(-golyó): *go round the globe* világ/föld körüli utazást tesz * *My friend has already travelled all over the globe.* A barátom már az egész Földet beutazta. **2.** [C] földgömb: *He got a globe for his birthday.* Földgömböt kapott a születésnapjára. **3.** [C] lámpabúra **4.** [C] gömb

🇬🇧 Globe, the

Az eredeti Globe színház 1599-ben épült fel a Temze partján. Itt mutatták be először Shakespeare színdarabjait. A színház 1613-ban egy bemutató során a lángok martalékává vált, majd újjáépült, de 1642-ben a puritán kormányzat elrendelte a bezárását, és két évvel később le is bontották. Az 1990-es években a színházat az eredeti tervek szerint újra felépítették, így a Globe újra Shakespeare színdarabjainak adhat otthont.

globetrotter ['gləʊbˌtrɒtə] <fn> [C] világjáró

globule ['glɒbjuːl] <fn> [C] **1.** gömböcske; golyócska **2.** csepp(ecske)

gloomy ['gluːmi] <mn> **1.** szomorú; bús; lehangolt: *feel gloomy about the future* sötéten látja a jövőt * *She felt gloomy.* Szomorú volt. **2.** lehangoló; sötét; borongós; nyomasztó: *a gloomy day* borongós nap * *gloomy news* nyomasztó hírek

glorification [ˌglɔːrɪfɪ'keɪʃn] <fn> [U] dicsőítés; (fel)magasztalás

glorify ['glɔːrɪfaɪ] <ige> (glorifies, glorifying, glorified) **1.** dicsőít; (fel)magasztal **2.** (meg-)szépít; (fel)dicsér

glorious ['glɔːrɪəs] <mn> **1.** dicső(séges): *a glorious victory* dicsőséges/fényes győzelem **2.** ragyogó; remek: *glorious weather* csodálatos/ragyogó idő

glory ['glɔːri] <fn> [U] **1.** dicsőség: *Glory to the Lord!* Dicsőség Istennek! **2.** ragyogás; tündöklés; pompa: *in all its glory* teljes pompájában **3.** glória; dicsfény: *welcome home in a blaze of glory (pl. hazatérő győzteseket)* fergeteges/hangos ünnepléssel/üdvrivalgással fogad

¹gloss [glɒs] <fn> **1.** [U] máz; fényezés; (felületi) fény **2.** [C] széljegyzet; magyarázat
²gloss [glɒs] <ige> **1.** glosszákkal ellát; magyaráz **2.** (ki)magyaráz

> **gloss over sg** elnagyoltan beszél vmiről; ködösít vmit

glossary ['glɒsəri] <fn> [C] (glossaries) (magyarázatos) szójegyzék
glossy ['glɒsi] <mn> (glossier, glossiest) fényes (felületű); sima; tükörfényes: *glossy magazine (fényes papíron)* képes/szórakoztató folyóirat
glove [glʌv] <fn> [C] kesztyű: *a new pair of gloves* egy pár új kesztyű
  ♦ **fit like a glove** tökéletesen áll ♦ **handle sy without gloves//handle sy with the gloves off** durván bánik vkivel ♦ **take off the gloves to sy** erélyesen szembeszáll vkivel ♦ **with the gloves off** könyörtelenül
glove compartment ['glʌv kəmˌpaːtmənt] <fn> [C] kesztyűtartó
¹glow [gləʊ] <ige> **1.** izzik; parázslik **2.** *(arc stb.)* sugárzik; ragyog (**with sg** vmitől): *His face glowed with pride.* Arca sugárzott/ragyogott a büszkeségtől.
²glow [gləʊ] <fn> [U] **1.** izzás; parázslás: *the glow of the coal* a szén izzása/parázslása **2.** *(testi)* felhevülés; kihevülés **3.** lelkesedés; hév **4.** arcpír
glower ['glaʊə] <ige> mérgesen/haragosan néz (**at sy** vkire): *She glowered at me.* Haragosan nézett rám/engem.
glucose ['gluːkəʊz] <fn> [U] szőlőcukor
¹glue [gluː] <fn> [U] ragasztó
²glue [gluː] <ige> (glues, glu(e)ing, glued) **1.** (oda)ragaszt (**sg to sg** vmit vmihez): *glue together* összeragaszt **2. be glued to sg** átv biz rátapad vmire; le sem lehet vakarni vmiről
glue gun ['gluː gʌn] <fn> [C] ragasztópisztoly
glue-sniffing ['gluːˌsnɪfɪŋ] <fn> [U] biz szipuzás
gluey ['gluːi] <mn> ragadós; ragacsos; tapadós
glum [glʌm] <mn> (glummer, glummest) komor; rosszkedvű
glutton ['glʌtn] <fn> [C] falánk ember
  ♦ **be a glutton for sg** odavan vmiért ♦ **be a glutton for work** munkamániás
gluttonous ['glʌtnəs] <mn> falánk; torkos
gluttony ['glʌtəni] <fn> [U] falánkság; torkosság
GM [ˌdʒiː'em] [= genetically modified] genetikailag módosított; génmanipulált
GMT [dʒiːem'tiː] [= Greenwich Mean Time] <fn> [U] greenwichi középidő

gnarled [nɑːld] <mn> *(faág, kéz stb.)* csomós; bütykös
gnash [næʃ] <ige> **gnash one's teeth** csikorgatja a fogát
gnat [næt] <fn> [C] szúnyog
gnaw [nɔː] <ige> rág(csál) (**at sg** vmit): *gnaw away/off sg* lerág vmit
gnome [nəʊm] <fn> [C] törpe; manó; gnóm
GNP [ˌdʒiːen'piː] [= Gross National Product] <fn> GNP; BNT (= bruttó nemzeti termék); nemzeti össztermék
¹go [gəʊ] <ige> (goes, going, went, gone) **1.** (el-)megy; halad; jár: *go by air/car* repülőgéppel/kocsival megy * *go on foot* gyalog megy * *go home* hazamegy * *They went to the Lake Balaton.* A Balatonra mentek. * *go to school by bus* busszal megy iskolába * *go abroad.* külföldre megy * *go a walk* sétálni megy * *Let's go.* Menjünk! **2.** (el)indul; elmegy: *We have to go now.* Most el kell indulnunk./Indulnunk kell. * *It is time for us to go.* Mennünk kell. **3.** *(iskolába stb.)* jár: *go to university* egyetemre jár **4.** *(vmivé)* válik; *(vmilyenné)* lesz: *He has gone blind.* Megvakult. * *Her hair has gone grey.* Haja megőszült. * *The meat has gone bad.* A hús megromlott. **5.** *(vhova)* való; *(vhol)* áll: *Where does this chair go?* Hová való ez a szék? * *This book goes on the shelf.* Ez a könyv a polcon áll. **6.** működik: *set sg going* elindít/működésbe hoz vmit * *keep sg going* működésben tart vmit * *My watch doesn't go.* Nem működik/jár az órám. **7.** telik; múlik: *This year has gone slowly.* Ez az év lassan telt. **8.** eltűnik; elvész; elmúlik: *My bag has gone.* Elveszett a táskám. * *My stomach ache has gone.* Elmúlt a hasfájásom. **9.** megy; illik (**with sg** vmihez): *Your trousers go with your hat.* A nadrágod megy/illik a kalapodhoz. **10.** *(meghal)* elmegy: *I think she will go soon.* Azt hiszem, hamarosan meg fog halni. * *She is gone.* Meghalt. **11.** érvényes **12.** elmegy; elkel **13.** megy; halad; folyik: *go well* jól halad * *How goes it?/How is it going?* Hogy megy sorod? * *How's the project going?* Hogy megy/halad a projekt? **14. be going to** *(a közeli jövő idő vagy szándék kifejezésére)* fog; szándékozik; akar; készül: *be going to do sg* fog/szándékozik/akar/készül vmit tenni * *I am going to do my homework.* (Máris) meg fogom csinálni a házi feladatomat. * *It is going to rain.* (Úgy néz ki, hogy) esni fog az eső. * *I am going to cook the lunch today.* Ma én fogom főzni az ebédet. * *What are you going to do in the afternoon?* Mit szándékozol/fogsz csinálni délután? * *It isn't going to be easy.* Nem lesz könnyű.

♦ **go all out for sg** szívvel-lélekkel küzd vmiért; minden követ megmozgat vmiért ♦ **go astray** eltéved ♦ **go black** 1. *(ég)* elsötétül 2. megőrül ♦ **go far towards** nagyban hozzájárul vmihez ♦ **get going** munkába lendül ♦ **go it alone** vmit egyedül csinál ♦ **go one's own way** a maga útján jár vki ♦ **go slow** lassítja a munkát ♦ **go too far** túlzásba esik ♦ **go wrong** elromlik ♦ **It goes without saying.** Magától értetődik. ♦ **Let's get going!** Na gyerünk! ♦ **You'll go far.** Sokra viszed még. ♦ **That's going too far!** Ez már több a soknál! ♦ **There you go again!** Megint kezded!

go about sg hozzáfog vmihez; belefog vmibe
go about with sy *(kirándulni stb.)* sokat jár együtt vkivel
go after sy kerget; üldöz vkit
go after sg megszerezni próbál vmit
go against sg 1. ellenkezik vmivel 2. szöges ellentétben áll vmivel
go against sy 1. *(döntés stb.)* hátrányos vkire nézve 2. ellenkezik vkivel 3. vki ellen szól
go ahead 1. előrehalad; előremegy: *You can go ahead to the station.* Előremehetsz az állomásra. 2. folytat 3. folytatódik
go ahead with sg elkezd vmit; megindul vmivel
go along sg *(vmi mentén)* megy; halad; végigmegy
go along with sy/sg egyetért vkivel/vmivel: *Can you go along with me on that?* Egyetértesz velem ebben?
go around 1. *(hír, betegség stb.)* terjed 2. járkál 3. jut/elég
go at sg keményen dolgozik vmin; nekiesik vminek: *go at it hard* szívvel-lélekkel beleveti magát vmibe
go at sy megtámad; nekimegy vkinek
go away 1. elmegy; elutazik; eltávozik: *I will go away for the summer.* Nyárra elutazom. ∗ *Go away!* Menj a csudába. 2. *(fájdalom stb.)* eltűnik; elmúlik
go back 1. visszamegy; visszatér 2. *(időben)* visszanyúlik (**to sg** vmeddig): *The story goes back to Roman times.* A történet a római korig nyúlik vissza.
go back on sg *(szót, ígéretet stb.)* visszavon; megszeg: *go back on one's word* eláll a szavától; nem tartja meg az ígéretét/a szavát
go back on sy cserben hagy vkit
go by 1. elmegy; elhalad 2. *(idő)* elmúlik

go by sg 1. épít vmire; ad vmire 2. igazodik vmihez; tartja magát vmihez
go down 1. lemegy 2. *(hajó)* (el)süllyed 3. *(gumi)* leereszt 4. *(ár)* esik 5. lecsúszik; lerobban; lezüllik: *This town has gone down in the last forty years.* Ez a város meglehetősen lerobbant az elmúlt negyven év alatt. 6. vereséget szenved; megbukik 7. *(nap)* lenyugszik
go down with sg megbetegszik vmiben; elkap vmit
go for sy/sg 1. elmegy vkiért/vmiért 2. érvényes; vonatkozik vkire/vmire: *This goes just for me.* Ez csak rám vonatkozik. 3. biz szeret; csíp vkit/vmit
go for sg 1. *(állást stb.)* megpályáz 2. választ vmit
go for sy megtámad vkit
go in 1. bemegy 2. befér: *It will go in.* Be fog férni. 3. *(nap, hold)* eltűnik
go in for sg 1. vmire adja magát; vmilyen pályára lép 2. szeret vmit; vmi iránt érdeklődik: *She goes in for winter sports.* A téli sportokat kedveli. 3. *(versenyre stb.)* benevez; részt vesz vmiben
go into sg 1. bemegy vhová 2. *(tervbe stb.)* belemerül; részletekbe bocsátkozik 3. vmilyen pályára lép; belép vhova 4. *(időt stb.)* ráfordít vmire
go off 1. elmegy; eltávozik: *He went off yesterday.* Tegnap elment. 2. *(bomba)* felrobban; *(puska)* elsül: *The bomb went off.* Felrobbant a bomba. 3. lezajlik; végbemegy; sikerül 4. elájul 5. *(lámpa)* elalszik; kialszik 6. megsavanyodik; megromlik; megbüdösödik
go off sy/sg biz megutál vmit/vkit
go off sg letér; eltér vmitől: *go off the rails* kisiklik
go off with sy megszökik; lelép vkivel
go off with sg biz *(ellop vmit)* elsétál vmivel
go on 1. továbbmegy 2. tovább csinál; folytat (**with sg** vmit): *go on with one's work* folytatja a munkáját 3. folytatódik 4. *(esemény)* folyik; történik: *What's going on here?* Mi folyik itt? 5. *(idő)* elmúlik 6. *(lámpa)* felgyullad; bekapcsolódik
go on sg *(véleményt, döntést)* vmire alapoz
go on at sy biz nyaggat/gyötör vkit
go out 1. *(társaságba)* (el)jár; *(szórakozni)* (el)megy: *We are going out tonight.* Ma este szórakozni megyünk. 2. *(fény stb.)* kialszik: *The fire has gone out in the evening.*

Este kialudt a tűz. **3.** adásba kerül **4.** kimegy a divatból: *Jumpers have gone out.* A pulcsi kiment a divatból. **5.** kimegy
go out with sy (együtt) jár vkivel
go over sg 1. átmegy; átkel vmin **2.** (gondosan) átvizsgál; átnéz vmit **3.** átismétel; átgondol; átolvas; átvesz vmit: *go over the lesson again* újra átismétli a leckét **4.** felsorol vmit
go over to sy 1. áttér vmire **2.** átáll vmire
go round 1. átmegy; *(vhova)* benéz: *My friends are going round to see me tonight.* A barátaim ma este benéznek hozzám. **2.** körutazást tesz; körbejár; körüljár **3.** *(hír)* terjed **4.** futja; jut elég: *It is not enough to go round.* Nem jut mindenkinek. ∗ *Is there enough food to go round?* Jut mindenkinek az ételből?
go through *(törvényjavaslat)* átmegy; megszavazzák: *The bill has gone through.* Megszavazták a törvényjavaslatot.
go through sg 1. keresztülmegy; átmegy vhol/vmin **2.** átvészel; átél vmit; keresztülmegy vmin: *He has gone through a lot.* Sok mindenen ment keresztül. **3.** *(szöveget stb.)* átnéz; áttanulmányoz; átkutat vmit: *go through one's pockets* átkutatja a zsebeit **4.** átismétel vmit; végigmegy vmin **5.** *(pénzt)* elver
go through with sg véghez visz; végigcsinál vmit
go together 1. megy/illik egymáshoz; összeillik **2.** *(szerelmesek)* járnak
go under 1. lecsúszik; csődbe jut; tönkremegy **2.** *(vízben)* alámerül; lemerül; elmerül
go up 1. felmegy **2.** emelkedik; drágul; felfelé megy **3.** *(ház)* felépül; megépül **4.** egyetemre megy **5.** *(vizsgára)* feliratkozik **6.** feljebb lép **7.** felrobban
go up to sy odamegy vkihez
go with sg 1. velejár; együtt jár vmivel **2.** illik vmihez
go with sy biz jár vkivel
go without sg megvan vmi nélkül; nélkülöz vmit

²**go** [gəʊ] <fn> [C] (goes) **1.** menés **2.** próbálkozás; kísérlet: *give sg a go* megpróbál vmit ∗ *first go* első nekifutásra/próbálkozásra **3.** tetterő; lendület **4.** divat: *It's all the go now.* Ez most a divat. **5.** alku; üzlet: *Is it a go?* Áll az alku? **6.** forduló; sor: *It's my go.* Rajtam a sor.

♦ **at one go 1.** egy csapásra; egyszerre **2.** első próbálkozásra ♦ **be on the go** biz sürög- forog; jön-megy ♦ **have a go at sg** megpróbál vmit ♦ **have a go at sy** biz leszid vkit ♦ **make a go of sg** biz sikerre visz vmit
goad [gəʊd] <ige> ösztökél
¹**go-ahead** ['gəʊ əhed] <fn> [U] zöld út; engedély; jóváhagyás: *give sy the go-ahead for sg* zöld utat ad vkinek vmire ∗ *I will start as soon as I get the go-ahead.* Amint megkapom az engedélyt, kezdek.
²**go-ahead** ['gəʊ əhed] <mn> vállalkozószellemű; célratörő
goal [gəʊl] <fn> [C] **1.** gól: *score a goal* gólt rúg ∗ *win by three goals to one (3:1)* három egyre (3:1-re) győz **2.** *(focinál stb.)* kapu: *kick the ball to the goal* berúgja a labdát a kapuba **3.** cél: *achieve one's goal* eléri a célját ∗ *What is your goal in life?* Mi az életcélod?
goalie ['gəʊli] <fn> [C] sp biz kapus; kapuvédő
goalkeeper ['gəʊlkiːpə] <fn> [C] sp kapus; kapuvédő
goalless ['gəʊlləs] <mn> sp gól nélküli
goal line ['gəʊl laɪn] <fn> [C] sp gólvonal
goalpost ['gəʊlpəʊst] <fn> [C] sp kapufa
goat [gəʊt] <fn> [C] kecske
goatee [gəʊ'tiː] <fn> [C] kecskeszakáll
gobble ['gɒbl] <ige> (gobbles, gobbling, gobbled) (be)zabál; (fe)lfal; (be)habzsol
gobbledegook ['gɒbldɪguːk] <fn> [U] halandzsa; zagyva beszéd
go-between ['gəʊbɪtwiːn] <fn> [C] közvetítő
goblin ['gɒblɪn] <fn> [C] manó; gonosz szellem; kobold
god [gɒd] <fn> **1.** [C] isten: *Roman gods* római istenek **2.** **God** [sing] Isten: *God Almighty* Mindenható Isten ∗ *I believe in God.* Hiszek Istenben. ∗ *For God's sake...!* Az Isten szerelmére...!

♦ **Thank God!** Hála Istennek!/Hála az égnek!
godchild ['gɒdtʃaɪld] <fn> [C] (godchildren) keresztgyerek
goddess ['gɒdes] <fn> [C] istennő
godfather ['gɒdˌfɑːðə] <fn> [C] keresztapa
godmother ['gɒdˌmʌðə] <fn> [C] keresztanya
godparent ['gɒdˌpeərənt] <fn> [C] keresztszülő
godsend ['gɒdsend] <fn> [C] váratlan szerencse
go-getter ['geʊˌgetə] <fn> [C] rámenős ember
goggle ['gɒgl] <ige> (goggles, goggling, goggled) **1.** kimereszti/kidülleszti a szemét **2.** kidülled a szeme **3.** majd kiesik a szeme
goggles ['gɒglz] <fn> [pl] védőszemüveg: *ski goggles* síszemüveg ∗ *motorcycle goggles* motoros szemüveg

goings-on [ˌgəʊɪŋzˈɒn] <fn> [pl] *(negatív értelemben)* ügyek; esetek; események; viselt dolgok

go-kart ['gəʊkɑːt] <fn> [C] gokart

gold [gəʊld] <fn> [U] arany: *made of gold* arany(ból van) * *Gold is worthier than silver.* Az arany értékesebb az ezüstnél.

golden ['gəʊldən] <mn> **1.** arany(-): *a golden ring* aranygyűrű **2.** aranysárga; aranyfényű: *golden hair* aranyszőke haj
♦ **the golden mean** az arany középút

golden rule [ˌgəʊldənˈruːl] <fn> [C, ált sing] aranyszabály

golden wedding [ˌgəʊldənˈwedɪŋ] <fn> [C] aranylakodalom

goldfish ['gəʊldfɪʃ] <fn> [C] aranyhal

gold medal [ˌgəʊldˈmedl] <fn> [C] aranyérem

gold medallist [ˌgəʊldˈmedlɪst] <fn> [C] aranyérmes

gold mine ['gəʊldmaɪn] <fn> [C] átv is aranybánya

goldsmith ['gəʊldsmɪθ] <fn> [C] ötvös; aranyműves

golf [gɒlf] <fn> [U] golf: *He likes to play golf.* Szeret golfozni.

golf club ['gɒlf klʌb] <fn> [C] **1.** golfklub **2.** golfütő

golf course ['gɒlf kɔːs] <fn> [C] golfpálya

golfer ['gɒlfə] <fn> [C] golfjátékos

¹gone [gɒn] → ¹go

²gone [gɒn] <mn> **1.** elveszett; reménytelen: *a gone man* elveszett ember **2.** biz BrE terhes: *She is six months gone.* A hatodik hónapban van. **3.** eltűnt; elfogyott: *All the milk is gone.* Az összes tej elfogyott. **4.** elveszett: *It's gone.* Elveszett. **5.** távol van: *I won't be gone long.* Nem leszek sokáig távol.

³gone [gɒn] <elölj> biz BrE után, később vminél: *They didn't come until gone midnight.* Éjfél után jöttek.

gong [gɒŋ] <fn> [C] gong

goo [guː] <fn> [U] biz **1.** ragacs(os anyag); trutyi **2.** érzelgősség

¹good [gʊd] <mn> (better, best) **1.** jó; kifogástalan; kellemes: *a good film* jó film * *good humour* **(a)** jó humor/kedély **(b)** jó természet * *a good idea* jó ötlet * *a good pair of scissors* egy jó olló * *have a good time* jól érzi magát; jól mulat * *Have a good time!* Jó mulatást!/Érezd/Érezzétek jól magad/magatokat! * *Be good!* Rendesen viselkedj! * *Good afternoon/morning/evening/night!* Jó napot/reggelt/estét/éjszakát (kívánok)! * *He is a good man.* Ő jó ember. * *It was very good.* Nagyon jó volt. **2.** jó; kedves: *be good to sy* kedves vkivel * *It is really good of you to lend me your book.* Nagyon kedves öntől, hogy kölcsönadja nekem a könyvét. * *They promised to be very good.* Megígérték, hogy nagyon jók lesznek. * *Would you be good enough to do this?* Lenne szíves/(olyan) jó ezt megtenni? **3.** jó; megfelelő; alkalmas: *good to eat* ehető * *Vegetable is very good for you.* A zöldség nagyon jót tesz neked. **4.** szép; tetszetős: *too good to be true* túl szép ahhoz, hogy igaz legyen **5.** jó (**at sg** vmiben); ért vmihez; ügyes: *a good doctor* jó orvos * *He is a good cook.* Ő jó szakács./Jól főz. * *He is good at sports.* Jó a sportban./Jól megy neki a sport. * *He is good at Spanish.* Jól tud spanyolul. * *I am good at figures.* Jól tudok számolni. * *She isn't good with her hands.* Nincs (jó) kézügyessége. **6. be good for sg** jó vmire; hasznos: *good for colds* náthára jó * *good for nothing* semmire sem jó; semmit sem ér * *What is it good for?* Ez mire jó/szolgál/való? **7.** *(jegy)* érvényes **8.** számottevő; jó sok: *a good deal* jó sok(at)/sokszor * *a good while* jó ideig * *There were a good many people there.* Jó sok ember volt ott. **9.** egészséges: *I feel good.* Jól érzem magam.
♦ **as good as** majdnem/szinte/jóformán *It is as good as done.* Mintha már megtörtént volna. * *My coat is as good as new.* A kabátom olyan, mintha új lenne. ♦ **be as good as one's word** állja a szavát ♦ **Good luck!** Sok szerencsét! ♦ **How much are you good for?** Mekkora összeg erejéig számíthatok önre? ♦ **make good 1.** boldogul; jól keres **2.** *(veszteséget, kárt)* jóvátesz; (ki)pótol **3.** megjavít ♦ **put in a good word for** beajánl ♦ **take sg in good part** *(nem sértődik meg)* derül vmin ♦ **We had as good stay here.** Akár itt is maradhatunk.

²good [gʊd] <fn> [U] **1.** (a) jó: *do sy good* jót tesz/használ/javára válik vkinek * *She does a lot of good.* Rengeteg jót tesz. * *This soup will do you good.* Ez a leves jót fog tenni neked. * *no good* hasznavehetetlen/hasznotalan/semmire se jó **2.** előny; haszon: *for the good of the country* az ország érdekében/javára * *the common good* a közjó * *What's the good of it?* Ennek mi értelme van?
♦ **be up to no good** valami rosszban sántikál ♦ **for good (and all)** örökre; végleg ♦ **it will come to no good** nem lesz jó vége ♦ **it will do you good** jót fog tenni (neked) ♦ **Much good may it do you.** Ezzel aztán sokra mész! ♦ **return good for evil** jóval viszonozza a rosszat

goodbye [ˌgʊdˈbaɪ] <isz> Viszontlátásra!/Isten veled/veletek!: *say goodbye to sy* elbúcsúzik; búcsút vesz vkitől

¹good-for-nothing [ˌgʊdfəˈnʌθɪŋ] <fn> [C] mihaszna; naplopó; link (alak)

²good-for-nothing [ˌgʊdfəˈnʌθɪŋ] <mn> semmirekellő; értéktelen

Good Friday [ˌgʊdˈfraɪdeɪ] <fn> [C] nagypéntek

good-humored [ˌgʊdˈhjuːmərd] AmE → **good-humoured**

good-humoured [ˌgʊdˈhjuːməd] <mn> **1.** jókedvű; derűs; kedélyes; humoros **2.** jóindulatú

good-looking [ˌgʊdˈlʊkɪŋ] <mn> jóképű; csinos

good manners [ˌgʊdˈmænəz] <fn> [pl] jó modor

good-natured [ˌgʊdˈneɪtʃəd] <mn> jószívű; jólelkű; jó természetű

goodness [ˈgʊdnəs] <fn> [U] jóság
 ♦ **For goodness' sake!** Az ég szerelmére!
 ♦ **Goodness!** Te jó ég! ♦ **My goodness!/Goodness gracious!** Te jó Isten! ♦ **Thank goodness!** Hála Istennek!/Hála az égnek!

goods [gʊdz] <fn> [pl] **1.** javak; ingóságok: *goods and chattels* ingóságok; cucc; motyó **2.** áru(cikkek); termékek; teheráru: *a goods train* tehervonat * *goods lift* teherlift
 ♦ **deliver the goods/come up with the goods** biz teljesíti/beváltja az ígéretét

good-tempered [ˌgʊdˈtempəd] <mn> jó természetű; jó kedélyű

goodwill [ˌgʊdˈwɪl] <fn> [U] **1.** jó szándék; jóakarat **2.** (üzleti) jó hírnév **3.** jószolgálat: *goodwill visit* jószolgálati látogatás * *goodwill committee* jószolgálati bizottság * *goodwill delegation* jószolgálati küldöttség

¹goody [ˈgʊdɪ] <fn> [C] (goodies) **1.** édesség; nyalánkság **2.** *(ember)* szenteskedő; szentfazék

²goody [ˈgʊdɪ] <mn> biz szuper; nagyszerű

gooey [ˈguːɪ] <mn> biz **1.** ragacsos **2.** érzelgős; szentimentális

¹goof [guːf] <ige> biz eltol; elszúr; elcsesz: *I goofed.* Elszúrtam.

> **goof around** biz idétlenkedik; vacakol
> **goof off** biz ellazsálja/ellógja az időt

²goof [guːf] <fn> [C] biz **1.** tökfilkó **2.** baklövés

goose [guːs] <fn> [C] (geese) **1.** liba; lúd: *keep geese* libát tart * *goose grease* libazsír **2.** buta liba
 ♦ **All his geese are swans.** Minden rendkívüli és csodálatos, amit ő tesz./Minden rendkívüli és csodálatos, ami az övé. ♦ **can't say boo to a goose** a légynek sem árt ♦ **cook sy's goose** biz keresztülhúzza vki számítását ♦ **I cooked my own goose.** Saját magammal szúrtam/toltam ki. ♦ **kill the goose that lays the golden eggs** levágja az aranytojást tojó tyúkot

gooseberry [ˈgʊzbərɪ] <fn> [C] (gooseberries) egres

gorge [gɔːdʒ] <fn> [C] **1.** torok; gége **2.** szurdok **3. my gorge rises at sg** émelygek vmitől; felkavarodik tőle a gyomrom; elfog az undor vmitől

gorgeous [ˈgɔːdʒəs] <mn> nagyszerű; ragyogó

gorilla [gəˈrɪlə] <fn> [C] gorilla

gosh [gɒʃ] <isz> biz A kutyafáját/mindenit!

go-slow [ˌgəʊˈsləʊ] <fn> [C] BrE munkalassítás

gospel [ˈgɒspl] <fn> **1. Gospel** [sing] vall evangélium: *St Matthew's Gospel* Máté evangéliuma **2. it's gospel (truth)** [U] ez szentírás **3.** [U] zene spirituálé

¹gossip [ˈgɒsɪp] <fn> **1.** [U, C] pletyka: *gossip column (újságban)* pletykarovat **2.** [U, C] csevegés; terefere **3.** [C] pletykafészek

²gossip [ˈgɒsɪp] <ige> **1.** pletykál **2.** cseveg; tereferél

got [gɒt] → **get**

gotten [ˈgɒtn] AmE → **get**

goulash (soup) [ˈguːlæʃ] <fn> [U] gulyás(leves)

gourd [gʊəd] <fn> [C] dísztök; lopótök

gourmet [ˈgʊəmeɪ] <fn> [C] ínyenc

govern [ˈgʌvn] <ige> **1.** *(országot, embereket stb.)* kormányoz; vezet; irányít: *The Prime Minister governs the country.* Az országot a miniszterelnök kormányozza. **2.** szabályoz; *(gépet stb.)* vezérel; irányít: *Their policy is governed by four factors.* Politikájukat négy tényező irányítja. **3.** nyelvt jár; áll (**sg** vmivel); *(nyelvtani alakot/esetet)* vonz: *govern the dative* részes(határozó) esetet vonz

government [ˈgʌvnmənt] <fn> **1.** [C + sing/pl v] pol kormány; kabinet: *the Government* a kormány * *be in government* kormányon van * *coalition government* koalíciós kormány * *form a government* kormányt alakít * *form of government* kormányforma * *government offices* kormányhivatalok; minisztériumok * *government policy* kormánypolitika * *government spokesman* kormányszóvivő * *The Government has resigned.* A kormány lemondott. * *The Government is/are planning new taxes.* A kormány új adókat tervez. **2.** [U] kormányforma **3.** [U] kormányzás; államigazgatás

governor [ˈgʌvnə] <fn> [C] **1.** pol kormányzó **2.** *(banké stb.)* igazgató; *(iskolai)* igazgatótanács/intézőtestület tagja: *school governor* iskolaigazgató * *prison governor* börtönigazgató * *the governor of the bank* a bank igazgatója

gown [gaʊn] <fn> [C] **1.** estélyi ruha **2.** talár; köpeny

GP [ˌdʒiːˈpiː] [= general practitioner] <fn> [C] háziorvos; körzeti orvos: *My GP transferred me to a laryngologist.* A háziorvosom gégészhez utalt.

GPS [ˌdʒiː piː ˈes] [= global positioning (satellite) system] GPS (= műholdas helymeghatározó rendszer)

¹grab [græb] <ige> (grabs, grabbing, grabbed) **1.** megragad; felkap; megmarkol: *grab sy's hand* megragadja vki kezét * *He grabbed his schoolbag and ran away.* Felkapta az iskolatáskáját és elszaladt. * *The thief grabbed his gun.* A tolvaj megmarkolta a fegyvert. **2.** megkaparint: *grab a job* állást megkaparint **3.** harácsol

grab at sg odakap vmihez; belemarkol vmibe

²grab [græb] <fn> [C] odakapás; megragadás: *make a grab at sg* vmihez odakap; vmi után kap

grace [greɪs] <fn> [U] **1.** elegancia; kecsesség; finomság; báj: *She walks with grace.* Elegánsan/Kecsesen jár. **2.** asztali ima: *Don't forget to say grace before you eat.* Ne felejts el asztali imát/áldást mondani étkezés előtt!/Ne felejts el imádkozni étkezés előtt! **3.** vall, átv kegyelem: *I believe in the grace of God.* Isten kegyelmében bízom. * *fall from sy's grace* kiesik vkinek a kegyeiből **4.** haladék; megkegyelmezés: *You should have paid us today, but we'll give you another week's grace.* Ma fizetned kellett volna nekünk, de mi adunk neked még egy hét fizetési haladékot. **5.** tisztesség; jóindulat: *He had the grace to say goodbye for her.* Volt benne annyi tisztesség, hogy elköszönjön tőle. * *do sg with a good grace* szívesen tesz vmit **6. the three Graces** a három grácia **7. His Grace** őfőméltósága; őkegyelmessége: *Your Grace* főméltóságod

graceful [ˈgreɪsfl] <mn> kecses; elegáns; könynyed; finom

gracious [ˈgreɪʃəs] <mn> **1.** kegyes; könyörületes; irgalmas: *our gracious Lord* irgalmas Istenünk **2.** barátságos; nagyon kedves: *a gracious smile* barátságos mosoly

¹grade [greɪd] <fn> [C] **1.** fajta; kategória: *four grades of apples* négyfajta alma * *salary grades* fizetési kategóriák * *This material is of the highest grade.* Ez az anyag a legmagasabb kategóriába tartozik. **2.** fok; fokozat **3.** minőség: *low-grade pens* gyenge minőségű tollak **4.** isk osztályzat; jegy: *I got bad grades in maths.* Rossz osztályzatokat/jegyeket kaptam matekból. **5.** AmE *(iskolában)* osztály: *She is in the fifth grade.* Ötödik osztályba jár. **6.** lejtő; emelkedő
♦ **make the grade** sikerül neki; boldogul

²grade [greɪd] <ige> (grades, grading, graded) **1.** ált osztályoz; minősít; besorol: *Those apples have been graded by size.* Azokat az almákat méret szerint osztályozták. **2.** AmE osztályoz: *The best students were graded A.* A legjobb tanulók jeles osztályzatot kaptak. * *She's grading papers.* Dolgozatokat javít. **3.** fokozatosan átmegy **(into sg** vmibe): *Blue grades into green as yellow is added.* A kék fokozatosan átmegy zöldbe, ha sárgát adunk hozzá. **4.** fokonként nehezebbé tesz

grade school [ˈgreɪd skuːl] <fn> [C] AmE általános iskola

gradual [ˈgrædʒuəl] <mn> fokozatos: *gradual improvement* fokozatos fejlődés

¹graduate [ˈgrædʒuət] <fn> [C] *(egyetemet v. főiskolát)* végzett, diplomás (ember) **(in sg** vmilyen szakon): *a Spanish graduate*//*a graduate in Spanish* spanyol szakon végzett * *He is a Cambridge graduate.* Cambridge-ben végzett (egyetemet). * *His friend is a graduate.* A barátja főiskolát/egyetemet végzett.

²graduate [ˈgrædʒueɪt] <ige> (graduates, graduating, graduated) **1.** *(egyetemet, középiskolát)* (el)végez; *(egyetemen)* diplomát szerez **(in sg**/**from sg** vmilyen szakon//vhol): *He graduated in law.* Jogot végzett. * *He graduated from Oxford University.* Tanulmányait az Oxfordi Egyetemen végezte. **2.** fokbeosztással ellát **3.** fokozatossá tesz **4. graduate into sg** fokozatosan átmegy vmibe

graduate school [ˈgrædʒuət skuːl] <fn> [C] AmE *(egyetemen belül)* ≈ doktori iskola

grain [greɪn] <fn> **1.** [U, C] gabona; (gabona)szem: *grain crop* gabonatermés; szemtermés * *grain crops* szemes termények * *grain imports* gabonabehozatal * *grains* gabonafélék * *grains of rice* rizsszemek **2.** [C] szem(cse): *a grain of salt/sand* sószemcse; homokszem **3.** [C] egy szemernyi: *grain of truth* egy szemernyi igazság **4.** [U] szálirány; erezet: *along the grain* szálirányban
♦ **be/go against the grain** meggyőződése/akarata/kedve ellenére van vmi

gram [græm] <fn> [C] röv **g** gramm

grammar [ˈgræmə] <fn> [U] nyelvtan: *Hungarian grammar* magyar nyelvtan * *bad grammar* nyelvtani hiba

grammar school [ˈgræməˌskuːl] <fn> [C] BrE gimnázium

gramme [græm] <fn> [C] röv **g** gramm

¹grand [grænd] <mn> (grander, grandest) **1.** nagy: *a grand palace* nagy palota **2.** nagyszerű: *What* *a grand idea!* Micsoda nagyszerű/remek ötlet! **3.** előkelő; nemes; nagystílű **4.** *(ember)* nagy; fontos

²**grand** [grænd] <fn> [C] **1.** BrE hangversenyzongora **2.** biz AmE *(ezer dollár)* lepedő

grandchild ['græntʃaɪld] <fn> [C] (grandchildren) unoka

granddad ['grændæd] <fn> [C] nagyapó

granddaughter ['græn,dɔːtə] <fn> [C] lányunoka

grandfather ['grænd,fɑːðə] <fn> [C] nagyapa

grandma ['grænmɑː] <fn> [C] biz nagymama

grandmother ['græn,mʌðə] <fn> [C] nagyanya

grandpa ['grænpɑː] <fn> [C] biz nagypapa

grandparents ['græn,peərənts] <fn> [pl] nagyszülők

grand piano [,grænd pɪ'ænəʊ] <fn> [C, U] (hangverseny)zongora

grandson ['grænsʌn] <fn> [C] fiúunoka

grandstand ['grændstænd] <fn> [C] lelátó

granny ['grænɪ] <fn> [C] (grannies) nagyi

¹**grant** [grɑːnt] <fn> [C] (pénz)segély; támogatás: *live on the grant* segélyből él ∗ *state grant* államsegély ∗ *get a grant from the state* állami támogatást kap ∗ *student grant* ösztöndíj ∗ *The government gives a grant to every student.* A kormány minden tanulót segélyben részesít/támogat anyagilag.

²**grant** [grɑːnt] <ige> **1.** ad(ományoz): *We were granted an extra holiday from school.* Rendkívüli iskolai szünetet adtak nekünk. **2.** engedélyez; *(engedélyt)* megad: *grant permission* engedélyt ad **3.** elismer: *I grant (you) that it was a misunderstanding.* Elismerem, hogy félreértés volt. **4.** teljesít vmit; eleget tesz vminek: *grant a request* kérést teljesít

♦ **take sg for granted 1.** természetesnek/készpénznek vesz vmit **2.** biztosan számít vmire

granulated sugar [,grænjuleɪtɪd'ʃʊgə] <fn> [U] kristálycukor

granule ['grænjuːl] <fn> [C] szemcse

grape [greɪp] <fn> [C] szőlő: *a bunch of grapes* egy fürt szőlő

grapefruit ['greɪpfruːt] <fn> [C] (grapefruit v. grapefruits) grapefruit; grépfrút

graph [grɑːf] <fn> [C] grafikon; diagram

graphic ['græfɪk] <mn> **1.** *(ábrázolás)* grafikus; grafikai: *graphic arts* grafika **2.** élénk **3.** *(vázlat stb.)* szemléletes; plasztikus

graphics ['græfɪks] <fn> [pl] infor grafika

graphics card ['græfɪks kɑːd] <fn> [C] infor grafikus gyorsítókártya

graph paper ['grɑːf peɪpə] <fn> [U] kockás papír; milliméterpapír

grapple ['græpl] <ige> **1. grapple with sy** dulakodik vkivel **2. grapple with sg** küszködik vmivel

¹**grasp** [grɑːsp] <ige> **1.** megragad: *grasp the rope* megragadja a kötelet ∗ *grasp the opportunity to do sg* biz megragadja az alkalmat **2.** megért; felfog

♦ **Grasp all, lose all.** Ki sokat markol, keveset fog.

grasp at sg 1. kap vmi után; belekapaszkodik vmibe **2.** kap vmin

²**grasp** [grɑːsp] <fn> [U] **1.** megragadás; markolás; erős fogás: *She has got a good grasp on the rope.* Jó fogást vett a kötélen./Jól megmarkolta a kötelet. **2.** felfogóképesség: *be beyond one's grasp* meghaladja vki képességeit

grass [grɑːs] <fn> **1.** [U] fű; pázsit; gyep: *He is sitting on the grass.* Ül a füvön. ∗ *Keep off the grass!* A fűre lépni tilos! **2. grasses** [pl] pázsitfűfélék **3.** [U] szl *(marihuána)* fű

♦ **don't let the grass grow under one's feet** nem veszteget az időt ♦ **cut the grass under sy's feet** vkit megelőz ♦ **put out to grass 1.** kicsap a legelőre **2.** nyugdíjba küld ♦ **The grass is always greener on the other side of the fence.** A szomszéd kertje mindig zöldebb.

grasshopper ['grɑːs,hɒpə] <fn> [C] szöcske

grass roots [,grɑːs'ruːts] <fn> [pl] **1.** pol a széles néprétegek; a választók **2.** gyökerek; fundamentum

¹**grate** [greɪt] <ige> (grates, grating, grated) **1.** *(sajtot stb.)* reszel **2.** csikorog; nyikorog; idegeire megy: *grate on the ear* hasogatja a fület ∗ *Your voice grates on me.//Your voice grates on my nerves.* A hangod az idegeimre megy.

²**grate** [greɪt] <fn> [C] rács; rostély

grateful ['greɪtfl] <mn> hálás (**to sy for sg** vkinek vmiért)

grater ['greɪtə] <fn> [C] (konyhai) reszelő

gratify ['grætɪfaɪ] <ige> (gratifies, gratifying, gratified) kielégít; örömet okoz: *I was gratified...* Örömömre szolgált...

gratifying ['grætɪfaɪɪŋ] <mn> örömet okozó; örömteli

gratitude ['grætɪtjuːd] <fn> [U] hála

gratuitous [grə'tjuːɪtəs] <mn> **1.** ingyenes: *gratuitous advice* ingyenes tanács **2.** indokolatlan; alaptalan: *gratuitous cruelty* indokolatlan kegyetlenség **3.** fölösleges: *gratuitous lie* fölösleges hazugság

gratuity [grə'tjuːəti] <fn> [U] borravaló; hálapénz

¹grave [greɪv] <mn> (graver, gravest) **1.** súlyos; komoly: *a grave accident* súlyos baleset * *a grave mistake* súlyos hiba **2.** megfontolt; komoly
²grave [greɪv] <fn> [C] sír: *from beyond the grave* a síron túlról; a másvilágról
♦ **have one foot in the grave** fél lábbal a sírban van ♦ **turn in one's grave** forog a sírjában
gravel ['grævl] <fn> [U] kavics; murva; durva homok
gravestone ['greɪvstəʊn] <fn> [C] sírkő
graveyard ['greɪvjɑːd] <fn> [C] temető; sírkert
gravitation [ˌgrævɪ'teɪʃn] <fn> [U] gravitáció; nehézségi erő
gravity ['grævəti] <fn> [U] **1.** gravitáció; nehézségi erő **2.** komolyság; súlyosság; fontosság **3.** higgadtság; megfontoltság; nyugodtság; komolyság
gravy ['greɪvi] <fn> [U, C] (gravies) mártás; szaft; szósz; pecsenyelé
gravy boat ['greɪvi bəʊt] <fn> [C] mártásoscsésze
gray [greɪ] AmE → **grey**
¹graze [greɪz] <fn> [C] horzsolás
²graze [greɪz] <ige> (grazes, grazing, grazed) **1.** (le)horzsol: *I grazed my knee.* Lehorzsoltam a térdemet. **2.** súrol: *The bullet grazed his arm.* A golyó (épp csak) súrolta a karját.
³graze [greɪz] <ige> (grazes, grazing, grazed) **1.** legel: *Cattle are grazing outside.* A tehenek kint legelnek. **2.** legeltet
¹grease [griːs] <fn> [U] zsír; zsiradék; olaj; kenőzsír; kenőanyag: *Put some grease on the wheel.* Tegyél kis zsírt a kerékre! * *Try to get the grease off the dishes.* Próbáld meg leszedni a zsírt/az olajat az edényekről!
²grease [griːs] <ige> (greases, greasing, greased) **1.** (ki-/be-/meg)zsíroz; (meg)olajoz **2.** átv biz megken (vkit); kenőpénzt ad (vkinek)
greasy ['griːsi] <mn> (greasier, greasiest) **1.** zsíros: *greasy hair* zsíros haj * *greasy meat* zsíros hús **2.** csúszós
greaseproof paper [ˌgriːspruː'peɪpə] <fn> [C] zsírpapír
great [greɪt] <mn> (greater, greatest) **1.** nagy: *a great crowd* nagy tömeg * *great majority* nagy többség * *a great success* nagy siker * *It's a great pleasure for me to celebrate with you.* Nagy örömömre szolgál, hogy veled ünnepelhetek. * *greatest common divisor* legnagyobb közös osztó * *You must take great care.* Nagyon kell figyelned/vigyáznod. **2.** biz nagyon jó; különleges; nagyszerű; kiváló; csodálatos: *We have been great friends for ages.* Régóta nagyon jó barátok vagyunk. * *It would be great!* Remek lenne! * *That's great!* Nagyszerű!/Remek! * *We had a great day yesterday.* Csodálatos napunk volt tegnap. **3.** *(ember)* nagy; kiváló; nagyszerű: *He is a great man.* Nagyszerű ember. **4.** óriási; jókora: *a great big file of letters* jókora levélkupac
♦ **be great at sg** kiváló/nagyszerű vmiben
♦ **be great on sg** nagyon jól ért vmihez
♦ **a great many children** rengeteg gyerek
♦ **He went through a great deal.** Sok mindenen ment keresztül. ♦ **great with child** *(nő)* várandós ♦ **The great thing is that...** A lényeg az, hogy... ♦ **to the greatest extent** a legnagyobb mértékben ♦ **with the greatest joy** ezer örömmel
Great Britain [ˌgreɪt'brɪtn] <fn> Nagy-Britannia
great-grand [ˌgreɪt'grænd] <mn> déd-: *great-grandchild* dédunoka * *great-grandparents* dédszülők
greatly ['greɪtli] <hsz> nagyon; nagymértékben
greatness ['greɪtnəs] <fn> [U] nagyság
Greece [griːs] <fn> Görögország
greed [griːd] <fn> [U] **1.** kapzsiság; mohóság; mohó vágy **(for sg** vmi után): *greed for power* hatalomvágy **2.** falánkság; mohóság
greedy ['griːdi] <mn> (greedier, greediest) **1.** kapzsi; mohó; sóvárgó **(for sg** vmire); pénzsóvár: *greedy for power* hatalomvágyó **2.** mohó; falánk; nagybélű
¹Greek [griːk] <fn> **1.** [C] *(személy)* görög: *the Greeks* a görögök **2.** [U] *(nyelv)* görög: *It is written in Greek.* Görögül van/íródott. * *She speaks Greek.* Tud görögül.
♦ **It's all Greek to me.** egy árva szót sem értek az egészből; Ez nekem kínai.
²Greek [griːk] <mn> görög: *the Greek alphabet* a görög ábécé
¹green [griːn] <mn> (greener, greenest) **1.** zöld: *dark/light green* sötétzöld/világoszöld * *a green pen* zöld toll **2.** éretlen: *Do not eat that green orange!* Ne edd meg azt az éretlen narancsot! **3.** tapasztalatlan; zöldfülű; éretlen **4.** sápadt (zöldes): *She turned green.* Elsápadt. **5.** *(környezetvédő)* zöld: *green products* zöld termékek * *the Green party* zöld párt
♦ **give the green light to sg** szabad folyást enged vminek; zöld utat ad vminek ♦ **green Christmas** fekete karácsony ♦ **green eye** féltékeny pillantás ♦ **green with envy** sárga az irigységtől ♦ **keep sy's memory green** vki emlékét ápolja ♦ **She has green fingers.** Szeret kertészkedni./Ért a növényekhez.
²green [griːn] <fn> **1.** [U] zöld: *She is dressed in green.* Zöldbe öltözött. **2. greens** [pl] zöldségek; zöldség(félék) **3.** [C] pázsit; gyep **4. Green** [C] pol zöld(ek pártjának tagja): *the*

Greens a zöldek * *He is voting Green.* A zöldekre szavaz.
greenback ['gri:nbæk] <fn> [C] biz AmE *(bankjegy)* zöldhasú
green belt ['gri:n belt] <fn> [C, U] zöldövezet
green card ['gri:n kɑ:d] <fn> [C] **1.** BrE zöldkártya **2.** AmE tartózkodási engedély
green-collar [,gri:n 'kɒlə] <mn> *(munka, dolgozó)* zöld(galléros): *green-collar jobs* zöld munkahelyek
greengrocer ['gri:n,grəʊsə] <fn> [C] zöldséges; zöldség- és gyümölcsárus
greenhorn ['gri:nhɔ:n] <fn> [C] biz zöldfülű; kezdő
greenhouse ['gri:nhaʊs] <fn> [C] üvegház; melegház
greenhouse effect ['gri:nhaʊs ɪ,fekt] <fn> [U] üvegházhatás
greenish ['gri:nɪʃ] <mn> zöldes
Greenland ['gri:nlənd] <fn> Grönland
green room ['gri:n ru:m] <fn> [C] művészszoba

🇬🇧 *Greenwich*

Egy londoni kerület a Temze partján, amely mindenekelőtt az 1675-ben épített csillagvizsgálójáról híres, melyen keresztül a kezdőmeridián fut. Innen számítják a Föld időzónáit.

Greenwich Mean Time [,grenɪtʃ 'mi:n taɪm] <fn> [U] **röv GMT** greenwichi idő
greet [gri:t] <ige> köszönt; fogad; üdvözöl: *He greeted me with a smile.* Mosollyal fogadott/köszöntött.
greeting ['gri:tɪŋ] <fn> [C] **1.** üdvözlés **2.** **greetings** [pl] jókívánságok; üdvözlet: *greetings card* üdvözlőlap
grew [gru:] → **grow**
¹grey [greɪ] <mn> **1.** szürke **2.** ősz (hajú): *She is turning/going grey.* Őszül. **3.** *(idő, hangulat)* szürke; borús; borongós; sötét
²grey [greɪ] <fn> [C, U] *(szín)* szürke: *He is dressed in grey.* Szürkébe öltözött. * *She never wears grey.* Sohasem visel szürkét.
³grey [greɪ] <ige> **1.** megőszül; megszürkül **2.** megőszít
greyhound ['greɪhaʊnd] <fn> [C] agár
grid [grɪd] <fn> [C] **1.** rács(ozat); rostély **2.** (térkép)hálózat **3.** elektromos/villamos hálózat
gridiron ['grɪd,aɪən] <fn> [C] **1.** (sütő)rostély **2.** AmE *(amerikai futballé)* pálya
gridlock ['grɪdlɒk] <fn> [C] közlekedési dugó
grief [gri:f] <fn> [U] **1.** bánat; szomorúság; gyász; fájdalom **2.** **come to grief** bajba kerül; rosszul/pórul/szerencsétlenül jár; balul üt ki

grievance ['gri:vəns] <fn> [C] sérelem
grieve [gri:v] <ige> (grieves, grieving, grieved) **1.** elszomorít: *I am grieved to hear/learn that…* Sajnálattal/Fájdalommal értesülök, hogy… **2.** búsul; szomorkodik (**at/about/over sg** vmi miatt); bánkódik (**for sy/sg** vmi miatt/vki után)
grievous ['gri:vəs] <mn> súlyos; fájdalmas; szomorú: *grievous bodily harm* súlyos testi sértés * *grievous loss* hatalmas veszteség
¹grill [grɪl] <ige> **1.** roston/grillen süt; kisüt; grillez: *grilled chicken* grillcsirke * *grilled steak* rostonsült * *grill the bacon until crisp* ropogósra süti az (angol)szalonnát **2.** biz (erőszakosan) faggat; vallat (**sy about sg** vkit vmiről)
²grill [grɪl] <fn> [C] **1.** *(hús)* rostonsült; fatányéros; roston sült étel **2.** rostély; rács; grill(sütő)
grim [grɪm] <mn> (grimmer, grimmest) **1.** zord **2.** elkeseredett; ádáz: *grim battle* ádáz csata **3.** mogorva; mord **4.** borzasztó; rémisztő
¹grimace [grɪ'meɪs] <fn> [C] grimasz
²grimace [grɪ'meɪs] <ige> (grimaces, grimacing, grimaced) grimaszokat vág
¹grin [grɪn] <ige> (grins, grinning, grinned) vigyorog (**at sy** vkire)
 ♦ **grin and bear it** jó képet vág a dologhoz
²grin [grɪn] <fn> [C] vigyor(gás)
¹grind [graɪnd] <ige> (grinds, grinding, ground, ground) **1.** (meg)darál; őröl: *grind the coffee* megdarálja a kávét * *grind the meat* húst darál * *grind the wheat into flour* liszté őrli a búzát. **2.** *(kést stb.)* (meg)élesít; (ki)köszörül **3.** *(fogat)* csikorgat: *He grinds his teeth.* Csikorgatja a fogát. **4.** elnyom; széttapos: *grind the cigarette into the ashtray* a hamutartóba nyomja a cigarettát **5.** megdolgoztat **6.** csikorog
 ♦ **grind to a halt/standstill** lassan/csikorogva leáll

---
grind sy down elnyom; bántalmaz; letipor vkit
grind sg into sy('s head) a szájába rág vmit
grind on könyörtelenül halad tovább
grind sg out átv *(adatokat)* kiköp; kidob; *(szellemi terméket)* ont
grind up felőröl

---

²grind [graɪnd] <fn> [U] **1.** csikorgás **2.** darálás; őrlés **3.** magolás **4.** gürcölés; lélekölő munka: *the daily grind* a (minden)napi robot
grinder ['graɪndə] <fn> [C] daráló: *a coffee-grinder* kávédaráló

grindstone ['graɪndstəʊn] <fn> [C] malomkő; köszörűkő
♦ **keep one's nose to the grindstone** 1. keményen megdolgoztat vkit 2. megfeszített erővel dolgozik

¹**grip** [grɪp] <ige> (grips, gripping, gripped) 1. megragad; megmarkol: *He suddenly gripped my hand.* Hirtelen megragadta a kezem. 2. magával ragad: *grip the audience* magával ragadja a hallgatóságot ∗ *He was gripped by fear.//Fear gripped him.* Elfogta a félelem.

²**grip** [grɪp] <fn> 1. [U] fogás; szorítás; megragadás; megmarkolás: *He fell to the ground because he lost his grip on the rocks.* A földre esett, mert kiesett a fogásból. ∗ *have a strong grip* erős kézszorítása van ∗ *have a grip on an audience* magával ragadja a hallgatóságot 2. [U] felfogóképesség; megértés; felfogás 3. [C] markolat 4. [C] utazótáska 5. [C] díszletezőmunkás; kameramozgató
♦ **be at grips with sy** dulakodik vkivel ♦ **bring sy to grips with sg** szembeállít vkit a nehézségekkel ♦ **come/get to grips with sy** ölre megy vkivel ♦ **come/get to grips with sg** küszködik vmivel ♦ **lose one's grip** nem tud követni vmit ♦ **have a good grip of/on the situation** jól átlátja a helyzetet

¹**gripe** [graɪp] <fn> [C] zúgolódás; nyavalygás
²**gripe** [graɪp] <ige> (gripes, griping, griped) siránkozik; nyavalyog; elégedetlenkedik

gripping ['grɪpɪŋ] <mn> megkapó; izgalmas; megragadó: *a gripping story* izgalmas történet

grisly ['grɪzli] <mn> hátborzongató

¹**grit** [grɪt] <fn> [U] 1. kőpor; porszem; homokszem: *He has got a piece of grit in his eye.* Homok ment a szemébe. 2. határozottság; keménység; karakánság

²**grit** [grɪt] <ige> (grits, gritting, gritted) 1. *(utat stb.)* homokkal beszór; felszór 2. csikorgat: *grit one's teeth* csikorgatja a fogát 3. csikorog

grizzle ['grɪzl] <ige> (grizzles, grizzling, grizzled) 1. nyűgös; nyafog 2. panaszkodik; elégedetlenkedik (**about sg** vmi miatt)

grizzly bear [ˌgrɪzlɪ'beə] <fn> [C] (amerikai) szürke medve

¹**groan** [grəʊn] <ige> nyög; sóhajt: *The table is groaning with food.* Az asztal roskadozik az ennivaló alatt.

²**groan** [grəʊn] <fn> [C] nyögés; sóhaj(tás)

grocer ['grəʊsə] <fn> [C] fűszeres: *Go down to the grocer's.* Menj le a fűszereshez/fűszerüzletbe!

groceries ['grəʊsərɪz] <fn> [pl] élelmiszer; élelmiszeráru; fűszeráru

grocery ['grəʊsərɪ] <fn> [C] (groceries) élelmiszerbolt

groggy ['grɒgɪ] <mn> tántorgó; roggyant

groin [grɔɪn] <fn> [C] orv (l)ágyék

¹**groom** [gruːm] <fn> [C] 1. lovász 2. vőlegény

²**groom** [gruːm] <ige> 1. ellát; ápol; gondoz: *groom a horse* lovat leápol 2. előkészít; kiképez; betanít (**sy for sg** vkit vmire): *groom sy for office* kiképez vkit állásra 3. *(testet)* ápol: *well-groomed* ápolt

grope [grəʊp] <ige> (gropes, groping, groped) 1. **grope about/around/for sg** tapogat(óz)va keres vmit: *I groped for the door.* Tapogatózva kerestem az ajtót. 2. **grope one's way** botorkál

gross [grəʊs] <mn> 1. bruttó; teljes: *the gross weight of the package* a csomag bruttó/teljes súlya ∗ *gross domestic product (GDP)* bruttó hazai termék ∗ *gross income* bruttó bevétel ∗ *gross national product (GNP)* bruttó nemzeti termék 2. durva: *gross errors* durva hibák; vaskos tévedések ∗ *gross negligence* vétkes gondatlanság 3. trágár; ordenáré: *gross language* trágár/mocskos beszéd 4. kövér: *a gross man* kövér ember

¹**grouch** [graʊtʃ] <fn> 1. [C] akadékoskodó/mogorva ember 2. [U] morgás; rosszkedv

²**grouch** [graʊtʃ] <ige> morog; zsörtölődik; zsémbeskedik

grouchy ['graʊtʃɪ] <mn> *(ember)* zsörtölődő

¹**ground** [graʊnd] <fn> 1. [U] föld; talaj: *above ground* a föld színén; a felszínen ∗ *below ground* a föld alatt ∗ *clear the ground for sg* előkészíti a talajt vmi számára ∗ *fall to the ground* a földre esik ∗ *sit on the ground* a földön ül ∗ *The ground is too hard to dig.* Túl kemény a talaj az ásáshoz. 2. [U, C] terület: *playground* játszótér 3. **grounds** [pl] sportpálya 4. **grounds** [pl] *(házat körülvevő)* kert: *a short walk in the grounds of the hospital* rövid séta a kórház kertjében 5. [C] ok; alap; indíték: *I have no grounds for complaint.* Nincs okom panaszra. ∗ *on the grounds of* vminek az alapján ∗ *On the grounds that…* Azon az alapon, hogy… ∗ *What grounds do you have for doing nothing?* Milyen alapon nem csinálsz semmit? ∗ *give grounds for doing sg* megindokol vmit
♦ **bring sg to the ground** a földdel tesz egyenlővé ♦ **common ground** közös tárgyalási alap ♦ **cut the ground from under sy's feet** kihúzza a talajt vki lába alól ♦ **cover a lot of ground** sok kérdést ölel fel ♦ **down to the ground** teljesen; tökéletesen ♦ **fall to the ground** megbukik

♦ **gain ground** tért hódít; terjed ♦ **get off the ground** (sikeresen) beindul; elindul ♦ **hold/keep/stand one's ground** megállja a helyét ♦ **lose ground** kiszorul ♦ **thin on the ground** gyér; ritkaság ♦ **touch ground 1.** megfeneklik **2.** a tárgyra tér

²**ground** [graʊnd] <ige> **1.** (hajó) megfeneklik **2.** alapoz (**on** sg vmire) **3.** felszállást lehetetlenné tesz/meggátol: *The plane has been grounded by fog.* A gép felszállását meggátolta a köd. **4.** el AmE földel **5.** földre tesz

³**ground** [graʊnd] → ¹**grind**

⁴**ground** [graʊnd] <mn> (kávé) őrölt: *ground meat* AmE fasírt(ozot)t

ground crew ['graʊnd kruː] <fn> [C, U] (repülőtéren) földi személyzet

ground floor [ˌgraʊnd'flɔː] <fn> [C] földszint

ground fog ['graʊnd fɒg] <fn> [U] talaj menti köd

ground frost ['graʊnd frɒst] <fn> [C, U] talaj menti fagy

ground staff ['graʊnd stɑːf] <fn> [U, C] repülőtéri/földi személyzet

groundwater ['graʊndwɔːtə] <fn> [U] talajvíz

groundwork ['graʊndwɜːk] <fn> [U] alapozás; felkészítő munka

¹**group** [gruːp] <fn> [C + sing/pl v] **1.** csoport; csapat: *age group* korcsoport ∗ *blood group* vércsoport ∗ *divide into groups* csoportokra oszt ∗ *a group of trees* facsoport ∗ *a group of people* egy csoport/csapat ember **2.** (zenei) együttes: *pop group* popegyüttes ∗ *My favourite group is playing today.* Ma a kedvenc együttesem játszik.

²**group** [gruːp] <ige> **1.** csoportosít **2.** csoportosul

grove [grəʊv] <fn> [C] liget; berek; erdőcske

grow [grəʊ] <ige> (grows, growing, grew, grown) **1.** nő; növekszik: *He grows quickly.* Gyorsan nő. **2.** terem: *Bananas don't grow in our country.* Banán nem terem a mi országunkban. **3.** termeszt: *grow water melon* görögdinnyét termeszt **4.** növeszt: *My husband would never grow a moustache.* A férjem sohasem növesztene bajszot. ∗ *I am growing my hair.* Növesztem a hajamat. **5.** válik (vmivé); lesz (vmilyen): *grow angry* megharagszik ∗ *grow old* megöregszik ∗ *grow tall* megnő; nagyra nő ∗ *grow tired of sg* elfárad vmiben/vmitől; beleun vmibe ∗ *grow worse* romlik ∗ *It is growing darker and darker.* Egyre jobban sötétedik. **6.** fejlődik; erősödik; gyarapodik **7.** fokozódik

grow apart eltér; különválik
grow away from sy eltávolodik vkitől

grow into sg 1. (ruhába) belenő **2.** (munkába) belejön

grow on sy 1. megszeret; megtetszik vkinek; egyre jobban tetszik vkinek **2.** eluralkodik vkin; hatalmába kerít vkit: *a habit grows on sy* vki vmilyen szokás rabjává válik

grow out of sg 1. kinő vmit: *She has grown out of her skirt.* Kinőtte a szoknyáját. **2.** ered vmiből

grow together közelebb kerül
grow up 1. felnő **2.** kialakul

grower ['grəʊə] <fn> [C] mezőg termelő; termesztő

growing ['grəʊɪŋ] <mn> növekedő; növekvő; gyarapodó

growl [graʊl] <ige> morog; dörmög: *growl at sy* morog vkire

grown [grəʊn] → **grow**

¹**grown-up** [ˌgrəʊn'ʌp] <mn> felnőtt; érett

²**grown-up** ['grəʊnʌp] <fn> [C] felnőtt: *four children and four grown-ups* négy gyermek és négy felnőtt

growth [grəʊθ] <fn> **1.** [U] növekedés; fejlődés **2.** [U] gyarapodás; szaporulat: *growth of the population* népszaporulat **3.** [C] daganat: *a cancerous growth* rákos daganat

¹**grub** [grʌb] <fn> **1.** [C] hernyó; lárva **2.** [U] biz kaja

²**grub** [grʌb] <ige> (grubs, grubbing, grubbed) felás; feltúr

grub sg up kiás; kikutat; kikotor vmit

grubby ['grʌbɪ] <mn> (grubbier, grubbiest) biz piszkos; koszos

¹**grudge** [grʌdʒ] <fn> [C] neheztelés; harag (**against** sy vkire): *bear/have a grudge against sy/ /bear sy a grudge* **(a)** neheztel vkire **(b)** előítélettel van vki iránt

²**grudge** [grʌdʒ] <ige> (grudges, grudging, grudged) **1.** irigyel/sajnál vkitől vmit: *I don't grudge you your success.* Nem irigylem a sikeredet. ∗ *I grudge wasting time on this.* Erre sajnálom az időt. **2. grudge against sy for sg** neheztel vkire vmiért

grueling ['gruːəlɪŋ] AmE → **gruelling**

gruelling ['gruːəlɪŋ] <mn> nehéz; fárasztó; kimerítő

gruesome ['gruːsəm] <mn> hátborzongató

gruff [grʌf] <mn> **1.** mogorva: *a gruff old woman* mogorva öregasszony **2.** rekedtes: *He has a gruff voice.* Rekedtes a hangja.

grumble ['grʌmbl] <ige> (grumbles, grumbling, grumbled) zsörtölődik; morog; zúgolódik (**about/at/over sg** vmi miatt)

grumpy ['grʌmpi] <mn> ingerlékeny; mogorva; rosszkedvű

grungy ['grʌndʒi] <mn> biz koszos; trutyis; ragadós

grunt [grʌnt] <ige> **1.** (disznó) röfög **2.** morog

¹guarantee [,gærən'tiː] <fn> [C] **1.** jótállás; kezesség; garancia: *The television has a three-year guarantee.* A tévéért három év jótállást/garanciát vállaltak. * *it is under guarantee* garanciális * *with a year's guarantee* egy éves garanciával **2.** biztosíték; garancia: *give sy a guarantee that* garanciát vállal vmire * *There is no guarantee of a white Christmas.* A fehér karácsonyra nincs garancia.

²guarantee [,gærən'tiː] <ige> (guarantees, guaranteeing, guaranteed) **1.** megígér; biztosít: *He guaranteed that he would help me.* Megígérte, hogy segít. **2.** garanciát/jótállást vállal; szavatol; garantál: *guaranteed for two years* a szavatossági idő két év

¹guard [gɑːd] <ige> **1.** őriz: *Soldiers are guarding the building.* Katonák őrzik az épületet. **2.** véd(elmez) (**from sg** vmi ellen/vmitől); őriz: *a closely guarded secret* féltve őrzött titok

> **guard against sg** védekezik vmi ellen

²guard [gɑːd] <fn> **1.** [C] őr: *armed guards* fegyveres őrök **2.** [U] őrség: *change guard* leváltja az őrséget * *He is on guard.* Ő van őrségben. * *keep/stand guard* őrt áll * *under armed guard* fegyveres őrizet mellett * *guard of honour* díszőrség **3.** [C] főkalauz **4.** [C] fogházőr; börtönőr **5.** [C] (múzeumban) teremőr **6.** [C] (királyi) testőrség; kíséret **7.** [U] védekezés; őrködés **8.** [C] védő(szerkezet); védőrács; (védő)korlát: *fire guard* védőrostély **9.** [U] sp védekező állás **10.** [U] elővigyázatosság: *be off one's guard* elővigyázatlan

guardian ['gɑːdiən] <fn> [C] **1.** gyám **2.** őr; védelmező: *guardian angel* őrangyal

guardianship ['gɑːdiənʃip] <fn> [U] gyámság; gondnokság

¹guess [ges] <ige> **1.** találgat; igyekszik kitalálni (**at sg** vmit) **2.** kitalál: *Can you guess my age?* Kitalálod, hány éves vagyok? * *I'll guess who he is.* Kitalálom, hogy ki ő. * *She guessed right.* Kitalálta. * *She guessed wrong.* Nem találta ki. **3.** biz AmE hisz; vél(ekedik): *I guess he wasn't there.* Azt hiszem, nem volt ott. * *I guess no(t)!* Nem hiszem! * *I guess so.* Azt hiszem, igen./Bizonyára. **4.** elképzel: *Guess what! She is going to have a baby.* Képzeld, gyermeket vár!

²guess [ges] <fn> [C] **1.** találgatás **2.** feltevés; feltételezés: *It is pure guess.* Ez csak feltevés. * *What is your guess?* Te mire tippelsz?
♦ **at a guess** találomra; becslés szerint
♦ **it is anybody's guess** szabad a gazda
♦ **make a guess** találgat; feltételez vmit

guesswork ['geswɜːk] <fn> [U] feltevés; találgatás; becslés

guest [gest] <fn> [C] vendég
♦ **Be my guest.** biz (válaszként) Persze!/Csak nyugodtan!

guesthouse ['gesthaʊs] <fn> [C] panzió; vendégház; szálló

guest room ['gest ruːm] <fn> [C] vendégszoba

¹guffaw [gʌ'fɔː] <ige> röhög

²guffaw [gʌ'fɔː] <fn> [C, U] röhögés

guidance ['gaɪdns] <fn> [U] **1.** irányítás; vezetés: *under the guidance of sg* vki irányítása alatt/mellett **2.** tanácsadás; útmutatás; eligazítás: *careers guidance* pályaválasztási tanácsadás * *for your guidance* tájékoztatásra; útmutatásként

¹guide [gaɪd] <fn> [C] **1.** idegenvezető **2.** útikönyv: *a guide to London* londoni útikönyv **3.** ismertető; útmutató; tájékoztató: *a guide to photography* fényképészeti ismertető/útmutató * *a TV guide* tévéműsor **4.** példa(mutatás) **5. Guide** leánycserkész; cserkészlány

²guide [gaɪd] <ige> (guides, guiding, guided) **1.** vezet; vezérel: *He guided me through the town.* Végigvezetett a városon. * *My dog guided me to my friend's house.* A kutyám elvezetett engem a barátom házához. * *be guided by an idea* egy gondolat vezérli **2.** irányít: *Try to guide his hand as he is writing.* Próbáld meg irányítani a kezét írás közben!

guidebook ['gaɪdbʊk] <fn> [C] útikönyv

guided ['gaɪdɪd] <mn> vezetett; irányított

guided missile [,gaɪdɪd'mɪsaɪl] <fn> [C] irányított lövedék

guide dog ['gaɪd dɒg] <fn> [C] vakvezető kutya

guided tour [,gaɪdɪd'tʊə] <fn> [C] (csoportos) idegenvezetés; tárlatvezetés; *(híres épületben stb.)* vezetés

guidelines ['gaɪdlaɪnz] <fn> [pl] irányelvek

guild [gɪld] <fn> [C] céh

guillotine ['gɪləti:n] <fn> [C] **1.** tört nyaktiló; guillotine **2.** papírvágó gép

guilt [gɪlt] <fn> **1.** [U] bűnösség; vétkesség: *prove sy's guilt* vki bűnösségét/vétkességét bizonyítja **2.** [U] bűntudat: *feel guilt* bűntudatot érez **3.** [C] bűncselekmény

guiltless ['gɪltləs] <mn> ártatlan; bűntelen
guilty ['gɪltɪ] <mn> (guiltier, guiltiest) **1.** bűnös; vétkes (**of sg** vmiben): *plead guilty* bűnösségét beismeri; bűnösnek vallja magát * *plead not guilty* bűnösségét nem ismeri be; ártatlannak vallja magát * *The police found him guilty of murder.* A rendőrség bűnösnek találta őt gyilkosságban. **2.** *(arckifejezés stb.)* bűntudatos: *have a guilty conscience (about sg)* rossz a lelkiismerete (vmi miatt) * *I feel guilty about sg* bűntudatom van vmi miatt
guinea pig ['gɪnɪ pɪg] <fn> [C] **1.** tengerimalac **2.** átv kísérleti nyúl/alany
guise [gaɪz] <fn> [C] látszat; külső megjelenés: *under/in the guise of sg* vminek a leple alatt; vminek a köntösében
guitar [gɪ'tɑː] <fn> [C] gitár: *guitar music* gitárzene * *play the guitar* gitározik
guitarist [gɪ'tɑːrɪst] <fn> [C] gitárjátékos; gitáros
gulf [gʌlf] <fn> **1.** [C] öböl: *the Gulf of Mexico* a Mexikói-öböl **2.** [C] szakadék **3. the Gulf** [sing] a Perzsa-öböl
Gulf Stream ['gʌlf striːm] <fn> **the Gulf Stream** [sing] Golf-áram
gull [gʌl] <fn> [C] sirály
gullet ['gʌlɪt] <fn> [C] nyelőcső
gullible ['gʌləbl] <mn> hiszékeny
¹**gulp** [gʌlp] <ige> **1.** mohón lenyel **2. gulp back/down** *(könnyeket, zokogást)* visszafojt **3.** *(érzelmileg)* nyel
²**gulp** [gʌlp] <fn> [C] nyelés; korty(olás); slukk: *a gulp of tea* egy korty tea * *at a gulp/in one gulp* egy slukkra/hajtásra; egyszerre
¹**gum** [gʌm] <fn> [C] (fog)íny
²**gum** [gʌm] <fn> **1.** [U] ragasztó(szer) **2. (chewing) gum** [U] rágógumi: *He always chews gum.* Mindig rágózik. **3.** [C] gumicukor: *a fruit gum* gyümölcsös gumicukor **4.** [U] gumi
³**gum** [gʌm] <ige> (gums, gumming, gummed) (fel/meg)ragaszt
gumption ['gʌmpʃn] <fn> [U] **1.** józan ész; sütnivaló **2.** vállalkozószellem; életrevalóság
gun [gʌn] <fn> [C] **1.** fegyver; puska; vadászfegyver: *carry gun* fegyvert visel * *He took his gun and shot the murder.* Elővette a fegyverét és lelőtte a gyilkost. **2.** ágyú **3.** vadász **4.** szórópisztoly **5.** AmE revolver; pisztoly **6.** sp startpisztoly
♦ **blow great guns** tombol a (szél)vihar
♦ **He carries too many guns for me.** Ő erősebb nálam. ♦ **jump the gun 1.** *(rajtnál sportoló)* kiugrik átv **2.** elhamarkodja a dolgot ♦ **stick/stand to one's guns** hajthatatlan marad; ragaszkodik az álláspontjához; nem enged a negyvennyolcból

gunboat ['gʌnbəʊt] <fn> [C] ágyúnaszád
gunfight ['gʌnfaɪt] <fn> [U] lövöldözés; lődözés
gunfire ['gʌnˌfaɪə] <fn> [U] lövöldözés; lövés; ágyúzás
gun licence ['gʌnˌlaɪsns] <fn> [C, U] fegyverviselési engedély
gunpowder ['gʌnpaʊdə] <fn> [U] lőpor; puskapor
gurgle ['gɜːgl] <ige> (gurgles, gurgling, gurgled) **1.** *(víz)* kotyog; csobog **2.** *(kisgyerek)* kuncog; gurgulázik; gagyog; gőgicsél
gush [gʌʃ] <ige> **1.** *(vér, olaj, víz)* hömpölyög; áramlik; özönlik; tódul; ömlik **2.** áradozik; ömleng (**over sy/sg** vkiről/vmiről)
gust [gʌst] <fn> [C] szélroham; heves széllökés
gusty ['gʌstɪ] <mn> szeles; viharos
¹**gut** [gʌt] <fn> **1.** [C] bél **2. guts** [pl] belek; belső szervek; belsőségek; zsigerek **3. guts** [pl] mersz; bátorság: *No one had the guts to tell him the truth.* Senkinek sem volt hozzá mersze, hogy megmondja neki az igazságot. **4. guts** [pl] vminek a veleje **5.** [C] bélhúr **6.** [C] biz pocak; sörhas
♦ **hate sy's guts** szívből utál vkit ♦ **sweat/work one's guts out** majd kiköpi a tüdejét
²**gut** [gʌt] <ige> (guts, gutting, gutted) **1.** kibelez **2.** kiéget; elpusztít: *The fire gutted the house.* A tűz kiégette a házat.
gutless ['gʌtləs] <mn> gyáva; bátortalan; pipogya
gutsy ['gʌtsɪ] <mn> *(harcos stb.)* bátor; merész
gutter ['gʌtə] <fn> [C] **1.** (eső)csatorna; szennyvízlevezető/esővíz-levezető árok **2.** átv kültelki szegénység; a társadalom alja: *rise from the gutter* a nyomorból emelkedik ki
gutter press ['gʌtə pres] <fn> [U] szennylapok; zugsajtó
guy [gaɪ] <fn> [C] pasi; srác; fickó; hapsi: *He is a nice guy.* Klassz pasi!
gym [dʒɪm] <fn> **1.** [C] tornaterem; edzőterem **2.** [U] torna **3.** [C] tesi; (tesi)óra
gymnasium [dʒɪm'neɪzɪəm] <fn> [C] (gymnasiums v. gymnasia) **röv gym** tornaterem

> Vigyázat, álbarátok!
> **gymnasium** ≠ gimnázium (= grammar school; AmE high school)

gymnast ['dʒɪmnæst] <fn> [C] tornász
gymnastics [dʒɪm'næstɪks] <fn> [U] **röv gym** torna: *Her favourite sport is gymnastics.* Kedvenc sportága a torna. * *We do gymnastics in the gymnasium every day.* Minden nap tornázunk a tornateremben.
gym shoes ['dʒɪm ʃuːz] <fn> [pl] tornacipő

gynaecological [ˌgaɪnɪkəˈlɒdʒɪkl] <mn> nőgyógyászati
gynaecologist [ˌgaɪnɪˈkɒlədʒɪst] <fn> [C] nőgyógyász
gynaecology [ˌgaɪnɪˈkɒlədʒɪ] <fn> [U] nőgyógyászat
gynecological [ˌgaɪnɪkəˈlɒːdʒɪkl] AmE → **gynaecological**
gynecologist [ˌgaɪnɪˈkɔːlədʒɪst] AmE → **gynaecologist**
gynecology [ˌgaɪnɪˈkɔːlədʒɪ] AmE → **gynaecology**
¹gypsy [ˈdʒɪpsɪ] <fn> **1.** [C] (gypsies) *(személy)* roma; cigány **2.** [U] *(nyelv)* cigány; romani
²gypsy [ˈdʒɪpsɪ] <mn> roma; cigány
gyroscope [ˈdʒaɪrəskəʊp] <fn> [C] giroszkóp

H, h

H, h [eɪtʃ] <fn> [C, U] (Hs, H's, h's) *(betű)* H; h
¹ha [hɑː] <isz> **1.** ah!; ha(h)! **2.** hahaha!
²ha [= hectare(s)] ha (= hektár)
habit ['hæbɪt] <fn> (habits) **1.** [C, U] szokás: *get into the habit of sg* rászokik vmire ∗ *get out of the habit* leszokik vmiről ∗ *by habit* megszokásból; ösztönösen ∗ *force of habit* a szokás hatalma ∗ *Smoking is a harmful habit.* A dohányzás káros szokás. **2.** [C] rossz szokás: *He has a habit of talking during eating.* Van egy rossz szokása: mindig beszél evés közben. **3.** [C] csuha
- ♦ **kick the habit** leszokik
habitable ['hæbɪtəbl] <mn> lakható; élhető
habitat ['hæbɪtæt] <fn> [C] *(növényé, állaté)* előfordulási hely; környezet; élettér
habitual [hə'bɪtʃuəl] <mn> **1.** megrögzött: *a habitual liar* megrögzött hazudozó **2.** szokásos; megszokott: *He had his habitual coffee after breakfast.* Megitta szokásos kávéját reggeli után.
¹hack [hæk] <ige> **1.** vagdos; vagdal; összevág; nyeseget **2.** *(sportoló az ellenfélét)* sípcsonton rúg **3.** biz *(pl. mások számítógépes adattárába)* betör (**into sg** vhova): *He managed to hack into some top-secret government data.* Sikerült betörnie néhány szigorúan titkos állami adattárba. **4.** lovagol **5.** biz *(feladatot)* megold; elvégez

hack sy off elcsüggeszt; elszomorít vkit

²hack [hæk] <fn> [C] **1.** biz zugíró; bértollnok **2.** lovaglás **3.** AmE taxi(s)
hacker ['hækə] <fn> [C] biz hacker
hackneyed ['hæknɪd] <mn> elcsépelt
hacktivist ['hæktɪvɪst] <fn> [C] infml *(hekker, akit társadalmi és politikai célok vezérelnek)* hacktivista
had [hæd] → **have**
hadn't ['hædnt] [= had not] → **have**
haddock ['hædək] <fn> [C, U] (haddock) tőkehal
haemophilia [ˌhiːmə'fɪlɪə] <fn> [U] vérzékenység
haemophiliac [ˌhiːmə'fɪlɪæk] <fn> [C] vérzékeny
haemorrhage ['hemərɪdʒ] <fn> [C, U] *(belső)* vérzés
haemorrhoids ['hemərɔɪdz] <fn> [pl] aranyér
hag [hæg] <fn> [C] átv is *(ronda)* boszorkány
haggard ['hægəd] <mn> *(arc)* nyúzott; elgyötört
haggle ['hægl] <ige> alkudozik (**with sy over sg** vkivel vmin)
¹hail [heɪl] <ige> **1.** jégeső esik **2.** (le)int: *hail a taxi* leint egy taxit

hail sy/sg as sg üdvözöl; fogad vkit/vmit vmiként: *He was hailed as a hero.* Hősként üdvözölték/fogadták.
hail from swhere vhova való(si)

²hail [heɪl] <fn> **1.** [U] jégeső **2. a hail of sg** [sing] átv zápor: *a hail of bullets* golyózápor
Hail Mary [ˌheɪl 'meəri] <fn> [C] (Hail Marys) az Üdvözlégy
hailstone ['heɪlstəʊn] <fn> [C] jégszem
hailstorm ['heɪlstɔːm] <fn> [C] jégesős zivatar
hair [heə] <fn> **1.** [C, U] haj: *She has got long blond hair.* Hosszú szőke haja van. ∗ *He's losing his hair.* Kopaszodik. **2.** [C] haj(szál): *There is a hair in your soup.* Van egy hajszál a levesedben. **3.** [C] szőr(szál): *My coat is covered with cat hairs.* Az egész kabátom tele van a macska szőrével.
- ♦ **make sy's hair stand on end** égnek áll a haja tőle ♦ **not turn a hair** szeme se rebben ♦ **Keep your hair on.** biz Őrizd meg a nyugalmadat!/Nyugi! ♦ **Let your hair down.** biz Engedd el magad!/Engedj fel!
hairbrush ['heəbrʌʃ] <fn> [C] hajkefe
haircut ['heəkʌt] <fn> [C] **1.** hajvágás: *get/have a haircut* megnyiratkozik **2.** frizura: *She has a short haircut.* Rövid a frizurája.
hairdo ['heəduː] <fn> [C] biz frizura
hairdresser ['heəˌdresə] <fn> [C] **1.** fodrász **2. hairdresser's** fodrászüzlet
hair-drier ['heəˌdraɪə] <fn> [C] hajszárító
hair-dryer ['heəˌdraɪə] <fn> [C] hajszárító
hairgrip ['heəgrɪp] <fn> [C] hajcsat
hairless ['heələs] <mn> **1.** kopasz **2.** szőrtelen
hair mask ['heə mɑːsk] <fn> [C, U] hajpakolás
hairpin ['heəpɪn] <fn> [C] hajtű
hairpin bend [ˌheəpɪn'bend] <fn> [C] hajtűkanyar
hairpin turn <fn> [C] AmE hajtűkanyar
hair-raising ['heəˌreɪzɪŋ] <mn> hajmeresztő

hairsplitting ['heəˌsplɪtɪŋ] <mn> szőrszálhasogató
hairspray ['heəspreɪ] <fn> [C, U] hajlakk
hairstyle ['heəstaɪl] <fn> [C] frizura; hajviselet: *I can't stand her hairstyle.* Ki nem állhatom a frizuráját.
hairy ['heərɪ] <mn> (hairier, hairiest) **1.** szőrös: *He has hairy arms.* Szőrös a karja. **2.** szl cikis
hale [heɪl] <mn> egészséges: *hale and hearty* erős és egészséges
¹half [hɑ:f] <fn> [C] (halves) **1.** fél; vminek a fele: *an hour and a half* egy óra és egy fél * *half past six* fél hét * *one and a half kilos of apple* másfél kiló alma * *Two halves make a whole.* Két fél kitesz egy egészet. **2.** félidő: *in the first half* az első félidőben
♦ **break/cut sg in half** kettétör; kettévág
♦ **go half and half//go halves (with sy)** BrE *(költségeken)* osztozik vkivel ♦ **not do anything by halves** nem végez félmunkát
²half [hɑ:f] <det> fél: *half an hour* fél óra
³half [hɑ:f] <hsz> félig; (fele)részben: *He's half English.* Félig angol. * *It's only half finished.* Csak félig készült el.
half-baked [ˌhɑ:f'beɪkt] <mn> biz kellően át nem gondolt; éretlen; kezdetleges; tökéletlen; sületlen
half board [ˌhɑ:f'bɔ:d] <fn> [U] BrE félpanzió
half-brother ['hɑ:fbrʌðə] <fn> [C] féltestvér
half-hearted [ˌhɑ:f'hɑ:tɪd] <mn> kelletlen
half-light ['hɑ:flaɪt] <fn> [U] szürkület
¹half-price [ˌhɑ:f'praɪs] <mn> féláru: *I bought a half-price ticket.* Félárú jegyet vettem.
²half-price [ˌhɑ:f'praɪs] <hsz> féláron
half-sister ['hɑ:fsɪstə] <fn> [C] *(nő)* féltestvér
half-size ['hɑ:fsaɪz] <fn> [C] *(ruha, cipő)* félszám
half term [ˌhɑ:f'tɜ:m] <fn> [C] BrE *(év közben)* szünet
half-timbered [ˌhɑ:f'tɪmbəd] <mn> *(ház)* favázas
half time [ˌhɑ:f'taɪm] <fn> [U] sp félidő; szünet
¹halfway [ˌhɑ:f'weɪ] <hsz> középen; félúton: *She is halfway through her new book.* Már túl van az új könyve felén. * *Halfway to school I met my friend.* Az iskolába menet félúton találkoztam a barátommal.
²halfway [ˌhɑ:f'weɪ] <mn> félúton levő
half-wit ['hɑ:fwɪt] <fn> [C] féleszű; ostoba; hülye
hall [hɔ:l] <fn> [C] **1.** előszoba; előtér: *Leave your umbrella in the hall.* Az esernyődet hagyd az előszobában. **2.** (nagy)terem; csarnok: *The concert hall was full of children.* A hangversenyterem tele volt gyerekekkel. **3. (dining) hall** *(kollégiumban)* közös ebédlő: *Everybody ate in the (dining) hall.* Mindenki a közös ebédlőben evett. **4. hall (of residence)** kollégium; diákotthon: *Do you live in hall or in lodgings?* Kollégiumban laksz vagy albérletben?
Halloween [ˌhæləʊ'i:n] <fn> [C, U] *(október 31.)* mindenszentek előestéje
hallstand ['hɔ:lstænd] <fn> [C] *(előszobai)* ruhafogas
hallucination [həˌlu:sɪ'neɪʃn] <fn> [C, U] hallucináció
hallway ['hɔ:lweɪ] → **hall**
halo ['heɪləʊ] <fn> [C] (halos v. haloes) **1.** glória; dicsfény **2.** napgyűrű; holdudvar
¹halt [hɔ:lt] <fn> [sing] szünet; *(rövid időre)* megállás: *come to a halt* megáll; megakad * *call a halt* pihenőt ad
²halt [hɔ:lt] <ige> **1.** megállít; feltartóztat **2.** megáll
halve [hɑ:v] <ige> **1.** felére csökkent **2.** felére csökken **3.** (meg)felez: *My mother halved the chocolate between the two of us.* Az édesanyám elfelezte a csokit kettőnk közt.
halves [hɑ:vz] → **¹half**
ham [hæm] <fn> [U] sonka: *ham sandwich* sonkás szendvics * *ham roll* sonkás zsemle
hamburger ['hæmbɜ:gə] <fn> [C] hamburger
ham-fisted [ˌhæm'fɪstɪd] <mn> kétbalkezes; ügyetlen
hamlet ['hæmlət] <fn> [C] falucska
¹hammer ['hæmə] <fn> [C] kalapács
♦ **be/go at it hammer and togs** biz apa-it-anyait belead vmibe ♦ **come/go under the hammer** kalapács alá kerül; árverésre kerül
²hammer ['hæmə] <ige> **1.** (be)kalapál; (be)ver: *hammer a nail into the table* bever egy szöget az asztalba **2.** dörömböl: *hammer at the door* dörömböl az ajtón **3.** biz tönkrever; tönkrezúz **4.** biz (erősen) kritizál

---

hammer away at sg megfeszített erővel dolgozik vmin
hammer sg into sy belesulykol vmit vkibe
hammer out sg *(megoldást)* kigondol; kieszel

---

hammer-throwing ['hæməˌθrəʊɪŋ] <fn> [U] sp kalapácsvetés
hammock ['hæmək] <fn> [C] függőágy
¹hamper ['hæmpə] <ige> akadályoz; gátol
²hamper ['hæmpə] <fn> [C] fedeles kosár
hamster ['hæmstə] <fn> [C] hörcsög
¹hand [hænd] <fn> **1.** [C] kéz: *shake hands with sy* kezet fog vkivel * *take sy by the hand* kézen fog vkit * *He had a book in his hand.* A kezében volt egy könyv. **2. a hand** [sing]

biz segítség: **give/lend sy a hand** segít vkinek ∗ *Do you need a hand?* Szükséged van segítségre? **3.** [C] *(óráé)* mutató: *hour hand* óramutató ∗ *minute hand* percmutató **4.** [C] (segéd)munkás; napszámos: *take on hands* munkásokat vesz fel **5.** [C] játékosnak kiosztott kártyalapok: *have a good hand* jó lapjai vannak

♦ **ask for sy's hand** megkéri vki kezét ♦ **at hand** kéznél ♦ **(at) first hand** első kézből ♦ **by hand** 1. kézzel 2. személyesen ♦ **from hand to hand** kézről kézre ♦ **get one's hand in** vmibe beletanul; beljön ♦ **get/gain the upper hand over/of sy** fölébe kerekedik vkinek ♦ **give sy a big hand** megtapsol vkit ♦ **give sy a free hand** szabad kezet ad vkinek ♦ **give one's hand on sg** kezet ad vmire ♦ **go hand in hand with sg** együtt jár vmivel ♦ **hand in hand** kéz a kézben; kézen fogva ♦ **Hands off!** El a kezekkel! ♦ **Hands up!** 1. Fel a kezekkel! 2. *(iskolában)* jelentkezik ♦ **have a free hand** szabad keze van (vmiben) ♦ **have a hand in sg** része van vmiben ♦ **have one's hand full** rengeteg a dolga ♦ **keep one's hand in** nem esik ki a gyakorlatból ♦ **off one's hands** többé nem az ő dolga ♦ **one's hands are tied** meg van kötve a keze ♦ **on one's hands** vki feladata ♦ **on the one hand... on the other (hand)...** egyrészt..., másrészt... ♦ **take a hand in sg** részt vállal vmiben ♦ **throw in one's hands** feladja a játszmát ♦ **wash one's hands of sg** mossa kezét vmitől ♦ **win hands down** játszva győz

²**hand** [hænd] <ige> **1.** (át)ad; (át)nyújt (**to sy** vkinek): *I handed the book to him.* A könyvet odaadtam neki. ∗ *He handed me the book.* Átnyújtotta nekem a könyvet. **2.** kézbesít

hand sg about kézről kézre ad vmit
hand sg back visszaad vmit (**to sy** vkinek)
hand sg down *(szokást, kinőtt ruhát stb.)* továbbad (**to sy** vkinek)
hand sg in *(hatóságnak)* bead; benyújt vmit
hand sg on *(hírt, hagyományt stb.)* továbbad (**to sy** vkinek)
hand sg out kioszt vmit (**to sy** vkinek)
hand sy/sg over átad; átruház; odaad vkit/vmit (**to sy** vkinek)
hand sg round körbead vmit

handbag ['hændbæg] <fn> [C] kézitáska; retikül
handball ['hændbɔːl] <fn> [U] kézilabda
handbook ['hændbʊk] <fn> [C] kézikönyv
handbrake ['hændbreɪk] <fn> [C] kézifék: *The handbrake is on.* Be van húzva a kézifék.
handcuffs ['hændkʌf] <fn> [pl] bilincs
handful ['hændfʊl] <fn> **1.** [C] *(mennyiség)* maréknyi (**of sg** vmiből): *a handful of coins* egy maréknyi érme **2. a handful of sg** [sing] néhány: *She invited all his friends, but only a handful of them turned up.* Minden barátját meghívta, de csak néhány ment el. **3. be a handful** [sing] biz *(gyerek stb.)* nehezen kezelhető: *That child is a handful.* Nehezen kezelhető ez a gyerek.
¹**handicap** ['hændɪkæp] <fn> **1.** [C] hátrány; akadály **2.** [C, U] rokkantság; fogyatékosság: *mental handicap* szellemi fogyatékosság ∗ *physical handicap* testi fogyatékosság **3.** [C] sp *(sportversenyben adott/kapott)* előny/hátrány; hendikep
²**handicap** ['hændɪkæp] <ige> (handicaps, handicapping, handicapped) hátrányos helyzetbe hoz
handicapped ['hændɪkæpt] <mn> mozgássérült; rokkant; testi v. szellemi fogyatékos; testi v. szellemi fogyatékkal élő
handicraft ['hændɪkrɑːft] <fn> **1.** [C] kézművesség; kézműipar **2. handicrafts** [pl] kézműipari termékek
handiwork ['hændɪwɜːk] <fn> [U] vki keze munkája
handkerchief ['hæŋkətʃɪf] <fn> [C] (handkerchiefs v. handkerchieves) zsebkendő
¹**handle** ['hændl] <fn> [C] **1.** kilincs **2.** fogantyú; fül; nyél: *I have broken the handle of the cup.* Letörtem a csésze fülét.
²**handle** ['hændl] <ige> **1.** megfog; hozzányúl: *Don't handle that box.* Ne nyúlj hozzá ahhoz a dobozhoz! **2.** bánik vkivel/vmivel; kezel vkit/vmit: *She can't handle her children.* Nem tud bánni a gyerekeivel. ∗ *I don't know how to handle the problem.* Nem tudom, hogyan kell kezelni ezt a problémát. **3.** foglalkozik vmivel: *She handles the company's accounts.* Ő foglalkozik a cég számláival. **4.** kereskedik vmivel: *He was arrested for handling stolen goods.* Letartóztatták lopott árukkal való kereskedés miatt.
handlebars ['hændlbɑːz] <fn> [pl] *(kerékpáré)* kormány
hand luggage ['hænd,lʌgɪdʒ] <fn> [U] kézipogygyász
handmade [,hænd'meɪd] <mn> kézzel készített/gyártott; kézi
handout ['hændaʊt] <fn> [C] **1.** segélyadomány **2.** kiosztmány; *(konferencián stb. kiosztott)* anyag

handover ['hændəʊvə] <fn> [U] *(hatalomé, foglyoké stb.)* átadás

handset ['hændset] <fn> [C] (telefon)kagyló

hands-free ['hændz fri:] <mn> kéz (használata) nélküli; kezet szabaddá tevő; kihangosítható: *This is a hands-free, voice-controlled device.* Ez egy kezet szabaddá tevő, hangvezérelt eszköz.

handshake ['hændʃeɪk] <fn> [C] kézfogás; kézszorítás

handsome ['hænsəm] <mn> **1.** *(férfi)* jóképű; csinos **2.** *(összeg, ajánlat stb.)* jelentékeny; tekintélyes; szép

hands-on [,hændz'ɒn] <mn> gyakorlati(as); gyakorlati jellegű: *hands-on experience* gyakorlati tapasztalat

handstand ['hændstænd] <fn> [C] kézenállás

handwriting ['hænd,raɪtɪŋ] <fn> [U] kézírás

handy ['hændɪ] <mn> (handier, handiest) **1.** praktikus; jól használható; alkalmas **2.** kéznél levő; könnyen elérhető: *Have you got a pencil handy?* Van egy ceruzád kéznél? **3.** ügyes; jártas: *He is handy at repairing everything at home.* Ügyesen megjavít mindent otthon.
• **come in handy** kapóra/jól jön

handyman ['hændɪmæn] <fn> [C] (handymen) ezermester

¹hang [hæŋ] <ige> (hanged, hanged) felakaszt (**sy** vkit): *He was hanged for murder.* Gyilkosság miatt akasztották fel.

²hang [hæŋ] <ige> (hung, hung) **1.** (fel)akaszt; (fel)függeszt: *Hang your coat (up) outside.* Akaszd fel a kabátodat kint! **2.** lóg; függ: *White curtains hang at the windows.* Fehér függönyök lógnak az ablakoknál.

---

hang about/around biz lóg; lézeng; kószál
hang back 1. húzódozik; habozik **2.** hátramarad; lemarad(ozik)
hang on 1. kicsit vár **2. Hang on!** (Kérem,) tartsa a vonalat! **3.** kapaszkodik; fogózkodik
hang on sg függ vmitől
hang on to sg ragaszkodik; kitart vmi mellett
hang out biz cselleng
hang sg out *(ruhát)* kiteregett; *(zászlót)* kitesz
hang up leteszi a telefont: *He started shouting so I hung up (on him).* Kiabálni kezdett, ezért lecsaptam a telefont.
hang sg up *(abbahagyja a használatát)* szögre akaszt vmit: *When did you hang up your ballet shoes?* Mikor akasztottad szögre a balettcipőidet?

---

³hang [hæŋ] <fn> **the hang** [sing] *(ruháé)* esés; állás

• **get the hang of sg** biz beletanul; belejön vmibe

hangar ['hæŋə] <fn> [C] hangár

hanger ['hæŋə] <fn> [C] vállfa

hanging ['hæŋɪŋ] <fn> [C, U] *(bűnösé)* (fel)akasztás

hangman ['hæŋmən] <fn> [C] (hangmen) hóhér

hangout ['hæŋaʊt] <fn> [C] biz szokásos tartózkodási hely

hangover ['hæŋ,əʊvə] <fn> [C] másnaposság: *have a hangover* másnapos

hang-up ['hæŋʌp] <fn> [C] szl lelki probléma; gátlás

hanker ['hæŋkə] <ige> sóvárog (**after/for sg** vmi után)

hankering ['hæŋkərɪŋ] <fn> [C] vágyódás; sóvárgás

hankie ['hæŋkɪ] <fn> [C] (hankies) biz *(zsebkendő)* zsepi

hanky ['hæŋkɪ] <fn> [C] (hankies) biz *(zsebkendő)* zsepi

haphazard [hæp'hæzəd] <mn> ötletszerű; rendszertelen; esetleges

happen ['hæpən] <ige> **1.** (meg)történik; megesik: *What happened to you yesterday?* Mi történt veled tegnap? * *The accident happened in front of the museum.* A baleset a múzeum előtt történt. **2. happen to do sg** véletlenül/éppen csinál vmit: *I happened to be at home then.* Én akkor éppen/történetesen otthon voltam.
• **as it happens/happened** történetesen

happening ['hæpənɪŋ] <fn> [C] esemény; történés; rendezvény

happily ['hæpɪlɪ] <hsz> **1.** boldogan: *And they lived happily ever after.* És még most is élnek, ha meg nem haltak. **2.** szerencsére: *Happily, he arrived on time.* Szerencsére időben érkezett.

happiness ['hæpɪnəs] <fn> [U] **1.** boldogság; elégedettség **2.** szerencse

happy ['hæpɪ] <mn> (happier, happiest) **1.** boldog; (meg)elégedett (**with/about sy/sg** vkivel/vmivel): *be happy to do sg* szívesen/örömmel tesz meg vmit * *She was very happy.* Nagyon boldog volt. * *I am happy to meet you.* Örülök,/Boldog vagyok, hogy találkoztunk! **2.** szerencsés; találó: *a happy thought* jó gondolat/ötlet * *a happy coincidence* szerencsés egybeesés

happy-go-lucky [,hæpɪgəʊ'lʌkɪ] <mn> könnyed; gondtalan; nemtörődöm

happy hour ['hæpɪ aʊə] <fn> [C] ≈ kocsmákban, bárokban az az időszak, amikor olcsóbban árulják a szeszes italokat

harass ['hærəs] <ige> zaklat; bosszant

harassment ['hærəsmənt] <fn> [U] zaklatás; bosszantás

harbor ['hɑːbə] AmE → **harbour**

¹harbour ['hɑːbə] <fn> [C] kikötő

²harbour ['hɑːbə] <ige> **1.** szállást/menedéket ad; bújtat: *harbour a criminal* egy bűnözőt rejteget **2.** *(vmilyen érzelmet, gondolatot stb.)* táplál: *harbour revenge* bosszút forral

¹hard [hɑːd] <mn> (harder, hardest) **1.** kemény: *hard voice* kemény/érdes hang ✴ *The ground is too hard to dig in January.* A föld januárban túl kemény az ásáshoz. **2.** kemény; nehéz; bonyolult; fárasztó: *It was hard work.* Kemény/Fárasztó munka volt. ✴ *Is chemistry harder than maths?* A kémia nehezebb, mint a matek? **3.** kemény; rideg; szigorú: *take a hard look at sg* kritikus szemmel néz vmit **4.** nehéz; fárasztó; keserves: *My grandfather had a hard life.* A nagypapámnak nehéz élete volt. ✴ *I think it will be a hard winter.* Azt hiszem, kemény tél lesz. **5.** kemény; fáradságos; kitartó, fáradhatatlan: *hard worker* kitartó/szorgalmas munkás
 ♦ **be hard at sg** keményen dolgozik vmin
 ♦ **be hard on sy 1.** kemény kézzel bánik vkivel; szigorú vkihez **2.** igazságtalan vkivel szemben ♦ **hard and fast** *(szabály stb.)* merev; szigorú

²hard [hɑːd] <hsz> **1.** keményen; erősen: *It is snowing hard.* Erősen havazik. ✴ *He hit the nail hard.* Erősen beütötte a szöget. **2.** keményen; szorgalmasan; kitartóan; szívósan: *try hard* minden erejét összeszedve próbálja ✴ *You must work hard.* Keményen/Szorgalmasan kell dolgoznod! **3.** keményen; keményre
 ♦ **be hard up for sg** *(nincs elég)* rosszul áll vmivel

hardback ['hɑːdbæk] <fn> [C] kemény kötésű/borítású könyv

hard-boiled [ˌhɑːdˈbɔɪld] <mn> **1.** kemény(re főtt): *hard-boiled egg* keménytojás **2.** biz makacs; nyakas; hajthatatlan; kemény

hard cash [ˌhɑːdˈkæʃ] <fn> [U] készpénz

hard copy [ˌhɑːdˈkɒpɪ] <fn> [U] dokumentum nyomtatott változata; papírmásolat

hard core [ˌhɑːdˈkɔː] <fn> **1.** [U] útágyazat **2. the hard core** [sing] átv *(vmely közösség)* mozgatója; motorja; kemény mag

hardcover ['hɑːdˌkʌvə] <fn> [C] kemény kötésű/borítású könyv

hard disk [ˌhɑːdˈdɪsk] <fn> [C] infor merev (mágneses) lemez; winchester

hard drive ['hɑːd draɪv] <fn> [C] merevlemez: *an external hard drive* külső merevlemez

harden ['hɑːdn] <ige> **1.** (meg)keményít; (meg-)szilárdít; (meg)edz: *be hardened against sg* megedződött vmivel szemben **2.** (meg)keményedik; (meg)szilárdul; megedződik: *His voice hardened.* Hangja keményebb lett. **3.** *(közvélemény)* kialakul; megállapodik

hard-headed [ˌhɑːdˈhedɪd] <mn> gyakorlatias; józan

hard-hearted [ˌhɑːdˈhɑːtɪd] <mn> keményszívű; szívtelen; könyörtelen

hardly ['hɑːdlɪ] <hsz> **1.** alig: *hardly ever* szinte soha; alig valamikor ✴ *Hardly anyone went to his birthday.* Alig ment el valaki a születésnapjára. ✴ *I hardly know them.* Alig ismerem őket. **2.** aligha; nemigen: *You'll hardly believe it.* Aligha fogod elhinni. **3.** alighogy…, (máris): *We'd hardly arrived home when the phone rang.* Alighogy hazaértünk, a telefon csöngeni kezdett.

hard-nosed [ˌhɑːdˈnəʊzd] <mn> biz kemény; realista

hard-pressed [ˌhɑːdˈprest] <mn> erősen szorongatott; nyomasztó helyzetben levő

hardship ['hɑːdʃɪp] <fn> [C, U] nehézség; viszontagság; megpróbáltatás; szűkölködés

hard shoulder [ˌhɑːdˈʃəʊldə] <fn> [C] BrE leállósáv; útpadka: *In an emergency you can stop in the hard shoulder.* Vészhelyzetben leállhatunk a leállósávban.

hardware ['hɑːdweə] <fn> [U] **1.** infor hardver **2.** vas- és féműáru

hard-wearing [ˌhɑːdˈweərɪŋ] <mn> *(ruha, anyag stb.)* tartós; strapabíró

hard-working [ˌhɑːdˈwɜːkɪŋ] <mn> szorgalmas

hardy ['hɑːdɪ] <mn> (hardier, hardiest) **1.** erős; szívós; edzett; ellenálló **2.** merész; bátor

¹hare [heə] <fn> [C] (mezei) nyúl; vadnyúl
 ♦ **be as mad as a march hare** biz őrült spanyol

²hare [heə] <ige> szedi a lábát; lélekszakadva rohan/fut

harebrained ['heəbreɪnd] <mn> kelekótya; bolondos; esztelen

¹harm [hɑːm] <fn> [U] kár; sérelem; ártalom: *do harm to sy* árt vkinek ✴ *do more harm than good* többet árt, mint használ
 ♦ **no harm done** nincs semmi baj ♦ **out of harm's way** biztonságban ♦ **there is no harm in…** nincs abban semmi rossz, ha…

²harm [hɑːm] <ige> árt; bajt okoz; megsért: *Doing some exercises won't harm you at all.* Néhány gyakorlat egyáltalán nem fog megártani.

harmful ['hɑːmfl] <mn> káros; ártalmas; sérelmes; hátrányos (**to sy/sg** vkire/vmire nézve): *Smoking is harmful to your health.* A dohányzás ártalmas/káros az egészségedre.

harmless ['hɑːmləs] <mn> ártalmatlan
harmony ['hɑːməni] <fn> [C, U] (harmonies) **1.** összhang; harmónia; egyetértés: *in harmony with sg* összhangban vmivel ∗ *Three generations live together in perfect harmony.* Három generáció tökéletes egyetértésben/összhangban él együtt. **2.** zene összhang; harmónia
¹harness ['hɑːnɪs] <fn> [C] **1.** *(ló)*szerszám; hám **2. (safety) harness** *(védőszíjak vkin)* hám
²harness ['hɑːnɪs] <ige> **1.** *(lovat)* felszerszámoz; befog **2.** *(energiát)* hasznosít
harp [hɑːp] <fn> [C] hárfa
harpoon [hɑːˈpuːn] <fn> [C] szigony

🇬🇧 *Harrods*

Európa egyik legnagyobb és legdrágább áruháza, mely büszke arra, hogy bárhol, bármilyen igényt ki tud elégíteni.

harsh [hɑːʃ] <mn> (harsher, harshest) **1.** *(bánásmód, büntetés stb.)* kíméletlen; nyers; szigorú; kemény **2.** érdes/durva (tapintású); *(íz)* fanyar; *(hang)* éles; bántó
¹harvest ['hɑːvɪst] <fn> **1.** [C, U] aratás; betakarítás; szüret: *The harvest started a week ago.* Az aratás egy hete kezdődött. **2.** [C] termés: *We had a very good fruit harvest last year.* Tavaly igen jó gyümölcstermésünk volt.
²harvest ['hɑːvɪst] <ige> arat; begyűjt; betakarít; (le)szüretel
has [həz, hangsúlyos hæz] → **have**
hash [hæʃ] <fn> [U] **1.** hasé **2.** biz *(kábítószer)* hasis
♦ **make a hash of sg** biz elront; eltol vmit
hashish ['hæʃɪʃ] <fn> [U] *(kábítószer)* hasis
hasn't ['hæznt] [= has not] → **have**
¹hassle ['hæsl] <fn> biz **1.** [C, U] zűrzavar; kavarodás **2.** [U] vitatkozás; szóváltás; veszekedés
²hassle ['hæsl] <ige> biz zargat; bosszant
haste [heɪst] <fn> [C] sietség: *be in great haste* nagyon siet ∗ *Make haste.* Siess!
hasten ['heɪsn] <ige> **1.** siet; igyekszik: *hasten to do sg* siet vmit megtenni **2.** siettet; sürget
hasty ['heɪsti] <mn> (hastier, hastiest) **1.** gyors; sietős: *His words are so hasty that I can't follow him.* Annyira gyorsan beszél, hogy nem tudom követni. ∗ *He ate a hasty dinner.* Bekapott egy gyors vacsorát. **2.** meggondolatlan; elhamarkodott: *a hasty decision* elhamarkodott döntés **3.** *(természet)* hirtelen

hat [hæt] <fn> [C] kalap; fejfedő; sapka
♦ **old hat** ósdi; idejétmúlt ♦ **talk through one's hat** összevissza dumál/hantázik
♦ **throw one's hat in the ring** jelölteti magát ♦ **keep sg under one's hat** vmit titokban tart ♦ **take off one's hat to sy** kalapot emel vki előtt
¹hatch [hætʃ] <ige> **1.** *(madár stb.)* kikel **2.** *(tojás)* kinyílik **3.** *(tojást stb.)* (ki)keltet; kikölt **4.** *(tervet)* kieszel; kiforral **5.** *(terv stb.)* érlelődik; formálódik
²hatch [hætʃ] <fn> [C] **1.** *(hajón)* fedélzeti raktárfedél; lejáró **2.** tolóajtó; tolóablak **3.** *(repülőgépen; űrhajón)* ajtó **4.** retesz **5.** zsilipkapu
♦ **Down the hatch!** biz Fenékig!/Egészségünkre!
hatchback ['hætʃbæk] <fn> [C] ötajtós autó
hatchet ['hætʃɪt] <fn> [C] fejsze; bárd
¹hate [heɪt] <ige> **1.** gyűlöl; utál: *I hate cold weather.* Utálom a hideg időt. ∗ *I hate driving at night.* Utálok este vezetni. **2. I hate to do sg** ne haragudjon/elnézést, hogy…: *I hate to bother you, but…* Elnézést, hogy zavarom, de…
²hate [heɪt] <fn> [U] gyűlölet: *I don't feel any hate towards him.* Nem érzek gyűlöletet iránta.
hateful ['heɪtfl] <mn> gyűlöletes; utálatos; förtelmes
hatred ['heɪtrɪd] <fn> [U] gyűlölet; gyűlölködés; utálat
hat trick ['hætrɪk] <fn> [C] sp mesterhármas
haughty ['hɔːti] <mn> (haughtier, haughtiest) gőgös; fennhéjázó
¹haul [hɔːl] <ige> **1.** húz; hurcol; von(tat) **2.** szállít; fuvaroz
²haul [hɔːl] <fn> **1.** [sing] távolság; út **2.** [C] átv ki (hal)fogás: *make a good haul* jó fogást csinál
¹haunt [hɔːnt] <ige> **1.** *(helyet)* gyakran látogat **2.** *(szellem)* kísért: *This place is haunted.* Itt kísértetek járnak. **3.** *(gondolat, rémkép)* kísért
²haunt [hɔːnt] <fn> [C] **1.** törzshely: *This is a favourite haunt of mine.* Ez egy kedvenc törzshelyem. **2.** *(állaté)* tanya; odú
haunting ['hɔːntɪŋ] <mn> mindig visszatérő; kísértő
¹have [həv, hangsúlyos hæv] <ige> (has, having, had, had) **1.** *(birtoklás kifejezésére)* van (**sy sg** vkinek vmije); rendelkezik (**sg** vmivel): *We have a small summer house.* Van egy kicsi nyaralónk. ∗ *She has brown hair.* Barna haja van. ∗ *I have a sister.* Van egy húgom. ∗ *I have a lot of homework to do.* Sok házi feladatom van. **2.** *(ételt, italt elfogyaszt)*: *I am going to have a pizza.* Eszem egy pizzát. ∗ *Do you have*

coffee or tea for breakfast? Kávét, vagy teát iszol reggelire? **3.** *(átél vmit):* have an accident balesetet szenved ∗ *have fun* szórakozik ∗ *have a feeling van egy érzése* **4.** *(vmilyen baja, betegsége van):* have a headache fáj a feje ∗ *have a flu* influenzás **5.** *(műveltető alak):* I have my hair cut. Levágatom a hajamat. ∗ *I have had my house painted.* Kifestettem a házamat. **6.** *(vmilyen állapotba kerül):* The music at the party had everyone dancing. A partin szóló zene hatására mindenki táncolt. **7.** vendégül lát; meghív (**sy** vkit): *We'll have some people to dinner on Sunday.* Meghívunk pár ember vacsorára szombaton. **8.** kap; szerez (**sg** vmit): *have news from sy* hírt kap vkitől **9.** *(gyermeket)* szül: *have a child* gyermeket szül **10.** mond; állít: *He'll have it that...* Azt állítja, hogy...

have sy in 1. (ebédre, teára stb.) meghív vkit **2.** *(orvost, szerelőt stb.)* hívat
have sg in 1. (előre) beszerez vmit **2.** vmivel el van látva
have sy on ugrat vkit
have sg on 1. *(ruha stb.)* rajta van **2.** biz vmilyen dolga/elfoglaltsága van
have sg out vmit eltávolít; kivetet; kihúzat
have sy up beperel vkit

²**have** [həv, hangsúlyos hæv] <segédige> *(a befejezett igealakok képzéséhez használt segédige):* Have you already been to England? Voltál már Angliában? ∗ *I have been living here for ages.* Évek óta itt élek. ∗ *Have you finished your homework? No I haven't.* Kész van a házi feladatod? Nem, még nincs kész. ∗ *When he came we had already done everything.* Mire megjött, mi már mindent megcsináltunk. ∗ *He said he had done his homework.* Azt mondta, hogy megcsinálta a házi feladatát.

have to ['hæv tʊ mássalhangzó előtt 'hæv tə] <modális segédige> kell; muszáj: *I have to do my homework.* Meg kell írnom a leckémet. ∗ *She has got to leave now.* El kell most mennie. ∗ *Do you have to work on Saturdays?* Kell szombatonként dolgoznod? ∗ *We don't have to wear uniforms.* Nem kell egyenruhát hordanunk.

haven ['heɪvn] <fn> [C] **1.** kikötő **2.** menedékhely
haven't ['hævnt] [= have not] → **have**
have got to ['hæv,gɒt tə] → **have to**
havoc ['hævək] <fn> [U] pusztítás; rombolás: *cause havoc* zűrzavart kelt ∗ *make havoc of a city* feldúl egy várost

¹**hawk** [hɔːk] <fn> [C] **1.** héja; karvaly **2.** *(háborúpárti ember)* héja
²**hawk** [hɔːk] <ige> *(áruval)* házal; ügynökösködik; *(utcán)* árul
hay [heɪ] <fn> [U] széna: *make hay* szénát kaszál/forgat
♦ **hit the hay/sack** lefekszik aludni; ledöglik ♦ **Make hay while the sun shines.** Addig üsd a vasat, amíg meleg.
hay fever ['heɪˌfiːvə] <fn> [U] szénanátha
haywire ['heɪˌwaɪə] <mn> biz zavaros; összekuszált
♦ **be/go haywire** biz megbolondul; bedilizik
¹**hazard** ['hæzəd] <fn> [C] kockázat; veszély (helyzet); rizikó: *at all hazards* mindenáron
²**hazard** ['hæzəd] <ige> (meg)kockáztat; kockára tesz
hazardous ['hæzədəs] <mn> kockázatos; veszélyes
haze [heɪz] <fn> **1.** [C, U] pára; ködfátyol **2.** [sing] átv homály; *(szellemi)* zűrzavar
¹**hazel** ['heɪzl] <fn> [C] mogyoró(bokor)
²**hazel** ['heɪzl] <mn> mogyorószínű
hazelnut ['heɪzlnʌt] <fn> [C] mogyoró
hazy ['heɪzɪ] <mn> (hazier, haziest) **1.** párás; ködös **2.** átv *(gondolatok)* ködös; homályos; zavaros: *hazy knowledge* bizonytalan/felületes tudás **3.** *(ember)* bizonytalan: *be hazy about sg* homályosan emlékszik vmire; bizonytalan vmiben
H-bomb ['eɪtʃbɒm] <fn> [C] hidrogénbomba
¹**he** [hiː, hangsúlytalan hɪ] <névm> *(hímnem)* ő: *I am waiting for my friend – he will be here soon.* Várom a barátomat – hamarosan itt lesz (ő). ∗ *He is my brother.* Ő a bátyám.
²**he** [hiː] <fn> [sing] **1.** hímnemű személy; férfi **2.** *(állat)* hím
¹**head** [hed] <fn> [C] **1.** *(testrész)* fej: *She hit her head.* Beütötte a fejét. **2.** átv fej; ész: *An interesting idea came into my head.* Érdekes gondolat jutott eszembe. ∗ *He has a good head.* Helyén van az esze. ∗ *Use your head!* Gondolkozz! **3.** elülső rész; vminek az eleje/éle: *sit at the head of the table* az asztalfőn ül ∗ *the head of the queue* a sor eleje **4.** *(vállalaté, osztályé stb.)* vezető; *(iskolaié)* igazgató; *(családnak stb.)* feje: *the head of the library* a könyvtár vezetője ∗ *the head of the family* a család feje ∗ *the head waiter* főpincér **5.** *(pénzérmén)* fej; *heads or tails* fej vagy írás **6.** *(salátáé stb.)* fej; *(búzáé)* kalász **7.** *(szegé, szerszámé stb.)* fej(rész): *the head of a nail* a szög feje
♦ **a/per head** fejenként ♦ **be/fall head over heels (in love)** fülig szerelmes/belehabarodik vkibe ♦ **can't make head or**

²**head**

tail of sg képtelen kiigazodni vmin ♦ **come to a head** megérik; döntő stádiumba kerül ♦ **bring sg to a head** dűlőre visz vmit ♦ **do sy's head in** biz kiborít vkit ♦ **go to sy's head** *(dicsőség)* fejébe száll ♦ **have a head for sg** jó érzéke van vmihez ♦ **head first 1.** fejjel előre **2.** meggondolatlanul ♦ **hit the nail on the head** fején találja a szöget ♦ **hold one's head high** emelt fővel jár ♦ **keep one's head** nem veszti el a fejét ♦ **keep one's head down** *(hogy ne vegyék észre)* behúzza a nyakát ♦ **laugh/ scream etc. one's head off** halálra neveti/ sikítja stb. magát ♦ **lose one's head** átv elveszti a fejét ♦ **over sy's head** vki háta mögött ♦ **put/get one's heads together** összedugja a fejét vkivel/vkikkel

²**head** [hed] <ige> **1.** vezet; irányít **2.** vezet; élén áll vminek: *head the list* a lista élén áll **3.** megy; halad; tart; igyekszik **(for swhere** vmerre): *head for the river* a folyó felé igyekszik * *Where are you heading?* Merre tartasz? **4.** *(labdát)* fejel **5.** felirattal ellát; *(írásnak)* címet ad

headache ['hedeɪk] <fn> [C] **1.** fejfájás: *a splitting headache* hasogató fejfájás **2.** átv fejfájás; gond; probléma

headband ['hedbænd] <fn> [C] fejpánt
header ['hedə] <fn> [C] sp (labda)fejelés; fejes
headhunt ['hedhʌnt] <ige> fejvadászként dolgozik
headhunter ['hedhʌntə] <fn> [C] fejvadász
heading ['hedɪŋ] <fn> [C] cím(sor); fejszöveg; fejléc
headland ['hedlənd] <fn> [C] földnyelv
headlight ['hedlaɪt] <fn> [C] gk fényszóró; reflektor: *dip the headlights* leveszi a fényt
headline ['hedlaɪn] <fn> [C] **1.** *(újságcikké)* cím **2. the headlines** [pl] *(televízióban, rádióban röviden)* főbb hírek: *Here are the news headlines.* Főbb híreink következnek. * *make/hit the headlines* (cikk) nagy szenzációt kelt
¹**headlong** ['hedlɒŋ] <mn> heves; hirtelen; meggondolatlan
²**headlong** ['hedlɒŋ] <hsz> **1.** gyorsan; hanyatt-homlok; meggondolatlanul **2.** fejjel előre
headmaster [ˌhed'mɑːstə] <fn> [C] *(iskolában)* igazgató
headmistress [ˌhed'mɪstrəs] <fn> [C] *(iskolában)* igazgatónő
head-on [ˌhed'ɒn] <mn> frontális: *a head-on crash* frontális ütközés
headphones ['hedfəʊnz] <fn> [pl] fejhallgató
headquarters [ˌhed'kwɔːtəz] <fn> [U + sing/pl v] főhadiszállás; központ; székház

headrest ['hedrest] <fn> [C] fejtámasz
headset ['hedset] <fn> [C] fülhallgató/fejhallgató mikrofonnal
head start [ˌhed'stɑːt] <fn> [sing] kezdeti előny **(on/over sy** vkivel szemben)
headstone ['hedstəʊn] <fn> [C] sírkő
headstrong ['hedstrɒŋ] <mn> önfejű; konok
head teacher [ˌhed'tiːtʃə] <fn> [C] *(iskolában)* igazgató
headway ['hedweɪ] <fn> [U] (előre)haladás ♦ **make headway** halad; boldogul; fejlődik
headword ['hedwɜːd] <fn> [C] címszó: *There are 20,000 headwords in that dictionary.* 20 000 címszó van abban a szótárban.
heal [hiːl] <ige> **1.** (meg)gyógyít; kigyógyít **(of sg** vmiből); *(sebet)* begyógyít **2.** *(seb)* (meg-)gyógyul begyógyul: *heal up/over (seb)* begyógyul; beheged
health [helθ] <fn> [U] **1.** egészség(i állapot): *be in good health* jó egészségnek örvend * *be in poor health* rossz egészségi állapotban van * *drink the health of sy* vkinek az egészségére iszik **2.** egészségügy
health centre ['helθ ˌsentə] <fn> [C] (szak)orvosi rendelő(intézet)
health food ['helθ fuːd] <fn> [C, U] bioétel
health insurance ['helθ ɪnˌʃʊərəns] <fn> [U] betegbiztosítás
health service ['helθ ˌsɜːvɪs] <fn> [C] társadalombiztosítás; tb
healthy ['helθɪ] <mn> (healthier, healthiest) egészséges: *a healthy lifestyle* egészséges életmód
¹**heap** [hiːp] <fn> [C] **1.** halom; rakás: *in a heap* egy rakásban felhalmozva **2.** nagy mennyiség; egy rakás: *a heap of sg* nagyon sok vmiből * *heaps of times* számtalanszor * *have heaps of money* tele van pénzzel
²**heap** [hiːp] <ige> **1. heap (up)** felhalmoz; halomba rak/hord; púpoz **2.** elhalmoz **(with sg** vmivel) **3.** megrak; telerak **(with sg** vmivel)
hear [hɪə] <ige> (heard, heard) **1.** (meg)hall: *I can't hear the radio because of the noise.* A zajtól nem hallom a rádiót. * *I heard my sister singing.* Hallottam a húgomat énekelni. * *I heard footsteps on the corridor.* Lépéseket hallottam a folyosón. **2.** hall; (meg)hallgat: *hear a child his lesson* kikérdezi a leckét a gyerektől * *Have you already heard the latest news?* Hallottad már a legfrissebb híreket? **3.** jog *(bíróság egy ügyet)* tárgyal: *hear the witnesses* kihallgatja a tanúkat * *His case will be heard tomorrow.* Ügyét holnap tárgyalják. **4.** megtud **(sg** vmit); értesül **(from sy/sg** vmiről): *from what I hear* a hírek szerint; úgy

értesülök * *You will hear from me.* Majd írok neked./Majd értesítelek. * *I was sorry to hear about your illness.* Szomorúan értesültem a betegségedről.

> **hear from sy** hírt/üzenetet/levelet kap vkitől
> **hear of sy/sg** hall vkiről/vmiről

heard [hɜ:d] → **hear**
hearing ['hɪərɪŋ] <fn> **1.** [U] hallás: *His hearing isn't very good.* A hallása nem túl jó. **2.** [C] jog tárgyalás: *court hearing* bírósági tárgyalás **3.** [sing] meghallgatás: *gain a hearing* meghallgatást nyer **4.** [sing] kihallgatás (vkinél)
♦ **hard of hearing** nagyothalló ♦ **in/within sy's hearing** vki füle hallatára
hearing aid ['hɪərɪŋ eɪd] <fn> [C] hallókészülék
hearsay ['hɪəseɪ] <fn> [U] szóbeszéd; hallomás; mendemonda
hearse [hɜ:s] <fn> [C] halottaskocsi
heart [ha:t] <fn> **1.** [C] átv is szív: *His heart is beating fast now.* A szíve most gyorsan ver. * *He has a kind heart.* Jószívű. **2. the heart (of sg)** [sing] vminek a közepe; lényege; magja: *in the heart of sg* vmi kellős közepén * *the heart of the matter* a dolog veleje **3.** [C] *(szín kártyajátékban)* kőr: *queen of hearts* kőr dáma
♦ **after one's own heart** kedvére való ♦ **at heart** a szíve mélyén ♦ **break sy's heart** összetöri a szívét ♦ **(off) by heart** kívülről; könyv nélkül ♦ **close/dear/near to sy's heart** szívéhez közel álló ♦ **from the (bottom of one's) heart** vki szíve mélyéből ♦ **have a heart of gold** aranyból van a szíve ♦ **in good heart** jó (egészségi, kedély)állapotban ♦ **learn by heart** kívülről megtanul ♦ **lose heart** elcsügged ♦ **one's heart is not in sg** ímmel-ámmal csinál vmi ♦ **one's heart sinks** elcsügged; elszomorodik ♦ **not have the heart (to do sg)** nincs szíve vmit megtenni ♦ **pour one's heart out (to sy)** kiönti a szívét (vkinek) ♦ **put heart into sy** lelket ver vkibe ♦ **set one's heart on sg/have one's heart set on sg** nagyon vágyakozik vmire ♦ **take heart (from sg)** felbátorodik ♦ **take sg to heart** a szívére/lelkére vesz vmit ♦ **with heart and soul** szívvel-lélekkel
heartache ['ha:teɪk] <fn> [U] szívfájdalom
heart attack ['ha:t ə‚tæk] <fn> [C] szívroham; infarktus: *He had a heart attack.* Szívrohama volt.
heartbeat ['ha:tbi:t] <fn> [C] szívdobogás

heartbreaking ['ha:t‚breɪkɪŋ] <mn> szívfacsaró; szívet tépő
heartburn ['ha:tbɜ:n] <fn> [U] gyomorégés
hearten ['ha:tn] <ige> **1.** (fel)bátorít; buzdít; lelkesít **2.** felbátorodik
heartening ['ha:tnɪŋ] <mn> lelkesítő
heartfelt ['ha:tfelt] <mn> szívből jövő; őszinte
hearth [ha:θ] <fn> [C] **1.** kandalló előtti tér **2.** átv (családi) tűzhely; otthon
heartless ['ha:tləs] <mn> szívtelen
heart-to-heart [‚ha:t tə'ha:t] <mn> bizalmas; őszinte
hearty ['ha:tɪ] <mn> (heartier, heartiest) **1.** szívélyes; őszinte; szívből jövő **2.** bőséges; tápláló: *a hearty meal* bőséges étkezés **3.** erős; erőteljes
¹**heat** [hi:t] <fn> **1.** [U] hő(ség); meleg; forróság: *the heat of the sun* a nap heve * *I can't stand the heat.* Ki nem állhatom a hőséget. **2.** [U] felindulás; hév: *in the heat of the moment* a pillanat hevében **3.** [U] *(tűzhelyen)* tűz: *Could you remove the pan from the heat?* Le tudnád venni az edényt a tűzhelyről? **4.** [C] verseny; (elő)futam
♦ **be on/in heat** *(nőstény)* tüzel
²**heat** [hi:t] <ige> **1.** (fel)melegít; (fel)hevít: *I heated the soup on the cooker.* A levest megmelegítettem a tűzhelyen. **2.** (fel)melegszik; (fel)forrósodik
heated ['hi:tɪd] <mn> heves: *heated debate* heves vita
heater ['hi:tə] <fn> [C] **1.** fűtőkészülék **2.** fűtőtest; hősugárzó **3.** vízmelegítő: *a water heater* bojler **4.** (étel)melegítő
heath [hi:θ] <fn> [C] pusztaság
heather ['heðə] <fn> [U] hanga; erika
heating ['hi:tɪŋ] <fn> [U] fűtés: *central heating* központi fűtés
heatproof ['hi:tpru:f] <mn> hőálló; tűzálló
heatstroke ['hi:tstrəʊk] <fn> [U] hőguta
heat wave ['hi:t weɪv] <fn> [C] hőhullám
¹**heave** [hi:v] <ige> **1.** lök; vonszol; húz **2.** dob; hajít **3.** *(gyomor)* felfordul **4.** *(tenger)* háborog
²**heave** [hi:v] <fn> [C, U] **1.** lökés; hajítás; (fel-)emelés **2.** sp dobás; lökés
heaven ['hevn] <fn> **1.** [U] menny; ég **2. the heavens** [pl] irod az égbolt
♦ **Thank heavens!** Hála Istennek!/Hála az égnek!
heavenly ['hevnlɪ] <mn> **1.** égi **2.** biz mennyei; pompás; csodás
heavenly body [‚hevnlɪ'bɒdɪ] <fn> [C] égitest
heavily ['hevɪlɪ] <hsz> **1.** súlyosan; nagyon; erősen: *sleep heavily* mélyen alszik * *smoke heavily* erősen dohányzik **2.** lassan; nehézkesen; nehezen

heavy ['hevɪ] <mn> (heavier, heaviest) **1.** nehéz; súlyos: *It is too heavy.* Túlságosan nehéz. ∗ *How heavy is your bag?* Milyen nehéz a táskád? **2.** erős; nagy; súlyos: *heavy rain* kiadós/nagy eső ∗ *heavy snowfall* nagy havazás ∗ *a heavy smoker* erős dohányos ∗ *The traffic is always heavy at six o'clock.* Hat órakor mindig erős a forgalom. **3.** átv nehéz; komoly; terhes: *heavy day* nehéz/fárasztó/mozgalmas nap **4.** nagy; jelentős: *heavy crops* bő termés

heavy-duty [,hevɪ'djuːti] <mn> nagy teherbírású; strapabíró

heavy industry [,hevɪ'ɪndəstri] <fn> [C, U] nehézipar

heavyweight ['hevɪweɪt] <fn> [C] sp nehézsúlyú

hectare ['hekteə] <fn> [C] hektár

hectic ['hektɪk] <mn> átv *(ember)* lázas; izgatott; nyugtalan; *(napok)* mozgalmas

¹he'd [hiːd] [= he had] → **have**

²he'd [hiːd] [= he would] → **would**

¹hedge [hedʒ] <fn> [C] sövény(kerítés)
 ♦ **be on the hedge** nem dönt; határozatlan
 ♦ **over hedge and ditch** árkon-bokron túl

²hedge [hedʒ] <ige> **1.** sövénnyel bekerít; beültet **2.** biz kertel; nem vall színt

hedgehog ['hedʒhɒg] <fn> [C] sündisznó

hedgerow ['hedʒrəʊ] <fn> [C] sövénykerítés

heed [hiːd] <ige> törődik vmivel; hallgat vkire/vmire

¹heel [hiːl] <fn> [C] **1.** *(testrész)* sarok: *I have a wound on my right heel.* A jobb sarkamon van egy seb. **2.** *(zoknié, harisnyáé stb.)* sarok **3.** *(cipőé)* sarok: *She likes shoes with high heels.* A magassarkú cipőket kedveli.
 ♦ **come to heel** meghunyászkodik ♦ **down at the heel** elhanyagolt külsejű ♦ **kick up the heels** kirúg a hámból ♦ **show a clean pair of heels** elillan; kereket old ♦ **under the heel** elnyomva

²heel [hiːl] <ige> *(cipőt)* (meg)sarkal

hefty ['heftɪ] <mn> (heftier, heftiest) biz izmos; erős; jól megtermett

height [haɪt] <fn> **1.** [C, U] magasság: *two meters in height* két méter magas ∗ *He is the same height as me.* Ugyanolyan magas, mint én. **2.** [C] magasság; magaslat: *I'm afraid of heights.* Tériszonyom van. **3.** [C] átv csúcspont; tetőpont: *at/in the height of summer* nyár derekán

heighten ['haɪtn] <ige> **1.** átv kiemel; hangsúlyoz; fokoz; növel **2.** magasra emel; felemel **3.** fokozódik; növekszik; emelkedik

heir [eə] <fn> [C] örökös: *be heir to sg* örököl vmit

heiress ['eəres] <fn> [C] örökösnő

heirloom ['eəluːm] <fn> [C] családi ereklye

held [held] → **¹hold**

helicopter ['helɪkɒptə] <fn> [C] helikopter

hell [hel] <fn> **1.** [U, sing] átv is pokol: *They made his life hell.* Pokollá tették az életét. **2.** [U] biz fene; franc: *What the hell are you doing?* Mi a fenét csinálsz?
 ♦ **between hell and high-water** két tűz között ♦ **(just) for the hell of it** biz csak úgy heccből ♦ **give sy hell** biz jól letol vkit ♦ **like hell** biz kétségbeesetten; mint egy őrült ♦ **All hell broke loose.** biz Pokoli felfordulás támadt.

he'll [hiːl] [= he will] → **will**

hell-bent [,hel'bent] <mn> elszánt

hellish ['helɪʃ] <mn> biz pokoli; ördögi

hello [hə'ləʊ] <isz> **1.** (találkozáskor) jó napot!; szia!; helló; heló **2.** (telefonáláskor) halló

helmet ['helmɪt] <fn> [C] sisak: *crash helmet* bukósisak

¹help [help] <ige> **1.** segít: *She helped his brother with his homework.* Segített a bátyjának a házi feladatnál. ∗ *I helped the blind man across the street.* Átsegítettem a vak embert az úton. ∗ *Please help me to lift this chair!* Légy szíves, segíts felemelni ezt a széket! ∗ *May I help you?* Szabad segítenem? **2.** segít; használ: *That doesn't help much.* Ez nem sokat használ. **3. Help!** segítség!: *Help! Call the police!* Segítség! Hívják a rendőrséget! **4. can/can't/could(n't) help (doing) sg** meg tudja állni (hogy ne csináljon vmit); nem tudja/tudta megállni (hogy ne csináljon vmit): *Unfortunately I couldn't help laughing.* Sajnos, nem tudtam megállni, hogy ne nevessek! ∗ *I can't help thinking.* Akaratlanul is az jár az eszembe. **5. help yourself (to sg)** (ételből, italból) tessék venni!; tessék hozzálátni!: *If you want to eat just help yourself.* Ha enni kérsz, csak tessék!/Ha enni kérsz, csak vegyél nyugodtan! **6.** (étkezésnél) kiszolgál; felszolgál: *help sy to soup* vkinek levest mer

help (sy) out *(vmely nehéz helyzetből)* kisegít (vkit)

²help [help] <fn> **1.** [U] segítség; támogatás: *with the help of sy* vki segítségével ∗ *get help* segítséget hoz ∗ *Do you need any help with your homework?* Segítsek megoldani a házi feladatodat? **2. a help (to sy)** [sing] segítség (vkinek): *The baby-sitter is a great help to her.* A gyermekőrző komoly segítség számára. **3.** [U] infor súgó

helper ['helpə] <fn> [C] segítő(társ); pártfogó
helpful ['helpfl] <mn> **1.** *(személy)* segítőkész; szolgálatkész **2.** *(tanács)* hasznos
helping ['helpɪŋ] <fn> [C] (étel)adag: *have a second helping* repetázik; kétszer vesz
helpless ['helpləs] <mn> **1.** tehetetlen; gyámoltalan **2.** haszontalan
¹**helter-skelter** [ˌheltə'skeltə] <hsz> összevissza; rendetlenül
²**helter-skelter** [ˌheltə'skeltə] <fn> [C] BrE *(vidámparkban)* csúszka
¹**hem** [hem] <fn> [C] *(ruhán)* szegés; felhajtás
²**hem** [hem] <ige> (hems, hemming, hemmed) *(ruha alját)* (be)szeg; felvarr

hem sy in körülzár; bekerít vkit

hemisphere ['hemɪsfɪə] <fn> [C] félgömb; félteke: *the northern hemisphere* az északi félteke
hemline ['hemlaɪn] <fn> [C] ruha szegélye/hossza
hemophilia [ˌhiːmə'fɪlɪə] AmE → **haemophilia**
hemophiliac [ˌhiːmə'fɪlɪæk] AmE → **haemophiliac**
hemorrhage ['hemərɪdʒ] AmE → **haemorrhage**
hemorrhoids ['hemərɔɪdz] AmE → **haemorrhoids**
hen [hen] <fn> [C] **1.** (házi)tyúk **2.** *(madáré)* nőstény; tojó
hence [hens] <hsz> **1.** ennélfogva; ezért **2.** ezentúl; mától fogva: *a week hence* mához egy hétre
henceforth [ˌhens'fɔːθ] <hsz> ezután; ezentúl; mostantól fogva; a jövőben
henpecked ['henpekt] <mn> *(férj)* papucs: *a henpecked husband* papucsférj
hepatitis [ˌhepə'taɪtɪs] <fn> [U] *(fertőző)* májgyulladás
¹**her** [hɜː] <névm> **1.** *(nőnem)* őt: *I saw her yesterday.* Láttam őt tegnap. **2.** *(nőnem)* neki: *Give her my best regards.* Add át neki szívélyes üdvözletemet.
²**her** [hɜː] <det> *(nőnem)* a(z) (ő) …(j)a, …(j)e, …(j)ai, …(j)ei: *her skirt* a(z ő) szoknyája
herb [hɜːb] <fn> [C] (gyógy)növény; gyógyfű; fűszernövény
¹**herd** [hɜːd] <fn> [C] **1.** csorda; gulya; falka **2.** nagy embertömeg; nép
²**herd** [hɜːd] <ige> (össze)terel; (össze)gyűjt
here [hɪə] <hsz> **1.** itt; ide; innen: *a mile from here* egy mérföld innen ∗ *I have been living here for ages.* Évek óta itt élek. ∗ *Come here, please.* Gyere ide, légy szíves! **2.** *(nyomatékosít)* itt: *Here comes my father.* Itt jön az (édes)apám. **3.** itt; most; ezen a ponton: *Shall we break here and have a tea?* Tarthatnánk most egy szünetet és ihatnánk egy teát?

♦ **Here you are!** Tessék! ♦ **here and there** itt-ott; hébe-hóba ♦ **here's to sy/sg** igyunk vkire/vmire ♦ **that's neither here nor there** mellékes; ez nem fontos

hereabout(s) [ˌhɪərə'baʊts] <hsz> errefelé; a környéken
hereafter [ˌhɪər'ɑːftə] <hsz> a továbbiakban; ezentúl; a jövőben
hereby [ˌhɪə'baɪ] <hsz> ezáltal; ezennel
hereditary [hə'redətrɪ] <mn> **1.** örökletes: *a hereditary disease* örökletes betegség **2.** öröklött
heresy ['herəsɪ] <fn> [C, U] (heresies) eretnekség
heretic ['herətɪk] <fn> [C] *(személy)* eretnek
heritage ['herɪtɪdʒ] <fn> [C] örökség
heritor ['herɪtə] <fn> [C] örökös
hermetic [hɜː'metɪk] <mn> légzáró; hermetikus(an záródó)
hermit ['hɜːmɪt] <fn> [C] remete
hernia ['hɜːnɪə] <fn> [C, U] sérv
hero ['hɪərəʊ] <fn> [C] (heroes) **1.** hős: *national hero* nemzeti hős **2.** főhős: *the hero of my favourite book* a kedvenc könyvem főhőse
heroic [hə'rəʊɪk] <mn> hősi; hősies; emberfeletti
heroin ['herəʊɪn] <fn> [U] heroin
heroine ['herəʊɪn] <fn> [C] **1.** hősnő **2.** *(női)* főhős
herring ['herɪŋ] <fn> [C, U] (herring v. herrings) hering: *shoals of herring* heringraj ∗ *pickled herrings* pácolt hering

♦ **red herring** mellébeszélés

herringbone ['herɪŋbəʊn] <fn> [U] halszálkaminta
hers [hɜːz] <névm> *(nőnem)* az övé(i): *Is that book hers?* Ez a könyv az övé? ∗ *a friend of hers* egyik barátja
herself [hɜː'self] <névm> **1.** *(nőnem)* (ön)maga; saját maga: *She must be very proud of herself.* Biztosan nagyon büszke magára. **2.** *(nőnem)* magát: *She cut herself.* Megvágta magát. **3.** *(nőnem)* magának: *She made herself a cup of tea.* Csinált magának egy csésze teát. **4.** *(nőnem)* ő maga: *She herself told me.* Ő maga mondta nekem.

♦ **(all) by herself 1.** *(nőnem)* teljesen egyedül **2.** *(nőnem)* önállóan; egymaga *(all) to herself* egyedül az övé; csak magának
¹**he's** [hiːz] [= he is] → **be**
²**he's** [hiːz] [= he has] → **have**

hesitant ['hezɪtənt] <mn> tétovázó; habozó; határozatlan; bizonytalan

hesitate ['hezɪteɪt] <ige> tétovázik; habozik; vonakodik

hesitation [ˌhezɪ'teɪʃn] <fn> [C, U] tétovázás; habozás

het up [ˌhet'ʌp] <mn> biz BrE ideges; mérges; felkapja a vizet (**about/over sg** vmi miatt)

hexagon ['heksəgən] <fn> [C] hatszög

hexagonal [hek'sægənl] <mn> hatszögletű

hey [heɪ] <isz> biz hahó!; halló!

heyday ['heɪdeɪ] <fn> [sing] csúcspont; tetőfok; fénykor; virágkor

hi [haɪ] <isz> szia; helló: *Hi, Eve! How are you?* Szia/Helló, Eve! Hogy vagy?

hibernate ['haɪbəneɪt] <ige> téli álmot alszik; áttelel

hibernation [ˌhaɪbə'neɪʃn] <fn> [U] téli álom; áttelelés

hiccup ['hɪkʌp] <fn> **1.** [C] csuklás **2. the hiccups** [pl] csuklási roham **3.** [C] *(kisebb)* probléma; fennakadás

hid [hɪd] → **¹hide**

¹hidden ['hɪdn] <mn> rejtett

²hidden ['hɪdn] → **¹hide**

¹hide [haɪd] <ige> (hid, hidden) **1.** (el)rejt; eldug: *He hid the key in a drawer.* Eldugta a kulcsot egy fiókba. **2.** (el)takar; (el)rejt: *The future is hidden from us.* A jövő rejtve van előttünk. **3.** (el)rejtőzik; (el)bújik: *They hid behind the house.* A ház mögé bújtak. **4.** eltitkol: *She never hides her feelings.* Sohasem rejti el az érzéseit.

²hide [haɪd] <fn> **1.** [C, U] (nyers)bőr; irha **2.** [C] leshely

♦ **save one's own hide** menti az irháját

hide-and-seek [ˌhaɪdən'siːk] <fn> [U] bújócska

hideaway ['haɪdəweɪ] <fn> [C] biz búvóhely; rejtekhely

hideous ['hɪdɪəs] <mn> **1.** csúnya; förtelmes; visszataszító **2.** undok; rettenetes

hiding ['haɪdɪŋ] <fn> [U] bujkálás; rejtőzés: *go into hiding* elrejtőzik

hiding place ['haɪdɪŋ pleɪs] <fn> [C] rejtekhely; búvóhely

hierarchy ['haɪrɑːki] <fn> [C] (hierarchies) hierarchia; rangsor

hi-fi ['haɪ faɪ] <fn> [C] hifiberendezés

higgledy-piggledy [ˌhɪgldɪ'pɪgldɪ] <mn> biz összevissza; rendetlen

¹high [haɪ] <mn> (higher, highest) **1.** magas: *He climbed the highest mountain of our country.* Megmászta országunk legmagasabb hegyét. **2.** vmilyen magas(ságú): *The wardrobe is two metres high.* A szekrény két méter magas. **3.** *(hang)* magas; *(lárma)* éles; *(szín)* erős; élénk: *high notes* a magas hangok **4.** *(mértékét tekintve)* magas: *high prices* magas árak * *high speed* nagy sebesség * *high temperature* magas hőmérséklet **5.** jó: *high-quality goods* jó minőségű áruk * *We have a high opinion of you.* Jó véleménnyel vagyunk rólad. **6.** fő-; leg-: *of the highest importance* rendkívül fontos * *high priest* főpap * *high season* főszezon **7.** magasztos; felemelő; nemes: *high ideas* magasztos eszmék **8.** vezető; előkelő: *high life* az előkelő világ **9.** *(idő)* előrehaladott: *it's high time* legfőbb ideje; ideje már **10. be high** biz be van állítva/lőve

♦ **leave sy high and dry** cserben hagy vkit

²high [haɪ] <hsz> **1.** magasan; magasra; fent: *Birds fly high.* a madarak magasan repülnek **2.** *(hang)* magasan: *He sang high.* Magasan énekelt. **3.** nagyon; erősen; nagymértékben

♦ **high and low** mindenütt; mindenfelé
♦ **run high** *(indulat)* (fel)fokozódik

³high [haɪ] <fn> [C] **1.** magas szint/szám; rekordszám **2.** magasan fekvő hely; magaslat **3.** előkelő személy **4.** *(alkoholtól, drogtól)* mámoros állapot

♦ **be on a high** biz fel van dobva ♦ **highs and lows** sikerek és kudarcok ♦ **on high** biz odafönt

highbrow ['haɪbraʊ] <mn> **1.** kifinomult ízlésű; igényes **2.** pej (kultúr)sznob

highchair ['haɪtʃeə] <fn> [C] etetőszék

high-class [ˌhaɪ'klɑːs] <mn> kiváló minőségű; első osztályú

High Court [ˌhaɪ'kɔːt] <fn> [C] legfelsőbb bíróság

higher education [ˌhaɪər edjʊ'keɪʃn] <fn> felsőoktatás

high jump ['haɪ dʒʌmp] <fn> **the high jump** [sing] magasugrás

highland ['haɪlənd] <fn> **1.** [C, ált pl] felvidék **2. The Highlands** [pl] a skót felvidék/felföld; Felső-Skócia

highlander ['haɪləndə] <fn> [C] **1.** hegyi lakos; felvidéki **2.** felső-skóciai ember; skót felföldi

high-level [ˌhaɪ'levl] <mn> *(tárgyalások stb.)* magas szintű

¹highlight ['haɪlaɪt] <fn> **1.** [C] vminek a fénypontja; kiemelkedő mozzanat/részlet: *the highlight of the performance* az előadás fénypontja * *the highlights of the day's events* (hírösszefoglalóban) a nap legfontosabb eseményei **2.** [C] *(festményen stb.)* világos rész **3. highlights** [pl] *(hajban)* melír(ozás)

²highlight ['haɪlaɪt] <ige> **1.** hangsúlyoz; kiemel (**sg** vmit); vezető helyen foglalkozik (**sg** vmivel) **2.** *(filctollal)* kiemel; kijelöl

highlighter ['haɪlaɪtə] <fn> [C] szövegkiemelő

highly ['haɪlɪ] <hsz> 1. magasan; nagyon: *highly educated* magasan képzett ∗ *a highly paid job* jól fizető állás ∗ *He is highly intelligent.* Nagyon értelmes. 2. nagyon; nagymértékben: *highly amusing* igen mulatságos 3. elismeréssel: *He thinks highly of her teacher.* Nagyra becsüli a tanárát.

highness ['haɪnəs] <fn> 1. [U] magasság 2. [U] *(szélé stb.)* hevesség; erősség 3. [C] *(megszólításként)* felség: *His/Her (Royal) Highness* őfelsége ∗ *Your Highness!* Felség!

high powered [ˌhaɪ'paʊəd] <mn> 1. nagy teljesítményű: *a high powered engine* nagy teljesítményű motor 2. *(ember)* dinamikus; nagy munkabírású

high-pressure [ˌhaɪ'preʃə] <mn> 1. nagynyomású; nagyfeszültségű 2. átv *(ember)* rámenős

high-rise ['haɪraɪz] <mn> *(épület)* sokemeletes: *a high-rise building* toronyház

high school ['haɪ skuːl] <fn> [C, U] AmE középiskola; gimnázium

high street ['haɪ striːt] <fn> [C] BrE főutca

high-tech [ˌhaɪ'tek] <mn> csúcstechnológiát alkalmazó

high-tension [ˌhaɪ'tenʃn] <mn> nagyfeszültségű

high tide [ˌhaɪ'taɪd] <fn> [U] dagály

highway ['haɪweɪ] <fn> [C] AmE (országos) főútvonal

¹hijack ['haɪdʒæk] <ige> 1. *(repülőt, járművet)* elrabol; eltérít 2. *(erőszakkal)* átveszi az irányítást

²hijack ['haɪdʒæk] <fn> [C] (gép)rablás

hijacker ['haɪdʒækə] <fn> [C] légi kalóz; géprabló

¹hike [haɪk] <fn> [C] (gyalog)túra; kirándulás

²hike [haɪk] <ige> kirándul; (gyalog)túrázik: *go hiking* túrára megy

hiker ['haɪkə] <fn> [C] turista; természetjáró

hilarious [hɪ'leərɪəs] <mn> mulatságos; vicces; vidám

hilarity [hɪ'lærətɪ] <fn> [U] vidámság; jókedv

hill [hɪl] <fn> [C] 1. domb; (kis) hegy 2. *(kőé stb.)* halom

 ♦ **as old as the hills** öreg, mint az országút

hillock ['hɪlək] <fn> [C] halmocska; dombocska

hillside ['hɪlsaɪd] <fn> [C] domboldal; hegyoldal

hilly [hɪlɪ] <mn> (hillier, hilliest) dimbes-dombos

hilt [hɪlt] <fn> [C] (kard)markolat; nyél

 ♦ **up to the hilt** teljesen

him [hɪm] <névm> 1. *(hímnem)* őt: *I saw him in the cinema.* Láttam (őt) a moziban. ∗ *That's him. Ez ő!* 2. *(hímnem)* neki: *I gave him the book.* Odaadtam neki a könyvet.

himself [hɪm'self] <névm> 1. *(hímnem)* (ön-)maga; saját maga: *He must be very proud of himself.* Biztosan nagyon büszke magára. 2. *(hímnem)* magát: *He cut himself.* Megvágta magát. 3. *(hímnem)* magának: *He made himself a cup of tea.* Csinált magának egy csésze teát. 4. *(hímnem)* ő maga: *He himself told me.* Ő maga mondta nekem.

hind ['haɪnd] <mn> hátsó; hátulsó: *hind legs* hátsó lábak

hinder ['hɪndə] <ige> 1. feltart; hátráltat; akadályoz (**in sg** vmiben) 2. megakadályoz; meggátol; visszatart (**from sg** vmitől)

hindrance ['hɪndrəns] <fn> [C] akadály; gát; gátló körülmény

hindsight ['haɪndsaɪt] <fn> [U] utólagos előrelátás/bölcsesség

¹hint [hɪnt] <ige> burkoltan utal; rámutat; céloz: *He hinted that he didn't like her.* Arra célzott, hogy nem szereti.

hint at sg céloz(gat) vmire; célzást tesz vmire

²hint [hɪnt] <fn> [C] 1. célzás; utalás: *take the hint* megérti a célzást ∗ *give/drop sy a hint* célzást tesz vmire 2. tanács; útmutatás; útbaigazítás: *helpful hints* hasznos tanácsok 3. kis mennyiség (**of sg** vmiből): *a hint of salt* egy kis só

¹hip [hɪp] <fn> [C] csípő: *Her hands were on her hips.* Csípőre tette a kezét.

²hip [hɪp] <isz>

 ♦ **hip, hip, hooray!** hip! hip! hurrá!

hippo ['hɪpəʊ] <fn> [C] (hippos) biz víziló

hippopotamus [ˌhɪpə'pɒtəməs] <fn> [C] (hippopotamuses v. hippopotami) víziló

¹hire ['haɪə] <ige> 1. bérbe vesz; (ki)bérel: *hire a car* autót bérel/kölcsönöz 2. alkalmaz; szerződtet; felfogad: *The bank has hired four new people this year.* A bank négy új embert szerződtetett idén.

hire sg out bérbe ad vmit

²hire ['haɪə] <fn> [U] 1. (ki)bérlés; bérbevétel; bérlet: *Have you got boats for hire?* Vannak bérelhető hajói? 2. fizetés; díjazás; bér(összeg)

hire purchase [ˌhaɪə'pɜːtʃəs] <fn> [U] BrE részletre történő vásárlás: *buy sg on hire purchase* részletre vásárol vmit

¹his [hɪz] <névm> *(hímnem)* az övé(i): *Is that car his?* Ez az autó az övé? * *a friend of his* egyik barátja

²his [hɪz] <det> *(hímnem)* a(z) (ő) …(j)a, …(j)e, …(j)ai, …(j)ei: *his hat* a(z ő) kalapja

¹hiss [hɪs] <ige> **1.** sziszeg **2.** kipisszeg (**at sy** vkit)

²hiss [hɪs] <fn> [C] **1.** *(kígyóé stb.)* sziszegés **2.** *(színházban stb.)* pisszegés

historian [hɪˈstɔːrɪən] <fn> [C] történész

historic [hɪˈstɒrɪk] <mn> történelmi (jelentőségű); *(esemény)* sorsdöntő: *a historic meeting* történelmi/sorsdöntő találkozó * *historic times* nagy/történelmi idők

historical [hɪˈstɒrɪkl] <mn> történelmi; történeti: *a historical play* történelmi színdarab

history [ˈhɪstrɪ] <fn> **1.** [U] történelem: *My favourite subject is history.* Kedvenc tantárgyam a történelem. **2.** [C, ált sing] (histories) történet **3.** [U] történettudomány; történetírás

♦ **go down in history**//**make history** beírja a nevét a történelembe

¹hit [hɪt] <fn> [C] **1.** ütés; csapás; találat: *That was a good hit.* Jó ütés volt! **2.** siker; sláger: *It's a great hit.* Nagy sikere van. **3.** infor *(keresőprogramban)* találat

♦ **make a hit (with sy)** biz jó benyomást kelt (vkiben)

²hit [hɪt] <ige> (hits, hitting, hit, hit) **1.** nekiütődik; (meg)üt; (el)talál: *be hit by a bullet* találat érte **2.** elüt **3.** *(testrészt)* bevág; beüt (**on**/**against sg** vhova) **4.** érint; sújt: *The country has been badly hit by unemployment.* Az országot súlyos munkanélküliség sújtja. **5.** *(eredményt)* elér; *(vhova)* (oda)ér: *Go ahead and you should hit the motorway in about two minutes.* Menjen egyenesen és két perc múlva el kellene érnie az autópályát. **6.** rájön; rátalál; *(megoldást)* kitalál: *You've hit it!* Eltaláltad!

hit against sg nekiüt(ődik) vminek
hit back nem marad adós a válasszal
hit on sg rábukkan; rájön vmire
hit out (meg)támad (**at sy**/**sg** vkit/vmit)
hit (up) on sg rátalál; rálel vmire

hit-and-run [ˌhɪtnˈrʌn] <mn> *(gázolás)* cserbenhagyásos: *hit-and-run accident* cserbenhagyásos baleset

¹hitch [hɪtʃ] <ige> **1.** biz stoppol: *hitch a lift/ride* autóstoppal utazik **2.** ránt; húz **3.** összekapcsol; ráerősít; odaköt (**to sg** vmihez) **4.** összeakad; beleakad (**onto sg** vmibe)

hitch up sg 1. *(nadrágot stb.)* felránt; felhúz **2.** felerősít; ráerősít vmit

²hitch [hɪtʃ] <fn> [C] *(váratlan)* akadály; fennakadás; nehézség: *without a hitch* nehézség nélkül

hitchhike [ˈhɪtʃhaɪk] <ige> autóstoppal utazik

hitchhiker [ˈhɪtʃhaɪkə] <fn> [C] (autó)stoppos

hitherto [ˌhɪðəˈtuː] <hsz> eddig; (mind) ez ideig; mostanáig

HIV [ˌeɪtʃaɪˈviː] [= human immunodeficiency virus] <fn> [U] HIV vírus

hive [haɪv] <fn> [C] **1.** (méh)kas; kaptár **2.** méhraj

HM [ˌeɪtʃˈem] [= His/Her Majesty's] őfelsége

¹hoard [hɔːd] <fn> [C] *(titkos)* készlet; kincs

²hoard [hɔːd] <ige> összehord; felhalmoz

hoarding [ˈhɔːdɪŋ] <fn> [C] BrE hirdetőtábla

hoarse [hɔːs] <mn> *(hang)* rekedt

hoax [həʊks] <fn> [C] *(újságban)* megtévesztés; tréfa; álhír; kacsa

hob [hɒb] <fn> [C] *(tűzhelyé)* főzőlap

hobble [ˈhɒbl] <ige> **1.** biceg **2.** *(lovat)* megbéklyóz

hobby [ˈhɒbɪ] <fn> [C] (hobbies) hobbi; szenvedély; kedvenc időtöltés

hobby-horse [ˈhɒbɪhɔːs] <fn> [C] **1.** vesszőparipa **2.** hintaló; faló

hobgoblin [hɒbˈɡɒblɪn] <fn> [C] manó

hockey [ˈhɒkɪ] <fn> [U] **1.** gyeplabda **2.** AmE jégkorong

¹hoe [həʊ] <fn> [C] kapa

²hoe [həʊ] <ige> kapál

¹hog [hɒɡ] <fn> [C] disznó; sertés

♦ **go the whole hog** biz apait-anyait belead

²hog [hɒɡ] <ige> (hogs, hogging, hogged) biz kisajátít magának

hogwash [ˈhɒɡwɒʃ] <fn> [U] biz szamárság; sületlenség

hoist [hɔɪst] <ige> *(vitorlát)* felvon; felhúz

¹hold [həʊld] <ige> (held, held) **1.** *(kézben, kézzel)* (meg)fog; tart: *I am holding a book in my hand.* Egy könyvet tartok a kezemben. **2.** hord; (meg-)tart **3.** tart; rendez; szervez: *hold a party* összejövetelt szervez **4.** *(edény, kosár stb.)* tartalmaz: *That box holds ten kilograms of onions.* Az a doboz tíz kilogramm hagymát tartalmaz. **5.** (vmibe) belefér: *Our car holds five people.* Az autónkban öt ember fér el. **6.** elbír: *That chair won't hold you.* Az a szék nem bír el téged! **7.** *(nem változik)* megmarad: *I hope this weather holds.* Remélem, hogy marad ilyen az idő. **8.** *(erőszakkal)* tart (**sy swhere** vkit vhol): *hold sy hostage* túszként tart fogva **9.** birtokol; rendelkezik (**sg** vmivel): *hold a Hungarian passport* magyar útlevéllel rendelkezik **10.** (vissza)tart: *hold one' breath* visszatartja a lélegzetét * *hold ones tongue* csendben marad **11.** tart; becsül: *hold sg cheap* kevésre becsül **12.** (beszélgetést) folytat; tart: *hold a conversation* beszélgetést folytat

♦ **Hold it!** Állj!/Ne mozdulj!

---

hold sg against sy felró vkinek vmit; neheztel vkire vmiért
hold sy/sg back hátráltat vkit/vmit
hold sg back 1. (igazságot) eltitkol **2.** (érzelmeket) magába fojt; visszatart; visszafojt
hold down sy/sg lefog vkit/vmit
hold down sy (népet) elnyom; féken tart
hold off sg elhalaszt vmit
hold on 1. Hold on! Várjon (csak)! **2. Hold on!** (Kérem,) tartsa a vonalat! **3.** kitart; helytáll
hold onto sy/sg belekapaszkodik vkibe/vmibe
hold onto sg megtart vmit; ragaszkodik vmihez
hold out 1. (harcban stb.) kitart **2.** (készlet) kitart
hold sg out odanyújt; kinyújt vmit
hold out for sg biz kitart vmi mellett
hold together 1. összetart **2.** együtt marad
hold sy/sg up 1. (a magasba) felemel; feltart vkit/vmit **2.** feltartóztat; akadályoz vkit/vmit **3.** (feltartóztat és) kirabol vkit/vmit **4.** támogat vkit/vmit

---

²**hold** [həʊld] <fn> **1.** [C] fogás: *have a firm hold on sg* szorosan fog vmit **2.** [C]sp fogás **3. a hold** [sing] hatalom; befolyás (**on/over sy/sg** vkire/vmire) **4.** [C] raktár

♦ **catch/get/grab/take hold (of sy/sg) 1.** elkap; megragad (vkit/vmit) **2.** hatással van (vkire/vmire) ♦ **get hold of sy** elér vkit ♦ **get hold of sg** beszerez vmit; hozzájut vmihez

holdall ['həʊldɔːl] <fn> [C] sporttáska; útitáska
holder ['həʊldə] <fn>[C] **1.** vminek a birtokosa/tulajdonosa: *a passport holder* útlevél-tulajdonos **2.** tartó; fogantyú: *a toothbrush holder* fogkefetartó
hold-up ['həʊldʌp] <fn> [C] **1.** feltartóztatás **2.** rablás; fegyveres rablótámadás
hole [həʊl] <fn> [C] **1.** lyuk; üreg; mélyedés **2.** gödör **3.** (állaté) vacok; odú

♦ **be in a hole** kutyaszorítóban van ♦ **pick holes in sg** hibát keres/talál vmiben ♦ **make a hole in sg** jócskán felhasznál vmit

holiday ['hɒlədeɪ] <fn> (holidays) **1.** [C, U] vakáció; szünidő; szabadság; üdülés; nyaralás: *be on holiday* szabadságon van * *take one's holiday* kiveszi a szabadságát * *go on holiday* szabadságra megy **2.** [C] szabadnap; ünnep; munkaszüneti nap: *bank/public holiday* munkaszüneti nap
holidaymaker ['hɒlədeɪˌmeɪkə] <fn> [C] BrE (személy) üdülő; nyaraló
Holland ['hɒlənd] <fn> Hollandia
holler ['hɒlə] <ige> biz kiabál; ordítozik
¹**hollow** ['hɒləʊ] <mn> **1.** üreges; lyukas **2.** (orca) beesett: *hollow eyes* mélyen ülő szemek **3.** üres; hazug; hamis: *hollow promises* hazug ígéretek **4.** (gyomor) éhes; üres **5.** (hang) tompa
²**hollow** ['hɒləʊ] <fn> [C] **1.** üreg; mélyedés; vájat **2.** földr medence; völgy
³**hollow** ['hɒləʊ] <ige>

---

hollow sg out (ki)váj; üregessé tesz vmit

---

holly ['hɒli] <fn> [U] magyal
holocaust ['hɒləkɔːst] <fn> **the Holocaust** [sing] a holokauszt
holy ['həʊli] <mn> (holier, holiest) **1.** szent(séges); megszentelt: *the Holy Bible* a (Szent) Biblia; a Szentírás * *the Holy Land* a Szentföld **2.** szent életű; jámbor
homage ['hɒmɪdʒ] <fn> [C, U] **1.** hódolat; tiszteletadás; mély tisztelet: *do/pay homage to sy* hódolattal adózik vkinek **2.** hűbéri eskü
¹**home** [həʊm] <fn> **1.** [C, U] otthon; lakás; (családi) ház: *at home* **(a)** otthon sp **(b)** saját/hazai pályán * *stay at home* otthon marad * *make/feel oneself at home* otthonosan viselkedik * *be/feel at home in sg* jártas vmiben **2.** [C] (intézmény) otthon: *old people's home* idősek otthona **3.** [C, U] (állaté, növényé) lelőhely **4. the home of sg** [sing] átv vminek a bölcsője
²**home** [həʊm] <hsz> haza(felé): *go home* hazamegy * *arrive home* hazaérkezik

♦ **bring sg home to sy** megértet vkivel vmit ♦ **drive sg home (to sy)** megértet vmit (vkivel) ♦ **nothing to write home about** biz semmi különös ♦ **see sy home** hazakísér vkit

³**home** [həʊm] <mn> **1.** otthoni; házi; hazai; saját; (élet stb.) családi: *home cooking* házi koszt * *home address* lakáscím * *home town* szülőváros **2.** hazai; belföldi; bel-: *home products* hazai termékek * *home market* belföldi piac

* **home affairs** belügyek * **home trade** belkereskedelem **3.** sp hazai: *home match* mérkőzés hazai pályán
home-baked [ˌhəʊm'beɪkt] <mn> házi sütésű
home banking ['həʊmˌbæŋkɪŋ] <fn> [U] gazd telebank
home-grown ['həʊmgrəʊn] <mn> saját termesztésű
homeland ['həʊmlænd] <fn> [C] haza; szülőföld
¹**homeless** ['həʊmləs] <mn> hajléktalan; (ott-)hontalan
²**homeless** ['həʊmləs] <fn> **the homeless** [pl] hajléktalanok
homely ['həʊmli] <mn> (homelier, homeliest) **1.** BrE *(hely)* otthonos **2.** AmE *(ember)* bájtalan; nem szép
home-made [ˌhəʊm'meɪd] <mn> *(otthon készült)* házi
Home Office ['həʊmˌɒfɪs] <fn> **the Home Office** [sing] BrE belügyminisztérium
homeopath ['həʊmiəpæθ] <fn> [C] homeopata
homeopathy [ˌhəʊmi'ɒpəθi] <fn> [U] homeopátia
home page ['həʊm peɪdʒ] <fn> [C] infor honlap
Home Secretary [ˌhəʊm'sekrətəri] <fn> **the Home Secretary** [sing] BrE belügyminiszter
homesick ['həʊmsɪk] <mn> hazavágyódó: *be/feel homesick (for sy/sg)* honvágya van (vki/vmi után)
homesickness ['həʊmsɪknəs] <fn> [U] honvágy
homework ['həʊmwɜːk] <fn> [U] *(iskolai)* házi feladat: *do one's homework* megcsinálja a leckéjét/házi feladatát
homeworking ['həʊmˌwɜːkɪŋ] <fn> [U] távmunka
homicide ['hɒmɪsaɪd] <fn> [C, U] jog emberölés
homograph ['hɒməgrɑːf] <mn> nyelvt homográf
homonym ['hɒmənɪm] <fn> [C] nyelvt homonima
¹**homosexual** [ˌhəʊmə'sekʃʊəl] <fn> [C] homoszexuális
²**homosexual** [ˌhəʊmə'sekʃʊəl] <mn> homoszexuális
homosexuality [ˌhəʊməˌsekʃʊ'æləti] <fn> [U] homoszexualitás
honest ['ɒnɪst] <mn> **1.** becsületes; őszinte; tisztességes: *To be honest...* Őszintén szólva... **2.** őszinte; nyílt: *an honest opinion* őszinte vélemény * *an honest face* nyílt arckifejezés **3.** igazi; valódi; hamisítatlan
honestly ['ɒnɪstli] <hsz> **1.** becsületesen **2.** nyíltan; őszintén **3. Honestly!** ejnye!
honesty ['ɒnəsti] <fn> [U] **1.** becsületesség; tisztesség **2.** őszinteség; egyenesség
honey ['hʌni] <fn> **1.** [U] méz **2.** [C] *(megszólításként)* édesem!; drágám!

honeycomb ['hʌnikəʊm] <fn> [C, U] lép; méhsejt
honeymoon ['hʌnimuːn] <fn> [C] nászút; mézeshetek: *be on one's honeymoon* nászúton van(nak)
honor ['ɑːnər] AmE → **honour**
honorary ['ɒnrəri] <mn> *(elnök, doktor stb.)* tiszteletbeli; dísz-: *honorary degree* tiszteletbeli tudományos fokozat * *honorary doctorate* díszdoktori cím
¹**honour** ['ɒnə] <fn> **1.** [U] megbecsülés; tisztelet: *in honour of sy* vki tiszteletére **2.** [sing] megtiszteltetés: *I have the honour to...* Van szerencsém... **3.** [U] becsület; becsületesség: *on/upon my honour* becsületszavamra **4. honours** [pl] okt *(egyetemi vizsgán)* kitüntetéses diploma: *take an honours degree (egyetemen)* kitüntetéssel végez **5.** [C] kitüntetés; érdemjel
♦ **Your Honour** *(megszólításként)* Bíró/Elnök Úr
²**honour** ['ɒnə] <ige> **1.** tisztel; (meg)becsül **2.** kitüntet **3.** állja a szavát; beváltja az ígéretét
honourable <mn> **1.** tiszteletre méltó **2.** tisztességes; becsületes
hood [hʊd] <fn> [C] **1.** csuklya; kapucni: *a red jumper with a blue hood* kék kapucnis piros pulóver **2.** vászontető **3.** *(motor, műszer stb. körül)* borítás; burkolat **4.** AmE motorháztető
hooded ['hʊdɪd] <mn> **1.** csuklyás **2.** fedett
hoodie → **hoody**
hoodlum ['huːdləm] <fn> [C] gengszter
hoodwink ['hʊdwɪŋk] <ige> rászed; becsap
hoody ['hʊdi] <fn> [C] (hoodies) infml kapucnis pulóver
hoof [huːf] <fn> [C] (hoofs v. hooves) pata
¹**hook** [hʊk] <fn> [C] **1.** fogas; horog; kampó **2.** *(ruhán, cipőn)* kapocs **3.** *(horgászathoz)* horog **4.** sp horog(ütés) **5.** *(folyóé)* éles kanyar
♦ **be on the hook** szorult helyzetben van
♦ **get off the hook** biz megmenekül ♦ **let sy off the hook** megment vkit a bajból ♦ **off the hook** *(telefon)* nincs letéve
²**hook** [hʊk] <ige> **1.** hozzákapcsol; ráerősít **2.** *(halat horoggal)* (meg)akaszt **3.** átfűz **4.** *(ruhát)* bekapcsol **5.** sp horogütéssel eltalál **6.** meggörbít

hook on sy belekarol vkibe; csatlakozik vkihez
hook (sg) up 1. *(telefont, gázt stb.)* bekapcsol; beköt **2.** felakaszt; ráakaszt *(vmit)* (**to sg** vmire)

hooked [hʊkt] <mn> **1.** horgas; kampós; görbe **2. be hooked on sg** biz vminek a rabja; odavan vmiért

hooligan ['huːlɪgən] <fn> [C] huligán
hooliganism ['huːlɪgənɪzm] <fn> [U] huliganizmus
hooray [hʊ'reɪ] <isz> hurrá!
¹hoot [huːt] <fn> **1.** [C] (hangos) nevetés; kiabálás **2.** [C] (autóé) tülkölés; (vonaté) sípolás; (szirénáé) bőgés **3.** [C] huhogás **4.** [sing] biz vicces alak
²hoot [huːt] <ige> **1.** kiabál; pisszeg **2.** dudál; tülköl; sípol; szirénázik: *hoot one's horn* dudál **3.** huhog
¹hoover ['huːvə] <fn> [C] porszívó
²hoover ['huːvə] <ige> (ki)porszívóz
hooves [huːvz] → **hoof**
¹hop [hɒp] <ige> (hops, hopping, hopped) szökdécsel; ugrál; ugrándozik
 ♦ **Hop it!** Tűnés!
²hop [hɒp] <fn> **1.** [C] szökdécselés; ugrálás; ugrándozás **2.** [C] (növény) komló **3.** **hops** [pl] (termés) komló
¹hope [həʊp] <fn> **1.** [C, U] remény: *give up hope* feladja a reményt ✻ *past/beyond hope* menthetetlen; reménytelen ✻ *There isn't too much hope that she will be able to arrive on time.* Nincs túl sok remény arra, hogy időben meg tud érkezni. ✻ *What are your hopes for the future?* Mik a jövőbeni reményeid? **2.** [sing] vminek a remény(ség)e: *He is my only hope.* Ő az én egyedüli remény(ség)em.
 ♦ **a white hope** halvány remény ♦ **in the hope of sg** vminek a reményében
²hope [həʊp] <ige> remél; reménykedik; bízik (**for sg** vmiben): *Let's hope for the best.* Reméljük a legjobbakat. ✻ *I hope so.* Remélem(, igen). ✻ *I hope not!* Remélem, nem (következik be)! ✻ *I hope he will come.* Remélem, hogy eljön. ✻ *I hope to meet you tonight.* Remélem, hogy találkozunk ma este.
hopeful ['həʊpfl] <mn> **1.** reménykedő; bizakodó **2.** reményteljes; sokat ígérő; biztató
hopefully ['həʊpflɪ] <hsz> **1.** reménykedve: *He looked hopefully at me.* Reménykedve nézett rám. **2.** remélhetőleg: *Hopefully, she will arrive soon.* Remélhetőleg hamarosan megérkezik.
hopeless ['həʊpləs] <mn> **1.** reménytelen: *His condition is hopeless.* Reménytelen állapotban van. **2.** reménytelen(ül rossz): *I am hopeless at maths.* Matekból reménytelen vagyok.
horizon [hə'raɪzn] <fn> **1.** [sing] horizont; látóhatár: *I can see a ship on the horizon.* Egy hajót látok a látóhatáron! **2.** **horizons** [pl] látókör: *expand one's horizons* kiterjeszti a látókörét
horizontal [ˌhɒrɪ'zɒntl] <mn> horizontális; vízszintes

hormone ['hɔːməʊn] <fn> [C] hormon
horn [hɔːn] <fn> [C] **1.** szarv; agancs: *The goat pushed the farmer with its horns.* A kecske meglökte a farmert a szarvával. **2.** (rovaré) csáp; tapogató **3.** gk duda **4.** zene kürt: *My friend plays the horn in a famous orchestra.* A barátom egy híres zenekarban kürtön játszik./ A barátom egy híres zenekarban kürtös.
hornet ['hɔːnɪt] <fn> [C] lódarázs
horny ['hɔːnɪ] <mn> (hornier, horniest) **1.** szarus; szaru- **2.** kemény; bőrkeményedéses **3.** szl (férfi) csáp; (nő) tüzes
horoscope ['hɒrəskəʊp] <fn> [C] horoszkóp
horrendous [hə'rendəs] <mn> förtelmes; iszonyú; borzasztó
horrible ['hɒrəbl] <mn> **1.** iszonyú; rettenetes: *a horrible accident* rettenetes baleset **2.** szörnyű; borzasztó: *horrible weather* szörnyű idő
horrid ['hɒrɪd] <mn> **1.** ronda; utálatos: *horrid weather* ronda idő **2.** rettenetes; szörnyű
horrific [hə'rɪfɪk] <mn> ijesztő; rettentő; rettenetes: *a horrid murder* rettenetes gyilkosság
horrify ['hɒrɪfaɪ] <ige> (horrifies, horrifying, horrified) megrémít; elborzaszt; megdöbbent
horror ['hɒrə] <fn> [U] **1.** rémület; rettegés: *to my horror* legnagyobb rémületemre **2.** rémség; borzalom **3.** irtózás; iszonyat (**of sg** vmitől) **4.** (történet, dráma stb.) horror-; rém-
horror-stricken ['hɒrəˌstrɪkən] <mn> rémült; halálra ijedt
horse [hɔːs] <fn> **1.** [C] ló: *take horse* lóra ül ✻ *She can ride a horse.* Tud lovagolni. **2. the horses** [pl] biz (lóverseny) lovi **3.** [C] sp bak; ló
 ♦ **a horse of another colour** egész más ügy ♦ **(straight) from the horse's mouth** első kézből
horseback ['hɔːsbæk] <fn>
 ♦ **on horseback** lóháton
horse chestnut [ˌhɔːs'tʃesnʌt] <fn> [C] vadgesztenye
horseman ['hɔːsmən] <fn> [C] (horsemen) (férfi) lovas
horsepower ['hɔːsˌpaʊə] <fn> [C] (horsepower) röv hp lóerő
horse racing ['hɔːs ˌreɪsɪŋ] <fn> [U] lóversenyzés
horseradish ['hɔːsˌrædɪʃ] <fn> [U] torma
horseshoe ['hɔːsʃuː] <fn> [C] patkó
horsewoman ['hɔːsˌwʊmən] <fn> [C] (horsewomen) (nő) lovas
horticulture ['hɔːtɪˌkʌltʃə] <fn> [U] kertművelés; kertészet; kertészkedés
hose [həʊz] <fn> **1.** [C, U] (kerti) öntözőcső; (gumi)tömlő **2.** [U] (hosszú) harisnya
hospice ['hɒspɪs] <fn> [C] (végállapotú betegek gondozására) szeretetotthon; hospice

hospitable [hɒˈspɪtəbl] <mn> vendégszerető
hospital [ˈhɒspɪtl] <fn> [C] kórház: *be taken to hospital* kórházba vitték
hospitality [ˌhɒspɪˈtæləti] <fn> [U] vendégszeretet
¹host [həʊst] <fn> **1.** [C] vendéglátó; házigazda; szállásadó; háziúr **2.** [C] műsorvezető **3.** [C] sok; temérdek: *a host of sy/sg//hosts of sy/sg* rengeteg; sok; temérdek **4. the Host** [sing] vall (szent)ostya
²host [həʊst] <ige> **1.** vendégül lát **2.** *(nagy sporteseményt stb.)* rendez
hostage [ˈhɒstɪdʒ] <fn> [C] túsz: *hold sy hostage* túszként tart fogva vkit * *be taken hostage* túszul esik
hostel [ˈhɒstl] <fn> [C] **1.** (olcsó/ifjúsági) szálló; szállás; otthon **2.** BrE hajléktalanszálló
hostess [ˈhəʊstɪs] <fn> [C] **1.** vendéglátó; *(nő)* szállásadó; háziasszony **2.** *(nő)* műsorvezető **3.** *(nő)* légiutas-kísérő; hosztesz
hostile [ˈhɒstaɪl] <mn> **1.** ellenséges; elutasító **(to/towards sy/sg** vkivel/vmivel szemben) **2.** rosszindulatú **3. be hostile to sg** ellenez vmit
hostility [hɒˈstɪləti] <fn> **1.** [U] ellenszenv; utálat; rosszindulat **2.** [U] ellenséges viszony; viszály **3. hostilities** [pl] háborús cselekmények; ellenségeskedések
¹hot [hɒt] <mn> (hotter, hottest) **1.** forró: *hot coffee* forró kávé * *hot weather* nagyon meleg idő **2.** *(étel)* erős; csípős **3.** indulatos; heves; szenvedélyes: *get hot* indulatba jön **4.** *(hír)* friss; *(hírek)* legújabb: *hot trail* friss/forró nyom **5.** biz *(ügy)* kellemetlen; rázós; veszélyes **6.** biz menő; divatos
²hot [hɒt] <ige> (hots, hotting, hotted)

hot up biz *(helyzet)* felforrósodik; forróvá válik

hot-air balloon [ˌhɒtˈeə bəluːn] <fn> [C] hőléggömb
hotchpotch [ˈhɒtʃpɒtʃ] <fn> [C] összevisszaság; zagyvaság
hotel [ˌhəʊˈtel] <fn> [C] szálloda; szálló; hotel
hotelier [həʊˈteliə] <fn> szállodaigazgató; szállodatulajdonos
hot-headed [ˌhɒtˈhedɪd] <mn> lobbanékony; heves
hothouse [ˈhɒthaʊs] <fn> [C] melegház; üvegház
hotline [ˈhɒtlaɪn] <fn> [C] *(közvetlen telefonvonal)* forródrót
hotplate [ˈhɒtpleɪt] <fn> [C] főzőlap
hot spot [ˈhɒt spɒt] <fn> [C] **1.** nyilvános vezetéknélküli internet-hozzáférési pont **2.** *(migránsoké)* befogadóállomás
hot-water bottle [ˌhɒtˈwɔːtəˌbɒtl] <fn> [C] ágymelegítő; meleg vizes gumipalack

¹hound [haʊnd] <fn> [C] vadászkutya; kopó
²hound [haʊnd] <ige> üldöz
hour [ˈaʊə] <fn> **1.** [C] *(időtartam)* óra: *We read for three hours.* Három óra hosszat olvastunk. **2.** *(távolság)* órányi: *Budapest is only two hours away.* Budapest csak két órányi távolságra van. **3. hours** [pl] hivatali/nyitvatartási idő: *after hours* zárás után **4.** [C] idő; időszak: *the rush hour* csúcsforgalom (ideje) **5. the hour** [sing] egész óra: *on the hour (indul)* egészkor; minden órában

♦ **at all hours** akármikor; bármikor ♦ **get paid by the hour** órabérben fizetik ♦ **till all hours** akármeddig; bármeddig; sokáig

hour hand [ˈaʊə hænd] <fn> [C] *(az órán)* kismutató
¹hourly [ˈaʊəli] <mn> **1.** óránkénti **2.** gyakori; szüntelen
²hourly [ˈaʊəli] <hsz> **1.** óránként; minden órában **2.** folytonosan; szünet nélkül
¹house [haʊs] <fn> (houses) **1.** [C] (családi) ház; lakóház: *a five-bedroomed house* ötszobás családi ház * *move house* költözködik **2.** [sing] háztartás: *keep house* háztartást vezet **3. the House** [sing] pol *(képviselőház)* a Ház **4.** [C] nézőközönség; hallgatóság: *There was a full house.* Telt ház volt.

♦ **get on/along like a house on fire** azonnal összemelegednek ♦ **on the house** ingyenes; a tulaj fizet(i az italokat)

²house [haʊz] <ige> **1.** elszállásol; elhelyez; befogad **2.** elhelyezkedik
housebound [ˈhaʊsbaʊnd] <mn> átv házhoz kötött
housebreaker [ˈhaʊsbreɪkə] <fn> [C] betörő
housebreaking [ˈhaʊsˌbreɪkɪŋ] <fn> [U] betörés
household [ˈhaʊshəʊld] <fn> [C] háztartás: *household expenses* háztartási kiadások
householder [ˈhaʊshəʊldə] <fn> [C] **1.** (ház-)tulajdonos **2.** házbérlő; lakásbérlő
housekeeper [ˈhaʊskiːpə] <fn> [C] **1.** házvezető(nő) **2.** háziasszony
housekeeping [ˈhaʊsˌkiːpɪŋ] <fn> [U] **1.** házvezetés; háztartás **2.** háztartási kiadások
House of Commons [ˌhaʊs əvˈkɒmənz] <fn> **the House of Commons** [sing] BrE az (angol) Alsóház
House of Lords [ˌhaʊs əvˈlɔːdz] <fn> **the House of Lords** [sing] BrE a lordok háza
House of Representatives [ˌhaʊs əv ˌreprɪˈzentətɪvz] <fn> **the House of Representatives** [sing] AmE képviselőház
house-proud [ˈhaʊspraʊd] <mn> házias; otthonát szerető
house-trained [ˈhaʊstreɪnd] <mn> *(állat)* szobatiszta

house-warming ['haʊsˌwɔːmɪŋ] <fn> [C] lakásavató; házszentelés

housewife ['haʊswaɪf] <fn> [C] (housewives) háztartásbeli; háziasszony

housework ['haʊswɜːk] <fn> [U] házimunka

housing ['haʊzɪŋ] <fn> [U] **1.** lakóhely; ház; lakás, szállás **2.** lakásügy **3.** *(motoré stb.)* ház; burkolat

housing estate ['haʊzɪŋ ɪsteɪt] <fn> [C] BrE lakótelep

housing development ['haʊzɪŋ dɪveləpmənt] <fn> [C] AmE lakótelep

hover ['hɒvə] <ige> **1.** lebeg **2.** várakozik; téblábol; lézeng **3.** habozik

hovercraft ['hɒvəkrɑːft] <fn> [C] (hovercraft) légpárnás hajó

how [haʊ] <hsz> **1.** hogy(an); mi módon: *He told me how to use this machine.* Elmondta, hogyan kell használni ezt a gépet. ∗ *He forgot how to swim.* Elfelejtett úszni. ∗ *How do you spell your name?* Hogy írod a neved? **2.** *(van, érez) hogy:* *How is your brother?* Hogy van a bátyád? **3.** mennyire; milyen (mértékben): *How long is this film?* Milyen hosszú ez a film? ∗ *How often do you go to the cinema?* Milyen gyakran jársz moziba? ∗ *How old is your father?* Hány éves az édesapád? ∗ *How much does this pen cost?* Mennyibe kerül ez a toll? **4.** *(felkiáltásban)* mennyire; milyen: *Oh, how strong you are!* Hű, milyen erős vagy! ∗ *How kind of you!* Milyen kedves (tőled)!
♦ **How about...** biz Mit szólnál...

however [haʊ'evə] <hsz> **1.** (ám)bár; azonban; viszont; mindamellett: *She is really clever, however, she is too lazy.* Igen okos, ám/azonban túlságosan lusta. **2.** akármennyire; akármilyen; bármennyire; bármilyen: *She never wins, however hard she tries.* Sosem nyer, bármennyire keményen próbál(ja) is. ∗ *He won't wear a scarf however cold it is.* Nem venne sálat, akármilyen hideg van is. **3.** akárhogyan: *This evening you can dress however you like.* Ma este akárhogyan felöltözhetsz.

howl [haʊl] <ige> **1.** vonít; üvölt; ordít; bömböl **2.** harsog(va nevet); hahotázik

howler ['haʊlə] <fn> [C] biz baklövés; baki; vaskos tévedés

¹**how'll** [haʊl] [= how will] → **will**
²**how'll** [haʊl] [= how shall] → **shall**
¹**how's** [haʊz] [= how is] → **be**
²**how's** [haʊz] [= how has] → **have**

h.p., HP [ˌeɪtʃ'piː] **1.** [= horsepower] LE (= lóerő) **2.** [= hire purchase] BrE részletre vásárlás

HQ [ˌeɪtʃ'kjuː] [= headquarters] főhadiszállás; központ; székház

hub [hʌb] <fn> **1. the hub (of sg)** [C, ált sing] középpont: *the hub of the universe* a világ közepe **2.** [C] kerékagy

hubcap ['hʌbkæp] <fn> [C] gk dísztárcsa

¹**huddle** ['hʌdl] <ige> **1. huddle (together)** összehúzódik; összebújik **2. huddle (oneself) (up)** összekuporodik **3.** összejön; összecsődül

²**huddle** ['hʌdl] <fn> [C] kupac; halom

¹**huff** [hʌf] <fn> [C] hirtelen harag: *be in a huff (about sg)* megsértődik (vmi miatt)

²**huff** [hʌf] <ige> dühöng; dúl-fúl

huffy [hʌfi] <mn> (huffier, huffiest) (meg)sértődött

¹**hug** [hʌɡ] <ige> (hugs, hugging, hugged) megölel; átkarol; magához szorít: *He hugged me.* Megölelt.

²**hug** [hʌɡ] <fn> [C] (meg)ölelés; átkarolás: *give sy a hug* átölel vkit

huge [hjuːdʒ] <mn> (huger, hugest) hatalmas; óriási: *a huge success* óriási siker ∗ *a huge amount* hatalmas mennyiség

hull [hʌl] <fn> [C] hajótest; törzs

hullabaloo [ˌhʌləbə'luː] <fn> [sing] zsivaj; hűhó

¹**hum** [hʌm] <ige> (hums, humming, hummed) **1.** zümmög; bong; döngicsél **2.** zúg; búg; morajlik **3.** *(dalt)* dúdol **4.** mormol

²**hum** [hʌm] <fn> [sing] **1.** zümmögés; döngicsélés **2.** *(motoré stb.)* zúgás; búgás; moraj

¹**human** ['hjuːmən] <mn> emberi: *the human nature* az emberi természet ∗ *the human race* az emberi nem

²**human** ['hjuːmən] <fn> [C] ember

humane [hjuː'meɪn] <mn> humánus; emberséges; emberszerető

humanitarian [hjuːˌmænɪ'teərɪən] <mn> emberbaráti; humanitárius

humanity [hjuː'mænəti] <fn> **1.** [U] az emberiség; az emberi nem **2.** [U] emberiesség **3.** [U] emberi természet **4. the humanities** [pl] isk humán tárgyak/tudományok

human resources [ˌhjuːmənrɪ'zɔːsɪz] <fn> [pl] emberi/humán erőforrások

human rights [ˌhjuːmən'raɪts] <fn> [pl] emberi jogok: *human rights violation* az emberi jogok megsértése

¹**humble** ['hʌmbl] <mn> (humbler, humblest) **1.** szerény **2.** egyszerű **3.** *(származás)* egyszerű; alacsony

²**humble** ['hʌmbl] <ige> megaláz; megszégyenít; lealacsonyít

humbug ['hʌmbʌɡ] <fn> **1.** [U] szélhámosság; csalás; hazugság; humbug **2.** [C] szélhámos; csaló **3.** [C] (erős) cukorka

humdrum ['hʌmdrʌm] <mn> unalmas; egyhangú; sivár

humid ['hju:mɪd] <mn> nyirkos; párás; nedves

humidity [,hju:'mɪdətɪ] <fn> [U] nyirkosság; nedvesség; páratartalom

humiliate [hju:'mɪlɪeɪt] <ige> lealacsonyít; megaláz

humiliation [hju:,mɪlɪ'eɪʃn] <fn> [C, U] lealacsonyítás; megalázás; sértés

humility [hju:'mɪlətɪ] <fn> [U] alázat(osság)

humor ['hju:mər] AmE → **humour**

humorous ['hju:mərəs] <mn> humoros; tréfás; mulatságos

¹humour ['hju:mə] <fn> [U] **1.** humor; vicc: *sense of humour* humorérzék * *for the humor of it* a hecc kedvéért **2.** kedv; kedély(állapot): *be in good humour* jókedvében van * *out of humour* kedvetlen

²humour ['hju:mə] <ige> vkinek kedvére tesz

¹hump [hʌmp] <fn> [C] **1.** púp **2.** (kis) dombocska
  ♦ **get the hump** biz BrE lehangolt; szomorú

²hump [hʌmp] <ige> cipel; vonszol

humpback ['hʌmpbæk] <fn> [C] púpos ember

¹hunch [hʌntʃ] <fn> [C] biz sejtés; gyanú; előérzet

²hunch [hʌntʃ] <ige> **1.** púpossá/görbévé tesz **2.** összehúzza magát

hunchback ['hʌntʃbæk] <fn> [C] púpos ember

hundred ['hʌndrəd] <szn> **1.** száz: *two hundred* kétszáz * *There were a/one hundred cats in the film.* Száz cica volt a filmben. **2. hundreds** biz egy csomó; rengeteg: *hundreds of people* emberek százai

¹hundredth ['hʌndrədθ] <sorszn> századik

²hundredth ['hʌndrədθ] <fn> [C] század(rész)

hung [hʌŋ] → **²hang**

¹Hungarian [hʌŋ'geərɪən] <mn> magyar

²Hungarian [hʌŋ'geərɪən] <fn> **1.** [C] *(személy)* magyar: *the Hungarians* a magyarok **2.** [U] *(nyelv)* magyar

Hungary ['hʌŋgərɪ] <fn> Magyarország

¹hunger ['hʌŋgə] <fn> **1.** [U] éhség(érzet): *die of hunger* éhen hal **2.** [sing] erős vágy(ódás) (**for/after sg** vmi után)

²hunger ['hʌŋgə] <ige> éhezik; koplal

hunger for/after sg vágyódik/sóvárog vmi után

hunger strike ['hʌŋgə straɪk] <fn> [C, U] éhségsztrájk: *be/go on hunger strike* éhségsztrájkol

hungry ['hʌŋgrɪ] <mn> (hungrier, hungriest) **1.** éhes **2.** éhes; szomjas (**for sg** vmire): *be hungry for knowledge* szomjúhozza a tudást

hunk [hʌŋk] <fn> [C] **1.** *(hús, kenyér stb.)* nagy darab: *a hunk of cheese* nagy darab sajt **2.** (jó alakú) vonzó férfi

¹hunt [hʌnt] <ige> **1.** *(vadat)* űz; üldöz **2.** vadászik: *go hunting* vadászni megy **3.** kutat; keres; üldöz (**for sy/sg** vkit/vmit): *The police are hunting (for) the thief.* A rendőrség a tolvajt üldözi.

hunt sy/sg down levadászik; kézre kerít vkit/vmit

²hunt [hʌnt] <fn> [C] **1.** vadászat **2.** [ált sing] keresés; üldözés; hajsza (**for sy/sg** vki/vmi után)

hunter ['hʌntə] <fn> [C] vadász

hunting ['hʌntɪŋ] <fn> [U] vadászat

¹hurdle ['hɜ:dl] <fn> **1.** [C] gát; akadály **2. hurdles** [pl] sp gátfutás **3.** [C] akadály; probléma

²hurdle ['hɜ:dl] <ige> **1.** *(akadályon, gáton)* átugrik **2.** gátfutásban vesz részt

hurl [hɜ:l] <ige> (el)hajít: *hurl stones at sy* kövekkel dobál vkit * *hurl oneself at sy* ráveti magát vkire

hurly-burly ['hɜ:lɪ,bɜ:lɪ] <fn> [U] zűrzavar; zenebona

hurrah [hə'rɑ:] <isz> éljen!; hurrá!

hurricane ['hʌrɪkən] <fn> [C] hurrikán

hurried ['hʌrɪd] <mn> elsietett; sietős: *a hurried meal* sietős ebéd

¹hurry ['hʌrɪ] <fn> [U] **1.** sietség **2.** sürgés-forgás
  ♦ **be in a hurry** siet ♦ **There is no hurry.** Nem sürgős.

²hurry ['hʌrɪ] <ige> (hurries, hurrying, hurried, hurried) **1.** siet; igyekszik: *We hurried to help.* Segítségére siettünk. **2.** siettet; sürget; hajszol: *I was hurried into this decision.* Belehajszoltak ebbe a döntésbe.

hurry up biz igyekszik: *Hurry up!* Igyekezz!/Siess!

¹hurt [hɜ:t] <ige> (hurt, hurt) **1.** megsebesít; megsért: *I hurt my hand.* Megsértettem a kezemet. **2.** megsért; megbánt: *hurt sy's feelings* megbánt vkit **3.** árt (**sy** vkinek); megkárosít (**sy** vkit); kárt okoz (**sy** vkinek) **4.** fáj: *It hurts.* Fáj. * *My fingers hurt.* Fáj az ujjam.
  ♦ **it won't hurt you to (do sg)** nem fog ártani/fájni (ha megteszed)

²hurt [hɜ:t] <mn> **1.** sérült; sebesült: *seriously hurt* súlyosan sérült/sebesült **2.** (meg)sértett: *deeply hurt* mélyen megsértett

³hurt [hɜ:t] <fn> [U] **1.** kár; ártalom **2.** seb(esülés); sérülés **3.** sértettség

hurtful ['hɜːtfl] <mn> **1.** sértő; bántó **2.** ártalmas; káros (**to sg** vmire)
husband ['hʌzbənd] <fn> [C] férj
¹**hush** [hʌʃ] <isz> pszt; csitt
²**hush** [hʌʃ] <ige> **1.** lecsendesít; elhallgattat **2.** megnyugtat **3.** hallgat; csendben van

hush sg up eltussol vmit

³**hush** [hʌʃ] <fn> [sing] csend; hallgatás
hush-hush [ˌhʌʃ'hʌʃ] <mn> biz titkos; szigorúan bizalmas
¹**husk** [hʌsk] <fn> [C] hüvely; burok; héj; tok
²**husk** [hʌsk] <ige> lehántol; lehámoz
¹**husky** ['hʌskɪ] <mn> (huskier, huskiest) **1.** *(hang)* rekedt **2.** AmE *(ember)* vállas; erős; izmos
²**husky** ['hʌskɪ] <fn> [C] (huskies) eszkimó kutya; husky
¹**hustle** ['hʌsl] <fn> [U] lökdösődés; sürgés-forgás; hangzavar
 ♦ **hustle and bustle** lökdösődés; sürgés-forgás
²**hustle** ['hʌsl] <ige> **1.** tolakodik; lökdösödik; furakodik **2.** lökdös; taszigál: *hustle out* kituszkol **3.** biz belevisz (**into sg** vmibe)
hut [hʌt] <fn> [C] kunyhó; bódé; viskó: *a wooden hut* faház(ikó)
hutch [hʌtʃ] <fn> [C] (nyúl)ketrec

🇬🇧 *Hyde Park*

London legnagyobb és legismertebb parkja a város közepén, mely tömeggyűlések hagyományos színhelye.

hydrant ['haɪdrənt] <fn> [C] (utcai) tűzcsap
¹**hybrid** ['haɪbrɪd] <mn> hibrid; keverék; *(állat, növény)* keresztezett
²**hybrid** ['haɪbrɪd] <fn> [C] hibrid
hybrid car ['haɪbrɪd kɑː] <fn> [C] hibridautó
hydrogen ['haɪdrədʒən] <fn> [U] hidrogén: *hydrogen bomb* hidrogénbomba

hyena [haɪ'iːnə] <fn> [C] hiéna
hygiene ['haɪdʒiːn] <fn> [U] higiénia: *personal hygiene* testápolás
hygienic [haɪ'dʒiːnɪk] <mn> higiénikus
hymn [hɪm] <fn> [C] vall (egyházi/gyülekezeti) ének; *(reformátusoknál)* dicséret
¹**hype** [haɪp] <fn> [U] reklám(ozás)
²**hype** [haɪp] <ige> reklámoz
hyperlink ['haɪpəlɪŋk] <fn> [C] infor hiperhivatkozás
hypermarket ['haɪpəˌmɑːkɪt] <fn> [C] (nagy) bevásárlóközpont; hipermarket
hypertension [ˌhaɪpə'tenʃən] <fn> [U] magas vérnyomás
hyphen ['haɪfn] <fn> [C] kötőjel
hyphenate ['haɪfəneɪt] <ige> kötőjellel összekapcsol/ír
hypnosis [hɪp'nəʊsɪs] <fn> [U] hipnózis
hypnotise ['hɪpnətaɪz] BrE → **hypnotize**
hypnotize ['hɪpnətaɪz] <ige> hipnotizál
hypochondriac [ˌhɪpə'kɒndriæk] <fn> [C] hipochonder; képzelt beteg
hypocrisy [hɪ'pɒkrəsɪ] <fn> [U] képmutatás; álszenteskedés
hypocrite ['hɪpəkrɪt] <fn> [C] képmutató; álszent
hypodermic needle [ˌhaɪpədɜːmɪk'niːdl] <fn> [C] injekciós tű; fecskendő
hypotension [ˌhaɪ'pɒtenʃən] <fn> [U] alacsony vérnyomás
hypotenuse [haɪ'pɒtənjuːz] <fn> [C] *(derékszögű háromszögé)* átfogó
hypothesis [haɪ'pɒθəsɪs] <fn> [U] (hypotheses) feltevés
hypothetical [ˌhaɪpə'θətɪkl] <mn> hipotetikus; feltételes; feltételezett
hysteria [hɪ'stɪərɪə] <fn> [U] hisztéria
hysterical [hɪ'sterɪkl] <mn> **1.** hisztérikus **2.** biz rendkívül mulatságos
hysterics [hɪ'sterɪks] <fn> [pl] **1.** hisztériás kitörés/roham: *She went into hysterics.* Hisztériás rohamot kapott. **2.** biz visszafoghatatlan nevetés
Hz [= hertz] Hz (= hertz)

I, i

¹I, i [aɪ] <fn> [C, U] (Is, I's, i's) *(betű)* I; i

²I [aɪ] <névm> én: *I am Hungarian.* (Én) magyar vagyok. ∗ *I'd (I would) like to go home.* (Én) szeretnék hazamenni. ∗ *I'd (I had) already learned everything when he came home.* (Én) már mindent megtanultam, mire hazaért. ∗ *I'll (I will) come back soon.* (Én) hamarosan visszajövök. ∗ *I'm (I am) happy.* (Én) boldog vagyok. ∗ *I told you I was going to be there tomorrow.* (Én) mondtam neked, hogy holnap ott leszek. ∗ *I've (I have) got three apples.* (Nekem) van három almám. ∗ *I wanted bananas and you wanted grapefruits.* Én banánt kértem, te grapefruitot.

¹ice [aɪs] <fn> [U] jég: *walk on the ice* a jégen jár ∗ *as cold as ice* jéghideg ∗ *Ice covers the lake.* A tavat jég borítja. ∗ *Do you want some more ice into your tea?* Kérsz még egy kis jeget a teádba?

♦ **break the ice** megtöri a jeget; oldja a hangulatot ♦ **be/keep sy/sg on ice** készenlétben/tartalékban van/tart; van még... a tarsolyában ♦ **cut no ice with sy** nem számít vkinél; nem esik hasra vmitől ♦ **skate/tread/walk on thin ice** veszélyes/kényes helyzetben van; veszélyes területen mozog; vékony jégen táncol

²ice [aɪs] <ige> (ices, icing, iced) **1.** cukormázzal bevon **2.** jegel; jégbe hűt

ice over/up 1. befagy **2.** eljegesedik; bezúzmarásodik

ice age ['aɪs eɪdʒ] <fn> [U] jégkorszak

iceberg ['aɪsbɜːg] <fn> [C] jéghegy

♦ **the tip of the iceberg** a jéghegy csúcsa

ice-cold [ˌaɪs'kəʊld] <mn> jéghideg

ice cream [ˌaɪs'kriːm] <fn> [C, U] fagylalt: *a chocolate ice cream* csokifagylalt ∗ *ice cream parlour* fagylaltozó

ice cube ['aɪs kjuːb] <fn> [C] jégkocka

iced [aɪst] <mn> **1.** jeges; (jégbe) hűtött: *iced coffee* jegeskávé ∗ *iced tea* jegestea **2.** cukormázzal bevont

ice hockey ['aɪsˌhɒki] <fn> [U] jégkorong; jéghoki

Iceland ['aɪslənd] <fn> [C] Izland

¹Icelander ['aɪsləndə] <mn> izlandi

²Icelander ['aɪsləndə] <fn> [C] *(személy)* izlandi

¹Icelandic [aɪs'lændɪk] <mn> *(nyelv, személy)* izlandi

²Icelandic [aɪs'lændɪk] <fn> [U] *(nyelv)* izlandi

ice lolly ['aɪsˌlɒli] <fn> [C] (ice lollies) jégkrém

ice pack ['aɪs pæk] <fn> [C] orv *(sérülés jegeléséhez)* jeges tömlő

ice rink ['aɪs rɪŋk] <fn> [C] (mű)jégpálya

¹ice skate ['aɪsˌskeɪt] <fn> [C] korcsolya

²ice skate ['aɪsˌskeɪt] <ige> (ice skates, ice skating, ice skated) korcsolyázik

ice-skating ['aɪsˌskeɪtɪŋ] <fn> [U] korcsolyázás

icicle ['aɪsɪkl] <fn> [C] jégcsap

icing ['aɪsɪŋ] <fn> [U] cukormáz

icon ['aɪkɒn] <fn> [C] **1.** ikon; szentkép **2.** infor ikon

icy ['aɪsi] <mn> (icier, iciest) **1.** jeges: *icy roads* jeges utak **2.** jéghideg; jeges: *an icy wind* jeges szél ∗ *Your hands are icy.* Jéghideg a kezed.

ID [ˌaɪ'diː] <fn> **1.** [= identification] [C] személyazonosság megállapítása **2.** [= identity] [C, U] személyazonosság **3. ID card** [= identity card] [C] személyi igazolvány: *my ID card* személyi igazolványom

I'd [aɪd] **1.** [= I had] → **have 2.** [= I would] → **would**

idea [aɪ'dɪə] <fn> [C] **1.** ötlet: *What a good idea!* De jó ötlet! **2.** elképzelés; terv: *He is full of ideas.* Tele van tervekkel/elképzelésekkel. ∗ *She had strict ideas about...* Határozott elképzelései voltak arról, hogy... **3.** elgondolás; elképzelés: *Have you any idea?* Van valamilyen elképzelésed? ∗ *I had no idea that...* Fogalmam sem volt arról, hogy... ∗ *"Where are my shoes?" "I have no idea."* „Hol a cipőm?" „Fogalmam sincs." **4.** fogalom; kép: *general idea* átfogó kép

♦ **get ideas into one's head** fejébe vesz dolgokat ♦ **not have the remotest idea** halvány gőze sincs ♦ **put ideas into sy's head** bolhát ültet vki fülébe ♦ **The very idea!** Micsoda ötlet! ♦ **What's the big idea?** Ezt meg hogy értsem?

¹ideal [aɪ'dɪəl] <mn> ideális; eszményi; kitűnő

²ideal [aɪ'dɪəl] <fn> [C] eszmény(kép); ideál; példakép

idealism [aɪ'dɪəlɪzm] <fn> [U] idealizmus

idealist [aɪ'dɪəlɪst] <fn> [C] idealista

ideally [aɪ'dɪəli] <hsz> **1.** eszményien; ideálisan; tökéletesen: *You are ideally suited to your new job.* Tökéletesen neked találták ki az új munkádat. **2.** ideális esetben: *Ideally, the school should get four more teachers.* Ideális esetben az iskolának még négy tanárra lenne szüksége.

identical [aɪ'dentɪkl] <mn> **1.** ugyanolyan; azonos: *identical twins* egypetéjű ikrek ∗ *They wore identical hats.* Ugyanolyan kalapban voltak. ∗ *These two pictures are identical.* Ez a két kép azonos. **2.** ugyanaz: *That is the identical bus that I saw a week ago.* Ez ugyanaz a busz, amit egy héttel ezelőtt láttam.

identification [aɪ'dentɪfɪ'keɪʃn] <fn> [U, C] **1.** személyazonosító igazolvány: *She hasn't got any identification.* Nincs nála semmiféle személyazonosító igazolvány. **2.** azonosítás: *the identification of the dead people* a halottak azonosítása **3.** azonosulás (**with sy** vkivel)

identify [aɪ'dentɪfaɪ] <ige> (identifies, identifying, identified) **1.** felismer: *He identified my stolen pen.* Felismerte az ellopott tollamat. **2.** *(bűnözőt, holttestet)* azonosít; *(bűnesetet)* kiderít; kinyomoz: *They have already identified the thief.* Már azonosították a tolvajt. **3. identify oneself with sy** azonosul; azonosságot vállal vkivel

identikit [aɪ'dentɪkɪt] <fn> [C] fantomkép; mozaikkép

identity [aɪ'dentətɪ] <fn> [C, U] (identities) személyazonosság: *prove one's identity* igazolja magát ∗ *the identity of the thief* a tolvaj személyazonossága

identity card [aɪ'dentətɪ kɑːd] <fn> [C] személy(azonossági) igazolvány; azonossági/azonosító kártya; személyazonosító igazolvány

ideology [,aɪdɪ'ɒlədʒɪ] <fn> [C, U] (ideologies) világnézet; ideológia

idiocy ['ɪdɪəsɪ] <fn> [U] hülyeség

idiom ['ɪdɪəm] <fn> [C] nyelvt állandósult szókapcsolat; kifejezés; idióma

idiot ['ɪdɪət] <fn> *(ember)* ostoba; hülye; idióta

idiotic [,ɪdɪ'ɒtɪk] <mn> ostoba; hülye; idióta

¹**idle** ['aɪdl] <mn> (idler, idlest) **1.** henye; lusta **2.** nem dolgozó/működő **3.** üres; alaptalan: *idle threats* üres fenyegetések ∗ *an idle promise* üres ígéret **4.** haszontalan: *idle gossip* haszontalan pletyka **5.** tétlen: *stand idle* tétlenül áll **6.** elfoglaltság/foglalkozás nélküli; munkanélküli

²**idle** ['aɪdl] <ige> (idles, idling, idled) **1.** lustálkodik; henyél; lopja a napot **2.** *(motor)* üresen jár

idle sg away lopja a napot; semmittevéssel tölti az idejét

idly ['aɪdlɪ] <hsz> tétlenül; lustán

idol ['aɪdl] <fn> [C] bálvány

idolize ['aɪdlaɪz] <ige> (idolizes, idolizing, idolized) bálványoz

idyllic [ɪ'dɪlɪk] <mn> idillikus

i.e. [,aɪ'iː] [= (latin) id est = that is] úm. (= úgymint); azaz: *Only adults, i.e. people over 18, can attend.* Csak felnőttek, azaz 18 éven felüliek vehetnek részt.

if [ɪf] <ksz> **1.** ha; feltéve, hogy; amennyiben: *as if* mintha ∗ *even if* még ha ∗ *if only* bárcsak ∗ *If I had only known.* Bárcsak tudtam volna. ∗ *if so…//if not…* ha igen,…//ha nem,… ∗ *if at all* hacsak; ha egyáltalán ∗ *if you like* ha úgy tetszik ∗ *If you open the door, you can enter the room.* Ha kinyitod az ajtót, beléphetsz a szobába. ∗ *If you visited us, I could show you my pictures.* Ha meglátogatnál, megmutatnám a képeimet. ∗ *If we were rich, we'd (we would) travel round the world.* Ha gazdagok lennénk, beutaznánk a világot. ∗ *If it had rained yesterday, the concert would have been cancelled.* Ha esett volna tegnap, elhalasztották volna a koncertet. ∗ *If I were you, I would go home.* Én a te helyedben hazamennék. **2.** vajon: *Do you know if he is at home?* Nem tudod, vajon otthon van-e? ∗ *He asked me if I drank a cup of coffee.* Megkérdezte, vajon iszom-e kávét. ∗ *He asked if you were in.* Kérdezte, hogy/vajon otthon vagy-e. ∗ *I wonder if she has ever been abroad?* Vajon volt-e már külföldön?

ignition [ɪg'nɪʃn] <fn> [C] *(kocsiban)* gyújtás: *ignition key* indítókulcs; slusszkulcs ∗ *switch/turn on/off the ignition* ráadja/leveszi a gyújtást

ignorance ['ɪgnərəns] <fn> [U] tudatlanság

ignorant ['ɪgnərənt] <mn> tudatlan; tájékozatlan; ostoba: *be ignorant of/about sg* nincs a tudatában vminek; nincs tudomása vmiről

ignore [ɪg'nɔː] <ige> (ignores, ignoring, ignored) nem vesz tudomásul/figyelembe; semmibe (se) vesz; mellőz: *She ignores my warnings.* Semmibe veszi a figyelmeztetéseimet.

I'll [aɪl] **1.** [= I will] → **will 2.** [= I shall] → **shall**

ill [ɪl] <mn> **1.** beteg: *fall ill//be taken ill* megbetegszik ∗ *I feel ill.* Beteg vagyok. **2.** rossz; káros: *ill health* rossz egészség ∗ *ill breeding* rossz modor ∗ *ill feeling* neheztelés ∗ *ill effects* rossz/káros hatások **3.** szerencsétlen: *ill luck* balszerencse

ill-advised [ˌɪləd'vaɪzd] <mn> meggondolatlan
ill-bred [ˌɪl'bred] <mn> neveletlen
illegal [ɪ'li:gl] <mn> **1.** törvénytelen; tiltott; illegális: *illegal parking* tiltott parkolás **2.** *(sport stb.)* szabályellenes
illegible [ɪ'ledʒəbl] <mn> *(írás)* olvashatatlan
illegitimate [ˌɪlə'dʒɪtəmət] <mn> **1.** *(gyermek stb.)* házasságon kívül született; törvénytelen **2.** jogtalan; illegális; törvénytelen; tilos; tiltott; engedély nélküli **3.** *(kormányzás)* jogszerűtlen; nem törvényes; illegitim
ill-humored [ˌɪl'hju:mərd] <mn> AmE → **ill-humoured**
ill-humoured [ˌɪl'hju:məd] <mn> rosszkedvű
illicit [ɪ'lɪsɪt] <mn> tiltott; illetéktelen
illiteracy [ɪ'lɪtərəsɪ] <fn> [U] írástudatlanság
illiterate [ɪ'lɪtərət] <mn> **1.** írástudatlan; analfabéta **2.** tanulatlan; műveletlen
illness ['ɪlnəs] <fn> [C, U] betegség
illogical [ɪ'lɒdʒɪkl] <mn> ésszerűtlen; illogikus
ill-tempered [ˌɪl'tempəd] <mn> ingerlékeny
ill-timed [ˌɪl'taɪmd] <mn> időszerűtlen; alkalmatlan
ill-treat [ˌɪl'tri:t] <ige> rosszul/durván/kegyetlenül bánik (**sy** vkivel)
ill-treatment [ˌɪl'tri:tmənt] <fn> [U] rossz/durva/kegyetlen bánásmód
illuminate [ɪ'lu:mɪneɪt] <ige> (illuminates, illuminating, illuminated) **1.** megvilágít; kivilágít; rávilágít **2.** ünnepélyesen kivilágít **3.** megmagyaráz; taglal; kifejt; megvilágít
illusion [ɪ'lu:ʒn] <fn> [C, U] **1.** *(érzéki)* csalódás: *optical illusion* optikai csalódás **2.** illúzió: *have no illusions (about sg)* nincsenek illúziói (vmit illetően)
illustrate ['ɪləstreɪt] <ige> (illustrates, illustrating, illustrated) **1.** képekkel ellát; illusztrál: *My new book is illustrated with pictures.* Az új könyvemet képekkel illusztrálták. **2.** szemléltet; rávilágít; megvilágít; megmagyaráz: *This diagram illustrates what I mean.* E grafikon szemlélteti, mire gondolok. ∗ *This story illustrates her kindness clearly.* E történet egyértelműen rávilágít a kedvességére.
illustrated ['ɪləstreɪtɪd] <mn> képes; illusztrált: *an illustrated book* képes könyv
illustration [ˌɪlə'streɪʃn] <fn> **1.** [C] illusztráció; ábra; kép **2.** [C] példa **3.** [U] szemléltetés; illusztrálás
illustrious [ɪ'lʌstrɪəs] <mn> jeles; nagyhírű; illusztris
ill will [ˌɪl'wɪl] <fn> [U] rosszakarat; rosszindulat: *I don't bear him any ill will.* Nem neheztelek rá./Nem viseltetek rosszindulattal vele szemben.
I'm [aɪm] [= I am] → **be**

image ['ɪmɪdʒ] <fn> [C] **1.** kép; imázs: *improve the country's image* az ország imázsát építi ∗ *An image of an ancient Greek town came into my mind.* Egy ókori görög város képe rémlett fel előttem. ∗ *People have an image of Mexico as warm and sunny.* Az emberekben az a kép él Mexikóról, hogy meleg és napos. **2.** hasonmás: *She is the (very) image of her grandmother.* Szakasztott a nagyanyja./Kiköpött nagyanyja./A nagyanyja hasonmása. **3.** arc; kép; arcmás: *I saw the image of my face in the mirror.* A tükörben megláttam a saját arcomat/képemet. **4.** *(irodalomban)* kép; hasonlat; metafora
imagery ['ɪmɪdʒəri] <fn> [U] szóképek; költői képek; hasonlatok
imaginable [ɪ'mædʒɪnəbl] <mn> elképzelhető: *the greatest difficulty imaginable* az elképzelhető legnagyobb nehézség/a lehető legnagyobb nehézség
imaginary [ɪ'mædʒɪnəri] <mn> képzelt; képzeletbeli
imagination [ɪˌmædʒɪ'neɪʃn] <fn> **1.** [U] képzelet; fantázia; képzelőerő; képzelőtehetség: *a vivid imagination* élénk fantázia ∗ *Children have a lot of imagination to create new games.* A gyerekeknek óriási fantáziájuk van új játékok kitalálásához. **2.** [C] képzelődés
imaginative [ɪ'mædʒɪnətɪv] <mn> nagy képzelőtehetségű; fantáziadús; ötletdús
imagine [ɪ'mædʒɪn] <ige> (imagines, imagining, imagined) **1.** elképzel: *I can imagine what you think about it.* El tudom képzelni, mit gondolsz erről. ∗ *I can't imagine life without sunshine.* Nem tudom elképzelni az életet napsütés nélkül. ∗ *Just imagine!* Képzeld csak el! **2.** hisz; vél: *I imagine my husband will arrive by plane.* Azt hiszem, a férjem repülőgéppel érkezik. **3.** képzelődik: *He's only imagining that he's ill.* Csak képzelődik, hogy beteg.
imbecile ['ɪmbəsi:l] <fn> [C] idióta; hülye; balfácán
imitate ['ɪmɪteɪt] <ige> (imitates, imitating, imitated) utánoz
imitation [ˌɪmɪ'teɪʃn] <fn> **1.** [C] utánzat **2.** [U] utánzás
immaculate [ɪ'mækjulət] <mn> **1.** makulátlan; hibátlan; kifogástalan **2.** szeplőtlen
immature [ˌɪmə'tjʊə] <mn> **1.** éretlen **2.** fejletlen **3.** *(terv stb.)* kiforratlan
immaturity [ɪmə'tjʊərəti] <fn> [U] éretlenség; fejletlenség
immediate [ɪ'mi:dɪət] <mn> **1.** sürgős; azonnali: *an immediate answer* sürgős válasz **2.** közvetlen: *our immediate surroundings* közvetlen

környezetünk **3.** közvetlen; közeli: *the immediate future* a közeljövő

immediately [ɪ'miːdɪətlɪ] <hsz> <ksz> **1.** azonnal; rögtön; közvetlenül: *immediately after* rögtön utána ∗ *immediately after the war* közvetlenül a háború után ∗ *immediately in front of him* közvetlenül előtte ∗ *Stop that immediately!* Ezt azonnal hagyd abba! ∗ *You have to start your homework immediately.* Azonnal el kell kezdened a házi feladatodat. **2.** amint: *Leave immediately he arrives.* Indulj, amint megérkezik.

immense [ɪ'mens] <mn> *(szerencse, pech stb.)* óriási; roppant; hatalmas

immensely [ɪ'menslɪ] <hsz> roppantul; nagyon; rendkívül; mérhetetlenül

immerse [ɪ'mɜːs] <ige> (immerses, immersing, immersed) **1.** be(le)márt; belemerít (**sg in sg** vmit vmibe): *be immersed (in sg)* (be)lemerül; alámerül (vmibe) **2. immerse oneself in sg** elmerül vmiben; belemerül; belemélyed vmibe

immersion heater [ɪ'mɜːʃn,hiːtə] <fn> [C] villanybojler; forróvíztároló

immigrant ['ɪmɪgrənt] <fn> [C] bevándorló

immigrate ['ɪmɪgreɪt] <ige> (immigrates, immigrating, immigrated) bevándorol

immigration [,ɪmɪ'greɪʃn] <fn> [U] bevándorlás

immigration authorities [ɪmɪ'greɪʃn ɔː'θɒrətɪz] <fn> [pl] bevándorlási hatóságok

immigration office [ɪmɪ'greɪʃn ɒfɪs] <fn> [C] bevándorlási hivatal

immigration officer [ɪmɪ'greɪʃn ɒfɪsə] <fn> [C] bevándorlási hatóság tisztviselője; útlevélkezelő

immobile [ɪ'məʊbaɪl] <mn> **1.** mozdulatlan **2.** (meg)mozdíthatatlan

immobilizer [ɪ'məʊbəlaɪzə] <fn> [C] indításgátló

immoral [ɪ'mɒrəl] <mn> erkölcstelen; tisztességtelen; becstelen

immortal [ɪ'mɔːtl] <mn> halhatatlan; elévülhetetlen

immune [ɪ'mjuːn] <mn> **1.** ellenálló; immunis (**to sg** vmivel szemben) **2.** védett; ment(es) (**from sg** vmitől): *immune from danger* veszélymentes

immune deficiency [ɪ,mjuː'nəʊdɪ'fɪʃnsɪ] <fn> [U] immunhiány

immune system [ɪm'juːn sɪstəm] <fn> [C, U] immunrendszer

immunity [ɪ'mjuːnətɪ] <fn> [U, C] (immunities) **1.** immunitás; védettség (**to/against sg** vmi ellen/vmivel szemben): *immunity to infection* immunitás fertőzéssel szemben **2.** védettség; mentesség (**from sg** vmi ellen/vmitől): *diplomatic immunity* diplomáciai mentesség

immunize ['ɪmjʊnaɪz] <ige> (immunizes, immunizing, immunized) ellenállóvá/védetté/immunissá tesz (**against sg** vmivel szemben); immunizál; védőoltással beolt

imp [ɪmp] <fn> [C] **1.** manó; kisördög; kobold **2.** huncut kiskölyök

impact ['ɪmpækt] <fn> [C, U] **1.** hatás; kihatás; behatás; befolyás (**on/upon sy/sg** vkire/vmire): *have an impact on sy/sg* kihat vkire/vmire ∗ *the impact of computers on everyday life* a számítógép hatása a mindennapi életre **2.** ütközés; nekicsapódás; becsapódás

impair [ɪm'peə] <ige> megrongál; (el)ront; károsan befolyásol: *Smoking impairs your health.* A dohányzás káros az egészségre.

impaired [ɪm'peəd] <mn> sérült: *impaired hearing* csökkent hallás; halláskárosodás

impartial [ɪm'pɑːʃl] <mn> pártatlan; elfogulatlan: *an impartial judge* pártatlan bíró

impartiality [,ɪmpɑːʃɪ'ælətɪ] <fn> [U] pártatlanság; elfogulatlanság

impassable [ɪm'pɑːsəbl] <mn> járhatatlan

impassioned [ɪm'pæʃnd] <mn> szenvedélyes

impatience [ɪm'peɪʃns] <fn> [U] türelmetlenség

impatient [ɪm'peɪʃnt] <mn> türelmetlen: *be impatient* türelmetlen ∗ *be impatient to do sg//be impatient for sg* türelmetlenül vár vmit; alig várja, hogy megtehessen vmit

impeccable [ɪm'pekəbl] <mn> kifogástalan; feddhetetlen; hibátlan

impede [ɪm'piːd] <ige> (impedes, impeding, impeded) (meg)akadályoz; (meg)gátol

impediment [ɪm'pedɪmənt] <fn> [C] akadály: *a speech impediment* beszédhiba ∗ *the main impediment to economic recovery* a gazdasági fellendülés legfőbb akadálya

impel [ɪm'pel] <ige> (impels, impelling, impelled) **1.** ösztönöz; hajt; kényszerít (**sy to sg** vkit vmire) **2.** *(bűnre stb.)* rávisz

¹**imperative** [ɪm'perətɪv] <mn> **1.** sürgető; sürgős; elengedhetetlen; elkerülhetetlen; szükséges: *imperative need for sg* sürgős szükség vmire **2.** nyelvt felszólító: *the imperative mood* felszólító mód

²**imperative** [ɪm'perətɪv] <fn> **the imperative** [sing] nyelvt felszólító mód: *The verb is in the imperative.* Az ige felszólító módban áll.

¹**imperfect** [ɪm'pɜːfɪkt] <mn> *(tudás stb.)* nem tökéletes; tökéletlen; hiányos

²**imperfect** [ɪm'pɜːfɪkt] <fn> [U] nyelvt folyamatos/elbeszélő múlt (idő)

imperial [ɪm'pɪərɪəl] <mn> **1.** császári; birodalmi **2.** BrE *(mértékek stb.)* Egyesült Királyságbeli

imperialism [ɪmˈpɪərɪəlɪzəm] <fn> [U] pol imperializmus

impersonal [ɪmˈpɜːsnəl] <mn> személytelen

impersonate [ɪmˈpɜːsəneɪt] <ige> (impersonates, impersonating, impersonated) megszemélyesít; alakít; utánoz; imitál

impertinence [ɪmˈpɜːtɪnəns] <fn> [U] szemtelenség; pimaszság

impertinent [ɪmˈpɜːtɪnənt] <mn> szemtelen; pimasz

impetus [ˈɪmpɪtəs] <fn> [U] lendítőerő; lendület; ösztönzés

¹implant [ɪmˈplɑːnt] <ige> orv (szívbillentyűt, pacemakert stb.) beültet; implantál

²implant [ɪmˈplɑːnt] <fn> [C] beültetett szerv; implantátum

¹implement [ˈɪmplɪmənt] <fn> [C] **1.** eszköz; szerszám **2.** felszerelés

²implement [ˈɪmplɪment] <ige> végrehajt; keresztülvisz; alkalmaz; teljesít

implication [ˌɪmplɪˈkeɪʃn] <fn> [C, U] **1.** belekeveredés **2.** burkolt célzás; beleértés **3.** következtetés; vonatkozás **4.** horderő; jelentőség

implicit [ɪmˈplɪsɪt] <mn> hallgatólagos(an beleértett); burkolt; rejtett

implicitly [ɪmˈplɪsɪtlɪ] <hsz> hallgatólagosan; implicite

implore [ɪmˈplɔː] <ige> (implores, imploring, implored) kér(lel); könyörög; rimánkodik

imply [ɪmˈplaɪ] <ige> **1.** beleért; sejtet; burkoltan céloz vmire: *Are you implying that…?* Arra célzol, hogy…? **2.** magában foglal

impolite [ˌɪmpəˈlaɪt] <mn> udvariatlan

¹import [ɪmˈpɔːt] <ige> importál; behoz: *imported goods* behozott áruk; importáruk

²import [ˈɪmpɔːt] <fn> **1.** [C, ált pl] behozatal: *food imports from abroad* külföldi élelmiszer-behozatal * *Our exports are greater than our imports.* Exportunk nagyobb, mint az importunk. **2.** [U] behozatal; import: *the import of food* az élelmiszer behozatala * *import duty* behozatali vám * *import licence* import-/behozatali engedély * *import restrictions* behozatali korlátozások

importance [ɪmˈpɔːtns] <fn> [U] **1.** fontosság; jelentőség: *a matter of great importance* nagy jelentőségű ügy; fontos ügy * *be of importance* fontos(sággal bír) * *be of no importance* nem fontos; nincs jelentősége * *the importance of electricity* az elektromosság fontossága/jelentősége **2.** tekintély; súly: *a person of importance* befolyásos ember

important [ɪmˈpɔːtnt] <mn> **1.** fontos; lényeges: *Health is much more important than wealth.* Az egészség sokkal fontosabb, mint a gazdagság. * *The most important thing is that…* A legfontosabb (dolog) az, hogy… * *This is very important to me.* Ez nekem nagyon fontos. **2.** (ember stb.) fontos; jelentős; befolyásos: *the most important person of the school* az iskola legfontosabb embere

importer [ɪmˈpɔːtə] <fn> [C] gazd importőr; importáló cég: *Budapest-based importer of American goods* amerikai termékek budapesti székhelyű importőre * *the world's largest/leading importer of cars* a világ legnagyobb/vezető autóimportőre

impose [ɪmˈpəʊz] <ige> (imposes, imposing, imposed) **1.** (adót, vámot stb.) kivet; kiró (**on/upon sy/sg** vkire/vmire): *impose tax on cigarettes* adót vet ki a cigarettára * *impose penalty upon sy* büntetést mér vkire **2.** ráerőszakol; rákényszerít; rásóz (**sg on/upon sy** vmit vkire) **3. impose oneself (on/upon sy)** ráakaszkodik (vkire): *I don't want to impose on you.* Nem szeretnék tolakodó lenni.

imposing [ɪmˈpəʊzɪŋ] <mn> impozáns: *an imposing building* impozáns épület

impossibility [ɪmˌpɒsəˈbɪlətɪ] <fn> [C, U] (impossibilities) lehetetlenség

impossible [ɪmˈpɒsəbl] <mn> lehetetlen; képtelen: *It was impossible to find the way.* Lehetetlen/Képtelenség volt megtalálni az utat.

impostor [ɪmˈpɒstə] <fn> [C] csaló; szélhámos

impotence [ˈɪmpətəns] <fn> [U] **1.** tehetetlenség **2.** orv impotencia

impotent [ˈɪmpətənt] <mn> **1.** tehetetlen **2.** orv impotens

impracticable [ɪmˈpræktɪkəbl] <mn> kivihetetlen; teljesíthetetlen: *an impracticable idea* kivihetetlen ötlet

impractical [ɪmˈpræktɪkl] <mn> **1.** (ember) gyakorlatiatlan; ügyetlen **2.** (terv stb.) célszerűtlen; megvalósíthatatlan; kivihetetlen

impresario [ˌɪmprəˈsɑːrɪəʊ] <fn> [C] impresszárió

impress [ɪmˈpres] <ige> **1. be impressed by sg** (nagy) hat(ással van) vkire vmi; hatást gyakorol vkire vmi: *I was so impressed by his work that…* Olyan nagy hatással volt rám a munkája, hogy… * *I am not impressed.* Hidegen hagy. **2. impress sg on/upon sy** elméjébe vés vkinek vmit; megértet vkivel vmit: *Impress the details on his memory!* Vésd a részleteket az eszébe! * *Impress upon him the need for silence!* Értesd meg vele, hogy szükség van csendre!

impression [ɪmˈpreʃn] <fn> [C] **1.** benyomás; hatás; impresszió: *first impression* első benyomás * *make a great impression on sy* mély benyomást tesz vkire * *artistic impression (jégtáncban stb.)* művészi kivitel/hatás * *He was* *under the impression that...* Az volt a benyomása, hogy.../Azt hitte, hogy... * *I get/have the impression that...* Az a benyomásom, hogy... * *He makes a good impression.* Jó a fellépése. **2.** (változatlan) utánnyomás; lenyomat

Impressionism [ɪmˈpreʃnɪzm] <fn> [U] *(művészettörténetben)* impresszionizmus

impressive [ɪmˈpresɪv] <mn> lenyűgöző; hatásos; mély benyomást keltő: *an impressive performance* lenyűgöző előadás

¹imprint [ˈɪmprɪnt] <fn> [C] **1.** lenyomat; nyom: *the imprint of a foot* lábnyom **2.** embléma; cégjelzés; impresszum

²imprint [ɪmˈprɪnt] <ige> (bele)nyom; rányom (**sg on sg** vmit vmire): *imprint sg on sy's mind* vmit vki elméjébe vés

imprison [ɪmˈprɪzn] <ige> bebörtönöz

imprisonment [ɪmˈprɪznmənt] <fn> [U] bebörtönzés; börtönbüntetés: *He was given 10 years imprisonment.* 10 év börtönbüntetésre ítélték.

improbable [ɪmˈprɒbəbl] <mn> **1.** valószínűtlen; hihetetlen **2.** képtelen: *an improbable explanation* képtelen magyarázat

improper [ɪmˈprɒpə] <mn> helytelen; megengedhetetlen; tisztességtelen

improve [ɪmˈpruːv] <ige> (improves, improving, improved) **1.** tökéletesít; megjavít; továbbfejleszt: *She improves her cooking.* Tökéletesíti a főzéstudományát. **2.** javul; fejlődik; halad

improve on/upon sg tökéletesít; megjavít; túlszárnyal; (tovább)fejleszt vmit

improvement [ɪmˈpruːvmənt] <fn> [C] **1.** javulás; fejlődés: *a marked improvement in sy's condition* határozott javulás vkinek az állapotában * *technical improvement* technikai fejlődés * *be an improvement on/in sg* felülmúl vmit **2.** javítás; tökéletesítés; fejlesztés **3. improvements** [pl] hasznos változtatások; javítások: *improvements in technology* műszaki fejlesztés * *make some improvements to his home* átalakításokat végez a lakásában

improvisation [ˌɪmprəvaɪˈzeɪʃn] <fn> [C, U] rögtönzés; improvizáció

improvise [ˈɪmprəvaɪz] <ige> (improvises, improvising, improvised) **1.** rögtönöz; improvizál **2.** összeeszkábál

impudence [ˈɪmpjudəns] <fn> [U] szemtelenség; pimaszság

impudent [ˈɪmpjədənt] <mn> szemtelen; pimasz

impulse [ˈɪmpʌls] <fn> [C] **1.** késztetés; érzés; indíték; sugallat; ösztönös cselekvés: *do sg on an impulse* ösztönösen tesz vmit **2.** lökés; lendület; impulzus: *give an impulse to the economy* új lendületet/impulzust ad a gazdaságnak **3.** el impulzus

impulsive [ɪmˈpʌlsɪv] <mn> ösztönös; lobbanékony; impulzív: *he is far too impulsive* borzasztó lobbanékony

¹in [ɪn] <elöljó> **1.** *(hely)* -ba, -be; -ban, -ben; -on, -en, -ön: *Put it in your pocket!* Tedd a zsebedbe! * *It is in the cupboard.* A konyhaszekrényben van. * *She is cooking in the kitchen.* A konyhában főz. * *She is in bed.* Ágyban van. * *They live in China.* Kínában élnek. * *Drive in that direction.* Arra menj! **2.** *(idő)* -ba, -ben; -alatt; -idején; folyamán: *in the winter* télen * *in the middle of the night* az éjszaka közepén * *in the future* a jövőben * *I will travel to Britain in March.* Márciusban utazom Angliába. * *She was born in 1981.* 1981-ben született. * *I got up early in the morning.* Korán reggel keltem. **3.** (vmennyi idő) alatt; (vmin) belül; múlva: *in a little while* hamarosan; rövidesen * *I will be back in half an hour.* Fél órán belül visszajövök./Fél óra múlva visszajövök. * *I will be ready in a minute.* Egy percen belül kész leszek./Egy perc és kész leszek. **4.** *(mód)* -ul, -ül; vmilyen módon: *pay in cash* készpénzzel fizet * *in this way* így * *in a friendly way* barátságosan * *Say it in Spanish.* Mondd spanyolul! **5.** *(állapotban, öltözékben stb.)* -ba, -be; -ban, -ben: *be in good health* jó egészségnek örvend * *I am in trouble.* Bajban vagyok * *I ran outside in my coat.* A kabátomban rohantam ki. * *You are always in a mess.* Mindig benne vagy a slamasztikában. **6.** vmilyen mennyiségben: *one in ten Germans* tíz német közül egy

²in [ɪn] <hsz> **1.** be: *Come in!* Gyere be! * *Let's go in.* Menjünk be! * *May I come in?* Bejöhetek? **2.** bent; benn; belül: *He is in hospital, therefore he is not in this week.* Kórházban van, ezért ezen a héten nincs bent. * *I won't be in today.* Ma nem leszek itthon. * *The train isn't in yet.* A vonat még nem futott be. * *Long skirts are in at the moment.* Jelenleg a hosszú szoknya a divat.

³in [ɪn] <fn>

♦ **the ins and outs of sg** vminek a csínja-bínja *know the ins and outs of a matter* egy ügy minden csínját-bínját ismeri

inability [ˌɪnəˈbɪləti] <fn> [U] képtelenség; alkalmatlanság (**to sg/to do sg** vmire//vmi megtételére): *inability to work* munkaképtelenség * *inability to pay* fizetésképtelenség

inaccessible [ˌɪnəkˈsesəbl] <mn> **1.** *(hely)* elérhetetlen **2.** *(személy)* megközelíthetetlen; hozzáférhetetlen; elutasító

inaccuracy [ɪn'ækjərəsɪ] <fn> [C, U] (inaccuracies) pontatlanság

inaccurate [ɪn'ækjərət] <mn> (számítás, becslés, fordítás stb.) pontatlan: *inaccurate translation* pontatlan fordítás

inactive [ɪn'æktɪv] <mn> **1.** (személy) tétlen **2.** (vulkán) inaktív

inactivity [ˌɪnæk'tɪvətɪ] <fn> [U] tétlenség

inadequate [ɪn'ædɪkwət] <mn> **1.** nem elegendő: *This food is inadequate for all of us.* Ez az étel nem elegendő mindannyiunk számára. **2.** nem megfelelő; alkalmatlan; inadekvát: *Your thin shoes are inadequate for this cool weather.* Vékony cipőd nem megfelelő ilyen hűvös időben. ∗ *She would be totally inadequate as a wife.* Feleségnek teljesen alkalmatlan lenne.

inadvisable [ˌɪnəd'vaɪzəbl] <mn> nem tanácsos

inane [ɪ'neɪn] <mn> ostoba; szellemtelen; üres

inappropriate [ˌɪnə'prəʊprɪət] <mn> nem megfelelő; helytelen; alkalmatlan (**to sg** vmire)

inattention [ˌɪnə'tenʃn] <fn> [U] figyelmetlenség

inattentive [ˌɪnə'tentɪv] <mn> figyelmetlen

inaudible [ɪn'ɔːdəbl] <mn> nem hallható

inaugural [ɪ'nɔːɡjʊərəl] <mn> avató: *inaugural speech* székfoglaló

inaugurate [ɪ'nɔːɡjəreɪt] <ige> (inaugurates, inaugurating, inaugurated) **1.** *inaugurate the president* beiktatja az elnököt **2.** bevezet **3.** átad; megnyit; felavat: *The president inaugurated the new hospital.* Az elnök átadta az új kórházat.

inauguration [ɪˌnɔːɡjə'reɪʃn] <fn> [C, U] **1.** (elnökké stb.) beiktatás **2.** (épülete stb.) felavatás; átadás; megnyitás **3.** bevezetés

inborn [ˌɪn'bɔːn] <mn> veleszületett

incalculable [ɪn'kælkjʊləbl] <mn> **1.** (rizikó, kár, következmény stb.) beláthatatlan **2.** (ember, hangulat stb.) kiszámíthatatlan **3.** (fel-)mérhetetlen; felbecsülhetetlen

incapability [ɪnˌkeɪpə'bɪlətɪ] <fn> [U] képtelenség; alkalmatlanság (**to sg** vmire)

incapable [ɪn'keɪpəbl] <mn> **1.** képtelen (**of sg/of doing sg** vmire/vmi megtételére): *She is incapable of lying.* Képtelen hazudni. ∗ *He is incapable of murder.* Képtelen ölni. **2.** tehetetlen **3.** alkalmatlan

incapacitate [ˌɪnkə'pæsɪteɪt] <ige> (incapacitates, incapacitating, incapacitated) képtelenné/alkalmatlanná tesz (**sy for sg** vkit vmire)

incapacity [ˌɪnkə'pæsətɪ] <fn> [U] **1.** (cselekvő-)képtelenség: *incapacity for work* munkaképtelenség; keresőképtelenség **2.** tehetetlenség **3.** alkalmatlanság

incarnation [ˌɪnkɑː'neɪʃn] <fn> [C] **1.** megtestesülés **2.** vall testté válás

incense ['ɪnsens] <fn> [U] tömjén

incensed [ɪn'senst] <mn> felbőszült; dühödt

incentive [ɪn'sentɪv] <fn> [C, U] ösztönzés; motívum

incessant [ɪn'sesnt] <mn> folyamatos; folytonos: *incessant noise* folyamatos zaj

incest ['ɪnsest] <fn> [U] vérfertőzés

¹**inch** [ɪntʃ] <fn> [C] röv *in.* hüvelyk: *An inch is equal to 2,54 centimetres.* Egy inch egyenlő 2,54 centiméterrel. ∗ *He is six foot four inches tall.* Négy láb hat hüvelyk (= 193 cm) magas.

♦ **inch by inch** apránként; milliméterenként ♦ **every inch** teljesen; tetőtől talpig; ízig-vérig ♦ **within an inch of (doing sg)** már-már; majdnem

²**inch** [ɪntʃ] <ige> lassan halad; araszol

incident ['ɪnsɪdənt] <fn> [C] váratlan/véletlen esemény; incidens: *exciting incidents* izgalmas/váratlan események ∗ *A bomb exploded in an incident.* Bomba robbant egy incidens során. ∗ *I saw a funny incident.* Láttam egy mókás eseményt/esetet/epizódot.

incidental [ˌɪnsɪ'dentl] <mn> **1.** mellékes; lényegtelen; jelentéktelen: *incidental earnings* mellékkereset **2.** (nem tervezett) véletlen **3. incidental to sg** vmit kísérő; vmivel járó

incidentally [ˌɪnsɪ'dentlɪ] <hsz> egyébként; mellesleg: *We are going home. Incidentally, do you know that the headmaster is visiting us?* Megyünk haza. Egyébként/Mellesleg tudod-e, hogy az igazgató látogat meg minket?

incinerate [ɪn'sɪnəreɪt] <ige> (incinerates, incinerating, incinerated) eléget

incinerator [ɪn'sɪnəreɪtə] <fn> [C] (létesítmény) szemétégető

incisive [ɪn'saɪsɪv] <mn> metsző; éles

incite [ɪn'saɪt] <ige> (incites, inciting, incited) **1.** ösztönöz **2.** felbujt; uszít

incitement [ɪn'saɪtmənt] <fn> [C, U] **1.** ösztönzés **2.** felbujtás; uszítás; lázítás

inclination [ˌɪnklɪ'neɪʃn] <fn> [C, U] **1.** hajlam; hajlandóság (**towards/for sg/to do sg** vmire/vminek a megtételére) **2.** meghajtás: *inclination of the head* fejbólintás

¹**incline** [ɪn'klaɪn] <ige> (inclines, inclining, inclined) **1.** hajlik; hajlamos (**to(wards) sg** vmire) **2.** (le)hajt **3.** lejt

²**incline** ['ɪnklaɪn] <fn> [C] lejtő

inclined [ɪn'klaɪnd] <mn> hajlandó; hajlamos (**to sg** vmire): *I am inclined to be late.* Hajlamos vagyok elkésni. ∗ *I am inclined to accept his invitation.* Hajlandóságot érzek arra, hogy elfogadjam meghívását. ∗ *I am inclined to* *agree with you.* Hajlok arra, hogy egyetértsek veled.

include [ɪn'kluːd] <ige> (includes, including, included) **1.** beleért; belevesz: *I have included my best friend in the list.* A listába belevettem a legjobb barátomat is. **2.** magába(n) foglal; tartalmaz: *The price includes value added tax (VAT) as well.* Az ár tartalmazza az áruforgalmi adót (áfát) is.

including [ɪn'kluːdɪŋ] <elölj> vkit/vmit beleértve; vkivel/vmivel együtt

inclusive [ɪn'kluːsɪv] <mn> **1.** vmeddig bezárólag: *pages 10 to 42 inclusive* a 10. oldaltól a 42. oldalig bezárólag **2.** magába foglaló; beleszámított; beleértett: *all-inclusive price* mindent magában foglaló ár * *be inclusive of* (költséget stb.) magában foglal * *Prices are inclusive of flights and accommodation.* Az árak a repülőjegyeket és a szállásköltséget magukban foglalják.

income ['ɪnkʌm] <fn> [C] jövedelem; kereset: *low income* alacsony jövedelem * *gross/net income* bruttó/nettó jövedelem

♦ **live beyond one's income** tovább nyújtózkodik, mint ameddig a takarója ér

incoming ['ɪnkʌmɪŋ] <mn> **1.** (telefonhívás, megrendelés, járatok stb.) bejövő; (be)érkező: *incoming mail* beérkező posta * *incoming telephone calls* bejövő telefonhívások **2.** (kormányzat, tisztségviselő stb.) új(onnan érkezett): *the incoming government* az új kormány; a hivatalba lépő kormány

incomparable [ɪn'kɒmpərəbl] <mn> (szépség, tehetség, vagyon stb.) összehasonlíthatatlan; össze nem hasonlítható; páratlan

incompatible [ˌɪnkəm'pætəbl] <mn> **1.** összeegyeztethetetlen (**with sg** vmivel) **2.** összeférhetetlen (**with sg/sy** vmivel/vkivel)

incompetence [ɪn'kɒmpɪtəns] <fn> [U] hozzá nem értés; alkalmatlanság; a hozzáértés hiánya; inkompetencia

incompetent [ɪn'kɒmpɪtənt] <mn> (szakmailag) nem hozzáértő; alkalmatlan

incomplete [ˌɪnkəm'pliːt] <mn> **1.** (gyűjtemény stb.) nem teljes; hiányos; nem egész **2.** (műalkotás stb.) befejezetlen

incomprehensible [ɪnˌkɒmprɪ'hensəbl] <mn> érthetetlen

inconceivable [ˌɪnkən'siːvəbl] <mn> elképzelhetetlen; hihetetlen; felfoghatatlan

inconsiderate [ˌɪnkən'sɪdərət] <mn> tapintatlan; meggondolatlan; figyelmetlen

inconsistency [ˌɪnkən'sɪstənsi] <fn> [C, U] (inconsistencies) következetlenség

inconsistent [ˌɪnkən'sɪstənt] <mn> **1.** nem következetes; következetlen **2.** ellentmondó

inconsolable [ˌɪnkən'səʊləbl] <mn> vigasztal(hatatlan)

inconspicuous [ˌɪnkən'spɪkjuəs] <mn> nem feltűnő

¹**inconvenience** [ˌɪnkən'viːnɪəns] <fn> [U, C] kényelmetlenség; alkalmatlanság

²**inconvenience** [ˌɪnkən'viːnɪəns] <ige> (inconveniences, inconveniencing, inconvenienced) zavar (**sy** vkit); alkalmatlankodik (**sy** vkinek): *She inconvenienced me.* Zavart.

inconvenient [ˌɪnkən'viːnɪənt] <mn> alkalmatlan; kényelmetlen; kellemetlen: *at an inconvenient time* alkalmatlan időpontban

incorporate [ɪn'kɔːpəreɪt] <ige> (incorporates, incorporating, incorporated) **1.** egyesít; belefoglal; egybeolvaszt **2.** beolvaszt; bekebelez **3.** felölel; magában foglal **4.** (cégjegyzékbe stb.) bejegyez **5.** egyesül

incorporated [ɪn'kɔːpəreɪtɪd] <mn> **röv Inc.** gazd (cég) bejegyzett

incorporated company [ɪnˌkɔːpəreɪtɪd 'kʌmpəni] <fn> [C] bejegyzett cég

incorporation [ɪnˌkɔːpə'reɪʃn] <fn> [U] **1.** (cég-)bejegyzés **2.** beolvasztás; belefoglalás; bekebelezés (**in sg** vmibe) **3.** egyesítés; egybeolvasztás; fuzionálás (**with sg** vmivel)

incorrect [ˌɪnkə'rekt] <mn> **1.** helytelen; nem helyes; hibás: *incorrect translation* helytelen fordítás; nem pontos fordítás **2.** nem tisztességes; inkorrekt

incorrigible [ɪn'kɒrɪdʒəbl] <mn> javíthatatlan

incorruptible [ˌɪnkə'rʌptəbl] <mn> **1.** megvesztegethetetlen **2.** nem romlandó

¹**increase** [ɪn'kriːs] <ige> (increases, increasing, increased) **1.** emelkedik; nő; növekszik: *increase threefold* háromszorosára nő; megháromszorozódik * *Prices have increased this year.* Idén emelkedtek az árak. * *The rate of inflation increased last year.* Tavaly növekedett az infláció. **2.** emel; növel: *His employer has increased his wages.* A munkaadója emelte a bért.

²**increase** ['ɪŋkriːs] <fn> [C, U] **1.** növekedés; fokozódás: *increase in wages* bérnövekedés; béremelés * *increase in price* áremelkedés * *be on the increase* növekedik; fokozódik * *increase in population* népességnövekedés **2.** növelés; fokozás; emelés

increasingly [ɪn'kriːsɪŋli] <hsz> mindinkább: *increasingly difficult* egyre nehezebb

incredible [ɪn'kredəbl] <mn> hihetetlen: *an incredible story* hihetetlen történet * *an incredible amount of money* hihetetlenül sok pénz

incredibly [ɪn'kredəbli] <hsz> hihetetlenül

incredulous [ɪn'kredjʊləs] <mn> hitetlen

increment ['ɪŋkrəmənt] <fn> [C] **1.** növekedés; gyarapodás; szaporodás **2.** növedék;

szaporulat; hozadék **3.** haszon; nyereség; profit **4.** *(béré)* emelés
incubator ['ɪŋkjʊbeɪtə] <fn> [C] **1.** orv inkubátor **2.** keltető(gép)
incur [ɪn'kɜː] <ige> (incurs, incurring, incurred) **1.** *(haragot)* magára von **2.** *(veszélynek stb.)* kiteszi magát
incurable [ɪn'kjʊərəbl] <mn> gyógyíthatatlan
indebted [ɪn'detɪd] <mn> **1.** hálás (**to sy for sg** vkinek vmiért): *I am greatly indebted to you for your help.* Igazán le vagyok kötelezve, hogy segítettél./Nagyon hálás vagyok, hogy segítettél. **2.** eladósodott: *I'm indebted to a large sum.* Nagy összeggel tartozom.
indecency [ɪn'diːsnsɪ] <fn> [U] illetlenség; szemérmetlenség; trágárság
indecent [ɪn'diːsnt] <mn> *(megjegyzés, magatartás stb.)* szemérmetlen; illetlen; tisztességtelen; trágár
indecision [ˌɪndɪ'sɪʒn] <fn> [U] határozatlanság
indecisive [ˌɪndɪ'saɪsɪv] <mn> **1.** határozatlan; döntésképtelen: *an indecisive person* határozatlan személy **2.** eldönt(het)etlen: *an indecisive battle* eldöntetlen csata
indeed [ɪn'diːd] <hsz> **1.** tényleg, igazán; csakugyan; valóban: *Thank you very much indeed.* Tényleg nagyon köszönöm! * *This drink is very cold indeed.* Ez az ital csakugyan nagyon hideg. * *I am very glad indeed to meet you again.* Igazán nagyon boldog vagyok, hogy ismét találkozhatunk! **2.** de még mennyire!; hogyne!: *No indeed!* Igazán nem! * *"He is a good driver." "Yes, indeed he is!"* „Jó vezető!" „De még mennyire!"
indefinite [ɪn'defənət] <mn> határozatlan; bizonytalan: *an indefinite answer* bizonytalan válasz * *for an indefinite period* meghatározatlan időre * *indefinite article* határozatlan névelő * *indefinite pronoun* határozatlan névmás
indefinitely [ɪn'defɪnətlɪ] <hsz> **1.** bizonytalanul; határozatlanul **2.** határtalanul; korlátlanul: *postpone sg indefinitely* határozatlan időre elhalaszt vmit
indemnity [ɪn'demnətɪ] <fn> jog **1.** [U] jótállás; biztosíték **2.** [C] (indemnities) kártérítés(i összeg); jóvátétel
independence [ˌɪndɪ'pendəns] <fn> [U] **1.** függetlenség (**from/of sy/sg** vkitől/vmitől): *Independence Day* AmE a függetlenség napja * *When did your country gain independence from Britain?* Mikor nyerte el az országotok Angliától való függetlenségét? **2.** önállóság
independent [ˌɪndɪ'pendənt] <mn> **1.** független (**of/from sy/sg** vkitől/vmitől): *That country is independent of Britain.* Az az ország független Angliától. **2.** *(személy, tanulmány stb.)* önálló; független: *She is an independent lady.* Független hölgy. **3.** *(anyagilag)* független: *She is independent of her husband.* Anyagilag független a férjétől.
independently [ˌɪndɪ'pendəntlɪ] <hsz> függetlenül; önállóan (**of sy/sg** vkitől/vmitől)
in-depth [ˌɪn'deθ] <mn> alapos; mélyreható
indescribable [ˌɪndɪ'skraɪbəbl] <mn> leírhatatlan
¹**index** ['ɪndeks] <fn> [C] (indexes v. indices) **1.** (név- és tárgy)mutató **2.** *(műszeren)* mutató **3.** *(matematikában, statisztikában)* jelzőszám; kitevő; index(szám) **4.** *(könyvtárban)* (cédula)katalógus
²**index** ['ɪndeks] <fn> [C] (indices) *(matematikában)* jelzőszám; kitevő; index(szám)
index finger ['ɪndeks ˌfɪŋɡə] <fn> [C] mutatóujj
India ['ɪndɪə] <fn> India
¹**Indian** ['ɪndɪən] <mn> **1.** indiai **2.** indián
²**Indian** ['ɪndɪən] <fn> [C] **1.** indiai; indus **2.** indián
Indian corn [ˌɪndɪən'kɔːn] <fn> [U] kukorica
Indian summer [ˌɪndɪən'sʌmə] <fn> [C, U] vénasszonyok nyara; indián nyár
indicate ['ɪndɪkeɪt] <ige> (indicates, indicating, indicated) **1.** (meg)mutat; jelez; rámutat: *Indicate your country on this map.* Mutasd meg az országodat ezen a térképen! * *Adults are indicated by a green star on this list.* Ezen a listán a felnőtteket zöld csillaggal jelzik. * *She indicated the house.* Rámutatott a házra. **2.** közl jelez: *Try to indicate right on the corner.* A sarkon próbálj jobbra jelezni! **3.** mutat; jelez: *The colour of the water indicated that storm was coming.* A víz színe jelezte/mutatta, hogy jön a vihar.
indication [ˌɪndɪ'keɪʃn] <fn> [C, U] *(vmire utaló)* jel; jelzés; megjelölés: *There is every indication that…* Minden jel arra utal, hogy…
¹**indicative** [ɪn'dɪkətɪv] <mn> **1.** vmire utaló: *be indicative of sg* vmire utal; vmit jelez **2.** nyelvt kijelentő
²**indicative** [ɪn'dɪkətɪv] <fn> [U] nyelvt kijelentő mód
indicator ['ɪndɪkeɪtə] <fn> [C] **1.** mutató; mérő **2.** jelzőtábla; jelzőkészülék **3.** *(gépjárműnél)* irányjelző; index
indices ['ɪndɪsiːz] → **index**
indictment [ɪn'daɪtmənt] <fn> **1.** [C, U] jog vádirat; vádindítvány **2. indictment of/on sg** [C, ált sing] szégyenfolt
indifference [ɪn'dɪfrəns] <fn> [U] közöny; közönyösség; közömbösség

indifferent [ɪn'dɪfrənt] <mn> **1.** közönyös; közömbös (**to/towards sg/sy** vmivel/vkivel szemben): *You are indifferent to his suffering.* Közömbös vagy a szenvedésével szemben. **2.** *(művész stb.)* (elég) gyenge; középszerű; közepes: *She is an indifferent player.* Elég gyenge játékos.

indigenous [ɪn'dɪdʒənəs] <mn> **1.** bennszülött; (ős)honos **2.** veleszületett; velejáró

indigestible [ˌɪndɪ'dʒestəbl] <mn> átv is emészthetetlen; nehezen emészthető

indigestion [ˌɪndɪ'dʒestʃən] <fn> [U] rossz emésztés; emésztési zavar(ok); gyomorrontás

indignant [ɪn'dɪgnənt] <mn> méltatlankodó; felháborodott

indignation [ˌɪndɪg'neɪʃn] <fn> [U] felháborodás

indirect [ˌɪndɪ'rekt] <mn> **1.** közvetett: *the indirect effects of the war* a háború közvetett hatásai ∗ *indirect speech* nyelvt függő beszéd ∗ *indirect object* nyelvt részeshatározó ∗ *His death was an indirect result of his earlier accident.* Halála közvetett módon korábbi balesete következménye volt. **2.** átv is *(út)* kerülő: *by indirect means* kerülő úton ∗ *I came home by an indirect road.* Kerülő úton jöttem haza.

indiscreet [ˌɪndɪ'skriːt] <mn> tapintatlan; indiszkrét

indiscretion [ˌɪndɪ'skreʃn] <fn> [U] tapintatlanság; indiszkréció

indispensable [ˌɪndɪ'spensəbl] <mn> nélkülözhetetlen (**to sg** vmihez)

¹individual [ˌɪndɪ'vɪdʒuəl] <fn> [C] **1.** egyén; egyed; személy: *We arrived together but each individual got his own key.* Együtt érkeztünk, de mindenki saját/külön kulcsot kapott. **2.** biz *(személy)* alak: *He is an untidy individual.* Rendetlen egy alak.

²individual [ˌɪndɪ'vɪdʒuəl] <mn> **1.** egyéni; személyes; sajátos: *an individual style of dress* sajátos/egyéni öltözködési stílus ∗ *He gave me individual help.* Egyéni/Személyes segítséget nyújtott nekem. **2.** egyes; egyedi: *individual case* egyedi eset ∗ *Each individual flower is different.* Minden egyes virág más és más.

individualism [ˌɪndɪ'vɪdʒuəlɪzm] <fn> [U] individualizmus

individualist [ˌɪndɪ'vɪdʒuəlɪst] <fn> [U, C] individualista

individuality [ˌɪndɪˌvɪdʒu'æləti] <fn> [U] egyéniség

individually [ˌɪndɪ'vɪdʒuəli] <hsz> **1.** egyenként; egyénenként; egyedenként **2.** egyénileg

Indonesia [ˌɪndəʊ'niːziə] <fn> Indonézia

¹Indonesian [ˌɪndəʊ'niːziən] <mn> indonéz(iai)

²Indonesian [ˌɪndəʊ'niːziən] <fn> **1.** [C] *(személy)* indonéz(iai) **2.** [U] *(nyelv)* indonéz

indoor ['ɪndɔː] <mn> szoba-; szobai; terem-: *indoor plants* szobanövények ∗ *indoor games* **(a)** teremsportok **(b)** társasjátékok ∗ *indoor swimming pool* fedett uszoda

indoors [ˌɪn'dɔːz] <hsz> be; benn; otthon: *keep indoors* otthon marad ∗ *She always wants to go indoors.* Mindig be akar menni (a házba).

induce [ɪn'djuːs] <ige> (induces, inducing, induced) **1.** rábír; rávesz (**sy to do sg** vkit vmire// vkit vminek a megtételére) **2.** okoz; előidéz; eredményez; megindít: *induce labour* orv szülést (mesterséges úton) megindít **3.** el gerjeszt; indukál

induction [ɪn'dʌkʃn] <fn> [U, C] **1.** bevezetés; beindítás **2.** beiktatás **3.** el indukció

inducement [ɪn'djuːsmənt] <fn> [C, U] ösztönzés; késztetés; indíték

indulge [ɪn'dʌldʒ] <ige> (indulges, indulging, indulged) **1.** elkényeztet; kedvében jár: *indulge a child* gyereket elkényeztet ∗ *indulge oneself* túl sokat törődik magával; megenged magának (vmit) **2.** kielégít: *indulge one's passion for fishing* kiéli horgászszenvedélyét **3.** biz felönt a garatra

indulge in sg 1. enged vminek **2.** rászokik vmire; belemerül vmibe; átadja magát vminek **3.** megenged magának vmit

indulgence [ɪn'dʌldʒəns] <fn> [U] **1.** elnézés; engedékenység; megértés; megbocsátás **2.** *(vmi hajlamé)* kielégítés **3.** élvezet; élvezkedés; gyönyörűség **4.** vall búcsú; bűnbocsánat

indulgent [ɪn'dʌldʒənt] <mn> engedékeny; elnéző: *an indulgent parent* elnéző szülő

industrial [ɪn'dʌstriəl] <mn> ipari; ipar-: *industrial cities* ipari városok ∗ *the industrial area of the town* a város ipari negyede ∗ *industrial action* munkabeszüntetés; sztrájk ∗ *industrial company* iparvállalat ∗ *industrial estate* ipari negyed ∗ *industrial fair* ipari vásár ∗ *industrial product* iparcikk ∗ *industrial revolution* ipari forradalom

industrialist [ɪn'dʌstriəlɪst] <fn> [C] gyáros; gyáriparos; (nagy)iparos

industrialize [ɪn'dʌstriəlaɪz] <ige> (industrializes, industrializing, industrialized) iparosít

industrious [ɪn'dʌstriəs] <mn> szorgalmas

industry ['ɪndəstri] <fn> **1.** [U] ipar: *There isn't any industry in the country.* Vidéken egyáltalán nincs ipar. **2.** [C] (industries) ipar(ág):

catering industry vendéglátóipar * *the clothing industry* ruhaipar * *heavy industry* nehézipar * *light industry* könnyűipar **3.** [U] szorgalom

inedible [ɪn'edəbl] <mn> ehetetlen

ineffective [ˌɪnɪ'fektɪv] <mn> hatástalan: *ineffective method* hatástalan módszer

inefficient [ˌɪnɪ'fɪʃnt] <mn> **1.** *(gép stb.)* hatástalan; használhatatlan; gyenge teljesítményű; rossz hatásfokú **2.** *(ember)* eredménytelen; alkalmatlan; gyenge teljesítményű; tehetségtelen

inequality [ˌɪnɪ'kwɒləti] <fn> [C, U] (inequalities) egyenlőtlenség: *social inequality* társadalmi egyenlőtlenség

inescapable [ˌɪnɪ'skeɪpəbl] <mn> *(következmény stb.)* elkerülhetetlen

inestimable [ɪn'estɪməbl] <mn> felbecsülhetetlen

inevitable [ɪn'evɪtəbl] <mn> **1.** *(következmény, sors, végzet stb.)* elkerülhetetlen; óhatatlan: *The war was inevitable.* Elkerülhetetlen volt a háború. **2.** *(eredmény stb.)* szükségszerű

inevitably [ɪn'evɪtəbli] <hsz> elkerülhetetlenül

inexact [ˌɪnɪg'zækt] <mn> pontatlan; nem pontos

inexcusable [ˌɪnɪk'skjuːzəbl] <mn> megbocsáthatatlan

inexpensive [ˌɪnɪk'spensɪv] <mn> nem drága; olcsó

inexperience [ˌɪnɪk'spɪəriəns] <fn> [U] tapasztalatlanság: *She is a good mother in spite of her inexperience.* Tapasztalatlansága ellenére jó édesanya.

inexperienced [ˌɪnɪk'spɪəriənst] <mn> tapasztalatlan

inexplicable [ˌɪnɪk'splɪkəbəl] <mn> megmagyarázhatatlan

infallibility [ɪnˌfælə'bɪləti] <fn> [U] csalhatatlanság; tévedhetetlenség

infallible [ɪn'fæləbl] <mn> *(ember)* csalhatatlan; tévedhetetlen

infamous ['ɪnfəməs] <mn> *(bűnöző stb.)* aljas; becstelen; rosszhírű; hírhedt (**for sg** vmiről)

infancy ['ɪnfənsi] <fn> [U] **1.** csecsemőkor **2.** kisgyermekkor **3.** jog kiskorúság **4.** vminek a kezdete: *It is still in its infancy.* Még mindig gyermekcipőben jár.

infant ['ɪnfənt] <fn> [C] **1.** csecsemő; kisbaba: *infant mortality* csecsemőhalandóság **2.** kisgyermek **3.** jog kiskorú **4.** kezdő

infantile ['ɪnfəntaɪl] <mn> gyerekes; infantilis

infantry ['ɪnfəntri] <fn> [U + sing/pl v] kat gyalogság

infant school [ˌɪnfənt'skuːl] <fn> [C] BrE ≈ általános iskola első néhány osztálya, 4–7 éves korú kisgyermekeknek

infatuated [ɪn'fætʃueɪtɪd] <mn> **be(come) infatuated with sy** belehabarodik vkibe

infect [ɪn'fekt] <ige> átv is (meg)fertőz (**sy with sg** vkit vmivel): *He was ill and he can still infect others.* Beteg volt és még mindig megfertőzhet másokat. * *His optimism infected the whole team.* Optimizmusa az egész csapatra ráragadt.

infected [ɪn'fektɪd] <mn> fertőzött

infection [ɪn'fekʃn] <fn> [C] fertőzés: *throat infection* torokfertőzés

infectious [ɪn'fekʃəs] <mn> **1.** *(betegség)* fertőző **2.** *(nevetés, boldogság stb.)* ragadós: *infectious laughter* ragadós nevetés

infer [ɪn'fɜː] <ige> (infers, inferring, inferred) **1.** következtet (**sg from sg** vmiből vmire) **2.** bizonyít **3.** magával von

inferior [ɪn'fɪəriə] <mn> **1.** rosszabb minőségű; alsóbbrendű (**to sy** vminél): *This table is inferior to that.* Ez az asztal rosszabb minőségű annál. **2.** alacsonyabban fekvő; alsóbb **3.** silány; másodosztályú; középszerű

inferiority [ɪnˌfɪəri'ɒrəti] <fn> [U] **1.** alsóbbrendűség: *inferiority complex* kisebbrendűségi érzés/komplexus **2.** rossz minőség

infertile [ɪn'fɜːtaɪl] <mn> *(ember, állat, talaj)* terméketlen; meddő

infertility [ˌɪnfə'tɪləti] <fn> [U] terméketlenség; meddőség

infest [ɪn'fest] <ige> eláraszt; ellep: *be infested with lice* hemzseg a tetvektől

infidelity [ˌɪnfɪ'deləti] <fn> [U, C] (infidelities) *(házastársi)* hűtlenség

infiltrate ['ɪnfɪltreɪt] <ige> (infiltrates, infiltrating, infiltrated) **1.** beszivárog (**into sg** vmibe) **2.** *(ügynök, kém stb. szervezetbe)* titokban bejut; beférkőzik; beépül **3.** *(folyadékot)* beszivárogtat; *(anyagot folyadékkal)* átitat

infiltration [ˌɪnfɪl'treɪʃn] <fn> [U, C] átv is beszivárgás; beépülés

infinite ['ɪnfɪnət] <mn> **1.** végtelen: *Space is infinite.* Az űr végtelen. **2.** óriási: *infinite damages* óriási károk

infinitive [ɪn'fɪnətɪv] <fn> [C] nyelvt főnévi igenév

infinity [ɪn'fɪnəti] <fn> [U] átv is végtelen(ség)

infirm [ɪn'fɜːm] <mn> **1.** beteges; gyenge; erőtlen; elesett **2.** határozatlan; bizonytalankodó

infirmary [ɪn'fɜːməri] <fn> [C] (infirmaries) **1.** kórház **2.** *(iskolában)* betegszoba

inflame [ɪn'fleɪm] <ige> (inflames, inflaming, inflamed) **1.** meggyújt; felgyújt; átv fellobbant **2.** feldühít; *(szenvedélyt, kedélyt)* szít **3.** gyulladást okoz **4.** meggyullad; felgyullad **5.** dühbe jön

inflamed [ɪnˈfleɪmd] <mn> gyulladásos; gyulladt: *inflamed eyes* gyulladt szem

inflammable [ɪnˈflæməbl] <mn> gyúlékony; éghető: *Paper is inflammable.* A papír gyúlékony.

inflammation [ˌɪnfləˈmeɪʃn] <fn> [U, C] orv gyulladás

inflatable [ɪnˈfleɪtəbl] <mn> felfújható: *inflatable mattress* gumimatrac

inflate [ɪnˈfleɪt] <ige> (inflates, inflating, inflated) **1.** *(lufit stb.)* felfúj **2.** *(árat stb.)* felhajt; felsrófol; fokoz; növel: *inflate the currency* inflációt okoz **3.** felfúvódik **4.** *(ügyet)* felfúj: *inflate the significance of sg* felfújja vminek a jelentőségét **5.** gőgössé/felfuvalkodottá tesz vkit

inflation [ɪnˈfleɪʃn] <fn> [U] infláció: *creeping inflation* lappangó infláció * *galloping inflation* vágtató infláció

inflection [ɪnˈflekʃn] <fn> [C, U] nyelvt **1.** ragozás **2.** intonáció; hanglejtés

inflict [ɪnˈflɪkt] <ige> **1.** *(bánatot, kárt stb.)* okoz (**on** sy vkinek) **2.** *(vereséget, sebet stb.)* mér; okoz **3.** ráerőszakol (**sg on sy** vkire vmit)

¹influence [ˈɪnfluəns] <fn> **1.** [U] befolyás; hatás (**on/upon sg/sy** vmire/vkire): *under the influence of alcohol* alkohol hatása alatt * *The sun has a serious influence on the plants.* A napsugár komoly hatással van a növényekre. * *My father has influence at the university.* Apámnak befolyása van az egyetemen. * *She is a woman of influence.* Befolyásos asszony. **2.** [C] tekintély: *This boy is a big influence on his friends.* Ez a fiú nagy tekintélynek számít a barátai előtt.

²influence [ˈɪnfluəns] <ige> (influences, influencing, influenced) befolyásol: *be easily influenced by sy* könnyen befolyásolható; könnyen kerül vki hatása alá

influential [ˌɪnfluˈenʃl] <mn> *(ember, újság stb.)* befolyásos

influenza [ˌɪnfluˈenzə] <fn> [U] influenza

info [ˈɪnfəʊ] [= information] biz infó; információ: *Have you any mere info about the job?* Van még valami infód az állásról?

inform [ɪnˈfɔːm] <ige> értesít; tájékoztat; tudósít (**sy of/about sg//sy that...** vkit vmiről): *keep sy informed of/about sg//keep sy informed that...* vkit folyamatosan tájékoztat vmiről

inform on/against sy *(rendőrségnek stb.)* feljelent vkit; jelentést ír vkiről; besúg vkit

informal [ɪnˈfɔːml] <mn> nem hivatalos; fesztelen; kötetlen; bizalmas hangvételű; baráti; magán-: *an informal letter* nem hivatalos levél * *informal clothes* hétköznapi öltözék * *an informal party* baráti összejövetel

informant [ɪnˈfɔːmənt] <fn> [C] **1.** titkos ügynök; besúgó; informátor **2.** adatközlő

informatics [ˌɪnfəˈmætɪks] <fn> [U] informatika; információtechnológia

information [ˌɪnfəˈmeɪʃn] <fn> [U] **röv info** tájékoztatás; felvilágosítás; hír; értesülés; információ (**on/about sg/sy** vmiről/vkiről): *give information to the police* jelent a rendőrségnek * *some more information* még néhány információ * *a useful piece/bit of information* hasznos információ * *Please give me some information about trips to Europe.* Kérem, adjon felvilágosítást az európai utakkal kapcsolatosan!

information bureau [ˌɪnfəˈmeɪʃn ˌbjʊərəʊ] <fn> [C] információs iroda; tudakozó

information center AmE → **information centre**

information centre [ˌɪnfəˈmeɪʃn ˌsentər] <fn> [C] információs iroda, tudakozó

information science [ˌɪnfəˈmeɪʃn ˌsaɪəns] <fn> [U] informatika

information scientist [ˌɪnfəˈmeɪʃn ˌsaɪəntɪst] <fn> [C] informatikus

information society [ˌɪnfəˈmeɪʃn səˈsaɪəti] <fn> [C] információs társadalom

information superhighway [ɪnfəˈmeɪʃn ˌsuːpəˈhaɪweɪ] <fn> [sing] infor információs szupersztráda

information technology [ˌɪnfəˈmeɪʃn tekˈnɒlədʒɪ] <fn> [U] **röv IT** informatika; információtechnológia

informative [ɪnˈfɔːmətɪv] <mn> felvilágosító; tanulságos; informatív

informer [ɪnˈfɔːmə] <fn> [C] feljelentő; besúgó; spicli

infotainment [ˌɪnfəʊˈteɪnmənt] <fn> [C] *(information és entertainment szavakból)* szórakoztató és ismeretterjesztő műsor

infuriate [ɪnˈfjʊərɪeɪt] <ige> (infuriates, infuriating, infuriated) dühbe hoz; (fel)dühít: *be infuriated* dühös

infuse [ɪnˈfjuːz] <ige> (infuses, infusing, infused) *(teát stb.)* leforráz: *be infused with sg* át van itatva vmivel

infusion [ɪnˈfjuːʒn] <fn> [C, U] **1.** *(ital, orvosság stb.)* főzet; forrázat **2.** *(teáé stb.)* leforrázás **3.** orv infúzió

ingenious [ɪnˈdʒiːnɪəs] <mn> **1.** ötletes: *an ingenious plan* ötletes terv **2.** *(személy)* ügyes; találékony; leleményes

ingenuity [ˌɪndʒəˈnjuːəti] <fn> [U] szellemesség; találékonyság; leleményesség; ügyesség

ingot ['ɪŋgət] <fn> [C] nemesfémrúd; buga: *gold ingot* aranyrúd
ingratitude [ɪn'grætɪtjuːd] <fn> [U] hálátlanság
ingredient [ɪn'griːdɪənt] <fn> [C] hozzávaló; alkotórész: *The main ingredients of this cake are flour, sugar and butter.* Ennek a sütinek a legfontosabb hozzávalói a liszt, a cukor és a vaj.
inhabit [ɪn'hæbɪt] <ige> *(benn)* lakik: *This house is inhabited by an elderly lady.* Ezt a házat egy idős hölgy lakja./Ebben a házban egy idős hölgy lakik.
inhabitable [ɪn'hæbɪtəbl] <mn> *(ház stb.)* lakható
inhabitant [ɪn'hæbɪtənt] <fn> [C] lakos; lakó
inhale [ɪn'heɪl] <ige> (inhales, inhaling, inhaled) **1.** belélegzik; belélegez **2.** orv inhalál **3.** *(dohányzásnál tüdőbe)* leszív
inherit [ɪn'herɪt] <ige> (meg)örököl (**sg from sy** vmit vkitől)
inheritance [ɪn'herɪtəns] <fn> [C, U] **1.** örökség; hagyaték: *What will you spend your inheritance on?* Mire költöd az örökségedet? **2.** öröklés; örökösödés: *by inheritance* öröklés útján * *inheritance tax* örökösödési illeték * *law of inheritance* örökösödési jog **3.** biol (át)öröklés: *genetic inheritance* genetikai öröklés
inhibit [ɪn'hɪbɪt] <ige> (meg)akadályoz; (meg-)gátol: *inhibit sy from sg/inhibit sy from doing sg* visszatart vkit vmitől; visszatart vkit vminek a megtételétől; megakadályoz vkit vmiben
inhibited [ɪn'hɪbɪtɪd] <mn> gátlásos
inhibition [ˌɪnhɪ'bɪʃn] <fn> [C, U] **1.** gátlás **2.** (szigorú) tilalom
inhospitable [ˌɪnhɒ'spɪtəbl] <mn> **1.** *(hely, vidék)* barátságtalan; zord; rideg **2.** nem vendégszerető; nem szívélyes
in-house ['ɪnhaʊs] <mn> vállalaton belüli; házon belüli; belső
inhuman [ɪn'hjuːmən] <mn> **1.** *(brutalitás)* kegyetlen; embertelen **2.** *(hang stb.)* nem emberi
inhumane [ˌɪnhjuː'meɪn] <mn> *(bánásmód foglyokkal stb.)* emberhez nem méltó
inhumanity [ˌɪnhjuː'mænəti] <fn> [U] kegyetlenség; embertelenség
¹**initial** [ɪ'nɪʃl] <mn> eredeti; kezdeti; kezdő: *Her initial plan was…* Eredetileg a terve az volt, hogy… * *the initial talks* a kezdeti tárgyalások
²**initial** [ɪ'nɪʃl] <fn> [C, ált pl] kezdőbetű; iniciálé: *T.S. are Tom Smith's initials.* Tom Smith (nevének) kezdőbetűi/monogramja: T. S.
initially [ɪ'nɪʃli] <hsz> kezdetben; eleinte: *I had initially thought…* Kezdetben azt gondoltam, hogy…

initiate [ɪ'nɪʃieɪt] <ige> (initiates, initiating, initiated) **1.** kezdeményez: *He initiated talks.* Tárgyalásokat kezdeményezett. **2.** beavat (**sy in/into sg** vkit vmibe)
initiative [ɪ'nɪʃətɪv] <fn> **1.** [C] kezdeményezés: *new government initiative to reduce crime* új kormánykezdeményezés a bűnözés visszaszorítására * *on his own initiative* saját kezdeményezésére * *take the initiative* kezdeményez; magához ragadja a kezdeményezést **2.** [U] kezdeményezőképesség; iniciatíva: *lack initiative* nincs kezdeményezőképessége
initiator [ɪ'nɪʃieɪtə] <fn> [C] kezdeményező; értelmi szerző
inject [ɪn'dʒekt] <ige> **1.** orv *(gyógyszert, injekciót)* bead; befecskendez; injekcióz: *inject himself with insulin* inzulint ad be magának; inzulint fecskendez be magának **2.** *(vmi újat)* hozzáad; (bele)injekcióz; (bele)pumpál (**sg into sg** vmit vmibe): *inject money into the project* pénzt injekcióz/pumpál a projektbe
injection [ɪn'dʒekʃn] <fn> [C] orv injekció
injure ['ɪndʒə] <ige> (injures, injuring, injured) **1.** megsért; megsebesít: *be badly injured* súlyos sérülést szenvedett; súlyosan megsérült * *the injured child* a (meg)sérült gyermek * *She injured her head.* Megsértette a fejét. * *Four people were injured in the accident.* A balesetben négy ember sérült meg. * *No one was seriously injured.* Senki sem sérült meg komolyabban. **2.** árt; kárt okoz; kárt tesz: *injure one's reputation* árt a hírnevének
¹**injured** ['ɪndʒəd] <mn> sérült
²**injured** ['ɪndʒəd] <fn> **the injured** [pl] a sérültek; sebesültek
injury ['ɪndʒəri] <fn> [C] (injuries) **1.** sérülés: *injury time (sportmérkőzésen)* ápolási idő * *serious head injuries* komoly fejsérülések * *He had minor injuries.* Könnyebb sérüléseket szenvedett. **2.** *(lelkileg)* (meg)sértés; (meg)bántás
injustice [ɪn'dʒʌstɪs] <fn> [C, U] igazságtalanság: *do sy an injustice* igazságtalan vkivel szemben
ink [ɪŋk] <fn> [C, U] tinta: *black ink* fekete tinta * *write in ink* tintával ír
inkjet printer ['ɪŋkdʒetˌprɪntə] <fn> [C] infor tintasugaras nyomtató
inkling ['ɪŋklɪŋ] <fn> [U] sejtés; sejtelem; gyanú: *I had no inkling of what was going on at school.* Sejtelmem sem volt arról, hogy mi folyik az iskolában.
¹**inland** ['ɪnlənd] <mn> **1.** *(terület, vízi út, hajózás stb.)* az ország belsejében fekvő; szárazföldi; belső: *an inland town* az ország belsejében fekvő város * *inland waters* szárazföld belsejében levő folyók és állóvizek **2.** *(kereskedelem,*

termelés stb.) belföldi; hazai: *inland produce* hazai termék ∗ *the Inland Revenue* BrE adóhivatal, adóhatóság

²**inland** ['ɪnlənd] <hsz> belföldön; az ország belsejébe(n), az országon belül: *travel inland* az ország belsejébe utazik; az országon belül utazik

in-laws ['ɪnlɔːz] <fn> [pl] biz a férjem/feleségem családja

in-line skate [,ɪnlaɪn'skeɪt] <fn> [C] sp egysoros görkorcsolya

inmate ['ɪnmeɪt] <fn> [C] *(börtönben, nevelőintézetben stb.)* bennlakó

inn [ɪn] <fn> [C] kocsma; fogadó; vendéglő: *The Duck Inn* Fogadó a Kacsához

inner ['ɪnə] <mn> **1.** belső: *the inner parts of the town* a város belső részei ∗ *the inner ear* belső fül **2.** titkos; titkolt; személyes: *inner thoughts* titkos gondolatok

inner city [,ɪnə'sɪti] <fn> [C] BrE *(szociális problémákkal küzdő lepusztult városnegyed)* belterület; óváros

innermost ['ɪnəməʊst] <mn> **1.** *(hely)* legbelső **2.** *(érzelmek)* legbensőbb: *our innermost being* legbensőbb énünk

innocence ['ɪnəsəns] <fn> [U] ártatlanság

innocent ['ɪnəsənt] <mn> **1.** ártatlan (**of sg** vmiben): *an innocent man* ártatlan ember ∗ *He is innocent of that crime.* Ártatlan(nak bizonyult) abban a bűncselekményben. **2.** *(megjegyzés, szórakozás stb.)* ártalmatlan **3.** naiv: *You can't be so innocent as to believe that…* Nem lehetsz olyan naiv, hogy azt hidd,…

innovate ['ɪnəveɪt] <ige> (innovates, innovating, innovated) újít

innovation [,ɪnə'veɪʃn] <fn> [C, U] újítás; innováció

innumerable [ɪ'njuːmərəbl] <mn> számtalan; tömérdek; megszámlálhatatlan(ul sok)

inoculate [ɪ'nɒkjʊleɪt] <ige> (inoculates, inoculating, inoculated) orv beolt (**sy against sg** vkit vmi ellen)

inoculation [ɪ,nɒkjʊ'leɪʃn] <fn> [C] orv oltás

inoffensive [,ɪnə'fensɪv] <mn> ártalmatlan: *an inoffensive remark* ártalmatlan megjegyzés

inoperable [ɪn'ɒpərəbl] <mn> **1.** *(daganat stb.)* nem operálható **2.** *(terv stb.)* keresztülvihetetlen; megvalósíthatatlan

inorganic [,ɪnɔː'gænɪk] <mn> kém szervetlen

inorganic chemistry [,ɪnɔːgænɪk'kemɪstri] <fn> [U] szervetlen kémia

inpatient ['ɪn,peɪʃnt] <fn> [C] *(kórházban)* fekvőbeteg: *inpatient treatment* kórházi kezelés

¹**input** ['ɪnpʊt] <fn> [U] **1.** infor betáplált adatok; (adat)bevitel; input **2.** *(termelésnél)* munkaráfordítás **3.** bemenő teljesítmény **4.** anyagfelhasználás **5.** befektetés; beruházás: *capital input* tőkeráfordítás **6.** *(közös vállalkozásnál stb.)* (szellemi) hozzájárulás

²**input** ['ɪnpʊt] <ige> (inputs, inputting, input/inputted, input/inputted) infor *(adatot, információt)* betáplál

inquest ['ɪŋkwest] <fn> [C] vizsgálat; nyomozás

inquire [ɪn'kwaɪə] <ige> (inquires, inquiring, inquired) érdeklődik; tudakozódik; kérdezősködik

inquire about sg/sy érdeklődik vmi/vki iránt; felvilágosítást kér vmiről/vkiről

inquire after sg/sy kérdezősködik vmi/vki után; érdeklődik vmi/vki iránt

inquire for sg/sy keres vmit/vkit: *He was inquiring for you.* Téged keresett.

inquire into sg kivizsgál vmit: *The police are inquiring into the matter.* A rendőrség kivizsgálja az ügyet.

inquiring [ɪn'kwaɪərɪŋ] <mn> érdeklődő; kutató; fürkésző; kíváncsi: *an inquiring look* érdeklődő pillantás

inquiry [ɪn'kwaɪəri] <fn> (inquiries) **1.** [C, U] érdeklődés; tudakozódás; kérdezősködés (**about/into sg** vmiről): *make a few inquiries about the cost of a ticket* érdeklődik/kérdezősködik a jegy ára felől **2.** [C] *(hatósági)* nyomozás; vizsgálat; kivizsgálás (**into sg** vmilyen ügyben) **3. inquiries** [pl] *(iroda, ablak stb.)* felvilágosítás; információ; tudakozó

inquisition [,ɪnkwɪ'zɪʃn] <fn> **1. the Inquisition** [sing] az inkvizíció **2.** [C] alapos vizsgálat; nyomozás; kutatás

inquisitive [ɪn'kwɪzətɪv] <mn> kíváncsi (**about sg/sy** vmire/vkire)

inroad ['ɪnrəʊd] <fn> [C] **1.** támadás **2.** igénybevétel: *make inroads in/into/on sg* rájár vmire; igénybe vesz vmit

insane [ɪn'seɪn] <mn> **1.** orv őrült; bolond; elmebajos; elmebeteg **2.** átv tébolyodott; őrült; bolond

insanitary [ɪn'sænətəri] <mn> egészségtelen; nem higiénikus

insanity [ɪn'sænəti] <fn> [U] **1.** elmezavar; őrültség; elmebaj **2.** átv őrület; őrültség; téboly

insatiable [ɪn'seɪʃəbl] <mn> **1.** *(ember)* kielégíthetetlen; telhetetlen; mohó **2.** *(vágy, szomjúság, kíváncsiság stb.)* csillapíthatatlan

inscription [ɪn'skrɪpʃn] <fn> [C] **1.** felirat **2.** dedikáció; dedikálás; ajánlás

insect ['ɪnsekt] <fn> [C] rovar: *insect bite* rovarcsípés ∗ *insect spray* rovarirtó spray

insecticide [ɪnˈsektɪsaɪd] <fn> [C, U] rovarirtó szer/spray

insecure [ˌɪnsɪˈkjʊə] <mn> **1.** nem biztonságos; veszélyes: *That chair is insecure.* Nem biztonságos az a szék. **2.** bizonytalan; nem biztos (**about sg** vmiben): *an insecure job* bizonytalan állás ∗ *The future is insecure.* A jövő bizonytalan.

insecurity [ˌɪnsɪˈkjʊərəti] <fn> [U] bizonytalanság

insensitive [ɪnˈsensətɪv] <mn> **1.** érzéketlen (**to sg** vmire): *insensitive to warm and cold* melegre, hidegre érzéketlen ∗ *insensitive to light* nem fényérzékeny ∗ *This tooth is insensitive.* Ez a fog érzéketlen. **2.** közönyös (**to sg** vmivel szemben): *be insensitive to sy's feelings* közönyt mutat vki érzései iránt

inseparable [ɪnˈsepərəbl] <mn> elválaszthatatlan: *inseparable companions* elválaszthatatlan társak/barátok

¹**insert** [ɪnˈsɜːt] <ige> **1.** behelyez; beilleszt (**sg in/into sg** vmit vmibe): *insert the key into the lock* behelyezi a kulcsot a zárba **2.** *(pénzérmét stb.)* bedob (**sg in/into sg** vmit vmibe) **3.** *(szöveget stb.)* beszúr; beilleszt; közbeiktat: *insert an announcement in the newspaper* közleményt tesz be az újságba

²**insert** [ˈɪnsɜːt] <fn> **1.** [U] *(szövegbe)* beszúrás; beillesztés **2.** [C] *(újságé, könyvé stb.)* melléklet

insertion [ɪnˈsɜːʃn] <fn> [C, U] **1.** *(szövegbe stb.)* beszúrás **2.** beillesztés; behelyezés; betoldás

¹**inside** [ˌɪnˈsaɪd] <elölj> **1.** *(hely)* -ba; -be; -ban; -ben; vmin belül: *inside the house* a házban ∗ *inside the country* az országon belül **2.** *(idő)* vmin belül: *inside two hours* két órán belül ∗ *inside of two hours* AmE két órán belül

²**inside** [ˌɪnˈsaɪd] <hsz> **1.** belül; benn; bent: *I shut the door but left the key inside.* Becsaptam az ajtót, de bent felejtettem a kulcsot. ∗ *Stay inside, it's raining!* Maradj bent (a házban), esik az eső! **2.** szl sitten; börtönben: *be inside* sitten van

³**inside** [ˌɪnˈsaɪd] <mn> **1.** belső: *the inside part of the fruit* a gyümölcs belső része ∗ *the inside lane* közl a külső (forgalmi) sáv **2.** bizalmas; belső: *inside information* bizalmas információ/értesülés

> Vigyázat, álbarátok!
> **inside lane** ≠ *(baloldali közlekedésű országokban)* belső sáv (= outside lane)

⁴**inside** [ˌɪnˈsaɪd] <fn> **1.** [C, ált sing] vminek a belseje: *the inside of my coat* a kabátom belseje ∗ *from the inside* belülről ∗ *on the inside* belül ∗ *I have already seen the garden of your house, but nobody has shown me the inside yet.* Már láttam a házatok kertjét, de még senki nem mutatta meg a belsejét. **2. insides** [pl] biz emésztőszervek

♦ **inside out** (ki)fordítva; belsejével kifelé *I have turned my jumper inside out.* Teljesen kifordítottam a pulcsimat. ♦ **know sg inside out** töviről hegyire ismer vmit ♦ **know sy inside out** kívül-belül ismer vkit

insider [ˌɪnˈsaɪdə] <fn> [C] bennfentes; beavatott

insidious [ɪnˈsɪdiəs] <mn> alattomos

insight [ˈɪnsaɪt] <fn> [C, U] **1.** bepillantás; betekintés (**into sg** vmibe): *gain an insight into sg* bepillantást nyer vmibe/vhová **2.** jó meglátás; éleslátás; éleselméjűség

insignificant [ˌɪnsɪgˈnɪfɪkənt] <mn> *(személy, pénzösszeg, szempont stb.)* jelentéktelen: *an insignificant sum of money* jelentéktelen/csekély (kis) összeg

insincere [ˌɪnsɪnˈsɪə] <mn> nem őszinte

insinuate [ɪnˈsɪnjueɪt] <ige> (insinuates, insinuating, insinuated) **1.** céloz(gat); utal; burkoltan állít/sejtet: *What are you trying to insinuate?* Mire próbálsz célozni? **2. insinuate oneself into sg** befurakszik; beférkőzik vmibe/vhova

insinuation [ɪnˌsɪnjuˈeɪʃn] <fn> [C, U] burkolt/rosszindulatú célzás

insipid [ɪnˈsɪpɪd] <mn> **1.** *(étel)* íztelen **2.** *(beszélgetés, személy stb.)* fád; unalmas; jellegtelen; színtelen; sótlan; lapos

insist [ɪnˈsɪst] <ige> ragaszkodik (**on/upon sg/ on/upon doing sg/that** vmihez); kitart (**on/upon sg/on/upon doing sg/that** vmi mellett): *My friend insists on going to the university.* A barátom ragaszkodik ahhoz, hogy egyetemre menjen. ∗ *I insist!* Ragaszkodom hozzá! ∗ *I insist that you are innocent.* Kitartok amellett, hogy ártatlan vagy. ∗ *Well then, if you insist.* Nem bánom, ha annyira akarod!

insistence [ɪnˈsɪstəns] <fn> [U] ragaszkodás (**on sg/on doing sg/that** vmihez)

insistent [ɪnˈsɪstənt] <mn> ragaszkodó (**on sg/ on doing sg** vmihez); rendíthetetlen: *be insistent on sg* ragaszkodik vmihez

insolence [ˈɪnsələns] <fn> [U] szemtelenség; pimaszság

insolent [ˈɪnsələnt] <mn> szemtelen; pimasz

insoluble [ɪnˈsɒljubl] <mn> **1.** *(probléma)* megoldhatatlan **2.** *(vegyszer stb.)* oldhatatlan: *insoluble in water* vízben oldhatatlan

insomnia [ɪnˈsɒmniə] <fn> [U] álmatlanság: *She suffers from insomnia.* Álmatlanságban szenved.

inspect [ɪn'spekt] <ige> **1.** ellenőriz: *inspect sy's homework* ellenőrzi vki házi feladatát **2.** ellenőriz; hivatalosan megtekint/megvizsgál: *The factory is inspected yearly.* A gyárat évente hivatalosan megtekintik.

inspection [ɪn'spekʃn] <fn> [C, U] **1.** megvizsgálás: *on closer inspection* közelebbről megvizsgálva **2.** szemle; szemrevételezés; megtekintés; *(iratokba)* betekintés

inspector [ɪn'spektə] <fn> [C] **1.** felügyelő: *police inspector* rendőrfelügyelő **2.** (jegy)ellenőr

inspiration [ˌɪnspə'reɪʃn] <fn> [C, U] **1.** ihlet; inspiráció: *be an inspiration to sy* megihlet vkit; ihletet ad vkinek **2.** ötlet

inspire [ɪn'spaɪə] <ige> (inspires, inspiring, inspired) **1. inspire sy (to sg)** ösztönöz vkit (vmire); inspirál vkit (vmire); megihlet vkit: *The rainy weather inspired me to paint.* Az esős idő ihletett festésre. * *The teacher inspired him to work harder.* A tanár keményebb munkára ösztönözte. **2. inspire sy (with sg)** eltölt vkit (vmivel)

inspired [ɪn'spaɪəd] <mn> ihletett; ihletésű; indíttatású

instability [ˌɪnstə'bɪləti] <fn> [U] ingatagság; bizonytalanság: *lead to a greater instability* nagyobb bizonytalansághoz vezet

install [ɪn'stɔːl] <ige> **1.** üzembe helyez; felszerel; bevezet; beszerel; installál; telepít: *install a new computer in the office* új számítógépet helyez üzembe az irodában * *install a virus checker* vírusfigyelőt installál **2.** elhelyez: *He installed himself in front of the TV.* Elhelyezkedett a tv előtt. **3.** beiktat (**sy as sg** vkit vmilyen tisztségbe): *He has been installed as minister.* Beiktatták lelkésznek.

installation [ˌɪnstə'leɪʃn] <fn> [C, U] **1.** *(eszközé stb.)* bevezetés; felszerelés; üzembe helyezés; installálás **2.** *(elnöké stb.)* beiktatás

installment [ɪn'stɔːlmənt] AmE → **instalment**

instalment [ɪn'stɔːlmənt] <fn> [C] **1.** részlet(fizetés): *pay for sg in/by monthly instalments* havi részletekben kell (ki)fizet vmit * *pay an instalment* részletfizetést teljesít **2.** *(filmé stb.)* folytatás: *I haven't seen the last instalment.* Nem láttam a legutóbbi folytatást./Nem láttam a legutóbbi részét.

instance ['ɪnstəns] <fn> [C] **1.** példa: *for instance* például * *Can you tell me an instance of his impolite behaviour?* Tudsz egy példát mondani az udvariatlan viselkedésére? **2.** eset: *in this instance* ebben az esetben * *in the first instance* először is; mindenekelőtt; elsősorban

¹**instant** ['ɪnstənt] <mn> **1.** azonnali; sürgős: *an instant answer* azonnali/sürgős válasz * *instant solutions* azonnali megoldások **2.** azonnal oldódó: *instant coffee* azonnal oldódó kávé; neszkávé

²**instant** ['ɪnstənt] <fn> [U] pillanat: *at that instant* abban a pillanatban * *stop crying for an instant* egy pillanatra abbahagyja a sírást * *I'll be back in an instant.* Egy pillanat alatt itt vagyok./Egy pillanaton belül visszajövök.

instant camera [ˌɪnstənt'kæmərə] <fn> [C] polaroid fényképezőgép

instant food [ˌɪnstənt'fuːd] <fn> [U] készétel

instant meal [ˌɪnstənt'miːl] <fn> [U] készétel

instant photograph [ˌɪnstənt'fəʊtəgrɑːf] <fn> [C] gyorsfénykép

instantaneous [ˌɪnstən'teɪniəs] <mn> azonnali

instantaneously [ˌɪnstən'teɪniəsli] <hsz> azonnal

instantly ['ɪnstəntli] <hsz> azonnal; rögtön: *She instantly fell asleep.* Azonnal elaludt.

instead [ɪn'sted] <hsz> helyette; inkább: *instead of me* helyettem * *instead of going to the shop* ahelyett, hogy elmenne a boltba * *If my sister can't go to the theatre, can I go instead?* Ha a nővérem nem tud elmenni a színházba, mehetek én helyette? * *We don't have any oranges. Would you like some apples instead?* Nincs narancsunk. Nem kérsz inkább almát? * *If you don't want to keep it, I'll take it instead.* Ha te nem akarod megtartani, inkább elteszem én.

instinct ['ɪnstɪŋkt] <fn> [C, U] ösztön: *act on instinct* ösztönösen cselekszik * *by instinct* ösztönösen; ösztönszerűen * *survival instinct* életösztön; a túlélés ösztöne * *trust one's instincts* az ösztöneiben bízik * *have an instinct for sg/doing sg* van érzéke vmihez

instinctive [ɪn'stɪŋktɪv] <mn> ösztönös

¹**institute** ['ɪnstɪtjuːt] <fn> [C] **1.** intézet: *research institute* kutatóintézet * *the Ornithological Institute* a Madártani Intézet **2.** intézmény: *institutes of the Red Cross* a Vöröskereszt intézményei

²**institute** ['ɪnstɪtjuːt] <ige> (institutes, instituting, instituted) **1.** *(céget stb.)* alapít **2.** bevezet; megindít: *institute an action against sy* eljárást, vizsgálatot stb.

institution [ˌɪnstɪ'tjuːʃn] <fn> [C, U] **1.** *(szervezet)* intézmény: *hospitals and other institutions* kórházak és egyéb intézmények **2.** intézet: *mental institution* elmegyógyintézet **3.** *(rendszer, szokás)* intézmény: *the institution of marriage* a házasság intézménye

instruct [ɪn'strʌkt] <ige> **1.** tanít; oktat (**sy in sg** vkit vmire): *instruct sy in the use of sg* vminek a használatára tanít vkit * *Children must be*

instruction

instructed in road safety. A gyerekeket meg kell tanítani a biztonságos közlekedésre. **2.** utasít (**sy to (do) sg** vkit vmire//vkit vminek a megtételére): *I was instructed to translate a letter.* Utasítottak, hogy fordítsak le egy levelet.
instruction [ɪn'strʌkʃn] <fn> **1.** [C] utasítás; tájékoztató: *a book of instructions//instructions for use* használati/kezelési utasítás ∗ *follow one's instructions* vkinek az utasításait követi **2.** [U] oktatás: *give swimming instruction* úszásoktatást tart **3.** [C] infor utasítás; parancs
instructive [ɪn'strʌktɪv] <mn> *(film, könyv stb.)* tanulságos; nevelő; oktató
instructor [ɪn'strʌktə] <fn> [C] **1.** oktató: *driving instructor* gépjárművezető-oktató ∗ *ski-instructor* síoktató **2.** AmE egyetemi/főiskolai oktató
instrument ['ɪnstrəmənt] <fn> [C] **1.** szerszám; műszer: *instruments to mend the washing-machine* szerszám a mosógépjavításhoz ∗ *medical instruments* orvosi műszerek **2. (musical) instrument** hangszer: *wind instrument* fúvós hangszer ∗ *play an instrument* hangszeren játszik ∗ *"What instrument do you play?" "The violin."* „Milyen hangszeren játszol?" „Hegedülök." **3.** átv eszköz
instrumental music [,ɪnstrəməntl'mjuːzɪk] <fn> [U] hangszeres zene
instrument panel [,ɪnstrəmənt'pænl] <fn> [C] műszerfal
insubordination [,ɪnsə,bɔːdɪ'neɪʃn] <fn> [U] fegyelemsértés; engedetlenség; függelemsértés
insufferable [ɪn'sʌfərəbl] <mn> *(ember)* kibírhatatlan; kiállhatatlan
insufficient [,ɪnsə'fɪʃnt] <mn> elégtelen; nem elegendő
insulate ['ɪnsjʊleɪt] <ige> (insulates, insulating, insulated) **1.** *(tetőt, vezetéket stb.)* szigetel **2.** elszigetel; elkülönít; izolál
insulating tape ['ɪnsjuleɪtɪŋ teɪp] <fn> [U] szigetelőszalag
insulation [,ɪnsjʊ'leɪʃn] <fn> [U] **1.** *(épületé, vezetéké stb.)* szigetelés **2.** szigetelőanyag
¹**insult** [ɪn'sʌlt] <ige> (meg)sért: *be insulted* sértés éri ∗ *She feels deeply insulted.* Mélyen sértve érzi magát.
²**insult** ['ɪnsʌlt] <fn> [C] (meg)sértés
♦ **add insult to injury** rátesz még egy lapáttal
insupportable [,ɪnsə'pɔːtəbl] <mn> kibírhatatlan; kiállhatatlan; elviselhetetlen
insurance [ɪn'ʃʊərəns] <fn> [U] biztosítás: *car insurance* gépjármű-biztosítás ∗ *have insurance for sg* biztosítása van vmire ∗ *insurance against fire* tűz elleni biztosítás ∗ *life insur-*

ance életbiztosítás ∗ *insurance agent/broker* biztosítási ügynök ∗ *insurance company* biztosítótársaság ∗ *insurance policy* biztosítási kötvény ∗ *take out an insurance policy* biztosítást köt ∗ *take out insurance against sg* biztosítást köt vmi ellen ∗ *take out life insurance* életbiztosítást köt ∗ *work in insurance* a biztosítás területén dolgozik
insurance certificate [ɪn'ʃʊərəns sə,tɪfɪkət] <fn> [C] gazd biztosítási kötvény/bizonylat
insurance claim [ɪn'ʃʊərəns kleɪm] <fn> [C] gazd biztosítási kárigény
insurance contract [ɪn'ʃʊərəns ,kɒntrækt] <fn> [C] gazd biztosítási szerződés
insure [ɪn'ʃʊə] <ige> (insures, insuring, insured) biztosít(ást köt) (**sy/sg against sg** vmi ellen; vmire): *insure the car against crashes* törés ellen biztosítja az autót ∗ *Our flat is insured against fire and burglary.* A lakásunkat tűz és betörés ellen biztosítottuk.
insurer [ɪn'ʃʊərə] <fn> [C] biztosító(társaság)
intact [ɪn'tækt] <mn> átv is ép; sértetlen; érintetlen
intake ['ɪnteɪk] <fn> **1.** [U, C] *(tápláléké)* felvétel: *intake of food* táplálékfelvétel; táplálkozás ∗ *daily intake of salt* napi sófelvétel **2.** [C, U] *(hallgatóké, dolgozóké)* felvettek (lét)száma: *The intake of students is smaller now.* Most kisebb a felvett hallgatók száma. **3.** [C, ált sing] *(levegőé)* vétel: *intake of breath* lélegzetvétel **4.** [C] szellőzőjárat
intangibles [ɪn'tændʒəblz] <fn> [pl] immateriális javak
integrate ['ɪntɪgreɪt] <ige> (integrates, integrating, integrated) **1.** *(csoportba stb.)* bevon; beépít; beilleszt; integrál (**sg/sy into/with sg** vmit/vkit vmibe/vhová): *Two smaller universities were integrated into one large one.* Két kisebb egyetemet integráltak egy nagy egyetemmé./Két kisebb egyetemet vontak össze egy nagy egyetemmé. **2.** beilleszkedik (**into/with sg** vmibe/vhová): *be integrated with sg* vmibe beilleszkedik **3.** AmE *(népcsoportokat)* integrál
integration [,ɪntɪ'greɪʃn] <fn> [U] **1.** beilleszkedés; integrálás; integráció: *racial integration* faji integráció **2.** egyesítés; egységbe rendezés; összevonás
intellect ['ɪntəlekt] <fn> [U] ész; értelem; intellektus; intelligencia: *a teacher of great intellect* kiemelkedően okos tanár
¹**intellectual** [,ɪntə'lektʃʊəl] <mn> **1.** észbeli; értelmi; intellektuális: *intellectual capacity* értelmi képesség ∗ *intellectual development* értelmi fejlődés **2.** szellemi: *intellectual property* szellemi tulajdon **3.** értelmiségi
²**intellectual** [,ɪntə'lektʃʊəl] <fn> [C] értelmiségi

intelligence [ɪn'telɪdʒəns] <fn> [U] **1.** intelligencia; ész; értelem; értelmesség: *a girl of average intelligence* átlagos (értelmi) képességű/intelligenciaszintű lány **2.** értesülés; hír; információ **3.** hírszerzés; titkosszolgálat: *intelligence service/agency* hírszerző szolgálat, titkosszolgálat

intelligence quotient [ɪn'telɪdʒəns kwəʊʃnt] <fn> [C] **röv IQ** intelligenciahányados

intelligence test [ɪn'telɪdʒəns test] <fn> [C] intelligenciateszt

intelligent [ɪn'telɪdʒənt] <mn> **1.** okos; értelmes **2.** intelligens

intelligentsia [ɪnˌtelɪ'dʒentsɪə] <fn> **the intelligentsia** [sing + sing/pl v] az értelmiség

intelligible [ɪn'telɪdʒəbl] <mn> érthető

intend [ɪn'tend] <ige> **1.** szándékozik; tervez (**to do sg/doing sg** vmit tenni): *I intend to study German next year.* Jövőre német szándékozom tanulni ∗ *We are intending to visit him.* Őt szándékozunk meglátogatni./Őt tervezzük meglátogatni. ∗ *That wasn't intended.* Nem volt szándékos. **2.** szán (**sg for sy** vmit vkinek): *This dress is intended for my daughter.* Ezt a ruhát a lányomnak szántam.

intense [ɪn'tens] <mn> **1.** nagyfokú; rendkívül nagy; erős: *be under intense pressure* óriási nyomás alatt van ∗ *The pain is intense.* Rendkívül nagy a fájdalom. **2.** intenzív: *requires intense concentration* intenzív koncentrációt igényel **3.** *(érzelem, személy stb.)* komoly; heves: *intense nature* heves természet

intensely [ɪn'tensli] <hsz> nagyon; rendkívül nagy mértékben; erősen

intensify [ɪn'tensɪfaɪ] <ige> (intensifies, intensifying, intensified) **1.** (fel)erősít; fokoz; elmélyít **2.** *(fájdalom, félelem, barátság stb.)* (fel)erősödik; növekszik; fokozódik

intensive [ɪn'tensɪv] <mn> **1.** erős; alapos; beható; intenzív: *intensive course* intenzív tanfolyam ∗ *an intensive search* intenzív kutatás ∗ *intensive care (unit)* (kórházban) intenzív osztály ∗ *be in intensive care* az intenzív osztályon fekszik **2.** mezőg belterjes: *intensive farming/agriculture* belterjes gazdálkodás

¹intent [ɪn'tent] <mn> **1.** érdeklődő **2. be intent (up)on sg/doing sg** elszánt; feltett szándéka, hogy…: *She is intent on going away.* Feltett szándéka, hogy elmegy. **3. be intent (up)on sg** teljesen leköti vmi; koncentrál vmire: *He is intent on his job.* Teljesen leköti a munkája.

²intent [ɪn'tent] <fn> [U] szándék; cél: *do sg with intent* szándékosan csinál vmit

♦ **to all intents and purposes** minden tekintetben; valójában

intention [ɪn'tenʃn] <fn> [C, U] szándék; cél; törekvés (**of doing sg/to do sg** vmit tenni): *have the intention of doing sg* szándékozik vmit tenni ∗ *have no intention of going away* nem szándékozik elmenni; nem áll szándékában elmenni ∗ *with the best of intentions* a legjobb szándékkal ∗ *with the intention of* azzal a szándékkal, hogy… ∗ *It was his intention to upset me.* Feltett szándéka volt, hogy felidegesítsen engem.

intentional [ɪn'tenʃnəl] <mn> szándékos

interact [ˌɪntər'ækt] <ige> egymásra hat

interaction [ˌɪntər'ækʃn] <fn> [C, U] kölcsönhatás

interactive [ˌɪntər'æktɪv] <mn> párbeszédes; interaktív

intercept [ˌɪntə'sept] <ige> **1.** feltartóztat **2.** *(levelet stb.)* elfog

¹interchange [ˌɪntə'tʃeɪndʒ] <ige> (interchanges, interchanging, interchanged) **1.** (ki)cserél; felcserél **2.** váltakozik **3.** felcserélődik

²interchange ['ɪntətʃeɪndʒ] <fn> [C, U] **1.** kicserélés: *interchange of ideas* eszmecsere **2.** közl kereszteződés; (különszintű) csomópont **3.** váltakozás

interchangeable [ˌɪntə'tʃeɪndʒəbl] <mn> felcserélhető

intercity [ˌɪntə'sɪti] <mn> városközi, (nagy)városok közötti: *intercity train* városok közötti (helyközi) expresszvonat; InterCity; IC

intercom ['ɪntəkɒm] <fn> [C] belső telefon; házi telefon

interconnect [ˌɪntəkə'nekt] <ige> összekapcsol

intercontinental [ˌɪntəkɒntɪ'nentl] <mn> interkontinentális: *intercontinental flights* interkontinentális (repülő)járatok ∗ *intercontinental ballistic missile* interkontinentális ballisztikus rakéta

intercourse ['ɪntəkɔːs] <fn> **(sexual) intercourse** [U] nemi érintkezés; közösülés

interdisciplinary [ˌɪntə'dɪsəplɪnəri] <mn> *(kutatómódszer)* komplex; tudományközi; interdiszciplináris

¹interest ['ɪntrəst] <fn> **1.** [U] érdeklődés (**in sg/sy** vmi/vki iránt): *arouse interest* felkelti az érdeklődést ∗ *listen with great interest* nagy érdeklődéssel figyel ∗ *lose interest in sg/sy* kiábrándul vmiből/vkiből ∗ *show great interest in sg* nagy érdeklődést mutat vmi iránt ∗ *take an interest in sg/sy* érdeklődik vmi/vki iránt ∗ *He has no interest in animals.* Nem érdeklik az állatok. **2.** [C] érdeklődés(i terület); hobbi: *Collecting stamps is one of his main interests.* Egyik legfőbb hobbija a bélyeggyűjtés. ∗ *His main interests are music and riding.* Őt legjobban a zene és a lovaglás érdekli. **3.** [U] érdekesség:

places of interest látnivalók; nevezetességek **4.** [C] érdek: *act entirely in one's own interest* csakis a saját érdekében cselekszik ∗ *have an interest in sg* érdeke fűződik vmihez; vmiben érdekelve van ∗ *in the interest(s) of sg* vminek az érdekében **5.** [U] *(pénzügyi)* érdekeltség **6.** [U] kamat (**on sg** vmire): *at 9% interest* 9% kamatra ∗ *get 15% interest on one's money* 15% kamatot kap a pénzére ∗ *pay interest* kamatot fizet ∗ *rate of interest* kamatláb ∗ *repay the loan with interest* kamatostul fizeti vissza a kölcsönt

²**interest** ['ɪntrəst] <ige> **1.** érdekel; felkelt érdeklődést: *be interested in sg*//*be interested in doing sg*//*be interested to do sg* érdekli vmi ∗ *those interested* érdeklődők ∗ *Politics doesn't interest him.* A politika nem érdekli. ∗ *She is especially interested in dogs.* Nagyon érdeklik a kutyák. **2.** érdekeltté tesz (**in sg**//**doing sg** vmiben)

interested ['ɪntrəstɪd] <mn> érdekelt: *consult the other interested parties* a többi érdekelt féllel konzultál

interesting ['ɪntrəstɪŋ] <mn> érdekes: *find sg interesting* érdekesnek talál vmit

interestingly ['ɪntrəstɪŋli] <hsz> érdekes módon

interface ['ɪntəfeɪs] <fn> [C] infor csatlakozási felület; interfész

interfere [ˌɪntə'fɪə] <ige> (interferes, interfering, interfered) be(le)avatkozik (**in sg** vmibe): *interfere in one's affairs* beleavatkozik vki ügyeibe ∗ *She didn't want her sister to interfere as she wanted to decide what to do.* Nem akarta, hogy a nővére beleavatkozzon/beleszóljon a dolgaiba, hisz ő akarta eldönteni, mit tegyen.

> **interfere with sg 1.** gátol; akadályoz; megzavar vmit; ütközik vmivel: *The swimming competition will interfere with her music lesson.* Az úszóverseny ütközik a zeneórájával. **2.** megpiszkál; megbolygat vmit: *He interfered with the washing machine.* (Meg-)piszkálta a mosógépet.

interference [ˌɪntə'fɪərəns] <fn> [U] **1.** beavatkozás (**in sg** vmibe) **2.** *(rádiónál, tévénél)* vételi zavar; interferencia

interim ['ɪntərɪm] <mn> ideiglenes; átmeneti

¹**interior** [ɪn'tɪəriə] <mn> **1.** belső: *interior design* belsőépítészet ∗ *interior decorator*/*designer* belsőépítész ∗ *the interior walls of the house* a ház belső falai **2.** bel(földi)

²**interior** [ɪn'tɪəriə] <fn> **1.** [C, ált sing] vminek a belseje **2. the interior** [sing] az ország belső része; belföld **3. the Department of the Interior** AmE Belügyminisztérium

interjection [ˌɪntə'dʒekʃn] <fn> [C] nyelvt indulatszó

intermediary [ˌɪntə'miːdiəri] <fn> [C] (intermediaries) *(személy, szervezet)* közvetítő

intermediate [ˌɪntə'miːdiət] <mn> **1.** közbenső; közbülső: *intermediate stage* átmeneti/közbülső stádium/szakasz **2.** középhaladó; középszintű: *an intermediate French course* középhaladó francia nyelvtanfolyam

intermission [ˌɪntə'mɪʃn] <fn> [C] *(színházban stb.)* szünet

intermittent [ˌɪntə'mɪtənt] <mn> **1.** váltakozó; időszakos **2.** megszakított; félbemaradó

internal [ɪn'tɜːnl] <mn> **1.** belső: *be for internal use*/*application* belsőleg (alkalmazható) ∗ *internal injuries* belső sérülések ∗ *internal medicine* belgyógyászat ∗ *internal walls* belső falak **2.** belföldi: *internal flight* belföldi járat ∗ *internal affairs* belügyek; belpolitika ∗ *internal trade* belkereskedelem

¹**international** [ˌɪntə'næʃnəl] <mn> nemzetközi: *international law* nemzetközi jog ∗ *International Monetary Fund (the IMF)* Nemzetközi Valutaalap ∗ *an international flight* nemzetközi (repülő)járat ∗ *international call* nemzetközi hívás ∗ *international fame* világhír ∗ *international relations* nemzetközi kapcsolatok

²**international** [ˌɪntə'næʃnəl] <fn> [C] **1.** nemzetközi sportverseny/találkozó; országok közötti válogatott mérkőzés **2.** válogatott játékos

Internet ['ɪntənet] <fn> **the Internet** [sing] internet: *access to the Internet* internet-hozzáférés ∗ *go on the Internet* fellép/felmegy az internetre ∗ *get all one's information from the Internet* minden információja az internetről származik ∗ *I read it on the Internet.* Az interneten olvastam.

internist [ɪn'tɜːnɪst] <fn> [C] AmE belgyógyász

Interpol ['ɪntəpɒl] [= International Police Commission] <fn> [sing + sing/pl v] Interpol

interpret [ɪn'tɜːprɪt] <ige> **1.** tolmácsol (**for sy** vki számára) **2.** értelmez; magyaráz (**sg as sg** vmit vhogy): *can be interpreted in several ways* többféleképpen értelmezhető **3.** előad; interpretál

interpretation [ɪnˌtɜːprɪ'teɪʃn] <fn> [C, U] **1.** tolmácsolás **2.** értelmezés **3.** zene előadás(mód); interpretáció

interpreter [ɪn'tɜːprɪtə] <fn> [C] tolmács

interrogate [ɪn'terəgeɪt] <ige> (interrogates, interrogating, interrogated) kikérdez; kihallgat; vallat

interrogation [ɪnˌterəˈgeɪʃn] <fn> [C, U] kikérdezés; kihallgatás; vallatás

¹interrogative [ˌɪntəˈrɒgətɪv] <mn> nyelvt kérdő: *an interrogative sentence* kérdő mondat

²interrogative [ˌɪntəˈrɒgətɪv] <fn> nyelvt **1.** [C] kérdőszó; kérdő névmás **2. the interrogative** [sing] kérdő mondat

interrupt [ˌɪntəˈrʌpt] <ige> **1.** félbeszakít: *interrupt sy with one's questions* kérdéseivel félbeszakít vkit **2.** megakaszt; leállít: *The car accident interrupted the traffic.* Az autóbaleset megakasztotta/leállította/megbénította (egy időre) a forgalmat/közlekedést.

interruption [ˌɪntəˈrʌpʃn] <fn> [C, U] félbeszakítás; megszakítás: *without interruption* megszakítás nélkül

intersection [ˌɪntəˈsekʃn] <fn> [C] **1.** mat metszőpont; metszés **2.** közl csomópont; útkereszteződés: *at the intersection of three roads* három út kereszteződésénél

interstate [ˈɪntərsteɪt] <mn> AmE államközi

interval [ˈɪntəvl] <fn> [C] **1.** BrE (színházban, iskolában stb.) szünet: *There will be three intervals.* Három szünet lesz. **2.** időköz; intervallum: *after an interval of two weeks* két hetes (idő)intervallum után * *at regular intervals* rendszeresen; rendszeres időközönként * *at intervals* időnként **3.** zene hangköz; intervallum

intervene [ˌɪntəˈviːn] <ige> (intervenes, intervening, intervened) **1.** (vitánál stb.) közbelép; közbeavatkozik (**in sg** vmibe) **2.** közbejön; közbeesik: *if nothing intervenes* ha semmi nem jön közbe **3.** közbenjár: *intervene on behalf of sy//intervene on sy's behalf* eljár vki érdekében

intervening [ˌɪntəˈviːnɪŋ] <mn> közbeeső: *in the intervening months* a közbeeső hónapokban

intervention [ˌɪntəˈvenʃn] <fn> [C, U] beavatkozás; közbelépés; intervenció

¹interview [ˈɪntəvjuː] <fn> [C] **1.** interjú; riport: *an interesting radio interview* érdekes rádióinterjú * *give an interview to sy* interjút ad vkinek; nyilatkozik vkinek **2.** felvételi/bemutatkozó beszélgetés/interjú: *have an interview for the job//have a job interview* állásinterjúra megy

²interview [ˈɪntəvjuː] <ige> **1.** meginterjúvol (**sy** vkit); interjút készít (**sy** vkivel) **2.** (el)beszélget; felvételi beszélgetést folytat (**sy** vkivel): *We are interviewing six candidates this morning.* Ma délelőtt hat jelölttel folytatunk felvételi beszélgetést.

interviewee [ˌɪntəvjuːˈiː] <fn> [C] **1.** riportalany **2.** (felvételi beszélgetésnél) pályázó **3.** megkérdezett személy

interviewer [ˈɪntəvjuːəl] <fn> [C] (személy) interjút készítő; interjúvoló

intestine [ɪnˈtestɪn] <fn> [C] bél: *large intestine* vastagbél * *small intestine* vékonybél

intimacy [ˈɪntɪməsɪ] <fn> [U] meghittség; bizalmasság; bensőségesség; bizalmas viszony; intimitás

intimate [ˈɪntɪmət] <mn> **1.** (barátság, kapcsolat stb.) meghitt; bizalmas; közeli; bensőséges; intim **2.** (hely légköre) meghitt; kedélyes; hangulatos; intim **3.** (tudás) alapos; pontos; megalapozott

intimidate [ɪnˈtɪmɪdeɪt] <ige> (intimidates, intimidating, intimidated) megfélemlít (**sy into sg/sy into doing sg** vkit vmivel)

intimidation [ɪnˌtɪmɪˈdeɪʃn] <fn> [U] megfélemlítés

into [ˈɪntə, magánhangzó előtt ˈɪntʊ] <elölj> **1.** -ba, -be: *go into the kitchen* bemegy a konyhába * *jump into the water* vízbe ugrik * *put the scissors into the cupboard* az ollót a konyhaszekrénybe teszi * *go into the town centre by bus* busszal megy a városközpontba **2.** (válik, alakul stb.) -vá, -vé: *Water can turn both into steam and ice as well.* A víz mind gőzzé, mind jéggé tud válni. * *This small worm will turn into a beautiful butterfly in the spring.* Ez a kis kukac tavasszal csodálatos pillangóvá válik. * *We will build the kitchen into a bathroom.* A konyhát fürdőszobává fogjuk átépíteni. **3.** (vminek) -nak, -nek; neki-: *He ran into a car with his bike.* A biciklijével egy autónak rohant. **4.** (vmilyen nyelvre) -ra, -re: *translate sg into English* angolra fordít vmit **5.** mat -val/-vel osztva: *3 into 6 is 2.* Három a hatban megvan kétszer.

intolerable [ɪnˈtɒlərəbl] <mn> elviselhetetlen

intolerance [ɪnˈtɒlərəns] <fn> [U] türelmetlenség; intolerancia

intolerant [ɪnˈtɒlərənt] <mn> türelmetlen (**of sg** vmivel szemben): *be intolerant of one's faults* nem tűri a hibáit

intoxicate [ɪnˈtɒksɪkeɪt] <ige> (intoxicates, intoxicating, intoxicated) (meg)részegít

intoxicated [ɪnˈtɒksɪkeɪtɪd] <mn> **1.** ittas; részeg: *be in an intoxicated state* alkoholos befolyásoltság állapotában van **2.** (sikertől stb.) megrészegült; megittasult; megmámorosodott (**by sg** vmitől)

intranet [ˈɪntrəˌnet] <fn> [C] infor (vállalaton belüli információs hálózat) intranet; belső hálózat

intransitive [ɪnˈtrænsətɪv] <mn> (ige) tárgyatlan

intrauterine device [ˌɪntrəjuːtəraɪn dɪˈvaɪs] <fn> [C] röv **IUD** méhen belüli fogamzásgátló eszköz; méhűri betét; (fogamzásgátló) méhhurok

intravenous [ˌɪntrəˈviːnəs] <mn> *(injekció)* intravénás

in-tray [ˈɪntreɪ] <fn> [C] BrE *(kosár/tálca a beérkező posta számára)* asztali) iratartó

¹intrigue [ɪnˈtriːg] <ige> (intrigues, intriguing, intrigued) **1.** érdekel; izgat; kíváncsivá tesz: *This film intrigues me.* Érdekel ez a film. **2.** intrikál; áskálódik (**against sy** vki ellen)

²intrigue [ˈɪntriːg] <fn> [C, U] cselszövés; áskálódás; intrika

intriguing [ɪnˈtriːgɪŋ] <mn> *(gondolat, nő stb.)* lebilincselő; érdekes

introduce [ˌɪntrəˈdjuːs] <ige> (introduces, introducing, introduced) **1.** bemutat (**to sy** vkinek): *She introduced her husband to me.* Bemutatta a férjét (nekem). **2. introduce oneself** bemutatkozik: *May I introduce myself?* Bemutatkozhatom? **3.** bevezet: *introduce stricter rules* szigorúbb szabályokat vezet be ∗ *introduce a new dictionary onto the market* új szótárt vezet be a piacra; új szótárt dob piacra ∗ *The new subject will be introduced next year in our school.* Az új tantárgyat jövőre vezetik be az iskolánkban. **4.** behoz; meghonosít **5.** indítványoz: *introduce a bill* törvényjavaslatot beterjeszt/benyújt **6.** behelyez; beilleszt; betesz **7.** *(programot, szónokot stb.)* bejelent; kihirdet

introduction [ˌɪntrəˈdʌkʃn] <fn> **1.** [C] bemutatás; bemutatkozás: *Introductions were made.* Megtörténtek a bemutatások. **2.** [C] *(könyvé)* bevezetés; bevezető rész: *the introduction at the beginning of the book* a könyv elején található bevezetés **3.** [C] *(tárgyban)* bevezetés: *introduction to phonetics* bevezetés a fonetikába **4.** [U] *(módszeré, orvosságé, új terméké stb.)* bevezetés: *the introduction of the new law* az új törvény bevezetése

introductory [ˌɪntrəˈdʌktəri] <mn> *(rész)* bevezető

intrude [ɪnˈtruːd] <ige> (intrudes, intruding, intruded) **1.** zavar; zaklat (**on/upon sy** vkit): *Are we intruding?* Zavarunk? **2.** be(le)avatkozik (**in/into sg** vmibe): *intrude into a conversation* be(le)avatkozik a beszélgetésbe **3.** behatol; befurakodik; betolakodik (**on/upon sg** vhová)

intruder [ɪnˈtruːdə] <fn> [C] betolakodó

intrusion [ɪnˈtruːʒn] <fn> [C, U] betolakodás (**into/on/upon sg** vhová)

intrusive [ɪnˈtruːsɪv] <mn> (be)tolakodó

intuition [ˌɪntjuːˈɪʃn] <fn> [C, U] ösztönös megérzés; intuíció: *know sg by intuition* ösztönösen tud vmit

inundate [ˈɪnʌndeɪt] <ige> (inundates, inundating, inundated) átv is eláraszt: *be inundated with sg* rázúdul vmi; el van árasztva vmivel

invade [ɪnˈveɪd] <ige> (invades, invading, invaded) *(országot ellenség stb.)* megszáll; lerohan; megrohan; elözönöl: *invade the country with tanks* tankokkal rohanja le az országot

invader [ɪnˈveɪdə] <fn> [C] támadó; betolakodó; megszálló

¹invalid [ɪnˈvælɪd] <mn> *(menetjegy, szerződés stb.)* érvénytelen: *sy's passport is invalid* útlevele lejárt

²invalid [ˈɪnvəlɪd] <fn> [C] orv *(ember)* beteg; gyengélkedő; testi fogyatékos; rokkant; invalidus

invaluable [ɪnˈvæljuəbl] <mn> *(ékszer, segítség)* felbecsülhetetlen (értékű): *be invaluable to sy* felbecsülhetetlen értékű vki számára

invariable [ɪnˈveəriəbl] <mn> változ(hat)atlan; állandó

invasion [ɪnˈveɪʒn] <fn> [C, U] megszállás; lerohanás; benyomulás; (ellenséges) betörés; invázió

invent [ɪnˈvent] <ige> **1.** feltalál: *Bell invented the telephone.* Bell találta fel a telefont. **2.** kitalál: *invent a story* kitalál egy történetet

invention [ɪnˈvenʃn] <fn> **1.** [C] találmány **2.** [U] feltalálás; kiagyalás: *the invention of this machine* ennek a gépnek a feltalálása **3.** [C, U] koholmány

inventive [ɪnˈventɪv] <mn> leleményes; ötletes; találékony

inventor [ɪnˈventə] <fn> [C] feltaláló

inventory [ˈɪnvəntri] <fn> [C] (inventories) leltár: *make an inventory of sg* leltárba vesz vmit

inverse [ˌɪnˈvɜːs] <mn> fordított: *in inverse order* fordított sorrendben ∗ *in inverse proportion* mat fordított arányban

inverted commas [ɪnˌvɜːtɪd ˈkɒməz] <fn> [pl] idézőjel(ek): *put sg in inverted commas* idézőjelbe tesz vmit

invest [ɪnˈvest] <ige> **1.** *(pénzt)* befektet; beruház (**in sg** vmibe): *invest money in the new flat* pénzt fektet (be) az új lakásba **2.** *(energiát, időt stb.)* (be)fektet; beleöl; szentel: *invest a lot of time in the business* rengeteg időt öl bele az üzletbe

investigate [ɪnˈvestɪgeɪt] <ige> (investigates, investigating, investigated) megvizsgál; kivizsgál; nyomoz: *investigating committee* vizsgálóbizottság

investigation [ɪnˌvestɪˈgeɪʃn] <fn> [C, U] vizsgálat; nyomozás; kutatás: *sg is under investigation* vizsgálatot folytatnak vminek a tárgyában * *She is under investigation.* Vizsgálatot folytatnak ellene.

investment [ɪnˈvestmənt] <fn> **1.** [C, U] befektetés; beruházás (**in sg** vmibe): *investment in new technology* befektetés az új technológiába * *the investments of foreign capital* a külföldi tőke beruházásai **2.** [C] átv befektetés: *This course is a good investment for your career.* Ez a tanfolyam jó befektetés a karriered szempontjából. **3.** [C] érdekeltség; részesedés

investor [ɪnˈvestə] <fn> [C] beruházó; befektető; invesztor

invigorating [ɪnˈvɪɡəreɪtɪŋ] <mn> *(levegő, séta stb.)* erősítő; élénkítő; frissítő

invincible [ɪnˈvɪnsəbl] <mn> legyőzhetetlen

invisible [ɪnˈvɪzəbl] <mn> láthatatlan

invitation [ˌɪnvɪˈteɪʃn] <fn> **1.** [U] meghívás: *a letter of invitation* meghívólevél * *at the invitation of XY* XY meghívására **2.** [C] meghívó: *admission by written invitation only* belépés csak írásos meghívóval * *a wedding invitation* esküvői meghívó * *I got an invitation to the celebration.* Meghívót kaptam az ünnepségre. **3.** [C] felkérés: *I received an invitation to sing at the party.* Kaptam egy felkérést, hogy énekeljek az összejövetelen.

invite [ɪnˈvaɪt] <ige> (invites, inviting, invited) **1.** meghív (**sy to sg**/**sy swhere** vkit vmire//vkit vhova): *invite twenty people to the party* húsz embert hív meg a születésnapi bulira * *I haven't been invited.* Nem hívtak meg. **2.** felkér; felszólít (**to do sg** vmire): *She has been invited to write a novel for the President's birthday.* Felkérték, hogy írjon egy regényt az elnök születésnapjára. **3.** kihív; előidéz; kivált; provokál

inviting [ɪnˈvaɪtɪŋ] <mn> csábító; vonzó

in-vitro fertilization [ɪnˌviːtrəʊ fɜːtəlaɪˈzeɪʃn] <fn> [C] mesterséges megtermékenyítés

¹**invoice** [ˈɪnvɔɪs] <fn> [C] számla: *an invoice for $300* egy 300$-os számla * *settle the invoice* kiegyenlíti a számlát

²**invoice** [ˈɪnvɔɪs] <ige> (invoices, invoicing, invoiced) számlát küld (**sy for sg** vkinek vmiről); számláz (**sg to sy** vkinek vmit)

invoicing [ˈɪnvɔɪsɪŋ] <fn> [U] gazd számlázás

involuntary [ɪnˈvɒləntəri] <mn> *(kiáltás, mozdulat, nevetés stb.)* önkéntelen; akaratlan

involve [ɪnˈvɒlv] <ige> (involves, involving, involved) **1.** bevon (**sy in sg** vkit vmibe): *They were involved in the game.* Bevonták őket a játékba. **2.** maga után von; jár vmivel; magába foglal; magával hoz: *The new job involves travelling a lot.* Az új állás sok utazással jár. **3.** belekever; belevon; belebonyolít (**sy in sg**/**/sy in doing sg** vkit vmibe//vkit vminek a megtételébe): *get involved in an accident* balesetbe keveredik **4.** érint; illet: *the persons involved* az érintettek * *This problem involves us all.* Ez a probléma mindannyiunkat érint.

involved [ɪnˈvɒlvd] <mn> **1.** érintett; érdekelt **2.** bonyodalmas

involvement [ɪnˈvɒlvmənt] <fn> [C, U] érintettség; érdekeltség; belekever(ed)és; bonyodalom

¹**inward** [ˈɪnwəd] <mn> **1.** belső; benső: *inward thoughts* belső gondolatok **2.** befelé tartó **3.** bensőséges; lelki: *inward peace* lelki béke

²**inward(s)** [ˈɪnwəd(z)] <hsz> befelé

inwardly [ˈɪnwədli] <hsz> **1.** belsőleg; belül **2.** benn **3.** titokban; csendben

iodine [ˈaɪədiːn] <fn> [U] jód

IQ [ˌaɪˈkjuː] [= intelligence quotient] <fn> [C] IQ (= intelligenciahányados): *have a low/ high IQ* alacsony/magas az IQ-ja * *IQ test* IQ-teszt

Iran [ɪˈrɑːn] <fn> Irán

¹**Iranian** [ɪˈreɪniən] <mn> iráni

²**Iranian** [ɪˈreɪniən] <fn> [C] *(személy)* iráni

Iraq [ɪˈrɑːk] <fn> Irak

¹**Iraqi** [ɪˈrɑːki] <mn> iraki

²**Iraqi** [ɪˈrɑːki] <fn> [C] *(személy)* iraki

irascible [ɪˈræsəbl] <mn> hirtelen haragú; pukkancs

irate [aɪˈreɪt] <mn> dühös

Ireland [ˈaɪələnd] <fn> Írország

→ Lásd a Tartalomjegyzékben a Tematikus rajzokat!

iris [ˈaɪrɪs] <fn> [C] **1.** növ írisz **2.** orv szivárványhártya; írisz

¹**Irish** [ˈaɪrɪʃ] <mn> ír: *Irish music* ír zene * *Irish coffee* (kávé tejszínnel és whiskyvel) ír kávé

²**Irish** [ˈaɪrɪʃ] <fn> **1. the Irish** [pl] az írek; az ír nép **2.** [U] *(nyelv)* ír

Irishman [ˈaɪrɪʃmən] <fn> [C] (Irishmen) *(ember, férfi)* ír

Irishwoman [ˈaɪrɪʃˌwʊmən] <fn> [C] (Irishwomen) ír nő

irksome [ˈɜːksəm] <mn> *(munka)*; fárasztó; terhes; megterhelő; *(helyzet)* kellemetlen

¹**iron** [ˈaɪən] <fn> **1.** [U] vas: *an iron gate* vaskapu * *iron lung* vastüdő * *It is made of iron.* Vasból készült. * *The hammer has an iron top.* A kalapácsnak vasból van a feje. **2.** [C] vasaló: *steam iron* gőzölős vasaló **3. irons** [pl] bilincs

♦ **have too many irons in the fire** több vasat tart a tűzben ♦ **strike while the iron is hot** addig üsd a vasat, amíg meleg

²**iron** ['aɪən] <ige> (ki)vasal: *do the ironing* vasal * *The shirt has been ironed.* Az inget kivasalták.

---
iron sg out *(ruhát)* kivasal
iron out sg *(nehézségeket)* elsimít; áthidal

Iron Curtain [,aɪən'kɜ:tn] <fn> **the Iron Curtain** [sing] tört vasfüggöny
ironic(al) [aɪ'rɒnɪk(l)] <mn> gúnyos; ironikus: *an ironic smile* ironikus mosoly
ironically [aɪ'rɒnɪkli] <hsz> ironikusan; gúnyosan: *He smiled ironically.* Ironikusan mosolygott.
irony ['aɪrəni] <fn> [U] irónia; gúny
irradiate [ɪ'reɪdieɪt] <ige> (irradiates, irradiating, irradiated) **1.** orv besugároz; sugárral kezel **2.** megvilágít; beragyog **3.** érthetővé tesz
irradiated [ɪ'reɪdieɪtɪd] <mn> *(étel stb.)* sugárkezelt
irrational [ɪ'ræʃnəl] <mn> ésszerűtlen; értelmetlen; irracionális
irregular [ɪ'regjulə] <mn> **1.** rendszertelen: *irregular visits* rendszertelen látogatások **2.** szabálytalan; egyenetlen: *irregular handwriting* egyenetlen kézírás **3.** nyelvt rendhagyó: *irregular verb* rendhagyó ige
irregularity [ɪ,regju'lærəti] <fn> [C, U] **1.** szabálytalanság; egyenetlenség **2.** rendellenesség
irrelevant [ɪ'reləvənt] <mn> **1.** lényegtelen; jelentéktelen **2.** irreleváns
irreparable [ɪ'repərəbl] <mn> jóvátehetetlen; helyrehozhatatlan; pótolhatatlan
irreplaceable [,ɪrɪ'pleɪsəbəl] <mn> pótolhatatlan
irresistible [,ɪrɪ'zɪstəbl] <mn> ellenállhatatlan: *have an irresistible desire to do sg* ellenállhatatlan vágyat érez vmire
irrespective of [ɪrɪ'spektɪv əv] <elölj> tekintet nélkül; függetlenül: *Everyone is treated equally, irrespective of age.* Mindenkivel egyenlően bánnak, függetlenül a korától.
irresponsibility [,ɪrɪ,spɒnsə'bɪləti] <fn> [U] felelőtlenség; meggondolatlanság
irresponsible [,ɪrɪ'spɒnsəbl] <mn> felelőtlen; komolytalan; meggondolatlan: *irresponsible parents* felelőtlen szülők
irreversible [,ɪrɪ'vɜ:səbl] <mn> visszafordíthatatlan
irritable ['ɪrɪtəbl] <mn> ingerlékeny; érzékeny
irritate ['ɪrɪteɪt] <ige> (irritates, irritating, irritated) **1.** (fel)bosszant; (fel)ingerel; (fel)idegesít **2.** *(szemet, bőrt stb.)* ingerel; izgat; irritál
irritating ['ɪrɪteɪtɪŋ] <mn> *(ember, viselkedés stb.)* idegesítő; zavaró; bosszantó: *an irritating voice* idegesítő hang
irritation [,ɪrɪ'teɪʃn] <fn> [C, U] **1.** ingerültség; bosszúság **2.** ingerlés; irritálás
is [ɪz] → **be**
Islam ['ɪzlɑ:m] <fn> [U] iszlám
Islamic [ɪz'læmɪk] <mn> iszlám; mohamedán
island ['aɪlənd] <fn> [C] **1.** sziget **2.** **(traffic) island** járdasziget
islander ['aɪləndə] <fn> [C] szigetlakó
isle [aɪl] <fn> [C] sziget: *the Isle of Arran* Arran szigete * *the British Isles* a brit szigetek
isn't ['ɪznt] [= is not] → **be**
isolate ['aɪsəleɪt] <ige> (isolates, isolating, isolated) elszigetel; elkülönít (**sy/sg from sy/sg** vkit/vmit vkitől/vmitől)
isolated ['aɪsəleɪtɪd] <mn> **1.** elszigetelt; különálló; izolált: *isolated case* egyedi eset **2.** *(puszta stb.)* félreeső; távoli
isolation [,aɪsə'leɪʃn] <fn> [U] **1.** elszigetelés; elkülönítés; izoláció: *isolation ward* orv *(kórházban)* fertőző osztály **2.** elszigetelődés; magány; visszavonultság; elzárkózás: *live in isolation* visszavonultan él
isotope ['aɪsətəʊp] <fn> [C] fiz, kém izotóp
Israel ['ɪzreɪl] <fn> Izrael
¹**Israeli** [ɪz'reɪli] <mn> izraeli
²**Israeli** [ɪz'reɪli] <fn> [C] *(személy)* izraeli; Izraelből való
¹**issue** ['ɪʃu:] <fn> **1.** [C] kérdés; téma; probléma; ügy; vitapont; fejlemény: *face the issue* szembenéz a tényekkel * *raise an issue* felvet egy kérdést/gondolatot * *political issues* politikai kérdések/ügyek/problémák * *the matter/point at issue* a szóban forgó kérdés **2.** [C] *(folyóiraté, napilapé)* kiadvány; szám; példány: *the March issue* a márciusi szám * *the last week's issue* a múlt heti szám **3.** [U] *(könyvé stb.)* kiadás; *(bankjegyé stb.)* kibocsátás: *buy stamps on the day of issue* a kibocsátás napján vásárol bélyegeket

♦ **be at issue** a kérdés az… ♦ **bring sg to an issue** befejez egy ügyet; lezár egy kérdést ♦ **force the issue** kierőszakolja a döntést ♦ **join/take issue with sy on/about sg** vitába száll vkivel vmit illetően ♦ **make an issue out of sg** ügyet csinál vmiből

²**issue** ['ɪʃu:] <ige> (issues, issuing, issued) **1.** kioszt (**sg to sy** vmit vkinek) **2.** *(könyvet stb.)* kiad; megjelentet; *(bélyeget stb.)* kibocsát **3.** *(jegyet, útlevelet stb.)* kiad **4.** ellát; felszerel (**sy with sg** vkit vmivel): *We were issued with pencils.* Ceruzákkal láttak el bennünket.

---
issue from sg vmiből/vhonnan ered
issue in sg vmire vezet; vmit eredményez
---

it [ɪt] <névm> **1.** *(már említett dologra, állatra vonatkozóan)* az; azt; ő; őt; annak; neki: *Where is my book? I can't find it anywhere.* Hol a könyvem? Nem találom (azt) sehol. * *I bought a new coat – it's on the table.* Vettem egy új kabátot – (az) az asztalon van. **2.** *(az ige alanyaként időjárással, távolsággal, idővel, dátummal, bizonyos helyzetekkel stb. kapcsolatos mondatokban)*: *it is impossible for him to do sg* lehetetlen megtennie vmit * *It's eight o'clock.* Nyolc óra van. * *It's time to go home.* (Itt az) Ideje hazamenni. * *It's too cold today.* Túl hideg van ma. * *It'll be Monday tomorrow.* Holnap hétfő lesz. * *It's nice of you to come.* Szép tőled, hogy eljössz. **3.** *(az ige alanyaként vagy tárgyaként, ha a főige alanya vagy tárgya a mondat végén található)*: *We found it strange that he didn't want to sing.* Furcsának találtuk, hogy nem akart énekelni. * *It's difficult to get a job nowadays.* Manapság nehéz dolog állást szerezni. **4.** *(magzat, csecsemő megnevezésére, ha nem tudjuk a nemét)*: *She is going to have a baby, and she hopes it will be a girl.* Kisbabát vár, és reméli, lány lesz. **5.** *(személy meghatározására, annak kiemelésére, akiről vagy amiről beszélünk)*: *"Who is at the gate?" "It's me."* „Ki van a kapunál?" „Én vagyok (az). **6.** *(vkinek az életére vagy bizonyos helyzetekre vonatkozóan)*: *What's it like at seaside these days?* Milyen az élet a tengerparton manapság?
♦ *That's it!* 1. Ez az! 2. Ebből elég volt!
¹**Italian** [ɪˈtæljən] <mn> olasz: *the Italian people* az olaszok
²**Italian** [ɪˈtæljən] <fn> **1.** [C] *(személy)* olasz: *the Italians* az olaszok **2.** [U] *(nyelv)* olasz: *speak/learn Italian* olaszul beszél/tanul * *It's in Italian.* Olaszul van.
italics [ɪˈtælɪks] <fn> [pl] dőlt/kurzív betű/szedés: *printed in italics* kurzívval szedték; dőlt betűvel szedték
Italy [ˈɪtəlɪ] <fn> Olaszország
¹**itch** [ɪtʃ] <ige> **1.** viszket: *My skin is itching.* Viszket a bőröm. **2.** **itch for sg//itch to do sg** biz fáj a foga vmire; türelmetlenül vágyódik vmire
²**itch** [ɪtʃ] <fn> **1.** [C, ált sing] viszketés **2.** [sing] vágyódás vmire: *have an itch for sg//have an itch to do sg* ég a vágytól, hogy… (vmit megtegyen)
itchy [ˈɪtʃɪ] <mn> (itchier, itchiest) **1.** viszket(ős): *I feel itchy all over.* Mindenhol viszketek. **2.** *(pulóver stb.)* szúrós; érdes; viszketést okoz
it'd [ˈɪtəd] **1.** [= it had] → **have 2.** [= it would] → **would**
item [ˈaɪtəm] <fn> [C] **1.** tétel; adat; (program-)pont; *(műsoré)* szám; tárgy; dolog: *the first item to be discussed* az első megtárgyalandó (program)pont * *item number* tételszám * *item [C] a c)* pont **2.** (áru)cikk **3.** hír; közlemény; *(újságban, tévében stb.)* újságcikk
itinerary [aɪˈtɪnrərɪ] <fn> [C] (itineraries) **1.** útiterv; úti program **2.** útvonal
it'll [ˈɪtl] **1.** [= it will] → **will 2.** [= it shall] → **shall**
its [ɪts] <det> (annak a/az) …-a, …-e, …-ja, …-je: *I gave the dog its bone.* Odaadtam a kutyának a csontját. * *I took my car to the service – its motor doesn't work.* Szervizbe vittem az autómat – a motorja nem működik. * *Our town has its biggest house on the top of the hill.* Városunk legnagyobb háza a hegytetőn áll.
it's [ɪts] **1.** [= it is] → **be 2.** [= it has] → **have**
itself [ɪtˈself] <névm> **1.** *(őt/azt)* magát: *My dog hurt itself yesterday.* A kutyám tegnap megsebesítette magát./A kutyám tegnap megsérült. * *The cat was washing itself.* A macska mosakodott **2.** *(ő/az)* maga; önmaga: *all by itself* teljesen egyedül; önmagában * *in itself* önmagában; egymagában véve * *The hospital itself was clean and pleasant (but…)* Maga a kórház tiszta és kellemes volt, (de…)
I've [aɪv] [= I have] → **have**
ivory [ˈaɪvərɪ] <fn> [U] elefántcsont
ivy [ˈaɪvɪ] <fn> [U, C] (ivies) borostyán

J, j

J, j [dʒeɪ] <fn> [C, U] (Js, J's, j's) *(betű)* J; j

¹jab [dʒæb] <ige> (jabs, jabbing, jabbed) döf; üt

²jab [dʒæb] <fn> [C] **1.** döfés; ütés **2.** biz BrE injekció; szuri

jabber ['dʒæbə] <ige> fecseg; csacsog; hadar

¹jack [dʒæk] <fn> [C] **1.** (autó)emelő: *I keep a jack in my car.* Tartok egy autóemelőt az autómban. **2.** csatlakozó(dugó); jack csatlakozó: *There is a jack behind the fridge.* A hűtő mögött van egy csatlakozó(dugó). **3.** *(kártyában)* bubi

²jack [dʒæk] <ige> biz BrE

> **jack sg in** abbahagy vmit; hagy vmit a fenébe
>
> **jack sg up 1.** *(emelővel)* felemel vmit **2.** biz *(árakat)* felemel

jackdaw ['dʒækdɔː] <fn> [C] csóka

jacket ['dʒækɪt] <fn> [C] kabát; zakó; dzseki

jacket potato [,dʒækɪtpə'teɪtəʊ] <fn> [C] héjában főtt burgonya

¹jack-knife ['dʒæknaɪf] <fn> [C] (jack-knives) bicska; zsebkés

²jack-knife ['dʒæknaɪf] <ige> *(csuklós jármű)* összecsukódik; bebicskázik

jackpot ['dʒækpɒt] <fn> **the jackpot** [sing] főnyeremény; telitalálat: *hit the jackpot* megüti a főnyereményt

jade [dʒeɪd] <fn> [U] zöld nefrit; jade

jaded ['dʒeɪdɪd] <mn> holtfáradt; elcsigázott; eltompult

jagged ['dʒægɪd] <mn> egyenetlen; csipkézett; szaggatott

jaguar ['dʒægjʊə] <fn> [C] jaguár

¹jail [dʒeɪl] <fn> [C, U] börtön

²jail [dʒeɪl] <ige> bebörtönöz; bezár: *He was jailed for robbery.* Bebörtönözték rablásért.

jailer ['dʒeɪlə] <fn> [C] börtönőr

¹jam [dʒæm] <fn> **1.** [U] lekvár; dzsem: *a jar of strawberry jam* egy üveg eperlekvár/-dzsem **2.** [C] torlódás; zsúfoltság; (forgalmi) dugó: *They were stuck in a traffic jam.* (Közlekedési) dugóban ragadtak. **3.** [C] biz baj; kellemetlen helyzet: *be in a jam* kellemetlen helyzetben van; pácban van

²jam [dʒæm] <ige> (jams, jamming, jammed) **1.** zsúfol; présel; gyömöszöl: *I jammed my jumper into a small bag.* Egy kis táskába gyömöszöltem a pulóveremet. **2.** *(forgalmat)* eltorlaszol; megakaszt **3.** beszorul; megakad; elakad: *The paper always jams in the machine.* A papír mindig beszorul a gépbe. **4.** *(rádióadást)* zavar

Jan. [= January] jan. (= január)

¹jangle ['dʒæŋgl] <ige> **1.** csörög; csörömpöl; zörög **2.** csörget; zörget

²jangle ['dʒæŋgl] <fn> [ált sing] csörgés; csörömpölés

January ['dʒænjʊərɪ] <fn> [C, U] (Januaries) röv **Jan.** január

Japan [dʒə'pæn] <fn> Japán

¹Japanese [,dʒæpə'niːz] <mn> japán

²Japanese [,dʒæpə'niːz] <fn> **1.** [C] *(személy)* japán **2.** [U] *(nyelv)* japán

¹jar [dʒɑː] <fn> [C] **1.** (befőttes)üveg **2.** *(mennyiség)* üveg: *I made a jar of strawberry jam.* Készítettem egy üveg eperlekvárt/-dzsemet.

²jar [dʒɑː] <ige> (jars, jarring, jarred) **1.** megüt; megsért; meglök; megráz: *He jarred his back.* Megütötte a hátát. **2.** fülsértő hangot ad; irritál; sért: *The harsh colours jarred the eye.* Az élénk színek sértették a szemet. **3.** más véleményen van; ellenkezik (**with** vmivel) **4.** élesen elüt (**with** vmitől)

jargon ['dʒɑːgən] <fn> [U] zsargon; szakmai nyelv; csoportnyelv: *medical jargon* orvosi nyelv

jaundice ['dʒɔːndɪs] <fn> [U] sárgaság

javelin ['dʒævlɪn] <fn> **1.** [C] gerely; dárda **2. the javelin** [sing] sp gerelyhajítás: *He won a gold medal in the javelin.* Gerelyhajításban aranyérmet nyert.

¹jaw [dʒɔː] <fn> **1.** [C] állkapocs **2. jaws** [pl] *(állaté)* száj; pofa **3. jaws** [pl] tátongó nyílás **4. jaws** [pl] satupofa **5.** [sing] biz szövegelés; duma; pofázás

²jaw [dʒɔː] <ige> biz *(hosszasan)* szövegel; pofázik

jawbone ['dʒɔːbəʊn] <fn> [C] állkapocs(csont)

jay [dʒeɪ] <fn> [C] *(madár)* szajkó

jaywalking ['dʒeɪˌwɔːkɪŋ] <fn> [U] biz *(gyalogosé)* figyelmetlen/vigyázatlan közlekedés

¹jazz [dʒæz] <fn> [U] zene dzsessz

²jazz [dʒæz] <ige>

> **jazz sg up** biz (fel)élénkít; feldob; derűsebbé tesz vmit

jealous ['dʒeləs] <mn> **1.** féltékeny (**of sy** vkire): *He is jealous of his best friend.* Féltékeny a legjobb barátjára. **2.** irigy (**of sg** vmire): *I am jealous of your red jumper.* Irigylem a piros pulóveredet. **3.** gyanakvó

jealousy ['dʒeləsı] <fn> [C, U] (jealousies) féltékenység

jeans [dʒi:nz] <fn> [pl] farmer(nadrág)

jeep [dʒi:p] <fn> [C] dzsip; terepjáró

¹jeer [dʒıə] <ige> **1.** kigúnyol (**at sy** vkit) **2.** kifütyül; lehurrog (**at sy** vkit)

²jeer [dʒıə] <fn> [C, ált pl] gúnyolódás

jelly ['dʒelı] <fn> [C, U] (jellies) **1.** kocsonya; aszpik **2.** AmE (gyümölcs)zselé; gyümölcskocsonya; dzsem: *raspberry jelly* eperzselé
 ♦ **turn to jelly** reszket(ni kezd), mint a kocsonya

jellyfish ['dʒelıfıʃ] <fn> [C] (jellyfish) medúza

jelly shoe ['dʒeli ʃu] <fn> [C] műanyag strandcipő

jeopardise ['dʒepədaız] → **jeopardize**

jeopardize ['dʒepədaız] <ige> veszélyeztet; kockáztat

jeopardy ['dʒepədı] <fn>
 ♦ **in jeopardy** (élet)veszélyben

¹jerk [dʒɜ:k] <ige> **1.** (meg)ránt; (meg)lök; taszít **2.** (meg)rándul; zökken **3.** ráng(atózik)

²jerk [dʒɜ:k] <fn> [C] **1.** rántás; lökés; taszítás **2.** rándulás; zökkenés; (meg)rázkódás **3.** rángatózás **4.** szl AmE seggfej

jerky ['dʒɜ:kı] <mn> (jerkier, jerkiest) rázkódó; döcögős; szaggatott

jersey ['dʒɜ:zı] <fn> **1.** [U] *(anyag)* dzsörzé **2.** [C] pulóver **3.** [C] sp mez

¹jest [dʒest] <fn> [C] tréfa; móka; viccelődés: *in jest* tréfából

²jest [dʒest] <ige> mókázik; tréfálkozik; viccelődik

Jesus ['dʒi:zəs] <fn> Jézus

jet [dʒet] <fn> [C] **1.** sugárhajtású (repülő)gép **2.** (víz-/gőz-/gáz)sugár: *a jet of water* vízsugár **3.** fúvóka; kiáramlónyílás **4.** gázégő

jet-black [,dʒet'blæk] <mn> koromfekete

jet engine [,dʒet'endʒın] <fn> [C] sugárhajtómű

jet set ['dʒet set] <fn> **the jet set** [sing] világjáró gazdagok

jetty ['dʒetı] <fn> [C] (jetties) móló; stég

Jew [dʒu:] <fn> [C] zsidó

jewel ['dʒu:əl] <fn> **1.** [C] ékkő; drágakő **2.** **jewels** [pl] ékszer(ek)

jeweler ['dʒu:ələr] AmE → **jeweller**

jeweller ['dʒu:ələ] <fn> [C] **1.** ékszerész **2.** **jeweller's** ékszerbolt

jewellery ['dʒu:əlrı] <fn> [U] ékszerek

jewelry ['dʒu:əlrı] AmE → **jewellery**

Jewish ['dʒu:ıʃ] <mn> zsidó

jiffy ['dʒıfı] <fn> [ált sing] biz pillanat: *in a jiffy* egy szempillantás alatt

¹jig [dʒıg] <fn> [C] *(tánc)* dzsigg

²jig [dʒıg] <ige> (jigs, jigging, jigged) **1.** dzsiggel **2.** ugrándozik: *Please stop jigging around.* Kérlek, ne ugrándozz!

jiggle ['dʒıgl] <ige> biz **1.** ugrál; ingadozik; himbálódzik **2.** himbál; rázogat

jigsaw ['dʒıgsɔ:] <fn> [C] kirakójáték; mozaikjáték; puzzle

jigsaw puzzle ['dʒıgsɔ:,pʌzl] <fn> [C] kirakójáték; mozaikjáték; puzzle

¹jingle ['dʒıŋgl] <fn> **1.** [sing] csilingelés; csörgés **2.** [C] *(reklámokban, a rádióban, tévében)* zenei szignál

²jingle ['dʒıŋgl] <ige> **1.** csilingel; csörög **2.** csörget

jinx [dʒıŋks] <fn> [sing] biz átok; balszerencsét hozó személy/dolog: *put a jinx on sg* elátkoz vmit

jinxed [dʒıŋkst] <mn> elátkozott

jitters ['dʒıtəz] <fn> **the jitters** [pl] biz cidrizés; izgulás: *have the jitters* be van gyulladva

jittery ['dʒıtərı] <mn> biz beijedt; begyulladt; ideges

Jnr [= junior] ifj. (= ifjabb)

job [dʒɒb] <fn> [C] **1.** munka; állás; foglalkozás: *look for a job* állást keres * *apply for a job* állásra jelentkezik * *lose one's job* elveszti az állását **2.** munka; feladat; tennivaló: *I have got a lot of jobs to do in the afternoon.* Délután rengeteg dolgom lesz. * *She does all the jobs in the garden.* Minden munkát elvégez a kertben.
 ♦ **be on the job** el van foglalva; dolgozik
 ♦ **be out of job** nincs állása; munkanélküli
 ♦ **do a good/great job (on sg)** kiváló/nagyszerű munkát végez (vmivel kapcsolatban) ♦ **it's a good job** szerencse, hogy…
 ♦ **make a good job of sg** jól megcsinál vmit; jó munkát végez

jobcentre ['dʒɒb,sentə] <fn> [C] munkaközvetítő; álláshirdető

¹jobless ['dʒɒbləs] <mn> munkanélküli; állás nélküli

²jobless ['dʒɒbləs] <fn> **the jobless** [pl] a munkanélküliek

jockey ['dʒɒkı] <fn> [C] zsoké; lovas

jocular ['dʒɒkjələ] <mn> tréfás; vidám; víg

¹jog [dʒɒg] <ige> (jogs, jogging, jogged) **1.** (lassan) fut; kocog: *I jog round the park every day.* Minden nap körbekocogom a parkot. **2.** meglök; megbök: *Suddenly he jogged my elbow, therefore I spoiled my letter.* Hirtelen meglökte a könyökömet, ezért elrontottam a levelemet. **3.** *(lassan, rázkódva)* elmegy; továbbmegy

²**jog** [dʒɒg] <fn> [sing] kocogás: *go for a jog* kocogni megy
jogger ['dʒɒgə] <fn> [C] kocogó
¹**join** [dʒɔɪn] <ige> **1.** csatlakozik (**sy/sg** vkihez/vmihez); belép vhova: *join the company* belép a cégbe * *Join us.* Tarts velünk! * *Will you join us for lunch?* Csatlakozol hozzánk ebédre? **2.** (össze)kapcsol; (össze)illeszt; (össze)köt; egyesít: *This bridge joins the two towns.* Ez a híd összeköti a két várost. **3.** beletorkollik; be(le)csatlakozik; be(le)kapcsolódik (**sg** vmibe): *This road joins the motorway.* Ez az út becsatlakozik az autópályába.

join in sg részt vesz vmiben; csatlakozik vmihez
join together összerak; egyesít
join up bevonul; katonának megy

²**join** [dʒɔɪn] <fn> [C] illesztési pont; (össze)illesztés
joiner ['dʒɔɪnə] <fn> [C] asztalos
¹**joint** [dʒɔɪnt] <fn> [C] **1.** ízület: *a knee joint* térdízület **2.** egybesült hús: *a joint of beef* egybesült marhahús **3.** csatlakozás; illesztés **4.** szl lebuj, csehó **5.** szl kábítószeres cigaretta
²**joint** [dʒɔɪnt] <mn> közös; együttes: *a joint birthday party* közös szülinapi buli * *joint account* közös számla * *joint venture* vegyes vállalat
³**joint** [dʒɔɪnt] <ige> **1.** összeköt; összeilleszt **2.** *(húst főzés előtt)* ízekre bont; felvág
¹**joke** [dʒəʊk] <fn> [C] vicc; tréfa; móka: *tell sy a joke* viccet mesél vkinek
  ♦ **crack a joke** elsüt egy viccet; tréfálkozik
  ♦ **make a joke of sg** tréfának vesz vmit
  ♦ **play a joke/trick on sy** megtréfál vkit
  ♦ **see the joke** megérti a viccet
²**joke** [dʒəʊk] <ige> viccel; tréfál; mókázik: *You're joking.//You must be joking.* Ezt nem gondolod komolyan!
joker ['dʒəʊkə] <fn> [C] **1.** mókás ember; tréfacsináló **2.** *(kártyában)* dzsóker
¹**jolly** ['dʒɒli] <mn> (jollier, jolliest) vidám; jó kedélyű: *a jolly smile* vidám mosoly
²**jolly** ['dʒɒli] <hsz> nagyon: *jolly good* ragyogó
¹**jolt** [dʒəʊlt] <ige> **1.** (hirtelen) meglök; lökdös, zökkent **2.** zökken; zötyög; döcög
²**jolt** [dʒəʊlt] <fn> [C] **1.** zökkenés; lökés **2.** megdöbbenés; meglepetés; *(kisebb fajta)* sokk
jostle ['dʒɒsl] <ige> **1.** tol; lök(dös) **2.** tolakodik; lökdösődik
jot [dʒɒt] <ige> (jots, jotting, jotted) firkál; firkant

jot sg down biz (gyorsan) leír; lejegyez; lefirkant vmit

journal ['dʒɜːnl] <fn> [C] **1.** (szak)folyóirat; lap: *a medical journal* orvosi folyóirat **2.** napló
journalism ['dʒɜːnəlɪzm] <fn> [U] újságírás
journalist ['dʒɜːnəlɪst] <fn> [C] újságíró
journey ['dʒɜːni] <fn> [C] út; utazás
jovial ['dʒəʊviəl] <mn> kedélyes; vidám
joy [dʒɔɪ] <fn> [C, U] öröm; élvezet; boldogság; vidámság: *the joys of motherhood* az anyaság örömei * *He swept for joy.* Sírt a boldogságtól.
  ♦ **jump for joy** majd kiugrik a bőréből
joyful ['dʒɔɪfl] <mn> örvendetes; örömteli; vidám
joyfulness ['dʒɔɪflnəs] <fn> [U] vidámság
joyless ['dʒɔɪləs] <mn> szomorú; boldogtalan
joyride ['dʒɔɪraɪd] <fn> [C] biz *(lopott autóval)* sétakocsikázás
joystick ['dʒɔɪstɪk] <fn> [C] botkormány
JP [ˌdʒeɪ'piː] [= Justice of the Peace] békebíró
Jr, Jr. [= junior] ifj. (= ifjabb)
jubilant ['dʒuːbɪlənt] <mn> ujjongó; örvendező (**at sg** vmin)
jubilation [ˌdʒuːbɪ'leɪʃn] <fn> [U] ujjongás; örvendezés; öröm; mulatozás; mulatság
jubilee ['dʒuːbɪliː] <fn> [C] jubileum; évforduló: *silver jubilee* huszonöt éves évforduló
¹**judge** [dʒʌdʒ] <fn> [C] **1.** *(bíróságon)* bíró: *The judge sent the robber to the prison for two years.* A bíró két év börtönbüntetést szabott ki a rablóra. **2.** sp bíró: *a panel of judges* zsűri **3.** szakértő
²**judge** [dʒʌdʒ] <ige> **1.** elbírál; (meg)ítél; gondol; felbecsül: *Can you judge which drawing is the best?* Meg tudod ítélni, melyik rajz a legjobb? **2.** (el)ítél; ítéletet mond; ítélkezik: *He will judge our case.* A mi ügyünkben ő fog ítéletet mondani. **3.** következtet (**by sg** vmiből)
judgement ['dʒʌdʒmənt] <fn> **1.** [C] ítélet; határozat; döntés: *pass judgment* ítéletet mond **2.** [C, U] vélemény; megítélés; nézet: *in my judgement* véleményem szerint **3.** [U] ítélőképesség
judgment ['dʒʌdʒmənt] → **judgement**
judicial [dʒuː'dɪʃl] <mn> bírósági; bírói
judicious [dʒuː'dɪʃəs] <mn> józan ítéletű; megfontolt
judo ['dʒuːdəʊ] <fn> [U] cselgáncs
jug [dʒʌg] <fn> [C] kancsó; korsó; köcsög; bögre
juggle ['dʒʌgl] <ige> **1.** szemfényvesztést űz; bűvészkedik (**with sg** vmivel) **2.** *(számokat, eredményeket stb.)* manipulál; ügyeskedik
juggler ['dʒʌglə] <fn> [C] bűvész; zsonglőr

jugular ['dʒʌgjələ] <mn> orv nyaki; nyakhoz/torokhoz tartozó
juice [dʒuːs] <fn> [C, U] **1.** (zöldség-/gyümölcs)lé; ivólé **2.** *(húsé)* szaft **3.** orv nedv
juicy ['dʒuːsɪ] <mn> (juicier, juiciest) **1.** leves; lédús **2.** biz pikáns; izgalmas
jukebox ['dʒuːkbɒks] <fn> [C] wurlitzer; zenegép
Jul. [= July] júl. (= július)
July [dʒuː'laɪ] <fn> [C, U] (Julys) **röv Jul.** július: *He was born in July.* Júliusban született.
¹jumble ['dʒʌmbl] <fn> **1.** [sing] zűrzavar; összevisszaság; zagyvalék **2.** [U] BrE kacat
²jumble ['dʒʌmbl] <ige> **1. jumble sg (up/together)** összekever; összekuszál **2. jumble (up/together)** összekeveredik; összekuszálódik
jumble sale ['dʒʌmbl seɪl] <fn> [C] *(jótékony célra)* használt holmik/tárgyak vására
jumbo ['dʒʌmbəʊ] <mn> óriás(i méretű)
jumbo jet ['dʒʌmbəʊ dʒet] <fn> [C] (jumbos) óriásgép; óriás repülőgép
¹jump [dʒʌmp] <ige> **1.** ugrik; ugrál: *I jumped up and down to keep warm.* Ugráltam, hogy ne fázzam. ∗ *I jumped into my car.* Beugrottam az autómba. ∗ *I jumped up to open the door.* Felugrottam, hogy kinyissam az ajtót. **2.** átugrik (**sg** vmit/vmin): *jump over the fence* átugorja a kerítést ∗ *jump one's horse over a hedge/fence* lovával átugrat egy ösvényen/akadályon **3.** összerezzen: *A loud cry made me jump.* Összerezzentem egy hangos kiáltásra. **4.** hirtelen megnövekszik: *Prices jumped (by) 60%.* Az árak 60 százalékkal növekedtek.

> **jump at sg** kapva kap vmin

²jump [dʒʌmp] <fn> [C] **1.** ugrás: *With one jump, I was over the gate.* Egyetlen ugrással átjutottam a kapun. **2.** összerezzenés; megriadás: *That gave me a jump.* Erre hirtelen összerezzentem. **3.** hirtelen emelkedés: *jump in prices* hirtelen áremelkedés **4.** ugrató **5.** *(díjugratásnál)* akadály
jumper ['dʒʌmpə] <fn> [C] **1.** BrE pulóver **2.** ugró
jumpy ['dʒʌmpɪ] <mn> (jumpier, jumpiest) **1.** ideges; izgatott **2.** izgulékony; ijedős
junction ['dʒʌŋkʃn] <fn> [C] útkereszteződés; csomópont; elágazás: *Turn off the motorway at junction 5.* Hajts le az autópályáról az 5-ös csomópontnál!
Jun. [= June] jún. (= június)
June [dʒuːn] <fn> [C, U] **röv Jun.** június: *He was born in June.* Júniusban született.

jungle ['dʒʌŋgl] <fn> [C] dzsungel; őserdő
¹junior ['dʒuːnɪə] <mn> **1. röv Jnr, Jr.** ifjabb; ifj.: *Tom Smith, Junior* az ifjabb Tom Smith; ifj. Tom Smith **2.** alacsonyabb rangú/beosztású; kezdő: *junior officer* alacsonyabb beosztású hivatalnok; kezdő hivatalnok **3.** BrE ifjúsági: *junior event* ifjúsági versenyszám
²junior ['dʒuːnɪə] <fn> **1.** [sing] ifjabb; fiatalabb (**to sy** vkinél): *He is my junior by three years.* Három évvel fiatalabb nálam. **2.** [C] kezdő; fiatal; gyakornok; alacsonyabb rangú/beosztású személy **3.** [C] BrE *(7–11 éves)* alsós; alsó tagozatos (általános iskolás) **4.** [C] sp ifjúsági; ifi
junior school ['dʒuːnɪə‚skuːl] <fn> [C] BrE *(általános iskoláé)* alsó tagozat
junk [dʒʌŋk] <fn> [C] limlom; ócskaság; kacat
junk food ['dʒʌŋk fuːd] <fn> [U] biz egészségtelen/olcsó étel; gyorskaja
junk mail ['dʒʌŋk meɪl] <fn> [U] *(kéretlen)* hirdetések; *(postában)* reklámfüzetek; reklámanyag
junta ['dʒʌntə] <fn> [C + sing/pl v] *(katonai kormányzat)* junta
jurisdiction [‚dʒʊərɪs'dɪkʃn] <fn> [U] **1.** törvénykezés; igazságszolgáltatás **2.** hatáskör; illetékesség
juror ['dʒʊərə] <fn> [C] *(esküdtszéki)* esküdt
jury ['dʒʊərɪ] <fn> [C + sing/pl v] **1.** esküdtszék: *The jury decided that the man was guilty.* Az esküdtszék döntése értelmében a férfi bűnös. **2.** zsűri; versenybíróság: *The members of the jury have been greeted.* Köszöntötték a zsűri tagjait.
¹just [dʒʌst] <hsz> **1.** épp(en) most; pont most: *She has just left.* Épp(en)/Pont most ment el. ∗ *I am just going to the school.* Épp most indulok az iskolába. ∗ *We have just arrived from London.* Pont most érkeztünk Londonból. ∗ *He is just going to do his homework.* Éppen most fogja megcsinálni a házi feladatát. **2.** pont(osan); épp(en): *He is just twenty – his birthday is today.* Pontosan húsz éves – ma van a születésnapja. ∗ *It's just one o'clock.* Éppen egy óra van. ∗ *That's just what I wanted to do.* Éppen ezt akartam csinálni. **3.** csak: *It was just a small surprise.* Csak egy kis meglepetés volt. ∗ *I just wanted to meet you.* Csak találkozni akartam veled. **4.** alig; épphogy: *I could only just hear the radio.* Alig hallottam a rádiót. **5.** egyszerűen: *It was just fantastic.* Egyszerűen fantasztikus volt.
♦ **just about** körülbelül az esetre, ha...
♦ **just now** éppen most; pár perce ♦ **just out** éppen most jelent meg ♦ **just so** pontos(an) ♦ **just the same 1.** ugyanaz **2.** mindegy ♦ **not just yet** még nem

²**just** [dʒʌst] <mn> igazságos; jogos: *He got a just punishment.* Igazságos büntetést kapott.
justly ['dʒʌstlɪ] <hsz> igazságosan; jogosan
justice ['dʒʌstɪs] <fn> **1.** [U] igazságszolgáltatás; bíróság: *The murderer was brought to justice.* A gyilkost bíróság elé állították. **2.** [U] igazság; igazságosság; méltányosság; jogosság: *in justice to sy* ha méltányosak akarunk lenni vkivel szemben * *administer justice* igazságot szolgáltat **3.** [C] AmE (törvényszéki) bíró
Justice of the Peace [ˌdʒʌstɪs ɒv ðə 'piːs] <fn> [C] békebíró
justifiable ['dʒʌstɪfaɪəbl] <mn> indokolható; jogos
justifiably ['dʒʌstɪfaɪəblɪ] <hsz> indokolhatóan; jogosan
justification [ˌdʒʌstɪfɪ'keɪʃn] <fn> [C, U] indok(olás); megokolás; igazolás

justify ['dʒʌstɪfaɪ] <ige> (justifies, justifying, justified) igazol; indokol; megokol: *I can't justify my impolite behaviour.* Nem tudom megokolni udvariatlan viselkedésemet. * *You have to justify your decision.* Indokolnod kell a döntésedet!
jut [dʒʌt] <ige> (juts, jutting, jutted) **jut (out)** *(a környezetből)* kiugrik; kiáll
¹**juvenile** ['dʒuːvənaɪl] <mn> **1.** ifjúsági; fiatalkori; fiatalkorú: *juvenile delinquent/offender* fiatalkorú bűnöző **2.** éretlen
²**juvenile** ['dʒuːvənaɪl] <fn> [C] ifjú; fiatalkorú
juxtapose [ˌdʒʌkstə'pəʊz] <ige> egymás mellé helyez
juxtaposition [ˌdʒʌkstəpə'zɪʃn] <fn> [U, C] egymás mellé helyezés

K, k

¹K, k [keɪ] <fn> [C, U] (Ks, K's, k's) *(betű)* K; k
²K [keɪ] **1.** [= one thousand] biz ezer: *He earns 50K (= £/$50,000) a year.* Évi 50 ezer fontot/dollárt keres. **2.** [= kilometre(s); kilometer(s)] km (= kilométer) **3.** [= kelvin(s)] fiz *(SI egység)* K (= kelvin) **4.** [= kayak] kajak
kangaroo [ˌkæŋɡəˈruː] <fn> [C] kenguru
karate [kəˈrɑːtɪ] <fn> [U] sp karate
kayak [ˈkaɪæk] <fn> [C] kajak
¹keel [kiːl] <fn> [C] tőkesúly; hajógerinc
♦ **on an even keel** egyenletesen; nyugodtan *be/keep on an even keel* nyugodt marad
²keel [kiːl] <ige> **1. keel sg (over)** *(hajót)* oldalára fektet **2. keel (over)** *(hajó)* felborul
keen [kiːn] <mn> (keener, keenest) **1.** buzgó; lelkes; szorgalmas: *a keen student* szorgalmas tanuló ∗ *be a keen runner* él-hal a futásért ∗ *I was keen to read the new book.* Nagyon szerettem volna elolvasni az új könyvet./Nagyon érdekelt az új könyv. **2.** éles; élénk: *a keen sense of smell and keen eyesight* kifinomult szaglóérzék és éles látás ∗ *He has a keen mind.* Vág az esze, mint a borotva.
♦ **be keen on sg/sy** nagyon szeret vmit/vkit
¹keep [kiːp] <ige> (keeps, keeping, kept, kept) **1.** megtart; eltesz; megőriz: *He has kept my silver bracelet and won't give it back.* Megtartotta magának a karkötőmet, és nem is fogja visszaadni. ∗ *You can keep my pen; I don't want it any more.* Megtarthatod a tollamat, nekem már nem kell. ∗ *I'll keep your letters while you are abroad.* Megőrzöm a leveleidet, amíg külföldön vagy. **2.** megtart; betart: *keep a secret* titkot (meg)tart ∗ *keep a promise* ígéretet megtart/betart **3. keep doing sg** folytat; folyamatosan tesz; nem hagy abba vmit; nem marad abba vmi: *Keep shouting until someone answers you.* Ne hagyd abba a kiabálást, amíg valaki nem válaszol. ∗ *She keeps warning me, but I never listen to her.* Folyton figyelmeztet, de én sosem hallgatok rá. ∗ *Keep going!* Folytasd/Csináld tovább! **4.** *(vmilyen állapotban)* tart: *She kept me waiting for two days.* Két napig várakoztatott. **5.** marad: *keep cool* nyugodt marad ∗ *keep indoors* otthon marad ∗ *keep quiet* csendben marad ∗ *Keep in touch!* Maradjunk kapcsolatban!/Tartsuk a kapcsolatot! **6.** *(raktáron stb.)* tart; tárol: *keep a box of chocolate in the cupboard* egy doboz csokit tart a konyhaszekrényben ∗ *keep the milk cold* hidegen tartja a tejet ∗ *keep one's money in a safe place* biztonságos helyen tartja a pénzét **7.** gondoz; ápol; őriz **8.** (el)tart: *keep a big family* nagy családot tart el ∗ *He keeps two pigs.* Két disznót tart. ∗ *He has a wife and two children to keep.* Egy feleséget és két gyereket kell eltartania. **9.** eláll; nem romlik meg: *Eat the fish today; it won't keep until tomorrow.* Ma edd meg a halat, nem áll el holnapig! **10.** feltart; visszatart: *Sorry to keep you!* Ne haragudj, hogy feltartalak! **11.** *(háztartást, számlát stb.)* vezet: *keep a diary* naplót vezet ∗ *keep house* háztartást vezet **12.** megtart; megünnepel: *keep Christmas* karácsonyt tart
♦ **keep abreast of sy/sg** lépést tart vkivel/vmivel ♦ **keep fit** rendszeresen edzi magát ♦ **keep open** nyitva tart ♦ **Keep right/left!** Jobbra/Balra tarts! ♦ **Keep smiling!** Maradj/Légy mindig derűs!/Mindig mosolyogj! ♦ **keep sg to oneself** *(titkot stb.)* megtart vmit magának ♦ **keep up with the Joneses** nem akar lemaradni másoktól

keep after sy 1. üldöz vkit **2.** szid vkit
keep ahead *(versenyen)* vezet; az élen van
keep sy at sg ott tart vkit vminél; bent tart vkit vhol: *She was kept at school.* Bent tartották az iskolában.
keep at sg biz megállás nélkül csinál vmit; kitartóan csinál vmit; nem hagy abba vmit: *Keep at it!* Csak így tovább!/Tarts ki!
keep away elmarad; távol marad
keep away from sg/sy (el)kerül vmit/vkit; távol tartja magát vmitől/vkitől; távol marad vmitől/vkitől
keep sy/sg away from sy/sg távol tart vkit/vmit vkitől/vmitől: *Keep it away from the reach of children!* Gyermekektől távol tartandó!
keep sy/sg back 1. visszatart vkit/vmit; távol tart vkit/vmit **2.** elhallgat vmit: *I knew he was keeping something back.* Tudtam, hogy elhallgat valamit. **3.** visszatart; visszafog vmit: *keep back one's tears* visszatartja a könnyeit

keep down 1. földön marad **2.** *(szél stb.)* enyhül: *The wind keeps down.* Enyhül a szél.
keep sg down 1. *(indulatot stb.)* leküzd; elnyom; lefog; visszafog: *keep down one's anger* leküzdi a haragját **2.** visszatart vmit; nem hány ki vmit **3.** *(árat stb.)* leszorít: *keep costs down* leszorítja a költségeket **4.** *(hangot)* visszafog; lehalkít
keep from sg tartózkodik vmitől; elkerül vmit
keep sy from sg akadályoz vkit vmiben; visszatart vkit vmitől; távol tart vkit vmitől: *I can't keep him from going to the party.* Nem tudom visszatartani attól/meggátolni abban, hogy elmenjen a buliba.
keep sg from sy elhallgat vmit vki elől
keep in 1. benn marad; otthon marad **2.** befelé húzódik **3.** *(tűz)* nem alszik ki: *The fire will keep in until we eat our dinner.* Nem alszik ki a tűz, míg vacsorázunk.
keep sg in 1. *(tüzet)* nem hagy kialudni **2.** tartalékol vmit
keep sy in *(kórházban, gyereket iskolában)* bent tart; bezár vkit
keep in with sy biz jó viszonyban marad vkivel
keep sg off távol tart vmit
keep off sg 1. távol marad; visszahúzódik vmitől; nem megy oda vmihez: *Keep off the grass!* Fűre lépni tilos! **2.** tartózkodik vmitől **3.** *(témát)* elkerül
keep on doing sg folytat vmit; tovább/folyton csinál vmit; nem hagy abba vmit: *It kept on snowing.* Szakadatlanul havazott.
keep on 1. tovább megy; halad; folytatja útját **2.** nem hagyja abba
keep out kinn marad; távol marad
keep sy/sg out távol tart vkit/vmit; nem enged be vkit/vmit
keep out of sg kívül marad vmin; kimarad vmiből: *She kept out of what didn't concern her.* Nem bonyolódott bele abba, ami nem rá tartozik.
keep sy out of sg nem enged vkit belebonyolódni vmibe
keep to sg 1. ragaszkodik vmihez; kitart vmi mellett; tartja magát vmihez: *keep to the subject* a tárgynál marad **2.** tart vmerre: *keep to the right (forgalom stb.)* jobbra tart
keep sg to sg egy bizonyos szinten tart vmit: *keep costs to the minimum* költségeket minimálisra csökkent/korlátoz

keep to oneself nem érintkezik senkivel
keep sg to oneself titokban tart vmit
keep together összetart
keep under elnyom; elfojt
keep up lépést tart; tartja a tempót/az iramot
keep sg up 1. fenntart; megtart; megőriz; folytat vmit: *keep up friendship with sy* barátságot tart fenn vkivel * *Keep it up!* Folytasd!/Csak így tovább! **2.** kitart vmi mellett
keep sy up ébren tart; nem hagy lefeküdni vkit
keep up with sy/sg lépést tart vkivel/vmivel: *keep up with a situation* megbirkózik a helyzettel

²keep [ki:p] <fn> [U] a létfenntartáshoz szükséges élelem/pénz/megélhetés: *earn one's keep* megkeresi a rezsirevalót; megkeresi a létfenntartáshoz szükséges dolgokat
♦ **for keeps** biz örökre; örökbe
keeper ['ki:pə] <fn> [C] **1.** *(állatkertben, múzeumban stb.)* őr(ző); felügyelő **2.** állatgondozó **3.** (múzeum)igazgató; tulajdonos; (üzlet-)vezető: *shopkeeper* üzlettulajdonos; boltvezető **4.** biz kapus
keeping ['ki:pɪŋ] <fn>
♦ **in keeping/out of keeping with sg** vmivel összhangban/vmivel ellentétben
keepsake ['ki:pseɪk] <fn> [C] emlék(tárgy)
keg [keg] <fn> [C] kis hordó
kennel ['kenl] <fn> [C] **1.** kutyaház; kutyaól **2. kennels** [pl] kutyatenyészet **3.** viskó
Kenya ['kenjə] <fn> Kenya
Kenyan ['kenjən] <mn> kenyai
kept [kept] → **¹keep**
kerb [kɜ:b] <fn> [C] járdaszegély
kerbstone ['kɜ:bstəʊn] <fn> [C] járdaszegélykő
kernel ['kɜ:nl] <fn> [C] **1.** *(dióé stb.)* bél **2.** vminek a magva/veleje/lényege
kerosene ['kerəsin] <fn> [U] AmE petróleum; kerozin
kettle ['ketl] <fn> [C] *(teavíz forralásához)* kanna: *electric kettle* elektromos teavízforraló * *The kettle is boiling.* Forr a teavíz. * *I am going to put the kettle on.* Teszek fel vizet a teáskannába.
♦ **Here/This is a fine/nice/pretty kettle of fish!** Szép kis ügy/kalamajka.
¹key [ki:] <fn> [C] **1.** kulcs: *car key* kocsikulcs * *a bunch of keys* kulcscsomó * *Turn the key and open the door!* Fordítsd el a kulcsot és nyisd ki az ajtót! **2.** *(zongoráé, számítógépé stb.)* billentyű: *black and white keys* fekete és

fehér billentyűk **3.** *(a könyv végén)* megoldás; megfejtés; kulcs **4.** jelmagyarázat **5.** zene hangnem; kulcs: *sing off/out of key* hamisan énekel **6. the key to sg** vminek a nyitja: *the key to your success* a siker titka

♦ **be in/out of key with sg** összhangban van vmivel/nincs összhangban vmivel ♦ **touch the right key** helyes hangot üt meg

²**key** [ki:] <mn> kulcs-; kulcsfontosságú; legfőbb: *the key man* a kulcsember; kulcspozícióban lévő ember * *key position* kulcspozíció

³**key** [ki:] <ige> **key sg (in) // key sg (into sg)** *(adatot számítógépbe stb.)* beír; bevisz: *Key in your data!* Vidd/Írd be az adataidat (a számítógépbe)!

keyboard [ˈkiːbɔːd] <fn> [C] infor, zene billentyűzet; klaviatúra: *keyboard instruments* billentyűs hangszerek

keyhole [ˈkiːhəʊl] <fn> [C] kulcslyuk

keyhole surgery [ˌkiːhəʊlˈsɜːdʒəri] <fn> [U] minimál invazív sebészet; laparoszkópos sebészet

keypad [ˈkiːpæd] <fn> [C] *(mobiltelefoné stb.)* billentyűzet: *keypad locked* billentyűzet lezárva

key ring [ˈkiː rɪŋ] <fn> [C] kulcskarika

keyword [ˈkiːwɜːd] <fn> [C] infor is kulcsszó

kg [= kilogram(s)] kg (= kiló; kilogramm)

kHz [= kilohertz)] kHz (= kilohertz)

¹**kick** [kɪk] <ige> **1.** berúg; megrúg; belerúg: *kick the ball into the goal* berúgja a labdát a kapuba * *Jimmy kicked me!* Jimmy megrúgott/belém rúgott. **2.** *(ló stb.)* rúg **3.** rugdalódzik; rúgkapál **4.** *(puska)* hátrarúg; üt

---

kick about 1. szanaszét hever **2.** csavarog

kick against sg lázadozik; kapálódzik vmi ellen

kick sy/sg around ide-oda rugdos vmit; durván bánik vkivel/vmivel

kick at sg lázadozik vmi ellen

kick back 1. kikapcsolódik; pihen **2.** visszarúg; visszaüt **3.** biz lefizetik; hálapénzt fogad el

kick off 1. elvégzi a kezdőrúgást; *(mérkőzés stb.)* kezdődik **2.** (el)kezd

kick sg off lerúg vmit

kick off sg megnyit; elkezd vmit

kick on *(motor)* beindul

kick sy out (of sg) *(iskolából stb.)* kirúg vkit

kick sg up 1. *(levegőbe)* felrúg vmit **2.** *(port)* felver

---

²**kick** [kɪk] <fn> [C] **1.** rúgás: *a kick from a horse* lórúgás * *Give it a kick!* Rúgj bele! **2.** *(puskáé)*

lökés; rúgás **3.** erő; energia: *The wine has a real kick.* Van erő ebben a borban. **4.** biz élvezet: *get a kick out of sg/get a kick from sg* nagy élvezetet talál vmiben; nagy örömét leli vmiben **5.** biz hecc; balhé: *do sg (just) for kicks* csak úgy heccből tesz vmit

♦ **get the kick** biz *(állásból, iskolából)* kirúgják ♦ **a kick in the teeth** szl *(köszönet helyett)* fenékbe rúgás

kickback [ˈkɪkbæk] <fn> [C, U] AmE hálapénz; kenőpénz

kickoff [ˈkɪkɒf] <fn> [C] *(futballban)* kezdőrúgás

kick-start [ˈkɪkstɑːt] <ige> **1.** berúgja a motort **2.** átv *(gazdaságnak)* injekciót/lökést ad

¹**kid** [kɪd] <fn> [C] **1.** biz gyerek; kölyök; srác: *when I was a kid…* kölyökkoromban…; (kis)sráckoromban… **2.** biz húg; öcs: *his kid brother/sister* öccse/húga **3.** kecskegida

²**kid** [kɪd] <ige> (kids, kidding, kidded) ugrat; heccel; viccel: *no kidding* viccen kívül * *I was only kidding.* Csak vicceltem. * *Just kidding. Don't worry.* Csak vicc (volt). Nyugi!

kiddie [ˈkɪdi] <fn> [C] kissrác; gyerkőc

kidnap [ˈkɪdnæp] <ige> (kidnaps, kidnapping, kidnapped) AmE (kidnaps, kidnaping, kidnaped) elrabol: *Two girls were kidnapped yesterday.* Tegnap elraboltak két lányt.

kidnapper [ˈkɪdnæpə] <fn> [C] emberrabló

kidney [ˈkɪdni] <fn> [C] biol vese: *kidney machine* művese * *kidney transplant* veseátültetés * *stone in the kidneys* vesekő

kill [kɪl] <ige> **1.** (meg)öl; (meg)gyilkol; elpusztít: *be killed in action (a háborúban)* hősi halált hal; elesik * *He was killed in a car accident.* Autóbalesetben vesztette életét. **2.** biz borzasztóan fáj; hasogat: *My back is killing me.* Borzasztóan fáj a hátam. **3.** hatástalanít; semlegesít **4.** biz *(túlzóan)* megöl: *She will kill me if I forget it.* Megöl, ha elfelejtem.

---

kill sg off kiirt; kipusztít vmit; *(vadat)* kilő

---

killer [ˈkɪlə] <fn> [C] gyilkos

¹**killing** [ˈkɪlɪŋ] <fn> [C] gyilkosság; gyilkolás; ölés

♦ **make a killing** biz **1.** összeharácsol egy egész vagyont **2.** hatalmas sikert arat

²**killing** [ˈkɪlɪŋ] <mn> **1.** *(tempó stb.)* gyilkos **2.** biz elragadó **3.** biz AmE nagyon mulatságos

killjoy [ˈkɪldʒɔɪ] <fn> [C] ünneprontó

kilo [ˈkiːləʊ] <fn> [C] röv kg kiló; kilogramm: *She weighs 58 kilos.* Ő 58 kiló.

kilogram [ˈkɪləgræm] <fn> [C] röv kg kiló; kilogramm

kilogramme ['kıləgræm] <fn> [C] röv **kg** kiló; kilogramm
kilometer [kı'lɑːmiːtə] AmE → **kilometre**
kilometre ['kıləˌmiːtə] <fn> [C] röv **km** kilométer
kilowatt ['kıləwɒt] <fn> [C] röv **kW, kw** kilowatt
kilt [kılt] <fn> [C] skót szoknya; kilt
¹kind [kaınd] <mn> (kinder, kindest) kedves: *It is very kind of you to visit me.* Nagyon kedves tőled, hogy meglátogatsz. ∗ *She is always kind to us.* Mindig kedves velünk.
²kind [kaınd] <fn> [C] fajta; -féle; -féleség: *several different kinds of insects* több különböző fajtájú rovar ∗ *all kinds of things* mindenféle dolog ∗ *many kinds of* sokféle ∗ *of this kind* efféle ∗ *…of many different kinds* többféle ∗ *What kind of bicycle do you have?* Milyen (fajta) biciklid van? ∗ *He is the kind of child who is always crying.* Ő az a fajta/olyan gyerek, aki mindig sír.
♦ **a kind of** valamiféle; afféle; olyan(féle)
♦ **in kind** 1. természetben(i) *pay in kind* természetben fizet 2. ugyanúgy ♦ **kind of** biz egy kissé ♦ **of a kind** valamiféle ♦ **of all kinds** sokféle; többféle ♦ **sg of the kind** ilyesmi *She looks kind of sad.* Mintha szomorú volna./Egy kissé szomorúnak tűnik.
kindergarten ['kındəˌgɑːtn] <fn> [C] BrE *(3–5 éveseknek)* óvoda: *kindergarten teacher* óvónő
kind-hearted [ˌkaınd'hɑːtıd] <mn> jószívű
kindle ['kındl] <ige> (kindles, kindling, kindled) 1. *(tüzet)* meggyújt 2. *(tűz)* meggyullad; fellángol 3. fellelkesít; *(érdeklődést)* felkelt: *Her interest in biology was kindled by visits to the zoo.* A biológia iránti érdeklődését állatkerti látogatásai keltették fel.
kindly ['kaındlı] <hsz> kedvesen; szívélyesen: *would you kindly…* legyen/lenne szíves ∗ *She kindly asked him where to go.* Kedvesen megkérdezte tőle, hogy hová megy. ∗ *Visitors are kindly requested to refrain from smoking.* Kérjük a látogatókat, szíveskedjenek tartózkodni a dohányzástól! ∗ *Kindly return one copy to me.* Legyen kedves/szíves egy példányt nekem visszaküldeni!
kindness ['kaındnəs] <fn> [C, U] kedvesség; jóság
king [kıŋ] <fn> [C] 1. király: *King Georg V* V. György király ∗ *become king* királlyá koronázzák ∗ *King's speech* trónbeszéd 2. *(sakkban)* király 3. *(kártyában)* király 4. átv *(legjobb vmiben)* király
kingdom ['kıŋdəm] <fn> [C] 1. királyság: *the United Kingdom* az Egyesült Királyság 2. -világ: *the animal kingdom* állatvilág ∗ *the plant/vegetable kingdom* növényvilág ∗ *the mineral kingdom* ásványvilág 3. vall uralom: *Thy kingdom come… (a Miatyánkból)* Jöjjön el a te országod…

king-size(d) ['kıŋsaız(d)] <mn> extra méretű; nagy
kink [kıŋk] <fn> [C] 1. *(gumicsőé)* megtekeredés; csomó 2. biz rögeszme; bogár 3. biz *(egy kis)* probléma; bökkenő
kiosk ['kiːɒsk] <fn> [C] 1. pavilon; árusító bódé 2. telefonfülke
¹kip [kıp] <ige> (kips, kipping, kipped) biz BrE alszik; (el)szundít; szunyókál; durmol
²kip [kıp] <fn> [C, U] szunyókálás: *have a kip* szunyókál
¹kiss [kıs] <ige> csókol(ódzik); (meg)csókol: *kiss each other* megcsókolják egymást ∗ *They are kissing in the doorway.* Csókolóznak a kapualjban.
²kiss [kıs] <fn> [C] csók: *He gave me a kiss.* Megcsókolt.
kissproof ['kıspruːf] <mn> *(rúzs stb.)* csókálló
¹kit [kıt] <fn> [C, U] 1. felszerelés; készlet: *a kit of tools* szerszámkészlet ∗ *a sewing kit* varrókészlet 2. katonai felszerelés 3. sp felszerelés; mez: *sports kit* sportfelszerelés ∗ *tennis kit* teniszfelszerelés 4. modellező készlet
²kit [kıt] <ige> (kits, kitting, kitted)

kit sy out/up felszerel vkit (**in/with sg** vmivel)

kitchen ['kıtʃən] <fn> [C] konyha

→ Lásd a Tartalomjegyzékben a Tematikus rajzokat!

kitchen cabinet [ˌkıtʃən'kæbınət] <fn> [U] átv, pol *(nem hivatalos)* kormánytanácsadók
kitchenette [ˌkıtʃə'net] <fn> [C] teakonyha
kitchen garden [ˌkıtʃən'gɑːdn] <fn> [C] konyhakert
kitchen utensils ['kıtʃən juːtensəlz] <fn> [pl] konyhaedények; konyhafelszerelés
kite [kaıt] <fn> [C] sárkány: *fly a kite* sárkányt ereget
kitten ['kıtn] <fn> [C] kiscica
♦ **have kittens** biz BrE kiborul; nagyon ideges lesz; a falra mászik
kitty ['kıtı] <fn> [C] (kitties) 1. cica 2. *(barátoké, csapaté stb.)* közös kassza
kiwi ['kiːwiː] <fn> [C] (kiwis) 1. *(madár)* kivi 2. *(gyümölcs)* kivi
Kleenex® ['kliːneks] <fn> [C] papírzsebkendő
km [= kilometre(s); kilometer(s)] km (= kilométer)
knack [næk] <fn> [sing] ügyesség; fortély; trükk: *get the knack of it* rájön a nyitjára ∗ *have the knack of doing sg* ismeri vminek a trükkjét

knave [neɪv] <fn> [C, U] *(kártyában)* bubi

knead [niːd] <ige> **1.** *(tésztát)* gyúr; dagaszt **2.** masszíroz; (meg)gyúr

knee [niː] <fn> [C] **1.** térd: *be on one's knees* térdel **2.** *(nadrágé)* térd: *a hole in the knee of trousers* lyuk a nadrág térdén
 ♦ **bring sy/sg to his/her/its knees** térdre kényszerít vkit/vmit *He brought his opponent to his knees.* Térdre kényszerítette az ellenfelét. ♦ **give a knee to sy** segít; támogat vkit ♦ **sg is on the knees of the gods** a jövő zenéje

kneecap ['niːkæp] <fn> [C] térdkalács

knee-deep [ˌniːˈdiːp] <mn> térdig érő

knee-high [ˌniːˈhaɪ] <mn> térdig érő

kneel [niːl] <ige> (kneels, kneeling, knelt, knelt, AmE kneeled, kneeled) térdel: *kneel down to pray* letérdel imádkozni

knelt [nelt] → **kneel**

knew [njuː] → ¹**know**

knickers ['nɪkəz] <fn> [pl] bugyi: *two pairs of pink knickers* két rózsaszín bugyi
 ♦ **get one's knickers in a twist** szl ideges lesz; berezel

knick-knack ['nɪknæk] <fn> [C] csecsebecse

¹**knife** [naɪf] <fn> [C] (knives) kés: *a sharp knife* egy éles kés ∗ *bread knife* kenyérvágó kés
 ♦ **get one's knife into sy** biz keményen bírál vkit ♦ **go under the knife** *(megoperálják)* kés alá kerül ♦ **have one's knife in sy** biz fúr vkit

²**knife** [naɪf] <ige> (knifes, knifing, knifed) megkésel; leszúr

knife-edge ['naɪfedʒ] <fn> [ált sing] késél
 ♦ **on a knife-edge** borotvaélen

¹**knight** [naɪt] <fn> [C] **1.** lovag: *the knights of the king* a király lovagjai **2.** lovag: *A knight has the title Sir before his name. (mindig a keresztnévvel együtt)* A lovagi ranggal a "Sir" megszólítás jár. **3.** *(sakkban)* ló

²**knight** [naɪt] <ige> lovaggá üt

knit [nɪt] <ige> (knits, knitting, knitted/knit, knitted/knit) **1.** *(kötőtűvel)* köt **2.** összefűz; összehúz **3.** *(csont)* összeforr **4.** *(vmi közösségben)* egyesül: *a closely knit village community* szorosan összetartozó faluközösség

knitting ['nɪtɪŋ] <fn> [C, U] **1.** *(tevékenység kötőtűvel)* kötés: *Knitting is her hobby.* Hobbija a kötés. **2.** *(a kötött anyag)* kötés

knitting needle ['nɪtɪŋ niːdl] <fn> [C] kötőtű

knitwear ['nɪtweə] <fn> [U] kötöttáru

knives [naɪvz] → ¹**knife**

knob [nɒb] <fn> [C] **1.** *(fiókon, rádión stb.)* fogantyú; gomb: *door knob* gömbkilincs **2. a knob of butter** kis darab vaj **3.** dudor; daganat; bütyök; csomó

¹**knock** [nɒk] <ige> **1.** kopog(tat) (**at/on sg** vmin): *knock at/on the door* kopog az ajtón **2.** *(szöget falba stb.)* beüt; bever: *knock a nail in the wall* beüt egy szöget a falba **3.** *(testrészt)* megüt; beüt: *knock one's head on the table* beüti a fejét az asztalba **4.** megüt; behúz egyet vkinek **5.** *(motor stb.)* kopog; kotyog **6.** biz leszól; ócsárol; kritizál

---

knock about/around biz **1.** kóborol; csavarog; lézeng **2.** *(él)* megvan

knock sy around összever vkit

knock sg around megtárgyal; egyeztet vmit

knock about/around with sy biz jár vkivel

knock sg back biz *(italt)* nyakal

knock sy back biz **1.** megdöbbent; sokkol; letaglóz vkit **2.** elutasít vkit

knock sy down biz **1.** leterít; padlóra küld; leüt; kiüt vkit **2.** *(jármű)* elüt vkit

knock sg down biz **1.** *(épületet)* lerombol; lebont **2.** *(érvet stb.)* megdönt **3.** *(árat)* lealkuszik; leszorít (**from sg to sg** vmennyiről vmennyire)

knock off biz leáll(ítja magát)

knock off sg biz *(munkával)* végez; abbahagy; befejez vmit

knock sg off biz **1.** *(árból)* enged **2.** *(ételt, munkát stb.)* összecsap **3.** zsebre vág; elemel vmit

knock sy off szl kinyír vkit

knock sy out biz **1.** *(versenyből)* kiüt vkit **2.** kidöglesszt; kiüt; kikészít vkit **3.** lenyűgöz; levesz a lábáról vkit

knock sy/sg over 1. sokkol; megdöbbent vkit **2.** AmE kirabol vkit/vmit **3.** feldönt vkit/vmit

knock sy up biz **1.** felébreszt vkit **2.** kikészít; kifáraszt; kidöglesszt vkit **3.** vulg felcsinál; teherbe ejt vkit

knock sg up biz **1.** *(ennivalót)* összeüt; összetákol **2.** *(pénzt)* zsebre vág

knock up against sy beleütközik vkibe

knock up against sg nekiütközik vminek

---

²**knock** [nɒk] <fn> [C] **1.** kopog(tat)ás **2.** *(motoré)* kopogás; kotyogás **3.** ütés: *give sy a knock on the head* fejbe vág vkit

knockdown ['nɒkdaʊn] <fn> [U] *(bokszolóé)* padlóra kerülés

knockout ['nɒkaʊt] <fn> [C] **1.** *(bokszban)* kiütés; KO: *win by a knockout* kiütéssel/KO-val győz **2.** sp kieséses verseny **3.** szl elképesztő dolog/ember

knock-up ['nɒkʌp] <fn> [U] sp bemelegítés

¹knot [nɒt] <fn> [C] **1.** csomó: *I tied a big knot in the rope.* Egy nagy csomót kötöttem a kötélre. **2.** *(fában)* görcs; dudor; bütyök: *This wood is full of knots.* Ez a fa tele van görccsel. **3.** *(hajóknál kb. 1853 m/h)* csomó **4.** bonyodalom; nehézség **5.** csoport

♦ **tie oneself up in knots** nehéz helyzetbe kerül; nehéz helyzetbe hozza magát

²knot [nɒt] <ige> (knots, knotting, knotted) **1.** (össze)csomóz **2.** összegubancolódik

¹know [nəʊ] <ige> (knows, knowing, knew, known) **1.** tud: *we know that…* tudjuk, hogy… ∗ *as far as I know* amennyire én tudom ∗ *God knows* tudja Isten ∗ *let me know* tudassa velem; értesítsen ∗ *know sg by heart* kívülről tud vmit ∗ *I don't know where he lives.* Nem tudom, hol lakik. ∗ *I know a lot about him.* Sokat tudok róla. ∗ *He doesn't know my name.* Nem tudja a nevemet. ∗ *I know he is right.* Tudom, hogy igaza van. ∗ *How do you know?* Honnan tudja? ∗ *You know what?* Tudod mit? ∗ *I know it for certain.* Határozottan tudom. ∗ *I don't know what to do.* Nem tudom, mihez kezdjek. **2.** ismer; megismer; felismer: *know the town* ismeri a várost ∗ *know a boy called Tom* ismer egy Tom nevű fiút ∗ *I know him quite well.* Egész jól ismerem őt. ∗ *He has known me for twenty years.* Húsz éve ismer engem. ∗ *You will know him by his jumper.* Megismered őt a pulóveréről. ∗ *We know a lot of poetry.* Sok verset ismerünk. **3.** ért vmihez: *She doesn't know how to cook.* Nem ért a főzéshez./Nem tud főzni.

♦ **for all I know** már amennyire én tudom ♦ **get/come to know sg** megtud vmit ♦ **get/come to know sy** megismer; kiismer vkit ♦ **get known** kitudódik ♦ **He knows what he is after.** Tudja, mit akar. ♦ **you ought to know better than** lehetne több eszed, mint… ♦ **know sg backwards** *(leckét stb.)* kívülről tud vmit; fúj vmit ♦ **know sg inside out** tövéről hegyire ismer vmit ♦ **you know** tudod…; izé…; szóval… ♦ **you never know** az ember sohasem tud(hat)ja ♦ **Who knows?** Ki tudja?

²know [nəʊ] <fn>

♦ **be in the know** biz jól értesült; tájékozott

know-all ['nəʊɔːl] <fn> [C] iron nagyokos

know-how ['nəʊhaʊ] <fn> [U] biz szakismeret; szaktudás; gyártási/kezelési ismeretek; know-how

knowing ['nəʊɪŋ] <mn> **1.** tájékozott; bennfentes; értelmes: *a knowing look* sokatmondó pillantás **2.** ravasz; ügyes

knowingly ['nəʊɪŋli] <hsz> **1.** cinkosan; bennfentesen; sokatmondóan; mindentudóan: *smile knowingly* cinkosan mosolyog **2.** tudatosan; szándékosan

know-it-all ['nəʊɪtɔːl] <fn> [C] iron AmE nagyokos

knowledge ['nɒlɪdʒ] <fn> [U] **1.** tudás; ismeret; tudomány: *a good knowledge of English* jó angol nyelvtudás; jó angoltudás ∗ *a wide knowledge about wildlife* széleskörű ismeretek a vadvilágról **2.** tudomás: *to my knowledge* tudtommal; tudomásom szerint ∗ *without sy's knowledge* vkinek a tudomása nélkül ∗ *bring sg to sy's knowledge* vmit vki tudomására hoz ∗ *She has no knowledge of this story.* Erről a történetről nincs tudomása./Erről a történetről nem tud.

knowledgeable ['nɒlɪdʒəbl] <mn> tájékozott; jól informált (**about** sg vmiben)

¹known [nəʊn] → **¹know**

²known [nəʊn] <mn> (köz)ismert; tudott: *be known for sg* nevezetes vmiről

knuckle ['nʌkl] <fn> **1.** [C] ujjízület **2.** [U, C] *(sertésé, borjúé stb.)* csülök: *knuckle of pork* sertéscsülök

♦ **near the knuckle** biz közel jár az illetlenséghez

kohlrabi [ˌkəʊl'rɑːbi] <fn> [U] karalábé

kook [kuːk] <fn> [C] biz AmE lökött/dilis/bolond (pacák)

kooky ['kuːki] <mn> (kookier, kookiest) biz AmE lökött; dilis; ütődött

Korea [kə'rɪə] <fn> Korea

¹Korean [kə'rɪən] <mn> koreai

²Korean [kə'rɪən] <fn> **1.** [C] *(személy)* koreai **2.** [U] *(nyelv)* koreai

kWh [= kilowatt-hour(s)] kWh (= kilowattóra)

L, l

¹L, l [el] <fn> [C, U] (Ls, L's, l's) *(betű)* L, l

²L [el] **1.** [= Lake] tó **2.** [= large (size)] *(ruhaméret)* L (= nagy méret) **3.** [= learner (driver)] *(autónál)* T (= tanuló vezető)

³l [el] **1.** [= line] sor **2.** [= litre(s); liter(s)] l (= liter)

lab [læb] <fn> [C] biz labor

Lab [= Labour] → **Labour Party**

¹label ['leɪbl] <fn> [C] **1.** címke; felirat; cédula: *This tin has no label which could tell us what is inside.* Ennek a konzervnek nincs címkéje/felirata, amelyből kiderülne, mi van benne. **2.** megjelölés; elnevezés **3.** lemezgyártó cég **4.** *(stiláris stb.)* rövidítés; minősítés

²label ['leɪbl] <ige> (labels, labelling, labelled, AmE labeling, labeled) **1.** címkével ellát; (meg)címkéz **2.** minősít; (el)nevez; besorol: *label sy (as) sg* vminek minősít/nevez vkit

labor ['leɪbər] AmE → **¹labour**

laboratory [lə'bɒrətri] <fn> [C] (laboratories) laboratórium

laborer ['leɪbərər] AmE → **labourer**

laborious [lə'bɔːriəs] <mn> **1.** fáradságos; nehéz; vesződséges: *a laborious task* nehéz feladat **2.** nehézkes **3.** dolgos; szorgalmas

¹labour ['leɪbə] <fn> [U] **1.** munka: *This is a result of two months of labour.* Ez két hónapos munka eredménye. **2.** munkaerő; munkás(ok); munkásosztály: *skilled labour* szakképzett munkaerő **3.** vajúdás; szülés(i fájdalmak): *She was in labour for 6 hours.* 6 órán át vajúdott.

²labour ['leɪbə] <ige> (labours, labouring, laboured) **1.** dolgozik; munkálkodik **2.** fáradozik (**at sg** vmin)

labourer ['leɪbərə] <fn> [C] munkás; (fizikai) dolgozó

Labour Party ['leɪbə ˌpɑːti] <fn> **the Labour Party** [sing + sing/pl v] BrE Munkáspárt

¹lace [leɪs] <fn> **1.** [C] (cipő)fűző **2.** [U] csipke

²lace [leɪs] <ige> **1.** *(cipőfűzőt)* (be)fűz: *lace (up) one's boots* befűzi a cipőfűzőjét **2.** *(italt alkohollal)* ízesít

¹lack [læk] <ige> **1.** nincs neki (elég): *He lacks confidence.* Nincs önbizalma. **2. be lacking in sg** vmi hiányzik: *He's totally lacking in confidence.* Teljesen hiányzik belőle az önbizalom.

²lack [læk] <fn> [U, sing] hiány(a) (**of sg** vminek): *a lack of time* időhiány ∗ *a lack of money* pénzhiány

lackluster ['lækˌlʌstər] AmE → **lacklustre**

lacklustre ['lækˌlʌstə] <mn> **1.** fakó; fénytelen; matt **2.** középszerű

¹lacquer ['lækə] <fn> [U] lakk; fénymáz

²lacquer ['lækə] <ige> (be)lakkoz

lad [læd] <fn> [C] biz fiú; legény

ladder ['lædə] <fn> [C] **1.** létra: *ladder of success* átv a siker lépcsőfokai **2.** *(harisnyán)* lefutó szem

laddie ['lædɪ] <fn> [C] fiúcska; legényke

laden ['leɪdn] <mn> megrakott; megterhelt: *The trees were laden with fruit.* A fák roskadoztak a gyümölcstől.

ladies' room ['leɪdɪz ruːm] <fn> [C] AmE női vécé; mosdó

¹ladle ['leɪdl] <fn> [C] merőkanál

²ladle ['leɪdl] <ige> *(levest)* kimer

lady ['leɪdɪ] <fn> (ladies) **1.** hölgy; úrnő: *Ladies and Gentlemen!* Hölgyeim és uraim! **2. Our Lady** vall Miasszonyunk **3. Lady** *(arisztokrata nő címe)* lady **4.** asszony; nő; nő-: *ladies' fashion* női divat **5.** biz feleség

ladybird ['leɪdɪbɜːd] <fn> [C] katicabogár

ladybug ['leɪdɪbʌg] <fn> [C] AmE katicabogár

🇬🇧 Lady Chapel

Nagyobb templomban, székesegyházon belül, többnyire az oltár mögött elhelyezkedő, Boldogasszonynak szentelt kápolna.

¹lag [læg] <ige> (lags, lagging, lagged) el-/lemarad; késlekedik: *lag behind* hátramarad; lemarad

²lag [læg] <fn> [C] késedelem; késés

lager ['lɑːgə] <fn> [C, U] BrE világos sör

lagoon [lə'guːn] <fn> [C] lagúna

laid [leɪd] → **¹lay**

laid-back [ˌleɪd'bæk] <mn> biz könnyed; laza

lain [leɪn] → **³lie**

lake [leɪk] <fn> [C] tó: *swim in the lake* úszik a tóban ∗ *have a holiday by Lake Balaton* a Balatonon nyaral

la-la land → **cloud cuckoo land**

> 🇬🇧 **Lake District, the**
>
> A cumbriai hegyek között elterülő tóvidék 16 kisebb-nagyobb tóból áll, amely az Egyesült Királyság nemzeti parkjainak egyike. Az angol romantikus költő, William Wordsworth tette a vidéket igazán híressé.

lamb [læm] <fn> **1.** [C] bárány **2.** [U] bárány(hús): *roast lamb* bárányült

lame [leɪm] <mn> **1.** sánta; béna: *be lame in one leg* egyik lábára sántít **2.** *(kifogás)* átlátszó; *(érvelés)* gyenge; gyatra

¹lament [lə'ment] <fn> [C] panasz; siránkozás; lamentáció

²lament [lə'ment] <ige> **1.** (meg)sirat; fájlal **2.** siránkozik; panaszkodik (**for/over sg** vmi miatt/felett)

lamp [læmp] <fn> [C] lámpa

lamp post ['læmppəʊst] <fn> [C] lámpaoszlop

lampshade ['læmpʃeɪd] <fn> [C] lámpaernyő

lance [lɑːns] <fn> [C] lándzsa; dárda

¹land [lænd] <fn> **1.** [U] szárazföld: *land forces* szárazföldi hadsereg * *arrive on land after a long boat journey* egy hosszú hajóút után szárazföldre érkezik **2.** [U] föld(birtok): *own a land in Scotland* van egy birtoka Skóciában **3.** [U] talaj; termőföld **4.** [C] ország: *live far from one's native land* messze él a hazájától **5.** [C] vidék

²land [lænd] <ige> **1.** *(hajó)* kiköt; *(utas)* partra száll; kiszáll **2.** *(repülőgép)* leszáll; földet ér: *The aeroplane landed ten minutes ago.* A repülőgép tíz perccel ezelőtt földet ért. **3.** partra szállít/tesz; hajóból kirak **4.** *(repülőgépet)* letesz: *The pilot will land the plane safely.* A pilóta biztonságosan fogja letenni a gépet. **5.** biz *(vmilyen helyzetbe)* hoz; juttat (**sy** vkit): *land sy in difficulty* nehéz helyzetbe hoz vkit **6.** *(halat a vízből)* kifog

> **land up in sg** biz vhol/vmilyen helyzetben találja magát: *land up in a prison cell* börtönben kötött ki
> **land sy with sg** biz vkinek a nyakába varr vmit

landing ['lændɪŋ] <fn> **1.** [C, U] kikötés; partra szállás **2.** [C, U] leszállás; földre szállás; landolás: *emergency landing* kényszerleszállás * *The plane's landing was delayed.* Késett a gép a leszállással. **3.** [C] (lépcső)pihenő; lépcsőforduló

landing stage ['lændɪŋ steɪdʒ] <fn> [C] kikötőhely; stég

landing strip ['lændɪŋ strɪp] <fn> [C] kifutópálya

landlady ['lænd‚leɪdi] <fn> [C] (landladies) **1.** háziasszony; szállásadónő **2.** tulajdonos; üzletvezetőnő; vendéglősné

landlord ['lændlɔːd] <fn> [C] **1.** háziúr; házigazda; szállásadó **2.** tulajdonos; üzletvezető; vendéglős **3.** földbirtokos

landscape ['lændskeɪp] <fn> **1.** [C, ált sing] táj **2.** [C, U] tájkép

landslide ['lændslaɪd] <fn> [C] **1.** földcsuszamlás **2.** átütő győzelem

lane [leɪn] <fn> [C] **1.** ösvény **2.** (keskeny) utca; átjáró; köz; sikátor **3.** (forgalmi) sáv: *inside/middle/outside lane* külső/középső/belső sáv * *change lanes* sávot vált **4.** sp pálya: *in lane four* a 4-es pályán **5.** *(hajó/repülő által használt)* útvonal

language ['læŋɡwɪdʒ] <fn> [C, U] **1.** nyelv: *foreign language* idegen nyelv * *modern languages* élő nyelvek * *language laboratory* nyelvi labor **2.** nyelvezet; beszéd(mód)

lank [læŋk] <mn> karcsú; hosszú; vékony

lanky ['læŋki] <mn> (lankier, lankiest) nyurga; hórihorgas

lantern ['læntən] <fn> [C] lámpás

¹lap [læp] <fn> [C] **1.** *(testrész)* öl **2.** sp *(versenypályán)* kör; *(úszóversenyen)* hossz
♦ **in the lap of luxury** jólétben

²lap [læp] <ige> (laps, lapping, lapped) **1.** csobog; csobban **2.** nyaldos; szürcsöl; lefetyel: *The cat lapped the milk.* A cica a tejet lefetyelte. **3.** sp *(ellenfelet)* lekörözm lehagy **4.** csapkod; verdes

> **lap sg up 1.** felnyal vmit **2.** biz két kézzel kap vmi után

¹lapse [læps] <fn> [C] **1.** (emlékezet)kihagyás **2.** *(időé)* múlás; időköz **3.** mulasztás; hiba; botlás: *lapse from duty* kötelességszegés **4.** *(jogé)* megszűnés; elévülés; *(határidőé)* lejárat

²lapse [læps] <ige> **1.** kihagy **2.** *(idő)* (el)múlik **3.** hibázik; botlik; téved **4.** *(határidő)* lejár; *(jog)* elévül; érvényét veszti

> **lapse into sg** visszaesik; visszasüllyed vmibe

laptop ['læptɒp] <fn> [C] laptop; hordozható számítógép

larch [lɑːtʃ] <fn> [C, U] vörösfenyő

¹lard [lɑːd] <fn> [U] (disznó)zsír

²**lard** [lɑːd] <ige> megzsíroz; (szalonnával) megtűzdel

larder ['lɑːdə] <fn> [C] (élés)kamra; élelmiszeres szekrény

large [lɑːdʒ] <mn> **1.** nagy (méretű); terjedelmes; tágas: *a large house* nagy ház * *a large family* nagy család **2.** széles körű; átfogó **3.** bőkezű; nagylelkű

♦ **at large** 1. általában 2. részletesen; hosszadalmasan 3. szabadlábon ♦ **by and large** nagyjából

largely ['lɑːdʒlɪ] <hsz> **1.** nagy részben; jórészt; főként **2.** nagy arányokban/mértékben

large-scale ['lɑːdʒskeɪl] <mn> **1.** nagyarányú; nagymértékű; nagyszabású **2.** nagy méretarányú

lark [lɑːk] <fn> [C] pacsirta

laryngitis [ˌlærɪnˈdʒaɪtɪs] <fn> [U] gégegyulladás

larynx ['lærɪŋks] <fn> [C] (larynxes v. larynges) gége(fő)

laser ['leɪzə] <fn> [C] fiz lézer

laser printer ['leɪzəˌprɪntə] <fn> [C] lézernyomtató

¹**lash** [læʃ] <fn> [C] **1.** szempilla **2.** *(ostoré)* szíj **3.** ostorcsapás; korbácsütés

²**lash** [læʃ] <ige> **1.** *(eső az ablakot)* ver(des); *(hullám)* csapkod: *lash (against) the windows* (eső) veri az ablakot **2.** *(ostorral)* (meg)korbácsol; üt; ver **3.** hevesen megtámad; szid **4.** megerősít; megköt: *lash sg to sg* odaköt vmit vmihez

> **lash out 1.** rátámad (**at sy** vkire); *(kritikus)* kirohan (**at sy** vki ellen) **2.** odavág (**at sy** vkinek)

lass [læs] <fn> [C] lány(ka); fiatalasszony

lassie ['læsɪ] <fn> [C] lány(ka); fiatalasszony

¹**last** [lɑːst] <mn> **1.** (leg)utolsó; végső: *Which is the last day of the week?* Melyik a hét utolsó napja? **2.** múlt; legutóbbi: *last Friday* múlt pénteken * *last week* múlt héten **3.** legújabb; legfrissebb

²**last** [lɑːst] <hsz> utoljára; utolsónak; vég(ezet)ül: *When did you last see your best friend?* Mikor láttad utoljára a legjobb barátodat? * *He was the last person to arrive.* Ő érkezett utolsóként.

♦ **last but not least** utoljára, de nem utolsósorban

³**last** [lɑːst] <fn> **the last** [sing] az utolsó; utója; vége (vminek): *She was the last to came.* Ő volt az utolsó, aki megjött. * *That is the last of the oranges.* Ez a narancs az utolsó.

♦ **at (long) last** végre (valahára) ♦ **near one's last** a végét járja ♦ **to/till the last** mindvégig

⁴**last** [lɑːst] <ige> **1.** tart; fennmarad; megmarad: *Our journey lasted for two weeks.* Az utunk két hétig tartott. * *The concert lasted all night.* A koncert egész éjszaka tartott. **2.** kitart; elég: *This piece of cheese will last until tomorrow morning.* Holnap reggelig elég ez a darab sajt. * *Three loaves of bread last you for three days.* Három kiló kenyér elég nektek három napra.

last-ditch [ˌlɑːstˈdɪtʃ] <mn> *(küzdelem)* elkeseredett; *(erőfeszítés)* kétségbeesett: *a last-ditch attempt* kétségbeesett erőfeszítés

lasting ['lɑːstɪŋ] <mn> tartós; maradandó

lastly ['lɑːstlɪ] <hsz> végül

last name ['lɑːst neɪm] <fn> [C] vezetéknév

¹**latch** [lætʃ] <fn> [C] kallantyú; zár(nyelv); tolózár; retesz

²**latch** [lætʃ] <ige> kilincsre (be)csuk; *(ajtót)* elreteszel

> **latch on** biz **1.** *(megért)* kapcsol **2.** csatlakozik (**to sy/sg** vkihez/vmihez) **3.** bekapcsolódik (**to sg** vmibe)

¹**late** [leɪt] <mn> (later, latest) **1.** késő: *It is late.* Késő van. * *be late for sg* lekésik vmit/vmiről **2.** késői; kései; *(egy időszak)* vége felé: *in the late afternoon* késő délután * *late frosts* kései fagyok * *She was born in the late seventies.* A hetvenes évek vége felé született. **3.** néhai; egykori; volt: *her late husband* néhai férje * *the late Prime Minister* a volt miniszterelnök

²**late** [leɪt] <hsz> **1.** későn: *I got up late.* Későn keltem fel. * *He married late.* Későn házasodott. * *keep sy late* késleltet vkit **2.** későn; *(egy időszak)* vége felé: *late in May* május vége felé

♦ **better late than never** jobb későn, mint soha

latecomer ['leɪtˌkʌmə] <fn> [C] későn jövő/érkező (személy)

lately ['leɪtlɪ] <hsz> az utóbbi időben; újabban; mostanában; a minap: *Have you met her lately?* Találkoztál vele mostanában/az utóbbi időben?

¹**later** ['leɪtə] <hsz> később: *I met her again three years later.* Három évvel később ismét találkoztam vele.

♦ **later on** később; a későbbiek során/folyamán ♦ **See you later!** Viszontlátásra! ♦ **sooner or later** előbb-utóbb

²**later** ['leɪtə] <mn> későbbi: *at a later date* későbbi időpontban; utólag

³**later** ['leɪtə] → **late**

latest ['leɪtɪst] <mn> legújabb; legfrissebb; legutóbbi; legutolsó: *the latest news* a legfrissebb hírek
- **at the latest** legkésőbb

lather ['lɑːðə] <fn> [U] szappanhab

¹**Latin** ['lætɪn] <mn> latin: *Latin America* Latin-Amerika

²**Latin** ['lætɪn] <fn> [U] *(nyelv)* latin

latitude ['lætɪtjuːd] <fn> **1.** [C, U] *(földrajzi)* szélesség; szélességi fok **2.** [U] *(cselekvésben)* mozgástér

¹**latter** ['lætə] <mn> későbbi: *in the latter half of the year* az év második felében

²**latter** ['lætə] <fn> **the latter** [sing] *(kettő közül)* az utóbbi; második: *He presented two solutions. The latter seems much better.* Két megoldást mutatott be. A második sokkal jobbnak tűnik.

Latvia ['lætvɪə] <fn> Lettország

¹**Latvian** ['lætvɪən] <mn> lett

²**Latvian** ['lætvɪən] <fn> **1.** [C] *(személy)* lett **2.** [U] *(nyelv)* lett

laud [lɔːdəbl] <ige> dicsér; magasztal

laudable ['lɔːdəbl] <mn> dicséretre méltó

¹**laugh** [lɑːf] <ige> nevet; kacag: *laugh loudly* hangosan nevet ∗ *make sy laugh* megnevettet vkit
- **He laughs best who laughs last.** Az nevet legjobban, aki utoljára nevet.

laugh at sy/sg 1. nevet vkin/vmin **2.** kinevet vkit/vmit
laugh sg off nevetéssel lehurrog vmit

²**laugh** [lɑːf] <fn> [C] **1.** nevetés; kacagás: *have a good laugh* jót nevet **2.** biz komikus személy/dolog
- **for a laugh** viccből

laughable ['lɑːfəbl] <mn> nevetséges

laughing stock ['lɑːfɪŋ stɒk] <fn> [C] nevetség tárgya

laughter ['lɑːftə] <fn> [U] nevetés; kacagás: *burst into laughter* harsogó nevetésbe tör ki

¹**launch** [lɔːntʃ] <ige> **1.** *(hajót)* vízre bocsát; *(rakétát)* kilő; indít **2.** *(vállalkozást)* elindít; *(terméket)* piacra dob: *Our enterprise will be launched in two weeks.* Két héten belül elindítjuk a vállalkozásunkat. **3.** dob; hajít

²**launch** [lɔːntʃ] <fn> [C] **1.** *(hajóé)* vízre bocsátás; *(űrhajóé)* kilövés **2.** motorcsónak

launder ['lɔːndə] <ige> **1.** *(ruhát)* (ki)mos és vasal **2.** pénzt mos: *The money was laundered through a bank.* Egy bankon keresztül történt a pénzmosás.

launderette [ˌlɔːndə'ret] <fn> [C] önkiszolgáló mosószalon; gyorstisztító szalon

laundry ['lɔːndrɪ] <fn> (laundries) **1.** [U] mosnivaló: *dirty laundry* szennyes **2.** [U] mosott ruha/ruhák **3.** [C] patyolat; mosoda

laundry basket ['lɔːndrɪˌbɑːskɪt] <fn> [C] szennyesláda; szennyestartó; szennyeskosár

laureate ['lɒrɪət] <mn> (babér)koszorús: *poet laureate* BrE koszorús költő

laurel ['lɒrəl] <fn> [C, U] babér

lav [læv] <fn> [C] biz BrE klozet; klotyó

lava ['lɑːvə] <fn> [U] láva

lavatory ['lævətərɪ] <fn> [C] (lavatories) BrE vécé; mosdó

lavender ['lævəndə] <fn> [U] levendula

¹**lavish** ['lævɪʃ] <mn> **1.** bőkezű; pazarló: *be lavish with/in sg* bőkezűen ad vmit **2.** kiadós; pazar; bőséges

²**lavish** ['lævɪʃ] <ige> pazarol; tékozol

lavish sg on sy elhalmoz vkit vmivel

law [lɔː] <fn> **1.** [C] törvény; rendelet; jogszabály: *There is a law against murder.* Törvény van a gyilkosság ellen. **2. the law** [U] a törvény: *against the law* törvényellenes ∗ *break the law* megszegi a törvényt ∗ *obey the law* betartja a törvényt **3.** [U] jog: *study law* jogot hallgat ∗ *go to law* bírósághoz fordul **4.** [C] szabály; (természeti) törvény: *laws of a game* játékszabályok ∗ *the laws of gravity* a gravitáció törvényei
- **law and order** közrend

law-abiding ['lɔːəˌbaɪdɪŋ] <mn> törvénytisztelő

law-breaker ['lɔːˌbreɪkə] <mn> törvényszegő

law court ['lɔː kɔːt] <fn> [C] bíróság; törvényszék

lawful ['lɔːfl] <mn> törvényes; jogos; jogszerű

lawless ['lɔːləs] <mn> **1.** törvényellenes; jogtalan **2.** törvény nélküli **3.** a törvénnyel szembehelyezkedő; féktelen

lawn [lɔːn] <fn> [C, U] gyep; pázsit

lawn mower ['lɔːnməʊə] <fn> [C] fűnyíró gép

lawsuit ['lɔːsuːt] <fn> [C] per; kereset: *bring a lawsuit against sy* pert indít vki ellen

lawyer ['lɔːjə] <fn> [C] ügyvéd; jogász: *consult a lawyer* ügyvédhez fordul

lax [læks] <mn> **1.** laza; ernyedt **2.** fegyelmezetlen; hanyag; felületes; laza **3.** laza erkölcsű; feslett

¹**lay** [leɪ] <ige> (laid, laid) **1.** (le)fektet; (le)helyez; (le)terít: *Lay your exercise books on the*

table. Helyezd a füzeteidet az asztalra! **2.** *(kábelt, csövet stb.)* (le)fektet; lesüllyeszt; (le)rak; épít: *lay floor* parkettáz * *lay a fire* tüzet rak **3.** elkészít; megterít: *lay the table* megterít(i az asztalt) **4.** tojik: *lay eggs* tojást tojik **5.** *(fogadást)* tesz; fogad: *I'll lay you $5.* Öt dollárba fogadok veled. **6.** tervez; kigondol; kitervel; kieszel: *lay a scheme to do sg* kitervel vmit **7.** *(bírságot)* kiró; kiszab **8.** *(javaslatot, kérést)* előterjeszt; *(tényállást)* ismertet; előad: *lay the facts before sy* ismerteti a tényeket vkivel **9.** cselt vet; *(csapdát, leshelyet)* (fel)állít: *lay a trap* csapdát állít **10.** átv helyez; (rá)rak; tesz: *lay stress upon sg* súlyt helyez vmire * *lay the blame on sy* a felelősséget vkire hárítja

lay sg aside 1. *(pénzt)* félretesz; megtakarít **2.** abbahagy; felhagy vmivel
lay sg down 1. *(szabályokat)* lefektet; leszögez **2.** letesz; lefektet vmit **3.** lemond vmiről; felhagy vmivel: *lay down one's life* életét feláldozza
lay off sy biz leszáll vkiről
lay off sg biz felhagy vmivel; abbahagy vmit
lay sy off *(munkaerőt)* elbocsát; elküld
lay sg on biz gondoskodik vmiről
lay sg out 1. elrendez; megtervez vmit **2.** kirak, kiterít vmit **3.** *(pénzt)* befektet; kiad; kidob **4.** *(halottat)* felravataloz
lay sy out biz leterít; kiüt; harcképtelenné tesz vkit
lay sg up beszerez; felhalmoz; félretesz vmit

²**lay** [leɪ] <mn> **1.** *(nem egyházi)* világi **2.** laikus; nem hivatásos
³**lay** [leɪ] → ³**lie**
layabout ['leɪəˌbaʊt] <fn> [C] biz BrE semmirekellő
lay-by ['leɪbaɪ] <fn> [C] (lay-bys) *(autópálya mellett)* pihenőhely; parkoló
layer ['leɪə] <fn> [C] réteg
layman ['leɪmən] <fn> (laymen) laikus; nem szakember
lay-off ['leɪɒf] <fn> [C] (lay-offs) **1.** létszámcsökkentés; elbocsátás **2.** munkaszünet; pihenő(nap)
layout ['leɪaʊt] <fn> [C] elrendezés; (tér)beosztás; alaprajz; tervrajz
laze [leɪz] <ige> **laze (about/around)** lustálkodik; henyél
laziness ['leɪzɪnəs] <fn> [U] lustaság; tunyaság
lazy ['leɪzɪ] <mn> (lazier, laziest) **1.** lusta; tunya; henyélő **2.** bágyasztó; álmosító: *lazy weather* álmosító idő

lazybones ['leɪzɪbəʊnz] <fn> [pl] biz lusta/tunya ember
lb [= pound(s)] <fn> [C] (lb v. lbs) *(súlymérték)* font
¹**lead** [led] <fn> **1.** [U] ólom: *lead poisoning* ólommérgezés **2.** [C, U] grafit
²**lead** [liːd] <ige> (led, led) **1.** vezet; irányít: *lead by the nose* az orránál fogva vezet * *lead to the altar (menyasszonyt)* oltár elé vezet * *The teacher led the whole group.* A tanár vezette az egész csoportot. **2.** *(út)* vezet; visz vhova: *This road leads to the beach.* Ez az út vezet a strandra. **3.** sp vezet; élen halad: *lead by five metres* öt méterrel vezet * *lead the field (versenyen)* vezeti a mezőnyt **4.** késztet; rábír; rávesz **(sy to sg** vkit vmire) **5.** *(zenekart)* vezényel **6.** eredményez; vezet **(to sg** vmire)

lead off (from) sg elvezet; elvisz vhonnan
lead (sg) off (meg)kezd; (meg)nyit (vmit)
lead up to sg 1. vezet vmire/vmihez **2.** kilyukad vhova

³**lead** [liːd] <fn> **1. the lead** [sing] *(sportban, versenyben)* vezetés: *be in the lead* vezet * *take (over) the lead* átveszi a vezetést **2.** [sing] előny: *I had a lead of four metres.* Négyméteres/Négyméternyi előnyöm volt. **3.** [C] vezető szerep; főszerep: *play the lead (filmben)* főszerepet játszik **4.** [C] *(nyomozásnál)* nyom **5.** [C] póráz: *keep the dog on a lead* pórázon tartja a kutyát **6.** [C] (elektromos) vezeték
♦ **follow sy's lead** követ vkit; követi vki útmutatását
leaded ['ledɪd] <mn> ólmozott; ólmos
leader ['liːdə] <fn> [C] **1.** vezető; vezér: *a strong leader* erős vezető **2.** *(versenyen)* első **3.** zene BrE koncertmester; első hegedűs **4.** BrE vezércikk
leadership ['liːdəʃɪp] <fn> **1.** [U] vezérlet; vezetés **2.** [C + sing/pl v] vezetőség **3.** [U] *(emberé)* vezetői képesség
lead-free [ˌledˈfriː] <mn> *(benzin)* ólommentes
leading ['liːdɪŋ] <mn> vezető; vezérlő; fő-: *the leading expert* vezető szakértő * *leading question* rávezető/irányító kérdés * *leading part* főszerep
lead story ['liːd ˌstɔːrɪ] <fn> [C] (lead stories) *(híradásban)* vezércikk; fő hír
leaf [liːf] <fn> [C] (leaves) **1.** (fa)levél: *in leaf* kilombosodott **2.** *(könyvé)* lap **3.** (lehajtható) asztallap
♦ **turn over a new leaf** új életet kezd

♦ **take a leaf out of sy's book** követi vkinek a példáját
leaflet ['li:flət] <fn> [C] **1.** reklámcédula; szórólap **2.** röplap; röpirat
leafy [li:fɪ] <mn> (leafier, leafiest) **1.** dús **2.** leveles; lombos
league [li:g] <fn> [C] **1.** sp liga **2.** szövetség: *the League of Nations* a Népszövetség
♦ **be in league (with sy)** szövetkezik vkivel
¹**leak** [li:k] <ige> **1.** (ki)folyik; szivárog: *Milk is leaking from the bottle.* Tej szivárog az üvegből. **2.** beázik: *Our roof leaks.* Beázik a tetőnk. **3. leak sg (to sy)** kiszivárogtat vmit (vkinek)

leak out *(hír)* kiszivárog

²**leak** [li:k] <fn> [C] **1.** hézag; rés; lyuk; lék: *spring a leak (hajó)* léket kap **2.** (el)szivárgás **3.** *(híré)* kiszivárogtatás
leakage ['li:kɪdʒ] <fn> [C, U] **1.** (el)szivárgás; kifolyás **2.** *(híré)* kiszivárgás **3.** lyuk; áteresztés
leaky ['li:kɪ] <mn> (leakier, leakiest) lyukas; léket kapott
¹**lean** [li:n] <mn> **1.** (kis zsírtartalmú) sovány: *lean meat* sovány hús **2.** szikár; vézna; sovány: *a lean man* szikár ember **3.** terméketlen; szűkös; sovány: *a lean harvest* szűkös termés * *a lean year* sovány esztendő **4.** tartalmatlan; unalmas
²**lean** [li:n] <ige> (leaned/BrE leant, leaned/ BrE leant) **1.** dől; hajol; hajlik **2.** nekidől; támaszkodik **3.** (neki)támaszt **4.** hajlama van; hajlik (**to sg** vmire)

lean against sg támaszkodik vmire; nekidől vminek
lean sg against sg nekitámaszt vmit vminek
lean back hátradől
lean forward előrehajol; előredől
lean on sy/sg átv is támaszkodik vmire/vkire

¹**leaning** ['li:nɪŋ] <mn> ferde; lejtős; ereszkedő
²**leaning** ['li:nɪŋ] <fn> [C, ált pl] hajlam; hajlandóság; vonzalom (**toward(s) sg** vmi iránt/vmire)
leant [lent] BrE → ²**lean**
¹**leap** [li:p] <ige> (leapt, leapt, AmE leaped, leaped) **1.** ugrik; szökell: *leap out of bed* kiugrik az ágyból **2.** ugrat; átugrik (**sg** vmit) (**over sg** vmin)

leap at sg *(ajánlaton stb.)* kapva kap
leap back hátraugrik

²**leap** [li:p] <fn> [C] **1.** ugrás; szökkenés: *take a leap* ugrik (egyet) * *I was outside with one leap.* Egyetlen ugrással kint voltam. * *His heart gave a leap.* Megdobbant a szíve. **2.** *(fejlődésben)* ugrás: *a great leap forward* nagy előrelépés/haladás
leapt [lept] → ¹**leap**
leap year ['li:p jɪə] <fn> [C] szökőév
learn [lɜ:n] <ige> (learnt/learned, learnt/learned) **1.** (meg)tanul (**sg from sy** vmit vkitől): *learn how to swim* úszni tanul * *I learn to cook from my mother.* Édesanyámtól tanulok főzni. * *I learned the whole lesson in the afternoon.* Délután megtanultam az összes leckét. **2.** megtud; értesül (**of/about sg** vmiről): *I learnt of her arrival.* Értesültem az érkezéséről. * *I learnt that he was ill.* Értesültem a betegségéről. **3.** okul; tanul (**from sg** vmiből): *learn from sy's mistakes* tanul a hibáiból
learned ['lɜ:nɪd] <mn> **1.** tanult; művelt; jártas (**in sg** vmiben) **2.** tudományos
learner ['lɜ:nə] <fn> [C] tanuló: *a book for learners of German* könyv németül tanulók számára * *a learner driver* tanulóvezető * *learner's dictionary* tanulói szótár
learnt [lɜ:nt] → **learn**
¹**lease** [li:s] <fn> [C] **1.** (haszon)bérlet: *take out a lease on sg* bérbe vesz vmit **2.** (haszonbérleti) szerződés **3.** (haszon)bérlet időtartama
♦ **take a new lease of life** újjászületik
²**lease** [li:s] <ige> **1.** bérbe vesz; kibérel **2. lease (out)** bérbe ad; lízingel
lease agreement ['li:s ə'gri:mənt] <fn> [C] haszonbérleti szerződés; lízingszerződés
leasehold ['li:shəʊld] <fn> [C, U] (haszon)bérlet
leash [li:ʃ] <fn> [C] póráz
¹**least** [li:st] <det> legkevesebb; legkisebb; legcsekélyebb: *He has the least experience.* Neki van a legkevesebb tapasztalata.
♦ **at the (very) least** legalább; minimum
♦ **not in the least (bit)** egyáltalán nem
♦ **to say the least** enyhén szólva
²**least** [li:st] <névm> legkevesebb; legkisebb; legcsekélyebb
³**least** [li:st] <hsz> legkevésbé: *He turns up when you least expect him.* Feltűnik, amikor legkevésbé számítasz rá. * *He was the least clever pupil in the class.* Ő volt a legkevésbé okos tanuló az osztályban.
♦ **at least 1.** legalább **2.** legalábbis ♦ **least of all** legkevésbé (mindenek közül)

leather ['leðə] <fn> [U] *(kikészített)* bőr: *leather belt* bőröv ∗ *leather goods* bőrdíszműáru

¹leave [liːv] <ige> (left, left) **1.** elmegy; (el)távozik; elutazik: *leave home* elmegy hazulról ∗ *leave the table* távozik az asztaltól ∗ *be about to leave* indulni készül **2.** elhagy; otthagy; hátrahagy: *leave his job* otthagyja az állását **3.** *(vhogyan)* hagy: *leave the door open* nyitva hagyja az ajtót **4.** (ott)felejt: *leave sg at home* otthon felejt vmit **5.** (meg)hagy: *Leave an apple for me.* Hagyj nekem egy almát! **6.** *(nyomot stb.)* hagy: *Red wine leaves a stain.* A vörösbor foltot hagy. **7.** (rá)hagy; örökül hagy: *His grandfather left him his house.* A nagyapja ráhagyta a házát. **8.** hagy; enged **(to do sg** vmit tenni) **9.** átad; rábíz: *I leave it to you.* Ezt rád bízom.

♦ **leave sy/sg alone** nyugton/békén hagy vkit/vmit ♦ **leave go** elenged

---
leave sy/sg behind elhagy/hátrahagy/ottfelejt vkit/vmit
leave off abbamarad; megszűnik
leave sg off abbahagy vmit; felhagy vmivel
leave sy/sg out (of sg) kihagy/kifelejt vkit/vmit (vmiből)

---

²leave [liːv] <fn> [U] engedély; eltávozás(i engedély); szabadság: *by your leave* szíves engedelmével ∗ *take leave of sy* elbúcsúzik vkitől ∗ *three weeks' leave* három hét szabadság ∗ *be on leave* szabadságon van

leaves [liːvz] → **leaf**

¹lecture ['lektʃə] <fn> [C] **1.** előadás (**on sg** vmiről); felolvasás: *give a lecture on sg* előadást tart vmiről **2.** rendreutasítás; intés: *get a lecture from sy* megpirongatja/megdorgálja vki

²lecture ['lektʃə] <ige> **1.** előad (**on sg** vmiről); előadás(oka)t tart (**on sg** vmiből): *lecture on mathematics* matematikából tart előadásokat **2.** tanít; oktat **3.** rendreutasít; (meg)int; (meg)leckéztet; kioktat

lecturer ['lektʃərə] <fn> [C] **1.** (egyetemi) előadó; oktató **2.** ≈ adjunktus: *senior lecturer* ≈ (tanszékvezető) docens

led [led] → **²lead**

LED [= light emitting diode] fénykibocsátó dióda; LED: *LED lamp* LED-lámpa

leek [liːk] <fn> [C] póréhagyma

leer [lɪə] <ige> **leer (at sy)** bámul; fixíroz (vkit)

¹left [left] <mn> bal; bal oldali; bal kézre eső: *left hand* bal kéz ∗ *It's on the left bank of the river.* A folyó bal oldali partján van.

²left [left] <hsz> balra; bal felé: *turn left* balra fordul

³left [left] <fn> **1.** [U] bal kéz/oldal: *She was sitting on my left.* A bal oldalamon ült. **2. the Left** [sing + sing/pl v] pol a baloldal

⁴left [left] → **¹leave**

left-hand ['lefthænd] <mn> bal oldali; bal kéz felőli: *left-hand side* bal oldal

left-handed [,left'hændɪd] <mn> **1.** balkezes: *Are you left-handed?* Balkezes vagy? **2.** balkezes(ek számára készült): *left-handed scissors* balkezesek számára készült olló

left-hander [,left'hændə] <fn> [C] balkezes ember

¹leftist ['leftɪst] <mn> baloldali (érzelmű); baloldali (politikai párthoz tartozó); balos

²leftist ['leftɪst] <fn> [C] baloldali érzelmű ember; baloldali politikai párthoz tartozó ember

left-luggage office [,left'lʌɡɪdʒ ɒfɪs] <fn> [C] BrE poggyászmegőrző

leftovers ['left,əʊvəz] <fn> [pl] (étel)maradék

¹left wing [,left'wɪŋ] <fn> **1.** [sing + sing/pl v] pol a baloldal; balszárny **2.** [C, U] sp bal szél

²left-wing [,left'wɪŋ] <mn> pol baloldali

leg [leɡ] <fn> [C] **1.** láb(szár) **2.** *(széké, asztalé)* láb **3.** *(nadrágé, harisnyáé)* szár: *I found a big hole on my trousers' leg.* Találtam egy nagy lyukat a nadrágom szárán. **4.** *(utazásé)* szakasz **5.** *(versenyben)* forduló

♦ **pull sy's leg** ugrat vkit

legacy ['leɡəsɪ] <fn> [C] (legacies) örökség; hagyaték: *come into a legacy* örökséghez jut

legal ['liːɡl] <mn> **1.** törvényes; jogos; jogszerű; megengedett; legális **2.** jogi: *legal adviser* jogi tanácsadó; jogtanácsos ∗ *take legal action against sy* beperel vkit

legal document [,liːɡl 'dɒkjumənt] <fn> [C] jog hiteles okmány/okirat

legality [lɪ'ɡælətɪ] <fn> [U] törvényesség; jogszerűség

legalize ['liːɡəlaɪz] <ige> törvényesít; hitelesít; legalizál

legend ['ledʒənd] <fn> **1.** [C, U] legenda; monda; rege **2.** [C] (élő) legenda **3.** [C] (címeren, érmén) felirat **4.** [C] (térképen) jelmagyarázat

legendary ['ledʒəndrɪ] <mn> **1.** mesebeli; mondabeli **2.** legendás

legible ['ledʒəbl] <mn> olvasható; kibetűzhető; világos; tiszta

legislate ['ledʒɪsleɪt] <ige> törvényt hoz/alkot

legislation [,ledʒɪs'leɪʃn] <fn> [U] **1.** törvényhozás **2.** törvénycsomag

¹legitimate [lɪ'dʒɪtəmət] <mn> **1.** indokolt **2.** legitim; törvényes; jogos

²legitimate [lɪ'dʒɪtəmeɪt] <ige> AmE legalizál; törvényesít; igazol

legitimize [lɪ'dʒɪtəmaɪz] <ige> törvényesít; legalizál; igazol

leisure ['leʒə] <fn> [U] szabadidő; ráérő idő: *be at leisure* szabad ideje van; ráér
  ♦ **at one's leisure** ha kedve/ideje van
leisure centre ['leʒə sentə] <fn> [C] szabadidőközpont
leisurely ['leʒəlɪ] <mn> kényelmes; ráérő; lassú; nyugodt
lemon ['lemən] <fn> [C, U] citrom: *a slice of lemon* egy szelet citrom
lemonade [,lemə'neɪd] <fn> [C, U] **1.** BrE *(szénsavas)* citromízű üdítőital **2.** AmE limonádé
lend [lend] <ige> (lent, lent) **1.** kölcsönad; kölcsönöz: *He lent me his bike.* Kölcsönadta a biciklijét. **2.** ad; nyújt: *lend advice* tanácsot ad
lender ['lendə] <fn> [C] **1.** gazd hitelező; hitelnyújtó **2.** kölcsönadó; kölcsönző
lending ['lendɪŋ] <fn> [U] **1.** gazd hitelezés; hitelnyújtás: *Landing by banks rose to $10 billion last month.* A bankok hitelnyújtása 10 milliárd dollárra emelkedett múlt hónapban. **2.** kölcsön(zés)
length [leŋθ] <fn> **1.** [C, U] *(térbeli)* hossz(úság): *measure the length of sg* megméri vminek a hossz(úság)át **2.** [C, U] *(időbeli)* hossz(úság): *the length of a film* a film hossza **3.** [C] *(uszodában)* hossz: *He can swim a length in 40 seconds.* Egy hosszt 40 másodperc alatt úszik le. **4.** [C] sp *(előny)* hossz: *The horse won by two lengths.* A ló két hosszal nyert.
  ♦ **at length** hossza(dalmasa)n ♦ **go to great lengths** *(vmi érdekében)* mindent megtesz ♦ **the length and breadth of sg** szélteben-hosszában
lengthen ['leŋθən] <ige> **1.** (meg)hosszabbít; (meg)told; (ki)nyújt; elnyújt **2.** hosszabbodik; (meg)nyúlik; kiterjed
lengthy ['leŋθɪ] <mn> terjengős; hosszadalmas
lenient ['liːnɪənt] <mn> elnéző; nem szigorú; szelíd
lens [lenz] <fn> [C] (lenses) *(optikai)* lencse
lent [lent] → **lend**
Lent [lent] <fn> [U] nagyböjt
lentil ['lentɪl] <fn> [C] *(növényi termés)* lencse: *lentil soup* lencseleves
Leo ['liːəʊ] <fn> [C, U] asztrol Oroszlán
leopard ['lepəd] <fn> [C] leopárd
leper ['lepə] <fn> [C] leprás
leprosy ['leprəsɪ] <fn> [U] lepra
lesbian ['lezbɪən] <mn> leszbikus
¹**less** [les] <hsz> kevésbé; kisebb mértékben; nem annyira: *He was clever but his friend was less clever on the examination.* Ő okos volt a vizsgán, a barátja azonban nem annyira. * *I like apples less than oranges.* Az almát nem annyira szeretem, mint a narancsot.
  ♦ **less and less** egyre kevésbé
²**less** [les] <det> kevesebb: *He was advised to drink less coffee.* Azt tanácsolták neki, hogy igyon kevesebb kávét.
³**less** [les] <névm> kevesebb
  ♦ **any the less** annak ellenére (sem) ♦ **none the less 1.** mindazonáltal **2.** annak ellenére(, hogy)
⁴**less** [les] <elölj> mínusz; levonva; leszámítva: *purchase price less 10%* a vételár 10 százalékát levonva/leszámítva
lessen ['lesn] <ige> **1.** kisebbedik; csökken; fogy **2.** kisebbít; csökkent; redukál; leszállít
lesser ['lesə] <mn> kisebb(ik); csekélyebb; kevesebb
lesser-known [,lesə'nəʊn] <mn> kevésbé ismert
lesson ['lesn] <fn> [C] **1.** tanítás; (tan)óra: *give French lessons* franciaórákat ad * *take driving lessons* gépkocsivezetést tanul **2.** lecke; feladat: *hear the lesson* kikérdezi a leckét **3.** tanulság: *Let that be a lesson to you.* Szolgáljon ez neked tanulságul!
  ♦ **teach sy a lesson** jól megleckéztet vkit
¹**let** [let] <fn> [C] **1.** bérbeadás; bérlet **2.** *(teniszben)* hálót ért adogatás
²**let** [let] <ige> (lets, letting, let, let) **1.** hagy; enged: *let fall elejt* * *I will let you go to the party.* Elengedlek a buliba. **2.** *(segítség felajánlása)* hadd: *Let me hold your umbrella.* Hadd tartsam az esernyődet! **3.** *(javaslat, ötlet kifejezésére):* *Let's go to the cinema.* Menjünk moziba! **4.** *(bérbe)* kiad: *We let our house to a rich family.* Egy gazdag családnak adjuk bérbe a házunkat. * *We don't have any rooms to let.* Nincs kiadó szobánk.
  ♦ **let alone** nem is beszélve arról, hogy…
  ♦ **let sy alone** békén hagy vkit ♦ **let sy know** értesít vkit ♦ **let me see/let's see** várjunk csak; lássuk csak ♦ **let sg slip** elárul; kifecseg ♦ **let's say** mondjuk; például ♦ **let oneself go 1.** elengedi magát **2.** elhanyagolja magát

---
let sy down cserben hagy; átejt; becsap vkit
let sg down leenged; leereszt vmit
let sy/sg in bereszt; beenged vkit/vmit
let sy in for sg biz belekever; beleránt vkit vmibe
let sy off elenged/ereszt vkit; megbocsát vkinek
let sg off 1. *(lőfegyvert)* elsüt **2.** *(folyadékot)* kienged

let sy out kienged; kiereszt vkit
let sg out 1. *(hangot)* kiad **2.** *(titkot)* kifecseg **3.** bérbe ad vmit

letdown [ˌlet'daʊn] <fn> [C ált sing] csalódás
lethal ['liːθl] <mn> halálos: *lethal dose* halálos adag
let's [lets] [= let us] → **²let 3.**
letter ['letə] <fn> [C] **1.** levél: *get a letter* levelet kap * *post a letter* levelet felad **2.** betű: *capital letter* nagybetű * *small letter* kisbetű **3. letters** [pl] irodalom(tudomány): *man of letters* irodalmár; tudós
letter box ['letəbɒks] <fn> [C] levélszekrény
lettuce ['letɪs] <fn> [C, U] *(fejes)* saláta
¹level ['levl] <mn> **1.** vízszintes; sík; egyszintű: *This table is somehow not level.* Ez az asztal valahogy nem vízszintes. * *a level teaspoon of sugar* egy csapott teáskanál cukor **2. be level with sy/sg** azonos színvonalon/szinten van vkivel/vmivel **3. be level with sg** egy szinten/magasságban van vmivel: *My head is level with my husband's shoulder.* A fejem a férjem vállával van egy magasságban. **4.** egyenlő; egyforma
²level ['levl] <fn> [C] **1.** szint; vízszintes felület: *above sea level* a tengerszint felett * *out of level* egyenetlen * *The garden is on the same level as the street.* A kert az utcával egy szinten van. **2.** szint; színvonal: *rise to the level of sy* vkinek a színvonalára emelkedik **3.** szempont: *on a professional level* szakmai szempontból
³level ['levl] <ige> (levels, levelling, levelled, AmE leveling, leveled) **1.** átv is (ki)egyenlít; egy szintre hoz **2.** szintez; vízszintessé tesz; (el-)egyenget **3.** lerombol; földdel egyenlővé tesz

level sg at sy/sg ráirányít; rászegez vkire/vmire vmit
level off/out kiegyenlítődik; egyenessé válik
level sg off/out kiegyenlít vmit

level crossing [ˌlevl'krɒsɪŋ] <fn> [C] vasúti átjáró
level-headed [ˌlevl'hedɪd] <mn> higgadt; nyugodt; kiegyensúlyozott
¹lever ['liːvə] <fn> [C] **1.** *(gépen)* kar **2.** emelő(-rúd) **3.** feszítőrúd; feszítővas
²lever ['liːvə] <ige> *(emelővel)* (meg)emel
levitate ['levɪteɪt] <ige> lebeg
¹levy ['levɪ] <ige> (levies, levying, levied) **1.** *(adót)* beszed; behajt **2.** *(bírságot)* kiszab; kiró (**on sy** vkire)

²levy ['levɪ] <fn> [C] (levies) befizetett/behajtott adó
lexicography [ˌleksɪ'kɒɡrəfɪ] <fn> [U] szótárírás; lexikográfia; szótártan
lexicon ['leksɪkən] <fn> [C] **1.** *(latin, görög, héber)* szótár **2.** szókészlet; szókincs

Vigyázat, álbarátok!
lexicon ≠ lexikon (= encyclopaedia)

liability [ˌlaɪə'bɪlətɪ] <fn> (liabilities) **1.** [U] felelősség; kötelezettség **2.** [C] biz teher(tétel) **3. liabilities** [pl] tartozások; teher
liable ['laɪəbl] <mn> **1.** hajlamos (**to sg** vmire): *He is liable to make mistakes.* Hajlamos hibákat elkövetni. **2.** felelős (**for sg** vmiért): *be liable for his son's debts* felelős a fia adósságaiért **3.** köteles (**for/to sg** vmire): *liable to duty* vámköteles **4.** ki van téve (**to sg** vminek)
liaise [li'eɪz] <ige> *(szorosan)* együttműködik (**with sy** vkivel)
liar ['laɪə] <fn> [C] *(ember)* hazug; hazudó
¹liberal ['lɪbrəl] <mn> **1.** megértő; toleráns; őszinte; elfogulatlan **2.** szabadelvű; liberális **3.** bőséges; bőkezű; nagylelkű
²liberal ['lɪbrəl] <fn> [C] liberális
Liberal Democrats [ˌlɪbrəl'deməkræts] <fn> **the Liberal Democrats** [pl] BrE Liberális Demokrata Párt
liberate ['lɪbəreɪt] <ige> felszabadít; megszabadít; felment (**sy/sg from sy/sg** vkit/vmit vkitől/vmitől)
liberation [ˌlɪbə'reɪʃn] <fn> [U] **1.** felszabadítás; megszabadítás **2.** felszabadulás
liberty ['lɪbətɪ] <fn> (liberties) **1.** [C, U] szabadság(jogok): *liberty of the press* sajtószabadság * *liberty of speech* szólásszabadság * *take the liberty to do sg* bátorkodik vmit tenni * *be at liberty (to do sg)* jogában áll (vmit tenni) **2. liberties** [pl] előjogok; kiváltságok; szabadságjogok
Libra ['liːbrə] <fn> [C, U] asztrol Mérleg
librarian [laɪ'breərɪən] <fn> [C] könyvtáros
library ['laɪbrərɪ] <fn> [C] (libraries) könyvtár: *public library* közkönyvtár
Libya ['lɪbɪə] <fn> Líbia
¹Libyan ['lɪbɪən] <mn> líbiai
²Libyan ['lɪbɪən] <fn> [C] *(személy)* líbiai
lice [laɪs] → **louse**
licence ['laɪsns] <fn> BrE **1.** [C] *(hatósági)* engedély; felhatalmazás; jogosítvány: *driving licence* vezetői engedély **2.** [U] felhatalmazás
¹license ['laɪsns] <ige> **1.** engedélyez (**sg** vmit): *The new drug has not yet been licensed in the US.* Az új gyógyszert még nem engedélyezték

²**license** az Egyesült Államokban. **2.** engedélyez; engedélyt ad (**sy/sg to do sg** vkinek/vminek vmi megtételére): *They had licensed the firm to produce the drug.* Engedélyt adtak a cégnek, hogy gyártsa a gyógyszert.

²**license** ['laɪsns] AmE → **licence**

license plate ['laɪsns pleɪt] <fn> [C] AmE rendszámtábla

¹**lick** [lɪk] <ige> **1.** (meg)nyal; nyalogat; nyaldos **2.** biz *(legyőz)* elver; lesöpör

²**lick** [lɪk] <fn> [C] nyalás: *Can I have a lick of your ice cream?* Kaphatok egy nyalást a fagylaltodból?

lid [lɪd] <fn> [C] **1.** fedél; fedő **2.** szemhéj

lido ['liːdəʊ] <fn> [C] (lidos) BrE strand(fürdő)

¹**lie** [laɪ] <ige> (lies, lying, lied, lied) hazudik: *I am so sorry I lied to you.* Annyira sajnálom, hogy hazudtam neked!

²**lie** [laɪ] <fn> [C] hazugság: *tell sy a lie* hazudik vkinek ∗ *white lie* ártatlan hazugság

♦ **a white lie** füllentés; ártatlan hazugság

³**lie** [laɪ] <ige> (lies, lying, lay, lain) **1.** fekszik; hever: *The dog was lying in the doorway.* A kutya a bejáratnál feküdt. ∗ *Everybody lay in the sun yesterday.* Tegnap mindenki a napon hevert/feküdt. **2.** fekszik; elterül: *The beach lies west.* A strand nyugati irányban húzódik/terül el. **3.** *(fellebbezés stb.)* helye van; tárgyalható; jogalapja van: *The appeal does not lie.* Nincs helye a fellebbezésnek.

---

lie about/around szanaszét hever
lie around pihen; lazít
lie back pihen; lustálkodik; hátradől
lie down leheveredik; lefekszik
lie in biz *(lustálkodásból)* ágyban marad
lie with sy vkitől függ

---

lie detector ['laɪ dɪˌtektə] <fn> [C] hazugságmérő; hazugságvizsgáló (készülék)

Lieut. [= lieutenant] → **lieutenant**

lieutenant [lef'tenənt, AmE luː'tenənt] <fn> [C] (fő)hadnagy

life [laɪf] <fn> (lives) **1.** [C, U] élet: *come to life* magához tér ∗ *save sy's life* megmenti vkinek az életét ∗ *risk one's life* kockáztatja az életét ∗ *true to life* élethű ∗ *I believe in life after death.* Hiszek a halál utáni életben. **2.** [C, U] élet(mód): *start a new life* új életet kezd ∗ *lead a busy life* elfoglalt **3.** [U] élet(erő/-kedv): *This child is full of life.* Ez a gyerek tele van életerővel. **4.** [U] az élet; a nagyvilág

♦ **full of life** eleven ♦ **a matter of life and death** élet-halál kérdése ♦ **lose one's life** életét veszti ♦ **seek the life of sy** vkinek az életére tör ♦ **see life** világot lát ♦ **take one's (own) life** öngyilkosságot követ el ♦ **tired of life** életunt ♦ **upon my life** becsületszavamra

life assurance ['laɪf əˌʃʊərəns] <fn> [U] BrE életbiztosítás

lifebelt ['laɪfbelt] <fn> [C] BrE mentőöv

lifeboat ['laɪfbəʊt] <fn> [C] mentőcsónak

life expectancy ['laɪf ɪkˌspektənsi] <fn> [C, U] (life expectancies) várható élettartam

lifeguard ['laɪfɡɑːd] <fn> [C] úszómester; strandőr

life insurance ['laɪf ɪnˌʃʊərəns] <fn> [U] életbiztosítás

life jacket ['laɪfˌdʒækɪt] <fn> [C] mentőmellény

lifeless ['laɪfləs] <mn> élettelen

lifelike ['laɪfllaɪk] <mn> életszerű; élethű

lifelong ['laɪflɒŋ] <mn> életre szóló; egész életen át tartó

life sentence [ˌlaɪf'sentəns] <fn> [C] életfogytiglani ítélet/fegyház

lifespan ['laɪfspæn] <fn> [C] élettartam

lifestyle ['laɪfstaɪl] <fn> [C] életvitel; életmód

lifetime ['laɪftaɪm] <fn> [C] élet(tartam)

¹**lift** [lɪft] <ige> **1.** (fel)emel: *lift the receiver* felveszi a kagylót ∗ *She can't lift her arm.* Nem tudja (fel)emelni a karját. **2.** (le)emel: *I lifted my bag down from the shelf.* Leemeltem a táskámat a polcról. **3.** *(tilalmat)* felold; megszüntet: *lift controls* korlátozást megszüntet **4.** *(köd)* felszáll; eloszlik **5.** biz elemel; ellop **6.** felvillanyoz; feldob: *The news lifted our spirits.* A hír felvillanyozott minket.

---

lift off *(űrhajó)* felemelkedik; felszáll

---

²**lift** [lɪft] <fn> **1.** [C] lift; felvonó: *take the lift* lifttel megy **2.** [C] biz *(vkinek az autójában)* utazás: *ask for a lift* autón elviteti magát (egy darabon) ∗ *give sy a lift to the airport* autóval elvisz vkit a repülőtérig **3.** [sing] felemelő érzés: *give sy a lift* (vmely örömteli dolog) feldob vkit **4.** [sing] (fel)emelkedés; felemelés

♦ **thumb a lift** (autó)stoppol

lift-off ['lɪftɒf] <fn> [C] *(űrhajóé)* felszállás

¹**light** [laɪt] <fn> **1.** [C, U] fény; világosság; megvilágítás: *read by the light of a lamp* lámpafénynél olvas ∗ *the light of the sun* a nap fénye **2.** [C] fényforrás; világítás; lámpa: *turn/switch/put on the light* meggyújtja a villanyt ∗ *turn the lights on* felkapcsolja lámpákat ∗ *The light is on.* Ég a lámpa. ∗ *Her car is travelling with just one light.* Az autója mindössze egy lám-

pával közlekedik. **3. (traffic) lights** [pl] (jelző)lámpa: *Stop at a red light!* Állj meg, ha piros a lámpa! * *Turn right at the lights.* Fordulj jobbra a lámpánál! **4.** [U] tűz; láng: *strike a light* gyufát gyújt * *give a light* tüzet ad * *Have you got a light?* Van tüze?
♦ **bring to light** kiderít ♦ **come to light** napvilágra kerül ♦ **in the light of sg** vminek fényében ♦ **set light to sg** meggyújt vmit ♦ **throw new light upon sg** vmit új megvilágításba helyez

²**light** [laɪt] <mn> **1.** világos; jól megvilágított: *Our room is very light.* A szobánk nagyon világos. **2.** halvány; világos (színű): *a light-blue shirt* világoskék ing **3.** könnyű: *He's ten kilos lighter.* Tíz kilóval könnyebb. **4.** *(nem megterhelő)* könnyű: *light work* könnyű munka * *a light breakfast* könnyű reggeli **5.** *(szórakoztató)* könnyű: *I had a light reading yesterday.* Tegnap könnyű olvasmányt olvastam. **6.** *(forgalom)* enyhe; gyenge; jelentéktelen: *The traffic is light today.* A forgalom ma enyhe/gyenge. **7.** finom; könnyed: *I couldn't hear your footsteps because they were so light.* Nem hallottam a lépteidet, annyira finomak/könnyedek voltak.

³**light** [laɪt] <ige> (lit/lighted, lit/lighted) **1.** *(tüzet, lámpát stb.)* meggyújt: *light a cigarette* rágyújt * *light a fire* tüzet rak * *light a candle* gyertyát gyújt **2.** (meg)világít: *poorly lit* gyengén megvilágított * *The kitchen is lit by a yellow lamp.* A konyhát egy sárga lámpa világítja meg. **3.** *(tűz, lámpa)* meggyullad: *The wood just wouldn't light.* Sehogy se akart meggyulladni a fa. **4.** kiderül; kivilágosodik

light up 1. *(arc)* felderül; felragyog **2.** *(kijelző stb.)* kigyullad; felgyullad; kivilágosodik **3.** rágyújt; cigarettára gyújt
light sg up 1. *(megjelenésében)* feldob vmit **2.** megvilágít; kivilágít vmit **3.** *(cigarettát)* meggyújt

⁴**light** [laɪt] <hsz> könnyen: *travel light* kevés csomaggal utazik
light bulb [ˈlaɪt bʌlb] <fn> [C] villanykörte
lighten [ˈlaɪtn] <ige> **1.** megvilágít; kivilágít **2.** villámlik; szikrázik **3.** kivilágosodik; kiderül **4.** (meg)könnyít **5.** felvidít **6.** könnyebbedik
lighter [ˈlaɪtə] <fn> [C] öngyújtó
light-headed [ˌlaɪtˈhedɪd] <mn> **1.** könnyelmű; feledékeny; meggondolatlan **2.** szédülős
light-hearted [ˌlaɪtˈhɑːtɪd] <mn> **1.** vidám; gondtalan; jókedvű **2.** szórakoztató

lighthouse [ˈlaɪthaʊs] <fn> [C] világítótorony
lighting [ˈlaɪtɪŋ] <fn> [U] (meg)világítás
lightning [ˈlaɪtnɪŋ] <fn> [C] villám(lás): *a flash of lightning* villám * *a storm with thunder and lightning* vihar mennydörgéssel és villámlással * *with lightning speed* villámgyorsan * *The tree was struck by lightning.* Belecsapott a villám a fába.

¹**lightweight** [ˈlaɪtweɪt] <mn> **1.** (ökölvívó) könnyűsúlyú **2.** könnyű: *a lightweight jacket* könnyű kabát
²**lightweight** [ˈlaɪtweɪt] <fn> **1.** [U] sp könnyűsúly **2.** [C] sp könnyűsúlyú bokszoló **3.** [C] biz jelentéktelen ember; nulla
light year [ˈlaɪt jɪə] <fn> [C] fényév
likable [ˈlaɪkəbl] → **likeable**

¹**like** [laɪk] <ige> **1.** szeret; kedvel; tetszik: *as you like it* ahogy tetszik * *She doesn't like apples.* Nem szereti az almát. * *I like our new maths teacher.* Szeretem/Kedvelem az új matektanárunkat. * *Do you like running?* Szeretsz futni? * *How do you like it?* Hogy tetszik? **2.** akar; óhajt; kíván: *if you like* ha akarja/tetszik * *Would you like something to eat?* Szeretnél/Kérsz valamit enni? * *I would like a cup of tea.* Szeretnék/Kérek egy csésze teát. * *I'd like to speak to the manager.* Szeretnék beszélni az igazgatóval.

²**like** [laɪk] <elölj> **1.** olyan, mint; vmihez hasonló: *My daughter looks like me.* A lányom olyan, mint én. * *He has a car like mine.* Olyan autója van, mint az enyém. * *What's your brother like?* Milyen a testvéred? **2.** mint például: *We brought a lot of things like boxes and bags.* Rengeteg dolgot hoztunk, mint például dobozokat és csomagokat. **3.** (úgy,) mint: *Stop behaving like children.* Ne viselkedj úgy, mint egy gyerek!

³**like** [laɪk] <ksz> **1.** ahogyan: *No one sings like she did.* Senki sem tud úgy énekelni, ahogyan ő tudott. **2.** úgy, mintha: *She behaves like she owns the house.* Úgy viselkedik, mintha övé lenne a ház.

⁴**like** [laɪk] <fn> **1.** [sing] hasonmás; hasonló: *and the like* és még hasonlók; és így tovább **2. likes** [pl] amit vki szeret (csinálni): *likes and dislikes* rokonszenvek és ellenszenvek

⁵**like** [laɪk] <mn> ugyanolyan; ugyanilyen; hasonló; hasonlító: *in like manner* (ehhez) hasonlóan * *They are as like as two peas.* Úgy hasonlítanak egymásra, mint két tojás. * *They are of like mind.* Hasonló gondolkodásúak.

likeable [ˈlaɪkəbl] <mn> rokonszenves; kedves; szeretetre méltó
likelihood [ˈlaɪklɪhʊd] <fn> [U] valószínűség

¹**likely** ['laıklı] <mn> (likelier, likeliest) **1.** várható; valószínű; hihető: *It is likely to happen.* Várhatóan be fog következni. * *It is likely to rain.* Valószínűleg esni fog. * *He is likely to be late.* Lehet, hogy késni fog. * *Peter is not likely to agree.* Nem valószínű, hogy Péter egyetért. **2.** esélyes: *the most likely candidate for the job* a legesélyesebb jelölt a munkára **3.** alkalmas; megfelelő: *the likeliest place for celebrating* a legmegfelelőbb hely az ünneplésre **4.** sokat ígérő: *a likely young man* sokat ígérő fiatalember

²**likely** ['laıklı] <hsz>
♦ **as likely as not** alighanem/meglehet
♦ **most/very likely** valószínűleg ♦ **Not likely!** biz BrE Attól nem kell félni!/Az a veszély nem fenyeget!

likeness ['laıknəs] <fn> [C, U] **1.** hasonlóság **2.** arckép; képmás

likewise ['laıkwaız] <hsz> hasonlóképpen; ugyanúgy; szintén

liking ['laıkıŋ] <fn> [sing] szeretet; vonzalom; tetszés: *have a liking for sy/sg* szeret/kedvel vkit/vmit * *to one's liking* kedve szerint

¹**lilac** ['laılək] <mn> lila

²**lilac** ['laılək] <fn> **1.** [C, U] *(virág)* orgona **2.** [U] lila *(szín)*

lilo ['laıləʊ] <fn> [C] (lilos) BrE gumimatrac

lily ['lılı] <fn> [C] (lilies) liliom

limb [lım] <fn> [C] **1.** *(vég)*tag **2.** *(vastag)* faág; főág
♦ **out on a limb** nehéz/kockázatos helyzetben

lime [laım] <fn> **1.** [U] mész **2.** [C] zöldcitrom; lime **3.** [U] *(szín)* zöldessárga **4.** [C] hársfa

limelight ['laımlaıt] <fn> **the limelight** [sing] rivaldafény; reflektorfény: *be in the limelight* az érdeklődés/figyelem középpontjában van

limestone ['laımstəʊn] <fn> [U] mészkő

¹**limit** ['lımıt] <fn> [C] **1.** határ; korlát(ozás): *speed limit* sebességkorlátozás * *set a limit to sg* határt szab vminek **2.** határ(vonal)

²**limit** ['lımıt] <ige> korlátoz; megszorít

limitation [,lımı'teıʃn] <fn> **1.** [C, U] korlátozás **2. limitations** [pl] *(emberé)* korlátok: *know one's own limitations* ismeri a korlátait

limited ['lımıtıd] <mn> meghatározott; korlátolt; korlátozott: *limited edition* korlátozott példányszámú kiadás

¹**limp** [lımp] <ige> sántít; biceg

²**limp** [lımp] <fn> [sing] sántítás; bicegés: *walk with a limp* sántikál

³**limp** [lımp] <mn> **1.** puha; hajlékony **2.** petyhüdt; lottyadt; erőtlen

¹**line** [laın] <fn> [C] **1.** vonal: *to draw straight lines* egyenes vonalakat rajzol **2.** [C] zsinór; kötél: *washing line* szárítókötél **3.** [C] *(elektromos)* vezeték; *(víz, gáz stb.)* cső **4.** [C] *(telefon)* vonal: *The line is engaged.* A (telefon)vonal foglalt. **5.** [C] sor: *a long line of people* emberek hosszú sora * *stand in line* sorban áll **6.** [C] *(írott, nyomtatott)* sor: *read the last line* olvassa az utolsó sort * *read between the lines* a sorok között olvas **7.** [C] *(vasút)*vonal; vágány; pálya: *Our town has several railroad lines.* Városunknak számos vasútvonala van. **8.** [C] útvonal; járat **9.** [C] szakma; mesterség; foglalkozás: *What is your line?* Mi a szakmád? **10.** [C] határ(vonal): *draw the line at sg* vhol megvonja a határt **11.** [C] irány(vonal): *You are on the right lines.* Jó irányban haladsz. **12. lines** [pl] *(színészé)* szerep **13.** [sing] árufajta; árucikk **14.** [C] csatasor; arcvonal: *go up the line* előremegy az arcvonalba; kimegy a frontra **15.** [C] (le)származás; (származási) ág: *in direct line* egyenes ágon
♦ **be in line for sg** esélyes vmire ♦ **in line with sg** összhangban vmivel ♦ **on line** számítógépes rendszerrel összekapcsolva
♦ **somewhere along/down the line** biz valamikor; valahol

²**line** [laın] <ige> **1.** (meg)vonalaz; vonalkáz **2.** vonala(ka)t húz **3.** felsorakoztat; sorba állít **4.** szegélyez **5.** (ki)bélel; (meg)tölt; megtöm: *a lined coat* bélelt kabát

---

line off/out vonalakkal elválaszt/megjelöl
line up felsorakozik; sorba áll (**for sg** vmiért)
line sy/sg up sorba állít/felsorakoztat vkit/vmit
line sg up biz megszervez; elintéz vmit

---

linen ['lının] <fn> [U] **1.** (len)vászon **2.** ágynemű; fehérnemű

linesman ['laınzmən] <fn> [C] sp vonalbíró; partjelző

line-up ['laınʌp] <fn> [C] sp *(csapaté)* felállít(ás)

linger ['lıŋgə] <ige> **1.** (hosszasan) időzik; marad (**swhere** vhol): *linger over a subject* (hosszasan) időzik egy tárgynál * *I lingered for a few minutes to talk to my teacher.* Maradtam néhány percig, hogy beszélni tudjak a tanárommal. **2. linger (on)** *(időben)* eltart; elnyúlik **3. linger (on)** (meg)marad: *The smell of her perfume lingered in the room.* A parfümje illata megmaradt a szobában.

linguist ['lıŋgwıst] <fn> [C] **1.** nyelvész **2.** nyelveket tudó (ember)

linguistic [lıŋ'gwıstık] <mn> nyelvi; nyelvészeti; nyelvtudományi

linguistics [lıŋ'gwıstıks] <fn> [U] nyelvészet; nyelvtudomány

lining ['laɪnɪŋ] <fn> [C] bélés
¹link [lɪŋk] <fn> [C] **1.** kapcsolat; összefüggés: *There is a link between air pollution and cancer.* Kapcsolat/Összefüggés van a levegőszennyezés és a rák között. **2.** láncszem; összekötő rész/kapocs: *missing link* hiányzó láncszem **3.** infor összeköttetés; kapcsolat: *The office has direct computer links to over 120 firms.* Az iroda közvetlen számítógépes kapcsolatban van több mint 120 céggel.
²link [lɪŋk] <ige> összeköt; összekapcsol: *The bridge links the two towns.* A híd köti/kapcsolja össze a két várost.

> **link up** összekapcsolódik (**with sg** vmivel); társul (**with sy** vkivel)

linkup [ˌlɪŋkˈʌp] <fn> [C] összekapcsolódás; összeköttetés; csatlakozás
lion ['laɪən] <fn> [C] oroszlán
lioness ['laɪənes] <fn> [C] nőstény oroszlán
lip [lɪp] <fn> **1.** [C] ajak: *bite one's lips* ajkát harapdálja * *lower lip* alsó ajak * *upper lip* felső ajak **2.** [C] szegély; szél; perem; száj; csőr: *the lip of a wound* a seb széle * *the lip of a crater* a kráter széle/pereme * *the lip of the jug* a kancsó csőre **3.** [U] szemtelenség; arcátlanság; feleselés: *give a lip to sy* szemtelenkedik vkivel
♦ **keep a stiff upper lip** arcizma sem rezdül ♦ **purse one's lips** felhúzza az orrát; duzzog
lip balm ['lɪp bɑːm] <fn> [U, C] ajakápoló; ajakbalzsam; ajakír
lip gloss ['lɪp glɒs] <fn> [C, U] szájfény
lip liner ['lɪp laɪnə] <fn> [U] szájkontúrceruza
lip-read ['lɪpriːd] <ige> (lip-read, lip-read) szájról olvas
lipstick ['lɪpstɪk] <fn> [C, U] (ajak)rúzs
liqueur [lɪˈkjʊə] <fn> [C, U] likőr
¹liquid ['lɪkwɪd] <fn> [C, U] folyadék
²liquid ['lɪkwɪd] <mn> **1.** folyékony; cseppfolyós; híg: *liquid air* folyékony levegő **2.** tiszta; sima; átlátszó **3.** gazd likvid; folyósítható: *liquid assets* likvid tőke
liquidizer ['lɪkwɪdaɪzə] <fn> [C] konyhai robotgép; turmixgép; (keverőgép) (bot)mixer
liquor ['lɪkə] <fn> [U] AmE szeszes ital
Lisbon ['lɪzbən] <fn> Lisszabon
¹lisp [lɪsp] <fn> [C] selypítés
²lisp [lɪsp] <ige> selypít; pöszén beszél
¹list [lɪst] <fn> [C] lista, jegyzék; névsor: *make a list of sg* listát készít vmiről
²list [lɪst] <ige> jegyzékbe vesz; felsorol; besorol
listen ['lɪsn] <ige> **1.** figyel (**to sy/sg** vkire/vmire); hallgat (**to sy/sg** vkit/vmit): *Sorry, I wasn't really listening.* Elnézést, nem figyeltem igazán! * *I listened carefully to her.* Figyelmesen hallgattam őt. * *listen to music* zenét hallgat * *listen to the radio* hallgatja a rádiót **2.** hallgat (**to sy/sg** vkire/vmire): *It's sad that you didn't listen to me.* Szomorú, hogy nem hallgattál rám.

> **listen (out) for sg** figyel vmire
> **listen in (on/to sg) 1.** *(magánbeszélgetést)* kihallgat **2.** *(rádióban)* meghallgat (vmit)

listener ['lɪsnə] <fn> [C] (rádió)hallgató
lit [lɪt] → **³light**
liter ['liːtər] AmE → **litre**
literacy ['lɪtərəsɪ] <fn> [U] **1.** írni-olvasni tudás **2.** műveltség; olvasottság
literal ['lɪtrəl] <mn> **1.** betű/szó szerinti: *in the literal sense of the word* a szó szoros értelmében **2.** prózai(as)
literary ['lɪtrərɪ] <mn> irodalmi: *literary language* irodalmi nyelv
literate ['lɪtrət] <mn> **1.** írni-olvasni tudó **2.** művelt; olvasott; tanult
literature ['lɪtrətʃə] <fn> [U] **1.** irodalom: *French literature* a francia irodalom **2.** irodalom; bibliográfia (**on sg** vmilyen témában)
litre ['liːtə] <fn> [C] röv **l** liter: *two litres of milk* két liter tej
¹litter ['lɪtə] <fn> **1.** [U] szemét; hulladék: *put the litter in the dustbin* szemetesládába dobja a szemetet **2.** [C] *(egyszerre szült kölykök)* alom: *Our rabbit had a litter of eight puppies.* Az alomban nyolc nyúlkölyök volt.
²litter ['lɪtə] <ige> **1.** szemetel **2.** széjjelhány; *(szobát limlommal)* teleszór **3.** szerteszét hever
litter bin ['lɪtə bɪn] <fn> [C] szemétláda; hulladékgyűjtő
¹little ['lɪtl] <mn> (littler, littlest v. smaller, smallest) **1.** *(méretben)* kicsi; kis: *little finger* kisujj **2.** *(fiatal)* kicsi; kis: *a lovely little girl* édes kicsi lány * *the little ones* a kisgyerekek/kicsik **3.** kevés: *have little money left* kevés pénze maradt * *have little free time* kevés a szabadideje **4.** *(időben rövid)* kis: *(for) a little time/while* egy kis ideig * *in a little while* hamarosan
²little ['lɪtl] <det> **1.** kevés: *There was little doubt in my mind.* Kevés kétség volt bennem. **2. a little** egy kis/kevés: *I need a little sugar.* Szükségem van egy kis cukorra.
³little ['lɪtl] <névm> **1.** kevés **2. a little** egy kis/kevés
♦ **little by little** lassan(ként)

⁴little

⁴little ['lɪtl] <hsz> (less, least) **1.** kevéssé; alig: *a little-known writer* kevéssé ismert író ∗ *he little knows* alig tudja **2. a little (bit)** egy kicsit/kissé: *These shoes are a little (bit) big for me.* A cipő egy kissé nagy rám.

¹live [lɪv] <ige> **1.** él; létezik: *My uncle lived to the age of 60.* A nagybátyám 60 éves koráig élt. ∗ *I can't live without you.* Nem tudok nélküled élni. ∗ *live to a great age* nagy kort ért meg **2.** lakik; tartózkodik; él: *I live in Hungary.* Magyarországon élek/lakom. **3.** *(vilyen életet)* él: *live a happy life* boldogan él **4.** fennmarad; megmarad: *The poet's fame will live.* A költő hírneve fennmarad.

live by sg 1. vmi szerint él **2.** vmiből él
live sg down 1. *(lelkileg)* túlél/kihever vmit **2.** idővel elfeledtet vmit
live for sy/sg vkiért/vmiért él
live off sy/sg 1. vmiből/vmin él **2.** vki nyakán él
live on tovább él
live on sg 1. vmiből él **2.** vmin él
live out sg 1. *(álmait)* megvalósítja **2.** *(élete végéig)* vhol/vhogyan él
live through sg *(időszakot)* átél; megél; túlél
live together együtt él
live up to sg 1. vminek megfelelően él **2.** *(várakozásnak)* megfelel

²live [laɪv] <mn> **1.** élő: *You can see live animals in the zoo.* Az állatkertben élő állatokat láthatunk. **2.** *(adás, közvetítés)* élő; egyenes: *a live concert* élő koncert(felvétel) **3.** *(vezeték)* feszültség alatt álló: *Take care – this is a live wire.* Vigyázz – ez áram/feszültség alatt lévő vezeték! **4.** *(bomba; gránát)* működő; élesített; *(lőszer)* éles: *live cartridge* éles lövedék

livelihood ['laɪvlihʊd] <fn> [C] megélhetés; kenyérkereset

lively ['laɪvlɪ] <mn> (livelier, liveliest) mozgalmas; élénk; fürge; eleven; vidám

liver ['lɪvə] <fn> [C, U] *(szerv és étel)* máj

lives [laɪvz] → **life**

livestock ['laɪvstɒk] <fn> [pl] *(egy gazdaságban)* haszonállatok; állatállomány

livid ['lɪvɪd] <mn> **1.** hamuszínű; ólomszínű **2.** nagyon mérges; dühös

¹living ['lɪvɪŋ] <mn> élő; életben levő; eleven

²living ['lɪvɪŋ] <fn> **1.** [C] megélhetés: *earn one's living* megkeresi a megélhetéshez szükségeset ∗ *What do you do for a living?* Mi a foglalkozásod? **2.** [U] élet(mód): *standard of living* életszínvonal **3. the living** [pl] az élők

living room ['lɪvɪŋ ruːm] <fn> [C] nappali (szoba)

lizard ['lɪzəd] <fn> [C] gyík

¹load [ləʊd] <fn> [C] **1.** teher; rakomány: *carry a load of onions* hagymarakományt szállít **2. loads (of sg)** [pl] biz egy csomó; rengeteg: *earn loads of money* rengeteg pénzt keres **3.** nyomás; súly; terhelés: *load test* terhelési próba

---

Desk • *Az íróasztal*

1	desk	*íróasztal*	13 paper clip	*gemkapocs*
2	exercise book; AmE notebook	*füzet*	14 calculator; pocket calculator	*(zseb)számológép*
3	mobile (phone)	*mobiltelefon*	15 rubber; AmE eraser	*radírgumi*
4	schoolbag	*iskolatáska*	16 ballpoint (pen); Biro	*golyóstoll*
5	stapler	*irattűző*	17 felt-tip pen; felt tip	*filctoll*
6	Sellotape; sticky tape; AmE Scotch tape®	*cellux*	18 scissors <tsz>	*olló*
7	pencil case	*tolltartó*	19 highlighter (pen)	*szövegkiemelő*
8	glue stick	*stiftragasztó*	20 compasses <tsz>	*körző*
9	ruler	*vonalzó*	21 set square; AmE triangle	*derékszögű vonalzó*
10	fountain pen	*töltőtoll*	22 book(s)	*könyv(ek)*
11	pencil	*ceruza*	23 ring binder	*kapcsos füzet/irattartó*
12	pencil sharpener	*(ceruza)hegyező*	24 swivel chair	*forgószék*

319

²**load** [ləʊd] <ige> **1.** (meg)rak; telerak; berak(odik) **2.** (meg)tölt; betölt: *load a gun* megtölti a puskát ∗ *load film into the camera* filmet tesz a fényképezőgépbe **3.** rakodik: *The ship is loading now in the harbor.* A hajót most rakják meg a kikötőben. **4.** infor betölt

loaded ['ləʊdɪd] <mn> **1.** megrakott; (meg)terhelt **2.** megtöltött; betöltött **3.** elfogult **4.** biz tele van pénzzel; pénzes

loaf [ləʊf] <fn> [C] (loaves) cipó; egy (egész) kenyér: *a loaf of bread* egy (egész) kenyér

loafer ['ləʊfə] <fn> [C] elegáns, lapossarkú belebújós cipő

¹**loan** [ləʊn] <fn> [C] **1.** kölcsön: *The bank gave us a loan to build our house.* A bank kölcsönt adott, hogy felépítsük a házunkat. **2.** [U] (ki)kölcsönzés; kölcsönadás: *They are on loan.* Ki vannak kölcsönözve.

²**loan** [ləʊn] <ige> kölcsönad; kölcsönöz

loanword ['ləʊnwɜːd] <fn> [C] jövevényszó; kölcsönszó

loathe [ləʊð] <ige> utál; gyűlöl; megvet; ki nem állhat; undorodik: *I loathe swimming.* Utálok úszni. ∗ *loathe tea for breakfast* utálja a teát reggelire ∗ *loathe cruelty* gyűlöli a kegyetlenséget

loathing ['ləʊðɪŋ] <fn> [U] undor; utálat

loathsome ['ləʊðsəm] <mn> gyűlöletes; utálatos; undorító

loaves [ləʊvz] → **loaf**

¹**lobby** ['lɒbɪ] <fn> **1.** [C] előcsarnok; hall **2.** [C + sing/pl v] *(befolyást gyakorló érdekcsoport)* lobbi

²**lobby** ['lɒbɪ] <ige> (lobbies, lobbying, lobbied) befolyásol(ni igyekszik); lobbizik

lobe [ləʊb] <fn> [C] **1.** fülcimpa **2.** orv lebeny

lobster ['lɒbstə] <fn> [C, U] homár

¹**local** ['ləʊkl] <mn> hely(bel)i: *do one's shopping in the local market* a hely(bel)i piacon vásárol ∗ *local anaesthetic* helyi érzéstelenítő ∗ *local doctor* körzeti orvos; háziorvos

²**local** ['ləʊkl] <fn> [C] **1.** hely(bel)i (lakos) **2.** biz BrE sarki kocsma

> Vigyázat, álbarátok!
> **local** ≠ lokál (= night club)

local government [ˌləʊkl 'gʌvənmənt] <fn> [U] helyi önkormányzat

localize ['ləʊkəlaɪz] <ige> korlátoz; helyhez köt; lokalizál; elszigetel

local time ['ləʊkl taɪm] <fn> [U] helyi idő

locate [ləʊ'keɪt] <ige> **1.** elhelyez; telepít **2.** meghatározza/megállapítja a pontos helyét: *locate the source of a pain* megállapítja a fájdalom eredetét

location [ləʊ'keɪʃn] <fn> **1.** [C] terület; hely(szín) **2.** [C] elhelyezés; fekvés **3.** [U] (hely)meghatározás

loch [lɒx] <fn> [C] *(Skóciában)* tó

¹**lock** [lɒk] <fn> [C] **1.** zár; lakat **2.** hajózsilip(-szakasz)

♦ **under lock and key** jól elzárva; lakat alatt

²**lock** [lɒk] <ige> **1.** *(kulccsal)* lezár; elreteszel; becsuk; bezár **2.** elzár **3.** (be)zárul; záródik; *(kulccsal)* csukódik

> **lock sg away** elzár vmit
> **lock sy in** bezár vkit
> **lock sy out** kicsuk; kizár vkit
> **lock (sg) up** *(kulccsal)* be-/lezár (vmit)
> **lock sy up** börtönbe zár vkit

locker ['lɒkə] <fn> [C] **1.** *(uszodában)* (öltöző-)szekrény; (kulcsra) zárható szekrény/láda **2.** *(hajón)* raktár

locket ['lɒkɪt] <fn> [C] medalion

locksmith ['lɒksmɪθ] <fn> [C] lakatos

locomotive [ˌləʊkə'məʊtɪv] <fn> [C] mozdony

locust ['ləʊkəst] <fn> [C] sáska

¹**lodge** [lɒdʒ] <ige> **1.** (albérletben) lakik; megszáll; tartózkodik **2.** elhelyez; elszállásol **3.** *(az emlékezetbe)* bevés vmit **4.** *(panaszt stb.)* benyújt; bejelent: *lodge a complaint* panaszt emel

²**lodge** [lɒdʒ] <fn> [C] **1.** portásfülke **2.** portáslakás **3.** kunyhó; házikó; lak

lodger ['lɒdʒə] <fn> [C] albérlő: *take in lodgers* szobá(ka)t ad ki

lodging ['lɒdʒɪŋ] <fn> **1.** [U] szállás **2.** **lodgings** [pl] bútorozott szoba/lakás

loft [lɒft] <fn> [C] BrE padlás(szoba); padlástér

lofty ['lɒftɪ] <mn> (loftier, loftiest) **1.** fennkölt; emelkedett **2.** gőgös; büszke; fennhéjázó **3.** magas

¹**log** [lɒg] <fn> [C] **1.** (fa)tuskó; farönk; fatörzs **2.** hajónapló; menetnapló

♦ **sleep like a log** alszik, mint a bunda/tej

²**log** [lɒg] <ige> (logs, logging, logged) naplóba beír

> **log in/on** infor belép; bejelentkezik
> **log off/out** infor kilép; kijelentkezik

logarithm ['lɒgərɪðəm] <fn> [C] logaritmus

log book ['lɒgbʊk] <fn> [C] hajónapló; menetnapló

logic ['lɒdʒɪk] <fn> [U] logika

> Vigyázat, álbarátok!
> **logic** ≠ logikus (= logical)

logical ['lɒdʒɪkl] <mn> logikus; ésszerű
logistics [lə'dʒɪstɪks] <fn> [U] logisztika
loin [lɔɪn] <fn> [C, U] bélszín
loins [lɔɪnz] <fn> [pl] ágyék; lágyék
loiter ['lɔɪtə] <ige> ténfereg; ácsorog
LOL [ˌel əʊ 'el] **1.** [= lots of love] (sok) puszi; sok szeretettel **2.** [= laughing out loud] megszakadok (a röhögéstől)
lollipop ['lɒlɪpɒp] <fn> [C] **1.** nyalóka **2.** jégkrém
lolly ['lɒlɪ] <fn> [C] (lollies) nyalóka

🇬🇧 London Eye, the

135 méter magas óriáskerék a Temze partján. Hatalmas mérete miatt nevezték el London szemének, hiszen a magasból mindent lát. A kerék fél óra alatt forog körbe, az utasok pedig a rajta található 32 átlátszó óriáskapszulából csodálhatják meg a lenyűgöző tájat.

loneliness ['ləʊnlɪnəs] <fn> [U] magányosság; egyedüllét; magány
lonely ['ləʊnlɪ] <mn> (lonelier, loneliest) **1.** magányos; visszavonult: *feel lonely* egyedül érzi magát **2.** elhagyatott; egyedülálló: *a lonely farm* elhagyatott farm
loner ['ləʊnə] <fn> [C] magányos; zárkózott (ember)
lonesome ['ləʊnsəm] <mn> magányos; magára hagy(at)ott
¹long [lɒŋ] <mn> (longer, longest) hosszú: *long red hair* hosszú vörös haj ∗ *the longest river of the world* a világ leghosszabb folyója ∗ *a long vacation* hosszú vakáció ∗ *It was a long time to get to the theatre.* Hosszú időbe telt, mire eljutottunk a színházba. ∗ *It is a long way to the lake.* Hosszú az út a tóig.
 ♦ **at the longest** legfeljebb ♦ **Don't be long!** Ne maradj sokáig!
²long [lɒŋ] <hsz> **1.** sokáig; hosszú ideig; hosszan; régóta: *I have waited so long that I can't stay here any longer.* Olyan sokáig vártam, hogy tovább nem maradhatok. **2.** hosszú idővel vmi előtt/után: *He came long before we arrived.* Jóval azelőtt jött, hogy mi megérkeztünk volna. ∗ *long ago/since* régen ∗ *before long* nemsokára **3.** (időben) át; keresztül: *all day long* egész napon át ∗ *all night long* egész éjszakán keresztül
 ♦ **as/so long as 1.** mindaddig, amíg **2.** amennyiben/feltéve, hogy ♦ **for long** sokáig; hosszú ideig ♦ **no longer//not any longer** már/többé nem
³long [lɒŋ] <ige> vágyódik (**for/after sg** vmi után); szeretne; akarna: *He is longing for a new car.* Egy új autóra vágyik. ∗ *We long to meet her.* Bárcsak találkozhatnánk vele!
long-distance [ˌlɒŋ'dɪstəns] <mn> **1.** hosszú távú: *long-distance* hosszútávfutó **2.** *(járat, beszélgetés stb.)* távolsági
long-haired [ˌlɒŋ'heəd] <mn> hosszú hajú
longing ['lɒŋɪŋ] <fn> [C, U] vágy(akozás); vágyódás; sóvárgás
longitude ['lɒndʒɪtjuːd] <fn> [U] *(földrajzi)* hosszúság
long jump ['lɒŋ dʒʌmp] <fn> **the long jump** [sing] távolugrás
long-life [ˌlɒŋ'laɪf] <mn> tartós(ított)
long-lived [ˌlɒŋ'lɪvd] <mn> hosszú életű; hosszan tartó
long-range ['lɒŋreɪndʒ] <mn> **1.** *(terv)* hosszú távú/lejáratú; távlati **2.** nagy hatósugarú
long-sighted [ˌlɒŋ'saɪtɪd] <mn> **1.** távollátó; messzelátó **2.** előrelátó
long-term ['lɒŋtɜːm] <mn> hosszú lejáratú; hosszú távú
long-winded [ˌlɒŋ'wɪndɪd] <mn> **1.** hosszadalmas **2.** bőbeszédű; szószátyár
loo [luː] <fn> [C] (loos) biz BrE klozet; klotyó
¹look [lʊk] <ige> **1.** (meg)néz; tekint (**at sy/sg** vkire/vmire): *Look at me.* Nézz rám! ∗ *Look first left than right before crossing the road.* Először nézz balra, majd jobbra, mielőtt átmész az úttesten! **2.** figyel: *Look (here)!* Ide figyelj! **3.** *(szoba, ház stb.)* néz (**swhere** vmerre): *This room looks west.* A szoba nyugatra néz. **4.** látszik; tűnik (vminek/vmilyennek): *look well* jó színben van ∗ *look ill* betegnek tűnik/látszik ∗ *look like sg* olyan, mint vmi ∗ *It looks like rain.* Esőre áll. ∗ *That looks an interesting book.* Érdekes könyvnek tűnik.
 ♦ **look good** biztató(nak tűnik) ♦ **never look back** folytatja a sikereket; egyre sikeresebb

look after sy/sg 1. gondoz vkit/vmit; felügyel; vigyáz vkire/vmire **2.** utánanéz vkinek/vminek
look ahead gondol a jövőre; előrenéz
look at sg 1. megnéz; megvizsgál; megszemlél; tanulmányoz vmit **2.** (el)olvas vmit **3.** tekint vmire (**as sg** vhogyan)
look away elfordul; másfelé néz
look back visszatekint; visszanéz (**on sg** vmire)
look down on sy/sg lenéz vkit/vmit

²**look**

look for sy/sg keres vkit/vmit; vmi után néz
look forward to sg nagyon vár vmit; előre örül vminek: *We're looking forward to seeing you.* Nagyon várjuk, hogy találkozhassunk.
look in on sy benéz; bekukkant vkihez
look into sg 1. tanulmányoz; kivizsgál vmit **2.** belenéz vmibe
look on tétlenül néz
look out óvakodik; vigyáz: *Look out!* Vigyázz!
look sg out kikeres vmit
look out for sy/sg 1. figyel, hogy észrevegyen vkit/vmit **2.** vár vkire/vmire
look over sg átnéz; átvizsgál vmit
look round (sg) hátranéz; körülnéz (vhol)
look through sg átolvas; átnéz; átvizsgál vmit
look to sy for sg (el)vár vkitől vmit
look up 1. felnéz **2.** biz fellendül; javul
look sg up kikeres vmit; utánanéz vminek
look sy up felkeres; meglátogat vkit
look up to sy *(tisztelettel)* felnéz vkire

²**look** [lʊk] <fn> **1.** [C, ált sing] nézés; pillantás: *give sy a sad look* szomorú pillantást vet vkire * *have/take a look at sg* megnéz/megvizsgál vmit **2. looks** [pl] külső: *good looks* csinos külső * *judge by looks* a külső alapján ítél **3.** [C] arckifejezés **4.** [C] *(üzleté stb.)* stílus; külső

♦ **by/from the look of sy/sg** látszatra
lookalike [ˈlʊkəˌlaɪk] <fn> [C] hasonmás
lookout [ˈlʊkaʊt] <fn> [C] **1.** őr(szem); megfigyelő **2.** őrhely; őrtorony

♦ **be on the lookout (for sy/sg)//keep a lookout (for sy/sg)** biz figyel (vkire/vmire); keres (vkit/vmit)

¹**loom** [luːm] <fn> [C] szövőszék
²**loom** [luːm] <ige> **1. loom (up)** dereng; homályosan láthatóvá válik; előbukkan **2.** fenyegetően meredez **3.** *(kellemetlenség)* fenyeget; közeleg

¹**loony** [ˈluːnɪ] <fn> [C] (loonies) szl bolond; hülye; lökött
²**loony** [ˈluːnɪ] <mn> (loonier, looniest) szl bolond; hülye; lökött

¹**loop** [luːp] <fn> [C] **1.** *(szalagon, kötélen stb.)* hurok; csomó **2.** *(folyóé, úté stb.)* kanyar(odás); kanyargás **3.** *(ruha)*akasztó
²**loop** [luːp] <ige> **1.** hurkot/csomót köt; hurokkal megerősít **2.** *(folyó, út stb.)* tekeredik; kanyarodik

loophole [ˈluːpəhəʊl] <fn> [C] joghézag; kibúvó

loose [luːs] <mn> **1.** szabad: *let the dog loose* szabadjára ereszti a kutyát * *She has just one hand loose.* Csak az egyik keze szabad. * *get loose* elszabadul **2.** laza; lötyögő: *a loose tooth* mozgó fog * *come/get loose* meglazul; kibomlik **3.** *(rakomány)* ömlesztett **4.** *(ruhadarab)* bő; tág **5.** zavaros; pontatlan; összefüggéstelen; szabados **6.** könnyelmű; kicsapongó; feslett: *loose life* kicsapongó életmód

♦ **on the loose** szabadlábon
loosely [ˈluːslɪ] <mn> **1.** lazán **2.** nagy körvonalakban
loosen [ˈluːsn] <ige> **1.** meglazít; kibont **2.** meglazul; kibomlik; kitágul

loosen up 1. ellazul; elengedi magát; oldódik **2.** bemelegít; lazít
loosen sy/sg up bemelegít; lazít vkit/vmit

¹**loot** [luːt] <fn> [U] zsákmány
²**loot** [luːt] <ige> fosztogat; zsákmányol; kifoszt
lord [lɔːd] <fn> **1.** [C] úr; fejedelem: *live like a lord* főúri módon él **2.** [C] *(főnemesi cím, a felsőház tagjainak és egyes főméltóságoknak a címe)* lord: *Lord Mayor* London polgármestere **3. the Lord** [sing] *(Isten, ill. Jézus Krisztus)* az Úr: *the Lord Jesus Christ* az Úr Jézus Krisztus * *the Lord's Prayer* a Miatyánk **4. the Lords** [sing + sing/pl v] BrE a Lordok Háza; a felsőház
lorry [ˈlɒrɪ] <fn> [C] (lorries) BrE teherautó
lose [luːz] <ige> (lost, lost) **1.** elveszí(t): *I have lost my umbrella.* Elvesztettem az esernyőmet. **2.** átv (el)veszít: *lose one's job* elveszíti az állását * *lose strength* gyengül * *lose weight* lefogy * *lose one's way* eltéved **3.** (el)veszít; vereséget szenved: *lose the match* elveszíti a meccset **4.** *(időt)* (el)veszteget; elpocsékol: *We have no time to lose.* Nincs vesztegetni való időnk. **5.** biz összezavar: *You've lost me!* Teljesen összezavart! **6.** lekésik; lemarad vmiről: *lose one's train* lekésik a vonatról **7.** *(óra)* késik: *My watch loses an hour.* Az órám egy órát késik.

♦ **be lost in sg** elmerül vmiben; belemélyed vmibe ♦ **be lost upon sy** nincs hatással vkire

lose out (on sg) biz veszít (vmin)
lose out to sy/sg biz veszít vkivel/vmivel szemben

loser ['luːzə] <fn> [C] (örök) vesztes; lúzer
loss [lɒs] <fn> **1.** [C, U] vmi elvesztése: *loss of sight* megvakulás * *finish sg with no loss of time* időveszteség nélkül befejez vmit **2.** [C] (anyagi) veszteség; kár: *meet with heavy losses* súlyos veszteségeket szenved * *sell at a loss* veszteséggel ad el * *His stolen car is a serious loss.* Az ellopott autója komoly veszteség.
♦ **at a loss** tanácstalan ♦ **be at a loss to understand** nem megy a fejébe ♦ **cut one's losses** minimalizálja a veszteségeit; (még jókor) kiszáll a buliból

¹**lost** [lɒst] <mn> **1.** eltévedt: *get lost* eltéved **2.** eltűnt; elveszett **3.** összezavart: *I'm lost.* Össze vagyok zavarodva.
♦ **Get lost!** szl Takarodj!

²**lost** [lɒst] <hsz> → **lose**

lost property [ˌlɒst'prɒpəti] <fn> [U] talált tárgyak

¹**lot** [lɒt] <fn> **1. a lot (of sg)//lots (of sg)** [C] (nagy mennyiség) sok; rengeteg: *quite a lot* elég sok(at) * *a lot of apples* sok alma * *lots of books* rengeteg könyv **2. the lot** [sing + sing/pl v] biz mind; az összes; az egész: *The whole lot was/were bad.* Az egész romlott volt. * *That's the lot.* Ez minden. **3.** [C] telek; parcella **4.** [C] (áru)tétel
♦ **draw lots** sorsot húz

²**lot** [lɒt] <hsz> biz **1.** sokkal: *a lot better* sokkal jobban **2. a lot** nagyon; sokat: *It rains a lot.* Sokat esik az eső. * *Thanks a lot.* Nagyon köszönöm!

lotion ['ləʊʃn] <fn> [C, U] (kozmetikum) krém
lottery ['lɒtəri] <fn> [C] (lotteries) lottó: *lottery ticket* lottószelvény
loud [laʊd] <mn> **1.** lármás; hangos(an): *loud music* hangos zene **2.** rikító színű; feltűnő
loudspeaker [ˌlaʊd'spiːkə] <fn> [C] hangszóró; hangfal

¹**lounge** [laʊndʒ] <fn> [C] **1.** hall; társalgó; előcsarnok **2.** (repülőtéren) váróterem; várócsarnok

²**lounge** [laʊndʒ] <ige> **lounge (about/around)** lebzsel; henyél; lustálkodik; kószál; lógatja a lábát

louse [laʊs] <fn> [C] (lice) tetű
lousy ['laʊzi] <mn> **1.** tetves **2.** szl pocsék; vacak; nyamvadt
lout [laʊt] <fn> [C] faragatlan fickó; fajankó
loutish ['laʊtɪʃ] <mn> faragatlan; esetlen
lovable ['lʌvəbl] <mn> szeretetre méltó; kedves

¹**love** [lʌv] <ige> **1.** imád; (nagyon) szeret: *I love you so much.* Annyira szeretlek! * *He loves our children.* Szereti a gyermekeinket. **2.** szerelmes **3.** kedvel; szeret; élvezetet talál (**in sg** vmiben): *He loves surfing.* Szeret szörfözni. **4. would love sg** nagyon szeretne vmit: *I'd love to go to your party.* Szívesen elmennék a bulidra.

²**love** [lʌv] <fn> **1.** [U] imádat **2.** [U] szerelem: *love at first sight* szerelem első látásra **3.** [U] szeretet: *His love is quite deep.* Szeretete igen mély. **4.** [C] vki szerelme: *His great love is music.* A zene a nagy szerelme. * *Who was your first love?* Ki volt az első szerelmed? **5.** [C] biz BrE kedves(em): *Come here, my love.* Gyere ide, kedvesem! **6.** [U] (levél végén) szeretet; üdvözlet: *(Lots of) love from Tom.* Sok szeretettel: Tom. * *Give my love to your grandmother.* Add át üdvözletemet a nagymamádnak!/Sokszor csókolom a nagymamádat! **7.** [U] (teniszben) semmi: *forty-love* negyven semmi
♦ **be in love (with sy)** szerelmes (vkibe)
♦ **fall in love (with sy)** beleszeret (vkibe)
♦ **make love (to sy)** szeretkezik (vkivel)

loveable ['lʌvəbl] <mn> → **lovable**
love affair ['lʌv əfeə] <fn> [C] (szerelmi) viszony/kapcsolat: *have a love affair with sy* viszonya van vkivel
love letter ['lʌvˌletə] <fn> [C] szerelmeslevél
lovely ['lʌvli] <mn> (lovelier, loveliest) **1.** gyönyörű; csodás; csinos; helyes; bájos: *a lovely pink dress* csinos rózsaszín ruha * *a lovely little girl* szép/bájos kislány * *a lovely countryside* gyönyörű vidék **2.** nagyszerű; remek; pompás; klassz: *It's lovely to meet you again.* Remek, hogy újra találkozunk! * *It's a lovely day!* Pompás idő van! * *He had a lovely party.* Klassz volt a bulija!
lover ['lʌvə] <fn> [C] **1.** szerető; kedves **2. lovers** [pl] szerelmesek; szerelmespár **3. lover of sg** kedvelője vminek; -kedvelő
lovesick ['lʌvsɪk] <mn> fülig szerelmes
loving ['lʌvɪŋ] <mn> szerető; kedves

¹**low** [ləʊ] <mn> (lower, lowest) **1.** alacsony: *Can you jump over this low fence?* Át tudod ugrani ezt az alacsony kerítést? **2.** (szint, érték stb.) alacsony; kis: *at a lower price* alacsonyabb áron * *low temperature* alacsony hőmérséklet * *low speed* kis sebesség **3.** (ruhán kivágás) mély: *a low neckline* mély kivágás **4.** (hang) mély; halk; csendes: *a low voice* halk/csendes hang **5.** rosszkedvű; lehangolt; erőtlen; gyenge: *be feeling low* gyengének érzi magát **6.** alacsonyrendű; (származás, rang tekintetében) alacsony: *low birth* alacsony származás **7.** alsóbbrendű; alantas; aljas; közönséges: *low fellow* hitvány alak * *low language* közönséges beszéd

²**low** [ləʊ] <hsz> **1.** alacsonyan; mélyen: *be flying very low* nagyon alacsonyan száll/repül

³low

2. olcsón: *buy low* olcsón vásárol * *play low* kicsiben játszik 3. halkan; mély hangon 4. gyengén
³low [ləʊ] <fn> [C] mélypont: *hit/reach a new low* a legújabb mélypontot éri el
⁴low [ləʊ] <ige> *(tehén)* bőg
¹low-down ['ləʊdaʊn] <mn> biz aljas; alantas; becstelen
²low-down ['ləʊdaʊn] <fn> [sing] biz bizalmas felvilágosítás/közlés/információ: *give sy the low-down (on sy/sg)* bizalmas információkat közöl vkivel (vkiről/vmiről) * *get the low-down (on sy/sg)* bizalmas információkat tud meg (vkiről/vmiről)
¹lower ['ləʊə] <mn> 1. *(térben)* alsó: *lower lip* alsó ajak 2. *(szociálisan)* alsóbb; alacsonyabb: *the lower classes* az alsóbb társadalmi osztályok
²lower ['ləʊə] <ige> 1. kisebbít; csökkent; leszállít: *lower the prices* csökkenti az árakat 2. leenged; leereszt; lebocsát: *lower the sails* vitorlát bevon * *Flags have been lowered after the celebration.* Az ünnepség után leengedték/levonták a zászlókat. 3. *(hangot)* lehalkít; tompít: *Lower your voice, please.* Beszélj halkabban, kérlek! 4. megaláz; lealáz: *lower oneself* (le)alacsonyodik
lowest ['ləʊɪst] <mn> legalsó
low-fat [,ləʊ'fæt] <mn> alacsony zsírtartalmú; zsírszegény: *low-fat cheese* zsírszegény sajt
low-key [,ləʊ'kiː] <mn> visszafogott; nem hivalkodó
lowlands ['ləʊləndz] <fn> [pl] alföld; alacsonyan fekvő terület
low-necked [,ləʊ'nekt] <mn> *(ruha)* mély kivágású
low-pressure [,ləʊ'preʃə] <mn> kisnyomású
low season ['ləʊ,siːzn] <fn> [U] eseménytelen időszak; uborkaszezon
low tide [,ləʊ'taɪd] <fn> [U] apály
loyal ['lɔɪəl] <mn> lojális; hű; kitartó
loyalist ['lɔɪəlɪst] <fn> [C] lojalista; kormányhű; királyhű
loyalty ['lɔɪəltɪ] <fn> (loyalties) lojalitás; hűség
lozenge ['lɒzɪndʒ] <fn> [C] mat rombusz
L-plate <fn> [C] *(tanuló vezető jelzése)* T (jelzés)
Ltd [= Limited] kft. (= korlátolt felelősségű társaság)
lubricant ['luːbrɪkənt] <fn> [C, U] kenőanyag
lubricate ['luːbrɪkeɪt] <ige> (meg)olajoz; (be)ken; zsíroz
lucid ['luːsɪd] <mn> 1. világos; tiszta 2. (jól) érthető; értelmes
luck [lʌk] <fn> [U] szerencse: *bring luck* szerencsét hoz * *try one's luck* szerencsét próbál * *by luck* véletlenül

♦ **Bad/Hard luck!** Pech!/Balszerencse! ♦ **be in luck//be out of luck** szerencséje van; nincs szerencséje ♦ **Good luck!** Sok szerencsét! ♦ **have hard/bad luck//have no luck** pechje van ♦ **What luck!** Micsoda szerencse!

luckily ['lʌkɪlɪ] <hsz> szerencsére
lucky ['lʌkɪ] <mn> (luckier, luckiest) 1. szerencsés; mázlis 2. szerencsét hozó: *a lucky number* szerencseszám
lucrative ['luːkrətɪv] <mn> lukratív; (nagy) hasznot hozó
lucre ['luːkə] <fn> [U] haszon; nyerészkedés
ludicrous ['luːdɪkrəs] <mn> nevetséges
¹lug [lʌg] <fn> [C] 1. szl BrE *(emberé)* fül 2. szl AmE buta/faragatlan alak 3. *(edényen)* fül; fogantyú; fogó
²lug [lʌg] <ige> (lugs, lugging, lugged) biz húz; hurcol; vonszol; cipel
luggage ['lʌgɪdʒ] <fn> [U] poggyász; csomag: *hand luggage* kézipoggyász * *Put all your luggage into my car.* Tedd az összes csomagodat az autómba!
luggage rack ['lʌgɪdʒ ræk] <fn> [C] *(vonaton, buszon stb.)* csomagtartó; poggyásztartó
lukewarm [,luːk'wɔːm] <mn> 1. langyos 2. közömbös
lull [lʌl] <fn> [C] pillanatnyi/átmeneti nyugalom; szélcsend; alábbhagyás; szünet: *There was a lull in the traffic.* Átmenetileg alábbhagyott a forgalom.
lullaby ['lʌləbaɪ] <fn> [C] (lullabies) altatódal
¹lumber ['lʌmbə] <fn> [U] 1. ócska bútor; limlom 2. AmE épületfa; faanyag
²lumber ['lʌmbə] <ige> 1. nehézkesen csoszog; vánszorog; döcög 2. zúgva/dörömbölve halad; dübörög 3. **lumber sy (with sy/sg)** biz vki nyakába varr (vkit/vmit)
lumberjack ['lʌmbədʒæk] <fn> [C] favágó; fatelepi munkás
lumber room ['lʌmbə ruːm] <fn> [C] kacattár; lomtár
¹lump [lʌmp] <fn> [C] 1. rög; darab; egy csomó; rakás: *a lump of coal* egy darab szén * *two lumps of sugar* két kockacukor 2. púp; dudor; daganat; kinövés; *(mellben stb.)* csomó: *She has got a lump on her knee.* Van egy dudor a térdén. 3. biz nagy darab suta/buta ember
♦ **have/feel a lump in one's throat** gombóc van a torkában
²lump [lʌmp] <ige> 1. összehalmoz; összehord 2. **lump together** egy kalap alá vesz; ömleszt

♦ **lump it** biz kénytelen elfogadni/lenyelni
♦ **like it or lump it** biz akár tetszik, akár nem

lump sum [ˌlʌmpˈsʌm] <fn> [C] átalány
lunacy [ˈluːnəsɪ] <fn> [U] őrültség
lunar [ˈluːnə] <mn> hold-: *lunar month* holdhónap
¹lunatic [ˈluːnətɪk] <fn> [C] biz őrült; elmebajos; bolond
²lunatic [ˈluːnətɪk] <mn> őrült; eszelős; bolond
¹lunch [lʌntʃ] <fn> [C, U] ebéd: *a working lunch* munkaebéd * *packed lunch* csomagolt/hideg ebéd * *a lunch break* ebédszünet * *have lunch* ebédel
²lunch [lʌntʃ] <ige> ebédel
lunchtime [ˈlʌntʃtaɪm] <fn> [C, U] ebédidő; ebédszünet
lung [lʌŋ] <fn> [C] tüdő
¹lurch [lɜːtʃ] <fn> [C, ált sing] megbillenés; megingás; megtántorodás
  ♦ **leave sy in the lurch** biz cserben hagy vkit
²lurch [lɜːtʃ] <ige> megbillen; tántorog; megtántorodik; dülöngél
¹lure [lʊə] <fn> [C] **1.** csábítás; vonzerő **2.** csalétek; csali
²lure [lʊə] <ige> odacsal; csalogat; (el)csábít
lurid [ˈlʊərɪd] <mn> **1.** ragyogó; rikító (színű) **2.** rémes; szörnyű; sokkoló; megdöbbentő
lurk [lɜːk] <ige> **1.** leselkedik; lesben áll **2.** ólálkodik; bujkál; lappang
luscious [ˈlʌʃəs] <mn> **1.** ízes; zamatos **2.** érzéki; szexi
¹lush [lʌʃ] <mn> **1.** *(növényzet)* friss; burjánzó; buja **2.** *(hely, bútor stb.)* kényelmes; drága; luxus-
²lush [lʌʃ] <fn> [C] szl piás; alkoholista

¹lust [lʌst] <fn> [C, U] **1.** erős testi/nemi vágy; bujaság **2.** mohó vágy: *a lust for power* hatalomvágy
²lust [lʌst] <ige>

lust after/for sy testi vágyat érez; epekedik vki után
lust after/for sg epekedik vmi után

lustful [ˈlʌstfl] <mn> kéjvágyó; kéjsóvár; buja
Luxembourg [ˈlʌksəmbɜːg] <fn> Luxemburg
luxuriant [lʌgˈzjʊərɪənt, lʌgˈʒʊərɪənt] <mn> bőséges; termékeny; túláradó; gazdag
luxurious [lʌgˈzjʊərɪəs, lʌgˈʒʊərɪəs] <mn> pazar; fényűző; luxus-
luxury [ˈlʌkʃərɪ] <fn> **1.** [U] fényűzés; luxus(-): *a luxury hotel* luxusszálloda * *live in luxury* luxusban él; luxus körülmények között él **2.** [C] (luxuries) luxuscikk; fényűzési cikk: *I can't afford such luxuries.* Ilyen luxus(cikkeke)t nem engedhetek meg magamnak. * *luxury goods* luxuscikkek
luxury goods [ˈlʌkʃərɪ gʊdz] <fn> [pl] gazd luxuscikkek
¹lying [ˈlaɪɪŋ] → **¹lie**
²lying [ˈlaɪɪŋ] → **³lie**
lynch [lɪntʃ] <ige> (meg)lincsel
lynx [lɪŋks] <fn> [C] (lynx v. lynxes) hiúz
¹lyric [ˈlɪrɪk] <mn> lírai
²lyric [ˈlɪrɪk] <fn> [C] lírai költemény
lyrical [ˈlɪrɪkl] <mn> **1.** lírai **2.** érzelgős; érzelmes
lyricist [ˈlɪrɪsɪst] <fn> [C] **1.** (dal)szövegíró **2.** lírikus; lírai költő
lyrics [ˈlɪrɪks] <fn> [pl] (dal)szöveg

M, m

¹M, m [em] <fn> [C, U] (Ms, M's, m's) *(betű)* M; m

²M [em] **1.** [= medium (size)] *(ruhaméret)* M (= közepes méret) **2.** [= motorway] autópálya: *on the M8* az M8-ason

m, m. [em] **1.** [= male] hím-; férfi- **2.** [= married] házas; nős; férjezett **3.** [= metre(s); meter(s)] m (= méter) **4.** [= million(s)] M (= millió) **5.** [= mile] mérföld **6.** [= minute] p (= perc)

ma [mɑː] <fn> [C] biz mama

MA [ˌemˈeɪ] [= Master of Arts] <fn> [C] *(második felsőfokú, humán végzettségi szint)* MA

mac [mæk] [= mackintosh] <fn> [C] esőkabát

macabre [məˈkɑːbrə] <mn> hátborzongató: *macabre horror stories* hátborzongató horror történetek

macaroni [ˌmækəˈrəʊni] <fn> [U] csőtészta; makaróni

Macedonia [ˌmæsɪˈdəʊniə] <fn> Macedónia

machine [məˈʃiːn] <fn> [C] **1.** gép: *sewing machine* varrógép * *washing machine* mosógép **2.** átv gépezet; apparátus: *the propaganda machine* propagandagépezet * *party machine* pártapparátus

machine gun [məˈʃiːn ɡʌn] <fn> [C] gépfegyver

machine language [məˈʃiːn læŋɡwɪdʒ] <fn> [C, U] gépi nyelv

machine-made [məˌʃiːnˈmeɪd] <mn> gépi; géppel készített; gyári

machine-readable [məˌʃiːnˈriːdəbl] <mn> géppel olvasható

machine room [məˈʃiːn ruːm] <fn> [C] gépterem

machinery [məˈʃiːnəri] <fn> [U] **1.** gép(i felszerelés) **2.** szerkezet: *the complicated machinery of the computer* a számítógép bonyolult szerkezete **3.** biz gépezet; szervezet; apparátus: *decision-making machinery* döntéshozó szervezet * *the machinery of the government* a kormány apparátusa

machine tool [məˈʃiːn tuːl] <fn> [C] szerszámgép

mackerel [ˈmækrəl] <fn> [C, U] (mackerel) makréla

mackintosh [ˈmækɪntɒʃ] <fn> [C] BrE esőkabát

mad [mæd] <mn> (madder, maddest) **1.** bolond; őrült: *a mad idea* egy őrült ötlet * *like mad* mint az őrült * *I'm sure he is mad as he behaves so strange.* Biztos vagyok benne, hogy őrült, hisz mindig olyan furcsán viselkedik. * *Are you mad?* Megbolondultál?/Elment az eszed? * *You are mad to drink so much.* Bolond vagy, hogy annyit iszol. **2.** dühös; mérges; haragszik (**at/with sy about sg** vkire vmiért): *She was mad at me for being late.* Dühös volt, hogy elkéstem./Haragudott rám, hogy elkéstem. **3.** **be mad about/on sg** megőrül; bolondul vmiért: *He's mad on computer games.* Megőrül a számítógépes játékokért. **4.** **be mad about/on sy** bolondul vkiért; bele van esve vkibe: *She is just mad about Tom.* Bele van esve Tomba.
♦ **drive sy mad** megőrjít vkit ♦ **get mad at/with sy** biz AmE dühös lesz vkire ♦ **go mad** **1.** megőrül; meghülyül **2.** *(mérgében)* begerjed

madam [ˈmædəm] <fn> [sing] asszonyom: *May I ask you to sit down here, madam?* Asszonyom, megkérhetném, hogy foglaljon itt helyet? * *Dear Madam,...* Kedves Asszonyom!...

mad cow disease [ˌmædˈkaʊ dɪˌziːz] <fn> [U] kergemarhakór

madden [ˈmædn] <ige> megőrjít; megbolondít; megvadít

maddening [ˈmædnɪŋ] <mn> őrjítő; dühítő

made [meɪd] → ¹**make**

made-to-measure [ˌmeɪdtəˈmeʒə] <mn> *(ruha)* mérték után készült

made-up [ˌmeɪdˈʌp] <mn> **1.** *(történet)* kitalált **2.** *(arc)* kismikelt; kifestett

madhouse [ˈmædhaʊs] <fn> [C] átv bolondokháza

madly [ˈmædli] <hsz> **1.** őrülten **2.** vadul; durván

madman [ˈmædmən] <fn> [C] (madmen) átv őrült; elmebeteg; bolond

madness [ˈmædnəs] <fn> [U] őrültség; őrület

magazine [ˌmæɡəˈziːn] <fn> [C] **1.** folyóirat; képeslap; magazin **2.** tölténytár **3.** lőszerraktár

¹magic [ˈmædʒɪk] <fn> [U] **1.** varázslat; mágia: *as if by magic* mintegy varázsütésre **2.** bűvészet **3.** varázs: *the magic of Christmas* karácsony varázsa

²magic [ˈmædʒɪk] <mn> varázslatos; varázs-; csodás; tündéri: *magic carpet* varázsszőnyeg

* *magic spell* varázsige * *magic tricks* bűvésztrükkök; bűvészmutatványok

magical ['mædʒɪkl] <mn> varázslatos; varázs-; csodás; tündéri

magician [mə'dʒɪʃn] <fn> [C] bűvész

magistrate ['mædʒɪstreɪt] <fn> [C] rendőrbíró

magnet ['mægnɪt] <fn> [C] mágnes

magnetic [mæg'netɪk] <mn> **1.** mágneses: *magnetic field* fiz mágneses mező **2.** vonzó; lenyűgöző: *a magnetic personality* vonzó személyiség

magnetism ['mægnətɪzm] <fn> [U] **1.** fiz mágneses erő **2.** vonz(ó)erő: *her personal magnetism* személyes vonzereje; egyéni varázsa

magnetize ['mægnətaɪz] <ige> **1.** fiz mágnesez: *magnetize a piece of iron* egy vasdarabot mágnesez **2.** megbűvöl; elbűvöl; lebilincsel (**sy** vkit); vonzerőt gyakorol (**sy** vkire)

magnificent [mæg'nɪfɪsənt] <mn> nagyszerű

magnify ['mægnɪfaɪ] <ige> (magnifies, magnifying, magnified) **1.** *(nagyító stb.)* (fel)nagyít **2.** *(problémát stb.)* (fel)nagyít; (el)túloz

magnifying glass ['mægnɪfaɪɪŋ glɑːs] <fn> [C] nagyító(üveg)

magnitude ['mægnɪtjuːd] <fn> [U] **1.** nagyság; terjedelem **2.** jelentőség; fontosság: *a decision of great magnitude* nagy jelentőségű döntés

magpie ['mægpaɪ] <fn> [C] szarka

maid [meɪd] <fn> [C] (cseléd)lány; háztartási alkalmazott; szobalány

maiden ['meɪdn] <mn> **1.** hajadon **2.** szűz **3.** első: *maiden voyage* (hajóé) első út * *maiden speech* szűzbeszéd

maiden name ['meɪdn neɪm] <fn> [C] leánykori név

¹mail [meɪl] <fn> [U] **1.** *(szolgáltatások)* posta: *by mail* postán * *by air mail* légipostán **2.** főleg ÁmE *(küldemények)* posta: *There is some mail for you.* Van postád. **3.** főleg AmE e-mail: *incoming mail* beérkezett üzenetek; posta

²mail [meɪl] <ige> AmE postára ad; felad

mailbox ['meɪlbɒks] <fn> [C] **1.** AmE postaláda **2.** infor *(e-mail tárolására)* (elektronikus) postaláda

mailing ['meɪlɪŋ] <fn> **1.** [U] postázás; postai feladás: *the mailing of invitation cards* a meghívók postázása **2.** [C] levél; küldemény: *An invitation card is included in the mailing.* A küldeményben egy meghívó is található.

mailing list ['meɪlɪŋ lɪst] <fn> [C] címjegyzék

mailman ['meɪlmæn] <fn> [C] (mailmen) AmE postás

¹main [meɪn] <mn> fő; legfőbb; legfontosabb: *the main season for skiing* a síelés fő szezonja * *the main meal of the day* a nap fő étkezése * *the main road of the town* a város főútja * *main clause* nyelvt főmondat * *main course* főfogás * *The main point/thing is…* A legfontosabb dolog az, hogy…

²main [meɪn] <fn> [C] **1.** *(víz, gáz, villany)* fővezeték **2. the mains** [pl] *(víz, gáz, villany)* hálózat: *mains gas* hálózati gáz * *mains voltage* hálózati feszültség * *The house is connected to the mains.* A ház a hálózatra van kötve. **3. the mains** [pl] hálózati kapcsoló/csatlakozó: *Turn it off at the mains.* A főkapcsolónál kapcsold ki.

mainframe ['meɪnfreɪm] <fn> [C] infor nagy (számító)gép

mainland ['meɪnlənd] <fn> [U] szárazföld

mainly ['meɪnli] <hsz> főleg; többnyire

mainsail ['meɪnseɪl] <fn> [C] árbócvitorla

mainstay ['meɪnsteɪ] <fn> [C] **1.** főárbóctartó **2.** átv támasz

¹mainstream ['meɪnstriːm] <fn> [U] fő áram(lat); fő irány(vonal)/vonulat

²mainstream ['meɪnstriːm] <mn> fő; központi; súlyponti

maintain [meɪn'teɪn] <ige> **1.** karbantart: *This bike should be properly maintained.* Ezt a biciklit megfelelően karban kell tartani. **2.** eltart: *maintain one's family* eltartja a családját **3.** *(sebességet stb.)* tart; fenntart: *maintain one's weight* tartja a súlyát * *Can you maintain this speed?* Tudod tartani ezt a sebességet? **4.** támogat; *(jogokat stb.)* megvéd **5.** *(álláspontot, rendet)* fenntart: *I still maintain that…* Még mindig fenntartom, hogy…

maintenance ['meɪntənəns] <fn> [U] **1.** karbantartás: *car maintenance* autó-karbantartás; autószerviz **2.** *(intézményt stb.)* fenntartás **3.** eltartás; ellátás **4.** *(elvált férjtől)* tartásdíj: *maintenance-order* tartásdíj-kötelezettség

maintenance cost ['meɪntənəns kɒst] <fn> [C] karbantartási költség

maisonette [ˌmeɪzə'net] <fn> [C] kétszintes lakás

maize [meɪz] <fn> [U] BrE kukorica

majestic [mə'dʒestɪk] <mn> fenséges

majesty ['mædʒəsti] <fn> **1.** [U] fenség; magasztosság; méltóság **2. Majesty** [C] (majesties) *(király, királyné, királynő)* felség: *His/Her Majesty* Őfelsége * *Her Majesty the Queen* Őfelsége a Királynő * *Your Majesty* Felséged

¹major ['meɪdʒə] <mn> **1.** fő; fontos(abb); nagy(obb): *one of the major problems* az egyik fő probléma * *the major languages* a nagy nyelvek * *major surgery/operation* nagyobb műtét * *major road* főútvonal **2.** nagykorú; idősebb **3.** *(hangnem)* dúr: *C-major* C-dúr

²major ['meɪdʒə] <fn> [C] AmE *(egyetemen stb.)* szak(tárgy); (fő)szak: *Her major is French./She is a French major.* Ő francia szakos (hallgató).

³**major**

* *What's your major?* Melyik szakra jársz?/Milyen szakon tanulsz?

³**major** ['meɪdʒə] <fn> [C] kat őrnagy: *major general* vezérőrnagy

⁴**major** ['meɪdʒə] <ige>

major in sg AmE *(egyetemen stb.)* specializálja magát vmire; szaktárgynak/főtantárgynak választ vmit: *She is majoring in chemistry.* Kémia szakos hallgató.

majority [mə'dʒɒrətɪ] <fn> (majorities) **1.** [sing + sing/pl v] többség: *be in the/a majority* többségben vannak * *the vast majority* a nagy többség * *by a large majority* nagy többséggel * *in the majority of cases* az esetek többségében * *majority decision* többségi határozat * *The majority of people condemn abortion.* Az emberek többsége elítéli az abortuszt. **2.** [C] szavazattöbbség; szótöbbség: *by/with a majority of eight thousand votes* nyolcezer szavazatos többséggel * *overall majority* döntő többség **3.** [U] nagykorúság: *Attained/Reached his majority.* Nagykorú lett.

¹**make** [meɪk] <ige> (makes, making, made, made) **1.** csinál; készít; gyárt: *make sg from/out of sg* csinál vmit vmiből * *be made of/from sg* vmiből készült * *Cheese is made from milk.* A sajt tejből készül. * *He makes shoes.* Cipőt készít. * *She is making a birthday cake now.* Most egy tortát csinál/készít. * *She made me a new dress.* Új ruhát készített nekem. **2.** tesz; elkövet: *make mistakes* hibákat követ el * *make an attempt to do sg* kísérletet tesz vmire **3.** *(vkit/vmit vmivé)* tesz: *make sy angry* dühbe hoz vkit * *This sound makes me nervous.* Ez a hang idegessé tesz/idegesít. * *Running makes you fit.* A futás fitté tesz. **4.** teremt: *be made for sy* vki számára van teremtve * *be made for each other* egymásnak vannak teremtve **5.** kelt; (létre)hoz: *make noise* zajt kelt; zajong **6.** késztet (**sy do sg** vkit vmire): *make sy wait* megvárakoztat vkit * *She made me cry.* Megríkatott. * *What makes you laugh?* Mi késztet nevetésre? **7.** kényszerít; rávesz (**sy do sg** vkit vmire): *He made me repeat the whole story.* Kényszerített, hogy megismételjem az egész történetet. **8.** *(pénzt)* keres: *make a lot of money* sok pénzt keres **9.** kitesz vmennyit: *3+3 make six.* 3 meg 3 az hat. **10.** *(vmit vmire)* becsül; tesz: *I made his weight 40 kilograms.* 40 kilogrammra tettem/becsültem a súlyát. **11.** válik vkiből; lesz: *I would like to make a good teacher.* Jó tanár szeretnék lenni. **12.** biz sikerül elérnie vhova/vmit; odaér; elér: *Can we make it?* Elérjük?/Odaérünk idejében? * *I just made the train.* Sikerült elérnem a vonatot./Épphogy elértem/elcsíptem a vonatot.

♦ **make believe to do sg** vminek a látszatát kelti; úgy tesz, mintha...; tettet ♦ **make certain that... 1.** meggyőződik arról, hogy... **2.** biztosít vmit ♦ **make certain of sg** megbizonyosodik vmiről ♦ **make oneself clear/understood** megérteti magát ♦ **make do with sg** beéri vmivel *make do with two apples* beéri/megelégszik két almával ♦ **make good 1.** boldogul; sikeres **2.** jóvátesz; orvosol; kárpótol **3.** *(állítást, ígéretet stb.)* igazol; bevált; teljesít ♦ **make it** biz **1.** viszi vmire; teljesíti; megcsinálja **2.** *(járművet)* elér; ér vhova **3.** sikerül megoldani *I can't make it on Monday.* Hétfőn nem tudom megoldani. ♦ **make it hot for sy** biz jól befűt vkinek ♦ **make the most of sg** jól/maximálisan kihasznál vmit ♦ **make much of sg 1.** nagy hasznát látja vminek **2.** nagy feneket kerít vminek; túlértékel vmit ♦ **make much of sy** nagy felhajtást csinál vki miatt ♦ **make sure of sg** meggyőződik vmiről ♦ **get/have it made** biz biztos a sikerben; igazi sikere van

make after sy vki után ered
make away with sg biz elvisz; magával visz vmit; meglép vmivel
make away with sy biz eltesz vkit láb alól
make for sg 1. vmi felé tart; vhová igyekszik **2.** vmire szolgál; hozzájárul vmihez; elősegít vmit
make sy/sg into sy/sg vkivé/vmivé alakít vkit/vmit: *She was made into a star.* Sztár lett belőle. * *The story was made into a film.* Filmmé alakították a történetet./Filmre vitték a történetet.
make sg of sg vhogyan ért(elmez); magyaráz vmit: *What do you make of it?* Mit szólsz hozzá?/Hogyan értelmezed ezt?
make off kereket old; odébbáll
make off with sg biz lelép vmivel
make out biz boldogul; halad
make sg out 1. elkészít; összeállít; megír; kiállít vmit **2.** kisilabizál; *(szemmel)* kivesz; kibetűz; *(jól)* lát vmit **3.** kitalál vmit; rájön vmire: *How did you make that out?* Hogy jutottál erre az eredményre?
make sy out 1. (meg)ért; kiismer vkit: *I just can't make him out.* Egyszerűen nem értem őt. **2.** állít vkiről (**to be sg** vmit); vkit beállít (**to be sg** vmilyennek): *She made herself out to be clever.* Okosnak állította be magát./Azt állította magáról, hogy okos.

make sg over 1. átruház; átirat vmit (**to sy** vkire) **2.** *(ruhát stb.)* átalakít

make sg up 1. kitalál vmit: *He made it up.* Ezt ő találta ki. **2.** kiegészít; (ki)pótol vmit **3.** összeállít; elkészít; megcsinál vmit **4.** alkot; képez vmit **5.** *(szobát stb.)* elkészít; rendbe tesz; kitakarít **6.** tördel vmit

make sy up kifest; kikészít; kisminkel vkit

be made up of sg áll vmiből: *The committee is made up of 9 representatives.* A bizottság 9 küldöttből áll.

make up one's mind (el)dönt; elhatározza magát: *I can't make up my mind where to go.* Nem tudom eldönteni, hova menjek.

make up for sg kárpótol vmiért; *(lemaradást, késést)* jóvátesz; behoz; (ki)pótol: *make up for lost time* pótolja az elvesztett időt; behozza a késést

make up on sy *(versenyzőt stb.)* behoz; utolér

make up to sy biz hízeleg vkinek; kiengesztel vkit

make (it) up to sy meghálál vkinek (**for sg** vmit)

make (it) up kibékül (**with sy** vkivel): *We had an argument with my friend but we've finally made up.* Vitatkoztunk a baráttommal, de végül kibékültünk.

²**make** [meɪk] <fn> [C] gyártmány; márka; típus: *What make is your car?* Milyen márkájú az autód?

♦ **be on the make** biz **1.** ráhajt a haszonra/nyereségre; pénzhajhászó szl **2.** *(szexen)* csak azon jár az esze

make-believe ['meɪkbɪˌliːv] <fn> [U] színlelés; tettetés

maker ['meɪkə] <fn> [C] **1.** készítő; gyártó; előállító: *a toolmaker* szerszámkészítő **2.** alkotó; szerző; teremtő: *the Maker* a Teremtő

makeshift ['meɪkʃɪft] <mn> kisegítő; ideiglenes; rögtönzött; provizórikus

make-up ['meɪkʌp] <fn> [U] **1.** smink; arcfesték: *put on some make-up* föltesz egy kis sminket * *without make-up* smink nélkül(i) **2.** arcfestés; kikészítés **3.** felépítés; összeállítás; szerkezet; elrendezés; alkat; egyéniség; jellem; imázs **5.** tördelés

making ['meɪkɪŋ] <fn> **1.** [U] gyártás; (el)készítés: *be in the making* készülőben/kialakulóféelben van; készül **2. makings** [pl] adottságok: *have the makings of sg* megvannak az adottságai vmihez **3. makings** [pl] kellékek

¹**male** [meɪl] <mn> hím(nemű); férfi-: *a male spider* hím(nemű) pók * *male choir* férfikórus

²**male** [meɪl] <fn> [C] hím; férfi

¹**malfunction** [ˌmælˈfʌŋkʃn] <fn> [C, U] meghibásodás; működési hiba; zavar (a működésben)

²**malfunction** [ˌmælˈfʌŋkʃn] <ige> hibásan működik

malice ['mælɪs] <fn> [U] rosszakarat; rosszindulat: *bear sy malice//bear malice against/towards sy* rosszindulatú vkivel szemben; vkinek a rosszakarója

malicious [məˈlɪʃəs] <mn> **1.** rosszindulatú; rosszmájú; rosszakaratú; gonosz **2.** jog szándékos

malignant [məˈlɪɡnənt] <mn> **1.** *(megjegyzés stb.)* rosszindulatú **2.** orv rosszindulatú: *a malignant tumour* rosszindulatú daganat

malinger [məˈlɪŋɡə] <ige> szimulál

mall [mɔːl] <fn> [C] bevásárlóközpont; pláza

malnutrition [ˌmælnjuːˈtrɪʃn] <fn> [U] hiányos táplálkozás; alultápláltság; rosszul tápláltság

malpractice [ˌmælˈpræktɪs] <fn> [C, U] törvénysértő viselkedés; hűtlen kezelés; vétkes gondatlanság: *medical malpractice* orvosi műhiba

malt [mɔːlt] <fn> [U] maláta

Malta ['mɔːltə] <fn> Málta

¹**Maltese** [ˌmɔːlˈtiːz] <mn> máltai

²**Maltese** [ˌmɔːlˈtiːz] **1.** [C] *(személy)* máltai **2.** [U] *(nyelv)* máltai

maltreat [ˌmælˈtriːt] <ige> rosszul bánik (**sy/sg** vkivel/vmivel); gyötör (**sy/sg** vkit/vmit)

maltreatment [ˌmælˈtriːtmənt] <fn> [U] rossz bánásmód

mammal ['mæml] <fn> [C] emlős(állat)

mammary ['mæməri] <mn> emlő-: *mammary cancer* emlőrák * *mammary gland* tejmirigy

mammography [mæˈmɒɡrəfi] <fn> [U] orv mammográfia

mammoth ['mæməθ] <fn> [C] mamut

man [mæn] <fn> (men) **1.** [C] ember: *this/that man* ez/az az ember * *all men* minden ember * *No man could survive...* Senki sem élte túl... **2.** [U] *(általánosságban)* az ember(iség): *Do you exactly know how long man has been living on the earth?* Tudod pontosan, mióta él ember a földön? **3.** [C] férfi: *eight men and six women* nyolc férfi és hat nő * *a tall man* magas férfi * *men's wear* férfiruha * *men's room* AmE férfi WC/toalett **4.** [C] férj; barát; udvarló: *Susan's new man* Susan új barátja/férje/fiúja * *her good man* az ura; a férje **5.** [C] (sakk)figura

♦ **as one man** egy emberként ♦ **be one's own man** a maga ura ♦ **He is not the man to...** Nem az a fajta ember, aki... ♦ **He is your man!** Ő a te embered! ♦ **make a man of sy** embert farag vkiből ♦ **man about**

town nagyvilági ember ♦ **man and boy** kora ifjúságától fogva ♦ **the man in the street** az utca embere; az átlagember ♦ **a man of his word** szavatartó ember ♦ **a man of means/property/substance** jómódú/vagyonos/tehetős ember ♦ **be a man of the world** van élettapasztalata ♦ **Man proposes, God disposes.** Ember tervez, Isten végez. ♦ **a man's man** férfi a javából ♦ **man-to-man** mint férfi a férfival ♦ **That takes a man.** Ehhez igazi férfi kell. ♦ **He is the very man.** Ő az én emberem. ♦ **to a man//to the last man** egytől egyig

manage ['mænɪdʒ] <ige> (manages, managing, managed) **1.** *(céget)* igazgat; vezet; irányít; kezel; *(ügyeket)* intéz: *He manages the firm.* Ő vezeti a céget. **2.** sikerül (**to do sg** vmit tenni); megbirkózik; boldogul (**sg** vmivel): *We managed to arrive on time.* Sikerült pontosan megérkeznünk. ∗ *Did you manage to write your homework?* Megbirkóztál/Boldogultál a házi feladatoddal? ∗ *Can you manage (it)?* Megy (a dolog)?/Boldogulsz (vele)? ∗ *We will manage somehow.* Valahogy majdcsak megleszünk/(el)boldogulunk. ∗ *I can't manage it.* Nem megy./Nem boldogulok vele.

management ['mænɪdʒmənt] <fn> **1.** [U] vezetés: *The management of a company is a difficult task.* Egy cég vezetése nehéz feladat. **2.** [C + sing/pl v, U] vezetőség; menedzsment; vezetés: *The management is/are considering closing the shop.* A vezetőség a bolt bezárását fontolgatja. ∗ *be under new management* új vezetés alatt áll

management skills ['mænɪdʒmənt ˌskɪlz] <fn> [pl] vezetői készségek

manager ['mænɪdʒə] <fn> [C] **1.** igazgató; vezető: *the manager of the firm* a cég igazgatója ∗ *a bank manager* bankigazgató **2.** sp *(focicsapaté stb.)* vezetőedző; szövetségi kapitány

managerial [ˌmænəˈdʒɪərɪəl] <mn> vezető(i); vezetési; igazgatói: *managerial position* vezető beosztás

managing director [ˌmænɪdʒɪŋ dəˈrektə] <fn> [C] főigazgató; ügyvezető igazgató; üzletvezető

mandate ['mændeɪt] <fn> [C] mandátum

mandatory ['mændətəri] <mn> kötelező: *mandatory signs* közl utasítást adó jelzőtáblák ∗ *Crash helmets are mandatory for cyclists.* A bukósisak kötelező a kerékpárosoknak.

mane [meɪn] <fn> [C] sörény

man-eater ['mænˌiːtə] <fn> [C] emberevő

maneuver [məˈnuːvər] AmE → **manoeuvre**

manhood ['mænhʊd] <fn> [U] **1.** férfikor: *reach manhood* eléri a férfikort **2.** férfiasság

man-hour ['mænˌaʊə] <fn> [C] munkaóra

manhunt ['mænhʌnt] <fn> [C] körözés; nyomozás; embervadászat; hajtóvadászat

mania ['meɪnɪə] <fn> **1.** [U] orv téboly; elmezavar; őrjöngés; kényszerképzet; mánia: *persecution mania* üldözési mánia **2.** [C] biz mánia; hóbort: *mania for cleanliness* tisztaságmánia ∗ *have a mania for sg* a mániája vmi

maniac ['meɪnɪæk] <fn> [C] **1.** orv (dühöngő) őrült; tébolyodott **2.** megszállott; fanatikus; bolond(ja vminek): *car maniac* autóbolond ∗ *sex maniac* szexmániás

manic depression [ˌmænɪkdɪˈpreʃn] <fn> [U] orv mániás depresszió

manicure ['mænɪkjʊə] <fn> [C] manikűr

manifest ['mænɪfest] <ige> **1.** (ki)nyilvánít; kimutat; világosan megmutat **2. manifest itself** megnyilvánul; megmutatkozik; kifejeződik **3.** bizonyít

manifestation [ˌmænɪfeˈsteɪʃn] <fn> [C, U] **1.** megnyilatkozás **2.** kinyilvánítás

manifesto [ˌmænɪˈfestəʊ] <fn> [C] (manifestos v. manifestoes) kiáltvány; nyilatkozat

manipulate [məˈnɪpjʊleɪt] <ige> (manipulates, manipulating, manipulated) **1.** (ügyesen) kezel; irányít **2.** befolyásol; manipulál

manipulation [məˌnɪpjʊˈleɪʃn] <fn> [C, U] **1.** kezelés **2.** befolyásolás; manipuláció; manipulálás

mankind [mænˈkaɪnd] <fn> [U] emberiség; emberi faj

manly ['mænlɪ] <mn> férfias

man-made [ˌmænˈmeɪd] <mn> mesterséges; mű-: *man-made fibres* műszál

manned [mænd] <mn> ember vezette

manner ['mænə] <fn> **1.** [U] mód: *in a strange manner* különös módon ∗ *in this manner* ily(en) módon; így ∗ *in the same manner* ugyanúgy; egyformán ∗ *in a civilized manner* civilizált módon **2.** [U] stílus; viselkedés: *in the manner of sy/sg* vki/vmi stílusában ∗ *have an aggressive manner* agresszív a viselkedése/stílusa ∗ *You have got a polite and friendly manner.* Udvarias és barátságos a stílusod. **3. manners** [pl] modor; viselkedés: *bad manners* rossz modor; neveletlenség ∗ *good manners* jó modor; jólneveltség ∗ *have no manners* modortalan; neveletlen ∗ *It is bad manners to put your chewing gum on the table.* Nem illik az asztalra tenni a rágógumit. **4. manners** [pl] erkölcs(ök) **5.** [U] fajta; féle: *What manner of a man are you?* Miféle ember vagy te?

♦ **by no manner of means//not by any manner of means** semmi esetre sem ♦ **in a manner** bizonyos mértékig; bizonyos értelemben ♦ **all manner of sg** mindenféle; sokféle

¹manoeuvre [mə'nu:və] <fn> **1. manoeuvres** [pl] kat hadgyakorlat; hadmozdulat; manőver **2.** [C, U] húzás; csel; furfang; taktikázás; manőver(ezés) **3.** [C] *(autóval)* manőverezés

²manoeuvre [mə'nu:və] <ige> (manoeuvres, manoeuvring, manoeuvred) **1.** *(autóval)* manőverez: *manoeuvre the car into a narrow space* ügyesen beáll egy keskeny helyre az autóval **2.** biz mesterkedik; taktikázik: *manoeuvre for position* helyezkedik **3.** működtet; kezel; irányít; ügyesen mozgat

manor ['mænə] <fn> [C] **1.** kastély; kúria **2.** uradalom

manpower ['mæn,pauə] <fn> [U] **1.** munkaerő; munkabírás **2.** munkaerő; munkáslétszám: *manpower shortage//shortage of manpower* munkaerőhiány

mansion ['mænʃn] <fn> [C] kastély; (nemesi) kúria

manslaughter ['mæn,slɔ:tə] <fn> [U] (gondatlanságból elkövetett) emberölés

¹manual ['mænjuəl] <mn> kézi; manuális: *manual work* kézi/fizikai munka * *manual labour* fizikai munka * *manual skills* kézügyesség * *manual worker* kétkezi munkás; fizikai dolgozó

²manual ['mænjuəl] <fn> [C] **1.** kézikönyv; használati utasítás **2.** billentyűzet; klaviatúra

¹manufacture [,mænju'fæktʃə] <ige> (manufactures, manufacturing, manufactured) gyárt, készít: *manufactured goods* iparcikkek; készáruk

²manufacture [,mænju'fæktʃə] <fn> [U] gyártás: *This company is world-famous for the manufacture of computers.* Ez a cég a számítógépgyártás terén világhírű.

manufacturer [,mænju'fæktʃərə] <fn> [C] gyártó

manuscript ['mænjuskrɪpt] <fn> [C] kézirat: *the manuscript of a book* egy könyv kézirata

¹many ['menɪ] <det> (more, most) **1.** *(kijelentő mondatban)* sok: *many people* sok ember * *many streets* sok utca * *too many animals* túl sok állat * *many times* sokszor **2.** *(kérdő és tagadó mondatokban)* sok: *Do you have many friends?* Sok barátod van? * *There aren't too many mistakes in this work.* Nincs sok hiba ebben a munkában. **3. many a** sok: *many a man* sok ember * *many a time* sokszor; számtalanszor

²many ['menɪ] <névm> (more, most) **1.** *(kijelentő mondatban)* sok; sokan: *Many have voted for him.* Sokan szavaztak rá. **2.** *(kérdő és tagadó mondatokban)* sok: *We don't have many.* Nincs sok belőle.

map [mæp] <fn> [C] térkép: *find sg on the map* megtalál vmit a térképen * *a street map* utcatérkép * *road map* autótérkép

♦ **be off the map** biz isten háta mögött(i)
♦ **be on the map** biz *(helység stb.)* ismert
♦ **put on the map** biz ismertté/híressé tesz

maple ['meɪpl] <fn> [C] juharfa

Mar. [= March] márc. (= március): *26 Mar. 2012* 2012. márc. 26.

marathon ['mærəθən] <fn> [C] **1.** maratoni futás **2.** maratoni hosszúság

marble ['ma:bl] <fn> **1.** [U] márvány: *made of marble* márványból készült * *a marble statue* márványszobor **2.** [C] színes játékgolyó: *play marbles* golyózik

March [ma:tʃ] <fn> [C, U] röv **Mar.** március: *He was born in March.* Márciusban született.

¹march [ma:tʃ] <ige> **1.** menetel; gyalogol; masíroz: *march in* bevonul; bemasíroz * *march off* elvonul * *Soldiers are marching along the road.* Katonák menetelnek az úton. * *The soldiers marched past the President.* A katonák elléptek az elnök előtt. * *March!* Indulj! **2.** meneteltet; masíroztat

march on megy/halad tovább

²march [ma:tʃ] <fn> [C] **1.** menet(elés): *It was an hour's march from the square to the Houses of Parliament.* Egyórás menet(elés) volt a tértől a Parlamentig. **2.** zene induló **3.** haladás: *the march of time* az idő múlása

march-past ['ma:tʃpa:st] <fn> [U] díszmenet; díszszemle

mare [meə] <fn> [C] kanca

margarine [,ma:dʒə'ri:n] <fn> [U] margarin

margin ['ma:dʒɪn] <fn> [C] **1.** *(füzetnél stb.)* szegély; perem; margó; (lap)szél: *in the margin* lapszélen; margón * *I wrote my comments in the margin.* Megjegyzéseimet a margóra írtam. **2.** (hiba)határ; tűrés; eltérés; különbözet; mozgástér: *allow/leave sy a margin for sg* mozgásteret/némi szabadságot ad vkinek vmire * *a margin for error* hibahatár **3.** árrés: *profit margin* haszonrés; árrés

¹marine [mə'ri:n] <mn> **1.** tengeri: *marine animals* tengeri állatok * *marine insurance* hajókár-biztosítás **2.** tengerészeti: *marine chart* tengerészeti térkép

²marine [mə'ri:n] <fn> [C] tengerész(gyalogos): *the Marines* tengerészgyalogság

marital ['mærɪtl] <mn> házastársi; házassági: *marital status* családi állapot

maritime ['mærɪtaɪm] <mn> **1.** tengeri: *maritime climate* óceáni éghajlat * *maritime law* tengeri jog; tengerjog **2.** tengerparti; tengermelléki **3.** tengerészeti

¹mark [mɑːk] <fn> [C] **1.** folt; nyom; jel(zés): *make a mark on sg* nyomot hagy vmin * *bear the marks of sg* vminek a nyoma látszik rajta * *a mark on the map* jel(zés) a térképen * *distinctive mark* ismertetőjel * *There is a dirty mark on it.* Van rajta egy folt. * *Our dog has a black mark on her neck.* A kutyánknak van egy fekete folt a nyakán. **2.** (érdem)jegy; osztályzat: *bad mark* rossz osztályzat * *I got a very good mark on my English exam.* Nagyon jó jegyet kaptam az angol vizsgámon. * *I got full marks in the grammar test.* Jelest kaptam a nyelvtani vizsgámra. **3.** (márka)jel; márka; (gyári) jel; bélyeg **4.** céltábla; célpont: *hit the mark* célba talál * *miss the mark* célt téveszt **5.** kézjegy: *I didn't sign my name, I just made my mark instead.* Nem írtam alá a nevemet, csak a kézjegyemmel láttam el. **6.** fontosság: *a man of mark* fontos/tekintélyes ember **5.** sp startvonal; rajtvonal: *On your marks, get set, go!* Elkészülni, vigyázz, rajt!

♦ **be beside the mark** nem tartozik a tárgyhoz ♦ **be/come up to the mark** megfelel a kívánalmaknak ♦ **bring sy/sg up to the mark** felhoz vkit/vmit a kívánt szintvonalra ♦ **leave/make one's mark on sg/sy** nyomot hagy vmin/vkiben ♦ **make one's mark (in sg)** elismerik; hírnévre tesz szert (vmiben) ♦ **overshoot the mark//go beyond the mark//overstep the mark** túllő a célon ♦ **be quick/slow off the mark** gyorsan/nehezen kapcsol ♦ **be/go wide of the mark** messze jár a valóságtól

²**mark** [mɑːk] <ige> **1.** (meg)jelöl; jelzéssel lát el: *mark the price* árcédulával/árjelzéssel ellát * *The school is marked on this map.* Az iskolát (meg)jelölik a térképen. * *The box is marked "explosive".* A csomagot „robbanásveszélyes" jelzéssel látták el. **2.** nyomot hagy: *The wine has marked the table.* A bor nyomot hagyott az asztalon. **3.** BrE *(dolgozatokat stb.)* osztályoz; (ki)javít: *mark papers/essays* dolgozatot javít; (le)osztályozza a dolgozatokat * *I have 80 exam papers to mark.* 80 vizsgadolgozatot kell kijavítanom/leosztályoznom. **4.** jelöl; jelez; jellemez; jelent: *This ring marks that we are married.* Ez a gyűrű jelzi, hogy házasok vagyunk. **5.** őriz; megemlékezik: *The ceremony marked the fiftieth anniversary of the opening of the theatre.* Az ünnepségen a színház megnyitásának 50. évfordulójáról emlékeztek meg. **6.** megjegyez; megfigyel; észrevesz: *mark one's words* megjegyzi a szavait * *Mark my words!* Figyelj a szavamra! * *Mark you!* Figyelj!

mark sy down *(sportban, vizsgán stb.)* lepontoz vkit; rosszabb jegyet ad vkinek
mark sg down 1. lejegyez; beír; kijelöl; előjegyez vmit **2.** *(árat)* leszállít; *(árut)* leáraz; leértékel
mark sg off 1. kijelöl; megjelöl vmit **2.** elkülönít; elhatárol vmit
mark sg out kijelöl; megjelöl; kitűz vmit
mark sy out for sg kijelöl/szán vkit vmire
mark sg up 1. *(árat)* felemel **2.** korrektúráz; javít vmit

marker ['mɑːkə] <fn> [C] **1. marker (pen)** szövegkiemelő **2.** könyvjelző **3.** *(sportban)* pontjelző

¹**market** ['mɑːkɪt] <fn> **1.** [C] piac: *a flower market* virágpiac * *flea market* bolhapiac; zsibvásár * *the market days* vásárnapok * *market hall* vásárcsarnok * *I am going to the market.* Megyek a piacra. **2.** [C, U] piac; kereslet: *put on the market* piacra dob * *find a (ready) market* van piaca * *be on the market* kapható * *There is no market for motorbikes.* Nincs piaca a motorkerékpárnak./Nincs kereslet motorkerékpárra.

♦ **flood the market** elárasztja a piacot

²**market** ['mɑːkɪt] <ige> **1.** piacra visz; piacon elad **2.** piacon árusít **3.** piacon vásárol

marketing ['mɑːkɪtɪŋ] <fn> [U] marketing; piacszervezés: *He is in charge of marketing.* A marketingért felel.

marketplace ['mɑːkɪtpleɪs] <fn> [C] piac(tér)

marksman ['mɑːksmən] <fn> [C] (marksmen) mesterlövész

marmalade ['mɑːməleɪd] <fn> [U] narancsdzsem

¹**maroon** [mə'ruːn] <mn> gesztenyebarna

²**maroon** [mə'ruːn] <fn> [U] *(szín)* gesztenyebarna

marquee [mɑː'kiː] <fn> [C] *(rendezvényekhez)* nagy sátor

marriage ['mærɪdʒ] <fn> **1.** [C] házasságkötés; esküvő: *marriage ceremony* esküvő(i szertartás) * *marriage certificate* házassági anyakönyvi kivonat * *Their marriage took place at 10 o'clock in the church.* Az esküvőjük 10 órakor volt a templomban. **2.** [C, U] házasság: *a long and happy marriage* hosszú, boldog házasság * *after five years of marriage...* ötévi házasság után... * *marriage of convenience* érdekházasság

♦ **be related to sy by marriage** sógorságban van vkivel

marriage guidance [ˌmærɪdʒ'gaɪdns] <fn> [U] házassági tanácsadás

married ['mærɪd] <mn> házas; nős; férjezett: *married couple* házaspár ∗ *married life* házasélet

marrow ['mærəʊ] <fn> **1.** [C] tök **2.** [U] (csont-)velő: *be frozen to the marrow* csontig átfagyott **3.** [U] átv vminek a veleje

marry ['mærɪ] <ige> (marries, marrying, married) **1.** feleségül vesz; elvesz; férjhez megy; összeházasodik; megházasodik: *get married (to sy)* megnősül; férjhez megy (vkihez); megházasodik ∗ *We married 17 years ago.* 17 évvel ezelőtt házasodtunk össze. ∗ *He will marry my sister.* A nővéremet veszi el feleségül. ∗ *How long has he been married?* Mióta házas? ∗ *We are getting married next summer.* Jövő nyáron házasodunk össze. **2.** összead: *The priest married them.* A pap összeadta őket. **3.** hozzáad (**sy to sy** vkit vkihez): *She married her daughter to a poor boy.* A lányát egy szegény fiúhoz adta.

marsh [mɑːʃ] <fn> [C, U] mocsár

marshal ['mɑːʃl] <fn> [C] **1.** *(nagy szabadtéri eseménynél)* forgalomirányító; rendező **2.** AmE *(rendőr, tűzoltó)* (magas beosztású) tiszt **3.** kat marsall

marshy ['mɑːʃɪ] <mn> (marshier, marshiest) mocsaras

martial arts [ˌmɑːʃl'ɑːts] <fn> [pl] harcművészetek

martial law [ˌmɑːʃl'lɔː] <fn> [U] statárium

martyr ['mɑːtə] <fn> [C] **1.** mártír; vértanú **2.** vminek a szenvedő áldozata: *a martyr to a disease* egy betegség szenvedő áldozata ∗ *make a martyr of oneself* mártírt csinál magából

marvellous ['mɑːvləs] <mn> csodálatos: *ten marvellous days* tíz csodálatos nap

marvelous ['mɑːrvələs] AmE → **marvellous**

marzipan ['mɑːzɪpæn] <fn> [U] marcipán

mascara [mæ'skɑːrə] <fn> [U] szempillafesték

mascot ['mæskət] <fn> [C] kabala

masculine ['mæskjʊlɪn] <mn> **1.** férfias **2.** nyelvt hímnemű

¹mash [mæʃ] <fn> [U, C] **1.** kása; pép; pempő **2.** krumplipüré

²mash [mæʃ] <ige> összezúz; áttör; péppé zúz: *mashed potatoes* krumplipüré

¹mask [mɑːsk] <fn> [C] **1.** álarc; (sí)maszk: *throw off the mask* átv leveti az álarcát ∗ *They wore black masks.* Fekete álarcot/maszkot viseltek. **2.** *(orvosé stb.)* maszk

²mask [mɑːsk] <ige> **1.** leplez; palástol; álcáz: *mask one's feelings* leplezi az érzéseit **2.** álarccal eltakar

¹masquerade [ˌmæskə'reɪd] <fn> [U, C] **1.** álarcosbál **2.** komédia **3.** jelmez; alakoskodás; képmutatás

²masquerade [ˌmæskə'reɪd] <ige> **1.** kiadja magát vminek; vmilyen szerepet játszik: *masquerading as doctor* orvosnak álcázva/kiadva magát **2.** álarcosbálon vesz részt

¹mass [mæs] <fn> **1.** [C] tömeg; csomó; rakás; halom: *a mass of people* rengeteg ember; embertömeg ∗ *masses of young people* fiatalok tömege ∗ *He has got masses of CDs.* Van egy csomó cédéje. **2.** [C] tömeg: *mass meeting* tömeggyűlés ∗ *the great masses of people* a széles néptömegek **3.** [U] fiz tömeg: *the mass of the rock* a szikla tömege

²Mass [mæs] <fn> [C, U] mise: *Mass for the dead* gyászmise ∗ *go to Mass* misére megy ∗ *say mass* misét mond

¹massacre ['mæsəkə] <fn> [C] tömegmészárlás; vérfürdő

²massacre ['mæsəkə] <ige> (massacres, massacring, massacred) lemészárol

¹massage ['mæsɑːʒ] <fn> [C, U] masszázs: *treat sg by massage* masszázzsal kezel vmit ∗ *give sy a massage* masszázst ad vkinek

²massage ['mæsɑːʒ] <ige> (massages, massaging, massaged) (meg)masszíroz; gyúr

mass consumption [mæs kən'sʌmpʃən] <fn> [U] tömegfogyasztás

massive ['mæsɪv] <mn> **1.** hatalmas; nagy; masszív: *He has got a massive amount of money.* Óriási pénzösszeggel rendelkezik. **2.** orv súlyos: *a massive heart attack* súlyos szívinfarktus

mass media [mæs 'miːdɪə] <fn> [pl] tömegtájékoztató/tömegkommunikációs eszközök; tömegtájékoztatás; a média

mass-produced [ˌmæsprə'djuːst] <mn> tömegesen/szériában gyártott: *mass-produced goods* tömegcikk; tömegáru

mass production [ˌmæsprə'dʌkʃn] <fn> [U] tömegtermelés; tömeggyártás

mast [mɑːst] <fn> [C] árbóc; pózna; rúd; oszlop

¹master ['mɑːstə] <fn> [C] **1.** gazda; tulajdonos: *the dog's master* a kutya gazdája **2.** tanár: *our English master* a mi angoltanárunk **3.** főnök: *the master of the library* a könyvtár főnöke **4.** *(vmi fölött)* úr: *be one's own master* a maga ura ∗ *be master of the situation* a helyzet ura ∗ *make oneself master of sg* úrrá lesz vmi fölött ∗ *master of ceremonies (MC)* konferanszié; ceremóniamester **5.** *(művész stb.)* mester: *an old master* régi nagy mester ∗ *He was a famous master builder.* Híres építőmester volt. **6.** *(hajóé)* kapitány: *the ship's master* a hajó kapitánya **7.** úrfi; fiatalúr: *Master Danny is ten years old.* Dani úrfi tízéves. **8.** **Master of Arts** röv **MA** isk *(második felsőfokú, humán* *végzettségi szint)* mesterképzés: *master's degree* mesterdiploma

²**master** ['mɑːstə] <ige> **1.** *(félelemtől stb.)* felülkerekedik **2.** *(nyelvet stb.)* (alaposan) elsajátít

¹**mastermind** ['mɑːstəmaɪnd] <fn> [C] (nagy) koponya; vezetőelme

²**mastermind** ['mɑːstəmaɪnd] <ige> a háttérből irányít

masterpiece ['mɑːstəpiːs] <fn> [C] mestermű; remekmű; műremek

mat [mæt] <fn> [C] **1.** lábtörlő; szőnyeg **2.** alátét: *a table/place mat* tányéralátét ∗ *beer mat* söralátét

¹**match** [mætʃ] <fn> [C] gyufa: *a box of matches* egy doboz gyufa ∗ *light/strike a match* gyufát gyújt

²**match** [mætʃ] <fn> **1.** [C] meccs; mérkőzés: *win/lose the football match* megnyeri/elveszíti a focimeccset **2.** [C, U] *(értékben, kiválóságban vkinek/vminek)* párja; ellenfele: *has no match* nincs párja ∗ *be a match for sy* méltó/egyenrangú ellenfele vkinek ∗ *be no match for sy* nem ellenfél vki számára; nem versenyezhet vkivel ∗ *meet/find one's match* emberére akad/talál **3.** [U] házasság; parti: *make a good match (jól nősül/megy férjhez)* jó partit csinál ∗ *She is a good match.* Jó parti.

³**match** [mætʃ] <ige> **1.** (össze)illik; (össze)passzol: *a well-matched pair* összeillő pár ∗ *These socks don't match – one is green and the other is blue.* Ezek a zoknik nem illenek egymáshoz – az egyik zöld, a másik kék. ∗ *Your skirt doesn't match your coat in colour.* A szoknyád színben nem illik/passzol a kabátodhoz. ∗ *They match well. (ruhadarabok stb.)* Illenek egymáshoz. ∗ *You've met your match.* Jól összeilletek. **2.** összeilleszt; összepasszít; összehangol **3.** felér; vetekszik (**sy/sg** vkivel/vmivel) **4.** összemér; szembeállít

> **match sy against sy** szembeállít; összemér vkit vkivel
> **match up** összeáll; összeillik
> **match sg up** összerak; összeilleszt vmit
> **match up to sg** *(reményeket)* bevált; *(követelményeknek)* megfelel
> **match (up) with sg** illik/megy vmihez
> **match sg up with sg** összevet vmit vmivel

matchbox ['mætʃbɒks] <fn> [C] gyufásdoboz
match-fixing ['mætʃ fɪksɪŋ] <fn> [U] sp bundázás, bunda
matching ['mætʃɪŋ] <mn> hozzáillő; összeillő; összetartozó
matchless ['mætʃləs] <mn> páratlan; egyedülálló; hasonlíthatatlan: *matchless beauty* páratlan szépség

match point ['mætʃ pɔɪnt] <fn> [C] *(teniszben)* mérkőzéslabda; meccslabda

¹**mate** [meɪt] <fn> [C] **1.** pajtás; cimbora; haver; társ: *I told a joke to my mates.* Mondtam egy viccet a haverjaimnak. **2.** pár: *the bird's mate* a madár párja **3.** pár; partner; élettárs: *with her mate* a partnerével/párjával **4.** inas; legény: *surgeon's mate* műtős; asszisztens **5.** hajó másodkapitány; első tiszt **6.** szaktárs; szaki

²**mate** [meɪt] <fn> [U] sakkmatt

³**mate** [meɪt] <ige> (mates, mating, mated) **1.** *(állatok)* párosodik **2.** *(állatokat)* párosít **3.** *(sakkban)* mattot ad

¹**material** [məˈtɪərɪəl] <fn> [C, U] **1.** anyag: *building material* építőanyag ∗ *raw material* nyersanyag ∗ *writing materials* írószerek **2.** *(ruháé)* anyag; szövet: *I bought some orange material to make a shirt.* Vettem egy kis narancssárga anyagot, hogy varrjak egy inget.

²**material** [məˈtɪərɪəl] <mn> **1.** *(pénzben kifizethető)* anyagi: *material damages* anyagi károk ∗ *material needs* anyagi javak **2.** *(fizikális)* anyagi: *he material world* az anyagi világ **3.** lényeges **4.** anyagias

maternal [məˈtɜːnl] <mn> anyai: *maternal feelings* anyai érzelmek ∗ *my maternal grandmother* anyai nagymamám

maternity [məˈtɜːnəti] <fn> [U] anyaság: *maternity clothes/dress* kismamaruha ∗ *maternity benefit* anyasági segély ∗ *maternity hospital* szülőotthon ∗ *maternity leave* szülési szabadság ∗ *maternity ward* szülészet(i osztály)

matey ['meɪti] <mn> (matier, matiest) barátságos; barátkozó; bizalmaskodó (**with sy** vkivel)

math [mæθ] <fn> [U] biz AmE matek

mathematical [ˌmæθəˈmætɪkl] <mn> matematikai

mathematician [ˌmæθəməˈtɪʃn] <fn> [C] matematikus

mathematics [ˌmæθəˈmætɪks] <fn> [U] matematika: *He is good at mathematics.* Jó matematikából.

maths [mæθs] <fn> [pl] biz BrE matek

¹**matter** ['mætə] <fn> **1.** [U] anyag: *This bottle is made up of a hard matter.* Ez az üveg kemény anyagból készült. **2.** [C] ügy; kérdés; dolog: *a very important matter* nagyon fontos ügy/kérdés ∗ *a matter of course* magától értetődő dolog ∗ *matter of fact* ténykérdés ∗ *the matter in dispute* vitás kérdés ∗ *a matter of conscience* lelkiismereti kérdés ∗ *a matter of time* idő kérdése ∗ *That's an entirely different matter.* Ez egész más eset/dolog. ∗ *It is a matter for the doctors.* Ez az orvosok dolga. ∗ *It's not great matter.* Nem nagy ügy. ∗ *It's no easy*

matter. Nem könnyű ügy. ∗ *It's no laughing matter.* Nem nevetséges dolog./Nincs ezen semmi nevetnivaló. **3.** [U] lényeg; fontos dolog: *no matter which* akármelyik ∗ *no matter how* akárhogy is ∗ *No matter who invites you, you mustn't go to that party.* Nem számít/Mindegy, hogy ki hív meg, nem mehetsz el abba a buliba. **4.** [U] baj; gond: *What's the matter (with you)?* Mi baj(od van)? ∗ *there seems to be something the matter with sy/sg* úgy tűnik, baj van vkivel/vmivel ∗ *there's nothing the matter with sy/sg* semmi baj sincs/nincs vkivel/vmivel **5.** [U] genny: *The wound is full of matter.* A seb tele van gennyel. **6.** [U] *(nyomtatvány stb.)* anyag: *reading matter* olvasnivaló; olvasmány ∗ *printed matter* nyomtatvány

♦ **as a matter of course** természetesen; természetszerűleg ♦ **as a matter of fact** **1.** valójában; tulajdonképpen; ami azt illeti **2.** illetőleg; jobban mondva ♦ **for that matter** ami azt illeti ♦ **put the matter to a vote** szavazásra bocsátja az ügyet ♦ **the matter in/at hand** a szóban forgó dolog ♦ **a matter of life and death** élet-halál kérdése; létkérdés ♦ **be a matter of principle** elvi kérdés

²**matter** ['mætə] <ige> számít; fontos; lényeges; *sg matters to sy* ami számít vkinek ∗ *It doesn't matter that he was late.* Nem számít/Nem érdekes/Nem tesz semmit, hogy elkésett. ∗ *It matters a lot to me.* Nagyon fontos nekem. ∗ *Does it matter if I don't arrive on time?* Számít az, ha én elkések?

matter-of-fact [,mætərəv'fækt] <mn> tárgyszerű; tárgyilagos

mattress ['mætrəs] <fn> [C] matrac

¹**mature** [mə'tʃʊə] <mn> **1.** *(személy)* érett; kiforrott; megfontolt: *a very mature person* igen érett személy **2.** *(sajt, bor stb.)* érett: *a mature cheese* érett sajt **3.** *(váltó stb.)* esedékes; lejárt

²**mature** [mə'tʃʊə] <ige> (matures, maturing, matured) **1.** (meg)érik; (meg)komolyodik; érlelődik: *She matured early.* Korán érett. **2.** megérlel **3.** *(váltó stb.)* esedékessé válik; lejár

maturity [mə'tʃʊərɪti] <fn> [U] **1.** *(személyé, gyümölcsé)* érettség; kifejlettség; teljes kifejlődés **2.** *(váltóé stb.)* esedékesség; lejárat; határnap

Maundy Thursday [,mɔːndɪ'θɜːzdeɪ] <fn> [U] nagycsütörtök

max, max. [mæks] [= maximum] max. (= maximum)

maximize ['mæksɪmaɪz] <ige> (maximizes, maximizing, maximized) maximálisan kihasznál

¹**maximum** ['mæksɪməm] <fn> [U, C] (maxima) röv **max** maximum; legfelső fok; legnagyobb érték: *This is the maximum we can produce.* Ez a maximum, amit elő tudunk állítani. ∗ *The August maximum was 35°C.* Az augusztusi maximum(hőmérséklet) 35 °C volt.

²**maximum** ['mæksɪməm] <mn> röv **max** legnagyobb; maximális; csúcs-; maximum: *the maximum speed* megengedett legnagyobb sebesség ∗ *maximum load* csúcsterhelés ∗ *maximum output* csúcsteljesítmény

¹**May** [meɪ] <fn> [C, U] május: *May Day* május elseje ∗ *at the end of May* május végén ∗ *He was born in May.* Májusban született.

²**may** [meɪ] <modális segédige> (might, may not/mayn't, might not/mightn't) **1.** lehet; lehetséges, hogy…; talán: *He may not be there.* Lehet, hogy nincs ott. ∗ *You may be ill.* Lehet, hogy beteg vagy./Talán beteg vagy. ∗ *He may miss the plane if he doesn't get up early.* Lehet, hogy lekési a repülőt, ha nem kel korán. ∗ *I may visit her tomorrow.* Holnap talán meglátogatom./Holnap lehet, hogy meglátogatom. ∗ *It may rain.* Lehet, hogy esni fog. ∗ *It may/might be that…* Lehet, hogy… **2.** -hat, -het; szabad: *May I go in?* Bemehetek? ∗ *You may watch that film if you want to.* Megnézheted azt a filmet, ha szeretnéd. ∗ *May I go with you?* Veled mehetek? ∗ *If I may say so.* Ha szabad megjegyeznem. **3.** bár…; kívánom, hogy…: *May you have a long life.* Azt kívánom, hogy sokáig élj!

maybe ['meɪbiː] <hsz> lehet(séges); talán; esetleg: *Maybe it will rain tonight.* Lehet, hogy ma este esni fog (az eső). ∗ *Maybe she'll come, and maybe she won't.* Talán eljön, talán nem. ∗ *"Do you think he really loves me?" "Maybe."* „Szerinted tényleg szeret?" „Talán."/„Lehetséges."

mayonnaise [,meɪə'neɪz] <fn> [U] majonéz
mayor [meə] <fn> [C] polgármester
mayoress [meə'res] <fn> [C] polgármesternő
maze [meɪz] <fn> [C] átv is labirintus; útvesztő
MBA [,embiː'eɪ] [= Master of Business Administration] *(posztgraduális menedzsmentképzés/-végzettség)* MBA
MBE [,embiː'iː] [= Member of (the Order of) the British Empire] *(magas brit állami kitüntetés)* MBE
MD [,em'diː] **1.** [= Doctor of Medicine] Dr., med. univ.; az orvostudomány doktora **2.** [= managing director] ügyvezető igazgató
me [miː] <névm> engem; nekem; én: *wait for me* rám vár ∗ *He saw me.* Látott engem. ∗ *"Who is outside?" "That's me."* „Ki van odakint?" „Én (vagyok)." ∗ *Give it back to me.* Add vissza

nekem! ∗ *He is younger than me.* Fiatalabb nálam. ∗ *Give me your hand.* Add (nekem) a kezed! ∗ *You can come with Paul and me.* Jöhetsz Paullal és velem.

meadow ['medəʊ] <fn> [C] rét; mező; legelő: *in the meadow* a réten

meager ['miːgər] AmE → **meagre**

meagre ['miːgə] <mn> **1.** *(jövedelem, eredmény, étel)* sovány; csekély **2.** sovány; vézna

meal [miːl] <fn> [C] **1.** étkezés: *the evening meal* az esti étkezés ∗ *the first meal of the day* a nap első étkezése ∗ *main meal* főétkezés ∗ *go out for a meal//have a meal out* elmegy enni valahova **2.** étel: *a delicious meal* ízletes étel ∗ *a light meal* könnyű étkezés/étel/ebéd stb. ∗ *Enjoy you meal!* Jó étvágyat kívánok! ∗ *He eats three meals a day.* Háromszor eszik naponta.
♦ **a square meal** kiadós étkezés ♦ **make a meal out of sg** biz nagy feneket kerít vminek

mealtime ['miːltaɪm] <fn> [C] étkezési idő; ebédidő

¹**mean** [miːn] <ige> (means, meaning, meant, meant) **1.** jelent: *What does this word mean?* Mit jelent ez a szó? ∗ *It means that...* Ez azt jelenti, hogy... **2.** gondol; ért: *Do you understand what I mean?* Érted, hogy mire gondolok? ∗ *I see what you mean.* Értem, mire gondolsz. ∗ *What do you mean by that?* Mit értesz ezen?/Hogy érted ezt? ∗ *Did you mean your sister when your were talking about young girls?* A húgomra gondoltál, amikor fiatal lányokról beszéltél? ∗ *You know what I mean?* Tudod, ugye, hogy mire gondolok? ∗ *I mean it.* Komolyan gondolom. **3.** szándékozik; akar: *mean well (by sy)* jót akar (vkinek); javát akarja ∗ *I meant to visit you but I didn't have enough time.* Meg akartalak látogatni, de nem volt elég időm. ∗ *I didn't mean to eat so much.* Nem szándékoztam/akartam annyit enni. ∗ *I didn't mean to hurt you.* Nem akartalak megbántani. **4. mean sg for sg/sy** szán vmit vmire/vkinek: *These shoes were meant for you.* Ezeket a cipőket neked szánták. **5.** jelent; jelez: *These black clouds mean storm.* Ezek a fekete felhők vihart jelentenek/jeleznek. ∗ *You mean a lot to me.* Sokat jelentesz nekem. ∗ *What is this to mean?* Ez meg mit jelentsen?
♦ **I mean** úgy gondolom; azt akarom mondani; vagyis; helyesebben

²**mean** [miːn] <mn> (meaner, meanest) **1.** zsugori; fukar (**with sg** vmivel) **2.** aljas; csúnya; utálatos; közönséges: *a mean trick* aljas csel ∗ *It was a mean thing to say that he was impolite.* Aljas dolog volt azt mondani, hogy udvariatlan. ∗ *It was mean of you.* Ez nagyon csúnya/utálatos dolog volt tőled. ∗ *He is really mean to her.* Nagyon közönségesen bánik vele. **3.** közepes; közép-; átlagos: *mean price* átlagár ∗ *the mean annual rainfall* az átlagos éves csapadékmennyiség **4.** biz AmE szuper; király

³**mean** [miːn] <fn> [C] **1.** átlag; középérték **2.** mat térbeli közép; középpont **3.** középút

meaning ['miːnɪŋ] <fn> **1.** [C, U] *(szóé, költeményé stb.)* jelentés; értelem: *the meaning of a word* egy szó jelentése **2.** [U] jelentőség: *full of meaning* jelentőségteljes; sokatmondó **3.** [U] szándék; cél

meaningful ['miːnɪŋfl] <mn> **1.** *(pillantás, esemény, mosoly)* jelentős(égteljes); sokatmondó **2.** *(tevékenység, feladat stb.)* értelmes

meaningless ['miːnɪŋləs] <mn> értelmetlen; semmitmondó; céltalan: *a meaningless chatter* értelmetlen fecsegés

meanness ['miːnnəs] <fn> [U] **1.** aljasság; rosszindulat; galádság **2.** zsugoriság; fukarság **3.** közepesség; átlagosság

means [miːnz] <fn> **1.** [C] (means) mód; eszköz: *a means of communication* kommunikációs eszköz(ök); a hírközlés szerve(i) ∗ *find a means of reading* módot talál az olvasásra ∗ *means of transport* közlekedési eszköz ∗ *means of transportation* szállítóeszköz(ök) ∗ *There is no means of getting to the other side of the river.* Semmi módon nem lehet átjutni a folyó másik oldalára. **2.** [pl] vagyon; anyagi eszközök: *He is a man of considerable means.* Jelentős vagyonnal rendelkező ember./Dúsgazdag ember.
♦ **by all means** feltétlenül ♦ **by means of sg** vmi révén/által ♦ **by no means** semmi esetre (sem) ♦ **not by any means** egyáltalán nem ♦ **by any means** mindenáron ♦ **by this means** ezáltal ♦ **a means to an end** eszköz a cél elérésére ♦ **by fair means or foul** ha törik, ha szakad ♦ **be beyond one's means** meghaladja anyagi erejét ♦ **live beyond one's means** tovább nyújtózkodik, mint ameddig a takarója ér

meant [ment] → ¹**mean**

¹**meantime** ['miːntaɪm] <hsz> időközben

²**meantime** ['miːntaɪm] <fn>
♦ **in the meantime** (idő)közben; ezalatt ♦ **for the meantime** addig is

meanwhile ['miːnwaɪl] <hsz> eközben; ezalatt: *She washed the dishes and meanwhile her mother swept the floor.* Ő mosogatott, és (e)közben az édesanyja felsöpörte a padlót.

measles ['miːzlz] <fn> [U] kanyaró

¹**measure** ['meʒə] <fn> **1.** [C] mérték(egység): *the measure of length* a hosszúság mértékegy-

sége * *measure of weight* súlymérték * *liquid measure* űrmérték **2.** [C] intézkedés: *take measures* lépéseket tesz; intézkedik * *take firm measures* erélyesen fellép * *take the necessary measures* megteszi a szükséges lépéseket **3.** [U] átv mérték; fok: *in some measure* bizonyos mértékben * *in large measure* nagymértékben **4.** [C] *(edény; szalag; rúd stb.)* mérő **5.** [U] méret; nagyság: *made to measure (ruha)* mérték után; méretre készült * *take sy's measure* mértéket vesz vkiről **6.** [C] *(zenében)* ütem; versmérték

♦ **beyond measure** végtelenül ♦ **for good measure** ráadásul ♦ **get full measure** jól megmérik neki ♦ **give sy short measure** *(boltban stb.)* megrövidít; becsap vkit ♦ **pay sy in full measure** bőven megfizet vkit ♦ **measure for measure** szemet szemért ♦ **a measure of** némi *a measure of sympathy* némi együttérzés/részvét ♦ **set measures of sg** határt szab vminek ♦ **take/get sy's measure//take/get the measure of sy** végigmér vkit

²**measure** ['meʒə] <ige> (measures, measuring, measured) **1.** megmér; lemér; felmér: *measure one's temperature* megméri a lázát * *measure the bag* leméri a csomagot * *measure the room* leméri/felméri a szobát **2.** mértéket vesz vkiről **3.** vmilyen méretű: *Our bathroom measures 2 metres by 3.* A fürdőszobánk kétszer hárommétetes. **4.** felbecsül; felmér

♦ **measure one's length** elesik; elterül ♦ **measure swords with sy** megküzd vkivel

measure sy/sg against sy/sg összemér vkit/vmit vkivel/vmivel
measure up *(feladatnak)* megfelel: *See how you measure up.* Lássuk, hogyan felelsz meg.
measure (sy/sg) up méretet vesz (vkiről/vmiről); megmér (vkit/vmit)
measure up to sg *(feladatnak stb.)* megfelel: *measure up to one's expectations* megfelel a várakozásainak

measurement ['meʒəmənt] <fn> **1.** [C] méret; mérték: *the measurements of the room* a szoba méretei * *take sy's measurements* mértéket vesz vkiről * *Give me your measurements, please.* Légy szíves, add meg a méreteidet! **2.** [U] megmérés; felmérés; lemérés
meat [mi:t] <fn> [U] hús: *a slice/piece of meat* egy szelet hús
meatball ['mi:tbɔ:l] <fn> [C] húsgombóc

mechanic [mɪ'kænɪk] <fn> [C] szerelő; műszerész; gépész: *car mechanic* autószerelő
mechanical [mɪ'kænɪkl] <mn> **1.** gépi; mechanikus: *mechanical toys* gépi játékok **2.** gépies; automatikus; önkéntelen: *mechanical responses* gépies válaszok
mechanical engineer [mɪˌkænɪkl endʒɪ'nɪə] <fn> [C] gépészmérnök
mechanical engineering [mɪˌkænɪkl endʒɪ'nɪərɪŋ] <fn> [U] gépészet: *faculty/school of mechanical engineering* gépészmérnöki kar
mechanics [mɪ'kænɪks] <fn> **1.** [U] mechanika: *study mechanics at the university* mechanikát tanul az egyetemen **2. the mechanics** [pl] vminek a mechanikája; működése: *The mechanics of the process are quite complex.* Az eljárás működése meglehetősen összetett.
medal ['medl] <fn> [C] érem; kitüntetés: *She won a gold medal in the skiing competition.* Aranyérmet nyert a síversenyen.
medallion [mə'dæliən] <fn> [C] medál
medalist ['medlɪst] AmE → **medallist**
medallist ['medlɪst] <fn> [C] érmes; éremtulajdonos: *Olympic gold medallist* olimpiai aranyérmes
meddle ['medl] <ige> (meddles, meddling, meddled) be(le)avatkozik (**in/with sg** vmibe)
media ['mi:diə] <fn> **the media** [pl + sing/pl v] a média; tömegkommunikációs/tömegtájékoztatási eszközök: *The media are/is interested mainly in politics.* A médiát főleg a politika érdekli.
mediaeval [ˌmedɪ'i:vl] → **medieval**
mediator ['mi:dɪeɪtə] <fn> [C] közvetítő
¹**medical** ['medɪkl] <mn> orvosi; egészségügyi: *medical treatment* orvosi kezelés; gyógykezelés * *medical examination* orvosi vizsgálat * *medical school* orvosi egyetem; orvostudományi kar * *medical student* orvostanhallgató * *medical science* orvostudomány * *the medical profession* az orvosi hivatás * *medical certificate* orvosi igazolás * *medical consultation* konzílium * *medical officer* tisztiorvos; főorvos * *medical practitioner* gyakorló orvos
²**medical** ['medɪkl] <fn> [C] orvosi vizsgálat: *go for a medical* orvosi vizsgálatra megy
Medicare ['medɪkeə] <fn> [U] AmE ≈ öregkori állami betegbiztosítás
medicated ['medɪkeɪtɪd] <mn> gyógy-: *medicated shampoo* gyógysampon
medication [ˌmedɪ'keɪʃn] <fn> [C, U] gyógyszerelés; gyógyszeres kezelés
medicine ['medsn] <fn> **1.** [C] orvosság; gyógyszer: *take the medicine three times a day* napi háromszor veszi be a gyógyszert **2.** [U] orvostudomány: *He studies medicine.*

Orvostanhallgató./Orvosi egyetemre jár. **3.** [U] belgyógyászat
medicine chest ['medsn tʃest] <fn> [C] gyógyszerszekrény; házi patika
medieval [ˌmedɪ'iːvl] <mn> középkori: *medieval music* középkori zene
mediocre [ˌmiːdɪ'əʊkə] <mn> közepes; középszerű; gyatra
meditate ['medɪteɪt] <ige> (meditates, meditating, meditated) elmélkedik
meditation [ˌmedɪ'teɪʃn] <fn> [U] elmélkedés
¹Mediterranean [ˌmedɪtə'reɪnɪən] <fn> **the Mediterranean** Földközi-tenger
²Mediterranean [ˌmedɪtə'reɪnɪən] <mn> földközi-tengeri; mediterrán: *The Mediterranean countries* a földközi-tengeri/mediterrán országok
¹medium ['miːdɪəm] <fn> (media v. mediums) **1.** [U] közeg; (közvetítő) eszköz: *What do you think the medium is through which the sound is carried?* Szerinted mi az a közeg/(közvetítő) eszköz, amely a hangot viszi? **2.** [C] hírközlő szerv; médium: *through the medium of the press* a sajtó útján * *Politicians prefer to use the medium of television.* A politikusok kedvenc médiuma a televízió. **3.** [C, U] közepes méret: *Have you got a medium in this style?* Van közepes méretük ebből a fazonból?
²medium ['miːdɪəm] <mn> átlagos; közepes; közép-: *medium quality* közepes minőség * *medium-sized* közepes méretű; középnagyságú * *medium dry* félszáraz * *I am of medium height.* Középmagas vagyok.
³medium ['miːdɪəm] <fn> [C] (mediums) *(parapszichológiában)* médium
medium wave ['miːdɪəm weɪv] <fn> [U] *(rádiónál)* középhullám
medley ['medlɪ] <fn> [C] **1.** zene egyveleg: *a medley of old songs* régi nóták egyvelege **2.** keverék **3.** sp vegyes váltó/úszás: *4×100 m medley relay* 4×100 m-es vegyes váltó
meek [miːk] <mn> szelíd; szerény; alázatos
meet [miːt] <ige> (meets, meeting, met, met) **1.** találkozik (**sy** vkivel): *happen to meet* összetalálkozik * *meet sy halfway* félúton találkozik vkivel * *I met him yesterday.* Tegnap találkoztam vele. * *Let's meet at the corner tonight.* Találkozzunk este a sarkon! **2.** megismerkedik (**sy** vkivel): *(Come and) meet my husband.* Ismerkedj meg a férjemmel. * *Have you too met before?* Találkoztak már?/Ismerik egymást? * *I'm sure I have already met your sister.* Biztos vagyok benne, hogy már ismerem a nővéredet. * *Pleased/Nice to meet you.* Örülök, hogy megismertem! **3.** *(folyó stb.)* összeér; összefolyik; egymásba torkollik; egyesül;

találkozik: *This river meets the sea here.* Ez a folyó itt ér a tengerbe. * *The two roads meet here.* Itt egyesül/ér össze a két út. **4.** fogad; (meg)vár (**sy** vkit): *May I ask you to meet me at the station?* Megkérhetlek arra, hogy várj az állomáson? **5.** *(követelményeknek)* megfelel; eleget tesz: *meet all demands/requirements* kielégíti az igényeket; megfelel a követelményeknek **6.** *(ellenféllel)* összecsap; találkozik: *The two teams meet for the first time.* A két csapat először találkozik./A két csapat először méri össze az erejét.

♦ **meet sy halfway** engedékeny vkivel

meet up 1. biz találkozik; összejön (**with sy** vkivel) **2.** *(vezetékek stb.)* találkozik; kereszteződik
meet with sy AmE találkozik; összeakad vkivel
meet with sg *(baleset stb.)* éri; vmire talál: *meet with an accident* baleset éri * *meet with opposition* ellenkezésre talál * *meet with success* sikert arat * *meet with a refusal* visszautasításra talál

meeting ['miːtɪŋ] <fn> [C] **1.** összejövetel; ülés; értekezlet: *attend the meeting* részt vesz az ülésen * *have/hold a meeting* ülést tart * *He is at/in a meeting.* Megbeszélésen/Értekezleten van. **2.** találkozás: *our very first meeting* a legelső találkozásunk **3.** sp verseny; rendezvény
meeting place ['miːtɪŋ pleɪs] <fn> [C] találkozóhely
megabyte ['megəbaɪt] <fn> [C] infor megabyte
megahertz ['megəhɜːts] <fn> [C] (megahertz) megahertz
¹megalomaniac [ˌmegələ'meɪnɪæk] <fn> [C] megalomániás
²megalomaniac [ˌmegələ'meɪnɪæk] <mn> megalomániás
megaphone ['megəfəʊn] <fn> [C] hangszóró; megafon
melancholy ['melənkəlɪ] <fn> [U] búskomorság; melankólia
melanin ['melənɪn] <fn> [U] biol melanin
melanoma [ˌmelə'nəʊmə] <fn> [C] pigmentsejtes daganat; melanóma
¹mellow ['meləʊ] <mn> **1.** *(szín, fény, hang stb.)* meleg; lágy; megnyugtató **2.** *(gyümölcs)* puha; érett **3.** *(bor)* érett; zamatos **4.** *(személyiség)* érett; kiforrott; (le)higgadt **5.** biz becsípett; spicces **6.** jókedvű; vidám
²mellow ['meləʊ] <ige> **1.** megérik; kiforr; lehiggad **2.** megérlel; lehiggaszt **3.** puhít; lágyít **4.** tompul; lágyul

melodious [məˈləʊdiəs] <mn> dallamos
melody [ˈmelədɪ] <fn> [C] (melodies) dallam; melódia
melon [ˈmelən] <fn> [C] dinnye
melt [melt] <ige> **1.** megolvad; elolvad; feloldódik: *The chocolate has melted in the sun.* A csoki elolvadt a napon. **2.** megolvaszt; elolvaszt; old: *melt the ice in a glass* felolvasztja a jeget egy pohárban. **3.** elérzékenyül; ellágyul; meghatódik **4.** meghat **5.** *(harag stb.)* elpárolog; elszáll; eltűnik

melt away 1. elolvad **2.** *(pénz)* elfolyik **3.** *(tömeg)* eloszlik; szétszéled
melt into sg beleolvad vmibe: *melt into tears* könnyekben tör ki

melting pot [ˈmeltɪŋ pɒt] <fn> [C] átv olvasztótégely
member [ˈmembə] <fn> [C] **1.** tag: *member of the family* családtag * *Member of Parliament (MP)* országgyűlési képviselő * *founder member* alapító tag * *full member (egyesületben stb.)* rendes tag * *He is a member of the school baseball team.* Az iskolai kosárlabdacsapat tagja. **2.** (vég-)tag; testrész **3.** hímvessző
membership [ˈmembəʃɪp] <fn> [C, U] tagság: *membership card* tagsági igazolvány * *membership fee* tagdíj * *have a membership of 200* 200 tagot számlál
membrane [ˈmembreɪn] <fn> [U] biol hártya
memo [ˈmeməʊ] <fn> [C] (memos) feljegyzés
memoirs [ˈmembəʃɪp] <fn> [pl] emlékiratok
memorable [ˈmemərəbl] <mn> emlékezetes: *a memorable event* emlékezetes esemény
memorial [məˈmɔːrɪəl] <fn> [C] emlékmű (**to sy/sg** vki/vmi tiszteletére)
memorize [ˈmeməraɪz] <ige> (memorizes, memorizing, memorized) megtanul (könyv nélkül); betanul; bemagol; memorizál
memory [ˈmemərɪ] <fn> [C, U] (memories) **1.** emlékezőtehetség; emlékezet; memória: *have no memory for faces and names* nincs arc- és névmemóriája * *have got a very good memory* nagyon jó a memóriája/az emlékezőtehetsége/az emlékezete * *loss of memory* emlékezetkiesés * *from memory* fejből; emlékezetből **2.** emlék: *in memory of sy* vki emlékére * *I have wonderful memories of the sea.* Csodálatos emlékeim vannak a tengerről. **3.** infor memória(egység): *This computer has 6 gigabytes of memory.* Ennek a számítógépnek 6 gigabyte memóriája van.
memory stick [ˈmemərɪ stɪk] <fn> [C] USB-kulcs; pendrive
men [men] → **man**

¹**menace** [ˈmenəs] <fn> **1.** [C] veszély **2.** [U] fenyegetés
²**menace** [ˈmenəs] <ige> (menaces, menacing, menaced) **1.** veszélyeztet **2.** fenyeget
menacing [ˈmenəsɪŋ] <mn> fenyegető
¹**mend** [mend] <ige> **1.** (meg)javít; kijavít; helyrehoz; megcsinál **2.** (meg)javul **3.** *(zoknit stb.)* megstoppol; megfoltoz
²**mend** [mend] <fn>
♦ **be on the mend** biz javulóban van
menial [ˈmiːnɪəl] <mn> *(munka stb.)* alárendelt; másodlagos; mellékes; alantas
men's [ˈmænz] → **man**
mental [ˈmentl] <mn> **1.** szellemi; értelmi; észbeli; gondolati; intellektuális: *mental deficiency* értelmi/szellemi fogyatékosság * *mental hygiene* mentálhigiénia * *mental ability* szellemi képesség **2.** fej-: *mental arithmetic* fejszámolás **3.** elme-: *a mental hospital* elmegyógyintézet * *a mental patient/case* elmebeteg * *mental specialist* elmegyógyász * *mental illness/disorder* elmebetegség; elmebaj
mentality [menˈtælətɪ] <fn> [C] (mentalities) **1.** szellemi képesség; észjárás **2.** gondolkodásmód; mentalitás
¹**mention** [ˈmenʃn] <ige> (meg)említ: *not to mention…* nem is beszélve… * *as mentioned above* mint már említettem * *She mentioned that…* Említette, hogy… * *Shall I mention the celebration to him?* (Meg)említsem neki az ünnepséget? * *Don't mention it!* Szóra sem érdemes!
²**mention** [ˈmenʃn] <fn> [U] (meg)említés: *There is no mention of this cost in your letter.* Erről a költségről nincs említés/nem esik szó a leveledben. * *No mention was made of that boy.* Említés sem volt arról a fiúról.
mentor [ˈmentɔː] <fn> [C] (tanító)mester; mentor
menu [ˈmenjuː] <fn> [C] **1.** étlap **2.** infor menü

Vigyázat, álbarátok!
menu ≠ *(előre rögzített ételsor)* menü (= table d'hôte; set menu)

MEP [ˌemiːˈpiː] [= Member of the European Parliament] európai parlamenti képviselő
merchandise [ˈmɜːtʃəndaɪz] <fn> [U] áru
merchant [ˈmɜːtʃənt] <fn> [C] (nagy)kereskedő
merciful [ˈmɜːsɪfl] <mn> irgalmas; könyörületes
merciless [ˈmɜːsɪləs] <mn> irgalmatlan; könyörtelen: *merciless criticism* könyörtelen kritika
mercury [ˈmɜːkjʊrɪ] <fn> [U] higany
mercy [ˈmɜːsɪ] <fn> [U] kegyelem; könyörület: *be at the mercy of sy* vki kényére-kedvére

kiszolgáltatva * *without mercy* kegyetlenül; könyörtelenül * *The queen showed no mercy.* A királynő nem mutatott kegyelmet/könyörületet. * *The prisoner asked for mercy.* A rab kegyelmet kért. * *God will have mercy on us.* Isten megkönyörül rajtunk. * *It is a mercy that...* Szerencse, hogy...
♦ **lie at the mercy of sy** ki van szolgáltatva vki kényének

mere [mɪə] <mn> merő; puszta; egyszerű: *a mere child* (még) csak egy gyerek * *the mere thought of it* a puszta gondolata * *It was just a mere formality.* Merő formalitás volt (az egész)./Csak formaság volt (az egész).

merely ['mɪəli] <hsz> csupán; pusztán: *I was merely asking something.* Csupán kérdeztem valamit.

merge [mɜːdʒ] <ige> (merges, merging, merged) **1.** egyesül; egybeolvad; fuzionál (**with/into sg** vmivel): *I merged into the crowd.* Elvegyültem a tömegben. **2.** *(cégeket stb.)* egyesít; összevon

merger ['mɜːdʒə] <fn> [C] *(cégek között stb.)* egyesülés; fúzió

¹**merit** ['merɪt] <fn> [C, U] **1.** érdem: *judge/consider sg on its (own) merits* érdemben tárgyal vmit; érdemben foglalkozik vmivel * *(get a job/be selected/admitted etc.) on merits* (saját) érdemei/(elért) eredményei/teljesítménye alapján (kap állást/választják be testületbe stb.) **2.** érték; érdem: *a man of merit* értékes/kiváló ember

²**merit** ['merɪt] <ige> (ki)érdemel

mermaid ['mɜːmeɪd] <fn> [C] sellő

merriment ['merɪmənt] <fn> [U] vidámság; derültség; jókedv

merry ['meri] <mn> (merrier, merriest) **1.** boldog; vidám: *merry child* boldog gyermek * *Merry Christmas!* Boldog karácsonyi ünnepeket (kívánok)! **2.** biz spicces

merry-go-round ['merɪɡəʊˌraʊnd] <fn> [C] körhinta

mesh [meʃ] <fn> [C, U] háló

mesmerize ['mezməraɪz] <ige> (mesmerizes, mesmerizing, mesmerized) hipnotizál; megbabonáz

¹**mess** [mes] <fn> [C, ált sing] **1.** rendetlenség; felfordulás; összevisszaság: *this terrible mess* ez a borzasztó rendetlenség * *make a mess* rendetlenséget csinál * *What a terrible mess!* Micsoda rendetlenség/felfordulás! * *The garage is in a mess.* A garázsban nagy az összevisszaság. **2.** kellemetlenség; baj: *He is in a mess.* Bajban/Pácban van.

²**mess** [mes] <ige> **1.** elront **2.** biz AmE összemaszatol; összekoszol **3.** piszkál

mess about/around biz **1.** babrál; vacakol; cselleng; lézeng: *Stop messing about and start to work hard.* Hagyd abba a babrálást, és kezdj hozzá a kemény munkához! **2.** ostobáskodik

mess sy about/around bosszant vkit; szórakozik vkivel

mess about/around with sy átv szórakozik; hetyeg; kikezd vkivel

mess about/around with sg biz szórakozik; piszmog vmivel; babrál vmit

mess sg up biz **1.** összekoszol vmit **2.** eltol; elszúr; elfuserál vmit: *I have messed it up.* Ezt elszúrtam!

mess with sy átv biz szórakozik vkivel

mess with sg biz *(drogügyhe stb.)* belekeveredik

message ['mesɪdʒ] <fn> **1.** [C] üzenet: *receive a message from sy* üzenetet kap vkitől * *leave a message for sy* üzenetet hagy vkinek * *give sy a message* üzen vkinek * *He is not here – can I take a message?* Nincs itt – hagyhatok üzenetet? **2.** [ált sing] mondanivaló; átv üzenet: *the message of the film* a film (eszmei) mondanivalója/üzenete

messenger ['mesɪndʒə] <fn> [C] hírnök

Messiah [mə'saɪə] <fn> [C] messiás

Messrs. ['mesəz] *(a Mr többese)* urak

mess-up ['mesʌp] <fn> [U] zűrzavar; összevisszaság

messy ['mesi] <mn> (messier, messiest) **1.** *(szoba stb.)* piszkos; koszos; mocskos; rendetlen **2.** *(helyzet, probléma stb.)* zavaros; zűrös

met [met] → **meet**

metabolism [mə'tæbəlɪzəm] <fn> [U] biol anyagcsere

metal ['metl] <fn> [C, U] fém: *made of metal* fémből készült * *a metal pipe* fémcső

metaphor ['metəfə] <fn> [C, U] metafora

meteor ['miːtɪə] <fn> [C] meteor

meteorologist [ˌmiːtɪə'rɒlədʒɪst] <fn> [C] meteorológus

meteorology [ˌmiːtɪə'rɒlədʒi] <fn> [U] meteorológia

meter ['miːtə] <fn> [C] **1.** (mérő)óra; (fogyasztás)mérő: *electricity meter* villanyóra * *parking meter* parkolóóra **2.** AmE méter

method ['meθəd] <fn> [C] **1.** módszer; eljárás; eljárásmód: *the best method of learning languages* a nyelvtanulás legjobb módszere * *method of payment* fizetési módozat **2.** rendszer(esség); szisztéma: *work with method* módszeresen/átgondoltan dolgozik * *lack of method* a rendszeresség hiánya

metre ['miːtə] <fn> [C] röv m **1.** méter: *Who won the 100 metres?* Ki nyerte meg a 100 m-es síkfutást? **2.** versmérték; ütem

metric ['metrɪk] <mn> méterrendszeren alapuló; méter-; metrikus: *the metric system* méterrendszer

metropolis [məˈtrɒpəlɪs] <fn> [C] világváros; metropolisz

¹**Mexican** ['meksɪkən] <mn> mexikói

²**Mexican** ['meksɪkən] <fn> [C] *(személy)* mexikói

Mexico ['meksɪkəʊ] <fn> Mexikó

mg [= milligram(s)] mg (= milligramm)

MHz [= megahertz] MHz (= megahertz)

¹**miaow** [miːˈaʊ] <ige> nyávog; miákol

²**miaow** [miːˈaʊ] <fn> [C] nyávogás

mice [maɪs] → **mouse**

mickey ['mɪki] <fn> [U]
  ♦ **take the mickey out of sy** biz bosszant; ugrat vkit

microbiology [ˌmaɪkrəʊbaɪˈɒlədʒɪ] <fn> [U] mikrobiológia

microchip ['maɪkrəʊtʃɪp] <fn> [C] infor mikrocsip

microcomputer ['maɪkrəʊkəmpjuːtə] <fn> [C] mikroszámítógép

microelectronics [ˌmaɪkrəʊɪˌlekˈtrɒnɪks] <fn> [U] mikroelektronika

microphone ['maɪkrəfəʊn] <fn> [C] röv **mike** mikrofon

microprocessor [ˌmaɪkrəʊˈprəʊsesə] <fn> [C] mikroprocesszor

microscope ['maɪkrəskəʊp] <fn> [C] mikroszkóp

microscopic [ˌmaɪkrəˈskɒpɪk] <mn> mikroszkopikus; parányi

¹**microwave** ['maɪkrəweɪv] <fn> [C] **1.** mikrohullám **2. microwave (oven)** mikrohullámú sütő; mikrosütő; mikró

²**microwave** ['maɪkrəweɪv] <ige> (microwaves, microwaving, microwaved) melegít a mikróban; betesz a mikróba

mid- [mɪd] <előtag> közép(ső); középen lévő; közép-: *in mid-May* május közepén * *He is in his mid-forties.* Negyvenes évei közepén jár.

midday [ˌmɪdˈdeɪ] <fn> [U] dél(idő): *at midday* délben

¹**middle** ['mɪdl] <fn> **1. the middle of sg** [sing] vminek a közepe: *in the middle of the night* az éjszaka közepén * *in the middle of the kitchen* a konyha közepén **2.** [C] biz derék: *a towel around your middle* egy törülköző a derekad körül

²**middle** ['mɪdl] <mn> középső; közép-: *the middle seat of the row* a sor középső ülése * *the middle class* középosztály * *middle ear* biol középfül * *middle finger* középső ujj * *middle name* második keresztnév * *middle school* (BrE 8–13, AmE 11–14 éveseknek) ≈ általános iskola felső tagozata

middle-aged [ˌmɪdlˈeɪdʒd] <mn> középkorú

Middle Ages [ˌmɪdlˈeɪdʒɪz] <fn> **the Middle Ages** [pl] a középkor

Middle East [ˌmɪdlˈiːst] <fn> **the Middle East** [sing] a Közel-Kelet

middle-of-the-road [ˌmɪdləvðəˈrəʊd] <mn> harmadikutas; középutas; szélsőségeket kerülő

middleweight ['mɪdlweɪt] <fn> [U] sp középsúly

middling ['mɪdlɪŋ] <mn> közepes; átlagos; tűrhető: *"How are you?" "Fair to middling."* „Hogy vagy?" „Tűrhetően."

midfield ['mɪdfiːld] <fn> [U] sp középpálya

midfield player [ˌmɪdfiːldˈpleɪə] <fn> [C] sp középpályás (játékos)

midge [mɪdʒ] <fn> [C] **1.** szúnyog **2.** muslica

Midlands ['mɪdləndz] <fn> **the Midlands** [sing + sing/pl v] Közép-Anglia

midnight ['mɪdnaɪt] <fn> [U] éjfél: *at midnight* éjfélkor

midsummer [ˌmɪdˈsʌmə] <fn> [U] a nyár közepe/dereka: *Midsummer('s) Day* Szent Iván napja (június 24.)

¹**midterm** [ˌmɪdˈtɜːm] <fn> [C] **1.** pol a ciklus fele **2.** isk félévi vizsga

²**midterm** [ˌmɪdˈtɜːm] <mn> **1.** pol ciklusközi **2.** isk félévi

midway [ˌmɪdˈweɪ] <hsz> félúton: *midway between London and Brighton* London és Brighton között félúton

midweek [ˌmɪdˈwiːk] <fn> [U] a hét közepe

midwife ['mɪdwaɪf] <fn> [C] (midwives) bába

midwinter [ˌmɪdˈwɪntə] <fn> [U] a tél közepe

¹**might** [maɪt] <modális segédige> (neg might not = mightn't) **1.** *(függő beszédben)* -hat, -het; talán: *You said you might go to the museum but you were not there.* Azt mondtad, lehet, hogy elmész a múzeumba, de nem voltál ott. **2.** lehet, hogy…; -hat, -het: *It might rain.* Lehet, hogy esni fog. * *You might have a sore throat.* Megfájdulhat a torkod. * *I can't see her, she might be in the garden.* Nem látom őt, lehet, hogy a kertben van. * *After all they mightn't come.* Végül is lehet, hogy nem jönnek. * *I might have gone, but I decided not to.* Elmehettem volna, de úgy döntöttem, maradok. * *You might have told me.* Elmondhattad volna nekem! * *Have you seen him? I might have.* Láttad őt? Láthattam volna. * *I might have known you would lose this.* Tudhattam

²**might**

volna, hogy elveszíted. **3.** szabad; -hatna, -hetne: *Might I use your telephone?* Használhatnám a telefont? * *Might I borrow your bike?* Kölcsönkérhetem a biciklidet? * *I wonder if I might go home an hour early today?* Hazamehetnék ma egy órával hamarabb?

²**might** [maɪt] <fn> [U] irod erő; hatalom: *with all his might* minden erejével; teljes erővel

mightn't ['maɪtnt] → ¹**might**

¹**mighty** ['maɪti] <mn> (mightier, mightiest) hatalmas; erős: *Give the door a mighty push to open it.* Erősen nyomd be az ajtót!

²**mighty** ['maɪti] <hsz> biz AmE nagyon; rendkívül: *mighty kind/fast etc.* nagyon/rendkívül kedves/gyors stb.

migraine ['mi:greɪn] <fn> [C, U] migrén

migrant ['maɪgrənt] <fn> [C] **1.** átv is vándor (madár) **2.** pol migráns; bevándorló: *illegal migrant* illegális bevándorló

migrate [maɪ'greɪt] <ige> (migrates, migrating, migrated) **1.** *(madár)* (el)vándorol: *Birds migrate in the early winter.* A madarak elvándorolnak a tél elején. **2.** *(ember)* költözik; vándorol

migration [maɪ'greɪʃn] <fn> [C, U] (el)költözés; (ki)vándorlás

migratory ['maɪgrətri] <mn> vándorló

mike [maɪk] <fn> [C] biz mikrofon

Milan [mɪ'læn] <fn> Milánó

mild [maɪld] <mn> (milder, mildest) **1.** *(hőmérséklet)* enyhe: *a mild winter* enyhe tél **2.** *(mérsékelt)* enyhe: *a mild wind* enyhe szellő **3.** szelíd: *a mild man* szelíd ember **4.** könnyű; gyenge; lágy; finom

mildness ['maɪldnəs] <fn> [U] **1.** szelídség **2.** enyheség **3.** lágyság

mile [maɪl] <fn> [C] mérföld: *A mile is equal to 1,609 metres.* Egy mérföld 1609 méter. **2. miles** [pl] nagyon messze: *for miles* nagyon messz(ir)e * *We live miles from the lake.* Nagyon messze lakunk a tótól.

♦ **be miles away** máson jár az esze ♦ **miles better** ezerszer jobb ♦ **run a mile** biz *(felelősség stb. elől)* elmenekül ♦ **talk a mile a minute** biz *(rengeteget beszél)* levegőt se vesz

mileage ['maɪlɪdʒ] <fn> **1.** [U, C] mérföldtávolság **2.** [U] *(autóé)* mérföldteljesítmény; (megtett) mérföldek száma **3.** [U] biz haszon; előny

mileometer [maɪ'lɒmɪtə] <fn> [C] kilométeróra

milestone ['maɪlstəʊn] <fn> [C] átv is mérföldkő

militarism ['mɪlɪtərɪzm] <fn> [U] militarizmus

¹**military** ['mɪlɪtəri] <mn> katonai: *military academy* katonai főiskola * *military dictatorship* katonai diktatúra * *military government* katonai közigazgatás/kormány * *military intervention* fegyveres beavatkozás * *military police* katonai rendőrség

²**military** ['mɪlɪtəri] <fn> **the military** [sing + sing/pl v] a katonaság; a hadsereg

militia [mɪ'lɪʃə] <fn> [sing + sing/pl v] nemzetőrség; polgárőrség

¹**milk** [mɪlk] <fn> [U] tej: *buy some milk* vesz egy kis tejet * *a glass of milk* egy pohár tej

♦ **It's no use crying over spilt milk.** Késő bánat eb gondolat. ♦ **the land of milk and honey//the land flowing with milk and honey** tejjel-mézzel folyó Kánaán

²**milk** [mɪlk] <ige> (meg)fej: *milk the cow* megfeji a tehenet

milk chocolate [,mɪlk'tʃɒklət] <fn> [U] tejcsokoládé

milkshake ['mɪlkʃeɪk] <fn> [U] turmix

milk tooth ['mɪlk tu:θ] <fn> [C] (milk teeth) tejfog

milky ['mɪlki] <mn> (milkier, milkiest) **1.** tejes; tejszerű: *milky drinks* tejes italok **2.** tejfehér

Milky Way [,mɪlki'weɪ] <fn> **The Milky Way** [sing] Tejút

¹**mill** [mɪl] <fn> [C] **1.** malom **2.** gyár: *paper mill* papírgyár **3.** daráló: *a coffee mill* kávédaráló

²**mill** [mɪl] <ige> **1.** darál; őröl **2.** mar **3.** nyüzsög

mill about/around biz kavarog; nyüzsög

millennium [mɪ'leniəm] <fn> [C] (millennia v. milleniums) millennium; ezredév; ezer év; évezred: *at the turn of the millennium* az ezredfordulón

miller ['mɪlə] <fn> [C] molnár

milligram ['mɪlɪgræm] <fn> [C] röv **mg** milligramm

milliliter ['mɪlɪ,li:tər] AmE → **millilitre**

millilitre ['mɪlɪ,li:tə] <fn> [C] röv **ml** milliliter

millimeter ['mɪlɪ,mi:tər] AmE → **millimetre**

millimetre ['mɪlɪ,mi:tə] <fn> [C] röv **mm** milliméter

million ['mɪljən] <szn> **1.** millió: *four million people* négy millió ember * *six million dollars* hat millió dollár * *The population of the country is 10 million.* Az ország lakossága 10 millió. **2. millions** biz rengeteg; egy csomó; millió: *millions of people* emberek milliói

millionaire [,mɪljə'neə] <fn> [C] milliomos

millstone ['mɪlstəʊn] <fn> [C] malomkő

♦ **be a millstone round sy's neck** púp vki hátán

mime [maɪm] <fn> [C, U] pantomim

mimosa [mɪ'məʊzə] <fn> [C, U] mimóza

min. 1. [= minimum] min. (= minimum) **2.** [= minute(s)] p (= perc)

¹**mince** [mɪns] <fn> [U] vagdalt hús; darált hús; húspogácsa; fasírt; fasírozott

²**mince** [mɪns] <ige> (minces, mincing, minced) apróra vagdal; (le)darál

mincemeat [ˈmɪnsmiːt] <fn> [U] ≈ mazsolás, szárított gyümölcsös, fűszeres, rumos töltelék
♦ **make mincemeat of sy** biz ízekre szed vkit; fasírtot csinál vkiből

mince pie [ˌmɪnsˈpaɪ] <fn> [C] *(brit karácsonyi sütemény)* gyümölcskosár

mincer [ˈmɪnsə] <fn> [C] húsdaráló

¹**mind** [maɪnd] <fn> [C, U] **1.** ész; értelem; tudat; elme; szellem: *absence of mind* szórakozottság ∗ *lose one's mind* elveszti az eszét ∗ *He has a brilliant mind.* Rendkívül okos./Éles az elméje. ∗ *Her mind is quick.* Gyorseszű. **2.** emlékezés; észben tartás; emlékezet **3.** vélemény: *to my mind* véleményem szerint; szerintem ∗ *This is against my mind.* Ezt nem helyeslem. **4.** szándék; kedv; elhatározás: *have no mind to do sg* nincs kedve vmihez
♦ **be in one's right mind** helyén van az esze ♦ **be in two minds about sg** nem tud dönteni vmi felől ♦ **be in a terrible state of mind** rettenetes lelkiállapotban van ♦ **be of one/the same mind** egy véleményen van ♦ **be on one's mind** nyomja a lelkét vmi ♦ **be out of one's mind** elment az esze *She is out of her mind to drive so fast.* Elment az esze, hogy ilyen gyorsan vezet! ♦ **bear/keep sg in mind** észben tart vmit; gondol vmire; nem feledkezik meg vmiről ♦ **bring sg/sy to mind** emlékezetébe idéz vmit/vkit ♦ **call sy/sg to mind** felidéz; visszaidéz vkit/vmit ♦ **change one's mind** meggondolja magát; megváltoztatja a szándékát ♦ **come/spring (in)to one's mind** eszébe jut ♦ **drive sy out of one's mind** biz megőrjít vkit ♦ **go out of one's mind** biz majd megőrül ♦ **Great minds think alike.** Nagy szellemek, ha találkoznak. ♦ **have sg/sy in one's mind** gondol vmire/vkire *What do you have in mind?* Mire gondolsz? ♦ **have sg on one's mind** vmi nyomja a lelkét ♦ **keep one's mind on sg** figyel; koncentrál vmire ♦ **make up one's mind** elhatározza/rászánja magát *I can't make up my mind whether to go or not to go.* Nem tudom eldönteni, hogy menjek-e vagy ne. ∗ *He has made up his mind to be a dentist.* Rászánta magát, hogy fogorvos legyen./Elhatározta, hogy fogorvos lesz. ♦ **one's mind is all abroad** máshol jár az esze ♦ **open one's mind to sy** kiönti a szívét vkinek ♦ **put sg out of one's mind** kiver vmit a fejéből *Put it out of your mind!* Ne törődj vele!

²**mind** [maɪnd] <ige> **1.** izgatja; bán; ellenez: *I don't mind if you are late.* Nem bánom, ha elkésel. ∗ *Would you like coffee or tea? I don't mind.* Kávét vagy teát kérsz? Mindegy. ∗ *If you don't mind.* Ha nincs ellene kifogása. **2.** törődik; vigyáz: *Mind the step!* Vigyázat/Vigyázz, lépcső! ∗ *Mind! A car is coming!* Vigyázat/Vigyázz! Jön egy autó! **3.** vigyáz; felügyel (**sy/sg** vkire/vmire): *mind the baby* vigyáz a kicsire **4. do you mind if I…//would you mind if I…//would you mind …ing** megengedné, hogy…; lenne olyan kedves…; ha nincs kifogása ellene,…: *Do you mind if I go away?* Megengedi, hogy elmenjek? ∗ *Do/ Would you mind if I close the door?* Megengedné(d), hogy becsukjam az ajtót? ∗ *Would you mind explaining that to me, please?* Lenne/Lennél olyan szíves ezt elmagyarázni nekem?
♦ **I don't mind if I do!** biz Hát jó, nem bánom! ♦ **Never mind!** biz Nem baj!/Nem tesz semmit!/Semmi baj!/Sebaj! ♦ **mind you…** biz el ne felejtsd/felejtse…; megjegyzem…

> **Mind out!** biz Vigyázz!: *Mind out! There's a car coming.* Vigyázz! Autó jön!

¹**mine** [maɪn] <fn> [C] **1.** bánya **2.** akna: *mine detector* aknakereső ∗ *A mine is hidden under the ground or in the sea.* Az aknát a földben vagy a tengerben helyezik el.

²**mine** [maɪn] <ige> (mines, mining, mined) **1.** bányászik **2.** elaknásít; aláaknáz

³**mine** [maɪn] <névm> az enyém: *a friend of mine* egy(ik) barátom ∗ *That car is mine.* Az az autó az enyém. ∗ *These socks are mine.* Ezek a zoknik az enyéim.

minefield [ˈmaɪnfiːld] <fn> [C] aknamező
miner [ˈmaɪnə] <fn> [C] bányász
mineral [ˈmɪnrəl] <fn> [C, U] ásvány
mineral water [ˈmɪnrəl ˌwɔːtə] <fn> [U] ásványvíz
mingle [ˈmɪŋgl] <ige> (mingles, mingling, mingled) **1.** elkever; elvegyít; összekever: *be mingled with sg* elvegyül/összekeveredik vmivel **2.** *(a tömegben)* (el)vegyül; (össze)keveredik
miniature [ˈmɪnətʃə] <fn> [C] miniatűr
minibus [ˈmɪnɪbʌs] <fn> [C] mikrobusz
minimal [ˈmɪnɪml] <mn> minimális
mini-me [ˈmɪnɪ miː] <fn> [C] infml kishasonmás
minimize [ˈmɪnɪmaɪz] <ige> (minimizes, minimizing, minimized) **1.** minimálisra csökkent **2.** lekicsinyel; lebecsül; bagatellizál

¹**minimum** [ˈmɪnɪməm] <mn> minimális; a lehető legkisebb; legcsekélyebb: *the minimum*

temperature a minimális/minimum hőmérséklet ∗ *the minimum requirements* a minimális követelmények ∗ *He does everything with the minimum amount of effort.* Mindent minimális erőbedobással csinál.

²**minimum** ['mɪnɪməm] <fn> [U] legkisebb/legkevesebb/legalsó fok; minimum: *reduce sg to a minimum* a minimumra csökkent vmit ∗ *I need a minimum of 7 hour's sleep.* Minimum 7 óra alvásra van szükségem.

mining ['maɪnɪŋ] <fn> [U] bányászat

minister ['mɪnɪstə] <fn> [C] **1.** miniszter: *the Minister of Education* oktatási miniszter ∗ *Prime Minister* miniszterelnök **2.** lelkész; lelkipásztor

ministry ['mɪnɪstri] <fn> [C] (ministries) **1.** minisztérium: *Ministry of Education* Oktatási Minisztérium **2.** *(protestáns)* lelkészi szolgálat/pálya

¹**minor** ['maɪnə] <mn> **1.** kicsi; kisebb; jelentéktelen; alárendelt: *a minor accident* egy kisebb baleset ∗ *some minor changes* néhány kisebb változtatás ∗ *minor road* mellékút(vonal); alsóbbrendű út ∗ *minor injury* könnyebb sérülés ∗ *a minor operation* kisebb műtét **2.** zene *(hangszeren)* moll: *a symphony in F minor* f-moll szimfónia **3.** kiskorú; fiatalkorú

²**minor** ['maɪnə] <fn> [C] **1.** kiskorú **2.** AmE melléktantárgy; mellékszak

minority [maɪ'nɒrəti] <fn> [C] (minorities) **1.** kisebbség: *be in the minority* kisebbségben van ∗ *an ethnic/political minority* etnikai/politikai kisebbség ∗ *minority government* kisebbségi kormány **2.** kiskorúság

¹**mint** [mɪnt] <fn> **1.** [C] mentolos cukorka **2.** [U] menta: *mint sauce* mentamártás

²**mint** [mɪnt] <fn> [C] pénzverde; pénzverő

³**mint** [mɪnt] <ige> *(pénzt)* ver: *freshly minted coins* újonnan vert pénz

¹**minus** ['maɪnəs] <elölj> **1.** mat mínusz; -ból, -ből: *Ten minus four is six.* Tízből négy az hat. **2.** *(hőmérsékletnél)* mínusz: *The temperature is minus five degrees today.* A hőmérséklet ma mínusz öt fok. **3.** biz nélkül: *He came home minus his moustache.* Bajusz nélkül jött haza.

²**minus** ['maɪnəs] <mn> negatív; mínusz: *a minus number* mínusz szám ∗ *minus two* mínusz kettő

³**minus** ['maɪnəs] <fn> **1. minus (sign)** [C] mínuszjel **2.** [U] *(kasszában stb.)* mínusz; hiány **3.** [C] biz hátrány; negatívum: *weigh up all the pluses and minuses* mérlegel minden előnyt és hátrányt

¹**minute** ['mɪnɪt] <fn> [C] **1.** perc: *sixty minutes* hatvan perc ∗ *a thirty-minute delay* harminc perces késés **2.** *(igen rövid idő)* perc; pillanat: *at the last minute* az utolsó pillanatban ∗ *We will be there in two minutes.* Két perc múlva ott leszünk. ∗ *Wait a minute!* Várj egy percig! ∗ *Just a minute!* Mindjárt!/Azonnal jövök! ∗ *At that minute he arrived home.* Abban a pillanatban hazaérkezett. ∗ *She was here a minute ago.* Egy perccel ezelőtt itt volt. ∗ *Have you got a minute?* Van egy perced?
♦ **in a minute** egy percen belül; egy perc alatt *I'll be home in a minute.* Egy percen belül otthon leszek. ♦ **this minute** azonnal ♦ **the minute** amint *The minute you arrive...* Amint megérkezel...

²**minute** [maɪ'njuːt] <mn> **1.** pici; apró; parányi **2.** aprólékos; pedáns; pontos

minute hand ['mɪnɪt hænd] <fn> [C] *(óráé)* nagymutató

minutes ['mɪnɪts] <fn> **the minutes** [pl] jegyzőkönyv: *keep/take the minutes* jegyzőkönyvet vezet ∗ *minutes secretary* jegyzőkönyvvezető

miracle ['mɪrəkl] <fn> [C] csoda: *work/perform a miracle* csodát tesz/művel ∗ *It's a miracle that...* Csoda, hogy...

miraculous [mə'rækjələs] <mn> csodálatos

mirage ['mɪrɑːʒ] <fn> [C] délibáb

¹**mirror** ['mɪrə] <fn> [C] tükör

²**mirror** ['mɪrə] <ige> (vissza)tükröz

misappropriate [ˌmɪsə'prəʊpriˌeɪt] <ige> jog elsikkaszt; hűtlenül kezel

misbehave [ˌmɪsbɪ'heɪv] <ige> (misbehaves, misbehaving, misbehaved) neveletlenül viselkedik

misbehavior [ˌmɪsbɪ'heɪviər] AmE → **misbehaviour**

misbehaviour [ˌmɪsbɪ'heɪviə] <fn> [U] illetlenség; neveletlenség; neveletlen viselkedés

miscalculate [ˌmɪs'kælkjʊleɪt] <ige> (miscalculates, miscalculating, miscalculated) **1.** hibásan/tévesen számít **2.** elszámítja magát; téved

miscalculation [ˌmɪskælkjʊ'leɪʃn] <fn> [C, U] **1.** számolási hiba; számítási hiba **2.** helytelen megítélés; téves értékelés

miscarriage [ˌmɪs'kærɪdʒ] <fn> [C, U] **1.** (el)vetélés; abortusz: *have a miscarriage* elvetél; abortál **2.** kudarc **3.** jogellenes cselekmény: *miscarriage of justice* igazságtalan/téves ítélethozatal

miscarry [ˌmɪs'kæri] <ige> (miscarries, miscarrying, miscarried) **1.** (el)vetél; abortál **2.** rosszul sikerül; kudarcot vall; kudarcba fullad **3.** elvész; elkallódik

miscellaneous [ˌmɪsə'leɪniəs] <mn> vegyes; különféle; kevert: *miscellaneous expenses* különféle kiadások

mischief ['mɪstʃɪf] <fn> [U] **1.** csíny; bolondozás; butáskodás; csintalanság: *be up to (some) mischief* kiagyal vmit; vmi rosszban sántikál; vmi rosszat forral * *get into mischief* rosszalkodik; bajba keveredik * *be full of mischief* olyan, mint az ördög **2.** kár; baj: *do sy a mischief* **(a)** kárt okoz vkinek **(b)** bántalmaz vkit * *make mischief* bajt okoz; viszályt szít

mischief-maker ['mɪstʃɪf,meɪkə] <fn> [C] rosszcsont; bajkeverő

mischievous ['mɪstʃɪvəs] <mn> **1.** csintalan; pajkos; huncut; hamiskás: *a mischievous child* huncut gyerek **2.** rosszindulatú; kellemetlenkedő

misconception [,mɪskən'sepʃn] <fn> [C, U] félreértés

¹miscount [,mɪs'kaʊnt] <fn> [C, U] **1.** rossz számolás; elszámolás **2.** számolási hiba

²miscount [,mɪs'kaʊnt] <ige> tévesen/rosszul számol; elszámol(ja magát)

miser ['maɪzə] <fn> [C] zsugori

miserable ['mɪzərəbl] <mn> **1.** boldogtalan; szerencsétlen; szánalmas: *She is miserable because she failed her maths exam.* Boldogtalan, mert megbukott a matekvizsgáján. **2.** pocsék; siralmas; gyászos; gyatra: *be in a miserable condition* siralmas állapotban van * *We have a miserable weather today.* Pocsék időnk van ma.

miserably ['mɪzərəbli] <hsz> nyomorultul; szánalmasan

miserly ['maɪzəli] <mn> **1.** fukar; fösvény; zsugori **2.** nyomorúságos; silány; siralmas

misery ['mɪzəri] <fn> [U] nyomorúság; ínség; baj; gond; boldogtalanság

misfire [,mɪs'faɪə] <ige> **1.** *(puska stb.)* nem sül el; csütörtököt mond **2.** *(terv stb.)* balul üt ki; félsikerül; rosszul sül el **3.** *(motor stb.)* kihagy; nem gyújt

misfit ['mɪsfɪt] <fn> [C] beilleszkedésre képtelen/aszociális személy: *be a misfit* nem tud beilleszkedni; kilóg a sorból * *a social misfit* aszociális ember

misfortune [,mɪs'fɔːtʃuːn] <fn> [C, U] csapás; balszerencse; szerencsétlenség

misguided [mɪs'gaɪdɪd] <mn> **1.** félrevezetett **2.** *(vélemény, felfogás stb.)* téves; hibás **3.** félreértett **4.** megfontolatlan

mishandle [,mɪs'hændl] <ige> (mishandles, mishandling, mishandled) rosszul kezel; rosszul bánik (**sy/sg** vkivel/vmivel)

mishap ['mɪshæp] <fn> [C, U] baleset; szerencsétlenség; kellemetlenség; malőr: *without mishap* bonyodalom nélkül

mishmash ['mɪʃmæʃ] <fn> [U] kotyvalék; zagyvalék

misinform [,mɪsɪn'fɔːm] <ige> rosszul tájékoztat; félretájékoztat; tévesen informál; félrevezet

misinformation [,mɪsɪnfə'meɪʃn] <fn> [U] félretájékoztatás; rossz információ

misinterpret [,mɪsɪn'tɜːprɪt] <ige> **1.** rosszul értelmez; félreért(elmez) **2.** félremagyaráz

misinterpretation [,mɪsɪn,tɜːprɪ'teɪʃn] <fn> [C, U] **1.** félreértelmezés **2.** félremagyarázás

misjudge [,mɪs'dʒʌdʒ] <ige> (misjudges, misjudging, misjudged) **1.** félreismer; tévesen/rosszul ítél meg **2.** *(távolságot, időt)* rosszul/tévesen becsül meg

mislay [,mɪs'leɪ] <ige> (mislays, mislaying, mislaid, mislaid) *(tárgyat)* rossz helyre tesz; elhány

mislead [mɪs'liːd] <ige> (misleads, misleading, misled, misled) félrevezet; becsap: *be misled* félrevezették; becsapták

mismanage [,mɪs'mænɪdʒ] <ige> (mismanages, mismanaging, mismanaged) rosszul vezet; rosszul kezel; lezülleszt

mismanagement [,mɪs'mænɪdʒmənt] <fn> [U] veszteséges/rossz gazdálkodás; rossz vezetés

misprint ['mɪsprɪnt] <fn> [C] nyomdahiba; sajtóhiba

mispronounce [,mɪsprə'naʊns] <ige> rosszul ejt ki

mispronunciation [,mɪsprə,nʌnsɪ'eɪʃn] <fn> [C, U] helytelen kiejtés; kiejtési hiba

misread [,mɪs'riːd] <ige> (misreads, misreading, misread, misread) **1.** rosszul olvas **2.** félreért(elmez)

¹Miss, miss [mɪs] <fn> **1.** kisasszony: *Dear Miss Jones…* Kedves Jones kisasszony!… **2.** *(szépségkirálynő címe):* Miss Hungary Magyarország szépe **3.** leányka: *She is a lovely little miss!* Kedves kicsi leányka!

²miss [mɪs] <ige> **1.** nem talál el; elvét; elhibáz; eltéveszt: *miss one's way* eltéved * *The hunter tried to shoot the fox but missed.* A vadász megpróbálta lelőni a rókát, de nem találta el. * *You cannot miss it.* Nem lehet eltéveszteni. **2.** hiányzik; nélkülöz; hiányol: *Mark, we'll miss you.* Mark, hiányozni fogsz nekünk! * *I miss him so much.* Annyira hiányzik. **3.** kihagy; elmulaszt; elszalaszt: *Why did you miss that good performance yesterday?* Miért maradtál le arról a jó előadásról tegnap?/Miért hagytad ki azt a jó előadást tegnap? * *I missed my class this morning.* Kihagytam a ma reggeli órát. * *You didn't miss much.* Nem sokat hagytál ki/mulasztottál!/Nem sok mindenből maradtál ki! **4.** lemarad; lekésik (**sg** vmiről/vmit): *He'll miss the train.* Le fogja késni a vonatot. * *Sorry, I missed that, could you repeat it please?* Bocsánat, ezt nem értettem, megismételné?

miss sg out kihagy vmit
miss sy out mellőz vkit: *He feels missed out.* Mellőzöttnek érzi magát.
miss out on sg veszít vmin; mulaszt vmivel; kimarad vmiből: *He missed out on all the fun.* Minden poénból kimaradt.

³miss [mɪs] <fn> [C] **1.** elhibázás; hibás dobás **2.** csalódás; felsülés; lebőgés; kudarc; balsiker **3.** veszteség

♦ **give sg a miss** kihagy vmit ♦ **It was a near miss.** Majdnem talált./Közel járt a célhoz.

missile ['mɪsaɪl] <fn> [C] **1.** lövedék **2.** rakéta
missing ['mɪsɪŋ] <mn> eltűnt; hiányzó: *missing person* eltűnt személy * *the missing words of the exercise* a gyakorlat hiányzó szavai * *the missing car* az eltűnt autó
mission ['mɪʃn] <fn> [C] **1.** küldetés; megbízatás: *He regarded it as his mission.* Küldetésének tekintette. **2.** misszió; hittérítés; küldetés **3.** küldöttség; delegáció: *members of the trade mission* a kereskedelmi küldöttség tagjai **4.** kat bevetés
missionary ['mɪʃnəri] <fn> [C] (missionaries) misszionárius
misspell [ˌmɪs'spel] <ige> (misspells, misspelling, misspelled/misspelt, misspelled/misspelt) rossz helyesírással ír (le)
misspelling [ˌmɪs'spelɪŋ] <fn> [C] helyesírási hiba
¹mist [mɪst] <fn> [C, U] köd; pára
²mist [mɪst] <ige> **1.** ködbe borul; elhomályosodik **2.** ködbe borít; elhomályosít

mist over/up bepárásodik
mist sg over/up bepárásít vmit: *The windows were all misted up.* Az összes ablak bepárásodott.

¹mistake [mɪ'steɪk] <fn> [C] hiba; tévedés: *grammar mistakes* nyelvtani hibák * *make a mistake* hibázik; hibát követ el * *make the mistake of doing sg* elköveti azt a hibát, hogy… * *It was a mistake to get up so late.* Hiba volt olyan későn felkelni. * *There were several mistakes in my homework.* Sok hiba volt a házi feladatomban.

♦ **…and no mistake** biz kétségtelenül ♦ **by mistake** tévedésből; véletlenül ♦ **make no mistake about it** nem vitás,…; félreértés ne essék,…

²mistake [mɪ'steɪk] <ige> (mistakes, mistaking, mistook, mistaken) **1.** eltéveszt: *We mistook the date.* Eltévesztettük a dátumot. **2.** félreért: *You've mistaken my meaning.* Félreértetted, amire én gondoltam.

♦ **there is no mistaking sg** nem lehet félreérteni/összetéveszteni vmit

mistake sy/sg for sy/sg összetéveszt vkit/vmit vkivel/vmivel: *She always mistakes me for my sister.* Mindig összetéveszt a húgommal.

¹mistaken [mɪ'steɪkən] <mn> **1. be mistaken** téved(ésben van): *I am sorry but I was mistaken.* Elnézést kérek, tévedtem! * *If I am not mistaken, she is your mum.* Ha nem tévedek, ő a mamád. **2.** téves; helytelen: *mistaken identity* vkinek összetévesztése vmi mással; személycsere (tévedésből)
²mistaken [mɪ'steɪkən] → **²mistake**
mistakenly [mɪ'steɪkənli] <hsz> tévesen
mister ['mɪstə] <fn> **1. Mister** röv **Mr** úr: *Good evening, Mr Brown.* Jó estét kívánok, Brown úr! **2.** biz uram: *Please, mister can I have a glass of milk?* Kérem, uram, kaphatnék egy pohár tejet?
mistletoe ['mɪsltəʊ] <fn> [U] fagyöngy
mistook [mɪ'stuːk] → **²mistake**
mistreat [ˌmɪs'triːt] <ige> rosszul bánik (**sy/sg** vkivel/vmivel)
mistress ['mɪstrəs] <fn> [C] **1.** *(nő)* szerető **2.** tanárnő **3.** úrnő **4.** *(nő)* gazdi
¹mistrust [ˌmɪs'trʌst] <fn> [U] bizalmatlanság; gyanakvás (**of sy/sg** vkivel/vmivel szemben)
²mistrust [ˌmɪs'trʌst] <ige> nem bízik (**sy/sg** vkiben/vmiben)
mistrustful [mɪs'trʌstfl] <mn> bizalmatlan; gyanakvó (**of sy/sg** vkivel/vmivel szemben)
misty ['mɪsti] <mn> (mistier, mistiest) **1.** *(idő)* ködös; párás **2.** *(memória, emlékkép stb.)* homályos; zavaros
misunderstand [ˌmɪsʌndə'stænd] <ige> (misunderstands, misunderstanding, misunderstood, misunderstood) félreért: *Don't misunderstand me.* Ne érts félre!
misunderstanding [ˌmɪsʌndə'stændɪŋ] <fn> **1.** [C, U] félreértés **2.** [C] nézeteltérés
¹misuse [ˌmɪs'juːs] <fn> [C, U] **1.** helytelen használat; rossz felhasználás **2.** visszaélés: *misuse of power* hatalommal való visszaélés
²misuse [ˌmɪs'juːz] <ige> **1.** rosszul/tévesen/helytelenül használ (fel) (**sg** vmit) **2.** rossz

célra használ fel (**sg** vmit); visszaél (**sg** vmivel) **3.** bántalmaz (**sy** vkit)

mite [maɪt] <fn> [C] **1.** pici gyerek; tökmag; csöppség **2.** áll atka; apró élőlény **3.** kis tárgy; parányi dolog

mittens ['mɪtn] <fn> [pl] egyujjas kesztyű

¹mix [mɪks] <ige> **1.** összekever: *mix butter and egg* összekeveri a vajat és a tojást * *mix sg with sg* összekever vmit vmivel * *mix sg together* összekever vmit **2.** kever: *mix a cocktail* kever egy koktélt **3.** keveredik: *These two materials don't mix.* Ez a két anyag nem keveredik. **4.** barátkozik; érintkezik (**with sy** vkivel): *Boys mix with the girls.* A fiúk barátkoznak a lányokkal. * *My children mix easily with other children.* A gyerekeim könnyen barátkoznak más gyerekekkel. * *He mixes with many people.* Sok emberrel érintkezik.

---

mix in barátkozik: *He doesn't mix in easily.* Nem könnyen barátkozik.
mix sg into sg belekever vmit vmibe
mix sg up összekever; összezavar vmit
mix sy/sg up összekever; összetéveszt vkit/vmit (**with sy/sg** vkivel/vmivel)

---

²mix [mɪks] <fn> [C, U] *(embereké, eszméké, anyagoké stb.)* keverék; egyveleg; elegy

mixed [mɪkst] <mn> **1.** kevert; vegyes: *mixed choir* vegyes kórus * *mixed double* vegyes páros * *mixed economy* vegyes gazdaság * *mixed feelings* vegyes érzelmek * *mixed grill* ≈ fatányéros * *mixed marriage* vegyes házasság * *mixed salad* vegyes saláta **2.** összezavart; megzavarodott **3.** *(iskola)* vegyes; koedukált

mixer ['mɪksə] <fn> [C] (konyhai) robotgép; mixer

mixture ['mɪkstʃə] <fn> [C, U] **1.** keverék; elegy; egyveleg **2.** kanalas orvosság

mix-up ['mɪksʌp] <fn> [C] biz zűrzavar; zűr; öszszevisszaság

ml [= millilitre(s); milliliter(s)] ml (= milliliter)

mm [= millimetre(s); millimeter(s)] mm (= milliméter)

MMS [,emem'es] [= Multimedia Messaging Service] <fn> [U, C] MMS: *send an MMS* MMS-t küld

mo [məʊ] [= moment] <fn> [U] pillanat; perc: *Wait a mo!* Várj egy percet! * *Half a mo!/// Just a mo!* Egy pillanat!/Egy perc!

¹moan [məʊn] <fn> [C] nyögés; nyöszörgés; sóhaj: *give a moan* nyö(szörö)g; sóhajtozik

²moan [məʊn] <ige> **1.** nyög; sóhajtozik **2.** siránkozik; jajgat (**about sg** vmi miatt)

¹mob [mɒb] <fn> [C + sing/pl v] csőcselék; tömeg
²mob [mɒb] <ige> (mobs, mobbing, mobbed) **1.** megrohan; megrohamoz; megtámad **2.** *(tömeg)* összecsődül

¹mobile ['məʊbaɪl] <mn> **1.** mozgékony; mozgó; mobilis: *That old man is quite mobile.* Az az öreg ember igen mozgékony. **2.** változó; változékony **3.** mozg(athat)ó: *mobile clinic* rohamkocsi * *mobile library* mozgó könyvtár

²mobile ['məʊbaɪl] <fn> [C] mobil(telefon)

mobile charger [,məʊbaɪl 'tʃɑːdʒə] <fn> [C] mobiltöltő; telefontöltő

mobile home [,məʊbaɪl'həʊm] <fn> [C] lakókocsi

mobile phone [,məʊbaɪl'fəʊn] <fn> [C] mobil(telefon)

mobility [məʊ'bɪləti] <fn> [U] **1.** mozgékonyság **2.** mozgathatóság **3.** állhatatlanság

moccasin ['mɒkəsɪn] <fn> [C] mokaszin

mocha ['mɒkə] <fn> [C, U] mokkakávé

¹mock [mɒk] <ige> **1.** (ki)gúnyol; gúnyolódik; (ki)csúfol; csúfolódik; nevetségessé tesz **2.** utánoz

²mock [mɒk] <mn> hamis; ál-; utánzott; színlelt; látszat-

³mock [mɒk] <fn> [C] próbavizsga

mockery ['mɒkəri] <fn> [U] **1.** (ki)gúnyolás; gúnyolódás; (ki)csúfolás; megcsúfolása vminek; csúfolódás **2.** gúny/nevetség tárgya: *make a mockery of sy/sg* nevetség tárgyává tesz vkit/vmit **3.** utánzás **4.** utánzat

mock-up ['mɒkʌp] <fn> [C] makett; modell

modal ['məʊdl] <fn> [C] módbeli segédige

modal verb [,məʊdl'vɜːb] <fn> [C] módbeli segédige

mod cons [,mɒd'kɒnz] [= modern conveniences] <fn> [pl] összkomfort: *a flat with all mod cons* összkomfortos lakás

mode [məʊd] <fn> [C] **1.** mód: *mode of transport* a szállítás módja **2.** el, infor üzemmód: *automatic mode* automatikus üzemmód

¹model ['mɒdl] <fn> [C] **1.** (-)modell; makett; minta: *two model cars* két modellautó/játékautó * *a model aeroplane* repülőgépmodell * *model railway* modellvasút; villanyvasút **2.** manöken **3.** modell; típus: *This is the latest model of the BMW.* Ez a BMW legújabb modellje. **4.** *(festőé stb.)* modell **5.** példakép; mintakép: *a model student* mintatanuló * *He's a model of self-control.* Az önuralom példaképe. **6.** sablon

²model ['mɒdl] <ige> (models, modelling, modelled, AmE modeling, modeled) **1.** (meg)mintáz; alakít; formál **2.** modellez **3.** **model oneself on sy** vkit mintaként követ; mintaképül vesz: *He models himself on his brother.*

Példaképe a bátyja. **4.** manökenként dolgozik **5.** modellt ül
modeling [mɒdlɪŋ] AmE → **modelling**
modelling [mɒdlɪŋ] <fn> [U] **1.** modellezés **2.** modellkedés; manökenkedés; manökenség
modem ['məʊdem] <fn> [C] infor modem
¹moderate ['mɒdərət] <mn> **1.** *(minőség, nagyság, tanuló stb.)* közepes; középszerű: *of moderate quality* közepes minőségű ∗ *moderate abilities* közepes képességek **2.** *(ár stb.)* mérsékelt; *(idő, büntetés stb.)* enyhe: *moderate prices* mérsékelt árak ∗ *moderate weather* enyhe idő **3.** szerény; mértéktartó; mértékletes: *moderate life* mértékletes életmód **4.** *(politikai irányzat)* mérsékelt
²moderate ['mɒdəreɪt] <ige> (moderates, moderating, moderated) **1.** mérsékel; enyhít **2.** mérséklődik; enyhül **3.** fékez; visszatart: *moderate his temper* moderálja magát
³moderate ['mɒdərət] <fn> [C] *(politikában)* mérsékelt (irányzat képviselője); mérsékelt politika
moderately ['mɒdərətli] <hsz> mérsékelten; higgadtan
moderation [ˌmɒdə'reɪʃn] <fn> [U] **1.** mérséklet **2.** mértékletesség **3.** mérséklés
moderator ['mɒdəreɪtə] <fn> [C] **1.** *(vitavezető)* moderátor **2.** *(skót református egyházban)* lelkészi elnök
modern ['mɒdn] <mn> korszerű; modern: *modern history* újkori történelem ∗ *He prefers modern furniture.* A modern bútorokat kedveli.
modernize ['mɒdənaɪz] <ige> (modernizes, modernizing, modernized) korszerűsít; modernizál
modern languages [ˌmɒdn'læŋgwɪdʒɪz] <fn> [pl] élő nyelvek
modern pentathlon [ˌmɒdn pen'tæθlən] <fn> [U] sp öttusa
modest ['mɒdəst] <mn> **1.** szerény; egyszerű **2.** szerény; szegényes; igénytelen **3.** mérsékelt **4.** erkölcsös; tisztességes
modestly ['mɒdəstli] <hsz> szerényen
modesty ['mɒdəsti] <fn> [U] **1.** szerénység; igénytelenség: *false modest* álszerénység **2.** mérséklet; mértékletesség
modification [ˌmɒdɪfɪ'keɪʃn] <fn> [C, U] **1.** módosítás; változtatás: *make a modification* módosítást/változtatást hajt végre **2.** módosulás; átalakulás
modifier ['mɒdɪfaɪə] <fn> [C] nyelvt módosítószó
modify ['mɒdɪfaɪ] <ige> (modifies, modifying, modified) **1.** módosít; megváltoztat; átalakít **2.** mérsékel **3.** közelebbről meghatároz
module ['mɒdjuːl] <fn> [C] **1.** egység **2.** műsz modul

moist [mɔɪst] <mn> *(talaj, szövet stb.)* nedves; nyirkos; vizes
moisten ['mɔɪsn] <ige> **1.** megnedvesít **2.** megnedvesedik
moisture ['mɔɪstʃə] <fn> [U] nedvesség; nyirkosság: *The sun will dry the moisture in two minutes.* A nap két perc alatt felszárítja a nedvességet.
moisturiser ['mɔɪstʃəraɪzər] → **moisturizer**
moisturizer ['mɔɪstʃəraɪzə] <fn> [C, U] hidratáló krém
molar ['məʊlə] <fn> [C] őrlőfog
mold [məʊld] AmE → **mould**
molding [məʊldɪŋ] AmE → **moulding**
moldy ['məʊldi] AmE → **mouldy**
mole [məʊl] <fn> [C] **1.** vakond **2.** anyajegy **3.** besúgó; spicli; tégla
molecule ['mɒlɪkjuːl] <fn> [C] molekula
molehill ['məʊlhɪl] <fn> [C] vakondtúrás
molest [mə'lest] <ige> zaklat; molesztál
mollusc ['mɒləsk] <fn> [C] áll puhatestű (állat): *molluscs* puhatestűek
mollusk ['mɑːləsk] AmE → **mollusc**
mom [mɒm] <fn> [C] AmE anyu; mami; mama
moment ['məʊmənt] <fn> **1.** [C] pillanat; időpont: *at the moment* jelenleg ∗ *at that very moment* éppen abban a pillanatban ∗ *at any moment* bármelyik pillanatban ∗ *at the last moment* az utolsó pillanatban ∗ *in a moment* azonnal ∗ *the very moment* éppen abban a pillanatban ∗ *for the moment* pillanatnyilag ∗ *not for a moment* soha(sem) ∗ *the moment that* abban a pillanatban; amint ∗ *Wait a moment, please.* Várj, kérlek, egy pillanatot! ∗ *I saw her for a moment.* Egy pillanatra láttam őt. **2.** [sing] fiz nyomaték
momentarily ['məʊməntrəli] <hsz> pillanatnyilag; momentán
momentary ['məʊməntri] <mn> pillanatnyi
momentous [məʊ'mentəs] <mn> *(esemény, döntés stb.)* fontos; sokatmondó; jelentős(égteljes); következményekkel járó
momentum [məʊ'mentəm] <fn> [U] **1.** fiz mozgásmennyiség; impulzus **2.** fiz nyomaték **3.** lendület: *gather/gain momentum* lendületbe jön; lökést kap ∗ *lose momentum* elveszti a lendületet; lelassul
mommy ['mɒmi] <fn> [C] AmE anyu; mami; mama
Mon. [= Monday] h. (= hétfő)
monarch ['mɒnək] <fn> [C] (egyed)uralkodó
monarchist ['mɒnəkɪst] <fn> [C] királypárti
monarchy ['mɒnəki] <fn> [C, U] (monarchies) monarchia; egyeduralom: *constitutional monarchy* alkotmányos monarchia
monastery ['mɒnəstəri] <fn> (monasteries) kolostor

Monday ['mʌndeɪ] <fn> [C, U] hétfő: *by Monday* hétfőre ∗ *on Monday* hétfőn ∗ *on Mondays* hétfőnként ∗ *last Monday* múlt hétfőn ∗ *Monday morning/evening* hétfő reggel/este ∗ *in Monday's paper* a hétfői újságban ∗ *Monday week//a week on Monday* hétfőhöz egy hétre ∗ *Today is Monday.* Ma hétfő van. ∗ *We'll see you next Monday.* Jövő hétfőn találkozunk! ∗ *This shop is open Monday to Friday.* Ez az üzlet hétfőtől péntekig tart nyitva.

monetary ['mʌnɪtəri] <mn> pénz-; pénzügyi; monetáris: *monetary policy* monetáris politika ∗ *monetary system* pénzrendszer ∗ *monetary unit* pénzegység

money ['mʌni] <fn> [U] pénz: *cost a lot of money* sok pénzbe kerül ∗ *make money* pénzt keres ∗ *have no money/be out of money* nincs pénze ∗ *borrow money from sy* pénzt kér kölcsön vkitől ∗ *save money* pénzt takarít meg ∗ *How much money have you got on you?* Mennyi pénz van nálad? ∗ *I ran out of money.* Elfogyott a pénzem. ∗ *How would you like the money?* (pénzváltásnál) Milyen címletekben kéri?

♦ **chuck one's money about/around// splash one's money about** biz szórja a pénzt ♦ **have money to burn** biz majd felveti a pénz; a bőre alatt is pénz van ♦ **marry money** gazdagon nősül/megy férjhez ♦ **money burns his fingers** biz szétfolyik a pénz a kezében ♦ **raise money** pénzt előteremt ♦ **be rolling in money** szl felveti a pénz ♦ **Time is money.** Az idő pénz. ♦ **Your money or your life!** Pénzt vagy életet!

money box ['mʌnibɒks] <fn> [C] persely

¹monitor ['mɒnɪtə] <fn> [C] **1.** infor képernyő; monitor **2.** orv figyelő; monitor **3.** *(személy)* felügyelő; figyelő

²monitor ['mɒnɪtə] <ige> **1.** (meg)figyel; figyelemmel kísér; ellenőriz **2.** *(telefont, külföldi hírranyagot)* lehallgat

monk [mʌŋk] <fn> [C] szerzetes; barát

monkey ['mʌŋki] <fn> [C] **1.** majom: *play the monkey* majomkodik; bolondozik **2.** *(gyerek)* csibész; rosszcsont

♦ **make a monkey of sy** bolonddá tesz vkit

monkey business ['mʌŋki,bɪznəs] <fn> [U] biz **1.** hülyéskedés; szamárkodás **2.** gyanús dolog

monkey wrench ['mʌŋki rentʃ] <fn> [C] franciakulcs

mono ['mɒnəʊ] <mn> mono

monolingual [,mɒnəʊ'lɪŋgwəl] <mn> egynyelvű

monolog ['mɒnəlɑ:g] AmE → **monologue**

monologue ['mɒnəlɒg] <fn> [C] monológ

monopoly [mə'nɒpəli] <fn> [C] (monopolies) kizárólagos jog; monopólium (**on/in sg** vmiben)

monotonous [mə'nɒtənəs] <mn> egyhangú; monoton

monotony [mə'nɒtəni] <fn> [U] egyhangúság

monsoon [,mɒn'su:n] <fn> [C] monszun

monster ['mɒnstə] <fn> [C] **1.** *(állat, mesealak, ember stb.)* szörny(eteg); szörnyszülött: *This man is a monster.* Ez az ember egy szörnyeteg. **2.** *(méretre)* óriás: *a monster onion* óriáshagyma

month [mʌnθ] <fn> [C] hónap: *in the ninth month of the year* az év kilencedik hónapjában ∗ *at the end of the month* a hónap végén ∗ *a month from today* mához egy hónapra ∗ *this month* ebben a hónapban; folyó hó ∗ *this day a month ago* ma egy hónapja ∗ *three months ago* három hónappal ezelőtt ∗ *for six months* hat hónapra/hónapig ∗ *Last month she was ill.* A múlt hónapban beteg volt. ∗ *We haven't seen each other for months.* Hónapok óta nem láttuk egymást.

¹monthly ['mʌnθli] <mn> hav(onként)i: *monthly season ticket* havibérlet

²monthly ['mʌnθli] <hsz> havonta

³monthly ['mʌnθli] <fn> [C] (monthlies) havonként megjelenő/havi folyóirat; havilap

monument ['mɒnjumənt] <fn> [C] **1.** emlékmű **2.** műemlék

monumental ['mɒnjuməntl] <mn> hatalmas

¹mood [mu:d] <fn> [C, U] kedv; kedélyállapot; hangulat: *be in a good/bad mood* jókedvű/rosszkedvű ∗ *be in a mood* rosszkedvű ∗ *be a man of moods* hangulatember ∗ *I am in a crying mood.//I am in a mood for crying.* Sírós hangulatban vagyok. ∗ *I'm not in the mood for it.* Nincs hozzá hangulatom. ∗ *He is in one of his moods again.* Már megint rosszkedvű.

²mood [mu:d] <fn> [C] nyelvt (ige)mód

moody ['mu:di] <mn> (moodier, moodiest) **1.** szeszélyes; hullámzó hangulatú; kiszámíthatatlan: *He's rather moody.* Hangulatember. **2.** rosszkedvű; lehangolt; csüggedt

moon [mu:n] <fn> **1.** **the Moon; the moon** [sing] a Hold; hold: *new moon* újhold ∗ *moon landing* holdra szállás ∗ *How many spacemen landed on the moon?* Hány űrhajós szállt (le) holdra? ∗ *There is full moon tonight.* Ma este telihold van. ∗ *There is no moon tonight.* Ma éjjel nem látjuk a holdat. **2.** [C] hold: *the moons of Jupiter* a Jupiter holdjai

♦ **ask/cry for the moon** biz lehetetlent kíván ♦ **bay at the moon** biz **1.** a lehetetlent kívánja **2.** nagy felhajtást csinál ♦ **be over the moon about/at sg** biz a plafonig ugrál örömében vmi miatt ♦ **many moons ago** réges-régen ♦ **once in a blue moon** biz hébe-hóba ♦ **promise sy the moon** biz eget-földet ígér vkinek

¹moonlight ['muːnlaɪt] <fn> [U] holdfény

²moonlight ['muːnlaɪt] <ige> *(napi munkáján felül)* másodállásban dolgozik; pej feketemunkát végez

moonlit ['muːnlɪt] <mn> holdsütötte; holdvilágos; holdfényes: *moonlit night* holdfényes éjszaka

¹moor [mʊə] <fn> [C] lápvidék; mocsár: *We went for a short walk on the moor.* Rövid sétára indultunk a lápvidékre.

²moor [mʊə] <ige> *(hajót)* kiköt (**to sg** vmihez): *Two boats were moored to the quay.* Két hajót kötöttek ki a parthoz. * *We moored alongside the pier.* A mólónál kötöttünk ki.

moose [muːs] <fn> [C] (moose) jávorszarvas

¹mop [mɒp] <fn> [C] **1.** nyeles felmosó; mop **2.** lobonc; hajcsomó

²mop [mɒp] <ige> (mops, mopping, mopped) letöröl; feltöröl; megtöröl; felsúrol

mop sg up 1. *(folyadékot)* feltöröl; letöröl; *(mártást)* kitöröl **2.** *(pénzt)* felemészt; elnyel; felszív **3.** *(ellenséget)* felszámol; megsemmisít **4.** befejez; elintéz vmit

moped ['məʊped] <fn> [C] kismotor; moped

¹moral ['mɒrəl] <mn> **1.** erkölcsi: *for moral reasons* erkölcsi okokból * *moral obligation* erkölcsi kötelesség * *moral support* erkölcsi támogatás * *moral values* erkölcsi értékek * *moral victory* erkölcsi győzelem **2.** erkölcsös: *lead a moral life* erkölcsös életet él * *a very moral man* igen erkölcsös ember

²moral ['mɒrəl] <fn> **1.** [C] tanulság: *the moral of a novel* egy regény tanulsága **2. morals** [pl] erkölcs; morál: *He has no morals.* Híján van az erkölcsnek.

morale [məˈrɑːl] <fn> [U] közszellem; morál; hangulat: *raise the morale* emeli a hangulatot

morality [məˈrælətɪ] <fn> [U] **1.** erkölcstan; etika **2.** erkölcs(i elv/érzék/felfogás); erény: *public morality* közerkölcs * *the morality of abortion* az abortusz etikai vonatkozásai/kérdése

morally ['mɒrəlɪ] <hsz> **1.** erkölcsileg **2.** erkölcsösen

¹more [mɔː] <det> **1.** több; nagyobb: *He has got more flowers in his garden than we have.* Több virág van a kertjében, mint nekünk. * *I have no more food.* Nincs több ennivalóm. **2.** továbbá; még; még valamivel több: *There aren't any more oranges in the shop.* Nincs több narancs a boltban.

²more [mɔː] <névm> **1.** több; nagyobb: *I can't stand much more of this.* Ebből nem tűrök már többet. **2.** továbbá; még; még valamivel több: *Is there any more?* Van még?

³more [mɔː] <hsz> **1.** többé: *once more* még egyszer * *never more* soha többé **2.** jobban; inkább: *more and more* egyre inkább/jobban; mindinkább * *I like orange more than grapefruit.* Jobban szeretem a narancsot, mint a grapefruitot. **3.** *(melléknév középfokának kifejezésére)* -bb: *more difficult* nehezebb * *more expensive* drágább * *much more serious* sokkal komolyabb * *She's a lot more intelligent.* Sokkal intelligensebb.

♦ **more and more** egyre több ♦ **all the more** annál jobban/inkább ♦ **and what's more** sőt mi több ♦ **more or less 1.** többé-kevésbé **2.** majdnem ♦ **more than enough** bőven elég; több a kelleténél ♦ **not any more** már nem *She doesn't live here any more.* Már nem lakik itt. * *I won't go there any more.* Többé nem megyek oda. ♦ **the more... the more** minél inkább, annál …bb ♦ **the more... the less** minél inkább, annál kevésbé…

moreover [mɔːˈrəʊvə] <hsz> azonfelül; azonkívül; ráadásul; továbbá

morning ['mɔːnɪŋ] <fn> [C, U] **1.** reggel; délelőtt: *early in the morning* korán reggel * *this morning* ma reggel/délelőtt * *yesterday morning* tegnap reggel * *every morning* minden reggel * *go by the morning train* a reggeli vonattal megy (el) * *arrive at ten in the morning* délelőtt tízkor érkezik * *Good morning!* Jó reggelt! **2.** hajnal: *at 5 o'clock in the morning* hajnali 5 órakor * *morning star* hajnalcsillag * *in the morning of life* az élet hajnalán

Morocco [məˈrɒkəʊ] <fn> Marokkó

morose [məˈrəʊs] <mn> mogorva; durcás

morphine ['mɔːfiːn] <fn> [U] morfium

Morse code [ˌmɔːsˈkəʊd] <fn> [U] morzeábécé

morsel ['mɔːsl] <fn> [C] morzsa; falat

¹mortal ['mɔːtl] <mn> **1.** halandó **2.** halálos; végzetes: *mortal fear* halálfélelem * *mortal sin* halálos bűn * *mortal enemy* halálos ellenség

²mortal ['mɔːtl] <fn> [C] ember; halandó

mortality [mɔːˈtælətɪ] <fn> [U] halandóság; halálozás: *mortality rate* halálozási arány

mortar ['mɔːtə] <fn> **1.** [C] mozsár **2.** [C] mozsárágyú **3.** [U] malter

mortgage ['mɔːɡɪdʒ] <fn> [C] jelzálog(kölcsön): *raise a mortgage* jelzálogkölcsönt vesz fel

mortuary ['mɔːtʃərɪ] <fn> [C] (mortuaries) halottasház; hullakamra; tetemnéző

mosaic [məʊˈzeɪɪk] <fn> [C] mozaik

Moscow ['mɒskəʊ] <fn> Moszkva

Moslem ['mɒzləm] → **Muslim**
mosque [mɒsk] <fn> [C] mecset
mosquito [mə'ski:təʊ] <fn> [C] (mosquitoes v. mosquitos) szúnyog
moss [mɒs] <fn> [U] moha
¹**most** [məʊst] <det> **1.** legtöbb: *most people* a legtöbb ember ∗ *get (the) most votes* a legtöbb szavazatot kapja **2.** a legnagyobb része vminek; a legtöbb; a többség: *I like most vegetables.* A legtöbb zöldséget szeretem.
²**most** [məʊst] <névm> **1.** legtöbb: *He ate a lot of chips but I ate the most.* Ő sok sültkrumplit evett, de én ettem a legtöbbet. ∗ *That's the most I can do.* Ez a legtöbb, amit tenni tudok. **2.** a legnagyobb része vminek; a legtöbb; a többség: *most of the shops* a legtöbb bolt ∗ *most of my friends* a legtöbb barátom ∗ *most of the time* legtöbbször; többnyire
  ♦ **at (the) most** legfeljebb *It will take us ten minutes at the most.* Legfeljebb tíz percünkbe fog kerülni.
³**most** [məʊst] <hsz> **1.** *(melléknév felsőfokának kifejezésére)* a leg…bb: *the most interesting book* a legérdekesebb könyv ∗ *the most beautiful girl* a legcsodálatosabb lány **2.** rendkívül; igen; nagyon; legjobban: *most of all* leginkább; legfőképpen ∗ *It was most kind of you to arrive on time.* Rendkívül kedves volt tőled, hogy időben érkeztél. ∗ *He is most polite.* Nagyon udvarias. ∗ *He is most likely to arrive on Friday.* Legvalószínűbb, hogy pénteken érkezik.
mostly ['məʊstlı] <hsz> leginkább; legfőképpen; főként: *She mostly stays at home.* Leginkább otthon van.
MOT, MOT test [,eməʊ'ti:] [= Ministry of Transport] BrE műszaki vizsga: *My car has failed/hasn't got through its MOT.* Az autóm nem ment át/megbukott a műszaki vizsgán.
motel [məʊ'tel] <fn> [C] motel
moth ['mɒθ] <fn> [C] moly
¹**mother** ['mʌðə] <fn> [C] (édes)anya: *my mother* az én édesanyám ∗ *a mother of four* négygyermekes anya ∗ *Mother's Day* anyák napja ∗ *mother's milk* anyatej ∗ *mother earth* anyaföld ∗ *mother country* anyaföld; szülőföld; haza
²**mother** ['mʌðə] <ige> anyáskodik (**sy** vki felett)
motherhood ['mʌðəhʊd] <fn> [U] anyaság
mother-in-law ['mʌðərınlɔ:] <fn> [C] (mothers-in-law) anyós
motherly ['mʌðəlı] <mn> anyai; anyáskodó
mother-to-be ['mʌðətə'bı] <fn> [C] (mothers-to-be) *(várandós)* kismama
mother tongue [,mʌðə'tʌŋ] <fn> [C] anyanyelv

motif [məʊ'ti:f] <fn> [C] **1.** indíték; indítóok; alapgondolat **2.** díszítőelem; motívum **3.** zene motívum
¹**motion** ['məʊʃn] <fn> **1.** [U] mozgás: *put/set in motion* mozgásba hoz ∗ *lose the power of motion* elveszti a mozgási energiát ∗ *The car is in motion.* Az autó mozgásban van. **2.** [C] mozdulat **3.** [C] indítvány; javaslat: *propose a motion* indítványt tesz ∗ *on the motion of sy* vkinek a javaslatára
²**motion** ['məʊʃn] <ige> **1.** int; jelzést ad: *He motioned him to sit down.* Intett neki, hogy üljön le. **2.** javasol; indítványoz (**for/to sy to do sg** vkinek vmit)
motionless ['məʊʃnləs] <mn> mozdulatlan
motion picture [,məʊʃn'pıktʃə] <fn> [C] AmE mozifilm
motion sensor ['məʊʃn,sensə] <fn> [C] mozgásérzékelő
motion sickness ['məʊʃn sıknəs] <fn> [U] orv tengeri betegség: *have motion sickness* rosszul van/hányingere van (az autózástól)
motivate ['məʊtıveıt] <ige> (motivates, motivating, motivated) (meg)indokol; motivál; késztet: *be motivated by sg* vmi motivál/késztet vkit ∗ *motivate sy to work harder* arra ösztönzi/abban motiválja, hogy keményebben dolgozzon ∗ *He was motivated by fear.* Cselekedetének indítéka a félelem volt.
motivated ['məʊtıveıtıd] <mn> motivált
motivation [,məʊtı'veıʃn] <fn> [C, U] **1.** (meg)indoklás; indok **2.** motiváció
motive ['məʊtıv] <fn> [C, U] indíték; ok; indok; motívum; motiváció: *the motive for attack* a támadás indítéka
motor ['məʊtə] <fn> [C] **1.** motor: *an electric motor* villanymotor **2.** BrE autó: *motor racing* autóversenyzés ∗ *the motor industry* autóipar
motorbike ['məʊtəbaık] <fn> [C] motorkerékpár
motorboat ['məʊtəbəʊt] <fn> [C] motorcsónak
motorcycle ['məʊtə,saıkl] <fn> [C] motorkerékpár
motorcyclist ['məʊtə,saıklıst] <fn> [C] motor(kerékpár)os
motor home ['məʊtə həʊm] <fn> [C] lakóautó
motoring ['məʊtərıŋ] <fn> [U] autósport; autózás
motorist ['məʊtərıst] <fn> [C] autós; autóvezető
motor mechanic [,məʊtə mı'kænık] <fn> [C] autószerelő
motor scooter ['məʊtə,sku:tə] <fn> [C] robogó
motor vehicle ['məʊtə vi:ıkl] <fn> [C] gépjármű

motorway ['məʊtəweɪ] <fn> [C] autópálya: *motorway junction* autópálya-csomópont
mottled ['mɒtld] <mn> foltos; pettyes
motto ['mɒtəʊ] <fn> [C] (mottos v. mottoes) mottó; jelige
¹mould [məʊld] <fn> [U] **1.** humusz: *plant the seeds into mould* a magokat humuszba veti **2.** penész
²mould [məʊld] <fn> [C] (öntő)forma: *We poured the white sand into the apple shaped mould.* Almaformába öntöttük a fehér homokot.
³mould [məʊld] <ige> **1.** formába önt **2.** (meg-)mintáz; (meg)formáz; (meg)formál: *My sister moulded two cars out of clay.* A húgom két autót mintázott/formázott meg agyagból. ✶ *Mould the clay with your fingers.* Az ujjaiddal formázd az agyagot! **3.** dagaszt; gyúr
moulding ['məʊldɪŋ] <fn> [C, U] **1.** öntőminta **2.** formázás; mintázás **3.** forma; öntvény
mouldy ['məʊldɪ] <mn> (mouldier, mouldiest) **1.** penészes: *go/get mouldy* megpenészedik ✶ *mouldy bread* penészes kenyér **2.** ósdi **3.** dohos: *mouldy smell* dohos szag
¹mount [maʊnt] <fn> [C] **1.** hegy: *on Mount Sinai* a Sínai-hegyen **2.** hátasló **3.** állvány; tartó
²mount [maʊnt] <ige> **1.** felmegy; fellép; felül; felmászik; megmászik: *mount the horse* lóra ül **2.** emelkedik; fokozódik; nő: *Prices are mounting.* Emelkednek az árak. **3.** bekeretez; felkasíroz **4.** felerősít; felszerel; felragaszt (**on sg** vmire) **5.** (meg)szervez: *mount an exhibition* kiállítást szervez **6.** (meg)emel; növel **7.** *(lóra stb.)* felültet

> **mount to sg** *(összeg)* vmennyire rúg
> **mount up** emelkedik; nő; növekszik

mountain ['maʊntɪn] <fn> [C] **1.** hegy: *a mountain stream* hegyi patak ✶ *at the top of the mountain* a hegytetőn ✶ *mountain side* hegyoldal **2. mountains** [pl] hegység
♦ **make a mountain out of a molehill** a bolhából (is) elefántot csinál
mountain bike ['maʊntɪn baɪk] <fn> [C] hegyikerékpár; mountain bike
mountaineer [ˌmaʊntɪ'nɪə] <fn> [C] hegymászó
mountaineering [ˌmaʊntɪ'nɪərɪŋ] <fn> [U] hegymászás
mountainous ['maʊntɪnəs] <mn> **1.** *(táj)* hegyes **2.** hegymagasságú
mountain range ['maʊntɪn reɪndʒ] <fn> [C] hegyvonulat; hegylánc
mounted ['maʊntɪd] <mn> **1.** lovas: *mounted police* lovas rendőrség **2.** *(dia)* bekeretezett

mourn [mɔːn] <ige> (meg)gyászol; (meg)sirat (**for/over sy** vkit)
mourner ['mɔːnə] <fn> [C] gyászoló
mourning ['mɔːnɪŋ] <fn> [U] gyász: *be in mourning (for sy)* gyászban van; gyászol (vkit) ✶ *wear mourning* gyászruhát hord; gyászol ✶ *She's in mourning for her husband.* Gyászolja a férjét.
mouse [maʊs] <fn> [C] **1.** (mice) egér **2.** (mice v. mouses) infor egér: *Click the right mouse button first.* Először a jobboldali egérgombbal klikkelj!
mouse hole ['maʊs həʊl] <fn> [C] egérlyuk
mouse mat ['maʊs mæt] <fn> [C] infor egérpad
mouse pad ['maʊs pæd] <fn> [C] infor AmE egérpad
mousetrap ['maʊstræp] <fn> [C] egérfogó
moustache [mə'stɑːʃ] <fn> [C] bajusz: *He has grown a moustache.* Bajszot növesztett.
mouth [maʊθ] <fn> [C] (mouths) **1.** száj: *Close your mouth.* Csukd be a szád! **2.** *(állaté)* száj; pofa **3.** száj; torkolat: *the mouth of the river* a folyó torkolata **4.** *(nyílás)* száj: *the mouth of a cave* barlang szája

♦ **be down in the mouth** biz elszontyolodott ♦ **keep one's mouth shut** biz befogja a száját ♦ **make a mouth** biz elhúzza a száját ♦ **make one's mouth water** csorog a nyála vmitől ♦ **shoot one's mouth off// shoot off one's mouth** biz pofázik ♦ **Shut your mouth!** biz Pofa be!

mouthful ['maʊθfʊl] <fn> [C] *(étel)* egy falás/harapás; *(ital)* egy korty
mouthwash ['maʊθwɒʃ] <fn> [C, U] szájvíz
mouth-watering ['maʊθˌwɔːtərɪŋ] <mn> étvágygerjesztő; gusztusos; ínycsiklandó
movable ['muːvəbl] <mn> mozg(athat)ó
¹move [muːv] <ige> (moves, moving, moved) **1.** mozog; (el-/meg)mozdul; megy: *The car is moving.* Megy az autó. ✶ *The horse's tail was moving.* Mozgott a ló farka. ✶ *Don't move so much!* Ne mozogj annyit! ✶ *Move to the back of the garden.* Menj a kert végébe! ✶ *Keep moving!* Mozgás! **2.** (meg)mozgat; (meg)mozdít **3.** elindít; beindít: *I couldn't move my car.* Nem tudtam beindítani az autómat. **4.** költöz(köd)ik: *move house/home* lakást cserél; elköltözik ✶ *I don't want to move any more!* Soha többé nem akarok költözködni! **5.** megindít; meghat: *She was deeply moved by the film.* Mélyen meghatotta a film. **6.** javasol: *move a motion/resolution* javaslatot előterjeszt ✶ *I move that...* Azt javaslom, hogy... **7.** lép; cselekszik: *Unless we move quickly, accidents will be multiplied.* Ha nem lépünk gyorsan, a balesetek megsokszorozódnak.

♦ **Get moving!** biz Mozgás!/Siess!/Gyerünk!

move away 1. elmegy; elköltözik **2.** *(állásponttól)* eltávolodik; elmozdul
move down 1. lemegy; leköltözik **2.** beljebb megy/húzódik **3.** csökken; lejjebb megy
move in 1. beköltözik **2.** támadást intéz (**on sy/sg** vki/ vmi ellen) **3.** átveszi az irányítást
move in with sy összeköltözik vkivel
move off továbbmegy; elkotródik
move on 1. továbbmegy; továbbhalad: *Move on!* Gyerünk! **2.** témát vált **3.** munkahelyet változtat **4.** továbbfejlődik; modernizálódik
move sy on továbbküld; elküld vkit
move out kiköltözik
move over félrehúzódik; félreáll; odébb áll
move up félrehúzódik; félreáll; odébb áll

²**move** [muːv] <fn> [C] **1.** mozdulat; mozgás **2.** *(sakkban)* lépés; eljárás **3.** költözködés
♦ **be on the move 1.** mozgásban van **2.** úton van ♦ **be always on the move** folyton jön-megy ♦ **Get a move on!** biz Gyerünk!/Mozgás! ♦ **make a move** biz **1.** megmozdul; elindul **2.** *(sakkban)* lép **3.** cselekszik; lép
movement ['muːvmənt] <fn> **1.** [C, U] mozgás; mozdulat: *the artist's movements* a művész mozdulatai * *Your movements are so slow!* Olyan lassúak a mozdulataid! * *There was a movement outside.* Mozgás volt kint. **2.** [C] mozgalom: *join a political movement* politikai mozgalomhoz csatlakozik **3.** [U] *(szerkezeté)* járás; működés **4.** [C] zene tétel: *the slow movement of the violin concerto* a hegedűverseny lassú tétele **5. movements** [pl] tevékenység; cselekmény; lépés: *the movements of terrorists* a terroristák lépései **6.** [U] lendület; mozgalmasság **7.** [C] szerkezet
movie ['muːvi] <fn> **1.** [C] mozi(film) **2. the movies** [pl] AmE mozi: *go to the movies* moziba megy * *What's playing at the movies?* Mit játszanak a mozik?
movie theater ['muːvɪ θɪətə] <fn> [C] AmE filmszínház; mozi
moving ['muːvɪŋ] <mn> **1.** megható **2.** mozgó
mow [məʊ] <ige> (mows, mowing, mowed, mown/mowed) *(füvet)* (le)nyír; (le)kaszál: *mow the lawn* füvet nyír
mower ['məʊə] <fn> [C] fűnyíró (gép)
mown [məʊn] → **mow**

MP [ˌem'piː] **1.** [= Member of Parliament] BrE országgyűlési képviselő **2.** [= military police] katonai rendőrség
mpg [ˌempiːˈdʒiː] [= miles per gallon] kilométerenként... gallon
mph [ˌempiːˈeɪtʃ] [= miles per hour] óránként... mérföld
MP3 player [empiːˈθriː pleɪə] <fn> [C] mp3-lejátszó
Mr, Mr ['mɪstə] [= Mister] úr: *Mr Smith* Smith úr
MRI [ˌem aːr 'aɪ] [= magnetic resonance imaging] mágneses rezonanciás képalkotás; MRI: *an MRI scan* MRI-vizsgálat
Mrs, Mrs ['mɪsɪz] [= Mistress] -né: *Mrs Smith* Smith asszony * *Mr and Mrs Smith* Smith úr és neje
MSc [ˌemesˈsiː] [= Master of Science] természettudományi doktor
Ms, Ms [mɪz] *(családi állapotot udvariasan fel nem tüntető női megszólítás)* úrnő; asszony: *Ms Atkins* Atkins úrnő
¹**much** [mʌtʃ] <det> (more, most) sok: *eat too much sweet* túl sok édességet eszik * *They have got much money.* Sok pénzük van. * *How much chocolate do you want?* Mennyi csokit kérsz?
²**much** [mʌtʃ] <névm> (more, most) sok: *Much of my homework has already been done.* A házi feladatom nagy részét már megcsináltam. * *Much remains to be done.* Sokat el kell még végezni.
♦ **as much as...** annyi, mint...; annyira, amennyire; ugyanúgy, mint... ♦ **make much of sg 1.** fontosnak tart vmit **2.** ért vmit **3.** nagy dolgot csinál vmiből ♦ **not/without so much as...** anélkül, hogy... ♦ **this/that much** ennyi(t); annyi(t)
³**much** [mʌtʃ] <hsz> **1.** sokkal: *I feel much better today.* Ma sokkal jobban érzem magam. * *Your coat is much warmer than mine.* A te kabátod sokkal melegebb, mint az enyém. **2.** nagyon: *I love you very much.* Nagyon szeretlek téged. * *Thank you very much.* Nagyon szépen köszönöm!
♦ **much as...** akármennyire is... ♦ **much the same** nagyjából/nagyon hasonló(k)
¹**muck** [mʌk] <fn> [U] **1.** trágya **2.** piszok; szemét; kosz
♦ **make a muck of sg** biz **1.** elszúr vmit **2.** összerondít vmit
²**muck** [mʌk] <ige> **1.** megtrágyáz **2.** bepiszkít; bemocskol

muck about/around biz (el)vacakol; (el)piszmog; szarakodik
muck in biz **1.** *(munkába)* beszáll; összedolgozik; összefog **2.** *(kis helyen)* meghúzzák magukat

muck sg out biz *(istállót)* kiganéz
muck sg up biz **1.** összekoszol vmit **2.** elszúr; elront vmit **3.** kontár munkát végez vmiben

mucky ['mʌkı] <mn> (muckier, muckiest) mocskos; piszkos; undorító
mucus ['mjuːkəs] <fn> [U] biol, orv nyálka; váladék
mud [mʌd] <fn> [U] sár: *He is covered in mud.* Tiszta sár.
 ♦ **sling/throw mud at sy** bemocskol; besároz vkit; rágalmakat szór vkire ♦ **drag sy through the mud** sárba rántja vki becsületét ♦ **Here's mud in your eyes!** *(koccintás helyett)* Egészségére!
¹**muddle** ['mʌdl] <fn> [C, U] zűrzavar; rendetlenség; összevisszaság: *make a muddle of sg* összezavar; összegabalyít vmit * *get in a muddle* **(a)** bajba jut **(b)** belegabalyodik vmibe
²**muddle** ['mʌdl] <ige> (muddles, muddling, muddled) **1.** zavarossá tesz; összekever; összekutyul **2.** megzavar; összezavar **3.** zavarossá válik

muddle through (sg) biz átvergődik (vmin); átevickél (vmin)
muddle sg up összekutyul; összekever; összezavar vmit

muddy ['mʌdı] <mn> (muddier, muddiest) sáros
mudguard ['mʌdgɑːd] <fn> [C] sárvédő; sárhányó
mud-slinging ['mʌdslıŋıŋ] <fn> [U] sárdobálás
muesli ['mjuːzlı] <fn> [U] müzli
muffin ['mʌfın] <fn> [C] muffin
muffle ['mʌfl] <ige> (muffles, muffling, muffled) **1.** *(hangot)* tompít **2. muffle sy/sg (up)** bebugyolál vkit/vmit: *be muffled (up) in sg* be van bugyolálva vmibe/vmivel
¹**mug** [mʌg] <fn> [C] **1.** bögre: *two mugs of hot tea* két bögre forró tea **2.** biz balek; balfácán: *I was the mug as usual.* Már megint én voltam a palimadár. **3.** szl *(arc)* pofa
²**mug** [mʌg] <ige> (mugs, mugging, mugged) **1.** megtámad és kirabol: *That old lady was mugged last night.* Tegnap este megtámadták és kirabolták azt az idős hölgyet. **2.** biz *(fényképezésnél)* pofákat vág
³**mug** [mʌg] <ige> (mugs, mugging, mugged)

mug sg up//mug up on sg biz *(szöveget vizsgára)* (be)magol

mugger ['mʌgə] <fn> [C] támadó; útonálló
mugging ['mʌgıŋ] <fn> [C, U] utcai rablótámadás
muggy ['mʌgı] <mn> (muggier, muggiest) biz *(levegő)* fülledt; párás
mule [mjuːl] <fn> [C] öszvér: *as stubborn as a mule* csökönyös, mint az öszvér
mull [mʌl] <ige>

mull sg over átgondol vmit; rágódik; töpreng vmin

multicultural [ˌmʌltı'kʌltʃrəl] <mn> multikulturális
multilateral [ˌmʌltı'lætərəl] <mn> sokoldalú; multilaterális
multilingual [ˌmʌltı'lıŋgwəl] <mn> többnyelvű
¹**multimedia** [ˌmʌltı'miːdıə] <fn> [U] multimédia
²**multimedia** [ˌmʌltı'miːdıə] <mn> multimediális
¹**multinational** [ˌmʌltı'næʃnəl] <mn> multinacionális: *multinational company* multinacionális cég/(nagy)vállalat/konszern; multi
²**multinational** [ˌmʌltı'næʃnəl] <fn> [C] multinacionális cég/(nagy)vállalat/konszern; multi: *work for a multinational* egy multinál dolgozik
multiparty [ˌmʌltı'pɑːtı] <mn> *(demokrácia)* többpártrendszeren alapuló; többpárti
¹**multiple** ['mʌltıpl] <mn> **1.** sokszoros; többszörös; többszöri: *multiple crash* tömegbaleset; tömegszerencsétlenség **2.** sokrészű; összetett
²**multiple** ['mʌltıpl] <fn> [C] mat többszörös(e vminek)
multiple-choice [ˌmʌltıpl'tʃɔıs] <mn> isk *(vizsga, teszt)* feleletválasztós; feladatlapos: *multiple-choice examination* feleletválasztós teszt(-vizsga)
multiplication [ˌmʌltıplı'keıʃn] <fn> [U] **1.** mat szorzás **2.** (meg)sokszorozódás **3.** szaporodás **4.** sokszorosítás
multiply ['mʌltıplaı] <ige> (multiplies, multiplying, multiplied) **1.** mat (meg)szoroz: *Four multiplied by four is sixteen.* Négy szorozva néggyel az tizenhat./Négyszer négy az tizenhat. * *Multiply 10 by 2.* Szorozd meg a 10-et 2-vel! **2.** sokszorosít; (meg)sokszoroz; gyarapít; növel **3.** szaporodik; sokasodik; (meg)sokszorozódik **4.** szaporít
multipurpose [ˌmʌltı'pɜːpəs] <mn> többcélú; több célra használható
multi-storey [ˌmʌltı'stɔːrı] <mn> sokemeletes: *a multi-storey car park* parkolóház

mum [mʌm] <fn> [C] **1.** anyu; mami; mama: *I want to go with you, Mum!* Veled akarok menni, anyu(kám)! **2.** kismama: *You are the next, mum!* Kismama, most maga következik!

mumble ['mʌmbl] <ige> (mumbles, mumbling, mumbled) motyog; mormog; dünnyög

¹**mummy** ['mʌmɪ] <fn> [C] anyu; mami; mama

²**mummy** ['mʌmɪ] <fn> [C] múmia

mumps ['mʌmps] <fn> [U] orv mumpsz

munch [mʌntʃ] <ige> csámcsog(va rágcsál); majszol (**on/at sg** vmit)

Munich ['mjuːnɪk] <fn> München

municipal [mjuː'nɪsɪpl] <mn> városi; helyhatósági; önkormányzati

¹**murder** ['mɜːdə] <ige> **1.** meggyilkol; megöl **2.** *(zeneművet stb.)* elcsúfít; tönkretesz

²**murder** ['mɜːdə] <fn> [C, U] gyilkosság: *commit murder* gyilkosságot követ el * *He was arrested for murder.* Gyilkosságért tartóztatták le.

♦ **get away with murder** biz büntetés nélkül megússza

murderer ['mɜːdərə] <fn> [C] gyilkos

murderous ['mɜːdərəs] <mn> gyilkos: *murderous intention* gyilkos szándék

murky ['mɜːkɪ] <mn> (murkier, murkiest) homályos; sötét; komor; zavaros: *murky water* zavaros víz

¹**murmur** ['mɜːmə] <ige> **1.** mormog; mormol; dörmög **2.** morog; zsörtölődik; zúgolódik (**at/again sg sy/sg** vki/vmi miatt) **3.** *(patak)* zúg; morajlik

²**murmur** ['mɜːmə] <fn> [C] **1.** moraj(lás) **2.** mormolás **3.** morgás; zúgolódás: *without a murmur* morgás nélkül

muscle ['mʌsl] <fn> [C, U] izom: *arm muscles* karizmok * *a man of muscle* izmos/erős ember * *I've pulled a muscle.* Izomrándulásom/Izomhúzódásom van.

muse [mjuːz] <ige> (muses, musing, mused) elmélkedik; (el)tűnődik; (el)mereng (**on/upon sg** vmin/vmi fölött)

museum [mjuː'ziːəm] <fn> [C] múzeum: *the Hungarian National Museum* Magyar Nemzeti Múzeum * *Have you been to the Science Museum in London?* Voltál a londoni Természettudományi Múzeumban?

mush [mʌʃ] <fn> [U] **1.** kása; pép; püré; pempő **2.** érzelgősség; giccs

¹**mushroom** ['mʌʃrum] <fn> [C] gomba

²**mushroom** ['mʌʃrum] <ige> **1.** gombát szed; gombászik **2.** gomba módra szaporodik

mushroom cloud ['mʌʃrum klaʊd] <fn> [C] *(atombombáé)* gombafelhő

mushy ['mʌʃɪ] <mn> (mushier, mushiest) **1.** pépes; puha **2.** biz giccses; érzelgős

music ['mjuːzɪk] <fn> [U] **1.** zene: *listen to music* zenét hallgat * *music teacher* zenetanár * *classical music* klasszikus zene * *put/set to music* megzenésít * *piece of music* zenedarab **2.** kotta: *read music* kottát olvas * *play the violoncello without any/the music* kotta nélkül csellózik * *music stand* kottatartó

♦ **face the music** biz szembenéz a következményekkel; vállalja a következményeket

♦ **That's music to my ears.** Zene füleimnek.

¹**musical** ['mjuːzɪk] <mn> **1.** zenei: *musical instrument* hangszer * *musical notation* hangjegyírás **2.** zenés: *musical evening* dalest **3.** *(személy)* muzikális: *She is musical.* Muzikális./Van érzéke a zenéhez.

²**musical** ['mjuːzɪk] <fn> [C] zenés (víg)játék; musical

musician [mjuː'zɪʃn] <fn> [C] zenész

musicology [ˌmjuːzɪ'kɒlədʒɪ] <fn> [U] zenetudomány

¹**Muslim** ['mʊzlɪm] <mn> mohamedán; muzulmán; muszlim

²**Muslim** ['mʊzlɪm] <fn> [C] *(személy)* mohamedán; muzulmán

mussel ['mʌsl] <fn> [C] kagyló

¹**must** [mʌst] <modális segédige> (neg must not = mustn't) **1.** kell; muszáj: *You must eat fruit every day.* Minden nap kell enned gyümölcsöt. * *I must hurry up if I want to catch the train.* Sietnem kell, ha el akarom érni a vonatot. **2.** *(tagadó alakban)* nem szabad: *You must not say so.* Ezt nem szabad mondanod. * *We mustn't be late.* Nem szabad elkésnünk. * *You mustn't smoke here.* Itt tilos a dohányzás! **3.** bizonyára…: *You must be joking.* Bizonyára viccelsz! * *I must have left my umbrella at home.* Bizonyára otthon hagytam az esernyőmet. * *It must have been nice.* Szép lehetett. * *There is a knock at the door – it must be my neighbour.* Kopognak az ajtón – ez (bizonyára) a szomszédom lesz.

²**must** [mʌst] <fn> [ált sing] biz kötelező (dolog): *Fruit is an absolute must for all of us.* A gyümölcs mindannyiunk számára abszolút kötelező/elengedhetetlen!

mustache [mə'stɑːt] AmE → **moustache**

mustard ['mʌstəd] <fn> [U] mustár

mustn't ['mʌsnt] [= must not] → **must**

must've ['mʌstəv] [= must have] → **must**

musty ['mʌstɪ] <mn> (mustier, mustiest) **1.** dohos; áporodott **2.** elavult

¹**mute** [mjuːt] <mn> szótlan; néma

²**mute** [mjuːt] <fn> [C] *(elektronikai berendezéseken)* némítógomb

³mute [mjuːt] <ige> **1.** *(hangot)* tompít **2.** elnémít

mutter ['mʌtə] <ige> **1.** motyog **2.** dörmög; morog (**at/about sg** vmi miatt) **3.** morajlik

muttering ['mʌtərɪŋ] <fn> [C, U] **1.** motyogás **2.** dörmögés; morgás **3.** moraj(lás)

mutton ['mʌtn] <fn> [U] birkahús

mutual ['mjuːtʃuəl] <mn> **1.** kölcsönös: *mutual understanding* kölcsönös megértés * *mutual dislike* kölcsönös utálat **2.** *(barát, érdeklődés stb.)* közös

¹muzzle ['mʌzl] <fn> [C] **1.** *(lóé stb.)* pofa **2.** szájkosár **3.** *(pisztolyé stb.)* csőtorkolat

²muzzle ['mʌzl] <ige> (muzzles, muzzling, muzzled) szájkosarat rak fel

MW [= medium wave] MW (= középhullám)

my [maɪ] <det> (az én) -m, -am, -em, -om, -öm: *my pencil* a(z én) ceruzám * *They are my beautiful children.* Ők az én csodálatos gyermekeim!

myself [maɪ'selʒ] <névm> **1.** (én/saját) magam; egyedül: *I can do it by myself.* (Én/Saját/Egy-)magam (is) meg tudom csinálni. * *I don't like to play by myself.* Nem szeretek egyedül játszani. * *I made this dress myself.* Ezt a ruhát (én/saját) magam csináltam. **2.** (saját/ön-)magam(at); engem: *as for myself* a magam részéről; ami engem illet * *I am enjoying myself.* Jól érzem magam. * *I have hurt myself.* Megsértettem/Megsebesítettem magam(at). * *I cooked myself a fine soup.* Főztem magamnak egy finom levest. * *I am looking at myself in the shop window.* A kirakatban nézem magam.

mysterious [mɪ'stɪərɪəs] <mn> titokzatos; rejtélyes: *mysterious lights* titokzatos fények * *in mysterious circumstances* rejtélyes körülmények között

mystery ['mɪstrɪ] <fn> **1.** [C] (mysteries) rejtély: *How you passed your exam is a mystery to me.* Rejtély számomra, hogy hogy tudtad letenni a vizsgádat. **2.** [U] titokzatosság: *surrounded by mystery* titokzatosság lengi/veszi körül

myth [mɪθ] <fn> [C, U] mítosz

mythological [ˌmɪθə'lɒdʒɪkl] <mn> mitológiai

mythology [mɪ'θɒlədʒɪ] <fn> [U, C] (mythologies) mitológia: *He is studying Greek mythology at the university.* Az egyetemen görög mitológiát tanul.

N, n

¹N, n [en] <fn> [C, U] (Ns, N's, n's) *(betű)* N; n
²N 1. [= north] É (= észak) **2.** [= northern] É-i (= északi)
nab [næb] <ige> (nabs, nabbing, nabbed) biz elcsíp; fülön fog; elkap
naff [næf] <mn> szl BrE ízléstelen; vacak
¹nag [næg] <ige> (nags, nagging, nagged) **1.** nyaggat; szekál (**at sy** vkit) **2.** kínoz; gyötör; zaklat; bosszant: *nag sy to death* halálra gyötör vkit **3.** zsémbeskedik; zsörtölődik; házsártoskodik
²nag [næg] <fn> [C] gebe
nagging ['nægɪŋ] <mn> **1.** *(kétség)* nyugtalanító; *(fejfájás)* kínzó **2.** zsémbes; civódós
¹nail [neɪl] <fn> [C] **1.** köröm; karom **2.** szög
 ♦ **hit the nail on the head** fején találja a szöget
²nail [neɪl] <ige> (rá)szögez; odaerősít: *You should nail this picture on the wall.* Ezt a képet ki kellene szögezned a falra!

> **nail sy down (to sg)** kényszerít; kötelez vkit (vmire)
> **nail sg down** leszögez vmit

nail brush ['neɪl brʌntʃ] <fn> [C] körömkefe
nail clippers ['neɪl klɪpəz] <fn> [pl] körömcsipesz
nail file ['neɪl faɪl] <fn> [C] körömreszelő
nail polish ['neɪl ˌpɒlɪʃ] <fn> [U] körömlakk: *nail polish remover* körömlakklemosó
nail scissors ['neɪl sɪzəz] <fn> [pl] körömolló
nail varnish ['neɪl vɑːnɪʃ] <fn> [U] körömlakk
naive [naɪˈiːv] <mn> naiv; gyermeteg
naivety [naɪˈiːvəti] <fn> [U] naivitás; ártatlanság
naked ['neɪkɪd] <mn> **1.** meztelen: *naked shoulders* meztelen váll **2.** nyílt; csupasz: *naked flame* nyílt láng **3.** leplezetlen: *naked truth* leplezetlen igazság
¹name [neɪm] <fn> **1.** [C] név: *first/given/Christian name* keresztnév * *family name* családnév; vezetéknév * *What's your name?* Mi a neved? **2.** [sing] hírnév: *have a name for sg* híres vmiről **3.** [C] híres ember; (nagy) név
 ♦ **by name** név szerint ♦ **call sy names** sérteget/csúfol vkit ♦ **in the name of sy//in sy's name** vkinek a nevében ♦ **in the name of sg** vminek a nevében ♦ **lend one's name to sg** nevét adja vmihez ♦ **make a name for oneself** hírnévre tesz szert
²name [neɪm] <ige> **1.** nevet ad; (el)nevez: *name after sy* vkiről elnevez **2.** megnevez; megjelöl: *Name those present!* Nevezze meg a jelenlevőket! **3.** *(időpontot, összeget stb.)* kitűz; megjelöl; megállapít: *Name a price.* Jelölje meg az árat! **4.** *(megválasztásra)* javasol; jelöl; ajánl; kiválaszt
name day ['neɪm deɪ] <fn> [C] névnap
nameless ['neɪmləs] <mn> **1.** névtelen **2.** ismeretlen **3.** leírhatatlan
namely ['neɪmli] <hsz> azaz; mégpedig; név szerint: *Send out the two tallest children of the class, namely Susan and Ann.* Küldd ki az osztály két legmagasabb gyerekét, mégpedig Susant és Annt.
nameplate ['neɪmpleɪt] <fn> [C] névtábla
namesake ['neɪmseɪk] <fn> [C] névrokon
nanny ['næni] <fn> [C] (nannies) dajka; dada
¹nap [næp] <fn> [C] szundítás; szundikálás
²nap [næp] <ige> (naps, napping, napped) szundít; szundikál
nape [neɪp] <fn> [sing] tarkó; nyakszirt
napkin ['næpkɪn] <fn> [C] szalvéta: *paper napkin* papírszalvéta
Naples ['neɪplz] <fn> Nápoly
nappy ['næpɪ] <fn> [C] (nappies) pelenka: *disposable nappies* eldobható pelenka * *change the baby's nappy* tisztába teszi a babát
¹narcotic [nɑːˈkɒtɪk] <fn> [C] **1.** kábítószer **2.** altató(szer)
²narcotic [nɑːˈkɒtɪk] <mn> kábító; altató; bódító
narrate [nəˈreɪt] <ige> elmesél; elbeszél; elmond
narration [nəˈreɪʃn] <fn> [C, U] elbeszélés
¹narrative ['nærətɪv] <fn> **1.** [C] vminek a leírása; beszámoló; elbeszélés **2.** [U] elbeszélő képesség
²narrative ['nærətɪv] <mn> elbeszélő
narrator [nəˈreɪtə] <fn> [C] narrátor; elbeszélő; mesemondó
¹narrow ['nærəʊ] <mn> **1.** szűk; keskeny: *narrow streets* szűk utcák * *narrow bridge* keskeny híd **2.** szűk(ös); korlátozott; csekély: *narrow circumstances* szűkös anyagi körülmények * *narrow majority* csekély többség **3.** egy hajszálon múló; nehezen megszerzett: *narrow*

victory nehezen megszerzett győzelem ∗ *He had a narrow escape.* Egy hajszálon múlt, hogy megmenekült.

²narrow ['nærəʊ] <ige> **1.** (be)szűkít; összehúz; keskenyít **2.** csökkent; korlátoz **3.** (el-)keskenyedik; (össze)szűkül

narrowly ['nærəʊli] <hsz> alig; szűken; éppenhogy

narrow-minded [,nærəʊ'maɪndəd] <mn> szűk látókörű; kicsinyes; korlátolt

nasal ['neɪzl] <mn> *(orral kapcsolatos)* orr-: *nasal sound* orrhang ∗ *nasal drops* orrcseppek

nasty ['nɑːsti] <mn> (nastier, nastiest) **1.** *(ember)* undok; ronda; komisz (**to sy** vkivel szemben): *Why is he so nasty?* Miért olyan undok? **2.** kellemetlen; csúnya; ronda; *(szag)* undorító: *a nasty accident* csúnya baleset **3.** trágár **4.** piszkos

nation ['neɪʃn] <fn> [C] nemzet

¹national ['næʃnəl] <mn> nemzeti: *national flag* nemzeti lobogó ∗ *national income* nemzeti jövedelem ∗ *national park* nemzeti park

²national ['næʃnəl] <fn> [C] állampolgár: *He is a British national.* Brit állampolgár.

national anthem [,næʃnəl'ænθəm] <fn> [C] (nemzeti) himnusz

National Health Service [,næʃnəl'helθ sɜːvɪs] <fn> röv **NHS the National Health Service** [sɪŋg] BrE ≈ (brit) társadalombiztosítás

National Insurance [,næʃnəl ɪn'ʃʊərəns] <fn> [U] röv **NI** BrE társadalombiztosítás

nationalism ['næʃnəlɪzm] <fn> [U] nacionalizmus

nationalist ['næʃnəlɪst] <fn> [C] nacionalista

nationalistic [,næʃnə'lɪstɪk] <mn> nacionalista

nationality [,næʃə'næləti] <fn> [C, U] (nationalities) **1.** állampolgárság: *I am of Hungarian nationality.* Az állampolgárságom magyar. **2.** nemzetiség

nationalize ['næʃnəlaɪz] <ige> államosít

national service [,næʃnəl'sɜːvɪs] <fn> [U] BrE kötelező katonai szolgálat

nation state [,neɪʃn 'steɪt] <fn> [C] nemzetállam

nationwide ['neɪʃnwaɪd] <mn> országos

¹native ['neɪtɪv] <mn> **1.** születési; szülő-: *native land* szülőföld ∗ *native language* anyanyelv ∗ *native speaker of English* angol anyanyelvű **2.** (ott) született; bennszülött; (ős)honos: *native to…* *(állat, növény)* vhol honos/élő

²native ['neɪtɪv] <fn> [C] **1.** bennszülött; őslakó **2.** őshonos állat/növény

native speaker [,neɪtɪv'spiːkə] <fn> [C] anyanyelvi beszélő

NATO ['neɪtəʊ] [= North Atlantic Treaty Organization] <fn> [U] NATO (= Észak-atlanti Szerződés Szervezete)

natural ['nætʃrəl] <mn> **1.** természeti; természet-; természetes: *natural resources* természeti kincsek ∗ *natural forces* természeti erők ∗ *natural history* természetrajz ∗ *natural habitat* természetes élőhely **2.** természetes; mindennapos; normális **3.** vele született; természetes: *a natural poet* született költő **4.** vér szerinti: *She is not his natural mother.* Nem a vér szerinti édesanyja.

naturalist ['nætʃrəlɪst] <fn> [C] **1.** természettudós; természetbúvár **2. Naturalist** *(művész)* naturalista

naturalize ['nætʃrəlaɪz] <ige> **1.** *(külföldit)* honosít; *(külföldinek)* állampolgárságot ad **2.** *(növényt, állatot)* meghonosít; betelepít **3.** *(növény stb.)* meghonosodik

naturally ['nætʃrəli] <hsz> **1.** természeténél/természettől fogva: *Her hair is naturally red.* A haja természete vörös. **2.** *(a szokott módon)* természetesen: *She behaves naturally.* Természetesen viselkedik. **3.** *(érthetően)* természetesen: *Naturally she cried when she fell down.* Természetesen, sírt, amikor elesett.

nature ['neɪtʃə] <fn> **1.** [U] természet: *Look at the beauty of nature.* Nézd a természet szépségét! **2.** [C, U] vkinek a természete: *This boy has a happy nature.* Vidám természetű fiú. ∗ *It's not in his nature.* Nem jellemző rá. **3.** [sing] jelleg; minőség; fajta: *of this nature* ilyenfajta

♦ **by nature** természeténél fogva ♦ **good nature** jóindulat

nature reserve ['neɪtʃə rɪ,zɜːv] <fn> [C] természetvédelmi terület

naughty ['nɔːti] <mn> (naughtier, naughtiest) rossz; csintalan; haszontalan; rendetlen

nausea ['nɔːziə] <fn> [U] hányinger; émelygés

nauseate ['nɔːzieɪt] <ige> **1.** émelyít **2. be nauseated** hányingere van; émelyeg

nauseating ['nɔːzieɪtɪŋ] <mn> émelyítő

naval ['neɪvl] <mn> (hadi)tengerészeti; flotta-: *naval academy* (hadi)tengerészeti (tisztképző) akadémia ∗ *naval base* flottabázis

navel ['neɪvl] <fn> [C] köldök

navigable ['nævɪgəbl] <mn> hajózható

navigate ['nævɪgeɪt] <ige> **1.** *(hajót, repülőgépet)* irányít; navigál; kormányoz **2.** hajózik **3.** *(tengert)* behajóz; (hajón) bejár

navigator ['nævɪgeɪtə] <fn> [C] navigátor

navy ['neɪvi] <fn> (navies) **1.** haditengerészet **2.** hajóhad; flotta

¹navy blue [,neɪvi'bluː] <mn> sötétkék

²navy blue [,neɪvi'bluː] <fn> [U] sötétkék (szín)

NE 1. [= northeast] ÉK (= északkelet) **2.** [= northeastern] ÉK-i (= északkeleti)

¹near [nɪə] <mn> (nearer, nearest) **1.** *(térben)* közel(i); közelben levő: *the nearest park* a legközelebbi park ∗ *get a near view of sg* közelebbről megszemlél vmit **2.** *(időben)* közel(i): *in the near future* a közeljövőben **3.** *(rokon)* közeli; *(barát)* bizalmas; meghitt: *my near relations* közeli rokonai **4.** pontos; hű: *a very near translation* pontos/hű fordítás

²near [nɪə] <hsz> **1.** *(térben, időben)* közel: *nearer and nearer* egyre közelebb ∗ *near and far* közel s távol ∗ *Winter draws near.* Közeledik a tél. **2.** *(rokon, barát)* közeli

³near [nɪə] <elölj> **1.** (közvetlen) közel; mellett: *near the town* közel a városhoz **2.** közel; majdnem; csaknem: *be near the goal* közel van a célhoz

⁴near [nɪə] <ige> közeledik; (meg)közelít: *He must be nearing home.* Bizonyára közeledik hazafelé.

¹nearby [ˌnɪəˈbaɪ] <mn> közeli; szomszédos: *We met in a nearby cinema.* Egy közeli moziban találkoztunk.

²nearby [ˌnɪəˈbaɪ] <hsz> (közvetlen) közelben: *We live nearby.* A közelben lakunk.

nearly [ˈnɪəlɪ] <hsz> **1.** majdnem; csaknem: *They have nearly finished.* Már majdnem végeztek. **2.** közel(ről); közel(i): *be nearly related* közeli rokonságban van(nak)

♦ **not nearly** egyáltalán nem

neat [niːt] <mn> (neater, neatest) **1.** takaros; csinos; rendes; elegáns: *Their house is always neat.* A házuk mindig rendes/takaros. **2.** rendszerető **3.** ügyes: *a neat idea* ügyes/szellemes ötlet **4.** *(stílus)* világos; tömör **5.** *(nem kevert ital)* tiszta: *Two neat whiskies, please.* Kérek két whiskyt tisztán.

necessarily [ˌnesəˈserəlɪ, ˈnesəsrəlɪ] <hsz> szükségszerűen; szükségképpen

necessary [ˈnesəsrɪ] <mn> szükséges; nélkülözhetetlen **(for sy** vki számára) **(to sg** vmihez): *It is not necessary for you to go.* Nem szükséges elmenned! ∗ *Fruit and vegetable are necessary to good health.* A gyümölcs és a zöldség nélkülözhetetlen a jó egészséghez.

necessitate [nəˈsesɪteɪt] <ige> **1.** szükségessé tesz; (meg)kíván; (meg)követel **2.** kényszerít

necessity [nəˈsesɪtɪ] <fn> (necessities) **1.** [U] kényszer(űség); szükség(szerűség); szükségesség: *There is no necessity for buying a new house.* Nincs szükség arra, hogy új házat vegyünk. **2.** [C] szükséglet; szükséges/elkerülhetetlen dolog; kellék: *the necessities of life* életszükségletek

neck [nek] <fn> [C] **1.** nyak: *Her neck is quite long.* Elég hosszú a nyaka. **2.** gallér; (ruha)nyak: *a V-neck jumper* V nyakú pulóver **3.** (üveg-)nyak: *The neck of this bottle is green.* Ennek az üvegnek zöld a nyaka.

♦ **neck and neck** fej fej mellett ♦ **up to one's neck in sg** nyakig van vmiben ♦ **wring the neck of sy** biz kitekeri vkinek a nyakát

necklace [ˈnekləs] <fn> [C] nyaklánc
necktie [ˈnektaɪ] <fn> [C] nyakkendő
nectar [ˈnektə] <fn> [U] **1.** virágméz **2.** nektár
nectarine [ˈnektəriːn] <fn> [C] sima héjú őszibarack; nektarin

née [neɪ] <mn> *(asszony lánynevének megadásakor)* született; sz.

¹need [niːd] <ige> **1.** szüksége van (**sy/sg** vkire/vmire); megkíván; megkövetel; igényel: *I need you.* Szükségem van rád! ∗ *You need a haircut.* Meg kéne nyiratkoznod. ∗ *This shirt needs washing.* Ezt az inget ki kell mosni. **2.** szükséges; kell (**to do sg** vmit tenni): *Tell her that she doesn't need to visit me if she is ill.* Mondd meg neki, hogy nem kell meglátogatnia engem, ha beteg!

²need [niːd] <modális segédige> (neg need not/needn't) kell: *Need he pay it now?* Ki kell fizetnie most? ∗ *You needn't come if you don't want.* Nem kell eljönnöd, ha nem akarsz.

³need [niːd] <fn> **1.** [U] szükség: *there is no need (for sg/to do sg)* nincs szüksége (vmire/vmi megtételére) ∗ *We are in need of help.* Szükségünk van segítségre! **2. needs** [pl] szükséglet(ek); igények **3.** [U] szűkölködés; nehéz helyzet; baj: *in times of need* nehéz időkben

needle [ˈniːdl] <fn> [C] **1.** (varró)tű **2.** horgolótű; kötőtű **3.** *(injekciós stb.)* tű **4.** (irány)tű; mutató **5.** fenyőtű; tűlevél

needless [ˈniːdləs] <mn> fölösleges; szükségtelen: *needless to say* mondanom sem kell

needn't [ˈniːdnt] → **²need**

needy [ˈniːdɪ] <mn> (needier, neediest) nyomorgó; szűkölködő

neg. [= negative] negatív

¹negative [ˈneɡətɪv] <mn> **1.** tagadó; nemleges; elutasító; negatív: *negative sentence* tagadó mondat ∗ *give sy a negative answer* nemmel válaszol **2.** ellentett (előjelű); negatív: *negative sign* mínuszjel **3.** *(kellemetlen, ártalmas)* negatív

²negative [ˈneɡətɪv] <fn> [C] **1.** tagadás; tagadó alak: *She answered in the negative.* Tagadó választ adott. **2.** negatív tulajdonság; negatívum **3.** *(kép, film)* negatív

¹neglect [nɪˈɡlekt] <ige> **1.** elhanyagol; elmulaszt **2.** mellőz

²**neglect** [nɪˈglekt] <fn> [U] **1.** elhanyagolás **2.** hanyagság; gondatlanság **3.** elhanyagoltság; elhagyatottság

neglected [nɪˈglektɪd] <mn> elhanyagolt; elhagyatott

negligence [ˈneglɪdʒəns] <fn> [U] **1.** gondatlanság; hanyagság **2.** nemtörődömség; közömbösség

negligent [ˈneglɪdʒənt] <mn> gondatlan; hanyag; nemtörődöm; felületes

negotiate [nɪˈgəʊʃɪeɪt] <ige> **1.** tárgyal; tárgyalás(oka)t folytat (**with sy** vkivel) **2.** tárgyalással elér; megtárgyal **3.** *(akadályt, nehézséget)* leküzd; átjut (**sg** vmin)

negotiation [nɪˌgəʊʃɪˈeɪʃn] <fn> [C, U] tárgyalás

negotiator [nɪˈgəʊʃɪeɪtə] <fn> [C] tárgyalófél; közvetítő

¹**neigh** [neɪ] <fn> [C] nyerítés

²**neigh** [neɪ] <ige> nyerít

neighbor [ˈneɪbər] AmE → **neighbour**

neighborhood [ˈneɪbər] AmE → **neighbourhood**

neighbour [ˈneɪbə] <fn> [C] szomszéd: *next-door neighbour* (közvetlen) szomszéd

neighbourhood [ˈneɪbəhʊd] <fn> [C] **1.** szomszédság; környék: *I know nearly everyone in the neighbourhood.* A környéken majdnem mindenkit ismerek. **2.** a környékbeliek; szomszédok; szomszédság

neighbouring [ˈneɪbərɪŋ] <mn> szomszédos; közeli: *neighbouring countries* szomszédos országok

¹**neither** [ˈnaɪðə, AmE ˈniːðər] <névm> egyik sem (a kettő közül); sem egyik sem másik: *Neither of them knows.* Egyikük sem tudja.

²**neither** [ˈnaɪðə, AmE ˈniːðər] <det> egyik sem (a kettő közül); sem egyik, sem másik

³**neither** [ˈnaɪðə, AmE ˈniːðər] <hsz> **1.** sem; se: *She doesn't like running and neither do I.* Ő nem szeret futni, és én sem. * *"I don't like him!" "Neither do I."* „Nem szeretem őt!" „Én sem!" * *If you do not go, neither shall I.* Ha te nem mégy, akkor én sem megyek. **2. neither… nor…** sem… sem…: *He is neither too tall nor too small.* Sem túl magas, sem túl alacsony. * *Neither Susan nor I went to school today.* Ma sem Susan, sem én nem mentünk iskolába.

neologism [niːˈɒlədʒɪzm] <fn> [C] új keletű szó; neologizmus

neon [ˈniːɒn] <fn> [U] neon: *neon lights* neon fények

nephew [ˈnefjuː] <fn> [C] unokaöcs

nephritis [nɪˈfraɪtɪs] <fn> [U] vesegyulladás

nerd [nɜːd] <fn> [C] infml **1.** *(az informatikában jártas, megszállott)* kockafej **2.** régimódi/esetlen alak

nerdy [ˈnɜːdɪ] <mn> (nerdier, nerdiest) biz ostoba; unalmas; esetlen

nerve [nɜːv] <fn> **1.** [C] ideg: *have nerves of iron* vasidegzete van **2. nerves** [pl] idegesség: *fit of nerves* idegroham **3.** [U] magabiztosság; bátorság; merészség: *lose one's nerve* elveszti hidegvérét **4.** [sing] pimaszság: *She had the nerve to be late.* Volt képe/pofája elkésni.
♦ **get on sy's nerves** biz idegeire megy vkinek

nerve-racking [ˈnɜːvˌrækɪŋ] <mn> idegtépő; idegesítő

nerve-wracking [ˈnɜːvˌrækɪŋ] <mn> idegtépő; idegesítő

nervous [ˈnɜːvəs] <mn> **1.** ideges; izgatott (**about sg** vmi miatt): *feel nervous* ideges * *be nervous of doing sg* fél vmit megtenni **2.** ideg-: *the nervous system* idegrendszer * *nervous breakdown* idegösszeomlás; ideg-összeroppanás

nervousness [ˈnɜːvəsnəs] <fn> [U] idegesség

¹**nest** [nest] <fn> [C] **1.** *(madáré)* fészek **2.** *(kisebb állaté)* fészek **3.** *(búvóhely)* fészek **4.** *(meleg otthon)* fészek

²**nest** [nest] <ige> **1.** fészket rak; fészkel **2.** letelepedik

¹**net** [net] <fn> **1.** [C, U] háló: *a fishing net* halászháló * *a mosquito net* szúnyogháló * *The boy kicked the ball into the net.* A fiú a hálóba rúgta a labdát. **2. the Net** [sing] biz az internet: *I got the information from the Net.* Az információt az internetről szereztem.

²**net** [net] <ige> (nets, netting, netted) **1.** *(halat)* hálóval fog; halászik (hálóval) **2.** hálóval borít/befed **3.** hálót köt **4.** tiszta hasznot húz; tisztán keres **5.** tiszta hasznot hajt/jövedelmez

³**net** [net] <mn> *(súly, ár stb.)* nettó; tiszta: *net weight* tiszta/nettó súly * *Can you tell me your net income?* Meg tudnád mondani a nettó/tiszta jövedelmedet?

Netherlands [ˈneðələndz] <fn> **the Netherlands** Hollandia

netiquette [ˈnetɪket] <fn> [U] infml *(internethasználati etikett)* netikett

Net surfing [ˈnet sɜːfɪŋ] <fn> [U] szörfölés/böngészés a neten

nettle [ˈnetl] <fn> [C] csalán

network [ˈnetwɜːk] <fn> [C] átv is hálózat

neurology [njʊəˈrɒlədʒɪ] <fn> [U] ideggyógyászat; neurológia

neurosis [ˌnjʊəˈrəʊsɪs] <fn> [C] (neuroses) neurózis

neurotic [njʊˈrɒtɪk] <mn> neurotikus

¹**neuter** [ˈnjuːtə] <mn> nyelvt semleges(nemű)

²**neuter** [ˈnjuːtə] <ige> **1.** kiherél **2.** *(embert, csoportot)* semlegesít

¹**neutral** [ˈnjuːtrəl] <mn> **1.** semleges; pártatlan; közömbös **2.** átv szürke; homályos

²neutral ['nju:trəl] <fn> **1.** [C] semleges személy/ország **2.** [U] gk üres(járat): *put the car in neutral* üresbe teszi az autót

neutrality [nju:'træləti] <fn> [U] semlegesség; pártatlanság; közömbösség

neutralize ['nju:trəlaɪz] <ige> semlegesít; hatástalanít

neutron ['nju:trɒn] <fn> [C] neutron

never ['nevə] <hsz> soha(sem): *never yet* még soha * *I have never seen this film before.* Azelőtt sohasem láttam ezt a filmet. * *He never gets up early.* Soha nem kel korán. * *I will do it never again.* Soha többé nem csinálom ezt.

never-ending [,nevər'endɪŋ] <mn> véget nem érő; szüntelen; végtelen

nevermore [,nevə'mɔ:] <hsz> irod soha többé

nevertheless [,nevəðə'les] <hsz> mindamellett; mindazonáltal; azonban; annak ellenére: *She was very sad, nevertheless she didn't stop singing.* Nagyon szomorú volt, azonban/mindazonáltal nem hagyta abba az éneklést.

new [nju:] <mn> **1.** új; friss; mai; újszerű; modern: *a new car* új autó * *new moon* újhold * *new bread* friss kenyér * *newest fashion* legújabb/legmodernebb divat **2.** *(ismeretlen)* új: *I have to learn twenty new words.* Húsz új szót kell megtanulnom. * *It is new to me.* Még nem ismerem./Ez nekem új. **3.** tapasztalatlan; járatlan; kezdő: *be new to business* járatlan/tapasztalatlan az üzleti életben

newbie ['nju:bi] <fn> [C] infml kezdő, újonc

newborn ['nju:bɔ:n] <mn> újszülött

newcomer ['nju:,kʌmə] <fn> [C] újonnan érkezett ember; újonc; jövevény

newfangled [,nju:'fæŋgld] <mn> újmódi; újonnan kifundált

newly ['nju:li] <hsz> **1.** újonnan **2.** nemrég; minap

newly-weds ['nju:liwedz] <fn> **the newly-weds** [pl] az ifjú pár; az új házasok

news [nju:z] <fn> [U] **1.** hír; újság; tudósítás; közlemény: *a piece of news* (egy) hír * *news flash* gyorshír * *news in brief* rövid hírek * *What's the news?* Mi újság? * *I've got some good news for you.* Van néhány jó hírem a számodra. **2. the news** *(rádióban, tévében)* híradó; hírek: *Here's the news.* Híreket mondunk. * *watch the 6 o'clock news* nézi a 6 órás híradót * *Have you heard about the elections on the news?* Hallottál a választásokról a hírekben/híradóban?

♦ **break the news (to sy)** (tapintatosan) közli a (rossz) hírt (vkivel) ♦ **No news is good news.** Már az is jó hír, ha nincs semmi hír.

news agency ['nju:z,eɪdʒənsi] <fn> [C] (news agencies) hírügynökség

newsagent ['nju:z,eɪdʒənt] <fn> [C] **1.** *(személy)* újságárus; újságos **2. the newsagent's** *(bolt)* újságos

newscast ['nju:zkɑ:st] <fn> [C] AmE *(rádióban, tévében)* hírközlés; híradás

newscaster ['nu:z,kæstər] <fn> [C] AmE hírolvasó bemondó; hírközlő

newsdealer ['nu:z,di:lə] <fn> [C] AmE újságárus

newsletter ['nju:z,letə] <fn> [C] hírlevél

newspaper ['nju:z,peɪpə] <fn> **1.** [C] újság; hírlap; napilap **2.** [C] újság; szerkesztőség **3.** [U] újságpapír

newsreader ['nju:zri:də] <fn> [C] hírolvasó bemondó; hírközlő

New Testament [,nju:'testəmənt] <fn> **the New Testament** [sing] Újszövetség

New Year [,nju:'jɪə] <fn> [sing] újév: *New Year's Eve* szilveszter(est) * *New Year's Day* újév napja

New Zealand [,nju:'zi:lənd] <fn> Új-Zéland

→ Lásd a Tartalomjegyzékben a Tematikus rajzokat!

New Zealander [,nju:'zi:ləndə] <fn> [C] *(személy)* új-zélandi

¹next [nekst] <mn> **1.** legközelebbi; szomszéd(os); közvetlen mellette fekvő: *the next town* a legközelebbi város * *the next house* a szomszéd ház **2.** következő; jövő: *the next chapter* a következő fejezet * *the next morning* a következő reggelen * *next week* jövő héten * *next year* jövő évben * *The next train leaves in five minutes.* A következő vonat öt perc múlva indul.

²next [nekst] <hsz> **1.** azután; ezután: *What shall I do next?* Mit csináljak azután? **2.** legközelebb; a legközelebbi/következő alkalommal: *when next I am that way* ha legközelebb arra járok * *I don't know what will happen next.* Nem tudom mi fog történni legközelebb.

³next [nekst] <fn> **the next** [sing] a következő: *I will be the next to leave.* Én leszek a következő, aki elmegy.

¹next-door ['nekst dɔ:] <mn> szomszédos: *the next-door house* a szomszédos ház

²next door [nekst dɔ:] <hsz> a szomszédban: *Who lives next door?* Ki lakik a szomszédban?

next to ['nekst tə] <elölj> **1.** mellett: *She sat next to me.* Mellettem ült. **2.** majdnem; szinte:

next to impossible majdnem lehetetlen * *next to nothing* szinte semmi

NHS [,eneɪtʃ'es] [= National Health Service] ≈ (brit) társadalombiztosítás

¹nibble ['nɪbl] <ige> rágcsál; majszol; harapdál

²nibble ['nɪbl] <fn> [C] **1.** harapnivaló; falat **2.** majszolás; (apró) harapás

nice [naɪs] <mn> (nicer, nicest) **1.** kellemes; szép: *nice and warm* kellemesen meleg * *nice weather* kellemes idő **2.** kedves; barátságos; helyes: *be nice to sy* kedves vkihez * *It is very nice of you to come.* Nagyon kedves tőled, hogy jössz. * *He is the nicest man I have ever met.* Ő a legkedvesebb ember, akivel valaha találkoztam. **3.** *(étel)* jó; finom; *(szín)* szép

nicely ['naɪsli] <hsz> **1.** (nagyon) jól; szépen **2.** kedvesen

niche [niːʃ] <fn> [C] **1.** *átv* szerep; hely: *He finally found his niche as an actor.* Végül megtalálta helyét, mint színész. **2.** falmélyedés; fülke

¹nick [nɪk] <fn> **1.** [C] bevágás; bemetszés; rovátka; karcolás **2.** [C] csorba **3. the nick** [sing] BrE, *szl* dutyi; jard; rendőrörs
 ♦ **in good/bad nick** *szl* BrE jó/rossz bőrben
 ♦ **in the nick of time** épp jókor

²nick [nɪk] <ige> **1.** megkarcol; bemetsz; bevág **2.** *szl* BrE *(bűnözőt)* elcsíp **3.** *szl* BrE megfúj; ellop

¹nickname ['nɪkneɪm] <fn> [C] becenév; gúnynév

²nickname ['nɪkneɪm] <ige> **1.** becenevet/gúnynevet ad **2.** becenéven/gúnynéven szólít

nicotine ['nɪkətiːn] <fn> [U] nikotin

niece [niːs] <fn> [C] unokahúg

nifty ['nɪfti] <mn> (niftier, niftiest) *biz* remek; klassz; ügyes

niggle ['nɪgl] <ige> **1.** aprólékoskodik; kukacoskodik **2.** piszkál; bosszant **(at sy** vkit)

night [naɪt] <fn> [C, U] éjszaka; éj; éjjel; este: *at night* éjszaka * *by night* az éjszaka folyamán * *last night* tegnap éjjel * *all night* egész éjjel
 ♦ **an early night//a late night** korai/késői lefekvés ♦ **Good night!** Jó estét/éjszakát!
 ♦ **night and day** éjjel-nappal

nightcap ['naɪtkæp] <fn> [C] **1.** *(lefekvés előtt)* utolsó kupica **2.** hálósapka

nightclub ['naɪtklʌb] <fn> [C] éjszakai mulató

nightdress ['naɪtdres] <fn> [C] *(női)* hálóing

nightfall ['naɪtfɔːl] <fn> [U] alkony; szürkület

nightie ['naɪti] <fn> [C] *biz* hálóing

nightingale ['naɪtɪŋgeɪl] <fn> [C] fülemüle

nightlife ['naɪtlaɪf] <fn> [U] éjszakai élet

nightmare ['naɪtmeə] <fn> [C] **1.** rossz álom: *She always has nightmares if she is ill.* Ha beteg, mindig rossz álmai vannak. **2.** rémálom: *Going by car on an icy road is a nightmare.* Jeges úton autózni rémálom.

night-time ['naɪttaɪm] <fn> [U] éjjel; éjszaka

nightwatchman [naɪt'wɒtʃmən] <fn> [C] (nightwatchmen) éjjeliőr

nil [nɪl] <fn> [U] null(a); semmi: *Manchester United beat Newcastle three nil/by three goals to nil.* A Manchester United három nullára megverte a Newcastle-t.

Nile [naɪl] <fn> Nílus

nimble ['nɪmbl] <mn> **1.** fürge; élénk **2.** gyors felfogású; *(ész)* éles

¹nine [naɪn] <szn> kilenc → **¹eight**
 ♦ **a nine-to-five job** nyolcórás munka

²nine [naɪn] <fn> [C] kilences → **²eight**

¹nineteen [,naɪn'tiːn] <szn> tizenkilenc: *He is nineteen years old.* Tizenkilenc éves. → **¹eight**

²nineteen [,naɪn'tiːn] <fn> [C] tizenkilences → **²eight**

¹ninetieth ['naɪntiəθ] <sorszn> kilencvenedik → **¹eightieth**

²ninetieth ['naɪntiəθ] <fn> [C] kilencvened → **²eightieth**

¹ninety ['naɪnti] <szn> kilencven → **¹eighty**

²ninety ['naɪnti] <fn> [C] kilencvenes → **²eighty**

¹ninth [naɪnθ] <sorszn> kilencedik → **¹eighth**

→ A keltezéssel kapcsolatos kifejezéseket lásd a **¹date** szócikk információs ablakában!

²ninth [naɪnθ] <fn> [C] kilenced → **²eighth**

¹nip [nɪp] <fn> [C] **1.** csípés; harapás **2.** levágás; lemetszés **3.** *biz* korty alkohol

²nip [nɪp] <ige> (nips, nipping, nipped) **1.** (bele)csíp; (bele)harap **2.** *biz* BrE elugrik vhova **3.** becsíp(tet); beszorít: *get nipped* beszorult **4.** lecsíp; levág; lemetsz

nipple ['nɪpl] <fn> [C] **1.** mellbimbó **2.** AmE *(cumisüvegen)* cucli; cumi

nit [nɪt] <fn> [C] **1.** *biz* hülye; tökfej; tökfilkó **2.** serke; (fej)tetű petéje

nitpicking ['nɪt,pɪkɪŋ] <fn> [U] kukacoskodás; szőrözés; szőrszálhasogatás

nitrate ['naɪtreɪt] <fn> [C, U] nitrát

nitrogen ['naɪtrədʒən] <fn> [U] nitrogén

nitty-gritty [,nɪti'grɪti] <fn> **the nitty-gritty** [sing] a lényeg; vminek a magja

nitwit ['nɪtwɪt] <fn> [C] hülye; tökfej; tökfilkó

¹no [nəʊ] <isz> **1.** *(tagadó válasz)* nem: *"Another coffee?" "No, thanks."* „Még egy kávét?" „Köszönöm, nem!" * *"Are you ready?" "No, I'm not."* „Készen vagy?" „Nem, még nem." **2.** *(meglepetés stb. kifejezésére)* ne; nem: *"I have to leave." "No!"* „Mennem kell." „Ne!" * *Oh,* *no! I will be late again.* Jaj ne, már megint el fogok késni!

²no [nəʊ] <det> **1.** nincs; semmi(féle): *She has no friends.* Nincsenek barátai. ∗ *There are no people on the street.* Nincs ember az utcán. ∗ *The box is empty – there is no sugar left.* A doboz üres – nem maradt semmi cukor. **2.** tilos: *No smoking here!* Itt tilos a dohányzás! ∗ *No parking!* Parkolni tilos! **3.** (egyáltalán) nem: *It is no smaller matter.* Ez (egyáltalán) nem kis jelentőségű ügy.

³no [nəʊ] <hsz> nem: *She's feeling no better this morning.* Nem érzi magát jobban ma reggel sem.

⁴no [nəʊ] <fn> [C] (noes) **1.** *(tagadó válasz)* nem: *Can't you give me a straight yes or no?* Nem tudnál adni egy egyenes választ? Igen vagy nem? **2.** *(szavazat)* nem: *14 ayes to 169 noes – the noes have it.* 14 igen és 169 nem – le van szavazva.

No., no. [= number] <fn> [C] (Nos, nos) sz. (= szám(ú)): *Room No. 10* a tízes (számú) szoba

Nobel Prize [ˌnəʊbelˈpraɪz] <fn> [C] Nobel-díj

nobility [nəʊˈbɪlətɪ] <fn> **1. the nobility** [sing + sing/pl v] nemesség; arisztokrácia **2.** [U] *(jellemé)* nemesség

¹noble [ˈnəʊbl] <mn> (nobler, noblest) **1.** nemes gondolkozású; nagylelkű: *She always has noble thoughts and feelings.* Mindig nagylelkű gondolatai és érzései vannak. **2.** (fő-) nemes(i származású): *He is a man of noble birth.* Nemesi származású ember.

²noble [ˈnəʊbl] <fn> [C] nemes(ember); főnemes

nobleman [ˈnəʊblmən] <fn> [C] (noblemen) nemesember; főnemes

¹nobody [ˈnəʊbədɪ] <névm> senki: *Nobody else could come to visit me.* Senki más nem tudott meglátogatni. ∗ *Nobody knows where he is.* Senki sem tudja, hol van. ∗ *There is nobody in the kitchen.* Senki sincs a konyhában.

²nobody [ˈnəʊbədɪ] <fn> [C] (nobodies) egy senki; senkiházi; jelentéktelen ember

nocturnal [nɒkˈtɜːnl] <mn> éjjeli; éjszakai; éji

¹nod [nɒd] <ige> (nods, nodding, nodded) bólint; biccent: *I nodded when he asked whether I wanted an apple.* Bólintottam, amikor megkérdezte, kérek-e almát. ∗ *He nodded to me through the fence.* Biccentéssel üdvözölt a kerítésen át.

nod off biz elbóbiskol

²nod [nɒd] <fn> [C] (fej)bólintás; biccentés: *greet sy with a nod* biccentéssel üdvözöl vkit ∗ *give sy a nod* odabiccent vkinek

no-go area [ˌnəʊˈgəʊ eərɪə] <fn> [C] BrE veszélyes körzet

noise [nɔɪz] <fn> [C, U] zaj; ricsaj; lárma: *make a noise* zajong; lármázik

noiseless [ˈnɔɪzləs] <mn> zajtalan; nesztelen

noise pollution [ˈnɔɪz pəˌluːʃn] <fn> [U] zajszennyezés; zajártalom

noisy [ˈnɔɪzɪ] <mn> (noisier, noisiest) zajos; hangos; lármás: *noisy children* zajos gyerekek

nomad [ˈnəʊmæd] <fn> [C] nomád (ember)

no-man's land [ˈnəʊmænzlænd] <fn> [U] senki földje

nominal [ˈnɒmɪnl] <mn> **1.** névleges **2.** jelképes **3.** nyelvt névszói

nominate [ˈnɒmɪneɪt] <ige> **1.** jelöl; ajánl; javasol (**for sg** vmire) **2.** kinevez (**for sg** vminek)

nomination [ˌnɒmɪˈneɪʃn] <fn> [C, U] **1.** jelölés; ajánlás **2.** kinevezés

nominative [ˈnɒmɪnətɪv] <fn> [sing] nyelvt alanyeset

nominee [ˌnɒmɪˈniː] <fn> [C] jelölt

non-alcoholic [ˌnɒnælkəˈhɒlɪk] <mn> alkoholmentes: *non-alcoholic drinks* alkoholmentes italok

nonconformist [ˌnɒnkənˈfɔːmɪst] <fn> [C] **1.** BrE *(az anglikán egyházat el nem fogadó protestáns)* vallási disszidens **2.** *(viselkedésében)* nonkonformista

nondescript [ˈnɒndɪskrɪpt] <mn> nehezen leírható/meghatározható; bizonytalan (jellegű)

¹none [nʌn] <névm> egyik sem; senki; semennyi; semmi: *None of them came.* Egyik sem jött el közülük. ∗ *He gave me a lot of books but none of them was interesting.* Sok könyvet adott, de egyik sem volt érdekes. ∗ *I'll have none of it.* Nem kérek belőle.

²none [nʌn] <hsz> semmiképpen; egyáltalán nem: *none too* nem nagyon/túl ∗ *none too happy* nem túl boldog ∗ *I feel none the better.* Semmivel sem érzem jobban magam.

nonetheless [ˌnʌnðəˈles] <hsz> mégis; azonban; mindazonáltal

non-existent [ˌnɒnɪɡˈzɪstənt] <mn> nem létező

non-fat [ˈnɒnfæt] <mn> zsír nélküli

nonflammable [ˌnɒnˈflæməbl] <mn> nem gyúlékony; éghetetlen

non-iron [ˌnɒnˈaɪən] <mn> vasalást nem igénylő

nonplussed [ˌnɒnˈplʌst] <mn> meghökkent; elképedt; értetlen

non-profit [ˌnɒnˈprɒfɪt] <mn> *(vállalkozás)* nem haszonra dolgozó; nonprofit

non-profit organization [nɒnˌprɒfɪt ɔːɡənaɪˈzeɪʃən] <fn> [C] nonprofit/közhasznú szervezet:

an independent non-profit organization független nonprofit szervezet
nonsense ['nɒnsəns] <fn> [U] **1.** ostobaság; szamárság; képtelenség; badarság: *talk nonsense* hetet-havat összehord **2.** idétlen viselkedés
nonsensical [nɒn'sensɪkl] <mn> képtelen; abszurd
non-smoker [,nɒn'sməʊkə] <fn> [C] nemdohányos
non-smoking [,nɒn'sməʊkɪŋ] <mn> *(fülke, szoba stb.)* nemdohányzó
non-stick [,nɒn'stɪk] <mn> *(edény)* teflon
¹non-stop [,nɒn'stɒp] <mn> megszakítás nélküli; folytatólagos: *non-stop journey* megszakítás nélküli utazás
²non-stop [,nɒn'stɒp] <hsz> megállás/leszállás/megszakítás nélkül: *talk non-stop* megszakítás nélkül beszél
non-union [,nɒn'juːnɪən] <mn> szakszervezetbe nem tartozó
non-violent [,nɒn'vaɪələnt] <mn> erőszakmentes
noob [nuːb] <fn> [C] infml kezdő, gyakorlatlan
noodle ['nuːdl] <fn> **1.** [C,ált pl] metélt (tészta); (leves)tészta **2.** [C] biz tökfej; tökfilkó
noon [nuːn] <fn> [C] dél: *at noon* délben
no one ['nəʊ wʌn] <névm> senki: *There is no one in the museum.* Senki nincs a múzeumban. * *No one visited me in the hospital.* Senki sem látogatott meg a kórházban.
noose [nuːs] <fn> [C] hurok
nope [nəʊp] <isz> nem!; dehogyis!
nor [nɔː] <ksz> **1. neither… nor…** sem… sem…: *It is neither hot nor cold.* Sem meleg, sem hideg. * *Neither Tom nor Susan can swim.* Sem Tom, sem Susan nem tud úszni. **2.** se(m): *He can't eat fish, nor can I.* Nem ehet halat, és én sem.
norm [nɔːm] <fn> [C] norma; szabály; minta
¹normal ['nɔːml] <mn> normális; szokásos; természetszerű; szabályos; rendes: *Cold weather is normal in February.* Februárban az a normális, hogy hideg van.
²normal ['nɔːml] <fn> [U] normális/átlagos/szokásos állapot/mennyiség/színvonal: *get back to normal* a helyzet normalizálódik
normality [nɔː'mælɪtɪ] <fn> [U] szabályszerűség; szabályosság; természetszerűség
normalize ['nɔːməlaɪz] <ige> **1.** normalizál; szabályossá tesz **2.** normalizálódik; rendeződik
normally ['nɔːməlɪ] <hsz> **1.** rendes körülmények között; rendszerint; általában: *We normally get up at 6 o'clock in the morning.* Rendszerint reggel 6 órakor kelünk. **2.** a szokásos módon

¹north [nɔːθ] <fn> [U, sing] röv N **1.** észak **2. the north** *(országé)* északi rész/terület: *He lives in the north of Hungary.* Magyarország északi részén él.
²north, North [nɔːθ] <mn> röv N északi; észak-: *North America* Észak-Amerika * *North Sea* Északi-tenger * *There was a strong north wind yesterday.* Erős északi szél fújt tegnap.
³north [nɔːθ] <hsz> északra; észak felé; északi irányba(n): *north of sg* vmitől északra * *We are travelling north.* Északra utazunk.
North Atlantic Treaty Organization ['nɔːθ ətlæntɪk triːtɪ ɔːgənaɪzeɪʃn] <fn> [U] röv NATO Észak-atlanti Szerződés Szervezete
northbound ['nɔːθbaʊnd] <mn> északi irányba tartó
¹northeast [,nɔːθ'iːst] <fn> [sing] röv NE **1.** északkelet **2. the northeast** *(országé)* északkeleti rész/terület
²northeast [,nɔːθ'iːst] <mn> északkeleti
³northeast [,nɔːθ'iːst] <hsz> északkeletre; északkelet felé
northeastern [,nɔːθ'iːstən] <mn> északkeleti
northerly ['nɔːðəlɪ] <mn> északi
northern ['nɔːðn] <mn> észak-; északi: *Northern Ireland* Észak-Írország * *the northern lights* északi fény * *in the northern part of the town* a város északi részén
northerner ['nɔːðənə] <fn> [C] északi lakos
northernmost ['nɔːðənməʊst] <mn> legészakibb
North Pole [,nɔːθ'pəʊl] <fn> **the North Pole** [sing] az Északi-sark
¹northward ['nɔːθwəd] <mn> észak felé tartó; északi
²northward ['nɔːθwəd] <hsz> észak felé; északi irányba(n)
northwards ['nɔːθwədz] → **northward**
¹northwest [,nɔːθ'west] <fn> [sing] röv NW **1.** északnyugat **2. the northwest** *(országé)* északnyugati rész/terület
²northwest [,nɔːθ'west] <mn> északnyugati: *Northwest Passage* északnyugati átjáró
³northwest [,nɔːθ'west] <hsz> északnyugat felé; északnyugatra
northwestern [,nɔːθ'westən] <mn> északnyugati
Norway ['nɔːweɪ] <fn> Norvégia
¹Norwegian [nɔː'wiːdʒn] <fn> [C] **1.** *(személy)* norvég **2.** *(nyelv)* norvég
²Norwegian [nɔː'wiːdʒn] <mn> norvég
¹nose [nəʊz] <fn> [C] **1.** orr **2.** (hajóé, repülőgépé) orr: *The nose of the plane was damaged.* A repülőgép orra megsérült.

♦ **blow one's nose** orrot fúj ♦ **lead by the nose** az orránál fogva vezet ♦ **look**

down one's nose at sy/sg biz lekezel vkit; lefitymál vmit ♦ **pay through the nose** borsos árat fizet ♦ **poke/stick one's nose into sg** beleüti vmibe az orrát ♦ **turn up one's nose at sg** biz húzza az orrát vmi miatt ♦ **under his nose** az orra előtt

²**nose** [nəʊz] <ige> **1.** óvatosan halad: *The car nosed through the fog.* Az autó óvatosan haladt a ködben. **2.** *(állat)* szaglász; szimatol; kutat

> **nose about/around** biz fürkész; szaglász; nyomoz

nosebleed ['nəʊzbliːd] <fn> [C] orrvérzés
nosedive ['nəʊzdaɪv] <fn> [C] átv is zuhanórepülés; zuhanás
nosey ['nəʊzɪ] <mn> kíváncsi(skodó)
nostalgia [nɒ'stældʒə] <fn> [U] nosztalgia
nostalgic [nɒ'stældʒɪk] <mn> nosztalgikus
nostril ['nɒstrəl] <fn> [C] orrlyuk
nosy ['nəʊzɪ] <mn> (nosier, nosiest) kíváncsi(skodó)
not [nɒt] <hsz> nem; ne: *I'm not sleepy.* Nem vagyok álmos. ∗ *"Is he ill?" "I hope not."* „Beteg?" „Remélem, nem." ∗ *This is a girl, not a boy.* Ez egy lány, nem fiú. ∗ *She isn't (is not) here at the moment.* Pillanatnyilag nincs itt. ∗ *We won't (will not) go to the cinema tonight.* Ma este nem megyünk moziba. ∗ *I didn't (did not) go there.* Nem mentem oda. ∗ *I haven't (have not) been here before.* Még nem voltam itt. ∗ *She couldn't (could not) get up this morning.* Ma reggel nem tudott felkelni. ∗ *I don't (do not) know anything about it.* Én erről semmit sem tudok.
♦ **not at all 1.** egyáltalán nem **2.** *(köszönömre adott válaszban)* szívesen ♦ **not only… (but) also…** nemcsak… hanem… is ♦ **not that** nem mintha
notable ['nəʊtəbl] <mn> jelentős; figyelemre méltó; nevezetes (**for sg** vmiről)
notably ['nəʊtəblɪ] <hsz> különösen; főleg
notary ['nəʊtərɪ] <fn> [C] (notaries) közjegyző
¹**note** [nəʊt] <fn> [C] **1.** feljegyzés; jegyzet: *make a note of sg* lejegyez vmit ∗ *There is no textbook, so you have to take notes.* Nincs tankönyv, úgyhogy jegyzetelned kell. **2.** [C] pár soros üzenet; rövid levél: *leave a note for sy* üzenetet hagy vkinek **3.** [C] megjegyzés; magyarázat; széljegyzet; *(könyvben)* jegyzet **4.** [C] bankjegy: *£10 note* 10 fontos bankjegy **5.** [C] zene hangjegy **6.** [C] *(zenei)* hang **7.** [sing] hang(-nem): *change one's note* hangnemet változtat
♦ **take note of sg** megjegyez vmit

²**note** [nəʊt] <ige> **1.** megjegyez; megfigyel; figyelembe/tudomásul vesz: *Please note that lessons start at 8 o'clock.* Jegyezd meg, kérlek, hogy a tanítás 8 órakor kezdődik! **2.** megemlít

> **note sg down** feljegyez; felír; lejegyez vmit

notebook ['nəʊtbʊk] <fn> [C] **1.** notesz; jegyzetfüzet **2.** *(kis méretű)* hordozható számítógép; notebook
noted ['nəʊtɪd] <mn> nevezetes; híres (**for sg** vmiről): *a noted scholar* híres tudós
notepad ['nəʊtpæd] <fn> [C] jegyzettömb
noteworthy ['nəʊt,wɜːðɪ] <mn> jelentős; figyelemre méltó; nevezetes
nothing ['nʌθɪŋ] <névm> semmi: *There is nothing in the fridge.* Semmi nincs a hűtőben. ∗ *She told me nothing about the wedding.* Nem mesélt semmit az esküvőről. ∗ *There is nothing interesting here.* Semmi érdekes nincs itt.
♦ **be/have nothing to do with sg** semmi köze vmihez ♦ **come to nothing** meghiúsul ♦ **for nothing 1.** ingyen **2.** hiába ♦ **nothing less than** nem egyéb/csekélyebb, mint ♦ **there is nothing like sg** nincs párja vminek ♦ **nothing but** semmi más, csak ♦ **nothing much** semmi különös ♦ **(there's) nothing to it** semmiség
¹**notice** ['nəʊtɪs] <fn> **1.** [C] közlemény; felirat: *The professor put up a notice about the exam.* A professzor kifüggesztett egy közleményt a vizsgáról. **2.** [U] (előzetes) értesítés; bejelentés; figyelmeztetés: *until further notice* további értesítésig ∗ *without notice* előzetes értesítés nélkül **3.** [U] figyelem; tudomás; odafigyelés: *Take no notice of what I told you.* Hagyd figyelmen kívül, amit mondtam. ∗ *It has come to my notice…* Tudomásomra jutott, hogy… **4.** [U] felmondás: *a month's notice* egyhavi felmondás ∗ *give notice to sy* felmond vkinek
♦ **at short notice** előzetes bejelentés nélkül; rövid határidőre ♦ **bring sg to sy's notice** felhívja vmire vki figyelmét
²**notice** ['nəʊtɪs] <ige> **1.** megfigyel; észrevesz; tudomásul vesz: *Nobody really noticed the changes.* Igazában senki sem vette észre a változtatásokat. **2.** megemlít; megjegyez
noticeable ['nəʊtɪsəbl] <mn> **1.** megfigyelhető; észrevehető **2.** figyelemre méltó
noticeboard ['nəʊtɪsbɔːd] <fn> [C] BrE hirdetőtábla; faliújság
notification [,nəʊtɪfɪ'keɪʃn] <fn> [C, U] értesítés; közlés; bejelentés: *notification of loss* kárbejelentés/káresemény bejelentése

notify ['nəʊtɪfaɪ] <ige> (notifies, notifying, notified) **1.** bejelent; közöl; tudtul ad **2.** értesít (**sy of sg** vkit vmiről)

notion ['nəʊʃn] <fn> [C] **1.** fogalom; eszme; elképzelés; kép **2.** vélemény

notorious [nəʊ'tɔ:rɪəs] <mn> **1.** közismert **2.** hírhedt

¹**notwithstanding** [,nɒtwɪθ'stændɪŋ] <elölj> (vminek) ellenére/dacára

²**notwithstanding** [,nɒtwɪθ'stændɪŋ] <hsz> mégis; mindamellett; mindazonáltal

nought [nɔ:t] <fn> [C] nulla; zéró
♦ **noughts and crosses** amőbajáték

noughties ['nɔ:tiz] <fn> [pl] **the noughties** *(a 21. század első évtizede)* a kétezres évek

noun [naʊn] <fn> [C] nyelvt főnév

nourish ['nʌrɪʃ] <ige> **1.** táplál **2.** átv *(érzelmet, reményt stb.)* táplál; fenntart

nourishing ['nʌrɪʃɪŋ] <mn> tápláló

nourishment ['nʌrɪʃmənt] <fn> [U] **1.** táplálék; étel **2.** táplálás; táplálkozás

Nov. [= November] nov. (= november)

¹**novel** ['nɒvəl] <fn> [C] regény

Vigyázat, álbarátok!
novel ≠ novella (= short story)

---

²**novel** ['nɒvəl] <mn> újszerű; újfajta; szokatlan

novelist ['nɒvəlɪst] <fn> [C] regényíró

novelty ['nɒvltɪ] <fn> (novelties) **1.** [U] vminek új volta; újszerűség **2.** [C] újdonság **3.** [C] olcsó ajándéktárgy

November [nəʊ'vembə] <fn> [C, U] röv **Nov.** november: *He was born in November.* Novemberben született.

¹**now** [naʊ] <hsz> **1.** most; jelenleg: *Can we go to the shop now?* Mehetünk most a boltba? ∗ *Don't wait – leave now!* Ne várj – menj most! ∗ *I am writing my homework now.* Most írom a házi feladatomat. ∗ *Two years from now we'll live in the capital.* Mához két évre a fővárosban fogunk élni/lakni. **2. (right) now** (most) azonnal **3. now (then)** na(hát); nos: *Now then, what happened last night?* Na(hát), mi történt tegnap este? ∗ *Now, let's talk about that matter.* Nos, akkor beszéljünk arról a dologról!
♦ **by now** mostanára ♦ **even now** még most is/sem ♦ **from now on** mostantól kezdve ♦ **just now 1.** az imént **2.** nemrég ♦ **now or never** most, vagy soha ♦ **(every) now and then/again** olykor; néha ♦ **until now//up to now** mostanáig

²**now** [naʊ] <ksz> **now (that)** most, hogy (már): *Now that I am older...* Most, hogy már idősebb vagyok...

nowadays ['naʊədeɪz] <hsz> mostanában; mostanság; manapság

nowhere ['nəʊweə] <hsz> sehol; sehova: *It is found in Africa, and nowhere else.* Ez Afrikában található, sehol máshol. ∗ *"Where are you going tonight?" "Nowhere special."* „Hova mész ma este?" „Különösebben sehova." ∗ *There is nowhere else to put it.* Sehova máshova nem lehet ezt rakni.
♦ **get nowhere** semmire nem jut ♦ **nowhere near** távolról sem

noxious ['nɒkʃəs] <mn> ártalmas; kártékony

nozzle ['nɒzl] <fn> [C] fúvóka; szórófej

nuance ['nju:ɑ:ns] <fn> [C] (finom) árnyalat

nuclear ['nju:klɪə] <mn> nukleáris; atom-; mag-: *nuclear fission* (atom)maghasadás ∗ *nuclear power station* atomerőmű ∗ *nuclear reactor* atomreaktor ∗ *nuclear power* atomenergia ∗ *nuclear weapon* nukleáris fegyver

nucleus ['nju:klɪəs] <fn> (nuclei) **1.** [C] atommag **2.** [C] sejtmag **3. the nucleus of sg** [sing] *(fő rész)* vminek a magva

¹**nude** [nju:d] <mn> meztelen

²**nude** [nju:d] <fn> [C] akt
♦ **in the nude** meztelen(ül) ♦ **draw from the nude** aktot rajzol

¹**nudge** [nʌdʒ] <fn> [C] oldalba bökés (könyökkel): *give sy a nudge* könyökkel oldalba bök vkit

²**nudge** [nʌdʒ] <ige> (könyökkel) oldalba bök; *(figyelmeztetésül)* meglök

nudism ['nju:dɪzm] <fn> [U] nudizmus

nudist ['nju:dɪst] <fn> [C] nudista

nuisance ['nju:sns] <fn> [C] **1.** kellemetlen(kedő)/alkalmatlankodó/terhes személy; kolonc: *be a nuisance to sy* terhére van vkinek ∗ *make a nuisance of oneself* kellemetlenkedik; másoknak terhére van **2.** nyűg; kellemetlenség: *What a nuisance!* Jaj de kellemetlen!

null [nʌl] <mn> semmis; érvénytelen
♦ **null and void** jog semmis

numb ['nʌm] <mn> zsibbadt; dermedt; érzéketlen: *fingers numb with cold* hidegtől meggémberedett ujjak

¹**number** ['nʌmbə] <fn> [C] **1.** szám: *a four-figure number* négyjegyű szám ∗ *even numbers* páros számok ∗ *odd numbers* páratlan számok **2.** -szám: *code number* kódszám **3.** (ház)szám; sorszám **4.** *(folyóiraté)* példány; szám: *Back numbers are available here.* A régebbi példányok itt hozzáférhetők. **5.** zeneszám **6.** *(cipőé stb.)* szám; nagyság **7.** nyelvt szám: *singular/plural number* egyes/többes szám

◆ **a number of sg** sok; számos ◆ **any number of sg** számtalan; bármennyi ◆ **number one 1.** első (számú) **2.** önmaga ◆ **without number** számtalan; töméntelen

²**number** ['nʌmbə] <ige> **1.** (meg)számol; megszámlál **2.** (meg)számoz: *The seats are numbered in the hall.* Számozott ülések vannak a teremben. **3.** *(egy mennyiséget)* kitesz

number plate ['nʌmbəpleɪt] <fn> [C] BrE *(járműé)* rendszámtábla

numeral ['njuːmrəl] <fn> [C] számjegy

numerate ['njuːmərət] <mn> számolni tudó

numerical [njuːˈmerɪkl] <mn> számszerű; szám szerinti; numerikus

numerous ['njuːmərəs] <mn> számos; nagyszámú; sok

nun [nʌn] <fn> [C] apáca

¹**nurse** [nɜːs] <fn> [C] **1.** (beteg)ápoló; ápolónő; nővér: *work as a nurse* ápolónőként dolgozik **2.** dajka; dada; gyermekgondozó

²**nurse** [nɜːs] <ige> **1.** ápol; gondoz **2.** dajkál; dédelget **3.** szoptat **4.** felnevel **5.** átv *(reményt, érzelmet stb.)* táplál; *(tervet)* érlel magában

nursery ['nɜːsri] <fn> [C] (nurseries) **1.** bölcsőde **2.** gyermekszoba **3.** faiskola

nursery rhyme ['nɜːsri raɪm] <fn> [C] gyermekvers; gyermekdal

nursery school ['nɜːsri skuːl] <fn> [C] óvoda

nursing home ['nɜːsɪŋ həʊm] <fn> [C] *(ált. időseknek)* (magán)kórház; öregek otthona

nut [nʌt] <fn> [C] **1.** dió; csonthéjas gyümölcs **2.** biz fej; búra; kobak **3.** biz alak; pasas; figura **4.** biz *(vmilyen rajongó)* őrült; megszállott **5.** anya(csavar)

◆ **hard/tough nut to crack** átv kemény dió; nehéz eset ◆ **nuts and bolts** kis részletek; részletkérdések ◆ **off one's nut** elment az esze

nutcase ['nʌtkeɪs] <fn> [C] biz gyagyás; bolond; őrült ember

nutcrackers ['nʌtˌkrækə] <fn> [pl] diótörő

nutmeg ['nʌtmeg] <fn> [C, U] szerecsendió

nutrition [njuˈtrɪʃn] <fn> [U] **1.** táplálék; élelem **2.** táplálkozás **3.** táplálás; élelmezés

nutritious [njuˈtrɪʃəs] <mn> tápláló

nuts [nʌts] <mn> biz őrült; dilis; hülye; bolond: *drive sy nuts* megőrjít vkit ✱ *be nuts about sy/sg* bolondul vkiért/vmiért ✱ *Nuts!* Szamárság!

nutshell ['nʌtʃel] <fn>

◆ **in a nutshell** átv dióhéjban; pár szóban *put it in a nutshell* röviden összefoglalva

nutty ['nʌti] <mn> (nuttier, nuttiest) **1.** dióízű **2.** biz dilis; őrült; bolond

nuzzle ['nʌzl] <ige> **1.** (oda)dörgölőzik; odabújik; érint (orrával) **2.** szaglász **3.** **nuzzle up** odakuporodik; odasimul (**to/against sy/sg** vkihez/vmihez)

NW 1. [= northwest] ÉNy (= északnyugat) **2.** [= northwestern] ÉNy-i (= északnyugati)

nylon ['naɪlɒn] <fn> [U] nylon

O, o

O, o [əʊ] <fn> (Os, O's, o's) **1.** [C, U] *(betű)* O; o **2.** [C, U] nulla; zéró: *Call three, double O, five.* Hívja a 3005-öt! **3.** [U] *(vércsoport)* O

oaf [əʊf] <fn> [C] (oafs v. oaves) mamlasz; fajankó

oafish ['əʊfɪʃ] <mn> ügyefogyott; ügyetlen; esetlen; hülye

oak [əʊk] <fn> **1.** [C] tölgy(fa): *three oaks* három tölgyfa **2.** [U] *(anyag)* tölgy(fa): *This cupboard is made of oak.* Ez a szekrény tölgyfából készült.

oar [ɔː] <fn> [C] evező(lapát)
♦ **have an oar in every man's boat** minden lében kanál ♦ **pull a good oar** jól evez ♦ **pull a lone oar** a maga útján jár; magányosan él ♦ **put/shove/stick in one's oar//put/stick one's oar in** biz beleüti az orrát vmibe ♦ **rest on one's oars 1.** evezés közben pihen átv **2.** pihen a babérjain

oarsman ['ɔːzmən] <fn> [C] (oarsmen) *(férfi)* evezős

oarswoman ['ɔːzˌwʊmən] <fn> [C] (oarswomen) *(nő)* evezős

oasis [əʊ'eɪsɪs] <fn> [C] (oases) oázis

oath [əʊθ] <fn> [C] (oaths) **1.** eskü: *on/under oath* eskü alatt * *make/take/swear an oath* esküt tesz; (meg)esküszik * *on my oath* esküszöm **2.** káromkodás

oatmeal ['əʊtmiːl] <fn> [U] **1.** zabpehely **2.** zabliszt

oats [əʊts] <fn> [pl] zab: *Horses like oats.* A lovak a zabot szeretik.
♦ **be off one's oats** biz elment az étvágya ♦ **feel one's oats** biz AmE **1.** kitűnő hangulatban van **2.** tudatában van a fontosságának ♦ **sow one's wild oats** kitombolja magát

obedience [ə'biːdɪəns] <fn> [U] engedelmesség

obedient [ə'biːdɪənt] <mn> engedelmes; szófogadó: *be obedient to sy* szót fogad vkinek

obelisk ['ɒbəlɪsk] <fn> [C] obeliszk

obese [əʊ'biːs] <mn> elhízott; hájas

obesity [əʊ'biːsəti] <fn> [U] elhízottság; hájasság

obey [ə'beɪ] <ige> engedelmeskedik; szót fogad (**sy** vkinek)

obituary [ə'bɪtʃʊəri] <fn> [C] (obituaries) nekrológ

¹**object** ['ɒbdʒɪkt] <fn> [C] **1.** tárgy; dolog: *that small brown object* az a kis barna tárgy/dolog **2.** cél; szándék: *with this object* ezért; e célból * *the object of the exercise* a gyakorlat célja * *What is your object in life?* Mi az életcélod? **3. object of sg** vminek a tárgya: *the object of desire* a vágy tárgya **4.** nyelvt tárgy: *direct object* közvetlen tárgy * *indirect object* részeshatározó
♦ **Money is no object.** A pénz nem számít/akadály.

²**object** [əb'dʒekt] <ige> kifogásol; ellenez (**to (doing) sg** vmit); tiltakozik; óvást emel (**to (doing) sg** vmi ellen): *If you don't object.* Ha nem ellenzed. * *Do you object if I leave right now?* Kifogásolod, ha én most elmegyek? * *We objected to your answers.* Kifogásoltuk a válaszaidat. * *I object to being treated like a child.* Tiltakozom az ellen, hogy gyerekként kezeljenek!

objection [əb'dʒekʃn] <fn> [C] **1.** kifogás; ellenvetés: *raise an objection* kifogást emel * *take objection to sg* kifogásol vmit * *If you have no objections.* Ha nincs ellene kifogásod. * *I have no objections to it.* Semmi kifogásom nincs ellene. **2.** akadály: *raise objections* nehézségeket támaszt

objectionable [əb'dʒekʃənəbl] <mn> kifogásolható; kivetnivaló

¹**objective** [əb'dʒektɪv] <mn> **1.** *(valóságos)* tárgyi; tényleges **2.** *(pártatlan, elfogulatlan)* tárgyilagos; tárgyszerű; objektív

²**objective** [əb'dʒektɪv] <fn> [C] **1.** cél: *the objective of sg* vminek a célja * *the main objective of sy* vkinek a fő célja * *reach one's objective* eléri a célját **2.** fiz objektív

objectivity [ˌɒbdʒek'tɪvəti] <fn> [U] tárgyilagosság; objektivitás

objector [əb'dʒektə] <fn> [C] tiltakozó

obligate ['ɒblɪgeɪt] <ige> **1.** AmE kötelez **2.** letétbe helyez; leköt

obligation [ˌɒblɪ'geɪʃn] <fn> [C, U] *(erkölcsi, jogi)* kötelesség; kötelezettség: *moral obligation* erkölcsi kötelesség * *without obligation* kötelezettség nélkül * *be under an obligation to do sg* elkötelezte magát; kötelezettséget vállalt; köteles vminek a megtételére * *fulfil/meet one's obligation* teljesíti a kötelességét * *He is under no obligation to…* Nem köteles…

obligatory [ə'blɪgətərɪ] <mn> kötelező
oblige [ə'blaɪdʒ] <ige> (obliges, obliging, obliged) **1.** kényszerít; kötelez: *be obliged to do sg* köteles megtenni vmit **2.** lekötelez; szívességből tesz (**sy by/with sg** vkinek vmit): *be obliged to sy* hálás; le van kötelezve vkinek ∗ *She obliged us with her attendance.* Megtisztelt minket a jelenlétével. ∗ *I am much obliged to you.* Végtelen hálás vagyok neked! ∗ *I'd be obliged if you would...* Igen lekötelezne, ha volna olyan szíves...
oblique [ə'bliːk] <mn> ferde; rézsútos
oblique angle ['əbliːk æŋgl] <fn> [C, U] ferdeszög
oblivious [ə'blɪvɪəs] <mn> feledékeny; hanyag (**of/to sg** vmivel kapcsolatban)
oblivion [ə'blɪvɪən] <fn> [U] feledés: *fall/sink into oblivion* feledésbe merül
¹oblong ['ɒblɒŋ] <mn> téglalap alakú
²oblong ['ɒblɒŋ] <fn> [C] téglalap
obnoxious [əb'nɒkʃəs] <mn> *(ember, viselkedés, szag stb.)* visszataszító; undorító
oboe ['əʊbəʊ] <fn> [C] zene oboa
obscene [əb'siːn] <mn> *(szó, mozdulat stb.)* trágár; illetlen; tisztességtelen; obszcén
obscenity [əb'senətɪ] <fn> [C] (obscenities) trágárság; illetlenség; obszcenitás
¹obscure [əb'skjʊə] <mn> **1.** ismeretlen **2.** *(szoba)* sötét; homályos **3.** *(ügy)* zavaros; kétes; gyanús; sötét **4.** *(jelentés)* zavaros; homályos; ködös; érthetetlen **5.** *(érzés)* bizonytalan; meghatározhatatlan
²obscure [əb'skjʊə] <ige> (obscures, obscuring, obscured) átv is eltakar; elhomályosít; elfed
observable [əb'zɜːvəbl] <mn> **1.** megfigyelhető; észlelhető; észrevehető **2.** érezhető; érzékelhető
observation [ˌɒbzə'veɪʃn] <fn> **1.** [U] megfigyelés: *power of observation* megfigyelőképesség ∗ *be admitted to hospital for observation* kórházba küldték megfigyelésre ∗ *be under observation (rendőri, kórházi stb.)* megfigyelés alatt áll ∗ *he kept under observation* megfigyelés alatt tartják **2.** [C] megjegyzés (**about/on sg** vmiről)
observatory [əb'zɜːvətrɪ] <fn> [C] (observatories) csillagvizsgáló; obszervatórium
observe [əb'zɜːv] <ige> (observes, observing, observed) **1.** észrevesz; megfigyel; észlel: *The thief was observed entering the house.* Észrevették, amint a tolvaj belépett a házba. **2.** figyel: *He observed her with growing interest.* Növekvő érdeklődéssel figyelte. **3.** betart; *(törvényt)* megtart: *observe the rules* betartja a szabályokat **4.** *(karácsonyt stb.)* megtart; megül; (meg)ünnepel **5.** megjegyez; megjegyzést tesz vmire: *"He is polite"*, she observed. „Udvarias" – jegyezte meg.
observer [əb'zɜːvə] <fn> [C] (meg)figyelő
obsess [əb'ses] <ige> **be obsessed (by/with sg)** vminek a megszállottja; vmi a rögeszméje: *He is obsessed by the fear of death.* Halálfélelem gyötri.
obsession [əb'seʃn] <fn> **1.** [U] megszállottság **2.** [C] mánia; rögeszme
obsessive [əb'sesɪv] <mn> megszállott; mániákus: *obsessive about cleanliness* tisztaságmániás
obsessively [əb'sesɪvlɪ] <hsz> megszállottan; mániákusan
obsolescent [ˌɒbsə'lesnt] <mn> **be obsolescent** elavulófélben/elavulóban van
obsolete ['ɒbsəliːt] <mn> elavult; ósdi
obstacle ['ɒbstəkl] <fn> [C] **1.** akadály: *obstacles on the road* akadályok az úton **2.** akadály; gát; nehézség: *put obstacles in sy's way* akadályokat gördít vkinek az útjába ∗ *Is there any obstacle which stops you arriving on time?* Van valami akadálya annak, hogy pontosan érkezz? **3.** sp *(díjugratásban)* akadály
obstacle course ['ɒbstəkl kɔːs] <fn> [C] akadálypálya
obstacle race ['ɒbstəkl reɪs] <fn> [C] akadályverseny
obstetrician [ˌɒbstə'trɪʃn] <fn> [C] szülész
obstinacy ['ɒbstɪnəsɪ] <fn> [U] önfejűség; makacsság; konokság; csökönyösség
obstinate ['ɒbstɪnət] <mn> makacs; konok; önfejű
obstruct [əb'strʌkt] <ige> **1.** *(forgalmat, haladást, terveket stb.)* akadályoz; gátol: *This car is obstructing the traffic.* Ez az autó akadályozza a forgalmat. **2.** elzár; eltorlaszol; eltöm: *The road is obstructed by a big lorry.* Az utat egy nagy teherautó torlaszolja el. **3. be obstructed** eltömődik
obstruction [əb'strʌkʃn] <fn> **1.** [C] akadály **2.** [U] akadályozás **3.** [U] *(forgalmi)* torlódás; elakadás **4.** [U] eldugulás; eltömődés
obstructive [əb'strʌktɪv] <mn> akadályozó; gátló; obstruáló
obtain [əb'teɪn] <ige> **1.** (meg)kap; (meg)szerez; elnyer; hozzájut: *obtain an address* megszerez egy címet ∗ *obtain money* pénzt kap ∗ *You can obtain tickets for the performance here.* Jegyek itt kaphatók az előadásra. **2.** *(eredményt, nyereséget stb.)* elér **3.** fennáll; érvényben van; uralkodik
obtainable [əb'teɪnəbl] <mn> (meg)kapható; megszerezhető; beszerezhető
obtrusive [əb'truːsɪv] <mn> **1.** feltűnő; szembeötlő **2.** *(szag)* átható **3.** tolakodó

obtuse [əb'tju:s] <mn> **1.** *(szög)* tompa **2.** nehéz felfogású; buta; korlátolt
obvious ['ɒbvɪəs] <mn> nyilvánvaló; magától értetődő; egyértelmű; világos
obviously ['ɒbvɪəslɪ] <mn> nyilván(valóan)
occasion [ə'keɪʒn] <fn> [C] **1.** *(meghatározott időpont)* alkalom: *on occasion* alkalmilag ∗ *on the occasion of sg* vminek az alkalmából ∗ *on one occasion* egy alkalommal ∗ *on several occasions* több alkalommal/ízben ∗ *I have already visited my aunt on ten occasions.* Már tíz alkalommal meglátogattam a nagynénémet. **2.** esemény; alkalom: *a big family occasion* nagy családi esemény; *(különleges)* alkalom **3.** ok; indok
occasional [ə'keɪʒnəl] <mn> **1.** alkalmi; alkalomszerű; esetenkénti; véletlen(szerű) **2.** *(zápor stb.)* szórványos
occasionally [ə'keɪʒnəlɪ] <hsz> alkalmilag; alkalomadtán; időnként; néha
Occident ['ɒksɪdənt] <fn> **the Occident** [sing] *(az európai kultúrkör)* a Nyugat
occidental [ˌɒksɪ'dentl] <mn> nyugati
occult [ə'kʌlt] <mn> mágikus; bűvös; titokzatos; rejtélyes; okkult: *occult powers* mágikus erők
occupant ['ɒkjʊpənt] <fn> [C] bérlő; lakó
occupation [ˌɒkjʊ'peɪʃn] <fn> **1.** [C, U] foglalkozás; hivatás: *by occupation* foglalkozását tekintve ∗ *What is your occupation?* Mi a foglalkozásod? **2.** [C] elfoglaltság; foglalatosság: *What is your favourite occupation?* Mi a kedvenc elfoglaltságod? **3.** [U] birtokbavétel; beköltözés; kibérlés: *occupation of the flat* lakásbérlés ∗ *This house is not ready for occupation.* A ház még nem áll készen a beköltözésre. **4.** [U] kat *(területé stb.)* megszállás; elfoglalás: *during the occupation* a megszállás alatt
occupational [ˌɒkjʊ'peɪʃnəl] <mn> foglalkozási; foglalkozással kapcsolatos; munka-: *occupational disease* foglalkozási ártalom ∗ *occupational risk/hazard* foglalkozással járó kockázat/veszély ∗ *occupational therapy* munkaterápia
occupied ['ɒkjʊpaɪd] <mn> **1.** *(hely)* foglalt **2.** elfoglalt
occupier ['ɒkjʊpaɪə] <fn> [C] lakó; bérlő; birtokló
occupy ['ɒkjʊpaɪ] <ige> (occupies, occupying, occupied) **1.** bent lakik **(sg** vhol); bérel **(sg** vmit) **2.** lefoglal; elfoglal; leköt; *(időt)* elvesz: *The boss is occupied now.* A főnök most el van foglalva. ∗ *I had to occupy myself by knitting.* Kötéssel kellett magamat elfoglalni. ∗ *Reading keeps her occupied.* Olvasással foglalja el magát. ∗ *This work will occupy her for two yeas.* Ez a munka két évre leköti őt. ∗ *This work occupies half of my time.* A fele időmet elveszi ez a munka. **3.** kat megszáll; birtokba vesz; elfoglal: *Hundreds of soldiers have occupied the capital.* A fővárost katonák ezrei szállták meg/foglalták el. **4.** *(házat, szobát)* elfoglal **5.** *(állást)* betölt: *I'm sure this job is occupied for now.* Biztos vagyok benne, hogy az állást mostanra betöltötték.
occur [ə'kɜ:] <ige> (occurs, occurring, occurred) **1.** előfordul; (meg)történik: *It occurs sometimes that he visits us.* Előfordul néha, hogy meglátogat bennünket. ∗ *An unexpected event occurred this morning.* Ma reggel váratlan esemény történt. **2.** akad; (meg)található; előfordul: *Oil occurs here.* Olaj található itt. ∗ *This virus occurs mainly in children.* Ez a vírus főleg gyerekeknél fordul elő. **3. occur to sy** eszébe jut vkinek: *It occurred to me that…* Eszembe jutott, hogy…
occurrence [ə'kʌrəns] <fn> [C, U] esemény; előfordulás: *be an everyday occurrence* mindennapos esemény
ocean ['əʊʃən] <fn> [C] óceán; tenger: *sail across the Atlantic Ocean* hajóval kel át az Atlanti-óceánon
  ♦ **an ocean of sg** biz töméntelen mennyiségű; tengernyi vmi
ocean-going ['əʊʃənˌgəʊɪŋ] <mn> *(hajó)* óceánjáró
ocelot ['ɒsɪlɒt] <fn> [C] párducmacska; ocelot
ocher ['əʊkə] AmE → **¹,²ochre**
¹ochre ['əʊkə] <fn> [C, U] okker
²ochre ['əʊkə] <mn> okkersárga
o'clock [ə'klɒk] <hsz> óra(kor): *at two o'clock in the afternoon* délután két órakor ∗ *It is one o'clock.* Egy óra van.
Oct. [= October] okt. (= október)
octagon ['ɒktəgən] <fn> [C] nyolcszög; oktogon
octagonal [ɒk'tægənl] <mn> nyolcszögű
octane ['ɒkteɪn] <fn> [C] kém oktán: *octane number (benziné)* oktánszám
octave ['ɒktɪv] <fn> [C] zene oktáv
October [ɒk'təʊbə] <fn> [C, U] **röv Oct.** október
octopus ['ɒktəpəs] <fn> (octopuses) polip
oculist ['ɒkjʊlɪst] <fn> [C] szemész
¹OD [ˌəʊ'di:] [= overdose] <fn> [C] biz (kábítószer-)túladagolás
²OD [ˌəʊ'di:] [= overdose] <ige> (OD's, OD'ing, OD'd) biz *(kábítószerből)* túladagol; túllövi magát
odd [ɒd] <mn> (odder, oddest) **1.** furcsa; szokatlan; különös: *I find it odd that…* Furcsának találom, hogy… **2.** páratlan; nem pá-

ros: *odd numbers* páratlan számok * *two odd socks* két fél pár zokni **3.** *(vmilyen szám feletti)* egynéhány; fölösleges: *50 odd* ötven egynéhány * *keep the odd money* megtartja a visszajáró pénzt **4.** alkalmi; alkalomszerű; időnkénti: *odd jobs* alkalmi munkák
  ♦ **be the odd man/one out** biz **1.** kilóg a sorból **2.** (játék) kakukktojás
oddball ['ɒdbɔːl] <fn> [C] különc; csodabogár
oddity ['ɒdəti] <fn> [C] (oddities) furcsaság; különc(ség): *She is a bit of an oddity.* Kissé különc.
oddly ['ɒdli] <hsz> furcsán; különös módon; különösképpen: *oddly enough* furcsamód; érdekes módon
odds [ɒdz] <fn> [pl] **1.** esély; valószínűség: *The odds are...* Az esélyek/kilátások szerint... * *The odds are against us.* Nem sok az esélyünk. * *The odds are 100:1.* Az esély száz az egyhez. **2.** különbség: *What are the odds?* Mi a különbség?/Nem mindegy?
  ♦ **against all the odds** a kilátások/az esélyek ellenére; váratlanul ♦ **be at odds with sy (over/on sg)** nem ért egyet; vitában áll vkivel (vmiben) ♦ **give/lay odds of** fogad(ást köt) ♦ **give sy odds** *(sportban)* előnyt ad vkinek ♦ **it makes no/little odds** mindegy; nem oszt, nem szoroz ♦ **odds and ends** csip-csup/apró-cseprő dolgok
ode [əʊd] <fn> [C] óda
odious ['əʊdiəs] <mn> utálatos; gyűlöletes
odometer [əʊ'dɒmɪtə] <fn> [C] AmE kilométerszámláló
odor ['oʊdər] AmE → **odour**
odorless ['oʊdərləs] AmE → **odourless**
odour ['əʊdə] <fn> [C] szag; illat
  ♦ **be in bad odour with sy** rossz hírben áll vkinél
odourless ['əʊdərləs] <mn> szagtalan
odyssey ['ɒdəsi] <fn> irod **1.** [C] kalandos utazás; odisszea **2. the Odyssey** [sing] az Odüsszeia
Oedipus complex ['iːdɪpəsˌkɒmpleks] <fn> [C, U] pszich Ödipusz-komplexus
oesophagus [iˈsɒfəgəs] <fn> [C] (oesophaguses v. oesophagi) nyelőcső
of [ɒv, hangsúlytalan əv] <elölj> **1.** *(vminek a része, vkihez tartozás)* -ból, -ből; közül: *one of them* egyikük; egy közülük * *one of my friends* az egyik barátom; a barátaim közül egy * *Half of the boys were playing football.* A fiúk(nak) a fele focizott. * *There were four of them.* Négyen voltak (ott közülük). **2.** -tól, -től: *That's really kind of you!* Nagyon kedves tőled! **3.** -ról, -ről; felől: *speak of sg* beszél vmiről **4.** *(készült/álló/való)* -ból, -ből: *made of wood* fából készült **5.** *(birtokviszony kifejezésére)*: *the works of Shakespeare* Shakespeare művei * *the daughter of my next-door neighbour* a szomszédom(nak a) lánya * *the name of the game* a játék(nak a) neve * *a friend of mine* egy(ik) barátom * *the arrival of my sister* a nővérem érkezése * *Tom is a friend of mine.* Tom az (én) egyik barátom. **6.** *(mennyiség, mérték kifejezésére)*: *a piece of furniture* egy bútor(darab) * *a piece of metal* egy darab fém * *four bags of rice* négy zsák rizs * *Two glasses of water, please!* Két pohár vizet kérek! **7.** *(minőség, tulajdonság kifejezésére)*: *a man of courage* bátor ember * *It was clever of him.* Okos (dolog) volt tőle. **8.** *(életkor, dátum kifejezésére)*: *She is a woman of forty.* Negyvenéves asszony. * *Today is the fifth of May (5 May).* Ma május ötödike (5-e) van. **9.** *(ok, indíték kifejezésére)*: *He died of Aids.* AIDS-ben halt meg. * *He is afraid of the dark.* Fél a sötéttől.
of course [əf'kɔːs] <hsz> természetesen; persze; magától értetődik; hogyne
¹off [ɒf] <hsz> **1.** el-; távol; messze: *We walked off.* Elsétáltunk. * *I must be off.* El kell mennem. * *I'll be off if he doesn't need me any more.* Elmegyek/Távozom, ha többé nincs rám szüksége. **2.** le-: *Take your coat off!* Vedd le a kabátodat! **3.** ki-: *The train stopped and we all got off.* Megállt a vonat, és mindnyájan kiszálltunk/leszálltunk róla. **4.** közel vmihez; vmi mellett **5. be off** el van zárva; le van zárva; ki van kapcsolva; nem működik: *The gas is off.* A gáz el van zárva. **6. be off** nincs az iskolában/munkahelyen: *He is off today.* Ma nem dolgozik. **7. be off** (étel) elfogyott: *Sorry sir! Beef's off.* Sajnálom, uram, a marhahús elfogyott! **8. be off** elmarad; visszamondták: *The marriage is off.* A házasság „szétment". * *The meeting is off.* A találkozó elmarad./Lemondták a találkozót. **9.** olcsóbb: *All shirts are 10% off.* Minden ing most 10%-kal olcsóbb.
  ♦ **off and on/on and off** hébe-hóba
  ♦ **Off they are!/They're off!** Elindultak!/Elindult a mezőny!
²off [ɒf] <elölj> **1.** el-; távol; messze: *We're getting off the subject.* Eltérünk a tárgytól. * *The house is two miles off the coast.* A ház két mérföldnyi távolságra van a parttól. **2.** le-: *We cut a branch off the tree.* Levágtunk egy faágat. * *Shake the water off your coat!* Rázd le a vizet a kabátodról! **3.** közel vmihez; vmi mellett: *There is a room off the kitchen.* A konyha mellett van egy szoba. **4. be off** nincs az iskolában/munkahelyen: *He is off work today.*

Ma nem dolgozik. **5.** olcsóbb: *There is now 40% off this hat.* Ez a kalap most 40%-kal olcsóbb.

³off [ɒf] <mn> **1.** (meg)romlott; nem friss; áporodott: *The meat's off.* Romlott a hús. **2.** szabad: *a day off* szabadnap **3.** *(kerék stb.)* jobb oldali **4.** barátságtalan; undok (**with sy** vkivel) **5.** biz elfogadhatatlan; durva

offal ['ɒfl] <fn> [U] *(állaté)* belsőség(ek)

offbeat [,ɒf'biːt] <mn> biz szokatlan; nem megszokott; nem szokványos

off chance ['ɒf tʃɑːns] <fn> [U] csekély valószínűség; halvány esély

♦ **on the off chance** halvány reményében

off-color [,ɒf'kʌlər] AmE → **off-colour**

off-colour [,ɒf'kʌlə] <mn> **1.** gyengélkedő: *be/feel off-colour* gyengélkedik; nem érzi valami jól magát ∗ *She is a bit off-colour tonight.* Ma este kissé rossz színben van. **2.** **off-colour joke** pikáns/sikamlós vicc **3.** kifakult; fakó

off-day ['ɒf deɪ] <fn> [C] biz rossz/peches nap: *It's one of my off-days.* Rossz napot fogtam ki.

offence [ə'fens] <fn> **1.** [C] bűncselekmény; bűntett; szabálysértés; bűn; vétek: *a serious offence* súlyos bűn ∗ *offence against the law* törvénysértés ∗ *commit an offence against the law* törvénysértést/szabálysértést követ el ∗ *The police charged him with several offences.* A rendőrség több bűncselekmény elkövetésével vádolta. **2.** [C, U] sértés; sérelem: *cause/give offence to sy* megsért vkit **3.** [U, C] sp támadás

♦ **She meant no offence when she left.** Nem akart megbántani, amikor elment.
♦ **No offence!** biz Ne vegye/vedd zokon/sértésnek!/Nem akartalak (meg)bántani/megsérteni! ♦ **take offence at sg** megsértődik vmi miatt

offend [ə'fend] <ige> **1.** megbánt; megsért: *be/feel offended at/by/with sg* megsértődik vmi miatt ∗ *be easily offended* sértődékeny **2.** **offend against sg** *(törvényt)* megszeg; sért

offender [ə'fendə] <fn> [C] bűnöző; bűnös; vétkes: *a first offender* büntetlen előéletű bűnelkövető

offense [ə'fens] AmE → **offence**

¹offensive [ə'fensɪv] <mn> **1.** támadó: *an offensive weapon* támadó fegyver **2.** sértő; bántó: *an offensive remark* bántó megjegyzés ∗ *offensive language* durva szavak **3.** kellemetlen: *an offensive smell* kellemetlen szag

²offensive [ə'fensɪv] <fn> [C] támadás; offenzíva: *take the offensive against sy* támadást indít vki ellen ∗ *be/go on the offensive* támadólag lép fel; támad

¹offer ['ɒfə] <ige> **1.** (fel)kínál; (fel)ajánl (**sg to sy/sy sg** vkinek vmit): *offer sg for sale* eladásra kínál vmit ∗ *I offered him a piece of chocolate.* Egy darab csokit kínáltam neki. ∗ *He offered to help me.* Felajánlotta, hogy segít. ∗ *They have offered him a job.* Állást kínáltak/ajánlottak neki. **2.** nyújt; kínál **3.** *(alkalom)* adódik; kínálkozik

²offer ['ɒfə] <fn> [C] **1.** ajánlat; kínálat: *make an offer* ajánlatot tesz ∗ *accept one's offer* elfogadja vkinek az ajánlatát ∗ *job offer* állásajánlat **2.** kedvezményes ajánlat/akciós ár: *a half-price offer* félárú kínálat

♦ **on offer 1.** eladó; kapható **2.** napi ajánlat; akciós termék/áru ♦ **or nearest offer** röv **o.n.o** irányár

offerer ['ɒfərə] <fn> [C] felajánló; ajánlattevő: *potential competing offerers* a lehetséges konkurens ajánlattevők ∗ *to the highest offerer* a legtöbbet kínálónak

offer price ['ɒfə praɪs] <fn> [C] **1.** gazd ajánlati ár **2.** gazd kibocsátási árfolyam

¹offhand [,ɒf'hænd] <mn> **1.** fesztelen; fölényes; szókimondó **2.** spontán

²offhand [,ɒf'hænd] <hsz> **1.** fölényesen; fesztelenül; nyegléen **2.** első nekifutásra; kapásból: *I can't remember the story offhand.* Nem emlékszem a történetre így kapásból.

office ['ɒfɪs] <fn> **1.** [C] hivatal; iroda: *go to the office* megy az irodába ∗ *She works in an office.* Egy irodában dolgozik. ∗ *I'll be staying late at the office today.* Ma sokáig maradok az irodában. **2.** [C] AmE *(fogorvosé stb.)* rendelő **3.** [U] tisztség; hivatal; szolgálat: *be in office//hold an office* **(a)** hivatalt visel; állást betölt **(b)** *(kormány)* hatalmon van ∗ *That party hasn't been in office for two years.* Az a párt két éve nincs hatalmon. ♦ **take office** hivatalba lép **4.** [C] minisztérium: *Home Office* Belügyminisztérium **5.** [C] iroda: *a ticket office* jegyiroda ∗ *a tourist office* utazási iroda **6.** [C, U] vall istentisztelet; szolgálat **7. offices** [pl] mellékhelyiségek **8. offices** [pl] melléképületek

office bearer <fn> [C] állás/hivatal betöltője

office block ['ɒfɪs blɒk] <fn> [C] irodaház

office boy ['ɒfɪs bɔɪ] <fn> [C] irodai kifutófiú; hivatalsegéd

office building ['ɒfɪs bɪldɪŋ] <fn> [C] főleg AmE irodaház

office copy ['ɒfɪs kɒpɪ] <fn> [C] **1.** irattári példány; kiadmány; másolat **2.** jog hivatalos példány

office holder ['ɒfɪs həʊldə] <fn> [C] állás/hivatal betöltője

office hours ['ɒfɪsˌauəz] <fn> [pl] nyitvatartási/hivatalos idő; hivatali órák; ügyfélfogadás: *during office hours* nyitvatartási időben

office manager ['ɒfɪs ˌmænɪdʒə] <fn> [C] hivatalvezető; irodavezető

officer ['ɒfɪsə] <fn> [C] **1.** (katona)tiszt: *an army officer* katonatiszt ∗ *a naval officer* tengerésztiszt **2.** hivatalnok; (köz)tisztviselő **3. (police) officer** (köz)rendőr

¹official [əˈfɪʃl] <mn> **1.** hivatalos; hatósági: *official report* hivatalos jelentés ∗ *official letter* hivatalos levél ∗ *the country's official language* az ország hivatalos nyelve ∗ *through the official channels* hivatalos úton ∗ *official announcement* hivatalos nyilatkozat; kormánynyilatkozat **2.** hivatali: *official secret* hivatali titok **3.** (változat) hiteles; hivatalos

²official [əˈfɪʃl] <fn> [C] **1.** (köz)tisztviselő; hivatalnok: *a government official* kormányhivatalnok ∗ *I talked to an official in the Department of Education.* Beszéltem az Oktatási Minisztérium egy tisztviselőjével. **2.** (egyesületé, szakszervezeté stb.) tisztségviselő; funkcionárius

officialdom [əˈfɪʃldəm] <fn> [U] pej tisztviselői/hivatalnoki kar/apparátus

officialese [əˌfɪʃəˈliːz] <fn> [U] hivatalos nyelv(ezet); hivatali zsargon

official journal [əˌfɪʃl ˈdʒɜːnəl] <fn> [C] **1.** hivatalos közlöny **2.** hivatalos lap

officially [əˈfɪʃəli] <hsz> **1.** hivatalosan; hatóságilag: *The museum will be officially opened tomorrow.* A múzeum hivatalosan holnap nyit. ∗ *Officially he is working – actually he is sleeping at the moment.* Hivatalosan dolgozik – valójában épp alszik. **2.** hivatalból: *He had to attend the ceremony officially.* Hivatalból részt kellett vennie a szertartáson.

officiate [əˈfɪʃieɪt] <ige> (officiates, officiating, officiated) **1.** működik; ténykedik **2.** vall szolgál

officious [əˈfɪʃəs] <mn> fontoskodó

off-key [ˌɒfˈkiː] <mn> zene hamis

off-licence ['ɒfˌlaɪsns] <fn> [C] palackozott italok boltja

¹offline ['ɒflaɪn] <mn> infor *(a hálózattól független üzemmód)* offline; kapcsolat nélküli

²offline ['ɒflaɪn] <hsz> infor offline; kapcsolat nélkül

off-peak ['ɒfpiːk] <mn> **1.** csúcsforgalmon/csúcsidőn kívüli: *during off-peak hours* csúcsidőn kívüli időszakban ∗ *off-peak electricity* éjszakai áram **2.** olcsóbb tarifájú; csúcsidőn kívüli **3.** elő- v. utószezoni: *off-peak period* előszezon; utószezon

off-putting ['ɒfˌpʊtɪŋ] <mn> (személy, viselkedés) elkedvetlenítő; taszító

off-roader ['ɒfʊdə] <fn> [C] *(autó)* terepjáró

¹off season ['ɒf siːzn] <fn> [sing] holtszezon; elő- v. utóidény

²off-season [ˌɒfˈsiːzn] <hsz> holtszezonban; elő- v. utóidényben

³off-season [ˌɒfˈsiːzn] <mn> (árak stb.) holtszezoni

¹offset ['ɒfset] <fn> [C] kiegyenlítés; kárpótlás; kártérítés: *as an offset to sg* vminek a kiegyenlítéseként

²offset ['ɒfset] <ige> (offsets, offsetting, offset, offset) kiegyenlít; kárpótol; ellensúlyoz; kompenzál

offshoot ['ɒfʃuːt] <fn> [C] (növényé) sarj(adás); inda; oldalhajtás

¹offshore ['ɒfʃɔː] <mn> **1.** part menti; parti: *offshore oil-wells* part menti olajkutak **2.** (szél stb.) parti; part felől jövő **3.** gazd külföldi; offshore: *an offshore company* offshore cég

²offshore ['ɒfʃɔː] <hsz> **1.** a parttól nem messze; nyílt tengeren/tengerre **2.** gazd külföldön

¹offside [ˌɒfˈsaɪd] <mn> **1.** sp les-: *offside line* leshatár **2.** (sáv) belső **3.** (kerék) úttest felőli

²offside [ˌɒfˈsaɪd] <hsz> sp lesen: *be offside* (játékos) lesen van

offspring ['ɒfsprɪŋ] <fn> [C] (offspring) utód; csemete; sarj; ivadék

off-the-cuff [ˌɒfðəˈkʌf] <mn> rögtönzött

off-the-peg [ˌɒfðəˈpeg] <mn> (áru, ruha stb.) konfekció; kész-

off-the-rack [ˌɒfðəˈræk] <mn> AmE (áru, ruha stb.) konfekció; kész-

off-the-record [ˌɒfðəˈrekɔːd] <mn> bizalmas; nem hivatalos: *an off-the-record remark* bizalmas megjegyzés

off-the-shelf [ˌɒfðəˈʃelf] <mn> (áru, ruha stb.) konfekció; kész-

often ['ɒfn] <hsz> gyakran; sokszor; sűrűn: *more often* gyakrabban ∗ *not often* nem sűrűn ∗ *as often as* valahányszor; ahányszor csak ∗ *How often do you go skiing?* Milyen gyakran mész síelni? ∗ *We often have chicken for lunch.* Sokszor ebédelünk csirkét.

♦ **as often as not** elég gyakran ♦ **more often than not** általában; igen gyakran; szinte rendszeresen ♦ **every so often** időről időre; egyszer-egyszer

ogle ['əʊgl] <ige> (ogles, ogling, ogled) fixíroz (**sy** vkit); megbámul (**sy** vkit)

oh [əʊ] <isz> ó(h)!: *Oh look, there is the bus!* Jaj, nézd, itt a busz! ∗ *Oh no, I don't want to go!* Ó, jaj, nem akarok menni! ∗ *Oh yes!* Ó, igen! ∗ *Oh, no!* Dehogy! ∗ *Oh dear!* Te jó ég!

¹oil [ɔɪl] <fn> [U] **1.** (étkezésre) olaj: *fry the potato in oil* olajban süti a krumplit **2.** (nyers)olaj;

²oil kőolaj: *big oil companies* nagy olajvállalatok ✱ *oil prices* olajárak **3.** (kenő)olaj: *Put some more oil in your car.* Tegyél még egy kis olajat az autódba! **4.** műv olaj: *paint in oil* olajjal fest ♦ **pour oil on troubled waters** lecsillapítja a kedélyeket ♦ **strike oil 1.** olajra bukkan biz **2.** sikere van; jó fogást csinál
²oil [ɔɪl] <ige> (meg)olajoz; beolajoz
oil change ['ɔɪl tʃeɪndʒ] <fn> [C, U] olajcsere: *do an oil change* olajcserét végez
oilfield ['ɔɪlfiːld] <fn> [C] olajmező
oil paint ['ɔɪlpeɪnt] <fn> [C, U] olajfesték
oil painting ['ɔɪl,peɪntɪŋ] <fn> [C] olajfestmény
♦ **be no oil painting** biz nem egy kimondott szépség
oil palm ['ɔɪl pɑːm] <fn> [C] olajpálma
oil pollution ['ɔɪl,pəˈluːʃn] <fn> [U] olajszennyeződés
oil refinery ['ɔɪl rɪfaɪnəri] <fn> [C] (oil refineries) olajfinomító
oil rig ['ɔɪl rɪɡ] <fn> [C] (olaj)fúrótorony; fúrósziget
oilskin ['ɔɪlskɪn] <fn> **1.** [U] viaszosvászon **2. oilskins** [pl] *(vízhatlan)* tengerészköpeny
oil slick ['ɔɪl slɪk] <fn> [C] olajfolt
oil tanker ['ɔɪl tæŋkə] <fn> [C] tankhajó; olajszállító hajó
oil well ['ɔɪl wel] <fn> [C] olajkút
oily ['ɔɪli] <mn> (oilier, oiliest) **1.** olajos: *oily fish* olajos hal ✱ *an oily rag* olajos rongy **2.** *(haj, bőr)* zsíros **3.** átv mézesmázos; hízelgő
ointment ['ɔɪntmənt] <fn> [C, U] kenőcs
¹OK [,əʊˈkeɪ] <isz> biz jó; oké; rendben (van); (nagyon) helyes: *"Shall we go to the beach now?" "OK, let's go!"* „Menjünk most a strandra?" „Jó/Oké, menjünk!" ✱ *"Will you come with me to the cinema?" "OK, I will."* „Jössz velem moziba?" „Jó, megyek!" ✱ *"I'd like to buy a new skirt." "OK."* „Szeretnék venni egy új szoknyát." „OK!"
²OK [,əʊˈkeɪ] <mn> biz jó; oké; (nagyon) helyes; rendes: *The food was OK.* Jó volt az étel! ✱ *He is an OK guy.* Jó/Rendes fickó.
³OK [,əʊˈkeɪ] <hsz> biz jól: *Does my hair look OK?* Jól néz ki a hajam?
⁴OK [,əʊˈkeɪ] <fn> [sing] biz beleegyezés: *give one's OK* beleegyezik; hozzájárul; beleegyezését adja
⁵OK [,əʊˈkeɪ] <ige> (OK's, OK'ing, OK'd) biz hozzájárul; jóváhagy; helybenhagy; beleegyezik: *The plans have been OK'd.* A terveket jóváhagyták.
okay [,əʊˈkeɪ] → ¹, ², ³, ⁴, ⁵**OK**
¹old [əʊld] <mn> (older, oldest) **1.** öreg: *the oldest girl in the class* a legidősebb lány az osztályban ✱ *get/grow old* megöregszik; megvénül

✱ *be getting old* öregszik ✱ *He is quite old.* Elég öreg. ✱ *He is older than me.* Ő öregebb, mint én. ✱ *He is old enough to understand me.* Elég öreg ahhoz, hogy megértsen. **2.** *(valahány)* éves: *How old are you?* Hány éves (vagy)? ✱ *He is ten years old.* (Ő) tízéves. ✱ *He is a ten-year-old boy.* (Ő egy) tízéves fiú. **3.** régi; ó: *my old washing machine* a régi mosógépem ✱ *the old country* az óhaza ✱ *old gold* óarany ✱ *an old friend of mine* egy régi jó barátom ✱ *The old house had to be pulled down.* A régi házat le kellett bontani. ✱ *She found her old job easier than this one.* A régi munkáját könnyebbnek találta a mostaninál.
♦ **of old** irod hajdani
²old [əʊld] <fn> **the old** [pl] az öregek
old age [,əʊldˈeɪdʒ] <fn> [U] öregkor; idős kor
old-age [,əʊldˈeɪdʒ] <mn> öregkori; időskori; öregségi: *old-age home* öregek otthona ✱ *old-age pension* (öregségi) nyugdíj ✱ *(old-age) pensioner* nyugdíjas
old boy ['əʊld bɔɪ] <fn> [C] öregdiák
old-fashioned [,əʊldˈfæʃnd] <mn> ódivatú; régimódi; idejétmúlt; divatjamúlt
old maid [,əʊldˈmeɪd] <fn> [C] vénlány; vénkisasszony
Old Testament [,əʊldˈtestəmənt] <fn> **the Old Testament** [sing] Ószövetség
old-time ['əʊldtaɪm] <mn> régi
old-timer [,əʊldˈtaɪmə] <fn> [C] **1.** biz öregfiú **2.** veterán
old-world ['əʊldwɜːld] <mn> régi (világbeli); ódivatú
O level ['əʊ,levl] [= ordinary level] <fn> [C, U] ≈ középszintű érettségi
¹olive ['ɒlɪv] <fn> **1.** [C] olajbogyó, olíva **2. olive (tree)** [C] olajfa **3. olive (green)** [U] olajzöld; olívzöld: *We paint the house olive.* Olajzöldre festjük a házat.
²olive ['ɒlɪv] <mn> olajzöld; olívzöld
olive branch ['ɒlɪv brɑːntʃ] <fn> [C] olajág
olive green [,ɒlɪvˈɡriːn] <mn> olajzöld; olívzöld
olive oil [,ɒlɪvˈɔɪl] <fn> [C, U] olívaolaj
Olympic [əˈlɪmpɪk] <mn> olimpiai: *Olympic champion* olimpiai bajnok ✱ *Olympic record* olimpiai csúcs ✱ *Olympic team* olimpiai csapat
Olympic Games [əˌlɪmpɪkˈɡeɪmz] <fn> **the Olympic Games** [pl] az olimpia; olimpiai játékok
Olympics [əˈlɪmpɪks] <fn> **the Olympics** [pl] olimpiai játékok; az olimpia
ombudsman ['ɒmbʊdzmən] <fn> [C] (ombudsmen) állampolgári jogok biztosa; ombudsman
omelet ['ɑːmlɪt] AmE → **omelette**

omelette ['ɒmlɪt] <fn> [C] omlett
omen ['əʊmen] <fn> [C] előjel; ómen: *a bad omen* rossz ómen
OMG [əʊ em dʒiː] [= oh my God] Uram Isten(em)!
ominous ['ɒmɪnəs] <mn> baljós(latú); vészjósló; ominózus
omission [ə'mɪʃn] <fn> [C, U] kihagyás; elhagyás; mellőzés: *sin of omission* mulasztásból fakadó vétség
omit [ə'mɪt] <ige> (omits, omitting, omitted) **1.** kifelejt; kihagy; elhagy; mellőz: *omit two sentences from the letter* két mondatot kihagy a levélből **2.** elmulaszt; nem tesz meg vmit: *not omit to do sg* nem mulaszt el vmit megtenni ∗ *I omitted to tell you when I arrived.* Elfelejtettem/Elmulasztottam neked megmondani, mikor érkezem.
¹on [ɒn] <elölj> **1.** *(hely)* -on; -en; -ön; -n; -ra; -re; mellett; -nál; -nél: *on my desk* az asztalomon ∗ *Put your notebook on the table.* Tedd az asztalra a jegyzetfüzetedet! ∗ *The shop is on the road.* A bolt az út mellett van. ∗ *Our summer house stands on the hill.* A nyaralónk a hegyen áll. ∗ *I have got a golden ring on my finger.* Aranygyűrű van az ujjamon. ∗ *It's on page 5.* Az ötödik oldalon van. ∗ *He wore a hat on his head.* Kalap volt a fején. ∗ *They are standing on the floor.* A padlón állnak. **2.** *(jármű)* -ba; -be; -ra; -re: *sit on the bus/train/plane* ül a buszon/vonaton/repülőn ∗ *I got on the wrong bus.* Rossz buszra szálltam. ∗ *He is going on his bike.* A biciklijén megy. **3.** *(idő)* -án; -én; -n; -kor: *on Monday* hétfőn ∗ *on 2*(nd) *April*// *on the second of April* április másodikán ∗ *on his arrival home* hazaérkezésekor ∗ *on entering the house* a házba lépve ∗ *He gave me a present on this special day.* Ezen a különleges napon ajándékot adott nekem. **4.** *(tartalmilag)* -ról; -ről: *a book on the environmental protection* környezetvédelemről szóló könyv ∗ *a lecture on XY* XY-ról szóló előadás ∗ *It based on facts.* A tényeken alapult. ∗ *He lectured on history.* Történelmet adott elő. **5.** -hoz; -hez; -höz; felé; irányba(n): *on the right/left* jobbra/balra ∗ *on the way home* hazafelé menet; útban hazafelé ∗ *The soldiers marched on the town.* A katonák a város felé meneteltek.
²on [ɒn] <hsz> **1.** tovább; folyamatosan: *from that day on* attól a naptól fogva ∗ *on and on* tovább; folyvást; szünet nélkül ∗ *She worked on without a break.* Szünet nélkül dolgozott tovább. ∗ *Read on!* Olvass tovább! **2. be on** *(színész)* színpadon van **3. be on** *(színdarab stb.)* játsszák; fut; műsoron van: *What is on at the theatre?* Mit játszanak/adnak a színházban? ∗ *The show is on.* Folyik az előadás.

4. bekapcsolva; kinyitva: *The light wasn't on.* Nem égett a lámpa. ∗ *Is the tap on?* Nyitva van a csap? ∗ *Switch the radio on.* Kapcsold be a rádiót! **5.** *(vmi van)* rajta; nála: *What has he got on?* Mi van rajta?/Mibe van öltözve? ∗ *She looks funny with sunglasses on.* Mókásan néz ki azzal a napszemüveggel!
♦ **and so on** és így tovább; satöbbi ♦ **sg is not on** biz szó sem lehet róla
¹once [wʌns] <hsz> **1.** egyszer; egy ízben: *once a week* egyszer egy héten ∗ *once more*//*once again* még egyszer ∗ *once or twice* egyszer-kétszer ∗ *We have been to the sea once.* Egyszer voltunk a tengeren. ∗ *Have you been to Britain more than once?* Angliában egynél többször voltál? **2.** valaha; egykor: *Once she was a beautiful girl.* Valaha/Egykor csoda szép (kis)lány volt.
♦ **at once 1.** azonnal *Write your homework at once!* Azonnal írd meg a házi feladatodat! **2.** ugyanakkor; egyszerre *Can you read two sentences at once?* El tudsz olvasni két mondatot egyszerre? ∗ *They all talked at once.* Mind egyszerre beszéltek. ♦ **once and for all** egyszer és mindenkorra ♦ **for this once** ez egyszer ♦ **just for once** most az egyszer ♦ **once upon a time** egyszer volt, hol nem volt
²once [wʌns] <ksz> mihelyt; amint: *Once I have written the letter for her I can go to bed.* Mihelyt megírtam neki a levelet, lefekhetek.
oncoming ['ɒn,kʌmɪŋ] <mn> közelítő; szembejövő: *oncoming traffic/vehicles* szembejövő forgalom/járművek
¹one [wʌn] <szn> **1.** egy: *There is only one child in the park.* Csak egy gyerek van a parkban. ∗ *She started to talk at one.* Egyéves korában kezdett beszélni. **2.** egyik: *one day* egyik nap ∗ *on one side of the garden* a kert egyik oldalán **3.** egy(etlen); ugyanaz: *the one way to do it* az egyetlen járható út ∗ *one and only* egyetlen egy; páratlan ∗ *one and the same* egy és ugyanaz ∗ *We are one in our love of nature.* Egyek vagyunk a természet szeretetében. ∗ *Everybody ran in one direction.* Mindenki ugyanabba az irányba futott.
²one [wʌn] <névm> **1.** *(főnév-helyettesítő)*: "*Which is the finest fruit?*" "*This one.*" „Melyik a legfinomabb gyümölcs?" „Ez." ∗ "*Which one do you like?*" "*That one.*" „Melyiket szereted?" „Azt (ott)." ∗ *He is the one I like.* Ő az, akit szeretek. ∗ *Would you like the blue one or the red one?* A kéket vagy a pirosat kéred? **2.** *(általános alany)* az ember: *no one* senki ∗ *One never knows.* Sohasem lehet tudni./Az ember sosem tudhatja. ∗ *One can fly to Oxford today.*

Ma már lehet repülni Oxfordba. ∗ *One should keep one's promises.* Az embernek be kell tartania az ígéreteit. **3. the one** az (az ember), aki: *He is the one I was talking about.* Ő az, akiről beszéltem. **4.** *(több közül)* egyik: *one of us* egyikünk ∗ *one of them* egyikük **5. one another** egymás: *We all help one another.* Mindnyájan segítünk egymásnak. ∗ *We know a lot about one another.* Sokat tudunk egymásról. **6. the little/young ones** a kicsik; a gyerekek: *It's too late for the little ones.* Túl késő van a kicsiknek.

♦ **all one** mindegy ♦ **(all) in one** több dolog egyben *She's a mother and manager in one.* Egy személyben anya és igazgató. ♦ **be at one with sy on sg** egyetért vkivel vmiben ♦ **one and all** egytől egyig ♦ **One for all and all for one.** Egy mindenkiért, mindenki egyért. ♦ **one by one** egyenként

one-armed bandit [ˌwʌnɑːmd'bændɪt] <fn> [C] *(szerencsejáték-automata)* félkarú rabló
one-day [ˌwʌn'deɪ] <mn> egynapi; egynapos: *one-day return ticket* egynapos retúr jegy
one-horse [ˌwʌn'hɔːs] <mn> *(hintó)* egyfogatú; egylovas
one-horse town [ˌwʌnhɔːs'taʊn] <fn> [C] átv porfészek; tyúkudvar
one-man [ˈwʌnmæn] <mn> egyszemélyes
one-night stand [ˌwʌnnaɪt'stænd] <fn> [C] biz **1.** futó kaland; egyéjszakás kaland **2.** szính hakni
one-off [ˌwʌn'ɒf] <mn> biz egyszeri (és megismételhetetlen): *a one-off opportunity* egyszeri és megismételhetetlen alkalom
one-parent family [ˈwʌnˌpeərənt'fæməlɪ] <fn> [C] (one-parent families) csonka család
onerous [ˈəʊnərəs] <mn> *(feladat, kötelesség stb.)* súlyos; terhes; megterhelő; megerőltető; fárasztó
oneself [wʌn'self] <névm> **1.** (ön)magát: *of oneself* magától ∗ *One should wash oneself every day.* Az embernek minden nap meg kell mosakodnia/meg kell mosnia magát. ∗ *This shop window is so clear that one can see oneself in it.* Ez a kirakatüveg olyan tiszta, hogy az ember megláthatja magát benne. **2.** (ön-)maga: *One has to do it all oneself.* Az ember ezt mind (egy)maga kell, hogy megcsinálja.

♦ **(all) by oneself** teljesen egyedül; egymaga ♦ **be not quite oneself** nem érzi magát egész jól ♦ **come to oneself** magához tér

one-sided [ˌwʌn'saɪdɪd] <mn> **1.** egyoldalú; egyenlőtlen; igazságtalan; elfogult; részrehajló **2.** *(idom stb.)* féloldalas; aszimmetrikus
one-time [ˈwʌntaɪm] <mn> egykori; hajdani
one-to-one [ˌwʌntuːˈwʌn] <mn> négyszemközti; kétszemélyes
one-track [ˈwʌntræk] <mn> **1.** *(vasút)* egyvágányú **2.** átv *(felfogás stb.)* egyoldalú: *one-track mind* egyvágányú elme
one-way [ˈwʌnweɪ] <mn> **1.** *(forgalom)* egyirányú: *one-way street* egyirányú utca **2. a one-way ticket** AmE egyszeri utazásra szóló menetjegy
ongoing [ˈɒnˌɡəʊɪŋ] <mn> folyamatban lévő: *an ongoing argument* folyamatban lévő vita
onion [ˈʌnjən] <fn> [C, U] (vörös)hagyma: *French onion soup* francia hagymaleves

♦ **know one's onions** biz tudja, mitől döglik a légy

¹online [ˈɒnlaɪn] <mn> infor (hálózaton hozzáférhető) online; (folyamatosan) elérhető: *online shopping* online vásárlás ∗ *It is an online database.* Ez egy online adatbázis.
²online [ˈɒnlaɪn] <hsz> infor online: *pay for the subscription online* online fizet elő ∗ *study French online* az interneten/a neten tanul franciát ∗ *Are you online?* Kapcsolatban vagy?/Csatlakoztál?/Fent vagy a neten?/Online vagy?
online buyer [ˌɒnlaɪn 'baɪə] <fn> [C] gazd internetes vásárló
online catalogue [ˌɒnlaɪn 'kætəlɒɡ] <fn> [C] gazd internetes katalógus
online shop [ˌɒnlaɪn 'ʃɒp] <fn> [C] gazd internetes üzlet/bolt/áruház
onlooker [ˈɒnˌlʊkə] <fn> [C] nézelődő; bámészkodó
¹only [ˈəʊnlɪ] <mn> egyetlen; egyedüli: *only one* egyetlen egy ∗ *the only restaurant of its kind* az egyetlen ilyen jellegű étterem ∗ *The only thing I want is to go home.* Az egyetlen dolog, amit akarok: hazamenni! ∗ *She is the only woman at the company.* Az egyetlen nő a cégnél. ∗ *She is an only child.* Egyetlen gyerek./Egyke. ∗ *I would love to come, the only thing is…* Szeretnék eljönni, az egyetlen dolog az, hogy…
²only [ˈəʊnlɪ] <hsz> csak; csupán: *only just* éppen hogy ∗ *only too* nagyon is ∗ *not only* nemcsak ∗ *I only hope that…* Csak azt remélem, hogy… ∗ *It's only four o'clock.* Még csak négy óra van. ∗ *There are only five girls in the class.* Csak öt lány van az osztályban. ∗ *I only have two oranges.* Csak/Csupán két narancsom van. ∗ *Only he loves me.* Csak ő szeret engem. ∗ *He only likes pop music.* Ő csak a popzenét szereti. ∗ *Only today I will send the postcard.* Csak ma fogom elküldeni a képeslapot. ∗ *It was only a joke.* Csak vicc volt.
³only [ˈəʊnlɪ] <ksz> csak (éppen); azonban; de; kivéve, hogy: *We can use this machine, only it isn't ours.* Használhatjuk ezt a gépet, csak

éppen nem a miénk. * *I would like to go home, only I have to work.* Haza szeretnék menni, de dolgoznom kell. * *The play was very good only it was a bit too long.* A darab nagyon jó volt, csak egy kicsit hosszú.

o.n.o. [= or near/nearest offer] *(újsághirdetésben stb.)* irányár

onrush ['ɒnrʌʃ] <fn> [U] támadás; megrohanás

onset ['ɒnset] <fn> [U] **1.** kezdet; betörés; vminek a beállta: *from the onset* kezdettől fogva **2.** *(betegségé)* kitörés: *the onset of the cold* a nátha kitörése **3.** támadás; roham

onside [,ɒn'saɪd] <hsz> sp nincs lesen: *be onside* *(játékos)* nincs lesen

onslaught ['ɒnslɔːt] <fn> [C] támadás

on-the-job training [,ɒnðə'dʒɒb treɪnɪŋ] <fn> [U] munkahelyi továbbképzés

onto, on to ['ɒntʊ, mássalhangzó előtt 'ɒntə] <elölj> -ra, -re; felé: *We climbed onto the hill.* Felmásztunk a hegyre. * *The cat jumped down from the shelf onto the table.* A macska a polcról az asztalra ugrott.

> **be onto sy** biz nyomában van vkinek; szemmel tart vkit

on to ['ɒntʊ, mássalhangzó előtt 'ɒntə] → **onto**

onward(s) ['ɒnwədz] <hsz> **1.** előre; tovább: *We hurried onwards.* Tovább siettünk. * *Soldiers were marching onwards.* A katonák tovább masíroztak/meneteltek. **2.** mostantól/ettől fogva: *We shall live here from now onwards.* Mostantól fogva itt fogunk lakni.

oops [ʊps] <isz> hoppá!

¹ooze [uːz] <ige> (oozes, oozing, oozed) **1.** *(folyadék)* (át-/ki)szivárog **2.** *(gáz)* szivárog; ömlik; áramlik **3.** *(kedvesség stb.)* (ki)sugárzik; árad

²ooze [uːz] <fn> [U] **1.** iszap **2.** szivárgás

opaque [əʊ'peɪk] <mn> **1.** homályos; átlátszatlan **2.** *(beszéd stb.)* érthetetlen; felfoghatatlan; követhetetlen

¹open ['əʊpən] <mn> **1.** nyitott; nyílt: *an open window* nyitott ablak * *open wound* nyílt seb * *The gate was wide open.* A kapu szélesre volt tárva. * *Her eyes are open.* Nyitva van a szeme. * *Why do you always leave the front-door open?* Miért hagyod mindig nyitva a bejárati ajtót? **2.** nyitva: *This shop is open on Sundays as well.* Ez az üzlet vasárnap is nyitva van. **3.** nyitva; nyilvános: *in open court* nyilvános tárgyaláson * *The exhibition is open to the public.* A kiállítás a közönség számára nyitva áll. **4.** szabad; nyitott: *in the open air* a szabadban * *in open country* nyílt terepen; lakott területen kívül * *the open sea* a nyílt tenger * *open road* szabad út * *The field is open on every side.* A mező minden oldaláról nyitott. **5.** egyenes; őszinte; nyílt: *be open with sy about sg* őszinte vkivel vmivel kapcsolatban **6.** eldöntetlen; nyitott: *an open question* nyitott kérdés * *She left the matter open.* Függőben hagyta a dolgot. **7.** nyílt/nyitott (**to sg** vmi iránt/vmire): *She is open to criticism.* Nyitott a kritika iránt./Őt lehet kritizálni.

²open ['əʊpən] <ige> **1.** kinyit; kitár: *Open the door, please.* Légy szíves, nyisd ki az ajtót! * *Open your eyes!* Nyisd ki a szemed! * *Open your books on page 38.* Nyissátok ki a könyveteket a 38. oldalon! **2.** kinyílik; kitárul; megnyílik **3.** kezdődik; indul **4.** *(ülést, vitát, tüzet, számlát stb.)* megnyit; elindít; bevezet; (meg)kezd: *open the meeting* megnyitja az értekezletet * *open fire* tüzet nyit **5.** *(üzlet stb.)* kinyit: *This shop opens at 6 o'clock in the morning.* Ez a bolt reggel 6-kor nyit. * *Museums don't open on Mondays.* A múzeumok hétfőn nincsenek nyitva. **6.** alapít; létesít; megnyit
♦ **open oneself** kiönti a szívét

> **open off sg** közvetlenül vmire/vhova nyílik; vmibe torkollik
> **open out 1.** kinyílik; kitárulkozik **2.** kifejlődik **3.** kiszélesedik; kibővül
> **open sg out 1.** kinyit; kitár; kibont vmit **2.** kifejleszt; továbbfejleszt vmit
> **open out to sy** feltárja a lelkét vkinek
> **open up 1.** megnyílik; hozzáférhetővé válik **2.** *(lehetőség stb.)* nyílik
> **open sg up 1.** megnyit; kinyit vmit **2.** feltár; hozzáférhetővé tesz vmit **3.** *(sebész)* kinyit vmit

³open ['əʊpən] <fn> [sing] **the open 1.** a szabadban; kint; a szabad levegőn: *The children are playing out in the open.* A gyerekek a szabadban játszanak. **2.** nyilvánosság: *come into the open* nyilvánosságra jut/kerül * *bring sg out into the open* nyilvánosságra hoz vmit

open-air [,əʊpən'eə] <mn> szabadtéri; nyitott: *open-air swimming pool* nyitott/szabadtéri uszoda; strand * *open-air theatre* szabadtéri színpad

opencast ['əʊpənkɑːst] <mn> *(fejtés)* külszíni

open-ended [,əʊpən'endɪd] <mn> nyitott; nyitva hagyott; nem lezárt; nyílt: *open-ended discussion* nyitott vita * *open-ended question* eldöntendő kérdés * *open-ended contract* határozatlan idejű szerződés

opener ['əʊpənə] <fn> [C] *(szerszám)* nyitó: *a tin opener* konzervnyitó

open-hearted [,əʊpən'hɑːtɪd] <mn> őszinte; nyíltszívű

open-heart surgery [,əʊpənhɑːt'sɜːdʒəri] <fn> [C] (open-heart surgeries) nyitott szívműtét

¹opening ['əʊpənɪŋ] <fn> [C] **1.** nyílás; rés: *a small opening in the roof* egy kis rés/nyílás a tetőn **2.** megnyitó: *the official opening of the new gymnasium* az új tornaterem hivatalos megnyitója **3.** (meg)nyitás: *the opening of a shop* üzlet nyitása **4.** kezdet: *the opening of the film* a film kezdete **5.** munkaalkalom; álláslehetőség; álláskínálat; üresedés: *good openings* jó álláslehetőségek

²opening ['əʊpənɪŋ] <mn> (meg)nyitó

open-minded [,əʊpən'maɪndɪd] <mn> nyílt(-szívű); őszinte; nyitott; érdeklődő; fogékony; elfogulatlan

open-plan office [,əʊpən'plæn ɒfɪs] <fn> C közös teres/egy légterű iroda(helyiség)

open sandwich [,əʊpən'sænwɪdʒ] <fn> [C] szendvics

open season ['əʊpən siːzn] <fn> [C] vadászidény

Open University ['əʊpən juːnɪvɜːsəti] <fn> **the Open University** [sing] távoktatás; szabadegyetem

opera [ɒprə] <fn> [C, U] **1.** *(zeneműé)* opera: *an opera by Verdi* egy Verdi-opera * *We saw a wonderful opera last night.* Tegnap este csodálatos operát láttunk. **2. opera (house)** operaház: *We go to the opera nearly every month.* Majdnem minden hónapban megyünk az operába.

operable ['ɒpərəbl] <mn> **1.** működtethető; működőképes **2.** *(terv stb.)* kivitelezhető; keresztülvihető; megvalósítható **3.** operálható; műthető

operate ['ɒpəreɪt] <ige> (operates, operating, operated) **1.** működik; üzemel: *Do you know how this machine operates?* Tudod, hogy működik ez a gép? **2.** működtet; üzemben tart; üzemeltet: *I need great skill to operate this complicated machine.* Nagy jártasságra van szükségem ennek a bonyolult gépnek a működtetéséhez. **3.** (meg)operál (**on sg//on sy for sg** vmit//vkit vmivel): *be operated on* megoperálják * *Dr Smith is operating at the moment.* Dr. Smith pillanatnyilag operál. * *The surgeon will operate on my stomach.* A sebész megoperálja a gyomromat. * *He operated on her for appendicitis.* Vakbéllel operálta. **4.** okoz; előidéz

operatic [,ɒpə'rætɪk] <mn> zene opera-: *operatic aria* operaária

operating ['ɒpəreɪtɪŋ] <mn> **1.** orv operáló; műtő-: *operating table* műtőasztal * *operating theatre (terem)* műtő **2.** működtető; üzemi: *operating conditions* üzemi feltételek **3. operating system** infor operációs rendszer

operating conditions [,ɒpəreɪtɪŋ kən'dɪʃənz] <fn> [pl] működési feltételek

operation [,ɒpə'reɪʃn] <fn> **1.** [C] műtét; operáció: *undergo an operation* megoperálják; megműtik * *My friend will have an operation on his foot.* A barátom lábműtétre készül. **2.** [U] működés; üzem(elés): *put in operation* működésbe hoz; üzembe helyez * *in full operation* teljes üzemben/üzemmel * *the operation of the washing machine* a mosógép működése * *This machine is in operation.* Ez a gép működésben van/üzemel. **3.** [U] hatály; joghatás; érvény(esség): *come into operation* érvénybe lép **4.** [C] eljárás; művelet **5.** [U] kat hadművelet; akció

operational [,ɒpə'reɪʃənl] <mn> üzemeltetési

operative ['ɒpərətɪv] <mn> **1.** érvényes; hatályos: *become operative* hatályba lép **2.** műtéti

operator ['ɒpəreɪtə] <fn> [C] **1.** (gép)kezelő; gépész; műszerész; operátor: *a lift operator* liftkezelő * *a computer operator* infor operátor **2.** telefonközpontos; telefonos; (telefon-)kezelő: *Ask the operator to connect you to that number.* Kérd meg a telefonost/központot, hogy kapcsolja neked a számot. * *To make a call in a hotel first call the operator.* Ha szállodában telefonálni akarsz, hívd először a telefonkezelőt/központot!

operetta [,ɒpə'retə] <fn> [C] operett

opiate ['əʊpɪət] <fn> [C, U] opiát

opinion [ə'pɪnjən] <fn> [C] **1.** vélemény (**of sy/sg** vkiről/vmiről): *have a high/low opinion of sy* nagyra/ kevésre becsül vkit * *be of the opinion that…* azon a véleményen van, hogy… * *public opinion* közvélemény * *He always asks his friend's opinion about his plans.* A tervelvel kapcsolatban mindig megkérdezi a barátja véleményét. * *What's your opinion of/on this situation?* Mi a véleményed erről a helyzetről? * *In my opinion she is not right.* Szerintem/ Véleményem szerint nincs igaza. * *That's a matter of opinion.* Felfogás/Nézőpont kérdése. **2.** szakvélemény: *I want a second opinion on my illness.* Szeretnék még egy/egy második szakvéleményt a betegségemről.

opinion leader [ə'pɪnjən ,liːdə] <fn> [C] hangadó

opinion poll [ə'pɪnjən pəʊl] <fn> [C] közvélemény-kutatás

opium ['əʊpɪəm] <fn> [U] ópium

opponent [ə'pəʊnənt] <fn> [C] ellenfél; versenytárs

opportune ['ɒpətjuːn] <mn> alkalmas; időszerű: *at an opportune moment* alkalmas pillanatban/időpontban ∗ *an opportune remark* időszerű megjegyzés

opportunism [ˌɒpə'tjuːnɪzm] <fn> [U] megalkuvás; opportunizmus

¹**opportunist** [ˌɒpə'tjuːnɪst] <fn> [C] *(személy)* opportunista; megalkuvó

²**opportunist** [ˌɒpə'tjuːnɪst] <mn> opportunista; megalkuvó

opportunity [ˌɒpə'tjuːnəti] <fn> [C, U] (opportunities) alkalom; lehetőség (**for sg//of doing sg//to do sg** vmire//vmire a megtételére): *the best opportunity* a legkedvezőbb alkalom ∗ *seize/take the opportunity* megragadja az alkalmat ∗ *when opportunity offers* adandó alkalommal ∗ *at the earliest/first opportunity* az első adandó alkalommal ∗ *I haven't already had the opportunity to answer his letter.* Még nem volt alkalmam/lehetőségem válaszolni a levelére. ∗ *It's a great opportunity!* Ez nagy lehetőség!

oppose [ə'pəʊz] <ige> (opposes, opposing, opposed) **1.** ellenez; szembehelyezkedik; ellenáll: *oppose the plan* ellenzi a tervet ∗ *This party would oppose changing this law.* Ez a párt ellenezné ennek a törvénynek a megváltoztatását. **2.** szembeállít

opposed [ə'pəʊzd] <mn> ellentétes; ellenkező; szemben álló: *be opposed to sg* ellenez vmit; ellene van vminek ∗ *We are totally opposed to drugs.* Teljes mértékben ellenezzük a kábítószer(ezés)t./Szigorúan ellenezzük a kábítószer(ezés)t.

♦ **as opposed to sg** szemben; ellentétben vmivel *I would prefer it if you slept in the evening, as opposed to the morning.* Azt szeretném, ha este aludnál, szemben a reggellel.

opposing [ə'pəʊzɪŋ] <mn> **1.** *(vélemények, nézetek stb.)* ellentétes; ellenkező **2.** túlsó; szemközti; átellenes; szemben lévő **3.** ellenző **4.** *(csapatok stb.)* ellenséges; szembenálló

¹**opposite** ['ɒpəzɪt] <mn> **1.** ellentétes; ellenkező: *in the opposite direction* ellenkező irányban ∗ *the opposite sex* a másik nem ∗ *hold opposite views* ellentétes nézeteket vallanak **2.** szemben levő; szemközti; túlsó: *on the opposite side of the town* a város túlsó végében ∗ *the house opposite* a túloldali/szemben lévő ház ∗ *on the opposite page* a következő oldalon ∗ *Go to the opposite side of the road.* Menj az út túlsó oldalára!

²**opposite** ['ɒpəzɪt] <hsz> szemben; átellenben: *Our house is just opposite the shop.* A házunk épp a bolttal szemben van. ∗ *Would you stand opposite me?* Szemben állnál velem? ∗ *He was sitting opposite her.* Szemben ült vele. ∗ *They live opposite.* Szemben laknak./Az út túlsó oldalán laknak.

³**opposite** ['ɒpəzɪt] <fn> [C] ellentéte; ellenkezője (**of sg/sy** vminek/vkinek): *His son is just the opposite of him, like the black is the opposite of white.* A fia épp az ő ellentéte, mint ahogy a fekete a fehér ellentéte. ∗ *Whatever you suggest, I will do the opposite.* Akármit javasolsz, én pont az ellenkezőjét fogom csinálni! ∗ *It isn't good news. It's just the opposite.* Nem valami jó hír. Épp ellenkezőleg!

opposite number [ˌɒpəzɪt'nʌmbə] <fn> [C] biz **sy's opposite number** *(azonos beosztásban, más cégnél, szervezetnél)* vki kollégája: *the minister's Spanish opposite number* a miniszter spanyol kollégája

opposition [ˌɒpə'zɪʃn] <fn> [U] **1.** ellenzés; szembenállás; ellenállás: *There will be a lot of opposition to the building.* Az építkezésnek rengeteg ellenzője lesz. **2.** ellenzék: *the Opposition* pol az ellenzék **3.** ellentét

oppress [ə'pres] <ige> **1.** *(népet)* elnyom **2.** lehangol

oppressed [ə'prest] <mn> elnyomott

oppression [ə'preʃn] <fn> [U] **1.** *(népé)* elnyomás: *after 40 years of oppression* 40 év elnyomás után **2.** lehangoltság

oppressive [ə'presɪv] <mn> **1.** elnyomó; zsarnoki; diktatórikus **2.** *(hőség)* tikkasztó **3.** *(érzés)* nyomasztó

oppressor [ə'presə] <fn> [C] elnyomó; zsarnok

opt [ɒpt] <ige> dönt; választ

opt for sg//opt to do sg vmi mellett dönt; vmi megtétele mellett dönt
opt out of sg kiszáll; kilép; kimarad vmiből

optic ['ɒptɪk] <mn> látási; látó-; szem-: *optic nerve* látóideg

optical ['ɒptɪkl] <mn> optikai: *optical character recognition* optikai karakterfelismerés ∗ *optical illusion* optikai csalódás ∗ *optical instruments* optikai műszerek

optician [ɒp'tɪʃn] <fn> [C] látszerész; optikus

optics ['ɒptɪks] <fn> [U] fénytan; optika

optimism ['ɒptɪmɪzm] <fn> [U] derűlátás; optimizmus

optimist ['ɒptɪmɪst] <fn> [C] derűlátó; optimista

optimistic [ˌɒptɪ'mɪstɪk] <mn> derűlátó; optimista

optimize ['ɒptɪmaɪz] <ige> (optimizes, optimizing, optimized) optimalizál

¹**optimum** ['ɒptɪməm] <fn> [C] (optima) legkedvezőbb érték; optimum
²**optimum** ['ɒptɪməm] <mn> a legjobb; a legkedvezőbb; a lehető legjobb; optimális
option ['ɒpʃn] <fn> [C, U] **1.** (szabad) választás; (választási) lehetőség; alternatíva: *have the option of doing sg* megvan a választási lehetősége, hogy megtegyen vmit ∗ *have no option but to do sg* nincs más választása, mint megtenni vmit **2.** gazd opció; elővételi/elővásárlási jog **3.** infor választási lehetőség; (parancs-)opció **4.** (iskolában, egyetemen) választható/fakultatív tantárgy
optional ['ɒpʃnəl] <mn> szabadon választható; fakultatív: *an optional subject* szabadon választható tantárgy ∗ *optional extra (autóhoz)* választható; megrendelhető ∗ *We must study mathematics, but chemistry is optional.* A matematikát kötelező tanulnunk, a kémia azonban (szabadon) választható (tárgy).
opus ['əʊpəs] <fn> [C] (opuses v. opera) zenemű; (egyéb alkotás is) opus
or [ɔː] <ksz> vagy: *in a day or two* egy-két nap alatt/múlva ∗ *or else* (más)különben ∗ *or rather* pontosabban; helyesebben ∗ *You can go there by car or you can go on foot.* Odamehetsz kocsival, vagy gyalog. ∗ *Would you like some coffee or tea?* Kávét vagy teát parancsol? ∗ *Will you come with me or will you stay here?* Velem jössz, vagy itt maradsz?
♦ **or so** körülbelül; mintegy ♦ **or something** vagy vmi (efféle/ilyesmi)
oracle ['ɒrəkl] <fn> [C] **1.** jóslat **2.** jóshely **3.** vall iron jós; nagy bölcs
¹**oral** ['ɔːrəl] <mn> **1.** (vizsga stb.) szóbeli: *an oral examination* szóbeli vizsga ∗ *an oral agreement* szóbeli megegyezés **2.** szájon át történő; száj-; orális: *an oral contraceptive* szájon át szedhető fogamzásgátló
²**oral** ['ɔːrəl] <fn> [C] szóbeli (vizsga): *She passed her written exam, but failed her oral.* Az írásbeli vizsgája sikerült, a szóbelijén azonban megbukott.
oral history [,ɔːrəl'hɪstri] <fn> [U] szájhagyomány
orally ['ɔːrəli] <hsz> szájon át; orálisan
¹**orange** ['ɒrɪndʒ] <fn> **1.** [C] (gyümölcs) narancs: *a glass of orange juice* egy pohár narancslé ∗ *an orange tree* narancsfa ∗ *orange squash* narancslé; narancsié **2.** [U] (szín) narancs(sárga); narancsszín **3.** [U, C] BrE narancslé; narancsital
²**orange** ['ɒrɪndʒ] <mn> narancssárga; narancsszínű: *an orange skirt* narancssárga szoknya
orang-utan [ɔː'ræŋətæn] <fn> [C] orangután

orang-utang [ɔː'ræŋətæŋ] → **orang-utan**
¹**orbit** ['ɔːbɪt] <fn> **1.** [C, U] (égiteté, űrhajóé stb.) keringési pálya; körpálya; röppálya **2.** [sing] hatáskör
²**orbit** ['ɔːbɪt] <ige> (űrhajó) kering
orchard ['ɔːtʃəd] <fn> [C] gyümölcsös(kert)
orchestra ['ɔːkɪstrə] <fn> [C] zenekar
orchid ['ɔːkɪd] <fn> [C] orchidea
ordeal [ɔː'diːl] <fn> [C] megpróbáltatás; tortúra; kínszenvedés; gyötrelem
¹**order** ['ɔːdə] <fn> **1.** [U] rend; sorrend; rendszer: *in alphabetical order* ábécérendben ∗ *in order of importance* fontossági sorrendben ∗ *order of the day* napirend ∗ *I like order in my flat.* A lakásomban szeretem a rendet. ∗ *Put/Keep your untidy room in order.* Rakj/Tarts rendet a rendetlen szobádban! ∗ *You must have order in your life.* Rendnek kell lennie az életedben. ∗ *I can't see any order in your test.* A tesztedben semmi rendszert nem látok. **2.** [C] parancs; rendelet; határozat; utasítás: *under orders* parancsra ∗ *obey the orders of the colonel* engedelmeskedik az ezredes parancsainak ∗ *give the order to do sg* parancsot ad vminek a megtételére **3.** [C] (meg)rendelés: *an order for medical instruments* orvosi műszerekre vonatkozó megrendelés ∗ *give sy an order for sg (árut stb.)* megrendel ∗ *call for orders* rendeléseket gyűjt ∗ *made to order* rendelésre készült ∗ *take an order* rendelést felvesz ∗ *Here is the waiter so we can give him our order.* Itt a pincér, úgyhogy leadhatjuk neki a rendelésünket. **4.** [C] utalvány **5.** [C, U] rend; rang; (társadalmi) osztály: *social order* társadalmi rend ∗ *the clerical order* a papság; a klérus **6.** [C] (szerzetes)rend
♦ **be in order 1.** rendben van **2.** szabályszerű **3.** helyénvaló ♦ **be out of order 1.** meghibásodott; elromlott; nem működik **2.** nem szabályszerű **3.** nem helyénvaló ♦ **call (sy) to order** rendreutasít (vkit) ♦ **fill/execute an order//carry out an order** rendelést teljesít ♦ **in order to...** azért, hogy..., azon célból, hogy... *We visited you in order to ask you some questions.* Azért látogattunk meg, hogy feltegyünk néhány kérdést. ♦ **in order that...** avégett, hogy...; azért, hogy... *I posted the letter today in order that you'd get it tomorrow.* Ma postára adtam a levelet, hogy holnap megkaphasd. ♦ **order of the day 1.** (parlamentben) napirend biz **2.** a mai divat ♦ **Order! Order!** (parlamentben) Rendre! Rendre!/Térjen a tárgyra!
♦ **put sg in order** rendbe rak/tesz; elrendez vmit ♦ **put sg out of order** elront vmit
♦ **a tall order** biz túl nagy feladat

²**order** ['ɔːdə] <ige> **1.** elrendel; előír; (meg-)parancsol; parancsot ad; utasít: *The manager ordered the whole company to be closed on Sunday.* Az igazgató elrendelte, hogy az egész cég zárjon be vasárnap. * *The doctor ordered a week's rest for me.* Az orvos egyhetes pihenést rendelt el/írt elő. **2.** *(árut, ételt stb.)* (meg)rendel: *I ordered a cup of tea.* Egy csésze teát rendeltem. **3.** (el)rendez; igazgat: *order sg alphabetically* ábécérendbe rendez vmit

¹**orderly** ['ɔːdəlɪ] <mn> **1.** szabályos; rendes; rendezett; rendben tartott **2.** fegyelmezett; békés; nyugodt; rendszerető **3.** szolgálatban levő; szolgálatos

²**orderly** ['ɔːdəlɪ] <fn> [C] (orderlies) **1.** *(kórházban)* beteghordozó **2.** tiszti küldönc

ordinal number [,ɔːdɪnl'nʌmbə] <fn> [C] sorszámnév

ordinarily ['ɔːdnrəlɪ] <hsz> szokásos módon; normálisan; normális körülmények között; egyébként

ordinary ['ɔːdnrɪ] <mn> rendes; szokásos; közönséges; hétköznapi; átlagos; átlag-: *in the ordinary way* rendes/normális körülmények között * *in an ordinary manner* szokásos módon * *She never wears her ordinary dress to the church.* Sohasem veszi fel a hétköznapi ruháját a templomba. * *On an ordinary day I get up at 6 o'clock in the morning.* Egy átlagos napon reggel 6 órakor kelek.

♦ **out of the ordinary** szokatlan; rendkívüli *This performance is quite out of the ordinary.* Ez az előadás az átlagostól meglehetősen eltérő.

> Vigyázat, álbarátok!
> **ordinary** ≠ ordenáré (= vulgar)

ordinary level ['ɔːdnrɪ levl] <fn> [C, U] ≈ középszintű érettségi

ore [ɔː] <fn> [C, U] érc: *iron ore* vasérc

organ ['ɔːgən] <fn> [C] **1.** biol szerv: *organ transplant* szervátültetés * *organ donor* szervadó; donor **2.** *(intézményé stb.)* szerv; orgánum **3.** zene orgona: *play the organ* orgonál; orgonán játszik * *organ music* orgonazene

organic [ɔːˈgænɪk] <mn> **1.** szervi: *organic diseases* szervi betegségek/elváltozások **2.** szerves; organikus: *organic chemistry* szerves kémia * *organic compound* szerves vegyület **3.** bio-: *organic food* bioélelmiszer * *organic fruits and vegetables* biogyümölcs és -zöldség * *organic farming* biogazdálkodás * *organic waste* biohulladék

organisation [,ɔːgənaɪˈzeɪʃn] → **organization**

organise ['ɔːgənaɪz] → **organize**

organism ['ɔːgənɪzm] <fn> [C] **1.** (élő) szervezet; organizmus **2.** átv *(politikai/gazdasági)* szervezet; szerkezet

organist ['ɔːgənɪst] <fn> [C] zene orgonista

organization [,ɔːgənaɪˈzeɪʃn] <fn> **1.** [C] szervezet: *an international organization* nemzetközi szervezet **2.** [U] (meg)szervezés; (meg-)rendezés: *You need good organization for the successful work.* A sikeres munkához jó szervezésre van szükség. **3.** [U] szerkezet **4.** [U] szervezettség

organize ['ɔːgənaɪz] <ige> (organizes, organizing, organized) **1.** (meg)szervez; (meg-/el-)rendez: *organize a party* bulit szervez * *organize a trip to Austria* megszervez egy ausztriai utat **2.** (sorba) rendez

organized ['ɔːgənaɪzd] <mn> szervezett: *organized crime* szervezett bűnözés * *organized tour* szervezett társasutazás

organizer ['ɔːgənaɪzə] <fn> [C] szervező; rendező

orgasm ['ɔːgæzm] <fn> [C, U] nemi kielégülés; orgazmus

orgy ['ɔːdʒɪ] <fn> [C] (orgies) orgia

¹**orient** ['ɔːrɪənt] <mn> **1.** keleti **2.** ragyogó; fénylő **3.** felkelő; emelkedő

²**orient** ['ɔːrɪent] <ige> **1.** *(térképet)* betájol; *(távcsövet)* beirányít; orientál **2. orient oneself** tájékozódik; orientálódik **3.** igazodik (**to(wards) sy/sg** vkihez/vmihez): *child-oriented* gyermekcentrikus/-barát * *This dictionary is oriented to/towards the needs of pupils.* Ez a szótár a tanulók igényeihez igazodik.

Orient ['ɔːrɪent] <fn> **the Orient** [sing] a Kelet

oriental [,ɔːrɪˈentl] <mn> keleti

orientate ['ɔːrɪənteɪt] → **orient**

orientation [,ɔːrɪənˈteɪʃn] <fn> **1.** [C, U] irányultság; orientáció: *sexual orientation* szexuális irányultság **2.** [U] tájékozódás; eligazodás; orientáció **3.** [C, U] tájékoztatás; felvilágosítás; útbaigazítás **4.** [U] *(térképé)* (be)tájolás

orienteering [,ɔːrɪənˈtɪərɪŋ] <fn> [U] tájékozódási futás; tájfutás

orifice ['ɒrɪfɪs] <fn> [C] nyílás

origin ['ɒrɪdʒɪn] <fn> [C, U] **1.** eredet; kezdet; kiindulás; kiindulópont: *the origin of the disagreement* a nézeteltérés kiindulópontja/eredete **2.** *(személyé, szóé)* származás; eredet: *of Hungarian origin* magyar származású/eredetű * *country of origin* származási ország

¹**original** [əˈrɪdʒənl] <mn> **1.** eredeti; legelső; kezdeti: *the original owner* az eredeti tulajdonos * *original sin* eredendő bűn **2.** eredeti; újszerű; egyéni; sajátos: *my uncle's original ideas* nagybátyám eredeti ötletei

²original

²original [ə'rɪdʒnəl] <fn> [C] vminek az eredetije; az eredeti (példány): *You can make several copies from the original.* Több másolatot készíthetünk az eredetiről.
originally [ə'rɪdʒnəlɪ] <hsz> eredetileg
originate [ə'rɪdʒəneɪt] <ige> (originates, originating, originated) **1.** származik; ered (**from/with sy** vkitől); keletkezik (**from/in sg** vmiből) **2.** létrehoz; (meg)teremt; (meg)alkot: *be originated by sy* vki alkotta; létrehozta
¹ornament ['ɔːnəmənt] <fn> [C] díszítés; dísztárgy; díszítmény
²ornament ['ɔːnəment] <ige> (fel)díszít; (fel-)ékesít: *The building was richly ornamented.* Az épületet pazarul feldíszítették.
ornamental [ˌɔːnə'mentl] <mn> dísz-; díszítő; díszes; dekoratív: *ornamental piece* dísztárgy * *ornamental plant* dísznövény
ornithology [ˌɔːnɪ'θɒlədʒɪ] <fn> [U] madártan; ornitológia
¹orphan ['ɔːfn] <fn> [C] árva
²orphan ['ɔːfn] <ige> **be orphaned** árvaságra jut; elárvul
orphanage ['ɔːfənɪdʒ] <fn> [C] árvaház
orthodox ['ɔːθədɒks] <mn> **1.** vall ortodox: *the (Eastern) Orthodox Church* a görögkeleti/pravoszláv egyház **2.** hagyományos; konvencionális; ortodox; maradi: *orthodox views* maradi nézetek **3.** igazhitű; óhitű
orthographic(al) [ˌɔːθə'græfɪk(l)] <mn> helyesírási
orthography [ɔː'θɒgrəfɪ] <fn> [U] helyesírás
orthopaedic [ˌɔːθə'piːdɪk] <mn> orv ortopéd; ortopédiai
orthopaedics [ˌɔːθə'piːdɪks] <fn> [U] orv ortopédia
orthopaedist [ˌɔːθə'piːdɪst] <fn> [C] ortopéd orvos
orthopedic [ˌɔːrθə'piːdɪk] AmE → **orthopaedic**
orthopedics [ˌɔːrθə'piːdɪks] AmE → **orthopaedics**
orthopedist [ˌɔːrθə'piːdɪst] AmE → **orthopaedist**
ostensible [ɒ'stensəbl] <mn> állítólagos; látszólagos
ostentation [ˌɒsten'teɪʃn] <fn> [U] kérkedés
ostentatious [ˌɒsten'teɪʃəs] <mn> kérkedő; hivalkodó
ostentatiously [ˌɒsten'teɪʃəslɪ] <hsz> kérkedőn; hivalkodóan
osteoporosis [ˌɒstiəʊpə'rəʊsɪs] <fn> [U] orv csontritkulás
ostracize ['ɒstrəsaɪz] <ige> (ostracizes, ostracizing, ostracized) kiközösít
ostrich ['ɒstrɪtʃ] <fn> [C] strucc

¹other ['ʌðə] <mn> **1.** másik: *one after the other* egyik a másik után * *the other one* a másik * *the other side of the road* az út másik oldala **2.** más; másféle; többi; további: *in other words* más szavakkal * *a few other questions* néhány további kérdés * *other people* mások * *My friend and I have written our homework, but the other pupils haven't.* A barátnőm és én megírtuk a házi feladatunkat, a többi tanuló azonban nem. * *I would like to travel to some other place on vacation this summer.* Idén nyáron valami más helyre szeretnék menni nyaralni! **3.** egyéb; másmilyen; különböző: *quite other reactions* egészen másmilyen reakciók * *in other circumstances* egyéb körülmények között * *among other things//among others* egyebek között; többek között
♦ **every other** minden második ♦ **other than 1.** más, mint… *I could not do other than./I could do no other than.* Nem tehettem mást./Nem volt más választásom. **2.** máskép, mint… *I can't behave other than I do.* Nem tudok máskép viselkedni, mint ahogy szoktam. **3.** nem a… *He appeared with a girl other than his daughter.* Egy lánnyal jelent meg, nem az ő lányával. ♦ **somehow or other** valahogy ♦ **somewhere or other** valahol ♦ **someone or other** valaki
²other ['ʌðə] <hsz> máskép(en); máshogy(an): *She couldn't do other than to leave.* Nem tehetett mást, mint(hogy) elment. * *He sees everything other than they are.* Máskép lát mindent.
³other ['ʌðə] <névm> **1.** a másik(at); más(t): *some other* valaki/valami más * *Are there any other questions?* Van még más kérdés? * *This pen is blue but the other (one) is green.* Ez a toll kék, de a másik zöld. **2. others** mások(at): *the others* a többiek * *I prefer you to all others.* Mindenkinél/Mindenki másnál jobban szeretlek. * *Some people are tall, others are small.* Egyesek magasak, mások alacsonyak. * *Some of my friends live in Budapest, while the others live abroad.* Néhány barátom Budapesten él, míg a többiek külföldön élnek.
otherwise ['ʌðəwaɪz] <hsz> **1.** máskép(en); másként: *My parents wanted me to stay at home, but I decided otherwise.* A szüleim azt akarták, hogy maradjak otthon, de én máskép döntöttem. **2.** (más)különben; egyébként; ellenkező esetben: *This girl is very tall, but otherwise she is quite pretty.* Ez a lány nagyon magas, de egyébként egész csinos. * *You have to arrive on time, otherwise we'll eat everything.* Pontosan kell érkezned, különben mindent megeszünk.
otter ['ɒtə] <fn> [C] vidra

ouch [aʊtʃ] <isz> jaj!
ought to [ˈɔːt tʊ, mássalhangzó előtt ˈɔːt tə] <modális segédige> (neg ought not to/oughtn't to) kellene; illene: *He has got a sore throat – he ought to see the doctor.* Fáj a torka – el kellene mennie az orvoshoz. * *It is ten o'clock so I ought to cook the lunch.* Tíz óra van, úgyhogy meg kellene főznöm az ebédet. * *You ought to have met my friend.* Találkoznod kellett volna a barátommal! * *He is the best player of the team, so he ought to win the race.* Ő a csapat legjobb játékosa, úgyhogy neki kell/úgyhogy illene neki megnyernie a versenyt. * *The meeting ought to be over in an hour.* Az értekezletnek egy órán belül vége kell, hogy legyen. * *You oughtn't to have done that.* Nem kellett volna megtenned. * *He ought to have been able to do that.* Meg kellett volna tennie.
ounce [aʊns] <fn> **1.** [C] röv oz *(súlymérték)* uncia **2. an ounce of sg** [sing] egy csöppnyi; nagyon kevés: *He really hasn't got an ounce of sense.* Egy csöpp esze sincs.
our [ˈaʊə] <det> -unk, -ünk, -nk; -aink, -jaink, -eink, -jeink: *They are our children.* Ők a mi gyerekeink. * *This is our car.* Ez a mi autónk.
ours [ˈaʊəz] <névm> mienk; mieink: *a friend of ours* egy barátunk * *Your house is as nice as ours.* A ti házatok ugyanolyan szép, mint a miénk. * *Your organization is completely different from ours.* A vállalati felépítésetek teljesen különbözik a miénktől.
ourselves [ˌaʊəˈselvz] <névm> **1.** (mi) magunk: *We ourselves played part in this.* Mi magunk részt vettünk benne. **2.** (saját) magunkat: *We can see ourselves in this mirror.* Láthatjuk magunkat ebben a tükörben. * *Let's enjoy ourselves.* Érezzük jól magunkat! * *We mustn't blame ourselves for the accident.* Nem okolhatjuk magunkat a balesetért. **3.** teljesen egyedül: *We have to do the job ourselves.* Teljesen egyedül kell elvégeznünk a feladatot. * *We made this cake ourselves.* Mi magunk csináltuk ezt a tortát./Önállóan csináltuk ezt a tortát.
♦ **(all) by ourselves** mi magunk; teljesen egyedül ♦ **between ourselves** magunk között szólva; köztünk szólva
¹**out** [aʊt] <hsz> **1.** *(irány)* ki; kifelé: *on the way out* kifelé (menet) * *have a tooth out* fogat húzat; kihúzat egy fogat * *take out a pen from the drawer* kivesz egy tollat a fiókból * *We went out for a walk.* Kimentünk sétálni. **2.** *(hely)* kint; kinn; kívül: *Children are out in the garden.* A gyerekek kint vannak a kertben. **3.** házon kívül; távol; kint: *The manager is out.* A főnök nincs bent./A főnök házon kívül van. * *Everybody is out at the moment.* Jelenleg mindenki kint van. * *I can't find him at home – he is out.* Nem találtam otthon – nincs otthon. **4.** ki-; messzire: *She went out to Britain.* Kiment Angliába. **5. be out** helytelen: *The calculations are out.* A számítások helytelenek. **6. be out** kibújik; kijön; előjön: *The secret is out.* Kiderült a titok. * *These beautiful flowers are out.* Ezek a csodálatos virágok kinyíltak. * *The sun is out.* Kibújt/Előbújt a nap. **7. be out** pol hatalmon/hivatalon kívül van: *That party is out.* Az a párt megbukott. **8. be out** *(fény, tűz stb.)* nem ég; kikapcsol(ódik); le van oltva: *It was dark at home yesterday evening because the light had gone out.* Tegnap este sötét volt otthon, mert kialudtak/nem égtek a lámpák./áramszünet volt. * *The fire is out.* Kialudt a tűz. * *Lights out!* Lámpákat leoltani! **9. be out of** *(áru, étel)* ki-/elfogyott **10. be out** sp kiesik; kiütik; kiállítják **11. be out** kiment a divatból: *Long skirt is out.* A hosszú szoknya kiment a divatból. **12. be out** biz vállalja a homoszexualitását
♦ **out and out 1.** teljesen; kimondottan **2.** százszázalékos; ízig-vérig **3.** agyafúrt ♦ **out and away** sokkal inkább; összehasonlíthatatlanul; messze a leg… ♦ **be out after sg** el akar érni vmit ♦ **be out for sg** teljes erővel törekszik vmire ♦ **Out with it!** Ki vele! ♦ **Out you go!** biz Kifelé!
²**out** [aʊt] <ige> **1.** *(homoszexuálist)* leleplez; elárul **2.** sp kiüt **3.** biz kirak vkit; kiteszi a szűrét vkinek
outback [ˈaʊtbæk] <fn> **the outback** [sing] ≈ Ausztrália partjaitól és a lakott területektől távoli, elhagyatott vidéke
outbid [ˌaʊtˈbɪd] <ige> (outbids, outbidding, outbid, outbid) túllicitál (**sy** vkit); ráígér (**sy** vkire)
outboard motor [ˌaʊtbɔːdˈməʊtə] <fn> [C] oldalmotor
outbreak [ˈaʊtbreɪk] <fn> [C] **1.** *(betegségé, háborúé, tűzhányóé stb.)* kitörés **2.** zendülés; felkelés
outburst [ˈaʊtbɜːst] <fn> [C] *(érzelemé)* kirobbanás; kitörés; kifakadás
¹**outcast** [ˈaʊtkɑːst] <mn> kiközösített; kitaszított; száműzött
²**outcast** [ˈaʊtkɑːst] <fn> [C] *(személy)* kiközösített; kitaszított; száműzött
outclass [ˌaʊtˈklɑːs] <ige> leiskoláz; legyőz; felülmúl; leköröz (**sy** vkit)
outcome [ˈaʊtkʌm] <fn> [C] *(vég)*eredmény; következmény; kimenetel: *the outcome of the discussion* a vita (vég)eredménye

outcry ['aʊtkraɪ] <fn> [C] (outcries) **1.** felzúdulás; felhördülés; felháborodás **2.** felkiáltás

outdated [ˌaʊt'deɪtɪd] <mn> divatjamúlt; elavult; elévült

outdistance [ˌaʊt'dɪstəns] <ige> (outdistances, outdistancing, outdistanced) **1.** *(sporttársat stb.)* megelőz; lehagy; maga mögött hagy **2.** túltesz (**sy** vkin)

outdo [ˌaʊt'duː] <ige> (outdoes, outdoing, outdid, outdone) *(versenyben stb.)* felülmúl; túltesz: *He didn't want to be outdone by anyone.* Nem akarta, hogy bárki felülmúlja.

outdoor ['aʊtdɔː] <mn> szabadtéri; a szabadban történő; kinti; utcai: *outdoor clothing* utcai viselet ∗ *outdoor shoes* utcai cipő ∗ *outdoor swimming pool* szabadtéri uszoda ∗ *Hill-walking and canoeing are outdoor activities.* A hegymászás és a kenu(zás) szabadtéri tevékenységek/sportok.

¹outdoors [ˌaʊt'dɔːz] <hsz> kint; kinn; a szabadban: *eat outdoors* kint/valahol eszik

²outdoors [ˌaʊt'dɔːz] <fn> **the (great) outdoors** [sing] a szabad természet

outer ['aʊtə] <mn> külső: *the outer side of sg* vminek a külseje ∗ *the outer areas* külterület ∗ *outer garments* felsőruházat ∗ *outer space* világűr

outermost ['aʊtəməʊst] <mn> legtávolabbi

outfit ['aʊtfɪt] <fn> [C] **1.** ruha; ruházat; szerelés; öltözék; öltözet: *The hockey team got a new green outfit.* A hokicsapat új zöld szerelést kapott. **2.** felszerelés; berendezés; készlet: *first-aid outfit* elsősegélykészlet

outgoing [ˌaʊt'gəʊɪŋ] <mn> **1.** *(személy)* társaságkedvelő; közvetlen **2.** *(tisztségviselő stb.)* távozó: *the outgoing president* a távozó/leköszönő elnök ∗ kimenő; kifelé tartó

outgoings ['aʊtˌgəʊɪŋz] <fn> [pl] kiadás(ok); költség(ek); ráfordítás(ok)

outgrow [ˌaʊt'grəʊ] <ige> (outgrows, outgrowing, outgrew, outgrown) **1.** *(ruhát)* kinő **2.** *(szokást stb.)* elhagy; levetkőz; kinő: *outgrow a bad habit* rossz szokást elhagy **3.** nagyobbra nő; túlnő

outing ['aʊtɪŋ] <fn> **1.** [C] kirándulás; séta **2.** [C, U] biz *(ismert személy homoszexualitásáé)* leleplezés

outlast [ˌaʊt'lɑːst] <ige> túlél; tovább tart (**sg** vminél)

¹outlaw ['aʊtlɔː] <ige> **1.** száműz; törvényen kívül helyez; törvényen kívülinek nyilvánít; kizár; kiátkoz **2.** megtilt; eltilt

²outlaw ['aʊtlɔː] <fn> [C] *(törvényen kívül helyezett személy)* ≈ betyár

outlet ['aʊtlet] <fn> [C] **1.** *(gyáré stb.)* árusítóhely; márkabolt; *(üzleté)* fiók **2.** *(folyadéké)* lefolyó; kifolyó; kivezető nyílás; kivezető nyílás **3.** *(gázé, füsté)* eloszlás; távozás **4.** *(csö)* kifolyó; lefolyó; túlfolyó **5.** *(energiáé)* elvezetés; levezetés: *outlet for your energy* a fölösleges energiád levezetése **6.** megnyilvánulási lehetőség/alkalom **7.** AmE konnektor

¹outline ['aʊtlaɪn] <fn> [C] **1.** körvonal; kontúr: *She drew the outline of the head first.* Először a fej körvonalát rajzolta meg. **2.** áttekintés; vázlat: *in outline* vázlatosan ∗ *make an outline of sg* körvonalakban vázol vmit ∗ *a brief outline of the story* a történet rövid vázlata

²outline ['aʊtlaɪn] <ige> (outlines, outlining, outlined) **1.** *(tárgyat stb.)* körvonalakban megrajzol; körvonalaz **2.** *(gondolatot stb.)* (fel-)vázol; körvonalaz; vázlatosan leír/ismertet

outlive [ˌaʊt'lɪv] <ige> (outlives, outliving, outlived) túlél (**sy** vkit)

outlook ['aʊtlʊk] <fn> [C] **1.** szemléletmód; *a strange outlook on life* furcsa életszemlélet **2.** kilátás; távlat; perspektíva: *the weather outlook* az időjárás várható alakulása ∗ *The outlook for today is rainy and foggy weather.* A várható időjárás: ma esős, ködös idő. **3.** *(vidékre, tájra stb.)* kilátás (**from sg** vhonnan): *Our house has a nice outlook.* Házunknak szép a kilátása.

outnumber [ˌaʊt'nʌmbə] <ige> létszámban/számbelileg felülmúl: *The girls at school outnumber the boys.* A lányok számbeli fölényben/többségben vannak a fiúkkal szemben az iskolában.

out of [ˌaʊt'ɒv] <elölj> **1.** *(vhonnan/vmiből)* ki: *I took a hanky out of my bag.* Kivettem a táskámból egy zsebkendőt. ∗ *She jumped out of the bed as the phone rang.* Ahogy megszólalt a telefon, kiugrott az ágyból. ∗ *Take this photo out of the box.* Vedd ki ezt a fényképet a dobozból! ∗ *The parrot is out of its cage.* A papagáj kirepült a ketrecéből. **2.** közül; -ból, -ből: *Two out of ten children have lunch at home.* Tíz gyerekből/gyerek közül kettő otthon ebédel. **3. be out of sg** elfogyott vmije; kifogyott vmiből; nélkülöz vmit; szűkölködik vmiben: *I am out of sugar.* Kifogyott/Elfogyott a cukrom. ∗ *People can't live out of love.* Az ember nem tud élni szeretet nélkül. ∗ *He has been out of job since August.* Augusztus óta állás nélkül van. **4.** *(érzelem)* miatt; -ból, -ből: *out of respect for you* az ön iránt érzett tiszteletből ∗ *She gave me her coat out of regret.* Sajnálatból adta nekem a kabátját. **5.** *(készült)* -ból, -ből: *This jumper is made out of wool.* Ez a pulóver gyapjúból készült.

♦ **be out of it** biz **1.** kimaradt vmiből **2.** magára maradt

out-of-date [ˌaʊtəv'deɪt] <mn> **1.** ódivatú; idejétmúlt; korszerűtlen; elavult: *This purple* *hat is out-of-date.* Ez a lila kalap ódivatú. **2.** lejárt; érvénytelen: *an out-of-date ticket* érvénytelen jegy

outpatient ['aʊtˌpeɪʃnt] <fn> [C] járóbeteg

outpatient department ['aʊtpeɪʃnt dɪpɑːtmənt] <fn> [C] járóbeteg-rendelés; ambulancia

outpost ['aʊtpəʊst] <fn> [C] **1.** kat előőrs; előretolt állás/bástya **2.** ≈ az ország egy eldugott pontja

output ['aʊtpʊt] <fn> [U] **1.** teljesítmény; hozam; termelési eredmény: *His output is rather poor.* Elég gyenge a teljesítménye. * *The output of the factory is falling slowly.* A gyár termelési eredménye lassan csökken. **2.** infor kimenet; output

¹**outrage** ['aʊtreɪdʒ] <fn> **1.** [C] gaztett; gyalázat; erőszak(os cselekmény) **2.** [U] felháborodás; felkelés; lázadás; dühkitörés

²**outrage** ['aʊtreɪdʒ] <ige> (outrages, outraging, outraged) durván megsért; meggyaláz; felháborít: *He was outraged by her behaviour.* A viselkedése durván megsértette.

outrageous [aʊt'reɪdʒəs] <mn> gyalázatos; felháborító; vérlázító; sértő: *outrageous behaviour* gyalázatos viselkedés

¹**outright** ['aʊtraɪt] <mn> **1.** *(képtelenség, veszteség, győzelem stb.)* teljes; tökéletes; totális; feltétlen; abszolút: *an outright victory* totális győzelem **2.** egyértelmű: *the outright winner* az egyértelmű győztes **3.** őszinte; nyílt; leplezetlen

²**outright** ['aʊtraɪt] <hsz> **1.** teljesen; egészen **2.** azonnal; azon nyomban **3.** őszintén; nyíltan; egyenesen: *She told him outright what she thought.* Őszintén megmondta neki, hogy mit gondol.

outset ['aʊtset] <fn> [U] kezdet
♦ **at the outset** az elején; kezdetben; a kezdet kezdetén ♦ **from the outset** kezdettől fogva

¹**outside** [ˌaʊt'saɪd] <fn> **1.** [C] vminek a külseje; külső (oldal): *the outside of the house* a ház külseje **2.** [U] külső (megjelenés); külszín; látszat; külsőség: *judge by the outside* a látszat után ítél **3.** [U] belső sáv
♦ **at the (very) outside** legfeljebb; maximum

²**outside** [ˌaʊt'saɪd] <mn> **1.** külső; kinti: *the outside part of an apple* egy alma külső része * *the outside door* külső ajtó * *outside broadcast* helyszíni közvetítés * *outside lane (autópályán)* belső sáv * *outside measurements* külméretek **2.** legnagyobb; végső: *an outside price* maximális/legvégső ár * *It's the outside edge.* biz Ez a legvégső határ. **3.** kismértékű;

csekély: *outside chance* kis esély; csekély valószínűség

> Vigyázat, álbarátok!
> **outside lane** ≠ *(baloldali közlekedésű országokban)* külső sáv (= inside lane)

³**outside** [ˌaʊt'saɪd] <hsz> **1.** kint; kinn; kívül: *He is staying outside.* Kint áll. * *He is waiting outside.* Kint vár. **2.** ki: *She ran outside.* Kirohant. **3.** kívül: *The house looks beautiful outside.* A ház kívül gyönyörű.

⁴**outside** [ˌaʊt'saɪd] <elölj> **1.** *(térben)* kívül: *stay outside the house* a házon kívül áll * *There is a small garden outside the house.* A házon kívül van egy kis kert. **2.** **outside sg//outside of sg** vmin kívül: *be outside one's area of responsibility* vki felelősségi körén kívül esik * *I'll be abroad for 10 days, but outside of that I'll be around.* 10 napig külföldön leszek, de ezen kívül itt vagyok.

outsider [ˌaʊt'saɪdə] <fn> [C] **1.** kívülálló; nem bennfentes **2.** nem esélyes; esélytelen

outsize ['aʊtsaɪz] <mn> *(ruha stb.)* rendkívüli méretű

outskirts ['aʊtskɜːts] <fn> [pl] külváros: *He lives on the outskirts of Brighton.* Brighton külvárosában él.

outspoken [aʊt'spəʊkən] <mn> szókimondó; egyenes; nyílt; őszinte

outstanding [aʊt'stændɪŋ] <mn> **1.** kiemelkedő; kiváló: *an outstanding student* kimagasló tanuló * *Your work is outstanding.* A munkád kiváló. **2.** *(számla)* kifizetetlen; rendezetlen: *an outstanding bill* kifizetetlen számla * *outstanding debt* kinnlevőség **3.** *(probléma)* elintézetlen

outvote [ˌaʊt'vəʊt] <ige> (outvotes, outvoting, outvoted) leszavaz: *He is outvoted.* Leszavazták.

outward ['aʊtwəd] <mn> **1.** külső: *outward signs of the illness* a betegség külső jelei * *outward form* külalak * *outward appearance* külső megjelenés **2.** kifelé tartó: *an outward journey* odautazás; ki(felé való)utazás

outwardly ['aʊtwədlɪ] <hsz> külsőleg; látszólag: *Outwardly it looks as if...* Kívülről úgy néz ki, mintha... * *Outwardly she is happy.* Látszólag boldog.

outwards ['aʊtwədz] <hsz> kifelé: *The window opens outwards.* Az ablak kifelé nyílik.

outweigh [ˌaʊt'weɪ] <ige> többet nyom a latban

outwit [ˌaʊt'wɪt] <ige> (outwits, outwitting, outwitted) túljár vki eszén

ovary ['əʊvərɪ] <fn> [C] (ovaries) biol petefészek
ovation [əʊ'veɪʃn] <fn> [C] lelkes éljenzés; ünneplés; ováció: *give sy a standing ovation* felállva (lelkesen) ünnepel vkit/tapsol vkinek
oven ['ʌvən] <fn> [C] sütő: *cook in a gentle oven* lassú/gyenge tűzön süt ∗ *cook in a medium/moderate oven* közepes hőmérsékleten süt ∗ *Put the chicken into the oven.* Tedd be a csirkét a sütőbe!
ovenproof ['ʌvənpruːf] <mn> (edény) tűzálló
oven-ready [,ʌvən'redɪ] <mn> (étel) konyhakész

¹**over** ['əʊvə] <hsz> **1.** át; keresztül: *over here* itt (nálunk) ∗ *over there* ott; odaát ∗ *cross over (úton)* átmegy; átkel ∗ *They are over from the USA.* Amerikából jöttek. ∗ *I asked my neighbour over.* Áthívattam a szomszédomat. ∗ *He came over and saw me yesterday.* Tegnap átjött hozzám. ∗ *Can you come over tonight?* Át tudsz jönni ma este? **2.** elmúlt; vége; befejeződött: *winter is over* vége a télnek ∗ *Thank goodness that is over!* Hála Istennek vége! ∗ *It's all over.* Már befejeződött./Nincs tovább. **3.** ismételten: *four times over* négyszer egymás után **4.** több mint; túl; felül: *children of ten and over* tízéves és annál idősebb gyerekek ∗ *This toy is just for children over 6.* Ez a játék csak hatévesnél idősebb gyermekeknek való. **5.** mindenütt; minden pontján: *all over* mindenütt ∗ *all over the world* az egész világon
♦ **over again** újra ♦ **over and over again** újra meg újra ♦ **over and above** ráadásul; azonfelül; nem is szólva arról, hogy... ♦ **It's all over with him.** biz Neki befellegzett.
♦ **be all over sy** biz rajong; odavan vkiért
♦ **be over and done with** biz kész; vége

²**over** ['əʊvə] <elölj> **1.** rá; felett; fölé; felül: *There is a painting over the fireplace.* A kandalló fölött van egy festmény. ∗ *A green bird flew over the apple tree.* Egy zöld madár repült át az almafa felett. ∗ *Put this towel over your face.* Ezt a törülközőt tedd az arcodra! ∗ *He went out to work in the garden with a huge hat over his head.* Kiment a kertbe dolgozni egy hatalmas sapkával a fején. **2.** át; keresztül: *fall over the fence* átesik a kerítésen ∗ *over the sea* a tengeren túl ∗ *Put that blanket over me.* Tedd rám azt a takarót! ∗ *He crossed over the road.* Átment az úton. ∗ *There are six bridges over this river.* Hat híd ível át ezen a folyón. ∗ *I can see the postman over the fence.* A kerítésen keresztül/át látom a postást. **3.** felül; (időben) túl: *for over a year* több, mint egy éven keresztül **4.** (számban) felett; felüli: *over five (years of age)* több, mint öt éves **5.** (időben) alatt: *We'll discuss it over the weekend.* Ezt megbeszéljük a hétvégén.
♦ **over against sg** szemben vmivel; vmihez képest; vmivel ellentétben

³**over** ['əʊvə] <mn> **1.** (réteg stb.) felső **2.** felesleges; többlet-

⁴**over** ['əʊvə] <előtag> túl-; túlságosan; túlzottan: *overestimate* túlbecsül

overact [,əʊvər'ækt] <ige> (szerepet) túljátszik; eltúloz

overactive [,əʊvər'æktɪv] <mn> túlzottan tevékeny

¹**overall** [,əʊvər'ɔːl] <mn> teljes; össz-: *the overall cost of the equipment* a felszerelés összköltsége ∗ *overall impression* összbenyomás

²**overall** [,əʊvər'ɔːl] <hsz> **1.** általában; mindent egybevéve: *Overall, he is a nice person.* Mindent egybevéve ő egy klassz ember. **2.** átfogóan; általánosságban; összesen

³**overall** ['əʊvərɔːl] <fn> **1.** [C] munkaköpeny **2. overalls** [pl] overall; kezeslábas **3. overalls** [pl] AmE kertésznadrág; kantáros nadrág

overbearing [,əʊvə'beərɪŋ] <mn> arrogáns; erőszakos

overboard ['əʊvəbɔːd] <hsz> hajóból ki; a hajó oldalán át: *I jumped overboard.* Kiugrottam a hajóból (a vízbe).
♦ **go overboard** biz túl lelkes; túlzásba esik
♦ **throw sy overboard** cserben hagy; ejt; elutasít vkit ♦ **throw sg overboard** (felesleges dolgot) kidob; kihajít

overbook [,əʊvə'bʊk] <ige> (szálloda, repülőgép stb.) több rendelést vesz fel; túlkönyvel: *be overbooked* túl sok megrendelést fogadtak el rá

overcast [,əʊvə'kɑːst] <mn> (égbolt) felhős; borult

overcharge [,əʊvə'tʃɑːdʒ] <ige> (overcharges, overcharging, overcharged) **1.** túlfizettet; túl sokat kér; túlzott árat kér; drágán számít meg (**sy for sg** vkinek vmit) **2.** (embert, gépet stb.) túlságosan megtöm; telerak

overcome [,əʊvə'kʌm] <ige> (overcomes, overcoming, overcame, overcome) **1.** (le)győz: *The army wants to overcome the enemy.* A hadsereg le akarja győzni az ellenséget. ∗ *We managed to overcome the problems.* Sikerült legyőzni/leküzdeni a nehézségeket. **2. be overcome by/with sg** (érzés, félelem stb.) elfogja; eltölti; magával ragadja; lenyűgözi; erőt vesz rajta; hatalmába keríti: *She was overcome with emotion.* Rátörtek az érzelmei.

overconfidence [,əʊvə'kɒnfɪdəns] <fn> [U] önhittség; önteltség; túl nagy öntudat

overcrowded [,əʊvə'kraʊdɪd] <mn> túlzsúfolt: *an overcrowded train* túlzsúfolt vonat

overdo [ˌəʊvə'duː] <ige> (overdoes, overdoing, overdid, overdone) **1.** eltúloz; túlzásba visz **2.** túlsüt; túlfőz: *The meat was overdone.* A hús túl volt sütve.
  ♦ **overdo it/things** megerőlteti/túlhajtja magát

¹**overdose** ['əʊvədəʊs] <fn> [C] *(gyógyszerből, kábítószerből)* túl nagy adag; túladagolás

²**overdose** ['əʊvədəʊs] <ige> (overdoses, overdosing, overdosed) túladagol: *He overdosed on heroine.* Túladagolta a heroint.

overdraft ['əʊvədrɑːft] <fn> [C] *(folyószámlán, csekkszámlán)* hiteltúllépés: *overdraft credit* folyószámlahitel; bankhitel; technikai hitel ∗ *overdraft facility* folyószámlahitel-szolgáltatás

overdraw [ˌəʊvə'drɔː] <ige> (overdraws, overdrawing, overdrew, overdrawn) **1.** eltúloz **2. overdraw one's account//be overdrawn** hiteltúllépést követ el; fedezet nélküli csekket állít ki

overdress [ˌəʊvə'dres] <ige> túl(ságosan ki-)öltözik

overdue [ˌəʊvə'djuː] <mn> **1.** rég esedékes: *It was long overdue.* Már rég esedékes volt. ∗ *The car is really overdue for a service.* Már rég esedékes a szerviz. **2.** késik: *The bus is overdue.* Késik a busz.

overestimate [ˌəʊvər'estɪmeɪt] <ige> (overestimates, overestimating, overestimated) túlbecsül; túlértékel

overexpose [ˌəʊvərɪk'spəʊz] <ige> (overexposes, overexposing, overexposed) **1.** *(filmet)* túlexponál **2.** túl sok nyilvánosságot ad **(sy** vkinek)

¹**overflow** [ˌəʊvə'fləʊ] <ige> **1.** túlcsordul; túlfolyik; kiömlik: *Don't pour too much milk into the jug because it will overflow.* Ne önts túl sok tejet a kancsóba, mert kiömlik! **2.** csordultig van; bővelkedik **(with sg** vmivel/vmiben): *This square is overflowing with people.* Ez a tér zsúfolásig van emberekkel. **3.** *(folyó)* kiönt; kiárad; *(tömeg)* kiözönlik: *The river overflowed its banks.* A folyó kilépett a medréből. ∗ *The crowd overflowed into the street.* A tömeg kiözönlött az utcára./A tömeg elárasztotta/elözönlötte az utcát.

²**overflow** ['əʊvəfləʊ] <fn> [U] **1.** túlfolyás; túlcsordulás: *overflow (pipe)* túlfolyó **2.** túlnépesedés: *an overflow car park* (kiszorult autók részére) pótparkoló

¹**overhand** ['əʊvəhænd] <ige> *(motort)* generáloz; *(autón)* nagyjavítást végez

²**overhand** ['əʊvəhænd] <fn> [C, U] *(autóé)* nagyjavítás

¹**overhead** ['əʊvəhed] <mn> **1.** felső; fenti; fej fölötti: *an overhead bridge/crossing* felüljáró **2.** rezsi-: *overhead charges/costs/expenses* általános költség; rezsi(költség)

²**overhead** [ˌəʊvə'hed] <hsz> felül; fent; a magasban: *the clouds overhead* a felettünk lévő felhők

overhead projector [ˌəʊvəhed prə'dʒektə] <fn> [C] írásvetítő

overheads ['əʊvəhedz] <fn> [pl] általános költség; rezsi(költség)

overhead transparency [ˌəʊvəhed træns'pærənsɪ] <fn> [U] *(írásvetítőhöz)* fólia

overhear [ˌəʊvə'hɪə] <ige> (overhears, overhearing, overheard, overheard) véletlenül meghall; kihallgat **(sy/sg** vkit/vmit)

overheat [ˌəʊvə'hiːt] <ige> **1.** túlfűt; túlhevít **2.** túlmelegszik

overjoyed [ˌəʊvə'dʒɔɪd] <mn> rendkívül boldog

¹**overlap** [ˌəʊvə'læp] <ige> (overlaps, overlapping, overlapped) **1.** átfed **2.** egybevág; átfedésben van; egybeesik

²**overlap** ['əʊvəlæp] <fn> [U] átfedés

overleaf [ˌəʊvə'liːf] <hsz> a túloldalon; a hátlapon; a következő oldalon: *see table overleaf* lásd a túloldali táblázatot

overlook [ˌəʊvə'lʊk] <ige> **1.** *(hibát)* nem vesz észre; elkerüli a figyelmét **2.** *(hibát stb.)* elnéz; szemet huny vmi felett: *I hope my teacher will overlook my mistake.* Remélem, a tanárom elnézi a hibámat. **3.** *(ablak stb.)* néz; nyílik: *Our window overlooks the neighbour's garden.* Az ablakunk a szomszéd kertjére néz.

¹**overnight** ['əʊvənaɪt] <mn> éjszakán át tartó; éjszakai: *an overnight discussion* egész éjszakán át tartó megbeszélés

²**overnight** [ˌəʊvə'naɪt] <hsz> **1.** az éjszaka folyamán; éjszakára: *He stays at our house overnight.* Éjszakára itt maradt nálunk. **2.** máról holnapra; hirtelen: *They became rich overnight.* Máról holnapra meggazdagodtak.

overpass ['əʊvəpɑːs] <fn> [C] AmE felüljáró

overpay [ˌəʊvə'peɪ] <ige> (overpays, overpaying, overpaid) túlfizet **(sy** vkit)

overpopulated [ˌəʊvə'pɒpjʊleɪtɪd] <mn> túlnépesedett

overpopulation [ˌəʊvəˌpɒpjʊ'leɪʃn] <fn> [U] túlnépesedés

overpower [ˌəʊvə'paʊə] <ige> **1.** *(hatalommal, kényszerrel)* legyőz **2.** *(szenvedélyt)* legyőz; leküzd; *(indulaton)* úrrá lesz **3. be overpowered with sg** *(félelem stb.)* rátör; elfogja; hatalmába keríti

overpowering [ˌəʊvə'paʊərɪŋ] <mn> **1.** hatalmas; erős; ellenállhatatlan **2.** *(szag)* bódító

overreact [ˌəʊvərɪ'ækt] <ige> túlreagál; túlzott mértékben reagál **(to sg** vmire)

overreaction [ˌəʊvərɪˈækʃn] <fn> [C, U] heves reagálás; felindulás

override [ˌəʊvəˈraɪd] <ige> (overrides, overriding, overrode, overridden) **1.** megsemmisít; felülbírál; hatálytalanít; semmibe vesz **2.** *(automatikus gépi vezérlést)* megkerül; hatástalanít **3.** fontosságban felülmúl

overriding [ˌəʊvəˈraɪdɪŋ] <mn> elsőrendűen fontos; elsődleges; kiemelkedő: *an aspect of overriding importance* kiemelkedő fontosságú szempont

overrule [ˌəʊvəˈruːl] <ige> (overrules, overruling, overruled) **1.** *(határozatot stb.)* hatályon kívül helyez; megmásít; megváltoztat **2.** *(tiltakozást, óvást stb.)* elutasít; visszautasít

¹**overseas** [ˌəʊvəˈsiːz] <hsz> külföldön; a tengerentúl: *go overseas* a tengerentúlra megy * *A lot of my friends live overseas.* Sok barátom külföldön él.

²**overseas** [ˌəʊvəˈsiːz] <mn> külföldi; tengerentúli: *overseas trade* tengerentúli kereskedelem

oversee [ˌəʊvəˈsiː] <ige> (oversees, overseeing, oversaw, overseen) ellenőriz; felügyel

oversensitive [ˌəʊvəˈsensɪtɪv] <mn> túlérzékeny

overshadow [ˌəʊvəˈʃædəʊ] <ige> beárnyékol; háttérbe szorít; elnyom: *She overshadowed her sister.* Háttérbe szorította a húgát.

oversight [ˈəʊvəsaɪt] <fn> [U] *(figyelmetlenségből)* elnézés

oversize [ˈəʊvəsaɪz] <fn> [U] extra méret

oversized [ˌəʊvəˈsaɪzd] <mn> **1.** extra méretű **2.** túlméretezett

oversleep [ˌəʊvəˈsliːp] <ige> (oversleeps, oversleeping, overslept, overslept) *(időpontot)* elalszik; túl későn ébred: *I was late from school this morning because the whole family overslept.* Ma reggel elkéstem az iskolából, mert az egész család elaludt.

overstaffed [ˌəʊvəˈstɑːft] <mn> *(cég)* túl sok munkaerőt alkalmazó; túlságosan felduzzasztott

overstate [ˌəʊvəˈsteɪt] <ige> (overstates, overstating, overstated) felnagyít; eltúloz; túlhangsúlyoz

overstatement [ˌəʊvəˈsteɪtmənt] <fn> [C, U] túlzás: *It is not an overstatement to say…* Túlzás nélkül elmondható, hogy…

overstay [ˌəʊvəˈsteɪ] <ige> tovább marad
  ♦ **overstay one's welcome** visszaél a vendéglátással; tovább marad (mint illett volna)

overtake [ˌəʊvəˈteɪk] <ige> (overtakes, overtaking, overtook, overtaken) **1.** (meg)előz: *overtake on the right* jobbról előz * *A bike overtook me.* Egy bicikli megelőzött. * *No overtaking!* Előzni tilos! **2.** *(versenytárs stb.)* legyőz **3.** meglep; ráront; hatalmába kerít: *A sudden panic overtook me.* Hirtelen pánik kerített hatalmába.

over-the-counter [ˌəʊvəðəˈkaʊntə] <mn> *(gyógyszer)* recept/vény nélkül kapható

¹**overthrow** [ˌəʊvəˈθrəʊ] <ige> (overthrows, overthrowing, overthrew, overthrown) *(hatalmat, rendszert)* megdönt; megbuktat: *The government has been overthrown.* A kormányt megbuktatták.

²**overthrow** [ˈəʊvəθrəʊ] <fn> [C] *(kormányé, hatalomé, rendszeré)* megdöntés; megbuktatás

overtime [ˈəʊvətaɪm] <fn> [U] túlóra: *do/work overtime* túlórázik

overture [ˈəʊvəˌtjʊə] <fn> [C] **1.** zene nyitány; előjáték **2.** kezdeményező lépés: *make overtures to sy* kezdeményező lépéseket tesz vki felé

overturn [ˌəʊvəˈtɜːn] <ige> **1.** *(tárgyat)* felborít; feldönt **2.** *(hajó stb.)* felborul; feldől **3.** *(kormányt, ellenfelet stb.)* megdönt; megbuktat; legyőz

overview [ˈəʊvəvjuː] <fn> [C] áttekintés; összefoglalás; rövidített változat (**of sg** vminek)

¹**overweight** [ˌəʊvəˈweɪt] <mn> túlsúlyos

²**overweight** [ˌəʊvəˈweɪt] <fn> [U] túlsúly; súlytöbblet

³**overweight** [ˌəʊvəˈweɪt] <ige> **1.** túlterhel **2.** túlhangsúlyoz

overwhelm [ˌəʊvəˈwelm] <ige> **1.** elnyom; eláraszt; elönt; elborít: *He is overwhelmed with work.* Elárasztotta a munka. * *The country is overwhelmed by tourists.* Az országot elözönlötték/elárasztották a turisták. **2.** legyőz; eltipor; megsemmisít: *The army was overwhelmed by the rebels.* A hadsereget megsemmisítették a felkelők. **3.** *(érzelem)* hatalmába kerít; *(vonzó tulajdonság)* lenyűgöz: *Fear overwhelmed him.* Hatalmába kerítette a félelem. * *Her beauty completely overwhelmed him.* Szépsége teljesen lenyűgözte.

overwhelming [ˌəʊvəˈwelmɪŋ] <mn> elsöprő erejű; ellenállhatatlan: *an overwhelming victory* elsöprő győzelem * *an overwhelming desire to do sg* ellenállhatatlan vágy vminek a megtételére * *an overwhelming majority* elsöprő többség

¹**overwork** [ˌəʊvəˈwɜːk] <ige> **1.** agyondolgoztat; túlerőltet; túlhajszol; túldolgoztat **2.** agyondolgozza magát

²**overwork** [ˈəʊvəwɜːk] <fn> [C, U] **1.** túlfeszített munka; *(munkával)* túlterhelés **2.** túlmunka

overwrite [ˌəʊvəˈraɪt] <ige> (overwrites, overwriting, overwrote, overwritten) infor felülír

ovum ['əʊvəm] <fn> [C] biol petesejt
owe [əʊ] <ige> (owes, owing, owed) **1.** tartozik (**sy sg** vkinek vmivel): *My friend lent me some money so I owe him that sum.* A barátom kölcsönadott egy kis pénzt, úgyhogy én tartozom neki azzal az összeggel. **2.** köszönhet (**sg to sy/sg** vkinek/vminek vmit): *You owe your life to your brother who saved you from the burning car.* A bátyádnak köszönheted az életedet, aki kimentett az égő autóból. * *I owe a lot to my parents.* Sokat köszönhetek a szüleimnek./Köszönettel tartozom a szüleimnek.
owing to ['əʊɪŋ tə] <elölj> vmi következtében; vmi miatt: *Owing to the heavy rainfall many of the roads became impassable.* A nagy esőzés miatt sok út járhatatlanná vált.
owl [aʊl] <fn> [C] bagoly
¹own [əʊn] <mn> saját; tulajdon: *Take your own rucksack with you.* Vidd magaddal a saját hátizsákodat! * *My daughter has her own room.* A lányomnak saját szobája van. * *They grow their own vegetables.* Saját veteményeskertjük van. * *I saw her with my own eyes.* A saját szememmel láttam őt. * *The pencil is my own.* A ceruza az enyém./Ez a saját ceruzám. * *I wanted a flat of my own.* Szerettem volna egy lakást (saját) magamnak.

♦ **(all) on one's own 1.** (teljesen) egyedül; egymaga *I am on my own today.* Ma (teljesen) egyedül vagyok. **2.** *(segítség nélkül)* egyedül *He couldn't manage it on his own so I had to help him.* Nem tudta megoldani egyedül, úgyhogy segítenem kellett neki.
²own [əʊn] <ige> **1.** bír; birtokol; a tulajdonában van valami: *Who owns this car?* Kié ez az autó? * *We rent a small flat, but my friends own a big house.* Mi egy kis lakást bérlünk, a barátainknak azonban nagy házuk van. **2.** elismer; beismer: *I own I told a lie.* Beismerem, hogy hazudtam.

---

own up vall
own up to sg beismer; bevall vmit: *He didn't own up to stealing the money.* Nem ismerte be, hogy ellopta a pénzt.

---

owner ['əʊnə] <fn> [C] tulajdonos: *the owner of the house* a ház tulajdonosa
owner-occupier [ˌəʊnər'ɒkjʊpaɪə] <fn> [C] öröklakás tulajdonosa
ownership ['əʊnəʃɪp] <fn> [U] tulajdon(jog)
own goal [ˌəʊn'gəʊl] <fn> [C] sp, átv öngól
ox [ɒks] <fn> [C] (oxen) ökör
Oxbridge ['ɒksbrɪdʒ] <fn> [U] ≈ Oxford és Cambridge egyetemei(nek rendszere)
oxide ['ɒksaɪd] <fn> [U] kém oxid
oxidize ['ɒksɪdaɪz] <ige> (oxidizes, oxidizing, oxidized) kém **1.** oxidál **2.** oxidálódik
oxygen ['ɒksɪdʒən] <fn> [U] oxigén
oxygen flask ['ɒksɪdʒən flɑːsk] <fn> [C] oxigénpalack
oxygen mask ['ɒksɪdʒən mɑːsk] <fn> [C] oxigénmaszk
oxygen tent ['ɒksɪdʒən tent] <fn> [C] oxigénsátor
oyster ['ɔɪstə] <fn> [C] osztriga
oyster bed ['ɔɪstə bed] <fn> [C] osztrigatelep
oz [ɒz] [= ounce(s)] <fn> [C] *(súlymérték)* uncia
ozone ['əʊzəʊn] <fn> [U] ózon
ozone alert [ˌəʊzəʊn ə'lɜːt] <fn> [C, U] ózonriadó
ozone-friendly [ˌəʊzəʊn'frendlɪ] <mn> körny *(spray)* az ózonréteget kímélő
ozone hole ['əʊzəʊn həʊl] <fn> [U] ózonlyuk
ozone layer ['əʊzəʊn leɪə] <fn> [U] ózonréteg; ózontakaró; ózonpajzs

P, p

¹P, p [piː] <fn> [C, U] (Ps, P's, p's) *(betű)* P; p
²p [piː] **1.** [= page] o. (= oldal): *See p 34.* Lásd a 34. oldalon! * *References are on pp 360–380.* A hivatkozások a 360–380. oldalakon találhatók. **2.** [= penny, pence] penny: *Buy a 30p stamp.* Vegyél egy 30 pennys bélyeget!
¹PA [ˌpiːˈeɪ] [= personal assistant] <fn> [C] személyi titkár
²p.a. [= (Latin) per annum = per year] évenként; évi
¹pace [peɪs] <fn> **1.** [C] lépés: *take four paces forward* négy lépést tesz előre **2.** [U, sing] iram; tempó: *at a gentle pace* kényelmes tempóban * *at a lively pace* élénken
  ♦ **keep pace with sy/sg** lépést tart vkivel/vmivel ♦ **set the pace** iramot/tempót diktál
²pace [peɪs] <ige> **1.** lépked; fel-alá járkál **2.** *(ló)* lépésben megy; poroszkál **3.** tempót/iramot diktál
pacemaker [ˈpeɪsˌmeɪkə] <fn> [C] **1.** sp iramot diktáló versenyző **2.** szívritmus-szabályozó; pacemaker
pacific [pəˈsɪfɪk] <mn> békés; csendes; nyugalmas: *the Pacific (Ocean)* a Csendes-óceán
pacifier [ˈpæsɪfaɪə] <fn> [C] **1.** AmE cumi; cucli **2.** békéltető
pacifism [ˈpæsɪfɪzm] <fn> [U] pacifizmus
pacifist [ˈpæsɪfɪst] <fn> [C] pacifista
pacify [ˈpæsɪfaɪ] <ige> (pacifies, pacifying, pacified) kibékít; megnyugtat; lecsendesít
¹pack [pæk] <fn> [C] **1.** csomag: *It is sold in packs of three.* Hármas csomagokban árulják. **2.** (háti)zsák; poggyász; batyu **3.** [C + sing/pl v] falka: *a pack of wolves* egy farkasfalka **4.** átv *(ember)* falka; banda; tömeg **5.** pakli: *a pack of cards* egy pakli kártya
  ♦ **a pack of lies** csupa hazugság
²pack [pæk] <ige> **1.** *(bőröndbe)* (be)csomagol; bepakol; összepakol: *I haven't packed the suitcase yet.* Még nem csomagoltam be a bőröndöt. **2.** *(ajándékot, csomagot)* (be)csomagol **3.** beletöm; belezsúfol; megrak: *The bus was packed.* A busz zsúfolva volt. **4.** konzervál; dobozol **5.** *(állatokat)* összegyűjt; összeszed **6.** *(személyeket, tárgyakat)* összeválogat **7.** *(hó, föld)* összeáll; tömörödik **8.** *(állatok)* összeverődnek **9.** *(emberek)* összegyűlnek

pack sy in biz *(nagy közönséget)* vonz
pack sg in biz befejez; abbahagy; félbehagy vmit
pack sy off elküld; elzavar vkit
pack sg out telezsúfol; teletöm vmit
pack up szl *(gép)* bedöglik
pack sg up **1.** összecsomagol; bepakol vmit **2.** befejez; abbahagy vmit

¹package [ˈpækɪdʒ] <fn> [C] **1.** csomag **2.** (program)csomag
²package [ˈpækɪdʒ] <ige> (be)csomagol
package holiday [ˈpækɪdʒ ˌhɒlədeɪ] <fn> [C] (szervezett) társasutazás; befizetett út
package tour [ˈpækɪdʒ tʊə] <fn> [C] AmE (szervezett) társasutazás
packaging [ˈpækɪdʒɪŋ] <fn> [U] csomagolás
packed lunch [ˌpækt ˈlʌntʃ] <fn> [C] csomagolt hideg élelem; ebéd
packer [ˈpækə] <fn> [C] *(személy, vállalat stb.)* csomagoló
packet [ˈpækɪt] <fn> **1.** [C] csomag; doboz: *a packet of biscuits* egy csomag keksz **2.** [sing] rengeteg pénz: *That must have cost them a packet.* Rengeteg pénzükbe kerülhetett.
packing [ˈpækɪŋ] <fn> [U] **1.** (be)csomagolás; bepakolás: *do one's packing* becsomagol; bepakol **2.** csomagolóanyag; csomagolópapír
packing case [ˈpækɪŋ keɪs] <fn> [C] csomagolóláda
pact [pækt] <fn> [C] egyezmény; szerződés
¹pad [pæd] <fn> [C] **1.** párna; párnázás; töm(ít)és: *shoulder pads* válltömés **2.** jegyzettömb: *a notepad* jegyzettömb **3.** lábszárvédő; mellvédő: *wear pads on one's legs* lábszárvédőt hord **4.** mancs **5.** *(űrhajóé)* kilövőhely; *(helikopteré)* leszállóhely
²pad <ige> (pads, padding, padded) **1.** kipárnáz; kitöm; kibélel **2.** neszteleníl járkál

pad sg out *(írást)* terjengőssé tesz

padded [ˈpædɪd] <mn> bélelt; párnázott
padding [ˈpædɪŋ] <fn> [U] tömőanyag; tömés; vattázás; bélés
¹paddle [ˈpædl] <fn> [C] **1.** sp *(csónaké, kenué)* evezőlapát **2.** *(vízikeréké)* lapát

²**paddle** ['pædl] <ige> **1.** evez; lapátol **2.** lubickol; vízben tocsog

paddling pool ['pædlɪŋ puːl] <fn> [C] lubickolómedence

paddock ['pædək] <fn> [C] **1.** bekerített rét/legelő **2.** *(autóverseny-pályán)* paddock

¹**padlock** ['pædlɒk] <fn> [C] lakat

²**padlock** ['pædlɒk] <ige> belakatol

paediatrician [ˌpiːdɪə'trɪʃn] <fn> [C] gyermekorvos; gyermekgyógyász

paediatrics [ˌpiːdɪ'ætrɪks] <fn> [U] gyermekgyógyászat

pagan ['peɪɡən] <fn> [C] átv is pogány

paganism ['peɪɡənɪzm] <fn> [U] pogányság

¹**page** [peɪdʒ] <fn> [C] **1.** röv **p** lap; oldal: *Open your books on page 5.* Nyissátok ki a könyveteket az 5. oldalon! **2.** apród

²**page** [peɪdʒ] <ige> csipogón hív; hangosbeszélőn keres vkit

pageant ['pædʒənt] <fn> [C] **1.** BrE jelmezes parádé **2.** AmE szépségverseny **3.** látványosság; nagy felvonulás

pager ['peɪdʒə] <ige> [C] csipogó

pagoda [pə'ɡəʊdə] <fn> [C] pagoda

paid [peɪd] → ¹**pay**

pail [peɪl] <fn> [C] vödör

¹**pain** [peɪn] <fn> **1.** [C, U] fájdalom; fájás; szenvedés: *to be in (great) pain* (nagy) fájdalmai vannak * *give pain* fájdalmat okoz **2.** [C] fájdalom; bosszúság; kellemetlenség **3. pains** [pl] fáradozás; fáradság

♦ **a pain (in the neck)** biz *(személy, dolog)* kellemetlen ♦ **on/under pain of death** halálbüntetés terhe alatt ♦ **take (great) pains (to do sg)** nem sajnálja a fáradságot (vmi megtételéhez)

²**pain** [peɪn] <ige> **1.** elszomorít; fájdalmat okoz; gyötör **2.** fáj

painful ['peɪnfl] <mn> **1.** fájdalmas; fájós **2.** kellemetlen; kínos

painkiller ['peɪnˌkɪlə] <fn> [C] fájdalomcsillapító

painless ['peɪnləs] <mn> fájdalommentes

painstaking ['peɪnzˌteɪkɪŋ] <mn> lelkiismeretes; alapos; gondos

¹**paint** [peɪnt] <fn> **1.** [U] festék: *coat of paint* festékréteg * *Wet paint!* Frissen mázolva! **2. paints** [pl] festékkészlet

♦ **Wet paint!** Vigyázat! Mázolva!

²**paint** [peɪnt] <ige> **1.** (be)fest; lefest; kifest: *I have to paint the old fence black.* A régi kerítést feketére kell (le)festenem. **2.** (meg)fest; lefest: *This tree is too difficult to paint.* Ezt a fát túl nehéz lefesteni.

paintbox ['peɪntbɒks] <fn> [C] festékdoboz

paintbrush ['peɪntbrʌʃ] <fn> [C] (festő)ecset

painter ['peɪntə] <fn> [C] **1.** (szoba)festő; mázoló **2.** festő(művész): *a world-famous painter* világhírű festő

painting ['peɪntɪŋ] <fn> **1.** [C] festmény; kép **2.** [U] festészet; festés

paintwork ['peɪntwɜːk] <fn> [U] gk fényezés

¹**pair** [peə] <fn> [C] **1.** pár: *a pair of shoes* egy pár cipő * *a pair of gloves* egy pár kesztyű **2.** két részből álló dolog: *a pair of trousers* nadrág * *a pair of scissors* olló * *a pair of glasses* szemüveg

♦ **in pairs** párosan; párosával

²**pair** [peə] <ige> párosít; párosával összerak

---

pair off összejön (**with sy** vkivel)
pair sy off with sy összehoz vkit vkivel
pair off kettesével elrendeződik
pair sy/sg off kettesével eloszt/elrendez vkit/vmit
pair up (with sy) párt alkot (vkivel)

---

pajamas [pə'dʒɑːməz] <fn> [pl] AmE pizsama
Pakistan [ˌpɑːkɪ'stɑːn] <fn> Pakisztán
pal [pæl] <fn> [C] pajtás; cimbora; haver
palace ['pæləs] <fn> [C] palota
palatable ['pælətəbl] <mn> **1.** jóízű; ízletes **2.** elfogadható; kellemes
palatal ['pælətl] <mn> nyelvt *(hang)* palatális
palate ['pælət] <fn> **1.** [C] szájpadlás: *cleft palate* farkastorok **2.** [C, ált sing] ízlés; gusztus
¹**pale** [peɪl] <mn> **1.** sápadt: *turn pale* elsápad **2.** *(szín)* fakó; halvány: *pale green* halványzöld
²**pale** [peɪl] <ige> **1.** elsápad; elhalványodik **2.** elsápaszt
paleness ['peɪlnəs] <fn> [U] sápadtság; halványság
Palestine ['pæləstaɪn] <fn> Palesztina
¹**Palestinian** [ˌpælə'stɪnɪən] <mn> palesztin(ai)
²**Palestinian** [ˌpælə'stɪnɪən] <fn> [C] palesztin(ai)
¹**pall** [pɔːl] <fn> [C] **1.** szemfedél; koporsólepel **2.** átv takaró; fátyol; felhő: *a pall of smoke* füstfátyol
²**pall** [pɔːl] <ige> unalmassá válik; ellaposodik
pallid ['pælɪd] <mn> **1.** (betegesen) sápadt; fakó **2.** unalmas; egyhangú
pallor ['pælə] <fn> [U] (beteges) sápadtság
¹**palm** [pɑːm] <fn> [C] **1.** tenyér: *read sy's palm* tenyeréből jósol vkinek **2.** pálma(fa)

♦ **grease sy's palm** megken vkit

²**palm** [pɑːm] <ige> tenyerébe rejt

---

palm sg off (on sy) rátukmál; rásóz vmit (vkire)

Palm Sunday [,pɑːm'sʌndeɪ] <fn> [C, U] virágvasárnap
palm tree ['pɑːm triː] <fn> [C] pálmafa
palsy ['pɔːlzɪ] <fn> [U] szélütés; bénulás
paltry ['pɔːltrɪ] <mn> értéktelen; vacak; jelentéktelen
pamper ['pæmpə] <ige> dédelget; kényeztet
pamphlet ['pæmflət] <fn> [C] brosúra; röpirat; pamflet
¹pan [pæn] <fn> [C] (főző)edény; lábas: *pots and pans* konyhaedények * *frying pan* serpenyő * *saucepan* nyeles serpenyő
²pan [pæn] <ige> (pans, panning, panned) biz lehord; kritizál
Panama ['pænəmɑː] <fn> Panama
pancake ['pænkeɪk] <fn> [C] palacsinta
Pancake Day ['pænkeɪk deɪ] <fn> [C, ált sing] biz BrE húshagyókedd
panda ['pændə] <fn> [C] panda
pandemonium [,pændə'məʊnɪəm] <fn> [U] pokoli lárma; zűrzavar
p and p [,piː'ən'piː] [= postage and packing] BrE postai és kézbesítési költség
pane [peɪn] <fn> [C] (üveg)tábla; tábla üveg
¹panel ['pænl] <fn> [C] **1.** (fa-/fém-/üveg)tábla **2.** (építőelem) panel **3.** [C + sing/pl v] szakértői csoport; bizottság **4.** [C + sing/pl v] (tévében, rádióban) fórum **5. panel (of judges)** [C + sing/pl v] zsűri **6. (instrument) panel** műszerfal
²panel ['pænl] <ige> (panels, panelling, panelled, AmE paneling, paneled) faburkolattal ellát; (falat) burkol
pang [pæŋ] <fn> [C] **1.** nyilalló/éles fájdalom: *hunger pangs* éhségérzet **2.** átv kín; (szív)fájdalom: *a pang of jealousy* féltékenységi roham
¹panic ['pænɪk] <fn> [C, U] félelem; riadalom; pánik: *a panic attack* pánikbetegség
²panic ['pænɪk] <ige> (panics, panicking, panicked) megrémül; pánikba esik: *Don't panic!* Ne ess pánikba! * *Everybody panicked when the fire started.* Mindenki pánikba esett, amikor tűz ütött ki.
panicky ['pænɪkɪ] <mn> könnyen rémüldöző; pánikra hajlamos
panic-stricken [,pænɪk'strɪkən] <mn> (meg)rémült; fejvesztett
panorama [,pænə'rɑːmə] <fn> [C] panoráma; körkép; látkép
pansy ['pænzɪ] <fn> (pansies) **1.** árvácska **2.** vulg, szl *(férfi)* homokos
pant [pænt] <ige> levegő után kapkod; liheg; zihál

> **pant for/after sy/sg** vágyódik vki/vmi után

panther ['pænθə] <fn> [C] fekete párduc
panties ['pæntɪz] <fn> [pl] AmE bugyi
pantomime ['pæntəmaɪm] <fn> **1.** [C] BrE ≈ ált. karácsonykor előadott, meséken alapuló zenés darab **2.** [C, U] némajáték; pantomim
pantry ['pæntrɪ] <fn> [C] (pantries) éléskamra; spájz
pants [pænts] <fn> [pl] **1.** BrE alsónadrág **2.** AmE nadrág; pantalló
pantsuit ['pæntsuːt] <fn> [C] AmE nadrágkosztüm
pap [pæp] <fn> [U] biz **1.** pép; papi; kása **2.** igénytelen film/könyv/műsor
papacy ['peɪpəsɪ] <fn> [sing] pápaság
papal ['peɪpl] <mn> pápai
paparazzo [,pæpə'rætsəʊ] <fn> [ált pl] (paparazzi) paparazzo; lesifotós
papaya [pə'paɪə] <fn> [C] növ papaya
¹paper ['peɪpə] <fn> **1.** [U] papír: *a piece of paper* egy darab papír * *It is made of paper.* Papírból készült. **2.** [C] újság; (hír)lap; napilap; hetilap: *I have already read the morning paper.* Már elolvastam a reggeli újságot/lapot. **3. papers** [pl] (személyi) okmány(ok); igazolvány; iratok **4.** [C] írásbeli vizsga/dolgozat **5.** [C] tanulmány; értekezés; dolgozat; előadás: *present a paper (on sg)* előadást tart (vmiről)
 ♦ **on paper 1.** írásban **2.** elméletben
²paper ['peɪpə] <ige> **1.** tapétáz **2.** (papírba) becsomagol
paperback ['peɪpəbæk] <fn> [C, U] puha kötésű könyv; fűzött könyv: *be available in paperback* puha fedelű/kötésű kiadásban (is) kapható
paper boy ['peɪpə bɔɪ] <fn> [C] lapkihordó (fiú)
paper clip ['peɪpə klɪp] <fn> [C] gemkapocs; iratkapocs
paper girl ['peɪpə gɜːl] <fn> [C] lapkihordó (lány)
paperhanger ['peɪpə,hæŋə] <fn> [C] tapétázó (munkás)
paper knife ['peɪpə naɪf] <fn> [C] (paper knives) papírvágó kés
paper shop ['peɪpə ʃɒp] <fn> [C] BrE újságárus
paper thin [,peɪpə'θɪn] <mn> papírvékony
paper towel [,peɪpə'taʊəl] <fn> [C] papírtörlő
paperweight ['peɪpəweɪt] <fn> [C] levélnehezék
paperwork ['peɪpəwɜːk] <fn> [U] **1.** papírmunka; irodai munka **2.** dokumentáció
paprika ['pæprɪkə] <fn> [U] (őrölt) (piros) paprika
papyrus [pə'paɪrəs] <fn> [C] (papyruses v. papyri) papirusz
¹par [pɑː] <fn> [U] **1.** gazd papírárfolyam; névérték; egyenérték **2.** átlag **3.** sp *(golfban)* ≈

egy-egy lyukra, ill. az egész körre megszabott ütések száma

♦ **below/under par** nívótlan; átlagon aluli
♦ **feel below/under par** biz nem érzi jól magát ♦ **on a par with sy/sg** egyenértékű; egyenrangú vkivel/vmivel ♦ **up to par** színvonalas

²**par., para.** [= paragraph] par. (= paragrafus)
parable ['pærəbl] <fn> [C] példabeszéd
parabola [pə'ræbələ] <fn> [C] parabola
¹**parachute** ['pærəʃuːt] <fn> [C] ejtőernyő: *parachute troops* ejtőernyős alakulat
²**parachute** ['pærəʃuːt] <ige> ejtőernyős ugrást végez
parachutist ['pærəʃuːtɪst] <fn> [C] ejtőernyős
¹**parade** [pə'reɪd] <fn> [C] **1.** felvonulás; (dísz-)szemle **2. Parade** BrE sétány
²**parade** [pə'reɪd] <ige> **1.** fitogtat; kérkedik **2.** (dísz)szemlét tart **3.** parádézik; díszeleg **4.** szemlére vonul
paradise ['pærədaɪs] <fn> **1. Paradise** [U] mennyország; paradicsom **2.** [C] átv paradicsom; éden: *a tropical paradise* trópusi paradicsom
paradox ['pærədɒks] <fn> [C] paradoxon; látszólagos ellentmondás
paradoxical [,pærə'dɒksɪkl] <mn> paradox
paraffin ['pærəfɪn] <fn> [U] petróleum
paragliding ['pærəglaɪdɪŋ] <fn> [U] siklóernyőzés
paragon ['pærəgən] <fn> [C] minta(kép); eszménykép
paragraph ['pærəgrɑːf] <fn> [C] röv par., para. **1.** paragrafus; szakasz; cikk(ely); pont **2.** (új) bekezdés
¹**parallel** ['pærəlel] <fn> [C, U] **1.** párhuzamos (vonal) **2. parallel (of latitude)** földr szélességi kör **3.** hasonlóság; párhuzam: *draw a parallel* átv párhuzamba állít; párhuzamot von * *without parallel* példátlan; páratlan
²**parallel** ['pærəlel] <mn> **1.** párhuzamos (**with/to sg** vmivel): *parallel lines* párhuzamos vonalak **2.** hasonló
³**parallel** ['pærəlel] <hsz> párhuzamosan: *Our street runs parallel to the main road.* Az utcánk párhuzamos a főúttal.
⁴**parallel** ['pærəlel] <ige> (parallels, paralleling, paralleled) **1.** megfelel (**sg** vminek); megegyezik (**sg** vmivel) **2.** (két dolgot) párhuzamba állít; egybevet
paralyse ['pærəlaɪz] <ige> átv is (meg)bénít: *He is paralysed from the neck down.* Nyaktól lefelé béna. * *They were paralysed with fear.* A félelemtől megdermedtek.
paralysis [pə'ræləsɪs] <fn> [U] (meg)bénulás
paralyze ['pærəlaɪz] AmE → **paralyse**

paramedic [,pærə'medɪk] <fn> [C] mentős tiszt
parameter [pə'ræmɪtə] <fn> [C, ált pl] paraméter
paramilitary [,pærə'mɪlɪtəri] <mn> katonai jellegű
paramount ['pærəmaʊnt] <mn> legfőbb; kiemelkedő jelentőségű
paranoia [,pærə'nɔɪə] <fn> [U] üldözési mánia; paranoia
paranoid ['pærənɔɪd] <mn> üldözési mániás
¹**paraphrase** ['pærəfreɪz] <fn> [C] (magyarázó) körülírás; parafrázis
²**paraphrase** ['pærəfreɪz] <ige> részletez; kifejt; körülír; más szavakkal elmond
paraplegia [,pærə'pliːdʒə] <fn> [U] *(deréktól lefelé)* kétoldali végtagbénulás
parasite ['pærəsaɪt] <fn> [C] élősködő; élősdi; parazita
parasitic [,pærə'sɪtɪk] <mn> élősködő
parasol ['pærəsɒl] <fn> [C] napernyő
paratrooper ['pærə,truːpə] <fn> [C] ejtőernyős
paratroops ['pærətruːps] <fn> [pl] ejtőernyős alakulat
parboil ['pɑːbɔɪl] <ige> előfőz
¹**parcel** ['pɑːsl] <fn> [C] **1.** *(postai)* csomag **2.** telek(rész); parcella
²**parcel** ['pɑːsl] <ige> (parcels, parcelling, parcelled, AmE parceling, parceled)

parcel sg out feloszt; (fel)parcelláz vmit
parcel sg up becsomagol vmit

parchment ['pɑːtʃmənt] <fn> [U] pergamen
¹**pardon** ['pɑːdn] <fn> [C, U] bocsánat; kegyelem: *ask for pardon* bocsánatot kér * *I beg your pardon!* **(a)** Elnézést kérek! **(b)** Tessék? Nem értettem. **(c)** *(méltatlankodva)* De kérem!
²**pardon** ['pɑːdn] <ige> **1.** megbocsát; elnéz (**sy for sg** vkinek vmit) **2.** megkegyelmez (**sy** vkinek)

♦ **Pardon me!** Bocsánatot kérek!
³**pardon** ['pɑːdn] <isz> **1.** Bocsánat!; Elnézést! **2.** Tessék?
parent ['peərənt] <fn> [C] szülő: *parents* szülők * *a foster-parent* nevelőszülő * *a single parent* gyermekét/gyermekeit egyedül nevelő szülő
parentage ['peərəntɪdʒ] <fn> [U] **1.** származás **2.** szülők; ősök; család
parental [pə'rentl] <mn> szülői; atyai
parenthesis [pə'renθəsɪs] <fn> [C] (parentheses) **1.** (kerek) zárójel: *in parenthesis* zárójelben **2.** közbevetett megjegyzés/mondat
parenthood ['peərənthʊd] <fn> [U] apaság; anyaság

Paris ['pærɪs] <fn> Párizs
parish ['pærɪʃ] <fn> [C] **1.** plébánia; egyházközség; parókia: *parish church* plébániatemplom ∗ *parish priest* plébános **2. parish council** községi tanács; önkormányzat
¹park [pɑːk] <fn> [C] park
²park [pɑːk] <ige> parkol: *park one's car swhere* (le)parkol vhol ∗ *He's parked very badly.* Rossz helyen parkol.
parking ['pɑːkɪŋ] <fn> [U] parkolás: *Parking is forbidden here.* Itt tilos a parkolás! ∗ *the sign "No Parking"* „Parkolni tilos!" tábla
parking lot ['pɑːrkɪŋ lɑːt] <fn> [C] AmE (autó-) parkoló
parking meter ['pɑːkɪŋˌmiːtə] <fn> [C] parkolóóra
parking space ['pɑːkɪŋ speɪs] <fn> [C] parkolóhely
parking ticket ['pɑːkɪŋˌtɪkɪt] <fn> [C] *(tiltott parkolásért)* bírságcédula
parliament ['pɑːləmənt] <fn> [C] országgyűlés; parlament: *Member of Parliament* országgyűlési képviselő
parliamentary [ˌpɑːləˈmentri] <mn> országgyűlési; parlamenti; parlamentáris: *parliamentary election* képviselőválasztás ∗ *parliamentary democracy* parlamentáris demokrácia
parlor ['pɑːlər] AmE → **parlour**
parlour ['pɑːlə] <fn> [C] **1.** (elegáns) üzlethelyiség; szalon **2.** nappali (szoba); szalon **3.** társalgó; fogadószoba
¹parody ['pærədi] <fn> [C, U] (parodies) paródia
²parody ['pærədi] <ige> (parodies, parodying, parodied) parodizál
¹parole [pəˈrəʊl] <fn> [U] feltételes szabadlábra helyezés: *He's been released on parole.* Feltételesen szabadlábra helyezték.
²parole [pəˈrəʊl] <ige> feltételesen szabad lábra helyez
parquet ['pɑːkeɪ] <fn> [U] parkett(a)
parrot ['pærət] <fn> [C] papagáj
parsley ['pɑːsli] <fn> [U] növ petrezselyem
parsnip ['pɑːsnɪp] <fn> [C] növ paszternák
¹part [pɑːt] <fn> **1.** [C, U] (alkotó)rész; tag: *Which part of the country do you come from?* Az ország melyik részéről származol? ∗ *I enjoyed just one part of this book.* Ennek a könyvnek csak egy(etlen) részét élveztem. ∗ *I spend part of the day in the office.* A nap egy részét az irodában töltöm. **2.** [C] alkatrész: *spare parts* tartalék alkatrészek **3.** [C] szerep: *He played the part of Romeo.* Rómeó szerepét játszotta. **4. parts** [pl] országrész; tájék; vidék: *be a stranger in these parts* nem ismerős ezen a vidéken **5.** [C] *(könyvben)* rész; epizód; *(sorozaté)* füzet; kötet **6.** [C] zene szólam

♦ **the best/better part of sg** vminek a java ♦ **for the most part** többnyire ♦ **for my part** a magam részéről ♦ **have/play a part (in sg)** szerepe van; szerepet játszik (vmiben) ♦ **in part** részben; valamennyire ♦ **on the part of sy//on sy's part** vkinek a részéről ♦ **take part in sg** részt vesz vmiben
²part [pɑːt] <ige> **1.** elválaszt; szétválaszt: *till death do us part* mindhalálig **2.** kettéoszt; *part one's hair* elválasztja a haját **3.** szétválik; felbomlik; feloszlik **4.** elbúcsúzik; elválik; elmegy

part with sg 1. megválik vmitől **2.** felad vmit; lemond vmiről

³part [pɑːt] <hsz> részben: *It's made part of iron and part of wood.* Félig vasból és félig fából készült.
partial ['pɑːʃl] <mn> **1.** részleges **2.** elfogult; részrehajló (**to/towards sy/sg** vkivel/vmivel szemben) **3. be partial to sg** különösen kedvel/szeret vmit; nem tud ellenállni vminek
partiality [ˌpɑːʃɪˈæləti] <fn> [U] elfogultság; részrehajlás (**for sy/sg** vki/vmi iránt)
partially ['pɑːʃəli] <hsz> részben; részlegesen
participant [pɑːˈtɪsɪpənt] <fn> [C] résztvevő
participate [pɑːˈtɪsɪpeɪt] <ige> részt vesz; közreműködik (**in sg** vmiben)
participation [pɑːˌtɪsɪˈpeɪʃn] <fn> [U] részvétel
participle ['pɑːtɪsɪpl] <fn> [C] nyelvt melléknévi igenév: *past participle* múlt idejű melléknévi igenév ∗ *present participle* jelen idejű melléknévi igenév
particle ['pɑːtɪkl] <fn> [C] **1.** (elemi) részecske; szemcse **2.** kis/kevés mennyiség (**of sg** vmiből) **3.** nyelvt viszonyszó
particular [pəˈtɪkjʊlə] <mn> **1.** konkrét; egy bizonyos: *in this particular case* ebben a konkrét esetben ∗ *I like that particular meat.* Azt a bizonyos húst szeretem. **2.** különös; különleges: *have nothing particular to do* nincs semmi különös dolga ∗ *for no particular reason* minden különösebb ok nélkül ∗ *take particular care over doing sg* különös/különleges gonddal végez vmit **3.** saját(ság)os; sajátlagos: *do sg in a particular way* sajátságos módon csinál vmit **4. be particular about/over sg** finnyás/kényes vmire; válogatós vmiben; körülményes/aprólékos vmi tekintetében; finnyáskodik: *Don't be too particular (about it).* Nem kell olyan aprólékosnak lenni.

♦ **in particular** főként; különösen

particularly [pəˈtɪkjʊləlɪ] <hsz> különösen; főleg

particulars [pəˈtɪkjʊləz] <fn> [pl] személyi adatok

parting [ˈpɑːtɪŋ] <fn> **1.** [C, U] elválás; búcsú **2.** [C] (haj)választék; elválasztás

¹partition [pɑːˈtɪʃn] <fn> **1.** [C] válaszfal **2.** [U] elkülönítés; szétválasztás; felosztás

²partition [pɑːˈtɪʃn] <ige> **1.** *(szobát stb.)* leválaszt; elválaszt; elkülönít **2.** szétválaszt; szétoszt; feloszt

partly [ˈpɑːtlɪ] <hsz> részben; részint

¹partner [ˈpɑːtnə] <fn> [C] **1.** házastárs; élettárs **2. (business) partner** (üzlet)társ **3.** *(sportban stb.)* társ; partner **4.** partnerország; partnercég

²partner [ˈpɑːtnə] <ige> **1.** partnerként/társaként szerepel **2.** társul (**sy** vkivel)

partnership [ˈpɑːtnəʃɪp] <fn> **1.** [U] társas viszony: *go into partnership with sy* társul vkivel **2.** [C] partnerkapcsolat **3.** [C] társas vállalkozás

part of speech [ˌpɑːt ɒvˈspiːtʃ] <fn> [C] nyelvt szófaj

partridge [ˈpɑːtrɪdʒ] <fn> [C, U] (partridges v. partridge) *(madár)* fogoly

¹part-time [ˌpɑːtˈtaɪm] <mn> részidős; félnapos; félállású: *get a part-time job* részidős/félnapos állást kap

²part-time [ˌpɑːtˈtaɪm] <hsz> nem teljes munkaidőben; félállásban: *work part-time* félállásban/részmunkaidőben dolgozik

party [ˈpɑːtɪ] <fn> [C] (parties) **1.** buli; vendégség; (társas) összejövetel; parti: *a birthday party* születésnapi buli * *give a party* bulit rendez **2.** párt: *join a political party* politikai pártba belép * *member of the Conservative Party* a Konzervatív Párt tagja **3.** csoport: *a party of foreign tourists* külföldi turistacsoport **4.** jog (peres) fél **5.** gazd, jog ügyfél; (szerződő) fél

¹pass [pɑːs] <ige> **1.** *(vmi mellett)* (el)megy; (el)halad; továbbhalad; (el)vonul; átmegy: *He waved as he passed me on his bike.* Integetett, amint a biciklijével elment/elhaladt mellettem. **2.** odaad; átad: *Pass me the butter, please.* Add ide a vajat, légy szíves! **3.** *(labdát)* passzol; lead; átad; továbbad **4.** *(idő)* (el)telik; (el)múlik: *Two years have passed since he visited us.* Két év telt el azóta, mióta meglátogatott bennünket. **5.** *(időt)* (el)tölt: *I passed the time by singing.* Énekléssel töltöttem az időt. **6.** *(vizsgán)* átmegy: *He couldn't pass his exam.* Nem ment át a vizsgán. **7.** *(vizsgán)* átenged **8.** *(törvényjavaslatot)* megszavaz; elfogad: *The parliament has passed two new laws.* A parlament két új törvényt fogadott el. **9.** ítélkezik: *pass sentence on sy* ítéletet mond vkiről **10.** nem vesz észre; átsiklik (**sg** vmin): *I let it pass.* Átsiklottam rajta. **11.** meghalad; felülmúl (**sg** vmit): *It passes my comprehension.* Ez magas nekem.

---

pass away elhuny; meghal

pass by (sy/sg) továbbmegy; elhalad (vki/vmi mellett)

pass sg down örökül hagy vmit

pass for sy/sg elmegy vmiként/vminek: *His mother looks so young she'd pass for his sister.* Édesanyja olyan fiatalos, hogy akár a testvérének is nézhetik.

pass off *(esemény)* lezajlik; lefolyik

pass oneself off as sy/sg kiadja magát vkinek/vminek: *pass oneself off as an artist* művésznek adja ki magát

pass sg off (as sg) átv elsóz vmit (vmiként): *pass off a bad coin* elsóz egy hamis pénzdarabot

pass sg on (to sy) továbbít; továbbad vmit (vkinek)

pass out 1. elájul; elveszti az eszméletét **2.** végleg elhagyja az iskolát; végez

pass sg out kiad; kioszt vmit

pass sy/sg over mellőz vkit/vmit; átsiklik vkin/vmin

pass sg round körbead vmit

pass sg up biz *(lehetőséget)* elmulaszt; elszalaszt

---

²pass [pɑːs] <fn> [C] **1.** igazolvány; engedély: *Show your pass at the gate.* Mutasd be/fel az igazolványodat/engedélyedet a kapunál! **2.** hágó; (hegy)szoros: *We couldn't get through the Brenner Pass in January.* Januárban nem tudtunk átjutni a Brenner-hágón. **3.** megfelelt fokozat; sikeres vizsga: *the pass mark is 50%* a megfelelt határ 50% **4.** sp leadás; passz: *He made two goal-passes.* Két gólpasszt adott.

passable [ˈpɑːsəbl] <mn> **1.** elfogadható; tűrhető **2.** *(út)* járható; *(folyó)* hajózható

passage [ˈpæsɪdʒ] <fn> **1.** [C] átjáró; folyosó: *You have to go along this passage to the shop.* Át kell menned ezen a folyosón, hogy az üzlethez juss. **2.** [C] *(irodalmi/zenei műben)* szakasz; rész(let); hely: *He is reading now an interesting passage from his new book.* Egy érdekes részt olvas most az új könyvéből. **3.** [C] *(emberi testben)* járat; vezeték **4.** [sing] vminek az (el)múlása: *the passage of time* az idő múlása **5.** [U] menekülés **6.** [U] (át)utazás; átkelés; áthaladás: *No passage here!* Tilos az

átjárás! **7.** [U] *(törvényjavaslaté)* elfogadás; megszavazás
passenger ['pæsɪndʒə] <fn> [C] utas
passer-by [ˌpɑːsə'baɪ] <fn> [C] (passers-by) járókelő
passion ['pæʃn] <fn> **1.** [C, U] szenvedély: *have a passion for sg* igen kedvel vmit **2.** [C, U] indulat; düh(kitörés): *fit of passion* dühroham **3. the Passion** [sing] vall passió; Jézus kínszenvedése
passionate ['pæʃnət] <mn> szenvedélyes; heves
¹passive ['pæsɪv] <mn> **1.** passzív; tétlen: *passive resistance* passzív ellenállás **2.** nyelvt *(szerkezet)* szenvedő: *passive voice* szenvedő alak
²passive ['pæsɪv] <fn> **the passive** [sing] szenvedő (alak)
Passover ['pɑːsəʊvə] <fn> [sing] zsidó húsvét
passport ['pɑːspɔːt] <fn> [C] útlevél
password ['pɑːswɜːd] <fn> [C] jelszó; kód
¹past [pɑːst] <fn> [sing] **1. the past** a múlt: *in the recent past* a közelmúltban **2. the past (tense)** nyelvt múlt (idő): *In this sentence you have to use the past (tense) of the verb.* Ebben a mondatban az ige múlt idejét kell használnod! **3. a past** előélet; múlt: *He is a man with a past.* Ennek az embernek múltja van.
²past [pɑːst] <mn> **1.** (el)múlt; régi: *for some time past* (már) egy ideje ∗ *She has been ill for the past two months.* Az elmúlt két hónapban beteg volt. **2.** nyelvt múlt: *past tense* múlt idő ∗ *past participle* múlt idejű melléknévi igenév ∗ *past perfect* befejezett múlt; régmúlt
³past [pɑːst] <elölj> **1.** *(időben)* után; túl; múlt: *It's half past five.* Fél hat van. ∗ *It's ten (minutes) past four.* Tíz perccel múlt négy. **2.** *(vmin)* túl: *past endurance* tűrhetetlen ∗ *I'm past caring.* Már nem érdekel.
⁴past [pɑːst] <hsz> mellett(e el): *He drove past me without waving.* Integetés nélkül hajtott el mellettem.
pasta ['pæstə] <fn> [U] száraztészta; főtt tészta
¹paste [peɪst] <fn> [U] **1.** csiriz; ragasztó: *wallpaper paste* tapétaragasztó **2.** pástétom; krém **3.** tészta(massza): *Make the paste from flour, salt, water and egg.* Készítsd el a tésztamasszát lisztből, sóból, vízből és tojásból! **4.** strassz; drágakőutánzat **5.** infor beillesztés
²paste [peɪst] <ige> **1.** (fel)ragaszt; beragaszt **2.** infor beilleszt: *cut and paste text* szöveget kivág és beilleszt
pasteurise BrE → **pasteurize**
pasteurize ['pɑːstʃəraɪz] <ige> pasztőröz; pasztörizál
pastime ['pɑːstaɪm] <fn> [C] időtöltés; szórakozás

pastoral ['pɑːstərəl] <mn> **1.** pásztori; pásztor-: *pastoral tribes* pásztorkodó néptörzsek **2.** (lelki)pásztori; lelkészi: *pastoral care* lelki gondozás
pastry ['peɪstri] <fn> (pastries) **1.** [U] tészta: *I put too much flour for the pastry.* Túl sok lisztet tettem a tésztába. **2.** [C] édes tészta; (cukrász)sütemény: *I made two kinds of pastry for his birthday.* A születésnapjára kétfajta süteményt készítettem.
pasture ['pɑːstʃə] <fn> [C, U] legelő
¹pasty ['pæsti] <fn> [C] (pasties) BrE húsos/zöldséges/sajtos táska
²pasty ['peɪsti] <mn> (pastier, pastiest) sápadt; beteges: *a pasty face* sápadt arc
¹pat [pæt] <ige> (pats, patting, patted) (meg-) vereget; (meg)paskol
²pat [pæt] <fn> [C] gyengéd ütés; veregetés; paskolás
 ♦ **get a pat on the back (for sg)** vállveregetést/elismerést kap (vmiért)
³pat [pæt] <mn> *(válasz stb.)* kapásból adott; kellő időben/alkalommal jött: *pat answer* hirtelen válasz
⁴pat [pæt] <hsz> kellő pillanatban; épp jókor; kapóra
¹patch [pætʃ] <fn> [C] **1.** folt(ozás); toldás: *My grandmother sewed a patch on my brother's trousers.* A nagymamám varrt egy foltot a bátyám nadrágjára. **2.** folt: *The dog has several brown patches on its body.* A kutyának több barna folt is van a testén. **3.** szemvédő **4.** kis darab föld; parcella: *a vegetable patch* veteményes
 ♦ **go through a bad patch** BrE rájár a rúd
 ♦ **not a patch on sy/sg** biz BrE nyomába sem léphet vkinek/vminek
²patch [pætʃ] <ige> (meg)foltoz; kijavít

---
patch sg up 1. toldoz-foldoz; kijavít vmit **2.** *(nézeteltérést)* elsimít
---

patchwork ['pætʃwɜːk] <fn> [U] különböző darabokból összeállított takaró/párna/terítő; foltvarrás
patchy ['pætʃi] <mn> (patchier, patchiest) **1.** foltokban előforduló: *thick patchy fog* foltokban előforduló sűrű köd **2.** szedett-vedett; hiányos: *patchy knowledge* hiányos tudás
pâté ['pæteɪ] <fn> [U] pástétom
¹patent ['peɪtnt] <mn> nyilvánvaló; kétségtelen
²patent ['pætnt] <fn> [C, U] szabadalom
³patent ['pætnt] <ige> *(találmányt)* szabadalmaztat

paternal [pə'tɜːnl] <mn> atyai; apai: *paternal love* atyai szeretet ∗ *my paternal grandfather* apai nagyapám

paternity [pə'tɜːnəti] <fn> [U] apaság

path [pɑːθ] <fn> [C] **1.** ösvény; (gyalog)út **2.** út(vonal)

pathetic [pə'θetɪk] <mn> **1.** szívszaggató; szívfacsaró; megrendítő; szánalomra méltó **2.** biz gyatra; hitvány; silány; szánalmas

patience ['peɪʃns] <fn> [U] **1.** türelem: *be out of patience with sy* az idegeire megy vki **2.** BrE *(kártyajáték)* pasziánsz

¹**patient** ['peɪʃnt] <mn> türelmes

²**patient** ['peɪʃnt] <fn> [C] páciens; beteg

patio ['pætiəʊ] <fn> [C] (patios) *(kertben)* földszinti terasz

patriarch ['peɪtrɪɑːk] <fn> [C] pátriárka

patriarchal [ˌpeɪtrɪ'ɑːkl] <mn> patriarkális

patriot ['pætrɪət] <fn> [C] hazafi

patriotic [ˌpætrɪ'ɒtɪk] <mn> hazafias

patriotism ['pætrɪətɪzm] <fn> [U] hazafiasság; hazaszeretet

¹**patrol** [pə'trəʊl] <ige> (patrols, patrolling, patrolled) őrjáratot tart; cirkál

²**patrol** [pə'trəʊl] <fn> **1.** [C, U] járőrszolgálat; őrjárat **2.** [C] járőr

patron ['peɪtrən] <fn> [C] **1.** pártfogó **2.** védnök **3.** vevő; kuncsaft; vendég

patronise ['pætrənaɪz] BrE → **patronize**

patronising ['pætrənaɪzɪŋ] BrE → **patronizing**

patronize ['pætrənaɪz] <ige> **1.** támogat; patronál; pártfogol **2.** *(vmely étterembe stb.)* rendszeresen jár; *(vmely üzletben)* rendszeresen vásárol **3.** leereszkedő (**sy** vkivel szemben)

patronizing ['pætrənaɪzɪŋ] <mn> lenéző: *a patronizing smile* lenéző mosoly

patron saint [ˌpeɪtrən'seɪnt] <fn> [C] védőszent

¹**patter** ['pætə] <fn> **1.** [sing] (halk) kopogás; dobolás: *the patter of raindrops* az esőcseppek kopogása **2.** [U] *(ált. előre betanult)* gyors szöveg

²**patter** ['pætə] <ige> **1.** kopog; dobol: *We heard the rain patter on the window.* Hallottuk, ahogy az eső kopogott az ablakon. **2.** elhadar **3.** fecseg; locsog

pattern ['pætn] <fn> [C] **1.** *(szöveten stb.)* minta; mintázat; motívum: *a floral pattern* virágminta **2.** szabásminta **3.** minta; sablon; séma; mód(szer): *verb patterns* igés szerkezeti sémák **4.** kialakult/hagyományos rend(szer)/viselkedésforma: *changing patterns of behaviour* változó viselkedésformák ∗ *The pattern of family life has been changing.* A családi élet formája/rendje változik. **5.** *(szövetből, terményből stb.)* (áru)minta: *collection of patterns* mintakollekció

patterned ['pætənd] <mn> mintás: *patterned wallpaper* mintás tapéta

paunch [pɔːntʃ] <fn> [C] *(férfié)* pocak

pauper ['pɔːpə] <fn> [C] szegény (ember)

¹**pause** [pɔːz] <fn> **1.** [C] szünet(elés); megszakítás; megállás: *I was running for half an hour without a pause.* Fél órán át futottam szünet/megállás nélkül. **2.** [U] *(magnón stb.)* Pause (Szünet) gomb

 ♦ **give sy pause** megállásra/elgondolkodásra késztet vkit

²**pause** [pɔːz] <ige> megáll; időzik; szünetet tart

pave [peɪv] <ige> *(utat)* kikövez; burkol

pavement ['peɪvmənt] <fn> [C] **1.** BrE járda **2.** BrE kövezet **3.** AmE aszfalt(burkolat); útburkolat

pavilion [pə'vɪliən] <fn> [C] **1.** pavilon **2.** BrE *(sportpálya mellett)* klubház

¹**paw** [pɔː] <fn> [C] *(állaté)* mancs

²**paw** [pɔː] <ige> mancsával megfog(dos); tapogat

¹**pawn** [pɔːn] <fn> **1.** [C] *(sakkban)* gyalog **2.** [C] vki eszköze/játékszere **3.** [U] zálog; biztosíték

²**pawn** [pɔːn] <ige> zálogba ad; elzálogosít

¹**pay** [peɪ] <ige> (paid, paid) **1.** fizet (**for sg** vmiért): *pay 250 forints for the bread* 250 forintot fizet a kenyérért ∗ *pay in cash* készpénzzel fizet **2.** fizet; fizetést ad: *The boss pays his employes monthly.* A főnök havonta fizet az alkalmazottainak. **3.** *(lakbért, számlát stb.)* (ki)fizet: *pay a fine* kifizeti a bírságot **4.** kifizetődik: *It doesn't pay.* Nem fizetődik ki./Nem érdemes. **5.** átv ráfizet (**for sg** vmire); meglakol (**for sg** vmiért): *You'll pay for this!* Ezért még megfizetsz!

---

pay sg back *(kölcsönt)* megfizet; visszafizet

pay sy back bosszút áll vkin: *I'll pay you back!* Ezért még megfizetsz!

pay for sg fizet vmiért; megfizet/kifizet vmit

pay sg in *(csekket stb.)* befizet

pay off biz kifizetődik; beválik

pay sg off kifizet; kiegyenlít vmit: *pay off a debt* kiegyenlíti a tartozását

pay sg out **1.** *(sok pénzt)* kifizet: *I've just paid out €500 on getting this machine fixed.* Most fizettem ki 500 eurót, hogy ezt a gépet megjavítsák. **2.** *(kötelet)* kiereszt; kienged; utánaenged

pay up biz kifizeti tartozását

---

²**pay** [peɪ] <fn> [U] fizetés; fizetség; illetmény; bér

payback ['peɪbæk] <fn> [U] **1.** gazd visszafizetés; törlesztés **2.** megtérülés

payment ['peɪmənt] <fn> [C, U] **1.** (be)fizetés; kifizetés; fizetség: *He had to make twelve monthly payments of €60.* 60 eurós részleteket kellett fizetnie 12 hónapon keresztül. ∗ *We are sorry for late payment of phone bill.* Elnézést kérünk a telefonszámla késői kifizetéséért! **2.** bér; fizetés; fizetség: *payment by results* teljesítmény szerinti bérezés ∗ *I give you this small present in payment for your hard work.* Fogadd ezt a kis ajándékot fizetségképpen a szorgalmadért!

payola [peɪ'əʊlə] <fn> [U] biz AmE kenőpénz; megvesztegetési pénz

pay phone ['peɪ fəʊn] <fn> [C] nyilvános telefon

pay raise ['peɪ reɪz] <fn> [C] AmE → **pay rise**

pay rise ['peɪ raɪz] <fn> [C] fizetésemelés

¹PC [,pi:'si:] <fn> [C] (PCs) **1.** [= personal computer] PC (= személyi számítógép) **2.** [= police constable] BrE (köz)rendőr

²PC [,pi:'si:] [= politically correct] <mn> PC (= politikailag korrekt)

PE [,pi:'i:] [= physical education] <fn> [U] testnevelés; *(mint tantárgy és óra)* tornaóra

pea [pi:] <fn> [C] borsó

peace [pi:s] <fn> [U] **1.** béke; közrend: *Everybody wants to live in peace.* Mindenki békében akar élni. **2.** béke(sség); nyugalom: *We enjoy the peace of the countryside.* Élvezzük a vidék(i élet) nyugalmát.
♦ **Leave me in peace!** Hagyj békén! ♦ **make peace with sy** kibékül vkivel

peaceable ['pi:səbl] <mn> békés; békeszerető

peace conference ['pi:s ˌkɒnfrəns] <fn> [C] békekonferencia

peaceful ['pi:sfl] <mn> **1.** békés: *a peaceful demonstrators* békés tüntetők **2.** nyugodt; békés; csendes: *a peaceful place* nyugodt/csendes hely

peace-loving ['pi:s ˌlʌvɪŋ] <mn> békeszerető

peace talks ['pi:s tɔ:ks] <fn> [pl] béketárgyalások

peacetime ['pi:s ˌtaɪm] <fn> [U] béke(idő)

peach [pi:tʃ] <fn> **1.** [C] őszibarack **2.** [U] barackszín **3.** [sing] biz remek dolog; tündéri (vki/vmi)

peacock ['pi:kɒk] <fn> [C] páva(kakas)

¹peak [pi:k] <fn> [C] **1.** (hegy)csúcs; orom **2.** csúcs(pont); tetőpont; csúcsérték; maximum: *peak hours* csúcsforgalmi idő ∗ *the peak of his career* pályájának csúcspontja **3.** *(sapkán)* ellenző: *The peak of his hat is orange.* A sapkája ellenzője narancssárga.

²peak [pi:k] <mn> csúcs-: *They are in peak condition.* Csúcsformában vannak.

³peak [pi:k] <ige> csúcspontot/csúcsértéket elér; tetőzik

peanut ['pi:nʌt] <fn> **1.** [C] amerikai mogyoró; földimogyoró **2. peanuts** [pl] biz jelentéktelen összeg: *We get paid peanuts for this.* Jelentéktelen összeget fizetnek nekünk ezért.

peanut butter [ˌpi:nʌt'bʌtə] <fn> [U] mogyoróvaj

pear [peə] <fn> [C] körte

pearl [pɜ:l] <fn> [C] (igaz)gyöngy

peasant ['peznt] <fn> [C] paraszt; földműves

peat [pi:t] <fn> [U] tőzeg

pebble ['pebl] <fn> [C] kavics

¹peck [pek] <fn> [C] **1.** *(csőrrel)* csípés; csipkedés **2.** biz puszi

²peck [pek] <ige> **1.** *(csőrrel)* csíp; csipked; csipeget **2.** biz megpuszil

peckish ['pekɪʃ] <mn> biz éhes

peculiar [pɪ'kju:lɪə] <mn> **1.** furcsa; különös **2.** saját(ság)os; jellegzetes; jellemző (**to sy/sg** vkire/vmire): *be peculiar to sy* vkire sajátosan jellemző **3.** különleges; speciális

pedagogic [ˌpedə'gɒdʒɪk] <mn> pedagógiai; pedagógusi

pedagogue [ˌpedə'gɒg] <fn> [C] **1.** pedagógus; nevelő; oktató **2.** tudálékos tanár

pedagogy ['pedəgɒdʒɪ] <fn> [U] pedagógia; neveléstan; neveléselmélet

¹pedal ['pedl] <fn> [C] pedál

²pedal ['pedl] <ige> (pedals, pedalling, pedalled, AmE pedaling, pedaled) pedáloz; tapossa a pedált

pedant ['pedənt] <fn> [C] fontoskodó/tudálékos ember; doktriner

pedantic [pɪ'dæntɪk] <mn> tudálékos; kínosan aprólékos

pedantry ['pedəntrɪ] <fn> [U] tudálékosság; pedantéria; kicsinyes szőrszálhasogatás

peddle ['pedl] <ige> **1.** *(áruval)* házal **2.** *(drogot)* illegálisan árul **3.** *(gondolatokat stb.)* terjeszt

pedestal ['pedɪstl] <fn> [C] talapzat; piedesztál
♦ **put sy on a pedestal** felmagasztal; piedesztálra emel vkit

pedestrian [pə'destrɪən] <fn> [C] gyalogos

pedestrian crossing [pəˌdestrɪən'krɒsɪŋ] <fn> [C] (kijelölt) gyalogátkelőhely

pediatrician [ˌpi:dɪə'trɪʃn] AmE → **paediatrician**

pediatrics [ˌpi:di'ætrɪks] AmE → **paediatrics**

pedigree ['pedɪgri:] <fn> [C] **1.** pedigré: *pedigree animal* törzskönyvezett állat **2.** (ősi) származás

¹pee [pi:] <ige> pisil

²pee [pi:] <fn> [sing] pisilés: *have a pee* pisil

¹peek [pi:k] <ige> kukucskál; kandikál

²**peek** [piːk] <fn> [sing] kukucskálás
¹**peel** [piːl] <fn> [U, C] *(gyümölcsé, zöldségé)* héj
²**peel** [piːl] <ige> **1.** *(gyümölcsöt, zöldséget)* (meg-)hámoz: *peel the apple* meghámozza az almát **2.** *(bőr)* (le)hámlik: *My skin is peeling.* Hámlik a bőröm. **3.** *(festék, vakolat stb.)* lemállik; lepattogzik

> **peel off** levetkőzik
> **peel sg off** *(ruhadarabot)* levet; levesz: *peel off one's gloves* leveti a kesztyűjét

peeler ['piːlə] <fn> [C] hámozókés
peelings ['piːlɪŋs] <fn> [pl] *(gyümölcsé, zöldségé)* héj; hulladék
¹**peep** [piːp] <ige> kukucskál; kandikál: *peep through the keyhole* bekukucskál a kulcslyukon * **peep at sy** odales vkire
²**peep** [piːp] <fn> [C, U] kukucskálás; (be)kukkantás; röpke pillantás: *have a peep in the kitchen* bekukkant a konyhába
peephole ['piːphəʊl] <fn> [C] kémlelőnyílás
Peeping Tom [ˌpiːpɪŋ'tɒm] <fn> [C] (Peeping Toms) kukkoló
¹**peer** [pɪə] <fn> [C] **1.** *(korban, társadalmi helyzetben)* vkivel egyenlő; egyenrangú **2.** BrE (fő)nemes; főrend
²**peer** [pɪə] <ige> szemügyre vesz; mereven néz (**at sy/sg** vkit/vmit)
¹**peg** [peg] <fn> [C] **1.** (ruha)fogas; ruhaakasztó **2.** ruhacsipesz **3.** (sátor)cövek; karó **4.** (fa-)szeg; (fa)jék; csap; pecek
♦ **buy off the peg** készruhát/készárut vesz
²**peg** [peg] <ige> (pegs, pegging, pegged) **1.** megszegel; rögzít **2.** *(árat, bért stb.)* rögzít: *pegged salaries* rögzített fizetések
pelican ['pelɪkən] <fn> [C] pelikán
pellet ['pelɪt] <fn> [C] **1.** galacsin; golyócska **2.** sörét
¹**pelt** [pelt] <fn> [C] **1.** irha; (nyers)bőr **2.** szőrme; prémbőr
²**pelt** [pelt] <ige> **1.** (meg)dobál; meghajigál: *They started to pelt the cars with stones.* Elkezdték megdobálni az autókat kövekkel. **2.** *(eső)* szakad; zuhog; záporoz: *I had to drive through pelting rain.* Szakadó esőben kellett vezetnem. **3.** biz teljes gőzzel fut/halad
pelvic ['pelvɪk] <mn> orv medence-
pelvis ['pelvɪs] <fn> [C] (pelvises) orv *(az altestben)* medence
¹**pen** [pen] <fn> [C] **1.** *(íráshoz)* toll **2.** *(állatoknak)* karám; akol; ketrec
²**pen** [pen] <ige> (pens, penning, penned) **1.** megír; írásba foglal **2.** bekerít; karámba zár

penalise ['piːnəlaɪz] BrE → **penalize**
penalize ['piːnəlaɪz] <ige> (meg)büntet; büntetéssel sújt
penalty ['penltɪ] <fn> [C] (penalties) **1.** büntetés: *the death penalty* halálbüntetés **2.** sp *(rúgás, dobás stb.)* büntető: *He equalized with a penalty.* Tizenegyessel/A büntető berúgásával egyenlített. * **within the penalty area** a tizenhatoson belül
penance ['penəns] <fn> [C, U] bűnbánat: *do penance* vezekel
pence [pens] → **penny**
¹**pencil** ['pensl] <fn> [C, U] ceruza: *write in pencil* ceruzával ír
²**pencil** ['pensl] <ige> (pencils, pencilling, pencilled, AmE penciling, penciled) ceruzával ír/rajzol

> **pencil sg in** *(naptárba)* ceruzával beír vmit

pencil sharpener ['pensl ˌʃɑːpnə] <fn> [C] (ceruza)hegyező
pendant ['pendənt] <fn> [C] **1.** függő; nyaklánc dísze; medál **2.** csillár(dísz)
¹**pending** ['pendɪŋ] <mn> függőben levő; elintézetlen; el nem döntött: *be (still) pending* függőben van; elintézésre vár
²**pending** ['pendɪŋ] <elölj> amíg; várva vmire; -ig: *pending his arrival* megérkezéséig; amíg meg nem érkezik
pen drive ['pen draɪv] <fn> [C] pendrive
pendulum ['pendjʊləm] <fn> [C] inga; órainga
penetrate ['penətreɪt] <ige> **1.** keresztülhatol; behatol (**into sg** vmibe); áthatol (**sg** vmin) **2.** áthat; átjár; eltölt (**sg with sg** vmit vmivel): *be penetrated with sg* átjárja; eltölti vmi **3.** rájön; megért; felfog (**sg** vmit)
penetrating ['penətreɪtɪŋ] <mn> **1.** *(pillantás stb.)* átható; metsző: *a penetrating look* átható pillantás **2.** *(fájdalom stb.)* éles; erős **3.** *(elme)* éles **4.** lényegre tapintó: *a penetrating analysis* lényegre tapintó elemzés
penfriend ['penfrend] <fn> [C] levelezőpartner; levelezőtárs
penguin ['peŋgwɪn] <fn> [C] pingvin
penicillin [ˌpenə'sɪlɪn] <fn> [U] penicillin
peninsula [pə'nɪnsjʊlə] <fn> [C] félsziget
penis ['piːnɪs] <fn> [C] hímvessző
penitent ['penɪtənt] <mn> bűnbánó; vezeklő
penitentiary [ˌpenɪ'tenʃərɪ] <fn> [C] (penitentiaries) AmE **1.** büntetőintézet; fegyház; börtön **2.** javítóintézet
penknife ['pennaɪf] <fn> [C] (penknives) zsebkés; bicska
pen name ['pen neɪm] <fn> [C] írói álnév

penniless ['penɪləs] <mn> pénztelen; nincstelen; szegény

penny ['penɪ] <fn> [C] (pence v. pennies) **1.** röv **p** *(brit váltópénz)* penny: *They cost 20p each.* Darabonként 20 penny az ára. **2.** AmE *(amerikai váltópénz)* cent

penny pincher ['penɪˌpɪntʃə] <fn> [C] krajcároskodó/zsugori alak

¹**penny-pinching** ['penɪˌpɪntʃɪŋ] <fn> [U] spórolás

²**penny-pinching** ['penɪˌpɪntʃɪŋ] <mn> zsugori; fukar; fösvény; szűkmarkú

pen pal ['penpæl] <fn> [C] levelezőpartner; levelezőtárs

pension ['penʃn] <fn> [C] nyugdíj

pensioner ['penʃnə] <fn> [C] nyugdíjas

pentagon ['pentəgən] <fn> **1.** [C] (szabályos) ötszög **2. the Pentagon** [sing] AmE ≈ az Egyesült Államok hadügyminisztériuma Washingtonban

pentathlon [pen'tæθlən] <fn> [C] öttusa

penthouse ['penthaʊs] <fn> [C] *(sokemeletes házban)* legfelső emeleti luxuslakás; tetőlakás

pent-up [ˌpent'ʌp] <mn> elfojtott; felgyülemlett: *pent-up anger* elfojtott indulat

penultimate [pə'nʌltɪmət] <mn> utolsó előtti: *the penultimate chapter* az utolsó előtti fejezet

peony ['piːənɪ] <fn> [C] (peonies) bazsarózsa; peónia

people ['piːpl] <fn> **1.** [pl] emberek: *How many people have you invited to the performance?* Hány embert hívtál meg az előadásra? **2.** [pl] *(azonos tevékenységet folytató emberek):* business people üzletemberek ∗ *sports people* sportemberek **3.** [pl] alkalmazottak; munkások **4.** [C] (peoples) nép: *the peoples of former Yugoslavia* a volt Jugoszlávia népei **5. the people** [pl] a nép; lakosság; közemberek

pep [pep] <fn> [U] biz energia; életerő; lelkesedés

¹**pepper** ['pepə] <fn> **1.** [U] bors: *put pepper in the salad* borsot tesz a salátába **2. (sweet) pepper** [C, U] növ paprika: *red pepper* piros paprika

²**pepper** ['pepə] <ige> **1.** teleszór **(sg with sg** vmit vmivel) **2.** lövöldöz; dobál **(sy/sg with sg** vkit/vmit vmivel)

pepper mill ['pepə mɪl] <fn> [C] borsdaráló

peppermint ['pepəmɪnt] <fn> **1.** [U] borsmenta **2.** [C] mentolos cukorka

peppery ['pepərɪ] <mn> borsos (ízű)

pep talk ['pep tɔːk] <fn> [C] biz buzdítás; lelkesítés

per [pɜː] <elölj> per; -nként: *We drink about 7 litres of milk per week.* Körülbelül 7 liter tejet iszunk hetenként. ∗ *The strawberry costs 250 forints per kilo.* Az eper kilója/kilónként 250 forint. ∗ *per person per day* személyenként és naponként

♦ **as per** szerint ♦ **per annum** évenként

perceive [pə'siːv] <ige> **1.** érzékel; felfog; megért **2.** észrevesz; meglát; észlel

¹**per cent** [pə'sent] <fn> [C + sing/pl v] (per cent) *(jele: %)* százalék: *90 per cent of the population* a népesség 90 százaléka

²**per cent** [pə'sent] <mn> százalékos: *a ten per cent increase* 10 százalékos emelkedés

³**per cent** [pə'sent] <hsz> százalékkal: *Prices will fall 6 per cent.* Az árak 6 százalékkal fognak esni.

percentage [pə'sentɪdʒ] <fn> [C + sing/pl v] százalék(arány)

perceptible [pə'septəbl] <mn> észrevehető; érezhető; megfigyelhető

perception [pə'səpʃn] <fn> [C, U] **1.** érzékelés; észlelés; megfigyelés **2.** értelmezés **3.** felfogóképesség; érzékenység

perceptive [pə'septɪv] <mn> figyelmes; éles szemű; jó ítélőképességű

¹**perch** [pɜːtʃ] <ige> **1.** *(madár)* ágon ül; gubbaszt; csücsül **2.** vminek a szélén/tetején van **3.** vminek a szélére ül/helyez

²**perch** [pɜːtʃ] <fn> **1.** *(madaraknak)* (ülő)rúd; kakasülő; ág **2.** *(ahol vki ül és megfigyel vkit/vmit)* ülőhely; magas pont

percussion [pə'kʌʃn] <fn> [U] zene ütőhangszer(ek)

percussionist [pə'kʌʃnɪst] <fn> [C] zene ütőhangszeren játszó zenész; ütős

¹**perennial** [pə'renɪəl] <mn> **1.** állandó; örökké tartó; gyakran visszatérő: *perennial problem* állandó probléma **2.** növ évelő

²**perennial** [pə'renɪəl] <fn> [C] évelő (növény)

¹**perfect** ['pɜːfɪkt] <mn> **1.** tökéletes; kifogástalan; hibátlan: *Your pronunciation is perfect.* Tökéletes a kiejtésed. **2.** (tökéletesen) alkalmas; megfelelő: *It'll be perfect.* Ez megfelelő lesz. **3.** biz tökéletes; teljes; tiszta; kész: *perfect nonsense* teljes értelmetlenség ∗ *a perfect idiot* tiszta hülye ∗ *perfect stranger* vadidegen **4.** nyelvt befejezett: *the perfect tense* befejezett igealak; perfektum

²**perfect** ['pɜːfɪkt] <fn> **the perfect** [sing] nyelvt befejezett igealak; perfektum

³**perfect** [pə'fekt] <ige> **1.** tökéletesít **2.** befejez; bevégez

perfection [pə'fekʃn] <fn> [U] tökéletesség; tökély

perfectionist [pə'fekʃnɪst] <fn> [C] maximalista; tökéletességre törő

perfidious [pə'fɪdɪəs] <mn> álnok; hitszegő

perfidy ['pɜːfɪdɪ] <fn> [U] álnokság; hitszegés

perforate ['pɜːfəreɪt] <ige> **1.** kilyukaszt; átlyukaszt; átfúr; perforál **2.** áthatol (**sg** vmin)

perforation [ˌpɜːfəˈreɪʃn] <fn> **1.** [C] perforáció; lyuk(sorozat) **2.** [U] kilyukasztás; átlyukasztás; perforálás **3.** [U] átfúródás

perform [pəˈfɔːm] <ige> **1.** (színművet) előad; (szerepet) (el)játszik: *The play was performed last night.* Tegnap este adták elő a darabot. **2.** játszik; szerepel: *He is performing in Hamlet.* A Hamletben szerepel. **3.** (feladatot, megbízást stb.) véghez visz; végrehajt; teljesít; (el)végez: *An urgent operation has to be performed.* Sürgős műtétet kell végrehajtani. ∗ *He performs a difficult job.* Nehéz munkát végez. **4.** működik; teljesít: *perform well/poorly* jól/gyengén teljesít

performance [pəˈfɔːməns] <fn> **1.** [C] előadás: *I enjoyed the performance last night.* Tegnap este élveztem az előadást. **2.** [C] előadás(mód) **3.** [C, U] teljesítmény: *We have to improve the performance.* Növelnünk kell a teljesítményt. **4.** [U] elvégzés; végrehajtás; véghezvitel: *the performance of our duties* feladatunk elvégzése

performer [pəˈfɔːmə] <fn> [C] **1.** előadó(művész) **2.** szereplő; szín(műv)ész **3.** vhogyan szereplő/teljesítő (személy/dolog): *He is a poor performer in exams.* Gyengén teljesít a vizsgákon.

perfume ['pɜːfjuːm] <fn> [C, U] **1.** parfüm **2.** (parfümös) illat

perhaps [pəˈhæps] <hsz> talán; (meg)lehet: *He was late from school – perhaps he couldn't get up in the morning.* Elkésett az iskolából – talán nem tudott felkelni reggel. ∗ *Perhaps she is at home.* Talán otthon van.

period ['pɪərɪəd] <fn> [C] **1.** időszak; periódus: *He is going through a difficult period.* Nehéz időszakon megy keresztül. **2.** kor(szak): *I read an interesting book on the Victorian period.* Érdekes könyvet olvasok a viktoriánus korról. **3.** (iskolában) (tanítási) óra **4.** biol menstruáció; menses **5.** AmE (írásjel) pont

periodic [ˌpɪərɪˈɒdɪk] <mn> időszaki; időszakos; periodikus; időnként ismétlődő; visszatérő

¹**periodical** [ˌpɪərɪˈɒdɪkl] <fn> [C] folyóirat

²**periodical** [ˌpɪərɪˈɒdɪkl] <mn> időszaki; időnkénti; periodikus

peripheral [pəˈrɪfrəl] <mn> **1.** másodlagos (jelentőségű) **2.** külső; kerületi; periferikus

periphery [pəˈrɪfrɪ] <fn> [C, ált sing] (peripheries) határ(vonal); szél; perem; kerület; szegély; periféria

perish ['perɪʃ] <ige> **1.** elpusztul; megsemmisül; elvész; elenyészik **2.** elpusztít; tönkretesz **3.** (áru, étel) tönkremegy; megromlik

perishable ['perɪʃəbl] <mn> (étel) romlandó

perjury ['pɜːdʒərɪ] <fn> [U] hamis tanúzás; hamis eskü

¹**perk** [pɜːk] <fn> **1. perks** [pl] biz (fizetésen kívül) járulékos juttatás(ok); mellékes **2.** [C] előny

²**perk** [pɜːk] <ige> biz (kávéfőzővel) kávét főz

perk up magához tér; új erőre kap; felélénkül
perk sy up felélénkít; felüdít vkit

¹**perm** [pɜːm] <fn> [C] dauer
²**perm** [pɜːm] <ige> (be)dauerol: *have one's hair permed* dauroltat

permanence ['pɜːmənəns] <fn> [U] állandóság; tartósság

permanent ['pɜːmənənt] <mn> állandó; tartós; maradandó: *permanent address* állandó lakhely

permission [pəˈmɪʃn] <fn> [U] engedély; beleegyezés; hozzájárulás: *without permission* engedély nélkül ∗ *ask permission for sg* engedélyt kér vmire

permissive [pəˈmɪsɪv] <mn> megengedő; engedékeny; elnéző: *permissive society* liberális társadalom

¹**permit** [pəˈmɪt] <ige> (permits, permitting, permitted) **1.** (meg)enged; engedélyez: *We are permitted to park here.* Itt szabad parkolni. **2.** lehetővé tesz: *economic conditions permit* a gazdasági feltételeket lehetővé teszik

²**permit** ['pɜːmɪt] <fn> [C] engedély: *apply for a work permit* munkavállalási engedélyért folyamodik

perpetual [pəˈpetʃuəl] <mn> **1.** állandó; örök(ké tartó): *live in perpetual fear* állandó félelemben él **2.** állandó; folytonos; szakadatlan: *perpetual vandalism* folytonos vandalizmus

perpetuate [pəˈpetʃueɪt] <ige> **1.** állandósít; állandóvá tesz **2.** megörökít

perplex [pəˈpleks] <ige> **1.** zavarba ejt; meghökkent; elképeszt **2.** összezavar; összekuszál; összegabalyít; komplikál

perplexed [pəˈplekst] <mn> **1.** (meg)zavarodott; meghökkent; megdöbbent; elképedt **2.** kusza; zavaros; bonyolult

perplexity [pəˈpleksətɪ] <fn> [C, U] (perplexities) zavar(odottság); tanácstalanság

persecute ['pɜːsɪkjuːt] <ige> **1.** üldöz: *Religious minorities were persecuted.* A vallási kisebbségeket üldözték. **2.** (kérdésekkel stb.) gyötör; zaklat

persecution [ˌpɜːsɪˈkjuːʃn] <fn> [C, U] üldözés; zaklatás

persevere [,pɜːsɪ'vɪə] <ige> kitart (**in sg** vmi mellett); kitartóan csinál/végez (**with sg** vmit)

persevering [,pɜːsɪ'vɪərɪŋ] <mn> kitartó; állhatatos

¹Persian ['pɜːʃən] <mn> perzsa: *Persian rug* perzsaszőnyeg

²Persian ['pɜːʃən] <fn> [C, U] **1.** *(személy)* perzsa **2.** *(nyelv)* perzsa

persist [pə'sɪst] <ige> **1.** kitart; állhatatos (**in sg** vmiben): *persist in one's opinion* állhatatosan/makacsul kitart a véleménye mellett **2.** folytatódik; megmarad; nem múlik el

persistent [pə'sɪstənt] <mn> **1.** makacs(ul kitartó); állhatatos **2.** makacs; folytatódó; ismétlődő **3.** állandó; tartós; örök

person ['pɜːsn] <fn> [C] (people v. hiv persons) **1.** személy: *We can take another person with us.* Még egy személyt vihetünk magunkkal. ✻ *It costs about €70 for two people.* 70 euróba kerül két személy részére. ✻ *Three persons have been charged with the bribery.* jog Három személyt vádolnak megvesztegetéssel. **2.** egyén; ember: *She's an extremely kind person.* Nagyon kedves ember. **3.** nyelvt *(személyes névmásoknál)* személy: *in the first person* első személyben ✻ *first person singular* egyes szám első személy

♦ **in person** személyesen

personal ['pɜːsnəl] <mn> **1.** magán-; személyes: *personal call* magánbeszélgetés **2.** személyes jellegű: *a personal question* személyes jellegű kérdés **3.** *(nem hivatali)* magán-: *personal letter* magánlevél ✻ *personal life* magánélet **4.** személyre szóló; személyi; egyéni: *personal foul* sp személyi hiba **5.** személyeskedő: *personal remarks* személyeskedő megjegyzések ✻ *be personal* személyeskedik **6.** személyi; testi: *personal safety* személyi biztonság ✻ *personal hygiene* testápolás

personal computer [,pɜːsnəl kəm'pjuːtə] <fn> [C] röv **PC** személyi számítógép

personal identification number [,pɜːsnəl aɪdentɪfɪ'keɪʃn,nʌmbə] <fn> [C] röv **PIN** személyi azonosító szám; PIN-kód

personality [,pɜːsə'nælətɪ] <fn> (personalities) **1.** [C, U] személyiség; jellem; egyéniség: *His mother has a strong personality.* Az (édes)anyja erős egyéniség. **2.** [C] ismert/kimagasló személyiség: *She is a swimming personality.* Kimagasló úszószemélyiség.

personalise ['pɜːsənəlaɪz] BrE → **personalize**

personalize ['pɜːsənəlaɪz] <ige> **1.** *(monogram/név alkalmazásával)* egyénivé tesz; megjelöl **2.** *(pl. számítógépet egyéni igényekhez)* beállít

personal pronoun [,pɜːsnəl'prəʊnaʊn] <fn> [C] nyelvt személyes névmás

personal stereo [,pɜːsnəl'sterɪəʊ] <fn> [C] hordozható magnó/CD-lejátszó

personal trainer [,pɜːsnəl'treɪnə] <fn> [C] személyi edző

personification [pə,sɒnɪfɪ'keɪʃn] <fn> **1.** [C] megtestesülése (**of sg** vminek) **2.** [C] megtestesítése (**of sg** vminek) **3.** [C, U] megszemélyesítés

personify [pə'sɒnɪfaɪ] <ige> (personifies, personifying, personified) **1.** megtestesít **2.** irod *(tárgyat, érzést stb.)* megszemélyesít

personnel [,pɜːsə'nel] <fn> **1.** [pl] személyzet; alkalmazottak; személyi állomány **2.** [U + sing/pl v] személyzeti osztály

perspective [pə'spektɪv] <fn> **1.** [U] rálátás; perspektíva; objektivitás; objektív megítélés **2.** [U] perspektíva; távlat: *drawing in perspective* távlatrajz; perspektivikus ábrázolás ✻ *draw sg in perspective* térben/perspektivikusan ábrázol vmit **3.** [C] nézőpont; szemszög: *look at sg from one's perspective* a saját szemszögéből néz vmit

♦ **see sg in its proper perspective** biz olyannak lát vmit, amilyen valójában; helyesen ítél meg vmit

perspiration [,pɜːspə'reɪʃn] <fn> [U] **1.** izzadás; verejtékezés **2.** veríték; izzadság

perspire [pə'spaɪə] <ige> izzad; verejtékezik

persuade [pə'sweɪd] <ige> **1.** rávesz; rábeszél (**sy into sg/sy to do sg** vkit vmire/vminek a megtételére): *persuade sy not to do sg* lebeszél vkit vmiről ✻ *He persuaded us into spending the summer in London.* Rábeszélt minket, hogy töltsük a nyarat Londonban. **2.** meggyőz (**sy of sg** vkit vmiről): *I am persuaded of his honesty.* Meg vagyok győződve a becsületességéről.

persuasion [pə'sweɪʒn] <fn> **1.** [U] rábeszélés; meggyőzés **2.** [C] *(vallási, politikai)* meggyőződés; hit

persuasive [pə'sweɪsɪv] <mn> jó rábeszélő/meggyőző képességű; meggyőző

pertinent ['pɜːtɪnənt] <mn> szorosan a témához tartozó; idevágó; helyénvaló; találó

pervade [pə'veɪd] <ige> átv is áthat; átjár

pervasive [pə'veɪsɪv] <mn> mindent átható

perverse [pə'vɜːs] <mn> **1.** természetellenes; rendellenes; visszás **2.** romlott; perverz **3.** csökönyös; makacs; önfejű

perversion [pə'vɜːʃn] <fn> [C, U] **1.** *(szexuális)* perverzió; fajtalanság; romlottság **2.** elferdítés; kiforgatás: *perversion of the truth* az igazság elferdítése

¹pervert [pə'vɜːt] <ige> **1.** *(erkölcsileg)* megront **2.** elferdít; kiforgat; eltorzít

²pervert ['pɜːvɜːt] <fn> [C] beteges/perverz hajlamú személy

pessimism ['pesəmɪzm] <fn> [U] pesszimizmus; borúlátás
pessimist ['pesəmɪst] <fn> [C] pesszimista
pessimistic [,pesə'mɪstɪk] <mn> pesszimista; borúlátó
pest [pest] <fn> [C] **1.** biz nyűg; istencsapása; kellemetlen személy/dolog **2.** *(rovar, állat)* kártevő **3.** pestis; dögvész
pester ['pestə] <ige> nyaggat; zaklat; háborgat; nem hagy békén
pesticide ['pestɪsaɪd] <fn> [C, U] rovarirtó szer
¹pet [pet] <fn> [C] **1.** dédelgetett háziállat; kedvtelésből tartott kisállat: *pet shop* állatkereskedés **2.** kedvenc: *teacher's pet* a tanár kedvence
²pet [pet] <ige> (pets, petting, petted) **1.** becéz; dédelget; kényeztet **2.** simogat; cirógat
³pet [pet] <mn> kedvenc
petal ['petl] <fn> [C] (virág)szirom; sziromlevél
pet hate [,pet'heɪt] <fn> [sing] átv *(amit különösen utál vki)* vkinek a halála
¹petition [pə'tɪʃn] <fn> [C] **1.** kérelem; kérés **2.** kérvény; folyamodvány; petíció: *make a petition* kérvényt benyújt **3.** kereset: *petition for a divorce* válókereset
²petition [pə'tɪʃn] <ige> kér(elmez); kérelemmel fordul (**sy** vkihez); kérvényez (**for sg** vmit)
petrified ['petrɪfaɪd] <mn> *(félelemtől)* megdermedt/megkövült
petrify ['petrɪfaɪ] <ige> **1.** megdermeszt; megdöbbent **2.** átv kővé dermed/mered
petrol ['petrəl] <fn> [U] benzin
petrol station ['petrəl steɪʃn] <fn> [C] benzinkút
petroleum [pə'trəʊlɪəm] <fn> [U] kőolaj; nyersolaj; ásványolaj
petting ['petɪŋ] <fn> [U] ölelgetés; cirógatás; petting
petty ['petɪ] <mn> (pettier, pettiest) **1.** jelentéktelen; bagatell; piti; aprócseprő: *petty expenses* aprócseprő kiadások **2.** kicsinyes; kisszerű; kisstílű
pH [,piː'eɪtʃ] [= potential of hydrogen] pH-érték (= hidrogénkitevő)
¹phantom ['fæntəm] <fn> [C] **1.** kísértet; jelenés; fantom **2.** ábrándkép; rémkép; káprázat
²phantom ['fæntəm] <mn> ál-; fantom-; képzeletbeli
pharmaceutical [,fɑːmə'sjuːtɪkl] <mn> gyógyszer-; gyógyszerészeti: *pharmaceutical goods* gyógyszeráru
pharmaceuticals [,fɑːmə'sjuːtɪklz] <fn> [pl] gyógyszerek; orvosságok
pharmacist ['fɑːməsɪst] <fn> [C] gyógyszerész
pharmacy ['fɑːməsɪ] <fn> (pharmacies) **1.** [C] patika; gyógyszertár **2.** [U] gyógyszerészet

¹phase [feɪz] <fn> [C] (fejlődési) fok; szakasz; fázis; időszak; korszak; periódus; mozzanat
²phase [feɪz] <ige> fázisokra oszt/bont

phase sg in *(új terméket stb.)* (fokozatosan) bevezet; alkalmazni kezd
phase sg out *(termelésből, forgalomból stb.)* (fokozatosan) megszüntet/kivon vmit

PhD [,piː.eɪtʃ'diː] [= Doctor of Philosophy] PhD (= tudományos doktori fokozat): *do a PhD* megszerzi a PhD-t
pheasant ['feznt] <fn> [C] (pheasant v. pheasants) fácán
phenomenal [fə'nɒmɪnl] <mn> nagyszerű; elképesztő; rendkívüli; fenomenális
phenomenon [fə'nɒmɪnən] <fn> [C] (phenomena) tünet; jelenség
philatelic [,fɪlə'telɪk] <mn> bélyeggyűjtő
philatelist [fɪ'lætəlɪst] <fn> [C] bélyeggyűjtő; filatelista
philately [fɪ'lætəlɪ] <fn> [U] bélyeggyűjtés; filatélia
philological [,fɪlə'lɒdʒɪkl] <mn> **1.** nyelvészeti **2.** filológiai
philologist [fɪ'lɒlədʒɪst] <fn> [C] filológus
philology [fɪ'lɒlədʒɪ] <fn> [U] **1.** nyelvtudomány; nyelvészet **2.** filológia
philosopher [fə'lɒsəfə] <fn> [C] **1.** filozófus **2.** bölcs
philosophical [,fɪlə'sɒfɪkl] <mn> **1.** bölcseleti; filozófiai **2.** filozofikus **3.** józan; higgadt; bölcs
philosophize [fə'lɒsəfaɪz] <ige> bölcselkedik; filozofál; elmélkedik
philosophy [fə'lɒsəfɪ] <fn> (philosophies) **1.** [C, U] filozófia; bölcselet **2.** [C] átv filozófia: *philosophy of life* életfelfogás; életfilozófia
phlegm [flem] <fn> [U] slejm; váladék; nyálka
phlegmatic [fleg'mætɪk] <mn> közönyös; egykedvű; érzéketlen; hidegvérű; flegmatikus
phobia ['fəʊbɪə] <fn> [C] beteges félelem; szorongás; fóbia
phoenix ['fiːnɪks] <fn> [C] főnix(madár)
¹phone [fəʊn] <fn> [C] telefon: *The phone is ringing!* Csöng a telefon! * *Answer the phone, please.* Kérlek, vedd fel a telefont!
²phone [fəʊn] <ige> **1.** *(telefonon)* felhív: *Phone me tomorrow.* Hívj (fel) holnap! **2.** telefonál

phone sy up telefonon felhív vkit

phone book ['fəʊn bʊk] <fn> [C] telefonkönyv
phone box ['fəʊn bɒks] <fn> [C] telefonfülke

phonecard <fn> [C] telefonkártya
phone-in ['fəʊnɪn] <fn> [C] *(rádióban, tévében)* telefonos műsor
phonetic [fə'netɪk] <mn> nyelvt **1.** kiejtési: *phonetic exercise* kiejtési gyakorlat **2.** fonetikus; fonctikai; hangtani: *phonetic transcription* fonetikus átírás ∗ *phonetic alphabet* fonetikus ábécé/írás
phonetics [fə'netɪks] <fn> [U] nyelvt fonetika; hangtan
¹**phoney** ['fəʊnɪ] <mn> (phonier, phoniest) biz nem valódi/igazi; ál; hamis(ított)
²**phoney** ['fəʊnɪ] <fn> (phoneys) biz szélhámos; hazug
phony ['fəʊnɪ] <fn> [C] (phonies) biz szélhámos; hazug
phosphate ['fɒsfeɪt] <fn> [C, U] kém foszfát
photo ['fəʊtəʊ] <fn> [C] (photos) fénykép; felvétel; kép; fotó: *take a photo of sy/sg* fényképet készít vkiről/vmiről
photocopier ['fəʊtəʊˌkɒpɪə] <fn> [C] fénymásoló(gép)
¹**photocopy** ['fəʊtəʊˌkɒpɪ] <fn> [C] (photocopies) fénymásolat: *How many photocopies do you need?* Hány fénymásolatra van szükséged?
²**photocopy** ['fəʊtəʊˌkɒpɪ] <ige> fénymásol; fénymásolatot készít: *get sg photocopied* fénymásolatot készít(tet) vmiről
¹**photograph** ['fəʊtəɡrɑːf] <fn> [C] fénykép; felvétel; kép: *take a photograph of sy/sg* fényképet készít vkiről/vmiről; lefényképez vkit/vmit
²**photograph** ['fəʊtəɡrɑːf] <ige> (le)fényképez; levesz: *I photographed the children.* Lefényképeztem a gyerekeket.
photographer [fə'tɒɡrəfə] <fn> [C] fényképész
photographic [ˌfəʊtə'ɡræfɪk] <mn> fénykép-; fényképészeti; fényképező: *photographic paper* fotópapír
photography [fə'tɒɡrəfɪ] <fn> [U] fényképészet; fényképezés
phrasal verb [ˌfreɪzl'vɜːb] <fn> [C] elöljárós/vonzatos ige; összetett ige
¹**phrase** [freɪz] <fn> [C] **1.** kifejezés; szólás; állandósult szókapcsolat **2.** zene frázis; mondat
²**phrase** [freɪz] <ige> kifejez; szavakba foglal; megfogalmaz
physical ['fɪzɪkl] <mn> **1.** testi; fizikai: *physical strength* testi erő **2.** természeti; fizikai: *physical geography* természeti földrajz **3.** *(fizikával kapcsolatos)* fizikai
physical education [ˌfɪzɪkl edjʊ'keɪʃn] <fn> [U] röv **PE** testnevelés; *(mint tantárgy és óra)* tornaóra

physically ['fɪzɪklɪ] <hsz> testileg; fizikailag
physician [fɪ'zɪʃən] <fn> [C] orvos
physicist ['fɪzɪsɪst] <fn> [C] fizikus
physics ['fɪzɪks] <fn> [U] fizika
physiognomy [ˌfɪzɪ'ɒnəmɪ] <fn> [U] **1.** arc; arckifejezés; arcvonás(ok) **2.** külső megjelenés; jelleg; jellegzetesség
physiological [ˌfɪzɪə'lɒdʒɪkl] <mn> fiziológiai; élettani
physiologist [ˌfɪzɪ'ɒlədʒɪst] <fn> [C] fiziológus
physiology [ˌfɪzɪ'ɒlədʒɪ] <fn> [U] fiziológia; élettan
physiotherapist [ˌfɪzɪəʊ'θerəpɪst] <fn> [C] gyógytornász
physiotherapy [ˌfɪzɪəʊ'θerəpɪ] <fn> [U] **1.** fizioterápia; gyógytorna **2.** fizikoterápia
physique [fɪ'ziːk] <fn> [C] testi/fizikai felépítés; testalkat; fizikum
pianist ['piːənɪst] <fn> [C] zongorista
piano [pɪ'ænəʊ] <fn> [C] zongora: *a grand piano* hangversenyzongora ∗ *play the piano* zongorázik ∗ *an upright piano* pianínó
¹**pick** [pɪk] <ige> **1.** *(virágot, gyümölcsöt stb.)* (le-)szed; (le)tép: *pick flowers* virágot szed **2.** (ki)választ; kikeres; kiszemel: *The trainer picked the fastest runner.* Az edző kiválasztotta a leggyorsabb futót. **3.** csipked; szúr; váj **4.** (ki)szed; (ki)piszkál: *pick one's teeth* piszkálja a fogát
♦ **pick and choose** (aprólékos gonddal) kiválogat(ja a legjobbat)

---

pick at sg 1. étvágytalanul csipeget vmit **2.** ujjal bökdös vmit
pick on sy pikkel vkire
pick sy/sg out *(több közül)* kiválaszt/kiszemel vkit/vmit
pick up javul; erősödik; összeszedi magát
pick sy/sg up 1. *(autóval)* érte megy; felvesz; elmegy vkiért/vmiért **2.** felvesz; felemel vkit/vmit
pick sg up 1. *(adást)* fog; vesz **2.** *(tudást)* felszed; elsajátít **3.** talál; szerez vmit; rábukkan vmire

---

²**pick** [pɪk] <fn> **1.** [sing] választás: *Take your pick.* Válassz! **2. the pick of sg** [sing] vminek a színe-java; legjava **3.** [C] kiválasztott **4.** [C] csákány
pickaxe ['pɪkæks] <fn> [C] csákány
¹**picket** ['pɪkɪt] <fn> [C] sztrájkőr(ség)
²**picket** ['pɪkɪt] <ige> sztrájkőrséget állít/tart
¹**pickle** ['pɪkl] <fn> [C, U] (ecetes) savanyúság

²**pickle** ['pɪkl] <ige> besavanyít; ecetbe rak; sós lében pácol
pickled ['pɪkld] <mn> ecetes; sózott; pácolt: *pickled cucumber* ecetes uborka ∗ *pickled herring* sózott/pácolt hering
pick-me-up ['pɪkmiʌp] <fn> [C] biz *(egy pohárka)* szíverősítő; üdítő/frissítő ital
pickpocket ['pɪk,pɒkɪt] <fn> [C] zsebtolvaj
pickup truck ['pɪkʌp trʌk] <fn> [C] kisteherautó
picky ['pɪki] <mn> (pickier, pickiest) finnyás; válogatós
¹**picnic** ['pɪknɪk] <fn> [C] piknik; *(a szabadban, étkezéssel)* kirándulás: *have a picnic* piknikezik ∗ *go for a picnic* kirándul
 ♦ **that's no picnic** biz ez nem gyerekjáték; ez nem valami kéjmámor
²**picnic** ['pɪknɪk] <ige> (picnics, picnicking, picnicked) piknikezik; kirándul
¹**picture** ['pɪktʃə] <fn> [C] **1.** kép: *draw a picture of sy* rajzol egy képet vkiről ∗ *There are beautiful pictures on the wall.* A falon csodálatos képek vannak. **2.** (össz)kép; elképzelés **3.** (tévé)kép **4.** film
²**picture** ['pɪktʃə] <ige> **1.** elképzel **2.** ábrázol; lefest
picture book ['pɪktʃə bʊk] <fn> [C] képeskönyv
picture gallery ['pɪktʃə,gæləri] <fn> [C] képtár
picturesque [,pɪktʃə'resk] <mn> festői
pie [paɪ] <fn> [C, U] **1.** *(édes, sült, töltött)* tészta; pite: *apple pie* almás pite **2.** *(sós)* ≈ húsos kosárka
 ♦ **have a finger in the pie** biz vkinek van hozzá; benne van a buliban ♦ **pie in the sky** paradicsomi/mennyei állapot
¹**piece** [piːs] <fn> [C] **1.** (egy) darab: *a piece of chocolate* egy darab csokoládé ∗ *a piece of furniture* egy bútor(darab) **2.** *(összetört)* darab: *break to pieces* darabokra tör ∗ *I dropped the glass and now it is in pieces on the floor.* Leejtettem a poharat, és most darabokban hever a földön. **3.** (alkotó)rész; alkatrész; darab: *take the engine to pieces* darabokra szedi szét a motort **4.** (újság)cikk **5.** (mű)alkotás; (zene)darab; (szín)darab **6.** *(társasjátékban)* figura; bábu **7.** *(érme)* pénzdarab
 ♦ **give sy a piece of one's mind** jól megmondja vkinek a magáét ♦ **go to pieces 1.** szétesik; darabokra törik **2.** idegileg összeroppan/összeomlik ♦ **in one piece** épen és egészségesen ♦ **a nasty piece of work** piszok alak ♦ **a piece of cake** átv biz gyerekjáték; könnyű dolog
²**piece** [piːs] <ige> **1.** (meg)foltoz; toldoz **2.** hozzátold; megtold

piece sg together 1. (apránként) összerak; összeállít vmit **2.** kiegészít vmit

piecework ['piːswɜːk] <fn> [U] darabszámra fizetett munka
pie chart ['paɪ tʃɑːt] <fn> [C] kördiagram
pier [pɪə] <fn> [C] **1.** kikötő(gát); móló **2.** hídpillér **3.** támpillér; gyámoszlop
pierce [pɪəs] <ige> **1.** (át)szúr; átfúr; kifúr; (ki)lyukaszt: *My ears aren't pierced.* Nincs kilyukasztva a fülem. **2.** áthatol; behatol; áttör: *A ray of sunlight pierced the smoke.* Egy napsugár áttört a füstön. **3.** *(fog)* kibújik; átfúródik; átszúródik
¹**piercing** ['pɪəsɪŋ] <mn> **1.** *(tekintet)* átható; szúrós **2.** *(szél, fájdalom stb.)* éles; metsző; átható **3.** *(zaj)* fülsértő; éles
²**piercing** ['pɪəsɪŋ] <fn> [C, U] piercing
¹**pig** [pɪg] <fn> [C] **1.** disznó; sertés **2.** biz *(személy)* falánk **3.** pej mocskos fráter; disznó
 ♦ **make a pig of oneself** zabál, mint egy disznó ♦ **pig in a poke** zsákbamacska
²**pig** [pɪg] <ige> (pigs, pigging, pigged) szl sokat eszik/zabál

pig out (on sg) szl betegre eszi magát (vmiből)

pigeon ['pɪdʒən] <fn> [C] galamb
¹**pigeonhole** ['pɪdʒənhəʊl] <fn> [C] *(levelek, papírok tárolására)* rekesz; fach
²**pigeonhole** ['pɪdʒənhəʊl] <ige> **1.** átv beskatulyáz **2.** félretesz
piggy-bank ['pɪgibæŋk] <fn> [C] malacpersely
pig-headed [,pɪg'hedɪd] <mn> biz csökönyös
piglet ['pɪglət] <fn> [C] (kis)malac
pigment ['pɪgmənt] <fn> [C, U] festékanyag; színezőanyag; pigment
pigpen ['pɪgpen] átv is AmE disznóól
pigsty ['pɪgstaɪ] <fn> [C] (pigsties) átv is disznóól
pigtail ['pɪgteɪl] <fn> [C] copf; hajfonat
¹**pike** [paɪk] <fn> [C] (pike) csuka
²**pike** [paɪk] <fn> [C] (pikes) AmE fizetős autóút/autópálya
³**pike** [paɪk] <fn> [C] (pikes) lándzsa; dárda
¹**pile** [paɪl] <fn> **1.** [C] halom; rakás: *a pile of books* egy halom könyv **2.** **pile of sg** [ált pl] biz nagyon sok; rengeteg vmiből: *I've got piles of money.* Rengeteg pénzem van. **3.** [C] hatalmas épület
²**pile** [paɪl] <fn> [U] bolyh(osság)
³**pile** [paɪl] <ige> **1.** (fel)halmoz; halomba rak; megrak: *You can pile everything on the table.*

Mindent az asztalra halmozhatsz! **2.** (fel-)halmozódik
- ♦ **pile it on** biz túloz

pile into sg biz betódul; beözönlik vhova
pile out of sg biz kitódul; kiözönlik vhonnan
pile up 1. *(munka)* összetorlódik; felgyülemlik **2.** *(több jármű)* egymásba rohan/szalad
pile sg up (fel)halmoz; összegyűjt; halomba rak vmit; *(tányért)* megrak

piles [paɪlz] <fn> [pl] aranyér
pile-up ['paɪlʌp] <fn> [C] tömeges karambol; autószerencsétlenség
pilgrim ['pɪlgrɪm] <fn> [C] zarándok
pilgrimage ['pɪlgrɪmɪdʒ] <fn> [C, U] zarándoklat; zarándokút
pill [pɪl] <fn> **1.** [C] tabletta; pirula: *a sleeping pill* altató ∗ *take a pill* bevesz egy tablettát **2. the pill** [sing] fogamzásgátló tabletta: *Are you on the pill?* Fogamzásgátló tablettát szedsz?
- ♦ **sugar the pill** BrE *(kellemetlen hírt/mondanivalót stb.)* szépen csomagol/tálal ♦ **swallow the bitter pill** átv beveszi/lenyeli a keserű pirulát
pillar ['pɪlə] <fn> [C] **1.** oszlop; pillér: *Five pillars support the bridge.* Öt oszlop tartja a hidat. **2.** átv támasz
pillar box ['pɪlə bɒks] <fn> [C] BrE postaláda; levélszekrény
pillow ['pɪləʊ] <fn> [C] párna; vánkos
pillowcase ['pɪləʊkeɪs] <fn> [C] párnahuzat
¹**pilot** ['paɪlət] <fn> [C] **1.** pilóta: *The pilot flew across the ocean.* A pilóta átrepült az óceán felett. **2.** kormányos: *Our friend is the pilot of the ship.* A barátunk a hajó kormányosa.
²**pilot** ['paɪlət] <ige> **1.** kormányoz; vezet **2.** átv is (el)kalauzol; vezet; irányít **3.** tesztel; kipróbál
³**pilot** ['paɪlət] <mn> kísérleti; próba-: *pilot project* kísérleti vállalkozás ∗ *pilot scheme* kísérleti eljárás
pimple ['pɪmpl] <fn> [C] pattanás; pörsenés; kiütés
PIN [pɪn] [= personal identification number] <fn> [C] PIN (= személyazonosító szám)
¹**pin** [pɪn] <fn> [C] **1.** tű; gombostű **2.** -tű: *hairpin* hajtű ∗ *safety pin* biztosítótű ∗ *drawing pin* rajzszög
²**pin** [pɪn] <ige> (pins, pinning, pinned) **1.** (meg)tűz; odatűz; összetűz: *pin a label to a sample* cédulát tűz a mintára **2.** odaszegez; megszegez: *pin the paper to the board* a rajzlapot a táblára rajzszegezi **3.** leszorít; lefog; megfog: *pin sy's arm to his sides* leszorítja/lefogja vkinek a karjait

pin sy down 1. döntésre kényszerít vkit **2.** bekerít; körülzár; körülfog vkit
pin sg down pontosan leír; meghatároz vmit
pin sg on sy *(hibát, felelősséget stb.)* ráfog; ráken vkire

pincers ['pɪntsəz] <fn> [pl] **1.** *(ráké)* olló **2.** harapófogó; csípőfogó
¹**pinch** [pɪntʃ] <fn> [C] **1.** csipet(nyi): *Add a pinch of salt to the water.* Tégy egy csipet(nyi) sót a vízbe! **2.** *(ujjal)* (meg)csípés; becsípés: *give sy a pinch on the arm* megcsípi vki karját
- ♦ **at a pinch** szükség esetén ♦ **take sg with a pinch of salt** fenntartással fogad vmit
²**pinch** [pɪntʃ] <ige> **1.** (meg)csíp; becsíp: *He pinched his brother to wake him up.* Megcsípte a bátyját, hogy felébressze. ∗ *I have pinched my finger in the door.* Becsíptem az ujjamat az ajtóba. **2.** biz (el)csór; (el)csen; elemel: *He pinched a piece of chocolate.* Elcsent egy darab csokit. **3.** *(cipő)* szorít: *Unfortunately my new shoes pinch very much.* Az új cipőm szorít nagyon.
pinched [pɪntʃt] <mn> *(arc)* elgyötört; nyúzott
pine [paɪn] <fn> **1.** [C] növ fenyő(fa) **2.** [U] *(anyag)* fenyőfa: *a pine table* fenyőfa asztal
pineapple ['paɪnæpl] <fn> [C] ananász
ping-pong ['pɪŋpɒŋ] <fn> [U] biz asztalitenisz; pingpong
¹**pink** [pɪŋk] <mn> **1.** rózsaszín(ű): *pink balls* rózsaszín labdák ∗ *I bought a pink T-shirt for the summer.* Vettem nyárra egy rózsaszín pólót. **2.** pol biz *(mérsékelten)* baloldali
²**pink** [pɪŋk] <fn> **1.** [C, U] rózsaszín: *She's very fond of pink.* Nagyon szereti a rózsaszínt. **2.** [C] szegfű
³**pink** [pɪŋk] <ige> gk BrE *(motor)* kopog
pinnacle ['pɪnəkl] <fn> [C] **1.** átv csúcs(pont): *He reached the pinnacle of his career.* Elérte karrierje csúcsát. **2.** orom; csúcs **3.** dísztornyocska
¹**pinpoint** ['pɪnpɔɪnt] <ige> **1.** hajszálpontosan meghatároz/megfogalmaz/megállapít/eltalál **2.** hajszálpontosan megjelöl
²**pinpoint** ['pɪnpɔɪnt] <mn> hajszálpontos
pins and needles [ˌpɪnz ænd'niːdlz] <fn> [pl] bizsergés; zsibbadás: *have pins and needles in one's leg* elzsibbadt a lába
- ♦ **be on pins and needles** tűkön ül; nagyon vár vmit

pint [paɪnt] <fn> [C] **1.** röv pt *(űrmérték)* pint: *She drank a pint of milk.* Megivott egy pint tejet. **2.** biz BrE egy pint sör

¹pioneer [ˌpaɪə'nɪə] <fn> [C] átv is úttörő; élharcos; pionír

²pioneer [ˌpaɪə'nɪə] <ige> úttörő munkát végez; elsőnek alkalmaz

pious ['paɪəs] <mn> **1.** vallásos; istenfélő **2.** ájtatos; szenteskedő; képmutató

pip [pɪp] <fn> [C] **1.** BrE (gyümölcs)mag **2.** sípszó; sípjel

¹pipe [paɪp] <fn> **1.** [C] cső; vezeték: *water pipe* vízvezeték ∗ *gas pipe* gázcső **2.** [C] pipa: *I lit my pipe.* Meggyújtottam a pipámat. **3.** [C] síp; tilinkó; furulya **4. pipes** [pl] duda **5.** [C] zene (orgona)síp: *An organ has many pipes.* Az orgonának sok sípja van.

²pipe [paɪp] <ige> **1.** csövön/vezetéken át továbbít **2.** *(dallamot)* síponol/furulyán eljátszik **3.** sípol; furulyázik; dudál; *(ember)* sipít; *(madár)* dalol

> **pipe down** biz alábbhagy; lecsendesedik
> **pipe up** biz váratlanul megszólal

pipeline ['paɪplaɪn] <fn> [C] csővezeték
  ♦ **in the pipeline** már úton/folyamatban van

piper ['paɪpə] <fn> [C] dudás

piping ['paɪpɪŋ] <fn> **1.** [U] csövek; csővezeték; csövezés **2.** [C, U] paszomány; szegőzsinór **3.** [U] BrE *(tortán)* díszítés

piquant ['piːkənt] <mn> pikáns

piracy ['paɪərəsi] <fn> [U] **1.** kalózság; kalózkodás **2.** átv kalózkodás; szerzői jogbitorlás

¹pirate ['paɪərət] <fn> [C] kalóz

²pirate ['paɪərət] <ige> **1.** kirabol; megrabol **2.** kalózkiadásban megjelentet **3.** átv is kalózkodik; kalózkiadást készít

pirouette [ˌpɪru'et] <fn> [C] perdülés; piruett

Pisces ['paɪsiːz] <fn> [C, U] asztrol Halak

¹piss [pɪs] <ige> vulg pisál

> **piss sg away** *(lehetőséget)* kihagy; elszalaszt; *(pénzt)* elver; elherdál
> **piss down** BrE *(eső)* szakad; zuhog
> **piss off** szl BrE elmegy; elhúz; elkotródik
> **piss sy off** szl bosszant; zavar; idegesít vkit

²piss [pɪs] <fn> [U] húgy; vizelet

pissed ['pɪst] <mn> szl BrE részeg

pistachio [pɪ'stɑːʃɪəʊ] <fn> [C] (pistachios) pisztácia

pistol ['pɪstl] <fn> [C] pisztoly

piston ['pɪstən] <fn> [C] dugattyú

¹pit [pɪt] <fn> **1.** [C] gödör; üreg; árok **2.** [C] mélyedés; *(autójavításhoz)* akna **3.** [C] (szén)bánya; akna **4. the pits** [pl] *(autóversenyen)* depó; box **5.** [C] *(nézőtéren)* földszint(i zsöllye) **6.** [C] csapda; tőr; állatfogó verem **7.** [C] *(csonthéjasé)* mag

²pit [pɪt] <ige> (pits, pitting, pitted) kilyuggat

> **pit sy/sg against sy/sg** *(erőpróbára)* szembeállít vkit/vmit vkivel/vmivel; egymás ellen uszít

¹pitch [pɪtʃ] <fn> **1.** [C] sp pálya: *The teams are on the pitch now.* A csapatok most a pályán vannak. **2.** [U] hangmagasság: *give the orchestra the pitch* megadja a zenekarnak a hangot ∗ *perfect pitch* abszolút hallás **3.** [C, U] csúcs(pont); tetőfok; magaslat: *rise to the highest pitch (érdeklődés stb.)* tetőfokára hág **4.** [C] hírverés: *sales pitch* ügyes eladói szöveg/stílus **5.** [C] elárusítóhely; bódé; stand **6.** [C] dobás; hajítás **7.** [C] tábor(hely) **8.** [U] lejtősség; lejtés; hajlás(szög); dőlés **9.** [U] szurok

²pitch [pɪtʃ] <ige> **1.** hajít; dob **2.** bukdácsol; *(hajó)* hánykolódik **3.** *(sátrat, tábort)* (fel)állít; (fel)üt; felver: *pitch one's tent* sátrat ver **4.** vmilyen szintre helyez; vmilyen szinten tart **5.** *(lejtő, tető stb.)* lejt; ereszkedik

> **pitch in** biz *(munkához)* hozzálát; nekifog; rákapcsol
> **pitch into sy/sg** biz nekitámad vkinek/vminek; leszid vkit/vmit
> **pitch up** biz megérkezik

pitch-black [ˌpɪtʃ'blæk] <mn> koromfekete

¹pitcher ['pɪtʃə] <fn> [C] nagy korsó; kancsó

²pitcher ['pɪtʃə] <fn> [C] sp dobó

pitfall ['pɪtfɔːl] <fn> [C] átv is csapda; kelepce; rejtett veszély

pitiful ['pɪtɪfl] <mn> szánalmat keltő; szívszorító; megindító

pitiless ['pɪtɪləs] <mn> könyörtelen; irgalmatlan

¹pity ['pɪti] <fn> [U] **1.** szánalom; sajnálat: *out of pity* szánalomból ∗ *feel pity for sy* szánalmat érez vki iránt **2.** sajnálatos dolog; kár: *What a pity!* De kár!
  ♦ **take pity on sy** megsajnál; megszán vkit

²pity ['pɪti] <ige> (pities, pitying, pitied) (meg-)sajnál; (meg)szán; részvéttel van vki iránt: *We all pitied you.* Mindnyájan sajnáltunk.

pivotal ['pɪvətl] <mn> *(pozíció stb.)* kulcs-; *(kérdés)* sarkalatos: *have a pivotal role in sg* kulcsszerepe van vmiben
pixie ['pɪksɪ] <fn> [C] (pixies) kobold
pixy ['pɪksɪ] <fn> [C] (pixies) kobold
pizza ['piːtsə] <fn> [C, U] pizza
pizzeria [ˌpiːtsə'riːə] <fn> [C] pizzéria
placard ['plækɑːd] <fn> [C] transzparens; plakát
¹place [pleɪs] <fn> [C] **1.** hely: *This small table is the best place for the television.* Ez a kis asztal a legjobb hely a tv számára. **2.** hely(ség); település; város; terület; térség: *We will visit many places in the summer.* Nyáron sok helyet látogatunk meg. **3.** otthon; lakás; ház: *Come round to my place.* Jöjjön el hozzám. **4.** (ülő-) hely; állóhely: *We had to travel by train but there were no places left to sit on.* Vonattal kellett utaznunk, de nem volt (ülő)helyünk. **5.** hely(ezés): *My brother finished in third place in the race.* A bátyám érte el a harmadik helyezést a versenyen. **6.** *(oktatási intézményben, csapatban stb.)* hely; pozíció; állás; hivatás; ügykör: *win a place at the university* felveszik az egyetemre ∗ *It is not my place to do it.* Nem tartozik az ügykörömbe. **7.** hely(szín): *meeting place* találkozási hely ∗ *place of amusement* szórakozóhely **8.** *(könyvben, zenében)* rész; hely; passzus: *the place referred to (könyvben)* az említett/a hivatkozott hely/részlet/szakasz
♦ **all over the place** mindenfelé ♦ **change/swap places (with sy)** helyet cserél (vkivel) ♦ **fall into place** átv összeáll a kép ♦ **in place** 1. a helyén 2. készen áll ♦ **in place of sy** vki helyett ♦ **in the first place** biz elsősorban ♦ **out of place** 1. nem odaillő 2. nincs a helyén ♦ **put sg in its place** eltesz vmit a helyére ♦ **put sy in his place** helyreutasít; rendreutasít vkit ♦ **take place** megtörténik; végbemegy
²place [pleɪs] <ige> **1.** (el)helyez; tesz; rendez (**sg** vmit): *place in order* rendbe tesz ∗ *place a question on the agenda* kérdést napirendre tűz **2.** alkalmaz (**sy** vkit) **3.** rábíz; vmilyen beosztásba helyez; kinevez: *place a matter in sy's hand* vkire bízza az ügyet ∗ *place sy in command* parancsnokká nevez ki vkit **4.** *(rendelést)* eszközöl; felad: *place an order (árut)* megrendel **5.** *(rangban, fontosságban stb.)* helyez; állít; sorol; tesz: *be placed first* első helyre teszik ∗ *be well placed* jó helyezést ért el **6.** felismer; azonosít: *I can't place you.* Nem tudom, hogy hova tegyem (az emlékezetemben).
placement ['pleɪsmənt] <fn> [C] elhelyezés; kinevezés

place name ['pleɪs neɪm] <fn> [C] helységnév
placid ['plæsɪd] <mn> békés; nyugodt; higgadt; szelíd
plagiarism ['pleɪdʒərɪzm] <fn> [C, U] plagizálás; plágium
plagiarist ['pleɪdʒərɪst] <fn> [C] plagizátor; plagizáló
plagiarise ['pleɪdʒəraɪz] BrE → **plagiarize**
plagiarize ['pleɪdʒəraɪz] <ige> plagizál; ollóz
¹plague [pleɪg] <fn> **1.** [C, U] járvány **2.** [U] pestis; dögvész
²plague [pleɪg] <ige> **1.** csapásokkal sújt **2.** gyötör; zaklat; nyaggat; bosszant (**with sg** vmivel)
plaice [pleɪs] <fn> [C, U] (plaice) lepényhal
¹plain [pleɪn] <mn> **1.** egyértelmű; érthető; világos; nyilvánvaló: *He made it plain that he didn't like fish.* Világossá tette, hogy nem szereti a halat. **2.** őszinte; egyenes; szókimondó: *plain speech* őszinte beszéd **3.** egyszerű; sima; köznapi: *live in a plain way* egyszerűen él **4.** *(anyag stb.)* egyszínű; sima; mintázatlan **5.** jelentéktelen; nem szép/csinos: *She is rather plain.* Nem valami szép. **6.** tisztán látható/hallható/kivehető: *It was plain to be heard.* Tisztán hallható volt.
²plain [pleɪn] <fn> [C] síkság; alföld
³plain [pleɪn] <hsz> **1.** világosan; érthetően; félreérthetetlenül **2.** őszintén; nyíltan
plain chocolate [ˌpleɪn'tʃɒklət] <fn> [C, U] keserű csokoládé
¹plain clothes [ˌpleɪn'kləʊðz] <fn> [pl] civil ruha
²plain-clothes [ˌpleɪn'kləʊðz] <mn> civil ruhás: *plain-clothes detective* nyomozó
plainly ['pleɪnlɪ] <hsz> **1.** szemmel láthatóan **2.** világosan; érthetően; nyilvánvalóan: *speak plainly* világosan beszél **3.** egyszerűen; szerényen: *plainly dressed* egyszerűen öltözött **4.** őszintén; kereken; nyíltan: *tell sy plainly* őszintén/kereken megmondja vkinek
plaintiff ['pleɪntɪf] <fn> [C] jog felperes
plaintive ['pleɪntɪv] <mn> panaszos; szomorú
¹plait [plæt] <fn> [C] fonat; copf
²plait [plæt] <ige> fon; befon
¹plan [plæn] <fn> **1.** [C] terv: *according to plan* terv szerint ∗ *What are your plans for this weekend?* Mik a terveid hétvégére? ∗ *She is always full of plans.* Mindig tele van tervekkel. **2. plans** [pl] terv(rajz): *Here are the plans of our new house.* Itt vannak az új házunk tervei. **3.** [C] térkép **4.** [C] vázlat **5.** [C] elgondolás; terv(ezet)
²plan [plæn] <ige> (planning, planned) **1.** *(tervbe vesz)* (meg)tervez: *My family plans to buy a new car.* A családom azt tervezi, hogy új autót vásárol. ∗ *I am planning to visit you.* Azt

tervezem, hogy meglátogatlak. **2.** *(tárgyat, épületet)* (meg)tervez: *He planned his summer house himself.* Maga tervezte a nyaralóját.

¹plane [pleɪn] <fn> [C] **1.** (repülő)gép **2.** gyalu **3.** sík(felület); (sík)lap **4.** növ platán(fa)

²plane [pleɪn] <ige> (le)gyalul

³plane [pleɪn] <mn> sík; sima

planet ['plænɪt] <fn> [C] bolygó

planetarium [ˌplænɪ'teərɪəm] <fn> [C] (planetariums v. planetaria) planetárium

plank [plæŋk] <fn> [C] **1.** széles deszka; palló **2.** *(politikai párté)* programpont; elvi platform

¹plant [plɑːnt] <fn> **1.** [C] növény; palánta **2.** [C] gyár(telep); üzem: *There is a new car plant in our neighbourhood.* Egy új autógyár létesült a közelünkben. **3.** [U] *(gépi)* felszerelés/berendezés; gépállomány; géppark

²plant [plɑːnt] <ige> **1.** (el)ültet; vet; palántál: *I have already planted the strawberry.* Már elültettem az epret. **2.** beültet; bevet (**sg with sg** vmit vmivel) **3.** *(eszmét stb.)* elültet; plántál **4. plant oneself** betelepszik; rátelepszik: *He planted himself on the sofa in the living room.* Rátelepedett a kanapéra a nappaliban. **5.** *(titokban)* elhelyez; elrejt: *The bomb was planted in the building.* A bombát titokban elhelyezték az épületben.

plantation [plɑːn'teɪʃn] <fn> [C] **1.** ültetvény **2.** gyarmat **3.** erdőgazdaság

plaque [plæk, plɑːk] <fn> **1.** [C] emléktábla; dísztábla; plakett **2.** [U] lepedék

plasma TV [ˌplæzmətɪ'viː] <fn> [C] plazmatévé

¹plaster ['plɑːstə] <fn> **1.** [U] vakolat: *The plaster of our house will be white.* Az új házunk fehér vakolatot kap. **2.** [C] sebtapasz: *Put a plaster on your cut.* Ragassz egy sebtapaszt a sebedre! **3.** [U] gipsz: *His broken arm is in plaster.* Be van gipszelve a (törött) karja.

²plaster ['plɑːstə] <ige> **1.** bevakol; bepucol **2.** beken; vastagon beborít (**sg in/with sg** vmit vmivel)

plastered ['plɑːstəd] <mn> **1.** bevakolt **2.** biz totál részeg; beszívott

¹plastic ['plæstɪk] <fn> [C, U] műanyag; plasztik

²plastic ['plæstɪk] <mn> **1.** műanyag: *a plastic bag* műanyag zacskó **2.** alakítható; formálható; képlékeny **3.** nem valódi; mű

plastic surgery [ˌplæstɪk'sɜːdʒərɪ] <fn> [U] plasztikai sebészet

plate [pleɪt] <fn> **1.** [C] tányér **2.** [C] *(fém/üveg)* lemez; lap **3.** [C] *(név)*tábla; számtábla: *license/number plate* rendszámtábla **4.** [U] bevonat **5.** [U] ezüst(neműek); fémétkészlet; fémtálak **6.** [C] *(könyvben)* kép; ábra

plateau ['plætəʊ] <fn> [C] (plateaux v. AmE plateaus) fennsík

platform ['plætfɔːm] <fn> [C] **1.** peron; vágány: *A lot of people were waiting on the platform.* Rengeteg ember várakozott a peronon. * *Which platform does your train leave from?* Melyik vágányról indul a vonatod? **2.** emelvény; dobogó; pódium: *The president went up to the platform.* Az elnök felment az emelvényre. **3.** politikai program; alapelvek; platform **4.** *(vastag talpú cipő)* platform

platinum ['plætɪnəm] <fn> [U] **röv Pt** platina

platitude ['plætɪtjuːd] <fn> [C] közhely; elkoptatott frázis

platonic [plə'tɒnɪk] <mn> plátói

platypus ['plætɪpəs] <fn> [C] kacsacsőrű emlős

plausibility [ˌplɔːzə'bɪlətɪ] <fn> [U] valószínűség; elfogadhatóság

plausible ['plɔːzəbl] <mn> valószínű; elfogadható; elhihető

¹play [pleɪ] <fn> **1.** [C] (szín)darab: *I have read many of Shakespeare's plays.* Sok Shakespeare-darabot olvastam. **2.** [U] sp játék; mérkőzés; meccs: *The play will start in half an hour.* Fél órán belül megkezdődik a játék. **3.** [U] játék; játszás; szórakozás: *be at play* játszik **4.** [U] *(magnón, videón stb.)* indítógomb **5.** [U] működés: *bring into play* megindít

²play [pleɪ] <ige> **1.** játszik: *I like to play with my brother.* Szeretek a bátyámmal játszani. **2.** sp játszik: *play football* focizik * *playing tennis* teniszezik **3.** zene játszik: *play the piano* zongorázik **4.** szính (el)játszik; alakít; előad: *I can't remember the name of the actor who played the king last night.* Nem emlékszem annak a színésznek a nevére, aki tegnap este a királyt játszotta. **5.** *(magnót, videót stb.)* bekapcsol; lejátszik **6.** biz *(fény)* táncol

---

play at sg 1. nem túl komolyan csinál vmit **2.** (meg)játszik vmit: *play at soldiers* katonásdit játszik

play sg back *(magnón, videón stb.)* visszajátszik; lejátszik vmit

play sg down lekicsinyel; háttérbe szorít vmit

play on/upon sg kihasznál vmit

play up *(gyerek, autó)* rosszalkodik; rendetlenkedik

play sy up biz bosszant; megbánt; ugrat vkit; kellemetlenkedik vkinek

play sg up nagy ügyet csinál vmiből; túlhangsúlyoz vmit

play up to sy hízeleg vkinek

play-act ['pleɪækt] <ige> átv színészkedik; megjátssza magát

player ['pleɪə] <fn> [C] **1.** játékos; hivatásos sportoló: *a tennis player* teniszező **2.** *(zeneműe)* előadó; zenész **3.** színész

playful ['pleɪfl] <mn> **1.** tréfás; játékos **2.** játékos kedvű; vidám; bohó; pajkos

playground ['pleɪgraʊnd] <fn> [C] játszótér

playgroup ['pleɪgruːp] <fn> [C] óvoda

playhouse ['pleɪhaʊs] <fn> [C] **1.** színház **2.** babaház

playing card ['pleɪɪŋ kɑːd] <fn> [C] (játék)kártya

playing field ['pleɪɪŋ fiːld] <fn> [C] sportpálya

playmate ['pleɪmeɪt] <fn> [C] játszótárs; játszópajtás

play-off ['pleɪɒf] <fn> [C] sp rájátszás

playpen ['pleɪpen] <fn> [C] *(kisgyereké)* járóka

playschool ['pleɪskuːl] <fn> [C] óvoda

plaything ['pleɪθɪŋ] <fn> [C] **1.** játék **2.** átv játékszer: *treat women as playthings* a nőket játékszernek tekinti

playtime ['pleɪtaɪm] <fn> [U] isk **1.** óraközi szünet **2.** játszásra szánt idő

playwright ['pleɪraɪt] <fn> [C] drámaíró

plea [pliː] <fn> [C] **1.** kérelem; előterjesztés (**for sg** vmi érdekében) **2.** védekezés; védőbeszéd **3.** kifogás; ellenvetés

plead [pliːd] <ige> (pleaded/AmE pled, pleaded/AmE pled) **1.** könyörög; esedezik (**for sg** vmiért) **2.** jog képvisel; véd: *plead sy's case* vállalja vki védelmét **3.** állít; felhoz; hivatkozik (**sg** vmire): *He pleads poverty.* Szegénységére hivatkozik. **4.** mentségül/védelmül/ürügyül hoz fel; kifogásként hivatkozik (**sg** vmire); mentegetőzik **5.** jog perbeszédet mond/tart (**for sg/sy** vki/vmi mellett/védelmében) (**against sy** vki ellen): *plead guilty* beismeri bűnösségét ∗ *plead not guilty* ártatlannak vallja magát

pleasant ['pleznt] <mn> kellemes

¹**please** [pliːz] <isz> legyen/légy szíves: *Open the door, please.* Legyen szíves, nyissa ki az ajtót! ∗ *Please don't forget the key.* Légy szíves, ne feledkezz meg a kulcsról! ∗ *Two coffees, please.* Két kávét kérek!

♦ **yes, please** köszönöm, igen/kérek

²**please** [pliːz] <ige> **1.** kedvére tesz; kedvében jár; kedveskedik (**sy** vkinek); örömet okoz/szerez (**sy** vkinek): *be hard to please* nehéz kedvére tenni ∗ *One can't please everybody.* Nem lehet mindenkinek a kedvében járni. ∗ *He wasn't pleased when I lost the key.* Nem örült, amikor elvesztettem a kulcsot. **2.** örömet okoz; kedvére van/való; tetszik (**sy** vkinek): *just as you please* ahogy tetszik/akarod ∗ *Do as you please.* Tégy úgy, ahogy kedved tartja!

♦ **please oneself** kedve szerint cselekszik

pleased [pliːzd] <mn> (meg)elégedett; boldog: *pleased smile* boldog mosoly

♦ **Pleased to meet you!** *(bemutatásnál)* Örülök, hogy megismerhetem.

pleasing ['pliːzɪŋ] <mn> kellemes; megnyerő

pleasurable ['pleʒərəbl] <mn> élvezetes; kellemes

pleasure ['pleʒə] <fn> [C, U] **1.** öröm; élvezet; gyönyörűség: *give sy great pleasure* nagy élvezetet okoz vkinek ∗ *It was a great pleasure for me to help you.* Nagy örömömre szolgált, hogy segítettem neked. ∗ *"Thanks for doing it for me." "It's a pleasure."* „Köszönöm, hogy megtetted helyettem!" „Örömmel." **2.** szórakozás; kedvtelés: *travel for pleasure* kedvtelésből utazik **3.** akarat; kívánság; tetszés: *at pleasure* kívánságra

♦ **with pleasure** szívesen; boldogan ♦ **take pleasure in sg** örömét leli vmiben

pleb [pleb] <fn> [C] biz proli

plebeian [pləˈbiːən] <mn> **1.** plebejus; köznépből való **2.** alantas; közönséges

plebiscite ['plebɪsaɪt] <fn> [C] népszavazás

pled [pled] AmE → **plead**

¹**pledge** [pledʒ] <fn> [C] fogadalom; ígéret; felajánlás; kötelezettség: *make a pledge* felajánl(ást tesz) ∗ *be under a pledge of secrecy* titoktartást fogadott

♦ **sign/take the pledge** megfogadja, hogy tartózkodik a szeszes italtól

²**pledge** [pledʒ] <ige> elkötelezi magát

plenary ['pliːnəri] <mn> teljes (létszámú); plenáris: *plenary session* teljes/plenáris ülés

plentiful ['plentɪfl] <mn> **1.** bő; bőséges **2.** gazdag; termékeny

¹**plenty** ['plenti] <névm> **(there's) plenty (of sg)** *(vmiből)* bőven elég; rengeteg: *Don't be so nervous – we have plenty of time.* Ne izgulj – rengeteg időnk van! ∗ *There's plenty (more) in the fridge.* Van (még) bőven a hűtőben. ∗ *plenty of eggs* rengeteg tojás

²**plenty** ['plenti] <hsz> biz eléggé; bőven elég: *plenty big enough* bőven elég nagy

pliable ['plaɪəbl] <mn> **1.** *(anyag)* hajlékony; hajlítható; rugalmas **2.** (könnyen) befolyásolható; engedékeny

pliers ['plaɪəz] <fn> [pl] kombinált fogó

plight [plaɪt] <fn> [U] keserves/nehéz helyzet; balsors

plimsoll ['plɪmsəl] <fn> [C] BrE gumitalpú vászoncipő; papucscipő: *a pair of plimsolls* egy pár papucscipő

plod [plɒd] <ige> (plods, plodding, plodded) **1.** vánszorog; cammog **2.** fáradozik; kínlódik; töri magát: *plod through sg* átv nagy nehezen átrágja magát vmin

¹plop [plɒp] <fn> [U] **1.** loccsanás; pottyanás: *The ring fell into the water with a plop.* A gyűrű egy loccsanással beleesett a vízbe. **2.** huppanás

²plop [plɒp] <ige> (plops, plopping, plopped) **1.** (bele)loccsan; (bele)pottyan **2.** (bele-)huppan: *plop down in an armchair* belehuppan egy karosszékbe

³plop [plɒp] <hsz> **1.** loccsanva; pottyanva **2.** huppanva

¹plot [plɒt] <fn> [C] **1.** *(könyvé, filmé)* cselekmény; történet **2.** összeesküvés; (titkos) terv; cselszövés; konspiráció: *hatch/lay a plot* összeesküvést sző **3.** *(hétvégi)* telek; parcella

²plot [plɒt] <ige> (plots, plotting, plotted) **1.** *(regény, film történetét)* kitalál; kigondol; bonyolít **2.** összeesküvést tervez/sző; konspirál **3.** kitervel; tervez; kifőz (**sg** vmit) **4.** *(adatokat térképre, papírra)* felvisz; felrajzol; *(irányt térképen)* kitűz; térképet/helyszínrajzot/tervrajzot készít

plot against sy összeesküvést sző vki ellen

¹plough [plaʊ] <fn> **1.** [C] eke **2. the Plough** [sing] asztrol a Göncölszekér

²plough [plaʊ] <ige> (fel)szánt

plough sg back 1. beszánt vmit **2.** *(hasznot)* újra befektet
plough on (with sg) tovább kínlódik (vmivel)
plough through sg átv is (erővel) áthatol; átvergődik vmin

🇬🇧 *Ploughman's lunch*

Jellegzetes, az angol kocsmákban kapható étel: ropogós bagett vagy teljes kiőrlésű kenyér vajjal, különböző sajtokkal (Cheddar, Stilton stb.), friss zöldséggel és salátaöntettel.

plow [plaʊ] AmE → **¹, ²plough**
ploy [plɔɪ] <fn> [C] (ploys) huncutság; trükk
¹pluck [plʌk] <ige> **1.** húz; ránt; (le)tép; (le-)szakít: *pluck out* kiszed; kitép **2.** *(baromfit)* (meg)kopaszt **3.** zene *(húrokat)* penget

pluck at sg 1. zene *(húrokat)* penget **2.** húzogat; megránt; rángat; ráncigál vmit

²pluck [plʌk] <fn> [U] biz elszántság; merészség
plucky ['plʌki] <mn> (pluckier, pluckiest) biz merész; elszánt; bátor

¹plug [plʌg] <fn> [C] **1.** dugó: *I took the plug out of the basin.* Kihúztam a dugót a mosdóból. **2.** (villás)dugó; (csatlakozó)dugasz: *I couldn't put the plug into the socket.* Nem tudtam bedugni a (villás)dugót a konnektorba. **3.** reklámszöveg

²plug [plʌg] <ige> (plugs, plugging, plugged) **1.** betöm; bedug(aszol); tömít: *Have you already plugged the hole?* Már betömted a lyukat? **2.** reklámoz; hirdet **3.** szl AmE golyót ereszt (**sy** vkibe)

plug sg in *(csatlakozódugót)* bedug; *(áramot stb.)* bekapcsol

plughole ['plʌghəʊl] <fn> [C] BrE *(fürdőkádé stb.)* lefolyó
plum [plʌm] <fn> [C] szilva
plumage ['pluːmɪdʒ] <fn> [U] tollazat
plumber ['plʌmə] <fn> [C] vízvezeték-szerelő
plumbing ['plʌmɪŋ] <fn> [U] **1.** *(épületé)* csőhálózat; vízvezeték-hálózat **2.** vízvezeték-szerelés
¹plump [plʌmp] <mn> kövér(kés); duci; telt
²plump [plʌmp] <ige> **1.** hizlal; megduzzaszt **2.** *(párnát stb.)* felráz

plump down lehuppan; lepottyan: *He plumped down next to me on the armchair.* Lehuppant mellém a fotelba.
plump sg down lepottyant; leejt; odacsap; odavág vmit
plump for sy/sg biz BrE vki/vmi mellett dönt: *Which book did you plump for?* Melyik könyv mellett döntöttél?

¹plunder ['plʌndə] <fn> [U] **1.** rablás; fosztogatás; kifosztás **2.** zsákmány
²plunder ['plʌndə] <ige> **1.** zsákmányol; rabol; kifoszt **2.** fosztogat
plunderer ['plʌndərə] <fn> [C] fosztogató; rabló
¹plunge [plʌndʒ] <ige> **1.** alámerít; belemárt; belemerít; beledob **2.** (bele)esik; beleugrik; beleveti magát (**into sg** vmibe) **3.** *(ár, hőmérséklet)* esik; zuhan

plunge into sg 1. belekezd; belevág vmibe **2.** (bele)esik; beleugrik vmibe
plunge sy/sg into sg átv (bele)taszít; dönt; sodor vkit/vmit vmibe

²**plunge** [plʌndʒ] <fn> [U] **1.** fejesugrás; vízbe merülés **2.** esés: *a plunge in profits* a profit esése
 ♦ **take the plunge** átv beleugrik vmibe; rászánja magát vmire
pluperfect [ˌpluːˈpɜːfɪkt] <fn> [U] régmúlt (igeidő)
¹**plural** [ˈplʊərəl] <fn> [C] többes (szám)
²**plural** [ˈplʊərəl] <mn> többes számú
¹**plus** [plʌs] <elölj> **1.** plusz; meg: *Four plus four equals eight.* Négy meg négy az nyolc. **2.** valamint; és még: *I bought two pencils, four rubbers plus a pen.* Vettem két ceruzát, négy radírt, valamint egy tollat.
²**plus** [plʌs] <fn> [C] **1.** összeadásjel; pluszjel **2.** előny; többlet
³**plus** [plʌs] <mn> **1.** több; többlet-; plusz: *for boys 12 plus* 12 éves és idősebb fiúk számára * *There were 20,000 plus at the match.* A meccsen 20 000 embernél is többen voltak. * *plus points* többletpontok; plusz pontok **2.** pozitív; plusz: *The temperature is no more than plus two degrees.* A hőmérséklet nem haladja meg a plusz 2 fokot.
ply [plaɪ] <ige> (plies, plying, plied, plied) **1.** (hajó, komp) közlekedik **2.** (szerszámmal) bánik **3.** (ipart) űz

> **ply sy with sg** elhalmoz; ellát vkit vmivel

plywood [ˈplaɪwʊd] <fn> [U] furnérlemez
p.m. [ˌpiːˈem] [= (latin) post meridiem = afternoon] du. (= délután): *She arrived at 4 p.m.* Délután 4 órakor érkezett.
PM [ˌpiːˈem] [= Prime Minister] <fn> [C] miniszterelnök
pneumonia [njuːˈməʊniə] <fn> [U] tüdőgyulladás
¹**poach** [pəʊtʃ] <ige> **1.** orvvadászik; engedély nélkül vadászik **2.** (ötletet) ellop **3.** (alkalmazottat) elcsábít: *He was poached by another company.* Elcsábította egy másik cég.
²**poach** [pəʊtʃ] <ige> (tojást) buggyant; bever; párol: *poached egg* buggyantott/bevert tojás
poacher [ˈpəʊtʃə] <fn> [C] orvvadász
PO Box [ˌpiːəʊˈbɒks] [= Post Office Box] <fn> [C] Pf. (= postafiók): *The firm's address is PO Box 22, Brighton BK5 2LM.* A cég címe: Brighton BK5 2LM, Pf. 22.
¹**pocket** [ˈpɒkɪt] <fn> [C] **1.** zseb: *I put two hankies in my pocket.* Két zsebkendőt tettem a zsebembe. **2.** biz (vki rendelkezésére álló) pénz: *be out of pocket* ki van fogyva a pénzből * *He bought it out of his own pocket.* Saját pénzéből vette. **3.** (biliárdasztalon) lyuk
 ♦ **pick sy's pocket** kilop/kicsen vmit vkinek a zsebéből
²**pocket** [ˈpɒkɪt] <ige> **1.** zsebre vág/tesz; zsebébe süllyeszt **2.** bezsebel; eltulajdonít; megtart magának **3.** (biliárdgolyót) lyukba lök/taszít; eltesz
pocketbook [ˈpɒkɪtbʊk] <fn> [C] **1.** AmE (vki rendelkezésére álló) pénz **2.** BrE jegyzetfüzet; notesz **3.** AmE (női) kézitáska **4.** AmE levéltárca
pocket calculator [ˌpɒkɪtˈkælkjʊleɪtə] <fn> [C] zsebszámológép
pocket knife [ˈpɒkɪt naɪf] <fn> [C] (pocket knives) zsebkés; bicska
pocket money [ˈpɒkɪtˌmʌni] <fn> [U] zsebpénz
pod [pɒd] <fn> [C] növ hüvely; (mag)tok
podcast [ˈpɒdkɑːst] <fn> [C] letölthető hangvagy videóanyag interneten
podium [ˈpəʊdiəm] <fn> [C] emelvény; dobogó; pódium
poem [ˈpəʊɪm] <fn> [C] vers: *write a poem* verset ír
poet [ˈpəʊɪt] <fn> [C] költő
poetess [ˌpəʊɪˈtes] <fn> [C] költőnő
poetic [pəʊˈetɪk] <mn> költői
poetry [ˈpəʊətri] <fn> [U] költészet; költemények: *piece of poetry* költemény; vers
poignant [ˈpɔɪnjənt] <mn> **1.** megrendítő; szívszaggató **2.** csípős; éles
¹**point** [pɔɪnt] <fn> **1.** [C] tizedespont: *four point two* négy egész két tized **2.** [C] pont: *full point* (mondat végén) pont **3.** [C] vminek a hegye/csúcsa: *the point of a pencil* a ceruza hegye * *the point of a drill* fúrócsúcs; fúróhegy **4.** [C] (térben és időben) (egy bizonyos) pont/hely: *We made a long walk and in the evening we came back to the point where we had met in the morning.* Tettünk egy hosszú sétát, este pedig visszatértünk ahhoz a ponthoz, ahol reggel találkoztunk. * *At one point I thought he was lying.* Egy ponton azt gondoltam, hogy hazudik. **5. the point (of sg/of doing sg)** [sing] vminek az értelme; vminek a célja: *What's the point of…ing* Mi értelme van… ? * *There's no point in…ing* Semmi értelme sincs… * *There is no point in going to the shop so early – it is closed until nine o'clock.* Semmi értelme nincs olyan korán boltba menni – kilencig zárva van! * *What do you think the point of learning languages is?* Szerinted mi a nyelvtanulás értelme? **6.** [C] sp pont(szám); ponteredmény; pontérték: *score a point* pontot szerez **7.** [C] vélemény; nézet: *I see your point but I don't agree.* Értem a véleményed, de nem értek vele egyet. **8. the point** [sing] a lényeg: *come/get to the point* a lényegre tér * *That's beside the point.* Ez nem tartozik a lényeghez. * *That's not the

point. Nem ez a lényeg. **9.** [C] *(jellemé stb.)* sajátosság; tulajdonság; oldal; vonás: *He has his good points.* Megvannak a jó tulajdonságai. ∗ *his weak point* gyenge oldala
♦ **be on the point of doing sg** már épp azon a ponton van, hogy megtegyen vmit ♦ **make a point of doing sg** súlyt helyez vminek az elvégzésére ♦ **miss the point** nem érti meg a lényeget/viccet/poént ♦ **point of view** szempont; nézet ♦ **sy's weak point** vkinek a gyenge pontja/oldala; vkinek a gyengéje ♦ **short and to the point** röviden, de velősen ♦ **take one's point** elfogadja vkinek a véleményét ♦ **to the point** lényegre törő ♦ **up to a point** részben

²**point** [pɔɪnt] <ige> **1.** mutat (**at/to sy/sg** vkire/vmire): *The teacher is pointing at you.* A tanár rád mutat. **2.** céloz (**at/towards sg** vmire) **3.** néz; mutat (**towards sg** vmilyen irányba): *The sign pointed towards the village.* A tábla a falu irányába mutatott. **4.** irányít (**at sy/sg** vkire/vmire): *point a gun* puskát ráfog

point at sy/sg rámutat vkire/vmire
point sg out felhívja a figyelmet; rámutat vmire: *He pointed out that I was wrong.* Rámutatott, hogy nincs igazam.
point to sg utal; rámutat vmire; vmire enged következtetni

¹**point-blank** [ˌpɔɪnt'blæŋk] <mn> **1.** *(lövés stb.)* közvetlen közeli: *point-blank range* közvetlen lőtávolság **2.** egyenes; nyílt; őszinte; közvetlen; félreérthetetlen
²**point-blank** [ˌpɔɪnt'blæŋk] <hsz> **1.** közvetlenül; közvetlen közelről **2.** egyenesen; nyíltan; kereken; kertelés nélkül; félreérthetetlenül: *I asked him point-blank.* Kertelés nélkül megkérdeztem.
pointed ['pɔɪntɪd] <mn> **1.** hegyes; csúcsos: *pointed nose* hegyes orr **2.** *(megjegyzés stb.)* éles; csípős **3.** nyílt; tömör; velős; félreérthetetlen
pointer ['pɔɪntə] <fn> [C] **1.** útmutatás; figyelmeztetés; hasznos tanács; tipp **2.** *(óráé, műszeré)* mutató **3.** infor nyíl; kurzor **4.** mutatópálca **5.** angol vizsla; pointer
pointless ['pɔɪntləs] <mn> értelmetlen; felesleges; céltalan
¹**poison** ['pɔɪzn] <fn> [C, U] méreg
²**poison** ['pɔɪzn] <ige> **1.** megmérgez **2.** tönkretesz
♦ **poison sy's mind against sy** haragot/ellenszenvet támaszt vkiben vki iránt

poisonous ['pɔɪzənəs] <mn> **1.** *(gomba stb.)* mérges; *(gáz stb.)* mérgező; *(víz stb.)* fertőzött; mérgezett **2.** káros; ártalmas; kibírhatatlan; kellemetlen: *The heat was simply poisonous.* Kibírhatatlanul meleg volt.
¹**poke** [pəʊk] <fn> [C] lökés; bökés; döfés
²**poke** [pəʊk] <ige> döf; lök(dös); taszigál
♦ **poke fun at sy** kigúnyol vkit ♦ **poke/stick one's nose into sg** biz beleüti az orrát vmibe

poke about/around sg (lázasan) keresgél vmit

poker ['pəʊkə] <fn> **1.** [C] piszkavas **2.** [U] *(kártyajáték)* póker
pokey ['pəʊkɪ] → **poky**
poky ['pəʊkɪ] <mn> (pokier, pokiest) biz **1.** BrE *(szoba, ház)* szűk; kicsi **2.** AmE *(ember)* lassú; lomha
Poland ['pəʊlənd] <fn> Lengyelország
polar ['pəʊlə] <mn> **1.** sarki; sark-; poláris: *polar lights* sarki fény ∗ *polar circle* sarkkör **2.** homlokegyenest ellenkező; szélsőséges
polar bear [ˌpəʊlə'beə] <fn> [C] jegesmedve
pole [pəʊl] <fn> [C] **1.** rúd; pózna; árbóc: *tent pole* sátorrúd ∗ *telephone pole* telefonpózna **2.** földr sark(pont): *magnetic pole* mágneses sark **3.** el sarok; pólus: *negative pole* negatív sarok/pólus ∗ *positive pole* pozitív sarok/pólus
Pole [pəʊl] <fn> [C] *(személy)* lengyel
polecat ['pəʊlkæt] <fn> [C] görény
polemic [pə'lemɪk] <fn> [C] vita; polémia
pole vault ['pəʊl vɔːlt] <fn> **the pole vault** [sing] sp rúdugrás
¹**police** [pə'liːs] <fn> [pl] rendőrség: *The police are looking for the murderer.* A rendőrség keresi a gyilkost. ∗ *Call the police!* Hívd (ki) a rendőrséget!
²**police** [pə'liːs] <ige> fenntartja a rendet
police car [pə'liːs kɑː] <fn> [C] rendőrautó
police constable [pəˌliːs'kʌnstəbl] <fn> [C] röv **PC** BrE (köz)rendőr
police force [pə'liːs fɔːs] <fn> [C] rendőrség
policeman [pə'liːsmən] <fn> [C] (policemen) rendőr
police officer [pə'liːsˌɒfɪsə] <fn> [C] rendőr
police station [pə'liːsˌsteɪʃn] <fn> [C] rendőrkapitányság
policewoman [pə'liːsˌwʊmən] <fn> [C] (policewomen) rendőrnő
policy ['pɒləsɪ] <fn> [C] (policies) **1.** irányvonal; (vezér)elv; politika; vezetés: *foreign policy* külpolitika ∗ *Do you know something about our town policy?* Tudsz valamit a városvezetés-

ről? **2.** biztosítási kötvény: *take out a policy* biztosítást köt
polio ['pəʊliəʊ] <fn> [U] gyermekbénulás
poliomyelitis [ˌpəʊliəʊmaiə'laitis] <fn> [U] gyermekbénulás
¹polish ['pɒliʃ] <fn> [U] **1.** fény; ragyogás; csillogás: *lose its polish* fényét veszti; megfakul **2.** fénymáz; fényező(anyag) **3.** *(modoré, stílusé)* csiszoltság; finomság; kiműveltség: *lack polish (stílus)* nem eléggé csiszolt
²polish ['pɒliʃ] <ige> (ki)fényesít; (ki)tisztít; fényez; políroz: *He polished my dirty shoes.* Kitisztította a cipőmet.

> **polish sg off** biz **1.** *(munkát)* gyorsan elintéz; összecsap **2.** *(ételt)* felfal; eltüntet
> **polish sy off** biz **1.** *(ellenfelet)* legyőz; elintéz; *(ellenféllel)* leszámol; végez **2.** megöl; elintéz vkit
> **polish sg up 1.** kifényesít vmit **2.** *(tudást)* felfrissít

¹Polish ['pəʊliʃ] <mn> lengyel
²Polish ['pəʊliʃ] <fn> [U] *(nyelv)* lengyel
polished ['pɒliʃt] <mn> **1.** (ki)fényesített; fényezett; csiszolt: *polished oak* fényezett tölgyfa **2.** *(stílus)* kifinomult; választékos; *(modor)* csiszolt
polite [pə'laɪt] <mn> udvarias; előzékeny: *He is a polite young man.* Udvarias fiatalember. * *We should be polite to everyone.* Mindenkivel udvariasaknak kell lennünk!
politeness [pə'laitnəs] <fn> [U] udvariasság
political [pə'litikl] <mn> politikai: *She is a member of a political party.* Egy politikai párt tagja. * *He was dismissed for political reasons.* Politikai okokból bocsátották el.
political asylum [pəˌlitikl ə'sailəm] <fn> [U] politikai menedékjog
politically correct [pəˌlitikli kə'rekt] <mn> politikailag korrekt
politician [ˌpɒlə'tiʃn] <fn> [C] politikus
politics [ˌpɒlə'tiks] <fn> **1.** [U + sing/pl v] politika: *go into politics* politikai pályára lép * *Politics is/are interesting.* A politika érdekes. **2.** [pl] vkinek a politikai elvei/nézetei: *What are his politics?* Mik a politikai elvei/nézetei? **3.** [U] politikatudomány
politology [ˌpɒlə'tɒlədʒi] <fn> [U] politológia
¹poll [pəʊl] <fn> **1.** [C] szavazás; választás **2.** [C] szavazat: *heavy poll* sok szavazat * *poor/small poll* kevés szavazat **3. the polls** [pl] szavazóhelyiség: *go to the polls* szavazni megy **4.** [C] közvélemény-kutatás: *carry out/conduct a poll* közvélemény-kutatást végez

²poll [pəʊl] <ige> **1.** *(szavazatot)* kap; elnyer: *He polled 70% of the vote.* A szavazatok 70 százalékát elnyerte. **2.** *(választáson)* (meg)szavaztat **3.** *(választáson)* (meg)szavaz **4.** (közvélemény-kutatásban) megkérdez
pollen ['pɒlən] <fn> [U] virágpor; pollen
polling ['pəʊliŋ] <fn> [U] szavazás; választás
polling booth ['pəʊliŋ buːð] <fn> [C] BrE szavazófülke
polling station ['pəʊliŋˌsteiʃn] <fn> [C] szavazóhely(iség)
pollster ['pəʊlstə] <fn> [C] közvélemény-kutató
pollutant [pə'luːtnt] <fn> [C] szennyezőanyag
pollute [pə'luːt] <ige> **1.** *(vizet, levegőt stb.)* (be)szennyez; (meg)fertőz: *Factories pollute our environment.* A gyárak szennyezik a környezetünket. **2.** *(erkölcsileg)* megront; megfertőz
pollution [pə'luːʃn] <fn> [U] (be)szennyezés; szennyeződés: *air pollution* levegőszennyezés
polo ['pəʊləʊ] <fn> [U] lovaspóló
polo neck ['pəʊləʊ nek] <fn> [C] garbónyak
polo shirt ['pəʊləʊ ʃɜːt] <fn> [C] pólóing
polygamist [pə'ligəmist] <fn> [C] többnejű ember
polygamous ['pɒligəməs] <mn> többnejű
polygamy [pə'ligəmi] <fn> [U] többnejűség; poligámia
¹polyglot ['pɒliglɒt] <mn> **1.** több nyelven beszélő; poliglott **2.** többnyelvű; több nyelven írott
²polyglot ['pɒliglɒt] <fn> [C] több nyelven beszélő/tudó ember
polygon ['pɒligən] <fn> [C] sokszög; poligon
pomp [pɒmp] <fn> [U] pompa; fény; ragyogás
pompous ['pɒmpəs] <mn> nagyképű; fellengzős
pond [pɒnd] <fn> [C] *(mesterséges)* tó; tavacska
ponder ['pɒndə] <ige> **1. ponder about/on/over sg** (el)tűnődik; (el)gondolkodik; elmélkedik vmin **2.** latolgat; mérlegel; megfontol **(sg** vmit)
ponderous ['pɒndərəs] <mn> **1.** súlyos; nehéz **2.** *(stílus)* nehéz(kes); esetlen
¹pong [pɒŋ] <fn> [C] szl BrE bűz
²pong [pɒŋ] <ige> bűzlik
pony ['pəʊni] <fn> [C] (ponies) póni(ló)
ponytail ['pəʊniteɪl] <fn> [C] *(frizura)* lófarok
poodle ['puːdl] <fn> [C] uszkár
pooh [puː] <isz> biz pfuj
pooh-pooh [ˌpuː'puː] <ige> biz lefitymál; semmibe vesz
¹pool [puːl] <fn> [C] **1.** tócsa; pocsolya: *a pool of oil* olajtócsa **2.** tó; tavacska **3.** *(úszó)*medence; uszoda: *Peter dived into the pool.* Peter beugrott/fejest ugrott a medencébe. * *We go*

to the pool every second day. Minden másnap megyünk az uszodába. **4.** *(pénzből, áruból)* közös alap/készlet; egyesülés **5.** közös állomány; (-)park: *car pool* gépkocsipark

²**pool** [puːl] <ige> **1.** *(közös alapba)* összegyűjt; *(pénzt)* összedob; összead: *They pooled their resources.* Erőiket egyesítették./Összefogtak. **2.** erőiket egyesítik

pools [puːlz] <fn> **the pools** [pl] totó: *do the pools* totózik

¹**poor** [pʊə] <mn> (poorer, poorest) **1.** szegény: *This family is really poor.* Ez a család csakugyan szegény. **2.** rossz (minőségű); gyenge; silány: *His is in poor health.* Rossz bőrben van. * *I have a poor opinion of her.* Rossz véleménnyel vagyok róla. * *Our garden is not good for growing vegetables – the soil is poor.* A kertünk nem alkalmas zöldségtermesztésre – silány a talaj. **3.** *(sajnálkozás kifejezésére)* szegény: *Poor Sue – she lost her bag.* Szegény Sue – elvesztette a táskáját!

²**poor** [pʊə] <fn> **the poor** [pl] a szegények

¹**poorly** ['pʊəli] <hsz> gyengén; rosszul: *a poorly-paid job* rosszul fizetett állás

²**poorly** ['pʊəli] <mn> biz BrE *(egészségi állapot)* rossz; gyenge: *be/feel poorly* gyenge egészségi állapotban van

¹**pop** [pɒp] <fn> **1.** [C] pukkanás; durranás: *Could you hear that loud pop?* Hallottad azt a hangos durranást? **2.** [U] pop(zene): *pop festival* popfesztivál **3.** [U] biz AmE *(megszólításnál)* papa: *Hey Pop, can I help you?* Hé papa, segíthetek?

²**pop** [pɒp] <ige> (pops, popping, popped) **1.** (ki)pukkaszt: *My brother frightened me as he popped a balloon behind me.* A bátyám megijesztett, ahogy kipukkasztott mögöttem egy lufit. **2.** (ki)pukkan: *The balloon suddenly popped.* Hirtelen kipukkant a lufi. **3.** gyorsan/hirtelen megy: *Can you wait for me while I pop into the station to buy a ticket?* Megvársz, amíg gyorsan bemegyek az állomásra jegyet venni? **4.** gyorsan/hirtelen dug/tesz: *She popped a piece of chocolate into her mouth.* Gyorsan bedugott egy darab csokit a szájába.

> **pop in** *(gyors látogatásra)* beugrik; bekukkant
> **pop off** biz meghal; kinyiffan
> **pop sy off** biz megöl; kinyiffant vkit
> **pop over to sy** átugrik; átszalad vkihez
> **pop up** biz felbukkan

³**pop** [pɒp] <mn> népszerű

popcorn ['pɒpkɔːn] <fn> [U] pattogatott kukorica

pope [pəʊp] <fn> [C] pápa

poplar ['pɒplə] <fn> **1.** [C] növ nyár(fa) **2.** [U] *(anyag)* nyár(fa)

pop music ['pɒp,mjuːzɪk] <fn> [U] popzene

poppy ['pɒpi] <fn> [C] (poppies) **1.** növ pipacs **2.** mák

poppy seed ['pɒpi siːd] <fn> [C] mákszem

pop star ['pɒp stɑː] <fn> [C] popsztár

popular ['pɒpjʊlə] <mn> **1.** népszerű; közkedvelt: *He is a popular singer.* Népszerű énekes. * *This game is popular especially with boys.* Ez a játék főként a fiúk körében népszerű. **2.** népszerű; könnyen érthető **3.** köz-; nép-: *popular feeling* közhangulat * *popular insurrection* népfelkelés

popularise ['pɒpjʊləraɪz] BrE → **popularize**

popularity [,pɒpjʊ'lærəti] <fn> [U] népszerűség

popularize ['pɒpjʊləraɪz] <ige> népszerűsít; (el)terjeszt

populate ['pɒpjʊleɪt] <ige> benépesít

population [,pɒpjʊ'leɪʃn] <fn> **1.** [C, U] népesség; lakosság: *fall in population* a népesség csökkenése **2.** [C] populáció

populous ['pɒpjʊləs] <mn> népes; sűrűn lakott

porcelain ['pɔːslɪn] <fn> [U] porcelán

porch [pɔːtʃ] <fn> [C] **1.** BrE fedett bejárat **2.** AmE tornác; veranda

¹**pore** [pɔː] <fn> [C] biol pórus; nyílás

²**pore** [pɔː] <ige> **pore over sg** tanulmányoz vmit; elmélyül vmiben

pork [pɔːk] <fn> [U] disznóhús; sertéshús: *Yesterday we had pork for lunch.* Tegnap disznóhús volt ebédre.

porky ['pɔːki] <mn> (porkier, porkiest) biz kövér; hájas

pornographic [,pɔːnə'græfɪk] <mn> pornográf

pornography [pɔː'nɒgrəfi] <fn> [U] pornográfia

porous ['pɔːrəs] <mn> likacsos; lyukacsos; szivacsos

porpoise ['pɔːpəs] <fn> [C] delfin

porridge ['pɒrɪdʒ] <fn> [U] zabkása

port [pɔːt] <fn> **1.** [C, U] kikötő: *The ship will spend a few days in port.* A hajó néhány napot tölt a kikötőben. **2.** [C] kikötőváros: *We visited all the major ports of England.* Anglia összes nagyobb kikötővárosát meglátogattuk. **3.** [U] portói (bor)

portable ['pɔːtəbl] <mn> hordozható; szállítható: *a portable charger* hordozható töltő; *a portable speaker* hordozható hangszóró

portal ['pɔːtl] <fn> [C] **1.** bejárat; díszkapu **2.** infor portál

porter ['pɔːtə] <fn> **1.** [C] (hotel)portás **2.** [C] kapuőr; kapus **3.** [C] hordár **4.** [U] barna sör

porthole ['pɔ:θəʊl] <fn> [C] (kerek) hajóablak

¹portion ['pɔ:ʃn] <fn> [C] **1.** rész: *a large portion of the company's profit* a cég nyereségének nagy része **2.** adag: *children's portion* gyerekadag ∗ *My portion was bigger.* Az én adagom nagyobb volt.

²portion ['pɔ:ʃn] <ige> **portion sg out** szétoszt; kioszt vmit

portrait ['pɔ:trət] <fn> [C] **1.** arckép; képmás; portré **2.** jellemzés; élethű (személy)leírás

portray [pɔ:'treɪ] <ige> **1.** lefest (**sy** vkit) **2.** *(jelenetet stb.)* leír; ábrázol **3.** *(szerepet)* alakít; játszik

Portugal ['pɔ:tʃʊgl] <fn> Portugália

¹Portuguese [,pɔ:tʃʊ'gi:z] <mn> portugál

²Portuguese [,pɔ:tʃʊ'gi:z] <fn> **1.** [C] *(személy)* portugál **2.** [U] *(nyelv)* portugál

¹pose [pəʊz] <ige> **1.** modellt áll/ül (**for sy** vkinek): *pose for a group photograph* csoportfényképhez készül(nek)/összeállnak **2.** *(modellt stb.)* elrendez; beállít **3.** színlel; kiadja magát (**as sy/sg** vkinek/vminek) **4.** megjátssza magát; affektál; pózol **5.** *(kérdést)* feltesz; *(problémát)* felvet

²pose [pəʊz] <fn> [C] **1.** testtartás; póz **2.** színlelés; nagyképűsködés; pózolás

posh [pɒʃ] <mn> biz **1.** elegáns; sikkes; menő; flancos **2.** BrE a felső tízezerhez tartozó

¹position [pə'zɪʃn] <fn> **1.** [C, ált sing] helyzet; állapot: *be in no position to do sg* nincs abban a helyzetben, hogy megtegyen vmit ∗ *He is in an awkward position.* Kínos helyzetben van. ∗ *Put yourself in my position.* Képzeld magadat a helyembe. **2.** [C, U] *(városé stb.)* hely(-zet); fekvés: *in position* megfelelő helyen/helyzetben ∗ *out of position* nem megfelelő helyen **3.** [C] állás; tisztség; rang; pozíció: *in a high position* magas állásban/rangban ∗ *hold/occupy a position* állást/tisztséget betölt **4.** [C] álláspont; állásfoglalás; vélemény: *his position on this question* állásfoglalása ebben a kérdésben **5.** [C] (had)állás: *defensive position* védőállás ∗ *fortified position* megerősített állás **6.** [C, U] testtartás; helyzet: *sit in an uncomfortable position* kényelmetlen testtartásban ül **7.** [C, U] sp *(csapatjátékban)* poszt: *What position does he play?* Milyen posztban játszik?

²position [pə'zɪʃn] <ige> **1.** *(megfelelő helyre)* elhelyez **2. position oneself** elhelyezkedik: *Large TV screens were positioned at either end of the stadium* Óriás tv-kivetítőket helyeztek el a stadion két végén **3.** helyet/helyzetet meghatároz

positive ['pɒzətɪv] <mn> **1.** bizakodó; pozitív: *My parents have always been very positive about my studies.* Szüleim mindig nagyon pozitívan álltak a tanulmányaimhoz. **2.** igenlő; helyeslő: *He gave me a positive answer.* Igenlő választ adott. **3.** kétségtelen; biztos: *It is a positive fact, that she always helps old people.* Kétségtelen tény, hogy mindig segít az időseknek. **4.** *(szám)* pozitív: *positive numbers* pozitív számok **5.** világos; határozott: *take positive action* határozott lépést tesz **6.** orv *(lelet)* pozitív **7.** *(kép)* pozitív

possess [pə'zəs] <ige> **1.** birtokában van; birtokol (**sg** vmit); van (**sg** vmije): *be possessed of sg* birtokában van vminek ∗ *He possesses two cars.* Két autója van. **2.** *(indulat, szenvedély)* hatalmába kerít; megszáll: *be possessed by the devil* megszállta az ördög

possession [pə'zeʃn] <fn> **1.** [U] birtoklás; tulajdonlás: *take possession of sg* birtokba vesz vmit ∗ *be in possession of a passport* útlevél birtokában van **2.** [C, ált pl] tulajdon; vagyon: *They lost all their possessions in the Second World War.* Minden vagyonukat elvesztették a második világháborúban.

possessive [pə'zesɪv] <mn> **1.** hatalmában tartani; birtokolni vágyó **2.** nyelvt birtokos: *possessive case* birtokos eset ∗ *possessive pronoun* birtokos névmás

possessor [pə'zesə] <fn> [C] tulajdonos

possibility [,pɒsə'bɪləti] <fn> [C, U] (possibilities) lehetőség; kilátás; eshetőség; esély: *There is no possibility of my going there.* Nincs lehetőség arra, hogy odamenjek.

possible ['pɒsəbl] <mn> lehetséges; lehető: *the best possible* a lehető legjobb ∗ *Is it possible to get to the lake on foot?* El lehet jutni gyalog a tóhoz? ∗ *This theatre is a possible place for the celebration.* Ez a színház az ünnepség lehetséges színhelye. ∗ *I will visit you as soon as possible.* Amint lehet, meglátogatlak. ∗ *It can't be possible.* Lehetetlen.

possibly ['pɒsəbli] <hsz> **1.** talán; lehet(, hogy…): *It is possibly the slowest train we have ever travelled with.* Talán ez a leglassúbb vonat, amivel valaha is utaztunk. ∗ *I may possibly get a new umbrella for my birthday.* Lehet, hogy kapok egy új esernyőt a születésnapomra. **2.** lehet(őség szerint); lehetőleg; esetleg: *I will do the shopping as soon as I possibly can.* Amint lehet, bevásárolok.

¹post [pəʊst] <fn> **1.** [U] *(érkező levelek, csomagok)* posta **2.** [U] posta: *I will send four letters by post.* Négy levelet küldök postán. **3.** [C] állás; hivatal: *take up one's post* elfoglalja az állását/a hivatalát ∗ *He applied for a new post.* Új állásra jelentkezett. **4.** [C] őrhely **5.** [C] oszlop; cölöp; pillér

²post [pəʊst] <ige> **1.** *(csomagot, levelet)* felad; postáz: *When did you post the letter?* Mikor adtad fel a levelet? **2.** beoszt; kiküld; kihelyez (**sy** vkit): *The guard was posted outside the building.* Az őrt az épület elé küldték ki. **3.** *(egy bizonyos poszton)* elhelyez (**sy** vkit) **4.** *(hirdetést)* kiragaszt; kitesz **5.** *(interneten)* posztol; üzenetet a nyilvánossággal megoszt

postage ['pəʊstɪdʒ] <fn> [U] postaköltség

postage stamp ['pəʊstɪdʒ stæmp] <fn> [C] (levél)bélyeg: *Can I have two postage stamps, please?* Kaphatnék két (levél)bélyeget?

postal ['pəʊstl] <mn> postai; posta-: *postal tariff* postai díjszabás * *postal train* postavonat

postal check ['pəʊstl tʃek] <fn> [C] gazd AmE postacsekk; csekkutalvány

postal cheque ['pəʊstl tʃek] <fn> [C] gazd BrE postacsekk; csekkutalvány: *pay by postal cheque* postacsekkel fizet

postal note ['pəʊstl nəʊt] <fn> [C] gazd postautalvány: *pay in the postal note* befizeti a postautalványt

postal order ['pəʊstl ɔːdə] <fn> [C] gazd postautalvány

postal remittance ['pəʊstl rɪˌmɪtəns] <fn> [U] gazd postai átutalás: *Postal remittance can be made by cheque or credit card.* A postai átutalás történhet csekkel, vagy hitelkártyával.

postbox ['pəʊstbɒks] <fn> [C] postaláda

postcard ['pəʊstkɑːd] <fn> [C] (postai) levelezőlap

postcode ['pəʊstkəʊd] <fn> [U] (postai) irányítószám

poster ['pəʊstə] <fn> [U] plakát; poszter

posterior [pɒ'stɪərɪə] <mn> **1.** hát(ul)só **2.** későbbi; utólagos

posterity [pɒ'sterətɪ] <fn> [U] utókor

¹postgraduate [ˌpəʊst'grædjʊət] <fn> [C] posztgraduális hallgató

²postgraduate [ˌpəʊst'grædjʊət] <mn> *(egyetemi tanulmányok befejezése utáni)* posztgraduális: *postgraduate studies* posztgraduális tanulmányok

posthumous ['pɒstjʊməs] <mn> posztumusz

posting ['pəʊstɪŋ] <fn> [C] **1.** postai feladás **2.** *(alkalmazottaké, személyzeté)* kihelyezés; kiküldetés **3.** gazd *(főkönyvi számlákra)* elkönyvelés; átkönyvelés

postman ['pəʊstmən] <fn> [C] (postmen) postás; levélkézbesítő

postmark ['pəʊstmɑːk] <fn> [C] (posta)bélyegző; keletbélyegző

post-natal [ˌpəʊst'neɪtl] <mn> szülés/születés utáni

post office ['pəʊsˌɒfɪs] <fn> [C] posta(hivatal)

postpone [ˌpəʊs'pəʊn] <ige> elhalaszt; későbbre tesz

postscript ['pəʊstskrɪpt] <fn> [C] **1.** röv **P.S.** utóirat **2.** utószó

posture ['pɒstʃə] <fn> [C, U] testtartás; (test)helyzet; póz: *sitting posture* ülő helyzet

post-war ['pəʊstwɔː] <mn> háború utáni

¹pot [pɒt] <fn> **1.** [C] lábas; fazék; edény: *pots and pans* konyhaedények * *I put the potatoes in a pot and boiled them.* Lábasba tettem a krumplit és megfőztem. **2.** [C] kanna; korsó; bögre: *Is there any tea in the pot?* Van tea a kannában? **3.** [C] (virág)cserép **4. the pot** [sing] *(kártyában)* tét
♦ **go to pot** biz tönkremegy ♦ **the pot calling the kettle black** biz bagoly mondja verébnek, hogy nagyfejű ♦ **pots of money** biz rengeteg pénz

²pot [pɒt] <ige> (pots, potting, potted) **1.** *(cserépbe)* ültet **2.** fazékba/edénybe rak; befőz; eltesz; konzervál **3.** *(biliárdgolyót)* lyukba lök; eltesz

potato [pə'teɪtəʊ] <fn> [C, U] (potatoes) burgonya; krumpli: *peel potatoes* krumplit hámoz

potato chip [pə'teɪtəʊ tʃɪp] <fn> [C] burgonyaszirom

potato peeler [pə'teɪtəʊˌpiːlə] <fn> [C] burgonyahámozó

potato salad [pəˌteɪtəʊ'sæləd] <fn> [C] burgonyasaláta

potency ['pəʊtnsɪ] <fn> [U] **1.** erő; hathatósság **2.** befolyás; tekintély **3.** potencia

potent ['pəʊtnt] <mn> **1.** erős; hatásos; hathatós: *potent drug* erős drog **2.** potens; közösülésre képes

¹potential [pə'tenʃl] <mn> lehetséges; lappangó; rejtett: *potential customers* lehetséges vásárlók

²potential [pə'tenʃl] <fn> [U] lehetőség; képesség; potenciál

pothole ['pɒthəʊl] <fn> [C] **1.** *(úton)* gödör; kátyú **2.** sziklaüreg

pot plant ['pɒt plɑːnt] <fn> [C] BrE szobanövény

¹potter ['pɒtə] <fn> [C] fazekas; cserepes: *potter's wheel* fazekaskorong * *potter's craft* fazekasság

²potter ['pɒtə] <ige> **1.** (el)pepecsel; (el)piszmog; szöszmötöl: *He is pottering around in the garden.* A kertben pepecsel. **2.** cammog; ballag

pottery ['pɒtərɪ] <fn> (potteries) **1.** [U] agyagáru; fazekasáru; kerámia **2.** [U] fazekasmesterség; agyagművesség **3.** [C] fazekasműhely

¹potty ['pɒtɪ] <mn> (pottier, pottiest) biz BrE **1.** hibbant; dilis; hóbortos: *go potty* meghibban **2.** bolondul (**about sy/sg** vkiért/vmiért)

²potty ['pɒtɪ] <fn> [C] (potties) bili

pouch [paʊtʃ] <fn> [C] **1.** zacskó; tasak **2.** *(állaté)* erszény; pofazacskó; begy
poultry ['pəʊltrɪ] <fn> **1.** [pl] baromfi; szárnyas **2.** [U] baromfihús
¹pound [paʊnd] <fn> [C] **1.** *(pénzegység, jele: £)* font: *This jumper cost 50 pounds (£50).* Ez a pulcsi 50 fontba került. **2.** röv **lb** *(súlymérték)* font: *Four pounds of sugar, please.* 4 font cukrot kérek szépen!
²pound [paʊnd] <ige> **1.** erősen üt/ver; ütlegel (**at/on sg** vmit) **2.** dübörgő léptekkel megy **3.** lüktet; ver **4.** apróra/porrá tör/zúz: *pound sg to pieces* darabokra zúz vmit **5.** elver; elpáhol
pour [pɔː] <ige> **1.** önt; tölt: *Can I pour milk into your cup?* Önthetek tejet a csészédbe? **2.** ömlik; folyik **3.** *(eső)* zuhog; szakad: *It was pouring with rain yesterday.* Tegnap szakadt az eső. **4.** tódul: *People were pouring out of the theater.* Az emberek tódultak kifelé a színházból.

pour sg out *(szívet, bánatot)* kiönt

¹pout [paʊt] <ige> biggyeszti az ajkát; duzzog
²pout [paʊt] <fn> [C] ajakbiggyesztés
poverty ['pɒvətɪ] <fn> [U] szegénység; nyomor
poverty-stricken ['pɒvətɪˌstrɪkən] <mn> nyomorgó
POW [piːəʊ'dʌbljuː] [= prisoner of war] <fn> [C] hadifogoly
¹powder ['paʊdə] <fn> [C, U] **1.** por: *reduce sg to powder* porrá tör vmit **2.** púder: *powder compact* kópúder
²powder ['paʊdə] <ige> **1.** beszór; behint (**with sg** vmivel) **2.** (be)púderoz: *powder one's face* bepúderozza az arcát **3.** porrá tör; porlaszt
powdered ['paʊdəd] <mn> porított: *powdered milk* tejpor
powder room ['paʊdə ruːm] <fn> [C] toalett; (női) mosdó
¹power ['paʊə] <fn> **1.** [U] hatalom; erő; mód: *have the power to do sg* hatalmában van megtenni vmit * *to the utmost of my power* minden erőmmel * *as far as lies within my power* amennyiben módomban áll **2.** [U] uralom; hatalom: *come into power* hatalomra/uralomra jut * *be in power* hatalmon/uralmon van **3.** [C] hatáskör; jogkör: *go beyond one's powers* túllépi a hatáskörét/jogkörét **4.** [C] nagyhatalom: *an economic power* gazdasági nagyhatalom **5. powers** [pl] képesség: *powers of observation* megfigyelőképesség **6.** [U] (testi) erő; energia **7.** [U] (természeti) erőforrás; energia: *solar power* napenergia **8.** [U] áram **9.** [U] mat hatvány: *raising to power* hatványozás
²power ['paʊə] <ige> **1.** *(motort)* (meg)hajt **2.** *(gépnek)* áramot ad
power bank ['paʊə bæŋk] <fn> [C] külső akkumulátor; hordozható töltő
powerboat ['paʊəbəʊt] <fn> [C] motorcsónak
power cut ['paʊə kʌt] <fn> [C] áramszünet
powerful ['paʊəfl] <mn> **1.** hatalmas; nagy hatalmú **2.** erőteljes: *a powerful engine* erős motor **3.** nagyhatású; hatékony: *a powerful speech* nagyhatású beszéd
powerless ['paʊələs] <mn> **1.** erőtlen **2.** tehetetlen; képtelen: *be powerless to do sg* képtelen megtenni vmit **3.** hatástalan
power point ['paʊə pɔɪnt] <fn> [C] BrE konnektor
power station ['paʊəˌsteɪʃn] <fn> [C] erőmű(-telep)
PR [ˌpiː'ɑː] [= public relations] <fn> [C] PR (= közönségkapcsolat)
practicable ['præktɪkəbl] <mn> **1.** megvalósítható; keresztülvihető **2.** *(út)* használható; járható
practical ['præktɪkl] <mn> **1.** gyakorlati: *a practical method* gyakorlati módszer * *Can you give me some practical advice?* Tudsz adni némi gyakorlati tanácsot? **2.** gyakorlatias; ügyes; életrevaló; praktikus: *He is a practical person.* Gyakorlatias ember. **3.** hasznos; megvalósítható; keresztülvihető: *Why don't you have any practical ideas?* Miért nincs egy megvalósítható ötleted sem?
practical joke [ˌpræktɪkl'dʒəʊk] <fn> [C] durva tréfa
practically ['præktɪklɪ] <hsz> **1.** gyakorlatilag; szinte; tulajdonképpen: *My homework is practically ready.* A házi feladatom gyakorlatilag elkészült. * *There is practically no difference between the three boys.* Tulajdonképpen semmi különbség nincs a három fiú között. **2.** a gyakorlatban
¹practice ['præktɪs] <fn> **1.** [C, U] gyakorlás: *She plays the piano so she needs lots of practice.* Zongorázik, ezért sok gyakorlásra van szüksége. **2.** [U] gyakorlat; alkalmazás **3.** [C, U] praxis: *private practice* magánpraxis * *Dr Brown has practice in Brighton.* Dr. Brownnak praxisa van Brightonban. **4.** [C, U] szokás; eljárás: *make a practice of doing sg* szokásba veszi, hogy megtesz vmit

♦ **be in practice** gyakorlott vmiben ♦ **be out of practice** kijött a gyakorlatból ♦ **in practice** gyakorlatban; gyakorlatilag ♦ **Practice makes perfect.** Gyakorlat teszi a mestert.

²practice ['præktɪs] AmE → **practise**

practiced ['præktɪst] AmE → **practised**
practicing ['præktɪsɪŋ] AmE → **practising**
practise ['præktɪs] <ige> **1.** gyakorol: *practise at the piano* zongorán gyakorol * *practise one's English on sy* angol nyelvtudását gyakorolja vkivel **2.** *(mesterséget)* gyakorol; űz; folytat: *practise law* ügyvédi gyakorlatot folytat **3.** rendszeresen folytat; gyakorol: *practise one's religion* gyakorolja a vallását
practised ['præktɪst] <mn> gyakorlott; szakavatott; jártas (**in sg** vmiben)
practising ['præktɪsɪŋ] <mn> gyakorló
pragmatic [præg'mætɪk] <mn> gyakorlati(as); pragmatikus
Prague [prɑːg] <fn> Prága
prairie ['preərɪ] <fn> [C] préri
¹**praise** [preɪz] <ige> dicsér; magasztal (**sy for sg** vkit vmiért)
²**praise** [preɪz] <fn> [U] dicséret; dicsőítés; magasztalás: *in praise of sy/sg* vkinek/vminek a magasztalására
praiseworthy ['preɪz,wɜːðɪ] <mn> dicséretre méltó; dicséretes
pram [præm] <fn> [C] babakocsi
¹**prattle** ['prætl] <fn> [U] fecsegés; csacsogás; locsogás
²**prattle** ['prætl] <ige> fecseg; csacsog; pletykál
prawn [prɔːn] <fn> [C] garnélarák
pray [preɪ] <ige> imádkozik; könyörög (**to sy for sy/sg** vkihez vkiért/vmiért): *Pray for me!* Imádkozz értem! * *We prayed for his health.* Az egészségéért imádkoztunk. * *I prayed to God for rain.* Esőért könyörögtem Istenhez.
prayer [preə] <fn> **1.** [C] ima; imádság; könyörgés: *I learned this prayer when I was a child.* Ezt az imá(dságo)t gyerekkoromban tanultam. **2.** [U] imádkozás; könyörgés
preach [priːtʃ] <ige> **1.** prédikál; igét hirdet: *preach a sermon* prédikál * *preach the word of God* igét hirdet **2.** *(erkölcsi prédikációt tart)* papol; prédikál (**to sy** vkinek)
preacher [priːtʃə] <fn> [C] prédikátor; igehirdető
preamble [priː'æmbl] <fn> [C] bevezetés; előszó; preambulum
prearrange [,priːə'reɪndʒ] <ige> előzetesen megbeszél; előre elrendez
precarious [prɪ'keərɪəs] <mn> bizonytalan; ingatag; kétes: *make a precarious living* bizonytalan a megélhetése
precaution [prɪ'kɔːʃn] <fn> [C] óvintézkedés: *take one's precautions against sg* óvintézkedéseket tesz vmi ellen
precede [prɪ'siːd] <ige> (meg)előz; előtte van/áll/halad

precedence ['presɪdəns] <fn> [U] elsőbbség: *have/take precedence over sg* elsőbbséget élvez vmivel szemben * *have/take precedence of sy* elsőbbsége van vkivel szemben
precedent ['presɪdənt] <fn> [C, U] precedens; példa; irányadó eset: *set/create a precedent* precedenst teremt * *become a precedent* precedensül szolgál * *without precedent* példa nélkül álló
preceding [prɪ'siːdɪŋ] <mn> (meg)előző; előbbi
precinct ['priːsɪŋkt] <fn> **1.** [C] BrE övezet; zóna: *a pedestrian precinct* gyalogos övezet **2.** [C] AmE körzet **3. precincts** [pl] (közvetlen) környék: *within the city's precincts* a város határain belül
¹**precious** ['preʃəs] <mn> **1.** értékes; drága: becses **2.** mesterkélt; erőltetett; finnyás
²**precious** ['preʃəs] <hsz> nagyon; roppantul; rendkívül: *precious little* rendkívül kevés
precious metal [,preʃəs'metl] <fn> [C] nemesfém
precious stone [,preʃəs'stəʊn] <fn> [C] drágakő
precipice ['presəpɪs] <fn> [C] szakadék; mélység
precise [prɪ'saɪs] <mn> **1.** *(fogalmazás, utasítás stb.)* pontos; szabatos; precíz: *in order to be precise...* pontosabban mondva... * *at the precise moment* pontosan akkor **2.** *(ember)* pedáns; pontos; precíz
precisely [prɪ'saɪslɪ] <hsz> pontosan, precízen: *at two o'clock precisely* pontosan két órakor * *Precisely (so)!* Pontosan (úgy van)!
precision [prɪ'sɪʒn] <fn> [U] pontosság; szabatosság
precocious [prɪ'kəʊʃəs] <mn> *(gyerek)* koraérett; koravén
preconception [,priːkən'sepʃn] <fn> [C] előítélet; előre kialakult vélemény
precondition [,priːkən'dɪʃn] <fn> [C] előfeltétel
precook [,priː'kʊk] <ige> *(húst stb.)* előfőz
predate [priː'deɪt] <ige> **1.** *(más eseményt stb.)* időrendben megelőz **2.** *(iratot)* antedatál; előre keltez
predator ['predətə] <fn> [C] ragadozó (állat)
predecessor ['priːdɪsesə] <fn> [C] előd
predicament [prɪ'dɪkəmənt] <fn> [C] kellemetlen/kínos helyzet; kellemetlenség: *We're in a fine predicament!* Na jól nézünk ki!
¹**predicate** ['predɪkət] <fn> [C] nyelvt állítmány
²**predicate** ['predɪkeɪt] <ige> állít; kijelent
predicative [prɪ'dɪkətɪv] <mn> állítmányi: *predicative adjective* állítmányként használt melléknév; állítmányi melléknév
predict [prɪ'dɪkt] <ige> (meg)jósol; előre megmond: *As she looked at the sky, she predicted*

that it would rain. Ahogy felnézett az égre, megjósolta, hogy esni fog.
predictable [prɪˈdɪktəbl] <mn> **1.** megjósolható **2.** előre látható; kiszámítható
prediction [prɪˈdɪkʃn] <fn> [C, U] előrejelzés; jóslat; jövendölés
predominant [prɪˈdɒmɪnənt] <mn> meghatározó; túlsúlyban levő; túlnyomó
predominate [prɪˈdɒmɪneɪt] <ige> túlsúlyban van; diadalmaskodik; érvényesül (**over sy/sg** vkivel/vmivel szemben)
pre-empt [prɪˈempt] <ige> **1.** megakadályoz **2.** megelőz
preface [ˈprefəs] <fn> [C] előszó; bevezetés
prefer [prɪˈfɜː] <ige> (prefers, preferring, preferred) jobban szeret (**sg to sg** vmit vminél); előnyben részesít: *I prefer milk to tea.* Jobban szeretem a tejet a teánál. * *I prefer her rather than her mother.* Jobban szeretem őt, mint az (édes)anyját. * *Which (of these two fruits) do you prefer?* Melyiket szereted jobban (a két gyümölcs közül)?
preferable [ˈprefrəbl] <mn> kívánatosabb; vonzóbb; jobb (**to sg** vminél)
preferably [ˈprefrəblɪ] <hsz> lehetőleg; inkább
preference [ˈprefrəns] <fn> [C, U] előny(ben részesítés); kedvezés; előszeretet: *give sg preference* előnyben részesít vmit * *give sy preference over sy* előnyben részesít vkit vkivel szemben
preferential [ˌprefəˈrenʃl] <mn> kedvezményes; kedvező: *preferential tariff* kedvezményes (vám)tarifa
prefix [ˈpriːfɪks] <fn> [C] nyelvt prefixum; előtag
pregnancy [ˈpregnənsɪ] <fn> [C, U] (pregnancies) terhesség
pregnant [ˈpregnənt] <mn> **1.** terhes; állapotos: *My cousin is pregnant.* Az unokatestvérem terhes. **2.** gazdag; bővelkedő (**with sg** vmiben); sokatmondó; jelentős: *mind pregnant with ideas* ötletekben gazdag elme
prehistoric [ˌpriːhɪˈstɒrɪk] <mn> történelem előtti; prehisztorikus: *prehistoric archaeology* őstörténet
prejudge [ˌpriːˈdʒʌdʒ] <ige> eleve/előre megítél; előre dönt; eleve elítél (**sy** vkit)
¹**prejudice** [ˈpredʒʊdɪs] <fn> [C, U] előítélet; elfogultság (**against sy/sg** vkivel/vmivel szemben): *I don't have a prejudice against our new classmate.* Nincs bennem előítélet az új osztálytársunkkal szemben. * *Her decision was based on prejudice.* Döntése előítéleten alapult.
²**prejudice** [ˈpredʒʊdɪs] <ige> **1.** elfogulttá tesz (**against sy/sg** vkivel/vmivel szemben) **2.** (eseményeket) károsan befolyásol; (ügynek) árt; kárt/hátrányt okoz

¹**preliminary** [prɪˈlɪmɪnərɪ] <mn> (tárgyalás stb.) előkészítő; előzetes: *preliminary directives* előzetes irányelvek * *preliminary sketch* előzetes vázlatterv
²**preliminary** [prɪˈlɪmɪnərɪ] <fn> (preliminaries) **1.** [C] bevezetés; bevezető: *as a preliminary* bevezetésül **2. preliminaries** [pl] előkészítő lépések; előzetes intézkedések/tárgyalások/megállapodások
prelude [ˈpreljuːd] <fn> [C] **1.** zene előjáték; bevezetés; prelúdium; prelűd **2.** bevezetés; előjáték; előzmény
premature [ˈpremətʃə] <mn> **1.** idő előtti; korai: *premature birth* koraszülés * *it would be premature to do sg* korai volna még vmit csinálni **2.** elhamarkodott: *premature decision* elhamarkodott döntés
premeditated [priːˈmedɪteɪtɪd] <mn> előre megfontolt
¹**premier** [ˈpremɪə] <mn> első osztályú; első(-rangú)
²**premier** [ˈpremɪə] <fn> [C] miniszterelnök
premiere [ˈpremɪeə] <fn> [C] premier; bemutató (előadás)
premises [ˈpremɪsɪz] <fn> [pl] *(üzleté, intézményé)* hely(iség); épület: *to be consumed on the premises* helyben fogyasztandó * *He was warned off the premises.* Kitiltották a helyiségből.
premium [ˈpriːmɪəm] <fn> [C] **1.** felár: *sell sg at a premium* felárral ad el vmit **2.** biztosítási díj
premonition [ˌpreməˈnɪʃn] <fn> [C] előérzet
preoccupation [priːˌɒkjʊˈpeɪʃn] <fn> [C] **1.** belefeledkezés; belemélyedés (**with sg** vmibe): *sy's preoccupation is…* ami leginkább foglalkoztatja/a legfőbb gondja… **2.** szórakozottság; feledékenység **3.** *(területé)* előző/előzetes megszállás/elfoglalás
preoccupied [priːˈɒkjʊpaɪd] <mn> gondolatokba elmerült; belefeledkezett (**with sg** vmibe)
preoccupy [priːˈɒkjʊpaɪ] <ige> (preoccupying, preoccupies, preoccupied) **1.** gondolatait kitölti; figyelmét egészen leköti (**sy** vkinek) **2.** elsőnek elfoglal/birtokba vesz
prepaid [ˌpriːˈpeɪd] <mn> előre kifizetett; bérmentesített
preparation [ˌprepəˈreɪʃn] <fn> **1.** [U] előkészítés; felkészítés: *The preparation of the chicken took me an hour.* A csirke előkészítése egy órámba került. * *be in preparation* előkészületben van **2.** [U] *(másnapra, vizsgára, felvételire stb.)* (fel)készülés **3. preparations** [pl] előkészület(ek); készülődés: *I have already made all the preparations for the celebration.* Minden előkészületet megtettem/elvégeztem már az ünnepségre. * *Christmas prepara-*

preparatory [prɪ'pærətrɪ] <mn> előkészítő; felkészítő

prepare [prɪ'peə] <ige> **1.** *(ételt stb.)* (el)készít; előkészít: *My mum is preparing the lunch.* Az anyukám az ebédet készíti. **2.** (fel)készít **3.** (fel)készül: *Children are working hard preparing for the exams.* A gyerekek kemény munkával készülnek a vizsgákra.

♦ **be prepared for sg** fel van készülve vmire
♦ **be prepared to do sg** hajlandó megtenni vmit

preposition [,prepə'zɪʃn] <fn> [C] nyelvt elöljárószó; prepozíció

preposterous [prɪ'pɒstərəs] <mn> nevetséges; képtelen; abszurd

prerequisite [pri:'rekwəzɪt] <fn> [C] nélkülözhetetlen kellék; előfeltétel

prerogative [prɪ'rɒgətɪv] <fn> [C] előjog; kiváltság

Pres. [= President] <fn> elnök

prescribe [prɪ'skraɪb] <ige> **1.** *(gyógyszert)* felír; *(gyógymódot)* rendel: *The doctor prescribed me a new medicine.* Új gyógyszert írt fel nekem az orvos. **2.** előír; elrendel: *The law prescribes that…* A törvény előírja, hogy…

prescription [prɪ'skrɪpʃn] <fn> [C, U] recept; *(orvosi)* vény: *I took the prescription to the chemist's.* A receptet a gyógyszertárba vittem kiváltani. * *available only on prescription* csak receptre kapható

presence ['prezns] <fn> [U] jelenlét; előfordulás: *in the presence of sy* vkinek a jelenlétében * *Your presence is very important for me.* A te jelenléted nagyon fontos számomra.

♦ **presence of mind** lélekjelenlét

¹**present** ['preznt] <fn> **1.** [C] ajándék: *I will give him a nice dress as a present.* Ajándékba adok neki egy szép ruhát. * *I got a birthday present from him.* Születésnapi ajándékot kaptam tőle. **2.** [sing] jelen; jelen pillanat **3. the present** [sing] nyelvt jelen (idő)

♦ **at present** jelenleg ♦ **for the present** egyelőre; pillanatnyilag ♦ **up to the present** mostanáig; mindeddig

²**present** [prɪ'zent] <ige> **1.** (meg)ajándékoz **(sy with sg** vkit vmivel); átnyújt; (át)ad **(sg to sy** vmit vminek): *Who presented this book to you?* Ki ajándékozta/adta neked ezt a könyvet? * *He presented me with a nice bracelet.* Egy szép karkötővel ajándékozott meg. * *Who will present the prizes to the winners?* Ki fogja átadni a díjakat a győzteseknek? **2.** bemutat **(sy to sy** vkit vkinek): *He presented me to his sister.* Bemutatott a nővérének. **3.** előad; bemutat **(sg to sy** vmit vkinek); *(előadást)* megtart; *(műsort)* vezet: *He presented an interesting program on mountains.* Egy érdekes műsort mutatott be a hegyekről. **4.** *(vmilyen látványt)* nyújt; *(vmilyen benyomást)* kelt: *present a fine appearance* jól fest; jó benyomást kelt **5.** *(keresetet stb.)* benyújt; bead; *(panaszt)* előad: *present a plea* keresetet benyújt

³**present** ['preznt] <mn> **1.** jelen(legi); mostani: *What is her present address?* Mi a jelenlegi lakcíme? **2.** jelenlevő: *those present* a jelenlevők

presentable [prɪ'zentəbl] <mn> **1.** szalonképes; elfogadható **2.** tisztességes (külsejű) **3.** ajándékozásra alkalmas

presentation [,prezn'teɪʃn] <fn> **1.** [C, U] átadás; átnyújtás; előterjesztés **2.** [C, U] bemutatás; bemutató **3.** [C] *(konferencián, egyetemen stb.)* előadás: *give a presentation* előadást tart **4.** [U] külalak: *untidy presentation* rendetlen külalak

present continuous [,preznt kən'tɪnjuəs] <fn> **the present continuous** [sing] nyelvt folyamatos jelen

present-day [,preznt'deɪ] <mn> mai; jelenlegi

presenter [prɪ'zentə] <fn> [C] műsorvezető(-szerkesztő)

presently ['prezntlɪ] <hsz> **1.** mindjárt; azonnal; rögtön: *I'll be here presently.* Rögtön jövök. **2.** AmE (éppen) most; jelenleg: *He is presently writing a letter.* Jelenleg levelet ír.

present participle [,preznt'pɑ:tɪsɪpl] <fn> [C] nyelvt jelen idejű melléknévi igenév

present perfect [,preznt'pɜ:fɪkt] <fn> **the present perfect** [sing] nyelvt befejezett jelen

present tense [,preznt'tens] <fn> **the present tense** [C, U] nyelvt jelen idő

preservation [,prezə'veɪʃn] <fn> [U] **1.** megóvás; megvédés; védelem **2.** tartósítás; konzerválás

preservative [prɪ'zɜ:vətɪv] <fn> [C, U] tartósítószer

¹**preserve** [prɪ'zɜ:v] <ige> **1.** (meg)őriz; (meg-)óv; (meg)véd **(from sg** vmitől): *be preserved in the museum* múzeumban őrzik **2.** *(hagyományt)* (meg)őriz; megtart **3.** *(ételt)* tartósít; konzervál; *(gyümölcsöt)* befőz; eltesz

²**preserve** [prɪ'zɜ:v] <fn> **1.** [C, U] befőtt; lekvár **2.** [C, U] ecetes (vegyes) savanyúság/konzerv **3.** [C] AmE védett/rezervációs terület; természetvédelmi terület

preset [,pri:'set] <ige> előre beállít, beprogramoz

preside [prɪ'zaɪd] <ige> **1.** elnököl **(at/over sg** vhol): *preside at a meeting* gyűlésen elnököl **2.** hatalmat gyakorol

presidency ['prezɪdənsɪ] <fn> [ált sing] (presidencies) elnökség; elnöklés

president ['prezɪdənt] <fn> [C] **1.** elnök: *Who is the president of the United States of America?* Ki az USA elnöke? **2.** *(szervezeté, banké stb.)* elnök: *The president of the company will open the meeting.* A vállalat elnöke fogja megnyitni az értekezletet.

¹press [pres] <ige> **1.** (meg)nyom; (meg)szorít: *Press the button to open the box.* Nyomd meg a gombot, hogy kinyíljon a doboz! * *He pressed the doorbell and came in.* Megnyomta a csengőt és bejött. **2.** (ki)vasal: *I didn't press my skirt.* Nem vasaltam ki a szoknyámat. **3.** (ki)présel; (ki)facsar; (ki)sajtol: *press the juice from a lemon* citromot kiprésel/kifacsar **4.** sürget; siettet: *Time presses.* Az idő sürget. **5.** nyomul; tolong; hozzásimul (**to sy** vkihez): *press close to sy* szorosan hozzásimul vkihez **6.** kényszerít **7.** (át)ölel; magához szorít: *press sy to one's heart* vkit a szívére ölel

♦ **be pressed for sg** szűkében van vminek
♦ **be pressed for time** időzavarban/idő szűkében van

²press [pres] <fn> **1. the press** [sing + sing/pl v] sajtó: *work for the press* a sajtónak dolgozik * *The press wasn't/weren't allowed to go into the cabinet meeting.* A sajtót nem engedték be a kormányülésre. * *I read about the story in the press.* A sajtóból értesültem a történtekről. **2.** [U] sajtó; hírlapirodalom: *have/receive a good press (szerzőnek, könyvnek stb.)* jó sajtója van **3.** [C, U] nyomdagép; (könyv)nyomtatás **4.** [C] kiadó(vállalat); nyomda **5.** [C] nyomás: *I gave the doorbell a press.* Megnyomtam a csengőt.

press conference ['pres ˌkɒnfrəns] <fn> [C] sajtóértekezlet; sajtókonferencia

pressing ['presɪŋ] <mn> sürgető; sürgős

press release ['pres rɪˌliːs] <fn> [C] gazd sajtóközlemény

press stud ['pres stʌd] <fn> [C] BrE patent

press-up ['presʌp] <fn> [C] fekvőtámasz

pressure ['preʃə] <fn> **1.** [C, U] *(gázé, folyadéké stb.)* nyomás: *blood pressure* vérnyomás * *Check the tyre pressure before leaving.* Ellenőrizd a légnyomást/levegőt, mielőtt elindulsz! **2.** [C, U] nyomás; stressz: *He can't stand the big pressure of his job.* Nem bírja a nagy nyomást, ami a munkája során ránehezedik. **3.** [U] nyomás: *Apply pressure to the wound and it'll stop bleeding.* Nyomd erősen a sebet és a vérzés el fog állni.

♦ **put pressure on sy** nyomást gyakorol vkire ♦ **under pressure 1.** kényszerhelyzetben **2.** stresszhelyzetben **3.** *(gáz, folyadék)* nyomás alatt

pressure group ['preʃə gruːp] <fn> [C + sing/pl v] érdekszövetség; lobby

pressurise ['preʃəraɪz] BrE → **pressurize**

pressurize ['preʃəraɪz] <ige> kényszerít (**into sg** vmire)

prestige [preˈstiːʒ] <fn> [U] tekintély; presztízs: *loss of prestige* tekintély elvesztése

prestigious [preˈstɪdʒəs] <mn> tekintélyes; rangos; köztiszteletben álló; nagynevű

presumably [prɪˈzjuːməblɪ] <hsz> feltehetően; alighanem; valószínűleg

presume [prɪˈzjuːm] <ige> feltesz; feltételez; vélelmez; gyanít: *You don't expect me to accompany you I presume.* Feltszem, Ön nem kívánja, hogy elkísérjem.

presumption [prɪˈzʌmpʃn] <fn> [C] feltételezés; vélelmezés; sejtés

pretence [prɪˈtens] <fn> [U] színlelés; látszat(keltés); tettetés: *make a pretence of doing sg* tetteti, hogy csinál vmit

pretend [prɪˈtend] <ige> **1.** tettet; színlel; úgy tesz, mintha: *pretend to be ill* betegnek tetteti magát * *She pretended to be shy.* Tettette, hogy szégyenlős. * *Don't pretend you don't understand.* Ne tégy úgy, mintha nem értenéd! **2.** azt játssza, hogy...: *Let's pretend to be doctors.* Játsszuk azt, hogy orvosok vagyunk!

pretense ['priːtens] AmE → **pretence**

pretentious [prɪˈtenʃəs] <mn> kérkedő; hencegő; nagyhangú

pretext ['priːtekst] <fn> [C] ürügy; kifogás: *make a pretext* kifogást hoz fel * *on the pretext of...* azzal az ürüggyel, hogy...

¹pretty ['prɪtɪ] <mn> (prettier, prettiest) csinos; vonzó; bájos: *a pretty hat* csinos kalap * *She is a pretty girl.* Bájos kislány.

²pretty ['prɪtɪ] <hsz> meglehetősen; elég(gé): *This work is pretty easy to do.* Ezt a munkát elég(gé) könnyű elvégezni.

♦ **pretty much/well** nagyjából; majdnem

prevail [prɪˈveɪl] <ige> **1.** dominál; uralkodik; túlsúlyban/többségben van: *Dead silence prevailed.* Halotti csend uralkodott. **2.** diadalmaskodik; győzedelmeskedik (**against/over sy/sg** vkivel/vmivel szemben): *Justice prevailed.* Az igazság győzedelmeskedett.

prevailing [prɪˈveɪlɪŋ] <mn> **1.** uralkodó; általános; elterjedt: *prevailing opinion* általános nézet/felfogás * *prevailing winds* uralkodó szelek **2.** hatásos; hatékony

prevalent ['prevələnt] <mn> uralkodó; gyakori; elterjedt

prevent [prɪˈvent] <ige> **1.** megelőz; elkerül; elhárít: *prevent illness* betegséget megelőz **2.** (meg)akadályoz; meggátol; útját állja; meghiúsít: *prevent sy from doing sg* megakadályoz vkit vminek a megtételében

prevention [prɪ'venʃn] <fn> [U] **1.** megelőzés; elhárítás; prevenció: *prevention of disease* betegségmegelőzés ∗ *accident prevention* balesetmegelőzés **2.** meggátolás; megakadályozás

preventive [prɪ'ventɪv] <mn> **1.** *(intézkedés stb.)* megelőző; preventív **2.** meggátló; megakadályozó

preview ['priːvjuː] <fn> [C] előzetes bemutató

previous ['priːvɪəs] <mn> **1.** (meg)előző; előbbi; korábbi: *My previous job was more interesting.* Az előző állásom érdekesebb volt. **2.** előzetes: *without previous notice* előzetes figyelmeztetés nélkül

previously ['priːvɪəslɪ] <hsz> **1.** előzőleg; korábban; régebben; azelőtt **2.** előzetesen

¹prey [preɪ] <fn> [U] zsákmány; préda: *bird of prey* ragadozó madár

²prey [preɪ] <ige>

prey on sg zsákmányol; zsákmányul ejt vmit
♦ **prey on sy's mind** *(probléma stb.)* emészti; foglalkoztatja

¹price [praɪs] <fn> [C] ár: *We can't buy this car at that price.* Ezen az áron nem tudjuk megvenni ezt az autót. ∗ *The price of bread is continuously going up.* A kenyér ára folyamatosan megy felfelé.
♦ **at any price** mindenáron; bármi(lyen) áron ♦ **at a price** nem akármilyen áron ♦ **not at any price** semmi áron

²price [praɪs] <ige> **1.** árat megállapít/megszab; beáraz **2.** becsül; értékel: *price sg high* sokra/nagyra becsül vmit

priceless ['praɪsləs] <mn> megfizethetetlen; felbecsülhetetlen

price list ['praɪs lɪst] <fn> [U, C] gazd árlista; árjegyzék

price tag ['praɪs tæg] <fn> [C] gazd árcédula

pricey ['praɪsɪ] <mn> (pricier, priciest) biz borsos; drága

¹prick [prɪk] <ige> (meg)szúr; kibök

²prick [prɪk] <fn> [C] **1.** szúrás **2.** *(ember)* bolond; dilis

¹prickle ['prɪkl] <fn> [C] **1.** tövis; tüske; fullánk **2.** bizsergés

²prickle ['prɪkl] <ige> **1.** bök; szúr; csíp **2.** *(testrész)* bizsereg

prickly ['prɪklɪ] <mn> (pricklier, prickliest) **1.** tüskés; szúrós; tövises **2.** biz barátságtalan; ingerlékeny; érzékeny: *He is prickly to handle.* Barátságtalan/Ingerlékeny ember.

¹pride [praɪd] <fn> [U] **1.** büszkeség: *feel pride* büszke vmire ∗ *the pride of the family* a család büszkesége **2.** önérzet: *Don't hurt her pride by laughing at her.* Ne sértsd meg az önérzetét azzal, hogy kineveted! **3.** önhittség; gőg; fennhéjázás; kevélység
♦ **sy's pride and joy** vkinek a szeme fénye ♦ **take pride in sy/sg** büszke vkire/vmire

²pride [praɪd] <ige>

pride oneself on sg büszke vmire; nagyra van vmivel

priest ['priːst] <fn> [C] lelkész; pap

priesthood ['priːsthʊd] <fn> **the priesthood** [sing] papi minőség/hivatás/pálya; papság

prim [prɪm] <mn> (primmer, primmest) merev; mesterkélt; kimért; szemérmes

primarily [praɪ'merəlɪ] <hsz> elsősorban

¹primary ['praɪmərɪ] <mn> (leg)első; elsődleges; fő; primer: *The primary cause of his death was that accident.* Halálának elsődleges oka az a baleset volt.

²primary ['praɪmərɪ] <fn> [C] (primaries) AmE elnökjelölő/képviselőjelölő pártgyűlés; küldöttválasztás

primary colour [ˌpraɪmərɪ'kʌlə] <fn> [C] alapszín

primary school ['praɪmərɪ skuːl] <fn> [C, U] *(5–11 éveseknek)* általános iskola (alsó tagozata)

¹prime [praɪm] <mn> **1.** fő-; első(rendű); legfontosabb: *of prime importance* elsőrendű fontosságú **2.** kiváló/kitűnő/elsőrendű minőségű; legjobb: *prime wool* kitűnő minőségű gyapjú

²prime [praɪm] <fn> [sing] vmi tetőfoka: *prime of perfection* a tökéletesség tetőfoka

³prime [praɪm] <ige> előkészít; felkészít; kitanít; kioktat (**sy for/in/with sg** vkit vmit illetően)

Prime Minister [ˌpraɪm'mɪnɪstə] <fn> [C] röv **PM** miniszterelnök

primitive ['prɪmətɪv] <mn> **1.** egyszerű; kezdetleges; primitív **2.** ős-; ősi; kezdeti: *primitive man* ősember

primrose ['prɪmrəʊz] <fn> [C] növ kankalin

prince [prɪns] <fn> [C] **1.** herceg: *the Prince of Wales* a walesi herceg **2.** uralkodó; fejedelem: *He was the prince of that small country.* Annak a kis országnak ő volt az uralkodója.

Prince Charming [ˌprɪns'tʃɑːmɪŋ] <fn> [sing] a mesebeli királyfi

princess [prɪn'ses] <fn> [C] hercegnő; hercegné; hercegkisasszony

¹principal ['prɪnsəpl] <mn> fő-; főbb; (leg)első; legfontosabb; legfőbb: *The hospital is on the*

principal road of our town. A kórház városunk főútján található. * *What was your principal reason for travelling abroad?* Mi volt a külföldi utad legfontosabb oka?

²principal ['prɪnsəpl] <fn> [C] *(oktatási intézményé)* igazgató: *This naughty boy has to be sent to the principal's office.* Ezt a rosszcsontot be kell küldeni az igazgató irodájába!

principally ['prɪnsəplɪ] <hsz> főként; elsősorban; mindenekelőtt

principle ['prɪnsəpl] <fn> [C] elv: *fundamental principle* alapelv * *guiding principle* vezérelv * *lay sg down as a principle* elvként leszögez vmit * *live up to one's principles* kitart az elvei mellett
 ♦ **a matter of principle** elvi kérdés
 ♦ **in principle** elvileg; elvben ♦ **on principle** elvből

¹print [prɪnt] <ige> **1.** nyomtatásban kiad/megjelentet; (ki)nyomtat: *Where was this book printed?* Hol nyomtatták ezt a könyvet? * *If you want to print just click on the icon above.* Ha nyomtatni kívánsz, klikkelj a fenti ikonra! **2.** nyomtatott betűkkel ír: *Print your address here.* Ide kell írnod a címedet nyomtatott betűkkel. **3.** *(szövetet stb.)* nyomással mintáz **4.** (fénykép)másolatot készít

print (sg) out kinyomtat (vmit)

²print [prɪnt] <fn> **1.** [U] nyomtatott szöveg; nyomdatermék **2.** [U] nyomdaipar: *print workers* nyomdaipari dolgozók **3.** [U] (nyomtatott) betű; betűtípus: *large print* nagybetű * *small print* kisbetű **4.** [C] lenyomat; nyom: *When I came into the garden I found footprints everywhere.* Amikor beléptem a kertbe, mindenütt lábnyomokat találtam. **5.** [C] (le-)nyomat; metszet **6.** [C] fényk (papír)kép: *colour print* színes (papír)kép
 ♦ **in print 1.** kapható **2.** (megjelenik) nyomtatásban ♦ **out of print** kiadónál elfogyott/elkelt; nem kapható

printer ['prɪntə] <fn> [C] **1.** nyomtató: *We have got a new laser printer in the office.* Van egy új lézernyomtatónk az irodában. **2.** nyomdász: *My uncle works as a printer.* A nagybátyám nyomdász.

printing press ['prɪntɪŋ pres] <fn> [C] nyomdagép

printout ['prɪntaʊt] <fn> [C, U] kinyomtatott lap

prior ['praɪə] <mn> előzetes; (meg)előző; előbbi; korábbi

priority [praɪ'ɒrətɪ] <fn> (priorities) **1.** [U] prioritás; elsőbbség (**over sy/sg** vkivel/vmivel szemben): *have/take priority over sy* elsőbbséggel rendelkezik vkivel szemben **2.** [C] legelső/legfontosabb teendő: *My top priority is to help you.* Legeslegfontosabb teendőm, hogy segítsek neked.

prism ['prɪzm] <fn> [C] **1.** fiz prizma **2.** mat hasáb

prison ['prɪzn] <fn> [C, U] börtön; fegyház; fogda: *The burglar was sent to prison for 3 years.* A betörőt 3 év börtönre ítélték. * *be in prison* börtönben ül

prisoner ['prɪznə] <fn> [C] rab; fogoly: *prisoner of war* hadifogoly * *take sy prisoner* foglyul ejt vkit

privacy ['prɪvəsɪ] <fn> [U] magánélet; egyedüllét; visszavonultság: *live in privacy* visszavonultan él * *the right to privacy* személyiségi jog(ok)

¹private ['praɪvət] <mn> **1.** magán-; magántermészetű; magánjellegű: *private property* magántulajdon * *private letter* magánlevél * *private life* magánélet **2.** magán-; titkos: *private detective* magándetektív * *keep sg private* titokban tart vmit **3.** nem nyilvános; zárt körű: *private performance* zárt körű előadás **4.** bizalmas: *a private interview* bizalmas beszélgetés

²private ['praɪvət] <fn> [C] (köz)katona
 ♦ **in private** bizalmasan; titokban

private sector [ˌpraɪvət 'sektə] <fn> [sing] magánszektor

private school [ˌpraɪvət 'skuːl] <fn> [C] magániskola

privatisation [ˌpraɪvətaɪ'zeɪʃn] BrE → **privatization**

privatization [ˌpraɪvətaɪ'zeɪʃn] <fn> [U] privatizáció

privatise ['praɪvətaɪz] BrE → **privatize**

privatize ['praɪvətaɪz] <ige> privatizál

privilege ['prɪvəlɪdʒ] <fn> [C, U] **1.** előjog; kiváltság; privilégium: *They enjoy special privileges.* Különleges kiváltságokat élveznek. **2.** megtiszteltetés: *It was a privilege to hear him speak.* Megtiszteltetés volt őt beszélni hallani.

privileged ['prɪvəlɪdʒd] <mn> kiváltságos; privilegizált

¹prize [praɪz] <fn> [C] díj; jutalom: *win first prize* első díjat nyer

²prize [praɪz] <ige> **1.** (nagyra) becsül/értékel: *We prize liberty more than life.* Az életnél is többre becsüljük a szabadságot. **2.** felbecsül; megbecsül

³prize [praɪz] <mn> díjnyertes; kitűnő: *prize flower* díjnyertes virág

pro [prəʊ] <fn> [C] (pros) sp profi; hivatásos

probability [ˌprɒbəˈbɪlətɪ] <fn> [C, U] (probabilities) valószínűség; eshetőség: *in all probability* minden valószínűség szerint ∗ *There is no probability.* Nem valószínű. ∗ *The probabilities are against us.* Az eshetőségek ellenünk szólnak.

probable [ˈprɒbəbl] <mn> valószínű; lehetséges; feltételezhető: *It's probable that we are going abroad this summer.* Valószínű, hogy idén nyáron külföldre utazunk.

probably [ˈprɒbəblɪ] <hsz> valószínűleg; alighanem: *He will probably be here on time.* Valószínűleg pontosan megérkezik/időben itt lesz.

probation [prəˈbeɪʃn] <fn> [U] **1.** próbaidő; gyakorlati idő: *year of probation* gyakorlóév **2.** feltételes szabadlábra helyezés: *be on probation* feltételesen szabadlábon van

¹probe [prəʊb] <ige> **1.** kérdezősködik; puhatolódzik; (ki)kutat: *probe into sy's past* kutatja vkinek a múltját **2.** (területet) megvizsgál; kivizsgál; *(sebet stb.)* szondáz

²probe [prəʊb] <fn> [C] **1.** nyomozás; vizsgálat **2.** orv szonda

problem [ˈprɒbləm] <fn> [C] **1.** (megoldandó) kérdés; probléma; baj: *the housing problem* a lakáskérdés ∗ *What's the problem?* Mi a probléma? ∗ *There is a problem with my car.* Baj van az autómmal. **2.** példa; feladat: *mathematical problem* számtanpélda ∗ *He tries to solve the problem.* Megpróbálja megoldani a feladatot.

problematic [ˌprɒbləˈmætɪk] <mn> problémás; kérdéses; bizonytalan

procedure [prəˈsiːdʒə] <fn> [C, U] eljárás(mód); bánás(mód); folyamat

proceed [prəˈsiːd] <ige> **1.** folytatja útját; halad; előremegy **2.** eljár; cselekszik: *We shall proceed as directed.* Utasítás szerint fogunk eljárni. **3.** belefog; belekezd; hozzákezd: *I will now proceed to another matter.* Most belekezdek egy más dologba. ∗ *I was proceeding to close the shop.* Épp hozzákezdtem bezárni a boltot.

proceedings [prəˈsiːdɪŋz] <fn> [pl] **1.** bírósági eljárás; per: *cost of the proceedings* perköltségek **2.** *(gyűlése stb.)* lefolyás **3.** *(gyűlése stb.)* jegyzőkönyv

¹process [ˈprəʊses] <fn> [C] **1.** eljárás; módszer **2.** folyamat: *process of production* termelő folyamat ∗ *It's a slow process.* Ez lassú folyamat.

♦ **in the process (of sg)** (vmi) közben

²process [ˈprəʊses] <ige> **1.** *(adatokat)* feldolgoz **2.** *(élelmiszert)* tartósít; feldolgoz **3.** *(filmet)* kidolgoz; előhív **4.** *(anyagot)* vmilyen eljárásnak vet alá; feldolgoz; kidolgoz; megmunkál

procession [prəˈseʃn] <fn> [C, U] felvonulás; (kör)menet

processor [ˈprəʊsesə] <fn> [C] infor processzor

proclaim [prəˈkleɪm] <ige> kihirdet; (nyilvánosan) kijelent; kikiált: *proclaim sy king* királlyá kikiált vkit

proclamation [ˌprɒkləˈmeɪʃn] <fn> [C, U] kihirdetés; közhírré tétel; nyilatkozat; kiáltvány; hirdetmény: *issue a proclamation* kiáltványt tesz közzé

procure [prəˈkjʊə] <ige> (meg)szerez; beszerez; elér; elnyer: *procure sg for oneself* megszerez magának vmit

¹prod [prɒd] <ige> (prods, prodding, prodded) **1.** döfköd; szurkál; (meg)piszkál **2.** nógat; noszogat

²prod [prɒd] <fn> **1.** [C] döfködés; szurkálás; (meg)piszkálás: *give the fire a prod* megpiszkálja a tüzet **2.** [sing] nógatás; noszogatás: *I must give her a prod.* Nógatnom kell.

prodigious [prəˈdɪdʒəs] <mn> bámulatos; rendkívüli; csodálatos

prodigy [ˈprɒdɪdʒɪ] <fn> [C] (prodigies) rendkívüli tehetség: *child prodigy* csodagyerek

¹produce [prəˈdjuːs] <ige> **1.** gyárt; készít; előállít: *produce on the line* tömegesen gyárt **2.** terem; *(ivadékot)* szül: *The tree produces fruit.* A fa gyümölcsöt terem. **3.** *(iparilag)* termel; *(mezőgazdaságban)* termeszt **4.** alkot; készít; ír: *produce scientific works* tudományos műveket alkot **5.** okoz; előidéz: *produce a sensation* szenzációt idéz elő **6.** bemutat; felmutat: *produce one's passport* bemutatja az útlevelét ∗ *produce evidence* bizonyítékot felmutat **7.** színre visz; bemutat: *produce a play* színdarabot bemutat

²produce [ˈprɒdjuːs] <fn> [U] **1.** (mezőgazdasági) termény(ek); termék(ek): *agricultural/farm produce* mezőgazdasági termények **2.** eredmény; gyümölcs: *the produce of five month's work* öthavi munka gyümölcse

producer [prəˈdjuːsə] <fn> [C] **1.** producer: *Who is the producer of the film?* Ki a film producere? **2.** termelő: *Which is the major oil producer country of Europe?* Melyik Európa legfőbb olajtermelő országa?

product [ˈprɒdʌkt] <fn> [C] **1.** termék; készítmény; gyártmány: *We can find a new product on the market.* Egy új terméket találhatunk a piacon. **2.** eredmény; következmény

production [prəˈdʌkʃn] <fn> **1.** [U] termelés; gyártás; előállítás: *mass production* tömeggyártás ∗ *Try to increase your production.* Próbáljátok meg növelni a termelést! **2.** [U] termék; gyártmány **3.** [C] előadás; produkció: *Our production at school was a great success.* Az iskolai produkciónk nagy siker volt. **4.** [U] felmutatás; bemutatás

production line [prə'dʌkʃn laın] <fn> [C] futószalag

productive [prə'dʌktıv] <mn> **1.** gyümölcsöző; termékeny; eredményes **2.** termelő: *productive forces* termelőerők ∗ *productive activity* termelő tevékenység

productivity [,prɒdʌk'tıvətı] <fn> [U] termelékenység; termelőképesség

product manager ['prɒdʌkt ,mænıdʒə] <fn> [C] termékmenedzser

Prof. [= Professor] <fn> [C] prof. (= professzor)

profess [prə'fes] <ige> **1.** állít; kijelent: *profess one's dislike of sg* kijelenti, hogy nem szeret vmit **2.** *(nézetet, hitet stb.)* vall: *profess oneself Christian* a kereszény hitet vallja

profession [prə'feʃn] <fn> [C] **1.** (szellemi) foglalkozás; hivatás; szakma: *He is a doctor by profession.* Foglalkozását nézve orvos. **2.** kijelentés; nyilatkozat

¹professional [prə'feʃnəl] <mn> **1.** szakmai; szakmabeli; szakértő(i): *professional skill* szakmai jártasság ∗ *take professional advice on a matter* szakmai tanácsot kér vmilyen ügyben **2.** hivatásos; profi: *He is a professional boxer.* Hivatásos ökölvívó.

²professional [prə'feʃnəl] <fn> [C] **1.** szakértő; szakember **2.** profi; hivatásos (sportoló); *(művész stb.)* professzionista: *professional golfer* hivatásos golfjátékos

professor <fn> [C] egyetemi/főiskolai tanár; professzor

proficiency [prə'fıʃnsı] <fn> [U] szakértelem; hozzáértés; jártasság (**in sg** vmiben)

proficient [prə'fıʃnt] <mn> jártas; gyakorlott; tapasztalt (**in sg** vmiben)

profile ['prəufaıl] <fn> [C] **1.** profil; oldalnézet: *in profile* oldalnézetben **2.** (rövid) leírás; jellemrajz (**of sy/sg** vkiről/vmiről)
♦ **low profile** (szándékosan tartózkodó) jelleg/visszafogottság

¹profit ['prɒfıt] <fn> **1.** [U] haszon; előny: *turn sg to profit* hasznot húz vmiből ∗ *What's the profit of doing that?* Mi haszna belőle? **2.** [C, U] profit; nyereség; haszon: *Can you make a profit of at least $10 a day?* El tudsz érni legalább 10 dollár nyereséget naponta?

²profit ['prɒfıt] <ige> **1.** előnyére szolgál; hasznára van/válik (**sy** vkinek) **2.** profitál; nyer; hasznot húz (**from/by sg** vmiből): *profit by a transaction* nyer az üzleten

profitable ['prɒfıtəbl] <mn> **1.** hasznos; előnyös **2.** jól jövedelmező; kifizetődő; rentábilis

profound [prə'faund] <mn> **1.** mély(séges): *profound indifference* mélységes közöny ∗ *profound sleep* mély álom **2.** alapos; beható; mélyrehatő: *profound study of a subject* tárgy alapos tanulmányozása

prognosis [prɒg'nəusıs] <fn> [C] (prognoses) **1.** orv prognózis **2.** előrejelzés; prognózis

prognosticate [prɒg'nɒstıkeıt] <ige> (meg)jövendöl; (meg)jósol; (előre) jelez: *The clouds prognosticate a storm.* A felhők vihart jeleznek.

¹program ['prəugræm] <fn> [C] **1.** infor (számítógépes) program: *We try to get used to this new program.* Megpróbáljuk megszokni ezt az új (számítógépes) programot. **2.** AmE → **¹programme**

²program ['prəugræm] <ige> (programming, programmed) **1.** infor programoz: *We learn at school how to program.* Az iskolában programozni tanulunk. **2.** AmE (be)programoz

¹programme ['prəugræm] <fn> [C] **1.** (rádió-) műsor; (tévé)műsor; program: *We watched an interesting programme on lions last night.* Tegnap este egy érdekes műsort láttunk az oroszlánokról. **2.** műsor(füzet): *Can you show me the programme before the concert?* Meg tudnád mutatni a műsort a koncert előtt? **3.** program: *What's the programme for today?* Mi a mai program?

²programme ['prəugræm] <ige> (programmes, programming, programmed) (be)programoz

programmer ['prəugræmə] <fn> [C] programozó

¹progress ['prəugres] <fn> [U] **1.** (előre)haladás; fejlődés: *make good progress* jól halad ∗ *make progress in one's studies* jól halad a tanulmányaiban ∗ *the progress of medicine* az orvostudomány fejlődése **2.** folyamat; *(időé)* múlás: *the progress of events* az események folyamata ∗ *in progress of time* az idő múltával
♦ **be in progress** folyamatban van

²progress [prə'gres] <ige> **1.** javul; halad; fejlődik: *The patient is progressing satisfactorily.* A beteg állapota kielégítően javul. **2.** halad; *(idő)* múlik: *As the day progressed the weather became warmer and warmer.* Egyre melegebb lett ma, ahogy múlt az idő.

progression [prə'greʃn] <fn> [C, U] (előre)haladás; fejlődés

progressive [prəu'gresıv] <mn> **1.** haladó (szellemű); modern: *a progressive school* modern iskola **2.** folyamatos: *progressive decline* folyamatos hanyatlás

progressive tense [prəu,gresıv'tens] <fn> **the progressive tense** [sing] folyamatos igeidő

prohibit [prəˈhɪbɪt] <ige> **1.** *(törvény, szabály)* (meg)tilt: *prohibit sy from doing sg* megtilt vkinek vmit ∗ *Smoking is prohibited.* Tilos a dohányzás! **2.** meggátol; akadályoz; lehetetlenné tesz: *Another engagement may prohibit me from coming.* Egyéb elfoglaltságom esetleg meggátol abban, hogy eljöjjek.

prohibition [ˌprəʊɪˈbɪʃn] <fn> [C, U] **1.** tilalom; eltiltás **2.** tört szesztilalom

¹**project** [ˈprɒdʒekt] <fn> [C] **1.** terv(ezet); (nagy méretű) beruházás; projekt: *Our company plans a building project.* Cégünk nagyméretű építési beruházást tervez. **2.** (kutatási) téma; feladat; projekt(um): *We are working on a major project.* Egy nagyobb kutatási témán dolgozunk.

²**project** [prəˈdʒekt] <ige> **1.** tervez; tervbe vesz: *project a journey* utazást vesz tervbe **2.** vetít: *project a picture on the screen* képet vetít a vászonra **3.** kilök; kirepít; kilő; sugároz **4.** kiugrik; kinyúlik; kiáll: *project over sg* kinyúlik vmi fölé

projection [prəˈdʒekʃn] <fn> **1.** [C] tervezés; elképzelés **2.** [U] vetítés **3.** [C] kiugrás; kinyúlás; kiszögellés

projector [prəˈdʒektə] <fn> [C] vetítő(gép)

¹**proletarian** [ˌprəʊləˈteərɪən] <mn> proletár: *proletarian revolution* proletárforradalom

²**proletarian** [ˌprəʊləˈteərɪən] <fn> [C] *(személy)* proletár

proliferate [prəˈlɪfəreɪt] <ige> (el)burjánzik; elszaporodik

prolific [prəˈlɪfɪk] <mn> **1.** szapora; bőségesen termő; termékeny **2.** átv *(író stb.)* termékeny: *a prolific songwriter* termékeny dalszerző

prologue [ˈprəʊlɒg] <fn> [C] bevezető; előszó; előhang

prolong [prəˈlɒŋ] <ige> meghosszabbít; elnyújt

prolonged [prəˈlɒŋd] <mn> hosszan tartó; huzamos; hosszú

prom [prɒm] <fn> [C] **1.** AmE diákbál **2.** biz BrE (tengerparti) sétány; korzó **3.** BrE *(a közönség állva vagy a padlón ülve hallgatja)* hangverseny

¹**promenade** [ˌprɒməˈnɑːd] <fn> [C] BrE (tengerparti) sétány; korzó

²**promenade** [ˌprɒməˈnɑːd] <ige> sétál; korzózik

promenade concert [ˌprɒməˈnɑːdˈkɒnsət] <fn> [C] BrE *(a közönség állva vagy a padlón ülve hallgatja)* hangverseny

prominence [ˈprɒmɪnəns] <fn> [U] **1.** fontosság; kiválóság; kitűnőség: *person of considerable prominence* fontos személyiség **2.** kiemelkedés; kimagaslás; kidomborodás **3.** szembetűnőség

prominent [ˈprɒmɪnənt] <mn> **1.** *(személyiség)* kiváló; kiemelkedő; kimagasló **2.** kiálló; kiugró; kimagasló; előreugró: *prominent nose* előreugró orr **3.** szembetűnő; feltűnő: *prominent features of a landscape* a táj feltűnő jellegzetességei ∗ *in a prominent position* feltűnő helyen

¹**promise** [ˈprɒmɪs] <fn> [C] **1.** ígéret: *break one's promise* megszegi az ígéretét ∗ *keep one's promise* megtartja az ígéretét ∗ *make a promise* ígéretet tesz **2.** remény; kilátás: *show great promise* szép reményekkel kecsegtet ∗ *There is a promise of warm weather.* Meleg időre van kilátás.

²**promise** [ˈprɒmɪs] <ige> **1.** (meg)ígér: *I promise you to come.* Megígérem neked, hogy eljövök. ∗ *He promised to lend me his bike.* Megígérte, hogy kölcsönadja nekem a biciklijét. **2.** ígérkezik: *It promises to be warm.* Melegnek ígérkezik az idő.

promising [ˈprɒmɪsɪŋ] <mn> sokat ígérő; ígéretes; biztató; reményteljes: *The future looks promising.* A jövő biztató.

promote [prəˈməʊt] <ige> **1.** elősegít; támogat; előmozdít: *promote digestion* elősegíti az emésztést **2.** *(árucikket)* reklámoz **3.** előléptet: *be promoted* előléptetik

promotion [prəˈməʊʃn] <fn> **1.** [C, U] előléptetés: *get promotion* előléptetik **2.** [C, U] reklám(ozás); hírverés **3.** [U] elősegítés; előmozdítás; támogatás

¹**prompt** [prɒmpt] <ige> **1.** ösztönöz; buzdít; késztet (**sy to do sg** vkit vmire): *feel prompted to speak* ösztönözve érzi magát, hogy beszéljen **2.** *(iskolában, színházban)* súg

²**prompt** [prɒmpt] <fn> [C] súgás: *give an actor a prompt* súg a színésznek

³**prompt** [prɒmpt] <mn> **1.** azonnali; rögtöni; haladéktalan: *prompt delivery* azonnali szállítás **2.** gyors; fürge: *be prompt to act* gyorsan cselekszik

⁴**prompt** [prɒmpt] <hsz> pont(osan); pontban: *at eight o'clock prompt* pontosan nyolc órakor

promptly [ˈprɒmptlɪ] <hsz> azonnal; rögtön; haladéktalanul

prone [prəʊn] <mn> **1.** hajlamos (**to sg** vmire): *prone to depressions* hajlamos a depresszióra **2.** hason fekvő; arcra borult: *lie prone* hason fekszik

pronoun [ˈprəʊnaʊn] <fn> [C] nyelvt névmás: *personal pronoun* személyes névmás ∗ *possessive pronoun* birtokos névmás

pronounce [prəˈnaʊns] <ige> **1.** *(szót)* (ki)ejt; kimond: *He can't pronounce this word clearly.* Nem tudja tisztán (ki)ejteni ezt a szót.

2. *(ítéletet)* kimond; kihirdet **3.** kijelent; kinyilatkoztat: *pronounce the patient out of danger* kijelenti, hogy a beteg túl van a veszélyen **4.** nyilvánít: *pronounce the picture to be a forgery* hamisítványnak nyilvánítja a képet **5.** állást foglal: *pronounce against sy* állást foglal vki ellen

pronounced [prə'naʊnst] <mn> erős; határozott; markáns; jellegzetes: *very pronounced personality* nagyon erős egyéniség ∗ *pronounced features* markáns arcvonások

pronto ['prɒntəʊ] <hsz> biz rögtön; azonnal

pronunciation [prə,nʌnsɪ'eɪʃn] <fn> [C, U] kiejtés: *Her pronunciation is excellent.* A kiejtése kiváló.

¹proof [pruːf] <fn> **1.** [C, U] bizonyíték: *The police had enough proof of the murder.* A rendőrségnek elegendő bizonyítéka volt a gyilkosságra. **2.** [C, ált pl] kefelevonat; korrektúra: *revised proof* második korrektúra

²proof [pruːf] <mn> **1.** védő; (ellen)álló: *proof against sg* ellenálló vminek ∗ *proof against damp* nedvességálló **2.** összet -mentes; -biztos; -álló; -hatlan: *bulletproof* golyóálló ∗ *waterproof* vízhatlan

proofread ['pruːfriːd] <ige> korrektúrát olvas/végez; korrektúrázik

¹prop [prɒp] <ige> (props, propping, propped) (fel)támaszt; alátámaszt; megtámaszt; nekitámaszt: *prop a ladder against the wall* a falnak támasztja a létrát

prop sg up aládúcol vmit

²prop [prɒp] <fn> [C] **1.** támasz(ték); dúc; cölöp **2.** átv támasz; pillér: *a prop for one's old age* vki öregkori támasza **3.** [ált pl] *(színházi)* kellék **4.** biz légcsavar; propeller

propaganda [,prɒpə'gændə] <fn> [U] propaganda; hírverés

propagate ['prɒpəgeɪt] <ige> **1.** (el)terjeszt; propagál; népszerűsít **2.** szaporít; tenyészt **3.** szaporodik

propel [prə'pel] <ige> (propels, propelling, propelled) (előre)hajt; ösztönöz; mozgat: *propelled by a desire for gain* nyereségvágytól hajtva

propeller [prə'pelə] <fn> [C] propeller; légcsavar; hajócsavar

proper ['prɒpə] <mn> **1.** megfelelő; alkalmas; helyes: *at the proper time* a megfelelő időben ∗ *Do as you think proper.* Tégy, ahogy helyesnek tartod. **2.** tulajdonképpeni; szűkebb értelemben vett: *architecture proper* szűkebb értelemben vett építőművészet **3.** helyénvaló; illendő; illő; tisztességtudó: *It would be proper for us to apologize.* Illendő lenne bocsánatot kérnünk. **4.** hamisítatlan; valódi; komplett: *He's a proper fool.* Komplett bolond.

properly ['prɒpəlɪ] <hsz> **1.** jól; rendesen; megfelelően: *Do it properly!* Rendesen csináld meg! ∗ *It hasn't been closed properly.* Nem volt megfelelően bezárva. **2.** helyesen; pontosan: *word properly used* helyesen használt szó **3.** ill(end)ően; illedelmesen; tisztességesen: *behave properly* illendően viselkedik

proper name [,prɒpə'neɪm] <fn> [C] tulajdonnév

property ['prɒpətɪ] <fn> (properties) **1.** [C] tulajdon; vagyon(tárgy): *public property* köztulajdon ∗ *This television is my property.* Ez a tévé az én tulajdonom. **2.** [U] ingatlan: *property prices* ingatlanárak **3.** [C] birtok: *His family lives on a huge property in Norway.* A családja egy óriási birtokon él Norvégiában. **4.** [C, ált pl] tulajdonság; sajátság: *Examine the properties of that substance.* Vizsgáld meg ennek az anyagnak a tulajdonságait!

prophecy ['prɒfəsɪ] <fn> [C] (prophecies) jóslat; prófécia

prophesy ['prɒfəsaɪ] <ige> (prophesies, prophesying, prophesied) (meg)jövendöl; (meg)jósol: *prophesy war* háborút jósol

prophet ['prɒfɪt] <fn> [C] próféta; látnok; jövendőmondó: *I know some of the Old Testament prophets.* Ismerek néhányat az ószövetségi próféták közül.

prophetic [prə'fetɪk] <mn> prófétai; látnoki; jövőbelátó

proportion [prə'pɔːʃn] <fn> **1.** [C] rész; hányad: *A large proportion of the class passed the maths exam.* Az osztály nagy része átment a matekvizsgán. **2.** [U] arány: *The proportion of girls to boys in the class is three to four.* A lányok aránya a fiúkhoz az osztályban három a négyhez. **3. proportions** [pl] arányok; méretek ♦ **be in proportion to sg** arányban áll vmivel ♦ **be out of proportion (to sg)** nem áll arányban (vmivel) ♦ **in proportion** arányosan ♦ **in proportion to sg** 1. vmi arányában 2. vmihez viszonyítva

proportional [prə'pɔːʃnəl] <mn> arányos; arányban levő (**to sg** vmivel): *be directly proportional to sg* egyenes arányban van vmivel

proposal [prə'pəʊzl] <fn> [C] **1.** javaslat; ajánlat; indítvány: *make a proposal* javaslatot tesz **2.** házassági ajánlat; leánykérés **3.** terv; szándék: *All my proposals went wrong.* Minden tervem dugába dőlt.

propose [prə'pəʊz] <ige> **1.** javasol; ajánl; indítványoz: *What do you propose now?* Most mit javasolsz? **2.** tervez; szándékozik: *We pro-*

pose to buy a new car. Egy új autót szándékozunk venni. **3.** házassági ajánlatot tesz; megkér: *propose marriage* megkéri a kezét * *He proposed to me and I happily accepted him.* Megkérte a kezemet, és én örömmel igent mondtam.

proposition [ˌprɒpəˈzɪʃn] <fn> [C] **1.** indítvány; ajánlat; javaslat: *I've put my proposition to the company director.* Beadtam a cég vezetőjének az indítványomat. **2.** *(logikában stb.)* állítás; tétel; ítélet

proprietor [prəˈpraɪətə] <fn> [C] tulajdonos

proprietress [prəˈpraɪətrəs] <fn> [C] tulajdonosnő

prosaic [prəʊˈzeɪɪk] <mn> prózai; hétköznapi; közönséges

pros and cons [ˌprəʊz ənˈkɒnz] <fn> **the pros and cons** [pl] a mellette és ellene szóló érvek/lehetőségek

prose [prəʊz] <fn> [U] próza

prosecute [ˈprɒsɪkjuːt] <ige> **1.** vádat emel; feljelentést tesz; beperel: *be prosecuted for sg* vádat emeltek ellene vmi miatt **2.** folytat; keresztülvisz; véghez visz: *They will prosecute the war to its end.* Folytatják a háborút, amíg vége nem lesz.

prosecution [ˌprɒsɪˈkjuːʃn] <fn> **1.** [C, U] bűnvádi eljárás; perbefogás **2. the prosecution** [sing + sing/pl v] a vád képviselője

prosecutor [ˈprɒsɪkjuːtə] <fn> [C] ügyész; vádló; feljelentő: *the public prosecutor* államügyész; a vádhatóság

prospect [ˈprɒspekt] <fn> **1.** [U] remény; kilátás; lehetőség; távlat: *have sg in prospect* kilátása van vmire * *open up a new prospect to sy* új távlatokat nyit meg vki előtt * *There is very little prospect of it.* Kevés remény van rá. **2. prospects** [pl] perspektíva; kilátás; jövő: *His prospects are brilliant.* Ragyogó jövő előtt áll.

prospective [prəˈspektɪv] <mn> várható; leendő: *prospective visit* várható látogatás * *prospective buyer* leendő vevő

prospectus [prəˈspektəs] <fn> [C] ismertetés; prospektus; tájékoztató

prosper [ˈprɒspə] <ige> virágzik; jól megy; boldogul; prosperál

prosperity [prɒˈsperətɪ] <fn> [U] fellendülés; jólét; jómód; boldogulás

prosperous [ˈprɒspərəs] <mn> virágzó; jómódú; sikeres; gazdag

prostitute [ˈprɒstɪtjuːt] <fn> [C] prostituált

prostitution [ˌprɒstɪˈtjuːʃn] <fn> [U] prostitúció

protagonist [prəʊˈtægənɪst] <fn> [C] főhős; főszereplő

protect [prəˈtekt] <ige> (meg)véd; (meg)óv (**from/against sg** vmitől): *I will always protect you from danger.* Mindig meg foglak védeni a veszélytől. * *Our house is protected by a tall fence.* Magas kerítés védi a házunkat.

protection [prəˈtekʃn] <fn> [U] védelem; oltalom; védettség: *under sy's protection* vki védelme alatt * *claim the protection of the law* a törvény védelmét kéri

protective [prəˈtektɪv] <mn> óvó; védelmező; védő-: *protective clothing* védőruha * *protective custody* védőőrizet

protector [prəˈtektə] <fn> [C] **1.** véd(elmez)ő; oltalmazó **2.** pártfogó; védnök

protein [ˈprəʊtiːn] <fn> [C, U] fehérje; protein

¹**protest** [prəˈtest] <ige> **1.** tiltakozik (**against sg** vmi ellen): *We protested against the new law.* Az új törvény ellen tiltakoztunk. **2.** kifogásol; óvást emel **3.** állít; kijelent; hangoztat: *protest one's innocence* az ártatlanságát hangoztatja

²**protest** [ˈprəʊtest] <fn> [C, U] **1.** kifogásolás; tiltakozás; ellenkezés (**against sg** vmi ellen): *set up a protest* bejelenti a tiltakozását **2.** óvás: *make a protest* óvást emel

♦ **under protest** kelletlenül; kényszerből

¹**Protestant** [ˈprɒtɪstənt] <mn> protestáns

²**Protestant** [ˈprɒtɪstənt] <fn> [C] protestáns

proton [ˈprəʊtɒn] <fn> [C] fiz proton

prototype [ˈprəʊtətaɪp] <fn> [C] prototípus

protrude [prəˈtruːd] <ige> **1.** kinyújt; kiölt; kinyom; előretol: *protrude one's tongue* kiölti a nyelvét **2.** kinyúlik; kiáll; kidudorodik; előreáll; előreugrik

proud [praʊd] <mn> **1.** büszke (**of sy/sg** vkire/vmire): *I am proud of my parents.* Büszke vagyok a szüleimre. **2.** büszke; önérzetes: *He is too proud to beg our pardon.* Túlságosan büszke ahhoz, hogy bocsánatot kérjen tőlünk. **3.** öntelt; önhitt; hiú; felfuvalkodott

provable [ˈpruːvəbl] <mn> (be)bizonyítható; kimutatható

prove [pruːv] <ige> (proved, proved/AmE proven) **1.** (be)bizonyít; kimutat; megállapít; igazol: *I can prove that he was at home last night.* Be tudom bizonyítani, hogy tegnap este otthon volt. **2.** bizonyul; mutatkozik: *The news proved false.* A hír hamisnak bizonyult. **3. prove oneself (to sy)** igazolja önmagát (vkinek)

proven [ˈpruːvn, ˈprəʊvn] <mn> (be)bizonyított

proverb [ˈprɒvɜːb] <fn> [C] közmondás

provide [prəˈvaɪd] <ige> **1.** nyújt; ad; szolgáltat; (be)szerez; biztosít (**sg for sy/sg** vmit vki/vmi számára); ellát (**sy with sg** vkit vmivel): *Doctor Brown provides the best medical care.* Brown doktor nyújtja a legjobb orvosi ellátást. * *Can you provide fruit for the picnic?* Be tudod szerezni a gyümölcsöt a piknikre? * *She will* *provide children with food.* Étellel fogja ellátni a gyerekeket. **2.** intézkedik; rendelkezik: *Section 8 provides that...* A nyolcadik paragrafus rendelkezik arról, hogy...

provided [prə'vaɪdɪd] <ksz> feltéve, hogy...: *We shall celebrate you in the garden provided that the weather is warm enough.* A kertben fogunk megünnepelni, feltéve, hogy az idő elég meleg.

provider [prə'vaɪdə] <fn> [C] **1.** ellátó; gondoskodó **2.** gazd szolgáltató

province ['prɒvɪns] <fn> **1.** [C] tartomány: *He is going to visit all the provinces of Canada.* Kanada valamennyi tartományát meglátogatja. **2. the provinces** [pl] BrE a vidék

provincial [prə'vɪnʃl] <mn> **1.** tartományi **2.** vidéki(es); helyi (jellegű): *provincial theatre* vidéki színház **3.** régimódi; szűk látókörű; provinciális

provision [prə'vɪʒn] <fn> **1.** [C, U] biztosítás; gondoskodás; intézkedés; felkészülés: *make provision for one's family* biztosítja a családja jövőjét ∗ *make provision for sg* gondoskodik vmiről ∗ *provision against sg* intézkedés vmi ellen **2. provisions** [pl] ellátmány; élelmiszer

provisional [prə'vɪʒnəl] <mn> ideiglenes; átmeneti; időleges: *provisional government* ideiglenes kormány

provocation [,prɒvə'keɪʃn] <fn> [C,U] provokáció; (fel)izgatás; (fel)ingerlés: *act under provocation* felizgatott lelkiállapotban cselekszik

provocative [prə'vɒkətɪv] <mn> **1.** (fel)ingerlő; (fel)bosszantó; provokatív: *a provocative question* provokatív kérdés **2.** (öltözet, viselkedés) ingerlő; csábító; (szexuálisan) izgató

provoke [prə'vəʊk] <ige> **1.** ingerel; bosszant; felizgat **2.** (vmilyen érzelmet) kivált; előidéz: *provoke an outcry* felháborodást vált ki ∗ *provoke a smile* mosolyt vált ki

prow [praʊ] <fn> [C] hajóorr

¹prowl [praʊl] <ige> lopakodik; ólálkodik

²prowl [praʊl] <fn> [sing] ólálkodás; portyázás
  ♦ *be/go on the prowl* zsákmány után jár

prowler ['praʊlə] <fn> [C] csavargó; ólálkodó

proximity [prɒk'sɪmətɪ] <fn> [U] közelség; szomszédság: *in the proximity of a town* a város szomszédságában

proxy ['prɒksɪ] <fn> [U] meghatalmazás; megbízás: *by proxy* megbízásból

prude [pruːd] <fn> [C] szemérmes ember

prudence ['pruːdns] <fn> [U] elővigyázatosság; meggondoltság; megfontoltság; körültekintés

prudent ['pruːdnt] <mn> okos; elővigyázatos; meggondolt; megfontolt; körültekintő

prudish ['pruːdɪʃ] <mn> prűd; szemérmes; szégyenlős

¹prune [pruːn] <fn> [C] aszalt szilva

²prune [pruːn] <ige> **1.** *(fát stb.)* (meg)metsz; nyes **2.** *(cikket, könyvet)* (meg)nyirbál; *(szöveget felesleges részektől)* megtisztít

pry [praɪ] <ige> (pries, prying, pried) kíváncsiskodik; kutat; szimatol: *One should not pry into the future.* Ne kutassuk a jövőt.

PS [,piː'es] [= postscript] <fn> [C] ui. (= utóirat)

psalm [saːm] <fn> [C] zsoltár: *Book of Psalms* Zsoltárok könyve

pseudonym ['sjuːdənɪm] <fn> [C] (írói) álnév

psyche ['saɪkɪ] <fn> [C] lélek; szellem; psziché

psychiatrist [saɪ'kaɪətrɪst] <fn> [C] pszichiáter; elmeorvos

psychiatry [saɪ'kaɪətrɪ] <fn> [U] pszichiátria; elmegyógyászat

psychic ['saɪkɪk] <mn> pszichikai; lelki; pszichés; okkult

psychoanalysis [,saɪkəʊə'næləsɪs] <fn> [U] pszichoanalízis; lélekelemzés

psychoanalyst [,saɪkəʊ'ænəlɪst] <fn> [C] pszichoanalitikus; lélekelemző

psychological [,saɪkə'lɒdʒɪkl] <mn> pszichológiai; lélektani

psychologist [saɪ'kɒlədʒɪst] <fn> [C] pszichológus

psychology [saɪ'kɒlədʒɪ] <fn> [U] lélektan; pszichológia

psychopath ['saɪkəʊpæθ] <fn> [C] pszichopata; lelki beteg

psychopathic [,saɪkə'pæθɪk] <mn> lelki beteg

psychosis [saɪ'kəʊsɪs] <fn> [C, U] elmebetegség; elmezavar; pszichózis

psychotherapist [,saɪkəʊ'θerəpɪst] <fn> [C] pszichoterapeuta

psychotherapy [,saɪkəʊ'θerəpɪ] <fn> [U] pszichoterápia; lelki gyógymód

pt, pt. 1. [= part] r. (= rész) **2.** [= pint] *(űrmérték)* pint **3.** [= point] p (= pont)

PTO [,piːtiː'əʊ] [= please turn over] fordíts!

pub [pʌb] <fn> [C] söröző; kisvendéglő; pub

puberty ['pjuːbətɪ] <fn> [U] serdülőkor; pubertás

¹public ['pʌblɪk] <mn> **1.** köz-; általános: *public opinion* közvélemény **2.** köz-; nyilvános; közös: *There is a public telephone on the corner.* A sarkon van egy nyilvános telefon. ∗ *Go to the public library to borrow some books.* Menj el a közkönyvtárba, és vegyél ki pár könyvet!
  ♦ **go public (on/with sg)** nyilvánosságra hoz (vmit) ♦ **in the public eye** a nyilvánosság előtt ♦ **make sg public** közzétesz vmit

²public ['pʌblɪk] <fn> [sing + sing/pl v] **1. the public** a nyilvánosság: *His opinion is known by the public.* Véleménye ismert a nyilvánosság előtt. **2. the public** a (nagy)közönség: *the general public* a nagyközönség; a közvélemény ∗ *the* *reading public* az olvasóközönség * *This palace is open to the public.* Ez a palota nyitva áll a (nagy)közönség előtt. **3.** közönség: *Newspapers know what their public wants.* Az újságok tudják, mire van szüksége a közönségüknek. ♦ **in public** nyilvánosan

publication [ˌpʌblɪˈkeɪʃn] <fn> **1.** [U] *(könyvé)* kiadás; megjelenés: *His new book is ready for publication.* A könyve kiadásra kész állapotban van. **2.** [C] kiadvány; publikáció: *I looked at the new publications on the book exhibition.* A könyvkiállításon megnéztem az új kiadványokat. **3.** [U] közzététel; nyilvánosságra hozatal; közlés

public convenience [ˌpʌblɪk kənˈviːnɪəns] <fn> [C] BrE (nyilvános) illemhely

public holiday [ˌpʌblɪkˈhɒlədeɪ] <fn> [C] (hivatalos) munkaszüneti nap

public house [ˌpʌblɪkˈhaʊs] <fn> [C] söröző; kisvendéglő; pub

publicity [pʌbˈlɪsəti] <fn> [U] **1.** nyilvánosság: *give great publicity to sg* nagy nyilvánosságot teremt vmi számára **2.** hírverés; hirdetés; reklám(ozás): *conduct a wide publicity campaign* nagy hírverést csinál

publicise [ˈpʌblɪsaɪz] BrE → **publicize**

publicize [ˈpʌblɪsaɪz] <ige> reklámoz

public limited company [ˌpʌblɪk ˌlɪmɪtɪdˈkʌmpəni] <fn> [C] **röv plc** BrE nyílt részvénytársaság

public school [ˌpʌblɪkˈskuːl] <fn> [C, U] **1.** BrE magániskola **2.** AmE állami nyilvános iskola

public transport [ˌpʌblɪk ˈtrænspɔːt] <fn> [U] tömegközlekedés

publish [ˈpʌblɪʃ] <ige> **1.** kiad; megjelentet: *The first edition was published in 2011.* Az első kiadást 2011-ben adták ki. **2.** publikál; közzétesz: *publish an article* cikket tesz közzé **3.** nyilvánosságra hoz; közread; közöl: *publish notice of a death* halálhírt nyilvánosságra hoz

publisher [ˈpʌblɪʃə] <fn> [C] (könyv)kiadó

pudding [ˈpʊdɪŋ] <fn> [C, U] **1.** BrE desszert; édesség: *What is for pudding?* Édességnek mi lesz? **2.** AmE puding **3.** BrE édes felfújt **4.** BrE hurka: *black pudding* véres hurka

puddle [ˈpʌdl] <fn> [C] pocsolya; tócsa

¹**puff** [pʌf] <ige> **1.** *(füstöt)* (ki)fúj: *puff smoke in one's face* arcába fújja a füstöt **2.** kifullaszt: *I was fully puffed by the run.* A futás borzasztóan kifullasztott. **3.** felfúj; *(rizst)* pumduzzaszt **4.** fúj(tat); szuszog; liheg **5.** pöfékel; pöfög: *puff at one's pipe* pöfékel a pipájából

---
puff sg out/up *(levegővel)* felfúj vmit
puff up *(testrész)* feldagad; megdagad
---

²**puff** [pʌf] <fn> [C] **1.** lehelet; fuvallat: *The least puff would knock it over.* A legkisebb fuvallat feldöntené. **2.** lélegzés; szusz: *out of puff* kifulladva **3.** *(dohányzásnál)* pöfékelés; szippantás

puffed [pʌft] <mn> **1.** felfújt; puffasztott **2.** BrE lihegő; zihálló **3.** buggyos: *puffed sleeves* buggyos ruhaujj

puff pastry [ˌpʌfˈpeɪstri] <fn> [U] leveles tészta

puffy [ˈpʌfi] <mn> (puffier, puffiest) *(arc, szem stb.)* duzzadt; puffadt

¹**pull** [pʊl] <ige> **1.** (meg)húz; megránt; rángat; (meg)cibál: *pull the trigger* meghúza a ravaszt * *pull the brake* meghúzza a féket * *pull sy's ears* megcibálja vkinek a fülét **2.** kihúz; kiránt: *pull a cork* dugót kihúz **3.** tép; szakít; szed: *pull to pieces* darabokra tép **4.** *(autót stb.)* (el)húz; vontat **5.** megránt; meghúz: *I've pulled a muscle in my arm.* Meghúztam egy izmot a karomban. **6.** vonz; csábít: *The show pulled the crowds.* Az előadás vonzotta a tömegeket.

---
pull ahead sp előretör
pull at sg húz; ránt vmin
pull away 1. elhúz; elindul **2.** elhúzódik
pull back visszahúzódik; visszavonul; hátrál (**from sg** vmitől)
pull sy down *(probléma)* lehangol vkit
pull sg down lebont vmit
pull in (to sg)//pull into sg 1. *(vonat)* befut **2.** *(jármű)* félreáll; beáll vhova
pull sy in letartóztat; lefog; nyakon csíp vkit
pull off *(jármű)* kiindul; elindul
pull sg off biz sikeresen véghez visz vmit
pull sg on felvesz; felhúz vmit
pull out (of sg) 1. *(jármű)* elindul; kigördül (vhonnan) **2.** *(sereg)* kivonul (vhonnan) **3.** kiszáll (vmiből); abbahagy; befejez (vmit)
pull sy/sg out (of sg) *(sereget)* kivon (vhonnan)
pull sg out (of sg) kiránt vmit (vhonnan)
pull over *(jármű)* félreáll
pull through (sg) *(betegséget stb.)* átvészel; meggyógyul; talpra áll
pull sy through (sg) *(nehéz/szorult helyzetből)* kisegít; talpra állít vkit; *(betegségből)* kigyógyít vkit
pull together 1. összefog; összetart; együttműködik **2. pull oneself together** összeszedi magát
pull up *(jármű)* megáll
pull sy up megdorgál; rendreutasít vkit
---

²**pull** [pʊl] <fn> **1.** [C] húzás; rántás: *give a pull at the bell* meghúzza a csengőt **2.** [C] fogantyú

pulley

3. [sing] vonzás; vonzerő: *gravitational pull* gravitációs vonzás **4.** [C] *(cigarettából stb.)* szippantás
pulley ['pʊlɪ] <fn> [C] (pulleys) (emelő)csiga; felvonócsiga
pullover ['pʊl,əʊvə] <fn> [C] pulóver
¹pulp [pʌlp] <fn> [U] **1.** pép; kása: *reduce sg to a pulp* péppé zúz vmit **2.** gyümölcspép; gyümölcshús
♦ **beat sy to a pulp** laposra ver vkit
²pulp [pʌlp] <ige> péppé zúz; pépesít
pulpit ['pʊlpɪt] <fn> [C] emelvény; dobogó; szószék
pulsate [pʌl'seɪt] <ige> lüktet; vibrál; remeg
¹pulse [pʌls] <fn> [C] pulzus; érverés: *pulse rate* pulzusszám * *take sy's pulse* megméri vkinek a pulzusát
²pulse [pʌls] <ige> ver; dobog; lüktet
pulses ['pʌlsɪz] <fn> [pl] növ hüvelyesek
puma ['pjuːmə] <fn> [C] puma
¹pump [pʌmp] <fn> [C] **1.** pumpa: *Bring your bicycle pump with you.* Vidd magaddal a biciklipumpádat! **2.** szivattyú **3.** papucscipő
²pump [pʌmp] <ige> **1.** (fel)pumpál; felfúj: *I have to pump all my bicycle tyres up.* Az összes bicikligumimat fel kell pumpálnom. **2.** (ki)szivattyúz: *Let's pump the water out of the ship.* Szivattyúzzuk ki a vizet a hajóból! **3.** kikérdez; kifaggat: *pump a prisoner* foglyot kikérdez

pump sg into sy/sg *(pénzt, energiát)* befektet vkibe/vmibe
pump sg out kiszivattyúz vmit
pump sg up felfúj; felpumpál vmit

pumpkin ['pʌmpkɪn] <fn> [C, U] növ (sütő)tök
pun [pʌn] <fn> [C] szójáték
¹punch [pʌntʃ] <ige> **1.** (ököllel) üt; megüt; öklöz: *He punched the thief in the face.* (Ököllel) arcon ütötte a tolvajt. **2.** (ki)lyukaszt; (át)lyukaszt: *She punched a piece of paper.* Kilyukasztott egy papírdarabot.
²punch [pʌntʃ] <fn> **1.** [C] ökölcsapás; ütés; pofon: *give sy a punch in the face* arcul üt vkit **2.** [C] lyukasztó **3.** [U] *(ital)* puncs
punchline ['pʌntʃlaɪn] <fn> [C] csattanó; poén
punch-up ['pʌntʃʌp] <fn> [C] biz BrE verekedés
punctual ['pʌŋktʃʊəl] <mn> pontos: *She's always been reliable and punctual.* Mindig is megbízható és pontos volt.
punctuate ['pʌŋktʃʊeɪt] <ige> **1.** írásjelekkel ellát **2.** meg-megszakít: *a speech punctuated by applause* beszéd, melyet a taps meg-megszakít
punctuation [,pʌŋktʃʊ'eɪʃn] <fn> [U] nyelvt központozás; írásjelek használata/kitevése
punctuation mark [,pʌŋktʃʊ'eɪʃn maːk] <fn> [C] írásjel
¹puncture ['pʌŋktʃə] <fn> [C] (gumi)defekt: *I had a puncture on the way home.* A hazafelé úton (gumi)defektet kaptam.
²puncture ['pʌŋktʃə] <ige> **1.** kilyukaszt **2.** kilyukad
pungent ['pʌndʒənt] <mn> **1.** *(szag)* átható; orrfacsaró; *(íz)* csípős; pikáns **2.** *(stílus)* csípős; harapós
punish ['pʌnɪʃ] <ige> (meg)büntet (**sy for sg** vkit vmiért): *punish sy by/with a fine* pénzbírsággal büntet vkit
punishable ['pʌnɪʃəbl] <mn> büntetendő; büntethető

Computer • *A számítógép*

1 computer	számítógép
2 CD	CD (lemez)
3 CD drive	CD-meghajtó
4 DVD	DVD (lemez)
5 DVD drive	DVD-meghajtó
6 USB port	USB-port
7 pen drive; USB drive	pendrive
8 desk	írósztal
9 modem	modem
10 router	router

11 speaker	hangszóró
12 keyboard	billentyűzet
13 mouse	egér
14 mouse mat; AmE mouse pad	egérpad
15 scanner	szkenner
16 monitor; computer screen	monitor
17 printer	nyomtató
18 books	könyvek
19 clip folder	irattartó
20 swivel chair	forgószék

433

punishing ['pʌnɪʃɪŋ] <mn> kimerítő; megerőltető: *punishing work* kimerítő munka

punishment ['pʌnɪʃmənt] <fn> [C, U] **1.** (meg-)büntetés; (meg)fenyítés: *You can't come to the cinema with us as a punishment for being naughty.* Rossz voltál, ezért büntetésből nem jöhetsz velünk moziba. **2.** durva/rossz bánásmód; bántalmazás

¹**punk** [pʌŋk] <fn> **1.** [U] punk-zene **2.** [C] *(személy)* punk

²**punk** [pʌŋk] <mn> punk

puny ['pju:nɪ] <mn> (punier, puniest) satnya; vézna; csenevész; gyenge

pup [pʌp] <fn> [C] **1.** kölyök(kutya) **2.** (állat-)kölyök

pupil ['pju:pl] <fn> [C] **1.** tanuló; iskolás: *How many pupils are there in your class?* Hány tanuló jár az osztályotokba? **2.** *(művészé)* tanítvány; növendék **3.** pupilla

puppet ['pʌpɪt] <fn> [C] **1.** báb(u); baba **2.** (ide-oda rángatható) báb; akaratlan ember

puppy ['pʌpɪ] <fn> [C] (puppies) kölyökkutya

¹**purchase** ['pɜ:tʃəs] <ige> (meg)vásárol; (meg)vesz; megszerez: *They will purchase a new house.* Egy új házat fognak (meg)vásárolni.

²**purchase** ['pɜ:tʃəs] <fn> **1.** [U] vásárlás; bevásárlás: *He always thinks about the purchase of a car.* Állandóan autóvásárláson jár az esze. **2.** [C] megvásárolt dolog; szerzemény

purchaser ['pɜ:tʃəsə] <fn> [C] **1.** gazd vevő; vásárló: *Purchasers reduce their consumption.* A vásárlók csökkentik fogyasztásukat. **2.** gazd beszerző

pure [pjuə] <mn> **1.** tiszta: *The water of this mountain spring is as pure as crystal.* Ennek a hegyi forrásnak a vize kristálytiszta. **2.** (szín-)tiszta: *I never wear anything else but pure cotton.* Semmi mást nem hordok, mint tiszta pamutot. **3.** tiszta; ártatlan; bűntelen: *She is pure in body and mind.* Ő testben és lélekben tiszta. **4.** puszta; merő; tiszta: *It was a pure accident.* Puszta véletlen volt. ∗ *Jumping down from a bridge is pure nonsense.* Tiszta őrültség leugrani a hídról. **5.** elméleti: *pure mathematics* elméleti matematika

purée ['pjuəreɪ] <fn> [C, U] pép; püré; (élelmiszer-)sűrítmény

purely ['pjuəlɪ] <hsz> tisztán, pusztán

purgatory ['pɜ:gətrɪ] <fn> [U] tisztítótűz; purgatórium

purify ['pjuərɪfaɪ] <ige> (purifies, purifying, purified) **1.** *(anyagot)* (meg)tisztít; (meg)szűr; *(gázt, olajat stb.)* finomít **2.** *(folyadék)* (meg)tisztul; kitisztul

¹**puritan** ['pjuərɪtən] <mn> szigorú erkölcsű; puritán

²**puritan** ['pjuərɪtən] <fn> [C] **1.** puritán **2. Puritan** tört puritán

purity ['pjuərətɪ] <fn> [U] tisztaság; erkölcsösség; ártatlanság

¹**purple** ['pɜ:pl] <mn> (bíbor)piros

²**purple** ['pɜ:pl] <fn> [C] *(szín)* bíborpiros

purpose ['pɜ:pəs] <fn> **1.** [C, U] cél; szándék; terv; elhatározás: *pursue a purpose steadily* kitartóan követi a célját ∗ *I went there with the purpose of telling the truth.* Azzal a szándékkal mentem oda, hogy elmondjam az igazat. **2. purposes** [pl] rendeltetés; cél: *for all purposes* minden célnak megfelelő ∗ *serve various purposes* több célt szolgál

♦ **on purpose** szándékosan ♦ **to/for all intents and purposes** tulajdonképpen

purposeful ['pɜ:pəsfl] <mn> eltökélt; céltudatos

purposely ['pɜ:pəslɪ] <hsz> szándékosan; készakarva; eltökélten

purr [pɜ:] <ige> **1.** *(macska)* dorombol **2.** *(gép)* búg; zúg; berreg

¹**purse** [pɜ:s] <fn> [C] **1.** pénztárca: *I have lost my purse.* Elvesztettem a pénztárcámat. **2.** AmE (kézi)táska; retikül: *She's always carrying a purse.* Mindig visz magával egy táskát.

²**purse** [pɜ:s] <ige> (össze)ráncol; (össze)húz; (el)húz: *purse one's lips* elhúzza a száját

pursue [pə'sju:] <ige> **1.** üldöz; hajszol; űz **2.** törekszik (**sg** vmire): *pursue happiness* boldogságra törekszik **3.** gyakorol; folytat; űz: *pursue studies* tanulmányokat folytat ∗ *pursue an occupation* foglalkozást űz

pursuit [pə'sju:t] <fn> **1.** [U] üldözés; hajszolás; hajsza: *in pursuit of sy/sg* vki/vmi hajszolásában ∗ *in hot pursuit* forró nyomon **2.** [U] törekvés (**of sg** vmire): *pursuit of happiness* törekvés a boldogságra **3.** [C] tevékenység; elfoglaltság; foglalatosság: *literary pursuits* irodalmi tevékenység

pus [pʌs] <fn> [U] orv genny

¹**push** [puʃ] <ige> **1.** tol; lök; taszít; taszigál: *I pushed the table into the middle of the room.* A szoba közepére toltam az asztalt. ∗ *You have to push the door to open.* Told az ajtót, hogy kinyíljon! **2.** *(kapcsológombot)* megnyom: *We couldn't push that small button and the bus didn't stop.* Nem tudtuk megnyomni azt a kis gombot, és nem állt meg a busz. **3.** sürget; siettet (**sy** vkit): *Her mother is pushing her to marry him.* Az anyja sürgeti, hogy menjen férjhez hozzá. **4.** tolakszik; nyomul: *They were pushing and shoving.* Tolakodtak és furakodtak.

- **be pushed for sg** szűkölködik vmiben
- **be pushed for time** szorít az idő

push for sg szorgalmaz vmit
push in (sorba) betolakszik
push on továbbmegy; továbbutazik
push sy/sg over feldönt vkit/vmit
push sg through (törvényjavaslatot stb.) elfogadtat
push sg up (árat stb.) felnyom; növel

²push [pʊʃ] <fn> [C] tolás; lökés; taszítás: *give sg a push* megtol/meglök vmit

- **at a push** biz végszükség esetén
- **give sy the push** biz kidob; kirúg vkit

push-button ['pʊʃˌbʌtn] <mn> nyomógombos: *push-button phone* nyomógombos telefon
pushchair ['pʊʃtʃeə] <fn> [C] (összecsukható) babakocsi; sportkocsi
pusher ['pʊʃə] <fn> [C] kábítószer-terjesztő
pushover ['pʊʃˌəʊvə] <fn> [C] biz **1.** könnyű dolog; gyerekjáték: *It's a pushover!* Gyerekjáték az egész! **2.** naiv ember; balek
push-up ['pʊʃʌp] <fn> [C] AmE fekvőtámasz
pushy ['pʊʃi] <mn> (pushier, pushiest) rámenős; törtető
put [pʊt] <ige> (puts, putting, put, put) **1.** (oda-)tesz; (oda)rak; (el)helyez: *I put my bag on the table.* Az asztalra tettem a csomagomat. * *Put the plates into the cupboard.* A tányérokat tedd a szekrénybe! * *In the winter I put a warm scarf on my neck.* Télen a nyakamra teszek egy meleg sálat. **2.** feltesz; felerősít; felvarr: *put a button on a dress* felvarr egy gombot a ruhára **3.** felír; feljegyez; leír: *put sg in the diary* felír vmit a naptárba **4.** vmilyen állapotba helyez: *put sg right* rendbe hoz vmit * *put sy wise about sg* tájékoztat/felvilágosít vkit vmiről * *put pressure on sy* nyomást gyakorol vkire **5.** (kérdést) (fel-)tesz: *put a question* kérdést tesz fel **6.** feltesz; feltételez: *Put it that you are right.* Tegyük fel, hogy igazad van. **7.** megfogalmaz; kifejez; mond: *I don't know how to put it.* Nem tudom, hogy fejezzem ki magam.

put sg across meggyőzően kifejt vmit
put sg aside 1. tartalékol; félretesz vmit **2.** eltekint vmitől
put sy away biz (börtönbe) becsuk vkit
put sg away 1. eltesz; helyére tesz vmit **2.** (pénzt) félretesz

put sg back 1. helyére tesz; visszatesz vmit **2.** elhalaszt vmit **3.** (órát) visszaállít
put sy/sg before sy/sg vkit/vmit fontosabbnak tart vkinél/vminél
put sg by (pénzt) félretesz
put sy down 1. biz megaláz vkit **2.** (gyereket aludni) letesz; lefektet
put sg down 1. letesz vmit **2.** felír; feljegyez; leír vmit **3.** (előleget) ad **4.** (lázadást stb.) elfojt; lever
put sg down to sy/sg vkinek/vminek tulajdonít/betud vmit
put sy forward jelöl(tet) vkit
put sg forward 1. (órát) előreállít **2.** (tervet stb.) előterjeszt; javasol; indítványoz
put sg in 1. beszerel; felszerel vmit **2.** (kérelmet stb.) benyújt
put sy/sg in/into sg vkit/vmit vmilyen helyzetbe/állapotba hoz
put sg in/into sg (munkát, fáradságot) befektet vmibe
put sy off 1. megutáltat; elveszi vkinek a kedvét **2.** megzavar; kizökkent vkit
put sg off 1. (villanyt stb.) leolt; lekapcsol; kikapcsol **2.** elhalaszt vmit
put sg on 1. felvesz; feltesz vmit **2.** (villanyt stb.) felolt; felkapcsol; bekapcsol **3.** (kilókat) felszed; (meg)hízik **4.** előad; színpadra állít vmit **5.** tettet vmit
put sy out 1. kellemetlenséget okoz vkinek **2.** idegesít vkit
put oneself out biz fárad(ozik)
put sg out 1. (tüzet) elolt **2.** (villanyt stb.) leolt; lekapcsol; kikapcsol **3.** kitesz; kirak vmit **4.** közzétesz vmit
put sg over meggyőzően kifejt vmit
put sy through (telefonon) kapcsol vkit
put sy through sg kitesz vkit vminek
put sg to sy megfontolásra javasol vkinek vmit
put sg together összeállít; összerak vmit
put sg towards sg (pénzt) összead vmire
put sy up elszállásol; befogad vkit
put sg up 1. felemel; feltart vmit **2.** (kerítést stb.) (fel)épít; (sátrat stb.) (fel)állít **3.** kifüggeszt vmit **4.** (árat) felemel
put up with sy/sg eltűr; elvisel vkit/vmit

putty ['pʌti] <fn> [U] gitt
¹puzzle ['pʌzl] <fn> [C] **1.** rejtvény(játék); fejtörő (játék): *a crossword puzzle* keresztrejtvény * *a jigsaw puzzle* kirakójáték; puzzle **2.** rejtély; talány: *It's a puzzle to me.* Rejtély számomra. **3.** zavar(odottság); tanácstalanság: *be in a puzzle* zavarban van

²puzzle ['pʌzl] <ige> zavarba hoz/ejt; fejtörést okoz (**sy** vkinek): *puzzle sy with a question* kérdéssel zavarba hoz vkit

puzzle over sg töpreng vmin; töri a fejét vmin
puzzle sg out *(sok gondolkodás után)* megfejt; megold; kibogoz vmit

puzzled ['pʌzld] <mn> értetlen; zavart; tanácstalan
pyjamas [pəˈdʒɑːməz] <fn> [pl] pizsama
pylon ['paɪlən] <fn> [C] villanyoszlop
pyramid ['pɪrəmɪd] <fn> [C] **1.** gúla: *regular pyramid* szabályos gúla **2.** piramis
python ['paɪθn] <fn> [C] (pythons v. python) piton

Q, q

¹Q, q [kjuː] <fn> [C, U] (Qs, Q's, q's) *(betű)* Q; q
²Q [= question] kérdés
QR code® [ˌkjuː ˈɑː kəʊd] [= quick response code] <fn> [C] *(kétdimenziós vonalkód)* QR-kód
¹quack [kwæk] <fn> [C] hápogás
²quack [kwæk] <ige> *(kacsa)* hápog
quad [kwɒd] <fn> **1.** [C] → **quadrangle 2. quads** [pl] négyes ikrek
quadrangle [ˈkwɒdræŋgl] <fn> [C] **1.** négyszög **2.** *(kollégiumé)* (négyszögletű zárt belső) udvar; gyep
quadrangular [kwɒˈdræŋgjʊlə] <mn> négyszögletes; négyszög(let)ű
¹quadrilateral [ˌkwɒdrɪˈlætərəl] <mn> négyoldalú
²quadrilateral [ˌkwɒdrɪˈlætərəl] <fn> [C] mat négyszög
¹quadruped [ˈkwɒdrʊped] <mn> áll négylábú
²quadruped [ˈkwɒdrʊped] <fn> [C] áll négylábú
¹quadruple [ˈkwɒdrʊpl] <mn> **1.** négyszeres(e vminek) **2.** négytagú; négyelemű
²quadruple [kwɒˈdruːpl] <ige> (quadruples, quadrupling, quadrupled) négyszeresére emel/növel
quadruplets [kwɒˈdrʊplət] <fn> [pl] röv **quads** négyes ikrek
¹quail [kweɪl] <fn> [C] (quails v. quail) fürj
²quail [kweɪl] <ige> (meg)borzad (**at sg** vmitől)
quaint [kweɪnt] <mn> **1.** furcsa **2.** régies; ódon
¹quake [kweɪk] <ige> (quakes, quaking, quaked) **1.** remeg; reszket (**with sg** vmitől): *quaking with fear* félelemtől reszketve **2.** reng: *The ground quaked under his feet.* Rengett a föld a lábai alatt.
²quake [kweɪk] <fn> [C] **1.** remegés; reszketés **2.** biz földrengés
qualification [ˌkwɒlɪfɪˈkeɪʃn] <fn> **1.** [C] végzettség; képesítés; szakképzettség: *have the right qualifications for the job* megvan a megfelelő szakképzettsége az álláshoz * *What qualification do you need for this job?* Milyen végzettségre van szükség ehhez az álláshoz? **2.** [U] minősítés; kvalifikálás **3.** [C] megszorítás; korlátozás; módosítás; fenntartás: *with certain qualifications* bizonyos módosításokkal * *without qualification* fenntartás nélkül
qualified [ˈkwɒlɪfaɪd] <mn> **1.** képesített; képzett: *a qualified nurse* szakképzett ápolónő **2.** alkalmas (**for sg/to do sg** vmire//vminek a megtételére): *Is he really qualified to do this job?* Valóban alkalmas ennek az állásnak a betöltésére? **3.** minősített **4.** korlátozott; feltételes; feltételekhez szabott; módosított
qualify [ˈkwɒlɪfaɪ] <ige> (qualifies, qualifying, qualified) **1.** képesítést szerez (**for sg//as sg** vmire//vmiként): *My brother has qualified as a pilot.* A bátyám pilóta képesítést szerzett. **2.** képesít; alkalmassá tesz (**sy for sg//to do sg** vkit vmire//vminek a megtételére) **3.** minősít (**sg as sg** vmit vminek) **4.** minősül (**as sg** vminek) **5.** *(versenyben)* továbbjut: *Our team qualified for the finals.* Csapatunk bejutott a döntőbe. **6.** korlátoz; feltételekhez szab; szűkít; módosít
qualitative [ˈkwɒlɪtətɪv] <mn> minőségi
quality [ˈkwɒlɪti] <fn> (qualities) **1.** [C, U] minőség: *a dress of high/poor quality* jó/gyenge minőségű ruha * *a television of the best quality* a legjobb minőségű tv * *high-quality goods* jó minőségű áru * *the quality of life* életminőség * *quality products* márkás termékek **2.** [C] tulajdonság; képesség: *a human quality* emberi tulajdonság * *He has just two good qualities.* Csak két jó tulajdonsága van.
quality time [ˈkwɒlɪtiˌtaɪm] <fn> [U] *(családi körben kellemesen és hasznosan töltött idő)*: *Do you spend enough quality time with your children?* Munka után szánsz elég időt a gyerekeidnek?
qualm [kwɑːm] <fn> [C] **1.** kétség; aggály **2.** émelygés; rossz közérzet
quantitative [ˈkwɒntɪtətɪv] <mn> mennyiségi
quantity [ˈkwɒntəti] <fn> [C, U] (quantities) **1.** mennyiség: *a small quantity of chocolate* kevés(/kis mennyiségű) csokoládé * *in small quantity* kis mennyiségben * *a quantity of sg* sok vmiből * *buy goods in large quantities* nagy mennyiségben vásárol **2.** időmérték; időtartam
quantity surveyor [ˈkwɒntəti səveɪə] <fn> [C] építési/műszaki ellenőr
quarantine [ˈkwɒrəntiːn] <fn> [U] karantén; vesztegzár
¹quarrel [ˈkwɒrəl] <ige> (quarrels, quarrelling, quarrelled, AmE quarreling, quarreled) veszekszik; veszekedik; vitatkozik (**with sy about/over sg** vkivel vmiről): *I've quarrelled with my son.* Veszekedtem a fiammal. * *My son and I have quarrelled.* A fiam és én veszekedtünk. * *They*

are always quarrelling over little things. Mindig apróságokon veszekednek.

²quarrel ['kwɒrəl] <fn> **1.** [C] vita; veszekedés (**with sy about/over sg** vkivel vmi miatt): *have a quarrel with sy* összeveszik vkivel **2.** [U] kifogás (**with sy/sg** vki/vmi ellen): *have no quarrel with sy* nincs kifogása vki ellen
  ♦ **pick a quarrel (with sy)** beleköt (vkibe)
quarrelsome ['kwɒrəlsəm] <mn> veszekedős; házsártos
¹quarry ['kwɒrɪ] <fn> [C] (quarries) kőbánya
²quarry ['kwɒrɪ] <ige> (quarries, quarrying, quarried) *(követ)* bányászik; fejt
³quarry ['kwɒrɪ] <fn> [sing] **1.** *(vad, ember)* üldözött **2.** *(vadász)*zsákmány; ejtett vad; préda
quart [kwɔːt] <fn> [C] ≈ űrmérték, a gallon negyedrésze; *(BrE 1,136 l; AmE 0,946l)*
¹quarter ['kwɔːtə] <fn> **1.** [C] negyed(rész); (egy)negyed: *in the first quarter of the month* a hónap első negyedében ✶ *I will cut the roll into quarters.* Negyedekre vágom a zsömlét. **2.** [C] negyed(óra): *at a quarter past eight* negyed kilenckor ✶ *The session starts in three-quarters of an hour.* Az ülés háromnegyed órán belül elkezdődik. ✶ *I have been waiting for him for a quarter of an hour.* Negyedórája vártam rá. ✶ *It's a quarter to two.* Háromnegyed kettő van. **3.** [C] negyedév; évnegyed **4.** [C, ált sing] (város)negyed; városrész: *in the poor quarter of the city* a város szegénynegyedében **5.** [C] égtáj; világtáj **6.** [C] átv kör: *in high quarters* felsőbb körökben ✶ *from every quarter* mindenhonnan; mindenfelől **7. quarters** [pl] szállás(hely): *living quarters* lakóhely; szálláshely ✶ *He changed his quarters.* Máshova költözött. **8.** *(Kanadában és az Egyesült Államokban)* 25 cent; negyed dollár(os) **9.** [U] kegyelem: *ask for quarter//cry quarter* kegyelmet kér ✶ *give quarter* kegyelmet ad ✶ *no quarter given* nincs kegyelem/irgalom
  ♦ **at close quarters** közvetlen közelről
  ♦ **not a quarter as good as...** biz korántsem olyan jó, mint... ♦ **take up one's quarters** beköltözik; megszáll vhol *We took up our quarters on the riverside.* A folyóparton ütöttük fel a szállásunkat.
²quarter ['kwɔːtə] <ige> **1.** négy/negyedrészre oszt; négyfelé vág; felnégyel **2.** elszállásol
quarter-final [ˌkwɔːtə'faɪnl] <fn> [C] negyeddöntő
¹quarterly ['kwɔːtəlɪ] <mn> negyedév(enként)i
²quarterly ['kwɔːtəlɪ] <hsz> negyedévenként
³quarterly ['kwɔːtəlɪ] <fn> [C] (quarterlies) negyedévenként megjelenő folyóirat
quarter note ['kwɔːtə nəʊt] <fn> [C] zene AmE negyed hangjegy

quartet(te) [kwɔː'tet] <fn> [C + sing/pl v] zene négyes; kvartett
quartz ['kwɔːts] <fn> [U] kvarc
quartz clock ['kwɔːts klɒk] <fn> [C] kvarcóra
quartz watch ['kwɔːts wɒtʃ] → **quartz clock**
¹quaver ['kweɪvə] <fn> **1.** [C] zene *(hangjegy)* nyolcad **2.** [U] *(hangé)* reszketés; remegés: *There is a quaver in your voice.* Van egy kis remegés a hangodban.
²quaver ['kweɪvə] <ige> **1.** *(hang)* rezeg; remeg **2.** remegő hangon mond/énekel el; elrebeg (**sg** vmit)
quay [kiː] <fn> [C] rak(odó)part
queasy ['kwiːzɪ] <mn> (queasier, queasiest) **1.** émelygő: *feel queasy* émelyeg **2.** émelyítő; undorító
queen [kwiːn] <fn> [C] **1.** királynő: *Queen Elizabeth* Erzsébet királynő ✶ *Elizabeth II is the Queen of Great Britain and Northern Ireland who lives in the Buckingham Palace.* II. Erzsébet Nagy-Britannia és Észak-Írország királynője, aki a Buckingham Palotában lakik. **2.** királyné: *The queen is the wife of a king.* A királyné a király felesége. **3.** *(kártyában)* dáma; *(sakkban)* királynő: *queen of hearts* kőr dáma
queen bee [ˌkwiːn'biː] <fn> [C] áll méhkirálynő
queen mother [ˌkwiːn'mʌðə] <fn> [C] anyakirálynő; anyakirályné
Queen's Counsel [ˌkwiːns'kaʊnsl] <fn> [C] röv **QC** *(rangidős barrister tiszteletbeli címe)* királyi tanácsos
queer [kwɪə] <mn> (queerer, queerest) **1.** furcsa; különös; szokatlan: *queer noises* furcsa hangok ✶ *queer behaviour* furcsa viselkedés ✶ *I feel a bit queer.* Kissé furcsán/rosszul érzem magam. **2.** vulg meleg
quench [kwentʃ] <ige> **1.** *(szomjúságot, vágyakozást)* elolt; csillapít; enyhít **2.** *(tüzet)* elolt **3.** *(vágyat)* elfojt; elnyom
¹query ['kwɪərɪ] <fn> [C] (queries) **1.** kérdés **2.** kérdőjel
²query ['kwɪərɪ] <ige> (queries, querying, queried) **1.** (meg)kérdez **2.** megkérdőjelez
quest [kwest] <fn> [C] keresés; kutatás (**for sg** vmié): *go in quest of sg* vminek a keresésére indul ✶ *the quest for truth* az igazság kutatása
¹question ['kwestʃən] <fn> **1.** [C] kérdés: *Don't ask me such a silly question.* Ne tegyél fel ilyen ostoba kérdést! ✶ *Answer my question, please.* Válaszolj, kérlek, a kérdésemre! ✶ *I put a question to him.* Feltettem neki egy kérdést. **2.** [C] kérdés; probléma: *take up the question* rátér a kérdésre ✶ *a question of money* pénzkérdés ✶ *only a question of time* csak idő kérdése ✶ *The question is – shall we go to the seaside this*

summer? Az a kérdés/vita tárgya/Arról van szó, hogy menjünk-e idén nyáron a tengerpartra. ∗ *We are talking about the question of the medical profession.* Az orvosi pálya/hivatás kérdését taglaljuk. ∗ *The car in question had an accident.* A szóban forgó autó balesetet szenvedett. **3.** [U] kétség; kétely; kérdés: *without question* kétségtelenül ∗ *There is no question about it.* Nem vitás!

♦ **be out of question** kétségtelenül; vitán felül ♦ **be out of the question** szó sem lehet róla ♦ **call sg in(to) question** megkérdőjelez vmit; kétségbe von vmit ♦ **put the question** szavazásra bocsátja a kérdést ♦ **there is no question about sg** nem fér kétség ahhoz, hogy... ♦ **there is no question of...** szó sincs arról, hogy...

²**question** ['kwestʃən] <ige> **1.** (meg)kérdez; kérdést tesz fel (*sy about sg* vkinek vmiről): *He questioned me about our summer holiday.* A nyári szünetünkről kérdezősködött. **2.** kétségbe von; megkérdőjelez: *question sy's right to do sg* kétségbe vonja vkinek a jogát vminek a megtételére **3.** kifogásol

questionable ['kwestʃənəbl] <mn> **1.** kérdéses; problematikus; bizonytalan **2.** vitatható **3.** kétes

question mark ['kwestʃən mɑːk] <fn> [C] kérdőjel

questionnaire [ˌkwestʃə'neə] <fn> [C] kérdőív: *fill in/complete a questionnaire* kérdőívet kitölt

¹**queue** [kjuː] <fn> [C] sor: *stand in a queue* sorban áll ∗ *join a queue* beáll a sorba ∗ *form a queue* sorba áll ∗ *jump the queue* biz előre tolakszik a sorban

²**queue** [kjuː] <ige> (queues, queuing/queueing, queued) sorba(n) áll: *Fifty people are queuing for bread.* Ötven ember áll sorba kenyérért.

queue up sorba(n) áll; sort áll

¹**quick** [kwɪk] <mn> (quicker, quickest) **1.** gyors: *the quickest car* a leggyorsabb autó ∗ *I am much quicker at running than my sister.* Sokkal gyorsabb vagyok futásban, mint a nővérem. ∗ *I had a very quick breakfast and then I ran to work.* Egy gyors reggeli után rohantam dolgozni. ∗ *That was a quick decision.* Gyors döntés volt. **2.** eleven; élénk; hirtelen; gyors: *a quick temper* lobbanékony természet

²**quick** [kwɪk] <hsz> gyorsan: *Come here as quick as possible.* A lehető leggyorsabban gyere ide!

quick-acting ['kwɪkˌæktɪŋ] <mn> (*orvosság*) gyorsan ható

quick-change artist [ˌkwɪktʃeɪndʒ'ɑːtɪst] <fn> [C] átváltozó művész

quicken ['kwɪkən] <ige> **1.** (meg)gyorsít; (meg-) élénkít **2.** (meg)gyorsul; (meg)élénkül

quick-freeze [ˌkwɪk'friːz] <ige> (quick-freezes, quick-freezing, quick-froze, quick-frozen) gyorsfagyasztással hűt

quickie ['kwɪki] <fn> [C] **1.** gyorsan/sebtében megcsinált dolog **2.** biz *(szex)* gyors numera

quickly ['kwɪkli] <hsz> gyorsan

quicksand ['kwɪksænd] <fn> [U] folyós homok

quick-tempered [ˌkwɪk'tempəd] <mn> hirtelen haragú

quick-witted [ˌkwɪk'wɪtɪd] <mn> éles eszű; slágfertig; talpraesett

quid [kwɪd] <fn> [C] (quid) biz BrE *(pénz)* font: *Can you give me five of quid until tomorrow?* Tudsz adni öt fontot holnapig?

¹**quiet** ['kwaɪət] <mn> (quieter, quietest) **1.** csendes: *She is too quiet – she must be ill.* Túlságosan csendes – biztos beteg. ∗ *Quiet, please.* Csendet kérek! ∗ *Be/Keep quiet!* Maradj csendben! **2.** nyugodt; nyugalmas; békés: *live a quiet life* nyugodt életet él ∗ *We are having a quiet morning.* Békés reggelünk van. **3.** halk: *a quiet voice* halk hang **4.** egyszerű; nem feltűnő

♦ **keep sg quiet** elhallgat vmit ♦ **keep quiet about sg** egy szót sem szól vmiről; hallgat vmiről

²**quiet** ['kwaɪət] <fn> [U] **1.** csend **2.** béke; nyugalom

♦ **on the quiet** biz a legnagyobb titokban; szép csendben

³**quiet** ['kwaɪət] <ige> **quiet (down) 1.** lecsendesít; megnyugtat **2.** lecsendesül; megnyugszik

quieten ['kwaɪətn] → ³**quiet**

quill [kwɪl] <fn> [C] **1.** *(madáré)* toll(szár) **2.** *(süné)* tüske

quilt [kwɪlt] <fn> [C] steppelt/tűzött paplan

quilted ['kwɪltɪd] <mn> steppelt; tűzött

quinine ['kwɪniːn] <fn> [U] kinin

quintessence [kwɪn'tesns] <fn> **the quintessence of sg** [sing] vál vminek a legjava/lényege/veleje; mintaképe vminek

quintet(te) [kwɪn'tet] <fn> [C + sing/pl v] zene ötös; kvintett

quintuplets ['kwɪntjʊplət] <fn> [pl] ötös ikrek

¹**quip** [kwɪp] <fn> [C] szellemes(kedő) bemondás/beköpés; csípős megjegyzés

²**quip** [kwɪp] <ige> (quips, quipping, quipped) gúnyolódik; csúfolódik: *...he quipped* ...jegyezte meg csípősen

quirk [kwɜːk] <fn> [C] hirtelen fordulat; különös véletlen: *quirk of fate* a sors fintora

¹**quit** [kwɪt] <ige> (quits, quitting, quit, quit, BrE quitting, quitted, quitted) **1.** *(állást, házat, vkit)* elhagy; otthagy; *(állást)* felmond: *quit the job* otthagyja az állást **2.** abbahagy; felad: *quit teaching* abbahagyja a tanítást **3.** megszabadít; felment **4.** *(tartozást)* kiegyenlít **5.** elmegy; távozik **6.** infor *(programból)* kilép

²**quit** [kwɪt] <mn> szabad; mentes: *be quit of sg/sy* megszabadul vmitől/vkitől

quite [kwaɪt] <hsz> **1.** egész(en); meglehetősen; elég(gé): *It was quite an interesting book.* Egész érdekes könyv volt. ∗ *It's quite warm today.* Ma egész meleg van. ∗ *She is quite busy now.* Most meglehetősen elfoglalt. ∗ *The film's quite good.* **(a)** Egész/Elég jó a film. **(b)** Nagyon jó a film. **2.** teljesen: *I have not quite finished it yet.* Még nem fejeztem be teljesen. ∗ *I quite agree.* Teljesen egyetértek. ∗ *It is quite true.* Teljesen/Való igaz! ∗ *It's quite enough.* Éppen elég.
♦ **quite a few//quite a lot of** jó egynéhány ♦ **Quite so!** Úgy van!/Helyes!/Teljesen igazad van! ♦ **quite recently** mostanában ♦ **quite a/an/the...** nagyon jó; kitűnő; nem rossz; jókora; meglehetős *He is quite a man!* Remek férfi! ∗ *quite a disappointment* jókora/jó kis csalódás

quits [kwɪts] <mn> kvitt
♦ **be quits with sy** biz nem tartozik vkinek
♦ **call it quits** elintézettnek tekinti ♦ **We are quits./We'll cry quits.** Kvittek vagyunk.

quittance ['kwɪtns] <fn> [C] gazd elismervény; nyugta

¹**quiver** ['kwɪvə] <ige> rezeg; remeg; reszket; reng

²**quiver** ['kwɪvə] <fn> [C] rezgés; remegés; reszketés; rengés

³**quiver** ['kwɪvə] <fn> [C] *(nyílvesszőé)* tegez

¹**quiz** [kwɪz] <fn> [C] (quizzes) **1.** vetélkedő; kvíz: *watch a quiz programme on television* kvízműsort/vetélkedőt néz a tévében **2.** biz AmE szóbeli vizsga; (gyors)teszt

²**quiz** [kwɪz] <ige> (quizzes, quizzing, quizzed) **1.** kérdéseket tesz fel; kérdez (**about/on sg** vmiről); faggat **2.** AmE vizsgáztat

quota system ['kwəʊtə 'sɪstəm] <fn> [C] kvótarendszer

quotation [kwəʊ'teɪʃn] <fn> [C] **1.** idézet: *a quotation from Shakespeare* Shakespeare-idézet **2.** árajánlat

quotation marks [kwəʊ'teɪʃn mɑːks] <fn> [pl] idézőjel

¹**quote** [kwəʊt] <ige> (quotes, quoting, quoted) **1.** idéz **2.** hivatkozik (**sg/sy** vmire/vkire) **3.** árajánlatot tesz **4.** *(árat)* közöl; megállapít

²**quote** [kwəʊt] → **quotation**

quotient ['kwəʊʃnt] <fn> [C] mat hányados; kvóciens

R, r

¹R, r [aː] <fn> [C, U] (Rs, R's, r's) *(betű)* R; r
²R [aː] [= river] folyó
rabbi ['ræbaɪ] <fn> [C] (rabbis) vall rabbi
rabbit ['ræbɪt] <fn> [C] nyúl: *She got a black rabbit for Easter.* Húsvétra kapott egy fekete nyulat.
rabble ['ræbl] <fn> **1.** [C] zavaró tömeg **2. the rabble** [sing] csőcselék; söpredék
rabid ['ræbɪd] <mn> **1.** túlzó; szélsőséges; elvakult **2.** *(kutya stb.)* veszett
rabies ['reɪbiːz] <fn> [U] veszettség
raccoon [rə'kuːn] <fn> [C] mosómedve
¹race [reɪs] <fn> **1.** [C] (gyorsasági) verseny: *We are watching a horse race on TV.* Lóversenyt nézünk a tv-ben. ∗ *She won the race yesterday.* Ő nyerte meg a tegnapi versenyt. **2. the races** [pl] BrE lóverseny: *go to the races* lóversenyre jár ∗ *He lost all his money at the races.* Az összes pénzét elvesztette a lóversenyen. **3.** [C, U] *(emberi)* faj: *race problem* faji kérdés **4.** [C] népcsoport: *In this shopping centre people of different races work together.* Ebben a bevásárlóközpontban különböző népcsoportokhoz tartozó emberek dolgoznak együtt.
²race [reɪs] <ige> **1.** versenyt fut; versenyez (**against/with sy/sg** vkivel/vmivel): *I raced (with) my brother in the bicycle race.* A kerékpárversenyen a bátyámmal versenyeztem. **2.** gyorsan/sebesen fut; száguld; vágtat: *race past a competitor* ellenfél mellett elszáguld **3.** *(lovat)* futtat **4.** *(gépkocsit)* (nagy sebességgel) hajszol
racecourse ['reɪskɔːs] <fn> [C] (ló)versenypálya
racehorse ['reɪshɔːs] <fn> [C] versenyló
racer ['reɪsə] <fn> [C] **1.** versenyfutó; versenyző **2.** versenyautó
racetrack ['reɪstræk] <fn> [C] AmE (ló)versenypálya
racial ['reɪʃl] <mn> faji: *racial segregation* faji elkülönítés
racial discrimination [ˌreɪʃl dɪˌskrɪmɪ'neɪʃn] <fn> [U] faji megkülönböztetés
racing ['reɪsɪŋ] <fn> **1.** lóversenyzés **2.** verseny(zés): *motor racing* autóverseny(zés)
racism ['reɪsɪzm] <fn> [U] fajgyűlölet; rasszizmus
racist ['reɪsɪst] <fn> [C] fajgyűlölő; rasszista

¹rack [ræk] <fn> [C] (csomag)tartó; állvány: *luggage rack* poggyásztartó
♦ **go to rack and ruin** tönkremegy; romba dől ♦ **be on the rack** nagy kínban van; gyötrődik
²rack [ræk] <ige> kínoz; (meg)gyötör: *racked with pain* a fájdalomtól meggyötörve
racket ['rækɪt] <fn> **1.** [sing] biz lárma; ricsaj; zsivaj: *make a racket* nagy lármát csap **2.** [C] törvénytelen pénzkereset; csalás; svindli; szélhámosság **3.** [C] *(tenisz stb.)* ütő: *Take your racket with you when going to play tennis.* Vidd magaddal az ütődet, ha teniszezni mész!
racoon [rə'kuːn] <fn> [C] mosómedve
radar ['reɪdɑː] <fn> [C, U] radar
radiant ['reɪdiənt] <mn> **1.** sugárzóan boldog; tündöklő; ragyogó: *a radiant smile* sugárzóan boldog mosoly **2.** *(fényt, hőt)* sugárzó
radiate ['reɪdieɪt] <ige> **1.** sugároz; áraszt; terjeszt: *radiate happiness around one* boldogságot áraszt maga körül **2.** *(érzelem stb.)* sugárzik **3.** *(fényt, hőt)* sugároz; áraszt; kibocsát **4.** sugár alakban szétágazik
radiation [ˌreɪdi'eɪʃn] <fn> [U] *(káros)* sugárzás; sugarak: *atomic radiation* atomsugárzás ∗ *cosmic radiation* kozmikus sugárzás
radiator ['reɪdieɪtə] <fn> [C] **1.** radiátor; fűtőtest **2.** *(autóban)* hűtő
¹radical ['rædɪkl] <mn> **1.** radikális; gyökeres: *radical changes* radikális változások **2.** *(személy)* radikális
²radical ['rædɪkl] <fn> [C] **1.** radikális (politikus) **2.** kém gyök: *free radicals* szabad gyökök
¹radio ['reɪdiəʊ] <fn> (radios) **1.** [C] rádió(készülék): *I bought a radio yesterday.* Tegnap vettem egy rádiót. **2.** [U] rádióadás: *I got your message by radio.* Rádióadáson keresztül érkezett el hozzám az üzeneted.
²radio ['reɪdiəʊ] <ige> (radios, radioing, radioed) **1.** *(rádión)* üzen; továbbít **2.** *(rádión)* lead; közvetít
radioactive [ˌreɪdiəʊ'æktɪv] <mn> radioaktív
radioactive waste [ˌreɪdiəʊˌæktɪv'weɪst] <fn> [U] radioaktív hulladék
radioactivity [ˌreɪdiəʊæk'tɪvəti] <fn> [U] radioaktivitás
radiographer [ˌreɪdi'ɒɡrəfə] <fn> [C] röntgenorvos

radish ['rædɪʃ] <fn> [C] retek
radius ['reɪdɪəs] <fn> [C] (radii) **1.** *(geometria)* sugár **2.** sugár; kör (alakú terület); körzet: *within a radius of three miles* három mérföldes körzeten belül **3.** hatósugár
RAF [ˌɑːreɪ'ef] [= Royal Airforce] Királyi Légierő
raffle ['ræfl] <fn> [C] tombola
raft [rɑːft] <fn> [C] tutaj
rag [ræg] <fn> **1.** [C, U] *(takarításhoz stb.)* rongy **2. rags** [pl] ócska göncök; rongyok
¹rage [reɪdʒ] <fn> **1.** [C, U] düh; harag: *be in rage with sy* dühös vkire **2. the rage** [sing] szenvedély; mánia; hóbort: *It's all the rage now.* Megőrül érte mindenki.
²rage [reɪdʒ] <ige> **1.** dühöng (**at/against/about sy/sg** vki/vmi miatt) **2.** *(járvány, vihar stb.)* tombol; dúl
ragged ['rægɪd] <mn> **1.** rongyos; szakadt; kopott **2.** érdes/egyenetlen felületű; göröngyös **3.** szakadozott/töredezett/rojtos/csipkés körvonalú/szélű
raging ['reɪdʒɪŋ] <mn> dühöngő; tomboló; őrjöngő: *raging success* tomboló siker * *raging headache* őrjítő fejfájás
¹raid [reɪd] <fn> [C] **1.** rajtaütés; váratlan támadás **2.** *(rendőrségi)* razzia **3.** rablótámadás
²raid [reɪd] <ige> **1.** rajtaüt; megrohan; rátör **2.** razziát tart **3.** kifoszt; kirabol
rail [reɪl] <fn> **1.** [U] vasút: *We travelled by rail when we went to Austria.* Vasúton utaztunk, amikor Ausztriába mentünk. **2. rails** [pl] sín: *jump/run off the rails* kisiklik **3.** [C] tartó(rúd): *I hung my jumper on the towel rail.* A pulcsimat a törölközőtartóra akasztottam. **4.** [C] korlát
railing ['reɪlɪŋ] <fn> [C, ált pl] (rácsos) kerítés; rács(ozat)
railroad ['reɪlrəʊd] <fn> [C] AmE vasút
railway ['reɪlweɪ] <fn> [C] **1.** vasút: *Can you see that lovely bridge over the railway?* Látod azt a szép kis hidat a vasút felett? **2.** *(játék)* vasút: *My son got a model railway for Christmas.* A kisfiam modellvasutat kapott karácsonyra.
railway line ['reɪlweɪ laɪn] <fn> [C] vasútvonal
railway station ['reɪlweɪˌsteɪʃn] <fn> [C] vasútállomás; pályaudvar
¹rain [reɪn] <fn> [U] eső: *It looks like rain.* Úgy tűnik, hogy esni fog.
²rain [reɪn] <ige> *(eső)* esik; zuhog: *It's raining.* Esik (az eső). * *It started to rain at six o'clock.* Hat órakor kezdett esni.
♦ **It never rains but it pours.** A baj nem jár egyedül.

rainbow ['reɪnbəʊ] <fn> [C] szivárvány: *Can you tell me all the colours of the rainbow?* El tudod nekem mondani a szivárvány összes színét?
raincoat ['reɪnkəʊt] <fn> [C] esőkabát: *Put your raincoat on – it's pouring with rain!* Vedd fel az esőkabátod – zuhog az eső!
raindrop ['reɪndrɒp] <fn> [C] esőcsepp: *Raindrops fall from the sky.* Esőcseppek hullanak az égből.
rainfall ['reɪnfɔːl] <fn> [U] *(évi, havi stb.)* csapadék(mennyiség)
rainforest ['reɪnˌfɒrɪst] <fn> [C] esőerdő
rainy ['reɪnɪ] <mn> (rainier, rainiest) esős: *We had a rainy day today.* Ma esős napunk volt.
¹raise [reɪz] <ige> **1.** felemel: *I raised my hand and began to wave him.* Felemeltem a kezem, és integetni kezdtem neki. **2.** átv (fel)emel: *raise standards* emeli a színvonalat * *Don't raise your voice!* Ne emeld fel a hangod! * *The government has raised the prices.* A kormány (fel)emelte az árakat. **3.** *(pénzt)* szerez; előteremt; (össze)gyűjt: *Try to raise some money for a new car.* Próbálj egy kis pénzt előteremteni egy új autóra! **4.** *(kérdést, problémát stb.)* felvet: *I will raise an important question on the session.* Egy fontos kérdést fogok felvetni az ülésen. **5.** *(érzelmet, reakciót)* kivált: *raise fears* félelmet vált ki **6.** (fel)nevel: *My friend's mother died so he was raised by his grandparents.* A barátom (édes)anyja meghalt, így őt a nagyszülei nevelték fel. **7.** tenyészt; termeszt: *He raises cattle.* Marhát tenyészt.
²raise [reɪz] <fn> [C] AmE (fizetés)emelés: *get a raise* fizetésemelést kap
raisin ['reɪzn] <fn> [C] mazsola
¹rake [reɪk] <fn> [C] gereblye
²rake [reɪk] <ige> (össze)gereblyéz

---

rake sg in biz *(pénzt)* besöpör
rake sg up felhánytorgat; felmeleget vmit

---

¹rally ['rælɪ] <fn> [C] (rallies) **1.** nagygyűlés **2.** sp BrE rali **3.** sp labdamenet
²rally ['rælɪ] <ige> (rallies, rallying, rallied) **1.** *(embereket)* összegyűjt; *(csapatokat)* összevon **2.** összegyűlik; gyülekezik **3.** megerősödik; felgyógyul

---

rally round/around sy *(segítség céljából)* vki mögé állnak

---

¹ram [ræm] <fn> [C] **1.** kos **2.** faltörő kos

²**ram** [ræm] <ige> (rams, ramming, rammed) **1.** *(talajt stb.)* döngöl; sulykol **2.** (nagy erővel) nekirohan
Ramadan ['ræmədæn] <fn> [C, U] vall ramadán
¹**ramble** ['ræmbl] <ige> **1.** kószál; bolyong **2.** zavarosan/összefüggéstelenül beszél; félrebeszél **3.** (csoportosan) túrázik
²**ramble** ['ræmbl] <fn> [C] **1.** kószálás; bolyongás **2.** zavaros/összefüggéstelen beszéd/írás **3.** (csoportos) túra; túrázás
rambling ['ræmblɪŋ] <mn> **1.** kószáló; bolyongó; kóborló **2.** *(írás, beszéd)* zavaros; összefüggéstelen **3.** *(épület)* zegzugos
ramp [ræmp] <fn> [C] rámpa; feljáró; felhajtó
¹**rampage** [ræm'peɪdʒ] <ige> dühöng; tombol; őrjöng; pusztítva végigvonul/átvonul
²**rampage** ['ræmpeɪdʒ] <fn> [C, U] dühöngés; tombolás; őrjöngés
 ♦ **be on the rampage** őrjöng
rampant ['ræmpənt] <mn> **1.** dúsan tenyésző; elburjánzott; elterjedt **2.** heves; vad; féktelen; zabolátlan
ramshackle ['ræm,ʃækl] <mn> *(épület)* düledező; roskadozó; omladozó
ran [ræn] → ²**run**
ranch [rɑːntʃ] <fn> [C] farm
random ['rændəm] <mn> találomra/vaktában történő/tett; véletlen; rendszertelen: *random sampling* véletlen mintavétel
 ♦ **at random** véletlenül; találomra
randy ['rændɪ] <mn> (randier, randiest) biz BrE (szexuálisan) begerjedt; kéjvágyó
rang [ræŋ] → ²**ring**
¹**range** [reɪndʒ] <fn> **1.** [C] választék; (széles) skálája (**of sg** vminek): *range of emotions* az érzelmek skálája ∗ *range of colours* színskála ∗ *There is a large range of motors.* Motorokban nagy a választék. **2.** [U] hatáskör; kapacitás: *beyond one's range* hatáskörén kívül **3.** [C] sor; sorozat: *range of buildings* házsor **4.** [C, U] távolság; kiterjedés; terjedelem; kör(zet): *range of audibility* hallótávolság ∗ *at close range* közvetlen közelről ∗ *range of activity* tevékenységi kör **5.** [C, U] lőtáv(olság): *within range* lőtávon belül **6.** [C] hegylánc
²**range** [reɪndʒ] <ige> **1.** fekszik; terjed; nyúlik: *Our house ranges with the next building.* Házunk egy vonalban van a szomszédos épülettel. **2.** váltakozik; mozog; (ki)terjed: *temperatures ranging from fifteen to twenty degrees* tizenöt és húsz fok között váltakozó hőmérsékleti értékek **3.** kószál; barangol; kóborol: *range over the country* bebarangolja az országot **4.** (el)rendez; rendbe rak: *range books according to size* könyveket nagyság szerint rendez

¹**rank** [ræŋk] <fn> **1.** [C, U] rang; társadalmi állás; pozíció: *rise to high rank* magas rangra emelkedik ∗ *What was the lowest rank of that society?* Mi volt a legalacsonyabb rang abban a társadalomban? **2.** [C] sor: *fall into rank* sorba áll **3. the ranks** [pl] (egyszerű) tagok; az egyszerű emberek; közkatonák: *rise from the ranks* **(a)** alacsony sorból küzdi fel magát **(b)** közkatonából lesz tiszt
 ♦ **join the ranks** *(vmely csoporthoz)* csatlakozik ♦ **the rank and file** egyszerű tagok; közkatonák
²**rank** [ræŋk] <ige> **1.** (be)sorol; beoszt; rangsorol; minősít: *rank the pupil with the best* a legjobbak közé sorolja a növendéket **2.** sorba állít/rak; (fel)sorakoztat **3.** tartozik; *(vmilyen helyet/poziciót)* elfoglal; *(vmilyen rangot)* betölt: *rank among the best* a legjobbak közé tartozik ∗ *rank above sy* magasabb rangot tölt be vkinél
ransom ['rænsəm] <fn> [C, U] váltságdíj: *pay ransom* váltságdíjat fizet
 ♦ **a king's ransom** egy vagyon
¹**rap** [ræp] <fn> **1.** [C] *(ajtón)* kopogás **2.** [C] koppintás; koppantás **3.** [C, U] zene rap
²**rap** [ræp] <ige> (raps, rapping, rapped) **1.** kopogtat; kopog **2.** biz *(sajtóban)* hevesen támad (**sy** vkit) **3.** zene rap zenét játszik
¹**rape** [reɪp] <ige> megerőszakol
²**rape** [reɪp] <fn> **1.** [C, U] nemi erőszak: *commit rape* nemi erőszakot követ el **2. the rape** [sing] tönkretevése; meggyalázása (**of sg** vminek)
rapid ['ræpɪd] <mn> gyors; sebes
rapidity [rə'pɪdətɪ] <fn> [U] gyorsaság; sebesség
rapids ['ræpɪdz] <fn> [pl] zúgó: *shoot the rapids* átkel a zúgón
rapist ['reɪpɪst] <fn> [C] erőszakos nemi közösülést elkövető
rapport [ræ'pɔː] <fn> [U] (jó) kapcsolat; viszony: *be in good rapport with sy* jó kapcsolatban áll vkivel
rapture ['ræptʃə] <fn> [U] vál elragadtatás; gyönyör; (öröm)mámor
 ♦ **go into raptures (about/over sy/sg)** áradozik vkiről/vmiről
rare [reə] <mn> (rarer, rarest) **1.** ritka: *It is quite rare to see rabbits in our garden.* Ritka, hogy nyulat lássunk a kertünkben. ∗ *That dog is rare in our country.* Ritka az a kutya a mi országunkban. **2.** *(hús)* gyengén/félig átsütött; véres
rarely ['reəlɪ] <hsz> ritkán: *They rarely visit us.* Ritkán látogatnak meg minket.
rarity ['reərətɪ] <fn> (rarities) **1.** [C] *(értékes, különleges)* ritkaság **2.** [U] ritkaság; ritka előfordulás

¹rash [ræʃ] <fn> [C] (bőr)kiütés: *The rash is out.* Kijöttek a kiütések.
²rash [ræʃ] <mn> meggondolatlan; elhamarkodott; hirtelen: *a rash promise* meggondolatlan ígéret
rasher ['ræʃə] <fn> [C] (szalonnából/sonkából) vékony szelet
raspberry ['rɑːzbərɪ] <fn> [C] (raspberries) málna
rat [ræt] <fn> [C] patkány
♦ **the rat race** *(javakért)* versenyfutás; mókuskerék
¹rate [reɪt] <fn> [C] **1.** sebesség; gyorsaság: *drive at a dangerous rate* veszélyes sebességgel hajt **2.** mérték; fok; arány(szám): *rate of speed* sebesség foka * *marriage rate* házasulási arányszám * *The birth rate is very law in their country.* Az országukban igen alacsony a születési arány. **3.** tarifa; díj(szabás); ár(-szabás): *advertising rate* hirdetési díj * *railway rates* vasúti díjszabás * *at high rate* magas áron **4.** ár(folyam): *current rate* napi árfolyam * *rate of exchange* valutaárfolyam
♦ **at any rate** mindenesetre; legalább
²rate [reɪt] <ige> **1.** tekint; tart; értékel: *rate sy among one's friends* barátjának tekinti **2.** megér; megérdemel; kiérdemel: *His performance rated a good round of applause.* Előadásáért megérdemelt egy nagy tapsot.
rather ['rɑːðə] <hsz> meglehetősen; elég(gé): *This job is rather difficult.* Ez a munka meglehetősen nehéz. * *It was rather warm yesterday.* Tegnap elég(gé) meleg volt.
♦ **or rather** jobban mondva; illetve ♦ **rather than** inkább... mint(hogy) ♦ **would rather... (than)** inkább; szívesebben
rating ['reɪtɪŋ] <fn> [C] **1.** értékelés; osztályozás; besorolás; minősítés **2. the ratings** [pl] nézettségi/népszerűségi mutató
ratio ['reɪʃɪəʊ] <fn> [C] arány(szám); viszony(szám): *geometrical ratio* mértani arány
¹ration ['ræʃn] <fn> [C] fejadag; (napi) adag; élelmiszeradag
²ration ['ræʃn] <ige> (ki)adagol; korlátozva ad
rational ['ræʃnəl] <mn> **1.** értelmes; eszes; józan **2.** ésszerű; átgondolt; racionális
rationalisation [ˌræʃnəlaɪˈzeɪʃn] BrE → **rationalization**
rationalise ['ræʃnəlaɪz] BrE → **rationalize**
rationalism ['ræʃnəlɪzm] <fn> [U] racionalizmus
rationalization [ˌræʃnəlaɪˈzeɪʃn] <fn> **1.** [C, U] megindoklás; magyarázat **2.** [U] ésszerűsítés; racionalizálás
rationalize ['ræʃnəlaɪz] <ige> **1.** megindokol; ésszerű magyarázatot ad vmire **2.** ésszerűsít, racionalizál

¹rattle ['rætl] <ige> **1.** zörget; csörget **2.** zörög; csörög **3.** biz felkavar; megráz; meglep; meghökkent (**sy** vkit): *get rattled* meghökken

rattle sg off elhadar; eldarál vmit

²rattle ['rætl] <fn> [C] **1.** *(csecsemőé)* csörgő **2.** zörgés; csörgés; zaj; lárma
rattlesnake ['rætlsneɪk] <fn> [C] csörgőkígyó
raucous ['rɔːkəs] <mn> *(hang)* harsány; durva, érdes
ravage ['rævɪdʒ] <ige> **1.** (el)pusztít; tönkretesz; feldúl (**sg** vmit) **2.** pusztít; tombol
¹rave [reɪv] <ige> **1.** biz áradozik; lelkendezik; rajongva beszél (**about sy/sg** vkiről/vmiről) **2.** dühöng; őrjöng; tombol
²rave [reɪv] <fn> [C] zajos buli
raven ['reɪvn] <fn> [C] holló
ravenous ['rævənəs] <mn> farkaséhes
rave review [ˌreɪv rɪˈvjuː] <fn> [C] *(sajtóban)* lelkendező kritika
ravine [rəˈviːn] <fn> [C] szakadék; szurdok; hegyszoros
ravish ['rævɪʃ] <ige> *(nőt)* megerőszakol; megbecstelenít; meggyaláz
ravishing ['rævɪʃɪŋ] <mn> elragadó; elbűvölő
raw [rɔː] <mn> nyers: *raw meat* nyers hús * *I eat all the fruits raw.* Minden gyümölcsöt nyersen eszek.
ray [reɪ] <fn> [C] sugár: *Look at those beautiful rays of the sun shining through the clouds.* Nézd azokat a felhőkön átragyogó, csodálatos napsugarakat!
♦ **a ray of hope** reménysugár
raze [reɪz] <ige> lerombol: *raze to the ground* földig lerombol
razor ['reɪzə] <fn> [C] borotva: *My father uses an electric razor.* Az (édes)apám villanyborotvát használ.
razor blade ['reɪzə bleɪd] <fn> [C] borotvapenge
Rd, Rd. [= road] út
¹reach [riːtʃ] <ige> **1.** elér (**sg** vmit): *I couldn't reach that glass on the top shelf.* Nem érem el azt a poharat a legfelső polcon! * *This boy is not tall enough to reach the door handle.* Ez a kisfiú nem elég magas ahhoz, hogy elérje a kilincset. **2.** elérkezik; eljut (**swhere** vhova); elér (**sg** vmit): *We reached the border at midnight.* Éjfélre érkeztünk el a határhoz. * *He has already reached the age when he can travel alone.* Már elérte azt a kort, amikor egyedül utazhat. * *These rumours reached me.* Ezek a hírek eljutottak hozzám. **3.** átnyújt; átad (**sg to sy** vkinek vmit) **4.** (meg)ért; felér ésszel: *I reach you not.* Nem értelek. **5.** *(megegyezést)* létre-

hoz: *No agreement was reached.* Nem jött létre megegyezés.

> **reach out** (ki)nyújt

²**reach** [riːtʃ] <fn> [U] **1.** elérhetőség; megközelíthetőség **2.** karnyújtásnyi távolság **3.** távolság; kiterjedés; terjedelem
♦ **beyond/out of reach 1.** elérhetetlen; megoldhatatlan **2.** nem elérhető (kézzel)
♦ **within reach 1.** elérhető; megoldható **2.** elérhető/hozzáférhető helyen ♦ **within (easy) reach of sg** vhonnan könnyen elérhető helyről

react [rɪ'ækt] <ige> **1.** reagál (**to sg** vmire) **2.** *(ételtől stb.)* rosszul lesz; megbetegszik **3.** reakcióba lép (**with sg** vmivel)

> **react against sy/sg** szembeszegül vkivel/vmivel

reaction [rɪ'ækʃn] <fn> **1.** [C, U] reagálás; vélemény; válasz (**to sg** vmire): *reaction to the latest news* reagálás a legfrissebb hírekre **2.** [C, U] szembeszegülés (**against sy/sg** vki/vmi ellen) **3.** [C, U] *(ételre, anyagra)* reakció: *allergic reaction to sg* allergiás reakció vmire **4. reactions** [pl] reagálóképesség; reakció **5.** [C, U] kémiai reakció

¹**reactionary** [rɪ'ækʃənrɪ] <fn> [C] (reactionaries) haladásellenes gondolkozású ember; reakciós

²**reactionary** [rɪ'ækʃənrɪ] <mn> haladásellenes; reakciós

reactor [rɪ'æktə] <fn> [C] (atom)reaktor

¹**read** [riːd] <ige> (read, read) **1.** (el)olvas: *What are you reading?* Mit olvasol? * *I haven't read this novel yet.* Még nem olvastam ezt a regényt. * *Do you like reading?* Szeretsz olvasni? **2.** felolvas (**sg to sy** vmit vkinek) **3.** *(műszert stb.)* leolvas: *read the gas meter* leolvassa a mérőórát **4.** *(műszer stb.)* jelez; mutat: *The thermometer reads 3 degrees above zero.* A hőmérő plusz 3 fokot mutat. **5.** *(egyetemen)* hallgat; tanul: *read law* jogot hallgat **6.** (meg)magyaráz; (meg)fejt: *read a dream* álmot fejt

> **read sg into sg** belemagyaráz vmit vmibe
> **read on** továbbolvas; folytatja az olvasást
> **read sg out** hangosan felolvas vmit
> **read sg through** átolvas vmit
> **read up on sg** *(egy témához)* (mindent) hozzáolvas

²**read** [riːd] <fn> [sing] **1.** olvasás **2.** olvasmány

³**read** [red] → ¹**read**

readable ['riːdəbl] <mn> **1.** (el)olvasható **2.** olvasmányos; érdekes

reader ['riːdə] <fn> [C] **1.** olvasó: *This book will have millions of readers.* Rengeteg olvasója lesz ennek a könyvnek. **2.** olvasókönyv: *My son is learning from an English reader.* A (kis)fiam egy angol olvasókönyvből tanul.

readership ['riːdəʃɪp] <fn> [sing] *(újságé stb.)* olvasóközönség; olvasótábor

readily ['redɪlɪ] <hsz> **1.** könnyen; könnyedén; gond nélkül **2.** azonnal; rögtön; készségesen

reading ['riːdɪŋ] <fn> **1.** [U] olvasás: *teach reading, writing and arithmetic* olvasást, írást és számolást tanít **2.** [U] olvasmány; olvasnivaló: *reading list* elolvasandó könyvek jegyzéke **3.** [C] egyéni értelmezése/olvasata (**of sg** vminek) **4.** [C] *(műszer)*állás; jelzés

¹**ready** ['redɪ] <mn> (readier, readiest) **1.** elkészült; felkészült; kész(en áll) (**for sg** vmire): *get ready for sg* felkészül vmire * *Hurry up – lunch is ready.* Siessetek – elkészült az ebéd! * *I am ready in 2 minutes.* Két perc múlva kész vagyok! **2.** kész; hajlandó (**to do sg** vmit csinálni): *I am ready to come with you.* Kész vagyok veled jönni! * *She is never ready to learn.* Sohasem hajlandó tanulni.

²**ready** ['redɪ] <hsz> készen; teljesen: *The boxes are ready packed.* A ládákat teljesen becsomagolták.

ready-made ['redɪmeɪd] <mn> *(áru, étel stb.)* kész

¹**real** [rɪəl] <mn> valódi; igazi; tényleges: *This bracelet is made of real gold.* Ez a karkötő valódi aranyból készült. * *Is it his real name?* Ez az igazi neve? * *What is the real problem?* Mi a tényleges probléma?
♦ **for real** igazi; komoly

²**real** [rɪəl] <hsz> igazán; nagyon; valóban: *I am real pleased to meet you.* Igazán örülök, hogy találkoztam Önnel.

real estate [rɪəl ɪˌsteɪt] <fn> [U] ingatlan(tulajdon)

realisation [ˌrɪəlaɪ'zeɪʃn] BrE → **realization**

realise ['rɪəlaɪz] BrE → **realize**

realism ['rɪəlɪzm] <fn> [U] **1.** műv realizmus **2.** *(realista szemlélet)* realizmus

realist ['rɪəlɪst] <fn> [C] **1.** műv realista **2.** realista (ember); a realizmus híve

realistic [ˌrɪə'lɪstɪk] <mn> **1.** józan; reális **2.** valósághű; élethű

reality [rɪ'ælətɪ] <fn> [C, U] (realities) valóság: *face reality* szembenéz a valósággal
♦ **in reality** valójában

realization [ˌrɪəlaɪˈzeɪʃn] <fn> [U] **1.** *(helyzeté)* felismerés; ráeszmélés **2.** megvalósítás **3.** megvalósulás

realize [ˈrɪəlaɪz] <ige> **1.** tisztában van (**sg** vmivel); tudatában van (**sg** vminek): *I didn't realize that my car was going so fast.* Nem voltam tudatában annak, hogy olyan gyorsan megy az autóm. **2.** felfog (**sg** vmit); ráébred; rájön (**sg** vmire): *She didn't realize he was the thief.* Nem fogta fel, hogy ő a tolvaj. ∗ *When I met him I realized that he wasn't happy at all.* Amikor (össze)találkoztunk, rájöttem, hogy egyáltalán nem boldog. **3.** valóra vált (**sg** vmit): *His worst fears were realized.* Legroszszabb álmai váltak valóra.

really [ˈrɪəlɪ] <hsz> **1.** tényleg; valóban; igazán: *Do you really enjoy this boring film?* Te tényleg élvezed ezt az unalmas filmet? **2.** nagyon; igazán; komolyan: *I'm really tired.* Nagyon fáradt vagyok. ∗ *I am really worried about your health.* Komolyan aggódom az egészséged miatt. **3. Really?** Tényleg?: *"She won a place to the university." "Really?"* „Felvették az egyetemre." „Tényleg?" **4.** *(tagadásban)* nem igazán/teljesen: *"Are you all right?" "No, not really, but never mind."* „Jól vagy?" „Nem, nem igazán, de mindegy!" ∗ *I don't really agree with this.* Nem teljesen értek ezzel egyet.

reap [riːp] <ige> **1.** (le)arat; betakarít: *reap two acres of oat* két hold zabot learat **2.** (el)nyer; (le)arat: *reap profit from sg* hasznot húz vmiből ∗ *He is reaping his reward.* Elnyeri a jutalmát.

reappear [ˌriːəˈpɪə] <ige> újra megjelenik/feltűnik/felbukkan

¹rear [rɪə] <fn> [sing] **1. the rear** a hátsó része/vége (**of sg** vminek): *The kitchen is at the rear of the house.* A konyha a ház hátsó részén van. **2.** *(testrész)* fenék

♦ **bring up the rear** az utolsó zárja a sort

²rear [rɪə] <mn> hátsó; hátulsó

³rear [rɪə] <ige> **1.** *(gyereket)* felnevel **2.** tenyészt: *rear cattle* szarvasmarhát tenyészt **3. rear (up)** *(ló)* ágaskodik

rearrange [ˌriːəˈreɪndʒ] <ige> **1.** átrendez **2.** átszervez

¹reason [ˈriːzn] <fn> **1.** [C] ok; indíték; indok; magyarázat: *for no reason* ok nélkül ∗ *with good reason* (teljes) joggal ∗ *What was the reason for you being so late?* Mi volt az oka, hogy így elkéstél? ∗ *What is the reason for this behaviour?* Mi az oka ennek a viselkedésnek? **2.** [U] (józan) ész; értelem; észszerűség: *listen to reason* hallgat a józan észre ∗ *it is against reason* ellenkezik a józan ésszel ∗ *within reason* az észszerűség határain belül

♦ **it stands to reason** biz nyilvánvaló; kézenfekvő

²reason [ˈriːzn] <ige> **1.** megindokol; meggondol **2.** következtet: *reason that…* arra következtet, hogy… **3.** rábeszél; érvekkel meggyőz

reason with sy vitatkozik vkivel; megpróbál meggyőzni vkit

reasonable [ˈriːznəbl] <mn> **1.** elfogadható; mérsékelt: *This shop sells fruit at a reasonable price.* Ez az üzlet elfogadható áron árul gyümölcsöt. **2.** belátó; méltányos; józan (ítéletű): *He is always reasonable as he never asks anybody to do what he can't.* Mindig belátó, hiszen soha nem kér senkitől semmi olyasmit, amit ne tudna megtenni. **3.** észszerű; indokolt; elfogadható: *offer a reasonable excuse* elfogadható kifogást hoz fel ∗ *Do you think it was a reasonable thing to do?* Szerinted észszerű volt ezt csinálni?

reasonably [ˈriːznəblɪ] <hsz> **1.** eléggé; meglehetősen; viszonylag **2.** észszerűen

reasoning [ˈriːzənɪŋ] <fn> [U] érvelés; megfontolás; okfejtés

reassure [ˌriːəˈʃɔː] <ige> megnyugtat (**sy about/on sg** vkit vmi felől): *feel reassured* megnyugszik

rebate [ˈriːbeɪt] <fn> [C] visszafizetés; (pénz-) visszatérítés

¹rebel [ˈrebl] <fn> [C] felkelő; lázadó

²rebel [rɪˈbel] <ige> (rebels, rebelling, rebelled) felkel; (fel)lázad (**against sy/sg** vki/vmi ellen)

rebellion [rɪˈbeljən] <fn> [C, U] felkelés; (fel)lázadás

rebellious [rɪˈbeljəs] <mn> felkelő; lázadó; rebellis

rebirth [ˌriːˈbɜːθ] <fn> [U] újjászületés; újjáéledés; feléledés

reboot [ˌriːˈbuːt] <ige> *(számítógépet)* újraindít

¹rebuff [rɪˈbʌf] <fn> [C] (kemény, goromba) visszautasítás/elutasítás

²rebuff [rɪˈbʌf] <ige> (keményen, gorombán) visszautasít/elutasít

rebuild [ˌriːˈbɪld] <ige> (rebuilt, rebuilt) újjáépít; helyreállít

¹rebuke [rɪˈbjuːk] <fn> [C] (meg)dorgálás; megrovás; szemrehányás: *receive a rebuke* megdorgálják

²rebuke [rɪˈbjuːk] <ige> (meg)dorgál; megró; megszid (**sy for sg** vkit vmiért)

recall [rɪˈkɔːl] <ige> **1.** (vissza)emlékeztet (**sy to sg** vkit vmire): *stories that recall the past* történetek, amelyek visszaemlékeztetnek a múltra

2. felidéz; visszaemlékszik (**sg** vmire): *recall the words of a song* visszaemlékezik egy dal szövegére **3.** visszahív; visszarendel: *be recalled from abroad* visszahívják külföldről

recap ['riːkæp] <ige> (recaps, recapping, recapped) röviden összefoglal/összegez; (át-)ismétel

recapitulate [ˌriːkəˈpɪtʃʊleɪt] <ige> röviden összefoglal/összegez; (át)ismétel

recapture [ˌriːˈkæptʃə] <ige> **1.** *(ellenségtől)* visszafoglal; újra elfoglal **2.** *(szökevényt)* újra elfog **3.** felidéz: *recapture life in the 1980s* felidézi a nyolcvanas éveket

recede [rɪˈsiːd] <ige> **1.** eltávolodik; visszavonul; visszahúzódik; hátrál: *recede a few paces* néhány lépést hátrál * *The ship recedes from the shore.* A hajó eltávolodik a parttól. **2.** *(remény, félelem, emlék stb.)* (el)halványul; (el)homályosul **3.** (fel)kopaszodik: *have a receding hairline* kopaszodik a homloka **4.** csökken; visszaesik: *Prices have receded.* Az árak csökkentek.

receipt [rɪˈsiːt] <fn> **1.** [C] nyugta; átvételi elismervény: *give a receipt for sg* nyugtát ad vmiről * *If you want to change something you have bought you have to show your receipt.* Ha ki szeretnél cserélni valamit, amit vásároltál, be kell mutatnod a nyugtát. **2.** [U] kézhezvétel; átvétel: *pay on receipt* átvételkor fizet

Vigyázat, álbarátok!
receipt ≠ recept (= *(ételé, italé)* recipe; *(orvosi)* prescription)

receipts [rɪˈsiːts] <fn> [pl] bevétel; jövedelem: *yearly receipts* éves bevétel

receive [rɪˈsiːv] <ige> **1.** (meg)kap; kézhez vesz; átvesz: *receive a letter* levelet kap **2.** részesül (**sg** vmiben): *receive severe punishment* szigorú büntetésben részesül * *We received a most hearty welcome.* Igen szívélyes fogadtatásban részesültünk. **3.** *(vmilyen módon)* fogad: *The speech was received coldly.* A beszédet hidegen fogadták. **4.** *(tévéadást stb.)* fog; vesz **5.** *(vendéget)* fogad: *receive sy with open arms* tárt karokkal fogad vkit

receiver [rɪˈsiːvə] <fn> [C] **1.** telefonkagyló; telefon(hallgató): *Will you please lift the receiver.* Légy szíves, vedd fel a telefonkagylót! **2.** vevő(készülék); vevőberendezés **3.** *(csomagé stb.)* átvevő; címzett **4.** orgazda

recent ['riːsnt] <mn> nem régi; közelmúltbeli; minapi; mai; legújabb; friss: *recent news* legújabb/friss hírek

recently ['riːsntlɪ] <hsz> nemrég; az utóbbi időben; mostanában; legutóbb: *He has been to Italy recently.* Nemrég Olaszországban volt.

reception [rɪˈsepʃn] <fn> **1.** [U] recepció: *Go to the reception for your room key.* Menj a recepcióra a szobakulcsodért! **2.** [C] *(ünnepélyes)* fogadás: *There was a reception after the celebration.* Az ünnepség után fogadás volt. **3.** [sing] fogadtatás: *get a mixed reception* vegyes fogadtatásban részesül **4.** [U] *(rádió, tévé)* vétel(i lehetőség)

receptionist [rɪˈsepʃnɪst] <fn> [C] *(szállodában)* recepciós; *(orvosi rendelőben)* asszisztensnő; *(hivatalban)* (ügyfélfogadó) titkárnő

recess [rɪˈses] <fn> **1.** [C, U] *(hivatalos intézmények munkájában)* szünet **2.** [U] AmE *(iskolai)* szünet; szünidő **3.** [C] *(falban)* bemélyedés; beugrás **4.** [C] eldugott hely; rejtekhely; zug

recession [rɪˈseʃn] <fn> [C, U] *(gazdasági)* visszaesés/pangás; recesszió

recharge [ˌriːˈtʃɑːdʒ] <ige> *(elemet, telefon)kártyát, stb.)* feltölt; újratölt; utántölt

recipe ['resəpɪ] <fn> [C] **1.** (étel)recept **2.** eljárási mód; recept

Vigyázat, álbarátok!
recipe ≠ *(orvosi)* recept (= prescription)

recipient [rɪˈsɪpɪənt] <fn> [C] átvevő; elfogadó; kedvezményezett

recital [rɪˈsaɪtl] <fn> [C] (szóló)est; (szóló)hangverseny: *piano recital* zongoraest

recite [rɪˈsaɪt] <ige> előad; elszaval; elmond: *recite a passage from a play* színdarabrészletet ad elő

reckless ['rekləs] <mn> vakmerő; meggondolatlan; figyelmetlen

reckon ['rekən] <ige> **1.** gondol; vél: *I reckon he is about fifty.* Körülbelül ötvenévesnek gondolom. **2.** (ki)számít; kalkulál

reckon on sg számít vmire
reckon sg up összeszámol vmit
reckon with sy/sg számol vkivel/vmivel

reclaim [rɪˈkleɪm] <ige> **1.** visszaszerez; visszaigényel; visszakövetel: *reclaim his lost property* elveszett tulajdonát visszaigényli **2.** *(használt anyagot stb.)* újrahasznosít **3.** *(talajt)* termővé tesz; lecsapol

recline [rɪˈklaɪn] <ige> **1.** hátradől; nekidől: *recline on the couch* hátradől a díványon **2.** fekvő/vízszintes helyzetbe hoz; lefektet; hátratámaszt

recognise ['rekəgnaɪz] BrE → **recognize**

recognition [,rekəg'nɪʃn] <fn> [U] **1.** megismerés; felismerés: *My recognition of him was immediate.* Azonnal felismertem. **2.** *(tény)* elismerés: *fact which has obtained general recognition* általánosan elismert tény **3.** (hivatalos) elismerés; megbecsülés; hála: *in recognition of sg* vmi elismeréséül ∗ *sign of recognition* az elismerés jele

recognizable [,rekəg'naɪzəbl] <mn> megismerhető; felismerhető

recognize ['rekəgnaɪz] <ige> **1.** megismer; felismer: *I have had my hair cut so nobody recognized me.* Levágattam a hajam, úgyhogy senki sem ismert meg. ∗ *I recognized him by his brown coat.* Barna kabátjáról ismertem fel őt. **2.** *(tényként)* elismer; elfogad; beismer: *I recognize that you are the best runner in the class.* Elismerem, hogy te vagy a legjobb futó az osztályban. **3.** elismer; megbecsül; méltányol: *His great learning has at last been recognized.* Nagy tudása végül elismerésre talált.

recollect [,rekə'lekt] <ige> (vissza)emlékszik; felidéz: *Can you recollect his name?* Vissza tudsz emlékezni a nevére?

recollection [,rekə'lekʃn] <fn> **1.** [U] visszaemlékezés; emlékezet: *to the best of my recollection* a legjobb emlékezetem szerint **2.** [C, ált pl] emlék: *the recollections of one's childhood* gyermekkori emlékei

recommend [,rekə'mend] <ige> ajánl; javasol; tanácsol: *Can you recommend a doctor for me?* Tudsz nekem ajánlani egy orvost? ∗ *If you are visiting our capital I recommend the new hotel. It's very nice.* Ha ellátogatsz a fővárosunkba, javaslom az új szállodát. Nagyon szép. ∗ *I recommended him to stay with us for another month.* Azt javasoltam neki, hogy még egy hónapig maradjon velünk.

recommendation [,rekəmen'deɪʃn] <fn> **1.** [C, U] ajánlás; javaslat: *write in recommendation of sy* vkinek az érdekében ajánlást ír **2.** [C] javaslat: *make recommendations* javaslatokat tesz

¹**recompense** ['rekəmpens] <ige> kártalanít; kárpótol: *recompense sy fairly and promptly* igazságosan, és gyorsan kártalanít vkit

²**recompense** ['rekəmpens] <fn> [U] kártérítés; kártalanítás; kárpótlás

reconcile ['rekənsaɪl] <ige> **1.** *(különböző érdekeket, véleményeket)* összeegyeztet; összehangol **2.** *(veszekedést, viszályt)* lecsillapít; elsimít **3.** megbékít; kibékít (**sy with sy** vkit vkivel)

> **reconcile oneself to sg** megbékél vmivel; beletörődik vmibe

reconciliation [,rekənsɪl'ieɪʃn] <fn> [U] kibékülés; megegyezés

reconsider [,ri:kən'sɪdə] <ige> újból fontolóra vesz; felülvizsgál: *reconsider one's decision* újból fontolóra veszi az elhatározását

reconstruct [,ri:kən'strʌkt] <ige> **1.** újjáépít; helyreállít **2.** *(tényeket, eseményeket)* rekonstruál **3.** átalakít; átdolgoz

reconstruction [,ri:kən'strʌkʃn] <fn> **1.** [U] újjáépítés; helyreállítás **2.** [C] *(tényeké, eseményeké)* rekonstrukció

¹**record** ['rekɔ:d] <fn> **1.** [C] (hang)lemez: *I bought him a new record for Christmas.* Karácsonyra vettem neki egy új lemezt. **2.** [C] jegyzet; feljegyzés: *keep records* feljegyzéseket készít **3.** [sing] jegyzék; nyilvántartás; dokumentum: *have a criminal record* büntetett előéletű ∗ *record system* nyilvántartási rendszer **4.** [C] rekord; csúcs: *set a new record* új rekordot állít fel ∗ *hold the record* tartja a rekordot ∗ *break the record* megdönti a csúcsot ∗ *What is the world record for high jump?* Mi a magasugrás világrekordja?

♦ **off the record** nem hivatalosan ♦ **put/set the record straight** helyreigazít; helyesbít

²**record** [rɪ'kɔ:d] <ige> **1.** (hang-/film)felvételt készít; felvesz; megörökít: *I am going to record the opera from the radio.* Felveszem az operát a rádióból. **2.** feljegyez; bejegyez; írásba foglal; nyilvántartásba vesz: *record the date of the birth* bejegyzi a születés időpontját **3.** leír; beszámolót/tudósítást ír

recorder [rɪ'kɔ:də] <fn> [C] **1.** lejátszó: *a video recorder* videolejátszó **2.** furulya

recording [rɪ'kɔ:dɪŋ] <fn> **1.** [C] (hang-/film-)felvétel **2.** [U] lemezkészítés; filmkészítés

record player ['rekɔ:d,pleɪə] <fn> [C] lemezjátszó

recourse [rɪ'kɔ:s] <fn> [U] igénybevétel: *have recourse to force* erőszakot vesz igénybe

recover [rɪ'kʌvə] <ige> **1.** meggyógyul; felépül (**from sg** vmiből): *Have you already recovered from your illness?* Felépültél már a betegségedből? **2.** visszakap; visszaszerez: *I have recovered my stolen bag.* Visszakaptam az ellopott táskámat. **3.** visszanyer; visszaszerez: *recover one's balance* visszanyeri az egyensúlyát ∗ *recover consciousness* visszanyeri az eszméletét **4. recover oneself** magához tér

recovery [rɪ'kʌvəri] <fn> [U] **1.** (fel)gyógyulás; felépülés: *make a quick recovery* gyorsan gyógyul **2.** felemelkedés; fellendülés: *industrial recovery* ipari fellendülés **3.** visszanyerés; visszaszerzés; megtalálás

recreation [ˌrekrɪˈeɪʃn] <fn> [U] kikapcsolódás; pihenés; felfrissülés

¹recruit [rɪˈkruːt] <fn> [C] újonc

²recruit [rɪˈkruːt] <ige> toboroz; soroz; összeszed

recruitment [rɪˈkruːtmənt] <fn> [U] toborzás; sorozás

rectangle [ˈrektæŋgl] <fn> [C] téglalap

recuperate [rɪˈkjuːpəreɪt] <ige> meggyógyul; felgyógyul; felépül (**from sg** vmiből)

recur [rɪˈkɜː] <ige> (recurs, recurring, recurred) (meg)ismétlődik; visszatér; újra felmerül/jelentkezik: *This problem is bound to recur.* Ez a probléma elkerülhetetlenül újra felmerül.

recurrent [rɪˈkʌrənt] <mn> (meg)ismétlődő; visszatérő

recyclable [ˌriːˈsaɪkləbl] <mn> újrafelhasználható; újrahasznosítható

recycle [ˌriːˈsaɪkl] <ige> újrafeldolgoz; újrafelhasznál; újrahasznosít

recycling [ˌriːˈsaɪklɪŋ] <fn> [U] újra feldolgozás

¹red [red] <mn> (redder, reddest) piros; vörös: *go red* elvörösödik ♦ *I hate my red jumper.* Utálom a piros pulcsimat. ∗ *My daughter's hair is red.* A (kis)lányomnak vörös a haja.

²red [red] <fn> [C, U] piros (szín); vörös (szín)
♦ **be in the red** rosszul megy neki; mínuszban van ♦ **see red** haragra lobban

red card [ˌredˈkɑːd] <fn> [C] sp piros lap

Red Cross [ˌredˈkrɒs] <fn> **the Red Cross** [sing] Vöröskereszt

redcurrant [ˌredˈkʌrənt] <fn> [C] ribizli

redden [ˈredn] <ige> **1.** *(ember)* elpirul; elvörösödik **2.** *(ég)* vörössé válik; *(falevél stb.)* bevörösödik **3.** pirosra/vörösre fest

reddish [ˈredɪʃ] <mn> pirosas; vöröses

redeem [rɪˈdiːm] <ige> **1.** visszafizet; megad; megtérít; törleszt: *redeem a debt* visszafizeti az adósságot **2.** visszaszerez: *redeem one's good name* visszaszerzi a jó hírét **3.** *(ígéretet)* megtart; bevált; teljesít **4.** *(hibát)* jóvátesz; helyrehoz **5.** kiegyenlít; kiegyensúlyoz; kárpótol: *Her good points redeem her faults.* Jó tulajdonságai kiegyensúlyozzák a hibáit. **6.** *(Krisztus az emberiséget kárhozattól)* megvált

redemption [rɪˈdempʃn] <fn> [U] megváltás; megszabadítás

♦ **beyond/past redemption** helyrehozhatatlan(ul); jóvátehetetlen(ül)

red-hot [ˌredˈhɒt] <mn> **1.** vörösen izzó; hőtől/melegtől vörös **2.** *(hír)* friss

redial [ˌriːˈdaɪəl] <ige> újra tárcsáz

redistribute [ˌriːdɪˈstrɪbjuːt] <ige> újra szétoszt; újból feloszt/megalakít

red-light district [ˌredˈlaɪtˌdɪstrɪkt] <fn> [C] vigalmi negyed

red pepper [ˌredˈpepə] <fn> [C, U] pirospaprika

redress [rɪˈdres] <fn> [U] **1.** gazd kártérítés; kárpótlás **2.** helyrehozás; kijavítás; orvoslás

redo [ˌriːˈduː] <ige> (redid, redone) rendbe hoz; átalakít; helyrehoz

red tape [ˌredˈteɪp] <fn> [U] bürokrácia

reduce [rɪˈdjuːs] <ige> csökkent; leszállít; mérsékel; kisebbít: *reduce one's weight* fogyókúrát tart ∗ *They are planning to reduce the prices in the shop next week.* Azt tervezik, hogy a jövő héten csökkentik az árakat a boltban. ∗ *She won't reduce the rent of the flat.* Nem fogja leszállítani a lakás bérleti díját.

reduce sy to sg vkit kényszerít vmire/vmibe
reduce sg to sg vmit vmilyen állapotba hoz

reduction [rɪˈdʌkʃn] <fn> **1.** [C, U] csökkentés **2.** [C, U] csökkenés **3.** [C] (ár)engedmény

redundant [rɪˈdʌndənt] <mn> **1.** felesleges; szükségtelen; nélkülözhető **2.** *(alkalmazott)* létszám feletti

red wine [ˌredˈwaɪn] <fn> [U] vörösbor

reed [riːd] <fn> [C] **1.** nád **2.** nádsíp; pásztorsíp

reef [riːf] <fn> [C] zátony

¹reek [riːk] <fn> [sing] bűz; rossz szag

²reek [riːk] <ige> bűzlik; rossz/émelyítő szagot áraszt: *His clothes reek of tobacco.* Dohányszagtól bűzlik a ruhája.

¹reel [riːl] <ige> **1.** tántorog; támolyog; meging; szédül **2.** reszket

reel sg off elhadar; eldarál vmit

²reel [riːl] <fn> [C] orsó; tekercs(elő)

re-elect [ˌriːɪˈlekt] <ige> újra/újból (meg)választ

ref [ref] <fn> [C] sp biz játékvezető; bíró

refer [rɪˈfɜː] <ige> (refers, referring, referred) **1. refer to sy/sg** utal; céloz; hivatkozik vkire/vmire: *She isn't referring to your sister when she is talking about untidy girls.* Nem a te nővéredre utal, amikor rendetlen lányokról beszél. ∗ *I refer to the passage quoted.* Utalok/Hivatkozom az idézett részletre. **2. refer to sy/sg** vonatkozik vkire/vmire: *What does this sentence refer to?* Mire vonatkozik ez a mondat? **3. refer to sy/sg** fordul vkihez/vmihez: *You can refer to your dictionary when translating a text.* Ha egy szöveget fordítasz, a szótáradhoz fordulhatsz. **4. refer sy/sg to sy/sg** irányít; küld; utasít vkit/vmit vkihez/

vmihez: *I referred him to the secretary.* A titkárhoz küldtem.

> Vigyázat, álbarátok!
> **refer** ≠ referál (= *report*)

¹referee [ˌrefəˈriː] <fn> [C] **1.** sp játékvezető; bíró: *He got a yellow card for arguing with the referee.* Sárga lapot kapott, mert vitatkozott a játékvezetővel. **2.** referenciát adó személy; ajánló személy

²referee [ˌrefəˈriː] <ige> *(mérkőzést)* vezet; *(meccsen)* bíráskodik

reference [ˈrefrəns] <fn> **1.** [C, U] utalás; hivatkozás; célzás: *Is there any reference in your letter to your new job?* Van valami utalás a leveledben az új munkádra? **2.** [C] ajánlólevél; ajánlás; referencia: *My teacher gave me a good reference when I was looking for a secondary school.* A tanárom jó referenciát adott rólam, amikor egy középiskolát kerestem. **3.** [C] iktatószám **4.** [U] összefüggés; kapcsolat; vonatkozás: *have reference to sg* vonatkozik vmire
♦ **with reference to sy/sg** hivatkozva vkire/vmire

reference book [ˈrefrəns bʊk] <fn> [C] kézikönyv; segédkönyv

referendum [ˌrefəˈrendəm] <fn> [C, U] (referendums v. hiv referenda) népszavazás: *hold a referendum* népszavazást tart

¹refill [ˌriːˈfɪl] <ige> újratölt; utánatölt; feltölt

²refill [ˈriːfɪl] <fn> [C] utántöltés; feltöltés; *(golyóstollba stb.)* betét

refine [rɪˈfaɪn] <ige> **1.** finomít; (meg)tisztít **2.** *(ötletet, módszert stb.)* javít; csiszol

refined [rɪˈfaɪnd] <mn> **1.** finom(ított): *refined sugar* finomított cukor **2.** kifinomult; csiszolt

refinery [rɪˈfaɪnəri] <fn> [C] (refineries) finomító (üzem): *sugar refinery* cukorfinomító

reflect [rɪˈflekt] <ige> **1.** visszaver; visszatükröz; visszasugároz: *The mirror reflected the sunshine.* A tükör visszatükrözte a napsugarat. **2.** tükröz; mutat; kifejez: *The statistics reflect a change.* A statisztikai adatok változást mutatnak. **3.** visszaverődik; visszatükröződik **4.** elmélkedik; töpreng; gondolkozik (**on/upon sg** vmin): *I need a day to reflect before answering your difficult question.* Mielőtt nehéz kérdésedet megválaszolnám, szükségem van egy napra, hogy töprengjek rajta.

> Vigyázat, álbarátok!
> **reflect** ≠ reflektál (= *(válaszol)* respond; *(megjegyzést fűz)* comment)

reflection [rɪˈflekʃn] <fn> **1.** [C] tükörkép **2.** [U] visszaverődés; visszatükröződés **3.** [C] tükre (**of sg** vminek) **4.** [C, U] elmélkedés; töprengés
♦ **on reflection** alapos mérlegelés után

reflector [rɪˈflektə] <fn> [C] *(biciklin stb.)* macskaszem

> Vigyázat, álbarátok!
> **reflector** ≠ reflektor (= *(autóé)* headlights; *(színházban)* spotlight)

reflex [ˈriːfleks] <fn> **1.** [C] önkéntelen mozdulat; reflex **2. reflexes** [pl] reflex: *Pilots need fast reflexes.* A pilóták reflexének gyorsnak kell lennie.

¹reflexive [rɪˈfleksɪv] <mn> visszaható

²reflexive [rɪˈfleksɪv] <fn> [C] visszaható névmás/ige

¹reform [rɪˈfɔːm] <ige> **1.** megújít; átszervez; átalakít; (meg)reformál **2.** megjavít; jó útra visszatérít **3.** megjavul; megújul; jobbá válik

²reform [rɪˈfɔːm] <fn> [C, U] reform; átszervezés

reformer [rɪˈfɔːmə] <fn> [C] reformer; újító

¹refrain [rɪˈfreɪn] <ige> **refrain from sg** tartózkodik; visszatartja magát vmitől: *Please refrain from smoking.* Kérem, tartózkodjanak a dohányzástól!

²refrain [rɪˈfreɪn] <fn> [C] refrén; ismétlődő sor

refresh [rɪˈfreʃ] <ige> (fel)frissít; felüdít; megnyugtat: *The swimming will refresh me after such a hot day.* Egy ilyen forró nap után az úszás fel fog frissíteni. * *refresh one's memory (about sg)* felfrissíti az emlékezetét (vmiről)

refreshing [rɪˈfreʃɪŋ] <mn> frissítő; üdítő; pihentető: *Let's have a refreshing shower.* Mit szólnál egy frissítő zuhanyhoz?

refreshments [rɪˈfreʃmənts] <fn> [pl] *(ital)* üdítő(k); frissítő(k); büféáru(k): *I will buy some refreshments for the kids.* Veszek a gyerekeknek egy kis üdítőt.

refrigerator [rɪˈfrɪdʒəreɪtə] <fn> [C] hűtőszekrény: *Put the cheese in the refrigerator.* A sajtot tedd a hűtőszekrénybe!

refuge [ˈrefjuːdʒ] <fn> [C, U] menedék(hely): *take refuge* menedéket talál

refugee [ˌrefjuˈdʒiː] <fn> [C] menekült

¹refund [ˈriːfʌnd] <fn> [C] visszatérítés; visszafizetés

²refund [rɪˈfʌnd] <ige> visszatérít; visszafizet: *We can't refund the money but you can change your pair of shoes.* A pénzt nem tudjuk visszafizetni, azonban kicserélheti a cipőt.

refurbish [riːˈfɜːbɪʃ] <ige> *(épületet)* újra rendbe hoz

refusal [rɪ'fjuːzl] <fn> [C, U] visszautasítás; elutasítás: *give a flat refusal* kereken visszautasít ∗ *get a refusal* elutasítják

¹refuse [rɪ'fjuːz] <ige> **1.** visszautasít; elutasít: *I invited him for lunch but he refused.* Meghívtam ebédre, de visszautasította. **2.** *(kérést)* megtagad; elutasít: *She never refuses her children anything.* Soha semmit nem tagad meg a gyerekeitől.

²refuse ['refjuːs] <fn> [U] hulladék; szemét

regain [rɪ'geɪn] <ige> **1.** visszanyer; visszaszerez; visszakap: *regain consciousness* visszanyeri az öntudatát ∗ *regain health* felépül **2.** visszatér; visszaér: *regain the shore* visszaér a partra

regal ['riːgl] <mn> fejedelmi; királyi: *regal magnificence* királyi pompa

¹regard [rɪ'gɑːd] <ige> **1.** tekint (**sy/sg with sg** vkire/vmire vhogyan); tart (**sy/sg as sg** vkit/vmit vminek): *regard sg with horror* borzalommal néz/tekint vmire ∗ *regard sg as a crime* bűnnek tart/tekint vmit ∗ *Do you regard me as a polyhistor?* Polihisztornak tartasz/tekintesz engem? ∗ *We all regard him as a hero.* Mindannyian hősnek tartjuk őt. **2.** néz; figyel: *regard sy/sg fixedly* mereven néz vkit/vmit **3.** illet (**sy/sg** vkit/vmit); tartozik (**sy/sg** vkire/vmire): *That does not regard me.* Ez nem tartozik rám.

♦ **as regards sy/sg** vkit/vmit illetően

²regard [rɪ'gɑːd] <fn> **1.** [U] figyelem(bevétel); törődés; tekintet (**to/for sy/sg** vkire/vmire): *He always tells his jokes without regard for our feelings.* Mindig úgy humorizál, hogy nincs tekintettel az érzéseinkre. **2.** [U] tisztelet; elismerés: *I have a great regard for your father.* Nagy tisztelettel adózom az (édes)apádnak. **3. regards** [pl] üdvözlet: *Give my regards to your uncle.* Üdvözletemet küldöm a nagybátyádnak! **4.** [U] szempont; tekintet; vonatkozás: *in this regard* ebben a tekintetben/vonatkozásban

♦ **best regards** szívélyes üdvözlet(tel)
♦ **in/with regard to sy/sg** tekintettel vkire/vmire ♦ **pay regard to sg** tekintettel/figyelemmel van vmire

regardless [rɪ'gɑːdləs] <mn> tekintet nélkül: *regardless of expense* a költségekre való tekintet nélkül

reggae ['regeɪ] <fn> [U] zene reggae

regime [reɪ'ʒiːm] <fn> [C] rezsim; uralom; uralkodó rendszer

regiment ['redʒɪmənt] <fn> [C + sing/pl v] **1.** ezred **2.** tömeg

region ['riːdʒən] <fn> [C] **1.** vidék; terület; táj(ék); körzet; régió: *The northern regions of the country are much more windy.* Az ország északi területei sokkal szelesebbek. **2.** *(test)* tájék

♦ **in the region of sg** körülbelül

regional ['riːdʒnəl] <mn> területi; körzeti; regionális

¹register ['redʒɪstə] <ige> **1.** (hivatalosan) bejelentkezik; feliratkozik **2.** (hivatalosan) nyilvántartásba vesz; beiktat; bejegyez: *register a birth* születést az anyakönyvbe bejegyez **3.** *(műszer stb.)* mutat; jelez: *The thermometer registers 38 ˚C.* A lázmérő 38 fokot mutat/jelez. **4.** *(levelet stb.)* ajánlva ad fel: *register a letter* levelet ajánlva ad fel **5.** *(érzelmet stb.)* kifejez; mutat; elárul: *Her face registered surprise.* Arca meglepetést árult el.

²register ['redʒɪstə] <fn> **1.** [C] (név)jegyzék; nyilvántartás(i jegyzék): *police registers* rendőri nyilvántartás(ok) **2.** [C, U] nyelvi regiszter

registered post [ˌredʒɪstəd 'pəʊst] <fn> [U] ajánlott küldemény

registration [ˌredʒɪ'streɪʃn] <fn> [U] regisztrálás; beiratkozás; beiktatás; bejegyzés; beírás

registration number [ˌredʒɪ'streɪʃn ˌnʌmbə] <fn> [C] rendszám

registry ['redʒɪstri] <fn> [C] (registries) hivatalos/központi nyilvántartó

registry office ['redʒɪstrɪˌɒfɪs] <fn> [C] anyakönyvi hivatal

¹regret [rɪ'gret] <ige> (regrets, regretting, regretted) (meg)bán; sajnál; fájlal: *He regrets that he was rude to Mary.* Sajnálja, hogy goromba volt Maryvel. ∗ *I regret to inform you that...* Sajnálattal közlöm/értesítem, hogy...

²regret [rɪ'gret] <fn> [C, U] megbánás; sajnálkozás; sajnálat: *(much) to my regret* legnagyobb sajnálatomra

regrettable [rɪ'gretəbl] <mn> sajnálatos

regroup [riː'gruːp] <ige> átcsoportosít; átrendez: *regroup the labour force* átcsoportosítja a munkaerőt

¹regular ['regjʊlə] <mn> **1.** rendszeres: *You are so thin – do you have regular meals?* Annyira sovány vagy – rendszeresen étkezel? ∗ *I have regular visits to the old-age home.* Rendszeresen ellátogatok az öregek otthonába. **2.** rendszeres; állandó; megszokott: *She is a regular guest of the restaurant.* Az étterem állandó vendége. ∗ *He is not my regular doctor.* Ő nem az én megszokott orvosom. **3.** nyelvt szabályos; nem rendhagyó: *Do you know the past tense of this regular verb?* Tudod ennek a szabályos igének a múlt idejét? **4.** szabályos: *regular teeth* szabályos fogak ∗ *regular features* szabályos arcvonások **5.** gyakori: *a regular occurrence* gyakori jelenség **6.** hivatásos; állandó; tényleges: *regular officer* hivatásos tiszt * *regular staff* állandó alkalmazottak **7.** előírásszerű; előírásos; a szabályoknak megfelelő; normál: *regular or large fries* normál vagy nagy adag sültkrumpli

²**regular** ['regjʊlə] <fn> [C] **1.** biz törzsvendég; rendszeres látogató **2.** hivatásos (katona)

regularity [,regjʊ'lærəti] <fn> [C, U] (regularities) rendszeresség

regularly ['regjʊləli] <hsz> rendszeresen

regulate ['regjʊleɪt] <ige> *(gépet stb.)* szabályoz; beállít; irányít; *(ügyeket, eljárást stb.)* igazgat

regulation [,regjʊ'leɪʃn] <fn> **1.** [C, U] előírás; szabályzat; rendszabály: *bring under regulation* szabályoknak vet alá vmit **2.** [U] szabályozás

rehabilitate [,riːə'bɪlɪteɪt] <ige> **1.** rehabilitál; visszahelyez jogaiba; erkölcsileg igazol **2.** újra munkaképessé tesz; rehabilitál

rehabilitation [,riːəbɪlɪ'teɪʃn] <fn> [U] **1.** rehabilitáció; a közbecsülés visszaadása; erkölcsi igazolás **2.** rehabilitáció; újra munkaképessé tétel

rehearsal [rɪ'hɜːsl] <fn> [C, U] próba: *Everybody in the play has to come to the rehearsal.* Mindenkinek el kell jönnie a próbára, aki a darabban játszik.

rehearse [rɪ'hɜːs] <ige> (el)próbál: *I rehearsed my speech last night.* Tegnap este a beszédemet próbáltam (el). * *The actors were rehearsing the last scene of the play.* A színészek a darab utolsó jelenetét próbálták.

¹**reign** [reɪn] <ige> uralkodik (**over sy/sg** vki/vmi fölött); hatalmon van; kormányoz

²**reign** [reɪn] <fn> [C] uralkodás; uralom: *in the reign of Queen Victoria* Viktória királynő uralkodása alatt

rein [reɪn] <fn> [C, ált pl] gyeplő: *drop the reins* elengedi a gyeplőt

reincarnation [,riːɪnkɑː'neɪʃn] <fn> [C, U] reinkarnáció

reindeer ['reɪn,dɪə] <fn> [C] (reindeer) rénszarvas

reinforce [,riːɪn'fɔːs] <ige> megerősít; megszilárdít

reinforcement [,riːɪn'fɔːsmənt] <fn> **1.** [U] megerősítés; megszilárdítás **2. reinforcements** [pl] utánpótlás; erősítés; segélycsapat(ok); segédcsapat(ok)

¹**reject** [rɪ'dʒekt] <ige> visszautasít; elutasít; elvet: *I didn't want to reject his help though I could do it alone.* Nem akartam visszautasítani a segítségét, bár egyedül is meg tudtam csinálni.

²**reject** ['riːdʒekt] <fn> [C] **1.** alkalmatlannak minősített személy; *(pályázó, jelölt stb.)* elutasított; visszautasított **2.** kiselejtezett tárgy

rejection [rɪ'dʒekʃn] <fn> [C, U] visszautasítás; elutasítás

rejoice [rɪ'dʒɔɪs] <ige> örül; örvendezik; ujjong (**at/over sg** vmi miatt)

rejoicing [rɪ'dʒɔɪsɪŋ] <fn> [U] örvendezés; ujjongás; vidámság; öröm(ünnep)

rejuvenate [rɪ'dʒuːvəneɪt] <ige> (meg)fiatalít

rejuvenation [rɪ,dʒuːvə'neɪʃn] <fn> [U] (meg-)fiatalítás

¹**relapse** [rɪ'læps] <ige> visszaesik; hanyatlik: *relapse into vice* visszaesik a bűnbe

²**relapse** [rɪ'læps] <fn> [C] visszaesés; rosszabbodás: *The patient has had a relapse.* A beteg visszaesett.

relate [rɪ'leɪt] <ige> **1.** rokonságba/vonatkozásba/összefüggésbe hoz (**sy/sg to/with sy/sg** vkit/vmit vkivel/vmivel): *be related to sy/sg* rokonságban/kapcsolatban/összefüggésben áll vkivel/vmivel **2.** összefügg; megegyezik; összefüggésben/rokonságban van (**to/with sy/sg** vkivel/vmivel): *Your statement does not relate well with the facts.* Kijelentése nem egyezik meg a tényekkel. **3.** elmond; elbeszél; elmesél

---

relate to sy/sg vonatkozik vkire/vmire

---

related [rɪ'leɪtɪd] <mn> **1.** egymással kapcsolatban álló; egymással összefüggésben levő: *related facts* egymással összefüggésben levő tények **2.** rokon; rokoni; rokoni kapcsolatban levő: *They are closely related.* Közeli rokonságban vannak.

relation [rɪ'leɪʃn] <fn> **1.** [U] viszony; összefüggés; kapcsolat: *There is no relation between your age and your height.* Nincs összefüggés az életkor és a magasság között. **2. relations** [pl] kapcsolat(ok); viszony(ok) **3.** [C] rokon: *a relation by marriage* házasság útján rokon * *We used to share our summer house with our relations.* Régebben közös nyaralónk volt a rokonainkkal.

♦ **in/with relation to sg/sy 1.** vkivel/vmivel kapcsolatban **2.** vkihez/vmihez viszonyítva

relationship [rɪ'leɪʃnʃɪp] <fn> [C] **1.** kapcsolat; viszony: *Do you have good relationship with your next-door neighbour?* Jó a kapcsolatod a szomszédoddal? **2.** összefüggés; kapcsolat: *be in relationship with sy* kapcsolatban áll vkivel **3.** rokoni kapcsolat; rokonság: *What is your relationship to that boy?* Milyen rokonságban állsz azzal a fiúval?

¹**relative** ['relətɪv] <mn> **1.** nyelvt vonatkozó: *relative pronoun* vonatkozó névmás **2.** viszonylagos; relatív

²**relative** ['relətɪv] <fn> [C] rokon: *his relatives* a rokonai

relatively ['relətɪvlɪ] <hsz> aránylag; viszonylag: *This language has a relatively easy grammar.* Ennek a nyelvnek viszonylag könnyű a nyelvtana.

relax [rɪ'læks] <ige> **1.** pihen; lazít; kikapcsolódik: *He is relaxing now in front of the TV.* Most a tv előtt pihen. **2.** megnyugszik: *Don't worry – just relax.* Ne aggódj – nyugodj meg! **3.** *(izmot)* (ki)lazít; (el)lazít; elernyeszt: *And now relax your muscles completely.* És most minden izmodat teljesen lazítsd el! **4.** *(izom)* (el)lazul; elernyed **5.** *(büntetést, rendelkezést stb.)* enyhít; mérsékel **6.** *(büntetés, rendelkezés stb.)* enyhül; mérséklődik; gyengül

relaxation [ˌriːlæk'seɪʃn] <fn> **1.** [C, U] kikapcsolódás; szórakozás; lazítás: *a bit of relaxation* egy kis kikapcsolódás **2.** [U] *(büntetése, rendelkezésé stb.)* enyhítés; mérséklés

relaxed [rɪ'lækst] <mn> fesztelen; laza

¹**relay** [riː'leɪ] <ige> (relayed) **1.** továbbít; továbbad **2.** közvetít; sugároz

²**relay** ['riːleɪ] <fn> [C] **1.** váltófutás; váltóverseny **2.** közvetített adás; közvetítés

¹**release** [rɪ'liːs] <ige> **1.** szabadon enged; elenged; szabadlábra helyez; kienged: *The hunter didn't want to release the wild animals.* A vadász nem akarta szabadon engedni a vadállatokat. ∗ *The thief was released from the prison.* A tolvajt kiengedték a börtönből. **2.** elenged; felenged; elereszt: *release 500 balloons* 500 léggömböt enged fel **3.** meglazít; kienged; kiold: *release the brake* kienged a féket **4.** *(hírt stb.)* közread; közzétesz **5.** *(autót stb.)* forgalomba hoz; kihoz; *(filmet)* bemutat

²**release** [rɪ'liːs] <fn> [C, U] **1.** kiszabadítás; megszabadítás; felszabadítás **2.** kiszabadulás; megszabadulás; felszabadulás **3.** *(forgalomban levő)* kiadvány; könyv; film; lemez **4.** kereskedelmi forgalomba hozatal: *release of a film* film forgalomba hozatala

relent [rɪ'lent] <ige> **1.** *(szigorú, mérges ember)* megenyhül; megengesztelődik; *(szigorból, merevségből)* enged **2.** *(tünet)* enyhül; eltűnik

relentless [rɪ'lentləs] <mn> hajthatatlan; könyörtelen; irgalmatlan; kérlelhetetlen

relevant ['reləvənt] <mn> **1.** aktuális; időszerű **2.** fontos; lényeges; vonatkozó; tárgyhoz tartozó: *read all the relevant literature* olvassa a tárgyhoz tartozó teljes irodalmat

reliability [rɪˌlaɪə'bɪlətɪ] <fn> [U] megbízhatóság

reliable [rɪ'laɪəbl] <mn> megbízható: *My husband is a reliable man.* A férjem megbízható ember.

reliance [rɪ'laɪəns] <fn> [U] bizalom; bizodalom; bizakodás: *place reliance on sy* bízik vkiben

reliant [rɪ'laɪənt] <mn> rászoruló: *be reliant on sy* rá van szorulva vkire

relic ['relɪk] <fn> [C] maradvány; emlék: *relics of the past* a múlt emlékei

relief [rɪ'liːf] <fn> **1.** [U] megkönnyebbülés; megnyugvás: *We felt great relief when we heard his footsteps on the corridor.* Nagy megkönnyebbülést éreztünk, amikor meghallottuk a léptesit a folyosón. **2.** [C, U] segély; segítség; segélyezés: *Our church sends relief to the people suffering from leprosy.* Az egyházunk segélyt küld a leprában szenvedőknek. **3.** [C] dombormű

relieve [rɪ'liːv] <ige> megkönnyebbülést okoz; *(vki terhén)* könnyít; enyhít

relieve sy of sg 1. felment vkit vmi alól **2.** megszabadít vkit vmitől

relieved [rɪ'liːvd] <mn> megkönnyebbült: *I am much relieved to hear it.* Nagyon megnyugtat, hogy hallom.

religion [rɪ'lɪdʒən] <fn> [C, U] vallás; hit: *freedom of religion* vallásszabadság ∗ *There is sometimes conflict between science and religion.* A tudomány és a vallás közt néha konfliktus van. ∗ *Christianity is one of the greatest religions of the world.* A kereszténység a világ egyik legjelentősebb vallása.

religious [rɪ'lɪdʒəs] <mn> vallási; vallásos: *We had a religious ceremony to celebrate the anniversary.* Vallási szertartás keretében ünnepeltük meg az évfordulót. ∗ *She is very religious.* Ő nagyon vallásos.

relinquish [rɪ'lɪŋkwɪʃ] <ige> **1.** abbahagy; *(tervet, reményt)* felad; *(szokást)* elhagy; *(jogról, reménységről stb.)* lemond **2.** *(tárgyat)* kiejt a kezéből; *(kötelet, korlátot stb.)* elereszt

¹**relish** ['relɪʃ] <ige> szeret; élvez (**sg** vmit): *relish doing sg* élvezettel végez vmit

²**relish** ['relɪʃ] <fn> **1.** [U] élvezet: *eat sg with relish* élvezettel eszik vmit **2.** [C, U] öntet; mártás

reluctance [rɪ'lʌktəns] <fn> [U] vonakodás; húzódozás; kelletlenség: *do sg with reluctance* vonakodva csinál vmit

reluctant [rɪ'lʌktənt] <mn> vonakodó; ellenkező; kelletlen: *He was very reluctant to go.* Nagyon vonakodva ment.

rely [rɪ'laɪ] <ige> (relies, relying, relied) **1.** támaszkodik (**on/upon sy/sg** vkire/vmire); rászorul

(on/upon sy/sg vkire/vmire): *You can rely on me.* Támaszkodhatsz rám! **2.** (meg)bízik **(on/upon sy/sg** vkiben/vmiben): *Can I rely on you to keep my secret?* Bízhatok benned, hogy megőrzöd a titkomat? * *I always keep my promises so you can rely on me.* Mindig megtartom az ígéreteimet, úgyhogy megbízhatsz bennem.

remain [rı'meın] <ige> **1.** marad: *remain away* távol marad * *remain in touch with sy* érintkezésben marad vkivel * *remain silent* csendben marad **2.** (tennivaló) hátra van/marad: *Much yet remains to be done.* Még sok tennivaló van hátra. **3.** (egészből) megmarad; visszamarad; hátramarad

remainder [rı'meındə] <fn> [sing + sing/pl v] **the remainder** maradék; maradvány: *for the remainder of one's life* élete hátralévő részére

remains [rı'meınz] <fn> [pl] **1.** maradék(ok); maradvány(ok): *What to do with the remains of the lunch?* Mit csináljunk az ebédmaradékkal? **2.** földi maradványok: *His remains were returned to his homeland.* Földi maradványait visszahozták szülőföldjére.

¹remark [rı'mɑ:k] <ige> megjegyez; megjegyzést tesz **(on/upon sy/sg** vkire/vmire): *He remarked that my hat was too big for me.* Megjegyezte, hogy a kalapom túl nagy rám.

²remark [rı'mɑ:k] <fn> [C] megjegyzés: *He always makes remarks about my dress.* Mindig megjegyzéseket tesz a ruhámra.

remarkable [rı'mɑ:kəbl] <mn> figyelemre méltó; rendkívüli

¹remedy ['remədı] <fn> [C] (remedies) **1.** gyógyszer; orvosság **(for sg** vmire) **2.** megoldás; orvoslás **(for sg** vmire): *remedy for unemployment* megoldás a munkanélküliségre

²remedy ['remədı] <ige> (remedies, remedying, remedied) (hibát, mulasztást) helyrehoz; (bajt) orvosol

remember [rı'membə] <ige> **1.** emlékszik: *I can't remember his brother.* Nem emlékszem a bátyjára. * *Can you remember where you put my umbrella?* Emlékszel, hova tetted az esernyőmet? **2. remember to do sg** nem felejt el; eszébe jut: *I remember to send her a postcard.* Nem felejtem el, hogy küldjek neki egy lapot. * *Did you remember to go to the meeting?* Nem felejtettél el elmenni az értekezletre? ♦ **remember me to sy** adja át üdvözletem vkinek

remembrance [rı'membrəns] <fn> [U] megemlékezés: *annual festival of remembrance* évenkénti ünnepélyes megemlékezés * *in remembrance of sy* vki emlékére

remind [rı'maınd] <ige> eszébe juttat; emlékeztet; figyelmeztet **(about/of sg** vmire): *Remind me to go to the station at 2 o'clock.* Figyelmeztess, hogy ki kell mennem az állomásra 2 órakor! * *That reminds me!* Erről jut eszembe!

remind sy of sg emlékeztet vkit vmire

reminder [rı'maındə] <fn> [C] emlékeztető

¹remit ['ri:mıt] <fn> [U] feladat(kör); felelősségi terület, hatáskör: *These issues fall outside the remit of the department.* Ezek a kérdések az osztály hatáskörén kívül esnek.

²remit [rı'mıt] <ige> **1.** gazd (át)utal; kifizet; folyósít: *remit by cheque* csekken átutal **2.** gazd (tartozást, bírságot, büntetést stb.) elenged: *remit a fine* bírságot elenged **3.** jog (vki hatáskörébe) átutal

remittance [rı'mıtəns] <fn> **1.** [U] gazd átutalás: *Remittance can be made both by credit card and by cheque.* Az átutalások történhetnek mind hitelkártyával, mind csekkel. **2.** [C] gazd pénzküldemény; átutalt összeg: *remittances from overseas* külföldi pénzküldemények

remnant ['remnənt] <fn> [C] (ételből stb.) maradék; (épületé stb.) maradvány

remorse [rı'mɔ:s] <fn> [U] lelkiismeret-furdalás; bűntudat **(for sg** vmi miatt): *feel remorse* lelkiismeret-furdalást érez

remote [rı'məʊt] <mn> (remoter, remotest) **1.** távoli; messzi: *remote ancestors* távoli ősök * *remote country* távoli/messzi ország **2.** halvány; csekély: *remote prospect* csekély kilátás * *I haven't the remotest idea.* Halvány sejtelmem sincs. **3.** visszahúzódó; zárkózott; tartózkodó

remote control [rı,məʊt kən'trəʊl] <fn> **1.** [C] távirányító: *I can't find the remote control.* Nem találom a távirányítót. **2.** [U] távirányítás

removal [rı'mu:vl] <fn> **1.** [U] eltávolítás **2.** [C, U] költöz(köd)és

remove [rı'mu:v] <ige> **1.** eltávolít; elszállít; elvisz; eltüntet: *You can't park in front of this garage – the police will remove your car from here.* Ez előtt a garázs előtt nem parkolhatsz – a rendőrség el fogja szállítani innen az autódat. **2.** (alkalmazottat stb.) eltávolít; elbocsát: *He was removed from his job.* Elbocsátották az állásából. **3.** (foltot stb.) eltávolít; kivesz; eltüntet: *Try to remove the dirt from my skirt.* Próbáld meg eltávolítani a piszkot a szoknyámból! **4.** kiköltözik; elköltözik

remover [rı'mu:və] <fn> [C, U] (folt)tisztító; lemosó: *make-up remover* sminklemosó

remuneration [rɪˌmjuːnəˈreɪʃən] <fn> **1.** [U, C] díjazás; javadalmazás; ellenszolgáltatás; jutalmazás **2.** [C] díj; illetmény; jutalom; honorárium

render [ˈrendə] <ige> **1.** (meg)ad; nyújt: *render help to sy* segítséget ad/nyújt vkinek **2.** *(vmilyenné)* tesz: *He was rendered speechless with rage.* A harag elnémította. **3.** *(más nyelvre)* (le)fordít; *(más nyelven)* visszaad: *How can it be rendered into Hungarian?* Hogyan lehet ezt magyarra fordítani?

rendezvous [ˈrɒndɪvuː] <fn> [C] **1.** randevú; találka (**with sy** vkivel) **2.** találkahely; találkozóhely

renew [rɪˈnjuː] <ige> **1.** megújít; meghosszabbít: *renew a library book* meghosszabbítja egy könyvtári könyv kölcsönzési idejét **2.** megújít; felújít; újra kezd: *renew an attack* újra támad ∗ *renew one's acquaintance with sy* felújítja az ismeretséget vkivel **3.** *(készletet, ruhatárat stb.)* felújít; felfrissít **4.** megújul; felfrissül

renewable [rɪˈnjuːəbl] <mn> **1.** megújítható; felújítható **2.** *(energiaforrás)* megújuló

renounce [rɪˈnaʊns] <ige> **1.** lemond (**sg** vmiről): *renounce a project* tervről lemond ∗ *renounce smoking* lemond a dohányzásról ∗ *(hitet stb.)* megtagad; *(elveket)* felad

renovate [ˈrenəveɪt] <ige> felújít; tataroz

renovation [ˌrenəˈveɪʃn] <fn, U> tatarozás: *in need of renovation* tatarozásra szorul

renown [rɪˈnaʊn] <fn> [U] hírnév: *win renown* hírnévre tesz szert

renowned [rɪˈnaʊnd] <mn> híres; nevezetes (**for/as sg** vmiről)

¹rent [rent] <ige> **1.** (ki)bérel; bérbe vesz; kivesz; kölcsönöz: *During the building of our house we rented a flat.* Az építkezésünk idejére kibéreltünk egy lakást. ∗ *We rent a car if we go abroad.* Ha külföldre utazunk, kocsit kölcsönzünk. **2.** bérbe ad; kiad

²rent [rent] <fn> [C, U] (lak)bér; bérleti díj: *How much rent do you pay for this flat?* Mekkora bérleti díjat fizetsz ezért a lakásért?

rental [ˈrentl] <fn> [C, U] bérleti díj; használati/kölcsönzési díj

renunciation [rɪˌnʌnsɪˈeɪʃn] <fn> [U] **1.** lemondás (**of sg** vmiről): *letter of renunciation* lemondólevél **2.** megtagadás; visszavonás; elvetés

reorganise [riːˈɔːgənaɪz] BrE → **reorganize**

reorganization [riːˌɔːgənɪˈzeɪʃən] <fn> [U, C] átszervezés; átalakítás; újjászervezés: *the reorganization of the whole system* az egész rendszer újjászervezése

reorganize [riːˈɔːgənaɪz] <ige> átszervez; átalakít; újjászervez

rep [rep] <fn> [C] biz ügynök; képviselő

¹repair [rɪˈpeə] <ige> (meg)javít; rendbe hoz; helyreállít: *Can you repair my hairdryer?* Megjavítanád a hajszárítómat?

²repair [rɪˈpeə] <fn> [C, U] (meg)javítás; rendbe hozás: *The road is under repair.* Az út javítás alatt van.

♦ **be in good repair** jó állapotban van
♦ **be in bad repair** rossz állapotban van

repay [rɪˈpeɪ] <ige> (repaid, repaid) **1.** visszafizet; megad: *Can you repay me the money I have lent you?* Visszafizetnéd a pénzt, amit kölcsönadtam? **2.** *(szívességet stb.)* viszonoz: *I would like to repay him for his help.* Viszonozni szeretném a segítségét.

repayment [rɪˈpeɪmənt] <fn> **1.** [U] visszafizetés **2.** [C] részletfizetés

¹repeat [rɪˈpiːt] <ige> (meg)ismétel; (el)ismétel: *Please repeat your words because I couldn't hear anything.* Kérlek, ismételd meg, amit mondtál, mert semmit sem hallottam! ∗ *He keeps repeating himself.* Állandóan önmagát ismétli.

²repeat [rɪˈpiːt] <fn> [C] ismétlés

repeated [rɪˈpiːtɪd] <mn> (meg)ismételt

repel [rɪˈpel] <ige> (repels, repelling, repelled) **1.** *(támadást, támadót stb.)* visszaszorít; visszaver **2.** visszautasít; elutasít **3.** (vissza-) taszít; undorít

repent [rɪˈpent] <ige> *(hibát, meggondolatlanságot stb.)* (meg)bán; sajnál

repertoire [ˈrepətwɑː] <fn> [C] repertoár

repetition [ˌrepəˈtɪʃn] <fn> [C, U] **1.** ismétlés **2.** ismétlődés

repetitive [rɪˈpetətɪv] <mn> ismétlődő

replace [rɪˈpleɪs] <ige> **1.** visszatesz; visszarak: *Replace my pencil into my bag.* Tedd vissza a ceruzámat a táskámba! **2.** kicserél; átcserél: *My new sunglasses have suddenly broken so I had to replace it.* Az új napszemüvegem hirtelen eltört, úgyhogy ki kellett cserélnem. **3.** felvált; utóda lesz; helyébe lép: *When my grandfather retired Mr Brown replaced him as the manager of the company.* Amikor nagyapám nyugdíjba ment, Brown úr lépett helyébe cégvezetőként.

replacement [rɪˈpleɪsmənt] <fn> **1.** [U] csere; pótlás **2.** [C] *(állásban)* utód

¹replay [ˌriːˈpleɪ] <ige> (replays, replaying, replayed) **1.** sp *(mérkőzést)* újra játszik **2.** *(felvételt)* visszajátszik

²replay [ˈriːpleɪ] <fn> [C] **1.** sp újrajátszás **2.** visszajátszás

¹reply [rɪˈplaɪ] <ige> (replies, replying, replied) válaszol (**to sy/sg** vkinek/vmire): *Have you already replied to his letter?* Válaszoltál már a levelére?

²**reply** [rɪ'plaɪ] <fn> [C, U] (replies) válasz: *in reply to sg* válaszul vmire ∗ *I asked him a question but I couldn't hear his reply.* Feltettem neki egy kérdést, de nem hallottam a válaszát.

¹**report** [rɪ'pɔːt] <ige> **1.** (be)jelent: *The bank robbery has been reported at 2 o'clock.* A bankrablást 2 órakor jelentették. **2.** tudósít; hírül ad; beszámol: *The newspaper reported that four people had been injured in the accident.* Az újság beszámolt arról, hogy négy ember sérült meg a balesetben. **3.** (be)jelentkezik: *report for work* munkára jelentkezik **4.** (fel-)jelent: *report sy to the police* feljelent vkit a rendőrségen

report back visszajelzést ad
report to sy vkinek a vezetése alá tartozik

²**report** [rɪ'pɔːt] <fn> [C] **1.** jelentés; beszámoló (**on/of sg** vmiről): *present a report on sg* jelentést tesz vmiről **2.** tudósítás; hír: *I have read all the reports about the floods.* Minden tudósítást elolvastam az árvízről. **3.** (iskolai) bizonyítvány: *At the end of the school year we get our school reports from the teacher.* Az iskolaév végén megkapjuk a bizonyítványunkat a tanártól.

reported speech [rɪˌpɔːtɪd'spiːtʃ] <fn> [U] nyelvt függő beszéd
reporter [rɪ'pɔːtə] <fn> [C] riporter; tudósító
represent [ˌreprɪ'zent] <ige> **1.** képvisel: *I will represent our country at the meeting.* Én képviselem az országunkat a találkozón. **2.** jelez; jelöl; mutat: *On this picture blue dots represent lakes.* Ezen a képen a kék pontok jelölik a tavakat. **3.** ábrázol; bemutat **4.** jelent; eredményez: *These results represent a major breakthrough.* Ezek az eredmények hatalmas áttörést jelentenek.
representation [ˌreprɪzen'teɪʃn] <fn> **1.** [U] képviselet **2.** [C, U] ábrázolás(i mód)
¹**representative** [ˌreprɪ'zentətɪv] <fn> [C] **1.** képviselő; megbízott: *We elected representatives.* Képviselőket választottunk. **2.** (vállalati) ügynök; képviselő: *A representative of our company has been sent to Japan.* A cégünk egyik képviselőjét Japánba küldték.
²**representative** [ˌreprɪ'zentətɪv] <mn> jellegzetes; reprezentatív; tipikus: *exhibition representative of English art* reprezentatív angol művészeti kiállítás
repress [rɪ'pres] <ige> elnyom; elfojt; visszafojt
repression [rɪ'preʃn] <fn> [U] **1.** elnyomás **2.** *(érzelmeké)* elfojtás

repressive [rɪ'presɪv] <mn> elnyomó
¹**reprimand** ['reprɪmɑːnd] <ige> rendreutasít; megró (**for sg** vmiért)
²**reprimand** ['reprɪmɑːnd] <fn> [C, U] megrovás
¹**reprint** [ˌriː'prɪnt] <ige> újra kinyomtat; *(változatlan kiadásban)* megjelentet
²**reprint** ['riːprɪnt] <fn> [C] újranyomás; utánnyomás; változatlan új kiadás: *reprint edition* változatlan új kiadás
¹**reproach** [rɪ'prəʊtʃ] <ige> hibáztat; szemrehányást tesz (**for/with sg** vmiért): *His eyes reproached me.* Szemrehányóan nézett rám.
²**reproach** [rɪ'prəʊtʃ] <fn> [C, U] szemrehányás: *look of reproach* szemrehányó tekintet
reproachful [rɪ'prəʊtʃfl] <mn> szemrehányó
reproduce [ˌriːprə'djuːs] <ige> **1.** szaporodik **2.** reprodukál; újra előállít/alkot; sokszorosít
reproduction [ˌriːprə'dʌkʃn] <fn> **1.** [U] szaporodás **2.** [C, U] reprodukció; másolás; sokszorosítás
reproof [rɪ'pruːf] <fn> [C, U] rosszallás; megrovás
reprove [rɪ'pruːv] <ige> (meg)dorgál; megró (**for sg** vmiért)
reptile ['reptaɪl] <fn> [C] hüllő
republic [rɪ'pʌblɪk] <fn> [C] köztársaság: *the Republic of Hungary* a Magyar Köztársaság
¹**republican** [rɪ'pʌblɪkən] <fn> [C] **1.** köztársaságpárti (személy) **2. Republican** a Republikánus Párt tagja
²**republican** [rɪ'pʌblɪkən] <mn> köztársasági
repulsive [rɪ'pʌlsɪv] <mn> visszataszító; undorító
reputable ['repjətəbl] <mn> elismert; jó hírű/nevű; tekintélyes
reputation [ˌrepju'teɪʃn] <fn> [C] (jó) hír(név): *This hotel has a good reputation abroad.* Ennek a szállodának jó híre van külföldön.
reputed [rɪ'pjuːtɪd] <mn> állítólagos; feltételezett; feltehető: *a reputed Rembrandt* állítólagos Rembrandt-kép
reputedly [rɪ'pjuːtɪdlɪ] <hsz> állítólag
¹**request** [rɪ'kwest] <ige> hiv, vál (meg)kér: *request permission to do sg* engedélyt kér arra, hogy megtehessen vmit
²**request** [rɪ'kwest] <fn> [C, U] hiv, vál kérés; kívánság: *make a request* kér ∗ *on request* kérésre ∗ *What was your request?* Mi volt a kérésed?
require [rɪ'kwaɪə] <ige> hiv, vál (meg)kíván; (meg-)követel; elvár; igényel: *plant that requires plenty of water* sok vizet igénylő növény ∗ *as required* szükség szerint ∗ *This job requires high intelligence.* Ez a munka igen magas fokú

intelligenciát kíván meg. ∗ *I require you to obey me.* Megkövetelem, hogy engedelmeskedjél nekem. ∗ *You are required to represent your company at the conference.* Elvárják, hogy te képviseld cégünket a konferencián.

requirement [rɪˈkwaɪəmənt] <fn> [C] hiv, vál előfeltétel; követelmény; kívánalom; igény: *meet sy's requirements* eleget tesz vki kívánalmainak ∗ *What are the minimum entrance requirements?* Melyek a felvételi vizsga minimális követelményei?

¹rescue [ˈreskjuː] <ige> segít; kiment; megment (**from sy/sg** vkitől/vmitől): *We rescued the dog from the burning house.* Kimentettük a kutyát az égő házból.

²rescue [ˈreskjuː] <fn> [C, U] segítség; (ki)mentés; (meg)mentés: *come to sy's rescue* vkinek a segítségére siet ∗ *Four people and four dogs took part in the rescue of the alpinists.* A hegymászók megmentésében négy ember és négy kutya vett részt.

¹research [rɪˈsɜːtʃ] <fn> [U] kutatás; vizsgálat: *scientific research* tudományos kutatás ∗ *carry out research* kutatásokat folytat

²research [rɪˈsɜːtʃ] <ige> kutat(ómunkát végez); kutatásokat folytat: *Doctor Brown spent all his life researching the causes of cancer.* Doktor Brown egész életében a rák okait kutatta.

resemblance [rɪˈzembləns] <fn> [C, U] hasonlóság; hasonlatosság (**to sg** vmihez): *bear a resemblance to sg* hasonlít vmihez

resemble [rɪˈzembl] <ige> hasonlít

resent [rɪˈzent] <ige> neheztel; zokon vesz; megsértődik; rossz néven vesz: *resent criticism* rossz néven veszi a kritikákat

resentful [rɪˈzentfʊl] <mn> neheztelő; megsértett; megbántott

resentment [rɪˈzentmənt] <fn> [U] neheztelés; megbántódás; harag

reservation [ˌrezəˈveɪʃn] <fn> **1.** [C] *(szobáé, jegyé stb.)* foglalás: *make a reservation (szállodában szobát/jegyet stb.)* foglal **2.** [C, U] fenntartás; kétség: *accept sg without reservation* fenntartás nélkül elfogad vmit

¹reserve [rɪˈzɜːv] <ige> **1.** fenntart; félretesz; eltesz: *We can't sit here because these seats are reserved for the disabled.* Ide nem ülhetünk, mert ezek a székek a mozgáskorlátozottak számára vannak fenntartva. **2.** (le)foglal: *I have reserved a room for two of us at the hotel.* (Le)foglaltam egy szobát kettőnknek a szállodában.

²reserve [rɪˈzɜːv] <fn> **1.** [C, ált pl] tartalék: *oil reserves* olajtartalékok **2.** [C] sp tartalék(játékos) **3.** [C] védett terület; rezervátum: *game reserve* vadrezervátum **4.** [U] visszafogottság; szerénység; tartózkodás

♦ **in reserve** tartalékban

reserved [rɪˈzɜːvd] <mn> tartózkodó; visszafogott; hallgatag; zárkózott

reservoir [ˈrezəvwɑː] <fn> [C] vízgyűjtő medence; víztározó

reside [rɪˈzaɪd] <ige> lakik; tartózkodik (**at/in swhere** vhol)

residence [ˈrezɪdəns] <fn> **1.** [U] (állandó) lakóhely; tartózkodási hely: *change one's residence* megváltoztatja a lakóhelyét **2.** [C] rezidencia

¹resident [ˈrezɪdənt] <fn> [C] **1.** (állandó) lakos; helybeli (lakos): *I am a visitor, not a resident.* Én látogató vagyok, nem helybeli. **2.** hotel lakója

²resident [ˈrezɪdənt] <mn> helyben lakó; helybeli; (benn)lakó: *resident population* helybeli lakosság

resign [rɪˈzaɪn] <ige> **1.** lemond; leköszön: *resign from the cabinet (miniszter)* lemond ∗ *resign sg to sy* lemond vmiről vkinek a javára **2. resign oneself to sg** beletörődik; belenyugszik vmibe

resignation [ˌrezɪgˈneɪʃn] <fn> **1.** [C, U] lemondás; felmondás: *hand in one's resignation* benyújtja a felmondását **2.** [U] beletörődés

resigned [rɪˈzaɪnd] <mn> beletörődő; belenyugvó (**to sg** vmibe)

resist [rɪˈzɪst] <ige> ellenáll: *a temptation strong to be resisted* ellenállhatatlan kísértés ∗ *Our troops have resisted all the attacks.* A csapataink minden támadásnak ellenálltak. ∗ *She could never resist chocolate.* Sohasem tudott ellenállni a csokinak.

resistance [rɪˈzɪstəns] <fn> [U] ellenállás: *deal with resistance* leküzdi az ellenállást

resistant [rɪˈzɪstənt] <mn> ellenálló: *water-resistant* vízálló

resolute [ˈrezəluːt] <mn> eltökélt; határozott

resolution [ˌrezəˈluːʃn] <fn> **1.** [U] eltökéltség; határozottság: *lack of resolution* határozatlanság **2.** [U] megoldás; megfejtés **3.** [C] határozat; döntés: *pass a resolution* határozatot hoz **4.** [C] elhatározás; szándék: *form/make a resolution* elhatároz vmit

resolve [rɪˈzɒlv] <ige> **1.** megold; megfejt **2.** (el)határoz; eldönt; határozatot hoz

¹resort [rɪˈzɔːt] <fn> [C] üdülőhely; nyaralóhely

²resort [rɪˈzɔːt] <ige>

resort to sg igénybe vesz vmit; folyamodik vmihez: *resort to violence* erőszakhoz folyamodik

resound [rɪˈzaʊnd] <ige> zeng; harsog; visszhangzik (**with sg** vmitől)
resounding [rɪˈzaʊndɪŋ] <mn> **1.** zengő; harsogó **2.** óriási: *resounding success* óriási siker
resource [rɪˈzɔːs] <fn> [C, ált pl] erőforrás; anyagi eszközök/források: *What are your country's most important natural resources?* Melyek az országotok legfontosabb természeti erőforrásai?
resourceful [rɪˈzɔːsfl] <mn> leleményes; talpraesett; találékony
¹respect [rɪˈspekt] <fn> **1.** [U] megbecsülés; tisztelet: *We have great respect for our teacher.* Nagyon tiszteljük a tanárunkat. ∗ *Treat your parents with much more respect.* Sokkal több tisztelettel bánj a szüleiddel! **2.** [C] szempont; tekintet: *in every respect* mindenféle szempontból ∗ *In some respects he is right.* Bizonyos szempontból igaza van.
♦ **with respect to sg** vmire vonatkozóan
♦ **pay one's respects to sy** tiszteletét teszi vkinél
²respect [rɪˈspekt] <ige> tisztel; becsül: *All of us respect our teacher.* Mindannyian tiszteljük a tanárunkat.
respectable [rɪˈspektəbl] <mn> **1.** tiszteletre méltó; jó hírű **2.** tisztességes; becsületes **3.** tekintélyes: *respectable salary* tekintélyes fizetés ∗ *respectable number of people* emberek szép számban
respectful [rɪˈspektfl] <mn> tiszteletteljes; tiszelettudó
respective [rɪˈspektɪv] <mn> saját
respectively [rɪˈspektɪvli] <hsz> külön-külön
respiration [ˌrespəˈreɪʃn] <fn> [U] lélegzés; légzés
respond [rɪˈspɒnd] <ige> **1.** válaszol; felel (**to sg** vmire): *Did he respond to your difficult question?* Válaszolt a nehéz kérdésedre? **2.** reagál (**to sg** vmire): *respond to the treatment* reagál a kezelésre
response [rɪˈspɒns] <fn> [C, U] **1.** válasz; felelet **2.** reagálás; reakció
responsibility [rɪˌspɒnsəˈbɪləti] <fn> [C, U] (responsibilities) felelősség; kötelesség; kötelezettség: *take responsibility* vállalja a felelősséget ∗ *I have responsibility for my family.* Felelősséget érzek a családom iránt. ∗ *I took him home from the hospital on my own responsibility.* Saját felelősségemre vittem haza a kórházból. ∗ *The responsibility of parents is to look after their children as carefully as they just can.* A szülők kötelessége, hogy amennyire csak tudnak, gondoskodjanak a gyermekeikről.
responsible [rɪˈspɒnsəbl] <mn> **1.** felelős (**for sy/sg** vkiért/vmiért): *We are responsible for our children.* Felelősek vagyunk a gyermekeinkért. **2. be responsible** felelősséggel tartozik (**to sy for sg** vkinek vmiért) **3.** megbízható: *He has always been very responsible so we can trust him.* Mindig is nagyon megbízható volt, úgyhogy bízhatunk benne. **4.** *(állás)* bizalmi; felelősségteljes
responsive [rɪˈspɒnsɪv] <mn> érzékeny; fogékony
¹rest [rest] <ige> **1.** (meg)pihen; alszik: *We had to rest for half an hour before leaving.* Indulás előtt fél órát kellett pihennünk. ∗ *Don't bother her – she is resting at the moment.* Ne zavard – pillanatnyilag pihen! **2.** tesz; helyez; rak; támaszt: *I rested my guitar against the table.* A gitáromat az asztalnak támasztottam. ∗ *I rested my arms on the table.* A karomat az asztalra támasztottam. **3.** pihentet; nyugtat: *colour that rests the eyes* szemet nyugtató szín

rest on sy/sg támaszkodik vkire/vmire

²rest [rest] <fn> **1.** [C, U] pihenés; nyugalom; alvás: *have a rest* lepihen **2. the rest** [sing + sing/pl v] a többi(ek); a maradék: *for the rest* ami a többit illeti ∗ *I can't find the rest of the children anywhere.* Sehol sem találom a többi gyereket. ∗ *Put the rest of your meat into my plate.* A maradék húst tedd a tányéromba!
♦ **at rest** nyugalmi állapotban ♦ **come to rest** (végleg) megáll
restaurant [ˈrestərɒnt] <fn> [C] vendéglő; étterem: *I am waiting for you at that new restaurant on the corner.* Az új, sarki étteremben várlak.
restful [ˈrestfl] <mn> pihentető; megnyugtató
restless [ˈrestləs] <mn> **1.** nyugalom nélküli; nyugtalan; álmatlan: *a restless night* álmatlan éjszaka **2.** nyugtalan; állandóan mozgó; ideges: *The audience was getting restless.* A hallgatóság nyugtalankodni kezdett. **3.** *(gyerek)* nyugtalan; lármás; féktelen
restoration [ˌrestəˈreɪʃn] <fn> [C] **1.** [C, U] helyreállítás; újjáépítés; restauráció; restaurálás **2.** [U] visszaadás
restore [rɪˈstɔː] <ige> **1.** helyreállít; felújít; restaurál **2.** visszaad (**sg to sy** vmit vkinek)
restrain [rɪˈstreɪn] <ige> féken tart; visszatart (**from sg** vmitől): *restrain one's temper* fékezi magát
restrained [rɪˈstreɪnd] <mn> visszafogott
restraint [rɪˈstreɪnt] <fn> **1.** [U] önuralom; mérséklet; tartózkodás: *lack of restraint* féktelenség **2.** [C] korlátozás (**on sy/sg** vkin/vmin): *put*

a restraint on sy korlátoz vkit * *without restraint* korlátlanul

restrict [rɪ'strɪkt] <ige> korlátoz; megszorít; megfékez: *restrict the consumption of alcohol* a szeszfogyasztást korlátozza

restriction [rɪ'strɪkʃn] <fn> [C, U] korlátozás; megszorítás

restrictive [rɪ'strɪktɪv] <mn> korlátozó; megszorító

restroom ['restruːm] <fn> [C] AmE nyilvános illemhely; mosdó

¹result [rɪ'zʌlt] <fn> 1. [C] eredmény; következmény: *The crash was the result of speeding.* A karambol a gyorshajtás eredménye volt. * *As a result of being late he missed the train.* Késése következtében lemaradt a vonatról. 2. [C, U] eredmény: *the result of the election* a szavazás eredménye * *The treatment shows results.* A kezelés eredményeket mutat. 3. [C, ált pl] (vizsga)eredmény: *What is the result of your examination?* Mi a vizsgád eredménye?

²result [rɪ'zʌlt] <ige> származik; ered; következik: *Much harm resulted from this.* Sok baj származott ebből.

result in sg eredményez; vezet vmire; végződik vmivel

resume [rɪ'zjuːm] <ige> 1. folytat: *"This was a great mistake", he resumed.* „Ez nagy hiba volt" folytatta. 2. visszanyer; visszaszerez; visszafoglal

résumé ['rezjuːmeɪ] <fn> [C] 1. AmE szakmai önéletrajz 2. rezümé; összefoglaló; összefoglalás; kivonat

resurrect [ˌrezə'rekt] <ige> feltámaszt; új életre kelt

resurrection [ˌrezə'rekʃn] <fn> 1. [U] feltámadás; feléledés 2. [U] feltámasztás; feléleszés 3. **the Resurrection** [sing] vall a feltámadás

¹retail ['riːteɪl] <fn> [U] kiskereskedelem

²retail ['riːteɪl] <ige> kiskereskedőként árusít/forgalmaz

retain [rɪ'teɪn] <ige> megőriz; fenntart; megtart: *retain the right to do sg* fenntartja magának a jogot vminek a megtételére

retaliate [rɪ'tælieɪt] <ige> megbosszul; megtorol

retaliation [rɪˌtæli'eɪʃn] <fn> [U] megtorlás: *in retaliation* megtorlásul

retard [rɪ'tɑːd] <ige> késleltet; visszatart; lassít; gátol

retarded [rɪ'tɑːdɪd] <mn> (fejlődésben) visszamaradt

rethink [ˌriː'θɪŋk] <ige> (rethought, rethought) újra átgondol/meggondol

retire [rɪ'taɪə] <ige> 1. visszavonul; nyugdíjba megy: *Most people retire at the age of 65.* A legtöbb ember 65 éves korában megy nyugdíjba. 2. visszavonul; (el)megy: *retire from the room* elhagyja a szobát * *retire to bed* aludni megy

retired [rɪ'taɪəd] <mn> nyugdíjas

retiree [rɪˌtaɪə'riː] <fn> [C] nyugdíjas

retirement [rɪ'taɪəmənt] <fn> 1. [C, U] nyugdíjazás; visszavonulás: *take early retirement* korkedvezménnyel nyugdíjba megy 2. [U] nyugdíjas élet: *wish sy a happy retirement* boldog nyugdíjas életet kíván vkinek

retirement pay [rɪ'taɪəmənt peɪ] <fn> [U] nyugdíj

¹retort [rɪ'tɔːt] <ige> visszavág; visszaválaszol; visszafelel

²retort [rɪ'tɔːt] <fn> [U] *(válaszra)* visszavágás

retract [rɪ'trækt] <ige> *(állítást stb.)* visszavon; visszaszív

retrain [ˌriː'treɪn] <ige> átképez

¹retreat [rɪ'triːt] <ige> 1. visszavonul; (meg-)hátrál; megfutamodik 2. visszavonul; visszahúzódik

²retreat [rɪ'triːt] <fn> 1. [C, U] visszavonulás; hátrálás: *be in retreat* visszavonulóban van 2. [C] pihenőhely; menedékhely

retrieval [rɪ'triːvl] <fn> [U] 1. visszanyerés; visszaszerzés 2. infor *(információé)* visszakeresés 3. helyrehozás

retrieve [rɪ'triːv] <ige> 1. visszanyer; visszaszerez: *retrieve one's honour* visszaszerzi a becsületét 2. infor *(információt)* visszakeres 3. helyrehoz; jóvátesz 4. visszahoz: *We taught our dog to retrieve a ball.* Megtanítottuk a kutyát, hogy visszahozza a labdát.

retrospect ['retrəʊspekt] <fn> [U] visszapillantás; visszatekintés

♦ **in retrospect** visszatekintve

retrospective [ˌretrə'spektɪv] <mn> 1. visszatekintő; visszapillantó 2. *(vizsgálat stb.)* visszamenőleges

¹return [rɪ'tɜːn] <ige> 1. visszamegy; visszatér; visszajön; hazajön: *We returned from the Lake Balaton a week ago.* Egy héttel ezelőtt jöttünk vissza a Balatonról. * *When does he return from work?* Mikor jön haza a munkából? 2. visszaad; visszavisz; visszaküld; visszajuttat: *May I ask you to return all my books (to me)?* Megkérhetnélek, hogy az összes könyvemet add vissza? * *She borrowed my bike but never returned it.* Kölcsönkérte a biciklimet, de soha nem adta vissza. 3. visszatesz; visszarak: *return a book to its place* visszatesz egy

²**return**

könyvet a helyére **4.** visszatér: *return to normal* visszatér a normális kerékvágásba ∗ *Let us return to the subject.* Térjünk vissza a tárgyra! **5.** viszonoz: *return a kindness* szívességet viszonoz **6.** visszaüt; visszadob

²**return** [rɪˈtɜːn] <fn> **1.** [sing] visszatérés; visszaérkezés: *On my return to work my colleagues celebrated me.* A munkába való visszatérésem alkalmából munkatársaim megünnepeltek. ∗ *See you at the station on my return.* Visszaérkezésemkor találkozunk az állomáson! **2.** [U] visszaadás; visszaküldés; visszaszolgáltatás: *I dreamt about the return of my stolen car.* Arról álmodtam, hogy visszaadják az ellopott autómat. **3.** [C] visszaütés; visszadobás **4.** [C, U] nyereség **5.** [C] menettérti jegy; retúr(jegy): *Two returns to London, please.* Két menettérti jegyet kérek Londonba!
♦ **by return (of post)** BrE postafordultával
♦ **in return for sg** viszonzásképpen; cserébe vmiért ♦ **Many happy returns (of the day)!** Sok boldog születésnapot!

reunion [riːˈjuːnɪən] <fn> **1.** [C] találkozó; összejövetel: *a family reunion* családi összejövetel **2.** [C, U] újraegyesítés **3.** [C, U] újraegyesülés

reunite [ˌriːjuːˈnaɪt] <ige> **1.** összegyűlik; öszszejön **2.** újraegyesít **3.** újraegyesül

¹**rev** [rev] <fn> [C] biz fordulat(szám)

²**rev** [rev] <ige> (revs, revving, revved) **1. rev sg (up)** felpörget vmit: *rev (up) the engine* felpörgeti a motort **2. rev (up)** felpörög: *The engine began to rev (up).* A motor felpörgött.

revalue [ˌriːˈvæljuː] <ige> **1.** átértékel; újraértékel **2.** gazd felértékel

reveal [rɪˈviːl] <ige> felfed; feltár; leleplez: *reveal one's identity* felfedi a kilétét

revealing [rɪˈviːlɪŋ] <mn> leleplező: *a revealing interview* leleplező interjú

¹**revenge** [rɪˈvendʒ] <fn> [U] bosszú; megtorlás (**for sg** vmiért): *take revenge for sg on sy* bosszút áll vmiért vkin ∗ *in revenge* bosszúból

²**revenge** [rɪˈvendʒ] <ige> bosszút áll; megtorol

reverence [ˈrevrəns] <fn> [U] tisztelet(adás); hódolat (**for sg** vmiért): *feel reverence for sy* nagy tiszteletben tart vkit

reverent [ˈrevrənt] <mn> tiszteletteljes; tisztelettudó

¹**reverse** [rɪˈvɜːs] <ige> **1.** tolat; hátrafelé halad: *I can't drive forwards here so I have to reverse.* Itt nem tudok előre menni, (úgyhogy) tolatnom kell. **2.** megcserél; felcserél; megfordít; megváltoztat: *We reversed the usual order of the songs at this concert.* Ezen a hangversenyen felcseréltük a dalok megszokott sorrendjét. **3.** *(ítéletet)* visszavon; megsemmisít

²**reverse** [rɪˈvɜːs] <fn> **1. the reverse** [sing] az ellenkezője; a fordítottja (**of sg** vminek): *He told me something but I think the reverse was true.* Mondott nekem valamit, de azt hiszem, az ellenkezője volt igaz. **2.** [U] hátramenet; rükverc: *Put your car into reverse.* Kapcsolj hátramenetbe!
♦ **in reverse** fordítva

³**reverse** [rɪˈvɜːs] <mn> (meg)fordított; ellenkező; ellentétes

¹**review** [rɪˈvjuː] <fn> **1.** [C, U] felülvizsgálat; revízió **2.** [C] kritika; beszámoló; ismertetés: *This play got an excellent review.* Ez a darab kiváló kritikát kapott. **3.** [C] visszapillantás; áttekintés: *The minister gave a short review of all our church events of this month.* A lelkész rövid áttekintést adott a hónap minden egyházi eseményéről.

²**review** [rɪˈvjuː] <ige> **1.** felülvizsgál; áttekint; átvizsgál: *He carefully reviewed all the decisions we made.* Minden döntésünket gondosan felülvizsgálta. **2.** kritikát/ismertetést ír: *They haven't reviewed my new book yet.* Még nem írtak ismertetést az új könyvemről. **3.** áttekint; átvesz: *We reviewed our last lesson.* Áttekintettük az elmúlt órán tanultakat.

reviewer [rɪˈvjuːə] <fn> [C] kritikus

revise [rɪˈvaɪz] <ige> **1.** átnéz; (át)javít; (ki)javít; felülvizsgál **2.** BrE *(vizsgára)* ismétel; átnéz

revision [rɪˈvɪʒn] <fn> **1.** [C, U] átnézés; javítás; átdolgozás; helyesbítés **2.** [U] BrE ismétlés: *do revision (vizsgára)* ismétel

revival [rɪˈvaɪvl] <fn> **1.** [C, U] megújulás; újjászületés; feléledés **2.** [C] felújítás; megújítás

revive [rɪˈvaɪv] <ige> **1.** feléled; magához tér **2.** feléleszt; felüdít; felfrissít: *A cup of tea will revive me.* Egy csésze tea fel fog frissíteni. **3.** megújul; újjászületik; felújul **4.** felújít; újjáéleszt; feléleszt: *revive a play* felújít egy színdarabot ∗ *revive an old custom* feléleszt egy régi szokást

¹**revolt** [rɪˈvəʊlt] <ige> **1.** felkel; (fel)lázad (**against sy/sg** vki/vmi ellen) **2.** undorít; visszataszít; felháborít

²**revolt** [rɪˈvəʊlt] <fn> [C, U] lázadás; felkelés; zendülés

revolting [rɪˈvəʊltɪŋ] <mn> undorító; visszataszító; felháborító

revolution [ˌrevəˈluːʃn] <fn> **1.** [C, U] forradalom: *The Hungarian revolution took place in 1956.* A magyar forradalom 1956-ban volt. **2.** [C] forradalom; gyökeres változás (**in sg** vmiben): *the Industrial Revolution* az ipari forradalom **3.** [C, U] fordulat

¹revolutionary [ˌrevəˈluːʃənrɪ] <mn> **1.** *(forradalommal kapcsolatos)* forradalmi **2.** *(gyökeresen új)* forradalmi

²revolutionary [ˌrevəˈluːʃənrɪ] <fn> [C] (revolutionaries) forradalmár

revolutionise [ˌrevəˈluːʃənaɪz] BrE → **revolutionize**

revolutionize [ˌrevəˈluːʃənaɪz] <ige> forradalmasít

revolve [rɪˈvɒlv] <ige> kering; forog: *The earth revolves round the sun.* A Föld a Nap körül kering.

revolve around sy/sg átv vki/vmi körül forog

revolver [rɪˈvɒlvə] <fn> [C] revolver

revolving door [rɪˌvɒlvɪŋˈdɔː] <fn> [C] forgóajtó

¹reward [rɪˈwɔːd] <fn> [C, U] jutalom; ellenszolgáltatás (**for sg** vmiért): *He got a reward for finding a purse.* Jutalmat kapott, mert megtalált egy pénztárcát.

²reward [rɪˈwɔːd] <ige> (meg)jutalmaz (**for sg** vmiért): *She was rewarded with a new bicycle.* Egy új biciklivel jutalmazták meg.

rewarding [rɪˈwɔːdɪŋ] <mn> sikerélményt nyújtó; hálás; hasznos

rewrite [ˌriːˈraɪt] <ige> (rewrote, rewritten) átír; átfogalmaz

rhetoric [ˈretərɪk] <fn> [U] **1.** szónoklattan; retorika **2.** ékesszólás; szónokiasság

rhetorical [rɪˈtɒrɪkl] <mn> szónoki

rheumatism [ˈruːmətɪzm] <fn> [U] reuma

rhino [ˈraɪnəʊ] <fn> [C] (rhinos) biz orrszarvú; rinocérosz

rhinoceros [raɪˈnɒsərəs] <fn> [C] (rhinoceros v. rhinoceroses) orrszarvú; rinocérosz

Rhodes [rəʊdz] <fn> *(sziget)* Rodosz

rhubarb [ˈruːbɑːb] <fn> [U] rebarbara

¹rhyme [raɪm] <fn> **1.** [C] rím(elő szó): *Tell me a rhyme for "blue".* Mondj egy rímelő szót a „blue"-ra! **2.** [C] *(gyermek)*vers **3.** [U] rím

²rhyme [raɪm] <ige> **1.** rímel: *This word doesn't rhyme with that one.* Ez a szó nem rímel azzal a szóval. **2.** *(szavakat, verssorokat)* rímeltet

rhythm [ˈrɪðəm] <fn> [C, U] ritmus; ütem: *have no sense of rhythm* nincs ritmusérzéke

rhythmic [ˈrɪðmɪk] <mn> ritmikus; ütemes: *rhythmic gymnastics* ritmikus sportgimnasztika

rib [rɪb] <fn> [C] borda: *I fell off my bicycle and broke my ribs.* Leestem a biciklimről, és eltörtem a bordám.

ribbon [ˈrɪbən] <fn> [C, U] szalag: *Tie your long hair back with this ribbon.* A hosszú hajadat fogd össze ezzel a szalaggal!

rice [raɪs] <fn> [U] rizs: *polished rice* fényezett rizs ∗ *We had meat with rice for lunch.* Ebédre húst ettünk rizzsel.

¹rich [rɪtʃ] <mn> (richer, richest) **1.** gazdag: *Who is the richest person of the town?* Ki a város leggazdagabb embere? **2.** gazdag; bővelkedő (**in sg** vmiben): *This country is rich in forests.* Ez az ország erdőkben gazdag. **3.** *(étel)* nehéz; kalóriadús: *This cake is too rich for me.* Ez a süti túl nehéz nekem. **4.** *(talaj)* termékeny **5.** *(szín)* erős; élénk; *(hang)* telt; mély **6.** *(termés stb.)* gazdag; bő; dús: *rich harvest* bő termés

²rich [rɪtʃ] <fn> **the rich** [pl] a gazdagok

riches [ˈrɪtʃɪz] <fn> [pl] gazdagság; vagyon

rickety [ˈrɪkəti] <mn> rozoga; roskadozó: *a rickety table* rozoga asztal

rid [rɪd] <ige> (rids, ridding, rid, rid) megszabadít (**of sy/sg** vkitől/vmitől): *They rid the house of pests.* Megszabadítják a házat a kártevőktől.

♦ **get rid of sy/sg** megszabadul; megmenekül vkitől/vmitől

ridden [ˈrɪdn] <ige> → **¹ride**

riddle [ˈrɪdl] <fn> [C] **1.** találós kérdés: *ask sy a riddle* találós kérdést ad fel vkinek **2.** rejtély; talány

¹ride [raɪd] <ige> (rode, ridden) **1.** lovagol: *Can you ride?* Tudsz lovagolni? **2.** kerékpározik; motorozik: *He wants to ride his bike.* Kerékpározni szeretne. **3.** *(járművön)* utazik: *We rode in the back seat of the bus.* A busz hátsó ülésén utaztunk.

²ride [raɪd] <fn> [C, U] **1.** lovaglás **2.** kerékpározás; motorozás **3.** *(járművön)* utazás: *We had a nice ride with his car.* Jól utaztunk az autójában.

♦ **take sy for a ride** biz átejt vkit

rider [ˈraɪdə] <fn> [C] **1.** lovas **2.** kerékpáros **3.** motoros

ridge [rɪdʒ] <fn> [C] **1.** *(hegy)*gerinc **2.** tetőgerinc **3.** redő éle; barázda

¹ridicule [ˈrɪdɪkjuːl] <fn> [U] nevetség (tárgya): *turn sy into ridicule* nevetség tárgyává tesz vkit

²ridicule [ˈrɪdɪkjuːl] <ige> kinevet; kigúnyol; kicsúfol

ridiculous [rɪˈdɪkjʊləs] <mn> nevetséges

riding [ˈraɪdɪŋ] <fn> [U] lovaglás: *My favourite sport is riding.* Kedvenc sportom a lovaglás.

¹rifle [ˈraɪfl] <fn> [C] puska

²rifle [ˈraɪfl] <ige> átkutat; felforgat (**through sg** vmit)

rift [rɪft] <fn> [C] rés; repedés; hasadás; hasadék; szakadék

¹**rig** [rɪg] <ige> (rigs, rigging, rigged) **1.** manipulál; megbundáz **2.** felállít; felszerel

> **rig sy out** felöltöztet; kiöltöztet vkit
> **rig sg up** összetákol vmit

²**rig** [rɪg] <fn> [C] (olaj)fúrótorony

¹**right** [raɪt] <mn> **1.** helyes; igaz: *I am right but you are wrong.* Nekem igazam van, te azonban tévedsz! ∗ *She gave the right answer to my question.* A kérdésemre helyes választ adott. ∗ *That's right!* Úgy van! **2.** jó; megfelelő; helyes: *This is the right way to the museum.* Jó úton vagyunk a múzeum felé. ∗ *Put this book to the right place.* Ezt a könyvet tedd a megfelelő helyre! ∗ *You used just the right word.* Pont a helyes szót használtad! ∗ *He's the right person for the job.* A legmegfelelőbb ember erre a munkára. **3.** becsületes; igazságos; helyes: *It is not right to do that.* Nem helyes, hogy azt csinálod. **4.** jobb (oldali): *My right leg is broken.* A jobb lábam eltörött. **5.** kész; teljes: *a right idiot* kész bolond **6.** egyenes: *right line* egyenes vonal
♦ **Right (you are)!** Rendben!

²**right** [raɪt] <hsz> **1.** pont(osan); éppen: *Our new house is right in the middle of the garden.* Az új házunk pont(osan) a kert közepén áll. ∗ *I arrived right before lunch.* Éppen ebéd előtt érkeztem. **2.** helyesen; megfelelően; jól: *I couldn't tell her the story right.* Nem tudtam neki helyesen elmondani a történetet. ∗ *It seems to be going right.* Úgy tűnik, jól megy. **3.** egészen: *We watch the film right to the end.* Egészen a végéig megnézzük a filmet. **4.** jobbra: *turn right* jobbra fordul **5.** azonnal: *I'll be right back.* Azonnal visszajövök.
♦ **right/straight away** azonnal; nyomban
♦ **right now** éppen most; rögtön

³**right** [raɪt] <fn> **1.** [U] a jó; a helyes: *What do you think the difference is between right and wrong?* Szerinted mi a különbség a jó és a rossz között? **2.** [sing] jobb kéz; jobb oldal: *on the right* a jobb oldalon ∗ *Keep to the right.* Jobbra tarts! **3.** [C, U] jog (**to sg** vmihez): *She has the right to come in if she wants to.* Joga van bejönni, ha akar. ∗ *You have no right to drive his car.* Nincs jogod az autóját vezetni.
♦ **be in the right** az igazság az ő oldalán van ♦ **by rights** igazság szerint ♦ **in one's own right** a saját jogán ♦ **within one's rights** jogában áll

⁴**right** [raɪt] <ige> **1.** felegyenesít; felállít; helyreállít **2.** visszatér eredeti helyzetébe; kiegyenesedik; felemelkedik

righteous ['raɪtʃəs] <mn> jogos; indokolt: *righteous indignation* jogos felháborodás
rightful ['raɪtfl] <mn> törvényes
right-hand ['raɪthænd] <mn> jobb (oldali); jobb kéz felőli: *Our house is on the right-hand side of the river.* A házunk a folyó jobb kéz felőli oldalán található.
right-handed [ˌraɪt'hændɪd] <mn> jobbkezes
rightly ['raɪtli] <mn> jogosan; helyesen
rigid ['rɪdʒɪd] <mn> merev; rideg; szilárd
rigor ['rɪgə] AmE → **rigour**
rigorous ['rɪgərəs] <mn> szigorú; kérlelhetetlen
rigour ['rɪgə] <fn> **1.** [U] szigorúság; kérlelhetetlenség **2.** [C, ált pl] zord/kemény körülmények: *the rigours of prison life* a börtönélet zord körülményei
rim [rɪm] <fn> [C] perem
rind [raɪnd] <fn> [C, U] héj
¹**ring** [rɪŋ] <fn> [C] **1.** karika; gyűrű: *I got a nice ring from my friend.* A barátomtól kaptam egy szép gyűrűt. **2.** kör: *sitting in a ring* körben ülve **3.** porond; ring; szorító: *The clown was standing in the middle of the ring.* A bohóc a porond közepén állt. ∗ *Two boxers will fight tonight in the ring.* Két bokszoló küzd ma este a szorítóban. **4.** banda; társaság; csoport **5.** csengetés: *There was a ring at the door.* Csengettek.
♦ **give sy a ring** biz BrE *(telefonon)* felhív vkit
²**ring** [rɪŋ] <ige> (rang, rung) **1.** csenget: *If you want to come in just ring the doorbell, please.* Ha be szeretnél jönni, kérlek, csengess! **2.** cseng: *The telephone is ringing.* Cseng a telefon! **3. ring (up)** felhív; telefonál: *I'll ring you (up) in five minutes.* Öt percen belül felhívlak. **4.** csenget; telefonál (**for sy/sg** vkiért/vmiért) **5.** hangzik: *It didn't ring true.* Nem hangzott őszintének. **6.** *(fül)* cseng: *The loud noise made my ear ring.* A hangzavartól csengett a fülem.

> **ring (sy) back** BrE *(telefonon)* visszahív (vkit)
> **ring out** tisztán hallatszik

³**ring** [rɪŋ] <ige> **1.** körbevesz; körülfog **2.** BrE bekarikáz
ring finger ['rɪŋˌfɪŋgə] <fn> [C] gyűrűsujj
ringleader ['rɪŋˌliːdə] <fn> [C] bandavezér
ring road ['rɪŋ rəʊd] <fn> [C] BrE körgyűrű
ringtone ['rɪŋtəʊn] <fn> [C] csengőhang
rink [rɪŋk] <fn> [C] (mű)jégpálya; korcsolyapálya
¹**rinse** [rɪns] <fn> [C] öblítés; öblögetés: *give a bottle a rinse* üveget kiöblít

²**rinse** [rɪns] <ige> (ki)öblít; (le)öblít; öblöget: *rinse one's hands* kezeit leöblíti
¹**riot** ['raɪət] <fn> [C] lázongás; zavargás; zendülés
²**riot** ['raɪət] <ige> lázong; fellázad; zendül
RIP, R.I.P. [ˌɑːraɪ'piː] [= rest in peace] nyugodjék békében
¹**rip** [rɪp] <ige> (rips, ripping, ripped) **1.** összeszaggat; (fel)tép; (fel)szakít: *rip sg open (borítékot stb.)* feltép **2.** *(ruhát)* letép **3.** (el)szakad; elhasad

rip through sg végigsöpör vmin
rip sy off biz *(anyagilag)* megvág vkit
rip sg up összetép vmit

²**rip** [rɪp] <fn> [C] szakadás; hasadás; repedés
ripe [raɪp] <mn> **1.** érett: *These bananas are not ripe enough.* Ezek a banánok nem elég érettek. **2.** megérett (**for sg** vmire)
ripen ['raɪpən] <ige> **1.** *(gyümölcsöt, sajtot, bort)* (meg)érlel **2.** (meg)érik; érlelődik
¹**rise** [raɪz] <ige> (rose, risen) **1.** *(nap, hold)* (fel)kel: *When will the sun rise this morning?* Ma reggel mikor kel (fel) a nap? **2.** feláll; felkel: *rise to one's feet* feláll ∗ *rise from the table* felkel az asztaltól ∗ *rise early* korán kel fel **3.** *(ár stb.)* (fel)emelkedik: *The government promised that prices wouldn't rise this year.* A kormány megígérte, hogy az árak idén nem fognak emelkedni. **4.** *(társadalmilag)* (fel)emelkedik; előlép: *rise to power* hatalomra kerül **5.** *(léggömb, füst, köd stb.)* felemelkedik; felszáll: *rise off the ground* felemelkedik a földről **6.** *(vhonnan)* származik; ered; fakad **7. rise (up)** fellázad (**against sy/sg** vki/vmi ellen): *rise (up) in arms* fegyveresen fellázad ∗ *My soul rises against the idea.* Lelkem fellázad e gondolat ellen.
²**rise** [raɪz] <fn> **1.** [C] emelkedés: *There is a rise in crime.* A bűncselekmények száma emelkedik. **2.** [C] (fizetés)emelés: *ask for a rise* fizetésemelést kér **3.** [sing] (fel)emelkedés; előmenetel: *her rise to power* hatalomra emelkedése

♦ **give rise to sg** előidéz vmit

risen ['rɪzn] → ¹**rise**
rising ['raɪzɪŋ] <mn> emelkedő; növekvő
¹**risk** [rɪsk] <fn> [C, U] kockázat; veszély; rizikó: *pose a risk to sy/sg* veszélyt jelent vki/vmi számára ∗ *run a risk* kockázatot vállal ∗ *put in a risk* veszélynek tesz ki ∗ *Don't take too many risks.* Ne kockáztass túl sokat!

♦ **at one's own risk** saját felelősségére
♦ **at the risk of sg** kockáztatva vmit ♦ **run the risk of sg** kockáztatva vmit

²**risk** [rɪsk] <ige> veszélyeztet; (meg)kockáztat; kockára tesz; megreszkíroz: *He always risks his life as he is a fireman.* Mindig kockáztat(ja az életét), hiszen tűzoltó. ∗ *We must risk a battle.* Meg kell kockáztatnunk az ütközetet.
risky ['rɪski] <mn> (riskier, riskiest) kockázatos; veszélyes
¹**ritual** ['rɪtʃuəl] <fn> [C, U] szertartás; rítus
²**ritual** ['rɪtʃuəl] <mn> szertartásos; rituális
¹**rival** ['raɪvl] <fn> [C] vetélytárs; ellenfél; riválís
²**rival** ['raɪvl] <ige> (rivals, rivalling, rivalled, AmE rivaling, rivaled) vetekszik; versenyez; verseng; felülmúl
rivalry ['raɪvlri] <fn> [C, U] (rivalries) vetélkedés; versengés (**with sy** vkivel)
river ['rɪvə] <fn> [C] folyó: *Try to swim across the river.* Próbáld meg átúszni a folyót!
riverside ['rɪvəsaɪd] <fn> [sing] folyópart
roach [routʃ] <fn> [C] AmE csótány
road [rəʊd] <fn> **1.** (ország)út; közút: *We drive on the right side of the road.* Az út jobb oldalán közlekedünk. **2. Road** [sing] röv **Rd** *(városon belül)* út: *My penfriend lives at 156 Kenton Road.* A levelezőtársam Kenton út 156. alatt lakik.

♦ **be on the road** úton van ♦ **by road** közúton; autóval

road accident ['rəʊdˌæksɪdənt] <fn> [C] közúti/közlekedési baleset
roadblock ['rəʊdblɒk] <fn> [C] úttorlasz
road hog ['rəʊd hɒg] <fn> [C] biz országúti fenegyerek; agresszív/erőszakos vezető
roadhouse ['rəʊdhaʊs] <fn> [C] országúti vendéglő; út menti fogadó/csárda
road map ['rəʊd mæp] <fn> [C] autótérkép
roadside ['rəʊdsaɪd] <fn> [C, ált sing] út széle; (út)padka: *by the roadside* az útszélen
road sign ['rəʊdsaɪn] <fn> [C] (közúti) jelzőtábla
road tax ['rəʊd tæks] <fn> [C, U] gépjárműadó
road test ['rəʊd test] <fn> [C] közlekedésbiztonsági vizsgálat
roadway ['rəʊdweɪ] <fn> [C, U] úttest; útpálya
roadworks ['rəʊdwɜːks] <fn> [pl] útjavítás
roam [rəʊm] <ige> kóborol; csatangol
¹**roar** [rɔː] <ige> **1.** üvölt; ordít; harsog; kiabál; bőg: *roar with pain* üvölt fájdalmában ∗ *roar with laughter* harsogva nevet **2.** zúg; búg; dörög
²**roar** [rɔː] <fn> [C] **1.** üvöltés; ordítás; harsogás; kiabálás: *roars of laughter* harsogó nevetés **2.** zúgás; moraljás; búgás; dörgés
¹**roast** [rəʊst] <ige> **1.** (meg)süt: *I roasted some pork for dinner.* Sütöttem egy kis disznóhúst vacsorára. **2.** (meg)sül **3.** (meg)pörköl

²**roast** [rəust] <mn> **1.** sült: *His favourite meal is roast beef with roast potato and salad.* Kedvenc étele a marhasült sült krumplival és salátával. **2.** pörkölt

³**roast** [rəust] <fn> **1.** [C, U] egybesült hús; pecsenye **2.** [C] pecsenyesütés

rob [rɒb] <ige> (robs, robbing, robbed) **1.** (ki-)rabol; (el)rabol; kifoszt: *Four unknown persons robbed the bank and killed two people.* Négy ismeretlen személy kirabolta a bankot, és megölt két embert. **2.** megfoszt (**of sg** vmitől): *Bad luck robbed him of victory.* A balszerencse megfosztotta a győzelemtől.

robber ['rɒbə] <fn> [C] rabló

robbery ['rɒbəri] <fn> [C, U] (robberies) rablás: *There was a terrible bank robbery last year.* Tavaly volt egy rettenetes bankrablás.

robe [rəub] <fn> [C] **1.** palást; díszruha **2.** köntös; fürdőköpeny

robin ['rɒbɪn] <fn> [C] vörösbegy

robot ['rəubɒt] <fn> [C] robot(gép)

robust [rəu'bʌst] <mn> erős; izmos; robusztus

¹**rock** [rɒk] <fn> **1.** [U] kőzet **2.** [C] szikla; szirt: *The ship hit the rocks.* A hajó nekiment a szikláknak. **3.** [C] AmE kő **4.** [U] rock(zene): *Rock music is his favourite music.* Kedvenc zenéje a rockzene. **5.** [U] BrE nyalóka
 ♦ **on the rocks** átv **1.** zátonyra futott **2.** *(ital)* jéggel

²**rock** [rɒk] <ige> **1.** ringat; himbál: *I used to rock my daughter until she fell asleep.* Régebben addig ringattam a lányomat, amíg el nem aludt. **2.** ring; himbálózik: *The ship is rocking on the waves.* A hajó a hullámokon himbálódzik. **3.** megráz(kódtat); megingat: *The earthquake rocks the house.* A földrengés megrázkódtatja a házat. **4.** reng: *The house was rocking with the shock.* A ház rengett a lökéstől.

rock and roll [,rɒkən'rəul] <fn> [U] rock and roll

rockery ['rɒkəri] <fn> [C] (rockeries) BrE sziklakert

¹**rocket** ['rɒkɪt] <fn> [C] **1.** rakéta: *A rocket was sent to the moon.* Egy rakétát küldtek a Holdra. **2.** *(tűzijáték)* rakéta **3.** rakéta(fegyver)

²**rocket** ['rɒkɪt] <ige> *(ár stb.)* ugrásszerűen emelkedik

rocking chair ['rɒkɪŋ tʃeə] <fn> [C] hintaszék

rocking horse ['rɒkɪŋ hɔːs] <fn> [C] hintaló

rock 'n' roll [,rɒkən'rəul] <fn> [U] rock and roll

rocky ['rɒki] <mn> (rockier, rockiest) köves; sziklás

rod [rɒd] <fn> [C] rúd; pálca; bot: *a fishing rod* horgászbot

rode [rəud] → ¹**ride**

rodent ['rəudnt] <fn> [C] *(állat)* rágcsáló

rodeo [rəu'deɪəu] <fn> [C] (rodeos) rodeó

roe [rəu] <fn> [U] (hal)ikra

¹**rogue** [rəug] <mn> elfajzott

²**rogue** [rəug] <fn> [C] gazember; gazfickó; szélhámos; csirkefogó

role [rəul] <fn> [C] **1.** szerep; feladat: *My role is to grow up my children.* Az én szerepem/feladatom a gyereknevelés. **2.** szerep: *She played the role of Cinderella in our school play.* Hamupipőke szerepét játszotta az iskolai színdarabban.

role play ['rəul pleɪ] <fn> [C, U] szerepjáték

¹**roll** [rəul] <ige> **1.** gurul; hempereg; hempergőzik: *All my coins rolled off the table.* Minden pénzérmém legurult az asztalról. ∗ *The ball rolled under the piano.* A labda a zongora alá gurult (be). **2.** gördül: *Tears rolled down her cheeks.* Könnyek gördültek le az arcáról. **3.** gördít; görget; gurít: *roll a ball along the ground* labdát gurít a földön **4. roll (up)** felteker; összegöngyölít; felcsavar: *We rolled (up) the carpet.* Felcsavartuk a szőnyeget. **5.** felteker edik; felcsavarodik **6. roll (out)** *(tésztát)* (ki)nyújt: *She is rolling the pastry.* Tésztát nyújt. **7.** ring; dülöngél; himbálózik: *roll in one's walk* himbálódzva jár **8.** perget: *roll a drum* dobot perget **9.** *(ég)* zeng; dörög; *(dob)* pereg

roll in biz beözönlik; dől
roll up biz *(késve)* befut

²**roll** [rəul] <fn> [C] **1.** zsemle: *I bought 4 rolls this morning.* Ma reggel 4 zsemlét vettem. **2.** tekercs; göngyöleg: *I found a roll of paper under my desk.* Találtam egy papírtekercset az íróasztalom alatt. ∗ *Take that roll of film with you.* Vidd magaddal azt a tekercs filmet! **3.** gurítás; görgetés **4.** gurulás; gördülés; hempergés: *The dogs are having a roll on the lawn.* A kutyák a pázsiton hempergenek. **5.** (név)lista; (hivatalos) jegyzék: *put a man on the rolls* felvesz egy személyt a hivatalos jegyzékbe **6.** dübörgés; dörgés; (dob)pergés: *the roll of a drum* dobpergés ∗ *the roll of thunder* mennydörgés **7.** ring(atóz)ás; dülöngélés; ingás: *walk with a roll* ingó járással megy

roller ['rəulə] <fn> [C] **1.** henger; görgő **2.** hajcsavaró

Vigyázat, álbarátok!
roller ≠ roller (= scooter)

roller coaster ['rəulə,kəustə] <fn> [C] hullámvasút

¹roller skate ['rəʊlə skeɪt] <fn> [C] görkorcsolya: *She got a pair of roller skates for Easter.* Húsvétra görkorcsolyát kapott.

²roller skate ['rəʊlə skeɪt] <ige> görkorcsolyázik

ROM [rɒm] [= read-only memory] <fn> [U] infor ROM (= csak olvasható memória)

¹Roman ['rəʊmən] <mn> római

²Roman ['rəʊmən] <fn> [C] (*személy*) római

Roman alphabet [ˌrəʊmən'ælfəbet] <fn> **the Roman alphabet** [sing] a latin ábécé

¹Roman Catholic [ˌrəʊmən'kæθlɪk] <mn> római katolikus

²Roman Catholic [ˌrəʊmən'kæθlɪk] <fn> [C] (*személy*) római katolikus

romance [rəʊ'mæns] <fn> **1.** [C] románc; szerelmi idill **2.** [U] kaland; romantika **3.** [C] romantikus történet

Romania [ruˈmeɪnɪə] <fn> Románia

¹Romanian [ruˈmeɪnɪən] <mn> román; romániai

²Romanian [ruˈmeɪnɪən] <fn> **1.** [C] (*személy*) román **2.** [U] (*nyelv*) román

Roman numerals [ˌrəʊmən'njuːmrəlz] <fn> [pl] római számok

¹romantic [rəʊ'mæntɪk] <mn> romantikus; ábrándos; szerelmi

²romantic [rəʊ'mæntɪk] <fn> [C] romantikus (ember)

Rome [rəʊm] <fn> Róma

¹romp [rɒmp] <ige> hancúrozik; csintalankodik

²romp [rɒmp] <fn> [C] hancúrozás

roof [ruːf] <fn> [C] (roofs) **1.** (*ház*)tető; (*autóé stb.*) fedél: *Our house has a red roof.* A házunknak piros a teteje. **2.** (*alagúté stb.*) boltozat **3.** mennyezet: *roof ventilator* mennyezetventilátor

 ♦ **a roof over one's head** tető vki feje felett

roof rack ['ruːf ræk] <fn> [C] tetőcsomagtartó

rooftop ['ruːftɒp] <fn> [C, ált pl] háztető

room [ruːm] <fn> **1.** [C] szoba; terem; helyiség: *We have got three rooms downstairs.* Lent három szobánk van. **2.** [U] (*férő*)hely; tér: *make room for sg* helyet csinál vminek ∗ *This bed takes up too much room.* Ez az ágy túl sok helyet foglal. ∗ *There isn't enough room for a piano in this room.* Zongora számára nincs elég hely ebben a szobában. **3.** [U] lehetőség; alkalom (**for sg** vmire)

→ Lásd a Tartalomjegyzékben a Tematikus rajzokat!

room-mate ['ruːm meɪt] <fn> [C] **1.** szobatárs **2.** lakótárs

room service ['ruːmˌsɜːvɪs] <fn> [U] (*szállodában*) szobapincéri szolgálat

roomy ['ruːmɪ] <mn> (roomier, roomiest) tágas

rooster ['ruːstə] <fn> [C] AmE kakas

¹root [ruːt] <fn> **1.** [C] gyökér; gyökérzet; gumó: *The roots of this plant are deeply under the ground.* Ennek a növénynek a gyökerei mélyen a föld alatt vannak. **2. roots** [pl] gyökerek; származás **3.** [C] alapvető oka; eredete; gyökere (**of sg** vminek): *go back to the root of the problem* a probléma gyökeréhez megy vissza **4.** [C] nyelvt (szó)tő

²root [ruːt] <ige> **1.** (*fát*) meggyökereztet **2.** gyökeret ver; gyökerezik; gyökeresedik

root about/around turkál; kutat; keresgél (**for sg** vmit)
root for sy szurkol vkinek
root sg out kiirt vmit

rope [rəʊp] <fn> [C, U] kötél; kötélzet: *He climbed up to the mountain with the help of a strong rope.* Egy erős kötél segítségével mászta meg a hegyet. ∗ *Tie this bag to the chair with a rope.* Ezt a táskát egy kötéllel kösd a székhez!

 ♦ **know the ropes** ismeri minden csínját-bínját vminek; ismeri a dörgést ♦ **learn the ropes** beletanul vmibe

rosary ['rəʊzərɪ] <fn> [C] (rosaries) vall rózsafüzér

¹rose [rəʊz] <fn> [C] rózsa: *a bunch of roses* egy csokor rózsa

²rose [rəʊz] → **¹rise**

rosemary ['rəʊzmərɪ] <fn> [U] rozmaring

rosy ['rəʊzɪ] <mn> (rosier, rosiest) **1.** rózsaszínű **2.** rózsás: *Our financial position is rosy.* A pénzügyi helyzetünk rózsás.

¹rot [rɒt] <ige> (rots, rotting, rotted) **1.** megrohaszt; elrohaszt; elkorhaszt **2.** (meg)rohad; (el)rohad; (el)korhad: *The fruits have rotted under the tree.* A gyümölcsök megrohadtak a fa alatt. **3.** hanyatlásnak indul; pusztulni kezd

²rot [rɒt] <fn> [U] rothadás; korhadás

rotate [rəʊ'teɪt] <ige> **1.** (körben) forog; pörög **2.** (körben) forgat; pörget **3.** vált(ogatva végez)

rotation [rəʊ'teɪʃn] <fn> [C, U] **1.** körforgás; fordulat **2.** vált(akoz)ás

rotor ['rəʊtə] <fn> [C] forgórész; forgószárny; rotor

rotten ['rɒtn] <mn> **1.** ro(t)hadt; romlott; korhadt **2.** romlott; megbízhatatlan; erkölcstelen; züllött

¹**rough** [rʌf] <mn> (rougher, roughest) **1.** durva; egyenetlen: *This is a rough ground to walk on without shoes.* Ez a talaj durva ahhoz, hogy mezítláb gyalogoljunk rajta. **2.** viharos; zord: *We couldn't go into the rough sea.* Nem tudtunk bemenni a viharos tengerbe. * *The weather is too rough today.* Ma túlságosan zord az idő. **3.** durva; goromba: *He was rather rough.* Elég goromba volt. **4.** kemény; nehéz: *have a really rough time* igazán nehéz időszakot él át **5.** vázlatos; hozzávetőleges: *A rough drawing has been made of the thief.* A tolvajról készült egy vázlatos rajz. **6.** biz megviselt: *You look a bit rough.* Kicsit megviseltnek tűnsz.

♦ **be rough (on sy)** kemény próba vki számára

²**rough** [rʌf] <hsz> **1.** durván **2.** biz nehezen; rosszul

♦ **live/sleep rough** fedél nélkül él

roughen ['rʌfn] <ige> érdessé tesz; eldurvít

roughly ['rʌflɪ] <hsz> **1.** durván; keményen: *The team played roughly.* A csapat durván játszott. **2.** hozzávetőleg; nagyjából: *Can you tell me roughly how much it will cost?* Meg tudnád mondani hozzávetőleg, hogy mennyibe fog kerülni?

roulette [ru:'let] <fn> [U] rulett(játék)

¹**round** [raʊnd] <mn> **1.** kerek; kör alakú; gömbölyű: *We have got a round table in the dining room.* Az étkezőben van egy kerek asztalunk. * *The ball is round.* A labda gömbölyű. **2.** kerek; egész: *round number* kerek szám * *good round sum* szép kerek összeg

²**round** [raʊnd] <hsz> **1.** körbe(n): *send round* körbe küld vmit * *turn round* körbefordul * *pass round the bottle* körbeadja az üveget * *round and round* körbe-körbe **2.** körül; köré: *have a look round* körülnéz * *all the country round* országszerte * *be 8 feet round* nyolclábnyi a kerülete * *all round* körös-körül

³**round** [raʊnd] <elölj> **1.** köré; körül: *the journey round the world* világ körüli út * *go round an obstacle* megkerüli az akadályt **2.** körül(belül): *It will be somewhere round a 100 forints.* Körülbelül 100 Ft lesz az ára.

♦ **round about (sg)** körül(belül); közel (vmihez)

⁴**round** [raʊnd] <fn> [C] **1.** (szolgálati) körút: *do a hospital round* kórházi vizitáción van * *When does the postman start his round?* Mikor kezdi a postás a körútját? **2.** rund; kör: *It's my round.* Ezt a kört én állom. **3.** forduló; játszma; menet; futam: *The last round of the race was quite interesting.* A verseny utolsó fordulója egész érdekes volt. **4.** lövés(sorozat): *The soldier fired his first round.* A katona leadta első lövését. **5.** kör; karika; kerek tárgy: *draw a round* kört rajzol **6.** sorozat: *a round of visits* látogatások szakadatlan sorozata * *round of daily labours* a napi tennivalók sorozata

⁵**round** [raʊnd] <ige> **1.** (körbe) megkerül; körüljár; befordul; bekanyarodik **2.** kerekre/gömbölyűre formál; lekerekít; legömbölyít **3.** körülvesz; övez; körbezár **4.** (ki)kerekedik; (ki)gömbölyödik

> **round sg down** *(összeget)* lekerekít
> **round sg off** befejez vmit
> **round sy/sg up** összeterel; összeszed vkit/vmit
> **round sg up** *(összeget)* felkerekít

¹**roundabout** ['raʊndəbaʊt] <fn> [C] **1.** körforgalom: *Four roads cross each other at this roundabout.* Ennél a körforgalomnál négy út keresztezi egymást. **2.** körhinta; ringlispíl: *Twenty children are sitting now on the roundabout.* Most éppen húsz gyerek ül a körhintán.

²**roundabout** ['raʊndəbaʊt] <mn> *(út)* kerülő; nem egyenes: *take a roundabout way* kerülőt tesz

round trip [,raʊnd'trɪp] <fn> [C] oda-vissza út

rouse [raʊz] <ige> **1.** felébreszt; felver; felriaszt: *rouse sy from sleep* felébreszt vkit az álmából **2.** felébred; felkel; felriad **3.** felizgat; felbosszant; felingerel; felszít

route [ru:t] <fn> [C] út(vonal): *the shortest route* a legrövidebb út(vonal)

routine [,ru:'ti:n] <fn> [C, U] **1.** rutin; megszokott/sablonos munka; szokásos munkamenet: *the daily routine* a napi megszokott munka/tevékenységek **2.** gyakorlat; jártasság; rutin

¹**row** [rəʊ] <fn> [C] sor: *Try to sit down in the first row.* Próbálj meg az első sorban helyet foglalni!

♦ **in a row** egymás után; egyfolytában

²**row** [rəʊ] <fn> [sing] evezés; csónakázás: *We went for a row on the lake.* Evezni mentünk a tóra.

³**row** [rəʊ] <ige> **1.** evez **2.** csónakon (el)visz/szállít: *row sy over the river* csónakon átvisz vkit a folyón

⁴**row** [raʊ] <fn> **1.** [C] veszekedés; (éles) vita; összeszólalkozás: *The children were having a row with each other.* A gyerekek között veszekedés tört ki. **2.** [sing] zaj; lárma; zsivaj: *make a row* lármát csap

⁵**row** [raʊ] <ige> **1.** veszekszik; vitázik; összeszólalkozik **2.** lármázik

rowboat ['rəubəut] <fn> [C] AmE (evezős)csónak

rowdy ['raudi] <mn> (rowdier, rowdiest) lármázó; hangoskodó; duhaj

row house ['rəu haus] <fn> [C] AmE sorház

rowing boat ['rəuɪŋ bəut] <fn> [C] (evezős)csónak

¹royal ['rɔɪəl] <mn> királyi: *the royal family* a királyi család

²royal ['rɔɪəl] <fn> [C] királyi család tagja

Royal Highness <fn> [C] királyi felség

royalty ['rɔɪəltɪ] <fn> (royalties) **1.** [U] a királyi család tagja(i) **2.** [C] szerzői jogdíj; tiszteletdíj; honorárium

¹rub [rʌb] <ige> (rubs, rubbing, rubbed) **1.** dörzsöl; dörgöl: *rub one's hands* dörzsöli a kezét ∗ *rub sg dry* szárazra dörgöl vmit ∗ *rub sg to powder* porrá dörzsöl vmit ∗ *rub a surface bare* felületet simára dörzsöl **2.** dörgölődzik **3.** dörzsölődik; súrlódik

♦ **rub sy down** *(törülközővel)* ledörgöl; ledörzsöl; letöröl vkit
♦ **rub sg down** *(felületet)* lecsiszol; levakar
♦ **rub sg in 1.** felhánytorgat vmit **2.** bedörzsöl vmit
♦ **rub off** átterjed; ráragad (**on/onto sy** vkire)
♦ **rub sg off** ledörzsöl vmit
♦ **rub sg out** kiradíroz; kitöröl vmit

²rub [rʌb] <fn> [C] dörzsölés; dörgölés

rubber ['rʌbə] <fn> **1.** [U] gumi: *This boat is made of rubber.* Ez a csónak gumiból készült. **2.** [C] BrE radír: *He forgot his rubber at home.* Otthon felejtette a radírját.

rubber band [,rʌbə'bænd] <fn> [C] gumi(szalag)

rubbish ['rʌbɪʃ] <fn> [U] **1.** szemét; hulladék: *My drawer is full of broken pencils, old toys and other rubbish.* A fiókom tele van törött ceruzákkal, régi játékokkal és egyéb szeméttel. **2.** ostobaság; butaság: *Why do I have to listen to this rubbish?* Miért kell nekem végighallgatnom ezt az ostobaságot? ∗ *This story is rubbish.* Ez a történet butaság.

rubble ['rʌbl] <fn> [U] **1.** törmelék; sitt **2.** *(útépítéshez stb.)* terméskő; kavics; zúzalék

rubella [ru:'belə] <fn> [U] rubeola

ruby ['ru:bɪ] <fn> [C] (rubies) rubin

rucksack ['rʌksæk] <fn> [C] BrE hátizsák: *He got a new rucksack for his birthday.* Születésnapjára új hátizsákot kapott.

rudder ['rʌdə] <fn> [C] *(hajón)* kormány(lapát)

rude [ru:d] <mn> (ruder, rudest) **1.** udvariatlan; tapintatlan: *You mustn't be rude to anybody.* Nem lehetsz udvariatlan senkihez! **2.** durva; illetlen; goromba; nyers: *a rude joke* illetlen vicc **3.** hirtelen; kellemetlen: *rude shock* hirtelen megrázkódtatás

rudimentary [,ru:dɪ'mentərɪ] <mn> **1.** elemi; alapvető **2.** kezdetleges; fejletlen

ruffle ['rʌfl] <ige> **1.** feldühít; felizgat; felingerel; nyugtalanít: *ruffle sy's temper* felingerel vkit **2.** rendetlenkedik; zavarog **3. ruffle (up)** összekócol; összeborzol; (fel)borzol: *ruffle sy's hair* összekócolja vkinek a haját **4. ruffle (up)** összekócolódik; összeborzolódik; (fel-)borzolódik

rug [rʌg] <fn> [C] **1.** szőnyeg **2.** BrE pléd; takaró

rugby ['rʌgbɪ] <fn> [U] rögbi

rugged ['rʌgɪd] <mn> **1.** *(talaj)* rögös; göröngyös; sziklás **2.** *(személy)* erőtől/élettől duzzadó; (élet)erős **3.** *(viselkedés)* szigorú; kemény; határozott **4.** erős; strapabíró

¹ruin ['ru:ɪn] <ige> **1.** *(várost)* romba dönt; elpusztít **2.** *(anyagilag)* tönkretesz; elront: *ruin sy's reputation* tönkreteszi vkinek a jó hírét ∗ *ruin one's life* elrontja az életét ∗ *He was ruined by his extravagance.* Pazarlása tette tönkre anyagilag. **3.** romba dől; összeomlik; elpusztul

²ruin ['ru:ɪn] <fn> **1.** [C, U] rom: *bring to ruin* tönkretesz ∗ *We could see just the ruins of the building.* Csak az épület romjait láthattuk. **2.** [U] *(anyagi)* összeomlás; tönkremenés; pusztulás: *bring sy to ruin* tönkretesz vkit

♦ **go to rack and ruin** tönkremegy; romba dől ♦ **in ruin(s)** romokban

¹rule [ru:l] <fn> **1.** [C] szabály; előírás: *break the rules* megszegi a szabályokat ∗ *obey the rules* betartja a szabályokat ∗ *We always play this game according to the rules.* Ezt a játékot mindig a szabályok szerint játsszuk. **2.** [U] uralom; hatalom; kormányzás: *That country is under Communist rule.* Az az ország kommunista uralom alatt áll. **3.** [sing] szokás: *It is the rule to…* Az a bevett szokás, hogy… **4.** [C] (nyelvi) szabály

♦ **a rule of thumb** gyakorlati szabály ♦ **as a rule** rendszerint; általában ♦ **work to rule** munkalassítás(sal sztrájkol)

²rule [ru:l] <ige> **1.** uralkodik; irányít; kormányoz; igazgat: *This country is ruled by the king.* Ebben az országban a király uralkodik. **2.** *(bíróság)* dönt

♦ **rule sy/sg out** kizár vkit/vmit

ruler ['ru:lə] <fn> [C] **1.** vonalzó: *Use this ruler if you want to draw a straight line.* Használd

ezt a vonalzót, ha egyenes vonalat szeretnél rajzolni. **2.** uralkodó: *It was the decision of the ruler.* Ez az uralkodó döntése volt.
rum [rʌm] <fn> [C, U] rum
¹rumble ['rʌmbl] <ige> **1.** dörög; morajlik **2.** *(gyomor)* korog
²rumble ['rʌmbl] <fn> [C] **1.** dörgés; moraj **2.** *(gyomoré)* korgás
rummage ['rʌmɪdʒ] <ige> **1.** átkutat; feltúr; felforgat **2.** turkál; kotorászik: *rummage in one's pockets* kotorászik a zsebeiben
rumor ['ruːmər] AmE → **¹,²rumour**
¹rumour ['ruːmə] <fn> [C, U] (kósza) hír; híresztelés; szóbeszéd
²rumour ['ruːmə] <ige> (el)híresztel: *It is rumoured that...* Úgy hírlik, hogy.../Azt beszélik, hogy... ∗ *They are rumoured to be getting divorced.* Azt beszélik róluk, hogy elválnak.
rump [rʌmp] <fn> [C] far; hátsó(rész)
¹run [rʌn] <fn> **1.** [C] futás: *I went for a short run after dinner.* Vacsora után elmentem rövid időre futni. **2.** [C] utazás; (szokásos) út: *We had two stops on our run to the sea.* Kétszer álltunk meg a tengerre vezető utunkon. ∗ *It's a long run from Budapest to London.* Hosszú az út Budapesttől Londonig. **3.** [C] sp *(kriketthen, baseballban)* találat; pont: *The team made two runs in the game.* A csapat két pontot szerzett a játék során. **4.** [sing] sorozat; széria: *have a run of bad luck* kudarcok sorozata éri
♦ **a run on sg** nagy a kereslet vmi iránt
♦ **in the long run** hosszú távra/távon ♦ **on the run** szökésben (van)
²run [rʌn] <ige> (runs, running, ran, run) **1.** fut; szalad: *I ran to the school.* Az iskolába futottam. ∗ *I usually run four kilometres a day.* Rendszerint napi négy kilométert futok. **2.** jár; megy; közlekedik: *The school bus runs even if it is snowing.* Az iskolabusz akkor is közlekedik, ha esik a hó. **3.** működik; jár; üzemben van: *The machine is running correctly.* A gép jól működik. **4.** működtet; járat; üzemben tart: *We left the engine running for two hours.* Két órán keresztül járattuk a motort. **5.** *(szállót, üzletet stb.)* vezet; *(gazdaságot)* irányít; igazgat: *My friend runs a sweet shop.* A barátom édességboltot vezet. **6.** folyik; csepeg: *His nose is running.* Folyik az orra. ∗ *I can hear the tap running.* Hallom, hogy csepeg a csap. **7.** folyat; ereszt: *run a bath for sy* fürdővizet ereszt vkinek **8.** *(út stb.)* húzódik; vezet: *run north and south* északdéli irányban húzódik **9.** érvényben/műsoron van: *The play ran for over 5 years in London.* A darab több mint öt évig műsoron volt Londonban. **10. run (for sg)** jelöltként indul **11.** *(cikket)* közöl **12.** *(textilfesték)* ereszt; fog
♦ **be running at** vmilyen szinten van ♦ **run for it** (futva) menekül

---

run across sy összefut vkivel
run across sg rábukkan vmire
run after sy/sg fut vki/vmi után
run away elszökik
run down kimerül; lemerül
run sy/sg down 1. elüt; elgázol vkit/vmit **2.** leszól; ócsárol vkit/vmit
run sg down kimerít; lemerít vmit
run into sy összefut vkivel
run into sg *(bajba)* kerül
run off with sg ellóg vmivel
run out (of sg) kifogy (vmiből)
run out *(útlevél stb.)* lejár
run sy/sg over elüt; elgázol vkit/vmit
run through sg átfut vmin

---

¹runaway ['rʌnəweɪ] <mn> **1.** elszabadult; megvadult: *a runaway horse* elszabadult/megvadult ló **2.** könnyű; sima: *a runaway victory* sima győzelem
²runaway ['rʌnəweɪ] <fn> [C] szökevény
run-down [,rʌn'daʊn] <mn> **1.** lerobbant; megrongálódott; elhasználódott **2.** kimerült; lestrapált; megviselt
¹rung [rʌŋ] <fn> [C] létrafok
²rung [rʌŋ] → **²ring**
runner ['rʌnə] <fn> [C] **1.** futó **2.** csempész
runner-up [,rʌnər'ʌp] <fn> [C] (runners-up) verseny második helyezettje
¹running ['rʌnɪŋ] <fn> [U] **1.** futás; szaladás **2.** vezetés; irányítás; igazgatás
♦ **in/out of the running** biz esélyes/esélytelen
²running ['rʌnɪŋ] <mn> **1.** *(víz)* folyó: *running water* folyóvíz **2.** folytonos; folyamatos; folytatólagos: *running commentary* folyamatos helyszíni közvetítés
runway ['rʌnweɪ] <fn> [C] kifutópálya; leszállópálya
rural ['rʊərəl] <mn> vidéki; falusi
¹rush [rʌʃ] <ige> **1.** rohan; siet(ve csinál): *At the end of June we happily rushed out of school.* Június végén boldogan rohantunk ki az iskolából. ∗ *Everybody was rushing to the window.* Mindenki az ablakhoz rohant. **2.** sürget; siettet: *Don't rush me so much!* Ne siettess annyira! **3.** hajszol; kerget: *rush sy into danger* veszélybe hajszol vkit ∗ *rush sy out of the room* kikerget vkit a szobából

4. sürgősen (el)visz/szállít: *When he had a heart-attack he was rushed to the hospital.* Amikor infarktust kapott, sürgősen kórházba szállították.
²**rush** [rʌʃ] <fn> [sing] rohanás; sietség; tülekedés; nyüzsgés: *Why are you always in a rush?* Miért vagy mindig rohanásban?
rush hour ['rʌʃ aʊə] <fn> [C] csúcsforgalom
Russia ['rʌʃə] <fn> Oroszország
¹**Russian** ['rʌʃn] <mn> orosz
²**Russian** ['rʌʃn] <fn> **1.** [C] *(személy)* orosz **2.** [U] *(nyelv)* orosz
¹**rust** [rʌst] <fn> [U] rozsda: *rub the rust off* letisztítja a rozsdát
²**rust** [rʌst] <ige> **1.** megrozsdásít; berozsdásít **2.** megrozsdásodik; berozsdásodik

rustic ['rʌstɪk] <mn> rusztikus; falusias; egyszerű
¹**rustle** ['rʌsl] <ige> **1.** (meg)zörrent; (meg)zizzent; (meg)zörget **2.** zörög; zizeg; susog; suhog
²**rustle** ['rʌsl] <fn> [sing] zörrenés; zizegés; susogás; suhogás
rusty ['rʌsti] <mn> (rustier, rustiest) rozsdás; berozsdásodott
rut [rʌt] <fn> [C] mély keréknyom
  ♦ **be in a rut** taposómalomban él
ruthless ['ruːθləs] <mn> könyörtelen; kegyetlen; irgalmatlan
rye [raɪ] <fn> [U] rozs
rye bread ['raɪ bred] <fn> [U] rozskenyér: *I like rye bread.* Szeretem a rozskenyeret.

S, s

¹S, s [es] <fn> [C, U] (S's, s's) *(betű)* S; s
²S [es] **1.** [= small (size)] *(ruhaméret)* S (= kis méret) **2.** [= South] D (= dél) **3.** [= Southern] D-i (= déli)
¹-'s [s] biz **1.** [= is] *She's still here.* Még mindig itt van. * *What's (= What is) the problem?* Mi a baj? **2.** [= has] *Where's (Where has) she gone?* Hova ment? **3.** [= us] *Let's go.* Menjünk!
²-'s [s] <utótag> *(főnévi egyes és többes számú birtokosjel)*: *the dog's leg* a kutya lába * *children's clothes* a gyerekek ruhái
Sabbath ['sæbəθ] <fn> [U] **(the) Sabbath** *(zsidóknál)* szombat; *(keresztényeknél)* vasárnap
saber ['seɪbə] AmE → **sabre**
¹sabotage ['sæbətɑ:ʒ] <fn> [U] szabotázs
²sabotage ['sæbətɑ:ʒ] <ige> (sabotages, sabotaging, sabotaged) szabotál
saboteur [,sæbə'tɜ:] <fn> [C] szabotőr
sabre ['seɪbə] <fn> [C] kard; szablya
sabre-rattling ['seɪbə,rætlɪŋ] <fn> [C] kardcsörtetés
saccharin ['sækərɪn] <fn> [U] szacharin
sachet ['sæʃeɪ] <fn> [C] zacskó
¹sack [sæk] <fn> [C] zsák: *ten sacks of potatoes* tíz zsák krumpli
 ♦ **get the sack** biz kirúgják/kidobják az állásából *He got the sack.* Kirúgták. ♦ **give sy the sack** biz *(állásból)* kirúg vkit ♦ **hit the sack** szl ledöglik; aludni megy; bedobja a szunyát
²sack [sæk] <ige> **1. sack sy** biz *(állásból)* kirúg; elbocsát: *He was sacked.* Kirúgták. **2.** zsákba rak **3.** zsákmányol; sarcol
sackcloth ['sækklɒθ] <fn> [U] zsákvászon
sack race [sæk reɪs] <fn> [U] zsákfutás
sacrament ['sækrəmənt] <fn> [C] vall szentség; sákramentum
sacred ['seɪkrɪd] <mn> **1.** szent(séges): *sacred music* egyházi zene * *sacred cow* szent tehén **2.** szentelt: *sacred to the memory of sy* vki emlékének szentelt
¹sacrifice ['sækrɪfaɪs] <ige> (sacrifices, sacrificing, sacrificed) **1.** vall (fel)áldoz: *They sacrificed a lamb and a goat.* Egy bárányt és egy kecskét áldoztak fel. **2.** felad; feláldoz: *sacrifice one's life* feláldozza az életét * *I would sacrifice everything for my family.* A családomért mindent feláldoznék/feladnék.

²sacrifice ['sækrɪfaɪs] <fn> [C, U] **1.** áldozat; lemondás: *make sacrifices for sy/sg* áldozatot hoz vkiért/vmiért **2.** vall áldozat; feláldozás
sacrilege ['sækrəlɪdʒ] <fn> [U] szentségtörés
sad [sæd] <mn> (sadder, saddest) **1.** szomorú: *a sad film* szomorú film * *sad eyes* szomorú szemek * *feel sad about (doing) sg* szomorú vmi (megtétele) miatt * *Why are you so sad?* Miért vagy olyan szomorú? * *I am very sad to hear that your uncle has died.* Szomorúan hallom, hogy meghalt a nagybátyád. **2.** *(tévedés stb.)* sajnálatos; szomorú: *sad to say* sajnos; sajnálatos módon * *It is a sad fact…//It is sad that…* Sajnálatos (tény), hogy… * *The sad truth is that…* A szomorú valóság az, hogy… * *It is a sad state of affairs.* Elszomorító./Sajnálatos. **3.** *(veszteség)* fájdalmas
sadden ['sædn] <ige> **1.** elszomorít **2.** elszomorodik
¹saddle ['sædl] <fn> [C] **1.** *(lóé)* nyereg **2.** *(biciklié, motorkerékpáré)* nyereg: *bicycle saddle* biciklinyereg **3.** hágó; hegynyereg **4.** *(hús)* gerinc
 ♦ **in the saddle** biz a nyeregben; a kormánynál
²saddle ['sædl] <ige> (saddles, saddling, saddled) *(lovat)* felnyergel
sadism ['seɪdɪzm] <fn> [U] szadizmus
sadist ['seɪdɪst] <fn> [C] szadista
sadistic [sə'dɪstɪk] <mn> szadista
sadly ['sædli] <hsz> **1.** szomorúan: *smile sadly* szomorúan mosolyog **2.** siralmasan; sajnálatosan; szánalmasan **3.** biz szörnyen: *You are sadly missed.* Szörnyen hiányzol. **4.** sajnos: *Sadly, they couldn't come.* Sajnos nem tudtak eljönni.
sadness ['sædnəs] <fn> [U] szomorúság
safari [sə'fɑ:ri] <fn> [C, U] szafari
safari park [sə'fɑ:ri pɑ:k] <fn> [C] szafaripark
¹safe [seɪf] <mn> **1.** biztos; biztonságos; veszélytelen: *be safe* biztonságban van * *keep sg in a safe place* biztonságos helyen tart vmit * *safe sex* biztonságos szex * *a safe toy* veszélytelen játék * *You are safe from danger at home.* Otthon biztonságban vagy/érezheted magad. **2.** hűséges; megbízható: *a safe driver* megbízható vezető **3.** ép(en); sértetlen(ül): *He has been found safe and well.* Épségben megtalálták. * *He saw the child safe home.* Sértetlenül hazakísérte a gyermeket. **4.** ártal-

matlan: *This pill is safe for you* Ez a gyógyszer ártalmatlan.
♦ **safe and sound** 1. ép(en) és egészséges(en) 2. ép bőrrel; épkézláb ♦ **Better safe than sorry.** Jobb félni, mint megijedni. ♦ **to be on the safe side** a biztonság kedvéért ♦ **in safe hands** biztos kezekben

²**safe** [seɪf] <fn> [C] páncélszekrény; széf

safe-deposit box ['seɪfdɪ,pɒzɪt bɒks] <fn> [C] (bankban) széf

¹**safeguard** ['seɪfgɑːd] <fn> [C] biztosíték; védelem (**against/from sg/sy** vmi/vki ellen)

²**safeguard** ['seɪfgɑːd] <ige> megvéd; védelmez; oltalmaz (**against/from sg/sy** vmivel/vkivel szemben)

safely ['seɪflɪ] <hsz> épségben; biztonságban; szerencsésen: *Our plane landed safely.* A gépünk szerencsésen/minden baj nélkül földet ért. ∗ *Your child can play safely in our garden.* A gyermeked nyugodtan/biztonságban játszhat a kertünkben.

safety ['seɪftɪ] <fn> [U] biztonság

safety belt ['seɪftɪ belt] <fn> [C] biztonsági öv

safety curtain ['seɪftɪ ˌkɜːtn] <fn> [C] (színházi) vasfüggöny

safety glass ['seɪftɪ glɑːs] <fn> [U] biztonsági üveg

safety island ['seɪftɪ ˌaɪlənd] <fn> [C] AmE járdasziget

safety lock ['seɪftɪ lɒk] <fn> [C] biztonsági zár

safety measure ['seɪftɪ ˌmeʒəz] <fn> [C] biztonsági intézkedés

safety net ['seɪftɪ net] <fn> [C] biztonsági háló; védőháló

safety pin ['seɪftɪ pɪn] <fn> [C] biztosítótű

safety precaution ['seɪftɪ prɪˌkɔːʃn] <fn> [C] biztonsági rendszabály/előírás

sag [sæg] <ige> (sags, sagging, sagged) 1. *(tető stb.)* megereszkedik; megsüllyed; lelóg; belóg; meghajlik 2. *(kar stb.)* lelóg 3. *(érdeklődés stb.)* alábbhagy; mérséklődik; gyengül; hanyatlik 4. *(ár)* esik; csökken

Sagittarius [ˌsædʒɪ'teərɪəs] <fn> [C, U] asztrol Nyilas

said [sed] → ¹**say**

¹**sail** [seɪl] <fn> 1. [C] vitorla 2. [U] vitorlázás: *Let's go for a sail!* Menjünk vitorlázni!
♦ **in full sail** felvont vitorlákkal; teljes sebességgel ♦ **set sail (from/for swhere)** elhajózik; útnak indul (vhonnan/vhova) ♦ **strike sail** 1. bevonja a vitorlákat 2. visszaszavonul 3. beadja a derekát ♦ **take in sail** biz más húrokat kezd pengetni ♦ **be under sail** *(hajó)* úton van

²**sail** [seɪl] <ige> 1. vitorlázik; hajózik; hajón/hajóval utazik/megy: *go sailing* vitorlázni megy; vitorlázik ∗ *We sailed across the lake.* Átvitorláztunk a tavon./Átszeltük a tavat. 2. *(hajó)* kifut; elindul: *The ferryboat sails in two minutes.* A komp két percen belül indul. 3. *(madár)* lebeg; siklik 4. *(hajót)* kormányoz; vezet; navigál: *I can't sail the boat without your help.* A te segítséged nélkül nem tudom kormányozni a hajót.
♦ **sail against the wind** széllel szemben hajózik; ellenszélben tesz vmit ♦ **sail before the wind** hátszéllel vitorlázik ♦ **sail close to/near the wind** 1. (élesen) a széllel szemben vitorlázik 2. súrolja a tisztesség határát ♦ **sail the seas** behajózza/bejárja a tengereket

sail into sy biz nekiesik vkinek; összeszid vkit

sail through sg sikeresen átjut vmin; *(akadályt)* könnyen vesz: *sail through an examination* sikeresen levizsgázik

sailboard ['seɪlbɔːd] <fn> [C] szörf(deszka)

sailboarding ['seɪlˌbɔːdɪŋ] <fn> [U] szörfözés

sailboat ['seɪlbəʊt] AmE → **sailing boat**

sailing ['seɪlɪŋ] <fn> 1. [U] vitorlázás: *My favourite sport is sailing.* Kedvenc sportom a vitorlázás. 2. [C] *(hajó)*indulás: *There are six sailings a day.* Naponta hat hajó indul./Naponta hat hajóindulás van.

sailing boat ['seɪlɪŋ bəʊt] <fn> [C] vitorlás (hajó)

sailing ship ['seɪlɪŋ ʃɪp] <fn> [C] (nagy) vitorlás hajó

sailor ['seɪlə] <fn> [C] tengerész; matróz

saint [seɪnt] <fn> [C] 1. röv **St.**, **S** vall szent: *Saint John* Szent János 2. átv szent

🇬🇧 🇺🇸 **Saint Patrick's Day**

Szent Patrik Írország védőszentje. Szent Patrik napja (március 17.) egyike azon nemzeti ünnepeknek, amelyet a hazáján kívül máshol is megtartanak. Ezen a napon az írek lóherét tűznek gomblyukukba vagy zöld ruhát viselnek nemcsak a szigeten, hanem a tengerentúlon is, így ünnepelve ezt a nevezetes ünnepet.

sake [seɪk] <fn> [U] **for the sake of sy/sg// for sy's/sg's sake** vki/vmi kedvéért/miatt: *for my sake* a kedvemért
♦ **for God's sake//for goodness' sake** az Isten szerelmére

salad ['sæləd] <fn> [C, U] saláta: *fruit salad* gyümölcssaláta * *We are having fish with salad for dinner.* Halat vacsorázunk salátával.

salad cream ['sæləd kriːm] <fn> [U] salátaöntet; majonéz

salad dressing ['sæləd,dresɪŋ] <fn> [U] salátaöntet

salami [sə'lɑːmɪ] <fn> [C, U] (salamis) szalámi

salaried ['sælərɪd] <mn> fizetett; fix fizetésű

salary ['sælərɪ] <fn> [C, U] (salaries) fizetés: *He has quite a good salary.* Egész jó fizetése van. * *What is his annual salary?* Mennyi az éves fizetése?

sale [seɪl] <fn> **1.** [U] eladás; árusítás: *the sale of the painting* a festmény eladása * *I haven't made a sale all week.* Egész héten semmit sem adtam el. **2.** [C] (engedményes) vásár; kiárusítás; leértékelés; akció: *winter sale* téli vásár * *buy sg at/in a sale//buy sg at/in the sales* a vásáron vesz vmit **3.** [C] aukció; árverés: *an art sale* képzőművészeti aukció * *open/ public sale//sale by auction* árverés; aukció; elárverezés

♦ **find a good sale** kelendő; kapós ♦ **for/ on sale** eladó *a house for sale* eladó ház ♦ **put sg up for sale** eladásra kínál; áruba bocsát vmit

saleable ['seɪlbl] <mn> gazd *(áru)* kelendő; eladható

sale price ['seɪl ,praɪs] <fn> [C] gazd **1.** eladási/értékesítési ár: *pay 5% above the sale price to clinch the house* az eladási árnál 5%-kal többet fizet, hogy megszerezze a házat **2.** akciós ár

sales [seɪlz] <fn> gazd **1.** [pl] áruforgalom; eladási forgalom; eladott árumennyiség; eladások: *Export sales are down by 25% this year.* Az exportáru-forgalom idén 25%-kal csökkent. **2.** [U] értékesítés(i osztály/részleg): *work in sales* az értékesítésen dolgozik

sales campaign ['seɪlz kæm,peɪn] <fn> [C] gazd eladási/értékesítési kampány

sales clerk ['seɪlz ,klɑːk] <fn> [C] AmE bolti eladó

sales contract ['seɪlz ,kɒntrækt] <fn> [C] jog adásvételi szerződés

salesgirl ['seɪlzgɜːl] <fn> [C] eladólány; elárusító lány

salesman ['seɪlzmən] <fn> [C] (salesmen) **1.** eladó **2.** kereskedelmi utazó/képviselő/ügynök; üzletkötő

sales manager ['seɪlz ,mænɪdʒə] <fn> [C] gazd **1.** értékesítési igazgató **2.** áruházi üzletvezető

salesperson ['seɪlzpɜːsn] <fn> [C] (salespeople) (bolti) eladó

sales rep. [= sales representative] kereskedelmi képviselő

sales representative ['seɪlz reprɪ,zentətɪv] <fn> [C] **röv sales rep.** gazd kereskedelmi képviselő; üzletszerző

sales slip ['seɪlz ,slɪp] <fn> [C] AmE blokk; (pénztári) számla

sales tax ['seɪlz ,tæks] <fn> [U, C] gazd forgalmi adó

saleswoman ['seɪlz,wʊmən] <fn> [C] (saleswomen) **1.** eladónő **2.** kereskedelmi utazó/ képviselő/ügynök (nő); üzletkötő(nő)

saliva [sə'laɪvə] <fn> [U] nyál

salmon ['sæmən] <fn> [C] (salmon) lazac

salmonella [,sælmə'nelə] <fn> [U] orv szalmonella

salon ['sælɒn] <fn> [C] szalon: *beauty salon* szépségszalon

saloon [sə'luːn] <fn> [C] **1.** nagyterem; díszterem; szalon **2.** AmE kocsma; bár; söntés

¹**salt** [sɔːlt] <fn> [U] só: *table salt* asztali só * *Add a pinch of salt.* Tégy hozzá egy csipetnyi sót! * *This food needs more salt.* Ezt az ételt még meg kell sózni.

♦ **eat sy's salt** vkinek a vendége; vkinek a kenyerét eszi ♦ **I am not made of salt.** Nem vagyok cukorból! ♦ **rub salt into the wound** nehezíti a helyzetet ♦ **the salt of life** az élet sava-borsa ♦ **take sg with a grain/pinch of salt** némi fenntartással fogad vmit ♦ **He is not worth his salt.** Nem ér annyit, amennyit megeszik. ♦ **sit above/ below the salt** az asztalfőhöz közel ül; az asztal vége felé ül ♦ **an old salt** vén tengeri medve

²**salt** [sɔːlt] <ige> (be)sóz; (meg)sóz

salt sg away biz *(rendszerint. illegális pénzt)* eldug; félretesz

³**salt** [sɔːlt] <mn> sós (ízű); sózott: *salt water* sós víz

salt cellar ['sɔːlt,selə] <fn> [C] sótartó

salt-free ['sɔːltfriː] <mn> sótlan

salt shaker ['sɔːlt,ʃeɪkə] <fn> [C] AmE sótartó

saltwater ['sɒlt,wɔːtə] <mn> sós vízi

salty ['sɔːltɪ] <mn> **1.** sós (ízű) **2.** pikáns; szellemes

salutary ['sæljʊtərɪ] <mn> hasznos; üdvös; tanulságos

salutation [,sælju'teɪʃn] <fn> [C, U] **1.** üdvözlés; köszöntés **2.** *(levélben)* megszólítás

¹**salute** [sə'luːt] <ige> **1.** köszönt; üdvözöl **2.** kat tiszteleg; szalutál (**sy** vkinek)

²**salute** [sə'luːt] <fn> [C] **1.** köszöntés; üdvözlés **2.** kat tisztelgés; szalutálás: *give a salute* tisztelegj; szalutál ∗ *take the salute* tisztelgést fogad **3.** tisztelgés (**to sy** vki előtt) **4.** üdvlövés; díszlövés: *fire a salute* díszlövést lead

¹**salvage** ['sælvɪdʒ] <fn> [U] **1.** (meg)mentés; *(rakományé stb.)* mentési munkálat **2.** megmentett holmi

²**salvage** ['sælvɪdʒ] <ige> **1.** megment; kiment: *He couldn't salvage anything from the burning house.* Semmit sem tudott kimenteni az égő házból. **2.** *(hajóroncsot stb.)* kiemel

salvation [sæl'veɪʃn] <fn> **1.** [U] üdvözülés **2.** [U] üdvösség **3.** [U] megmentés **4.** [C] megmentő

Salvation Army [sæl,veɪʃn'ɑːmi] <fn> **the Salvation Army** az Üdvhadsereg

salvo ['sælvəʊ] <fn> [C] (salvos v. salvoes) díszlövés; díszsortűz

¹**same** [seɪm] <mn> **1.** egyforma; ugyanolyan: *She has the same nose as her mother has.* Ugyanolyan orra van, mint az anyjának. ∗ *Your coat is the same as mine.* A kabátod ugyanolyan, mint az enyém. **2.** azonos: *They are the same age.* Azonos az életkoruk. **3.** ugyanaz: *the very same teljesen ugyanaz* ∗ *the same day* ugyanazon a napon; aznap ∗ *She left and we all did the same.* Ő elment, és mi mindannyian ugyanazt tettük. ∗ *She never wears the same dress twice.* Sohasem veszi fel ugyanazt a ruhát kétszer. ∗ *He lives in the same house as I.* Ugyanabban a házban lakik, amelyikben én.
  ♦ **all/just the same** annak/ennek ellenére; mégis; de azért mégis; mindamellett *Eve is not too nice but John is in love with her all the same.* Eve nem túl szép, de John mégis szerelmes belé. ♦ **at the same time 1.** ugyanakkor; ugyanabban az időben; egyszerre **2.** azonban; ugyanakkor; másfelől ♦ **in the same way** egyformán; ugyanúgy ♦ **It's all the same to me.** Nekem teljesen mindegy. ♦ **the same as** ugyanúgy, mint ♦ **just the same** pontosan ugyanaz ♦ **of the same kind** ugyanolyan ♦ **of the same size** ugyanakkora ♦ **one and the same** egy és ugyanaz ♦ **Same here!** Én is!/Nekem is!/Egyetértek!/Csatlakozom az előttem szólóhoz! ♦ **(The) same to you!** Hasonlóképpen!/Viszont(kívánom)! *"Have a nice day." "The same to you!"* „Szép napot kívánok!" „Viszont kívánom!"

²**same** [seɪm] <hsz> ugyanúgy; hasonlóan: *same as you* ugyanúgy, ahogy te/ti ∗ *same as usual* ahogy mindig/eddig; a szokásosat (kérem)

same-sex [,seɪm'seks] <mn> *(házasság stb.)* azonos neműek közötti

¹**sample** ['sɑːmpl] <fn> [C] **1.** minta; próba: *take a sample of sg* mintát vesz vmiből ∗ *random sample* szúrópróba **2.** kóstoló; ízelítő (**of sg** vmiből); példa (**of sg** vmié)

²**sample** ['sɑːmpl] <ige> (samples, sampling, sampled) **1.** mintát vesz vmiből **2.** (meg-)kóstol; kipróbál

sampling ['sɑːmplɪŋ] <fn> [U] mintavétel: *statistical sampling* statisztikai mintavétel

sanatorium [,sænə'tɔːriəm] <fn> [C] (sanatoriums v. sanatoria) szanatórium

¹**sanction** ['sæŋkʃn] <fn> **1. sanctions** [pl] szankció; megtorlás: *economic sanctions* gazdasági szankciók ∗ *take/impose sanctions against sy* szankciókkal sújt vkit **2.** [U] szentesítés; jóváhagyás; beleegyezés: *without the sanction of parliament* a parlament jóváhagyása/beleegyezése nélkül

²**sanction** ['sæŋkʃn] <ige> szentesít; törvényerőre emel; megerősít

sanctuary ['sæŋktʃuəri] <fn> (sanctuaries) **1.** [C] *(állatoknak)* védett terület; rezervátum; vadaspark **2.** [C, U] menedék(hely); oltalom: *seek sanctuary with sy* menedéket keres vkinél ∗ *right of sanctuary* menedékjog **3.** [C] szentély

sand [sænd] <fn> **1.** [U] homok: *They're playing in the sand.* Játszanak a homokban. **2.** **the sand(s)** [pl] homok; fövény; homokos/fövenyes terület/strand: *lie on the sand* a parton/strandon/homokon fekszik ∗ *They're playing on the sand.* Játszanak a strandon/homokon. **3.** [C] homokzátony

sandal ['sændl] <fn> [C] szandál: *a new pair of sandals* egy új szandál

sandbank ['sændbæŋk] <fn> [C] homokpad; homokzátony

sandcastle ['sænd,kɑːsl] <fn> [C] homokvár

sand dune ['sænd djuːn] <fn> [C] homokdűne

sandman ['sændmæn] <fn> [C] **the sandman** *(mesebeli)* álommanó

sandpaper ['sænd,peɪpə] <fn> [U] smirgli; csiszolópapír; dörzspapír

sandpit ['sændpɪt] <fn> [C] BrE homokozó

sandstorm ['sændstɔːm] <fn> [C] homokvihar

¹**sandwich** ['sænwɪtʃ] <fn> [C] szendvics: *two cheese sandwiches* két sajtosszendvics

²**sandwich** ['sænwɪʃt] <ige> **be sandwiched between A and B** A és B közé közbeékelődött

sandwich course ['sænwɪdʒ kɔːs] <fn> [C] elméleti és gyakorlati oktatás

sandwich maker ['sænwɪdʒ meɪkə] <fn> [C] szendvicssütő

sandwichman ['sænwɪdʒmæn] <fn> [C] gazd *(mellén és hátán reklámot hordozó ember)* szendvicsember

sandy ['sændɪ] <mn> **1.** homokos; fövenyes: *a sandy beach* homokos part/strand **2.** vörösesszőke: *fair skin and sandy hair* fehér bőr és vörösesszőke haj

sane [seɪn] <mn> **1.** épelméjű; *(jogilag)* beszámítható **2.** józan: *a sane person* józan ember **3.** eszes; értelmes; normális

sang [sæŋ] → **sing**

sanitarium [ˌsænəˈteərɪəm] <fn> [C] (sanitariums v. sanitaria) AmE szanatórium

sanitary ['sænətrɪ] <mn> **1.** egészségügyi: *sanitary conditions* egészségügyi viszonyok **2.** higiénikus: *The conditions here are not really sanitary.* Nem igazán higiénikusak itt a viszonyok.

sanitary napkin ['sænətrɪ næpkɪn] <fn> [C] AmE egészségügyi betét; intimbetét

sanitary pad ['sænətrɪ pæd] <fn> [C] egészségügyi betét; intimbetét

sanity ['sænətɪ] <fn> [U] **1.** épelméjűség: *I am concerned about your sanity.* Aggódom az épelméjűségedért. **2.** józanság; józan gondolkodás

sank [sæŋk] → ²**sink**

Santa ['sæntə] <fn> [C] Mikulás

Santa Claus ['sæntə klɔːz] <fn> [C] Mikulás

🇬🇧 *Santa Claus*

Santa Claus, illetve Angliában inkább Father Christmas. Piros ruhát és hosszú fehér szakállat viselő Mikulás, aki december 25-re virradó éjszakán a kéményen keresztül hozza a gyerekeknek az ajándékokat.

¹**sap** [sæp] <fn> [U] *(fáé stb.)* nedv

²**sap** [sæp] <fn> [C] biz együgyű lélek; hülye

³**sap** [sæp] <ige> (saps, sapping, sapped) *((élet)erőt stb.)* elszív; aláás; meggyengít: *His disease will sap his strength.* A betegsége aláássa az erejét.

sapling ['sæplɪŋ] <fn> [C] facsemete

sapphire ['sæfaɪə] <fn> [C, U] zafír

sarcasm ['sɑːkæzm] <fn> [U] maró gúny; szarkazmus

sarcastic [sɑːˈkæstɪk] <mn> bántóan gúnyos; szarkasztikus

sarcophagus [sɑːˈkɒfəgəs] <fn> [C] (sarcophagi) szarkofág

sardine [ˌsɑːˈdiːn] <fn> [C] szardínia

sash window [ˌsæʃˈwɪndəʊ] <fn> [C] tolóablak

sat [sæt] → **sit**

Sat. [= Saturday] szo (= szombat)

Satan ['seɪtn] <fn> [U] sátán

satchel ['sætʃl] <fn> [C] (iskola)táska

satellite ['sætəlaɪt] <fn> [C] **1.** mellékbolygó: *The moon is a satellite of the earth.* A Hold a Föld egyik mellékbolygója. **2.** műhold: *The concert came live by satellite from America.* A hangverseny műholdon keresztül élőben jött Amerikából.

satellite dish ['sætəlaɪt dɪʃ] <fn> [C] parabolaantenna

satellite television [ˌsætəlaɪtˈtelɪvɪʒn] <fn> [U] műholdas televízió

satellite TV [ˌsætəlaɪt tiːˈviː] <fn> [U] műholdas televízió

satin ['sætɪn] <fn> [U] szatén

satire ['sætaɪə] <fn> [C] szatíra (**on sy** vkiről)

satirical [səˈtɪrɪkl] <mn> gúnyos; ironikus; szatirikus

satisfaction [ˌsætɪsˈfækʃn] <fn> [U] **1.** (meg)elégedettség; megelégedés: *express one's satisfaction* tetszését fejezi ki ∗ *to my satisfaction* megelégedésemre ∗ *to everyone's satisfaction* közmegelégedésre **2.** elégtétel; kielégítés: *the satisfaction of desires* a vágyak kielégítése **3. (sexual) satisfaction** (nemi) kielégülés

satisfactory [ˌsætɪsˈfæktərɪ] <mn> kielégítő

satisfy ['sætɪsfaɪ] <ige> (satisfies, satisfying, satisfied) **1.** kielégít: *satisfy every demand* minden igényt kielégít ∗ *I am not satisfied with it.* Nem vagyok vele megelégedve. **2.** örömet szerez: *You are really difficult to satisfy.* Nehéz neked örömet szerezni. **3.** *(követelésnek stb.)* eleget tesz **4.** *(kétséget)* eloszlat **5. satisfy sy that…** meggyőz vkit arról, hogy…: *The police were satisfied that…* A rendőrség meggyőződött arról, hogy…

satisfying ['sætɪsfaɪɪŋ] <mn> **1.** megnyugtató **2.** kielégítő; örömteli; örvendetes **3.** *(táplálék)* kiadós; laktató

saturate ['sætʃəreɪt] <ige> (saturates, saturating, saturated) **1.** átitat **2.** kém telít **3.** átv telít: *the market is saturated with sg* a piac telítve van vmivel

saturated ['sætʃəreɪtɪd] <mn> kém telített

saturation [ˌsætʃəˈreɪʃn] <fn> [U] **1.** telítettség: *saturation point* kém telítettségi határ ∗ *reach saturation point* átv türelmének végére ér **2.** átitatás; telítés

Saturday ['sætədeɪ] <fn> [C, U] szombat

sauce [sɔːs] <fn> [C, U] szósz; mártás: *tomato sauce* paradicsommártás; paradicsomszósz

saucepan ['sɔːspən] <fn> [C] serpenyő; nyeles edény

saucer ['sɔːsə] <fn> [C] csészealj
saucy ['sɔːsɪ] <mn> **1.** pimasz; szemtelen: *a saucy remark* szemtelen megjegyzés **2.** biz elegáns; tipp-topp; hetyke pikáns
Saudi Arabia [ˌsaʊdɪ əˈreɪbɪə] <fn> Szaúd-Arábia
sauna ['sɔːnə] <fn> [C] szauna: *have/take a sauna* szaunázik
saunter ['sɔːntə] <ige> ballag; bandukol; császkál
sausage ['sɒsɪdʒ] <fn> [C, U] kolbász: *two pairs of sausages* két pár kolbász
¹savage ['sævɪdʒ] <mn> **1.** vad; kegyetlen; szilaj; civilizálatlan; barbár: *savage tribes* barbár törzsek **2.** dühös; mérges; durva; brutális: *a savage attack* brutális támadás
²savage ['sævɪdʒ] <ige> (savages, savaging, savaged) vadul megtámad; megmar; megtapos; összerugdos: *He was savaged by a dog.* Megtámadta egy kutya.
³savage ['sævɪdʒ] <fn> [C] vad; vadember; bennszülött
savanna [səˈvænə] <fn> [C] földr szavanna
savannah [səˈvænə] <fn> [C] földr szavanna
¹save [seɪv] <ige> (saves, saving, saved) **1.** megment; kiment: *My friend saved a little boy from the burning house.* A barátom kimentett egy kisfiút az égő házból. ∗ *Save me!* Ments(etek) meg! ∗ *Thank you for saving my life.* Köszönöm, hogy megmentetted az életemet! **2. save sg//save for sg//save up for sg** megtakarít; félretesz; spórol; gyűjt vmire: *How much money can you save a week?* Mennyi pénzt tudsz megtakarítani hetente? ∗ *I save to buy a new watch.* Egy új órára gyűjtök. ∗ *We save (money) now to be able to buy a new house.* Spórolunk, hogy vehessünk egy új házat. ∗ *What are you saving up for now?* Most mire gyűjtesz? ∗ *We are now saving (up) for a new car.* Új kocsira gyűjtünk/spórolunk. **3.** megspórol; nyer; takarékoskodik: *You will save a lot of time if you travel by car.* Ha autóval utazol, rengeteg időt fogsz nyerni. ∗ *We should save water.* Takarékoskodnunk kellene a vízzel. ∗ *Try to save your strength.* Próbáld beosztani az erődet! **4.** megkímél (**sy sg** vkit vmitől) **5.** sp véd: *He saved brilliantly tonight.* Ma este fantasztikusan védett. **6.** vall megvált; üdvözít **7.** infor (el-)ment: *save as* mentés másként

♦ **save one's skin/neck/bacon** biz menti a bőrét ♦ **save (one's) face** megőrzi a tekintélyt/méltóság látszatát

²save [seɪv] <fn> [C] sp védés
saving ['seɪvɪŋ] <fn> **1.** [C] megtakarítás **2.** [U] takarékosság; takarékoskodás **3.** [U] megmentés **4. savings** [pl] spórolt/megtakarított pénz: *Use your savings to buy that book.* A spórolt pénzedből vedd meg azt a könyvet! ∗ *Put all your savings in(to) a bank.* Minden megtakarított pénzedet tedd a bankba!
savings account ['seɪvɪŋz əˌkaʊnt] <fn> [C] folyószámla; takarék(betét-)számla
savings bank ['seɪvɪŋz bæŋk] <fn> [C] takarékpénztár
savior ['seɪvjər] AmE → **saviour**
saviour ['seɪvjə] <fn> **1.** [C] megmentő **2. the Saviour** [U] *(Jézus Krisztus)* a Megváltó
savor ['seɪvər] AmE → **savour**
savory ['seɪvərɪ] AmE → **savoury**
¹savour ['seɪvə] <ige> **1.** ízesít **2.** ízlel; ízét érzi: *savour the soup* a levest ízleli **3.** élvez: *savour the moment* élvezi a pillanatot
²savour ['seɪvə] <fn> [C, U] íz; aroma; zamat
savoury ['seɪvərɪ] <mn> **1.** *(étel)* pikáns (ízű); nem édes **2.** jóízű; élvezetes **3.** jó szagú
¹saw [sɔː] → **see**
²saw [sɔː] <fn> [C] közmondás; szólásmondás
³saw [sɔː] <fn> [C] fűrész
⁴saw [sɔː] <ige> (saws, sawing, sawed, sawn/ AmE sawed) fűrészel
sawdust ['sɔːdʌst] <fn> [U] fűrészpor
sawmill ['sɔːmɪl] <fn> [C] fűrészmalom
sawn [sɔːn] → **⁴saw**
¹Saxon ['sæksn] <mn> **1.** szász **2.** angolszász
²Saxon ['sæksn] <fn> **1.** [C] *(személy)* angolszász **2.** [C] *(személy)* szász **3.** [U] *(nyelv)* óangol
Saxony ['sæksənɪ] <fn> Szászország
saxophone ['sæksəfəʊn] <fn> [C] szaxofon
¹say [seɪ] <ige> (says, saying, said, said) **1.** mond; kimond; említ; kijelent; beszél; elmond; kifejez: *Say "goodbye" when you leave.* Amikor elmész, mondd, hogy "viszontlátásra"! ∗ *"I am going to the cinema",* she said. "Moziba megyek" – mondta. ∗ *He said he was sad.* Azt mondta, szomorú. ∗ *He is said to be sad.* Azt mondják róla, hogy szomorú. ∗ *What did you say?* Hogy mondtad?/Tessék? ∗ *He has nothing to say.* Nincs semmi mondanivalója. ∗ *He says his prayers every day.* Minden nap elmondja az imáját. **2.** mutat; jelöl: *The arrivals board says that the train will be late.* Az érkezést jelző tábla azt mutatja, hogy késik a vonat.

♦ **as you might say** mondhatná az ember... ♦ **I mean to say** biz Azt akarom ezzel mondani, hogy... ♦ **I must say** Az igazat megvallva... ♦ **I say!** biz Ejha! ♦ **I should say not.** Szerintem nem./Azt hiszem, nem./Nem hinném. ♦ **It is easier said than done.** Könnyebb mondani, mint megtenni. ♦ **It goes without saying that...** Az magától

²**say**

értetődik…/Szó sem fér hozzá…/Mondani sem kell… ♦ **Say when!** biz *(ital töltésekor stb.)* Szólj, ha elég! ♦ **that is to say** azaz ♦ **There is no saying.** Nem lehet tudni. ♦ **When all is said and done…** Mindent összevéve… ♦ **You don't say!** biz Nem mondod komolyan! ♦ **say a good word for sy** szól egy jó szót vki érdekében ♦ **to say nothing of** nem is említve…

²**say** [seɪ] <fn> [U] beleszólás(i jog) **(in sg** vmibe): *have a say in sg* van beleszólása vmibe ∗ *have no say in sg* nincs beleszólása vmibe

saying ['seɪɪŋ] <fn> [C] mondás; közmondás; szólás; szólásmondás: *as the saying goes/is* ahogy mondani szokás

scab [skæb] <fn> **1.** [C, U] var **2.** [C, U] rüh **3.** [C] sztrájktörő

scaffold ['skæfəʊld] <fn> [C] **1.** épületállvány; állványzat **2.** vesztőhely

¹**scald** [skɔːld] <ige> **1.** *(bőrt stb.)* (le)forráz: *She scalded her arm with boiling water.* Leforrázta a karját forró vízzel. **2.** *(tejet)* felforral

²**scald** [skɔːld] <fn> [C] égési seb

¹**scale** [skeɪl] <fn> **1.** [C] *(műszeren)* fokbeosztás; skála: *The scale of the thermometer ranges from –20 to +40 degrees centigrade.* A hőmérő skálája –20 foktól +40 fokig terjed. ∗ *The earthquake measured 4.5 on the Richter scale.* A földrengés a Richter-skálán 4,5-öt mutatott. **2.** [C, U] *(térképen)* méretarány; lépték: *This map has a scale of 1:20,000.* Egy 1:20 000 méretarányú térkép. **3.** [C] számrendszer **4.** [C, U] átv lépcső; létra: *social scale* társadalmi ranglétra **5.** [C] zene skála; hangsor: *practise scales on the violoncello* skálázik a csellón **6. (a pair of) scales** [pl] mérleg: *kitchen/bathroom scales* konyhai mérleg/fürdőszobamérleg ∗ *weigh sg on the kitchen scales* megmér vmit a konyhamérlegen **7.** [U] *(problémáé stb.)* arány; méret: *He is not aware of the scale of the problem.* Nincs tisztában azzal, mekkora a gond.

♦ **on a small scale** kicsiben; szerény keretek között ♦ **on a large scale** nagyban; nagy méretekben ♦ **It weights a lot in the scale.** Sokat nyom a latban.

²**scale** [skeɪl] <ige> (scales, scaling, scaled) **1.** megmászik; felmászik **2.** arányosít **3.** fokozatokra oszt **4.** lekapar; levakar; meghámoz **5.** fogkövet eltávolít

scale sg down arányosan csökkent vmit
scale sg up arányosan növel vmit

³**scale** [skeɪl] <fn> [C] *(halé)* pikkely

scalp [skælp] <fn> [C] **1.** fejbőr **2.** *(trófea)* skalp
scalpel ['skælpl] <fn> [C] orv szike

¹**scan** [skæn] <ige> (scans, scanning, scanned) **1.** (meg-/át)vizsgál; kutat **2. scan (through) sg** *(újságot stb.)* átfut; átolvas; átnéz **3.** *(verset)* skandál; ütemez **4.** el letapogat; leolvas; átvizsgál; átvilágít

scan sg into sg infor *(számítógépbe)* beolvas; beszkennel vmit

²**scan** [skæn] <fn> [C] **1.** átvilágítás; szűrés; (ultrahangos/röntgensugaras) vizsgálat: *an ultrasound scan* ultrahangvizsgálat **2.** gyors átfutás: *a quick scan through the report* a jelentés gyors átfutása ∗ *a quick scan of the newspapers* az újságok gyors átfutása/átnézése

scandal ['skændl] <fn> **1.** [C, U] botrány; szégyen: *a big scandal* óriási botrány ∗ *He was involved in a financial scandal.* Belekeveredett egy pénzügyi botrányba. ∗ *This dirty lavatory is a scandal.* Szégyen ez a piszkos WC. ∗ *It is a scandal that you never say thanks.* Szégyen, hogy sohasem köszönsz meg semmit. **2.** [U] pletyka: *This newspaper is full of scandal.* Ez az újság tele van pletykával.

scandalise ['skændlaɪz] → **scandalize**

scandalize ['skændlaɪz] <ige> (scandalizes, scandalizing, scandalized) megbotránkoztat

scandalmonger ['skændl,mʌŋgə] <fn> [C] pletykafészek

scandalous ['skændləs] <mn> **1.** botrányos **2.** felháborító **3.** pletykás; rágalmazó

Scandinavia [,skændɪ'neɪvɪə] <fn> Skandinávia

¹**Scandinavian** [,skændɪ'neɪvɪən] <mn> skandináv: *Scandinavian languages* skandináv nyelvek

²**Scandinavian** [,skændɪ'neɪvɪən] <fn> [C] *(személy)* skandináv

scanner ['skænə] <fn> [C] el, infor letapogató; szkenner; lapolvasó

scant [skænt] <mn> gyér; csekély; kevés

scantily [skæntɪlɪ] <hsz> gyéren; hiányosan: *scantily dressed* hiányos öltözékben; hiányosan öltözve

scanty ['skæntɪ] <mn> **1.** *(ruha)* szűk; szoros; feszes **2.** hiányos; gyér; gyatra: *scanty clothing* hiányos öltözet

¹**scar** [skɑː] <fn> [C] **1.** sebhely; forradás: *He has a scar under his right ear.* A jobb füle alatt van egy sebhely. **2.** átv *(szenvedésé stb.)* nyom: *bear the scars of an unhappy childhood* egy boldogtalan gyermekkor nyomait viseli magán

²**scar** [skɑː] <ige> (scars, scarring, scarred) **1.** sebhelyet/forradást hagy: *His face was scarred for life in the accident.* Az arcán örökre megmaradt a forradás helye. **2.** átv nyomot hagy **3. scar (over)** beheged

scarce [skeəs] <mn> (scarcer, scarcest) ritka; gyér; kevés: *That animal has become scarce in our country.* Ritka ez az állat a mi országunkban.

scarcely ['skeəslɪ] <hsz> alig; nemigen; aligha: *scarcely ever* szinte soha ∗ *He could scarcely speak.* Alig jutott szóhoz.

¹**scare** [skeə] <ige> (scares, scaring, scared) **1.** megijeszt: *His crying scared me.* Kiabálása megijesztett. **2.** megijed; megrémül
♦ **be scared stiff** biz halálra rémül(t)

scare sg/sy away/off (állatot, rablót stb.) elriaszt
scare sy out of his mind biz halálra rémiszt vkit

²**scare** [skeə] <fn> [C] **1.** rémület; ijedelem: *We had a scare when the dog fell into the water.* Megijedtünk, amikor a kutya beleesett a vízbe. **2.** pánik(helyzet): *a bomb scare* bombariadó

scarecrow ['skeəkrəʊ] <fn> [C] madárijesztő
scaremonger ['skeə,mʌŋgə] <fn> [C] rémhírterjesztő; pánikkeltő
scaremongering ['skeə,mʌŋgərɪŋ] <fn> [U] rémhírterjesztés; pánikkeltés
scarf [skɑːf] <fn> [C] (scarfs v. scarves) sál; (váll-)kendő
¹**scarlet** ['skɑːlət] <mn> skarlátvörös
²**scarlet** ['skɑːlət] <fn> [U] (szín) skarlátvörös
scarlet fever [,skɑːlət'fiːvə] <fn> [U] orv skarlát
scarves [skɑːvz] → **scarf**
scary ['skeərɪ] <mn> (scarier, scariest) **1.** ijesztő; rémisztő: *a scary story* ijesztő történet; rémtörténet **2.** ijedős
scathing ['skeɪðɪŋ] <mn> (kritika stb.) éles; csípős; erős; maró; metsző; megsemmisítő; kegyetlen
scatter ['skætə] <ige> **1.** (magot stb.) (szét)szór; (szét)hint **2.** eloszlat; szétoszlat; szétkerget: *The noise scattered the animals.* A zaj szétoszlatta az állatokat. **3.** meghiúsít **4.** elterjeszt **5.** (tömeg stb.) eloszlik; szétoszlik: *The crowd scattered.* Szétoszlott a tömeg. **6.** terjed; (szét-) szóródik **7.** átv (remény) szertefoszlik
scatterbrain ['skætəbreɪn] <fn> [C] (ember) szórakozott; kelekótya
scatterbrained ['skætəbreɪnd] <mn> szórakozott; kelekótya; szeleburdi

scattered ['skætəd] <mn> elszórt: *scattered showers* szórványos záporok
scavenger ['skævɪndʒə] <fn> [C] **1.** guberáló **2.** dögevő állat
scenario [sə'nɑːrɪəʊ] <fn> [C] **1.** szövegkönyv; forgatókönyv **2.** átv forgatókönyv: *The most likely scenario is that this party will win.* A legvalószínűbb forgatókönyv szerint ez a párt fog nyerni.
scene [siːn] <fn> [C] **1.** helyszín; színhely: *arrive at the scene of the accident* megérkezik a baleset helyszínére ∗ *on the scene* a helyszínen **2.** jelenet; szín; kép: *This play has two scenes in each act.* Ennek a darabnak minden felvonása két jelenetből áll. **3.** szín(pad) **4.** színpadi díszlet; kulissza **5.** látvány; kép: *I saw a beautiful scene as I entered the garden.* Ahogy beléptem a kertbe, csoda szép látvány tárult a szemem elé.
♦ **behind the scenes** a színfalak/kulisszák mögött ♦ **be on the scene** megjelenik; megérkezik (a helyszínre) ♦ **appear/come on the scene** biz színre lép ♦ **make a scene** jelenetet rendez ♦ **set the scene for sg** előkészíti a terepet/talajt vmi számára
scenery ['siːnərɪ] <fn> [U] **1.** panoráma; táj; látvány: *We enjoyed the beautiful scenery in the mountains.* Élveztük a csoda szép látványt a hegyekben. **2.** díszlet(ek): *The scenery made the stage look like a castle.* A díszletek a színpadot várként jelenítették meg.
scenic ['siːnɪk] <mn> **1.** színpadi(as): *scenic effects* színpadi hatások **2.** (táj, vidék stb.) festői; látványos; szép
¹**scent** [sent] <fn> **1.** [C, U] (kellemes) illat; szag **2.** [U] BrE parfüm; illatszer **3.** [U] (állaté) szaglás; szimat **4.** [C, U] nyom; szag; csapás: *follow up the scent* követi a nyomot
♦ **be on the scent of sg** (jó) nyomon van; vminek a nyomában van ♦ **follow a false scent** rossz/hamis nyomon jár ♦ **get on the scent** szimatot fog/kap ♦ **get the scent of sg** megszimatol vmit ♦ **put sy on a false/wrong scent//put/throw sy off the scent** tévútra vezet vkit
²**scent** [sent] <ige> **1.** (be)illatosít: *scent sg with sg* illatával betölt vmit **2.** átv is (meg)szagol; szaglászik; (meg)szimatol: *scent (out) game* vadat kiszimatol ∗ *scent trouble* bajt szimatol
scepter ['septə] → **sceptre**
sceptical ['skeptɪkl] <mn> kételkedő; szkeptikus **(about/of sg** vmi miatt/vmit illetően)
sceptre ['septə] <fn> [C] jogar
¹**schedule** [ˈʃedjuːl, AmE ˈskedʒuːl] <fn> [C] **1.** (munka)terv; ütemterv; tervezet; ütemezés; program: *on schedule* terv szerint; határidőre

∗ *behind schedule* határidőn túl ∗ *We fell behind schedule with work.* Elúsztunk (a munkával). ∗ *Why do you always have such a full/heavy/hectic schedule?* Miért van neked mindig ilyen zsúfolt/sűrű programod? **2.** AmE menetrend; órarend; napirend; időbeosztás: *arrived on/according to schedule* menetrend szerint/pontosan érkezett ∗ *The next thing on our schedule is to organize the meeting.* A következő napirendi pontunk a találkozó megszervezése. **3.** jegyzék; lista; táblázat; függelék

²**schedule** ['ʃedjuːl, AmE 'skedʒuːl] <ige> (schedules, scheduling, scheduled) **1.** (be)tervez; tervbe iktat; beütemez; *(időpontot)* kitűz: *as schedule* terv szerint ∗ *scheduled departure* tervezett érkezés ∗ *scheduled flight* menetrend szerinti repülőjárat ∗ *The meeting was originally scheduled for November 10th.* Az ülést eredetileg november 10-re tervezték. **2.** jegyzékbe/táblázatba foglal

scheduling ['ʃedjuːlɪŋ] <fn> [U] ütemezés

¹**scheme** [skiːm] <fn> [C] **1.** terv(ezet); elgondolás; projekt (**to do sg/for doing sg** vmire/vminek a megtételére): *an ingenious scheme* szellemes elgondolás ∗ *various schemes for improving the hospitals* többféle tervezet a kórházak fejlesztésére **2.** vázlat; séma; szisztéma; rendszer **3.** cselszövés; intrika

♦ **the scheme of things** a dolgok rendje

²**scheme** [skiːm] <ige> (schemes, scheming, schemed) **1.** tervez; vázol; tervbe vesz **2.** pej mesterkedik; intrikál; rosszban sántikál; összeesküszik: *They were scheming against her.* Összeesküdtek ellene.

schizophrenia [ˌskɪtsəˈfriːnɪə] <fn> [U] orv tudathasadás; skizofrénia

¹**schizophrenic** [ˌskɪtsəˈfrenɪk] <mn> tudathasadásos; skizofrén(iás)

²**schizophrenic** [ˌskɪtsəˈfrenɪk] <fn> [C] tudathasadásos; skizofrén(iás) (ember)

schmaltz [ʃmɔːlts] <fn> [U] biz giccs(es zene); érzelgős mű

schmaltzy [ˈʃmɔːltsɪ] <mn> csöpögős; érzelgős; giccses

schmooze [ʃmuːz] <ige> (schmoozes, schmoozing, schmoozed) cseveg; (el)beszélget; társalog

scholar [ˈskɒlə] <fn> [C] **1.** tudós **2.** ösztöndíjas

scholarly [ˈskɒləlɪ] <mn> **1.** *(ember)* tudós **2.** *(folyóirat stb.)* tudományos: *a scholarly discussion* tudományos vita

scholarship [ˈskɒləʃɪp] <fn> **1.** [C] tudományos munka **2.** [U] tudományosság; tudomány(os felkészültség) **3.** [C] ösztöndíj: *holder of a scholarship* ösztöndíjas ∗ *She was awarded a scholarship.* Ösztöndíjat kapott.

¹**school** [skuːl] <fn> **1.** [C] iskola: *He doesn't like to go to school.* Nem szeret iskolába járni. ∗ *She is not at school today as she is ill.* Ma nem ment iskolába, mert beteg. ∗ *What did you do at school today?* Ma mit csináltál az iskolában? ∗ *Which school do you attend/go to?* Melyik iskolába jársz? ∗ *What school were you at?* Hol jártál iskolába? **2.** [U] tanítás; oktatás; iskola(i tanulmányok): *start/leave school* kezdi/befejezi a tanulmányait ∗ *School starts at 8 o'clock every morning.* A tanítás minden reggel 8 órakor kezdődik. ∗ *There was no school yesterday.* Tegnap nem volt tanítás. ∗ *Let's meet after school today.* Találkozzunk ma tanítás/iskola után! ∗ *My daughter is still at school.* A lányom még mindig iskolás. **3.** [C] *(különféle szakmákhoz)* iskola: *a sewing school* varróiskola ∗ *a language school* nyelviskola **4.** [C] iskolaépület(ek); tanterem; osztály **5.** [C] biz AmE egyetem; főiskola **6.** [C] *(egyetemi)* fakultás; kar: *medical/law school* orvosi/jogi kar **7.** [C] *(irányzat, módszer)* iskola: *the Impressionist school of painting* az impresszionista festőiskola

²**school** [skuːl] <fn> [C] halraj

school age [ˈskuːl eɪdʒ] <fn> [U] iskolaköteles kor: *be of school age* iskoláskorú

school bag [ˈskuːl bæg] <fn> [C] iskolatáska

schoolboy [ˈskuːlbɔɪ] <fn> [C] iskolásfiú; diák

school bus [ˈskuːl bʌs] <fn> [C] iskolabusz

schoolchild [ˈskuːltʃaɪld] <fn> [C] (schoolchildren) tanuló; iskolás

school day [ˈskuːl deɪ] <fn> **1.** [C] tanítási nap **2. schooldays** [pl] diákévek

schoolgirl [ˈskuːlɡɜːl] <fn> [C] iskoláslány; diáklány

schooling [ˈskuːlɪŋ] <fn> [U] iskoláztatás; taníttatás; neveltetés; iskolázottság

school-leaver [ˌskuːlˈliːvə] <fn> [C] végzős

schoolmate [ˈskuːlmeɪt] <fn> [C] iskolatárs

school report [ˈskuːl rɪˌpɔːt] <fn> [C] (iskolai) bizonyítvány; iskolai értesítő

schoolteacher [ˈskuːlˌtiːtʃə] <fn> [C] tanító(nő); tanár(nő)

science [ˈsaɪəns] <fn> **1.** [U] tudomány **2.** [U] természettudomány: *He is very good both at science and at languages.* Mind a természettudomány, mind a nyelvek terén igen jó. **3.** [C] tudomány(ág): *Biology is one of the chief sciences.* A biológia az egyik tudományág.

science fiction [ˌsaɪənsˈfɪkʃn] <fn> [C, U] tudományos fantasztikus regény/mű; sci-fi

science park [ˈsaɪəns pɑːk] <fn> [C] kutatási központ; kutatótelep

scientific [ˌsaɪənˈtɪfɪk] <mn> **1.** tudományos: *scientific methods* tudományos módszerek ∗ *She*

carries out a lot of scientific experiments. Számtalan tudományos kísérletet végez. **2.** természettudományi; természettudományos
scientist ['saɪəntɪst] <fn> [C] (természet)tudós
sci-fi [,saɪ'faɪ] <fn> [C, U] biz *(tudományos fantasztikus regény/mű)* sci-fi
scissors ['sɪzəz] <fn> [pl] olló: *a pair of scissors* olló
scold [skəʊld] <ige> megszid (**sy for sg//sy for doing sg** vkit vmiért/vminek a megtételéért)
scolding ['skəʊldɪŋ] <fn> [U] (össze)szidás: *give sy a scolding* összeszid vkit
scone [skɒn, skəʊn] <fn> [C] ≈ kalács
¹**scoop** [sku:p] <fn> [C] **1.** mer(ít)őkanál; szedőkanál; öblös lapát: *an ice-cream scoop* fagylaltoskanál **2.** (egy) kanál(nyi): *a scoop of ice-cream* egy kanálnyi/gombóc fagyi **3.** biz (elsőnek leközölt) szenzációs hír; exkluzív riport **4.** üreg; mélyedés
²**scoop** [sku:p] <ige> **1. scoop sg out of sg** kimer; kilapátol vmit vmiből **2.** kikotor **3.** biz *(szenzációs hírt)* elsőnek leközöl **4.** biz nagy hasznot söpör be
scooter ['sku:tə] <fn> [C] **1.** roller **2.** robogó
scope [skəʊp] <fn> [U] **1.** *(működése, tudományé stb.)* terület; kör; tér: *scope of authority* hatáskör * *scope of activities* munkakör; munkaterület * *scope of sy's duties* feladatkör * *be beyond the scope of sg* vminek a témakörén kívül van/esik; nem tartozik a témakörébe * *That is beyond my scope.* Ez meghaladja a hatáskörömet/(értelmi) képességeimet./Ez nem tartozik az érdeklődési körömbe. **2.** mozgástér; (szabad) mozgás; cselekvési lehetőség (**for sg/to do sg** vmire/vminek a megtételére): *give free/full scope to sy* szabad teret/kezet ad vkinek
scorch [skɔ:tʃ] <ige> **1.** megperzsel; megpörköl; (meg)éget **2.** megperzselődik; megpörkölődik **3.** kiszárít **4.** biz száguld; repeszt
scorcher ['skɔ:tʃə] <fn> [C] biz forró nyári nap; kánikulai nap
scorching ['skɔ:tʃɪŋ] <mn> nagyon forró, perzselő
¹**score** [skɔ:] <fn> **1.** [C] sp ponteredmény; pontszám; pontarány; gólarány; (játék)állás: *keep the score* jegyzi a pontokat/az eredményt * *What's the score?* Hogy áll a játék/meccs? * *The final score was 2-1 to XY.* A végeredmény 2–1 volt XY javára. * *There was no score.* Az eredmény nulla-nulla. **2.** [C] zene partitúra **3. scores** [pl] rengeteg; tömérdek: *scores of people* rengeteg ember **4.** [C] vál húsz: *five score years* száz év * *barely a score of people* alig húsz ember **5.** [C] ok; indíték: *on that score* azon okból; amiatt * *On what score?* Mi okból?/Milyen alapon? **6.** [C] adósság; számla: *run up a score* adósságot csinál
♦ **settle old scores** régi sérelmekért leszámol
²**score** [skɔ:] <ige> (scores, scoring, scored) **1.** *(pontot, pontszámot)* szerez; elér; *(játékot stb.)* nyer: *score a goal* gólt rúg/lő * *score a victory* győzelmet arat * *He scored two points.* Két pontot nyert/szerzett. **2.** *(pontokat, eredményt)* jegyez; számol **3.** *(adósságot, sérelmet stb.)* felró; megjegyez **4.** bevág; bemetsz: *score the meat with a knife* a húst egy késsel bevagdossa
scoreboard ['skɔ:bɔ:d] <fn> [C] eredményjelző tábla
scorer ['skɔ:rə] <fn> [C] **1.** pontozó **2.** pontszerző **3.** góllövő
¹**scorn** [skɔ:n] <fn> [U] megvetés; lenézés (**for sy/sg** vkié/vmié)
²**scorn** [skɔ:n] <ige> megvet; lenéz; megvetően elutasít
scornful ['skɔ:nfl] <mn> megvető; lenéző: *a scornful look* megvető pillantás
Scorpio ['skɔ:pɪəʊ] <fn> [C, U] asztrol Skorpió
scorpion ['skɔ:pɪən] <fn> [C] skorpió
Scot [skɒt] <fn> [C] *(személy)* skót
¹**Scotch** [skɒtʃ] <fn> **1.** [U] skót whisky **2.** [C] egy pohár skót whisky: *Do you want a Scotch?* Kérsz egy pohár skót whiskyt?
²**Scotch** [skɒtʃ] <mn> *(szövet, whisky stb.)* skót
scotch [skɒtʃ] <ige> véget vet (**sg** vminek); leállít (**sg** vmit)
Scotch tape® [,skɒtʃ'teɪp] <fn> [U] AmE cellux
Scotch terrier [,skɒtʃ'terɪə] <fn> [C] skót terrier
scot-free [,skɒt'fri:] <hsz> biz sértetlenül; büntetlenül; épen: *escape/get off/go scot-free* sértetlenül megmenekül; büntetlenül megússza
Scotland ['skɒtlənd] <fn> Skócia

→ Lásd a Tartalomjegyzékben a Tematikus rajzokat!

Scotland Yard [,skɒtlənd'jɑ:d] <fn> [U] a londoni rendőrség (székháza); londoni főkapitányság
¹**Scots** [skɒts] <mn> skót: *a Scots accent* skót akcentus * *an old Scots family* régi/ősi skót család * *a well-known Scots poet* híres skót költő
²**Scots** [skɒts] <fn> **1.** [U] skót (nyelvjárás) **2. the Scots** [pl] a skótok
Scotsman ['skɒtsmən] <fn> [C] (Scotsmen) skót (férfi)
Scotswoman ['skɒts,wʊmən] <fn> [C] (Scotswomen) skót nő

Scottish ['skɒtɪʃ] <mn> skót: *speak with a Scottish accent* skót akcentussal/dialektusban beszél ∗ *Scottish dancing* skót tánc ∗ *Scottish national dress* skót nemzeti viselet ∗ *the Scottish Highlands* a skót felvidék
scoundrel ['skaʊndrəl] <fn> [C] gazember
¹**scour** ['skaʊə] <fn> [U] súrolás; tisztítás
²**scour** ['skaʊə] <ige> **1. scour sg (out)** (ki-/le-/fel)súrol; (ki-/le)sikál; tisztogat; kimos **2.** orv *(beleket)* kitisztít
³**scour** ['skaʊə] <ige> *(terepet)* átfésül; átkutat (**sg for sy/sg** vmit vki/vmi után)
¹**scout** [skaʊt] <fn> [C] **1.** felderítő; járőr **2. (Boy) Scout** cserkész: *the Scouts* a cserkészek; a cserkészet **3. (talent) scout** tehetségkutató
²**scout** [skaʊt] <ige> felderít
scoutmaster ['skaʊtmɑːstə] <fn> [C] cserkészparancsnok
¹**scowl** [skaʊl] <ige> összeráncolja a homlokát; összevonja a szemöldökét
²**scowl** [skaʊl] <fn> [C] haragos tekintet
scram [skræm] <ige> biz elsiet; meglóg: *Scram!* Kotródj!
¹**scramble** ['skræmbl] <ige> (scrambles, scrambling, scrambled) **1.** négykézláb mászik **2.** tülekedik (**for sg/to do sg** vmiért/vminek a megtételéért) **3.** igyekszik; nagy igyekezettel halad **4.** *(telefonüzenetet stb.)* összezavar **5.** rántottát csinál
²**scramble** ['skræmbl] <fn> [U] **1.** négykézláb mászás; kúszás **2.** tülekedés
scrambled eggs [ˌskræmbld'egz] <fn> [pl] rántotta
¹**scrap** [skræp] <fn> **1.** [C] darabka: *a scrap of paper* egy papírdarabka **2. scraps** [pl] *(étel-)* maradék: *give the scraps to the dog* a kutyának adja a maradékot **3.** [U] hulladék; selejtanyag; ócskavas **4.** [C] (lap)kivágat; kivágott kép **5.** [C] biz bunyó; verekedés; dulakodás
²**scrap** [skræp] <ige> (scraps, scrapping, scrapped) **1.** kiselejtez; szemétre dob: *scrap the old radio* kiselejtezi az öreg rádiót **2.** *(ötletet stb.)* elvet; félredob: *scrap the plan* elveti a tervet **3.** biz bunyózik; verekszik
scrapbook ['skræpbʊk] <fn> [C] *(lapkivágatok beragasztására, fotóknak stb.)* album
¹**scrape** [skreɪp] <fn> **1.** [C] karcolás; kaparás; vakarás **2.** [U] *(hangszeré)* nyekerg(et)és **3.** [C] *(kenyéren)* vékony vajréteg **4.** [C] biz kellemetlenség; zűr; slamasztika; kellemetlen helyzet: *get into a scrape* kellemetlen helyzetbe kerül
²**scrape** [skreɪp] <ige> (scrapes, scraping, scraped) **1.** lekapar; levakar; ledörzsöl; lecsiszol (**from sg/swhere** vmiről/vhonnan) **2.** *(felületet, bőrt)* megkarcol; felsért; felhorzsol; megsért **3.** összekapar (**sg** vmit): *She scraped a pass in the exam.* Összekapart egy elégségest a vizsgán. **4.** *(hangszeren stb.)* nyekereg; cincog; kaparó hangot hallat

---

scrape along (el)tengődik; valahogy megél
scrape sg away/off levakar; ledörzsöl; lehorzsol vmit
scrape by épphogy megél (**on sg** vmiből): *scrape by on one's salary* éppenhogy megél a fizetéséből
scrape sg out kikotor; kikapar vmit
scrape through sg *(vizsgán stb.)* átjut; átcsúszik
scrape sg together/up nagy nehezen összekapar/összekuporgat vmit

---

scrap heap ['skræphiːp] <fn> [C] szemétdomb; ócskavashalom
♦ **be on the scrap heap** szemétdombra való; kiöregedett; leírták
scrap paper ['skræpˌpeɪpə] <fn> [C] **1.** firkapapír **2.** papírhulladék
scrapyard ['skræpjɑːd] <fn> [C] ócskavastelep; hulladékleraló
¹**scratch** [skrætʃ] <ige> **1.** megkarmol: *The cat scratched my hand.* A macska megkarmolta a karomat. **2.** *(bőrt)* megvakar; elvakar: *scratch insect bites* vakarja a rovarcsípéseket **3. scratch oneself** vakaródzik **4.** (meg)karcol: *scratch one's name on the wall* belekarcolja a nevét a falba ∗ *The fence scratched the side of my car.* A kerítés megkarcolta/meghúzta az autóm oldalát. **5.** kidörzsöl **6.** kapar **7.** *(mérkőzést)* töröl; lemond
♦ **scratch the surface** a felszínen marad
♦ **If you scratch my back, I'll scratch yours.** Kéz kezet mos.

---

scratch along biz eltengődik
scratch sg out kikapar vmit
scratch sg together/up nagy nehezen összekapar/összekuporgat vmit

---

²**scratch** [skrætʃ] <fn> **1.** [C] karmolás **2.** [U] vakaródzás **3.** [C] karcolás **4.** [C] horzsolás **5.** [C] rajtvonal **6.** [U] karcolás/vakar(ódz)ás hangja
♦ **be up to scratch** biz megüti a mértéket
♦ **from scratch** biz teljesen elölről; a legelejétől
scratchy ['skrætʃi] <mn> **1.** kaparó; karcoló **2.** vakaró **3.** vakaródzó **4.** *(munka)* felületes; összekapkodott

¹scrawl [skrɔ:l] <ige> firkál; csúnyán ír; lefirkant
²scrawl [skrɔ:l] <fn> [U] firkálás
scrawny ['skrɔ:ni] <mn> vézna
¹scream [skri:m] <ige> sikít; visít; üvölt (**with sg** vmitől)
 ♦ **scream the place down** üvöltésétől visszhangzik az épület ♦ **scream one's head off** bömböl, ahogy a torkán kifér ♦ **scream with laughter** hahotázik; harsányan nevet; majd megpukkad a nevetéstől

scream out (for sg) átv kiált (vmiért)

²scream [skri:m] <fn> **1.** [C] sikítás; visítás; üvöltés; sikoly **2.** [U] (ember, dolog) jópofa: *He's an absolute scream.* Irtó jópofa (ember).
¹screech [skri:tʃ] <ige> **1.** visít; sivít; rikolt **2.** csikorog
²screech [skri:tʃ] <fn> [U] **1.** visítás; sivítás; rikácsolás **2.** csikorgás
¹screen [skri:n] <fn> **1.** [C] képernyő: *on screen* a képernyőn; a televízióban **2.** [C] mozivászon; vetítővászon **3. the screen** [U] a mozi/film; filmművészet; televízió: *on the screen* filmen * *a star of stage and screen* színpadi- és filmsztár **4.** [C] paraván; védőfal; spanyolfal **5.** [C] szúnyogháló **6.** [C] rács; szűrő
²screen [skri:n] <ige> **1.** (filmet) vetít **2.** megfilmesít **3.** (hibát) leplez; elfed; elrejt; fedez **4.** oltalmaz (**sy/sg from sy/sg** vkit/vmit vkitől/vmitől) **5.** (fényt) szűr **6.** megrostál; szitál **7.** orv (meg)szűr (**sy for sg** vkit vmire) **8.** (megvizsgálja az előéletét) átvilágít (**sy** vkit)

screen sg off elkülönít vmit
screen sy/sg out (hangot, jelentkezőt stb.) kiszűr; kirostál; kihagy

screening ['skri:nɪŋ] <fn> [U] **1.** orv szűrés; szűrővizsgálat **2.** (biztonsági okokból) átvilágítás
screenplay ['skri:npleɪ] <fn> [C] film forgatókönyv; szövegkönyv
screen saver ['skri:n,seɪvə] <fn> [C] infor képernyővédő
screenwriter ['skri:n,raɪtə] <fn> [C] film forgatókönyvíró; filmszövegíró; szövegkönyvíró
¹screw [skru:] <fn> **1.** [C] csavar **2.** [U] (be)csavarás **3.** [C] hajócsavar
 ♦ **have a screw loose** biz hiányzik egy kereke ♦ **put/tighten the screws on sy** biz kényszerít vkit
²screw [skru:] <ige> **1.** (be-/rá)csavar; (oda-)csavaroz: *screw the bolt tight* meghúzza a csavart **2.** sanyargat; szorongat **3.** fordít; pörget **4.** fordul; csavarodik **5.** takarékoskodik **6.** vulg (meg)dug
 ♦ **screw up one's eyes** hunyorít; összehúzza a szemét ♦ **screw up one's face// screw one's face up** elfintorítja az arcát
 ♦ **screw up oneself//one's courage** összeszeszedi a bátorságát

screw sy up biz kikészít vkit
screw sg up biz elszúr vmit

screwball ['skru:bɔ:l] <fn> [C] biz AmE (személy) bolond; dilis; őrült
screwdriver ['skru:,draɪvə] <fn> [C] csavarhúzó
screw top [,skru:'tɒp] <fn> [C] csavaros tető
screwy ['skru:ɪ] <mn> **1.** csavaros **2.** értéktelen **3.** biz AmE dilis
¹scribble ['skrɪbl] <ige> (scribbles, scribbling, scribbled) **1.** firkál: *scribble all over the wall* telefirkálja a falat **2.** (művet) ír(ogat) **3.** lefirkant: *scribble a message* lefirkant egy üzenetet
²scribble ['skrɪbl] <fn> [C, U] irkafirka; ákombákom; firkálás
script [skrɪpt] <fn> **1.** [C] film (filmé, színdarabé) szövegkönyv; szöveg **2.** [C] kézirat **3.** [C, U] írás(rendszer): *Roman/Cyrillic script* latin/cirill betűs írás **4.** [C, U] kézírás **5.** [C] vizsgadolgozat
Scripture ['skrɪptʃə] <fn> **the (Holy) Scriptures** [pl] a Szentírás; Biblia
¹scroll [skrəʊl] <fn> [C] kézirattekercs
²scroll [skrəʊl] <ige> infor (szöveget képernyőn) görget
scrounge [skraʊndʒ] <ige> (scrounges, scrounging, scrounged) biz potyázik; szerez; kunyerál (**sg from/off sy** vmit vkitől)
¹scrub [skrʌb] <ige> (scrubs, scrubbing, scrubbed) **1.** súrol; sikál: *scrub the floor clean* a padlót tisztára súrolja/sikálja **2.** felsúrol; lesúrol; kisúrol (**sg off sg/out of sg** vmit vmiről): *scrub the mess off the carpet* felsúrolja a piszkot a szőnyegről **3.** (ötletet) töröl; elvet

scrub sg out (edényt stb.) kitöröl
scrub up (orvos) bemosakszik

²scrub [skrʌb] <fn> [U] súrolás; sikálás
³scrub [skrʌb] <fn> [U] bozót(os terület); cserjés
scrubber ['skrʌbə] <fn> [C] súrolókefe
scruff [skrʌf] <fn> [C, U] tarkó
 ♦ **by the scruff of the/sy's neck** a tarkójánál fogva ♦ **catch/grab/take sy by the scruff of the neck** tarkón ragad vkit

scruffy ['skrʌfi] <mn> (scruffier, scruffiest) biz koszos; elhanyagolt

scrunch [skrʌntʃ] <ige> **1. scrunch sg (up)** szétmorzsol; összegyűr vmit **2.** (hangosan) szétrág **3.** csikorog

scruple ['skru:pl] <fn> [C, ált pl] kétség; aggály; lelkiismeret-furdalás; skrupulus: *have no scruples about sg* nem csinál lelkiismereti kérdést vmiből; nincsenek skrupulusai vmi miatt ∗ *without scruple* lelkiismeret-furdalás nélkül

scrupulous ['skru:pjələs] <mn> **1.** (túlzottan) lelkiismeretes; aggályoskodó **2.** alapos; aprólékos

scrupulously ['skru:pjələsli] <hsz> aggályoskodva

scrutinize ['skru:tınaız] <ige> (scrutinizes, scrutinizing, scrutinized) alaposan megvizsgál

scrutiny ['skru:tənı] <fn> [U] tüzetes vizsgálat: *under close scrutiny* szigorú megfigyelés alatt

scuba-diving ['sku:bə,daıvıŋ] <fn> [U] sp (légzőkészülékkel) merülés; könnyűbúvárkodás: *go scuba-diving* könnyűbúvárkodik

scuffle ['skʌfl] <fn> [C] dulakodás

sculptor ['skʌlptə] <fn> [C] szobrász

sculpture ['skʌlptʃə] <fn> **1.** [U] szobrászat **2.** [C, U] szobor(mű)

scum [skʌm] <fn> [U] **1.** hab **2.** salak **3.** biz *(személy)* szemét; söpredék

¹scurry ['skʌrı] <fn> [sing] **1.** sietség; rohanás **2.** hirtelen hóvihar

²scurry ['skʌrı] <ige> (scurries, scurrying, scurried) siet; rohan

sea [si:] <fn> **1.** [U, C] tenger; óceán: *swim in the sea* úszik a tengerben ∗ *rent a house by the sea* a tenger mellett bérel házat ∗ *across the sea* tengeren túl ∗ *by sea* tengeri úton; hajón; hajóval ∗ *He rowed the boat out to sea.* Kievezett a tengerre. ∗ *Sea covers the large part of our earth.* Földünk nagy részét tenger borítja. **2.** [C] *(földrajzi nevekben)* (-)tenger: *the Mediterranean Sea* a Földközi-tenger ∗ *the North Sea* az Északi-tenger **3. seas** [pl] erős hullámzás; hullámok **4.** [U] tengernyi vmi; rengeteg vmi: *a sea of smiling faces* tengernyi mosolygós arc
♦ **be all at sea** biz bajban van ♦ **follow the sea** *(tengerészként)* járja a tengereket ♦ **go to sea** tengerésznek megy ♦ **heavy sea** viharos tenger ♦ **put out to sea** hajóra száll; kihajózik ♦ **suffer/undergo a sea change** csodálatos változáson megy keresztül

sea animal ['si:,ænıml] <fn> [C] tengeri állat

sea bed ['si: bed] <fn> [U] tengerfenék

seabird ['si:bɜ:d] <fn> [C] tengeri madár

seaboard ['si:bɔ:d] <fn> [C, U] tengerpart

sea breeze [,si:'bri:z] <fn> [U] parti szél

seafood ['si:fu:d] <fn> [U] *(étel)* tengeri hal; rák; kagyló

seafront ['si:frʌnt] <fn> [U] *(városé)* tengerparti rész: *seafront restaurant* tengerparti étterem ∗ *walk along the seafront* a tengerparton sétál

seagoing ['si:gəʊıŋ] <mn> *(személy)* tengerjáró

seagull ['si:gʌl] <fn> [C] sirály

¹seal [si:l] <fn> [C] fóka

²seal [si:l] <fn> [C] **1.** pecsét: *put a seal to sg* pecsétet rányom vmire **2.** plomba: *The seal on the bottle is intact.* Az üvegen a plomba sértetlen. **3.** szigetelőréteg; tömítés

³seal [si:l] <ige> **1. seal sg (down/up)** lepecsétel; leragaszt vmit **2.** leplombál **3. seal sg up (with sg)** légmentesen lezár; tömít vmit (vmivel) **4.** *(barátságot stb.)* megpecsétel

sea level ['si:,levl] <fn> [U] tengerszint: *1,200 metres above sea level* 1200 méterre a tengerszint felett

sea lion ['si:,laıən] <fn> [C] oroszlánfóka

seam [si:m] <fn> [C] **1.** varrás; szegés; varrat; szegély **2.** forradás; heg **3.** (vékony szén)réteg

seaman ['si:mən] <fn> [C] (seamen) tengerész; matróz

seaport ['si:pɔ:t] <fn> [C] tengeri kikötő

¹search [sɜ:tʃ] <ige> **1.** keres; kutat **(for sg** vmit/ vmi után): *I've been searching for that bag for two weeks.* Két hete keresem azt a csomagot. **2. search sy/sg (for sg)** átkutat vkit/vmit (vmi után) **3.** nyomoz; megvizsgál **4.** átkutat; megmotoz: *He was searched and questioned.* Megmotozták és kikérdezték.
♦ **Search me!** Halvány fogalmam sincs róla!

---

search sy/sg out *(kitartó munkával)* megtalál vkit/vmit

search through sg *(helyet)* átkutat; *(iratokat)* átböngész: *She searched through her pockets for a pencil.* Átkutatta a zsebeit egy ceruzáért.

---

²search [sɜ:tʃ] <fn> [C, U] **1.** keresés; kutatás: *in search of sg* vmit kutatva **2.** nyomozás **3.** motozás; vizsgálat

search engine ['sɜ:tʃ,endʒın] <fn> [C] infor keresőprogram

searching ['sɜ:tʃıŋ] <mn> kutató; fürkésző

search party ['sɜ:tʃ,pa:tı] <fn> [C] (search parties) mentőosztag

search warrant ['sɜːtʃˌwɒrənt] <fn> [C] házkutatási engedély

searing ['sɪərɪŋ] <mn> **1.** égető; perzselő; forró **2.** *(kritika)* megsemmisítő

seashell ['siːʃel] <fn> [C] tengeri kagyló

seashore ['siːʃɔː] <fn> [U] **the seashore** tengerpart: *on the seashore* a tengerparton

seasick ['siːsɪk] <mn> tengeribeteg

seasickness ['siːsɪknəs] <fn> [U] tengeribetegség

¹seaside ['siːsaɪd] <fn> [U] **the seaside** tenger(part): *at/by the seaside* a tengerparton * *go to the seaside* a tengerre/tengerpartra megy

²seaside ['siːsaɪd] <mn> tengerparti: *seaside resort* tengerparti üdülőhely

¹season ['siːzn] <fn> [C] **1.** évszak: *the warmest season* a legmelegebb évszak **2.** szezon; idény: *the golf season* a golfszezon * *off season* holtszezon
♦ **be in season 1.** *(gyümölcsnek stb.)* vminek szezonja van; most van az ideje **2.** *(állat)* tüzel ♦ **be out of season 1.** *(gyümölcsnek stb.)* nincs szezonja **2.** holt szezon ♦ **The season's greetings!** Kellemes/Boldog (karácsonyi) ünnepeket (kívánunk)!

²season ['siːzn] <ige> fűszerez; ízesít

seasonal ['siːznəl] <mn> idényjellegű; idény-: *seasonal fruits* idénygyümölcsök

seasonal employment [ˌsiːznəl ɪmˈplɔɪmənt] <fn> [U] szezonális munka; idénymunka

seasonal worker [ˌsiːznəl ˈwɜːkə] <fn> [C] idénymunkás

seasoning ['siːznɪŋ] <fn> [C, U] fűszerezés; ízesítés

season ticket ['siːznˌtɪkɪt] <fn> [C] bérlet

¹seat [siːt] <fn> [C] **1.** ülés; (ülő)hely: *the back seat of the car* az autó hátsó ülése * *find a seat in the bus* talál ülőhelyet a buszban * *back/front seat* hátsó/első ülés * *a window seat on the plane* ablak melletti ülés a repülőn * *take a seat* helyet foglal; leül * *book a seat (repülőgépen stb.)* lefoglal egy helyet; jegyet vált (előre) * *All seats are booked.* Minden jegy elkelt. **2.** *(széké)* ülés; ülőke **3.** *(szoknya/nadrág)* feneke **4.** *(parlamentben)* képviselői hely; mandátum: *win a seat* mandátumot nyer; megválasztják országgyűlési képviselőnek * *lose a seat* mandátumot veszít; nem választják meg országgyűlési képviselőnek **5.** székhely; központ
♦ **keep one's seat 1.** helyén marad **2.** jól megüli a lovat ♦ **the seat of trouble** a baj gyökere

²seat [siːt] <ige> **1.** leültet; elhelyez: *She seated me in the armchair.* A karosszékbe ültetett. **2.** ülőhellyel ellát: *The room seats 100 people.* A szobában az ülőhelyek száma 100. * *Please be seated.* Kérem, foglaljon/foglaljanak helyet!

seat belt ['siːt belt] <fn> [C] biztonsági öv: *fasten one's seat belt* bekapcsolja a biztonsági övét * *be wearing a seat belt* be van kötve

seating ['siːtɪŋ] <fn> [U] (le)ültetés: *seating capacity/room* az ülőhelyek száma

seaweed ['siːwiːd] <fn> [U] hínár; tengeri moszat

seaworthy ['siːˌwɜːði] <mn> hajózásra alkalmas

¹sec [sek] [= a second] <fn> [U] biz *(rövid idő)* pillanat: *Hang on a sec.* Várj egy pillanatot! * *I'll be back in a sec.* Mindjárt visszajövök.

²sec [sek] [= second] s; mp (= másodperc)

secateurs [ˌsekəˈtɜːz] <fn> [pl] metszőolló

¹second ['sekənd] <sorszn> második → **¹eighth**
♦ **get one's second wind** biz magához tér ♦ **have second thoughts about sg** alaposan meggondol vmit ♦ **on second thoughts** jobban meggondolva ♦ **second to none** mindenki felett áll; felülmúlhatatlan

→ A keltezéssel kapcsolatos kifejezéseket lásd a **¹date** szócikk információs ablakában!

²second ['sekənd] <hsz> másodikként: *He came second in the race.* Második lett./Másodikként ért be a versenyen. * *She is a mother first and a teacher second.* Elsősorban anya, másodsorban/második helyen tanár.

³second ['sekənd] <fn> **1.** [U] (a) második: *Charles the Second (Charles II)* második Károly * *He was the second to arrive.* Másodikként érkezett. **2.** [C] röv sec másodperc **3.** [C] röv sec pillanat: *just this second* ebben a pillanatban * *I am ready in a second.* Egy pillanat alatt kész vagyok. * *Have you got a second?* Van egy perced (számomra)? **4. second (gear)** [U] gk *(sebességfokozat)* kettes: *put the car in second* kettesbe teszi az autót **5.** [C, ált pl] másodrendű/másodosztályú/leértékelt áru **6.** [C] *(zenében)* szekund; másod **7.** [C] *(brit egyetemeken)* jó (minősítésű) diploma; *(érdemjegy, minősítés)* jó

⁴second ['sekənd] <ige> támogat; *(véleményhez, indítványhoz)* csatlakozik

secondary ['sekəndərɪ] <mn> **1.** másodlagos **2.** mellékes; másodrendű

secondary school ['sekəndərɪ skuːl] <fn> [C] BrE *(11 és 16–18 éves gyermekeknek)* középiskola

¹second-best [ˌsekənd'best] <mn> **1.** második legjobb **2.** másodrendű; másodosztályú
♦ **come off second-best** a rövidebbet húzza

²second best [ˌsekənd'best] <fn> [U] nem a legjobb

¹second-class [ˌsekənd'klɑːs] <mn> **1.** másodosztályú: *a second-class ticket* másodosztályú jegy **2.** másodrendű: *a second-class citizen* másodrendű állampolgár **3.** *(oklevél, diploma)* jó (minősítésű)

²second class [ˌsekənd'klɑːs] <fn> [U] *(vonaton stb.)* másodosztály

second-degree [ˌsekənd dɪ'griː] <mn> **1.** jog AmE *(emberölés stb.)* nem előre kitervelt módon elkövetett **2.** orv *(égés)* másodfokú

second floor [ˌsekənd'flɔː] <fn> [C] **1.** BrE második emelet **2.** AmE első emelet

¹second-hand [ˌsekənd'hænd] <mn> **1.** használt: *second-hand clothes* használt ruha ∗ *a second-hand bookshop* antikvárium **2.** *(hír stb.)* másodkézből/hallomásból származó

²second-hand [ˌsekənd'hænd] <hsz> **1.** használtan: *buy sg second-hand* használtan vesz vmit **2.** másodkézből: *hear about sg second-hand* másodkézből hall vmiről

³second hand ['sekənd hænd] <fn> [C] másodpercmutató

second job [ˌsekənd 'dʒɒb] <fn> [C] másodállás: *He has been offered a second job.* Másodállást ajánlottak neki.

second language [ˌsekənd 'læŋgwɪdʒ] <fn> [C] *(bizonyos országokban)* második nyelv

secondly ['sekəndlɪ] <hsz> másodszor

second-rate [ˌsekənd'reɪt] <mn> másodosztályú; másodrendű; középszerű: *second-rate restaurant* középszerű étterem

Second World War [ˌsekəndˌwɜːld'wɔː] <fn> [U] **the Second World War** a második világháború

secrecy ['siːkrəsɪ] <fn> [U] titoktartás; diszkréció

¹secret ['siːkrət] <fn> **1.** [C] titok; rejtély: *keep the secret* titkot (meg)tart ∗ *keep sg secret* eltitkol vmit ∗ *in secret* titokban ∗ *open secret* nyílt titok ∗ *make no secret of sg* nem csinál titkot vmiből **2.** [sing] titok; vminek a nyitja: *the secret of one's success* vki sikerének a titka/nyitja

²secret ['siːkrət] <mn> titkos; titokzatos; rejtett; rejtélyes: *one's most secret thoughts and feelings* vkinek a legtitkosabb gondolatai és érzései ∗ *put sg in a secret place* titkos helyre tesz vmit

secret agent [ˌsiːkrət'eɪdʒənt] <fn> [C] titkos ügynök; hírszerző

secretary ['sekrətrɪ] <fn> [C] (secretaries) **1.** titkár(nő) **2.** pol BrE miniszter: *the Home Secretary* belügyminiszter **3. Secretary of State** BrE miniszter: *Secretary of State for Defence* védelmi miniszter **4. Secretary of State** AmE külügyminiszter

Secretary General [ˌsekrətrɪ'dʒenrəl] <fn> [C] főtitkár: *the Secretary General of NATO* NATO-főtitkár

secrete [sɪ'kriːt] <ige> (secretes, secreting, secreted) **1.** biol *(váladékot, folyadékot stb.)* kiválaszt; elválaszt; termel: *The liver secretes bile.* A máj választja ki az epét. **2.** eldug; elrejt

secretion [sɪ'kriːʃn] <fn> **1.** [U] biol kiválasztás; elválasztás; váladékképződés: *the secretion of bile* az epe kiválasztása **2.** [C, ált pl] biol váladék

secretive ['siːkrətɪv] <mn> titkoló(dzó); titokzatoskodó

secretly ['siːkrətlɪ] <hsz> titokban

secret police [ˌsiːkrət pə'liːs] <fn> [pl] titkosrendőrség

secret service [ˌsiːkrət'sɜːvɪs] <fn> [C] titkosszolgálat

sect [sekt] <fn> [C] vall szekta

section ['sekʃn] <fn> [C] **1.** szakasz; rész: *that section of the road* az az útszakasz **2.** *(könyvnél)* bekezdés; szakasz; paragrafus; passzus **3.** körzet; negyed; terület; rész **4.** részleg; szekció; ágazat; tagozat **5.** *(konferencián)* szekció **6.** osztály; kategória **7.** műsz szelvény; (kereszt)metszet; szelet **8.** sp szakosztály

sector ['sektə] <fn> [C] **1.** körzet; szakasz; szektor **2.** gazd ágazat; szektor: *private sector* magánszektor **3.** körcikk

secular ['sekjʊlə] <mn> világi

¹secure [sɪ'kjʊə] <mn> **1.** biztos: *a secure job* biztos állás ∗ *The future of the firm seems to be secure.* A cég jövője biztosnak tűnik. **2.** biztonságos: *Don't climb that chair because it is not too secure.* Ne mássz fel arra a székre, mert nem túl biztonságos! ∗ *The door is secure.* Az ajtó biztonságos. **3. be secure against/from sg** biztonságban van vmitől

²secure [sɪ'kjʊə] <ige> (secures, securing, secured) **1.** biztosít; megvéd; megóv (**from/against sg** vmitől/vmi ellen): *secure the jewellery against theft* lopás ellen biztosítja az ékszereket **2.** rögzít: *secure the boat with a rope* kötéllel rögzíti a csónakot **3.** bezár: *secure the door* bezárja az ajtót **4.** megszerez; elnyer; biztosít; lefoglal

securities [sɪ'kjʊərətɪz] <fn> [pl] gazd értékpapírok

security [sɪˈkjʊərəti] <fn> **1.** [U] biztonság: *look after the security of the town* a város biztonsága felett őrködik ∗ *grow up in complete security of a loving family* egy szerető család teljes biztonságában nő fel ∗ *sense of security* biztonságérzet ∗ *Security Council* Biztonsági Tanács **2.** [C, U] (securities) gazd biztosíték; fedezet; kezesség; óvadék: *stand/go security for sy* jótáll; kezeskedik vkiért **3.** [U] biztonsági szolgálat: *call security* hívja a biztonsági szolgálatot ∗ *security camera* biztonsági kamera **4. securities** [pl] értékpapírok: *government securities* állampapírok

security service [sɪˈkjʊərəti sɜːvɪs] <fn> [C] biztonsági szolgálat

sedan [sɪˈdæn] <fn> [C] AmE (négyajtós, csomagtartós autó) szedán

¹**sedate** [sɪˈdeɪt] <mn> nyugodt; higgadt

²**sedate** [sɪˈdeɪt] <ige> (sedates, sedating, sedated) nyugtatót ad (**sy** vkinek)

sedation [sɪˈdeɪʃn] <fn> [U] nyugtatás: *put sy under sedation* nyugtatót ad vkinek

¹**sedative** [ˈsedətɪv] <fn> [C] (gyógyszer) nyugtató

²**sedative** [ˈsedətɪv] <mn> nyugtató

sedentary [ˈsednrti] <mn> (foglalkozás) ülő

sediment [ˈsedɪmənt] <fn> [C, U] üledék; lerakódás

seduce [sɪˈdjuːs] <ige> (seduces, seducing, seduced) **1.** (szexuálisan) elcsábít; bűnre visz; eltérít (**sy from sy/sg** vkit vkitől/vmitől) **2.** rávesz (**sy into sg**/**doing sg** vkit vmire/vminek a megtételére)

seduction [sɪˈdʌkʃn] <fn> [C, U] **1.** (el)csábítás **2.** vonzerő

see [siː] <ige> (sees, seeing, saw, seen) **1.** lát; megnéz: *I can see a rabbit over there.* Látok ott egy nyulat. ∗ *You can't see if you close your eyes.* Ha becsukod a szemed, nem látsz. ∗ *I saw a film last night.* Tegnap este láttam egy filmet. ∗ *We shall see the match on TV tonight.* Ma este megnézzük a meccset a TV-ben. **2.** találkozik (**sy** vkivel); meglátogat (**sy** vkit); beszél (**sy** vkivel); fordul (**sy** vkihez): *see the doctor* orvoshoz fordul/megy ∗ *go to see sy* meglátogat vkit ∗ *I see him often.* Gyakran találkozom vele./Gyakran látom őt. ∗ *See you at the cinema.* Találkozunk a mozinál! ∗ *See you on Monday.* Visz(ont)lát(ásra) hétfőn! ∗ *See you (later)!* Viszlát! ∗ *Can I see him?* Beszélhetek vele? **3.** (meg)ért; felfog: *I see.* Értem. ∗ *I don't see.* Nem értem. ∗ *Do you see what I mean?* Érted, mire gondolok? ∗ *Don't you see that…* Nem érted, hogy…? ∗ *You cannot see the joke.* Nem érted a viccet! **4.** utánanéz; gondoskodik: *Would you see if everything is ready?* Utánanéznél, hogy minden rendben van-e? ∗ *See that the door is closed.* Gondoskodj róla, hogy az ajtó zárva legyen! **5.** *(ügyfelet stb.)* fogad: *I see nobody.* Senkit sem fogadok. ∗ *I cannot see him today.* Ma nem tudom fogadni. **6.** elkísér: *see sy to the station* kikísér vkit az állomásra

♦ **Let me see…/Let's see…** Hadd lássam!/Lássuk csak! ♦ **I'll see!/We'll see!** Majd meglátom!/Majd meglátjuk! ♦ **as far as I can see** már amennyire én meg tudom állapítani ♦ **see the back of sy** biz megszabadul vkitől ♦ **see eye to eye with sy** egy véleményen van vkivel; megegyezik a véleménye vkiével ♦ **see for yourself** nézd meg magad; győződj meg a saját szemeddel is ♦ **see sy all right** biz gondoskodik vkiről ♦ **not see the wood for the trees** nem látja a fától az erdőt ♦ **you see** 1. *(magyarázólag)* tudod/tudja…; érted/érti… 2. *(bevezetésképpen)* az igazság az, hogy…

> **see about (doing) sg** utánanéz; utánajár vminek; vmihez lát; intézkedik vmely ügyben
>
> **see sy about sg** felkeres vkit vmely ügyben
>
> **see ahead** előretekint
>
> **see sy off** kikísér vkit
>
> **see sy out** kikísér vkit
>
> **see sg out 1.** kitart/eltart vmeddig **2.** végigcsinál vmit
>
> **see over sg** megnéz; megvizsgál; átvizsgál vmit
>
> **see round sg** megnéz; meglátogat; körüljár vmit
>
> **see through sy/sg** átlát vkin/vmin
>
> **see sy through sg** végig kitart vki mellett vmiben
>
> **see sg through 1.** végignéz vmit **2.** végigcsinál vmit
>
> **see to sy sg** elintéz vmit; gondoskodik vkiről/vmiről; intézkedik vmiről: *I'll see to the children's breakfast.* Gondoskodom a gyerekek reggelijéről. ∗ *I shall see to it.* Gondom lesz rá!

¹**seed** [siːd] <fn> **1.** [C, U] mag; vetőmag: *grass seed* fűmag **2.** [C] átv csíra; forrás; eredet **3.** [C] kiemelt játékos

²**seed** [siːd] <ige> **1.** megérik; magot hoz; szemesedik: *The plant seeds after it has flowered.* A növény virágzás után magot hoz. **2.** magot hullat **3.** *(magot)* elültet **4.** *(gyümölcsöt)* kimagoz **5.** *(játékost)* kiemel

seeded ['si:dɪd] <mn> kiemelt: *seeded player* kiemelt játékos

seedless ['si:dləs] <mn> *(gyümölcs)* mag nélküli

seedy ['si:dɪ] <mn> **1.** magvas; sokmagvú **2.** biz kopott(as külsejű); lepusztult; ágrólszakadt

seeing ['si:ɪŋ] <ksz> **seeing that...** tekintettel arra, hogy...; minthogy...

seek [si:k] <ige> (seeks, seeking, sought, sought) **1.** keres; kutat **2.** törekszik; igyekszik
♦ **seek one's fortune** szerencsét próbál

---

seek after sg keres; hajszol vmit; vmi után jár; törekszik vmire: *be much sought after* nagyon kapós/keresett

seek for sg keres; kutat vmit: *seek for an answer* keresi a választ

seek sy out kinyomoz; megtalál vkit; rátalál vkire: *seek out a good person for the job* megtalálja a megfelelő embert az állásra

---

seem [si:m] <ige> látszik; tűnik: *It seemed as though...* Úgy látszott, mintha... ✱ *So it seems.* Úgy látszik. ✱ *He seems to have forgotten about my birthday.* Úgy látszik, elfelejtette a születésnapomat. ✱ *He seems kind.* Kedvesnek tűnik. ✱ *That doesn't seem possible.* Lehetetlennek tűnik. ✱ *It seems strange that...* Furcsa/Furcsának tűnik, hogy... ✱ *It seems to me that...* Nekem úgy tűnik, hogy... ✱ *It seems as if...* Úgy tűnik, mintha... Kedvesnek tűnik. ✱ *He seems to be happy.* Boldognak tűnik. ✱ *She seems to like her new school.* Úgy tűnik/látszik, szereti az új iskoláját. ✱ *I seem to have lost my purse.* Úgy tűnik, elvesztettem a pénztárcámat. ✱ *I don't seem to like her.* Valahogy nem szeretem.

seeming ['si:mɪŋ] <mn> látszólagos

seemingly ['si:mɪŋlɪ] <hsz> látszólag

seen [si:n] → **see**

seep [si:p] <ige> (át-/be-/el)szivárog

seesaw ['si:sɔ:] <fn> [C] libikóka

seethe [si:ð] <ige> (seethes, seething, seethed) **1.** forrong (**with/at sg** vmitől): *be seething with rage* forr a dühtől **2.** hemzseg (**with sg** vmitől)

see-through ['si:θru:] <mn> *(ruha stb.)* átlátszó; áttetsző

¹segment ['segmənt] <fn> [C] **1.** szelet; rész; gerezd: *divide th orange into segments* gerezdekre szedi a narancsot **2.** mat, biol metszet; szelet; szelvény; segmens

²segment [seg'ment] <ige> **1.** lemetsz; feloszt **2.** feloszlik; osztódik

segregate ['segrɪgeɪt] <ige> (segregates, segregating, segregated) *(faji, nemi stb. alapon)* különválaszt; elkülönít (**sy/sg from sy/sg** vkit/vmit vkitől/vmitől): *segregate the sexes* elkülöníti a nemeket egymástól

segregation [ˌsegrɪ'geɪʃn] <fn> [U] *(faji, nemi stb.)* különválasztás; elkülönítés; megkülönböztetés: *racial segregation* faji megkülönböztetés

seismic ['saɪzmɪk] <mn> **1.** földrengési; szeizmikus **2.** átv drasztikus; drámai; megrázó

seismograph ['saɪzməɡrɑ:f] <fn> [C] szeizmográf

seismologist [saɪz'mɒlədʒɪst] <fn> [C] földrengéskutató

seismology [saɪz'mɒlədʒɪ] <fn> [U] földrengéstan; szeizmológia

seize [si:z] <ige> (seizes, seizing, seized) **1.** megragad; megfog: *seize sy by the collar* megragad vkit a gallérjánál fogva ✱ *He seized the book and ran off with it.* Megragadta a könyvet és elrohant vele. **2.** *(erőszakkal)* elvesz; megszerez **3.** *(hatóság)* lefoglal; elkoboz: *seize the stolen car* lefoglalja az ellopott autót **4.** elfoglal **5.** biz *(bűnözőt)* lefog
♦ **seize the opportunity/chance to do sg** megragadja az alkalmat ♦ **be seized with fear** elfogja a rémület; elhatalmasodik rajta a félelem ♦ **seize sg with both hands** két kézzel kap vmi után

---

seize on/upon sg kapva kap vmin
seize up *(géprész)* besül

---

seizure ['si:ʒə] <fn> **1.** [U] megragadás; megfogás **2.** [U] *(tárgyi bizonyítéké stb.)* lefoglalás; elkobzás; birtokbavétel **3.** [C] orv roham

seldom ['seldəm] <hsz> ritkán: *I very seldom go to the opera.* Nagyon ritkán járok/megyek az operába.

¹select [sɪ'lekt] <ige> (ki)választ; (ki)válogat; összeválogat; szelektál: *select sy for sg* kiszemel vkit vmire

²select [sɪ'lekt] <mn> **1.** válogatott; kiválasztott: *the select few* a kiválasztottak **2.** zárt körű; exkluzív: *a select restaurant* exkluzív étterem

selection [sə'lekʃn] <fn> **1.** [U] kiválasztás; (ki-)válogatás: *the selection of the football team* a focicsapat kiválogatása **2.** [C] választék: *a wide selection of carpets* szőnyegek széles választéka **3.** [C] *(személyi, tárgyi)* választás: *I am happy with my selection.* Boldog vagyok a választásommal. **4. selections** [pl] szemelvények

self [self] <fn> [C, U] (selves) **1.** saját maga: *one's own self* saját maga **2.** önmaga
♦ **one's better self** a jobbik énje ♦ **for**

self and wife saját magam és feleségem részére ♦ **be back to one's old self** ismét a régi (önmaga) ♦ **be a shadow of one's former self** csak árnyéka önmagának ♦ **your good selves** Önök ♦ **all by one's very self** teljesen egyedül ♦ **self do self help** segíts magadon, s az Isten is megsegít

self-absorbed [ˌselfəbˈzɔːbd] <mn> önmagával elfoglalt

self-addressed [ˌselfəˈdrest] <mn> **a self-addressed envelope** megcímzett válaszboríték

self-adhesive [ˌselfədˈhiːsɪv] <mn> öntapadó(s)

self-appointed candidate [ˌselfəpɔɪntɪd ˈkændɪdət] <fn> [C] önjelölt

self-assured [ˌselfəˈʃɔːd] <mn> magabiztos

self-catering [ˌselfˈkeɪtərɪŋ] <mn> önellátó

self-centered [ˌselfˈsentərd] AmE → **self-centred**

self-centred [ˌselfˈsentəd] <mn> önző; egocentrikus

self-confidence [ˌselfˈkɒnfɪdəns] <fn> [U] önbizalom; magabiztosság

self-confident [ˌselfˈkɒnfɪdənt] <mn> magabiztos

self-conscious [ˌselfˈkɒnʃəs] <mn> **1.** zavart; feszélyezett; félénk; gátlásos; elfogódott **2.** tudatos

self-contained flat [ˌselfkənˈteɪnd flæt] <fn> [C] önálló/összkomfortos lakás

self-control [ˌselfkənˈtrəʊl] <fn> [C] önuralom

self-defence [ˌselfdɪˈfens] <fn> [U] önvédelem: *act in self-defence* önvédelemből cselekszik

self-defense [ˌselfdɪˈfens] AmE → **self-defence**

self-discipline [ˌselfˈdɪsɪplɪn] <fn> [U] önfegyelem

self-employed [ˌselfɪmˈplɔɪd] <mn> önfoglalkoztató; *(vállalkozó)* önálló; független; maszek; magán-

self-evident [ˌselfˈevɪdənt] <mn> magától értetődő; nyilvánvaló: *It's self-evident that...* Nyilvánvaló, hogy...

self-explanatory [ˌselfɪkˈsplænətri] <mn> önmagát magyarázó; nyilvánvaló; magától értetődő

¹**self-financing** [ˌselfˈfaɪnænsɪŋ] <fn> [U] gazd önfinanszírozás

²**self-financing** [ˌselfˈfaɪnænsɪŋ] <mn> gazd költségsemleges; önfinanszírozó

self-help group [ˌselfhelpˈɡruːp] <fn> [C] önsegélyező csoport

selfie [ˈselfi] <fn> [C] *(fénykép)* szelfi

selfie stick [ˈselfi stɪk] <fn> [C] szelfibot

self-interest [ˌselfˈɪntrest] <fn> [U] önérdek

selfish [ˈselfɪʃ] <mn> önző; önös

selfishness [ˈselfɪʃnəs] <fn> [U] önzés

selfless [ˈselfləs] <mn> önzetlen

self-pity [ˌselfˈpɪti] <fn> [U] önsajnálat

self-reliant [ˌselfrɪˈlaɪənt] <mn> önmagában bízó; önálló; önmagára támaszkodó

self-respect [ˌselfrɪˈspekt] <fn> [U] önbecsülés; önérzet

self-restraint [ˌselfrɪˈstreɪnt] <fn> [U] önmegtartóztatás

self-satisfied [ˌselfˈsætɪsfaɪd] <mn> önelégült

self-service [ˌselfˈsɜːvɪs] <mn> önkiszolgáló: *self-service restaurant* önkiszolgáló étterem

self-study [ˌselfˈstʌdi] <mn> *(nyelvkönyv stb.)* egyéni tanulásra írt

sell [sel] <ige> (sells, selling, sold, sold) **1.** árul; árusít: *They sell fruits and vegetables in the market.* Gyümölcsöt és zöldséget árulnak a piacon. * *That shop sells milk.* Az az üzlet tejet árusít. **2. sell sy sg // sell sg to sy (at/for sg)** elad vkinek vmit (vmennyiért): *He sold me his car.* Eladta nekem az autóját. * *I sold my violin to my friend for £600.* 600 fontért eladtam a hegedűmet a barátomnak. **3.** elkel: *His book sold well.* Elkelt a könyve. * *This hat just didn't sell.* Ez a kalap egyáltalán nem kelt el. **4. sell sg to sy** biz elad vmit vkinek; megetet vmit vkivel: *I don't think you could sell the idea to your parents.* Nem hiszem, hogy megetetnéd az ötletet a szüleiddel! **5.** biz elárul; becsap: *He has been sold.* Becsapták. ♦ **be selling like hot cakes** veszik, mint a cukrot ♦ **be sold on sg** biz odavan; lelkesedik vmiért

---

sell sg off kiárusít vmit
sell out elkel; elfogy
be sold out elkelt; elfogyott
sell sg up végleg kiárusít; mindent elad; elárverez vmit

---

sell-by date [ˈselbaɪ deɪt] <fn> [C] eltarthatóság; szavatosság(i idő) lejárta

seller [ˈselə] <fn> [C] **1.** eladó: *the buyer and the seller* a vevő és az eladó **2.** kelendő áru **3.** eladó áru

selling price [ˈselɪŋ praɪs] <fn> [C] eladási ár

sell-off [ˈselɒf] <fn> [C] *(privatizáláskor)* eladás; értékesítés

sell-out [ˈselaʊt] <fn> [C] **1.** végeladás; kiárusítás **2.** *(koncerten stb.)* telt ház; minden jegy elkelt: *The concert was a sell-out.* A koncertre minden jegy elkelt./Telt ház volt a koncerten.

¹**Sellotape**® [ˈseləteɪp] <fn> [C] cellux

²**sellotape** [ˈseləteɪp] <ige> (sellotapes, sellotaping, sellotaped) celluxszal ragaszt

selves [selvz] → **self**
semantic [sɪ'mæntɪk] <mn> nyelvt jelentéstani; szemantikai
semantics [sɪ'mæntɪks] <fn> [U] nyelvt jelentéstan; szemantika
semaphore ['seməfɔː] <fn> [C] szemafor
semen ['siːmən] <fn> [U] ondó
semester [sə'mestə] <fn> [C] isk egyetemi/főiskolai félév; szemeszter
semi ['semɪ] <előtag> **1.** fél-: *semicircle* félkör **2.** félig: *semi-conscious* félig eszméleténél lévő
semicircle ['semɪˌsɜːkl] <fn> [C] félkör: *sit in a semicircle* félkörben ülnek
semicolon [ˌsemɪ'kəʊlən] <fn> [C] pontosvessző
semiconductor [ˌsemɪkən'dʌktə] <fn> [C] el félvezető
semi-detached house [ˌsemɪdɪ'tætʃt haʊs] <fn> [C] ikerház
semifinal [ˌsemɪ'faɪnl] <fn> [C] középdöntő: *He qualified for the semifinal.* Bejutott a középdöntőbe.
seminar ['semɪnɑː] <fn> [C] szeminárium
semiquaver ['semɪkweɪvə] <fn> [C] zene (hangjegy) tizenhatod
semi-skilled [ˌsemɪ'skɪld] <mn> (munkás stb.) betanított
Sen. [= Senator] <fn> szenátor
senate ['senət] <fn> [sing + sing/pl v] **(the) Senate** szenátus
senator ['senətə] <fn> [C] **Senator** röv **Sen.** szenátor
send [send] <ige> (sends, sending, sent, sent) **1.** (el)küld (**sy sg/sg to sy** vkinek vmit): *I will send the letters tomorrow.* Holnap elküldöm a leveleket. * *Send me an email.* Küldj nekem egy e-mailt! **2.** küld (**sy/sg swhere** vkit/vmit vhova): *She sent me to the shop.* Elküldött a boltba. * *He sent her to Britain.* Angliába küldte. **3.** lök; dob; vet; hajít **4.** (vmely tulajdonsággal stb.) ellát; vmilyenné tesz: *Send him victorious.* Tedd őt győztessé!

♦ **send sy flying** biz földhöz vág vkit ♦ **send things flying** szétszór mindent ♦ **send sy packing** biz kidob; elzavar vkit ♦ **send sy about his business** biz a dolgára küld; elzavar vkit

send after sy üzen vkinek
send sg along elküld vmit
send sy away elküld; elkerget; elbocsát vkit
send away for sg elküld vmiért; elhozat vmit
send sg back visszaküld vmit
send sy down biz **1.** (diákot) egyetemről kizár; eltanácsol **2.** bebörtönöz vkit

send for sy/sg üzen; elküld vkiért/vmiért: *send for a doctor* orvost hívat
send sg in beküld; benyújt vmit
send in for sg meghozat vmit
send sy off kiállít; leküld a pályáról vkit
send sg off elküld; szétküld vmit
send off for sg elhozat; meghozat vmit
send sg on 1. továbbít; utánaküld vmit **2.** továbbküld vmit
send sg out 1. kiküld; szétküld vmit **2.** (jeleket stb.) kibocsát
send out for sg hozat vmit; házhoz szállíttat vmit
send sg round köröz(tet); körbead; szétküld vmit
send sy up biz börtönbe küld vkit
send sg up (árat) felvisz; növel; emel
send sy/sg up biz utánoz; kifiguráz; gúnyol vkit/vmit

sender ['sendə] <fn> [C] küldő; feladó
send-off ['sendɒf] <fn> [C] sp kiállítás
senile ['siːnaɪl] <mn> szenilis
¹**senior** ['siːnɪə] <mn> **1.** idősebb (**to sy** vkinél): *He is senior to me by three years.* Ő három évvel idősebb nálam. **2.** magasabb rangú: *senior master* vezető tanár **3.** rangidős: *senior officer* rangidős tiszt **4. Senior** röv BrE **Snr**, AmE **Sr.** idősebb: *John Smith Senior* idősebb John Smith **5.** (diák) végzős
²**senior** ['siːnɪə] <fn> [C] **1.** (személy) idősebb: *He is my senior by ten.* Tíz évvel idősebb nálam. **2.** (személy) magasabb rangú **3.** AmE végzős diák; felsőéves
senior citizen [ˌsiːnɪə 'sɪtɪzn] <fn> [C] nyugdíjas (állampolgár)
sensation [sen'seɪʃn] <fn> **1.** [C] érzés; érzet: *a pleasant sensation* kellemes érzés **2.** [U] érzékelés: *have no sensation in his fingers* az ujjai érzéketlenek **3.** [U] feltűnés; szenzáció: *the sensation of the week* a hét szenzációja * *cause a sensation by sg* feltűnést kelt vmivel
sensational [sen'seɪʃnəl] <mn> **1.** szenzációs; feltűnést keltő; feltűnő **2.** remek; kitűnő; fantasztikus; izgalmas
¹**sense** [sens] <fn> **1.** [C] érzék: *the five senses* az öt érzék * *a good sense of smell* jó szaglóérzék * *sense of taste* ízérzék **2.** [U] tudat; érzék; fogékonyság; érzet; érzés: *sense of duty* kötelességtudat * *a good sense of humour* jó humorérzék * *a good business sense* jó üzleti érzék * *sense of guilt* bűntudat * *sense of responsibility* felelősségérzet **3. senses** [pl] értelem; tudat; ész **4.** [C, U] felfogás; vélemény **5.** [U] józan ész; gyakorlati tudás: *a man of sense*

értelmes ember **6.** [C] *(szóé stb.)* jelentés: *This word has several senses.* Ennek a szónak több jelentése van.

♦ **be in one's right senses** épeszű ♦ **bring sy to his senses** jobb belátásra bír vkit ♦ **come to one's senses 1.** magához tér **2.** észre tér ♦ **in a sense** bizonyos értelemben ♦ **make sense 1.** van értelme **2.** észszerű ♦ **make sense out of sg** megért vmit; értelmez vmit vhogyan ♦ **nobody in their right senses** ép ésszel senki… ♦ **be out of one's senses** elment az esze ♦ **have taken leave of one's senses** teljesen elment az esze ♦ **talk sense** értelmesen/okosan beszél; igaza van

²**sense** [sens] <ige> (senses, sensing, sensed) **1.** érzékel; tapint **2.** megérez

senseless ['sensləs] <mn> **1.** *(tett)* értelmetlen; esztelen **2.** *(személy)* eszméletlen; öntudatlan

sensibility [,sensə'bɪləti] <fn> [C, U] (sensibilities) érzékenység; fogékonyság

sensible ['sensəbl] <mn> **1.** értelmes; okos: *It wasn't too sensible of you to visit him.* Nem volt tőled túl értelmes dolog meglátogatni őt. ∗ *If you are sensible you will buy a new car.* Ha okos vagy, veszel egy új autót. ∗ *He is so sensible.* Olyan okos/értelmes! ∗ *That's a sensible idea.* Ez egy okos ötlet! ∗ *Be sensible!* Legyen eszed! **2.** érezhető; felfogható **3.** kényelmes; praktikus: *a pair of sensible shoes* egy pár kényelmes cipő **4.** észszerű

sensitive ['sensətɪv] <mn> **1.** érzékeny (**to sg** vmire): *sensitive skin* érzékeny bőr ∗ *sensitive to hot or cold* melegre vagy hidegre érzékeny ∗ *My leg is still sensitive where I broke it.* A lábam még mindig érzékeny ott, ahol eltörtem. **2.** igényes: *a sensitive performance* igényes előadás **3.** kényes; sértődékeny; érzékeny (**about/to sg** vmire/vmi miatt): *He is sensitive about his big nose.* Kényes/Érzékeny a nagy orrára/ a nagy orra miatt. ∗ *My sister is very sensitive, don't shout at her.* A húgom nagyon érzékeny, rá ne kiabálj!

sensual ['senʃuəl] <mn> érzéki

sent [sent] → **send**

¹**sentence** ['sentəns] <fn> [C] **1.** mondat **2.** ítélet: *the sentence given by the judge* a bíróság ítélete; a bíróság által hozott ítélet ∗ *pass sentence on sy/sg* ítéletet hirdet/mond vkiről/ vmiről ∗ *be under sentence* elítélték

²**sentence** ['sentəns] <ige> (sentences, sentencing, sentenced) (el)ítél (**sy to sg** vkit vmire): *The judge sentenced the murderer to 15 years in prison.* A gyilkost 15 év börtönre ítélte a bíróság. ∗ *He was sentenced to death.* Halálra ítélték.

sentiment ['sentɪmənt] <fn> [C, U] **1.** érzés; érzelem **2.** érzelmesség **3.** felfogás; nézet; vélemény **4.** érzékenység

sentimental [,sentɪ'mentl] <mn> **1.** érzelmes **2.** érzelgős; szentimentális: *a sentimental film* szentimentális film

sentimentality [,sentɪmen'tæləti] <fn> [U] **1.** érzelmesség **2.** érzelgősség; szentimentalizmus

sentry ['sentrɪ] <fn> [C] (sentries) őr(szem)

¹**separate** ['seprət] <mn> külön; különálló; önálló; független: *cut sg into separate pieces* külön darabokra vág vmit

²**separate** ['sepəreɪt] <ige> (separates, separating, separated) **1.** elválik; különválik; szeparálódik (**from sy/sg** vkitől/vmitől) **2.** elválaszt; elkülönít; szétválaszt; különválaszt (**sy/sg from sy/sg** vkit/vmit vkitől/vmitől): *Separate the salt from the sugar.* Válaszd el a sót a cukortól! ∗ *The river separates the two parts of the town.* A folyó a város két részét választja szét/el. ∗ *We got separated in the crowd.* A nagy tömegben elszakadtunk egymástól. **3.** *(házastársak)* különválnak: *His parents separated last year.* Szülei tavaly különváltak. **4.** kiválaszt; félretesz

separation [,sepə'reɪʃn] <fn> **1.** [C, U] elválás; elkülönülés **2.** [C] különélés: *after a separation of ten months* tíz hónapi különélés után **3.** [C, U] elválasztás; elkülönítés

separatism ['sepratɪzm] <fn> [U] szeparatizmus

¹**separatist** ['sepratɪst] <fn> [C] pol szeparatista

²**separatist** ['sepratɪst] <mn> pol szeparatista

Sept. [= September] szept. (= szeptember)

September [sep'tembə] <fn> [C, U] röv **Sept.** szeptember: *in September* szeptemberben ∗ *on 25*(th) *September/on September 25*th szeptember 25-én

sequel ['si:kwəl] <fn> [C] **1.** *(regényé, filmé)* folytatás (**to sg** vmié) **2.** következmény; fejlemény

sequence ['si:kwəns] <fn> **1.** [C] sorozat; számsor **2.** [U] sorrend **3.** [U] következés; folytatás **4.** [C] képsor; filmjelenet **5.** [C] (egyházi) himnusz

sequence of tenses <fn> [U] nyelvt igeidő-egyeztetés

sequoia [sɪ'kwɔɪə] <fn> [C] kaliforniai óriásfenyő; mamutfenyő

¹**Serb** [sɜ:b] <mn> szerb

²**Serb** [sɜ:b] <fn> [C] *(személy)* szerb

Serbia ['sɜ:bɪə] <fn> Szerbia

¹**Serbian** ['sɜ:bɪən] <mn> szerb(iai)

²**Serbian** ['sɜ:bɪən] <fn> **1.** [C] *(személy)* szerb **2.** [U] *(nyelv)* szerb

serenade [,serə'neɪd] <fn> [C, U] éjjelizene; szerenád

serene [sə'riːn] <mn> **1.** (ég) derült **2.** (személy) derűs **3.** higgadt; csendes; békés

sergeant ['sɑːdʒənt] <fn> [C] őrmester; szakaszvezető

¹serial ['sɪərɪəl] <fn> [C] (film)sorozat; TV-sorozat; folytatásos regény/rádiójáték

²serial ['sɪərɪəl] <mn> **1.** sorozat-; sor-; sorozatos: *in the same serial order* ugyanabban a sorrendben **2.** folytatásos **3.** infor soros

serial killer [ˌsɪərɪəl'kɪlə] <fn> [C] sorozatgyilkos

serial number ['sɪərɪəl nʌmbə] <fn> [C] sorozatszám

series ['sɪəriːz] <fn> [C] (series) **1.** sor; sorozat; széria: *a series of tests* tesztsorozat * *a series of explosions* robbanássorozat **2.** (filmnél stb.) sorozat: *a ten-part series* tízrészes sorozat * *television series* tévésorozat

serious ['sɪərɪəs] <mn> **1.** komoly (**about sg//about doing sg** vmiben): *a serious question* komoly kérdés * *a serious girl* komoly (kis)lány * *You look serious.* Komolynak látszol. * *I am serious.* Nem viccelek./Komolyan gondolom. * *Is she serious about wanting to sell the house?* Komoly a szándéka abban, hogy el akarja adni a házat? **2.** komoly; drámai: *a serious film* komoly/drámai film **3.** súlyos; komoly: *a serious illness* súlyos betegség **4.** fontos: *a serious discussion* fontos megbeszélés * *a serious decision* fontos döntés

seriously ['sɪərɪəslɪ] <hsz> **1.** komolyan: *take sg/sy seriously* komolyan vesz vmit/vkit * *He is seriously thinking of buying a house.* Komolyan gondolkodik arról, hogy vesz egy házat. **2.** komolyan; súlyosan: *be seriously ill* súlyosan beteg * *be seriously injured* súlyosan megsérült

sermon ['sɜːmən] <fn> [C] prédikáció; igehirdetés; szentbeszéd: *give a sermon (on/about sg)* prédikál (vmiről); igét hirdet

serpent ['sɜːpənt] <fn> [C] kígyó

serum ['sɪərəm] <fn> [C] (serums v. sera) szérum; védőoltás

servant ['sɜːvənt] <fn> [C] szolga; cseléd; inas

¹serve [sɜːv] <ige> (serves, serving, served) **1.** tálal: *The breakfast is now being served in the dining-room.* A reggeli tálalva van az ebédlőben. **2.** szolgál; szolgálatot teljesít: *He served in the army for thirty years.* Harminc évig szolgált a hadseregnél. **3.** szolgál; kiszolgál; (feladatokat, teendőket) ellát: *Can I serve you Madam?* Miben lehetek szolgálatára, asszonyom?/Segíthetek, asszonyom? * *I am being served, thank you.* Köszönöm, már kiszolgálnak/kapom! * *How can I serve you?* Miben lehetek a szolgálatára? * *The town is well served with buses.* A város jól el van látva buszokkal. **4.** szolgál (**as/for sg** vmiül/vmire): *serve as a lesson* tanulságul szolgál * *This table served as a bed last night.* Ez az asztal szolgált ágyként tegnap éjjel. * *This fence serves the purpose of keeping dogs away from children.* Ez a kerítés azt a célt szolgálja, hogy a kutyákat távol tartsa a gyerekektől. **5.** (teniszben) adogat; szervál **6.** (börtönbüntetést) tölt: *He is serving a life sentence for murder.* Életfogytiglani börtönbüntetését tölti gyilkosságért.

♦ **serve sy right** biz megérdemli; úgy kell neki ♦ **first come, first served** (szállásfoglalásnál stb.) aki előbb jön, jobbat kap; (szigorúan) érkezési sorrendben

serve sg on sy kézbesít; átad vkinek vmit
serve out sg (szolgálatot, büntetést stb.) letölt
serve sg out kioszt; felszolgál vmit
serve sy out for sg biz visszafizet vkinek vmiért
serve under sy vki alatt szolgál
serve sg up 1. tálal; felszolgál vmit **2.** műsorra tűz vmit
serve sy with sg 1. megkínál vkit vmivel **2.** kézbesít vkinek vmit

²serve [sɜːv] <fn> [C] (tenisznél) adogatás; szerva

server ['sɜːvə] <fn> [C] **1.** infor szerver **2.** ministráns **3.** (teniszben) adogató **4.** (ételekhez) szedőkanál és villa **5.** felszolgáló

¹service ['sɜːvɪs] <fn> **1.** [C] szolgáltatás: *mail service* postai szolgáltatás * *I need the services of that doctor.* Annak az orvosnak a szolgáltatásaira tartok igényt. **2.** [C] közlekedés; forgalom: *bus service* buszközlekedés * *train service* vasúti közlekedés **3.** [U] (étteremben stb.) kiszolgálás: *service included* kiszolgálással együtt * *service 10 per cent* a kiszolgálásért 10%-ot számítunk * *The service in this shop is slow.* Ebben a boltban lassú a kiszolgálás. **4.** [C] istentisztelet: *the evening service* az esti istentisztelet **5.** [C] szertartás: *funeral service* gyászszertartás **6.** [U] szolgálat; munkaviszony: *go into service//go out to service* szolgálatba megy/áll * *After 20 years of service he retired.* 20 év szolgálat után nyugdíjba ment. **7.** [C] szerviz; karbantartás; átvizsgálás: *service station* szervizállomás * *I took my car in for a service.* Szervizbe vittem az autómat. **8. the services** [pl] a fegyveres erők; a hadsereg: *join the services* beáll a hadseregbe **9.** [C] (teniszben) adogatás; szerva; szervális **10. (motorway) services** [pl] benzinkút (az autópályán) **11.** [C] (étkészlet) szerviz; készlet

♦ **see service** katonai szolgálatot teljesít
♦ **be at sy's service** vkinek a szolgálatára/rendelkezésére áll *At your service!* Szolgálatára, uram! ♦ **be of service to sy** nagy segítséget jelent vki számára ♦ **be out of service** *(busz stb.)* nem közlekedik

²**service** ['sɜːvɪs] <ige> (services, servicing, serviced) szervizel; karbantart(ást végez): *My car is being serviced.* Az autómat épp most szervizelik./Szervizen van az autóm.

service area ['sɜːvɪs ˌeərɪə] <fn> [C] *(autópályán)* pihenőhely/parkolóhely szervizzel

service charge ['sɜːvɪs tʃɑːdʒ] <fn> [C] kiszolgálási díj

service industry ['sɜːvɪs ˌɪndəstri] <fn> [U, C] (service industries) szolgáltatóipar

service provider ['sɜːvɪs prəˌvaɪdə] <fn> [C] infor (internet-)szolgáltató

serviceman ['sɜːvɪsmən] <fn> [C] (servicemen) katona

service station ['sɜːvɪs ˌsteɪʃn] <fn> [C] *(autópálya mellett)* (autós) pihenőhely (töltőállomással és üzlettel)

servicewoman ['sɜːvɪsˌwʊmən] <fn> [C] (servicewomen) női katona

servicing ['sɜːvɪsɪŋ] <fn> [U] gk szerviz; karbantartás

serviette [ˌsɜːvɪ'et] <fn> [C] szalvéta

serving ['sɜːvɪŋ] <fn> **1.** [C] *(étel)* adag **2.** [U] kiszolgálás; szolgálat **3.** [C] sp adogatás; szerválás

session ['seʃn] <fn> [C] **1.** *(testületé)* ülés; ülésszak: *be in session* ülésezik; ülést tart **2.** *(egyetemi)* tanév; harmadév **3.** összejövetel

¹**set** [set] <ige> (sets, setting, set, set) **1.** letesz; lehelyez; (el)helyez: *set sg on the desk* letesz vmit az asztalra **2.** *(drágakövet)* foglal (**in sg** vmibe): *A diamond is set in the bracelet.* A karkötőbe drágakövet foglaltak. **3.** *(időpontot)* kitűz; megszab; megállapít: *set a date for the meeting* kitűzi a találkozó időpontját **4.** felad; kijelöl; előír: *Our teacher set us a test for homework.* A tanárunk házi feladatnak egy tesztet adott fel nekünk. * *What books have been set for the exam?* Milyen kötelező olvasmányt jelöltek ki/írtak elő a vizsgára? **5.** *(órát)* beállít; megigazít: *set the clock for 6 o'clock* 6 órára állítja be az órát **6.** *(csontot)* helyre tesz; helyre rak: *set sy's broken leg* helyre rakja vkinek a törött lábát * *set a bone* csontot helyre rak **7.** *(csont)* összeforr **8.** **be set** játszódik: *The novel is set in Scotland in the 60s.* A regény Skóciában játszódik a hatvanas években. **9.** *(nap)* lemegy; lenyugszik: *The sun sets at 8 o'clock in the evening.* A nap 8 órakor megy le. **10.** *(vmilyen állapotba juttat)*: *set sy's mind at ease* megnyugtat vkit * *set in order* rendbe tesz; elrendez **11. set the table** megterít **12.** élesít; (meg)erősít; (meg)szilárdít **13.** *(beton, ragasztó)* megszilárdul; megkeményedik; megköt **14.** *(ember)* megállapodik **15.** *(ruha)* áll vhogyan **16.** késztet: *His behaviour set me talking.* A viselkedése beszédre késztetett. **17.** *(hajat)* berak

♦ **On your marks, get set, go!** Elkészülni, vigyázz, rajt! ♦ **set an example** példát ad ♦ **set free** felszabadít ♦ **set little by** kevésre becsül ♦ **set loose** szabadon enged; felszabadít; szélnek ereszt ♦ **set to work** munkához lát ♦ **set sy to work to...** munkát ad vkinek ♦ **set oneself a task** kitűz magának egy feladatot ♦ **set oneself to do sg** hozzáfog vmihez ♦ **set sail for swhere** elhajózik vhova ♦ **set the stage for sg** előkészíti a terepet vmihez; megteszi az előkészületeket ♦ **set sg to rights** helyreigazít vmit ♦ **set up home/house** otthont teremt magának ♦ **set words to music** megzenésít vmit

set about (doing) sg nekilát; nekikezd vminek

set sg about elterjeszt; szétkürtöl vmit

set sy against sy uszít vkit vki ellen

set sy/sg apart from sy/sg megkülönböztet; elválaszt vkit/vmit vkitől/vmitől

set sg aside félretesz vmit

set sy/sg back visszavet; hátráltat; lassít vkit/vmit

set sg down letesz vmit

set forth útra kel

set sg forth közzétesz; ismertet vmit

set in megkezdődik

set sg/sy on sy ráuszít vkit/vmit vkire

set off útnak indul

set sg off 1. működésbe hoz vmit **2.** *(hatást)* kivált **3.** felrobbant vmit

set out 1. útnak indul; elindul **2.** szándékozik

set sg out 1. kiállít; elrendez vmit **2.** kifejt; előad; részletez vmit

set to nekifog; hozzálát

set sy up 1. *(egészségileg)* rendbe hoz vkit **2.** *(üzletileg)* elindít; beindít vkit **3.** ellát vkit

set sg up 1. *(bizottságot)* alakít; felállít **2.** öszszeállít vmit

set oneself up against sy/sg szembehelyezkedik vkivel/vmivel

set up for oneself önállósítja magát

²**set** [set] <fn> [C] **1.** készlet; sorozat: *a set of plates* tányérkészlet * *a tea set* teáskészlet

* *a set of tools* szerszámkészlet **2.** készülék; berendezés: *a new television set* új televíziókészülék **3.** csoport; társaság **4.** *(hajé)* berakás: *a shampoo and set* mosás és berakás **5.** díszlet **6.** *(tenisz)* játszma: *win the first set* megnyeri az első játszmát **7.** *(ruháé)* állás; beállítás **8.** mat halmaz: *set theory* halmazelmélet

³**set** [set] <mn> **1.** szilárd; állhatatos **2.** rendes; előírásos **3.** kötött **4.** előírt; kötelező; megállapított; meghatározott: *set book* kötelező olvasmány * *for a set period* meghatározott időre * *set phrase* nyelvt állandósult szókapcsolat * *set price* szabott ár **5.** eltökélt (**on doing sg** vmit tenni) **6.** megfontolt; szilárd: *set purpose* szilárd elhatározás **7.** merev; megmerevedett: *a set smile on sy's face* az arcára fagyott mosoly **8.** kirakva (**with sg** vmivel): *a bracelet set with diamonds* drágakővel kirakott karkötő **9.** vhol elhelyezkedő

♦ **be set on sg/on doing sg** készen áll vmire

setback [ˌset'bæk] <fn> [C] kudarc; balsiker; visszaesés; hanyatlás

set price [ˌset 'praɪs] <fn> [C] gazd kötött ár

set square ['set skweə] <fn> [C] derékszögű vonalzó

settee [se'tiː] <fn> [C] kanapé; szófa

setting ['setɪŋ] <fn> [C] **1.** elrendezés **2.** környezet; keret; fekvés; helyzet **3.** *(drágakőé)* foglalat; befoglalás **4.** *(magé)* elvetés **5.** igazítás; szabályozás; (össze)illesztés; rögzítés; beállítás **6.** *(asztalnál, étkezéshez)* terítés; teríték **7.** betűszedés **8.** élesítés **9.** *(betoné, ragasztóé)* megszilárdulás; kötés **10.** *(napé)* lenyugvás **11.** díszlet; szín(padi kép) **12.** színhely **13.** zenei átirat; megzenésítés

settle ['setl] <ige> (settles, settling, settled) **1.** letelepedik; elhelyezkedik: *settle abroad* külföldön telepszik le **2.** *(vitát)* lezár; eldönt **3.** *(tartozást, ügyet)* elrendez; elintéz; kifizet: *settle the argument* lezárja a vitát * *settle those affairs* elrendezi azokat az ügyeket * *settle the bill* rendezi a számlát * *settle one's debts* adósságát rendezi * *The matter is settled.* Az ügy el van intézve. **4.** letelepít; elhelyez; betelepít **5.** megnyugtat **6.** megszilárdít **7.** elhatároz; megállapít: *settle the day* kitűzi a napot **8.** *(folyadék)* leülepszik; megtisztul **9.** lecsendesedik; rendbe jön **10.** *(idő)* kiderül **11.** lesüpped; süllyed

♦ **That's settles it.** Ez eldönti a kérdést. ♦ **It's settled!** Ebben maradunk! ♦ **It's as good as settled.** Elintézettnek tekinthető.
♦ **settle a score with sy** kiegyenlíti a számlát vkivel szemben; leszámol vkivel

settle down 1. letelepedik; kényelmesen elhelyezkedik **2.** megállapodik; *(új hazában)* letelepedik **3.** lehiggad; lecsillapodik; megkomolyodik

settle down to sg hozzászokik vmihez; kezd megszokni vmit; kezd belejönni vmibe

settle for sg megelégszik vmivel; beéri vmivel: *settle for less* kevesebbel is beéri

settle in/into sg berendezkedik; elhelyezkedik; megszokik vhol; kezd megszokni vmit

settle on sg/sy dönt vmi/vki mellett

settle up with sy *(ügyet, számlát, adósságot stb.)* rendez; elintéz vkivel

settled ['setld] <mn> **1.** változatlan; állandó; tartós; kiegyensúlyozott: *settled weather* kiegyensúlyozott időjárás **2.** eldöntött; elintézett **3.** letelepedett; berendezkedett; megállapodott **4.** *(életmód)* rendes; rendezett: *a settled way of life* rendezett életmód

settlement ['setlmənt] <fn> [C, U] **1.** *(számláé)* kiegyenlítés; rendezés; *(ügyé)* elintézés **2.** megállapodás; egyezség: *reach a settlement (with sy)* megállapodásra jut (vkivel) **3.** letelepedés **4.** telep(ülés)

settler ['setlə] <fn> [C] telepes; betelepülő

set-up ['setʌp] <fn> [C] **1.** elrendezés; összeállítás; *(bizottságé)* összetétel **2.** *(gazdaságé, intézménye stb.)* rendszer; szerkezet; felépítés **3.** testalkat; testtartás

¹**seven** ['sevn] <szn> hét → ¹**eight**
²**seven** ['sevn] <fn> [C] hetes → ²**eight**
¹**seventeen** [ˌsevn'tiːn] <szn> tizenhét → ¹**eight**
²**seventeen** [ˌsevn'tiːn] <fn> [C] tizenhetes → ²**eight**
¹**seventh** ['sevnθ] <sorszn> hetedik → ¹**eighth**

→ A keltezéssel kapcsolatos kifejezéseket lásd a ¹**date** szócikk információs ablakában!

²**seventh** ['sevnθ] <fn> [C] heted → ²**eighth**
¹**seventieth** ['sevntiəθ] <sorszn> hetvenedik → ¹**eightieth**
²**seventieth** ['sevntiəθ] <fn> [C] hetvened → ²**eightieth**
¹**seventy** ['sevntɪ] <szn> hetven → ¹**eighty**
²**seventy** ['sevntɪ] <fn> [C] hetvenes → ²**eighty**
sever ['sevə] <ige> **1.** elvág; megszakít; elválaszt; kettéválaszt: *sever relations with sy* elvágja/megszünteti a kapcsolatokat vkivel **2.** levág: *His leg was severed.* Levágták a lábát.

several ['sevrəl] <mn> **1.** több; számos; jó pár; jó néhány: *several of us* többen közülünk ∗ *several times* többször; több alkalommal ∗ *several years ago* jó néhány évvel ezelőtt/éve ∗ *I have several friends at school.* Több barátom van az iskolában. **2.** különböző; különféle

severe [sɪ'vɪə] <mn> **1.** szigorú; kemény; rideg: *a severe father* szigorú apa ∗ *severe winter* kemény tél **2.** komoly; súlyos: *suffer a severe defeat* komoly vereséget szenved ∗ *severe injury* súlyos sérülés **3.** egyszerű; dísztelen: *a severe hairstyle* egyszerű hajviselet

severity [sɪ'verətɪ] <fn> [U] **1.** szigor(úság) **2.** komolyság; súlyosság: *the severity of the problem* a probléma súlyos volta **3.** egyszerűség; dísztelenség

sew [səʊ] <ige> (sews, sewing, sewed, sewed/sewn) (meg)varr

> **sew sg on** rávarr; felvarr vmit
> **sew sg up 1.** bevarr; belevarr vmit **2.** biz (*ügyet*) sikeresen lerendez

sewage ['suːɪdʒ] <fn> [U] szennyvíz
sewer ['suːə] <fn> [C] szennyvízcsatorna
sewing ['səʊɪŋ] <fn> [U] **1.** (*tevékenység*) varrás: *do sewing* varr **2.** (*varrnivalók, megvarrandó holmik*) varrás
sewing machine ['səʊɪŋ məˌʃiːn] <fn> [C] varrógép
sewn [səʊn] → **sew**
sex [seks] <fn> **1.** [C, U] biol nem: *both sexes* mindkét nem ∗ *On this form you have to write your age and sex.* Erre a nyomtatványra az életkorodat és a nemedet kell írnod. ∗ *What sex is your cat?* Milyen nemű a cicád? **2.** [U] nemi aktus; szex: *have sex with sy* lefekszik vkivel
sex act ['seks ækt] <fn> [C] nemi aktus
sexagenarian [ˌseksədʒə'neərɪən] <fn> [C] (*személy*) hatvanas
sex appeal ['seks əpiːl] <fn> [U] szexepil; nemi vonz(ó)erő
sex education ['seks edjuˌkeɪʃn] <fn> [U] nemi/szexuális felvilágosítás
sexism ['seksɪzm] <fn> [U] (*nemi előítéletek*) szexizmus
sexist ['seksɪst] <fn> (*nemi előítéleteket valló ember*) szexista
sex life ['seks laɪf] <fn> [C] nemi/szexuális élet
sex organ ['seks ɔːgən] <fn> [C] nemi szerv
sexual ['sekʃʊəl] <mn> nemi; szexuális: *sexual intercourse* közösülés ∗ *have sexual intercourse with sy* közösül vkivel
sexuality [ˌsekʃʊ'ælətɪ] <fn> [U] nemiség

sexually transmitted disease [ˌsekʃəlɪ trænzˌmɪtɪd dɪ'ziːz] <fn> [C] röv **STD** nemi úton terjedő betegség
sexy ['seksɪ] <mn> (sexier, sexiest) erotikus; szexi; szexis
shabby ['ʃæbɪ] <mn> **1.** (*épület, ruha, bútor stb.*) kopott; ócska; vacak; ütött-kopott **2.** (*személy*) szakadt; rongyos **3.** (*viselkedés*) aljas; komisz
shack [ʃæk] <fn> [C] kunyhó; putri; viskó
shackles ['ʃæklz] <fn> [pl] bilincs
¹**shade** [ʃeɪd] <fn> **1.** [U] árnyék: *sit in the shade* az árnyékban ül ∗ *in the shade of the tree* a fa árnyékában **2.** [C] lámpaernyő **3.** [C] (szín-)árnyalat: *in different shades of blue* a zöld különböző árnyalataiban **4.** [C] (*jelentésé, érzésé*) árnyalat: *shades of meaning* jelentésárnyalatok **5.** [U] (*képen*) sötét részek: *light and shade in a portrait* sötét és világos részek a portrén **6.** [C] roletta **7.** [U] egy árnyalatnyi; hajszálnyi: *a shade better* egy árnyalattal jobb **8.** **shades** [pl] biz napszemüveg

◆ **put sy/sg in the shade** háttérbe szorít vkit; elhomályosítja vkinek az érdemeit

²**shade** [ʃeɪd] <ige> (shades, shading, shaded) **1.** (be)árnyékol **2.** (*nap ellen*) megvéd (**sg from/against sg** vmit vmitől) **3.** **shade sg (in)** besatíroz vmit

¹**shadow** ['ʃædəʊ] <fn> [C, U] **1.** átv is árnyék: *in the shadow of the building* az épület árnyékában ∗ *be in shadow* árnyékban van ∗ *not a shadow of doubt* a kétség árnyéka sem **2.** **shadows** [pl] homály

◆ **be afraid of one's own shadow** a saját árnyékától is megijed ◆ **cast a shadow on/over sy/sg** árnyékot vet vkire/vmire ◆ **there are shadows under one's eyes** karikásak a szemei (a kimerültségtől) ◆ **be in/under the shadow of sy** eltörpül vki mellett

²**shadow** ['ʃædəʊ] <ige> **1.** beárnyékol **2.** (*nyomon*) követ
shadow cabinet [ˌʃædəʊ'kæbɪnət] <fn> [C] árnyékkormány
shadowy ['ʃædəʊɪ] <mn> **1.** árnyékos; árnyas; homályos: *a shadowy corner* árnyékos sarok **2.** bizonytalan; titokzatos; rejtélyes: *a shadowy figure* bizonytalan alak
shady ['ʃeɪdɪ] <mn> (shadier, shadiest) **1.** árnyékos; árnyas **2.** biz kétes; gyanús; sötét: *shady business* sötét ügy
shaft [ʃɑːft] <fn> [C] **1.** (*szerszámé*) nyél; szár **2.** (*keréké*) tengely **3.** (*kocsié*) rúd **4.** (*oszlopé*) törzs; derék **5.** fénysugár **6.** nyílvessző **7.** (*bányában*) akna
shaggy ['ʃægɪ] <mn> szőrös; bozontos; gubancos; borzas

¹shake [ʃeɪk] <ige> (shakes, shaking, shook, shaken) **1.** megráz; ráz; felráz; kiráz: *shake the bottle* felrázza az üveget ∗ *shake hands with sy* kezet ráz/fog vkivel ∗ *shake the head (tagadólag)* rázza a fejét ∗ *The explosion shook the building.* A robbanás megrázta az épületet. **2.** megrázkódtat; megremegtet **3.** reszket; remeg; rezeg; (meg)rázkódik: *be shaking with laughter* rázkódik a nevetéstől ∗ *shake with fear* remeg félelmében ∗ *Her voice shook when…* Remegett a hangja, amikor… ∗ *Our tent shook in the storm.* Sátrunk megremegett a viharban. **4.** megrendít; megráz: *He was shaken by the accident.* Megrendítette a baleset. ∗ *His death shook the entire family.* Halála megrázta az egész családot. **5.** tántorog
♦ **be shaking in one's shoes/boots** biz remeg a térde félelmében; be van gyulladva

shake down beleszokik; belerázódik; egyenesbe jön
shake sy down 1. megmotoz vkit **2.** megzsarol vkit; pénzt zsarol ki vkiből
shake sg down biz átvizsgál; átfésül vmit
shake off lesoványodik
shake sy/sg off leráz vkit/vmit; megszabadul vkitől/vmitől
shake sy up felráz; felizgat vkit: *The bad news shook me up.* A rossz hírek megráztak.

²shake [ʃeɪk] <fn> [C] **1.** rázás; rázkódás: *give sg a shake* megráz vmit **2.** turmix: *chocolate shake* csokiturmix
♦ **be all of a shake** egész testében remeg
♦ **be no great shakes** biz nem valami nagy ügy; nem nagy durranás
shaken [ˈʃeɪkən] → ¹**shake**
shake-up [ˈʃeɪkʌp] <fn> [C] átszervezés
shaky [ˈʃeɪkɪ] <mn> **1.** reszkető; reszketeg; remegő: *shaky handwriting* reszkető kézírás **2.** rozoga; düledező: *a shaky chair* rozoga szék **3.** erőtlen; bizonytalan
shall [ʃæl] <módális segédige> (neg shall not = shan't; pt should, neg should not = shouldn't) **röv I'll, we'll 1.** *(jövő idő kifejezője egyes szám 1. és többes szám 1. személyben)* fog: *I shall work tomorrow.* Holnap dolgozni fogok. ∗ *We shall not (shan't) run away.* Nem fogunk elszaladni. ∗ *I shan't stay any longer.* Nem maradok tovább. **2.** *(szándék, ajánlat, javaslat, kérdés formájában)*: *Shall I open the meeting?* Megnyissam az ülést? ∗ *Shall I close the window?* Becsukjam az ablakot? ∗ *Shall I help you?* Segítsek neked? ∗ *What shall we do with him?* Mit tegyünk vele? **3.** *(kötelezettség, parancs, tiltás kifejezésére)*: *He shall come.* El kell jönnie. ∗ *You shall do it if I say you must.* Meg kell tenned, ha azt parancsolom!
shallow [ˈʃæləʊ] <mn> **1.** sekély; lapos **2.** *(személy)* felületes; felszínes; sekélyes
¹sham [ʃæm] <fn> [C] csalás; színlelés; tettetés
²sham [ʃæm] <mn> hamis; ál-; tettetett
³sham [ʃæm] <ige> (shams, shamming, shammed) színlel; tettet; csal
shambles [ˈʃæmblz] <fn> [U] biz **1.** romhalmaz: *The house was a shambles.* A ház (egy) romhalmaz volt. **2.** összevisszaság; rendetlenség; rumli; zűrzavar: *be in a shambles* zűrös; rendetlen ∗ *What a shambles!* Mekkora rumli! ∗ *The room is in an absolute shambles.* Hatalmas kupi van a szobában.
shame [ʃeɪm] <fn> [U] **1.** szégyen; szégyenérzet; szégyenkezés: *feel great shame* nagyon szégyell vmit ∗ *bring shame on sy* szégyent hoz vkire ∗ *put sy to shame* megszégyenít; szégyenbe hoz vkit **2.** szégyen; gyalázat; szégyenteljes tett: *(What a) shame!* Micsoda szégyen!/Gyalázat!
♦ **For shame!** Szégyen, gyalázat! ♦ **Shame on you!** Szégyelld magad!
shameful [ˈʃeɪmfl] <mn> szégyenletes; gyalázatos; megbotránkoztató
shameless [ˈʃeɪmləs] <mn> szégyentelen; szemérmetlen
¹shampoo [ʃæmˈpuː] <fn> [C, U] **1.** sampon **2.** hajmosás: *have a shampoo* hajat mos
²shampoo [ʃæmˈpuː] <ige> (shampoos, shampooing, shampooed) hajat mos; *(szőnyeget stb.)* ki-/megtisztít: *shampoo one's hair* hajat mos
shamrock [ˈʃæmrɒk] <fn> [C, U] lóhere
shan't [ʃɑːnt] [= shall not] → **shall**
shanty town [ˈʃænti taʊn] <fn> [C] viskótelep; putrinegyed; kalibanegyed
¹shape [ʃeɪp] <fn> **1.** [C, U] alak; forma: *in the shape of a square* négyzet alakú ∗ *lose one's/its shape* elveszíti a formáját ∗ *balls of all shapes and sizes* mindenféle alakú és méretű labda ∗ *round in shape* alakra nézve kerek ∗ *What is the shape of this plate?* Milyen alakú ez a tányér? **2.** [U] erőnlét; állapot; forma: *be in good/bad shape* jó/rossz formában/bőrben van **3.** [C] *(emberi)* alak **4.** [C] *(homokjáték stb.)* forma
♦ **be out of shape 1.** deformálódott biz **2.** nincs (valami) formában ♦ **get oneself into shape** formába lendül/jön ♦ **knock/lick sg into shape** biz kipofoz/gatyába ráz vmit ♦ **give shape to sg** megfogalmaz/szavakba önt vmit ♦ **not in any shape or**

form semmiképpen ♦ **take shape** jól alakul; kialakul

²shape [ʃeɪp] <ige> (shapes, shaping, shaped) **1.** *(tárgyat)* alakít; formáz; (meg)formál: *shape wood with a tool* a fát szerszámmal formázza * *I shaped a bowl out of the clay.* Tálat formáztam/formáltam meg agyagból. **2.** *(jellemet)* alakít; befolyásol: *That event shaped his whole life.* Az az esemény alakította/befolyásolta az egész életét. **3.** (ki)alakul; formát önt; fejlődik **4.** kialakít; kiképez; kimunkál

shape sg into sg alakít; formáz; formál vmit vmivé
shape up 1. formába jön; alakul; fejlődik **2.** biz összeszedi/összekapja magát; jobban viselkedik

¹share [ʃeə] <ige> (shares, sharing, shared) **1.** (el-/szét-/ki)oszt (**among/between with sy** vkik között): *share the cake* el-/szét-/kiosztja a sütit * *share a bag of chocolate with one's friends* szétoszt egy zacskó csokit a barátai közt * *We'll share this apple between two of us.* Ezt az almát kettőnk között fogjuk elosztani. **2.** megoszt; közösen használ (**sg with sy** vmit vkivel): *I share the bedroom with my brother.* A bátyámmal közösen használjuk a hálószobát. **3.** osztozik; részesedik (**in sg** vmiből) **4.** osztozkodik
♦ **share and share alike** egyenlően/igazságosan osztozik; egyenlő mértékkel mér

share sg out kioszt; szétoszt vmit

²share [ʃeə] <fn> **1.** [C] rész (**of sg** vmiből): *a share of the cake* egy rész a süteményből **2.** [U] rész(esedés) (**of/in sg** vmiből/vmiben): *have a share in sg* része van vmiben * *take a share in sg* kiveszi a részét vmiből; részt vesz vmiben * *I did my share of the work.* Kivettem a részemet a munkából. **3.** [C] gazd részvény: *share prices* részvényárak

shareholder ['ʃeə,həʊldə] <fn> [C] részvényes
shareholding ['ʃeə,həʊldɪŋ] <fn> [C] gazd üzletrész
shareware ['ʃeəweə] <fn> [U] infor szabad terjesztésű szoftver
shark [ʃɑːk] <fn> [C] **1.** cápa **2.** csaló; kapzsi ember; uzsorás
¹sharp [ʃɑːp] <mn> (sharper, sharpest) **1.** *(kés stb.)* éles; hegyes: *a sharp knife* éles kés * *sharp stones* éles/hegyes kövek * *a sharp needle* hegyes tű **2.** *(szavak stb.)* csípős; kemény; szigorú; éles; metsző; erős; bántó: *sharp words* kemény szavak * *give a sharp cry* éles/metsző kiáltást hallat * *a sharp lesson for all of us* kemény lecke mindannyiunk számára **3.** *(kanyar stb.)* éles: *sharp bends* éles kanyarok * *make a sharp turn* éles kanyart vesz **4.** *(fájdalom)* metsző; szúró; éles: *feel a sharp pain* metsző fájdalmat érez **5.** aromás: *have a distinctively sharp taste* különlegesen aromás íze van **6.** *(ész)* éles; gyors: *a sharp-minded boy* éles eszű fiú **7.** *(fül)* éles **8.** zene félhanggal felemelt: *C sharp* cisz * *C sharp minor* cisz-moll * *F sharp* Fisz-dúr

²sharp [ʃɑːp] <hsz> **1.** hirtelen; hevesen **2.** pontosan; pontban: *at five o'clock sharp* pontban öt órakor **3.** élesen **4.** *(kissé magasan)* hamisan: *He is singing sharp.* Hamisan énekel.

³sharp [ʃɑːp] <fn> [C] **1.** *(zenei jel)* kereszt; (fél hanggal) emelés **2.** *(zongorán)* fekete billentyű **3.** biz csaló

sharpen ['ʃɑːpən] <ige> **1.** (meg)élesít; (meg-)élez; (ki)hegyez: *sharpen a pencil* ceruzát (ki)hegyez * *sharpen a knife* kést (meg)élesít/(meg)élez **2.** *(ellentétet)* kiélez **3.** *(fájdalmat stb.)* fokoz; *(büntetést)* súlyosbít **4.** élesedik
sharpener ['ʃɑːpənə] <fn> [C] hegyező; élesítő: *pencil sharpener* ceruzahegyező * *knife sharpener* késélesítő; fenőkő
sharp-eyed [ʃɑːp'aɪd] <mn> éles szemű/látású
sharpness ['ʃɑːpnəs] <fn> [U] **1.** *(vágóeszközé)* élesség; *(tűé)* hegyesség **2.** éleselméjűség; éles ész
shat [ʃæt] → **²shit**
shatter ['ʃætə] <ige> **1.** megrázkódtat; összetör; szétzúz; összerombol; darabokra tör; szétroncsol: *shatter a glass* összetör egy poharat **2.** *(lelkileg)* megrázkódtat; összetör; szétzúz: *His criticism shattered her confidence.* A kritikája porba döntötte az önbizalmát. **3.** megrázkódik; összetörik; betörik; összedől; szétpattan: *The window shattered.* Betört az ablak.
¹shave [ʃeɪv] <ige> (shaves, shaving, shaved) **1.** (meg)borotválkozik **2.** (meg-/le)borotvál
²shave [ʃeɪv] <fn> [U] borotválás; borotválkozás: *have a shave* borotválkozik
♦ **It was a close/narrow shave.** biz Egy hajszálon múlt(, hogy megmenekült).
shaven ['ʃeɪvn] <mn> borotvált: *clean shaven* simára borotvált
shaver ['ʃeɪvə] <fn> [C] villanyborotva
shaving ['ʃeɪvɪŋ] <fn> [U] borotválkozás
shaving brush ['ʃeɪvɪŋ brʌʃ] <fn> [C] borotvaecset; borotvapamacs
shaving cream ['ʃeɪvɪŋ kriːm] <fn> [U] borotvakrém

shaving foam ['ʃeɪvɪŋ fəʊm] <fn> [U] borotvahab

shavings ['ʃeɪvɪŋz] <fn> [pl] forgács

shawl [ʃɔːl] <fn> [C] vállkendő; sál

¹she [ʃi] <névm> *(nőnem)* ő: *She is my mother.* Ő az édesanyám. ∗ *Susan is my sister. She is/she's very nice.* Susan a nővérem. (Ő) nagyon kedves. ∗ *She had/She'd gone before I left.* Mielőtt megérkeztem, ő elment. ∗ *She would/She'd come if you wanted.* Ha akarnád, ő jönne.

²she [ʃi] <fn> [U] nőstény; nő; asszony: *Is this little dog a he or a she?* Ez a kiskutya hímnemű vagy nőstény?

shea butter ['ʃiː bʌtə] <fn> [U] seavaj

sheaf [ʃiːf] <fn> [C] (sheaves) kéve; nyaláb; köteg

sheath [ʃiːθ] <fn> [C] **1.** *(kardé stb.)* hüvely **2.** gumi(óvszer)

shear [ʃɪə] <ige> (shears, shearing, sheared, shorn/sheared) *(birkát stb.)* (meg)nyír

shears [ʃɪəz] <fn> [pl] **pair of shears** nyesőolló; nyíróolló

sheaves [ʃivz] → **sheaf**

¹shed [ʃed] <ige> (sheds, shedding, shed, shed) **1.** *(levelet)* lehullat: *Trees shed their leaves in autumn.* Ősszel a fák lehullatják a leveleiket. **2.** *(könnyet)* hullat; *(vért)* ont: *Many tears were shed when she left.* Rengeteg könny hullott, amikor elment. **3.** elhullat; ejt; elveszít **4.** *(fényt)* vet (**on sg** vmire)

²shed [ʃed] <fn> [C] **1.** fészer; pajta **2.** istálló; ól

she'd [ʃiːd] **1.** [= she had] → **have 2.** [= she would] → **would**

sheep [ʃiːp] <fn> [C] (sheep) juh; birka

sheepdog ['ʃiːpdɒɡ] <fn> [C] juhászkutya

sheepish ['ʃiːpɪʃ] <mn> zavarban levő

sheepskin ['ʃiːpskɪn] <fn> [U] birkabőr

sheer [ʃɪə] <mn> **1.** tiszta; igazi; merő; puszta: *by sheer coincidence* merő véletlenségből ∗ *sheer luck* tiszta szerencse **2.** meredek; függőleges **3.** *(anyag)* áttetsző: *sheer silk* áttetsző selyem

sheet [ʃiːt] <fn> [C] **1.** lepedő: *change the sheets* tiszta lepedőt húz **2.** *(papír, üveg, műanyag stb.)* lap; lemez: *a sheet of paper* papírlap **3.** *(víz, hó, jég stb.)* (nagy kiterjedésű, vékony) lap; tábla: *sheet of ice* jégtábla

♦ **white as a sheet** falfehér

shelf [ʃelf] <fn> [C] (shelves) **1.** polc **2.** *(víz alatti)* sziklaszirt

shelf life ['ʃelf laɪf] <fn> [U] *(dátum)* eltarthatóság; fogyaszthat...

¹shell [ʃel] <fn> **1.** [C] áll kagyló **2.** [C, U] *(tojásé, dióé)* héj; *(teknősbékáé)* páncél; teknő; *(csigáé)* ház; kagyló: *the shell of the egg* a tojás héja **3.** [C] váz; héj; héjazat; héjszerkezet; burkolat: *the shell of a building* az épület váza **4.** [C] lövedék; (robbanó)gránát; akna: *unexploded shells* fel nem robbant lövedékek

♦ **bring sy out of his/her shell** biz kicsalogat vkit a csigaházából ♦ **come out of one's shell** biz előbújik a csigaházából

♦ **go back into one's shell** biz begubózik

²shell [ʃel] <ige> **1.** kihámoz; kifejt; lehánt **2.** gránáttal lő

she'll [ʃiːl] [= she will] → **will**

shellfish ['ʃelfɪʃ] <fn> [C, U] (shellfish) áll kagyló(félék); kagyló(k); rák(félék); kagylós állat(ok)

¹shelter ['ʃeltə] <fn> **1.** [U] menedék; védelem (**from sg** vmi ellen): *find shelter for the night* menedéket talál éjszakára ∗ *take shelter from the rain* menedéket keres az eső elől; fedél alá húzódik az eső elől **2.** [C] menedék(hely); menedékház: *a bus shelter* buszmegálló ∗ *build a temporary shelter out of branches* ágakból épít átmeneti menedéket

²shelter ['ʃeltə] <ige> **1.** menedéket keres; behúzódik; elrejtőzik (**from sg** vmi elől): *shelter oneself from the storm under a gateway* egy kapualjban keres menedéket a vihar elől **2.** megvéd; elrejt; oltalmaz; védelmet nyújt (**sy/sg from sy/sg** vkinek/vminek vki/vmi ellen): *The roof sheltered the little bird from the wind.* A tető megvédte a kismadarat a széltől.

shelve [ʃelv] <ige> (shelves, shelving, shelved) **1.** félretesz; mellőz **2.** *(tervet)* elhalaszt; késleltet; felfüggeszt; ad acta tesz **3.** polcokkal ellát

shelves [ʃelvz] → **shelf**

¹shepherd ['ʃepəd] <fn> [C] pásztor; juhász

²shepherd ['ʃepəd] <ige> **1.** terel; vezet; kalauzol **2.** őriz

🇬🇧 Shepherd's pie

Hagymával, répával, zöldborsóval kevert fűszeres darált hús, krumplipürével borítva. Ezt a klasszikus brit ételt a szegénység kényszere alkotta, mivel az otthon található maradékot töltelékképpen nagyszerűen lehet hasznosítani, a krumpli pedig mindig is olcsó ételnek számított.

sheriff ['ʃerɪf] <fn> [C] seriff

she's [ʃiːz] **1.** [= she is] → **be 2.** [= she has] → **have**

¹shield [ʃiːld] <fn> [C] **1.** címer(pajzs); jelvény **2.** (védő)pajzs **3.** védelem; oltalom **4.** védőlemez; ellenző; sild

²**shield** [ʃiːld] <ige> **1.** megvéd; megóv; oltalmaz; védelmez (**sy/sg from/against sy/sg** vkit/vmit vkitől/vmitől/vki/vmi ellen) **2.** árnyékol

¹**shift** [ʃɪft] <fn> [C] **1.** műszak; váltás; turnus: *be on the day/night shift* nappali műszakos/éjszakás ∗ *He works the day shift.* Nappali műszakban dolgozik. **2.** változtat(ás); eltolódás; elmozdulás; váltás (**in sg** vmiben): *shifts in consumer demand* a vásárlói igények változása **3.** ürügy; kibúvó **4.** sebességváltó
♦ **live on shifts** máról holnapra él ♦ **make shift with sg** beéri vmivel ♦ **make shift without sg** boldogul vmi nélkül

²**shift** [ʃɪft] <ige> **1.** vált(oztat); cserél: *shift one's lodgings* lakóhelyet változtat; költözik ∗ *shift one's opinion* megváltoztatja a véleményét **2.** eltol; áttol; elmozdít; megmozdít; átrak; áthelyez: *shift sg from the room to the kitchen* áttol vmit a szobából a konyhába **3.** elmozdul; megmozdul; eltolódik; (meg)változik **4.** kapcsol; (sebességet) vált: *shift into third gear* harmadikba kapcsol
♦ **shift the responsibility/blame for sg onto sy** vmiért vkire hárítja a felelősséget ♦ **shift from one foot to another** egyik lábáról a másikra áll; topog ♦ **shift for oneself** magára van utalva

shift key [ˈʃɪft kiː] <fn> [C] infor shift/váltó billentyű

shifty [ˈʃɪfti] <mn> sunyi; ravasz; gyanús; kétes

shilling [ˈʃɪlɪŋ] <fn> [C] *(egykori pénzegység)* shilling

¹**shimmer** [ˈʃɪmə] <ige> pislákol; dereng; csillámlik

²**shimmer** [ˈʃɪmə] <fn> [U] pislákolás; csillámlás

shin [ʃɪn] <fn> [C] sípcsont

shin-bone [ˈʃɪnbəʊn] <fn> [C] sípcsont

¹**shine** [ʃaɪn] <ige> (shines, shining, shone/shined, shone/shined) **1.** fénylik; ragyog; süt; csillog; világít: *The sun is shining.* Süt a nap. ∗ *The lake shone in the sunshine.* A tó csillogott/ragyogott a napfényben. ∗ *Cat's eyes shine in the dark.* A macska szeme világít a sötétben. **2.** (ki)fényesít; (ki)tisztít: *shine one's shoes* kifényesíti a cipőjét

shine at/in sg jeleskedik vmiben
shine out kiemelkedik
shine up to sy biz hízeleg; nyal vkinek

²**shine** [ʃaɪn] <fn> [U] **1.** ragyogás **2.** fény(esség) **3.** *(cipőé)* fényesítés; fényezés: *give one's shoes a shine* kifényesíti a cipőjét

♦ **take a shine to sy** biz nagyon bejön neki vki (első látásra) ♦ **take the shine off/out of sg** túlszárnyal; felülmúl vmit

shingle [ˈʃɪŋgl] <fn> [U] *(nagy szemű tengeri)* kavics: *There is too much single on this beach.* Ez a strand túl kavicsos.

shingles [ˈʃɪŋglz] <fn> [U] orv övsömör

shiny [ˈʃaɪni] <mn> **1.** ragyogó; fénylő; csillogó: *a shiny nose* fénylő orr **2.** kifényesedett; fényesre koptatott

¹**ship** [ʃɪp] <fn> [C] hajó: *travel by ship* hajóval utazik ∗ *on board (the) ship* a hajó fedélzetén

²**ship** [ʃɪp] <ige> (ships, shipping, shipped) **1.** hajóba/hajóra rak **2.** *(árut földön, levegőben)* szállít; fuvaroz **3.** *(személyt)* hajón/vízi úton szállít **4.** (el)küld; útnak indít

shipment [ˈʃɪpmənt] <fn> **1.** [U] hajóba rakás; behajózás **2.** [U] *(földi, légi, vízi)* (áru)szállítás; fuvarozás **3.** [C] hajórakomány; szállítmány: *send a shipment* szállítmányt küld

shipowner [ˈʃɪpˌəʊnə] <fn> [C] hajótulajdonos

shipper [ˈʃɪpə] <fn> [C] szállítmányozó; fuvaroztató: *a firm of shippers* szállítmányozó cég

shipping [ˈʃɪpɪŋ] <fn> [U] **1.** szállítás **2.** behajózás; hajóba rakás **3.** hajók; hajóállomány **4.** hajózás

shipping company [ˈʃɪpɪŋ kʌmpəni] <fn> [C] fuvarozási vállalat; hajóstársaság

¹**shipwreck** [ˈʃɪprek] <fn> **1.** [U] hajótörés: *suffer shipwreck* hajótörést szenved **2.** [C] hajóroncs: *an old shipwreck on the shore* egy öreg/régi hajóroncs a parton

²**shipwreck** [ˈʃɪprek] <ige> **be shipwrecked** hajótörést szenved

shipyard [ˈʃɪpjɑːd] <fn> [C] hajógyár

shirk [ʃɜːk] <ige> kitér (**sg** vmi elől); kibújik (**sg** vmi alól): *shirk difficult decisions* kitér a nehéz döntések elől

shirker [ˈʃɜːkə] <fn> [C] kötelességmulasztó; munkakerülő

shirt [ʃɜːt] <fn> [C] ing: *take one's shirt off* leveszi az ingét
♦ **keep one's shirt on** biz megőrzi a hidegvérét

shirtsleeve [ˈʃɜːtsliːv] <fn> [C] ingujj
♦ **in one's shirtsleeves** ingujjban

shirty [ˈʃɜːti] <mn> ideges; ingerült: *get shirty with sy* ideges vkire/vki miatt

¹**shit** [ʃɪt] **1.** vulg szar **2.** vulg szar; segg; rohadt (alak) **3.** szl baromság; hülyeség; marhaság: *Don't give me that shit!* Ne mondj ilyen baromságot!

²**shit** [ʃɪt] <ige> (shits, shitting, shit/shat/shitted, shit/shat/shitted) vulg szarik

¹shiver ['ʃɪvə] <ige> reszket; didereg (**with sg vmitől**): *be shivering with fear* reszket a félelemtől
²shiver ['ʃɪvə] <fn> reszketés; didergés
shivers ['ʃɪvəz] <fn> [pl] hidegrázás: *have the shivers* (ki)rázza a hideg ∗ *It gives me the shivers to think of it.* Végigfut a hideg a hátamon, ha rágondolok.
¹shoal [ʃəʊl] <fn> [C] halraj
²shoal [ʃəʊl] <fn> [C] homokzátony; homokpad
¹shock [ʃɒk] <fn> **1.** [U] megrázkódtatás; megdöbbenés; ijedtség; sokk: *The bad news gave us a shock.* A rossz hírek megdöbbentettek. **2.** [U] orv sokk: *be in a state of shock* sokkos állapotban van ∗ *He was suffering from shock after the crash.* Az ütközés után sokkot kapott. **3.** [C] rázkódás; ütődés; lökés **4.** [C] áramütés: *get a(n electric) shock* megrázza az áram
²shock [ʃɒk] <ige> **1.** megráz; megdöbbent; megrémít; megrendít; sokkol; megbotránkoztat: *be shocked at the news* megdöbbenve hallja a hírt ∗ *be shocked to hear that...* megdöbbenve hallja, hogy...; meg van botránkozva azon, hogy... **2.** orv sokkot okoz
shock absorber ['ʃɒk əb,zɔ:bə] <fn> [C] gk, rep lengéscsillapító
shocked [ʃɒkt] <mn> megdöbbent: *in shocked silence* döbbent csendben
shocker ['ʃɒkə] <fn> [C] megdöbbentő dolog
shocking ['ʃɒkɪŋ] <mn> **1.** megbotránkoztató; felháborító; visszataszító; undorító; iszonyú; rémes: *shocking cold* iszonyú hideg **2.** megdöbbentő: *shocking news* megdöbbentő hírek
shockproof ['ʃɒkpru:f] <mn> **1.** *(műszer)* rázkódásbiztos; ütésálló **2.** *(jellem)* rendíthetetlen **3.** *(vezeték)* érintésbiztos
shock therapy ['ʃɒk,θerəpɪ] <fn> [U] sokkterápia
shock treatment ['ʃɒk,tri:tmənt] <fn> [U] sokkterápia
shoddy ['ʃɒdɪ] <mn> **1.** hitvány; tisztességtelen; aljas **2.** ócska; vacak; selejtes: *shoddy goods* selejt(es áru)
shoe [ʃu:] <fn> [C] **1.** cipő: *a pair of shoes* egy pár cipő ∗ *put one's shoes on* felveszi a cipőjét **2.** patkó
♦ **be in sy's shoes//be in someone else's shoes** vkinek a helyében van ♦ **put oneself in(to) sy's shoes** más helyébe képzeli magát ♦ **step into sy's shoes//fill sy's shoes** vkinek a helyébe lép ♦ **That's another pair of shoes.** biz Ez más lapra tartozik. ♦ **The shoe is on the other foot.** (Meg)fordult a kocka.
shoehorn ['ʃu:hɔ:n] <fn> [C] cipőkanál

shoelace ['ʃu:leɪs] <fn> [C] cipőfűző: *tie/untie one's shoelaces* megköti/kibontja a cipőfűzőjét
shoemaker ['ʃu:,meɪkə] <fn> [C] cipész
shoestring ['ʃu:strɪŋ] <fn> [C] AmE cipőfűző
♦ **on a shoestring** a semmivel; a semmiből; fillérekből; filléres alapon *He started his business on a shoestring.* A semmiből kezdte.
shone [ʃɒn] → **¹shine**
shoo [ʃu:] <isz> hess!
shook [ʃʊk] → **¹shake**
¹shoot [ʃu:t] <ige> (shoots, shooting, shot, shot) **1.** lő; agyonlő; lelő; meglő; ráló: *shoot sy dead* agyonlő vkit ∗ *He shot a fox.* (Le)lőtt egy rókát. **2.** vadászik: *go shooting* vadászni megy **3.** kisurran; biz kilő (**out of swhere** vhonnan): *A mouse shot out of the cellar.* Egy egér surrant ki a pincéből. ∗ *The car shot out of the garage.* Az autó kilőtt a garázsból. **4.** kihajít; kilök; kidob; kivet (magából); *shoot a glance/look at sy* pillantást vet vkire **5.** rohan; száguld: *A car shot past me at very high speed.* Egy autó száguldott el mellettem őrült sebességgel. **6.** *(fájdalom)* nyilallik; hasogat **7.** *(labdát)* lő; rúg: *shoot a goal* gólt lő **8.** *(filmet)* forgat: *shoot the first scene* az első jelenetet forgatja **9.** *(növény)* hajt; sarjad

shoot at sg biz ráhajt vmire
shoot sy/sg down lelő vkit/vmit
shoot sg down *(javaslatot stb.)* lelő; elutasít
shoot for sg biz ráhajt vmire; megcéloz vmit
shoot in beront
shoot off biz eltűz; lelép
shoot through biz **1.** eltűz; elmegy **2.** keresztülszáguld **3.** elpatkol; meghal
be shot through with sg biz tarkítva van vmivel
shoot up 1. *(ár)* felszökik **2.** *(gyerek)* hirtelen nyurga lesz **3.** *(láng)* felcsap

²shoot [ʃu:t] <fn> [C] **1.** lövés **2.** vadászat **3.** vadászterület **4.** *(növényé)* új hajtás; sarj
shooting ['ʃu:tɪŋ] <fn> [C, U] **1.** lövés **2.** sp (cél-)lövészet **3.** vadászat: *shooting season* vadászidény **4.** szökellés; száguldás **5.** *(filmé)* felvétel; forgatás **6.** *(növényé)* kihajtás **7.** *(fájdalomé)* nyilallás
shooting pain ['ʃu:tɪŋ peɪn] <fn> [C, U] orv nyilalló fájdalom
shooting star [ʃu:tɪŋ'sta:] <fn> [C] hullócsillag
¹shop [ʃɒp] <fn> [C] **1.** üzlet; bolt: *go to the shop* boltba megy ∗ *clothes shop* ruházati üzlet; ruhabolt; divatáruüzlet ∗ *butcher's shop* hentesüzlet ∗ *own/keep a shop* üzlete van **2.** műhely: *a shoe repair shop* cipészműhely

²shop [ʃɒp] <ige> (shops, shopping, shopped) (be)vásárol: *go shopping* vásárol(ni megy)

> **shop around** *(az üzletekben árak után érdeklődve)* körülnéz

shopaholic [ˌʃɒpəˈhɒlɪk] <fn> [C] kényszeres vásárló
shop assistant [ˈʃɒp əˌsɪstənt] <fn> [C] bolti eladó
shop floor [ˌʃɒpˈflɔː] <fn> [C, U] BrE **1.** műhely: *work on the shop floor* a műhelyben dolgozik **2.** a műhely dolgozói
shopkeeper [ˈʃɒpˌkiːpə] <fn> [C] boltos; kereskedő
shoplifter [ˈʃɒpˌlɪftə] <fn> [C] bolti tolvaj
shoplifting [ˈʃɒpˌlɪftɪŋ] <fn> [U] bolti lopás
shopper [ˈʃɒpə] <fn> [C] **1.** vásárló **2.** bevásárlószatyor
shopping [ˈʃɒpɪŋ] <fn> [U] **1.** (be)vásárlás: *do the shopping* bevásárol **2.** (be)vásárlás; a vásárolt áru: *All your shopping is in my car.* Az autómban van, amit vásároltál.
shopping bag [ˈʃɒpɪŋ bæɡ] <fn> [C] bevásárlószatyor
shopping center [ˈʃɑːpɪŋˌsentər] AmE → **shopping centre**
shopping centre [ˈʃɒpɪŋˌsentə] <fn> [C] bevásárlóközpont; pláza
shopping list [ˈʃɒpɪŋ lɪst] <fn> [C] bevásárlólista
shopping mall [ˈʃɑːpɪŋ mɔːl] <fn> [C] AmE *(rendsz. fedett)* bevásárlóközpont; pláza
shopping precinct [ˈʃɒpɪŋˌpriːsɪŋkt] <fn> [C] vásárlóutca; (fedett) bevásárlóközpont
shopping trolley [ˈʃɒpɪŋˌtrɒli] <fn> [C] bevásárlókocsi
shop window [ˌʃɒpˈwɪndəʊ] <fn> [C] kirakat
shore [ʃɔː] <fn> [C, U] (tenger)part: *go on shore* partra száll * *off the shore* távol a parttól * *in shore* a part közelében
shore leave [ˈʃɔː liːv] <fn> [U] *(tengerésznek)* eltávozás
shorn [ʃɔːn] → **shear**
¹short [ʃɔːt] <mn> (shorter, shortest) **1.** rövid: *a short thread* rövid cérnaszál * *It's a short way to the riverside.* Rövid az út a folyóig. * *My hair is short.* Rövid a hajam. **2.** *(termet)* alacsony; kicsi: *a very short man* nagyon alacsony ember **3.** rövid (ideig tartó); kurta: *a short time ago* nemrég; rövid idővel ezelőtt * *a short vacation* rövid szabadság **4.** *(stílus)* rövid; tömör: *a short summary* rövid összefoglalás **5.** kevesebb; hiányos: *When he checked his change, he realized it was a bit short.* Amikor ellenőrizte a visszajáró pénzt, észrevette, hogy kevesebb. * *I am two forints short.* Két forinttal kevesebbet kaptam vissza.

♦ **at a short notice** rövid határidőre; rövid idő alatt ♦ **be in short supply** kevés van belőle ♦ **be short of sg** híján van vminek ♦ **be short on sg** biz kevés van vmiből ♦ **be short with sy** biz kurtán elintéz vkit; röviden végez vkivel; türelmetlen vkivel ♦ **in the short run/term** rövid távon ♦ **make short work of sg 1.** gyorsan végez vmivel **2.** gyorsan elfogyaszt vmit ♦ **take a short cut** *(úton)* átvág vhol ♦ **get the short end of the deal** rosszul jár; alulmarad ♦ **in short order** a lehető leggyorsabban ♦ **give sy short shrift** rövid úton elintéz vkit ♦ **short and sweet** rövid, de velős ♦ **short of sg 1.** majdnem vmennyi **2.** *(térben)* vmennyivel vmi előtt **3.** vmin kívül; vmitől eltekintve ♦ **short for sg** rövidítve *"Ltd" is short for "limited".* A „limited" rövidítve „Ltd". ♦ **win by a short head** orrhosszal győz

²short [ʃɔːt] <hsz> **1.** hirtelen; gyorsan: *stop short* hirtelen megáll **2.** röviden; kurtán

♦ **come short of sg** biz nem üti meg vminek a mértékét/színvonalát ♦ **cut sg short** megrövidít; lerövidít; rövid úton befejez vmit ♦ **cut it short** biz hajszálra kiszámítja vminek az idejét ♦ **fall sort of sg** nem üti meg a kívánt mértéket; alatta marad vminek ♦ **go/get short of sg** kifogy; elfogy vmi ♦ **run short of sg** kifogy; elfogy vmije ♦ **short of...** hacsak…

³short [ʃɔːt] <fn> [C] **1.** BrE rövidital **2.** rövidítés; rövid összefoglalás **3.** biz rövidfilm; kisfilm **4.** rövidzárlat

♦ **for short** röviden *His name is Daniel but we just call him Dani for short.* Az ő neve Daniel, de mi röviden csak Daninek hívjuk.
♦ **in short** röviden (szólva); egyszóval

shortage [ˈʃɔːtɪdʒ] <fn> [C, U] hiány: *food shortage* élelmiszerhiány
shortbread [ˈʃɔːtbred] <fn> [U] omlós tészta; omlós keksz
¹short circuit [ˌʃɔːtˈsɜːkɪt] <fn> [C] el rövidzárlat
²short-circuit [ˌʃɔːtˈsɜːkɪt] <ige> el rövidzárlatot okoz; *(áramkört)* rövidre zár
shortcoming [ˈʃɔːtˌkʌmɪŋ] <fn> [C, ált pl] fogyatékosság; hiba; hiányosság
short cut [ˌʃɔːtˈkʌt] <fn> [C] **1.** útrövidítés **2.** átvágás: *take a short-cut across the forest* átvág az erdőn **3.** rövidebb út **4. shortcut** infor parancsikon
shorten [ˈʃɔːtn] <ige> **1.** megrövidít; lerövidít; rövidebbre vág **2.** megrövidül

shorthand ['ʃɔːthænd] <fn> [U] gyorsírás

¹shortlist ['ʃɔːtlɪst] <fn> [C] *(álláskiírásnál stb.)* szűkített névsor; jelöltlista

²shortlist ['ʃɔːtlɪst] <ige> *(álláskiírásnál stb.)* szűkített listába felvesz

short-lived [ˌʃɔːt'lɪvd] <mn> rövid életű; tiszavirág-életű

shortly ['ʃɔːtli] <hsz> rövidesen; hamarosan: *shortly afterwards* röviddel azután; kisvártatva

shorts [ʃɔːts] <fn> [pl] **1. (a pair of) shorts** rövidnadrág; sort **2. (a pair of) shorts** AmE alsónadrág

shortsighted [ˌʃɔːt'saɪtɪd] <mn> átv is rövidlátó

short story [ˌʃɔːt'stɔːri] <fn> [C] novella

short-tempered [ˌʃɔːt'tempəd] <mn> indulatos

short-term [ˌʃɔːt'tɜːm] <mn> rövid lejáratú/távú

short time [ˌʃɔːt'taɪm] <mn> átmeneti; rövid ideig tartó; ideiglenes: *be put on short time* csökkentett munkaidőben dolgozik

¹shot [ʃɒt] <fn> [C] **1.** lövés: *hear a shot* lövést hall ∗ *fire a shot at the building* lövést ad le az épületre **2.** *(fényképé)* felvétel: *make a good shot of sy* jó felvételt készít vkiről **3.** *(labdával)* rúgás; lövés; dobás: *That shot went to the middle of the goal.* Az a rúgás a kapu közepébe érkezett. **4.** lövedék; sörét **5.** biz kísérlet; próba; próbálkozás: *have/make a shot at (doing)* sg megpróbál (megtenni) vmit **6.** biz szuri; injekció **7.** sp lövés **8.** mesterlövész
♦ **like a shot** biz azonnal; mint a villám
♦ **off like a shot** biz mintha puskából lőtték volna ki
♦ **a long shot** kétes kimenetelű terv
♦ **a shot in the arm** biz felpezsdítés; élénkítés
♦ **call the shots** biz intézkedik; itt ő parancsol
♦ **a shot in the dark** biz kapásból való találgatás
♦ **a shot in the locker** biz némi vastartalék

²shot [ʃɒt] → **¹shoot**

shotgun ['ʃɒtɡʌn] <fn> [C] (sörétes) vadászpuska

shotgun wedding [ˌʃɒtɡʌn'wedɪŋ] <fn> [U] ≈ esküvő az utolsó pillanatban, mert már érkezik a baba

shot put ['ʃɒt pʊt] <fn> [U] **the shot put** súlylökés

shot putter ['ʃɒt ˌpʊtə] <fn> [C] súlylökő

shot-putting ['ʃɒt ˌpʊtɪŋ] <fn> [U] súlylökés

should [ʃʊd, hangsúlytalan ʃəd] <modális segédige> (neg should not = shouldn't) **1.** *(óhajtás)* kellene: *It's a nice book – you should read it.* Jó könyv – el kellene olvasnod! ∗ *You shouldn't drive so fast.* Nem kellene olyan gyorsan vezetned! ∗ *What should we do?* Mit kellene tennünk?/Mit tegyünk? ∗ *We should have taken her advice.* Meg kellett volna fogadnunk a tanácsát. ∗ *You shouldn't have said that.* Nem kellett volna azt mondanod. **2.** *(szükségesség)* kell(ene): *We should be at home by now.* Már otthon kellene lennünk. ∗ *We should leave.* El kellene indulnunk. ∗ *You should have come.* Jönnöd kellett volna! **3.** *(valószínűség)* kell: *If I leave now, I should arrive there by four o'clock.* Ha most elindulok, valószínűleg megérkezem/meg kell, hogy érkezzek négy órára. ∗ *They should be at home by now.* Mostanra otthon kell lenniük. **4.** *(feltételes)* –na; -ne; - ná; -né: *If anything should happen to me,…* Ha bármi történne velem… ∗ *If you should need any help just call me.* Ha kellene egy kis segítség, szólj! **5.** *(váratlan esemény)* és ki más…: *Whom should I meet but Tom.* És ki mással találkozom, mint Tommal! **6.** BrE *(I/we után would helyett): I should like to…* Szeretném… **7.** *(jövő időre utalás): We thought we should never meet you again.* Azt hittük, soha többé nem találkozunk/fogunk találkozni. ∗ *I said I should go to the dentist.* Azt mondtam, hogy el fogok menni a fogorvoshoz. ∗ *I asked him if I should stay with them for another week.* Megkérdeztem őt, hogy maradjak-e náluk még egy hétig.

shoulder ['ʃəʊldə] <fn> [C] **1.** váll: *shrug one's shoulder* a vállát vonogatja **2.** *(állat húsa)* lapocka **3.** hegynyúlvány **4. (hard) shoulder** útpadka
♦ **shoulder to shoulder** vállvetve
♦ **put one's shoulder to the wheel** belead mindent; nekigyürkőzik a munkának
♦ **rub shoulders with sy** gyakran/sűrűn összejön/összejár vkivel
♦ **straight from the shoulder** kereken; kertelés nélkül; szókimondóan
♦ **give sy the cold shoulder** hűvösen kezel vkit

shoulder bag ['ʃəʊldə bæɡ] <fn> [C] válltáska

shoulder blade ['ʃəʊldə bleɪd] <fn> [C] lapockacsont

shouldn't ['ʃʊdnt] [= should not] → **should**

should've ['ʃʊdəv] [= should have] → **should**

¹shout [ʃaʊt] <ige> kiált; ordít; kiabál: *shout for help* segítségért kiált ∗ *shout at sy* kiabál vkivel ∗ *shout out in pain* fájdalmában felkiált ∗ *shout with pain* ordít a fájdalomtól ∗ *"Go away!" he shouted.* „Menj innen!" – kiáltotta. ∗ *He shouted at me to lock the door.* Rámordított, hogy csukjam be az ajtót.

---

shout sy down túlkiabál vkit; lehurrog vkit
shout sg out világgá kürtöl vmit

---

²shout [ʃaʊt] <fn> [C] kiáltás; kiabálás

¹**shove** [ʃʌv] <fn> [C] lökés; taszítás: *give sg a shove* meglök vmit
²**shove** [ʃʌv] <ige> (shoves, shoving, shoved) **1.** (meg)lök; tol; taszít **2.** lök(dösődik); furakodik **3.** *(ruhadarabot stb.)* begyömöszöl (**into sg** vmibe)
♦ **Let's shove off** szl Tűzzünk el!/Kopjunk le innen!

¹**shovel** [ʃʌvl] <fn> [C] lapát
²**shovel** [ʃʌvl] <ige> (shovels, shovelling, shovelled; AmE shoveling, shoveled) lapátol

¹**show** [ʃəʊ] <ige> (shows, showing, showed, shown/showed) **1.** (meg)mutat (**sy/sg (to sy)** vkit/vmit (vkinek)) (**sy sg** vkinek vmit): *show sy the sights* megmutatja vkinek a látnivalókat * *show sy the way to…* útba igazít vkit; megmutatja az utat vkinek * *show sy how sg works* megmutatja vkinek, hogy működik vmi * *show sy how to do sg* megmutatja vkinek, hogyan kell csinálni vmit **2.** felmutat; megvilágít **3.** *(érzéseket stb.)* (ki)mutat: *show courage* bátorságot mutat * *show an interest in sy* érdeklődést mutat vki iránt **4.** *(utat megmutat)* vezet: *show sy to his room* szobájába vezet vkit **5.** megmagyaráz; igazol; bebizonyít; kimutat: *The figures clearly show that…* Az adatok egyértelműen bebizonyítják, hogy… **6.** *(filmet)* bemutat: *The new movie is being shown now.* Most mutatják be az új filmet. **7.** (meg-)mutatkozik; látható(vá válik); (meg)látszik: *Light is showing under the door.* Az ajtó alatt világosság/fény látható. **8.** *(érzelem)* látszik; tükröződik: *Happiness showed in her face.* Boldogság látszott/tükröződött az arcán. **9. show oneself** mutatkozik; megjelenik
♦ **have nothing to show for sg** semmit sem tud felmutatni ♦ **It goes to show that…** Ez azt mutatja, hogy… ♦ **show your face** vki mutatkozik vhol

show sy around/round mindent megmutogat vkinek; körbevezet vkit
show off henceg; nagyképűsködik; felvág: *She showed off her new trousers.* Felvágott az új nadrágjával.
show sy/sg off felmutat; szemlére kitesz vkit/vmit
show up biz megjelenik; mutatkozik: *She showed up at 8 o'clock.* Nyolc órakor jelent meg.
show sy up biz zavarba hoz; megszégyenít vkit
show sg up megmutat; bemutat vmit

²**show** [ʃəʊ] <fn> **1.** [C] előadás; műsor; show(műsor): *a TV show* TV műsor * *The show is on.* Folyik az előadás. **2.** [C, U] kiállítás; bemutató: *be on show* látható; megtekinthető * *a flower show* virágkiállítás **3.** [C, U] biz siker; (kimagasló) teljesítmény **4.** [C, U] látszat; külszín; színlelés: *for show* a látszat kedvéért **5.** biz lehetőség; alkalom: *give sy a fair show* (méltányos) lehetőséget ad vkinek **6.** biz vállalkozás; üzlet; buli: *Who is running the show?* Ki itt a vezető/góré?
♦ **give the show away** biz elárulja a titkot ♦ **Good show!** Szép volt!/Bravó! ♦ **make a show of sg** színlel vmit ♦ **make a show of oneself** nevetségessé teszi magát ♦ **poor show** biz gyenge teljesítmény/dolog ♦ **put on a show** megjátssza magát; színészkedik ♦ **put up a good/poor show** jól/gyengén szerepel; kiváló/gyenge teljesítményt nyújt ♦ **The show must go on.** Az élet megy tovább. ♦ **a show of hands** szavazás kézemeléssel ♦ **steal the show** *(teljesítményt)* elhomályosít; learat minden babért

showbiz [ˈʃəʊbɪz] <fn> [U] biz szórakoztatóipar
show business [ˈʃəʊˌbɪznəs] <fn> [U] szórakoztatóipar
showcase [ˈʃəʊkeɪs] <fn> [C] vitrin
showdown [ˈʃəʊdaʊn] <fn> [C] leszámolás; végső harc/erőpróba
¹**shower** [ˈʃaʊə] <fn> [C] **1.** zuhany: *be in the shower* zuhanyozik; a zuhanyban van * *a room with a shower (szállodában stb.)* szoba zuhanyzóval **2.** zuhany(ozás): *have/take a shower* (le-)zuhanyozik * *I hate cold shower.* Nem szeretem a hideg zuhanyt. **3.** zápor(eső); zivatar: *scattered showers* szórványos záporok **4.** záporozás; bőség: *a shower of blows* ütések zápora
²**shower** [ˈʃaʊə] <ige> **1.** lezuhanyzik: *I showered and got changed.* Lezuhanyoztam, és átöltöztem. **2.** eláraszt; elhalmoz (**sg on/upon sy**/**sy with sg** vkit vmivel): *shower sy with flowers* virágokkal áraszt el vkit **3.** záporoz **4.** zuhog/szakad az eső; záporesö esik
shower curtain [ˈʃaʊəˌkɜːtn] <fn> [C] zuhanyfüggöny
shower gel [ˈʃaʊə dʒel] <fn> [U, C] tusfürdő
show jumping [ˈʃəʊˌdʒʌmpɪŋ] <fn> [U] sp díjugratás
shown [ʃəʊn] → ¹**show**
show-off [ˈʃəʊɒf] <fn> [C] biz nagyképű alak; hencegő(s alak)
showroom [ˈʃəʊruːm] <fn> [C] bemutatóterem
shrank [ʃræŋk] → ¹**shrink**
¹**shred** [ʃred] <fn> **1.** [C] foszlány; cafat: *tear sg (in)to shreds* cafatokra tép vmit **2.** [U] darabka; töredék; szemernyi: *not a shred of sg* egy szemernyi sem

²**shred** [ʃred] <ige> (shreds, shredding, shredded) darabokra/cafatokra tép; széttép: *shredded lettuce* darabokra tépkedett saláta
shrewd [ʃruːd] <mn> éles eszű; agyafúrt
¹**shriek** [ʃriːk] <ige> sikít; sikolt; rikolt
²**shriek** [ʃriːk] <fn> [C] sikoltás
shrill [ʃrɪl] <mn> éles; fülsiketítő
shrimp [ʃrɪmp] <fn> [C] 1. garnélarák 2. biz *(személy)* kis tökmag; nyápic alak
shrine [ʃraɪn] <fn> [C] 1. szent hely; kegyhely 2. ereklyetartó
¹**shrink** [ʃrɪŋk] <ige> (shrinks, shrinking, shrank, shrunk) 1. *(textil)* összemegy; összezsugorodik: *The dress will shrink in hot water.* A ruha összemegy a forró vízben. 2. visszahúzódik; visszariad; meghátrál: *She shrank away from his touch.* Visszahúzódott az érintése elől. 3. *(textilt)* összezsugorít

---

shrink from sg húzódozik vmitől

---

²**shrink** [ʃrɪŋk] <fn> [C] biz pszichiáter
shrivel ['ʃrɪvl] <ige> (shrivels, shrivelling, shrivelled; AmE shriveled, shriveled) 1. összezsugorodik; összefonnyad; összeaszik; összeszárad: *The flowers shrivelled in the heat.* A virágok összeszáradtak a hőségben. 2. összezsugorít; összegyűr

---

shrivel up összeszárad

Shrove Tuesday [ˌʃrəʊv'tjuːzdeɪ] <fn> [C, U] húshagyó kedd
shrub [ʃrʌb] <fn> [C] bokor; cserje
¹**shrug** [ʃrʌɡ] <ige> (shrugs, shrugging, shrugged)
shrug (one's shoulders) vállat von

---

shrug sg off vállrándítással elintéz vmit: *They tend to shrug this problem off.* Vállrándítással intézik el a problémát.

---

²**shrug** [ʃrʌɡ] <fn> [C] **shrug (of shoulders)** vállrándítás
shrunk [ʃrʌŋk] → ¹**shrink**
¹**shudder** ['ʃʌdə] <ige> 1. remeg; reszket; borzong; borzad; iszonyodik: *I shudder to think what/how…/I shudder at the very thought of sg* még a gondolatától is borzadok * *shudder with cold* didereg 2. *(ház stb.)* reng; megrázkódik
²**shudder** ['ʃʌdə] <fn> [C] borzongás; remegés; borzadás
¹**shuffle** ['ʃʌfl] <ige> (shuffles, shuffling, shuffled) 1. **shuffle (one's feet)** csoszog 2. *(kártyát)* kever 3. kitérően válaszol 4. topog; fészkelődik
²**shuffle** ['ʃʌfl] <fn> [C] 1. csoszogás 2. *(kártyáé)* keverés 3. kertelés
shun [ʃʌn] <ige> (shuns, shunning, shunned) elkerül (**sy/sg** vkit/vmit)
¹**shut** [ʃʌt] <ige> (shuts, shutting, shut, shut) 1. becsuk: *shut the door* becsukja az ajtót * *shut one's eyes* becsukja a szemét 2. *(bolt stb.)* bezár: *When does this shop shut?* Mikor zár ez a bolt? 3. bezár; elzár: *The dog was shut inside the kitchen.* A kutyát bezárták a konyhába. 4. *(ajtó)* (be)csukódik; (be)záródik: *The train moves off when all the doors shut.* A vonat akkor indul, ha az összes ajtó becsukódik.
♦ **Shut your mouth/face!** szl Fogd be a szád/pofád! ♦ **shut up shop** biz becsukja a boltot

---

shut sy/sg away elrejt vkit/vmit
shut down *(üzem stb.)* bezár
shut sg down végleg bezár; felszámol; beszüntet vmit
shut off *(gép stb.)* kikapcsol; leáll
shut sg off elzár; lezár; kikapcsol; leállít vmit
shut sy/sg off from sg elzár vkit/vmit vmitől
shut sy/sg out kizár vkit/vmit (**of sg** vmiből)
Shut up! biz Fogd be a szád!
shut sy up 1. elhallgattat vkit **2.** bezár vkit vhova
shut sg up bezár vmit
shut oneself up bezárkózik; elzárkózik

---

²**shut** [ʃʌt] <mn> zárva: *This window is shut.* Ez az ablak zárva van. * *Shops are shut on Sundays.* Vasárnap zárva vannak a boltok.
shutdown [ˌʃʌt'daʊn] <fn> [C] bezárás; lezárás; zárva tartás; üzemszünet
shutter ['ʃʌtə] <fn> [C] 1. [ált pl] spaletta 2. *(fényképezőgépen stb.)* zár
♦ **put up the shutters** biz lehúzza a redőnyt; végleg becsukja a boltot
¹**shuttle** ['ʃʌtl] <fn> [C] 1. *(szövőszéken)* vetélő 2. *(varrógépen)* hajó 3. ingajárat 4. **the Shuttle** a „Csalagúton" Franciaország és Anglia között közlekedő vonat
²**shuttle** ['ʃʌtl] <ige> (shuttles, shuttling, shuttled) pendlizik; ingázik
shuttlecock ['ʃʌtlkɒk] <fn> [C] tollaslabda
¹**shy** [ʃaɪ] <mn> (shyer, shyest) szégyenlős; szemérmes; félénk; ijedős (**about/of/with sg** vmi miatt): *be too shy* túl szégyenlős * *a shy girl* szégyenlős kislány

²**shy** [ʃaɪ] <ige> (shies, shying, shied) megijed; visszaretten; *(ló)* megbokrosodik (**at sg** vmitől)

shy away from sg/doing sg húzódozik; idegenkedik vmitől; idegenkedik vminek a megtételétől

shyness ['ʃaɪnəs] <fn> [U] szemérmesség; félénkség; bátortalanság
Siberia [saɪ'bɪərɪə] <fn> Szibéria
sibling ['sɪblɪŋ] <fn> [C] testvér
Sicily ['sɪsəlɪ] <fn> Szicília
¹**sick** [sɪk] <mn> (sicker, sickest) **1.** beteg: *fall sick* megbetegszik ∗ *be off sick* betegállományban van ∗ *phone/call in sick* betelefonál (munkahelyére), hogy beteg ∗ *He is very sick.* Nagyon beteg. **2. be sick** hány: *He was sick because he ate too much chocolate.* Hányt, mert túl sok csokit evett. **3. feel sick** hányingere van; émelyeg: *I feel sick.* Hányingerem van./Émelygek. **4. be sick of sg** biz torkig van vmivel; elege van vmiből; utál vmit **5.** dühös; mérges: *His behaviour makes me sick.* Viselkedése dühbe gurít. **6. be sick for sg** vmi után vágyódik **7.** ízléstelen; morbid: *a sick joke* morbid tréfa

♦ **be sick and tired of sg//be sick to death of sg** biz halálosan un vmit; torkig van vmivel ♦ **be sick to one's stomach** felfordult a gyomra; hányingere van ♦ **be sick for home** honvágya van ♦ **be on the sick list** betegállományban van
²**sick** [sɪk] <fn> **1.** [U] hányadék; hányás **2. the sick** [pl] a betegek
sickbay ['sɪkbeɪ] <fn> [C] *(iskolában stb.)* betegszoba; gyengélkedő
sickbed ['sɪkbed] <fn> [C] betegágy
sicken ['sɪkən] <ige> **1.** émelyít; undort kelt: *The very thought sickens me.* A puszta gondolata is undort kelt bennem. **2.** megbetegszik (**for sg** vmitől) **3.** émelyedik; undorodik (**of sg** vmitől)
sick headache [ˌsɪk'hedeɪk] <fn> [C] fejgörcs; migrén
sickle ['sɪkl] <fn> [C] sarló
sick leave ['sɪk liːv] <fn> [U] betegszabadság: *be on sick leave* betegszabadságon van
sickly ['sɪklɪ] <mn> **1.** beteges: *a sickly child* beteges gyermek **2.** bágyadt: *You look sickly.* Bágyadtnak tűnsz. **3.** émelyítő: *sickly smell/taste* émelyítő szag/íz **4.** érzelgős; szentimentális
sickness ['sɪknəs] <fn> **1.** [C] betegség **2.** [U] megbetegedés **3.** [U] hányás; hányinger

sickness benefit ['sɪknəs benɪfɪt] <fn> [U] *(TB által fizetett)* táppénz: *apply for sickness benefit* táppénzt igényel
¹**side** [saɪd] <fn> [C] **1.** *(határoló lap, felület)* oldal: *the sides of a cube* egy kocka oldalai ∗ *on both sides of the paper* a papírlap mindkét oldalán ∗ *on every side//on all sides* mindenhol **2.** oldal; szél; szegély: *talk by the side of the house* a ház oldalánál beszélget **3.** *(útté stb.)* oldal: *on the other side of the road* az út másik oldalán **4.** (hegy)oldal **5.** *(személyek, érdekkörök)* oldal; fél; párt; csapat: *Which side won?* Melyik fél/oldal nyert? ∗ *He is on my side.* Az én oldalamon áll. **6.** származási ág; oldal: *on one's father's side* apai ágon

♦ **change sides 1.** *(focinál)* kaput cserél **2.** álláspontot változtat ♦ **be/get on the right side of sy** biz behízelgi magát vkinél; befurakodik vkinek a kegyeibe ♦ **get on the wrong side of sy** biz felbosszant vkit ♦ **get up on the wrong side of the bed** bal lábbal kel fel ♦ **he has no side** biz nem vág fel ♦ **on the side 1.** mellesleg AmE **2.** körítésnek biz **3.** titokban ♦ **look on the bright side (of sg)** a dolgok pozitív oldalát nézi; optimista ♦ **be on the right/sunny side of forty** a negyvenen innen van ♦ **be on the shady/wrong side of forty** túl van a negyvenen ♦ **side by side** egymás mellett ♦ **take sides** *(vitában)* állást foglal ♦ **take sides with sy//take sy's side** vki pártjára áll
²**side** [saɪd] <mn> oldal-; mellék-: *side door* oldalajtó
³**side** [saɪd] <ige> (sides, siding, sided) **side with sy/sg** vki/vmi mellé/oldalára áll; vkinek a pártját fogja
sideboard ['saɪdbɔːd] <fn> [C] tálaló(asztal); kredenc
side dish ['saɪd dɪʃ] <fn> [C] *(külön tálon/tányéron felszolgált)* köret
side effect ['saɪd ɪˌfekt] <fn> [C] mellékhatás
sidekick ['saɪdkɪk] <fn> biz haver; pajtás; üzlettárs
sideline ['saɪdlaɪn] <fn> **1.** [C] mellékfoglalkozás; mellékkereset **2.** [C] sp oldalvonal **3. the sidelines** [pl] sp a pálya széle

♦ **be on the sidelines//watch from the sidelines** kívülállóként szemlél vmit
sideshow ['saɪdʃəʊ] <fn> [C] **1.** *(nagyobb kiállítás mellett)* mellékkiállítás **2.** *(vásáron)* mutatványosbódé **3.** mellékesemény
sidesplitting ['saɪdˌsplɪtɪŋ] <mn> rettenetesen mulatságos
sidestep ['saɪdstep] <ige> (sidesteps, sidestepping, sidestepped) **1.** oldalt lép **2.** kikerül **3.** *(problémát)* megkerül

¹sidetrack ['saɪdtræk] <ige> *(figyelmet)* eltérít; mellékvágányra terel; *(válasz elől)* kitér
²sidetrack ['saɪdtræk] <fn> [C] mellékvágány; kitérővágány
sidewalk ['saɪdwɔːk] <fn> [C] AmE járda
sideward ['saɪdwəd] <mn> oldalsó
sidewards ['saɪdwədz] <hsz> oldalt; oldalvást; oldalról
sideways ['saɪdweɪz] <hsz> oldalt; oldalvást; oldalról
siege [siːdʒ] <fn> [C] kat ostrom
♦ **lay siege to sg** ostrom alá vesz vmit
♦ **raise a siege** abbahagyja az ostromot
siesta [sɪ'estə] <fn> [C] sziesztà; déli pihenő
¹sieve [sɪv] <fn> [C] szita
♦ **You have got a memory/mind like a sieve.** Rövid az eszed./Olyan az agyad, mint a szita.
²sieve [sɪv] <ige> (sieves, sieving, sieved) szitál
sift [sɪft] <ige> **1.** (meg)szitál **2.** alaposan megvizsgál: *sift the evidence carefully* gondosan megvizsgálja a bizonyítékot

sift through sg alaposan átvizsgál vmit

¹sigh [saɪ] <ige> **1.** sóhajt: *sigh with satisfaction/relief* elégedetten/megkönnyebbüléssel sóhajt **2.** (sóhajtozva) elpanaszol

sigh for sy/sg sóhajtozik vki/vmi után; sopánkodik vki/vmi miatt

²sigh [saɪ] <fn> [C] sóhaj(tás): *a sigh of relief* megkönnyebbült sóhaj
¹sight [saɪt] <fn> **1.** [U] látás: *lose one's sight* elveszti a látását **2.** [U] látvány: *a terrible sight* borzalmas látvány **3.** [U] látótávolság; látható közelség: *She never lets her children out of her sight.* Soha nem engedi ki a gyerekeit a látóteréből. **4.** [C, U] ránézés; megtekintés **5.** [C] látványosság; látnivaló; nevezetesség: *a rare sight* ritka látványosság * *the sights of the town* a város nevezetességei * *(go to) see the sights* városnézésre megy; megnézi/megtekinti a látnivalókat/nevezetességeket **6.** [C] vélemény; nézet; szempont **7.** [C] célzókészülék; célgömb
♦ **at the sight of sg/sy** vmi/vki láttán; láttára ♦ **be in sight** látható; látótávolságon belül van ♦ **be out of sight 1.** nem látható biz **2.** csodálatos; szuper ♦ **catch sight of sy/sg** észrevesz; megpillant vkit/vmit ♦ **come into/within sight** láthatóvá válik; feltűnik
♦ **keep sy/sg in sight** nem veszít el szem elől vkit/vmit ♦ **know sy by sight** látásból ismer vkit ♦ **lose sight of sy/sg** szem elől téveszt vkit/vmit ♦ **love at first sight** szerelem első látásra ♦ **a sight for sore eyes** szívderítő látvány
²sight [saɪt] <ige> **1.** meglát; megpillant; észrevesz **2.** megcéloz
sight-read ['saɪtriːd] <ige> (sight-read, sight-reading, sight-read, sight-read) blattol; lapról olvas
sightseeing ['saɪtˌsiːɪŋ] <fn> [U] városnézés: *go sightseeing* városnézésre megy; megnézi a látnivalókat * *sightseeing tour* városnéző séta
sightseer ['saɪtˌsiːə] <fn> [C] városnéző; turista
¹sign [saɪn] <fn> [C] **1.** jel: *sign of life* életjel * *sign of progress* a haladás jele * *good sign* jó jel * *Is there any sign of the storm stopping?* Van valami jele annak, hogy elállna a vihar? **2.** tünet; nyom: *There is no sign of how the thief got into the building.* Semmi nyoma annak, hogy a betörő hogyan hatolt be az épületbe. **3.** címtábla; cégtábla **4. (traffic) sign** (közlekedési) jelzőtábla: *follow the signs to the zoo* kövesd az állatkertet jelző táblákat * *danger sign* veszélyt jelző tábla **5.** jelzés; mozdulat: *make/give a sign* jelt ad; jelez **6.** *(matematikában stb.)* jel: *a plus sign* plusz jel **7.** állatövi jegy; csillagjegy
♦ **All the signs are that…** Minden jel arra mutat, hogy…
²sign [saɪn] <ige> **1.** aláír: *sign the card* aláírja a lapot * *The agreement was signed today.* Ma aláírták a szerződést. **2.** jellel ellát; megjelöl **3.** jelt ad (**to sy to do sg** vkinek vmi megtételére)

sign sg away írásban lemond vmiről
sign for sg 1. aláír vmit **2.** *(sportoló)* leigazol vhol
sign in/out be-/kijelentkezik
sign sy in/out *(látogatót stb.)* beléptet/kiléptet
sign off befejez; abbahagy; távozik
sign sg off aláírásával jóváhagy vmit
sign on *(munkanélküli)* munkára jelentkezik; munkát vállal
sign on/up (be) jelentkezik; beiratkozik; leszerződik
sign sy on/up leszerződtet vkit
sign up (for sg) feliratkozik; jelentkezik (vmire)

¹signal ['sɪgnəl] <fn> [C] **1.** jel; jelzés; jeladás: *a signal of danger//danger signal* vészjel * *give* *a signal* jelt ad; jelez **2.** jelzőberendezés; szemafor **3.** távk jel: *incoming signal* bejövő jel **4.** előjel

²**signal** ['sɪgnəl] <ige> (signals, signalling, signalled; AmE signaling, signaled) jelez; jelt ad (**to sy** vkinek): *signal to the waiter for the bill* jelez/int a pincérnek, hogy kéri a számlát ∗ *signal before turning right or left* jobbra- vagy balrafordulás előtt jelez

signatory ['sɪgnətrɪ] <fn> [C] (signatories) aláíró; szerződő fél

signature ['sɪgnətʃə] <fn> [C] aláírás

signature tune ['sɪgnətʃə,tjuːn] <fn> [C] zene *(rádióban)* szignál

significance [sɪgˈnɪfɪkəns] <fn> [U] jelentőség

significant [sɪgˈnɪfɪkənt] <mn> **1.** jelentős; fontos; lényeges: *a significant event* fontos esemény **2.** *(tekintet)* jelentőségteljes; sokatmondó; kifejező: *a significant look* sokatmondó pillantás

signify ['sɪgnɪfaɪ] <ige> (signifies, signifying, signified) **1.** jelent **2.** jelez

sign language ['saɪnˌlæŋgwɪdʒ] <fn> [U] *(süketnémáké)* jelbeszéd; jelelés

signpost ['saɪnpəʊst] <fn> [C] útjelző tábla; útirányjelző tábla

silence ['saɪləns] <fn> [U] **1.** csend: *in complete silence* teljes csöndben ∗ *Silence please!* Csöndet kérek! **2.** hallgatás (**on sg** vmiről)

silencer ['saɪlənsə] <fn> [C] **1.** *(fegyveré stb.)* hangtompító; hangfogó **2.** kipufogódob

silent ['saɪlənt] <mn> **1.** csendes; zajtalan; hangtalan: *The house is silent.* Csendes a ház. **2.** hallgatag (**on/about sg** vmiben): *Why are you so silent on this subject?* Miért hallgatsz erről a témáról/Miért hallgatsz ebben a témában? ∗ *keep/remain/stay silent* hallgat; nem szól ∗ *Keep silent!* Maradjatok csendben! **3.** *(film, betű)* néma: *silent film* némafilm

silhouette [ˌsiluːˈet] <fn> [C] **1.** sziluett **2.** árnykép

silicon ['sɪlɪkən] <fn> [U] kém szilícium

silicon chip [ˌsɪlɪkənˈtʃɪp] <fn> [C] el szilíciumcsip

silicone ['sɪlɪkəʊn] <fn> [U] kém szilikon

¹**silk** [sɪlk] <mn> selyem: *a silk scarf* selyemsál

²**silk** [sɪlk] <fn> [U] selyem: *made of silk* selyemből készült

silky [sɪlkɪ] <mn> *(bőr, haj stb.)* selymes

sill [sɪl] <fn> [C] ablakpárkány

silliness ['sɪlɪnəs] <fn> [U] ostobaság

silly ['sɪlɪ] <mn> (sillier, silliest) ostoba; buta: *say silly things* ostobaságokat mond ∗ *silly billy* butuska

silly season ['sɪlɪˌsiːzn] <fn> [U] **the silly season** uborkaszezon

¹**silver** ['sɪlvə] <fn> **1.** [U] *(fém)* ezüst: *made of silver* ezüst(ből készült) **2.** [U] ezüst(pénz); ezüstérme **3.** [U] ezüst(nemű): *clean the silver* megtisztítja az ezüstöt ∗ *Burglars stole all our silver.* A rablók ellopták az összes ezüstneműnket. **4.** [U, C] *(szín)* ezüst

²**silver** ['sɪlvə] <mn> ezüst(ös); ezüstszínű; ezüst-: *a silver bracelet* ezüst karkötő

silver coin [ˌsɪlvəˈkɔɪn] <fn> [C] ezüstpénz

silver foil [ˌsɪlvəˈfɔɪl] <fn> [U] ezüstfólia; ezüstpapír

silver fox ['sɪlvə fɒks] <fn> [C] ezüstróka

silver jubilee [ˌsɪlvəˈdʒuːbɪliː] <fn> [C] huszonöt éves évforduló

silver medal [ˌsɪlvəˈmedl] <fn> [C] ezüstérem

silver medallist [ˌsɪlvəˈmedlɪst] <fn> [C] ezüstérmes

silver paper [ˌsɪlvəˈpeɪpə] <fn> [U] ezüstfólia; ezüstpapír

silverware ['sɪlvəweə] <fn> [U] ezüstnemű; ezüsttárgyak

silver wedding [ˌsɪlvəˈwedɪŋ] <fn> [C] ezüstlakodalom

silvery ['sɪlvərɪ] <mn> ezüstös

SIM card ['sɪm kɑːd] <fn> [C] *(mobiltelefoné)* SIM kártya

similar ['sɪmələ] <mn> hasonló (**to sg/sy** vmihez/vkihez) (**in sg** vmiben): *be similar in colour* színben hasonló ∗ *They look/are very similar.* Nagyon hasonlóak/hasonlítanak. ∗ *This house is similar to ours.* Ez a ház hasonló a miénkhez.

similarity [ˌsɪməˈlærətɪ] <fn> [C, U] (similarities) hasonlóság (**to sy/sg in sg** vkivel/vmivel vmiben)

similarly ['sɪmələlɪ] <hsz> hasonlóan; hasonlóképpen

simile ['sɪməlɪ] <fn> [C] hasonlat

simmer ['sɪmə] <ige> **1.** lassú tűzön süt/főz/párol **2.** lassú tűzön sül/fő/párolódik **3.** magában dühöng/fortyog

simple ['sɪmpl] <mn> (simpler, simplest) **1.** *(ruha stb.)* egyszerű; igénytelen: *wear simple dresses* egyszerű/igénytelen ruhákat hord **2.** *(érthető)* egyszerű; könnyű: *It was simple to do it.* Egyszerű/Könnyű volt megcsinálni. ∗ *It is not so simple.* Ez nem olyan egyszerű! ∗ *It is as simple as that.* Ez ennyire egyszerű. ∗ *For the simple reason that…* Azon egyszerű oknál fogva, hogy… **3.** *(személy)* egyszerű; szerény: *lead a simple life* szerény életet él **4.** együgyű **5.** merő; tiszta; valóságos: *the simple truth* a tiszta igazság **6. simple present/past tense** nyelvt egyszerű jelen/múlt idő

simple-minded [ˌsɪmplˈmaɪndɪd] <mn> **1.** butácska; együgyű; bamba **2.** egyenes; nyílt **3.** hiszékeny

simplicity [sɪm'plɪsətɪ] <fn> [U] **1.** egyszerűség **2.** természetesség; őszinteség **3.** együgyűség

simplification [ˌsɪmplɪfɪ'keɪʃn] <fn> [C, U] (le)egyszerűsítés

simplify ['sɪmplɪfaɪ] <ige> (simplifies, simplifying, simplified) (le)egyszerűsít

simplistic [sɪm'plɪstɪk] <mn> túlzottan leegyszerűsített; primitív

simply ['sɪmplɪ] <hsz> **1.** egyszerűen; igénytelenül; dísztelenül; szerényen: *be simply dressed* egyszerűen öltözik * *live simply* szerényen él **2.** csak; egyszerűen: *do sg simply for the money* csak a pénzért tesz vmit * *I simply wanted to show you sg* csak meg akartam mutatni valamit **3.** egész egyszerűen; kimondottan: *simply brilliant* egyszerűen fantasztikus **4.** egyszerűen; könnyen; érthetően: *as simply as possible* a lehető legegyszerűbben * *explain simply* érthetően magyaráz

simulate ['sɪmjʊleɪt] <ige> (simulates, simulating, simulated) **1.** színlel; tettet; megjátszik; úgy tesz; mintha; szimulál **2.** műsz szimulál; imitál

simulation [ˌsɪmjʊ'leɪʃn] <fn> [U] **1.** színlelés; tettetés **2.** műsz szimulálás; szimuláció; imitálás; imitáció

simultaneous [ˌsɪml'teɪnɪəs] <mn> egyidejű; szimultán (**with sg** vmivel)

simultaneously [ˌsɪml'teɪnɪəslɪ] <hsz> egyidejűleg

¹**sin** [sɪn] <fn> [C, U] bűn; vétek

²**sin** [sɪn] <ige> (sins, sinning, sinned) bűnözik; vétkezik: *Forgive me, Father, for I have sinned.* Bocsásd meg, Atyám, hogy vétkeztem!

¹**since** [sɪns] <elölj> óta: *since Monday* hétfő óta * *I have done it since then.* Azóta megcsináltam. * *I haven't eaten since lunch.* Ebéd óta nem ettem. * *They have lived here since 2005.* 2005 óta itt élnek. * *Since when?* Mióta?

²**since** [sɪns] <hsz> azóta (hogy); attól fogva: *He went abroad last year and he has since found a new job.* Tavaly külföldre ment, és azóta talált új állást. * *I have lived in this house since I was born.* Ebben a házban élek azóta, hogy megszülettem./Ebben a házban élek, amióta megszülettem. * *The baby was born in January but we haven't seen her since.* A kisbaba januárban született, de azóta mi még nem láttuk. * *The building has long since been demolished.* Az épületet már régen lebontották.

³**since** [sɪns] <ksz> mert; mivel; miután; minthogy: *I give it to you since I love you.* Neked adom, mert szeretlek. * *Since it is too cold today, I can't go to the beach.* Mivel ma túl hideg van, nem tudok strandra menni.

sincere [sɪn'sɪə] <mn> őszinte; egyenes; nyílt

sincerely [sɪn'sɪəlɪ] <hsz> **1.** őszintén; egyenesen; nyíltan: *I sincerely hope...* Őszintén remélem, hogy... **2.** *(levél végén)*: *Yours sincerely,...* Tisztelettel:/(Szívélyes) üdvözlettel:

sincerity [sɪn'serətɪ] <fn> [U] őszinteség

sine [saɪn] <fn> [U] röv **sin** mat szinusz

sinew ['sɪnju:] <fn> [C, U] ín

sinful ['sɪnfl] <mn> bűnös; vétkes

sing [sɪŋ] <ige> (sings, singing, sang, sung) (el-)énekel (**sy sg** vkinek vmit): *sing a song* énekel egy dalt

♦ **sing a different song/tune** biz más húrokat penget; más hangon kezd beszélni

♦ **sing low/small** biz alább adja

sing away sg biz *(gondoktól)* megszabadul
sing out kiált; hangosan beszél
sing up hangosabban énekel

Singapore [ˌsɪŋə'pɔ:] <fn> Szingapúr

singe [sɪndʒ] <ige> (singes, singeing, singed) **1.** megperzsel **2.** megperzselődik

singer ['sɪŋə] <fn> [C] énekes: *opera singer* operaénekes

singer-songwriter [ˌsɪŋə'sɒŋˌraɪtə] <fn> [C] énekes-dalszövegíró; dalszerző

¹**single** ['sɪŋgl] <mn> **1.** egyetlen(egy): *a single sheet of paper* egyetlen papírlap * *There isn't a single flower in her garden.* Kertjében nincs egyetlenegy virág sem. * *every single day* minden egyes/áldott nap **2.** egyedülálló; egyedül élő; szingli; hajadon/nőtlen: *My best friend is single.* A legjobb barátnőm szingli. **3.** egyszemélyes; egyágyas; szimpla: *a single bed* egyszemélyes ágy * *a single bedroom* egyágyas szoba **4.** egyszeri (útra szóló): *a single ticket* egy(szeri) utazásra szóló jegy **5.** becsületes; őszinte

♦ **in single file** libasorban

²**single** ['sɪŋgl] <fn> **1.** [C] zene kislemez **2.** [C] egyágyas szoba **3. singles** [pl] szinglik; egyedülállók **4. singles** [pl] *(teniszben)* egyes: *Who won the first round of the women's singles?* Ki nyerte a női egyes első fordulóját? **5. single ticket** [C] egy(szeri) utazásra szóló jegy

single bed [ˌsɪŋgl'bed] <fn> [C] *(ágy)* heverő

single currency [ˌsɪŋgl'kʌrənsɪ] <fn> [U] egységes valuta

single-handed [ˌsɪŋgl'hændɪd] <hsz> egyedül; segítség nélkül

single-minded [ˌsɪŋgl'maɪndɪd] <mn> céltudatos

single parent [ˌsɪŋgl'peərənt] <fn> [C] gyermekét egyedül nevelő anya/apa

single-parent family [ˌsɪŋglpeərənt'fæmlɪ] <fn> [C] egyszülős/csonka család

singly ['sɪŋlɪ] <hsz> **1.** egyedül **2.** egyesével; egyenként

¹singular ['sɪŋgjʊlə] <fn> [U] nyelvt egyes szám: *the singular of a noun* egy főnév egyes száma

²singular ['sɪŋgjʊlə] <mn> **1.** nyelvt egyes számú: *a singular noun* egyes számú főnév **2.** egyetlen; egyes **3.** rendkívüli; egyedülálló; páratlan **4.** furcsa; különös: *a singular man* furcsa ember

sinister ['sɪnɪstə] <mn> baljóslatú; félelmetes; zord; komor; kísérteties; vészjósló

¹sink [sɪŋk] <fn> [C] (konyhában) mosogató

²sink [sɪŋk] <ige> (sinks, sinking, sank, sunk) **1.** (el)süllyed; lesüllyed; elmerül: *The ship is sinking.* Süllyed a hajó. * *Titanic sank to the bottom of the sea.* A Titanic a tenger fenekére süllyedt. **2.** elsüllyeszt; elmerít **3.** (talaj) süpped **4.** hanyatlik; apad; csökken **5.** gazd (valuta) gyengül **6.** (terv) meghiúsít; kudarcra ítél **7.** (kutat) fúr; (le)mélyít; kiváj: *sink a well* kutat fúr **8.** (nap) lemegy: *The sun sank.* Lement a nap. **9.** (erkölcsileg) süllyed **10.** (beteg állapota) súlyosbodik: *The patient is sinking.* A beteg haldoklik./A beteg állapota súlyosbodik.

♦ **His legs sank under him.** Lábai felmondták a szolgálatot. ♦ **My heart/spirits sank when I realized…** Kétségbeestem/Elszorult a szívem, amikor… ♦ **sink in oneself** magába roskad ♦ **sink on one's knees** térdre borul ♦ **Sink or swim.** Vagy boldogul, vagy elpusztul./Vagy megszokik, vagy megszökik. ♦ **sink the differences** fátylat borít a nézeteltérésekre

---

sink in besüllyed; besüpped
sink into sg 1. belesüpped vmibe: *sink into an armchair* belesüpped egy karosszékbe **2.** elmerül vmiben; belemerül vmibe: *sink into a deep sleep* mély álomba merül
sink to sg vmeddig süllyed

---

sinner ['sɪnə] <fn> [C] bűnös; vétkező

sinus ['saɪnəs] <fn> [C,ált pl] (sinus v. sinuses) orv üreg: *the frontal sinuses* a homlok- és orrmelléküregek

sinusitis [ˌsaɪnə'saɪtɪs] <fn> [U] orrmelléküreg-gyulladás: *frontal sinusitis* homloküreg-gyulladás

¹sip [sɪp] <ige> (sips, sipping, sipped) kortyol(-gat)

²sip [sɪp] <fn> [C] korty

sir [sɜː] <fn> **1.** [U] (megszólításban) uram: *Sit down here, sir.* Foglaljon itt helyet, uram! * *Excuse me, sir!* Elnézést, uram! * *Yes, sir!* Igenis, (uram)! **2.** [C] (hivatalos levélben) Uram: *Dear Sir/Sirs!* Tisztelt Uram/Uraim! **3.** [U] BrE (lovag v. báró keresztneve előtt, azzal együtt használt cím) Sir: *Sir Paul McCartney* Sir Paul McCartney

siren ['saɪrən] <fn> [C] sziréna

sirloin ['sɜːlɔɪn] <fn> [U, C] bélszín; hátszín; vesepecsenye

¹sister ['sɪstə] <fn> [C] **1.** (lány)testvér; nővér; húg: *We are sisters.* Nővérek/(Lány)testvérek vagyunk. * *my father's sister* apám nővére/húga * *big sister* nővér * *little sister* húg **2.** ápolónő; nővér: *the night sister* az éjszakás nővér **3.** apáca; nővér; testvér: *Sister Anne lives in this convent.* Anna nővér/testvér ebben a zárdában él. **4.** biz asszonytárs; nőtárs

²sister ['sɪstə] <mn> testvér-: *sister organization* testvérszervezet

sister-in-law ['sɪstərɪnlɔː] <fn> [C] (sisters-in-law) sógornő

sisterly ['sɪstəlɪ] <mn> testvéri(es)

sit [sɪt] <ige> (sits, sitting, sat, sat) **1.** ül: *sit in the room* a szobában ül * *sit next to sy* vki mellé ül * *sit comfortably* kényelmesen ül **2.** leül: *He came and sat on the armchair.* Átjött és leült a karosszékbe. **3.** leültet: *She sat the child on her lap and began to read.* Az ölébe ültette a gyereket, és olvasni kezdett. **4.** ülésezik; ülést tart: *The parliament sits from now until the end of June.* A Parlament mostantól június végéig ülésezik. **5.** időz; tartózkodik **6.** (szél) fúj **7.** (ruha vkin) áll **8.** (lovat) megül **9.** fekszik; hever: *A book is sitting on the floor.* Egy könyv hever a padlón.

♦ **be sitting pretty** biz biztos/kedvező helyzetben van; nyeregben van ♦ **make sy sit up and take notice** vmire fordítja vkinek a figyelmét; felráz vkit ♦ **sit tight** biz **1.** veszteg marad; lapít *Sit tight!* Maradj veszteg! **2.** (nyeregben) biztosan ül **3.** nem tágít; nem moccan ♦ **sit well with sg** vkinek az egyetértésével találkozik

---

sit about/around biz üldögél
sit back 1. kényelembe helyezi magát; hátradől **2.** tétlenül ül
sit by tétlenül néz; csak ül (és nem tesz semmit): *just sit by and let sg happen* csak tétlenül nézi, és hagyja, hogy megtörténjen
sit down leül
sit for sg 1. sit for an exam(ination) vizsgázik **2. sit for a portrait/photograph** (festőnek, fényképésznek) modellt ül
sit in on sg (előadáson, gyűlésen) megfigyelőként részt vesz

sit sg out 1. kivárja vminek a végét **2.** *(táncot stb.)* kihagy
sit through sg végigül vmit: *sit through a boring class* végigül egy unalmas órát
sit up 1. felül; egyenesen ül **2.** *(sokáig)* fenn marad
sit sy up felültet vkit

sitcom ['sɪtkɒm] [= situation comedy] <fn> [C] *(helyzetkomikumra építő)* tévékomédia
sit-down strike ['sɪtdaʊn ˌstraɪk] <fn> [C] ülősztrájk
¹site [saɪt] <fn> [C] **1.** telek; házhely: *a building/construction site* építkezési/építési terület **2.** fekvés; helyzet **3.** hely; helyszín: *the site of the meeting* a találkozó helyszíne * *on the site* a helyszínen **4.** infor website
²site [saɪt] <ige> (sites, siting, sited) **1.** elhelyez **2.** elhelyezkedik
sit-in ['sɪtɪn] <fn> [C] ülősztrájk
sitting ['sɪtɪŋ] <fn> [C] **1.** *(testületé)* ülés(ezés); értekezlet **2.** *(étkezésnél)* turnus **3.** *(modellé)* ülés **4.** kotlás
sitting room ['sɪtɪŋ ruːm] <fn> [C] nappali (szoba)
situated ['sɪtʃʊeɪtɪd] <mn> **1.** fekvő; elhelyezkedő; elhelyezett **2. be situated** *(ház, terület)* fekszik; elterül; elhelyezkedik
situation [ˌsɪtʃʊ'eɪʃn] <fn> [C] **1.** helyzet: *difficult situation* nehéz helyzet * *the present political situation* a jelenlegi politikai helyzet **2.** fekvés; elhelyezkedés: *This place is beautiful for situation.* Ez egy csoda szép fekvésű hely. **3.** állás; munkaalkalom: *situations vacant (álláshirdetésben)* betöltendő állások/állást kínál * *situation wanted (álláshirdetésben)* állást keres * *be in a/out of situation* alkalmazásban van/nincs állása
¹six [sɪks] <szn> hat → **¹eight**
²six [sɪks] <fn> [C] hatos → **²eight**
♦ **at sixes and sevens** biz szanaszét ♦ **six of one and half a dozen of the other** az egyik tizenkilenc, a másik egy híján húsz
¹sixteen [ˌsɪks'tiːn] <szn> tizenhat → **¹eight**
²sixteen [ˌsɪks'tiːn] <fn> [C] tizenhatos → **²eight**
¹sixth [sɪksθ] <sorszn> hatodik → **¹eighth**

→ A keltezéssel kapcsolatos kifejezéseket lásd a **¹date** szócikk információs ablakában!

²sixth [sɪksθ] <fn> [C] (egy)hatod → **²eighth**

sixth form ['sɪksθ fɔːm] <fn> [C + sing/pl v] BrE *(16–18 éves legfelső osztályos középiskolások számára)* végzős osztály
¹sixtieth ['sɪkstiəθ] <sorszn> hatvanadik → **¹eightieth**
²sixtieth ['sɪkstiəθ] <fn> [C] (egy)hatvanad → **²eightieth**
¹sixty ['sɪksti] <szn> hatvan → **¹eighty**
²sixty ['sɪksti] <fn> [C] hatvanas → **²eighty**
sizable ['saɪzəbl] <mn> jókora
¹size [saɪz] <fn> **1.** [C, U] méret; szám: *size 36* 36-os méret * *trousers of all shapes and sizes* mindenféle alakú és méretű nadrág * *be the size of sg* vmilyen méretű * *this skirt in a smaller size* ez a szoknya kisebb méretben * *We are the same size.* Egyforma a méretünk. * *This is my size.* Ez az én méretem. * *be of a size with sg* egyforma nagyságú vmivel * *What size (shoes) do you take? (cipőben)* Milyen méretet viselsz? * *What size are you?/What is your size?* Mi a te méreted? **2.** [U] nagyság; méret: *the size of the problem* a probléma nagysága **3.** [U] terjedelem; kiterjedés: *life size* életnagyság
♦ **That's about the size of it.** biz Nagyjából így áll a dolog. ♦ **cut sy down to size** biz helyére tesz vkit
²size [saɪz] <ige> (sizes, sizing, sized) **1.** nagyság szerint osztályoz **2. size sg/sy up** felmér vmit/vkit; felbecsül vmit; kiértékel vkit; véleményt formál vmiről/vkiről
sizeable ['saɪzəbl] <mn> jókora
¹sizzle ['sɪzl] <fn> [U] sercegés
²sizzle ['sɪzl] <ige> (sizzles, sizzling, sizzled) serceg
¹skate [skeɪt] <fn> [C] **1.** korcsolya **2.** görkorcsolya
♦ **get/put one's skates on** biz *(siet)* felveszi a nyúlcipőt
²skate [skeɪt] <ige> (skates, skating, skated) **1.** korcsolyázik: *go skating* korcsolyázni megy **2.** görkorcsolyázik
♦ **be skating on thin ice** veszélyes területeken mozog

skate over/round (a difficulty) *(nehézséget, problémát)* megkerül

³skate [skeɪt] <fn> **1.** [C] *(hal)* rája **2.** [U] *(hús)* rája
skateboard ['skeɪtbɔːd] <fn> [C] gördeszka
skateboarding ['skeɪtˌbɔːdɪŋ] <fn> [U] (gör)deszkázás
skateboarder ['skeɪtbɔːdə] <fn> [C] (gör)deszkás

skater ['skeɪtə] <fn> [C] **1.** gördeszkázó **2.** korcsolyázó

skating rink ['skeɪtɪŋ rɪŋk] <fn> [C] **1.** korcsolyapálya; műjégpálya **2.** görkorcsolyapálya

skeleton ['skelɪtən] <fn> [C] **1.** csontváz: *a human skeleton* emberi csontváz **2.** váz; keret: *the steel skeleton of the building* az épület acélváza

♦ **a skeleton in the closet/cupboard** titkolt (családi) szégyenfolt; a család szégyene

skeptical ['skeptɪkl] AmE → **sceptical**

¹**sketch** [sketʃ] <fn> [C] **1.** vázlat; skicc: *make a rough sketch of sg* leskiccel vmit; durva vázlatot készít vmiről **2.** karcolat: *a comic sketch* komikus karcolat

²**sketch** [sketʃ] <ige> (fel)vázol; leskiccel; vázlatot készít

sketch sg in/out felvázol; nagy vonalakban ismertet; körvonalaz vmit

sketch pad ['sketʃ pæd] <fn> [C] vázlatfüzet; vázlatkönyv; vázlattömb

sketchy ['sketʃɪ] <mn> vázlatos; rövid

¹**skewer** ['skjuːə] <fn> [C] nyárs

²**skewer** ['skjuːə] <ige> (húst) nyársra tűz/húz

¹**ski** [skiː] <fn> [C] sí(léc): *a new pair of skis* új sí(léc)

²**ski** [skiː] <ige> (skis, skiing, skied) síel: *go skiing* síelni megy ∗ *He can't ski at all.* Egyáltalán nem tud síelni.

³**ski** [skiː] <mn> sí-: *ski instructor* síoktató

¹**skid** [skɪd] <fn> **1.** [U] megcsúszás: *to go into a skid (autó)* megcsúszik **2.** [C] kerékkötő

²**skid** [skɪd] <ige> (skids, skidding, skidded) *(autó stb.)* megcsúszik: *His back wheel skidded.* A hátsó kereke megcsúszott.

skiing ['skiːɪŋ] <fn> [U] síelés; sízés: *skiing holiday* sísziünet

skilful ['skɪlfl] <mn> ügyes; szakképzett; gyakorlott: *a skilful teacher* szakképzett tanár ∗ *a skilful golfer* ügyes/gyakorlott golfjátékos

skill [skɪl] <fn> [C, U] gyakorlat; gyakorlottság; rutin; tudás; jártasság; készség; szaktudás; szakértelem; szakképzettség: *have great skill in (doing) sg* nagy gyakorlata van vmiben ∗ *a bus driver of great skill* rutinos/gyakorlott buszvezető ∗ *We need management skills for this job.* Ehhez az álláshoz vezetői gyakorlatra/jártasságra van szükségünk.

skilled [skɪld] <mn> (szak)képzett; gyakorlott; hozzáértő; jártas; ügyes (**at/in sg** vmiben): *He is highly skilled.* Rendkívül szakképzett.

skilled job [ˌskɪld'dʒɒb] <fn> [C] szakmunka

skilled work [ˌskɪld'wɜːk] <fn> [C, U] szakmunka

skilled worker [ˌskɪld'wɜːkə] <fn> [C] szakmunkás

skillet ['skɪlɪt] <fn> [C] AmE serpenyő; tepsi

skillful ['skɪlfl] <mn> AmE → **skilful**

skim [skɪm] <ige> (skims, skimming, skimmed) **1.** lefölöz; leszed (**sg off/from sg** vmit vmiről): *skim the fat off the gravy* leszedi a zsírt a szaftról/mártásról ∗ *skim the cream off sg* átv lefölöz vmit; leszedi vminek a javát **2.** *(felületet)* súrol; érint **3.** **skim through/over sg** *(olvasmányon)* felületesen átfut; futólag átolvas/átnéz vmit: *skim through the newspaper* átfutja az újságot ∗ *skim a question* biz felületesen érint egy kérdést

skim milk [ˌskɪm'mɪlk] <fn> [U] lefölözött/sovány tej

skimp [skɪmp] <ige> **1.** fukarkodik; spórol (**on sg** vmivel) **2.** biz *(munkát)* gyorsan összecsap

skimpy ['skɪmpɪ] <mn> **1.** *(ruha)* szűkre szabott; túl kicsi **2.** szűken mért; hiányos; gyér; szűkös

¹**skin** [skɪn] <fn> [C, U] **1.** bőr: *fair/dark skin* világos/sötét bőr ∗ *skin disease* bőrbetegség ∗ *have beautiful soft skin* csoda szép, finom/puha bőre van ∗ *His skin doesn't easily turn brown.* A bőre nem könnyen barnul. **2.** *(gyümölcsé, zöldségé)* héj: *a banana skin* banánhéj **3.** *(tejen stb.)* bőr; föl; hártya **4.** összet -bőr: *crocodile skin* krokodilbőr

♦ **be all skin and bones** biz csont és bőr ♦ **by the skin of one's teeth** biz nagy keservesen; hajszál híján ♦ **get under sy's skin** vkinek az idegeire megy ♦ **have a thick skin** biz vastag bőre van ♦ **have a thin skin** biz sértődékeny; érzékeny ♦ **jump out of one's skin** biz frászt kap ♦ **save one's own skin** biz ép bőrrel megússza ♦ **with a whole skin** ép bőrrel; sértetlenül

²**skin** [skɪn] <ige> (skins, skinning, skinned) **1.** *(állatot)* lenyúz; megnyúz: *skin the rabbit* megnyúzza a nyulat **2.** *(gyümölcsöt)* meghámoz **3.** lehorzsol: *skin one's knee* lehorzsolja a térdét **4.** biz megkopaszt; kifoszt **5.** **skin over** *(seb)* beheged; beforr; bőr benövi

♦ **skin sy alive** elevenen megnyúz vkit

skinflint ['skɪnflɪnt] <fn> [C] fukar; fösvény; zsugori

skinhead ['skɪnhed] <fn> [C] bőrfejű; szkinhed

skinny ['skɪnɪ] <mn> sovány

skintight [skɪn'taɪt] <mn> testhezálló; tapadós

skip [skɪp] <ige> (skips, skipping, skipped) **1.** ugrál; ugrándozik; ugrabugrál; ugrik; szökdécsel:

A kangaroo skipped along the road. Egy kenguru ugrált az úton. * *My daughter skipped happily along at my side.* A lányom boldogan ugrabugrált mellettem. **2.** BrE ugrókötelezik **3.** átugrik; kihagy; elhagy: *skip a chapter* kihagy egy fejezetet * *skip a class* biz elblicccel egy órát **4.** *(emlékezet)* kihagy **5. skip off** biz meglóg

ski pole ['ski: pəʊl] <fn> [C] síbot
skipper ['skɪpə] <fn> [C] **1.** hajóskapitány **2.** sp csapatkapitány
skipping rope ['skɪpɪŋ rəʊp] <fn> [C] ugrókötél
ski race ['ski: reɪs] <fn> [C] síverseny
ski resort [ski: rɪ'zɔ:t] <fn> [C] síparadicsom; téli üdülőhely
skirt [skɜ:t] <fn> [C] szoknya
skirting board ['skɜ:tɪŋ bɔ:d] <fn> [C] szegélyléc
ski run ['ski: rʌn] <fn> [C] sípálya
ski slope ['ski: sləʊp] <fn> [C] sípálya
skive [skaɪv] <ige> (skives, skiving, skived) **1.** farag; gyalul **2.** biz lóg; kihúzza magát (**off sg** vmi alól)
skort [skɔ:t] <fn> [C] sortszoknya
skull [skʌl] <fn> [C] koponya: *skull and crossbones (életveszély jele)* halálfej * *He has fractured his skull.* Betörte a fejét.
skunk [skʌŋk] <fn> [C] **1.** [C] áll bűzös borz **2.** [U] *(szőrme)* szkunksz **3.** [C] biz piszok alak
sky [skaɪ] <fn> [C, U] (skies) ég(bolt); mennybolt: *in the sky* az égen * *The sky is clear/cloudy/blue/sunny.* Tiszta/Felhős/Kék/Napos az ég. * *There is a kite high up in the sky.* Van egy sárkány magasan fenn az égen. * *The skies were grey all week.* Egész héten borult volt az ég./Egész héten borús idő volt.
♦ **the sky's the limit** biz a határ a csillagos ég
sky-blue [ˌskaɪ'blu:] <mn> égszínkék
skydiving ['skaɪˌdaɪvɪŋ] <fn> [U] zuhanóernyőzés
sky-high [ˌskaɪ'haɪ] <mn> égig érő
skyjack ['skaɪdʒæk] <ige> *(repülőgépet)* eltérít
skyjacking ['skaɪdʒækɪŋ] <fn> [C, U] gépeltérítés; géprablás
skylark ['skaɪlɑ:k] <fn> [C] pacsirta
skylight ['skaɪlaɪt] <fn> [C] tetőablak
skyline ['skaɪlaɪn] <fn> [C] *(távlati)* városziluett
skyscraper ['skaɪˌskreɪpə] <fn> [C] felhőkarcoló
slab [slæb] <fn> [C] **1.** lap; tábla; lemez: *stone slab* kőlap **2.** *(csokoládéé)* tábla: *a slab of chocolate* egy tábla csokoládé
¹slack [slæk] <mn> **1.** *(kötél)* laza; *(izom)* ernyedt; petyhüdt: *The rope suddenly went slack.* Egyszer csak meglazult a kötél. **2.** gyenge;

erőtlen; bágyadt: *feel slack* gyengének érzi magát **3.** gondatlan; hanyag; rendetlen: *be slack at one's work* hanyagul végzi a munkáját **4.** *(üzlet)* lanyha; gyenge; pangó: *slack season* holtszezon * *Business has been slack lately.* Újabban lanyha az üzleti forgalom./Újabban pang az üzlet.
²slack [slæk] <ige> **1.** (meg)lazít; tágít **2.** *(meszet)* hígít; olt **3.** lassít **4.** csökkent; gyengít; enyhít **5.** (meg)lazul; tágul; lazán lóg: *The rope slacked.* Meglazult a kötél. **6.** lazít; hanyag lesz; lassul **7.** gyengül; csökken; lassul

slack about lopja a napot
slack off lazít
slack up lassít

³slack [slæk] <fn> **1.** [U] *(kötélé stb.)* laza; megereszkedett; lötyögő rész **2.** [U] pangás **3.** [U] lazulás; hanyagság; lazsálás; tétlenség
slacken ['slækən] → **²slack**
slain [sleɪn] → **slay**
¹slalom ['slɑ:ləm] <fn> [C, U] műlesiklás; szlalom
²slalom ['slɑ:ləm] <ige> szlalomozik
slam [slæm] <ige> (slams, slamming, slammed) **1.** *(ajtót stb.)* becsap; bevág: *slam the door* becsapja az ajtót **2.** *(ajtó stb.)* becsapódik **3.** levág; lecsap; odacsap **4.** megüt **5.** megbírál; leszól: *The film has been slammed by critics.* A filmet leszólták a kritikusok. **6.** megüt **7.** nekiütközik; nekicsapódik

slam sg down (on sg) lecsap vmit (vmire/vhova)
slam on the brakes beletapos a fékbe

¹slander ['slɑ:ndə] <fn> [C, U] rágalmazás; rágalom; becsületsértés
²slander ['slɑ:ndə] <ige> (meg)rágalmaz
slanderous ['slɑ:ndrəs] <mn> rágalmazó; becsületsértő
slang [slæŋ] <fn> [U] szleng
¹slant [slɑ:nt] <ige> **1.** lejt; ferdén áll **2.** dől **3.** lejtőssé tesz; megdönt; ferdére állít **4.** elferdít; vmilyen beállítást ad
²slant [slɑ:nt] <fn> **1.** [U] lejtés; dőlés: *at a slant* rézsút(osan) * *on the slant* ferdén **2.** [C] szemszög; vmilyen beállítás
slanting ['slɑ:ntɪŋ] <mn> ferde; rézsútos; lejtős; dőlt
¹slap [slæp] <fn> [C] könnyed ütés; csapás; legyintés: *a slap (in the face)* pofon * *get a slap from one's mother* pofont kap a mamájától

²slap [slæp] <ige> (slaps, slapping, slapped) **1.** (meg)csap(kod); megüt; meglegyint; rásóz: *slap sy's face//slap sy in/across the face* pofon vág vkit * *slap sy on the back* megveregeti a vállát vkinek **2. slap sg down (on sg)** lecsap/odacsap vmit (vhova): *He slapped down his cards.* Lecsapta a lapjait.

slapdash ['slæpdæʃ] <mn> felületes; elkapkodott; összecsapott; összevissza: *in a slapdash manner* felibe-harmadába

slapstick ['slæpstɪk] <fn> [U] helyzetvígjáték; burleszk

¹slash [slæʃ] <ige> **1.** (arcot) összevagdal; öszszeszabdal **2.** (fel)hasít; felmetsz: *slash one's wrists* felvágja az ereit **3.** megvág **4.** biz (kritikus művet) lehúz **5.** biz (árakat stb.) drasztikusan leszállít

²slash [slæʃ] <fn> [C] **1.** vágás; hasítás **2.** forradás; sebhely **3.** hasíték; bevágás; nyílás; slicc **4.** suhintás **5.** ferde vonal; virgula

¹slate [sleɪt] <fn> **1.** [U] pala **2.** [C] palalemez; pala **3.** [C] palatábla **4.** [C] pol AmE jelölőlista

²slate [sleɪt] <ige> (slates, slating, slated) **1.** palával fed **2.** biz (kritika) leszól; lehúz

¹slaughter ['slɔːtə] <ige> (állatot) lemészárol; levág

²slaughter ['slɔːtə] <fn> [U] **1.** (le)vágás, leölés **2.** (le)mészárlás

slaughterhouse ['slɔːtəhaʊs] <fn> [C] vágóhíd

¹slave [sleɪv] <fn> [C] tört, átv rabszolga: *be a slave of/to sg* rabja vminek * *be a slave of computer* a számítógép rabja

²slave [sleɪv] <ige> (slaves, slaving, slaved) agyondolgozza magát; robotol: *slave away* robotol

slave driver ['sleɪv,draɪvə] <fn> [C] rabszolgahajcsár

slave labour [,sleɪv'leɪbə] <fn> [U] rabszolgamunka; kényszermunka

slavery ['sleɪvəri] <fn> [U] **1.** rabszolgaság **2.** rabszolgamunka

slavish ['sleɪvɪʃ] <mn> szolgai

slay [sleɪ] <ige> (slays, slaying, slew, slain) (meg-)öl; (meg)gyilkol

sleazy ['sliːzɪ] <mn> **1.** (épület stb.) elhanyagolt; mocskos; ócska; nyomorúságos; lezüllött **2.** erkölcstelen; kétes hírű; rossz hírű

¹sledge [sledʒ] <fn> [C] szánkó

²sledge [sledʒ] <ige> (sledges, sledging, sledged) szánkózik: *go sledging* szánkózni megy

sleek [sliːk] <mn> **1.** (haj stb.) csillogó; selymes; fényes **2.** (modor) sima; simulékony; mézesmázos **3.** (autó) elegáns

¹sleep [sliːp] <fn> [U] alvás: *during one's sleep* alvás közben * *a two hours' sleep* kétórás alvás * *get to sleep* elalszik * *have too little sleep* túl keveset alszik

♦ **go to sleep 1.** elalszik **2.** (végtag) elzsibbad ♦ **have one's sleep out** jól kialussza magát ♦ **put sg to sleep** (állatot, végleg) elaltat ♦ **put sy to sleep** biz (műtétnél beteget) (el)altat

²sleep [sliːp] <ige> (sleeps, sleeping, slept, slept) **1.** alszik: *She usually sleeps in the afternoon.* Délutánonként alszik. * *sleep badly/fast/lightly* rosszul/mélyen/éberen alszik * *Did you sleep well?* Jól aludtál? * *Sleep well!* Szép álmokat! **2.** elszállásol: *Our house sleeps ten comfortably.* Házunkban tíz embert tudunk kényelmesen elszállásolni.

♦ **not sleep a wink** egy szemhunyásnyit sem alszik ♦ **sleep like a log** biz alszik, mint a bunda ♦ **sleep rough** nomád körülmények között alszik

---

sleep in elalszik; jó sokáig alszik: *We sleep in on Sundays.* Vasárnaponként jó sokáig alszunk.

sleep sg off kialszik vmit

sleep on sg alszik rá egyet: *Let me sleep on it and give you an answer tomorrow.* Hadd aludjak rá egyet, és holnap válaszoljak rá!

sleep over nem otthon alszik; máshol alszik

sleep with sy biz lefekszik vkivel

---

sleeper ['sliːpə] <fn> [C] **1.** (személy) alvó: *a light/heavy sleeper* éberen/mélyen alvó (ember) * *Nothing occurred to disturb the sleepers.* Semmi sem tudta megzavarni az alvókat. **2.** hálókocsi: *book a sleeper on the train* hálókocsit foglal a vonaton; hálókocsijegyet rendel **3.** talpfa

sleeping bag ['sliːpɪŋ bæg] <fn> [C] hálózsák

sleeping car ['sliːpɪŋ kɑː] <fn> [C] hálókocsi

sleeping partner ['sliːpɪŋ ,pɑːtnə] <fn> [C] csendestárs

sleeping pill ['sliːpɪŋ pɪl] <fn> [C] (gyógyszer) altató

sleeping policeman [,sliːpɪŋ pə'liːsmən] <fn> [C] (sleeping policemen) fekvőrendőr

sleeping tablet ['sliːpɪŋ tæblət] <fn> [C] (gyógyszer) altató

sleepless ['sliːpləs] <mn> **1.** álmatlan **2.** fáradhatatlan

sleepwalk ['sliːpwɔːk] <ige> alva jár

sleepwalker ['sliːp,wɔːkə] <fn> [C] alvajáró

sleepy ['sliːpɪ] <mn> (sleepier, sleepiest) **1.** álmos: *feel sleepy* álmos **2.** (el)álmos(ító); unalmas; csendes: *a sleepy little town* csendes/unalmas kis város

sleepyhead ['sliːpɪhed] <fn> [C] álomszuszék

¹sleet [sliːt] <fn> [U] havas eső; dara; ólmos/ónos eső

²sleet [sliːt] <ige> *It is sleeting.* Dara esik./Havas eső esik./Ólmos/Ónos eső esik.

sleeve [sliːv] <fn> [C] **1.** *(ruháé, kabáté stb.)* ujj: *a dress with short/long sleeves* rövid/hosszú ujjú ruha **2.** *(lemezé, könyvé stb.)* borító, tok **3.** műsz hüvely; karmantyú; persely

sleigh [sleɪ] <fn> [C] *(lovas)* szán

slender ['slendə] <mn> **1.** karcsú **2.** gyenge; csekély; középszerű: *slender chances* gyenge esélyek ∗ *slender majority* csekély többség

slept [slept] → **²sleep**

slew [sluː] → **slay**

¹slice [slaɪs] <fn> [C] **1.** szelet; darab: *a slice of bread* egy szelet kenyér ∗ *cut the meat into ten thin slices* a húst tíz vékony szeletre vágja **2.** biz rész(esedés): *the largest slice of the profits* a nyereség legnagyobb része/hányada ∗ *a slice of the territory* a terület egy része

²slice [slaɪs] <ige> (slices, slicing, sliced) **1.** (fel-)szel(etel) **2.** sp *(labdát)* nyes; csavar

---
slice (sg) off levág (vmit)
slice (sg) up felvág; felszeletel (vmit)

---

¹slick [slɪk] <mn> **1.** *(út stb.)* sima; egyenletes **2.** ravasz; ügyes

²slick [slɪk] <fn> [C] **oil slick** *(tengeren)* olajréteg; olajszennyeződés: *An oil slick threatened the cost.* Olajszennyeződés fenyegette a partot.

slicker ['slɪkə] <fn> [C] AmE esőkabát

slid [slɪd] → **¹slide**

¹slide [slaɪd] <ige> (slides, sliding, slid, slid) **1.** csúsztat, tol **2.** csúszkál; siklik; csúszik: *slide in the school corridors* csúszkál az iskolai folyosón **3.** oson; lopakodik **4.** folyamatosan csökken **5.** átv lejtőre kerül

♦ **let sg/things slide** biz nem törődik vmivel; békén hagy vmit

---
slide down lesiklik; lecsúszik
slide over sg átsiklik vmin

---

²slide [slaɪd] <fn> [C] **1.** csúszás; siklás **2.** csúszda **3.** dia(pozitív): *a talk with colour slides (színes diákkal)* vetített képes előadás **4.** *(mikroszkópon)* (tárgy)lemez **5.** BrE hajcsat

slide projector ['slaɪd prəˌdʒektə] <fn> [C] diavetítő

slide rule ['slaɪd ruːl] <fn> [C] logarléc

sliding door [ˌslaɪdɪŋ'dɔː] <fn> [C] tolóajtó

slight [slaɪt] <mn> **1.** csekély; jelentéktelen; kevés; könnyű; enyhe; gyenge: *not in the slightest degree* a legcsekélyebb mértékben sem ∗ *a slight problem* jelentéktelen probléma ∗ *slight injury* könnyű sérülés **2.** vékony; karcsú

♦ **haven't got the slightest idea** nem is sejti; halvány fogalma sincs róla

slightly [slaɪtlɪ] <hsz> **1.** kissé, némileg: *I'm slightly worried about you.* Kissé aggódom érted. **2. slightly-built** karcsú; törékeny

¹slim [slɪm] <mn> (slimmer, slimmest) **1.** karcsú; vékony: *a slim waist* karcsú derék **2.** *(remény, esély stb.)* kevés; csekély; hal(o)vány: *slim chance* halvány esély ∗ *slim income* kevés/szerény jövedelem **3.** biz ravasz

²slim [slɪm] <ige> (slims, slimming, slimmed) **1.** fogyókúrázik; fogyókúrát tart **2.** fogyaszt; soványít

slime [slaɪm] <fn> [C] **1.** nyálka **2.** iszap

slimy ['slaɪmɪ] <mn> nyálkás

¹sling [slɪŋ] <fn> [C] **1.** karfelkötő kendő: *carry one's arm in a sling* fel van kötve a karja **2.** parittya; parittyakő **3.** hurok

²sling [slɪŋ] <ige> (slings, slinging, slung, slung) **1.** vállra akaszt; felakaszt; vállra vet; fellógat: *He had a camera slung round his neck.* A nyakában lógott egy fényképezőgép. **2.** elhajít; dob; ellódít; parittyából kilő: *He slung a stone at the cat.* A macskára dobott egy követ.

¹slip [slɪp] <ige> (slips, slipping, slipped) **1.** csúszik; elcsúszik; megcsúszik: *slip on the ice* megcsúszik a jégen ∗ *The knife slipped and cut my finger instead of the bread.* Megcsúszott a kés, és a kenyér helyett az ujjamat vágta el. **2.** kicsúszik (**from sg/out of sg** vhonnan/vmiből): *The book slipped out of my hand.* A könyv kicsúszott a kezemből. **3.** (meg)téved; (meg-)botlik **4.** oson; surran; lopódzik: *slip out of the house* kioson a házból **5.** megszökik; kiszökik: *slip the country* kiszökik az országból **6.** hanyatlik; csökken **7.** (be)csúsztat (**sg to sy/ sly sg** vkit vmit vkinek): *slip the letter in the envelope* becsúsztatja a levelet a borítékba **8.** bebújik (**into sg** vmibe); kibújik (**out of sg** vmiből)

♦ **let slip 1.** *(alkalmat)* elszalaszt **2.** *(titkot stb.)* elkottyant; kikotyog ♦ **sg slips one's mind/memory** kimegy a fejéből; kiesik az emlékezetéből ♦ **slip sy's notice** elkerüli vki figyelmét ♦ **slip through one's fingers** biz kicsúszik a kezéből

---
slip away biz angolosan távozik; búcsú nélkül távozik
slip by/past elszáll; tovaszáll: *The years slipped by/past.* Elszálltak az évek.

---

slip into sg 1. *(ruhába)* be(le)bújik 2. észrevétlenül felvesz egy szokást
slip off biz észrevétlenül eltűnik; lelép
slip sg off *(ruhát)* ledob *(magáról)*
slip sg on *(ruhába)* bebújik; *(ruhát)* magára kap: *I slip my dress on, and we can go.* Magamra kapom a ruhámat, és mehetünk.
slip out biz kicsúszik a száján
slip through biz átcsúszik
slip sg through biz *(határon stb.)* átvisz vmit; átcsempész vmit
slip up biz melléfog; téved; baklövést követ el; bakizik

²**slip** [slɪp] <fn> [C] 1. (meg)csúszás; elcsúszás: *Just one small slip and you could break your arm.* Csak egy kis megcsúszás, és máris eltörheted a karodat! 2. hiba; botlás; tévedés: *make a slip* hibát követ el ∗ *There are four slips in the homework.* Négy hiba csúszott a házi feladatba. 3. cetli; cédula: *a slip of paper* cetli 4. (párna)huzat 5. hasáblevonat; kutyanyelv 6. kombiné

♦ **give sy the slip** biz meglóg vki elől ♦ **slip of the pen** elírás ♦ **slip of the tongue** nyelvbotlás; baki

slipped disc [ˌslɪpt'dɪsk] <fn> [C] porckorongsérv
slipper ['slɪpə] <fn> [C] papucs: *a pair of slippers* papucs
slippery ['slɪpərɪ] <mn> 1. csúszós; síkos 2. megbízhatatlan: *rather a slippery character* meglehetősen megbízhatatlan alak 3. *(ügy)* kényes; sikamlós
slip road ['slɪp rəʊd] <fn> [C] közl bekötőút; ráhajtóút; le-felhajtósáv
slipshod ['slɪpʃɒd] <mn> hanyag; rendetlen; trehány
slipway ['slɪpweɪ] <fn> [C] *(hajók vízbe csúsztatására szolgáló)* csúszda
¹**slit** [slɪt] <fn> [C] rés; nyílás; repedés; hasíték
²**slit** [slɪt] <ige> (slits, slitting, slit, slit) 1. felvág; hasít 2. elhasad; elreped
¹**slobber** ['slɒbə] <fn> [C] csorgó nyál
²**slobber** ['slɒbə] <ige> 1. benyálaz 2. nyáladzik
¹**slog** [slɒg] <ige> (slogs, slogging, slogged) 1. erősen üt; püföl 2. erőlködik, küszködik 3. **slog along/down/up/on** alig vonszolja magát: *We slogged on up the hill.* Felvonszoltuk magunkat a hegyre.
²**slog** [slɒg] <fn> [U] 1. erős ütés; püfölés 2. meló; gürcölés
slogan ['sləʊgən] <fn> [C] jelszó; jelmondat
¹**slop** [slɒp] <fn> [U] 1. mosogatólé 2. moslék; lötty 3. szennyvíz

²**slop** [slɒp] <ige> (slops, slopping, slopped) 1. kilöttyen 2. kilöttyent
¹**slope** [sləʊp] <fn> [C] 1. lejtő(s út); emelkedő: *a gentle slope* enyhe lejtő/emelkedő ∗ *walk down the slope* lesétál a lejtőn ∗ *run up the slope to the house* felrohan az emelkedőn a házhoz 2. lejtés; dőlés; lejtősség; hajlat
²**slope** [sləʊp] <ige> (slopes, sloping, sloped) lejt
sloppy ['slɒpɪ] <mn> 1. lucskos; nedves 2. hanyag 3. érzelgős; ömlengős 4. lottyadt; lötyögő
slosh [slɒʃ] <ige> 1. szl behúz egyet vkinek 2. *(vízben)* pancsol 3. *(folyadék)* lötyög 4. kiloccsant; löttyent
sloshed [slɒʃt] <mn> szl részeg; piás
¹**slot** [slɒt] <fn> [C] 1. rés; nyílás: *put a coin in the slot* bedob egy érmét a nyíláson 2. *(programban, rádióműsorban stb.)* (meghatározott) hely; időpont: *wait for a landing slot* leszállási időpontra vár
²**slot** [slɒt] <ige> (slots, slotting, slotted) 1. nyílásba bedob; becsúsztat 2. nyílást vág vmibe

slot sg in bepresel vmit: *slot in a tea-break between two jobs* két munka közé bepresel egy teaszünetet

sloth [sləʊθ] <fn> [C] áll lajhár
slot machine ['slɒt məˌʃiːn] <fn> [C] 1. pénzbedobós automata 2. játékautomata
slouch [slaʊtʃ] <ige> nehézkesen/lomhán mozog; csoszog; hanyagul ül/áll/jár
¹**Slovak** ['sləʊvæk] <mn> szlovák
²**Slovak** ['sləʊvæk] <fn> 1. [C] *(személy)* szlovák 2. [U] *(nyelv)* szlovák
Slovakia [sləʊ'vækɪə] <fn> Szlovákia
Slovene ['sləʊviːn] → **Slovenian**
Slovenia [sləʊ'viːnɪə] <fn> Szlovénia
¹**Slovenian** [sləʊ'viːnɪən] <mn> szlovén
²**Slovenian** [sləʊ'viːnɪən] <fn> 1. [C] *(személy)* szlovén 2. [U] *(nyelv)* szlovén
slovenly ['slʌvnlɪ] <mn> elhanyagolt; slampos; ápolatlan
¹**slow** [sləʊ] <mn> 1. lassú: *be slow* lassú ∗ *be slow at doing sg//be slow to do sg* lassan készít el vmit ∗ *go at a slow speed* lassan megy ∗ *a slow train* lassú vonat 2. késik: *My watch is five minutes slow.* Az órám öt percet késik. 3. hanyag 4. unalmas; vontatott: *The second part of the film is very slow.* A film második része nagyon vontatott. 5. ostoba; nehézfejű 6. *(üzlet)* pangó
²**slow** [sləʊ] <hsz> lassan: *drive slow* lassan vezet

³**slow** [sləʊ] <ige> 1. (le)lassít; késleltet: *The car slowed.* Az autó lassított. * *slow the progress* lassítja a folyamatot 2. lassul: *inflation slowed significantly* az infláció jelentősen lassult

> **slow down/up** lelassul; (le)lassít; fékezi a tempót: *You should slow down a bit.* Lassítanod kellene egy kicsit!
> **slow sg/sy down/up** lelassít/fékez vmit/vkit

slowcoach ['sləʊkəʊtʃ] <fn> [C] biz lassú (észjárású/mozgású) ember

slowdown ['sləʊdaʊn] <fn> [C] AmE munkalassító sztrájk

slow motion [ˌsləʊ'məʊʃn] <fn> [U] lassított (film)felvétel: *in slow motion* lassítva; lassított felvételben/-ről

sludge [slʌdʒ] <fn> [U] iszap; sár; latyak; lucsok; üledék

slug [slʌg] <fn> [C] meztelen csiga

sluggish ['slʌgɪʃ] <mn> tunya; lomha; lassú

¹**sluice** [sluːs] <fn> [C] zsilip

²**sluice** [sluːs] <ige> (sluices, sluiced, sluicing) 1. zsilippel elzár 2. *(vizet zsilipeken)* leereszt; *(zsilipek megnyitásával)* vízzel eláraszt 3. biz alaposan leöblít

sluice gate ['sluːs geɪt] <fn> [C] zsilip(gát); zsilipkapu

slum [slʌm] <fn> [C] nyomornegyed

¹**slump** [slʌmp] <fn> [C] 1. *(áré stb.)* hirtelen esés (**in sg** vmiben): *a slump in prices* hirtelen áresés 2. gazdasági válság

²**slump** [slʌmp] <ige> 1. gazd *(ár, árfolyam)* zuhan; hirtelen nagyot esik: *Profits slumped to under £10million.* A nyereség hirtelen 10 millió font alá zuhant. 2. besüllyed; lerogy: *She slumped into the armchair.* A karosszékbe rogyott.

slung [slʌŋ] → ²**sling**

¹**slur** [slɜː] <ige> (slurs, slurring, slurred) 1. hibásan/érthetetlenül beszél 2. becsmérel; rágalmaz; befeketít

²**slur** [slɜː] <fn> [C] 1. bántó megjegyzés; sértés 2. gyalázat; szégyenfolt 3. hibás kiejtés

slurp [slɜːp] <ige> *(levest stb.)* szürcsöl

slush [slʌʃ] <fn> [U] 1. latyak 2. biz érzelgősség; giccs

sly [slaɪ] <mn> 1. sunyi; ravasz; agyafúrt; alattomos 2. *(mosoly)* hamiskás 3. titokzatos: *on the sly* titokban; alattomban

¹**smack** [smæk] <ige> 1. *(nyelvvel)* csattant; csettint: *smack one's lips* csámcsog; cuppant; lefetyel 2. *(tenyérrel)* rácsap; ráver 3. cuppan, csattan 4. **smack of sg** vmi érzik vmin; vmilyen íze/látszata van

²**smack** [smæk] <fn> [C] 1. csattanás; csettintés; cuppan(t)ás 2. cuppanós csók 3. pofon: *give sy a smack* megpofoz vkit; odaken vkinek

¹**small** [smɔːl] <mn> (smaller, smallest) 1. kicsi; kis; alacsony: *a small summer-house* egy kicsi/kis nyaraló * *a small car* kis autó * *She is small but her brother is tall.* Ő alacsony, a bátyja viszont magas. 2. kicsi; fiatal 3. jelentéktelen; csekély; kevés: *a few small mistakes* néhány jelentéktelen kis hiba * *We have small hope.* Kevés a reményünk. 4. rövid; szűk

²**small** [smɔːl] <hsz> 1. kis betűkkel: *write small* kis betűkkel ír 2. apróra; kis darabokra 3. csekély mértékben

small ad [ˌsmɔːl æd] <fn> [C] apróhirdetés

small change [ˌsmɔːl 'tʃeɪndʒ] <fn> [U] aprópénz

small hours ['smɔːlˌaʊəz] <fn> [pl] kora hajnal: *the small hours* a kora hajnali órák

small-minded [ˌsmɔːl'maɪndɪd] <mn> kicsinyes

smallpox ['smɔːlpɒks] <fn> [U] himlő

small print [ˌsmɔːl'prɪnt] <fn> [U] **the small print** apróbetűs rész

small talk ['smɔːl tɔːk] <fn> [U] könnyed társalgás, csevegés

smarmy ['smɑːmɪ] <mn> mézesmázos

¹**smart** [smɑːt] <mn> (smarter, smartest) 1. talpraesett; eszes; gyors felfogású: *a smart little boy* talpraesett kisfiú 2. AmE okos; intelligens 3. elegáns, csinos; jól öltözött; divatos; előkelő: *look smart* elegáns * *smart clothes* divatos ruhák * *smart restaurant* előkelő étterem 4. szúrós; csípős; *(fájdalom)* éles 5. élénk; lendületes; erőteljes

²**smart** [smɑːt] <ige> 1. *(seb)* fáj; sajog; ég 2. szenved 3. neheztel (**from/over/with sg** vmi miatt/vmiért): *smart from sy's remarks* neheztel vkinek a megjegyzései miatt * *smart with neglect* neheztel a mellőzésért 4. megszenved; bűnhődik

smart aleck ['smɑːtˌælɪk] <fn> [C] biz tudálékos ember; nagyokos; okoskodás; okostóni

smart ass ['smɑːt æs] <fn> [C] biz AmE tudálékos ember; nagyokos; okoskodás; okostóni

smart card ['smɑːt kɑːd] <fn> [C] aktív memóriakártya; intelligens kártya

smartphone ['smɑːtfəʊn] <fn> [C] okostelefon

smartwatch ['smɑːtwɒtʃ] <fn> [C] okosóra

¹**smash** [smæʃ] <ige> 1. összezúz; szétzúz; összetör: *smash sg to pieces* darabokra tör vmit * *The bad news smashed my hopes.* A rossz hírek összetörték a reményeimet. 2. betör; bezúz: *smash the window* betöri az ablakot * *smash one's head* betöri a fejét 3. összezúzódik; összetörik; összeütközik; nekicsapó-

dik (**against/into/through sg** vminek): *The bike smashed into a post box.* A bicikli nekicsapódott/nekiment egy postaládának. **4.** *(labdát)* lecsap: *smash the ball (teniszben)* megöli a labdát **5.** tönkremegy
♦ **smash a record** megdönt/megjavít egy csúcsot/rekordot

smash sg up összetör; összezúz vmit

²**smash** [smæʃ] <hsz> *go smash* tönkremegy * *go/run smash into sg* teljes erővel beleszalad vmibe

³**smash** [smæʃ] <fn> [C, U] **1.** darabokra törés; összetörés; csattanás **2.** karambol; súlyos baleset **3.** *(teniszben)* lecsapás **4.** átütő siker; bombasiker

smash hit [ˌsmæʃˈhɪt] <fn> [C, U] átütő siker; bombasiker

smashing [ˈsmæʃɪŋ] <mn> biz remek; elképesztő; bomba jó

smash-up [ˈsmæʃʌp] <fn> [C] súlyos szerencsétlenség/karambol/összeütközés

smattering [ˈsmætərɪŋ] <fn> [U] felszínes/felületes tudás: *have a smattering of sg* konyít vmihez

¹**smear** [smɪə] <fn> [C] **1.** (zsír)folt **2.** rágalmazás; rágalom **3.** orv kenet

²**smear** [smɪə] <ige> **1.** beken; ráken (**sg on/over sg** vmit vmire) **2.** elken; elmaszatol **3.** bemocskol; befeketít; rágalmaz (**sg/sy with sg** vmit/vkit vmivel)

smear test [ˈsmɪə test] <fn> [C, U] orv kenet(vétel)

¹**smell** [smel] <ige> (smells, smelling, smelt/smelled, smelt/smelled) **1.** vmilyen szagot érez: *I can smell something burning.* Égett szagot érzek. * *I couldn't smell anything.* Nem éreztem semmit./Nem éreztem semmi szagot. * *I smelt the flowers.* Éreztem a virágok illatát. * *I can't smell properly because I've got a cold.* Nem érzem a szagokat, mert náthás vagyok./Nem működik a szaglásom, mert náthás vagyok. **2.** vmilyen szaga/illata van: *smell good/nasty* jó szagú; büdös * *This onion smells strong.* Ennek a hagymának erős szaga van. * *Roses smell sweet.* A rózsák édes illatúak. **3. smell of sg** érzik rajta vmi: *It smells of cigarette.* Cigarettaszaga van. **4.** büdös: *Dirty socks smell.* A piszkos zokni büdös. * *Your breath smells.* Büdös a szád! **5.** megszagol; szimatol: *Come and smell the roses.* Gyere ide, és szagold meg a rózsákat!

²**smell** [smel] <fn> **1.** [C] szag; illat: *the smell of flowers* a virágok illata * *the smell of gas* gáz-

szag * *a pleasant smell* kellemes illat/szag **2.** [U] szaglás: *have a good sense of smell* jó a szaglása/szaglóérzéke **3.** [C] szaglás; megszagolás: *take a smell of sg* vmit megszagol * *Have a smell of this!* Szagold meg ezt!

smelly [ˈsmelɪ] <mn> (smellier, smelliest) büdös: *smelly socks* büdös zokni

smelt [smelt] → ¹**smell**

¹**smile** [smaɪl] <ige> (smiles, smiling, smiled) mosolyog: *He smiled when he saw me.* Mosolygott, amikor meglátott. * *Keep smiling!* Légy mindig vidám!/Mindig mosolyogj!

smile at sg/sy mosolyog vmin/vkin; rámosolyog vmire/vkire; megmosolyog vmit/vkit: *What are you smiling at?* Min mosolyogsz?

smile (up)on sy rámosolyog vkire: *Luck smiles on you.* Rád mosolyog a szerencse.

²**smile** [smaɪl] <fn> [C] mosoly(gás): *say sg with a smile* mosollyal (az arcán) mond vmit * *have a smile on sy's face* mosoly jelenik meg az arcán * *give sy a smile* rámosolyog vkire * *a smile of satisfaction* az elégedettség mosolya * *be all smiles* csupa mosoly * *break into a smile* elmosolyodik

smirk [smɜːk] <fn> [C] önelégült mosoly(gás)/vigyor(gás); (kárörvendő) vigyor

smith [smɪθ] <fn> [C] kovács

smithereens [ˌsmɪðəˈriːnz] <fn> [pl] apró darabok: *smash into smithereens* ripityára tör(ik)

smog [smɒg] <fn> [U] szmog; füstköd

¹**smoke** [sməʊk] <fn> **1.** [U] füst: *cigarette smoke* cigarettafüst **2.** [C] dohányzás **3.** [C] biz cigaretta: *have a smoke* elszív egy cigarettát * *go outside for a smoke* kimegy elszívni egy cigarettát
♦ **go up in smoke** biz füstbe megy; elszáll
♦ **There's no smoke without fire./Where there's smoke there's fire.** Nem zörög a haraszt, ha nem fújja a szél.

²**smoke** [sməʊk] <ige> (smokes, smoking, smoked) **1.** füstöl; gőzölög: *The chimney is smoking.* Füstöl a kémény. **2.** cigarettázik; dohányzik: *smoke a cigarette* elszív egy cigarettát; cigarettázik * *smoke a pipe* pipázik **3.** *(ételt, húst)* (meg)füstöl

smoked [sməʊkt] <mn> *(hús stb.)* füstölt

smoker [ˈsməʊkə] <fn> [C] **1.** dohányos; dohányzó ember: *become a smoker* dohányossá válik * *chain smoker* láncdohányos * *a heavy smoker* erős dohányos **2.** *(vonaton)* dohányzó (szakasz): *sit in a non-smoker* nemdohányzó szakaszban ül

smokestack ['sməʊkstæk] <fn> [C] **1.** gyárkémény **2.** hajókémény **3.** AmE mozdonykémény

¹**smoking** ['sməʊkɪŋ] <fn> [U] dohányzás: *no smoking* tilos a dohányzás ∗ *give up smoking* abbahagyja a dohányzást ∗ *smoking or nonsmoking section (étteremben)* dohányzó vagy nemdohányzó rész/asztalok

> Vigyázat, álbarátok!
> **smoking** ≠ szmoking (= *(öltöny)* BrE dinner suit; AmE tuxedo; *(ennek kabátja)* BrE dinner jacket; AmE tuxedo)

²**smoking** ['sməʊkɪŋ] <mn> dohányzó, füstölő

smoky ['sməʊki] <mn> **1.** *(szoba)* füstös **2.** füstölgő

smolder ['sməʊldə] AmE → **smoulder**

smooch [smuːtʃ] <ige> biz smárol; csókolózik

¹**smooth** [smuːð] <mn> (smoother, smoothest) **1.** *(felület, bőr stb.)* sima; sík: *smooth skin* sima bőr ∗ *The table is smooth.* Az asztal sík. **2.** *(keverék stb.)* sima; egyenletes: *a smooth paste* sima tészta **3.** sima; zavartalan; nyugodt; békés: *a smooth landing* sima/zavartalan leszállás **4.** sima; gördülékeny: *have a smooth meeting* gördülékenyen zajlik a megbeszélés **5.** udvarias; előzékeny; hízelgő; sima modorú; mézes-mázos

²**smooth** [smuːð] <ige> **1.** (le)simít; (el)egyenget; simává tesz **2.** elsimul; lecsillapodik **3.** lecsillapít

> **smooth sg away/back** el-/kisimít vmit
> **smooth sg down/out** le-/kisimít vmit
> **smooth sg over 1.** elsimít vmit **2.** szépítget/palástol vmit

smoothly [smuːðli] <hsz> simán

smother ['smʌðə] <ige> **1.** megfojt: *He smothered his victim.* Áldozatát megfojtotta. **2.** *(tüzet)* elolt **3.** *(érzelmet)* elfojt **4.** eláraszt; elhalmoz (**sy with sg** vkit vmivel): *He smothered her with kisses.* Csókokkal árasztotta el. **5.** megfullad; fulladozik **6.** füstölög; parázslik

smoulder ['sməʊldə] <ige> hamvad; parázslik

SMS [ˌesem'es] [= short message service] SMS (= rövidüzenet-szolgáltatás)

¹**smudge** [smʌdʒ] <fn> [C] (piszok)folt: *a smudge of ink* tintafolt

²**smudge** [smʌdʒ] <ige> (smudges, smudging, smudged) **1.** összemaszatol; elmaszatol; ösz-szeken; bepiszkít; elken **2.** elkenődik; elmaszatolódik

smug [smʌg] <mn> (smugger, smuggest) önelégült; öntelt

smuggle ['smʌgl] <ige> (smuggles, smuggling, smuggled) csempészik

smuggler ['smʌglə] <fn> [C] csempész

smuggling ['smʌglɪŋ] <fn> [U] csempészet

smut [smʌt] <fn> [C] **1.** (korom)folt; maszat **2.** növ rozsda; (gabona)üszög **3.** trágárság; trágár beszéd

smutty ['smʌti] <mn> **1.** kormos; piszkos; maszatos **2.** üszkös **3.** trágár

snack [snæk] <fn> [C] pár falat/harapás; harapnivaló; gyors étkezés: *have a snack* bekap/eszik vmit ∗ *Let's have a snack!* Kapjunk be pár falatot!/Kapjunk be valamit!

snack bar ['snæk bɑː] <fn> [C] gyorsbüfé, ételbár, falatozó

¹**snag** [snæg] <fn> [C] **1.** buktató, bökkenő; rejtett akadály; probléma; hiba **2.** kiálló, hegyes csonk; szakadás

²**snag** [snæg] <ige> (snags, snagging, snagged) **1.** elszakít **2.** elszakad **3.** *(folyómedret farönköktől)* megtisztít

snail [sneɪl] <fn> [C] csiga: *at a snail's pace* csigatempóban/csigalassúsággal

snail mail ['sneɪl meɪl] <fn> [U] biz rendes/hagyományos (nem elektronikus) posta; csigaposta

snake [sneɪk] <fn> [C] kígyó

¹**snap** [snæp] <ige> (snaps, snapping, snapped) **1.** elpattant; eltör: *snap a stick in half* kettétör egy botot **2.** bekattant; bekattint; bepattint **3.** *(ujjal)* csettint; pattint: *snap one's fingers at sy* fityiszt mutat vkinek ∗ *snap one's fingers* ujjaival csettint **4.** elkap; elcsíp; megfog **5.** lekap; lefényképez: *He snapped the children.* Lekapta/Lefényképezte a gyerekeket. **6.** kettétörik; elpattan; lepattan **7.** *(kutya)* odakap; utánakap; harap: *The dog snapped at her ankles.* A kutya a bokája után kapott. **8.** dühösen odaszól (**at sy** vkinek)
◆ **Snap out of it!** biz Fel a fejjel!

> **snap out of sg** kimászik vmiből
> **snap sg up** *(árut)* elkapkod

²**snap** [snæp] <fn> **1.** [C] csattanás; pattanás; bekattanás **2.** [C] pattintás **3.** [C] zár; csat; kapocs **4.** [C] gyorsfényképpillanatfelvétel **5.** [U] *(kártyajáték)* snapszli **6.** [U] hirtelen időváltozás: *a cold snap* hirtelen hideg

³**snap** [snæp] <mn> váratlan; hirtelen; elhamarkodott: *snap decision* elhamarkodott döntés

snap fastener ['snæp,fɑːsnə] <fn> [C] patent(-kapocs)

snappy ['snæpɪ] <mn> **1.** harapós; csípős: *She was rather snappy today.* Ma meglehetősen harapós (kedvében) volt. **2.** eleven; talpraesett; szellemes: *Make it snappy!* Mozgás! **3.** elegáns; csinos

snapshot ['snæpʃɒt] <fn> [C] fénykép; pillanatkép; pillanatfelvétel

snare [sneə] <fn> [C] kelepce; csapda

¹snarl [snɑːl] <ige> **1.** fogát vicsorgatva morog **2.** rámordul (**sy/at sy** vkire)

²snarl [snɑːl] <fn> [C] morgás; vicsorgás

snarl-up ['snɑːlʌp] <fn> [C] biz forgalmi akadály/dugó

¹snatch [snætʃ] <ige> **1.** megkaparint; megragad; hirtelen elkap; eloroz: *The monkey snatched the banana out of my hand.* A majom hirtelen kiragadta a kezemből a banánt. **2.** *(alkalmon)* kapva kap: *snatch an hour's sleep* kapva kap egy órás alváson

snatch at sg vmi után kap

²snatch [snætʃ] <fn> **1.** [U] vmi után kapás **2.** [C] *(beszédé stb.)* foszlány: *a snatch of conversation* beszédfoszlány ∗ *by/in snatches* megszakításokkal

¹sneak [sniːk] <ige> (sneaks, sneaking, sneaked, sneaked; AmE snuck, snuck) **1.** biz elcsen; elemel: *sneak a letter out of the drawer* elcsen egy levelet a fiókból **2.** settenkedik; oson; lopakodik **3.** árulkodik; spicliskedik

sneak away/off elsomfordál
sneak in/out belopódzik/kilopódzik

²sneak [sniːk] <fn> [C] *(személy)* árulkodó; spicli

sneakers ['sniːkərz] <fn> [pl] AmE edzőcipő

¹sneer [snɪə] <ige> **sneer at sy/sg** gúnyosan mosolyog vkin/vmin//vkire/vmire; fitymál vkit/vmit

²sneer [snɪə] <fn> [C] gúnyos mosoly

¹sneeze [sniːz] <ige> (sneezes, sneezing, sneezed) tüsszög, tüsszent
 ♦ **not to be sneezed at** biz nem megvetendő; nem utolsó dolog; nem semmi

²sneeze [sniːz] <fn> [C] tüsszentés

snicker ['snɪkə] AmE → **snigger**

¹sniff [snɪf] <ige> **1.** szimatol **2.** szipákol; szipog **3.** szippant
 ♦ **not to be sniffed at** biz nem megvetendő; nem semmi

sniff at sg fitymál vmit; fintorog vmi miatt
sniff up felszippant

²sniff [snɪf] <fn> [C] **1.** szimatolás **2.** szipákolás; szipogás **3.** szippantás

¹snigger ['snɪgə] <ige> kuncog; vihog (**at sy/sg** vkin/vmin)

²snigger ['snɪgə] <fn> [C] kuncogás; vihogás

¹snip [snɪp] <ige> (snips, snipping, snipped) (le)nyisszant

²snip [snɪp] <fn> **1.** (le)nyisszantás; lemetszés **2.** lemetszett darab/szelet **3. snips** [pl] lemezvágó olló **4.** jó üzlet/vétel; olcsó/előnyös dolog: *It's a snip!* Megéri!

snipe ['snaɪp] <fn> [C] szalonka

sniper ['snaɪpə] <fn> [C] orvlövész

snivel ['snɪvl] <ige> (snivels, snivelling, snivelled) **1.** nyafog; nyavalyog; siránkozik; sírdogál **2.** szipákol; folyik az orra

snob [snɒb] <fn> [C] sznob

snobbery ['snɒbərɪ] <fn> [U] sznobság; sznobizmus

snobbish ['snɒbɪʃ] <mn> sznob

¹snog [snɒg] <fn> [U] biz csókolózás; smárolás

²snog [snɒg] <ige> (snogs, snogging, snogged) csókolgat; csókolózik; smárol

¹snooker ['snuːkə] <fn> [U] *(a biliárd egy fajtája)* snooker

²snooker ['snuːkə] <ige> **be snookered** kellemetlen/szorult helyzetben van

snoop [snuːp] <ige> biz **1. snoop about/around sg** szimatol/szaglászik vhol **2. snoop on sy** szimatol/szaglászik vki után; spicliskedik vkire

snooty ['snuːtɪ] <mn> biz beképzelt; sznob; felvágós

¹snooze [snuːz] <ige> (snoozes, snoozing, snoozed) biz szunyókál; szundít

²snooze [snuːz] <fn> [C] szundikálás: *have a snooze* szundikál

¹snore [snɔː] <ige> (snores, snoring, snored) horkol

²snore [snɔː] <fn> [C] horkolás

snorkel ['snɔːkl] <fn> [C] *(könnyűbúváré)* légzőcső; búvárpipa

¹snort [snɔːt] <ige> **1.** *(ló stb.)* prüszköl; horkant **2.** haragosan kijelent; felhorkan

²snort [snɔːt] <fn> [C] prüszkölés; horkantás; felhorkanás

snot [snɒt] <fn> [U] biz takony

snout [snaʊt] <fn> [C] *(állaté)* pofa

¹snow [snəʊ] <fn> [U] hó: *play in the snow* játszik a hóban ∗ *be covered with snow* hó borít vmit ∗ *15 centimetres of snow* 15 cm hó ∗ *blanket of* *snow* hótakaró ∗ *as white as snow* hófehér ∗ *Snow is falling heavily.* Szakad a hó.

²**snow** [snəʊ] <ige> havazik; esik a hó: *It's snowing.* Havazik.
  ♦ **be snowed in** be van havazva ♦ **be snowed under (with sg)** biz el van havazva; ki se látszik (a munkából stb.)

snowball ['snəʊbɔːl] <fn> [C] hógolyó

snowball fight ['snəʊbɔːl faɪt] <fn> [C, U] hócsata

snowboard ['snəʊbɔːd] <fn> [C] hódeszka; snowboard

snowboarder ['snəʊbɔːdə] <fn> [C] hódeszkás; snowboardos

snowboarding ['snəʊbɔːdɪŋ] <fn> [U] hódeszkázás; snowboardozás

snow-capped ['snəʊkæpt] <mn> *(hegycsúcs stb.)* hófödte

snow chain ['snəʊ tʃeɪn] <fn> [C] *(autóé)* hólánc

snowdrift ['snəʊdrɪft] <fn> [C] hóakadály

snowdrop ['snəʊdrɒp] <fn> [C] hóvirág

snowfall ['snəʊfɔːl] <fn> **1.** [C] havazás; hóesés: *a heavy snowfall* erős havazás **2.** [U] hómennyiség: *The snowfall last year wasn't higher than average.* A tavaly lehullott összes hómennyiség nem volt magasabb, mint az átlag.

snowflake ['snəʊfleɪk] <fn> [C] hópehely

snowman ['snəʊmæn] <fn> [C] (snowmen) hóember

snowplough ['snəʊplaʊ] <fn> [C] hóeke

snowstorm ['snəʊstɔːm] <fn> [C] hóvihar

snowy ['snəʊi] <mn> **1.** havas: *snowy weather* havas idő **2.** hófehér: *snowy hair* hófehér haj

Snr [= Senior] BrE id. (= idősebb)

¹**snub** [snʌb] <ige> (snubs, snubbing, snubbed) letorkol; visszautasít; lekezel vkit

²**snub** [snʌb] <fn> [C] letorkolás; visszautasítás

³**snub** [snʌb] <mn> pisze: *a snub nose* pisze orr

¹**snuff** [snʌf] <fn> [C] tubák

²**snuff** [snʌf] <ige> *(gyertyát)* elkoppant

snuffle ['snʌfl] <ige> (snuffles, snuffling, snuffled) szipog; szipákol; szuszog

snug [snʌg] <mn> (snugger, snuggest) kényelmes; lakályos; barátságos; jól védett: *a snug little house* kényelmes kis ház ∗ *make oneself snug* kényelembe helyezi magát

snuggle ['snʌgl] <ige> (snuggles, snuggling, snuggled) **1.** kényelembe helyezi magát **2. snuggle up to sy** odabújik vkihez

¹**so** [səʊ] <hsz> **1.** olyan; annyira: *so sweet* olyan édes ∗ *I was so sad that…* Olyan szomorú voltam, hogy… ∗ *You are so kind to me.* Annyira kedves vagy velem! **2.** is; szintén: *"I am hungry" "So am I."* „Éhes vagyok." „Én is." ∗ *She came on foot and so did I.* Ő gyalog jött, és én is (így tettem). **3.** *(helyeslés, megerősítés)* igen: *"Is this the bus we were waiting for?" "I think so."* „Ez az a busz, amire vártunk?" „Azt hiszem(, igen)." ∗ *I hope so.* Remélem(, hogy igen). ∗ *I'm afraid so.* Attól tartok(, hogy igen). ∗ *I don't think so.* Nem hiszem. ∗ *I can't go to the theatre – if so, I will give you my ticket.* Nem tudok elmenni a színházba – ebben az esetben neked adom a jegyemet. **4.** *(nyomósítás)* bizony; úgy van: *"You'll need this bag for your journey, won't you?" "So I will."* „Szükséged lesz erre a táskára az utadhoz, nem?" „De bizony!"
  ♦ **and so on (and so forth)** és így tovább
  ♦ **be so good/kind** legyen olyan jó/kedves
  ♦ **I told you so!** Nem megmondtam!
  ♦ **just so 1.** nagyon helyes **2.** rendben; a helyén ♦ **not so… (as)** nem olyan…, mint *He is not so tall as his brother.* Nem olyan magas, mint a bátyja. ∗ *It is not so easy as you think.* Ez nem olyan egyszerű, mint gondolnád. ♦ **or so** körülbelül; …vagy *a mile or so* körülbelül egy mérföld ♦ **so-called** úgynevezett; állítólagos ♦ **so far** eddig (még); mind a mai napig ♦ **so far so good** eddig rendben volnánk ♦ **So long!** Viszontlátásra! ♦ **so long as** feltéve, hogy ♦ **so much sg** annyira; olyan… ♦ **without so much as…** anélkül, hogy… ♦ **so-so** tűrhetően; közepesen; nem túl jól ♦ **so that…** úgy…, hogy ♦ **so to speak** mintegy; jóformán

²**so** [səʊ] <ksz> **1.** úgyhogy; tehát; így; ezért: *It was cold so I put on my coat.* Hideg volt, úgyhogy felvettem a kabátomat. **2. so (that)** azért/azon célból, hogy…: *We shall get up early so (that) we could reach the train.* Korán fogunk felkelni, azért, hogy elérjük a vonatot. **3.** és aztán: *So what did you do?* És aztán mit tettél?
  ♦ **so as to…** azon célból, hogy… ♦ **so what?** biz na és akkor mi van?

soak [səʊk] <ige> **1.** beáztat: *soak the clothes overnight* éjszakára beáztatja a ruhákat **2.** átáztat; átitat: *The shower has soaked my shoes.* A zuhany átáztatta a cipőmet. **3.** pácol **4.** ázik; átázik; átitatódik **5.** átvérzik **6.** felszív; magába szív

---

soak in sg belemélyed; belemerül vmibe
soak sg in sg áztat vmit vmiben
soak through sg átázik; átszivárog vmin
soak sg up 1. magába szív vmit **2.** felitat vmit

soaked [səʊkt] <mn> átázott; átitatott; beáztatott

soaking ['səʊkɪŋ] <mn> **soaking (wet)** bőrig ázott

so-and-so ['səʊənsəʊ] <fn> [C] (so-and-sos) X. Y.: *Mr so-and-so* X. Y. úr

¹soap [səʊp] <fn> [C] szappan

²soap [səʊp] <ige> (be)szappanoz

soap opera ['səʊp,ɒprə] <fn> [C] szappanopera

soar [sɔː] <ige> **1.** szárnyal; felszáll; felrepül; fenn lebeg: *Seagulls soared above the cliffs.* Sirályok szálltak a sziklák fölött. **2.** *(ár stb.)* magasba szökik: *Unemployment has soared.* A munkanélküliség a magasba szökött.

¹sob [sɒb] <ige> (sobs, sobbing, sobbed) **1.** zokog **2.** elzokog

²sob [sɒb] <fn> [C] zokogás

¹sober ['səʊbə] <mn> **1.** józan; higgadt: *a sober mood* józan viselkedés ∗ *be sober* józan; higgadt ∗ *cold sober* színjózan **2.** szolid; diszkrét: *a sober skirt* szolid szoknya **3.** mértékletes

²sober ['səʊbə] <ige> **sober down/up** kijózanodik; lehiggad: *She has sobered down.* Megjött az esze.

sob story ['sɒb,stɔːri] <fn> [C] biz érzelgős/könnyfakasztó történet

so-called ['səʊkɔːld] <mn> úgynevezett

soccer ['sɒkə] <fn> [U] futball; foci: *play soccer* focizik

sociable ['səʊʃəbl] <mn> társaságkedvelő; barátságos; barátkozó

social ['səʊʃl] <mn> **1.** társadalmi; szociális: *social problems* társadalmi problémák ∗ *social reforms* társadalmi reform **2.** társas(ági): *a busy social life* eseménydús társas élet **3.** *(lény)* társas; csoportosan/csoportban élő: *Ants are social insects.* A hangyák csoportosan élő bogarak.

social class [,səʊʃl 'klɑːs] <fn> [C] társadalmi osztály

social democracy [,səʊʃl dɪ'mɒkrəsi] <fn> [C, U] (social democracies) szociáldemokrácia

social democrat [,səʊʃl'deməkræt] <fn> [C] *(személy)* szociáldemokrata

social insurance ['səʊʃl ɪn'ʃʊərəns] <fn> [U] társadalombiztosítás

socialism ['səʊʃəlɪzm] <fn> [U] szocializmus

¹socialist ['səʊʃəlɪst] <mn> szocialista

²socialist ['səʊʃəlɪst] <fn> [C] szocialista

social media [,səʊʃl 'miːdiə] <fn> [pl] közösségi média

social network [,səʊʃl 'netwɜːk] <fn> [C] közösségi háló(zat)

social science [,səʊʃl'saɪəns] <fn> [C, U] társadalomtudomány

social security [,səʊʃl sɪ'kjʊərəti] <fn> [U] társadalombiztosítás

social services [,səʊʃl 'sɜːvɪsɪz] <fn> [pl] szociális szolgáltatások

social welfare ['səʊʃl,welfeə] <fn> [U] társadalmi jólét; közjólét

social welfare institutions [,səʊʃl,welfeə ɪnstɪ'tjuːʃnz] <fn> [pl] szociális intézmények

social work ['səʊʃl,wɜːk] <fn> [U] szociális munka

social worker ['səʊʃl,wɜːkə] <fn> [C] szociális munkás

society [sə'saɪəti] <fn> (societies) **1.** [C, U] társadalom: *the problems of today's society* napjaink társadalmának problémái ∗ *modern western societies* modern nyugati társadalmak **2.** [C] társaság; klub: *the university music society* az egyetemi zenekedvelők társasága/klubja **3.** [U] társaság(i együttlét): *enjoy the society of old people* az idős emberek társaságát élvezi ∗ *be fond of society* társaságkedvelő **4.** [U] társaság: *high society* előkelő társaság

sociologist [,səʊsi'ɒlədʒɪst] <fn> [C] szociológus

sociology [,səʊsɪ'ɒlədʒi] <fn> [U] szociológia

sock [sɒk] <fn> [C] zokni: *a pair of socks* egy pár zokni ∗ *knee socks* térdzokni
 ♦ **pull one's socks up** biz felköti a gatyáját ♦ **Put a sock in it!** biz Fogjátok már be!
 ♦ **take a sock at sy** biz odasóz egyet

socket ['sɒkɪt] <fn> [C] **1.** csatlakozóaljzat; dugaszolóaljzat; konnektor **2.** üreg; gödör

¹sod [sɒd] <fn> [C] szl seggfej

²sod [sɒd] <fn> [C] göröngy; rög; gyeptégla

³sod [sɒd] <ige> (sods, sodding, sodded) gyeptéglával kirak

Sod's Law [,sɒdz'lɔː] <fn> [U] tréf Murphy törvénye

soda ['səʊdə] <fn> [C, U] **soda (water)** szódavíz

sofa ['səʊfə] <fn> [C] kanapé; dívány; szófa

soft [sɒft] <mn> (softer, softest) **1.** puha: *soft banana* puha banán ∗ *be too soft to cut* túl puha ahhoz, hogy vágni lehessen ∗ *a comfortable soft armchair* kényelmes, puha karosszék **2.** *(bőr stb.)* puha; finom; bársonyos: *the baby's soft skin* a baba puha bőre **3.** gyenge; engedékeny; szelíd: *be too soft with the workers* túlságosan engedékeny a munkásokkal **4.** *(hang)* halk; csendes; nyugodt: *in a soft voice* halk hangon; halkan **5.** *(időjárás)* enyhe: *soft wind* enyhe szél **6.** lágy **7.** kellemes; könnyű: *soft job* kellemes kis állás **8.** *(drog)* könnyű: *soft drugs* könnyű drogok
 ♦ **be soft about/on sy** biz bele van esve vkibe ♦ **give soft soap to sy/soft soap sy (into sg)** biz hízeleg vkinek ♦ **have a soft spot for sy** biz szeret; csíp vkit

soft-boiled ['sɒftbɔɪld] <mn> *(tojás)* lágy; puhára főtt
soft-boiled egg [,sɒftbɔɪld'eg] <fn> [C] lágytojás
soft drink ['sɒft drɪŋk] <fn> [C] üdítőital; alkoholmentes ital
soften ['sɒfn] <ige> **1.** átv is meglágyul; megpuhul: *The apple softened.* Megpuhult az alma. * *His voice softened.* Meglágyult a hangja. **2.** *(fájdalom, időjárás stb.)* enyhül; csillapul **3.** engesztelődik; (meg)enyhül **4.** átv is meglágyít; megpuhít **5.** lehalkít **6.** *(fájdalmat stb.)* enyhít; mérsékel; tompít

soften sy up biz megpuhít vkit

softhearted [,sɒft'hɑːtɪd] <mn> lágyszívű
softie ['sɒftɪ] <fn> [C] **1.** balek **2.** szentimentális fickó
softness ['sɒftnəs] <fn> [U] puhaság; lágyság
soft-soap [,sɒft'səʊp] <ige> biz talpát nyalja; hízeleg
soft toy [,sɒft'tɔɪ] <fn> [C] plüssjáték
software ['sɒftweə] <fn> [U] infor szoftver
softy ['sɒftɪ] <fn> [C] (softies) **1.** balek **2.** szentimentális fickó
soggy ['sɒgɪ] <mn> átázott; vizenyős; nedves; nyirkos
¹soil [sɔɪl] <fn> [U] **1.** talaj: *sandy soil* homokos talaj **2.** termőföld
²soil [sɔɪl] <ige> bepiszkít; összepiszkol
solace ['sɒləs] <fn> [U] vigasz(talás)
solar ['səʊlə] <mn> nap-; napenergiát felhasználó; naptól eredő: *solar energy* napenergia * *solar panel* napelem
solarium [sə'leərɪəm] <fn> [C] (solariums v. solaria) szolárium
solar system ['səʊlə sɪstəm] <fn> [U] **the solar system** naprendszer
sold [səʊld] → **sell**
¹solder ['sɒldə] <ige> (meg)forraszt; (oda)forraszt (**sg to/onto sg** vmit vmihez)
²solder ['sɒldə] <fn> [U] forrasztóanyag; forrasz(tófém)
soldier ['səʊldʒə] <fn> [C] katona
¹sole [səʊl] <mn> **1.** egyedüli; egyetlen: *the sole survivor of the accident* a baleset egyetlen túlélője * *his sole reason* egyetlen oka **2.** kizárólagos: *sole rights* kizárólagos jogok * *have the sole rights* egyedárusítási joga van * *sole agent* kizárólagos képviselő
²sole [səʊl] <fn> [C] **1.** talp **2.** *(cipőé)* talp
³sole [səʊl] <fn> [C] (sole) nyelvhal
solely ['səʊllɪ] <hsz> kizárólag; egyedül; csak: *be solely responsible for sg* kizárólag ő felel vmiért

solemn ['sɒləm] <mn> **1.** ünnepélyes **2.** komoly
sol-fa [,sɒl'faː] <fn> [U] zene szolfézs; szolmizáció; szolmizálás
solicitor [sə'lɪsɪtə] <fn> [C] BrE *(csak polgári ügyekben)* ügyvéd
¹solid ['sɒlɪd] <mn> **1.** szilárd: *become solid* megszilárdul * *solid substances* szilárd anyagok **2.** tömör: *solid wood* tömör fa * *a solid gold bracelet* tömör arany karkötő **3.** megbízható; biztos; komoly: *solid defence* komoly védelem **4.** egyetértő; egyhangú: *solid vote* egyhangú szavazás **5.** háromdimenziós; térbeli: *The cube is a solid figure.* A kocka háromdimenziójú alakzat. **6.** szünet/megszakítás nélküli: *I waited for a solid hour.* Egy teljes órát vártam.
²solid ['sɒlɪd] <fn> [C] **1.** szilárd test **2.** téridom; háromdimenziós test
solidarity [,sɒlɪ'dærətɪ] <fn> [U] szolidaritás (**with sy** vkivel)
solidify [sə'lɪdɪfaɪ] <ige> (solidifies, solidifying, solidified) **1.** megszilárdul **2.** megszilárdít
soliloquy [sə'lɪləkwɪ] <fn> [C] monológ
solitary ['sɒlətərɪ] <mn> **1.** magányos; visszahúzódó: *a solitary traveller* magányos utazó * *a solitary child* magányos gyerek **2.** *(példa stb.)* egyedüli; egyedi; egyetlenegy: *not a solitary example* egyetlenegy példa sem **3.** elhagyatott; magányos; lakatlan; félreeső; távoli
solitary confinement [,sɒlətərɪ kən'faɪnmənt] <fn> [U] *(büntetésnem)* magánzárka
solitude ['sɒlətjuːd] <fn> [U] egyedüllét; magány
¹solo ['səʊləʊ] <fn> [C] (solos) szóló(játék); énekszóló
²solo ['səʊləʊ] <mn> egyedüli; szóló; egyes
³solo ['səʊləʊ] <hsz> szólóban; egyedül
soloist ['səʊləʊɪst] <fn> [C] szólóénekes; szólista; magánénekes
solstice ['sɒlstɪs] <fn> [C] napforduló: *the summer/winter solstice* a nyári/téli napforduló
soluble ['sɒljʊbl] <mn> **1.** oldódó; (fel)oldható (**in sg** vmiben): *be soluble in water* vízben oldódó **2.** *(probléma stb.)* megoldható; megfejthető
solution [sə'luːʃn] <fn> **1.** [C] megfejtés; megoldás (**to sg** vmire): *the solution to the problem* megoldás a problémára **2.** [C, U] oldat: *a solution of salt and water* só és víz oldata * *standard solution* normál oldat **3.** kém (fel)oldás
solve [sɒlv] <ige> (solves, solving, solved) megold; megfejt: *solve the problem* megoldja a problémát * *solve crossword puzzle* keresztrejtvényt fejt
solvency ['sɒlvənsɪ] <fn> [U] gazd fizetőképesség
solvent ['sɒlvənt] <mn> gazd fizetőképes

somber ['sɒmbə] AmE → **sombre**
sombre ['sɒmbə] <mn> sötét; komor
¹some [səm, hangsúlyos sʌm] <det> **1.** néhány; pár: *some onions* néhány hagyma ٭ *some people* néhány ember ٭ *some of these oranges* ezek közül néhány narancs ٭ *some of us* némelyikünk **2.** egy kis; egy kevés; egy bizonyos; némi; valamennyi; néhány: *for some time* egy kis/rövid ideig ٭ *after some time* kis idő után ٭ *He has some money.* Van egy kis pénze. ٭ *Give me some more milk, please.* Adj még egy kis tejet, kérlek! ٭ *Would you like some tea?* Kérsz egy kis teát? ٭ *some more* még egy keveset ٭ *some days ago* néhány napja ٭ *to some extent* egy bizonyos mértékben/fokig **3.** valamilyen; valamiféle; valamelyik; bizonyos; valami: *some day* egy szép napon ٭ *some day next week* a jövő hét valamelyik napján ٭ *There is some boy in the garden.* Van valami fiú a kertben. **4.** bármely; bármilyen; némely; egyes: *some people say* egyesek azt mondják **5.** biz AmE nagy(szabású)
²some [sʌm] <névm> **1.** néhány; némi; valamennyi: *Take/Have some!* Vegyél belőle (valamennyit)! **2.** egy bizonyos mennyiség/rész: *some of the day* a nap egy része **3.** némelyek; egyesek; néhányan: *some of us* némelyikünk; néhányan közülünk
³some [səm, hangsúlyos sʌm] <hsz> **1.** némileg; meglehetősen: *I am some tired.* Meglehetősen fáradt vagyok. **2.** mintegy; valami; körülbelül: *some sixty children* körülbelül hatvan gyerek
¹somebody ['sʌmbədɪ] <névm> valaki: *somebody else* valaki más; másvalaki ٭ *somebody or other* (nem tudni pontosan, ki) valaki ٭ *If somebody phones…* Ha valaki hív… ٭ *Somebody has left this box here.* Valaki itt felejtette ezt a dobozt. ٭ *Somebody can answer the question.* Valaki tud válaszolni.
²somebody ['sʌmbədɪ] <fn> [C] (fontos személyiség) valaki: *be somebody* valaki
someday ['sʌmdeɪ] <hsz> valamikor; egy napon
somehow ['sʌmhaʊ] <hsz> valahogy(an)
someone ['sʌmwʌn] → **somebody**
¹somersault ['sʌməsɔːlt] <fn> [C] bukfenc: *turn a somersault* bukfencezik
²somersault ['sʌməsɔːlt] <ige> bukfencezik
¹something ['sʌmθɪŋ] <névm> **1.** valami: *tell something* mond valamit ٭ *eat something* eszik valamit ٭ *something else* valami más ٭ *or something* vagy valami(t) ٭ *There is something wrong with him.* Valami baja van. ٭ *Would you like something to eat?* Szeretnél valamit enni? ٭ *Something is burning.* Valami ég. ٭ *There is something on the table.* Van valami az asztalon. ٭ *I have something important to tell you.* Valami fontosat kell neked mondanom. **2.** biz *(fontos, lényeges)* valami: *There's something in what you say.* Van valami abban, amit mondasz.
²something ['sʌmθɪŋ] <hsz> egy kissé; némileg; valamivel: *something like* olyasmi; némileg hasonló; körülbelül olyan
¹sometime ['sʌmtaɪm] <hsz> valamikor egyszer; valaha; valamikor: *She'll come sometime next week.* (Majd) valamikor a jövő héten jön. ٭ *They visited us sometime last year.* (Még) valamikor tavaly látogattak meg minket. ٭ *I'd love to visit you sometime.* Valamikor meglátogatnálak.
²sometime ['sʌmtaɪm] <mn> egykori; hajdani
sometimes ['sʌmtaɪmz] <hsz> néha: *We sometimes visit her.* Néha meglátogatjuk. ٭ *He goes abroad sometimes.* Néha külföldre megy. ٭ *Sometimes it's cold.* Néha hideg van.
somewhat ['sʌmwɒt] <hsz> némileg; meglehetősen
somewhere ['sʌmweə] <hsz> **1.** valahol; valahova: *from somewhere* valahonnan ٭ *I left my bag somewhere here.* Valahol itt hagytam a táskámat. ٭ *They live somewhere in Hungary.* Valahol Magyarországon élnek. ٭ *I put it somewhere else.* Valahova máshova tettem. **2.** valahol; körül(belül): *somewhere between 30 and 40* valahol/körülbelül 30 és 40 között jár
son [sʌn] <fn> [C] vkinek a fia: *We have got two sons and a daughter.* Van két fiunk és egy lányunk.
sonata [sə'nɑːtə] <fn> [C] zene szonáta
song [sɒŋ] <fn> **1.** [C] dal; ének: *He sang a beautiful song.* Egy szép dalt énekelt. **2.** [U] dalolás; énekszó: *She burst into song.* Dalra fakadt. **3.** [C, U] madárdal
songbird ['sɒŋbɜːd] <fn> [C] énekesmadár
songbook ['sɒŋbʊk] <fn> [C] daloskönyv; ének(es)könyv
son-in-law ['sʌnɪnlɔː] <fn> [C] (sons-in-law) vő
sonnet ['sɒnɪt] <fn> [C] szonett
soon [suːn] <hsz> (sooner, soonest) **1.** nemsokára; hamarosan; csakhamar: *soon after sg* nem sokkal vmi után ٭ *I will be back soon.* Nemsokára visszajövök. **2.** korán; hamar; gyorsan: *It's too soon to go.* Túl korai elmenni. ٭ *How soon may I expect you?* Mikorra várhatlak (legkorábban)? **3. sooner/as soon** inkább(, mint); hogysem: *I would sooner/as soon sit than stand.* Inkább ülnék, mint állnék.
♦ **as soon as** amint; mihelyt *I will come as soon as I can.* Jövök, amint/mihelyt tudok.
♦ **none too soon** éppen jókor ♦ **sooner**

or later előbb-utóbb ♦ **the sooner the better** minél előbb, annál jobb ♦ **no sooner... than...** amint...; alighogy...; mihelyt..., máris... *No sooner had we arrived than the phone rang.* Mihelyt megérkeztünk, máris megszólalt a telefon. ∗ *No sooner said than done.* A szót nyomban tett követte./Ahogy kimondta, már meg is tette.

soot [sʊt] <fn> [U] korom

soothe [suːð] <ige> (soothes, soothing, soothed) **1.** *(fájdalmat, bánatot)* enyhít; csillapít **2.** megnyugtat **3.** lecsendesít

sophisticated [səˈfɪstɪkeɪtɪd] <mn> **1.** (túl) kifinomult; (túl) igényes **2.** *(stílus stb.)* mesterkélt; nem természetes: *sophisticated style* mesterkélt stílus **3.** *(gép, technológia stb.)* (túl) bonyolult; fejlett: *highly sophisticated equipment* rendkívül bonyolult (és fejlett) berendezés **4.** kitanult; tájékozott; (túlzottan) okos

sophomore [ˈsɑːfəmɔːr] <fn> [C] AmE másodéves hallgató

soprano [səˈprɑːnəʊ] <fn> [C] (sopranos) *(hang, szólam, énekes)* szoprán

sorbet [ˈsɔːbeɪ] <fn> [C, U] gyümölcsös jégkása; sörbet

sorcerer [ˈsɔːsərə] <fn> [C] varázsló

sorceress [ˈsɔːsərəs] <fn> [C] boszorkány

sorcery [ˈsɔːsəri] <fn> [U] **1.** varázslat **2.** boszorkányság

sordid [ˈsɔːdɪd] <mn> **1.** piszkos; mocskos **2.** aljas **3.** zsugori

¹**sore** [sɔː] <mn> **1.** fájó; fájdalmas; érzékeny: *have a sore throat* fáj a torka ∗ *My leg is sore.* Fáj a lábam. **2.** AmE bosszús; mérges: *be sore at/on sy* neheztel vkire ∗ *get sore at sy* megharagszik vkire

♦ **a sore point/spot/subject (with sy)** biz fájó pont (vkinél) ♦ **sight for sore eyes** szívderítő látvány

²**sore** [sɔː] <fn> [C] seb; sérülés; gyulladás

sorrel [ˈsɒrəl] <fn> [U] sóska

¹**sorrow** [ˈsɒrəʊ] <fn> **1.** [U] bánat; szomorúság (**at/for/over sg** vmi miatt) **2.** [C] szomorú esemény

²**sorrow** [ˈsɒrəʊ] <ige> szomorkodik; bánkódik (**at/for/over sg** vmi miatt)

¹**sorry** [ˈsɒri] <mn> (sorrier, sorriest) **1. be sorry (that)/(to do sg)** sajnos; sajnálja, hogy...: *He was sorry that he'd lost his umbrella.* Sajnálja, hogy elvesztette az esernyőjét. ∗ *I'm sorry that you were late.* Sajnálom, hogy elkéstél. ∗ *I'm sorry to hear that...* Sajnálattal hallom, hogy... ∗ *I'm sorry to tell you that...* Sajnálattal értesítem, hogy... ∗ *I'm sorry I can't go with you.* Sajnos nem tudok veled menni. **2. be sorry (for/about sg)** szomorú vmi miatt; sajnál vmit: *I'm sorry for losing your pen.* Sajnálom, hogy elvesztettem a tolladat. ∗ *We're very sorry about the damage we caused.* Nagyon sajnáljuk az általunk okozott kárt. **3. be/feel sorry for sy** sajnál vkit: *We decided to help Peter as we feel sorry for him.* Elhatároztuk, hogy segítünk Péteren, mert sajnáljuk őt. **4.** szánalmas, szomorú, siralmas, gyenge: *a sorry sight* szánalmas látvány ∗ *be in a sorry state* siralmas állapotban van ∗ *a sorry excuse* gyenge kifogás

²**sorry** [ˈsɒri] <isz> **1. (I'm) sorry!** Pardon!; Bocsánat!; Elnézést kérek!: *I'm sorry/Sorry I was late.* Elnézést kérek, hogy elkéstem! **2. Sorry?** Tessék?; Kérem?: *Sorry? What did you say?* Tessék? Mit mondtál? **3.** akarom mondani: *Take the first turning, sorry, the third turning on the left.* Az első, akarom mondani a harmadik kereszteződésnél forduljon balra!

¹**sort** [sɔːt] <fn> [C] **1. a sort of sg** fajta; féle: *a sort of plant* egyfajta növény ∗ *of all sorts/all sorts of* mindenféle ∗ *all sorts of pens* mindenféle-fajta toll ∗ *another sort of* másféle ∗ *Mistakes of this sort happen sometimes.* Ilyenfajta hibák előfordulnak néha. ∗ *in that sort of situation* ilyen(fajta) helyzetben ∗ *What sort of?* Milyen?/Miféle? **2. sort of** biz valahogy: *I sort of feel...* Valahogy az az érzésem...

♦ **nothing of the sort** szó sincs róla ♦ **sg of sorts//sg of a sort** egy többé-kevésbé vminek nevezhető dolog; valamiféle *some chocolate of sorts/chocolate of a sort* vmi csokiféleség ♦ **all sorts and conditions of men** minden rendű és rangú ember ♦ **It takes all sorts (to make a world).** Nem vagyunk egyformák. ♦ **be out of sorts 1.** rosszkedvű; mísz **2.** nem érzi jól magát *I feel a bit out of sorts.* Kicsit rosszul érzem magam.

²**sort** [sɔːt] <ige> (ki)válogat; (ki)választ; csoportosít; szortíroz (**into sg** vmibe): *I sorted the socks into pairs.* Párokba csoportosítottam/szortíroztam a zoknikat.

---

sort sg out 1. selejtez; rendez; kiválogat vmit **2.** biz *(problémát)* elrendez; lerendez; megold: *I'll sort it out.* Majd elrendezem/lerendezem valahogy.

sort through sg átvizsgál; átkutat vmit

---

sortie [ˈsɔːti] <fn> [C] bevetés

¹**so-so** [ˌsəʊˈsəʊ] <hsz> biz tűrhetően; közepesen; nem túl jól; úgy-ahogy

²**so-so** [ˌsəʊˈsəʊ] <mn> biz tűrhető; közepes; nem túl jó; közepes
soufflé [ˈsuːfleɪ] <fn> [C, U] (étel) felfújt; szuflé
sought [sɔːt] → **seek**
sought(-)after [ˈsɔːtˌɑːftə] <mn> (termék) keresett
soul [səʊl] <fn> **1.** [C, U] lélek: *My soul won't die with my body.* A lelkem nem hal meg a testemmel együtt. **2.** [C] lélek; ember: *not a soul* egy lélek sem ∗ *He is a wonderful soul.* Csodálatos ember. **3.** [U] vminek a lelke: *He is the soul of the company.* Ő a társaság lelke. **4.** **soul (music)** [U] zene soul-zene
soulful [ˈsəʊlfl] <mn> kifejezésteljes; mély érzelmeket kifejező
¹**sound** [saʊnd] <fn> **1.** [C, U] hang: *sound barrier* hanghatár ∗ *sound effects* hanghatások ∗ *sound speed* hangsebesség ∗ *sound waves* hanghullámok ∗ *the sounds of speech* a beszédhangok ∗ *the sound of the plane* a repülő hangja ∗ *without a sound* hang nélkül ∗ *make a sound* hangot ad ki **2.** [C, U] zaj; zörej **3.** [U] hangerő: *I can't hear the TV – turn the sound up, please.* Nem hallom a tévét – légy szíves, csavard föl a hangerőt!
♦ **I don't like the sound of it.** biz *(ügy stb.)* Nem tetszik ez nekem. ♦ **like the sound of one's own voice** szereti a saját hangját hallani
²**sound** [saʊnd] <ige> **1.** hangzik; tűnik vminek; vmilyen benyomást kelt: *sounds strange/true* különösen/igaznak hangzik ∗ *Your idea sounds a really good one.* Az ötleted csakugyan jónak hangzik. ∗ *It sounds as if…* Úgy tűnik, mintha… ∗ *She sounds sincere.* Őszintének tűnik. ∗ *That sounds like a good idea.* Jó ötletnek tűnik! ∗ *That sounds like my mother.* Úgy hallom, megjött az édesanyám. **2.** hangzik; hangot ad; hallatszik: *The sirens sounded.* Szóltak a szirénák. **3.** *(hangszert stb.)* megszólaltat: *sound one's horn* dudál **4.** kimond; kijelent; kinyilatkoztat **5.** *(hangot)* kiejt

sound off nyíltan beszél

³**sound** [saʊnd] <mn> **1.** egészséges; ép: *sound teeth* egészséges fogak ∗ *of sound mind* épeszű; épelméjű **2.** *(ok)* alapos; nyomós: *have a sound reason for (doing) sg* alapos oka van vmire ∗ *sound arguments* nyomós érvek **3.** igaz; becsületes; megbízható; megfontolt; józan: *a sound friend* megbízható barát ∗ *a sound advice* józan tanács **4.** *(gazdaság)* szilárd; fizetőképes **5.** *(gép)* sértetlen; ép; hibátlan; működőképes **6.** *(álom)* mély; teljes

♦ **as sound as a bell** makkegészséges
♦ **a sound mind in a sound body** ép testben ép lélek
⁴**sound** [saʊnd] <hsz> mélyen; jól: *be sound asleep* mélyen alszik
⁵**sound** [saʊnd] <fn> [C] szonda
⁶**sound** [saʊnd] <ige> **1.** mélységet mér **2.** szondáz **3.** orv meghallgat
soundcard [ˈsaʊndkɑːd] <fn> [C] infor hangkártya
soundly [ˈsaʊndli] <hsz> **1.** alaposan **2.** mélyen: *sleep soundly* mélyen alszik **3.** épen; egészségesen
soup [suːp] <fn> [C, U] leves: *some more soup* még egy kis leves
♦ **be in the soup** biz benne van a pácban
soup plate [ˈsuːp pleɪt] <fn> [C] levesestányér
soup spoon [ˈsuːp spuːn] <fn> [C] leveseskanál
sour [ˈsaʊə] <mn> **1.** savanyú: *The lemon is sour.* A citrom savanyú. **2.** savanyú; (meg)romlott: *go/turn sour* megsavanyodik ∗ *The milk has gone sour.* Megsavanyodott a tej. **3.** átv *(ember)* savanyú; besavanyodott

♦ **sour grapes** savanyú a szőlő ♦ **go/turn sour** 1. *(kapcsolat)* megromlik 2. *(vállalkozás)* rosszul/visszafelé sül el
source [sɔːs] <fn> [C] átv is forrás; eredet: *the source of a river* egy folyó forrása ∗ *source of illness* betegségforrás ∗ *discover the source of the trouble* felfedezi a baj forrását ∗ *source of energy* energiaforrás ∗ *source of light* fényforrás ∗ *know sg from a good source* megbízható forrásból tud vmit ∗ *historical sources* történelmi források
source code [ˈsɔːs kəʊd] <fn> [C] infor forráskód; forrásprogram
source language [ˈsɔːsˌlæŋgwɪdʒ] <fn> [C] forrásnyelv
sour cherry [ˌsaʊəˈtʃerɪ] <fn> [C, U] (sour cherries) **1.** *(gyümölcs)* meggy **2.** *(fa)* meggy
sour cream [ˌsaʊəˈkriːm] <fn> [U] tejföl
sour dough [ˈsaʊədəʊ] <fn> [U] kovász
¹**south** [saʊθ] <mn> **1.** déli; dél-: *the south side of the lake* a tó déli partja ∗ *live to the south of the country* az ország déli részén lakik ∗ *on the south cost* a déli parton ∗ *a south wind* déli szél **2.** déli fekvésű; délre néző
²**south** [saʊθ] <fn> **1.** [U] *(égtáj)* dél: *from south to north* délről északra ∗ *towards the south* déli irányba(n) **2. the south** [U] *(országé stb.)* dél; déli rész: *live in the south* délen él **3. the South** [U] *(az USA-ban)* a déli államok; a dél
³**south** [saʊθ] <hsz> **1.** délre; dél felé: *go down south* lemegy délre ∗ *room faces south* délre néző szoba **2.** délről; déli irányból: *The wind blows south.* Déli szél fúj./Délről fúj a szél.

South Africa [ˌsaʊθˈæfrɪkə] <fn> Dél-Afrika
South America [ˌsaʊθ əˈmerɪkə] <fn> Dél-Amerika
South-American [ˌsaʊθ əˈmerɪkən] <mn> dél-amerikai
southbound [ˈsaʊθbaʊnd] <mn> dél felé haladó/tartó
¹southeast [ˌsaʊθˈiːst] <mn> délkeleti: *a southeast wind* délkeleti szél
²southeast [ˌsaʊθˈiːst] <fn> [U] délkelet
³southeast [ˌsaʊθˈiːst] <hsz> délkelet felé; délkeletre
¹southerly [ˈsʌðəlɪ] <mn> 1. *(irány)* déli; dél felé tartó: *in a southerly direction* déli irányba **2.** *(szél)* déli; dél felől jövő
²southerly [ˈsʌðəlɪ] <hsz> 1. déli irányba(n) **2.** délről; dél felől
southern [ˈsʌðn] <mn> déli
Southern Europe [ˌsʌðnˈjʊərəp] <fn> Dél-Európa
South Pole [ˌsaʊθˈpəʊl] <fn> the South Pole Déli-sark
¹southward [ˈsaʊθwəd] <mn> délen fekvő; déli; dél felé néző
²southward [ˈsaʊθwəd] <hsz> délre; dél felé; déli irányba(n)
southwards [ˈsaʊθwədz] <hsz> délre; dél felé; déli irányba(n)
¹southwest [ˌsaʊθˈwest] <mn> délnyugati
²southwest [ˌsaʊθˈwest] <fn> [U] délnyugat
³southwest [ˌsaʊθˈwest] <hsz> délnyugat felé; délnyugatra
souvenir [ˌsuːvəˈnɪə] <fn> [C] emléktárgy; ajándéktárgy
¹sovereign [ˈsɒvrɪn] <mn> független; szuverén: *a sovereign nation* szuverén nemzet * *one's sovereign right* szuverén joga
²sovereign [ˈsɒvrɪn] <fn> [C] uralkodó; államfő
¹Soviet [ˈsəʊvɪət] <mn> tört szovjet: *Soviet troops* szovjet csapatok
²Soviet [ˈsəʊvɪət] <fn> [C] tört **the Soviets** [pl] a szovjetek; a volt Szovjetunió népei
Soviet Union [ˌsəʊvɪətˈjuːnɪən] <fn> tört a Szovjetunió
¹sow [səʊ] <ige> (sows, sowing, sowed, sown/sowed) **1.** *(magot)* (el)vet: *sow wheat* búzát vet **2.** *(földet)* bevet: *The field has been sown with wheat.* A földet bevetették búzával.
 ♦ **sow one's wild oats** kitombolja magát *He has sown his wild oats.* Benőtt a feje lágya.
²sow [saʊ] <fn> [C] koca
sown [səʊn] → **¹sow**
soy [sɔɪ] <fn> [U] AmE szója
soya [ˈsɔɪə] <fn> [U] szója
soya bean [ˈsɔɪə biːn] <fn> [C] szójabab
soya flour [ˈsɔɪə flaʊə] <fn> [U] szójaliszt

soy sauce [ˌsɔɪ ˈsɔːs] <fn> [U] szójamártás; szójaszósz
spa [spɑː] <fn> [C] gyógyfürdő(hely)
¹space [speɪs] <fn> 1. [U] tér; hely; férőhely: *take up (a lot of) space* (rengeteg) helyet foglal * *parking space* szabad parkolóhely * *Is there space for an armchair here?* Van itt (férő)hely egy karosszék számára? **2.** [C] időszak; időköz: *within the space of two weeks* két héten belül; két hét leforgása alatt * *space of time* időkör **3.** [U] világűr: *travel through the space* utazás a világűrbe(n) **4.** [C] szóköz; betűköz; sorköz; hely: *a small space between two words* egy kis hely/szóköz két szó között
 ♦ **be pressed for space** helyhiánnyal küzd
²space [speɪs] <ige> (spaces, spacing, spaced)
space (sg out) elhelyez (térközökkel); eloszt; elrendez: *He spaced the rows of lettuces thirty centimetres apart.* A salátasorok egymás közti távolsága 30 cm.
space bar [ˈspeɪs bɑː] <fn> [C] szóközbillentyű
spacecraft [ˈspeɪskrɑːft] <fn> [C] (spacecraft) űrhajó
spacelab [ˈspeɪslæb] <fn> [C] űrlaboratórium
spaceman [ˈspeɪsmæn] <fn> [C] (spacemen) űrhajós
space research [ˈspeɪs rɪˌsɜːtʃ] <fn> [U] űrkutatás
space rocket [ˈspeɪs rɒkɪt] <fn> [C] űrrakéta
spaceship [ˈspeɪsʃɪp] <fn> [C] űrhajó
space shuttle [ˈspeɪs ʃʌtl] <fn> [C] űrrepülőgép
space station [ˈspeɪsˌsteɪʃn] <fn> [C] űrállomás
space suit [ˈspeɪs suːt] <fn> [C, U] űrhajósöltözet; űrruha
space travel [ˈspeɪsˌtrævl] <fn> [C, U] űrutazás
space vehicle [ˈspeɪs viːɪkl] <fn> [C] űrhajó
space walk [ˈspeɪs wɔːk] <fn> [U] űrséta
spacing [ˈspeɪsɪŋ] <fn> [U] **1.** ritkítás; térközhagyás **2.** szóköz; sorköz: *single/double spacing* egyes/kettős sorköz
spacious [ˈspeɪʃəs] <mn> tágas; kiterjedt; terjedelmes
spade [speɪd] <fn> 1. [C] ásó **2. spades** [pl] *(kártya)* pikk
 ♦ **call a spade a spade** biz nevén nevezi a gyer(m)eket
spaghetti [spəˈɡetɪ] <fn> [U] spagetti
Spain [speɪn] <fn> Spanyolország
¹spam [spæm] <fn> [U] löncshús
²spam [spæm] <fn> [U] infor *(amitől legjobb megszabadulni)* (elektronikus) reklámposta; kéretlen üzenet/körlevél; levélszemét
³spam [spæm] <ige> (spams, spamming, spammed) infor kéretlen üzenettel/reklámpostával eláraszt

¹span [spæn] <fn> [C] **1.** fesztáv(olság) **2.** időtartam **3.** arasz: *a span long* arasznyi

²span [spæn] <ige> (spans, spanning, spanned) **1.** átível: *A bridge spans the river.* Egy híd ível át a folyón. **2.** épít áthidal **3.** arasszal megmér/átfog **4.** tart vmeddig: *His career spanned twenty years.* Karrierje húsz évig tartott.

Spaniard ['spænjəd] <fn> [C] *(személy)* spanyol

¹Spanish ['spænɪʃ] <mn> spanyol

²Spanish ['spænɪʃ] <fn> **1.** [C] *(személy)* spanyol **2.** [U] *(nyelv)* spanyol

spank [spæŋk] <ige> *(gyereket)* elfenekel

spanner ['spænə] <fn> [C] csavarkulcs: **fork/open-ended spanner** villáskulcs * **ring spanner** csillagkulcs

¹spare [speə] <ige> (spares, sparing, spared) **1.** spórol; takarékoskodik (**with sg** vmivel) **2.** megspórol; megtakarít **3.** megkímél (**sy sg/sy from sg** vkit vmitől): *spare no effort* nem sajnálja/kíméli a fáradságot **4.** rászán (**sg for sy/sy sg** vkire vmit) **5.** kímél: *Even children weren't spared.* Még a gyerekeket sem kímélték.
♦ **If we are spared.** Ha megérjük. ♦ **We could have been spared that.** Ez elmaradhatott volna. ♦ **Can you spare me…?** Tudnál adni nekem…? ♦ **…no expense spared** kerül, amibe kerül ♦ **enough and to spare** bőven elég, és még marad is; jut is, marad is ♦ **to spare** felesleges; nélkülözhető *We have no time to spare.* Nincs vesztegetni való időnk. * *He doesn't spare himself.* Szigorú önmagával szemben./Nem kíméli magát.

²spare [speə] <mn> **1.** *(idő; hely)* szabad: *spare time* szabadidő * *Have you got a spare moment?* Van egy szabad perced? **2.** felesleges, tartalék, pót-: *a spare bed* pótágy * *spare bedroom* vendégszoba * *spare parts* pótalkatrészek * *spare key* pótkulcs * *spare tyre/tire* pótkerék

³spare [speə] <fn> [C] **1.** pótkerék **2. spares** [pl] pótalkatrészek

sparing ['speərɪŋ] <mn> takarékos

¹spark [spɑːk] <fn> **1.** [C] szikra: *sparks from the burning building* szikrák az égő épületről **2.** [C, U] sziporka: *spark of wit* szellemi sziporka **3.** el szikra; kisülés

²spark [spɑːk] <ige> **1.** szikrázik **2. spark sg off** kirobbant vmit

¹sparkle ['spɑːkl] <fn> **1.** [U] szikrázás **2.** [U] csillogás **3.** [U] sziporkázás; szellemesség **4.** [C] kis szikra

²sparkle ['spɑːkl] <ige> (sparkles, sparkling, sparkled) **1.** szikrázik **2.** csillog **3.** sziporkázik

sparkling ['spɑːklɪŋ] <mn> **1.** ragyogó; szikrázó; csillogó **2.** sziporkázó **3.** gyöngyöző; habzó; szénsavas; pezsgő: *sparkling mineral water* szénsavas ásványvíz

spark plug ['spɑːk plʌg] <fn> [C] *(motoré)* (gyújtó)gyertya

sparrow ['spærəʊ] <fn> [C] veréb

sparse [spɑːs] <mn> ritka; szórványos; gyér

sparsely [spɑːslɪ] <hsz> ritkásan; szórványosan; elszórtan; gyéren

spasm ['spæzm] <fn> [C, U] orv görcs

spat [spæt] → **²spit**

spatial ['speɪʃl] <mn> térbeli; tér-

spatter ['spætə] <ige> befröcsköl; telefröcsköl (**sy with sg/sg on sy** vkit vmivel)

¹spawn [spɔːn] <fn> [U] (hal)ikra

²spawn [spɔːn] <ige> **1.** ívik; petéket rak **2.** származik; ered

spay [speɪ] <ige> *(nőstény állatot)* ivartalanít

speak [spiːk] <ige> (speaks, speaking, spoke, spoken) **1.** beszél; szól (**to/with sy about sy/sg** vkinek vkiről/vmiről): *frankly/generally speaking* őszintén/általánosságban szólva * *Can I speak to your brother?* Beszélhetnék a bátyáddal? * *We didn't speak.* Nem beszéltünk egymással. * *Hello, this is Tom speaking.* Halló, itt Tom beszél. * *He spoke a few words to us.* Néhány szót szólt hozzánk. **2.** *(nyelvet)* beszél; tud: *He can't speak French.* Nem beszél/tud franciául. * *Do you speak English?* Tudsz/Beszélsz angolul? **3.** kimond; kifejez: *speak the truth* megmondja/kimondja az igazat/igazságot **4.** beszédet mond: *speak to an audience of 3000* háromezres hallgatóság előtt beszél
♦ **be on speaking terms (with sy)** beszélő viszonyban van (vkivel) ♦ **Personally speaking…** Ami engem illet… ♦ **properly speaking** az igazat megvallva ♦ **so to speak** úgyszólván; mondhatni; hogy úgy mondjam ♦ **nothing to speak of//not to speak of** szóra sem érdemes ♦ **speak for itself** önmagáért beszél ♦ **to speak of** említésre méltó *He has no talent to speak of.* Nincs említésre méltó adottsága. ♦ **speak ill of sy** rosszat mond vkire

---

speak for sy vki nevében/helyett beszél
speak of sg/sy beszél vmiről/vkiről
speak out 1. hangosan/érthetően beszél; felemeli a hangját **2.** őszintén, bátran megmondja a véleményét
speak out (against sg) felemeli a szavát/nyíltan beszél (vmi ellen)
speak to sy beszél vkinek a fejével; letol vkit

speak up hangosan/hangosabban beszél: *Speak up!* Beszélj hangosabban!/Halljuk! Halljuk!
speak up for sy/sg kiáll vki/vmi mellett; felszólal vki/vmi mellett/érdekében

speaker ['spiːkə] <fn> [C] **1.** beszélő; szónok; előadó: *a guest speaker* vendég előadó **2.** el hangfal; hangszóró **3.** vmilyen nyelven beszélő személy: *an English speaker* angolul tudó/beszélő ember ∗ *a native speaker of French* francia anyanyelvű ∗ *She's a fluent Italian speaker.* Folyamatosan beszél olaszul. **4. the Speaker** BrE a képviselőház elnöke

¹**spear** [spɪə] <fn> [C] lándzsa; szigony
²**spear** [spɪə] <ige> lándzsával átdöf; szigonnyal fog; megszigonyoz
spearmint ['spɪəmɪnt] <fn> [U] fodormenta

¹**special** ['speʃl] <mn> **1.** különleges; különös: *a special occasion* különleges alkalom ∗ *take special care over sg* különös/különleges gondot fordít vmire ∗ *with special regard to sg* különös tekintettel vmire ∗ *This is a special day today.* Ma különleges nap van. **2.** nagyszerű; rendkívüli; kitűnő; legjobb: *She is my special friend.* Ő az én nagyszerű barátom. **3.** speciális; szak-: *a special tool/equipment* speciális szerszám/felszerelés ∗ *special subject* szaktárgy; speciális érdeklődési kör

²**special** ['speʃl] <fn> [C] **1.** *(újságé)* különkiadás **2.** különvonat **3.** *(étel stb.)* különlegesség
special agent ['speʃl ˌeɪdʒənt] <fn> [C] ügynök
special delivery [ˌspeʃl dɪ'lɪvəri] <fn> [U] elsőbbségi/expressz kézbesítés
special edition [ˌspeʃl ɪ'dɪʃn] <fn> [C] rendkívüli kiadás; különkiadás
special effects [ˌspeʃl ɪ'fekts] <fn> [pl] különleges effektusok; filmtrükkök
special field [ˌspeʃl 'fiːld] <fn> [C, U] szakterület
specialisation [ˌspeʃəlaɪ'zeɪʃn] BrE → **specialization**
specialise ['speʃəlaɪz] BrE → **specialize**
¹**specialist** ['speʃlɪst] <fn> [C] **1.** szakember; szakértő (**in sg** vmiben) **2.** szakorvos; specialista
²**specialist** ['speʃlɪst] <mn> szak-: *specialist advice* szaktanács ∗ *specialist dictionary* szakszótár
speciality [ˌspeʃi'æləti] <fn> [C] (specialities) **1.** különlegesség; specialitás: *This cake is her speciality.* Ez a süti az ő specialitása. **2.** szakterület
specialization [ˌspeʃəlaɪ'zeɪʃn] <fn> [U] szakosodás; specializálódás

specialize ['speʃəlaɪz] <ige> (specializes, specializing, specialized) specializálja magát; szakosodik (**in sg** vmire)
specially ['speʃəli] <hsz> **1.** külön; különlegesen: *a cake specially made for this occasion* külön erre az alkalomra készített süti ∗ *I picked it specially for you.* Külön neked szedtem! ∗ *He has specially told us.* Külön megmondta nekünk. **2.** különösen; rendkívül: *a specially clever boy* különösen okos kisfiú
specialty ['speʃlti] <fn> [C] (specialties) AmE **1.** különlegesség; specialitás **2.** szakterület
species ['spiːʃiːz] <fn> [C] (species) biol faj; fajta
specific [spə'sɪfɪk] <mn> **1.** közelebbről/pontosan meghatározott; speciális; precíz; pontos; konkrét: *a specific task* pontosan meghatározott/konkrét feladat ∗ *Could you be a bit specific?* Kifejeznéd magad egy kicsit pontosabban/konkrétabban? **2.** különleges; jellegzetes; specifikus: *specific difference* jellegzetes különbség **3.** fajlagos; faj-: *specific gravity/weight* fajsúly
specifically [spə'sɪfɪkli] <hsz> kimondottan; külön is; különösen; kifejezetten; specifikusan
specification [ˌspesɪfɪ'keɪʃn] <fn> [C, U] részletezés; pontos/részletes leírás; kikötés
specify ['spesəfaɪ] <ige> (specifies, specifying, specified) **1.** pontosan/részletesen/közelebbről meghatároz; megnevez: *specify two types of mistake* megnevez kétfajta hibát **2.** kiköt; előír: *unless otherwise specified* ha nincs más kikötés
specimen ['spesɪmən] <fn> [C] **1.** minta(darab); mintapéldány: *take a specimen of sy's blood* vérmintát/vért vesz vkitől ∗ *urine specimen* vizeletminta **2.** példány
speck [spek] <fn> [C] folt; pötty; szemcse; (por-)szem
speckled ['spekld] <mn> foltos; pöttyös
specs [speks] <fn> [pl] biz (**a pair of**) **specs** szemüveg
spectacle ['spektəkl] <fn> [C] látványosság
  ♦ **make a spectacle of oneself** nevetségessé teszi magát; feltűnően viselkedik
spectacles ['spektəklz] <fn> [pl] (**a pair of**) **spectacles** szemüveg: *Where are my spectacles?* Hol a szemüvegem?
spectacular [spek'tækjulə] <mn> látványos: *a spectacular performance* látványos előadás ∗ *a spectacular recovery* látványos felépülés/gyógyulás
spectator [spek'teɪtə] <fn> [C] néző: *spectators* nézőközönség; (a) nézők
specter ['spektə] AmE → **spectre**
spectra ['spektrə] → **spectrum**
spectre ['spektə] <fn> [C] kísértet; rém

spectrum ['spektrəm] <fn> [C] (spectra) **1.** színkép; spektrum **2.** széles skála; választék; bőség; spektrum: *the whole spectrum of emotion* az érzelmek teljes skálája

speculate ['spekjʊleɪt] <ige> (speculates, speculating, speculated) **1.** elmélkedik; töpreng; tűnődik (**about/on sg** vmin); találgat **2.** gazd spekulál; kockáztat; kockázatos üzleti vállalkozásba kezd: *speculate on the Stock Exchange* tőzsdézik

speculation [ˌspekjʊ'leɪʃn] <fn> [U] **1.** töprengés; elmélkedés; találgatás; spekuláció **2.** gazd spekuláció

speculative ['spekjʊlətɪv] <mn> **1.** elméleti; feltételezett **2.** gazd spekulációs: *speculative purchases* spekulációs vásárlások * *speculative transaction* spekulációs ügylet

speculator ['spekjʊleɪtə] <fn> [C] gazd spekuláns; tőzsdés; tőzsdejátékos; üzér: *property speculators* ingatlanspekulánsok

sped [sped] → ²**speed**

speech [spiːtʃ] <fn> **1.** [U] beszéd (képessége): *the development of speech* beszédfejlődés * *lose the power of speech* elveszíti a beszédképességét; megnémul **2.** [C] *(szónoklat)* beszéd: *make/deliver a speech* beszédet mond * *parliamentary speeches* parlamenti beszédek * *freedom of speech* szólásszabadság **3.** [U] beszéd(mód): *His speech is slow.* A beszéde lassú. **4.** [U] *(népé)* nyelv; nyelvjárás **5.** [C] *(színészé)* szöveg: *have a long speech* hosszú szövege van

speech area ['spiːtʃ eərɪə] <fn> [C] nyelvterület

speech day ['spiːtʃ deɪ] <fn> [C] isk évzáró (ünnepély)

speech defect <fn> [C] beszédhiba

speech impediment ['spiːtʃ ɪmˌpedɪmənt] <fn> [C] beszédhiba

speechless ['spiːtʃləs] <mn> szótlan; elnémult; hangtalan; néma

speech marks ['spiːtʃ mɑːks] <fn> [pl] idézőjel

speech therapist [ˌspiːtʃ'θerəpɪst] <fn> [C] logopédus

speech therapy [ˌspiːtʃ'θerəpɪ] <fn> [U] logopédia

¹**speed** [spiːd] <fn> **1.** [C, U] sebesség; iram; tempó: *at a speed of* vmilyen sebességgel * *at full/top speed* teljes sebességgel * *travel at a very low speed* nagyon kis sebességgel megy * *increase the speed* gyorsít * *the speed of the wind* a szél sebessége **2.** [C] *(autó)* sebesség(-fokozat): *five-speed gearbox* ötfokozatú/-sebességes sebességváltó **3.** [U] film fényérzékenység **4.** [U] *(kábítószer)* speed

²**speed** [spiːd] <ige> (speeds, speeding, speeded/sped, speeded/sped) **1.** száguld **2.** gyorsan hajt: *he stopped for speeding* gyorshajtásért megállítják **3.** siet; gyorsan megy: *speed down the street* végigrohan/végigsiet az utcán

speed up felgyorsul: *The plane slowly speeded up.* A gép lassan felgyorsult.
speed off sietve eltávozik
speed sg up felgyorsít; siettet vmit

speedboat ['spiːdbəʊt] <fn> [C] versenymotorcsónak

speed bump ['spiːd bʌmp] <fn> [C] AmE fekvőrendőr

speed hump ['spiːd hʌmp] <fn> [C] fekvőrendőr

speed limit ['spiːdˌlɪmɪt] <fn> [C] **1.** sebességkorlátozás **2.** megengedett legnagyobb sebesség

speedometer [spɪ'dɒmɪtə] <fn> [C] sebességmérő

speed trap ['spiːd træp] <fn> [C] sebességellenőrző berendezés; radarkontroll

speedway ['spiːdweɪ] <fn> **1.** [U] BrE *(motoroknak)* (salak)pályaverseny **2.** [C] AmE *(autó, motor számára)* gyorsasági/sebességi versenypálya

speedy ['spiːdɪ] <mn> gyors; sebes: *a speedy recovery* rohamos javulás; gyors/mielőbbi felépülés

¹**spell** [spel] <ige> (spells, spelling, spelt/spelled, spelt/spelled) **1.** betűz; szótagol; helyesen (le)ír: *spell one's name* betűzi a nevét * *spell a word wrong* rosszul betűz/szótagol/ír le egy szót * *spell correctly* helyesen ír * *How do you spell it?* Hogyan írjuk? * *Your writing is nice but you can't spell.* Szépen írsz, de nem jó a helyesírásod/nem tudod a helyesírást. * *Is your name spelt with C or K?* C-vel vagy K-val írod a neved? **2.** vmilyen értelme van; vmit jelent: *This spells disaster.* Ez katasztrófát jelent.

spell sg out 1. lebetűz vmit **2.** kibetűz; kisilabizál vmit **3.** biz megmagyaráz vmit

²**spell** [spel] <fn> [C] **1.** időszak: *a spell of rain* esős időszak * *the warm spell* a meleg időszak * *hot spell* kánikula **2.** varázslat: *under the spell of sg* vminek a bűvöletében * *put a spell on sy* elvarázsol vkit * *The spell was broken as she woke up.* Ahogy felébredt, megtört a varázslat.

spellbound ['spelbaʊnd] <mn> elbűvölt; lenyűgözött

¹**spell-check** ['speltʃek] <ige> infor helyesírás-ellenőrzést végez

²**spell-check** ['speltʃek] <fn> [C] infor helyesírás-ellenőrző program

spell-checker ['speltʃekə] <fn> [C] infor helyesírás-ellenőrző program

speller ['spelə] <fn> [C] **1.** helyesíró: *be a good/bad speller* jó/rossz helyesíró **2.** infor helyesírás-ellenőrző program

spelling ['spelɪŋ] <fn> [U] **1.** helyesírás: *spelling mistake* helyesírási hiba **2.** *(szóé)* lebetűzés

spelt [spelt] → ¹**spell**

spend [spend] <ige> (spends, spending, spent, spent) **1.** *(pénzt)* (el)költ (**on** sg vmire): *spend all one's money* kiköltekezik ∗ *How much money did you spend on this dress?* Mennyit költöttél erre a ruhára? ∗ *I have spent all my money on birthday presents.* Minden pénzemet születésnapi ajándékokra költöttem. **2.** *(időt)* (el)tölt: *spend the weekend with sy* vkivel tölti a hétvégét ∗ *spend one's time doing sg* vmivel tölti az idejét ∗ *spend the day at the beach* a strandon tölti a napot ∗ *spend time on sg* időt szentel vmire **3.** *(erőt stb.)* (el)használ; (el)fogyaszt

spending ['spendɪŋ] <fn> [U] *(kormányé stb.)* kiadás; (el)költés

spending money ['spendɪŋˌmʌni] <fn> [U] AmE költőpénz

spending power ['spendɪŋˌpaʊə] <fn> [U] vásárlóerő

spendthrift ['spendθrɪft] <fn> [C] költekező; pazarló; tékozló

¹**spent** [spent] <mn> **1.** *(ember)* fáradt; kimerült **2.** (el)használt; *(töltény, olaj stb.)* fáradt: *a spent match* (el)használt gyufa ∗ *spent ball/bullet* fáradt golyó

²**spent** [spent] → **spend**

sperm [spɜːm] <fn> biol **1.** [U] ondó; sperma **2.** [C] (sperm v. sperms) spermium

sperm bank ['spɜːm bæŋk] <fn> [C] spermabank

spew [spjuː] <ige> **spew (sg out)** (ki)okád; (ki)hány; kiköp

sphere [sfɪə] <fn> [C] **1.** gömb; golyó **2.** égbolt **3.** szféra; (hatás)kör; *(működési, érdeklődési, felelősségi stb.)* kör; terület: *sphere of activity/action* működési kör ∗ *sphere of influence* befolyási övezet ∗ *sphere of interest* érdeklődési kör; érdekkör

sphinx [sfɪŋks] <fn> [C] szfinx

¹**spice** [spaɪs] <fn> **1.** [C, U] fűszer: *Pepper, cinnamon and ginger are spices.* A bors, a fahéj és a gyömbér fűszerek. **2.** [U] *(pikáns)* íz; zamat **3.** [U] átv vminek a sava-borsa

²**spice** [spaɪs] <ige> (spices, spicing, spiced) átv is **spice sg up with sg** fűszerez vmit vmivel

spicy ['spaɪsɪ] <mn> **1.** fűszeres **2.** átv pikáns: *a spicy story* pikáns történet

spider ['spaɪdə] <fn> [C] pók: *a spider's web* pókháló

¹**spike** [spaɪk] <fn> [C] **1.** szeg; pecek **2.** karó; cövek; (vas)hegy; kerítéstüske **3.** kalász

²**spike** [spaɪk] <ige> (spikes, spiking, spiked) **1.** beszegez **2.** cövekel

spiky ['spaɪkɪ] <mn> **1.** hegyes **2.** szúrós **3.** átv tüskés; harapós; undok

¹**spill** [spɪl] <ige> (spills, spilling, spilt/spilled, spilt/spilled) **1.** kiönt; kiborít; kiloccsant (**sg on/over sg** vmit vmire) **2.** kiömlik; kiborul; kiloccsan; kicsordul **3.** leesik; kiesik; kizuhan

♦ **spill the beans** biz kikotyog; elköp vmit

♦ **cry over spilt milk** késő bánat eb gondolat

spill out *(tömeg)* kiözönlik; kitódul
spill sg out biz *(szívét)* kiönti

²**spill** [spɪl] <fn> [C] **1.** *(kiborult folyadéké stb.)* folt: *an oil spill* olajfolt **2.** *(lóról, biciklyről)* bukás; leesés: *take a spill* leesik

spilt [spɪlt] → ¹**spill**

¹**spin** [spɪn] <ige> (spins, spinning, spun, spun) **1.** *(hálót pók)* sző; *(szálat)* fon; sodor: *The spider is spinning a web.* A pók hálót sző. **2. spin sg (round)** pörget; megperdít vmit **3.** megperdül; megfordul **4. spin (round/around)** pörög; forog **5.** *(történetet)* kieszel; kitalál **6.** *(történetet)* jól tálal; jól ad el

spin along biz *(autóval)* dönget; száguld
spin sg out 1. (sokáig) elnyújt; elhúz vmit **2.** biz összezavar; megzavar vmit

²**spin** [spɪn] <fn> [C, U] **1.** pörgés; forgás: *I gave the ball a spin.* Pörgetve ütöttem/Megcsavartam/Megpörgettem a labdát. **2.** biz *(autóval, kerékpárral stb.)* kis kirándulás; kiruccanás: *go for a spin* kiruccan **3.** *(műrepülésben)* dugóhúzó

spinach ['spɪnɪtʃ] <fn> [U] spenót

spinal ['spaɪnl] <mn> (hát)gerinc-; gerinctáji

spinal column [ˌspaɪnl'kɒləm] <fn> [C] gerincoszlop

spinal cord [ˌspaɪnl'kɔːd] <fn> [U] gerincvelő

spin doctor ['spɪnˌdɒktə] <fn> [C] biz PR-tanácsadó

spin-drier [ˌspɪn'draɪə] <fn> [C] centrifuga
spin-dryer [ˌspɪn'draɪə] <fn> [C] centrifuga

spine [spaɪn] <fn> [C] **1.** hátgerinc; gerincoszlop **2.** *(könyvé)* gerinc **3.** tövis; tüske

spine-chiller ['spaɪnˌtʃɪlə] <fn> [C] hátborzongató történet

spine-chilling ['spaɪnˌtʃɪlɪŋ] <mn> hátborzongató

spineless ['spaɪnləs] <mn> **1.** biol gerinctelen **2.** gyáva

spinning wheel ['spɪnɪŋ wiːl] <fn> [C] rokka

spin-off ['spɪnɒf] <fn> [C] **spin-off (from/of sg)** vminek a hasznos mellékterméke; mellékes haszna

spinster ['spɪnstə] <fn> [C] vénlány; vénkisasszony

spiny ['spaɪnɪ] <mn> tüskés

¹**spiral** ['spaɪrəl] <mn> spirális; csigavonalú

²**spiral** ['spaɪrəl] <fn> [C] **1.** spirál; csigavonal **2.** csavarmenet

³**spiral** ['spaɪrəl] <ige> (spirals, spiralling, spiralled) **1.** csigavonalat alkot **2.** spirálisan mozog; kígyózik

spiraliser ['spaɪrəˌlaɪzə] → **spiralizer**

spiralizer ['spaɪrəˌlaɪzə] <fn> [C] *(konyhai eszköz)* spirálvágó

spiral staircase [ˌspaɪrəl'steəkeɪs] <fn> [C] csigalépcső

spire ['spaɪə] <fn> [C] **1.** toronysisak; csúcsos templomtorony **2.** csúcs

spirit ['spɪrɪt] <fn> **1.** [C] lélek: *Our spirit lives forever.* Lelkünk örökké él. **2.** [U] szellem: *in the spirit of sg* vminek a szellemében/jegyében ∗ *team spirit* csapatszellem ∗ *spirit of the age* korszellem ∗ *the spirit of the law* a törvény szelleme **3.** [U] lelkierő; élénkség; energia; lendület; elán: *act with spirit* élénken tesz vmit **4. spirits** [pl] kedv: *be in high/low spirits* jókedvű/rosszkedvű ∗ *be out of spirits* rosszkedvű; lehangolt **5.** [C] kísértet; szellem **6. spirits** [pl] alkohol; szesz(es ital)

♦ **be with sy in spirit** lélekben vkivel van ♦ **enter into the spirit of sg** beleéli magát vmibe; ráhangolódik vmire; belemegy vmibe ♦ **His spirits sank.** Inába szállt a bátorsága. ♦ **The spirit is willing but the flesh is weak.** *(bibliai idézet)* A lélek kész, de a test erőtelen.

spiritual ['spɪrɪtʃʊəl] <mn> **1.** lelki; szellemi: *spiritual life* szellemi élet ∗ *a spiritual experience* lelki élmény **2.** egyházi; vallási: *spiritual leaders* egyházi vezetők

¹**spit** [spɪt] <fn> **1.** [U] biz nyál **2.** [U] biz köpés; köpet **3.** [C] nyárs **4.** [U] szemerkélő eső **5.** [C] földnyelv

♦ **He is the very/dead spit of his father.** Szakasztott/Kiköpött az apja. ♦ **spit and polish** biz fényesítés; tisztogatás; *(katonaságnál stb.)* előírásos tisztaság

²**spit** [spɪt] <ige> (spits, spitting, spat, spat) **1.** (ki)köp **2.** köpköd **3.** *(eső)* szemerkél

spit at/on sy/sg köp vkire/vmire; leköp vkit/vmit
Spit it out! biz Ki vele!/ Nyögd ki!

spite [spaɪt] <fn> [U] rosszakarat; rosszindulat: *from spite/out of (pure) spite* (merő) rosszindulatból

♦ **in spite of sg** vmi ellenére; dacára *In spite of her age she goes swimming every morning.* A kora ellenére minden reggel úszik.

spiteful ['spaɪtfl] <mn> rosszindulatú

spitting image [ˌspɪtɪŋ'ɪmɪdʒ] <fn> [C] biz **be the spitting image of sy** vkinek a kiköpött mása

¹**splash** [splæʃ] <fn> [C] **1.** loccsanás; csobbanás **2.** sár(folt); folt; kiloccsantott víz: *splashes of mud* sárfolt **3.** *(állaton stb.)* folt; színfolt: *a splash of colour* színes folt **4.** BrE *(ital)* fröccs

♦ **make a splash** nagy szenzációt kelt

²**splash** [splæʃ] <ige> **1.** (be)fröcsköl; (le)fröcsköl **2.** loccsant; spriccel **3.** (ki)loccsan **4.** lubickol

♦ **splash one's money about** BrE szórja a pénzét

splash around lubickol; pancsol
splash down *(űrhajó tengerre)* leszáll
splash sg out (on/for sg) biz *(pénzt)* (el)szór; elpazarol (vmire)

spleen [spliːn] <fn> **1.** [C] *(szerv)* lép **2. vent one's spleen on sy** [U] kitölti a mérgét/haragját vkin

splendid ['splendɪd] <mn> ragyogó; nagyszerű; csodálatos; pompás

splendor ['splendər] AmE → **splendour**

splendour ['splendə] <fn> [U] ragyogás; nagyszerűség; tündöklés; pompa

¹**splinter** ['splɪntə] <fn> [C] szilánk; szálka

²**splinter** ['splɪntə] <ige> szilánkokra/darabokra törik

¹**split** [splɪt] <ige> (splits, splitting, split, split) **1.** felvág; felhasogat; elhasít; elpeszt: *split the wood* felvágja a fát ∗ *split one's trousers* elhasítja a nadrágját **2.** feloszt; beoszt; eloszt; megoszt; megfelez: *split the costs between each other* elosztják a költségeket ∗ *split the children into groups* csoportokba osztja (fel/be) a gyerekeket ∗ *split the cake between each other*

elosztják a sütit * *I split the money I got with my sister.* A pénzt, amit kaptam, megfeleztem a nővéremmel. **3.** elhasad; elreped; bereped; megreped; beszakad; felhasad **4.** szétszakad; szétreped; szétválik **5.** megoszlik; kettészakad: *The dispute split us into two groups.* Két csoportra osztott minket a vita. ♦ **Let's split.** szl AmE Lépjünk le! ♦ **be split right down the middle** két részre szakad ♦ **split the difference** felében kiegyezik vkivel; megosztják a különbséget ♦ **split hairs** biz szőröz

split on sy (to sy) beköp vkit (vkinek)
split up 1. felbomlik; szétválik; feloszlik **2.** elválik; különválik; szétmegy

²**split** [splɪt] <fn> [C] **1.** hasadás; repedés; szakadás **2.** repedés; rés **3.** *(pártban)* szakadás; szakítás **4. the splits** [pl] *(balettban)* spárga: *do the splits* spárgázik
split-level [ˌsplɪt'levl] <mn> *(ház, lakás)* osztott szintű
splitting ['splɪtɪŋ] <mn> **1.** hasadó **2.** *(fájdalom)* hasogató: *splitting headache* hasogató fejfájás
spoil [spɔɪl] <ige> (spoils, spoiling, spoilt/spoiled, spoilt/spoiled) **1.** elront; tönkretesz: *Our vacation was spoilt by the rain.* Szabadságunkat tönkretette az eső. **2.** elkényeztet; elront: *spoil a child* gyereket elkényeztet * *be a spoilt girl* elkényeztetett kislány **3.** *(étel stb.)* megromlik; tönkremegy; elromlik
spoiler ['spɔɪlə] <fn> [C] *(autón)* spoiler; légterelő
spoilsport ['spɔɪlspɔːt] <mn> ünneprontó
spoilt [spɔɪlt] → **spoil**
spoke [spəʊk] → **speak**
spoken ['spəʊkən] → **speak**
spokesman ['spəʊksmən] <fn> [C] (spokesmen) szóvivő: *a spokesman for the government* kormányszóvivő
spokesperson ['spəʊksˌpɜːsn] <fn> [C] szóvivő
spokeswoman ['spəʊksˌwʊmən] <fn> [C] (spokeswomen) *(nő)* szóvivő: *a spokeswoman for the government* kormányszóvivő
¹**sponge** [spʌndʒ] <fn> **1.** [C] szivacs **2.** [C, U] BrE piskótatészta; piskótatorta **3.** [C] biz potyázó
²**sponge** [spʌndʒ] <ige> (sponges, sponging, sponged) **1.** szivaccsal letöröl **2. sponge off/on sy** biz élősködik vkin; pumpol; fej vkit; potyázik vkinél
sponge bag ['spʌndʒ bæɡ] <fn> [C] BrE piperetáska

sponge cake ['spʌndʒ keɪk] <fn> [C, U] piskótatészta; piskótatorta
sponger ['spʌndʒə] <fn> [C] biz potyázó; élősködő; ingyenélő: *be a sponger on sy* biz élősködik vkin
spongy ['spʌndʒi] <mn> szivacsos; lukacsos
¹**sponsor** ['spɒnsə] <fn> [C] **1.** szponzor **2.** pártfogó; jótálló; támogató
²**sponsor** ['spɒnsə] <ige> **1.** szponzorál: *be sponsored by* szponzorálja vki **2.** pártfogol; támogat **3.** pénzel; finanszíroz
spontaneous [spɒn'teɪniəs] <mn> **1.** önkéntes; kényszer nélküli **2.** spontán; ösztönös; önkéntelen
spook [spuːk] <fn> [C] kísértet
spooky ['spuːki] <mn> kísérteties
¹**spool** [spuːl] <fn> [C] orsó; tekercs; spulni
²**spool** [spuːl] <ige> felteker(csel); gombolyít
¹**spoon** [spuːn] <fn> [C] kanál
²**spoon** [spuːn] <ige> kanalaz: *spoon out/up* kikanalaz
spoon-fed ['spuːnfed] → **spoon-feed**
spoon-feed ['spuːnfiːd] <ige> (spoon-feeds, spoon-feeding, spoon-fed, spoon-fed) **1.** kanállal etet **2.** átv szájba rág
spoonful ['spuːnfʊl] <fn> [C] kanálnyi
sporadic [spə'rædɪk] <mn> szórványos; elszórt
sporadically [spə'rædɪkli] <hsz> szórványosan; elszórtan
spore [spɔː] <fn> [C] növ spóra
¹**sport** [spɔːt] <fn> **1.** [U] sport: *He is keen on sport of all kinds.* Mindenfajta sportot nagyon szeret. **2.** [C] sportág: *Swimming and water polo are my favourite sports.* Az úszás és a vízilabda a kedvenc sportágaim. **3. sports** [pl] sport-; sportolás: *the school sports* iskolai sport(olás) * *winter sports* téli sportok * *sports results* sporteredmények * *go in for sports* sportol * *the newspaper's sports section* az újság sportrovata **4.** [U] szórakozás; tréfa; gúny: *make sport of sy* gúnyt űz vkiből * *do sg for sport* sportot csinál/űz vmiből * *in sport* tréfából
²**sport** [spɔːt] <ige> **1.** sportol; játszik; szórakozik **2.** tréfál
sporting ['spɔːtɪŋ] <mn> **1.** sport-: *sporting event* sportesemény **2.** sportszerű: *a sporting gesture* sportszerű gesztus
sports articles ['spɔːts ɑːtɪkls] <fn> [pl] sportcikk
sports car ['spɔːts kɑː] <fn> [C] sportkocsi
sports centre ['spɔːts sentə] <fn> [C] BrE sportközpont
sports club ['spɔːts klʌb] <fn> [C] sportegyesület

sports equipment ['spɔːts ɪˌkwɪpmənt] <fn> [U] sportfelszerelés; sporteszköz

sports event ['spɔːts ɪˌvent] <fn> [C] sportesemény

sportsman ['spɔːtsmən] <fn> [C] (sportsmen) sportoló; sportember

sportsmanlike ['spɔːtsmənlaɪk] <mn> sportszerű: *in a sportsmanlike way* sportszerűen

sportsmanship ['spɔːtsmənʃɪp] <fn> [U] sportszerűség

sports results ['spɔːts rɪˌzʌlts] <fn> [pl] sporteredmények

sportswear ['spɔːtsweə] <fn> [U] sportöltözet

sportswoman ['spɔːtsˌwʊmən] <fn> [C] (sportswomen) sportolónő; női sportoló

sporty ['spɔːtɪ] <mn> 1. sportos 2. sportkedvelő

¹spot [spɒt] <fn> [C] 1. folt; potty; pont: *white cup with red spots* piros-fehér pöttyös bögre 2. pattanás; kiütés: *sy's body is covered in spots* testét kiütések borítják; teste tele van kiütésekkel 3. (szégyen)folt; hiba 4. hely(szín); vidék; táj: *a nice spot for a summer house* jó hely egy nyaralónak ∗ *sit in a sunny spot in the garden* egy napos helyen ül a kertben 5. (tévében) reklám 6. biz hakni 7. **a spot of sg** egy kis vmi: *have a spot of trouble with sy* van egy kis gondja vkivel ∗ *a spot of sugar* egy kis cukor 8. azonnali; készpénzben történő: *spot cash* készpénzfizetés

♦ **in a spot** biz kínos helyzetbe(n); bajba(n) ♦ **knock spots off sy** biz alaposan elver vkit ♦ **on the spot** a helyszínen; azon nyomban; ott helyben ♦ **put sy on the spot** biz nehéz helyzetbe hoz vkit; zavarba hoz vkit ♦ **touch a tender spot** kényes pontot érint ♦ **have a soft spot for sy** biz gyengéd érzelmeket táplál vki iránt ♦ **sy's weak spot** vkinek a gyenge oldala

²spot [spɒt] <ige> (spots, spotting, spotted) 1. észrevesz; meglát; kiszemel; felfedez; kiszúr: *He spotted a small mistake in my letter.* Egy apró hibát vett észre a levelemben. 2. bepiszkít; bemocskol; foltot ejt

spot check [ˌspɒt'tʃek] <fn> [C] szúrópróba

spotless ['spɒtləs] <mn> makulátlan; tiszta; szeplőtlen

spotlight ['spɒtlaɪt] <fn> 1. [C] reflektor(fény); spotlámpa 2. **the spotlight** [U] az érdeklődés középpontja: *be in/under the spotlight* az érdeklődés középpontjában/reflektorfényben van

spot on [ˌspɒt'ɒn] <mn> biz BrE abszolút pontos; telitalálat

spotted ['spɒtɪd] <mn> foltos; pöttyös; pecsétes

spotty ['spɒtɪ] <mn> 1. foltos 2. BrE pattanásos 3. piszkos

spouse [spaʊs] <fn> [C] házastárs; hitves

¹spout [spaʊt] <fn> [C] 1. kifolyócső; lefolyócső 2. vízsugár

²spout [spaʊt] <ige> 1. kilövell 2. megállás nélkül beszél/szónokol: *keep on spouting* árad belőle a szó

♦ **be up the spout** biz BrE terhes

¹sprain [spreɪn] <ige> kificamít

²sprain [spreɪn] <fn> [C] ficam

sprang [spræŋ] → **¹spring**

¹spray [spreɪ] <fn> 1. [U] permet(felhő); permetező eső: *Clouds of spray rose from the river.* A folyó felől permetfelhők érkeztek. 2. [U, C] spray: *hairspray* hajspray ∗ *insect spray* rovarirtó spray

²spray [spreɪ] <ige> 1. (meg)permetez; bepermetez; befúj: *spray the roses* megpermetezi a rózsákat 2. (autót) fényez; zománcoz

¹spread [spred] <ige> (spreads, spreading, spread, spread) 1. (el)terjed: *The good news spreads quickly.* A jó hír gyorsan terjed. 2. szétszóródik; szétszéled 3. kiterjed; elterül 4. kiterjeszt; szétterjeszt; szétterít; leterít; széthajt (sg (out) on/over sg vmit vmin): *spread a tablecloth on the grass* abroszt terít a fűre ∗ *spread the map out on the table* széthajtja/kiteríti a térképet az asztalon ∗ *spread the table* megterít(i az asztalt) ∗ *The bird spread its wings.* A madár kiterjesztette a szárnyait. 5. (betegséget stb.) (el)terjeszt: *Cats spread a serious disease.* A macskák egy komoly betegséget terjesztenek. 6. befed; betakar (sg with sg vmit vmivel); (el)ken; (meg)ken; szétszór (sg on/over sg vmit vmire/vmin): *spread butter on the roll* vajat ken a zsömlére

♦ **spread oneself** 1. elterpeszkedik biz 2. terjengősen ad elő 3. kitesz magáért ♦ **spread oneself too thin** szétszórt

---

spread about/around *(hír)* terjed; körbejár

spread out szétterül; szétterjed; elterül; szétszóródik; terjed; terjeszkedik: *The firm is spreading out.* Terjeszkedik a cég.

spread sg out kiterjeszt; szétterít; kiterít; szétszór vmit: *The bird spread out its wings.* A madár kiterjesztette a szárnyait.

---

²spread [spred] <fn> 1. [U] (el)terjedés; terjeszkedés: *the spread of the measles* a kanyaró (el)terjedése ∗ *the spread of crime among young people* a bűnözés elterjedése a fiatalok körében 2. [U] kiterjedés; terjedelem: *a spread of several miles* több mérföldes kiterjedés 3. [U] fesztávolság 4. [U] kiterjesztés; elterjesztés

5. [U] szétszórás **6.** [C] többhasábos/többoldalas újságcikk: *a two-page spread* kétoldalas újságcikk **7.** [C, U] *(kenhető ételféleség)* krém: *chicken liver spread* csirkemájkrém **8.** [C] lakoma: *What a spread!* Micsoda terülj-terülj asztalkám!

spree [spri:] <fn> [C] biz nagy buli: *go on the spree* kirúg a hámból

sprightly ['spraɪtlɪ] <mn> élénk; vidám; fürge

¹spring [sprɪŋ] <ige> (springs, springing, sprang, sprung) **1.** ugrik: *spring into the boat* beugrik a csónakba ∗ *spring to one's feet* talpra ugrik **2.** ered; fakad; keletkezik; felbukkan: *Tears sprang to her eyes as she thought of her mother.* Könnyek jelentek meg a szemében, ahogy édesanyjára gondolt. ∗ *Where does his bravery spring from?* Honnan ered a bátorsága? **3.** visszaugrik; visszapattan; csapódik **4.** megvetemedik; megreped **5.** váratlanul előidéz: *spring a surprise on sy* váratlanul meglep vkit **6.** *(vadat)* felver; felriaszt **7.** *(zárat)* becsap **8. spring a well** kutat ás

spring back visszaugrik; hátraugrik
spring sg on sy biz meglep vmivel vkit
spring up keletkezik; támad

²spring [sprɪŋ] <fn> **1.** [C] forrás: *a mountain spring* hegyi forrás ∗ *spring water* forrásvíz **2.** [C, U] eredet **3.** [C, U] tavasz: *in (the) spring* tavasszal **4.** [C] ugrás **5.** [C] rugó **6.** [U] ruganyosság; rugalmasság **7.** [C, U] megvetemedés; repedés

springboard ['sprɪŋbɔːd] <fn> [C] **1.** ugródeszka **2.** átv ugródeszka **(for/to sg** vmihez)

springboard diving ['sprɪŋbɔːd daɪvɪŋ] <fn> [U] műugrás

spring break [ˌsprɪŋ'breɪk] <fn> [C] AmE tavaszi szünet

spring-clean [ˌsprɪŋ'kliːn] <ige> tavaszi nagytakarítást végez

spring-cleaning [ˌsprɪŋ'kliːnɪŋ] <fn> [C] tavaszi nagytakarítás

spring onion [ˌsprɪŋ'ʌnjən] <fn> [C, U] zöldhagyma; újhagyma

springtime ['sprɪŋtaɪm] <fn> [U] tavasz; kikelet

springy ['sprɪŋɪ] <mn> **1.** rugós; rugózott **2.** ruganyos: *springy steps* ruganyos léptek

¹sprinkle ['sprɪŋkl] <fn> [U] **a sprinkle of sg** egy csipetnyi; egy kevés: *sprinkle of rain* pár csepp eső

²sprinkle ['sprɪŋkl] <ige> (sprinkles, sprinkling, sprinkled) **1.** permetez; szór **(sg with sg** vmit vmire); öntöz; meghint; beszór **(sg on/onto/over sg** vmit vmivel): *sprinkle salt over the chicken* sót szór a csirkére ∗ *sprinkle the flowers with water* vízzel öntözi a virágokat **2. it sprinkles** szemerkél az eső

sprinkler ['sprɪŋklə] <fn> [C] **1.** locsoló **2.** tűzoltókészülék

sprinkling ['sprɪŋklɪŋ] <fn> **1. a sprinkling of sg** [C] biz egy kevés; csipetnyi **2.** [U] hintés; szórás; permetezés

¹sprint [sprɪnt] <fn> [C] rövidtávfutás; vágta; sprint

²sprint [sprɪnt] <ige> vágtázik; sprintel

sprite [spraɪt] <fn> [C] manó

spritzer ['sprɪtsə] <fn> [U, C] fröccs

sprout [spraʊt] <fn> [C] **1.** csíra; hajtás; sarj(adék): *bean sprouts* babcsírák **2.** BrE kelbimbó

¹spruce [spruːs] <fn> [C] lucfenyő

²spruce [spruːs] <ige> **spruce oneself up** kicsinosítja magát

sprung [sprʌŋ] → **¹spring**

spun [spʌn] → **¹spin**

¹spur [spɜː] <fn> [C] **1.** sarkantyú **2.** ösztökélés; ösztönzés **(to sg** vmire)

♦ **on the spur of the moment** a pillanat hatása alatt; spontán

²spur [spɜː] <ige> (spurs, spurring, spurred) **1.** megsarkantyúz **2.** sarkall; ösztökél; buzdít **(sy on/onto sg** vkit vmire)

¹spurt [spɜːt] <fn> [C] **1.** *(folyadéké)* sugár; kilövellés **2.** *(indulaté stb.)* kitörés **3.** hajrá(zás): *make/put on a spurt* hajrázik; hajrába kezd

²spurt [spɜːt] <ige> **1.** kilövell; kifröccsen; spriccel: *Blood spurted from the wound.* Vér spriccelt/lövellt a sebből. **2.** hajrázik

¹spy [spaɪ] <fn> [C] (spies) kém; besúgó

²spy [spaɪ] <ige> (spies, spying, spied, spied) **1.** kémkedik **(for sy/l/on/upon sy** vkinek/vki után) **2.** megpillant; észrevesz **3.** kutat; vizsgál; vizsgálódik

Sq. [skweə] [= Square] tér

squabble ['skwɒbl] <ige> (squabbles, squabbling, squabbled) veszekszik; civódik **(with sy about/over sg** vkivel vmi miatt)

squad [skwɒd] <fn> [C + sing/pl v] **1.** szakasz; raj; osztag; brigád: *a squad of workmen* munkásbrigád **2.** sp csapat; keret: *the Olympic squad* az olimpiai keret

squander ['skwɒndə] <ige> *(pénzt, időt)* elpazarol; elherdál; elkölt **(sg on sg** vmit vmire): *squander money* szórja a pénzt

¹square [skweə] <fn> [C] **1.** négyzet; négyszög **2.** *(szöveten, sakktáblán stb.)* kocka **3.** tér: *meet at Deák Square* a Deák téren találkoznak ∗ *They live at 65 Russell Square.* Russell téren 65 alatt laknak. **4.** mat *(számé)* négyzet: *bring*

to a square négyzetre emel ∗ *The square of 3 is 9.* A 3 négyzete 9. **5.** derékszögű vonalzó ♦ **on the square 1.** derékszögben **2.** becsületesen

²**square** [skweə] <mn> **1.** négyszögletes: *a square table* négyszögletes asztal **2.** szögletes: *a square chin* szögletes áll **3.** négyzetes; négyzet-: *square metre* négyzetméter ∗ *square root* négyzetgyök ∗ *The square root of sixteen is four.* 16 négyzetgyöke 4. **4.** derékszögű **5.** tisztességes; becsületes: *a square deal* tisztességes eljárás **6.** kiegyenlített: *make square* kiegyenlít ∗ *We are (all) square.* Kvittek vagyunk. **7.** ódivatú **8. square meal** biz kiadós étkezés

³**square** [skweə] <hsz> **1.** derékszögben **2.** egyenesen; tisztességesen **3.** pontosan: *hit sy square on his shoulder* pontosan vállon üt vkit

⁴**square** [skweə] <ige> (squares, squaring, squared) **1.** négyszögletesre/derékszögűre alakít **2.** mat négyzetre emel: *Two squared is/equals four.* Kettő négyzetre emelve egyenlő négy./Kettő a négyzeten egyenlő négy. **3.** kiegyenlít; elrendez; elintéz: *square the account with sy* kiegyenlíti a számlát vkivel **4.** összhangba hoz; (össze)egyeztet (**sg with sg** vmit vmivel) **5.** megvesztegek **6.** megegyezik (**with sg** vmivel): *The story squares with the facts.* A történet megegyezik a valósággal. **7.** derékszöget alkot (**with sg** vmivel)

square up (with sy) elszámol (vkivel); fizet (vkinek)
square sg with sg egyeztet vmit vmivel
square sg with sy egyeztet vmit vkivel
square off négyoldalúra/négyszögletesre vág/alakít

squarely ['skweəlɪ] <hsz> **1.** szemtől szembe(n); nyíltan; tisztességesen; egyértelműen; becsületesen **2.** szembe(n) **3.** derékszögben

¹**squash** [skwɒʃ] <fn> **1.** [U, C] (gyümölcs)lé; ital; szörp: *orange squash* narancslé ∗ *Four squashes, please.* Kérek négy pohár gyümölcslét! **2.** [C, U] kása; pép **3.** [U] tolongás; tumultus; zsúfoltság: *What a squash!* Micsoda tömeg/tumultus! **4.** [U] sp fallabda; squash: *to play squash* fallabdázik **5.** [C, U] tök

²**squash** [skwɒʃ] <ige> (squashes, squashing, squashed) **1.** be(le)présel; belenyom; összenyom; szétnyom **2.** bepréselődik; összepréselődik; tolong: *squash into the back of the bus* bepréselődik a busz hátuljába ∗ *be squashed together* összepréselődik **3.** biz letorkol; ledorongol; leállít; elfojt

¹**squat** [skwɒt] <mn> zömök

²**squat** [skwɒt] <ige> (squats, squatting, squatted) **1.** guggol **2.** engedély nélkül beköltözik **3.** biz csücsül

squatter ['skwɒtə] <fn> [C] **1.** guggoló **2.** engedély/jogcím nélküli lakásfoglaló **3.** *(Ausztráliában)* telepes

¹**squawk** [skwɔːk] <ige> vijjog
²**squawk** [skwɔːk] <fn> [C] vijjogás

¹**squeak** [skwiːk] <fn> [C] **1.** nyikkanás **2.** nyikorgás **3.** cincogás; nyüszítés

²**squeak** [skwiːk] <ige> **1.** nyikkan **2.** nyikorog; csikordul **3.** cincog; nyüszít

¹**squeal** [skwiːl] <fn> [C] rikoltás; sikítás; sikoly
²**squeal** [skwiːl] <ige> **1.** rikolt; sikít; visít **2.** nyafog **3.** besúg; beköp (**on sy** vkit)

squeamish ['skwiːmɪʃ] <mn> **1.** kényes gyomrú **2.** finnyás

¹**squeeze** [skwiːz] <ige> **1.** kicsavar; kinyom; kipresel (**sg from/out of sg** vmit vmiből): *squeeze an orange* kicsavar egy narancsot ∗ *squeeze money/information out of sy* pénzt/információt présel ki vkiből **2.** megszorít; összeszorít: *squeeze sy's hand* megszorítja vkinek a kezét **3.** be(le)présel (**into sg** vmibe): *squeeze a lot of children into the car* rengeteg gyereket présel (be) az autóba **4.** (be)préselődik; furakodik: *squeeze (one's way) through (a crowd)* (tömegen) átfurakodik ∗ *We all squeezed into the little car.* Mindannyian bepréselődtünk a kis autóba. **5.** szorongat (**sy** vkit)

²**squeeze** [skwiːz] <fn> **1.** [C, U] összenyomás; préselés; szorítás: *I gave him a squeeze.* Kezet szorítottam vele. **2.** [C] kipréselt gyümölcslé: *a squeeze of orange* narancslé **3.** [U] tolongás; zsúfoltság: *We all got into the bus but it was a squeeze.* Mindannyian felfértünk a buszra, de nagy volt a zsúfoltság. **4.** [U, C] megszorítás; korlátozás: *an economic squeeze* gazdasági megszorítás

♦ **in a tight squeeze** biz szorult helyzetben ♦ **put the squeeze on sy** biz nyomást gyakorol vkire; szorongat vkit

squeezer ['skwiːzə] <fn> [C] gyümölcsprés: *a lemon squeezer* citromfacsaró

squid [skwɪd] <fn> [C, U] tintahal

¹**squint** [skwɪnt] <mn> kancsal
²**squint** [skwɪnt] <fn> [C] bandzsítás; kancsalság: *have a squint* bandzsít; kancsalít
³**squint** [skwɪnt] <ige> **1.** bandzsít; kancsalít **2.** hunyorít **3.** sandít (**at sy** vkire)

squirrel ['skwɪrəl] <fn> [C] mókus

¹**squirt** [skwɜːt] <fn> [C] **1.** fecskendő **2.** sugár; kilövellő folyadék
²**squirt** [skwɜːt] <ige> **1.** fecskendez **2.** kilövell; spriccel

Sr, Sr. [= Senior] AmE id. (= idősebb)

¹St, st, St., st. [= Street] u. (= utca)
²St, St. 1. [= State] AmE állam **2.** [= Saint] Szt. (= Szent)

¹stab [stæb] <fn> [C] **1.** szúrás **2.** szúró fájdalom **3.** szúrt seb
♦ **a stab in the back** hátbatámadás

²stab [stæb] <ige> (stabs, stabbing, stabbed) **1.** átszúr; ledöf; keresztülszúr **2.** megszúr

stabbing ['stæbɪŋ] <mn> szúró

stability [stə'bɪləti] <fn> [U] állandóság; stabilitás

stabilize ['steɪbəlaɪz] <ige> (stabilizes, stabilizing, stabilized) **1.** megszilárdít; állandósít; stabilizál **2.** megszilárdul **3.** *(vkinek az állapota)* stabilizálódik

stabilizer ['steɪbəlaɪzə] <fn> [C] rep vízszintes vezérsík; stabilizátor

¹stable ['steɪbl] <mn> állandó; szilárd; biztos; stabil: *The patient's condition is stable.* A beteg állapota stabil(izálódott).

²stable ['steɪbl] <fn> **1.** [C] (ló)istálló **2. stables** [pl] versenyistálló

³stable ['steɪbl] <ige> (stables, stabling, stabled) istállóz

¹stack [stæk] <fn> [C] **1.** boglya; kazal **2.** halom; rakás: *a stack of unopened envelope* egy rakás kibontatlan boríték **3.** biz egy halom/rakás: *There's stacks of time left.* Rengeteg időnk van még. * *I've got stacks of work to do.* Rengeteg a dolgom.

²stack [stæk] <ige> halomba/boglyába rak
♦ **The cards were stacked against us.** biz Minden összeesküdött ellenünk. ♦ **This is how things stack up today.** biz Ez a helyzet. ♦ **stack up against sg/sy** biz felér vmivel/vkivel

> **stack up** felgyülemlik; összegyűlik; összetorlódik: *Cars quickly stacked up behind the lorry.* A kocsik pillanatok alatt összegyűltek/összetorlódtak a kamion mögött.

stadium ['steɪdɪəm] <fn> [C] (stadia v. stadiums) stadion

staff [stɑːf] <fn> **1.** [U + sing/pl v] személyzet; az alkalmazottak; kar; testület; stáb: *a member of the staff* a testület tagja * *school/teaching staff* oktatószemélyzet; tanári kar * *staff room* tanári szoba **2.** [C] bot; nyél; rúd **3.** [U + sing/pl v] kat törzskar; vezérkar: *chief of general staff* vezérkari főnök

stag [stæg] <fn> [C] szarvas(bika)

¹stage [steɪdʒ] <fn> **1.** [C] színpad: *come on(to) the stage//appear on stage* színpadra lép * *be on stage* színpadon van **2. the stage** [U] színművészet: *go on the stage* színészi pályára lép **3.** [C] *(fejlődése stb.)* fok; fokozat; állapot; szakasz: *at this stage* ezen a ponton * *at an early stage of sg* vminek a korai szakaszában * *at the earliest stage of the country's history* az ország történetének legrégebbi korszaka * *the first stage of sg* vminek az első szakasza * *the last stage of the journey* az utazás utolsó szakasza **4.** [C] színhely; színtér **5.** [C] útszakasz: *travel the first stage by bus* az első útszakaszt busszal teszi meg
♦ **hold the stage/be at the centre of the stage** szeret a középpontban lenni ♦ **The stage was all set.** Minden előkészület megtörtént. ♦ **travel by easy stages** kényelmes tempóban/megszakításokkal utazik

²stage [steɪdʒ] <ige> (stages, staging, staged) **1.** színpadra állít **2.** *(színpadon)* előad

stagecoach ['steɪdʒkəʊtʃ] <fn> [C] postakocsi

stage direction ['steɪdʒ dərekʃn] <fn> [C] színpadi utasítás

stage door [,steɪdʒ'dɔː] <fn> [C] színészbejáró

stage fright ['steɪdʒ fraɪt] <fn> [U] lámpaláz

stage lights ['steɪdʒ laɪts] <fn> [pl] rivaldafény; színpadi világítás

stage manager [,steɪdʒ'mænɪdʒə] <fn> [C] *(színházban)* ügyelő

stagger ['stægə] <ige> **1.** tántorog; támolyog; meginog; botladozik: *He staggered backwards.* Hátratántorodott. **2.** tétovázik; habozik **3.** megtántorít **4.** megdöbbent; meghökkent: *I was staggered to hear...* Megdöbbenve hallottam, hogy... **5.** *(munkakezdést stb.)* lépcsőzetessé tesz

staggering ['stægərɪŋ] <mn> döbbenetes; megdöbbentő; megrázó

stagnant ['stægnənt] <mn> **1.** pangó; álló: *stagnant water* állóvíz **2.** stagnáló: *a stagnant economy* stagnáló gazdaság

stagnate [stæg'neɪt] <ige> (stagnates, stagnating, stagnated) áll; pang; stagnál

stagnation [stæg'neɪʃn] <fn> [U] pangás; stagnálás

stag night ['stæg naɪt] <fn> [C] legénybúcsú

stag party ['stæg pɑːti] <fn> [C] legénybúcsú

¹stain [steɪn] <fn> **1.** [C] folt; maszat; pecsét: *oil stain* olajfolt **2.** [C] szégyenfolt; hiányosság; hiba **3.** [U, C] festék; festőanyag

²stain [steɪn] <ige> **1.** foltot ejt/hagy; bepiszkol; bemocskol **2.** meggyaláz; megront **3.** bepiszkolódik **4.** megfest

stained glass [,steɪnd'glɑːs] <fn> [U] festett/színes üveg

stainless steel [,steɪnləs'stiːl] <fn> [U] rozsdamentes acél

stair [steə] <fn> [C] lépcsőfok
staircase ['steəkeɪs] <fn> [C] lépcső
stairs [steəz] <fn> [pl] lépcső: *fall down the stairs* leesik a lépcsőről ∗ *run up the stairs* felszalad a lépcsőn ∗ *go down the stairs* lépcsőn lemegy
stairway ['steəweɪ] <fn> [C] lépcső
¹**stake** [steɪk] <fn> **1.** [C] karó **2. stakes** [pl] *(fogadáson stb.)* tét: *lay the stakes* (rulettban) tesz ∗ *raise the stakes* emeli a tétet ∗ *with high stakes* nagy a tét ∗ *play for high stakes* nagyban játszik **3.** [C] érdekeltség; tulajdonrész: *take a 30% stake in the company* 30%-os érdekeltsége van a cégnél **4. stakes** [U] lóverseny
♦ **be at stake** kockán forog *His life is at stake.* Élete forog kockán. ♦ **pull up stakes** biz AmE (fel)szedi a sátorfáját (és odébbáll)
²**stake** [steɪk] <ige> (stakes, staking, staked) **1.** karóz **2.** tesz; fogad (**on sg** vmire) **3.** kockáztat; kockára tesz: *stake one's reputation on doing sg* kockára teszi a hírnevét azzal, hogy...
♦ **stake a claim to sg** igényét bejelenti vmire
stakeholder ['steɪk,həʊldə] <fn> [C] *(üzletben, vállalkozásban stb.)* érdekelt személy
stalactite ['stæləktaɪt] <fn> [C] függő cseppkő; sztalaktit
stalagmite ['stæləgmaɪt] <fn> [C] álló cseppkő; sztalagmit
stale [steɪl] <mn> **1.** állott; áporodott; nem friss; dohos; poshadt: *stale bread* állott kenyér ∗ *stale air* elhasznált/poshadt levegő **2.** unalmas; elcsépelt; lapos: *stale joke* elcsépelt/szakállas vicc **3.** lejárt; régi; megkopott
stalemate ['steɪlmeɪt] <fn> [U] **1.** *(sakkban)* patt **2.** holtpont: *end in stalemate* holtpontra jut
¹**stalk** [stɔːk] <fn> [C] **1.** növ szár **2.** méltóságteljes lépkedés
²**stalk** [stɔːk] <ige> **1.** méltóságteljesen/peckesen lépked **2.** lopakodik; oson **3.** becserkész(ik) **4.** idegesítően követ
¹**stall** [stɔːl] <fn> **1.** [C] *(árusító)*bódé: *bookstall* könyvesbódé ∗ *market stalls* piaci bódé; elárusítóasztal **2. the stalls** [pl] *(színházban, elöl)* földszint; zsöllye **3.** [C] *(istállóban)* rekesz; állás **4.** [C] *(templomban)* kórusülés **5.** [C] sebességvesztés; motorleállás
²**stall** [stɔːl] <ige> **1.** *(motor)* leáll; bedöglik; lefullad **2.** *(motort)* leállít **3.** *(tárgyalás)* elakad **4.** halogat
stallion ['stæljən] <fn> [C] csődör; mén
stamina ['stæmɪnə] <fn> [U] **1.** állóképesség: *with great stamina* teherbíró **2.** kitartás
¹**stammer** ['stæmə] <ige> dadog; hebeg
²**stammer** ['stæmə] <fn> [U] dadogás; hebegés

¹**stamp** [stæmp] <fn> **1.** [C] bélyegző; pecsét: *The doctor pressed his stamp on the prescription.* Az orvos rányomta a bélyegzőjét a receptre. **2.** [C] (levél)bélyeg: *collect stamps* bélyeget gyűjt **3.** [C] bélyegzés: *Have you got a visa stamp in your passport?* Beütötték a vízumot az útleveledbe? **4.** [C, U] toporzékolás **5. the stamp of sg** [U] vminek a jegye/jellege/bélyege: *bears the stamp of sg* magán viseli vminek a jegyét/jegyeit/bélyegét
²**stamp** [stæmp] <ige> **1.** (le)bélyegez; (le)pecsétel (**sg on sg/sg with sg** vmit vmire/vmit vmivel): *stamp the envelope* lepecsételi a borítékot ∗ *have one's passport stamped* lebélyegezteti az útlevelét **2.** felbélyegez: *stamp a letter* levelet felbélyegez **3.** dobbant; toppant; toporzékol: *stamp his foot in anger* mérgében dobbant a lábával **4.** rátapos; széttapos; eltapos: *stamp on a spider* széttapos egy pókot
stamp album ['stæmp,ælbəm] <fn> [C] bélyegalbum
stamp collection ['stæmp kə,lekʃn] <fn> [C] bélyeggyűjtemény
stamp collector ['stæmp kə,lektə] <fn> [C] bélyeggyűjtő
stamped addressed envelope [,stæmptə,dresd'envələʊp] <fn> [C] megcímzett és felbélyegzett válaszboríték
¹**stampede** [stæm'piːd] <fn> [C] eszeveszett rohanás/menekülés; pánik
²**stampede** [stæm'piːd] <ige> (stampedes, stampeding, stampeded) fejvesztve menekül
stance [stæns] <fn> [C] **1.** (test)tartás **2.** beállítottság; hozzáállás; álláspont
¹**stand** [stænd] <ige> (stands, standing, stood, stood) **1.** áll; megáll: *I am standing in the garage.* A garázsban állok. **2.** feláll: *The audience stood and clapped.* A közönség felállt és tapsolt. **3.** *(épület)* áll; van; fekszik: *stand empty* üresen áll ∗ *The house stands by the lake.* A ház a tó partján áll. **4.** érvényben van; fennáll **5.** elvisel; (ki)bír; tűr: *I can't stand him.* Ki nem állhatom őt. ∗ *I couldn't stand the sight of blood.* Ki nem állhattam a vér látványát. **6.** állít; (oda)tesz **7.** biz vállal; fizet; áll: *stand sy a drink* fizet vkinek egy pohárral
♦ **as matters stand//as it stands** ahogy a dolgok jelenleg állnak... ♦ **stand a good chance of...** *(győzelemre stb.)* jó esélye van ♦ **stand aloof** elzárkózik; távol tartja magát ♦ **stand clear** félrehúzódik; félreáll *Stand clear!* Pálya! ♦ **stand corrected** belátja a tévedését ♦ **stand fast** szilárdan áll ♦ **stand in the way of sy//stand in sy's**

²**stand**

way útját állja vkinek; útjában áll vkinek ♦ **stand one's ground** megállja a helyét; állja a sarat ♦ **stand pat** nem enged az elveiből ♦ **stand still 1.** nyugodtan marad **2.** megáll; nem halad; nem mozdul ♦ **stand on one's own feet/legs** biz megáll a saját lábán ♦ **know where one stands** megtudja, hányadán áll

---

stand around/about álldogál
stand aside félreáll; nem avatkozik bele
stand back 1. visszahúzódik **2.** hátrébb áll
stand by 1. tétlenül néz/áll **2.** készenlétben áll: *I'll stand by until you come.* Készenlétben állok, amíg meg nem jössz.
stand by sy kitart; kiáll vki mellett: *I will always stand by you.* Mindig kitartok melletted!
stand by sg *(elhatározás mellett)* kitart; *(ígéretet)* fenntart: *I stand by every word I said.* Állom, amit mondtam.
stand down visszalép; visszavonul; leköszön
stand for sg 1. jelent; jelképez vmit: *What do these letters stand for?* Mit jelentenek ezek a betűk? **2.** képvisel vmit **3.** *(képviselőnek vagy egyéb posztra)* jelölteti magát **4.** eltűr; elvisel vmit: *I won't stand for it any longer.* Nem tűröm tovább.
stand in (for sy) helyettesít (vkit)
stand off 1. félreáll; távolságot tart; visszalép; kitér **2.** kiáll; kimagaslik **3.** a nyílt tengerre kifut **4.** szünetelteti a munkaviszonyt
stand on *(hajó)* tartja az irányt; halad előre
stand out 1. kiáll; kiugrik; kitűnik; szembetűnik: *He stands out in the crowd because of his curly hair.* Göndör haja miatt kiugrik a tömegből. **2.** kiemelkedik; kimagaslik
stand to *(katona)* támadásra készen áll: *Stand to!* Fegyverbe!
stand to sy/sg kitart vki/vmi mellett: *stand to one's principles* kitart az elvei mellett
stand up 1. feláll **2.** tart; bírja **3.** *(érvelés stb.)* fennáll; megáll
stand up straight egyenesen áll
stand sy up biz átejt vkit
stand up for sy/sg támogat; megvéd; segít vkit/vmit; kiáll vki/vmi mellett
stand up to sy/sg bátran szembeszáll vkivel; megvédi magát vkivel/vmivel szemben

---

²**stand** [stænd] <fn> [C] **1.** (meg)állás: *come to a stand* megáll **2.** bódé; árusítóhely; stand **3.** taxiállomás **4.** lelátó; tribün; emelvény **5.** állvány; tartó; fogas: *coat stand* (álló) fogas **6.** állásfoglalás: *take a stand on/against sg* állást foglal vmely ügyben/vmivel szemben **7.** AmE tanúk padja

stand-alone ['stændə,ləʊn] <mn> infor egyedül álló; önálló

¹**standard** ['stændəd] <mn> **1.** mértékadó; szabványos; szabvány-; normál; alapvető; standard: *a standard envelope* szabványboríték * *standard reply* standard válasz * *standard size* normál méret **2.** általánosan elfogadott; szabályos: *Standard English* az angol köznyelv * *standard practice* általánosan elfogadott gyakorlat

²**standard** ['stændəd] <fn> [C] **1.** színvonal; mérték; mérce; norma; minőség: *standard of living* életszínvonal * *reach the required standard* eléri a kívánt színvonalat; megfelel a kívánalmaknak * *raise standard* emeli a színvonalat * *bring sy/sg up to standard* felhoz vkit/vmit a kívánt színvonalra * *by today's standards* mai mércével mérve * *The food is not up to standard.* Az étel nem a kívánt minőségű. **2. standards** [pl] erkölcsi színvonal: *declining moral standards* az erkölcsi színvonal hanyatlása **3.** minta; standard; szabvány **4.** oszlop; gerenda **5.** zászló; lobogó

standardisation [,stændədaɪ'zeɪʃn] BrE → **standardization**

standardise ['stændədaɪz] BrE → **standardize**

standardization [,stændədaɪ'zeɪʃn] <fn> [U] szabványosítás

standardize ['stændədaɪz] <ige> (standardizes, standardizing, standardized) szabványosít; egységesít

standard lamp ['stændəd læmp] <fn> [C] állólámpa

¹**standby** ['stændbaɪ] <fn> **1.** [C] (standbys) tartalék: *keep some food in the freezer as a standby* tart valami tartalék ételt a hűtőben **2.** [U] készenlét: *be on standby* készenlétben áll

²**standby** ['stændbaɪ] <mn> **1.** tartalék-; *(utas)* helyre váró; várólistán lévő: *a standby passenger* (üres) helyre váró utas **2.** készenléti

stand-in ['stændɪn] <fn> [C] **1.** *(filmszínésze)* dublőr; dublőz **2.** helyettes

¹**standing** ['stændɪŋ] <mn> **1.** álló: *be given a standing ovation* fennállva tapsolnak vkinek **2.** állandó: *the members of the standing committee* az állandó bizottság tagjai **3.** fennálló; érvényes

²**standing** ['stændɪŋ] <fn> [U] **1.** rang; állás; pozíció; státusz: *of high standing* magas rangú **2.** (idő)tartam: *an agreement of long standing* régi megállapodás

standing army [ˌstændɪŋˈɑːmɪ] <fn> [C] (standing armies) állandó hadsereg

standing jump [ˌstændɪŋˈdʒʌmp] <fn> [C] helyből ugrás

standing order [ˌstændɪŋˈɔːdə] <fn> [C, U] gazd BrE **1.** állandó/folyamatos rendelés **2.** megbízás folyamatos terhelésre/kifizetésre; állandó fizetési meghagyás; tartós megbízás

standing orders [ˌstændɪŋˈɔːdəz] <fn> [pl] ügyrend; (képviselőházi) házszabályok

stand-offish [ˌstændˈɒfɪʃ] <mn> tartózkodó

standpoint [ˈstændpɔɪnt] <fn> [C] álláspont; szempont; szemszög; nézőpont

standstill [ˈstændstɪl] <fn> [U] megállás; leállás; nyugalom; mozdulatlanság: *bring to a standstill* leállít; megállít ∗ *come to a standstill* leáll ∗ *be at a standstill* áll; nyugalmi állapotban van

stand-up [ˈstændʌp] <mn> **1.** állva fogyasztott: *stand-up meal* állva fogyasztott étkezés **2.** álló: *stand-up collar* álló gallér **3.** hangos; zajos: *stand-up argument* zajos vita

stank [stæŋk] → ¹**stink**

stanza [ˈstænzə] <fn> [C] versszak; strófa

¹**staple** [ˈsteɪpl] <mn> **1.** állandó; tartós **2.** legfontosabb

²**staple** [ˈsteɪpl] <fn> [C] **1.** fűzőkapocs; fémkapocs; szeg **2.** főtermék; főtermény; legfontosabb árucikk **3.** nyersanyag **4.** piac; kereskedelmi központ **5.** gyapjúszál; gyapotszál

³**staple** [ˈsteɪpl] <ige> (staples, stapling, stapled) (fémkapoccsal) összekapcsol; összefűz

stapler [ˈsteɪplə] <fn> [C] fűzőgép

¹**star** [stɑː] <fn> [C] **1.** (égitest) csillag: *a star in the sky* csillag az égen ∗ *a fixed star* állócsillag **2.** (ábra, jel, tárgy) csillag: *put a star by the word* a szó mellé tesz egy csillagot ∗ *a four-star hotel* négycsillagos szálloda ∗ *the stars in the US flag* a csillagok az amerikai zászlón ∗ *the Stars and Stripes* AmE (az USA nemzeti lobogója) csillagos-sávos lobogó **3.** sztár; csillag: *film star* filmsztár ∗ *the star of the team* a csapat sztárja **4. stars** [pl] horoszkóp

♦ **be born under a lucky star** szerencsés csillagzat alatt született ♦ **see stars** csillagokat lát ♦ **sy's star is in the ascendant/on the wane** emelkedőben/hanyatlóban van a csillaga ♦ **thank one's lucky stars** biz áldja a sorsát

²**star** [stɑː] <ige> (stars, starring, starred) **1.** főszerepet játszik (**in sg** vmiben): *starring…* a főszereplen… ∗ *She starred in a school play.* Főszerepet játszott egy iskolai színdarabban. **2.** csillagokkal díszít **3.** csillaggal megjelöl

starboard [ˈstɑːbəd] <fn> [U] (hajóé) menetirány szerinti jobb oldal

starch [stɑːtʃ] <fn> [C, U] keményítő

stare [steə] <ige> (stares, staring, stared) bámul; mered (**at sy** vkit/vkire): *Don't stare!* Mit bámulsz! ∗ *He stared at her in amazement.* Csodálattal bámulta.

♦ **stare sy in the face** biz **1.** szemébe néz vkinek **2.** (baj stb.) vár vkire; elkerülhetetlen **3.** majd kiszúrja vkinek a szemét; a vak is látja

stare sy down farkasszemet néz vkivel

starfish [ˈstɑːfɪʃ] <fn> [C] áll tengeri csillag

¹**stark** [stɑːk] <mn> **1.** merev; erős; határozott **2.** csupasz; puszta; kopár: *a stark landscape* kopár, sziklás táj ∗ *the stark reality* a rideg valóság

²**stark** [stɑːk] <hsz> teljesen; tisztán; egészen: *stark crazy/mad* tiszta őrült ∗ *stark naked* anyaszült meztelen(ül); pucér(an)

starkers [ˈstɑːkəz] <mn> biz BrE anyaszült meztelen; pucér

starlet [ˈstɑːlət] <fn> [C] sztárjelölt; fiatal

starlight [ˈstɑːlaɪt] <fn> [U] csillagfény

starlit [ˈstɑːlɪt] <mn> csillagos; csillagfényes

starry [ˈstɑːrɪ] <mn> csillagos

starry-eyed [ˌstɑːrɪˈaɪd] <mn> idealista; naiv

Star-Spangled Banner [ˌstɑːˈspæŋgldˈbænə] <fn> [U] **the Star-Spangled Banner** az USA nemzeti himnusza

¹**start** [stɑːt] <ige> **1.** (el)kezd: *start to do/doing sg* belekezd vmibe ∗ *It started snowing.* Havazni kezdett. ∗ *He started to sing.* Elkezdett énekelni. ∗ *When will you start your new job?* Mikor kezded (el) az új munkádat? **2.** (el)indul: *start at 5 a.m.* reggel 5 órakor indul ∗ *be about to start* indulófélben van ∗ *What time are we starting tomorrow?* Mikor indulunk holnap? **3.** (motor) beindul: *The car won't start.* Az autó nem akar beindulni. **4.** elindít; beindít; megindít; alapít: *start the car* beindítja/elindítja az autót ∗ *start a magazine* magazint indít el ∗ *start his own business* saját üzletet alapít **5.** megkezdődik; kezdődik: *The film starts at 8 o'clock.* A film este 8 órakor kezdődik. **6.** belefog; kezd; megkezd **7.** sp rajtol; startol **8.** (ló) elugrik; megugrik; félreugrik; megriad **9. start from the chair** felpattan a székről **10.** megijeszt; felriaszt; megriaszt: *The sudden noise made him start.* A váratlan zaj felriasztotta/megriasztotta.

♦ **to start with 1.** először is... **2.** eleinte
♦ **start something** biz **1.** veszekedni akar; megint kezdi... **2.** egy bolond százat csinál

start in on doing sg biz nekikezd vminek
start off kezd; elindul
start on sg nekilát vminek; megkezd vmit; belekezd vmibe
start out 1. kezd: *start out as a lawyer* jogászként kezdi a pályáját **2.** elindul; útnak indul
start over AmE újrakezd
start up beindul: *The machine suddenly started up.* Hirtelen beindult a gép.
start sg up beindít vmit

²**start** [sta:t] <fn> **1.** [C] kezdet; (el)indulás: *at the very start* mindjárt; a kezdet kezdetén * *right from the start* kezdettől fogva * *from start to finish* az elejétől a végéig * *at the start of the final year* az utolsó év kezdetén * *plan an early start* korai (el)indulást tervez * *the perfect start of the day* a nap tökéletes kezdése **2.** [C] kezdés: *make a good start* jól kezd * *a slow start* lassú kezdés * *There's no better start to the day than a good breakfast.* Nincs is annál jobb kezdés, mint egy jó reggeli. **3. the start** [U] rajt; start: *The runners are gathering at the start.* A futók a startnál gyülekeznek. **4.** [U, C] *(versenyben)* előny: *a 100-metre start* 100 méteres előny * *get a start of 100 metres* 100 méter előnyt kap **5.** [C] összerezzenés; megriadás: *wake with a start* álmából felriad
♦ **for a start** először is ♦ **get a good start** *(pályán)* jól indul ♦ **get off to a good/bad start** jól/rosszul indul vmi ♦ **give sy a start 1.** megijeszt vkit **2.** előnyt ad vkinek

starter ['sta:tə] <fn> [C] **1.** előétel **2.** indítómotor; önindító **3.** *(versenyen)* indító **4.** *(versenyen)* induló

starting point ['sta:tɪŋ pɔɪnt] <fn> [C] **1.** kiindulópont **2.** indulási pont/hely

startle ['sta:tl] <ige> (startles, startling, startled) **1.** megijeszt; felriaszt: *be startled out of one's sleep* álmából felriadt * *The sound startled him.* Megijesztette a hang. **2.** megdöbbent; meghökkent

start-up ['sta:tʌp] <fn> [C, U] **1.** gazd *(cégé)* beindítás; alapítás **2. start-up company/business** újonnan alapított cég **3.** infor start; (el)indítás

starvation [sta:'veɪʃn] <fn> [U] éhezés; koplalás; éhínség: *die of starvation* éhen hal

starve [sta:v] <ige> (starves, starving, starved) **1.** éhezik; koplal: *I'm starving.* Éhezem./Farkaséhes vagyok. **2.** éhen hal **3.** éheztet; koplaltat **4. starve for sg//be starved of sg** vágyódik vmire; ki van éhez(tet)ve vmire; sóvárog vmi után

¹**state** [steɪt] <fn> **1.** [C, U] állapot: *state of health* egészségi állapot * *state of mind* lelkiállapot * *be in a terrible state* rémes állapotban van * *state of affairs* helyzet; tényállás * *state of emergency* szükségállapot * *I've never seen her in such a state.* Sohasem láttam még őt ilyen (rossz) állapotban. **2.** [C] *(ország, nemzet)* állam: *be owned by the state* állami tulajdonban van * *a European state* egy európai állam * *state affairs* államügyek **3. the States** biz *(the United States of America)* az USA; az (Amerikai) Egyesült Államok **4. State** [C] *(országon belül, saját kormánnyal rendelkező régió)* állam: *the State of Michigan* Michigan állam **5.** [U] rang; méltóság; státus **6.** [U] dísz; pompa; fény: *state dinner* díszebéd * *in state* nagy pompával; teljes díszben; állásához/rangjához illő pompával
♦ **get into a state** biz tiszta ideg; ideges lesz ♦ **live in state** nagy lábon él

²**state** [steɪt] <ige> (states, stating, stated) kijelent; állít; megállapít: *He stated that...* Azt állította, hogy... * *state one's case* kifejti az álláspontját * *as stated above* mint fent említettük * *at a stated time* meghatározott időpontban

³**state** [steɪt] <mn> állami; állam-

State Department ['steɪt dɪpa:tmənt] <fn> [U] **the State Department** AmE külügyminisztérium

stately ['steɪtli] <mn> méltóságteljes; impozáns; tekintélyes

stately home [,steɪtli'həʊm] <fn> [C] BrE főúri kastély

statement ['steɪtmənt] <fn> [C] **1.** állítás; kijelentés; megállapítás: *a true statement* igaz állítás * *statement of facts* tényállás; ténymegállapítás **2.** közlés; bejelentés; közlemény; nyilatkozat: *make a statement* nyilatkozik; nyilatkozatot tesz * *official statement* hivatalos közlemény/nyilatkozat **3.** vallomás **4.** kimutatás; számadás; mérleg; számlakivonat: *bank statement* (bank)számlakivonat * *yearly statement* éves kimutatás/mérleg * *statement of account* számlakivonat

state-of-the-art [,steɪtəvðɪ'a:t] <mn> legkorszerűbb; legmodernebb; legfejlettebb

state-owned ['steɪt,əʊnd] <mn> állami tulajdonban lévő; állami

stateroom ['steɪtru:m] <fn> [C] *(hajón)* luxuskabin; luxuslakosztály; magánlakosztály

statesman ['steɪtsmən] <fn> [C] (statesmen) államférfi

¹static ['stætɪk] <mn> nyugvó; változatlan; statikus; statikai

²static ['stætɪk] <fn> [U] légköri zavarok

statics ['stætɪks] <fn> [U] statika; szilárdságtan

¹station ['steɪʃn] <fn> [C] **1.** állomás; megálló(hely); pályaudvar: *railway station* vasútállomás ∗ *I will get off at the next bus station.* A következő buszmegállónál leszállok. ∗ *The train stops at every station.* A vonat minden állomáson (és megállóhelyen) megáll. **2.** állomás(hely): *fire station* tűzoltóság ∗ *police station* rendőrkapitányság; rendőrőrs ∗ *radio station* rádióállomás ∗ *petrol station* benzinkút; üzemanyagtöltő állomás ∗ *military stations* katonai állomáshelyek **3.** állás; foglalkozás; hivatal; rang: *station in life* társadalmi állás/helyzet **4.** őrhely **5.** (*TV, rádió*) állomás: *TV stations* tévéállomások

²station ['steɪʃn] <ige> (el)helyez; állít; kihelyez; állomásoztat: *be stationed at...* kat állomásozik vhol

stationary ['steɪʃnəri] <mn> **1.** (*autó stb.*) álló **2.** állandó; mozdulatlan; stacionárius

stationer ['steɪʃnə] <fn> [C] papírkereskedő: *stationer's (shop)* papír- és írószerbolt

stationery ['steɪʃnəri] <fn> [U] levélpapír; írószer és papíráru; irodaszerek

station wagon ['steɪʃn,wægən] <fn> [C] AmE kombi

statistical [stə'tɪstɪkl] <mn> statisztikai

statistician [,stætɪ'stɪʃn] <fn> [C] statisztikus

statistics [stə'tɪstɪks] <fn> **1.** (*tudományág*) statisztika **2. statistics** [pl] statisztikai adatok

statue ['stætʃuː] <fn> [C] szobor

stature ['stætʃə] <fn> [U] **1.** (*emberé*) alak; termet **2.** formátum; szellemi kaliber

status ['steɪtəs] <fn> [C, U] **1.** állapot; helyzet; státusz: *social status* társadalmi helyzet ∗ *marital status* családi állapot ∗ *employee status* alkalmazotti státusz **2.** társadalmi elismertség: *This organization will improve the social status of disabled people.* Ez a szervezet a fogyatékkal élők társadalmi elismertségét hivatott növelni. **3.** nagy társadalmi rang: *give sy more status* nagyobb társadalmi rangot ad vkinek

status bar ['steɪtəs bɑː] <fn> [C] infor státussor

status quo [,steɪtəs'kwəʊ] <fn> [U] **the status quo** régi/korábbi állapot; fennálló helyzet; status quo

status symbol ['steɪtəs,sɪmbl] <fn> [C] státusszimbólum

statute ['stætʃuːt] <fn> [C] törvény; rendelet; szabályrendelet: *statute law* írott jog

statutory ['stætʃətri] <mn> törvényen alapuló; törvényben meghatározott; törvényes: *statutory holiday* törvényes munkaszüneti nap

statutory rape [,stætʃətri'reɪp] <fn> [U] jog kiskorú sérelmére elkövetett erőszakos nemi közösülés

stave [steɪv] <fn> [C] zene a kotta öt vonala

¹stay [steɪ] <ige> **1.** (*vhol*) marad; tartózkodik; időzik: *stay at home* otthon marad ∗ *stay in bed* ágyban marad ∗ *stay abroad* külföldön marad ∗ *I shan't stay long.* Nem maradok soká. **2.** (*vmilyen állapotban, helyzetben*) marad: *stay single* egyedülálló marad ∗ *stay awake* ébren marad ∗ *We will stay friends forever.* Örökre barátok maradunk. **3.** megszáll; lakik: *stay the night/overnight* éjszakára ott marad ∗ *How long are you planning to say with us?* Mit tervezel, meddig maradsz nálunk? **4.** megáll; szünetet tart **5.** kitart **6.** támogat; (meg)támaszt **7.** leállít; megállít; visszatart; feltartóztat; késleltet **8.** elhalaszt **9.** megvár; bevár

♦ **stay clear of** elkerül vmit ♦ **stay put** biz nem moccan; marad a helyén ♦ **be here to stay//have come to stay** biz állandósul; maradandó lesz; meghonosodik

---

stay ahead of sy/sg megelőz vkit/vmit; vki/vmi előtt jár

stay away from sy/sg távol marad vkitől/vmitől; kerül vkit/vmit

stay in otthon marad

stay on 1. tovább marad **2.** megmarad

stay out (*éjszakára*) kimarad; nem alszik otthon

stay out of sg kimarad vmiből

stay up (sokáig) fennmarad; nem fekszik le

---

²stay [steɪ] <fn> [C] **1.** tartózkodás; időzés vhol; ottlét: *make a stay* marad; tartózkodik ∗ *enjoy one's stay in Budapest* nagyon élvezi budapesti tartózkodását ∗ *a four days' stay in Budapest* négynapos tartózkodás Budapesten ∗ *have an overnight stay in London* egy éjszakát tölt/lesz/tartózkodik Londonban **2.** tartóztatás **3.** tartó; támasz; merevítő; oszlop **4.** kitartás; állóképesség

staycation [,steɪ'keɪʃn] <fn> [C] otthon töltött nyaralás; belföldi nyaralás

staying power ['steɪɪŋ,paʊə] <fn> [U] állóképesség

STD [,əstiː'diː] **1.** [= sexually transmitted disease] szexuálisan terjedő betegség **2.** [= subscriber trunk dialling] BrE kezelő nélküli hívás

steadfast ['stedfɑːst] <mn> állhatatos (**in sg** vmiben)
steadily ['stedɪlɪ] <hsz> egyenletesen
¹steady ['stedɪ] <mn> **1.** szilárd; biztos; stabil; rendületlen: *be steady on one's legs* biztosan áll a lábán * *a steady hand* biztos kéz * *This chair isn't steady.* Ez a szék nem stabil. **2.** egyenletes; állandó; szabályos: *a steady increase* egyenletes/állandó növekedés * *make a steady progress* egyenletesen fejlődik * *steady pace* egyenletes tempó * *the steady rhythm of one's breathing* légzése egyenletes ritmusa **3.** józan; kiegyensúlyozott; nyugodt; megállapodott: *a steady life* józan/szolid élet * *Steady!* Csak nyugodtan! **4.** állhatatos; kitartó: *a steady relationship* tartós kapcsolat
²steady ['stedɪ] <hsz> **1.** egyenletesen **2. go steady with sy** biz (együtt) jár vkivel
³steady ['stedɪ] <ige> (steadies, steadying, steadied) **1.** megerősít; megszilárdít **2.** megszilárdul **3.** megnyugszik; összeszedi magát
steak [steɪk] <fn> [C, U] hússzelet; halszelet
steal [stiːl] <ige> (steals, stealing, stole, stolen) **1.** (el)lop (**sg from sy** vmit vkitől): *His car has been stolen.* Ellopták az autóját. **2.** lopakodik; oson: *steal across the room* átoson a szobán * *He stole quietly into the room.* Csöndben beosont a szobába. **3. steal a glance at sy** lopva ránéz vkire

> **steal away** biz elillan
> **steal in** belopódzik

¹steam [stiːm] <fn> [U] gőz; pára: *steam hammer* gőzkalapács * *steam iron* gőzölős vasaló
  ♦ **Full steam ahead!** Teljes gőzzel előre!
  ♦ **get up steam** rákapcsol; összeszedi az erejét ♦ **let/blow off steam** biz **1.** szabad folyást enged érzelmeinek; kiadja a mérget **2.** levezeti a fölösleges energiáját ♦ **run out of steam** biz kifullad ♦ **under one's own steam** saját erejéből
²steam [stiːm] <ige> **1.** gőzölög; párolog: *steaming coffee* gőzölgő kávé * *The soup is steaming.* Gőzölög a leves. **2.** bepöfög: *The train slowly steamed into the station.* A vonat lassan bepöfögött az állomásra. **3.** gőzöl; párol: *steamed vegetables* párolt zöldségek * *The meat should be steamed for two hours.* A húst két órán keresztül kell párolni.

  ♦ **be/get steamed up about sg** biz felizgatja magát vmi miatt; felmegy benne a pumpa

> **steam up** *(szemüveg stb.)* bepárásodik

steam engine ['stiːm‿endʒɪn] <fn> [C] **1.** gőzgép **2.** gőzmozdony
steamer ['stiːmə] <fn> [C] **1.** gőzhajó **2.** zöldségpároló (edény)
steamroller ['stiːmrəʊlə] <fn> [C] gőzhenger; úthenger
steamship ['stiːmʃɪp] <fn> [C] gőzhajó
¹steel [stiːl] <fn> [U] acél
²steel [stiːl] <ige> **1.** *(vasat)* edz; megacéloz; acéllal bevon **2.** megedz; megerősít: *steel oneself/one's heart* összeszedi magát; megacélozza az akaratát; felkészül vmi kellemetlenre
¹steep [stiːp] <mn> (steeper, steepest) **1.** meredek: *steep hill* kaptató; meredek hegy **2.** rendkívül nagy; hihetetlen; meredek: *a steep rise in prices* rendkívül nagy áremelkedés * *That's a bit steep!* Ez egy kicsit meredek! **3.** biz *(ár stb.)* meredek; húzós
²steep [stiːp] <ige>

> **steep sg in sg** beáztat; pácol vmit vmiben
> **steep oneself in sg** belemerül vmibe

steeple ['stiːpl] <fn> [C] (templom)torony
steeplechase ['stiːpltʃeɪs] <fn> [U] **1.** akadályfutás **2.** akadálylovaglás
¹steer [stɪə] <ige> **1.** *(járművet)* kormányoz; irányít; vezet: *steer the boat into the harbour* a kikötőbe kormányozza a hajót **2.** *(kézben tart)* vezet; irányít; terel: *steer sy towards healthy foods* az egészséges táplálkozás irányába terel vkit * *steer the conversation towards/away from sg* a beszélgetést vmilyen irányba/vmitől eltereli
  ♦ **steer clear of sy/sg** nagy ívben elkerül vkit/vmit
²steer [stɪə] <fn> [C] fiatal ökör
steering ['stɪərɪŋ] <fn> [U] *(autóé)* kormányzás
steering wheel ['stɪərɪŋ wiːl] <fn> [U] kormánykerék
stein [staɪn] <fn> [C] söröskorsó
¹stem [stem] <fn> [C] **1.** növ törzs; szár; kocsány **2.** nemzetség; (családi) ág **3.** nyelvt szótő **4.** hajóorr **5.** pipaszár
²stem [stem] <ige> (stems, stemming, stemmed) **1.** növ szárat eltávolít **2. stem from somewhere** ered; származik vhonnan **3.** meggátol; leállít; megfékez; megakaszt
stench [stentʃ] <fn> [C] bűz
¹step [step] <fn> [C] **1.** lépés: *take ten steps forward* tíz lépést tesz előre * *hear steps* lépéseket hall * *step by step* lépésről lépésre **2.** lépés; eljárás; intézkedés: *take steps to prevent sg* lépéseket tesz vminek a megelőzése érdekében * *It's a sensible/foolish step to take.* Értel-

mes/ostoba lépés. ∗ **take the necessary steps** megteszi a szükséges intézkedéseket ∗ **the first step in cooking the lunch** az első lépés az ebédfőzésnél **3.** *(tánc)lépés*: *complicated steps* bonyolult lépések **4.** lépcsőfok; létrafok **5.** lábnyom; nyomdok **6.** járás(mód) **7.** biz előléptetés: *get one's step* előléptetik

♦ **be in/keep step with sy/sg** lépést tart vkivel/vmivel; együtt/összhangban van vkivel/vmivel ♦ **be out of step with sy/sg** nem tart lépést vkivel/vmivel; nincs összhangban vkivel/vmivel ♦ **fall into step with sy** alkalmazkodik vkihez; hozzáigazítja a léptet vkiéhez ♦ **Mind the step!** Vigyázat, lépcső! ♦ **Watch your steps!** biz Vigyázz!/Légy óvatos! ♦ **bend/direct/incline one's steps towards...** vhova megy/igyekszik; vhova irányítja lépteit

²**step** [step] <ige> (steps, stepping, stepped) **1.** lép; jár; lépked: *Don't step in the mud.* Ne lépj bele a sárba! **2.** táncot lejt **3.** lépcsőzetesen elhelyez

step aside/down lemond; félreáll; visszavonul; lelép
step back 1. visszahúzódik; háttérben marad **2.** visszatér; visszalép
step forward előáll; előlép
step in 1. belép; beszáll **2.** biz közbelép
step on it//step on the gas biz belelép a gázba
step out AmE kimegy (rövid időre)
step sg up növel; fokoz vmit: *step up the pressure on sy* fokozza a nyomást vkin

stepbrother ['stepbrʌðə] <fn> [C] mostohatestvér; mostohafivér
stepchild ['steptʃaɪld] <fn> [C] (stepchildren) mostohagyermek
stepdaughter ['stepdɔːtə] <fn> [C] mostohaleány
stepfather ['stepfɑːðə] <fn> [C] mostohaapa
stepladder ['steplædə] <fn> [C] szobalétra
stepmother ['stepmʌðə] <fn> [C] mostohaanya
stepping stone ['stepɪŋ stəʊn] <fn> [C] *(patakban)* gázlókő
stepsister ['stepsɪstə] <fn> [C] mostohatestvér; mostohanővér
¹**stereo** ['sterɪəʊ] <fn> [C] (stereos) **1.** sztereó berendezés/készülék: *a car stereo* sztereó (kazettás) autórádió **2.** sztereó: *in stereo* sztereóban
²**stereo** ['sterɪəʊ] <mn> sztereó: *stereo radio* sztereó rádió

stereo recording ['sterɪəʊ rɪ'kɔːdɪŋ] <fn> [C] sztereófelvétel
stereoscopic [ˌsterɪə'skɒpɪk] <mn> térhatású
stereo system ['sterɪəʊ sɪstəm] <fn> [C] sztereó berendezés/készülék; hifitorony
¹**stereotype** ['sterɪətaɪp] <fn> [C] sztereotípia; klisé; sablon; konvenció
²**stereotype** ['sterɪətaɪp] <ige> (stereotypes, stereotyping, stereotyped) sablonossá tesz
stereotyped ['sterɪəʊtaɪpd] <mn> sablonos; sztereotip
sterile ['steraɪl] <mn> **1.** csíramentes; steril **2.** meddő **3.** átv meddő; hiábavaló
sterilisation [ˌsterəlaɪ'zeɪʃn] BrE → **sterilization**
sterility [stə'rɪlətɪ] <fn> [U] **1.** sterilitás **2.** meddőség
sterilization [ˌsterəlaɪ'zeɪʃn] <fn> [U] **1.** fertőtlenítés; csíramentesítés; sterilizálás **2.** terméketlenné/meddővé tétel; sterilizálás
sterilize ['sterəlaɪz] <ige> (sterilizes, sterilizing, sterilized) **1.** fertőtlenít; csírátlanít; sterilizál **2.** ivartalanít; sterilizál
¹**sterling** ['stɜːlɪŋ] <fn> [U] (font) sterling
²**sterling** ['stɜːlɪŋ] <mn> kitűnő; kiváló; teljes értékű
¹**stern** [stɜːn] <mn> *(személy, tekintet stb.)* szigorú; zord; komoly
²**stern** [stɜːn] <fn> [C] hajófar; tat
steroid ['sterɔɪd, 'stɪərɔɪd] <fn> [C] orv szteroid
stethoscope ['steθəskəʊp] <fn> [C] sztetoszkóp
¹**stew** [stjuː] <fn> [C, U] párolt hús; ragu
²**stew** [stjuː] <ige> **1.** *(húst, zöldséget)* párol; főz; gőzöl **2.** párolódik; fő
steward ['stjuːəd] <fn> [C] **1.** *(repülőn, hajón)* utaskísérő; steward **2.** *(rendezvényen)* rendező
stewardess [ˌstjuːə'des] <fn> [C] *(nő)* légiutaskísérő; stewardess
¹**stick** [stɪk] <fn> [C] **1.** bot; pálca: *a walking stick* sétapálca **2.** gally; ág; fadarab: *collect some dry sticks* gyűjt pár száraz gallyat **3.** karó; vessző **4.** rúd; szár; szál: *put some carrot sticks into the hot oil* néhány szál sárgarépát tesz a forró olajba ∗ *stick of celery* zellerszár **5.** sp ütő: *hockey stick* hokiütő **6.** biz lélektelen ember **7.** biz ragasztó

♦ **get hold of the wrong end of the stick** félreérti a helyzetet ♦ **be as cross as two sticks** harapós kedvében van ♦ **get/take stick from** biz megkapja a magáét ♦ **give sy the stick** biz jól kioszt vkit

²**stick** [stɪk] <ige> (sticks, sticking, stuck, stuck) **1.** szúr; döf: *stick a needle into one's arm* vkinek a karjába szúr egy tűt ∗ *stick a pig* disznót leszúr **2.** dug; tesz; rak: *stuck the matchboxes in the top shelf* a kisautókat a legfelső polcra

dugja/teszi **3.** karóz **4.** (oda)ragaszt; összeragaszt: *stick posters on the wall* posztereket ragaszt a falra * *stick the broken piece back to the plate* visszaragasztja a letört tányérdarabkát **5.** (össze)ragad; tapad: *The pâté has stuck to the plate.* A pástétom a tányérba ragadt. **6.** akad; beszorul; bennragad: *The door is sticking.* Akad az ajtó. * *The key has stuck in the lock.* A kulcs beszorult a zárba. **7. be/get stuck** elakadt, megakadt, beragadt, bennragadt, beszorult (**in sg** vmibe/vmiben): *The car got stuck in the mud.* Az autó beragadt a sárba. * *We were stuck in traffic for over 3 hours.* Több, mint három óra hosszat bennragadtunk a forgalomban. **8.** *(nehézségnél)* elakad; megakad: *be stuck on a problem* elakadt egy problémánál **9.** biz elvisel; kibír: *I can't stick you.* Ki nem állhatlak! * *I can't stick his friend.* Nem csípem a barátját. **10.** biz ledob; lehány; odahajít; (be)lök: *Just stick those knifes in the sink.* Dobd csak be azokat a késeket a mosogatóba!
♦ **What sticks in my throat is that…** Ebben az egészben az nem tetszik, hogy… ♦ **It sticks in my gullet.** Ezt nem veszi be a gyomrom. ♦ **stick to one's guns** nem enged a negyvennyolcból ♦ **Stick to the point!** Ne térj el a tárgytól!/Nem erről volt szó!

---

stick around biz a közelben marad; cselleng; őgyeleg
stick at sg BrE **1.** kitartóan/egyfolytában dolgozik vmin **2.** megtorpan; meghátrál; megriad vmitől: *stick at nothing* semmitől sem riad vissza
stick by sy biz kitart vki mellett; ragaszkodik vkihez; nem hagy cserben vkit
stick out 1. kiugrik; kiáll; kinyúlik: *A letter was sticking out of his pocket.* Egy levél lógott ki a zsebéből. **2.** feltűnik; kitűnik
stick sg out 1. *(testrészt stb.)* kidug: *stick out one's tongue* kidugja/kiölti a nyelvét **2.** biz végig kibír vmit; győz vmit; kitart vmi mellett: *It was difficult, but we stuck it out.* Nehéz volt, de végigcsináltuk.
stick to sg 1. ragaszkodik vmihez **2.** kitartóan csinál vmit
stick together biz együtt marad; összetart
stick up *(haj stb.)* feláll
stick up for sy/sg biz kiáll vki/vmi mellett: *Stick up for yourself!* Ne hagyd magad!
stick with sy biz szorosan vkinek a közelében marad; nem tágít vkitől; ragaszkodik vkihez
stick with sg biz megmarad vminél; kitartóan csinál/folytat vmit: *Stick with it!* Tarts ki!

---

sticker ['stɪkə] <fn> [C] matrica
sticking plaster ['stɪkɪŋ,plɑːstə] <fn> [C] sebtapasz
stickler ['stɪklə] <fn> [C] szőrszálhasogató
stick-on label [,stɪkɒn'leɪbl] <fn> [C] ragasztható címke
stick-up ['stɪkʌp] <fn> [C] rablótámadás
sticky ['stɪki] <mn> (stickier, stickiest) **1.** ragadós; ragacsos; nyúlós: *sticky sweets* ragadós cukorka **2.** *(személy)* nehézkes; nehéz **3.** biz *(helyzet)* kínos; kellemetlen; gáz
stiff [stɪf] <mn> **1.** merev; kemény; feszes **2.** átv merev; nehézkes; kimért; hűvös: *receive a stiff note from one's colleague* kimért feljegyzést kap a kollégájától **3.** nehéz; komoly; megerőltető: *a stiff examination* nehéz vizsga * *stiff penalty* komoly büntetés **4.** erős: *a stiff wind* erős szél **5.** *(testrész)* merev; nehezen mozgó: *be quite stiff* minden tagja fáj * *stiff joint* megmerevedett ízület * *I woke up with a stiff neck.* Nyakfájással ébredtem. **6.** *(keverék)* sűrű; nyúlós; kemény **7.** biz *(ital stb.)* erős; mellbevágó
♦ **be bored stiff** halálra/halálosan unja magát ♦ **be scared stiff** biz be van ijedve/gyulladva
stiffen ['stɪfn] <ige> **1.** megmerevít; megkeményít **2.** megmerevedik; megkeményedik; megszilárdul **3.** *(szél)* erősödik
stifle ['staɪfl] <ige> **1.** megfojt; fojtogat **2.** *(nevetést stb.)* elfojt; elnyom **3.** fullad: *I'm stifling in this heat!* Megfulladok ebben a hőségben! **4.** *(tüzet)* elolt
stifling ['staɪflɪŋ] <mn> fullasztó
¹**still** [stɪl] <hsz> **1.** még (mindig): *I'm still waiting for you.* Még mindig várok rád. * *He still works at the bank.* Még mindig a banknál dolgozik. * *I still have two letters to write before Friday.* Még két levelet kell megírnom péntekig. **2.** mégis; ennek ellenére; mindazonáltal: *I cut my hand but I still cooked the lunch.* Elvágtam a kezem, de ennek ellenére megfőztem az ebédet. * *Her hair is now dark. Still, I recognized her.* Most sötét a haja, mégis megismertem. **3.** még: *still less* még kevésbé * *still more* még inkább * *You seemed very ill yesterday and today look still worse.* Tegnap nagyon betegnek tűntél, és ma még roszszabbul nézel ki. * *Sue is fat but Claire is still fatter.* Sue kövér, de Claire még kövérebb. * *It'll be hotter still.* Még melegebb lesz.
²**still** [stɪl] <mn> **1.** *(hang)* csendes; halk; lágy **2.** nyugodt; mozdulatlan: *sit still* nyugodtan ül * *keep/stay still* nyugton marad **3. still water** szénsavmentes víz

³still [stɪl] <fn> **1.** [U] csend; nyugalom **2.** [C] *(filmé)* képkocka; állókép

⁴still [stɪl] <ige> **1.** (le)csendesít; elcsendesít; megnyugtat **2.** lecsendesedik; megnyugszik

stillborn [stɪlbɔːn] <mn> halva született

still life [ˌstɪl'laɪf] <fn> [C, U] (still lifes) csendélet

stilt [stɪlt] <fn> [C] **1.** gólyaláb: *walk on stilts* gólyaláb(ak)on jár **2.** cölöp

stilted [ˈstɪltɪd] <mn> *(stílus)* dagályos; mesterkélt

stimulant [ˈstɪmjʊlənt] <fn> [C] orv élénkítő szer; serkentőszer; doppingszer

stimulate [ˈstɪmjʊleɪt] <ige> **1.** élénkít; serkent; stimulál **2.** ösztönöz; sarkall (**sy to do sg** vkit vminek a megtételére)

stimulus [ˈstɪmjələs] <fn> [C, U] (stimuli) **1.** orv inger **2.** indíték; ösztönzés; stimulus

¹sting [stɪŋ] <fn> [C] **1.** fullánk **2.** (rovar)csípés; szúrás; harapás **3.** szúró fájdalom

²sting [stɪŋ] <ige> (stings, stinging, stung, stung) **1.** (meg)csíp; (meg)szúr; (meg)harap: *be stung by mosquitoes* megcsípték a szúnyogok * *Insects sting.* Csípnek a bogarak. **2.** *(seb)* ég; csíp: *My eyes are stinging.* Ég a szemem. **3.** *(lelkiismeret stb.)* éget **4.** *(szóval)* megsért **5. sting sy for** biz megvág vkit: *They stung me for $200.* 200 dollárral megvágtak.

stinging nettle [ˈstɪŋɪŋˌnetl] <fn> [C, U] csalán

stingy [ˈstɪndʒi] <mn> fukar; fösvény; zsugori

¹stink [stɪŋk] <ige> (stinks, stinking, stank/stunk, stunk) **1.** büdös; bűzlik (**of sg** vmitől): *It stinks.* Büdös. * *Your breath stinks of onion.* Dől belőled a hagymaszag./Hagymaszagú a leheleted. **2.** átv bűzlik (**of sg** vmitől): *This idea stinks.* Valami nem stimmel ezzel az ötlettel. * *stink of corruption* korrupciógyanús

²stink [stɪŋk] <fn> biz **1.** [C] bűz: *What a stink!* Mekkora bűz! **2.** [U] botrány: *kick up/make/raise a stink about sg* botrányt okoz/csinál vmi miatt

stinking [ˈstɪŋkɪŋ] <mn> büdös

stint [stɪnt] <fn> [C] **1.** előírt munkafeladat; penzum: *do one's daily stint* napi feladatait/a napi robotot végzi * *He has done his stint.* Megcsinálta a penzumát. **2.** (meghatározott) időtartam: *He did a one-year stint in the army.* Egy évet lehúzott a seregben.

stipulate [ˈstɪpjuleɪt] <ige> (stipulates, stipulating, stipulated) *(szerződésben stb.)* feltételeket szab; kiköt; előír: *The contract stipulates that…* A szerződés kiköti, hogy…

stipulation [ˌstɪpjuˈleɪʃn] <fn> [C] feltétel; kikötés; előírás: *On the stipulation that…* Azzal a kikötéssel, hogy…

¹stir [stɜː] <ige> (stirs, stirring, stirred) **1.** (meg-)kever; (meg)kavar: *stir the salt into the soup* a sót a levesbe keveri * *Stir the cream gently over a low heat.* Lassú tűznél gyengén keverd meg a krémet! **2.** habar **3.** (meg)mozdít; (meg)mozgat **4.** izgat; uszít **5.** felkavar; felizgat: *be stirred by sg* felkavarja vmi **6.** mozog; (meg)mozdul; moccan: *Don't stir!* Meg ne moccanj! * *The curtain stirred gently in the breeze.* A függöny kissé megmozdult a szellőtől. * *She didn't stir – she was asleep.* Meg sem mozdult – aludt. **7.** serénykedik

♦ **not stir a finger to do sg** a kisujját sem mozdítja meg vmiért

stir sg up átv is felkavar vmit

²stir [stɜː] <fn> [U] **1.** keverés; kavarás: *give sg a stir* megkever vmit **2.** felfordulás; kavarodás; izgalom **3.** szenzáció; feltűnés: *cause/create/make a stir* feltűnést kelt; nagy port ver fel

stirring [ˈstɜːrɪŋ] <mn> **1.** izgató; izgalmas; felkavaró: *a stirring speech* felkavaró beszéd **2.** mozgalmas

stirrup [ˈstɪrəp] <fn> [C] kengyel

¹stitch [stɪtʃ] <fn> **1.** [C] *(kötésnél)* szem; *(varrásnál)* öltés **2.** [C] orv öltés **3.** [U] szúró fájdalom; nyilallás: *have a stitch in one's side* szúr az oldala

♦ **have sy in stitches** biz majd megpukkad a nevetéstől; nevetőgörcse van ♦ **sy hasn't got a stitch on** biz teljesen meztelen ♦ **A stitch in time saves nine.** Mindennek megvan a maga ideje.

²stitch [stɪtʃ] <ige> **1.** ölt; összevarr; rávarr; tűz: *stitch the button on* felvarrja a gombot * *stitch two pieces together* két darabot összevarr **2.** orv összevarr

¹stock [stɒk] <fn> **1.** [C, U] (áru)készlet; raktár(i készlet); állomány; tartalék: *a big stock of socks* nagy zoknikészlet * *keep in stock* raktáron tart * *be out of stock* kifogyott; nincs raktáron * *Buy while stocks last!* (Vásároljon,) amíg a készlet tart! * *We don't have any more postcards in stock.* Nincs több képeslapunk raktáron. **2.** [U] állatállomány **3.** [U] eredet; származás **4.** [U] alaptőke; részvénytőke **5.** [C] részvény; értékpapír: *government stock* államkötvény **6. stocks** [pl] kaloda: *put sy in the stocks* kalodába zár vkit **7.** [U] *(levesalap)* sűrített csontlé/húsleves

♦ **take stock (of sy)** alaposan megfontol vmit

²stock [stɒk] <ige> **1.** raktáron tart; tárol **2.** áruval ellát; feltölt; felszerel: *be well stocked* nagy raktárkészlettel/raktárral rendelkezik

stock up felhalmoz

³stock [stɒk] <mn> **1.** raktáron lévő **2.** megszokott; szokványos; szabvány-: *stock size* szabványméret
stockbroker ['stɒk,brəʊkə] <fn> [C] tőzsdeügynök; részvényügynök; bróker
stock cube ['stɒk kju:b] <fn> [C] leveskocka
stock exchange ['stɒk ɪks,tʃeɪndʒ] <fn> [C] értéktőzsde; tőzsde
stockholder ['stɒk,həʊldə] <fn> [C] AmE részvényes
stocking ['stɒkɪŋ] <fn> [C] harisnya: *a pair of stockings* harisnya
stock market ['stɒk ,mɑ:kɪt] <fn> [C] (érték-)tőzsde
¹stockpile ['stɒkpaɪl] <fn> [U] **1.** tartalékkészlet **2.** felhalmozás
²stockpile ['stɒkpaɪl] <ige> (stockpiles, stockpiling, stockpiled) készletet felhalmoz; készletez; tárol
stockroom ['stɒkru:m] <fn> [C] raktár(helyiség)
stocktaking ['stɒk,teɪkɪŋ] <fn> [U] leltározás
stocky ['stɒki] <mn> tömzsi; zömök
stoical ['stəʊɪkl] <mn> sztoikus
stoicism ['stəʊɪsɪzm] <fn> [U] sztoicizmus
¹stole [stəʊl] → **steal**
²stole [stəʊl] <fn> [C] stóla
stolen ['stəʊlən] → **steal**
¹stomach ['stʌmək] <fn> [C] gyomor; has: *have some food in sy's stomach* van valami étel a gyomrában * *stomach pains* gyomorbántalmak * *drink on an empty/on a full stomach* üres/teli gyomorra iszik * *kick sy in the stomach* hasba rúg vkit

♦ **have no stomach for sg** nem veszi be a gyomra; nem fűlik a foga vmihez ♦ **make sy's stomach rise** felkavarja vkinek a gyomrát ♦ **turn one's stomach** felkavarja az ember gyomrát ♦ **sg lies heavy on one's stomach** vmi megfekszi a gyomrát

²stomach ['stʌmək] <ige> **1.** eszik; nyel **2.** lenyel; zsebre vág: *I can't stomach it.* Ezt nem tudom lenyelni./Ezt nem veszi be a gyomrom.
stomach ache ['stʌməkeɪk] <fn> [C, U] hasfájás; gyomorfájás: *I have got stomach ache.* Fáj a gyomrom/hasam.
stomach upset ['stʌmək,ʌpset] <fn> [C, U] gyomorrontás

stomp [stɒmp] <ige> **1.** tapos; tipor **2.** toporzékol **3.** dobog; dübörögve jár; trappol
¹stone [stəʊn] <fn> **1.** [U] kő: *a house built of stone* kőépület **2.** [C] kavics; kis kődarab **3.** [C] BrE mag: *a peach stone* barackmag **4.** [C] (stone) BrE *(súlymérték = 6,35 kg)* **5.** [C] orv epekő; vesekő

♦ **leave no stone unturned** minden követ megmozgat ♦ **throw stones at sy** **1.** követ dob vkire; kövekkel/kavicsokkal dobál vkit **2.** megvádol vkit ♦ **within a stone's throw** kőhajításnyira

²stone [stəʊn] <ige> (stones, stoning, stoned) **1.** megkövez; kővel megdobál **2.** kikövez **3.** kimagoz: *stone the cherries* kimagozza a cseresznyét
Stone Age ['stəʊn eɪdʒ] <fn> [U] **the Stone Age** kőkorszak
stone-cold [,stəʊn'kəʊld] <mn> jéghideg
stoned [stəʊnd] <mn> szl **1.** holtrészeg **2.** *(drogos)* be van lőve
stone-dead [,stəʊn'ded] <mn> halott
stone-deaf [,stəʊn'def] <mn> földsüket
stone-hard [,stəʊn'hɑ:d] <mn> kőkemény
Stonehenge [,stəʊn'hendʒ] <fn> ≈ megalitkör Angliában a Salisbury-fennsíkon
stony ['stəʊni] <mn> **1.** köves **2.** kőkemény **3.** jéghideg; rideg; barátságtalan

♦ **be stony broke** biz egy vasa sincs; teljesen le van égve ♦ **fall (up)on stony ground** *(szó, mag)* sziklás talajra hull

stood [stʊd] → **¹stand**
stool [stu:l] <fn> [C] **1.** támlátlan szék: *kitchen stool* hokedli * *piano stool* zongoraszék **2.** széklet

♦ **fall between two stools** két szék közt a pad alá esik

¹stoop [stu:p] <ige> **1.** lehajol; előrehajol: *stoop down to talk to the child* lehajol, hogy beszéljen a gyerekkel **2.** (meg)görnyed; előregörnyed **3.** lealacsonyodik; vetemedik (**to sg** vmire) **4.** megdönt; előrebillent

stoop to (doing) sg vmire vetemedik; nem riad vissza vmitől

²stoop [stu:p] <fn> [U] előrehajlás; lehajlás; (meg-)görnyedés; görbe háttartás
¹stop [stɒp] <ige> (stops, stopping, stopped) **1.** megáll: *stop somewhere for an hour* megáll valahol egy órára * *stop at every station* minden állomáson megáll * *go past without stopping* megállás nélkül továbbhajt * *Stop!* Állj! * *Stop and give way! (KRESZ-ben)* Állj! Elsőbbségadás kötelező! * *He stopped to look at the map.* Megállt, hogy megnézze a térképet.

2. tartózkodik; marad; időzik: *How long do we stop here? (vonatban stb.)* Meddig állunk itt? * *stop long at the hotel* sokáig marad a szállodában **3.** leáll; megszűnik; abbamarad: *It has stopped raining.* Elállt az eső. **4.** abbahagy; beszüntet: *stop eating* abbahagyja az evést * *stop work and go home* abbahagyja a munkát és hazamegy * *Stop it!* Hagyd abba! **5.** megállít; leállít; megszüntet; elállít: *stop the traffic* leállítja a forgalmat * *stop the car at the corner* leállítja/megállítja az autót a sarkon * *I signalled with my hand to stop the bus.* Intettem, hogy megállítsam a buszt. * *I tried to stop the bleeding.* Megpróbáltam elállítani a vérzést. **6.** visszatart; feltartóztat; megakadályoz: *stop sy from doing sg* megakadályoz vkit, hogy megtegyen vmit * *Nothing will stop me from going away.* Semmi sem akadályozhatja meg, hogy elmenjek. **7.** bedug(aszol); betöm; eltöm: *stop one's ears with one's hands* befogja a fülét a kezével

♦ **stop at nothing (to do sg)** semmi sem állíthatja meg ♦ **stop short of (doing) sg** hirtelen megáll/megtorpan; visszariad vmitől ♦ **stop still** megreked

---

stop at home biz otthon kuksol
stop in biz benn marad; nem megy le otthonról
stop off biz megszakítja az útját (**at/in sg** vhol)
stop on 1. (gép) tovább működik **2.** (vmely tisztségben) marad
stop out biz (éjszakára) kimarad
stop over megszakítja az útját (**at/in sg** vhol)
stop up fennmarad; nem fekszik le

---

²**stop** [stɒp] <fn> [C] **1.** megállás; leállás; szünet: *without a stop* megállás nélkül * *make four stops on the journey* négyszer áll meg az út folyamán * *Work came to a stop for the day.* Mára leállt a munka. * *I managed to bring the car to a stop, just in time.* Épp időben sikerült megállítani a kocsit. **2.** rövid tartózkodás vhol **3.** megálló(hely): *a bus stop* buszmegálló * *Get off at this stop.* Ebben a megállóban szállj le! **4.** akadály; gát **5.** fények blende; rekesz(nyílás) **6.** zene (orgona)regiszter; (fuvolán) lyuk **7.** (írásjel) pont: *a full stop* (mondat végi) pont **8.** ütköző: *a door-stop* ajtóütköző

♦ **make a stop** megáll ♦ **pull out all the stops** biz belead apait-anyait ♦ **put a stop to sg** véget vet vminek; beszüntet vmit

¹**stopgap** ['stɒpgæp] <fn> [C] kisegítő/átmeneti megoldás

²**stopgap** ['stɒpgæp] <mn> kisegítő; átmeneti; hézagpótló: *a stopgap measure* átmeneti intézkedés
stopover [ˌstɒp'əʊvə] <fn> [C] útmegszakítás
stoppage ['stɒpɪdʒ] <fn> [C] **1.** megállítás; meggátlás; leállítás; megszüntetés **2.** munkabeszüntetés; fennakadás; leállás **3.** sp *(mérkőzésé sérülés stb. miatt)* leállítás: *3 minutes of stoppage time at the end of the second half* 3 perc hosszabbítás a második félidő végén **4.** *(csőé)* eldugulás **5.** *(útmegszakításnál)* tartózkodás vhol **6.** fizetésletiltás
stopper ['stɒpə] <fn> [C] dugó; dugasz

Vigyázat, álbarátok!
stopper ≠ stopper (= stopwatch)

---

stopwatch ['stɒpwɒtʃ] <fn> [C] stopper(óra)
storage ['stɔːrɪdʒ] <fn> [U] **1.** tárolás; raktározás: *be kept in storage* raktározzák **2.** infor tár
storage battery ['stɔːrɪdʒ bætri] <fn> [C] akkumulátor
storage heater ['stɔːrɪdʒ hiːtə] <fn> [C] hőtárolós villanykályha
¹**store** [stɔː] <fn> [C] **1.** árukészlet; tartalék: *a store of food for the winter* élelmiszer-tartalék télire * *a secret store of chocolate* titkos csokikészlet/tartalék * *have/keep sg in store* tartalékol vmit **2.** áruház: *(department)* store áruház * *a furniture store* bútoráruház * *All the stores are open on Mondays.* Hétfőn minden áruház nyitva van. **3.** AmE bolt; üzlet: *the store manager* boltvezető **4.** áruraktár: *It's in the store(s).* A raktárban van.

♦ **have sg in store for sy//be in store for sy** tartogat vmit vki számára ♦ **set/lay great store by sg** nagy fontosságot tulajdonít vminek ♦ **set little/no/not much store by sg** nem sokra becsül vmit

²**store** [stɔː] <ige> (stores, storing, stored) **1.** tárol; raktároz: *store the fruit in a cellar* a gyümölcsöt a pincében tárolja **2.** infor tárol: *Data is stored in the computer's memory.* A számítógép memóriájában történik az adattárolás.

---

store sg up felhalmoz vmit

---

store detective ['stɔː dɪˌtektɪv] <fn> [C] bolti detektív
storehouse ['stɔːhaʊs] <fn> [C] raktár; átv tárház: *a storehouse of information/knowledge* az adatok/ismeretek tárháza
storekeeper ['stɔːˌkiːpə] <fn> [C] AmE boltos; kereskedő

storeroom ['stɔːruːm] <fn> [C] raktár(helyiség)

storey ['stɔːrɪ] <fn> [C] (storeys) emelet; szint: *a building of ten storeys//a ten-storey building* tízemeletes épület

stork [stɔːk] <fn> [C] gólya

¹**storm** [stɔːm] <fn> [C, U] **1.** vihar: *snowstorm* hóvihar ∗ *storm-cloud* viharfelhő ∗ *a fierce storm* rettenetes vihar ∗ *The storm is spent/blew over.* Elült/Elvonult a vihar. **2. a storm of sg** vminek az áradata/özöne: *a storm of protest* tiltakozások áradata ∗ *a storm of abuse* szitkok özöne/áradata ∗ *a storm of applause* tapsvihar **3.** zűrzavar
  ♦ **storm in a teacup** vihar egy pohár vízben ♦ **take by storm 1.** rohammal vesz be **2.** egy csapásra meghódít

²**storm** [stɔːm] <ige> **1.** ki-/beviharzik: *storm out of the house* kiviharzik a házból **2.** megrohamoz: *storm the castle* megrohamozza a várat

stormy ['stɔːmɪ] <mn> **1.** *(idő)* viharos: *a stormy weather* viharos idő(járás) **2.** *(viselkedés)* viharos; háborgó: *a stormy discussion* viharos megbeszélés

story ['stɔːrɪ] <fn> [C] (stories) **1.** elbeszélés, történet; mese: *write a lot of stories for children* sok gyermekmesét ír ∗ *read a story to the children* mesét olvas a gyerekeknek ∗ *My father tells us hundreds of stories about his childhood.* Édesapám rengeteg történetet mesél a gyerekkoráról. **2.** tréfás történet; sztori **3.** *(könyvé)* cselekmény **4.** füllentés; hazugság; mese: *Don't tell me stories!* Ne mesélj nekem! **5.** biz újságcikk; tudósítás **6.** pletyka **7.** AmE szint; emelet
  ♦ **to make/cut a long story short** hogy rövid legyek ♦ **That is quite another story.** Ez más történet/tészta. ♦ **It's the same old story.** A régi nóta. ♦ **The story goes that...** Úgy beszélik, hogy… ♦ **It's a long story.** Hosszú.

stout [staʊt] <mn> **1.** erős; izmos **2.** tömzsi; kövér; vastag; vaskos; testes **3.** bátor

stove [stəʊv] <fn> [C] kályha; tűzhely: *a gas/electric stove* gáz-/villanytűzhely

stowaway ['stəʊəweɪ] <fn> [C] potyautas

straddle ['strædl] <ige> (straddles, straddling, straddled) **1.** szétvetett lábbal/lovaglóülésben ül **2. straddle (out) one's legs** terpeszállásban áll; szétterpesztett lábbal áll **3.** közrefog: *The writer straddles two cultures.* Az író két kultúrát fog át./Az író két kultúrájában gondolkodik. **4.** várakozó álláspontot foglal el

straggle ['strægl] <ige> (straggles, straggling, straggled) **1.** elkóborol **2.** lemaradozik **3.** összevissza nő

straggly ['stræglɪ] <mn> bozontos: *straggly hair* bozontos haj

¹**straight** [streɪt] <mn> (straighter, straightest) **1.** egyenes: *a straight line* egyenes vonal ∗ *short straight hair* rövid, egyenes haj ∗ *straight angle* egyenesszög **2.** őszinte; becsületes; tisztességes; egyenes: *straight answer* egyenes válasz ∗ *be straight with sy* tisztességes vkivel **3.** rendben lévő; rendezett: *put sg straight* rendbe hoz; megigazít vmit **4.** *(beszéd, érvelés stb.)* tiszta; világos **5.** megbízható **6.** AmE *(ital)* tiszta; tömény: *straight gin* tiszta gin **7.** *(arc, kifejezés stb.)* komoly: *keep a straight face* mindig tudja a leckét ∗ *telling a joke* komoly arcot vág viccmesélés közben

²**straight** [streɪt] <hsz> **1.** egyenesen; egyenes vonalban: *sit up straight* egyenesen ül ∗ *go straight ahead* egyenesen előre megy ∗ *Can't you walk straight?* Nem tudsz egyenesen járni? ∗ *Keep going straight/Keep straight on until you reach the corner.* Csak menj tovább/előre egyenesen, amíg a sarokhoz nem érsz! **2.** őszintén; becsületesen; tisztességesen; nyíltan **3.** azonnal; közvetlenül: *take the child straight home after school* az iskola után azonnal hazaviszi a gyereket ∗ *leave straight after lunch* azonnal/közvetlenül ebéd után ∗ *I'll come straight back.* Azonnal visszajövök!
  ♦ **come/get/go straight to the point** azonnal a lényegre/tárgyra tér ♦ **go straight** biz jó útra tér ♦ **Let's get it straight.** Tisztázzunk valamit! ♦ **I have it straight now.** biz Értem már! ♦ **put/set sy straight about/on sg** biz helyreigazít; kiigazít; helyesen tájékoztat vkit vmiről ♦ **put/set sg straight** rendbe tesz vmit ♦ **tell sy straight** biz kereken megmondja vkinek ♦ **straight away/off** biz tüstént; azonnal ♦ **straight out** biz kertelés nélkül; egyenesen; őszintén

straightaway [ˌstreɪtə'weɪ] <hsz> azonnal

straighten ['streɪtn] <ige> **1.** kiegyenesít **2.** kiegyenlít; egyenlővé tesz **3. straighten (up)** helyrehoz; egyenesbe hoz **4.** kiegyenesedik: *The road straightened.* Kiegyenesedett az út. **5.** rendbe jön

---
straighten sg out *(problémát)* megold; tisztáz; elsimít
straighten up felegyenesedik

---

straightforward [ˌstreɪt'fɔːwəd] <mn> **1.** őszinte; egyenes; nyílt: *a nice straightforward boy* helyes, egyenes fiú **2.** egyszerű: *a straightforward task* egyszerű feladat

straight-out [ˌstreɪt'aʊt] <mn> AmE **1.** nyílt; őszinte; egyenes **2.** meg nem alkuvó **3.** alapos

¹strain [streɪn] <ige> **1.** megfeszül; erőlködik: *strain to reach the rope* erőlködik, hogy elérje a kötelet ∗ *do sg without straining* erőlködés nélkül csinál vmit **2.** *(hátat, végtagot stb.)* meghúz; megerőltet; megránt: *strain one's eyes* megerőlteti a szemét ∗ *You will strain your back carrying that heavy rucksack.* Meghúzod a hátadat, ha cipeled azt a nehéz hátizsákot! **3.** megfeszít **4.** *(türelmet stb.)* próbára tesz; túlfeszít; túlterhel: *strain one's patience* próbára teszi vkinek a türelmét ∗ *strain the relationship* próbára teszi a kapcsolatot **5.** leszűr; átszűr: *strain the coffee* átszűri a kávét **6.** átszivárog; átszűrődik **7.** eltorzít **8.** eltorzul; deformálódik

♦ **strain at a/every gnat** semmiségeken lovagol; szőröz ♦ **strain every nerve to (do sg)** minden erejét megfeszíti

²strain [streɪn] <fn> **1.** [U] megerőltetés; túlerőltetés; igénybevétel; túlterhelés: *mental strain* szellemi túlerőltetés ∗ *take more strain* nagyobb igénybevételnek van kitéve **2.** [U] feszültség; feszülés; erőlködés **3.** [U] feszítés; erőltetés **4.** [C] *(izomé stb.)* húzódás; rándulás **5.** [C] fajta: *a new strain of the flu virus* az influenzavírus új fajtája **6.** [C] próbatétel; teher; nyomás: *put a strain on the economy* nagy terhet ró a gazdaságra ∗ *be a strain on one's patience* próbára teszi vkinek a türelmét ∗ *be under constant strain at school* állandó nyomás alatt áll az iskolában **7.** [C, U] hangnem; hang **8.** [C] hajlam; jellemvonás

strained [streɪnd] <mn> **1.** feszült: *a strained atmosphere* feszült légkör **2.** erőltetett: *a strained smile* erőltetett mosoly **3.** *(testrész)* meghúzódott; megrándult **4.** feszült; agyonhajszolt; túlterhelt

strainer ['streɪnə] <fn> [C] szűrő

strait [streɪt] <fn> **1.** [C] (tenger)szoros **2. straits** [pl] szorult helyzet: *be in desperate financial straits* kétségbeejtő anyagi helyzetben van

♦ **be in dire straits** nyomasztó helyzetben van

straitjacket ['streɪtdʒækɪt] <fn> [C] kényszerzubbony

¹strand [strænd] <fn> [C] **1.** szál; fonal **2.** jellemvonás **3.** alkotóelem **4.** part

> Vigyázat, álbarátok!
> **strand** ≠ strand (= beach)

²strand [strænd] <ige> **1.** *(hajót)* partra vet; zátonyra futtat **2.** megfeneklik; zátonyra fut; kátyúba kerül

strange [streɪndʒ] <mn> **1.** különös; furcsa; meglepő; szokatlan: *tell sy some strange things about sy* meglepő/furcsa dolgokat mond vkinek vkiről **2.** ismeretlen; idegen(szerű): *I found a strange man in my house.* Egy idegen embert találtam a házamban.

♦ **strange to say** furcsa módon

strangely ['streɪndʒlɪ] <hsz> különösképpen; különösen; furcsán: *strangely enough* furcsa/sajátos módon

stranger ['streɪndʒə] <fn> [C] **1.** idegen; ismeretlen: *be a complete stranger to sy* teljesen idegen/ismeretlen vki számára ∗ *There is a stranger at the gate.* Van egy idegen a kapunál. **2.** nem idevalósi: *I am a stranger here.* Nem vagyok idevalósi. ∗ *He is a stranger to the town.* Nem ismeri a várost.

strangle ['stræŋgl] <ige> (strangles, strangling, strangled) **1.** megfojt; fojtogat **2.** elfojt; visszafojt; megakadályoz

¹strap [stræp] <ige> (straps, strapping, strapped) **1.** összeszíjaz; odaszíjaz; beszíjaz; szíjjal átköt: *Two luggages are strapped together.* Két csomagot összeszíjaztak. **2.** szíjjal elver **3.** ragtapasszal beragaszt

²strap [stræp] <fn> [C] **1.** szíj; pánt; heveder: *thin shoulder straps* vékony vállpántok **2.** *(villamoson stb.)* fogantyú; fogódzó

straphanger ['stræpˌhæŋə] <fn> [C] **1.** *(buszon stb.)* álló utas **2.** ingázó

strategic [strə'tiːdʒɪk] <mn> hadászati; hadi fontosságú; stratégiai (fontosságú)

strategist ['strætədʒɪst] <fn> [C] stratéga; hadvezér

strategy ['strætədʒɪ] <fn> [C, U] (strategies) stratégia: *a strategy to reduce sg* vmi csökkentésére irányuló stratégia ∗ *succesful language-learning strategies* sikeres nyelvtanulási stratégiák

straw [strɔː] <fn> **1.** [U] szalma **2.** [C] szalmaszál: *There is a straw in your hair.* Van egy szalmaszál a hajadban. **3.** [C] szívószál

♦ **clutch/grasp at straws** minden szalmaszálba belekapaszkodik ♦ **a straw in the wind** vminek az előjele ♦ **I don't care a straw.** Fütyülök rá! ♦ **It's not worth a straw.** Fabatkát sem ér. ♦ **That was the last straw.** Még csak ez hiányzott!/Ettől betelt a pohár! ♦ **The straw that breaks the camel's back.** biz Ez már mindennek a teteje!/Az utolsó csepp(, amitől kicsordul a pohár)!

strawberry ['strɔːbərɪ] <fn> [C] (strawberries) (földi)eper; szamóca

¹stray [streɪ] <ige> **1.** (el)kóborol; tévelyeg: *Some sheep had strayed.* Néhány bárány elkóborolt. **2.** *(a témától)* elkalandozik: *stray from the point* elkalandozik a tárgytól

²stray [streɪ] <fn> [C] kóbor állat

³stray [streɪ] <mn> **1.** elkóborolt; kóbor; eltévedt: *a stray dog* kóbor kutya **2.** szórványos; elszórt **3.** véletlen **4.** kósza

streak [striːk] <fn> **1.** csík; sáv; réteg; stráf: *a streak of blood* vércsík ∗ *a dark streak on the bird's breast* egy sötét csík a madár bögyén ∗ *a streak of lightning* fénycsík **2. a streak of sg** vminek a nyoma **3.** (jellem)vonás **4.** *(sikeréké, veszteségéké)* sorozat: *lucky streak* szerencsesorozat ∗ *unlucky streak* pechsorozat

¹stream [striːm] <fn> [C] **1.** patak; folyó; folyam: *jump across the stream* átugrik a patakon **2.** ár; áramlás; áradat; ömlés; özönlés: *go/swim with the stream* úszik az árral ∗ *go/swim against the stream* az ár ellen/az árral szemben úszik ∗ *a big stream of people* nagy emberáradat **3.** *(folyadéké, gázé)* folyás; ömlés: *a stream of blood* vérfolyás **4.** isk *(tudásszint alapján)* szintezett csoport; szint(ezés)

²stream [striːm] <ige> **1.** áramlik; ömlik; folyik: *tears stream down her face* folyik a könny az arcán/potyog a könnye **2.** özönlik; tódul: *Children steamed into/out of the building.* A gyerekek beözönlöttek az épületbe/kitódultak az épületből. **3.** isk *(tudásszint alapján)* szintez **4.** leng; lobog: *Her hair streamed out in the wind.* Haja lobogott a szélben. **5.** önt; zúdít

streamer ['striːmə] <fn> [C] papírszalag; szerpentinszalag

¹streamline ['striːmlaɪn] <fn> [C, U] áramvonal

²streamline ['striːmlaɪn] <ige> (streamlines, streamlining, streamlined) **1.** áramvonalasra tervez **2.** korszerűsít; modernizál; észszerűsít; racionalizál

streamlined ['striːmlaɪnd] <mn> **1.** *(autó stb.)* áramvonalas: *a new streamlined design* új áramvonalas dizájn **2.** korszerű: *streamlined methods* korszerű módszerek

street [striːt] <fn> [C] utca; *(néha)* út: *in the street* az utcán ∗ *across the street* az utca túloldalán ∗ *cross the street* átmegy az utca/út túlsó oldalára

♦ **be in Queer Street 1.** bajban van; benne van a pácban **2.** kínos pénzzavarban van; nyakig van az adósságban ♦ **be on the streets** biz hajléktalan ♦ **be streets ahead of sy/sg** klasszisokkal jobb másnál ♦ **It's not up my street.** Nem az én asztalom. ♦ **be (right) up one's street** biz (pont ez) érdekli; fekszik neki (ez a dolog) ♦ **be on easy street** biz jó dolga van; éli világát ♦ **not in the same street as** biz nem lehet őket egy napon említeni ♦ **the man in the street** az átlagember; az utca embere; a kisember

street accident ['striːt æksɪdənt] <fn> [C] gázolás

streetcar ['striːtkɑː] <fn> [C] AmE villamos

street lamp ['striːt læmp] <fn> [C] utcai lámpa

street light ['striːt laɪt] <fn> [C] utcai lámpa

street map ['striːt mæp] <fn> [C] várostérkép

streetwise ['striːtwaɪz] <mn> AmE dörzsölt; a városi élethez szokott

strength [streŋθ] <fn> **1.** [U] erő; erősség: *strength of will* akaraterő ∗ *get over one's strength back after one's illness* visszanyeri az erejét a betegsége után ∗ *with all my strength* minden erőmmel ∗ *have the strength to do sg* van ereje vmit csinálni **2.** [U] szilárdság **3.** [U] létszám: *in great strength* nagy létszámban/erőkkel **4.** [C] vkinek az erőssége: *his main strength is…* legnagyobb erőssége… ∗ *the students' strengths and weaknesses* a tanulók erős és gyenge oldalai

♦ **on the strength of sg** vmi alapján ♦ **go from strength to strength** egyre erősödik ♦ **be at full strength** *(újra a legjobb összeállításban lép pályára)* a csapat kiegészült

strengthen ['streŋθn] <ige> **1.** (meg)erősít; megszilárdít: *Exercises strengthen the heart.* A (torna)gyakorlatok erősítik a szívet. **2.** megerősödik: *The wind strengthened.* Megerősödött a szél.

strenuous ['strenjʊəs] <mn> **1.** megerőltető; kimerítő; fárasztó **2.** fáradhatatlan; kitartó

¹stress [stres] <fn> [C, U] **1.** fiz nyomás; erő **2.** igénybevétel; terhelés: *put a lot of stress on one's joints* komolyan igénybe veszi az ízületeket **3.** nyelvt hangsúly: *put the stress on the first syllable* a hangsúlyt az első szótagra teszi **4.** erőfeszítés; megpróbáltatás; nehézség **5.** feszültség; stressz: *Her headache is caused by stress.* Fejfájását stressz okozza. **6.** fontosság; nyomaték; hangsúly: *lay stress on sg* hangsúlyoz vmit; súlyt helyez vmire

²stress [stres] <ige> hangsúlyoz; hangoztat: *stress the importance of sg* vminek a fontosságát hangsúlyozza ∗ *stress the second syllable* a második szótagot hangsúlyozza

stressful ['stresfl] <mn> megterhelő

stress mark ['stres mɑːk] <fn> [C] hangsúlyjel

¹stretch [stretʃ] <ige> (stretches, stretching, stretched) **1.** (ki)nyújt; (ki)feszít; kitágít; kiegyenesít: *stretch oneself* nyújtózkodik ∗ *I have* *stretched my jumper by washing it.* A mosással kinyújtottam az új pulcsimat. **2.** kiterít **3.** túlfeszít; túlerőltet; túloz **4.** megfeszül; kifeszül; (ki)nyúlik; megnyúlik: *This material stretches.* Ez az anyag nyúlik. **5.** nyújtózik; terpeszkedik **6.** *(terület)* kiterjed; elnyúlik: *A lake stretches all around us.* Egy tó terül el körülöttünk.

♦ **stretch the law** csűri-csavarja a törvényt
♦ **stretch one's legs 1.** kinyújtja a lábát **2.** sétálni megy ♦ **stretch a point** *(szabályt)* rugalmasan kezel/értelmez

²**stretch** [stretʃ] <fn> [C] **1.** kinyújtás; kiterjesztés; kifeszítés; erőltetés **2.** kiterjedés; terjedelem; terület; tér: *great stretch of water* nagy víztükör **3.** feszülés; nyúlás; rugalmasság **4.** nyújtózkodás: *have a good stretch* jót nyújtóz(kod)ik **5.** időtartam; szakasz: *a stretch of ten years (pl. börtönben)* tíz év(es időtartam) * *a short stretch of time* rövid időtartam **6.** (rövid) útszakasz; távolság: *a stretch of bad road* rossz útszakasz

♦ **at a stretch** biz **1.** egyfolytában; egyhuzamban; egyvégtében **2.** ha minden kötél szakad ♦ **at full stretch** teljes erőbedobással

³**stretch** [stretʃ] <mn> *(anyag)* táguló; nyúló; elasztikus; sztreccs: *stretch jeans* sztreccsfarmer

stretcher ['stretʃə] <fn> [C] hordágy
stretchy ['stretʃɪ] <mn> nyúló; táguló; elasztikus
stricken ['strɪkən] <mn> vmi által sújtott: *panic-stricken crowds* pánik sújtotta tömegek * *stricken with a disease* betegség sújtott(a)
strict [strɪkt] <mn> (stricter, strictest) **1.** szigorú (**with** sy vkivel): *a strict mother* szigorú anya * *strict rules* szigorú szabályok * *be on a strict diet* szigorú diétán van **2.** pontos; szabatos; szigorú: *the strict truth* a színtiszta igazság * *in the strict sense of the word* a szó szoros értelmében
strictly ['strɪktlɪ] <hsz> **1.** szigorúan: *strictly prohibited* szigorúan tilos **2.** pontosan **3.** teljesen: *a strictly neutral organization* egy teljesen semleges szervezet

♦ **strictly speaking** szigorúan véve; az igazat megvallva ♦ **Strictly between ourselves,...** Maradjon szigorúan köztünk...

stridden ['strɪdn] → ¹**stride**
¹**stride** [straɪd] <ige> (strides, striding, strode, stridden) nagyokat lép; lépdel; lépked
²**stride** [straɪd] <fn> [C] hosszú/nagy lépés

♦ **get into one's stride** lendületbe jön; belelendül vmibe ♦ **make great strides** nagy léptekkel halad előre ♦ **take sg in one's stride** különösebb megrázkódtatás nélkül fogad vmit; könnyedén vesz vmit

strident ['straɪdnt] <mn> fülsiketítő; metsző
strife [straɪf] <fn> [U] küzdelem; viszály
¹**strike** [straɪk] <ige> (strikes, striking, struck, struck) **1.** megüt; csap; megver (**sy with** sg vkit vmivel): *strike sy in the face* pofon vág; pofon csap vkit **2.** nekiütődik: *My bike struck a tree.* A biciklim nekiütődött egy fának. **3.** sztrájkol (**for/over/against** sg vmiért/vmi miatt/vmi ellen) **4.** *(óra)* üt: *The clock struck eleven.* Az óra tizenegyet ütött. **5.** csihol: *strike a match* gyufát gyújt * *He struck sparks from the stone.* Szikrát csiholt a kőből. **6.** hirtelen, váratlanul vmilyen hatás ér (**sy/**sg vkit/vmit): *It suddenly struck me that...* Hirtelen rádöbbentem, hogy... **7.** átv is támad: *The disease strikes again.* Újra támad a betegség. * *The man could strike again.* A férfi ismét támadhat. **8.** (rá)bukkan: *strike the right path* a helyes útra bukkan **9. strike camp/tents** tábort bont

♦ **be struck dumb** eláll a szava a meglepetéstől ♦ **strike an attitude/pose** pózt vesz fel ♦ **strike a bargain/agreement** megegyezésre jut; egyességet köt (**with** sy vkivel) ♦ **strike a blow for** sg síkra száll vmi mellett ♦ **strike home** célba talál; az elevenére tapint ♦ **strike it rich** biz megüti a főnyereményt; jól bejön neki ♦ **strike a balance between** sg **and** sg megtalálja a középutat vmi és vmi között ♦ **within striking distance of** sg vminek a közvetlen közelében; karnyújtásnyira

---

strike back visszaüt
strike sg **off** *(listáról, lemezről stb.)* kitöröl; letöröl; kihúz vmit
strike out (hirtelen) elindul
strike sg **out** *(nevet stb.)* kitöröl; kihúz
strike up sg belekezd vmibe; elindít vmit; *(barátságot)* köt

---

²**strike** [straɪk] <fn> [C] **1.** ütés; csapás **2.** sztrájk: *be (out) on strike* sztrájkol * *go (out) on/come out on strike* sztrájkba lép **3.** légicsapás **4.** támadás
strike-bound ['straɪkbaʊnd] <mn> sztrájktól megbénított
strikebreaker ['straɪkˌbreɪkə] <fn> [C] sztrájktörő
striker ['straɪkə] <fn> [C] **1.** sztrájkoló **2.** sp támadójátékos; középcsatár
¹**string** [strɪŋ] <fn> **1.** [C, U] spárga; zsinór; zsineg; madzag **2.** [C] *(hangszeren)* húr **3.** [C] *(íjé)*

²string 550

húr; ideg **4.** [C] (gyöngy)sor; füzér: *a string of pearls* gyöngysor **5.** [C] *(növényé)* rost; szál ♦ **harp on the same string//keep harping on the same string** biz mindig ugyanazt a nótát fújja ♦ **have sy on a string** biz dróton rángat vkit ♦ **have two strings to one's bow** biz két vasat tart a tűzben ♦ **(with) no strings (attached)** mindenféle kikötés/feltétel nélkül ♦ **pull strings** protekciót keres; protekciót vesz igénybe ♦ **pull the strings** a háttérből mozgatja a szálakat

²string [strɪŋ] <ige> (strings, stringing, strung, strung) **1.** spárgával megköt **2.** felfűz: *The pearls have to be strung.* Fel kell fűzni a gyöngyöket. **3.** *(hangszert)* (fel)húroz; *(íjat)* megfeszít **4.** felhangol **5.** felajz; felidegesít: *be highly strung* ideges **6.** *(zöldbabot szálkától)* megtisztít **7.** biz becsap

string sg/sy out sorban elhelyez vmit/vkit
string sg together összeköt; összekapcsol; összerak vmit: *He could hardly string two words together.* Alig tudott két (értelmes) szót összerakni/kinyögni.
string sy up biz felköt; felakaszt vkit
be strung up biz ideges

string beans [ˌstrɪŋˈbiːnz] <fn> [pl] AmE zöldbab
stringed instrument [ˌstrɪŋdˈɪnstrəmənt] <fn> [C] vonós/húros hangszer
stringent [ˈstrɪndʒənt] <mn> **1.** *(szabály)* szigorú **2.** megszorult; pénzszűkében lévő
strings [strɪŋz] <fn> [pl] **1.** vonós hangszerek **2.** *(zenekarban)* vonósok
stringy [ˈstrɪŋi] <mn> **1.** *(zöldség)* rostos; szálkás; fás **2.** *(hús)* rágós **3.** nyúlós
¹strip [strɪp] <fn> [C] **1.** csík; szalag: *cut the paper into strips* csíkokra vágja a papírt ∗ *a strip of land* (keskeny) földsáv **2.** sp mez **3.** *(gyógyszerből stb.)* levél: *a strip of aspirin* egy levél aszpirin **4.** biz vetkőzés; sztriptíz: *do a strip* vetkőzik; vetkőzőszámot mutat be
²strip [strɪp] <ige> (strips, stripping, stripped) **1.** levetkőzik: *strip to the skin* teljesen meztelenre vetkőzik ∗ *stripped to the waist* derékig meztelen; félmeztelen ∗ *Everybody stripped and ran into the water.* Mindenki levetkőzött, és berohant a vízbe. **2.** levetkőztet: *strip sy naked* meztelenre vetkőztet vkit **3.** lehúz; lenyúz; lehámoz: *I stripped all the beds.* Lehúztam az összes ágyneműt. **4.** megfoszt **(sy/sg of sg)** vkit/vmit vmitől) **5.** *(motort stb.)* szétszed; szétszerel

strip cartoons [ˌstrɪp kɑːˈtuːnz] <fn> [pl] BrE képregény
stripe [straɪp] <fn> [C] **1.** csík; sáv; szalag **2.** kat *(rangjelzés)* sáv
striped [straɪpt] <mn> csíkos: *striped pattern* csíkos anyag
strip light [ˈstrɪp laɪt] <fn> [C] fénycső; neoncső
strip lighting [ˈstrɪpˌlaɪtɪŋ] <fn> [U] fénycsővilágítás; neonvilágítás
stripper [ˈstrɪpə] <fn> [C] sztriptíztáncosnő
striptease [ˈstrɪptiːz] <fn> [C, U] sztriptíz; vetkőzés; vetkőzőszám
stripy [ˈstraɪpi] <mn> csíkos
strive [straɪv] <ige> (strives, striving, strove, striven) **1.** igyekszik; erőfeszítést tesz; törekszik **(after/for sg/to do sg** vmire) **2.** küzd **(against/with sy/sg** vki/vmi ellen) **3.** verseng **(with sy** vkivel)
striven [ˈstrɪvn] → **strive**
strode [strəʊd] → **¹stride**
¹stroke [strəʊk] <ige> (strokes, stroking, stroked) megsimogat
♦ **stroke sy the wrong way** idegesít vkit
♦ **stroke sy down** lecsendesít; megnyugtat vkit
²stroke [strəʊk] <fn> [C] **1.** agyvérzés; szélütés; stroke: *He had/suffered a stroke.* Agyvérzést kapott. **2.** ütés; csapás: *cut the tree down with one stroke of an axe* egyetlen fejszecsapással kivágja a fát **3.** *(óra)*ütés: *arrive on the stroke of ten* pontban tíz órakor érkezik **4.** *(úszásnál)* (kar)tempó; karcsapás: *swim with slow strokes* lassú (kar)tempókkal úszik ∗ *breaststroke* mellúszás ∗ *backstroke* hátúszás **5.** evezőcsapás **6.** ecsetvonás; tollvonás **7.** simogatás **8.** biz főnyeremény: *stroke of luck* véletlen/váratlan szerencse **9.** vezérevezős
♦ **at a stroke** egy csapásra ♦ **not do a stroke of work** biz egy gyufaszálat se tesz odébb
¹stroll [strəʊl] <fn> [C] séta
²stroll [strəʊl] <ige> sétál: *go for a stroll//take a stroll* sétál egyet
stroller [ˈstrəʊlə] <fn> [C] **1.** sétáló **2.** csavargó **3.** AmE *(kisbabáé)* babakocsi; sportkocsi
strong [strɒŋ] <mn> (stronger, strongest) **1.** erős; izmos: *a strong boy* erős fiú ∗ *be strong enough to do sg* elég erős vmihez ∗ *He was feeling stronger.* Erősebbnek érezte magát. **2.** *(teherbíró)* erős; stabil; szilárd: *This chair is not too strong. You mustn't sit on it.* Ez a szék nem túl erős. Nem szabad ráülni! **3.** *(íz, illat)* erős; markáns; kellemetlen; csípős; aromás: *the strong smell of a food* az étel erős/markáns illata ∗ *a strong black coffee* egy erős kávé

✶ *a strong cheese* aromás/büdös/erős sajt **4.** erélyes; erőteljes; határozott: *with a strong hand* erélyesen ✶ *a strong personality/will* erős személyiség/akarat **5.** erős; nagy; heves: *strong wind* erős szél **6.** erős; jellegzetes; jól észrevehető; élénk: *a strong colour* erős szín ✶ *a strong accent* erős akcentus **7.** *(sportban stb.)* erős; jó: *a strong swimmer* erős úszó **8.** … főnyi; főből álló: *an army 2,000 strong* 2000 főnyi hadsereg
♦ **be (still) going strong** biz jó erőben van
♦ **you need a strong stomach…** biz gyomor kell hozzá ♦ **sy's strong point** vkinek az erős oldala

strongbox ['strɒŋbɒks] <fn> [C] páncélszekrény

stronghold ['strɒŋhəʊld] <fn> [C] erődítmény

strongly ['strɒŋli] <hsz> nyomatékosan; komolyan; erősen: *I would strongly recommend* Melegen ajánlom,… ✶ *I feel strongly…* Komolyan úgy érzem,…

strong-minded [ˌstrɒŋ'maɪndɪd] <mn> határozott; erélyes

strove [strəʊv] → **strive**

struck [strʌk] → ¹**strike**

structural ['strʌktʃrəl] <mn> szerkezeti; strukturális: *structural alterations* szerkezeti módosítások/változtatások

structuralism ['strʌktʃərəlɪzəm] <fn> [U] strukturalizmus

¹**structure** ['strʌktʃə] <fn> **1.** [C, U] szerkezet; struktúra; szervezet; felépítés; rendszer: *the structure of agriculture* a mezőgazdaság szerkezete ✶ *the structure of the brain* az agy felépítése/szerkezete ✶ *the political structure of the country* az ország politikai felépítése/rendszere **2.** [C] épület; építmény; konstrukció: *a nice glass structure* szép üvegépület ✶ *This bridge is one of the longest structures in the world.* Ez a híd a világ leghosszabb építményeinek egyike. **3.** [U] építés; szerkesztés

²**structure** ['strʌktʃə] <ige> (structures, structuring, structured) szerkeszt; rendez; szervez; tervez; felépít

¹**struggle** ['strʌɡl] <ige> (struggles, struggling, struggled) **1.** küzd; harcol; viaskodik (**with sy/sg against sy/sg/for sg** vkivel/vmivel vki/vmi ellen/vmiért): *struggle with illness* betegséggel küzd ✶ *struggle against injustice* küzd az igazságtalanság ellen **2.** küszködik; erőlködik (**with sg/for sg/to do sg** vmivel/vmiért/vminek a megtételéért): *struggle with one's homework* küszködik a házi feladatával

²**struggle** ['strʌɡl] <fn> **1.** [C] küzdelem; harc: *the struggle for democracy/independence* a demokráciáért/függetlenségért vívott harc ✶ *his struggle with the disease* a betegséggel folytatott harca ✶ *the struggle against injustice* az igazságtalanság ellen vívott küzdelem **2.** [C, U] csata; harc: *armed struggle against the government* a kormány elleni fegyveres harc **3.** [U] igyekezet; erőfeszítés: *be a struggle for sy* erőfeszítés vki számára

strum [strʌm] <ige> (strums, strumming, strummed) *(gitárt stb.)* penget

strung [strʌŋ] → ²**string**

strut [strʌt] <ige> (struts, strutting, strutted) büszkén lépked

¹**stub** [stʌb] <fn> [C] **1.** csonk; maradék; tuskó; vminek a tompa vége **2.** (cigaretta)csikk **3.** AmE *(ellenőrző)* szelvény

²**stub** [stʌb] <ige> (stubs, stubbing, stubbed) **1.** kigyomlál; kiás **2.** *(cigarettát)* elnyom **3. stub one's toe against/on sg** a lábujját beüti vmibe

stubble ['stʌbl] <fn> [U] borosta; borostás áll/arc

stubborn ['stʌbən] <mn> makacs

stuck [stʌk] → ²**stick**

stuck-up [ˌstʌk'ʌp] <mn> elbizakodott; beképzelt; elkapatott

¹**stud** [stʌd] <ige> (studs, studding, studded) díszít; szegecsel kiver/kirak/díszít

²**stud** [stʌd] <fn> [C] **1.** szegecs; kapocs; díszszög **2.** inggomb **3.** testékszer; fülbevaló **4.** *(futballcipőn)* stopli

student ['stju:dnt] <fn> [C] **1.** (egyetemi/főiskolai) hallgató; egyetemista; főiskolás: *law student* jogász/joghallgató **2.** főleg AmE (középiskolai) tanuló; diák **3. be a student of sg** vminek a tudósa; művelője

student loan [ˌstju:dnt'ləʊn] <fn> [C] diákhitel

student's union, student union [ˌstju:dnt'ju:nɪən] <fn> [C] diákszövetség; hallgatói önkormányzat

studied ['stʌdɪd] <mn> **1.** megfontolt **2.** kiszámított; szándékolt **3.** *(személy)* tanult; olvasott

studio ['stju:dɪəʊ] <fn> [C] **1.** műterem **2.** stúdió

studio apartment ['stju:dɪəʊ əˌpɑ:tmənt] <fn> [C] AmE egyszobás lakás; műteremlakás; garzonlakás

studio couch ['stju:dɪəʊ kaʊtʃ] <fn> [C] rekamié

studio flat ['stju:dɪəʊ flæt] <fn> [C] egyszobás lakás; műteremlakás; garzonlakás

studious ['stju:dɪəs] <mn> **1.** szorgalmas **2.** megfontolt

¹**study** ['stʌdi] <fn> (studies) **1.** [U] tanulás; tanulmányozás: *make a study of sg* tanulmányoz

²**study**

vmit **2.** [C] tanulmány; értekezés: *The study showed a link between the cancer and the environmental pollution.* A tanulmány összefüggést mutatott ki a rák és a környezetszennyezés között. **3. studies** [pl] tanulmányok: *continue one's studies* folytatja a tanulmányait **4.** [C] tudományág **5.** [C] dolgozószoba **6.** [C] zene etűd

²**study** ['stʌdɪ] <ige> (studies, studying, studied) **1.** tanul; tanulmányokat folytat: *study chemistry at university* az egyetemen kémiát tanul/kémiai tanulmányokat folytat ∗ *study for one's exams* a vizsgáira tanul/készül ∗ *study hard* szorgalmasan tanul ∗ *study to be a doctor* orvosnak tanul ∗ *How long have you been studying French?* Mióta tanul(sz) franciául? **2.** (át)tanulmányoz; megvizsgál; (kutatási témával) foglalkozik: *study a map carefully* gondosan (át)tanulmányozza a térképet ∗ *study the railway timetable* a vasúti menetrendet tanulmányozza ∗ *study the problem in detail* részleteiben megvizsgálja a problémát

study hall ['stʌdɪ hɔːl] <fn> [C] AmE ≈ tanulószoba

¹**stuff** [stʌf] <fn> [U] biz **1.** vacak; kacat; holmi; izé; micsoda; dolog: *get rid of all this dirty stuff* megszabadul ettől a rengeteg koszos kacattól ∗ *What is this oily stuff on my new chair?* Mi ez az olajos vacak az új székemen? **2.** szövet; anyag: *a pink stuff* rózsaszín anyag

♦ **do one's stuff** biz megteszi a magáét
♦ **know one's stuff** biz (szakmájában) mindent tud ♦ **That's the stuff!** biz Ez az!

²**stuff** [stʌf] <ige> **1.** megtöm; teletöm; begyömöszöl; betöm: *stuff the fridge with fruit* megtömi gyümölccsel a hűtőt ∗ *stuff all the papers into a drawer* minden papírt betöm/ begyömöszöl egy fiókba **2.** megtölt: *stuff the chicken with vegetables* zöldségekkel tölti meg a csirkét **3.** (állatot) kitöm: *They stuffed the lion.* Kitömték az oroszlánt. **4.** zabál; fal

stuffed [stʌft] <mn> **1.** megtömött **2.** (étel) töltött **3.** kitömött

stuffed shirt [ˌstːftʃɜːt] <fn> [C] biz beképzelt alak/hólyag

stuffing ['stʌfɪŋ] <fn> [U] **1.** (ételben, húsfélében) töltelék **2.** (játéké, bútoré stb.) tömés; töltelék; töltőanyag

stuffy ['stʌfɪ] <mn> **1.** fülledt; dohos; áporodott **2.** biz begyöpösödött fejű; betokosodott

stumble ['stʌmbl] <ige> (stumbles, stumbling, stumbled) **1.** megbotlik (**over sg** vmin): *stumble over a fallen tree* megbotlik egy kidőlt fában **2.** botorkál (**along swhere** vmerre) **3. stumble (over/through sg)** nyelvbotlást követ el

stumble across/on sy/sg ráakad vkire/ vmire

¹**stump** [stʌmp] <fn> [C] **1.** fatönk; tuskó **2.** (végtagé, fogé, ceruzáé stb.) csonk **3.** csikk

²**stump** [stʌmp] <ige> **1.** zavarba hoz/ejt: *I'm stumped!* Zavarban vagyok! **2.** nehézkesen lépked **3.** (krikettben) játékból kiüt **4.** megcsonkít; csonkol

stun [stʌn] <ige> (stuns, stunning, stunned) **1.** megdöbbent: *be stunned by the news* megdöbbenti a hír ∗ *a stunned silence* döbbent csend **2.** elkábít; elbódít: *The blow stunned him.* Az ütés elkábította.

stung [stʌŋ] → ²**sting**
stunk [stʌŋk] → ¹**stink**

stunning ['stʌnɪŋ] <mn> **1.** meglepő; megdöbbentő; elképesztő; lenyűgöző: *The view from here is stunning.* Lenyűgöző a kilátás innen. **2.** (ütés) elkábító

stunt [stʌnt] <fn> [C] **1.** veszélyes mutatvány; kaszkadőrmutatvány **2.** (reklámban) geg

stunt man ['stʌnt mæn] <fn> [C] (stunt men) kaszkadőr

stunt woman ['stʌntˌwʊmən] <fn> [C] (stunt women) kaszkadőr(nő)

stupid ['stjuːpɪd] <mn> hülye; ostoba; buta: *a stupid question* hülye kérdés

stupidity [stjuːˈpɪdətɪ] <fn> [U] ostobaság; butaság; hülyeség

sturdy ['stɜːdɪ] <mn> **1.** izmos; életerős; stramm **2.** stabil; masszív; strapabíró: *sturdy furniture* masszív bútor **3.** határozott

¹**stutter** ['stʌtə] <ige> dadog; hebeg
²**stutter** ['stʌtə] <fn> [C] dadogás; hebegés
¹**sty** [staɪ] <fn> [C] (sties) disznóól
²**sty** [staɪ] <fn> [C] (sties, styes) (szemen) árpa

¹**style** [staɪl] <fn> [C] **1.** stílus: *different styles of architecture* különféle építészeti stílusok ∗ *It is not my style.* Ez nem az én stílusom. ∗ *I don't like her teaching style.* Nem bírom a tanítási stílusát. **2.** [U] ízlés: *She's got no sense of style.* Semmi ízlése nincs. **3.** [C, U] fajta; típus; mód; modell; jelleg: *style of living* életmód **4.** [U] elegancia; sikk; stílus; divat: *in style* sikkesen; előkelően ∗ *She has style.* Van stílusa./Elegáns.

♦ **do sg in stile 1.** megadja a módját vminek **2.** stílusosan/előkelően/elegánsan tesz vmit ♦ **be out of style** divatjamúlt; nem divatos ♦ **live in great style** nagy lábon él

♦ **that style of thing** efféle dolog ♦ **That's the style!** Ez igen!/Nagyszerű!

²style [staɪl] <ige> (styles, styling, styled) **1.** megtervez; felvázol; kialakít **2.** megcsináltat: *have one's hair cut and styled* levágatja és megcsináltatja a haját **3.** formatervez: *styled chairs* formatervezett székek

styli ['staɪlaɪ] → **stylus**

styling [staɪlɪŋ] <fn> [U] formatervezés; dizájn

stylish ['staɪlɪʃ] <mn> divatos; ízléses; elegáns: *stylish clothes/furniture* divatos ruhák/bútorok

stylistic [staɪ'lɪstɪk] <mn> stiláris; stilisztikai; stílus-; szövegezési: *stylistic differences between these writings* stilisztikai különbségek ezen írások között

stylus ['staɪləs] <fn> [C] (styluses v. styli) *(lemezjátszóé)* tű

sub [sʌb] <fn> [C] biz **1.** helyettes **2.** sp csere(játékos) **3.** tengeralattjáró **4.** segédszerkesztő **5.** tagdíj

subcommittee ['sʌbkəmɪti] <fn> [C] albizottság

¹subconscious [sʌb'kɒnʃəs] <mn> tudat alatti

²subconscious [sʌb'kɒnʃəs] <fn> [U] pszich a tudatalatti

subcontinent [ˌsʌb'kɒntɪnənt] <fn> [C] nagy kontinensrész; szubkontinens

¹subcontract [ˌsʌbkən'trækt] <ige> alvállalkozói megbízásba ad; alvállalkozásba ad; bérmunkába kiad: *subcontract the work to a smaller firm* alvállalkozásba adja a munkát egy kisebb cégnek

²subcontract [ˌsʌb'kɒntrækt] <fn> [C] alvállalkozói szerződés: *sign a subcontract* alvállalkozói szerződést aláír

subcontractor [ˌsʌbkən'træktə] <fn> [C] alvállalkozó

subculture ['sʌbˌkʌltʃə] <fn> [C] szubkultúra

subdivide [ˌsʌbdɪ'vaɪd] <ige> (subdivides, subdividing, subdivided) **1.** alosztályokra feloszt **2.** alosztályokra feloszlik

subdivision ['sʌbdɪˌvɪʒn] <fn> [C] **1.** felosztás **2.** alosztály

subdue [səb'dju:] <ige> (subdues, subduing, subdued) **1.** *(területet stb.)* leigáz **2.** *(indulatot stb.)* legyőz; megfékez; elfojt; elnyom; visszafojt **3.** *(fényt)* tompít

subdued [səb'dju:d] <mn> **1.** legyőzött **2.** *(fény, hang)* letompított; halk; szelíd **3.** csökkentett **4.** *(légkör, hangulat)* nyomott

¹subject ['sʌbdʒɪkt] <fn> [C] **1.** *(beszélgetésé stb.)* téma; tárgy: *the subject of the book* a könyv témája/tárgya ∗ *subject of conversation* a beszélgetés témája; beszédtéma ∗ *the subject of the debate* a vita tárgya ∗ *say something else on this subject* még valamit mond ebben a témában ∗ *change the subject* más tárgyra tér ∗ *return to the subject* visszatér a tárgyra ∗ *on the subject of sg* vminek a tárgyában **2.** tantárgy: *What is your favourite subject?* Mi a kedvenc tantárgyad? **3.** nyelvt alany **4.** állampolgár: *an American subject* amerikai állampolgár **5.** zene főtétel

²subject ['sʌbdʒekt] <mn> **1. be subject to sg** vmi alá esik; vmi alá van vetve; ki van téve vminek; hajlamos vmire: *He is subject to heart attack as he is always nervous.* Szívinfarktusnak van kitéve, mivel mindig ideges. ∗ *Flights are subject to delay because of the stormy weather.* A viharos idő miatt a járatok késhetnek. **2. be subject to sg** azzal a kikötéssel/fenntartással, hogy…; vmitől függően: *subject to his approval* jóváhagyásától függően ∗ *subject to alteration* a változtatás jogának fenntartásával **3. be subject to sg** köteles vmire: *subject to dues/fees* díjköteles ∗ *subject to duty* vámköteles ∗ *He is subject to local laws.* Kötik a helyi jogszabályok. **4.** alárendelt; alávetett; függő: *subject nations* alárendelt/alávetett nemzetek

subjective [səb'dʒektɪv] <mn> **1.** egyéni; szubjektív **2.** nyelvt alanyi

subject matter ['sʌbdʒektˌmætə] <fn> [U] *(beszédé, cikké stb.)* tárgy; téma; tartalom

subjunctive [səb'dʒʌŋktɪv] <fn> [U] nyelvt kötőmód

sublime [sə'blaɪm] <mn> emelkedett; fennkölt; magasztos

submarine [ˌsʌbmə'ri:n] <fn> [C] tengeralattjáró: *nuclear submarine* atom-tengeralattjáró

submerge [səb'mɜ:dʒ] <ige> (submerges, submerging, submerged) **1.** elmerül; alábukik; alámerül: *Watch the submarine submerging.* Nézi, ahogy a tengeralattjáró elmerül/alámerül. **2.** lesüllyeszt; eláraszt; elmerít; lenyom

submission [səb'mɪʃn] <fn> **1.** [C] beadvány; felterjesztés **2.** [U] meghódolás; behódolás; alázatosság **3.** [C, U] jog benyújtás

submissive [səb'mɪsɪv] <mn> engedelmes; megalázkodó; alázatos; lemondó

submit [səb'mɪt] <ige> (submits, submitting, submitted) **1.** előterjeszt; előad; javasol **2.** állít; kijelent **3.** benyújt; bead: *submit an application* pályázatot benyújt ∗ *The plans are submitted today.* Ma nyújtják be a terveket. **4.** alávet: *submit oneself to sg* aláveti magát vminek **5.** engedelmeskedik; meghódol; behódol **(to sy** vkinek): *refuse to submit to the government* nem hódol be a kormánynak

¹subordinate [sə'bɔ:dɪnət] <mn> alsóbbrendű; alárendelt **(to sy/sg** vkinek/vminek)

²subordinate [sə'bɔːdɪnət] <fn> [C] alárendelt; beosztott: *give orders to one's subordinates* parancsokat osztogat a beosztottainak

³subordinate [sə'bɔːdɪneɪt] <ige> (subordinates, subordinating, subordinated) alárendel (**sy to sy/sg** vkit vkinek/vminek)

subordinate clause [sə,bɔːdɪnət'klɔːz] <fn> [C] nyelvt alárendelt mellékmondat

subordinate part [sə,bɔːdɪnət'pɑːt] <fn> [C, U] mellékszerep

subordinate role [sə,bɔːdɪnət'rəʊl] <fn> [C, U] mellékszerep

subordination [sə,bɔːdɪ'neɪʃn] <fn> [U, C] függőség; függő helyzet; alárendeltség

subplot ['sʌbplɒt] <fn> [C] *(filmben, színdarabban stb.)* mellékcselekmény

subpoena [sə'piːnə] <fn> [C] jog *(bírósági)* idézés

subscribe [səb'skraɪb] <ige> (subscribes, subscribing, subscribed) **1.** *(újságra stb.)* előfizet **2. subscribe for shares** gazd részvényt jegyez **3. subscribe to sg** *(véleményt, nézetet stb.)* elfogad; oszt; aláír: *I don't subscribe to it.* Ezt én nem írom alá!/Ezzel nem azonosítom magamat!

subscriber [səb'skraɪbə] <fn> [C] **1.** *(újságra, telefonra)* előfizető **2.** aláíró

subscription [səb'skrɪpʃn] <fn> [C] **1.** előfizetés: *take out a subscription to a newspaper* előfizet egy újságra **2.** előfizetési díj **3.** tagdíj: *the annual subscription* az éves tagdíj **4.** hozzájárulás (**to sg** vmihez): *public subscription* közadakozás **5.** *(összegé)* jegyzés

subscription concert [səb'skrɪpʃn kɒnsət] <fn> [C] bérleti hangverseny

subsequent ['sʌbsɪkwənt] <mn> későbbi; bekövetkező; rá következő; azutáni; utólagos: *In subsequent hearings he denied everything.* A későbbi kihallgatásokon mindent tagadott.

subsequently ['sʌbsɪkwəntlɪ] <hsz> **1.** később; azt követően; azután **2.** következésképpen

subservient [səb'sɜːvɪənt] <mn> **1.** engedelmes; szolgaian alázatos; megalázkodó **2.** alárendelt szerepű

subside [səb'saɪd] <ige> (subsides, subsiding, subsided) **1.** *(ár, víz stb.)* leapad; süllyed; süpped **2.** *(szél, fájdalom stb.)* elcsitul; lecsendesedik; lecsillapul; alábbhagy: *The pain gradually subsided.* A fájdalom fokozatosan alábbhagyott.

subsidence [səb'saɪdns] <fn> [U] **1.** *(épületé stb.)* süllyedés **2.** *(fájdalomé)* enyhülés

subsidiary [səb'sɪdɪərɪ] <mn> mellékes; másodlagos

subsidiary company [səb,sɪdɪərɪ 'kʌmpənɪ] <fn> [C] (subsidiary companies) leányvállalat

subsidiary subject [səb,sɪdɪərɪ 'sʌbdʒekt] <fn> [C] melléktantárgy

subsidize ['sʌbsɪdaɪz] <ige> (subsidizes, subsidizing, subsidized) *(államilag)* támogat; szubvencionál

subsidy ['sʌbsədɪ] <fn> [C] (subsidies) támogatás; pénzbeli segély; szubvenció

subsistence [səb'sɪstəns] <fn> [U] megélhetés; létfenntartás; fennmaradás; létminimum: *live at subsistence* a létminimumon él ∗ *subsistence level (mint életszínvonal)* létminimum ∗ *subsistence wage (mint kereset)* létminimum

substance ['sʌbstəns] <fn> **1.** [C] anyag: *poisonous substance* mérgező anyag **2.** [U] lényeg; bizonyíték; jelentőség: *there is no substance to sg* nincs bizonyíték vmire **3.** [C, U] birtok; vagyon: *a man of substance* vagyonos ember

substandard [,sʌb'stændəd] <mn> gyenge minőségű; selejtes; alacsony színvonalú: *substandard working conditions* alacsony színvonalú munkakörülmények ∗ *substandard goods (áru, termék)* selejt

substantial [səb'stænʃl] <mn> **1.** szilárd; stabil; nagy; erős: *a substantial brick building* nagy, erős téglaépület **2.** *(mennyiség)* tekintélyes; *(étel)* kiadós; bőséges; tápláló: *a substantial sum of money* tekintélyes pénzösszeg ∗ *substantial meal* bőséges étkezés **3.** lényeges; fontos **4.** létező; valódi **5.** vagyonos; tehetős **6.** *(gondolat)* magvas

substantially [səb'stænʃəlɪ] <hsz> **1.** lényegesen **2.** lényegileg

¹substitute ['sʌbstɪtjuːt] <fn> [C] **1.** helyettes: *X is substitute for Y.* X helyettesíti Y-t. **2.** sp cserejátékos: *He was a substitute after half-time.* Cserejátékos volt a félidő után./A kispadon ült a félidő után. **3.** pótlék; pótszer

²substitute ['sʌbstɪtjuːt] <ige> (substitutes, substituting, substituted) **1.** helyettesít; pótol (**sg/sy for sg/sy** vmit/vkit vmivel/vkivel) **2.** *(munkában stb.)* helyettesít (**for sy** vkit)

substructure ['sʌb,strʌktʃə] <fn> [C, U] ép alépítmény; alap

subtenant [,sʌb'tenənt] <fn> [C] albérlő

subterranean [,sʌbtə'reɪnɪən] <mn> föld alatti

subtitle ['sʌb,taɪtl] <fn> **1. subtitles** [pl] *(film, TV)* felirat **2.** [C] alcím

subtle ['sʌtl] <mn> **1.** *(különbség stb.)* finom; apró: *subtle changes* apró változások **2.** *(terv stb.)* ravasz; körmönfont; szövevényes **3.** árnyalt **4.** *(elme)* éles

subtlety ['sʌtltɪ] <fn> [U, C] (subtleties) **1.** finomság **2.** finom/érzékeny különbségtétel; megkülönböztetés **3.** *(észé)* élesség

subtract [səb'trækt] <ige> mat kivon; levon (**sg from sg** vmit vmiből)
subtraction [səb'trækʃn] <fn> [C, U] mat kivonás
suburb ['sʌbɜːb] <fn> [C] külváros; előváros; peremváros: *live in the suburbs* a külvárosban él
suburban [sə'bɜːbən] <mn> elővárosi; külvárosi
suburbia [sə'bɜːbɪə] <fn> [U] a külvárosok és elővárosok
subway ['sʌbweɪ] <fn> [C] **1.** BrE aluljáró **2.** AmE földalatti; metró
sub-zero [ˌsʌb'zɪərəʊ] <mn> *(hőmérséklet)* nulla fok alatti
succeed [sək'siːd] <ige> **1.** sikerül; sikert ér el; jó eredménnyel halad: *My plan succeeded.* Sikerült a tervem! ∗ *He tried three times to pass his exam and at last succeeded.* Háromszor próbálta meg letenni a vizsgáját, és végül sikerült. ∗ **succeed in (doing) sg** sikerül vkinek vmi(t megtenni) ∗ *She succeeded in persuading him to go away.* Sikerült rávennie, hogy menjen el. ∗ *He had hoped to succeed as a pianist.* Remélte, hogy sikeres zongorista lesz/Remélte, hogy zongoristaként ér majd el sikereket. **2. succeed sy** követ vkit; következik vki után; vkinek az örökébe lép: *succeed sy to the throne* követ vkit a trónon ∗ *succeed sy as Prime Minister* követ vkit miniszterelnökként/a miniszterelnöki székben **3. succeed sg** követ vmit: *The cold winter was succeeded by a warm spring.* A hideg telet meleg tavasz követte.
success [sək'ses] <fn> **1.** [U] *(eredmény)* siker: *achieve great success* nagy sikert ér el ∗ *meet with success* sikert ér el/arat; sikerrel jár ∗ *the key to success* a siker kulcsa/záloga ∗ *contribute to the success of the company* hozzájárul a cég sikeréhez **2.** [C] *(tetszés)* siker: *be a great success* nagy sikere van
successful [sək'sesfl] <mn> sikeres: *a successful businessman* sikeres üzletember ∗ *have a successful career* sikeres a pályafutása ∗ *be successful in (doing) sg* sikeres vmiben
succession [sək'seʃn] <fn> **1.** [U] sorozat: *a succession of events* eseménysorozat ∗ *two days in succession* két nap egymás után ∗ *in quick succession* gyors egymásutánban **2.** [U] követés; öröklés; utódlás: *succession to the throne* trónöröklés
successive [sək'sesɪv] <mn> egymást követő; egymás után következő
successor [sək'sesə] <fn> [C] örökös; utód: *successor to the throne* trónörökös
succulent ['sʌkjʊlənt] <mn> **1.** lédús; nedvdús; leveses; szaftos **2.** zamatos; ízes

succumb [sə'kʌm] <ige> **1.** megadja magát (**to sg** vminek) **2.** meghal; belehal (**to sg** vmibe): *succumb to one's injuries* belehal sérüléseibe
¹**such** [sʌtʃ] <det> **1.** olyan: *I was looking for Mr Smith but there was no such person there.* Smith urat kerestem, de olyan ember nem volt ott. **2.** ilyen; olyan: *no such thing exists* ilyesmi nem létezik ∗ *It is such sweet cake that I can't eat it.* Ez a süti olyan édes, hogy ehetetlen. **3.** annyira; olyan (nagyon): *It was such a cold day.* Olyan hideg nap volt.
²**such** [sʌtʃ] <névm> **1.** ilyen; olyan: *The damage was such that it would take weeks to repair.* A kár olyan volt, hogy a javítás heteket vesz igénybe. **2.** annyira; olyan (nagyon): *Such is the elegance of this cloth that it is still our favourite.* Annyira elegáns ez az anyag, hogy még mindig ez a kedvencünk.
♦ **as such** mint olyan ♦ **such as** úgymint; mint például; olyan, mint; mint amilyen ♦ **such as it is/they are** ha ugyan annak lehet nevezni ♦ **Such being the case,...** Miután így áll a helyzet,... ♦ **some such** valami ilyesféle ♦ **such is life** ilyen az élet ♦ **such-and-such** ez és ez
¹**suck** [sʌk] <ige> **1.** *(folyadékot, levegőt)* (fel)szív; kiszív; magába szív **2.** szop(ik); szopogat (**sg/at/on sg** vmit): *suck a sweet* cukrot szopogat ∗ *suck one's thumb* szopja az ujját ∗ *The baby is sucking at its mother's breast.* Szopik a baba. **3.** szl szopat; szívat: *If they always suck, leave them.* Ha mindig szívatnak, hagyd ott őket!

---
suck at sg *(folyadékot)* megszív
suck up (to sy) biz nyal (vkinek); benyalja magát (vkihez)
---

²**suck** [sʌk] <fn> [C] **1.** szívás; szopás; nyalás: *give a suck* megszoptat ∗ *have/take a suck at sg* szopogat; nyal vmit **2. sucks** [pl] cukorka **3.** szl pech
sucker ['sʌkə] <fn> [C] **1.** szl balek **2.** *(állaté)* szívókorong **3.** tapadókorong **4.** nyalóka
sucking pig ['sʌkɪŋ pɪg] <fn> [C] szopós malac
suckle ['sʌkl] <ige> (suckles, suckling, suckled) **1.** (meg)szoptat **2.** szopik
suck-up ['sʌkʌp] <fn> [C] biz seggnyaló
sudden ['sʌdn] <mn> gyors; hirtelen; váratlan; azonnali: *a sudden decision* gyors döntés ∗ *a sudden movement* hirtelen mozdulat ∗ *a sudden bend in the road* váratlan kanyar az úton
♦ **all of a sudden** hirtelen; váratlanul; egyszerre csak
suddenly ['sʌdnli] <hsz> hirtelen; váratlanul

suds [sʌdz] <fn> [pl] **1.** szappanos víz; szappanlé **2.** szappanhab

sue [suː] <ige> (sues, suing, sued) jog **1.** (be)perel (**sy for sg** vkit vmiért): *sue sy for damages* kártérítési pert indít vki ellen/kártérítésért beperel vkit ∗ *They threatened to sue if we didn't sign the contract.* Azzal fenyegettek, hogy beperelnek, ha nem írjuk alá a szerződést. **2.** kereseted indít (**for sg** vmiért//vmi ellen): *sue for divorce* válópert indít; válókeresetet ad be

suede [sweɪd] <fn> [U] antilopbőr; szarvasbőr; őzbőr

suffer ['sʌfə] <ige> **1.** (el)szenved; elvisel; eltűr: *suffer defeat* vereséget szenved ∗ *suffer enormous losses* óriási veszteségeket szenved **2.** szenved (**from sg** vmitől): *suffer from a headache* fejfájástól szenved/fáj a feje **3.** romlik; kárt szenved: *Her work is suffering.* Romlik a munkája.

suffering ['sʌfərɪŋ] <fn> [C, U] szenvedés; fájdalom

sufficient [sə'fɪʃnt] <mn> elég; elegendő (**for sg/sy//to do sg** vmire/vkinek//vmire): *have sufficient food* van elegendő ennivalója ∗ *allow sufficient time* elegendő időt hagy

sufficiently [sə'fɪʃntli] <hsz> eléggé

suffix ['sʌfɪks] <fn> [C] nyelvt képző; toldalék

suffocate ['sʌfəkeɪt] <ige> (suffocates, suffocating, suffocated) **1.** megfojt **2.** megfullad

suffocating ['sʌfəkeɪtɪŋ] <mn> (*hőség stb.*) fullasztó

suffrage ['sʌfrɪdʒ] <fn> [U] választójog

¹sugar ['ʃʊɡə] <fn> **1.** [U] cukor: *take sugar in one's coffee* cukrot tesz a kávéjába ∗ *There is too much sugar in the apple-pie.* Túl sok cukor van az almás pitében. ∗ *I haven't got any sugar in my tea.* Semmi cukor nincs a teámban. **2.** [C] kockacukor; egy kávéskanálnyi cukor: *take two sugars in one's coffee* két kanálnyi cukrot/két kockacukrot tesz a kávéjába

²sugar ['ʃʊɡə] <ige> megcukroz; megédesít

sugar basin ['ʃʊɡə ˌbeɪsn] <fn> [C] cukortartó

sugar bowl ['ʃʊɡə bəʊl] <fn> [C] AmE cukortartó

sugar cane ['ʃʊɡəkeɪn] <fn> [C, U] cukornád

sugar-free [ˌʃʊɡə'friː] <mn> cukormentes

sugary ['ʃʊɡəri] <mn> **1.** cukros; édes **2.** (*stílus*) mézesmázos

suggest [sə'dʒest] <ige> **1.** javasol; ajánl; tanácsol; felvet (**sg to sy//that//doing sg** vmit vkinek//azt, hogy//vmit tenni): *suggest a new plan* új tervet javasol/vet fel ∗ *I suggested that we should travel by train.* Azt javasoltam, hogy menjünk vonattal. ∗ *I suggest phoning her.* Azt javaslom, hívd fel őt. **2.** javaslatot tesz (**sy/sg for/as sg** vkinek/vminek vmire): *Who would you suggest for head of department?* Kit javasolnál tanszékvezetőnek? ∗ *He suggested Budapest as venue for the conference.* Budapestet javasolta a konferencia helyszínének. **3.** sugalmaz; sugall; utal: *All the evidence suggests that...* Minden bizonyíték arra utal, hogy...

suggestion [sə'dʒestʃən] <fn> **1.** [C] javaslat; ajánlat; indítvány: *make a suggestion* javaslatot/ajánlatot tesz ∗ *Do you agree with my suggestion that we should go by bike?* Egyetértesz azzal a javaslatommal, hogy biciklivel menjünk? **2.** [U] tanács: *at sy's suggestion* vki tanácsára **3.** [U] utalás; jel; vminek a nyoma: *a suggestion of boredom in his voice* az unalom jele a hangjában

suggestive [sə'dʒestɪv] <mn> **1. be suggestive of sg** vmire emlékeztet; utal **2.** kétértelmű

suicidal [ˌsuːɪ'saɪdl] <mn> **1.** öngyilkos-; öngyilkossági; öngyilkosságra hajlamos **2.** végzetes; öngyilkossággal felérő

¹suicide ['suːɪsaɪd] <fn> **1.** [C, U] átv is öngyilkosság: *commit suicide* öngyilkosságot követ el **2.** [C] öngyilkos

²suicide ['suːɪsaɪd] <mn> öngyilkos-

suicide attempt ['suːɪsaɪd əˌtempt] <fn> [C] öngyilkossági kísérlet

suicide bomber ['suːɪsaɪd ˌbɒmə] <fn> [C] öngyilkos merénylő

¹suit [suːt] <fn> [C] **1.** öltöny; kosztüm: *a dark grey suit with white shirt and black tie* sötétszürke öltöny fehér inggel és fekete nyakkendővel ∗ *She had a nice suit on.* Szép kosztüm volt rajta. **2.** öltözet; -ruha: *a diving-suit* búvárruha **3.** per(es eljárás); kereset: *win/lose one's suit* megnyeri/elveszti a pert ∗ *bring a suit against sy* beperel vkit; pert indít vki ellen **4.** (*kártyában*) szín **5.** kérelem; kérés: *at the suit of sy* vkinek a kérésére **6.** leánykérés

♦ **follow suit** biz utánoz/követ vkit; hasonlóan cselekszik

²suit [suːt] <ige> **1.** alkalmas; megfelel (**sy** vkinek): *He goes to work when it suits him.* Akkor megy dolgozni, amikor neki megfelel. ∗ *This car suits me very well.* Ez az autó nagyon megfelel nekem. **2.** jól áll (**sy** vkinek): *This new hairstyle really suits you.* Ez az új hajviselet tényleg jól áll neked! ∗ *That hat doesn't suit you.* Az a kalap nem áll jól neked! **3.** alkalmas; rátermett (**for/to sg** vmire): *He is suited for this job.* Alkalmas/Rátermett erre a munkára. ∗ *He is suited to teaching.* alkalmas a tanításra. **4.** alkalmaz; igazít (**to sg/sy** vmihez/vkihez): *suit his speech to his audience* beszédét a hallgatóságához igazítja

♦ **suit down to the ground** tökéletesen megfelel vkinek ♦ **suit one's/sy's book** biz megegyezik a terveivel/megfelel neki ♦ **Suit yourself!** Tégy, ahogy jólesik!

suitability [ˌsuːtəˈbɪləti] <fn> [U] alkalmasság; rátermettség

suitable [ˈsuːtəbl] <mn> alkalmas; megfelelő **(for sg/sy//to (do) sg** vmire/vkinek//vmire): *be not suitable for sy/sg* nem alkalmas/megfelelő vki/vmi számára; nem való vkinek/vminek * *find suitable accommodation* megfelelő szállást talál * *be suitable to the occasion* az alkalomhoz illő * *It's not the suitable moment to discuss that question.* Ez nem a legmegfelelőbb pillanat arra, hogy megvitassuk ezt a kérdést.

suitably [ˈsuːtəbli] <hsz> **1.** megfelelően; alkalmas módon: *suitably qualified doctors* megfelelően képzett orvosok **2.** az alkalomhoz illően: *be suitably dressed* az alkalomhoz illően öltözött

suitcase [ˈsuːtkeɪs] <fn> [C] koffer; bőrönd

suite [swiːt] <fn> [C] **1.** *(bútoré)* garnitúra **2.** *(vkié)* kíséret **3.** lakosztály **4.** zene szvit

¹**sulk** [sʌlk] <ige> duzzog

²**sulk** [sʌlk] <fn> [U] duzzogás

sulky [ˈsʌlki] <mn> durcás; duzzogó

sullen [ˈsʌlən] <mn> **1.** mogorva; morcos; komor **2.** nehézkes

sulphur dioxide [ˌsʌlfə daɪˈɒksaɪd] <fn> [U] kéndioxid

sultry [ˈsʌltri] <mn> **1.** *(idő)* fülledt; tikkasztó **2.** *(nő)* heves; szenvedélyes; elragadó

¹**sum** [sʌm] <fn> [C] **1.** (pénz)összeg: *spend large sums of money on advertising* nagy pénzösszegeket költ reklámozásra * *cost a large sum of money* nagy összegbe kerül **2.** összeg: *the sum of four and five* a négy meg az öt összege * *the sum of those four numbers* annak a négy számnak az összege * *sum total* végösszeg **3.** számtanpélda: *do a sum in his head* fejben megold egy számtanpéldát/fejben számol * *be good at sums* jó számtanos/matekos

♦ **in sum** mindent összevéve

²**sum** [sʌm] <ige> (sums, summing, summed) összead; összegez; összefoglal

sum (sg) up 1. összead; összesít (vmit) **2.** összegez; összefoglal (vmit)
sum sy/sg up kiértékel vkit/vmit; véleményt alkot vkiről/vmiről: *sum up the situation at a glance* egyetlen pillantással felméri a helyzetet

summarize [ˈsʌməraɪz] <ige> (summarizes, summarizing, summarized) összegez; összefoglal

¹**summary** [ˈsʌməri] <fn> [C] (summaries) összegzés; összefoglalás: *give a summary of sg* összefoglal vmit * *I read a summary of his speech in the newspaper.* Olvastam beszédének összefoglalását az újságban. * *In summary,…* Összegzésképpen,…

²**summary** [ˈsʌməri] <mn> elhamarkodott: *summary proceedings* gyorsított eljárás * *summary court* rögtönítélő bíróság

¹**summer** [ˈsʌmə] <fn> [C, U] nyár: *the summer of 2000* kétezer nyara * *in (the) summer* nyáron * *this summer* idén/ezen a nyáron

²**summer** [ˈsʌmə] <mn> nyári; nyár-: *a warm summer evening* meleg nyári este

summer camp [ˈsʌmə kæmp] <fn> [C, U] nyári tábor

summer holidays [ˌsʌməˈhɒlədeɪz] <fn> [pl] isk nyári szünet; vakáció

summer house [ˈsʌmə haʊs] <fn> [C] nyaraló

summer sales [ˌsʌməˈseɪlz] <fn> [pl] nyári kiárusítás

summer time [ˈsʌmə taɪm] <fn> [U] nyári időszámítás

summertime [ˈsʌmətaɪm] <fn> [U] nyár(idő): *in (the) summertime* nyáron

summery [ˈsʌməri] <mn> nyárias: *summery weather* nyárias idő

summit [ˈsʌmɪt] <fn> [C] **1.** csúcstalálkozó: *a summit of EU leaders* az EU vezetők csúcstalálkozója **2.** hegycsúcs

summon [ˈsʌmən] <ige> **1.** beidéz; berendel: *summon sy as a witness* tanúként beidéz vkit * *be summoned to appear in court* beidézték a bíróságra * *The teacher summoned him to his room.* A tanár berendelte őt a szobájába. **2.** *(találkozót stb.)* összehív: *a meeting was summoned* találkozót hívtak össze **3. summon sg (up)** *(bátorságot stb.)* összeszed: *summon up courage to tell the truth* összeszedi a bátorságot, hogy elmondja az igazat

summons [ˈsʌmənz] <fn> [C] jog **1.** felszólítás **2.** (be)idézés: *receive a summons to appear in court* idézést kap a bíróságra

sumptuous [ˈsʌmptʃʊəs] <mn> pazar; pompás; luxus-

¹**sun** [sʌn] <fn> **1. the Sun the sun** [U] *(égitest)* nap; Nap: *The sun is shining.* Süt a nap. * *The sun rose at 5 o'clock today.* Ma 5 órakor kelt fel a nap. **2.** [U] nap(fény): *sit in the sun* a napon ül/van; napozik * *This summer we haven't got enough sun.* Ezen a nyáron nem kapunk elegendő napot/napfényt. * *The sun has faded the curtains.* A nap kiszívta a függönyöket.

²**sun** [sʌn] <ige> (suns, sunning, sunned) **sun oneself** napozik; sütkérezik

Sun. [= Sunday] vas. (= vasárnap)

sunbathe ['sʌnbeɪð] <ige> (sunbathes, sunbathing, sunbathed) napozik; napfürdőzik
sunbeam ['sʌnbiːm] <fn> [C] napsugár
sunbed ['sʌnbed] <fn> [C] **1.** napozóágy **2.** napágy; szolárium
sunblock ['sʌnblɒk] <fn> [C] erős/magas fényvédő faktorszámú napvédő krém/napozókrém
sunburn ['sʌnbɜːn] <fn> [U] *(bőré)* leégés; lesülés
sunburned ['sʌnbɜːnd] <mn> leégett; lesült: *sunburned faces* leégett arcok
sunburnt ['sʌnbɜːnt] → **sunburned**
sundae ['sʌndeɪ] <fn> [C, U] AmE fagylaltkehely
Sunday ['sʌndeɪ] <fn> [C, U] vasárnap: *on Sunday* vasárnap * *next Sunday* jövő vasárnap * *last Sunday* múlt vasárnap * *Sunday week* vasárnaphoz egy hétre * *open Sunday to Friday* vasárnaptól péntekig van nyitva * *Sunday morning/evening* vasárnap reggel/este * *in Sunday's paper* a vasárnapi újságban * *We go to church on Sundays/every Sunday.* Vasárnaponként/Minden vasárnap templomba megyünk.
Sunday best [,sʌndeɪ'best] <fn> [C, U] ünneplő(ruha)
Sunday clothes [,sʌndeɪ'kləʊðz] <fn> [C, U] ünneplő(ruha)
Sunday school ['sʌndeɪ skuːl] <fn> [C, U] vall vasárnapi iskola
Sunday driver [,sʌndeɪ'draɪvə] <fn> [C] vasárnapi vezető
sundial ['sʌn,daɪəl] <fn> [C] napóra
sundown ['sʌndaʊn] <fn> [U] naplemente; napnyugta
sun-dried ['sʌndraɪd] <mn> aszalt; napon szárított
sundry ['sʌndri] <mn> különböző; különféle
♦ **all and sundry** boldog-boldogtalan; (kivétel nélkül) mindenki
sunflower ['sʌn,flaʊə] <fn> [C] napraforgó
sung [sʌŋ] → **sing**
sunglasses ['sʌn,glɑːsɪz] <fn> [pl] **(pair of) sunglasses** napszemüveg
sunk [sʌŋk] → ²**sink**
sunken ['sʌŋkən] <mn> **1.** elsüllyedt; elmerült **2.** *(arc)* beesett **3.** süllyesztett
sunlamp ['sʌnlæmp] <fn> [C] kvarclámpa
sunlight ['sʌnlaɪt] <fn> [U] napfény
sunlounger ['sʌnlaʊndʒə] <fn> [C] napozóágy
sunny ['sʌni] <mn> **1.** napos; napfényes: *a beautiful sunny day* csodás napfényes/napsütéses nap * *the sunny side of the street* az utca napos oldala **2.** vidám: *have a sunny nature* vidám természete van * *the sunny side of the picture* a dolog kellemes oldala

sunny-side up [,sʌnɪsaɪd'ʌp] <mn> AmE **an egg sunny-side up** tükörtojás
sunrise ['sʌnraɪz] <fn> [C, U] napkelte: *at sunrise* napfelkeltekor
sunroof ['sʌnruːf] <fn> [C] *(autón)* tolótető
sunscreen ['sʌnskriːn] <fn> [C, U] nap(ozó)krém: *a high factor sunscreen* magas faktorú napkrém
sunset ['sʌnset] <fn> [C, U] naplemente: *at sunset* naplementekor
sunshade ['sʌnʃeɪd] <fn> [C] **1.** napernyő **2.** napellenző
sunshine ['sʌnʃaɪn] <fn> [U] napfény; napsütés: *in bright sunshine* verőfényes napsütésben
sunstroke ['sʌnstrəʊk] <fn> [U] napszúrás: *get sunstroke* napszúrást kap
suntan ['sʌntæn] <fn> [C] lesülés; barnaság; barna (arc)szín: *have/get a suntan* lesül
suntan lotion ['sʌntæn,ləʊʃn] <fn> [C, U] napolaj
suntanned ['sʌntænd] <mn> lesült; lebarnult; barna; napbarnított: *a nice suntanned face* szép napbarnított arc
suntan oil ['sʌntæn,ɔɪl] <fn> [C, U] napolaj
sun-worshipper ['sʌn,wɜːʃɪpə] <fn> [C] biz napimádó
¹**super** ['suːpə] <mn> biz szuper; nagyszerű; klassz: *a super new dress* szuper új ruha * *We had a super time.* Nagyszerűen éreztük magunkat!/Szuper volt!
²**super** ['suːpə] <hsz> különlegesen: *a super nice hotel* egy különlegesen szép szálloda
superb [suːˈpɜːb] <mn> kitűnő
superficial [,suːpəˈfɪʃl] <mn> **1.** felületi; felszíni: *The wound is only superficial.* Csak felületi sebről van szó. **2.** felületes; felszínes: *a superficial knowledge* felületes tudás
superfluous [suːˈpɜːfluəs] <mn> felesleges
superglue ['suːpəgluː] <fn> [U] pillanatragasztó
superhighway ['suːpə,haɪweɪ] <fn> **1.** [C] AmE autópálya **2. (information) superhighway** [U] infor információs szupersztráda
superhuman [,suːpəˈhjuːmən] <mn> emberfölötti
superintendent [,suːpərɪnˈtendənt] <fn> [C] **1.** BrE rendőrfőnök; rendőr főfelügyelő **2.** felügyelő; gondnok
¹**superior** [suːˈpɪərɪə] <mn> **1.** felső(bb); feljebb lévő; feljebbvaló; felettes; felette álló; felsőbbrendű **2.** nagyobb; magasabb rangú; kiválóbb; külön (**to sy/sg** vkinél/vminél) **3.** fölényes: *a superior smile* fölényes mosoly **4.** kiváló; kitűnő; átlagon felüli: *The service here is superior.* A kiszolgálás kiváló/fantasztikus.
²**superior** [suːˈpɪərɪə] <fn> [C] felettes

superiority [suːˌpɪərɪˈɒrətɪ] <fn> [U] fölény; felsőbbrendűség

¹**superlative** [suːˈpɜːlətɪv] <mn> **1.** nyelvt felsőfokú: *The superlative form of "easy" is "easiest"*. A „könnyű" felsőfok(ú alakj)a a „legkönynyebb". **2.** felülmúlhatatlan

²**superlative** [suːˈpɜːlətɪv] <fn> [C] nyelvt felsőfok

superman [ˈsuːpəmæn] <fn> [C] (supermen) felsőbbrendű ember

supermarket [ˈsuːpəˌmɑːkɪt] <fn> [C] szupermarket; élelmiszer-áruház

supernatural [ˌsuːpəˈnætʃrəl] <mn> természetfölötti

superpower [ˈsuːpəˌpaʊə] <fn> [C] pol szuperhatalom

supersede [ˌsuːpəˈsiːd] <ige> **1.** kiszorít; feleslegessé tesz; helyettesít **2.** túlhalad; elavulttá tesz

supersonic [ˌsuːpəˈsɒnɪk] <mn> *(repülő)* szuperszonikus; a hangsebesség feletti

superstition [ˌsuːpəˈstɪʃn] <fn> [C, U] babona

superstitious [ˌsuːpəˈstɪʃəs] <mn> babonás

supervise [ˈsuːpəvaɪz] <ige> (supervises, supervising, supervised) ellenőriz; felügyel; irányít; vezet

supervision [ˌsuːpəˈvɪʒn] <fn> [U] ellenőrzés; felügyelet

supervisor [ˈsuːpəvaɪzə] <fn> [C] **1.** ellenőr; felügyelő **2.** isk témavezető

supper [ˈsʌpə] <fn> [U] vacsora: *have supper* vacsorázik

supple [ˈsʌpl] <mn> **1.** hajlékony; rugalmas; ruganyos **2.** simulékony

¹**supplement** [ˈsʌplɪment] <ige> **supplement sg (with sg)** kiegészít; kipótol vmit (vmivel): *a diet supplemented with fruits* gyümölcsökkel kiegészített diéta ∗ *supplement his income by singing* énekléssel egészíti ki a jövedelmét

²**supplement** [ˈsʌplɪmənt] <fn> [C] **1.** kiegészítés; pótlás **2.** *(újságé)* melléklet; *(könyvé; szótáré)* pótkötet; függelék: *colour supplement* színes melléklet **3.** pótdíj; felár

supplementary [ˌsʌplɪˈmentərɪ] <mn> kiegészítő; pót-; pótlólagos

supplier [səˈplaɪə] <fn> [C] *(cég, ország, szervezet stb.)* (be)szállító; ellátó; szállítmányozó

¹**supply** [səˈplaɪ] <fn> (supplies) **1.** [C] készlet; tartalék: *gas/oil supplies* gáz-/olajtartalékok ∗ *We always have a supply of food at home*. Mindig van otthon élelmiszerkészletünk/ -tartalékunk. ∗ *The water supply of the world has not been exhausted yet*. A Föld vízkészlete még nem merült ki. ∗ *Our supplies were running out*. Készleteink/Tartalékaink kezdtek kifogyni. **2. supplies** [pl] ellátmány; raktári készlet; (élelmiszer-)utánpótlás: *food supplies* élelmiszerkészletek ∗ *new supplies* utánpótlás; új szállítmányok ∗ *be responsible for the expedition's supplies* az expedíció ellátmányáért felelős ∗ *Fresh supplies will be arriving soon*. Hamarosan megérkezik a friss utánpótlás. **3.** [U] ellátás: *the supply of blood to the heart* a szív vérellátása ∗ *gas supply* gázellátás **4.** [U] kínálat: *supply and demand* kínálat és kereslet

♦ **be in short supply** kevés van vmiből; nem kapható; nehezen beszerezhető/pótolható; hiánycikk

²**supply** [səˈplaɪ] <ige> (supplies, supplying, supplied) **1.** ellát (**sy with sg** vkit vmivel); szállít (**sy with sg** vkinek vmit): *The local bakery supplies us with bread*. A helyi pékség lát bennünket el kenyérrel. **2.** *(áramot, információt stb.)* szolgáltat (**sg to sy/sg** vmit vkinek/vminek): *A huge generator supplies power to the village*. Egy óriási generátor szolgáltat áramot a falunak.

¹**support** [səˈpɔːt] <ige> **1.** elbír; megtart: *Is this chair strong enough to support both of us?* Elég erős ez a szék ahhoz, hogy mindkettőnket elbírjon? **2.** támogat: *support one's friend in the argument* támogatja a barátját a vitában **3.** *(családot)* eltart; fenntart; támogat: *has to support a large family//has a large family to support* nagy családot kell fenntartania/eltartania ∗ *support oneself* fenntartja magát ∗ *He supports his old parents*. Idős szüleit támogatja. ∗ *He supports his family on the money he earns*. Ő tartja el a családot abból a pénzből, amit keres. **4.** pártfogol; támogat; védelmez; segít **5.** igazol; alátámaszt **6.** elvisel; eltűr **7.** *(csapatnak)* szurkol; drukkol

²**support** [səˈpɔːt] <fn> **1.** [U] segítség; támogatás; pártfogás: *get no support* nem támogatják ∗ *speak in support of sg/sy* vminek/vkinek az érdekében szól ∗ *find no support* magára marad ∗ *Thank you for your family's support*. Köszönöm a családod segítségét/támogatását! **2.** [C] tartó; oszlop; támasz(ték); alátámasztás; oszlop: *point of support* alátámasztási pont ∗ *The roof is hold by four wooden supports*. A tetőt négy fa tetőtartó/oszlop tartja. **3.** [U] eltartás; fenntartás

supporter [səˈpɔːtə] <fn> [C] **1.** támasz; alátámasztás; támaszték **2.** támogató; pártfogó **3.** szurkoló

supporting [səˈpɔːtɪŋ] <mn> **1.** támogató; segítő **2.** mellék-; epizód-: *a supporting role* mellékszerep ∗ *supporting actor* epizódszínész **3.** tám-; támasztó: *supporting wall* támfal

suppose [sə'pəʊz] <ige> (supposes, supposing, supposed) **1.** feltételez; feltesz; képzel; hisz; vél; gondol: *Oil prices will go up, I suppose.* Az olajárak felmennek, úgy gondolom. ∗ *I suppose so.* Azt hiszem (igen). ∗ *"What is she doing now?" "I suppose she is doing her homework."* „Mit csinál?" „Azt hiszem/Feltételezem, hogy a házi feladatát." ∗ *What do you suppose he wants to tell me?* Mit gondolsz, mit akar nekem mondani? ∗ *You don't suppose that he's going to steal money, do you?* Nem képzeled, hogy lopni fog, ugye? ∗ *I have no reason to suppose that...* Nincs okom feltételezni, hogy... **2.** tegyük fel, hogy...; mi lenne, ha...: *Suppose she breaks her leg – what shall we do?* Tegyük fel, hogy eltöri a lábát – mit kell csinálnunk? ∗ *Suppose you make us a cup of coffee!* Mi lenne, ha csinálnál nekünk egy kávét?
♦ **be supposed to... 1.** az ő feladata/kötelessége; elvárják tőle, hogy... *You are supposed to do the whole washing up.* A te feladatod/kötelességed/dolgod mindent elmosogatni. ∗ *I am not supposed to...* Nem vagyok köteles... ∗ *You are supposed to be here.* Kötelességed lenne itt lenni!/Itt kellene lenned! ∗ *You are not supposed to drink any alcohol.* Nem volna szabad innod! **2.** állítólag ő...; úgy hírlik, hogy ő...; mondják róla, hogy... *He is supposed to be a good doctor.* Állítólag ő jó orvos. **3.** célja; rendeltetése; feladata (vminek) *The new regulations are supposed to help old people.* Az új szabályok célja/rendeltetése/feladata, hogy segítse az idős embereket.
supposed [sə'pəʊzd] <mn> feltételezett; állítólagos
supposedly [sə'pəʊzɪdlɪ] <hsz> feltételezhetően; feltehetően; vélhetően; állítólag
supposing [sə'pəʊzɪŋ] <ksz> tegyük fel, hogy...; feltéve, hogy...; abban az esetben, ha...: *Supposing he doesn't come, what shall we do?* Tegyük fel, hogy nem jön, mit csinálunk?
suppository [sə'pɒzɪtrɪ] <fn> [C] (suppositories) orv **1.** (végbél)kúp **2.** fogamzásgátló hüvelykúp
suppress [sə'pres] <ige> **1.** *(lázadást stb.)* lever; elnyom: *The revolution was brutally suppressed.* A forradalmat brutálisan leverték. **2.** *(nevetést stb.)* elfojt **3.** eltitkol; elhallgat: *suppress information* információt elhallgat **4.** elhallgattat **5.** elkoboz
suppurate ['sʌpjʊreɪt] <ige> (suppurates, suppurating, suppurated) *(seb)* gennyesedik; (el)gennyed
supremacy [sʊ'preməsɪ] <fn> [U] felsőbbség; felsőbbrendűség; fennhatóság; főhatalom (**over sy/sg** vki/vmi fölött)

supreme [sʊ'priːm] <mn> **1.** legfőbb; legfelső; legfelsőbb: *the supreme ruler* a legfőbb irányító ∗ *supreme commander* fővezér ∗ *the Supreme Court* a Legfelsőbb Bíróság **2.** legnagyobb; döntő: *be of supreme importance* döntő fontosságú
surcharge ['sɜːtʃɑːdʒ] <fn> [C] pótdíj
¹sure [ʃɔː] <mn> (surer, surest) **1.** *(vminek az igaz, helyes voltában)* biztos; bizonyos: *be sure about sg* biztos vmiben ∗ *I'm not sure.* Nem vagyok biztos benne. ∗ *I was sure I had left my keys at school.* Biztos voltam benne, hogy az iskolában felejtettem a kulcsaimat. ∗ *If you are not quite sure how to get to the station, ask somebody.* Ha nem vagy egészen biztos benne, hogy juthatnál el az állomásra, kérdezz meg valakit! **2.** *(megtörténik, sikerül)* biztos: *be a sure thing* biztos dolog ∗ *a sure method* biztos módszer ∗ *She is sure to come.* Biztosan eljön. ∗ *Be sure to visit me!* Feltétlenül látogass meg! **3.** *(kétségtelen, (meg)határozott)* biztos: *He was coughing, a sure sign that he was ill.* Köhögött, ez a betegség biztos jele.
♦ **for sure** biztosan; kétségtelen, hogy...; biztosra vehető ♦ **make sure of sg/make sure that... 1.** meggyőződik vmiről **2.** utánanéz vminek; intézkedik vmiről ♦ **To be sure!** Bizony!/Persze!/Természetesen!/Hogyne!
♦ **Sure thing!** biz AmE Persze!/Hogyne! *"Are you coming?" "Sure thing!"* „Eljössz?" „De még mennyire!"
²sure [ʃɔː] <hsz> **1.** biztosan; minden bizonnyal **2.** persze!; hogyne!; feltétlenül!: *"Would you like to come with me?" "Sure"* „Szeretnél velem jönni?" „Persze!"
♦ **sure enough** biz **1.** egészen biztosan; feltétlenül *I said he would help his mother and sure enough he did.* Azt mondtam, segíteni fog az édesanyjának, és egészen biztosan segített is. **2.** persze!; hogyne!; de még mennyire!
surely ['ʃɔːlɪ] <hsz> **1.** kétségtelenül; biztosan; bizonyára; biztosan **2. Surely!** biz *(válaszban)* Persze!/Hogyne!/Feltétlenül!
surety ['ʃʊərətɪ] <fn> **1.** [C] gazd kezes; jótálló: *act/stand as surety for sy* kezességet vállal vkiért **2.** [U] gazd jótállás; kezesség; biztosíték; garancia
¹surf [sɜːf] <fn> [U] fodrozódó/tarajos parti hullám
²surf [sɜːf] <ige> **1.** szörfözik **2. surf the Net** infor szörföl a(z inter)neten
¹surface ['sɜːfɪs] <fn> **1.** [C] felszín; felület: *an uneven surface* egyenetlen felület ∗ *The fish came to the surface.* A hal feljött a felszínre. ∗ *The bigger part of the earth's surface is covered with water.* A földfelszín nagyobb részét víz

borítja. **2.** [U] a látszat; a külső; a külszín: *on the surface* látszólag; külsőleg * *below the surface* a felszín alatt

²**surface** ['sɜːfɪs] <ige> (surfaces, surfacing, surfaced) **1.** felmerül: *a new information is surfacing* új információ merül fel **2.** *(tengeralattjáró)* felszínre emelkedik/jön **3.** *(utat)* burkol **4.** biz *(vki)* felbukkan

³**surface** ['sɜːfɪs] <mn> **1.** felületi; felszíni **2.** *(szállítás, utazás stb.)* nem légi: *surface mail* vasúton/közúton/hajón szállított posta

surfboard ['sɜːfbɔːd] <fn> [C] szörfdeszka

surfer ['sɜːfə] <fn> [C] **1.** sp szörföző; szörfös **2.** *(interneten)* szörföző

surfing ['sɜːfɪŋ] <fn> [U] **1.** szörfözés **2.** *(interneten)* szörfözés

¹**surge** [sɜːdʒ] <fn> [U] **1.** hullám; meglódulás: *a surge in spending* költekezési hullám **2.** *(emberáradaté stb.)* roham **3.** *(érzelmi stb.)* kitörés; roham: *a surge of emotion* érzelemkitörés * *a sudden surge of anger* dühkitörés; dühroham

²**surge** [sɜːdʒ] <ige> (surges, surging, surged) **1.** *(tömeg)* nekilódul **2.** *(tenger)* hullámzik; árad; dagad; hömpölyög **3.** *(érzés)* elönt: *Panic surged inside him.* Úrrá lett rajta a pánik. **4.** *(ár)* felszökik: *Oil prices surged.* Az olajárak felszöktek.

surgeon ['sɜːdʒən] <fn> [C] sebész

surgery ['sɜːdʒərɪ] <fn> **1.** [U] műtét: *undergo surgery* műtéten esik át * *He needs surgery.* Műtétre van szüksége./Meg kell műteni. **2.** [U] *(tudományág)* sebészet **3.** [C] (surgeries) *(orvosi)* rendelő **4.** [C, U] rendelés: *surgery hours* rendelési idő * *Surgery lasts from 4 p.m. to 6 p.m.* A rendelés du 4-től 6-ig tart.

surgical ['sɜːdʒɪkl] <mn> sebész(et)i; műtéti: *surgical intervention* műtéti beavatkozás * *surgical instruments* orvosi műszerek

surgicenter ['sɜːdʒɪˌsentə] <fn> [C] AmE kórházi rendelőintézet

surly ['sɜːlɪ] <mn> mogorva; morcos

surname ['sɜːneɪm] <fn> [C] vezetéknév; családi név

¹**surplus** ['sɜːpləs] <fn> [C, U] többlet; fölösleg: *a trade surplus* exporttöbblet * *an oil surplus* olajfelesleg

²**surplus** ['sɜːpləs] <mn> fölösleges; többlet-: *surplus labour* többletmunka

¹**surprise** [sə'praɪz] <fn> **1.** [C] meglepetés: *be a pleasant surprise* kellemes meglepetés * *come as a big surprise to sy* nagy meglepetésként ér vkit * *come as no surprise to sy* nem ér meglepetésként vkit * *What a surprise!* Micsoda meglepetés! * *I want to give her a surprise.* Meglepetést akarok szerezni neki. **2.** [U] meglepődés: *express surprise* meglepődését fejezi ki

♦ **take sy by surprise** meglep; váratlanul ér vkit ♦ **much to my surprise//to my great surprise** legnagyobb meglepetésemre

²**surprise** [sə'praɪz] <ige> (surprises, surprising, surprised) **1.** meglep(etést okoz): *Her angry voice surprised me.* Mérges hangja meglepett. * *I shouldn't be surprised if he came back.* Nem lepne meg, ha visszajönne. * *I am surprised to hear that…* Meglepődve hallom, hogy… * *I was surprised by his reaction.* Meglepett a reakciója. **2.** tetten ér; rajtakap: *I surprised him smoking.* Tetten értem, amint cigarettázott.

surprising [sə'praɪzɪŋ] <mn> meglepő; bámulatos: *it is surprising how/where/what etc.* bámulatos, hogy hogy(an)/hol/mi stb. * *It's hardly surprising.* Egyáltalán nem meglepő. * *This news is surprising.* Meglepő (ez a) hír!

surreal [sə'rɪəl] <mn> szürrealista; szürreális

surrealism [sə'rɪəlɪzm] <fn> [U] szürrealizmus

¹**surrealist** [sə'rɪəlɪst] <mn> szürrealista

²**surrealist** [sə'rɪəlɪst] <fn> [C] *(személy)* szürrealista

surrealistic [səˌrɪə'lɪstɪk] <mn> szürrealisztikus

¹**surrender** [sə'rendə] <ige> **1.** megad; felad; átad (**sg/sg to sy** vkit/vmit vkinek): *I was ordered to surrender my passport.* Utasítottak, hogy adjam át az útlevelemet. **2.** **surrender (oneself)** megadja magát (**to sy** vkinek): *He will never surrender.* Sohasem adja meg magát! **3.** lemond (**sy/sg** vkiről/vmiről)

²**surrender** [sə'rendə] <fn> [U] fegyverletétel; kapituláció; megadás; átadás; feladás

surrogate mother [ˌsʌrəgət'mʌðə] <fn> [C] béranya

surround [sə'raʊnd] <ige> körülvesz; körülfog; körülkerít; bekerít (**sg/sy by/with sg** vmit/vkit vmivel)

surrounding [sə'raʊndɪŋ] <ige> környező; körülvevő

surroundings [sə'raʊndɪŋz] <fn> [pl] környezet; környék: *He became accustomed to his new surroundings.* Megszokta az új környezetét.

surveillance [sə'veɪləns] <fn> [U] őrizet; felügyelet; megfigyelés: *keep under surveillance* megfigyelés alatt tartja

¹**survey** ['sɜːveɪ] <fn> [C] **1.** áttekintés; áttanulmányozás; szemrevételezés **2.** (állapot)felmérés; (terep)szemle: *survey of the situation* helyzetfelmérés * *survey of the damage* kárfelmérés; kármegállapítás * *carry out a survey of sg* felmérést végez vmiről **3.** (felül)vizsgálat; szemle **4.** földmérés **5.** terv(rajz); vázlat

²**survey** [sə'veɪ] <ige> **1.** megtekint; szemrevételez; áttekint **2.** felmér: *survey the situation* felméri a helyzetet **3.** feltérképez **4.** megvizsgál; felülvizsgál; ellenőriz

surveyor [sə'veɪə] <fn> [C] **1.** gazd felülvizsgáló **2.** gazd kárbecslő; kárszakértő; kárfelmérő
survival [sə'vaɪvl] <fn> [U] túlélés; életben maradás: *fight for survival* harc a túlélésért
survive [sə'vaɪv] <ige> (survives, surviving, survived) **1.** életben marad; tovább él; megél: *The man didn't survive long after the accident.* A férfi nem sokáig maradt életben a baleset után. * *How does that family survive on such a small wage?* Hogy tud megélni az a család olyan kevés bérből? **2.** túlél (**sg/sy** vmit/vkit): *His wife survived him by another ten years.* Felesége tíz évvel túlélte őt. **3.** (utókornak) fennmarad; megmarad **4.** kihever; átvészel: *Don't worry about me – I'll survive.* Ne aggódj miattam – ki fogom heverni/túlélem!
survivor [sə'vaɪvə] <fn> [C] túlélő
susceptible [sə'septəbl] <mn> **1.** fogékony (**to sg** vmire) **2.** hajlamos (**to sg** vmire) **3.** alkalmas; képes (**of sg** vmire)
¹suspect [sə'spekt] <ige> **1.** gyanúsít (**sy of sg/ /of doing sg** vkit vmivel): *The police suspected him of stealing the car.* A rendőrség őt gyanúsította az autólopással. **2.** gyanít; gyanakszik; sejt: *do not suspect a thing* mit sem sejt * *She suspected that her friend had a headache.* Sejtette, hogy a barátjának fáj a feje. * *He didn't suspect anything.* Nem sejtett semmit. * *He began to suspect that...* Gyanakodni kezdett, hogy... * *Police suspected that she had some connection with the kidnapper.* A rendőrség gyanította, hogy van valami kapcsolata az emberrablóval. **3.** kételkedik (**sg** vmiben)
²suspect ['sʌspekt] <fn> [C] gyanúsított
³suspect ['sʌspekt] <mn> gyanús
suspend [sə'spend] <ige> **1.** felfüggeszt; felakaszt **2.** megszakít; félbeszakít **3.** elhalaszt **4.** lebeg **5.** (állásából) felfüggeszt (**sy from sg** vkit vhonnan); (átmenetileg) eltilt (**sy from sg** vkit vmitől)
suspenders [sə'spendəz] <fn> [pl] **a pair of suspenders 1.** BrE harisnyatartó **2.** AmE nadrágtartó
suspense [sə'spens] <fn> [U] izgatott várakozás; kétség; bizonytalanság: *keep sy in suspense* bizonytalanságban tart vkit
suspension [sə'spenʃn] <fn> **1.** [C, U] felfüggesztés: *the suspension of the peace talks* a béketárgyalások felfüggesztése **2.** [C, U] (munkaviszonyé stb.) felfüggesztés; szüneteltetés **3.** [U] (autóé) kerékfelfüggesztés; rugózat; rugózás **4.** [C, U] függés; lógás **5.** [U] (fizetése) letiltás **6.** [U] kém szuszpenzió
suspension bridge [sə'spenʃn brɪdʒ] <fn> [C] lánchíd; függőhíd
suspension points [sə'spenʃn pɔɪnts] <fn> [pl] (szövegben) kipontozott rész; kipontozás

suspicion [sə'spɪʃn] <fn> **1.** [C, U] gyanú; sejtés; sejtelem: *have a suspicion that...* van egy olyan gyanúja/sejtése, hogy... * *have a terrible suspicion* szörnyű gyanúja támadt * *be arrested on suspicion of murder* letartóztatják gyilkosság gyanújával * *be above suspicion* minden gyanú felett áll * *My suspicion is not conformed.* A gyanúm nem igazolódott be. **2.** [U] gyanakvás: *an atmosphere of suspicion* a gyanakvás légköre **3.** [U] egy csepp; cseppnyi...; vminek a nyoma: *a suspicion of triumph in his tone* cseppnyi győzelem a hangjában
♦ **hold sy in suspicion** gyanakszik vkire
♦ **not the ghost of a suspicion** a gyanúnak még az árnyéka sem
suspicious [sə'spɪʃəs] <mn> **1.** gyanakvó; bizalmatlan (**of/about sy/sg** vkivel/vmivel szemben) **2.** gyanús: *notice sg suspicious in his behaviour* valami gyanúsat vesz észre a viselkedésében * *suspicious circumstances* gyanús körülmények
suss [sʌs] <ige> **suss sg (out)** biz BrE kiderít; kiszimatol; kiszagol vmit; rájön, hogy...
sustain [sə'steɪn] <ige> **1.** fenntart; tart: *sustain the weight of sg* tartja vminek a súlyát * *sustain the interest* fenntartja az érdeklődést **2.** elvisel; kibír; elszenved: *sustain damage* kárt szenved * *sustain minor injuries* kisebb sérüléseket szenved **3.** erősít; életben tart **4.** (panasznak stb.) helyt ad; igazol **5.** (hangot) kitart
sustainability [sə,steɪnə'bɪləti] <fn> [U] fenntarthatóság
sustainable [sə'steɪnəbl] <mn> fenntartható: *sustainable economic growth* fenntartható gazdasági növekedés
sustained [sə'steɪnd] <mn> **1.** fenntartott; hosszan tartó; tartós **2.** kitartó **3.** (hang) kitartott
SUV [,es ju: 'vi:] <mn> [= sport utility vehicle] városi/utcai terepjáró
swagger ['swægə] <ige> büszkélkedik; felvág; parádézik
¹swallow ['swɒləʊ] <ige> **1.** lenyel: *swallow the medicine* lenyeli a gyógyszert **2.** elfogad; lenyel: *It's hard to swallow.* Ezt nehéz elfogadni. **3.** nyel (egyet): *swallow nervously before answering* idegesen nyel, mielőtt válaszol **4.** (érzelmet) elfojt; visszafojt
♦ **swallow one's anger** nyeli a mérgét

swallow sg up lenyel; elnyel; felemészt vmit

²swallow ['swɒləʊ] <fn> [C] **1.** fecske **2.** korty; falat
swam [swæm] → **¹swim**

¹**swamp** [swɒmp] <fn> [C, U] mocsár; ingovány
²**swamp** [swɒmp] <ige> **1.** eláraszt; elhalmoz (**sy/sg with sg** vkit/vmit vmivel) **2.** elönt; vízzel megtölt
swampy ['swɒmpɪ] <mn> mocsaras; ingoványos
swan [swɒn] <fn> [C] hattyú
¹**swank** [swæŋk] <ige> felvág; kérkedik
²**swank** [swæŋk] <fn> [U] felvágás
swanky ['swæŋkɪ] <mn> felvágós; nagyképű; sznob; puccos
¹**swap** [swɒp] <ige> (swaps, swapping, swapped) cser(eber)él; (el)cserél; becserél (**sg with sg// sg for sg** vmit vmivel//vmit vmire)
²**swap** [swɒp] <fn> [U] csere(bere)
¹**swarm** [swɔːm] <ige> **1.** *(méh)* rajzik **2.** biz hemzseg; nyüzsög (**with sg** vmitől)
²**swarm** [swɔːm] <fn> [C] **1.** raj; sokaság; tömeg **2.** *(méheké)* rajzás
swat [swɒt] <ige> (swats, swatting, swatted) agyoncsap
¹**sway** [sweɪ] <ige> **1.** lebeg; leng; inog; ring **2.** elhajlik; lehajlik; hajladozik **3.** ingat; lóbál; billent **4.** hajlít **5.** uralkodik; hatalmat gyakorol **6.** irányít; befolyásol; meggyőz
²**sway** [sweɪ] <fn> [Ú] **1.** ringás; himbálás; hintázás; lengés **2.** uralom; befolyás
swear [sweə] <ige> (swears, swearing, swore, sworn) **1.** (meg)esküszik; esküvel fogad; esküt tesz (**on sg** vmire): *swear/take an oath* esküt (le)tesz; esküszik ∗ *She swears that…* Megesküszik, hogy… ∗ *I swear!* Esküszöm! **2.** káromkodik (**at sy/sg** vkire/vmire) **3.** megesket: *swear a witness* tanút feleskett

swear by sy/sg esküszik vkire/vmire
swear sy in feleskett vkit: *The President was sworn in today.* Az elnök ma felesküdött.

swearword ['sweəwɜːd] <fn> [C] káromkodás
¹**sweat** [swet] <fn> [U] izzadság; verítek; izzadás
 ♦ **break out in a cold sweat** kiveri a hideg verítek ♦ **be in a sweat** izzad ♦ **be dripping with sweat** csurog róla a verítek ♦ **no sweat** biz nincs probléma!
²**sweat** [swet] <ige> **1.** izzad: *feel the palms of his hands sweating* érzi, hogy izzad a tenyere **2.** izgul; szenved **3.** megizzaszt **4.** strapálja magát; keményen dolgozik: *sweat from morning till night* reggeltől estig strapálja magát
 ♦ **sweat blood** vért izzad ♦ **sweat it out 1.** türelemmel kivárja a végét **2.** keményen tornázik; izzasztó gyakorlatokat végez
 ♦ **sweat out a cold** kiizzadja a náthájat
sweater ['swetə] <fn> [C] pulóver

sweatshirt ['swetʃɜːt] <fn> [C] hosszú ujjú póló
sweaty ['swetɪ] <mn> **1.** izzadt; átizzadt **2.** izzadó **3.** izzasztó **4.** fárasztó
swede [swiːd] <fn> [C, U] karórépa
Sweden ['swiːdn] <fn> Svédország
¹**Swedish** ['swiːdɪʃ] <mn> svéd
²**Swedish** ['swiːdɪʃ] <fn> **1.** [C] *(személy)* svéd **2.** [U] *(nyelv)* svéd
¹**sweep** [swiːp] <ige> (sweeps, sweeping, swept, swept) **1.** (el-/fel-/le-/ki)söpör: *sweep the floor* felsöpör ∗ *sweep the dust into a pile* a szemetet egy kupacba söpri **2.** elsodor; elsöpör: *The flood swept everything away.* Mindent elsöpört az ár. **3.** végigsöpör: *The disease was sweeping the school.* A fertőzés végigsöpört az iskolán. **4.** pásztáz; átfésül **5.** beront: *He swept into my room.* Berontott a szobámba.
 ♦ **sweep all before one** elsöprő sikere van ♦ **sweep sg under the carpet** *(problémát)* a szőnyeg alá söpör ♦ **sweep sy off his feet** levesz a lábáról vkit

sweep sg aside átv *(kifogást stb.)* lesöpör; félretol; félresöpör
sweep sg away elsodor; elsöpör; félresöpör vmit
sweep up összesöpör

²**sweep** [swiːp] <fn> [C] **1.** söprés: *give the room a sweep* kisöpri a szobát **2.** nagy kanyar; kanyarulat **3.** végigseprő mozdulat; suhintás; pásztázás **4.** kéményseprő
sweeper ['swiːpə] <fn> [C] **1.** utcaseprő(gép) **2.** szőnyegseprő **3.** sp biz söprögető
sweeping ['swiːpɪŋ] <mn> **1.** elsöprő; radikális; széles körű; gyökeres: *sweeping changes* gyökeres változások ∗ *sweeping success* elsöprő siker **2.** átfogó: *sweeping reforms* átfogó/gyökeres reformok **3.** lendületes; nagy lendületű; sodró
sweepstake ['swiːpsteɪk] <fn> [C] BrE *(lóversenyfogadás)*
¹**sweet** [swiːt] <mn> (sweeter, sweetest) **1.** édes: *as sweet as honey* édes, mint a méz ∗ *This coffee is too sweet.* Túl édes ez a kávé. **2.** édes; kedves; aranyos: *a sweet little girl* édes kislány ∗ *have a sweet nature* kedves a természete ∗ *sweet of sy to do sg* kedves vkitől, hogy tesz vmit ∗ *How sweet of you.* Milyen kedves tőled! **3.** *(illat)* édes; illatos; finom; jó; kellemes: *the sweet smell of flowers* a virágok édes illata **4.** friss; üde: *sweet vegetables* friss zöldségek ∗ *sweet breath* üde lehelet
 ♦ **at one's own sweet will** biz szabad

²**sweet**

elhatározásából ♦ **have a sweet tooth** édes-szájú ♦ **sweet talk** biz mézesmázos szavak

²**sweet** [swi:t] <fn> **1.** [C] BrE édesség; cukorka **2.** [C, U] desszert

sweetcorn ['swi:tkɔ:n] <fn> [U] BrE csemegekukorica

sweeten ['swi:tn] <ige> **1.** (meg)édesít; megcukroz: *sweeten the tea* megcukrozza a teát **2.** *(ajánlatot stb.)* kellemessé/vonzóvá tesz

sweetener ['swi:tnə] <fn> [C, U] édesítő(szer): *an artificial sweetener* mesterséges édesítőszer

sweetheart ['swi:tha:t] <fn> [C] **sy's sweetheart** vkinek a szerelme(se); kedvese: *My sweetheart!* Édesem!/Drágám!/Szívecském!

sweetie ['swi:tɪ] <fn> [C] **1.** biz BrE cukorka; édesség **2. be a sweetie** *(vki)* édes

swell [swel] <ige> (swells, swelling, swelled, swollen/swelled) **1.** (meg)dagad; kidagad; (meg)duzzad; növekszik; (ki)emelkedik; (meg)árad: *My ankles swell when I travel by air.* Ha repülök, megdagad a bokám. * *The insect bite made my arm swell.* A rovarcsípéstől feldagadt a karom. **2.** (fel)dagaszt; növel; szaporít: *Join us in order to swell the numbers.* Gyere velünk, hogy növeld a létszámot!

swelling ['swelɪŋ] <fn> [C] **1.** daganat; duzzanat **2.** megdagadás; megduzzadás; dudor

sweltering ['sweltərɪŋ] <mn> *(hőség)* tikkasztó

swept [swept] → ¹**sweep**

swerve [swɜ:v] <ige> elkanyarodik; eltér; megfarol; oldalt kicsúszik: *The driver swerved to avoid the accident.* A vezető megfarolt, hogy elkerülje a balesetet.

¹**swift** [swɪft] <mn> gyors; sebes

²**swift** [swɪft] <fn> [C] sarlós fecske

swiftness ['swɪftnəs] <fn> [U] gyorsaság

¹**swim** [swɪm] <ige> (swims, swimming, swam, swum) **1.** úszik: *learn to swim* úszni tanul * *go swimming* úszni megy * *swim to the shore* partra úszik * *swim in the lake* úszik a tóban * *swim the lake* átússza a tavat * *swim a length* úszik egy hosszt **2.** *(levegőben)* lebeg **3.** szédül; forog vele a világ; (minden) zavaros lesz: *My head swims.* Szédülök. * *Everything swam before his eyes.* Minden elhomályosult előtte.

♦ **swim against the tide/stream** az árral szemben úszik ♦ **swim with the tide/stream** úszik az árral ♦ **swim one's best** kiússza a formáját

²**swim** [swɪm] <fn> [U] úszás: *go for/have/take a swim* úszni megy; úszik egyet * *a short swim* rövid úszás * *It is too cold to have a swim.* Túl hideg van az úszáshoz.

♦ **be/keep in the swim** biz ismeri a dörgést; benne van az élet sűrűjében

swimmer ['swɪmə] <fn> [C] úszó

¹**swimming** ['swɪmɪŋ] <mn> úszó

²**swimming** ['swɪmɪŋ] <fn> [C, U] **1.** úszás **2.** szédülés

swimming bath ['swɪmɪŋ ba:θ] <fn> [C] fedett uszoda

swimming cap ['swɪmɪŋ kæp] <fn> [C] úszósapka

swimming costume ['swɪmɪŋ ˌkɒstju:m] <fn> [C] fürdőruha

swimming championship ['swɪmɪŋ tʃæmpjənʃɪp] <fn> [C] úszóbajnokság

swimming pool ['swɪmɪŋ pu:l] <fn> [C] úszómedence; uszoda

swimming trunks ['swɪmɪŋ trʌŋks] <fn> [pl] **a pair of swimming trunks** fürdőnadrág

swimsuit ['swɪmsu:t] <fn> [C] fürdőruha

¹**swindle** ['swɪndl] <fn> [C] csalás

²**swindle** ['swɪndl] <ige> (swindles, swindling, swindled) **1.** csal **2.** rászed; becsap

swindle sy out of sg//swindle sg out of sy csalással elvesz vmit vkitől; kicsal vkitől vmit

swine [swaɪn] <fn> [C] **1.** biz *(személy)* disznó: *dirty swine* rohadt disznó **2.** disznó

swine flu ['swaɪn flu:] <fn> [U] sertésinfluenza

¹**swing** [swɪŋ] <ige> (swings, swinging, swung, swung) **1.** himbálózik; leng; ing; hintázik: *swing on a rope* egy kötélen himbálózik/hintázik * *swinging in the wind* leng a szélben **2.** lendít; lenget; ingat; lóbál; himbál; hintáztat: *swing the load onto one's shoulder* a vállára lendíti a terhet * *He swung his arms as he ran.* Lengette a karját futás közben. **3.** ringó léptekkel megy: *swing along the road* ringó léptekkel megy az úton **4.** (el)fordul; forog; át-/visszalendül: *swing round* hirtelen megfordul **5.** forgat; mozgat

²**swing** [swɪŋ] <fn> [C] **1.** hinta: *go on the swing* hintázik **2.** hintázás; ingás; himbálózás; lendület; (ki)lengés; libbenés **3.** ritmus **4.** megfordulás; elfordulás; fordulat **5.** lendítés **6.** zene szving

♦ **be in full swing** biz javában áll a bál
♦ **get into the swing of sg** biz belezökken a rendes kerékvágásba; belejön vmibe
♦ **go with a swing** 1. *(zenének stb.)* jó ritmusa van 2. simán zajlik; jól megy ♦ **What you lose on the swings you gain on the roundabouts.** Amit nyer a réven, elveszíti a vámon.

swing door [ˌswɪŋ'dɔ:] <fn> [C] lengőajtó

sympathy

¹swipe [swaɪp] <ige> (swipes, swiping, swiped) **1.** elcsen **2.** lecsap; rácsap; odavág (**at sy/sg** vkire/vmire); *(labdába stb.)* erős lendülettel üt **3.** *(elektronikus kártyát)* lehúz

²swipe [swaɪp] <fn> [C] **1.** erős ütés; csapás **2.** biz beolvasás

♦ **take a swipe at sy 1.** odasóz vkinek **2.** beolvas vkinek

swipe card ['swaɪp kɑːd] <fn> [C] mágneskártya

¹swirl [swɜːl] <ige> örvénylik; kavarog

²swirl [swɜːl] <fn> [C] örvény

¹Swiss [swɪs] <mn> svájci

²Swiss [swɪs] <fn> [C] *(személy)* svájci: *the Swiss* a svájciak

¹switch [swɪtʃ] <ige> **1.** (át)kapcsol **2.** átvált; áttér; átáll (**to sg** vmire) **3.** elcserél; megcserél **4.** más vágányra terel

switch back visszakapcsol; visszavált
switch off kikapcsol
switch sg off kikapcsol; lekapcsol vmit: *Switch the TV off!* Kapcsold ki a tévét!
switch on bekapcsol: *The machine switches on automatically.* A gép automatikusan bekapcsol.
switch sg on bekapcsol; felkapcsol vmit: *switch the light on* felkapcsolja a villanyt
switch over átvált; áttér (**to sg** vmire); csatornát vált; átkapcsol (**to sg** vmire): *switch over to another programme* átkapcsol másik programra

²switch [swɪtʃ] <fn> [C] **1.** kapcsoló: *a light switch* villanykapcsoló **2.** átállás; áttérés; hirtelen váltás: *the switch from gas to electric power* az átállás a gázról az elektromos áramra

switchboard ['swɪtʃbɔːd] <fn> [C] **1.** telefonközpont: *switchboard operator* telefonkezelő **2.** el kapcsolótábla

Switzerland ['swɪtsələnd] <fn> Svájc

swivel ['swɪvl] <ige> (swivels, swivelling, swivelled; AmE swiveling, swiveled) forog; elfordul

swivel chair ['swɪvl tʃeə] <fn> [C] forgószék

swollen ['swəʊlən] → **swell**

¹swoop [swuːp] <ige> **1. swoop down on sg** lecsap vmire: *The owl swooped down on its prey.* A bagoly lecsapott a zsákmányára. **2.** *(rendőrség)* lecsap (**on sy/sg** vkire/vmire); rajtaüt (**on sy/sg** vkin/vmin)

²swoop [swuːp] <fn> [C] **1.** *(ragadozó madáré)* lecsapás **2.** *(rendőrségé)* lecsapás; rajtaütés; razzia

sword [sɔːd] <fn> [C] kard: *draw one's sword* kardot ránt ∗ *draw the sword* kardot ragad; harcba lép

♦ **put to the sword** kardélre hány ♦ **cross swords with sy** összeméri erejét vkivel; pengét vált vkivel; megvív vkivel

swore [swɔː] → **swear**
sworn [swɔːn] → **swear**

¹swot [swɒt] <ige> (swots, swotting, swotted) biz magol: *She is swotting for her exams at the moment.* A vizsgáira magol pillanatnyilag.

swot sg up for/on sg bemagol vmit vmire

²swot [swɒt] <fn> [C] biz stréber; magoló
swum [swʌm] → **¹swim**
swung [swʌŋ] → **¹swing**
syllabi ['sɪləbaɪ] → **syllabus**
syllable ['sɪləbl] <fn> [C] szótag
syllabus ['sɪləbəs] <fn> [C] (syllabuses v. syllabi) **1.** összefoglalás; kivonat **2.** tanmenet; tanterv

symbol ['sɪmbl] <fn> [C] **1. symbol (of sg)** (vmi) jelkép(e); szimbólum(a): *see sy as a symbol of hope* a remény szimbólumaként tekint vkire **2. symbol (for sg)** (vmi) jel(e): *a phonetic symbol* fonetikai jel

symbolic [sɪm'bɒlɪk] <mn> szimbolikus; jelképes: *be symbolic of sg* szimbolizál vmit

symbolize ['sɪmbəlaɪz] <ige> (symbolizes, symbolizing, symbolized) szimbolizál; jelképez: *What does the ring symbolize?* Mit jelképez a gyűrű?

symmetrical [sɪ'metrɪkl] <mn> szimmetrikus
symmetry ['sɪmətri] <fn> [U] szimmetria
sympathetic [ˌsɪmpə'θetɪk] <mn> **1.** együtt érző; rokonszenvező: *sympathetic smile* együtt érző mosoly **2.** egyetértő **3.** megértő (**to/towards sy** vki iránt)

Vigyázat, álbarátok!
sympathetic ≠ szimpatikus (= nice; likeable)

sympathise ['sɪmpəθaɪz] BrE → **sympathize**
sympathize ['sɪmpəθaɪz] <ige> (sympathizes, sympathizing, sympathized) **1.** együtt érez (**with sy** vkivel) **2.** szimpatizál (**with sy** vkivel)
sympathizer ['sɪmpəθaɪzə] <fn> [C] rokonszenvező; szimpatizáns
sympathy ['sɪmpəθi] <fn> [C, U] **1.** együttérzés; részvét: *feel sympathy for sy* együtt érez vkivel ∗ *have no sympathy for sy* nem érez együtt vkivel ∗ *May we offer our deepest sympathies on*

the death of your father. Őszinte részvétünket fejezzük ki édesapátok elhunyta alkalmából. **2.** rokonszenv; szimpátia; egyetértés: *be in sympathy with sy* szimpatizál vkivel * *go on strike in sympathy with sy* szimpátiatüntetést tart vki mellett

symphonic [sɪmˈfɒnɪk] <mn> szimfonikus
symphony [ˈsɪmfəni] <fn> [C] zene szimfónia
symptom [ˈsɪmptəm] <fn> [C] tünet; előjel; kórtünet; szimptóma
synagogue [ˈsɪnəgɒg] <fn> [C] zsinagóga
synchronize [ˈsɪŋkrənaɪz] <ige> (synchronizes, synchronizing, synchronized) **1.** egyidejűvé tesz; összehangol; összeigazít **2.** szinkronban van; egyidejű
syndicate [ˈsɪndɪkət] <fn> [C] szindikátus
syndrome [ˈsɪndrəʊm] <fn> [C] tünetcsoport; szindróma
synonym [ˈsɪnənɪm] <fn> [C] rokonértelmű szó; szinonima
synonymous [sɪˈnɒnəməs] <mn> rokon értelmű; szinonim
syntax [ˈsɪntæks] <fn> [U] mondattan
synthesis [ˈsɪnθəsɪs] <fn> [C] (syntheses) **1.** összefoglalás; egységbe foglalás **2.** szintézis
synthetic [sɪnˈθetɪk] <mn> műszálas; mű-; szintetikus: *synthetic fibre* műszál
Syria [ˈsɪriə] <fn> Szíria
syringe [sɪˈrɪndʒ] <fn> [C] orv fecskendő
syrup [ˈsɪrəp] <fn> [U] szirup
system [ˈsɪstəm] <fn> **1.** [C] rendszer: *tax system* adórendszer * *the solar system* a naprendszer * *organize sg according to a special system* különös rendszer szerint rendez vmit * *several political systems* különféle politikai rendszerek **2.** [C] *(emberi)* szervezet: *be good for the system* jót tesz a szervezetnek * *the central nervous system* a központi idegrendszer **3.** [C] módszer: *What is your system for doing the washing up?* Milyen módszered van a mosogatáshoz? **4. the system** [U] biz a rendszer: *You can't beat the system.* Nem tehetsz semmit a rendszer ellen.

♦ **All systems go!** biz Minden rendben!
♦ **get sg out of one's system** biz nem rágódik többé vmin

systematic [ˌsɪstəˈmætɪk] <mn> rendszeres; módszeres; szisztematikus
systematize [ˈsɪstəmətaɪz] <ige> (systematizes, systematizing, systematized) rendszerez

T, t

T, t [tiː] <fn> [C, U] (Ts, T's, t's) *(betű)* T; t
 ♦ **to a T** biz pontosan; hajszálnyi pontossággal; tökéletesen *It suits me to a T.* Tökéletesen megfelel.

ta [tɑː] <isz> biz BrE kösz

tab [tæb] <fn> **1.** [C] fül; pánt; címke **2. the tab** [sing] biz számla
 ♦ **keep tabs on sy/sg** szemmel tart vkit/vmit

table ['teɪbl] <fn> [C] **1.** asztal: *clear the table* leszedi az asztalt ∗ *set/lay the table* megterít **2.** táblázat: *Table 5 shows the results of the experiments.* Az 5. táblázat mutatja a kísérletek eredményeit.

tablecloth ['teɪblklɒθ] <fn> [C] abrosz

tablespoon ['teɪblspuːn] <fn> [C] **1.** evőkanál **2.** evőkanálnyi (**of sg** *vmiből*): *Add another tablespoon of salt to the soup.* Adj még egy evőkanálnyi sót a levesbe.

tablet ['tæblət] <fn> [C] **1.** tabletta; pirula **2.** (emlék)tábla **3.** infor táblagép; tablet

table tennis ['teɪbl,tenɪs] <fn> [U] asztalitenisz

tabloid ['tæblɔɪd] <fn> [C] bulvárlap

¹taboo [təˈbuː] <fn> [C] (taboos) tiltott dolog; tabu

²taboo [təˈbuː] <mn> (meg)tiltott; kerülendő; tabu: *taboo words* tabu szavak ∗ *Such things are taboo in decent society.* Ilyen dolgok kerülendők tisztességes társaságban.

tachometer [tæˈkɒmɪtə] <fn> [C] sebességmérő; fordulatszámmérő; tachométer

¹tack [tæk] <fn> **1.** [U, sing] taktika; eljárás; módszer: *try another tack* taktikát változtat **2.** [C] kis rövid szeg

²tack [tæk] <ige> **1.** (szeggel) odaerősít; (oda)szegez: *tack a notice to the wall* hirdetést kiszegez a falra **2.** (össze)fércel; megfércel; összetűz: *tack two pieces of silk together* összefércel két selyemdarabot

> **tack sg on (to sg)** hozzátesz vmit (vmihez); megtold vmivel (vmit)

¹tackle ['tækl] <ige> **1.** *(nehéz kérdéssel stb.)* megbirkózik; megküzd; *(feladatot)* elintéz **2.** sp szerel **3.** megragad; megmarkol; derékon kap

²tackle ['tækl] <fn> **1.** [C] sp *(cselekmény)* szerelés: *That was a wonderful tackle.* Ez egy csodálatos szerelés volt. **2.** [U] (fel)szerelés; kellék

tacky ['tæki] <mn> (tackier, tackiest) biz **1.** gicscses; vacak **2.** ragacsos; ragadós

tact [tækt] <fn> [U] tapintat

tactful ['tæktfl] <mn> tapintatos

tactic ['tæktɪk] <fn> **1.** [C, ált pl] taktika: *We'll see what our tactics will be.* Meglátjuk milyen taktikát követünk. **2. tactics** [pl] harcászat

tactical ['tæktɪkl] <mn> **1.** harcászati; taktikai **2.** taktikus; fortélyos

tactless ['tæktləs] <mn> tapintatlan

tadpole ['tædpəʊl] <fn> [C] ebihal

¹tag [tæg] <fn> [C] **1.** cédula; címke: *a price tag* árcédula **2.** nyelvt (mondatvégi) kérdőszócska; utókérdés

²tag [tæg] <ige> (tags, tagging, tagged) (fel)címkéz; (meg)címkéz

> **tag along sy** hozzácsapódik vkihez
> **tag sg on** *(elhangzottakhoz)* hozzátesz; hozzáfűz vmit

¹tail [teɪl] <fn> **1.** [C] farok: *The dog wagged its tail.* A kutya csóválta a farkát. **2.** [C] hátsó rész; vég; far; farok(rész): *tail of kite* sárkány farka **3. tails** [pl] frakk: *wear tails* frakkot visel **4. tails** [pl] *(pénzé)* írás(os oldal): *heads or tails* fej vagy írás

²tail [teɪl] <ige> titkon/észrevétlenül követ; sarkában van; megfigyel; szemmel tart

tailback ['teɪlbæk] <fn> [C] kocsisor; dugó: *There was a huge tailback on the M7.* Az M7-esen óriási kocsisor alakult ki.

¹tailor ['teɪlə] <fn> [C] szabó

²tailor ['teɪlə] <ige> **1.** (át)alakít; (hozzá)igazít: *program tailored to the local conditions* a helyi viszonyokhoz igazított program **2.** *(öltönyt, kosztümöt stb.)* szab; varr; elkészít

take [teɪk] <ige> (takes, taking, took, taken) **1.** (el)visz; magával visz: *Can you take this letter to the post office, please?* Elvinnéd ezt a levelet a postára? ∗ *I always take my son to school.* Mindig elviszem a kisfiamat az iskolába. **2.** *(kézbe)* fog; vesz; megfog; (meg)tart: *Just take my hand and walk with me.* Fogd (meg) a kezem, és sétálj velem! ∗ *Take that* *book and hold it.* Vedd ezt a könyvet és tartsd! * *She took her baby in her arms.* A kisbabáját a karjaiban tartotta. **3.** elvesz; elszed: *Who has taken my umbrella?* Ki vette el az esernyőmet? **4.** *(ajándékot stb.)* elfogad; *(tanácsot)* megfogad: *take the job* elfogadja az állást * *take sy's advice* megfogadja vkinek a tanácsát **5.** *(vmilyennek)* tekint; tart; vesz: *take things seriously* komolyan veszi a dolgokat **6.** eltűr; elvisel: *I can't take more of this.* Ezt nem tudom tovább elviselni. **7.** *(vmeddig)* tart: *Will it take very long?* Nagyon sokáig fog tartani? * *It took me an hour to get to the bus station on foot.* Gyalog egy óráig tartott, amíg a buszpályaudvarra értem. **8.** *(gyógyszert, ételt)* (be)vesz; fogyaszt: *I take the medicine twice a day.* Napi kétszer veszem be a gyógyszert. * *Do you take sugar or milk in your coffee?* Cukorral vagy tejjel iszod/fogyasztod a kávét? **9.** lejegyez; feljegyez: *take notes* jegyzetet készít * *He took my name.* Lejegyezte a nevem. **10.** *(fényképet)* készít: *take photos of sg* fényképet készít vmiről **11.** (meg)mér; megállapít; meghatároz: *take sy's temperature* megméri vkinek a lázát * *He took my blood pressure.* Megmérte a vérnyomásom. **12.** hord; visel: *What size shoes do you take?* Milyen méretű cipőt hord? **13.** *(vki/vmi)* elfér benne: *How many passengers can it take?* Hány utas fér el benne? **14.** közlekedik; utazik: *I take the train to London.* Londonba vonattal utazom. * *I'll take the M7 to Balaton.* Az M7-esen megyek a Balatonra. **15.** átv megragad; megfog; megmarkol: *take the opportunity* megragadja az alkalmat * *take sy at his word* szaván fog vkit **16.** elfog; elfoglal: *take sy prisoner* elfog/foglyul ejt vkit * *The town was taken.* Elfoglalták a várost. **17.** *(benyomás, inger, érzelem stb.)* megragad; hatalmába kerít; *(érzelmet)* táplál; érez: *take a dislike to sy* ellenszenvet érez vki iránt **18.** (meg)kap; megszerez; hozzájut: *take information* felvilágosítást kap * *take possession of sg* megszerez vmit **19.** (le)foglal; (el)foglal: *Take a seat, please.* Foglaljon helyet, kérem! **20.** választ: *I'll take this book.* Ezt a könyvet választom. **21.** felfog; megért: *He can't take a joke.* Nem érti a tréfát. **22.** *(cselekvés leírására)*: *I have to take a rest.* Pihennem kell. * *I have taken a cold shower.* Vettem egy hideg zuhanyt. * *Take a look at this.* Vess erre egy pillantást! * *I have to take a decision.* Döntenem kell.

♦ **be taken with sy/sg** el van ragadtatva vkitől/vmitől ♦ **take a lot of doing** nem kis munkába kerül ♦ **take a lot out of sy** vmi kimerít vkit ♦ **Take it easy!** Ne izgulj! ♦ **Take it from me.** Nekem elhiheted. ♦ **Take it or leave it!** Kell vagy nem kell?

take sy aback meghökkent vkit
take after sy vkire üt; hasonlít
take sg apart darabokra szed vmit
take sg away 1. *(fájdalmat)* megszüntet **2.** *(meleg ételt étteremből)* elvisz **3.** elvesz vmit
take sg back 1. visszavisz vmit **2.** visszavon vmit
take sg down 1. lebont vmit **2.** lejegyez vmit
take sy in 1. rászed vkit **2.** befogad vkit
take sg in 1. átv megért; felfog vmit **2.** *(ruhából)* bevesz
take off 1. felszáll **2.** *(sikeres pályán)* beindul; elindul
take sy off kifiguráz; utánoz vkit
take sg off 1. levet vmit **2.** *(szabadságot)* kivesz
take sy on *(munkára, járműre)* felvesz vkit
take sg on (el)vállal; felvállal vmit
take sy out *(szórakozni)* elvisz vkit
take sg out kivesz; elővesz vmit
take (sg) over átvesz; elfoglal (vmit)
take to sy megkedvel vkit
take to sg megkedvel; megszeret vmit; rászokik vmire
take sg up belefog, foglalkozni kezd vmivel
take up sg *(időt, helyet)* igénybe vesz; *(figyelmet, energiát)* leköt
take sy up on sg szaván fog vkit
take sg up with sy *(ügyet)* rábíz vkire
be taken up with sy el van ragadtatva vkitől; bele van esve vkibe
be taken up with sg nagyon leköti/érdekli vmi

takeaway ['teɪkəweɪ] <fn> [C] **1.** kifőzde; kifőzés: *I went into a takeaway to have some food.* Betértem egy kifőzdébe ételért. **2.** elvihető étel; ebéd/vacsora elvitelre
taken ['teɪkən] → **take**
take-off ['teɪkɒf] <fn> [C, U] felszállás
takeout ['teɪkaʊt] <fn> [C] AmE **1.** kifőzde; kifőzés **2.** elvihető étel; ebéd/vacsora elvitelre
takeover ['teɪkˌəʊvə] <fn> [C] (hatalom)átvétel
takings ['teɪkɪŋz] <fn> [pl] bevétel
talcum powder ['tælkəm paʊdə] <fn> [U] hintőpor

tale [teɪl] <fn> [C] **1.** történet; mese **2.** szóbeszéd; mendemonda

talent ['tælənt] <fn> [C, U] tehetség; képesség; adottság; érzék: *have a talent for languages* tehetsége van a nyelvekhez ∗ *a man of great talent* nagy képességekkel megáldott ember; nagy tehetség

talented ['tæləntɪd] <mn> tehetséges

¹**talk** [tɔːk] <ige> **1.** beszél(get); társalog (**to sy about sg** vkivel vmiről): *talk English* angolul beszél ∗ *They're talking to each other.* Egymással beszél(get)nek. ∗ *We are talking about my parents.* Épp a szüleimről beszélgetünk. **2.** (meg)beszél; (meg)tárgyal: *talk business* üzleti ügyekről beszél **3.** fecseg; pletykál: *People will talk.* Az emberek szeretnek pletykálni.

talk down to sy lekezelően beszél vkivel
talk sy into sg rábeszél vkit vmire
talk sy out of sg lebeszél vkit vmiről
talk sg over (with sy) megbeszél; megvitat vmit (vkivel)

²**talk** [tɔːk] <fn> **1.** [C] beszélgetés; társalgás: *We had a long talk about his job.* Hosszú beszélgetést folytattunk a munkájáról. **2. talks** [pl] tárgyalás(ok): *talks broke down* a tárgyalások félbeszakadtak **3.** [U] szóbeszéd; pletyka: *It's just talk.* Ez csak pletyka. **4.** [C] előadás: *give a talk on sg* előadást tart vmiről

talkative ['tɔːkətɪv] <mn> bőbeszédű

tall [tɔːl] <mn> (taller, tallest) magas: *Can you see that tall building over there?* Látod ott azt a magas épületet? ∗ *He is taller than me.* Magasabb nálam. ∗ *"How tall is he?" "He is 2 metres tall."* "Milyen magas?" "Két méter (magas)."

¹**tame** [teɪm] <mn> **1.** szelíd; megszelídített **2.** egyhangú; unalmas; színtelen

²**tame** [teɪm] <ige> **1.** *(állatot)* megszelídít **2.** megszelídül

tamper ['tæmpə] <ige>

tamper with sg babrál vmivel (és elront)

tampon ['tæmpɒn] <fn> [C] tampon

¹**tan** [tæn] <fn> **1.** [C] *(naptól)* barnaság **2.** [U] sárgásbarna

²**tan** [tæn] <ige> (tans, tanning, tanned) **1.** lebarnul: *Do you tan easily?* Könnyen lebarnulsz? **2.** lebarnít

³**tan** [tæn] <mn> sárgásbarna (színű)

tangent ['tændʒənt] <fn> [C] mat érintővonal; tangens

♦ **go off at a tangent** hirtelen más tárgyra tér át

tangerine [ˌtændʒə'riːn] <fn> [C] mandarin

tangible ['tændʒəbl] <mn> **1.** érzékelhető; megfogható; (meg)tapintható **2.** kézzelfogható; nyilvánvaló

¹**tangle** ['tæŋgl] <fn> [C] összegubancolódás; összekuszálódás; összegabalyodás: *be in a tangle* összekuszálódtak (a dolgok)

²**tangle** ['tæŋgl] <ige> **1.** összegubancol; összekuszál; összegabalyít **2.** összegubancolódik; összekuszálódik

tangled ['tæŋgld] <mn> összegubancolódott; összekuszált; összegabalyodott

tank [tæŋk] <fn> [C] **1.** tartály: *petrol tank* benzintartály **2.** harckocsi; tank: *Tanks rolled in and the siege of Budapest started.* Bejöttek a tankok, és Budapest ostroma elkezdődött.

tanker ['tæŋkə] <fn> [C] tartályhajó; tartálykocsi; tartályvagon

tantalising ['tæntəlaɪzɪŋ] BrE → **tantalizing**

tantalizing ['tæntəlaɪzɪŋ] <mn> **1.** csábító; szívfájdító **2.** ínycsiklandozó

tantrum ['tæntrəm] <fn> [C] ideges/hisztériás kitörés; hiszti(zés): *She went into her tantrums.* Hisztizett.

¹**tap** [tæp] <ige> (taps, tapping, tapped) **1.** (meg-)ütöget; (meg)kopogtat; (meg)vereget: *tap sy on the shoulder* megütögeti vkinek a vállát **2.** lehallgatókészüléket beszerel

²**tap** [tæp] <fn> [C] **1.** enyhe ütés; kopogás: *I heard a tap at the front door.* Kopogást hallottam a bejárati ajtón. **2.** lehallgatókészülék **3.** (víz-)csap: *turn the tap on* kinyitja a csapot

tap dancing ['tæpˌdɑːnsɪŋ] <fn> [U] sztepptánc

¹**tape** [teɪp] <fn> **1.** [C, U] *(magnó)*szalag; *(video)*szalag; kazetta: *be on tape* szalagon van; fel van véve magnóra/videóra ∗ *a blank tape* üres kazetta ∗ *Let's play the tape we bought yesterday.* Játsszuk le azt a kazettát, amit tegnap vettünk! **2.** [U] -szalag: *adhesive tape* ragasztószalag **3.** [C, U] *(textil)* szalag **4.** [C] sp célszalag

²**tape** [teɪp] <ige> **1.** *(magnóra, videóra)* felvesz: *Will you tape tonight's concert for me?* Felvennéd (magnóra/videóra) a ma esti koncertet? **2.** *(szalaggal)* összeköt; átköt

tape measure ['teɪpˌmeʒə] <fn> [C] mérőszalag

tape recorder ['teɪp rɪˌkɔːdə] <fn> [C] magnó

tapestry ['tæpɪstrɪ] <fn> [C, U] (tapestries) falikárpit; hímzett faliszőnyeg; kárpitszövet

tap water ['tæp ˌwɔːtə] <fn> [U] csapvíz

tar [tɑ:] <fn> [U] szurok; kátrány

¹target ['tɑ:gɪt] <fn> **1.** [C] céltábla; célpont: *hit the target* eltalálja a céltáblát; célba talál ∗ *target audience* célközönség; célcsoport **2.** [C, U] cél(kitűzés); terv: *sg is on target (to open)* a tervek szerint (megnyílik) ∗ *Our target is to finish the job.* Az a célunk, hogy befejezzük a munkát.

²target ['tɑ:gɪt] <ige> (meg)céloz; tervbe vesz

tariff ['tærɪf] <fn> [C] tarifa; díjszabás

tarnish ['tɑ:nɪʃ] <ige> **1.** fényét veszti; megfakul **2.** megfakít; elhomályosít **3.** *(hírnév)* megfakul **4.** *(hírnevet)* befeketít; beszennyez

¹tart [tɑ:t] <fn> **1.** [C, U] gyümölcslepény; gyümölcskosárka; torta **2.** [C] biz BrE utcalány; örömlány

²tart [tɑ:t] <ige>

tart sg up biz BrE felcicomáz; kidíszít vmit

tartan ['tɑ:tn] <fn> [C, U] skót kockás gyapjúszövet

task [tɑ:sk] <fn> [C] feladat: *complete a task* feladatot teljesít

¹taste [teɪst] <fn> **1.** [C, U] íz: *I like the taste of this sausage.* Szeretem ennek a kolbásznak az ízét. ∗ *This food has no taste at all.* Ennek az ételnek egyáltalán nincs íze. **2.** [U] ízlelés: *He lost his sense of taste.* Elvesztette az ízlelő képességét. **3.** [C, ált sing] megízlelés; ízelítő: *I had a taste of the cake.* Megkóstoltam a süteményt. **4.** [U] ízlés: *She doesn't have good taste in clothes.* Nincs jó ízlése a ruhákat illetően. **5.** [C, U] érzék; szeretet (**for sg** vmi iránt)
♦ **be to sy's taste** ínyére van; vki szája íze szerint való ♦ **in bad/poor taste** ízléstelen ♦ **there's no accounting for taste** ízlések és pofonok különbözők ♦ **to taste** ízlés szerint

²taste [teɪst] <ige> **1.** (meg)ízlel; (meg)kóstol: *Taste this milk and tell me whether it is sour.* Kóstold meg ezt a tejet és mondd meg, hogy savanyú-e! **2.** ízét érzi: *Can you taste the sugar in this coffee?* Érzed a cukor ízét ebben a kávéban? **3.** **taste (of sg)** (vmilyen) ízű; íze van: *Here the wind tastes of the sea.* Errefelé a szélnek sós íze van. ∗ *The chocolate tastes very sweet.* A csoki nagyon édes. ∗ *It tastes like tomato.* Olyan íze van, mint a paradicsomnak.

tasteful ['teɪstfl] <mn> ízléses; ízléssel készült

tasteless ['teɪstləs] <mn> **1.** *(étel)* ízetlen **2.** *(ruha, bútor stb.)* ízléstelen **3.** *(tréfa, beszéd)* ízléstelen; tapintatlan; illetlen

tasty ['teɪsti] <mn> (tastier, tastiest) *(étel)* ízletes; jóízű

tattered ['tætəd] <mn> rongyos

tatters ['tætəz] <fn> **in tatters** [pl] rongyos: *Her clothes were in tatters.* Ruhája rongyos volt.

¹tattoo [tə'tu:] <fn> [C] (tattoos) tetoválás

²tattoo [tə'tu:] <ige> (tattoos, tattooing, tattooed) tetovál

tatty ['tæti] <mn> (tattier, tattiest) biz kopott; rongyos

taught [tɔ:t] → **teach**

Taurus ['tɔ:rəs] <fn> [C, U] asztrol bika

taut [tɔ:t] <mn> feszes; szoros

¹tax [tæks] <fn> [C, U] adó: *lay a tax on sg* adót vet ki vmire ∗ *pay tax on sg* adót fizet vmi után ∗ *There is a 8% tax on tobacco.* A dohányt 8% adó terheli.

²tax [tæks] <ige> (meg)adóztat; adót kivet/kiró

taxation [tæk'seɪʃn] <fn> [U] **1.** adózás(i rendszer); adóztatás **2.** adó(k)

tax declaration ['tæks deklə,reɪʃən] <fn> [C] gazd adóbevallás: *put in/present/file a tax declaration* benyújtja az adóbevallást

tax-free [,tæks'fri:] <mn> adómentes

¹taxi ['tæksi] <fn> [C] taxi: *take a taxi* taxival megy ∗ *call a taxi* taxit hív (telefonon)

²taxi ['tæksi] <ige> (taxis, taxiing, taxied) *(repülőgép)* gurul

taxicab ['tæksikæb] <fn> [C] taxi

taxi driver ['tæksi ˌdraɪvə] <fn> [C] taxisofőr

tax increase ['tæks ɪnˌkri:s] <fn> [C, U] gazd adóemelés

taxing ['tæksɪŋ] <mn> kimerítő; megerőltető

taxi rank ['tæksi ræŋk] <fn> [C] taxiállomás; droszt

TBH [= to be honest] őszintén szólva

tea [ti:] <fn> [C, U] **1.** tea: *Would you like another cup of tea?* Kérsz még egy csésze teát? ∗ *Two teas, please.* Két teát kérek. **2.** *(délutáni)* tea: *I invited all my friends to tea.* Az összes barátomat meghívtam (délutáni) teára.

tea bag ['ti:bæg] <fn> [C] filteres/zacskós tea

teach [ti:tʃ] <ige> (taught, taught) tanít; oktat; megtanít (**sy sg/sy to do sg** vkit vmire): *teach sy to play the piano* zongorázni tanít vkit ∗ *teach sy how to use the computer* megtanít vkit a számítógép használatára ∗ *John is teaching me English.* John tanít angolra. ∗ *Who taught you to ski?* Ki tanított síelni? ∗ *That will teach him!* Ebből tanulni fog!

teacher ['ti:tʃə] <fn> [C] tanár(nő): *She is my Spanish teacher.* Ő az én spanyoltanárom.

teaching ['tiːtʃɪŋ] <fn> **1.** [U] tanítás; oktatás; tanári pálya: *take up teaching* tanári pályára lép **2.** [C, ált pl] tanításai (**of sy** vkinek)
teacup ['tiːkʌp] <fn> [C] teáscsésze
¹team [tiːm] <fn> [C + sing/pl v] **1.** csapat: *be in/on the team* benne van a csapatban * *He plays for the school football team.* Az iskolai focicsapatban játszik. * *The team is/are not playing well.* A csapat nem játszik valami jól. **2.** csoport; team: *a team of doctors* egy orvosokból álló csoport/team
²team [tiːm] <ige>

> **team up (with sy)** együtt dolgozik (vkivel)

teamwork ['tiːmwɜːk] <fn> [U] csapatmunka
teapot ['tiːpɒt] <fn> [C] teáskanna
¹tear [tɪə] <fn> [C, ált pl] könny: *burst into tears* könnyekre fakad * *Tears of joy came in her eyes.* Örömkönnyek szöktek a szemébe. * *be in tears* sír
²tear [teə] <fn> [C] szakadás; hasadás; repedés: *I tried to mend the tear in my trousers.* Megpróbáltam megjavítani a nadrágomon lévő szakadást.
³tear [teə] <ige> (tore, torn) **1.** (el)tép; (el)szakít: *tear open* feltép * *I tore the drawing to pieces.* Darabokra téptem a rajzot. * *I tore a picture out of my book.* Kitéptem egy képet a könyvemből. **2.** tépődik; szakad; hasad: *Take care of this material – it tears easily.* Vigyázz erre az anyagra – könnyen szakad! **3.** lyukat vág; kiszakít; (ki)hasít **4.** biz száguld; repeszt; dönget: *I tore along the road.* Végigszáguldottam az úton.

> **tear sg apart 1.** széttép vmit **2.** kettészakít; szétszakít vmit
> **tear sg down** lerombol vmit
> **tear sg up** darabokra tép vmit

teardrop ['tɪədrɒp] <fn> [C] könnycsepp
tearful ['tɪəfl] <mn> könnyes
tear gas ['tɪə gæs] <fn> [U] könnygáz
tease [tiːz] <ige> cukkol; bosszant; szekál; kötekedik
teaspoon ['tiːspuːn] <fn> [C] **1.** teáskanál; kiskanál: *I've got a silver teaspoon as a present.* Kaptam egy ezüst kiskanalat ajándékba. **2.** teáskanálnyi; kiskanálnyi (**of sg** vmiből): *Add two teaspoons of salt into the soup.* Tégy két teáskanálnyi sót a levesbe!
tea towel ['tiːˌtaʊəl] <fn> [C] konyharuha

technical ['teknɪkl] <mn> **1.** műszaki; technikai: *He attended a technical college.* Műszaki főiskolára járt. * *We need his technical knowledge and skill.* Szükségünk van a műszaki tudására és gyakorlatára. **2.** szakmai; szak-: *technical term* szakszó
technician [tek'nɪʃn] <fn> [C] (műszaki) szakember; technikus; műszerész
technique [tek'niːk] <fn> **1.** [C] eljárás; módszer **2.** [U] képesség; készség; gyakorlat **3.** [U] (művészé, sportolóé) technika
technological [ˌteknə'lɒdʒɪkl] <mn> műszaki; technikai; technológiai
technology [tek'nɒlədʒɪ] <fn> [C, U] (technologies) **1.** technológia; technika; műszaki tudományok **2.** technológiai eljárás
teddy ['tedɪ] <fn> [C] (teddies) játék mackó
tedious ['tiːdɪəs] <mn> unalmas; fárasztó
teen [tiːn] <fn> [C] biz tini; tizenéves
teenage ['tiːneɪdʒ] <mn> tizenéves; serdülőkorú; kamaszkorú
teenager ['tiːneɪdʒə] <fn> [C] tinédzser; tizenéves: *Boys and girls from 13 to 19 are called teenagers.* A 13 és 19 évesek közti korosztályt nevezzük tinédzsereknek.
teens [tiːnz] <fn> [pl] serdülőkor: *be in one's teens* serdülőkorban van; tizenéves
tee shirt ['tiːʃɜːt] <fn> [C] póló; (rövid ujjú) trikó
teeth [tiːθ] → **tooth**
teethe [tiːð] <ige> jön a foga; fogzik: *The child is teething.* Jön a foga a gyermeknek.
teetotal [ˌtiː'təʊtl] <mn> antialkoholista
teetotaler [ˌtiː'təʊtələr] AmE → **teetotaller**
teetotaller [ˌtiː'təʊtlə] <fn> [C] antialkoholista
Tel., tel. [= telephone number] tel. (= telefonszám)
telebanking ['telɪˌbæŋkɪŋ] <fn> [U] gazd telebank
telecommunications [ˌtelɪkəmjuːnɪ'keɪʃnz] <fn> [pl] távközlés; híradástechnika; telekommunikáció
telegram ['telɪɡræm] <fn> [C] távirat: *send a telegram* táviratot küld
telegraph ['telɪɡrɑːf] <fn> [C] távíró(készülék)
telepathic [ˌtelɪ'pæθɪk] <mn> telepatikus
telepathy [tə'lepəθɪ] <fn> [U] telepátia
¹telephone ['telɪfəʊn] <fn> [C, U] telefon(készülék): *The telephone is ringing – I have to answer it.* Csöng a telefon – fel kell vennem. * *I spoke to him by telephone.* Telefonon beszéltem vele. * *She picked up the telephone and called her friend.* Felvette a telefont és hívta a barátját.

²**telephone** ['telɪfəʊn] <ige> telefonál; telefonon felhív: *I am going to telephone him now.* Most telefonálni fogok neki.

telephone book ['telɪfəʊn bʊk] <fn> [C] telefonkönyv

telephone box ['telɪfəʊn bɒks] <fn> [C] telefonfülke

telephone directory ['telɪfəʊn dəˌrektəri] <fn> [C] telefonkönyv

telephone number ['telɪfəʊnˌnʌmbə] <fn> [C] telefonszám

telescope ['telɪskəʊp] <fn> [C] *(egycsövű)* távcső; teleszkóp

teletext ['telɪtekst] <fn> [U] teletext

televise ['telɪvaɪz] <ige> tévén közvetít; televíziós közvetítést ad

television ['telɪˌvɪʒn] <fn> 1. [C] televízió(készülék); tévé: *Turn on the television.* Kapcsold be a televíziót! * *Turn off the television.* Kapcsold ki a televíziót! 2. [U] televízió(adás): *watch television* tévét néz; tévézik

♦ **on (the) television** a televízióban

tell [tel] <ige> (told, told) 1. (el)mond; (meg)mond; (el)mesél: *tell the truth* elmondja az igazságot * *Can you tell me the way to the post office, please?* Meg tudnád mondani, hogy jutok a postára? * *My mother told us a long story.* Az édesanyám egy hosszú történetet mesélt el nekünk. 2. **tell sy to do sg** azt mondja vkinek, hogy tegyen meg vmit; utasít vkit vminek a megtételére: *He told me to stand up.* Azt mondta, hogy álljak fel. * *I told her not to come too late.* Megmondtam neki, hogy ne jöjjön túl későn. 3. megállapít; megfejt; megmond: *I can't tell the difference between the two dogs.* Nem tudom megállapítani, hogy mi a különbség a két kutya között. 4. hat; hatása/hatással van (**on sy** vkire): *The stress was beginning to tell on him too.* A stressz hatása rajta is érződött.

♦ **all told** összesen ♦ **I told you (so).** biz Én megmondtam neked. ♦ **(I'll) tell you what.** biz Tudod mit? ♦ **you can never tell** sosem lehet tudni

tell sy off biz megszid; letol vkit; jól beolvas vkinek
tell on sy biz beárul; beköp vkit

telling ['telɪŋ] <mn> 1. árulkodó; sokatmondó; beszédes: *a telling look* sokatmondó pillantás 2. hatásos; nyomós: *telling argument* nyomós érv

tell-tale ['telteɪl] <fn> *(jel stb.)* árulkodó; áruló: *tell-tale blush* árulkodó pirulás

telly ['teli] <fn> (tellies) biz BrE 1. [C] tévé(készülék) 2. [U] tévé(adás)

temper ['tempə] <fn> 1. [C, U] beállítottság; vérmérséklet; alkat; természet: *have a bad temper* rossz természetű * *fiery temper* heves természet 2. [C] kedv; hangulat; kedélyállapot: *be in a bad temper* rossz hangulatban van 3. [C, U] harag; düh; méreg; felindulás: *outburst of temper* dühkitörés * *be in a temper* haragos

♦ **keep one's temper** megőrzi a hidegvérét/nyugalmát ♦ **lose one's temper** kijön a sodrából

temperament ['temprəmənt] <fn> [C, U] alkat; vérmérséklet; temperamentum

temperamental [ˌtemprə'mentl] <mn> heves; temperamentumos

temperate ['tempərət] <mn> 1. *(beszéd, modor)* józan; higgadt; meggondolt 2. *(éghajlat)* mérsékelt; mérsékelt övi

temperature ['temprətʃə] <fn> [C, U] 1. hőmérséklet; hőfok: *The temperature can reach even 40 °C in the summer.* Nyáron a hőmérséklet elérheti akár a 40 °C-ot is. 2. (test)hőmérséklet

♦ **have a temperature** hőemelkedése/láza van ♦ **take sy's temperature** megméri vkinek a lázát

tempi ['tempiː] → **tempo**

temple ['templ] <fn> [C] 1. templom 2. halánték

tempo ['tempəʊ] <fn> [C, U] (tempos v. tempi) 1. tempó; iram; ütem 2. zene tempó

temporarily ['tempərəli] <hsz> ideiglenesen; átmenetileg

temporary ['tempəri] <mn> ideiglenes; átmeneti: *He has a temporary job now.* Ideiglenes munkája van jelenleg. * *I made a temporary repair on this machine.* Ideiglenes javítást végeztem ezen a gépen.

tempt [tempt] <ige> csábít; rávesz; rábeszél: *allow oneself to be tempted* enged a csábításnak * *tempt sy to do sg* rá akar venni vkit vminek a megtételére

temptation [temp'teɪʃn] <fn> [C, U] kísértés; csábítás: *yield to temptation* enged a kísértésnek * *resist the temptation* ellenáll a csábításnak

tempting ['temptɪŋ] <mn> csábító

¹**ten** [ten] <szn> tíz → ¹**eight**

²**ten** [ten] <fn> [C] tízes → ²**eight**

tenant ['tenənt] <fn> [C] *(lakásé)* bérlő; *(bérházé)* lakó

tend [tend] <ige> 1. *(beteget, kertet)* ápol; gondoz 2. **tend to do sg** hajlamos vmire/vminek a megtételére: *I tend to talk a lot when*

I'm nervous. Hajlamos vagyok arra, hogy sokat beszélek, ha ideges vagyok.

tend to sy/sg ápol; gondoz vkit/vmit; foglalkozik vkivel/vmivel

tendency ['tendənsı] <fn> [C] (tendencies) hajlam(osság); tendencia: *have a tendency (to do sg)* hajlamos (vmire)

¹tender ['tendə] <mn> **1.** puha; porhanyós: *This meat is quite tender.* Ez a hús elég puha. **2.** gyengéd: *He looked at me with a tender look.* Gyengéd pillantást vetett rám. **3.** érzékeny; fájó; kényes

²tender ['tendə] <ige> **1.** *(hivatalosan)* felajánl; benyújt: *tender one's resignation* benyújtja a lemondását **2. tender for sg** (üzleti) ajánlatot tesz; versenytárgyalást ír ki; árajánlatot tesz

³tender ['tendə] <fn> [C] versenytárgyalás; árajánlat; ajánlattétel: *make/submit a tender for sg* árajánlatot tesz vmire * *invite tenders for sg* versenytárgyalást ír ki vmire

tendon ['tendən] <fn> [C] ín

tenement ['tenəmənt] <fn> [C] (olcsó) bérház

tennis ['tenıs] <fn> [U] tenisz: *play tennis* teniszezik

tennis court ['tenıs kɔːt] <fn> [C] teniszpálya

tennis player ['tenıs,pleıə] <fn> [C] teniszező

tennis racket ['tenıs,rækıt] <fn> [C] teniszütő

tennis shoe ['tenıs ʃuː] <fn> [C] teniszcipő

tenor ['tenə] <fn> [C] tenor(ista)

¹tense [tens] <mn> **1.** feszült; szorongó; ideges: *The crowd was tense with expectancy.* A tömeg feszülten várakozott. **2.** feszes; megfeszített; merev: *She has got tense muscles.* Izmai feszesek.

²tense [tens] <ige> **1.** *(izmot)* megfeszít; kifeszít **2. tense (up)** szorong; feszült idegállapotba kerül

³tense [tens] <fn> [C, U] (ige)idő: *You can use several tenses.* Többféle igeidőt használhatsz.

tension ['tenʃn] <fn> [U] **1.** feszültség; szorongás: *political tension* politikai feszültség **2.** feszesség; feszülés; merevség

tent [tent] <fn> [C] sátor: *put up a tent* sátrat ver/állít fel * *take down a tent* sátrat bont

tentacle ['tentəkl] <fn> [C] csáp; tapogató

tentative ['tentətıv] <mn> bizonytalan; próbaképpeni; kísérleti

¹tenth [tenθ] <sorszn> tizedik → **¹eighth**

→ A keltezéssel kapcsolatos kifejezéseket lásd a **¹date** szócikk információs ablakában!

²tenth [tenθ] <fn> [C] tized → **²eighth**
tent peg ['tent peg] <fn> [C] sátorcövek
tent pole ['tent pəʊl] <fn> [C] sátorrúd
tepid ['tepıd] <mn> langyos

¹term [tɜːm] <fn> **1.** [C] időszak; ciklus: *He was elected for a four-year term.* Négyéves időszakra választották meg. **2.** [C] tanulmányi időszak; félév; szemeszter: *end of term* a szemeszter vége * *In Hungary there are two terms in a school year.* Magyarországon két félévből áll az iskolaév. **3.** [C] (szak)kifejezés; szakszó: *medical term* orvosi szakszó/szakkifejezés **4. terms** [pl] feltételek; kikötések: *What are the terms of the agreement?* Melyek a megegyezés feltételei/kikötései? **5. in terms of// in... terms** vmit tekintve; vmit illetően; vminek a szempontjából/vonatkozásában; vminek az értelmében: *The house would be ideal in terms of size.* A méretét tekintve a ház ideális lenne. * *In financial terms, the project was a success.* A pénzügyeket illetően a projekt sikeres volt. **6.** [C] határidő; végső időpont: *set a term to sg* határidőt tűz ki vmire ♦ **be on good terms with sy** jó viszonyban van vkivel ♦ **come to terms with sg** belenyugszik vmibe ♦ **in the long term** hosszú távon ♦ **in the short term** rövid távon ♦ **on equal term** egyenlő feltételek mellett

²term [tɜːm] <ige> (meg)nevez; mond
¹terminal ['tɜːmınl] <fn> [C] **1.** végállomás; pályaudvar; *(repülőtéren)* terminál: *The new terminal was opened in 2006.* Az új terminált 2006-ban adták át. **2.** infor terminál

²terminal ['tɜːmınl] <mn> *(betegség)* halálos; *(beteg)* végállapotú

terminate ['tɜːmıneıt] <ige> **1.** megszüntet; felbont; befejez; véget vet: *terminate a contract* szerződést felbont **2.** lejár; befejeződik; lezáródik; véget ér

termination [,tɜːmı'neıʃn] <fn> [U] elévülés; megszűnés; befejeződés

terminology [,tɜːmı'nɒlədʒı] <fn> [U] szaknyelv; szakszókincs; terminológia

terminus ['tɜːmınəs] <fn> [C] (terminuses v. termini) végállomás

terrace ['terəs] <fn> **1.** [C] terasz **2.** [C] BrE házsor **3. terraces** [pl] BrE lelátó

terraced house [,terəst'haʊs] <fn> [C] sorház

terrain [tə'reın] <fn> [U] terep; terület

terrestrial [tə'rəstriəl] <mn> földi; földünkhöz tartozó; szárazföldi

terrible ['terəbl] <mn> rettenetes; borzalmas; szörnyű: *What is this terrible noise?* Mi ez a rettenetes zaj? ∗ *They had a terrible accident last year.* Tavaly volt egy szörnyű balesetük.

terribly ['terəbli] <hsz> rettenetesen; borzalmasan; borzasztóan; szörnyen: *I am terribly thirsty.* Rettenetesen szomjas vagyok. ∗ *He was terribly injured in the accident.* Borzasztóan megsérült a balesetben.

terrier ['teriə] <fn> [C] *(kutya)* terrier

terrific [tə'rıfık] <mn> **1.** biz klassz; remek; nagyon jó: *You look terrific!* Remekül nézel ki! **2.** óriási; szörnyű; borzasztó: *The police car drove past at a terrific speed.* A rendőrautó óriási sebességgel száguldott el mellettünk.

terrified ['terıfaıd] <mn> (meg)rémült; (meg-) ijedt; riadt

terrify ['terəfaı] <ige> (terrifies, terrifying, terrified) megrémít; megijeszt

terrifying ['terəfaıŋ] <mn> ijesztő

territorial [,terə'tɔ:riəl] <mn> *(egy országhoz tartozó)* területi

territory ['terətəri] <fn> [C, U] (territories) **1.** terület; vidék; körzet **2.** *(állaté)* terület

terror ['terə] <fn> **1.** [U] rémület; rettegés: *be in terror* megrémült ∗ *live in terror of losing one's job* retteg attól, hogy elveszíti az állását **2.** [C] borzalom; rémség **3.** [U] rémuralom; terror **4.** [C] biz kis ördög; nehezen kezelhető gyermek: *He's a little terror.* Valóságos kis ördög.

terrorise ['terəraız] BrE → **terrorize**

terrorism ['terərızm] <fn> [U] terrorizmus: *an act of terrorism* terrorcselekmény

¹**terrorist** ['terərıst] <mn> terrorista

²**terrorist** ['terərıst] <fn> [C] terrorista

terrorize ['terəraız] <ige> rettegésben tart; megfélemlít; terrorizál

terse [tɜːs] <mn> *(stílus, nyelv)* tömör; velős; magvas

¹**test** [test] <ige> **1.** kipróbál; tesztel; próbára tesz: *test a new car* kipróbálja az új autót **2.** megvizsgál: *The doctor tested my heart.* Az orvos megvizsgálta a szívemet. **3.** vizsgáztat; tesztet írat (**on sg** vmiből): *The students were tested on their mathematics.* A tanulókkal tesztet írattak matematikából.

²**test** [test] <fn> [C] **1.** teszt; vizsga: *We are going to have a math test tomorrow.* Holnap tesztet írunk matekból. ∗ *I passed my driving test yesterday.* Tegnap tettem le a gépjárművezetői vizsgámat. **2.** vizsgálat: *have a blood test* vérvizsgálatra megy **3.** kísérlet: *Tests show that it is effective.* Kísérletek bizonyítják, hogy hatásos. **4.** (erő)próba
♦ **put sy/sg to the test** próbára tesz; kipróbál vkit/vmit

testament ['testəmənt] <fn> **1. (the last will and) testament** [sing] végrendelet **2.** [C, U] bizonyíték(a) (**to sg** vminek)

testicle ['testıkl] <fn> [C] here(golyó)

testify ['testıfaı] <ige> (testifies, testifying, testified) **1.** vall; tanúskodik (**for sy** vki mellett) (**against sy** vki ellen) **2.** tanúsít; bizonyít

testimony ['testıməni] <fn> **1.** [C, U] tanúvallomás **2.** [U] bizonyíték

test tube ['test tju:b] <fn> [C] kémcső

tetanus ['tetənəs] <fn> [U] tetanusz

¹**tether** ['teðə] <ige> *(állatot)* kiköt; megköt

²**tether** ['teðə] <fn> [C] póráz; kötél
♦ **be at the end of one's tether** kimerült; nem bírja tovább

¹**text** [tekst] <fn> **1.** [C, U] szöveg **2.** [C] (tan-)könyv; (nyelv)könyv: *a set text* kötelező olvasmány **3.** [C] sms

²**text** [tekst] <ige> sms-t küld (**sy** vkinek)

textbook ['tekstbʊk] <fn> [C] tankönyv

textile ['tekstaıl] <fn> [C] szövet; textil(anyag)

¹**text message** ['tekst‚mesıdʒ] <fn> [C] sms

²**text message** ['tekst‚mesıdʒ] <ige> sms-t küld (**sy** vkinek)

texture ['tekstʃə] <fn> [C, U] szerkezet; alkat; szövésmód; állag

Thames [temz] <fn> *(folyó)* Temze

than [ðən] <ksz> mint: *He is taller than me.* Magasabb, mint én. ∗ *I know it better than you do.* Én jobban tudom, mint te. ∗ *His car is bigger than mine.* Az ő autója nagyobb, mint az enyém.

thank [θæŋk] <ige> (meg)köszön (**for sg** vmit): *He thanked me for the present.* Megköszönte az ajándékot. ∗ *I must thank her for the chocolate.* Meg kell köszönnöm neki a csokit. ∗ *Thank you very much!* Köszönöm szépen!

thankful ['θæŋkfl] <mn> boldog; nagyon örül (**for sg** vminek); hálás (**for sg** vmiért): *be thankful that...* hálás, hogy...

thankfully ['θæŋkfəli] <hsz> **1.** szerencsére **2.** hálásan; nagy örömmel

thankless ['θæŋkləs] <mn> hálátlan

thanks [θæŋks] <fn> [pl] köszönet; hála: *thanks in advance...* előre is köszönöm... ∗ *I don't expect any thanks for helping your family.* Semmi köszönetem nem várok azért, mert segítettem a családodnak. ∗ *No, thanks.* Köszönöm, nem kérek (többet)! ∗ *Many thanks for your help!* Hálás köszönet a segítségedért!
♦ **thanks to sy/sg** vkinek/vminek köszönhetően

Thanksgiving (Day) [ˌθæŋksgɪvɪŋˈdeɪ] <fn> [C, U] AmE hálaadás (napja): *Thanksgiving Day is the fourth Thursday in November.* A hálaadás napja november negyedik csütörtöke.

🇺🇸 Thanksgiving Day

A thanksgiving vagy magyarul hálaadás észak-amerikai ünnep. A hagyományok szerint 1621 óta az őszi betakarítások után mindig hálát adnak Istennek a termésért. Az Amerikai Egyesült Államokban november negyedik csütörtökén, Kanadában, ahol az aratást általában már korábban befejezik, október második hétfőjén ünneplik. Az Egyesült Államokban ez az egyik legfontosabb nemzeti ünnep, amikor a közeli családtagok összegyűlnek, hogy együtt ünnepelhessék a hálaadást. A hálaadásnapi vacsora kiemelkedő szerepet játszik ezen az ünnepen. A vacsora legfontosabb eleme a pulyka, melyhez felszolgálnak még áfonyaszószt, krumplipürét, zöldbabot, illetve a sütőtöktortát (pumpkin pie).

thank you [ˈθæŋkjuː] <fn> [C, ált sing] köszönöm; köszönet

¹that [ðæt] <névm> **1.** (those) az; ez; azt; ezt: *Can you see that woman sitting in the garden? That is my aunt.* Látod azt az asszonyt, aki a kertben ül? Az az én nagynéném. * *Who is that?* Ki az? * *That's a nice dress.* Az egy szép ruha! * *That is my opinion.* Ez a véleményem. * *Those were the days!* Milyen szép idők voltak azok! **2.** aki; ami; amely; akit; amit; amelyet: *Where is the present that I got from my friend?* Hol van az az ajándék, amit a barátomtól kaptam? * *Who is the girl that you are talking about?* Ki a lány, akiről beszélsz?

♦ **that's it** ennyi! ♦ **that's that** és kész; ez van!

²that [ðæt] <hsz> ilyen; olyan; ennyire; annyira: *The dog isn't that small.* A kutya nem olyan/ennyire kicsi. * *I can't run that fast.* Nem tudok annyira gyorsan futni. * *I didn't know my brother was that clever.* Nem tudtam, hogy a bátyám ennyire okos.

³that [ðət] <ksz> hogy: *now that…* most hogy… * *not that…* nem mintha… * *I was surprised that he had arrived on time.* Meglepett, hogy időben érkezett. * *He said that he was happy.* Azt mondta, hogy boldog. * *I am glad that you could come.* Örülök, hogy el tudtál jönni.

thatched [θætʃt] <mn> zsúpfedelű: *thatched cottage* zsúpfedelű ház

¹thaw [θɔː] <fn> [C, ált sing] olvadás

²thaw [θɔː] <ige> **1.** (fel)olvaszt; (meg)olvaszt **2.** felenged; (meg)olvad; (ki)olvad

the [ðə, magánhangzó előtt ði] <ht névelő> **1.** a; az: *There are two fruits on the table – the apple is red and the lemon is yellow.* Két gyümölcs van az asztalon – az alma piros és a citrom sárga. * *Who was the girl you were talking to?* Ki volt az a lány, akivel beszéltél? **2. the (more)… the (…er)…** minél (…-bb), annál (…-bb): *The more you eat, the fatter you get.* Minél többet eszel, annál kövérebb leszel. * *The sooner the better.* Minél előbb, annál jobb.

theater [ˈθɪətər] AmE → **theatre**

theatre [ˈθɪətə] <fn> BrE **1.** [C] színház: *We are going to the theatre tonight.* Este színházba megyünk. **2.** [U] dráma(irodalom) **3.** [U] színház; színművészet **4.** [C, U] műtő

theatrical [θiˈætrɪkl] <mn> **1.** színházi **2.** megjátszott; affektáló; színészkedő; tettetett

theft [θeft] <fn> [C, U] lopás

their [ðeə] <det> a(z) …-(j)ük/-(j)uk; a(z) …-(e)ik/-(a)ik: *This is their room.* Ez az ő szobájuk. * *They are eating their lunch.* Az ebédjüket eszik.

theirs [ðeəz] <névm> az övék: *Our car is smaller than theirs.* A mi autónk kisebb, mint az övék.

them [ðəm, hangsúlyos ðem] <névm> őket; azokat; nekik; azoknak: *Have you seen them?* Láttad őket? * *Here are the boxes. I don't know where to put them.* Itt vannak a dobozok. Nem tudom, hova tegyem őket. * *My friends are waiting outside – tell them to come in.* A barátaim kint várakoznak – mondd meg nekik, hogy jöjjenek be!

theme [θiːm] <fn> [C] téma; tárgy: *What is the theme of the novel?* Mi a regény témája?

theme park [ˈθiːm pɑːk] <fn> [C] vidámpark

themselves [ðəmˈselvz] <névm> **1.** (saját) maguk(at): *They hurt themselves.* Megsebezték magukat. **2.** (ők) maguk: *They will cook the lunch themselves.* Ők maguk fogják megfőzni az ebédet.

♦ **(all) by themselves 1.** egyedül **2.** önállóan

then [ðen] <hsz> **1.** akkor: *"Will you come to the swimming-pool with me tomorrow?" "No, I'll be at school then."* „Jössz velem az uszodába holnap?" „Nem, akkor iskolában leszek." * *I met him 20 years ago and he was quite young then.* 20 évvel ezelőtt találkoztam vele, és akkor egész fiatal volt. * *since then* azóta

* *until then* addig * *by then* akkorra; addigra **2.** majd; azután: *We had lunch and then we went for a short walk.* Megebédeltünk, azután rövid sétára mentünk. **3.** akkor; ebben az esetben: *"He won't be at home." "Then, why do you want to visit im?"* „Nem lesz otthon." „Akkor miért akarod meglátogatni?" * *If you don't like chocolate then you can eat fruit.* Ha nem szereted a csokit, akkor ehetsz gyümölcsöt.

♦ **then again** viszont; ellenben ♦ **there and then//then and there** akkor nyomban; azon nyomban

theological [ˌθiːəˈlɒdʒɪkl] <mn> hittudományi; teológiai: *theological student* teológiai hallgató

theology [θɪˈɒlədʒɪ] <fn> [U] hittudomány; teológia

theoretical [ˌθɪəˈretɪkl] <mn> elméleti; elvi; teoretikus

theory [ˈθɪərɪ] <fn> (theories) **1.** [C, U] elmélet; teória **2.** [C] nézet; elképzelés

♦ **in theory** elméletben

therapeutic [ˌθerəˈpjuːtɪk] <mn> gyógyító; gyógyászati; terápiai

therapist [ˈθerəpɪst] <fn> [C] gyógyász

therapy [ˈθerəpɪ] <fn> [U, C] (therapies) gyógymód; terápia

¹there [ðeə] <hsz> **1.** ott; amott: *Look at that high hill – my friend lives there.* Nézd azt a magas hegyet – ott lakik a barátom! **2.** oda: *there and back* oda-vissza * *Don't go there.* Ne menj oda! * *We'll arrive there at 2 p.m.* Du. 2 órára érünk oda. **3. there is/are** van: *There is a book on the shelf.* Van egy könyv a polcon. * *Is there anybody there?* Van ott valaki? * *There isn't any fruit left.* Nem maradt semmi gyümölcs. **4.** ebben (a tárgyban); azt illetően; azon a ponton: *There you are mistaken.* Ebben tévedsz. * *I am with you there!* Ebben egyetértünk!

♦ **be there for sy** *(segítőleg)* vki mellett áll *When in trouble, he's always there for me.* Ha bajban vagyok, mindig mellettem van.

♦ **there again** viszont; ellenben

²there [ðeə] <isz> **There!** Na!; Tessék!; Íme!: *There, take this book!* Tessék, vidd ezt a könyvet!

♦ **There you are!** **1.** Parancsoljon/Tessék(, itt van)! **2.** Tessék!/Íme!

thereabouts [ˌðeərəˈbaʊts] <hsz> körül(belül); nagyjából

thereafter [ˌðeərˈɑːftə] <hsz> azután; ezután; azontúl; ezentúl

thereby [ˌðeəˈbaɪ] <hsz> azáltal; ezáltal; ily módon

therefore [ˈðeəfɔː] <hsz> ezért; következésképpen; így hát; tehát

therein [ˌðeərˈɪn] <hsz> abban; ebben

¹thermal [ˈθɜːml] <mn> **1.** hő-; termál; meleg: *thermal energy* hőenergia * *thermal spring* meleg forrás **2.** meleg: *thermal underwear* meleg alsónemű

²thermal [ˈθɜːml] <fn> **1.** [C] *(felszálló meleg légáramlat)* termik; emelőszél **2. thermals** [pl] meleg alsónemű

thermometer [θəˈmɒmɪtə] <fn> [C] hőmérő; lázmérő

thermos [ˈθɜːməs] <fn> [C] termosz

these [ðiːz] → **this**

thesis [ˈθiːsɪs] <fn> [C] (theses) **1.** diplomamunka; szakdolgozat **2.** disszertáció; (doktori) értekezés (**on sg** vmiről) **3.** (tan)tétel; tézis

they [ðeɪ] <névm> **1.** ők; azok: *"Who are those people over there?" "They are my friends."* „Kik azok az emberek ott?" „Ők az én barátaim." * *The children couldn't get up in the morning so they all missed the train.* A gyerekek nem tudtak reggel felkelni, úgyhogy (ők) mindannyian lekésték a vonatot. * *Where are my parcels? – They're under the table.* Hol vannak a csomagjaim? – (Azok) az asztal alatt (vannak). **2.** *(általános alanyként)* az ember(ek): *They say it is going to be hot tomorrow.* Azt mondják, hogy holnap nagyon meleg lesz.

¹they'd [ðeɪd] [= they had] → **have**

²they'd [ðeɪd] [= they would] → **would**

they'll [ðeɪl] [= they will] → **will**

they're [ðeə] [= they are] → **be**

they've [ðeɪv] [= they have] → **have**

¹thick [θɪk] <mn> **1.** vastag: *The walls of this house are quite thick.* A ház falai elég vastagok. * *Have you got a thick coat for the winter?* Van télre vastag kabátod? * *Give me a thick slice of cake.* Adj egy vastag szelet sütit! **2.** sűrű: *This is a nice thick forest.* Ez egy szép sűrű erdő. * *Her hair is thick.* Sűrű haja van. **3. be thick (with sg)** tele van (vmivel); nyüzsög (vmitől): *The air was thick with smoke.* A levegő tele volt füsttel. **4.** *(akcentus)* erős **5.** biz nehéz felfogású; ostoba: *have a thick head* nehéz a felfogása

²thick [θɪk] <hsz> **1.** vastagon; vastag rétegben **2.** sűrűn

³thick [θɪk] <fn>

♦ **in the thick of sg** átv is vmi sűrűjében

♦ **through thick and thin** jóban-rosszban; tűzön-vízen át

thicken [ˈθɪkən] <ige> **1.** (be)sűrít; beránt; behabar **2.** (be)sűrűsödik

thickness ['θɪknəs] <fn> [C, U] **1.** vastagság **2.** sűrűség

thief [θiːf] <fn> [C] (thieves) tolvaj: *The thief got away with my purse.* A tolvaj elmenekült a pénztárcámmal.

thigh [θaɪ] <fn> [C] comb

thimble ['θɪmbl] <fn> [C] gyűszű

¹thin [θɪn] <mn> (thinner, thinnest) **1.** vékony; vézna; sovány: *grow thinner* lefogy ∗ *You are thin – you should eat more.* Sovány vagy – többet kellene enned! **2.** vékony: *Give me a thin slice of bread, please.* Kérek szépen egy vékony szelet kenyeret! ∗ *The walls of the house are thin.* A ház falai vékonyak. **3.** híg: *The soup was too thin.* Túl híg volt a leves. **4.** ritka; áttetsző; gyér: *thin corn* ritka termés/gabona

²thin [θɪn] <hsz> vékonyan; vékonyra

³thin [θɪn] <ige> (thins, thinning, thinned) **1.** (fel)hígít; (meg)ritkít: *thin the sauce* felhígítja a mártást **2.** (fel)hígul **3.** *(haj)* (meg)ritkul

thing [θɪŋ] <fn> **1.** [C] tárgy; dolog: *What's that nice orange thing over there?* Mi az a szép narancssárga tárgy ott? ∗ *What can we use this thing for?* Mire használható ez a tárgy? **2.** [C] dolog: *We talked about several things.* Több dologról beszélgettünk. ∗ *He told me a few things that I didn't know before.* Mondott nekem néhány dolgot, amiről nem tudtam. ∗ *He takes things too seriously.* Túl komolyan veszi a dolgokat. **3. things** [pl] ruhanemű; felszerelés; holmi: *I'll pack my things.* Bepakolom a holmijaimat. **4.** [C] teremtés; lény: *You poor thing!* Te szegény teremtés! **5. the thing** [sing] éppen az (a dolog): *It's the thing I'm looking for!* Éppen ez az, amit keresek! **6. things** [pl] helyzet: *How are things with you?* Mi a helyzet veled?

♦ **be a good thing (that)...** szerencsére/jó(, hogy)... ♦ **do one's own thing** csinálja a maga dolgát ♦ **first thing** mindenekelőtt ♦ **for one thing** először is; elsősorban ♦ **have a thing about sy/sg** biz rögeszméje van vkiről/vmiről ♦ **last thing** utoljára ♦ **to make matters/things worse...** ráadásul még... ♦ **take things easy** nem csinál gondot semmiből ♦ **there's no such thing as** ilyesmi nincs; nem létezik ♦ **It is an understood thing that...** Közismert dolog, hogy...

¹think [θɪŋk] <ige> (thought, thought) **1.** gondolkodik: *Why don't you think before you say anything?* Miért nem gondolkodsz, mielőtt bármit mondasz? **2.** hisz; gondol; vél: *I think he is coming by train.* Azt hiszem, vonattal jön. ∗ *I think so.* Azt hiszem, igen. ∗ *I think it is going to rain, but I'm not sure.* Azt hiszem, esni fog, de nem vagyok biztos benne. ∗ *What do you think we should do now?* Mit gondolsz, most mit kellene tennünk? ∗ *Do you think she is clever?* Gondolod, hogy okos? **3.** fontolgat; tervez: *I think I'll go for a swim.* Azt tervezem, hogy elmegyek úszni. **4.** elképzel: *You can't think how glad I am.* El sem tudja képzelni, hogy milyen boldog vagyok. **5.** eszébe jut; gondol: *I didn't think to ask him his name.* Nem gondoltam arra, hogy megkérdezzem a nevét.

♦ **I should think so!** Meghiszem azt! ♦ **I thought as much.** Ezt sejtettem is. ♦ **think better of sg** megváltoztatja a véleményét ♦ **think highly of sy/sg** nagyra becsül vkit/vmit

---

think about sg 1. fontolgat; tervez vmit **2.** tekintetbe vesz vmit

think about sy/sg gondol vkire/vmire

think of sg 1. fontolgat; tervez vmit **2.** gondol vmire **3.** tekintetbe vesz vmit **4.** kigondol vmit **5.** vélekedik vmiről

think sg out kitervel; kigondol vmit

think sg over megfontol vmit

think sg through átgondol; végiggondol vmit

think sg up kigondol; kiagyal vmit

---

²think [θɪŋk] <fn> [sing] gondolkodás; megfontolás: *have a think about sg* megfontol vmit

thinker ['θɪŋkə] <fn> [C] gondolkodó

¹thinking ['θɪŋkɪŋ] <fn> [U] **1.** gondolkodás; megfontolás **2.** gondolkodásmód; vélemény: *change one's thinking on sg* megváltoztatja a gondolkodásmódját vmiről

²thinking ['θɪŋkɪŋ] <mn> gondolkodó

¹third [θɜːd] <sorszn> harmadik → **¹eighth**

→ A keltezéssel kapcsolatos kifejezéseket lásd a **¹date** szócikk információs ablakában!

²third [θɜːd] <fn> [C] harmad → **²eighth**

third party [ˌθɜːdˈpɑːtɪ] <fn> [C] jog harmadik/kívülálló személy

third-rate [ˌθɜːdˈreɪt] <mn> harmadrendű; silány

Third World [ˌθɜːdˈwɜːld] <fn> **The Third World** [sing] a harmadik világ

thirst [θɜːst] <fn> **1.** [U, sing] szomj(úság): *die of thirst* szomjan hal **2. a thirst for sg** [sing] szomj; vágy vmi után: *a thirst for knowledge* tudásvágy

thirsty ['θɜːstɪ] <mn> (thirstier, thirstiest) szomjas: *I am thirsty – give me a glass of water!* Szomjas vagyok, kérek egy pohár vizet!

¹thirteen [ˌθɜːˈtiːn] <szn> tizenhárom → **¹eight**

²thirteen [ˌθɜːˈtiːn] <fn> [C] tizenhármas → **²eight**

¹thirteenth [ˌθɜːˈtiːnθ] <sorszn> tizenharmadik → **¹eighth**

→ A keltezéssel kapcsolatos kifejezéseket lásd a **¹date** szócikk információs ablakában!

²thirteenth [ˌθɜːˈtiːnθ] <fn> [C] tizenharmad → **²eighth**

¹thirtieth ['θɜːtiəθ] <sorszn> harmincadik → **¹eightieth**

→ A keltezéssel kapcsolatos kifejezéseket lásd a **¹date** szócikk információs ablakában!

²thirtieth ['θɜːtiəθ] <fn> [C] harmincad → **²eightieth**

¹thirty ['θɜːtɪ] <szn> harminc → **¹eighty**

²thirty ['θɜːtɪ] <fn> [C] harmincas → **²eighty**

¹this [ðɪs] <névm> (these) **1.** ez a(z); ezt a(z): *I like this dress very much.* Nagyon szeretem ezt a ruhát. ∗ *What's this?* Mi ez? ∗ *This is the chair I was talking about.* Ez az a szék, amiről beszéltem. ∗ *These bananas are green.* Ezek a banánok zöldek. ∗ *How much does this cost?* Ez mennyibe kerül? **2.** *(a szóban forgó dolog)* ez: *Where did you hear about this?* Hol hallottál erről? **3.** *(bemutatkozáskor)* ő: *This is Mrs Bones.* Ő Bones asszony. **4.** *(napszak előtt)* ez(en); ma: *I have already had breakfast this morning.* Ma reggel már reggeliztem. ∗ *They are coming to us this afternoon.* Ma délután eljönnek hozzánk.

²this [ðɪs] <hsz> ennyire; ilyen: *I think it won't be this easy.* Azt hiszem, nem lesz ez ilyen egyszerű.

thistle ['θɪsl] <fn> [C] bogáncs

thorn [θɔːn] <fn> [C] tüske; tövis

thorny ['θɔːnɪ] <mn> (thornier, thorniest) **1.** *(kérdés stb.)* bonyolult; nehéz; kényes **2.** tüskés; tövises

thorough ['θʌrə] <mn> alapos; lelkiismeretes; mélyreható

thoroughly ['θʌrəlɪ] <hsz> **1.** alaposan **2.** teljesen

those [ðəʊz] → **that**

¹though [ðəʊ] <ksz> (ám)bár; habár; noha: *He jumped into the water, though I shouted that he shouldn't do so.* Beugrott a vízbe, bár kiáltottam, hogy ne tegye. ∗ *She went out (even) though it was snowing.* Kiment, habár havazott.

♦ **as though** mintha ♦ **even though** még akkor is, ha…; még ha… is

²though [ðəʊ] <hsz> mégis; mindamellett; azonban: *I wish I had done it, though.* Bárcsak mégis megtettem volna! ∗ *I wish he had told me, though.* Mindamellett szerettem volna, ha elmondja nekem.

¹thought [θɔːt] → **¹think**

²thought [θɔːt] <fn> **1.** [U] gondolkodás; megfontolás: *After a lot of thought they decided to build a new house.* Sok gondolkodás után úgy döntöttek, hogy építenek egy új házat. **2.** [C] gondolat; ötlet; elképzelés: *I had a sudden thought.* Hirtelen támadt egy gondolatom/ötletem. ∗ *I have got a thought about our summer holiday.* Van elképzelésem a nyári szünidőnkről. **3. thoughts** [pl] vki gondolatai: *You are always in my thoughts.* Mindig te jársz a gondolataimban. **4.** [U] gondolkodásmód; eszme

♦ **deep in thought** mélyen elgondolkodva ♦ **on second thought(s)** jobban/alaposabban megfontolva ♦ **Second thoughts are best.** Ajánlatos mindent kétszer is meggondolni.

thoughtful ['θɔːtfl] <mn> **1.** elgondolkodó: *What is that thoughtful look on his face?* Miért oly elgondolkodó az arca? **2.** figyelmes; előzékeny: *It was really thoughtful of him to take us home by car.* Igazán nagyon figyelmes volt, hogy hazavitt bennünket.

thoughtless ['θɔːtləs] <mn> meggondolatlan; figyelmetlen

¹thousand ['θaʊznd] <szn> ezer

²thousand ['θaʊznd] <fn> [C] ezres

¹thousandth ['θaʊznθ] <sorszn> ezredik

²thousandth ['θaʊznθ] <fn> [C] ezred

thrash [θræʃ] <ige> **1.** elver; elcsépel; elpáhol **2.** üt; csapkod; csapdos **3.** dobálja magát; hánykolódik; ütődik **4.** biz *(ellenfelet)* legyőz; tönkrever; lesöpör

thrash sg out biz alaposan megvitat vmit

¹thread [θred] <fn> [C, U] cérna; fonal

²thread [θred] <ige> **1.** *(tűbe fonalat, zsineget lyukba stb.)* befűz **2.** *(gyöngyöt)* (fel)fűz

threadbare ['θredbeə] <mn> (el)kopott; foszlott

threat [θret] <fn> **1.** [C] fenyegetés: *make threats* fenyegetőzik **2.** [U] fenyegetettség: *be under* *threat* fenyegetett helyzetben van **3.** [C] fenyegető veszedelem: *There is a threat of rain.* Az eső fenyeget.

threaten ['θretn] <ige> **1.** (meg)fenyeget **2.** *(vmi rossz)* készül; fenyeget: *A storm is threatening.* Vihar készül.

¹three [θri:] <szn> három → **¹eight**

²three [θri:] <fn> [C] hármas → **²eight**

three-dimensional [,θri:daɪ'menʃnəl] <mn> háromdimenziós

threshold ['θreʃhəʊld] <fn> [C] **1.** küszöb: *cross/pass the threshold* átlépi a küszöböt **2.** kezdete (*of sg* vminek): *be on the threshold of sg* vminek a kezdetén van

threw [θru:] → **¹throw**

thrift [θrɪft] <fn> [U] takarékosság

thrifty ['θrɪftɪ] <mn> takarékos; jól gazdálkodó

¹thrill [θrɪl] <fn> [C] (bizsergő) öröm; izgalom; borzongás

²thrill [θrɪl] <ige> **1.** elragadtat; felvillanyoz; megborzongat: *He thrilled his audience.* Elragadta a hallgatóságát. **2.** megremeg; megborzong; reszket: *thrill with fear* remeg a félelemtől

thriller ['θrɪlə] <fn> [C] thriller

thrilling ['θrɪlɪŋ] <mn> izgalmas; szenzációs

thrive [θraɪv] <ige> (thrived/throve, thrived) **1.** gyarapodik; gyarapszik; jól fejlődik; növekszik **2.** boldogul; gazdagodik; gyarapítja vagyonát; prosperál

throat [θrəʊt] <fn> [C] torok: *I have got a sore throat.* Fáj a torkom.

♦ **clear one's throat** köszörüli a torkát
♦ **have a lump in one's throat** összeszorul a torka; gombóc van a torkában

¹throb [θrɒb] <ige> (throbs, throbbing, throbbed) lüktet; dobog; búg; berreg: *My finger is throbbing (with pain).* Az ujjam lüktet (és fáj).

²throb [θrɒb] <fn> [C] lüktetés; dobogás; dobbanás; búgás; berregés: *His heart gave a throb.* Megdobbant a szíve.

throne [θrəʊn] <fn> **1.** [C] trón **2. the throne** [sing] királyi hatalom: *come to the throne* trónra lép

¹throng [θrɒŋ] <fn> [C] sokaság

²throng [θrɒŋ] <ige> tolong; összesereglik

throttle ['θrɒtl] <ige> fojtogat; megfojt

¹through [θru:] <elölj> **1.** át; keresztül: *Push this piece of thread through the needle.* Ezt a cérnaszálat fűzd át a tűn! * *I couldn't hear his voice through the wall.* Nem hallottam a hangját a falon keresztül. **2.** (elejétől) végéig: *They are too young to sit through a play.* Túl kicsik ahhoz, hogy egy színdarabot végig tudjanak ülni. **3.** vki/vmi által/révén/útján/közvetítésével: *You can send your letters through the mail.* A leveleidet postán tudod elküldeni. * *I got a job through my friend.* A barátom révén jutottam az álláshoz. **4.** következtében; miatt: *absent through illness* betegség miatt van távol * *It all happened through him.* Minden miatta történt.

²through [θru:] <hsz> **1.** át; keresztül: *The water was too deep to drive through.* A víz túl mély volt ahhoz, hogy keresztül tudtunk volna menni rajta. **2.** (elejétől) végéig: *I couldn't read the book through as it was too long.* Nem tudtam végigolvasni a könyvet, mivel túl hosszú volt. **3.** egyenesen; direkt; átszállás nélkül: *This bus goes straight through to London.* Ez a busz egyenesen Londonba megy. **4.** teljesen: *The children got wet through.* A gyerekek teljesen eláztak.

♦ **be through with sg** elkészül/végez vmivel
♦ **through and through** keresztül-kasul

³through [θru:] <mn> (*út, vonat*) átmenő; közvetlen: *through traffic* átmenő forgalom * *Is there a through train to Bristol, please?* Van közvetlen vonat Bristolba?

¹throughout [θru:'aʊt] <elölj> **1.** mindenütt: *throughout the country* mindenütt az országban; országszerte **2.** (mind)végig; át: *throughout the year* egész évben; egész éven át

²throughout [θru:'aʊt] <hsz> **1.** egészen; mindenütt; teljesen; minden részében/zugában: *We painted the house throughout.* Egészen kifestettük a házat. **2.** mindvégig; egész idő alatt

throve [θrəʊv] → **thrive**

¹throw [θrəʊ] <ige> (threw, thrown) **1.** dob; vet; hajít: *He threw the ball to me.* Nekem dobta a labdát. * *How far can you throw this stone?* Milyen messzire tudod hajítani ezt a kavicsot? **2.** (le)dob; (le)vet: *be thrown* ledobta a ló * *My horse wanted to throw me.* A lovam le akart vetni. **3.** (kellemetlen helyzetbe) hoz: *I was thrown into confusion by the result.* Az eredmény zavarba hozott. **4.** biz összezavar; meghökkent: *You will be thrown by his questions.* Összezavar a kérdéseivel. **5.** (árnyékot) vet: *throw a long shadow* hosszú árnyékot vet

---

throw sg away 1. eldob; kidob vmit **2.** (alkalmat stb.) elszalaszt

throw sg in biz ráadásul ad; hozzátesz vmit

throw sy out kidob vkit

throw sg out 1. (ötletet) elvet **2.** eldob; kidob vmit

throw up biz hány

throw sg up 1. kihány vmit **2.** felmutat vmit **3.** felad vmit; felhagy vmivel

²throw [θrəʊ] <fn> [C] dobás; hajítás
throwaway ['θrəʊəweɪ] <mn> **1.** eldobható **2.** *(megjegyzés)* (mellékesen) odavetett
thrown [θrəʊn] → **¹throw**
¹thrust [θrʌst] <ige> (thrust, thrust) **1.** lök; taszít; tol: *thrust oneself past sy* ellök vkit az útból **2.** tolakszik; előrenyomul **3.** döf

> **thrust sy/sg upon sy** ráerőszakol vkit/vmit vkire

²thrust [θrʌst] <fn> **1.** [C] lökés **2.** [C] döfés **3. the thrust (of sg)** [sing] a lényege (vminek)
¹thud [θʌd] <fn> [C] puffanás; huppanás
²thud [θʌd] <ige> (thuds, thudding, thudded) puffan; huppan
thug [θʌg] <fn> [C] bandita; gengszter
¹thumb [θʌm] <fn> [C] hüvelykujj
 ♦ **rule of thumb** ökölszabály ♦ **thumbs up** remek ♦ **thumbs down** elítélés ♦ **under the thumb of sy** vkinek az uralma alatt
²thumb [θʌm] <ige>
 ♦ **thumb a lift** (autó)stoppol
¹thump [θʌmp] <fn> [C] **1.** ütés; hátbavágás; oldalba vágás **2.** puffanás; huppanás; dobogás: *fall with a thump* huppanással esik
²thump [θʌmp] <ige> **1.** ütlegel; (ököllel) ver; csapkod: *thump the keys of the piano* csapkodja a billentyűket a zongorán **2.** puffan; huppan; tompán ütődik **3.** *(szív)* erősen dobog; kalapál: *My heart was thumping.* Kalapált a szívem.
¹thunder ['θʌndə] <fn> [U] (menny)dörgés; égzengés: *roll of thunder* égzengés
 ♦ **steal sy's thunder** ellopja vki ötletét
²thunder ['θʌndə] <ige> **1.** (menny)dörög: *It is thundering.* Dörög az ég. **2.** dübörög; dördül; dörömböl
thunderstorm ['θʌndəstɔːm] <fn> [C] zivatar (mennydörgéssel, villámlással)
Thuringia [θjʊ'rɪndʒɪə] <fn> Türingia
Thurs. [= Thursday] csüt. (= csütörtök)
Thursday ['θɜːzdeɪ] <fn> [C, U] csütörtök: *I go shopping on Thursdays.* Csütörtökönként vásárolok. * *He will come next Thursday.* Jövő csütörtökön jön.
thus [ðʌs] <hsz> **1.** így; ilyen módon; ekképpen **2.** tehát; ennek következtében; ilyenformán: *She was ill and was thus unable to visit us.* Beteg volt, ennek következtében nem tudott meglátogatni. * *Thus, it would be impossible for us to go.* Ilyenformán lehetetlen volna elmennünk.

thyme [taɪm] <fn> [U] növ kakukkfű
¹tick [tɪk] <fn> [C] **1.** ketyegés: *the tick of the clock* az óra ketyegése **2.** *(jelölés)* pipa: *Put a small red tick next to the right answers.* A jó válaszok mellé tegyél egy kis piros pipát! **3.** biz BrE pillanat **4.** kullancs
²tick [tɪk] <ige> **1.** ketyeg: *Can you hear the clock ticking?* Hallod, hogy ketyeg az óra? * *Your watch ticks loudly.* Az órád hangosan ketyeg. **2.** kipipál

> **tick away/by** *(idő)* (gyorsan) múlik
> **tick sy/sg off** *(listán)* kipipál vkit/vmit

ticket ['tɪkɪt] <fn> [C] **1.** jegy: *single ticket* egyszeri utazásra szóló jegy * *return ticket* menettérti jegy * *Have you already bought your ticket?* Megvetted már a jegyedet? * *I have lost my cinema-ticket somewhere.* Valahol elvesztettem a mozijegyemet. **2.** (ár)cédula **3. (parking) ticket** *(tiltott parkolásért)* büntetőcédula **4.** AmE jelöltek névsora
ticket collector ['tɪkɪt kə,lektə] <fn> [C] jegyszedő; kalauz
ticket inspector ['tɪkɪt ɪn,spektə] <fn> [C] (jegy-)ellenőr; kalauz
ticket office ['tɪkɪt ,ɒfɪs] <fn> [C] jegypénztár
¹tickle ['tɪkl] <ige> **1.** (meg)csiklandoz: *He tickled my feet.* (Meg)csiklandozta a lábamat. **2.** csiklandoz; viszket; *(anyag)* szúr: *My back tickles.* Viszket a hátam. **3.** biz (meg)nevettet; mulattat; szórakoztat: *be tickled to death* halálra neveti magát
²tickle ['tɪkl] <fn> [C] csiklandozás: *give sy a tickle* megcsiklandoz vkit
ticklish ['tɪklɪʃ] <mn> **1.** csiklandós **2.** *(ügy)* kényes; nehéz
tidal ['taɪdl] <mn> (ár)apály-; dagály-
tidal wave [,taɪdl'weɪv] <fn> [C] szökőár; cunami
¹tide [taɪd] <fn> [C] **1.** árapály; apály és dagály; tengerjárás: *at high tide* dagály idején * *low tide* apály * *The tide is (going) out.* Beáll az apály. * *The tide is (coming) in.* Kezdődik a dagály. **2.** irány(zat); menet; folyamat
 ♦ **The tide has turned.** Fordult a kocka.
²tide [taɪd] <ige>

> **tide sy over** *(nehézségeken)* átsegít vkit

¹tidy ['taɪdɪ] <mn> (tidier, tidiest) **1.** *(személy)* rendes; rendszerető **2.** rendes; rendbe hozott; takaros: *What a tidy room!* Micsoda rendes szoba!

²**tidy** ['taɪdɪ] <ige> (tidies, tidying, tidied) **tidy (up)** rendet rak/csinál; rendbe tesz/hoz: tidy (up) a room rendbe hozza a szobát

tidy sg away elrak; helyére rak vmit

¹**tie** [taɪ] <fn> [C] **1.** nyakkendő: He wore a white shirt with a blue tie. Fehér ing volt rajta, kék nyakkendővel. **2.** sp döntetlen: The game ended in a tie. A játék döntetlennel végződött. **3.** kapcsolat; kötelék: family ties családi kötelékek **4.** lekötöttség

²**tie** [taɪ] <ige> (ties, tying, tied) **1.** megköt; átköt; odaköt: I tied my shoelaces. Megkötöttem a cipőfűzőmet. * The box is tied with a piece of string. A csomagot egy darab spárgával kötötték át. * I tied my dog to the tree. A fához kötöttem a kutyámat. **2.** sp holtversenyben végez; döntetlent ér el (**with sy** vkivel): Two boys tied for first place. Két fiú holtversenyben végzett. **3.** átv megköt; leköt; lefoglal: My professional duties tie me for the greater part of the day. Hivatali kötelességeim a nap legnagyobb részében lekötnek.

tie sy down korlátoz; korlátok közé szorít vkit
tie in (with sg) egybevág (vmivel)
tie sy up lefoglal vkit
tie sg up 1. átköt; összeköt vmit **2.** kiköt vmit
be tied up with sg összefüggésben van vmivel

tiger ['taɪgə] <fn> [C] tigris

¹**tight** [taɪt] <mn> (tighter, tightest) **1.** szoros; feszes; kifeszített: Can you undo this tight knot? Ki tudnád bogozni ezt a szoros csomót? * The ropes are tight. A kötelek feszesek. **2.** szűk; testhezálló; feszülő: My shoes are too tight. Túl szűk a cipőm. * She can't wear her tight trousers. Nem tudja hordani a szűk nadrágját. **3.** szoros; zsúfolt: I wanted to finish my work yesterday but the schedule was a bit tight. Tegnap be akartam fejezni a munkámat, de a program kissé szoros volt. **4.** -**tight** -mentes: an airtight container légmentes tartály **5.** (ellenőrzés) szigorú

²**tight** [taɪt] <hsz> **1.** erősen; szorosan: hold sg tight szorosan markol vmit **2.** szorosan; feszesen; szűken: a coat made to fit tight round the waist derékban feszesen szabott kabát

tighten ['taɪtn] <ige> **1.** megszorít; összeszorít; meghúz: This lid should be tightened. Meg kell szorítani a fedőt. * Tighten this screw, please! Légy szíves, szorítsd/húzd meg ezt a csavart! **2.** összeszorul; összeszűkül; feszesebbé/szorosabbá válik

tighten up on sg (biztonságot) megszigorít

tight-fisted [ˌtaɪt'fɪstɪd] <mn> szűkmarkú; fukar
tights [taɪts] <fn> [pl] harisnyanadrág
tigress ['taɪgrəs] <fn> [C] nősténytigris
¹**tile** [taɪl] <fn> [C] csempe; burkolólap; (tető-)cserép: The bathroom is covered with tiles. A fürdőszoba csempével van burkolva.
²**tile** [taɪl] <ige> (ki)csempéz; (csempével) burkol
¹**till** [tɪl] <elölj> biz (időben) -ig: till then addig * till next week a jövő hétig * from morning till night reggeltől estig * The shop is open till 4 o'clock today. Az üzlet 4 óráig van ma nyitva.
²**till** [tɪl] <ksz> biz (a)míg; ameddig: I am waiting for you till you get home. Várok rád, amíg hazaérsz.
³**till** [tɪl] <fn> [C] pénztár(fiók); kassza(fiók)
¹**tilt** [tɪlt] <ige> **1.** (meg)billent; (meg)dönt **2.** (meg)billen; inog; dől; lejt
²**tilt** [tɪlt] <fn> [C, ált sing] **1.** (meg)billentés; (meg)döntés: give a cask a tilt megdönt egy hordót **2.** billenés; dőlés; lejtés
timber ['tɪmbə] <fn> **1.** [U] épületfa; faanyag **2.** [C, ált pl] gerenda; szálfa
¹**time** [taɪm] <fn> **1.** [C, U] idő: this time tomorrow holnap ebben az időben * by the time I get home… mire hazaérek… * waste one's time vesztegeti az idejét * take a long time sok időt vesz igénybe * save time időt nyer * a short time ago röviddel/rövid idővel ezelőtt * Can you tell me the time, please? Meg tudnád mondani, mennyi az idő? * What time is it? Mennyi az idő? * Time runs quickly. Az idő gyorsan szalad. * It's time to go home. Itt az idő, hogy hazamenjünk. * We have got plenty of time left. Rengeteg időnk maradt. **2.** [U] idő(számítás): local time helyi idő **3.** [C, U] alkalom; -szor, -szer, -ször: next time következő alkalommal * last time utoljára * I visited her three times. Háromszor látogattam meg. * How many times have I told you not to do this? Hányszor mondtam neked, hogy ne tedd ezt? **4.** [C] időtöltés: We had a good time together. Jól éreztük magunkat. **5.** [U, pl] kor(-szak); idő(k): Was there a building here in Roman times? Volt ott épület a római korban? **6.** [U] zene ütem; taktus: beat time taktust üt; ütemez

♦ **all the time//the whole time** mindvégig ♦ **at the same time** 1. ugyanakkor; egy időben 2. azonban; mindamellett ♦ **at a time** egy alkalommal; egyszerre ♦ **at one time** valamikor; egykor ♦ **at the time** akkor ♦ **at times** időnként; néha ♦ **behind the times** korszerűtlen ♦ **for the time being** egyelőre; jelenleg ♦ **from time to time** időről időre ♦ **have a hard time of it** sok nehézségen megy keresztül ♦ **have no time to spare** nincs szabad ideje ♦ **have the time of one's life** még soha ilyen jól nem érezte magát ♦ **in the course of time** idővel ♦ **in good time** időben ♦ **in the nick of time** éppen jókor ♦ **in time** időben ♦ **it's high time** legfőbb ideje ♦ **keep up with the times** halad a korral ♦ **kill time** agyonüti az időt ♦ **no time like the present** most vagy soha ♦ **on time** pontosan ♦ **Once upon a time there was...** Hol volt, hol nem volt... ♦ **one at a time** egyszerre csak egy(et) ♦ **Take your time!** Oszd be az idődet kedved szerint!/Ne siesd el a dolgot! ♦ **time after time//time and time again** újra meg újra

²**time** [taɪm] <ige> 1. (meg)méri vminek az idejét: *We timed our journey.* (Meg)mértük az utunk idejét. * *She timed how long it would take her to get to the station.* Megmérte, hogy mennyi idő alatt ér az állomásra. 2. időzít: *She timed her arrival beautifully.* Csodálatosan időzítette az érkezését.

time-consuming ['taɪmkən,sjuːmɪŋ] <mn> időigényes

timeless ['taɪmləs] <mn> időtlen; végtelen

time limit ['taɪm,lɪmɪt] <fn> [C] (kiszabott) időhatár; határidő: *fix the time limit* határidőt kitűz

timely ['taɪmli] <mn> 1. időszerű; aktuális 2. jól időzített; kellő időben történő

timer ['taɪmə] <fn> [C] időmérő; időkapcsoló; időzítő

¹**times** [taɪmz] <elölj> szorozva; -szor, -szer, -ször: *Four times three is twelve.* Négyszer három az tizenkettő.

²**times** [taɪmz] <hsz> -szor/-szer/-ször olyan: *many times* sokszor * *This box is three times as heavy as that one.* Ez a doboz háromszor olyan nehéz, mint amaz.

timesaving ['taɪm,seɪvɪŋ] <mn> időt megtakarító; időkímélő

timetable ['taɪm,teɪbl] <fn> [C] 1. menetrend: *Don't forget to look up the trains to Budapest in the timetable.* Ne felejtsd el megnézni a Budapestre induló vonatokat a menetrendben! 2. órarend: *There are two History classes listed in the timetable.* Két történelemóra szerepel az órarendben. 3. időbeosztás: *have a busy timetable* sűrű a programja

timid ['tɪmɪd] <mn> félénk; bátortalan

timing ['taɪmɪŋ] <fn> [U] időzítés; (be)ütemezés

tin [tɪn] <fn> 1. [U] ón 2. [C] konzerv(doboz): *I try to open this tin.* Megpróbálom kinyitni ezt a konzervet. 3. [C, U] (fém)doboz

tinfoil ['tɪnfɔɪl] <fn> [U] alufólia

¹**tingle** ['tɪŋgl] <ige> bizsereg; csípő/szúró fájdalmat érez

²**tingle** ['tɪŋgl] <fn> [C] bizsergés; csípés; szúrás

tinker ['tɪŋkə] <ige> 1. barkácsol; bütyköl (**with sg** vmivel) 2. összetoldoz; összeeszkábál; felületesen rendbe hoz/kijavít

¹**tinkle** ['tɪŋkl] <ige> 1. megcsendít; megkongat 2. csilingel; (meg)csendül; (össze)csendül

²**tinkle** ['tɪŋkl] <fn> [C] csilingelés; csengés

tinned [tɪnd] <mn> konzerv-: *tinned fruits* gyümölcskonzerv

tin opener ['tɪn,əʊpənə] <fn> [C] konzervnyitó

¹**tint** [tɪnt] <fn> [C] szín(árnyalat)

²**tint** [tɪnt] <ige> színez; fest: *tinted glass* festett/színezett üveg

tiny ['taɪnɪ] <mn> (tinier, tiniest) apró; pici: *Look at this tiny insect on the wall.* Nézd ezt az apró bogarat a falon!

¹**tip** [tɪp] <fn> 1. [C] vége; hegye; csúcsa (**of sg** vminek): *Touch this material with the tips of your fingers.* Tapintsd meg ezt az anyagot az ujjaid hegyével! 2. [C] tanács; tipp; ötlet (**on/for sg** vmivel kapcsolatban): *Give me some useful tips on gardening.* Adj pár hasznos tanácsot a kertészkedéssel kapcsolatban! 3. [C] borravaló: *I left a tip on the table.* Az asztalon hagytam a borra valót. 4. [C] szemétlerakóhely 5. [sing] biz BrE rumli; szemétdomb

♦ **have sg on the tip of one's tongue** átv a nyelvén van ♦ **the tip of the iceberg** átv a jéghegy csúcsa

²**tip** [tɪp] <ige> (tips, tipping, tipped) 1. (meg-)dönt; (fel)billent; feldönt; felborít 2. felbillen; feldől; felborul 3. (ki)borít 4. borravalót ad (**sy** vkinek): *Shall I tip the waiter?* Adjak borravalót a pincérnek? 5. tippel

tip sy off (bizalmasan) figyelmeztet vkit

tipsy ['tɪpsɪ] <mn> becsípett; spicces; ittas

¹**tiptoe** ['tɪptəʊ] <fn> [C] lábujjhegy

♦ **on tiptoe** lábujjhegyen

²**tiptoe** ['tɪptəʊ] <ige> lábujjhegyen megy: *tiptoe into the kitchen* lábujjhegyen bemegy a konyhába

¹tire ['taɪə] <fn> [C] AmE → **tyre**
²tire ['taɪə] <ige> **1.** (el)fáraszt; (ki)fáraszt **2.** (el)fárad; (ki)fárad

tire of sy/sg beleun vkibe/vmibe
tire sy out kimerít vkit

tired ['taɪəd] <mn> fáradt; kimerült: *I am very tired so I need a rest.* Nagyon fáradt vagyok, pihennem kell. ∗ *The tired man fell asleep.* A fáradt férfi elaludt.

♦ **be tired of sg** beleunt vmibe ♦ **be sick and tired (of sg)** torkig van (vmivel)
tireless ['taɪələs] <mn> fáradhatatlan
tiresome ['taɪəsəm] <mn> bosszantó; unalmas; idegesítő; kimerítő
tiring ['taɪərɪŋ] <mn> fárasztó; kimerítő
tissue ['tɪʃuː] <fn> **1.** [U] biol szövet: *tissue extract* szövetkivonat **2.** [C] papír zsebkendő: *I always keep some tissues in my suitcase.* Mindig van papír zsebkendő a táskámban. **3.** [U] selyempapír: *Tissue is mainly used for wrapping things.* A selyempapírt főleg csomagolásra használjuk.
¹tit [tɪt] <fn> [C] cinke
²tit [tɪt] <fn> [C, ált pl] szl csöcs; cici
titbit ['tɪtbɪt] <fn> [C] **1.** ínyencfalat; nyalánkság; csemege **2.** (beszédben, cikkben) érdekes/pikáns részlet
title ['taɪtl] <fn> [C] **1.** cím: *What is the title of this painting?* Mi a címe ennek a festménynek? **2.** (társadalmi/nemesi) cím; rang: *"Sir", "Lord" or "Mr" are titles.* A „Sir", a „Lord" vagy a „Mr" (társadalmi/nemesi) címek. **3.** bajnoki cím
title-holder ['taɪtl,həʊldə] <fn> [C] a bajnoki cím védője
title role ['taɪtl rəʊl] <fn> [C] címszerep
titter ['tɪtə] <ige> kuncog; (visszafojtottan) nevet
to [tə, magánhangzó előtt tʊ] <elölj> **1.** -hoz, -hez, -höz; -ba, -be; -ra, -re: *I am going to the shop.* A boltba megyek. ∗ *Can you tell me the way to the post office, please?* Megmutatná a postához vezető utat? ∗ *This summer we are planning to go to Britain.* Idén nyáron Angliába készülünk. ∗ *I can't find the road to Miskolc.* Nem találom a Miskolcra vezető utat. **2.** -nak, -nek: *Give this present to your sister.* Ezt az ajándékot add a nővérednek! ∗ *I sent a letter to my friend.* Küldtem egy levelet a barátomnak. **3.** (időben) -ig: *He works from Monday to Friday.* Hétfőtől péntekig dolgozik. ∗ *The museum is open from 9 to 5.* A múzeum 9-től 5-ig van nyitva. **4.** (idő kifejezésekor) múlva: *It is five to seven.* 5 perc múlva 7 óra. **5.** (kiterjedésben) -ig: *I read the book from the beginning to the end.* Az elejétől a végéig kiolvastam a könyvet. **6.** (változás) -ra, -re: *cut sg down to a minimum* minimálisra csökkent vmit ∗ *The sky changed from grey to dark blue.* Az ég szürkéről sötétkékre változott. **7.** vki szerint; számára: *To me, it was the wrong decision.* Szerintem rossz döntés volt. **8.** (a főnévi igenév jele) -ni: *He tried to run away.* Megpróbált elfutni. ∗ *He came to help me.* Segíteni jött nekem.

♦ **to and fro** föl és alá; ide-oda
toad [təʊd] <fn> [C] varangy(os béka)
toadstool ['təʊdstuːl] <fn> [C] mérges (kalapos)gomba
¹toast [təʊst] <ige> **1.** [U] pirítós: *Do you want toast and tea for breakfast?* Kérsz pirítóst és teát reggelire? **2.** [C] pohárköszöntő; tószt
²toast [təʊst] <ige> **1.** (meg)pirít **2.** (meg)pirul **3.** iszik vkinek az egészségére: *The guests toasted the couple.* A vendégek ittak a pár egészségére.
toaster ['təʊstə] <fn> [C] kenyérpirító
tobacco [tə'bækəʊ] <fn> [C] dohány
tobacconist [tə'bækənɪst] <fn> [C] **1.** trafikos **2. tobacconist's** trafik; dohánybolt
¹today [tə'deɪ] <hsz> **1.** ma: *a week ago today* ma egy hete **2.** manapság; mostanában
²today [tə'deɪ] <fn> [U] a ma; a jelen: *the young people of today* a mai fiatalok ∗ *the writers of today* a ma írói ∗ *today's paper* a mai újság
toddle ['tɒdl] <ige> (kisgyerek) totyog; tipeg
toddler ['tɒdlə] <fn> [C] totyogó/tipegő kisgyerek
toe [təʊ] <fn> [C] **1.** lábujj: *Don't step on my toe.* Ne lépj a lábujjamra! **2.** (cipőé, zoknié) orr: *There is a big hole in the toe of my sock.* Nagy lyuk van a zoknim orrán.
toenail ['təʊneɪl] <fn> [C] lábujjköröm
toffee ['tɒfɪ] <fn> [C, U] tejkaramella
¹together [tə'geðə] <hsz> **1.** együtt; össze-: *We live together.* Együtt élünk. ∗ *You have to stay together or you'll get lost.* Együtt kell maradnotok, különben eltévedtek. ∗ *I couldn't stick the two pieces together.* Nem tudtam összeragasztani a két darabot. **2.** egyszerre: *We all arrived together.* Mindannyian egyszerre érkeztünk.
²together [tə'geðə] <mn> biz (személy) összeszedett: *I'm not very together today.* Ma nem vagyok elég összeszedett.
¹toil [tɔɪl] <ige> fáradozik; küszködik; keményen dolgozik; gürizik
²toil [tɔɪl] <fn> [U] fáradozás; küszködés; gürizés

toilet ['tɔɪlət] <fn> [C] vécé; mosdó; toalett: *Where can I find the ladies' toilet?* Hol találom a női vécét/mosdót?
toilet bag ['tɔɪlət bæg] <fn> [C] piperetáska
toilet paper ['tɔɪlət,peɪpə] <fn> [U] vécépapír; toalettpapír
toiletries ['tɔɪlətrɪz] <fn> [pl] pipereszerek
¹token ['təʊkən] <fn> [C] **1.** *(automatához)* érme; zseton **2.** BrE (ajándék)utalvány; vásárlási utalvány: *book tokens* könyvutalványok **3.** jel(zés); szimbólum: *as a token of sg* vmi jeléül ∗ *Please accept it as a token of my gratitude.* Kérem, fogadja el hálám jeléül!
²token ['təʊkən] <mn> jelképes; szimbolikus; a forma kedvéért való: *token payment* jelképes fizetés
told [təʊld] → **tell**
tolerable ['tɒlərəbl] <mn> **1.** elviselhető; tűrhető **2.** elég jó; meglehetősen jó
tolerance ['tɒlərəns] <fn> [U] türelem; tolerancia
tolerant ['tɒlərənt] <mn> türelmes; toleráns; elnéző
tolerate ['tɒləreɪt] <ige> **1.** (meg)enged; tolerál **2.** (meg)tűr; (el)tűr; elvisel: *not to be tolerated* elviselhetetlen
toll [təʊl] <fn> [C] **1.** úthasználati/hídhasználati díj: *motorway toll* autópályadíj **2.** az áldozatok száma; a kár nagysága: *the toll of the roads* a közúti balesetek áldozatai

 ♦ **take a heavy toll**//**take its toll** sok/nagy áldozatot követel
toll-free [,təʊl'friː] <mn> AmE ingyen hívható: *toll-free telephone service* ingyen hívható telefonos szolgálat
tomato [tə'mɑːtəʊ] <fn> [C] (tomatoes) paradicsom: *We had potato with tomato sauce for lunch.* Krumplit ebédeltünk paradicsomszósszal. ∗ *I put sliced tomatoes in my sandwich.* A szendvicsembe paradicsomszeleteket tettem.
tomb [tuːm] <fn> [C] sír(emlék)
tomboy ['tɒmbɔɪ] <fn> [C] fiús lány
tombstone ['tuːmstəʊn] <fn> [C] sírkő
tomcat ['tɒmkæt] <fn> [C] kandúr; kanmacska
¹tomorrow [tə'mɒrəʊ] <hsz> holnap: *a week tomorrow* holnaphoz egy hétre
²tomorrow [tə'mɒrəʊ] <fn> [U] a holnap: *in tomorrow's newspapers* a holnapi lapokban
ton [tʌn] <fn> **1.** [C] tonna: *How many kilograms are there in a ton?* Egy tonna hány kilogramm? ∗ *That box weighs two tons.* Ez a doboz két tonna. **2. tons** [pl] biz rengeteg: *I had tons of letters to write.* Rengeteg levelet kellett megírnom.
¹tone [təʊn] <fn> **1.** [C] hang; hangnem: *say sg in a casual tone of voice* közömbös hangnemben mond vmit **2.** [sing] hangnem; tónus: *The tone of the meeting was optimistic.* A találkozó hangneme optimista volt. **3.** [C] (szín-)árnyalat; tónus: *warm tones* meleg színárnyalatok
²tone [təʊn] <ige> *(testet, izmokat)* (meg)erősít

tone sg down tompít; mérsékel vmit

tongs [tɒŋz] <fn> [pl] fogó; csipesz
tongue [tʌŋ] <fn> **1.** [C, U] *(testrész)* nyelv: *The doctor looked at my tongue.* Az orvos megnézte a nyelvemet. **2.** [C] *(beszélt)* nyelv: *Hungarian is my mother tongue.* A magyar az anyanyelvem.

 ♦ **have sg on the tip of one's tongue** átv a nyelve hegyén van ♦ **put/stick one's tongue out** kinyújtja a nyelvét ♦ **(with) tongue in cheek** incselkedve; viccből
tongue-tied ['tʌŋtaɪd] <mn> hallgatag
tongue-twister ['tʌŋ,twɪstə] <fn> [C] nyelvtörő
¹tonight [tə'naɪt] <hsz> ma este/éjjel
²tonight [tə'naɪt] <fn> [U] a ma este/éjjel: *tonight's news* a ma éjjeli hírek
tonne [tʌn] <fn> [C] tonna
tonsil ['tɒnsl] <fn> [C] *(testrész)* mandula
tonsillitis [,tɒnsə'laɪtɪs] <fn> [U] mandulagyulladás
too [tuː] <hsz> **1.** túl(ságosan): *These shoes are too big for you.* Ez a cipő túl(ságosan) nagy neked! ∗ *I'm afraid she is not feeling too well.* Attól tartok, nem érzi túl jól magát. **2.** is; szintén: *My favourite fruit is the apple but I like orange, too.* A kedvenc gyümölcsöm az alma, de a narancsot is szeretem. ∗ *My sister likes swimming and I do too.* A nővérem szeret úszni, és én szintén. **3.** azonkívül; amellett; ráadásul: *She is young, pretty, and clever too.* Fiatal, csinos és ráadásul okos is.
took [tʊk] → **take**
tool [tuːl] <fn> [C] szerszám: *garden tools* kerti szerszámok
toolbar ['tuːlbɑː] <fn> [C] infor eszköztár
tool box ['tuːl bɒks] <fn> [C] szerszámos doboz; szerszámláda
¹toot [tuːt] <fn> [C] dudálás; tülkölés
²toot [tuːt] <ige> dudál: *toot the horn* dudál
tooth [tuːθ] <fn> [C] (teeth) **1.** fog: *brush one's teeth* fogat mos ∗ *fill sy's tooth* betömi vki fogát **2.** *(fésűé stb.)* fog

 ♦ **by/with the skin of one's teeth** csak egy hajszálon múlt ♦ **gnash/grit one's teeth** csikorgatja a fogát ♦ **have a sweet tooth** édesszájú
toothache ['tuːθeɪk] <fn> [C, U] fogfájás

toothbrush ['tu:θrʌʃ] <fn> [C] fogkefe
toothpaste ['tu:θpeɪst] <fn> [U] fogkrém
toothpick ['tu:θpɪk] <fn> [C] fogpiszkáló
¹**top** [tɒp] <fn> **1.** [C] tető; felső része; teteje; csúcsa (**of sg** vminek): *They have a nice house at the top of the hill.* Szép házuk van a hegytetőn. ∗ *at the top of the stairs* a lépcső tetején ∗ *at the top of the page* a lap tetején **2. the top (of sg)** [sing] a legmagasabb rang/hely; csúcsa (vminek): *be at the top of one's career* karrierje csúcsán van **3.** [C] tető; kupak: *I have lost the top of this bottle.* Elvesztettem ennek az üvegnek a tetejét. **4.** [C] top; felső(rész): *I bought a new top.* Vettem egy új topot.

♦ **at the top of one's voice** torkaszakadtából ♦ **be on top** az első helyen van ♦ **get on top of sy** vkinek az agyára megy ♦ **on top** a tetején; a tetejére ♦ **on top of sy/sg** **1.** vkinek/vminek a tetején **2.** mindennek a tetejébe biz **3.** szorosan ♦ **over the top** biz eltúlzott

²**top** [tɒp] <mn> **1.** (leg)felső; legmagasabb: *at top speed* maximális sebességgel ∗ *the top button of his coat* kabátja felső gombja ∗ *His office is on the top floor.* Irodája a legfelső szinten található. **2.** (leg)első; legjobb; legkülönb: *He got top marks.* Mindenre jelest kapott.

³**top** [tɒp] <ige> (tops, topping, topped) **1.** meghalad; megelőz; felülmúl: *top sy by a head* egy fejjel nagyobb vkinél **2.** élen áll/jár: *top a list* a névsor élén áll; rangelső **3.** rátesz; tetejére tesz: *potatoes topped with cheese sauce* krumpli a tetején sajtszósszal

top (sg) up feltölt; utántölt (vmit)

top hat [ˌtɒp'hæt] <fn> [C] cilinder
topic ['tɒpɪk] <fn> [C] téma; tárgy: *What is the topic of the conversation?* Mi a beszélgetés témája?
topical ['tɒpɪkl] <mn> aktuális; időszerű; tárgyhoz tartozó
topmost ['tɒpməʊst] <mn> legmagasabb; legfelsőbb
topping ['tɒpɪŋ] <fn> [C, U] (ételen) díszítés; öntet
top secret [ˌtɒp 'si:krət] <mn> szigorúan titkos
torch [tɔ:tʃ] <fn> [C] **1.** zseblámpa: *Have you got a torch?* Van zseblámpád? **2.** fáklya: *Olympic torch* az olimpiai láng
tore [tɔ:] → ³**tear**
¹**torment** ['tɔ:ment] <fn> [C, U] **1.** kín(szenvedés); gyötrelem; fájdalom **2.** kín/gyötrelem forrása: *You're an everlasting torment to me.* Nem szűnsz meg kínozni. **3.** kínvallatás; tortúra
²**torment** [tɔ:'ment] <ige> **1.** (meg)kínoz; gyötör; zaklat: *be tormented by hunger* éhség kínozza **2.** kínvallatásnak vet alá
torn [tɔ:n] → ³**tear**
tornado [tɔ:'neɪdəʊ] <fn> [C] (tornadoes) forgószél; tornádó
torrent ['tɒrənt] <fn> [C] ár(adat); zuhatag; özön: *torrent of tears* könnyek áradata
torrential [tə'renʃl] <mn> (eső) ömlő; szakadó; zuhogó
torso ['tɔ:səʊ] <fn> [C] (torsos) **1.** törzs **2.** (fejetlen és végtag nélküli szobor) torzó
tortoise ['tɔ:təs] <fn> [C] teknősbéka: *Our tortoise pulled its head into its shell.* A teknősbékánk behúzta a fejét a páncéljába.
¹**torture** ['tɔ:tʃə] <fn> [C, U] **1.** kínzás; gyötrés **2.** kínvallatás; tortúra **3.** kínlódás; kínszenvedés; gyötrelem
²**torture** ['tɔ:tʃə] <ige> **1.** (meg)kínoz; gyötör; sanyargat **2.** kínvallatás alá vesz vkit
torturer ['tɔ:tʃərə] <fn> [C] kínzó; kínvallató
¹**Tory** ['tɔ:rɪ] <mn> konzervatív (párti); tory
²**Tory** ['tɔ:rɪ] <fn> [C] (Tories) (a brit konzervatív párt tagja) tory
¹**toss** [tɒs] <ige> **1.** (fel)dob; hajít: *toss a coin* pénzt feldob **2.** ide-oda dobál; ingat; mozgat **3.** hánykolódik; forgolódik: *toss and turn in bed* hánykolódik az ágyában **4.** (hajó) hánykódik; inog **5.** (fejét) rázza; csóválja: *toss one's head* rázza a fejét
²**toss** [tɒs] <fn> [ált sing] (fel)dobás

♦ **win/lose the toss** nyer/veszít pénzfeldobáskor

¹**tot** [tɒt] <fn> [C] **1.** biz tipegő/piciny gyerek **2.** (ital) kis pohár; egy korty
²**tot** [tɒt] <ige> (tots, totting, totted) biz **tot (sg) up 1.** összeszámol (vmit) **2.** kitesz (vmennyit); rúg (vmennyire)
¹**total** ['təʊtl] <mn> összes; össz-; teljes; totális: *There is now total silence in the house.* Most teljes csönd van a házban. ∗ *What is the total cost?* Mi a teljes költség?
²**total** ['təʊtl] <fn> [C] végösszeg: *The total came to 1,000 dollars.* A végösszeg 1000 dollárra rúgott.

♦ **in total** összesen

³**total** ['təʊtl] <ige> (totals, totalling, totalled, AmE totaling, totaled) **total sg (up) 1.** összegez vmit **2.** kitesz vmennyit; rúg vmennyire
totalitarian [təʊˌtælɪ'teərɪən] <mn> totalitárius; parancsuralmi; diktatórikus
totally ['təʊtəlɪ] <hsz> teljesen; tökéletesen; maximálisan
totter ['tɒtə] <ige> támolyog; tántorog; dülöngél

¹touch

¹touch [tʌtʃ] <ige> **1.** hozzányúl; (meg)érint: *Don't touch the fence because the paint isn't dry yet.* Ne nyúlj hozzá a kerítéshez, mert a festék még nem száradt meg! * *He touched me on the shoulder.* Megérintette a vállamat. **2.** hozzáér; összeér; érintkezik: *There is a wet mark on the wall where my umbrella touched it.* Ahol az esernyőm hozzáért a falhoz, vizes nyomot hagyott. * *His trousers touch the ground.* A nadrágja a földet éri. **3.** meghat; megindít: *I am touched by his generosity.* Meghat a nagylelkűsége.

> **touch down** *(repülőgép)* leszáll; földet ér
> **touch on/upon sg** *(témát)* érint; tárgyal

²touch [tʌtʃ] <fn> **1.** [C] érintés: *I felt a touch on my shoulder.* Érintést éreztem a vállamon. **2.** [U] tapintás; érzés: *the sense of touch* tapintóérzék * *This stone felt cold to the touch.* Ez a kő tapintásra hideg. **3.** [sing] jelleg(zetesség); jellemző vonás: *personal touch* egyéni jelleg **4. a touch (of sg)** [sing] egy kis/pici (vmiből): *a touch of flu* egy kis influenza

♦ **be in touch with sy** kapcsolatban van vkivel ♦ **get in touch with sy** érintkezésbe/kapcsolatba lép vkivel ♦ **lose touch with sy** elveszti a kapcsolatot vkivel ♦ **be out of touch with sy** nincs kapcsolatban vkivel

touchdown [ˌtʌtʃˈdaun] <fn> [C, U] **1.** földet érés **2.** *(amerikai futballban, rögbiben)* gól
touched [tʌtʃt] <mn> meghatott; megindult
touching [ˈtʌtʃɪŋ] <mn> megható; megindító
touch screen [ˈtʌtʃ skriːn] <fn> [C] infor érintésérzékeny képernyő
touchy [ˈtʌtʃi] <mn> (touchier, touchiest) **1.** túlérzékeny; sértődékeny **2.** *(ügy)* kényes
tough [tʌf] <mn> (tougher, toughest) **1.** *(hús)* rágós: *This meat is tough.* Rágós ez a hús. **2.** *(anyag stb.)* kemény; erős **3.** szívós; edzett; kitartó: *You must be tough if you want to be a sailor.* Ha tengerész akarsz lenni, edzettnek kell lenned. **4.** kemény; nehéz: *a tough decision* nehéz döntés * *The competition will be tough.* A verseny nehéz lesz. **5.** szigorú; kemény (**on/with sy** vkivel): *get tough with sy* keményen elbánik vkivel; szigorúan eljár vkivel szemben **6.** erős; ellenálló; strapabíró: *a tough pair of shoes* egy pár strapabíró cipő
toughen [ˈtʌfn] <ige> **1.** (meg)edz; szívóssá tesz **2.** megedződik
¹tour [tʊə] <fn> **1.** [C] (kör)utazás: *Last year we went on a tour of Italy.* Tavaly olaszországi körutazásra mentünk. **2.** [C] körséta: *He took us on a tour of the city.* Városi körsétára vitt bennünket. **3.** [C, U] *(művészé stb.)* turné: *The band is on a tour in America.* Az együttes Amerikában turnézik.
²tour [tʊə] <ige> körutazást tesz; bejár; beutazik: *We toured Europe.* Európai körutazást tettünk.
tourism [ˈtʊərɪzm] <fn> [U] idegenforgalom; turizmus
tourist [ˈtʊərɪst] <fn> [C] turista: *Tourists come from all parts of the world.* A világ minden részéről érkeznek turisták.
tournament [ˈtʊənəmənt] <fn> [C] sp torna; verseny(sorozat)
tousled [ˈtauzld] <mn> *(haj)* kócos; zilált
¹tow [təu] <ige> *(járművet)* (el)vontat
²tow [təu] <fn> [U] vontatás: *give sy/sg a tow* elvontat vkit/vmit

♦ **in tow** biz szorosan a nyomában
toward [təˈwɔːd] → **towards**
towards [təˈwɔːdz] <elölj> **1.** irányába(n); felé: *He ran towards me.* Felém futott. * *We are sailing towards the coast.* A part felé hajóztunk. * *He turned towards me.* Felém fordult. **2.** *(időben)* tájban; felé; körül: *Towards evening, the day became cooler and cooler.* Estefelé egyre hűvösebb lett. * *We'll meet towards the end of the year.* Év vége felé fogunk találkozni.
towel [ˈtauəl] <fn> [C] törülköző: *Dry your hands with this towel.* Töröld meg a kezedet ezzel a törülközővel!
tower [ˈtauə] <fn> [C] torony: *church tower* templomtorony
tower block [ˈtauə blɒk] <fn> [C] BrE toronyház
town [taun] <fn> **1.** [C, U] város: *go into town* bemegy a városba * *He is in town doing some shopping.* A városba ment vásárolni. **2. the town** [sing] a város (összes lakója): *The whole town visited the gallery.* Az egész város meglátogatta a galériát.

♦ **go to town** biz belead apait-anyait ♦ **be out on the town** biz *(éjjel)* kimarad
town centre [ˌtaunˈsentə] <fn> [C] városközpont
town hall [ˌtaunˈhɔːl] <fn> [C] városháza
toxic [ˈtɒksɪk] <mn> mérgező
¹toy [tɔɪ] <fn> [C] játék(szer)
²toy [tɔɪ] <ige>

> **toy with sg 1.** játszik vmivel **2.** *(egy gondolattal)* foglalkozik; eljátszadozik

¹trace [treɪs] <fn> **1.** [C, U] nyom: *find traces of sy/sg* a nyomára akad vkinek/vminek * *There* *is still no trace of the escaped murderer.* Még mindig semmi nyoma az elmenekült gyilkosnak. **2. a trace (of sg)** [C] kis/elenyésző mennyiség (vmiből): *They found traces of poison in his blood.* Kis mennyiségű mérget találtak a vérében.

²**trace** [treɪs] <ige> **1.** megtalál; nyomára bukkan; kinyomoz: *We have traced him to Australia.* Ausztráliában találtuk meg. * *The police haven't traced the stolen painting yet.* A rendőrség még nem nyomozta ki az ellopott festmény ügyét. **2.** *(pauszpapírral stb.)* lemásol; átmásol: *Try to trace this picture.* Próbáld meg átmásolni ezt a képet! **3.** *(eredetet)* visszavezet: *He traces his descent from the 16th century.* Eredetét egészen a 16. századig tudja visszavezetni.

tracing paper ['treɪsɪŋˌpeɪpə] <fn> [C, U] (rajz-) másolópapír; pauszpapír

¹**track** [træk] <fn> **1.** [C] ösvény; földút: *Just go ahead on this nice mountain track.* Menj csak tovább ezen a szép hegyi ösvényen! **2.** [C] nyom; lábnyom: *bicycle tracks* biciklinyomok * *tyre tracks* keréknyomok * *We followed the cat's tracks.* A macska (láb)nyomát követtük. **3.** [C, U] sín(pár); vágány: *railroad tracks* vasúti vágányok * *The train for Chicago is on track 8.* A chicagói vonat a 8. vágányon áll. **4.** [C] (verseny)pálya: *running track* futópálya **5.** [C] *(CD-n, kazettán)* szám
♦ **be on sy's track** vkinek a nyomában van ♦ **be on the right track** átv jó nyomon jár ♦ **be on the wrong track** átv rossz nyomon jár ♦ **keep track of sy/sg** nyomon követ vkit/vmit ♦ **lose track of sy/sg** nyomát veszti vkinek/vminek ♦ **off the beaten track** távoli; félreeső

²**track** [træk] <ige> (nyomon) követ; kinyomoz

track sy/sg down vki/vmi nyomára bukkan; megtalál; kinyomoz

tracksuit ['træksuːt] <fn> [C] melegítő; tréningruha: *Do you wear a tracksuit?* Melegítőt viselsz?

tractor ['træktə] <fn> [C] traktor: *Can you drive a tractor?* Tudsz traktort vezetni?

¹**trade** [treɪd] <fn> **1.** [U] kereskedelem; kereskedés: *foreign trade* külkereskedelem * *trade agreement* kereskedelmi megállapodás * *trade between Hungary and foreign countries* Magyarország és a külföldi országok közötti kereskedelem **2.** [C] szakma; iparág; üzletág: *catering trade* vendéglátóipar * *tourist trade* idegenforgalom * *He works in the jewellery trade.* Az ékszerész szakmában dolgozik. **3.** [C, U] mesterség; foglalkozás; szakma: *learn a trade* szakmát tanul * *He is shoemaker by trade.* Szakmájára nézve cipész.

²**trade** [treɪd] <ige> **1.** kereskedik: *They trade mainly in tomato.* Főleg paradicsommal kereskednek. **2.** (el)cserél; (be)cserél: *I traded my bracelet for a necklace.* A karkötőmet egy nyakláncra cseréltem (be).

trade sg in beszámíttat vmit; *(kocsit árbeszámítással újra)* becserél; kicserél

trademark ['treɪdmɑːk] <fn> [C] védjegy; márka
tradition [trə'dɪʃn] <fn> [C, U] hagyomány: *British people are said to preserve tradition.* A britekről köztudott, hogy őrzik a hagyományt.
traditional [trə'dɪʃnəl] <mn> hagyományos

¹**traffic** ['træfɪk] <fn> [U] **1.** *(közúti, légi stb.)* forgalom; közlekedés: *heavy traffic* nagy forgalom * *light traffic* kis forgalom * *We got stuck in traffic.* Dugóba kerültünk. **2.** illegális kereskedelem; üzérkedés

Vigyázat, álbarátok!
traffic ≠ trafik (= tobacconist's)

²**traffic** ['træfɪk] <ige> (traffics, trafficking, trafficked)

traffic in sg illegális kereskedelmet folytat; üzérkedik vmivel

trafficking ['træfɪkɪŋ] <fn> [U] illegális kereskedelem; üzérkedés
traffic island ['træfɪk aɪlənd] <fn> [C] járdasziget
traffic jam ['træfɪk dʒæm] <fn> [C] forgalmi dugó
traffic lights ['træfɪk laɪt(s)] <fn> [pl] (forgalmi) jelzőlámpa
traffic warden ['træfɪkˌwɔːdn] <fn> [C] BrE közterületi felügyelő; parkolóőr
tragedy ['trædʒədɪ] <fn> [C, U] (tragedies) **1.** tragédia; dráma: *Have you seen any of Shakespeare's tragedies?* Láttál már Shakespeare-tragédiát? **2.** tragikus esemény/eset; tragédia
tragic ['trædʒɪk] <mn> **1.** tragikus; végzetes; szomorú; megrázó **2.** tragikus: *tragic actor* tragikus színész

¹**trail** [treɪl] <fn> [C] **1.** nyom; csík; sáv: *follow the trail* követi a nyomot **2.** ösvény; gyalogút: *Just follow this mountain trail and you won't get*

lost. Csak menj ezen a hegyi ösvényen, és nem tévedsz el!

²**trail** [treɪl] <ige> **1.** maga után húz/vonszol/hurcol/vontat: *He is trailing his coat.* A kabátját maga után húzza a földön. **2.** (lelóg és) a földet söpri; a földre ér: *Her scarf was trailing along the ground.* A sálja lelógott és a földet söpörte. **3.** (nehézkesen) cammog; kullog; vánszorog: *He was tired, so he trailed along behind his parents.* Fáradt volt, ezért a szülei mögött kullogott. **4.** sp vesztésre áll **5.** indázva befon **6.** *(vmi felszínén)* tekereg; kúszik

trail away/off *(hang)* fokozatosan elhal

trailer ['treɪlə] <fn> [C] **1.** utánfutó; pótkocsi: *We can carry these luggages in a trailer.* Utánfutóval vihetjük ezeket a csomagokat. **2.** AmE lakókocsi: *We went camping with our trailer.* A lakókocsikkal mentünk kempingezni. **3.** (film)előzetes

¹**train** [treɪn] <fn> [C] **1.** vonat; szerelvény: *passenger train* személyszállító vonat * *by train* vonattal * *catch the train* elcsípi a vonatot * *miss the train* lekési a vonatot * *change trains* átszáll * *The train to Budapest left from platform 4.* A budapesti vonat a négyes vágányról indult. * *The last train leaves at 11.30.* Az utolsó szerelvény 11.30-kor indul. **2.** sor(ozat); láncolat: *train of thought* gondolatsor

²**train** [treɪn] <ige> **1.** betanít; (ki)képez; oktat: *His dog was trained to bring the letters in.* A kutyáját betanította, hogy a leveleket hozza be. * *I was trained as a pilot.* Pilótának képeztek ki. **2.** *(vminek)* tanul: *She is to become a nurse.* Ápolónőnek tanul. **3.** *(vmire)* edz; treníroz: *He is for the race.* A versenyre edz. **4.** *(fegyvert stb.)* irányít; szegez (**at/on sy/sg** vkire/vmire)

trainee [ˌtreɪˈniː] <fn> [C] gyakornok; tanuló; tanonc

traineeship [ˌtreɪˈnɪʃɪp] <fn> [U] tanulóidő; gyakorlóidő

trainer ['treɪnə] <fn> **1.** [C] edző; oktató: *She went to the sports ground with her trainer.* Edzőjével ment a sportpályára. **2.** [ált pl] edzőcipő: *I have bought a pair of trainers.* Vettem egy pár edzőcipőt.

training ['treɪnɪŋ] <fn> [U] edzés; tréning: *be in training (for the Olympics)* az olimpiára edz/készül fel

Vigyázat, álbarátok!
training ≠ tréningruha (= tracksuit)

trait [treɪt] <fn> [C] jellemvonás; jelleg(zetesség); egyéni sajátosság

traitor ['treɪtə] <fn> [C] áruló; hitszegő

tram [træm] <fn> [C] villamos: *Are there trams still running in your town?* Közlekednek még villamosok a városotokban?

¹**tramp** [træmp] <fn> **1.** [C] csavargó **2.** [sing] lábdobogás; lábdübörgés **3.** [C] (fárasztó) járkálás; gyaloglás

²**tramp** [træmp] <ige> **1.** nehéz léptekkel jár **2.** sétál; gyalogol; kóborol; bolyong

trample ['træmpl] <ige> eltipor; (el)tapos; (rá-)tapos: *trample to death* agyontapos * *trample on the flowers* rátapos a virágokra

trampoline ['træmpəliːn] <fn> [C] ugróasztal

trance [trɑːns] <fn> [C] önkívület(i állapot); eksztázis; transz: *fall into a trance* transzba esik

tranquil ['træŋkwɪl] <mn> nyugodt; békés; csöndes

tranquillise ['træŋkwəlaɪz] BrE → **tranquillize**

tranquilliser ['træŋkwəlaɪzə] BrE → **tranquillizer**

tranquillity [træŋˈkwɪləti] <fn> [U] nyugalom; békesség; csöndesség: *tranquillity of mind* lelki nyugalom

tranquillize ['træŋkwəlaɪz] <ige> megnyugtat; lecsillapít

tranquillizer ['træŋkwəlaɪzə] <fn> [C] nyugtató(szer)

transact [trænˈzækt] <ige> *(üzletet)* lebonyolít; (meg)köt: *transact business with sy* üzletet köt vkivel

transaction [trænˈzækʃn] <fn> [C] üzlet(kötés); tranzakció

transatlantic [ˌtrænzətˈlæntɪk] <mn> tengerentúli; az Atlanti-óceánon túli

transcend [trænˈsend] <ige> meghalad(ja a határait); felülmúl

transcendental [ˌtrænsenˈdentl] <mn> tapasztalattól független; érzékelésen/tapasztalaton felüli; transzcendentális

transcribe [trænˈskraɪb] <ige> **1.** *(szöveget eredetiről stb.)* leír; átír; lemásol; átmásol **2.** *(más jelrendszerbe)* átír; kiejtés szerinti/fonetikusan átír **3.** zene átír (**for sg** vmely hangszerre)

transcript ['trænskrɪpt] <fn> [C] **1.** másolat; leírás; írott változat; átírás; átirat **2.** AmE *(főiskolásé)* ≈ index

transcription [trænˈskrɪpʃn] <fn> **1.** [U] átírás; átmásolás **2.** [C] zene átirat

¹**transfer** [trænsˈfɜː] <ige> (transfers, transferring, transferred) **1.** átutal: *My father transferred some money from his bank account to mine.* Az (édes)apám átutalt egy kis pénzt az ő

bankszámlájáról az enyémre. **2.** áthelyez: *My boss wants to transfer me to Britain.* A főnököm Angliába akar áthelyezni. **3.** közl átszáll: *I had to transfer to another bus.* Másik buszra kellett átszállnom. **4.** sp átigazol; átmegy: *He transferred from Arsenal to Manchester United for a huge fee.* Hatalmas összegért átigazolt az Arsenalból a Manchester Unitedhoz. **5.** *(vagyont, jogot)* átruház

²**transfer** ['trænsfɜː] <fn> **1.** [C, U] átutalás; áthelyezés **2.** [U] (át)szállítás; átrakás; áthelyezés **3.** [C, U] *(jogé, tulajdoné)* átruházás **4.** [C] AmE átszállóhely

transform [træns'fɔːm] <ige> **1.** (teljesen) átalakít **2.** (teljesen) átalakul; átváltozik

transformation [ˌtrænsfə'meɪʃn] <fn> [C, U] **1.** átalakítás **2.** átalakulás; átváltozás

transfusion [træns'fjuːʒn] <fn> [C, U] **(blood) transfusion** (vér)átömlesztés; transzfúzió

transistor [træn'zɪstə] <fn> [C] tranzisztor

transit ['trænsɪt] <fn> [U] **1.** (át)szállítás: *They were damaged in transit.* Szállítás közben megsérültek. **2.** áthaladás; átutazás **3.** összet tranzit; átmenő; átutazó: *transit visa* átutazóvízum

transition [træn'zɪʃn] <fn> [C, U] *(egyik állapotból a másikba)* átmenet

transitional [træn'zɪʃənl] <mn> átmeneti

transitive ['trænsətɪv] <mn> nyelvt *(ige)* tárgyas; tranzitív

translate [træns'leɪt] <ige> (le)fordít (**from sg into sg** vmiről vmire): *Who translated this letter from French into Hungarian?* Ki fordította (le) ezt a levelet franciáról magyarra?

translation [træns'leɪʃn] <fn> [C, U] fordítás: *an error in translation* fordítási hiba ∗ *I have only read that book in translation.* Csak fordításban olvastam azt a könyvet.

translator [træns'leɪtə] <fn> [C] fordító

transmission [trænz'mɪʃn] <fn> **1.** [U] továbbítás; továbbadás; átadás **2.** [C] *(tévéműsoré stb.)* közvetítés; adás **3.** [C, U] gk erőátvitel

transmit [trænz'mɪt] <ige> (transmits, transmitting, transmitted) **1.** továbbít; továbbad; átad **2.** *(rádió, tévé)* közvetít; sugároz; ad

transparency [træns'pærənsi] <fn> (transparencies) **1.** [U] átlátszóság; áttetszőség: *The very first chemistry lesson was about the transparency of the water.* A legelső kémiaóra a víz átlátszóságáról szólt. **2.** [C] dia(film): *a presentation with transparencies* előadás diákkal **3.** **overhead transparency** [C] *(írásvetítőhöz)* fólia

transparent [træns'pærənt] <mn> átlátszó

¹**transplant** [træns'plɑːnt] <ige> *(emberi szervet, növényt)* átültet: *have a heart transplant* szívátültetést végeznek rajta

²**transplant** ['trænsplɑːnt] <fn> [C, U] szervátültetés: *perform a transplant* szervátültetést végez

¹**transport** ['trænspɔːt] <fn> [U] **1.** szállítás; fuvarozás: *transport of goods by air* áruk légi szállítása **2.** közlekedés: *public transport* tömegközlekedés ∗ *means of transport* közlekedési eszköz

²**transport** [træn'spɔːt] <ige> (el)szállít; (át-) szállít; visz: *The goods will by transported by air.* Az árut repülővel szállítják (el).

transportation [ˌtrænspɔː'teɪʃn] <fn> [U] AmE **1.** szállítás; fuvarozás **2.** közlekedés

¹**trap** [træp] <fn> [C] **1.** átv is csapda; kelepce: *set a trap* csapdát állít ∗ *walk into a trap* besétál a csapdába **2.** biz pofa; kereplő; száj

²**trap** [træp] <ige> (traps, trapping, trapped) **1.** *(állatot)* csapdával (el)fog **2.** átv csapdába ejt; csapdában tart; behúz a csőbe: *I'm trapped.* Csapdába estem.

trapdoor ['træpdɔː] <fn> [C] csapóajtó

trash [træʃ] <fn> [U] **1.** AmE szemét; hulladék **2.** ostobaság; butaság

trashy ['træʃi] <mn> (trashier, trashiest) biz *(minőség)* vacak; szemét; értéktelen

trauma ['trɔːmə] <fn> [C, U] megrázkódtatás; trauma

traumatic [trɔː'mætɪk] <mn> megrázó; traumatikus

¹**travel** ['trævl] <ige> (travels, travelling, travelled, AmE traveling, traveled) utazik; megy: *travel by air/car/sea* repülővel/autóval/hajóval megy ∗ *He's travelling a lot.* Sokat utazik. ∗ *She used to travel to work by car.* Régebben autóval ment dolgozni.

♦ **travel light** kevés holmival utazik

²**travel** ['trævl] <fn> **1.** [U] utazás; út: *air/rail travel* utazás repülővel/vonattal ∗ *Travel is one of his hobbies.* Az utazás az egyik hobbija. **2. travels** [pl] utazások; utazgatás

travel agency ['trævl ˌeɪdʒənsi] <fn> [C] (travel agencies) utazási iroda

travel agent ['trævl ˌeɪdʒənt] <fn> [C] **1.** utazási referens **2. travel agent's** utazási iroda

traveler ['trævələr] AmE → **traveller**

traveler's check ['trævələrz ˌtʃek] AmE → **traveller's cheque**

travel insurance ['trævl ɪnˌʃʊərəns] <fn> [U] gazd utasbiztosítás

traveller ['trævlə] <fn> [C] utazó; utas: *A weary traveller is sitting on the bench.* Egy fáradt utazó üldögél a padon.

traveller's cheque ['trævləz ˌtʃek] <fn> [C] utazási csekk
travel-sick ['trævlsɪk] <mn> utazástól beteg
tray [treɪ] <fn> [C] **1.** tálca **2.** irattálca
treacherous ['tretʃərəs] <mn> **1.** alattomos; áruló; hűtlen **2.** csalóka; szeszélyes; megbízhatatlan: *treacherous weather* csalóka/szeszélyes időjárás
treachery ['tretʃərɪ] <fn> [U] (el)árulás; hűtlenség
treacle ['triːkl] <fn> [U] melasz; szirup
¹tread [tred] <ige> (trod, trodden) **1.** tapos: *tread grapes* szőlőt tapos ∗ *tread a path* ösvényt tapos **2.** lép; lépked; lépdel; jár: *Don't tread in the puddle!* Ne lépj a pocsolyába! ∗ *We shall have to tread lightly.* Óvatosan kell majd járnunk.
²tread [tred] <fn> **1.** [sing] lépés (zaja); járás (mód): *I heard his tread.* Hallottam a lépéseit. ∗ *I recognized his heavy tread.* Ráismertem nehézkes járására. **2.** [C, U] (gumiabroncsé) futófelület; (cipőtalpé) járófelület
treason ['triːzn] <fn> [U] (haza)árulás
¹treasure ['treʒə] <fn> [C, U] átv is kincs: *They found some treasure under the cellar.* Kincsekre bukkantak a pince alatt. ∗ *She is a real treasure for us.* Ő valóságos kincs a számunkra.
²treasure ['treʒə] <ige> kincsként/gondosan őriz; nagy becsben tart: *treasure sy's memory* kincsként őrzi vkinek az emlékét
treasurer ['treʒərə] <fn> [C] pénztáros; gazdasági vezető; kincstárnok
Treasury ['treʒərɪ] <fn> **the Treasury** [sing + sing/pl v] államkincstár
¹treat [triːt] <ige> **1.** (vhogyan) bánik; kezel: *I treat my crystal glasses with care.* Óvatosan bánok a kristálypoharaimmal. ∗ *How does her husband treat her?* Hogy bánik vele a férje? ∗ *He is badly treated by his boss.* Rosszul bánik vele a főnöke. **2.** (vminek) tekint; felfog: *treat sg as a joke* tréfának tekint vmit **3.** (beteget) kezel: *The doctor treated him for sunstroke.* Az orvos napszúrással kezelte. **4.** (kérdést, problémát) tárgyal; taglal; feldolgoz: *treat a theme realistically* realista módon tárgyal egy témát **5.** (vegyileg) kezel **6.** megvendégel; meghív: *treat sy to an ice cream* meghív vkit egy fagylaltra
²treat [triːt] <fn> **1.** [C] ritka/nem mindennapi élvezet **2.** [sing] megvendégelés: *This is my treat.* Most én fizetek./Most az én vendégeim vagytok.
treatment ['triːtmənt] <fn> **1.** [U] bánásmód; elbánás: *receive rough treatment* durva bánásmódban részesül **2.** [C, U] (gyógy)kezelés; gyógymód; kúra: *hospital/medical treatment* kórházi/orvosi kezelés **3.** [C, U] (vegyi) kezelés
treaty ['triːtɪ] <fn> [C] (treaties) (államközi) szerződés; (nemzetközi) egyezmény; megállapodás: *enter into a treaty with sy* szerződésre lép vkivel
tree [triː] <fn> [C] (élő) fa: *plant a tree* fát ültet
¹trek [trek] <fn> [C] **1.** (hegyekben) vándorút; gyalogtúra **2.** biz hosszú gyaloglás
²trek [trek] <ige> (treks, trekking, trekked) vándorol; gyalogol
¹tremble ['trembl] <ige> remeg; reszket: *tremble with fear* reszket a félelemtől ∗ *tremble with anger* reszket a dühtől
²tremble ['trembl] <fn> [C] remegés; reszketés: *be all in a tremble* egész testében reszket
tremendous [trə'mendəs] <mn> **1.** óriási; hatalmas: *It is a tremendous thing for me.* Számomra ez óriási dolog. **2.** biz baromi jó; isteni
tremendously [trə'mendəslɪ] <hsz> rettenetesen; iszonyúan; szörnyen
tremor ['tremə] <fn> [C] **1.** (enyhe) reszketés; remegés: *in a tremor of excitement* remegő izgalomban **2.** (földé) rázkódás; remegés; rengés: *preliminary tremor* előrengés
trench [trentʃ] <fn> [C] **1.** árok **2.** lövészárok: *go into the trenches* elfoglalja a lövészárkokat
trend [trend] <fn> [C] irányzat; irányvonal; trend: *follow the latest trends* a legújabb irányzatokat követi
♦ **set a/the trend** meghatározza a divatot; irányzatot elindít
trendy ['trendɪ] <mn> (trendier, trendiest) biz divatos; menő
trespass ['trespəs] <ige> birtokháborítást követ el

trespass on/upon sg visszaél vmivel

trespasser ['trespəsə] <fn> [C] birtokháborító
trial ['traɪəl] <fn> [C, U] **1.** (bírósági) tárgyalás: *be on trial for sg* vmi miatt áll a bíróság előtt ∗ *The trial was held last week.* Múlt héten volt a tárgyalás. **2.** próba; kipróbálás; kísérlet; teszt: *stand a trial* próbának vetik alá
♦ **trial and error** próbálkozásos módszer
triangle ['traɪæŋgl] <fn> [C] **1.** mat háromszög: *a right-angled triangle* derékszögű háromszög **2.** zene triangulum
triangular [traɪ'æŋgjʊlə] <mn> háromszög alakú; háromszögű
tribal ['traɪbl] <mn> törzsi
tribe [traɪb] <fn> [C] (nép)törzs
tribunal [traɪ'bjuːnl] <fn> [C] (döntő)bíróság

tributary ['trɪbjʊtəri] <fn> [C] (tributaries) mellékfolyó

tribute ['trɪbjuːt] <fn> [C, U] **1.** tisztelet(adás) **2. be a tribute (to sy/sg)** dicséretére válik (vkinek/vminek): *The success of the concert is a tribute to the organizers.* A koncert sikere a rendezők dicséretére válik. **3.** *(idegen uralkodónak)* sarc; *(uralkodónak stb.)* adó
♦ **pay tribute to sy** elismeréssel/tisztelettel/kegyelettel adózik vkinek

¹**trick** [trɪk] <fn> [C] **1.** trükk; csel(fogás); ravaszság; fortély: *obtain sg by a trick* cselleI/fortéllyal szerez meg vmit **2.** csíny; tréfa: *a nasty trick* gonosz tréfa **3.** (bűvész)mutatvány; trükk: *I don't understand how he did that trick.* Nem értem, hogy csinálta azt a (bűvész)mutatványt!!
♦ **do the trick** sikerül neki a dolog ♦ **play a joke/trick on sy** megtréfál/megviccel vkit

²**trick** [trɪk] <ige> beugrat; becsap; rászed: *Don't trick the old man!* Ne csapd be az öreg embert.

> **trick sy into sg** ravaszul rávesz vkit vmire
> **trick sy out of sg** vkitől kicsal vmit

trickery ['trɪkəri] <fn> [U] csalás; becsapás; trükk

¹**trickle** ['trɪkl] <ige> **1.** csordogál; csörgedez: *Tears trickled down her cheeks.* Könnyek csordogáltak végig az arcán. **2.** (be)szivárog; (át)szivárog: *refugees trickling over the frontier* a határon átszivárgó menekültek

²**trickle** ['trɪkl] <fn> [C, ált sing] **1.** csordogálás; csörgedezés **2.** (be)szivárgás

trickster ['trɪkstə] <fn> [C] csaló; szélhámos

tricky ['trɪki] <mn> (trickier, trickiest) furfangos; ravasz; bonyolult; cseles

tricycle ['traɪsɪkl] <fn> [C] háromkerekű kerékpár; tricikli

tried [traɪd] → **try**

¹**trifle** ['traɪfl] <fn> **1.** [C] csekélység; semmiség; apróság: *It's a mere trifle.* Ez csak egy kis semmiség./Szóra sem érdemes. **2. a trifle** [sing] kissé; némileg: *I'm a trifle confused about it.* Egy kissé zavarba hozott ez a dolog. **3.** [C, U] BrE *(süteményfajta)* ≈ piskótatészta gyümölccsel, sodóval és tejszínhabbal

²**trifle** ['traɪfl] <ige>

> **trifle with sy/sg** *(nem veszi komolyan)* játszik vkivel/vmivel

¹**trigger** ['trɪgə] <fn> [C] **1.** *(fegyveré)* ravasz: *pull the trigger* meghúzza a ravaszt **2.** kiváltó ok

²**trigger** ['trɪgə] <ige> **trigger sg (off)** *(eseményt, folyamatot)* elindít; beindít; kivált

trilogy ['trɪlədʒi] <fn> [C] (trilogies) trilógia

¹**trim** [trɪm] <ige> (trims, trimming, trimmed) **1.** *(sövényt, fát stb.)* (le)vág; (le)nyes; *(hajat stb.)* (le)nyír **2.** (fel)díszít; ékesít; szeg(élyez)

²**trim** [trɪm] <fn> [C, ált sing] vágás; formára igazítás

³**trim** [trɪm] <mn> (trimmer, trimmest) **1.** csinos **2.** ápolt; gondozott; takaros

trimming ['trɪmɪŋ] <fn> **1. trimmings** [pl] *(ételhez)* dísz(ítés); körítés **2. trimmings** [pl] levágott darabok; (lenyírt) hulladék; nyesedék **3.** [C, U] bordűr; (szegély)dísz; díszítés **4.** [C, U] vágás; nyesés; nyírás

trio ['triːəʊ] <fn> [C + sing/pl v] (trios) zene trió

¹**trip** [trɪp] <fn> [C] **1.** út; (rövid/kisebb) utazás; kirándulás; túra: *be/go on a business trip* üzleti úton van/útra megy ✱ *go on a trip* kirándulni megy; túrázni megy **2.** mellélépés; (meg)botlás **3.** hiba; tévedés; (nyelv)botlás; baki **4.** *(kábítószer okozta)* kábulat

²**trip** [trɪp] <ige> (trips, tripping, tripped) **1.** elbotlik; megbotlik: *I tripped and fell down the stairs.* Megbotlottam, és leestem a lépcsőn. ✱ *He tripped over the carpet.* Megbotlott a szőnyegben. **2.** elgáncsol; elbuktat

> **trip up** elbotlik; megbotlik
> **trip sy up** elgáncsol vkit

tripper ['trɪpə] <fn> [C] kiránduló; turista

¹**triple** ['trɪpl] <mn> hármas; háromrészes; háromszoros; tripla

²**triple** ['trɪpl] <ige> **1.** (meg)háromszoroz **2.** (meg)háromszorozódik

triplet ['trɪplət] <fn> [C] hármasikrek egyike

¹**triumph** ['traɪʌmf] <fn> [C, U] győzelem; diadal: *That was one of the greatest triumphs of modern technology.* Ez volt a modern technológia egyik legnagyobb diadala.

²**triumph** ['traɪʌmf] <ige> győz; diadalmaskodik

triumphal [traɪ'ʌmfl] <mn> diadal-; diadalmas; diadalmi: *triumphal procession* diadalmenet

triumphant [traɪ'ʌmfənt] <mn> diadalmas; diadalittas; győzedelmes; ujjongó: *a triumphant shout* ujjongó/diadalittas kiáltás

trivial ['trɪviəl] <mn> jelentéktelen; elhanyagolható; triviális: *a trivial detail* elhanyagolható részlet

triviality [ˌtrɪvi'æləti] <fn> [C, U] (trivialities) jelentéktelenség; lényegtelenség; csekélység; apróság

trod [trɒd] → **¹tread**
trodden ['trɒdn] → **¹tread**
trolley ['trɒlɪ] <fn> [C] (trolleys v. trollies) **1.** (bolti) bevásárlókocsi; *(pályaudvaron, repülőtéren stb.)* bőröndszállító kézikocsi **2.** BrE zsúrkocsi **3.** AmE villamos
trombone [trɒm'bəʊn] <fn> [C] harsona
¹troop [tru:p] <fn> **1.** [C] *(embereké, állatoké)* csoport; csapat; sereg; falka: *troop of boy scouts* cserkészcsapat ∗ *Troops of children crossed the road.* Egy csapat gyerek kelt át az úton. **2. troops** [pl] csapatok; katonaság; katonák: *call out the troops* kivezénylik a katonaságot ∗ *3,000 troops were sent to the area.* 3000 katonát küldtek a térségbe.
²troop [tru:p] <ige> csoportosan vonul; tódul; csődül
trophy ['trəʊfɪ] <fn> [C] (trophies) trófea; kupa
tropic ['trɒpɪk] <fn> **1.** [C, ált sing] térítő: *tropic of Cancer* Ráktérítő ∗ *tropic of Capricorn* Baktérítő **2. the tropics** [pl] a trópusok; a forró égöv
tropical ['trɒpɪkl] <mn> trópusi; tropikus; forró égövi: *tropical diseases* trópusi betegségek ∗ *tropical vegetation* trópusi/tropikus növényzet
¹trot [trɒt] <ige> (trots, trotting, trotted) **1.** *(ló, lovas)* üget **2.** gyors léptekkel megy/jár; siet: *Now I must be trotting.* Már sietnem kell.
²trot [trɒt] <fn> [sing] **1.** ügetés: *put a horse to the trot* ügetésre fogja a lovat **2.** sietős/gyors járás: *be always on the trot* mindig sürög-forog
 ♦ **on the trot** biz BrE egymás után; egyfolytában
¹trouble ['trʌbl] <fn> **1.** [C, U] gond; baj; probléma; nehézség; bánat: *I don't like to talk about my troubles.* Nem szeretek a gondjaimról beszélni. ∗ *The trouble is that my new bike has been stolen.* A baj az, hogy ellopták az új biciklimet. ∗ *We have money troubles.* Pénzügyi nehézségeink vannak. **2.** [U] fáradság; megerőltetés; vesződség; gond: *save trouble* fáradságot megtakarít ∗ *It won't be any trouble if you ask me to help you.* Semmi gondot nem okoz, ha megkérsz, hogy segítsek. **3.** [C, U] rendzavarás; zavargás: *I was abroad during the time of the troubles.* A zavargások idején külföldön voltam. **4.** [U] betegség; baj; panasz: *She has got heart trouble.* Szívbetegsége van.
 ♦ **ask/look for trouble** keresi a bajt ♦ **get into trouble** bajba jut ♦ **go to a lot of trouble** fáradozik ♦ **take trouble to do sg** nem sajnálja a fáradságot ♦ **take the trouble to do sg** veszi magának a fáradságot, hogy megtegyen vmit

²trouble ['trʌbl] <ige> **1.** aggaszt; nyugtalanít; bánt: *I am troubled about my son.* Aggódom a fiam miatt. **2.** zavart és nehézséget okoz; akadályoz: *Learning foreign languages does not trouble him much.* Az idegen nyelvek tanulása nem okoz neki nagy nehézséget. **3.** zavar; zaklat; háborgat; nyaggat: *I am sorry to trouble you when you are so busy.* Elnézést kérek, amiért sok munkája közepette zavarom! **4.** nyugtalankodik; aggódik; bánkódik: *Don't trouble about it!* Ne aggódjon miatta! **5.** veszi a fáradságot; fárad; vesződik: *You needn't trouble!* Igazán ne fáradjon!
troublemaker ['trʌbl,meɪkə] <fn> [C] bajkeverő
troubleshooter ['trʌbl,ʃu:tə] <fn> [C] nehéz ügyek elintézője/megoldója; problémamegoldó
troublesome ['trʌblsəm] <mn> **1.** nyugtalanító; aggasztó **2.** nehéz; fárasztó; kellemetlen; zavaró
trousers ['traʊzəz] <fn> [pl] nadrág: *a pair of black trousers* egy fekete (hosszú) nadrág ∗ *I was dressed in black trousers and white blouse on the meeting.* Fekete nadrág és fehér blúz volt rajtam az értekezleten.
trouser suit ['traʊzə su:t] <fn> [C] nadrágkosztüm
trout [traʊt] <fn> [C, U] (trout v. trouts) pisztráng
trowel ['traʊəl] <fn> [C] **1.** palántaásó lapátka; kerti lapát **2.** vakolókanál; malteroskanál; kőműveskanál
truant ['tru:ənt] <fn> [C] iskolakerülő
 ♦ **play truant** lóg az iskolából
truce [tru:s] <fn> [C] fegyverszünet
truck [trʌk] <fn> [C] **1.** AmE teherautó; kamion: *The trucks made a lot of noise as they went along the road.* A teherautók óriási zajjal robogtak végig az úton. **2.** BrE tehervagon
truck driver ['trʌk,draɪvə] <fn> [C] AmE teherautó-vezető; kamionos
trudge [trʌdʒ] <ige> vánszorog; cammog
true [tru:] <mn> (truer, truest) **1.** igaz; igazságnak/valóságnak megfelelő: *true to life* élethű ∗ *He told me a true story.* Igaz történetet mondott nekem. ∗ *It is true that he is abroad.* Igaz, hogy külföldön van. ∗ *Is it true that you have ten sisters?* Igaz, hogy tíz nővéred van? **2.** igazi; valódi; valóságos; tényleges: *find your true love* megtalálja az igazi szerelmet ∗ *his true nature* az igazi természete **3.** hiteles; pontos: *a true copy of the original letter* az eredeti levél hiteles másolata **4.** hű(séges); megbízható; kitartó: *be true to one's word* hű az elveihez ∗ *true to one's principles*

betartja/megtartja ígéretét * *A true friend is always with you in your trouble.* Egy hű(séges)/igaz barát mindig veled van a bajban.
♦ **come true** megvalósul; valóra válik
♦ **too good to be true** túl szép ahhoz, hogy igaz legyen

truly ['truːlɪ] <hsz> **1.** igazán; őszintén: *Tell me truly what you think.* Mondja meg nekem őszintén, hogy mit gondol. **2.** igazán; valóban; tényleg: *Truly I am puzzled.* Igazán zavarban vagyok.
♦ **Yours truly** (levél végén) őszinte tisztelettel

trump [trʌmp] <fn> [C] adu; ütőkártya
trumpet ['trʌmpɪt] <fn> [C] trombita
truncheon ['trʌntʃən] <fn> [C] (rendőré) gumibot
trunk [trʌŋk] <fn> **1.** [C] (fa)törzs; tuskó; rönk: *How thick is the trunk of this tree?* Milyen vastag a törzse ennek a fának? **2.** [C] bőrönd; koffer: *pack one's trunk* becsomagolta a bőröndjét **3.** [C] (elefánt)ormány: *The elephant raised its trunk.* Az elefánt felemelte az ormányát. **4. trunks** [pl] fürdőnadrág **5.** [C] (testrész) törzs **6.** [C] AmE (gépkocsiban) csomagtartó; csomagtér

¹**trust** [trʌst] <fn> [U] bizalom: *put one's trust in sy* vkibe veti a bizalmát * *My boss has a great trust in my abilities.* A főnökömnek nagy a bizalma a képességeimben. * *The teacher gained our trust.* A tanár elnyerte a bizalmunkat.
♦ **take sg on trust** becsületszóra elhisz vmit

²**trust** [trʌst] <ige> **1.** megbízik; bizalmat érez: *I lend him my car because I trust him.* Kölcsönadom neki az autómat, mert megbízom benne. * *Unfortunately she is not to be trusted at all.* Sajnos egyáltalán nem lehet benne megbízni. **2.** rábíz; gondjaira/őrizetére bíz: *I can trust our house to him.* Rábízhatom a házunkat. * *You can trust me with your son.* Rám bízhatod a fiadat! **3.** remél; meg van győződve; biztosra vesz: *I trust we will have a good journey.* Remélem, jó utunk lesz!

trustee [ˌtrʌˈstiː] <fn> [C] jog meghatalmazott; megbízott (személy)
trusting ['trʌstɪŋ] <mn> vakon bízó; bizakodó; reménykedő
trustworthy ['trʌstˌwɜːðɪ] <mn> megbízható; bizalomra méltó; becsületes
truth [truːθ] <fn> **1. the truth** [sing] (az) igaz(ság); valóság: *Tell me the truth about what had happened.* Mondd el nekem az igazságot a történtekkel kapcsolatban! * *Are you certain of the truth of his story?* Biztos vagy benne, hogy igaz a története? **2.** [U] igazság(tar-

talom): *There is a lot of truth in his story.* Sok igazság van a történetében. **3.** [C] általános/eszmei igazság; erkölcsi alapigazság/alaptörvény: *the great truths of morals* az erkölcs nagy alapigazságai
♦ **to tell the truth//truth to tell** az igazat megvallva

truthful ['truːθfl] <mn> **1.** becsületes; őszinte; szavahihető **2.** hiteles; hitelt érdemlő; pontos

¹**try** [traɪ] <ige> (tries, trying, tried) **1.** (meg)próbál; megkísérel: *Try to answer these questions.* Próbálj meg válaszolni ezekre a kérdésekre! * *I don't think I can repair this machine, but I will try.* Azt hiszem, nem tudom megjavítani ezt a gépet, de megpróbálom. **2.** kipróbál: *Have you tried this new shampoo?* Kipróbáltad ezt az új sampont? **3.** próbára tesz: *He is trying my patience.* Próbára teszi a türelmemet. **4.** bíróság elé állít: *He is tried for bank robbery.* Bankrablás vádjával állították bíróság elé. **5.** (ügyet a bíróság) tárgyal: *His case was tried by the district court.* Ügyét a kerületi bíróság tárgyalta.
♦ **try one's best to do sg** igyekszik vmit tenni ♦ **try one's hand at sg** kipróbálja magát vmiben ♦ **try sy's patience** próbára teszi vkinek a türelmét

try sg on felpróbál vmit
try sy out próbára tesz vkit
try sg out kipróbál vmit

²**try** [traɪ] <fn> [C] kísérlet; próba: *give it a try* kipróbál vmit * *Let's have a try.* Tegyünk egy próbát! * *Can I have a try on your new bike?* Kipróbálhatom az új biciklidet?

trying ['traɪɪŋ] <mn> **1.** fárasztó; hosszadalmas; nehéz **2.** bosszantó; kellemetlen; lehangoló
T-shirt ['tiː ʃɜːt] <fn> [C] póló; trikó: *I just love to wear T-shirts.* Imádok pólóban lenni.
tsunami [tsuːˈnɑːmi] <fn> [C] szökőár; cunami
tub [tʌb] <fn> [C] **1.** fürdőkád **2.** kád; dézsa; teknő **3.** (élelmiszer tárolására) doboz: *a tub of ice cream/margarine* egy doboz fagylalt/margarin
tuba ['tjuːbə] <fn> [C] zene tuba
tube [tjuːb] <fn> **1.** [C] cső; tömlő: *There is a gas-tube on the wall.* Gázcső fut a falon. **2.** [C] tubus: *I have to buy a tube of toothpaste.* Egy tubus fogkrémet kell vennem. * *Have you got a tube of glue?* Van egy tubus ragasztód? **3. the tube** [sing] biz BrE *(Londonban)* metró; földalatti: *go to work on the tube* metróval jár dolgozni * *take the tube* metróval megy

tuberculosis [tjuːˌbɜːkjuˈləʊsɪs] <fn> [U] tuberkulózis

tuck [tʌk] <ige> **1.** begyűr; betűr **2.** elrak; eldug

> **tuck sg away** elrejt; eldug vmit
> **tuck in** biz mohón eszik
> **tuck sy in** *(ágyban)* betakar(gat) vkit
> **tuck sg in** begyűr; betűr vmit
> **tuck into sg** biz jóízűen eszik vmiből
> **tuck sy up** *(ágyban)* betakar(gat) vkit

Tues. [= Tuesday] k. (= kedd)
Tuesday [ˈtjuːzdɪ] <fn> [C, U] kedd: *She came on Tuesday evening.* Kedd este érkezett. * *He went to the cinema last Tuesday.* Múlt kedden moziba ment.
¹**tug** [tʌg] <ige> (tugs, tugging, tugged) **1.** (meg-)ránt; rángat; ráncigál: *tug at sg* ráncigál/rángat vmit **2.** vonszol; vontat
²**tug** [tʌg] <fn> [C] **1.** (meg)rántás; (meg)húzás: *give a good tug* jól megrángatja **2.** vontató(-hajó)
tuition [tjuːˈɪʃn] <fn> [U] tanítás; oktatás; nevelés: *private tuition* magántanítás * *tuition fees* tandíj
tulip [ˈtjuːlɪp] <fn> [C] tulipán
¹**tumble** [ˈtʌmbl] <ige> **1.** (le)bukfencezik; elvágódik; felbukik; eldől **2.** *(ár, érték stb.)* hirtelen lezuhan **3.** hanyatt-homlok/hevesen rohan/szalad **4.** hánykolódik; forgolódik: *toss and tumble in bed* hánykolódik az ágyban

> **tumble down 1.** ledől; összedől **2.** *(lépcsőn stb.)* lebukfencezik

²**tumble** [ˈtʌmbl] <fn> [C] (le)esés; (fel)bukás; zuhanás
tumble-dryer [ˌtʌmblˈdraɪə] <fn> [C] BrE ruhaszárítógép
tummy [ˈtʌmɪ] <fn> [C] (tummies) biz has; poci
tumor [ˈtuːmər] AmE → **tumour**
tumour [ˈtjuːmə] <fn> [C] daganat; tumor
tumultuous [tjuːˈmʌltʃuəs] <mn> zajos; viharos; lármás
tuna [ˈtjuːnə] <fn> [C, U] (tuna v. tunas) tonhal
¹**tune** [tjuːn] <fn> [C, U] dallam
♦ **call the tune** megadja a hangot ♦ **change one's tune** más hangon kezd beszélni
♦ **be in tune (with sy/sg) 1.** tisztán énekel/játszik/zenél **2.** egyetért (vkivel); összhangban van (vmivel) ♦ **be out of tune (with sy/sg) 1.** hamisan énekel/játszik/zenél **2.** nem ért egyet (vkivel); nincs összhangban (vmivel)
²**tune** [tjuːn] <ige> **1.** *(hangszert)* felhangol **2.** *(motort, gépet)* beállít **3.** *(rádió-/tévécsatornát)* beállít; (be)hangol; (be)kapcsol: *tune to another channel (tévét)* más csatornára kapcsol át * *tune to another station (rádiót)* más állomásra kapcsol át

> **tune in** *(rádió-/tévécsatornát)* beállít
> **tune up** *(zenekar)* hangol
> **tune sg up** *(rádiót stb.)* beállít

¹**tunnel** [ˈtʌnl] <fn> [C] alagút
²**tunnel** [ˈtʌnl] <ige> (tunnels, tunnelling, tunnelled, AmE tunneling, tunneled) alagutat fúr
turban [ˈtɜːbən] <fn> [C] turbán
turbulence [ˈtɜːbjʊləns] <fn> [U] **1.** zűrzavar; zavargás; felfordulás **2.** vihar; légörvény
turbulent [ˈtɜːbjələnt] <mn> **1.** zűrzavaros; lármás; zajongó **2.** *(víz, levegő)* kavargó; viharos
¹**turf** [tɜːf] <fn> [C, U] (turfs v. BrE turves) **1.** gyep (tégla) **2.** tőzeg
²**turf** [tɜːf] <ige> gyeptéglákkal borít; füvesít

> **turf sy out** biz BrE kidob; kirúg vkit

Turk [tɜːk] <fn> [C] *(személy)* török
turkey [ˈtɜːkɪ] <fn> [C, U] pulyka: *We had turkey for dinner.* Vacsorára pulykát ettünk.
Turkey [ˈtɜːkɪ] <fn> Törökország: *We are travelling to Turkey this summer.* Idén nyáron Törökországba utazunk.
¹**Turkish** [ˈtɜːkɪʃ] <mn> török: *Turkish coffee* török kávé * *Turkish bath* gőzfürdő * *Turkish towel* frottírtörülköző
²**Turkish** [ˈtɜːkɪʃ] <fn> [U] *(nyelv)* török
turmoil [ˈtɜːmɔɪl] <fn> [U] zűrzavar; káosz; felfordulás: *be in a turmoil* nagy a felfordulás
¹**turn** [tɜːn] <fn> [C] **1.** kanyar; (be)kanyarodás; (be)fordulás; (meg)fordulás: *Take a right turn at the corner.* A sarkon fordulj jobbra! **2.** fordulat; csavarás: *He gave the handle a turn.* Elfordította a kilincset. * *Give the screw four turns.* Csavarj négyet a csavaron! **3.** sorra kerülés; (fel)váltás: *It's your turn to sweep the floor.* Rajtad a sor a söprésben! * *Whose turn is it?* Ki következik? **4.** (váratlan) fordulat; változás: *take a turn for the worse* rosszabbra fordul

♦ **do sy a good turn** jót tesz vkivel ♦ **in turn** felváltva; sorjában ♦ **out of turn** soron kívül ♦ **Please wait your turn!** Várj a sorodra, légy szíves! ♦ **take turns at sg** felváltva végeznek vmit ♦ **the turn of the century** századforduló ♦ **Wait your turn!** Várj a sorodra!

²**turn** [tɜːn] <ige> **1.** forog; (meg)fordul: *Wheels turn.* Forognak a kerekek. ∗ *The tap will not turn.* A csap nem forog. ∗ *Turn round.* Fordulj meg! **2.** (el)forgat; (meg)fordít; elfordít: *Let's turn the handle to open the door.* Fordítsuk el a kilincset, hogy kinyíljon az ajtó! ∗ *He turns the key in the lock.* Elfordítja a kulcsot a zárban. **3.** (vmerre) fordul; kanyarodik: *Turn left at the next street.* A következő utcánál fordulj balra! ∗ *The road turns to the right.* Az út jobbra kanyarodik. **4.** (vmivé, vmilyenné) lesz; válik; változik: *The weather has turned warm.* Az idő meleg lett. ∗ *That old castle turned to dust.* Az az öreg vár porrá vált. ∗ *Her hair turned white.* Haja fehér lett. **5.** (vmivé, vmilyenné) tesz; változtat: *The rain turned this stone grey.* Az eső szürkévé változtatta ezt a követ. ∗ *Success has turned his head.* Fejébe szállt a siker. **6.** (kort) elér; betölt: *She turned 90 yesterday.* Tegnap elérte a kilencven éves kort. **7.** (idő) elmúlt: *It's turned seven o'clock.* Hét óra elmúlt. **8.** lapoz: *Turn to page 10.* Lapozz a 10. oldalra! **9.** (vmerre, vmire) fordít; irányít: *turn public attention to sg* ráirányítja a nyilvánosság figyelmét vmire

---

turn around hátrafordul; visszafordul
turn sg around hátrafordul; visszafordít vmit
turn away elfordul; félrefordul
turn sy away elküld; nem enged be vkit
turn back visszafordul
turn sy down elutasít; visszautasít vkit; kosarat ad vkinek
turn sg down 1. visszautasít vmit **2.** (rádiót stb.) lehalkít; (fűtést) lecsavar
turn off lekanyarodik
turn sy off (alkalmazottat) elbocsát; elküld
turn sg off (rádiót stb.) lekapcsol; kikapcsol; (csapot stb.) elzár
turn sg on (rádiót stb.) bekapcsol; (csapot stb.) kinyit
turn out 1. (eseményen) megjelenik **2.** (vmilyennek) bizonyul; (vmilyen) lesz
turn sg out (rádiót stb.) lekapcsol; kikapcsol; (csapot stb.) elzár

---

turn over 1. megfordul **2.** (motor) elindul; jár
turn sg over 1. megfordít vmit **2.** (alaposan) átgondol; megfontol vmit
turn round hátrafordul; visszafordul
turn sg round hátrafordít; visszafordít vmit
turn to sy/sg (tanácsért stb.) fordul vkihez/vmihez
turn up 1. megérkezik; megjelenik; eljön; befut **2.** előkerül
turn sg up (rádiót stb.) felerősít; felhangosít; (fűtést) feljebb csavar

---

turncoat ['tɜːnkəʊt] <fn> [C] köpönyegforgató
turning ['tɜːnɪŋ] <fn> [C] BrE útelágazás; leágazás
turning point ['tɜːnɪŋ pɔɪnt] <fn> [C] fordulópont
turnip ['tɜːnɪp] <fn> [C, U] (fehér)répa
turn-off ['tɜːnɒf] <fn> [C] leágazás; mellékút(-vonal)
turnout ['tɜːnaʊt] <fn> [C, ált sing] a megjelentek száma
turnover ['tɜːnˌəʊvə] <fn> [C, U] forgalom
turnpike ['tɜːnpaɪk] <fn> [C] AmE fizető autópálya
¹**turquoise** ['tɜːkwɔɪz] <mn> türkizkék
²**turquoise** ['tɜːkwɔɪz] <fn> **1.** [C, U] (drágakő) türkiz **2.** (szín) türkizkék
turret ['tʌrət] <fn> [C] kis torony; tornyocska
turtle ['tɜːtl] <fn> [C] (tengeri) teknős(béka)
Tuscany ['tʌskənɪ] <fn> Toszkána
tusk [tʌsk] <fn> [C] (elefánté) agyar
tussle ['tʌsl] <fn> [C] biz verekedés; lökdösődés; birkózás: *have a tussle* összeverekszenek
tutor ['tjuːtə] <fn> [C] **1.** BrE konzulens; (konzultáló) tanár; tutor **2.** házitanár/-tanító
tux [tʌks] <fn> [C] biz AmE szmoking
tuxedo [tʌkˈsiːdəʊ] <fn> [C] (tuxedos) AmE szmoking
TV [ˌtiːˈviː] <fn> [C, U] tévé: *TV series* tévésorozat ∗ *What's on TV tonight?* Mi lesz a tévében ma este?
tweet [twiːt] <ige> **1.** (madár) csicsereg; csiripel **2.** (interneten) Twitteren posztol; twitterezik
tweezers ['twiːzəz] <fn> [pl] csipesz: *a pair of tweezers* egy csipesz
¹**twelfth** [twelfθ] <sorszn> tizenkettedik → ¹**eighth**

→ A keltezéssel kapcsolatos kifejezéseket lásd a ¹**date** szócikk információs ablakában!

²**twelfth** [twelfθ] <fn> [C] tizenketted → ²**eighth**

¹twelve [twelv] <szn> tizenkettő → **¹eight**
²twelve [twelv] <fn> [C] tizenkettes → **²eight**
¹twentieth ['twentiəθ] <sorszn> huszadik →**¹eightieth**

→ A keltezéssel kapcsolatos kifejezéseket lásd a **¹date** szócikk információs ablakában!

²twentieth ['twentiəθ] <fn> [C] huszad → **²eightieth**
¹twenty ['twenti] <szn> húsz → **¹eighty**
²twenty ['twenti] <fn> [C] húszas → **²eighty**
twice [twaɪs] <hsz> kétszer: *I have already been there twice.* Már kétszer voltam ott. * *He does the shopping twice a week.* Hetente kétszer vásárol. * *This shelf is twice the size of that one.* Ez a polc kétszer akkora, mint amaz.
twiddle ['twɪdl] <ige> **1.** ujjai között forgat/pödör; pörget **2.** ujjait forgatja
twig [twɪg] <fn> [C] ág(acska); gally; vessző
twilight ['twaɪlaɪt] <fn> [C, U] (esti/hajnali) szürkület
¹twin [twɪn] <fn> [C] iker(testvér); iker(gyermek): *She gave birth to twins.* Ikreknek adott életet.
²twin [twɪn] <mn> iker-: *twin beds* ikerágyak
twinge [twɪndʒ] <fn> [C] nyilallás; szúrás; éles fájdalom: *have a twinge of pain in one's back* szúrást érez a hátában
¹twinkle ['twɪŋkl] <ige> **1.** pislákol; pislog **2.** *(szem, csillag stb.)* csillog; csillan
²twinkle ['twɪŋkl] <fn> [sing] **1.** pislákolás; pislogás **2.** csillogás; csillanás
twirl [twɜːl] <ige> **1.** forog; pörög **2.** forgat; pörget
¹twist [twɪst] <ige> **1.** (össze)csavar; (össze)sodor; hajlít: *Twist those pieces of threads together.* Csavard össze ezeket a cérnaszálakat! **2.** csavarodik; kanyarog: *a twisting path* kanyargó ösvény * *The road twists through the forest.* Az út az erdőben kanyarog. **3.** forgat; (el)fordít: *He twisted the ring on his finger.* Forgatta a kezén lévő gyűrűt. **4.** (el)csavar; (meg)csavar; (meg)teker: *I twisted the knob.* Megtekertem a gombot. **5.** *(vminek az értelmét)* elferdít; kiforgat; eltorzít: *twist the truth* elferdíti a tényeket **6.** *(bokát stb.)* kificamít
²twist [twɪst] <fn> [C] **1.** csavarás; tekerés: *give sg a twist* megcsavar vmit **2.** váratlan fordulat/fejlemény **3.** kanyar(ulat); kanyarodás; forduló **4.** csavarodás; görbület **5.** *(értelemé, jelentésé)* elferdítés; kiforgatás; eltorzítás

twit [twɪt] <fn> [C] biz BrE hülye; ostoba alak
¹twitch [twɪtʃ] <ige> **1.** megránt; rángat **2.** *(arcot)* (görcsösen) összehúz; összeráncol **3.** vonaglik; megrándul; összerándul; rángatózik
²twitch [twɪtʃ] <fn> [C] rándulás; rángatózás; vonaglás
twitter ['twɪtə] <ige> **1.** *(madár)* csicsereg; csiripel **2.** *(interneten)* Twitteren posztol; twitterezik
¹two [tuː] <szn> kettő → **¹eight**
²two [tuː] <fn> [C] kettes → **²eight**
two-faced [ˌtuːˈfeɪst] <mn> kétszínű; hamis
two-way ['tuːweɪ] <mn> **1.** kétirányú: *two-way traffic* kétirányú közlekedés **2.** kétféle módon használható
tycoon [taɪˈkuːn] <fn> [C] iparmágnás
tying [taɪɪŋ] → **tie**
¹type [taɪp] <fn> **1.** [C] fajta; típus: *This is a new type of lemon.* Ez egy új citromfajta. * *What type of washing powder would you prefer to use?* Milyen mosóportípust szeretnél használni? **2.** [U] *(nyomtatott)* betű(típus): *Is the type large enough?* Elég nagy ez a betűtípus? * *This word is printed in a different type.* Ezt a szót más betűtípussal szedték/nyomtatták.
²type [taɪp] <ige> *(írógépen)* gépel: *I am typing a letter.* Egy levelet gépelek.
typewriter ['taɪpˌraɪtə] <fn> [C] írógép
typewritten ['taɪpˌrɪtn] <mn> géppel írott; gépelt
typhoon [taɪˈfuːn] <fn> [C] tájfun
typical ['tɪpɪkl] <mn> **1.** tipikus; jellegzetes: *We had a typical English breakfast – bacon and eggs, toast, and tea.* Tipikus angol reggelit ettünk: sült szalonnát tojással, pirítóst és teát. **2.** jellemző (**of** sy vkire): *It's typical of him!* Ez jellemző rá!
typically ['tɪpɪkli] <hsz> **1.** jellemzően; többnyire **2.** jellegzetesen
typist ['taɪpɪst] <fn> [C] gépíró(nő)
tyrannise ['tɪrənaɪz] BrE → **tyrannize**
tyrannize ['tɪrənaɪz] <ige> **1.** zsarnoki módon elnyom **2.** zsarnokoskodik; hatalmaskodik (**over** sy vki fölött)
tyranny ['tɪrəni] <fn> [U] zsarnokság; önkényuralom
tyrant ['taɪrənt] <fn> [C] zsarnok; kényúr: *play the tyrant* zsarnokoskodik
tyre ['taɪə] <fn> [C] gumiabroncs; (autó)gumi: *flat tyre* lapos gumi * *The tyres of the car have enough air in them.* A gumikban elég levegő van.
Tyrol [tɪˈrəʊl] <fn> Tirol
Tyrolese [tɪˈrəʊliːz] <mn> tiroli

U, u

¹U, u [juː] <fn> [C, U] (Us, U's, u's) *(betű)* U; u
²U [juː] [= universal] BrE korhatár nélkül megtekinthető film
uber ['uːbə] <előtag> infml csúcs-: *uber-cool* csúcsszuper
ubiquitous [juː'bɪkwɪtəs] <mn> hiv mindenütt jelenlévő; mindenhol előforduló
U-boat ['juː bəʊt] <fn> [C] *(német)* tengeralattjáró
udder ['ʌdə] <fn> [C] tőgy
UEFA [juː'eɪfə] [= Union of European Football Associations] UEFA (= Európai Labdarúgó-szövetség)
UFO, ufo [juːef'əʊ, 'juːfəʊ] [= unidentified flying object] <fn> [C] (UFOs, ufos) ufó
ugh [ʊh, ɜː] <isz> juj!; pfuj!: *Ugh, I'm not eating that!* Pfuj! Ezt nem eszem meg.
ugliness ['ʌɡlɪnəs] <fn> [U] csúnyaság; rondaság
ugly ['ʌɡlɪ] <mn> (uglier, ugliest) **1.** csúnya; ronda; undorító; csúf: *an ugly dress* csúnya ruha * *an ugly building* ronda épület **2.** csúnya; rémes; szörnyű: *an ugly incident* szörnyű incidens
UK [juː'keɪ] [= United Kingdom] Egyesült Királyság

→ Lásd a Tartalomjegyzékben a Tematikus rajzokat!

Ukraine [juː'kreɪn] <fn> Ukrajna
¹Ukrainian [juː'kreɪnɪən] <mn> ukrán
²Ukrainian [juː'kreɪnɪən] <fn> **1.** [C] *(személy)* ukrán **2.** [U] *(nyelv)* ukrán
ulcer ['ʌlsə] <fn> [C] orv fekély: *a stomach ulcer* gyomorfekély
ulterior [ʌl'tɪərɪə] <mn> titkos; rejtett: *an ulterior motive* hátsó szándék/gondolat
¹ultimate ['ʌltɪmət] <mn> **1.** (leg)végső; (leg-) utolsó; vég-: *the ultimate decision* a végső döntés * *our ultimate aim* végcélunk **2.** alap-; alapvető: *the ultimate truths of science* a tudomány alapigazságai **3.** a legeslegjobb, -rosszabb; -nagyobb stb.): *the ultimate luxury* az elképzelhető legnagyobb luxus
²ultimate ['ʌltɪmət] <fn> [sing] **the ultimate in sg** biz a legjobb/csúcs vmiben
ultimately ['ʌltɪmətlɪ] <mn> végül (is); végtére; elvégre; utóvégre

ultimatum [ˌʌltɪ'meɪtəm] <fn> [C] (ultimatums v. ultimata) utolsó felszólítás; ultimátum
ultra- ['ʌltrə] <előtag> ultra-: *an ultra-modern kitchen* ultramodern konyha
ultrasonic [ˌʌltrə'sɒnɪk] <mn> **1.** hangsebességen felüli; ultraszonikus **2.** ultrahang-; ultrahangos
ultrasound ['ʌltrəsaʊnd] <fn> [U] ultrahang: *an ultrasound scan* ultrahangos vizsgálat
ultraviolet [ˌʌltrə'vaɪələt] <mn> röv UV ibolyántúli; ultraibolya
umbilical cord [ʌmˌbɪlɪkl 'kɔːd] <fn> [C] köldökzsinór
umbrella [ʌm'brelə] <fn> [C] esernyő: *Put your umbrella up!/Open your umbrella!* Nyisd ki az esernyődet!
¹umpire ['ʌmpaɪə] <fn> [C] *(tenisznél, krikettnél, baseballnál)* játékvezető; mérkőzésvezető; (pálya)bíró
²umpire ['ʌmpaɪə] <ige> (umpires, umpiring, umpired) *(mérkőzést)* (le)vezet; *(sportversenyen)* bíráskodik: *umpire a tennis match* teniszmeccset vezet
umpteen [ˌʌmp'tiːn] <det> biz számtalan; ezer és egy: *umpteen times* számtalanszor
umpteenth [ˌʌmp'tiːnθ] <det> biz ikszedik; sokadik: *for the umpteenth time* számtalanszor; milliószor
UN, U.N. [juː'en] [= United Nations] ENSZ (= Egyesült Nemzetek Szervezete)
unabashed [ˌʌnə'bæʃt] <mn> pofátlan; szégyentelen
unable [ʌn'eɪbl] <mn> **be unable to do sg** nem képes/képtelen megtenni vmit; nem tud vmit megtenni: *She was unable to attend the event.* Nem tudott az eseményen részt venni.
unabridged [ˌʌnə'brɪdʒd] <mn> *(regény stb.)* teljes egész; eredeti terjedelmű; rövidítetlen
unacceptable [ˌʌnək'septəbl] <mn> elfogadhatatlan
unaccompanied [ˌʌnə'kʌmpənɪd] <mn> **1.** *(gyerek stb.)* kíséret/kísérő nélküli **2.** *(csomag)* őrizetlen **3.** zene kíséret/kísérőzene nélkül(i)
unaccountable [ˌʌnə'kaʊntəbl] <mn> megmagyarázhatatlan; rejtélyes; különös
unaccounted [ˌʌnə'kaʊntɪd] <mn> **be unaccounted for 1.** meg nem magyarázott **2.** hiányzó: *Ten people are still unaccounted for.* Tíz személyről még mindig nincs hír.

unaccustomed [ˌʌnəˈkʌstəmd] <mn> **1.** szokatlan; rendkívüli **2. be unaccustomed to sg** vmihez nem szokott; vmiben járatlan: *She is unaccustomed to hard work.* Nem szokott a kemény munkához.

unaffected [ˌʌnəˈfektɪd] <mn> **1.** *(személy, stílus)* természetes; mesterkéletlen; nem affektáló; őszinte **2. be unaffected (by sg)** (vmitől) nem befolyásolt/érintett

unambiguous [ˌʌnæmˈbɪɡjʊəs] <mn> félreérthetetlen; egyértelmű

unanimous [juːˈnænɪməs] <mn> egyhangú: *by a unanimous decision* egyhangúlag; egyhangú döntéssel

unanswered [ʌnˈɑːnsəd] <mn> megválaszolatlan; válasz nélkül hagyott: *Many questions remained unanswered.* Sok kérdés megválaszolatlan maradt.

unapproachable [ˌʌnəˈprəʊtʃəbl] <mn> megközelíthetetlen

unarmed [ˌʌnˈɑːmd] <mn> fegyvertelen

unasked [ˌʌnˈɑːskt] <mn> kérés nélküli; kéretlen: *do sg unasked* kéretlenül/magától megtesz vmit

unassisted [ˌʌnəˈsɪstɪd] <mn> segítség nélküli

unassuming [ˌʌnəˈsjuːmɪŋ] <mn> szerény; igénytelen

unattached [ˌʌnəˈtætʃt] <mn> **1.** egyedül élő; egyedülálló; önálló **2.** szabad; független

unattended [ˌʌnəˈtendɪd] <mn> őrizetlen: *leave sg unattended* őrizetlenül hagy vmit

unattractive [ˌʌnəˈtræktɪv] <mn> nem vonzó; nem szép

unauthorized [ʌnˈɔːθəraɪzd] <mn> nem illetékes; illetéktelen; jogosulatlan; nem engedélyezett: *No access for unauthorized personnel.* Idegeneknek tilos a bemenet!

unavailable [ˌʌnəˈveɪləbl] <mn> **1.** hozzáférhetetlen; rendelkezésre nem álló; elérhetetlen **2.** nem kapható

unavoidable [ˌʌnəˈvɔɪdəbl] <mn> elkerülhetetlen

unaware [ˌʌnəˈweə] <mn> **be unaware of sg** nincs tudatában vminek; nem tud vmit; nincs tudomása vmiről

unawares [ˌʌnəˈweəz] <hsz> váratlanul: *take sy unawares* váratlanul ér/meglep vkit

unbalanced [ʌnˈbælənst] <mn> **1.** kiegyensúlyozatlan **2.** *(személy, jellem)* labilis **3.** *(beszámoló)* egyoldalú; részrehajló **4.** *(személy)* tébolyodott; megháborodott

unbearable [ʌnˈbeərəbl] <mn> kibírhatatlan; elviselhetetlen

unbeatable [ʌnˈbiːtəbl] <mn> legyőzhetetlen; verhetetlen: *unbeatable prices* verhetetlen árak

unbeaten [ʌnˈbiːtn] <mn> sp veretlen

unbelievable [ˌʌnbɪˈliːvəbl] <mn> hihetetlen

unbending [ʌnˈbendɪŋ] <mn> hajthatatlan; hajlíthatatlan; makacs

unbiased [ʌnˈbaɪəst] <mn> elfogulatlan; tárgyilagos; pártatlan; nem részrehajló

unbiassed [ʌnˈbaɪəst] → **unbiased**

unbind [ˌʌnˈbaɪnd] <ige> (unbinds, unbinding, unbound, unbound) **1.** kiold; kibont **2.** feloldoz; kiszabadít

unblemished [ˌʌnˈblemɪʃt] <mn> makulátlan; hibátlan

unborn [ˌʌnˈbɔːn] <mn> meg nem született

unbreakable [ʌnˈbreɪkəbl] <mn> törhetetlen

unbroken [ʌnˈbrəʊkən] <mn> **1.** sértetlen; ép; egész **2.** sp *(csúcs)* megdöntetlen **3.** folytatólagos; megszakítatlan; folytonos

unburden [ˌʌnˈbɜːdn] <ige> **unburden oneself (to sy)** kiönti a szívét (vkinek)

unbutton [ˌʌnˈbʌtn] <ige> kigombol

uncalled for [ʌnˈkɔːldfɔː] <mn> szükségtelen; fölösleges; indokolatlan; nem helyénvaló: *Her comments were uncalled for.* Megjegyzései nem voltak helyénvalók.

uncanny [ʌnˈkæni] <mn> rejtélyes; hátborzongató

unceasing [ʌnˈsiːsɪŋ] <mn> szüntelen; szakadatlan

uncertain [ʌnˈsɜːtn] <mn> **1.** nem biztos (**about/of sg** vmiben); bizonytalan **2.** két(ség)es; bizonytalan: *Our future looks uncertain.* Jövőnk bizonytalan.

uncertainty [ʌnˈsɜːtnti] <fn> [C, U] (uncertainties) bizonytalanság; kétség

unchanged [ʌnˈtʃeɪndʒd] <mn> változatlan; ugyanolyan

unchanging [ʌnˈtʃeɪndʒɪŋ] <mn> változatlan; állandó; ugyanolyan

uncharacteristic [ˌʌnˌkærəktəˈrɪstɪk] <mn> nem jellemző (**of sy** vkire)

uncharitable [ʌnˈtʃærɪtəbl] <mn> kíméletlen; könyörtelen

unchecked [ˌʌnˈtʃekt] <mn> akadálytalan; ellenőrizetlen

uncivil [ˌʌnˈsɪvl] <mn> hiv udvariatlan; barátságtalan; modortalan

uncivilized [ʌnˈsɪvəlaɪzd] <mn> civilizálatlan; műveletlen; kulturálatlan

uncle [ˈʌŋkl] <fn> [C] **1.** nagybácsi: *my uncle* a nagybátyám **2.** bácsi: *uncle Tom* Tom bácsi

unclean [ˌʌnˈkliːn] <mn> **1.** hiv nem tiszta; piszkos **2.** tisztát(a)lan

---

🇺🇸 *Uncle Sam*

Az USA szimbóluma. Idősebb, ősz hajú, szakállas úrként ábrázolják, akinek az öltönyén és cilinderén az amerikai zászló látható.

uncomfortable [ʌnˈkʌmftəbl] <mn> **1.** kényelmetlen: *This chair is so uncomfortable.* Ez a szék annyira kényelmetlen! **2.** *(helyzet)* kínos; kellemetlen: *an uncomfortable silence* kínos csend ∗ *feel uncomfortable* kellemetlenül érzi magát

uncommon [ʌnˈkɒmən] <mn> szokatlan; ritka; rendkívüli

uncommunicative [ˌʌnkəˈmjuːnɪkətɪv] <mn> szűkszavú; szófukar; hallgatag; zárkózott; nem kommunikatív

uncompromising [ʌnˈkɒmprəmaɪzɪŋ] <mn> hajthatatlan; tántoríthatatlan; meg nem alkuvó

unconcerned [ˌʌnkənˈsɜːnd] <mn> közönyös; közömbös (**about/by sg** vmi iránt): *Julia seemed unconcerned by her sister's problem.* Úgy tűnt, Juliat nem érdekli nővére problémája.

unconditional [ˌʌnkənˈdɪʃnəl] <mn> feltétlen; feltétel nélküli

unconfirmed [ˌʌnkənˈfɜːmd] <mn> meg nem erősített

¹**unconscious** [ʌnˈkɒnʃəs] <mn> **1.** eszméletlen; ájult: *be unconscious* nincs magánál ∗ *become unconscious* elájul; elveszíti az eszméletét **2. be unconscious of sg** nincs tudatában vminek; nincs tudomása vmiről **3.** nem tudatos/szándékos; öntudatlan

²**unconscious** [ʌnˈkɒnʃəs] <fn> [sing] **the unconscious** a tudatalatti

unconsciousness [ʌnˈkɒnʃəsnəs] <fn> [U] eszméletlenség

unconsidered [ˌʌnkənˈsɪdəd] <mn> meggondolatlan; meg nem fontolt

unconstitutional [ˌʌnˌkɒnstɪˈtjuːʃnəl] <mn> alkotmányellenes; alkotmányba ütköző

uncontrollable [ˌʌnkənˈtrəʊləbl] <mn> **1.** *(személy)* fegyelmezhetetlen **2.** *(vágy, szenvedély)* féktelen; fékezhetetlen; ellenállhatatlan

uncontrolled [ˌʌnkənˈtrəʊld] <mn> fékevesztett; féktelen

unconventional [ˌʌnkənˈvenʃnəl] <mn> konvenciókhoz/formaságokhoz nem ragaszkodó; nem a megszokott

uncooked [ˌʌnˈkʊkt] <mn> főtlen; nyers

uncooperative [ˌʌnkəʊˈɒprətɪv] <mn> nem segítőkész; együttműködni nem akaró

uncork [ʌnˈkɔːk] <ige> dugót kihúz: *uncork a bottle* kihúzza a dugót az üvegből

uncountable [ʌnˈkaʊntəbl] <mn> megszámlálhatatlan: *uncountable noun* nyelvt megszámlálhatatlan főnév

uncouth [ʌnˈkuːθ] <mn> *(személy, modor)* durva; faragatlan: *an uncouth young man* faragatlan fiatalember

uncover [ʌnˈkʌvə] <ige> **1.** fedelet/fedőt levesz; kitakar **2.** leleplez; felfed; elárul: *uncover a plot* összeesküvést leleplez ∗ *His activities were finally uncovered.* Végül felfedték tetteit.

uncritical [ˌʌnˈkrɪtɪkl] <mn> kritikátlan

uncrowned [ˌʌnˈkraʊnd] <mn> koronázatlan

uncultured [ʌnˈkʌltʃəd] <mn> műveletlen; iskolázatlan

undamaged [ʌnˈdæmɪdʒd] <mn> sértetlen; ép

undated [ˌʌnˈdeɪtɪd] <mn> dátum nélküli

undecided [ˌʌndɪˈsaɪdɪd] <mn> **1.** bizonytalan; határozatlan: *be undecided about sg* bizonytalan vmiben **2.** eldöntetlen: *The date of the arrival is still undecided.* Az érkezés időpontja még mindig eldöntetlen.

undeniable [ˌʌndɪˈnaɪəbl] <mn> tagadhatatlan; vitathatatlan; kétségtelen

¹**under** [ˈʌndə] <elölj> **1.** alatt(a); alá; alul; lenn: *under the table* az asztal alatt ∗ *swim under water* víz alatt úszik ∗ *hide under the bed* az ágy alá bújik ∗ *see under…* lásd … alatt ∗ *What are you wearing under your jumper?* Mi van a pulcsid alatt? ∗ *I saw a light coming from under the door.* Az ajtó alól fényt láttam kiszűrődni. **2.** kevesebb mint; vminél fiatalabb; vmin belül; vmi alatt: *be under age* kiskorú ∗ *Children under three shouldn't go out alone.* Három év alatti/Három évnél fiatalabb gyerekek nem mehetnek ki egyedül az utcára. **3.** *(vmely hatás)* alatt: *be under the influence of alcohol* alkohol hatása alatt áll ∗ *She is under a lot of stress at work lately.* Újabban nagy stresszhatás alatt áll a munkájában. **4.** *(vmely szabály)* szerint; *(vminek)* értelmében: *under the terms of the agreement* a szerződési feltételek értelmében **5.** *(vkinek)* keze/irányítása alatt: *be under sy* alárendeltje vkinek ∗ *She studies under Professor Horton Smith.* Horton Smith professzor irányítása alatt végzi tanulmányait. ∗ *He has about forty workers under him.* Mintegy negyven munkás dolgozik az irányítása/a keze alatt. **6.** *(folyamatban)* … alatt; -ban/-ben: *be under attack* támadás alatt áll ∗ *question under discussion* a szóban forgó kérdés ∗ *be under repair* javítás alatt van/áll ∗ *under the circumstances* az adott körülmények között

²**under** [ˈʌndə] <hsz> **1.** alá; alul; alatt: *He pulled up the lid and crawled under.* Felemelte a fedelet és bekúszott alá. ∗ *She took a deep breath and stayed under.* Nagy lélegzetet vett, és a víz alatt maradt. **2.** *(bizonyos kor, ár)* alatt: *children aged 12 and under* gyermekek 12 éves kor és az alatt

underachieve [ˌʌndərəˈtʃiːv] <ige> (underachieves, underachieving, underachieved) alulteljesít

underage [ˌʌndərˈeɪdʒ] <mn> jog kiskorú; fiatalkorú

undercarriage [ˈʌndəˌkærɪdʒ] <fn> [C] *(repülőgépé)* futómű

undercharge [ˌʌndəˈtʃɑːdʒ] <ige> (undercharges, undercharging, undercharged) kevesebbet számít fel

underclothes [ˈʌndəkləʊðz] <fn> [pl] fehérnemű

undercover [ˌʌndəˈkʌvə] <mn> titkos: *an undercover agent* titkos/beépített ügynök

undercut [ˌʌndəˈkʌt] <ige> (undercuts, undercutting, undercut, undercut) olcsóbban árusít; olcsóbb áron ad vkinél; alákínál vkinek

underdeveloped [ˌʌndədɪˈveləpt] <mn> elmaradott; fejletlen: *underdeveloped country* fejlődésben elmaradt ország

underdog [ˈʌndədɒg] <fn> [C] esélytelenebb/gyengébb/hátrányos helyzetű fél

underdone [ˌʌndəˈdʌn] <mn> *(hús)* félig nyers/átsütött/átsült; véres

underestimate [ˌʌndərˈestɪmeɪt] <ige> (underestimates, underestimating, underestimated) **1.** alábecsül **2.** lebecsül

underfoot [ˌʌndəˈfʊt] <hsz> lent; alul; a láb alatt

undergo [ˌʌndəˈgəʊ] <ige> (undergoes, undergoing, underwent, undergone) keresztülmegy; átmegy; átél: *undergo changes* változásokon megy keresztül * *undergo a serious heart operation* komoly szívműtéten esik át * *undergo medical treatment* gyógykezelteti magát

undergraduate [ˌʌndəˈgrædʒʊət] <fn> [C] (egyetemi/főiskolai) hallgató; egyetemista; főiskolás

¹**underground** [ˈʌndəgraʊnd] <mn> **1.** föld alatti: *an underground car park* föld alatti parkoló **2.** titkos; illegális

²**underground** [ˌʌndəˈgraʊnd] <hsz> **1.** a föld alatt: *This animal lives underground.* Ez az állat a föld alatt él. **2.** illegalitásba(n): *go underground* illegalitásba vonul

³**underground** [ˈʌndəgraʊnd] <fn> [sing] földalatti; metró: *the Underground* a londoni földalatti * *travel by underground* metróval utazik

undergrowth [ˈʌndəgrəʊθ] <fn> [U] bozót; aljnövényzet

underhand [ˌʌndəˈhænd] <mn> alattomos

underlie [ˌʌndəˈlaɪ] <ige> (underlies, underlying, underlay, underlain) hiv vminek az alapjául szolgáló/alapját képezi

underline [ˌʌndəˈlaɪn] <ige> (underlines, underlining, underlined) **1.** kihangsúlyoz **2.** aláhúz: *be underlined in red* pirossal van aláhúzva

underlying [ˌʌndəˈlaɪɪŋ] <mn> vminek az alapjául szolgáló/alapját képező: *the underlying principles* az alapelvek; az elvi alapok

undermine [ˌʌndəˈmaɪn] <ige> (undermines, undermining, undermined) aláaknáz; aláás

¹**underneath** [ˌʌndəˈniːθ] <elölj> alatt; alá; lent; alul: *leave the key underneath the mat* a kulcsot a lábtörlő alatt hagyja * *hide underneath the bed* az ágy alá rejtőzik

²**underneath** [ˌʌndəˈniːθ] <fn> **the underneath** [sing] vminek az alja: *the underneath of the table* az asztal alja

undernourished [ˌʌndəˈnʌrɪʃt] <mn> alultáplált

underpants [ˈʌndəpænts] <fn> [pl] alsónadrág: *a pair of underpants* egy alsónadrág

underpass [ˈʌndəpɑːs] <fn> [C] aluljáró

underpay [ˌʌndəˈpeɪ] <ige> (underpays, underpaying, underpaid, underpaid) alulfizet; rosszul fizet

underprivileged [ˌʌndəˈprɪvəlɪdʒd] <mn> hátrányos helyzetű

underrate [ˌʌndəˈreɪt] <ige> (underrates, underrating, underrated) alábecsül; lebecsül

undersecretary [ˌʌndəˈsekrətrɪ] <fn> [C] (undersecretaries) államtitkár

undershirt [ˈʌndəʃɜːt] AmE (atléta)trikó

undersigned [ˌʌndəˈsaɪnd] <fn> [pl] **the undersigned** hiv alulírott: *We, the undersigned, agree to…* Alulírottak megegyeznek abban,…

understaffed [ˌʌndəˈstɑːft] <mn> *(cég stb.)* munkaerőhiánnyal küzdő

understand [ˌʌndəˈstænd] <ige> (understands, understanding, understood, understood) **1.** (meg)ért; felfog: *be easy to understand* könnyű megérteni * *I don't understand how that machine works.* Nem értem, hogy működik ez a gép. * *I understand your concern, but…* Megértem az aggodalmaidat/hogy aggódsz, de… **2.** (idegen nyelvet) (meg)ért: *He doesn't understand a word in Spanish.* Egy szót sem ért spanyolul. **3.** (meg)ítél; lát: *as I understand it, this is…* Ahogy látom, ez nem…
♦ **Am I to understand that…?** Ez azt jelentse, hogy…?

understandable [ˌʌndəˈstændəbl] <mn> érthető

understandably [ˌʌndəˈstændəblɪ] <hsz> érthetően

¹**understanding** [ˌʌndəˈstændɪŋ] <fn> **1.** [U] megértés: *her kindness and understanding* kedvessége és megértése * *need a little understanding* egy kis megértésre van szüksége * *tackle a problem with understanding* megér-

téssel kezeli a kérdést **2.** [U] értelmi képesség; értelem: *a man of great understanding* nagyon értelmes/okos/jó értelmi képességű ember * *be/go beyond sy's understanding* meghaladja az értelmi képességeit **3.** [C] megállapodás; megegyezés; egyezség: *come to/reach an understanding* megállapodásra jut; megállapodik * *have an understanding with sy* megegyezik; megállapodik vkivel **4.** [C] értelmezés: *My understanding is...* Én úgy értelmezem, hogy...
♦ **on the understanding that...** hiv azzal a feltétellel, hogy...

²understanding [ˌʌndəˈstændɪŋ] <mn> megértő

understate [ˌʌndəˈsteɪt] <ige> (understates, understating, understated) (el)bagatellizál

understood [ˌʌndəˈstʊd] → **understand**

undertake [ˌʌndəˈteɪk] <ige> (undertakes, undertaking, undertook, undertaken) hiv **1.** (el)vállal (**sg** vmit); vállalkozik (**sg** vmire); belekezd; belefog (**sg** vmibe): *A local firm undertook the building.* Egy helyi cég vállalta az épít(kez)ést. **2.** vállal; megígér (**to do sg** vmi megtételét)

undertaker [ˈʌndəteɪkə] <fn> [C] temetkezési vállalkozó

undertaking [ˌʌndəˈteɪkɪŋ] <fn> [C] **1.** vállalkozás: *This job is a large undertaking.* Ez a munka hatalmas vállalkozás. **2.** hiv ígéret; (kötelezettség)vállalás: *make an undertaking that...* kötelezettséget vállal, hogy...

¹underwater [ˌʌndəˈwɔːtə] <mn> víz alatti

²underwater [ˌʌndəˈwɔːtə] <hsz> a víz alatt: *swim underwater* úszik a víz alatt

underwater goggles [ˌʌndəˈwɔːtəˌgɒglz] <fn> [pl] úszószemüveg

underwear [ˈʌndəweə] <fn> [U] fehérnemű

underweight [ˌʌndəˈweɪt] <mn> a normálisnál kisebb súlyú: *be underweight by two kilos/be two kilos underweight* két kilóval könnyebb (a normálisnál)

underwent [ˌʌndəˈwent] → **undergo**

underworld [ˈʌndəwɜːld] <fn> [sing] **the underworld** az alvilág

undeserved [ˌʌndɪˈzɜːvd] <mn> meg nem érdemelt; érdemtelen

undeservedly [ˌʌndɪˈzɜːvɪdli] <hsz> érdemtelenül; méltatlanul

undesirable [ˌʌndɪˈzaɪərəbl] <mn> nemkívánatos: *undesirable effects* nemkívánatos hatások

undid [ʌnˈdɪd] → **undo**

undies [ˈʌndɪz] <fn> [pl] biz fehérnemű

undisciplined [ʌnˈdɪsɪplɪnd] <mn> fegyelmezetlen

undiscovered [ˌʌndɪsˈkʌvəd] <mn> fel nem fedezett; felfedezetlen; rejtett

undisputed [ˌʌndɪˈspjuːtɪd] <mn> nem vitatott/vitás; vitathatatlan; kétségbe nem vont

undisturbed [ˌʌndɪˈstɜːbd] <mn> nyugodt; zavartalan; háborítatlan

undivided [ˌʌndɪˈvaɪdɪd] <mn> osztatlan; egész; teljes: *Give this matter your undivided attention.* Teljes figyelmedet szenteld az ügynek!

undo [ʌnˈduː] <ige> (undoes, undoing, undid, undone) **1.** kibont; meglazít; feloldoz; kinyit; kigombol: *come undone* kibomlik; kinyílik; kigombolódik * *undo the knot/button* kibontja a csomót/kigombolja a gombot **2.** tönkretesz; megsemmisít: *One mistake has undone all our achievements.* Egyetlen hiba tönkretett/megsemmisített minden eredményünket. **3.** meg nem történtté tesz; visszacsinál
♦ **What is done cannot be undone.** Ami történt, megtörtént.

undoing [ʌnˈduːɪŋ] <fn> [sing] **be someone's undoing** vkinek a veszte

undone [ʌnˈdʌn] → **undo**

undoubtedly [ʌnˈdaʊtɪdli] <hsz> kétségtelenül

undreamed-of [ʌnˈdriːmdɒv] <mn> nem várt; minden képzeletet felülmúló: *undreamed-of success* minden képzeletet felülmúló siker

undress [ʌnˈdres] <ige> **1.** levetkőzik: *I undressed and got into bed.* Levetkőztem és lefeküdtem. **2.** levetkőztet: *undress a child* gyermeket levetkőztet

undrinkable [ʌnˈdrɪŋkəbl] <mn> ihatatlan

undue [ˌʌnˈdjuː] <mn> túlzott; indokolatlan

unduly [ˌʌnˈdjuːli] <hsz> túlságosan; indokolatlanul

undying [ʌnˈdaɪɪŋ] <mn> halhatatlan; örök; múlhatatlan: *undying love* örök szerelem

unease [ʌnˈiːz] <fn> [U] nyugtalanság; aggodalom

uneasy [ʌnˈiːzi] <mn> **1.** nyugtalan; aggódó; aggodalmaskodó; szorongó (**about sg//about doing sg** vmi miatt): *feel uneasy about sg* nyugtalankodik vmi miatt **2.** bizonytalan; nyugtalan

uneatable [ʌnˈiːtəbl] <mn> ehetetlen

uneconomic [ˈʌnˌiːkəˈnɒmɪk] <mn> veszteséges

uneconomical [ˈʌnˌiːkəˈnɒmɪkl] <mn> nem gazdaságos; pazarló

uneducated [ʌnˈedjʊkeɪtɪd] <mn> műveletlen; iskolázatlan; tanulatlan

¹unemployed [ˌʌnɪmˈplɔɪd] <mn> munkanélküli: *He has been unemployed for a year.* Már egy éve munkanélküli.

²unemployed [ˌʌnɪmˈplɔɪd] <fn> [pl] **the unemployed** a munkanélküliek
unemployment [ˌʌnɪmˈplɔɪmənt] <fn> [U] munkanélküliség
unemployment benefit [ʌnɪmˌplɔɪmənt ˈbenɪfɪt] <fn> [U] BrE munkanélküli-segély
unemployment compensation [ʌnɪmˌplɔɪmənt kɒmpənˈseɪʃn] <fn> [U] AmE munkanélküli-segély: *people on unemployment compensation* munkanélküli-segélyben részesülők
unending [ʌnˈendɪŋ] <mn> végtelen; véget nem érő; szűnni nem akaró
unequal [ʌnˈiːkwəl] <mn> **1.** nem egyenlő; egyenlőtlen: *an unequal contest* egyenlőtlen verseny **2. be unequal to sg** hiv nem tud megfelelni vminek; nem elég jó/gyakorlott: *be unequal to the job* nem tud megfelelni a rábízott munkának
unequaled [ʌnˈiːkwəld] AmE → **unequalled**
unequalled [ʌnˈiːkwəld] <mn> egyedülálló; páratlan; hasonlíthatatlan
UNESCO, Unesco [juːˈneskəʊ] [= United Nations Educational, Scientific, and Cultural Organization] UNESCO (= az ENSZ Nevelésügyi, Tudományos és Kulturális Szervezete)
unethical [ʌnˈeθɪkl] <mn> etikátlan
uneven [ʌnˈiːvn] <mn> **1.** (felszín) egyenetlen; göröngyös: *The road surface here is uneven.* Az út felszíne itt egyenetlen. **2.** (teljesítmény) egyenetlen; hullámzó; különböző; eltérő: *an uneven performance* hullámzó teljesítmény **3.** (légzés) szabálytalan **4.** (fogsor) egyenetlen **5.** (verseny) egyenlőtlen; nem egyenlő
uneventful [ˌʌnɪˈventfl] <mn> eseménytelen; csendes
unexpected [ˌʌnɪkˈspektɪd] <mn> váratlan
unexpectedly [ˌʌnɪkˈspektɪdlɪ] <hsz> váratlanul; hirtelen
unfailing [ʌnˈfeɪlɪŋ] <mn> kifogyhatatlan; kiapadhatatlan; kimeríthetetlen
unfair [ˌʌnˈfeə] <mn> **1.** tisztességtelen; sportszerűtlen: *by unfair means* tisztességtelen úton * *unfair play* sportszerűtlen játék * *an unfair advantage* tisztességtelen előny **2.** igazságtalan; méltánytalan: *It's unfair!* Ez nem igazságos!
unfaithful [ʌnˈfeɪθfl] <mn> hűtlen (**to sy** vkihez): *He is unfaithful to his wife.* Csalja a feleségét.
unfamiliar [ˌʌnfəˈmɪlɪə] <mn> **1. be unfamiliar (to sy)** idegen; ismeretlen (vki számára): *Her name was unfamiliar to me.* A neve ismeretlen volt számomra. **2. be unfamiliar (with sg/sy)** nem/alig ismer (vmit/vkit)
unfashionable [ʌnˈfæʃnəbl] <mn> divatjamúlt; nem divatos
unfasten [ʌnˈfɑːsn] <ige> kikapcsol; kigombol; kinyit; kiold(oz)
unfavorable [ʌnˈfeɪvərəbl] AmE → **unfavourable**
unfavourable [ʌnˈfeɪvərəbl] <mn> kedvezőtlen
unfeeling [ʌnˈfiːlɪŋ] <mn> kegyetlen; lelketlen; szívtelen
unfinished [ˌʌnˈfɪnɪʃt] <mn> befejezetlen; kidolgozatlan
unfit [ʌnˈfɪt] <mn> **1.** alkalmatlan (**for sg/to do sg** vmire): *unfit for human consumption* emberi fogyasztásra alkalmatlan * *unfit to eat* étkezésre/fogyasztásra alkalmatlan **2.** gyenge; formán aluli; nincs jó formában/kondícióban
unfold [ʌnˈfəʊld] <ige> **1.** szétnyit; szétbont; kinyit; kibont; felbont; kitár: *She unfolded the map.* Kinyitotta/Kiterítette a térképet. **2.** szétnyílik; kinyílik; kitárul; kibomlik; kibontakozik **3.** hiv kifejt; előad; feltár: *unfold a plan* tervet kifejt
unforeseen [ˌʌnfɔːˈsiːn] <mn> előre nem látott; váratlan
unforgettable [ˌʌnfəˈgetəbl] <mn> felejthetetlen: *an unforgettable experience* felejthetetlen élmény
unforgivable [ˌʌnfəˈgɪvəbl] <mn> megbocsáthatatlan
unfortunate [ʌnˈfɔːtʃənət] <mn> **1.** szerencsétlen; sajnálatra méltó: *It was an unfortunate accident.* Szerencsétlen baleset volt. **2.** hiv sajnálatos: *It is unfortunate that…* Sajnálatos/Kár, hogy… * *an unfortunate mistake* sajnálatos hiba/tévedés
unfortunately [ʌnˈfɔːtʃənətlɪ] <mn> sajnos; sajnálatos módon
unfounded [ʌnˈfaʊndɪd] <mn> alaptalan; megalapozatlan
unfriendly [ʌnˈfrendlɪ] <mn> barátságtalan; ellenséges (**to/towards sy** vkivel szemben)
unfulfilled [ˌʌnfʊlˈfɪld] <mn> beteljesületlen; meg nem valósult
unfurnished [ˌʌnˈfɜːnɪʃt] <mn> bútorozatlan
ungainly [ʌnˈgeɪnlɪ] <mn> esetlen; idétlen
ungrateful [ʌnˈgreɪtfl] <mn> hálátlan
unguarded [ʌnˈgɑːdɪd] <mn> **1.** óvatlan; meggondolatlan: *in an unguarded moment* egy óvatlan pillanatban **2.** őrizetlen
unhappiness [ʌnˈhæpɪnəs] <mn> boldogtalanság
unhappy [ʌnˈhæpɪ] <mn> (more unhappy/unhappier, most unhappy/unhappiest) **1.** boldogtalan; szomorú: *John had an unhappy child-*

hood. Johnnak szomorú gyermekkora volt. **2.** elégedetlen (**about/at/with sg** vmivel): *be unhappy about the high prices* elégedetlen a magas árakkal **3.** hiv szerencsétlen: *an unhappy coincidence* szerencsétlen egybeesés

unharmed [ˌʌnˈhɑːmd] <mn> sértetlen; ép
unhealthy [ʌnˈhelθi] <mn> (unhealthier, unhealthiest) **1.** *(személy)* beteg(es); nem egészséges: *Mary looks pale and unhealthy.* Mary sápadtnak és betegnek tűnik. **2.** *(étel stb.)* egészségtelen; egészségre ártalmas/káros: *an unhealthy diet* egészségtelen étrend
unheard-of [ʌnˈhɜːd ɒv] <mn> ismeretlen; soha nem hallott; példa nélküli; hihetetlen
unhelpful [ʌnˈhelpfl] <mn> nem segítőkész/készséges; barátságtalan
unhesitating [ʌnˈhezɪteɪtɪŋ] <mn> határozott; habozás nélküli
unhoped-for [ʌnˈhəʊpt fɔː] <mn> nem várt/remélt
unhurt [ʌnˈhɜːt] <mn> ép; sértetlen
uni [ˈjuːni] [= university] <fn> [C] biz BrE egyetem
unicorn [ˈjuːnɪkɔːn] <fn> [C] egyszarvú; unikornis
unidentified [ˌʌnaɪˈdentɪfaɪd] <mn> fel nem ismert; ismeretlen; azonosítatlan
unification [ˌjuːnɪfɪˈkeɪʃn] <fn> [U] egyesítés
unified [ˈjuːnɪfaɪd] <mn> egyesített
¹uniform [ˈjuːnɪfɔːm] <fn> [C] egyenruha: *wear school uniform* iskolai egyenruhát hord
²uniform [ˈjuːnɪfɔːm] <mn> egyforma; egységes; egyöntetű; változatlan
uniformed [ˈjuːnɪfɔːmd] <mn> egyenruhás
uniformity [ˌjuːnɪˈfɔːməti] <fn> [U] egyformaság; egységesség; egyöntetűség; azonosság
unify [ˈjuːnɪfaɪ] <ige> (unifies, unifying, unified) egyesít
unilateral [ˌjuːnɪˈlætrəl] <mn> egyoldalú
unimaginable [ˌʌnɪˈmædʒɪnəbl] <mn> elképzelhetetlen
unimaginative [ˌʌnɪˈmædʒɪnətɪv] <mn> fantáziátlan
unimportant [ˌʌnɪmˈpɔːtnt] <mn> jelentéktelen; nem fontos
unimpressed [ˌʌnɪmˈprest] <mn> közönyös
uninhabitable [ˌʌnɪnˈhæbɪtəbl] <mn> *(ház stb.)* lakhatatlan
uninhabited [ˌʌnɪnˈhæbɪtɪd] <mn> *(sziget stb.)* lakatlan
uninhibited [ˌʌnɪnˈhɪbɪtɪd] <mn> gátlástalan; gátlásoktól mentes
uninjured [ʌnˈɪndʒəd] <mn> sértetlen; ép; meg nem sérült
unintelligent [ˌʌnɪnˈtelɪdʒənt] <mn> nem értelmes; unintelligens

unintelligible [ˌʌnɪnˈtelɪdʒəbl] <mn> érthetetlen; értelmetlen
unintentional [ˌʌnɪnˈtenʃnəl] <mn> nem szándékos
uninterested [ʌnˈɪntrəstɪd] <mn> érdeklődést nem mutató; közömbös; érdektelen; nem érdeklődő (**in sy/sg** vki/vmi iránt)
uninteresting [ʌnˈɪntrəstɪŋ] <mn> unalmas; nem érdekes
uninterrupted [ˌʌnɪntəˈrʌptɪd] <mn> folyamatos; zavartalan; félbe nem szakított
uninvited [ˌʌnɪnˈvaɪtɪd] <mn> hívatlan: *uninvited guests* hívatlan vendégek
union [ˈjuːniən] <fn> **1.** [U] egyesülés **2.** [U] egyesítés **3.** [C] szövetség **4.** [C] unió: *the European Union* az Európai Unió **5.** **(trade) union** [C] szakszervezet: *He has joined the union.* Belépett a szakszervezetbe.
Union Jack [ˌjuːniənˈdʒæk] <fn> [sing] **the Union Jack** a brit zászló

🇬🇧 Union Jack

Nagy-Britannia és Észak-Írország Egyesült Királyságának zászlaját népszerű nevén Union Jacknek hívják. A lobogó az 1800-ban aláírt brit és ír egyesülési szerződés után jött létre és azóta is használatos. A brit lobogónak kék a háttere, mely egyben a skót zászló alapja is, és ezen láthatóak Írország, Anglia és Skócia keresztjei. A zászló előterében felfedezhetünk egy nagy piros keresztet, mely Szent Györgynek, Anglia védőszentjének keresztje. A György-kereszt hátterében helyezkedik el a piros ferde kereszt, Szent Patrik keresztje, aki az írek védőszentje. A Patrik-kereszt melletti fehér kereszt pedig Szent András keresztje, aki Skócia védőszentje.

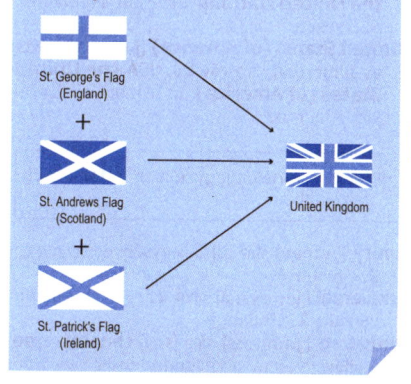

St. George's Flag (England)
+
St. Andrews Flag (Scotland)
+
St. Patrick's Flag (Ireland)
→ United Kingdom

unique [juːˈniːk] <mn> **1.** egyedülálló; páratlan: *a unique opportunity* páratlan alkalom * *unique of this kind* a maga nemében páratlan **2.** kivételes; példátlan **3. unique to sy/sg** csak/kimondottan/kizárólag vkire/vmire jellemző: *This problem isn't unique to our students.* Ez a probléma nem csak a mi tanulóinkra jellemző.

unisex [ˈjuːnɪsəks] <mn> uniszex

unison [ˈjuːnɪsn] <fn> [U] zene egyszólamú éneklés; uniszónó: *They sing in unison.* Uniszónóban énekelnek.

♦ **in unison** egyetértésben; összhangban

unit [ˈjuːnɪt] <fn> [C] **1.** egység: *The basic unit of society is the family.* A társadalom alapegysége a család. **2.** (mérték)egység: *A metre is a unit of length.* A méter a hosszúság mértékegysége. **3.** (intézményé) egység; részleg; osztály: *the intensive care unit* intenzív osztály **4.** (gépé) elem; egység: *central processing unit (CPU)* processzor; központi feldolgozóegység **5.** (bútoré) elem **6.** (tankönyvben) lecke

unite [juːˈnaɪt] <ige> (unites, uniting, united) **1.** egyesít; összekapcsol **2.** egyesül; egybeolvad **3.** együttműködik; összefog; szövetkezik (**in (doing) sg//against sy/sg** vminek az érdekében//vki/vmi ellen)

united [juːˈnaɪtɪd] <mn> **1.** egyesült **2.** egyesített

United Kingdom [juːˌnaɪtɪdˈkɪŋdəm] <fn> röv **UK the United Kingdom** az Egyesült Királyság

→ Lásd a Tartalomjegyzékben a Tematikus rajzokat!

United Nations [juːˌnaɪtɪdˈneɪʃnz] <fn> röv **UN the United Nations** Egyesült Nemzetek Szervezete

United States (of America) [juːˌnaɪtɪdˌsteɪts əv əˈmerɪkə] <fn> röv **US, USA the United States (of America)** az (Amerikai) Egyesült Államok

→ Lásd a Tartalomjegyzékben a Tematikus rajzokat!

unity [ˈjuːnəti] <fn> [U] **1.** egység; egységesség **2.** egyetértés

universal [ˌjuːnɪˈvɜːsl] <mn> **1.** egyetemes; univerzális **2.** általános

universe [ˈjuːnɪvɜːs] <fn> [sing] **the universe** a világegyetem; a világmindenség

university [ˌjuːnɪˈvɜːsəti] <fn> [C, U] (universities) **1.** egyetem: *he/study at university* egyetemen tanul * *go to university* egyetemre megy/jár * *This autumn he goes to university.* Idén ősszel egyetemre megy./Idén ősszel elkezdi az egyetemet. **2.** összet egyetemi: *a university student* egyetemi hallgató * *a university lecturer* egyetemi előadó/oktató * *a university degree* egyetemi végzettség/diploma * *a university professor* egyetemi tanár

unjust [ˌʌnˈdʒʌst] <mn> igazságtalan; méltánytalan

unkempt [ˌʌnˈkempt] <mn> borzas; kócos; ápolatlan; rendetlen

unkind [ˌʌnˈkaɪnd] <mn> barátságtalan; durva; rosszindulatú (**to sy** vkivel)

unkindness [ˌʌnˈkaɪndnəs] <fn> [U] barátságtalanság; rosszindulat

unknown [ˌʌnˈnəʊn] <mn> **1.** ismeretlen (**to sy** vki számára): *for some unknown reason* ismeretlen okokból kifolyólag **2.** (nem híres) nem/kevéssé ismert; ismeretlen: *an unknown poet* ismeretlen költő

unlawful [ʌnˈlɔːfl] <mn> törvénytelen; törvényellenes

unleaded [ˌʌnˈledɪd] <mn> ólommentes: *unleaded petrol* ólommentes benzin

unleash [ʌnˈliːʃ] <ige> **1.** (kutyát pórázról) elenged **2.** (háborút stb.) kirobbant

unless [ənˈles] <ksz> ha(csak) nem; kivéve ha: *We won't catch the train unless we run.* Nem fogjuk elérni a vonatot, hacsak nem szaladunk. * *I will call you on Friday unless there is nothing to discuss.* Pénteken hívlak, kivéve, ha nincs semmi megbeszélnivaló.

¹**unlike** [ˌʌnˈlaɪk] <elölj> **1.** különböző; eltérő; (egész) más, mint: *These twins are so unlike each other.* Ezek az ikrek annyira különbözőek. * *He is quite unlike his father.* Teljesen más, mint az apja. **2.** nem jellemző: *It's unlike John to be late.* Nem jellemző Johnra, hogy késik. * *It is very unlike him.* Ez egyáltalán nem jellemző rá. **3.** szemben; ellentétben: *Unlike Peter, Anna is lazy.* Péterrel ellentétben Anna lusta.

²**unlike** [ˌʌnˈlaɪk] <mn> különböző; eltérő; nem hasonló: *The boys are quite unlike.* Nagyon különbözőek/eltérőek/mások a fiúk.

unlikely [ʌnˈlaɪkli] <mn> (more unlikely/unlikelier, most unlikely/unlikeliest) **1.** valószínűtlen; nem valószínű, hogy...: *He is unlikely to catch the bus.* Nem valószínű, hogy eléri a buszt. * *It is highly unlikely that we'll be late.* Nagyon valószínűtlen, hogy késnénk. * *It seems unlikely that...* Nem valószínű, hogy... **2.** hihetetlen; nehezen hihető: *an unlikely story* hihetetlen történet

unlimited [ʌn'lɪmɪtɪd] <mn> korlátlan; határtalan

unlisted [ʌn'lɪstɪd] <mn> AmE *(telefonszám)* titkos

unload [ʌn'ləʊd] <ige> **1.** *(terhet, árut)* kirak; lerak **2.** *(járműből)* kirakodik; lerakodik **3.** *(fegyver stb.)* ürít **4. unload sg on(to) sy** biz ráterhel; (át)hárít vmit vkire: *unload the responsibility onto sy* a felelősséget ráterheli/áthárítja vkire **5. unload sg on(to) sy** biz *(rossz minőségű árut)* rásóz vmit vkire

unlock [ʌn'lɒk] <ige> *(zárat)* kinyit

unluckily [ʌn'lʌkɪlɪ] <hsz> sajnos: *unluckily for me* pechemre

unlucky [ʌn'lʌkɪ] <mn> (more unlucky/unluckier, most unlucky/unluckiest) **1.** szerencsétlen: *Some people think that Friday the 13th is an unlucky day.* Néhányan úgy gondolják, hogy a péntek tizenharmadika szerencsétlen nap. **2.** peches; szerencsétlen: *I am so unlucky – I never win at card games.* Annyira peches vagyok – sohasem nyerek kártyajátékokban.

unmanned [ˌʌn'mænd] <mn> *(jármű, gép stb.)* pilóta/legénység nélküli; távirányítású

unmarked [ˌʌn'mɑːkt] <mn> jelöletlen

unmarried [ˌʌn'mærɪd] <mn> hajadon; nőtlen; szingli

unmask [ˌʌn'mɑːsk] <ige> *(összeesküvőt stb.)* leleplez; felfed

unmatched [ˌʌn'mætʃt] <mn> hiv páratlan; egyedülálló

unmerciful [ʌn'mɜːsɪfl] <mn> kegyetlen; könyörtelen

unmistakable [ˌʌnmɪ'steɪkəbl] <mn> félreismerhetetlen; félreérthetetlen

unmoved [ʌn'muːvd] <mn> érzéketlen; meg nem hatott: *remain unmoved by sg* hidegen hagyja/nem hatja meg vmi

unmusical [ˌʌn'mjuːzɪkl] <mn> botfülű; nem muzikális

unnamed [ˌʌn'neɪmd] <mn> névtelen; ismeretlen; meg nem nevezett

unnatural [ʌn'nætʃrəl] <mn> **1.** szokatlan; nem természetes; természetellenes: *an unnatural silence* szokatlan csönd **2.** erőltetett; erőszakolt; nem természetes: *an unnatural death* nem természetes halál

unnaturally [ʌn'nætʃrəlɪ] <hsz> szokatlanul; természetellenesen

unnecessarily [ʌn'nesəsrəlɪ] <hsz> feleslegesen

unnecessary [ʌn'nesəsərɪ] <mn> felesleges; szükségtelen; nem szükséges: *do a lot of unnecessary work in the office* rengeteg felesleges dolgot csinál az irodában ∗ *It is unnecessary to knock on the door.* Nem szükséges kopogni az ajtón.

unnerve [ˌʌn'nɜːv] <ige> (unnerves, unnerving, unnerved) elbátortalanít

unnoticed [ˌʌn'nəʊtɪst] <mn> észrevétlen

unoccupied [ˌʌn'ɒkjʊpaɪd] <mn> **1.** *(ülés, asztal stb.)* (el) nem foglalt; szabad: *I sat down at the nearest unoccupied table.* A legközelebbi szabad asztalhoz ültem le. **2.** *(ház)* lakatlan; szabad; üres: *The room was unoccupied.* A szoba üres volt. **3.** *(ország, terület)* nem megszállt; szabad

unofficial [ˌʌnə'fɪʃl] <mn> nem hivatalos

unorthodox [ʌn'ɔːθədɒks] <mn> nem szokványos; újszerű; liberális szellemű

unpack [ˌʌn'pæk] <ige> kicsomagol

unpaid [ˌʌn'peɪd] <mn> **1.** kifizetetlen; ki nem fizetett: *unpaid bills* kifizetetlen számlák **2.** nem díjazott; fizetség/díjazás nélkül végzett; díjazatlan; fizetetlen: *unpaid work* fizetetlen/díjazás nélküli munka

unparalleled [ʌn'pærəleld] <mn> hiv példátlan; összehasonlíthatatlan; páratlan

unpardonable [ʌn'pɑːdnəbl] <mn> megbocsáthatatlan

unperturbed [ˌʌnpə'tɜːbd] <mn> higgadt; nyugodt; zavartalan

unpleasant [ʌn'pleznt] <mn> **1.** kellemetlen: *an unpleasant experience* kellemetlen élmény ∗ *an unpleasant smell* kellemetlen szag **2.** barátságtalan (**to sy** vkivel szemben); nem kedves: *He was really unpleasant on the phone.* Nagyon barátságtalan volt a telefonban.

unplug [ˌʌn'plʌg] <ige> (unplugs, unplugging, unplugged) *(konnektorból dugót)* kihúz: *Unplug the TV before you go to bed.* Húzd ki a tévét, mielőtt lefekszel.

unpopular [ʌn'pɒpjʊlə] <mn> népszerűtlen

unprecedented [ʌn'presɪdentɪd] <mn> példátlan; példa nélkül álló

unpredictable [ˌʌnprɪ'dɪktəbl] <mn> kiszámíthatatlan; előre meg nem mondható

unprejudiced [ʌn'predʒʊdɪst] <mn> előítélet-mentes; elfogulatlan

unprepared [ˌʌnprɪ'peəd] <mn> készületlen (**for sg** vmire)

unproductive [ˌʌnprə'dʌktɪv] <mn> nem jövedelmező; eredménytelen; terméketlen; meddő

unprofessional [ˌʌnprə'feʃnəl] <mn> nem szakszerű; szakszerűtlen

unprofitable [ʌn'prɒfɪtəbl] <mn> **1.** nem jövedelmező **2.** hiv haszontalan

unpromising [ˌʌn'prɒmɪsɪŋ] <mn> nem sokat ígérő

unprovoked [ˌʌnprə'vəʊkt] <mn> indokolatlan; ok nélküli; ki nem provokált

unpublished [ʌn'pʌblɪʃt] <mn> kiadatlan

unpunished [ʌn'pʌnɪʃt] <mn> büntetlen

unqualified [ʌn'kwɒlɪfaɪd] <mn> **1.** képesítés nélküli; képesítetlen; szakképzetlen **2.** feltétlen; teljes

unquestionable [ʌn'kwestʃənəbl] <mn> megkérdőjelezhetetlen; kétségbevonhatatlan

unquestioning [ˌʌn'kwestʃənɪŋ] <mn> (engedelmesség stb.) feltétlen: *an unquestioning belief* feltétlen bizalom

unquote [ˌʌn'kwəʊt] <ige> **quote... unquote** (diktálásnál) idézőjel... idézőjel bezárva; idézek... eddig az idézet

unravel [ʌn'rævl] <ige> (unravels, unravelling, unravelled, AmE unraveling, unraveled) **1.** *(fonalat)* kibont; kibogoz; *(kötést)* felfejt **2.** *(rejtélyt)* kibogoz; megfejt; megold: *unravel the mystery of sg* vminek a rejtélyét megfejti

unreadable [ʌn'ri:dəbl] <mn> **1.** olvashatatlan **2.** *(unalmas)* nem olvasmányos; élvezhetetlen

unreal [ʌn'rɪəl] <mn> nem valódi; irreális

unrealistic [ˌʌnrɪə'lɪstɪk] <mn> irreális

unreasonable [ʌn'ri:znəbl] <mn> **1.** észszerűtlen **2.** túlzott; túlságos; túlzó: *unreasonable prices* túlságosan magas árak

unreliable [ˌʌnrɪ'laɪəbl] <mn> megbízhatatlan

unrequited [ˌʌnrɪ'kwaɪtɪd] <mn> hiv *(szerelem)* viszonzatlan

unreserved [ˌʌnrɪ'zɜ:vd] <mn> **1.** *(hely)* szabad; nem foglalt: *Those seats are unreserved.* Azok az ülőhelyek nem foglaltak. **2.** fenntartás nélküli

unrest [ʌn'rest] <fn> [U] nyugtalanság; békétlenség; elégedetlenség

unrestrained [ˌʌnrɪ'streɪnd] <mn> féktelen; szabad; korlátozatlan

unrestricted [ˌʌnrɪ'strɪktɪd] <mn> korlátlan; korlátozatlan

unripe [ˌʌn'raɪp] <mn> *(gyümölcs)* éretlen

unrivaled [ʌn'raɪvld] AmE → **unrivalled**

unrivalled [ʌn'raɪvld] <mn> páratlan; utolérhetetlen

unroll [ʌn'rəʊl] <ige> **1.** kigöngyöl; kibont **2.** kitekeredik; kigöngyölődik

unruly [ʌn'ru:lɪ] <mn> **1.** *(gyerek)* fegyelmezetlen; engedetlen; kezelhetetlen **2.** *(haj)* fésülhetetlen; kezelhetetlen

unsafe [ʌn'seɪf] <mn> nem biztonságos; veszélyes

unsaid [ʌn'sed] <mn> ki nem mondott; kimondatlan

unsal(e)able [ˌʌn'seɪləbl] <mn> eladhatatlan

unsanitary [ˌʌn'sænətərɪ] <mn> AmE egészségtelen; nem higiénikus

unsatisfactory [ˌʌnsætɪs'fæktərɪ] <mn> nem kielégítő; elégtelen

unsatisfied [ʌn'sætɪsfaɪd] <mn> kielégítetlen; kielégületlen; elégedetlen

unscientific ['ʌnˌsaɪən'tɪfɪk] <mn> tudománytalan

unscrew [ˌʌn'skru:] <ige> **1.** kicsavar; lecsavar; kinyit **2.** lecsavarodik; kicsavarodik

unscrupulous [ʌn'skru:pjʊləs] <mn> lelkiismeretlen; gátlástalan

unseat [ˌʌn'si:t] <ige> **1.** *(ló nyeregből)* ledob: *be unseated (lóról)* bukik **2.** *(képviselőt)* kibuktat

unseemly [ʌn'si:mlɪ] <mn> *(viselkedés)* helytelen; illetlen

unseen [ˌʌn'si:n] <mn> *(veszély, akadály stb.)* láthatatlan; észrevétlen

unselfish [ʌn'selfɪʃ] <mn> önzetlen

unsentimental ['ʌnˌsentɪ'mentl] <mn> nem érzelgős

unsettle [ˌʌn'setl] <ige> *(nyugalmat)* megzavar

unsettled [ʌn'setld] <mn> **1.** *(személy)* zaklatott; izgatott; nyugtalan **2.** *(helyzet)* bizonytalan; kialakulatlan **3.** *(tartozás)* rendezetlen; elintézetlen; fizetetlen **4.** *(időjárás)* változékony

unshak(e)able [ʌn'ʃeɪkəbl] <mn> rendíthetetlen

unshaven [ˌʌn'ʃeɪvn] <mn> borotválatlan

unsightly [ʌn'saɪtlɪ] <mn> csúnya: *those unsightly new buildings* azok a csúnya új épületek

unsigned [ˌʌn'saɪnd] <mn> alá nem írt

unskilled [ˌʌn'skɪld] <mn> **1.** *(személy)* szakképzetlen: *an unskilled worker* segédmunkás; szakképzetlen munkaerő **2.** *(munka)* szakértelmet/szakképzettséget nem igénylő: *an unskilled job* szakképzettséget nem igénylő munka * *unskilled labour/work* segédmunka

unsociable [ʌn'səʊʃəbl] <mn> barátságtalan; emberkerülő; nehezen barátkozó

unsold [ˌʌn'səʊld] <mn> eladatlan

unsolicited [ˌʌnsə'lɪsɪtɪd] <mn> kéretlen; önként adott

unsolved [ˌʌn'sɒlvd] <mn> megoldatlan

unsound [ˌʌn'saʊnd] <mn> **1.** nem helytálló; téves; hibás **2.** *(épület stb.)* rossz állapotban lévő; rozoga

unspeakable [ʌn'spi:kəbl] <mn> kimondhatatlan; minősíthetetlen; szörnyű: *her unspeakable cruelty* minősíthetetlen/kimondhatatlan kegyetlensége

unspoiled [ˌʌn'spɔɪld] <mn> **1.** *(táj stb.)* el nem rontott/csúfított **2.** *(személy)* el nem kényeztetett/rontott

unspoilt [ˌʌn'spɔɪlt] → **unspoiled**

unstable [ʌn'steɪbl] <mn> **1.** labilis; instabil; ingatag; bizonytalan **2.** megbízhatatlan

unsteady [ʌn'stedɪ] <mn> **1.** *(járás)* ingatag; billegő; bizonytalan **2.** *(kéz, hang)* reszkető **3.** *(létra stb.)* billegő

unstressed [ˌʌn'strest] <mn> nyelvt hangsúlytalan

unstuck [ˌʌn'stʌk] <mn>
♦ **come unstuck 1.** leválik biz **2.** *(terv stb.)* meghiúsul; félresikerül

unsuccessful [ˌʌnsək'sesfl] <mn> *(erőfeszítés stb.)* sikertelen; eredménytelen: *an unsuccessful attempt to reach agreement* sikertelen kísérlet a megegyezésre

unsuitable [ʌn'su:təbl] <mn> alkalmatlan; nem megfelelő (**for sy/sg** vki/vmi számára)

unsure [ˌʌn'ʃʊə] <mn> **1.** bizonytalan; nem biztos (**about/of sg** vmiben): *If you are unsure about anything, just ask.* Ha bármiben bizonytalan vagy, akkor kérdezz. ✻ *I'm unsure whether…* Nem vagyok biztos benne, hogy… **2. be unsure (of oneself)** nincs önbizalma; bizonytalan magában

unsurpassable [ˌʌnsə'pɑ:səbl] <mn> felülmúlhatatlan

unsurprising [ˌʌnsə'praɪzɪŋ] <mn> nem meglepő

unsuspected [ˌʌnsə'spektɪd] <mn> nem gyanított; váratlan

unsuspecting [ˌʌnsə'spektɪŋ] <mn> gyanútlan

unsweetened [ˌʌn'swi:tnd] <mn> édesítetlen

unsympathetic [ˌʌnsɪmpə'θetɪk] <mn> részvétlen; közönyös (**to/towards sy** vki iránt)

unthinkable [ʌn'θɪŋkəbl] <mn> elképzelhetetlen (**for sy** vki számára)

untidy [ʌn'taɪdɪ] <mn> rendetlen; ápolatlan; gondozatlan

untie [ˌʌn'taɪ] <ige> (unties, untying, untied, untied) *(csomót stb.)* kibont; kibogoz; megold

¹until [ən'tɪl] <elölj> *(időben)* -ig: *until the end of the week* a hétvégéig ✻ *The museum is open until five o'clock.* A múzeum 5-ig van nyitva. ✻ *I won't do anything until tomorrow.* Semmit sem fogok csinálni holnapig.

²until [ən'tɪl] <ksz> *(időben)* míg; amíg; ameddig: *You're not going out until you've finished this.* Amíg nem fejezed be, addig nem mehetsz ki.

untimely [ʌn'taɪmlɪ] <mn> **1.** korai; idő előtti **2.** alkalmatlan/nem megfelelő/rossz időben érkező; időszerűtlen

untiring [ʌn'taɪərɪŋ] <mn> fáradhatatlan

untouched [ʌn'tʌtʃt] <mn> *(táj, étel stb.)* érintetlen

untranslatable [ˌʌntrænz'leɪtəbl] <mn> lefordíthatatlan

untreated [ˌʌn'tri:tɪd] <mn> **1.** *(beteg)* nem kezelt; kezeletlen **2.** *(tej stb.)* kezeletlen

untrue [ʌn'tru:] <mn> nem igaz; valótlan; hamis: *The statement is untrue.* Nem igaz az állítás.

untruth [ʌn'tru:θ] <fn> [C] (untruths) hazugság; valótlanság

¹unused [ˌʌn'ju:zd] <mn> használatlan

²unused [ʌn'ju:st] <mn> **be unused to (doing) sg** nincs hozzászokva vmihez

unusual [ʌn'ju:ʒʊəl] <mn> **1.** szokatlan; furcsa; különös: *notice something unusual* vmi szokatlant vesz észre ✻ *She is in a very unusual situation.* Nagyon furcsa helyzetben van. ✻ *It's unusual for Bob to be late.* Szokatlan Bobtól, hogy elkésik. ✻ *There is nothing unusual about his behaviour.* Semmi különös nincs a viselkedésében. **2.** különleges: *an unusual colour* különleges szín

unveil [ʌn'veɪl] <ige> **1.** *(szobrot)* leleplez **2.** *(új modellt)* bemutat

unwanted [ˌʌn'wɒntɪd] <mn> nem kívánt/kívánatos

unwelcome [ʌn'welkəm] <mn> **1.** kellemetlen; zavaró: *unwelcome news* kellemetlen hírek **2.** nem szívesen látott: *unwelcome guests* nem szívesen látott vendégek

unwell [ʌn'wel] <mn> **be/feel unwell** gyengélkedik; nincs jól

unwieldy [ʌn'wi:ldɪ] <mn> ormótlan; esetlen

unwilling [ʌn'wɪlɪŋ] <mn> vonakodó; nem hajlandó (**to do sg** vmit megtenni): *Liz was unwilling to admit she was wrong.* Liz nem volt hajlandó beismerni, hogy nincs igaza.

unwind [ˌʌn'waɪnd] <ige> (unwinds, unwinding, unwound, unwound) **1.** leteker; lecsavar: *unwind the bandage from one's ankle* letekeri a kötést a bokájáról **2.** letekeredik; lecsavarodik **3.** biz lazít; kikapcsolódik

unwise [ʌn'waɪz] <mn> nem okos/bölcs: *It was unwise of you to do sg…* Nem volt okos tőled…

unwitting [ʌn'wɪtɪŋ] <mn> akaratlan; nem szándékos; vmiről nem tudó; vmivel tisztában nem levő

unwittingly [ʌn'wɪtɪŋlɪ] <hsz> tudtán kívül; akaratlanul

unworthy [ʌn'wɜ:ðɪ] <mn> hiv méltatlan; nem méltó (**of sg** vmire)

unwound [ˌʌn'waʊnd] → **unwind**

unwrap [ʌn'ræp] <ige> (unwraps, unwrapping, unwrapped) kicsomagol; kibont

unwritten [ˌʌn'rɪtn] <mn> íratlan: *an unwritten law* **(a)** íratlan törvény **(b)** szokásjog

unyielding [ʌnˈjiːldɪŋ] <mn> hiv makacs; hajthatatlan

unzip [ˌʌnˈzɪp] <ige> (unzips, unzipping, unzipped) **1.** *(ruhát, táskát)* kicipzároz; kinyit; lehúzza a cipzárt **2.** infor *(fájlt)* kicsomagol

¹**up** [ʌp] <hsz> **1.** fel; felfelé: *stand up* feláll * *Put your hands up!* Tedd fel a kezed! **2.** fent; fenn: *The moon is up.* Fent van a hold. * *The village is up in the mountain.* A falu fent van a hegyen. **3.** oda; közel: *run up to sy* odaszalad vkihez **4.** *(időben, értékben stb.)* -ig: *up to now* mostanáig * *up to this day* mind a mai napig * *up to 1,000* 1000-ig **5.** *(összegben, szintben stb.)* fel-: *The price of bread has recently gone up.* Nemrég ment fel a kenyér ára. * *Turn the volume up!* Csavard fel a hangerőt! **6.** *(nincs ágyban)* fent: *be up* ébren van; felkelt * *I was up till midnight.* Éjfélig fent voltam. **7.** vége vminek: *Time is up!* Lejárt az idő! **8.** *(kisebb részekre)* fel-: *Money will be divided up among the members.* A pénzt felosztják a tagok között. **9.** teljesen: *He ate all his lunch up.* Teljesen megette az ebédjét. **10.** történik: *there is sg up* itt valami készül * *What's up?* Mi történt?

♦ **be up and about** *(betegség után)* már fenn van ♦ **be up and doing sg** biz csinál vmit; nem bír tétlenül ülni ♦ **be up against it** biz benne van a slamasztikában ♦ **up and down 1.** *(járkál)* fel-alá; fel-le **2.** *(lelkileg)* egyszer fent, másszor lent ♦ **be up for sg** biz **1.** kedve van vmihez *Are you up for it?* Van kedved hozzá? **2.** *(tisztségre)* jelölik ♦ **be up against sy/sg** szemben találja magát vkivel/vmivel ♦ **be up to sg 1.** képes vmire biz **2.** sántikál; mesterkedik vmiben **3.** felér vmivel; felveszi a versenyt vmivel ♦ **be up to sy** vkitől függ; vkin múlik ♦ **be up to anything** mindenre képes; minden kitelik tőle

²**up** [ʌp] <elölj> **1.** fel; felfelé: *climb up a tree* felmászik egy fára * *go up a ladder* felmászik a létrán **2.** fent; fenn: *up a tree* egy fán **3.** vmely irányba; tovább: *He lives up the street.* Az utca felső vége felé lakik.

³**up** [ʌp] <mn> felfelé haladó/menő: *the up escalator* a felfelé haladó mozgólépcső

⁴**up** [ʌp] <fn>
♦ **be on the up and up** biz folyton javul; egyre jobban megy neki; virágzik ♦ **ups and downs** biz viszontagságok *the ups and downs of life* az élet viszontagságai

⁵**up** [ʌp] <ige> (ups, upping, upped) *(árat stb.)* felemel

up-and-coming [ˌʌpənˈkʌmɪŋ] <mn> nagy jövőjű; ígéretes; sikeres

upbringing [ˈʌpˌbrɪŋɪŋ] <fn> [U] neveltetés; (fel-) nevelés

¹**update** [ˌʌpˈdeɪt] <ige> (updates, updating, updated) **1.** infor frissít **2.** korszerűsít; modernizál; naprakész állapotba hoz **3.** legfrissebb információkkal ellát (**sy on sg** vkit vmivel kapcsolatban)

²**update** [ˈʌpdeɪt] <fn> [C] **1.** infor frissítés **2.** legfrissebb tájékoztatás; friss értesülés

¹**upgrade** [ˈʌpɡreɪd] <fn> [C] **1.** korszerűsítés; feljavítás; felújítás; bővítés; újabbra cserélés **2.** *(repülőgépen, hotelben stb.)* felsőbb kategóriába sorolás; felminősítés

²**upgrade** [ˌʌpˈɡreɪd] <ige> (upgrades, upgrading, upgraded) **1.** korszerűsít; feljavít; fejleszt; bővít **2.** *(dolgozót)* előléptet **3.** *(repülőgépen, hotelben stb.)* felsőbb kategóriába sorol; felminősít

upheaval [ʌpˈhiːvl] <fn> [C, U] felfordulás; kavarodás

¹**uphill** [ˌʌpˈhɪl] <mn> **1.** nehéz; fárasztó: *an uphill task* nehéz feladat **2.** emelkedő; felfelé haladó: *an uphill road* hegynek fel/felfelé haladó út; emelkedő út

²**uphill** [ˌʌpˈhɪl] <hsz> emelkedőn fel; hegynek fel; hegymenetben; felfelé: *go uphill* hegynek fel megy

upholstery [ʌpˈhəʊlstəri] <fn> [U] **1.** kárpit **2.** kárpitozás; kárpitosmunka

upkeep [ˈʌpkiːp] <fn> [U] **1.** fenntartási/karbantartási/üzemeltetési költség(ek) **2.** fenntartás; karbantartás

¹**upload** [ˌʌpˈləʊd] <ige> infor feltölt

²**upload** [ˌʌpˈləʊd] <fn> [C] infor feltöltés

upon [əˈpɒn] → **on**

upper [ˈʌpə] <mn> **1.** felső: *the upper lip* felső ajak * *the upper floor of the building* az épület felső szintje * *the Upper House* a felsőház **2.** felsőbb: *the upper classes* felsőbb (társadalmi) osztályok

upper arm [ˈʌpə ɑːm] <fn> [C] felső kar

upper case [ˈʌpəkeɪs] <fn> [U] nagybetű: *be written in upper case* nagybetűvel írják

upper circle [ˌʌpəˈsɜːkl] <fn> [C] *(színházban)* második emeleti erkély

upper-class [ˌʌpəˈklɑːs] <mn> felsőbb osztálybeli; a felsőbb osztályokra jellemző

uppermost [ˈʌpəməʊst] <mn> **1.** legfelső; legmagasabb: *the uppermost windows of the house* a ház legfelső ablakai **2.** legfontosabb; legelső

¹**upright** [ˈʌpraɪt] <hsz> **1.** egyenesen: *sit upright* egyenesen ül **2.** felfelé: álló helyzetbe(n)

²**upright** [ˈʌpraɪt] <mn> **1.** álló; függőleges; egyenes(en álló): *The seats are in an upright posi-*

tion for landing. A landoláshoz függőlegesen állnak a székek. **2.** egyenes; becsületes; tisztességes: *an upright boy* becsületes fiú

uprising ['ʌpˌraɪzɪŋ] <fn> [C] felkelés: *an armed uprising* fegyveres felkelés

uproar ['ʌprɔː] <fn> [U] felháborodás; zsivaj; felfordulás

¹upset [ˌʌp'set] <mn> **1.** zaklatott; ideges; izgatott; kiborult; feldúlt (**about sg** vmi miatt): *Why are you so upset?* Miért vagy ennyire zaklatott/ideges? **2. an upset stomach** *(emésztés)* rosszul működő: *I've got an upset stomach.* Gyomorrontásom van.

²upset [ʌp'set] <ige> (upsets, upsetting, upset, upset) **1.** felzaklat; felidegesít; kiborít: *I didn't mean to upset you.* Nem akartalak felidegesíteni. **2.** felborít; felfordít: *He upset a glass of milk.* Felborított egy pohár tejet. **3.** *(tervet)* meghiúsít; felborít: *upset sy's plans* meghiúsítja vkinek a terveit; keresztülhúzza vkinek a számításait **4.** gyomorrontást okoz

³upset ['ʌpset] <fn> **1.** [C, U] felfordulás; zűr(-zavar) **2.** [C, U] izgalom; kiborulás **3.** [C] gyengélkedés; (emésztési) zavar: *a stomach upset* gyomorrontás

upshot ['ʌpʃɒt] <fn> [sing] **the upshot (of sg)** (vmi) következmény(e)/(vég)eredmény(e): *What will be the upshot of it?* Mi lesz ennek a következménye/vége?

upside down [ˌʌpsaɪd'daʊn] <hsz> fejjel lefelé; (meg)fordítva; felfordítva; a feje tetejére: *hold sg upside down* fejjel lefelé fog vmit

♦ **turn sg upside down for sg** tűvé tesz vmit vmiért

¹upstairs [ˌʌp'steəz] <hsz> fel (a lépcsőn); fent (az emeleten): *go upstairs to the bedroom* felmegy (az emeletre) a hálószobába ∗ *be upstairs* fenn van az emeleten

²upstairs [ˌʌp'steəz] <mn> emeleti: *an upstairs window* emeleti ablak

³upstairs [ˌʌp'steəz] <fn> [sing] **the upstairs** a felső szint; az emelet

upstream [ˌʌp'striːm] <hsz> folyón felfelé; ár ellen

uptake ['ʌpteɪk] <fn>

♦ **be quick/slow on the uptake** biz gyors/lassú felfogású

up-to-date [ˌʌptə'deɪt] <mn> modern; korszerű; naprakész: *bring sg up-to-date* korszerűsít; naprakész állapotba hoz vmit

up-to-the-minute [ˌʌptəðə'mɪnɪt] <mn> naprakész; legfrissebb; legújabb

¹uptown [ˌʌp'taʊn] <hsz> AmE *(városközponttól)* kifelé; kint (a peremkerületi lakónegyedekben): *We live in a house uptown.* Egy peremkerületi (családi) házban lakunk.

²uptown [ˌʌp'taʊn] <mn> **1.** *(lakónegyedek)* külső; peremkerületi **2.** *(városi emberek)* tehetős(ebb); gazdag(abb)

¹upward ['ʌpwəd] <mn> emelkedő; felfelé irányuló

²upward ['ʌpwəd] <hsz> AmE felfelé

upwards ['ʌpwədz] <hsz> **1.** felfelé: *Climb upwards to reach the top of the hill.* Mássz felfelé, hogy elérd a hegytetőt! ∗ *The path led upwards.* Az ösvény felfelé vezetett. **2. upward(s) of sg** több, mint…; vminél több: *upwards of fifty people* több, mint ötven ember

uranium [jʊ'reɪniəm] <fn> [U] urán

urban ['ɜːbən] <mn> városi

urbanized ['ɜːbənaɪzd] <mn> elvárosiasított

urbanization [ˌɜːbənaɪ'zeɪʃn] <fn> [U] elvárosiasodás; urbanizáció

ureter [jʊə'riːtə] <fn> [C] orv uréter; húgyvezeték

¹urge [ɜːdʒ] <ige> (urges, urging, urged) ösztönöz; buzdít; késztet; unszol; szorgalmaz (**sy to do sg** vkit vmire): *He urged me to go with him.* Unszolt, hogy menjek vele. ∗ *She urged us to stay.* Azt szorgalmazta, hogy maradjunk.

urge sy on további (hatékonyabb) munkára serkent; buzdít vkit

²urge [ɜːdʒ] <fn> [C] (belső) ösztönzés; késztetés; leküzdhetetlen/ellenállhatatlan vágy: *I felt an urge to run away.* Ellenállhatatlan vágyat/Belső késztetést éreztem, hogy elszaladjak.

urgency ['ɜːdʒənsɪ] <fn> [U] sürgősség

urgent ['ɜːdʒənt] <mn> sürgős: *an urgent letter* sürgős levél ∗ *an urgent need* égető szükség ∗ *I am waiting for your urgent reply.* Sürgős válaszodat várom.

urine ['jʊərɪn] <fn> [U] vizelet

URL [ˌjuːɑː'rel] [= uniform resource locator] infor URL (= egységes erőforrás-megnevezés)

urn [ɜːn] <fn> [C] **1.** *(hamvaknak)* urna **2.** *(teának, kávénak rendezvényeken)* csapos tartály

us [əs, hangsúlyos ʌs] <névm> **1.** minket: *It wasn't our idea, so don't blame us.* Nem a mi ötletünk volt, úgyhogy ne hibáztass minket! ∗ *She invited us to lunch.* Ebédre hívott minket. ∗ *four of us* mi négyen; közülünk négyen ∗ *to us* hozzánk ∗ *with us* velünk; nálunk **2.** nekünk: *She gave us a nice present.* Szép ajándékot adott nekünk. ∗ *She gave her hat to us.* Nekünk adta a kalapját. ∗ *He told us to be* *quiet.* Azt mondta nekünk, hogy maradjunk csendben. **3.** mi: *They're older than us.* Idősebbek, mint mi. ✳ *It's us.* (Ezek) mi vagyunk.

US, U.S. [juːˈes] [= United States (of America)] USA (= (Amerikai) Egyesült Államok): *the US dollar* USA dollár ✳ *He became a US citizen.* Az USA állampolgára lett.

USA, U.S.A. [juːesˈeɪ] [= United States of America] USA (= Amerikai Egyesült Államok): *Do we need a visa for the USA?* Kell nekünk vízum az USA-ba?

→ Lásd a Tartalomjegyzékben a Tematikus rajzokat!

usable [ˈjuːzəbl] <mn> (fel)használható

usage [ˈjuːsɪdʒ] <fn> **1.** [C, U] szóhasználat; nyelvhasználat: *British and American usage* brit és amerikai szóhasználat **2.** [U] használat; kezelés; igénybevétel

USB [juːəsˈbiː] [= universal serial bus] infor USB (= univerzális soros busz): *a USB port* USB-port

USB drive [juːəsˈbiː draɪv] <fn> USB-kulcs

¹use [juːz] <ige> (uses, using, used) **1.** használ (sg for/as sg/sg to do sg vmit vmire): *Can I use your phone?* Használhatom a telefonodat? ✳ *Use this tool to open the box.* Ezt a szerszámot használd a doboz kinyitásához! ✳ *Someone used my fork.* Valaki használta a villámat./Valaki evett a villámmal. ✳ *What is it used for?* Mire való? **2.** igénybe vesz: *She regularly uses the train service.* Rendszeresen igénybe veszi a vasutat/a vasúti közlekedést. **3.** felhasznál; elhasznál; (el)fogyaszt: *You have used all the hot water again.* Megint minden meleg vizet elhasználtál! ✳ *This car uses too much petrol.* Ez az autó túl sok benzint fogyaszt. **4.** kihasznál: *He is just using her.* Csak kihasználja őt.

use before/by *(dátum előtt)* felhasználandó/ fogyasztandó…
use sg up felhasznál; elhasznál; elfogyaszt vmit

²use [juːs] <fn> **1.** [U] használat; alkalmazás: *the use of computers* számítógép-használat ✳ *directions for use* használati utasítás ✳ *This telephone number is for use in emergencies.* Ez a telefonszám szükség esetén/vészhelyzetben használható. **2.** [C, U] felhasználás **3.** [U] használat; használati lehetőség; használhatóság: *She lost the use of her right leg as a result of an accident.* Egy baleset eredményeképpen nem tudja használni a jobb lábát. **4.** [C, U] haszon; értelem; hasznosság: *What is the use of waiting for them?* Mi értelme van/Mi a jó abban, ha várunk rájuk? ✳ *This machine has plenty of uses.* Rengeteg haszna van ennek a gépnek.

♦ **be of use (to sy)** hiv hasznos (vki számára) ♦ **be of no use (to sy)** hiv haszontalan (vki számára); semmire se jó (vkinek) ♦ **come into use** használatba jön ♦ **go out of use** kimegy a használatból ♦ **have no use for sg** nem tud mit kezdeni vmivel ♦ **be in use** használatban van ♦ **be out of use** nincs használatban ♦ **it's no use doing sg** nincs értelme vminek *It's no use complaining.* Nincs értelme panaszkodni. ♦ **make use of sg** hasznát veszi vminek ♦ **make use of sy** kihasznál vkit ♦ **put sg to good use** hasznát veszi vminek

use-by date [ˈjuːz baɪ ˌdeɪt] <fn> [C] fogyaszthatósági időtartam lejárata; lejárati/szavatossági idő

used [juːzd] <mn> **1.** használt; másodkézből való: *a used car* használt autó **2.** *(nem tiszta)* használt: *a used towel* használt törülköző

¹used to [ˈjuːst tə, magánhangzó előtt ˈjuːst tuː] <mn> **1. be used to (doing) sg** hozzá van szokva vmihez; (hozzá)szokott vmihez: *I am used to such hard work.* Hozzászoktam az ilyen nehéz munkához. ✳ *I am not used to it.* Ehhez nem vagyok (hozzá)szokva. ✳ *He is used to getting up so early.* Hozzá van szokva az ilyen korai keléshez. **2. get used to (doing) sg** hozzászokik vmihez; megszokik vmit: *He is getting used to it.* Kezdi megszokni. ✳ *I haven't got used to the new system yet.* Nem szoktam még hozzá ehhez az új rendszerhez.

²used to [ˈjuːst tə, magánhangzó előtt ˈjuːst tuː] <modális segédige> (neg didn't use to, elav used not to = usedn't to, usen't to) régebben; valaha; valamikor; azelőtt: *He used to play football.* Régebben focizott. ✳ *I used to live in London.* Régebben Londonban éltem. ✳ *He didn't use to play the piano, but now he does.* Azelőtt/Régebben nem zongorázott, de most igen. ✳ *Where did you use to live before you moved here?* Hol laktál azelőtt, mielőtt ideköltöztél volna? ✳ *There used to be a house here.* Valamikor itt egy ház állt. ✳ *You used to play tennis, didn't you?* Ugye régebben teniszeztél?

useful [ˈjuːsfl] <mn> hasznos; hasznavehető (for (doing) sg/to do sg vmire): *a useful tool* hasznos szerszám ✳ *some useful information* néhány hasznos információ * *Make yourself useful!* Hasznosítsd magad! * *This box will be useful for carrying my books.* Ez a doboz hasznos lesz a könyveim szállítására.

useless ['juːsləs] <mn> **1.** hasznavehetetlen; használhatatlan; haszontalan: *This website is full of useless information.* Ez a honlap tele van haszontalan információval. **2.** hiábavaló; hasztalan: *It is useless worrying about it.* Nem érdemes aggódni miatta. **3.** biz használhatatlan; gyenge; nem jó (**at (doing) sg** vmiben): *She is useless at cooking.* Főzésben nem jó.

user ['juːzə] <fn> [C] **1.** használó: *road users* úthasználók **2.** felhasználó: *users of mobile phones* mobilfelhasználók **3. (drug) user** szl droghasználó; drogos; narkós

user-friendly [ˌjuːzə'frendlɪ] <mn> felhasználóbarát

username ['juːzəneɪm] <fn> [C] infor felhasználói név; felhasználónév: *Please enter your username.* Adja meg felhasználói nevét!

¹usher ['ʌʃə] <ige> bevezet; bekísér; helyére kísér: *The waiter ushered me to the table.* A pincér az asztalhoz kísért.

usher sg in hiv *(új dolgot/korszakot)* megnyit; beharangoz

²usher ['ʌʃə] <fn> [C] *(színházban, moziban)* jegyszedő

usual ['juːʒʊəl] <mn> szokásos; rendes; (meg-)szokott (**for sy to do sg** vkitől vmi): *the usual practice* a szokásos gyakorlat * *go home by the usual route* a szokásos útvonalon megy haza * *It is not usual for him to be so late.* Nem szokása, hogy így elkéssen. * *There are more people here than usual.* Több ember van most itt, mint szokott.

♦ **as usual** mint mindig; mint rendesen; szokás szerint

usually ['juːʒʊəlɪ] <hsz> általában; rendszerint; többnyire; szokás szerint: *I usually get up at 6 o'clock in the morning.* Rendszerint 6 órakor kelek./6 órakor szoktam felkelni. * *He usually has a banana for breakfast.* Banánt szokott enni reggelire./Rendszerint banánt reggelizik.

usury ['juːʒərɪ] <fn> [U] uzsora

utensil [juːˈtensl] <fn> [C] (háztartási) eszköz: *kitchen utensils* konyhai eszközök

uterus ['juːtərəs] <fn> [C] (uteruses v. uteri) orv (anya)méh

utility [juːˈtɪlətɪ] <fn> **1.** [C] (utilities) szolgáltatás; ellátás: *public utilities* közművek **2.** [U] hiv hasznosság

utility room [juːˈtɪlətɪ ruːm] <fn> [C] *(konyha mellett, rakodásra stb.)* raktárszoba; mosókonyha

utility truck [juːˈtɪlətɪ trʌk] <fn> [C] kisteherautó; furgon

utilise ['juːtəlaɪz] BrE → **utilize**

utilize ['juːtəlaɪz] <ige> (utilizes, utilizing, utilized) hiv hasznosít; felhasznál; kiaknáz

¹utmost ['ʌtməʊst] <mn> (a lehető) legnagyobb: *Take the utmost care!* Nagyon-nagyon vigyázz magadra!

²utmost ['ʌtməʊst] <fn> [sing] a lehető legtöbb; maximum: *to the utmost* a végsőkig; a végletekig * *I will do my utmost.* Minden tőlem telhetőt megteszek.

¹utter ['ʌtə] <mn> teljes: *It is an utter waste of time.* Teljes/Tökéletes időpocsékolás.

²utter ['ʌtə] <ige> hiv *(hangot)* kimond; kiejt: *He followed me without uttering a single word.* Egy mukk nélkül követett. * *David did not utter a word during breakfast.* David egy kukkot sem szólt reggeli közben.

utterance ['ʌtrəns] <fn> hiv **1.** [C] *(nyelvi)* megnyilatkozás; kijelentés **2.** [U] *(érzelmeké)* kifejezés

utterly ['ʌtəlɪ] <mn> teljesen; tisztára

U-turn ['juːtɜːn] <fn> [C] **1.** *(autóval stb.)* megfordulás; visszakanyarodás: *do/make a U-turn* megfordul * *No U-turns.* Megfordulni tilos! **2.** pol biz (180°-os/teljes) fordulat; hátraarc

uvula ['juːvjələ] <fn> [C] (uvulae) orv nyelvcsap; uvula

V, v

¹V, v [viː] <fn> [C, U] (Vs, V's, v's) *(betű)* V; v

²V [= volt(s)] *(villamos feszültség egysége)* V (= volt)

v 1. [= (Latin) versus = against] ellen; kontra **2.** [= very] biz BrE nagyon: *v good* nagyon jó

vacancy ['veɪkənsɪ] <fn> [C] (vacancies) **1.** szabad/kiadó szoba: *We have no vacancies.* Nincs szabad szobánk. **2.** (meg)üresedés; betöltendő állás: *no vacancies* nincs felvétel

vacant ['veɪkənt] <mn> **1.** üres; szabad: *a vacant seat* szabad hely **2.** *(állás stb.)* megüresedett: *"Situations Vacant"* (újságban) álláshirdetések; állást kínál **3.** kifejezéstelen; üres; gondolat nélküli: *vacant eyes* kifejezéstelen szemek

vacate [və'keɪt] <ige> hiv **1.** *(helyet, lakást stb.)* szabaddá tesz; kiürít; kiköltözik: *vacate one's residence* kiköltözik **2.** *(állást stb.)* elhagy; *(állásról)* lemond

vacation [və'keɪʃn] <fn> **1.** [C] BrE szünet; szünidő; vakáció: *Where will you spend your summer vacation?* Hol töltitek a nyári szünetet? **2.** [C, U] AmE szabadság; nyaralás: *be on vacation* szabadságon van ∗ *When are you going on vacation?* Mikor mész szabadságra? ∗ *My boss isn't in the office – he is on vacation.* A főnököm nincs bent az irodában – szabadságon van.

vaccinate ['væksɪneɪt] <ige> beolt; védőoltást ad **(sy against sg** vkinek vmi ellen)

vaccination [ˌvæksɪ'neɪʃn] <fn> [C, U] védőoltás

vaccine ['væksiːn] <fn> [C, U] oltóanyag

¹vacuum ['vækjʊəm] <fn> [C] **1.** vákuum; légüres rész/tér; űr; üresség **2.** porszívózás: *give the room a quick vacuum* gyorsan kiporszívózza a szobát **3.** porszívó

²vacuum ['vækjʊəm] <ige> (ki)porszívóz

vacuum cleaner ['vækjʊəmˌkliːnə] <fn> [C] porszívó

vagrant ['veɪɡrənt] <fn> [C] csavargó

vague [veɪɡ] <mn> bizonytalan; határozatlan; pontatlan; homályos; tág; ködös: *a vague shape in the distance* egy homályos alak a távolban ∗ *I haven't the vaguest idea.* Halvány sejtelmem sincs róla.

vaguely ['veɪɡlɪ] <hsz> bizonytalanul; határozatlanul; halványan

vagueness ['veɪɡnəs] <fn> [U] bizonytalanság; határozatlanság

vain [veɪn] <mn> **1.** hiú: *She has always been too vain.* Mindig is túl hiú volt. **2.** hiábavaló: *The doctor made a vain attempt to save the man's life.* Az orvos hiábavaló kísérletet tett a férfi életének megmentésére.

♦ **in vain** hiába

valentine ['væləntaɪn] <fn> [C] **1.** vki szerelme; kedvese **2.** Valentin-napi üdvözlőlap

valiant ['vælɪənt] <mn> hősies; bátor; merész

valid ['vælɪd] <mn> **1.** *(szerződés, útlevél stb.)* érvényes: *no longer valid* lejárt ∗ *Is your passport valid?* Érvényes az útleveled? **2.** megalapozott; bizonyítható; igazolható

validity [və'lɪdətɪ] <fn> [U] **1.** (jog)érvényesség **2.** megalapozottság

valley ['vælɪ] <fn> [C] völgy: *Their house is at the bottom of the valley.* Házuk a völgy lábánál található.

valuable ['væljʊəbl] <mn> **1.** értékes; drága **2.** hasznos; értékes: *a valuable piece of information* hasznos információ

valuables ['væljʊəblz] <fn> [pl] értéktárgyak; értékek

valuation [ˌvæljʊ'eɪʃn] <fn> [C, U] értékelés; becslés: *carry out a valuation of sg* felbecsül; megbecsül vmit

¹value ['væljuː] <fn> **1.** [C, U] érték: *actual value* tényleges érték ∗ *of no value* értéktelen ∗ *of great value* nagy értékű ∗ *fall/drop in value* esik/csökken az értéke ∗ *rise/increase in value* növekszik az értéke ∗ *loss of value* értékcsökkenés ∗ *set a value upon sg* megállapítja vminek az értékét/árát ∗ *get good value for one's money* megérte az árát **2.** [U] (eszmei) érték **3. values** [pl] (erkölcsi) értékek: *return to traditional values* visszatérés a hagyományos értékekhez ∗ *set of values* értékrend

²value ['væljuː] <ige> **1.** (fel)becsül; (meg)becsül; értékel: *This carpet has been valued at 100,000 forints.* Ezt a szőnyeget 100 000 Ft-ra becsülték (meg). **2.** értékel; becsül; tisztel: *I value your good advices highly.* Nagyra értékelem a jó tanácsaidat.

value added tax [ˌvæljuːædɪd 'tæks] <fn> [U] gazd általános forgalmi adó

valueless ['væljuːləs] <mn> hiv értéktelen

valve [vælv] <fn> [C] szelep

vampire ['væmpaɪə] <fn> [C] vámpír

van [væn] <fn> [C] furgon; (csukott/zárt) teherautó; kisteherautó: *We have to hire a van to move all this stuff.* Bérelnünk kell egy kisteherautót, hogy mindent el tudjunk szállítani.

vandal ['vændl] <fn> [C] vandál

vandalism ['vændəlızm] <fn> [U] vandalizmus

vanilla [və'nılə] <fn> [U] vanília

vanish ['vænıʃ] <ige> **1.** eltűnik: *The clouds have vanished and the sun is shining now.* Eltűntek a felhők, és most süt a nap. **2.** kihal

vanity ['vænətı] <fn> [U] önteltség; hiúság; beképzeltség

vapor ['veıpər] → **vapour**

vapour ['veıpə] <fn> [C, U] pára; gőz

variability [ˌveərıə'bılətı] <fn> [U] változékonyság; variációs tulajdonság/képesség; változtathatóság

variable ['veərıəbl] <mn> **1.** változó; változékony **2.** változtatható, variálható

variant ['veərıənt] <fn> [C] **1.** változat; variáns **2.** nyelvt alakváltozat; variáns

variation [ˌveərı'eıʃn] <fn> **1.** [C, U] eltérés; különbség (**in/of sg** vmiben): *a slight variation in price* csekély különbség az árakban. **2.** [C] változat; variáció (**on sg** vmire): *variations on a theme* zene változatok egy témára

varied ['veərıd] <mn> változatos; változó; különféle; sokféle

variety [və'raıətı] <fn> (varieties) **1.** [sing] választék: *There is a large/wide variety of goods in this shop.* Ebben az üzletben áruk széles választéka található. **2.** [U] változatosság: *There is a great deal of variety in her new job.* Új munkájában rengeteg változatosság van. **3.** [C] fajta; típus: *They grow two different varieties of this apple in this garden.* Ennek az almának két különböző fajtáját termesztik ebben a kertben. **4. variety (show)** [U] varieté(műsor): *variety theatre* varieté(színház)

various ['veərıəs] <mn> különböző; különféle; több(féle); számos: *for various reasons* többféle okból * *in various ways* többféleképpen * *There are shoes of various sizes in this shop.* Különböző méretű cipők kaphatók ebben az üzletben.

¹**varnish** ['vɑ:nıʃ] <fn> [U, C] lakk; politúr

²**varnish** ['vɑ:nıʃ] <ige> lakkoz; fényez; politúroz

vary ['veərı] <ige> (varies, varying, varied) **1.** változik; különbözik (**in sg** vmiben): *vary in size* méretben különbözik **2.** változatossá tesz; változtat; módosít: *vary the programme* változatossá teszi a műsort

vase [vɑ:z] <fn> [C] váza: *Put the roses in the vase.* Tedd a vázába a rózsákat!

vast [vɑ:st] <mn> hatalmas; óriási: *Africa is a vast continent.* Afrika hatalmas kontinens.

VAT [ˌvi:eı'ti:, væt] [= value added tax] <fn> [U] BrE áfa (= általános forgalmi adó)

Vatican ['vætıkən] <fn> **the Vatican** a Vatikán

vault [vɔ:lt] <fn> [C] **1.** kripta; sírbolt: *family vault* családi sírbolt **2.** boltozat; boltív **3.** páncélterem

VCR [ˌvi:si:'ɑ:] [= video cassette recorder] <fn> [C] képmagnó; videó

VDT [ˌvi:di:'ti:] [= video display terminal] <fn> [C] infor AmE monitor

VDU [ˌvi:di:'ju:] [= visual display unit] <fn> [C] infor BrE monitor

've → **have**

veal [vi:l] <fn> [U] borjúhús

veer [vıə] <ige> *(jármű)* (hirtelen) irányt változtat; megfordul

veg [vedʒ] <fn> [U] biz BrE zöldség(ek)

vegan ['vi:gən] <fn> [C] *(tejterméket és tojást sem fogyasztó)* szigorú vegetáriánus

vegetable ['vedʒtəbl] <fn> [C] zöldség: *vegetables* zöldségfélék * *Carrots and potatoes are vegetables.* A sárgarépa és a krumpli zöldségek.

¹**vegetarian** [ˌvedʒə'teərıən] <fn> [C] *(személy)* vegetáriánus

²**vegetarian** [ˌvedʒə'teərıən] <mn> vegetáriánus

vegetation [ˌvedʒə'teıʃn] <fn> [U] növényzet; vegetáció

¹**veggie** ['vedʒı] <fn> [C] biz **1.** AmE zöldség **2.** BrE *(személy)* vegetáriánus

²**veggie** ['vedʒı] <mn> biz **1.** AmE zöldség- **2.** BrE vegetáriánus

vehement ['vi:əmənt] <mn> vehemens; heves; erős

vehicle ['vi:əkl] <fn> [C] **1.** (gép)jármű; közlekedési eszköz: *motor vehicle* gépjármű; gépkocsi * *Vehicles are not allowed in this park.* A parkba gépjárművel behajtani tilos! **2.** közvetítő/továbbító közeg; eszköz: *a vehicle for advertising* hirdetési eszköz

veil [veıl] <fn> [C] fátyol

vein [veın] <fn> **1.** [C] gyűjtőér; véna **2.** [C] *(falevélen, rovar szárnyán)* erezet; mintázat **3.** [C] *(fában, márványban)* erezet; rajzolat **4.** [U] stílus; hangnem

velocity [və'lɒsətı] <fn> [U, C] (velocities) sebesség; gyorsaság: *velocity of light* fénysebesség

velvet ['velvıt] <fn> [U] bársony

vendetta [ven'detə] <fn> [C] vérbosszú; ellenségeskedés

vending machine ['vendıŋ məʃi:n] <fn> [C] (árusító) automata

vendor ['vendə] <fn> [C] árus

veneer [və'nɪə] <fn> **1.** [C, U] furnérlemez **2.** [sing] külszín; álarc; látszata (**of sg** vminek)

vengeance ['vendʒəns] <fn> [U] hiv bosszú: *He swore vengeance on him.* Bosszút esküdött ellene. * *He took vengeance on the killers.* Bosszút állt a gyilkosokon.

♦ **with a vengeance** vadul; hevesen

Venice ['venɪs] <fn> Velence

venison ['venɪsən] <fn> [U] vadhús; őzhús; szarvashús

venom ['venəm] <fn> [U] **1.** *(kígyóé, skorpióé)* méreg **2.** hiv gyűlölet

venomous ['venəməs] <mn> **1.** *(állat, növény)* mérges **2.** hiv *(ember)* gyűlölködő

vent [vent] <fn> [C] szellőzőnyílás; lyuk; rés

ventilate ['ventɪleɪt] <ige> szellőztet

ventilation [,ventɪ'leɪʃn] <fn> [U] **1.** szellőzés **2.** szellőztetés

¹**venture** ['ventʃə] <fn> [C] (kockázatos) vállalkozás

²**venture** ['ventʃə] <ige> kockáztat; merészkedik; bátorkodik: *He ventured out into the storm.* Kimerészkedett a viharba.

venue ['venjuː] <fn> [C] *(konferenciáé)* helyszín

Venus ['viːnəs] <fn> Vénusz

veranda(h) [və'rændə] <fn> [C] veranda; tornác

verb [vɜːb] <fn> [C] nyelvt ige: *"Sit", "stand" or "go" are all verbs.* Az „ül", az „áll" vagy a „megy" igék.

verbal ['vɜːbl] <mn> **1.** szóbeli; verbális: *verbal agreement* szóbeli megállapodás **2.** szó szerinti: *verbal translation* szó szerinti fordítás **3.** nyelvt igei; ige-: *verbal inflexions* igei személyragok

verdict ['vɜːdɪkt] <fn> [C] **1.** ítélet; döntés: *reach a verdict* meghozza a döntést **2.** határozat; vélemény: *stick to one's verdict* kitart a véleménye mellett

¹**verge** [vɜːdʒ] <fn> [C] BrE (út)szegély; (út)padka; szél

♦ **be on the verge of sg** vminek a határán van

²**verge** [vɜːdʒ] <ige>

verge on sg súrolja vminek a határát

verification [,verɪfɪ'keɪʃn] <fn> [U] hitelesítés; megerősítés; igazolás; bizonyítás

verify ['verɪfaɪ] <ige> (verifies, verifying, verified) hiv ellenőriz; egyeztet; hitelesít; megerősít; igazol; bizonyít

vermin ['vɜːmɪn] <fn> [pl] kártevők; férgek

versatile ['vɜːsətaɪl] <mn> sokoldalú

verse [vɜːs] <fn> **1.** [U] vers(forma); költemény **2.** [C] versszak

version ['vɜːʃn] <fn> [C] változat; verzió

versus ['vɜːsəs] <elölj> **1.** ellen; kontra: *England versus Italy* Anglia Olaszország ellen **2.** szemben; ellentétben

vertical ['vɜːtɪkl] <mn> függőleges

¹**very** ['veri] <hsz> **1.** nagyon: *Thank you very much!* Nagyon szépen köszönöm! * *She is a very nice girl.* Ő nagyon kedves lány. * *My brother speaks very loudly.* A bátyám nagyon hangosan beszél. * *I am very happy.* Nagyon boldog vagyok. * *It's very hot in here.* Nagyon meleg van itt bent. **2.** leg-: *the very best* a legeslegjobb * *the very first* a legelső

²**very** ['veri] <mn> pont(osan); éppen: *You are the very person I want.* Pont te vagy az az ember, akire szükségem van! * *She came in at that very moment.* Éppen abban a pillanatban lépett be. * *He lives in this very house.* Pontosan ebben a házban lakik.

vessel ['vesl] <fn> [C] **1.** hajó; vízi jármű **2.** edény; tál; csésze **3.** véredény

vest [vest] <fn> [C] **1.** (atléta)trikó **2.** AmE mellény

vestige ['vestɪdʒ] <fn> [C] vál maradvány; emlék; nyom

¹**vet** [vet] <fn> [C] állatorvos: *George is a vet.* George állatorvos.

²**vet** [vet] <ige> (vets, vetting, vetted) megvizsgál; átvizsgál; *(vkit államilag)* átvilágít

veteran ['vetərən] <fn> [C] veterán

veterinary ['vetnri] <mn> állatorvosi: *veterinary college/school* állatorvosi főiskola

¹**veto** ['viːtəʊ] <ige> (vetoes, vetoing, vetoed) megvétóz; vétót/óvást emel (**sg** vmi ellen)

²**veto** ['viːtəʊ] <fn> (vetoes) **1.** [C] vétó; tiltakozás (**on sg** vmi ellen): *put a veto on sg* vétót emel vmi ellen **2.** [C, U] vétójog

vexed [vekst] <mn> problémás; vitás; kérdéses: *a vexed question* gyakran vitatott kérdés

via ['vaɪə] <elölj> keresztül; át: *We drove from London to Exeter via Bristol.* Londonból Exeterbe Bristolon át mentünk.

viable ['vaɪəbl] <mn> kivitelezhető; megvalósítható; használható

viaduct ['vaɪədʌkt] <fn> [C] viadukt

vibrant ['vaɪbrənt] <mn> vibráló; reszkető; remegő

vibrate [vaɪ'breɪt] <ige> **1.** rezeg; remeg; vibrál **2.** rezegtet; remegtet

vicar ['vɪkə] <fn> [C] lelkész

vicarage ['vɪkərɪdʒ] <fn> [C] parókia; lelkészlakás

vice [vaɪs] <fn> **1.** [U] bűnözés **2.** [U, C] bűn; vétek; erkölcstelenség; kicsapongás **3.** [U, C] hiba; fogyatékosság; hiányosság **4.** [C] satu

vice- [vaɪs] <előtag> al-; helyettes: *vice-president* alelnök ∗ *vice-manager* igazgatóhelyettes

vice versa [ˌvaɪs(ɪ)ˈvɜːsə] <hsz> fordítva; kölcsönösen

vicinity [vɪˈsɪnətɪ] <fn> [sing] szomszédság; környék

♦ **in the vicinity of sg** vminek a környékén; táján; vidékén

vicious [ˈvɪʃəs] <mn> **1.** gonosz; kegyetlen: *a vicious attack* kegyetlen támadás **2.** *(állat)* veszélyes; vad

victim [ˈvɪktɪm] <fn> [C] áldozat: *the victims of the accident* a baleset áldozatai

victimise [ˈvɪktmaɪz] BrE → **victimize**

victimize [ˈvɪktmaɪz] <ige> meghurcol(tat); meggyötör

victor [ˈvɪktə] <fn> [C] irod győztes

¹**Victorian** [vɪkˈtɔːrɪən] <mn> viktoriánus; Viktória korabeli

²**Victorian** [vɪkˈtɔːrɪən] <fn> [C] viktoriánus

victorious [vɪkˈtɔːrɪəs] <mn> győztes

victory [ˈvɪktərɪ] <fn> [C, U] (victories) győzelem: *Our team has had four victories.* A csapatunknak négy győzelme volt.

¹**video** [ˈvɪdɪəʊ] <fn> (videos) **1.** [C, U] videó; képmagnó: *record sg on video* videóra vesz fel vmit **2.** [C] videokazetta

²**video** [ˈvɪdɪəʊ] <ige> (videos, videoing, videoed) videóra (fel)vesz: *Remember to video that programme.* Ne felejtsd el felvenni videóra azt a programot!

video (cassette) recorder [ˌvɪdɪəʊ kəˈsetrɪˌkɔːdə] <fn> [C] röv **VCR** videó; képmagnó

videotape [ˈvɪdɪəʊteɪp] <fn> [C] videokazetta; videószalag

Vienna [vɪˈenə] <fn> Bécs

¹**view** [vjuː] <fn> **1.** [C] kilátás; látvány: *a room with a sea view* szoba tengerparti kilátással ∗ *Our house has a nice view of the lake.* Házunkból szép kilátás nyílik a tóra. **2.** [C] vélemény; nézet: *in my view* véleményem szerint ∗ *He told me his view(s) on the subject.* Elmondta a témával kapcsolatos véleményét. **3.** [U] láthatóság; látás: *disappear from view* eltűnik ∗ *come into view* feltűnik

♦ **at first view** első látásra ♦ **be/stand in full view** jól látható ♦ **have sg in view** hiv tervez; szándékol vmit ♦ **in view of sg** hiv tekintettel vmire ♦ **with a view to sg** hiv vmi végett; azon célból

²**view** [vjuː] <ige> **1.** *(vmilyennek)* vesz; tekint **2.** néz; megtekint; szemügyre vesz

viewer [ˈvjuːə] <fn> [C] **1.** (tévé)néző: *This programme attracted thousands of viewers.* Ez a műsor a nézők ezreit vonzotta. **2.** (kiállítás)látogató

viewpoint [ˈvjuːpɔɪnt] <fn> [C] **1.** nézőpont; szempont; szemszög **2.** szép kilátással rendelkező hely

vigil [ˈvɪdʒɪl] <fn> [C, U] virrasztás: *keep vigil* virraszt

vigilance [ˈvɪdʒɪləns] <fn> [U] éberség

vigilant [ˈvɪdʒɪlənt] <mn> éber

vigilante [ˌvɪdʒɪˈlæntɪ] <fn> [C] polgárőrség tagja; polgárőr

vigor [ˈvɪgə] → **vigour**

vigorous [ˈvɪgərəs] <mn> (élet)erős; erőteljes; élénk

vigour [ˈvɪgə] <fn> [U] (élet)erő; energia

vile [vaɪl] <mn> **1.** biz undorító: *a vile smell* undorító szag **2.** hiv aljas; hitvány; gonosz

villa [ˈvɪlə] <fn> [C] villa; nyaraló

village [ˈvɪlɪdʒ] <fn> **1.** [C] falu: *She lives in a small village.* Egy kis faluban él. **2.** **the village** [sing + sing/pl v] a falu (népe): *All the village is/are invited.* Az egész falu meg van híva.

villager [ˈvɪlɪdʒə] <fn> [C] falusi (ember)

villain [ˈvɪlən] <fn> [C] **1.** gonosztevő; gazember; gazfickó; bűnöző **2.** cselszövő; intrikus; negatív hős

vindictive [vɪnˈdɪktɪv] <mn> bosszúálló; bosszúvágyó; gyűlölködő

vine [vaɪn] <fn> [C] szőlő(tő)

vinegar [ˈvɪnɪgə] <fn> [U] ecet

vineyard [ˈvɪnjəd] <fn> [C] szőlőskert; szőlő(-hegy)

vintage [ˈvɪntɪdʒ] <fn> [C] **1.** szüret; szőlőtermés **2.** évi bortermés: *of the vintage of 1946* 1946-os évjáratú bor

vinyl [ˈvaɪnl] <fn> [C, U] pévécé

viola [vɪˈəʊlə] <fn> [C] brácsa

violate [ˈvaɪəleɪt] <ige> **1.** *(esküt, szerződést)* megszeg; *(szabályt)* megsért; áthág: *violate the law* megszegi a törvényt **2.** meggyaláz; megbecstelenít

violation [ˌvaɪəˈleɪʃn] <fn> [C, U] **1.** megszegés; megsértés; áthágás: *violation of contract* szerződésszegés **2.** megbecstelenítés

violence [ˈvaɪələns] <fn> [U] **1.** erőszak: *use violence* erőszakot alkalmaz ∗ *resort to violence* erőszakhoz folyamodik ∗ *There is too much violence in this film.* Ebben a filmben túl sok az erőszak. **2.** *(tűzé, szélé, viharé)* hevesség; erősség

violent [ˈvaɪələnt] <mn> **1.** erőszakos: *He is a violent man.* Erőszakos ember. **2.** heves: *There was a violent storm in the mountains yesterday.* Tegnap heves vihar dúlt a hegyekben.

¹**violet** [ˈvaɪələt] <fn> **1.** [C] ibolya **2.** [U] ibolya(-szín)

²**violet** [ˈvaɪələt] <mn> ibolyaszínű: *violet rays* ibolyaszínű sugarak

violin [ˌvaɪə'lɪn] <fn> [C] hegedű: *play the violin* hegedül

violinist [ˌvaɪə'lɪnɪst] <fn> [C] hegedűs

VIP [ˌviːaɪ'piː] [= very important person] <fn> [C] VIP (= nagyon fontos személy)

viral ['vaɪrəl] <mn> **1.** vírusos: *a viral infection* vírusos fertőzés **2.** <össszet> *(médián keresztül gyorsan terjedő)* vírus-: *a viral video* vírusvideó

¹virgin ['vɜːdʒɪn] <fn> [C] szűz

²virgin ['vɜːdʒɪn] <mn> **1.** szűz; szűzi(es); érintetlen **2.** nem művelt; szűz; tiszta: *virgin snow* szűz hó

virginity [və'dʒɪnəti] <fn> [U] szüzesség

Virgo ['vɜːgəʊ] <fn> [C, U] asztrol Szűz

virtual ['vɜːtʃʊəl] <mn> **1.** tényleges; valódi; tulajdonképpeni **2.** infor virtuális; látszólagos: *virtual reality* virtuális valóság

virtually ['vɜːtʃʊəli] <hsz> jóformán; gyakorlatilag; úgyszólván

virtue ['vɜːtʃuː] <fn> **1.** [U] erény(esség): *a woman of virtue* erényes nő **2.** [C] *(jó tulajdonság)* erény: *Patience is not one of her virtues.* A türelem nem erénye. **3.** [C, U] előny; erény: *It has the virtue of being strong.* Az az előnye, hogy erős.

♦ **by virtue of sg** hiv vmi alapján; vminél fogva

virtuous ['vɜːtʃʊəs] <mn> erényes

virulent ['vɪrʊlənt] <mn> **1.** fertőző(képes); virulens; heveny **2.** heves: *a virulent attack* heves támadás

virus ['vaɪrəs] <fn> [C] (viruses) **1.** vírus: *catch a virus* elkap egy vírust **2.** infor vírus

visa ['viːzə] <fn> [C] vízum: *Do we need a visa to Britain?* Kell nekünk vízum Angliába?

vise [vaɪs] AmE *(szerszám)* satu

visibility [ˌvɪzə'bɪləti] <fn> [U] látási viszonyok; látómező; látókör: *low visibility* korlátozott látási viszonyok

visible ['vɪzəbl] <mn> **1.** látható **2.** feltűnő; nyilvánvaló; szembetűnő

visibly ['vɪzəbli] <hsz> **1.** láthatóan **2.** feltűnően; nyilvánvalóan; szemmel láthatóan

vision ['vɪʒn] <fn> **1.** [U] látás: *have good vision* jó a látása **2.** [C] (rém)látomás; vízió; ábrándkép; elképzelés: *the poet's visions* a költő látomásai ∗ *I see visions.* Rémlátomásaim vannak. **3.** [U] előrelátás; éleslátás; jövőbelátás; látnoki képesség: *man of vision* látnoki képességű/nagy koncepciójú ember **4.** [C] látvány: *It was a lovely vision.* Gyönyörű látvány volt.

¹visionary ['vɪʒənəri] <mn> látomásokat látó; látnoki képességekkel rendelkező

²visionary ['vɪʒənəri] <fn> [C] látnok; látnoki képességekkel rendelkező személy

¹visit ['vɪzɪt] <ige> (meg)látogat: *I visited my grandmother at the weekend.* Hétvégén meglátogattam a nagymamámat.

²visit ['vɪzɪt] <fn> [C] látogatás: *pay a visit to sy/ pay sy a visit* meglátogat vkit ∗ *We went on a visit to my uncle's.* Látogatást tettünk a nagybátyáméknál.

visitor ['vɪzɪtə] <fn> [C] látogató: *Hundreds of visitors are coming to the museum.* Százával jönnek a látogatók a múzeumba.

visor ['vaɪzə] <fn> [C] **1.** sisakrostély **2.** gk napellenző

visual ['vɪʒʊəl] <mn> látási; látó-; látás-; vizuális: *visual distance* látási távolság ∗ *visual field* látómező ∗ *visual nerve* látóideg

visual aid [ˌvɪʒʊəl'eɪd] <fn> [C] szemléltetőeszköz

visualise ['vɪʒʊəlaɪz] BrE → **visualize**

visualize ['vɪʒʊəlaɪz] <ige> elképzel; felidéz: *I find it difficult to visualize the garden.* Nehezen tudom elképzelni a kertet.

vital ['vaɪtl] <mn> **1.** létfontosságú; életbevágó; nélkülözhetetlen; alapvető: *of vital importance* létfontosságú ∗ *a vital question* alapvető kérdés **2.** élettel teli; vidám; élénk; eleven **3.** élethez szükséges; éltető; életadó

vitality [vaɪ'tæləti] <fn> [U] életerő; vitalitás

vitamin ['vɪtəmɪn] <fn> [C] vitamin: *rich in vitamins* vitaminban gazdag ∗ *vitamin C* C-vitamin

vivacious [vɪ'veɪʃəs] <mn> életvidám; eleven; élénk

vivid ['vɪvɪd] <mn> élénk; eleven

vividly ['vɪvɪdli] <hsz> élénken

vixen ['vɪksn] <fn> [C] nőstény róka

vocabulary [vəʊ'kæbjʊləri] <fn> [C, U] (vocabularies) **1.** szókincs: *You have quite a large vocabulary.* Egész nagy a szókincsed! ∗ *active/ passive vocabulary* aktív/passzív szókincs **2.** *(nyelvé)* szókincs **3.** *(könyvben)* szószedet; szójegyzék: *This book has a good vocabulary at the back.* A könyv végén jó szószedet található.

vocal ['vəʊkl] <mn> **1.** hang-; vokális: *vocal cords* hangszálak ∗ *vocal music* vokális zene **2.** lármás; zajos; harsány

vocalist ['vəʊkəlɪst] <fn> [C] énekes(nő)

vocation [vəʊ'keɪʃn] <fn> [C, U] hivatás; foglalkozás; pálya; szakma: *miss one's vocation* pályát téveszt

vocational [vəʊ'keɪʃnəl] <mn> szakmai; szak-: *vocational training* szakképzés

vociferous [və'sɪfərəs] <mn> lármázó; kiabáló; zajos; hangos

vodka ['vɒdkə] <fn> [C, U] vodka

vogue [vəʊg] <fn> [C, U] divat: *come into vogue* divatba jön ∗ *be in vogue* divatos

¹voice [vɔɪs] <fn> **1.** [C, U] hang: *in a low voice* halkan ∗ *raise one's voice* hangosabban beszél ∗ *He is speaking now in an angry voice.* Most mérges hangon beszél. **2.** [sing] vélemény; beleszólás: *We have no voice in the matter.* Nincs beleszólásunk a dologba. **3.** [C] hang; szó: *raise one's voice against sg* felemeli a szavát vmi ellen ∗ *the voice of conscience* a lelkiismeret hangja **4.** [sing] nyelvt igealak: *the active voice* cselekvő igealak ∗ *the passive voice* szenvedő igealak

♦ **give voice to sg** (*érzéseinek*) hangot ad
♦ **with one voice** egyhangúlag

²voice [vɔɪs] <ige> kifejezésre juttat; kifejez; kimond

voice-activated ['vɔɪs æktɪveɪtɪd] <mn> hangvezérelt: *voice-activated computers* hangvezérelt számítógépek

voicemail ['vɔɪsmeɪl] <fn> [U] hangposta

¹void [vɔɪd] <fn> [C, ált sing] vál űr; üresség (érzete): *fill the void* kitölti az űrt ∗ *His death has left a void in our lives.* Halála űrt hagyott az életünkben.

²void [vɔɪd] <mn> **1.** jog érvénytelen; semmis: *become void* érvénytelenné válik **2. be void of sg** vál mentes vmitől: *void of sense* esztelen **3.** hiv üres; kitöltetlen

vol. [= volume] k. (= kötet); évf. (= évfolyam)

volatile ['vɒlətaɪl] <mn> **1.** változékony; ingatag **2.** illékony; illó; (el)párolgó

volcanic [vɒl'kænɪk] <mn> vulkanikus; vulkáni: *volcanic rock* vulkanikus kőzet ∗ *volcanic ash* vulkáni hamu

volcano [vɒl'keɪnəʊ] <fn> [C] (volcanoes v. volcanos) vulkán; tűzhányó: *active volcano* működő tűzhányó ∗ *extinct volcano* kialudt tűzhányó

¹volley ['vɒli] <fn> [C] **1.** özön; sorozat; (szó)áradat: *a volley of criticisms* bírálatok sorozata **2.** (*ütéseké, köveké stb.*) zápor; sortűz: *a volley of stones* kőzápor ∗ *fire a volley* sortüzet ad **3.** sp röpte: *a forehand volley* tenyeres röpte ∗ *a backhand volley* fonák röpte

²volley ['vɒli] <ige> sp röptében üt/rúg; röptéz

volleyball ['vɒlibɔːl] <fn> [U] röplabda: *His favourite sport is volleyball.* Kedvenc sportága a röplabda.

volt [vəʊlt] <fn> [C] röv V (*villamos feszültség egysége*) volt

voltage ['vəʊltɪdʒ] <fn> [C, U] feszültség: *high voltage* nagyfeszültség ∗ *low voltage* kisfeszültség

volume ['vɒljuːm] <fn> **1.** [C, U] térfogat; űrtartalom; befogadóképesség: *I don't exactly know the volume of this bottle.* Nem tudom pontosan, mekkora ennek az üvegnek az űrtartalma. **2.** [C, U] (nagy) mennyiség; tömeg; halom: *a great volume of water* nagy mennyiségű víz **3.** [U] hangerő(sség): *Turn up the volume because I can hardly hear the radio.* Csavard fel a hangerőt, mert alig hallom a rádiót! **4.** [C] röv **vol.** kötet; könyv: *I can't find volume 7 of the encyclopedia.* Nem találom a lexikon hetedik kötetét.

voluntarily ['vɒləntərəli] <hsz> **1.** önként(esen) **2.** szándékosan

voluntary ['vɒləntəri] <mn> **1.** önkéntes: *do voluntary work* önkéntes munkát végez **2.** önkéntes adományokból fenntartott; alapítványi **3.** tudatos; szándékos; akaratlagos

¹volunteer [,vɒlən'tɪə] <fn> [C] önkéntes; önként jelentkező

²volunteer [,vɒlən'tɪə] <ige> **1.** (*szolgálatokat*) önként felajánl; önként jelentkezik; ajánlkozik: *volunteer one's help* önként felajánlja a segítségét **2.** (*katonasághoz*) önként jelentkezik **3.** javasol

¹vomit ['vɒmɪt] <ige> (ki)hány: *I was going to vomit.* Hánynom kellett.

²vomit ['vɒmɪt] <fn> [U] hányás

¹vote [vəʊt] <ige> **1.** (meg)szavaz: *vote against sy* vki ellen szavaz ∗ *We voted for the conservative candidate.* A konzervatív jelöltre szavaztunk. ∗ *Parliament voted considerable sums.* Az országgyűlés jelentékeny összegeket szavazott meg. **2.** nyilvánít; minősít: *The public voted the new play a success.* A közönség sikeresnek nyilvánította az új darabot.

²vote [vəʊt] <fn> **1.** [C] szavazat: *give one's vote for sy* leadja a szavazatát vkire **2.** [C] szavazás: *put it to the vote* szavazásra bocsát vmit ∗ *take a vote* szavazást rendez/tart ∗ *secret vote* titkos szavazás **3. the vote** [sing] az összes szavazat **4. the vote** [sing] szavazati jog; választójog

♦ **cast a vote** szavazatot lead ♦ **a vote of thanks** (rövid) köszönőbeszéd

voter ['vəʊtə] <fn> [C] szavazó

vouch ['vaʊtʃ] <ige>

vouch for sy/sg biztosít; kezeskedik vkiért/vmiért
vouch for sg igazol; tanúsít vmit

voucher ['vaʊtʃə] <fn> [C] BrE utalvány; bon

¹vow [vaʊ] <fn> [C] eskü; fogadalom: *keep a vow* esküt megtart ∗ *break a vow* megszegi az esküjét

²vow [vaʊ] <ige> (meg)esküszik; (meg)fogad: *vow vengeance against sy* bosszút esküszik vki ellen

vowel ['vaʊəl] <fn> [C] nyelvt magánhangzó

¹voyage ['vɔɪɪdʒ] <fn> [C] *(tengeren, űrben)* utazás; hajóút: *The voyage from England to America used to take several weeks.* A hajóút Angliából Amerikába régebben hetekig tartott.
²voyage ['vɔɪɪdʒ] <ige> irod utazik; hajózik
vs ['vɜːsəs] [= (latin) versus = against] ellen; kontra
vulgar ['vʌlgə] <mn> közönséges; vulgáris; durva; ízléstelen

vulgarity [vʌl'gærəti] <fn> [C, U] (vulgarities) közönségesség; ízléstelenség
vulnerability [ˌvʌlnərə'bɪləti] <fn> [U] sebezhetőség; érzékenység
vulnerable ['vʌlnərəbl] <mn> sebezhető; érzékeny: *That is his vulnerable spot.* Az a sebezhető pontja.
vulture ['vʌltʃə] <fn> [C] keselyű

W, w

¹W, w ['dʌblju:] <fn> [C, U] (Ws, W's, w's) *(betű)* W; w

²W ['dʌblju:] **1.** [= watt(s)] W (= watt): *a 40W light bulb* 40 wattos égő **2.** [= West] Ny (= nyugat) **3.** [= Western] Ny-i (= nyugati)

wacky ['wækɪ] <mn> (wackier, wackiest) biz mókás; vicces; lüke; hülye; idétlen: *wacky ideas* idétlen ötletek

wad [wɒd] <fn> [C] **1.** köteg **2. wad (of cotton)** (vatta)csomó

waddle ['wɒdl] <ige> (waddles, waddling, waddled) tipeg; kacsázik

wade [weɪd] <ige> (wades, wading, waded) *(vízben)* (át)gázol

wade through sg *(unalmas olvasmányon)* átrágja magát

wafer ['weɪfə] <fn> [C] ostya

¹waffle ['wɒfl] <fn> **1.** [C] ≈ gofri **2.** [U] biz BrE szöveg; süket duma

²waffle ['wɒfl] <ige> (waffles, waffling, waffled) biz BrE **waffle on** szövegel; nyomja a süket dumát

wag [wæg] <ige> (wags, wagging, wagged) **1.** *(farkat)* csóvál: *The dog is wagging its tail.* A kutya csóválja a farkát. **2.** *(ujjával)* fenyeget; int; *(fejet)* csóvál: *wag one's finger at sy* fenyeget az ujjával vkit

¹wage [weɪdʒ] <fn> [C, ált pl] (munka)bér; fizetés; kereset: *the minimum wage* minimálbér * *Wages haven't gone up this year.* A munkabérek nem emelkedtek idén. * *She spends all her wages on shoes.* A keresetét teljes egészében cipőkre költi.

²wage [weɪdʒ] <ige> (wages, waging, waged) **wage war against/on sy/sg** hadat visel vki/vmi ellen

wag(g)on ['wægən] <fn> [C] **1.** szekér: *a hay wagon* szénásszekér **2.** vagon: *a goods wagon* tehervagon

¹wail [weɪl] <ige> **1.** jajgat; siránkozik; nyavalyog; jajveszékel **2.** *(sziréna)* visít; sivít

²wail [weɪl] <fn> [C] **1.** jajgatás; siránkozás; jajveszékelés **2.** sivítás

waist [weɪst] <fn> [C] **1.** *(emberé)* derék **2.** *(ruháé)* derék

waistcoat ['weɪskəʊt] <fn> [C] BrE mellény

waistline ['weɪstlaɪn] <fn> [C] derékbőség

¹wait [weɪt] <ige> **1.** vár(akozik) (**for sy/sg** vkire/vmire): *wait for a bus* buszra vár * *Wait until he gets here.* Várj, amíg meg nem érkezik! * *Wait a minute!* Várj(on) egy percet! * *I'm waiting for him to arrive.* Várom, hogy megérkezzen. * *I didn't have to wait long.* Nem kellett sokáig várnom. **2.** vár; remél: *There is no point waiting for me to change my mind in this question.* Nincs értelme arra várni, hogy megváltoztassam a véleményemet ebben a kérdésben. **3.** megvár (**for sy/sg** vkit/vmit): *Should we start the breakfast or should we wait for him?* Elkezdjük a reggelit vagy megvárjuk őt?

♦ **sy can't wait//sy can hardly wait** alig várja ♦ **keep sy waiting** megvárakoztat vkit ♦ **Wait and see!** Majd meglátjuk!

wait about/around várakozik

wait in BrE otthon vár: *I have to wait in for a package this morning.* Egy csomagot várok otthon ma reggel.

wait on sy kiszolgál vkit; felszolgál vkinek

wait up 1. fennmarad; nem fekszik le; megvár (**for sy** vkit) **2.** AmE vár; megvár

²wait [weɪt] <fn> [U] várakozás (**for sy/sg** vkire/vmire)

♦ **lie/be lying in wait for sg/sy** lesben áll vmire/vkire; leselkedik vmire/vkire

waiter ['weɪtə] <fn> [C] pincér
waiting ['weɪtɪŋ] <fn> [U] várakozás
waiting list ['weɪtɪŋ lɪst] <fn> [C] várólista
waiting room ['weɪtɪŋ ru:m] <fn> [C] váróterem
waitress ['weɪtrəs] <fn> [C] pincérnő

¹wake [weɪk] <ige> (wakes, waking, woke, woken) **1.** (fel)ébred: *I woke at 6 o'clock this morning.* Ma reggel 6-kor ébredtem. **2.** felébreszt: *Be quiet or you'll wake your father.* Légy csöndben, vagy felébreszted édesapádat!

wake up felébred; felkel: *Wake up! It's 8 o'clock!* Kelj fel! 8 óra!

wake sy up 1. felébreszt; felkelt vkit: *Don't wake me up!* Ne ébressz fel! **2.** feléleszt; felráz vkit

wake up to sg ráébred; rádöbben vmire
wake sy up to sg ráébreszt vkit vmire

²**wake** [weɪk] <fn> [C] **1.** (halott)virrasztás **2.** *(hajó után)* nyomdokvíz; sodor
 ♦ **in the wake of sg//in sg's wake** vminek a nyomában

waken ['weɪkən] <ige> **1.** felébreszt **2.** felébred

Wales [weɪlz] <fn> Wales: *the Prince of Wales (az angol korona várományosa)* a walesi herceg

→ Lásd a Tartalomjegyzékben a Tematikus rajzokat!

¹**walk** [wɔːk] <ige> **1.** jár; megy; gyalog megy: *learn to walk* járni tanul * *walk slowly* lassan megy/jár * *walk home* gyalog megy haza * *walk across the kitchen* átmegy a konyhán * *Sometimes I walk to school.* Néha gyalog megyek iskolába. **2.** sétál; gyalogol: *walk thirteen kilometres* tizenhárom kilométert gyalogol * *Walk with me to the bus stop.* Sétálj velem a buszmegállóig! **3.** sétáltat: *walk the dog* sétáltatja a kutyát **4.** elkísér: *John walked Sue home.* John hazakísérte Sue-t.

walk along sg *(utcán stb.)* végigmegy; végigsétál
walk away from sy/sg elmegy; *(személyt, helyzetet, helyet)* otthagy; elhagy
walk away with sg biz **1.** ellop vmit; elsétál; meglép vmivel **2.** könnyűszerrel elnyer/megszerez vmit
walk in on sy biz *(váratlan érkezéssel)* meglep vkit
walk off with sg biz **1.** meglép; meglóg vmivel; ellop vmit **2.** játszva elnyer/megszerez vmit
walk on folytatja az útját
walk out 1. *(tüntetőleg)* kivonul **2.** sztrájkolni kezd
walk out on sy biz cserben hagy vkit
walk out on sg biz *(ígéreteket stb.)* nem teljesít
walk (all) over sy biz **1.** kutyába se vesz vkit; rosszul bánik vkivel **2.** *(ellenfelet)* lelép; legyőz; elver
walk sy through sg átvesz; átnéz vkivel vmit: *I'll walk you through this scene.* Átveszem veled ezt a jelenetet.
walk up to sy/sg odamegy vkihez/vmihez

²**walk** [wɔːk] <fn> **1.** [C] séta: *take the dog for a walk* sétálni viszi a kutyáját * *go for a walk* sétálni megy * *take a walk* sétát tesz * *a five-minute walk* ötperces séta * *a beautiful walk to the house* csodálatos séta a házig * *The school is a short walk from our house.* Rövid sétával juthatunk el az iskolába. **2.** [sing] járás(mód): *I recognized her funny walk.* Felismertem vicces járását. **3.** [C] sétány; sétaút: *pleasant walks* kellemes sétautak **4.** [C] AmE járda
 ♦ **from all walks of life** az élet minden területéről

walker ['wɔːkə] <fn> [C] gyalogos; sétáló; gyalogló

walkies ['wɔːkɪz] <fn> [pl] biz BrE kutyasétáltatás: *go for walkies* kutyával sétálni megy

walkie-talkie [ˌwɔːkɪˈtɔːkɪ] <fn> [C] biz kézi adó-vevő készülék

¹**walking** ['wɔːkɪŋ] <fn> [U] **1.** séta; sétálás; gyaloglás **2.** túrázás

²**walking** ['wɔːkɪŋ] <mn> sétáló

walking boots ['wɔːkɪŋ buːts] <fn> [pl] túracipő; túrabakancs

walking shoes ['wɔːkɪŋ ʃuːz] <fn> [pl] túracipő; túrabakancs

walking-stick ['wɔːkɪŋ stɪk] <fn> [C] sétabot; sétapálca

Walkman® ['wɔːkmən] <fn> [C] (Walkmans) *(a Sony Corporation bejegyzett védjegye)* walkman; sétálómagnó

walk-on part ['wɔːkɒn pɑːt] <fn> [C] szính némaszerep; statisztaszerep

walkout ['wɔːkaʊt] <fn> [C] *(rövid)* munkabeszüntetés; sztrájk

walkover ['wɔːkˌəʊvə] <fn> [C] biz könnyű győzelem

¹**wall** [wɔːl] <fn> [C] fal: *on the wall of the living room* a nappali falán * *a tall wall* magas fal * *the Great Wall of China* a kínai (nagy) fal * *The lorry crashed into the wall.* A teherautó a falnak ütközött.
 ♦ **drive sy to the wall** sarokba szorít vkit ♦ **go to the wall** biz csődbe megy; befuccscsol ♦ **go up the wall** biz megőrül; falra mászik

²**wall** [wɔːl] <ige> fallal körülvesz

wall sg in befalaz vmit
wall sg off *(fallal elválaszt)* elfalaz vmit
wall sg up befalaz vmit

wallet ['wɒlɪt] <fn> [C] (levél)tárca

wallflower ['wɔːlˌflaʊə] <fn> [C] **1.** sárgaviola **2.** biz *(bálban)* petrezselymet áruló nő: *be a wallflower* petrezselymet árul

wallop ['wɒləp] <ige> biz elnáspángol; elagyabugyál
wallow ['wɒləʊ] <ige> **1.** hentereg; fetreng; dagonyázik: *wallow in the mud* dagonyázik; fetreng a sárban **2.** kéjeleg
wall painting ['wɔːl,peɪntɪŋ] <fn> [C] falfestmény; freskó
¹wallpaper ['wɔːl,peɪpə] <fn> [C, U] tapéta
²wallpaper ['wɔːl,peɪpə] <ige> (ki)tapétáz
wall-to-wall [,wɔːltə'wɔːl] <mn> faltól falig: *wall-to-wall carpet* faltól falig szőnyeg; szőnyegpadló
wally ['wɒlɪ] <fn> [C] (wallies) biz BrE balfácán
walnut ['wɔːlnʌt] <fn> **1.** [C] dió **2. walnut (tree)** [C] diófa **3. walnut (wood)** [U] *(anyag)* dió(fa)
walrus ['wɔːlrəs] <fn> [C] rozmár
¹waltz [wɔːls] <fn> [C] zene keringő; valcer
²waltz [wɔːls] <ige> **1.** keringőzik **2.** biz betoppan; belejt; belibben: *She waltzed into the kitchen and told me that she was getting married next summer.* Belibbent a konyhába és közölte, hogy jövő nyáron férjhez megy.
wan [wæn] <mn> irod *(személy, szín)* sápadt; hal(o)vány
wand [wɒnd] <fn> [C] (varázs)pálca
wander ['wɒndə] <ige> **1.** vándorol; barangol; kószál: *spend the day in the city, just wandering the streets* egész nap csak kószál a városban **2.** *(gondolat, tekintet)* elkalandozik **(from sg** vmitől*)*: *wander from the subject/point/topic* eltér a tárgytól * *My mind wandered.* Elkalandoztam! **3. wander (away/off)** elkalandozik; elkószál **(from sy/sg** vkitől/vmitől*)*
¹wane [weɪn] <ige> (wanes, waning, waned) **1.** csökken; hanyatlik **2.** *(hold)* fogy(atkozik)
²wane [weɪn] <fn> [U] csökkenés; fogyatkozás: *be on the wane* fogyóban/hanyatlóban van
wangle ['wæŋgl] <ige> (wangles, wangling, wangled) biz kiügyeskedik **(sg from/out of sy** vmit vkiből*)*
wanna ['wɒnə] [= want to, want a] biz akar: *I wanna go home!* Haza akarok menni!
¹want [wɒnt] <ige> **1.** akar; kér; kíván; óhajt: *I want to go home.* Haza akarok menni! * *Do you want a piece of chocolate?* Kérsz egy darab csokit? * *She wants to be a doctor.* Orvos akar lenni. * *What do you want me to do?* Mit akarsz, mit tegyek? * *He knows what he wants.* Tudja, mit akar. **2.** szüksége van **(sg** vmire*)*; igényel **(sg** vmit*)*; ráfér **(sg** vmi*)*: *Your dirty coat wants a wash.* Ki kellene mosni a piszkos kabátodat. * *His hair wants cutting.* Le kellene már vágni a haját. **3.** hiányzik; nélkülöz: *You want patience.* Nincs türelmed. **4.** kell; kellene: *You want to be cleverer.* Okosabbnak kellene lenned. **5. be wanted** keresik: *You are wanted.* Önt keresik. * *You are wanted on the phone.* Téged keresnek telefonon. **6.** *want sy (szexuálisan)* kíván vkit

want for sg hiány szenved vmiben: *He wants for nothing.* Semmiben sem szenved hiányt.

²want [wɒnt] <fn> **1.** [C, U] hiány; nélkülözés; ínség: *Those flowers died from want of water.* Azok a virágok vízhiányban pusztultak el. **2. wants** [pl] igény; szükséglet; kívánság; óhaj
♦ **be in want of sg** nagy szüksége van vmire
♦ **for want of anything better** jobb híján
♦ **live in want** nélkülözések közepette él
wanting ['wɒntɪŋ] <mn> **1.** hiányzó; hiányos **2.** hiányt szenvedő; szűkölködő **(in sg** vmiben*)*: *be wanting in sg* hiányt szenved vmiben **3.** nem kielégítő: *be found wanting* nem találják kielégítőnek
wanton ['wɒntən] <mn> **1.** könnyelmű; felelőtlen **2.** értelmetlen; indokolatlan; féktelen
WAP ['wæp] [= wireless application protocol] WAP
war [wɔː] <fn> [C, U] **1.** háború: *be at war with sy* háborúban áll vkivel * *declare war on sy* hadat üzen vkinek * *go to war against sy* háborút indít vki ellen; hadat visel; hadba száll vkivel * *make war on/against sy* háborút indít; hadat visel vki ellen * *win the war* megnyeri a háborút * *civil war* polgárháború * *War breaks out.* Kitör a háború. **2.** harc; háború; küzdelem; erőfeszítés: *the war against cancer* a rák elleni harc * *trade war* kereskedelmi háború
¹warble ['wɔːbl] <fn> [C, U] madárdal; trillázás; éneklés
²warble ['wɔːbl] <ige> (warbles, warbling, warbled) trillázik; énekel
war crime ['wɔː kraɪm] <fn> [C] háborús bűn
war criminal ['wɔː,krɪmɪnl] <fn> [C] háborús bűnös
¹ward [wɔːd] <fn> [C] **1.** kórterem **2.** *(kórházi)* osztály **3.** gyámság alá helyezett gyerek; gyámolt
²ward [wɔːd] <ige>

ward sy/sg off elhárít vkit/vmit

warden ['wɔːdn] <fn> [C] **1.** felügyelő; őr **2.** *(iskolái stb.)* gondnok **3.** börtönfelügyelő; börtönigazgató **4.** *(múzeumi)* teremőr
warder ['wɔːdə] <fn> [C] börtönőr

wardrobe ['wɔːdrəʊb] <fn> [C, U] **1.** vkinek a ruhatára; gardrób **2.** ruhásszekrény; akasztós szekrény

ware [weə] <fn> [U] összet -áru: *glassware* üvegáru

warehouse ['weəhaʊs] <fn> [C] (áru)raktár

warfare ['wɔːfeə] <fn> [U] hadviselés: *chemical warfare* kémiai hadviselés

warhead ['wɔːhed] <fn> [C] robbanófej

¹**warm** [wɔːm] <mn> (warmer, warmest) **1.** meleg: *a warm summer day* meleg nyári nap * *It is nice warm inside in the winter.* Bent kellemes meleg van télen. * *I am warm.* Melegem van. **2.** *(ruha)* meleg: *a warm jumper* egy meleg pulcsi **3.** *(szín)* meleg: *warm colours* meleg színek **4.** meleg; szívélyes: *a warm smile* meleg mosoly * *give sy a warm welcome* meleg fogadtatásban részesít vkit

²**warm** [wɔːm] <ige> **1.** (fel)melegít; melenget **2.** melegszik **3.** lelkesedni kezd (**to/towards sg** vmi iránt)

warm up 1. felmelegedik; megmelegedik: *You'll soon warm up.* Mindjárt felmelegszel. **2.** sp bemelegít: *The players are warming up.* A játékosok bemelegítenek.

warm sy up fellelkesít vkit; lelket önt vkibe

warm sg up *(ételt)* (meg)melegít; felmelegít: *warm up some soup for lunch* egy kis levest melegít ebédre

warm-hearted [ˌwɔːm'hɑːtɪd] <mn> melegszívű

warming ['wɔːmɪŋ] <fn> [U] **1.** felmelegítés **2.** felmelegedés: *global warming* globális felmelegedés

warmonger ['wɔːˌmʌŋɡə] <fn> [C] háborús uszító

warmth [wɔːmθ] <fn> [U] **1.** melegség; hő **2.** szívélyesség; kedvesség; melegség; lelkesedés

warm-up ['wɔːmʌp] <fn> [C] sp bemelegítés

warn [wɔːn] <ige> figyelmeztet (**sy to do sg**/**sy of sg** vkit vmire); óva int (**sy against sg** vkit vmitől): *I warned my son that…* Figyelmeztettem a fiamat, hogy… * *Clouds warned us of the approaching storm.* Felhők figyelmeztettek a közeledő viharra. * *I warned her not to be late.* Figyelmeztettem, hogy el ne késsen. * *He warned his friend against drinking too much alcohol.* Óva intette barátját a túl sok alkoholtól.

¹**warning** ['wɔːnɪŋ] <fn> **1.** [C, U] figyelmeztetés; jelzés; intő jel: *give sy a warning* figyelmeztet vkit * *be a warning to sy not do continue sg* intő jel vki számára, hogy ne folytasson vmit * *There is a warning on the packet of medicines.* Az orvosságosdobozon figyelmeztetés olvasható. **2.** [C, U] (előzetes) értesítés; felszólítás: *without warning* előzetes értesítés nélkül * *the last warning* utolsó felszólítás **3.** [C] megintés

²**warning** ['wɔːnɪŋ] <mn> figyelmeztető

warning triangle [ˌwɔːnɪŋ'traɪæŋɡl] <fn> [C] elakadásjelző háromszög

war paint ['wɔː peɪnt] <fn> [U] **1.** *(indiánoknál stb.)* harci dísz; harci festék **2.** tréf smink

warpath ['wɔːpɑːθ] <fn> [U]
♦ **be/go on the warpath** biz harcra készen áll; dühös; harcias kedvében van

¹**warrant** ['wɒrənt] <fn> **1.** [C] végzés; végrehajtási parancs: *a warrant to arrest* elfogatóparancs * *a warrant for payment* fizetési felszólítás **2.** [U, C] jogosultság **3.** [C] bizonylat; igazolvány **4.** [C, U] jótállás

²**warrant** ['wɒrənt] <ige> **1.** igazol; indokol **2.** biztosít; garantál; jótáll; szavatol: *The company warrants that…* A cég garantálja, hogy…

warranter ['wɒrəntə] <fn> [C] gazd garantáló; jótálló; kezes

warranty ['wɒrənti] <fn> [C, U] (warranties) jótállás; szavatosság; garancia: *be under warranty* garanciális

warrior ['wɒriə] <fn> [C] katona; harcos

Warsaw ['wɔːsɔː] <fn> Varsó

warship ['wɔːʃɪp] <fn> [C] hadihajó

wart [wɔːt] <fn> [C] szemölcs

wary ['weəri] <mn> körültekintő; elővigyázatos (**of sy/sg** vkivel/vmivel szemben)

was [wəz] → **be**

¹**wash** [wɒʃ] <ige> **1.** (meg)mos; lemos: *wash one's hands* kezet mos * *wash the windows* ablakot mos * *wash the car* autót mos * *a freshly washed jumper* frissen mosott pulóver * *wash the dishes* (el)mosogat * *Your hair needs to be washed.* Meg kell mosni a hajadat. **2.** mosakszik; (meg)mosdik: *wash and dress quickly* gyorsan megmosdik és felöltözik **3.** *(tenger, hullám)* áztat; mos; nyaldos: *The waves washed my feet.* A hullámok nyaldosták a lábamat. * *The floods have washed away thirty old houses.* Az árvíz harminc öreg házat mosott el. **4.** mosható: *This skirt doesn't wash very well.* Ez a szoknya nem igen mosható. * *It washes well.* Jól mosható.
♦ **That/It won't wash with me.** biz Ezt nem hiszem el!

wash sg away elmos vmit: *Heavy rains have washed away the bridge.* Heves esőzések mosták el a hidat.

wash sg down (with sg) lemos; leöblít vmit (vmivel): *wash the pizza down with a beer* leöblíti a pizzát egy sörrel
wash sg off lemos; kimos; mosással eltávolít vmit
wash out *(mosáskor)* kijön: *These stains will not wash out.* Ezek a foltok nem jönnek ki.
wash sg out kimos vmit
wash (sg) up BrE (el)mosogat (vmit): *help to cook and wash up* segít főzni és mosogatni * *The plates haven't been washed up yet.* A tányérok még nincsenek elmosogatva.
wash sg up partra sodor vmit

²**wash** [wɒʃ] <fn> **1.** [C] mosás: *do a dark wash* sötét mosást csinál * *give sg a quick wash* gyorsan megmos/lemos vmit * *after a few washes* néhány mosás után * *My skirt is ready for a wash.* A szoknyám mosásra érett. **2.** [C] mosdás; mosakodás **3. the wash** [sing] szennyes: *My skirt is in the wash.* A szoknyám szennyesben van. **4. the wash** [sing] hullámverés; hullámzás **5.** [C, U] lemosó: *an anti-bacterial facial wash* antibakteriális arclemosó

♦ **It will all come out in the wash.** biz **1.** A végén minden kiderül. **2.** A végén minden jóra fordul.

washable ['wɒʃəbl] <mn> mosható
washbasin ['wɒʃ,beɪsn] <fn> [C] mosdókagyló
washbowl ['wɒʃbəʊl] <fn> [C] mosdótál
washcloth ['wɒʃklɒθ] <fn> [C] mosogatórongy
washed out [,wɒʃt'aʊt] <mn> biz **1.** fakó **2.** legyengült; kimerült: *look washed out* olyan, mint a mosogatórongy
washer ['wɒʃə] <fn> [C] **1.** csavaralátét; tömítőgyűrű **2.** biz mosógép
washing ['wɒʃɪŋ] <fn> [U] **1.** szennyes: *put the washing in the washing machine* beteszi a szennyest a mosógépbe **2.** mosás: *ironing and washing* vasalás és mosás * *do the washing* mos **3.** kimosott ruha: *hang the washing out* kiakasztja a kimosott ruhát száradni
washing machine ['wɒʃɪŋ məʃiːn] <fn> [C] mosógép
washing-up [,wɒʃɪŋ'ʌp] <fn> [U] **1.** mosogatás: *do the washing-up* mosogat **2.** mosogatnivaló
washout ['wɒʃaʊt] <fn> [C] biz kudarc: *It was a total washout.* Teljes kudarc volt.
washroom ['wɒʃruːm] <fn> [C] AmE (nyilvános) vécé
wasn't ['wɒznt] [= was not] → **be**
wasp [wɒsp] <fn> [C] darázs

¹**waste** [weɪst] <fn> **1.** [U] pazarlás; pocsékolás: *a waste of time* időpazarlás * *It was just a waste of money.* Csak pénzkidobás volt. * *It is a waste to throw away these rolls.* Pazarlás kidobni azokat a zsömléket. * *What a waste!* Micsoda pazarlás! **2.** [U] fölösleg; hulladék; szemét: *nuclear waste* atomhulladék * *industrial waste* ipari hulladék * *waste separation* szelektív hulladékgyűjtés **3. wastes** [pl] pusztaság

♦ **go/run to waste** kárba vész

²**waste** [weɪst] <ige> (wastes, wasting, wasted) (el)pazarol; elherdál; elpocsékol; elveszteget (**sg on sg/sy** vmit vmire/vkire): *waste public money* közpénzeket elpazarol * *waste a lot of money on clothes* sok pénzt herdál ruhákra * *Don't waste your time on waiting for him.* Ne vesztegesd/pazarold (el) az idődet azzal, hogy rá vársz!

³**waste** [weɪst] <mn> **1.** selejt; hulladék(-); felesleges; értéktelen: *waste product* selejt; hulladék * *waste oil* fáradt olaj * *waste paper* papírhulladék **2.** puszta; parlag(on hagyott)
wastebasket ['weɪst,bɑːskɪt] <fn> [C] AmE papírkosár
waste-disposal unit ['weɪst,dɪspəʊzl juːnɪt] <fn> [C] konyhai hulladékaprító
waste disposer ['weɪst,dɪspəʊzə] <fn> [C] konyhai hulladékaprító
waste-paper basket [,weɪst'peɪpə,bɑːskɪt] <fn> [C] papírkosár
waste pipe ['weɪst paɪp] <fn> [C] lefolyócső
waster ['weɪstə] <fn> [C] *(személy)* pazarló

¹**watch** [wɒtʃ] <ige> **1.** néz; megnéz: *watch television* tévét néz * *watch the news* nézi a híreket **2.** vigyáz; figyel; ügyel; szemmel tart: *He is being watched.* Figyelik őt. * *Watch the knife! It is sharp!* Vigyázz, éles a kés! **3.** őrködik; őriz; vigyáz: *watch the baby while her mother is shopping* őrzi a babát, amíg a mamája vásárol

♦ **Watch it!** biz Vigyázz!

watch for sg lesben áll; vár vmire/vmit: *watch for the ship coming in* várja a bejövő hajót
watch out vigyáz; figyel; óvatos
watch out for sy/sg figyel; ügyel vkire/vmire
watch over sy/sg vigyáz vkire/vmire; őrködik vki/vmi felett

²**watch** [wɒtʃ] <fn> **1.** [U] őrség; őrködés; felügyelet: *He took the watch during the night.* Egész éjjel őrségben volt. * *The night watch is coming on duty now.* Most lép szolgálatba

az éjszakai őrség. **2.** [C] karóra; zsebóra: *set the watch* beállítja az órát
♦ **keep a close/careful watch on sy** jól szemmel tart vkit; éberen figyel vkit ♦ **be on the watch (for sy) 1.** őrségben van; őrt áll **2.** lesben áll; vigyáz vkire; óvakodik vkitől ♦ **keep watch** őrségben van; őrt áll
watchband ['wɒtʃbænd] <fn> [C] AmE óraszíj
watchdog ['wɒtʃdɒg] <fn> [C] **1.** házőrző kutya **2.** *(személy, szerv(ezet), testület)* felügyelő
watchful ['wɒtʃfl] <mn> éber; szemfüles; körültekintő; óvatos
watchman ['wɒtʃmən] <fn> [C] (watchmen) őr: *a night watchman* éjjeliőr
watch strap ['wɒtʃstræp] <fn> [C] óraszíj
¹**water** ['wɔːtə] <fn> **1.** [U] *(ivásra, mosásra, főzésre)* víz: *wash sg with soap and water* szappannal és vízzel megmos vmit ∗ *a glass of water* egy pohár víz ∗ *cold and hot water* hideg-meleg víz ∗ *the water is on* **(a)** be van vezetve a víz **(b)** nyitva van a csap **2.** [U] *(tenger, tó)* víz: *a beautiful view of the water* csodálatos kilátás a vízre ∗ *by water* vízi úton; vízen ∗ *on land and water* szárazon és vízen ∗ *swim under the water* víz alatt úszik ∗ *The water is too cold today so I won't swim.* Ma túl hideg a víz, úgyhogy nem fogok úszni. **3. waters** [pl] *(országé stb.)* (felség)vizek: *American waters* amerikai vizek
♦ **get into hot water** biz bajba kerül
♦ **it won't/doesn't hold water** *(elmélet)* tarthatatlan; hihetetlen ♦ **like water off a duck's back** biz falra hányt borsó ♦ **spend money like water** kifolyik a pénz az ujjai közül ♦ **pour/throw cold water on sg** biz erősen megkritizál vmit ♦ **Still waters run deep.** Lassú víz partot mos. ♦ **A lot of/much water has flowed under the bridge.** Sok víz lefolyt azóta a Dunán.
²**water** ['wɔːtə] <ige> **1.** megöntöz; meglocsol: *water the plants* megöntözi a növényeket **2.** *(állatot)* megitat; vízzel ellát **3.** könnyezik: *The sun made my eyes water.* A naptól könnyezett a szemem. **4.** nedvesedik **5.** nyáladzik: *Her mouth watered at the sight of the food.* Az étel láttványára összefutott a nyál a szájában. **6.** hígít; felvizez

water sg down 1. felvizez; hígít vmit **2.** enyhít; letompít vmit

waterbed ['wɔːtəbed] <fn> [C] *(betegnek)* vízágy
watercolor ['wɔːtərˌkʌlər] AmE → **watercolour**

watercolour ['wɔːtəˌkʌlə] <fn> **1.** [C, U] vízfesték **2.** [C] akvarell
waterfall ['wɔːtəfɔːl] <fn> [C] vízesés
waterfront ['wɔːtəfrʌnt] <fn> [C] (városi) tengerpart; vízpart: *live on the waterfront* a vízparton/tengerparton lakik
watering can ['wɔːtərɪŋ kæn] <fn> [C] locsolókanna
water lily ['wɔːtəˌlɪli] <fn> [C] vízililiom
watermark ['wɔːtəmɑːk] <fn> [C] *(papíron)* vízjel
watermelon ['wɔːtəˌmelən] <fn> [C, U] görögdinnye
water pipe ['wɔːtə paɪp] <fn> [C] vízvezetékcső
water polo ['wɔːtəˌpəʊləʊ] <fn> [U] vízilabda
waterproof ['wɔːtəpruːf] <mn> vízhatlan; vízálló
water skiing ['wɔːtəˌskiːɪŋ] <fn> [U] vízisízés
watertight ['wɔːtətaɪt] <mn> **1.** vízhatlan **2.** *(kifogás, évelés, alibi)* helytálló; támadhatatlan; kifogástalan
waterway ['wɔːtəweɪ] <fn> [C] vízi út; csatorna
water wings ['wɔːtəwɪŋz] <fn> [pl] karúszó
waterworks ['wɔːtəwɜːks] <fn> [pl] vízművek
♦ **turn on the waterworks** biz itatja az egereket
watery ['wɔːtəri] <mn> **1.** vizes; nedves **2.** könnyes: *watery eyes* könnyes szemek **3.** *(étel, ital)* híg; ízetlen; vízízű **4.** bágyadt; halovány: *watery sunlight* bágyadt napfény ∗ *eyes of a watery blue* halványkék
watt [wɒt] <fn> [C] watt
¹**wave** [weɪv] <fn> **1.** hullám: *swim in the waves* a hullámokban úszik ∗ *high waves* magas hullámok **2.** (haj)hullám: *She has natural waves.* Természetes (haj)hullámai vannak. **3.** *(hangé, hőé, fényé, rádióé stb.)* hullám: *sound waves* hanghullámok ∗ *short/medium/long wave* rövid-/közép-/hosszúhullám ∗ *radio waves* rádióhullámok **4.** *(érzelemé, tevékenységé)* hullám; emelkedés; növekedés: *a wave of robberies* rablási hullám ∗ *a wave of violence* erőszakhullám ∗ *a wave of panic* pánikhullám; pánikroham ∗ *The pain comes in waves.* Hullámokban jön a fájdalom. **5.** *(mozdulat kézzel)* lengetés; lebegtetés; intés: *give sy a wave* int vkinek **6.** nagy tömege vminek: *Waves of protesters arrived to the Parliament.* Tiltakozók tömege érkezett a parlamenthez.
♦ **make waves** biz **1.** nagy port ver fel **2.** bajt okoz
²**wave** [weɪv] <ige> (waves, waving, waved) **1.** int(eget) **(to sy** vkinek): *wave to the waiter and ask for the bill* int a pincérnek és kéri a

számlát * *She waved her hand to say goodbye.* Köszönésképpen integetett. **2.** lenget lobogtat; lóbál: *He waved his hanky as the train left.* A zsebkendőjét lobogtatta/A zsebkendőjével integetett, amikor elindult a vonat. **3.** lobog: *flags are waving in the wind* zászlók lobognak a szélben **4.** *(haj)* hullámos: *Her hair waves naturally.* Haja természetesen hullámos.

> **wave sg aside/away** legyint vmire; elutasít vmit
> **wave sy/sg down** leint vkit/vmit
> **wave sy off** búcsút int vkinek

waveband ['weɪvbænd] <fn> [C] hullámsáv
wavelength ['weɪvleŋθ] <fn> [C] hullámhossz
 ♦ **be on the same wavelength** egy hullámhosszon vannak; megértik egymást
waver ['weɪvə] <ige> **1.** meginog; ingadozik; hezitál; habozik; vonakodik **2.** meginog; megremeg: *His voice wavered.* Megremegett a hangja.
wavy ['weɪvɪ] <mn> **1.** *(haj)* hullámos **2.** libegő; lengő
¹wax [wæks] <fn> [U] **1.** viasz **2.** fülzsír
²wax [wæks] <ige> **1.** viaszol; viasszal beken; fényesít **2.** *(hold)* nő; növekszik **3.** vál *(vmivé)* válik
waxwork ['wækswɜːk] <fn> [C] viaszbábu; viaszfigura
waxworks ['wækswɜːks] <fn> [C] (waxworks) panoptikum
waxy ['wæksɪ] <mn> viaszos
¹way [weɪ] <fn> [C] **1.** út; útvonal: *the way to the post office* a postához vezető út * *on the way to* útban vmi felé * *I am on my way home.* Útban vagyok hazafelé. * *Can you tell me the way to the library, please?* Megmondaná, hogy juthatok el a könyvtárhoz? * *Show me the way to the station, please.* Mutasd meg az állomáshoz vezető utat! * *His address is 156A Kenton Way.* Címe: Kenton út 156/A. **2.** irány: *be looking the other way* a másik irányba néz * *a one-way street* egyirányú utca * *go the wrong way* rossz irányba megy; rossz felé megy * *Look both ways before you cross the road.* Nézz mindkét irányba, mielőtt átkelsz az úton! * *Go that way.* Arra menj! * *This way, please!* Erre tessék! **3.** út; mód; módszer; eljárás (**of doing sg//to do sg** vmire): *there are so many ways to do sg* sokféleképpen/sokféle úton-módon lehet vmit megcsinálni * *the best way to learn mathematics* a matematikatanulás legjobb módja * *the quickest way to cook lunch* az ebédfőzés leggyorsabb módszere * *speak in a kind way* kedvesen beszél * *show sy the way to do sg* megmutatja vkinek, hogyan kell csinálni vmit * *in this way* így * *ways and means* utak és módok * *Do it that way!* Így csináld! * *There is just one way of doing it.* Ezt csak egyféleképpen lehet csinálni. **4.** távolság; út: *be only a short way away* közel van * *It's a long way to the school.* Messze van az iskola. **5.** szokás: *have some rather unpleasant ways* van néhány kellemetlen szokása **6.** szempont; tekintet: *in some ways* bizonyos szempont(ok)ból * *In a way I agree with him.* Bizonyos szempontból egyetértek vele.

 ♦ **all the way 1.** végig; végig az egész úton biz **2.** …-tól…-ig; vmi közt *prices vary all the way from… to…* az árak… és… között mozognak ♦ **by the way** apropó; mellesleg ♦ **by way of sg 1.** *(útvonalon)* vmin át **2.** -képpen; -ként; gyanánt *by way of experiment* kísérletképpen ♦ **come a long way** hosszú utat tesz meg; felküzdi magát vmivé ♦ **either way** akár így, akár úgy ♦ **be/get in the/sy's way 1.** útban van; elállja az utat **2.** felesleges ♦ **be/get/keep out of the/ sy's way** félreáll vkinek az útjából ♦ **get/ take sg out of the way** elvisz az útból vmit ♦ **get/have your (own) way** keresztülviszi az akaratát; a saját feje után megy ♦ **get into the way of sg** hozzászokik vmihez; belejön vmibe ♦ **give way** eltörik; beszakad ♦ **give way to sy/sg 1.** elsőbbséget ad; utat enged vkinek/vminek **2.** *(vitában)* enged; meghátrál **3.** vkinek/vminek a helyébe lép; felvált; követ vkit/vmit ♦ **go a long way 1.** sokáig elég lesz biz **2.** sokra viszi ♦ **go a long way towards (doing) sg** nagyban hozzájárul vmihez; erősen megközelít vmit ♦ **go out of one's way to do sg** mindent elkövet, hogy… ♦ **go/have one's own way** a maga feje után megy ♦ **have a long way to go** nagy út áll előtte ♦ **know one's way about/around** kiismeri magát; feltalálja magát ♦ **make way** halad ♦ **make way for** előre enged ♦ **no way** semmi esetre sem; semmi szín alatt ♦ **way of life** életmód ♦ **You can't have it both ways.** biz Kétféleképpen nem megy./A kettő egyszerre nem megy. ♦ **way in-way out** bejárat-kijárat ♦ **That's the way it goes.** Ez van. ♦ **be under way 1.** úton van **2.** halad; készül; folyamatban van ♦ **work one's way up** biz felküzdi magát ♦ **way back** biz jó/nagyon régen *way back in 1900* még valamikor 1900-ban

²**way** [weɪ] <hsz> messze; távol; el; jóval: *It's way past his bedtime.* Már rég le kellett volna feküdnie! * *He has got way more knowledge than his brother.* Jóval nagyobb a tudása, mint a bátyjáé. * *He finished the race way ahead of the other runners.* A versenyben jóval/messze a többi futó előtt ért célba.

waylay [weɪ'leɪ] <ige> (waylays, waylaying, waylaid, waylaid) *(tolvaj)* feltartóztat; megtámad

wayward ['weɪwəd] <mn> akaratos

we [wiː] <névm> mi: *We came here by bus.* (Mi) busszal érkeztünk. * *We are their children.* Mi vagyunk a gyerekeik. * *My friend and I didn't go to him because we had (we'd) visited him before.* A barátom és én nem mentünk el hozzá, mert (mi) már azelőtt meglátogattuk őt. * *We have got a new car.* (Nekünk) van egy új autónk.

weak [wiːk] <mn> (weaker, weakest) **1.** *(testileg, felépítésében)* gyenge; erőtlen: *a weak old lady* gyenge idős hölgy * *a weak chair* gyenge szék **2.** híg: *a weak coffee* híg kávé **3.** *(észbelileg)* gyenge: *be weak in/at math* gyenge matekos **4.** bágyadt

weaken ['wiːkən] <ige> **1.** (le)gyengít **2.** (le-/el)gyengül

weak form [ˌwiːk'fɔːm] <fn> [C] nyelvt gyenge (kiejtésű) alak

weak-kneed [ˌwiːk'niːd] <mn> biz határozatlan; pipogya; gyenge jellemű

weakling ['wiːklɪŋ] <fn> [C] nyápic ember

weakness ['wiːknəs] <fn> **1.** [U] *(erkölcsileg, alkatilag)* gyengeség: *a sign of weakness* a gyengeség jele **2.** [C] vkinek/vminek a gyengéje; gyenge pontja/oldala: *my strengths and weaknesses* erős és gyenge pontjaim * *have a weakness for sg* vmi a gyengéje * *Eating too much chocolate is one of my weaknesses.* A túl sok csokievés az egyik gyengém/gyenge pontom.

wealth [welθ] <fn> [U] vagyon; gazdagság; jólét: *This family is famous of its great wealth and prosperity.* Ez a család nagy vagyonáról/gazdagságáról és jómódjáról híres.

wealthy ['welθi] <mn> (wealthier, wealthiest) gazdag

weapon ['wepən] <fn> [C] fegyver

weapon of mass destruction [ˌwepən ɒv ˌmæs dɪ'strʌkʃn] <fn> [C] tömegpusztító fegyver

wean [wiːn] <ige> *(kisbabát)* elválaszt

> **wean sy off/from sg** leszoktat vkit vmiről

¹**wear** [weə] <ige> (wears, wearing, wore, worn) **1.** felvesz; hord; visel: *wear a nice dress* szép ruhát vett fel * *wear spectacles* szemüveget hord * *wear a uniform* egyenruhát visel * *What shall I wear?* Mit vegyek fel? **2.** *(hajat)* visel: *She wears her hair in a ponytail.* Lófarokban viseli/hordja a haját. **3.** elkopik: *Your trousers have worn in several places.* A nadrágod több helyen is elkopott. * *My shoes have worn out too quickly.* A cipőm túl gyorsan elkopott. **4.** elkoptat: *wear holes in sg* lyukasra koptat/kilyukaszt vmit * *My son has worn a hole in the elbow of his shirt.* A fiam elkoptatta az inge könyökét.

♦ **wear thin** *(kifogás stb.)* egyre kevésbé meggyőző; egyre gyengébb lesz; unalmassá válik
♦ **wear well 1.** jól tartja magát **2.** strapabíró

> **wear away** elkopik
> **wear sg away** elkoptat; elnyű vmit
> **wear sy down** megtör vkit
> **wear sg down 1.** elkoptat vmit **2.** *(ellenállást)* megtör
> **wear off** elmúlik; csökken; elenyészik
> **wear on** *(idő)* (lassan) telik; eltelik
> **wear sy out** elfáraszt; kifáraszt; kimerít vkit
> **wear sg out** elhord; elkoptat; elnyű vmit

²**wear** [weə] <fn> [U] **1.** használat: *for everyday wear* mindennapos használatra **2.** viselet: *ladies' wear* női ruha/divatáru * *sports wear* sportruházat * *evening wear* esti viselet **3.** kopás; koptatás; elhasználódás: *show signs of wear* elhasználódás jeleit mutatja

♦ **wear and tear** elhasználódás; kopás

wearily ['wɪərəli] <hsz> fáradtan

wearing ['weərɪŋ] <mn> fárasztó

weary ['wɪəri] <mn> (wearier, weariest) **1.** fáradt; kimerült: *be/grow weary of sg* belefárad; beleun vmibe; elun vmit **2.** irod fárasztó; kimerítő

weasel ['wiːzl] <fn> [C] menyét

¹**weather** ['weðə] <fn> [U] idő(járás): *stormy weather* viharos idő(járás) * *in this weather* ebben az időben * *weather conditions* időjárási viszonyok * *weather permitting* ha az időjárás megengedi * *weather breaks* változik az idő; jobbra fordul az idő * *What is the weather like today?* Ma milyen az idő? * *The weather is too cold/warm.* Túl hideg/meleg van. * *We couldn't go out because of the weather.* Nem tudtunk kimenni az idő(járás) miatt.

♦ **make heavy weather of sg** biz nehéznek talál vmit; küszködik vmivel ♦ **be under the weather** biz maga alatt van

²**weather** ['weðə] <ige> **1.** időjárásnak kitesz; elmállaszt: *The sea weathered the rocks.* A tenger elmállasztotta a sziklákat. **2.** átvészel: *weather a storm* vihart átvészel **3.** elmállik; szétporlad

weather-beaten ['weðəbi:tn] <mn> viharvert

weather chart ['weðə tʃa:t] <fn> [C] időjárási térkép

weathercock ['weðəkɒk] <fn> [C] szélkakas

weather forecast ['weðəˌfɔ:ka:st] <fn> [C] időjárás-jelentés; időjárási előrejelzés; várható időjárás

weather forecaster ['weðəˌfɔ:ka:stə] <fn> [C] meteorológus

weatherman ['weðəmæn] <fn> [C] (weathermen) meteorológus

weatherproof ['weðəpru:f] <mn> **1.** viharálló; időtálló **2.** vízhatlan

weather report ['weðəˌrɪpɔ:t] <fn> [C] időjárás-jelentés

weathervane ['weðəveɪn] <fn> [C] szélkakas

weave [wi:v] <ige> (weaves, weaving, wove, woven) **1.** sző: *weave cloth* anyagot sző **2.** (kosarat) fon **3.** kieszel; kitervel; sző: *weave plans* terveket sző * *weave a plot against sy* összeesküvést sző vki ellen **4.** kanyarog; kígyózik; cikázik: *The cyclist is weaving in and out of the traffic.* A biciklista cikázott az autók között.

web [web] <fn> **1.** [C] háló: *a spider's web* pókháló **2.** [C] szövedék **3.** [C] úszóhártya **4. the Web World Wide Web** [sing] infor világháló; web: *I found the information on the Web.* Az információt a weben találtam.

webbed [webd] <mn> úszóhártyás

webcam ['webkæm] <fn> [C] webkamera

web page ['webpeɪdʒ] <fn> [C] infor weblap; weboldal

website ['websaɪt] <fn> [C] infor honlap; webhely

wed [wed] <ige> (weds, wedding, wedded/wed, wedded/wed) **1.** feleségül vesz; férjhez megy **2.** összeházasodik **3.** összeesket; összead

we'd [wi:d] **1.** [= we had] → **have 2.** [= we should] → **should 3.** [= we would] → **would**

Wed. [= Wednesday] sze. (= szerda)

wedding ['wedɪŋ] <fn> [C] esküvő

wedding breakfast ['wedɪŋ brekfəst] <fn> [C, U] esküvői ebéd

wedding cake ['wedɪŋ keɪk] <fn> [C, U] menyasszonyi torta

wedding dress ['wedɪŋ dres] <fn> [C] menyasszonyi ruha

wedding night ['wedɪŋ naɪt] <fn> [C, U] nászéjszaka

wedding party ['wedɪŋ pa:tɪ] <fn> [C, U] esküvői ebéd

wedding present ['wedɪŋ preznt] <fn> [C] nászajándék

wedding ring ['wedɪŋ rɪŋ] <fn> [C] jegygyűrű

¹**wedge** [wedʒ] <fn> [C] **1.** ék **2.** *(sütemény, citrom, sajt stb.)* szelet; gerezd **3.** telitalpú, magassarkú cipő

²**wedge** [wedʒ] <ige> **1.** kiékel; beékel; beszorít **2.** *(ékkel)* széthasít

Wednesday ['wenzdeɪ] <fn> [C] szerda: *last Wednesday* múlt szerdán * *next Wednesday* jövő szerdán * *on Wednesdays* szerdánként

¹**wee** [wi:] <mn> biz kicsi; pici: *It's a wee bit chilly.* Kicsit hideg van.

²**wee** [wi:] <ige> biz pisil

³**wee** [wi:] <fn> [C, U] biz pisi

¹**weed** [wi:d] <fn> **1.** [C] gyom; gaz **2.** [U, C] hínár **3.** [U] szl cannabis

²**weed** [wi:d] <ige> gyomlál; gazol

weed out 1. kigyomlál **2.** kiselejtez; kihajigál

weedkiller ['wi:dˌkɪlə] <fn> [U, C] gyomirtó(-szer)

week [wi:k] <fn> [C] **1.** hét: *a week ago* egy héttel ezelőtt * *last week* múlt héten * *next week* jövő héten * *this week* ezen a héten * *twice a week* heti kétszer * *a week from now* mához egy hétre * *a week tomorrow* holnaphoz egy hétre * *a week Tuesday* keddhez egy hétre * *a week ago today* ma egy hete * *two days a week* heti két nap * *There are 52 weeks in the year.* 52 hét van egy évben. * *What day of the week is it today?* Ma milyen nap van? * *The course lasts three weeks.* A tanfolyam három hétig tart. * *It's a week since I saw my friend.* Egy hete láttam a barátomat. **2.** a hét(köznapok); munkahét: *a 35 hour week* 35 órás munkahét * *I can't go during the week, but I'll go on Saturday and Sunday.* Hétköznap nem tudok menni, de szombaton és vasárnap igen.

♦ **week in week out/week after week** hétről hétre

weekday ['wi:kdeɪ] <fn> [C] hétköznap

¹**weekend** [ˌwi:k'end] <fn> [C] hétvége: *spend the weekend with sy* vkivel tölti a hétvégét * *go away for the weekend* hétvégére elmegyünk * *on the weekend* hétvégén * *on/at weekends* hétvégén; hétvégenként * *long weekend* hosszú hétvége

²**weekend** [ˌwi:k'end] <ige> víkendezik (**at sy/ swhere** vkinél/vhol)

¹**weekly** ['wi:klɪ] <mn> heti: *weekly wage* heti bér * *a weekly magazine* heti magazin

²**weekly** ['wi:klɪ] <hsz> hetenként; hetente: *printed/published weekly* hetente jelenik meg/adják ki ∗ *We pay him weekly.* Hetenként fizetjük őt.

³**weekly** ['wi:klɪ] <fn> [C] (weeklies) hetilap

weep [wi:p] <ige> (weeps, weeping, wept, wept) **1.** sír: *weep for/over sy* megsirat vkit ∗ *weep for/over sg* sír vmitől; sír vmi miatt ∗ *weep for/with joy* örömében sír ∗ *weep tears* könnyeket ont **2.** *(seb)* nedvedzik

weepy ['wi:pɪ] <mn> sírós

weigh [weɪ] <ige> **1.** megmér: *weigh the potato on the scales* megméri a krumplit a mérlegen ∗ *weigh oneself* megméri magát ∗ *have one's luggage weighed* leméreti/megméreti a bőröndjét **2.** *(vmennyit)* nyom; *(vmekkora)* súlya van: *How much do you weigh?* Mennyi a súlyod? ∗ *This parcel weighs two kilograms.* Ez a csomag két kiló nyom. ∗ *Your suitcase weighs a ton.* A táskád egy mázsa./A táskád borzasztó nehéz. **3.** mérlegel; megfontol: *weigh all the facts* minden tényt mérlegel ∗ *weigh one's words* minden szavát megrágja

weigh sy down 1. *(súly)* lehúz; lenyom vkit **2.** nyomasztólag hat vkire

weigh on sy ránehezedik vkire; nyomasztólag hat vkire

weigh sy up felmér vkit; méregetik egymást

weigh sg up *(helyzetet)* felmér; mérlegel

¹**weight** [weɪt] <fn> **1.** [U] súly: *the weight of a luggage* a csomag súlya ∗ *lose weight* lefogy ∗ *gain/put on weight* meghízik ∗ *The baby's weight is 3 kilos.* A kisbaba súlya három kiló. **2.** [U] befolyás; fontosság; súly; nyomaték: *of no weight* jelentéktelen ∗ *carry a lot of weight with sy* nagy befolyást gyakorol vkire ∗ *His opinion carries weight.* Véleményének súlya van. **3.** [C] *(tárgy)* súly: *a two-kilo(gram) weight* kétkilós súly **4.** [C] sp súly; súlyzó: *lift weights to develop muscles* súlyt/súlyzókat emel, hogy növelje izmait **5.** [sing] teher; gond

♦ **pull one's weight** biz minden erejével nekifeszül a munkának ♦ **swing one' weight behind sy** minden súlyával/befolyásával támogat vkit ♦ **take the weight off one's feet** biz pihen egyet ♦ **throw/chuck one's weight about/around** biz kihasználja rangjából származó előnyét; nagyképűsködik; fölényeskedik ♦ **You have taken a weight off my mind.** Nagy terhet vettél le a vállamról./Nagy kő esett le a szívemről.

²**weight** [weɪt] <ige> **1.** megterhel **2.** nehezékkel lát el **3.** *(statisztikában)* súlyoz

weight sg down nehezékkel lát el vmit

weightless ['weɪtləs] <mn> súlytalan

weightlessness ['weɪtləsnəs] <fn> [U] súlytalanság

weightlifter ['weɪt,lɪftə] <fn> [C] sp súlyemelő

weightlifting ['weɪt,lɪftɪŋ] <fn> [U] sp súlyemelés

weight training ['weɪt,treɪnɪŋ] <fn> [U] súlyzózás; súlyzógyakorlat: *do weight training* súlyzózik

weighty ['weɪtɪ] <mn> (weightier, weightiest) **1.** súlyos **2.** nyomós; fontos; komoly: *a weighty reason* nyomós ok

weird [wɪəd] <mn> **1.** szokatlan; furcsa; különös: *wear weird clothes* furcsa ruhákat hord **2.** hátborzongató: *a weird story* hátborzongató történet

weirdo ['wɪədəʊ] <fn> [C] (weirdos) biz dilis fazon

¹**welcome** ['welkəm] <ige> (welcomes, welcoming, welcomed) **1.** fogad; üdvözöl; köszönt: *They welcomed us to their new house.* Az új házukban fogadtak bennünket. ∗ *I was welcomed by my family when I got home.* Amikor hazaértem, a családom köszöntött/üdvözölt engem. **2.** boldogan/örömmel hall; örömmel fogad: *I welcomed the good news.* Boldogan hallottam a jó híreket. ∗ *I would welcome any good ideas.* Minden jó ötletet örömmel fogadnék.

²**welcome** ['welkəm] <fn> [C, U] fogadtatás: *give sy a warm welcome* meleg/szívélyes fogadtatásban részesít vkit

♦ **outstay/overstay one's welcome** tovább marad a kelleténél; próbára teszi vendéglátói türelmét

³**welcome** ['welkəm] <mn> **1.** kellemes; jó; örvendetes: *welcome news* örvendetes hír ∗ *This glass of cold water was welcome after that tiring trip.* Ez után a fárasztó kirándulás után jól jött/kellemes volt ez a pohár hideg víz. **2.** szívesen látott: *You are always a welcome guest at our home.* Otthonunkban mindig szívesen látott vendég vagy! ∗ *You are always welcome here.* Mindig szívesen látunk! ∗ *You are more than welcome to stay overnight.* Nagyon szívesen látunk éjszakára!

♦ **You're welcome.** *(köszönömre válaszként)* Szívesen! *"Thanks." "(You're) welcome!"* „Köszönöm!" „Szívesen!" ♦ **you are welcome to sg/to do sg 1.** rendelkezésére áll; tessék; parancsoljon iron **2.** csak tessék/bátran!

⁴welcome ['welkəm] <isz> Isten hozta/hozott!: *Welcome to Budapest!* Isten hozott Budapesten!

weld [weld] <ige> (meg)hegeszt

welfare ['welfeə] <fn> [U] **1.** jólét; boldogulás **2.** állami támogatás; szociális gondoskodás; szociális segély: *be/live on welfare* állami támogatásból/szociális segélyen él

welfare state [ˌwelfeə'steɪt] <fn> [C] jóléti állam

welfare worker [ˌwelfeə'wɜːkə] <fn> [C] szociális gondozó

¹well [wel] <hsz> (better, best) **1.** jól; helyesen; ügyesen: *behave well* jól viselkedik ∗ *very well* nagyon jól ∗ *She plays the violin well.* Jól hegedül. ∗ *He speaks Spanish quite well.* Egész jól beszél spanyolul. ∗ *You'd do well to…* Jól tennéd, ha… **2.** alaposan; teljesen; jól; nagyon: *be a well-known actor* jól ismert/jó nevű színész ∗ *know sy well* jól ismer vkit ∗ *well in advance* jó előre ∗ *It is well worth the effort.* Nagyon megéri! ∗ *Shake well before opening.* Alaposan rázd össze, mielőtt kinyitod! ∗ *I arrived well before he got there.* Jóval előtted érkeztem. ∗ *It is well worth seeing it.* Nagyon érdemes megnézni!
♦ **as well** is; szintén *I'd like a cup of tea and a cup of coffee as well.* Kérek egy csésze teát, és egy csésze kávét (is)! ♦ **as well as** és (… is); továbbá; valamint; éppúgy, mint *She is kind as well as pretty.* Kedves is és csinos is.
♦ **be well** jól érzi magát ♦ **be well off** jómódban él; jól megy neki; jólétben él ♦ **be doing well 1.** gyógyulófélben van **2.** jól megy neki *The business is doing well.* Jól megy az üzlet. ♦ **do sg well** biz *(művész stb.)* jól csinálja ♦ **do well by sy** jót tesz vkivel
♦ **cannot/can't very well** nemigen; nem valószínű, hogy… *We can't very well tell her the truth.* Nemigen mondhatjuk meg neki az igazat. ♦ **could/may/might well** valószínűleg; lehet, hogy… *The two cases may well be connected.* A két eset valószínűleg összefügg. ♦ **may/might (just) as well do sg** biz akár meg is tehet vmit; legjobb lesz, ha…; nem marad más hátra, mint hogy… *I may as well go away.* Akár el is mehetek! ∗ *You might as well say…* Azt is lehetne mondani, hogy… ♦ **Well done!** Bravó!/Nagyszerű! ♦ **be well up in/on sg** biz nagyon tájékozott vmiben; nagyon (jól) ért vmihez
♦ **be well out of sg/it** biz megszabadult vmitől

²well [wel] <isz> **1.** *(mondanivaló bevezetésekor, válaszként)* nos: *Well, I don't agree with you.* Nos, én nem értek egyet Önnel. ∗ *Well, as I was saying…* Nos, mint már említettem… **2.** *(kérdés)* na?: *Well, who is responsible for this?* Na? Ki a felelős ezért? **3.** *(érzelem kifejezésekor)* nocsak!; nahát! **4.** szóval; hát; végül is: *Do you remember Sue? Well, she's become a doctor.* Emlékszel Sue-ra? Szóval ő orvos lett. ∗ *"Did she enjoy it?" "Well, I'm not really sure."* „Élvezte?" „Hát, nem igazán vagyok biztos benne!"

³well [wel] <mn> (better, best) **1.** jó; rendben lévő: *All is well now.* Minden rendben van! **2.** egészséges; jól van: *get well* javul ∗ *I feel well.* Jól érzem magam. ∗ *He's been ill but he's quite well now.* Beteg volt, de most már egészséges. ∗ *Get well soon!* Gyógyulj meg mihamarabb! ∗ *'How are you?' 'Very well, thank you.'* „Hogy vagy?" „Köszönöm, nagyon jól!"
♦ **It's/That's all very well, but…** Ez mind (nagyon) szép és jó, de…

⁴well [wel] <fn> [C] kút: *an oil well* olajkút

we'll [wiːl] **1.** [= we will] → **will 2.** [= we shall] → **shall**

well-balanced [ˌwel'bælənst] <mn> **1.** kiegyensúlyozott **2.** okos; értelmes

well-behaved [ˌwelbɪ'heɪvd] <mn> jó modorú

well-being [ˌwel'biːɪŋ] <fn> [U] **1.** *(egészségileg)* jóllét **2.** *(anyagi)* jólét

well done [ˌwel'dʌn] <mn> *(hús)* jól átsütött

well-earned [ˌwel'ɜːnd] <mn> jól megérdemelt

well-educated [ˌwel'edjukeɪtɪd] <mn> **1.** jól nevelt **2.** művelt; képzett

well-fed [ˌwel'fed] <mn> jól táplált

welly ['welɪ] <fn> (wellies) biz gumicsizma

well-informed [ˌwelɪn'fɔːmd] <mn> jól informált; jól értesült

wellington ['welɪŋtən] <fn> [C] **wellington boot** gumicsizma

well-kept [ˌwel'kept] <mn> *(kert stb.)* jól ápolt; gondozott

well-known [ˌwel'nəʊn] <mn> (jól) ismert; közismert; híres

well-mannered [ˌwel'mænəd] <mn> jó modorú

well-meaning [ˌwel'miːnɪŋ] <mn> jóindulatú; jóhiszemű; jó szándékú

well-meant [ˌwel'ment] <mn> jó szándékú

¹well-off [ˌwel'ɒf] <mn> (better-off, best-off) jómódú; vagyonos

²well-off [ˌwel'ɒf] <fn> **the well-off** [pl] a gazdagok

well-read [ˌwel'red] <mn> olvasott

well-to-do [ˌweltə'duː] <mn> jómódú

well-wisher ['welˌwɪʃə] <fn> [C] jóakaró; támogató; pártfogó

¹Welsh [welʃ] <mn> walesi

²**Welsh** [welʃ] <fn> **1.** [C] *(személy)* walesi: *the Welsh* a walesiek; a walesi nép **2.** [U] *(nyelv)* walesi

Welshman ['welʃmən] <fn> [C] (Welshmen) walesi (férfi)

Welshwoman ['welʃˌwʊmən] <fn> [C] (Welshwomen) walesi (nő)

went [went] → ¹**go**

wept [wept] → **weep**

were [wɜː] → **be**

we're [wɪə] [= we are] → **be**

weren't [wɜːnt] [= were not] → **be**

werewolf ['weəwʊlf] <fn> [C] (werewolves) farkasember

¹**west** [west] <fn> [U, sing] röv **W 1.** nyugat: *drive from east to west* keletről nyugatra hajt **2. the west** nyugati rész/terület: *the west of the city* a város nyugati része ∗ *The biggest cities are in the west.* A legnagyobb városok nyugaton vannak. ∗ *He lives in the west of Brighton.* Brighton nyugati részén lakik. **3. the West** a nyugati világ; a Nyugat: *She has been living in the West for ages.* Évek óta Nyugaton él.

²**west** [west] <mn> röv **W** nyugati: *west wind* nyugati szél ∗ *the west side of the town* a város nyugati fele

³**west** [west] <hsz> nyugat felé; nyugatra: *drive west* nyugat felé hajt ∗ *Our house faces west.* A háznak nyugatra néz.

westbound ['westbaʊnd] <mn> nyugatra tartó; nyugat felé utazó/induló

West End [ˌwest'end] <fn> **the West End** ≈ London előkelő nyugati negyede

🇬🇧 *West End*

London nyugati városrésze, amely színházairól, mozijairól, bevásárlóutcáiról és luxusszállodáiról ismert.

westerly ['westəlɪ] <mn> **1.** *(szél)* nyugati **2.** nyugati irányú

¹**western, Western** ['westən] <mn> röv **W** nyugati

²**western** ['westən] <fn> [C] vadnyugati film; western

westernmost ['westənməʊst] <mn> legnyugatibb

westward ['westwəd] <mn> nyugat felé tartó/eső

westward(s) ['westwəd(z)] <hsz> nyugat felé; nyugati irányba(n)

¹**wet** [wet] <mn> (wetter, wettest) **1.** nedves; vizes; nyirkos **2.** esős: *the wettest month of the year* az év legesősebb hónapja **3.** *(személy)* puhány; lagymatag

²**wet** [wet] <ige> (wets, wetting, wet/wetted, wet/wetted) meg-/benedvesít
 ♦ **wet the/one's bed** *(gyermek)* bepisil

³**wet** [wet] <fn> **1.** [U] nedvesség **2. the wet** [sing] eső: *go out in the wet* kimegy az esőben

wet suit ['wet suːt] <fn> [C] szörfruha

we've [wiːv] [= we have] → **have**

whale [weɪl] <fn> [C] bálna
 ♦ **have a whale of time** biz nagyszerűen szórakozik

whalebone ['weɪlbəʊn] <fn> [C] halcsont

whale oil ['weɪl ɔɪl] <fn> [U] bálnazsír

whaling ['weɪlɪŋ] <fn> [U] bálnavadászat

wharf [wɔːf] <fn> [C] (wharfs v. wharves) rakpart

¹**what** [wɒt] <névm> **1.** mi: *What is this?//What's this?* Mi ez? ∗ *What's your name?* Hogy hívnak? ∗ *What are you doing?* Mit csinálsz? ∗ *What did you say?* Mit mondtál? ∗ *I don't know what to do.* Nem tudom, mit tegyek. ∗ *I haven't found yet what he wanted.* Még nem találtam ki, hogy mit akart. **2.** ami: *What I like is chicken.* A csirke az, amit én szeretek. ∗ *What I like is a good book.* A jó könyv az, amit én szeretek. ∗ *Give me what you can.* Add ide, amit csak tudsz!
 ♦ **What about you?** Mi van veled? ♦ **what about…?** mi a véleményed…?; nem volna kedved…? *What about stopping here for an hour?* Nem volna kedved megállni itt egy órára. ♦ **what for?//what…for?** minek?; miért?; mi célból? *What did you do this for?* Miért tetted ezt? ♦ **what if…?** mi lenne, ha…?; és ha…? ♦ **What's on?** *(moziban, tévében stb.)* Mi megy ma?/Mit adnak? ♦ **What's up?** Mi a helyzet? ♦ **What then?** És akkor/azután mi lesz? ♦ **So what?** biz Na és aztán? ♦ **and what is more** sőt mi több ♦ **what with** következtében *What with driving too fast, he had an accident.* A gyorshajtás következtében balesetet szenvedett.

²**what** [wɒt] <det> **1.** milyen?; miféle?; hány?; mennyi?: *what sort of?* milyen?; miféle? ∗ *What colour is it?* Milyen színű? ∗ *What time is it?* Hány óra van?/Mennyi az idő? ∗ *What kind of music does he like?* Milyen zenét szeret? ∗ *I asked her what jumper I should wear.* Megkérdeztem, milyen pulcsit vegyek fel. **2.** *(felkiáltó mondatokban)* micsoda!; milyen!; mennyire!; mekkora!: *What lovely her face is!* Milyen/De helyes az arca! ∗ *What a rainy day we had!* Micsoda esős napunk volt! ∗ *What a mess!* Mekkora rendetlenség!

³what [wɒt] <isz> *(meglepődve)* micsoda!; hogy-hogy!: *What! You mean I was there?* Micsoda! Azt gondolod, ott voltam?

what'd [wɒtd] **1.** [= what did] → **do 2.** [= what had] → **have 3.** [= what would] → **would**

¹whatever [wɒt'evə] <névm> **1.** akármi; bármi; ami csak: *Whatever you do,…* Bármit csinálsz,… * *You can eat whatever you want to.* Amit csak kérsz, ehetsz. * *I'll give you whatever you need.* Amire csak szükséged van, neked adom. **2.** *(kérdés kihangsúlyozása)* mi a csuda; ugyan mi?: *Whatever is he doing?* Mi a csudát csinál?

♦ **or whatever** vagy amit akarsz/vagy ami tetszik

²whatever [wɒt'evə] <det> **1.** akármi; bármi; ami csak: *He eats whatever food he gets.* Akármit kap, azt megeszi. **2.** akármilyen; bármilyen: *from whatever direction* akármerről * *at whatever cost* bármi áron

³whatever [wɒt'evə] <hsz> **no… whatever** egyáltalán semmi: *have no intention whatever of stealing* egyáltalán nem áll szándékában lopni * *no chance whatever* egyáltalán semmi esély

what'll ['wɒtl] **1.** [= what shall] → **shall 2.** [= what will] → **will**

what's ['wɒts] **1.** [= what is] → **be 2.** [= what has] → **have**

whatsoever [ˌwɒtsəʊ'evə] → **²whatever**

what've [wɒtv] [= what have] → **have**

wheat [wiːt] <fn> [U] búza

wheedle ['wiːdl] <ige> (wheedles, wheedling, wheedled) hízeleg (**sy** vkinek): *wheedle sy into (doing) sg* hízelgéssel rábír vkit vmire * *wheedle sg out of sy* kikunyerál vmit vkitől

¹wheel [wiːl] **1.** [C] kerék **2. the (steering) wheel** [sing] kormány(kerék): *be at the wheel* a volánnál van; vezet

♦ **put/set every wheel/the wheels in motion** mindent megmozgat ♦ **take the wheel** *(autóban, kormányzásban)* átveszi a vezetést ♦ **wheels within wheels** bonyolult összefüggések

²wheel [wiːl] <ige> **1.** *(kerekeken)* (be)tol **2.** gurít; gördít **3.** gördül; gurul **4.** köröz; kering **5.** hirtelen megfordul

♦ **wheel and deal** biz *(üzletben, politikában)* ügyeskedik (tisztességtelen módszereket is alkalmazva)

wheelbarrow ['wiːlˌbærəʊ] <fn> [C] talicska

wheelchair ['wiːltʃeə] <fn> [C] kerekes szék; tolószék

wheel clamp ['wiːl klæmp] <fn> [C] *(autó kerekére)* kerékbilincs

wheeled [wiːld] <mn> kerekes; kerekű: *four-wheeled* négykerekű

wheeze [wiːz] <ige> (wheezes, wheezing, wheezed) zihál; liheg

¹when [wen] <hsz> **1.** mikor?; hány órakor?: *When will you come?* Mikor jössz? * *When did he go to the library?* Mikor ment a könyvtárba? * *since when?* mikortól?; mióta? * *till/until when? (időben)* meddig? **2.** (a)mikor: *when at school* iskolás korban * *when young* fiatal koromban; amikor (még) fiatal voltam * *When I came in.* Amikor bejöttem. * *I remember the day when we first met.* Emlékszem a napra, amikor először találkoztunk.

♦ **Say when!** *(italtöltésnél)* Szólj, ha elég!

²when [wen] <ksz> **1.** mialatt; míg; miközben; midőn; amikor; miután: *Call me when you have done it.* Hívj, amikor/miután megcsináltad! * *When I've finished, I'll leave.* Amikor befejeztem, indulok. **2.** ha majd; majd ha…; feltéve: *When you visit her, give her this letter.* Majd ha meglátogatod, add neki ezt a levelet. * *When I have written my homework, I will call you.* Amikor/Ha befejeztem a leckémet, hívlak! **3.** noha; habár; jóllehet; pedig: *He told me he was at home, when I know he is abroad.* Azt mondta, otthon van, pedig tudom, hogy külföldre ment.

whenever [wen'evə] <ksz> **1.** amikor (csak); akármikor; bármikor: *Visit me whenever you want to.* Látogass meg, amikor csak akarsz! **2.** valahányszor: *They are quarrelling whenever they meet.* Valahányszor találkoznak, veszekednek.

¹where [weə] <hsz> **1.** hol?; hová?: *Where is the table?* Hol van az asztal? * *Where do you live?* Hol élsz/laksz? * *Where will you stand?* Hová fogsz állni? **2.** (ott,) ahol; (oda,) ahova: *That is the town where he was born.* Az az a város, ahol ő született. * *This is (the house) where I live.* Ez az a ház, ahol élek./Én itt lakom/élek.

²where [weə] <névm> **1. where… from?** honnan?: *Where do you come from?* **(a)** Honnan jöttél? **(b)** Milyen országból való vagy? * *Where did this letter come from?* Honnan jött ez a levél? **2. where… to?** hová?: *Where are you going to?* Hova mész? **3. from where** ahonnan: *I couldn't see anything from where I was.* Onnan, ahol voltam, semmit sem láttam.

¹whereabouts [ˌweərə'baʊts] <hsz> hol?; merre(felé)?: *Whereabouts in Europe was he born?* Európában hol született?

²whereabouts [ˌweərə'baʊts] <fn> [pl] hollét; tartózkodási hely; lakóhely: *the whereabouts of sg is unknown* tartózkodási helye ismeretlen

∗ *I didn't know your whereabouts.* Nem ismertem a tartózkodási helyedet.

whereas [weər'æz] <ksz> pedig; jóllehet; ellenben; míg; ezzel szemben: *He thought I was abroad, whereas I was working.* Azt hitte, külföldön vagyok, pedig dolgoztam.

whereby [weə'baɪ] <hsz> **1.** miből?; mi által?; hogyan? **2.** ami által; mi által; minélfogva; amiből

where'd [weəd] **1.** [= where did] → **do 2.** [= where had] → **have 3.** [= where would] → **would**

where'll ['weəl] **1.** [= where shall] → **shall 2.** [= where will] → **will**

where's [weəz] **1.** [= where is] → **be 2.** [= where has] → **have**

where've [weəv] [= where have] → **have**

¹wherever [weər'evə] <ksz> **1.** akárhol; bárhol; ahol csak: *This tree grows wherever there is a lot of rain.* Ez a fa bárhol nő, ahol sok az eső. ∗ *They are phoning from Telford, wherever that is.* Telfordból hívnak, bárhol legyen/van is az. **2.** akárhová; bárhova; ahova csak: *Go wherever you want to.* Menj, ahova akarsz! ∗ *Wherever I go, I take my children with me.* Akárhova megyek, viszem magammal a gyerekeimet.

²wherever [weər'evə] <hsz> hol (a csudában)?; hova (a csudába)?: *Wherever did you put your hat?* Hova a csudába tetted a kalapodat?

whet [wet] <ige> (whets, whetting, whetted) **whet one's appetite for sg** kedvet csinál vmihez; felkelti vkinek az érdeklődését vmi iránt

whether ['weðə] <ksz> **1.** vajon: *He asked me whether I could swim.* Megkérdezte, (hogy) vajon tudok-e úszni./Megkérdezte, hogy tudok-e úszni. ∗ *I don't know whether it is black or white.* Nem tudom, hogy/vajon fekete-e vagy fehér. **2. whether... or...** akár... akár...: *Whether you are thin or fat – you can come to run.* Akár sovány vagy, akár kövér, jöhetsz futni. ∗ *Whether you want it or not I will visit you.* Akár akarod, akár nem, meglátogatlak./Ha akarod, ha nem, meglátogatlak.

¹which [wɪtʃ] <det> **1.** melyik?; mely; melyek?: *which one?* melyik(et)? ∗ *which way?* merre? ∗ *from which direction?* melyik irányból? ∗ *Which fruit do you like?* Melyik gyümölcsöt szereted? **2.** amely; amelyik; bármelyik: *Use which door you please.* Azt az ajtót használod, amelyik tetszik.

²which [wɪtʃ] <névm> **1.** melyik?; mely; melyek?: *which of you?* melyikőtök? ∗ *Which of the two dogs do you like better?* A két kutya közül melyiket szereted jobban? **2.** amely; amelyik; ami; az; ami; amelyek: *This is the pen (which) you wanted.* Ez az a toll, amelyiket szeretted volna! ∗ *That is the cat which was coming into our house.* Az az a macska, amelyik bejött a házunkba. ∗ *The pen (which) you are writing with is broken.* Az a toll, amelyikkel írsz, eltört. ∗ *She said she could come, which was untrue.* Azt mondta, el tud jönni, ami nem volt igaz.

whichever [wɪtʃ'evə] <névm> akármelyik; bármelyik; amelyik csak: *I bought a lot of oranges – take whichever you want to.* Rengeteg narancsot vettem – vedd el, amelyiket csak akarod!

whiff [wɪf] <fn> [C, ált sing] gyenge illat/szag: *get/catch a whiff of sg* vminek az illata megcsapja az orrát

¹while [waɪl] <ksz> **1.** (a)míg; mialatt: *While I was cooking, she was in the kitchen with me.* Amíg főztem, ott volt velem a konyhában. ∗ *You can't finish it while he is here.* Addig nem tudod befejezni, amíg ő itt van. ∗ *While I was abroad she took care of my dog.* Amíg/Mialatt külföldön voltam, ő vigyázott a kutyámra. ∗ *while writing* írás közben **2.** míg (viszont); ellenben: *He is rich while his brother is poor.* Ő gazdag, míg a bátyja szegény. **3.** noha; bár: *While I support him, I don't believe that he wants it.* Noha én támogatom őt, nem hiszem, hogy ő ezt szeretné.

²while [waɪl] <fn> [sing] rövid/bizonyos idő: *for a while* egy rövid időre ∗ *for a long while* jó ideje ∗ *stay a while* marad egy kicsit ∗ *in a little while* nemsokára; rövidesen ∗ *just a short while ago* nemrég
♦ **once in a while** egyszer-egyszer; hébe-hóba ♦ **worth one's while** érdemes; megéri a fáradságot

³while [waɪl] <ige> (whiles, whiling, whiled)

while sg away (időt) agyonüt; eltölt

whilst [waɪlst] → **¹while**

whim [wɪm] <fn> [C, U] szeszély; hóbort

whimper ['wɪmpə] <ige> **1.** nyafog **2.** nyöszörög **3.** (kutya stb.) nyüszít; vinnyog

whimsical ['wɪmzɪkl] <mn> furcsa; hóbortos; különös

¹whine [waɪn] <ige> **1.** (kutya stb.) nyüszít **2.** nyafog; siránkozik; nyavalyog (**about sg** vmi miatt)

²whine [waɪn] <fn> [C] **1.** nyüszítés **2.** nyafogás; siránkozás

¹whip [wɪp] <fn> **1.** [C] ostor; korbács **2.** [C] pol ≈ frakcióvezető; párt fegyelmi elöljárója **3.** [C, U] (gyümölcsös édesség) tojáshab; krém

²**whip** [wɪp] <ige> (whips, whipping, whipped) **1.** (meg)ostoroz; (meg)korbácsol **2.** *(habot stb.)* felver **3.** előránt **4.** suhan **5.** csapkod; ver

> **whip sg up 1.** *(érzelmet stb.)* felkorbácsol; felkavar; felajz; felélénkít **2.** *(ételt)* összecsap; összeüt

whipped cream [ˌwɪpt'kriːm] <fn> [U] tejszínhab

¹**whirl** [wɜːl] <ige> **1.** forog **2.** forgat; pörget; megperdít **3.** *(gondolat stb.)* kavarog **4.** örvénylik **5.** magával ragad

²**whirl** [wɜːl] <fn> [C] **1.** forgás; pörgés **2.** kavargás: *My head is in a whirl.* Kavarog/Zúg a fejem. **3.** örvény(lés)

whirlpool ['wɜːlpuːl] <fn> [C] örvény

whirlwind ['wɜːlwɪnd] <fn> [C] forgószél

¹**whisk** [wɪsk] <fn> [C] **1.** habverő **2.** legyintés; suhintás

²**whisk** [wɪsk] <ige> **1.** *(habot stb.)* felver **2.** gyorsan elvisz; eltüntet: *He whisked us off to the station.* Gyorsan elvitt minket az állomásra. ∗ *He whisked away the plates.* Eltüntette a tányérokat.

whisker ['wɪskə] <fn> [C] *(állaté)* bajusz

whiskey ['wɪskɪ] <fn> AmE → **whisky**

whisky ['wɪskɪ] <fn> **1.** [U, C] whisky **2.** [C] (whiskies v. whiskeys) *(egy pohár)* whisky

¹**whisper** ['wɪspə] <ige> **1.** súg (**sg to sy** vmit vkinek) **2.** suttog **3.** *(falevél stb.)* susog

²**whisper** ['wɪspə] <fn> [C] suttogás; halk hang: *speak in whispers/in a whisper* halk hangon/suttogva beszél; suttog ∗ *hear a whisper from the room* suttogást hall a szobából

¹**whistle** [wɪsl] <fn> [C] **1.** síp: *blow one's whistle* sípol; belefúj a sípjába; fütyül **2.** fütty(szó); fütyülés: *the bird's whistle* madárfütty

 ♦ **blow the whistle on sg** biz megállít parancsol vminek

²**whistle** [wɪsl] <ige> (whistles, whistling, whistled) **1.** fütyül; elfütyül; fütyörészik: *whistle a tune* elfütyül egy dallamot ∗ *He can't whistle.* Nem tud fütyülni. ∗ *He whistles as he works.* Munka közben fütyül. **2.** sípol: *The kettle is whistling.* A teafőző sípol. **3.** *(golyó stb.)* elfütyül; süvít: *A bullet whistled past my head.* Egy golyó süvített el a fejem mellett.

white [waɪt] <mn> (whiter, whitest) **1.** *(szín)* fehér: *white bread* fehér kenyér ∗ *white wine* fehérbor ∗ *a white dress* fehér ruha ∗ *The streets are white with snow.* Az utcák fehérek a hótól. **2.** *(ember)* fehér (bőrű): *white man* fehér ember **3.** sápadt: *be white with anger/fear* sápadt a méregtől/félelemtől ∗ *suddenly turn white* hirtelen elsápad **4.** ősz (hajú) **5.** tiszta; ártatlan

white bear ['waɪt beə] <fn> [C] jegesmedve

white blood cell [ˌwaɪt'blʌd sel] <fn> [C] fehérvérsejt

white coffee [ˌwaɪt'kɒfɪ] <fn> [U] tejeskávé

white-collar [ˌwaɪt'kɒlə] <mn> *(dolgozó, munka)* értelmiségi; szellemi: *white-collar job* szellemi/irodai munka ∗ *white-collar worker* hivatalnok; tisztviselő; irodai dolgozó ∗ *white-collar crime* gazdasági bűnözés

white elephant [ˌwaɪt'elɪfənt] <fn> [U] *(haszontalan és drága dolog)* egy nyűg

whiten ['waɪtn] <ige> **1.** fehérít **2.** kifehéredik; elfehéredik

White House ['waɪt haʊs] <fn> [sing] AmE **the White House 1.** *(az elnöki hivatal)* a Fehér Ház **2.** *(az elnök és munkatársai)* a Fehér Ház

¹**whitewash** ['waɪtwɒʃ] <fn> [U] **1.** mész **2.** biz vkinek tisztára mosása

²**whitewash** ['waɪtwɒʃ] <ige> **1.** (ki)meszel **2.** biz (erkölcsileg) tisztára mos

whitewater canoeing/rafting [ˌwaɪt'wɔːtə kə'nuːɪŋ/rɑːftɪŋ] <fn> [U] vadvízi evezés

whitish ['waɪtɪʃ] <mn> fehéres

Whitsun ['wɪtsn] <fn> [U, C] pünkösd

Whit Sunday [ˌwɪt'sʌndeɪ] <fn> [U, C] pünkösdvasárnap

¹**whiz(z)** [wɪz] <ige> *(golyó stb.)* süvít; zúgva/sívítva repül; elviharzik: *whiz(z) by/past sy/sg* vki/vmi mellett elviharzik ∗ *Your bike whizzed past me.* A biciklid süvített el mellettem.

²**whiz(z)** [wɪz] <fn> **1.** [U] *(repülő testé)* zúgás; süvítés **2.** [C] biz zseni; nagyágyú (**at sg** vmiben)

whiz(z) kid ['wɪz kɪd] <fn> [C] biz csodagyerek

WHO [ˌdʌbljuːəɪtʃ'əʊ] [= World Health Organization] WHO (= Egészségügyi Világszervezet)

who [huː] <névm> **1.** ki?; kicsoda?; kik?: *Who is it/that?* Ki az? ∗ *Who did that?* Ki tette ezt? ∗ *I don't know who he is.* Nem tudom, ki ő. ∗ *Who else did you tell it?* Ki másnak mondtad még el? ∗ *Who are those people over there?* Kik azok az emberek ott? ∗ *Who are you thinking of?* Kire gondolsz? ∗ *Who are you waiting for?* Kire vársz? ∗ *Who did you see?* Kit láttál? ∗ *Who did you say?* Kicsoda?/Hogy mondtad? **2.** aki(k); az aki; azok akik: *It was me who came first.* Én voltam az, aki elsőnek érkezett. ∗ *My sister, who is in the kitchen, arrived first.* A nővérem, aki a konyhában van, érkezett először. ∗ *The man who telephoned was my neighbour.* Az a férfi, aki telefonált, volt a szomszédom.

 ♦ **who's who?** ki kicsoda?

who'd [huːd] **1.** [= who had] → **have** **2.** [= who would] → **would**

whodunit [ˌhuːˈdʌnɪt] <fn> AmE → **whodunnit**

whodunnit [ˌhuːˈdʌnɪt] <fn> [C] biz krimi

whoever [huːˈevə] <névm> **1.** akárki; akárkik; bárki; bárkik; aki/akik csak: *Whoever comes to me will have a lot of work to do in the garden.* Akárki jön hozzám, rengeteg tennivalója lesz a kertben. ∗ *Whoever those people are, I won't let them in.* Akárkik (legyenek is) azok az emberek, nem engedem be őket. **2.** ugyan ki?; ki a csuda?: *Whoever gave you this medicine?* Ki a csuda adta neked ezt a gyógyszert? ∗ *Whoever can that be?* Ki lehet az?

¹**whole** [həʊl] <mn> **1.** egész; teljes: *tell sy the whole story* elmeséli vkinek az egész történetet; mindent elmond vkinek ∗ *eat a whole pineapple* megeszik egy egész ananászt ∗ *a whole week* egy egész/teljes hét ∗ *my whole family* az egész családom **2.** ép; sértetlen: *Two plates are broken, but others are still whole.* Két tányér eltört, a többi még ép.

²**whole** [həʊl] <fn> [U] **1.** egész; egység: *Four quarters will make a whole.* Négy negyedből áll egy egész. **2. the whole of sg** vminek az egésze: *spend the whole of the month working* a hónap egészét munkával tölti ∗ *The problem effects the whole of the country.* A probléma az ország egészét érinti.

♦ **as a whole** teljes egészében; egészében véve ♦ **on the whole** egészében/alapjában véve; nagyjából

³**whole** [həʊl] <hsz> **1.** egyben; egészben: *swallow the fish whole* egészben nyeli le a halat **2.** biz teljesen; egészen: *a whole new way of doing sg* egészen új módja vminek

wholefood [ˈhəʊlfuːd] <fn> [C, U] bioétel; természetes étel

whole-hearted [ˌhəʊlˈhɑːtɪd] <mn> szívből jövő; őszinte

whole-heartedly [ˌhəʊlˈhɑːtɪdlɪ] <hsz> őszintén

wholemeal [ˈhəʊlmiːl] <mn> teljes kiőrlésű: *wholemeal flour/bread* teljes kiőrlésű liszt/kenyér

wholesale [ˈhəʊlseɪl] <mn> **1.** nagykereskedelmi; nagybani: *wholesale price* nagykereskedői ár **2.** tömeges; tömegméretű; általános; nagyszabású: *the wholesale slaughter of innocent people* tömegmészárlás ártatlan emberek körében

wholesaler [ˈhəʊlseɪlə] <fn> [C] nagykereskedő

wholesome [ˈhəʊlsəm] <mn> **1.** (étel stb.) egészséges **2.** jó(tékony hatású); hasznos; hatékony

wholewheat [ˈhəʊlwiːt] <mn> AmE teljes kiőrlésű

who'll [huːl] **1.** [= who will] → **will 2.** [= who shall] → **shall**

wholly [ˈhəʊlɪ] <hsz> teljesen; egészen; teljes mértékben

whom [huːm] <névm> **1.** ki(ke)t?: *Whom would you like to see?* Kit szeretnél látni? ∗ *Whom did you give the book to?* Kinek adtad a könyvet? ∗ *Whom should I meet but Tom!* Kivel/Ki mással találkoztam, mint Tommal! ∗ *to whom?* ki(k)nek? ∗ *To whom did you speak?* Kivel beszéltél? **2.** aki(ke)t: *This is the man whom I mentioned.* Ez az az ember, akit említettem./Ő az, akit említettem. ∗ *The girl (whom) you mentioned was here.* Az a lány, akit említettél, itt volt. ∗ *to whom* aki(k)nek ∗ *This is the woman to whom I gave it.* Ez az a nő, akinek odaadtam. ∗ *The children, most of whom were tired...* A gyerekek, akik közül a legtöbben fáradtak voltak,...

¹**whoop** [huːp] <ige> kiált

²**whoop** [huːp] <fn> [C] kiáltás

whooping cough [ˈhuːpɪŋ kɒf] <fn> [C, U] szamárköhögés

whoops [wʊps] <isz> hoppá!

whopper [ˈwɒpə] <fn> [C] biz AmE **1.** óriási méretű/behemót tárgy **2.** óriási/jókora hazugság

whore [hɔː] <fn> [C] kurva; szajha

who're [ˈhuːə] [= who are] → **be**

who's [huːz] **1.** [= who is] → **be 2.** [= who has] → **have**

whose [huːz] <névm> **1.** ki(k)é?; ki(k)nek a...?: *Whose is this hat?* Kié ez a kalap? ∗ *In whose house are you going now?* Most kinek a házába mész? **2.** aki(k)é; aki(k)nek a...: *a boy whose parents are abroad* egy fiú, akinek a szülei külföldön vannak ∗ *What's the name of the boy whose this pencil is?* Hogy hívják azt a fiút, akié ez a ceruza? **3.** amely(ek)nek a...: *This is the house whose doors are painted red.* Ez az a ház, amelynek az ajtajai vörösre vannak festve.

why [waɪ] <hsz> **1.** miért: *Why is he sad?* Miért szomorú? ∗ *I don't know why he hasn't come.* Nem tudom, miért nem jött. ∗ *Tell me why I should go.* Mondd meg nekem, hogy miért kell mennem! **2.** amiért; ami miatt: *that/this is why* emiatt; ezért ∗ *Give me a good reason why should go there!* Mondj egy jó okot, ami miatt oda kell mennem!

♦ **Why not...?** Miért ne...?/Mi lenne, ha...? *Why not write to him?* Mi lenne, ha írnál neki?

why'd [waɪd] **1.** [= why did] → **do 2.** [= why had] → **have 3.** [= why would] → **would**

why's [waɪz] **1.** [= why is] → **be 2.** [= why has] → **have**

wick [wɪk] <fn> [C] kanóc
wicked ['wɪkɪd] <mn> **1.** gonosz; bűnös: *a wicked man* bűnös ember **2.** biz csintalan; pajkos; huncut **3.** *(vicc)* sikamlós; kétértelmű **4.** szl piszok jó; király
wicker ['wɪkə] <fn> [U] *(kosárfonáshoz)* vessző: *a wicker basket* vesszőkosár
¹wide [waɪd] <mn> (wider, widest) **1.** széles; tágas: *This road is 4 metres wide.* Ez az út 4 méter széles. ∗ *How wide is this material?* Milyen széles ez az anyag? **2.** bő; tág; széles: *wide trousers* bő nadrág ∗ *with wide eyes* tágra nyílt szemekkel **3.** nagy; széles(körű): *wide knowledge* széleskörű tudás ∗ *in a wider sense* tágabb értelemben ∗ *wide differences* nagy különbségek ∗ *a wide smile* széles mosoly ∗ *a wide selection* széles választék
²wide [waɪd] <hsz> **1.** szélesre; tágra: *open one's eyes wide* tágra nyitja a szemét ∗ *wide open* tárva-nyitva **2.** távol; messze; messzire: *plant the flowers wide apart* távol ülteti egymástól a virágokat
wide-angle [ˌwaɪd'æŋgl] <mn> nagy látószögű: *wide-angle lens* nagy/széles látószögű lencse/objektív
wide-awake [ˌwaɪdə'weɪk] <mn> szemfüles; éber
widely ['waɪdlɪ] <hsz> **1.** széles körben: *be widely used* széles körben használatos **2.** nagyon; erősen; merőben: *widely different views* merőben más szempontok
widen ['waɪdn] <ige> **1.** kitágít; kiszélesít **2.** kitágul; kiszélesedik
wide-ranging [ˌwaɪd'reɪndʒɪŋ] <mn> kiterjedt; sokrétű; messze ható; szerteágazó; széles körű
widespread ['waɪdspred] <mn> széles körben elterjedt
widget ['wɪdʒɪt] <fn> [C] **1.** infml kütyü **2.** *(számítógépes)* minialkalmazás
widow ['wɪdəʊ] <fn> [C] özvegy(asszony)
widowed ['wɪdəʊd] <mn> megözvegyült
widower ['wɪdəʊə] <fn> [C] özvegyember
width [wɪdθ] <fn> **1.** [C, U] szélesség; bőség: *be two metres in width* két méter széles ∗ *the width of sy's shoulders* a vállszélessége ∗ *what's the width of…?* milyen széles a…? **2.** [C] *(uszodában a két hosszú oldal között)* hossz
wield [wiːld] <ige> **1.** *(eszközt, szerszámot)* kezel **2.** *(hatalmat)* gyakorol **3.** *(kardot)* forgat
wife [waɪf] <fn> [C] (wives) feleség: *take sy to wife* feleségül vesz vkit
wig [wɪg] <fn> [C] paróka
¹wild [waɪld] <mn> **1.** vad; vadon élő/termő: *wild animals* vadállatok ∗ *wild flowers* vadvirágok ∗ *wild cat* vadmacska **2.** vad; megműveletlen: *wild land* parlagon lévő/megműveletlen föld **3.** vad; szelídítetlen **4.** *(időjárás, tenger)* vad; heves; tomboló; viharos; háborgó **5.** *(ember)* vad; felbőszült; őrült: *drive sy wild* feldühít vkit ∗ *be wild with rage* dühtől tombol ∗ *be wild with hunger* őrült éhes ∗ *be wild with anxiety* beleőrül az aggodalomba **6.** *(érzelem)* vad; heves; zabolátlan; szenvedélyes; tomboló; lelkes; féktelen: *wild applause* viharos/tomboló taps ∗ *wild cheers* lelkes éljenzés ∗ *be wild about sg/sy* odavan vmiért/vkiért; bele van bolondulva vmibe/vkibe ∗ *lead a wild life* kicsapongó életet él
²wild [waɪld] <hsz> vadul: *grow wild* vadon nő ∗ *go wild* elvadul ∗ *run wild* elvadul; nekivadul
³wild [waɪld] <fn> **1. the wild** [sing] vadon; pusztaság: *in the wild* a vadonban **2. wilds** [pl] ember nem járta vidék: *live in the wilds* ember nem lakta/járta vidéken/érintetlen tájon él
wild card [ˈwaɪld kɑːd] <fn> [C] infor helyettesítő karakter/jel; joker/dzsóker karakter
wilderness ['wɪldənəs] <fn> [C] **1.** vadon; pusztaság **2.** átv kuszaság; összevisszaság; dzsungel
wildfire ['waɪldˌfaɪə] <fn> [U]
♦ **spread like wildfire** *(hír)* futótűzként terjed
wildfowl ['waɪldfaʊl] <fn> [pl] szárnyas vad
wild goose chase [ˌwaɪld'guːs tʃeɪs] <fn> [C] ábrándkergetés
wildlife ['waɪldlaɪf] <fn> [U] vadvilág: *protect wildlife* védi a vadvilágot
Wild West [ˌwaɪld'west] <fn> **the Wild West** [sing] vadnyugat
wilful ['wɪlfl] <mn> **1.** szándékos: *wilful murder* szándékos emberölés **2.** akaratos; makacs
¹will [wɪl] <modális segédige> (neg will not = won't; pt would, neg would not = wouldn't) **röv 'll** **1.** *(jövő idő kifejezője)* fog; lesz: *She will/She'll come tomorrow.* Jön(ni fog) holnap. ∗ *Will you come?* Eljössz/El fogsz jönni? ∗ *I won't/will not be late tonight.* Ma este nem fogok elkésni. ∗ *We'll/We will be there in two minutes.* Két percen belül ott leszünk. ∗ *I said that I would go home.* Mondtam, hogy haza fogok menni. **2.** *(szándék, hajlandóság, ajánlat, javaslat kifejezésére)*: *I will do that for you!* Megteszem neked! ∗ *I won't do it!* Nem teszem meg!/Nem vagyok hajlandó megtenni! ∗ *I won't see you again!* Nem akarlak újra látni! ∗ *I will help you if you want me to.* Fogok neked segíteni, ha szeretnéd! ∗ *Do as you will.* Tégy, ahogy akarsz! ∗ *My car won't start.* Nem akar elindulni az autóm. ∗ *I said that I would help you.* Mondtam, hogy segítek/segíteni fogok.

²**will**

3. *(udvarias kérés, ajánlat kifejezője)* légy/legyen szíves: *"Will you help me, please?" "Of course, I will (help you)."* „Segítenél nekem?" „Természetesen!" * *Will you open the door, please?* Lenne szíves kinyitni az ajtót? * *Will you all please stand up!* Legyenek szívesek mindannyian felállni! * *Won't you stay for dinner?* Nem maradsz itt vacsorára? * *Come here, will you?* Legyen szíves, jöjjön ide! * *Shut the window, will you?* Légy szíves, csukd be az ablakot! **4.** *(szükségszerű, elkerülhetetlen cselekvés, történés kifejezése):* *Unfortunately accidents will happen.* Sajnos balesetek (szükségszerűen) mindig (is) lesznek. * *Boys will be boys.* A fiúk már csak ilyenek. **5.** *(lehetőség, valószínűség, bizonyosság kifejezése):* *Will these shoes fit you?* Jó lesz vajon ez a cipő neked? * *That will be my daughter at the gate.* Az a lányom lesz a kapunál!

²**will** [wıl] <fn> **1.** [C, U] akarat; akarás; kívánság: *a boy with a strong will* erős akaratú fiú * *freedom of the will* akaratszabadság; szabad akarat * *free will* szabad akarat * *will to live* élni akarás * *have no will of one's own* nincs saját akarata * *God's will* Isten akarata * *against one's will* akarata ellenére **2.** [C] végrendelet: *make one's will* végrendeletet készít
♦ **at will** tetszés szerint; szabadon ♦ **at one's own sweet will** ahogy kedve tartja ♦ **of one's own accord/free will** a (saját) maga jószántából; önszántából; saját akaratából ♦ **with a will** szívvel-lélekkel ♦ **with the best will in the world** minden jó szándék(a) ellenére (sem) ♦ **thy will be done** *(a Miatyánkból)* legyen meg a te akaratod

willful ['wılfl] AmE → **wilful**
willies ['wılız] [pl] félelem; félsz
willing ['wılıŋ] <mn> **1.** kész; hajlandó **(to do sg** vmit tenni): *be willing to accept sg* hajlandó vmit elfogadni * *willing to compromise* kompromisszumkész **2.** készséges; segítőkész: *a willing partner* készséges partner
willingly ['wılıŋli] <hsz> készségesen; szívesen
willingness ['wılıŋnəs] <fn> [U] hajlandóság; szolgálatkészség
willow ['wıləʊ] <fn> [C] fűzfa
willpower ['wıl‚paʊə] <fn> [U] akaraterő
willy-nilly [‚wılı'nılı] <hsz> kénytelen-kelletlen; ha akarja, ha nem
wilt [wılt] <ige> (el)hervad; (el)kókad; (el)fonynyad
wily ['waılı] <mn> ravasz; agyafúrt; rafinált
wimp [wımp] <fn> [C] nyápic (alak); gyenge jellem(ű ember); gyáva (alak)
¹**win** [wın] <ige> (wins, winning, won, won) **1.** (meg)nyer, győz(edelmeskedik): *win the race* megnyeri a versenyt * *win an election* megnyeri a választást * *win at cards* kártyában nyer * *win the war* megnyeri a háborút * *I won and she was third.* Én nyertem, és ő lett a harmadik. * *Which team is winning?* Melyik csapat fog nyerni? **2.** (meg)szerez; elnyer; megkap: *win first prize in the competition* az első díjat nyeri (el) a versenyen * *win the gold medal* elnyeri az aranyérmet * *win a scholarship* ösztöndíjat kap
♦ **win clear/free** kivágja magát

> **win sg back** visszaszerez; visszahódít vmit
> **win out/through** győz; diadalmaskodik
> **win sy over/round** megnyer magának vkit **(to sg** vmire)

²**win** [wın] <fn> [C] sp győzelem
wince [wıns] <ige> (winces, wincing, winced) megrándul az arca; összerezzen
¹**winch** [wıntʃ] <fn> [C] csörlő
²**winch** [wıntʃ] <ige> csörlővel felemel
¹**wind** [wınd] <fn> **1.** [C, U] szél: *a gust of wind* hirtelen széllökés * *A warm/cold/strong wind is blowing.* Meleg/Hideg/Erős szél fúj. **2.** [U] lélegzet: *get wind* lélegzethez jut * *lose one's wind* eláll a lélegzete **3.** [U] *(bélben)* szél; gázok **4.** [U + sing/pl v] zene fúvós hangszerek: *the wind* a fúvósok
♦ **break wind** biz szellent; pukizik ♦ **get wind of sg** biz kiszimatol vmit ♦ **get/have the wind up (about sg)** biz beijed (vmitől) ♦ **gone with the wind** elfújta a szél ♦ **be in the wind** vmi készül; vmi lóg a levegőben ♦ **like the wind** nagyon gyorsan; mint a szél ♦ **put the wind up sy** biz beijeszt vkit ♦ **sail before the wind** hátszéllel hajózik ♦ **sail close/near the wind** élesen a szélben vitorlázik ♦ **take the wind out of sy's sails** biz elbizonytalanít vkit ♦ **there is sg in the wind** vmi készül ♦ **a wind/the winds of change** a változás előszele

²**wind** [wınd] <ige> (winds, winding, winded) **1.** *(kutya)* megszimatol; szagot kap **2.** kifullaszt; agyonhajszol: *be winded* eláll a lélegzete * *What has winded you so much?* Mi fullasztott ki ennyire? **3.** szellőztet **4.** *(kisbabát)* büfiztet
³**wind** [waınd] <ige> (winds, winding, wound, wound) **1.** csavar; (fel)teker: *wind a scarf round one's neck* sálat teker a nyaka köré **2.** gombolyít: *wind wool* fonalat gombolyít **3.** kanyarog: *A path winds through the forest along the stream.* Egy ösvény kanyarog az

erdőn keresztül a patak mentén. **4.** *(órát)* felhúz **5.** csévél; tekercsel **6.** teker

wind down kikapcsolódik; lehiggad; lazít
wind sg down 1. *(programot)* leállít; véget vet vminek **2.** lecsavar vmit; *(kocsiablakot)* leteker
wind up átv *(vhol)* kiköt: *wind up in hospital* kórházban köt ki ∗ *wind up in prison* börtönben végzi
wind sy up felizgat; felbosszant vkit
wind sg up 1. befejez; felszámol vmit; véget vet vminek: *wind one's speech up* befejezi/rövidre fogja a beszédét **2.** felhúz vmit: *wind up the clock* felhúzza az órát **3.** felgombolyít vmit: *wind a ball of wool up* pamutgombolyagot felgombolyít **4.** feltekercsel vmit **5.** *(kocsiablakot)* felhúz

wind energy ['wɪndˌenədʒɪ] <fn> [U] szélenergia
windfall ['wɪndfɔːl] <fn> [C] talált pénz; váratlan szerencse/nyereség
winding ['waɪndɪŋ] <mn> kanyargó(s); kanyarodó
wind instrument ['wɪnd ɪnstrəmənt] <fn> [C] fúvós hangszer
windmill ['wɪndmɪl] <fn> [C] szélmalom
window ['wɪndəʊ] <fn> [C] **1.** ablak: *close/open the window* becsukja/kinyitja az ablakot ∗ *break the window* betöri az ablakot **2. (shop) window** kirakat **3.** *(bankban)* pénztár **4.** infor *(számítógép képernyőjén)* ablak
window frame ['wɪndəʊ freɪm] <fn> [C] ablakkeret
window glass ['wɪndəʊ ɡlɑːs] <fn> [C, U] ablaküveg
window ledge ['wɪndəʊ ledʒ] <fn> [C] ablakpárkány
windowpane ['wɪndəʊpeɪn] <fn> [C] ablaktábla; ablaküveg
window seat ['wɪndəʊ siːt] <fn> [C] ablak melletti ülés; ablakülés
window-shopping ['wɪndəʊˌʃɒpɪŋ] <fn> [U] kirakatnézegetés: *go window-shopping* kirakato(ka)t nézeget
windowsill ['wɪndəʊsɪl] <fn> [C] ablakpárkány
windpipe ['wɪndpaɪp] <fn> [C] légcső
windscreen ['wɪndskriːn] <fn> [C] szélvédő
windscreen wiper ['wɪndskriːn waɪpə] <fn> [C] *(autón)* ablaktörlő
windshield ['wɪndʃiːld] <fn> [C] AmE szélvédő
windsurf ['wɪndsɜːf] <ige> szörfözik: *go windsurfing* szörfözik
windsurfing ['wɪndsɜːfɪŋ] <fn> [U] szörfözés
windsurfer ['wɪndsɜːfə] <fn> [C] **1.** szörfös **2.** szörf(deszka)
wind turbine ['wɪnd tɜːbaɪn] <fn> [C] szélerőmű
windy ['wɪndɪ] <mn> (windier, windiest) *(időjárás)* szeles
wine [waɪn] <fn> [C, U] bor: *a bottle of wine* egy üveg bor ∗ *a glass of white/red wine* egy pohár fehér-/vörösbor
wine bar ['waɪn bɑː] <fn> [C] borozó
wine bottle ['waɪnˌbɒtl] <fn> [C] borosüveg
wine glass ['waɪn ɡlɑːs] <fn> [C] borospohár
wine-grower ['waɪnɡrəʊə] <fn> [C] bortermelő
wing [wɪŋ] <fn> [C] **1.** *(madáré, rovaré)* szárny **2.** *(repülőgépé)* szárny **3.** *(épületé)* szárny: *the east wing of the palace* a palota keleti szárnya **4.** gk sárhányó; sárvédő **5.** pol szárny; irányzat **6.** sp szélső **7. the wings** [pl] szính a kulisszák; színfalak: *in the wings* a kulisszák mögött/mögé

♦ **be on the wing** szárnyal ♦ **take sy under one's wing** a szárnyai alá vesz vkit; pártfogásába vesz vkit ♦ **take wing(s) 1.** szárnyra kap/kel biz **2.** lelép; elillan

winger ['wɪŋə] <fn> [C] *(labdajátékban)* szélső
¹wink [wɪŋk] <ige> **1.** kacsint **2.** pislog

♦ **wink at sg** biz szemet huny vmi fölött

²wink [wɪŋk] <fn> [C] kacsintás; szempillantás: *a wink of the eye* szemvillanás ∗ *give sy a wink* rákacsint vkire

♦ **have forty winks** szundít egyet ♦ **in a wink** egy szempillantás alatt ♦ **not get a wink of sleep/not sleep a wink** egy szemhunyást sem alszik

winner ['wɪnə] <fn> [C] **1.** győztes; nyertes: *be a gold medal winner* aranyérmes **2.** biz *(könyv stb.)* bombasiker; *(ügy stb.)* nyerő
winning ['wɪnɪŋ] <mn> **1.** nyerő; nyertes; győztes: *the winning candidate* a győztes jelölt **2.** megnyerő: *a winning smile* megnyerő mosoly
winnings ['wɪnɪŋz] <fn> [pl] nyeremény
winter ['wɪntə] <fn> [C, U] tél: *this winter* ezen a télen ∗ *last winter* tavaly télen ∗ *a cold/hard winter* hideg/kemény tél ∗ *a cold winter's night* hideg téli éjszaka ∗ *in (the) winter* télen
winter sports [ˌwɪntə'spɔːts] <fn> [pl] téli sportok
wintery ['wɪntərɪ] <mn> (winterier, winteriest) télies; fagyos
wintertime ['wɪntətaɪm] <fn> [U] tél(idő): *in (the) wintertime* télen
wintry ['wɪntrɪ] <mn> (wintrier, wintriest) télies; fagyos
¹wipe [waɪp] <ige> (wipes, wiping, wiped) **1.** letöröl (**sg with sg** vmit vmivel): *wipe the table*

letörli az asztalt ∗ *wipe away one's tears/wipe one's eyes* letörli a könnyeit **2.** megtöröl (**sg on sg** vmit vmibe(n)): *wipe one's feet* lábat töröl ∗ *wipe one's hands on one's clothes* a ruhájába törli a kezét **3.** eltöröl: *wipe the plates* eltörli a tányérokat

wipe sg away/off/up le-/feltöröl vmit
wipe sg from/off sg letöröl vmit vmiről
wipe sg out elpusztít; megsemmisít vmit

²**wipe** [waɪp] <fn> [C] **1.** el-/le-/feltörlés: *give sg a wipe* letöröl vmit **2.** törlőkendő
wiper ['waɪpə] <fn> [C] (**windscreen**) **wiper** ablaktörlő
¹**wire** ['waɪə] <fn> [C, U] **1.** drót; huzal: *a wire fence* drótkerítés **2.** vezeték; kábel **3.** távirat
²**wire** ['waɪə] <ige> (wires, wiring, wired) **1.** öszszedrótoz **2.** vezetéket szerel/beköt; villanyt bevezet **3.** megtáviratoz; megsürgönyöz **4.** táviratoz

wire sg up el beköt vmit

wireless ['waɪələs] <mn> vezeték nélküli: *a wireless speaker* vezeték nélküli hangszóró
wisdom ['wɪzdəm] <fn> [U] bölcsesség
wisdom tooth ['wɪzdəm tuːθ] <fn> [C] (wisdom teeth) bölcsességfog
wise [waɪz] <mn> (wiser, wisest) (*tett, döntés, személy*) bölcs; okos: *a wise decision* okos döntés ∗ *a wise old lady* bölcs idős hölgy

♦ **be wise to sg** tisztában van vmivel ♦ **be none the wiser for it** semmivel sem lett okosabb tőle ♦ **put sy wise about sg** kiokosít vkit vmiről ♦ **get wise to sg** rájön vmire

-wise [waɪz] <utótag> **1.** -módon; -képpen; -szerűen **2.** (*vmi*) vonatkozásában; (*vmit*) illetően: *businesswise* az üzletet illetően
wisely ['waɪzli] <hsz> bölcsen
¹**wish** [wɪʃ] <ige> **1.** kíván; óhajt; szeretne (**sg/that** vmit); vágyik (**sg/that** vmire); bárcsak: *I wish I were taller.* Bárcsak magasabb lennék!/Szeretnék magasabb lenni! ∗ *I wish I could go with you.* Bárcsak veled mehetnék! **2.** akar: *if you wish (to)* ha akarod ∗ *I wish to go with you.* Veled akarok menni! **3. wish for sg** kíván vmit; vágyódik vmire: *I wish for him to come.* Arra vágyom, hogy jöjjön. **4.** kíván (**sy sg** vkinek vmit): *I wish you a Merry Christmas!* Kellemes karácsonyi ünnepeket kívánok!
²**wish** [wɪʃ] <fn> **1.** [C] kívánság; óhaj; vágy; akarat: *express a wish to do sg* kifejezi a vágyát ∗ *It has always been my wish to have children.* Mindig is az volt a vágyam, hogy legyenek gyerekeim. ∗ *make a wish* kíván vmit/egyet ∗ *The fairy granted the prince three wishes.* A tündér teljesítette a herceg három kívánságát. **2. wishes** [pl] jókívánságok: *send sy one's best wishes* jókívánságait/üdvözletét küldi valakinek
wishful thinking [ˌwɪʃfl'θɪŋkɪŋ] <fn> [U] vágyálom
wishy-washy ['wɪʃiˌwɒʃi] <mn> (*étel*) ízetlen; se íze se bűze
wisp [wɪsp] <fn> [C] **1.** foszlány; gomolyag: *a wisp of smoke* füstgomolyag **2.** csomó; nyaláb; köteg **3. wisp of hair** hajfürt
wistful ['wɪstfl] <mn> (*reménytelenül*) vágyakozó; sóvárgó
wit [wɪt] <fn> **1.** [U] szellemesség **2.** [U] ész; elmésség; gyors észjárás; intelligencia: *quick wit* gyors észjárás ∗ *a battle of wits* szellemi párbaj **3.** [C] szellemes ember

♦ **be at one's wits' end** biz tanácstalan; megáll a tudománya ♦ **collect/gather one's wits** összeszedi az eszét ♦ **have/keep one's wits about one** helyén van az esze ♦ **be out of one's wits** elment az esze ♦ **live by/on one's wits** máról holnapra él

witch [wɪtʃ] <fn> [C] boszorkány
witchcraft ['wɪtʃkrɑːft] <fn> [U] boszorkányság
witch-hunt ['wɪtʃ hʌnt] <fn> [U] boszorkányüldözés
with [wɪð, wɪθ] <elölj> **1.** (*együtt*) -val; -vel: *with my brother* a bátyámmal ∗ *cheese with apple* sajt almával ∗ *quarrel with each other* veszekszenek egymással ∗ *discuss sg with sy* megtárgyal vkivel vmit ∗ *Come with me.* Gyere velem. **2.** (*jelzős szerkezetekben*): *a girl with long brown hair* hosszú barna hajú lány ∗ *a man with a limp* sántító/bicegő ember **3.** (*eszközzel*) -val; -vel: *cut sg with a knife* késsel elvág vmit ∗ *stir sg with a spoon* kanállal összekever vmit **4.** -tól; -től; miatt: *stiff with cold* a hidegtől meggémberedve ∗ *be shivering with cold* reszket a hidegtől **5.** (*vmi ellen*) -val, -vel: *the war with Iraq* háború Irakkal **6.** (*vkivel/vmivel kapcsolatban*) -ra; -re; -val; -vel: *be angry with sy* dühös vkire ∗ *be pleased with sg* meg van elégedve vmivel **7.** (*vmely módon*) -an, -en: *with care* óvatosan **8.** -nál, -nél: *leave sg with sg* vkinél hagy vmit ∗ *stay with sy* megszáll vkinél ∗ *have money with sy* van pénz vkinél ∗ *be employed with a big firm* egy nagy cégnél dolgozik **9.** (*beborít, megtölt*) -val, -vel: *be covered with snow* hóval van borítva ∗ *fill sg with water* vízzel megtölt vmit **10.** ellenére: *with all my faults* hibáim ellenére

withdraw [wɪð'drɔː] <ige> (withdraws, withdrawing, withdrew, withdrawn) **1.** *(ígéretet, rendeletet)* visszavon: *withdraw one's remarks* visszavonja a megjegyzéseit * *She withdrew what she had promised before.* Visszavonta, amit ígért. **2.** visszavonul; visszahúzódik (**from sg** vmiből/vmitől): *Troops have withdrawn.* Visszavonultak a csapatok. **3.** *(pénzt számláról)* kivesz: *withdraw money from one's bank account* pénzt vesz ki a bankszámláról **4.** visszalép (**from sg** vmitől): *withdraw from the competition* visszalép a versenytől **5.** *(forgalomból)* bevon **6.** *(csapatot)* kivon; visszahúz (**sg from sg** vmit vmiből) **7.** *(iskolából gyereket)* kivesz

withdrawal [wɪð'drɔːəl] <fn> **1.** [C, U] *(rendeleté, ígéreté)* visszavonás **2.** [C, U] visszavonulás; visszahúzódás; visszalépés **3.** [C] *(pénzé)* kivét: *make a withdrawal* készpénzt felvesz **4.** [C, U] kat kivonulás **5.** [C, U] kat kivonás; visszavonás **6.** [U] *(drogé)* elvonás: *withdrawal symptoms* elvonási tünetek

wither ['wɪðə] <ige> **1.** elhervad; elfonnyad; elszárad **2.** elsorvad **3.** elszárít; elhervaszt **4.** elsorvaszt

withering ['wɪðərɪŋ] <mn> *(pillantás, kritika stb.)* megsemmisítő; lesújtó

withhold [wɪð'həʊld] <ige> (withholds, withholding, withheld, withheld) **1.** visszatart (**sg/sy from sg** vmit/vkit vmitől) **2.** *(beleegyezést stb.)* megtagad; nem ad meg **3.** elhallgat (**sg from sy** vmit vki előtt/elől)

within [wɪð'ɪn] <elölj> **1.** *(időben)* vmin belül: *within ten minutes* tíz percen belül **2.** *(térben)* vmin/vkin belül: *within these walls* ezeken a falakon belül * *strenght that comes from within* belülről jövő erő **3.** *(határon, lehetőségen)* belül: *within the law* a törvény szabta határokon belül

without [wɪð'aʊt] <elölj> **1.** nélkül: *without a car* autó nélkül * *do sg without sy* vmit vki nélkül csinál * *a dress without sleeves* ujjatlan ruha **2.** anélkül, hogy…: *close the door without making a sound* hang nélkül csukja be az ajtót * *without talking to anybody* anélkül, hogy bárkihez is szólna

withstand [wɪð'stænd] <ige> (withstands, withstanding, withstood, withstood) ellenáll (**sy/sg** vkinek/vminek)

¹witness ['wɪtnəs] <fn> [C] **1.** jog tanú: *witness for the prosecution/defence* a vád/védelem tanúja * *call sy as a witness* tanúnak beidéz vkit **2.** szemtanú: *a witness to the accident* baleset szemtanúja **3.** tanúságtétel; tanúbizonyság **4.** vall bizonyságtétel

♦ **bear witness to sg** tanúsít vmit; tanúskodik vmi mellett ♦ **bear false witness** hamis tanúvallomást tesz

²witness ['wɪtnəs] <ige> **1.** tanúsít (**sg** vmit); tanúskodik (**sg** vmi mellett) **2.** szemtanúja (**sg** vminek); jelen van (**sg** vminél): *witness the accident* szemtanúja a balesetnek **3.** *(aláírást stb.)* hitelesít

witness box ['wɪtnəs bɒks] <fn> [C] jog tanúk padja

witty ['wɪtɪ] <mn> (wittier, wittiest) szellemes; jópofa

wives [waɪvz] → **wife**

wizard ['wɪzəd] <fn> [C] **1.** varázsló **2.** biz zseni: *a financial wizard* pénzügyi zseni

wobble ['wɒbl] <ige> (wobbles, wobbling, wobbled) inog; billeg

woe [wəʊ] <fn> **1.** [U] bánat; szomorúság **2. woes** [pl] bajok; gondok

♦ **Woe is me!** Jaj nekem! ♦ **Woe unto you!** Jaj nektek! ♦ **woe betide sy** jaj annak, aki…

woke [wəʊk] → **¹wake**

woken ['wəʊkən] → **¹wake**

¹wolf [wʊlf] <fn> [C] (wolves) farkas

²wolf [wʊlf] <ige> **wolf sg (down)** *(ennivalót)* befal

woman ['wʊmən] <fn> [C] **1.** (women) nő; asszony: *women's magazines* női magazinok **2. -woman** összet -nő; -asszony: *a chairwoman* elnöknő

womanise ['wʊmənaɪz] BrE → **womanize**
womaniser ['wʊmənaɪzə] BrE → **womanizer**
womanize ['wʊmənaɪz] <ige> (womanizes, womanizing, womanized) *(férfi)* nőzik
womanizer ['wʊmənaɪzə] <fn> [C] szoknyavadász

womb [wuːm] <fn> [C] *(testrész)* méh
women ['wɪmɪn] → **woman**
women's ['wɪmɪnz] → **woman**
won [wʌn] → **¹win**

¹wonder ['wʌndə] <ige> **1.** kíváncsi vajon; szeretné tudni: *I wonder why she is here.* Vajon miért van itt. * *I wonder what that building is.* Kíváncsi vagyok, mi az az épület. * *I wonder if/whether…* Szeretném tudni, vajon…/Kíváncsi vagyok, vajon… **2.** csodálkozik; ámul; bámul; meglepődik (**at sg** vmin): *I wonder (that) he didn't hurt himself.* Csoda, hogy nem lett baja. * *I shouldn't wonder if…* Nem lepődnék meg, ha… **3.** csodál; bámul

♦ **I wonder!** 1. Erre kíváncsi vagyok! 2. Nem hiszem!/Kétlem!

²wonder ['wʌndə] <fn> **1.** [U] csodálkozás: *be filled with wonder* a lélegzete is eláll a csodálkozástól * *look up in wonder at sy* csodálattal néz fel vkire **2.** [C] csoda: *a natural wonder of the*

wonderful 640

country az ország egy természeti csodája ∗ *It's a wonder that...* Kész csoda, hogy... ∗ *No wonder that...* Nem csoda, hogy... ♦ **do/work wonders** csodát tesz ♦ **for a wonder** csodák csodája ♦ **a nine days' wonder** minden csoda három napig tart

wonderful ['wʌndəfl] <mn> csodálatos

wonderland ['wʌndəlænd] <fn> [sing] csodaország; csodák világa; tündérország

wonky ['wɒŋkɪ] <mn> **1.** ingatag; rozoga; rozzant **2.** gyenge; erőtlen; nyavalyás

won't [wəʊnt] [= will not] → **will**

woo [wu:] <ige> udvarol; csapja a szelet (**sy** vkinek)

wood [wʊd] <fn> **1.** [U] fa(anyag): *made of wood* fából készült ∗ *gather some wood for the fire* gyűjt egy kis fát a tűzre **2. woods** [pl] erdő: *a walk in the woods* séta az erdőben

♦ **out of the wood(s)** biz túl a nehezén ♦ **not see the wood for the trees** nem látja a fától az erdőt ♦ **Touch wood!**//AmE **Knock on wood!** Kopogd le!

wooded ['wʊdɪd] <mn> erdős; fás

wooden ['wʊdn] <mn> **1.** fa-: *a wooden box* fadoboz ∗ *wooden spoon* fakanál **2.** biz *(mozdulat)* esetlen; *(tekintet stb.)* kifejezéstelen: *wooden face* fapofa

woodland ['wʊdlənd] <fn> [C, U] erdős vidék; erdőség

woodpecker ['wʊd,pekə] <fn> [C] harkály

woodwind ['wʊdwɪnd] <fn> [U + sing/pl v] fafúvósok: *the woodwind is/are too loud* a fafúvósok túl hangosak

woodwork ['wʊdwɜːk] <fn> [U] **1.** famunka **2.** ácsmunka

woodworm ['wʊdwɜːm] <fn> [C] szú

wool [wʊl] <fn> [U] **1.** *(szövet, anyag)* gyapjú: *made of wool* gyapjú(ból készült) ∗ *pure wool* tiszta gyapjú **2.** *(állaté)* gyapjú

woolen ['wʊlən] AmE → **woollen**

woolens ['wʊlənz] AmE → **woollens**

woollen ['wʊlən] <mn> gyapjú-

woollens ['wʊlənz] <fn> [pl] gyapjúáru; gyapjúholmi; gyapjúnemű: *Woollens should be washed by hand.* A gyapjúneműt kézzel kell mosni.

wooly ['wʊlɪ] AmE → **woolly**

woolly ['wʊlɪ] <mn> **1.** gyapjas; gyapjú-; gyapjúszerű: *woolly hair* gyapjas haj **2.** *(fej)* zavaros; zagyva; kusza: *woolly mind* zavaros elme

Worcester sauce [,wʊstə'sɔːs] <fn> [U] Worcester-mártás

¹word [wɜːd] <fn> **1.** [C] szó: *the meaning of a word* egy szó jelentése ∗ *sy's very first word* vkinek a legelső szava ∗ *He didn't say a word.* Egy szót sem szólt. **2.** [C] rövid beszélgetés: *have a short word with sy* rövid beszélgetése van vkivel; röviden beszél vkivel **3.** [C] üzenet: *send word* üzenetet küld ∗ *leave word with sy* üzenetet hagy vkinél **4.** [U] ígéret: *keep one's word* megtartja az ígéretét ∗ *break one's word* megszegi a szavát ∗ *I give you my word that...* Szavamat adom, hogy... **5.** [C, U] vall Ige: *the Word (of God)* Isten igéje; az Ige **6. words** [pl] *(dalé)* szöveg

♦ **be as good as one's word** állja a szavát ♦ **by word of mouth** élőszóban; élőszóval ♦ **eat one's words** visszaszívja, amit mondott ♦ **from the word go** biz kezdettől fogva ♦ **give/say the word** biz szól; jelez ♦ **get a word in edgeways** sikerül pár szót közbevetnie ♦ **keep one's word** állja a szavát ♦ **lost for words** nem találja a szavakat ♦ **not get a word in edgeways** alig tud szóhoz jutni ♦ **pick one's words** megválogatja a szavait ♦ **put in a (good) word for sy** szól egy jó szót vkinek az érdekében ♦ **put words into sy's mouth** vkinek a szájába adja a szót ♦ **Take my word for it.** Szavamat adom rá. ♦ **take sy at one's word** szaván fog vkit ♦ **take the words out of sy's mouth** kiveszi a szót vki szájából ♦ **twist sy's words** elferdíti vki szavait ♦ **word by word** szavanként ♦ **word for word** szó szerint; szóról szóra ♦ **in a word** egyszóval ♦ **in other words** más szóval ♦ **Words failed him.** Meg sem tudott mukkanni.

²word [wɜːd] <ige> megfogalmaz; szövegez: *word a message clearly* világosan megfogalmaz egy üzenetet

word class ['wɜːd klɑːs] <fn> [C] nyelvt szófaj

word formation ['wɜːd fɔː,meɪʃn] <fn> [U] nyelvt szóalkotás; szóképzés

wording ['wɜːdɪŋ] <fn> [U] **1.** szövegezés; megfogalmazás **2.** szóhasználat

word-order ['wɜːd,ɔːdə] <fn> [U] nyelvt szórend

word-perfect [,wɜːd'pɜːfɪkt] <mn> szerepét kifogástalanul tudó

wordplay ['wɜːdpleɪ] <fn> [C] szójáték

word processing ['wɜːd,prəʊsesɪŋ] <fn> [U] infor szövegszerkesztés

word-processing ['wɜːd,prəʊsesɪŋ] <mn> infor szövegszerkesztő: *word-processing program* szövegszerkesztő program

word processor ['wɜːd,prəʊsesə] <fn> [C] infor szövegszerkesztő

wordy ['wɜːdɪ] <mn> bőbeszédű

wore [wɔː] → **¹wear**

¹work [wɜːk] <fn> **1.** [U] munka: *find work* munkát talál ∗ *be at work* munkában van; dolgozik ∗ *be out of work* munka nélkül van ∗ *He started work when he was 25.* 25 évesen kezdett dol-

gozni. **2.** [U] dolog; elfoglaltság; munka: *We have got a lot of work to do.* Sok dolgunk van. * *Why don't you ever do any work?* Miért nem csinálsz soha semmit? * *It's a hard work.* Kemény munka. * *start work on the project* dolgozni kezd a projekten **3.** [U] munka(hely): *walk to work* gyalog megy a munkahelyére * *go to work by car* autóval jár munkába/dolgozni * *leave one's work at 6.30 p.m.* délután fél hétkor jön el a munkahelyéről **4.** [C, U] mű; alkotás; munka: *give one's work to sy* odaadja vkinek a művét * *the works of Leonardo da Vinci* Leonardo da Vinci művei **5. works** [pl] munkálatok: *building works* építési munkálatok * *repair works* felújítási munkálatok **6. works** [pl] (óráé stb.) szerkezet **7. (-)works** [C + sing/pl v] (gyár)telep; üzem; művek: *steel works* vasmű * *The water works is/are closing down.* A vízművek bezár.
♦ **get/set to work (on sg)** munkához lát
♦ **have one's work cut out (for one)** biz annyi a munkája, hogy alig győzi; tele van munkával ♦ **make short work of sg** biz egykettőre elintéz vmit

²**work** [wɜːk] <ige> **1.** *(állása van)* dolgozik: *work part-time* részmunkaidőben dolgozik * *work as sg* vmi(ként dolgozik) * *work at/for a bank* egy banknál/banknak dolgozik * *work in the car factory* az autóiparban dolgozik * *work overtime* túlórázik **2.** dolgozik; munkálkodik: *work on/at a project* egy projekten dolgozik * *work hard* keményen dolgozik * *work to do sg* dolgozik vmin **3.** *(gép stb.)* működik: *This clock isn't working.* Ez az óra nem jár/működik. **4.** *(rendszer stb.)* működik; hat; beválik; bejön: *This plan doesn't work.* Ez a terv nem jön be. * *If my scheme works,...* Ha bejön a tervem,... **5.** működtet **6.** (meg)dolgoztat: *work sy to death* halálra dolgoztat vkit **7.** tesz; véghez visz; végbevisz **8.** *(példát)* megold; kiszámít
♦ **That's worked it.** biz Ez használt. ♦ **That won't work.** Ez nem megy.

---

work sg off 1. *(mérget stb.)* levezet; kiad magából **2.** *(adósságot)* ledolgoz
work out 1. megoldódik; kedvezően alakul **2.** tornászik; edz **3.** *(példa)* kijön; sikerül
work out at sg *(számítás)* kijön vmire
work sy out megért vkit: *I can't work him out.* Nem tudom őt megérteni.
work sg out 1. kiszámít; kiszámol vmit **2.** *(megoldásra)* rájön; kitalál; megfejt vmit **3.** *(tervet)* kidolgoz

---

work up felfejlődik; tovább nő; növekedik; (számban) szaporodik
get worked up//work oneself up (into sg) felizgatja magát vmi miatt; belelovalja magát vmibe
work up to sg fokozatosan közeledik vmi felé; kilyukad vhova
work one's way up//work oneself up felküzdi magát

---

workable ['wɜːkəbl] <mn> megvalósítható; kivitelezhető
workaholic [ˌwɜːkə'hɒlɪk] <fn> [C] munkamániás
workbench ['wɜːkbentʃ] <fn> [C] munkapad
workbook ['wɜːkbʊk] <fn> [C] isk munkafüzet
workday ['wɜːkdeɪ] <fn> [C] munkanap
worker ['wɜːkə] <fn> [C] **1.** munkás; dolgozó: *factory workers* gyári munkások **2.** *(jól; rosszul; gyorsan stb.)* dolgozó: *a slow/hard worker* lassú/kemény dolgozó
workforce ['wɜːkfɔːs] <fn> [C + sing/pl v] dolgozók; munkaerő
working ['wɜːkɪŋ] <fn> **1.** dolgozó: *working parents* dolgozó szülők **2.** munka-; munkás-: *a working lunch* munkaebéd * *working conditions* munkafeltételek * *working method* munkamódszer * *working time* munkaidő **3.** működő: *be in working order* jól működik; üzemképes állapotban van **4.** egész/elég jó; kielégítő; a munkához szükséges/elégséges: *a working knowledge of Spanish* elég jó/alapfokú spanyoltudás * *working majority* elégséges/elegendő többség
working day [ˌwɜːkɪŋ 'deɪ] <fn> [C] munkanap
working hours [ˌwɜːkɪŋ 'aʊəz] <fn> [pl] munkaidő
working time [ˌwɜːkɪŋ 'taɪm] <fn> [U] munkaidő
working week [ˌwɜːkɪŋ 'wiːk] <fn> [C] BrE munkahét; heti munkaidő: *35-hour working week* 35 órás munkahét
workload ['wɜːkləʊd] <fn> [C] munka(helyi) terhelés; munkamennyiség
workman ['wɜːkmən] <fn> [C] (workmen) (kétkezi) munkás; mesterember
workmanlike ['wɜːkmənlaɪk] <mn> szakszerű
workout ['wɜːkaʊt] <fn> [C] sp edzés; torna
work permit ['wɜːk ˌpɜːmɪt] <fn> [C] munkavállalási engedély
workplace ['wɜːkpleɪs] <fn> [C] munkahely
workshop ['wɜːkʃɒp] <fn> [C] **1.** (alkotó)műhely **2.** *(tudományos)* műhely
workstation ['wɜːkˌsteɪʃn] <fn> [C] infor munkaállomás

¹world [wɜːld] <fn> **1.** [C, ált sing] *(országok, népek összessége)* világ; föld(kerekség): *all over the world* az egész világon; világszerte ∗ *every country of the world* a világ összes országa ∗ *the world's oil supply* a világ olajkészlete ∗ *the whole world* az egész világ ∗ *throughout the world* világszerte **2. the world** [sing] *(bolygó)* a föld: *the world's climate* a föld klímája **3.** [C, ált sing] *(az emberek/a társadalom egy része)* világ: *the western world* a nyugati világ ♦ **do sy a world of good** nagyon jót tesz vkinek ♦ **in the world** 1. *(nyomatékosításra)* a világon; egyáltalán *nothing in the world* a világon semmi; egyáltalán semmi ∗ *the nicest girl in the world* a legszebb lány a világon 2. a csudába(n) *How in the world…?* Hogy a csudába…? ♦ **come into the world** világra jön ♦ **mean the world to sy** biz mindent jelent vki számára ♦ **out of this world** szuper; mennyei ♦ **the other world** a másvilág ♦ **the outside world** a külvilág; a nagyvilág ♦ **think the world of sy/sg** biz nagyon szeret vkit/vmit; nagyra tart vkit/vmit ♦ **world without end** örökkön örökké ♦ **I wouldn't miss it for the world.** A világért ki nem hagynám.

²world [wɜːld] <mn> világ-: *world championship* világbajnokság ∗ *world record* világrekord ∗ *world war* világháború

World Bank [ˌwɜːld ˈbæŋk] <fn> **the World Bank** [sing] gazd Világbank

world-class [ˌwɜːldˈklɑːs] <mn> *(játékos)* világklasszis

World Cup [ˌwɜːld ˈkʌp] <fn> [sing] **the World Cup 1.** labdarúgó-világbajnokság **2.** *(atlétika stb.)* világkupa; világbajnokság

world-famous [ˌwɜːldˈfeɪməs] <mn> világhírű

worldly [ˈwɜːldlɪ] <mn> irod **1.** evilági; földi: *worldly pleasures* földi örömök **2.** világi(as); a világi dolgokban járatos

world music [ˈwɜːld ˌmjuːzɪk] <fn> [U] világzene

¹worldwide [ˌwɜːldˈwaɪd] <mn> világméretű; világ-: *worldwide success* világsiker

²worldwide [ˌwɜːldˈwaɪd] <hsz> világszerte

World Wide Web [ˌwɜːldwaɪd'web] <fn> **the World Wide Web/the Web** [sing] röv www infor világháló

¹worm [wɜːm] <fn> **1.** [C] kukac; féreg; hernyó **2. worms** [pl] orv bélgiliszta
♦ **Even a/the worm will turn.** *(a legelnyomottabb embernek is elfogy egyszer a türelme)* A féreg is megtekeri magát, ha reáhágnak.

²worm [wɜːm] <ige> **1. worm oneself/one's way into sg** beférkőzik vhova/vkinek a kegyeibe: *worm oneself/one's way into sy's confidence* beférkőzik vkinek a bizalmába **2. worm oneself/one's way through sg** átfurakodik vmin

worm out of sg kibújik vmi alól
worm sg out of sy *(titkot stb.)* kiszed vkiből

worn [wɔːn] → **¹wear**
worn out [ˌwɔːnˈaʊt] <mn> **1.** agyonhasznált **2.** halálosan kimerült; holtfáradt
worried [ˈwʌrɪd] <mn> nyugtalan; gondterhelt; aggódó (**about sg/sy** vki/vmi miatt): *be worried about the future* gondterhelt a jövő miatt ∗ *a worried look* gondterhelt pillantás ∗ *I am worried sick about you.* Borzasztóan aggódom érted/miattad! ∗ *He is worried that I might have got lost.* Aggódik, hogy elvesztem.

¹worry [ˈwʌrɪ] <ige> (worries, worrying, worried, worried) **1.** aggódik; aggodalmaskodik; nyugtalankodik; izgul (**about/over sy/sg** vki/vmi miatt): *be worried that…* aggódik, hogy… ∗ *Don't worry!* Ne aggódj/izgulj! ∗ *Try not to worry so much.* Próbálj meg ne aggódni annyit! ∗ *We have got nothing to worry about.* Aggodalomra nincs okunk! **2.** aggaszt; izgat: *worry oneself about sg* izgatja magát vmi miatt ∗ *Your dangerous driving worries me.* Veszélyes vezetési stílusa aggaszt engem. ∗ *What worries me most is…* Ami a legjobban izgat, az az, hogy… **3.** zaklat; gyötör (**sy with sg** vkit vmivel)

²worry [ˈwʌrɪ] <fn> (worries) **1.** [C] gond: *I'll try to forget my worries.* Megpróbálom elfelejteni a gondjaimat. ∗ *His biggest worry now is…* Pillanatnyilag a legnagyobb gondja… **2.** [U] aggodalom; nyugtalankodás: *make oneself ill with worry* betegre aggódja magát ∗ *Her face showed signs of worry.* Arcán az aggodalom jelei látszottak.

worrying [ˈwʌrɪɪŋ] <mn> aggasztó

¹worse [wɜːs] <mn> **1.** rosszabb: *much worse* sokkal rosszabb ∗ *be worse at Chemistry than at Spanish* kémiából rosszabb, mint spanyolból ∗ *get worse (and worse)* (egyre) rosszabbodik ∗ *My results are even worse than yours.* Az én eredményeim még rosszabbak, mint a tied. ∗ *His writing is bad but yours is (even) worse.* Az ő írása rossz, de a tiéd (még) rosszabb. **2.** betegebb: *I am worse than I was yesterday.* Betegebb/Rosszabbul vagyok, mint tegnap voltam. ∗ *The patient is getting worse.* A beteg (egészségi) állapota romlik.
♦ **be none the worse for it/sg** semmi sem ártott neki; semmi baja sem lett ettől ♦ **be worse off** rosszabbul van

²**worse** [wɜːs] <hsz> rosszabbul: *You played even worse in the second half.* A második félidőben még rosszabbul játszottál. * *She cooks worse than me.* Rosszabbul főz nálam.

³**worse** [wɜːs] <fn> [U] rosszabb dolog/állapot: *Worse was to follow/there was worse to come.* A neheze még hátra volt.

♦ **a change for the worse** rosszabbodás; rosszra fordulás ♦ **the worse for wear** biz 1. *(ruha)* viseltes; nagyon kopott 2. részeg

worsen ['wɜːsn] <ige> 1. rosszabbodik; súlyosbodik 2. rosszabbít; ront

¹**worship** ['wɜːʃɪp] <fn> 1. [U] imádás; imádat 2. [C] istentisztelet

²**worship** ['wɜːʃɪp] <ige> (worships, worshipping, worshipped) 1. vall imád: *worship God* imádja Istent 2. istentiszteletre/templomba megy; istentiszteleten vesz részt: *We worship at Pasarét.* Pasarétre járunk istentiszteletre/templomba. 3. vall imádkozik 4. **worship sy** bálványoz vkit; rajong vkiért; istenít vkit

¹**worst** [wɜːst] <mn> legrosszabb: *the worst runner in the team* a legrosszabb futó a csapatban

²**worst** [wɜːst] <fn> **the worst** [sing] a legrosszabb (dolog)

♦ **at (the) worst** a legrosszabb esetben
♦ **if the worst comes to the worst//if it comes to the worst** a legrosszabb esetben; ha minden kötél szakad ♦ **Do your worst!** Tégy amit akarsz!/Bánom is én, mit csinálsz! ♦ **get the worst of it** biz a rövidebbet húzza ♦ **if the worst comes to the worst** biz a legrosszabb esetben; ha a legrosszabbra kerül(ne) a sor

³**worst** [wɜːst] <hsz> 1. legrosszabbul 2. leginkább; legjobban; legsúlyosabban

¹**worth** [wɜːθ] <mn> 1. **be worth doing sg** érdemes; megéri: *It's worth being always on time.* Érdemes mindig pontosnak lenni. * *It isn't worth going by bus to the cinema.* Nem érdemes busszal menni a moziba. * *Your idea is worth considering.* Az ötletedet érdemes figyelembe venni. * *It is well worth seeing.* Nagyon érdemes megnézni. 2. **be worth sg** vmilyen értékű); ér vmennyit: *be little worth* keveset ér * *This car is worth 3,000,000 forints.* Ez egy hárommillió forint értékű autó./Ez a kocsi hárommilliót ér. * *What is your house worth?* Mennyit ér a házatok?/Milyen értékű a házatok? * *Is it worth it?* Megéri?/Érdemes?

²**worth** [wɜːθ] <fn> [U] érték: *be of little worth* csekély értéket képvisel * *fifty forints' worth of tickets* ötven forint értékű jegy; ötvenforintos jegy

worthless ['wɜːθləs] <mn> 1. értéktelen: *become worthless* elértéktelenedik * *worthless old coins* értéktelen régi érmék 2. *(személy)* hitvány

worthwhile [ˌwɜːθ'waɪl] <mn> érdemes; megéri; a fáradságot megérő: *It just isn't worthwhile.* Ez (aztán) nem éri meg.

worthy ['wɜːði] <mn> (worthier, worthiest) 1. érdemes; méltó (**of sg/to do sg** vmire): *be worthy of sy's respect* méltó vkinek az elismerésére * *worthy of admiration* csodálatra méltó 2. *(személy, dolog)* becsületes; derék; jó: *worthy cause* derék dolog; jó ügy * *lead a worth life* becsületes életet él

would [wʊd] <modális segédige> (neg would not/wouldn't) **röv 'd** 1. *(mint a will múlt ideje, múlt idejű függő beszédben)*: *I promised I would (I'd) be there for five o'clock.* Megígértem, hogy ott leszek öt órára. * *She hoped she would (she'd) be able to visit her.* Remélte, hogy meg tudja majd látogatni őt. * *I thought it would rain.* Azt hittem, esni fog. * *He said he would never forgive me.* Azt mondta, soha nem bocsát meg nekem. 2. *(udvarias kérés/kérdés kifejezésére)*: *Would you please/Would you kindly/If you would switch off the radio?* Lennél szíves kikapcsolni a rádiót? * *I asked her if she would sit down.* Megkérdeztem, hogy (nem) szeretne-e leülni. * *Would you like a cup of tea?* Kérsz egy csésze teát? * *Would you mind staying here?* Nem maradnál itt? * *Would it be all right if I used this?* Használhatnám ezt? 3. *(kívánság, óhaj kifejezésére)*: *I would like to make my bed.* Szeretnék megágyazni. * *If only you would be here.* Bárcsak itt lennél! 4. *(feltételes szándék kifejezésénél)*: *would rather* inkább * *would rather not* inkább nem * *I would rather have breakfast right now.* Inkább most azonnal reggelizem/reggeliznék. 5. *(feltételes mondatokban)*: *If I were you I would visit him.* Ha a helyedben lennék, meglátogatnám. * *I would be happy to help him.* Boldog lennék, ha segíthetnék neki. * *We would buy a new car if we were rich.* Vennénk egy új autót, ha gazdagok lennénk. * *I wouldn't have any more to eat, if I were you.* A te helyedben nem ennék többet. * *If I'd known he was coming, I'd have got his house ready.* Ha tudtam volna, hogy jön, rendbe tettem volna a házát. * *He could if he would.* Megtenné, ha akarná. 6. *(szokás kifejezésére)*: *When my grandfather was young, he would always get up at 6 o'clock in the morning.* Amikor a nagyapám fiatal volt, mindig 6 órakor kelt/szokott felkelni. * *This is just what my father would do.* Pont ez az, amit az édesapám tenne/szokott tenni. * *That would happen.* Ez elő szokott

would-be 644

fordulni. **7.** *(vélemény)*: *I'd say he's about 50.* Úgy gondolom, hogy olyan ötvenes/ötvenéves/ötven körüli.

would-be ['wʊdbiː] <mn> leendő; jövendőbeli: *a would-be doctor* leendő orvos

wouldn't ['wʊdnt] [= would not] → **would**

would've [wʊdv] [= would have] → **would**

¹**wound** [wuːnd] <fn> [C] **1.** seb(esülés): *bandage wounds* bekötözi a sebeket **2.** sérelem
 ♦ **lick one's wounds** nyalogatja a sebeit
 ♦ **rub salt into sy's wounds** biz rátesz még egy lapáttal ♦ **Time heals all wounds.** Legjobb orvos az idő.

²**wound** [wuːnd] <ige> **1.** megsebesít: *be wounded* megsebesül **2.** megbánt; megsért: *Your remark had deeply wounded us.* Megjegyzésed mélyen megsértett minket.

³**wound** [waʊnd] → ³**wind**

wove [wəʊv] → **weave**

woven ['wəʊvn] → **weave**

wow [waʊ] <isz> hű(ha)!; hú(ha)!

¹**wrangle** ['ræŋgl] <ige> (wrangles, wrangling, wrangled) perlekedik; veszekedik

²**wrangle** ['ræŋgl] <fn> [C, U] veszekedés; civakodás; huzakodás

¹**wrap** [ræp] <ige> (wraps, wrapping, wrapped) becsomagol; betakar; beborít; bebugyolál; beburkol (**sg in sg** vmit vmibe): *wrap the present in paper* papírba csomagolja az ajándékot ∗ *wrap the baby in a warm blanket* meleg takaróba bugyolálja a babát

 ♦ **be wrapped up in sg** *(munkába, olvasásba stb.)* belemerült vmibe ♦ **be wrapped up in sy** biz bele van esve vkibe; odavan vkiért

> **wrap sg round/around sg** beburkol vmit vmibe
> **wrap oneself up** beburkolózik; bebugyolálja magát
> **wrap sg up 1.** becsomagol vmit **2.** biz tető alá hoz; befejez vmit

²**wrap** [ræp] <fn> **1.** [C, U] burkolat; borítás; csomagolás **2.** [C] *(vállra)* pelerin; körgallér; kendő

wrapper ['ræpə] <fn> [C] csomagolás; csomagolópapír/-anyag

wrapping ['ræpɪŋ] <fn> [C, U] csomagolás

Bathroom • *A fürdőszoba*

#	English	Hungarian
1	mirror	*tükör*
2	toothbrush	*fogkefe*
3	electric toothbrush	*elektromos fogkefe*
4	mouthwash	*szájvíz*
5	toothpaste	*fogkrém*
6	electric shaver	*villanyborotva*
7	talcum powder	*hintőpor*
8	deodorant spray	*dezodor*
9	hairbrush	*hajkefe*
10	comb [kəʊm]	*fésű*
11	cream	*krém*
12	tap; AmE faucet	*csap*
13	washbasin	*mosdókagyló*
14	plughole; AmE drain	*lefolyó*
15	soap	*szappan*
16	soap dish	*szappantartó*
17	bath towel	*törülköző*
18	dirty clothes basket	*szennyestartó*
19	hairdryer	*hajszárító*
20	stool	*ülőke*
21	bath mat	*fürdőszobaszőnyeg*
22	slippers <tsz>	*papucs*
23	scale(s)	*mérleg*
24	toilet bowl	*vécékagyló*
25	toilet seat	*vécéülőke*
26	lid	*vécéfedél*
27	toilet brush	*vécékefe*
28	BrE toilet paper; AmE bathroom tissue	*vécépapír*
29	sponge	*szivacs*
30	bathtub	*(fürdő)kád*
31	shower gel	*tusfürdő*
32	shower	*zuhany*
33	shower head	*zuhanyrózsa*
34	hose	*zuhanycső*
35	tile	*csempe*
36	shower curtain	*zuhanyfüggöny*

645

wrapping paper ['ræpɪŋ peɪpə] <fn> [U] csomagolópapír
wrath [rɒθ] <fn> [U] harag; düh
wreath [ri:θ] <fn> [C] (wreaths) **1.** koszorú **2.** füstkarika
¹**wreck** [rek] <ige> **1.** összetör; lerombol; elpusztít; romba dönt; tönkretesz **2. be wrecked** hajótörést szenved
²**wreck** [rek] <fn> [C] **1.** *(tárgyé)* roncs: *a wreck on the sea-bottom* roncs a tengerfenéken **2.** biz *(személy)* roncs: *a nervous wreck* idegroncs
wreckage ['rekɪdʒ] <fn> [U] roncs: *the wreckage of the ship* hajóroncs
wrecker ['rekə] <fn> [C] AmE autómentő
wren ['ren] <fn> [C] *(madár)* ökörszem
¹**wrench** [rentʃ] <ige> **1.** *(testrészt)* kificamít: *wrench one's ankle* kificamítja a bokáját **2.** kiránt: *wrench sg out of sy's hand* kiránt vmit vkinek a kezéből
²**wrench** [rentʃ] <fn> **1.** [U] az elválás okozta fájdalom **2.** [C] AmE csavarkulcs; villáskulcs **3.** [U, C] ficam
wrest [rest] <ige> kitép; kiránt: *wrest sg from/out of sy's hands* kitép/kicsavar vmit vkinek a kezéből
wrestle ['resl] <ige> (wrestles, wrestling, wrestled) **1.** birkózik (**with sy** vkivel) **2.** küzd; küszködik (**with sg** vmivel): *wrestle with the homework* küszködik a házi feladattal
wrestler ['reslə] <fn> [C] birkózó
wrestling ['reslɪŋ] <fn> [U] birkózás
wretch [retʃ] <fn> [C] **1.** nyomorult/szerencsétlen alak **2.** hitvány ember
wretched ['retʃɪd] <mn> **1.** nyomorult; szerencsétlen **2.** ellenszenves; rohadt; átkozott **3.** biz nyavalyás; nyamvadt; vacak: *this wretched machine* ez a nyamvadt gép **4.** pocsék; iszonyú; rettenetes: *wretched weather* pocsék idő
wriggle ['rɪgl] <ige> (wriggles, wriggling, wriggled) **1.** vonaglik; izeg-mozog; vergődik; tekergőzik; kígyózik **2.** ide-oda mozgat; csavargat

---

wriggle about/around fészkelődik
wriggle out of sg kibújik vmi alól; kihátrál vmiből: *wriggle out of responsibility* kibújik a felelősség alól
wriggle oneself out of sg *(bajból)* kieviczkél

---

wring [rɪŋ] <ige> (wrings, wringing, wrung, wrung) **wring sg (out)** *(ruhát stb.)* kicsavar; kifacsar; kiteker

---

wring sg from/out of sy kierőszakol; kicsikar; kizsarol vmit vkiből

---

wringing wet [,rɪŋɪŋ'wet] <mn> csuromvizes; bőrig ázott
¹**wrinkle** ['rɪŋkl] <fn> [C] **1.** ránc; redő; barázda **2.** gyűrődés
²**wrinkle** ['rɪŋkl] <ige> (wrinkles, wrinkling, wrinkled) **1.** (össze)ráncol; redőz **2.** (öszsze)ráncolódik **3.** (össze)gyűrődik
wrinkled ['rɪŋkld] <mn> **1.** ráncos **2.** gyűrött
wrist [rɪst] <fn> [C] csukló
wristband ['rɪstbænd] <fn> [C] **1.** kézelő; mandzsetta **2.** sp csuklópánt
wristwatch ['rɪstwɒtʃ] <fn> [C] karóra
write [raɪt] <ige> (writes, writing, wrote, written) **1.** ír: *write on the blackboard* a táblára ír * *write sg on the bottom of an envelope* a boríték aljára ír vmit * *learn to write at school* írni tanul az iskolában * *write in ink/pencil* tintával/ceruzával ír * *write in block letters* nyomtatott betűkkel ír * *write as one/two words* egybeír/különír **2.** *(író stb.)* (meg)ír: *write a book on sg* könyvet ír vmiről * *write software* szoftvert ír * *write about one's experiences* az élményeiről ír * *write for a magazine* egy magazinnak ír **3.** *(levelet stb.)* (meg)ír (**sg to sy/sy sg** vmit vkinek): *write a letter to sy* levelet ír vkinek * *I wrote to Jim last yesterday.* Tegnap írtam Jimnek. * *He wrote that he would come.* Azt írta, hogy jön. * *Write as soon as you get to Budapest.* Amint Budapestre érsz, írj! **4.** *(csekket stb.)* kiállít; kitölt (**sy sg** vkinek vmit): *He wrote me a cheque for the full amount.* Kiállított nekem egy csekket a teljes összegről.

---

write away for sg írásban megrendel vmit
write back *(levélben)* válaszol
write sg down leír vmit
write in to sy/sg levélben fordul vkihez/vmihez
write off/away for sg írásban megrendel vmit
write sg off *(veszteséget, adósságot)* leír
write sg up 1. megír; feldolgoz vmit; *(jegyzeteket)* letisztáz; naprakész állapotba hoz **2.** ismertet vmit **3.** feldicsér vmit

---

write-off ['raɪtɒf] <fn> [C] BrE *(autó)* totálkáros: *The car is a write-off.* Az autó totálkáros./Leírták a kocsit.
write-protected [,raɪtprə'tektɪd] <mn> infor írásvédett

writer [raɪtə] <fn> [C] író; szerző
write-up ['raɪtʌp] <fn> [C] kritika; (főleg) feldicsérő (újság)cikk: *The play got a really good write-up.* A darab nagyon jó kritikát kapott./ A darabnak jó sajtója volt.
writhe [raɪð] <ige> (writhes, writhing, writhed) *(fájdalomtól)* vonaglik
writing ['raɪtɪŋ] <fn> **1.** [U] *(tevékenység)* írás: *reading and writing* olvasás és írás ∗ *letter writing* levélírás **2.** [U] *(könyvé)* írás: *have a talent for writing* van tehetsége az íráshoz **3.** [U] (kéz)írás: *I couldn't read his writing.* Nem tudtam olvasni az írását. **4.** [C] írás(mű): *I've read all his writings.* Minden írását olvastam.
writing desk ['raɪtɪŋ desk] <fn> [C] íróasztal
writing paper ['raɪtɪŋ peɪpə] <fn> [U] levélpapír
writings ['raɪtɪŋz] <fn> [pl] vki művei
¹written ['rɪtn] → **write**
²written ['rɪtn] <mn> írott; írásbeli: *written examination* írásbeli vizsga
¹wrong [rɒŋ] <mn> **1.** rossz; hibás: *give the wrong answer* rossz választ ad ∗ *go to the wrong direction* rossz irányba megy ∗ *a wrong washing machine* rossz mosógép ∗ *wrong number* téves kapcsolás ∗ *You have got wrong number.* Téves (telefonhívás/kapcsolás)!/Rossz számot hívott! ∗ *You brought me the wrong book.* Nem azt a könyvet hoztad, amelyiket kértem. **2.** rossz; helytelen; nem jó (**to do sg** vmi(nek a megtételé)re): *Telling a lie is wrong.* Hazudni helytelen/nem jó. **3.** rossz; nem megfelelő: *He is the wrong person for this job.* Nem megfelelő erre az állásra. **4.** baj (**with sg/sy** vmivel/ vkivel): *What's wrong with you?* Mi a bajod? ∗ *There is something wrong with this machine.* Valami baj van ezzel a géppel. **5. be wrong** téved; nincs igaza (**about sg/sy** vmivel/vkivel kapcsolatban): *Correct me if I'm wrong.* Javíts ki, ha tévedek. ∗ *He is right but you are wrong.* Neki igaza van de neked nincs.
²wrong [rɒŋ] <hsz> rosszul; tévesen; helytelenül; hibásan: *write a word wrong* rosszul ír egy szót ∗ *You added up these numbers wrong.* Rosszul adtad össze ezeket a számokat.

♦ **get sy wrong** biz félreért vkit *Don't get me wrong!* Ne érts félre! ♦ **get sg wrong** elhibáz vmit ♦ **go wrong 1.** rosszul sikerül *Everything has gone wrong for him in the past weeks.* Az elmúlt hetekben minden rosszul sikerült neki. biz **2.** elromlik *The printer has gone wrong.* Elromlott a nyomtató.
³wrong [rɒŋ] <fn> **1.** [U] a rossz; a helytelen: *the difference between right and wrong* a jó és a rossz közötti különbség **2.** [C, U] igazságtalanság: *do sy wrong* igazságtalan vkivel szemben; rosszat tesz vkinek **3.** [C, U] méltatlanság: *do wrong to sy* méltatlanul bánik vkivel **4.** [C] sérelem **5.** [C] hiba; tévedés: *do wrong* hibázik; téved

♦ **be in the wrong** téved ♦ **right a wrong** jóvá tesz vmi hibát; jóra fordít rosszat
wrongdoer ['rɒŋˌduːə] <fn> [C] jogsértő; bajkeverő; bűnös
wrongdoing ['rɒŋduːɪŋ] <fn> [C, U] **1.** jogsértés; törvénysértés; szabálysértés **2.** gaztett **3.** igazságtalanság; méltánytalanság
wrongful ['rɒŋfl] <mn> jogtalan; törvénytelen; igazságtalan
wrongly ['rɒŋli] <hsz> **1.** rosszul; helytelenül: *a wrongly addressed letter* rosszul címzett levél **2.** jogtalanul: *rightly of wrongly* joggal vagy jogtalanul ∗ *be wrongly treated* rosszul/jogtalanul/igazságtalanul bánnak vele **3.** ártatlanul: *be wrongly accused* ártatlanul vádolják
wrote [rəʊt] → **write**
wrought iron [ˌrɔːt'aɪən] <fn> [U] kovácsoltvas
wrought-iron [ˌrɔːt'aɪən] <mn> *(kapu stb.)* kovácsoltvas
wrung [rʌŋ] → **wring**
wry [raɪ] <mn> *(mosoly stb.)* kényszeredett; fanyar: *a wry smile* kényszeredett mosoly ∗ *make a wry face* savanyú képet vág
wt [= weight] súly
WWW [ˌdʌbljuːdʌbljuːˈdʌbljuː] [= world wide web] infor WWW (= világháló)

X, x

X, x [eks] <fn> [C, U] (Xs, X's, x's) *(betű)* X; x
xenophobe ['zenəfəʊb] <fn> [C] idegengyűlölő
xenophobia [ˌzenə'fəʊbɪə] <fn> [U] idegengyűlölet
xenophobic [ˌzenə'fəʊbɪk] <mn> idegengyűlölő
¹xerox ['zɪərɒks] <fn> [C] **1.** fénymásoló(gép) **2.** fénymásolat
²xerox ['zɪərɒks] <ige> fénymásolatot készít
XL [ˌeks'el] [= extra large (size)] XL (= extra nagy (méret))
Xmas ['krɪsməs, 'eksməs] <fn> [C, U] biz karácsony

¹X-ray ['eksreɪ] <fn> [C] (X-rays) **1.** röntgen: *I have broken my leg so I am going to the hospital for an X-ray.* Eltörtem a lábam, úgyhogy megyek a kórházba röntgenre. **2.** röntgenfelvétel: *The doctor took an X-ray of my broken leg.* Az orvos röntgenfelvételt készített a törött lábamról.
²X-ray ['eksreɪ] <ige> röntgenfelvételt készít; (meg)röntgenez: *The doctor X-rayed my left arm to see if it was broken.* Az orvos megröntgenezte a jobb karomat, hogy megnézze, eltörött-e.
xylophone ['zaɪləfəʊn] <fn> [C] xilofon: *He got a nice xylophone for Xmas.* Kapott egy szép xilofont karácsonyra.

Y, y

Y, y [waɪ] <fn> [C, U] (Ys, Y's, y's) *(betű)* Y; y
yacht [jɒt] <fn> [C] jacht; versenyvitorlás
yachting ['jɒtɪŋ] <fn> [U] vitorlázás; jachtozás
¹yank [jæŋk] <ige> megránt; rángat: *yank sy out of the mud* kirángcigál/kiránt vkit a sárból
²yank [jæŋk] <fn> [C] hirtelen rántás; tépés: *give sg a yank* megránt vmit
³Yank [jæŋk] <fn> [C] pej BrE jenki
Yankee ['jæŋkɪ] <fn> [C] **1.** pej BrE jenki **2.** biz AmE *(északi amerikai)* jenki
yap [jæp] <ige> (yaps, yapping, yapped) **1.** *(kutya)* vakkant (**at sy/sg** vkire/vmire); csahol **2.** biz zagyvál; összehord; jár a szája
¹yard [jɑːd] <fn> [C] röv yd *(hosszmérték)* yard
²yard [jɑːd] <fn> [C] **1.** udvar: *school yard* iskolaudvar **2.** telep **3.** kiskert
yardstick ['jɑːdstɪk] <fn> [C] egy yardos mérőrúd
yarn [jɑːn] <fn> **1.** [U] fonal **2.** [C] biz mese; történet
¹yawn [jɔːn] <ige> ásít
²yawn [jɔːn] <fn> [C] ásítás
yd [= yard] *(hosszmérték)* yard
yeah [jeə] <isz> biz igen; ja; aha
year [jɪə] <fn> **1.** [C] év: *all the year round* egész éven át ∗ *by the end of the year* az év végéig ∗ *a five-year delay* ötéves késés ∗ *for a few years* pár/néhány évig ∗ *in a year's time* egy év alatt/múlva ∗ *years ago* évekkel ezelőtt ∗ *last year* tavaly ∗ *next year* jövőre ∗ *this year* idén ∗ *In which year were you born?* Melyik évben születtél? ∗ *There are 365 days in a year.* 365 nap van egy évben. **2.** [C] *(iskolai stb.)* év: *the school year* tanév ∗ *the tax year* adóév **3.** [C] *(életkor)* év: *She is three years old.* Háromévés. ∗ *He is a ten-year-old boy.* Tízéves fiú. **4. years** [pl] (hosszú) évek: *years ago* évekkel ezelőtt ∗ *years later* évekkel később

◆ **year after year//year in year out//from year to year** évről évre ◆ **be in years** benne van a korban ◆ **be young for one's years** korához képest fiatal ◆ **well on in years//be getting on in years** előrehaladott korú ◆ **die full of years** késő öregkorban hal meg

yearbook [jɪəbʊk] <fn> [C] évkönyv
¹yearly ['jɪəlɪ] <mn> évenkénti; évi
²yearly ['jɪəlɪ] <hsz> **1.** évenként; évente; minden évben **2.** évente egyszer
yearn [jɜːn] <ige> vágyódik; sóvárog; áhítozik (**for sy/sg** vki/vmi után)
¹yearning ['jɜːnɪŋ] <fn> [C, U] vágyakozás; sóvárgás
²yearning ['jɜːnɪŋ] <mn> sóvárgó; epekedő; vágyakozó
yeast [jiːst] <fn> [U] élesztő
¹yell [jel] <ige> ordít; üvölt; kiabál (**at sy/sg** vkire/vmire)
²yell [jel] <fn> [C] ordítás
¹yellow ['jeləʊ] <mn> (yellower, yellowest) **1.** sárga: *become yellow* megsárgul; elsárgul **2.** biz gyáva
²yellow ['jeləʊ] <fn> [C, U] *(szín)* sárga
³yellow ['jeləʊ] <ige> **1.** (meg)sárgít **2.** (meg-)sárgul: *Leaves are beginning to yellow.* Kezdenek sárgulni a levelek.
yellow card [jeləʊ 'kɑːd] <fn> [C] *(labdarúgónak)* sárga lap
yellow fever [jeləʊ 'fiːvə] <fn> [U] sárgaláz
yellowish ['jeləʊɪʃ] <mn> sárgás
Yellow Pages [jeləʊ 'peɪdʒɪz] <fn> [pl] gazd szaknévsor; szakmai telefonkönyv; Arany Oldalak
¹yelp [jelp] <fn> [C] **1.** vonítás; csaholás; vakkantás **2.** *(fájdalomtól)* éles kiáltás; (fel)sikoltás
²yelp [jelp] <ige> **1.** vonít; csahol; ugat **2.** *(fájdalomtól)* felsikolt; felkiált
yep [jep] <isz> biz ja; igen
¹yes [jes] <hsz> **1.** igen **2.** *(megszólításra válasz)* Igen?: "Sue!" "Yes?" „Sue!" „Igen?/Tessék?" **3.** dehogy(is)nem!: "He won't come." "Yes, he will!" „Nem fog eljönni." „Dehogynem!" ∗ *yes indeed* Hogyne!/De bizony!
²yes [jes] <fn> [C] igen(lő szavazat)
¹yesterday ['jestədeɪ] <hsz> tegnap: *yesterday morning* tegnap reggel ∗ *yesterday week* tegnap egy hete ∗ *Yesterday I went to the zoo.* Tegnap az állatkertbe mentem. ∗ *I couldn't do my homework yesterday.* Tegnap nem tudtam megcsinálni a házi feladatomat.
²yesterday ['jestədeɪ] <fn> [C] tegnap(i nap): *the day before yesterday* tegnapelőtt ∗ *a week (from) yesterday* tegnaphoz egy hétre ∗ *Yesterday was a tiring day.* Fárasztó nap volt tegnap/a tegnapi (nap). ∗ *yesterday's paper*

a tegnapi újság * He spent the whole of yesterday washing. Az egész tegnapi napot mosással töltötte.

¹yet [jet] <hsz> **1.** még; eddig: *I haven't written the letter yet.* Még nem írtam meg a levelet. * *"Have you brushed your teeth?" "No, not yet."* „Megmostad a fogadat?" „Nem, még nem!" * *I'm not yet ready.* Még nem vagyok kész. **2.** már: *Has the postman come yet?* Jött már a postás? * *Have you done your homework yet?* Megcsináltad már a házi feladatodat? **3.** még: *We don't have to go yet.* Még nem kell mennünk! **4.** (egyszer) még; valaha: *He may yet come.* Még jöhet! **5.** még (egy/több): *make yet another mistake/make yet more mistakes* még egy/több hibát követ el * *yet again* már megint; újra **6.** még (annál is) …bb: *yet more terrible experience* még rettenetesebb élmény ♦ **as yet** még eddig; a mai napig

²yet [jet] <ksz> mégis; de azért; mégsem: *not bad, yet not good* nem rossz, de azért nem is jó * *He is clever enough, yet we don't really like him.* Elég okos, mégsem szeretjük igazán. * *I arrived home tired and ill, yet happy.* Fáradtan és betegen, de azért/mégis boldogan tértem haza.

yew [ju:] <fn> [C] tiszafa

YHA [ˌwaɪəɪtʃˈeɪ] [= Youth Hostels Association] Ifjúsági Turistaszállók/Turistaházak Szövetsége

¹yield [ji:ld] <ige> **1.** terem; hoz; jövedelmez: *This tree has yielded a lot of apples this year.* Az idén sok almát termett/hozott ez a fa. * *yield profit* hasznot hajt; jövedelmez * *yield interest at 8%* 8%-ot kamatozik **2.** enged; megenged; beismer **3.** átad; átenged: *yield the place to sy* átengedi a helyet vkinek * *yield power to sy* átengedi a hatalmat vkinek **4. yield oneself** megadja magát **5.** enged; meghajlik; beszakad; megadja magát: *yield to force* enged az erőszaknak * *At last the lock yielded.* Végül a zár megadta magát. **6.** meghódol; megadja magát; behódol (**to sy** vkinek) **7.** AmE elsőbbséget ad (**to sy/sg** vkinek/vminek): *You have to yield to traffic from the left here.* Itt a balról érkező forgalomé az elsőbbség * *Yield!* Elsőbbségadás kötelező!

²yield [ji:ld] <fn> [C, U] termés; hozam; haszon: *the annual yield of wheat* az éves búzatermés * *have an annual yield of 5%* évi 5%-os hozama van

YMCA [ˌwaɪemsi:ˈeɪ] [= Young Men's Christian Association] ≈ KIE (= Keresztyén Ifjúsági Egyesület)

yoga [ˈjəʊgə] <fn> [U] jóga

yoghurt [ˈjɒɡət] <fn> [C, U] joghurt

yogurt [ˈjɒɡət] <fn> [C, U] joghurt

yoke [jəʊk] <fn> **1.** [C] járom; iga **2.** [U] rabiga; rab(szolga)ság

yolk [jəʊk] <fn> [C, U] tojássárgája

YOLO [ˈjəʊləʊ] [= you only live once] egyszer élünk

you [ju:] <névm> **1.** te; téged; ti; titeket; maga; magát; maguk; magukat; ön; önt; önök; önöket: *You are my best friend.* Te vagy a legjobb barátom. * *You'll win this competition.* Te nyered/Ti nyeritek/Maguk nyerik ezt a versenyt. * *Are you all right?* Minden rendben van (veled/veletek/önökkel)? * *Where are you going?* Hová mész/mentek/mennek? * *How are you?* Hogy vagy/vagytok/vannak? **2.** (megszólításnál) te; ti; maga; maguk; ön; önök: *You naughty boy!* Te rosszcsont! * *You idiot!* Te hülye! **3.** (általános alany kifejezésére) az ember: *You must stop at the zebra crossing.* A zebránál meg kell állni. * *If you don't eat you will be hungry.* Ha nem eszik az ember, éhes lesz. * *You never know who will help you.* Sohasem lehet tudni, ki segít (az embernek). * *You always have to be careful.* Az embernek mindig óvatosnak kell lennie./Mindig óvatosnak kell lennünk!

¹you'd [ju:d] [= you had] → **have**

²you'd [ju:d] [= you would] → **would**

you'll [ju:l] [= you will] → **will**

¹young [jʌŋ] <mn> (younger, youngest) **1.** fiatal: *a young man* fiatal férfi * *be younger than sy* fiatalabb vkinél * *the youngest girl in the class* a legfiatalabb lány az osztályban * *when I was young* fiatalkoromban **2.** kezdő

²young [jʌŋ] <fn> [pl] **1.** kölyök; fióka: *be with young* vemhes **2. the young** a fiatalok

youngster [ˈjʌŋstə] <fn> [C] gyerkőc; ifjú; siheder; kamasz

your [jɔː] <det> **1.** a te …d; az ön/a maga/az önök/a maguk…-a, -e, -ja, -je, -uk, -ük; a ti…-atok, -etek: *your house* a te házad/a ti házatok/az önök háza * *your cat* a macskád/a macskátok/az önök macskája **2.** (általános alany) az ember…-a, -e, -ja, -je: *You never forget your first day at school.* Az ember nem felejti el az első napját az iskolában.

you're [jɔː] [= you are] → **be**

yours [jɔːz] <névm> **1.** a tied; a tietek; a tieitek; az öné; az önöké; a magáé; a maguké: *this is yours* ez a tied/a tietek stb. * *you and yours* te és a tieid * *This dress is yours, isn't it?* Ez a te ruhád/a ti ruhátok/az önök ruhája, ugye? * *This is mine, not yours.* Ez az enyém, nem a tied. * *Yours is here.* Itt a tied. * *Is he a friend of yours?* Ő az egyik barátod? **2. Yours**

(levél végén) üdvözlettel; tisztelettel: *Yours sincerely... (hivatalos levél végén)* Őszinte tisztelettel * *Yours... (kevéshé hivatalos levél végén)* Tisztelettel * *Yours faithfully//Yours truly (ha a megszólítás "Dear Sir")* Őszinte tisztelettel * *Sincerely yours* AmE Őszinte tisztelettel * *very truly yours* AmE *(formálisabban)* Őszinte tisztelettel * *Yours... (magánlevél végén)* Szeretettel...

yourself [jɔːˈself] <névm> (yourselves) **1.** magad(at); önmaga; önmagát; önmaguk(at): *Did you hurt yourself/yourselves?* Megsértetted magad?/Megsértettétek magatokat?/Megsértette magát?/Megsértették magukat? * *Buy yourself/yourselves a new hat.* Vegyél magadnak/Vegyetek magatoknak/Vegyen magának/Vegyenek maguknak egy új kalapot! * *Look at yourself/yourselves in the mirror.* Nézd meg magad/Nézzétek meg magatokat/Nézze meg magát/Nézzék meg magukat a tükörben! **2.** (te/saját) magad; (ti/saját) magatok; maga: *I'm sure you yourself can manage it.* Biztos vagyok benne, hogy te magad meg tudod oldani! * *You yourself can't do it.* Te saját magad nem tudod megcsinálni. **3.** te; ti; ön; önök; maga; maguk: *I started school yesterday. And yourself?* Tegnap kezdtem az iskolát. És te/ti/maguk?

♦ **by yourself 1.** *(segítség nélkül)* egyedül *Can you do it by yourself?* Meg tudod csinálni egyedül/egymagad? **2.** egyedül *You live by yourself, don't you.* Egyedül élsz, ugye? ♦ **Be yourself!** Szedd össze magad!

youth [juːθ] <fn> **1.** [U] fiatalság; ifjúság; ifjúkor: *enjoy one's youth* élvezi a fiatalságát * *in my youth* fiatalkoromban * *I spent my youth here.* Itt töltöttem a fiatalságomat. **2.** [C] (youths) *(személy)* fiatal: *four youths* négy fiatal * *a gang of youths* fiatalok bandája **3. the youth** [pl] a fiatalság; a fiatalok: *the youth of my town* városom fiatalsága

youth club [ˈjuːθ klʌb] <fn> [C] ifjúsági klub
youth hostel [ˈjuːθ hɒstl] <fn> [C] ifjúsági (turista)szálló; turistaház
youthful [ˈjuːθfl] <mn> **1.** fiatalos; a fiatalokra jellemző **2.** ifjúkori; fiatalkori **3.** életerős
you've [juːv] [= you have] → **have**
¹**Yugoslav** [ˈjuːgəʊslɑːv] <mn> jugoszláv
²**Yugoslav** [ˈjuːgəʊslɑːv] <fn> [C] *(személy)* jugoszláv
Yugoslavia [ˌjuːgəʊˈslɑːvɪə] <fn> Jugoszlávia
yummy [ˈjʌmɪ] <mn> biz *(étel)* fincsi
yuppie [ˈjʌpɪ] <fn> [C] (yuppies) biz, pej yuppie
YWCA [ˌwaɪdʌbljuːsiːˈeɪ] [= Young Women's Christian Association] ≈ KIE (= Keresztyén Ifjúsági Egyesület)

Z, z

Z, z [zed] <fn> [C, U] (Zs, Z's, z's) *(betű)* Z; z
zany ['zeɪnɪ] <mn> (zanier, zaniest) biz lökött; mulatságos
zap [zæp] <ige> (zaps, zapping, zapped) biz **1.** kinyír; megsemmisít: *zap the enemy* kinyírja az ellenséget **2.** *(egyik tévécsatornáról a másikra)* kapcsolgat **3.** siet; szalad: *I zap into town and do some shopping.* Beszaladok a városba és bevásárolok.
zeal [ziːl] <fn> [U] buzgalom; buzgóság; lelkesedés; hév: *religious zeal* vallási buzgóság
zealous ['zeləs] <mn> buzgó; lelkes: *be zealous in doing sg* lelkesen csinál vmit
zealously ['zeləslɪ] <hsz> buzgón; lelkesen
zebra ['zebrə, AmE 'ziːbrə] <fn> [C] (zebra v. zebras) zebra: *There are nice black and white lines on the body of the zebra.* A zebra testén szép fekete-fehér csíkok vannak.
zebra crossing [ˌzebrə'krɒsɪŋ] <fn> [C] zebra; (kijelölt) gyalogátkelőhely
zero ['zɪərəʊ] <fn> (zeros v. zeroes) **1.** [C, U] nulla; zéró **2.** [U] nulla fok; fagypont: *The temperature fell to zero.* A hőmérséklet nulla fokra esett. ∗ *The temperature is five degrees below zero.* A hőmérséklet öt fok fagypont alatt. **3.** [U] nulla; semmi; zéró: *zero tolerance* zéró tolerancia
zest [zest] <fn> [U] **1.** élvezet; gyönyörűség: *do sg with zest* élvezettel csinál vmit **2.** *(ízesítőül)* narancs/citrom héja
¹zigzag ['zɪɡzæɡ] <fn> [C] cikcakk: *in zigzags* cikcakkban; cikcakkosan
²zigzag ['zɪɡzæɡ] <ige> (zigzags, zigzagging, zigzagged) **1.** cikcakkban/cikcakkosan helyez el **2.** cikcakkban/cikcakkosan halad
zinc [zɪŋk] <fn> [U] cink
¹zip [zɪp] <fn> [C] cipzár: *do up a zip* felhúzza a cipzárt ∗ *undo a zip* lehúzza a cipzárt
²zip [zɪp] <ige> (zips, zipping, zipped) becipzároz: *This bag's too full, I can't zip it.* A táska nagyon tele van, nem tudom becipzározni.

zip sg up *(cipzárt kabáton stb.)* behúz; felhúz

zip code ['zɪp kəʊd] <fn> [C] AmE (postai) irányítószám: *Don't forget to write your zip code on the envelope.* Ne felejtsd el ráírni az irányítószámodat a borítékra!
zipper ['zɪpə] <fn> [C] AmE cipzár
zodiac ['zəʊdɪæk] <fn> **the zodiac** [sing] állatöv; zodiákus: *signs of the zodiac* állatövi jegyek/jelek
zone [zəʊn] <fn> [C] **1.** övezet; zóna; körzet: *war zone* hadi övezet **2.** égöv: *torrid zone* forró égöv
zoo [zuː] <fn> [C] (zoos) állatkert: *We are going to the zoo tomorrow afternoon.* Holnap délután elmegyünk az állatkertbe.
zoological [ˌzəʊə'lɒdʒɪkl] <mn> **1.** állattani; zoológiai **2.** állati; állat-: *zoological gardens* állatkert
zoologist [zəʊ'ɒlədʒɪst] <fn> [C] zoológus
zoology [zəʊ'ɒlədʒɪ] <fn> [U] állattan; zoológia
¹zoom [zuːm] <ige> száguld; robog: *He got into the car and zoomed off.* Beült az autóba és elszáguldott.

zoom in infor kinagyít; ráközelít
zoom in (on sy/sg) *(fényképezőgép)* ráközelít (vkire/vmire)
zoom out infor lekicsinyít

²zoom [zuːm] <fn> [C] gumiobjektív; gumilencse
zucchini [zu'kiːnɪ] <fn> [C] (zucchini v. zucchinis) cukkini
Zurich ['zʊərɪk] <fn> Zürich

MAGYAR–ANGOL SZÓTÁR

A, a, Á, á

¹A, a <fn> **1.** *(betű)* A; a **2.** zene *(hang)* A: *A-dúr* A major ∗ *a-moll* A minor

²a <ht névelő> the: *a citrom* the lemon ∗ *a harmadik* the third ∗ *a britek* the British ∗ *a szegények* the poor

¹Á, á <fn>
  ♦ **átol cettig** from A to Z

²á <isz> **1.** *(ellenkezés kifejezésére)* ah; oh: *Á, dehogy!* Oh no! **2.** *(csodálkozás kifejezésére)* ah; oh: *Á, ez nekem új!* Oh, that is new to me!

¹abba <hsz> (in)to that; there: *abba a házba* (in)to that house

²abba → **¹az**

abbahagy <ige> stop (doing sg); cease; *(végleg)* give✧ up: *abbahagyja a beszélgetést* stop talking ∗ *Hagyd abba!* Stop it! ∗ *abbahagyja a dohányzást* give up smoking

abbamarad <ige> cease; be✧ broken off: *Abbamaradt a zaj.* The noise ceased.

¹abban <hsz> *(benne)* in it/that: *Mi van abban?* What's in it?

²abban → **¹az**

¹abból <hsz> **1.** *(belsejéből)* from/out of it/that: *Én ittam abból.* I have drunk from it. **2.** *(forrásból)* from/out of it/that: *abból tanul* learn from it **3.** *(anyagból)* from/out of it/that: *Abból olajat nyerünk.* We can get oil from it.

²abból → **¹az**

ábécé <fn> **1.** *(betűk)* alphabet; *(ahogyan a gyerekek tanulják)* ABC; AmE ABCs <tsz>: *a latin/görög ábécé* the Roman/Greek alphabet ∗ *Tudod az ábécét?* Do you know your ABC? **2.** *(alapismeretek)* ABC; AmE ABCs <tsz>: *a konyhaművészet ábécéje* the ABC of gastronomy

ábécérend <fn> alphabetic(al) order: *ábécérendben* in alphabetical order ∗ *ábécérendbe rendez vmit* put sg in alphabetic order

ablak <fn> **1.** *(házon, járművön)* window: *kinyitja/becsukja az ablakot* open/close the window ∗ *Az ablak a kertre néz.* The window faces the garden. ∗ *Az ablak kifelé nyílik.* The window opens outwards. **2.** *(hivatalban)* counter **3.** infor window

ablakkeret <fn> window frame

ablakpárkány <fn> windowsill; (window)sill; window ledge

ablakredőny <fn> (rolling) shutter

ablaktörlő <fn> windscreen wiper; AmE windshield wiper

ablaküveg <fn> **1.** *(ablaktábla)* window-pane **2.** *(anyag)* window-glass; sheet-glass

abortusz <fn> *(spontán)* miscarriage; *(művi)* abortion: *az abortusz etikai vonatkozásai* the morality of abortion

ábra <fn> *(könyvben)* illustration; *(szövegközi)* figure; *(sematikus)* diagram: *A virágot a 3. ábra mutatja.* The flower is shown in figure 3.
  ♦ **Mi az ábra?** biz What's the score?

abrak <fn> fodder

ábránd <fn> dream; fancy; fantasy; illusion

ábrándozik <ige> dream (**vmiről** of sg); daydream (**vmiről** about sg): *Mindig arról ábrándozik, hogy énekesnő lesz.* She always dreams of becoming a singer.

ábrándvilág <fn> biz BrE cloud cuckoo land; AmE la-la land

ábrázat <fn> countenance

ábrázol <ige> **1.** *(képileg)* depict; portray; represent: *A kép engem ábrázol.* The picture portrays me. **2.** *(megjelenít)* describe; depict; portray: *Mit ábrázol a regény?* What does the novel describe/depict?

ábrázolás <fn> **1.** *(képi)* depiction **2.** *(leírás)* representation; portrayal

abroncs <fn> **1.** *(pánt)* hoop **2.** *(keréken)* tyre; AmE tire

abrosz <fn> tablecloth

ABS <fn> ABS (= anti-lock braking system)

abszolút <mn> absolute: *abszolút többség/kisebbség* absolute/clear majority/minority ∗ *abszolút kezdő* an absolute beginner ∗ *abszolút hallás* absolute pitch ∗ *abszolút érték* absolute value

absztrakt <mn> **1.** *(elvont)* abstract **2.** *(művészet)* abstract

abszurd <mn> *(képtelen)* absurd; nonsensical; *(felháborító)* preposterous

¹acél <mn> steel

²acél <fn> steel: *rozsdamentes acél* stainless steel

acélipar <fn> steel industry

acélmű <fn> steelworks <tsz>

ács <fn> carpenter

ácsmunka <fn> carpentry

ácsol <ige> do✧ the carpentry/ woodwork

ácsorog <ige> loiter

ad <ige> **1.** *(odanyújt)* give✧ (**vkinek vmit** sg to sy // sy sg); hand (**vkinek vmit** sg to sy // sy sg): *Adott*

nekem egy tollat. She gave me a pen. * *Könyvet adtam neki.* I handed a book to him. **2.** *(ajándékba)* give✧ (**vkinek vmit** sg to sy // sy sg): *Mit adsz a lányodnak karácsonyra?* What are you giving your daughter for Christmas? **3.** *(nyújt)* provide (**vkinek vmit** sg to sy // sy sg); afford (**vkinek vmit** sy sg): *A fa némi menedéket ad az eső ellen.* The tree affords some shelter from the rain. * *segítséget ad vkinek vmiben* help sy with sg; give help to sy **4.** *(ráad)* put (**vkire vmit** sg on sy) **5.** *(fizet)* give✧; pay✧: *Száz forintot adtam az almáért.* I have paid/given a hundred forints for the apple. **6.** *(árut)* give✧; sell✧ (**vmit vmennyiért** sg for sg): *Mennyiért adják az almát?* How much is the apple? / What's the price of the apple? **7.** *(szolgáltat)* give✧; donate: *nagylelkűen ad* give generously * *vért ad* give blood **8.** *(órákat)* give✧: *franciaórákat ad* give French lessons **9.** *(rendez)* give✧ **10.** *(bemutat)* present; *(sugároz)* broadcast; transmit; present: *színdarabot adnak* present a play * *A kedvenc filmemet adják.* My favourite film is on. * *Most mit adnak?* What's on just now? * *Új filmet adnak a mozikban.* There's a new film on at the cinemas. **11.** *(fontosságot tulajdonít)* lay✧ stress (**vmire** on sg): *sokat ad vmire* lay great stress on sg **12.** *(adományoz)* grant; donate (**vmit vkinek** sg to sy // sy sg)
♦ **Majd adok én neked!** I'll give you what for!
adag <fn> **1.** *(ételé)* portion: *Dupla adag csirkét ettem.* I ate a double portion of chicken. **2.** *(orvosságé)* dose: *halálos adag* lethal dose
adagol <ige> **1.** *(adagokra oszt)* ration **2.** *(orvosságot)* dose **3.** műsz *(gépet etet)* feed✧
adakozás <fn> **1.** *(adomány)* contribution; donation **2.** vall offerings <tsz>
adakozik <ige> contribute; donate
adalék <fn> **1.** *(anyag)* additive **2.** *(témához stb.)* contribution (**vmihez** to sg)
adalékanyag <fn> additive
ádámcsutka <fn> Adam's apple
adandó <mn> **adandó alkalommal** when opportunity offers: *az első adandó alkalommal* at the earliest/first opportunity
adapter <fn> adaptor; adapter
adás <fn> *(közvetítés)* broadcast; transmission: *élő adás* live broadcast/transmission * *Adásunk véget ért.* We are closing down * *adásban van* be on the air
adásszünet <fn> intermission
adat <fn> data <tsz = esz/tsz ige>: *személyes adatok* personal data; sy's particulars * *adatokat gyűjt* collect/gather data
adatbank <fn> databank

adatbázis <fn> database: *egy online adatbázis* an online database
adathordozó <fn> data carrier
adatlap <fn> data sheet
adattár <fn> database
adatvédelem <fn> data protection
adatvédelmi biztos <fn> data protection ombudsman
adatvédelmi törvény <fn> data protection law
addig <hsz> **1.** *(térben)* as far as that **2.** *(időben)* until then; up to that time; up to then: *addig, amíg* until; biz till * *addig, ameddig* as/so long as
addigi <mn> till then <csak hátravetve>
addigra <hsz> by then
adjunktus <fn> BrE ≈ senior lecturer; AmE ≈ associate professor
adminisztráció <fn> administration
adminisztrációs <mn> administrative
adminisztratív <mn> administrative; executive
adminisztrátor <fn> office worker; administrative assistant
¹adó <fn> *(állami)* tax: *fogyasztási adó* consumption tax * *társasági adó* corporation tax * *adót vet ki vmire* levy/lay a tax on sg; tax sg * *adó alá esik* be taxable; be liable to tax * *adó alá eső* taxable * *A dohányt 10% adó terheli.* There is a 10% tax on tobacco. * *Adót kell fizetnünk a megkeresett pénzünk után.* We have to pay tax on the money we earn.
²adó <fn> *(készülék)* transmitter
adóbevallás <fn> gazd tax return; tax declaration
adócsalás <fn> gazd tax fraud; tax evasion
adócsökkentés <fn> gazd tax cut; tax reduction
adódik <ige> **1.** offer; arise✧; happen; come✧ about: *ha alkalom adódna* if an opportunity should arise **2.** *(következik)* derive (**vmiből** from sg); issue (**vmiből** from sg)
adóemelés <fn> gazd tax increase
adogat <ige> sp serve: *Most te adogatsz?* Is it your service? / Is it your turn to serve? * *Ki adogat?* Who's serving?
adogatás <fn> sp serve; service
adogató <fn> sp server: *előny az adogatónál* advantage server
adóhatóság <fn> tax authority; BrE the Inland Revenue; AmE Internal Revenue Service
adóhivatal <fn> gazd revenue office; tax office
adókedvezmény <fn> tax allowance/concession
adókötelezettség <fn> gazd tax liability
adókulcs <fn> gazd tax rate; rate of taxation
adomány <fn> donation; contribution

adományoz <ige> **1.** *(pénzt, értéket)* donate (**vkinek/vminek vmit** sg to sy/sg); make* a donation (**vkinek/vminek** to sy/sg) **2.** *(elismerésként)* confer (**vkinek vmit** sg on/upon sy); award (**vkinek vmit** sg to sy): *Díszdoktori címet adományoztak neki az Egyetemen.* The University conferred an honorary doctorate on him. ∗ *A Nobel-békedíjat adományozták neki.* He was awarded the Nobel Peace Prize.
adományozó <fn> donor; giver; benefactor
adómentes <mn> gazd tax-free
¹adós <fn> debtor: *adósa marad vkinek* remain sy's debtor; átv be in sy's debt
²adós <mn> in debt <csak hátravetve>: *adós vkinek vmivel* owe sy sg ∗ *nem marad adós a válasszal* hit back (at sy/sg)
adósáv <fn> tax bracket
adósság <fn> debt: *kiegyenlíti az adósságát* meet one's debts
adószakértő <fn> tax advisor
adott <mn> given: *adott időn belül* within a given time
adottság <fn> **1.** *(körülmények)* circumstances <tsz>; conditions <tsz> **2.** *(öröklött képesség)* aptitude (**vmire** for (doing) sg); ability (**vmire** to do sg); capacity (**vmire** for (doing) sg // to do sg); capability (**vmire** to do sg): *Megvannak az adottságai, hogy levizsgázzon.* She has the ability to pass the exam.
adó-vevő <fn> transmitter-receiver; transceiver
adó-visszatérítés <fn> gazd tax refund
adózás <fn> taxation
adózik <ige> *(adót fizet)* pay* tax (**vmi után** on sg)
  ♦ *tisztelettel/elismeréssel adózik vkinek* pay* tribute to sy
Adriai-tenger <fn> the Adriatic (Sea)
adu <fn> **1.** *(ütőkártya)* trump; *(kártyában szín)* trumps <tsz> **2.** *(döntő érv)* trump card
advent <fn> vall Advent
áfa [= általános forgalmi adó] <fn> VAT (= value added tax): *áfával* incl. VAT ∗ *áfa nélkül* not incl. VAT; VAT not included
afféle <hsz> a kind/sort of
affér <fn> dispute; quarrel
¹afgán <mn> Afghan
²afgán <fn> Afghan
Afganisztán <fn> Afghanistan
áfonya <fn> *(fekete áfonya)* bilberry; blueberry; whortleberry; *(vörös áfonya)* cranberry
afölé <hsz> over it/that
Afrika <fn> Africa
¹afrikai <mn> African
²afrikai <fn> African
ág <fn> **1.** *(fáé)* branch; bough **2.** *(folyóé)* branch; arm **3.** *(rokonsági)* branch (of family); line: *a női ág* the female line ∗ *egyenes ágon* in direct line **4.** *(részterület)* branch; area
agancs <fn> antlers <tsz>; a pair of antlers
agár <fn> greyhound
ágaskodik <ige> **1.** *(lábujjhegyen áll)* stand on tiptoe **2.** *(állat)* rear (up)
ágazat <fn> branch; section; sector: *gazdasági ágazat* sector of the economy
ágazik <ige> branch out; ramify
aggály <fn> qualm; scruple; worry
aggastyán <fn> (very) old man
aggaszt <ige> worry; trouble: *aggaszt vmi* I'm worried about sg ∗ *Aggasztotta betegségének híre.* She was troubled by the news of her illness.
aggasztó <mn> worrying; distressing
aggat <ige> hang up
agglegény <fn> bachelor: *megrögzött agglegény* a confirmed bachelor
agglomeráció <fn> conurbation
aggodalom <fn> worry; concern; anxiety; distress; fear: *Tele vagyok aggodalommal miatta.* I am very concerned about him. ∗ *aggodalommal vár vmit* wait for sg with anxiety
aggódik <ige> worry (**vmi/vki miatt** about sg/sy); be* anxious/concerned (**vmi/vki miatt** about/for sg/sy): *Ne aggódj!* Don't worry! ∗ *nagyon aggódik vmi miatt* be worried sick about sg
aggódó <mn> worried; troubled; anxious: *aggódó pillantás* a worried/anxious look
agilis <mn> agile; go-ahead; energetic; active
agitál <ige> agitate (**vmi mellett** for sg)
agrár <mn> agricultural
agrármérnök <fn> agricultural engineer
agrárország <fn> agricultural country
agresszió <fn> aggression
agresszív <mn> aggressive
agy <fn> **1.** brain **2.** *(ész)* brains <tsz>
ágy <fn> bed: *ágyban van* be in bed ∗ *ágyban marad* lie/stay in bed ∗ *ágyhoz kötött* bedridden
  ♦ *az ágyat nyomja* be* in bed; be* confined to bed; be* bedridden ♦ *ágyba bújik vkivel* go* to bed with sy
agyafúrt <mn> cute; crafty; artful; cunning; shrewd
agyag <fn> clay
agyagedény <fn> earthenware pot; *(összességükben)* pottery
agyalágyult <mn> idiotic; soft-headed
agyar <fn> *(ragadozóé)* fang; *(elefánté)* tusk
ágyás <fn> bed; seedbed; flowerbed
ágyaz <ige> make* the bed
agyba-főbe <hsz> **1. agyba-főbe dicsér vkit** heap praises on sy **2. agyba-főbe ver vkit** thrash sy; beat* sy within an inch of his life

agydaganat <fn> brain-tumour; AmE brain-tumor
ágyék <fn> groin; loins <tsz>
ágyékkötő <fn> loin-cloth
agyhártya <fn> orv cerebral membrane; meninx
agyhártyagyulladás <fn> meningitis
ágyhuzat <fn> bed linen; bedclothes <tsz>
agymosás <fn> brainwashing
agyműködés <fn> cerebral activity/function
ágynemű <fn> 1. *(ágyhuzat párnákkal, takarókkal együtt)* bedding 2. *(ágyhuzat)* bed linen; bedclothes <tsz>
ágyneműtartó <fn> drawer for bed linen
agyoncsap <ige> *(embert)* strike✻ sy dead; *(legyet stb.)* swat: *agyoncsapja a legyet egy újsággal* swat the fly with a newspaper
agyondolgozza magát <ige> overwork; be✻ rushed/run off one's feet; *(évvégi hajszában stb.)* work one's fingers to the bone
agyonhajszol <ige> *(személyt)* work sy to death; *(lovat)* override: *Agyonhajszolja magát.* He works himself to death. / He drives himself so hard.
agyonlő <ige> shoot✻ sy dead
agyonnyom <ige> crush/squash sy/sg to death
agyonüt <ige> strike✻ sy dead
  ♦ **agyonüti az időt** kill time
agyonver <ige> beat✻ sy to death
agyrázkódás <fn> concussion: *agyrázkódást szenved* be concussed; have concussion; AmE have a concussion ✻ *Agyrázkódással kórházba szállították.* He was taken to hospital with concussion.; AmE He was taken to hospital with a concussion.
agyrém <fn> dangerously bad idea; nightmare
ágytakaró <fn> bedcover; bedspread
ágytál <fn> bedpan
ágyterítő <fn> bedcover; bedspread
agytorna <fn> brain-teaser; mental exercise
ágyú <fn> cannon; gun
ágyúgolyó <fn> cannon ball
ágyúlövés <fn> cannon-shot; gunshot
agyvelő <fn> brain; tud cerebrum
agyvérzés <fn> brain/cerebral haemorrhage; stroke
ahány <von névm> as many as: *ahány, annyiféle* not two alike ✻ *Mind, ahányan voltak, eljöttek.* All of them came.
ahányszor <hsz> as often as; as many times as: *Ahányszor csak akarom.* Whenever I want it.
¹ahelyett <hsz> instead (of); rather than: *ahelyett, hogy elmenne a piacra* instead of going to the market
²ahelyett → **¹az**

¹ahhoz <hsz> *(oda)* to (that): *Tettünk egy hosszú sétát, este pedig visszatértünk ahhoz a ponthoz, ahol reggel találkoztunk.* We went on a long walk and in the evening we came back to the point where we had met in the morning.
²ahhoz → **¹az**
ahogy(an) <hsz> 1. *(amilyen módon)* as; the way: *Ahogy megbeszéltük.* As was agreed ✻ *Ahogy szeretnéd.* As you like it. ✻ *ahogy tudom* as far as I know ✻ *ahogy mondtam,...* as I was saying... 2. *(amilyen mértékben)* as: *Futott, ahogy csak tudott.* He ran, as only he could. 3. *(amint)* as soon as: *Ahogy lefeküdt, elaludt.* As soon as she went to bed, she fell asleep.
ahol <hsz> where: *Ez az a város, ahol születtem.* This is the town where I was born. ✻ *Még mindig ugyanott van, ahol volt.* It's still where it was. ✻ *Nem látom őt onnan, ahol vagyok.* I can't see him from where I am.
ahonnan <hsz> from where
ahova <hsz> where: *Menj, ahova csak szeretnél!* Go anywhere you like.
AIDS [= szerzett immunhiányos tünetegyüttes] AIDS (= Acquired Immune Deficiency Syndrome): *AIDS-kutatás* AIDS research ✻ *AIDS-ben halt meg.* He died of AIDS.
AIDS-beteg <fn> AIDS patient
AIDS-es <mn> infected with AIDS <csak hátravetve>
ajak <fn> lip: *alsó/felső ajak* lower/upper lip
ajakápoló <fn> lip balm
ajakrúzs <fn> lipstick
ajándék <fn> present; gift: *születésnapi ajándékot kap vkitől* get a birthday present/gift from sy ✻ *karácsonyi ajándék* Christmas present ✻ *ajándékba ad vkinek vmit* give sy sg as a present
ajándékbolt <fn> gift/souvenir shop
ajándékoz <ige> 1. present (vmit vkinek sy with sg) 2. *(adományoz)* donate (vmit vkinek sg to sy)
ajándéktárgy <fn> gift; souvenir; *(olcsó)* novelty
ajándékutalvány <fn> BrE gift token/voucher; AmE gift certificate
ajánl <ige> 1. *(javasol)* recommend (vkit/vmit vkinek sy/sg to sy // sy/sg for sy // sg sg); suggest (vkit/vmit vkinek sg/sy to sy); propose (vmit vkinek sg to sy); advise (vkit/vmit vkinek sg/sy to sy): *Tudsz nekem ajánlani egy orvost?* Can you recommend a doctor to/for me? 2. *(kínál)* offer (vkinek vmit sg to sy // sy sg): *Állást ajánlottak neki.* They have offered him a job. 3. offer (vmennyit (vmiért) sg (for sg)) 4. *(művet)* dedicate (vmit vkinek sg to sy)

ajánlás <fn> 1. *(javaslat)* recommendation 2. *(ajánlólevél)* reference; AmE recommendation 3. *(könyvben)* dedication

ajánlat <fn> 1. offer; proposal: *csábító ajánlat* an attractive offer ∗ *ajánlatot tesz* make an offer ∗ *elfogadja vkinek az ajánlatát* accept one's offer ∗ *rendkívül csábító ajánlat* an extremely tempting offer 2. *(árverésen)* bid(ding): *200 dolláros ajánlatot tesz egy képre* make a bid of 200 dollars for a picture

ajánlatos <mn> advisable; expedient: *Ajánlatos mindent kétszer is meggondolni.* Second thoughts are best.

ajánlkozik <ige> volunteer (**vmire vkinek** (to do) sg for sy)

ajánló <fn> reference; BrE referee: *Ő lesz az ajánlóm.* He is going to act as a reference/referee for me.

ajánlólevél <fn> reference; testimonial

ajánlott <mn> 1. *(javasolt)* recommended: *ajánlott útvonal* recommended route 2. *(levél stb.)* registered: *ajánlott küldemény* registered post

¹ajkú <mn> **magyar ajkú** Hungarian-speaking

²ajkú <fn> **magyar ajkúak** native speakers of Hungarian; Hungarian-speakers

ajtó <fn> door: *bejárati ajtó* front door ∗ *kétszárnyú/dupla ajtó* double door ∗ *kopog az ajtón* knock at/on the door ∗ *kinyitja/becsukja/becsapja az ajtót* open/close/shut the door
♦ **ajtót mutat vkinek** show✣ sy the door
♦ **becsapja az ajtót vkinek az orra előtt** close/shut✣ the door to/on sy ♦ **zárt ajtókra talál** be✣ denied the door

ajtókilincs <fn> door-handle; *(gomb alakú)* door-knob

ajtónálló <fn> doorkeeper

ajtónyitó <fn> *(elektromos)* door opener

ájulás <fn> collapse; faint; fainting fit

ájult <mn> unconscious; in a faint <csak hátravetve>

ajzószer <fn> sp dope: *ajzószert szed* take dope; take a drug to improve one's performance

akácfa <fn> 1. *(növény)* acacia (tree); locust tree 2. *(anyag)* locust (wood)

akácméz <fn> acacia-honey

akad <ige> 1. *(szorul)* jam (**vmiben** in sg); get✣ stuck/jammed/wedged (**vmiben** in sg) 2. *(megakad)* get✣ stuck; get✣ caught 3. *(beleakad)* catch✣ (**vmibe** on sg); get✣ caught (**vmibe** on sg) 4. *(bukkan)* chance/light/happen (**vmire/vkire** upon sg/sy); come✣ upon/across sg/sy: *emberére akad* meet/find one's match 5. *(található)* occur; sg is to be found

akadály <fn> 1. *(torlasz)* obstacle; barrier; block 2. *(nehézség)* obstacle; barrier; impediment; difficulty; object(ion): *akadályba ütközik* meet with difficulties ∗ *A pénz nem akadály.* Money is no object. ∗ *akadályokat előre lát* see rocks ahead ∗ *akadályokat gördít vkinek az útjába* put obstacles in sy's way 3. sp *(díjugratásban)* obstacle; jump; fence; *(akadályfutásban)* jump: *a lovát nekiugratja az akadálynak* put a horse to a fence

akadályfutás <fn> steeplechase

akadályhajtás <fn> obstacle driving

akadályoz <ige> 1. *(mozgásában)* hinder (**vkit vmiben** sy from (doing) sg); hamper (**vkit vmiben** sy in sg); *(megakadályoz)* prevent (**vkit vmiben** sy from (doing) sg) 2. *(forgalmat)* obstruct: *Ez az autó akadályozza a forgalmat.* This car is obstructing the traffic.

akadálytalan <mn> unhindered; unimpeded

akadályverseny <fn> obstacle race

akadékoskodik <ige> make✣ difficulties; looking for faults (in sy/sg)

akadémia <fn> 1. *(tudósok, művészek testülete)* academy: *művészeti/tudományos akadémia* academy of arts/sciences ∗ *Magyar Tudományos Akadémia* Hungarian Academy of Sciences 2. *(főiskola)* college; *(néhány főiskola nevében)* academy

¹akadémikus <mn> *(elvont)* academic

²akadémikus <fn> academician; member of an academy

akadozik <ige> falter

akar <ige> 1. *(tenni, elérni)* want (**vmit** sg // to do sg): *Haza akar menni.* He wants to go home. ∗ *Tudja, mit akar.* He knows what he is after. ∗ *Ha akarja!* If you like! 2. *(kapni)* want (**vmit** sg) 3. *(hajlandó, szándékozik)* intend to; mean to; be✣ going to: *Nem akartam annyit enni.* I didn't mean to eat so much. ∗ *Nem akartalak megbántani.* I didn't mean to hurt you. ∗ *Mit akarsz csinálni délután?* What are you going to do in the afternoon? ∗ *Nem akar indulni.* It just wouldn't start.

¹akár <hsz> even: *Nyáron a hőmérséklet elérheti akár a 40 °C-ot is.* The temperature can reach even 40°C in the summer. ∗ *Akár itt is maradhatunk.* We may as well stay here. ∗ *Édesanyja olyan fiatalos, hogy akár a testvérének is nézhetik.* His mother looks so young she'd pass for his sister.

²akár <ksz> 1. *(hasonlításnál)* just/quite like: *Olyan vagy, akár én.* Your are just like me. 2. *(akár…, akár…)* either…or…; whether…or…: *Akár mehetsz, akár maradhatsz.* You can either go or stay. ∗ *Akár tetszik, akár nem.* Whether you like it or not. ∗ *akár így, akár úgy* either way ∗ *Akár hiszed, akár nem!* Believe it or not!

akarat <fn> 1. *(képesség, elhatározás)* will: *Mindig keresztülviszi az akaratát.* He always gets his own way. 2. *(szándék)* will; intention: *akaratomon kívül* against my will * *akarattal* intentionally * *Nem akartam.* It wasn't deliberate.

akaraterő <fn> willpower

akaratlan <mn> involuntary; unintentional; *(véletlen)* accidental: *akaratlanul, véletlenül* accidentally * *akaratlanul is az jár az eszemben* I can't help thinking

akaratos <mn> obstinate; stubborn; wayward; wilful; AmE willful

akárcsak <ksz> just like; the same as

akárhány <ált névm> however much/many; no matter how much/many

akárhogy(an) <hsz> anyhow; anyway; however: *akárhogy is* no matter how * *Ma este akárhogyan felöltözhetsz.* This evening you can dress however you like.

akárhol <hsz> 1. *(mindegy, hol)* anywhere; no matter where: *akárhol másutt* anywhere else 2. *(ahol csak)* wherever

akárhova <hsz> 1. *(mindegy hova)* anywhere; no matter where: *Akárhova leteheted a csomagodat.* You can put your bag down anywhere. 2. *(ahova csak)* wherever

akárki <ált névm> 1. *(mindegy ki(t))* anybody; anyone; no matter who: *akárki más* anyone else * *Akárki megmondja neked az igazságot.* Anybody will tell you the truth. 2. *(aki(t) csak)* whoever

akármelyik <ált névm> 1. *(mindegy melyik(et))* any; no matter which; *(kettő közül)* either: *akármelyik napon* any day * *Akármelyik megteszi.* Either (of them) will do. 2. *(amelyik(et) csak)* whichever

akármekkora <ált névm> no matter how large/small; any size: *Akármekkora jó lesz.* Any size will do.

akármennyi <ált névm> however much/many; no matter how much/many

akármi <ált névm> 1. *(bármi)* anything: *akármi más* anything else * *Akármi jó lesz.* Anything will do. * *akármi történjék is* in any event * *Akármit elhisz neked.* He'll believe anything you say. 2. *(minden)* whatever; whatsoever

akármikor <hsz> 1. *(mindegy mikor)* at any time; no matter when; whenever (you want to/wish/like): *Akármikor feljöhetsz.* You can call round whenever you want to. 2. *(mindig)* whenever; every time

akármilyen <ált névm> 1. *(valamilyen)* whatever; any; any kind of 2. *(mindegy milyen)* whatever: *Akármilyen rossz is az idő, elmegyünk kirándulni.* Be the weather ever so bad, we'll make an excursion. 3. *(mindegyik)* any: *Akármilyen számítógép megteszi.* Any computer will do.

akaszt <ige> 1. **hang**✢ **(vmit vhova** sg (up) on sg): *képet akaszt (a falra a nappaliban)* hang a picture (in the living room) 2. *(kapcsol)* hook 3. *(embert)* hang✢

♦ **szögre akaszt vmit** hang✢ sg up *Mikor akasztottad szögre a balettcipőid?* When did you hang up your ballet shoes?

akasztó <fn> 1. *(fogas)* hook 2. *(vállfa)* hanger 3. *(ruhán)* loop; tab

akasztófa <fn> gallows

akasztófahumor <fn> gallows humour

akcentus <fn> accent: *erős akcentus* broad accent

akció <fn> 1. *(kezdeményezés, tevékenység)* action; activity: *akcióba lép* go into action; take action on 2. *(árleszállítás)* sale 3. kat *(hadművelet)* operation

akciófilm <fn> action film

aki <von névm> *(meghatározott személy)* who: *aki csak* whoever * *akik* who * *az, aki* the person who; the one who * *akié* whose * *akihez* to whom * *akiért* for whom * *akinek* to whom * *Ő az az ember, akinek a háza leégett.* He's the man whose house has burned down. * *akiről* about/of whom * *akit/akiket* whom * *akitől* from/of whom * *akivel* with whom * *Ő az, akiről beszéltem.* He is the one I was talking about. * *Én leszek a következő, aki elmegy.* I will be the next to leave.

akkor <hsz> 1. *(abban az időben)* then; at the/that time: *„Jössz velem az uszodába holnap?" „Nem, akkor iskolában leszek."* 'Will you come to the swimming-pool with me tomorrow?' 'No, I'll be at school then.' * *akkorra* by then * *pontosan akkor* at the precise moment * *Én akkor éppen otthon voltam.* I happened to be at home then. * *Akkor edd az ebédedet, amikor éhes vagy.* Have your lunch when you are hungry. 2. *(abban az esetben)* then: *„Nem lesz otthon." „Akkor miért akarod meglátogatni?"* 'He won't be at home.' 'Then, why do you want to visit im?' * *akkor és csak akkor* if-and-only-if * *A busz akkor is közlekedik, ha esik a hó.* The school bus runs even if it is snowing. 3. biz *(vmi következményeképpen)* then: *Jó, akkor ezt megbeszéltük.* Good, that's settled then.

akkora <hsz> *(olyan nagy)* so large/great; such a…; *(olyan kicsi)* so small; *(ugyanakkora)* the size of: *kétszer akkora, mint…* twice as big as… * *Akkora rendetlenség van itt!* There is such a mess here. * *Ez a polc kétszer akkora, mint amaz.* This shelf is twice the size of

that one. * *Akkora, mint én vagyok.* She is as tall as me.
akkord <fn> zene chord
akkori <mn> of that time <csak hátravetve>; then: *az akkori miniszterelnök* the then Prime Minister
akkoriban <hsz> then; at that time; in those days
akkreditáció <fn> accreditation
akku <fn> battery: *lemerült akku* a flat battery
akkumulátor <fn> battery
akkumulátortöltő <fn> charger
akna <fn> 1. *(bányában)* pit 2. *(lifté)* shaft; *(kúté stb.)* well 3. *(függőleges)* chute; manhole 4. *(robbanószerkezet)* mine: *aknára lép* step on/pass over a mine
aknamező <fn> minefield
akol <fn> *(juhok istállója)* (sheep) pen; *(legelőn körülkerített hely)* (sheep)fold
akörül <hsz> 1. *(körülbelül)* about 2. *(a szóban forgó dolog körül)* over it/that; about sg/that: *Akörül folyik a vita, hogy…* The debate is about…
aközben <hsz> meanwhile; (in the) meantime
akrobata <fn> acrobat
akrobatamutatvány <fn> acrobatic feat/stunt/trick: *akrobatamutatványok* acrobatics
akt <fn> műv nude: *aktot rajzol* draw from the nude
akta <fn> file: *titkos rendőrségi akták* secret police files
aktatáska <fn> briefcase
aktív <mn> 1. *(tevékeny)* active; energetic 2. *(még nem vonult vissza)* active 3. gazd active 4. nyelvt active: *aktív igealak* active voice
aktivista <fn> activist
aktivitás <fn> activeness; activity
aktivizál <ige> activate
aktuális <mn> *(időszerű)* relevant; timely; topical; *(mai)* current: *aktuális események* current affairs
aktus <fn> 1. *(ünnepi)* (ceremonial) event; ceremony 2. *(nemi aktus)* sexual act
akupunktúra <fn> acupuncture
akusztika <fn> 1. *(mint tudomány)* acoustics <esz> 2. *(teremé)* acoustics <tsz>: *Nem túl jó az akusztika.* The acoustics aren't very good.
akut <mn> 1. *(égető, sürgős)* acute: *Akut orvoshiány van.* There is an acute shortage of doctors. 2. orv *(heveny)* acute: *akut betegség* an acute illness
akvarell <fn> watercolour; AmE watercolor
akvárium <fn> aquarium
¹**alá** <nu> 1. *(térben)* below; beneath; under; underneath 2. *(szintben, értékben, mennyiségben)* below

²**alá** <hsz> 1. *(vki alatti helyre)* under; underneath 2. *(vmi alatti helyre)* under
aláás <ige> átv undermine; subvert: *Az állandó kemény munka aláásta az egészségét.* Constant hard work had undermined his health.
alább <hsz> 1. *(lejjebb)* lower down; below: *lásd alább* see below 2. *(olcsóbban)* at a lower figure; cheaper
  ♦ **alább adja** climb down; sing✢ a different tune; come✢ down a peg (or two)
alábbhagy <ige> diminish; lessen; *(fájdalom)* abate: *alábbhagy a hőség* the heat lets up
¹**alábbi** <mn> following; undermentioned: *az alábbi hírek* the following news * *További információt az alábbi képaláírásból nyerhet.* You can get further information from the caption below.
²**alábbi** <fn> *az alábbiakban* in what follows
alábecsül <ige> 1. underrate 2. *(költséget)* underestimate
alacsony <mn> 1. *(térben)* low: *alacsonyan száll* fly low 2. *(termetre)* small 3. *(mennyiség, mérték)* low: *alacsony jövedelem* low income * *alacsony hőmérséklet* low temperature * *alacsony kerítés* a low fence
alagsor <fn> basement
alagút <fn> tunnel
aláhúz <ige> 1. *(megjelöl)* underline 2. *(hangsúlyoz)* underline; emphasise
aláír <ige> sign
aláírás <fn> signature: *hamisított aláírás* a forged signature
aláírásgyűjtés <fn> campaigning for signatures
aláíró <fn> signer
alak <fn> 1. *(forma)* shape; form 2. *(testalkat)* figure: *Jó alakja van.* She's got a fine figure. 3. nyelvt form: *rendhagyó alakok* irregular forms * *rövidített alak* abbreviated form 4. *(szereplő)* figure; character: *központi alak* central figure 5. biz *(személy)* fellow; chap; character; guy; individual; customer: *hitvány alak* low fellow * *vicces alak* a fun guy * *rendetlen egy alak* be an untidy individual * *fura alak* a queer customer
alaki <mn> formal
alakít <ige> 1. shape; form 2. *(fejlődésében)* form 3. *(létrehoz)* form: *kormányt alakít* form a government * *párokat alakít* form pairs 4. *(szerepet)* play; portray: *a királyt alakítja* play the king
alakítás <fn> 1. *(létrehozás)* formation; forming; shaping 2. *(színészi)* interpretation; acting; performance
alaktalan <mn> shapeless
alaktan <fn> nyelvt morphology

alakul <ige> 1. form 2. *(vhogyan)* develop; form: *Jól alakulnak a dolgok.* Things are looking up. * *Végül is jól alakult.* It was all for the best. 3. *(átalakul)* become✣ (**vmivé** sg); transform (**vmivé** into sg); turn (**vmivé** into sg); form (**vmivé** into sg)

alakulat <fn> 1. kat formation; unit 2. földr formation

alakzat <fn> 1. *(csoporté)* formation 2. *(geometriai)* figure: *nyolcoldalú alakzat* an eight-sided figure

alámerül <ige> dive; immerse

alamizsna <fn> alms <tsz>

alamuszi <mn> shifty; sly

alantas <mn> 1. *(közönséges)* low; base: *alantas ösztönök* low/base instincts * *alantas beszéd* low language 2. *(lenézett)* menial; plebeian

alany <fn> 1. nyelvt subject 2. mezőg stock

alanyeset <fn> nyelvt nominative (case)

alap <fn> 1. *(építményé)* base; foundation: *leteszi egy új ház alapjait* lay the foundation of a new house 2. *(háttér)* ground; footing: *Az üzlet szilárd alapokon nyugszik.* The business is on a firm footing. 3. *(kiindulási)* basis; ground(ing): *tárgyalási alap* common ground 4. *(pénzügyi)* funds <tsz>
♦ **alapjában véve** at bottom; as a matter of fact; on the whole ♦ **vmi alapján** on the basis of sg; on the grounds of sg; in accordance with sg; by right/virtue of sg ♦ **ezen az alapon** at this/that rate ♦ **azon az alapon, hogy** on the grounds/understanding that ♦ **visszatér az alapokhoz** go✣/get✣ back to basics

alapállás <fn> normal position
alapanyag <fn> basic material
alapdíj <fn> basic charge; basic fee
alapelem <fn> essential element; essential component: *az oktatás alapelemei* the fundamentals/elements/basics of education
alapellátás <fn> *(betegé)* basic health care
alapelv <fn> basic principle
alapértelmezés <fn> infor default
alapeszme <fn> basic idea; theme
alapfelszerelés <fn> basic equipment
alapfeltétel <fn> primary condition
alapfogalom <fn> fundamental conception; fundamental idea: *alapfogalmak* elements; rudiments
alapfok <fn> nyelvt positive (degree)
alapfokú <mn> elementary: *alapfokú francia nyelvtan* the essentials of French grammar
alapige <fn> vall text
alapít <ige> found; establish; form: *új céget alapít* found/establish a new company * *együttest alapít* form a band * *családot alapít* found/start a family

alapítási költségek <fn> initial costs <tsz>
¹**alapító** <mn> founder: *alapító tag* founder member * *alapító okirat* deed of foundation
²**alapító** <fn> founder: *a cég alapítója* the founder of the company
alapító okirat <fn> jog charter
alapítvány <fn> foundation
alapítványi iskola <fn> foundation school
alapjelentés <fn> primary/basic meaning
alapkérdés <fn> key issue; fundamental question
alapkőletétel <fn> laying of the foundation-stone
alapkövetelmény <fn> prerequisite; basic requirement
alapkutatás <fn> basic research
alapmű <fn> standard work
alapművelet <fn> **a négy alapművelet** the (first) four rules of arithmetic
alapokmány <fn> charter
alapos <mn> 1. *(gondos)* close; profound; thorough(going); painstaking; in-depth; sound: *alapos kivizsgálás* close examination * *tárgy alapos tanulmányozása* profound study of a subject * *alapos vizsgálat/kivizsgálás* thorough (and detailed) examination; close examination; *(mint tanulmány)* in-depth study * *alaposan* thoroughly * *alaposan kidolgozott* thoroughgoing; elaborate; in-depth * *alapos munkát végez* do sg in a very (eager and) thorough way; put a lot of energy into sg 2. *(megalapozott)* well-founded/grounded; thorough: *alapos gyanú* well-founded suspicion
alaposság <fn> thoroughness; soundness
alapoz <ige> 1. *(épületet)* found 2. *(festésnél)* prime; ground 3. *(felvetést, elméletet)* ground (**vmire** on sg)
alapozó <fn> *(krém)* foundation
alaprajz <fn> ground plan
alapszabály <fn> fundamental/basic rule
alapszervezet <fn> basic organization; *(párté)* primary party unit
alapszik → **alapul**
alapszókincs <fn> basic vocabulary
alapszükségletek <fn> basic needs
alaptalan <mn> *(vád, félelem stb.)* baseless; groundless; unfounded: *alaptalannak bizonyul* it doesn't stand up
alaptermészet <fn> fundamental/basic quality; true nature
alapterület <fn> basic area
alaptörvény <fn> fundamental law/statute
alapul <ige> be✣ based (**vmin** (up)on sg); be✣ founded (**vmin** (up)on sg): *A film igaz történeten*

alapul. The film is based on a true story. * *A tényeken alapul.* It's based on facts.

alapvető <mn> fundamental; basic; essential; vital: *alapvető különbség* fundamental difference * *alapvető kérdés* vital question

alapvonal <fn> (tenisz) baseline; (labdarúgás) goal line

alapvonás <fn> characteristic feature

alapzat <fn> base; foundation; footing; plinth: *az oszlop alapzata* the base of the column

álarc <fn> mask; *átv* disguise: *leveti az álarcát/álarcot* throw off the mask

álarcosbál <fn> fancy-dress ball; masked ball

alárendel <ige> subordinate (**vkit/vmit vkinek/vminek** sy/sg to sy/sg): *alá van rendelve vminek* be subordinated to sg * *alárendeli magát vkinek/vminek* submit oneself to sy/sg

alárendelés <fn> subordination

alárendelt <mn> **1.** *(másodlagos)* subordinate; minor: *alárendelt szerepet tölt be vki mellett* play second fiddle to sy * *alárendelt szerepet vállal* take a back seat **2.** nyelvt subordinate: *alárendelt mellékmondat* subordinate clause

alátámaszt <ige> **1.** *(megtámaszt)* prop **2.** átv *(megerősít)* support: *A tanú előadását a tények nem támasztották alá.* The witness's story was not supported by the evidence.

alátét <fn> **1.** *(edényé)* mat **2.** *(csavaré)* washer

alatt <nu> **1.** *(térben)* under; underneath; below; beneath: *az asztal alatt* under the table * *sebhely a szeme alatt* a scar below his eyes * *a híd alatt* beneath the bridge **2.** *(szintben, értékben, mennyiségben)* under; below: *az átlag alatt* below average * *nulla fok alatt* below zero **3.** *(időben)* during; in the course of: *a meccs alatt* during the match * *az egész idő alatt* all the time * *ez alatt az idő alatt* during this/that time * *pillanatok alatt* in no time * *öt nap alatt* in five days * *egy-két nap alatt* in a day or two * *egy perc alatt* in a minute **4.** *(vkinek/vminek alárendelve)* under: *vkinek az irányítása alatt* under the guidance of sy
♦ **teljesen maga alatt van** biz be* down in the dumps; be* under the weather; feel blue

alatta <hsz> under(neath); below: *Alattunk laknak.* They live on the floor below us.

alattomban <hsz> crookedly; by stealth; on the sly

alattomos <mn> *(személy)* sneaky; sneaking; treacherous; sly

alattvaló <fn> subject

aláváló <mn> *(személy)* despicable; base; *(dolog)* foul; despicable

alávet <ige> submit (**vkit vminek** sy to sg); subject (**vkit vminek** sy to sg): *aláveti magát vminek* submit oneself to sg * *műtétnek veti alá magát* undergo an operation

alázat <fn> humility

alázatos <mn> meek; dutiful; humble

¹**albán** <mn> Albanian

²**albán** <fn> Albanian

Albánia <fn> Albania

albérlet <fn> lodgings <tsz>: *albérletben lakik* live in lodgings; rent a room

albérlő <fn> lodger; AmE roomer

album <fn> **1.** *(képeknek, bélyegeknek)* album **2.** *(lemez)* album: *Az album jövő héten jelenik meg.* The album comes out next week.

álcáz <ige> **1.** *(eltakar)* mask; camouflage **2.** *(leplez)* camouflage: *álcázza magát* camouflage oneself

alcím <fn> subtitle

alcsoport <fn> subdivision; sub-group

áld <ige> bless

áldás <fn> **1.** vall blessing; *(asztali)* grace: *asztali áldást mond* say grace before a meal **2.** *(jótétemény)* boon; blessing

áldoz <ige> **1.** *(szertartásban)* sacrifice; offer **2.** *(időt, energiát stb.)* devote; sacrifice

áldozat <fn> **1.** sacrifice; offering **2.** *(lemondással járó)* sacrifice: *áldozatot hoz vkiért* make sacrifices for sy **3.** *(baleseté stb.)* victim; casualty; *(halálos)* fatality; casualty: *a baleset áldozatai* the victims of the accident; those killed in the accident/crash * *a háború áldozatai* the fatalities/victims of the war * *sok/nagy áldozatot követel* take a heavy toll/take its toll * *X merénylet áldozata lett* X was assassinated

áldozatkész <mn> willing to make sacrifices <csak hátravetve>

áldozik <ige> take*/receive communion

alelnök <fn> vice-president

alezredes <fn> lieutenant-colonel

alfa <fn> alpha

alfejezet <fn> subdivision; subsection

alföld <fn> lowlands <tsz>; plain: *az Alföld* the Great Hungarian Plain

alga <fn> algae <tsz>

algebra <fn> algebra

Algéria <fn> Algeria

¹**algériai** <mn> Algerian

²**algériai** <fn> Algerian

alhas <fn> abdomen

álhír <fn> hoax

alibi <fn> alibi: *alibit igazol* prove an alibi

alig <hsz> **1.** *(kis mértékben)* hardly; scarcely: *Alig ismerem őket.* I hardly know them. * *Alig hallak.* I can scarcely hear you. **2.** *(mennyiségileg)* hardly; barely: *alig valami* hardly anything * *Alig ivott valamit.* He barely drank anything. * *Alig ment el valaki a születésnapjára.*

Hardly anyone went to his birthday party. **3.** *(nehezen)* hardly: *Alig tudtam megállni nevetés nélkül.* I could hardly keep (myself) from laughing.
aligátor <fn> alligator
aligha <hsz> hardly: *Aligha fogod elhinni.* You'll hardly believe it.
alighanem <hsz> probably; presumably; as likely as not: *Alighanem időben itt lesz.* He will probably be here on time.
alighogy <hsz> hardly; no sooner (than): *Alighogy hazaértünk, a telefon csöngeni kezdett.* No sooner had we arrived home than the phone rang.
alj <fn> *(szoknya)* skirt
alja <fn> **1.** *(alsó rész)* bottom; foot; base **2.** *(vminek a feneke)* bottom **3.** pej *(silány rész)* dregs <tsz>: *a társadalom/az emberiség alja* the dregs of society/humanity
aljas <mn> base; mean; vile; dirty; low: *aljas csel* mean trick * *aljas alak* low fellow * *aljas beszéd* low language
aljasság <fn> **1.** *(tulajdonság)* meanness **2.** *(tett)* outrageous/foul deed
aljnövényzet <fn> undergrowth
alkalmas <mn> **1.** suitable (**vminek/vmire** for sg); fit (**vminek/vmire** for sg): *katonai szolgálatra alkalmas* fit for duty/service **2.** *(megfelelő)* convenient; appropriate: *alkalmas időben* at a convenient time * *Ez a legalkalmasabb pillanat arra, hogy felhívjam.* This is the most convenient time for me to phone him.
alkalmasság <fn> **1.** suitability (**vmire** for sg); fitness (**vmire** for sg) **2.** *(hozzáértés, szakértelem)* competence
alkalmassági vizsga <fn> aptitude test
alkalmatlan <mn> **1.** unsuitable (**vminek/vmire** for sg) <csak hátravetve>; unsuited (**vminek/vmire** to sg) <csak hátravetve>; unfitted (**vminek/vmire** for sg) <csak hátravetve>; unfit (**vminek/vmire** for sg) <csak hátravetve>: *emberi fogyasztásra alkalmatlan* unfit for human consumption * *Beteg, ezért teljesen alkalmatlan az utazásra.* He is ill and is quite unfit to travel. **2.** *(nem megfelelő)* inconvenient: *Alkalmatlan időben érkezett.* He has come at an inconvenient time. **3.** *(időszerűtlen)* ill-timed
alkalmaz <ige> **1.** *(felhasznál)* apply (**vmit vmire** sg to sg); employ (**vmit vmire** sg to/for sg): *erőszakot alkalmaz* use force * *Új technológiát alkalmaztak a rákkezelésben.* A new technology was applied to the treatment of cancer. **2.** *(foglalkoztat)* employ; engage; AmE hire: *Titkárnőként alkalmazzák.* She is engaged as a secretary. **3.** *(művet színpadra, filmre, televízióra stb.)* adapt

alkalmazás <fn> infor app
alkalmazkodik <ige> **1.** adjust (**vmihez** to sg); adapt (**vmihez** to sg); conform (**vmihez** to sg): *Jól tudtak alkalmazkodni.* They adapted well. **2.** *(személyhez)* fit in with sy; fall* into step with sy
alkalmazkodó <mn> adaptable
alkalmazkodóképesség <fn> adaptability
¹**alkalmazott** <mn> applied: *alkalmazott matematika* applied mathematics
²**alkalmazott** <fn> employee: *az alkalmazottak* the employees; staff * *állandó alkalmazottak* regular/permanent staff
alkalmi <mn> **1.** *(alkalomhoz illő)* formal: *alkalmi ruha* formal dress **2.** *(egyszeri, ritka, eseti)* occasional; ad hoc: *alkalmi ár* bargain price * *Alkalmi vétel volt.* It was a bargain. **3.** *(nem rendszeres)* casual; occasional; odd: *alkalmi munka* casual work/job * *alkalmi munkás* casual worker
alkalom <fn> **1.** occasion; *(lehetőség)* opportunity; chance: *megragadja az alkalmat* seize/take the opportunity * *adandó alkalommal* when opportunity offers * *egyszeri és megismételhetetlen alkalom* a one-off opportunity * *ha alkalom adódik* if the occasion arises * *a legkedvezőbb alkalom* the best opportunity * *az első adandó alkalommal* at the earliest/first opportunity * *Nem volt alkalmam megírni a levelet.* I haven't had a chance/the opportunity to write my letter. **2.** *(esemény)* occasion **3.** *(időpont)* occasion; time: *következő alkalommal* next time * *egy alkalommal* at a time * *minden alkalommal* every time * *tíz alkalommal* on ten occasions * *Három alkalommal látogattam meg.* I visited her three times.
alkalomadtán <hsz> on occasion; when occasion/opportunity offers/arises
alkar <fn> forearm
alkat <fn> **1.** *(testi)* constitution; make-up; shape; form; build: *alkatánál fogva* constitutionally **2.** *(lelki)* make-up; cast of mind; *(temperamentum, vérmérséklet)* temperament
alkatrész <fn> part; component part: *tartalék alkatrész* spare part
alkohol <fn> alcohol: *alkohol hatása alatt* under the influence of alcohol * *Túl sok alkoholt ivott tegnap este.* He drank far too much last night.
alkoholbeteg <mn> alcoholic
alkoholista <fn> alcoholic
alkoholizmus <fn> alcoholism
alkoholmentes <mn> alcohol-free; non-alcoholic: *alkoholmentes italok* non-alcoholic drinks
alkoholos <mn> alcoholic: *alkoholos italok* alcoholic drinks * *alkoholos befolyásoltság állapo-*

tában van be in an intoxicated state ∗ *alkoholos befolyásoltság állapotában való vezetés* driving while intoxicated

alkoholszonda <fn> breathalyser; AmE drunkometer

alkoholtartalmú <mn> alcoholic; containing alcohol <csak hátravetve>

alkonyat <fn> nightfall; twilight; dusk: *alkonyatkor* at dusk

alkonyodik <ige> night is falling

alkot <ige> **1.** *(létrehoz)* create; produce: *új szót alkot* coin a new word **2.** *(képez)* constitute; compose; make✧ up: *22 ember alkotja a bizottságot.* The committee consists of/ is made up of 22 members.

alkotás <fn> *(mű)* work; *(főleg zenei)* piece

alkotmány <fn> constitution

alkotmánybíró <fn> jog Justice of the Constitutional Court

alkotmánybíróság <fn> jog Constitutional Court

alkotmányellenes <mn> anti-constitutional

alkotmányos <mn> constitutional: *alkotmányos monarchia* constitutional monarchy

¹alkotó <mn> creative

²alkotó <fn> *(irodalmi műé)* writer; *(egyéb, pl. filmé)* maker; *(vmi nagyobb műé)* creator

alkotóelem <fn> constituent; component

alkotórész <fn> constituent part; constituent; component parts; components; *(főleg ételeknél)* ingredient

alku <fn> **1.** *(alkudozás)* bargaining; negotiation **2.** *(megegyezés)* deal; bargain: *alkut köt vkivel* make a deal/bargain with sy ∗ *az alku kötelez* a bargain's a bargain ∗ *Áll az alku!* It's/That's a bargain! / It's a deal!

alkudozik <ige> bargain (**vkivel vmin** with sy about/ over sg); haggle (**vkivel vmin** with sy over sg)

álkulcs <fn> skeleton key

alkuszik <ige> bargain (**vkivel vmire** with sy about/ over sg)

¹áll <ige> **1.** stand✧ **2.** *(járművel)* park **3.** *(található)* be✧; can✧ be found; stand✧: *Egy magas fa áll a ház előtt.* There is a tall tree at the front of the house. ∗ *Házunk a tónál áll.* Our house is by the lake. ∗ *A házunk egymagában áll a hegyen.* Our house stands alone on the hill. ∗ *Üresen áll a ház.* The house is standing empty. **4.** *(rangsorban)* take✧…place: *az első helyen áll* take first place **5.** *(nem mozog)* stop; be✧ at a standstill: *A vonat két órát áll az állomáson.* The train stops two hours at the station. **6.** *(nem működik)* stop; be✧ down; be✧ at a standstill: *Áll az óra.* The clock has stopped. **7.** fit; suit: *Nagyon jól áll rajtad a ruha.* Your dress fits/suits very well. **8.** *(múlik)* depend on (**vkin/vmin** sy/sg): *rajtam áll* it depends on me **9.** *(érvényes)* be✧ true (**vkire/ vmire** of sy/sg) **10.** *(részekből)* comprise; consist; be✧ composed; be✧ made up: *A bizottság 9 küldöttből áll.* The committee is made up of 9 representatives. **11.** *(lényegét alkotja)* consist in sg: *A boldogság nem abban áll, hogy mennyi mindened van.* Happiness doesn't consist in how many possessions you own. **12.** *(támogatja)* support (**vkit vmiben** sy in sg) **13. állja a költségeket** foot the bill

♦ **vmin áll vagy bukik vmi** stand or fall by sg

²áll <fn> *(az arc része)* chin

♦ **felkopik az álla** draw✧ a (complete) blank
♦ **leesik az álla** one's jaw drops ♦ **állig fölfegyverkezve** armed to the teeth

állag <fn> *(állapot)* condition

állam <fn> *(szervezet, ország)* state: *szövetségi állam* federal state

államadósság <fn> national/public debt

államalapítás <fn> foundation of the state

államcsíny <fn> coup (d'état)

államellenes <mn> anti-state; *(felforgató)* subversive

államelnök <fn> president (of the state)

államférfi <fn> statesman

államférfiúi <mn> statesmanlike: *államférfiúi képesség* statesmanship

államforma <fn> form of state

államfő <fn> head of state; *(köztársasági elnök)* president of the republic

államháztartás <fn> (state) budget; state/public finances <tsz>

állami <mn> state; public; national ∗ *állami bevétel/jövedelem* public revenue ∗ *állami kézben lévő* state-run; state-managed ∗ *állami kölcsön* public loan ∗ *állami szektor* public sector ∗ *állami támogatás* government subsidy; grant ∗ *állami tulajdon* state/national property; state ownership ∗ *állami ünnep* state/bank holiday ∗ *állami vállalat* state-owned enterprise/corporation ∗ *állami gondozott (gyermek)* child in care ∗ *állami gondozottak* children taken into care

államigazgatás <fn> public/state administration: *államigazgatási eljárás* administrative procedure

állami kiadások <fn> public expenditure; public spending

államkincstár <fn> *(pl. angolszász országokban)* the Treasury; BrE the Exchequer

államközi <mn> between countries <csak hátravetve>; *(főleg az USA-ban)* interstate: *államközi szerződés* treaty ∗ *államközi szerződés megszeg* break/violate a treaty

államosít <ige> nationalize
állampolgár <fn> citizen; subject: *magyar állampolgár* a Hungarian citizen * *brit állampolgár* British subject
állampolgári <mn> civic: *állampolgári jogok* civil rights * *állampolgári jogok (országgyűlési) biztosa* ombudsman * *állampolgári hűség* allegiance
állampolgárság <fn> citizenship; nationality: *állampolgárság megadása/megszerzése* naturalization * *Állampolgárságom magyar.* I am of Hungarian nationality.
államszövetség <fn> confederacy; confederation
államtitok <fn> state secret
államtitkár <fn> under-secretary
államügyész <fn> public prosecutor; AmE district attorney
államvizsga <fn> ≈ state examination
állandó <mn> 1. *(folytonos)* constant; continual; continuous; perpetual; persistent; perennial: *állandó félelemben él* live in perpetual fear * *Állandóan esett az eső.* There was constant rain. * *állandó probléma* perennial problem 2. *(nem változó)* permanent; invariable; regular; unchanging: *állandó lakhely* permanent address * *állandó alkalmazottak* regular staff 3. *(rendszeres)* regular: *Az étterem állandó vendége.* She is a regular guest of the restaurant. 4. *(rögzített)* fixed: *állandó jövedelem* fixed income
állandóan <hsz> always; constantly; continually; permanently; steadily; unfailingly: *Állandóan sír.* She keeps crying (all the time).
állapot <fn> 1. *(pillanatnyi)* condition: *A biciklid nagyon jó állapotban van.* Your bike is in very good condition. 2. *(testi, lelki)* condition; state: *vkinek az egészségi állapota* sy's (state of) health * *válságos állapot* critical condition * *siralmas állapotban van* be in a miserable condition * *Állapota hirtelen megromlott.* Her condition suddenly deteriorated. 3. *(körülmények, helyzet)* state (of affairs); position: *családi állapot* marital status
állapotos <mn> pregnant: *Az unokatestvérem állapotos.* My cousin is pregnant.
állás <fn> 1. *(testhelyzet)* standing; upright position 2. *(térbeli pozíció)* (standing) position 3. *(helyzet, állapot)* condition; situation; state; position: *a dolgok állása* the circumstances <tsz>; the state of things * *a mérkőzés állása* the state of play * *2:2 az állás.* The score is two all. 4. *(mérőműszeren)* reading 5. *(munkahely)* job; position; employment: *állásra jelentkezik* apply for a job * *állást betölt* hold/occupy a position * *jó állása van* have a good job * *jól fizető állás* a highly paid job * *nincs állása* be out of employment/work; be unemployed; have no job * *kényelmes állás* a cushy job * *egész napos/teljes állás* full-time job 6. kat position: *megerősített állás* fortified position 7. *(istállóban)* stall 8. *(távolsági buszoké)* bay ♦ **állást foglal vmiben** take♦ a stand on sg; pronounce on/upon sg; declare oneself; commit oneself on sg ♦ **nem foglal állást** avoid deciding between two sides of an argument; sit♦ on the fence
állásfoglalás <fn> attitude; stand; standpoint
álláshirdetés <fn> job advertisement
állásközvetítő iroda <fn> employment agency/bureau
álláspont <fn> position; point of view; viewpoint: *Az az álláspontja, hogy...* He takes the position that... * *kifejti álláspontját* make out one's case * *megváltoztatja az álláspontját vmit illetően* change one's ground/position on sg; reconsider one's position * *Mi az álláspontod ebben a kérdésben?* What's your position on this question?
¹**állástalan** <mn> jobless; unemployed; having no job <csak hátravetve>
²**állástalan** <fn> **az állástalanok** the unemployed/jobless
állat <fn> 1. animal 2. pej *(személy)* brute; beast: *Te állat!* You beast!
állatállomány <fn> mezőg livestock
állatbarát <fn> animal lover
állatfaj <fn> species of animals (tsz: species of animals)
állatgondozó <fn> keeper
állati <mn> 1. *(állattól eredő)* animal: *állati zsiradék* animal fat * *állati ürülék* droppings 2. pej beastly; brutish 3. biz **állati jó** cool; great; fantastic; terrific; brilliant
állatias <mn> beastly
állatkereskedés <fn> pet shop
állatkert <fn> zoo; zoological gardens <tsz>
állatkínzás <fn> cruelty to animals
állatkísérlet <fn> experiments on animals <tsz>
állatorvos <fn> vet; veterinary surgeon; AmE veterinarian
állatöv <fn> the zodiac
állatszelídítő <fn> animal-tamer
állattan <fn> zoology
állattartás <fn> animal keeping
állattenyésztés <fn> animal husbandry; livestock-farming/breeding
állattenyésztő <fn> stock-breeder
állatvédő <fn> ≈ an SPCA inspector
állatvédő egyesület <fn> society for the prevention of cruelty to animals
állatvilág <fn> animal kingdom

álldogál <ige> stand about/around
allegória <fn> allegory
allergia <fn> allergy (**vmire** to sg)
allergiás <mn> **1.** allergic (**vmire** to sg): *allergiás reakció vmire* allergic reaction to sg ∗ *Bizonyos virágokra allergiás.* She is allergic to certain flowers. **2.** biz allergic (**vmire** to sg)
állít <ige> **1.** put✛; place; set✛; stand✛; station: *a fal mellé állítja a létrát* put the ladder against the wall **2.** *(szerkezetet, készüléket)* set✛; adjust: *a vekkert hétre állítja* set the alarm for seven **3.** *(emel)* put✛ up; erect; build✛: *szobrot állít vkinek* put a statue up to sy **4.** *(kijelent)* assert; claim; state; affirm; *(bizonyíték nélkül)* allege; *(megerősítve)* affirm; *(fenntart)* maintain: *Állította, hogy ártatlan.* She continued to affirm that she was innocent. ∗ *Azt állította, hogy szakember.* He professed to be an expert.
állítás <fn> **1.** *(kijelentés)* assertion; statement; claim; *(álláspont)* contention; *(bizonyíték nélküli)* allegation: *Tagadta az állításait.* She has denied his claims. **2.** *(tárgyé)* placing; setting; putting; erection
állítható <mn> adjustable: *állítható csavarkulcs* adjustable spanner; monkey wrench ∗ *állítható támlájú ülés* reclining seat
állítmány <fn> nyelvt predicate
állítólag <hsz> allegedly; reputedly; supposedly: *Állítólag folyékonyan beszél angolul.* He's supposed to speak fluent English. ∗ *Állítólag azt mondta, hogy…* She's alleged to have said that… ∗ *Állítólag a síkos út járult hozzá a balesethez.* The slippery road was said to have contributed to the accident.
állítólagos <mn> alleged; reputed: *állítólagos Rembrandt-kép* a reputed Rembrandt
állj <msz> stop; kat halt: *Állj! Elsőbbségadás kötelező!* Stop (and give way). ∗ *Állj! Ki vagy?* Halt! Who goes there?
állkapocs <fn> **1.** *(emberi)* jaw **2.** *(állaté)* chops <tsz>
állkapocscsont <fn> jawbone
álló <mn> **1.** *(nem fekvő)* standing; upright **2.** *(nem mozgó)* stationary; fixed: *álló jármű* a stationary vehicle **3.** *(vmiből)* consisting of sg <csak hátravetve>; composed of sg <csak hátravetve>
állófogadás <fn> reception
állóháború <fn> trench war(fare)
állóhely <fn> standing room
állóképesség <fn> endurance; staying power; stamina
állólámpa <fn> standard lamp; AmE floor lamp
állomány <fn> **1.** *(embereké)* staff: *állományba kerül* become a member of/go on the permanent staff ∗ *állományba vesz* employ **2.** *(állatoké)* livestock **3.** kat effective force **4.** *(készlet)* stock **5.** infor file: *kitöröl egy állományt* delete a file
állomás <fn> **1.** közl station; *(megálló)* stop **2.** *(pályaudvar)* station **3.** *(fejlődésben)* stage; phase **4.** *(tv, rádió)* station: *más állomásra kapcsol át* tune (in) to another station
állomásfőnök <fn> stationmaster
állomáshely <fn> **1.** station **2.** *(diplomáciai)* post **3.** kat garrison
állott <mn> fusty; flat; stale: *állott sör* flat beer ∗ *állott kenyér* stale bread
állóvíz <fn> stagnant water
állvány <fn> **1.** *(építéshez, szereléshez)* scaffolding; stand **2.** *(alátámasztásra)* mount; trestle; *(mikrofoné, fényképezőgépé)* boom **3.** *(tároláshoz)* rack
állványoz <ige> put✛ up scaffolding
alma <fn> apple: *sok alma* a lot of apples ∗ *másfél kiló alma* one and a half kilos of apples
♦ **Az alma nem esik messze a fájától.** like father like son; be✛ a chip off the old block
almacsutka <fn> apple-core
almafa <fn> apple tree
almalé <fn> apple juice
almás pite <fn> apple-pie
álmatlan <mn> sleepless; wakeful: *álmatlan éjszaka* a sleepless/restless night
álmatlanság <fn> insomnia; sleeplessness; wakefulness: *Álmatlanságban szenved.* She suffers from insomnia.
álmélkodik <ige> wonder (**vmin** at sg)
álmodik <ige> **1.** dream✛: *Azt álmodtam, hogy megkaptam az állást.* I dreamt (that) I got the job. ∗ *Csak álmodhattad.* You must have dreamt it. **2.** dream✛ (**vkiről/vmiről/vkivel/vmivel** of/about sy/sg)
álmodozik <ige> dream✛ (**vkiről/vmiről** of/about sy/sg): *Mindig arról álmodozik, hogy énekesnő lesz.* She always dreams of becoming a singer.
álmodozó <fn> dreamer
álmos <mn> sleepy
álnév <fn> alias; assumed/false name; *(írói)* pen name; pseudonym: *Ezúttal milyen álnevet használt?* What alias did he use this time?
alól <nu> from below/beneath/under: *a szék alól* from under the chair
álom <fn> **1.** *(alváskor)* dream: *különös álom* extraordinary dream ∗ *rossz álom* a bad dream ∗ *Álmomban sem jutna eszembe…* I wouldn't dream of… **2.** *(vágy)* dream: *Az az álmom, hogy győzök.* It is my dream to win. **3.** *(alvás)* sleep: *mély álom* deep sleep ∗ *mély álomba zuhan* fall into a deep sleep
álomszép <mn> wonderful

alosztály <fn> subdivision
alperes <fn> defendant
alpesi <mn> alpine: *alpesi versenyszámok* alpine events
Alpok <fn> the Alps
alpolgármester <fn> deputy mayor
álruha <fn> disguise
¹alsó <mn> lower; *(fiók, polc stb.)* bottom: *alsó fiók* bottom shelf ∗ *alsó ajak* lower lip ∗ *alsófokú angol tanfolyam* an elementary English course ∗ *alsó tagozat* elementary/junior school ∗ *alsó rész (terület)* the lower part of sg; *(ruházatban)* bottom
²alsó <fn> **1.** *(kártyalap)* knave; jack **2.** biz *(ruhadarab)* bottom; BrE *(alsónadrág)* pants <tsz>; briefs <tsz>: *pizsama alsó* pyjama bottoms <tsz>
Alsó-Ausztria <fn> Lower Austria
alsónadrág <fn> underpants <tsz>; pants <tsz>; briefs <tsz>
alsónemű <fn> underwear; underclothes <tsz>: *meleg alsónemű* thermal underwear
alsós <fn> child in the junior school; junior
alsószoknya <fn> petticoat; slip
álszent <mn> hypocritical
alszik <ige> sleep✳; be✳ asleep: *mélyen alszik* sleep heavily; be fast asleep ∗ *aludni megy* go to bed ∗ *nem alszik otthon* sleep over; stay out ∗ *Aludj jól!* Sleep well!

♦ **alszik, mint a bunda** sleep✳ like a log/top ♦ **alszik rá egyet** sleep✳ on it

alt <fn> **1.** *(hang, szólam)* alto **2.** *(énekesnő és fiú)* alto; *(csak nő)* contralto
altábornagy <fn> lieutenant-general
által <nu> through; by; by means of; through: *az általam említett probléma* the problem I mentioned
általa <hsz> by/through sy
általában <hsz> generally, normally; in general; generally speaking; usually; as a rule: *általában véve* as a rule; generally speaking; on the whole ∗ *Általában reggel 6 órakor kelünk.* We normally get up at 6 o'clock in the morning. ∗ *Általában kocsival járok dolgozni.* I usually drive to work.
általános <mn> **1.** *(mindenre, mindenkire kiterjedő)* general; common; universal: *általános vélemény* general opinion ∗ *általános érvényű tétel* a proposition of universal validity ∗ *általános nézet/felfogás* prevailing opinion ∗ *általános használatban van* be in current/general use **2.** *(átfogó)* general: *általános műveltség* general culture; general/all-round education ∗ *általános ismeretek* general knowledge ∗ *általános kivizsgálás* general checkup ∗ *általános megegyezés* consensus ∗ *általános orvos* general practitioner ∗ *általános választás* general election ∗ *általános helyeslésre talál* meet with general acceptance
általános forgalmi adó <fn> gazd value added tax

Általános alany • One, you

Az általános, azaz a meg nem határozott, meg nem nevezett alanyt az angol a **one**, **you**, s néha a **they** és **we** névmásokkal fejezi ki.
A **one** főleg a hivatalos nyelvhasználatban fordul elő, míg a köznapi, beszélt nyelv inkább a **you**-t alkalmazza.
Szótárakban a *people in general* jelentésre főleg szókapcsolatokban, szólásokban igen sok példát találunk.
Példa:
Az ember sohasem tudhatja. **One** never knows. / **You** never know.

A szókapcsolatok szótári alapalakja többnyire a jelen idő egyes szám harmadik személyű alak.
Példa:
elhatározza magát make up **one's**/**your** mind
(→ A modern angol egynyelvű szótárakban szinte kizárólag a **your** alak használatos. A Magyarországon megjelent kétnyelvű szótárak általában a hagyományos **one's**-t alkalmazzák.)

Magyar mondatokban „az ember" formulán kívül az általános alany gyakran többes számként jelentkezik.
Példák:
Ne kritizáljon az ember, ha nem biztos a tényekben! / Ne kritizáljunk, ha nem vagyunk biztosak a tényekben! **One** should never criticize if **one** is not sure of **one's** facts. / **You** should never criticize if **you** are not sure of **your** facts.

Egészen ritkán a **they**, illetve a **we** is kifejezi az általános alanyt.
Példák:
Ami következett, ahogy mondani szokás, immár történelem. What followed, as **they** say, is history. ∗ *Több gondot kellene fordítanunk történelmi épületeinkre.* **We** should take more care of **our** historic buildings.

általános iskola <fn> *(általános iskola alsó tagozata)* ≈ primary school (4,5–11); AmE ≈ elementary school; AmE ≈ grade school (4,5–11); AmE ≈ junior school; AmE ≈ the junior classes (7–11) <tsz>; *(általános iskola felső tagozata)* ≈ middle school (8–12/9–13); AmE ≈ junior high school (11–14)
általánosít <ige> generalize
általánosítás <fn> generalization
altat <ige> **1.** *(gyereket)* put✦ sy to sleep **2.** orv anaesthetize; AmE anesthetize
áltat <ige> deceive; delude; mislead
♦ **azzal áltatja magát, hogy...** flatter oneself that...
altatás <fn> orv anaesthesia; AmE anesthesia
altató <fn> **1.** *(altatószer)* sleeping pill; sleeping tablet **2.** *(altatódal)* lullaby
altatódal <fn> lullaby
altatóorvos <fn> anaesthetist; AmE anesthetist
altatószer → altató
alternatív <mn> **1.** *(vagylagos)* alternative: *alternatív megoldás* alternative solution **2.** *(hagyományostól eltérő)* alternative: *alternatív gyógyászat* alternative medicine
alternatíva <fn> *(két lehetőség)* alternative
altest <fn> lower trunk; lower parts <tsz>; abdomen
aludttej <fn> curdled/sour milk; AmE clabber; *(sűrűje)* curd
alufólia <fn> tinfoil; aluminium foil; AmE aluminum foil
¹alul <hsz> **1.** *(alacsonyan lévő helyen)* down below; beneath: *alulról* from beneath ✳ *Zaj szűrődött föl alulról.* We could hear noises coming from down below. **2.** *(a ház alsó szintjén)* downstairs: *Alul laknak.* They live downstairs. **3.** *(vminek az alján)* at the bottom: *Alulra volt nyomtatva a neve.* His name was printed underneath.
²alul <nu> **1.** *(térben)* below: *térden alul* below knees **2.** *(szintben, értékben, mennyiségben)* beneath: *rangon alul házasodik* marry beneath
aluli <mn> **1.** *(térben)* beneath; below: *térden aluli* below the knees **2.** *(szintben, értékben, mennyiségben)* under: *18 éven aluli gyermek* child under (the age of) 18
alulírott <fn> undersigned
aluljáró <fn> *(gyalogosoknak)* subway; *(autóknak)* underpass
alulmarad <ige> come✦ off second best; get✦ the worst of it; be✦ beaten; lose✦; get✦ the short end of the deal
alulnézet <fn> bottom-view
alultáplált <mn> undernourished
alumínium <fn> aluminium; AmE aluminum

alvad <ige> clot: *alvadt vér* clotted blood; gore
alvajáró <fn> sleepwalker; somnambulist
alvállalkozó <fn> subcontractor
alvás <fn> sleep
alvászavar <fn> sleep disorder; insomnia
alváz <fn> *(járműé)* chassis
alvilág <fn> *(bűnözőké)* underworld
¹ám <ksz> *(azonban)* yet; again; though
²ám <hsz> well: *Igen ám, de...* It's all very well but... ✳ *„Megcsináltad?" „De meg ám!"* 'Have you done it?' 'Sure, I have!'
amatőr <fn> amateur
ambíció <fn> ambition
ambiciózus <mn> *(törekvő)* ambitious; aspiring
ambulancia <fn> outpatient department; outpatients <tsz>
ambuláns <mn> **ambuláns beteg** outpatient
ameddig <von ksz> **1.** *(térben)* as far as: *ameddig a szem ellát* as far as the eye can see **2.** *(amely időpontig)* until; as long as; so long as; biz till **3.** *(mialatt)* while
amekkora <von névm> as large as; as great as
amellett <hsz> **1.** *(a szóban forgó dolog mellett)* in favour of: *Minden bizonyíték amellett szól, hogy...* All the evidence suggests that... ✳ *Minden amellett szól, hogy...* It looks very much as if...; This would suggest that... ✳ *Kitartok amellett, hogy ártatlan vagy.* I insist that you are innocent. **2.** *(azonkívül)* besides; too; in addition; yet; as well as: *Zongorázik amellett, hogy tanárként dolgozik.* He plays the piano besides working as a teacher. ✳ *A lány kicsi, s amellett sovány is.* The girl is small as well as thin. / The girl is both small and thin. ✳ *Fiatal, csinos és amellett okos is.* She is young, pretty, and clever too.
amely <von névm> which; that: *a ház, amelyben élünk* the house where we live ✳ *a pohár, amelyből iszik* the glass from which he is drinking ✳ *a levél, amelyet megírt* the letter he wrote
amelyik <von névm> which; that: *Vedd az azt, amelyiket akarod!* Take the one you want to. ✳ *Hozd ide nekem, amelyik párnát csak akarod!* Bring me any pillow you want.
amennyi <von névm> as much as; as many as
amennyiben <ksz> if; in as much as; in so far as; as/so long as; in that: *amennyiben módomban áll* as far as it lies within my power
amennyire <hsz> as much as; as far as: *amennyire én tudom* as far as I know; for all I know
Amerika <fn> America
¹amerikai <mn> American: *amerikai angol* American English ✳ *amerikai futball* American football ✳ *a magyar nagykövet és amerikai kollégája* the Hungarian Ambassador and his American counterpart

²**amerikai** <fn> American: *az amerikaiak* the Americans

amerre <hsz> 1. *(amely irányban, ahol)* where 2. *(akárhova, amerre csak)* wherever

amerről <hsz> from where

ami <von névm> that; which: *az(t), ami(t)* what ∗ *amire* on which ∗ *Ez az, amire gondolok.* That's what I'm thinking of. / That's what I mean. ∗ *Hol van az az ajándék, amit a barátomtól kaptam?* Where is the present that I got from my friend? ∗ *ami engem illet* as far as I am concerned

amiatt <hsz> 1. *(vmi miatt)* because of; that's why 2. *(attól, afelől)* about; whether

amiért <hsz> 1. *(amely okból)* because of; that's why; on account of; for: *Ez az, amiért szomorú vagyok.* That's why I'm sad. ∗ *Bocsánatot kell kérnem, amiért oly soká válaszoltam.* I have to apologize for taking so long to reply. ∗ *Elnézést kérek, amiért sok munkája közepette zavarom!* I am sorry to trouble you when you are so busy. 2. *(amely célból)* in order to; for that/this purpose; with a view to; for

amíg <hsz> 1. *(amely időpontig)* until; till: *Ne hagyd abba a kiabálást, amíg valaki nem válaszol!* Keep shouting until someone answers you. 2. *(amely idő alatt)* while; as long as: *Megőrzöm a leveleidet, amíg külföldön vagy.* I'll keep your letters while you are abroad.

amikor <hsz> when: *Abban a korban van, amikor...* She is of an age when... ∗ *Amikor én annyi idős voltam, mint te...* When I was your age... ∗ *Telefonálok, amikor befejeztem!* When I've finished, I'll telephone you.

amilyen <von névm> such as; as: *olyan, amilyen...* as...as ∗ *Olyan szép, amilyen az anyja.* She is as nice as her mother. ∗ *amilyen későn csak lehet* as late as possible

¹**amint** <hsz> *(ahogy(an))* as: *amint tudod* as you know

²**amint** <ksz> *(mihelyt)* as soon as; once: *amint megérkezel* the minute you arrive ∗ *Amint meg-*

(i) **A vonatkozó névmások használata a vonatkozó mellékmondatokban: aki, ami, amely • who, that, which**

Az **aki**, **ami**, **amely** vonatkozó névmások és ragozott alakjaik szerepét az angol vonatkozó mellékmondatokban a **who**, **that** és **which** névmások töltik be. Vonatkozó mellékmondatokat akkor használunk, ha egy mondatban szereplő főnevet szeretnénk közelebbről meghatározni, vagy bővebb információt óhajtunk közölni róla, és az információ terjedelme miatt ezt csak egy mellékmondatban tudjuk megtenni. Az angolban kétfajta vonatkozó mellékmondat van:

a) A meghatározó értelmű vonatkozó mellékmondat a főmondatban szereplő főnevet közelebbről meghatározza, azonosítja, ezért a főmondat elhagyhatatlan része, attól nem választja el vessző. A mellékmondat, és így a névmás is, közvetlenül a főnév mögött áll, arra utal. Ha a főnév jelentése dolog, **which** vagy **that**, ha személy, akkor **who** vagy **that** névmás utal vissza rá.
Példák:
My friend **who/that** lives in London phoned me yesterday. *Az a barátom, **aki** Londonban lakik, tegnap felhívott.* (→ *A barátaim közül az hívott fel tegnap, aki Londonban lakik.*) ∗ Have you read the letter **which/that** I left on your desk? *Olvastad azt a levelet, **amelyet** az asztalodon hagytam?* (→ *Arra a levélre gondolok, amelyet az asztalodon hagytam.*)

A meghatározó értelmű vonatkozó mellékmondatban a vonatkozó névmás legtöbbször elhagyható, kivéve, ha a mellékmondatban alanyi szerepet tölt be. A névmást leginkább élő beszédben hagyják el.
Példák:
Have you read the letter I left on your desk? *De* nem hagyható el itt:
My friend **who/that** lives in London phoned me yesterday.

b) A nem meghatározó értelmű vonatkozó mellékmondat csak kiegészítő jellegű információt közöl a főmondatban szereplő főnévről, és az egész főmondatot bővíti. Elhagyható anélkül, hogy a főmondat értelme csorbulna, ezt az is jelzi, hogy vessző választja el a főmondattól. Ha *dologra* utal, a **which**, ha *személyre* utal, a **who** névmás kapcsolja össze a főmondattal. Ebben a fajta mellékmondatban **that** névmást *nem* használhatunk.
Példák:
My best friend, **who** lives in London, phoned me yesterday. *A legjobb barátom, **aki** Londonban lakik, tegnap felhívott.* (→ *Azon kívül, hogy felhívott tegnap, a legjobb barátomról közlöm azt is, hogy Londonban lakik.*)
You sent me a letter, **which** was very unusual. *Levelet küldtél nekem, **ami** nagyon szokatlan volt.* (→ *Az a tény volt szokatlan, hogy levelet küldtél.*)

kapom az engedélyt, kezdek. I will start as soon as I get the go-ahead. * *Amint lehet, meglátogatlak.* I will visit you as soon as possible. * *Amint megírtam neki a levelet, lefekhetek.* Once I have written the letter for her I can go to bed.

amióta <hsz> since: *amióta csak* ever since * *Amióta elment Edinburghba, nem telefonált.* Since she went to Edinburgh she hasn't phone.

¹amire <ksz> *(és erre, és ekkor)* (and) then; whereupon: *Ő bejött, amire én kimentem.* He came in and then I went out. * *A férfi bántalmazta, amire ő pofonvágta.* He insulted her, whereupon she slapped him.

²amire → **ami**

amit → **ami**

amnesztia <fn> amnesty

amnézia <fn> amnesia

amoda <hsz> over there

ámokfutó <fn> (person) running amok

a-moll <fn> A minor

amortizáció <fn> amortization, depreciation

amortizál <ige> amortize

amott <hsz> over there

ampulla <fn> ampoule; AmE ampule

amputál <ige> orv amputate

amúgy <hsz> **1.** *(azon a módon)* in that way; in that manner **2.** *(egyébként)* otherwise: *Kenyeret kell vennem, de amúgy is mennék a boltba.* I'll get some bread – I was going to the shop anyway. * *Nem megyek este buliba, amúgy sincs pénzem.* I won't go out tonight, and anyhow I haven't got any money.

ámul <ige> wonder; be❋ amazed; marvel: *ámul-bámul* stand❋ agape; gape; stare in amazement

ámulat <fn> amazement: *ámulatba ejt* amaze

analfabéta <fn> illiterate

analitikus <mn> **1.** nyelvt analytic **2.** *(gondolkodás és geometria)* analytical

analizál <ige> analyse

analízis <fn> analysis

analóg <mn> **1.** *(hasonló)* analogous (**vmihez/vmivel** to/with sg) **2.** el, infor analogue

analógia <fn> analogy (**vmik között // vmivel** between sg // with sg): *ezen mondat analógiájára* on the analogy of this sentence

ananász <fn> pineapple

anarchia <fn> anarchy

anarchikus <mn> anárchic

¹anarchista <mn> anarchist

²anarchista <fn> anarchist

anatómia <fn> orv anatomy

Andok <fn> Andes

anekdota <fn> anecdote

anélkül <hsz> without: *anélkül, hogy…* without so much as… * *elfut anélkül, hogy visszanézne* run away without looking back

Anglia <fn> *(szűkebb értelemben)* England; *(tágabb értelemben)* Great Britain: *Anglia keleti részén* in the east of England

→ Lásd a Tartalomjegyzékben a Tematikus rajzokat!

anglikán <mn> Anglican: *az anglikán egyház* the Church of England

¹angol <mn> English; *(tágabb értelemben)* British: *az angol nyelv* the English language * *négy angol ember* four English people * *angol reggeli* English breakfast * *angolul beszél/tanul* speak/learn English * *Angolul írták.* It is written in English. * *Hogy mondják ezt angolul?* What is the English for it? / How do you say it in English?

²angol <fn> **1.** *(férfi)* Englishman (tsz: Englishmen); *(nő)* Englishwoman (tsz: Englishwomen): *az angolok* the English **2.** *(nyelv)* English; the English language: *Angol tanári diplomája van.* She has a degree in English.

angolna <fn> eel

angolóra <fn> English lesson; English class

angolszász <mn> Anglo-Saxon: *Az angolok angolszász, a skótok, a walesiek és az írek azonban kelta származásúak.* The English are Anglo-Saxon in origin, but the Welsh, the Scots and the Irish are Celts. * *az angolszász országok/világ* the English-speaking world

angyal <fn> angel: *Te egy angyal vagy!* You are an angel!

animációs <mn> animated: *animációs film* animated cartoon

ánizs <fn> anise

¹annak <hsz> **1.** *(részeshatározó)* for/to that: *Annak add oda!* Give it to that person! **2.** *(vonzatként)* for/to that: *annak köszönhető* it's due to that

²annak → **¹az**

¹annál <hsz> at/with that: *annál az épületnél* at that building

²annál → **¹az**

anorák <fn> anorak

anorexia <fn> anorexia

Antarktisz <fn> the Antarctic

antenna <fn> aerial

antibiotikum <fn> antibiotic

antik <mn> **1.** *(ókori)* ancient; antique **2.** *(régi)* antique: *antik asztal* an antique desk

antikvárium <fn> second-hand bookshop

antikvitás <fn> antiquities <tsz>

antilop <fn> antelope

¹**antiszemita** <mn> anti-Semitic
²**antiszemita** <fn> anti-Semite
antiszemitizmus <fn> anti-Semitism
antológia <fn> anthology
anya <fn> **1.** mother: *négygyermekes anya* a mother of four * *anyák napja* Mother's Day **2.** *(csavaré)* nut
anyaállat <fn> dam
anyacsavar <fn> nut
anyag <fn> **1.** *(a dolgok megjelenési formája)* material; matter; substance **2.** *(textil)* cloth; fabric; material: *Vettem egy kis narancssárga anyagot, hogy varrjak egy inget.* I bought some orange material to make a shirt. **3.** *(téma, tárgy)* material; theme; topic * *a konferencia (írásos) anyaga* proceedings <tsz> **4.** *(tanítási)* subject matter; topic **5.** *(gyűjtemény)* material: *a múzeum anyaga* the material in the museum; the collection of the museum **6.** biz, szl *(kábítószer)* dope
anyagcsere <fn> biol metabolism
anyagi <mn> **1.** *(anyaggal kapcsolatos)* material: *az anyagi világ* the material world **2.** *(pénzben kifejezhető)* material; financial: *anyagi javak* material goods/assets * *anyagi kár* material damage * *anyagi alapot teremt* raise funds * *jó anyagi körülmények között él* be in good circumstances * *anyagi gondjai vannak* be hard up * *az anyagi jólét feltételei* creature comforts * *anyagi nehézségek* financial difficulties * *anyagi károk* material damages
anyagiak <fn> **az anyagiak** material resources; pecuniary means: *előteremti az anyagiakat* raise the necessary funds
anyagias <mn> materialistic
anyai <mn> **1.** *(családi ág)* maternal: *az anyai nagyapám* my maternal grandfather **2.** *(anyára jellemző)* motherly; maternal: *anyai örömöknek néz elébe* be expecting a baby
anyajegy <fn> birthmark; mole
anyakönyv <fn> register of births; marriages and deaths
anyakönyvi <mn> **1. anyakönyvi hivatal** registry/register office **2. születési/házassági/halotti anyakönyvi kivonat** birth/marriage/death certificate
anyakönyvvezető <fn> registrar
anyanyelv <fn> mother tongue; native language
anyanyelvi <mn> native: *anyanyelvi beszélő* native speaker * *szótár anyanyelvi használóknak* a native-speaker dictionary * *anyanyelvi oktató* native teacher
anyanyelvű <mn> **magyar anyanyelvű** Hungarian speaking; native speaker of Hungarian; Hungarian-speaker

anyaország <fn> mother-country; native country
anyás <mn> attached to the mother <csak hátravetve>: *anyás kisfiú* a boy attached to the mother
anyaság <fn> motherhood; maternity
anyaszült <mn> **anyaszült meztelen** stark naked: *anyaszült meztelenül* in one's birthday suit; stark naked
anyatej <fn> mother's milk: *anyatejen nevel* breastfeed♦
annyi <mut névm> **1.** as much/many; so much/many: *annyi, mint…* as much as… * *kétszer annyi* twice as many * *még egyszer annyi* as much/many again; double the number * *Annyit ehetsz, amennyit csak akarsz.* You can eat as much as you want to. **2.** *(oly sok)* so many/much: *Annyi munkánk volt!* We have had so much work to do. * *Ne mozogj annyit!* Don't move so much.
♦ **Annyi baj legyen!** worse luck! ♦ **ez annyit jelent, hogy…** it amounts to this/that…
annyian <hsz> so many; in such a great number
annyifajta <hsz> so many kinds of
annyifelé <hsz> in so many directions
annyiféle <hsz> so many kinds of: *ahány, annyiféle* not two alike
annyira <hsz> **1.** *(olyan távolságra)* as far as **2.** *(olyan mértékben)* so; that; so much; that much; to such a degree: *Nem tudok annyira gyorsan futni.* I can't run that fast. * *Annyira sajnálom!* I'm so sorry! * *Annyira hiányzik!* I miss him so much. * *Annyira (de annyira) kedves vagy!* You are ever so kind. * *Annyira éhes vagyok, hogy bármit megeszek.* I am so hungry, I will eat anything.
annyiszor <hsz> so often; so many times
anyós <fn> mother-in-law
anyu <fn> biz mum
apa <fn> father; biz dad: *apáról fiúra* from father to son
apáca <fn> nun
apácarend <fn> order of nuns; sisterhood
apad <ige> **1.** *(tenger)* ebb; be♦ on the ebb; *(folyó)* fall♦; *(ár)* subside **2.** átv *(csökken)* be♦ on the ebb
apai <mn> paternal; fatherly: *apai szeretet* paternal love * *apai nagyapám* my paternal grandfather * *apai ágon* on one's father's side
apály <fn> ebb; ebb tide; low tide: *Apály van.* The tide is out. / The tide is going out. / The tide is on the ebb.
apartman <fn> **1.** *(lakosztály)* apartment; *(szállodában)* suite **2.** *(üdülőhelyen lakrész)* (holiday) apartment: *Apartmanok bérelhetők.* Self-

catering holiday apartments are rented for visitors.

apaság <fn> fatherhood; jog paternity
apát <fn> abbot
apátság <fn> abbey
apellál <ige> **1.** (fordul) appeal (**vkihez** to sy) **2.** (hivatkozik) appeal (**vmire** to sg)
aperitif <fn> aperitif
apó <fn> old man; grand(d)ad
ápol <ige> **1.** (gondoz) nurse (**vkit** sy); attend (**vkit/vmit** to sy/sg); tend (**vkit/vmit** sy / to sy/sg): *Az a nővér ápolta.* That nurse attended to him/ tended him. **2.** (állatot) groom: *lovat ápol* groom a horse **3.** (megtartani törekszik) cultivate: *vkinek az emlékét ápolja* keep sy's memory green
ápolás <fn> **1.** (gondozás) attendance: *orvosi ápolás* medical attendance ∗ *ápolási idő* sp injury time **2.** (megtartás) cultivation
ápolatlan <mn> unkempt; neglected; ill-groomed; scruffy
ápoló <fn> (male) nurse
ápolónő <fn> nurse: *szakképzett ápolónő* a qualified nurse ∗ *ápolónőként dolgozik* work as a nurse
ápolószemélyzet <fn> nursing staff
¹ápolt <mn> (személy) well-groomed; (fiatalember) clean-cut; (kert stb.) trim: *ápolt külső* clean-cut good looks
²ápolt <fn> (beteg) patient
áporodott <mn> (levegő) fusty; musty; foul; stuffy; (étel, ital) flat; stale; off
após <fn> father-in-law
apostol <fn> **1.** vall apostle: *az apostolok cselekedetei (a Bibliában)* the Acts of the Apostles **2.** (hirdetője) apostle (**vminek** of sg)
apostoli <mn> **az apostoli hitvallás** the Apostles' Cred
apparátus <fn> **1.** (gépi) apparatus; machine; machinery **2.** átv apparatus: *állami apparátus* state apparatus ∗ *párt apparátusa* party machine ∗ *a kormány apparátusa* the machinery of the government
ápr. [= április] Apr. (= April)
apránként <hsz> bit by bit; little by little; scrappily; inch by inch
április <fn> April: *április elseje* April Fools' Day ∗ *Áprilisban született.* He was born in April. ∗ *Az előadás április másodikán lesz.* The performance is on 2nd April/2 April. ∗ *Ma 2011. április 10-e, vasárnap van.* Today is Sunday, 10(th) April 2011.
áprilisi <mn> April; of/in April <csak hátravetve>: *egy áprilisi délután* on an afternoon in April
aprít <ige> chop; cut✧

¹apró <mn> **1.** (méretre) tiny; minute; puny **2.** (jelentéktelen) tiny
²apró <fn> change: *Nincs apróm.* I haven't got any change.
apró-cseprő <mn> petty: *apró-cseprő kiadások* petty expenses
apród <fn> page
aprófa <fn> firewood
apróhirdetés <fn> classified advertisement; biz classified ad; BrE small ad; AmE want ad: *apróhirdetést tesz közzé* insert an advertisement
aprólék <fn> giblets <tsz>
aprólékos <mn> minute; meticulous: *aprólékos gonddal kiválogat* pick and choose ∗ *aprólékos pontosság* minuteness ∗ *Nem kell olyan aprólékosnak lenni!* Don't be too particular (about it).
aprópénz <fn> change; small change: *Nincs aprópénzem.* I haven't got any change.
¹apropó <fn> (ürügy) pretext
²apropó <msz> apropos; by the way; (ürügyén) on the pretext of sg: *vminek az apropóján* apropos of sg
apróság <fn> **1.** (holmi) little thing: *apróságok* odds and ends **2.** (jelentéktelen dolog) trifle; trivial matter; triviality; bagatelle: *Ez csak egy kis apróság.* It's a mere trifle. **3.** (kisgyermek) tiny tot
aprósütemény <fn> biscuit; teacake; AmE cookie
apu <fn> biz dad; daddy
¹ár <fn> (árué) price; cost; (szolgáltatásé, árué) charge: *alacsony ár* low price ∗ *elfogadható ár* a fair price ∗ *kedvezményes ár* discount price ∗ *5 dollár az ára.* It costs 5 dollars. ∗ *A kenyér ára folyamatosan megy felfelé.* The price of bread is continuously going up.
♦ **nagy árat fizet vmiért** pay✧ dearly for sg; pay✧ in full for sg ♦ **semmi áron** not at any price ♦ **a saját élete árán** at the cost of his own life
²ár <fn> (sodrás) current; (áradás) flood
♦ **az árral szemben úszik / szemben úszik az árral** swim✧ against the tide/stream
♦ **sodródik/úszik az árral** go✧/swim✧ with the stream; drift with the current
¹arab <mn> (arab irodalommal, nyelvvel kapcsolatos) Arabic; (földrajzi nevekben) Arabian: *arab betűk* Arabic letters ∗ *Arab-tenger* Arabian Sea ∗ *arab ló/telivér* Arabian horse; an Arabian; an Arab
²arab <fn> **1.** (személy) Arab **2.** (nyelv) Arabic
árad <ige> **1.** (folyó) rise✧; flood; flow✧; grow✧; swell✧ **2.** (özönlik, áramlik) stream; pour
áradás <fn> rising; flood; growth; swelling

áradat <fn> flood; deluge; flow; volley; gush; storm; stream: *levelek áradata* a flood of letters ∗ *szavak áradata* a deluge of words ∗ *látogatók áradata* flow of visitors ∗ *bírálatok áradata* a volley of criticisms

áradozik <ige> go✧ into raptures (**vkiről/vmiről** about/over sy/sg); biz rave (**vkiről/vmiről** about sy/sg)

árajánlat <fn> *(árura)* quotation; *(versenytárgyaláson)* tender: *árajánlatot tesz vmire (árura)* quote (sy) a price for sg; *(versenytárgyaláson)* make (a) tender for sg; *(árverésen)* (make a) bid✧ for sg

áram <fn> el (electric) current; power

áramellátás <fn> power supply

áramfogyasztás <fn> current consumption

áramforrás <fn> source of current

áramkör <fn> el circuit

áramlat <fn> **1.** *(vízben, levegőben)* current **2.** *(irányzat)* tendency; trend; *(fő irány(vonal), vonulat)* mainstream

áramlik <ige> **1.** flow; stream **2.** *(gáz)* ooze **3.** *(hömpölyög)* gush

áramszünet <fn> blackout; BrE power cut; AmE power outage

áramütés <fn> electric shock

áramvonalas <mn> streamlined

¹**arany** <mn> gold; golden: *arany középút* the golden mean

²**arany** <fn> **1.** *(nemesfém)* gold: *valódi arany* genuine gold ∗ *aranyból van* made of gold **2.** sp biz gold: *aranyat nyer* win gold

♦ **nem mind arany, ami fénylik** all that glitters is not gold

arány <fn> **1.** *(viszony)* proportion; ratio: *arányosan* in proportion ∗ *vmi arányában* in proportion to sg ∗ *egyenes arányában van vmivel* be directly proportional to sg **2.** *(nagyság, mérték)* proportion; rate: *Alacsony a születési arány.* The birth rate is low. ∗ *halálozási arány* mortality rate **3.** mat proportion: *mértani arány* geometrical ration

aranyásó <fn> gold digger

aranybánya <fn> **1.** *(lelőhely)* goldmine **2.** átv goldmine: *valóságos aranybánya* be a potential goldmine

aranyér <fn> orv piles <tsz>; BrE haemorrhoids <tsz>; AmE hemorrhoids <tsz>

aranyérem <fn> gold medal

aranyeső <fn> növ laburnum

aranygól <fn> golden goal

aranygyűrű <fn> gold ring

aranyhal <fn> goldfish

aranyhörcsög <fn> golden hamster

aránylag <hsz> relatively; comparatively: *aránylag olcsó* fairly cheap

aranylakodalom <fn> golden wedding

aranylánc <fn> gold chain

aranyláz <fn> goldrush; gold fever

aránylik <ige> be✧ in proportion (**vmihez** to sg)

aranyóra <fn> gold watch

aranyos <mn> cute; darling; lovely; sweet: *De aranyos kiskutya!* What a cute little dog!

arányos <mn> proportional (**vmivel** to sg): *egyenesen/fordítottan arányos vmivel* be✧ in direct/inverse proportion to sg; directly/inversely proportional to sg

aranypénz <fn> gold coin

aranyrúd <fn> gold bar/ingot

aranyszabály <fn> golden rule

aranyszínű <mn> gold; golden

aránytalan <mn> disproportionate (**vmihez** to sg): *aránytalanul* disproportionately ∗ *aránytalanul nagyobb vminél* be out of (all) proportion to sg

aranyvasárnap <fn> the Sunday before Christmas

árapály <fn> tide; ebb and flow

arasz <fn> span (of hand)

araszol <ige> **1.** *(hernyó)* crawl; slither **2.** *(lassan halad)* creep✧; inch forward/along

áraszt <ige> **1.** *(hőt, illatot)* give✧ sg off; diffuse; *(illatot)* give✧ sg out; *(kellemetlent)* exude **2.** *(lelkiállapotot)* radiate: *boldogságot áraszt maga körül* radiate happiness around one

arat <ige> harvest; reap: *két hold zabot arat* reap two acres of oat

aratás <fn> harvest: *Az aratás egy hete kezdődött.* The harvest started a week ago.

árbóc <fn> mast

arc <fn> **1.** face: *szeplős arc* a freckled face ∗ *hoszszúkás az arca* have a long face **2.** *(orca)* cheek: *Piros az arca.* His cheeks are red. **3.** *(arckifejezés)* face: *jó arcot vág vmihez* put a good face on sg ∗ *arcokat vág* make/pull faces ∗ *komoly arcot vág* keep a straight face **4.** biz *(személy)* fellow; chap, guy; BrE bloke; AmE guy: *jó arc* a nice guy/bloke

arcápolás <fn> facial care

arcátlan <mn> barefaced; brazen; bald-faced; impudent; biz *(szemtelen)* cheeky: *arcátlan hazugság* a brazen/bald-faced lie

arcátlanság <fn> cheekiness; effrontery; impudence; biz cheek

árcédula <fn> price tag

arcfesték <fn> make-up: *arcfesték nélkül(i)* without make-up

archaikus <mn> archaic

archívum <fn> archives <tsz>

arcizom <fn> facial muscle

♦ **arcizma sem rezdül/rándul (meg)** not turn a hair; keep✧ a stiff upper lip; not move a muscle

arckép \<fn> portrait
arckifejezés \<fn> (facial) expression; look; countenance
arckrém \<fn> face cream
arcmemória \<fn> memory for faces
arcpakolás \<fn> face mask
arcpirosító \<fn> blusher
arcszín \<fn> complexion: *üde arcszín* fresh complexion
arctisztító \<fn> cleanser
arculat \<fn> face; image
arcvíz \<fn> toner
arcvonások \<fn> features \<tsz>: *markáns arcvonások* pronounced features ∗ *szabályos arcvonások* regular features
árcsökkenés \<fn> gazd price cut
árcsökkentés \<fn> cut in prices; price reduction; price mark-down
áremelés \<fn> rise of prices
áremelkedés \<fn> increase/rise in prices; price increase/rise: *hirtelen áremelkedés* jump in prices
árengedmény \<fn> discount; reduction (**vmire** on sg): *20%-os árengedményt kap vmire* get a 20% discount on sg
árfolyam \<fn> **1.** *(értékpapíré)* quotation; current prices \<tsz> **2.** *(valutáé)* rate; exchange rate; rate of exchange: *napi árfolyam* current rate
¹argentin \<mn> Argentine; Argentinian
²argentin \<fn> Argentine; Argentinian
Argentína \<fn> Argentina
ária \<fn> aria
arisztokrácia \<fn> aristocracy
¹arisztokrata \<mn> aristocratic
²arisztokrata \<fn> aristocrat
árjegyzék \<fn> gazd catalogue; AmE catalog, price list
árkád \<fn> **1.** *(boltív)* arch **2.** *(boltívek sora)* arcade
árkedvezmény \<fn> price reduction
árkon-bokron \<hsz> **árkon-bokron túl** over hedge and ditch
árleszállítás \<fn> cut in prices; price reduction; reduction in price
árnyal \<ige> shade
árnyalat \<fn> **1.** *(színé)* shade; tone; nuance; hue **2.** *(fokozat)* nuance
árnyék \<fn> **1.** *(testé)* shadow **2.** *(hely)* shade
árnyékkormány \<fn> shadow cabinet
árnyékos \<mn> shady
árnyoldal \<fn> dark/shady side of sg; drawback: *az élet árnyoldala* the dark side of life
árok \<fn> trench; ditch: *zenekari árok* pit
aroma \<fn> **1.** *(zamat)* aroma; flavour **2.** *(ízesítő anyag)* flavouring

árpa \<fn> **1.** barley **2.** *(szemen)* sty(e)
¹arra \<hsz> **1.** *(abba az irányba, abban az irányban)* that way; in that direction: *Arra van a fürdőszoba.* The bathroom is that way. ∗ *Arra menj!* Drive in that direction! **2.** *(vmely dologra rá)* onto that
²arra → **¹az**
arrafelé \<hsz> that way; in that direction
arrogáns \<mn> arrogant; *(erőszakos)* overbearing
¹arról \<hsz> **1.** *(abból az irányból)* from that direction; from there **2.** *(vmely dologról le)* from that; off that: *Arról esett le.* She fell from that.
²arról → **¹az**
árt \<ige> **1.** do⁺ harm (**vkinek/vminek** to sy/sg); harm (**vkinek/vminek** sy/sg); injure (**vminek** sg); hurt⁺ (**vkinek** sy): *többet árt, mint használ* do more harm than good ∗ *nem fog ártani(, ha megteszed)* it won't hurt you to (do sg) ∗ *A dohányzás árt az egészségnek.* Smoking damages your health. / Smoking is harmful/bad to your health. ∗ *Néhány gyakorlat egyáltalán nem fog ártani.* Doing some excercises won't harm you at all. **2. vmibe ártja magát** meddle in sg
ártalmas \<mn> harmful (**vkire/vmire nézve** to sy/sg)
ártalmatlan \<mn> **1.** *(veszélytelen)* harmless; innocuous **2.** *(nincs benne rossz)* innocent; inoffensive: *ártalmatlan megjegyzés* an inoffensive remark
ártalom \<fn> harm
ártatlan \<mn> **1.** *(vétlen)* innocent; blameless: *Nyilván(valóan) ártatlan.* He is clearly innocent. ∗ *Kitartok amellett, hogy ártatlan vagy.* I insist that you are innocent. **2.** *(romlatlan)* innocent; pure **3.** *(ártalmatlan)* innocent: *ártatlan hazugság* a white lie
  ♦ **adja az ártatlant** put⁺ on an air of innocence; put⁺ on an innocent air
ártatlanság \<fn> innocence
ártér \<fn> flood area
artéria \<fn> artery
articsóka \<fn> artichoke
artikulál \<ige> articulate
artista \<fn> *(cirkuszban)* acrobat; artiste
áru \<fn> goods \<tsz>; merchandise (tsz: merchandise); article, commodity; item: *bizományi áru* goods on commission ∗ *árut leszállít* deliver the goods ∗ *jó minőségű áru* high-quality goods
árucikk \<fn> commodity; article; item; goods \<tsz>: *árucikkek (széles) választéka* a range of goods/commodities
árufajta \<fn> kind/sort/type of goods; brand
áruház \<fn> (department) store
áruházlánc \<fn> chain of department stores

árukészlet <fn> stock; goods in/on stock <tsz>
árukínálat <fn> supply of goods
árul <ige> sell✛
árulás <fn> *(vki ellen)* treachery; betrayal; *(hazaárulás)* treason
árulkodik <ige> **1.** biz *(megmond)* tell✛ on sy **2.** *(mutat)* reveal **(vmiről** sg)
¹áruló <fn> traitor
²áruló <mn> **1.** treacherous; traitorous **2.** *(jel, nyom stb.)* telltale; telling
áruminta <fn> sample(s)
árus <fn> seller; *(utcai)* vendor
árusít <ige> sell✛
árusítás <fn> selling; sale
¹árva <mn> orphaned
²árva <fn> orphan
árvácska <fn> pansy
árverés <fn> auction: *árverésen ad el vmit* sell sg at/by (an) auction ✶ *árverésre kerül* be/come under the hammer ✶ *árverésre bocsát* put sg up for auction
árverési terem <fn> saleroom; AmE salesroom
árvíz <fn> flood
árvízkár <fn> flood damage
árvízkárosult <fn> flood victim
árvíz sújtotta terület <fn> flooded area
árvízvédelem <fn> flood control/prevention
arzén <fn> arsenic
ás <ige> dig✛
ásatás <fn> excavation
ásít <ige> yawn
ásítás <fn> yawn
ásítozik <ige> keep✛ yawning
áskálódik <ige> intrigue **(vki ellen** against sy)
ásó <fn> spade
ásvány <fn> mineral
ásványi <mn> mineral
ásványkincsek <fn> mineral resources
ásványvíz <fn> mineral water: *szénsavas ásványvíz* sparkling mineral water
ász <fn> **1.** *(kártyában)* ace: *kőr ász* ace of hearts **2.** biz *(személy)* ace **3.** *(teniszben)* ace
aszal <ige> dry
aszalt <mn> dried; sun-dried: *aszalt gyümölcs* dried fruit ✶ *aszalt szilva* prune
aszály <fn> drought
aszályos <mn> droughty
aszfalt <fn> asphalt
aszfaltburkolat <fn> AmE pavement
aszfaltoz <ige> asphalt
aszimmetrikus <mn> asymmetric(al)
aszociális <mn> antisocial: *aszociális egyén* a social misfit
aszott <mn> **1.** *(kiszáradt, fonnyadt)* dry; withered **2.** *(petyhüdt)* wasted; sagging; slack
aszpik <fn> aspic

aszpirin <fn> aspirin: *egy levél aszpirin* a strip of aspirin
asszimilálódik <ige> assimilate
asszisztál <ige> assist **(vkinek vmihez** sy in sg)
asszisztens <fn> **1.** *(orvosé stb.)* assistant **2.** *(beosztott)* assistant
asszisztensnő → **asszisztens**
asszociáció <fn> association
asszony <fn> **1.** *(nő)* woman (tsz: women) **2.** *(feleség)* wife (tsz: wives) **3.** *(megszólításban)* Mrs; Ms: *Asszonyom!* Madam ✶ *Kedves Asszonyom! (levélben)* Dear Mrs Atkins(, ill. az aktuális vezetéknév)
asztal <fn> **1.** table: *leszedi az asztalt* clear the table ✶ *ünnepi asztal* festive board ✶ *Az asztal roskadozik az ennivaló alatt.* The table is groaning with food. **2.** infor desktop; desktop icons <tsz>
asztali <mn> table-; *(összet.)*; of the table <csak hátravetve>: *asztali számítógép* desktop computer ✶ *asztali imát mond* say grace
asztalitenisz <fn> table tennis; ping-pong
asztalos <fn> joiner; *(műbútorasztalos)* cabinet-maker
asztalosműhely <fn> joiner's workshop
asztaltársaság <fn> table society
asztalterítő <fn> tablecloth
asztma <fn> asthma
¹asztmás <mn> asthmatic; suffering from asthma <csak hátravetve>: *asztmás fiú* a boy suffering from asthma
²asztmás <fn> asthmatic
asztrológia <fn> astrology
¹át <hsz> over; through: *át a folyón* across/over the river
²át <nu> **1.** *(áthaladva)* over; through; *(vmin át)* via: *Londonból Exeterbe Bristolon át mentünk.* We drove from London to Exeter via Bristol. **2.** *(nyíláson, közegen keresztül)* through; over: *az ablakon át* through the window ✶ *A kerítésen át látom a postát.* I can see the postman over the fence. **3.** *(időben)* throughout; during: *egész éven át* throughout the year ✶ *egész éjszakán át* all night long ✶ *éveken át* for years and years ✶ *24 órán át dolgozik* work round the clock
átad <ige> **1.** *(átnyújt)* hand **(vmit (vkinek)** (over) sg (to sy) // **(sy) sg)**; give✛ **(vmit vkinek** sg to sy // sy sg) **2.** *(átenged)* give✛ sg up: *átadja a helyét* give✛ up one's seat **3.** *(felavat)* inaugurate: *Az elnök átadta az új kórházat.* The president inaugurated the new hospital. ✶ *Tegnap átadták a forgalomnak az M7-es autópálya új szakaszát.* Another section of the M7 was opened to traffic yesterday. **4.** *(kiszolgáltat)* hand **(vkit/vmit vkinek** sy/sg over to sy); deliver

(vkit/vmit vkinek sy/sg to sy) **5.** *(üzenetet stb.)* convey (**vmit vkinek** sg to sy); give✼ (**vmit vkinek** sg to sy) **6.** sp *(labdát)* pass

átadás <fn> **1.** *(átnyújtás)* handover; handing over **2.** *(átengedés)* handover **3.** *(létesítményé)* inauguration **4.** sp pass

átalakít <ige> **1.** convert (**vkit/vmit vkivé/vmivé** sy/sg into sy/sg) **2.** *(lényegileg)* transform (**vmit/vkit vmivé** sg/sy into sg) **3.** *(épületet)* rebuild✼; reconstruct; *(helyiséget)* redo **4.** *(ruhát stb.)* alter; AmE make✼ sg over: *Át kell alakítani a szoknyámat.* My skirt must be altered.

átalakul <ige> **1.** *(megváltozik)* alter **2.** be✼ changed (**vmivé** into sg); be✼ transformed (**vmivé** into sg)

átalány <fn> lump sum

átáll <ige> **1.** move (**vhova** swhere) **2.** *(átvált)* change over (**vmiről vmire** from sg to sg)

átállít <ige> **1.** *(máshova állít)* put✼ sg in another place **2.** *(átkapcsol)* switch over (**vmire** to sg) **3.** *(más módszerre)* convert (**vmire** to sg)

átaluszik <ige> sleep✼ through

átázik <ige> soak; get✼/be✼ soaked through; be✼/get✼ soaking wet: *Átázott a zivatarban.* She got soaked through in the shower.

átcsempész <ige> smuggle across/over/through

átcsoportosít <ige> rearrange; regroup; kat redeploy

átcsúszik <ige> **1.** slip/slide through (**vmin** sg) **2.** *(túljut vmin)* scrape through sg

átdob <ige> throw✼/fling✼ (**vmit vmin** sg over/through sg)

átdolgoz <ige> **1.** revise (**vmit** sg); do✼/work over (**vmit** sg); touch up (**vmit** sg): *szótárat átdolgoz* revise a dictionary **2.** *(irodalmi művet)* adapt (**vmit vmire** sg for sg); *(zeneművet hangszerre)* arrange (**vmit vmire** sg for sg)

ateista <fn> atheist

átejt <ige> biz *(becsap)* double-cross; do✼ sy; take✼ sy for a ride; lead✼ sy up the garden path; sell✼ sy down the river: *Átejtettek!* You've been done!

átél <ige> experience; undergo✼; go✼ through (**vmit** sg); *(nehéz időszakot)* live/pass through (**vmit** sg): *Sok mindent átélt.* He has gone through a lot.

átellenes <mn> opposite

átenged <ige> **1.** *(vkit)* allow/let✼ sy through **2.** *(vizsgán)* pass **3.** *(átenged)* give✼ sg up (**vkinek** to sy); cede (**vmit vkinek** sg to sy) **4.** *(folyadékot átereszt)* let✼ through; leak

átépít <ige> rebuild✼; reconstruct: *A konyhát fürdőszobává fogjuk átépíteni.* We will build the kitchen into a bathroom.

átérez <ige> be✼ aware of (**vmit** sg); be✼ conscious of (**vmit** sg): *Teljesen átérzem a felelősséget.* I feel the full weight of my responsibility.

átértékel <ige> revalue

átesik <ige> **1.** *(fizikailag)* fall✼ over/across (**vkin/vmin** sy/sg): *átesik a kerítésen* fall✼ over the fence **2.** *(túljut)* come✼ through (**vmin** sg); get✼ over (**vmin** sg): *műtéten esik át* come✼ through an operation

átevez <ige> row across/over (**vmin** sg): *átevez a folyó túlsó partjára* row to the other side of the river

átfázik <ige> freeze✼ through/to the bone/to the marrow; get✼ chilled through; be✼ chilled to the bone/marrow

átfedés <fn> overlap

átfér <ige> can✼ get through

átfest <ige> repaint; paint over; discolour

átfésül <ige> **1.** *(hajat)* comb; comb out one's hair **2.** *(átkutat)* scour (**vmit vki/vmi után** sg for sy/sg); comb (**vmit vki/vmi után** sg for sy/sg); comb through (**vmit** sg); rake through (**vmit** sg)

átfog <ige> **1.** *(kezével)* clasp (**vkit/vmit** sy/sg); grasp (**vkit/vmit** sy/sg); seize (**vkit/vmit** sy/sg) **2.** *(felölel)* embrace

¹**átfogó** <mn> comprehensive; general; sweeping; broad: *átfogó magyarázat* a comprehensive explanation ✱ *átfogó kép* general idea; an overall picture ✱ *átfogó reformok* sweeping reforms ✱ *átfogó stratégia* broad strategy

²**átfogó** <fn> *(derékszögű háromszögé)* hypotenuse

átfolyik <ige> flow/run✼ across/through

átfordul <ige> turn over; turn upside down; overturn

átfúr <ige> **1.** *(fúróval)* drill through **2.** *(hegyes tárggyal)* perforate; pierce (through)

átfut <ige> **1.** run✼ across/over (**vhova** to swhere) **2.** *(felületen)* run✼ through (**vmin** sg) **3.** *(átolvas)* run✼ through (**vmit** sg): *átfutja az újságot* skim through the newspaper

átgázol <ige> **1.** ford; wade: *átgázol a folyón* ford/wade the river **2.** walk all over (**vkin** sg); trample on/over (**vkin** sg)

átgondol <ige> think✼ over; consider; take✼ into consideration; think✼ sg through; turn sg over; go✼ over sg

átgondolt <mn> *(észszerű)* rational

áthág <ige> *(megsért)* violate; infringe; contravene; disregard; *(törvényt megszeg)* disregard; disobey: *parancsot áthág* disregard an order; disobey a command

áthajol <ige> lean✼ over

áthajt <ige> *(autóval)* drive✼ through/across: *áthajt a városon* drive✼ through the town

* *áthajt a kereszteződésen* drive✢ across the crossing * *áthajt a piros lámpán* go✢ through the red lights

áthalad <ige> 1. *(jármű megállás nélkül)* pass through 2. *(átmegy)* cross: *áthalad az úton* cross the road

áthallatszik <ige> can✢ be heard (**vmin** through sg)

átharap <ige> bite✢ through

átható <mn> 1. *(szag)* obtrusive; pungent 2. *(fürkésző)* penetrating; piercing: *átható pillantás* a penetrating look

áthelyez <ige> relocate; remove; transfer: *A főnököm Angliába akar áthelyezni.* My boss wants to transfer me to Britain. * *a központi irodát áthelyezi Kanadába* relocate the head office to Canada

áthidal <ige> 1. *(folyót stb.)* bridge sg; build✢ a bridge over sg 2. átv *(nehézséget)* iron sg out; overcome✢/surmount difficulties

áthidalhatatlan <mn> átv *(megoldás)* unsurmountable; *(ellentét)* irreconcilable

áthív <ige> *(vkit)* call/ask sy over

áthoz <ige> *(vmit)* bring✢ sg over

áthúz <ige> 1. *(vmit)* pull sg through 2. *(ágyat)* change the bedclothes 3. *(bútort)* recover; upholster; drape 4. *(szöveget)* cross sg out; delete

♦ *áthúzza vkinek a számításait* put✢ a spoke in sy's wheel

átigazol <ige> sp transfer: *Hatalmas összegért átigazolt az Arsenalból a Manchester Unitedhoz.* He transferred from Arsenal to Manchester United for a huge fee.

átigazolás <fn> transfer

átír <ige> 1. *(átjavít)* rewrite✢ 2. *(másfajta írással, más jelrendszerbe)* transcribe 3. transfer (property) (**vkire** to sy); make✢ over (property) (**vkire** to sy)

átirányít <ige> redirect (**vhova** to swhere); *(közlekedésben)* re-route

átírás <fn> 1. *(szövegé)* copy; rewriting 2. *(fonetikus)* (phonetic) transcription 3. *(átruházás)* transfer

átirat <fn> *(zenei)* transcription

átismétel <ige> go✢ over sg: *újra átismétli a leckét* go over the lesson again

átjárás <fn> passage: *Tilos az átjárás!* No passage here!

átjáró <fn> 1. passage; passageway: *(szintbeni) vasúti átjáró* level crossing; AmE grade crossing 2. földr passage: *északnyugati átjáró* Northwest Passage

átjavít <ige> correct; touch up

átjön <ige> 1. come✢ over 2. biz *(mondanivaló)* come✢ across

atka <fn> mite

átkapcsol <ige> 1. *(gépet, készüléket stb.)* switch over (**vmire** to sg): *átkapcsol egy másik programra* switch over to another programme 2. *(telefonon)* put✢ sy through (**vkihez** to sy)

átkarol <ige> *(átölel)* embrace; clasp; hug

átkel <ige> cross (over); get✢ over; go✢ over: *átkel az úton* cross the road

átkelés <fn> passage; *(tengeren)* crossing: *viharos átkelés* a rough crossing

átkelőhely <fn> *(gyalogosoknak)* (pedestrian/zebra) crossing

átképez <ige> retrain

átképzés <fn> retraining

átkísér <ige> *(úttesten vkit)* see✢ sy across

átkoz <ige> curse; damn

átkozódik <ige> curse

átkozott <mn> 1. biz, pej *(szitkozódó, indulatos beszédben)* damn; damned; accursed; cursed; BrE bloody: *egyik átkozott dolog a másik után* one damned thing after another * *átkozott bolond* a bloody fool * *Hol van az az átkozott kulcs?* Where is that damn key? 2. biz *(fokozásként)* damn: *átkozott jó* damn good; terribly good

átköltözik <ige> move (**vhonnan vhova** from swhere to swhere)

átkutat <ige> search (**vmit vki/vmi után** sg for sy/sg); *(zsebet)* search through sg; go✢ through sg: *Már átkutattam a zsebeimet, de még mindig nem találom a kulcsomat.* I've gone through/searched through all my pockets but I still can't find my key.

átlag <fn> average; *(közép)* mean: *átlagban* on average * *átlagon aluli* below average * *átlag feletti* above average * *A 2, a 3 és a 7 átlaga 4.* The average of 2, 3 and 7 is 4.

átlagéletkor <fn> average age

átlagérték <fn> average/mean value

átlagjövedelem <fn> average income

átlagos <mn> 1. *(értékben)* average; mean 2. *(minőség, mennyiség)* medium; middling; average: *átlagos méretű ház* a medium-sized house * *átlagos tanuló* an average student * *átlagos (értelmi) képességű/intelligenciaszintű lány* a girl of average intelligence 3. *(megszokott)* ordinary; common: *egy átlagos napon* on an ordinary day

átlagosan <hsz> on average

átlagsebesség <fn> average speed

Atlanti-óceán <fn> the Atlantic (Ocean)

atlasz <fn> atlas

átlát <ige> 1. see✢ across 2. *(megért)* comprehend; realize 3. see✢ through (**vkin/vmin** sy/sg); look✢ through (**vkin/vmin** sy/sg): *Átlátok rajta.* I can read him like a book.

átlátszó <mn> **1.** *(áttetsző)* transparent; *(ruha stb.)* see-through; *(folyadék, üveg)* clear: *átlátszó üveg/pohár* clear glass **2.** *(felismerhető)* lame: *átlátszó kifogás* lame excuse

átlép <ige> **1.** step across/over (**vmit** sg); cross/pass (**vmit** sg): *átlépi a határt* cross the border ∗ *átlépi a küszöböt* cross/pass the threshold **2.** *(másik szervezetbe stb.)* transfer **3.** *(áthág)* exceed: *átlépi a sebességhatárt* exceed the speed-limit

atléta <fn> **1.** athlete **2.** → **atlétatrikó**

atlétatrikó <fn> vest; singlet; AmE undershirt

atlétika <fn> athletics <esz>

átló <fn> diagonal

átlós <mn> diagonal: *átlós vonal* a diagonal line ∗ *átlósan* diagonally

ATM [= bankjegykiadó automata] ATM (= automated teller machine)

átmásol <ige> **1.** copy **2.** *(pauszpapírral stb.)* trace **3.** *(szöveget eredetiről)* transcribe

átmászik <ige> *(fölötte)* climb over sg; *(keresztül)* climb through sg: *átmászik egy lyukon* climb through a hole

átmegy <ige> **1.** *(áthalad)* cross; cross over sg; go✻ across/over sg; go✻/walk through sg: *átmegy az úton* cross the road **2.** go✻ round (**vhova** to swhere) **3.** *(átél vmit)* go✻ through sg **4.** *(átesik vmin)* go✻ through sg; undergo✻ sg: *átmegy az útlevél- és vámvizsgálaton* go✻ through customs and passport control ∗ *változáson megy át* undergo✻ a change/transformation **5.** *(fokozatosan vmibe)* grade into sg: *A kék fokozatosan átmegy zöldbe, ha sárgát adunk hozzá.* Blue grades into green as yellow is added. **6.** biz *(elfogadják)* go✻ through **7.** biz *(vizsgán)* pass: *Nem ment át a vizsgán.* He couldn't pass his exam.

átmenet <fn> transition (**vmiből vmibe** from sg to sg)

átmeneti <mn> **1.** *(ideiglenes)* provisional; temporary; transitional: *átmeneti menedék* a temporary shelter **2.** *(közbülső)* transitional: *átmeneti szakasz/stádium* intermediate stage

átmenő forgalom <fn> through traffic

átmérő <fn> diameter: *belső átmérő* calibre ∗ *átmérője 50 cm* be 50 cm in diameter

atmoszféra <fn> átv is atmosphere

átnevez <ige> rename

átnéz <ige> **1.** *(alaposan)* go✻ over/through sg; *(átfut)* look through sg; scan (through) sg: *Átnéztem a jegyzeteimet a vizsgára.* I've looked through my notes for the exam. ∗ *Át szeretném nézni a munkát, amit elvégeztél, mielőtt folytatod.* I want to go over the work you have done before you do any more. **2.** look through/across/over (**vmin** sg) **3.** ignore (**vkin** sy) **4.** biz *(látogatóba)* drop/look in on (**vkihez** sy)

átnyújt <ige> **1.** *(odaad)* hand (**vmit vkinek** sg to sy // sy sg): *Átnyújtotta nekem a könyvet.* He handed me the book. **2.** *(díjat stb.)* present (**vmit vkinek** sg to sy)

átok <fn> curse: *Átok ül a házon.* There is a curse on the house. / The house is under a curse.

atom <fn> atom

atombomba <fn> atom bomb; A-bomb

atomenergia <fn> fiz atomic/nuclear energy/power

atomerőmű <fn> nuclear power station/plant

atomfegyver <fn> nuclear weapon

atomfizika <fn> nuclear physics <esz>

atomhajtású <mn> nuclear-powered

atomhulladék <fn> nuclear waste

atomkísérlet <fn> atomic/nuclear test; A-test

atommag <fn> nucleus

atomreaktor <fn> reactor; nuclear reactor

átölel <ige> embrace; cuddle; hug; give✻ sy a hug

átöltözik <ige> change; change one's clothes; get✻ changed: *Át kell öltöznöm.* I must change/get changed.

átöltöztet <ige> *(vkit)* put✻ other clothes on sy

átönt <ige> pour (**vmit vmibe** sg into sg)

átrajzol <ige> *(módosítva)* redraw✻; retouch; *((át)másol)* trace

átrendez <ige> **1.** *(átalakít)* rearrange **2.** *(átszervez)* reorganize

átrepül <ige> **1.** fly✻ (**vhova** to swhere) **2.** *(vmi felett)* fly✻ across sg: *A pilóta átrepült az óceán felett.* The pilot flew across the ocean.

atrocitás <fn> atrocity; violence; violent act

átrohan <ige> dash/run✻ through/over/across

átruház <ige> *(vagyont, jogot)* transfer; *(hatáskört)* delegate

átsegít <ige> **1.** *(átkelőhelyen vkit)* help sy cross sg: *Átsegítettem a vak embert az úton.* I helped the blind man cross the street. **2.** *(nehézségen)* tide sy over (**vmin** sg)

átsiklik <ige> **1.** *(térben)* slip through sg **2.** pass/slide over (**vmin/vmi fölött** sg) **3.** *(nem vesz észre)* overlook✻ (**vmit** sg); pass over (**vmit** sg): *Átsiklottam rajta.* I let it pass.

átszakít <ige> burst

átszáll <ige> **1.** *(közlekedésben)* change: *Hol kell átszállnom?* Where do I have to change? **2.** *(jogtulajdon)* devolve/pass to (**vkire** sy)

átszállít <ige> transport (**vhova** to swhere); transfer (**vhova** to swhere)

átszálló(jegy) <fn> transfer ticket; AmE transfer

átszámít <ige> convert (**vmire** into sg)

átszámol <ige> *(ellenőrzésként)* count over; recount

átszervez <ige> reorganize
áttanulmányoz <ige> look/go✢ through sg; examine; study
attasé <fn> attaché
áttekint <ige> **1.** (helyzetet) survey **2.** (átismétel) review; go✢ over/through sg: *Áttekintettük az elmúlt órán tanultakat.* We reviewed our last lesson.
áttekintés <fn> **1.** (kép) overview; review; survey: *áttekintést nyújt vmiről* offer/give a survey of sg **2.** (mű) outline
áttekinthetetlen <mn> **1.** (túl nagy) vast; immense **2.** (zavaros) confused
átterjed <ige> spread✢ over (**vhova** to swhere)
áttesz <ige> **1.** put✢ over (**vhova** to swhere); transfer (**vhova** to swhere) **2.** (vkit áthelyez) transfer; move **3.** (vmit más időpontra) put✢ sg back: *Az előadást áttették jövő szombatra.* The performance has been put back until next Saturday.
áttétel <fn> **1.** műsz transmission **2.** orv metastasis
áttetsző <mn> transparent; (ruha stb.) see-through
¹attól <hsz> **1.** (térben) from that: *attól három méterre* three metres away from that **2.** (vmely dolog miatt, következtében) from that: *Attól beteg leszel.* You'll be ill from that.
²attól → **¹az**
áttölt <ige> pour (**vmit vmibe** sg into sg)
áttör <ige> **1.** break✢ through (**vmin** sg) **2.** (ételt) mash
áttörés <fn> breakthrough: *Ezek az eredmények hatalmas áttörést jelentenek.* These results represent a major breakthrough.
átugrik <ige> **1.** (akadályon) jump over (**vmit/vmin** sg): *átugorja a kerítést* jump over the fence **2.** (áttér) jump: *másik témára ugrik át* jump to another subject **3.** (kihagy) skip; leave✢ out
átúszik <ige> (folyót stb.) swim✢ (across): *átússza a (La Manche) csatornát* swim the Channel
átutal <ige> (pénzt) transfer; remit: *csekkel átutal* remit by cheque * *bankon keresztül átutal* transfer money from one's bank account to sy's
átutalás <fn> transfer; remittance: *Az átutalás történhet csekkel vagy bankkártyával.* Remittance can be made by cheque or credit card.
átutazik <ige> travel/pass through sg; travel across sg
átutazó <fn> transit passenger
átutazóvízum <fn> transit visa
átül <ige> take✢ another seat
átültet <ige> **1.** (vkit) reseat; seat sy elsewhere **2.** (növényt) transplant; replant **3.** (szervet) transplant; (testszövetet) graft **4.** (lefordít) translate (**vmiből vmibe** from sg into sg)
átvág <ige> **1.** (nyílást vágva) cut✢ through **2.** (vmin) cut✢ through sg; take✢ a shortcut: *Átvágott a parkon.* He cut through the park. * *átvág az erdőn* take a shortcut across the forest **3.** biz (vkit) have✢ sy on; rip sy off
átvállal <ige> take✢ sg on
átvált <ige> **1.** (pénzt) exchange **2.** (átkapcsol) switch over **3.** (áttér) switch (**vmiről vmire** from sg to sg); switch over (**vmiről vmire** from sg to sg); change over (**vmiről vmire** from sg to sg)
átváltozik <ige> transform (**vmivé** into sg)
átváltoztat <ige> transform; convert
átvesz <ige> **1.** (fogad) receive **2.** take✢ over (**vmit vkitől** sg from sy): *átveszi a vezetést* take (over) the lead **3.** (tananyagot) revise; go✢ over/through sg; review **4.** (kölcsönöz) borrow **5.** (rossz szokást stb.) adopt
átvészel <ige> (nehézséget) go✢ through sg; get✢ over sg; (betegséget) come✢ through sg; get✢ over sg
átvételi elismervény <fn> (acknowledgement of) receipt
átvilágít <ige> **1.** (megröntgenez) x-ray (**vkit** sy) **2.** (előéletet megvizsgál) screen; vet
átvirraszt <ige> **átvirrasztja az éjszakát** sit✢/be✢ up all the night/through the night; not sleep✢ a wink all night
átvitel <fn> gazd (könyvelésben) carried/brought forward
átvitt <mn> figurative: *átvitt értelemben* in a/the figurative sense
átvizsgál <ige> check; examine; revise; look over/through sg
átvonul <ige> pass through
atya <fn> **1.** (apa) father **2.** (ősök) **atyáink** our forefathers **3.** (elindító, alkotó) father (**vmié** of sg): *népzenekutatásunk atyja* the father of our folk music research **4.** vall (Isten) Father
au <isz> ouch
audiovizuális <mn> audiovisual: *audiovizuális eszközök* audiovisual aids
auditórium <fn> auditorium
aug. [= augusztus] Aug. (= August)
augusztus <fn> August
augusztusi <mn> August; in/of August <csak hátravetve>: *egy augusztusi napon* one day in August
aukció <fn> auction; sale (by auction): *képzőművészeti aukció* an art sale
aula <fn> assembly hall
au pair <fn> au pair: *Au pair volt Angliában.* She was an au pair in Britain.
¹ausztrál <mn> Australian

²**ausztrál** <fn> *(személy)* Australian
Ausztrália <fn> Australia

→ Lásd a Tartalomjegyzékben a Tematikus rajzokat!

Ausztria <fn> Austria
autentikus <mn> authentic
autó <fn> car: *autót vezet* drive a car * *autót bérel/kölcsönöz* hire a car * *autóval* by car * *Egy lopott autóval menekültek el.* They got away in a stolen car. * *Ellenőrizd az autód olajszintjét!* Check the oil of your car!

→ Lásd a Tartalomjegyzékben a Tematikus rajzokat!

autóalkatrész <fn> spare parts <tsz>
autóatlasz <fn> road atlas/map
autóbaleset <fn> car accident/crash: *Autóbalesetben vesztette életét.* He was killed in a car accident. * *Az autóbaleset (egy időre) meghénította a forgalmat.* The car accident interrupted the traffic.
autóbusz <fn> *(városi)* bus; BrE *(távolsági)* coach: *autóbusszal megy* go by bus/coach
autóbuszjárat <fn> *(városi)* bus line/service; *(távolsági)* coach line/service
autóbuszmegálló <fn> bus stop
autóbusz-pályaudvar <fn> bus station; *(nagyobb, távolsági)* coach station
autóbusz-vezető <fn> bus-driver
autófényező <fn> car-painter
autogram <fn> autograph
autógyár <fn> car factory/plant
autójavító <fn> car repair shop; garage
autókereskedés <fn> car dealership
autóklub <fn> automobile club
autókölcsönző <fn> rent-a-car company; car rental company/firm
autólopás <fn> car theft: *A rendőrség őt gyanúsította az autólopással.* The police suspected him of stealing the car.
¹**automata** <mn> automatic: *automata sebességváltó* automatic transmission
²**automata** <fn> *(árusító)* vending machine; slot machine; *(pénz stb.)* dispenser: *bankjegykiadó automata* cash machine/dispenser; ATM
automatikus <mn> **1.** *(beavatkozás nélküli)* automatic: *automatikus üzemmód* automatic mode * *A légzés automatikus.* Breathing is automatic. * *A gép automatikusan bekapcsol.* The machine switches on automatically. **2.** *(gondolkodás nélküli)* mechanical; automatic: *automatikus válasz* an automatic response

autómentő <fn> **1.** *(vállalat)* breakdown/recovery service **2.** *(gépkocsi)* breakdown truck; AmE tow truck
autómosó <fn> car wash
autonóm <mn> autonomous
autonómia <fn> autonomy
autópálya <fn> motorway; AmE freeway
autópályadíj <fn> motorway toll
autópálya-matrica <fn> motorway sticker; tax disc
autórádió <fn> car radio/stereo
autóriasztó <fn> car alarm
autós <fn> motorist
autósbolt <fn> car supply shop
autósiskola <fn> driving school
autóstop <fn> **autóstoppal utazik** hitchhike; thumb a lift
autóstoppos <fn> hitchhiker
autószalon <fn> car showroom
autószerelő <fn> car/motor mechanic
autószerviz <fn> garage
autótérkép <fn> road map
autóverseny <fn> motor/car race
autóversenyző <fn> car racer
autóvezetés <fn> (car) driving: *autóvezetést tanul* be learning to drive a car; be a learner driver
autóvezető <fn> (car) driver
autóvezető-vizsga <fn> driving test
autózik <ige> drive◆ (a car); travel by car
avagy <ksz> or
avas <mn> rancid; rank
avat <ige> **1.** *(létesítményt)* inaugurate; open; *(főleg vall)* dedicate **2.** initiate (**vkit vmibe** sy into sg)
¹**az** <mut névm> that (tsz: those): *az a gyerek* that child * *Ki az?* Who is that? * *Én vagyok az.* It's me. * *Mi az?* What's that? * *Az egy szép ruha.* That's a nice dress. * *Ne ezt a könyvet vedd el, hanem azt!* Don't take this book – take that one. * *Abban az időben Olaszországban éltem.* At that time, I was living in Italy. * *Az az én nagynéném.* That is my aunt. * *Ki volt az a lány, akivel beszéltél?* Who was the girl you were talking to? * *Azt mondják, hogy…* It is said that… * *Azt a könyvet kérem!* I'd like that book (over there). / I want that book. * *Azt kérem!* That one, please. * *Azzal a feltétellel, hogy…* On condition that… * *Azzal a szándékkal, hogy…* With the intention of… * *Azzal a kéréssel fordult hozzám, hogy…* He asked me if I would…; He requested me to…
²**az** <ht névelő> the
azalatt <hsz> meanwhile; in the meantime
azáltal <hsz> thereby

azaz <ksz> **1.** *(azonosság kifejezésére)* that is (to say); i.e.; namely: *Csak felnőttek, azaz 18 éven felüliek vehetnek részt.* Only adults, i.e. people over 18 can attend **2.** *(helyesbítésként)* that is (to say) **3.** *(felsorolás bevezetésére)* namely

azelőtt <hsz> **1.** *(régebben)* formerly; previously **2.** *(vmi előtt)* before; earlier: *Jóval azelőtt jött, hogy mi megérkeztünk volna.* He came long before we arrived. * *Hol laktál azelőtt, mielőtt ideköltöztél volna?* Where did you use to live before you moved here?

azelőtti <mn> former

¹azért <hsz> **1.** *(azon ok miatt)* for that reason; therefore; because; that is why / that's why: *Azért nem tud eljönni, mert beteg.* She can't come because she's ill. * *Csak azért, mert nem panaszkodom, az emberek azt hiszik, hogy elégedett vagyok.* Just because I don't complain, people think I'm satisfied. **2.** *(azon célért)* in order to; in order that; so (that): *Azért látogattunk meg, hogy feltegyünk néhány kérdést.* We visited you in order to ask you some questions.

²azért <ksz> *(mégis)* anyway

³azért → **¹az**

ázik <ige> **1.** *(folyadékban)* soak **2.** *(esőben)* soak; drench: *bőrig ázott* be✧ soaking wet; be✧ soaked to the skin

aznap <hsz> the same day; that day

aznapi <mn> that day's; of the same day <csak hátravetve>

¹azon <hsz> *(térben)* on that: *Azon tart valamit.* He keeps something on that.

²azon → **¹az**

azonban <ksz> but; however; nevertheless; nonetheless

azonkívül <hsz> besides; moreover; furthermore; too; as well; in addition to sg: *Vegyél kenyeret, tejet, vajat, azonkívül toalettpapírt.* Buy some bread, milk, butter and toilet paper as well.

azonnal <hsz> instantly; immediately; promptly; straight; at once: *Azonnal elaludt.* He instantly fell asleep. * *Azonnal visszajövök.* I'll come straight back.

azonnali <mn> instant; prompt; immediate; instantaneous: *azonnali válasz* an instant answer * *azonnali megoldások* instant solutions * *azonnali szállítás* prompt delivery

azonos <mn> identical; same: *Ez a két kép azonos.* These two pictures are identical. * *Azonos az életkoruk.* They are the same age.

azonosít <ige> **1.** identify (**vkit/vmit** sy/sg): *Már azonosították a tolvajt.* They have already identified the thief. **2.** *(azonosnak tekint)* identify (**vkit/vmit vkivel/vmivel** sy/sg with sy/sg)

azonosság <fn> identity: *azonosságát megállapítja vminek* establish the identity of sg

azonosul <ige> identify; identify oneself (**vkivel/vmivel** with sy/sg)

azóta <hsz> since then: *Azóta megcsináltam.* I have done it since then. * *Ebben a házban élek azóta, hogy megszülettem.* I have lived in this house since I was born. * *Tavaly külföldre ment, és azóta talált új állást.* He went abroad last year and he has since found a new job. * *Két év telt el azóta, mióta meglátogatott bennünket.* Two years have passed since he visited us.

azt → **¹az**

aztán <hsz> *(azt követően)* afterward(s); then; after that; at a later time: *Menjünk el előbb a koncertre, aztán majd később együnk!* Let's go to the concert first and eat afterwards.

áztat <ige> soak (**vmit vmiben** sg in sg); steep (**vmit vmiben** sg in sg)

azután <hsz> afterward(s); next; after that; then: *azután, hogy megérkezett* after he arrived

¹azzal <hsz> *(vmit használva)* with that: *azzal az autóval* with that car

²azzal → **¹az**

Ázsia <fn> Asia

¹ázsiai <mn> Asian

²ázsiai <fn> *(személy)* Asian

B, b

B, b <fn> **1.** *(betű)* B, b **2.** zene *(módosító jel)* B flat

bab <fn> bean
♦ **Nem babra megy a játék.** There is a great deal at stake.

báb <fn> **1.** *(játék)* puppet; *(zsinóros)* marionette **2.** *(személy)* puppet; plaything; *(névleges vezető)* figurehead **3.** *(rovaré)* pupa (tsz: pupas v. pupae); *(lepkéé)* chrysalis (tsz: chrysalises)

baba <fn> **1.** *(játék)* doll **2.** *(csecsemő)* baby; babe: *babát vár* expecting a baby ∗ *A baba császármetszéssel született.* The baby was delivered by caesarean section.

bába <fn> midwife (tsz: midwives)

babakocsi <fn> pram; *(összecsukható)* pushchair; AmE stroller; BrE buggy: *Vettünk egy összecsukható babakocsit Bobnak.* We've bought a pushchair for Bob.

babapiskóta <fn> sponge fingers <tsz>

babázik <ige> play with a doll

babér <fn> **1.** *(növény)* laurel; bay **2.** átv laurels <tsz>
♦ **ül/pihen a babérjain** sit*/rest on one's laurels

babérkoszorú <fn> laurel wreath

babérlevél <fn> *(főzéshez)* bay leaf (tsz: bay leaves); *(koszorúhoz)* laurel leaf (tsz: laurel leaves)

bábfilm <fn> puppet film

bableves <fn> bean soup

babona <fn> superstition

babonás <fn> superstitious

babrál <ige> **1.** *(játszik)* fiddle (**vmivel** with sg); fidget (**vmivel** with sg): *egy tollal babrál* fiddle with a pen **2.** *(javítás céljából, de ügyetlenül)* tinker (**vmit** with sg) **3.** *(piszmog)* mess about/around

babszem <fn> bean

bábszínház <fn> puppet theatre

bábu <fn> **1.** *(bábjátékban)* puppet; *(zsinóros)* marionette **2.** *(személy)* puppet; plaything; *(névleges vezető)* figurehead **3.** *(tekében)* pin **4.** *(sakkban, társasjátékban)* piece

bacilus <fn> germ; bacillus (tsz: bacilli)

bácsi <fn> **1.** *(rokon)* uncle: *Tom bácsi* Uncle Tom **2.** *(ismerős)* Mr: *Brown bácsi* Mr Brown

badarság <fn> nonsense

bádog <fn> sheet metal; tin (plate)

bádogos <fn> tinsmith

bagatellizál <ige> play down; minimize; pej trivialize

bagoly <fn> owl
♦ **éjjeli bagoly** biz night owl ♦ **bagoly mondja verébnek, hogy nagyfejű** biz the pot calling the kettle black

bágyadt <mn> **1.** *(fizikailag)* sickly; tired; weary: *Bágyadtnak tűnsz.* You look sickly. **2.** *(erőtlen)* weak; slack: *bágyadtnak érzi magát* feel slack

baj <fn> **1.** *(gond)* trouble; bother; problem; *(kár)* mischief: *bajba keveredik* get into trouble ∗ *bajban van* be in trouble ∗ *bajt okoz* cause trouble ∗ *családi bajok* family troubles ∗ *Mondja el a baját!* Tell me your troubles! ∗ *Sok bajt okozok neked.* I'm giving you a lot of bother. ∗ *keresi a bajt* ask/look for trouble ∗ *Ez az ő baja.* That's his problem. ∗ *bajt okoz* make mischief ∗ *Mi baj(od van)?* What's the matter (with you)? ∗ *Valami baj van a lábammal.* There's something the matter with my leg. ∗ *Nem baj!* It does not matter! / Never mind! ∗ *Nincs semmi baj.* No harm done. ∗ *A baj nem jár egyedül.* It never rains but it pours. **2.** *(kellemetlen helyzet)* mess: *Bajban van.* He is in a mess. **3.** *(szerencsétlenség)* grief; misery: *bajba sodor vkit* bring sy to grief ∗ *Ez csak bajt okozott neki.* It brought her nothing but misery. **4.** *(hiba)* problem: *Baj van az autómmal.* There is a problem with my car. **5.** *(betegség)* trouble; ailment; sickness; disease: *baj van a beleivel* have trouble with one's bowels

báj <fn> charm; grace(fulness)

bajkeverő <fn> troublemaker; mischief-maker

bajlódik <ige> bother (**vmivel** with/about sg): *Ne bajlódj vele!* Don't bother with/about it!

bajnok <fn> **1.** sp champion: *olimpiai bajnok* Olympic champion **2.** *(hős)* hero

bajnokcsapat <fn> champion team

bajnoki <mn> champion(ship): *bajnoki cím* title; championship ∗ *a bajnoki cím birtokosa/védője* title-holder

bajnokság <fn> championship

¹bajor <mn> Bavarian

²bajor <fn> **1.** *(személy)* Bavarian **2.** *(dialektus)* Bavarian

Bajorország <fn> Bavaria

bájos <mn> charming; lovely; pretty: *bájos kislány* a lovely little girl ∗ *A lányom bájos (kis)lány.* My daughter is a pretty girl.
bajtárs <fn> kat comrade; fellow-soldier
bajusz <fn> **1.** moustache: *Bajszot növesztett.* He has grown a moustache. **2.** *(macskáé)* whiskers <tsz>
bajuszos <mn> moustachioed; with a moustache <csak hátravetve>: *bajuszos férfi* a man with a moustache
Bak <fn> asztrol Capricorn
bak <fn> **1.** *(hím állat)* male; *(pl. őz, nyúl)* buck **2.** *(állvány)* trestle; *(fűrészeléshez)* sawhorse **3.** sp *(tornaszer)* (vaulting) horse
♦ **bakot lő** drop a brick; put✧ one's foot in it
bakancs <fn> boot: *egy pár barna bakancs* a pair of brown boots
baki <fn> **1.** *(nyelvbotlás)* slip (of the tongue); blooper **2.** biz *(hiba)* boob; howler; slip-up
bakizik <ige> **1.** *(megbotlik a nyelve)* make✧ a slip/blooper **2.** biz *(hibázik)* boob; slip up
bakkecske <fn> billy goat
baklövés <fn> blunder; gaffe: *baklövést követ el* make a (terrible) blunder
Baktérítő <fn> the Tropic of Capricorn
baktérium <fn> bacterium (tsz: bacteria); germ: *baktérium okozta* bacterial ∗ *minden ismert baktériumot elpusztít* kill all known germs
bakugrás <fn> leapfrog
¹**bal** <mn> left: *bal kéz* left hand ∗ *bal oldal* the left-hand side; the left ∗ *Gyűrű van a bal kezén.* She wears a ring on her left hand. ∗ *A folyó bal oldali partján van.* It's on the left bank of the river.
♦ **balul üt ki** turn out badly; go✧ wrong
♦ **bal lábbal kel fel** get✧ out of bed on the wrong side
²**bal** <fn> left: *balról* from the left ∗ *balra (bal oldalon)* on the left; *(bal felé)* to the left ∗ *balra kanyarodik* turn left
bál <fn> ball; dance: *bálba megy* go to a dance
bála <fn> bale
Balaton <fn> Lake Balaton: *a Balatonon nyaral* have a holiday by Lake Balaton ∗ *A Balatonra mentek.* They went to Lake Balaton.
balegyenes <fn> straight left
balek <fn> biz dupe; mug; sucker; pushover: *Ne nézz baleknak.* I wasn't born yesterday.
balerina <fn> ballerina; ballet dancer
baleset <fn> accident: *baleset éri* have an accident ∗ *halálos (kimenetelű) baleset* a fatal accident ∗ *vállalja a felelősséget a baleset miatt* take the blame for the accident ∗ *Baleset következtében meghalt.* He was killed in an accident.

baleset-biztosítás <fn> accident insurance
baleseti osztály <fn> casualty (ward/department): *A baleseti osztályra vitték.* He was taken to casualty.
baleseti sebészet <fn> emergency surgery
balesetveszély <fn> danger (of accident)
balesetveszélyes <mn> dangerous
balett <fn> ballet
balettcipő <fn> ballet shoe
balettkar <fn> corps de ballet
balettozik <fn> perform (in) a ballet
balett-táncos <fn> ballet dancer
balett-táncosnő <fn> ballerina; ballet dancer
balfácán <fn> biz mug; dupe; sucker; pushover
balhátvéd <fn> sp left back
balhé <fn> row; fuss; shindy: *nagy balhét csinál* kick up a row/fuss/ shindy
♦ **elviszi a balhét** biz carry the can; hold✧ the baby ♦ **kitört a balhé** biz the balloon went up
Balkán <fn> the Balkans <tsz>
balkáni <mn> Balkan
¹**balkezes** <mn> left-handed: *Balkezes vagy?* Are you left-handed?
²**balkezes** <fn> *(személy)* left-hander
balkon <fn> balcony
ballada <fn> ballad
ballag <ige> **1.** walk✧ slowly; stroll; amble; trudge **2.** isk have✧ one's school-leaving ceremony
ballagás <fn> **1.** slow walk **2.** isk school-leaving ceremony; graduation
ballépés <fn> blunder; clanger: *ballépést követ el* make a blunder
ballon <fn> *(léggömb)* balloon
ballonkabát <fn> raincoat; mac; mackintosh
bálna <fn> whale
bálnavadászat <fn> whaling
baloldal <fn> pol the Left; left wing: *szélső baloldal* extreme left
¹**baloldali** <mn> pol leftist; left(-wing): *baloldali diktatúra* left-wing dictatorship
²**baloldali** <fn> pol *(személy)* leftist; left-winger
balsiker <fn> failure; setback; misfortune
balszárny <fn> **1.** pol left wing **2.** sp left wing
balszélső <fn> sp outside left; left-winger
balszerencse <fn> bad/hard luck; misfortune; adversity: *A balszerencse megfosztotta a győzelemtől.* Bad luck robbed him of victory.
balta <fn> hatchet; ax(e)
bálterem <fn> ballroom
balti <mn> Baltic: *a balti államok* the Baltic States
Balti-tenger <fn> the Baltic (Sea)
bálvány <fn> **1.** *(istenség)* idol **2.** *(akiért, amiért rajonganak)* idol

bálványoz <fn> idolize (**vkit** sy)
balzsam <fn> balm; balsam
bamba <mn> foolish; stupid; simple-minded
bambusz <fn> bamboo
bambusznád <fn> bamboo
bámészkodik <ige> gawk; gape; stare; look around
bámul <ige> **1.** (néz) stare (**vkit/vmit** at sy/sg); gaze (**vkit/vmit** at sy/sg); gawk (**vkit/vmit** at sy/sg); (tátott szájjal) gape (**vkit/vmit** at sy/sg); stare in amazement (**vkit/vmit** at sy/sg); (fixíroz) leer (**vkit** at sy): Mit bámulsz! Don't stare! * Csodálattal bámulta. He stared at her in amazement. **2.** (csodál) admire (**vkit/vmit** sy/sg): Csak bámulom a lelkesedésed. I really admire your enthusiasm.
bámulat <fn> **1.** wonder; amazement: bámulatba ejt vkit astonish; amaze sy **2.** (csodálat) admiration (**vki/vmi iránt** for sy/sg)
bámulatos <mn> amazing; surprising; wonderful; stunning: bámulatos felfedezés an amazing discovery * bámulatos kilátás a stunning view
bán <ige> regret (**vmit** sg); mind (**vmit** sg); be✧ sorry (**vmit** for sg): bánja, hogy vmit tett regret doing sg * Nem bánom. I don't care/mind.
banális <mn> banal; trite; commonplace
banán <fn> banana: egy fürt banán a bunch of banana * Ezek a banánok nem elég érettek. These bananas are not ripe enough.
  ♦ **unja a banánt** biz be✧ fed up
banánhéj <fn> banana skin
bánásmód <fn> treatment: rossz/durva/kegyetlen bánásmód ill-treatment; maltreatment * rossz bánásmódban részesít ill-treat; maltreat * jó bánásmódban van része be well treated
bánat <fn> grief; distress; sorrow; (probléma) trouble: bánatot okoz vkinek distress sy; cause distress to sy * nagy bánat a deep sorrow
  ♦ **Késő bánat eb gondolat.** It's no use crying over spilt milk.
bánatos <mn> sorrowful; sad; mournful: bánatos szemek mournful eyes
banda <fn> band; gang; (zenész) group; band; biz bunch: Október óta nem láttam senkit a bandából. I haven't seen any of the gang since October. * Ő a legkülönb az egész bandában. He's the best of the bunch.
bandavezér <fn> ringleader; gang leader
bandita <fn> bandit; brigand; gangster
bánik <ige> **1.** treat (**vkivel vhogyan** sy somehow); handle (**vkivel vhogyan** sy somehow); deal (**vkivel vhogyan** with sy somehow): igazságosan bánik vkivel treat sy fairly * jól bánik vkivel treat sy well * rosszul bánik vkivel ill-treat sy; treat sy badly * Rosszul bánik vele a főnöke. He is badly treated by his boss. * Mindegyik gyerekével ugyanúgy bánik. She treats all her children alike. * Nem tud bánni a gyerekeivel. She can't handle her children. **2.** handle (**vmivel vhogyan** sg somehow); manage (**vmivel vhogyan** sg somehow): tud bánni a pénzzel know how to handle money
bank <fn> **1.** (pénzintézet) bank: kereskedelmi bank commercial bank * elmegy a bankba go to the bank * bank nyitvatartási ideje banking hours * bankba teszi a pénzét deposit one's money in a bank * Van itt valahol/errefelé egy bank? Is there a bank around here? **2.** (szerencsejátékban) bank: bankot ad keep the bank
bankár <fn> banker
bankautomata <fn> gazd cash dispenser; cashpoint; ATM machine
bankbetét <fn> bank deposit
bankett <fn> banquet; dinner: bankettet ad (vki tiszteletére) give a banquet/dinner (for sy)
bankfiók <fn> branch (of a bank)
bankigazgató <fn> bank manager
bankjegy <fn> (bank)note; AmE bill
bankjegykiadó automata <fn> cash machine; cash dispenser; cashpoint; ATM
bankkártya <fn> bank card
bankkölcsön <fn> (bank) loan
bánkódik <ige> grieve (**vki után/vmin/vmi miatt** for/over sy/sg); sorrow (**vki után/vmin/vmi miatt** about/over sy/sg): Még mindig bánkódik a felesége miatt. He is still grieving over his wife.
bankrablás <fn> bank robbery: Bankrablás vádjával állították bíróság elé. He is being tried for bank robbery.
bankrabló <fn> bank robber
bankszámla <fn> gazd bank account
banktisztviselő <fn> bank clerk
bánt <ige> **1.** (fizikailag) hurt✧ (**vkit** sy); harm (**vkit/vmit** sy/sg): Soha nem bántana senkit. He would never harm anyone. **2.** (fogdos) touch (**vmit** sg): Ne bántsd! Don't touch! / Hands off! **3.** (érzékszervet) irritate; hurt✧: bántja az ember szemét irritate/hurt the eye **4.** (lelkileg vkit) hurt sy's feelings **5.** (nyomaszt) annoy (**vkit** sy); trouble (**vkit** sy); worry (**vkit** sy): Ez igazán bánt engem. It really annoys me * Egy dolog van, ami bánt engem. There is one thing that's been troubling me.
bántalmaz <ige> **1.** batter (**vkit/vmit** sy/sg); harm (**vkit/vmit** sy/sg) **2.** hurt✧ (**vkit** sy); misuse (**vkit** sy); injure (**vkit** sy); maltreat (**vkit** sy); (durván) abuse (**vkit** sy); jog (tettleg) assault (**vkit** sy): A fiút szexuálisan bántalmazták. The boy had been sexually abused. * durván bántalmaz vkit badly assault sy
bántó <mn> **1.** (kellemetlen) harsh; grating **2.** (bosszantó) annoying; unpleasant **3.** (sértő)

offensive; hurtful; insulting: *bántó megjegyzés* an offensive remark

banya <fn> hag; harridan; witch

bánya <fn> mine; *(szén)* coal mine; pit; colliery; *(kő)* quarry; *(arany)* gold mine

bányász <fn> miner; mineworker; *(szén)* collier; coal miner

bányászat <fn> mining

bányászik <ige> mine; *(követ)* quarry

bányaváros <fn> mining town

bányavidék <fn> mining district

¹baptista <mn> Baptist

²baptista <fn> Baptist

¹bár <fn> bar; night club

²bár <hsz> *(óhajtás kifejezésében)* if only; I wish: *Bár lenne házam.* I wish I had a house. / If only I had a house.

³bár <ksz> although; though; however: *Azt hiszem, busszal jött, bár nem vagyok benne biztos.* I think he came by bus, although I'm not sure. ✴ *Beugrott a vízbe, bár kiáltottam, hogy ne tegye.* He jumped into the water, though I shouted that he shouldn't (do so).

barack <fn> **1.** *(őszi)* peach **2.** *(kajszi)* apricot **3.** *(fejre)* rap/tap on sy's head: *barackot nyom a fiú fejére* give a rap on the boy's head

barackfa <fn> **1.** *(őszi)* peach tree **2.** *(kajszi)* apricot tree

baracklekvár <fn> apricot jam

barackpálinka <fn> apricot brandy

barakk <fn> hut; shack; shanty

barangol <ige> roam; ramble; wander; range; rove; stroll: *Szabadon barangolhatnak ezen a területen.* They can roam freely on this land.

barangolás <fn> roaming; ramble; wandering; roving; stroll

bárány <fn> lamb

♦ **ártatlan, mint a ma született bárány** as innocent as a newborn lamb/babe ♦ **szelíd, mint a bárány** as gentle as a lamb

bárányfelhő <fn> fleecy cloud

bárányhimlő <fn> chickenpox: *bárányhimlőt kap* get/catch chickenpox

barát <fn> **1.** friend: *közeli barát* a close friend ✴ *a legjobb barátom* my best friend ✴ *hűséges barát* a faithful friend ✴ *barátokat szerez* make friends ✴ *Cserben hagyták a barátai.* His friends failed him. **2.** *(nő kedvese)* boyfriend; partner; biz date **3.** *(vminek a kedvelője)* fancier; friend; lover **4.** *(szerzetes)* monk; friar

baráti <mn> friendly; amicable; *(nem hivatalos)* informal: *baráti viszonyban van vkivel* be on friendly terms with sy ✴ *baráti kör* circle of friends ✴ *baráti érzés* friendly feelings ✴ *baráti körben* among friends

barátkozik <ige> **1.** *(barátságban van)* be✴ on friendly terms (**vkivel** with sy); mix (**vkivel** with sy) **2.** *(barátságot köt)* make✴ friends (**vkivel** with sy): *könnyen barátkozik* make friends easily

barátnő <fn> **1.** friend: *a legjobb barátnőm* my best friend **2.** *(férfi kedvese)* girlfriend; partner; biz date: *Van barátnőd?* Have you got a girlfriend?

barátság <fn> friendship: *barátságot tart fenn vkivel* keep up friendship with sy ✴ *barátságot köt vkivel* make friends with sy ✴ *Szoros barátság fűzi össze őket.* They are bound together by a close friendship.

barátságos <mn> **1.** *(szívélyes)* friendly; nice; amicable; affable; amiable; cordial; genial; sociable: *barátságos arc* a friendly face ✴ *barátságos mosoly* a genial smile ✴ *barátságos ember* a friendly/affable person ✴ *barátságos mérkőzés* sp friendly match **2.** *(kellemes, otthonos)* cosy; snug; nice: *barátságos szoba* cosy room

barátságtalan <mn> **1.** *(modor)* unfriendly; hostile; chilly; unamiable; ill-natured; inhospitable: *barátságtalan hozzáállás* unfriendly attitude ✴ *barátságtalan vkivel szemben* be ill-disposed towards sy ✴ *Barátságtalan volt velük.* She was hostile towards them. ✴ *Barátságtalan fogadtatásban volt része.* She was given a chilly welcome. **2.** *(nem otthonos)* cheerless; uncomfortable; deary: *sötét és barátságtalan szoba* a dark and cheerless room **3.** *(időjárás)* dull

barázda <fn> **1.** *(földben)* furrow **2.** *(arcon)* wrinkle; furrow **3.** *(tárgyon)* groove

¹barbár <mn> **1.** *(kegyetlen)* barbarous; cruel; inhuman: *barbár módon* barbarously **2.** *(civilizálatlan)* barbaric

²barbár <fn> barbarian

barbárság <fn> barbarism; vandalism

bárcsak <hsz> if only; I wish: *Bárcsak velünk jöhetnél.* If only you could come with us. / I wish you could come with us.

¹bárd <fn> hatchet; ax(e); *(húsvágó)* cleaver

♦ **elássa a csatabárdot** bury the hatchet

²bárd <fn> *(költő)* bard

bárgyú <mn> imbecile; idiotic; stupid; dumb: *bárgyú arc* stupid face

bárhogy(an) <hsz> in any way; no matter how: *Bárhogyan csinálhatod.* You can do it in any way.

bárhol <mn> anywhere; no matter where; wherever: *bárhol máshol* anywhere else

bárhova <hsz> anywhere; no matter where; wherever: *Menj bárhova, ahova szeretnél!* Go anywhere you like.

barikád <fn> barricade: *barikádot állít fel* put up barricades

barka <fn> catkin
bárka <fn> boat; barge; ark: *Noé bárkája* bibl Noah's ark
barkácsáruház <fn> DIY shop/store
barkácsol <ige> build✣ things oneself; do✣ woodwork; do✣ a bit of carpentry; tinker
bárki <ált névm> anybody; anyone; no matter who; whoever: *bárki más* anybody else ∗ *Nem akarta, hogy bárki felülmúlja.* He didn't want to be outdone by anyone. ∗ *Bárki megmondja neked az igazságot.* Anybody will tell you the truth. ∗ *Bárki, aki elsőnek jön megkaphatja.* Whoever comes first may have it.
barlang <fn> cave; cavern; *(mesterséges)* grotto; *(állaté)* den; lair: *Visszhangzik a barlang.* The cave has an echo.
barlangkutató <fn> speleologist
bármekkora <ált névm> however big/large; no matter how large; whatever size
bármely(ik) <ált névm> **1.** *(több közül)* any; no matter which; whichever: *bármelyik pillanatban* at any moment ∗ *Bármelyik nap elmehetsz a moziba.* You can go any day to the cinema. ∗ *Bármelyiket választják, el kell fogadni a döntésüket.* Whichever they choose, we must accept their decision. **2.** *(kettő közül)* either: *bármelyik narancsot* either orange ∗ *Van narancs és alma. Bármelyiket meheted.* There are oranges and apples. You can have either. ∗ *Bármelyik ceruzát használhatod (a kettő közül).* You can use either pencil.
bármennyi <ált névm> however much/many; no matter how much/many; any amount/number: *bármennyit ígér is* however much he offers ∗ *Bármennyit ehetsz.* You can eat any amount. ∗ *bármennyibe kerül is* at any cost
bármennyire <ált névm> however (much); no matter how (much): *Sosem nyer, bármennyire keményen próbál(ja) is.* She never wins however hard she tries. ∗ *bármennyire szeret is* however much he may love you
bármerre <ált névm> wherever; no matter where; in whatever direction
bármi <ált névm> *(főmondathan és mellékmondat elején)* anything; *(mellékmondat elején)* whatever: *Annyira éhes vagyok, hogy bármit megeszek.* I am so hungry, I will eat anything. ∗ *„Mit szeretnél karácsonyra?" „Bármi megteszi/megfelel."* 'What would you like for Xmas?' 'Anything will do.' ∗ *Bármit elhisz neked.* He'll believe anything you say. ∗ *bármit tesznek is* whatever they do
bármikor <ált névm> any day; (at) any time; no matter when; whenever: *Bármikor mehetsz.* You can go any time. ∗ *Bármikor jövök, alszik.* Every time I come he is sleeping.

bármilyen <ált névm> **1.** *(mindenfajta)* any (kind/sort of); whatever: *Bármilyet adhatsz.* Any kind will do. ∗ *Bármilyen fagylaltot vehetsz.* You can take any kind of ice cream. **2.** *(bármennyire)* however: *bármilyen nagy legyen is* however large it is
barna <mn> **1.** brown: *barna szeme van* have got brown eyes ∗ *egy pár barna bakancs* a pair of brown boots ∗ *Barna haja van.* She has brown hair. ∗ *barna nő* brunette **2.** *(napbarnított)* (sun)tanned; bronzed
barnás <mn> brownish
barnít <ige> **1.** (make✣) brown **2.** *(ételt)* brown
barnul <ige> **1.** become✣/get✣ brown **2.** *(naptól)* tan; get✣ (sun)tanned/bronzed: *Könnyen barnulsz?* Do you tan easily?
báró <fn> baron
¹barokk <mn> baroque: *barokk építészet* baroque architecture ∗ *barokk zene* baroque music
²barokk <fn> baroque
barom <fn> **1.** *(állat)* livestock; cattle **2.** vulg brute; ass; swine; idiot
barométer <fn> barometer; the glass: *A barométer esőre áll.* The barometer is pointing to rain.
baromfi <fn> poultry <tsz>; fowl
baromfitenyésztés <fn> poultry-farming
baromfiudvar <fn> fowl/poultry-run
baromi <mn> biz **1.** *(állati)* brutish; brutal; brute; bestial: *baromi erő* brute force ∗ *baromi módon* in a bestial manner **2.** *(nagyon)* damn; dead: *baromi jó* dead good
baromság <fn> nonsense; biz rubbish; szl shit; bullshit; crap: *Ne mondj ilyen baromságot!* Don't give me that shit!
báróné <fn> baroness
bárónő <fn> baroness
bárpult <fn> bar counter
bársony <fn> velvet
bársonyos <mn> **1.** *(puha)* soft; velvety: *a baba bársonyos bőre* the baby's soft skin **2.** *(lágyan hangzó)* soft: *bársonyos hang* soft voice
bárszék <fn> bar stool
bárszekrény <fn> cocktail cabinet
barter <fn> gazd barter
basa <fn> tört pasha
bástya <fn> **1.** *(építmény)* bastion **2.** *(támasz)* bulwark; stronghold **3.** *(sakkban)* castle; rook
basszus <fn> bass (voice)
basszusgitár <fn> bass guitar; bass
bátor <mn> brave; courageous; bold; valiant; plucky; *(vakmerő)* fearless; *(harcos stb.)* gutsy: *bátor cselekedet* a brave deed ∗ *bátor próbálkozás* brave attempt
bátorít <ige> encourage (**vkit vmire** sy to do sg); hearten (**vkit vmire** sy to do sg)

bátorság

bátorság <fn> bravery; courage; boldness; fearlessness: *összeszedi a bátorságát* pluck up one's courage ∗ *Bátorsága soha nem ingott meg.* Her courage never faltered. ∗ *nincs meg a bátorsága vmihez* lack the courage to do sg ∗ *megvan a bátorsága vmihez* have the guts to do sg ∗ *bátorságot önt vkibe* encourage sy

bátortalan <mn> timid; faint-heared; lacking in courage; gutless: *bátortalanul* timidly

báty <fn> *(testvér)* (big) brother

batyu <fn> bundle; pack; bag

bauxit <fn> bauxite

bazalt <fn> basalt

bazár <fn> **1.** *(keleti városokban)* bazaar **2.** biz, pej *(kis üzlet)* fancy goods shop

bazilika <fn> basilica

bázis <fn> **1.** *(alap)* basis✣; base: *anyagi bázis* financial basis ∗ *bázisul szolgál* serve as a basis **2.** kat is *(székhely)* base

bazsalikom <fn> basil

be <hsz> **1.** in; into: *se be, se ki* neither in nor out ∗ *be a házba* into the house **2.** *(kapcsolón)* on

bead <ige> **1.** *(benti helyre vmit)* give✣ sg in; hand sg in **2.** *(orvosságot)* administer (**vmit vkinek** sg to sy); *(injekciót)* inject (**vmit vkinek** sg (into) sy); *(injekciót)* give✣ an injection (**vkinek** to sy): *orvosságot bead vkinek* administer medicine to sy **3.** *(benyújt)* hand sg in; present (**vmit sg**); submit (**vmit** sg); file (**vmit** sg): *írásban bead* submit in writing **4.** *(vkit intézetben elhelyez)* put✣/send✣ sy to an institution: *beadja a fiút intézetbe* put/send the boy to a boarding-school **5.** sp *(labdát)* centre **6.** *(bemesél vkinek vmit)* make✣ sy believe/swallow sg

beadás <fn> **1.** *(orvosságé)* administration **2.** *(benyújtás)* handing in; presentation; submission; filing **3.** sp centring (the ball)

beadvány <fn> **1.** *(kérelem)* application; request; petition **2.** *(javaslat)* submission; proposal

beágyaz <ige> **1.** make✣ the bed **2.** *(vmit vmibe)* embed sg in sg

beajánl <ige> recommend (**vkit vkinek** sy to sy)

beakad <ige> **1.** get✣ caught (**vmibe** in sg) **2.** *(ajtó stb.)* jam

beakaszt <ige> *(szekrénybe stb.)* hang✣ sg up (**vmibe** in sg)

beáll <ige> **1.** *(vhova)* stand✣ in sg: *beáll a sorba* stand in the queue; join the queue ∗ *beáll kocsijával egy parkolóhelyre* get/park one's car into a parking space **2.** *(szervezetbe stb.)* join sg **3.** *(vminek)* join sg: *beáll katonának* join the army **4.** *(beköszönt; bekövetkezik)* set✣ in: *beáll a krízis* the crisis sets in ∗ *beáll a sötétség* darkness sets in ∗ *beáll a tél* winter is coming **5.** *(folyó)* freeze✣ over

beállít <ige> **1.** stand✣/put✣ (**vmit vhova** sg swhere) **2.** place/send✣ (**vkit vhova** sy swhere) **3.** *(beszabályoz)* adjust (**vmit** sg); set✣ (**vmit** sg); tune (**vmit** sg): *Be kell állítanom az órámat.* I must adjust my watch. ∗ *beállítja az időt* set the watch ∗ *beállítja a fényképezőgépet* set the camera ∗ *beállítja a rádiót* tune the radio **4.** sp *(csúcsot)* set✣; equal: *beállítja a rekordot* equal the record **5.** make✣ sy/sg out (**vminek/vmilyennek** to be sg): *Okosnak állította be magát.* She made herself out to be clever. **6.** *(megérkezik)* drop in; turn up

beállítottság <fn> attitude; frame/cast of mind; disposition: *hasonló beállítottságú* having a similar disposition

beállta <fn> onset: *a tél beállta* the onset of winter ∗ *a sötétség beállta előtt* before nightfall

beárul <ige> tell✣/inform on sy; denounce (**vkit** sy); szl grass on sy; squeal (**vkit** on sy)

beavat <ige> *(vkit vmibe)* let✣ sy in on sg; initiate sy into sg

beavatkozás <fn> **1.** intervention; interference: *fegyveres beavatkozás* military intervention ∗ *más ország belügyeibe való beavatkozás* intervention/interference in the internal affairs of another country ∗ *állami beavatkozás* state intervention **2.** *(orvosi)* intervention: *sebészi beavatkozás* surgical intervention; operation ∗ *gyors orvosi beavatkozás* immediate medical aid

beavatkozik <ige> **1.** intervene (**vmibe** in sg): *A fiú megsebesülhetett volna, ha nem avatkozik be.* The boy might have been hurt if he hadn't intervened. **2.** *(kéretlenül beleavatkozik)* interfere (**vmibe** in sg); meddle (**vmibe** in sg): *Nincs joga beavatkozni az ügyeibe.* He has no right to meddle in his affairs.

beáztat <ige> soak: *éjszakára beáztatja a ruhákat* soak the clothes overnight

bebeszél <ige> **1.** *(vkinek vmit)* make✣ sy believe sg; convince sy of sg **2. bebeszéli magának, hogy...** convince/persuade oneself that...

bébi <fn> **1.** *(kisgyermek)* baby; babe **2.** szl *(fiatal nő)* baby; bimbo

bébiétel <fn> baby food

bébiszitter <fn> **1.** babysitter; childminder **2.** *(családdal lakó)* au pair

bebizonyít <ige> prove; demonstrate: *Be tudom bizonyítani, hogy tegnap este otthon volt.* I can prove that he was at home last night.

bebizonyosodik <ige> **1.** prove true; be✣ proved/proven **2.** *(hír)* be✣ confirmed

bebiztosít <ige> **1.** insure (**vmit** sg): *festményt bebiztosít* insure a painting **2. bebiztosítja magát vmi ellen** secure oneself against sg

beborul <ige> become*/get* cloudy; cloud (over)

bebugyolál <ige> fold sy/sg in (**vmibe** sg); muffle sy/sg (up) in (**vmibe** sg); wrap sy/sg (up) in (**vmibe** sg): *bebugyolálja a gyereket egy takaróba* fold the baby in a blanket ∗ *Egy takaróba bugyolálta be a gyereket.* She muffled the child up in a blanket.

bebújik <ige> **1.** (*vhova*) slip in; creep* in **2.** (*felveszi*) slip into (**vmibe** sg); slip sg on: *bebújik a cipőjébe* slip one's shoes on

beburkoló(d)zik <ige> wrap oneself up

bebútoroz <ige> furnish

becenév <fn> pet name; nickname: *becenevet ad vkinek* nickname sy

becéz <ige> **1.** nickname **2.** (*kényeztet*) coddle; pet

Bécs <fn> Vienna: *üzlete van Bécsben* have a business in Vienna

becsal <ige> lure sy in(to) (**vhova** sg): *A lányt becsalták egy autóba.* The girl was lured into a car.

becsap <ige> **1.** (*bevág*) bang; slam: *Ne csapd be az ajtót, mikor kimész!* Don't bang the door when you go out! **2.** (*rászed*) deceive; trick; cheat; con; dupe; (*számlával*) overcharge; (*visszaadáskor*) short-change; biz (*cinkostárssal*) double-cross: *becsapja magát* deceive oneself ∗ *Ne csapd be az öreg embert!* Don't trick the old man! ∗ *Becsapták őket.* They had been duped. ∗ *Becsaptak a boltban.* I've been short-changed at the shop. **3.** (*villám*) strike*: *Becsapott a villám a házba.* The house was struck by lightning.

becsapódik <ige> **1.** (*becsukódik*) bang; slam: *Becsapódott az ajtó.* The door slammed. **2.** (*bomba stb.*) crash; hit*: *Egy kő csapódott be az ablakon.* A stone crashed through the window.

becsatol <ige> buckle; clasp; (*biztonsági övet*) fasten: *Becsatolta az övét.* He buckled her belt. ∗ *Becsatolta a karkötőjét.* She clasped the bracelet. ∗ *Kérem, kapcsolják be a biztonsági öveket!* Fasten your seat belts, please.

becsavar <ige> **1.** (*csavart*) screw in **2.** (*begöngyöl*) roll sg up (**vmibe** in sg); fold sg (**vmibe** in sg); wrap sg up (**vmibe** in sg): *Csavard be a húst fóliába, mielőtt megsütöd.* Wrap the meat in foil before you cook it.

becsempész <ige> (*vmit*) smuggle sg in

becsenget <ige> **1.** (*ajtón*) ring* **2. becsengettek** isk the bell has rung

becserél <ige> **1.** exchange (**vmit vmire** sg for sg): *Vissza tudod vinni és az áruház becseréli neked.* You can take it back and the store will exchange it. **2.** (*új termékre*) trade in: *Becserélte régi autóját egy újra.* He traded in his old car for a new one.

¹**bécsi** <mn> Viennese: *bécsi szelet* Wiener schnitzel

²**bécsi** <fn> Viennese

becsíp <ige> **1.** catch* sg in; pinch sg in: *Becsípte az ujját az ajtóba.* She caught his finger in the door. **2.** (*italtól*) get* tipsy

becslés <fn> estimate; estimation: *durva/hozzávetőleges becslés alapján* at a rough estimate ∗ *becslésem szerint* in my estimation

becsmérel <ige> disparage; depreciate; denigrate; (*nyilvánosan*) decry

becsomagol <ige> **1.** pack (**vmit vmibe** sg up in sg); package (**vmit vmibe** sg up in sg); fold (**vmit vmibe** sg up in sg); (*küldeményt*) parcel sg up (*ajándékot stb.*) wrap sg up: *Becsomagolta a bögréket, hogy el tudja küldeni.* She parcelled up the mugs so that she could send them. ∗ *Azzal töltöttük az estét, hogy becsomagoltuk az ajándékokat.* We spent the evening wrapping up the presents. **2.** (*úti holmit*) pack: *Még nem csomagoltam be a bőröndöt.* I haven't packed the suitcase yet. ∗ *Becsomagolta a bőröndjét, és elindult az állomásra.* He packed his trunk and went to the railway station.

becstelen <mn> dishonest; immoral; crooked; biz low-down; (*bűnöző stb.*) infamous

becsuk <ige> **1.** (*ajtót, könyvet stb.*) close; shut*; (*kulccsal*) lock: *Csukjátok be a könyveiteket!* Close your books! ∗ *Csukd be a szemed!* Close your eyes! ∗ *Nem mertem becsukni az ablakot.* I was afraid to close the window. ∗ *Nem tudom becsukni a bőröndömet.* I can't shut my suitcase. ∗ *Apa mindig elfelejti becsukni az ajtót.* Dad's always forgetting to lock the door. **2.** (*intézményt, üzletet*) close/shut* sg (down) **3.** (*intézmény, üzlet*) close/shut* (down) **4.** (*vkit*) lock sy in; biz (*börtönbe*) lock sy up; put* sy away **5.** shut* (**vmit vmibe** sg (up) in sg)

becsukódik <ige> close; shut*

becsúszik <ige> **1.** (*tárgy*) slip in **2.** (*tévedés*) creep* into; slip in: *Hiba csúszott be a számításába.* A mistake has crept into the figures.

becsül <ige> **1.** estimate (**vmit vmennyire** sg at sg); value (**vmit vmennyire** sg at sg): *A rendőrség 50 000-re becsülte a tömeget.* Police estimated the crowd at 50,000. ∗ *Ezt a szőnyeget 100 000 Ft-ra becsülték.* This carpet has been valued at 100,000 forints. **2.** (*sokra tart*) value (**vkit/vmit** sy/sg); respect (**vkit/vmit** sy/sg); esteem (**vkit/vmit** sy/sg): *Nagyra becsülöm a jó tanácsaidat.* I value your good advices highly. ∗ *Ezt becsülöm benne.* I respect him for that.

becsület <fn> (*tisztesség*) honour; AmE honor; (*becsületesség*) honesty; (*hírnév*) reputation:

visszaszerzi a becsületét retrieve one's honour
♦ **vkinek (a) becsületére válik** do✧ sy credit

becsületes <mn> honest; honourable; AmE honorable; decent; upright; trustworthy; fair: *talpig becsületes ember* a thoroughly honest man ∗ *becsületesen viselkedik* behave decently

becsületsértés <fn> slander; libel: *Becsületsértésért beperelte az újságot.* She sued the newspaper for libel.

becsületszó <fn> word of honour; AmE word of honor: *becsületszavamra* on my word; upon my life; honestly ∗ *becsületszóra elhisz vmit* take sg on trust ∗ *becsületszavát adja* give/pledge one's word

becsüs <fn> valuer; *(biztosítási)* insurance assessor; loss adjuster

becsvágy <fn> ambition

becsvágyó <mn> ambitious

bedagad <ige> swell✧ (up): *A karja elkezdett bedagadni.* Her arm was beginning to swell up.

bedilizik <ige> biz go✧ crazy; go✧ off one's head; crack up; go✧ round the bend

bedob <ige> **1.** *(vmit vhova)* throw✧/cast✧ sg in(to) sg; *(levelet)* drop sg in **2.** *(pénzzel beszáll)* kick in **3.** biz *(megiszik vmit)* knock back; *(megeszik vmit)* wolf sg down; gobble sg up/down; demolish sg

bedobás <fn> sp throw-in

bedöglik <ige> szl pack up; conk out: *Az autó bedöglött.* The car conked out.

bedől <ige> **1.** *(építmény)* collapse; fall✧ in **2.** biz *(vkinek, vminek)* fall✧ for sg; be✧ taken in by sy; be✧ fooled by sy: *Bedőlt a tréfának.* He fell for the trick. **3.** *(repülő)* bank

bedörzsöl <ige> rub sg in(to) **(vmibe sg)**

bedug <ige> **1.** *(vmit vmibe)* put✧/thrust✧/push sg in(to) sg; *(konnektorba)* plug sg in(to) sg: *Nem tudtam bedugni a (villás)dugót a konnektorba.* I couldn't put the plug into the socket. ∗ *Be van dugva a nyomtató?* Is the printer plugged in? **2.** *(bedugaszol)* plug; block; fill up

bedugul <ige> **1.** get✧ choked up/clogged up **2.** *(autóval vki)* get✧ into a traffic jam; *(forgalom)* come✧ to a halt

beenged <ige> let✧ sy/sg in(to) **(vhova sg)**; admit sy/sg in(to) **(vhova sg)**: *beenged vkit a házba* let sy into the house

beépít <ige> **1.** build sg in(to) **(vmibe sg) 2.** *(területet)* build✧ sg up **3.** *(beszerel)* mount; install **4.** *(szervezetbe)* plant: *kémet beépít* plant a spy

beépített <mn> *(terület)* built-up; *(szekrény, szőnyeg stb.)* fitted; built-in: *beépített szekrény* built-in cupboard; AmE closet

beépül <ige> **1.** *(terület)* be✧ built up **2.** *(szervezetbe)* infiltrate; penetrate: *Az ügynökök sikeresen beépültek a terrorista szervezetbe.* The agents successfully infiltrated into the terrorist organization.

beér <ige> **1.** arrive **(vhova** at/in sg**)**; reach **(vhova** sg**) 2.** *(utolér vkit)* catch✧ sy up; catch✧ up with sy: *Be foglak érni.* I'll catch you up. **3. beéri vmivel** make✧ do with sg; be✧ content/satisfied with sg: *beéri két almával* make do with two apples

beereszt <ige> let✧ sy/sg in(to) **(vhova sg)**; admit sy/sg in(to) **(vhova sg)**

beérkezik <ige> come✧ in; arrive; *(vonat)* draw✧/pull in; come✧ in; arrive

beesett <mn> *(arc)* hollow

beesik <ige> **1.** fall✧ in **2.** *(eső)* get✧ in: *Beesik az eső.* The rain gets in.

befagy <ige> freeze✧; *(jég borítja be)* freeze over/up; ice over/up: *A tó télen befagy.* The lake freezes over in winter. ∗ *A csövek befagytak.* The pipes have frozen.

befagyaszt <ige> freeze✧

befal <ige> biz *(ételt)* wolf sg down; gobble sg up/down; demolish sg: *Az összes szendvicset befalták.* They gobbled down all the sandwiches.

befalaz <ige> wall sg up; *(ajtót, ablakot)* brick sg in/up

befecskendez <ige> inject **(vkinek vmit** (into) sy with sg**)**: *inzulint fecskendez be magának* inject himself with insulin

befed <ige> **1.** *(letakar)* cover **(vmit vmivel** sg with sg**) 2.** *(tetővel vmit)* roof sg in/over

befejel <ige> sp *(labdát)* head sg in

befejez <ige> **1.** finish; accomplish; complete; settle; *(gyűlést)* bring✧ sg to an end; close; *(beszédet)* wind✧ sg up; conclude: *Befejezte?* Have you finished? ∗ *Be kell fejezni egy éven belül.* It should be completed within a year. ∗ *befejezi az értekezletet* bring a meeting to an end ∗ *azzal fejezi be a beszédét, hogy…* conclude his speech by saying… **2.** end **(vmit vmivel** sg with sg**)**; round sg off **(vmivel** with sg**)**: *Egy dallal fejezték be a darabot.* The play ended with a song.

befejezés <fn> **1.** completion; accomplishment **2.** *(záró rész)* conclusion; end(ing); finish(ing); close: *befejezésül* in conclusion; finally

befejezetlen <mn> incomplete; unfinished

befejezett <mn> **1.** *(lezárt)* complete; accomplished; finished: *befejezett tény* an accomplished fact **2.** nyelvt perfect: *befejezett jelen* the present perfect ∗ *befejezett jövő* the future perfect ∗ *befejezett múlt* the past perfect

befejeződik <ige> end; come✥ to an end; be✥ finished; close; terminate

befeketít <ige> **1.** blacken; make✥ sg black **2.** *(rágalmaz)* blacken; tarnish; malign

befekszik <ige> **1.** *(ágyba)* go✥ to bed **2.** *(kórházba)* go✥ to hospital

befektet <ige> **1.** lay✥ sy/sg in(to) **(vhova** sg**) 2.** *(ágyba vkit)* put✥ sy to bed **3.** *(pénzt)* invest **(vmibe** in sg**):** *pénzt fektet be az új lakásba* invest money in the new flat

befektetés <fn> **1.** *(pénzügyi)* investment: *befektetés az új technológiába* investment in new technology **2.** átv investment: *Ez a tanfolyam jó befektetés a karriered szempontjából.* This course is a good investment for your career.

befektető <fn> investor

befelé <hsz> inward(s); towards the inside: *befelé nyílik* open inwards

befelhősödik <ige> cloud over

befér <ige> *(vmi)* will✥/can✥ go in; *(vki)* can✥ get in: *Be fog férni.* It will go/fit in.

befest <ige> **1.** paint **2.** *(hajat, textíliát)* dye

befizet <ige> **1.** *(vmit)* pay sg in: *csekken befizet* pay by cheque **2.** *(vkit)* book sy in

befog <ige> **1.** cover; stop; hold✥: *befogja a száját* hold one's tongue **2.** *(pl. satuba)* clamp; grip: *befog vmit a satuba* grip sg in a vice **3.** *(állatot)* harness **4.** *(használatba vmit)* put✥ sg to use **5.** *(munkára vkit)* make✥ sy work: *erősen be van fogva* be very busy

befogad <ige> **1.** *(elfér benne)* accommodate; admit; hold✥: *A szálloda 200 személy befogadására képes.* The hotel can accommodate 200 guests. **2.** *(vkit)* take✥ sy in; put✥ sy up: *A férfi hajléktalan volt, ezért befogadtuk.* The man was homeless, so we took him in.

befogadóállomás <fn> *(migránsoké)* hot spot

befogadóképesség <fn> capacity

befolyás <fn> *(hatás)* influence: *vki befolyása alá kerül* come under sy's influence ✶ *befolyást gyakorol vkire/vmire* influence sy/sg; exert influence on sy/sg

befolyásol <ige> influence; affect **(vkit/vmit** sy/sg**)**; have✥ an effect **(vkit/vmit** on sy/sg**)**; exert influence **(vkit/vmit** on sy/sg**):** *befolyásolja az eseményeket* affect events ✶ *károsan befolyásol* impair

befolyásos <mn> influential

befolyik <ige> **1.** *(folyadék)* flow in(to) **(vmibe** sg**) 2.** *(pénz)* come✥ in

befon <ige> *(hajat)* plait; braid

befordul <ige> **1.** turn (in) **2.** *(árokba)* fall✥ into **(vmibe** sg**) 3.** *(ágyban)* turn in

beforr <ige> *(seb)* heal (up); *(csont)* set✥; knit

befőtt <fn> **1.** *(üvegben)* bottled fruit **2.** *(konzerv)* tinned/canned fruit

befőttesüveg <fn> jar

befőz <ige> preserve; bottle

befröcsköl <ige> splash **(vkit/vmit vmivel** sy/sg with sg**)**; sprinkle **(vkit/vmit vmivel** sy/sg with sg**)**; spatter **(vkit/vmit vmivel** sy/sg with sg**):** *Befröcskölte az arcát hideg vízzel.* He splashed his face with cold water.

befúj <ige> **1.** *(szél)* blow✥ in **2.** *(szél vmit)* blow✥ sg in(to) **(vhova** sg**) 3.** *(bepermetez)* spray **(vmit vmivel** sg with sg**):** *festékkel befúj vmit* spray sg with paint

befurakodik <ige> **1.** *(vhova)* force/make✥ one's way in **2.** *(beépül)* infiltrate **(vhova** into sg**)**

befut <ige> **1.** *(vonat)* draw✥/pull in; come✥ in; arrive; *(hajó)* put✥ in: *A vonatom korábban fog befutni.* My train will come in earlier. **2.** sp *(beérkezik)* come✥ in: *Elsőnek futott be.* He came in first. **3.** biz *(szakmailag)* be✥ a success; make✥ it; get✥ to the top: *befutott ember* he has made it

befűt <ige> **1.** *(begyújt)* make✥ a fire **2.** *(helyéget)* heat (up) the room **3.** biz *(vkinek)* give✥ sy hell

befűz <ige> **1.** *(fonalat, filmet stb.)* thread **2.** *(cipőt)* lace (up): *befűzi a cipőfűzőjét* lace (up) one's boots **3.** biz *(becsap)* cheat; con; dupe: *befűz vkit, hogy megtegyen vmit* con sy into (doing) sg

béget <ige> bleat; baa

begipszel <ige> put✥ in plaster

begombol <ige> *(inget, kabátot stb.)* button sg (up); do✥ sg up: *Gombold be a kabátod, hideg van kint.* Button (up) your coat, it's cold out. ✶ *begombolja a kabátját* do up one's jacket

begörcsöl <ige> *(görcsöt kap)* go✥ into a spasm; have✥ cramp: *A karom hirtelen begörcsölt.* My arm suddenly went into a spasm. ✶ *Begörcsölt a lábam.* I've got cramp in my foot.

begurul <ige> **1.** roll in **2.** *(dühös lesz)* hit✥ the ceiling/roof; lose✥ one's temper

begy <fn> crop; craw

♦ **a begyében van vki** biz bear✥ a grudge against sy ♦ **nyomja vkinek a begyét vmi** biz sulk about sg

begyakorol <ige> practise

begyógyul <ige> heal (up)

begyömöszöl <ige> stuff sg in(to) **(vmibe** sg**)**; cram sg in(to) **(vmibe** sg**)**; jam sg in(to) **(vmibe** sg**)**; shove sg in(to) **(vmibe** sg**):** *minden papírt begyömöszöl egy fiókba* stuff all the papers into a drawer

begyújt <ige> **1.** *(kályhába)* make✥ a fire **2.** *(beindít)* start

begyullad <ige> **1.** *(motor)* start **2.** biz *(megijed)* get✥ scared; get✥ frightened

begyűjt <ige> gather; collect; *(arat)* harvest
begyűr <ige> *(vmit)* tuck/fold sg in
behajlít <ige> bend✢ in
¹behajt <ige> **1.** *(állatot)* drive✢ sg in: *Kiment, hogy behajtsa a teheneket.* He went out to drive the cows in. **2.** *(pénzt, adót)* collect; levy; recover: *adót behajt* collect taxes ✶ *adósságot behajt* recover a debt **3.** *(járművel)* drive✢ in: *Behajtani tilos!* No entry! ✶ *A parkba gépjárművel behajtani tilos!* Vehicles are not allowed in this park.
²behajt <ige> **1.** *(könyvet)* close; shut✢ **2.** *(ajtót)* half-close
behallatszik <ige> can✢ be heard inside; be✢ audible inside
beharangoz <ige> herald; announce
behatárol <ige> define; delimit; mark out
beható <mn> intensive; profound; exhaustive; thorough: *beható vizsgálat alá vesz* investigate sg thoroughly
behatol <ige> **1.** penetrate in(to) (**vhova** sg); invade (**vhova** sg); intrude (**vhova** on/into sg) **2.** kat invade **3.** *(betörő)* break✢ in; break✢ into sg
beheged <ige> heal (up)
behelyettesít <ige> substitute (**vmit vmivel** sg for sg); replace (**vmit vmivel** sg by sg)
behelyez <ige> insert sg in(to) (**vhova** sg): *behelyezi a kulcsot a zárba* insert the key into the lock
behív <ige> **1.** call/invite in **2.** *(katonának)* conscript; call sy up; AmE draft
behívó <fn> kat call-up; AmE draft
behízelgi magát <ige> ingratiate oneself (**vkinél** with sy): *Mindig megpróbálja behízelegni magát a főnökénél.* He's always trying to ingratiate himself with his boss.
behord <ige> **1.** *(vmit)* bring✢/carry sg in **2.** *(terményt)* gather sg in
behorpad <ige> be✢/get✢ dented
behorpaszt <ige> dent (**vmit** sg)
behoz <ige> **1.** bring✢/carry in: *Tudnál segíteni behozni a táskámat?* Can you help me bring in my bag? **2.** *(árut)* import **3.** *(lemaradást)* make✢ up for sg; catch✢ up with sg: *behozza a késést* make up for lost time **4.** *(divatot)* introduce **5.** *(betegséget)* bring✢ sg in
behozatal <fn> import; importation: *külföldi élelmiszer-behozatal* food imports/imported from abroad ✶ *az élelmiszer behozatala* the import of food
behozatali vám <fn> gazd import duty
behuny <ige> close; shut✢: *behunyja a szemét* close/shut one's eyes
behúz <ige> **1.** pull/draw✢ in **2.** *(testrészt)* draw✢ in; pull in: *behúzza a hasát* draw in the stomach ✶ *A teknősbéka behúzta a fejét a páncéljába.* The tortoise pulled its head into its shell. **3.** *(összehúz)* draw✢; *(cipzárral kabátot stb.)* zip sg (up): *behúzza a függönyöket* draw the curtains **4.** *(bútort)* upholster **5.** biz con (**vkit vmibe** sy into sg); wheedle (**vkit vmibe** sy into sg); inveigle (**vkit vmibe** sy into sg) **6.** biz *(megüt)* clock; land/thump sy one in the face: *Megfordult és behúzott neki egyet.* He turned round and clocked him one.
behűt <ige> *(italt)* chill; *(ételt)* refrigerate
beigazolódik <ige> be✢ proved/proven; prove true
beiktat <ige> **1.** *(vmilyen tisztségbe)* inaugurate; install: *beiktatja az elnököt* inaugurate the president ✶ *Beiktatták lelkésznek.* He has been installed as minister. **2.** *(nyilvántartásba vesz)* register; file; record
beilleszkedik <ige> *(új környezetbe)* adapt (oneself) (**vhova/vmibe** to sg); assimilate (**vhova/vmibe** into sg); integrate (**vhova/vmibe** into sg): *beilleszkedik egy új kultúrába* integrate into a new culture
beilleszt <ige> **1.** *(tárgyat)* fit/set✢ sg in **2.** *(új dolgot)* insert; include: *beilleszti a programjába* include in one's plans **3.** infor paste: *szöveget kivág és beilleszt* cut and paste text
beindít <ige> **1.** *(gépet)* start: *Nem tudtam beindítani az autómat.* I couldn't start my car. **2.** *(tevékenységet)* launch; get✢ sg under way
beindul <ige> **1.** *(gép)* start **2.** *(tevékenység)* be✢ launched; get✢ under way
beír <ige> **1.** *(vmit)* write✢ sg in; inscribe; enter; record: *Be fogom írni a neved ebbe a könyvbe.* I'll write your name in this book. ✶ *Találtam egy könyvet, aminek az első oldalába nevek vannak beírva.* I found a book with names inscribed on the first page. ✶ *Mindent beír a naplójába, ami történik vele.* She records everything that happens to her in her diary. **2.** *(számítógépbe stb. vmit)* key sg in: *Írd be az adataidat (a számítógépbe)!* Key in your data!
beiratkozás <fn> registration; enrolment; AmE enrollment
beiratkozik <ige> **1.** *(iskolába, kurzusra)* register; enrol; AmE enroll: *Késő már beiratkozni az egyetemre?* Is it too late to enrol at the college? **2.** *(könyvtárba)* join; register
beismer <ige> admit; confess; acknowledge: *Be kell ismernem, (hogy)…* I have to admit (that)… ✶ *Beismerte a betörést.* He admitted breaking into the house. ✶ *beismeri a tévedést* admit/acknowledge the mistake ✶ *Beismerte a gyilkosságot.* He has confessed to the murder.
beismerés <fn> admission; confession: *a bűnösség beismerése* admission of guilt

beismerő <mn> **beismerő vallomást tesz** make❖ a confession; confess one's crime

beivódik <ige> **1.** *(folyadék stb. vmibe)* soak/sink❖ into sg; permeate into sg: *Töröld fel a bort, mielőtt beivódik a szőnyegbe.* Wipe up that wine before it soaks into the carpet. **2.** *(tulajdonság)* become❖ ingrained

bejár <ige> **1.** *(vhova)* come❖ in; go❖ in: *busszal jár be dolgozni* go to work by bus **2.** *(beutazik)* tour: *Egy hónap alatt bejártuk Olaszországot.* We spent a month touring Italy. **3.** *(végigjár vmit)* walk/go❖ all over sg: *Bejárhatod az egész hajót.* You can go all over the ship.

¹bejárat <ige> *(gépkocsit)* run❖ sg in; AmE break❖ sg in

²bejárat <ige> entrance; entry; *(kapu)* gate; *(díszkapu)* portal: *a ház bejárata* the entrance of the house

bejárónő <fn> cleaning woman (tsz: cleaning women)

bejegyez <ige> register; record; enter; *(cégjegyzékbe stb.)* incorporate: *születést az anyakönyvbe bejegyez* register a birth * *céget bejegyez* register a company * *bejegyzi a születés időpontját* record the date of birth

bejegyzés <fn> **1.** note **2.** *(hivatalosan)* registration; *(cégé)* incorporation **3.** *(adat)* record

bejelent <ige> **1.** *(hivatalos helyen)* notify; report; lodge: *halálesetet bejelent* notify a death * *bejelenti az esetet a rendőrségen* report the case to the police * *bejelenti tiltakozását* lodge a protest **2.** *(nyilvánosságnak)* announce; declare: *Bejelentették az eljegyzésüket.* They have announced their engagement. **3.** *(vendéget)* announce

bejelentés <fn> **1.** *(hatóságnak)* registration; report **2.** *(közlemény)* announcement; declaration; *(értesítés)* notification: *fontos bejelentést tesz* make an important announcement

bejelentkezik <ige> **1.** *(reptéren, szállodában)* check in; register; book in: *bejelentkezik a reptéren* check in at the airport * *bejelentkezik a szállodában* register at the hotel **2.** *(hivatalosan)* register; report **3.** infor log in/on **4.** make❖ an appointment (**vkinél** with sy)

bejelentőlap <fn> registration form

bejelöl <ige> mark

bejgli <fn> ≈ roll: *mákos bejgli* poppy seed roll * *diós bejgli* walnut roll

bejön <ige> **1.** *(benti helyre)* come❖ in; enter; get❖ in: *Gyere be!* Come in! * *Megnyomta a csengőt és bejött.* He pressed the doorbell and came in. **2.** *(pénz)* come❖ in **3.** biz *(sikerül)* come❖ off

bejut <ige> **1.** get❖ in(to) (**vhova** sg); gain entry (**vhova** into sg): *Végül sikerült bejutnom a házba.* I finally managed to get into the house. **2.** *(továbbjut)* get❖ into (**vhova** sg); qualify (**vhova** for sg); reach (**vhova** sg): *Csapatunk bejutott a döntőbe.* Our team qualified for the finals. * *bejut a döntőbe* reach the finals

bejuttat <ige> **1.** *(vmit)* get❖ sg in **2.** *(állásba vkit)* place sy in a job

béka <fn> frog
♦ **lenyeli a békát** swallow the bitter pill

békacomb <fn> frog's leg

békalencse <fn> duckweed

bekanyarodik <ige> turn: *bekanyarodik a sarkon* turn the corner * *bekanyarodik egy utcába* turn into a street

bekarikáz <ige> circle; BrE ring: *bekarikázza a helyes választ* ring the correct answer

bekap <ige> *(sietve eszik)* bolt (down); gobble (down/up); gulp (down): *bekap egy szendvicset* bolt down a sandwich * *Bekapta a vacsorát.* She gobbled her dinner.
♦ **bekapja a horgot** *(naivul elhisz vmit)* swallow/take the bait

bekapcsol <ige> **1.** *(vmit)* turn sg on; switch sg on: *be van kapcsolva* it's on * *bekapcsolja a tévét* switch the TV on **2.** *(rögzít)* clasp; fasten: *bekapcsolja a biztonsági övet* fasten the seat belt **3.** *(rendszerbe)* connect; link up **4.** *(működésbe lép)* switch on: *A gép automatikusan bekapcsol.* The machine switches on automatically.

bekapcsolódik <ige> **1.** *(készülék)* be❖/get❖ switched/turned on **2.** join (**vmibe** (in) sg): *bekapcsolódik a beszélgetésbe* join in the conversation * *bekapcsolódik a vitába* join the fray * *Mindenki bekapcsolódik a refrénbe.* Everybody will join in the chorus.

bekattan <ige> **1.** *(becsukódik)* click shut **2.** biz *(bedilizik)* go❖ crazy **3.** *(rájön)* click; twig: *Hirtelen bekattant, hogy hol találkoztunk már korábban.* It suddenly clicked where I had met him before.

béke <fn> **1.** peace: *békét köt* make peace * *békében él* live in peace **2.** *(békesség, nyugalom)* peace; quiet; tranquillity; calmness; quietude
♦ **béké(be)n hagy vkit/vmit** leave❖ sy/sg alone *Hagyj békén!* Leave me alone!

békefenntartó erő <fn> peacekeeping force

békegalamb <fn> dove of peace

beken <ige> **1.** spread❖ (**vmit vmivel** sg with sg); smear (**vmit vmivel** sg with sg) **2.** *(piszokkal)* soil; dirty; smudge **3.** *(zsiradékkal)* grease

békepipa <fn> peace pipe; pipe of peace
♦ **elszívja vkivel a békepipát** biz smoke the pipe of peace

beképzelt <mn> conceited; big-headed; cocksure; cocky

bekeretez <ige> frame
bekerít <ige> 1. *(vmit)* fence sg in; enclose; encircle: *bekeríti a mezőt* fence in the field 2. *(körülzár vkit)* pin sy down; hem sy in: *A rendőrség bekerítette őket.* They were hemmed in by the police. 3. *(körülzár)* surround
bekerül <ige> get✧ in
békés <mn> 1. *(viszálytól mentes)* peaceful; nonviolent: *békés együttműködés* peaceful cooperation ∗ *békés megegyezés* nonviolent settlement 2. *(békeszerető)* peaceable: *békés ember* a peaceable person 3. *(nyugodt)* amicable; peaceful; quiet; tranquil
békesség <fn> peace(fulness); tranquillity; quiet: *békességben él* live in peace
békeszerződés <fn> peace treaty
béketárgyalás <fn> peace negotiations <tsz>; peace talks <tsz>
bekezdés <fn> paragraph: *új bekezdés* new paragraph
bekiabál <ige> shout/yell in
bekísér <ige> *(vkit)* see✧ sy in; go✧ in with sy
bekopog <ige> knock
beköltözik <ige> move in
beköp <ige> biz *(vkit)* tell✧ on sy; grass on sy; squeal on sy
beköpés <fn> biz *(szellemeskedő)* quip; witticism; wisecrack
beköszönt <ige> set✧ in
beköt <ige> 1. bind✧ sg up; tie sg up 2. *(szemet)* blindfold 3. *(sérülést)* dress; bandage 4. *(könyvet stb.)* bind✧ 5. *(hálózatba)* connect (up); link up
bekötőút <fn> access road; slip road
bekötöz <ige> 1. bind✧ sg up; tie sg up 2. *(sérülést)* bandage sg (up); dress
bekövetkezik <ige> happen; occur; ensue; follow: *Minden bekövetkezhet a következő tíz percben.* Anything could happen in the next ten minutes.
beküld <ige> 1. *(vmit)* send✧ sg in 2. *(vkit)* send✧ sy in
bél <fn> 1. *(emberé, állaté)* bowel; intestine: *baj van a beleivel* have trouble with one's bowels 2. *(dióé stb.)* kernel 3. *(gyertyáé, lámpáé)* wick 4. *(ceruzáé)* lead 5. *(golyóstollé)* refill 6. *(kenyéré)* crumb
belakkoz <ige> lacquer; varnish
belát <ige> 1. *(vhova)* see✧ in: *belát az ablakon* see in through the window 2. *(területet)* look over 3. *(elismer)* admit; acknowledge: *hibát belát* admit a fault 4. *(felfog)* see✧; realize; understand✧: *Nem látom be, miért mentél el.* I can't see why you left.
beláthatatlan <mn> 1. *(határtalan)* boundless; vast; endless 2. *(nem tudható)* incalculable

belátható <mn> 1. easy to see <csak hátravetve>: *könnyen belátható* it is easy to see ∗ *be nem látható kanyar* blind turning 2. *(megérthető)* conceivable
belázasodik <ige> have✧ a fever; run✧ a temperature
bele <hsz> into; in: *bele a közepébe* into the middle of it
belead <ige> 1. *(pénzt)* contribute; chip sg in: *Mindenki beleadott tíz fontot.* They all chipped in ten pounds. 2. *(időt, energiát stb. vmibe)* put✧ sg into sg: *beleadja minden erejét* put all one's strength into it
beleakad <ige> get✧ caught (**vmibe** on/in sg)
beleáll <ige> 1. stand✧ in(to) (**vmibe** sg) 2. **beleáll a lábába a fájás** one's leg begins to ache/hurt
beleállít <ige> stand✧/place sg/sy in(to) (**vmibe** sg)
beleártja magát <ige> meddle/interfere (**vmibe** in sg); pry (**vmibe** into sg): *Ez az ő problémájuk és nem fogom beleártani magam.* It's their problem and I'm not going to interfere. ∗ *más dolgába beleártja magát* pry into other people's affairs
beleavatkozik <ige> meddle (**vmibe** in sg); interfere (**vmibe** in sg): *mások dolgába beleavatkozik* meddle in other people's business ∗ *beleavatkozik vki ügyeibe* interfere in one's affairs
belebeszél <ige> 1. speak✧ into (**vmibe** sg) 2. *(közbeszól)* break✧ in; biz butt in 3. *(mások dolgába)* meddle (**vmibe** in sg)
belebetegedik <ige> become✧ ill (**vmibe** from sg)
belebolondul <ige> biz 1. *(beleőrül)* become✧ mad/crazy (**vmibe** because of sg): *teljesen belebolondult vmibe* sg drove him completely crazy 2. *(beleszeret vkibe)* fall✧ head over heels in love with sy
belebotlik <ige> 1. stumble (**vmibe** on sg) 2. biz *(vkibe)* run✧ into sy; bump into sy: *Amikor Budapesten voltunk, belebotlottunk Péterbe.* We bumped into Peter when we were in Budapest.
belebújik <ige> 1. *(lyukba stb.)* crawl/creep✧ in(to) (**vmibe** sg) 2. *(ruhába)* get✧/slip into (**vmibe** sg)
belecsap <ige> *(villám)* strike✧: *Belecsapott a villám a fába.* The tree was struck by lightning.
belecsíp <ige> pinch; nip (**vkibe/vmibe** sy/sg)
belediktál <ige> biz force (**vmit vkibe** sg into sy)
beleegyezés <fn> consent; approval; assent; agreement: *szülői beleegyezés* parental consent ∗ *tudta és beleegyezése nélkül* without his knowledge or approval ∗ *beleegyezését adja* give one's assent ∗ *Ha moziba szeretnél menni,*

belenő

anyád beleegyezésére van szükséged. If you want to go to the cinema, you will have to get your mother's agreement.

beleegyezik <ige> agree (**vmibe** to sg); assent (**vmibe** to sg); consent (**vmibe** to sg); approve (**vmibe** sg): *El akartam adni a házat, és a feleségem beleegyezett.* I wanted to sell the house, and my wife agreed. ∗ *Beleegyeztem, hogy eladjuk neki az autómat.* I've consented to lend her my car.

beleéli magát <ige> **1.** *(képzeletben vmibe)* enter into the spirit of sg **2.** *(biztosra vesz vmit)* take✲ sg for granted

beleért <ige> **1.** *(beleszámít)* include **2.** *(gondolatot)* imply

beleértve <hsz> including: *Mindenki ott volt, beleértve a gyerekeket is.* Everyone was there including children.

beleesik <ige> **1.** fall✲ in(to) (**vmibe** sg): *A gyűrű beleesett a vízbe.* The ring fell into the water. **2.** biz *(vkibe)* fall✲ for sy; have✲ a crush on sy
♦ **beleesik abba a hibába hogy…** commit the error of doing sg

belefárad <ige> *(elfárad)* get✲ tired (**vmibe** of sg)

belefog <ige> start; begin✲; go✲ about sg; set✲ about sg; embark on/upon sg: *belefog a munkába* start working ∗ *Ebben az évben belefogunk egy új projektbe.* We're embarking upon a new project this year.

belefojt <ige> *(vízbe)* drown
♦ **belefojtja a szót vkibe** silence sy; cut✲ sy short

belefolyik <ige> **1.** *(folyadék stb.)* flow into (**vmibe** sg) **2.** *(részt vesz)* get✲ involved (**vmiben** in sg)

belefullad <ige> be✲/get✲ drowned (**vmibe** in sg); drown (**vmibe** in sg)

belefúródik <ige> pierce (**vmibe** into sg); penetrate (**vmibe** sg); enter (**vmibe** sg): *A golyó nem fúródott bele a szívébe.* The bullet did not penetrate his heart.

belégzés <fn> inhalation; breathing in

belehal <ige> *(betegségbe)* die (**vmibe** of/from sg): *belehal sérülésébe* die from a wound

beleharap <ige> bite✲ into (**vmibe** sg): *beleharap egy almába* bite into an apple

beleillik <ige> fit: *a kulcs beleillik a zárba* the key fits the lock

belejön <ige> *(vmibe)* get✲ into sg; get✲ the hang of sg: *Hamarosan belejön.* He'll soon get into it.

belekapaszkodik <ige> clutch (**vkibe/vmibe** sy/sg); cling✲ (**vkibe/vmibe** (on) to sy/sg); hang✲ (**vkibe/vmibe** on to sy/sg): *Belekapaszkodott édesanyja kezébe.* She clutched her mother's hand.

belekarol <ige> *(vkibe)* take✲ sy's arm

belekényszerít <ige> force (**vkit vmibe** sy into sg); bludgeon (**vkit vmibe** sy into sg); browbeat✲ (**vkit vmibe** sy into sg): *Ne hagyd, hogy belekényszerítsenek, hogy többet dolgozz!* Don't be browbeaten into working more hours.

beleképzeli magát <ige> imagine oneself: *beleképzeli magát vki helyzetébe* imagine oneself in sy's place

belekerül <ige> **1.** get✲ into (**vmibe** sg) **2.** cost✲ (**vmennyibe** sg): *100 fontba is belekerülhet.* It may cost as much as £100.

belekever <ige> **1.** add (**vmit vmibe** sg to sg); mix (**vmit vmibe** sg with sg) **2.** involve (**vkit vmibe** sy in sg); entangle (**vkit vmibe** sy in sg)

belekeveredik <ige> *(vmibe)* be✲/get✲ involved in sg; be✲/get✲ entangled in sg; get✲ mixed up in sg

beleköp <ige> spit✲ into (**vmibe** sg)
♦ **beleköp vki levesébe** cook sy's goose

beleköt <ige> **1.** *(vkibe)* pick a quarrel with sy; pick on sy **2.** *(vmibe)* pick holes in sg; find✲ fault with sg: *Mindig beleköt abba, ahogy dolgozik.* She's always finding fault with the way he works.

bélel <ige> *(ruhát)* line

belelapoz <ige> *(vmibe)* look into sg; thumb/leaf through sg; browse through sg: *Belelapoztam gyorsan a könyvbe a vonaton.* I thumbed through the book quickly on the train.

belelát <ige> **1.** *(vminek a belsejébe)* see✲ into (**vmibe** sg) **2.** *(vmibe)* get✲ an insight into sg **3.** *(vkibe)* see✲ through sy

belélegez <ige> inhale; breathe in

belelép <ige> step into (**vmibe** sg)

belelóg <ige> hang✲ down into (**vmibe** sg): *belelóg a vízbe* hang down into the water

bélelt <mn> lined: *bélelt kabát* a lined coat

belemagyaráz <ige> *(vmit vmibe)* read✲ sg into sg; distort the meaning of sg

belemárt <ige> dip/plunge sg into (**vmibe** sg)

belemegy <ige> **1.** go✲ into (**vmibe** sg); get✲ into (**vmibe** sg): *belemegy vmi a szemébe* sg gets into one's eye **2.** *(beleegyezik)* agree (**vmibe** to sg); consent (**vmibe** to sg)

belemerül <ige> **1.** *(elmerül)* sink✲ into (**vmibe** sg) **2.** *(belemélyed vmibe)* immerse oneself in sg; be✲ wrapped up in sg: *belemerül a munkába* be wrapped up in one's work

belenevel <ige> *(vkibe vmit)* instil sg in(to) sy; AmE instill sg in(to) sy: *önbizalmat nevel bele vkibe* instil confidence in/into sy

belenéz <ige> **1.** look into (**vmibe** sg): *belenéz vki szemébe* look into sy's eyes **2.** *(beleolvas vmibe)* look into sg; give✲ sg a quick look

belenő <ige> *(ruhába)* grow✲ into (**vmibe** sg)

belenyom

belenyom <ige> force sg into (**vmibe** sg); squeeze sg into (**vmibe** sg); cram sg into (**vmibe** sg)

belenyugszik <ige> *(vmibe)* come✢ to terms with sg; resign oneself to sg; put✢ up with sg

belenyúl <ige> reach into (**vmibe** sg)

beleönt <ige> pour sg into (**vmibe** sg)

beleőrül <ige> go✢/become✢ crazy/mad: *beleőrültek* it drove them crazy

belép <ige> **1.** enter (**vhova** sg); come✢ into (**vhova** sg); step into (**vhova** sg): *Belépett a szobába.* She entered the room. ✱ *Hamlet belép* Enter Hamlet ✱ *Belépni tilos!* No entrance/admittance! **2.** *(szervezetbe, munkahelyre stb.)* join; enter: *belép a céghe* join the company ✱ *politikai pártba belép* join a political party **3.** infor enter; log in/on

belépés <fn> entry; entrance; admission; access: *a belépés díjtalan/ingyenes* admission free ✱ *belépés csak írásos meghívóval* admission by written invitation only ✱ *fizetés belépéskor* pay on entry

belépődíj <fn> entrance fee; admission

belépőjegy <fn> (admission) ticket; admission card

beleragad <ige> **1.** *(odaragad)* stick✢ in/to (**vmihez** sg) **2.** *(elakad)* get✢ stuck in (**vmiben** sg)

belerak <ige> put✢ sg in(to) (**vmibe** sg); place sg in(to) (**vmibe** sg)

belerúg <ige> kick (**vkibe/vmibe** sy/sg); give✢ sg/sy a kick

bélés <fn> *(ruháé)* lining

belesodródik <ige> get✢/become✢ entangled in (**vmibe** sg); get✢ mixed up in (**vmibe** sg)

belesüllyed <ige> sink✢ into (**vmibe** sg)

belesüpped <ige> sink✢ into (**vmibe** sg): *belesüpped egy karosszékbe* sink into an armchair

beleszámít <ige> count sg/sy in; reckon sg/sy in; include sg: *beleszámítva az én gyerekeimet is* including my children

beleszeret <ige> fall✢ in love (**vkibe** with sy)

beleszól <ige> **1.** *(belebeszél)* break✢ in; biz chip in; butt in: *Mindig beleszólt.* He kept on butting in. **2.** *(vitába stb.)* take✢ part in sg; have✢ a say in sg **3.** *(döntésbe stb.)* intervene (**vmibe** in sg); interfere (**vmibe** in sg): *Nem akarta, hogy a nővére beleszóljon a dolgaiba.* She didn't want her sister to interfere.

beleszólás <fn> say: *Nincs beleszólásunk ebbe a dologba.* We have no say in this matter.

beleszúr <ige> stick✢ in(to) (**vmibe** sg)

beletalál <ige> *(célba)* hit✢

beletapos <ige> **1.** tread✢ sg into (**vmibe** sg): *beletapossa a sarat a szőnyegbe* tread mud into the carpet **2. beletapos a fékbe** jam on the brake(s)

beletartozik <ige> **1.** belong into (**vmibe** sg) **2.** *(hatáskörébe stb.)* come✢ within sg: *beletartozik a kompetenciájába* come within one's competence

beletelik <ige> take✢: *Két nap is beletelik abba, amíg rájön.* It will take two days before he realizes it.

beletesz <ige> **1.** put✢ sg in(to) (**vmibe** sg) **2.** *(hozzávalót)* add (**vmit** sg) **3.** *(újságba)* insert

beletörődik <ige> *(vmibe)* come✢ to terms with sg; resign oneself to sg; put✢ up with sg

beleugrik <ige> jump in(to) (**vmibe** sg): *beleugrik a vízbe* jump into the water

beleun <ige> *(vmibe)* grow✢ tired/weary of sg; get✢ fed up with sg; weary of sg

belevág <ige> **1.** *(eszközzel)* cut✢ into (**vmibe** sg) **2.** *(villám)* strike✢: *Belevágott a villám a fába.* The tree was struck by lightning. **3.** *(tevékenységbe)* plunge into sg; set✢ about sg; embark on/upon sg; undertake✢ sg: *Mély lélegzetet vett és belevágott a munkájába.* She took a deep breath and plunged into her work. **4.** *(vki szavába)* cut✢ sy short; interrupt sy

belezavarodik <ige> get✢ muddled/confused; get✢ mixed up: *Teljesen belezavarodtam.* I got all mixed up.

belföld <fn> home; inland; the interior: *belföldön* at home

belföldi <mn> home; domestic; inland; internal; native: *belföldi piac* home market ✱ *belföldi járattal repül* take a domestic flight ✱ *belföldi forgalom* inland traffic ✱ *belföldi járat* internal flight

¹**belga** <mn> Belgian

²**belga** <fn> Belgian

Belgium <fn> Belgium

belgyógyász <fn> internist; specialist in internal medicine

belgyógyászat <fn> **1.** internal medicine **2.** *(osztály)* medical ward

beljebb <hsz> *(befelé)* further in: *kerüljön beljebb* come in

belkereskedelem <fn> internal/home/domestic trade

belóg <ige> **1.** *(tárgy)* hang✢ (down) into (**vmibe** sg) **2.** biz *(jegy nélkül)* sneak in; gatecrash

belopó(d)zik <ige> steal✢ in; slink✢ in: *Mialatt senki nem nézett, belopózott a szobába.* He stole in the room while no one was looking.

belő <ige> **1.** fire into (**vhova** sg) **2.** *(labdát stb.)* kick sg in(to) (**vhova** sg): *belövi a labdát a kapuba* kick the ball in(to) the net **3. belövi magát** szl *(droggal)* crank up; shoot✢ up

belök <ige> **1.** *(vkit)* throw✢/shove sy in (**vhova** sg) **2.** *(ajtót)* push sg open; thrust✢ sg open

belőle <hsz> out of sg; from sy/sg: *kivesz belőle vmit* take sg out of it ∗ *látom belőle, hogy...* I can see from it that... ∗ *belőlem* from me

belpolitika <fn> internal/domestic politics/affairs <tsz>

¹belső <mn> **1.** *(belül levő)* internal; interior; inner; inside: *belső sérülések* internal injuries ∗ *belsőleg (alkalmazható)* be for internal use/application ∗ *belső biztonság* internal security ∗ *a ház belső falai* the internal/interior walls of the house ∗ *belső szobák* inner rooms **2.** *(bizalmas)* intimate; confidential **3.** *(lelki)* inward; inner: *belső gondolatok* inward thoughts ∗ *belső béke* inner peace

²belső <fn> **1.** *(rész)* inside; interior: *a kabátom belseje* the inside of my coat **2.** *(abroncsé)* (inner) tube **3.** *(labdáé)* bladder

belső ellenőrzés <fn> gazd accounting control

belsőépítész <fn> interior decorator/designer

belsőség <fn> **1.** *(baromfié)* giblets <tsz> **2.** *(egyéb állaté)* offal

bélszín <fn> sirloin

belügy <fn> **1.** *(országé)* domestic/home affairs <tsz> **2. vki belügye** private business/affair

belügyminiszter <fn> Minister of the Interior; BrE Home Secretary

belügyminisztérium <fn> BrE Home Office

belül <nu> **1.** *(térben)* within; inside: *a város határain belül* within the city's precincts ∗ *három mérföldes körzeten belül* within a radius of three miles ∗ *a korláton belül* inside the railings ∗ *Budapesten belül* within/inside Budapest **2.** *(időben)* in; within; AmE inside (of): *egy percen belül* in a minute ∗ *belátható időn belül* in the foreseeable future ∗ *adott időn belül* within a given time ∗ *két órán belül* AmE inside of two hours

belüli <mn> inside; within <csak hátravetve>: *országon belüli események* events inside/within the country ∗ *párton belüli konfliktusok* conflicts inside/within the party

belváros <fn> (city) centre; centre of the city; AmE downtown: *a belvárosban* in the city centre ∗ *Leeds belvárosában* in the centre of Leeds

belvárosi <mn> central; AmE downtown; in/from the city centre <csak hátravetve>: *belvárosi üzlet* a downtown store

bélyeg <fn> **1.** *(postai)* (postage) stamp: *Kaphatnék két bélyeget?* Can I have two stamps, please? ∗ *bélyeget ragaszt vmire* put a stamp on sg **2.** *(jelölés)* mark; *(beégetett)* brand

bélyegez <ige> **1.** *(bélyegzővel)* postmark; cancel **2.** brand (**vkit vminek/vmilyennek** sy (as) sg): *Tolvajnak bélyegezték őket.* They were branded as thieves.

bélyeggyűjtemény <fn> stamp collection

bélyegző <fn> **1.** *(postai)* postmark; stamp **2.** *(hivatalos)* stamp **3.** *(gumi)* (rubber) stamp

bemagol <ige> biz *(vmit)* mug sg up; mug up on sg; swot up on sg: *bemagolja az egész tankönyvet* mug up the full textbook

bemárt <ige> **1.** *(folyadékba)* dip sg in(to) (**vmibe** sg): *bemártja lábujját a medencébe* dip her toe into the pool **2.** *(rossz hírbe hoz vkit)* blacken sy's name

bemászik <ige> climb in; creep✧ in: *bemászik a szék alá* creep under the chair

bemegy <ige> go✧ in(to) (**vhova** sg); enter (**vhova** sg); get✧ in(to) (**vhova** sg): *bemegy a konyhába* go into the kitchen ∗ *bemegy a városba* go into town ∗ *a víz bemegy a cipőmbe* water is getting into my shoes

bemelegít <ige> **1.** *(befűt vmit)* warm/heat sg up **2.** *(motort)* warm sg up **3.** sp warm up; loosen up; *(pl. teniszező)* knock up: *Úszás előtt bemelegítek.* I warm up before swimming.

bemelegítés <fn> sp warm-up; warming up exercises <tsz>; *(pl. teniszben)* knock-up: *Futás előtt fontos a bemelegítés.* A warm-up is important before a run.

bemélyedés <fn> **1.** *(üreg)* hollow; dip; dent **2.** *(falban)* recess; niche

bemocskol <ige> **1.** *(bepiszkít vmit)* make✧ sg filthy; foul sg; soil sg **2.** *(meggyaláz vkit)* blacken sy's name; sling✧/throw✧ mud at sy

bemond <ige> announce: *Bemondták, hogy késni fog a járat.* It was announced that the flight would be delayed. ∗ *Bemondta a következő énekest.* He announced the next singer.

bemondó <fn> announcer; anchorman; newscaster; BrE newsreader

bemondónő <fn> anchorwoman

bemutat <ige> **1.** introduce (**vkit vkinek** sy to sy); present (**vkit vkinek** sy to sy): *Bemutatta a férjét (nekem).* She introduced her husband to me. ∗ *Bemutatott a nővérének.* He presented me to his sister. **2.** *(kiállításon)* exhibit; display; show✧ **3.** *(megmutat)* produce (**vmit** sg); present (**vmit** sg); show✧ (**vmit** sg): *bemutatja az útlevelét* produce one's passport **4.** *(filmet stb.)* present; show✧: *Egy érdekes műsort mutatott be a hegyekről.* He presented an interesting programme on mountains. **5.** *(szemléltet)* demonstrate; show✧; perform

bemutatás <fn> **1.** introduction **2.** *(közönség előtt)* debut; first appearance

bemutatkozik <ige> **1.** introduce oneself (**vkinek** to sy): *Bemutatkozhatom?* May I introduce myself? **2.** *(közönség előtt)* make✧ one's debut

bemutató <fn> (színműé/filmé) premiere; first night; opening (night)

béna <mn> **1.** paralysed; (csak a láb) lame: *Nyaktól lefelé béna.* He is paralysed from the neck down. ∗ *Mindkét lábára béna volt.* He was lame in both feet. **2.** szl (ügyetlen) clumsy; silly: *az a béna fiú* that clumsy boy

benedvesít <ige> wet; moisten

Benelux államok <mn> the Benelux States

benépesít <ige> **1.** (lakottá tesz) populate **2.** (helyiséget) fill with people

benevez <ige> sp is **1.** enter (**vmire** (for) sg); go✤ in for sg: *Benevezett a versenyre.* He entered for the race. **2.** enter (**vkit vmire** sy in/for sg)

benéz <ige> **1.** look in **2.** biz (beugrik) drop in (**vhova/vkihez** on sy); look in (**vhova/vkihez** on sy); go✤ round (**vhova/vkihez** to sy): *Hazafelé benéztem Annához.* I dropped in on Anna on my way home. ∗ *A barátaim ma este benéznek hozzám.* My friends are coming round to see me tonight.

benn <hsz> in; inside; within: *benn van* be in

benne <hsz> in sy/sg; inside sy/sg; within sg: *benne van a zsebemben* it's in my pocket ∗ *bennem van* in me ∗ *bennük* in them
♦ **Benne vagyok!** (helyeslem) I am for it / I am in! ♦ **van benne vmi** (talán igaz) there is sg in it

benneteket → **ti**

bennszülött <mn> native; aboriginal

bennünket → **¹mi**

bensőséges <mn> intimate; close

bent <hsz> in; inside: *Kórházban van, ezért ezen a héten nincs bent.* He is in hospital, that's why he's not in this week.

bénulás <fn> paralysis

benzin <fn> petrol; AmE gas; AmE gasoline: *sok benzint fogyaszt* consume a lot of petrol

benzinkút <fn> filling/petrol station; AmE gas station

benyom <ige> **1.** press/push sg in **2.** squeeze sy/sg into (**vmibe** sg) **3.** (ajtót) force/push sg in **4.** (állásba vkit) get✤ sy into a job

benyomás <fn> impression: *első benyomás* first impression ∗ *mély benyomást tesz vkire* make a great impression on sy ∗ *rossz benyomást tesz* give✤/create a bad impression ∗ *Az volt a benyomása, hogy...* He was under the impression that... ∗ *Az a benyomásom, hogy...* I get the impression that...

benyújt <ige> **1.** (belülre vmit) hand sg in **2.** (hivatalhoz vmit) hand sg in; put✤ sg in; tender; present; file; lodge: *benyújtja a felmondását* hand in one's resignation; tender one's resignation ∗ *keresetet nyújt be* present a plea ∗ *válókeresetet nyújt be* file for divorce ∗ *panaszt nyújt be* lodge a complaint

beolajoz <ige> (megolajoz) oil; lubricate

beolt <ige> **1.** vaccinate (**vkit vmi ellen** sy against sg); inoculate (**vkit vmi ellen** sy against sg): *Be vannak oltva a gyermekbetegségek ellen.* They are vaccinated against childhood diseases. **2.** (fát) graft; make✤ a graft (**vmit** on sg)

beolvad <ige> **1.** melt into (**vmibe** sg); fade into (**vmibe** sg); merge into (**vmibe** sg); blend into (**vmibe** sg) **2.** (nép) assimilate (**vmibe** into sg) **3.** (intézmény) merge (**vmibe** with sg)

beolvas <ige> **1.** (rádióban) read✤; announce: *híreket olvas be* read the news **2.** (vkinek) tear✤ a strip off sy; tell✤ sy off; give✤ sy a piece of one's mind: *Beolvasok neki, ha még nem készült el.* I'm going to give him a piece of my mind if he's not ready.

beolvaszt <ige> **1.** (fémet) melt sg down: *Beolvasztották az aranygyűrűket.* They melted down the gold rings. **2.** (népet, kisebbséget) assimilate **3.** (intézményt) merge (**vmit vmibe** sg with sg); incorporate (**vmit vmibe** sg into sg)

beomlik <ige> give✤ way; fall✤ in; cave in: *Az épület tetőzete beomlott.* The roof of the building caved in.

beoszt <ige> **1.** (részekre vmit) divide sg into sg **2.** (fizetést) budget **3.** (vkit vmire/vhova) assign sy to sg; post sy to/at sg: *Kit osztottak be erre az ügyre?* Who has been assigned to this case?

beosztás <fn> **1.** (elrendezés) arrangement **2.** (hivatali) position; assignment; duty; post: *vezető beosztás* managerial position **3.** (ügyeleti) rota; AmE roster

beosztott <ige> subordinate: *parancsokat osztogat a beosztottainak* give orders to one's subordinates

beöltözik <ige> dress up (**vminek** as sg): *beöltözik cowboynak* dress up as a cowboy

beöntés <fn> orv enema

beözönlik <ige> crowd into (**vhova** sg); biz pile into (**vhova** sg): *beözönlik a vonatba* pile into the train

bepácol <ige> (élelmiszert tartósít) cure; pickle; (élelmiszert ízesít) marinade: *bepácolja a húst mustárba* marinade the chicken in mustard

bepakol <ige> pack; pack (sg) up: *Bepakolom a holmijaimat.* I'll pack my things.

bepanaszol <ige> complain; (írásban) lodge a complaint

beparásodik <ige> mist over/up; fog up: *Az összes ablak beparásodott.* The windows were all misted up. ∗ *Nem láttam őt, mert a szemüvegem beparásodott.* I couldn't see him because my glasses had fogged up.

beperel <ige> sue (**vkit/vmit** sy/sg); take sy/sg to court; take✧ legal action (**vkit/vmit** against sy/sg): *Beperli a céget kártérítésért.* He sued the firm for damages.
bepillantás <fn> insight (**vmibe** into sg): *bepillantást nyer vmibe/vhova* gain an insight into sg
bepiszkít <ige> dirty; make✧ dirty; foul; make✧ filthy; soil
bepiszkolódik <ige> get✧/become✧ soiled/dirty
bepólyáz <ige> **1.** (*csecsemőt*) swaddle **2.** (*bekötöz vmit*) bandage sg (up); bind✧ sg (up)
beprogramoz <ige> program
bér <fn> **1.** (*fizetés*) salary; pay; wages <tsz>: *Mi a havi bére?* What is your monthly salary? **2.** (*ingatlané*) rent: *Mennyi bért fizet érte?* How much is the rent? ∗ *bérbe ad* let; AmE rent ∗ *bérbe vesz* rent; lease
beragad <ige> stick✧ in (**vhova/vmibe** sg); be✧/get✧ stuck (**vhova/vmibe** in sg): *A kerekek beragadtak a sárba.* The wheels had stuck in the mud.
beragaszt <ige> **1.** paste/stick✧ sg in (**vmibe** sg) **2.** (*nyílást*) fill; paste over
berak <ige> **1.** (*betesz*) put✧/place sg in(to) (**vhova** sg) **2.** (*szállítóeszközbe*) load **3.** (*szoknyát*) pleat
beránt <ige> **1.** (*behúz*) jerk/pull in **2.** (*vkit vmibe*) draw✧ sy into sg **3.** (*ételt*) thicken
béranya <fn> surrogate mother
bérautó <fn> rental/hired car
bereked <ige> get✧/become✧ hoarse
berekeszt <ige> (*ülést stb.*) close; adjourn; wind✧ sg up: *hétfőig berekeszti a találkozót* adjourn the meeting until Monday
bérel <ige> **1.** (*rövidebb időre*) hire; AmE rent: *autót bérel* hire a car **2.** (*hosszabb időre*) rent **3.** (*hajót, repülőgépet*) charter: *bérelt repülőgép* chartered plane **4.** (*földet*) lease
béremelés <fn> wage increase; rise/increase in wages
berendel <ige> (*vkit*) order sy in; send✧ for sy; summon sy: *A tanár berendelte a szobájába.* The teacher summoned him to his room.
berendez <ige> **1.** (*bebútoroz*) furnish **2.** (*felszerel*) equip: *berendezi a kórházat* equip the hospital
berendezés <fn> **1.** (*tevékenység*) furnishing **2.** (*felszerelési tárgyak*) equipment: *irodai berendezés* office equipment **3.** (*bútorok*) furniture; furnishings <tsz> **4.** (*műszaki készülék*) apparatus; set
berendezkedik <ige> **1.** settle (**vhol** swhere) **2.** (*vmire*) make✧ arrangements for sg
berepülőpilóta <fn> test pilot
bereteszel <ige> bolt; secure
bérgyilkos <fn> hit man (tsz: hit men); assassin; killer

bérház <fn> block of flats; council house; AmE apartment house/building; (*olcsó*) tenement
bérlet <fn> **1.** (*utazási*) season ticket; pass; AmE commutation ticket **2.** (*színházba, koncertre*) subscription (ticket) **3.** (*jogi viszony*) lease; rent
bérleti díj <fn> rent; rental
bérlő <fn> tenant; renter
bérmálás <fn> confirmation
bérminimum <fn> minimum/living wage
berohan <ige> run✧ in(to) (**vhova** sg): *berohan a vízbe* run into the water
beront <ige> rush/dash/burst✧ in(to) (**vhova** sg): *beront a házba* burst into the house
berozsdásodik <ige> get✧ rusty; rust
berreg <ige> purr; buzz; throb; hum
bértárgyalás <fn> wage negotiations <tsz>
berúg <ige> **1.** kick sg in(to) (**vhova** sg) **2.** (*gólt*) score **3.** (*motort*) kick-start **4.** (*italtól*) get✧ drunk/tight
beruház <ige> invest (**vmibe** in sg)
beruházás <fn> investment (**vmibe** in sg): *a külföldi tőke beruházásai* the investments of foreign capital
besegít <ige> **1.** (*vkit*) help sy in **2.** (*vkinek*) help sy out (**vmiben** with sg)
besétál <ige> walk/stroll in(to) (**vmibe** sg): *besétál a csapdába* walk into a trap
beskatulyáz <ige> **1.** pigeonhole (**vkit** sy); label (**vkit** sy) **2.** (*színészt*) typecast✧
besorol <ige> list; (*osztályoz*) class; (*minősít*) grade; label; rate
besoroz <ige> conscript (**vkit** sy); call sy up; AmE draft (**vkit** sy): *Besorozták.* He was drafted into the army.
besóz <ige> salt
 ♦ *be van sózva* (*türelmetlen, izgatott*) be✧ on pins and needles
besötétedik <ige> grow✧ dark
besötétít <ige> black out
bestia <fn> **1.** (*fenevad*) beast **2.** biz, pej (*nő*) bitch; vamp
bestiális <mn> beastly; bestial; brutal: *bestiális gyilkosság* brutal murder
bestseller <fn> bestseller
besúgó <fn> pej informant; informer; spy; (*beépített ember*) mole
besurran <ige> slip/sneak/dart in(to) (**vhova** sg)
besüllyed <ige> sink✧ in
besüllyeszt <ige> sink✧
besüpped <ige> sink✧ in
besűrít <ige> thicken; condense: *besűríti a mártást* thicken the sauce
besűrűsödik <ige> thicken; become✧ thick
besüt <ige> (*nap, hold*) shine✧ in(to) (**vhova** sg)
beszabályoz <ige> adjust; set✧

beszakad <ige> **1.** *(betépődik)* tear✣: *Ez a papír könnyen beszakad.* This paper tends to tear very easily. **2.** *(beomlik)* break✣/cave in; collapse; give✣ way **3.** *(köröm)* split✣

beszakít <ige> **1.** *(betép)* tear✣ (**vmit** sg); rip (**vmit** sg) **2.** *(körmöt)* split✣ **3.** *(betör)* burst✣ sg open

beszalad <ige> run✣ in(to) (**vhova** sg): *beszalad a szobába* run into the room

beszáll <ige> **1.** *(járműbe)* get✣ on (board) (**vmibe** sg); get✣ in(to) (**vmibe** sg); *(vonatba, repülőgépbe)* board (**vmibe** sg); *(hajóba)* embark (**vmibe** sg): *beszáll a buszba* get on the bus ✴ *beszáll a taxiba* get in(to) the taxi ✴ *beszáll a vonatba* board the train; get on the train ✴ *beszáll a hajóba* embark the ship; go on board the ship **2.** biz *(betársul vmibe)* get✣ in on sg; join in sg **3.** biz *(vmennyivel)* chip sg in: *beszáll tíz fonttal* chip in ten pounds

beszállás <fn> *(járműbe)* getting in/on; *(vonatba, repülőgépbe)* boarding; *(hajóba)* embarkation

beszállókártya <fn> boarding card; AmE boarding pass

beszámít <ige> **1.** *(beleszámít)* include (**vmit** sg) **2.** *(vásárláskor vmit)* trade sg in **3.** *(figyelembe vesz vmit)* take✣ sg into account; make✣ allowance (**vmit** (for) sg); consider (**vmit** sg)

beszámol <ige> report (**vmiről** sg); give✣ an account (**vmiről** of sg); cover (**vmiről** sg); relate (**vmiről** sg): *Az újság beszámolt arról, hogy négy ember sérült meg a balesetben.* The newspaper reported that four people had been injured in the accident.

beszámoló <fn> report; account; *(ismertetés)* review: *részletes beszámolót ad a balesetről* give a full account of the accident

beszappanoz <ige> soap

beszárad <ige> dry up; become✣ dry

beszed <ige> **1.** *(összegyűjt)* collect; gather: *pénzt beszed* collect money **2.** *(gyógyszert)* take✣

beszéd <fn> **1.** *(beszélés)* talk(ing); speaking **2.** *(beszélgetés)* conversation; talk **3.** *(nyelvhasználat)* language: *közönséges beszéd* low language ✴ *köznapi beszéd* everyday language ✴ *trágár/mocskos beszéd* gross language **4.** *(képesség)* speech **5.** *(szónoklat)* speech; address: *beszédet mond* deliver a speech; make a speech ✴ *nagyhatású beszéd* a powerful speech ✴ *szenvedélyes beszéd* a fiery speech ✴ *elnöki beszéd* presidential address

beszédes <mn> **1.** *(bőbeszédű)* talkative; voluble; chatty **2.** *(sokat eláruló)* telling; expressive: *beszédes pillantás* expressive glance

beszédgyakorlat <fn> language practice

beszédhiba <fn> speech defect/impediment

beszédkészség <fn> fluency (in speech)

beszédtéma <fn> topic; subject/topic of conversation

beszédzavar <fn> speech disorder

beszeg <ige> edge; border; fringe; hem: *fehér csipkével beszegett szoknya* a skirt edged with white lace

beszél <ige> **1.** speak✣: *világosan beszél* speak plainly ✴ *őszintén beszél* speak bluntly ✴ *Beszél ön angolul?* Do you speak English? ✴ *Ki beszél? (telefonban)* Who is speaking? **2.** talk (**vkivel/vkihez** to sy); speak✣ (**vkivel/vkihez** to sy): *Hozzám beszélsz?* Are you talking to me? ✴ *Ki volt az a lány, akivel beszéltél?* Who was the girl you were talking to? **3.** talk (**vkiről/vmiről** about sy/sg); speak✣ (**vkiről/vmiről** about sy/sg): *Ő az, akiről beszéltem.* He is the one I was talking about. ✴ *Ki az a lány, akiről beszélsz?* Who is the girl that you are talking about? ✴ *Nos, akkor beszéljünk arról a dologról!* Now, let's talk about that matter. **4.** *(beszédet mond)* make✣/deliver a speech; speak✣: *beszél a tömeghez* speak to the crowd

beszélget <ige> **1.** talk (**vkivel vkiről/vmiről** to sy about sy/sg); have✣ a talk/chat (**vkivel vmiről** with sy about sy/sg); converse (**vkivel vkiről/vmiről** with sy on/about sy/sg): *Épp a szüleimről beszélgetünk.* We are talking about my parents. ✴ *Több dologról beszélgettünk.* We talked about several things. ✴ *Több, mint két órán keresztül beszélgettem vele.* I was talking to her for over two hours. ✴ *beszélget a mamájával a terveiről* have a talk with his mother about his plan **2.** *(jelentkezővel)* interview (**vkivel** sy); have✣ an interview (**vkivel** with sy)

beszélgetés <fn> **1.** *(társalgás)* conversation; talk; *(csevegés)* chat; *(eszmecsere)* discourse: *beszélgetést folytat* carry on a conversation ✴ *beszélgetést kezd* enter on/upon a conversation **2.** *(telefonon)* call: *helyi beszélgetés* local call ✴ *nemzetközi beszélgetés* international call **3.** *(interjú)* interview

¹**beszélő** <fn> **1.** speaker: *anyanyelvi beszélő* native speaker **2.** *(narrátor)* narrator **3.** *(börtönben)* visiting hours <tsz>

²**beszélő** <mn> talking; speaking: *Nem vagyunk beszélő viszonyban.* We are not on speaking terms.

beszerel <ige> *(vmit)* put✣ sg in; install; mount

beszerez <ige> **1.** *(megszerez)* procure; obtain; get✣: *Lehetetlen beszerezni.* It's impossible to obtain. **2.** *(megvesz)* buy✣; purchase

beszervez <ige> *(vkit)* recruit sy (**vmibe** into sg)

beszív <ige> **1.** *(belélegez)* breathe in; inhale **2.** *(magába szív)* absorb; soak up **3.** biz *(berúg)* get✣ pickled/soaked

beszivárog <ige> **1.** *(folyadék)* seep/filter/ooze in **2.** átv infiltrate; penetrate; filter in
beszolgáltat <ige> surrender
beszorít <ige> press/squeeze sy/sg in(to) (**vhova** sg)
beszorul <ige> jam; get* stuck/jammed: *A papír mindig beszorul a gépbe.* The paper always jams in the machine. * *Beszorult a keze az ajtóba.* Her hand was caught in the door.
beszúr <ige> **1.** *(hegyes tárgyat)* stick* sg in(to) (**vmibe** sg) **2.** *(szövegbe)* insert; interpolate
beszúrás <fn> *(szövegben)* insertion; interpolation
beszüntet <ige> stop; cease; end; put* an end to sg: *munkát beszüntet* stop work
betakar <ige> **1.** cover (**vkit/vmit** sy/sg (up)); wrap (**vkit/vmit** sy/sg): *Betakarta egy takaróval.* She covered him (up) with a blanket. **2.** *(ágyban vkit)* tuck sy in
betakarít <ige> harvest; gather; get* in; reap: *A farmerek betakarítják a gabonát.* Farmers gather the corn.
betakarítás <fn> harvest(ing); gathering
betakaró(d)zik <ige> cover/wrap oneself up; tuck oneself in
betanít <ige> train (**vkit vmire** sy sg); teach* (**vkit vmire** sy sg): *A kutyáját betanította, hogy a leveleket hozza be.* His dog was trained to bring the letters in.
betanított <mn> semi-skilled
betanul <ige> memorize; learn*
betáplál <ige> infor *(vmit vmibe)* input sg into sg; feed* sg into sg
betart <ige> **1.** *(megtart)* keep* (**vmit** sg); observe (**vmit** sg); obey (**vmit** sg); comply (**vmit with** sg): *ígéretet betart* keep a promise * *betartja a szabályokat* observe/obey the rules * *betartja a törvényt* obey the law **2.** biz *(vkinek)* trip sy up
¹beteg <mn> ill; sick; unwell; *(testrész)* diseased; *(gyengélkedő)* ailing: *súlyosan beteg* dangerously ill * *Beteg vagyok* I'm ill. * *betegnek tetteti magát* pretend to be ill; feign sick * *betegnek érzi magát* feel unwell
²beteg <fn> *(páciens)* patient: *kijelenti, hogy a beteg túl van a veszélyen* pronounce the patient out of danger * *A beteg állapota javul.* The patient is progressing.
betegágy <fn> sickbed: *meglátogat vkit a betegágyánál* visit sy on sy's sickbed
betegállomány <fn> sick list: *betegállományban van* be on the sick list
betegápoló <fn> nurse
betegbiztosítás <fn> gazd health/medical insurance
betegellátás <fn> medical attendance; health care
beteges <mn> **1.** *(gyakran beteg)* sickly; delicate; feeble; in poor health <csak hátravetve>; *(testrész)* bad: *beteges gyerek* a sickly/delicate child * *beteges öregember* a feeble old man * *Beteges és nem tud dolgozni.* He is in poor health and unable to work. **2.** *(dolog)* unhealthy; perverted
betegeskedik <ige> be* in poor health
betegség <fn> illness; sickness; disease; ailment: *akut betegség* an acute illness * *betegségéből felgyógyul* recover from his/her illness * *betegséget megelőz* prevent illness * *fertőző betegség* an infectious disease * *halálos betegség* fatal disease * *örökletes betegség* a hereditary disease * *trópusi betegségek* tropical diseases * *vmilyen betegségben szenved* suffer from a disease * *Ez a betegség gyógyíthatatlan.* This disease can't be cured.
betegszabadság <fn> sick leave: *betegszabadságon van* be on sick leave
betekintés <fn> **1.** inspection; examination: *betekintés végett hozzáférhető* available for inspection **2.** insight: *betekintést nyer vmibe* get insight into sg
betelik <ige> **1.** *(megtelik)* become* full **2.** have* enough (**vmivel** of sg)

♦ **nem tud betelni vmivel** can't* have enough of sg

beteljesedik <ige> be* fulfilled; come* true: *álma beteljesedett* his dream has come true
betemet <ige> **1.** *(beletöltve)* fill up/in **2.** *(ráhullva)* cover in
beterjeszt <ige> submit; *(törvényjavaslatot)* introduce; *(költségvetést)* present: *törvényjavaslatot beterjeszt* introduce a bill
betervez <ige> **1.** schedule **2.** *(számol vmivel)* reckon with sg
betesz <ige> **1.** put* sg in (**vhova** sg) **2.** *(ajtót)* close; shut* **3.** *(ruhatárba)* leave*: *beteszi a kabátját a ruhatárba* leave one's coat in the cloakroom **4.** *(pénzt számlára)* deposit: *A pénzünket betettük a bankba.* Our money is deposited in the bank.
betét <fn> **1.** *(cipőben)* arch support **2.** *(egészségügyi)* sanitary pad; hygienic pad **3.** *(íróeszközben)* refill **4.** *(üvegbetét)* deposit **5.** *(bankban)* deposit: *betétet elhelyez* make a deposit
betéve <hsz> *(könyv nélkül)* by heart
betilt <ige> ban; prohibit: *A filmet betiltották.* The film was banned. * *betiltja a cigarettareklámokat* prohibit tobacco advertisements
betol <ige> push/shove sg in

betolakodik <ige> **1.** intrude (**vhova** on/into sg); barge in(to) (**vhova** sg) **2.** *(hívatlan vendégként)* gatecrash

betolakodó <fn> **1.** intruder; *(megszálló)* invader **2.** *(hívatlan vendég)* gatecrasher

beton <fn> concrete

betonkeverő <fn> concrete/cement mixer

betonoz <ige> concrete

betölt <ige> **1.** pour sg in(to) (**vmibe**); infor load sg in(to) (**vmibe** sg) **2.** *(hiányt)* fill (in) **3.** *(munkakört)* occupy; perform; fulfil; AmE fulfill; *(rangot)* rank: *Az állást mostanra betöltötték.* The job is occupied for now. ∗ *magasabb rangot tölt be vkinél* rank above sy **4.** *(életkort)* turn: *Betöltötte 40. életévét.* He has turned 40.

betöltetlen <mn> *(munkakör)* vacant; unfilled

betöm <ige> **1.** *(nyílást)* plug; stop sg (up): *betömi a lyukat* plug the hole **2.** *(fogat)* fill: *El kell mennem a fogorvoshoz, hogy betömje a fogamat.* I have to go to the dentist to fill my tooth.

betör <ige> **1.** break✢ (**vmit** sg (in)); crack (**vmit** sg); smash (**vmit** sg); *(ajtót)* break✢ sg down; burst✢ sg open: *betöri az ablakot* break the window ∗ *Betörte a fejét.* She smashed his head. **2.** *(lopni)* break in(to) (**vhova** sg); BrE burgle (**vhova** sg); AmE burglarize (**vhova** sg): *Betörtek a lakásukba.* Their home had been burgled. **3.** biz *(pl. mások számítógépes adattárába)* hack (**vhova** into sg) **4.** *(ellenség)* invade; overrun✢: *egy országba betör* overrun a country **5.** *(lovat)* break✢ in

betörés <fn> **1.** burglary; break-in; housebreaking: *A lakásunkat tűz és betörés ellen biztosítottuk.* Our flat is insured against fire and burglary. **2.** *(megszállás)* invasion

betörő <fn> burglar; housebreaker: *A betörőt 3 év börtönre ítélték.* The burglar was sent to prison for 3 years.

betű <fn> letter; *(írott)* script; infor character; *(nyomtatott)* type: *betűről betűre* letter by letter ∗ *dőlt betű* italics <tsz>

betűr <ige> tuck sg in

betűrend <fn> alphabet; alphabetical order: *betűrendben* in alphabetical order

betűtípus <fn> *(nyomtatott)* type; typeface; *(nyomdai, nyomtatott)* print; infor font: *Ezt a szót más betűtípussal szedték.* This word is printed in a different type.

betűz <ige> **1.** *(írást)* spell✢: *betűzi a nevét* spell one's name ∗ *rosszul betűz egy szót* spell a word wrong **2.** *(nap)* shine✢ in

beugrat <ige> deceive (**vkit** sy); trick (**vkit** sy); take✢ sy in

beugrik <ige> **1.** jump in(to) (**vhova** sg); *(vízbe fejest)* dive✢ into (**vhova** sg) **2.** biz *(benéz)* look in (**vkihez** on sy); drop in (**vkihez** on sy) **3.** *(helyettesít)* stand✢ in (**vki helyett** for sy); AmE fill in (**vki helyett** for sy): *Péter helyett beugrott.* He stood in for Peter. **4.** *(szerepbe)* understudy **5.** *(eszébe jut)* click; twig: *Hirtelen beugrott, hogy hol találkoztunk már korábban.* It suddenly clicked where I had met him before. ∗ *Végül beugrott neki.* He finally twigged. **6.** biz *(tréfának)* be✢ taken in; fall✢ for sg

beugró <fn> **1.** *(falban)* niche; recess **2.** biz *(belépő)* entrance fee; admission

beutal <ige> *(kórházba)* refer; send✢ sy to hospital

beutaló <fn> *(kórházi)* referral

beül <ige> **1.** *(karosszékbe stb.)* sit✢ down in sg; take✢ a seat in sg **2.** *(járműbe)* get✢ in(to) (**vmibe** sg): *beül az autóba* get into the car

beültet <ige> **1.** seat sy in (**vmibe** sg) **2.** plant (**vmit vmivel** sg with sg) **3.** *(cserépbe)* pot **4.** *(szervet)* implant

beüt <ige> **1.** *(ütéssel)* drive✢ sg in(to) (**vmibe** sg); knock sg in(to) (**vmibe** sg); hit✢ sg in(to) (**vmibe** sg): *beüt egy szöget a falba* knock a nail in the wall **2.** *(testrészét)* bang (**vmibe** on/against sg); hit✢ (**vmibe** on/against sg); bump (**vmibe** on sg): *beüti a fejét a polcba* bang her head on the shelf **3.** *(számítógépbe vmit)* key sg in **4.** *(pénztárgépbe vmit)* ring✢ sg up

beüvegez <fn> *(vmit)* glaze sg (in); glass sg in

bevág <ige> **1.** *(bemetsz)* cut✢ **2.** *(testrészét)* bang (**vmibe** on/against sg); hit✢ (**vmibe** on/against sg); bump (**vmibe** on sg): *bevágja a fejét a polcba* bang her head on the shelf **3.** biz *(ajtót becsap)* bang; slam **4.** biz *(bemagol vmit)* learn sg by heart; mug sg up; swot up sg

bevágódik <ige> **1.** *(becsapódik)* bang; slam **2.** biz *(vkinél)* play up to sy

bevakol <ige> plaster

beválik <ige> **1.** prove to be good; work (well): *Nem vált be.* It did not work. **2.** *(remény, jóslat)* come✢ true; be✢ fulfilled **3.** biz *(kifizetődik)* pay✢ off

bevall <ige> **1.** *(beismer)* admit; confess: *Bevallotta, hogy hibázott.* She admitted making a mistake. **2.** *(adatokat stb. megad)* declare **3.** *(jövedelmet)* return (one's income)

¹**bevált** <ige> **1.** *(utalványt, kupont)* redeem; exchange **2.** *(pénzt)* change; exchange; *(csekket)* cash: *forintot vált be fontra* change forints for pounds ∗ *Beváltottuk a csekkjeinket a bankban.* We cashed our cheques at the bank. **3.** *(valóra vált)* fulfil; AmE fulfill: *beváltja a reményeket* fulfil hopes; come up to expectations **4.** *(ígéretet stb.)* keep✢ (one's promise)

²**bevált** <mn> tested; well-tried

bevándorló <fn> immigrant; migrant

bevándorol <ige> immigrate
bevásárlás <fn> shopping
bevásárlókocsi <fn> (shopping) trolley
bevásárlóközpont <fn> shopping centre; hypermarket; (shopping) mall
bevásárol <ige> do✧ the shopping: *Amint lehet, bevásárolok.* I will do the shopping as soon as I possibly can.
bever <ige> **1.** drive✧ sg in(to) (**vmibe** sg); knock sg in(to) (**vmibe** sg); *(kalapáccsal)* hammer sg in(to) (**vmibe** sg): *szöget ver be a falba* drive a nail into the wall ∗ *bever egy szöget az asztalba* hammer a nail into the table **2.** *(testrészét)* bang (**vmibe** on/against sg); hit✧ (**vmibe** on/against sg); bump (**vmibe** on sg): *beveri a fejét a polcba* bump one's head on the shelf **3.** *(betör)* smash; break✧ in
bevés <ige> **1.** engrave; etch **2. bevés vmit az emlékezetébe** imprint sg on sy's mind; hammer sg in
bevesz <ige> **1.** *(kívülről vmit)* take✧ sg in **2.** *(beszed)* take✧: *bevesz egy tablettát* take a pill ∗ *napi kétszer veszi be a gyógyszert* take the medicine twice a day **3.** *(elfoglal)* capture; take✧: *beveszi a várost* capture the city **4.** *(ruhából)* take✧ in **5.** biz *(elhisz vmit)* fall✧ for sg; swallow (**vmit** sg); buy✧ (**vmit** sg): *Nem fogja bevenni ezt a mesét.* She'll never buy this story. **6.** *(egyesületbe)* admit (**vkit** sy) **7.** *(szerződésbe stb.)* insert; *(szövegbe)* include
bevet <ige> **1.** plant/sow✧ (**vmit vmivel** sg with sg) **2.** *(akcióban)* deploy (**vmit** sg); put✧ sg into action **3. beveti az ágyat** make✧ the bed
bevétel <fn> **1.** *(jövedelem)* income; earnings <tsz>: *bruttó bevétel* gross income ∗ *Kiadása meghaladja bevételét.* His expenditure exceeds his income. **2.** *(pénztári)* takings <tsz> **3.** *(üzleté)* receipts <tsz>; proceeds <tsz>: *éves bevétel* yearly receipts **4.** *(állami)* revenue
bevetés <fn> kat mission; action; sortie
bevett <mn> accepted; received: *bevett szokás* established/accepted custom
bevezet <ige> **1.** lead✧/show✧ sy in(to) (**vhova** sg) **2.** *(út)* lead✧ in **3.** *(meghonosít)* introduce (**vmit** sg); initiate (**vmit** sg); establish (**vmit** sg); bring✧ sg in: *szigorúbb szabályokat vezet be* introduce stricter rules ∗ *Az új tantárgyat jövőre vezetik be.* The new subject will be introduced next year. **4.** *(villanyt stb.)* install **5.** *(társaságba)* introduce (**vkit** sy) **6.** *(ismeretekbe)* initiate (**vkit vmibe** sy to sg) **7.** *(bejegyez)* enter
bevezetés <fn> **1.** *(meghonosítás)* introduction; establishment: *az új törvény bevezetése* the introduction of the new law **2.** *(szakmai, tudományos)* introduction: *bevezetés a fonetikába* introduction to phonetics **3.** *(írásműé)* introduction: *a könyv elején található bevezetés* the introduction at the beginning of the book **4.** *(villanyé stb.)* installation
bevezető <fn> introduction
bevisz <ige> **1.** take✧ sy/sg in(to) (**vhova** sg); *(csomagot)* carry sg in **2.** *(autóval vkit)* drive✧ sy in(to) (**vhova** sg): *bevisz vkit a városba* drive sy in(to) town **3.** *(út)* lead✧ to (**vhova** swhere) **4.** infor *(adatot)* enter; input; key sg in; feed✧ sg in: *Vidd be az adataidat (a számítógépbe)!* Key in your data!
bevizez <ige> **1.** *(véletlenül vmit)* make✧ sg wet **2.** *(szándékosan)* moisten; dampen; wet
bevon <ige> **1.** cover (**vmit vmivel** sg with sg); coat (**vmit vmivel** sg with/in sg) **2.** *(cukormázzal)* frost; ice **3.** *(forgalomból vmit)* call sg in **4.** *(hatóság)* withdraw✧: *Bevonták a jogosítványát.* His driving licence was withdrawn. **5.** *(vkit vmibe)* involve sy in sg
bevonat <fn> coat(ing); cover; finish
bevontat <ige> *(vmit)* tow sg in
bevonul <ige> **1.** march in; enter **2.** *(katonasághoz)* join up
bevonulás <ige> **1.** *(ünnepélyesen)* march(ing) in; *(színész)* entry **2.** *(hadseregbe)* joining up
bezár <ige> **1.** *(becsuk)* close; shut✧; *(kulccsal)* lock: *bezárja az ajtót* lock the door **2.** *(vkit)* lock sy in; keep✧ sy in **3.** *(bebörtönöz)* jail (**vkit** sy): *Gyilkosság miatt zárták be.* He was jailed for murder. **4.** *(nyilvános hely)* close **5.** *(végleg)* close down **6.** *(üzletet)* close; shut✧ **7.** *(ülést, vitát)* adjourn; end; wind✧ sg up
bezárkózik <ige> **1.** lock/shut✧ oneself in/up **2.** *(érzelmileg)* be✧ withdrawn/reserved
bezárólag <hsz> inclusive: *a 10. oldaltól a 42. oldalig bezárólag* pages 10 to 42 inclusive
bezúz <ige> **1.** *(betör)* smash; break✧: *Bezúzta a fejét.* He broke his head. **2.** *(papírt)* pulp
bezsebel <ige> pocket
bezsíroz <ige> **1.** *(gépet)* lubricate; oil **2.** *(edényt)* grease; lard
bezsúfol <ige> cram/crush/squeeze sy/sg in(to) (**vmibe** sg): *Húsz embert zsúfoltak be egy kis szobába.* Twenty people were crushed into a small room.
bibircsók <fn> wart
biblia <fn> the Bible: *olvassa a bibliát* read the Bible
bibliai <mn> biblical
bibliográfia <fn> bibliography
bíbor <fn> purple; scarlet
bíboros <fn> cardinal
bíborpiros <mn> purple; scarlet; crimson
biccent <ige> nod
biceg <ige> limp; hobble

bicikli <fn> bicycle; bike; cycle: *Milyen bicikliд van?* What kind of bicycle do you have? ∗ *Egy bicikli megelőzött.* A bike overtook me.
biciklista <fn> cyclist
biciklitúra <fn> cycling tour
biciklizik <ige> cycle; bike; ride✣ a bicycle/bike: *Óvatosan biciklizz!* Bike with caution!
bicska <fn> pocketknife (tsz: pocketknives); penknife (tsz: penknives)
♦ **beletörik a bicskája vmibe** fail at sg
bifláz <ige> swot up; mug up
bifsztek <fn> beefsteak
Bika <fn> asztrol Taurus
bika <fn> bull
bikaviadal <fn> bullfight
bikini <fn> bikini
biléta <fn> token; ticket
bili <fn> potty; pot
biliárd <fn> billiards
biliárdasztal <fn> billiard/pool table
biliárdgolyó <fn> billiard ball
biliárdozik <ige> play billiards
bilincs <fn> **1.** handcuffs <tsz>; shackles <tsz>; manacles <tsz> **2.** *(rögzítő)* clamp **3.** *(kerékre)* (wheel) clamp
♦ **bilincsbe ver vkit** shackle sy; handcuff sy
billeg <ige> wobble; rock; seesaw
billen <ige> tilt; topple; tip (over)
billentyű <fn> **1.** key: *a zongora billentyűi* the keys of the piano ∗ *Nyomd meg az Enter billentyűt!* Press the 'Enter' key. **2.** *(szívé)* valve
billentyűzet <fn> **1.** keyboard; *(kisebb, pl. mobiltelefonon)* keypad: *billentyűzet lezárva* keypad locked **2.** *(orgonáé)* manual
bimbó <fn> **1.** *(virág)* bud **2.** *(mell)* nipple; teat
bimbózik <ige> bud; burgeon
bioélelmiszer <fn> organic food
biológia <fn> biology: *biológiát tanít* teach biology
biológiai <mn> biological: *biológiai óra* biological/internal clock
biológus <fn> biologist
bír <ige> **1.** *(képes)* be✣ able (**vmit tenni** to do sg); can✣ (**vmit tenni** do sg): *Nem bírja megemelni.* He isn't able to lift it. / He can't lift it. **2.** *(kedvel)* like; fancy: *Bírom a régi autókat.* I like old cars. **3.** *(elvisel)* (be✣ able to) bear✣; (can✣) bear✣; can✣ take: *Nem bírta nézni.* He couldn't bear to see it. ∗ *Tovább már nem bírta.* He could bear it no longer. ∗ *Nem bírja a hideget.* He cannot take the cold. **4.** can✣ control/handle/manage (**vkivel** sy) **5.** *(rábír vkit vmire)* get✣/persuade sy to do sg **6.** *(birtokol)* possess; own

bírál <ige> **1.** judge **2.** *(elítél)* condemn; criticize; BrE criticise **3.** *(könyvet stb.)* review
bírálat <fn> **1.** judgement; sentence **2.** *(elítélő)* criticism; condemnation **3.** *(könyvről stb.)* review; critique
¹**bíráló** <mn> critical
²**bíráló** <fn> critic; reviewer
bírálóbizottság <fn> jury
birizgál <ige> *(piszkál vmit)* fiddle with sg; pick at sg
birka <fn> **1.** *(állat)* sheep (tsz: sheep) **2.** *(hús)* lamb
birkacomb <fn> leg of lamb/mutton
birkahús <fn> lamb; mutton
birkanyáj <fn> flock of sheep
birkózás <fn> wrestling: *szabadfogású birkózás* freestyle wrestling ∗ *kötöttfogású birkózás* Graeco-Roman wrestling
birkózik <ige> **1.** sp wrestle (**vkivel** with sy) **2.** *(verekszik vkivel)* grapple with sy **3.** *(küzd)* struggle (**vmivel** with sg); grapple with sg; wrestle with sg
birkózó <fn> wrestler
bíró <fn> **1.** *(bíróságon)* judge; justice: *pártatlan bíró* an impartial judge ∗ *a bíró előtt* before the judge **2.** sp referee; umpire; biz ref
birodalom <fn> empire: *a Római Birodalom* the Roman Empire ∗ *a Római Birodalom bukása* the fall of the Roman Empire
bírói <mn> judicial; judiciary; juridical
bírónő <fn> judge; justice
bíróság <fn> **1.** *(hatóság)* court (of law): *a bíróságon* in/at court **2.** *(épület)* court; law court; AmE courthouse
bírósági <mn> judicial; judiciary
bírság <fn> fine; penalty: *kifizeti a bírságot* pay a fine
bírságol <ige> impose a fine/penalty (**vkit** on sy); fine (**vkit** sy)
birsalma <fn> quince
birtok <fn> **1.** *(birtoklás)* possession; holding: *birtokba vesz vmit* take possession of sg ∗ *útlevél birtokában van* be in possession of a passport **2.** *(földbirtok)* estate; property; land: *Birtokuk van Írországban.* They have an estate in Ireland. ∗ *A családja egy óriási birtokon él Norvégiában.* His family lives on a huge property in Norway. ∗ *van egy birtoka Skóciában* own a land in Scotland
birtokol <ige> have✣; possess; own; hold✣; hold✣ possession of sg
¹**birtokos** <mn> nyelvt possessive; genitive: *birtokos névmás* possessive pronoun ∗ *birtokos eset* genitive case
²**birtokos** <fn> owner; possessor
bisztró <fn> snack bar; bistro (tsz: bistros)

bivaly <fn> buffalo
bivalyerős <mn> robust
bíz <ige> *(vkire vmit)* trust sy with sg; entrust sg to sy
bizakodás <fn> hope; optimism
bizakodik <ige> **1.** *(vkiben/vmiben)* trust in sy/sg **2.** *(reménykedik)* hope; be✧ optimistic
bizakodó <mn> hopeful; optimistic; trustful; confident
¹bizalmas <mn> **1.** *(közlés)* confidential; classified; off-the-record; inside: *szigorúan bizalmas* strictly confidential ✳ *Ezek a dokumentumok bizalmas anyagokat tartalmaznak.* These documents contain classified material. ✳ *bizalmas megjegyzés* an off-the-record remark ✳ *bizalmas értesülés* inside information **2.** *(bensőséges)* intimate; familiar: *bizalmas viszonyban* on intimate/familiar terms **3.** *(stílus)* colloquial; informal
²bizalmas <fn> intimate; *(férfi)* confidant; *(nő)* confidante
bizalmatlan <mn> mistrustful (**vki/vmi iránt** of sy/sg); distrustful (**vki/vmi iránt** of sy/sg); suspicious (**vki/vmi iránt** of sy/sg)
bizalmatlanság <fn> mistrust; distrust
bizalmi <mn> confidential: *bizalmi ember* confidential clerk/secretary
bizalom <fn> trust; confidence: *vkibe veti a bizalmát* put one's trust in sy ✳ *bizalommal van vki iránt* have confidence/trust in sy ✳ *A tanár elnyerte a bizalmunkat.* The teacher gained our trust. ✳ *bizalmat szavaz vkinek* give sy a vote of confidence
bizalomkeltő <mn> **1.** *(ember)* inspiring confidence/trust <csak hátravetve> **2.** *(dolog)* inviting; reassuring
bizarr <mn> bizarre; whimsical; odd
bízik <ige> **1.** *(megbízik)* rely (**vkiben/vmiben** on/upon sy/sg); trust (in) sy/sg; have✧ confidence in sy: *Bízhatok benned, hogy megőrzöd a titkomat?* Can I rely on you to keep my secret? **2.** *(reménykedik)* hope (**vmiben** for sg)
bizony <hsz> certainly; really; surely: *Nem bizony!* Certainly not!
bizonyára <hsz> no doubt; surely; without doubt; in all probability: *Bizonyára elfogadják.* They will surely accept it. ✳ *Bizonyára viccelsz!* You must be joking.
bizonygat <ige> assert; affirm
bizonyít <ige> **1.** prove✧; demonstrate; corroborate: *kísérlettel bizonyít vmit* prove sg by experiment **2.** *(okmánnyal)* certify **3.** *(adattal)* verify
bizonyítás <fn> **1.** proof; demonstration; corroboration: *Aligha szorul bizonyításra.* It hardly needs proof. ✳ *a bizonyítás terhe* the burden of proof **2.** *(okmánnyal)* certification; certifying **3.** *(adattal)* verification
bizonyíték <fn> evidence; proof: *bizonyíték hiányában* for lack of evidence ✳ *közvetett bizonyíték* circumstantial evidence ✳ *bizonyítékot felmutat* produce evidence ✳ *döntő bizonyíték* conclusive/definitive proof ✳ *A rendőrségnek elegendő bizonyítéka volt a gyilkosságra.* The police had enough proof of the murder.
bizonyítvány <fn> **1.** *(hivatali)* certificate; testimonial: *születési bizonyítvány* birth certificate ✳ *származási bizonyítvány* certificate of origin ✳ *bizonyítványt kiállít* grant a certificate **2.** *(iskolai)* (school) report: *Az iskolaév végén megkapjuk a bizonyítványunkat.* At the end of the school year we get our school reports.
bizonyos <mn> **1.** *(biztos)* certain; sure; undeniable; undoubted **2.** *(meg nem nevezett)* particular; certain; some: *Azt a bizonyos húst szeretem.* I like that particular meat. ✳ *bizonyos esetekben* in certain cases ✳ *bizonyos White úr* a certain Mr White ✳ *A diákok fel vannak mentve bizonyos vizsgák alól.* Students are exempt from certain exams. ✳ *bizonyos fokig* to some extent
bizonyosság <fn> certainty; certitude
bizonytalan <mn> **1.** *(határozatlan)* vague; uncertain; indefinite: *bizonytalan időre elhalaszt* postpone indefinitely **2.** *(dolog)* uncertain; dubious **3.** *(ingatag)* unstable; shaky; unsettled; insecure; uncertain: *bizonytalan időjárás* unsettled weather ✳ *A jövő bizonytalan.* The future is insecure. ✳ *bizonytalan állás* an insecure job ✳ *A jövője bizonytalan.* His future is uncertain. **4.** *(bizonytalan kimenetelű)* doubtful; dubious **5.** *(ember)* undecided; indecisive; hesitant; wavering: *bizonytalan vezető* an indecisive leader
bizonyul <ige> prove (**vminek/vmilyennek** (to be) sg); turn out (**vminek/vmilyennek** (to be) sg): *A hír hamisnak bizonyult.* The news proved false.
bizottság <fn> committee; commission; board; panel; *(kiküldött)* delegation: *oktatási bizottság* the education committee ✳ *(vmely) bizottság tagja* be/sit on a committee ✳ *a bizottságban ül* be on the board
biztat <ige> **1.** encourage; hearten; inspire; *(vigasztalva)* reassure: *Biztatott, nehogy feladjam.* He encouraged me not to give up. **2.** *(kecsegtet)* allure (**vmivel** with sg); entice (**vmivel** with sg) **3.** *(csapatot, versenyzőt)* cheer sy on
biztatás <fn> **1.** encouragement; inspiration; *(vigasztalva)* reassurance **2.** *(csapaté, versenyzőé)* cheering on
biztató <mn> encouraging; hopeful; promising: *biztató szó* encouraging word ✳ *biztató a jövőre*

nézve hopeful for the future ∗ *biztató kezdet* promising start ∗ *A jövő biztató.* The future looks promising.
biztonság <fn> safety; security: *személyi biztonság* personal safety ∗ *biztonságban érzi magát* feel safe/secure ∗ *Féltik a biztonságát.* They fear for her safety. ∗ *a biztonság kedvéért* to be on the safe side
biztonsági <mn> safety; security: *biztonsági előírások* safety rules ∗ *biztonsági öv* seat/safety belt ∗ *biztonsági okokból* for security reasons
biztonságos <mn> safe; secure: *biztonságos helyen tartja a pénzét* keep one's money in a safe place
¹biztos <mn> **1.** *(bizonyos)* certain; sure; undeniable: *biztos dolog* certainty/sure thing ∗ *Biztos vagyok benne, hogy…* I'm sure… **2.** *(megbízható)* secure: *biztos állás* secure job **3.** *(stabil, erős)* firm; steady: *biztos kézzel tart* hold with a firm/steady hand **4. biztosra megy** not take⁑ risks
²biztos <fn> **1.** *(rendőr)* officer; constable: *Biztos úr!* Officer! **2.** *(megbízott)* commissioner
biztosít <ige> **1.** *(nyújt)* provide (**vmit vki/vmi számára** sg for sy/sg) **2.** *(garantál)* guarantee; ensure; assure; secure: *Ez biztosítja a boldogulásunkat.* This will ensure/assure/guarantee our happiness. **3.** *(megerősít)* make⁑ safe; secure **4.** *(biztosítást köt)* insure (**vmit vmi ellen** sg against sg): *törés ellen biztosítja az autót* insure the car against crashes ∗ *A lakásunkat tűz és betörés ellen biztosítottuk.* Our flat is insured against fire and burglary. **5.** assure (**vkit vmiről** sy of sg): *Biztosíthatlak arról, hogy ez igaz.* I can assure you that it's true. **6.** *(lőfegyvert)* uncock
biztosítás <fn> insurance: *biztosítása van vmire* have insurance for sg ∗ *tűz elleni biztosítás* insurance against fire ∗ *biztosítás köt vmi ellen* take out insurance against sg
biztosítási <mn> insurance
biztosítási ügynök <fn> gazd insurance agent/broker
biztosíték <fn> **1.** *(garancia)* guarantee: *Mi a biztosítéka annak, hogy…* What is the guarantee that… **2.** *(pénz)* deposit **3.** *(készülék)* fuse: *kivágja a biztosítékot* blow the fuse ∗ *Kiégett a biztosíték.* The fuse has blown.
biztosító <fn> insurance company
biztosított <fn> insured: *a biztosított személy* the insured
biztosítótű <fn> safety pin
bizsereg <ige> tingle; prickle; *(pl. láb zsibbadás után)* feel⁑ pins and needles
bizsu <fn> fashion/costume jewellery; AmE fashion/costume jewelry

BKV [= Budapesti Közlekedési Vállalat] BKV (= Budapest Transport Company)
blabla <fn> blather; jabber
blézer <fn> blazer
bliccel <ige> dodge (paying) the fare; get⁑ a free ride
blokád <fn> blockade
blokk <fn> **1.** *(pénztári)* receipt; AmE sales slip/check **2.** *(jegyzettömb)* (writing) pad **3.** *(bélyegsorozat)* block **4.** *(szerkezeti egység)* block **5.** *(háztömb)* block (of houses)
blokkolásgátló <fn> anti-lock braking system
blöff <fn> bluff; humbug
blöfföl <ige> bluff; humbug
blúz <fn> blouse: *A blúz fekete volt fehér pettyekkel.* The blouse was black with white dots. ∗ *Fekete nadrág és fehér blúz volt rajtam az értekezleten.* I was dressed in black trousers and white blouse on the meeting.
bob <fn> sp bobsleigh; AmE bobsled
bóbiskol <ige> doze; take⁑ a nap
¹bocs <fn> bear cub
²bocs <msz> sorry
bocsánat <fn> **1.** pardon: *bocsánatot kér* beg sy's pardon ∗ *Bocsánatot kérek!* I beg your pardon! / Pardon! / Excuse me! **2.** *(megbocsátás)* forgiveness
bocsát <ige> *(enged)* let⁑ go: *útjára bocsát vkit* let sy go
 ♦ **szavazásra bocsát vmit** put⁑ sg to the vote
bódé <fn> booth; stall; stand; cabin; *(újságos)* newsstand; kiosk; *(kunyhó)* hut; *(őré)* sentry box
bódulat <fn> stupor; daze
bódult <mn> dazed
bodza <fn> elder(berry)
bogáncs <fn> thistle
bogár <fn> **1.** *(rovar)* insect; beetle; AmE bug **2.** biz *(hóbort)* whim; fad
 ♦ **bogarat tesz/ültet vkinek a fülébe** biz put⁑ a thought in sy's head
bogaras <mn> biz cranky; freaky
bogárhátú <fn> beetle
bogrács <fn> stew pot; kettle
bogyó <fn> berry
bohóc <fn> **1.** *(cirkuszban)* clown; *(udvari bolond)* fool: *A bohóc a porond közepén állt.* The clown was standing in the middle of the ring. **2.** *(komédiás)* comedian
 ♦ **bohócot csinál magából** play the fool
bohóckodik <ige> play the clown
bohózat <fn> farce; burlesque
bója <fn> buoy
bojkott <fn> boycott
bojkottál <ige> boycott

bojler <fn> water heater
bojt <fn> tassel; pompon
bók <fn> compliment: *bókot mond vkinek* pay a compliment to sy
boka <fn> ankle: *kificamítja a bokáját* sprain one's ankle
♦ **megüti a bokáját** have✣/get✣ one's fingers burnt
bokaficam <fn> sprained ankle
bókol <ige> compliment (**vkinek** sy); pay✣ sy a compliment
bokor <fn> bush; shrub
♦ **nem terem minden bokorban** do✣ not grow on trees
bokréta <fn> bunch of flowers; bouquet
¹**boksz** <fn> *(ökölvívás)* boxing
²**boksz** <fn> **1.** *(elkülönített rész)* box **2.** *(autóversenyen)* pit
³**boksz** <fn> *(cipőkenőcs)* shoe polish
¹**bokszer** <fn> *(fegyver)* knuckle-duster; AmE brass knuckles <tsz>
²**bokszer** <fn> *(kutyafajta)* boxer
bokszkesztyű <fn> boxing glove
bokszmérkőzés <fn> boxing match
bokszol <ige> box; fight✣
bokszoló <fn> boxer; *(profi)* prizefighter: *Két bokszoló küzd ma este a szorítóban.* Two boxers will fight tonight in the ring.
boldog <mn> happy; glad; joyful; merry; *(elégedett)* pleased: *boldoggá tesz vkit* make sy happy ∗ *boldog házasság* happy marriage ∗ *Boldog vagyok, hogy találkoztunk!* I am happy to meet you. ∗ *maradéktalanul boldog* entirely happy ∗ *boldog mosoly* a glad smile ∗ *Boldog vagyok, hogy újra látlak!* I am glad to see you again. ∗ *boldog gyermek* merry child ∗ *Boldog Húsvétot!* Happy Easter! ∗ *Boldog karácsonyi ünnepeket!* Merry Christmas!
boldog-boldogtalan <fn> biz everybody; one and all; rich and poor
boldogság <fn> happiness; gladness; joy; bliss; delight: *boldogságra törekszik* pursue happiness ∗ *boldogságot áraszt maga körül* radiate happiness around one ∗ *Sírt a boldogságtól.* He wept for joy. ∗ *zavartalan boldogság* undiluted bliss
boldogtalan <mn> unhappy; miserable; sorrowful
boldogul <ige> **1.** *(érvényesül)* succeed; get✣ on; prosper; *(jól keres)* make✣ good: *boldogul az életben* get on in life **2.** manage (**vmivel** sg); get✣ on with (**vmivel** sg); cope with (**vmivel** sg): *Boldogulsz vele?* Can you manage it? ∗ *Nem boldogulok vele.* I can't manage it.
bólé <fn> *(fruit)* punch
¹**bolgár** <mn> Bulgarian

²**bolgár** <fn> **1.** *(személy)* Bulgarian **2.** *(nyelv)* Bulgarian
bolha <fn> flea
♦ **bolhát tesz vki fülébe** put✣ a thought in sy's head
bolhacsípés <fn> flea bite
bolhapiac <fn> flea market
bólint <ige> nod: *igenlően bólint* nod assent ∗ *Bólintottam, amikor megkérdezte, kérek-e almát.* I nodded when he asked whether I wanted an apple.
¹**bolond** <mn> **1.** *(őrült)* mad; insane; crazy; biz nutty; szl loony: *Bolond vagy, hogy annyit iszol.* You are mad to drink so much. **2.** *(értelmetlen)* foolish; silly; stupid: *bolond cselekedet/tett* a foolish act
²**bolond** <fn> **1.** *(ostoba ember)* fool; idiot: *átkozott bolond* a bloody fool ∗ *Bolondnak nézel?* Do you take me for a fool? **2.** tört *(udvari)* jester; clown
♦ **bolondot csinál vkiből** fool sy; dupe sy
♦ **a bolondját járatja vkivel** play a trick on sy; make✣ a fool of sy ♦ **bolondja vminek** be✣ crazy about sg
bolondgomba <fn> toadstool
bolondokháza <fn> biz (lunatic) asylum; madhouse
♦ **tiszta bolondokháza** biz, pej it's a complete madhouse
bolondos <mn> mad; crazy; foolish; silly
bolondozik <ige> clown; fool around; act/play the fool
bolondság <fn> **1.** *(ostobaság)* nonsense **2.** biz *(szeszély)* whim; quirk
bolondul <ige> *(vkiért/vmiért)* be✣ crazy about sy/sg
bolt <fn> **1.** shop; AmE store: *boltba megy* go to the shop ∗ *Ez az bolt reggel 6-kor nyit.* This shop opens at 6 o'clock in the morning. **2.** biz *(üzletkötés)* deal; bargain
bolti alkalmazott <fn> shop assistant
bolti ár <fn> selling/retail price
boltív <fn> arch; vault
boltos <fn> shopkeeper; AmE storekeeper
boltozat <fn> vault; arch
bolygó <fn> planet: *mesterséges bolygó* satellite
bolyhos <mn> woolly; fuzzy
bolyong <ige> roam; wander (about); rove
bolyongás <fn> ramble; wanderings <tsz>
bomba <fn> bomb: *Bomba robbant.* A bomb exploded. ∗ *bombát ledob* drop a bomb
♦ **bombaként hat vmi** it came as a bombshell
bombabiztos <mn> shell-proof; bomb-proof
bombamerénylet <fn> bomb attack
bombariadó <fn> bomb scare

bombasiker <fn> smash hit; winner; overwhelming success; blockbuster
bombatalálat <fn> bomb hit
bombatámadás <fn> bomb attack; bombing
bombáz <ige> 1. *(célpontot)* bomb: *A háborúban az egész várost bombázták.* The whole city was bombed in the war. 2. átv bombard: *kérdésekkel bombáz vkit* bombard sy with questions
bombázás <fn> bombing
bombázó <fn> 1. *(repülőgép)* bomber 2. biz *(nő)* bombshell: *szőke bombázó* a blonde bombshell
bomlás <fn> 1. decay; disintegration; rot; decomposition: *bomlásnak indul* begin to decay/rot * *bomlási folyamat* process of decomposition/decay 2. *(erkölcsé)* depravation 3. *(fegyelemé)* relaxation
bomlik <ige> 1. decay; dissolve 2. *(alkotóelemeire)* disintegrate; fall❖ apart; go❖ to pieces 3. *(közösség)* break❖ up 4. *(vkiért)* be❖ madly in love with sy
bon <fn> voucher
bonbon <fn> bonbon; sweet
boncol <ige> 1. orv dissect; *(halál okának megállapítására)* carry out a postmortem 2. *(kérdést)* analyse; AmE analyze
boncolás <fn> orv dissection; *(halál okának megállapítására)* autopsy; postmortem
bont <ige> 1. take❖/pull to pieces; take❖ apart 2. *(alkotóelemeire)* dismantle; take❖ apart; kém decompose 3. *(építményt)* pull down; demolish 4. *(kibont)* open; undo❖ 5. *(beszélgetést)* disconnect 6. *(statisztikailag)* break❖ down
bontás <fn> 1. *(építményé)* demolition 2. *(statisztikában)* breakdown
bonyodalom <fn> complication; *(drámában)* intrigue; knot; twist
bonyolít <ige> 1. *(bonyolulttá tesz)* complicate 2. *(intéz)* handle; manage; transact (business)
bonyolódik <ige> 1. become❖ complicated 2. get❖ entangled/involved in (**vmibe** sg)
bonyolult <mn> complicated; intricate; complex; elaborate; sophisticated: *bonyolult feladat* complicated task * *bonyolult szerkezet* complex mechanism * *bonyolult terv* an elaborate design
bor <fn> wine: *egy üveg bor* a bottle of wine * *20 dollárba kerül ez a bor.* This wine costs 20 dollars a bottle.
borász <fn> wine maker
borbély <fn> barber
borda <fn> 1. rib: *Eltörtem a bordám.* I broke my ribs. 2. *(étel)* cutlet; chop; rib 3. *(szerkezeti elem)* rib; frame

bordásfal <fn> wall bars <tsz>
bordélyház <fn> brothel
bordó <mn> claret
borít <ige> 1. *(fed)* cover; overlay❖: *A tavat jég borítja.* Ice covers the lake. 2. *(önt)* tip (**vmit vhova** sg swhere); dump (**vmit vhova** sg swhere); plunge (**vmit vhova** sg swhere) 3. *(dönt)* overturn; tip; turn over
boríték <fn> envelope: *ráírja az irányítószámot a borítékra* write the postal code on the envelope
borító <fn> (dust) cover; (dust) jacket: *műanyag borító* plastic cover * *A könyv borítóján egy kép látható.* The book has a picture on the cover.
borjú <fn> calf (tsz: calves)
borjúhús <fn> veal
borjúszelet <fn> veal cutlet
borkóstoló <fn> 1. *(ember)* wine taster 2. *(alkalom)* wine tasting
borogatás <fn> *(hideg)* (cold) compress; *(meleg)* poultice
boróka <fn> juniper
borongós <mn> 1. *(idő)* cloudy; gloomy; dull; grey; AmE gray: *borongós nap* a gloomy day 2. *(hangulat)* melancholy; melancholic; gloomy
borospince <fn> wine cellar
borospohár <fn> wine glass
borosta <fn> stubble; *(szándékosan meghagyott)* designer stubble
borostás <mn> stubbly; unshaven
borostyán <fn> 1. *(növény)* ivy 2. *(kő)* amber
borostyánkő <fn> amber
borosüveg <fn> wine bottle
borotva <fn> razor; *(villany)* electric razor; shaver
borotvaéles <mn> *(kés, elme)* razor-sharp; sharp as a razor <csak hátravetve>: *borotvaéles esze van* have a razor-sharp mind
borotvahab <fn> shaving foam
borotvakrém <fn> shaving cream
borotvál <ige> shave
borotválatlan <mn> unshaven
borotválkozik <ige> shave; have a shave
borotvapenge <fn> razor blade
borozó <fn> wine bar
borravaló <fn> tip; gratuity: *borravalót ad vkinek* tip sy; give sy a tip
bors <fn> pepper: *borsot tesz a salátába* put pepper in the salad

♦ **borsot tör vkinek az orra alá** play tricks on sy

borsdaráló <fn> pepper mill
borsó <fn> pea; *(sárgaborsó)* split/dry pea; *(zöldborsó)* green pea

♦ **falra hányt borsó** it's like talking to a brick wall

borsóleves <fn> pea soup
borsos <mn> **1.** *(fűszeres)* peppery; peppered **2.** *(ár)* stiff; steep **3.** *(sikamlós)* racy; blue: *borsos történet* a racy story
borsoz <ige> pepper
borsszóró <fn> pepper castor
borszakértő <fn> wine expert
bortermelő <fn> wine grower
borul <ige> **1.** fall✳ (**vmibe** into sg); overturn (**vmibe** into sg) **2.** *(ráborul)* fall✳ (**vmire** on sg) **3.** *(ég)* cloud over; become✳ overcast **4. nyakába borul vkinek** fling✳ one's arms round sy's neck
borúlátó <mn> pessimistic
borult <mn> overcast; dull; gloomy
borús <mn> **1.** *(idő)* cloudy; overcast; dull; gloomy; grey; AmE gray **2.** *(hangulat)* gloomy; low **3.** *(tekintet)* gloomy; dismal
borz <fn> badger
borzalmas <mn> horrible; terrible; awful; dreadful
borzalom <fn> horror; terror; dread: *borzalommal néz/tekint vmire* regard sg with horror
borzas <mn> tousled; unkempt; dishevelled
borzasztó <mn> horrible; awful; dreadful; terrible
borzasztóan <hsz> horribly; awfully; terribly
borzol <ige> *(összekuszál)* ruffle (up); tousle
 ♦ **borzolja az idegeit** grate/get✳ on sy's nerves
borzong <ige> shiver; be✳ thrilled; tremble
boszorkány <fn> **1.** *(nő)* witch; sorceress **2.** *(férfi)* wizard; sorcerer
bosszankodik <ige> be✳ annoyed; be✳ irritated; be✳ furious; be✳ angry
bosszant <ige> **1.** *(dühít)* annoy; vex **2.** *(ingerel)* annoy; irritate
bosszantó <mn> annoying; vexing; irritating; disappointing: *bosszantó szokások* annoying habits
bosszú <fn> revenge; vengeance: *bosszúból* in revenge ✱ *bosszút forral* harbour revenge ✱ *bosszút áll vmiért vkin* take revenge for sg on sy; take vengeance on sy ✱ *bosszút esküszik vki ellen* swear/vow revenge/vengeance against sy
bosszúálló <mn> avenging; revenging
bosszús <mn> annoyed; vexed; irritated; angry
bosszúság <fn> annoyance; vexation; irritation; anger
bosszúvágyó <mn> vengeful; revengeful; thirsting for revenge/vengeance <csak hátravetve>
bot <fn> **1.** stick; staff **2.** *(járás segítségére)* (walking) stick; cane: *bot segítségével jár* walk with the aid of a stick **3.** *(horgászbot)* (fishing) rod

 ♦ **bottal ütheti vkinek/vminek a nyomát** biz he can whistle for it; the bird has flown
botanika <fn> botany
¹**botanikus** <mn> botanical: *botanikus kert* botanical garden(s)
²**botanikus** <fn> botanist
botfülű <mn> tone-deaf
botkormány <fn> joystick; *(repülőé)* control stick
botlás <fn> **1.** stumbling; stumble **2.** *(hiba)* slip; slip-up; blunder
botorkál <ige> stagger (along); stumble (along); *(sötétben)* grope one's way
botrány <fn> scandal: *óriási botrány* a big scandal ✱ *botrányba keveredik* get/become involved in a scandal ✱ *botrányt csinál* kick up dust
botrányos <mn> scandalous; shocking; disgraceful
¹**bóvli** <fn> trash; junk
²**bóvli** <mn> rubbishy; trashy
bozontos <mn> bushy; hairy; shaggy: *bozontos szemöldök* bushy eyebrows ✱ *Ennek a mackónak bozontos a bundája.* This bear has a shaggy coat.
bozót <fn> scrub; thicket; coppice
bő <mn> **1.** *(ruhadarab)* loose; loose-fitting; full; wide: *derékban bő* wide at the waist **2.** *(bőséges)* plentiful; rich; full; ample: *bő termés* rich harvest
bőbeszédű <mn> talkative; loquacious; garrulous; long-winded
böfög <ige> belch; burp
bőg <ige> **1.** *(állat)* roar; bellow; whimper; *(tehén)* low; moo **2.** *(sír)* cry; *(zokog)* weep✳; sob **3.** *(kisgyermek)* cry; whimper **4.** *(ordít)* roar; howl; bellow
bőgés <fn> **1.** *(állaté)* roar(ing); bellow(ing); whimpering; *(tehéné)* lowing; moo(ing) **2.** *(sírás)* crying; *(zokogás)* weeping; sobbing **3.** *(kisgyermeké)* crying; whimpering **4.** *(ordítás)* roar(ing); howl(ing); bellow(ing)
bőgő <fn> *(nagybőgő)* double bass
bögöly <fn> horsefly; gadfly
bőgős <mn> bass player; bassist
bögre <fn> mug; jug: *két bögre forró tea* two mugs of hot tea
böjt <fn> **1.** fast(ing): *böjtöt tart* fast **2.** vall *(nagyböjt)* Lent
böjtöl <ige> fast; keep✳ the fast
bőkezű <mn> generous; liberal: *bőkezűen ad* give✳ generously
bökkenő <fn> biz hitch; difficulty
 ♦ **Ez itt a bökkenő!** There's the rub!
bölcs <mn> wise: *bölcs idős hölgy* a wise old lady ✱ *bölcs mondás* wise saying

bölcsesség <fn> wisdom
bölcsességfog <fn> wisdom tooth (tsz: wisdom teeth)
bölcsészhallgató <fn> arts student
bölcsészkar <fn> faculty of arts
bölcső <fn> cradle
bölcsőde <fn> creche; AmE day nursery
bölény <fn> bison; buffalo
bömböl <ige> 1. *(állat)* bellow; howl; roar 2. *(sír)* cry; weep✣ 3. *(vihar)* thunder; squall; howl
böngészik <ige> 1. *(könyvben, könyvtárban)* search; browse: *könyvek között böngészik* browse among books 2. infor browse: *böngészik az interneten* browse the Internet
böngészőprogram <fn> infor browser
bőr <fn> 1. *(emberé, élő)* skin: *érzékeny bőr* sensitive/delicate skin ✶ *világos/sötét bőr* fair/dark skin ✶ *bőrbetegség* skin disease 2. *(csak állaté, élő)* hide; coat 3. *(kikészített)* leather 4. *(gyümölcsé)* peel; skin 5. *(folyadék felszínén)* skin; film 6. *(szalonnán, sajton)* rind
♦ **majd kiugrik a bőréből (örömében)** be✣ beside oneself (with joy) ♦ **rossz bőrben van** be✣ in bad shape ♦ **bőrig ázik** get✣ drenched to the skin; get✣ wet through
bőrápolás <fn> skin care/treatment
bőrbetegség <fn> orv skin disease
bőrdíszműves <fn> leather goods maker
bőrfejű <fn> skinhead
bőrgyógyász <fn> dermatologist
bőrgyógyászat <fn> dermatology
bőrkabát <fn> leather coat
bőrkeményedés <fn> callus; callosity
bőrkesztyű <fn> leather gloves <tsz>
bőrkiütés <fn> eruption; rash
bőrönd <fn> suitcase; trunk; bag: *becsomagolja a bőröndöt* pack the suitcase
bőrrák <fn> orv skin cancer
börtön <fn> 1. *(intézmény)* prison; jail; gaol; AmE penitentiary; *(föld alatti)* dungeon: *börtönbe zár* send/put sy to prison; imprison sy ✶ *börtönben ül* be in prison 2. *(büntetés)* imprisonment
börtönbüntetés <fn> imprisonment; term: *10 év börtönbüntetésre ítélték.* He was given 10 years imprisonment. ✶ *börtönbüntetését tölti* serve/complete one's term
börtöncella <fn> prison cell
börtönőr <fn> prison guard; warder; jailer; gaoler
börze <fn> stock exchange/market
bőség <fn> 1. abundance; plenty 2. *(ruháé)* wideness; fullness; looseness: *Be kell venni a bőségből.* It needs taking in. 3. *(vagyoni)* wealth; affluence: *bőségben él* live in affluence

bőséges <mn> abundant; plentiful; ample; copious
bővelkedik <ige> *(vmiben)* abound in/with sg; be✣ rich in sg; have✣ plenty of sg: *bővelkedik ritka növényekben* abound with rare plants
bőven <hsz> plentifully; abundantly; amply
bővít <ige> 1. enlarge; widen: *bővíti az épületet* enlarge the building 2. *(ruhát)* make✣ larger 3. *(kiegészít)* complete; supplement
bővített kiadás <fn> enlarged edition
bővítmény <fn> nyelvt complement
brácsa <fn> viola
brácsás <fn> viola player
brácsázik <ige> play the viola
bravó <msz> bravo; well done; good
¹**brazil** <mn> Brazilian
²**brazil** <fn> Brazilian
Brazília <fn> Brazil
brekeg <ige> croak
bridzs <fn> bridge
bridzsezik <ige> play bridge
brigád <fn> brigade; team
¹**briliáns** <fn> brilliant
²**briliáns** <mn> brilliant; magnificent
bringa <fn> biz bike
briós <fn> brioche
¹**brit** <mn> British: *brit kiejtés* British accent ✶ *brit szigetek* the British Isles
²**brit** <fn> Briton; AmE Britisher; Brit: *a britek* the British
bróker <fn> broker
brokkoli <fn> broccoli
bronz <fn> bronze
bronzérem <fn> bronze; bronze medal
bronzkor <fn> the Bronze Age
bross <fn> brooch
brosúra <fn> brochure; pamphlet; leaflet
brutális <mn> brutish; brutal; savage; fierce: *brutális gyilkosság* brutal murder ✶ *brutális verekedés* fierce fighting
bruttó <mn> 1. *(áru súlya csomagolással együtt)* gross: *a csomag bruttó súlya* the gross weight of the package 2. *(levonások nélkül)* gross: *bruttó bevétel* gross income ✶ *bruttó hazai termék* gross domestic product; GDP
buborék <fn> bubble
bucka <fn> mound
¹**búcsú** <fn> *(távozáskor)* (saying) goodbye; farewell; parting: *búcsút mond vkinek* say goodbye to sy; say farewell to sy
²**búcsú** <fn> 1. *(bűnbocsánat)* forgiveness/remission of sin 2. AmE *(mulatság)* kermis
búcsúest <fn> farewell/goodbye party
búcsúlevél <fn> 1. farewell letter 2. *(öngyilkosé)* suicide note

búcsúzik <ige> take✦ leave (**vkitől** of sy); say✦ goodbye (**vkitől** to sy); say✦ farewell (**vkitől** to sy)

¹**buddhista** <mn> Buddhist

²**buddhista** <fn> Buddhist

buddhizmus <fn> Buddhism

búg <ige> **1.** hum; purr; buzz; *(repülőgép)* drone; *(sziréna)* wail **2.** *(galamb)* coo

bugyborékol <ige> bubble

bugyi <fn> knickers <tsz>; pants <tsz>; briefs <tsz>; AmE panties <tsz>

bugyog <ige> bubble; boil

buja <mn> **1.** *(érzéki)* luscious; sensual; lecherous; voluptuous; lustful **2.** *(dús)* lush; luxuriant

bújik <ige> **1.** hide✦: *A ház mögé bújtak.* They hid behind the house. **2.** *(felvesz)* slip into (**vmit** sg) **3.** *(odasimul)* cuddle up (**vkihez** to sy); snuggle (**vkihez** up to sy): *Az anyukájához bújt.* She cuddled up to her mother.

bujkál <ige> hide✦; be✦/lie✦ in hiding; lurk; lie✦ low: *Valaki bujkált az árnyékban.* Someone was lurking in the shadows.

bújócska <fn> hide-and-seek

bújócskázik <ige> play hide-and-seek

bújtat <ige> **1.** *(rejt)* hide✦; conceal **2.** slip (**vmit vmibe** sg into sg)

bukás <fn> **1.** *(esés)* tumble; tumbling; fall(ing) **2.** *(hatalmi)* fall; downfall; defeat: *a Római Birodalom bukása* the fall of the Roman Empire ∗ *a kormány bukása* the downfall of the government **3.** *(anyagi)* collapse; failure; bankruptcy **4.** szính complete failure; biz flop **5.** *(iskolai)* fail; failure: *bukásra áll* be heading for failure

bukfenc <fn> somersault; tumble

bukfencezik <ige> **1.** turn a somersault **2.** *(felbukik)* tumble **3.** *(autó)* roll over; somersault

bukik <ige> **1.** *(lóról)* be✦ thrown/unseated **2.** *(esik)* fall✦; tumble **3.** *(iskolában)* fail **4.** *(vkire/vmire)* fall✦ for sy/sg **5.** *(víz alá)* dive; plunge

bukkan <ige> strike✦ (**vmire** (up)on sg); come✦ across (**vmire** sg): *olajra bukkan* strike oil

bukméker <fn> bookmaker

bukósisak <fn> crash helmet; safety helmet: *A bukósisak kötelező a kerékpárosoknak.* Crash helmets are mandatory for cyclists.

bukta <fn> ≈ jam-filled roll

buktat <ige> **1.** *(iskolában)* fail **2.** *(víz alá)* duck

buktató <fn> pitfall: *Sok buktatót rejt magában.* It has many pitfalls.

buldog <fn> bulldog

buldózer <fn> bulldozer: *A buldózer lerombolta a házat.* The bulldozer knocked down the house.

Bulgária <fn> Bulgaria

buli <fn> biz party; do (tsz: dos): *születésnapi buli* a birthday party
♦ **benne van a buliban** be✦ in on it

bulvárlap <fn> tabloid

bumeráng <fn> boomerang

bunda <fn> **1.** *(állaté)* coat; hair; fur **2.** *(prém)* fur **3.** *(kabát)* fur coat **4.** biz fix; rig; match-fixing ♦ **alszik, mint a bunda** sleep✦ like a top/log

bungaló <fn> bungalow; chalet

bunker <fn> bunker

búra <fn> **1.** *(hajszárító)* hairdryer **2.** *(üveg)* bell jar/glass **3.** *(lámpáé)* (lamp)shade **4.** szl *(fej)* nut

burgonya <fn> potato: *sült burgonya* baked potatoes ∗ *héjában főtt burgonya* jacket potatoes

burgonyapüré <fn> mashed potatoes <tsz>

burjánzik <ige> proliferate; burgeon; grow✦ wild

burkol <ige> **1.** cover (**vmit vmibe** sg with sg); wrap sg (up) (**vmibe** in sg) **2.** szl *(eszik)* scoff **3.** *(lapokkal, csempével)* tile; *(utat)* pave

burkoló <fn> tiler

burkoló(d)zik <ige> wrap oneself up (**vmibe** in sg); bundle oneself up (**vmibe** in sg): *kendőbe burkolódzik* wrap oneself up in a shawl
♦ **hallgatásba burkolódzik** fall✦ silent

burkolt <mn> *(rejtett)* hidden; disguised; veiled; implicit: *burkolt sértés* veiled insult

burok <fn> **1.** *(magzaté)* caul **2.** *(dióé)* shell
♦ **burokban született** born with a silver spoon in one's mouth

bús <mn> sad; sorrowful; gloomy; woeful

busás <mn> abundant; plentiful

búsul <ige> grieve (**vki/vmi miatt** at/about/over sy/sg); be✦ grieved (**vki/vmi miatt** at/about/over sy/sg)

busz <fn> bus: *busszal megy iskolába* go to school by bus ∗ *eléri a buszt* catch the bus

buszjegy <fn> bus ticket

buszmegálló <fn> bus stop; *(fedett)* bus shelter; *(távolsági)* coach stop

buszsofőr <fn> bus driver

buta <mn> stupid; foolish; dull; biz dense; biz dopey; biz dozy: *buta kérdés* a stupid question ∗ *Buta voltam, hogy megbíztam benne.* I was foolish to trust him.

butaság <fn> **1.** stupidity; folly; foolishness **2.** *(beszéd)* rubbish; nonsense: *butaságokat beszél* speak nonsense

butik <fn> boutique

butít <ige> stupefy; make✦ stupid

bútor <fn> *(egy darab)* a piece of furniture; *(bútorzat)* furniture (tsz: furniture): *bútorok* furniture ∗ *kerti bútor* garden furniture ∗ *a bútorok*

bútordarab 712

elrendezése the arrangement of the furniture
bútordarab <fn> piece of furniture
bútorozatlan <mn> unfurnished
bútorozott <mn> furnished: *bútorozott lakás* furnished flat
butul <ige> grow*/become* stupid; grow*/become* dull
búvár <fn> diver
búvárkodik <ige> 1. dive 2. *(tudományosan)* do* (some) research (**vmiben** into/on sg); research (**vmiben** (into) sg)
búvárruha <fn> diving suit
búvóhely <fn> 1. hiding place; lair; biz hideaway 2. *(vadé)* lair
búza <fn> wheat
búzadara <fn> semolina
búzakorpa <fn> wheat bran
búzaliszt <fn> wheat flour
búzavirág <fn> cornflower
buzdít <ige> encourage; stimulate; urge: *buzdít vkit, hogy tanuljon nyelveket* encourage sy to learn foreign languages
buzgalom <fn> zeal; eagerness; fervour; AmE fervor
buzgó <mn> zealous; eager; ardent; keen; enthusiastic
bűbájos <mn> charming; enchanting
büdös <mn> stinking; smelly; foul-smelling
♦ **büdös neki a munka** be* workshy
büdzsé <fn> budget
büfé <fn> 1. *(önálló)* snack bar; AmE diner 2. *(munkahelyi)* canteen; cafeteria 3. *(pályaudvaron, színházban)* buffet 4. *(múzeumban)* coffee shop
bükk(fa) <fn> 1. *(élő)* beech (tree) 2. *(feldolgozott)* beech (wood)
bűn <fn> 1. *(törvénysértés)* crime; offence; AmE offense: *bűnt követ el* commit a crime * *súlyos bűn* a serious offence 2. vall sin: *halálos bűn* mortal sin * *eredendő bűn* original sin * *bűnbe esik* fall* into sin 3. *(erkölcsi)* sin: *bűnt követ el* sin; commit a sin 4. *(hiba)* sin; crime
bűnbak <fn> scapegoat: *őt tették meg bűnbaknak vmi miatt* she was made the scapegoat for sg
bűnbánat <fn> repentance; penitence
bűncselekmény <fn> crime; criminal act: *bűncselekményt követ el* commit a crime * *Ártatlan(-nak bizonyult) abban a bűncselekményben.* He is innocent of that crime. * *A bűncselekmények száma emelkedik.* There is a rise in crime.
bűnelkövető <fn> criminal; perpetrator
bűnhődés <fn> punishment: *bűn és bűnhődés* crime and punishment
bűnhődik <ige> suffer (**vmiért** for sg); be* punished (**vmiért** for sg)

bűnjel <fn> corpus delicti; *(tárgyaláson)* evidence; exhibit
¹bűnös <mn> 1. jog guilty (**vmiben** of sg): *bűnösnek vallja magát* plead guilty * *bűnösnek talál vkit* find sy guilty * *A rendőrség megállapította, hogy bűnös.* The police established that he was guilty. 2. *(hibás)* responsible (**vmiben** for sg) 3. vall sinful 4. *(gonosz)* evil; wicked; vicious
²bűnös <fn> 1. jog criminal; *(enyhébb)* offender; *(súlyos)* felon 2. vall sinner
bűnösség <fn> 1. guilt; guiltiness: *a bűnösség beismerése* admission of guilt * *vki bűnösségét bizonyítja* prove sy's guilt * *megállapítja vkinek a bűnösségét* establish sy's guilt 2. vall sinfulness
bűnözés <fn> crime; delinquency: *szervezett bűnözés* organized crime * *a bűnözés elleni küzdelem* fight against crime * *fiatalkorú bűnözés* juvenile delinquency
bűnöző <fn> criminal; *(enyhébb)* offender; delinquent; *(súlyos)* felon: *fiatalkorú bűnöző* juvenile delinquent
bűnrészes <fn> accomplice; accessory
bűnszövetkezet <fn> gang (of criminals)
bűntárs <fn> accomplice; accessory
büntet <ige> 1. punish 2. jog punish; sentence: *tízévi börtönnel büntették* he was sentenced to ten years' imprisonment 3. *(pénzzel)* fine: *50 fontra büntetik* be fined £50
büntetés <fn> 1. punishment: *Rossz voltál, ezért büntetésből nem jöhetsz velünk moziba.* You can't come to the cinema with us as a punishment for being naughty. 2. jog punishment; penalty; sentence: *szigorú büntetésben részesül* receive severe punishment * *Igazságos büntetést kapott.* He got a just punishment. * *büntetést mér vkire* impose a penalty upon sy 3. *(pénz)* fine
büntetett előéletű <mn> previously convicted <csak hátravetve>; with a (criminal) record <csak hátravetve>
büntetlen előéletű <mn> with a clean record <csak hátravetve>
büntető <mn> *(büntetőügyekkel kapcsolatos)* criminal; *(megtorló)* punitive: *büntető törvénykönyv* the criminal code; the penal code * *büntető intézkedés* punitive sanction
büntetődobás <fn> sp *(pl. vízilabda)* penalty throw; *(kosárlabda)* free throw
büntetőeljárás <fn> jog criminal procedure
büntetőjog <fn> jog criminal law
büntetőrúgás <fn> sp penalty kick
büntetőterület <fn> sp penalty area
bűntett <fn> crime; criminal act
bűntudat <fn> guilty conscience; feeling of guilt; remorse: *Nem érzett bűntudatot a gyilkosságok miatt.* He felt no remorse for the murders.

bűnügy <fn> jog crime; criminal case
bűnügyi <mn> criminal
bürokrácia <fn> bureaucracy; biz red tape
büszke <mn> **1.** proud (**vkire/vmire** of sy/sg): *Büszke vagyok a szüleimre.* I am proud of my parents. * *Biztosan nagyon büszke magára.* She must be very proud of herself. **2.** *(önérzetes)* proud: *Túlságosan büszke ahhoz, hogy bocsánatot kérjen tőlünk.* He is too proud to beg our pardon. **3.** *(öntelt)* lofty; haughty
büszkélkedik <ige> **1.** *(henceg)* flaunt; swagger; boast **2.** take✢ pride (**vmivel** in sg); be✢ proud (**vmivel** of sg)
büszkeség <fn> **1.** pride: *Arca sugárzott/ragyogott a büszkeségtől.* His face glowed with pride. **2.** *(önteltség)* haughtiness; loftiness **3.** *(büszkeség tárgya)* pride: *a család büszkesége* the pride of the family

bütyköl <ige> tinker (about) (**vmit** with sg); fiddle (about/around) with sg: *Egész hétvégén az autóját bütykölte.* He spent the weekend tinkering (about) with his car.
bűvész <fn> *(mutatványos)* magician; conjurer; conjuror; *(varázsló)* magician; sorcerer
bűvészet <fn> magic; conjuring
bűvészkedik <ige> conjure; perform conjuring tricks
bűvészmutatvány <fn> conjuring trick
bűvös <mn> magic(al): *bűvös kocka* magic cube; Rubik's Cube
bűz <fn> stench; reek; biz stink; BrE szl pong: *Mekkora bűz!* What a stink!
bűzlik <ige> smell✢ bad; biz reek; biz stink✢; BrE szl pong: *Dohányszagtól bűzlik a ruhája.* His clothes reek of tobacco.
byte <fn> infor byte

C, c

C, c <fn> 1. *(betű)* C, c 2. *(hang)* C: *C-dúr* C major * *c-moll* C minor

cafat <fn> shred: *cafatokra tép vmit* tear sg (in)to shreds * *cafatokban* in tatters

cáfol <ige> refute; rebut; deny: *cáfolja a tényeket* deny the facts

cáfolat <fn> refutation; rebuttal; denial

cáfolhatatlan <mn> irrefutable; undeniable; indisputable

cammog <ige> trudge; plod

cápa <fn> shark

cár <fn> tsar; czar

casco <fn> *(biztosítás)* comprehensive insurance

CD <fn> infor CD (= compact disc); disc: *kalóz CD* bootleg CD

CD-író <fn> infor CD writer; CD burner

CD-lejátszó <fn> infor CD player; *(hordozható)* personal stereo

CD-meghajtó <fn> infor CD drive

CD-olvasó <fn> infor CD drive

CD-ROM <fn> infor CD-ROM (= compact disc read-only memory)

cech <fn> bíz bill: *Állom a cechet.* It's on me.

cécó <fn> fuss: *Ne csinálj ebből ekkora cécót!* Don't make such a fuss about it!

cédula <fn> slip

céduláz <ige> make✥ excerpts

cég <fn> firm; company; business: *Ő vezeti a céget.* He manages/runs the firm. * *belép a cégbe* join the company * *céget bejegyez* register a company * *egy cég megalapítása* the foundation/founding of a company * *új céget alapít* base a new company * *a cég alapítója* the founder of the company * *multinacionális cég* a multinational company * *a cég vezetése* the management of the company * *a cég székhelye* the company's base/headquarters * *felépít egy céget* build a business

cégbíróság <fn> registry; Company Registry

cégjegyzék <fn> register of companies

cégtábla <fn> sign

cégtulajdonos <fn> proprietor; principal; owner

cégvezető <fn> manager

céh <fn> guild

cékla <fn> beetroot; AmE beet

cél <fn> 1. *(célkitűzés)* aim; goal; purpose; target; objective; object; end; point: *Az a célja, hogy tanár legyen.* Her aim is to be a teacher. * *kitartóan követi a célját* pursue a purpose steadily; keep to one's goal * *eléri a célját* achieve one's aim/goal; reach one's objective * *e célból* with this object; for this purpose; to this end; with this end in view * *vminek a célja* the object of sg * *Mindent megtett saját céljai elérése érdekében.* He tried everything to achieve his own ends. * *vminek a céljából* in order to; with a view to; so as to; with the aim/purpose of doing sg 2. *(szándék)* intent; intention 3. *(rendeltetés)* purpose: *minden célnak megfelelő* for all purposes * *több célt szolgál* serve various purposes 4. *(úti)* destination 5. *(célpont)* target: *célba talál* hit the target 6. sp target; mark: *célba talál* hit the target/mark * *nem talál célba / célt téveszt* miss the target/mark * *célba lő* shoot at a target/mark

♦ **A cél szentesíti az eszközt.** The end justifies the means.

célállomás <fn> destination

célcsoport <fn> target group; target audience

célegyenes <fn> the home straight/stretch: *befordul a célegyenesbe* be in the final straight

célkitűzés <fn> aim; target

cella <fn> 1. *(zárka, zárda)* cell 2. el *(akkumulátorban stb.)* cell

céllövölde <fn> shooting gallery

cellux <fn> Sellotape; AmE *(a 3M Company bejegyzett védjegye)* Scotch® tape

célnyelv <fn> target language

celofán <fn> cellophane

célország <fn> target country

céloz <ige> 1. *(fegyverrel)* aim (**vkire/vmire** at sg/sy); point (**vkire/vmire** at sg/sy) 2. *(utal)* drive✥ (**vmire** at sg); hint (**vmire** at sg); imply (**vkire/vmire** to sy/sg); insinuate (**vkire/vmire** to sy/sg); refer (**vkire/vmire** to sy/sg)

célozgat <ige> hint (**vmire** at sg); insinuate (**vmire** to sg); make✥ allusions (**vmire** to sg)

célpont <fn> *(tárgy)* target; mark; *(íjászé)* butt; átv aim; goal

célratörő <mn> go-ahead; purposeful; determined

célravezető <mn> expedient

célszerű <mn> expedient

célszerűtlen <mn> inexpedient; impractical

céltábla <fn> target; mark: *eltalálja a céltáblát* hit the target

céltalan <mn> aimless; meaningless; pointless

céltudatos <mn> ambitious; purposeful; single-minded

célzás 1. *(fegyverrel)* aim 2. *(utalás)* allusion; hint: *célzást tesz vmire* hint at sg

célzatos <mn> tendentious; intentional

cement <fn> cement

cent <fn> cent

centenárium <fn> centenary; főleg AmE centennial

centiliter <fn> centilitre; AmE centiliter

centiméter <fn> centimetre; AmE centimeter

centrifuga <fn> spin-dryer

centrifugáz <ige> spin-dry

centrum <fn> centre; AmE center

cenzúra <fn> censorship

cenzúráz <ige> censor

ceremónia <fn> ceremony; *(szertartásosság)* formality: *ceremónia nélkül* informally

cérna <fn> thread; cotton

cérnametélt <fn> vermicelli

cérnaszál <fn> thread: *rövid cérnaszál* a short thread * *Ezt a cérnaszálat fűzd át a tűn!* Push/Put this piece of thread through the needle.

ceruza <fn> pencil: *színes ceruza* coloured pencil * *szemöldök ceruza* eyebrow pencil * *a ceruza hegye* the point of a pencil * *ceruzával ír* write in pencil * *Írd be ceruzával a naptáradba!* Pencil it into your diary!

ceruzaelem <fn> penlight battery

ceruzahegyező <fn> pencil sharpener

cet <fn> *(hal)* whale

cetli <fn> chit; a slip of paper

chartergép <fn> chartered plane

chatszoba <fn> chat room

Chile <fn> Chile

¹**chilei** <mn> Chilean

²**chilei** <fn> Chilean

chip → **csip**

chips <fn> chips <tsz>; crisps <tsz>

cián <fn> cyanide

cibál <ige> *(hajat stb.)* pull (at); tug (at)

cica <fn> kitten; puss; pussy

cifra <mn> 1. *(gazdagon díszített)* gaudy; fancy 2. pej *(meghökkentően furcsa)* strange; odd: *cifra eset/história* a fine state of affairs

cigány <fn> gypsy

cigánykerék <fn> cartwheel: *cigánykereket hány* do/turn cartwheels

cigányzene <fn> gypsy music

cigányzenekar <fn> gypsy-band/orchestra

cigaretta <fn> cigarette; biz smoke: *elszív egy cigarettát* smoke a cigarette; have a smoke * *a hamutartóba nyomja a cigarettát* grind/stub the cigarette into the ashtray * *égő cigaretta* a burning cigarette * *füstszűrős cigaretta* filter tip

cigarettázik <fn> smoke (a cigarette/cigarettes)

cigi <fn> BrE szl fag

cigizik biz → **cigarettázik**

¹**ciki** <mn> biz embarrassing

²**ciki** <fn> biz an embarrassing situation; a real fix

cikiz <ige> get* at sy; make* cracks (**vkit** about sy)

cikk <fn> 1. *(áru)* article; item: *fogyasztói cikkek* consumer goods * *háztartási cikkek* household commodities 2. *(írásmű)* article; feature; contribution: *cikket közzétesz* publish an article * *Végére értél annak a cikknek?* Are you through with that article? 3. jog *(nemzetközi szerződés több pontból álló része)* article; paragraph

cikkely <fn> article; paragraph; clause

ciklámen <fn> növ cyclamen

ciklon <fn> cyclone

ciklus <fn> 1. *(körfolyamat)* cycle; circle 2. *(politikában stb.)* term 3. *(összefüggő művek sorozata)* cycle

cilinder <fn> top hat

cím <fn> 1. *(műé)* title; *(fejezeté)* heading: *a festmény címe* the title of the painting 2. *(lakcím)* address: *megszerez egy címet* obtain an address * *Ide kell írnod a címedet nyomtatott betűkkel.* Print your address here. * *vki címén* care of sy; c/o * *e-mail-cím* infor e-mail address 3. *(rang/állás)* title; rank: *díszdoktori cím* honorary doctorate 4. sp *(győztesé)* title: *bajnoki cím* title; championship 5. *(jogcím)* title: *vmilyen címen* by right of; on the score of * *Milyen címen?* By what right?

cimbalmos <fn> zene cimbalom player

cimbalmozik <ige> zene play the cimbalom

cimbalom <fn> zene cimbalom

cimbora <fn> 1. biz *(pajtás)* pal; BrE mate; chum 2. pej *(cinkos)* accomplice

címer <fn> coat of arms

címez <ige> 1. *(küldeményt)* address (**vmit vkinek** sg to sy) 2. *(mond)* address (**vkit vminek** sy as sg); title (**vkit vminek** sy sg)

címjegyzék <fn> directory; *(levelezési)* mailing list

címke <fn> *(ruhában)* label; *(árun)* tag; *(kilógó fülecske)* tab

címkéz <ige> 1. *(árut stb.)* label; tag 2. pej *(személyt, magatartást)* label

címlap <fn> *(könyvé)* title page; *(újságé)* front page

címlapfotó <fn> cover picture

címlet <fn> denomination: *Milyen címletekben kéri?* How would you like the money?

címmérkőzés <fn> title match
címoldal <fn> *(újságé)* front page
címszerep <fn> title role
címszereplő <fn> (actor playing the) title role
címszó <fn> headword
címváltozás <fn> change of address
címvédő <fn> sp title holder
címzés <fn> address
címzett <fn> addressee; *(csomagé stb.)* receiver
cincog <ige> **1.** squeak **2.** *(hangszeren)* scrape
cinege <fn> tit
cingár <mn> lean; scrawny; slight; thin
cinikus <mn> cynical
cink <fn> zinc
cinke → **cinege**
¹**cinkos** <mn> *(pillantás, mosoly stb.)* conspiratorial: *cinkosan kacsint* give a conspiratorial wink ∗ *cinkosan mosolyog* smile knowingly
²**cinkos** <fn> accomplice; jog accessory: *vkinek a cinkosa* be in league with sy
cintányér <fn> cymbal: *összecsapja a cintányérokat* clash the cymbals
cipel <ige> carry; BrE hump (**vmit** sg); biz lug (**vmit** sg); cart (**vmit** sg); tote (**vmit** sg)
cipész <fn> shoemaker; cobbler
cipó <fn> loaf (tsz: loaves)
cipő <fn> shoe; *(magas szárú)* boot: *egy pár cipő* a pair of shoes ∗ *utcai cipő* outdoor shoes ∗ *kényelmes cipő* a pair of comfortable shoes ∗ *magas sarkú cipő* shoes with high heels ∗ *felveszi a cipőjét* put one's shoes on ∗ *kifényesíti a cipőjét* shine/polish one's shoes ∗ *Szorít a cipő.* These shoes pinch. ∗ *Milyen méretű cipőt hord?* What size shoes do you take? ∗ *Túl szűk a cipőm.* My shoes are too tight. ∗ *Jó lesz vajon ez a cipő neked?* Will these shoes fit you?
cipőfűző <fn> shoelace; lace; AmE shoestring; *(magas szárú cipőé)* bootlace: *megköti a cipőfűzőjét* do up/tie one's shoelaces ∗ *kibontja a cipőfűzőjét* untie one's shoelaces ∗ *befűzi a cipőfűzőjét* lace (up) one's boots ∗ *vesz egy (pár) cipőfűzőt* buy a pair of shoelaces
cipőkanál <fn> shoehorn
cipőkefe <fn> shoe/boot brush
cipőkrém <fn> shoe/boot cream/polish
cipőméret <fn> shoe size
cipősarok <fn> shoe/boot heel
cipőtalp <fn> sole
Ciprus <fn> Cyprus
¹**ciprusi** <mn> Cypriot
²**ciprusi** <fn> Cypriot
cipzár <fn> zip; zip fastener; AmE zipper: *felhúzza a cipzárt* do up/close a zip ∗ *lehúzza a cipzárt* undo/open a zip; unzip
cirill <mn> Cyrillic: *cirill betűs írás* Cyrillic script ∗ *cirill ábécé* Cyrillic alphabet

ciripel <ige> *(tücsök)* chirp; chirrup
cirka <hsz> circa
cirkál <ige> *(hajó)* cruise; *(járőröz)* patrol
cirkáló <fn> kat *(hajó)* cruiser
cirkusz <fn> **1.** *(szórakoztató intézmény)* circus **2.** *(előadás)* circus **3.** *(épület, sátor)* circus; the big top **4.** tört *(ókori versenyek színtere)* circus **5.** biz *(hűhó)* carry-on; fuss; scene; farce: *Mekkora cirkusz!* What a carry-on!
cirkuszigazgató <fn> ringmaster
cirkuszol <ige> biz make✢ a fuss: *Ne cirkuszolj!* Don't make a fuss!
cirógat <ige> caress; fondle; stroke; AmE *(állatot, gyereket)* pet
ciszta <fn> orv cyst
ciszterna <fn> **1.** *(csapadékvíz gyűjtésére)* cistern **2.** *(tartálykocsié)* tank
citadella <fn> citadel
citera <fn> zither
citerázik <ige> play the zither
citrom <fn> lemon: *egy szelet citrom* a slice of lemon ∗ *citromot kifacsar* press/squeeze the juice from/out of a lemon; squeeze a lemon ∗ *kifacsart citrom* a squeezed lemon
citromfa <fn> lemon tree
citromfacsaró <fn> lemon squeezer; AmE juicer
citromhéj <fn> lemon peel
citromlé <fn> lemon juice
citromnyomó → **citromfacsaró**
citromos <mn> lemony: *citromos tea* lemon tea
citromsárga <mn> lemon; yellow; lemon yellow; lime
civakodik <ige> brawl; be✢ at loggerheads (**vkivel vmin** // **vmi miatt** with sy over sg): *Mindig civakodnak a szomszédaikkal.* They're always at loggerheads with their neighbours. / They're always quarrelling with their neighbours.
¹**civil** <mn> civilian: *civilben* in civilian life ∗ *civil ruha* plain clothes ∗ *civil ruhás* plain clothes ∗ *civil szervezet* civil organization/institution
²**civil** <fn> *(személy)* civilian
civilizáció <fn> civilization; BrE civilisation: *a civilizáció hajnala* the dawn of civilization ∗ *a római civilizáció* the Roman civilization
civilizációs <mn> of civilization <csak hátravetve>: *civilizációs betegségek* diseases/ills of civilization
civilizált <mn> civilized; BrE civilised: *civilizált módon* in a civilized manner
cl [= centiliter] cl (= centilitre; AmE centiliter)
cm [= centiméter] cm (= centimetre; AmE centimeter)
cókmók <fn> one's stuff/things; one's bits and pieces; one's goods and chattels; BrE one's bits and bobs

comb <fn> **1.** *(emberé)* thigh **2.** *(állaté, főként ételként)* haunch
combcsont <fn> thigh bone; femur
combnyaktörés <fn> orv the femoral neck fracture; fracture of the femoral neck
computer <fn> computer
copf <fn> plait; pigtail; AmE braid: *copfba fon* braid * *copfot hord/visel* wear one's hair in plaits/pigtails
copfos <mn> pigtailed; wearing one's hair in pigtails/plaits <csak hátravetve>
cölöp <fn> *(épületet a víz/föld fölött tartó)* pile; stilt <főleg tsz>
cövek <fn> *(sátoré)* peg
cucc <fn> biz clobber; stuff; *(személyes holmi)* goods and chattels
cukkini <fn> courgette; AmE zucchini
cukkol <ige> biz banter
cukor <fn> **1.** *(ízesítésre)* sugar: *finomított cukor* refined sugar * *egy kis cukor* a spot of sugar * *cukrot tesz a kávéjába* take sugar in one's coffee * *Túl sok cukor van az almás pitében.* There is too much sugar in the apple-pie. * *Semmi cukor nincs a teámban.* I haven't got any sugar in my tea. * *cukorral meghintett sütemény* cake dusted with sugar * *Cukorral vagy tejjel iszod a kávét?* Do you take sugar or milk in your coffee? * *Add hozzá a lisztet a cukorhoz!* Add the flour to the sugar. * *cukorral bevon* crystallize **2.** *(cukorka)* bonbon; drop; lozenge; AmE candy; BrE *(erős)* humbug **3.** biz *(betegség)* diabetes
♦ **Nem vagyok cukorból!** I am not a softie.

cukorbaj <fn> diabetes
¹**cukorbeteg** <mn> diabetic
²**cukorbeteg** <fn> diabetic
cukorbetegség <fn> diabetes
cukorborsó <fn> sugar pea; mange-tout (pea)
cukorka <fn> bonbon; drop; BrE sweet; sweets; AmE candy; biz *(gyermeknyelven)* sweetie; *(erős)* humbug; *(mentolos)* mint; peppermint
cukormáz <fn> frosting; icing: *cukormázzal bevont torta* sugar-coated cake; cake topped with icing
cukormentes <mn> sugar-free
cukorrépa <fn> beet; sugar beet
cukorszóró <fn> sugar castor
cukortartó <fn> sugar basin
cukrász <fn> confectioner
cukrászda <fn> confectioner's (shop); AmE cake shop
cukrászsütemény <fn> confectionery; pastry
¹**cukros** <mn> **1.** *(cukrozott, cukorízű)* sugary **2.** *(cukorbeteg)* diabetic
²**cukros** <fn> *(cukorbeteg)* diabetic
cukrozott <mn> **1.** *(cukorral ízesített)* glacé; sugared; sweetened: *cukrozott cseresznye* glacé cherries **2.** *(kandírozott, vagy cukorral tartósított)* candied
cumi <fn> BrE dummy; AmE pacifier; BrE *(cumisüvegen)* teat; AmE nipple
cumisüveg <fn> feeding bottle
cumizik <ige> *(cumit)* suck (on) a dummy; *(cumisüvegből)* suck (on) a feeding bottle
C-vitamin <fn> vitamin C: *C-vitaminban gazdag* be rich in vitamin C

Cs, cs

Cs, cs <fn> (betű) Cs, cs
csábít <ige> **1.** beguile (**vkit (vmire)** sy (into doing sg); entice (**vkit (vmire)** sy (into doing sg); tempt (**vkit (vmire)** sy (into doing sg) // sy (to do sg) **2.** lure (**vkit vhova** sy to swhere) **3.** (vonz) attract; draw✢
csábítás <fn> **1.** lure; enticement **2.** (elcsábítás) seduction **3.** (kísértés) temptation: *ellenáll a csábításnak* resist the temptation * *enged a csábításnak* allow oneself to be tempted
¹csábító <mn> **1.** (érzékekre ható) enticing: *csábító illat* an enticing smell **2.** (vonzó, kedvező) alluring; tantalizing; tempting; attractive; inviting: *rendkívül csábító ajánlat* an extremely tempting offer
²csábító <fn> (főleg férfi) seducer
¹csacsi <fn> **1.** (fiatal szamár) donkey; young ass **2.** átv (naiv) little ass/fool
²csacsi <mn> silly; foolish
csacsog <ige> chatter (away/on) (**vkiről/vmiről** about sy/sg); prattle (away/on) (**vkiről/vmiről** about sy/sg)
csacsogás <fn> chatter; prattle
csahol <ige> bark; (kiskutya magas hangon) yap
csaj <fn> szl babe; bimbo
csak <hsz> **1.** (megszorításként) only; just; simply; solely; merely; alone; nothing but: *Csak az egyik keze szabad.* She has just one hand free. * *Ez csak rám vonatkozik.* This goes just for me. / This only goes for me. * *csak egyvalaki érdekli* have eyes only for sy * *Ő csak a popzenét szereti.* He only likes pop music. * *Csak ő szeret engem.* Only he loves me. * *Csak önmagát hibáztathatja/okolhatja.* She has only herself to blame. * *csak külsőleg* for external; (kenőcs) application/use only * *csak a pénzért tesz vmit* do sg simply for the money * *csak ő felel vmiért* be solely responsible for sg * *Csak te tudod megírni azt a levelet.* You alone can write that letter. * *Az a fickó egyszerűen csak hülye.* That fellow's nothing but a fool! **2.** (mindössze) only; just; but: *Még csak négy óra van.* It's only four o'clock. * *Csak öt lány van az osztályban.* There are only five girls in the class. * *Csak két narancsom van.* I only have two oranges. * *Csak egy kis meglepetés volt.* It was just a small surprise. * *Csak pár almánk maradt.* We've only got a few apples left. * *Csak a beszélgetésük végét tudtam elkapni.* I only caught the end of their conversation. **3.** (különösebb értelem nélkül) just; simply: *Csak találkozni akartam veled.* I just wanted to meet you. * *Csak meg akartam mutatni valamit.* I simply wanted to show you something. **4.** (felszólítás nyomósítására) just: *Csak rajta!* Just go ahead! * *Tessék csak helyet foglalni!* Just sit down, please. **5. Csak nem?** Really? **6.** (óhajtás kifejezésére) if only: *Csak elmennél már!* If you would only go away! * *Csak itt lennél már!* I wish you were here! **7. Csak!** (dacos feleletben) Just because!
csákány <fn> pickaxe; pick
csákányos <mn> **csákányos (sí)lift** T-bar lift
¹csakhogy <hsz> (végre) at last!; thank Heaven!
²csakhogy <ksz> but; however
csakis <hsz> (csupán) none but; only; alone; merely: *csakis a saját érdekében cselekszik* act entirely in one's own interest
csáklya <fn> grappling hook/iron
csaknem <hsz> nearly; almost; all but: *Csaknem belehalt sérüléseibe.* She all but/nearly died of her wounds. * *Csaknem egy óráig tart.* It takes just under an hour.
csakugyan <hsz> indeed; really; actually; truly: *Ez az ital csakugyan nagyon hideg.* This drink is very cold indeed. * *Ez a család csakugyan szegény.* This family is really poor. * *Az ötleted csakugyan jónak hangzik.* Your idea sounds a really good one. * *Csakugyan?* (kételkedve) Is that so? / Really?
csal <ige> **1.** (megtéveszt) cheat: *Sokat csal.* He cheats a lot. **2.** (kártyában, vizsgán, stb.) cheat (**vmiben/vmin** at/in sg) **3.** (házastársat) cheat (**vkit** on sy); be✢ unfaithful (**vkit** to sy): *Csalja a feleségét.* He is unfaithful to his wife. **4.** (elcsábít) lure to (**vhova** swhere)
család <fn> **1.** (mint egység) family <esz>; (a családtagok) family <tsz>: *családot alapít* establish/start a family * *csonka/egyszülős család* one-parent/single-parent family * *az egész családom* my whole family * *öröklődik a családban* run in the family * *családot felnevel* bring up/raise a family * *családon belüli erőszak* domestic violence * *nagy családot kell fenntartania/eltartania* have to support a large family; have a large family to support * *Magyarországon minden családban van egy televízió.* Every family in Hungary owns a television. * *A családom minden tagja szeret focizni.* All my

family enjoy playing football. **2.** áll, növ family **3.** *(gyermek)* child; family: *Négy családjuk van.* They've got four children. **4.** *(uralkodói)* dynasty: *a királyi család* the royal family
♦ **a család szégyene** the skeleton in the closet/cupboard; the black sheep of the family

családanya <fn> mother of a/the family: *főállású családanya* housewife
családapa <fn> father of a/the family
családfa <fn> family tree
családfő <fn> head of a/the family
családi <mn> **1.** family: *családi esemény* a family occasion/affair * *családi összejövetel* a family reunion * *családi állapot* marital status * *családi pótlék* child benefit * *családi ékszer* heirloom * *családi kötelékek* family ties * *családi sírbolt* family vault * *családi név* surname **2.** *(családon belüli)* domestic: *családi problémák* domestic problems * *családon belüli erőszak* domestic violence * *családi élet* family life; domesticity
családias <mn> familiar; homely
családjog <fn> family law
családlátogatás <fn> home visit
családos <mn> having/with a family <csak hátravetve>: *családos férfi* a family man
családtag <fn> member of the family
családtervezés <fn> family planning
csalamádé <fn> ≈ mixed pickles <tsz>
csalán <fn> nettle
csalánkiütés <fn> nettle-rash
csalárd <mn> treacherous; perfidious; false; deceitful; fraudulent: *csalárd módon* deceitfully; fraudulently * *csalárd fondorlat* false pretences
csalárdság <fn> deceitfulness; fraudulence
csalás <fn> *(cselekvés)* cheating; deceiving; deceit; deception; *(játékban)* swindle; jog fraud: *csalásért került börtönbe* be sent to prison for fraud * *csalással* by fraud/deception * *csalást követ el* commit a fraud * *csalással szerez pénzt* obtain money by deception * *csalással elvesz vmit vkitől* swindle sg out of sy * *Ez a csalás klasszikus esete.* It is a/the classic example of cheating.
csalétek <fn> *(halnak)* bait; *(egyéb állatnak)* lure; decoy
csalfa <mn> deceitful; false; perfidious
csalhatatlan <mn> **1.** *(tévedhetetlen)* infallible **2.** *(kétségtelen)* undoubted
csali <fn> *(halnak)* bait
csaló <fn> cheat; trickster
csalódás <fn> **1.** *(érzelmi)* disappointment; letdown: *nagy csalódásomra* to my great disappointment * *jókora/jó kis csalódás* quite a disappointment * *keserves csalódás* a rude awakening * *csalódást okoz vkinek* deceive sy's hopes; disappoint/frustrate sy **2.** *(érzéki)* illusion: *optikai csalódás* optical illusion
csalódik <ige> **1.** be✧ disappointed **(vmiben/vkiben** in sg/sy // with sy**) 2.** *(téved)* be✧ mistaken **(vmiben** in sg**)**; be✧ deluded **(vmiben** by/with sg**):** *ha nem csalódom* unless I'm mistaken
csalódott <mn> disappointed
csalódottság <fn> disappointment; frustration
csalogány <fn> nightingale
csalogat <ige> coax; entice; lure
csalóka <mn> deceptive: *csalóka időjárás* treacherous weather
csámcsog <ige> munch: *csámcsogva eszik vmit* munch/chomp away on sg
¹**csap** <ige> **1.** *(üt)* slap; strike✧; hit✧: *az asztalra csap* bang/hit the table **2.** *(dob)* throw✧; fling; hurl
²**csap** <fn> **1.** *(vezetéken)* tap; AmE faucet: *csöpögő csap* dripping tap * *meleg/hideg vizes csap* hot/cold tap * *kinyitja/elzárja a csapot* turn the tap on/off * *Nyitva van a csap?* Is the tap on? **2.** *(fából)* peg **3.** *(hordóé)* spigot
csáp <fn> *(rovaré)* antenna; feeler; *(polipé)* tentacle: *kinyújtja a csápjait* put out feelers
csapadék <fn> rainfall; tud precipitation
csapadékos <mn> wet; rainy
csapadékszegény <mn> rainless; meagre in rainfall <csak hátravetve>
csapágy <fn> bearing: *golyóscsapágy* ball bearing
csapás <fn> **1.** *(ütés)* slap; strike; stroke; hit; swipe; blow: *egyetlen fejszecsapással* with one stroke of the axe * *egy csapásra* at a/one stroke; at one go/blow **2. természeti csapás** natural disaster **3.** *(nagy baj)* adversity; affliction; blow; calamity; misfortune **4.** kat strike: *légi csapás* air strike **5.** *(ösvény)* path; track; trail
♦ **két legyet üt egy csapásra** kill two birds with one stone
csapat <fn> **1.** *(csoport)* troop **2.** biz *(baráti kör)* gang; band; bunch **3.** *(fegyveres alakulat)* troop; *(nagyobb számú)* troops <tsz> **4.** sp team <+ esz/tsz ige>; *(evezős)* crew; *(futballban, hokiban, krikettben)* eleven: *benne van a csapatban* be in/on the team * *a csapat legfontosabb embere/gerince* the key man on/backbone of the team * *olimpiai csapat* Olympic team * *csapatot összeállít* field * *A csapat nem játszik valami jól.* The team is/are not playing well. * *Kihagyták a csapatból.* He was dropped from the team. * *Melyik csapat fog nyerni?* Which team is going to win? **5.** *(munkatársak)* team <+ esz/tsz ige>

csapatjáték <fn> 1. team game 2. *(elv)* teamwork
csapatkapitány <fn> captain; biz skipper
csapatmunka <fn> teamwork
csapda <fn> 1. *(állatok megfogására)* trap; *(kisebb állatoknak)* snare: *csapdába esik* fall into a trap ∗ *csapdát állít* set/lay a trap 2. átv trap; catch; pitfall; snare: *csapdába sétál* walk into a trap
csapkod <ige> 1. *(ismételten ráüt)* thrash; thump 2. *(madár szárnyával)* flap; *(eső, hullám)* lash
csapnivaló <mn> terrible; dreadful; biz lousy
csapóajtó <mn> trapdoor
csapódik <ige> 1. *(vmihez ütődik)* close; slam 2. *(behatol)* bang (**vmibe/vhova** against/into/on sg); smash (**vmibe/vhova** into sg) 3. *(bezárul)* close; bang; slam
csapol <ige> *(sört stb.)* tap; draw✢: *csapolt sör* draught beer; beer on draught
csapos <fn> barman✢
csapott <mn> 1. *(lefelé hajló)* sloping: *csapott váll* sloping/stooping shoulders <tsz> ∗ *csapott vállú* round-shouldered 2. *(nem púpozott)* level: *egy csapott teáskanál cukor* a level teaspoon of sugar
csapzott <mn> matted
csárda <fn> inn; tavern; pub
csárdás <fn> *(tánc)* czardas
csarnok <fn> 1. hall: *kiállítási csarnok* exhibition hall 2. *(pályaudvaron)* concourse
császár <fn> 1. emperor 2. orv biz caesarean section/operation: *A baba császárral született* The baby was delivered by caesarean section/operation.
császári <mn> imperial
császármetszés <fn> caesarean; caesarean section/operation
császárné <fn> empress
császárnő <fn> empress
császárság <fn> 1. *(birodalom)* empire 2. *(uralom)* imperial rule/power
csat <fn> *(táskáé, ékszeré stb.)* clasp; *(övé, cipőé stb.)* buckle; *(hajé)* (hair) slide; AmE barrette
csata <fn> 1. *(ütközet)* battle: *megnyeri a csatát* win the battle ∗ *tengeri csata* naval battle ∗ *csatát vív* fight a battle ∗ *csatát veszít* loose a battle 2. főleg átv *(küzdelem)* fright; struggle
csatabárd <fn> battleaxe
csatahajó <fn> battleship
csatakiáltás <fn> battle cry
csatangol <ige> roam
csatár <fn> sp forward; striker
csatározás <fn> 1. *(fegyveres)* battle; skirmishing 2. *(politikai)* skirmish; cut and thrust
csatársor <fn> sp forward line; the forwards <tsz>
csatatér <fn> battlefield

csatázik <fn> battle
csatlakozás <fn> 1. *(szervezetileg)* accession: *EU-csatlakozás* accession to the EU; EU accession 2. *(közlekedésben)* connection: *Lekéstük a csatlakozást.* We missed the connection. 3. el connection; joint
csatlakozik <ige> 1. *(vele tart)* join (**vkihez/vmihez** sy/sg): *Csatlakozol hozzánk ebédre?* Will you join us for lunch? 2. *(szervezetileg)* join; affiliate: *csatlakozik a NATO-hoz* join NATO 3. *(véleményében vkihez/vmihez)* align oneself with sy/sg; support sy/sg: *csatlakoznak a mozgalomhoz* align themselves with the movement ∗ *Csatlakozom az előttem szólóhoz!* Same here! / I agree with the previous speaker. 4. *(közlekedésben)* connect (**vmihez** with sg) 5. el connect (**vmihez** to sg)
csatlakozó <fn> el plug; *(egylyukú)* jack
csatlakozóaljzat <fn> socket
csatlakoztat <ige> connect (**vmit vmihez** sg to sg)
csatol <ige> 1. *(csattal)* buckle (up/on); fasten; clasp 2. *(mellékel)* enclose (**vmit vmihez** sg with sg); *(elektronikusan)* attach (**vmit vmihez** sg to sg) 3. *(területet más államhoz)* annex
csatolmány <fn> attachment; enclosure
csatolt <mn> enclosed; attached: *csatolt fájl* attached file ∗ *csatoltan megküldjük* please find attached; enclosed please find
csatorna <fn> 1. *(víz elvezetéséhez)* ditch; gutter 2. *(természetes)* channel; *(mesterséges)* canal; drain: *a La Manche csatorna* the English Channel ∗ *a Szuezi-csatorna* the Suez Canal 3. *(öntözéshez)* canal; ditch 4. *(esővíz)* gutter 5. *(testben)* duct 6. *(tévében, rádióban)* channel: *kábeltelevíziós csatorna* cable channel ∗ *csatornát vált / más csatornára kapcsol át* tune to another channel ∗ *csatornát vált távirányítóval* zap 7. *(hírforrás)* channel
csatornáz <ige> 1. canalize 2. *(szennyvíznek)* install/lay✢ sewers in
csattan <ige> crack; clack
csattanás <fn> 1. *(fémes)* clash; *(ostoré stb.)* crack; *(kemény tárgyak egymáshoz csapódása)* crash; smack; *(reccsenés, eltörés, becsapódás)* snap 2. *(karambol)* smash; crash; *(tapsé)* clap; *(dörgés)* clap; *(kattanás)* click; *(durranás, csattanó ütés)* bang; crash; smash; snap; crack; click; bang
csattanó <fn> punchline
csattog <ige> *(fémesen)* clack; *(kemény tárgyak ütődése)* clatter; *(szárny)* flap
csattogás <fn> *(fémes)* clash; clang; *(szárnyé)* flapping; *(zörgés)* clatter
csáva <fn>
♦ **benne van a csávában** be✢ in a fix/mess/hole/pickle; be✢ in a tight corner ♦ **benne**

hagy vkit a csávában leave✢ sy in the lurch

¹**csavar** <ige> **1.** *(tárgyat tengelye körül)* twist; turn **2.** sp *(labdát)* slice **3.** *(csavart)* screw (**vmit vmibe** sg in sg)
♦ **az ujja köré csavar vkit** twist sy round his/her little finger

²**csavar** <fn> *(facsavar)* screw; *(vascsavar)* bolt; *(csavar anyával)* nut and bolt

csavaralátét <fn> washer

csavargó <fn> tramp; vagrant; vagabond; AmE bum; hobo: *Tom nem dolgozik, ő egy csavargó.* Tom doesn't work – he's just a bum.

csavarhúzó <fn> screwdriver

csavarkulcs <fn> spanner; AmE wrench

csavarodik <ige> twist; curl; screw; twine

csavarog <ige> bum around/about; kick about/around; biz knock around; BrE biz knock about; wander

csavaros <mn> *(üveg stb.)* screw-top(ped)

csavaroz <ige> screw (**vmit vmire/vmihez** sg on sg)

csecsemő <fn> baby; infant

csecsemőkor <fn> infancy; babyhood

¹**cseh** <mn> Czech

²**cseh** <fn> **1.** *(személy)* Czech **2.** *(nyelv)* Czech

Csehország <fn> the Czech Republic

csekély <mn> petty; scant; meagre; slight; few: *csekély különbség az árakban* a slight variation in price * *a legcsekélyebb mértékben sem* not in the slightest degree; not in the least * *csekély jelentőségű* marginal * *csekély többség* bare majority * *csekély (kis) összeg* insignificant sum of money * *csekély értéket képvisel* be of little worth

csekélység <fn> trifle; triviality; pettiness

csekk <fn> **1.** gazd cheque; AmE check: *csekket bevált* cash a cheque * *csekkel fizet* pay by cheque * *csekket kiállít* write a cheque; make out a cheque * *utazási csekk* traveller's cheque * *egy százdolláros csekk* a cheque for $100 * *A kifizetéseket mind készpénzben, mind csekken lehet teljesíteni.* Payments can be made both in cash and by cheque. * *Hol tudom beváltani a csekkjeimet?* Where can I change my cheques? * *Kiállított nekem egy csekket a teljes összegről.* He wrote me a cheque for the full amount. **2.** *(postai)* (postal) money order

csekkfüzet <fn> chequebook; AmE checkbook

csel <fn> **1.** ruse; trick; artifice; dodge: *csellel szerez meg vmit* obtain sg by a trick **2.** sp *(boksz stb.)* feint; *(futball)* dribble

cseléd <fn> servant

cselekedet <fn> act; action; *(tett)* deed: *bátor cselekedet* brave deed * *jó/rossz cselekedet* good deed/misdeed

cselekmény <fn> **1.** jog act **2.** *(könyvé, filmé; színdarabé)* plot

cselekszik <ige> **1.** *(vhogyan)* act; move; proceed; do✢: *ösztönösen cselekszik* act on instinct * *vki tanácsa(i) szerint cselekszik* act on sy's advice * *gyorsan cselekszik* be prompt to act **2.** *(vmit)* do; act: *rosszat cselekszik* do evil

cselekvés <fn> action: *Eljött a cselekvés ideje!* It is time for action

cselekvő <mn> **1.** *(tevékeny)* active **2.** nyelvt active: *cselekvő igealak* the active (voice)

cseles <mn> tricky; ált pej crafty

cselez <ige> sp feint; *(futballban stb.)* dribble

cselgáncs <fn> judo

cselgáncsozik <ige> do✢/practise judo: *John cselgáncsozik.* John does judo.

cselgáncsozó <fn> judoist

csellista <fn> cellist; cello player

cselló <fn> cello; violoncello

csellózik <ige> play the cello

csemege <fn> **1.** *(ínyencfalat)* delicacy; (tasty) titbit **2.** *(művészeti)* titbit; treat; *(hír stb.)* snippet

csemegebolt <fn> delicatessen; deli

csemegekukorica <fn> sweet corn

csemegepaprika <fn> *(fűszer)* sweet red pepper; paprika

csemegeszőlő <fn> grapes <tsz>

csemegeuborka <fn> pickled gherkin

csemete <fn> **1.** *(fa)* seedling; offspring; sapling **2.** biz *(gyerek)* offspring; child; AmE kid

csempe <fn> tile: *csempével burkolja a falat* cover the wall with tiles

¹**csempész** <ige> smuggle

²**csempész** <fn> smuggler; runner

csempészáru <fn> contraband; contraband goods <tsz>

csempéz <ige> tile

csend <fn> silence; stillness; quiet; *(nyugalom)* calm; tranquillity: *Csend legyen!* Silence!; Be/Keep quiet! * *csendben marad* keep quiet/still * *teljes csendben* in complete silence * *Csendet kérek!* Silence/Quiet please! * *Maradj csendben!* Be/Keep quiet!

csendes <mn> **1.** *(zajtalan)* silent **2.** *(nyugodt, békés)* silent; serene; peaceful; undisturbed: *Csendes a ház.* The house is silent. **3.** *(halk)* still **4.** *(visszafogott)* silent; serene; quiet

Csendes-óceán <fn> Pacific Ocean; the Pacific

csenevész <mn> puny

cseng <ige> **1.** *(hang)* ring✢; sound: *Szomorúan csengett a hangja.* His voice rang/sounded sad. **2.** *(telefon)* ring✢: *Cseng a telefon.* The telephone is ringing. **3.** *(fül)* ring✢: *A hangzavartól csengett a fülem.* The loud noise made my ear ring.

csenget <ige> ring✢: *csenget a kapucsengőn* ring the doorbell

csengő <fn> bell: *szól a csengő* the bell rings
csengőhang <fn> ringtone
csepeg <ige> dribble; drip: *csepeg az orra* have a runny nose; one's nose is running
csepegtet <ige> dribble (**vmibe/vmire** into/over/onto sg)
csépel <ige> *(gabonát)* thresh
csepereg <ige> *(eső)* it is drizzling
csepp <fn> **1.** drop: *cseppenként* drop by drop * *csepp a tengerben* a drop in the ocean * *az utolsó cseppig* to the last drop **2.** *(gyógyszer)* drops <tsz> **3.** *(egy kevés)* a drop of (**vmiből** sg)
♦ **az utolsó csepp a pohárban** the last straw; the straw that broke the camel's back
cseppen <ige> drip; drop
cseppent <ige> drip; drop
cseppfertőzés <fn> transmission (of an infectious disease) by contact
cseppfolyós <mn> fluid; liquid: *cseppfolyós állapotban lévő* fluid * *cseppfolyós állapotban van* átv *(képlékeny)* be in a state of flux
cseppfolyósít <ige> *(gázt)* condense; *(szilárdat)* liquefy; liquify
cseppkő <fn> dripstone; *(függő)* stalactite; *(álló)* stalagmite
cseppkőbarlang <fn> limestone; stalactite/stalagmite cave
cseppnyi <mn> **1.** a drop of (**vmiből** sg) **2.** átv a suspicion of (**vmiből** sg); a grain/touch of (**vmiből** sg): *cseppnyi győzelem a hangjában* a suspicion of triumph in his voice
cserben hagy <ige> **1.** *(bajban/magára hagy)* let✧ sy down; leave✧ sy in the lurch; fail: *Cserben hagyták a barátai.* His friends failed him. **2.** *(vmije nem működik)* fail: *Cserben hagyta az emlékezete.* His memory failed him.
cserbenhagyásos <mn> hit-and-run: *cserbenhagyásos baleset* hit-and-run accident
csere <fn> **1.** change; replacement; swap; *(árué)* exchange: *vmiért cserébe* in exchange for sg **2.** sp *(az aktus)* substitution: *cserét hajt végre* bring on a substitute **3.** sp *(cserejátékos)* substitute; biz sub
csereberél <ige> swap
cserebogár <fn> cockchafer; may-bug/beetle
cserediák <fn> exchange student
cserejátékos <fn> sp substitute; sub
cserekereskedelem <fn> barter (system)
cserél <ige> **1.** change (**vmit vkivel** sg with sy): *helyet cserél vkivel* change places with sy * *gazdát cserél* change hands * *lakást cserél* move house/home **2.** change (**vmit vmire** sg for sg); *(becserél)* trade (**vmit vmire** sg for sg): *A karkötőmet egy nyakláncra cseréltem.* I traded my bracelet for a necklace.
cserélődik <ige> be✧/get✧ replaced

cserép <fn> **1.** *(tetőn)* tile **2.** *(növényé)* pot **3.** *(törmelék)* crock; debris; shard; potsherd; shatter
cserépkályha <fn> (glazed) tile stove
csereprogram <fn> exchange programme
cseréptető <fn> tiled roof
cseresznye <fn> cherry
cseresznyefa <fn> cherry tree
cseresznyemag <fn> cherry stone; AmE cherry pit
cseresznyepálinka <fn> Hungarian kirsch/cherry brandy
cseresznyepaprika <fn> chilli; hot pepper
cserje <fn> shrub
cserkész <fn> boy scout; scout; *(lánycserkész)* Guide; Girl Scout: *cserkész lesz* join the Scouts
cserkészcsapat <fn> scout troop
cserkészet <fn> the Scouts <tsz>
cserkésztábor <fn> scout camp
csésze <fn> cup: *iszik egy csésze forró kávét* drink a cup of hot coffee
csészealj <fn> saucer
♦ **repülő csészealj** flying saucer
csetepaté <fn> brush; barney; scrap; kat skirmishing
csettint <ige> *(ujjal)* click; *(nyelvvel)* smack
csévél <ige> *(orsóra stb.)* spool; *(videoszalagot stb.)* wind
cseveg <ige> **1.** chat; biz schmooze **2.** infor chat
csibe <fn> chick
csibész <fn> **1.** biz *(gyerek)* monkey; rascal; pej brat: *Te kis csibész!* You cheeky little monkey! **2.** pej *(csirkefogó)* villain
csicsereg <ige> chirp; twitter
csicsergés <fn> chirp; chirrup; twitter; twittering
csiga <fn> **1.** *(állat)* snail: *éticsiga* edible snail * *tengeri csiga* sea snail * *meztelen csiga* slug **2.** *(emelő)* pulley
csigalépcső <fn> spiral staircase; spiral stairs <tsz>
csigatempó <fn> **csigatempóban** at a snail's pace
csigolya <fn> vertebra✧
csík <fn> **1.** *(felületen)* stripe; band; bar; streak: *egy sötét csík a madár bögyén* a dark streak on the bird's breast * *szoknya rózsaszín csíkkal* a skirt with a band of pink in it * *A zöld anyagon keresztben futó sárga csíkok vannak.* The green material has bars of yellow running through it. **2.** *(anyag darabja)* strip: *csíkokra vágja a papírt* cut the paper into strips * *papírcsík* a strip of paper
csikk <fn> stub; butt; biz fag end
csiklandós <mn> ticklish
csiklandoz <ige> tickle: *Csiklandozta a lábamat.* He tickled my feet.

csikló <fn> clitoris
csikó <fn> foal
csikorgat <ige> grit; grind*: *csikorgatja a fogát* grit/grind one's teeth
csikorog <ige> *(kerék, fék stb.)* screech; crunch; scrunch; grate; *(fog)* gnash
csikós <fn> horseherd; AmE cowboy
csíkos <mn> striped; stripy: *csíkos ing* a striped shirt
csillag <fn> **1.** *(égitest)* star: *csillag az égen* a star in the sky **2.** *(forma)* star; *(ló homlokán)* blaze: *a csillagok az amerikai zászlón* the stars in the US flag **3.** *(jel szövegben)* asterisk: *tesz egy csillagot a szó mellé* put an asterisk by the word **4.** *(sztár)* star
csillagász <fn> astronomer
csillagászat <fn> astronomy
csillagászati <mn> astronomic
csillagfényes <mn> starlit
csillagjegy <fn> star sign; biz sign: *Mi a csillagjegyed?* What sign are you? / What is your star sign?
csillagkép <fn> constellation
csillagkulcs <fn> ring spanner
csillagos <mn> **1.** *(égbolt)* starry; starlit **2. csillagos-sávos lobogó** AmE the Stars and Stripes **3. három-/négy-/ötcsillagos szálloda** three-/four-/five-star hotel
♦ **a határ a csillagos ég** the sky's the limit
csillagszóró <fn> sparkler
csillagvizsgáló <fn> observatory
csillagzat <fn> constellation: *szerencsés csillagzat alatt született* be born under a lucky star
csillapít <ige> **1.** *(fájdalmat, bánatot, mérget)* ease; soothe; alleviate; mollify; *(szomjúságot, vágyakozást)* quench **2.** *(csitít)* allay; calm; silence; hush; still
csillapíthatatlan <fn> *(étvágy)* insatiable; unappeasable; *(szomjúság)* unquenchable
csillapodik <ige> *(fájdalom, vihar)* abate; *(lecsendesedik, mérséklődik)* become* calm/quiet; calm down
csillár <fn> chandelier
csille <fn> mine car; miner's truck
csillog <ige> twinkle; sparkle; glint; glitter; glisten; shine*: *A tó csillogott a napfényben.* The lake shone in the sunshine. ∗ *csillog, mint az üveg* shine like glass ∗ *Az ablakok csillogtak a napfényben.* The windows glinted in the sunlight.
csillogó <mn> glistening; gleaming: *csillogó szemek* twinkling/sparkling eyes
csimpánz <fn> chimpanzee
csimpaszkodik <ige> cling (**vmibe/vkibe** to sg/sy); clutch (**vmibe/vkibe** at sg/sy); hang (**vmibe/vkibe** onto sg/sy)

csinál <ige> **1.** *(tesz)* do*: *Mit csinálsz?* What are you doing? ∗ *Mit szoktál szombatonként csinálni?* What do you do on Saturdays? **2.** *(készít)* make*: *kávét csinál* make a coffee **3.** *(előidéz)* make*: *bajt csinál* make trouble **4.** make* (**vmit vkiből/vmiből** sg of sy/sg)
csinos <mn> **1.** good-looking; *(nő)* pretty; *(férfi)* handsome; *(ruhaféle)* pretty; lovely: *Csinosan nézel ki abban a ruhában!* You look so pretty in that dress. ∗ *csinos kalap* a pretty hat ∗ *csinos rózsaszín ruha* a lovely pink dress **2.** biz *(tetemes)* pretty: *csinos összeg* a pretty penny
csintalan <mn> mischievous; naughty: *csintalan gyerek* a mischievous child
csíny <fn> mischief; trick: *gonosz csíny* a nasty trick
csip <fn> el, infor chip
csíp <ige> **1.** *(ujjal)* pinch **2.** *(rovar)* bite*; sting*: *Csípnek a bogarak.* Insects sting. **3.** *(mar, éget)* burn*: *A mustár csípi a nyelvemet.* This mustard burns my tongue. **4.** biz *(kedvel)* go* for (**vkit/vmit** sy/sg): *Nem csípem a szőkéket!* I don't go for blondes.
csipeget <ige> peck (**vmit** at sg): *A tyúkok magot csipegetnek.* The hens are pecking at seeds. ∗ *Csak csipegeti az ételt.* He just pecks (at) his food.
csiperkegomba <fn> champignon
csípés <fn> **1.** *(rovaré)* sting; bite **2.** *(ujjal)* pinch
csipesz <fn> **1.** tweezers **2.** *(orvosi)* forceps
csipet <fn> pinch: *egy csipet só* a pinch of salt
csipetnyi <mn> **1.** *(egy csipetre való)* a pinch (**vmi** of sg); a dash (**vmi** of sg); a sprinkle (**vmi** of sg): *csipetnyi só* a pinch/dash of salt **2.** *(egy kevés)* a bit (**vmi** of sg); a dab (**vmi** of sg): *egy csipetnyi szerencse* a bit of luck
csipke <fn> lace: *fehér csipkével (be)szegett szoknya* a skirt edged with white lace
csipkebogyó <fn> (rose) hip
csipked <ige> **1.** *(ujjal)* pick **2.** *(csőrrel)* peck **3. csipkedi magát** biz get* cracking; make* it snappy; get* one's skates on
csipkelődik <ige> banter (**vkivel** with sy); tease (**vkivel** sy); *(szekál)* taunt (**vkit** sy)
csipkés <mn> *(anyag)* lacy; adorned with lace <csak hátravetve>; *(hegy)* jagged
csipkézett <mn> *(anyag)* scalloped; indented; toothed; *(hegy)* jagged
csipog <ige> **1.** *(csibe, madárfióka)* cheep **2.** *(műszer)* bleep; beep
csipogó <fn> bleeper; AmE beeper
csípő <fn> hip: *Csípőre tette a kezét.* Her hands were on her hips.
csípőficam <fn> orv dislocation of the hip
csípőfogó <fn> pincers <tsz>

csípős <mn> **1.** (*erős*) hot; fiery; pungent: *csípős étel* a fiery dish * *csípős íz* strong/spicy taste **2.** (*metsző*) biting; crisp; keen; nippy: *csípős szél* a biting wind **3.** (*bántó*) cutting; pointed; caustic; scathing; sharp; scathing: *csípős megjegyzés* cutting remark; caustic/scathing comment * *csípős nyelv* a sharp tongue * *Ma meglehetősen csípős (kedvében) volt.* She was rather snappy today.

csíptet <ige> clip

csíra <fn> **1.** (*mag része*) germ; bud **2.** (*fiatal hajtás*) sprout; (*krumplié*) eye **3.** orv (*kórokozó*) germ
  ♦ **csírájában elfojt vmit** kill sg in its germ; nip sg in the bud

csírázik <ige> sprout

csiripel <ige> twitter; chirp

csiriz <fn> paste

csirke <fn> **1.** chicken: *csirkéket tart* keep chickens * *csirke curryvel* chicken curry **2.** biz (*nő*) chicken: *Már nem mai csirke.* She is no (spring) chicken.

csirkecomb <fn> chicken leg; drumstick

csirkefogó <fn> **1.** pej (*gazember*) rogue **2.** (*gyerek*) rascal: *pimasz kis csirkefogó* a cheeky little rascal

csirkemell <fn> chicken breast

csirkepaprikás <fn> ≈ paprika chicken; chicken paprika

csiszol <ige> **1.** (*felületet*) sand; polish; grind❖; rub; burnish: *gyémántot csiszol* cut a diamond **2.** (*finomít*) refine

csiszolatlan <mn> **1.** (*felület*) unpolished; (*gyémánt*) uncut **2.** (*személy*) unrefined; uncouth; (*stílus*) rough; blunt; unpolished

csiszolópapír <fn> abrasive/emery/sand paper

csiszolt <mn> **1.** (*felület*) polished; burnished; smooth: *csiszolt gyémánt* cut diamond **2.** (*kiművelt*) polished; refined

csitít <ige> calm; hush; silence; still

csivitel <ige> chirp; twitter

csizma <fn> boots <tsz>: *egy pár barna csizma* a pair of brown boots

csobban <ige> plash; plop; splash

csobog <ige> babble; gurgle; plash; splash

csoda <fn> **1.** (*természet feletti jelenség*) miracle: *csodát tesz/művel* work miracles/wonders * *Kész csoda, hogy…* It's a miracle/wonder that… **2.** (*rendkívüli dolog*) wonder; marvel: *természeti csoda* a natural wonder
  ♦ **nem csoda, hogy…** biz no wonder that…
  ♦ **Minden csoda három napig tart.** It's a nine days' wonder.

csodagyerek <fn> child prodigy

csodál <ige> **1.** (*gyönyörködik*) admire: *Csodálja a tanárát.* She thinks highly of her teacher. **2.** (*furcsáll*) wonder at sg; be❖ surprised at sg; find❖ sg odd/peculiar/strange: *Csodálom, hogy…* I'm surprised that… * *Nem csodálnám, ha…* I wouldn't be surprised if…

csodálat <fn> admiration (**vki/vmi iránt** for sy/sg)

csodálatos <mn> **1.** (*remek*) wonderful; great; splendid; marvellous; superb; amazing: *tíz csodálatos nap* ten marvellous days **2.** (*csodával határos*) miraculous; admirable: *csodálatos módon* / *csodával határos módon* miraculously * *csodálatos/különös módon* surprisingly (enough)

csodálatosan <hsz> wonderfully

csodálkozás <fn> astonishment

csodálkozik <ige> be❖ surprised (**vmin** at sg); be❖ astonished (**vmin** at sg); marvel (**vmin** at sg); wonder: *Nem csodálkoznék, ha hozzámenne feleségül.* I shouldn't wonder if she married him.

csodáló <fn> admirer: *Sok csodálója van.* She has many admirers.

csodaország <fn> **1.** BrE cloud cuckoo land; AmE la-la land **2.** (*mesében*) wonderland

csodás <mn> **1.** (*csodaként ható*) magic; marvellous; AmE marvelous **2.** (*nagyszerű*) lovely: *csodás vidék* lovely countryside

csoda szép <mn> exquisite; beautiful

csodaszer <fn> cure-all

csók <fn> kiss: *cuppanós csók* biz smacker

csoki <fn> biz chocolate; BrE biz choc; AmE candy: *egy doboz csoki* a box of chocs * *egy darab csoki* a piece of chocolate

csókol <ige> kiss: *sokszor csókol X. Y.* (*levél végén*) love from XY

csokoládé <fn> **1.** (*édesség*) chocolate: *egy tábla csokoládé* a slab/bar of chocolate * *keserű csokoládé* plain chocolate * *egy doboz csokoládé* a box of chocolate * *egy darab csokoládé* a piece of chocolate **2.** (*ital*) chocolate: *egy csésze forró csokoládé* a cup of hot chocolate

csokoládétorta <fn> chocolate cake

csókoló(d)zik <ige> kiss (one another): *A kapualjban csókoló(d)ztak.* They were kissing in the doorway.

csokor <fn> bunch; bouquet (of flowers): *egy csokor virág* a bunch of flowers * *egy csokor rózsa* a bunch of roses

csokornyakkendő <fn> bow tie

csomag <fn> **1.** (*postai*) parcel; AmE package **2.** (*poggyász*) luggage; AmE baggage **3.** (*kiszerelés*) packet; bundle; AmE pack: *egy csomag cigaretta* a packet of cigarettes * *egy csomag keksz* a packet of biscuits * *egy csomag papír* a bundle of papers **4.** (*vminek az együttese*) package: *pénzügyi (megszorításokat tartalmazó) csomag* financial package

csomagfelvétel <fn> 1. parcel acceptance 2. *(reptéren)* check-in (desk)

csomagküldő <mn> mail-order: *csomagküldő szolgálat* mail-order business/company

csomagmegőrző <fn> left-luggage office; AmE baggage room

csomagol <ige> 1. *(eladásra, szállításra stb.)* pack (**vmit vmibe** sg into sg); wrap (**vmit vmibe** sg in/into sg); package (**vmit vmibe** sg in sg) 2. *(utazás előtt)* pack: *csomagol némi ruhát* pack a few clothes * *Még csomagolt, amikor megjött a taxi.* She was still packing her suitcase when the taxi came.

csomagolás <fn> 1. *(művelet)* packing; packaging; wrapping 2. *(burkolat)* cover; wrapper 3. *(árumennyiség)* pack: *gazdaságos csomagolás* economy pack

csomagolópapír <fn> packing/wrapping paper; wrapper

csomagtartó <fn> 1. *(autóé)* boot; AmE trunk: *a csomagtartóba tesz vmit* put sg in the boot 2. *(motoré, biciklié)* (luggage) carrier; *(kosár)* wire basket 3. *(ülés feletti)* luggage rack

csomagtér <fn> 1. *(autóé)* boot; luggage compartment; AmE trunk; *(csomagtartó mérete)* boot space 2. *(vasút)* luggage compartment 3. *(repülőé)* cargo hold

csomagterv <fn> package deal

csomó <fn> 1. *(hurokból álló)* knot; hitch; kink; loop: *Egy nagy csomót kötöttem a kötélre.* I tied a big knot in the rope. 2. *(szervezetben)* lump 3. *(köteg)* bundle; batch 4. *(hajózásban)* knot: *A hajó óránként 10 csomó sebességgel halad.* The ship is doing 10 knots an hour. 5. *(fában)* knot; gnarl 6. **egy csomó** biz loads of sg; masses of sg; dozens of sg; hundreds of sg; millions of sg; a number/bunch of sg: *Egy csomószor voltam ott.* I have been there dozens of times. * *Egy csomó pénzt keres.* He earns loads of money. * *Van egy csomó cédéje.* He has got masses of CD-s. 7. *(ételben)* lump

csomópont <fn> 1. mat, fiz intersection; node 2. közl junction

csónak <fn> boat: *kiköti a csónakot* tie up the boat

csónakázik <ige> go boating

csónakház <fn> boathouse

csonk <fn> *(elhasznólódott tárgyé)* stump; stub; *(letörött stb. tárgyé)* snag: *ceruza csonkja* the stump of a pencil

csonka <mn> 1. *(végtag)* maimed; mutilated 2. *(hiányos)* incomplete: *csonka család* one-parent/single-parent family

csonkol <ige> orv amputate

csont <fn> bone: *A csont eltörött.* The bone fractured. * *A csont összeforr.* The bone sets.

♦ **csonttá fagyott** chilled/frozen to the bone <csak hátravetve> ♦ **(csupa) csont és bőr** biz be✢ all skin and bones

csonthéjas gyümölcs <fn> stone fruit

csontleves <fn> bouillon

csontos <mn> bony

csontozat <fn> the skeleton; structure of bones; skeletal system

csontritkulás <fn> orv osteoporosis

csonttörés <fn> fracture: *nyílt csonttörés* compound fracture

csontváz <fn> skeleton: *emberi csontváz* a human skeleton

csontvelő <fn> bone marrow

csoport <fn> *(embereké, tárgyaké)* group; *(katonai)* troop; detachment; *((munka)társaké)* team; party: *csoportokra oszt* divide into groups * *egy csoport ember* a group of people * *környezetvédő csoport* an environmental group * *egy orvosokból álló csoport* a team of doctors

csoportkép <fn> tableau (tsz: tableaux v. tableaus); group photograph

csoportmunka <fn> teamwork; groupwork

csoportos <mn> collective: *csoportos látogatás/városnézés/vezetés* conducted tour; guided tour * *csoportos foglalkozás* classroom activities <tsz> * *Csoportosan jönnek.* They come in groups.

csoportosít <ige> group; sort: *párokba csoportosítja a zoknikat* sort the socks into pairs

csoportosul <fn> group (**vki/vmi körül** around sy/sg); cluster (**vki/vmi körül** around sy/sg)

csoportvezető <fn> group leader

csór <ige> biz pinch; nick

¹**csorba** <mn> nicked; chipped: *csorba kasza* a nicked scythe * *csorba csésze* a chipped cup

²**csorba** <fn> *(csorbulás)* nick; chip; crack

♦ **kiköszörüli a csorbát** make✢ amends for (doing) sg

csorbít <ige> 1. nick; chip 2. átv impair

csorda <fn> herd

csordogál <ige> trickle: *Könnyek csordogáltak végig az arcán.* Tears trickled down her cheeks.

csordultig <hsz> to the brim: *csordultig tele* full to the brim

csorog <ige> flow✢; run✢: *csorog a nyála vmi után sg* make one's mouth water

csoszog <ige> shuffle; shamble

csótány <fn> cockroach

csotrogány <fn> biz *(autó)* clapped-out old car; old banger

csóvál <ige> 1. **fejét csóválja** shake✢ one's head 2. **farkát csóválja** wag it's tail

cső <fn> 1. *(vízvezeték stb.)* pipe; *(gumi stb.)* tube 2. *(fegyveré)* barrel 3. *(kukoricáé)* (corn on the) cob: *egy cső kukorica* corncob

csőcselék <fn> mob; pej rabble; riff-raff

csőd <fn> bankruptcy: *csődbe jut/megy* go/become bankrupt * *a csőd szélén áll* be on the verge of bankruptcy * *csődbe visz* bankrupt * *csődöt mond* fail; biz break down

csődeljárás <fn> bankruptcy proceedings <tsz>

csődör <fn> stallion

csődület <fn> crowd; tumult; throng; mob

csökken <ige> *(mennyiségben, értékében)* decrease; drop; fall✝; come✝ down; diminish; dip; decline; *(fájdalom)* ease off; *(sebesség)* slow/ease down: *csökken az értéke* fall in value * *Csökkennek az árak.* Prices are coming down/dropping. * *A balesetek száma 15%-kal csökkent.* Accidents have been cut by 15%. * *Az eladások csökkentek az idén.* Sales have dipped this year. * *A termelési eredmény lassan csökken.* Output is falling slowly.

¹csökkent <ige> *(mennyiségben, értékben)* reduce; diminish; decrease; drop; lessen; bring✝ down; cut✝ back (on); cut✝; cut✝ down; *(költségeket lefarag)* cut✝ down on sg; *(sebességet)* ease down; gear down; lower; *(korlátoz)* narrow; *(gyengít, enyhít)* slack: *csökkenti az árakat* lower/bring down the prices

²csökkent <mn> diminished; reduced: *csökkent hallású* partially deaf * *csökkent látású* partially sighted * *csökkent munkaképességű* partially disabled/incapacitated

csökkentés <fn> decrease; reduction

csökkentlátó <mn> visually handicapped/disabled; partially sighted

csökönyös <mn> stubborn; obstinate; biz *(önfejű)* pig-headed
  ♦ **csökönyös, mint az öszvér** as stubborn as a mule

csömör <fn> átv disgust (**vmitől** at sg)

csöppség <fn> biz *(gyerek)* tot: *Te kis csöppség!* You tiny tot!

csőr <fn> 1. *(madáré)* beak; bill 2. *(edényé)* lip: *a kancsó csőre* the lip of the jug

csörgedezik <ige> *(csermely)* babble

csörget <ige> chink; clang; clank; clatter; jangle; jingle; rattle: *Zsebében csörgette a pénzt.* He jingled the coins in his pocket.

csörgő <fn> *(csecsemőé)* rattle

csörgőkígyó <fn> rattlesnake

csörlő <fn> winch

csörög <ige> 1. rattle; clang; clink; clank 2. *(csörget)* chink; clatter; jangle; rattle: *Csörög a kulcsaival.* His keys rattled. 3. *(cseng)* ring✝: *Csörög a telefon.* The phone rings. * *Csörögj ide (telefonon)!* Give me a ring!

csörömpöl <ige> clatter; rattle; jingle: *Tányérok csörömpöltek.* The plates clattered. * *Csörömpöltek a poharak.* The glasses jingled.

csőtészta <fn> macaroni

csőtörés <fn> burst pipe: *Csőtörés volt a konyhában.* There was a burst pipe in he kitchen.

¹csöves <fn> dosser; tramp; AmE bum; hobo

²csöves <mn> 1. *(cső alakú)* tubular 2. **csöves kukorica** corn on the cob

csővezeték <fn> pipes <tsz>; pipeline; piping; plumbing

csúcs <fn> 1. *(vminek a teteje)* peak; point; tip; top; *(toronysisak)* pinnacle; *(fáé)* crown; top 2. *(síkidomé)* apex; vertex: *a háromszög csúcsa* the apex of the triangle 3. *(maximum)* peak: *pályájának csúcsa* the peak of his career 4. *(teljesítményben)* record: *megdönti a csúcsot* break/beat the record * *olimpiai csúcs* Olympic record * *csúcsot felállít* set (up) a record 5. biz *(minőségileg)* great: *Csúcs ez a film!* This film is great! 6. *(találkozó, értekezlet)* summit (meeting/conference)

csúcsértekezlet <fn> summit

csúcsforgalom <fn> rush hour; rush-hour traffic

csúcsforma <fn> top form: *csúcsformában van* be at one's best

csúcsidő <fn> 1. *(csúcsforgalom)* rush hour 2. *(csúcsterhelés)* peak period 3. sp record(-breaking) time

csúcsos <mn> pointed; peaked: *csúcsos orr* pointed nose * *csúcsos sapka* a peaked cap

csúcspont <fn> climax; apex; pitch; summit; peak; átv height; heyday: *a világbajnokság csúcspontja* the climax of the World Cup * *egy háromszög csúcspontja* the apex of a triangle * *karrierje csúcspontja* the apex/height of a person's career

csúcstalálkozó <fn> summit: *az EU-vezetők csúcstalálkozója* a summit of EU leaders

csúcstartó <fn> record-holder

csúcstechnológia <fn> high technology; high tech

csúcsteljesítmény <fn> maximum output; biz an all-time high

csúf <mn> 1. *(kinézetre)* ugly 2. *(kellemetlen)* ugly: *csúf idő* ugly weather
  ♦ **csúfot űz vkiből** make✝ fun of sy; poke fun at sy

csúfnév <fn> nickname

csúfol <ige> mock; call sy names

csúfos <mn> disgraceful; ignominious; shameful: *csúfos vereséget szenved* be badly defeated

csuk <ige> close; shut✝

csuka <fn> pike

csukafejes <fn> pike dive

csukamájolaj <fn> cod-liver oil

csuklás <fn> hiccup

csuklik <ige> hiccup

csukló <fn> wrist

csuklós busz <fn> articulated bus
csuklya <fn> hood; *(szerzetesé)* cowl
csuklyás <mn> hooded; with a hood <csak hátravetve>: *csuklyás kabát* anorak ∗ *kék csuklyás piros pulóver* a red jumper with a blue hood
csukódik <ige> close; shut✧: *Az ajtók automatikusan nyílnak és csukódnak.* The doors open and shut automatically.
csúnya <mn> **1.** *(látvány)* ugly; unsightly; hideous: *azok a csúnya új épületek* those unsightly new buildings **2.** *(megütközést keltő)* nasty; dirty: *csúnya történet* a nasty story ∗ *csúnya tréfa* a nasty/dirty trick **3.** *(kellemetlen)* ugly; nasty; awful: *csúnya időjárás* ugly weather ∗ *csúnya baleset* a nasty accident **4.** *(nagyfokú)* nasty: *csúnya sérülés* a nasty cut/wound
csúnyán <hsz> badly: *Csúnyán viselkedett* He behaved very badly. ∗ *Csúnyán köhög* He has a bad cough.
csupa <hsz> all; bare; mere; pure: *csupa mosoly* be all smiles ∗ *Csupa fül vagyok.* I am all ears.
csupán <hsz> merely; only: *Csupán két narancsom van.* I only have two oranges. ∗ *Csupán kérdeztem valamit.* I was only/merely asking something.
csupasz <mn> **1.** *(fedetlen)* bare; naked; nude; hairless: *csupasz kar* bare arm **2.** *(állat)* unfeathered **3.** *(kopár)* bare; naked: *csupasz falak* bare walls
csuromvíz <mn> be✧ wet through; be✧ wet/soaked to the skin; be✧ soaking wet
csuromvizes <mn> dripping wet; wringing wet
csúszás <fn> slip(ping); *(autóé)* skidding
csúszásbiztos <mn> non-slip
csúszda <fn> **1.** *(nyitott)* slide; *(csőszerű)* chute **2.** *(tárgy lecsúsztatására)* chute
csúszik <ige> **1.** *(csúszós)* be✧ slippery **2.** *(nem tapad)* slide✧; slip **3.** *(siklik)* slide✧; slip; slither; glide: *csúszik a jégen* slide on the ice **4.** *(viszszaesik)* slip; slide✧: *A csapat a második helyre csúszott.* The team has slipped to the second place. **5.** *(kúszik, mászik)* crawl; creep✧
csúszkál <ige> slide✧: *csúszkál az iskolai folyosón* slide in the school corridors
¹csúszómászó <fn> *(állat)* reptile
²csúszómászó <mn> **1.** biz *(állat)* creepy-crawly; reptilian **2.** pej *(ember)* toady; flatterer; groveller; AmE groveler
csúszópénz <fn> bribe: *csúszópénzt fogad el* accept bribes ∗ *csúszópénzt ad vkinek* grease sy's palm
csúszós <mn> slippery
csúsztat <ige> **1.** *(tol)* slide✧; slide✧ along; push down/along **2.** slip (vmit vmibe sg into sg) **3.** *(hazudik)* distort the truth/facts; lie
csúsztatás <fn> distortion of facts
csutakol <ige> *(lovat)* rub down; curry; groom (a horse)
csutka <fn> **1.** *(gyümölcsé)* core **2.** *(kukoricáé)* (corn)cob
csúzli <fn> catapult; AmE slingshot
csücsök <fn> *(ruháé)* point; *(szemé, szájé stb.)* corner
csüd <fn> *(lóé)* pastern
csügged <ige> despair; lose✧ heart; be✧ downhearted: *Ne csüggedj!* Cheer up!
csüggedt <mn> crestfallen; dejected; dispirited; distressed; downhearted; downcast; down in the mouth <csak hátravetve>
csülök <fn> knuckle
csűr <fn> barn
csürhe <fn> rabble; a dirty lot
csütörtök <fn> Thursday: *jövő/múlt csütörtökön* next/last Thursday ∗ *csütörtökönként* on Thursdays ∗ *csütörtök este* Thursday evening/night
♦ **csütörtököt mond** fail
csütörtöki <mn> Thursday; of Thursday <csak hátravetve>: *a csütörtöki újság* the Thursday newspaper ∗ *a jövő csütörtöki óra* next Thursday's class

D, d

D, d <fn> **1.** *(betű)* D; d **2.** *(zenei hang)* D: *D-dúr* D major * *d-moll* D minor
D [= dél] S (= south; (the) South)
dac <fn> **1.** defiance: *dacból* out of defiance **2.** *(makacsság)* obstinacy; stubbornness
dacára <nu> despite; in spite of; notwithstanding: *annak dacára, hogy...* in spite of the fact that...
dacol <ige> defy (**vkivel/vmivel** sy/sg); brave (**vkivel/vmivel** sy/sg): *Dacoljunk a viharral és menjünk el sétálni?* Shall we brave the storm and go for a walk?
dacos <mn> **1.** *(makacs, akaratos)* defiant; obstinate; wilful; headstrong **2.** *(sértődött)* sulky; sullen
dada <fn> nurse; nanny
dadog <ige> stammer; stutter
dagad <ige> **1.** *(testrész)* swell✧ (up) **2.** *(szélben)* fill (out); balloon **3.** *(folyó, ár)* swell✧; rise✧; surge
dagadt <mn> **1.** *(duzzadt)* swollen **2.** pej *(kövér)* fat; overweight
dagály <fn> (high) tide: *dagály idején* at high tide * *Kezdődik a dagály.* The tide is (coming) in. * *apály és dagály* ebb and tide
dagályos <mn> bombastic; pompous; high-flown
daganat <fn> **1.** *(belső)* tumour; AmE tumor: *rosszindulatú daganat* a malignant tumour * *jóindulatú daganat* a benign tumour **2.** *(betegségtől, sérüléstől)* lump; bump: *Volt egy daganat a fején, mert elesett.* He had a bump on his head from when he'd fallen over. **3.** *(külső)* swelling
dagaszt <ige> **1.** *(pl. tésztát)* knead **2.** *(agyagot)* mould **3.** *(felfúj)* inflate
¹dagi <mn> chubby; podgy; tubby
²dagi <fn> fatty
dajka <fn> nurse; nanny
dajkál <ige> nurse
dajkamese <fn> **1.** *(gyermeknek)* nursery tale **2.** *(kitalált történet)* cock-and-bull story
dákó <fn> *(biliárdnál)* cue
dal <fn> song: *dalra fakad* burst into song * *Egy szép dalt énekelt.* He sang a beautiful song.
dalénekes <fn> singer
dália <fn> dahlia
dallam <fn> melody; tune
dallamos <mn> melodious; melodic; tuneful
dalol <ige> **1.** sing✧ **2.** *(madár)* warble; sing✧
dalszerző <fn> songwriter: *termékeny dalszerző* a prolific songwriter
dalszöveg <fn> lyrics <tsz>
dáma <fn> **1.** *(hölgy)* lady **2.** *(kártyában)* queen: *kőr dáma* queen of hearts **3.** *(társasjáték)* draughts; AmE checkers
¹dán <mn> Danish
²dán <fn> **1.** *(személy)* Dane: *a dánok* the Danes **2.** *(nyelv)* Danish
Dánia <fn> Denmark
dara <fn> **1.** *(búzából, kukoricából)* semolina **2.** *(csapadék)* sleet: *dara esik* it is sleeting
darab <fn> **1.** *(rész)* part; *(töredék)* fragment **2.** *(alkotórész)* piece: *darabokra szedi szét a motort* take the engine to pieces * *darabokra tör vmit* break/crush/smash sg to pieces * *darabokra törik* break into pieces * *darabokra tép vmit* pull sg to pieces **3.** *(egységnyi mennyiség)* piece; *(szelet)* slice; *(falat)* bit; *(szappan)* bar; *(alaktalan)* lump: *egy darab csoki* a piece of chocolate * *egy darab papír* a piece of paper * *egy darab kenyér* a slice of bread * *egy darab torta* a bit of cake * *egy darab szappan* a bar of soap * *egy darab szén* a lump of coal **4.** *(színházi)* play; piece; drama: *Sok Shakespeare-darabot olvastam.* I have read many of Shakespeare's plays. * *Tegnap este adták elő a darabot.* The play was performed last night. **5.** *(zenemű)* piece
darabol <ige> *(vmit)* cut✧ sg up; chop sg (up); *(sültet)* carve
darabszám <fn> quantity
darál <ige> **1.** *(őröl)* grind✧; *(finomra)* mill; *(durvára)* crush; *(húst)* mince **2.** biz *(mond vmit)* reel sg off; rattle sg off
daráló <fn> grinder; mill; *(húsé)* mincer; AmE meat grinder
darált <mn> ground; *(hús)* minced
darázs <fn> wasp; hornet
darázscsípés <fn> wasp sting
darázsfészek <fn> wasps' nest
dárda <fn> spear; lance; pike
¹daru <fn> *(gép)* crane
²daru <fn> *(madár)* crane
darukezelő <fn> crane operator
datál <ige> date
datálódik <ige> *(vmitől)* date from sg; date back to sg

datolya <fn> date

dátum <fn> **1.** *(keltezés)* date: *dátummal ellát vmit* write the date on sg **2.** *(időpont)* date: *Eltévesztettük a dátumot.* We mistook the date.

dauer <fn> perm

¹de <módsz> *(nyomatékosítás)* indeed; what; how: *De bizony!* Yes indeed! ∗ *De szuper ez a kalap!* What a cool hat it is! ∗ *De gyönyörű!* How beautiful!

²de <ksz> but; still; however; only: *Ő skót, de Angliában él.* He is Scottish but he lives in England. ∗ *Szeretnék egy kevés tejet, de nincs.* I want some milk but there isn't any. ∗ *Haza szeretnék menni, de dolgoznom kell.* I would like to go home, only I have to work.

de. [= délelőtt] am; a.m.; AmE AM (= (latin) ante meridiem = in the morning)

debütál <ige> debut; make✢ one's debut

dec. [= december] Dec. (= December)

december <fn> December

decemberi <mn> December; in/of December <csak hátravetve>: *egy decemberi napon* one day in December

decibel <fn> decibel

deciliter <fn> decilitre; AmE deciliter

deciméter <fn> decimetre; AmE decimeter

dédanya <fn> great-grandmother

dédapa <fn> great-grandfather

dédelget <ige> **1.** *(ajnároz)* caress; pet; fondle; *(kényeztet)* pamper: *Dédelgette a síró gyereket.* She nursed the crying child. **2.** *(gondolatot stb.)* cherish

dedikál <ige> **1.** *(ajánl)* dedicate (**vmit vkinek** sg to sy) **2.** *(aláír)* autograph; sign

dédszülő <fn> great-grandparent

dédunoka <fn> great-grandchild; *(fiú)* great--grandson; *(lány)* great-granddaughter

defekt <fn> puncture; flat (tyre): *defektet kap* have a flat (tyre) ∗ *A hazafelé úton defektet kaptam.* I had a puncture on the way home.

defenzív <mn> defensive

deficit <fn> deficit; loss

definiál <ige> define (**vmit** sg); give✢ the definition of (**vmit** sg)

definíció <fn> definition

deformál <ige> deform; distort

deformálódik <ige> get✢/become✢ deformed; get✢/become✢ distorted

dehogy <hsz> oh, no; not at all; by no means

dehogyis <hsz> certainly not; by no means

dekadens <mn> decadent; decaying; declining

dekagramm <fn> decagram(me)

dékán <fn> dean

deklarál <ige> declare; proclaim

dekódol <ige> el, infor decode

dekoráció <fn> decoration; ornamentation

dekorál <ige> decorate; ornament

dekoratív <mn> decorative; ornamental

¹dél <fn> *(napszak)* noon; midday: *délben* at noon/midday

²dél <fn> **1.** *(égtáj)* south; (the) South: *délről északra* from south to north ∗ *dél felől* from the south ∗ *dél felé* southwards ∗ *dél felé néző* southward **2.** *(arra fekvő terület)* south: *délen él* live in the south

Dél-Amerika <fn> South America

delegáció <fn> delegation

delegál <ige> delegate

¹délelőtt <fn> morning

²délelőtt <hsz> in the morning: *délelőtt tízkor érkezik* arrive at ten in the morning ∗ *ma délelőtt* this morning ∗ *holnap délelőtt* tomorrow morning ∗ *tegnap délelőtt* yesterday morning

délelőtti <mn> morning; in/of the morning <csak hátravetve>: *a délelőtti órákban* in the late morning hours

Dél-Európa <fn> Southern Europe

dél-európai <mn> South(ern) European

delfin <fn> dolphin

¹déli <fn> *(ember)* southerner

²déli <mn> *(térben)* south; southern; *(irány, szél)* southerly; *(dél felé)* southward: *a tó déli partja* the south side of the lake ∗ *a déli parton* on the south cost ∗ *déli irányba* in a southerly/southward direction; towards the south ∗ *déli sarkkör* the Antarctic Circle

³déli <mn> *(napszak)* noon; midday: *déli vonat* midday train

délibáb <fn> mirage

♦ **délibábot kerget** chase rainbows

déligyümölcs <fn> tropical fruit

Déli-sark <fn> the South Pole

délkelet <fn> southeast

délkeleti <mn> southeast; southeasterly; southeastern: *délkeleti szél* a southeast wind ∗ *Magyarország délkeleti része* the southeastern part of Hungary

délkör <fn> földr meridian

délnyugat <fn> southwest

délnyugati <mn> southwest; southwesterly; southwestern: *délnyugati irányba* in a southwesterly direction

delta <fn> *(folyóé)* delta: *a Nílus deltája* the delta of the Nile

¹délután <fn> afternoon

²délután <hsz> in the afternoon: *kora délután* early in the afternoon ∗ *délután két órakor* at two o'clock in the afternoon ∗ *Mit fogsz csinálni délután?* What are you going to do

in the afternoon? * **ma délután** this afternoon * **tegnap délután** yesterday afternoon
délutáni <mn> afternoon
¹demagóg <mn> demagogic
²demagóg <fn> demagogue
demokrácia <fn> democracy: *a demokráciáért vívott harc* the struggle for democracy
demokráciaellenes <mn> anti-democratic
demokrata <fn> democrat; *(a párt tagja)* Democrat
demokratikus <mn> democratic: *demokratikus ország* a democratic country
démon <fn> *(rossz szellem)* demon
demoralizál <ige> demoralize; BrE demoralise
denevér <fn> bat
deportál <ige> deport
depresszió <fn> **1.** depression: *szülés utáni depresszió* post-natal depression * *depresszióban szenved* suffer from depression * *mániás depresszió* orv manic depression **2.** *(gazdasági)* depression; recession **3.** *(légköri)* depression
depressziós <mn> depressed: *depresszióssá válik* become depressed
dér <fn> frost
derbi <fn> **1.** *(lóverseny)* Derby **2.** *(rangadó)* derby
¹derék <mn> **1.** *(becsületes)* honest; straight; trustworthy **2.** *(bátor)* brave; valiant **3.** *(termet)* well-built
²derék <fn> **1.** *(testrész)* waist; back: *karcsú derék* a slim waist * *derékig meztelen* stripped to the waist * *fáj a dereka* have (a) backache **2.** *(ruháé)* waist: *derékban szűk* tight at the waist **3.** *(fáé)* trunk
♦ **beadja a derekát** give⁺ in; surrender
derékbőség <fn> waistline
derékfájás <fn> backache
derékszíj <fn> belt
derékszög <fn> right angle: *derékszögben vmivel* at right angles to sg; at a right angle to sg
derékszögű <mn> square; right-angled: *derékszögű vonalzó* square rule * *derékszögű háromszög* a right-angled triangle
dereng <ige> **1.** *(világosodik)* dawn **2.** biz dawn (vkinek on sy): *Kezdett derengeni.* It dawned on me. **3.** *(halványan)* loom
deres <mn> **1.** *(dérlepte)* frosty **2.** *(haj)* hoary **3.** *(szín)* grey; AmE gray
dermedt <mn> **1.** *(rémülettől)* paralysed **2.** *(anyag)* stiff; hardened **3.** *(hidegtől)* numb; frozen
dermesztő <mn> **1.** *(ijesztő)* numbing **2.** **dermesztő hideg van** it is piercingly/bitterly cold
derű <fn> **1.** *(jókedv)* happiness; cheerfulness: *derűt sugároz maga körül* radiate happiness **2.** *(időjárás)* bright weather; clear sky

derül <ige> **1.** *(világosodik)* clear up **2.** *(mulat)* be⁺ amused (**vmin** by/at sg); laugh (**vmin** at sg)
♦ **fény derül vmire** light is thrown on sg
derűlátás <fn> optimism
derűlátó <mn> optimistic
derült <mn> **1.** *(ég)* clear; cloudless; bright; fine: *derült idő* clear/fine weather **2.** *(derűs, kedélyes)* happy; cheerful
derültség <fn> amusement; hilarity; laughter: *mindenki derültségére* to everyone's amusement * *derültséget kelt* cause laughter
derűs <mn> **1.** *(időjárás)* clear; cloudless; bright; fine **2.** *(kedélyes)* cheerful; happy: *derűs hangulat* cheerful mood * *Otthon mindig derűs a légkör.* The atmosphere at home is always happy.
design → **dizájn**
deszka <fn> board; plank
♦ **a világot jelentő deszkákra lép** go⁺ on stage
desszert <fn> dessert; sweet; biz afters; BrE pudding: *Mi a desszert?* What's for dessert?
detektív <fn> detective; AmE investigator
detonáció <fn> detonation
deviza <fn> foreign exchange
dezertál <ige> desert
dezertőr <fn> deserter
dezodor <fn> deodorant
dézsa <fn> tub; butt
♦ **Úgy esik, mintha dézsából öntenék.** It's raining cats and dogs.
dia <fn> transparency; slide: *előadás diákkal* a presentation with transparencies
diabétesz <fn> orv diabetes
diabetikus <mn> diabetic: *diabetikus csokoládé* diabetic chocolate
diadal <fn> triumph; victory: *diadalt arat vki/vmi felett* gain a victory over sy/sg
diadalív <fn> triumphal arch
diadalmas <mn> victorious; triumphant
diadalmenet <fn> triumphal march
diafilm <fn> film strip; slide; transparency
diagnózis <fn> orv diagnosis (tsz: diagnoses): *diagnózist megállapít* diagnose sg
diagram <fn> diagram; graph; chart
diák <fn> **1.** *(iskolás)* pupil; *(fiú)* schoolboy; *(lány)* schoolgirl **2.** *(egyetemista, főiskolás)* student: *külföldi diák* a foreign student * *Kevés diák látogatja ezt az előadást.* Few students attend this lecture.
diákcsere <fn> student exchange
diákhitel <fn> student loan
diákigazolvány <fn> student card
diákjegy <fn> student ticket
diákotthon <fn> hostel; hall of residence (tsz: halls of residence); AmE dormitory

diákönkormányzat <fn> Students' Union
dialektus <fn> dialect: *dialektusban beszél* speak in dialect
dialógus <fn> dialogue
diavetítő <fn> slide projector
dicsekszik <ige> boast (**vmivel** about sg); brag (**vmivel** about sg); crow (**vmivel** about sg): *Állandóan azzal dicsekszik, hogy mennyi pénzt keres.* She's always bragging about how much money she earns.
dicsér <ige> **1.** praise (**vkit/vmit vmiért** sy/sg for sg); laud (**vkit/vmit vmiért** sy/sg for sg); speak❖ highly of (**vkit/vmit** sy/sg) **2.** *(vmi vkit)* sg reflects credit on sy; sg does sy credit
dicséret <fn> **1.** praise; commendation **2.** vall hymn
dicséretes <mn> praiseworthy; laudable; commendable
dicsőít <ige> glorify; praise; worship
dicsőség <fn> glory; honour; AmE honor: *Dicsőség Istennek!* Glory to the Lord! ∗ *nagy dicsőségére válik vkinek* do sy honour
dicsőséges <mn> glorious: *dicsőséges győzelem* a glorious victory
didereg <ige> shiver (with cold)
diéta <fn> diet: *gyümölcsökkel kiegészített diéta* a diet supplemented with fruits ∗ *radikális diéta* crash diet ∗ *diétát rendel vkinek* put sy on diet ∗ *szigorú diétán van* be on a strict diet
diétás <mn> dietary; dietetic; diet: *diétás konyha* dietetic kitchen ∗ *diétás kóla* diet cola
diétázik <ige> be❖ on a diet; follow a diet: *elkezd diétázni* go on a diet
differencia <fn> difference
digitális <mn> **1.** *(számokkal megjelenített)* digital **2.** infor *(technikai eljárás)* digital: *digitális kamera* a digital camera ∗ *digitális felvétel* digital recording
díj <fn> **1.** *(fizetendő)* fee; charge: *belépti díj* admission fee/charge ∗ *kiszállási díj* call-out charge ∗ *kiszolgálási díj* service charge ∗ *bérleti díj* rent **2.** *(kitüntetés)* prize; award: *első díjat nyer* win/gain first prize ∗ *Neki ítélték az első díjat.* They awarded her first prize. ∗ *Elnyerte a legjobb írónak járó díjat.* He won the award for best writer. **3.** *(honorárium)* fee; compensation **4.** *(munkáért)* pay; wages <tsz> **5.** *(úton)* toll **6.** *(büntetés)* fine; charge; fee: *késedelmi díj* late payment fee
 ♦ **díjat tűz ki vkinek a fejére** there's a prize on sy's head
díjaz <ige> **1.** *(jutalmaz)* reward (**vkit** sy); award a prize (**vkit** to sy) **2.** biz *(méltányol)* appreciate
díjbeszedő <fn> collector

díjemelés <fn> increase in fees
díjkiosztás <fn> distribution of prizes; prize-giving
díjköteles <mn> chargeable
díjmentes <mn> free of charge
¹**díjnyertes** <mn> prize-winning: *díjnyertes film* a prize-winning film
²**díjnyertes** <fn> prize winner
díjszabás <fn> rate of charges
díjtalan <mn> gratis; free; free of charge <csak hátravetve>: *a belépés díjtalan* admission free
diktafon <fn> Dictaphone
diktál <ige> **1.** *(szöveget)* dictate **2.** *(megszab)* set❖; determine: *diktálja az iramot* set the pace
diktátor <fn> dictator: *kegyetlen diktátor* a cruel dictator
diktatúra <fn> dictatorship: *katonai diktatúra* military dictatorship
dilemma <fn> dilemma; quandary: *dilemmában van* be in a dilemma/quandary
¹**dilettáns** <mn> amateurish; dilettante
²**dilettáns** <fn> amateur; dilettante (tsz: dilettantes v. dilettanti)
diliház <fn> biz loony bin; the funny farm
dilis <mn> biz crazy; cracked; nutty; bonkers; screwy; batty; potty
dimenzió <fn> dimension
dinamika <fn> **1.** *(lendület)* dynamics <tsz> **2.** fiz *(tudományág)* dynamics <esz>
dinamikus <mn> **1.** fiz dynamic **2.** *(lendületes)* dynamic
dinamit <fn> dynamite
dinamó <fn> el dynamo
dinasztia <fn> dynasty
dinoszaurusz <hsz> dinosaur
dinnye <fn> melon
dió <fn> nut; walnut
 ♦ **kemény dió** hard/tough nut to crack
diódaráló <fn> walnut grinder
diófa <fn> **1.** *(élő)* walnut (tree) **2.** *(anyag)* walnut (wood)
dióhéj <fn> nutshell
dióhéjban <hsz> in a nutshell
dioptria <fn> dioptre; AmE diopter
diótörő <fn> nutcracker
diploma <fn> *(általában az iskolában)* diploma; *(főleg egyetemi, főiskolai)* degree; *(egyéb)* certificate: *diplomát szerez* obtain one's diploma ∗ *egyetemi diploma* university degree ∗ *történelemből van diplomája* have a degree in history
diplomácia <fn> **1.** *(államok közötti)* diplomacy **2.** *(viselkedésbeli)* diplomacy
diplomáciai <mn> diplomatic: *diplomáciai kapcsolatok* diplomatic relations ∗ *diplomáciai*

mentesség diplomatic immunity * *diplomáciai pálya* diplomatic career

diplomamunka <fn> (degree) thesis (tsz: theses)

¹diplomás <mn> with/having a degree <csak hátravetve>: *diplomás ember* a man with a degree

²diplomás <fn> graduate

diplomata <fn> diplomat

diplomatatáska <fn> attaché case

diplomatikus <mn> diplomatic

diplomázik <ige> biz take✢ a degree

¹direkt <mn> direct; straight

²direkt <hsz> **1.** *(szándékosan)* on purpose; deliberately: *Ezt direkt csinálta.* He did it on purpose. **2.** *(közvetlenül)* directly; straight

dirigál <ige> **1.** biz *(parancsolgat vkinek)* boss sy around/about **2.** *(vezényel)* conduct

discman® <fn> *(a Sony Corporation bejegyzett védjegye)* Discman® (tsz: Discmans)

dísz <fn> **1.** *(díszítés)* decoration; ornament **2.** *(büszkeség)* pride: *a gyűjtemény dísze* the pride of the collection * *a család dísze* the pride of the family **3.** *(pompa)* pomp; parade; splendour: *teljes díszben* in full splendour

díszbemutató <fn> gala premiere

díszebéd <fn> banquet; state dinner

díszelőadás <fn> gala performance; gala night

díszes <mn> **1.** ornamental; decorative **2.** *(pompás)* splendid

díszít <ige> decorate; ornament; adorn: *virágokkal díszíti az esküvői autót* decorate the wedding car with flowers

díszítés <fn> decoration; ornament; adornment; *(ételhez)* topping; BrE *(tortán)* piping

diszk <fn> infor disk

díszkivilágítás <fn> floodlight

diszkó <fn> disco

diszkosz <fn> discus

diszkoszvetés <fn> the discus

diszkoszvető <fn> discus thrower

diszkréció <fn> **1.** *(tapintat)* discretion **2.** *(titoktartás)* secrecy: *szigorú diszkrécióval* in absolute secrecy

diszkrét <mn> **1.** discreet **2.** *(tapintatos)* tactful **3.** *(csendes)* quiet

diszkrimináció <fn> discrimination: *faji diszkrimináció* racial discrimination

diszkvalifikál <ige> disqualify: *diszkvalifikálják* be disqualified

díszlet <fn> scenery; set: *A díszletek a színpadot várként jelenítették meg.* The scenery made the stage look like a castle.

díszlettervező <fn> stage designer

¹disznó <fn> **1.** *(sertés)* pig: *disznót öl* stick a pig **2.** pej *(személy)* pig

²disznó <mn> pej dirty; filthy

disznóhús <fn> pork: *disznóhúst süt* roast some pork

disznóól <fn> **1.** pigsty; sty; AmE pigpen **2.** biz, pej *(rendetlen szoba)* pigsty; sty

disznóölés <fn> pigsticking

disznóság <fn> pej **1.** scandal; shame: *Micsoda disznóság!* What a shame! **2.** *(beszéd)* dirty/filthy talk **3.** *(tett)* dirty/lousy trick

disznósajt <fn> BrE brawn; AmE headcheese

disznózsír <fn> lard

dísznövény <fn> ornamental plant

díszőrség <fn> guard of honour; AmE guard of honor

díszpolgár <fn> freeman (of a town/city)

díszszemle <fn> parade; march-past

disszertáció <fn> dissertation; thesis (tsz: theses): *megvédi a disszertációját* defend one's thesis

disszidál <ige> *(menekülve)* flee✢ (the country): *Amerikába disszidál* defect to America

dísztárcsa <fn> gk hubcap

díszterem <fn> ceremonial hall; banqueting hall; *(iskolában)* assembly hall

díszvendég <fn> guest of honour; AmE guest of honor

dívány <fn> couch; sofa; divan: *hátradől a díványon* recline on the couch

divat <fn> **1.** *(külső megjelenésé)* fashion; vogue: *női divat* ladies' fashion * *a legújabb divat* the latest fashion * *divatba jön* come into fashion/vogue **2.** *(szokás)* fad; craze

divatáru <fn> *(férfi)* men's wear; *(női)* ladies' wear

divatbemutató <fn> fashion show

divatcikk <fn> fashion article

divatlap <fn> fashion journal/magazine

divatos <mn> **1.** *(külső)* fashionable; stylish; smart; biz trendy: *divatos ruhák* fashionable/smart/stylish clothes * *divatos bútorok* fashionable/stylish furniture **2.** *(felkapott)* fashionable; popular

divattervező <fn> fashion designer

dizájn <fn> design: *új áramvonalas dizájn* a new streamlined design

dízelmotor <fn> diesel engine

dízelolaj <fn> diesel oil/fuel: *dízelolajjal megy* run on diesel fuel

DK [= délkelet] SE (= south-east; (the) South-East)

DNy [= délnyugat] SW (= south-west; (the) South-West)

¹dob <ige> **1.** throw✢; hurl; fling✢; sling✢: *labdát dob* throw a ball * *a tűzbe dob vmit* fling sg into the fire * *a szemétbe dob vmit* sling sg in the bin **2.** *(pl. kockával)* throw✢; cast✢; roll: *dob a kockával* throw the dice **3.** biz *(elhagy)* ditch **(vkit** sy); dump **(vkit** sy) *Dobta régi barátait, amikor diplomát szerzett.* She ditched her old friends when she graduated. **4.** *(bombát)* drop

²**dob** <fn> **1.** *(hangszer)* drum: *veri a dobot* beat the drum **2.** *(alkatrész)* drum; cylinder; barrel

dobál <ige> **1.** *(vmit)* keep✢ sg throwing **2.** pelt **(vkit/vmit vmivel** sy/sg with sg) **3.** *(hajigál)* scatter; throw✢; fling✢

dobás <fn> **1.** *(cselekvés)* throw; cast; *(labdával)* shot **2.** *(kockával)* throw; roll **3.** *(alkalom, esély)* chance: *nincs több dobása* not have another chance

dobbant <ige> **1.** stamp (one's foot/feet): *mérgében dobbant a lábával* stamp his foot in anger **2.** *(ugró)* take✢ off; jump off **3.** biz *(disszidál)* defect

dobbantódeszka <fn> sp springboard

dobhártya <fn> eardrum: *megreped a dobhártyája* he burst his eardrums

dobó <fn> **1.** thrower **2.** *(baseballban)* pitcher; *(krikettben)* bowler

dobog <ige> **1.** *(lábbal)* stamp (one's foot/feet) **2.** *(szív)* beat✢; throb: *Még mindig dobog a szíve.* Her heart is still beating.

dobogó <fn> **1.** *(szónoké, karmesteré)* platform; podium; rostrum **2.** sp podium

dobókocka <fn> dice (tsz: dice)

dobol <ige> **1.** drum; play the drum; beat✢ the drum: *Szeret dobolni.* He likes to drum. **2.** *(ujjaival)* drum: *dobol az ujjaival az asztalon* drum one's fingers on the table **3.** *(eső)* patter

dobos <fn> drummer

doboz <fn> box; packet; *(üdítőital stb.)* carton; *(élelmiszer tárolására)* tub; *(fém)* tin; can; *(nagyobb)* bin: *egy doboz gyufa* a box of matches ∗ *egy doboz csokoládé* a box of chocolate ∗ *egy doboz cigaretta* a packet of cigarettes ∗ *egy doboz narancslé* a carton of orange juice ∗ *egy doboz margarin* a tub of margarine ∗ *egy doboz bab* a tin of beans

dobozos <mn> canned

dobverő <fn> drumstick

docens <fn> ≈ reader; senior lecturer; AmE ≈ associate professor

dog <fn> mastiff

dogma <fn> dogma

dohány <fn> **1.** tobacco: *A dohányt 8% adó terheli.* There is a 8% tax on tobacco. **2.** szl *(pénz)* dosh; brass; dough

dohánybolt <fn> tobacconist's (shop)

dohánygyár <fn> tobacco factory

dohányos <fn> smoker: *dohányossá válik* become a smoker ∗ *erős dohányos* a heavy smoker

dohányzás <fn> smoking: *tilos a dohányzás* no smoking; smoking is forbidden/prohibited ∗ *abbahagyja a dohányzást* give up smoking ∗ *dohányzásra kijelölt hely* smoking area ∗ *A dohányzás káros az egészségre.* Smoking is bad/harmful for your health.

dohányzik <ige> smoke: *Megengedi, hogy dohányozzam?* Do you mind if I smoke?

dohog <ige> grumble; mutter: *Ne dohogj!* Stop muttering.

dohos <mn> musty; fusty; *(levegő)* stale; stuffy: *sötét dohos szoba* a dark fusty room

dokk <fn> dock(yard)

doktor <fn> **1.** *(tudományos fokozat)* doctor: *a filozófia doktora* Doctor of Philosophy ∗ *a hittudományok doktora* Doctor of Divinity **2.** *(orvos)* doctor; physician: *Brown doktor nyújtja a legjobb orvosi ellátást.* Doctor Brown provides the best medical care.

doktorál <ige> take✢ one's doctorate

dokumentál <ige> document; prove; certify

dokumentum <fn> document: *faxon küldi el a dokumentumot* send the document by fax

dokumentumfilm <fn> documentary (film)

dolgos <mn> hard-working

dolgozat <fn> **1.** *(vizsgadolgozat)* examination paper; exam: *dolgozatot ír* take an exam **2.** *(értekezés)* paper; essay: *dolgozatot ír vmiből* write an essay on sg

dolgozik <ige> **1.** *(állása van)* work; be✢ employed: *részmunkaidőben dolgozik* work part-time ∗ *teljes munkaidőben dolgozik* work full-time ∗ *Hol dolgozol?* Where do you work? **2.** work **(vmiként // vhol** as sg // at/for sg): *banknál/banknak dolgozik* work at/for a bank ∗ *a sajtónak dolgozik* work for the press ∗ *ápolónőként dolgozik* work as a nurse **3.** work **(vmin** on sg): *egy projekten dolgozik* work on a project ∗ *keményen dolgozik* work hard **4.** *(gép)* run✢; work; function

¹**dolgozó** <mn> working; labouring; AmE laboring

²**dolgozó** <fn> **1.** worker; *(fizikai)* manual worker; labourer; *(gyári stb.)* blue-collar worker; *(értelmiségi)* white-collar worker: *teljes munkaidőben foglalkoztatott dolgozó* a full-time worker ∗ *nyomdaipari dolgozók* print workers ∗ *irodai dolgozó* office worker **2.** *(alkalmazott)* employee **3.** *(méh)* worker (bee) **4.** *(szoba)* study

dolgozószoba <fn> study: *egyik szobát dolgozószobának jelöli ki* design a room as a study

dollár <fn> dollar: *dollárra váltja a forintot* change forints into dollars ∗ *Napi 50 dollárt keres.* He earns 50 dollars a day.

dolog <fn> **1.** *(tennivaló)* work; task; job: *dologhoz lát* set to work ∗ *Sok a dolgom.* I have a lot to do. **2.** *(ügy)* matter; affair; business; thing: *magától értetődő dolog* a matter of course ∗ *Ez egész más dolog.* That's an entirely different matter. ∗ *Ez az én dolgom.* This is my own affair. / That's my business. ∗ *van néhány elintézetlen dolga* have some unfinished business ∗ *Több dologról beszélgettünk.* We talked about several things. **3.** *(tárgy, holmi)* thing; matter; object; item; biz stuff: *Ledobálta a dolgait az ágyra, rendetlenül.* She threw her things down to the bed, just anyhow. ∗ *az a kis barna dolog* that small brown object

dóm <fn> cathedral
domb <fn> hill; *(kisebb)* hillock; hummock
domboldal <fn> hillside
dombormű <fn> relief; *(fél)* bas-relief
domború <mn> convex; bulging; curved: *domború lencse* convex lens
domborzat <fn> terrain
domborzati térkép <fn> relief map
dombos <mn> hilly: *dombos vidék* hilly countryside
dombvidék <fn> hilly/rolling country
dominál <ige> dominate; prevail
domináns <mn> dominant
dominó <fn> domino
dominózik <ige> play dominoes
dongó <fn> bumblebee
donor <fn> orv donor
dopping <fn> sp **1.** *(szer)* dope; drug **2.** *(doppingolás)* doping
doppingol <ige> sp **1.** *(állatot, embert)* dope **2.** *(doppingszert alkalmaz)* use/take✧ dope; use/take✧ drugs
doppingszer <fn> sp dope; drug; stimulant
doppingvizsgálat <fn> sp dope/drug test
dorbézol <ige> biz carouse
dorgál <ige> reprove (**vmiért** for sg); chide (**vmiért** for sg); rebuke (**vmiért** for sg)
dorombol <ige> purr
dorong <fn> log; club; stick
dosszié <fn> *(irattartó)* file; dossier; folder
dózer <fn> bulldozer
dózis <fn> dose
döbbenet <fn> consternation; dismay; horror; panic

Kitchen • *A konyha*

1	wall-cupboard	*faliszekrény*	18 tea towel; AmE dish towel	*konyharuha*
2	ladle	*merőkanál*	19 cutlery	*evőeszköz(ök)*
3	sieve	*szűrő*	20 fork	*villa*
4	washing-up liquid	*mosogatószer*	21 knife	*kés*
5	BrE tap; AmE faucet	*(víz)csap*	22 spoon	*kanál*
6	sink; washing-up bowl	*mosogató*	23 plate	*tányér*
7	cupboard	*konyhaszekrény*	24 marmalade jar	*lekvárosüveg*
8	gas cooker; electric cooker	*gáztűzhely; villanytűzhely*	25 glass	*pohár*
9	oven	*sütő*	26 jug	*kancsó*
10	frying pan	*serpenyő*	27 bread	*kenyér*
11	refrigerator	*hűtőgép*	28 table cloth	*asztalterítő*
12	dishwasher	*mosogatógép*	29 table mat	*tányéralátét*
13	(rubbish) bin; AmE trashcan	*szemetes*	30 bacon	*szalonnaszelet*
			31 fried egg	*tükörtojás*
14	work surface; worktop; AmE counter	*(munka)pult*	32 mug	*bögre*
			33 milk bottle	*tejesüveg*
15	coffee machine/maker	*kávéfőző(gép)*	34 sugar bowl/basin	*cukortartó*
16	bread bin; AmE breadbox	*kenyértartó*	35 lid	*a cukortartó fedele*
			36 chair	*szék*
17	teapot	*teáskanna*	37 toaster	*kenyérpirító*

735

döbbenetes <mn> **1.** *(szörnyű)* horrifying; horrible **2.** *(félelmetes)* dreadful; startling **3.** *(lenyűgöző)* stunning

dög <fn> **1.** *(tetem)* carrion; carcass **2.** biz, pej *(személy)* bastard; beast; sod

döglik <ige> **1.** *(pusztul)* die; perish **2.** biz *(lustálkodik)* laze; lie✢ around: *egész nap az ágyon döglik* be lazing on the bed all day long

döglött <mn> dead

dől <ige> **1.** *(hajlik)* lean✢ **(vmerre** to one side); tilt **(vmerre** to one side) **2.** *(támaszkodik)* lean✢ **(vminek** against/on sg): *A falnak dőlt.* He leaned against the wall. **3.** *(ömlik)* gush **(vhonnan** from sg): *Dőlt az orrából a vér.* Blood was gushing from his nose. **4.** *(esik)* fall✢; tumble down: *Dől a fa!* Timber! **5.** *(eső)* pour

dőlt <mn> **1.** *(ferde)* slanting; oblique **2.** *(betű)* italic: *dőlt betű* italics * *dőlt betűvel szedték* printed in italics

dömper <fn> dumper truck; AmE dump truck

dönget <ige> **1.** batter; bang; rap: *öklével döngeti az ajtót* batter at the door with one's fists **2.** biz *(száguld)* dash; tear (along); bomb (along)

döngöl <ige> ram; pound; beat✢

dönt <ige> **1.** *(felfordít)* upset✢; overturn; turn over; *(féloldalra)* tilt; tip **2.** decide **(vmi mellett** on sg) **3.** *(elhatároz)* decide; make✢/take✢ a decision: *Nem tudok dönteni.* I can't decide. * *Úgy döntött, hogy vásárolni megy.* He decided to go shopping. **4.** *(bíróként, bíróság)* rule; decree; decide: *vkinek a javára dönt* rule in favour of sy * *vkinek a terhére dönt* ruled against sy **5.** *(rekordot)* break✢

döntés <fn> **1.** *(elhatározás)* decision; resolution: *fontos döntés* a big/serious decision * *döntést hoz vmiről* make a decision about sg **2.** *(elhatározás, mint cselekvés)* decision making **3.** *(ítélet)* verdict; judgement: *meghozza a döntést* reach a verdict * *bírósági döntés* judgement of the court

döntetlen <fn> sp draw; tie: *A meccs döntetlenre végződött.* The match ended in a draw. * *A játék döntetlennel végződött.* The game ended in a tie.

¹döntő <mn> decisive; deciding; conclusive; crucial: *a döntő csata* the decisive battle * *döntő szavazat* deciding vote * *döntő bizonyíték* conclusive proof * *a döntő pillanat* the crucial moment * *döntő szerepe van vmiben* play a crucial role in sg

²döntő <fn> sp final; the finals <tsz>: *bejut a döntőbe* reach the final * *Csapatunk bejutott a döntőbe.* Our team qualified for the finals.

döntőbíró <fn> arbiter; arbitrator

döntős <fn> sp finalist

dördül <ige> thunder

dörgés <fn> **1.** *(mennydörgés)* thunder: *dörgés és villámlás* thunder and lightning **2.** *(ágyúé)* boom; roar

dörgöl <ige> rub: *szárazra dörgöl vmit* rub sg dry

dörgölő(d)zik <ige> rub oneself **(vkinek/vminek** against sy/sg); *(orrával)* nuzzle **(vkinek/vminek** up against/up to sy/sg)

dörmög <ige> **1.** *(állat)* growl; grunt **2.** *(ember)* growl; mumble; mutter; *(morog)* grumble

dörög <ige> **1.** *(ég)* thunder: *Dörög az ég.* It is thundering. **2.** *(ágyú)* boom; roar

dörömböl <ige> bang; hammer: *dörömböl az ajtón* bang on the door

dörzsöl <ige> **1.** rub: *dörzsöli a kezét* rub one's hands * *porrá dörzsöl vmit* rub sg to powder * *felületet simára dörzsöl* rub a surface bare **2.** *(ruha, ékszer stb.)* chafe

dr., Dr. [= doktor] Dr (= doctor)

¹drága <mn> **1.** *(sokba kerül)* expensive; dear; costly: *A közönséges cukor nem drága.* Common sugar is not expensive. * *A szoknya túl drága.* The skirt is too expensive. * *Az a pulóver túl drága.* That jumper is too dear. **2.** *(értékes)* precious; valuable

²drága <fn> biz dear: *drágám* my dear

drágakő <fn> precious stone; jewel; gem

drágáll <ige> *(vmit)* find✢ sg (too) expensive

drágul <ige> go✢ up; get✢/become✢ more expensive

dráma <fn> **1.** *(színpadi mű)* drama: *egy Shakespeare-drámát néz* watch a drama by Shakespeare **2.** *(megrázó esemény)* drama; tragedy: *családi dráma* family drama/tragedy

drámai <mn> **1.** *(irodalomban)* dramatic **2.** *(izgalmas, megrázó)* dramatic; serious: *drámai film* a serious film

drámaíró <fn> playwright; dramatist

drámairodalom <fn> drama

dramatizál <ige> dramatize

drapp <mn> beige

drasztikus <mn> **1.** drastic **2.** *(intézkedés stb.)* firm; drastic; radical

drazsé <fn> *(cukorka)* drop; dragée

drog <fn> drug; biz dope: *erős drog* potent drug * *könnyű drogok* soft drugs

drogéria <fn> chemist; AmE drugstore

drogfogyasztás <fn> drug consumption

¹drogos <mn> addicted to drugs <csak hátravetve>

²drogos <fn> drug addict; biz (drug) user; biz junkie; biz druggie

drogozik <ige> be✢ on drugs; take✢ drugs

droszt <fn> taxi rank

drót <fn> wire

drótkerítés <fn> wire fence

drótkötélpálya <fn> funicular (railway); cable railway
drukker <fn> sp fan; supporter
drukkol <ige> biz **1.** *(csapatnak)* support (**vkinek/vminek** sy/sg); cheer (**vkinek/vminek** for sy/sg); root for (**vkinek/vminek** sy/sg); be❖ a fan (**vkinek/vminek** of sy/sg): *Kinek drukkolsz?* Who do you support? **2.** keep❖ one's fingers crossed (**vkinek** for sy) **3.** *(szorong, fél)* be❖ in cold sweat
drusza <fn> namesake
du. [= *délután*] pm; p.m.; AmE PM (= (latin) post meridiem = in the afternoon/evening)
dublőr <fn> *(férfi)* stunt man (tsz: stunt men); *(nő)* stunt woman (tsz: stunt women); stand-in
duci <mn> biz plump; chubby
duda <fn> **1.** *(hangszer)* pipes <tsz>; bagpipes <tsz> **2.** *(járművön)* horn
dudál <ige> hoot one's horn; toot one's horn; sound one's horn: *A kutyára dudált.* She hooted her horn at the dog.
dúdol <ige> hum; croon
dudor <fn> **1.** *(testen)* swelling; bump; protuberance; *(ütéstől)* lump: *Tele voltam dudorral.* I was covered in bumps. * *Van egy dudor a térdén.* She has got a lump on her knee. **2.** *(fában)* knot; *(növényen)* protuberance **3.** *(tárgyon)* knob; bulge
duett <fn> zene duet; duo
dug <ige> **1.** *(tesz)* stick❖ (**vmit vhova** sg in(to) sg); put❖ (**vmit vhova** sg in(to) sg); insert (**vmit vhova** sg in(to) sg) **2.** *(elrejt)* hide❖; conceal **3.** vulg *(közösül)* screw; shag; bang; bonk; hump
dugattyú <fn> piston
dugó <fn> **1.** *(parafa, műanyag)* cork; *(üvegé)* stopper: *dugót kihúz* pull a cork * *Tegyél egy dugót az üvegbe!* Put a cork in the bottle. **2.** *(hordóé stb.)* bung **3.** *(elektromos készüléké)* plug: *Nem tudtam bedugni a dugót a konnektorba.* I couldn't put the plug into the socket. **4.** *(lefolyóé)* plug: *Kihúztam a dugót a mosdóból.* I took the plug out of the basin. **5.** *(forgalmi)* (traffic) jam; tailback; congestion: *Közlekedési dugóban ragadtak.* They were stuck in a traffic jam
dugóhúzó <fn> **1.** corkscrew **2.** *(műrepülésben)* spin
dugulás <fn> obstruction; blockage
dúl <ige> *(pusztít)* ravage; devastate; *(vihar, háború)* rage
dulakodás <fn> scrimmage; scuffle; brawl; scrap
dulakodik <ige> grapple (**vkivel** with sy); scuffle (**vkivel** with sy); wrestle (**vkivel** with sy)

duma <fn> biz chatter; patter; spiel
dumál <ige> chatter; patter; natter
Duna <fn> Danube; the river Danube
dundi <mn> biz chubby; plump; podgy; AmE pudgy: *dundi arc* a podgy face
dunyha <fn> duvet; eiderdown; continental quilt
duó <fn> zene duo; duet
¹dupla <mn> double: *dupla ajtó* double door * *Dupla adag csirkét ettem.* I ate a double portion of chicken.
²dupla <fn> **1.** *(vminek a kétszerese)* double: *dupla vagy semmi* double or quits * *Dupláját keresi az én fizetésemnek.* He earns double my pay. **2.** *(kávé)* espresso; coffee
dúr <fn> zene major: *D-dúr hegedűverseny* concerto in D major * *C-dúr* C major
durcás <mn> sulky; sullen; peevish; morose; petulant
durran <ige> **1.** bang; crack **2.** *(robbanószer)* explode; detonate **3.** *(pezsgősüveg)* pop
durranás <fn> **1.** bang; crack **2.** *(robbanás)* explosion; detonation **3.** *(pezsgősüveg)* pop
durrdefekt <fn> blowout; puncture; burst tyre; AmE burst tire: *durrdefektet kap* have a puncture
durva <mn> **1.** *(anyag, felület)* rough; coarse: *durva anyag* coarse material **2.** *(nagy szemcséjű)* coarse: *durva homok* coarse sand **3.** *(elnagyolt)* rough: *durva becslés* a rough estimate * *durva vázlat* a rough sketch **4.** *(goromba)* coarse; rough; rude; boorish; loutish; uncouth: *durva vicc* a coarse joke * *durva bánásmódban részesül* receive rough treatment * *durva viselkedés* loutish behaviour **5.** *(súlyos)* gross: *durva hibák* gross errors
durvaság <fn> **1.** roughness; rudeness: *Kérj tőle bocsánatot a durvaságod miatt!* Apologize to him for your rudeness. **2.** sp foul play
dús <mn> rich; thick; *(növényzet)* exuberant: *dús növényzet* rich vegetation * *dús haj* thick hair
dúsgazdag <mn> moneyed; biz rolling in money <csak hátravetve>: *Biztosan dúsgazdagok.* They must be rolling in money.
dúskál <ige> *(vmiben)* have❖ sg in abundance; abound in/with sg
dutyi <fn> biz lockup; clink; the nick: *Joe dutyiban fog kikötni.* Joe will end up in clink.
duzzad <ige> **1.** swell❖ **2.** *(daganat)* swell❖ (up) **3.** *(feszül)* swell❖; bulge
duzzadt <mn> swollen; *(szem)* puffy; *(puffadt)* bloated
duzzanat <fn> swelling
duzzasztógát <fn> dam
duzzasztómű <fn> barrage

duzzog <ige> sulk; be* in a huff: *Duzzog, mert elfelejtettem a születésnapját.* She's in a huff because I forgot her birthday.

dübörög <ige> rumble; rattle; boom; thunder

düh <fn> fury; rage; anger; wrath: *visszafojtja dühét* bottle up his rage
 ♦ **dühbe gurul/jön** fly* into a rage; lose* one's temper

dühít <ige> **1.** enrage; infuriate; make* mad **2.** *(idegesít)* annoy; bother: *Dühít, hogy elfelejtettem a kulcsokat.* I am annoyed that I've forgotten the keys.

dühítő <mn> maddening; infuriating

dühkitörés <fn> burst of anger/rage; fit of temper

dühödt <mn> furious; enraged; livid; mad; outraged

dühöng <ige> **1.** rage (**vmi/vki miatt** at/against sy/sg); be* furious/angry (**vmi/vki miatt** with/at sy/sg); fume (**vmi miatt** at sg) **2.** *(vihar)* rage

dühös <mn> angry; furious; livid: *dühös vkire* be angry with sy ∗ *Annyira dühös lett, hogy elvesztette az önuralmát.* He got so angry he lost control. ∗ *Dühös volt, amikor rájött.* He was livid when he found out.

düledezik <ige> be* in disrepair

düledező <mn> dilapidated; run-down; ramshackle: *düledező épület* a run-down building

dülledt <mn> protruding; bulging: *dülledt szem* protruding/bulging eyes

dülöngél <ige> totter; stagger; reel; lurch

dűne <fn> dune

dünnyög <ige> mumble

DVD [= digitális videólemez] DVD (= digital video-disk)

DVD(-lemez) <fn> infor DVD

DVD-meghajtó <fn> infor DVD drive

Dzs dzs

dzseki <fn> jacket
dzsem <fn> jam; AmE jelly; *(narancs)* marmalade
dzsessz <fn> zene jazz
dzsip <fn> jeep
dzsungel <fn> jungle
dzsúsz <fn> juice

E, e, É, é

¹E, e <fn> **1.** *(betű)* E; e **2.** *(zenei hang)* E: *E-dúr* E major ∗ *e-moll* E minor
²e <mut névm> this
É [= észak] N (= north; (the) North)
eb <fn> dog
  ♦ *köti az ebet a karóhoz* insist on sg
ebbe → ez
ebben → ez
ebből → ez
ebéd <fn> *(étkezés délben)* lunch; BrE *(főétkezés délben vagy este)* dinner: *Siessetek, elkészült az ebéd!* Hurry up; lunch is ready!
ebédel <ige> lunch; have✣ lunch; *(este)* dine; have✣ dinner
ebédidő <fn> **1.** lunchtime **2.** *(munkahelyen)* lunch hour; lunch break
ebédjegy <fn> luncheon voucher
ebédlő <fn> **1.** *(lakásban)* dining room **2.** *(terem)* dining hall
ebédlőasztal <fn> dining table
ebédszünet <fn> lunch hour; lunch break
éber <mn> **1.** *(nem alvó)* wakeful; awake <csak hátravetve> **2.** *(figyelő)* alert; vigilant
ebihal <fn> tadpole
ébred <ige> wake✣ (up); awake✣
ébrenlét <fn> wakefulness
ébreszt <ige> **1.** *(alvásból)* wake✣ (**vkit** sy); wake✣ sy up; awake✣ (**vkit** sy): *Hat órakor ébresztett.* She awoke me at six. **2.** *(kelt)* arouse; awaken: *gyanút ébreszt vkiben* arouse sy's suspicion ∗ *vkit vminek a tudatára ébreszt* awaken sy to sg
ébresztőóra <fn> alarm (clock): *rádiós ébresztőóra* clock radio
ecet <fn> vinegar
ecetes <mn> pickled; vinegary: *ecetes uborka* pickled cucumber
ecset <fn> brush; paintbrush
ecsetel <ige> **1.** *(leír)* describe; depict **2.** paint (**vmit vmivel** sg with sg)
eddig <hsz> **1.** *(térben)* up to this point; as far as here **2.** *(időben)* till now; up to the present; so far; hitherto
eddigi <mn> up till now <csak hátravetve>; yet <csak hátravetve>
edény <fn> **1.** *(konyhai)* pot; dish; vessel; *(nyeles)* saucepan; pan **2.** biol, növ vessel
edényszárító <fn> dish rack; plate rack
édes <mn> **1.** *(íz)* sweet **2.** *(illat)* sweet: *a virágok édes illata* the sweet smell of the flowers **3.** *(kellemes)* delightful; pleasant **4.** *(szeretett)* dear **5.** *(aranyos, kedves)* sweet; cute: *édes kislány* a sweet little girl ∗ *De édes kiskutya!* What a cute little dog!
édesanya <fn> mother: *az édesanyám* my mother
édesapa <fn> father: *az édesapám* my father
édesít <ige> sweeten; sugar
édesítőszer <fn> sweetener: *mesterséges édesítőszer* artificial sweetener
édeskés <mn> sugary; sweetish
édesség <fn> **1.** *(nyalánkság)* sweet; confectionery; AmE candy: *túl sok édességet eszik* eat too much sweets **2.** *(étkezés utáni)* dessert; BrE sweet; BrE pudding; BrE biz afters: *édességnek palacsintát eszik* have pancakes for dessert ∗ *Édességnek mi lesz?* What is for pudding?
édességbolt <fn> sweet shop; AmE candy store
édesszájú <mn> *(igével kifejezve)* have✣ a sweet tooth
edz <ige> **1.** *(acélt stb.)* temper; harden **2.** sp *(készül)* train (**vmire** for sg): *A versenyre edz.* He is training for the race. **3.** sp *(felkészít)* train (**vkit/vmit vmire** sy/sg for sg); coach (**vkit/vmit vmire** sy/sg for sg)
edzés <fn> training
edzett <mn> **1.** fit; tough; *(ellenálló)* hardy **2.** *(acél stb.)* hardened
edző <fn> coach; trainer
edzőcipő <fn> trainer; training shoe; AmE sneaker
edzőtábor <fn> training camp
edzőterem <fn> gymnasium; gym
efelől <hsz> **1.** *(az említett dolog felől)* on this/that account; on this/that score; about that: *Efelől nyugodt lehetsz.* You need have no worries on that score. **2.** *(ebből az irányból)* from this direction
effektív <mn> **1.** *(meglévő, tényleges)* effective; actual; real **2.** *(hatékony)* effective
efféle <mut névm> such; of this kind <csak hátravetve>: *efféle történetek* stories of this kind
¹ég <ige> **1.** *(tűz emészti)* burn✣; be✣ on fire; *(nagy lánggal)* flame; be✣ in flames; blaze: *Ég az erdő.* The forest is burning. **2.** *(világít)* be✣ on: *ég a lámpa* the light is on **3.** *(fáj)* smart; sting✣: *Ég a szemem.* My eyes are stinging. **4.** *(érzéstől)* burn✣ (**vmitől** with sg): *ég a vágytól* burn with desire **5.** *(kudarcot vall)* come✣ a cropper

²**ég** <fn> 1. sky: *az égen* in the sky * *Tiszta/Felhős az ég.* The sky is clear/cloudy. 2. *(mennyország)* heaven
♦ **Jóságos ég!** Good Heavens! ♦ **Te jó ég!** Oh dear!

egér <fn> 1. mouse (tsz: mice) 2. infor mouse

égerfa <fn> alder (tree)

egérfogó <fn> mousetrap

egérlyuk <fn> mouse hole

egérpad <fn> infor mouse mat; AmE mouse pad

egérút <fn> közl rat run
♦ **egérutat nyer** manage to escape

égés <fn> 1. *(folyamat)* burning; combustion 2. *(égető érzés)* burning 3. *(sérülés)* burn; scald 4. biz *(lebőgés)* flop

égési sérülés <fn> burn; scald: *másodfokú égési sérülés* second-degree burn

¹**egész** <mn> whole; entire; all; complete: *az egész világ* the whole world * *az egész városban* in the entire town * *Egész nap havazott.* It was snowing all day. * *egész életében* all his life

²**egész** <hsz> quite; rather: *Egész jó a film.* The film's quite good.

³**egész** <fn> the whole; entirety; totality: *egészében véve* on the whole * *teljes egészében* in its entirety

egészen <hsz> 1. entirely; wholly; completely; fully: *Egészen megváltozott.* She'd completely changed. 2. biz *(eléggé)* quite; rather. *Ma egészen meleg van.* It's quite warm today.

egészség <fn> health: *Egészségére!* *(tüsszentéskor)* Bless you!; *(koccintáskor)* Cheers! * *jó egészségnek örvend* be in good health * *vkinek az egészségére iszik* drink the health of sy * *egészségre ártalmas* harmful to health

egészségbiztosítás <fn> health insurance

egészséges <mn> 1. *(nem beteg)* healthy 2. *(jó az egészségnek)* healthy; wholesome: *egészséges életmód* a healthy lifestyle * *egészséges étel* wholesome food

egészségi <mn> health; sanitary

egészségi állapot <fn> state of health

egészségtelen <mn> 1. *(egészségre káros)* unhealthy; unwholesome: *egészségtelen étel* unhealthy/unwholesome food 2. *(rossz)* unhealthy

egészségügy <fn> public health

egészségügyi dolgozó <fn> health worker

egészségügyi ellátás <fn> health care

egészségügyi miniszter <fn> health minister

éget <ige> 1. *(tűzzel elemészt)* burn✧: *El kellett égetniük az öreg bútorokat.* They had to burn the old furniture. 2. *(világítóeszközt)* leave✧ sg on: *egész nap égeti a lámpát* leave the light on all day 3. *(téglát)* bake 4. *(jelet)* mark; brand 5. *(perzsel)* scorch 6. *(forró dolog)* burn✧: *égeti a nyelvét* burn one's tongue 7. *(lejárat vkit)* run✧ sy down

égető <mn> 1. *(fontos, sürgős)* burning; urgent: *égető kérdés* burning question * *égető szükség* an urgent need 2. *(kínzó, perzselő)* searing

égett <mn> burnt

éghajlat <fn> climate

éghajlati <mn> climatic

éghetetlen <mn> non-flammable; incombustible

éghető <mn> inflammable; flammable; combustible

égi <mn> heavenly; celestial

égitest <fn> heavenly body; celestial body

¹**egoista** <mn> egoistic

²**egoista** <fn> egoist; egotist

egoizmus <fn> egoism; egotism

¹**égő** <mn> 1. burning; flaming 2. *(piruló)* glowing

²**égő** <fn> 1. *(izzó)* (light) bulb: *60 wattos égő* a 60-watt bulb 2. *(tűzhelyen égőfej)* burner

égöv <fn> zone: *forró égöv* torrid zone * *hideg égöv* frigid zones

egres <fn> gooseberry

égszínkék <mn> sky-blue; azure

egzakt <mn> exact: *egzakt tudomány* an exact science

egzisztencia <fn> living; livelihood

egzotikus <mn> exotic

¹**egy** <tőszn> 1. *(jelzőként)* one 2. *(önállóan)* on
♦ **egyre megy vmi** it's all the same

²**egy** <htl névelő> *(mássalhangzóval kezdődő szavak előtt)* a; *(magánhangzóval kezdődő szavak előtt)* an: *egy madár* a bird * *egy alma* an apple

egyágyas <mn> single: *egyágyas szoba* a single bedroom

egyáltalán <hsz> at all; any: *Egyáltalán nem tud síelni.* He can't ski at all. * *írása egyáltalán nem fejlődött.* His writing hasn't improved any.

egyaránt <hsz> equally; alike; both: *Mindegyik egyaránt olcsó.* All are equally cheap. * *apa és nagyapa egyaránt* both father and grandfather

egybeesés <fn> coincidence: *szerencsés egybeesés* a happy coincidence

egybeesik <ige> coincide (**vmivel** with sg)

egybeír <ige> write✧ as one word

egyben <hsz> 1. *(egészben)* in one piece; as a whole 2. *(egyúttal)* at the same time

egybeolvad <ige> 1. *(egyesül)* merge; fuse; unite: *Egybeolvadtam a tömeggel.* I merged into the crowd. 2. *(cég, intézmény)* merge; amalgamate 3. *(színek)* blend

egybeolvaszt <ige> merge; fuse; blend
egybevág <ige> coincide (**vmivel** with sg); agree (**vmivel** with sg); tally (**vmivel** with sg)
egyből <hsz> straightaway; at once; on the spot; immediately: *Egyből tudtam.* I knew at once.
egyéb <htl névm> other; else: *egyéb körülmények között* in other circumstances * *nem egyéb, mint* nothing else but
egyébként <hsz> 1. *(különben)* otherwise: *Ez a lány nagyon magas, de egyébként egész csinos.* This girl is very tall, but otherwise she is quite pretty. 2. *(általában)* ordinarily; normally 3. *(bevezetésként)* by the way; incidentally: *Megyünk haza. Egyébként tudod-e, hogy az igazgató látogat meg minket?* We are going home. Incidentally, do you know that the headmaster is visiting us?
egyed <fn> individual; entity
egyedi <mn> individual; tailor-made: *egyedi eset* individual case * *egyedi termék* a tailor-made product
egyeduralkodó <fn> autocrat; monarch
egyeduralom <fn> autocracy; monarchy
egyedül <hsz> 1. *(más nélkül)* alone; by oneself: *Egyedül él.* She lives alone. / She lives by herself. * *teljesen egyedül* all alone 2. *(segítség nélkül)* on one's own; single-handed; alone: *Nem tudta megoldani egyedül, úgyhogy segítenem kellett neki.* He couldn't manage it on his own so I had to help him. 3. *(kizárólag)* solely; only: *egyedül ő felel vmiért* be solely responsible for sg
egyedülálló <mn> 1. *(személy)* single; unmarried: *A legjobb barátnőm egyedülálló.* My best friend is single. 2. *(páratlan)* singular; unique; matchless; unparalleled; unequalled; AmE unequaled: *egyedülálló alkalom* a unique opportunity * *egyedülálló szépség* matchless beauty
egyedüli <mn> sole; only; single; solitary
egyedüllét <fn> solitude; loneliness
egy-egy <htl szn> *(fejenként egy)* each: *Mindegyikünk adtam egy-egy narancsot.* I gave them an orange each.
egyelőre <hsz> for the time being; for the present; so far
egyén <fn> 1. individual 2. *(személy)* person
egyenáram <fn> direct current
¹**egyenes** <mn> 1. *(nem görbe)* straight: *egyenes vonal* a straight line 2. *(sima, sík)* even: *A padló egyenes.* The floor is even. 3. *(tartás)* upright 4. *(közvetlen)* direct 5. *(becsületes)* straightforward; upright; direct; honest: *kedves, egyenes fiú* a nice straightforward boy 6. *(nyílt)* straight: *egyenes válasz* a straight answer 7. *(adás, közvetítés)* live: *egyenes adás* live broadcast

²**egyenes** <fn> 1. *(vonal)* straight (line) 2. *(versenypályán)* straight
egyenesen <hsz> 1. *(nem görbén)* straight: *Nem tudsz egyenesen járni?* Can't you walk straight? 2. *(egyenes háttal)* upright: *egyenesen ül* sit upright 3. *(közvetlenül)* directly; straight 4. *(becsületesen)* honestly: *Egyenesen járt el.* She behaved honestly. 5. *(nyíltan)* straight 6. *(fokozó értelemben)* perfectly; absolutely: *ez egyenesen borzalmas* that's absolutely horrible
egyenesszög <fn> straight angle
egyenetlen <mn> 1. *(felület)* uneven; rough: *Az út felszíne itt nagyon egyenetlen.* The road surface here is too uneven. 2. *(nem egységes)* uneven: *Munkája egyenetlen.* His work is uneven. 3. *(szabálytalan)* irregular: *egyenetlen kézírás* irregular handwriting
egyenget <ige> *(felületet)* level; make✧ even
¹**egyéni** <mn> 1. *(egyénnel kapcsolatos)* individual; personal: *egyéni felelősség* individual responsibility 2. *(sajátos)* individual: *egyéni öltözködési stílus* an individual style of dress
²**egyéni** <fn> sp singles
egyéniség <fn> individuality; personality; character: *erős egyéniség* have a strong personality
egyenjogúság <fn> equality (of rights); emancipation
egyenként <hsz> one by one; one after the other; singly; individually
egyenleg <fn> balance: *Lenne szíves megmondani mennyi az egyenlegem?* Could you tell me my balance?
egyenlet <fn> mat equation: *egyenletet megold* solve an equation
egyenletes <mn> 1. *(sima)* even; smooth: *A padló egyenletes.* The floor is even. 2. *(ingadozásoktól mentes)* even; steady: *egyenletes növekedés* a steady increase
egyenlít <ige> sp equalize; BrE equalise
Egyenlítő <fn> the equator
egyenlő <mn> equal: *egyenlő jogok* equal rights
egyenlőség <fn> equality
egyenlőségjel <fn> mat equals sign; equal sign
egyenlőtlen <mn> 1. unequal 2. *(ütemében, ritmusában)* uneven; unsteady 3. *(egyoldalú)* one-sided
egyenlőtlenség <fn> inequality; disparity: *társadalmi egyenlőtlenség* social inequality
egyenrangú <mn> equal (**vkivel** to sy)
egyenruha <fn> uniform: *iskolai egyenruhát hord* wear school uniform
egyenruhás <mn> uniformed; in uniform <csak hátravetve>
egyensúly <fn> 1. *(testi)* balance: *elveszíti az egyensúlyát* lose one's balance 2. *(lelki)* balance: *lelki egyensúly* emotional balance 3. *(ki-*

egyenlítettség) balance: *ökológiai egyensúly* ecological balance ∗ *hatalmi egyensúly* the balance of power
egyensúlyérzék <fn> sense of balance
egyensúlyoz <ige> balance: *labdát egyensúlyoz a fején* balance a ball on his head
egyértelmű <mn> **1.** *(félreérthetetlen)* unambiguous; unequivocal **2.** *(egyhangú)* unanimous
¹egyes <mn> **1.** *(1-gyel jelölt)* (number) one: *egyes számú kapu* gate (number) one **2. egyes szám** nyelvt singular: *egy főnév egyes száma* the singular of a noun ∗ *egyes szám első személy* first person singular **3.** *(különálló)* individual; single; separate **4.** *(némely, bizonyos)* certain; some: *egyes esetekben* in certain cases
²egyes <fn> **1.** *(számjegy)* (the number) one **2.** *(elégtelen osztályzat)* fail **3.** sp *(teniszben)* singles <tsz>: *Ki nyerte a női egyes első fordulóját?* Who won the first round of the women's singles?
egyes-egyedül <hsz> **1.** *(magában)* all alone **2.** *(csak)* only; exclusively
egyesével <hsz> one by one; one at a time; singly
egyesít <ige> **1.** *(új egységgé)* join; unite; combine: *egyesítik erőiket vkivel* join forces with sy **2.** *(vállalatokat)* merge; amalgamate **3.** *(magában foglal)* incorporate; combine
egyesül <ige> **1.** join; unite; combine **2.** *(vállalatok)* merge; amalgamate
egyesület <fn> **1.** association; society **2.** sp club
egyesült <mn> united; joint; *(vállalat, társaság)* amalgamated: *egyesült erővel* with united forces ∗ *(Amerikai) Egyesült Államok* the United States (of America) ∗ *Egyesült Királyság* the United Kingdom ∗ *Egyesült Nemzetek Szervezete* United Nations Organization
egyetem <fn> university: *egyetemre megy/jár* go to university ∗ *egyetemen tanul* be/study at university ∗ *egyetemre felvesz* admit to the university
egyetemes <mn> universal; general
egyetemi <mn> university; academic: *egyetemi oktatás* university education ∗ *egyetemi hallgató* a university student ∗ *egyetemi előadó/oktató* university lecturer ∗ *egyetemi végzettség/diploma* university degree ∗ *egyetemi tanév* academic year
egyetemista <fn> (university) student; undergraduate
egyetért <ige> agree (**vkivel/vmivel** with sy/sg): *Egyetértek abban, hogy...* I agree that... ∗ *Egyetértek veled.* I agree with you.
egyetértés <fn> **1.** *(nézetazonosság)* agreement; concord; concurrence; understanding: *Mind-*

annyian egyetértünk egymással. We are all in agreement. ∗ *kölcsönös egyetértés* mutual understanding **2.** *(összhang)* harmony: *Három generáció tökéletes egyetértésben él együtt.* Three generations live together in perfect harmony.
egyetlen <mn> only; single; sole: *egyetlen egy* only one ∗ *Ő egyetlen gyerek.* She is an only child. ∗ *egyetlen papírlap* a single sheet of paper ∗ *a baleset egyetlen túlélője* the sole survivor of the accident
egyetlenegy <tőszn> single; only one: *Kertjében nincs egyetlenegy virág sem.* There isn't a single flower in her garden.
egyetlenegyszer <hsz> only once
egyéves <mn> **1.** *(kor)* one-year-old; *(igével kifejezve)* be⋄ one year old: *Egyéves kislány.* She is a one-year-old girl. ∗ *Péter egyéves.* Peter is one (year old). **2.** *(egy évig tartó)* one year's; one-year
egyezik <ige> agree (**vmivel** with sg); correspond (**vmivel** to/with sg): *Egyeznek az adatok.* The figures agree.
egyezmény <fn> agreement; pact; *(országok, államok között)* convention; treaty: *egyezményt köt vkivel* sign an agreement with sy
egyezményes <mn> conventional: *egyezményes jelek* conventional signs
egyező <mn> identical (**vmivel** with sg); same (**vmivel** as sg)
egyezség <fn> **1.** *(megállapodás)* agreement; accord; understanding: *A két fél nem jutott egyezségre.* The two parties failed to reach agreement. **2.** jog settlement; covenant: *peren kívüli egyezség* an out-of-court settlement
egyeztet <ige> **1.** *(ellenőriz)* check; crosscheck; verify **2.** *(szövegzést)* harmonize **3.** *(tárgyal)* negotiate **4.** nyelvt agree
egyfajta <mn> **1.** *(vmiféle)* certain **2.** *(azonos)* of the same type <csak hátravetve>; of the same kind <csak hátravetve>
egyfelé <hsz> in the same direction
egyfelvonásos <fn> one-act play
egyfolytában <hsz> continuously; uninterruptedly; without a break
egyforintos <fn> one-forint coin
egyforma <mn> **1.** *(ugyanolyan)* alike <csak hátravetve>; of the same form/size/kind <csak hátravetve>: *A két lány nagyon egyforma.* The two girls are very alike. **2.** *(azonos mértékű)* equal; even
egyhangú <mn> **1.** *(változatosságot nélkülöző)* monotonous; dull; humdrum; tedious: *Olyan egyhangú az élete.* His life is so dull. **2.** *(egységes, együttetű)* unanimous: *egyhangú döntéssel* by an unanimous decision

egyharmad <törtszn> one third; a third
egyhavi <mn> one month's; one-month: *egyhavi fizetés* one month's salary
egyház <fn> **1.** *(keresztény felekezet)* Church: *az anglikán egyház* the Church of England * *a skót református egyház* the Church of Scotland **2.** *(intézmény)* Church: *az egyház és az állam közti párbeszéd* the dialogue between the Church and the State
egyházellenes <mn> anti-clerical; anti-church
egyházi <mn> church: *egyházi esküvő* church wedding * *egyházi zene* church music
egyházközség <fn> **1.** parish **2.** *(gyülekezet)* congregation
egyhetes <mn> **1.** *(kor)* one-week-old; *(igével kifejezve)* be◆ one week old **2.** *(egy hétig tartó)* one week's; one-week: *egyhetes kirándulás* a one-week excursion
egyheti <mn> one week's; one-week
egyhuzamban <hsz> continuously; without a break; without stopping; in a row: *két évig egyhuzamban* for two years in a row
egyidejű <mn> simultaneous
egyidejűség <fn> simultaneity
egyidős <mn> (of) the same age <csak hátravetve>: *Egyidősek vagyunk.* We are of the same age.
egyik <htl névm> *(valamelyik)* one; *(kettő közül)* either: *egyik nap* one day * *egyik a másik után* one after the other
Egyiptom <fn> Egypt
¹egyiptomi <mn> Egyptian
²egyiptomi <fn> *(személy)* Egyptian
egyirányú <mn> one-way: *egyirányú utca* one-way street
egykarú <mn> one-armed
egyke <fn> only child: *Ő egyke.* She is an only child.
egykedvű <mn> apathetic; indifferent; listless
egy-két <htl szn> one or two; a few: *egy-két nap alatt/múlva* in a day or two
egykettőre <hsz> very fast; in a second; instantly
egykor <hsz> **1.** *(múltban)* once; at one time; earlier: *Egykor csoda szép lány volt.* Once she was a beautiful girl. **2.** *(egy órakor)* at one (o'clock)
egykori <mn> former; one-time; ex-; sometime: *az egykori keleti blokk* the former Eastern bloc * *egykori férjem* my ex-husband
egykorú <mn> **1.** *(egyidős)* (of) the same age <csak hátravetve>: *Egykorúak vagyunk.* We are of the same age. **2.** *(egy időből való)* contemporary: *Azok a festmények egykorúak.* Those paintings are contemporary.
egylábú <mn> one-legged

egymás <kölcsönös névm> each other; one another; other: *Egymást nézték.* They looked at each other. * *egymás mellé/mellett* next to each other * *Jól ismerjük egymás terveit.* We know each other's plans very well. * *egymásért* for one another
egymásután <fn> succession
egynapi <mn> one-day; one day's
egynapos <mn> **1.** *(korú)* one-day-old **2.** *(időtartamú)* one-day; one day's: *egynapos kirándulás* one day's excursion
egynéhány <htl névm> **1.** some; a few; several **2.** *(bizonyos szám feletti)* odd: *ötven-egynéhány* fifty-odd
egynyári <mn> biol annual
egynyelvű <mn> monolingual
egyoldalú <mn> **1.** *(részrehajló)* one-sided; bias(s)ed; unbalanced **2.** jog unilateral: *egyoldalú szerződés* a unilateral agreement **3.** *(szerelem)* unrequited
egyórás <mn> an hour's; one-hour: *Egyórás menetelés volt a tértől a Parlamentig.* It was an hour's march from the square to the Houses of Parliament.
egypár <htl szn> a few; some; one or two
egypártrendszer <fn> one-party system/regime
egypetéjű ikrek <fn> identical twins
egyre <hsz> **1.** *(szüntelenül)* continually; on and on; uninterruptedly **2.** *(egy órára)* by one (o'clock): *Egyre otthon lesz.* He will be home by one o'clock. **3.** *(mindinkább)* more and more; increasingly: *egyre jobban* increasingly better
egyrészes fürdőruha <fn> one-piece (swimsuit)
egyrészt <hsz> **1.** on the one hand: *egyrészt..., másrészt* on the one hand... on the other hand **2.** *(bizonyos tekintetben)* in one respect
egysávos <mn> single-lane: *egysávos út* single-lane road
egység <fn> **1.** *(egységesség)* unity **2.** mat unit; measure **3.** *(rész)* unit **4.** *(katonai, rendőri)* unit **5.** *(szövetség)* union
egységár <fn> gazd standard/unit price
egységes <mn> **1.** *(egységet alkotó)* unified **2.** *(különbségek nélküli)* uniform **3.** *(egyforma érvényű)* uniform **4.** *(következetes)* consistent
egységesít <ige> unify; standardize; BrE standardise
egysejtű <fn> unicellular; single-celled
egyszemélyes <mn> one-man; one-person; single: *egyszemélyes ágy* a single bed
egyszer <hsz> **1.** *(egy alkalommal)* once: *még egyszer* once more * *hetenként egyszer* once a week **2.** *(valamikor a jövőben)* sometime; some

day: *Egyszer meglátogatnálak.* I'd love to visit you sometime. **3.** *(múltban)* once; one day

egyszeregy <fn> mat multiplication table

egyszeri <mn> *(egyszer történő)* single; one-off; happening once <csak hátravetve>: *egyszeri étkezés* single meal ∗ *egyszeri és megismételhetetlen alkalom* a one-off opportunity

egyszerre <hsz> **1.** *(ugyanakkor)* at the same time; simultaneously **2.** *(egy alkalomra)* for one occasion **3.** *(hirtelen)* all of a sudden; suddenly; all at once

egyszerű <mn> **1.** *(nem bonyolult)* simple: *Egyszerű volt megcsinálni* It was simple to do it. ∗ *mi sem egyszerűbb* nothing could be simpler **2.** *(szerény, átlagos)* simple; plain; severe; modest; unaffected: *egyszerű ruha* a simple dress ∗ *egyszerűen él* live in a plain way ∗ *egyszerű hajviselet* a severe hairstyle

egyszerűen <hsz> **1.** *(könnyen)* simply: *a lehető legegyszerűbben* as simply as possible **2.** *(szerényen)* plainly; simply: *egyszerűen öltözött* plainly/simply dressed **3.** *(kijelentés hangsúlyossá tételére)* simply; just: *Ez egyszerűen nevetséges.* It's simply ridiculous. ∗ *Egyszerűen fantasztikus volt.* It was just fantastic.

egyszerűség <fn> simplicity; plainness

egyszerűsít <ige> **1.** simplify **2.** mat reduce

egyszobás lakás <fn> one-room flat; studio flat; AmE studio apartment

egyszólamú <mn> unison; unisonous

egytálétel <fn> one-course meal

egyujjas kesztyű <fn> mitten, mitt

egyúttal <hsz> at the same time

együgyű <mn> simple; simple-minded; naive

¹együtt <hsz> together; with: *Együtt laknak.* They live together. ∗ *együtt él vkivel* live with sy ∗ *együtt ebédel vkivel* have lunch with sy

²együtt <nu> with; including: *áfával együtt* including VAT

együttélés <fn> living together; *(házasságban, párkapcsolatban)* cohabitation; *(egy közösségben)* coexistence

együttérzés <fn> sympathy; compassion: *némi együttérzés* a measure of sympathy

¹együttes <mn> joint; collective; common: *együttes felelősség* joint responsibility

²együttes <fn> **1.** *(könnyűzenei)* band; group; *(zenekar)* orchestra; *(komolyzenei, tánc-, ének-)* ensemble: *Ma a kedvenc együttesem játszik.* My favourite group is playing today. **2.** *(ruha)* ensemble, two-piece dress; two-piece suit

együttműködés <fn> cooperation

együttműködik <ige> cooperate (**vkivel vmiben** with sy in/on sg); collaborate (**vkivel vmiben** with sy in/on sg)

együttvéve <hsz> all together; all in all

egyveleg <fn> mixture; mix; miscellany; medley; *(zenei)* medley: *régi nóták egyvelege* a medley of old songs

éhbér <fn> pittance: *éhbérért dolgozik* work for a pittance

ehelyett <hsz> instead: *ehelyett inkább olvasna* she ought to read instead

éhen <hsz> **éhen hal** starve to death; die of hunger: *Éhen halok!* biz *(nagyon éhes)* I'm starving!

éhes <mn> **1.** hungry; biz *(egy kissé)* peckish; biz *(nagyon)* starving **2.** hungry (**vmire** for sg): *tudásra éhes* be hungry for knowledge

ehetetlen <mn> *(fogyasztásra alkalmatlan)* inedible

ehető <mn> eatable; suitable for consumption; *(nem mérges)* edible

éhezik <ige> **1.** starve **2.** biz *(nagyon éhes)* starve: *Éhezem!* I'm starving. **3.** *(nagyon vágyakozik)* hunger after/for sg; long for sg: *tudásra éhezik* hunger for knowledge

éheztet <ige> starve

éhgyomorra <hsz> on an empty stomach

ehhez <hsz> to this: *Mit szólsz ehhez?* What do you say to this? ∗ *ehhez képest* compared to this

éhínség <fn> famine; starvation

éhség <fn> hunger: *éhségtől szenved* suffer from hunger

éhségsztrájk <fn> hunger strike

éj <fn> night: *egész éjjel* all night ∗ *tegnap éjjel* last night ∗ *Jó éjt!* Good night!

♦ **az éj leple alatt** under cover of night

éjfél <fn> midnight: *éjfélkor* at midnight

éjféltájban <hsz> about midnight

ejha <isz> gee!

¹éjjel <fn> night

²éjjel <hsz> at night; during the night; by night: *egész éjjel* all night ∗ *ma éjjel* tonight ∗ *tegnap éjjel* last night ∗ *késő éjjel* late at nigh

éjjelente <hsz> at night; night after night; every night

éjjeli <mn> night; nightly; nocturnal: *éjjeli műszak* night shift ∗ *éjjeli lepke* nocturnal moth

éjjeliedény <fn> chamber pot

éjjeliőr <fn> nightwatchman

éjjeliszekrény <fn> bedside table

éjjel-nappal <hsz> night and day; day and night; round the clock: *éjjel-nappal dolgozik* work day and night; work round the clock

¹éjszaka <fn> night; night-time: *az éjszaka közepén* in the middle of the night ∗ *Jó éjszakát!* Good night!

²éjszaka <hsz> at night; during the night; by night

éjszakai <mn> night; nocturnal; overnight: *éjszakai élet* nightlife

éjszakázik <ige> **1.** *(fenn marad)* stay up; be✜ up **2.** *(mulat)* carouse; paint the town (red) **3.** *(késő éjjelig dolgozik)* burn✜ the midnight oil **4.** *(ügyeletes)* be✜ on night duty

ejt <ige> **1.** drop; let✜ fall **2.** *(kimond)* pronounce: *Nem tudja tisztán ejteni ezt a szót.* He can't pronounce this word clearly. **3.** *(felad)* drop **4.** biz dump; ditch: *Ejtette a fiút egy másik miatt.* She dumped him for another boy. ∗ *Ejtette régi barátait, amikor diplomát szerzett.* She ditched her old friends when she graduated.

ejtőernyő <fn> parachute
ejtőernyős <fn> paratrooper; parachutist
¹ék <fn> wedge
²ék <fn> *(ékesség)* adornment; ornament
ÉK [= észak-kelet] NE (= north-east; (the) North-East)
ekcéma <fn> eczema
eke <fn> plough; AmE plow
ékesít <ige> adorn; ornament; embellish; decorate
ékesség <fn> adornment; ornament
ékezet <fn> accent
EKG [= elektrokardiogram] ECG (= electrocardiogram)
ekkor <hsz> then; at this time; at this moment
ékkő <fn> precious stone; gem
e-könyv <fn> e-book
e-könyvolvasó <fn> e-reader
ekörül <hsz> *(időben)* about this time; about that time
eközben <hsz> meanwhile; in the meantime
ékszer <fn> **1.** piece of jewellery; AmE piece of jewelry **2. ékszerek** jewels; jewellery; AmE jewelry
ékszerbolt <fn> jeweller's; AmE jeweler's
ékszerdoboz <fn> jewellery box; AmE jewelry box
ékszerész <fn> jeweller; AmE jeweler
ékszíj <fn> fan belt
eksztázis <fn> ecstasy

¹él <ige> **1.** *(létezik)* live; exist: *élni és élni hagyni* live and let live **2.** *(életben van)* be✜ alive **3.** *(vmilyen körülmények között)* live: *szerényen él* live simply ∗ *jól él* live well **4.** *(külföldön, vidéken stb.)* live; dwell✜; reside: *Magyarországon élek.* I live in Hungary. **5.** *(vmekkora pénzből)* live on sg; *(vmely munkából)* earn/make✜ one's living by sg: *Kevés pénzből élünk* We live on very little money. ∗ *Az írásból élek.* I make my living by writing. **6.** *(vmely ételen)* live on sg: *Tésztán élek.* I live on pasta. **7.** devote oneself (**vkinek/vminek** to sy/sg): *hivatásának él* devote oneself to one's profession

²él <fn> **1.** *(késé stb.)* edge: *a kard éle* the edge of the sword ∗ *nincs éle* have no edge **2.** *(nadrágé stb.)* crease

elad <ige> sell✜: *600 fontért eladtam a hegedűmet a barátomnak.* I sold my violin to my friend for £600. ∗ *Eladta nekem az autóját.* He sold me his car.

eladás <fn> sale; selling
eladatlan <mn> unsold
eladhatatlan <mn> unsal(e)able; unmarketable
¹eladó <mn> for sale; *(üzletben)* on sale: *eladó ház* a house for sale
²eladó <fn> **1.** *(elárusító)* salesperson; shop assistant; AmE sales clerk; *(férfi)* salesman (tsz: salesmen); *(nő)* saleswoman (tsz: saleswomen) **2.** *(aki elad)* seller; jog seller; vendor: *a vevő és az eladó* the buyer and the seller
eladósodik <ige> get✜ into debt
elágazás <fn> **1.** ramification **2.** *(úté)* fork; turn-off; *(nagyobb)* junction; AmE intersection **3.** *(folyóé stb.)* fork **4.** *(az ág)* arm; branch; offshoot
elágazik <ige> **1.** *(fa stb.)* ramify; branch out **2.** *(út, folyó stb.)* fork; branch; branch off; *(út)* divide; diverge: *Az út itt elágazik.* The road branches here. ∗ *Forduljon balra, ahol az út elágazik.* Fork/go left where the road divides.
elajándékoz <ige> give✜ sg away: *Nem tetszik, el fogom ajándékozni.* I don't like it, I'll give it away.
elájul <ige> faint; become✜ unconscious
elakad <ige> **1.** *(nem mozdul)* jam; get✜ stuck **2.** *(megáll)* stop; come✜ to a stop: *Elakadt a forgalom.* The traffic came to a stop. **3.** *(beszédben)* falter **4.** *(meghibásodik)* break✜ down **5.** *(tárgyalás stb.)* stall
elaknásít <ige> mine
eláll <ige> **1.** *(nem romlik meg)* keep✜: *Ma edd meg a halat, nem áll el holnapig!* Eat the fish today, it won't keep until tomorrow. **2.** *(eltorlaszol)* block; obstruct: *elállja az utat* obstruct the road **3.** *(nem tapad; kilóg)* stand✜ out; stick✜ out **4.** desist (**vmitől** from sg) **5.** *(abbamarad)* cease; stop: *Az eső elállt.* It has stopped raining.
elállít <ige> **1.** *(megállít)* stop: *Megpróbáltam elállítani a vérzést.* I tried to stop the bleeding. **2.** *(arrébb tesz)* put✜ aside; put✜ away **3.** *(szerkezetet)* modify
elálmosít <ige> make✜ drowsy; make✜ sleepy
elálmosodik <ige> become✜ sleepy; get✜ sleepy
elalszik <ige> **1.** *(álomba merül)* fall✜ asleep; go✜ to sleep **2.** *(túl sokáig alszik)* oversleep✜: *Ma reggel elkéstem az iskolából, mert az egész család elaludt.* I was late for school this morn-

ing because the whole family overslept. **3.** *(tűz)* burn✧ out

elaltat <ige> **1.** *(gyereket)* put✧ to sleep; send✧ to sleep **2.** *(műtéthez)* anaesthetize; AmE anesthetize **3.** *(beteg állatot végleg)* put✧ sg to sleep

elapad <ige> dry up; become✧ dry

eláraszt <ige> **1.** *(elönt)* flood; inundate; overflow; swamp **2.** *(betölt)* flow; overwhelm; swamp: *Elárasztott a félelem.* Fear flowed over me. **3.** *(ellep)* overwhelm; swamp: *Az országot elárasztották a turisták.* The country is overwhelmed by tourists. **4.** *(elhalmoz vkit vmivel)* shower sy with sg; shower sg on sy: *eláraszt vkit dicsérettel* shower sy with praise; shower praise on sy

elárul <ige> **1.** *(vmely ügyet, hazát stb.)* betray **2.** *(titkot)* disclose; reveal **3.** *(személyt)* betray; denounce **4.** *(mutat)* register; display: *Arca meglepetést árult el.* Her face registered surprise.

elárusító <fn> salesperson; shop assistant; AmE sales clerk; *(férfi)* salesman (tsz: salesmen); *(nő)* saleswoman (tsz: saleswomen)

elárverez <ige> auction; auction off: *egy képet elárverez* auction a picture

elás <ige> bury

elasztikus <mn> elastic

elátkoz <ige> curse; damn

elavul <ige> date; become✧ obsolete; become✧ dated: *kezd elavulni* begin to date

elavult <mn> outdated; dated; out-of-date; obsolete; antiquated

elázik <ige> **1.** *(esőben)* get✧ drenched; get✧ soaked **2.** biz *(részeg)* get✧ sozzled; get✧ sloshed

elballag <ige> **1.** wander off; stroll off: *Öt perce még itt volt, de elballagott.* She was here five minutes ago but she's wandered off. **2.** *(elmegy)* stroll (**vhova** (in)to sg): *elballag a városba* stroll into the city **3.** *(iskolából)* leave✧ school

elbánás <fn> treatment: *durva elbánásban részesül* receive rough treatment

elbánik <ige> **1.** *(kezel)* handle **2.** *(durván vkivel)* sort sy out; deal✧ roughly with sy: *Akarod, hogy elbánjak vele?* Do you want me to sort him out? **3.** *(legyőz vkit/vmit)* finish sy/sg off: *elbánik az ellenfélével* finish off one's opponent

elbarikádoz <ige> barricade; block

elbátortalanít <ige> discourage; unnerve; daunt

elbátortalanodik <ige> lose✧ courage; lose✧ heart

elbeszél <ige> tell✧; relate

elbeszélés <fn> **1.** *(történetmondás)* narration; telling; relating **2.** *(novella)* (short) story

elbeszélget <ige> **1.** have✧ a (long) conversation (**vkivel** with sy) **2.** *(jelölttel)* have✧ an interview (**vkivel** with sy)

¹elbeszélő <mn> narrative; epic: *elbeszélő költemény* epic poem

²elbeszélő <fn> narrator

elbír <ige> **1.** *(súlyt)* support; bear✧; hold✧: *Az a szék nem bír el téged.* That chair won't hold you. **2.** *(elvisel)* bear✧; stand✧; endure; take✧ **3.** *(anyagilag)* can✧ afford

elbírál <ige> judge; pass judgement

elbírálás <fn> judg(e)ment

elbizakodott <mn> stuck-up; conceited

elbízza magát <ige> think✧ too much of oneself; be✧ conceited

elbóbiskol <ige> biz doze off; drop off; nod off

elbocsát <ige> **1.** *(elenged)* discharge **2.** *(állásból)* fire; dismiss; lay✧ sy off; sack: *Elbocsátották az állásából.* She was dismissed from her job. ✱ *elbocsát több száz embert* lay off several hundred workers **3.** *(foglyot)* set✧ free; release

elbocsátás <fn> **1.** *(állásból)* dismissal; lay-off **2.** *(elengedés)* discharge; release

elboldogul <ige> be✧ able to manage; get✧ by

elbomlik <ige> dissolve

elborzad <ige> be✧ horrified; shudder

elborzaszt <ige> horrify; make✧ sy shudder: *A vér látványa elborzasztotta.* The sight of blood made her shudder.

elbotlik <ige> trip (up); stumble: *Elbotlottam, és leestem a lépcsőn.* I tripped and fell down the stairs.

elbúcsúzik <ige> take✧ leave; say✧ goodbye: *elbúcsúzik vkitől* take leave of sy; say goodbye to sy

elbúcsúztat <ige> **1.** *(távozót)* bid✧ farewell (**vkit** to sy) **2.** *(vkit állomáson stb.)* see✧ sy off: *elbúcsúztat vkit a repülőtéren* saw sy off at the airport **3.** *(versenyzőt)* eliminate

elbújik <ige> hide✧; go✧ into hiding

elbújtat <ige> hide✧; conceal

elbutít <ige> make✧ stupid

elbutul <ige> grow✧ stupid

elbűvöl <ige> charm; enchant: *el van bűvölve vkitől* she is charmed/enchanted by sy

elbűvölő <mn> charming; enchanting

élcelődik <ige> tease; joke

elcipel <ige> carry off; drag away

elcsábít <ige> **1.** *(nőt)* seduce **2.** *(helyre)* entice away

elcsavarog <ige> loaf about

elcsen <ige> biz filch; sneak; pinch; pilfer: *elcsen egy levelet a fiókból* sneak a letter out of the drawer

elcsendesedik <ige> **1.** quieten; calm down; AmE quiet **2.** *(vihar)* abate

elcsépelt <mn> hackneyed; trite; stale: *elcsépelt vicc* stale joke

elcserél <ige> **1.** exchange (**vmit vmiért** sg for sg); switch (**vmit vmire** sg with sg); swap (**vmit vmire** sg for sg): *Elcseréltem a piros blúzomat a kék blúzára.* I swapped my red blouse for her blue one. **2.** *(árucsere folytán)* barter (**vmit vmiért** sg for sg) **3.** *(tévedésből)* mistake✦ (**vmit vmivel** sg for sg)

elcsíp <ige> **1.** biz *(elfog)* nab, collar; catch✦ **2.** *(buszt stb.)* catch✦

elcsodálkozik <ige> be✦ astonished; be✦ amazed

elcsomagol <ige> pack (away)

elcsúfít <ige> disfigure; deform; deface; mar

elcsúszik <ige> slip (over): *elcsúszik a jégen* slip (over) on the ice

elcsügged <ige> lose✦ heart; lose✦ courage; despair

eldarál <ige> reel sg off: *Több telefonszámot eldarált.* She reeled off several phone numbers.

eldicsekedik <ige> boast (**vmivel** of/about sg)

eldob <ige> **1.** *(magától távolra vmit)* throw✦ away; throw✦ sg off **2.** *(kidob vmit)* throw✦ sg away; throw✦ sg out: *Nincs szükségem arra az újságra, kidobhatod.* I don't need that newspaper — you can throw it away.

eldobható <mn> disposable; throwaway: *eldobható pelenka* disposable nappies

eldől <ige> **1.** *(tárgy)* fall✦ down; tumble over **2.** *(ügy)* be✦ decided

eldönt <ige> *(döntést hoz)* decide; settle; *(hivatalosan)* determine; resolve

eldöntetlen <mn> undecided; unsettled; open: *eldöntetlen kérdés* open question

eldördül <ige> go✦ off

eldug <ige> hide✦; conceal; tuck sg away: *Eldugta a kulcsot egy fiókba.* He hid the key in a drawer. ✶ *eldugja a pénzt* tuck the money away

eldugott <mn> hidden; concealed

eldugul <ige> clog (up); get✦ blocked

eldurran <ige> go✦ off; explode

eldurvul <ige> coarsen; roughen

elé <nu> in front of; before: *Ne állj a televízió elé!* Don't stand in front of the television.

eledel <fn> **1.** *(étel)* food; provisions **2.** *(állaté)* fodder

éled <ige> revive; come✦ to life again

elefánt <fn> elephant
 ♦ **(mint) elefánt a porcelánboltban** like a bull in a china shop

elefántcsont <fn> ivory

¹elég <ige> burn✦ away

²elég <hsz> **1.** *(elegendő)* enough; sufficient **2.** *(meglehetősen)* rather; fairly; quite: *Tegnap elég meleg volt.* It was rather warm yesterday. ✶ *elég gyakran* quite often

elegancia <fn> elegance

elegáns <mn> **1.** *(megjelenés)* elegant; stylish; fashionable; smart **2.** *(hely)* elegant; smart **3.** *(finom, könnyed)* elegant **4.** *(ruha)* elegant; stylish; smart

elégedetlen <mn> unsatisfied (**vkivel/vmivel** with sy/sg); dissatisfied (**vkivel/vmivel** with sy/sg); unhappy (**vmivel** about/at/with sg); discontented (**vmivel** with sg); displeased (**vkivel/vmivel** with sy/sg): *elégedetlen a magas árakkal* be unhappy about the high prices ✶ *Elégedetlen vagy a munkámmal?* Are you displeased with my work?

elégedetlenkedik <ige> gripe (**vmi miatt** about sg)

elégedett <mn> **1.** content (**vmivel** with sg); satisfied (**vkivel/vmivel** with sy/sg); pleased (**vkivel/vmivel** with sg); happy (**vkivel/vmivel** with/about sy/sg): *Elégedett volt az eredménnyel.* He was content with the result. ✶ *Nem vagyok elégedett a munkájával.* I'm not happy with his work. **2.** *(megelégedett)* contented

elégedettség <fn> contentment; satisfaction

elegendő <mn> enough; sufficient (**vmire/vkinek** // **vmire** for sg/sy // to do sg): *van elegendő ennivalója* have sufficient food

eléget <ige> **1.** burn✦ sg away; incinerate **2.** *(ételt)* burn✦ **3.** *(tetemet)* cremate

eléggé <hsz> **1.** *(kellő mértékben)* sufficiently **2.** *(meglehetősen)* fairly; quite; enough; pretty: *eléggé jól beszél angolul* speak English fairly well ✶ *Eléggé csinos, de nem kifejezetten szép.* She is pretty enough, but not beautiful. ✶ *eléggé jó* pretty good

¹elégséges <mn> sufficient; enough

²elégséges <fn> *(osztályzat)* pass; *(erős elégséges)* D; *(gyenge elégséges)* E

elégszer <hsz> quite often

¹elégtelen <mn> insufficient; inadequate; unsatisfactory: *elégtelennek bizonyul* prove insufficient

²elégtelen <fn> *(osztályzat)* F

elégtétel <fn> satisfaction; amends <tsz>: *elégtételt kér* demand satisfaction

elegy <fn> mixture; mix; blend

elegyenget <ige> **1.** make✦ even; *(földet)* level **2.** átv settle

eleinte <hsz> initially; at first; in the beginning

eleje <fn> **1.** *(elülső része)* front; forepart: *az autó eleje* the front of the car **2.** *(kezdete)* beginning; the outset: *az elejétől a végéig* from beginning to end **3.** *(könyvnek)* first chapters <tsz>

elejt <ige> **1.** *(leejt)* drop; let✦ fall: *Sajnos elejtettem a poharat, és összetört.* I dropped the glass and it broke. **2.** *(mond)* drop **3.** *(felad)* give✧ up; drop **4.** *(vadat lelő)* kill; bag **5.** *(vádat)* withdraw✧

elektromos <mn> electrical; electric: *elektromos áram* electric current ∗ *elektromos jármű* electric vehicle ∗ *elektromos hiba* an electrical fault

elektromos autó <fn> electric car
elektromosság <fn> electricity
elektronika <fn> electronics <esz>
elektronikus <mn> **1.** electronic **2.** infor e-: *elektronikus levél* e-mail
elektronikus kereskedelem <fn> gazd electronic commerce; e-commerce
elektrotechnika <fn> electrical engineering
élelem <fn> food; foodstuff; *(pl. útra)* provisions <tsz>
élelmes <mn> resourceful; practical
élelmiszer <fn> **1.** *(élelem)* food; foodstuff **2.** *(boltban, szupermarketben)* food; groceries <tsz>: *mélyhűtött élelmiszer(ek)* frozen food **3.** *(pl. útra)* provisions <tsz>
élelmiszer-áruház <fn> food store; supermarket
élelmiszeripar <fn> food industry
élelmiszerjegy <fn> ration card
elem <fn> **1.** *(alkotórész)* element **2.** *(sajátos jegy)* element **3.** *(alapismeretek)* elements <tsz> **4.** kém element **5.** fiz cell **6.** *(természeti erő)* the elements <tsz>: *az elemeknek kitéve* be exposed to the elements **7.** *(szárazelem)* battery: *kimerült elem* dead battery **8.** *(darab)* unit; piece
elemel <fn> biz lift; filch; pinch; pilfer
elemes <mn> **1.** *(elemmel működő)* battery operated **2.** *(elemekből álló)* modular: *elemes bútor* modular furniture
elemez <ige> **1.** *(vizsgál)* analyse; AmE analyze **2.** *(művet)* analyse; AmE analyze **3.** *(nyelvet)* parse
elemi <mn> **1.** *(alapfokú)* elementary; basic; fundamental **2.** *(alapvető)* elementary: *elemi hiba* an elementary mistake **3.** kém, fiz elementary: *elemi részecske* elementary particle **4.** *(fékezhetetlen)* elemental
elemlámpa <fn> torch; AmE flashlight
elemzés <fn> **1.** analysis **2.** *(műé)* analysis **3.** nyelvt parsing
elénekel <ige> sing✧
elenged <ige> **1.** *(kezéből)* let✧ go; let✧ drop; *(akaratlanul)* lose✧ one's hold (**vmit** of sg) **2.** *(szabadon enged)* release; set✧ free; let✧ go **3.** *(menni enged)* let✧ go: *Szülei elengedték moziba. Her parents let her go to the cinema.* **4.** *(iskolából)* dismiss; *(munkából stb. vkit)* allow sy to leave: *A főnököm elengedett két órakor. My boss allowed me to leave at 2 o'clock.* **5.** *(büntetést)* remit

elengedhetetlen <mn> indispensable; essential
élénk <mn> **1.** *(eleven)* lively; *(fürge)* agile; brisk **2.** *(mozgalmas)* lively; brisk **3.** *(fantázia)* vivid **4.** *(szín)* vivid; bright: *élénk sárga* bright yellow **5.** *(heves)* lively; vigorous; keen: *élénk érdeklődés vmi iránt* keen interest in sg
élénkít <ige> stimulate; animate; brighten
elenyésző <mn> insignificant; negligible; slight; tiny: *A különbség elenyésző.* The difference is insignificant.
elér <ige> **1.** *(kezével)* reach: *Nem érem el azt a poharat a legfelső polcon!* I couldn't reach that glass on the top shelf. **2.** *(terjed)* reach **3.** *(megtalál)* reach; contact; get✧ in touch (**vkit** with sy): *Megpróbáltam az irodájában elérni.* I tried to contact her at her office. **4.** *(járművet)* catch✧: *Elérte az utolsó buszt.* He caught the last bus. **5.** *(helyet, helyiséget)* reach; hit✧: *eléri az autópályát* hit the motorway **6.** *(megvalósít)* reach; achieve; attain; accomplish: *Cégünk e hónapban nagy növekedést ért el az autóeladások terén.* Our firm achieved a big increase in car sales this month.
elereszt <ige> **1.** *(kezéből)* let✧ go; let✧ drop; *(akaratlanul)* lose✧ one's hold (**vmit** of sg) **2.** *(szabadon enged)* release; set✧ free; let✧ go **3.** *(menni enged)* let✧ go **4.** *(iskolából)* dismiss; *(munkából stb. vkit)* allow sy to leave: *A főnököm két órakor elereszett.* My boss allowed me to leave at 2 o'clock.
elérhetetlen <mn> **1.** *(térben)* inaccessible **2.** *(személy)* unavailable **3.** *(pl. cél)* unattainable
elérkezik <ige> **1.** arrive; reach: *Éjfélre érkeztünk el a határhoz.* We reached the border at midnight. **2.** *(bekövetkezik)* come✧: *Elérkezett az idő.* The time has come.
elértéktelenedik <ige> depreciate; lose✧ value
elérzékenyül <ige> be✧ touched (**vmitől** by sg); be✧ moved (**vmitől** by sg)
éles <mn> **1.** *(jól vág)* sharp: *éles kés* a sharp knife **2.** *(hasító)* sharp; piercing: *éles fájdalmat érez* feel a sharp pain **3.** *(hang)* piercing; shrill; harsh **4.** *(fény)* strong; piercing **5.** *(megjegyzés)* cutting; biting **6.** *(érzékszerv)* sharp; keen; acute; good **7.** *(ész)* nimble; quick; sharp **8.** *(kanyar)* sharp: *éles kanyarok* sharp bends **9.** *(lőszer)* live: *éles lövedék* live cartridge/round
élesedik <ige> **1.** sharpen **2.** *(helyzet)* worsen; grow✧ worse
eleség <fn> **1.** food; foodstuff **2.** *(állaté)* fodder; feed
¹elesett <mn> **1.** *(egészségileg)* infirm; be✧ in poor health **2.** *(szegény)* destitute; impoverished
²elesett <fn> **az elesettek** *(harcban)* the fallen

elesik <ige> **1.** *(felbukik)* fall✢ (over); tumble: *Elestem és felsértettem a lábamat.* I fell and cut my knee. **2.** *(meghal)* fall✢; be✢ killed **3.** *(vár, város)* fall✢ **4.** lose✢ (**vmitől** sg); forfeit (**vmitől** sg)

élesít <ige> sharpen; make✢ sharp: *kést élesít* sharpen a knife

éléskamra <fn> pantry

éleslátás <fn> insight; perspicacity; discernment; clear vision

élesztő <fn> yeast

élet <fn> **1.** life (tsz: lives): *megmenti vkinek az életét* save sy's life ∗ *kockáztatja az életét* risk one's life ∗ *életben marad* survive **2.** *(élettartam)* lifetime; life (tsz: lives): *egyszer az életben* once in a lifetime **3.** *(életmód)* living; life (tsz: lives): *új életet kezd* start a new life **4.** *(megélhetés)* living; existence **5.** *(vmely területen)* life (tsz: lives): *gazdasági élet* economic life **6.** *(lendület)* life; vigour; AmE vigor
  ♦ **életbe lép** come✢ into force ♦ **az életére tör vkinek** seek✢ the life of sy

életbevágó <mn> vital: *életbevágó kérdés* vital question

életbiztosítás <fn> life insurance; life assurance: *életbiztosítást köt* take out life insurance

életcél <fn> object/goal in life

életerős <mn> vigorous; sturdy; full of vitality <csak hátravetve>

életfelfogás <fn> view of life

életfogytig <hsz> for life

életfogytiglan <fn> life imprisonment

életforma <fn> way of life

élethű <mn> lifelike; true to life <csak hátravetve>

életjel <fn> sign of life

életképes <mn> **1.** capable of living <csak hátravetve>; fit for life <csak hátravetve> **2.** *(ötlet stb.)* viable; feasible

életkor <fn> age

életkörülmények <fn> living conditions

életlen <mn> **1.** *(tompa)* blunt; dull: *életlen kés* a dull knife **2.** *(elmosódó)* fuzzy; blurred

¹**életmentő** <mn> life-saving

²**életmentő** <fn> life-saver

életmód <fn> lifestyle; way of life; style of living: *egészséges életmód* a healthy lifestyle ∗ *rendezett életmód* a settled way of life

életmű <fn> oeuvre; life's work

életnagyságú <mn> life-size(d): *életnagyságú szobor* a life-size statue

életrajz <fn> biography

életrajzi <mn> biographical

életszerű <mn> lifelike

életszínvonal <fn> standard of living; living standard

élettapasztalat <fn> practical experience

élettárs <fn> partner; jog *(férfi)* common-law husband; jog *(nő)* common-law wife (tsz: common-law wives)

élettartam <fn> lifetime; life span

élettelen <mn> **1.** *(holt)* dead; lifeless **2.** átv inanimate; inert **3.** *(tekintet)* glassy

életteli <mn> full of life <csak hátravetve>; full of vitality <csak hátravetve>

életunt <mn> tired of life <csak hátravetve>; weary of life <csak hátravetve>

életveszély <fn> mortal danger: *túl van az életveszélyen* be off the critical list ∗ *életveszélyben van* be on the critical list

életvidám <mn> blissful; joyful; vivacious

életvitel <fn> lifestyle

eleven <mn> **1.** *(élő)* live; living; alive <csak hátravetve> **2.** *(élénk)* vivid; lively; brisk; effervescent; frisky

elévül <ige> become✢ out of date; be✢ out of date; jog lapse

élez <ige> *(élesít)* sharpen; make✢ sharp: *kést élez* sharpen a knife

elfagy <ige> **1.** *(testrész)* be✢ frostbitten **2.** *(termés)* be✢ destroyed by frost; be✢ killed by frost

elfajul <ige> degenerate; deteriorate

elfárad <ige> **1.** get✢ tired; grow✢ tired (**vmiben/vmitől** of sg): *Könnyen elfárad.* He gets tired easily. **2.** *(elmegy)* take✢ the trouble to go (**vhova** swhere)

elfáraszt <ige> tire (out); exhaust; fatigue

elfásul <ige> become✢ indifferent

elfaxol <ige> fax

elfecseg <ige> pej **1.** *(titkot)* spill✢ the beans; blurt sg out: *mindent elfecseg* blurt everything out **2. elfecsegi az időt** chatter away the time; talk away the time

elfecsérel <ige> *(időt, pénzt)* waste; squander; fritter sg away

elfehéredik <ige> turn/go✢ pale; turn/go✢ white

elfeledkezik → **elfelejtkezik**

elfelejt <ige> **1.** forget✢ (**vmit** sg): *Elfelejtettem a nevét.* I forgot her name. **2.** *(elmulaszt)* forget✢ (**vmit megtenni** to do sg): *Apa mindig elfelejti becsukni az ajtót.* Dad always forgets to lock the door.

elfelejtkezik <ige> forget✢ (**vmiről** sg)

elfér <ige> fit; have✢ room; can✢ hold; hold✢: *El fog férni a csomagtartóban.* It will fit in the back of the car. ∗ *A teremben ötvenen férnek el.* The room can hold/take fifty people.

elferdít <ige> **1.** *(hajlít)* bend✢ **2.** *(igazságot stb.)* twist; distort; pervert; slant: *elferdíti az igazságot* twist the truth

elferdül <ige> bend; twist; get out of shape

elfog <ige> **1.** catch; capture; take; get; *(letartóztat)* arrest; *(küldeményt, üzenetet stb.)* intercept: *elfog vkit (börtönbe zár)* take sy prisoner * *Elfogjuk őket!* We'll get them! **2.** *(érzés)* overcome; be seized (**vmi** with sg): *elfogja a düh* be seized with anger

elfogad <ige> **1.** *(átvesz)* accept; take: *elfogad egy almát* accept an apple * *elfogadja a meghívást* accept the invitation **2.** *(beleegyezik)* accept: *fenntartás nélkül elfogad vmit* accept sg without reservation * *Nem tudják elfogadni, hogy az édesapjuk meghalt.* They can't accept that their father died. **3.** *(javaslatot stb.)* carry; approve; agree to sg; *(törvényt)* pass; *(jóváhagy)* recognize; BrE recognise: *A parlament két új törvényt fogadott el.* The parliament has passed two new laws.

elfogadhatatlan <mn> unacceptable

elfogadható <mn> acceptable; fair; admissible; reasonable: *elfogadható ár* a fair price * *elfogadható kifogást hoz fel* offer a reasonable excuse

elfogatóparancs <fn> arrest warrant; warrant for (sy's) arrest

elfoglal <ige> **1.** *(bevesz)* take; capture; occupy: *Elfoglalták a várost.* The town was taken. * *A fővárost katonák ezrei foglalták el.* Thousands of soldiers have occupied the capital. **2.** *(helyet)* occupy; take: *elfoglalja a helyét* take one's seat **3.** *(vmennyi helyet)* occupy; take up: *Ez a fotel túl sok helyet foglal el.* This armchair takes up too much room. **4.** *(álláspontot, hivatalt)* take up: *elfoglalja a hivatalát* take up one's post **5.** *(munka)* occupy; keep sy busy: *A főnök most el van foglalva.* The boss is occupied now. / The boss is busy now. **6. elfoglalja magát** occupy oneself (**vmivel** in doing sg // with sg): *Kötéssel kellett magamat elfoglalni.* I had to occupy myself with knitting.

elfoglalt <mn> busy; engaged: *Most meglehetősen elfoglalt.* She is quite busy now.

elfoglaltság <fn> activity; occupation; pursuit; *(program)* engagement: *Mi a kedvenc elfoglaltsága?* What is his favourite activity/occupation? * *Rengeteg az elfoglaltsága, amely felemészti az idejét.* He has many activities that take up his time.

elfogulatlan <mn> impartial; unprejudiced; unbias(s)ed; objective: *elfogulatlan bíró* an impartial judge * *elfogulatlanul* impartially

elfogult <mn> partial; prejudiced; bias(s)ed; one-sided

elfogy <ige> **1.** be used up; give out; come to an end **2.** *(kifogy vmiből)* run out of sg; run short of sg: *Elfogyott a cukor.* We have run out of sugar. **3.** *(elkel)* be sold out; be out of stock; *(könyv)* be out of print **4.** *(pénz)* be spent; run out

elfogyaszt <ige> **1.** use sg up; get through sg: *Elfogyasztottuk az összes tejet.* We have used up all the milk. **2.** *(ételt)* eat; consume **3.** *(italt)* drink; consume

elfojt <ige> **1.** *(tüzet)* extinguish; put out **2.** *(érzelmet stb.)* suppress; stifle; subdue; choke back: *nevetést elfojt* suppress a laugh * *Nem tudtam elfojtani a haragomat.* I could not choke back my anger. **3.** *(ásítást, köhögést stb.)* stifle; *(könnyeket)* gulp sg back; choke sg back: *Elfojtotta a könnyeit.* She gulped back her tears. **4.** *(lázadást stb.)* suppress; put down; squash

elfolyik <ige> **1.** *(pénz)* melt away; drain away; *(idő)* pass **2.** *(kifolyik)* drain away; flow away: *A víz lassan el fog folyni.* The water will slowly drain away.

elfonnyad <ige> wilt; wither (away)

elfordít <ige> **1.** turn: *Elfordítja a kulcsot a zárban.* He turns the key in the lock. * *Fordítsuk el a kilincset, hogy kinyíljon az ajtó!* Let's turn the handle to open the door. **2.** *(tekintetet stb.)* avert **3.** *(figyelmet)* divert

elfordul <ige> **1.** turn away; swivel; *(másfelé néz)* look away **2.** *(eltávolodik)* become estranged (**vkitől** from sy); become alienated (**vkitől** from sy) **3.** abandon (**vmitől** sg)

elforr <ige> boil away

elfúj <ige> **1.** *(elröpít)* blow away; carry away **2.** *(elolt)* blow out

elfuserál <ige> bungle; botch; mess up

elfut <ige> run away; run off: *elfut anélkül, hogy visszanézne* run away without looking back

elfűrészel <ige> saw in two; saw sg up

elgáncsol <ige> trip sy (up): *Nem akartalak elgáncsolni* I didn't mean to trip you up.

elgázol <ige> run sy/sg over; run sy/sg down; hit: *Elgázolta egy busz.* She was hit/run down by a bus.

elgémberedik <ige> go numb

elgennyesedik <ige> go septic; suppurate

elgondol <ige> *(elképzel)* imagine; fancy; picture to oneself

elgondolás <fn> conception; concept; idea; *(terv)* plan

elgondolkodik <ige> reflect (**vmin** on sg); meditate (**vmin** on sg); ponder (**vmin** on sg): *elgondolkodik a kérdésen* reflect on the question

elgondolkodtató <mn> thought-provoking: *elgondolkodtató könyv* a thought-provoking book

elgörbít <ige> bend; buckle

elgörbül <ige> bend*; buckle
elgurít <ige> roll away; roll off
elgurul <ige> roll away; roll off
elgyengít <ige> weaken; enfeeble
elgyengül <ige> weaken; grow* weak; grow* feeble
elhadar <ige> rattle sg off; reel sg off: *elhadarja a neveket* reel off the names
elhagy <ige> **1.** *(helyet)* leave*; walk away: *elhagyja a szobát* leave the room **2.** *(személyt)* leave*; abandon; desert; walk out; biz dump: *Fokozatosan elhagyják a barátai.* His friends are deserting him. ∗ *Elhagyta a feleségét.* He walked out on his wife. **3.** *(elveszít)* lose* **4.** *(mellőz, kihagy)* omit; skip; drop; leave* out **5.** *(felad, abbahagy)* outgrow*; give* up; leave* off: *rossz szokást elhagy* outgrow a bad habit **6. elhagyja magát** *(elhanyagolja magát)* neglect oneself **7. elhagyja magát** *(csügged)* lose* heart
elhagyatott <ige> **1.** *(magányos)* lonely; solitary; abandoned; deserted **2.** *(néptelen)* desolate; uninhabited; lonely; *(elhanyagolt)* neglected: *elhagyatott farm* a lonely farm
elhajít <ige> hurl; throw*; biz sling*
elhajt <ige> **1.** *(elterel)* drive* away; drive* off **2.** *(járművel)* drive* away; drive* off **3.** drive* past (**vmi mellett** sg) **4.** *(magzatot)* perform an abortion
elhal <ige> **1.** *(szövet, sejt)* necrose **2.** *(növény)* wither; decay **3.** *(hang)* die away; die down; trail away; trail off
él-hal <ige> *(vmiért)* be* keen on sg; be* fond of sg: *Él-hal a teniszért.* She's keen on tennis.
elhalad <ige> pass (by) (**vki/vmi mellett** sy/sg); go* past (**vki/vmi mellett** sy/sg): *Biciklijével elhaladt mellettem.* He passed me on his bike.
elhalaszt <ige> postpone; adjourn; delay; put* sg off: *határozatlan időre elhalaszt vmit* postpone sg indefinitely ∗ *hétfőig elhalasztja a találkozót* adjourn/put off the meeting until Monday ∗ *El kellett halasztaniuk az utazást.* They had to delay their journey.
elhalkul <ige> fade away; die away; die down: *A nevetés lassan elhalkult.* The laughter faded away.
elhallgat <ige> **1.** *(nem beszél tovább)* stop speaking; stop talking **2.** *(eltitkol)* suppress; keep* sg back; conceal; withhold* (**vmit vki előtt/elől** sg from sy): *információt elhallgat* suppress information ∗ *Tudtam, hogy elhallgat valamit.* I knew he was keeping something back. **3.** *(szívesen hallgat)* listen (**vkit/vmit** to sy/sg): *Elhallgatnám órák hosszat.* I could listen to her for hours.

elhalmoz <ige> shower (**vkit vmivel** sy with sg // sg on sy); swamp (**vkit/vmit vmivel** sy/sg with sg); heap (**vkit vmivel** sg on sy): *elhalmoz vkit ajándékokkal* shower sy with presents ∗ *elhalmoz vkit dicséretekkel* heap praises on sy
elhamarkodik <ige> do* sg rashly; do* sg without thinking
elhamarkodott <mn> hurried; hasty; snap; rash: *elhamarkodott döntés* a hasty/snap decision
elhamvaszt <ige> *(halottat)* cremate
elhány <ige> **1.** *(ellapátol)* shovel sg (away): *elhányja a havat* shovel the snow away **2.** *(elveszít)* mislay*
elhanyagol <ige> **1.** neglect **2.** *(figyelmen kívül hagy)* disregard; ignore **3. elhanyagolja magát** be* careless of one's appearance
elhanyagolt <mn> neglected; derelict; slovenly
elhárít <ige> **1.** *(akadályt)* clear away; remove **2.** *(megelőz)* avert; prevent **3.** *(felelősséget elutasít)* decline; refuse to accept **4.** *(kivéd vkit/vmit)* beat* sy/sg off; fend sy/sg off; ward sy/sg off; repel; *(ütést stb.)* parry: *elhárítja a támadóit* fend off one's attackers ∗ *elhárítja a kérdéseket* ward off questions
elhárul <ige> be* averted; be* cleared
elhasznál <ige> **1.** *(elfogyaszt)* use; use sg up: *Megint minden vizet elhasználtál.* You have used all the water again. **2.** *(elnyű)* wear* out
elhasználódik <ige> **1.** be* used up; be* consumed **2.** *(elkopik)* wear* out
elhatárol <ige> **1.** *(területet)* mark sg off; rail sg off; delimit **2.** *(hatáskört)* delimit; define **3. elhatárolja magát** distance oneself (**vkitől/vmitől** from sy/sg)
elhatárolódik <ige> distance oneself (**vkitől/vmitől** from sy/sg)
elhatároz <ige> decide; resolve; determine: *Elhatározta, hogy elmegy.* He decided to leave.
elhatározás <fn> decision; resolution; determination
elhelyez <ige> **1.** place; put*; position; *(titokban)* plant: *Óriás tv-kivetítőket helyeztek el a stadion két végén.* Large TV screens were positioned at either end of the stadium. ∗ *A bombát az autóban helyezték el.* The bomb was planted in the car. **2.** *(elszállásol)* accommodate; house **3.** *(munkahelyen)* post **4.** leave* (**vmit vkinél** sg with sy) **5.** *(pénzt bankban)* deposit; *(befektet)* invest **6.** *(épületet)* site; place
elhelyezkedik <ige> **1.** *(leül)* take* a seat; seat oneself; position oneself **2.** *(munkahelyen)* find* employment; find* a job
elherdál <ige> waste; squander; fritter sg away: *közpénzeket elherdál* waste public money ∗ *sok pénzt herdál el cigarettára* waste a lot of money

eljárás

on cigarettes * *elherdálja a pénzt* squander money

elhervad <ige> wilt; wither; droop

elhesseget <ige> **1.** *(állatot)* shoo away; drive✢ away **2.** *(gondot stb.)* banish; dismiss

elhíresztel <ige> bruit abroad; bruit around

elhisz <ige> believe; credit; *(készpénznek vesz vmit)* take✢ sg for granted: *Bármit elhisz neked.* He'll believe anything you say. * *Nem hiszem el!* I simply can't credit/believe it.

elhitet <ige> *(vkivel vmit)* make✢ sy believe sg: *Elhitette velem a történetét* He made me believe his story.

elhív <ige> ask; call: *elhív vkit vacsorára* ask sy to dinner

elhivatottság <fn> calling; vocation

elhízik <ige> grow✢ fat; become✢ obese; become✢ overweight

elhord <ige> **1.** *(elvisz)* carry away; carry off **2.** *(elnyű)* wear✢ out **3. elhordja magát** biz clear off

elhoz <ige> bring✢ (along); get✢; *(érte megy)* fetch; collect: *Elhozta őt a templomba.* He brought her to the church. * *elhoz vkit az iskolából* get sy from school

elhullat <ige> **1.** let✢ fall; drop **2.** *(levelet stb.)* shed✢

elhuny <ige> pass away; depart this life; die

elhunyt <fn> **az elhunyt** the deceased

elhurcol <ige> drag away; drag off

elhúz <ige> **1.** *(félrehúz)* draw✢ away; drag away **2.** *(időben)* spin sg out; drag sg out; prolong: *Nem akarom a találkozót túl sokáig elhúzni.* I don't want to drag this meeting out too long. **3.** *(gyorsan elhalad)* pass **4.** biz *(elmegy)* buzz off **5.** *(nótát)* play; fiddle **6.** *(vizsgán)* fail

elhúzódik <ige> **1.** draw✢ away (**vkitől** from sy) **2.** *(időben)* drag on **3.** *(térben)* extend: *egészen a tóig elhúzódik* extend as far as the lake **4.** *(út stb. vmi mellett)* run✢ along sg

elhűl <ige> **1.** *(étel)* cool **2.** biz *(elképed)* be✢ amazed; be✢ astonished

elhülyül <ige> biz grow✢ stupid; grow✢ dull

elidegenedik <ige> become✢ alienated (**vkitől** from sy); become✢ estranged (**vkitől** from sy)

eligazodik <ige> **1.** *(helyileg)* find✢ one's way **2. nem tud vmin eligazodni** can't✢ make head nor tail of sg **3. jól eligazodik vmin** be✢ familiar with sg

elígérkezik <ige> promise to go (**vhova** swhere)

elillan <ige> **1.** *(gáz)* escape; *(folyadék)* evaporate; vaporize **2.** biz *(távozik)* steal✢ away; slip away; sneak away

elindít <ige> **1.** *(működésbe hoz)* start; set✢ in motion; get✢ going: *elindítja az autót* start the car **2.** *(indulásra jelt ad)* start **3.** *(útnak indít)* get✢ sy off; send✢ sy on his/her way: *Elindítja a gyereket az iskolába.* She is getting her children off to school. **4.** *(üzleti vállalkozást stb. elkezd)* start; launch; open: *magazint indít el* start a magazine * *Két héten belül elindítjuk a vállalkozásunkat.* Our enterprise will be launched in two weeks. **5.** *(támadást)* launch

elindul <ige> **1.** depart; leave✢; set✢ out; set✢ off: *elindul az állomásra* set off for the station **2.** *(járművel)* pull away; drive✢ off **3.** *(működni kezd)* start

elintéz <ige> **1.** *(elrendez)* settle; arrange; fix sg up; see✢ to sg; *(számlát)* settle (up) (**vkivel** with sy): *Az ügy el van intézve.* The matter is settled. * *Elintézte, hogy találkozzam velük.* He has arranged to meet them. * *Elintéztem egy megbeszélést vele.* I fixed up an interview with him. **2.** biz *(megöl)* finish sy off; do✢ sy in: *Megfenyegettek, hogy elintéznek.* They threatened to do me in.

elírás <fn> spelling error; slip of the pen

elismer <ige> **1.** *(belát, beismer)* acknowledge; admit; accept: *Elismertem, hogy hibáztam.* I acknowledged that I had made a mistake. **2.** *(méltányol)* acknowledge; appreciate; recognize; BrE recognise **3.** *(követelést)* admit **4.** *(igazol)* recognize; BrE recognise

elismerés <fn> **1.** acknowledg(e)ment; admission: *az átvétel elismerése* acknowledgement of receipt **2.** *(méltányolás)* appreciation; recognition; regard: *vmi elismeréséül* in recognition of sg * *az elismerés jele* sign of recognition

elismert <mn> recognized; acknowledged; well-known; reputable

elismervény <fn> acknowledg(e)ment; receipt; check: *átvételi elismervény* acknowledgement of receipt

elit <fn> elite: *az ország szellemi elitje* the country's intellectual elite

elítél <ige> **1.** *(büntetésre)* condemn (**vkit vmire** sy to sg); sentence (**vkit vmire** sy to sg); convict (**vkit vmiért** sy of sg) **2.** *(helytelenít)* condemn; denounce; deplore; censure: *Elítéli az erőszakot.* She condemns violence.

elítélő <mn> disparaging; deprecating; derogatory

elítélt <fn> convict

eljár <ige> **1.** *(rendszeresen elmegy)* frequent; go✢ regularly (**vhova** to swhere) **2.** *(intézkedik)* proceed; act: *Utasítás szerint fogunk eljárni.* We shall proceed as directed. **3.** *(elmúlik)* pass **4.** *(táncot)* perform

eljárás <fn> **1.** *(intézkedés)* procedure; (course of) action **2.** *(bírósági)* proceedings <tsz>:

büntető/bűnvádi eljárás criminal proceedings ∗ *eljárást indít vki ellen* take/initiate legal proceedings against sy **3.** *(módszer)* process; procedure; method **4.** *(viselkedés)* behaviour; AmE behavior

eljátszik <ige> **1.** *(zeneszámot, darabot stb.)* play; perform; *(színdarabot)* enact **2.** *(szerencsejátékon)* gamble (away): *A nagybátyám eljátszotta a család minden pénzét a versenyen.* My uncle gambled all the family's money on the race. **3.** *(egy darabig)* play (about)

eljegyez <ige> **eljegyezték egymást** they are engaged

eljegyzés <fn> **1.** engagement (**vkivel** to sy) **2.** *(ünnepség)* engagement party

éljen <isz> hurrah!; hurray!; three cheers for sy!: *Háromszoros éljen a királynak!* Three cheers for the King!

éljenez <ige> cheer; applaud

éljenzés <fn> cheer; cheering; ovation: *éljenzéssel fogad vmit* receive sg with cheers

eljön <ige> **1.** come✣: *Remélem, hogy eljön.* I hope he will come. **2.** fetch; collect; come✣ (**vkiért/vmiért** for sy/sg)

elkalandozik <ige> **1.** *(elkószál)* wander; stray **2.** *(eltér)* digress; stray; wander (off): *elkalandozik a tárgytól* stray from the point

elkalauzol <ige> guide

elkallódik <ige> **1.** *(elvész)* get✣ lost **2.** *(tehetség)* waste

elkanyarodik <ige> **1.** turn off; veer off; *(út)* bend✣ **2.** *(eltávolodik)* digress

elkap <ige> **1.** *(kezével)* catch✣: *elkapja a labdát* catch the ball **2.** *(megragad)* catch✣; grab **3.** *(buszt stb.)* catch✣ **4.** *(betegséget)* catch✣; get✣: *elkap egy vírust* catch a virus **5.** biz *(elfog)* collar; nab; catch✣: *Elkapjuk őket!* We'll nab them!

elkapkod <ige> **1.** *(elsiet)* rush **2.** *(árut)* snap sg up: *A jegyeket két óra alatt elkapkodták.* The tickets were snapped up within two hours.

elkápráztat <ige> **1.** *(fény)* dazzle **2.** *(elbűvöl)* dazzle: *Elkápráztatott a csinos külseje.* I was dazzled by his good looks.

elkártyáz <ige> gamble (away): *elkártyázza a család minden pénzét* gamble all the family's money

elkel <ige> **1.** *(eladják)* be✣ sold; sell✣; go✣: *Minden jegy elkelt.* Sold out. **2.** *(szükséges)* be✣ necessary

elken <ige> **1.** *(egyenletesen)* spread✣ **2.** *(elmaszatol)* smear; smudge **3.** *(eltussol vmit)* hush sg up; gloss over sg

elkényeztet <ige> spoil✣; indulge: *gyereket elkényeztet* spoil/indulge a child

elképed <ige> be✣ taken aback; be✣ astonished; be✣ flabbergasted; be✣ dumbfounded

elképeszt <ige> stupefy; astound; flabbergast

elképesztő <mn> stunning; amazing; fantastic

elképzel <ige> imagine; conceive; fancy; think✣; *(felidéz)* picture; visualize: *Képzeld csak el!* Just imagine! ∗ *El tudom képzelni.* I can imagine. ∗ *Nem tudom elképzelni az életet nélküle.* I can't imagine life without her. ∗ *El sem tudja képzelni, hogy milyen boldog vagyok.* You can't think how glad I am. ∗ *Nehezen tudom elképzelni a kertet.* I find it difficult to visualize the garden.

elképzelés <fn> **1.** idea; conception; notion: *Van valamilyen elképzelésed?* Have you got any idea? ∗ *elképzelése sincs* not have an idea/notion; have no idea/notion

elképzelhetetlen <mn> unimaginable; unthinkable; inconceivable

elképzelhető <mn> imaginable; conceivable: *Az elképzelhető legnagyobb nehézség.* The greatest difficulty imaginable.

elkér <ige> **1.** *(kölcsön)* borrow (**vmit vkitől** sg from sy) **2.** *(áruért stb.)* demand; ask: *100 fontot is elkérhetnek ezért a szobáért.* They can ask as much as £100 for this room.

elkerget <ige> chase sy/sg away; drive✣ sy/sg away: *elkergeti a gyerekeket* chase the children away

elkerül <ige> **1.** *(kikerül)* bypass: *Megpróbáltuk elkerülni a várost.* We tried to bypass the city centre. **2.** *(szándékosan)* avoid; shun; stay clear (**vkit/vmit** of sy/sg): *Kerüld el őt!* Avoid him. **3.** *(figyelmet)* escape: *Semmi nem kerüli el a figyelmét.* Nothing escapes her attention. **4.** *(elhárít, megelőz)* avoid; prevent **5.** *(bajt stb.)* evade; escape; avoid **6.** get✣ (**vhova** swhere)

elkerülhetetlen <mn> inevitable; unavoidable; inescapable: *Elkerülhetetlen volt a háború.* The war was inevitable.

elkerülhető <mn> avoidable

elkeseredés <fn> despair; exasperation: *elkeseredésében tesz vmit* do sg in despair

elkeseredett <mn> bitter; desperate; embittered: *elkeseredett, mert elvesztette az állását* be bitter about loosing her job ∗ *elkeseredett vita* a bitter quarrel

elkeseredik <ige> despair; become✣ embittered; become✣ exasperated: *Ne keseredj el!* Don't despair!

elkeserít <ige> embitter; exasperate

elkeserítő <mn> exasperating

elkésik <ige> be✣ late: *Öt perccel elkésett.* She was five minutes late.

elkeskenyedik <ige> narrow

elkészít <ige> **1.** do✢; finish; complete; get✢ ready **2.** (ételt) cook; prepare; make✢ **3.** (leckét) do✢; prepare

elkészül <ige> **1.** be✢ completed; be✢ finished **2.** be✢ ready (**vmivel** with sg); be✢ through (**vmivel** with sg); finish (**vmivel** sg) **3.** get✢ ready (**vmire** for sg)

elkever <ige> **1.** mix; blend **2.** biz (elhány) mislay✢

elkezd <ige> begin✢; start; commence: elkezd sírni begin to cry

elkezdődik <ige> start; begin✢; commence

elkiáltja magát <ige> cry out; shout

elkísér <ige> accompany; escort; see✢ (**vkit vhova** sy to swhere); (haza vkit) see✢ sy home: A barátai el fogják kísérni haza. Her friends will see her home.

elkóborol <ige> stray: Néhány bárány elkóborolt. Some sheep had strayed.

elkoboz <ige> confiscate; seize

elkopik <ige> wear✢ away; wear✢ out

elkoptat <ige> wear✢; wear✢ sg away; wear✢ sg out: A fiam elkoptatta az inge könyökét. My son has worn a hole in the elbow of his shirt.

elkorhad <ige> decay; rot; moulder; AmE molder

elkotyog <ige> blab; divulge; spill✢ the beans

elkölt <ige> **1.** (pénzt) spend✢ (**vmire** on sg) **2.** (elfecsérel) waste; squander (**vmire** on sg)

elköltözik <ige> (máshova) move house/home; move away; (kiköltözik) move out

elköszön <ige> say✢ goodbye (**vkitől to sy**); say✢ farewell (**vkitől** to sy)

elkötelezett <mn> committed

elkötelezettség <fn> commitment

elkötelezi magát <ige> **1.** commit oneself (**vmire** to (doing) sg) **2.** commit (**vki/vmi mellett** to sy/sg)

elkövet <ige> **1.** (bűncselekményt) commit; perpetrate; (hibát) make✢ **2.** (megtesz) do✢

elküld <ige> **1.** send✢; send✢ off; dispatch **2.** (postán) post; AmE mail **3.** (elzavar vkit) send✢ sy away **4.** (pénzt) remit **5.** (elbocsát) dismiss; discharge; lay✢ sy off

elkülönít <ige> **1.** (elszigetel) separate; isolate **2.** (fertőző beteget) isolate **3. elkülöníti magát** isolate oneself (**vkitől/vmitől** from sy/sg); seclude oneself (**vkitől/vmitől** from sy/sg) **4.** (faji, nemi stb. alapon) segregate

elkülönül <ige> separate; be✢ isolated; detach oneself (**vkitől/vmitől** from sy/sg)

ellágyul <ige> **1.** (anyag) soften **2.** (elérzékenyül) be✢ moved; be✢ touched

¹ellát <ige> see✢ (as far as): ameddig a szem ellát as far as the eye can see

²ellát <ige> **1.** (anyaggal, áruval stb.) supply; provide; furnish; (felszereléssel) equip: Étellel fogja ellátni a gyerekeket. She will provide the children with food. **2.** (beteget) look after; (sebet) dress **3.** (elvégez) carry out; perform; fulfil

ellátás <fn> **1.** supply; provision; furnishing **2.** (gondozás) attention: orvosi ellátás medical attention **3.** (étkeztetés) board: teljes ellátás full board

ellátogat <ige> visit; pay✢ a visit (**vkihez** to sy)

ellen <nu> **1.** against: A terv ellen volt. He was against the plan. **2.** (ellenfeleként) versus; against: Anglia Olaszország ellen England versus Italy ✴ A másik baseball-csapat ellen játszunk. We are playing against the other baseball team. **3.** biz (ártalom elkerülésére) against: Kaptam egy gyógyszert a betegség ellen. I got a medicine against the disease.

ellenáll <ige> resist; withstand✢: ellenáll a csábításnak resist temptation ✴ Sohasem tudott ellenállni a csokinak. She could never resist chocolate.

ellenállás <fn> **1.** resistance; opposition: passzív ellenállás passive resistance ✴ ellenállásba ütközik meet with opposition **2.** fiz resistance **3.** el resistance

ellenállhatatlan <mn> **1.** (leküzdhetetlen) irresistible; overwhelming: ellenállhatatlan vágyat érez vmire have an irresistible desire to do sg ✴ ellenállhatatlan vágy vminek a megtételére an overwhelming desire to do sg **2.** (lenyűgöző) devastating: ellenállhatatlan szépség a devastating beauty

¹ellenálló <mn> **1.** (tartós) durable **2.** (hatóságnak) rebellious; insubordinate

²ellenálló <fn> resistance fighter

ellenben <ksz> while; but; conversely; on the other hand: Ő gazdag, ellenben a bátyja szegény. He is rich while his brother is poor.

ellene <hsz> against; in opposition to: ellene van vminek be against sg

ellenére <nu> in spite of; despite; notwithstanding: Az esős idő ellenére élvezték az útjukat. Despite the rainy weather, they enjoyed their journey.

ellenérv <fn> counter-argument

ellenez <ige> object (**vmit** to sg); be✢ opposed (**vmit** to sg); be✢ against (**vmit** sg); oppose (**vmit** sg): ha nem ellenzed if you don't object ✴ ellenzi a tervet oppose the plan

ellenfél <fn> **1.** opponent; adversary; rival **2.** sp opponent; the opposition

ellenforradalom <fn> counter-revolution

elleni <mn> against; anti-: a bűnözés elleni küzdelem fight against crime ✴ tűz elleni biztosítás insurance against fire

ellenintézkedés <fn> countermeasure

ellenjegyez \<ige\> countersign
ellenkezés \<fn\> opposition; resistance
ellenkezik \<ige\> *(szembeszáll)* resist; oppose; offer resistance (**vmivel** to sg)
¹**ellenkező** \<mn\> **1.** *(ellentétes)* contrary; opposite; opposing: *ellenkező irányban* in the opposite direction * *ellenkező vélemény* opposing view **2.** *(engedetlen)* disobedient **3.** *(ellenálló)* resisting; insubordinate **4.** *(túlsó)* opposite: *az ellenkező oldalon* on the opposite side
²**ellenkező** \<fn\> the opposite; the reverse; the contrary: *Akármit javasolsz, én pont az ellenkezőjét fogom csinálni!* Whatever you suggest, I will do the opposite. * *Mondott nekem valamit, de azt hiszem, az ellenkezője volt igaz.* He told me something but I think the reverse was true.
ellenkezőleg \<hsz\> on the contrary
ellenlábas \<fn\> opposite; adversary
ellenőr \<fn\> **1.** supervisor; controller; inspector **2.** *(járművön)* ticket inspector
ellenőriz \<ige\> **1.** check; verify **2.** *(tevékenységet)* supervise; oversee✣; *(dolgozatok stb.)* supervise; superintend **3.** *(útlevelet)* examine; control
¹**ellenőrző** \<mn\> checking; supervisory
²**ellenőrző** \<fn\> report book
ellenreformáció \<fn\> Counter-Reformation
ellenség \<fn\> **1.** *(harcban)* enemy: *az ellenség ellen harcol* fight against the enemy * *visszaszorítja az ellenséget* fight off the enemy **2.** *(rosszakaró)* enemy: *vkit az ellenségévé tesz* make an enemy of someone
ellensúlyoz \<ige\> counterbalance; offset✣; compensate
ellenszél \<fn\> headwind
ellenszenv \<fn\> antipathy (**vki/vmi iránt** to/towards/against sy/sg); dislike (**vki/vmi iránt** for/to sy/sg); aversion (**vki/vmi iránt** to sy/sg): *ellenszenvet érez vki iránt* feel antipathy towards sy
ellenszenves \<mn\> unpleasant; obnoxious
ellenszer \<fn\> *(méreg ellen)* antidote; *(pl. fejfájás ellen)* remedy
ellenszolgáltatás \<fn\> recompense: *ellenszolgáltatás fejében vmiért* in recompense for sg
ellentábor \<fn\> opposing party; opposing camp
ellentámadás \<fn\> counterattack; counteroffensive
ellentét \<fn\> **1.** *(vmi ellenkezője)* contrast; opposite; contrary: *vmivel ellentétben* in contrast to/with sg **2.** *(nézeteltérés)* conflict; antagonism; difference: *ellentétbe kerül vkivel* come into conflict with sy
ellentétes \<mn\> **1.** *(ellenkező)* contrary; opposite; converse: *ellentétes nézeteket vallanak* hold opposite views **2.** *(ellenséges)* antagonistic; conflicting
ellentmond \<ige\> contradict; oppose: *ellentmond önmagának* contradict oneself
ellentmondás \<fn\> contradiction; opposition; conflict
ellentmondásos \<mn\> contradictory
ellentüntetés \<fn\> counter-demonstration
ellenvélemény \<fn\> contrary opinion
ellenvetés \<fn\> objection; protest: *ellenvetés nélkül* without protest
ellenzék \<fn\> pol the Opposition: *az ellenzék vezetője* the Leader of the Opposition
ellenzéki \<mn\> opposition: *ellenzéki párt* the opposition party
ellenzés \<fn\> opposition; disapproval
ellenző \<fn\> **1.** *(aki ellenez)* opposer; opponent **2.** *(sapkán)* peak; visor: *A sapkája ellenzője narancssárga.* The peak of his hat is orange. **3.** *(ló szemén)* blinkers \<tsz\> **4.** *(kandalló előtt)* fender
ellep \<ige\> **1.** cover; *(víz)* flood **2.** *(ellenség)* invade **3.** *(rovarok, rágcsálók)* infest; swarm **4.** *(tömeg)* swarm
elles \<ige\> learn✣ by watching
ellik \<ige\> bear✣ young; *(macska)* have✣ kittens; *(kutya)* have✣ puppies; *(tehén)* calve; *(ló)* foal: *Az állatok általában tavasszal ellenek.* Animals usually bear their young in the spring.
ellipszis \<fn\> ellipse
elliptikus \<mn\> elliptic; elliptical
ellóg \<ige\> **1.** *(meglép)* run✣ away **2.** *(időt)* loaf (about) **3.** *(elmulaszt)* cut✣: *egy óráról ellóg* cut a class
ellop \<ige\> steal✣
ellök \<ige\> thrust away; shove away
ellustul \<ige\> become✣ lazy
elmagányosodik \<ige\> become✣ lonely
elmagyaráz \<ige\> explain
elmarad \<ige\> **1.** *(nem következik be)* not happen; not occur; not take✣ place **2.** *(nem tartják meg)* be✣ off: *A találkozó elmarad.* The meeting is off. **3.** *(előadás stb.)* be✣ cancelled **4.** *(sokáig)* stay out late **5.** *(fejlődésben)* be✣ backward **6.** fall✣ behind (**vmivel** with sg); be✣ behind (**vmivel** with sg); get✣ behind (**vmivel** with sg): *elmarad az iskolai munkával* fall behind with the schoolwork **7.** *(minőségileg, mennyiségileg)* fall✣ short (**vmitől** of sg)
elmaradott \<mn\> underdeveloped; backward: *elmaradott ország* underdeveloped country
elmaradottság \<fn\> backwardness
elmarasztal \<ige\> find✣ guilty; condemn
elme \<fn\> mind; intellect; brain: *Éles az elméje.* He has a brilliant mind.
elmeállapot \<fn\> state of mind; mental state

elmebaj <fn> insanity; mental illness
elmebeteg <mn> insane
elmebetegség <fn> mental illness; insanity
elmegy <ige> **1.** leave✻; go✻; go✻ away; go✻ off; get✻ off; depart: *elmegy otthonról* leave home ✻ *Tegnap elment.* He left/went off yesterday. **2.** *(járművön)* drive✻ off; drive✻ away **3.** *(repülő)* fly✻ off **4.** *(gyalog)* walk away **5.** *(meghal)* pass away; die **6.** biz *(elfogadható)* get✻ by: *Elmegy ez a pulóver.* This jumper will get by.
elmegyógyintézet <fn> mental hospital
elmélet <fn> theory: *elméletben* in theory
elméleti <mn> theoretical; speculative; hypothetical
elmélkedik <ige> meditate (**vmiről/vmin** on/upon sg); ponder (**vmiről/vmin** about/on/over sg); reflect (**vmiről/vmin** on sg); muse (**vmiről/vmin** about/on sg)
elmélyed <ige> become✻ absorbed (**vmibe** in sg); become✻ immersed (**vmibe** in sg)
elmélyít <ige> **1.** *(növel)* deepen **2.** *(súlyosbít)* intensify; deepen **3.** *(kapcsolatot)* strengthen; deepen
elmélyül <ige> **1.** *(mély lesz)* deepen **2.** *(súlyosbodik)* become✻ more serious; deepen **3.** *(elmélyed)* become✻ absorbed (**vmibe** in sg); become✻ immersed (**vmibe** in sg)
elmenekül <ige> get✻ away; break✻ away; escape; flee✻: *Egy lopott autóval menekültek el a börtönből.* They got away from the prison in a stolen car. ✻ *elmenekül az országból* flee the country
elment <ige> infor save
élmény <fn> experience; *(kaland)* adventure: *felejthetetlen élmény* an unforgettable experience
elmeorvos <fn> psychiatrist; mental specialist
elmerevedik <ige> go✻ stiff; become✻ stiff
elmérgesedik <ige> **1.** *(seb)* go✻ septic; become✻ septic; fester; suppurate **2.** *(helyzet)* fester; get✻ worse; worsen
elmerül <ige> **1.** *(elsüllyed)* sink✻ **2.** *(elmélyül)* be✻ immersed (**vmibe** in sg); be✻ absorbed (**vmibe** in sg): *Teljesen elmerült a könyvében.* She is completely absorbed in her book.
elmés <mn> witty; smart; ingenious: *elmés megoldás* an ingenious solution
elmesél <ige> tell✻; narrate; relate
elmeszesedik <ige> calcify
elmezavar <fn> mental disorder
elmond <ige> **1.** *(történetet)* tell✻; narrate; relate **2.** *(előad)* recite: *elmond egy verset* recite a poem **3.** *(beszédet)* deliver; make✻; give✻
elmos <ige> **1.** *(edényt stb.)* wash up **2.** *(eltüntet)* wash sg away: *Heves esőzések mosták el a hidat.* Heavy rains have washed away the bridge. **3.** *(emléket)* dim; blur
elmosódik <ige> **1.** *(kép stb.)* become✻ blurred; become✻ dim **2.** *(emlék)* fade away
elmosogat <ige> wash up; do✻ the washing-up: *A tányérok még nincsenek elmosogatva.* The plates haven't been washed up yet.
elmosolyodik <ige> break✻ into a smile
elmozdít <ige> **1.** *(helyéről)* move; remove; displace **2.** *(állásából)* remove
elmozdul <ige> move
elmulaszt <ige> **1.** *(tennivalót)* fail; omit; neglect: *Nem fogom elmulasztani, hogy megtegyem.* I shall not fail to do it. ✻ *Elmulasztottam neked megmondani, mikor érkezem.* I omitted to tell you when I arrived. **2.** *(elszalaszt)* miss; let✻ slip **3.** *(betegséget megszüntet)* cure; *(fájdalmat)* stop
elmúlik <ige> **1.** *(idő)* pass; elapse; go✻ by **2.** *(megszűnik)* go✻; go✻ away; be✻ over; *(vita, gondok)* blow✻ over; *(fájdalom)* stop: *Elmúlt a hasfájásom.* My stomach ache has gone. ✻ *A veszély elmúlt.* The danger is over.
elnapol <ige> adjourn; postpone; put✻ off: *hétfőig elnapolja a találkozót* adjourn the meeting until Monday
elnémít <ige> silence; shush
elnémul <ige> become✻ silent
elnéptelenedik <ige> become✻ depopulated; become✻ deserted
elneveti magát <ige> burst✻ out laughing
elnevez <ige> **1.** *(nevet ad)* name; call **2.** *(gúnynévvel)* dub **3.** name (**vkit/vmit vkiről** sy/sg after sy)
elnevezés <fn> name
elnéz <ige> **1.** *(hosszan)* watch; gaze **2.** *(nem tesz szóvá)* overlook **3.** *(megbocsát)* excuse (**vkinek vmit** sy for (doing) sg); pardon (**vkinek vmit** sy for sg) **4.** *(tévedésből)* overlook; miss **5.** biz *(ellátogat)* drop in (**vkihez** on sy)
elnézés <fn> **1.** *(bocsánat)* sorry; pardon: *Elnézést kérek, hogy elkéstem!* I'm sorry/Sorry I was late. ✻ *Elnézést kérek!* I beg your pardon! **2.** *(tévedés)* oversight; mistake; error **3.** *(elnéző hozzáállás; türelem)* leniency; forbearance
elnéző <mn> lenient; indulgent; forbearing
elnök <fn> president; *(gyűlésen stb.)* chairperson; chair; chairman (tsz: chairmen); *(nő)* chairwoman (tsz: chairwomen): *Ki az USA elnöke?* Who is the president of the USA? ✻ *A vállalat elnöke fogja megnyitni az értekezletet.* The president of the company will open the meeting.
elnökhelyettes <fn> vice president; deputy chairperson

elnöklés <fn> presidency; *(gyűlésen stb.)* chairmanship

elnököl <ige> preside (**vhol** at/over sg); *(bizottságban stb.)* chair; head: *gyűlésen elnököl* preside at a meeting

elnökség <fn> 1. *(tisztség)* presidency; *(gyűlésen, bizottságban stb.)* chairmanship 2. *(testület)* presidency; presidium 3. *(vállalati)* management

elnökválasztás <fn> presidential election

elnyel <ige> 1. swallow; swallow sg up 2. *(fölszív)* soak sg up 3. biz *(felemészt)* swallow sg up

elnyer <ige> 1. win✢ (**vkitől vmit** sg from sy) 2. *(díjat)* win✢: *elnyeri az aranyérmet* win the gold medal 3. *(megszerez)* win✢; gain; obtain: *elnyeri vkinek a bizalmát* gain sy's confidence

elnyílik <ige> shed✢ (its) petals

elnyom <ige> 1. *(cigarettát elolt)* stub sg out; put✢ sg out 2. *(népet)* oppress 3. *(forradalmat stb.)* put✢ sg down; suppress: *elnyomja a lázadást* put the riot down 4. *(elfojt)* suppress; stifle; repress; subdue

elnyomás <fn> 1. *(népé)* oppression: *40 év elnyomás után* after 40 years of oppression 2. *(forradalomé)* suppression 3. *(elfojtás)* suppression; repression

¹**elnyomó** <mn> oppressive; repressive

²**elnyomó** <fn> oppressor; tyrant

elnyújt <ige> 1. stretch sg out; draw✢ sg out 2. *(időben)* drag sg out; draw✢ sg out; prolong: *Nem akarom a találkozót túl sokáig elnyújtani.* I don't want to drag this meeting out too long.

elnyúlik <ige> 1. *(terjed)* reach; extend 2. *(fekve)* stretch (oneself) out 3. *(időben)* drag on

elnyű <ige> wear✢ sg away; wear✢ sg out

elnyűhetetlen <mn> hard-wearing

elnyűtt <mn> worn-out; threadbare

elolt <ige> 1. *(tüzet)* put✢ sg out; extinguish 2. *(lámpát, villanyt)* turn sg out; switch sg off 3. *(cigarettát)* stub sg out; put✢ sg out 4. *(gyertyát)* blow✢ sg out

elolvad <ige> melt; *(jég)* thaw: *A csoki elolvadt a napon.* The chocolate has melted in the sun.

elolvas <ige> read✢: *Már elolvastam a reggeli újságot.* I have already read the morning paper.

elolvaszt <ige> melt

eloson <ige> sneak away; slip away

eloszlik <ige> 1. *(megszűnik)* be✢ resolved; be✢ removed; be✢ dispelled 2. *(sokaság)* scatter; disperse; break✢ up 3. *(szétoszlik)* be✢ distributed; be✢ divided 4. *(köd)* lift

eloszt <ige> 1. *(több dolgot vkik között)* distribute (**vkik között** among sy) 2. *(részekre)* divide 3. mat divide (**vmit vmivel** sg by sg)

elosztó <fn> *(gépkocsiban)* distributor; *(konnektorhoz)* adaptor; adapter

élő <mn> 1. living; live; alive <csak hátravetve>: *Az állatkertben élő állatokat láthatunk.* You can see live animals in the zoo. 2. *(meglévő)* living: *élő nyelvek* living languages 3. *(adás)* live: *élő közvetítés* a live broadcast

előad <ige> 1. *(felmutat)* produce; show✢; exhibit 2. *(elmond)* narrate; relate; describe; tell✢; *(kifejt)* expound 3. *(színdarabot)* perform; act; put✢ sg on; play: *Tegnap este adták elő a darabot.* The play was performed last night. 4. *(tanít)* lecture; give✢ a lecture: *irodalmat ad elő* lecture on literature 5. *(verset)* recite 6. *(zeneművet)* play

előadás <fn> 1. *(műsor)* performance; show; *(zeneműé)* recital 2. *(tudományos)* presentation 3. *(egyetemi óra)* lecture: *előadást tart vmiről* give a lecture on sg

előadó <fn> 1. *(hivatalnok)* officer; clerk 2. *(egyetemi oktató)* lecturer 3. *(előadást tartó személy)* speaker; presenter 4. *(művész)* performer; player; artist

előadóművész <fn> artist; performer

előadóterem <fn> lecture hall; auditorium (tsz: auditoriums v. auditoria); *(emelkedő padsorokkal)* lecture theatre; AmE lecture theater

előáll <ige> 1. *(előlép)* come✢ forward; step forward 2. *(kész)* be✢ ready 3. *(keletkezik)* arise✢; come✢ about 4. come✢ forward (**vmivel** with sg); come✢ up (**vmivel** with sg): *óriási ötlettel áll elő* come up with a great idea

előállít <ige> 1. *(készít)* produce; make✢; manufacture: *tömegesen előállít* produce on the line 2. *(rendőrileg)* arrest; detain

előbb <hsz> 1. *(korábban)* earlier; before; sooner; previously: *5 perccel előbb* 5 minutes earlier/before * *mennél előbb, annál jobb* the sooner the better 2. *(mielőtt csinál vmit)* first: *előbb eszem vmit* I will have something to eat first 3. *(sorrendben)* before

előbbi <mn> former; previous; preceding; earlier

előbb-utóbb <hsz> sooner or later

előbújik <ige> creep✢ out; come✢ forward; emerge

előbukkan <ige> emerge; appear; loom: *A hold előbukkant a felhők mögül.* The moon emerged from behind the clouds.

előcsarnok <fn> *(entrance)* hall; *(színházé)* foyer; *(szállodáé stb.)* lobby; foyer; lounge

előd <fn> 1. *(ős)* ancestor; forefather 2. *(munkahelyen)* predecessor

elődöntő <fn> semi-final: *elődöntőbe jut* get through to the semi-final
előélet <fn> **1.** past; antecedents <tsz> **2.** *(büntetőjogi, orvosi) record*: *büntetlen előélet* clean record
előérzet <fn> intuition; feeling; hunch; *(ált. rossz)* premonition; presentiment
előeste <fn> eve: *a csata előestéjén* on the eve of the battle
előétel <fn> hors-d'oeuvre; starter; AmE appetizer
előfeltétel <fn> precondition; prerequisite
előfizet <ige> subscribe (**vmire** to sg): *előfizet több újságra* subscribe to several newspapers
előfizetés <fn> subscription
előfizető <fn> subscriber
előfordul <ige> **1.** *(megtörténik)* occur; happen; take* place: *Előfordul néha, hogy meglátogat bennünket.* It occurs sometimes that he visits us. * *Ez nem fog többé előfordulni.* This won't happen again. **2.** *(megtalálható)* be* found; be* present
előfutár <fn> forerunner; precursor
előhív <ige> *(filmet)* develop
előhúz <ige> draw*; produce; present: *A táskájából előhúzott egy ollót.* She drew a pair of scissors from her bag.
előidéz <ige> cause; bring* sg about; give* rise to sg; induce; *(érzést)* evoke; provoke
előír <ige> order; prescribe: *Az orvos egyhetes pihenést írt elő nekem.* The doctor ordered a week's rest for me. * *A törvény írja ezt elő.* The law prescribes this.
előírás <fn> **1.** prescription **2.** *(szabály)* regulation; rule **3.** *(használathoz)* instructions <tsz>
előítélet <fn> prejudice; bias: *Döntése előítéleten alapult.* Her decision was based on prejudice.
előjáték <fn> **1.** prelude **2.** *(zeneműé)* prelude; overture **3.** *(közvetlen előzmény)* prelude **4.** *(szerelmi)* foreplay
előjegyez <ige> **1.** *(jegyet, szobát stb.)* book; reserve **2.** *(feljegyez vmit)* mark sg down; put* sg down
előjegyzés <fn> **1.** *(feljegyzés)* note **2.** *(jegyé, szobáé stb.)* booking **3.** zene key signature
előjel <fn> **1.** omen; sign: *jó előjel* good omen * *rossz előjel* bad omen **2.** mat sign
előjog <fn> prerogative; privilege
előjön <ige> **1.** come* out; emerge; appear **2.** biz *(szóba kerül)* crop up **3.** *(előhozakodik)* come* forward (**vmivel** with sg)
előkap <ige> produce suddenly; pull out suddenly
előke <fn> bib

előkelő <mn> distinguished; illustrious; smart; classy: *előkelő étterem* a smart restaurant
előkelőség <fn> **1.** *(személy)* notability; man of standing (tsz: men of standing) **2.** *(tulajdonság)* distinction; refinement; nobility
előképzettség <fn> grounding; preliminary training
előkerít <ige> dig* out
előkerül <ige> **1.** *(megkerül)* turn up; be* found: *Előbb-utóbb elő fog kerülni.* It'll turn up sooner or later. **2.** biz *(szóba kerül)* crop up
előkészít <ige> **1.** prepare (**vmit vmire** sg for sg); make* ready (**vmit vmire** sg for sg) **2.** *(felkészít)* train (**vkit vmire** sy for sg); prepare (**vkit vmire** sy for sg) **3.** *(vmi létrejöttét)* arrange
előkészület <fn> preparations <tsz>; arrangements <tsz>: *megteszi az előkészületeket vmire* make arrangements/preparations for sg * *Rövidesen elkezdődnek a karácsonyi előkészületek.* Christmas preparations soon begin.
előkotor <ige> dig* sg out
elöl <hsz> ahead; in front: *Elöl az utat eltorlaszolták.* The road ahead was blocked.
elől <nu> from; from before; away from: *menedéket keres a vihar elől* shelter oneself from the storm
előlap <fn> **1.** cover; face **2.** *(érméé)* obverse; head
előleg <fn> **1.** *(banktól)* advance (payment) **2.** *(munkáért)* advance (payment): *Fizetési előleget kapott.* He got an advance on his salary. **3.** *(vásárláskor)* deposit; down payment: *előleget fizet vmire* pay a deposit on sg
előlegez <ige> advance
élőlény <fn> living being; creature
előlép <ige> **1.** come* forward; step forward **2.** *(rangban, beosztásban)* rise*; advance; be* promoted
előléptet <ige> promote (**vkit vmivé** sy to sg); advance (**vkit vmivé** sy to sg): *előléptetik* be promoted
elöljárószó <fn> nyelvt preposition
elölnézet <fn> front view
elölről <hsz> **1.** *(nézve)* from the front **2.** *(kezdve)* from the beginning **3.** *(újra)* afresh; anew; once more
előmozdít <ige> further; promote; advance
előmunkálat <fn> preparations <tsz>
elönt <ige> **1.** flood; inundate; overflow **2.** *(érzés)* flood; surge; flow: *Elöntött a félelem.* Fear flowed over me.
előny <fn> **1.** advantage; benefit **2.** *(haszon)* profit **3.** *(elsőbbség)* preference: *előnyben részesít vkit vkivel szemben* give preference to sy **4.** sp *(megszerzett)* lead; advantage; *(előre megadott)* start; *(teniszben)* advantage: *Négyméteres*

előnyös

előnyöm volt. I had a lead of four metres. * *előny az adogatónál* advantage in/server * *előny a fogadónál* advantage out/receiver/striker * *előnyt ad vkinek* give sy a start

előnyös <mn> advantageous; beneficial; favourable; AmE favorable; *(anyagilag)* profitable

előnytelen <mn> disadvantageous; unfavourable; AmE unfavorable; *(anyagilag)* unprofitable

előőrs <fn> advance guard; outpost

előrajzol <ige> sketch; trace

előráncigál <ige> drag out

előránt <ige> take* out suddenly; whip out

előre <hsz> **1.** *(térben)* forward(s); ahead; onward(s): *egyenesen előre megy* go straight forward **2.** *(időben)* beforehand; in advance; in anticipation: *jó előre* well in advance * *előre is köszönöm* thank you in advance/anticipation * *Előre kifizettük a jegyeket.* We payed for the tickets in advance.

előredől <ige> lean* forward

előreesik <ige> fall* head first

előregedik <ige> grow* old

előrehajol <ige> bend* forward; lean* forward

előrehalad <ige> **1.** *(térben)* progress; make* progress **2.** *(fejlődik)* progress; advance; make* headway: *Tudásunk sokat haladt előre.* Our knowledge has advanced a lot.

előrehaladott <mn> advanced: *a betegség előrehaladott stádiumában* in the advanced stage of the illness

előre-hátra <hsz> backwards and forwards; back and forth

előrehoz <ige> *(időben)* bring* sg forward: *előrehozták a választásokat* the elections were brought forward

előreigazít <ige> *(órát)* put* sg forward: *egy órával előreigazítja az órát* put the clock an hour forward

előrejelzés <fn> forecast; prognosis*: *gazdasági előrejelzés* economic forecast

előrejön <ige> come* forward; step forward

(i) ### Elöljárószók • Prepositions

Az elöljárószó a magyarban ismeretlen nyelvi elem, az angolban rendkívül fontos és gyakori. A két nyelv alapvető különbségéből adódik ez: a magyar szintetikus, ragozós nyelv; az angol analitikus, elemző.
Példák:
felhívtam (→*1 szó*) = I called him **up** (*4 szó!*)

Helyhatározói elöljárók:
above *(felett)*, among *(között)*, at *(-nál, -nél)*, behind *(mögött)*, below *(alatt)*, beneath *(alatt, alá)*, beside *(mellett)*, between *(között)*, in *(-ba, -be, -ban, -ben, -on, -en, -ön)*, inside *(belül)*, near *(közel)*, on *(-on, -en, -ön, -ra, -re, -nál, -nél)*, opposite *(szemben)*, outside *(kívül)*, over *(át, keresztül)*, round *(körül)*, through *(át)*, under *(alatt)*, underneath *(alatt)*

Összetett elöljárók:
in front of *(előtt)*, next to *(mellett)*, on top of *(tetején)*
Példák:
Peter stood **near** the door. *Peter közel állt az ajtóhoz.* * The school is **next to** the library. *Az iskola a könyvtár mellett van.*

Irányt jelölők:
across *(keresztül)*, along *(mentén)*, away *(el)*, down *(le)*, downwards *(lefelé)*, here *(ide)*, into *(bele)*, out of *(ki)*, past *(el)*, round *(köré)*, there *(oda)*, to *(-hoz, -hez, -höz, felé, -ba, -be, -ra, -re)*, through *(át)*, towards *(felé)*, up *(fel)*
(A két nagy csoport között természetesen átfedés lehet.)
Példák:
Susan rushed **out of** the room. *Susan kirohant a teremből.* * John dived **into** the water. *John fejest ugrott a vízbe.*

Időt jelölők:
by *(-ra, -re)*, for *(-ra, -re, -ig)*, in *(-ban, -ben)*, within *(belül)*
Példák:
Be at home **by** six o'clock. *Hat órára légy itthon!* * I will travel to Britain **in** March. *Márciusban Angliába utazom.* * She will be here **within** an hour. *Egy órán belül itt lesz.*

Szállítás, közlekedés:
Járművel:
by bus/car/plane/train *(busszal/autóval/repülővel/vonattal)* stb.
De: on foot *(gyalog)*
Példák:
My father goes to work **by car**. *Édesapám autóval jár dolgozni.* * Do you go to school **on foot**? *Gyalog jársz iskolába?*

előreláthatólag <hsz> in all probability; in all likelihood

előrelátó <mn> far-sighted; far-seeing; provident

előremegy <ige> go❖ ahead; go❖ forward: *Előremehetsz az állomásra.* You can go ahead to the station.

előrenyomul <ige> advance; plod ahead: *A katonák előrenyomultak a város felé.* The soldiers advanced towards the town.

előretol <ige> push forward

előretolakodik <ige> push oneself forward; *(sorban)* jump the queue

előretör <ige> forge ahead

előreugrik <ige> **1.** jump forward; leap❖ forward **2.** *(kijjebb nyúlik)* protrude; stick out; project

elősegít <ige> promote; further; advance; help; foster: *elősegíti az emésztést* promote digestion

élősködik <ige> pej, biz sponge (**vkin** off/on sy); batten (**vkin** on sy)

¹élősködő <mn> **1.** biol *(növény, állat)* parasitic(al) **2.** pej parasitic(al)

²élősködő <fn> **1.** biol *(növény, állat)* parasite **2.** parasite; pej, biz sponger

élősövény <fn> hedge; hedgerow

előszeretet <fn> preference; predilection; partiality: *előszeretettel van vmi iránt* show a preference for sg

előszezon <fn> pre-season

előszó <fn> foreword; preface

előszoba <fn> hall; *(hivatalé)* anteroom; antechamber: *Az esernyődet hagyd az előszobában.* Leave your umbrella in the hall.

először <hsz> **1.** *(első ízben)* first; for the first time: *Júliusban találkoztam vele először.* I first met him in July. **2.** *(elsőként)* first: *Először a fej körvonalát rajzolta meg.* She drew the outline of the head first. ∗ *először is (mindenekelőtt)* first of all **3.** *(eleinte)* at first; at the outset **4.** *(sorrendben)* firstly; first; at first; in the first place

előtér <fn> **1.** *(terület)* foreground **2.** *(bejárati rész)* hall; entrance hall **3.** *(színpadon)* forestage

előteremt <ige> **1.** procure; produce; track sg down: *Sikerült előteremtenem a könyvet.* I managed to track down the book. **2.** *(pénzt)* raise❖ money/funds; find❖ the money: *Próbálj egy kis pénzt előteremteni egy új autóra!* Try to raise some money for a new car. **3.** *(embert)* find❖; track sy down

előterjeszt <ige> **1.** submit; put❖ sg forward **2.** *(ügyet)* report; state **3.** *(javasol)* recommend (**vkit vmire** sy for sg)

előterjesztés <fn> **1.** *(jelentés)* report **2.** *(javaslat)* proposal; proposition; suggestion

előtt <nu> **1.** *(térben)* in front of: *Egész nap a televízió előtt ül.* She sits in front of the television all day long. **2.** *(időben)* before: *ebéd előtt* before lunch **3.** *(sorrendben)* before **4.** *(vkinek a jelenlétében)* in the presence of; before: *a bíró előtt* before the judge **5.** *(megelőzően)* prior to

előtti <mn> **1.** *(időben)* ante-; pre-; before <csak hátravetve>: *történelem előtti* prehistoric **2.** *(térben)* in front of <csak hátravetve>: *a garázs előtti terület* the area in front of the garage

elővarázsol <ige> conjure sg up: *elővarázsol egy fehér galambot* conjure up a white dove

elővárosi <fn> suburb

elővárosi <mn> suburban

elővesz <ige> **1.** take❖ sg out; produce **2.** *(tartalékot stb.)* use; employ **3.** biz *(felelősségre von)* upbraid

elővétel <fn> advance booking

elővigyázatos <mn> cautious; careful; wary

élővilág <fn> living world; flora and fauna

előz <ige> overtake❖; AmE pass: *jobbról előz* overtake on the right ∗ *Előzni tilos!* No overtaking!

előzékeny <mn> obliging; attentive; courteous; polite

előzés <fn> overtaking; AmE passing

¹előzetes <mn> preliminary; previous; prior: *előzetes irányelvek* preliminary directives ∗ *előzetes értesítés nélkül* without prior notice

²előzetes <fn> trailer; preview

előzetesen <hsz> previously; in advance; beforehand

előzmény <fn> precedent; antecedent

előző <mn> former; preceding; previous: *az előző férje* her former husband ∗ *az előző hét* the previous week

előzőleg <hsz> previously; before; beforehand: *előzőleg értesít vkit* inform sy beforehand

előzősáv <fn> outside lane; fast lane

elpáhol <ige> thrash

elpárolog <ige> **1.** *(folyadék)* evaporate; vaporize **2.** biz *(eltávozik, eltűnik)* vanish/disappear into thin air

elpazarol <ige> waste (**vmit vmire** sg on sg); squander (**vmit vmire** sg on sg); fritter sg away (**vmire** on sg): *elpazarolja a pénzét drága ruhákra* fritter one's money away on expensive clothes

elpirul <ige> blush; flush: *elpirul szégyenében* blush with shame

elpocsékol <ige> waste (**vmit vmire** sg on sg); squander (**vmit vmire** sg on sg)

elpusztít <ige> **1.** *(megsemmisít)* destroy; demolish; ruin; devastate: *A várost teljesen* *elpusztították.* The city was completely destroyed. **2.** *(állatot stb. megöl)* destroy; kill: *elpusztítja a baktériumokat* destroy the germs **3.** *(kiirt)* exterminate; extirpate **4.** biz, tréf *(ételt)* demolish

elpusztul <ige> **1.** *(megsemmisül)* be✢ destroyed; be✢ ruined **2.** *(meghal)* perish; die; be✢ killed

elrabol <ige> **1.** *(tárgyat)* rob (**vkitől vmit** sy of sg): *elrabolja vkinek az autóját* rob sy of his/her car **2.** *(személyt)* kidnap, abduct: *Tegnap elraboltak két lányt.* Two girls were kidnapped yesterday. **3.** *(járművet)* hijack

elragadó <mn> charming; delightful; captivating; enchanting

elrak <ige> **1.** put✢ away **2.** *(későbbre)* stow sg away: *Következő nyárig elrakom a padlásra ezt a labdát.* I'll stow this ball away in the loft until next summer. **3.** *(tartósít)* preserve; bottle

elraktároz <ige> store

elránt <ige> snatch away; pull away

elrejt <ige> **1.** conceal; hide✢; secrete **2.** *(érzelmet)* conceal

elrejtőzik <ige> hide✢; go✢ into hiding

elrémít <ige> terrify; horrify; scare

elrémül <ige> be✢ horrified; be✢ frightened; be✢ scared

elrendel <ige> order; prescribe; *(rendelettel)* decree; *(bíróság)* rule

elrendez <ige> **1.** *(rendbe tesz)* put✢ in order; arrange; *(szobát stb.)* tidy **2.** *(sorrendbe tesz)* arrange; set✢ in order: *Rendezd el a könyveket a polcon!* Arrange the books on the shelf. **3.** *(elintéz)* settle; sort sg out: *elrendezi azokat az ügyeket* settle those affairs ∗ *Majd elrendezem valahogy.* I'll sort it out.

elrendeződik <ige> be✢ settled; be✢ sorted out

elreped <ige> crack: *Elrepedt egy bordám.* I've cracked a rib.

elrepül <ige> **1.** fly✢ away **2.** *(elutazik)* fly✢ (**vhova** to swhere) **3.** *(elmúlik)* fly✢: *A nyaralás hamar elrepült.* The holiday seems to have flown by.

elreteszel <ige> bolt; latch

elrettent <ige> deter (**vkit vmitől** deter sy from (doing) sg)

elrettentő <mn> deterrent

elriaszt <ige> **1.** *(elűz)* scare away/off; frighten away/off **2.** átv deter (**vkit vmitől** deter sy from (doing) sg)

elringat <ige> lull to sleep

elrohan <ige> rush away/off; dash off

elromlik <ige> **1.** go✢ wrong; deteriorate **2.** *(meghibásodik)* break✢ down; go✢ wrong; be✢ out of order: *Elromlott az autó.* The car has broken down. ∗ *Elromlott a nyomtató.* The printer has gone wrong. **3.** *(élelmiszer)* go✢ off; spoil✢

elront <ige> **1.** *(készüléket)* put✢ sg out of order **2.** *(gyereket)* spoil✢ **3.** *(tönkretesz)* spoil✢; ruin **4.** *(rosszul készít)* spoil✢ **5.** *(megrongál)* damage

elrothad <ige> rot; decompose: *A gyümölcsök elrothadtak a fa alatt.* The fruits have rotted under the tree.

elrúg <ige> kick away

elsajátít <ige> acquire; master; attain

elsápad <ige> pale; turn pale: *hirtelen elsápad* suddenly turn pale

elsárgul <ige> become✢ yellow

elsétál <ige> **1.** walk away/off **2.** *(meglép)* walk away (**vmivel** with sg)

elsikkaszt <ige> embezzle; misappropriate; defraud: *milliókat sikkaszt el vkitől* defraud sy of millions

elsimít <ige> **1.** *(felületet)* make✢ even; smooth out **2.** *(elrendez)* smooth sg over; straighten sg out; settle; arrange: *megpróbálja elsimítani a dolgokat* try to smooth things over

elsír <ige> **1. elsírja magát** burst✢ into tears **2. elsírja bánatát** sob out one's grief

elsodor <ige> sweep✢ away

elsorvad <ige> atrophy

elsóz <ige> **1.** *(ételt)* put✢ too much salt (**vmit** in sg) **2.** pej *(elad)* palm sg off; fob sg off

¹**első** <sorszn> **1.** *(sorrendben)* first: *az első férjem* my first husband ∗ *első forduló* first round ∗ *az első sorban* in the first row **2.** *(rangsorban)* first; foremost; principal: *Első díjat nyert.* He gained first prize. **3.** *(időben)* earliest; first

²**első** <fn> *(időben, sorrendben)* the first

elsőbbség <fn> **1.** priority (**vkivel/vmivel szemben** over sy/sg); precedence (**vkivel/vmivel szemben** over sy/sg) **2.** közl right of way; priority: *elsőbbsége van* have right of way

elsődleges <mn> primary: *Halálának elsődleges oka az a baleset volt.* The primary cause of his death was that accident.

elsőéves <mn> first-year

elsőfokú bíróság <fn> court of first instance

elsöprő <mn> sweeping; overwhelming: *elsöprő siker* sweeping success ∗ *elsöprő többség* overwhelming majority

elsőrangú <mn> first-class; first-rate

elsős <fn> first-form pupil

elsősegély <fn> first aid: *elsősegélyben részesít* give first aid

elsősegélynyújtás <fn> first aid

elsősorban <hsz> in the first place; first of all; above all

¹**elsőszülött** <mn> firstborn

²**elsőszülött** <fn> firstborn

elsötétedik <ige> darken; become✢ dark; get✢ dark

elsötétít <ige> darken

elsül <ige> 1. *(fegyver)* fire; go✢ off: *A pisztoly nem sült el.* The pistol failed to fire. 2. *(végződik)* come✢ off

elsüllyed <ige> sink✢; go✢ down; go✢ under; submerge

elsüllyeszt <ige> sink✢

elsüt <ige> 1. *(fegyvert)* fire; discharge 2. *(viccet)* crack: *elsüt egy viccet* crack a joke

elszabadul <ige> 1. *(ember)* break✢ away; break out 2. *(állat)* break✢ loose 3. *(ellenőrizhetetlenné válik)* be✢ out of control; get✢ out of control

elszabotál <ige> sabotage

elszakad <ige> 1. break✢; tear✢; snag 2. detach oneself (**vkitől/vmitől** from sg); seperate (**vkitől/vmitől** from sg) 3. *(függetlenné válik)* secede

elszakít <ige> 1. tear✢; break✢; rip; snag: *Elszakítottam a pulóveremet.* I snagged my sweater. 2. *(embereket)* separate; alienate; estrange

elszalad <ige> run✢ away: *Felkapta az iskolatáskáját és elszaladt.* He grabbed his schoolbag and ran away.

elszalaszt <ige> *(elmulaszt)* miss; pass sg up

elszáll <ige> 1. fly✢ away 2. *(füst)* rise✢ 3. *(elmúlik)* fly✢ by; slip by/past: *A nyaralás hamar elszállt.* The holiday seems to have flown by. ✱ *Elszálltak az évek.* The years slipped by/past.

elszállásol <ige> accommodate; lodge; put✢ sy up

elszállít transport; convey; carry; ship: *Az árut repülővel szállítják el.* The goods will be transported by air.

elszámítja magát <ige> miscalculate

elszámol <ige> 1. *(vmely dologgal)* account for sg; give✢ an account of sg: *El tudsz számolni a hiányzásoddal?* Can you account for your absence? 2. *(pénzügyeit rendezi)* square up (**vkivel** with sy) 3. *(számokat elmond)* count (**vmettől vmeddig** from sg to/up to sg): *Számoljunk el 1-től 10-ig!* Let's count from 1 to 10! 4. *(számításában téved)* miscount

elszámolás <fn> 1. *(írásos)* accounts <tsz> 2. *(eljárás)* settlement of accounts

elszánja magát <ige> make✢ up one's mind

elszánt <mn> determined; decided; resolute; desperate: *mindenre elszánt fickó* a desperate fellow

elszántság <fn> resolution; determination

elszaporodik <ige> proliferate; multiply

elszárad <ige> wither; shrivel; dry

elszaval <ige> recite

elszédít <ige> 1. make✢ sy dizzy 2. *(elbűvöl)* dazzle

elszédül <ige> become✢ dizzy; get✢ dizzy

elszegényedik <ige> become✢ poor; grow✢ poor

elszemtelenedik <ige> become✢ impertinent; become✢ impudent

elszenesedik <ige> char; be✢ charred

elszenved <ige> endure; suffer; sustain: *kisebb sérüléseket elszenved* sustain minor injuries

elszigetel <ige> isolate (**vkit/vmit vkitől/vmitől** sy/sg from sy/sg)

elszigetelődik <ige> become✢ isolated

elszíneződik <ige> discolour; AmE discolor

elszív <ige> smoke: *elszív egy cigarettát* smoke a cigarette

elszokik <ige> get✢ out of the habit (**vmitől** of (doing) sg)

elszólja magát <ige> let✢ the cat out of the bag; give✢ the game away

elszomorít <ige> make✢ sy sad; sadden; drag sy down: *A történet elszomorított.* The story made me sad.

elszomorító <mn> saddening; heartbreaking

elszomorodik <ige> become✢ sad; sadden

elszór <ige> 1. *(elhullat)* scatter; strew✢ 2. *(eltékozol)* splash out sg (**vmire** on sg): *Elszórtak 3000 fontot egy tévére.* They splashed out £3000 on a tv.

elszórt <mn> 1. scattered 2. átv sporadic; sparse

elszökik <ige> 1. escape; get✢ away; run✢ away: *Egy lopott autóval szöktek el a börtönből.* They got away from the prison in a stolen car. 2. *(országból)* flee✢ the country

elszörnyed <ige> be✢ horrified; be✢ shocked

elszundít <ige> biz doze off

elszúr <ige> biz mess sg up; foul sg up; muck sg up; screw sg up: *Ezt elszúrtam!* I have messed it up. ✱ *Teljesen elszúrtam a vizsgát.* I screwed the exam up totally.

elszürkül <ige> become✢ grey; turn grey

eltakar <ige> cover; *(elrejt)* hide✢; conceal

eltakarít <ige> clear sg away; remove: *eltakarítja a szemetet* clear the rubbish away

eltakarodik <ige> get✢ out of the way

eltalál <ige> 1. *(fegyverrel, kővel stb.)* hit✢ 2. *(vmely helyre)* find✢ the way (**vhova** to sg) 3. *(kitalál, megfejt vmit)* get✢ sg right

eltanácsol <ige> 1. *(vkit)* advise sy to leave 2. *(iskolából stb.)* expel; *(egyetemről)* send sy down

eltanul <ige> learn✢ (**vmit vkitől** sg from sy)

eltapos <ige> trample

eltart <ige> 1. *(anyagilag)* maintain; support; keep✢: *eltartja a családját* maintain one's family ✱ *Ő tartja el a családot abból a pénzből, amit keres.* He supports his family on the money he earns. **2.** *(időben)* last; continue; go✧ on **3.** *(kitart)* be✧ enough; be✧ sufficient

eltávolít <ige> **1.** remove; clear sg away **2.** *(állásból stb.)* remove; send✧ sy away **3.** *(foltot)* remove: *eltávolítja a piszkot a szoknyáról* remove the dirt from the skirt **4.** *(végtagot)* amputate **5.** *(fogat)* extract

eltávolodik <ige> **1.** *(térben)* recede; move away; go✧ away: *A hajó eltávolodik a parttól.* The ship recedes from the shore. **2.** *(érzelmileg)* drift apart; grow✧ away (**vkitől** from sy)

eltávozik <ige> leave✧; go✧ away; depart; be✧ off

eltékozol <ige> squander sg (**vmire** on sg); splash out sg (**vmire** on sg)

eltelik <ige> **1.** *(idő)* pass; elapse: *Két év telt el azóta, mióta meglátogatott bennünket.* Two years have passed since he visited us. **2.** *(vmely dologgal)* get✧ full (**vmivel** of sg) **3.** *(érzéssel)* be✧ filled (**vmivel** with sg)

eltemet <ige> bury
eltép <ige> tear✧
eltér <ige> **1.** *(iránytól)* deviate (**vmitől** from sg); veer (**vmitől** from sg) **2.** *(elvtől)* swerve (**vmitől** from sg); deviate (**vmitől** from sg); depart (**vmitől** from sg) **3.** *(különbözik)* differ (**vmitől** from sg); diverge (**vmitől** from sg): *Az a két ceruza árban tér el egymástól.* Those two pencils differ from each other in cost. **4.** *(tárgytól)* digress (**vmitől** from sg): *gyakran eltér a tárgytól* often digress from the subject

eltérés <fn> **1.** *(iránytól)* deviation **2.** *(irányvonaltól, céltól stb.)* departure **3.** *(különbség)* difference; divergence **4.** *(tárgytól)* digression

eltérít <ige> **1.** *(irányától)* divert **2.** *(repülőgépet)* hijack; skyjack **3.** *(figyelmet)* distract; divert; sidetrack

elterjed <ige> spread✧: *A jó hír gyorsan elterjed.* The good news spreads quickly.

(i) Eltérések, különbségek a brit és az amerikai angol között
• Differences between British and American English

A brit és amerikai angolság közötti eltérések főképpen a helyesírásban, a kiejtésben és a szókészletben találhatók, s jóval kisebb mértékben a nyelvtanban. Amerikai oldalról nézve ezek az „amerikanizmusok". A brit és amerikai különbségeket szótárunk *BrE,* ill. *AmE* rövidítéssel többnyire jelzi. Példáinkban a britet vesszük előre, utána adjuk meg amerikai megfelelőiket.

Helyesírásbeli eltérések
Vannak egyedi és rendszerszerű eltérések.

Egyediek:
cheque / check (csekk), **disc / disk** (lemez), **gaol / jail** (börtön), **grey / gray** (szürke), **pyjamas / pajamas** (pizsama), **plough / plow** (eke), **programme / program** (program), **tyre / tire** (autó)gumi, **dinner jacket / tuxedo** (szmoking) etc.

Rendszerszerűek:
-our / -or
Példák:
colour / color (szín), **favour / favor** (szívesség), **labour / labor** (munka), **neighbour / neighbor** (szomszéd) etc.

-re / -er
Példák:
centre / center (köz(ép)pont), **fibre / fiber** (rost), **litre / liter** (liter), **theatre / theater** (színház) etc.

-ce / -se
Példák:
defence / defense (védelem), **licence / license** (engedély), **offence / offense** (szabálysértés) etc.

-ll / -l , -l- / -ll-
Példák:
cancelled / canceled (törölt), **dialled / dialed** (tárcsázott), **traveller / traveler** (utazó) etc.
S fordítva is: **appal / appall** (megdöbbent), **fulfil / fulfill** (teljesít), **skilful / skillful** (ügyes), **wilful / willful** (szándékos) etc.

'u' kihagyása:
Példák:
gauge / gage (mérték), **mould / mold** (penész) etc.

-ue elhagyása:
Példák:
analogue / analog (analóg), **catalogue / catalog** (katalógus), **dialogue / dialog** (párbeszéd) etc.

-e, -e- a latinos **-ae, ill. -oe és -ae-, -oe-** helyett:
Példák:
anaesthetic / anesthetic (érzéstelenítő (szer)), **diarrhoea / diarrhea** (hasmenés), **haemophilia / hemophilia** (vérzékenység), **manoeuvre / maneuver** (hadgyakorlat), **mediaeval / medieval** (középkori) etc.

elterjedt <mn> widespread; prevalent
elterjeszt <ige> spread✷
eltérő <mn> **1.** different (**vmitől** from/to sg); diverse (**vmitől** from sg); divergent (**vmitől** from sg) **2.** *(normálistól)* abnormal; irregular
elterpeszkedik <ige> spread✷ oneself
elterül <ige> **1.** *(található)* lie✷; be✷ situated: *A strand nyugati irányban terül el.* The beach lies west/is to the west. **2.** *(elvágódik)* fall✷ on the ground **3.** *(elnyújtózik)* spread✷ oneself out
eltervez <ige> plan
eltesz <ige> **1.** *(helyére)* put✷ sg away; put✷ sg in its place: *Tedd el a könyveidet most.* Put your books away now. **2.** *(félre)* put✷ sg away **3.** *(megőriz)* keep✷ **4.** *(tartósít)* preserve, pickle; bottle
éltet <ige> **1.** *(életben tart)* keep✷ sy alive **2.** *(éljenez)* cheer

eltéved <ige> get✷ lost; lose✷ one's way
eltéveszt <ige> **1.** *(célt)* miss **2.** *(összekever)* confuse; muddle sg up **3.** *(utat)* lose✷ one's way
eltilt <ige> ban (**vkit vmitől** sy from sg); forbid✷ (**vkit vmitől** sy to do sg): *Eltiltották a vezetéstől.* He was banned from driving.
eltitkol <ige> **1.** keep✷ sg secret **2.** *(érzelmeket stb.)* conceal; hide✷: *Sohasem titkolja el az érzéseit.* She never hides her feelings.
eltol <ige> **1.** *(elmozdít)* shift **2.** *(elhalaszt)* put✷ sg off; postpone: *A találkozót eltolták.* The meeting has been put off. **3.** biz *(elront)* mess sg up; bungle; fluff
eltolódik <ige> **1.** *(térben)* be✷ shifted **2.** *(időben)* be✷ put off; be✷ postponed
eltorlaszol <ige> block; obstruct; *(barikáddal)* barricade: *Elöl az utat eltorlaszolták.* The road ahead was blocked.

Kiejtésbeli eltérések
A számos hang(zás)beli eltérés közül csak a legkirívóbbakat, legjellemzőbbeket soroljuk fel.

1. a **can't, dance, fast, half, pass** etc. szavak magánhangzója az amerikai angolban szélesen ejtett nyílt „e" [æ]

2. a **got, hot, rock** etc. hangja mint a nyújtva ejtett magyar „a" [ɑː]

3. az „r" hangot a brit angolok csak magánhangzók előtt ejtik, a szó végén elnyelik. Az amerikaiak minden esetben ejtik, hátrahajlított nyelvvel a maguk sajátos, raccsolós módján, amelyről azonnal lehet tudni, hogy amerikai a beszélő.
Példák:
bar [bɑː] [bɑːr], **card** [kɑːd] [kɑːrd], **fear** [fɪə] [fɪr] etc.

4. Az angol [juː]-t az amerikaiak általában [uː]-nak ejtik.
Példák:
due [djuː] [duː], **new** [njuː] [nuː], **student** [stjuːdnt] [stuːdnt], **tube** [tjuːb] [tuːb] etc.

5. Néhány **-ile** [aɪl] végű szó ejtése a brittől eltérően [l]
Példák:
fertile [fɜːtaɪl] [fɜːrtl], **missile** [mɪsaɪl] [mɪsl] etc.

6. Egyéb egyedi kiejtésbeli különbségek: **clerk** [klɜːrk], **figure** [fɪgjər], **leisure** [liːʒər], **schedule** [skedʒuːl], **Z** [ziː] etc.

Szókészlet- és jelentésbeli eltérések/különbségek
Azonos fogalomra más-más szó
Példák:
flat / apartment (lakás), **luggage / baggage** (csomag), **chips / French fries** (sült krumpli), **mobile phone / cell phone** (mobil(telefon)), **petrol / gas** (benzin), **number plate / license plate** (rendszámtábla), **pavement / sidewalk** (járda), **trainers / sneakers** (edzőcipő), **shop / store** (üzlet), **caravan / trailer** (lakókocsi), **windscreen / windshield** (szélvédő) etc.

Ugyanazon szónak más a jelentése az amerikai angolban
Példák:
can (konzerv), **corn** (kukorica), **football** (amerikai futball), **public school** ((nyilvános) általános iskola), **subway** (földalatti (vasút)) stb.

Jellegzetesen amerikai fogalmak és szavak
Példák:
administration (kormány(zat)), **alumnus** (öregdiák), **Congress** (a kongresszus), **drugstore** (illatszerbolt és gyógyszertár; drogéria), **grade school** (általános iskola), **high school** (középiskola, gimnázium), **sabbatical year** (kutatóév) stb.

eltorzít <ige> 1. *(elcsúfít)* disfigure; deface; deform 2. *(elferdít)* twist; pervert; distort: *eltorzítja a tényeket* twist the truth

eltökélt <mn> determined; resolute; resolved

eltölt <ige> 1. *(időt)* pass; spend 2. *(áthat)* fill (**vkit vmivel** sy with sg); imbue (**vkit vmivel** sy with sg); inspire (**vkit vmivel** sy with sg): *gyűlölettel tölt el* fill sy with hatred ∗ *bátorsággal tölt el* inspire sy with courage 3. *(étel)* fill sy up: *A leves igazán eltöltött.* That soup really filled me up.

eltöm <ige> stop; choke; clog; block

eltömődik <ige> get clogged; get blocked

eltör <ige> break; fracture; shatter; smash: *eltöri a karját* break/fracture one's arm

eltörik <ige> break

eltöröl <ige> 1. *(szárazra)* wipe; dry sg up: *eltörli a tányérokat* wipe the plates 2. *(törvényt stb. megszüntet)* abolish; repeal; abrogate: *A halálbüntetést eltörölték.* The death penalty has been abolished.

eltörölget <ige> dry sg up: *eltörölgeti a tányérokat* dry the plates up

eltulajdonít <ige> appropriate; misappropriate: *A főnök eltulajdonította a pénzünket.* The boss appropriated our money.

eltúloz <ige> 1. exaggerate; overdo 2. *(nyilatkozatban)* overstate

eltussol <ige> cover sg up; hush sg up

eltűnik <ige> disappear; vanish; *(távolban)* fade away: *A rablók eltűntek a börtönből.* The thieves disappeared from the prison.

eltűnődik <ige> muse (**vmin/vmi fölött** about/on sg); brood (**vmin/vmi fölött** over/on sg); reflect (**vmin/vmi fölött** on sg)

eltűnt <mn> missing: *eltűnt személy* missing person

eltüntet <ige> 1. make sy/sg disappear 2. *(foltot)* remove 3. *(elrejt)* hide; conceal 4. *(elvarázsol vmit)* conjure sg away 5. *(gyorsan elvisz vmit)* whisk sg (away): *Eltüntette a tányérokat.* He whisked the plates away.

eltűr <ige> tolerate; endure; bear; suffer: *Ezt nem tudom tovább eltűrni.* I can't take more of this.

elújságol <ige> tell

elun <ige> be bored (**vmit** by sg); be/grow weary (**vmit** of sg)

elutasít <ige> 1. refuse; reject; decline; turn sg down: *Meghívtam ebédre, de elutasította.* I invited him for lunch but he refused. 2. *(vádat)* deny; repudiate 3. *(személyt)* turn sy down

elutazik <ige> leave; go away: *Elutazott Budapestre.* She has left for Budapest. ∗ *Nyárra elutazom.* I will go away for the summer.

elül <ige> 1. *(más helyre)* sit elsewhere 2. *(zaj)* die down; grow quiet 3. *(szél lecsillapodik)* drop: *Elült a szél.* The wind has dropped.

elüldöz <ige> drive sy/sg away

elülső <mn> front; fore: *elülső rész* front part

elültet <ige> *(növényt)* plant; pot: *Már elültettem az epret.* I have already planted the strawberries.

elüt <ige> 1. *(ütéssel)* hit 2. *(elgázol vkit/vmit)* hit; run sy/sg over; run sy/sg down; knock sy down: *Attól tartok elütöttem egy nyulat.* I'm afraid I've run a rabbit over. 3. *(időt)* kill time; while sg away: *A délutánt teniszezéssel ütöttük el.* We whiled away the afternoon playing tennis. 4. differ (**vmitől** from sg)

elűz <ige> expel (**vkit vhonnan** sy from swhere); drive sy/sg away

elv <fn> 1. *(szabály)* principle: *elvként leszögez vmit* lay sg down as a principle 2. *(meggyőződés)* principle: *kitart az elvei mellett* live up to one's principles 3. *(szabályszerűség)* principle

elvadul <ige> 1. become wild; become savage 2. *(gondozatlan növény)* run wild; grow wild

elvág <ige> 1. cut; cut in two 2. *(megsebez)* cut: *Elvágtam az ujjamat.* I cut my fingers. 3. *(megszakítja az összeköttetését)* break sg off

elvakít <ige> 1. *(fény)* blind; dazzle: *elvakítja a napfény* be blinded by the sun 2. átv dazzle

elválás <fn> 1. *(különélés)* separation 2. *(elszakadás, búcsúzás)* parting 3. *(házastársaké)* divorce

elválaszt <ige> 1. separate; part; divide: *A folyó a város két részét választja el.* The river separates the two parts of the town. 2. *(hajat)* part 3. *(szót)* divide 4. *(házastársakat)* divorce 5. *(csecsemőt)* wean 6. *(verekedőket)* part

elválaszthatatlan <mn> inseparable: *elválaszthatatlan társak/barátok* inseparable companions

elválasztójel <fn> hyphen

elválik <ige> 1. *(külön)* separate; part; divide 2. *(házastárstól)* divorce; *(különválik)* separate; part; biz split up (**vkitől** with sy): *Elválik a férjétől.* She's divorcing her husband. 3. *(egy időre)* take leave (**vkitől** of sy)

elvállal <ige> undertake; take sg on; accept: *Túl sokat vállaltam el.* I took too much on.

elvált <mn> divorced

elváltoztat <ige> 1. change; alter 2. *(álcáz)* disguise

elvándorol <ige> migrate: *A madarak elvándorolnak a tél elején.* Birds migrate in the early winter.

elvár <ige> expect (**vkitől vmit** sg from sy // sy to do sg): *Elvárják tőled, hogy söpörj fel.* You are expected to sweep the floor.
elvárások <fn> expectations <tsz>
elvarázsol <ige> **1.** enchant, put✲ a spell (**vkit/vmit** on sy/sg) **2.** *(eltüntet)* conjure sg away **3.** *(elbűvöl)* enchant; charm
elvarr <ige> sew✲ sg up
elvégez <ige> **1.** *(befejez)* finish; complete; accomplish; achieve **2.** *(megtesz)* perform; do✲: *Minden munkát elvégez a kertben.* She does all the jobs in the garden. **3.** *(egyetemet, középiskolát)* graduate
elvégre <hsz> after all
elvegyül <ige> **1.** *(anyag)* mix, mingle **2.** *(csoportban)* merge; mingle: *Elvegyültem a tömegben.* I merged into the crowd.
elver <ige> **1.** thrash; bludgeon **2.** *(eltékozol)* squander; fritter sg away **3.** *(elpusztít)* destroy: *A jég elverte a termést.* The hail has destroyed the crops.
elvérzik <ige> **1.** bleed✲ to death **2.** átv, biz fail
¹elvesz <ige> **1.** take✲; take✲ sg away (**vkitől** from sy): *Ki vette el az esernyőmet?* Who has taken my umbrella. **2.** *(erőszakkal)* seize **3.** *(elfoglal)* occupy; take✲ sg up: *A fele időmet elveszi ez a munka.* This work occupies half of my time. * *sok időt elvesz* take up a lot of time **4.** *(feleségül)* marry
²elvesz <ige> **1.** *(nincs meg)* be✲ lost; get✲ lost **2.** *(kárba vész)* be✲ wasted
elvész → **²elvesz**
elveszett <mn> lost; missing: *elveszett tulajdonát visszaigényli* reclaim his lost property
elveszít <ige> **1.** *(elhagy)* lose✲: *Elvesztettem az esernyőmet.* I have lost my umbrella. **2.** *(meghal vkije)* lose✲ **3.** *(már nincs neki)* lose✲: *elveszíti az állását* lose one's job **4.** *(nem nyer meg)* lose✲: *elveszíti a meccset* lose the match
elveszteget <ige> *(elfecsérel)* waste (**vmit vmire/vkire** sg on sg/sy): *Ne vesztegesd el az idődet azzal, hogy rá vársz!* Don't waste your time on waiting for him.
elvet <ige> **1.** *(magot)* sow✲: *búzát elvet* sow wheat **2.** *(elutasít)* reject; refuse; dismiss
elvét <ige> miss
elvetél <ige> miscarry; orv abort
elvetet <ige> *(gyereket)* have✲ the baby aborted
elvetődik <ige> happen to get swhere
elvétve <hsz> occasionally; now and then
élvez <ige> **1.** enjoy; find✲ pleasure (**vmit** in sg) **2.** *(előnyöket)* benefit
elvezet <ige> **1.** *(vmely helyről)* lead✲ away; lead✲ off **2.** *(vmely helyre)* lead✲ (**vhova** to swhere); guide (**vhova** to swhere) **3.** *(üzemet)* run✲; manage; direct **4.** *(folyót)* divert **5.** *(járművet)* drive✲ **6.** *(hajót stb.)* navigate **7.** *(vizet, energiát)* channel
élvezet <fn> pleasure; enjoyment; delight; joy: *Élvezet olvasni.* It is a delight to read.
élvezetes <mn> enjoyable; delightful; pleasurable; *(íz, illat)* savoury
élvezeti cikkek <fn> consumer goods <tsz>
elvi <mn> **1.** *(elvektől meghatározott)* of principle <csak hátravetve>: *elvi kérdés* be a matter of principle **2.** *(elméleti)* theoretical; academic: *pusztán elvi kérdés* a purely academic question
elvisel <ige> endure; stand✲; take✲; tolerate; bear✲: *Ezt nem tudom tovább elviselni.* I can't take more of this. * *bátran elviseli a fájdalmat* bear the pain bravely
elviselhetetlen <mn> intolerable; unbearable
elviselhető <mn> bearable; tolerable; endurable
elvisz <ige> **1.** take✲; take✲ away; carry away: *Elvinnéd ezt a levelet a postára?* Can you take this letter to the post office, please? **2.** *(elszállít)* transport **3.** *(járművön)* take✲ (**vkit vhova** sy to sg); *(autón)* drive✲ (**vkit vhova** sy to sg): *Mindig elviszem a kisfiamat az iskolába.* I always take my son to school. * *A barátom vitt el az iskolába.* My friend drove me to the school. **4.** *(magával)* take✲ along **5.** *(út)* take✲ (**vmeddig** to sg) **6.** *(víz)* wash away; sweep✲ away
elvon <ige> **1.** *(figyelmet)* distract; divert **2.** *(elvesz)* deprive (**vkitől/vmitől vmit** sy/sg of sg): *elvonnak tőle vmit* be deprived of sg
élvonal <fn> the forefront
élvonalbeli <mn> cutting-edge: *élvonalbeli technológia* cutting-edge technology
elvonás <fn> *(megvonás)* withdrawal; deprivation
elvonszol <ige> **1.** drag sg away; tug sg away **2.** drag sy away (**vhonnan** from sg): *elvonszolja a gyereket a játékboltból* drag the child away from the toy shop
elvont <mn> abstract: *elvont gondolat* an abstract idea
elvontat <ige> tow sg away
elvonul <ige> **1.** *(tömeg)* withdraw✲ **2.** *(vihar)* blow✲ over; pass **3.** *(félrevonul)* withdraw✲; retire
elvörösödik <ige> flush; blush; go✲ red; redden: *Elvörösödött.* Her face flushed.
elzálogosít <ige> pawn; put✲ sg in pawn
elzár <ige> **1.** *(dolgot)* lock sg up; lock sg away **2.** *(személyt)* confine; lock sy up **3.** *(haladást, átjutást)* close; block; obstruct: *Az út elzárva.* The road is closed. **4.** *(nyílást)* stop; close

5. *(szerkezetet, készüléket)* turn sg off; switch sg off

elzarándokol <ige> make✧ pilgrimage (**vhova** to swhere)

elzárkózik <ige> **1.** *(kérés stb. elől)* turn a deaf ear (**vmitől** to sg) **2.** *(magányos)* be✧ reserved

elzavar <ige> drive✧ sy/sg away; chase sy/sg away

elzüllik <ige> fall✧ into depravity

elzsibbad <ige> go✧ to sleep; go✧ numb: *Elzsibbadt a lábam.* My leg had gone numb.

e-mail <fn> e-mail; email: *e-mailt küld* send an e-mail ∗ *e-mail-cím* email address

emancipáció <fn> emancipation

¹**ember** <fn> man (tsz: men); human (being); person (tsz: people v. hiv persons): *minden ember* all men ∗ *Tudod pontosan, mióta él ember a földön?* Do you exactly know how long man has been living on the earth? ∗ *Nagyon kedves ember.* She's an extremely kind person. ∗ *Hány embert hívtál meg az előadásra?* How many people have you invited to the performance? ∗ *rendes ember* a decent fellow

²**ember** <fn> *(mint általános alany)* one; we; you; people <tsz>: *Az ember sosem tudhatja.* One never knows. ∗ *Az embernek mindig óvatosnak kell lennie.* You always have to be careful.

embercsempészet <fn> smuggling people
emberélet <fn> human life (tsz: human lives)
emberevő <fn> cannibal; man-eater
emberfölötti <fn> superhuman
emberi <mn> human: *emberi fogyasztásra alkalmatlan* unfit for human consumption ∗ *az emberi test* the human body
emberies <mn> humane; benevolent
emberiség <fn> humanity; mankind
emberlakta <mn> inhabited by man <csak hátravetve>
emberölés <fn> murder; jog homicide; manslaughter: *szándékos emberölés* wilful murder
emberöltő <fn> generation
emberrablás <fn> kidnapping
emberrabló <fn> kidnapper
emberség <fn> humanity; benevolence
emberséges <mn> humane; benign
emberszabású majom <fn> anthropoid ape
embertárs <fn> fellow-creature; fellow-being
embertelen <mn> brutal; inhuman; cruel; barbarous
embertömeg <fn> mass of people; crowd of people: *Nagy embertömeg verődött össze.* A big crowd of people gathered.
embléma <fn> emblem; symbol; logo; *(kiadói)* imprint: *nemzeti embléma* national emblem

embólia <fn> embolism
embrió <fn> embryo
emel <ige> **1.** lift; hoist: *Nem tudja emelni a karját.* She can't lift her arm. **2.** *(árat, bért; színvonalat)* raise: *A kormány emelte az árakat.* The government has raised the prices. **3.** *(építményt)* build✧; put✧ sg up; erect: *hotelt emel* put a hotel up **4.** *(szobrot, emlékművet)* erect; rise
emelés <fn> *(növelés)* increase; rise; AmE raise
emelet <fn> floor; storey; AmE story: *a negyedik emeleten* on the fourth floor
emeletes ágy <fn> bunk; bunk bed
emeletes busz <fn> double-decker bus
emelkedés <fn> **1.** rise: *hatalomra emelkedés* her rise to power **2.** *(értéké)* increase **3.** *(áraké)* rise **4.** *(lejtőé)* ascent
emelkedett <mn> lofty; sublime; elevated
emelkedik <ige> **1.** rise✧: *szólásra emelkedik* rise to speak **2.** *(út)* ascend; climb; go✧ uphill **3.** *(növekszik)* rise✧; increase; go✧ up: *A bűncselekmények száma emelkedik.* There is a rise in crime. ∗ *A kormány megígérte, hogy az árak idén nem fognak emelkedni.* The government promised that prices wouldn't rise this year. ∗ *Idén emelkedtek az árak.* Prices have increased this year. **4.** *(repülőgép)* climb **5.** *(vmilyen rangra)* rise✧: *magas rangra emelkedik* rise to high rank
emelkedő <fn> rise; incline; slope; ascent: *enyhe emelkedő* a gentle incline/slope
emellett <hsz> *(ezenkívül)* besides; in addition; moreover
emelő <fn> **1.** *(autóhoz)* jack **2.** *(felvonó)* hoist **3.** műsz lever
emelődaru <fn> crane
emelőrúd <fn> lever
emelvény <fn> platform; podium; stand; rostrum (tsz: rostrums v. rostra): *Az elnök felment az emelvényre.* The president went up to the platform.
émelyeg <ige> be✧ nauseated; feel✧ sick; feel✧ queasy
émelygés <fn> nausea; sickness
émelyítő <mn> nauseating; nauseous; sickly: *émelyítő szag/íz* sickly smell/taste
emészt <ige> digest
emésztés <fn> digestion: *elősegíti az emésztést* promote digestion
emészthetetlen <mn> indigestible
emészthető <mn> digestible
emésztőcsatorna <fn> alimentary canal
emésztőrendszer <fn> digestive tract
emiatt <hsz> **1.** *(ok)* this is why; because of this; for this reason: *Emiatt nem tudtalak meglátogatni.* I couldn't visit you because of this.

2. *(efelől)* about that: *Emiatt ne aggódjon!* Don't worry about that.

emigráció <fn> **1.** *(kivándorlás)* emigration **2.** *(száműzetés)* exile

emigrál <ige> **1.** *(kivándorol)* emigrate **2.** *(száműzetésbe megy)* go✢ into exile

emigráns <fn> **1.** *(kivándorló)* emigrant **2.** *(politikai)* exile

emleget <ige> mention repeatedly; keep✢ mentioning

emlék <fn> **1.** *(tárgy)* souvenir; keepsake; relic: *emlékül* as a keepsake **2.** *(emlékezet)* memory; remembrance; recollection: *Csodálatos emlékeim vannak a tengerről.* I have wonderful memories of the sea.

emlékezet <fn> memory; recollection: *nagyon jó az emlékezete* have got a very good memory ∗ *a legjobb emlékezetem szerint* to the best of my recollection

emlékezetes <mn> memorable; remarkable: *emlékezetes esemény* a memorable event

emlékezetkiesés <fn> amnesia; loss of memory

emlékezik <ige> remember; recollect; recall

emlékezőtehetség <fn> memory: *nagyon jó az emlékezőtehetsége* have a very good memory ∗ *gyenge emlékezőtehetség* poor memory

emlékeztet <ige> remind: *Emlékeztess, hogy ki kell mennem az állomásra 2 órakor!* Remind me to go to the station at 2 o'clock.

emlékeztető <fn> reminder; memento

emlékhely <fn> memorial

emlékirat <fn> **1.** *(hivatalos)* memorandum (tsz: memoranda v. memorandums) **2.** *(magán)* memoirs <tsz>

emlékmű <fn> memorial; monument

emlékszik → **emlékezik**

emléktábla <fn> plaque

emléktárgy <fn> souvenir

említ <ige> mention; *(futólag)* touch upon: *mint már említettem* as mentioned above

említés <fn> mention(ing): *Erről a költségről nincs említés a leveledben.* There is no mention of this cost in your letter. ∗ *említést tesz vmiről* mention sg

emlő <fn> **1.** *(nőé)* breast **2.** *(állaté)* udder

emlős <mn> mammal

empátia <fn> empathy

empirikus <mn> empirical

¹**én** <szem névm> **1.** I; me: *Én banánt kértem, te grapefruitot.* I wanted bananas and you wanted grapefruits. ∗ *„Ki van odakint?" „Én (vagyok)."* 'Who's that outside?' 'Me.' **2.** *(birtokos)* my: *az én édesapám* my father

²**én** <fn> self (tsz: selves); ego: *második énje* one's other self

enciklopédia <fn> encyclop(a)edia

ének <fn> **1.** song **2.** vall hymn; chant **3.** *(madáré)* (bird) song; warbling

énekel <ige> **1.** sing✢: *egy dalt énekel* sing a song **2.** *(madár)* warble

énekes <fn> singer; *(könnyűzenei)* vocalist: *népszerű énekes* a popular singer

énekeskönyv <fn> songbook

énekesmadár <fn> songbird

énekesnő <fn> singer; *(könnyűzenei)* vocalist: *Mindig arról ábrándozik, hogy énekesnő lesz.* She always dreams of becoming a singer.

énekhang <fn> singing voice

énekkar <fn> chorus; choir

énekóra <fn> singing lesson

énekszó <fn> singing; song: *énekszóval* with songs

énektanár <fn> singing teacher

energia <fn> **1.** fiz energy; power: *villamos energia* electric power **2.** *(emberi)* energy; drive; vigour; AmE vigor: *Van benne energia és kezdeményező kedv.* He has drive and initiative.

energiaellátás <fn> power supply

energiaforrás <fn> source of energy/power

energiatakarékos <mn> energy-saving

energikus <mn> energetic; bouncy; vigorous

enged <ige> **1.** allow (**vkinek vmit** sy to do sg); permit (**vkinek vmit** sy to do sg); let✢ (**vkinek vmit** sy do sg): *nem enged vmit vkinek* refuse to allow sy to do sg ∗ *nem enged vkit szóhoz jutni* won't let sy speak **2.** *(nem áll ellen)* yield (**vkinek/vminek** to sy/sg); give✢ way (**vkinek/vminek** to sy/sg); submit (**vkinek/vminek** to sy/sg): *enged az erőszaknak* yield to force ∗ *enged a kísértésnek* yield to temptation **3.** *(árból)* reduce: *enged az olaj árából* reduce the price of oil **4.** *(folyat)* run✢: *vizet enged a kádba vkinek* run a bath for sy

engedékeny <mn> compliant; indulgent; permissive; yielding

engedelmes <mn> obedient; submissive; dutiful

engedelmeskedik <ige> obey; be✢ obedient; *(törvényeknek)* comply: *engedelmeskedik vki parancsainak* obey the orders of sy

engedelmesség <fn> obedience

engedély <fn> **1.** permission: *engedély nélkül* without permission **2.** *(írott)* permit; licence: *munkavállalási engedélyért folyamodik* apply for a work permit **3.** *(felhatalmazás)* authorization **4.** *(felhasználói)* licence

engedélyez <ige> **1.** allow (**vkinek vmit** sy to do sg); permit (**vkinek vmit** sy to do sg): *Engedélyezte, hogy bejöjjek.* She allowed me to come in. **2.** *(felhatalmaz)* authorize **3.** *(felhasználást)* license; give✢ a licence: *Az új gyógyszert még nem engedélyezték az Egyesült Államokban.*

The new drug has not yet been licensed in the US.
engedetlen <mn> disobedient; unruly
engedetlenség <fn> disobedience
engedmény <fn> 1. concession: *engedményt tesz* make a concession 2. gazd discount; reduction; allowance
engedményes vásár <fn> sale
engem → ¹**én**
ennélfogva <ksz> hence; consequently; thus; for this reason
ennivaló <fn> food
ENSZ [= Egyesült Nemzetek Szervezete] UN (= the United Nations)
enyém <birt névm> mine: *Az az autó az enyém.* That car is mine. * *Ez az enyém, nem a tied.* This is mine, not yours. * *Ezek az enyéim.* These are mine.
enyhe <mn> 1. *(időjárás)* mild; clement 2. *(szél)* light; mild; soft 3. *(fájdalom)* slight 4. *(büntetés)* light 5. *(forgalom)* light 6. *(lejtő, emelkedő)* gentle
enyhít <ige> 1. *(feszültséget)* ease; defuse; appease 2. *(bánatot, fájdalmat)* ease; mitigate; soothe; lessen; alleviate 3. *(éhséget)* appease 4. *(szomjúságot)* quench 5. *(ítéletet)* reduce
enyhítő <mn> mitigating; alleviating: *enyhítő körülmény* mitigating circumstances
enyhül <ige> 1. *(feszültség)* ease; slacken 2. *(fájdalom stb.)* subside; abate; lessen; ease off 3. *(idő)* turn milder; grow* milder
ennyi <mut névm> 1. *(súly, terjedelem stb.)* so much; this much 2. *(megszámolható)* so many; this many: *ennyien* so many of us/them
ÉNy [= észak-nyugat] NW (= north-west; (the) North-West)
enyv <fn> glue
enyveskezű <mn> light-fingered
EP [= Európai Parlament] EP (= European Parliament)
ép <mn> 1. *(sértetlen)* unhurt; unharmed; undamaged; intact 2. *(egészséges)* healthy; sound
epe <fn> bile
epegörcs <fn> bilious attack
epekő <fn> gallstone: *eppköve van* have gallstones
épelméjű <mn> sane; of sound mind <csak hátravetve>
eper <fn> strawberry: *Az eper kilója 250 forint.* The strawberries cost 250 forints per kilo.
eperfa <fn> mulberry tree
epés <mn> 1. *(epebajos)* bilious 2. *(megjegyzés stb.)* malicious; sarcastic; caustic
épeszű <mn> sane; of sound mind <csak hátravetve>

epicentrum <fn> epicentre; AmE epicenter
epilepszia <fn> epilepsy
¹**epilepsziás** <mn> epileptic: *epilepsziás roham* an epileptic fit
²**epilepsziás** <fn> epileptic
épít <ige> 1. build*; construct; put* sg up: *szállodát épít* put a hotel up 2. rely (**vkire/vmire** on sy/sg); depend (**vkire/vmire** on sy/sg); build (**vmire** on sg): *Nem lehet a szavára építeni.* There is no relying on her.
építés <fn> building; construction: *építés alatt* under construction
építési <mn> building; construction: *építési munkálatok* building works * *építési terület* a building/construction site
építész <fn> *(mérnök)* architect
építészet <fn> architecture: *barokk építészet* baroque architecture
építészmérnök <fn> architect
építkezés <fn> building: *Az építkezésünk idejére kibéreltünk egy lakást.* During the building of our house we rented a flat.
építkezik <ige> build*; have* a house built
építmény <fn> structure; building: *a világ leghosszabb építményeinek egyike* one of the longest structures in the world
¹**építő** <mn> constructive; positive
²**építő** <fn> builder
építőanyag <fn> building material
építőipar <fn> the building industry; the construction industry
építőkocka <fn> building block
építőmérnök <fn> civil engineer
építőmunkás <fn> construction worker; building worker
epizód <fn> episode
eposz <fn> epic
épp(en) <hsz> just; exactly; precisely: *éppen jókor* just in time * *éppen most* just now * *Éppen egy óra van.* It's just one o'clock. * *Éppen ezt akartam csinálni.* That's just what I wanted to do. * *éppen öt kiló* exactly five kilograms
épül <ige> 1. be* built; be* constructed: *Itt egy híd épül.* A bridge is (being) constructed here. 2. be* founded (**vmin/vmire** on sg); be* based (**vmin/vmire** on sg)
épület <fn> building; construction: *öreg épület* an old building * *épületet emel* put up a building
épületszárny <fn> wing; annexe; AmE annex
épülettömb <fn> block (of houses)
¹**ér** <ige> 1. *(vmely helyre)* get* to; arrive at; come* to; reach: *a pályaudvarra ér* arrive at the station * *Öt óra előtt nem érünk Londonba.* We won't reach London till five o'clock. 2. *(értéket)* be* worth: *Mennyit ér?* How much

is it worth? **3.** *(vmire megy vele)* be✣ of use (**vki** to sy): *Nem sokat érsz vele.* It is not (of) much use to you. **4.** *(elér vmeddig)* reach to; extend as far as: *egészen a tóig ér* extend as far as the lake **5.** *(felfedez)* catch✣: *hazugságon ér vkit* catch sy telling a lie

²**ér** <fn> **1.** *(testben)* blood vessel; *(gyűjtőér)* vein; *(verőér)* artery **2.** *(falevélen)* vein; rib **3.** *(patak)* brook **4.** *(kábelé)* core

éra <fn> era; age; period

érc <fn> ore

erdei <mn> wood; forest: *erdei út* forest path

érdek <fn> interest: *érdeke fűződik vmihez* have an interest in sg ✸ *vminek az érdekében* in the interest(s) of sg

érdekcsoport <fn> interest group

érdekel <ige> interest; be✣ interested: *A politika nem érdekli.* Politics doesn't interest him. ✸ *Érdeklik a kutyák.* She is interested in dogs.

¹**érdekelt** <mn> interested; concerned: *az érdekelt felek* the interested parties

²**érdekelt** <fn> **az érdekeltek** those concerned; those involved

érdekes <mn> interesting

érdekesség <fn> **1.** *(tulajdonság)* interest **2.** *(tárgy)* curiosity: *sok történelmi érdekesség* many historical curiosities

érdekfeszítő <mn> exciting; absorbing; compulsive

érdekházasság <fn> marriage of convenience: *érdekházasságot köt vkivel* marry sy for money

érdeklődés <fn> **1.** *(figyelem)* interest: *felkelti az érdeklődést* arouse interest ✸ *nagy érdeklődést mutat vmi iránt* show great interest in sg **2.** *(tudakozódás)* inquiry

érdeklődik <ige> **1.** be✣ interested (**vmi iránt** in sg); show✣ interest (**vmi iránt** in sg) **2.** *(tudakozódik)* inquire; enquire; make✣ inquiries: *érdeklődik a jegy ára felől* make a few inquiries about the cost of a ticket

érdektelen <mn> **1.** *(nem érdekes)* uninteresting; boring **2.** *(nem érdekelt)* disinterested

Erdély <fn> Transylvania

¹**erdélyi** <mn> Transylvanian

²**erdélyi** <fn> Transylvanian

érdem <fn> merit: *érdemben* on its merits

érdemel <ige> deserve; merit: *jutalmat érdemel* deserve a reward

érdemes <ige> **1.** be✣ worth (**vmit megtenni** doing sg): *Nem érdemes busszal menni a moziba.* It isn't worth going by bus to the cinema. **2.** *(ember)* worthy; excellent; meritorious

érdemjegy <fn> mark; grade

érdemrend <fn> decoration; order

érdes <mn> **1.** rough; coarse; uneven **2.** *(hang)* hoarse; raspy

erdész <fn> forester

erdészet <fn> forestry

erdő <fn> *(kisebb)* wood(s); *(nagyobb)* forest

erdőgazdaság <fn> forestry

erdőmérnök <fn> forestry engineer

erdős <mn> wooded; woody: *erdős terület* a wooded area

erdőség <fn> woodland

erdősít <ige> afforest; plant with trees

erdőtűz <fn> forest fire

ered <ige> **1.** *(folyó)* have✣ its source (**vhonnan** in sg) **2.** *(származik)* originate; come✣; derive; be✣ derived: *Ez a szó a franciából ered.* This word comes/derives from French. **3.** *(időből)* date back to; date from

eredet <fn> **1.** origin; genesis; source **2.** *(folyóé)* source **3.** *(szóé stb.)* origin; derivation

¹**eredeti** <mn> **1.** original; genuine: *az eredeti levél hiteles másolata* a true copy of the original letter **2.** *(különös)* original; odd; peculiar

²**eredeti** <fn> original: *Több másolatot készíthetünk az eredetiről.* You can make several copies from the original.

eredetileg <fn> originally

eredmény <fn> **1.** result; outcome; consequence: *a szavazás eredménye* the result of the election ✸ *A karambol a gyorshajtás eredménye volt.* The crash was the result of speeding. ✸ *a vita eredménye* the outcome of the discussion **2.** *(siker)* achievement; success **3.** mat result; answer **4.** sp score; result: *Mennyi az eredmény?* What's the score?

eredményes <mn> successful; fruitful; productive; effective

eredményez <ige> result in sg

eredményhirdetés <fn> publication of the results; announcement of the results

eredménytelen <mn> unsuccessful; fruitless; inefficient; futile; vain: *eredménytelen kísérlet* a futile attempt

erekció <fn> erection

ereklye <fn> relic: *családi ereklye* heirloom

érelmeszesedés <fn> arteriosclerosis

erélyes <mn> energetic; firm; forceful

érem <fn> medal

 ♦ **az érem másik oldala** the other side of the coin

erény <fn> virtue: *A türelem nem erénye.* Patience is not one of her virtues.

erényes <mn> virtuous

eres <mn> veined

érés <fn> ripening; maturing

eresz <fn> eaves <tsz>

ereszcsatorna <fn> gutter

ereszt <fn> **1.** *(elengedi vhova)* let✣ go **2.** *(textilfesték fog)* run✣ **3.** *(fürdőt)* run✣: *fürdővizet ereszt* *vkinek* run a bath for sy **4.** *(lazul)* slacken; become✧ loose **5.** *(lyukas dolog)* leak; run✧

éretlen <mn> **1.** *(gyümölcs)* unripe; green: *Ne edd meg azt az éretlen banánt!* Do not eat that green banana! **2.** átv immature; childish; unripe

¹eretnek <mn> heretical

²eretnek <fn> heretic

eretnekség <fn> heresy

érett <mn> **1.** *(gyümölcs)* ripe; mellow: *Ezek a banánok nem elég érettek.* These bananas are not ripe enough. **2.** átv mature

érettségi <fn> ≈ school-leaving examination; final examination

érettségizik <ige> ≈ sit✧ for/take✧ the school-leaving examination

érettségiző <fn> school leaver

érez <ige> **1.** *(érzékel)* feel✧; sense: *Úgy érezte, mintha már járt volna ott.* He felt as if he had been there before. ✱ *Éreztem a feszültséget.* I could feel the tension. ✱ *valami bajt érez* sense that sg is wrong **2.** *(érzelmileg, lelkileg)* feel✧: *érez vmit vki iránt* feel sg towards sy ✱ *lelkiismeret-furdalást érez* feel remorse **3.** *(szagot)* smell✧: *Égett szagot érzek.* I can smell something burning. **4.** *(vél)* think✧; feel✧: *kötelességének érzi* feel it one's duty **5. érzi magát** feel✧: *jobban érzi magát* feel better ✱ *nem érzi jól magát* feel unwell

erezet <fn> vein

érezhető <mn> *(érzékelhető)* perceptible; palpable; tangible

éreztet <ige> make✧ sy feel sg; make✧ sy conscious of sg

érik <ige> **1.** ripen; become✧ ripe; mature **2.** átv mature

érint <ige> **1.** touch; feel✧ **2.** *(témát)* touch **3.** *(érzelmileg)* affect; touch **4.** *(vonatkozik)* concern; affect

érintetlen <mn> **1.** *(nem érintett)* untouched **2.** *(egész)* whole; intact **3.** *(szűz)* virgin; chaste

¹érintett <mn> interested; involved

²érintett <fn> **az érintettek** those interested; those involved

érintkezés <fn> **1.** contact; connection, communication: *Érintkezésbe léptem az orvossal.* I contacted the doctor. ✱ *nemi érintkezés* sexual intercourse **2.** el contact

érintkezik <ige> **1.** communicate; be✧ in contact; mix: *levélen keresztül érintkeznek egymással* communicate with each other by letter ✱ *Sok emberrel érintkezik.* He mixes with many people. **2.** *(tárgy)* touch; *(vezeték)* be✧ in contact

erjed <ige> ferment

erjeszt <ige> ferment: *bort erjeszt* ferment wine

erkély <fn> **1.** *(házé)* balcony **2.** *(színházban)* circle; balcony; gallery: *első emeleti erkély* dress circle ✱ *második emeleti erkély* upper circle; balcony ✱ *harmadik emeleti erkély* gallery

érkezés <fn> arrival; coming; *(kiírás repülőtéren stb.)* arrivals: *érkezésemkor* on my arrival

érkezik <ige> arrive; get✧ to; come✧ to: *Budapestre érkezik* arrive in Budapest ✱ *az állomásra érkezik* arrive at the station ✱ *délelőtt tízkor érkezik* arrive at ten in the morning

erkölcs <fn> ethic; morality; morals <tsz>

erkölcsi <mn> ethical; moral: *erkölcsi támogatás* moral support ✱ *erkölcsi kötelesség* moral obligation

erkölcsös <mn> moral; ethical; virtuous: *erkölcsös életet él* lead a moral life

erkölcstelen <mn> immoral: *erkölcstelen életet él* lead an immoral life

érlel <ige> **1.** ripen; make✧ ripe **2.** *(reményt, érzelmet stb.)* nurse

érme <fn> coin; *(automatához)* token

ernyő <fn> **1.** *(esernyő)* umbrella **2.** *(napernyő)* parasol ✱ *(lámpaernyő)* shade

erotika <fn> eroticism

erotikus <mn> erotic

erő <fn> **1.** power; strength; vigour; might: *testi erő* physical strength ✱ *erőre kap* regain strength ✱ *teljes erejével* with all his/her might **2.** *(hangé)* intensity **3.** *(munkaerő)* hand **4.** *(katonai)* force: *a szövetséges erők* the allied forces ✱ *fegyveres erők* the armed forces

erőd <fn> fortress; stronghold

erőfeszítés <fn> effort; exertion; endeavour; AmE endeavor: *erőfeszítés nélkül* without effort ✱ *erőfeszítést tesz* make an effort

erőleves <fn> consommé

erőlködik <ige> exert oneself; struggle; make✧ every effort: *erőlködik, hogy megértsen vmit* struggle to understand sg

erőltet <ige> **1.** force; insist (**vmit** on sg) **2.** *(vmely szervet)* strain **3.** force (**vmit vkire** sg on sy)

erőltetett <mn> **1.** *(kényszerített)* forced **2.** *(mesterkélt)* unnatural; strained; forced: *erőltetett mosoly* a strained smile

erőmű <fn> power station; power plant

erőnlét <fn> condition; form; shape

erős <mn> **1.** strong; powerful **2.** *(izmos)* muscular; brawny; robust **3.** *(jellem)* firm; resolute; determined **4.** *(akarat)* strong **5.** *(ital)* strong, heady; *(fűszer)* hot **6.** *(szag)* penetrating; strong; *(illat)* heady **7.** *(fény)* strong; intense **8.** *(szél)* stiff; high; strong

erősít <ige> **1.** strengthen; make✧ stronger; fortify; reinforce **2.** *(lelkileg)* give✧ sy strength **3.** kat fortify **4.** *(ráerősít)* fix (**vhova** to sg); fasten (**vhova** to sg); affix (**vhova** to sg) **5.** el amplify **6.** (*edz*) train

erősítés <fn> **1.** kat reinforcement; fortification **2.** el amplification

erősítő <fn> **1.** el amplifier **2.** (*szer*) booster; tonic

erősködik <ige> insist (**vmi mellett** on sg)

erősödik <ige> **1.** get✧ stronger; become✧ stronger **2.** (*beteg*) pick up; improve in health **3.** (*mozgalom stb.*) spread✧ **4.** (*háború, konfliktus*) escalate **5.** (*gyerek*) grow✧ **6.** (*fájdalom, félelem, barátság stb.*) intensify

erősség <fn> strength; power; force: *legnagyobb erőssége…* his/her main strength is…

erőszak <fn> **1.** violence; force; assault: *családon belüli erőszak* domestic violence ✱ *erőszakhoz folyamodik* resort to force/violence **2.** (*nemi*) rape; assault

erőszakmentes <mn> non-violent

erőszakol <ige> force; press

erőszakos <mn> violent; fierce; aggressive: *erőszakos támadás* a fierce attack

erőszakoskodik <ige> **1.** use violence **2.** (*kitart*) insist

erőteljes <mn> powerful; forceful; strong; vigorous

erőtlen <mn> weak; feeble; faint

erőviszonyok <fn> power relations <tsz>

¹**erre** <hsz> **1.** (*ebbe az irányba*) this way; in this direction: *Erre tessék!* This way, please! **2.** (*ezen a helyen*) hereabout(s); in these parts

²**erre** → **ez**

errébb <hsz> nearer

errefelé <hsz> **1.** (*ebbe az irányba*) this way; in this direction **2.** (*ezen a helyen*) hereabout(s); in these parts

¹**erről** <hsz> (*ebből az irányból*) from this direction; from here

²**erről** → **ez**

érsek <fn> archbishop

erszény <fn> **1.** purse **2.** (*állaté*) pouch

erszényes <fn> marsupial

ért <ige> **1.** (*megért*) understand✧; comprehend; follow; grasp; get✧; see✧: *Érted?* Do you understand? ✱ *érti a tréfát* get the joke ✱ *Értem.* I see. / I understand. **2.** (*vmilyen nyelven*) understand✧: *Egy szót sem ért spanyolul.* He doesn't understand a word in Spanish. **3.** (*ért vmely munkához*) be✧ skilled (**vmihez** in sg); be✧ expert (**vmihez** in sg) **4.** (*vmin vmely dolgot*) mean✧: *Mit értesz ezen?* What do you mean by this?

érte <hsz> for sy/sg: *érte küld* send for sy/sg ✱ *Mit kér érte?* What do you charge for it?

érték <fn> **1.** value; worth: *nagy értékű* of great value ✱ *esik/csökken az értéke* fall in value ✱ *csekély értéket képvisel* be of little worth **2.** (*értékes dolgok*) valuables <tsz> **3.** mat value **4.** (*megbecsülendő*) asset

értékálló <mn> of stable value <csak hátravetve>

értékcsökkenés <fn> depreciation; loss of value

értékel <ige> **1.** (*becsül, elismer*) value; appreciate; esteem: *Nagyra értékelem a jó tanácsaidat.* I value your good advices highly. ✱ *Értékeli a jó bort.* He appreciates good wine. **2.** (*felbecsül*) value; assess; appraise

értékelés <fn> **1.** (*megbecsülés*) appreciation **2.** (*felbecsülés*) valuation; assessment; appraisal

értékes <mn> (*anyagilag*) valuable; precious

értékesít <ige> **1.** (*elad*) sell✧; trade **2.** (*hasznosít*) utilize

értékesítés <fn> (*eladás*) sale

értekezés <fn> essay; treatise; dissertation; (*doktori*) thesis (tsz: theses)

értekezlet <fn> meeting: *értekezleten vesz részt* attend a meeting ✱ *Értekezleten van.* He is at/in a meeting.

értékhatár <fn> limit (of value)

értékmegőrző <fn> safe deposit

értékpapír <fn> security

értéktárgy <fn> valuables <tsz>

értéktelen <mn> valueless; worthless: *értéktelen régi érmék* worthless old coins

értéktőzsde <fn> stock exchange

értelem <fn> **1.** (*ész*) intelligence; intellect; understanding; reason; mind **2.** (*jelentés*) sense; meaning: *átvitt értelemben* in a figurative sense ✱ *tágabb értelemben* in a wider sense ✱ *bizonyos értelemben* in a sense **3.** (*észszerűség*) sense: *Nincs értelme.* There's no sense in/to it.

értelmes <mn> **1.** (*ember*) intelligent; clever; bright **2.** (*érthető*) clear; intelligible; lucid **3.** (*átgondolt, helyes*) sensible: *Nem volt tőled túl értelmes dolog meglátogatni őt.* It wasn't too sensible of you to visit him.

értelmetlen <mn> **1.** (*oktalan, esztelen*) senseless; pointless; foolish: *értelmetlen vérontás* senseless slaughter **2.** (*nem érthető*) unintelligible; meaningless

értelmez <ige> **1.** interpret; explain; construe **2.** (*szót, kifejezést*) define

értelmezés <fn> **1.** interpretation; explanation; understanding **2.** (*szótári*) definition

értelmi <mn> intellectual; mental: *értelmi képesség* intellectual capacity ✱ *értelmi fogyatékosság* mental deficiency

értelmiség <fn> the intelligentsia; the intellectuals <tsz>

¹**értelmiségi** <mn> intellectual: *értelmiségi dolgozó* professional/white-collar worker

²értelmiségi <fn> intellectual
értesít <ige> **1.** let* sy know (**vmiről** about sg); inform (**vkit vmiről** sy of/about sg); tell* (**vkit vmiről** sy of/about sg); *(hivatalosan)* notify (**vkit vmiről** sy of sg) **2.** *(rendőrséget)* report: *értesíti a rendőrséget vmiről* report sg to the police
értesítés <fn> **1.** information; notification **2.** *(hivatalos)* notice; announcement: *további értesítésig* until further notice * *előzetes értesítés nélkül* without prior notice
értesül <ige> hear* (**vmiről** about/of sg); learn* (**vmiről** about/of sg); get* to know (**vmiről** sg): *Szomorúan értesültem a betegségedről.* I was sorry to hear about your illness. * *Értesültem az érkezéséről.* I learnt of her arrival.
értesülés <fn> information; news: *bizalmas értesülés* inside information
értetődik <ige> **vmi magától értetődik…** it goes without saying…; of course…; it is obvious…
érthetetlen <mn> **1.** *(nem érthető)* unintelligible; incomprehensible; unclear **2.** *(értelmetlen)* meaningless; unintelligible
érthető <mn> **1.** intelligible; clear **2.** *(belátható)* understandable; comprehensible
érv <fn> argument: *nyomós érv* telling argument
érvel <ige> argue; reason: *Amellett érvelt, hogy több gyümölcsöt kellene ennünk.* She argued that we should eat more fruits.
érvelés <fn> argumentation; reasoning
érvény <fn> force; validity: *érvényben van* be in force * *érvénybe lép* come into force
érvényes <mn> **1.** valid; effective: *Érvényes az útleveled?* Is your passport valid? * *2 évig érvényes* be valid for 2 years **2.** *(jogszabály stb.)* operative; effective **3.** *(elfogadott)* current
érvényesít <ige> **1.** *(érvényre juttat)* assert; enforce **2.** *(csekket, számlát)* endorse **3.** *(okiratot)* validate **4.** *(menetjegyet)* validate
érvényesség <fn> validity; force: *Érvényessége lejárt.* Its validity has expired.
érvényesül <ige> *(boldogul)* get* along; get* on; succeed: *érvényesül az életben* get on in life
érvényesülés <fn> success
érvénytelen <mn> invalid; void; *(szabály)* inoperative: *érvénytelenné válik* become void
érvénytelenít <ige> invalidate; nullify; annul; cancel; declare null and void
érverés <fn> pulse
érzék <fn> **1.** *(ingereket felfogó)* sense: *az öt érzék* the five senses **2.** *(tehetség)* sense; talent; flair; feeling: *jó üzleti érzék* a good business sense * *érzéke van vmihez* have a talent for sg
érzékcsalódás <fn> delusion; hallucination
érzékel <ige> perceive; discern; feel*
érzékelés <fn> perception; sensation

érzékeny <mn> **1.** sensitive (**vmire** to sg): *érzékeny bőr* sensitive skin **2.** *(betegségre)* susceptible (**vmire** to sg); allergic (**vmire** to sg) **3.** *(sértődékeny)* sensitive; touchy: *A húgom nagyon érzékeny, rá ne kiabálj!* My sister is very sensitive, don't shout at her. **4.** *(anyag, műszer)* sensitive
érzéketlen <mn> **1.** *(testileg)* insensible (**vmi iránt** to sg); insensitive (**vmi iránt** to sg): *melegre, hidegre érzéketlen* insensitive to warm and cold * *Ez a fog érzéketlen.* This tooth is insensitive. **2.** *(lelkileg)* unfeeling (**vki iránt** towards sy); insensitive (**vmi iránt** to sg); indifferent (**vki/vmi iránt** to sy/sg)
érzéki <mn> **1.** *(érzékekkel kapcsolatos)* sensory; sensuous **2.** *(nemiséggel kapcsolatos)* sensual; carnal
érzékszerv <fn> sense organ; (organ of) sense
érzelem <fn> emotion; sentiment; feeling
érzelgős <mn> sentimental; pej, biz sloppy; mushy
érzelmes <mn> sentimental; emotional
érzelmi <mn> sentimental; emotional
érzés <fn> **1.** *(lelki)* feeling; sentiment **2.** *(testi)* sensation; feeling: *kellemes érzés* a pleasant sensation **3.** *(sejtés, benyomás)* impression; feeling
érzéstelenít <ige> orv anaesthetize; AmE anesthetize
érzéstelenítés <fn> orv **1.** *(folyamat)* anaesthetization; AmE anesthetization **2.** *(állapot)* anaesthesia; AmE anesthesia
érzéstelenítő <fn> orv anaesthetic; AmE anesthetic: *helyi érzéstelenítő* local anaesthetic
érződik <ige> can* be felt
és <ksz> and: *Hölgyeim és uraim!* Ladies and gentlemen! * *és így tovább* and so on; and so forth
esedékes <mn> **1.** due **2.** *(fizetendő)* due; payable: *A lakbér november elején lesz esedékes.* Our rent will be due at the beginning of November.
esély <fn> chance; *(kilátás)* prospect: *halvány esély* slim chance * *semmi esélye nincs* have no chance whatever
esélyegyenlőség <fn> equal opportunity
¹esélyes <mn> having a good chance <csak hátravetve>
²esélyes <fn> probable winner; favourite; AmE favorite: *Ők a legesélyesebbek az Európa-bajnokság megnyerésére.* They are the hot favourites to win the European Cup.
esemény <fn> event; occurence; happening: *az év legnagyobb zenei eseménye* the biggest musical event of the year * *emlékezetes ese-*

esemény a memorable event ∗ *mindennapos esemény* everyday occurrence
eseménydús <mn> eventful; action-packed; busy: *eseménydús hétvége* an action-packed weekend
eseménytelen <mn> uneventful
esernyő <fn> umbrella: *Nyisd ki az esernyődet!* Put your umbrella up! / Open your umbrella!
esés <fn> **1.** *(zuhanás)* fall(ing) **2.** *(csökkenés)* fall; drop; decline **3.** *(anyagé)* hang **4.** *(bukás)* fall
eset <fn> **1.** occurrence; event; instance; case: *kivételes eset* exceptional case ∗ *egyedi eset* individual case **2.** *(eshetőség)* case: *ebben/abban az esetben* in this/that case ∗ *Vigyél magaddal kabátot arra az esetre, ha hideg lesz!* Take a coat with you in case the weather is cold. **3.** *(ügy)* affair; business; matter **4.** orv case: *A legsúlyosabb eseteket kórházban kezelték.* The most serious cases were treated in the hospital. **5.** nyelvt case: *birtokos eset* possessive case **6.** *(történet)* story; tale
esetleg <hsz> maybe; possibly; by chance; by accident
esetlen <mn> clumsy; awkward; ungainly: *azaz esetlen fiú* that clumsy boy
eshetőség <fn> possibility
esik <ige> **1.** *(zuhan, pottyan)* fall✢; drop; tumble: *hanyatt esik* fall backwards ∗ *talpra esik* fall on one's feet **2.** *(eső)* rain; *(hó)* snow: *Esik (az eső).* It's raining. **3.** *(süllyed)* drop **4.** *(csökken)* fall✢; drop; come✢ down; go✢ down: *Estek az ingatlanárak.* House prices have come down. **5.** *(vmilyen állapotba)* fall✢ into sg; get✢ into sg: *transzba esik* fall into a trance ∗ *bűnbe esik* fall into sin ∗ *szerelembe esik* fall in love **6.** *(történik)* happen: *úgy esett, hogy…* it so happened that… **7.** *(vmely időpontra)* fall✢ (**vmire** on sg): *Vasárnapra fog esni a születésnapom.* My birthday will fall on a Sunday. **8.** *(vmi alá)* be✢ subject to sg: *illeték alá esik* be subject to duty **9.** *(vhol elterül)* be✢ situated; lie✢: *jobb felől esik* it is situated on the right, it lies on the right
esket <ige> *(házasulókat)* marry
eskü <fn> oath; vow: *eskü alatt* on/under oath ∗ *esküt tesz* take/swear an oath ∗ *esküt megtart* keep a vow ∗ *megszegi az esküjét* break a vow
esküdözik <ige> swear✢ repeatedly
esküdt <fn> juror
esküdtbíróság <fn> court; AmE grand jury
esküdtszék <fn> jury: *Az esküdtszék döntése értelmében a férfi bűnös.* The jury decided that the man was guilty.
esküszik <ige> **1.** swear✢ (**vmire** on sg); take✢ an oath (**vmire** on sg): *Esküszöm!* I swear! **2.** *(esküvel fogad)* swear✢; vow: *bosszút esküszik vki ellen* swear/vow revenge on sy **3.** *(esküvőt tart)* wed✢; marry
esküvő <fn> wedding; marriage: *polgári esküvő* a civil wedding ∗ *egyházi esküvő* a church wedding ∗ *Az esküvőjük 10 órakor volt a templomban.* Their marriage took place at 10 o'clock in the church.
esküvői <mn> wedding: *esküvői meghívó* wedding invitation ∗ *esküvői ruha* wedding dress
eső <fn> rain: *kiadós/nagy eső* heavy rain ∗ *Úgy tűnik, hogy esni fog az eső.* It looks like rain.
♦ **Esőre áll az idő.** It looks like rain.
esőcsepp <fn> raindrop: *Esőcseppek hullanak az égből.* Raindrops fall from the sky.
esőerdő <fn> rainforest
esőfelhő <fn> rain cloud
esőkabát <fn> raincoat; mac; mack: *Vedd fel az esőkabátodat – zuhog az eső!* Put your raincoat on – it's pouring with rain!
esős <mn> rainy; wet: *Ma esős napunk volt.* We had a rainy day today. ∗ *az év legesősebb hónapja* the wettest month of the year
esővíz <fn> rainwater
esőzés <fn> rainfall: *A nagy esőzés miatt sok út járhatatlanná vált.* Owing to the heavy rainfall many of the roads became impassable.
est <fn> **1.** *(napszak)* evening **2.** *(rendezvény)* evening
¹este <fn> evening: *Jó estét!* Good evening!
²este <hsz> in the evening: *ma este* tonight; this evening ∗ *tegnap este* yesterday evening ∗ *holnap este* tomorrow evening
estefelé <hsz> towards evening: *Estefelé egyre hűvösebb lett.* Towards evening, the day became cooler and cooler.
esteledik <ige> it is getting dark; night is falling
estély <fn> evening party; soiree
estélyi ruha <fn> evening dress; gown
esténként <hsz> in the evenings
esthajnalcsillag <fn> the evening star
esti <mn> evening: *esti tanfolyam* evening classes ∗ *esti mese* bedtime story
ész <fn> brain; mind; reason; sense: *Jó eszű.* She has got a good brain. ∗ *elveszti az eszét* lose one's mind ∗ *Elment az eszed?* Are you out of your mind? ∗ *észre térít* bring to reason; bring to one's senses ∗ *eszébe juttat vkinek vmit* remind sy of sg ∗ *Hol jár az eszed?* What are you thinking about?
észak <fn> north: *északon* in the north ∗ *észak felől* from the north
Észak-Amerika <fn> North America

északi <mn> northern; north; northerly: *a város északi részén* in the northern part of the town ∗ *északi fény* the northern lights ∗ *az északi félteke* the northern hemisphere ∗ *északi szél* northerly wind
Északi-sark <fn> the North Pole
Északi-tenger <fn> the North Sea
északkelet <fn> northeast
északkeleti <mn> northeast(ern)
északnyugat <fn> northwest
északnyugati <mn> northwest(ern)
eszelős <mn> harebrained; lunatic
eszes <mn> clever; smart; intelligent; bright; biz brainy
eszik <ige> eat✣; have✣ sg to eat: *Nem ennél vmit?* Would you like (to have) sg to eat?
eszkimó <fn> Eskimo; Inuit
eszköz <fn> **1.** *(vmely célra)* device; instrument **2.** *(háztartási)* utensil; appliance: *konyhai eszközök* kitchen utensils ∗ *elektromos eszközök* electrical appliances **3.** *(szerszám)* tool; implement **4.** átv means <tsz>: *közlekedési eszköz* means of transport ∗ *kommunikációs eszköz* means of communication
észlel <ige> perceive; notice; detect; observe
eszme <fn> idea; thought; conception
eszmecsere <fn> exchange of views; interchange of ideas; conversation
eszmélet <fn> consciousness: *visszanyeri az eszméletét* regain consciousness; come round ∗ *elveszti az eszméletét* lose consciousness; faint
eszméletlen <mn> unconscious: *eszméletlen állapotban van* be unconscious
eszmény <fn> ideal
eszményi <mn> ideal
eszményít <ige> idealize
eszménykép <fn> ideal; model
eszperantó <fn> Esperanto
eszpresszókávé <fn> espresso
észrevehetetlen <mn> imperceptible; unperceivable; unnoticeable
észrevehető <mn> perceptible; perceivable; noticeable
észrevesz <ige> perceive; observe; notice; discern; *(megpillant)* see✣; spot: *Észrevették, amint a tolvaj belépett a házba.* The thief was observed entering the house. ∗ *Igazában senki sem vette észre a változtatásokat.* Nobody really noticed the changes. ∗ *Egy apró hibát vett észre a levelemben.* He spotted a small mistake in my letter.
észrevétel <fn> comment; remark; reflection: *észrevételt tesz vmire* make a remark on sg
észrevétlen <mn> unnoticed; unobserved; unseen
esszé <fn> essay
esszencia <fn> essence
észszerű <mn> rational; reasonable; sensible; logical: *Szerinted ésszerű volt ezt tenni?* Do you think it was a reasonable thing to do?
észszerűség <fn> rationality; reasonableness: *az észszerűség határain belül* within reason
észszerűsít <ige> rationalize
észszerűtlen <mn> unreasonable; illogical
¹**észt** <mn> Estonian
²**észt** <fn> **1.** *(személy)* Estonian **2.** *(nyelv)* Estonian
esztelen <mn> unreasonable, foolish, crazy; senseless, unwise
esztelenség <fn> folly; madness
esztendő <fn> year: *egy álló esztendeig* a whole year
esztergál <ige> turn; lathe
esztergályos <fn> turner; lathe operator
esztergapad <fn> lathe
esztéta <fn> aesthete; AmE esthete
esztétika <fn> aesthetics; AmE esthetics
esztétikai <mn> aesthetic; AmE esthetic
esztétikus <mn> aesthetic; AmE esthetic
Észtország <fn> Estonia
étcsokoládé <fn> dark chocolate; plain chocolate
étel <fn> **1.** food: *francia ételek* French food **2.** *(táplálék)* nourishment **3.** *(elkészített, felszolgált)* dish; meal: *ízletes étel* a delicious meal **4.** *(állatoké)* feed
ételmaradék <fn> leftovers <tsz>; scraps <tsz>: *az ételmaradékot a cicának adja* give the scraps to the cat
ételmérgezés <fn> food poisoning
ételszag <fn> smell of food
éter <fn> ether
etet <ige> feed✣: *eteti a macskát* feed the cat
etetés <fn> feeding
etető <fn> feeder
etetőszék <fn> high chair
éticsiga <fn> edible snail
etika <fn> **1.** *(szabályok)* ethics <tsz> **2.** *(erkölcstan)* ethics <esz>
etikai <mn> ethical: *etikai szempontból* ethically
etikett <fn> etiquette
etikus <mn> ethical
Etiópia <fn> Ethiopia
étkészlet <fn> tableware; dinner service; dinner set
étkezde <fn> **1.** *(kisebb étterem)* diner; cafe; eatery **2.** *(munkahelyi)* canteen; *(iskolai)* dining hall
étkezés <fn> **1.** meal: *a nap első étkezése* the first meal of the day **2.** *(ellátás)* board: *szállás étkezéssel* board and lodging
étkezési jegy <fn> luncheon voucher

étkezik <ige> *(eszik)* eat✣; *(reggel)* have✣ breakfast; breakfast; *(délben)* have✣ lunch; lunch; *(este)* have✣ dinner; dine
étkezőkocsi <fn> dining car
étlap <fn> menu
etnikai <mn> ethnic: *etnikai tisztogatás* ethnic cleansing * *etnikai kisebbség* an ethnic minority
etnikum <fn> ethnic group
étolaj <fn> cooking oil
étrend <fn> diet: *egészséges étrend* a healthy diet
étterem <fn> **1.** *(önálló)* restaurant: *tengerparti étterem* seafront restaurant * *önkiszolgáló étterem* self-service restaurant **2.** *(szállodában stb.)* dining room
¹ettől <hsz> from this: *ettől néhány méterre* a few meters from this
²ettől → **ez**
étvágy <fn> appetite
étvágytalan <mn> without any appetite <csak hátravetve>
EU [= (az) Európai Unió] <fn> EU (= (the) European Union): *EU-csatlakozás* accession to the EU * *az EU-vezetők csúcstalálkozója* a summit of EU leaders
eufemizmus <fn> euphemism
euró <fn> euro: *Az árakat euróban adták meg.* The prices are given in euros.
Európa <fn> Europe
Európa-bajnok <fn> sp European champion
Európa-bajnokság <fn> sp European championship
¹európai <mn> European: *az Európai Unió* the European Union
²európai <fn> European
eutanázia <fn> orv euthanasia
év <fn> year: *jövő év* next year * *múlt év* last year * *ez évben* this year * *egész éven át* all the year round * *az év végéig* by the end of the year * *pár/néhány évig* for a few years * *egy év alatt/múlva* in a year's time * *Melyik évben születtél?* In which year were you born?
évad <fn> season
evakuál <ige> evacuate
¹evangélikus <mn> evangelic(al)
²evangélikus <fn> evangelical
evangélium <fn> vall gospel: *Máté evangéliuma* St Matthew's Gospel * *a mai napra rendelt szent evangélium* the gospel for the day
évenként <hsz> yearly; every year; annually; per annum
évente <hsz> yearly; every year; annually; per annum
evés <fn> eating: *Van egy rossz szokása: mindig beszél evés közben.* He has a bad habit of talking while eating.

éves <mn> **1.** *(vmilyen korú)* aged; years old <csak hátravetve>: *20 éves* aged 20 * *Tizennégy éves vagyok.* I am fourteen years old. **2. Hány éves vagy?** How old are you? **3.** *(egy évre eső, szóló)* annual; yearly: *az éves tagdíj* the annual subscription
evez <ige> row; paddle: *evezni megy* go for a row
evezés <fn> rowing; paddling
evező <fn> **1.** *(aki evez)* rower **2.** *(eszköz)* oar; paddle
¹evezős <mn> rowing: *(evezős)csónak* rowing boat
²evezős <fn> **1.** *(aki evez)* rower **2.** sp *(férfi)* oarsman (tsz: oarsmen); *(nő)* oarswoman (tsz: oarswomen)
evezősbajnokság <fn> rowing championship
évezred <fn> millennium (tsz: millennia v. millenniums)
évfolyam <fn> **1.** *(kiadványé)* volume **2.** *(oktatásban)* class; year
évfolyamtárs <fn> classmate
évforduló <fn> anniversary: *40. házassági évforduló* 40th wedding anniversary
évi <mn> annual; yearly; year's: *évi 5%-os hozama van* have an annual yield of 5% * *évi fizetés* annual salary * *ez évi* this year's
evidens <mn> evident; obvious
évjárat <fn> **1.** *(boré)* vintage: *1974-es évjáratú* of the vintage of 1974 **2.** *(embereké)* age group; generation
évkönyv <fn> **1.** *(intézményé)* yearbook; AmE annual **2.** *(almanach)* almanac
évnyitó <fn> opening ceremony
evő <fn> eater: *rossz evő* poor/bad eater
evőeszköz <fn> cutlery; AmE flatware
evőkanál <fn> **1.** *(evőeszköz)* tablespoon **2.** *(mennyiség)* tablespoon (**vmiből** of sg): *Adj még egy evőkanál sót a leveshez!* Add another tablespoon of salt to the soup.
évszak <fn> season: *a legmelegebb évszak* the warmest season
évszám <fn> date
évszázad <fn> century
évtized <fn> decade
évzáró <fn> breaking-up ceremony
exhibicionista <fn> exhibitionist
exhumál <ige> exhume
exkluzív <mn> exclusive
expedíció <fn> expedition
export <fn> **1.** *(termék, szolgáltatás)* export(s) <ált. tsz> **2.** *(tevékenység)* export
exportál <ige> export
¹expressz <mn> **1.** *(levél)* express; first class **2.** *(vonat)* express
²expressz <fn> *(vonat)* express
¹expresszionista <mn> Expressionist
²expresszionista <fn> Expressionist

expresszionizmus <fn> Expressionism
expresszlevél <fn> express letter
expresszvonat <fn> express train
¹extra <mn> extra
²extra <fn> extra
extravagáns <mn> extravagant
extrém <mn> extreme
ez <mut névm> this; that: *Nagyon szeretem ezt a ruhát.* I like this dress very much. * *Ez az a szék, amiről beszéltem.* This is the chair I was talking about. * *Ezek a banánok zöldek.* These bananas are green. * *Mi ez?* What's this? * *ezek után* after that
ezalatt <hsz> in the meantime; meanwhile; during this/that time
ezáltal <hsz> hereby; by this means
ezelőtt <hsz> formerly; *(határozott idő megadásával)* ago: *öt évvel ezelőtt* five years ago
¹ezen <hsz> *(térben)* at/on this
²ezen → ez
ezenkívül <hsz> besides; in addition
ezennel <hsz> hereby
ezentúl <hsz> from now on; from this time on; henceforth; hereafter
ezer <tőszn> thousand: *Több ezer dollárba került.* It cost thousands of dollars. * *harmincezer ember* thirty thousand people
ezermester <fn> jack-of-all-trades; handyman (tsz: handymen)
ezernyi <mn> thousands of
ezerszer <hsz> a thousand times
¹ezért <hsz> **1.** *(emiatt)* therefore; for that reason; that/this is why: *Kórházban van, ezért ezen a héten nincs bent.* He is in hospital, that's why he is not in this week. **2.** *(evégett)* for that/this purpose
²ezért → ez
ezoterikus <mn> esoteric
ezred <fn> **1.** *(rész)* thousandth **2.** kat regiment
ezredes <fn> colonel: *John Morton ezredes* Colonel John Morton
ezredforduló <fn> turn of the millennium: *az ezredfordulón* at the turn of the millennium
ezredik <sorszn> thousandth
ezredrész <fn> thousandth
ezres <fn> **1.** *(számjegy)* thousand **2.** biz *(bankjegy)* a thousand forint note
ezután <hsz> *(ezentúl)* from now on; from this time on; henceforth; hereafter
ezúttal <hsz> this time
¹ezüst <mn> silver: *ezüst karkötő* a silver bracelet
²ezüst <fn> **1.** silver: *ezüstből készült* made of silver **2.** sp biz *(érem)* silver **3.** *(ezüstnemű)* silver: *megtisztítja az ezüstöt* clean the silver
ezüstérem <fn> silver medal
ezüstfenyő <fn> silver fir
ezüstlakodalom <fn> silver wedding
ezüstös <mn> silvery
ezüstpapír <fn> silver paper; tin foil
ezüstpénz <fn> silver coin
ezüstszínű <mn> silver; silver-coloured
ezüstvasárnap <fn> ≈ the second Sunday before Christmas
¹ezzel <hsz> *(vmit használva)* with this/that
²ezzel → ez

F, f

F, f <fn> 1. *(betű)* F; f 2. zene *(hang)* F: *F-dúr* F major ∗ *f-moll* F minor

fa <fn> 1. *(élő)* tree: *fát ültet* plant a tree ∗ *felmászik egy fára* climb up a tree ∗ *a fa árnyékában* in the shade of the tree 2. *(anyag)* wood: *fából készült* wooden; made of wood ∗ *fát vág* chop wood ∗ *gyűjt egy kis fát a tűzre* gather some wood for the fire 3. *(építőanyag)* timber; wood; AmE lumber
♦ **maga alatt vágja a fát** biz cut✢ the ground from under one's own feet ♦ **kemény fából faragták** be✢ made of sterner stuff ♦ **nem látja a fától az erdőt** not see✢ the wood for the trees ♦ **azt sem tudja, mi fán terem vmi** have✢ not the slightest idea of sg ♦ **nagy fába vágja a fejszéjét** biz bite✢ off more than one can chew

faág <fn> branch; *(vastag)* bough; limb: *Levágtunk egy faágat.* We cut a branch off the tree.

fabatka <fn>
♦ **fabatkát sem ér** biz be✢ not worth a penny; AmE be✢ not worth a red cent

faburkolat <fn> panelling; AmE paneling

fácán <fn> pheasant

facsar <ige> 1. *(ruhát)* wring✢ 2. *(citromot stb.)* squeeze 3. *(orrot stb.)* irritate

facsavar <fn> screw

facsemete <fn> sapling

fadarab <fn> stick; piece of wood

fafaragás <fn> (wood) carving

fafejű <mn> biz, pej 1. *(ostoba)* thick 2. *(makacs)* pig-headed

faggat <ige> interrogate; question; cross-examine; cross-question; biz grill

¹**fagy** <ige> 1. freeze✢: *Ma éjjel fagyni fog.* It's going to freeze tonight. 2. *(befagy)* freeze✢ (over); become✢ frozen
♦ **Majd ha fagy!** biz When hell freezes over!

²**fagy** <fn> frost; freeze; chill: *talaj menti fagy* ground frost ∗ *kemény/erős fagy* hard frost ∗ *A termést elpusztította a fagy.* The crop was blasted by frost.

¹**fagyálló** <mn> frost-resistant; frost-proof
²**fagyálló** <fn> antifreeze

fagyáspont <fn> freezing point

fagyaszt <ige> 1. freeze✢ 2. *(ételt)* deep-freeze✢

fagyasztott <mn> frozen; deep-frozen: *fagyasztott hús* frozen meat

fagyhalál <fn> frost killing

fagyi <fn> ice cream: *egy gombóc fagyi* a scoop of ice cream

fagykár <fn> frost damage

fagylalt <fn> ice cream: *egy doboz fagylalt* a tub of ice cream ∗ *egy gombóc fagylalt* a scoop of ice cream

fagylaltozó <fn> ice cream parlour

fagyos <mn> 1. *(út stb.)* icy; frosty 2. *(hideg)* chilly; frosty: *egy fagyos novemberi nap* a chilly November day 3. *(barátságtalan)* frosty; glacial; cool; cold: *fagyos pillantás* a frosty look ∗ *fagyos mosoly* a glacial smile ∗ *fagyos fogadtatás* a cool/frosty reception

fagyosszentek <fn> ≈ frosty days in May

fagypont <fn> freezing point

faház <fn> *(lakóház)* wooden house; *(kempingben stb.)* chalet; hut

fahéj <fn> *(fűszer)* cinnamon

faipar <fn> timber industry; wood industry

faiskola <fn> nursery

faj <fn> 1. biol species (tsz: species) 2. *(emberi)* race: *az emberi faj* the human race 3. *(válfaj)* type; sort

fáj <ige> 1. ache; hurt✢; cause pain: *Fáj a fejem.* My head is aching. / I have a headache. ∗ *Mindenem fáj.* I am aching all over. ∗ *Fáj az ujjam.* My fingers hurt. ∗ *Fáj a torkom.* I have a sore throat. 2. *(lelkileg)* pain; hurt

fajankó <fn> pej blockhead; dolt; oaf

fájás <fn> 1. *(nagy)* pain; *(kis)* ache 2. *(szülési)* labour; AmE labor: *jönnek a fájások* she's gone into labour

fájdalmas <mn> 1. *(testileg)* painful; sore; aching: *fájdalmas műtét* painful operation 2. *(lelkileg)* painful; grievous; sad: *fájdalmas emlékek* painful memories

fájdalom <fn> 1. *(testi)* pain; ache: *rendkívüli fájdalom* extreme pain ∗ *a fájdalomtól meggyötörve* racked with pain ∗ *ordít a fájdalomtól* shout with pain ∗ *Enyhült a fájdalom.* The pain has eased off. 2. *(lelki)* grief; suffering; pain; sorrow: *fájdalommal értesül vmiről* be grieved to hear sg

fájdalomcsillapító <fn> orv painkiller; analgesic: *A fájdalomcsillapító gyorsan hat.* The painkiller acts quickly.

fájdalomdíj <fn> 1. consolation: *fájdalomdíjként* by way of consolation 2. *(anyagi)* financial compensation

fájdalommentes <mn> painless

fajfenntartás <fn> biol race preservation
fajgyűlölet <fn> racism
faji <mn> racial: *faji megkülönböztetés* racial segregation/discrimination * *faji elkülönítés* racial segregation * *faji integráció* racial integration
fajkutya <fn> pedigree dog
fájlal <ige> 1. complain of a pain 2. *(lelkileg)* regret (**vmit** sg); be✢/feel✢ sorry (**vmit** for sg)
fájó <mn> 1. *(testileg)* aching; painful; sore 2. *(lelkileg)* sorrowful; sore; aching: *fájó pont* a sore point * *fájó szívvel* with an aching heart
fájós <mn> aching; sore: *fájós láb* sore feet
fajsúly <fn> fiz specific gravity/weight
fajta <fn> 1. *(változat)* kind; sort; type; variety; class: *Milyen fajta biciklid van?* What kind of bicycle do you have? * *Milyen fajta cipőre lesz szükségünk?* What sort of shoes will we need? 2. biol variety: *az almának két különböző fajtája* two different varieties of apples 3. *(embertípus)* kind; type: *Ő az a fajta gyerek, aki mindig sír.* He is the kind of child who is always crying. 4. *(áru)* brand; make
fajtiszta <mn> purebred; *(ló)* thoroughbred
fajul <ige> degenerate (**vmivé** into sg)
fakad <ige> 1. *(felszínre tör)* spring✢ 2. *(ered)* spring✢ (**vmiből** from sg); arise✢ (**vmiből** from sg); originate (**vmiből** from sg) 3. *(vmire)* burst✢ into sg: *könnyekre fakad* burst into tears * *Dalra fakadt.* She burst into song.
fakanál <fn> wooden spoon
fakép <fn>
♦ **faképnél hagy vkit** leave✢ sy without a word
fáklya <fn> torch
fakó <mn> faded; pale
fakultáció <fn> elective course
fakultatív <mn> optional; elective
¹fal <ige> 1. *(ételt)* devour; gorge 2. biz *(olvasmányt)* devour: *Falt minden könyvet, ami csak a keze ügyébe került. She devoured every book she could lay her hands on.*
²fal <fn> 1. *(épületet)* wall: *A teherautó a falnak ütközött.* The lorry crashed into the wall. 2. *(helyiségé)* wall: *a nappali falán* on the wall of the living room * *felerősít egy polcot a falra* fix a shelf to the wall * *posztereket ragaszt a falra* stick posters on the wall 3. *(vmi körül emelt)* wall: *a kínai (nagy) fal* the Great Wall of China
♦ **mintha a falnak beszélne** it's like talking to a brick wall ♦ **négy fal között** indoors ♦ **lepereg róla, mint falra hányt borsó** be✢ (like) water off a duck's back
falánk <mn> greedy; gluttonous
falat <fn> bite; bit; morsel: *Reggel óta egy falatot sem evett.* She hasn't had a bite to eat since morning. * *egy falat torta* a bit of cake * *egy falat sajt* a morsel of cheese
falatozó <fn> snack-bar
falaz <ige> 1. put✢ up a wall 2. biz screen (**vkinek** sy)
falemez <fn> panel; *(rétegelt)* plywood
falevél <fn> leaf (tsz: leaves)
falfestmény <fn> wall painting; mural; *(freskó)* fresco
falfirka <fn> graffiti
falinaptár <fn> wall calendar
falióra <fn> wall clock; hanging clock
faliszekrény <fn> cupboard; cabinet; AmE *(beépített)* closet
faliszőnyeg <fn> tapestry
faliújság <fn> noticeboard
falka <fn> pack; drove; herd; flock <+ esz/tsz ige>: *egy falka kutya* a pack of dogs * *falkában él* go about in herds * *egy falka birka* a flock of sheep
fallabda <fn> sp squash
falu <fn> 1. village: *egy kis ház a falu szélén* a small house on the edge of the village * *Egy kis faluban él.* She lives in a small village. 2. *(a falu népe)* the village <esz + esz/tsz ige>: *Az egész falu meg van hívva.* The whole village/All the village is/are invited.
falubeli <fn> villager
falusi <mn> rural; village; country: *falusi lakosság* rural population
falusi turizmus <fn> agritourism
falvédő <fn> wall hanging
fametszet <fn> woodcut; (wood) engraving
¹fanatikus <mn> fanatic(al)
²fanatikus <fn> fanatic
fanatizmus <fn> fanaticism
fánk <fn> doughnut; AmE donut
fantasztikus <mn> fantastic; brilliant; sensational: *Az időjárás fantasztikus volt.* The weather was fantastic. * *egyszerűen fantasztikus* simply brilliant * *fantasztikusan néz ki* look sensational/fantastic
fantázia <fn> imagination: *élénk fantázia* a vivid imagination * *óriási fantáziája van* have a lot of imagination
fantomcég <fn> phantom company
fantomkép <fn> identikit; AmE composite
fanyar <mn> 1. *(íz)* tart; acrid; harsh 2. *(ironikus)* wry; dry: *fanyar mosoly* a wry smile * *fanyar humor* dry sense of humour
fapados <mn> **fapados repülőjárat** no-frills flight
fapofa <fn> poker face: *fapofát vág* wear a poker face
far <fn> 1. *(állaté)* rump; hindquarters <tsz> 2. *(emberé)* bottom; buttocks <tsz>; biz bum; biz backside 3. *(járműé)* rear; back; tail

fárad <ige> **1.** *(elfárad)* get✧ tired **2.** *(fáradozik)* take✧ great pains; put✧ oneself out **3.** *(odamegy)* go✧; come✧: *Kérem, fáradjon a pulthoz!* Please go to the counter.
fáradhatatlan <mn> tireless; indefatigable
fáradozás <fn> effort; trouble; pains <tsz>: *Fáradozását nagyon köszönöm!* Thank you for taking all that trouble.
fáradozik <ige> make✧ every effort; put✧ oneself out: *azon fáradozik, hogy* make every effort to do sg
fáradság <fn> effort; trouble; pains <tsz>: *fáradságot megtakarít* save trouble ∗ *Nem éri meg a fáradságot.* It isn't worth the trouble. ∗ *veszi magának a fáradságot, hogy…* take the trouble to do sg
fáradt <mn> tired; *(kimerült)* exhausted; fatigued; weary: *nagyon fáradt* dead tired ∗ *A fáradt férfi elaludt.* The tired man fell asleep.
fáradtság <fn> tiredness; weariness; exhaustion; fatigue: *fizikai fáradtság* physical fatigue
farag <ige> *(fát)* carve; cut✧; *(követ)* hew✧; *(szobrot)* sculpt; carve
faragás <fn> carving
faragatlan <mn> boorish; loutish; uncouth; rough
fáraó <fn> Pharaoh
fáraszt <ige> **1.** tire; fatigue; weary; exhaust: *Ez a munka fáraszt engem.* This work tires me. **2.** *(kellemetlenséget okoz)* trouble: *Nem akarlak ezzel fárasztani.* I don't want to trouble you.
fárasztó <mn> tiring; exhausting; backbreaking; wearing; fatiguing: *fárasztó nap* a tiring day ∗ *Fárasztó munka volt.* It was a backbreaking work.
farkas <fn> wolf (tsz: wolves)
farkaskutya <fn> Alsatian; German shepherd
farm <fn> farm: *elhagyatott farm* a lonely farm
farmer <fn> **1.** *(gazdálkodó)* farmer: *A farmerek betakarítják a gabonát.* Farmers gather the corn. **2.** *(nadrág)* jeans <tsz>; denims <tsz>: *sztreccsfarmer* stretch jeans
farmerdzseki <fn> denim jacket
farmernadrág <fn> jeans <tsz>
farok <fn> **1.** *(állaté)* tail; *(rókáé)* brush: *csóválja a farkát* wag its tail **2.** *(vminek az elkeskenyedő része)* tail: *a sárkány farka* the tail of a kite **3.** szl *(hímvessző)* cock; pecker; dick
farostlemez <fn> chipboard
farsang <fn> carnival
farzseb <fn> hip pocket
fás <mn> **1.** *(zöldség)* stringy **2.** *(erdős)* wooded
fasírozott <fn> ≈ meatball
  ♦ **fasírozottat csinál vkiből** make✧ mincemeat of sy

¹**fasiszta** <mn> fascist(ic)
²**fasiszta** <fn> fascist
fasizmus <fn> Fascism
fásli <fn> bandage
fasor <fn> avenue
fásult <mn> indifferent; apathetic; listless
faszén <fn> charcoal
fatális <mn> fatal: *fatális tévedés* fatal error
fatörzs <fn> (tree) trunk
fátyol <fn> veil: *A fátyol majdnem a derekáig ért.* The veil fell almost to her waist.
  ♦ **Borítsunk fátylat a múltra!** Let✧ bygones be bygones.
fátyolos <mn> **1.** veiled **2.** *(rekedtes)* veiled; husky: *fátyolos hang* veiled voice **3.** *(szem)* bleary
fauna <fn> fauna
favágó <fn> logger; lumberjack; AmE lumberman (tsz: lumbermen)
fax <fn> **1.** *(készülék)* fax: *faxon küldi el a dokumentumot* send the document by fax **2.** *(küldemény)* fax: *faxot küld vkinek* send sy a fax
faxol <ige> fax
fazék <fn> pot
fazekas <fn> potter
fazekaskorong <fn> potter's wheel
fázik <ige> be✧/feel✧ cold: *Fázom.* I am cold.
fázis <fn> **1.** *(szakasz)* phase; stage **2.** el live (wire)
fazon <fn> **1.** *(ruháé)* cut **2.** biz *(férfi)* character; guy
febr. [= február] Feb. (= February)
február <fn> February: *február folyamán* during February
februári <mn> February; of/in February <csak hátravetve>
fecseg <ige> **1.** biz chatter; chat; natter; prattle **2.** biz, pej *(titkot elárul)* blab: *Valaki fecsegett a sajtónak.* Someone blabbed to the press.
fecsegés <fn> biz chatter; chat; natter; prattle: *értelmetlen fecsegés* meaningless chatter
fecske <fn> swallow
  ♦ **Egy fecske nem csinál nyarat.** One swallow does not make a summer.
fecskendez <ige> **1.** squirt (**vmit vmibe** sg into sg) **2.** inject (**vkibe vmit** sy with sg)
fecskendő <fn> **1.** *(tűzoltóé)* (fire) hose **2.** *(orvosi)* (hypodermic) syringe
fed <ige> **1.** *(borít)* cover (**vmit vmivel** sg with sg): *Hó fedi az utat.* The road is covered with snow. **2.** *(fedéllel)* put✧ a roof (**vmit** on sg); roof (**vmit** sg)
fedél <fn> **1.** cover; top: *Egy fedelet tettem a lyukra.* I put a cover on the hole. **2.** *(dobozé, edényé stb.)* lid; *(csavaros)* cap **3.** *(autóé)* roof **4.** *(könyvé)* cover **5.** *(házé)* roof

♦ **egy fedél alatt él/lakik vkivel** live under the same roof as/with sy
fedélzet <fn> 1. *(hajón)* deck; board: *felső fedélzet* upper deck ∗ *alsó fedélzet* lower deck ∗ *Mindenki a fedélzetre.* All hands on deck! ∗ *a hajó fedélzetén* on board the ship 2. *(repülőgépé)* board: *a repülőgép fedélzetén* on board the aircraft
fedetlen <mn> 1. uncovered: *fedetlen kút* an uncovered well ∗ *fedetlen fejjel* bareheaded 2. *(épület)* roofless
fedett <mn> 1. covered 2. *(uszoda stb.)* indoor: *fedett uszoda* indoor swimming pool 3. *(épület)* roofed
fedez <ige> 1. *(véd)* protect; shelter; cover 2. *(leplez)* screen (**vkit** sy) 3. *(kielégít)* cover; meet✧: *Kiadásaidat fedezni fogja.* He will cover your expenses. 4. sp mark; cover 5. kat cover
fedezet <fn> 1. *(kölcsöné stb.)* collateral; security 2. *(pénz)* funds <tsz> 3. sp half(back) 4. *(védőőrizet)* escort: *fedezettel kísér vkit* escort sy
fedezetlen <mn> gazd, gazd uncovered; unsecured
fedő <fn> cover; top; *(edényen)* lid; *(csavaros)* cap
fedőlap <fn> cover
fedőnév <fn> code name
fegyelem <fn> discipline: *fegyelmet tart* maintain discipline
fegyelmez <ige> 1. discipline 2. **fegyelmezi magát** control oneself
fegyelmezetlen <mn> undisciplined
fegyelmezett <mn> disciplined; orderly
¹fegyelmi <mn> disciplinary: *fegyelmi vétség* disciplinary offence
²fegyelmi <fn> *(eljárás)* disciplinary action: *fegyelmit indít vki ellen* take disciplinary action against sy
fegyenc <fn> convict; prisoner
fegyház <fn> prison; gaol; AmE penitentiary
fegyőr <fn> gaoler; jailer; *(férfi)* warder; *(nő)* wardress
fegyver <fn> weapon; arms <tsz>; *(lőfegyver)* gun: *nukleáris fegyver* nuclear weapon ∗ *tömegpusztító fegyver* weapon of mass destruction ∗ *fegyverben áll* be in arms ∗ *fegyvert fog vki ellen* take up arms against sy
♦ **leteszi a fegyvert** lay✧ down one's arms; surrender
fegyveres <mn> armed: *fegyveres erők* armed forces ∗ *fegyveres rabló* armed robber ∗ *fegyveres őrök* armed guards ∗ *fegyveres őrizet mellett* under armed guard
fegyverkereskedelem <fn> arms trade
fegyverkezik <ige> arm; prepare for war
fegyverletétel <fn> surrender; capitulation; laying down of arms
fegyverszakértő <fn> arms expert
fegyverszünet <fn> armistice; ceasefire; truce: *fegyverszünetet köt* conclude/sign an armistice
fegyvertartás <fn> possession of arms
fegyvertelen <mn> unarmed
fegyverzet <fn> weaponry; armaments <tsz>
¹fehér <mn> 1. *(szín)* white: *fehér ruha* a white dress 2. *(világos)* white: *fehér kenyér* white bread ∗ *fehér csokoládé* white chocolate 3. *(bőrszín)* white: *fehér ember* a white man
²fehér <fn> 1. *(szín)* white: *fehéret visel* wear white 2. *(ember)* white: *fehérek lakják* be populated by whites
fehérít <ige> 1. whiten; make✧ sg white 2. *(ruhát)* bleach
fehérje <fn> 1. kém, biol protein; albumin 2. *(tojásé)* egg white
fehérnemű <fn> underwear; underclothes <tsz>; *(női)* lingerie; biz undies <tsz>
fehérrépa <fn> turnip
fehérvérsejt <fn> white blood cell
¹fej <ige> 1. *(tehenet)* milk 2. biz *(vkit)* sponge off sy; bleed✧ sy dry
²fej <fn> 1. *(testrész)* head; biz nut: *fejbe vág vkit* give sy a knock on the head ∗ *Beütötte a fejét.* She hit her head. ∗ *fáj a feje* have a headache 2. *(irányító)* head: *a család feje* the head of the family 3. *(testületé)* head; chief; boss 4. *(tárgyé)* head; (upper) end; top: *a szög feje* the head of a nail 5. *(növényé)* head 6. *(hagymáé)* bulb 7. *(érmén)* heads: *fej vagy írás* heads or tails 8. *(újságcím)* head(ing)
♦ **fej fej mellett** neck and neck ♦ **Azt se(m) tudja, hol áll a feje.** He doesn't know which way to turn. ♦ **Nem fér a fejembe.** I can't believe it. ♦ **fejből tud vmit** know✧ sg by heart ♦ **kimegy a fejéből vmi** forget✧ sg ♦ **Nem megy ki a fejemből.** I can't forget it. ♦ **Nem ejtették a fejére.** He is no fool. ♦ **Fel a fejjel!** Cheer up! ♦ **fejébe ver vkinek vmit** hammer sg into sy ♦ **Jó feje van.** He has brains. ♦ **elveszti a fejét** lose✧ one's head ♦ **vmi felüti a fejét** sg rears its head ♦ **vmi jár a fejében** be✧ thinking of sg ♦ **vminek a fejében** in return for sg ♦ **vmire adja a fejét** take✧ up sg ♦ **fejébe vesz vmit** get✧ sg into one's head
fejadag <fn> ration
fejedelem <fn> prince
fejedelemség <fn> principality
fejel <ige> sp head
fejenállás <fn> headstand

fejenként <hsz> each; a/per head: *fejenként 1000 forintot ad a fiúknak* give the boys 1000 forints each * *Fejenként 60 fontha kerül.* It costs 60 pounds a/per head.

fejes <fn> 1. *(labdával)* header 2. *(ugrás)* dive: *Fejest ugrott a tóba.* He dived into the lake. 3. biz *(vezető)* bigwig

fejetlen <mn> 1. *(fej nélküli)* headless 2. *(összezavarodott)* chaotic; anarchic

fejetlenség <fn> chaos; anarchy; confusion

fejezet <fn> chapter: *az utolsó fejezet* the final chapter * *az utolsó előtti fejezet* the penultimate chapter * *a következő fejezet* the next chapter * *A 2. fejezetnél nyisd ki a könyvedet!* Open your book at Chapter 2.

fejfájás <fn> 1. headache: *hasogató fejfájás* a splitting headache * *szörnyű fejfájás* an awful headache * *kínzó fejfájás* excruciating headache * *Fejfájás kínozza.* He is afflicted by headaches. 2. *(gond)* trouble; worry; headache

fejhallgató <fn> headphones <tsz>; *(mikrofonnal)* headset

fejkendő <fn> kerchief

fejléc <fn> 1. heading 2. *(levélpapíron)* letterhead

fejlemény <fn> development; outcome: *a legújabb fejlemény* the latest development

fejleszt <ige> 1. *(jobbá tesz)* improve; develop 2. *(termel)* generate; produce 3. *(képességet)* develop; cultivate 4. *(bővít)* expand; develop

fejletlen <mn> underdeveloped; immature; backward; rudimentary

fejlett <mn> 1. (highly) developed; advanced; well-developed: *(iparilag) fejlett ország* developed country * *fejlett ipari társadalmak* advanced industrial societies 2. *(testileg)* well--developed

fejlődés <fn> 1. *(növekedés, kifejlődés)* development; growth; evolution: *a gyermek fejlődése* the child's development * *értelmi fejlődés* intellectual development 2. *(haladás)* progress; improvement; advance: *az orvostudomány fejlődése* the progress of medicine * *technikai fejlődés* technical improvement * *fokozatos fejlődés* gradual improvement * *gyors technológiai fejlődés* rapid technological advance

fejlődik <ige> 1. *(kifejlődik)* develop 2. improve; develop; progress; advance: *Írása egyáltalán nem fejlődött.* His writing hasn't improved at all. * *Tudásunk sokat fejlődött.* Our knowledge has advanced a lot. 3. *(növekszik)* develop; grow*

fejlődő <mn> developing: *fejlődő ország* developing country

fejmosás <fn> 1. *(hajmosás)* shampoo 2. biz *(szidás)* dressing-down; telling-off

fejpárna <fn> pillow

fejrész <fn> 1. head 2. *(ágyé)* headboard

fejsérülés <fn> head injury: *komoly fejsérülések* serious head injuries

fejsze <fn> axe; AmE ax

fejt <ige> 1. *(varrást)* undo*; unstitch 2. *(borsót stb.)* shell 3. *(követ)* quarry; *(szenet stb.)* mine 4. *(vminek az értelmét)* read*; interpret: *álmot fejt* read a dream 5. *(keresztrejtvényt)* solve: *keresztrejtvényt fejt* solve crossword puzzles

fejtörés <fn> racking one's brains: *nagy fejtörést okoz* it is a real headache

fejtörő <fn> puzzle; brainteaser; teaser

fejvadász <fn> 1. *(harcos)* headhunter 2. *(munkaerő-közvetítő)* headhunter

fejvesztett <mn> panic-stricken; crazy; crazed: *fejvesztetten menekül* run panic-stricken

fék <fn> brake: *beletapos a fékbe* slam/jam on the brake(s) * *kiengedi a féket* release the brake * *meghúzza a féket* pull the brake * *A fék meghibásodott.* The brakes failed.

fekély <fn> orv ulcer

¹fekete <mn> 1. *(szín)* black: *fekete ruha* a black dress * *fekete és fehér billentyűk* black and white keys 2. *(sötét)* black; dark: *fekete szemű* black/dark eyed 3. *(illegális)* black 4. *(bőrszín)* black: *fekete író* a black writer

²fekete <fn> 1. *(szín)* black 2. pej *(ember)* black 3. *(kávé)* black coffee

fekete-fehér <mn> black(-)and(-)white: *fekete-fehér fotó* a black-and-white photo

feketegazdaság <fn> black economy

feketekávé <fn> black coffee

feketemunka <fn> black labour; AmE black labor

feketepiac <fn> black market

feketerigó <fn> blackbird

Fekete-tenger <fn> the Black Sea

feketézik <ige> deal*/trade in/on the black market

feketéző <fn> black marketeer

fékez <ige> 1. *(járművet)* brake 2. *(szenvedélyt)* restrain; curb; bridle 3. *(visszafog)* contain; moderate; curb 4. **fékezi magát** control oneself; restrain oneself

féklámpa <fn> brake light

féknyom <fn> skid marks <tsz>

fékpedál <fn> brake pedal

fekszik <ige> 1. *(vhol, vhogyan)* lie*; *hason fekszik* lie prone * *ágyban fekszik* lie in bed * *Tegnap mindenki a napon feküdt.* Everybody lay in the sun yesterday. * *Egy toll feküdt az asztalon.* A pen lay on the desk. 2. *(aludni tér)*

féktávolság

go✧ to bed: *korán fekszik* go early to bed **3.** *(földrajzilag)* lie✧; be✧ situated; *(épület)* stand✧
♦ *vmi nem fekszik vkinek* biz sg is/are not sy's cup of tea

féktávolság <fn> stopping distance

féktelen <mn> wild; unrestrained; unbridled: *féktelen harag* unbridled fury * *féktelenül* wildly

fektet <ige> **1.** lay✧ (**vkit/vmit vhova** sy/sg swhere); put✧ (**vkit/vmit vhova** sy/sg swhere); place (**vkit/vmit vhova** sy/sg swhere): *ágyba fektet vkit* put sy to bed **2.** *(pénzt)* invest: *pénzt fektet az új lakásba* invest money in the new flat

fékút <fn> braking distance

fekvés <fn> **1.** *(cselekvés)* lying **2.** *(lefekvés)* going to bed **3.** *(vidéké stb.)* location; situation; *(házé, szobáé stb.)* aspect; exposure: *Házunk déli fekvésű.* Our house has a south-facing aspect.

fekvőhely <fn> bed; *(hajón, hálókocsin stb.)* berth

fekvőrendőr <fn> speed bump; speed hump; sleeping policeman

fekvőtámasz <fn> press-up; AmE push-up: *húsz fekvőtámaszt csinál* do twenty press-ups

fel <hsz> up: *fel és alá* up and down * *Fel a kezekkel!* Hands up! * *hegynek fel* uphill

¹fél <ige> be✧ afraid (**vkitől/vmitől** of sy/sg); fear (**vkitől/vmitől** sy/sg); be✧ frightened (**vkitől/vmitől** of sy/sg); dread (**vkitől/vmitől** of sy/sg): *fél vmit megtenni* be afraid of doing sg * *Ne félj!* Don't be afraid! * *Fél a kutyáktól.* She is afraid of dogs. * *Fél a sötéttől.* He is afraid of the dark. * *fél a haláltól* fear death * *fél a pókoktól* be frightened of spiders

²fél <fn> **1.** *(egész része)* half (tsz: halves): *Két fél kitesz egy egészet.* Two halves make a whole. * *az összeg fele* half the amount * *felébe vág* cut in half **2.** *(test, hely oldala)* side: *a jobb felemen* on my right hand side * *az utca túlsó fele* the other side of the street **3.** *(ügyfél)* customer; *(ügyvédé)* client; gazd, jog party: *szerződő fél* party to the contract * *A két fél nem jutott egyezségre.* The two parties failed to reach agreement. **4.** *(időpont)* half past: *félkor* at half past

³fél <törtszn> **1.** *(mennyiség)* half: *fél tucat* half a dozen * *fél liter* half a litre * *fél csésze* half a cup **2.** *(időpont)* half past: *fél ötkor* at half past four * *Fél hat van.* It's half past five.

felad <ige> **1.** *(kézzel vmit)* hand sg up; pass sg up **2.** *(továbbításra)* post; dispatch; AmE mail: *levelet felad* post a letter **3.** isk *(feladatot)* set✧; assign/give✧ a task: *A tanárunk házi feladatnak egy tesztet adott fel nekünk.* Our teacher set us a test for homework. **4.** *(lemond vmiről)* give✧ up; abandon (**vmiről** sg); relinquish (**vmiről** sg); renounce (**vmiről** sg): *feladja a reményt* give up hope * *Feladom.* I give up. * *feladja az elveit* abandon one's principles **5.** *(küzdelmet, versenyt)* surrender; give✧ up **6.** *(rendőrségnek)* report (**vkit** sy); inform against/on (**vkit** sy) **7.** **feladja magát** *(hatóságnál)* give✧ oneself up; report oneself

feladat <fn> **1.** *(teendő)* task; duty; work; job: *nehéz feladat* a laborious task * *feladatot teljesít* complete a task * *vkit feladattal bíz meg* entrust sy with a task * *kitűz magának egy feladatot* set oneself a task * *teljesíti a feladatot* fulfil a duty * *feladatunk elvégzése* the performance of our duties **2.** *(iskolai)* exercise; AmE assignment; *(matematikai, fizikai stb.)* problem: *Csinálj angol feladatokat!* Do English exercises. * *házi feladat* homework * *feladatot megold* solve a problem

feladatlap <fn> test (sheet)

feladó <fn> sender

felajánl <ige> offer (**vmit vkinek** sg to sy // sg sy); *(hivatalosan)* tender (**vmit vkinek** sg to sy): *Felajánlotta, hogy segít.* He offered to help me. * *Felajánlotta lemondását.* She has tendered her resignation.

felakaszt <ige> **1.** hang✧ sg up: *Akaszd fel a kabátodat kint!* Hang your coat up outside. **2.** *(kivégez)* hang (**vkit** sy); biz string sy up: *Gyilkosság miatt akasztották fel.* He was hanged for murder. **3.** **felakasztja magát** hang oneself: *Felakasztotta magát.* He hanged himself.

fel-alá <hsz> up and down: *fel-alá járkál* walk up and down

feláldoz <ige> sacrifice: *feláldozza az életét* sacrifice one's life * *A családomért mindent feláldoznék.* I would sacrifice everything for my family.

feláll <ige> **1.** *(ültéből, fektéből)* get✧ up; stand✧ up; rise✧: *A közönség felállt és tapsolt.* The audience stood up and clapped. * *Legyenek szívesek mindannyian felállni!* Will you all please stand up! **2.** stand✧ (**vhova/vmire** on sg); get✧ up (**vhova/vmire** on sg) **3.** *(haj, szőr)* stick up; stand✧ on end **4.** *(felsorakozik)* line up **5.** *(lemond)* resign

felállás <fn> sp line-up

felállít <ige> **1.** *(álló helyzetbe vmit)* stand✧ sg upright; *(eldőlt tárgyat)* right (**vmit** sg); set✧ sg upright **2.** *(ültéből vkit)* make✧ sy get/stand up **3.** *(elméletet)* devise **4.** *(megalakít)* establish; found; set✧ up **5.** *(felépít)* put✧ up; set✧ up **6.** *(gépet)* install; put✧ up **7.** sp set✧: *felállít egy új világrekordot* set a new world record

félálom <fn> light sleep; doze: *félálomban* half asleep

felaprít <ige> chop (up); cut✲ up; dice: *felaprítja a hagymát* chop (up) the onions
felár <fn> extra charge; additional charge
félárú <mn> half-price: *Félárú jegyet vettem.* I bought a half-price ticket.
felás <ige> dig✲ (up)
felavat <ige> **1.** *(építményt stb.)* inaugurate; open; *(szobrot)* unveil **2.** initiate (**vkit** sy)
felázik <ige> become✲ soaked
felbecsül <ige> assess; estimate; appraise: *felbecsüli a kárt* assess the damage
felbecsülhetetlen <mn> priceless; inestimable; invaluable
félbehagy <ige> break✲ off; leave✲ off; stop; interrupt
felbélyegez <ige> stamp: *levelet felbélyegez* stamp a letter; put a stamp on a letter
félbemarad <ige> be✲ broken off; be✲ left uncompleted; be✲ left unfinished
felbérel <ige> hire
félbeszakad <ige> stop; break✲ off; be✲ interrupted
félbeszakít <ige> **1.** *(előadást, vitát stb.)* interrupt; disrupt; abort; *(beszélgetést)* break✲ sg off **2.** *(személyt)* interrupt (**vkit** sy); cut✲ in (on sy): *kérdéseivel félbeszakít vkit* interrupt sy with one's questions ✱ *Bocsásson meg, hogy félbeszakítom!* Forgive me for interrupting.
felbillen <ige> tip over; turn over; overturn
felbillent <ige> *(vmit)* tip sg over; turn sg over; overturn
felbiztat <ige> encourage (**vkit vmire** sy to do sg); stimulate (**vkit vmire** sy to do sg)
felbomlik <ige> **1.** *(házasság, család)* break✲ up **2.** *(szervezet)* dissolve; disintegrate; break✲ up **3.** vegy decompose; break✲ down
felboncol <ige> orv dissect
felbont <ige> **1.** *(kinyit)* open; unfold: *levelet felbont* unfold a letter **2.** *(részeire)* break✲ down; dissolve **3.** *(szerződést megszüntet)* dissolve; cancel; terminate: *szerződést felbont* terminate a contract **4.** *(eljegyzést, kapcsolatot)* break✲ off **5.** kém decompose
felborít <ige> **1.** *(feldönt)* overturn; push over; knock over **2.** *(meghiúsít)* upset✲; spoil✲: *Fel fogja borítani terveinket.* It'll upset our plans.
felborul <ige> **1.** *(feldől)* overturn; tip over; fall✲ over **2.** *(csónak)* capsize **3.** *(autóval)* turn over
felbosszant <ige> *(vkit)* make✲ sy angry; irritate; biz aggravate: *Felbosszantotta a viselkedésem.* My behaviour made her angry.
felbujt <ige> *(bűntényre)* (aid and) abet
felbujtó <fn> abettor
felbukkan <ige> **1.** *(megjelenik)* appear; emerge; biz pop up: *Hirtelen felbukkant a bejáratnál.* He suddenly appeared in the doorway.
✱ *A hold felbukkant a felhők mögül.* The moon emerged from behind the clouds. **2.** *(nehézség stb.)* crop up
félcipő <fn> shoes <tsz>
felcsap <ige> **1.** *(magasba tör)* shoot✲ up; dart up **2.** *(vmilyen foglalkozást kezd)* become✲ (**vminek** sg); *(katonának)* enlist; join up **3.** *(könyvet)* open
felcserél <ige> **1.** *(sorrendben)* invert; transpose **2.** *(tévedésből vkit/vmit)* mistake✲ sy/sg for (**vkivel/vmivel** sy/sg)
felcsúszik <ige> ride✲ up: *A szoknyád felcsúszott hátul.* Your skirt has ridden up at the back.
feldagad <ige> swell✲ (up); puff up: *A rovarcsípés körül feldagadt a karom.* My arm puffed up all round the insect bite.
feldarabol <ige> **1.** *(felvagdal)* chop (up); cut✲ up; cut✲ into pieces; *(húst)* joint: *Darabold fel a répákat apró darabokra!* Chop the carrots up into small pieces. **2.** *(földet stb.)* parcel out; break✲ up; *(országot)* dismember: *A nagyobb farmokat feldarabolták a forradalom után.* The bigger farms were parcelled out after the revolution.
felderít <ige> **1.** *(feltár vmit)* clear sg up; find✲ sg out; cast✲/throw✲ light on sg; explore **2.** kat reconnoitre; AmE reconnoiter **3.** *(felvidít vkit)* cheer sy up; brighten: *Küldtem neki virágot, hogy felderítsem.* I sent her some flowers to cheer her up.
felderítés <fn> **1.** *(feltárás)* clearing up; *(tényeké)* fact-finding **2.** kat reconnaissance; reconnoitring; AmE reconnoitering: *felderítést végez* carry out a reconnaissance
felderítetlen <mn> **1.** unexplored **2.** *(rejtély)* unsolved
felderítő <fn> kat scout
felderül <ige> *(arc)* brighten; light✲ up; *(hangulat)* cheer up: *arca felderült* his face lit up
feldíszít <ige> decorate; ornament; adorn; embellish: *Az épületet pazarul feldíszítették.* The building was richly ornamented.
feldob <ige> **1.** *(magasba)* throw✲ up; fling✲ up; flip into the air; toss (up): *Feldobta a labdát a levegőbe.* He threw the ball up in the air. ✱ *feldob egy érmét* flip a coin into the air ✱ *pénzt feldob* toss a coin **2.** biz *(felvidít, felélénkít)* cheer up; pep up: *Egy jó alvás fel fog dobni.* A good sleep will pep you up.
feldolgoz <ige> **1.** *(iparilag)* process; prepare; *(hulladékot)* recycle **2.** *(szervezet)* assimilate **3.** *(lelkileg)* absorb; digest **4.** *(szerző)* write✲ up; work up
feldől <ige> fall✲ over; tip over; overturn
feldönt <ige> knock over; push over; tip over; upset✲; overturn: *A legkisebb fuvallat*

feldúl <ige> 1. *(országot, házat stb.)* ravage; devastate 2. *(érzelmileg)* devastate (**vkit** sy); upset (**vkit** sy)

feldúlt <mn> 1. *(ország)* ravaged; *(szoba)* ransacked 2. *(ideges)* agitated; distraught

feldühít <ige> make✧ angry; enrage; infuriate; anger

feldühödik <ige> get✧/become✧ furious; fly✧ into a rage/temper; biz blow✧ up: *Feldühödött, amikor meglátta a nappaliban a rendetlenséget.* She flew into a rage when she saw the mess in the living-room.

fele → ²**fél**

felé <nu> 1. *(irányába)* towards; toward; for; to: *Felém futott.* He ran towards me. ∗ *A part felé hajóztunk.* We were sailing towards the coast. ∗ *a folyó felé igyekszik* head for the river ∗ *az MA 565-ös járat Ausztrália felé* flight MA 565 to Australia ∗ *Jó úton vagyunk a múzeum felé.* This is the right way to the museum. 2. *(időben)* towards; around; about: *Év vége felé fogunk találkozni* We'll meet towards the end of the year. ∗ *9 óra felé gyere* come about nine

feleakkora <mut névm> half the size

feleannyi <mut névm> half the number/amount

felébred <ige> wake✧ up; awake✧; awaken: *Ahogy felébredt, megtört a varázslat.* The spell was broken as she woke up. ∗ *Hét órakor ébredtem fel.* I awoke at seven o'clock.

felébreszt <ige> 1. *(vkit)* wake✧ sy up; get✧ sy up; wake✧; awake✧; awaken; rouse: *Ne ébressz fel!* Don't wake me up! ∗ *Légy csöndben, vagy felébreszted édesapádat!* Be quiet or you'll wake your father. ∗ *felébreszt vkit az álmából* rouse sy from sleep 2. *(érzéseket stb.)* awake✧; awaken; arouse

feledékeny <mn> forgetful; absent-minded

feledékenység <fn> forgetfulness

feledés <fn> *(elfeledettség)* oblivion: *feledésbe merül* fall/sink into oblivion

feléget <ige> *(vmit)* burn✧ sg down; burn✧ sg up; burn✧

felegyenesedik <ige> straighten up; stand✧ upright

felejt <ige> 1. forget✧ 2. leave✧ (**vmit vhol** sg swhere): *otthon felejt vmit* leave sg at home ∗ *Valaki itt felejtette ezt a dobozt.* Somebody has left this box here.

felejthetetlen <mn> unforgettable: *felejthetetlen élmény* an unforgettable experience

felekezet <fn> denomination

felel <ige> 1. *(válaszol)* answer; reply; respond: *felel a kérdésekre* answer the questions ∗ *nem felel* give no answer/reply 2. *(iskolában)* answer the teacher's questions 3. *(felelősséget vállal)* be✧ responsible (**vkiért/vmiért** for sy/sg); answer (**vkiért/vmiért** for sy/sg); vouch (**vkiért/vmiért** for sy/sg); guarantee (**vmiért** sg): *kizárólag ő felel vmiért* be solely responsible for sg 4. *(számot ad)* answer (**vmiért** for sg); account (**vmiért** for sg)

felél <ige> consume; use up; *(vagyont)* run✧ through sg

feléled <ige> 1. *(magához tér)* revive; come✧ to; come✧ round 2. *(felélénkül)* come✧ alive; revive 3. *(tűz)* flame up; flare up

félelem <fn> fear; dread: *a repüléstől való félelem* fear of flying ∗ *állandó félelemben él* live in perpetual fear ∗ *reszket a félelemtől* be shivering with fear; tremble with fear ∗ *félelmet vált ki* raise fears ∗ *Elfogta a félelem.* He was gripped by fear.

felelet <fn> *(válasz)* answer; reply: *feleletet ad* give an answer

feleleveníf <ige> 1. *(felidéz)* evoke; recall; bring✧ back: *csodálatos emlékeket elevenít fel* evoke some wonderful memories 2. *(tudást)* brush up on sg

félelmetes <mn> fearful; dreadful; frightful

felelős <mn> responsible (**vkiért/vmiért** for sy/sg); be✧ in charge (**vkiért/vmiért** of sy/sg); liable (**vkiért/vmiért** for sy/sg); answerable (**vmiért** for sg): *az expedíció ellátmányáért felelős* be responsible for the expedition's supplies ∗ *Felelősek vagyunk a gyermekeinkért.* We are responsible for our children. ∗ *A kapitány felelős a hajóért.* The captain is in charge of the ship.

felelősség <fn> responsibility; liability; *(bajért)* blame: *vállalja a felelősséget vmiért* take responsibility for sg ∗ *kibújik a felelősség alól* wriggle out of responsibility ∗ *a felelősséget ráterheli/áthárítja vkire* lay the blame on sy ∗ *vállalja a felelősséget a baleset miatt* take the blame for the accident

felelősségbiztosítás <fn> gk third-party insurance

felelősségérzet <fn> sense of responsibility

felelőtlen <mn> irresponsible: *felelőtlen szülők* irresponsible parents

felelőtlenség <fn> irresponsibility

feleltet <ige> question; examine

felemás <mn> 1. *(cipő stb.)* odd 2. *(nem egyértelmű)* ambiguous

felemel <ige> 1. *(földről)* pick up 2. *(magasba)* raise; lift (up): *Felemeltem a kezem, és integetni kezdtem neki.* I raised my hand and began to wave to him. ∗ *Az elefánt felemelte az ormányát.* The elephant raised its trunk. ∗ *Nem tudja felemelni a karját.* She can't lift her arm.

3. *(emelővel)* jack up **4.** *(árakat)* raise; mark up; put up; *(fizetést)* raise; increase: *A kormány felemelte az árakat.* The government has raised prices.
  ♦ **felemeli a hangját** raise one's voice
  ♦ **felemeli a szavát vki/vmi ellen** speak out against sy/sg

félemelet <fn> mezzanine

felemelkedés <fn> rise; advance(ment); progress

felemelkedik <ige> **1.** rise **2.** *(feláll)* get up **3.** *(magasba)* ascend; *(repülőgép)* take off; *(űrhajó)* lift off **4.** *(fejlődésben)* rise

felemelő elevating; uplifting

felemészt <ige> *(vmit)* use sg up; consume

felenged <ige> **1.** *(vkit vhova)* let sy go up **2.** *(magasabbra, levegőbe)* release: *500 léggömböt enged fel* release 500 balloons **3.** *(hideg idő)* grow milder; ease off; *(jég)* melt; thaw **4.** *(megenyhül)* ease off **5.** *(feszültség)* ease **6.** *(ember)* unbend: *Egy pohár bor után kicsit felenged.* After a glass of wine she will unbend a little.

félénk <mn> shy; timid; diffident; bashful; faint-hearted: *félénk mosoly* a bashful smile

felépít <ige> **1.** *(épületet)* build; construct; erect; put up: *felépít egy házat* build a house ∗ *felépít egy szállodát* put a hotel up **2.** *(szervezetet stb.)* build; establish: *felépít egy céget* build a business

felépítés <fn> **1.** *(cselekvés)* building; construction **2.** *(szerkezet)* structure; make-up: *az agy felépítése* the structure of the brain ∗ *az ország politikai felépítése* the political structure of the country **3.** *(alkat)* build: *jó felépítésű* well-built

felépül <ige> **1.** *(épület)* be built; be completed **2.** *(felgyógyul)* recover; recuperate; regain one's health: *Felépültél már a betegségedből?* Have you recovered from your illness?

felér <ige> **1.** *(kézzel)* reach up to (**vhova** sg) **2.** *(vmeddig)* reach as far as **3.** *(értékben)* be worth as much as (**vmivel** sg); compare well (**vmivel** with sg) **4.** *(ésszel)* comprehend; grasp: *ésszel felér vmit* comprehend sg

felerősít <ige> **1.** fix (**vmit vmire** sg to sg); fasten (**vmit vmire** sg to sg); attach (**vmit vmire** sg to sg): *felerősít egy polcot a falra* fix a shelf to the wall **2.** *(felhangosít vmit)* turn sg up **3.** *(szervezetet stb.)* strengthen

felértékel <ige> **1.** *(vagyontárgyat)* appraise **2.** *(valutát)* revalue

feleség <fn> wife (tsz: wives): *feleségül vesz vkit* marry sy

felesel <ige> *(vkivel)* answer sy back

felesleg <fn> **1.** *(több)* surplus **2.** *(többlet)* excess

felesleges <mn> **1.** *(több)* superfluous; redundant **2.** *(szükségtelen)* unnecessary; needless: *rengeteg felesleges dolgot csinál* do a lot of unnecessary work

¹félészű <mn> biz half-witted

²félészű <fn> biz half-wit

felett <nu> **1.** *(vminél magasabban)* above; over: *a felhők felett* above the clouds ∗ *tengerszint felett* above sea level ∗ *A kandalló fölött van egy festmény.* There is a painting over the fireplace. **2.** *(vminél több)* over; above: *90 felett jár* be over 90 ∗ *fagypont felett* above zero **3.** *(külön)* over; above; beyond: *Minden gyanú felett áll.* She is above suspicion. **4.** *(vkiről, vmiről)* on; about: *vmi felett tanácskoznak* talk about sg

¹felettes <mn> superior

²felettes <fn> superior

feletti <mn> **1.** above <csak hátravetve>; over <csak hátravetve>: *2000 méter feletti hegyek* mountains above two thousand metres ∗ *a bíróság 3 millió feletti kártérítést ítélt meg vkinek* the court awarded damages of over 3 million to sy **2.** *(miatti)* over <csak hátravetve>: *fia elvesztése feletti bánata* his sorrow over the loss of his son

félév <fn> isk term; semester: *Magyarországon két félévből áll az iskolaév.* In Hungary there are two terms in a school year.

félévenként <hsz> biannually; every six months

féléves <mn> **1.** *(korú)* six months old <csak hátravetve> **2.** *(időtartamú)* six-month

félévi <mn> **1.** biannual; six months' **2.** isk end-of-term; end-of-semester: *félévi bizonyítvány* end-of-semester/term report

felez <ige> **1.** halve; divide into halves **2.** biz go halves (**vkivel** with sy)

felezővonal <fn> **1.** *(játéktéren)* halfway line **2.** *(geometriai)* bisecting line; bisector

felfal <ige> devour; biz polish off; biz gobble up: *felfal egy egész zacskó burgonyaszirmot* devour a whole packet of chips

felfázik <ige> catch a chill

felfed <ige> **1.** *(láthatóvá tesz)* uncover; expose **2.** *(ismeretlen dolgot)* disclose; reveal; uncover; expose: *felfedi a kilétét* reveal one's identity ∗ *Végül felfedték tetteit.* His activities were finally uncovered. ∗ *Egy újság fedte fel tetteit.* A newspaper exposed his activities.

felfedez <ige> **1.** *(ismeretlen dolgot)* discover: *Ki fedezte fel Amerikát?* Who discovered America? **2.** *(titkot)* disclose; reveal; find out **3.** *(hibát stb.)* detect; find; spot

felfedezés <fn> **1.** *(ismeretlen dologé)* discovery: *a legutóbbi felfedezések* the latest discoveries **2.** *(titoké)* disclosure; revelation **3.** *(hibáé stb.)* detection; spotting

felfedező <fn> discoverer; *(földrajzi kutató)* explorer

felfegyverez <ige> arm; provide with arms

felfegyverkezik <ige> arm; make✧ military preparations

felfejt <ige> unstitch; undo✧

felfelé <hsz> upwards; upward; up; *(álló helyzetbe)* upright; *(dombra)* uphill; *(folyón)* upriver; upstream; *(lépcsőn)* upstairs: *Az ösvény felfelé vezetett.* The path led upwards. ∗ *Mássz felfelé, hogy elérd a hegytetőt!* Climb upwards to reach the top of the hill. ∗ *lapjával felfelé tesz le vmit* put sg face up ∗ *A kenyér ára folyamatosan megy felfelé.* The price of bread is continuously going up.

felfeszít <ige> *(vmit)* force sg open; prize sg open; break✧ sg open: *Az ablakot felfeszítették egy feszítővassal.* The window was prized open with a jemmy.

felfigyel <ige> *(vkire/vmire)* sy/sg attracts one's attention

felfog <ige> **1.** *(lógó dolgot)* gather up; hold✧ up **2.** *(gyűjt)* collect **3.** *(hárít)* ward off; parry **4.** *(megért)* grasp; comprehend; realize

felfogad <ige> *(dolgozót)* engage; take✧ on; employ; hire; *(ügyvédet)* retain

félfogadás <fn> consulting hours <tsz>; business hours <tsz>

felfogás <fn> **1.** *(képesség)* grasp; comprehension: *gyors felfogása van* have a quick/good grasp **2.** *(nézet)* opinion; idea; notion; concept; approach: *általános felfogás* prevailing opinion ∗ *Felfogás kérdése.* That's a matter of opinion.

felfoghatatlan <mn> incomprehensible; unintelligible

felfogóképesség <fn> comprehension; grasp

felfordít <ige> upset✧; overturn; turn upside down

felfordul <ige> **1.** *(felborul)* overturn; turn over; tip over; *(csónak)* capsize **2.** *(kimúlik)* die **3.** vulg *(ember)* kick the bucket; bite✧ the dust **4.** *(gyomor)* heave

felfordulás <fn> **1.** *(zűrzavar)* chaos; confusion; turmoil: *A nagy felfordulásban elvesztettem a táskámat.* In the confusion, I lost my bag. **2.** *(lakásban)* disorder; mess: *Micsoda felfordulás!* What a terrible mess!

felforgat <ige> **1.** upset✧; overturn; turn upside down **2.** *(társadalmi rendet)* upset✧; subvert **3.** *(felfordulást csinál)* rummage: *Az összes fiókot felforgatta.* She rummaged through all the drawers.

felforr <ige> come✧ to the boil
♦ **felforr a vére vmitől** sg makes one's blood boil

felforral <ige> boil; bring✧ to the boil

felföld <fn> highlands <tsz>

felfrissít <ige> **1.** *(felüdít)* refresh; revive; freshen up: *Egy ilyen forró nap után az úszás fel fog frissíteni.* Swimming will refresh me after such a hot day. ∗ *Egy csésze tea fel fog frissíteni.* A cup of tea will revive me. **2.** *(tudást, emlékezetet)* brush sg up; brush up on sg: *felfrissíti az angol nyelvtudását* brush up one's English **3.** *(készletet)* restock; refurnish **4.** infor *(programot stb.)* update; refresh

felfúj <ige> **1.** *(levegővel, gázzal)* blow✧ up; inflate **2.** *(étel vkit)* make✧ sy feel bloated **3.** *(eltúloz)* blow✧ up; inflate; exaggerate: *felfújja vminek a jelentőségét* inflate the significance of sg

felfújt <fn> *(étel)* soufflé

felfut <ige> **1.** run✧ up **2.** *(létrára stb.)* swarm up; shin up **3.** *(növény)* climb; creep✧

felfuvalkodott <mn> biz, pej conceited

felfüggeszt <ige> **1.** *(felakaszt)* hang✧ up; hook up **2.** *(állásából)* suspend (**vkit** sy) **3.** *(szüneteltet)* suspend; defer; stay; interrupt **4.** jog *(ítélet végrehajtását)* suspend

felfűz <ige> string✧: *fel kell fűzni a gyöngyöket* the pearls have to be strung

félgömb <fn> hemisphere

felgöngyölít <ige> **1.** *(felteker)* roll up; fold up **2.** *(bandát felderít)* crack down on sy

felgyógyul <ige> recover; get✧ well; recuperate

felgyorsít <ige> *(vmit)* speed✧ sg up; accelerate

felgyorsul <ige> accelerate; speed✧ up; pick up speed: *A vonat lassan felgyorsult.* The train slowly picked up speed.

felgyújt <ige> **1.** *(lángra lobbant vmit)* set✧ sg on fire **2.** *(felkapcsol)* turn on; switch on **3.** *(érzelmet)* arouse; stir up

felgyullad <ige> *(tüzet fog)* catch✧ fire; take✧ fire

felgyűr <ige> *(pl. inget)* roll up; turn up

felháborít <ige> revolt; shock; outrage

felháborító <mn> revolting; shocking; outrageous; disgusting; scandalous: *Felháborító, hogy elküldték.* It is disgusting that they sent him away.

felháborodás <fn> indignation; outcry; disgust: *jogos felháborodás* righteous indignation ∗ *felháborodást vált ki* provoke an outcry ∗ *vkinek nagy felháborodására* to the disgust of sy

felháborodik <ige> be✧ indignant (**vmin // vmi miatt** at sg); be✧ disgusted (**vmin // vmi miatt** at/

felhagy <ige> (vmivel) give* up sg: *felhagy a dohányzással* give up smoking

¹**felhajt** <ige> **1.** (állatot) beat*; rouse **2.** (járművel) drive* up **3.** biz (vkit/vmit) track sy/sg down; chase sy/sg up

²**felhajt** <ige> **1.** (szélét) turn up **2.** (felvarr) turn up **3.** biz (italt) down; knock sg back

¹**felhajtás** <fn> **1.** (hűhó) fuss: *nagy felhajtást csinál vmiből* make a fuss about/over sg **2.** (járművel) entry; access: *járművel tilos a felhajtás* no entry/access for vehicles

²**felhajtás** <fn> (ruhán) hem; (nadrágon) turn-up; AmE cuff

felhalmoz <ige> **1.** (halomba rak vmit) pile sg (up); heap sg (up) **2.** (gyűjt) amass; accumulate; hoard **3.** (árukészletet) stockpile **4.** (vagyont) accumulate; amass

felhalmozódik <ige> accumulate; pile up

felhangosít <ige> (vmit) turn sg up

felhangzik <ige> sound; be* heard

felhasít <ige> **1.** split*; slit* (open); cut* open **2.** (fát) chop

felhasznál <ige> **1.** (elhasznál vmit) use sg up; consume **2.** (pénzt, időt) spend* sg (**vmire** on sg) **3.** (alkalmaz) use; put* to use; employ **4.** (hasznosít) utilize (**vmit** sg); make use of (**vmit** sg)

felhasználható <mn> usable

felhasználó <fn> user

felhasználóbarát <mn> user-friendly

felhatalmaz <ige> authorize (**vkit vmire** sy to do sg); empower (**vkit vmire** sy to do sg); entitle (**vkit vmire** sy to do sg): *Felhatalmaztam, hogy helyettesítsen.* I have authorized him to act for me.

felhatalmazás <fn> authorization

félhavi <mn> semimonthly; fortnightly; a fortnight's

felhevít <ige> heat

felhevül <ige> **1.** (felmelegszik) get* hot; warm up **2.** (érzelmileg) get* excited

felhígít <ige> thin; dilute; water down: *felhígítja a mártást* thin the sauce

felhív <ige> **1.** (lentről vkit) call sy up; call sy to come up **2.** (telefonon) call sy (up); phone; telephone; ring* sy (up); give* sy a ring/call: *Később felhívlak!* I will call you later! * *Hívj fel holnap!* Phone me tomorrow. * *Öt percen belül felhívlak.* I'll ring you (up) in five minutes.

felhívás <fn> **1.** appeal; request: *felhívást intéz vkihez* appeal to sy **2.** (hivatalos hirdetmény) warning; notice

félhivatalos <mn> semiofficial; unofficial

félhold <fn> half-moon; crescent

félholt <mn> half-dead

felhólyagzik <ige> (bőr) blister; get* blistered

félhomály <fn> **1.** semidarkness; half-light **2.** (este) dusk; twilight

felhord <ige> **1.** (felvisz) carry up; take* up **2.** (felken) apply

felhorzsol <ige> graze; chafe; scrape: *Felhorzsolta a könyökét.* He grazed his elbow.

felhoz <ige> **1.** (lentről vmit) bring* sg up **2.** (említ vmit) bring* sg up; mention; cite: *felhoz egy témát* bring up a subject **3.** (érvet, okot) bring* sg up; adduce; present **4.** (árut piacra) bring* **5.** (feljavít) improve

felhő <fn> **1.** cloud: *sötét felhők* dark clouds * *a felhők felett* above the clouds * *Eltűntek a felhők.* The clouds have vanished. **2.** infor the cloud: *felhőben tárol* store in the cloud

felhőkarcoló <fn> skyscraper

felhős <mn> cloudy; overcast: *Felhős az ég.* The sky is cloudy.

felhősödés <fn> clouding over: *Holnapra felhősödés várható.* Tomorrow will be cloudy.

felhősödik <ige> cloud (over)

felhőszakadás <fn> downpour; cloudburst; deluge

felhőtlen <mn> clear; cloudless: *felhőtlen nap* a clear day * *felhőtlen ég(bolt)* a cloudless sky

felhőzet <fn> clouds <tsz>

felhúz <ige> **1.** draw* up; pull up **2.** (magasba emelővel) hoist **3.** (redőnyt) draw* up; (színházi függönyt) ring* up **4.** (zászlót) hoist **5.** (órát stb.) wind*; wind* sg up; (ravaszt) cock; (cipzárt) zip sg up: *felhúzza az órát* wind up the clock **6.** (ruhadarabot) put* on; pull on: *felhúzza a cipőjét* put on one's shoes * *harisnyát felhúz* pull on one's stockings **7.** (épületet stb.) erect; put* up **8.** biz (felingerel) nettle; rile

felidegesít <ige> (vkit) make* sy nervous; upset*: *Nem akartalak felidegesíteni!* I didn't mean to upset you.

felidéz <ige> (emléket) recall; bring* sy/sg to mind

félidő <fn> sp **1.** half (tsz: halves): *az első félidőben* in the first half * *a második félidő végén* at the end of the second half **2.** (két félidő közti szünet) half-time: *Cserejátékos volt a félidő után.* He was a substitute after half-time.

félig <hsz> half; partly: *Félig angol.* He's half English. * *Csak félig készült el.* It's only half finished.

féligazság <fn> half-truth

félig-meddig <hsz> partly; more or less; somewhat

felingerel <ige> irritate; rile; vex; enrage

felír <ige> **1.** *(feljegyez vmit)* write* sg down; note sg down; take* sg down; put* sg down: *felírja a nevét és a címét* put down one's name and address **2.** *(orvos)* prescribe: *Új gyógyszert írt fel nekem az orvos.* The doctor prescribed me a new medicine.

felirat <fn> **1.** *(kiírás utcán stb.)* notice **2.** *(használati tárgyon)* label **3.** *(emlékművön stb.)* inscription; *(címeren, érmén)* legend; *(sírkövön)* epitaph **4.** *(képaláírás)* caption **5.** *(filmen)* subtitles <tsz>

feliratkozik <ige> put* one's name down; register; sign up

feliratos <mn> *(film)* subtitled

feliratoz <ige> **1.** *(filmet)* subtitle **2.** *(árut)* label

felismer <ige> **1.** recognize (**vkit/vmit** sy/sg); know* (**vkit/vmit** sy/sg); *(azonosít)* identify (**vkit/vmit** sy/sg): *Barna kabátjáról ismertem fel őt.* I recognized him by his brown coat. ∗ *Felismerte az ellopott tollamat.* He identified my stolen pen. **2.** *(ráeszmél)* realize **3.** *(igazságot)* perceive **4.** *(pl. betegséget)* detect; diagnose

felismerés <fn> **1.** recognition **2.** *(tudatossá válás)* realization **3.** *(pl. betegségé)* detection: *korai felismerés* early detection

felismerhetetlen <mn> unrecognizable; indiscernible

felitat <ige> soak up; mop up; sponge; *(pl. tintát)* blot: *Megpróbáltam a kiömlött tejet egy ruhával felitatni.* I tried to soak up the spilt milk with a cloth.

felizgat <ige> **1.** *(izgalomba hoz)* excite; agitate: *Nem akartam felizgatni azzal, hogy elmeséltem neki.* I didn't want to agitate her by telling her. **2.** *(szexuálisan vkit)* turn sy on; arouse

feljáró <fn> **1.** way up; access **2.** *(kocsinak a házhoz)* drive(way); *(rámpa)* ramp **3.** *(autópályára)* slip road; AmE ramp

feljavít <ige> **1.** improve; better; enrich **2.** *(fejleszt)* upgrade

feljebb <hsz> **1.** *(magasabbra)* higher: *vmit feljebb emel* raise sg higher ∗ *feljebb megy (ár)* become higher **2.** *(magasabban)* higher (up): *lásd feljebb* see above

feljebbvaló <fn> superior

feljegyez <ige> note down; write* down; take* down; *(hivatalosan)* register: *Feljegyeztem a címét.* I noted down her address.

feljegyzés <fn> record; note; memo: *feljegyzéseket készít* keep records

feljelent <ige> report (**vkit** sy); inform on/against (**vkit** sy): *feljelent vkit a rendőrségen* report sy to the police

feljelentés <fn> reporting; information: *feljelentést tesz vki ellen* report sy

feljogosít <ige> authorize (**vkit vmire** sy to do sg); entitle (**vkit vmire** sy to do sg); give* sy the right (**vmire** to do sg)

feljön <ige> **1.** come* (up); get* (up): *A hal feljött a felszínre.* The fish came to the surface. **2.** *(égitest)* rise* **3.** *(feljavul)* do* better; get* better

felkap <ige> **1.** *(kezével)* snatch (up); pick up; grab: *Felkapta az iskolatáskáját és elszaladt.* He grabbed his schoolbag and ran away. **2.** *(ruhadarabot)* throw* sg on; put* sg on hastily **3.** *(divatba hoz)* bring* into fashion: *fel van kapva* be in fashion/vogue

felkapaszkodik <ige> **1.** clamber up; climb up **2.** *(társadalmilag)* rise*; climb

felkapcsol <ige> *(vmit)* switch sg on; turn sg on: *felkapcsolja a villanyt* switch the light on

felkapott <mn> fashionable; trendy; in vogue <csak hátravetve>; in fashion <csak hátravetve>; biz in: *a magas sarok felkapott* high heels are in vogue/fashion

felkar <fn> upper arm

felkarol <ige> **1.** *(ügyet)* espouse; take* up **2.** *(vkit)* take* sy under one's wing

félkarú <mn> one-armed

felkavar <ige> **1.** stir up **2.** *(érzelmeket stb.)* stir sg up; whip sg up: *A képek fájó emlékeket kavartak fel.* The photos stirred up some painful memories. **3.** *(lelkileg)* upset*; agitate: *Még mindig felkavarja, ha a halálára gondol.* It still upsets him when he thinks about her death. **4. felkavarja a gyomrát** make* sy feel sick; turn sy's stomach

felkel <ige> **1.** *(helyéről)* rise*; get* up; stand* up: *felkel az asztaltól* rise from the table **2.** *(alvásból, ágyból)* rise*; get* up; get* out of bed: *korán kel fel* rise early ∗ *Még nem kelt fel.* He hasn't got up yet. ∗ *6 órakor szoktam felkelni.* I usually get up at 6 o'clock in the morning. **3.** *(égitest)* rise*: *Ma reggel mikor kel fel a nap?* When will the sun rise this morning? **4.** *(fellázad)* revolt (**vki/vmi ellen** against sy/sg); rise* (**vki/vmi ellen** against sy/sg)

felkelés <fn> *(lázadás)* revolt; uprising

felkelő <fn> rebel; insurgent: *felkelők egy csoportja* a band of rebels

felkelt <ige> **1.** *(vkit)* wake sy (up); awake*: *korán felkelt vkit* wake sy early **2.** *(kivált)* awake*; arouse; stir up: *Felkeltette érdeklődésemet a zene.* My interest was awoken by the music. ∗ *felkelti vki kíváncsiságát* arouse sy's curiosity

felken <ige> **1.** *(vajat stb.)* spread* (**vmit vmire** sg on sg) **2.** *(pl. királyt)* anoint: *vkit felken királlyá* anoint sy king

felkér <ige> ask; request; invite; call upon: *Felkérték, hogy írjon egy regényt.* She has been

felkerekít <ige> (vmit) round sg up
felkeres <ige> (vkit) look sy up; call on sy; visit
felkérés <fn> invitation; request: *Kaptam egy felkérést, hogy énekeljek az összejövetelen.* I received an invitation to sing at the party.
félkész <mn> semi-finished
felkészít <ige> prepare (**vkit vmire** sy for sg); gear sy up (**vmire** for sg); (*vizsgára, versenyre*) coach (**vkit vmire** sy for sg): *Ő készítette fel a lányt az olimpiára.* He coached the girl for the Olympics.
felkészül <ige> prepare (**vmire** for sg); get* ready (**vmire** for sg); gear up (**vmire** for sg); (*versenyre*) train (**vmire** for sg): *A gyerekek készülnek a vizsgákra.* Children are preparing for the exams.
felkiált <ige> cry out; shout; give* a shout; exclaim: *örömében felkiált* exclaim in delight
felkiáltójel <fn> exclamation mark; AmE exclamation point
felkínál <ige> offer (**vkinek vmit** sg to sy // sy sg)
felkínálkozik <ige> offer oneself (**vmire** for sg)
félkör <fn> semicircle: *félkörben ülnek* sit in a semicircle * *félkör alakú* semicircular
felköszönt <ige> 1. congratulate (**vkit** sy) 2. (*itallal vkit*) drink* to sy's health; toast sy
felköt <ige> 1. (*vmit*) bind* sg up; tie sg up 2. biz (*felakaszt vkit*) string* sy up
felkutat <ige> 1. (*átkutat*) comb 2. (*kinyomozva vkit/vmit*) track sy/sg down 3. (*új területet*) explore
felküzdi magát <ige> work one's way up
féllábú <mn> one-legged
fellángol <ige> 1. (*tűz*) flame up; flare up; kindle 2. (*érzelem stb.*) flare up; kindle: *újra fellángolt a harc* fighting flared up again
fellázad <ige> rise* (up) (**vki/vmi ellen** against sy/sg); rebel (**vki/vmi ellen** against sy/sg); revolt (**vki/vmi ellen** against sy/sg): *fegyveresen fellázad* rise (up) in arms
fellazít <ige> loosen; break* up
fellázít <ige> (*vkit vki/vmi ellen*) incite sy to rise up against sy/sg
fellebbez <ige> jog appeal; lodge an appeal: *fellebbez vmilyen határozat ellen* appeal against a decision
fellebbezés <fn> jog appeal: *Fellebbezésnek helye van.* An appeal lies. * *Nincs helye a fellebbezésnek.* The appeal does not lie.
felleg <fn> cloud
♦ **a fellegekben jár** have* one's head in the clouds
fellegvár <fn> citadel
fellélegzik <ige> (*megkönnyebbül*) give* a sigh of relief; be* relieved
fellendít <ige> advance; boost; promote; further
fellendül <ige> boom; flourish; prosper: *Az ipar fellendült.* Industry is booming.
fellendülés <fn> boom; upswing; upturn; (*válság után*) recovery: *Fellendülés tapasztalható az autóeladások terén.* There has been a boom in car sales. * *ipari fellendülés* industrial recovery * *a gazdasági fellendülés legfőbb akadálya* the main impediment to economic recovery
fellengzős <mn> high-flown; pompous
fellép <ige> 1. go* up; step up; mount 2. (*szerepel*) play; appear 3. (*viselkedik*) take* steps/action: *erélyesen kell fellépni a korrupció ellen* firm steps must be taken against corruption 4. (*bekövetkezik*) set* in; occur: *szövődmény lépett fel* a complication set in
fellépés <fn> 1. (*szereplés*) appearance: *az énekes első nyilvános fellépése* the singer's first public appearance 2. (*magatartás*) behaviour; AmE behavior; action; manner: *határozott fellépés* decided manner
fellobban <ige> 1. (*láng*) flare up; flame up 2. (*érzelem stb.*) flare up
fellő <ige> launch; send* up
fellök <ige> (*vkit/vmit*) push sy/sg over; knock sy/sg over; bowl sy over: *fellök egy asztalt* knock over a table * *Elszaladt és fellökött engem.* He ran away and bowled me over.
felmászik <ige> climb (up); clamber up: *felmászik egy fára* climb up a tree
felmegy <ige> 1. go* up; get* up; mount; (*gyalog*) walk up: *felmegy egy északi városba* go up to a northern town * *felmegy a lépcsőn* walk up the stairs * *Az elnök felment az emelvényre.* The president went up to the platform. 2. (*függöny*) rise*: *a függöny felmegy* the curtain rises 3. (*láz*) go* up: *a láza 39 fokra ment fel* his temperature went up to 39 degrees 4. (*nő, emelkedik*) go* up; rise*: *az árak felmentek* prices went up
felmelegedik <ige> 1. (*meleg lesz*) grow* warm; get* warm 2. (*megmelegedik*) warm up: *Mindjárt felmelegszel.* You'll soon warm up. 3. (*túlmelegedik*) overheat
felmelegít <ige> (*vmit*) warm sg (up); heat sg (up): *felmelegíti a szobát* warm (up) the room
felment <ige> 1. (*mentesít*) exempt (**vkit vmi alól** sy from sg); excuse (**vkit vmi alól** sy from sg): *Felmentették a katonai szolgálat alól.* He was exempted from military service. 2. (*állásból*

felmentés

vkit) relieve sy of sg: *Felmentették igazgatói állásából.* He was relieved of his position as director. **3.** jog *(vád alól)* acquit **(vkit vmi alól** sy of/on sg); absolve **(vkit vmi alól** sy from/of sg): *A bíróság felmentette a lányt a gyilkosság alól.* The court acquitted the girl of murder.

felmentés <fn> **1.** *(kötelezettség alól)* exemption **2.** *(állásból)* relief **3.** jog *(felmentő ítélet)* acquittal

felmér <ige> **1.** *(mennyiségre)* measure; *(súlyra)* weigh **2.** *(nagyságra vmit)* measure sg (up); *(földterületet)* survey: *felméri a szobát* measure the room **3.** *(felbecsül)* measure; assess: *felméri az árvízi károkat* assess the flood damage **4.** *(megítél)* assess; gauge; weigh up; size up: *felméri a helyzetet* assess the situation * *felméri a tényeket* size up the facts

felmérés <fn> **1.** *(területé)* survey; *(cselekvés)* surveying **2.** *(vizsgálat)* survey: *felmérést végez vmiről* carry out a survey of sg **3.** *(felbecsülés)* assessment; appraisal: *a helyzet felmérése* assessment of the situation

felmérgesít <ige> *(vkit)* make* sy angry; irritate; anger: *Megjegyzése felmérgesített.* His remark angered me.

felmérő <fn> test; exam

felmerül <ige> **1.** *(felszínre jön)* come* to the surface; emerge **2.** *(jelentkezik)* arise*; come* up; surface; emerge; occur: *Új gondok merülnek fel.* New problems will arise. * *új információ merül fel* new information is surfacing

félmeztelen <mn> half-naked; stripped to the waist <csak hátravetve>

felmond <ige> **1.** *(tanult dolgot)* repeat; recite **2.** *(szerződést)* cancel; abrogate; terminate **3.** *(munkahelyen)* hand/give* in one's notice **4.** *(vkinek)* give* notice to sy; give* sy notice: *Tegnap felmondtak neki.* She received her notice yesterday.

felmondás <fn> **1.** *(szerződésé)* cancellation; termination **2.** *(munkaviszonyé)* notice: *egyhavi felmondás* a month's notice

felmondólevél <fn> notice

felmos <ige> wash; mop up; *(dörzsölve)* scrub

felmosórongy <fn> mop; floorcloth

felmutat <ige> **1.** *(megtekintésre)* show*; produce **2.** *(eredményt)* show*; exhibit

felnagyít <ige> **1.** *(képet stb.)* enlarge **2.** *(eltúloz)* exaggerate; overstate; magnify

félnapi <mn> half a day's: *félnapi járóföld* half a day's journey

félnapos <mn> half-day; *(részidős)* part-time: *félnapos kirándulás* a half-day excursion * *félnapos állást kap* get a part-time job

felnevel <ige> **1.** *(gyermeket)* bring* up; raise; rear: *A nagyszülei nevelték fel.* He was raised by his grandparents. **2.** *(állatot)* raise; breed*

felnéz <ige> **1.** look up **2.** *(fellátogat)* drop in **(vkihez** on sy**)** **3.** *(tisztelettel)* look up to **(vkire** sy**)**

felnő <ige> **1.** grow* up **2.** *(feladathoz stb.)* live/come* up to sg

¹**felnőtt** <mn> adult; grown-up: *felnőtt népesség* adult population

²**felnőtt** <fn> adult; grown-up: *csak felnőttek(nek)* adults only * *gyermekből felnőtté érik* develop from a child into an adult * *négy gyermek és négy felnőtt* four children and four grown-ups

felnőttkor <fn> adulthood; adult age

felnőttoktatás <fn> adult education

felnyal <ige> *(vmit)* lap sg up; lick sg up

felnyit <ige> open; *(zárat)* unlock

felnyújt <ige> hand sg up **(vkinek** to sy**)**; reach sg up **(vkinek** to sy**)**

felold <ige> **1.** *(folyadékban)* dissolve **2.** *(tilalmat)* lift **3.** exempt **(vkit vmi alól** sy from sg**)** **4.** *(rövidítést)* write* out sg in full **5.** *(zárójelet)* remove: *feloldja a zárójelet* remove the parentheses

féloldalas <mn> *(cikk)* half-page

féloldali <mn> orv unilateral

feloldódik <ige> **1.** *(folyadékban)* dissolve; melt **2.** *(közösségben)* unbend*

felolvad <ige> **1.** *(jég)* melt **2.** *(cukor stb.)* dissolve, melt

felolvas <ige> **1.** *(előad)* lecture; read* **2.** read* **(vmit vkinek** sg to sy**)** **3.** *(hangosan vmit)* read* sg out; read* sg aloud

felolvasás <fn> *(előadás)* lecture: *felolvasást tart* deliver/give a lecture

felolvaszt <ige> **1.** melt; dissolve: *felolvasztja a jeget egy pohárban* melt the ice in a glass **2.** *(fagyasztott ételt)* defrost

félóránként <hsz> every half an hour

félórás <mn> thirty-minute; half-hour: *félórás előadás* a thirty-minute lecture * *félórás séta* a half-hour walk

felordít <ige> yell; roar

feloszlat <ige> **1.** *(testületet)* dissolve **2.** *(céget)* liquidate **3.** *(gyűlést)* dismiss; dissolve **4.** *(tömeget)* disperse

feloszt <ige> **1.** *(részekre)* divide; split*: *csoportokba osztja fel a gyerekeket* split the children into groups **2.** *(szétoszt)* distribute; divide (up): *A pénzt felosztják a tagok között.* Money will be divided up among the members. **3.** *(országot)* partition

felől <nu> **1.** *(irányából)* from: *A folyó felől felhők érkeztek.* Clouds rose from the river. **2.** *(róla)* about; concerning; from

felőle <hsz> **1.** *(róla)* about; concerning; of **2.** *(vki miatt akár)* as far as sy is concerned: *Felőlem akár...* As far as I am concerned...
felöltő <fn> overcoat
felöltözik <ige> dress; get✳ dressed; put✳ on one's clothes: *gyorsan megmosdik és felöltözik* wash and dress quickly ✻ *Gyorsan felöltöztem, és elmentem a színházba.* I dressed quickly and went to the theatre.
felöltöztet <ige> dress (**vkit** sy); put✳ clothes on (**vkit** sy): *Az anya felöltöztette a gyerekeit.* The mother dressed her children.
felőröl <ige> **1.** *(megőröl)* grind✳ up **2.** átv wear✳ out **3.** *(egészséget stb.)* undermine; sap
félős <mn> timid; shy
felpakol <ige> load
félpanzió <fn> half board
felpattan <ige> **1.** *(kinyílik)* burst✳ open; spring✳ open **2.** *(felugrik)* jump up; spring✳ up: *felpattan a székről* jump up from the chair **3.** leap onto (**vmire** sg): *felpattan a lóra* leap onto the horse
felperes <fn> jog plaintiff
felpillant <ige> glance up: *felpillant a könyvéből* glance up from one's book
felpofoz <ige> slap sy's face
felpróbál <ige> *(vmit)* try sg on
felpuffad <ige> swell✳; bloat; become✳ distended
felpumpál <ige> *(vmit)* pump sg up; blow✳ sg up: *A bicikligumimat fel kell pumpálnom.* I have to pump my bicycle tyres up.
felragaszt <ige> *(vmit)* stick✳ sg on; paste sg on
felrajzol <ige> **1.** draw✳ **2.** *(vázlatosan)* sketch
felrak <ige> **1.** *(vmit)* put✳ sg up **2.** put✳ sg on (**vmire** sg); *(járműre)* load sg into/onto (**vmire** sg) **3.** *(egymásra vmit)* pile sg up; heap sg up **4.** *(festéket)* lay✳ on; apply
felravataloz <ige> *(halottat)* lay✳ out
felráz <ige> **1.** *(vmit)* shake✳ up; *(párnát)* fluff sg up: *Felrázom a párnádat.* I'll fluff up your pillow. **2.** *(felébreszt vkit)* wake✳ sy up
félre <hsz> aside; on one side
félreáll <ige> **1.** *(oldalra)* get✳ out of the way; stand✳ aside; step aside **2.** *(járművel)* pull over; pull in: *Félreállt az út mellé.* He pulled in at the side of the road. **3.** *(visszavonul)* stand✳ aside; withdraw✳
félreállít <ige> **1.** *(vmit)* set✳ sg aside; move out of way **2.** remove (**vkit** sy)
félrebeszél <ige> rave; ramble
félredob <ige> throw✳ aside; fling✳ aside; cast✳ aside
félreért <ige> misunderstand✳ (**vkit/vmit** sy/sg); get✳ sy/sg wrong: *Ne érts félre!* Don't misunderstand me. / Don't get me wrong! ✻ *Félreértetted a dolgot.* You have got it wrong.
félreértés <fn> misunderstanding: *félreértésre ad okot* give rise to misunderstanding ✻ *Elismerem, hogy félreértés volt.* I grant (you) that it was a misunderstanding.
félreérthetetlen <mn> unmistakable; plain
félreérthető <mn> mistakable; ambiguous; easily misunderstood <csak hátravetve>
félreeső <mn> remote; secluded; out-of-the-way: *félreeső házikó* a secluded cottage ✻ *félreeső helyen* in a remote spot
félrehív <ige> *(vkit)* draw✳ sy aside; call sy aside
félrehúz <ige> pull aside; draw✳ aside
félreismer <ige> misjudge
félrelép <ige> **1.** *(oldalra)* step aside **2.** biz *(kapcsolatban)* commit adultery; be✳ unfaithful **3.** *(hibázik)* blunder; take✳ a false step
félrelök <ige> *(vkit/vmit)* push sy/sg aside; shove sy/sg aside
félremagyaráz <ige> misinterpret; misrepresent
félreped <ige> split✳ open; burst✳ open
félrepül <ige> **1.** fly✳ up **2.** *(repülőgép)* take✳ off
félresikerül <ige> fail; miscarry
félretesz <ige> **1.** put✳ aside/away; lay✳ aside/away **2.** *(munkát stb.)* lay✳ sg aside **3.** *(pénzt)* save sg (up); put✳ sg aside; put✳ sg by: *Félretesz egy új autóra.* She's saving up for a new car.
félretol <ige> *(vkit/vmit)* push sy/sg aside; shove sy/sg aside
félrevezet <ige> mislead✳; lead✳ astray: *Beismerte, hogy félrevezette a rendőrséget.* He has admitted misleading the police.
félrevonul <ige> withdraw✳; retire; step aside
felriad <ige> *(álmából)* wake✳ with a start; be✳ startled out of one's sleep
felriaszt <ige> **1.** rouse; startle; alarm **2.** *(vadat)* beat✳; start; rouse
felró <ige> *(vkinek vmit)* blame sy for sg; hold sg against sy
felrobban <ige> **1.** explode; go✳ off; blow✳ up; detonate: *Felrobbant a bomba.* The bomb exploded. / The bomb went off. **2.** *(méregtől)* explode: *Mindjárt felrobbanok a dühtől.* I soon will explode with anger.
felrobbant <ige> explode; detonate; blow✳ sg up: *Felrobbantották az épületet.* The building was blown up.
felrohan <ige> rush up; dash up; run✳ up: *felrohan az emelkedőn a házhoz* run up the slope to the house

felrúg <ige> 1. (vmit) kick sg over 2. (megszeg) violate; disregard: *felrúgja a szabályokat* violate the regulations

felruház <ige> 1. (ruhával ellát) clothe 2. (vkit vmivel) invest sy with sg

felség <fn> majesty: *Felséged* Your Majesty

felséges <mn> (pompás) splendid; magnificent

felsegít <ige> 1. (földről vkit) help sy up 2. (járműre vkit) help sy on sg 3. (ruhadarabot vkire) help sy on with sg: *felsegíti vkire a kabátot* help sy on with her coat

felségterület <fn> sovereign territory; national territory

felsikolt <ige> cry out; scream

felsír <ige> start to cry; cry out

felsóhajt <ige> sigh; heave a sigh: *megkönnyebbülten felsóhajt* heave a sigh of relief

felsorakozik <ige> line up; fall✢ in

felsorol <ige> enumerate; list

¹felső <mn> upper; higher; top: *a felső ajkán* on his upper lip ✶ *az épület felső szintje* the upper floor of the building ✶ *felső fedélzet* upper deck ✶ *kabátja felső gombja* the top button of his coat

²felső <fn> (kártyalap) queen

felsőfok <fn> nyelvt superlative

felsőoktatás <fn> higher education

felsőrész <fn> 1. (ruháé) top 2. (cipőé) uppers <tsz>

felsős <mn> senior

felsőtest <fn> trunk; the upper part of the body: *meztelen felsőtesttel* stripped to the waist

felsúrol <ige> scrub: *felsúrolja a piszkot a szőnyegről* scrub the mess off the carpet

felszabadít <ige> 1. liberate; set✢ free 2. (országot) liberate; (várat stb.) relieve 3. (elnyomott népet) set✢ free; (rabszolgát stb.) liberate 4. kém, fiz free; release 5. (árakat) deregulate

felszabadul <ige> 1. (ország) be✢ liberated; (vár stb.) be✢ relieved 2. (elnyomott nép) be✢ set free; (rabszolga stb.) be✢ liberated 3. (teher alól) be✢ relieved

felszakad <ige> 1. split✢; tear✢ 2. (seb) reopen

felszakadozik <ige> (felhőzet) be✢ breaking; (köd) lift: *A sűrű köd fel fog szakadozni.* The dense fog will lift.

felszakít <ige> tear✢ open; rip open

felszalad <ige> 1. run✢ up; dash up: *felszalad a lépcsőn* run up the stairs 2. (szem a harisnyán) run✢

felszáll <ige> 1. (levegőbe) fly✢ up; (madár) take✢ flight 2. (repülőgép) take✢ off; (űrhajó) lift off 3. (buszra, villamosra) get✢ on; (vonatba, repülőbe) get✢ on; get✢ into; board; (hajóra) embark; go✢ on board: *Felszálltunk a vonatra.* We boarded the train. 4. (lóra) mount 5. (köd) lift; clear away

felszámít <ige> charge: *Mennyit számít fel érte?* How much do you charge for it?

felszámol <ige> 1. (vállalatot) wind✢ sg up; liquidate 2. (vmely jelenséget) eliminate; do✢ away with sg 3. (összeget) charge 4. (kiárusít) sell✢ off

felszánt <ige> plough; plough up; AmE plow; AmE plow up

felszárad <ige> dry; dry up; get✢ dry

felszárít <ige> dry; dry up: *A nap két perc alatt felszárítja a nedvességet.* The sun will dry the moisture in two minutes.

felszed <ige> 1. pick up; gather up; take✢ up 2. (felbont kövezetet stb.) take✢ sg up 3. (ismeretet, nyelvtudást stb.) pick sg up 4. (horgonyt) weigh 5. (autóstoppost) give✢ sy a lift 6. biz (felcsíp vkit) pick sy up 7. (hízik) put✢ on: *felszed öt kilót* put on five kilos 8. (betakarít) gather; dig✢ up: *Ideje, hogy felszedjük a krumplit.* It's time we dug up the potatoes. 9. biz (betegséget) pick sg up; catch✢

félszeg <mn> awkward; clumsy

felszegez <ige> nail sg up/on/to (**vmire** sg)

felszeletel <ige> (vmit) slice sg up; cut✢ sg into slices; (pecsenyét) carve

félszemű <mn> one-eyed

felszentel <ige> vall 1. consecrate: *felszenteli az új templomot* consecrate the new church 2. (papot) ordain

felszerel <ige> 1. mount (**vmit vhova** sg on sg); fix (**vmit vhova** sg to sg) 2. (gépet) install 3. (berendezéssel) equip; furnish: *jól felszerelt* be well equipped 4. (készlettel) stock

felszerelés <fn> 1. (berendezés) equipment; installation; apparatus: *a felszerelés összköltsége* the overall cost of the equipment 2. (irodai) (office) equipment; (konyhai) (kitchen) utensils <tsz>; (lakásé) fixtures <tsz> 3. (turistáé stb.) equipment; outfit 4. (horgászé) (fishing) tackle 5. (sportolóé) (sports) gear/kit/equipment 6. (katonai) outfit; equipment 7. (tartozékok) gear; accessories <tsz> 8. (gépen) fittings <tsz>

félsziget <fn> peninsula

felszín <fn> 1. surface: *A hal feljött a felszínre.* The fish came to the surface. ✶ *Az út felszíne itt igen egyenetlen.* The road surface here is too uneven. 2. (látszat) surface: *a felszín alatt* below the surface

♦ **felszínre hoz vmit** bring✢ sg to light
♦ **felszínre kerül** come✢ to light

felszínes <mn> shallow; superficial

felszíni <mn> surface

felszív <ige> absorb

felszívódik <ige> 1. *(folyadék, orvosság stb.)* be* absorbed 2. biz *(eltűnik)* disappear/vanish into thin air

felszólal <ige> 1. *(gyűlésen stb.)* rise* to speak 2. *(vki/vmi mellett/ellen)* speak* up for/against sy/sg 3. *(vitában stb.)* take* the floor

felszolgál <ige> *(ételt)* serve sg (up); *(asztalnál)* wait at table: *felszolgálja a teát* serve the tea

felszolgáló <fn> *(férfi)* waiter; *(nő)* waitress; *(hajón, repülőgépen)* attendant; steward; *(nő)* stewardess

felszólít <ige> 1. call upon (**vkit vmire** sy to do sg); invite (**vkit vmire** sy to do sg); request (**vkit vmire** sy to do sg): *fizetésre felszólít vkit* request sy to settle one's account 2. *(tanulót)* question

felszólítás <fn> 1. call; invitation; demand 2. *(írásbeli)* warning; notice; *(fizetésre)* demand (for payment): *utolsó felszólítás* the last warning

felszólító mód <fn> nyelvt (the) imperative: *Az ige felszólító módban áll.* The verb is in the imperative.

félt <ige> fear (**vkit/vmit** for sy/sg); be* anxious (**vkit/vmit** about sy/sg); be* worried (**vkit/vmit** about sy/sg): *Féltik a biztonságát.* They fear for her safety.

feltakarít <ige> remove: *feltakarítja a szemetet* remove the rubbish

feltalál <ige> 1. *(újat)* invent: *Bell találta fel a telefont.* Bell invented the telephone. 2. **feltalálja magát** find* one's feet

feltaláló <fn> inventor

feltámad <ige> 1. *(halott)* rise* again from the dead 2. *(szél)* rise*

feltámadás <fn> vall the Resurrection

feltámaszt <ige> 1. *(halottat)* raise* sy from the dead; resurrect 2. *(vmit)* shore sg up; prop sg up

feltankol <ige> *(járművet)* fill up

feltár <ige> 1. *(vmit)* open sg up 2. *(régész vmit)* dig* sg up; excavate 3. *(titkolt dolgot)* disclose; uncover; reveal; *(okokat stb.)* explore 4. *(orvos műtétnél)* expose; approach 5. *(szívét vki előtt)* open one's heart to sy

feltart <ige> 1. *(felemel vkit/vmit)* hold* sy/sg up; raise 2. *(akadályoz)* keep*; detain; hold* up: *Ne haragudj, hogy feltartalak!* Sorry to keep you!

feltartóztat <ige> 1. impede; block; arrest; hold* back 2. *(rabló, támadó)* waylay* 3. *(eseményeket)* stay; stem 4. *(munkában vkit)* keep* sy from work; hinder (**vkit vmiben** sy in sg)

feltárul <ige> 1. *(megnyílik)* open wide 2. *(nyilvánosságra jut)* come* to light; be* revealed 3. *(látvány)* come* into view

feltehető <mn> probable

feltehetően <hsz> presumably

félteke <fn> hemisphere: *az északi félteke* the northern hemisphere

féltékeny <mn> jealous (**vkire/vmire** of sy/sg): *Féltékeny a legjobb barátjára.* He is jealous of his best friend.

féltékenykedik <ige> be* jealous (**vkire** of sy)

Felszólító mód • Imperative

Képzése az angolban igen egyszerű:
a) Második személyben (mind egyes, mind többes számban) a '**to**' nélküli **infinitive**-et használják:
Példák:
Come in! *Gyere be!* ∗ **Turn** off the lights when you leave. *Távozáskor kapcsold le a villanyt!* ∗ **Hurry** up! *Siessetek!* ∗ **Pass** the salt, please. *Légy szíves, add ide a sót!*
(Az angol nem mindig használ felkiáltó jelet.)

b) Tagadó alakban sem túl bonyolult a képzése. Többnyire a '**do**' segédigével történik:
Példák:
Do not (**Don't**) **write** in this book. *Ne írj bele ebbe a könyvbe!* ∗ **Don't** (= **Do not**) **drive** so fast. *Ne hajts olyan gyorsan!*
De lehet másképpen is:
Never open this window. *Sose nyisd ki ezt az ablakot!* ∗ **Never be** late. *Sose késs el!*

c) Első és harmadik személyben (mind egyes, mind többes számban) a '**let**' igével képzi az angol a felszólító módot.
Példák:
Let's (= **Let us**) finish. *Fejezzük be!* ∗ **Let's** (= **Let us**) go for lunch now. *Most menjünk ebédelni!* ∗ **Let's** (= **Let us**) go outside. *Menjünk ki!*

Egyes számban a magyar a **hadd** + *felszólító módot* használja:
Példák:
Let me see it. *Hadd lássam!* ∗ **Let me give** you a few details. *Hadd adjak meg neked néhány részletet!*

d) Tagadó alakban:
Let's (= **Let us**) **not talk** about that. *Erről ne beszéljünk!*

féltékenység <fn> jealousy
felteker <ige> wind✢ up; coil up; roll up; spool
feltép <ige> 1. *(felbont vmit)* rip sg open; tear✢ sg open 2. *(kinyit vmit)* burst✢ sg open
felterjeszt <fn> 1. submit (**vmit vkinek** sg to sy); present (**vmit vkinek** sg to sy) 2. *(vkit előléptetésre stb.)* put✢ sy forward (**vmire** for sg)
feltérképez <ige> map; chart
féltestvér <fn> *(fiú)* half-brother; *(lány)* half-sister
feltesz <ige> 1. put✢ sg on (**vmire** sg) 2. *(felemel vmit)* put✢ sg up; raise: *felteszi a kezét* raise one's hand 3. *(felerősít)* fasten; fix; attach 4. *(magára vesz vmit)* put✢ sg on: *feltesz a kalapját* put on one's hat 5. *(tűzhelyre vmit)* put✢ sg on: *feltesz a levest* put the soup on 6. *(fogad)* stake; wager; bet✢: *Feltett 5000 fontot egy lóra.* He bet £5000 on a horse. 7. *(feltételez)* suppose; presume; assume: *Tegyük fel, hogy eltöri a lábát – mit kell csinálnunk?* Suppose she breaks her leg – what shall we do? ✲ *Felteszem, Ön nem kívánja, hogy elkísérjem.* You don't expect me to accompany you, I presume. ✲ *Feltéve, hogy…* Assuming that… 8. *(kérdést)* put✢; ask; pose: *Feltettem neki egy kérdést.* I put a question to him. ✲ *Feltett nekem egy kérdést.* She asked me a question.
feltétel <fn> condition; term; *(kikötés)* stipulation: *egy feltétellel* on one condition ✲ *Azzal a feltétellel, hogy…* On condition that… ✲ *feltétel nélküli* unconditional ✲ *csatlakozási feltételek (EU)* accession criteria
feltételes <mn> conditional: *feltételes ajánlat* a conditional offer
feltételes mód <fn> nyelvt (the) conditional: *Tedd feltételes módba!* Put it in the conditional!
feltételez <ige> suppose; assume; presume; expect: „*Mit csinál?*" „*Feltételezem, hogy a házi feladatát.*" 'What is she doing now?' 'I suppose she is doing her homework.' ✲ *Nincs okom feltételezni, hogy…* I have no reason to suppose that… ✲ *Feltételezem, hogy beteg voltál.* I assume you were ill. ✲ *Feltételezem, hogy szomjas vagy.* I expect you are thirsty.
feltételezés <ige> assumption; supposition: *jogos feltételezés* a reasonable assumption
feltétlen <mn> absolute; unconditional; unquestioning: *feltétlen bizalom* unquestioning belief
feltétlenül <hsz> absolutely; by all means; *(válaszként)* certainly; sure; surely
feltéve <hsz> supposing; provided; providing: *A kertben fogunk ünnepelni, feltéve, hogy az idő elég meleg.* We shall celebrate in the garden provided that the weather is warm enough.
feltevés <fn> *(feltételezés)* supposition; assumption; *(logikai)* premise
feltölt <ige> 1. fill; fill up: *Feltöltöttem a tartályt üzemanyaggal.* I filled the tank with fuel. 2. *(utántölt)* top up; refill 3. *(mélyedést)* bank up 4. *(akkut)* charge; recharge: *Az akkut fel kell tölteni.* The battery is to be charged. 5. *(áruval)* stock 6. *(telefonkártyát stb.)* recharge 7. infor upload
feltör <ige> 1. *(héjat, burkot)* crack: *Próbáld feltörni a mogyorót az ujjaid közt!* Try to crack the peanuts between your fingers. 2. *(erőszakkal vmit)* break✢ sg open; force sg open; prise sg open 3. *(víz)* well up; spout 4. *(ember bőrét)* chafe; blister: *A cipő feltörte a lábát.* The shoes blistered his feet.
feltörekvő <mn> ambitious; up-and-coming
feltöröl <ige> *(vmit)* mop sg up; wipe sg up
feltúr <ige> 1. *(földet)* grub sg up; dig✢ sg up 2. *(átkutat)* rummage: *Feltúrta az összes fiókot.* She rummaged through all the drawers.
feltűnés <fn> 1. *(felbukkanás)* appearance; coming into sight 2. *(szenzáció)* sensation; stir: *feltűnést kelt vmivel* cause a sensation by sg ✲ *feltűnés kelt* cause/create/make a stir
feltűnik <ige> 1. *(felbukkan)* emerge; appear; come✢ into sight 2. *(feltűnést kelt)* strike✢ the eye; be✢ striking
feltűnő <mn> striking; conspicuous; prominent; *(öltözet)* brash; loud: *feltűnő jellegzetesség* striking feature ✲ *a táj feltűnő jellegzetességei* prominent features of the landscape ✲ *feltűnő helyen* in a prominent position
feltüntet <ige> 1. show✢; indicate 2. make✢ sy/sg appear (**vminek/vmilyennek** as sg)
feltűr <ige> *(ingujjat)* roll up
felugrik <ige> 1. *(ültéből)* jump up; leap✢ up 2. biz drop in (**vkihez** on sy)
felújít <ige> 1. *(épületet, lakást)* renovate; restore 2. *(színdarabot)* revive: *felújít egy színdarabot* revive a play 3. *(barátságot stb.)* renew: *felújítja az ismeretséget vkivel* renew one's acquaintance with sy
félúton <hsz> halfway; midway: *félúton találkozik vkivel* meet sy halfway ✲ *Az iskolába menet félúton találkoztam a barátommal.* Halfway to school I met my friend. ✲ *London és Brighton között félúton* midway between London and Brighton
felüdít <ige> refresh; revive; perk up: *Egy csésze tea fel fog üdíteni.* A cup of tea will revive you.
felügyel <ige> 1. look after (**vkire/vmire** sy/sg); take✢ care of (**vkire/vmire** sy/sg); mind (**vkire/**

vmire sy/sg); supervise (**vkire/vmire** sy/sg) **2.** *(vizsgán)* invigilate; AmE proctor

felügyelet <fn> **1.** supervision: *vki felügyelete alatt áll* be under the supervision of sy **2.** *(irányítás)* control

felügyelő <fn> **1.** supervisor; superintendent **2.** *(rendőr)* (police) inspector **3.** *(vizsgán)* invigilator; AmE proctor **4.** *(ellenőr)* inspector

¹**felül** <ige> **1.** *(fektéből)* sit⁺ up **2.** *(kerékpárra, lóra)* mount; get⁺ on **3.** *(vonatra)* get⁺ on **4.** biz be⁺ taken in (**vkinek** by sy); be⁺ duped (**vkinek** by sy): *Nem tudom elhinni, hogy felült neki.* I can't believe she was taken in by him.

²**felül** <hsz> **1.** *(magasban lévő helyen)* above; over; overhead: *felülről* from above **2.** *(vminek a tetején)* on top; at the top

³**felül** <nu> *(mennyiségben)* over; upwards (of): *2000 Ft-on felül* over 2000 forints

felület <fn> surface; *(bevonat)* finish: *egyenetlen felület* an uneven surface * *sík/sima felület* even surface

felületes <mn> **1.** *(ember)* superficial; shallow **2.** *(tudás)* superficial **3.** *(munka)* perfunctory; slapdash

felüli <mn> over; above: *18 éven felüliek* persons above/over 18 years * *Munkája átlagon felüli.* His work is above average.

felüljáró <fn> overhead bridge/crossing; flyover; AmE overpass; *(csak gyalogosoknak)* footbridge

felülkerekedik <ige> **1.** *(nehézségen)* overcome **2.** get⁺ the upper hand (**vkin** over sy)

felülmúl <ige> *(túltesz)* surpass; outdo⁺; outshine⁺; outclass: *felülmúlja önmagát* surpass oneself * *Nem akarta, hogy bárki felülmúlja.* He didn't want to be outdone by anyone.

felülmúlhatatlan <mn> unsurpassable; unbeatable; unrivalled; AmE unrivaled

felülnézet <fn> view from above

felültet <ige> **1.** *(vkit)* help sy sit up **2.** seat sy on (**vhova** sg) **3.** biz *(rászed)* make⁺ a fool (**vkit** of sy); take⁺ sy in

felülvizsgál <ige> **1.** revise; re-examine; examine **2.** *(számlát)* check **3.** *(ítéletet, döntést stb.)* review; reconsider; re-examine: *Minden döntésünket gondosan felülvizsgálta.* He carefully reviewed all the decisions we made. **4.** *(gépet)* check; examine **5.** gazd audit

felüt <ige> **1.** *(kinyit)* open: *felüti a könyvet találomra* open the book at random **2.** *(tojást)* break⁺

felvág <ige> **1.** *(darabokra vmit)* cut⁺ sg up; chop; *(szeletekre vmit)* cut⁺ sg into slices; slice sg up; carve; *(húst főzés előtt)* joint: *felvágja a fát* cut up the wood **2.** *(vágva felnyit vmit)* cut⁺ sg open **3.** biz *(kérkedik)* show⁺ off; swagger; crow; swank: *Felvágott az új nadrágjával.* She showed off her new trousers.

felvágós <mn> biz uppity; swanky

felvágott <fn> cold cuts <tsz>

felvált <ige> **1.** replace (**vkit/vmit** sy/sg) **2.** *(helyébe lép)* succeed; follow **3.** *(munkahelyen)* relieve: *Szolgálatban vagyok hatig, utána felvált Anna.* I'm on duty until 6 and then Anna is coming to relieve me. **4.** *(pénzt)* change; break⁺: *felvált egy százdollárost* change a $100 note

felváltva <hsz> alternately; by turns: *felváltva csinálnak vmit* take turns at doing sg

felvarr <ige> *(vmit)* sew⁺ sg on: *felvarr egy gombot a ruhára* sew a button on a dress

felvásárol <ige> *(vmit)* buy⁺ sg up

felvázol <ige> **1.** *(megrajzol)* sketch; outline **2.** *(röviden ismertet vmit)* sketch sg out; outline: *Felvázolta mit fogok csinálni.* He outlined what I would be doing.

felver <ige> **1.** *(felállít)* put⁺ up; *(sátrat)* pitch **2.** *(habbá)* whip; whisk; *(tojást)* beat⁺ (up): *Felvernéd nekem a krémet?* Could you whip the cream for me? **3.** *(felriaszt)* awaken; rouse; wake⁺ up **4.** *(vadat)* start; rouse; beat⁺ **5.** *(árat)* force sg up; send⁺ sg up

félvér <fn> *(ember; állat)* half-breed

felvesz <ige> **1.** *(felemel vkit/vmit)* pick sy/sg up; take⁺ sy/sg up; lift sy/sg up; *(csöngő telefont)* answer: *Lehajoltam és felvettem a kulcsomat.* I bent down and picked up my key. * *Felvette a telefont és hívta a barátját.* She picked up the telephone and called her friend. * *felveszi a telefont* answer the phone **2.** *(magára vmit)* put⁺ sg on; pull sg on: *felveszi a cipőjét* put one's shoes on * *Hideg volt, úgyhogy felvettem a kabátomat.* It was cold so I put on my coat. **3.** *(nevet, szokást stb.)* adopt; *(állampolgárságot)* assume: *felveszi az amerikai állampolgárságot* assume/take American citizenship **4.** *(magába szív vmit)* take⁺ sg up; absorb **5.** *(járműbe vkit)* give⁺ sy a lift; *(vonat stb. utast)* pick sy up **6.** *(kurzust)* take⁺ on; join **7.** *(pénzt)* collect; *(számláról)* draw⁺; withdraw⁺; *(hitelt)* take⁺ out **8.** *(munkahelyre)* engage; employ; take⁺ on; *(iskolába, egyetemre)* admit; *(tagként társaságba stb.)* admit: *Felvették az egyetemre.* He was admitted to the university. **9.** *(rögzít)* record; *(magnóra)* tape; record; *(videóra)* tape; video; record on videotape: *Felvennéd a ma esti koncertet?* Will you tape tonight's concert for me? **10.** *(adatokat feljegyez)* take⁺ sg down **11.** *(katalógusba, jegyzékbe)* enter; include **12.** *(leltárba)* take⁺ an inventory (**vmit** of sg)

felvet <ige> **1.** *(felszínre)* cast✣ up **2.** *(gondolatot stb.)* bring✣ sg up; raise; suggest; pose: *felvet egy kérdést/gondolatot* raise an issue ✴ *Egy fontos kérdést fogok felvetni az ülésen.* I will raise an important question on the session. ✴ *új tervet vet fel* suggest a new plan

felvétel <fn> **1.** *(állásba)* employment; hiring; *(egyetemre, testületbe stb.)* admission: *felvételre jelentkezik* apply for admission **2.** *(film)* shooting: *külső felvétel* shooting on location **3.** *(fénykép)* photograph; biz photo; biz snapshot: *légi felvétel* aerial photograph **4.** *(kép, hang)* recording: *digitális felvétel* digital recording **5.** *(pénzé)* withdrawal **6.** *(adatoké)* inclusion; entering; entry

¹**felvételi** <mn> entrance; admission: *felvételi vizsga* entrance exam(ination) ✴ *Melyek a felvételi vizsga minimális követelményei?* What are the minimum entrance requirements?

²**felvételi** <fn> entrance examination

felvételizik <ige> sit✣ for the entrance examination

felvidít <ige> *(vkit)* cheer sy up

felvidul <ige> cheer up

felvilágosít <ige> **1.** inform (**vkit vmiről** sy about sg); enlighten (**vkit vmiről** sy about/on sg); apprise (**vkit vmiről** sy of sg) **2.** *(szexuális kérdésekről vkit)* teach✣ sy the facts of life

felvilágosítás <fn> **1.** *(tájékoztatás)* information; instruction; *(iroda, ablak)* information (desk); inquiries <tsz>: *felvilágosítást kér vmiről* ask for information about sg ✴ *Kérem, adjon felvilágosítást az európai utakkal kapcsolatosan!* Please give me some information about trips to Europe. **2.** *(szexuális)* sexual education

felvilágosodás <fn> enlightenment

felvilágosult <mn> enlightened

felvillan <ige> **1.** *(fény)* flash; gleam; glint **2.** *(felötlik)* strike✣; flash: *felvillan egy gondolat az agyában* a thought flashes through one's mind

felvillanyoz <ige> lift; thrill; electrify; galvanize: *A hír felvillanyozott minket.* The news lifted our spirits.

felvirágzik <ige> thrive✣; prosper; boom; flourish

felvisz <ige> **1.** *(vkit/vmit)* carry sy/sg up; take✣ sy/sg up **2.** *(járművel vkit)* drive✣ sy (**vhova** swhere); take✣ sy (**vhova** swhere) **3.** *(út felvezet)* lead✣ up (**vhova** to sg) **4.** *(felken)* apply

felvon <ige> *(vitorlát, zászlót)* hoist; raise

felvonás <fn> szính act: *Ennek a darabnak minden felvonása két jelenetből áll.* This play has two scenes in each act.

felvonó <fn> lift; AmE elevator

felvonul <ige> *(felvonuláson)* march

felvonulás <fn> **1.** *(ünnepélyes)* procession; march; parade **2.** *(tüntetés)* demonstration

felzaklat <ige> upset✣; unsettle

felzárkózik <ige> catch up (**vkihez/vmihez** with sy/sg)

felzúdulás <fn> outcry; indignation

fém <fn> metal: *egy darab fém* a piece of metal ✴ *fémből készült* made of metal

fémes <mn> metallic

fen <ige> hone; sharpen

fene <fn> biz, szl hell: *A fenébe!* The hell! ✴ *A fenébe, elvesztettem a kulcsaimat!* Oh hell, I've lost my keys!

♦ **A fene egye meg!** biz Damn it! ♦ **Menj a fenébe!** biz Go to hell!

fenék <fn> **1.** bottom: *a táskám fenekén* in the bottom of my bag **2.** *(emberé)* bottom; biz behind; biz bum: *A fenekemre estem.* I fell on my bottom. **3.** *(természetes vízé)* floor: *az óceán feneke* the ocean floor **4.** biz *(ruhadarabé)* seat

♦ **nagy feneket kerít vminek** biz be✣ too circumstantial about sg

fenevad <fn> **1.** *(vadállat)* (wild) beast **2.** *(ember)* brute; savage

fenn <hsz> **1.** above; up; *(magasban)* high up; *(emeleten)* upstairs: *ott fenn up* there ✴ *Van egy papírsárkány magasan fenn az égen.* There is a kite high up in the sky. ✴ *fenn van az emeleten* be upstairs **2.** *(ébren)* up: *fenn marad* stay up **3.** *(víz felszínén)* on the surface: *fenn marad* stay on the surface

fennakad <ige> **1.** *(beleakad)* get✣ caught; get✣ stuck **2.** *(megütközik vmin)* find✣ fault with sg **3.** *(megakad)* stop; come✣ to a standstill

fennakadás <fn> **1.** *(megállás)* stoppage; *(kisebb)* a slight hitch; hiccup **2.** *(forgalomé)* traffic jam

fennáll <ige> **1.** *(létezik)* exist; be✣ in existence **2.** *(érvényben van)* be✣ valid

fennállás <fn> existence: *fennállása óta* since its foundation/establishment

fennhatóság <fn> authority; supremacy: *vki fennhatósága alatt* under sy's authority

fennhéjázó <mn> cocky; haughty; arrogant

fennmarad <ige> **1.** *(utókor számára)* survive; remain **2.** *(mennyiség)* be✣ left over; remain

fennmaradó <mn> remaining

fennsík <fn> plateau (tsz: plateaux v. AmE plateaus)

fenntart <ige> **1.** *(víz színén)* keep✣ afloat **2.** *(lefoglal)* reserve: *Ezek a székek a mozgáskorlátozottak számára vannak fenntartva.* These seats are reserved for the disabled. **3.** *(megőriz)* keep✣ up; maintain: *barátságot tart fenn vkivel* keep up a friendship with sy ✴ *fenntartja a látszatot* keep up appearances **4.** *(eltart)* sup-

fenntartás <fn> **1.** *(családé)* support; keeping **2.** *(intézményé)* maintenance **3.** *(rendé)* maintenance **4.** *(feltétel)* reservation: *fenntartás nélkül elfogad vmit* accept sg without reservation ∗ *fenntartással* with reservations

fenntartó <fn> maintainer; preserver

fenséges <mn> majestic; magnificent

fent <hsz> **1.** above; up; *(magasban)* high up; *(emeleten)* upstairs: *fentről* from above ∗ *Fent van a hold.* The moon is up. ∗ *A falu fent van a hegyen.* The village is up in the mountain. ∗ *Van egy papírsárkány magasan fent az égen.* There is a kite high up in the sky. ∗ *fent van az emeleten* be upstairs **2.** *(ébren)* up: *fent marad* stay up ∗ *Éjfélig fent voltam.* I was up till midnight. **3.** *(víz felszínén)* on the surface: *fent marad* stay on the surface **4.** *(szövegben)* above: *fent említett* above-mentioned ∗ *mint már fent említettük* as was stated above

fenti <mn> **1.** *(fent lévő)* above: *Tedd ezt a fenti polcra.* Put it on the shelf above. ∗ *Ha nyomtatni kívánsz, klikkelj a fenti ikonra!* If you want to print just click on the icon above. **2.** *(előbb említett)* the above (mentioned): *a fenti példa* the above example

fény <fn> **1.** *(világosság)* light: *a nap fénye* the light of the sun ∗ *halvány fény* a faint light ∗ *gyenge fény* a feeble light **2.** *(ragyogás)* glitter; sparkle; shine; gloss **3.** *(pompa)* pomp; splendour; AmE splendor
♦ **vminek fényében** in the light of sg

fényár <fn> flood of light: *fényárban úszó* floodlit; brilliantly illuminated

fénycsóva <fn> beam of light

fénycső <fn> fluorescent light/lamp; strip light

fenyeget <ige> **1.** threaten (**vkit vmivel** sy with sg); menace (**vkit vmivel** sy with sg): *Azzal fenyegettek, hogy beperelnek, ha nem írjuk alá a szerződést.* They threatened to sue if we didn't sign the contract. **2.** *(veszély)* threaten; loom; menace: *Olajszennyeződés fenyegette a partot.* An oil slick threatened the cost.

fenyegetés <fn> threat; menace: *üres fenyegetések* idle threats

fenyegető <mn> **1.** *(fenyegetést kifejező)* threatening; menacing **2.** *(veszély)* threatening; impending; imminent

fenyegető(d)zik <ige> threaten (**vmivel** with sg)

fényérzékeny <mn> light-sensitive; photosensitive: *nem fényérzékeny* insensitive to light

fényes <mn> **1.** *(fénnyel teli)* bright; shining; radiant; lustrous: *fényes csillag* a bright star ∗ *hosszú fényes haj* long lustrous hair **2.** *(fényesített)* shiny; polished **3.** *(nagyszerű)* brilliant; bright; splendid; magnificent: *fényes jövő áll előtte* have a bright future **4.** *(győzelem)* glorious: *fényes győzelem* a glorious victory

fényesít <ige> polish; rub; shine*; wax

fényesség <fn> brightness; luminosity

fényév <fn> light year

fényez <ige> **1.** *(lakkal stb.)* varnish; lacquer **2.** *(csiszolással)* polish **3.** *(autót)* spray

fényezés <fn> **1.** *(felület)* varnish; gloss; *(bútoron)* gloss finish; varnish **2.** *(autóé)* paintwork

fényforrás <fn> source of light

fenyítés <fn> punishment: *testi fenyítés* corporal punishment

fényjel(zés) <fn> light signal

fénykép <fn> photograph; biz photo; biz snapshot: *fényképet készít vkiről/vmiről* take a photograph of sy/sg

fényképész <fn> photographer

fényképez <ige> photograph (**vkit/vmit** sy/sg); take* a picture/photograph (**vkit/vmit** of sy/sg)

fényképezőgép <fn> camera: *filmet tesz a fényképezőgépbe* load film into the camera

fénykor <fn> golden age; great age; heyday: *fénykorában* in his heyday

fénylik <ige> **1.** *(világít)* shine* **2.** *(ragyog)* gleam; glitter glisten

fénymásol <ige> photocopy; xerox

fénymásolás <fn> photocopying; xeroxing

fénymásolat <fn> photocopy; xerox: *fénymásolatot készít vmiről* make a photocopy of sg

fénymásoló <fn> photocopier xerox machine

fenyő <fn> **1.** *(élő)* pine; fir **2.** *(anyag)* pine

fenyőfa <fn> **1.** *(élő)* pine (tree); fir (tree) **2.** *(anyag)* pine (wood): *fenyőfa asztal* a pine table

fénypont <fn> **1.** *(pályáé)* acme; zenith **2.** *(műsoré stb.)* highlight; climax: *az előadás fénypontja* the highlight of the performance

fényreklám <fn> neon sign

fénysebesség <fn> velocity of light; speed of light

fénysorompó <fn> közl flashing lights <tsz>

fénysugár <fn> beam of light; ray of light; shaft of light

fényszóró <fn> gk headlight

fénytan <fn> optics <esz>

fénytelen <mn> dim; dull; lustreless; AmE lusterless
fényűzés <fn> luxury
fényűző <mn> luxurious
fenyves <fn> pine forest
fényvisszaverő <mn> reflective; reflecting
fér <ige> 1. go✧ into (**vhova** sg); get✧ into (**vhova** sg): *Sok fér bele ebbe a táskába.* You can get a lot into this bag. 2. have✧ access (**vmihez** to sg)
ferde <mn> slanting; oblique; inclined; crooked; askew
ferdén <mn> obliquely; askew; slantwise; AmE slantways
féreg <fn> 1. *(puha testű gerinctelen állat)* worm 2. *(kártevő)* insect; vermin 3. *(kukac)* worm 4. pej *(undorító alak)* vermin
¹**férfi** <mn> male; men's: *férfi jelentkező* a male applicant ✶ *férfi páros* sp men's doubles ✶ *férfi WC/toalett* men's room
²**férfi** <fn> man (tsz: men); *(úr)* gentleman (tsz: gentlemen): *magas férfi* a tall man ✶ *nyolc férfi és hat nő* eight men and six women ✶ *férfiak (illemhelyen)* gents; gentlemen
férfias <mn> masculine; manly: *férfias hang* a manly voice
férfiasság <fn> masculinity; manliness
férfidivat <fn> 1. men's fashion 2. *(áru)* menswear
férfifodrász <fn> men's hairdresser; barber
férfihang <fn> male voice
férfinév <fn> man's name; male name
férfiszabó <fn> tailor
férges <mn> wormy; verminous
férj <fn> husband: *férjhez megy* get married ✶ *férjnél van* she is married ✶ *a volt férje* her ex-husband ✶ *az előző férje* her former husband
férjes <mn> married
férőhely <fn> 1. space; room 2. *(szállás)* accommodation
fertőtlenít <ige> disinfect; *(műszert)* sterilize; BrE sterilise
fertőtlenítés <fn> disinfection; *(műszeré)* sterilization; BrE sterilisation
fertőtlenítőszer <fn> antiseptic; disinfectant
fertőz <ige> *(betegség(gel))* infect; be✧ infectious
fertőzés <fn> infection: *immunitás fertőzéssel szemben* immunity to infection
fertőző <mn> infectious; contagious: *fertőző betegség* an infectious disease
fertőzött <mn> infected
fest <ige> 1. *(képet)* paint 2. *(falat stb.)* paint; decorate: *A régi kerítést feketére kell festenem.* I have to paint the old fence black. 3. *(hajat, szövetet stb. színez)* dye; stain: *Szőkére festette a haját.* She dyed her hair blond. 4. *(smin-*

kel) make✧ up 5. **festi magát** use make-up 6. *(kifest)* colour; AmE color 7. *(kinéz)* look: *jól fest* look great
festék <fn> 1. paint: *A festék még nem száradt meg.* The paint isn't dry yet. 2. *(vízfesték)* watercolour; AmE watercolor 3. *(hajra, szövetre stb.)* dye; stain 4. *(arcra alapozó)* make-up
festékesdoboz <fn> 1. *(festékkészlet)* paintbox 2. *(henger alakú)* tin of paint; can of paint
festékréteg <fn> coating; coat of paint
festés <fn> 1. painting 2. *(mázolás)* painting; decorating; decoration 3. *(hajé, szöveté stb.)* dyeing
festészet <fn> painting: *a festészet, a tánc és egyéb művészeti ágak* painting, dancing and other arts
festett <mn> 1. painted; coloured; AmE colored 2. *(haj)* dyed 3. *(üveg)* stained 4. *(arc)* made-up
festmény <fn> painting; picture: *Mi a címe ennek a festménynek?* What is the title of this painting?
festő <fn> 1. *(művész)* painter; artist: *világhírű festő* a world-famous painter 2. *(szobafestő)* painter; decorator
festőállvány <fn> easel
festői <mn> *(látványos)* picturesque
festőművész <fn> painter; artist
fésű <fn> comb
fésül <ige> comb
fésülködik <ige> comb one's hair
feszeget <ige> 1. *(bezárt dolgot)* try to force sg open 2. *(firtat)* harp on (**vmit** about sg)
fészek <fn> 1. *(állaté)* nest: *fészket rak* build a nest 2. *(családi fészek)* nest 3. *(búvóhely)* nest; lair
feszélyez <ige> embarrass
fészer <fn> shed
feszes <mn> 1. tight: *A csomó túl feszes.* The knot is too tight. 2. *(kifeszített)* taut 3. *(testhezálló)* close-fitting; tight 4. *(tartás)* erect 5. *(merev)* stiff
feszít <ige> 1. stretch; tighten 2. *(izmot)* tense
feszítővas <fn> crowbar; jemmy; AmE jimmy
fészkel <ige> nest; build✧ a nest
fesztelen <mn> relaxed; uninhibited; easy; *(kötetlen)* informal
fesztivál <fn> festival
feszül <ige> 1. tighten; stiffen 2. *(ruhadarab)* fit tightly
feszület <fn> crucifix
feszült <mn> 1. strained; tense; tight: *A tömeg feszülten várakozott.* The crowd was tense with expectancy. ✶ *feszült légkör* a strained atmosphere 2. *(izom stb.)* tense
feszültség <fn> 1. *(lelkiállapot)* tension; stress 2. *(helyzet)* tension; friction: *politikai feszült-*

ség political tension/friction **3.** *(elektromos) voltage*: *hálózati feszültség* mains voltage
fetreng <ige> wallow (**vmiben** in sg): *fetreng a sárban* wallow in the mud
feudális <mn> feudal
feudalizmus <fn> feudalism
fia <fn> son: *Van két fiunk és egy lányunk.* We have got two sons and a daughter.
¹fiatal <mn> young; youthful: *fiatal férfi* a young man * *fiatalabb vkinél* be younger than sy
²fiatal <fn> youth; young person: *négy fiatal* four youths * *a fiatalok* the youth * *a mai fiatalok* the youth of today
fiatalasszony <fn> young woman (tsz: young women)
fiatalember <fn> young man (tsz: young men): *sokat ígérő fiatalember* a likely young man
fiatalít <ige> rejuvenate
fiatalkor <ige> youth: *fiatalkoromban* in my youth; when I was young
fiatalkori <mn> youthful
fiatalkori bűnözés <fn> juvenile delinquency
¹fiatalkorú <mn> juvenile; teenage; jog underage: *fiatalkorú bűnöző* juvenile delinquent/offender
²fiatalkorú <fn> juvenile; teenager
fiatalos <mn> youthful; young-looking: *fiatalos édesanya* young-looking mother
fiatalság <fn> **1.** *(fiatalkor)* youth: *élvezi a fiatalságát* enjoy one's youth * *Itt töltöttem a fiatalságomat.* I spent my youth here. **2.** *(fiatalok)* the youth; young people: *városom fiatalsága* the youth of my town
ficam <fn> dislocation
fickó <fn> biz fellow; guy; chap: *mindenre elszánt fickó* a desperate fellow
figura <fn> **1.** figure **2.** *(szereplő)* character; figure **3.** biz *(személy)* figure; fellow; guy **4.** *(játékban)* piece; *(sakkban)* man (tsz: men)
figyel <ige> **1.** listen (**vkire/vmire** to sy/sg); attend (**vkire/vmire** to sy/sg); pay* attention (**vmire** to sg): *nagy érdeklődéssel figyel* listen with great interest * *Elnézést, nem figyeltem igazán!* Sorry, I wasn't really listening. * *Ide figyelj!* Look (here)! **2.** *(vigyáz)* watch (**vkire/vmire** sy/sg); keep* a close watch (**vkire/vmire** on sy/sg); look after (**vkire/vmire** sy/sg): *figyel a gyerekre* keep a close watch on the child **3.** *(megfigyel)* observe (**vkit/vmit** sy/sg); watch (**vkit/vmit** sy/sg); monitor (**vmit** sg): *Figyelik őt.* He is being watched.
figyelem <fn> **1.** *(érdeklődés)* attention; notice: *a figyelmét ráirányítja vmire* draw sy's attention to sg * *leköti vki figyelmét* engage sy's attention * *vki figyelmét felhívja vmire* call sy's attention to sg **2.** *(figyelembevétel)* attention; regard; notice: *Hagyd figyelmen kívül, amit mondtam.* Take no notice of what I told you. **3.** *(figyelmesség)* thoughtfulness; attention; consideration; respect: *vki iránti figyelemből* out of consideration for sy
figyelmes <mn> **1.** *(figyelő)* attentive; observant: *figyelmes közönség* an attentive audience **2.** *(udvarias)* attentive; thoughtful; considerate: *Igazán nagyon figyelmes volt, hogy hazavitt bennünket.* It was really thoughtful of him to take us home by car.
figyelmetlen <mn> **1.** *(nem figyelő)* inattentive; careless; reckless **2.** *(mások iránt)* inconsiderate; thoughtless
figyelmeztet <ige> **1.** *(figyelmet felhív)* draw* sy's attention (**vmire** to sg); *(bizalmasan)* tip sy off (**vmire** about sg) **2.** *(vigyázatra int)* warn (**vkit** sy); caution (**vkit** sy): *Figyelmeztettem a fiamat, hogy…* I warned my son that… * *Figyelmeztettem, hogy el ne késsen.* I warned her not to be late. * *Folyton figyelmeztet, de én sosem hallgatok rá.* She keeps warning me, but I never listen to her. **3.** *(emlékeztet)* remind (**vkit vmire** sy about/of sg): *Figyelmeztess, hogy ki kell mennem az állomásra 2 órakor!* Remind me to go to the station at 2 o'clock.
figyelmeztetés <fn> **1.** *(figyelemfelhívás)* warning; notice: *Az orvosságosdobozon figyelmeztetés olvasható.* There is a warning on the packet of medicines. * *előzetes figyelmeztetés nélkül* without previous notice **2.** *(intés)* warning; notice **3.** *(emlékeztető)* reminder
figyelmeztető <mn> warning; reminding
fikció <fn> fiction
fiktív <mn> fictitious
filc <fn> felt
filctoll <fn> **1.** felt-tip (pen) **2.** *(kiemelő)* highlighter
filé <fn> fillet; AmE filet
filharmonikusok <fn> philharmonic orchestra
fillér <fn> **1.** *(kevés pénz)* penny (tsz: pence v. pennies); cent: *Egy fillérem sincs.* I haven't got a penny/cent. **2.** *(váltópénz)* fillér
film <fn> **1.** *(szalag)* film **2.** *(alkotás)* film; picture; AmE movie: *filmet forgat* shoot a film * *unalmas film* a dull film **3.** *(művészet)* the cinema; AmE the movies <tsz> **4.** *(réteg)* film
filmbemutató <fn> **1.** *(első előadás)* film premiere **2.** *(előzetes)* preview
filmes <fn> film-maker; AmE filmmaker
filmez <ige> *(forgat)* film; shoot* a film
filmfelvétel <fn> shot; take
filmfesztivál <fn> film festival
filmforgatás <fn> shooting
filmgyár <fn> film studio

filmgyártás <fn> filmmaking
filmhét <fn> film week
filmrendező <fn> director
filmstúdió <fn> film studio
filmsztár <fn> film star
filmvászon <fn> screen
filmvetítés <fn> screening
filmvígjáték <fn> comedy
filozofál <ige> philosophize
filozófia <fn> philosophy
filozófiai <mn> philosophical
filozófus <fn> philosopher
filter <fn> 1. *(szűrő)* filter 2. *(cigarettán)* filter tip
finálé <fn> finale
finanszíroz <ige> finance; *(támogat)* sponsor
fing <fn> biz, vulg fart
fingik <ige> biz, vulg fart
finis <fn> sp finish
¹finn <mn> Finnish
²finn <fn> 1. *(személy)* Finn; Finlander 2. *(nyelv)* Finnish
Finnország <fn> Finland
finnugor <mn> nyelvt Finno-Ugric; Finno-Ugrian
finom <mn> 1. *(jóízű)* delicious; fine: *finom leves* a delicious soup 2. *(sima, puha)* soft: *csoda szép finom bőre van* have beautiful soft skin 3. *(vékony)* fine 4. *(apró szemcséjű)* fine: *finom homok* fine sand 5. *(kecses)* graceful; dainty 6. *(gyengéd)* gentle; mild: *Erős, de finom jellem.* She has a strong but gentle character. 7. *(kifinomult)* refined 8. *(apró)* subtle 9. *(előkelő)* elegant; distinguished
finomít <ige> 1. *(anyagot)* purify; refine 2. *(fejleszt)* refine; improve 3. *(simábbá tesz)* polish
finomító <fn> refinery
finomság <fn> 1. fineness 2. *(árnyalat)* subtlety 3. *(étel)* delicacy 4. *(tisztasági fok)* purity
fintor <fn> grimace
finnyás <mn> choosy; fussy; squeamish; fastidious
fiók <fn> 1. *(bútoré)* drawer: *matat a fiókban* fumble in a drawer * *kivesz egy tollat a fiókból* take out a pen from the drawer 2. *(kirendeltség)* branch: *A banknak egész Európában vannak fiókjai.* The bank has branches all over Europe.
fióka <fn> nestling
fiókintézet <fn> branch
firkál <ige> scribble; scrawl
fitnesz <fn> fitness
fitneszszalon <fn> fitness centre
fitogtat <ige> pej show✧ off; flaunt; parade: *Mindig fitogtatja a tudását.* He is always showing off his knowledge.

fitt <mn> fit
fitying <fn> farthing; button
  ♦ **egy fityingje sincs** biz not have✧ a bean
fityma <fn> foreskin
fiú <fn> 1. boy; biz lad: *Ez egy lány, nem fiú.* This is a girl, not a boy. 2. *(vkinek a gyermeke)* son: *apáról fiúra* from father to son 3. *(vkinek a kedvese)* boyfriend; AmE date
fiús <mn> boyish
fiútestvér <fn> brother
fivér <fn> brother
fix <mn> fixed
fizet <ige> 1. pay✧ **(vmiért** for sg): *100 forintot fizet a kenyérért* pay 100 forints for the bread * *készpénzzel fizet* pay in cash * *szállításkor fizet az áruért* pay for goods on delivery 2. *(adósságot)* settle 3. *(étteremben)* settle the bill 4. *(munkáért stb.)* pay✧ **(vkinek vmit** sy sg for sg): *A főnök havonta fizet az alkalmazottainak.* The boss pays his employes monthly. 5. *(bűnhődik)* pay✧ **(vmiért** for sg): *nagy árat fizet vmiért* pay a heavy price for sg
fizetés <fn> 1. *(cselekvés)* payment: *fizetést eszközöl* effect payment 2. *(adósságé)* settlement 3. *(bér)* salary; pay; wages <tsz>: *tekintélyes fizetés* respectable salary * *Az ő fizetése az én fizetésem kétszerese.* His pay is double my pay.
fizetésemelés <fn> rise; AmE raise: *fizetésemelést kér* ask for a rise * *fizetésemelést kap* get a rise
fizetésképtelen <mn> bankrupt; insolvent
fizetetlen <mn> unpaid; *(tartozás)* unsettled: *fizetetlen munka* unpaid work
fizetőeszköz <fn> currency: *külföldi fizetőeszköz* foreign currency
fizetőképes <mn> solvent
fizika <fn> physics <esz>: *fizika szakos hallgató* physics student
fizikai <mn> physical: *fizikai fáradtság* physical fatigue
fizikai dolgozó <fn> manual worker; blue-collar worker
fizikatanár <fn> teacher of physics
fizikum <fn> physique; constitution: *erős fizikumú* have a strong constitution
fizikus <fn> physicist
fizioterápia <fn> orv physiotherapy
fjord <fn> fjord
flakon <fn> bottle; flacon
flanel <fn> flannel: *flanel ing* a flannel shirt
flóra <fn> flora
flotta <fn> fleet
flörtöl <ige> flirt **(vkivel** with sy)
foci <fn> football; soccer: *Kiemelkedett fociban.* He excelled at football.

focista <fn> football player; footballer: *Amatőr focista.* He is an amateur footballer.
focizik <ige> play football; play soccer: *Régebben focizott.* He used to play football. ∗ *A családom minden tagja szeret focizni.* All my family enjoy playing football.
fodor <fn> **1.** *(ruhán)* frill; ruffle **2.** *(vízen)* ripple
fodrász <fn> hairdresser; *(borbély)* barber
fodrászat <fn> **1.** *(mesterség)* hairdressing **2.** *(üzlet)* hairdresser's; *(férfi)* barber's
fodros <mn> **1.** *(ruha)* frilled; frilly; ruffled **2.** *(víz)* ripply **3.** *(felhő)* fleecy
¹fog <ige> **1.** *(tart)* hold✧ **2.** *(kézbe vesz, megragad)* take✧; seize; grasp; catch✧: *Fogd a kezem, és sétálj velem!* Just take my hand and walk with me. **3.** *(zsákmányol)* catch✧: *Fogott egy halat.* He caught a fish. **4.** *(rádión, tévén)* get✧; receive **5.** *(nekilát vmihez)* begin✧ to do sg; start doing sg **6.** *(színt ereszt)* stain **7.** *(írószer)* write✧: *Nem fog ez a toll.* This pen won't write. **8.** *(megvádol vkit vmivel)* impute sg to sy: *A tanárra fogták a hibát.* They imputed the error to the teacher. **9.** *(pl. fegyvert vkire)* point sg at sy
²fog <segédige> will✧; shall✧; *(a közeli jövő idő vagy szándék kifejezésére)* be✧ going to: *Jönni fog holnap.* She will/She'll come tomorrow. ∗ *El fogsz jönni?* Will you come? ∗ *Holnap dolgozni fogok.* I shall work tomorrow. ∗ *Ma én fogom főzni az ebédet.* I am going to cook the lunch today. ∗ *Mit fogsz csinálni délután?* What are you going to do in the afternoon?
³fog <fn> **1.** *(szájban)* tooth (tsz: teeth): *fogat mos* brush one's teeth ∗ *betömi vki fogát* fill sy's tooth ∗ *fáj a foga* have a toothache **2.** *(eszközé)* tooth (tsz: teeth); *(fogaskeréké)* cog
♦ **fáj a foga vmire** biz yearn for sg ♦ **otthagyja a fogát** bite✧ the dust
fogad <ige> **1.** *(személyt)* receive; welcome; greet; entertain: *Az új házukban fogadtak bennünket.* They welcomed us to their new house. ∗ *Mosollyal fogadott.* He greeted me with a smile. **2.** *(ügyfelet stb.)* see✧; receive; *(hivatalosan)* receive; give✧ sy a hearing: *Ma nem tudom fogadni.* I cannot see him today. **3.** *(elfogad)* receive; accept; take✧: *Hogyan fogadták a dolgot?* How did they take it? **4.** *(szerződtet)* engage; employ; hire; *(ügyvédet)* retain **5.** bet✧ **(vkivel vmiben sy sg)**; wager **(vkivel vmiben sy sg)** **6.** *(ígér)* vow; promise; pledge
♦ **örökbe fogad vkit** adopt sy
fogadalom <fn> pledge; oath; vow: *fogadalmat tesz* take an oath
fogadás <fn> **1.** *(személyé)* reception; welcome **2.** *(rendezvény)* reception: *fogadást ad* give a reception ∗ *Az ünnepség után fogadás volt.* There was a reception after the celebration. **3.** *(pénzben, tétben)* bet; wager: *fogadást köt vmire* put a bet on sg **4.** sp *(adogatásé)* return
fogadó <fn> **1.** *(vendéglátóhely)* inn: *Fogadó a Kacsához* The Duck Inn **2.** *(fogadást kötő)* punter **3.** sp receiver: *előny a fogadónál* advantage receiver
fogadóiroda <fn> betting shop
fogadóóra <fn> consulting hours <tsz>; office hours <tsz>
fogadtatás <fn> welcome; reception: *meleg/szívélyes fogadtatásban részesít vkit* give sy a warm welcome ∗ *Hűvös/Barátságtalan fogadtatásban volt része.* She was given a chilly welcome. ∗ *vegyes fogadtatásban részesül* get a mixed reception
fogalmaz <ige> compose; draft
fogalmazás <fn> **1.** *(iskolai)* composition; essay **2.** *(szöveg)* draft
fogalmi <mn> conceptual
fogalom <fn> **1.** concept; notion: *tág fogalom* elastic concept **2.** *(elképzelés)* idea: *Fogalmam sincs róla.* I have no idea of it.
fogamzás <fn> conception
fogamzásgátlás <fn> contraception
fogamzásgátló <fn> contraceptive: *szájon át szedhető fogamzásgátló* an oral contraceptive
fogantyú <fn> **1.** holder; handle **2.** *(villamoson, buszon stb.)* strap **3.** *(táskáé)* handle **4.** *(edényen)* handle; lug **5.** *(fiókon, rádión stb.)* knob
fogápolás <fn> dental hygiene; dental care
¹fogas <mn> *(nehéz)* difficult; thorny: *fogas kérdés* thorny problem
²fogas <fn> hook; peg; *(álló)* coat stand; *(előszobában)* coat rack
fogás <fn> **1.** *(kézzel)* grip; grasp; clasp; hold: *A földre esett, mert kiesett a fogásból.* He fell to the ground because he lost his grip on the rocks. **2.** *(fortély)* trick; technique: *ügyes fogás* a good trick **3.** *(zsákmány)* catch; capture; *(hal)* haul **4.** *(étkezésnél)* course; dish: *fő fogás* main course
fogaskerék <fn> cogwheel
fogaskerekű <fn> cog railway
fogászat <fn> **1.** *(tudományág)* dentistry; dental surgery **2.** *(rendelő)* dental clinic; dentist's
fogatlan <mn> toothless
fogazat <fn> **1.** *(szájban)* set of teeth; teeth <tsz> **2.** *(eszközön)* dentation; teeth <tsz> **3.** *(bélyegen)* perforation
fogda <fn> lockup
fogdos <ige> biz **1.** *(kézbe vesz)* handle **2.** *(nőt)* paw

fogékony <mn> **1.** sensitive (**vmire** // **vmi iránt** to sg); responsive (**vmire** // **vmi iránt** to sg); susceptible (**vmire** // **vmi iránt** to sg) **2.** *(nyitott)* open-minded; responsive **3.** *(betegségre)* susceptible (**vmire** // **vmi iránt** to sg)

fogfájás <fn> toothache

foggyökér <fn> root (of the tooth)

fogház <fn> **1.** *(intézet)* prison; jail; BrE gaol; AmE penitentiary **2.** *(büntetés)* imprisonment

fogházbüntetés <fn> imprisonment

foghúzás <fn> extraction of tooth

foginy <fn> gum

fogkefe <fn> toothbrush

fogkő <fn> tartar

fogkrém <fn> toothpaste: *egy tubus fogkrém* a tube of toothpaste

foglal <ige> **1.** *(asztalt, szobát stb.)* reserve; book; make◆ a reservation: *Foglaltam egy szobát kettőnknek a szállodában.* I have reserved a room for two of us at the hotel. ∗ *asztalt foglal* book a table ∗ *hálókocsit foglal a vonaton* book a sleeper on the train **2.** *(teret kitölt)* take◆ sg up: *Ez az ágy túl sok helyet foglal.* This bed takes up too much room. **3.** set◆ (**vmit vmibe** sg in/into sg): *A karkötőbe drágakövet foglaltak.* A diamond is set in the bracelet. **4.** *(írásba, szavakba)* put◆ (**vmibe** in/into sg): *írásba foglal vmit* put sg in writing ∗ *szavakba foglal vmit* put sg into words **5.** *(birtokba vesz vmit)* take◆ possession of sg; occupy

foglalat <fn> **1.** *(drágakőé)* setting **2.** el socket

foglalkozás <fn> **1.** *(hivatás)* profession; occupation; line; trade: *Foglalkozását nézve orvos.* He is a doctor by profession. ∗ *foglalkozását tekintve* by occupation/profession ∗ *Mi a foglalkozásod?* What is your occupation? **2.** *(foglalatosság)* activity **3.** isk class **4.** kat drill

foglalkozik <ige> **1.** *(hosszabb ideig)* be◆ engaged (**vmivel** in sg); be◆ occupied (**vmivel** in sg): *Szociális munkával foglalkozik.* He is engaged in social work. **2.** *(érdeklődésből)* be◆ interested (**vmivel** in sg) **3.** *(törődik)* tend to (**vkivel/vmivel** sy/sg); attend to (**vkivel/vmivel** sy/sg): *Orvosok foglalkoztak a sérültekkel.* Doctors tended to the injured. **4.** *(kérdéssel)* deal◆ with sg; *(kutatási témával)* study **5.** *(hivatalosan vmivel)* deal◆ with sg; treat: *részletesen foglalkozik a tárggyal* treat a subject fully **6.** *(gyerekkel)* look after sy

foglalkoztat <ige> **1.** *(alkalmaz)* employ **2.** be◆ concerned (**vmi** about sg)

foglalkoztatott <fn> employee

foglaló <fn> deposit; *(banktól)* advance payment

foglalt <mn> **1.** *(hely)* occupied; *(WC)* engaged; *(asztal)* reserved: *Ez a szék foglalt.* This chair is occupied. **2.** *(telefon)* engaged; busy: *foglalt jelzés* engaged tone ∗ *Foglalt a vonal.* The line is engaged. / The line is busy.

fogó <fn> **1.** *(kombinált)* pliers <tsz>; *(harapófogó)* pincers <tsz> **2.** orv forceps <tsz> **3.** *(fogantyú)* handle **4.** *(cukornak stb.)* tongs <tsz>

fogócska <fn> tag

fogócskázik <ige> play tag

fogódzkodik <ige> cling◆ onto (**vkibe/vmibe** sy/sg); hold◆ onto (**vkibe/vmibe** sy/sg)

fogódzó <fn> **1.** *(járművön stb.)* strap; handhold; *(lépcsőnél)* handrail **2.** *(támpont)* clue

¹**fogoly** <fn> **1.** *(hadifogoly)* captive; prisoner of war: *foglyul ejt vkit* take sy captive **2.** *(börtönben)* prisoner; convict: *foglyul ejt vkit* take sy prisoner ∗ *2000 politikai fogoly fog kiszabadulni.* 2000 political prisoners will be freed.

²**fogoly** <fn> *(madár)* partridge

fogolytábor <fn> prison camp; prisoner of war camp

fogorvos <fn> dentist: *elmegy a fogorvoshoz* go to the dentist

fogpiszkáló <fn> toothpick

fogpótlás <fn> (dental) prosthesis; *(műfogsor)* dentures <tsz>

fogság <fn> captivity; imprisonment; confinement: *fogságban van* be in captivity

fogsor <fn> *(saját)* set of teeth; *(mű)* dentures <tsz>

fogszabályozó <fn> brace

fogszuvasodás <fn> caries; tooth decay

fogtechnikus <fn> dental technician

fogtömés <fn> filling

¹**fogva** <nu> **1.** *(időben)* from; since: *mostantól fogva* from now on ∗ *kezdettől fogva* from that day on **2.** *(vmiből következőleg)* as a result of sg; in consequence of sg **3.** *(vmit megfogva)* by: *megragad vkit a gallérjánál fogva* seize sy by the collar ∗ *karjánál fogva* by the arm

²**fogva** <hsz> in captivity; in prison: *fogva tart vkit* keep sy in prison

fogvájó <fn> toothpick

fogzománc <fn> enamel

fogy <ige> **1.** *(csökken)* grow◆ less; lessen; diminish; decrease **2.** *(súlyban)* lose◆ weight: *öt kilót fogyott* he lost five kilograms **3.** *(készlet)* be◆ running out; be◆ running short **4.** *(elkel)* sell◆ **5.** *(hold)* wane

fogyaszt <ige> **1.** *(elhasznál)* consume; use up: *A teherautója sok benzint fogyaszt.* His lorry consumes a lot of petrol. **2.** *(eszik, iszik)* consume; eat◆: *Rengeteg ételt fogyasztottunk.* We consumed a lot of food. **3.** sp *(testsúlyt)* slim; shed◆

fogyasztás <fn> consumption: *emberi fogyasztásra alkalmatlan* unfit for human consumption

fogyasztó <fn> consumer
fogyasztói <mn> consumer: *fogyasztói cikkek* consumer goods * *fogyasztói jogok* consumer rights
fogyasztói magatartás <fn> gazd consumer behaviour
fogyatékos <mn> **1.** *(csökkent képességű)* handicapped; challenged; disadvantaged: *testi fogyatékos* physically challenged **2.** *(hiányos)* deficient; insufficient
fogyókúra <fn> slimming diet
fogyókúrázik <ige> be✛ on a (slimming) diet
fojt <ige> **1.** choke; stifle; suffocate; *(vízbe)* drown **2.** *(füst)* suffocate **3. magába fojt** *(érzelmeket stb.)* repress one's feelings etc.; suppress one's feelings etc.
fojtogat <ige> strangle; throttle; stifle; choke
¹fok <fn> *(tűé)* eye
²fok <fn> **1.** *(tengerben)* cape; promontory; headland **2.** *(hegyé)* peak
³fok <fn> **1.** *(lépcsőé)* step; stair; *(létráé)* rung **2.** *(beosztásban)* degree; scale **3.** *(hőmérsékleté)* degree: *A hőmérő plusz 3 fokot mutat.* The thermometer reads 3 degrees above zero. * *A hőmérséklet mínusz 15 fok.* The temperature is 15 degrees below zero. **4.** *(mérték)* degree; extent; measure: *bizonyos fokig* to a certain degree/extent * *egy bizonyos fokig* to some extent **5.** *(szögmérték)* degree: *60 fokos szög* angle of 60 degrees **6.** *(fokozat)* degree; grade: *fokról fokra* by degrees **7.** *(fejlődésben)* stage; phase
fóka <fn> seal
fokhagyma <fn> garlic
fokoz <ige> **1.** increase; intensify; step up: *fokozza a nyomást vkin* step up the pressure on sy **2.** *(érzelmeket)* heighten; raise: *fokozza a feszültséget* heighten the tension
fokozat <fn> **1.** *(cím)* degree: *tudományos fokozat* academic degree * *tiszteletbeli tudományos fokozat* honorary degree **2.** *(skálán)* grade **3.** *(fizetési)* scale; class **4.** kat rank **5.** *(fejlődési)* stage; phase
fokozatos <mn> gradual: *fokozatos fejlődés* gradual improvement
fokozódik <ige> intensify; grow✛; increase; be✛ on the increase; escalate
fókusz <fn> focus (tsz: focuses v. foci)
fólia <fn> *(háztartási)* clingfilm; foil; *(írásvetítőhöz)* overhead transparency
folt <fn> **1.** *(bőrön)* blotch; blemish; mark; freckle: *van egy piros folt a karján* have a red mark on sy's arm **2.** *(állat testén)* patch: *A kutyának több barna folt is van a testén.* The dog has several brown patches on its body. **3.** *(pecsét)* stain; spot; smudge; smear; *(tinta)* blot; *(korom)* smut; *(sár, festék stb.)* splash; blob; *(földön, víz felszínén stb.)* spill: *A vörösbor foltot hagy.* Red wine leaves a stain. * *fehér festékfoltok* splashes of white paint * *olajfolt az úton* an oil spill on the road **4.** *(javításhoz)* patch: *foltot varr vki nadrágjára* sew a patch on sy's trousers **5.** *(erkölcsi)* blemish; stain
foltos <mn> **1.** *(pecsétes)* stained; smudgy; spotted; *(tintától)* blotted **2.** *(bőrén)* freckled; spotty
foltoz <ige> patch
folttisztító <fn> stain remover
folyadék <fn> liquid; fluid: *sok folyadékot iszik* drink plenty of fluids
folyam <fn> stream; river
folyamán <nu> during; in; in the course of sg: *az utazás folyamán* during the course of the journey * *a délután folyamán* in the afternoon
folyamat <fn> process; progress: *termelő folyamat* process of production * *Ez lassú folyamat.* It's a slow process. * *az események folyamata* the progress of events * *lassítja a folyamatot* slow the progress
♦ **vmi folyamatban van** be✛ in progress; be✛ under way
folyamatos <mn> continuous; continual; constant; incessant: *Halljuk a közlekedés folyamatos zaját.* We hear the continuous noise of the traffic. * *folyamatos (ige)idő* nyelvt the continuous tense * *folyamatos jelen/múlt (idő)* nyelvt present/past continuous * *Folyamatosan esett az eső.* There was a constant rain. * *folyamatos zaj* incessant noise
folyamodik <ige> **1.** resort (**vmihez** to sg): *erőszakhoz folyamodik* resort to force/violence **2.** appeal (**vkihez vmiért** to sy for sg); apply (**vkihez vmiért** to sy for sg): *Sok ember folyamodott élelemért a kormányhoz.* A lot of people appealed for food to the government. * *munkavállalási engedélyért folyamodik* apply for a work permit
folyás <fn> **1.** flow; flowing; course **2.** *(folyószakasz)* reach **3.** orv flux; discharge
folyékony <mn> **1.** *(anyag)* liquid; fluid: *folyékony levegő* liquid air **2.** *(gördülékeny)* fluent: *Folyékonyan beszél olaszul.* She is fluent in Italian. * *Folyékonyan beszél németül.* He speaks fluent German.
folyik <ige> **1.** *(folyadék)* flow; stream; run✛: *A folyó öt országon folyik keresztül.* The river flows through five countries. * *Folyik a könny az arcán.* Tears stream down her face. **2.** *(edény)* leak; run✛ **3.** *(zajlik)* go✛ on; be✛ in progress: *Mi folyik itt?* What's going on here? * *Sejtelmem sem volt arról, hogy mi folyik*

az iskolában. I had no inkling of what was going on at school.
¹folyó <mn> 1. *(ami folyik)* flowing; running 2. *(folyamatban levő)* ongoing
²folyó <fn> river; stream: *Próbáld meg átúszni a folyót!* Try to swim across the river. ∗ *A folyó kilépett a medréből.* The river overflowed its banks.
folyóirat <fn> periodical; journal; *(heti)* weekly; *(kéthetenkénti)* biweekly; *(havi)* monthly: *orvosi folyóirat* a medical journal
folyómeder <fn> river bed: *A folyómeder kiszáradt.* The river bed is dry.
folyópart <fn> bank; riverbank; riverside: *Tölgyfák szegélyezték a folyópartot.* There were oak trees along the riverbank. ∗ *A folyóparton ütöttük fel a szállásunkat.* We took up our quarters on the riverside.
folyosó <fn> 1. *(épületben)* corridor; passage: *csúszkál az iskolai folyosón* slide in the school corridors ∗ *Lépéseket hallottam a folyosón.* I heard footsteps on the corridor. 2. *(vonaton stb.)* corridor 3. *(sorok közti)* aisle; gangway 4. *(épületeket összekötő)* passage: *Át kell menned ezen a folyosón, hogy az üzlethez juss.* You have to go along this passage to the shop.
folyószámla <fn> 1. current account; account; AmE checking account: *Folyószámlája van a Nemzeti Banknál.* She has an account with the National Bank. 2. *(betétszámla)* deposit account; savings account
folyóvíz <fn> running water
folytat <ige> 1. *(folyamatosan végez)* continue; carry on; go⁺ on: *Folytasd a tanulást egészen hat óráig!* Continue learning until six o'clock! ∗ *Folytasd a munkádat!* Carry on working! 2. *(megszakítás után)* continue; go⁺ on; resume: *Az iskolában folytatták a beszélgetést.* They continued their conversation at school. ∗ *Boldogan folytatta az útját.* He continued his way happily. ∗ *folytatja a munkáját* go on with one's work 3. *(meghosszabbít)* extend; prolong; continue 4. *(huzamosan végez)* pursue; follow; *(mesterséget)* practise: *tanulmányokat folytat* pursue studies ∗ *ügyvédi gyakorlatot folytat* practise law
folytatásos <mn> serial; serialized
folytatódik <ige> continue; go⁺ on; proceed: *Az értekezlet ebéd után folytatódik.* The meeting will continue after lunch.
folyton <hsz> always; continuously; continually
folytonos <mn> continuous; continual; incessant; perpetual; unbroken: *folytonos zaj* incessant noise ∗ *folytonos vandalizmus* perpetual vandalism

folytonosság <fn> continuity
fon <ige> 1. *(fonalat)* spin⁺ 2. *(kosarat)* weave⁺ 3. *(hajat)* braid
¹fonák <mn> absurd; perplexing
²fonák <fn> sp backhand
fonal <fn> thread; yarn; strand; *(kötéshez)* (knitting) wool: *vékony fonal* a fine thread ∗ *fonalat gombolyít* wind wool
♦ **elveszti a fonalat** lose⁺ the thread
fonetika <fn> nyelvt phonetics <esz>
fonetikus <mn> nyelvt phonetic: *fonetikus átírás* phonetic transcription
font <fn> 1. *(súlymérték)* pound: *4 font cukrot kérek szépen!* 4 pounds of sugar, please. 2. *(pénzegység)* pound; BrE biz quid (tsz: quid): *Ez a pulóver 50 fontba került.* This jumper cost 50 pounds.
fontolgat <ige> consider; ponder; think⁺ over: *A vezetőség a bolt bezárását fontolgatja.* The management is/are considering closing the shop.
fontos <mn> important; significant; serious; major; grand; momentous; *(befolyásos)* prominent; important: *nagyon fontos ügy/kérdés* a very important matter ∗ *az iskola legfontosabb embere* the most important person of the school ∗ *fontos esemény* a significant event ∗ *fontos megbeszélés* a serious discussion ∗ *fontos döntés* a momentous decision
fontoskodik <ige> biz fuss
fontosság <fn> importance; significance; weight; prominence: *döntő fontosságú* of capital/supreme importance ∗ *fontosságot tulajdonít vminek* attach importance to sg
fonnyad <ige> wilt; droop; wither
fonnyadt <mn> withered; wilted
fordít <ige> 1. *(vmely irányba)* turn: *jobbra fordít vmit* turn sg to the right 2. *(megfordít)* reverse 3. *(szöveget)* translate: *angolra fordít vmit* translate sg into English ∗ *Ki fordította le ezt a levelet franciáról magyarra?* Who translated this letter from French into Hungarian? 4. *(áldoz vmit vmire)* devote sg to sg: *több időt fordít a családjára* devote more time to his family 5. *(lapot)* turn over: *Fordíts!* Please turn over. 6. *(összeget)* spend⁺ (**vmit vmire** sg on sg)
fordítás <fn> 1. *(tevékenység)* translation 2. *(szöveg)* translation: *szöveghű fordítás* close translation ∗ *szó szerinti fordítás* verbal translation
fordító <fn> translator
fordított <mn> reversed; inverse: *fordított sorrendben* in reverse order
fordítva <hsz> 1. inversely 2. *(ellenkezőleg)* on the contrary

fordul <ige> **1.** *(megfordul)* turn round **2.** *(vmerre)* turn: *balra fordul* turn left * *Felém fordult.* He turned towards me. **3.** turn to (**vkihez/vmihez** sy/sg); appeal (**vkihez/vmihez** to sy/sg); apply (**vkihez/vmihez** to sy/sg): *Nem volt senki, akihez fordulni tudott volna.* She had no one to turn to. **4.** *(pl. orvoshoz)* see✣; consult: *orvoshoz fordul* see the doctor **5.** *(vki/vmi ellen)* turn against sy/sg **6.** *(vmilyenné válik)* turn; become✣: *Ismét melegre fordul az idő.* The weather is turning warm again.
fordulat <fn> **1.** *(mozgás)* turn; revolution; rotation **2.** *(változás)* turn; change; revolution: *Ez kedvező fordulat volt.* It was a turn for the better. **3.** *(szókapcsolat)* phrase; idiom
fordulatszám <fn> revolutions per minute <tsz>
forduló <fn> **1.** *(versenyben)* round; leg: *A verseny utolsó fordulója egész érdekes volt.* The last round of the race was quite interesting. * *Ki nyerte a női egyes első fordulóját?* Who won the first round of the women's singles? **2.** *(kanyar)* turn; turning; curve; bend
fordulópont <fn> turning point
forgács <fn> shavings <tsz>; chips <tsz>
forgalmas <mn> busy
forgalmi csomópont <fn> junction
forgalmi dugó <fn> traffic jam
forgalom <fn> **1.** *(közlekedésben)* traffic: *nagy/kis forgalom* heavy/light traffic **2.** *(használat)* circulation: *forgalomba hoz* put into circulation * *kivon a forgalomból* withdraw from circulation **3.** *(értékesítési)* turnover; trade
forgalomkorlátozás <fn> traffic restriction
forgás <fn> spin; turn; rotation
forgat <ige> **1.** turn; turn round; twist; *(körben)* rotate; revolve: *Forgatta a kezén lévő gyűrűt.* He twisted the ring on his finger. **2.** *(filmet)* shoot✣; film: *az első jelenetet forgatja* shoot the first scene **3.** *(tanulmányoz)* read✣; examine **4.** *(pénzt)* invest
forgatag <fn> (hustle and) bustle: *a város forgataga* the (hustle and) bustle of the city
forgatás <fn> *(filmé)* shooting
forgatókönyv <fn> **1.** screenplay; script; scenario: *Ki írta a film forgatókönyvét?* Who wrote the screenplay of the film? **2.** átv scenario: *A legvalószínűbb forgatókönyv szerint ez a párt fog nyerni.* The most likely scenario is that this party will win.
forgatókönyvíró <fn> screenwriter; scriptwriter
forgóajtó <fn> revolving door
forgolódik <ige> *(fektében)* toss and turn: *Egész éjjel forgolódtak.* They were tossing and turning all night.
forgószék <fn> swivel chair
forgószél <fn> whirlwind
forgószínpad <fn> revolving stage
forint <fn> forint: *100 forintot fizet a kenyérért* pay 100 forints for the bread
forma <fn> **1.** *(alak)* shape; *(tárgyé)* form: *elveszti a formáját* lose its shape **2.** *(öntéshez, sütéshez)* shape; mould; AmE mold **3.** *(fizikai, szellemi)* shape; *(erőnlét)* form: *jó/rossz formában van* be in good/bad shape
formai <mn> formal
formál <ige> form; shape; *(mintáz)* model; mould; AmE mold: *Korsó alakot formált az agyagból.* She formed the clay into a pot. * *Tálat formáltam meg agyagból.* I shaped a bowl out of the clay.
formális <mn> **1.** *(látszólagos)* formal **2.** *(előírásos)* formal: *formális stílus* formal style
formalitás <fn> **1.** *(előírás)* formality **2.** *(külsőség)* formality: *Merő formalitás volt az egész.* It was just a mere formality.
formanyomtatvány <fn> form
formás <mn> **1.** *(női idom)* shapely: *formás lábak* shapely legs **2.** *(arányos)* well-proportioned
formaság <fn> **1.** *(előírás)* formality **2.** *(külsőség)* formality: *Csak formaság volt az egész.* It was just a mere formality.
formatervezés <fn> design
formatervező <fn> designer
formátlan <mn> shapeless; deformed
formátum <fn> **1.** *(könyvé, oldalé)* format **2.** *(alak)* shape **3.** *(emberé)* stature
formáz <ige> **1.** shape; mould: *a fát szerszámmal formázza* shape wood with a tool * *Tálat formáztam agyagból.* I shaped a bowl out of clay. **2.** infor format
forog <ige> **1.** turn; revolve; turn round; spin round: *Forognak a kerekek.* Wheels turn. * *A csap nem forog.* The tap will not turn. * *A föld forog.* The earth revolves. **2.** *(vki/vmi körül)* revolve around sy/sg; revolve round sy/sg: *Az élete a tenisz körül forog* His life revolves around tennis. **3.** *(kiadvány, hír stb.)* circulate
forr <ige> **1.** *(folyadék)* boil: *Forr a teavíz.* The kettle is boiling. **2.** *(erjed)* ferment
forradalmár <fn> revolutionary
forradalmasít <ige> revolutionize; BrE revolutionise
forradalmi <mn> **1.** *(forradalommal kapcsolatos)* revolutionary **2.** *(gyökeresen új)* revolutionary: *forradalmi átalakulás* revolutionary transformation
forradalom <fn> **1.** revolution: *A forradalmat brutálisan leverték.* The revolution was brutally

suppressed. * *1956-ban Magyarországon forradalom volt.* In 1956, a revolution took place in Hungary . **2.** *(gyökeres változás)* revolution (**vmiben** in sg): *az ipari forradalom* the Industrial Revolution

forradás <fn> scar; slash

forral <ige> **1.** *(folyadékot)* boil; bring✢ to the boil **2.** *(kigondol)* hatch: *tervet forral* hatch a plot

forralt <mn> boiled

forrás <fn> **1.** boil; boiling: *forrásban van* be on the boil **2.** *(víz)* spring; *(folyó eredete)* source: *hegyi forrás* a mountain spring * *meleg forrás* thermal spring * *egy folyó forrása* the source of a river **3.** *(erjedés)* fermentation **4.** *(eredet)* source; origin: *felfedezi a baj forrását* discover the source of the trouble * *megbízható forrásból tud vmit* know sg from a good source **5.** *(forrásmű)* source: *történelmi források* historical sources

forráspont <fn> fiz boiling point

forrásvíz <fn> spring water

forraszt <ige> solder (**vmit vmihez** sg to/onto sg)

forrasztópáka <fn> soldering iron

forró <mn> **1.** *(nagyon meleg)* hot; boiling (hot): *forró kávé* hot coffee * *egy csésze forró kakaó* a cup of hot chocolate * *A ruha összemegy a forró vízben* The dress will shrink in hot water. **2.** *(égöv)* torrid: *forró égöv* torrid zone **3.** *(szenvedélyes)* burning; passionate: *forró vágy* burning desire

forrófejű <mn> hotheaded

forrong <ige> be✢ in ferment; seethe: *A falu forrongott.* The village was in ferment.

forróság <fn> heat

forróvérű <mn> hot-blooded

fortély <fn> trick; knack; dodge: *fortéllyal szerez meg vmit* obtain sg by a trick

fortélyos <mn> tricky; wily

fórum <fn> **1.** forum **2.** *(hatóság)* authority: *a legmagasabb fórumhoz fordul* appeal to the highest authority **3.** *(vita, rendezvény stb.)* panel <+ esz/tsz ige>

foszfát <fn> phosphate

foszfor <fn> phosphorus

foszforeszkál <ige> phosphoresce

foszlány <fn> **1.** *(cafat)* shred; rag **2.** *(részlet)* snatch; fragment; scrap: *A beszélgetésüknek csak a foszlányait hallottam.* I heard only fragments of their conversation.

foszlik <ige> fray: *Ez az anyag könnyen foszlik.* This material frays easily.

fosztogat <ige> plunder; loot

fosztogatás <fn> plunder; looting

fosztogató <fn> plunderer; looter

fotel <fn> armchair: *Lehuppant mellém a fotelba.* He plumped down next to me on the armchair.

fotó <fn> photo

fotómodell <fn> model

fotóriporter <fn> press photographer; photojournalist

fotózik <ige> photograph; take✢ photographs

¹fő <ige> *(étel)* cook; boil; *(párolódik)* stew; *(lassú tűzön)* simmer

²fő <mn> main; major; chief; principal; important: *a síelés fő szezonja* the main season for skiing * *fő fogás* main course * *az egyik fő probléma* one of the main problems

³fő <fn> **1.** *(fej)* head **2.** *(személy)* person

főállás <fn> full-time job

főállású <mn> full-timer

főbejárat <fn> main entrance; front door

főbenjáró <mn> capital: *főbenjáró sértés* a capital offence * *főbenjáró bűn* capital crime

főbérlő <fn> tenant

főcím <fn> *(újságban)* headline

főépület <fn> main building

főétel <fn> main dish; main course

főétkezés <fn> main meal

főfelügyelő <fn> chief inspector

főfoglalkozás <fn> full-time job

főfoglalkozású <mn> full-time

főhadiszállás <fn> headquarters <tsz + esz/tsz ige>: *A cég főhadiszállása Londonban van.* The company's headquarters is/are in London.

főhadnagy <fn> kat lieutenant

főhős <fn> protagonist; hero; *(női)* heroine: *a kedvenc könyvem főhőse* the hero of my favourite book

főidény <fn> high season

főigazgató <fn> director general

főiskola <fn> college: *állatorvosi főiskola* veterinary college

főiskolás <fn> student; undergraduate

főkapu <fn> main gate

főként <hsz> mainly; mostly; chiefly

főképpen <hsz> mainly; mostly; chiefly

főkonzul <fn> consul general

föld <fn> **1.** *(égitest)* the Earth; *(világ)* the world: *A Föld a Nap körül kering.* The Earth revolves round the sun. * *a föld klímája* the world's climate * *az egész földön* all over the world **2.** *(földfelszín)* earth; ground: *a földön* on the ground * *Az olaj a föld alól jön.* The oil comes from under the ground. **3.** *(művelhető)* earth; ground; soil: *A föld januárban túl kemény az ásáshoz.* The ground is too hard to dig in January. **4.** *(birtok)* land; estate; property **5.** *(ország, vidék)* land **6.** el *(földelés)* earth; AmE ground **7.** *(szárazföld)* land

♦ **senki földje** no-man's-land ♦ **(majd) a föld alá süllyed szégyenében** he wishes the earth would swallow him up ♦ **földbe gyökerezik a lába** stand✢ rooted to the spot ♦ **földig lerombol** raze to the ground
¹földalatti <mn> underground; illegal
²földalatti <fn> underground; AmE subway; biz *(Londonban)* the tube: *földalattival utazik* take the underground
földbirtok <fn> estate; land; property
földbirtokos <fn> landowner
földcsuszamlás <fn> landslide
földelés <fn> el earth; AmE ground
földesúr <fn> landowner; squire
földfelszín <fn> surface (of the earth)
földgáz <fn> natural gas
földgömb <fn> globe: *Földgömböt kapott a születésnapjára.* He got a globe for his birthday.
földhivatal <fn> land registry
¹földi <mn> **1.** *(evilági)* earthly; worldly; terrestrial: *földi örömök* worldly pleasures **2.** *(földön termő)* ground
²földi <fn> fellow countryman (tsz: fellow countrymen)
földieper <fn> strawberry
földigiliszta <fn> earthworm
földimogyoró <fn> peanut
Földközi-tenger <fn> the Mediterranean (Sea)
földlökés <fn> (earth) tremor
földmozgás <fn> earthquake motion
földművelés <fn> agriculture
Földművelésügyi Minisztérium <fn> Ministry of Agriculture
földműves <fn> farmer; farmhand
földnyelv <fn> headland; promontory
földrajz <fn> geography
földrajzi <mn> geographical
földrajztanár <fn> geography teacher
földreform <fn> agrarian reform
földrengés <fn> earthquake; biz quake: *Hirtelen földrengés rázta meg az országot.* The earthquake struck the country. ∗ *A földrengés a Richter-skálán 4,5-öt mutatott.* The earthquake measured 4.5 on the Richter scale.
földrész <fn> continent
földszint <fn> **1.** ground floor; AmE first floor **2.** *(nézőtéren)* the stalls <tsz>; the pit; AmE the orchestra
földszoros <fn> isthmus
földterület <fn> area
földút <fn> dirt track; dirt road
¹fölé <nu> above; over: *fölém* above/over me
²fölé <hsz> over; above: *fölé hajol vkinek* lean over sy
főleg <hsz> mainly; chiefly; mostly; particularly; especially: *A médiát főleg a politika érdekli.* The media are/is interested mainly in politics. ∗ *Minden gyümölcsöt szeret, főleg az epret.* She loves all fruits, especially strawberries.
fölény <fn> superiority; ascendancy; advantage: *elveszti fölényét* lose one's ascendancy
fölényes <mn> **1.** *(lenéző)* lofty; superior; haughty; offhand: *fölényes mosoly* a superior smile **2.** *(kiemelkedő)* easy: *fölényes győzelem* easy win
főmérnök <fn> chief engineer
főmondat <fn> main clause
főműsoridő <fn> prime time
főnemes <fn> aristocrat; peer
főnév <fn> nyelvt noun: *egy főnév egyes száma* the singular of a noun ∗ *megszámlálhatatlan főnév* uncountable noun
főnévi igenév <fn> nyelvt infinitive
főnévragozás <fn> nyelvt declension
főnök <fn> chief; manager; head; principal; biz boss: *A főnöke kirúgta.* The boss booted him out. ∗ *Az utcán összefutottam a főnökömmel.* I encountered my boss on the street.
főnővér <fn> senior nursing officer; matron; AmE head nurse
főnyeremény <fn> jackpot
♦ **megüti a főnyereményt** hit✢ the jackpot
főoltár <fn> high altar
főorvos <fn> head physician; head surgeon
főosztályvezető <fn> head of department
főparancsnok <fn> commander-in-chief
főpincér <fn> head waiter
főpolgármester <fn> mayor
főpróba <fn> dress rehearsal
főrabbi <fn> Chief Rabbi
förtelmes <mn> disgusting; ghastly; horrendous; loathsome; atrocious
¹fösvény <mn> pej miserly; stingy; penny-pinching; tight-fisted
²fösvény <fn> pej miser; biz skinflint
fösvénység <fn> miserliness; stinginess
főszakács <fn> chef
főszerep <fn> lead; leading role; leading part: *főszerepet játszik* play the lead
főszereplő <fn> protagonist
főszerkesztő <fn> chief editor; editor in chief
főszezon <fn> high season
főtér <fn> main square
főtitkár <fn> Secretary General: *NATO-főtitkár* the Secretary General of NATO
főtt <mn> boiled; cooked: *főtt krumpli* boiled potatoes
főúr <fn> **1.** tört *(főnemes)* aristocrat; peer **2.** *(főpincér)* head waiter
főút <fn> main road: *a város főútja* the main road of the town ∗ *Az utcánk párhuzamos a*

főúttal. Our street runs parallel to the main road.

főutca <fn> high street; AmE main street

főútvonal <fn> main road; thoroughfare; AmE highway

főügyész <fn> public prosecutor

főváros <fn> capital (city): *A fővárost katonák ezrei szállták meg.* Hundreds of soldiers have occupied the capital.

fővezér <fn> commander-in-chief

főz <ige> **1.** *(ételt)* cook; boil; *(párol)* stew: *zöldbabot főz* cook green beans ∗ *A konyhában főz.* She is cooking in the kitchen. ∗ *tojást főz* boil an egg **2.** *(rendszeresen)* do✢ the cooking: *A férjem főz.* My husband does the cooking. **3.** *(teát, kávét, sört)* brew **4.** *(szeszes italt)* distil

főzés <fn> cooking: *Utálja az olyan házimunkákat, mint a főzés vagy a takarítás.* She hates domestic tasks like cooking or cleaning.

főzőfülke <fn> kitchenette

főzőlap <fn> hotplate; *(tűzhelyé)* hob; AmE stove

frakció <fn> pol faction

frakk <fn> tailcoat; tails <tsz>: *frakkot visel* wear tails

¹**francia** <mn> French: *francia kultúra* French culture ∗ *francia konyha* French cuisine

²**francia** <fn> **1.** *(férfi)* Frenchman (tsz: Frenchmen); *(nő)* Frenchwoman (tsz: Frenchwomen): *a franciák* the French **2.** *(nyelv)* French: *Jól megy neki a francia.* He is good at French.

franciaágy <fn> double bed

franciakulcs <fn> adjustable spanner; monkey wrench

Franciaország <fn> France: *Ez a sajt Franciaországban készült.* This cheese is made in France.

frázis <fn> **1.** pej platitude; cliché; commonplace **2.** zene phrase

---

Főnevek • Nouns

A főnevek tekintetében sok az eltérés az angol és a magyar nyelv között. Ennek jelentősége valójában akkor érezhető, amikor angol szavakat mondatokban akarunk elhelyezni, azaz, amikor fogalmazunk vagy fordítunk.

Két nagy csoportra oszlanak az angol főnevek: *megszámlálható* (**countable**) és *megszámlálhatatlan* (**uncountable**) főnevekre.

1. *Megszámlálható főnevek •*
   Countable nouns
Jelölése a szótárban: [C].
Két alakjuk van: egyes és többes szám. A többes szám jele: **-s**.
Példák:
book *(könyv)* – book**s** *(könyvek)*
bus *(busz)* – bus**es** *(buszok)* (→ sziszegő hangok után **e** segédhang lép közbe!)
photo *(kép)* – photo**s** *(képek)*
de: hero *(hős)* – hero**es** *(hősök)*
country *(ország)* – countr**ies** *(országok)* (→ az **y** **i**-re változik!)
de: day *(nap)* – day**s** *(napok)*

Rendhagyó főnevek (**irregular nouns**):
man *(férfi)* – **men** *(férfiak)*
mouse *(egér)* – **mice** *(egerek)*
shelf *(polc)* – shel**ves** *(polcok)*
tooth *(fog)* – **teeth** *(fogak)*
wife *(feleség)* – wi**ves** *(feleségek)*
woman *(nő)* – **women** *(nők)*

Néhány – főleg – állatnév többes számú alakja megegyezik az egyes számú alakkal. Ilyenek: salmon *(lazac)*, sheep *(birka)*, trout *(pisztráng)* stb.
Hasonlóképpen néhány jármű nevének többes számú alakja is: aircraft *(repülőgép)*, spacecraft *(űrhajó)*, hovercraft *(légpárnás hajó)* stb.

2. *Megszámlálhatatlan főnevek •*
   Uncountable nouns
Jelölése a szótárban: [U].
Ezeknek több csoportja van, itt csak a legfontosabbakat soroljuk fel.

a) Az egyik nagy csoport legfőbb jellemzője az, hogy nincs többes számú alakjuk, és egyes számú igét vonzanak.
Ide tartoznak az ***anyagnevek***:
paper *(papír)*, gold *(arany)*, water *(víz)* stb.
Emberi tulajdonságok:
courage *(bátorság)*, honesty *(őszinteség)*, patience *(türelem)* stb.
Érzések, érzelmek:
anger *(harag)*, happiness *(boldogság)*, joy *(öröm)* stb.
Elvont fogalmak:
freedom *(szabadság)*, value *(érték)*, death *(halál)* stb.

b) Van azonban számos főnév, amelynek nincs többes száma az angolban (viszont a magyarban van):

frekvencia <fn> fiz frequency: *alacsony frekvencia* low frequency

freskó <fn> fresco; wall painting

friss <mn> **1.** *(élelmiszer)* fresh; crisp: *friss gyümölcs* fresh fruit ∗ *friss saláta* crisp lettuce **2.** *(új keletű)* recent; fresh; hot; red-hot: *friss hírek* recent news ∗ *friss bizonyíték* fresh evidence ∗ *friss nyom* hot trail **3.** *(levegő)* fresh; refreshing; *(hűvös)* crisp; cool: *friss levegő* fresh air

frissít <ige> **1.** refresh; freshen; freshen up **2.** infor update; upgrade

¹**frissítő** <mn> refreshing; invigorating: *Mit szólnál egy frissítő zuhanyhoz?* What about a refreshing shower.

²**frissítő** <fn> refreshment

frizura <fn> haircut; hairstyle; hairdo: *Rövid a frizurája.* She has a short haircut. ∗ *Ki nem állhatom a frizuráját.* I can't stand her hairstyle.

front <fn> **1.** kat the front (line): *a fronton szolgál* serve at the front **2.** *(időjárási)* front **3.** *(homlokzat)* front

frontális <mn> *(szemből)* head-on: *frontális ütközés* a head-on collision

frontátvonulás <fn> frontal passage

frottír <fn> terry (cloth)

frottírtörölköző <fn> terry towel

fröccs <fn> spritzer

fröccsen <ige> splash; spatter

fröcsköl <ige> splash

frufru <fn> fringe; AmE bangs <tsz>: *rövid frufru* a short fringe

fúga <fn> zene fugue

fuj <isz> yuck, yuk

fúj <ige> **1.** *(szájjal)* blow❖; *(hűt)* cool **2.** *(füstöt)* puff: *arcába fújja a füstöt* puff smoke in one's face **3.** *(hangszert)* blow❖; sound **4.** *(orrot)* blow❖ **5.** *(szél)* blow❖: *Fúj a szél.* The wind is blowing.

Ilyenek: advice *(tanács)*, baggage/luggage *(csomag)*, bread *(kenyér)*, coffee *(kávé)*, furniture *(bútor)*, information *(információ)*, knowledge *(ismeret)*, money *(pénz)*, music *(zene)* stb.

De azért egy trükkel megszámlálhatóvá tehetők: **pieces of** information/furniture *(információk/bútordarabok)* stb.

Számokkal nem, de mennyiségjelzővel állhatnak.

Példák:

Let me give you **some** advice. *Hadd adjak néhány tanácsot!* ∗ Please buy **some** bread. *Légy szíves, vegyél egy kis kenyeret!*

Kivételt képez néhány olyan megszámlálhatatlan főnév, amely **bizonyos jelentésben** használva megszámlálható:

Do you like **coffee**? *Szereted/Szereti a kávét?* ∗ We asked for **two coffees**. *Két kávét kértünk.*

c) Egy másik csoport olyan főnevekből áll, amelyek alakilag többes számúak, de egyes számú igét vonzanak.

(Jelölése a szótárban: [+ sing v] / <+ esz ige>)

Ilyenek: news *(hír)*, darts *(darts)*, mathematics *(matematika)* stb.

Példák:

No news **is** good news. *Ha nincs hír, az jó hír.* ∗ Mathematics **is** too difficult for me. *A matematika túl nehéz számomra.*

3. *Gyűjtőnevek* • **Collective nouns**

(Jelölése a szótárban: [+ sing/pl v] / <+ esz/tsz ige>)

Ezek olyan főnevek, amelyek alakilag egyes számúak, s aszerint vonzanak egyes vagy többes számú igét, hogy mint egységre vagy az őt alkotó egyedekre gondolunk-e.

Ilyenek: army *(hadsereg)*, audience *(közönség)*, committee *(bizottság)*, crew *(személyzet)*, family *(család)*, media *(média)*, press *(sajtó)*, staff *(személyzet)*, team *(csapat)* stb.

Példák:

The media **have/has** a lot of power. *A médiának nagy hatalma van.* ∗ The committee **has/have** decided to close the restaurant. *A bizottság úgy döntött, hogy bezárja az éttermet.*

Kivétel a police *(rendőrség)*, amely után mindig többes számú ige áll.

Példa:

The police **have** caught the murderer. *A rendőrség elkapta a gyilkost.*

4. Van egy olyan főnévcsoport is, amely *csak többes számú alakban* fordul elő, és többes számú igét vonz.

(Jelölése a szótárban: [pl] / <tsz>)

Ilyenek: scissors *(olló)*, shorts *(rövidnadrág)*, glasses *(szemüveg)*, pyjamas *(pizsama)*, trousers *(nadrág)* stb.

Példák:

These scissors **are** sharp. *Ez az olló éles.* ∗ Where **are** my pyjamas? *Hol a pizsamám?*

fújtat <ige> *(zihál)* puff; pant
fukar <mn> tight-fisted; mean; miserly; stingy; penny-pinching
fukarkodik <ige> be✧ miserly (**vmivel** with sg); be✧ stingy (**vmivel** with sg)
fuldoklik <ige> **1.** *(vízben)* be✧ drowning **2.** *(nem kap levegőt)* choke
fullad <ige> **1.** *(vízbe)* drown; be✧/get✧ drowned **2.** *(nem kap levegőt)* be✧ choking; be✧ suffocating
fulladás <fn> **1.** *(vízbe)* drowning **2.** *(levegőhiány következtében)* suffocation
fullánk <fn> sting
fullasztó <mn> stifling; suffocating; *(hőség)* sultry
funkció <fn> function; duty
funkcionál <ige> function; work; act
fúr <ige> **1.** *(lyukat)* drill; bore; *(kutat)* sink✧: *lyukat fúr* bore a hole ✶ *kutat fúr* sink a well **2.** biz badmouth (**vkit** sy)
furakodik <ige> shove; push; squeeze: *Tolakodtak és furakodtak.* They were pushing and shoving.
furcsa <mn> strange; odd; unusual; weird; peculiar; extraordinary; curious: *furcsa életszemlélet* a strange outlook on life ✶ *Furcsának találom, hogy…* I find it odd that… ✶ *nagyon furcsa helyzetben van* be in a very unusual situation ✶ *furcsa ruhákat hord* wear weird clothes ✶ *Viselkedése kissé furcsa.* His behaviour is a bit extraordinary.
furcsáll <ige> *(vmit)* find✧ sg strange; find✧ sg odd
furcsaság <fn> **1.** strangeness; oddity; peculiarity **2.** *(furcsa dolog)* curiosity
furfang <fn> trick; dodge
furfangos <mn> tricky; cunning; smart; clever
furgon <fn> van: *A pék házhoz szállítja a kenyeret a furgonjával.* The baker brings bread to our house in his van.
furikázik <ige> biz drive✧ around; drive✧ about
furnér <fn> **1.** *(borítólemez)* veneer **2.** *(rétegelt falemez)* plywood
fúró <fn> **1.** drill **2.** *(fej)* bit **3.** *(kézi)* gimlet
fúródik <ige> penetrate; pierce
fúrógép <fn> drill; drilling machine; boring machine
fúrótorony <fn> derrick; rig
furulya <fn> pipe; flute; recorder
furulyázik <ige> play the flute; play the pipe; play the recorder
fut <ige> **1.** *(szalad)* run✧; *(kocog)* jog; *(rövid távon)* sprint; *(siet)* fly✧: *Az iskolába futottam.* I ran to the school. **2.** *(időt, távot)* run✧: *Rendszerint napi négy kilométert futok.* I usually run four kilometres a day. **3.** *(ütközik vkinek/vminek)* run✧ into sy/sg **4.** *(menekül)* flee✧; run✧ away **5.** *(vki/vmi után)* run✧ after sy/sg

---

Room • *A szoba*

#	English	Magyar
1	window	ablak
2	curtain	függöny
3	mini hi-fi	mini-hifi(berendezés)
4	chest of drawers	fiókos szekrény
5	monitor	monitor
6	computer	számítógép
7	chair	ülőke
8	alarm clock	ébresztőóra
9	bedside table	éjjeliszekrény
10	book(s)	könyv(ek)
11	wall	fal
12	house plant	szobanövény
13	picture	kép; festmény
14	mirror	tükör
15	bookshelf	könyvespolc
16	(bedside) lamp	(éjjeli) lámpa
17	cushion	párna
18	rucksack; backpack	hátizsák
19	sofa	heverő
20	floor; parquet floor	padló; parketta
21	rug	szőnyeg
22	trainer; training shoe; AmE sneaker	edzőcipő
23	racket	teniszütő
24	table	asztal
25	MP3 player	MP3-lejátszó
26	newspaper	újság
27	smartphone	okostelefon
28	desk lamp	asztali lámpa

813

6. *(műsoron van)* be✛ on; run✛ **7.** *(telik)* afford: *Sajnos erre már nem futja.* Unfortunately, I can't afford it. **8.** *(tej stb.)* boil over
futam <fn> sp heat; round
futár <fn> **1.** courier; messenger: *motoros futár* motorcycle courier **2.** *(sakkfigura)* bishop
futárszolgálat <fn> courier service
futball <fn> football; soccer
futballbíró <fn> referee
futballcsapat <fn> football team
futball-labda <fn> football
futballista <fn> footballer
futballmérkőzés <fn> football match: *Tömegek voltak a futballmérkőzésen.* There were crowds of people at the football match.
futballozik <ige> play football
futballpálya <fn> football pitch; football field
futballrajongó <fn> football fan: *futballrajongók tömegei* crowds of football fans
futkározik <ige> run✛ about: *Mindenfelé futkároztak az esőben.* They were running about in the rain.
futkos <ige> **1.** run✛ about **2.** *(sokat fáradozik)* run✛ around: *Egész nap futkostam.* I've been running around all day.
¹futó <mn> fugitive; passing; fleeting; superficial: *futó ötlet* a fugitive idea ✳ *futó pillantást vet vmire* take a passing look at sg ✳ *futó látogatás* a fleeting visit
²futó <fn> **1.** *(atléta)* runner: *Kétségtelenül ő a legjobb futó.* He is certainly the best runner. **2.** *(sakkban)* bishop
futómű <fn> undercarriage
futónövény <fn> creeper
futópálya <fn> sp running track
futószalag <fn> assembly line; production line
futótűz <fn> wildfire
  ♦ **futótűzként terjed** spread✛ like wildfire
futóverseny <fn> sp race
fuvar <fn> **1.** *(szállítás)* transport; carriage; transportation **2.** *(szállítmány)* freight; cargo **3.** *(szállítóeszköz)* carriage; transport
fuvardíj <fn> carriage; freight: *fuvardíj fizetve* carriage paid
fuvaroz <ige> transport; carry; AmE truck
fuvarozó <fn> carrier; AmE trucker
fúvóka <fn> **1.** *(hangszeren)* mouthpiece **2.** *(műszaki)* jet
fuvola <fn> flute
fuvolás <fn> flautist; AmE flutist
fuvolázik <ige> flute; play the flute
¹fúvós <mn> **fúvós hangszer** wind instrument
²fúvós <fn> **1.** *(hangszer)* wind instrument **2.** *(zenész)* wind instrument player

fúvószenekar <fn> brass band; wind band
fúzió <fn> **1.** *(egyesülés, társulás)* merger; amalgamation **2.** fiz fusion
fuzionál <ige> merge; amalgamate
fű <fn> **1.** *(növény)* grass **2.** *(gyep)* lawn; grass: *Ül a füvön.* He is sitting on the grass. ✳ *Fűre lépni tilos!* Keep off the grass! **3.** szl *(marihuána)* grass; weed; pot
  ♦ **fűbe harap** biz bite✛ the dust ♦ **fűt-fát ígér vkinek** biz promise the world
füge <fn> fig
fügefa <fn> fig (tree)
fügefalevél <fn> fig leaf (tsz: fig leaves)
függ <ige> **1.** *(lóg)* hang✛ **2.** depend on (**vkitől/vmitől** sy/sg); hang✛ on (**vmitől** sg); be✛ up to (**vkitől** sy): *Ez attól függ!* That depends! / It all depends! ✳ *A jövőm ettől a vizsgától függ.* My future depends on this exam. ✳ *Tőle függ.* It's up to him. **3.** *(kiszolgáltatott)* be✛ dependent on (**vkitől/vmitől** sy/sg)
függelék <fn> appendix (tsz: appendices v. appendixes)
függés <fn> **1.** *(lógás)* hanging; suspension **2.** dependence (**vmitől** on sg) **3.** *(függőség)* addiction
függeszt <ige> hang✛; suspend
független <mn> independent (**vkitől/vmitől** of sy/sg): *Az az ország független Angliától.* That country is independent of Britain. ✳ *Független hölgy.* She is an independent lady. ✳ *Anyagilag független a férjétől.* She is independent of her husband.
függetlenség <fn> independence: *a függetlenségért vívott harc* the struggle for independence ✳ *Mikor vált az országotok függetlenné Angliától?* When did your country gain independence from Britain?
függő <mn> **1.** *(lógó)* hanging; suspended **2.** *(szenvedélytől)* addicted to sg **3.** *(függőben levő)* pending **4.** dependent (**vkitől/vmitől** on sy/sg); subordinate (**vkitől/vmitől** to sy/sg) **5.** nyelvt indirect; reported: *függő beszéd* indirect/reported speech
függőágy <fn> hammock
függőhíd <fn> suspension bridge
függőleges <mn> vertical; perpendicular; upright: *függőleges vonalak* vertical lines ✳ *A landoláshoz függőlegesen állnak a székek.* The seats are in an upright position for landing.
függöny <fn> **1.** curtain; drapes <tsz>: *behúzza a függönyt* draw the curtain **2.** *(színházi)* curtain: *a függöny felmegy/legördül* the curtain rises/falls
függőség <fn> **1.** dependence; dependency; subordination **2.** *(szenvedélytől)* addiction; dependency; dependence

függővasút <fn> cable railway
függvény <fn> mat function
fül <fn> **1.** *(hallószerv)* ear: *belső fül* the inner ear ∗ *A hangzavartól csengett a fülem.* The loud noise made my ear ring. **2.** *(hallás)* ear: *jó füle van* have sharp ears **3.** *(fogantyú)* handle; *(sapkán)* flap: *Letörtem a csésze fülét.* I have broken the handle of the cup.
♦ **vki csupa fül** biz be✶ all ears ♦ **se füle, se farka vminek** sy can't make head or tail of sg ♦ **hegyezi a fülét** biz prick one's ears ♦ **az egyik fülén be(megy), a másikon ki** biz go✶ in one ear and out the other ♦ **elenged vmit a füle mellett** turn a deaf ear to sg ♦ **fülig szerelmes vkibe** biz be✶ head over heels in love with sy ♦ **süket fülekre talál** fall✶ on deaf ears
¹**fülbemászó** <mn> catchy; melodious: *fülbemászó dallam* a catchy tune
²**fülbemászó** <mn> áll earwig
fülbevaló <fn> earring; stud
fülcimpa <fn> earlobe; lobe
füldugó <fn> earplug
fülel <ige> be✶ all ears; prick one's ears
fülemüle <fn> nightingale
fülész <fn> ear specialist
fülfájás <fn> earache
fülhallgató <fn> earphones <tsz>; earbuds <tsz>; *(mikrofonnal)* headset
fülke <fn> **1.** *(kis helyiség)* booth; *(istállóban)* box **2.** *(falban)* niche **3.** *(vonaton)* compartment **4.** *(hajón)* cabin **5.** *(telefoné)* telephone box; telephone booth **6.** *(szavazó)* voting booth **7.** *(lifté)* car
fülledt <mn> sultry; close; muggy; *(állott)* stuffy; *(dohos)* fusty
füllent <ige> biz fib; tell✶ a fib
fül-orr-gégész <fn> ear, nose, and throat specialist
fül-orr-gégészet <fn> *(rendelő, osztály)* ear, nose, and throat clinic
fülsiketítő <mn> deafening; ear-splitting; ear--piercing; shrill
fülszöveg <fn> blurb
fültanú <fn> ear witness
fülvédő <fn> earmuffs <tsz>
fülzúgás <fn> ringing of the ear
fülzsír <fn> earwax
fűmag <fn> grass seed
fűnyíró <fn> (lawn) mower
fürdés <fn> *(kádban)* bath; *(szabadban)* bathe
fürdet <ige> bath; AmE bathe: *fürdeti a gyerekeket* bath the kids
fürdik <ige> **1.** *(tisztálkodik)* have✶ a bath; bath **2.** *(szabadban)* bathe
fürdő <fn> **1.** *(fürdés)* bath; bathing **2.** *(intézmény)* baths <tsz> **3.** biz *(fürdőszoba)* bath **4.** *(fürdővíz)* bath: *fürdőt készít vkinek* run sy a bath
fürdőkád <fn> bathtub; bath; tub
fürdőköpeny <fn> (bath)robe
fürdőlepedő <fn> bath towel

Függő beszéd • Reported speech

a) *Függő mondatok* • **Reported clauses**
Ha múlt idejű cselekményt (**past simple**) „idézünk" saját szavunkkal: a szabály az, hogy ha **az indító mondat igéje past simple**-ben áll, a tőle függő mellékmondat igéje is **past**-ba kerül. Azonban a magyarban ezt többnyire **jelen idővel** fordítjuk.
Példák:
Tom **said** he **could** speak Italian. *Tom azt mondta, hogy tud olaszul.* ∗ He **felt** that he **had** to do something. *Úgy érezte, hogy valamit tennie kell.* ∗ Peter **said** he **wanted** to go home. *Peter azt mondta, hogy haza akar menni.*

Ha a múltra irányul a **függő mondat** (vagyis a *hogy* utáni mondat), „eggyel lejjebb", vagyis **past perfect**-be kerül:
Példa:
Lucy **said** that **he'd been** to Scotland. *Lucy azt mondta, hogy Skóciában volt.*

Ha a jövőre irányul, a *hogy* után **would** áll, vagyis a **will past tense**-e:
Példa:
Jim said she **would** come. *Jim azt mondta, hogy eljön/el fog jönni.*

b) *Függő kérdések* • **Reported questions**
Ezeknél arra kell vigyázni, hogy a **függő kérdés** szórendje „kiegyenesedik", vagyis az állító mondatéval azonos lesz.
Példák:
She **asked** me **why I was** so late. *Megkérdezte, miért késtem ennyit.* ∗ Do you know **where Jane is**? *Tudod, hol van Jane?*
(Fontos: a függő kérdés végén az angolban az írásjel: pont.)

fürdőmedence <fn> swimming pool
fürdőnadrág <fn> (swimming) trunks <tsz>
fürdőruha <fn> bathing suit; swimming costume; swimsuit
fürdősapka <fn> swim cap; bathing cap
fürdőszoba <fn> bathroom

→ Lásd a Tartalomjegyzékben a Tematikus rajzokat!

fürdőszobaszőnyeg <fn> bath mat; bathroom rug
fürdővíz <fn> bath: *fürdővizet ereszt vkinek* run a bath for sy
♦ **a fürdővízzel együtt a gyereket is kiönti** throw❖ the baby out with the bathwater
fürdőző <fn> bather
fűrész <fn> saw
fűrészel <ige> saw❖
fűrészpor <fn> sawdust
fürge <mn> agile; nimble; brisk; quick; lively
fürj <fn> quail
fürt <fn> **1.** *(hajé)* lock; curl **2.** *(termés)* bunch: *egy fürt szőlő* a bunch of grapes * *egy fürt banán* a bunch of banana
füst <fn> smoke; fumes <tsz>: *Füst gomolygott az égő házból.* Smoke billowed from the burning building.
♦ **egy füst alatt** at the same time ♦ **füstbe megy** go❖ up in smoke
füstfelhő <fn> cloud of smoke
füstöl <ige> **1.** smoke: *Füstöl a kémény.* The chimney is smoking. **2.** biz *(dohányzik)* smoke **3.** *(ételt)* smoke; cure
füstölt <mn> smoked: *füstölt hal* smoked fish * *füstölt sonka* gammon
füstszűrő <fn> filter tip
fűszál <fn> blade of grass

fűszer <fn> spice; herb; condiment: *A bors, a fahéj és a gyömbér fűszerek.* Pepper, cinnamon and ginger are spices. * *A mártás friss fűszerekkel van ízesítve.* The sauce is flavoured with fresh herbs.
fűszeres <mn> spicy
fűszerez <ige> **1.** *(ízesít)* season; spice; flavour; AmE flavor **2.** *(színez)* spice sg up (**vmivel** with sg)
fűszernövény <fn> herb
fűt <ige> heat: *fával fűt* use wood for heating
fűtés <fn> heating: *központi fűtés* central heating
fűtetlen <mn> unheated
fűtő <fn> stoker; fireman (tsz: firemen)
fűtőanyag <fn> fuel
fűtőberendezés <fn> heating system
fűtőtest <fn> heater; radiator
fűtött <mn> heated
fütyörészik <ige> whistle
fütty <fn> whistle
füttyent <ige> whistle
fütyül <ige> **1.** whistle: *Nem tud fütyülni.* He can't whistle. * *Munka közben fütyül.* He whistles as he work. **2.** *(madár)* sing❖; whistle **3.** *(színházban)* hiss; boo **4.** *(szél)* blow❖; whistle
füves <mn> grassy; grass-covered
¹**fűz** <ige> **1.** thread: *gyöngyöt fűz* thread beads **2.** *(cipőt)* lace **3.** attach (**vmit vmihez** sg to sg); tie (**vmit vmihez** sg to sg) **4.** *(megjegyzést)* comment (**vmit vmihez** on sg)
²**fűz** <fn> willow
füzér <fn> *(gyöngy)* string; *(virág)* garland; *(díszítéshez)* festoon
füzet <fn> **1.** *(iskolai)* exercise book; notebook: *Helyezd a füzeteidet az asztalra!* Lay your exercise books on the table. **2.** *(tájékoztató)* booklet; brochure
fűzfa <fn> willow (tree)
fűző <fn> **1.** *(női)* corset **2.** *(cipőé stb.)* lace

G, g

G, g <fn> **1.** *(betű)* G, g **2.** zene *(hang)* G: *G-dúr* G major * *g-moll* G minor
gabona <fn> grain; cereals <tsz>; BrE corn: *A farmerek betakarítják a gabonát.* Farmers gather the corn.
gabonafélék <fn> cereal corps; cereals
gabonaföld <fn> cornfield
gabonaszem <fn> grain; corn
gágog <ige> quack; cackle
gagyog <ige> **1.** *(kisbaba)* gurgle; babble **2.** *(akadozva beszél)* stammer
gála <fn> gala
gálaest <fn> gala evening/night
galamb <fn> dove; pigeon
galambdúc <fn> dovecot(e)
galandféreg <fn> tape-worm
galaxis <fn> galaxy
galéria <fn> **1.** *(kiállítóterem)* gallery **2.** *(lakásban)* gallery; loft
gallér <fn> collar: *álló gallér* stand-up collar * *megragad vkit a gallérjánál fogva* seize sy by the collar
galóca <fn> agaric: *gyilkos galóca* death cap; amanita
galopp <fn> **1.** gallop **2.** *(verseny)* flat racing; the races <tsz>
galoppozik <ige> gallop
galuska <fn> dumplings <tsz>; gnocchi <tsz>
gálya <fn> galley
gályarab <fn> galley slave
gally <fn> *(vékonyabb faág)* twig; *(letört ág)* stick: *gyűjt pár száraz gallyat* collect some dry sticks
garancia <fn> **1.** *(biztosíték)* guarantee; assurance: *A fehér karácsonyra nincs garancia.* There is no guarantee of a white Christmas. **2.** *(árué)* guarantee; warranty: *garanciát vállal* guarantee * *egy éves garanciával* with a one-year guarantee * *ötéves garanciát ad* provide a five-year guarantee * *Még tart a garancia az órámra.* My watch is still under guarantee.
garancialevél <fn> warranty
garantál <ige> **1.** *(biztosít)* guarantee **2.** *(szavatol)* guarantee: *Garantálom, hogy ez igaz.* I can assure you that it's true.
garantált ár <fn> guaranteed price
garas <fn> **1.** tört farthing **2.** BrE *(kevés pénz)* copper
 ♦ **fogához veri a garast** pinch and scrape
 ♦ **Nem ér egy lyukas garast sem.** It's not worth a straw.
garasoskodik <ige> be❖ penny-pinching
garat <fn> pharynx (tsz: pharynges v. pharynxes)
 ♦ **Felöntött a garatra.** He had a glass/drop too many. / He's had one over the eight.
garázda <mn> disorderly; ruffianly; rowdy: *részeges és garázda* drunk and disorderly
garázdálkodik <ige> be❖/go❖ on the rampage; go❖ berserk; ravage; depredate
garázdaság <fn> rowdyism; hooliganism; ruffianism; jog breach of the peace
garázs <fn> garage
garázsajtó <fn> the door of the garage
garbó <fn> polo-neck jumper/sweater; AmE turtleneck
gárda <fn> **1.** *(testőrség)* the guards <tsz> **2.** *(csapat)* team
gardróbszekrény <fn> wardrobe; AmE closet
gargarizál <ige> gargle (**vmivel** with sg)
garnitúra <fn> suite; set
gasztronómia <fn> gastronomy
gát <fn> **1.** *(védőgát)* dike; dyke; AmE levee; *(duzzasztógát)* dam; AmE barrage **2.** *(akadály)* barrier; obstacle; hindrance **3.** sp hurdle **4.** orv *(emberi altest része)* perineum
gátfutás <fn> hurdles <tsz>
gátlás <fn> *(lelki)* inhibition: *gátlásoktól mentes* uninhibited
gátlásos <mn> inhibited; self-conscious
gátlástalan <mn> pej unscrupulous
gátol <ige> inhibit; obstruct; impede; hamper; hinder; *gátolja a haladást* block progress; bar the way to progress
gátszakadás <fn> bursting of a dam; breach in the dike/dyke
gatya <fn> biz **1.** *(alsónadrág)* underpants <tsz> **2.** *(nadrág)* trousers <tsz>; AmE pants <tsz>
 ♦ **felköti a gatyáját** biz pull one's socks up
 ♦ **gatyába ráz vmit** biz knock/lick/whip sg into shape
gaz <fn> weed
gáz <fn> **1.** *(légnemű anyag)* gas: *Az oxigén gáz.* Oxygen is the gas. **2.** *(pára, gőz, füst)* fumes <tsz>: *mérgező gázok* toxic fumes **3.** *(háztartási)* gas: *meggyújtja/eloltja a gázt* turn on/off the gas * *A gáz el van zárva.* The gas is off.

gázálarc

4. *(üzemanyag)* gas **5.** biz *(pedál)* gas pedal; AmE the gas: *gázt ad / beletapos a gázba* step on the gas
gázálarc <fn> gas mask
gázbojler <fn> gas water heater
gázcsap <fn> gas tap; AmE gas faucet
gázcső <fn> gas pipe
gazda <fn> **1.** *(tulajdonos)* owner: *a kutya gazdája* the dog's owner **2.** *(gazdálkodó)* farmer; smallholder
  ♦ **gazdát cserél** change hands
¹**gazdag** <mn> **1.** *(vagyonos)* rich; wealthy: *Ha gazdagok lennénk, beutaznánk a világot.* If we were rich, we'd travel round the world. **2.** rich (**vmiben** in sg): *Ez az ország erdőkben gazdag.* This country is rich in forests. * *növényi rostban gazdag* high in fibre **3.** *(bőséges)* ample; plentiful
²**gazdag** <fn> **a gazdagok** the rich/well-off/wealthy
gazdagít <ige> **1.** *(gazdagabbá tesz)* enrich **2.** *(dúsít, feljavít)* enrich: *A szószt tejszínnel gazdagítják.* The sauce is enriched with cream. **3.** átv enrich (**vmit vmivel** sg with sg): *Az olvasás gazdagítja az elmét.* Reading enriches your mind.
gazdagodik <ige> become*/grow* rich
gazdagság <fn> **1.** *(vagyon)* wealth; richness; riches <tsz>: *nagy gazdagságáról és jómódjáról híres* be famous for one's great wealth and prosperity **2.** *(bőség)* abundance (**vmié** of sg)
gazdálkodik <ige> have* a farm; farm
gazdálkodó <fn> farmer
gazdaság <fn> **1.** *(rendszer)* economy: *stagnáló gazdaság* a stagnant economy **2.** *(gazdálkodóé)* farm
gazdasági <mn> **1.** economic: *gazdasági segély* economic aid * *gazdasági megszorítás* economic squeeze * *gazdasági helyzet* economic situation * *gazdasági rendszer* economic system **2.** *(mezőgazdasági)* agricultural; farming; farm-
gazdasági fellendülés <fn> economic boom
gazdasági növekedés <fn> economic growth
gazdasági válság <fn> (economic) slump
gazdaságos <mn> *(kifizetődő, takarékos)* economical; profitable: *nem gazdaságos* uneconomical
gazdaságpolitika <fn> economic policy
gazdaságtalan <mn> *(nem gazdaságos)* uneconomical
gazdasszony <fn> **1.** *(háziasszony)* housewife; housekeeper **2.** *(parasztgazda felesége)* farmer's wife
gazdátlan <mn> *(tulajdon)* derelict; *(csomag stb. amiért nem jönnek)* unclaimed
gazella <fn> gazelle

gazember <fn> pej villain
gázfogyasztás <fn> gas consumption
gázfőző <fn> gas cooker/stove
gázfűtés <fn> gas heating
gázkamra <fn> gas chamber
gázló <fn> ford
gázlómadár <fn> wader; wading bird
gázmérő <fn> gas meter
gázol <ige> **1.** *(vízben, sárban)* wade **2.** *(vkit)* run* sy down/over
  ♦ **vkinek a becsületébe gázol** defame/injure sy's character; blacken sy's good name
gázolaj <fn> diesel/fuel oil
gázolás <fn> street/road accident: *halálos gázolás* fatal road accident
gázóra <fn> gas meter
gázömlés <fn> escape of gas; gas escape/leak
gázpalack <fn> gas container/holder; *(háztartási)* Calor gas; AmE cooking gas
gázpedál <fn> accelerator; AmE gas pedal
gáztartály <fn> gasholder; gasometer
gázszag <fn> the smell of gas
gázszámla <fn> gas bill
gázszerelő <fn> gas fitter
gaztett <fn> wrongdoing; outrage; foul deed
gáztüzelésű <mn> gas-fired
gáztűzhely <fn> gas cooker/oven/range/stove
gázvezeték <fn> gas piping; gas pipes <tsz>
gázsi <fn> fee; salary
GDP [= bruttó hazai termék] GDP (= gross domestic product)
gebe <fn> *(sovány ló)* nag
gége <fn> **1.** *(torok, nyelőcső)* throat; larynx (tsz: larynxes v. larynges) **2.** *(gégefő)* larynx (tsz: larynxes v. larynges)
gégefő <fn> larynx (tsz: larynxes v. larynges)
gégész <fn> laryngologist
gejzír <fn> geyser
gém <fn> **1.** áll heron: *kanalas gém* spoonbill **2.** *(kúté)* sweep
gemkapocs <fn> paper clip
gén <fn> gene
generáció <fn> **1.** *(nemzedék)* generation: *mindhárom generáció* all three generations * *az idősebb/a fiatalabb generáció* the older/younger generation **2.** *(műszaki)* generation
generátor <fn> generator
genetika <fn> genetics
genetikai <mn> genetic: *genetikai kód* genetic code * *genetikai ujjlenyomat* genetic fingerprint * *genetikai öröklés* genetic inheritance
genetikailag <hsz> genetically: *genetikailag módosított* genetically modified
genetikus <fn> genetic
gengszter <fn> gangster; hoodlum; racketeer

génkezelt <mn> genetically modified
génkezelt élelmiszer <fn> genetically modified food; biz Frankenfood
génsebészet <fn> genetic engineering
genny <fn> pus
gennyes <mn> purulent: *(a sebből eredő) gennyes váladék* purulent discharge (from the wound)
geológia <fn> geology
geológus <fn> geologist
geometria <fn> geometry
gép <fn> **1.** machine: *A gép jól működik.* The machine is running correctly. * *Hogy működik ez a gép?* How does this machine operate? * *A gép automatikusan bekapcsol.* The machine switches on automatically. * *A gép működésben van/üzemel.* The machine is in operation. **2.** *(írógép)* typewriter **3.** *(számítógép)* computer **4.** *(repülőgép)* plane: *Késett a gép a leszállással.* The plane's landing was delayed. * *A pilóta biztonságosan fogja letenni a gépet.* The pilot will land the plane safely.
gépel <ige> type: *Egy levelet gépelek.* I am typing a letter.
gépelt <mn> typewritten
gépeltérítés <fn> skyjacking
gépesít <ige> mechanized
gépész <fn> mechanic
gépészmérnök <fn> mechanical engineer
gépezet <fn> **1.** *(szerkezet)* machinery **2.** pej *(rendszer)* machinery; machine
gépfegyver <fn> machine gun
gépgyár <fn> engine/machine factory/works
gépház <fn> engine room
gépi <mn> **1.** *(géppel kapcsolatos)* machine: *gépi nyelv* machine language * *gépi adatfeldolgozás* data processing **2.** *(géppel készített)* machine-made **3.** *(géppel működtetett)* mechanical: *gépi játékok* mechanical toys
gépies <mn> automatic; mechanical: *gépies válasz* mechanical/automatic response
gépipar <fn> engineering industry
gépírás <fn> typewriting; typing
gépjármű <fn> motor vehicle
gépjármű-felelősségbiztosítás <fn> third-party insurance/cover
gépjárművezető <fn> driver
gépjárművezető-tanfolyam <fn> driving course; driving lessons <tsz>: *gépjárművezető-tanfolyamra jár* take/have driving lessons
gépkocsi <fn> **1.** *(gépjármű)* motor vehicle **2.** *(személyautó)* (motor) car
gépkocsivezető <fn> *(autót vezető személy)* motorist; driver; *(hivatásos)* chauffeur
géppisztoly <fn> submachine-gun
géppuska <fn> machine-gun
géprabló <fn> hijacker

gépsonka <fn> pressed ham
gereblye <fn> rake
gereblyéz <ige> rake
gerely <fn> **1.** *(fegyver)* lance; spear **2.** *(sporteszköz)* javelin
gerelyhajítás <fn> sp the javelin <esz>: *Gerelyhajításban aranyérmet nyert.* He won a gold medal in the javelin.
gerenda <fn> **1.** *(szálfa)* beam; timber; girder **2.** sp beam; AmE balance beam
gerezd <fn> **1.** *(fokhagymáé)* clove **2.** *(gyümölcsé)* segment: *gerezdekre szedi a narancsot* cut/divide the orange into segments
gerilla <fn> guer(r)illa
gerinc <fn> **1.** *(hátgerinc)* backbone; spine **2.** *(a legfontosabb rész)* backbone (**vminek** of sg): *a csapat gerince* the backbone of the team **3.** *(hegygerinc)* ridge **4.** *(könyvé)* spine **5.** *(hajóé)* keel **6.** átv *(szilárd erkölcsi magatartás)* backbone: *van benne gerinc (vmi megtételére)* he has got the backbone (to do sg)
¹**gerinces** <mn> *(szilárd jellemű)* of strong character <csak hátravetve>: *gerinces ember* a man with backbone; a man of principle
²**gerinces** <fn> vertebrate
gerincferdülés <fn> orv scoliosis
gerincoszlop <fn> spinal column; spine
gerincvelő <fn> spinal cord
¹**germán** <mn> Germanic
²**germán** <fn> German
germanisztika <fn> German studies <tsz>
gesztenye <fn> **1.** chestnut **2.** *(szelíd)* sweet chestnut **3.** *(vad)* horse chestnut
gesztenyebarna <mn> chestnut; maroon
gesztenyefa <fn> **1.** *(szelíd)* chestnut (tree) **2.** *(vad)* horse chestnut
gesztenyepüré <fn> chestnut puree
gesztikulál <ige> gesticulate
gesztus <fn> **1.** *(mozdulat)* gesture **2.** *(cselekedet)* gesture: *gesztust gyakorol vkivel szemben* make a gesture towards sy * *nemes gesztus* a (nice) gesture of goodwill
gettó <fn> ghetto
géz <fn> gauze
giccs <fn> biz *(érzelgős mű)* kitsch; mush; slush; schmaltz
giccses <mn> *(érzelgős)* kitschy; mushy; schmaltzy
gida <fn> *(őzé)* fawn; *(kecskéé)* kid
gigantikus <mn> gigantic; colossal
gigászi <mn> gigantic; colossal
giliszta <fn> earthworm
gimnasztika <fn> gymnastics <esz>
gimnazista <fn> ≈ grammar-school student; AmE ≈ high-school student
gimnázium <fn> grammar school; AmE high school

gimnáziumi <mn> of a grammar school <csak hátravetve>; AmE of a high school <csak hátravetve>
gipsz <fn> 1. (anyag) plaster 2. orv (kötés) cast; plaster cast; plaster: *gipszben van a lába* her leg is in plaster
gipszel <ige> plaster
gipszkötés <fn> cast; plaster cast
gitár <fn> guitar
gitáros <fn> guitarist
gitározik <ige> play the guitar
gitt <fn> putty
G-kulcs <fn> zene treble clef; G clef
gleccser <fn> glacier
globális <mn> 1. (világméretű) global: *globális felmelegedés* global warming 2. (átfogó) global
globalizáció <fn> globalization
globalizált <mn> globalized
glossza <fn> gloss
gnóm <fn> gnome
gobelin <fn> Gobelin; tapestry
góc <fn> 1. (központ) centre 2. orv (betegségé) centre; (fertőzésé) focus
gócpont <fn> focus (tsz: focuses v. foci); focal point
gól <fn> goal; (egyenlítő gól) equalizer; (amerikai futballban, rögbiben) touchdown: *gólt rúg/lő* kick/score/shoot a goal
gólarány <fn> sp score
golf <fn> golf
Golf-áramlat <fn> the Gulf Stream
golfoz(ik) <ige> play golf
golfütő <fn> golf club; club
golfpálya <fn> golf course
góllövő <fn> scorer
gólpassz <fn> goal pass; assist
gólvonal <fn> sp goal line
gólya <fn> 1. (madár) stork 2. biz (elsőéves egyetemista, főiskolás) fresher; AmE freshman (tsz: freshmen)
gólyafészek <fn> stork's nest
gólyaláb <fn> stilt
golyó <fn> 1. (gömb) ball 2. (lövedék) bullet: *A golyó eltalálta a vadászt.* The bullet hit the hunter. * *A golyó (épp csak) súrolta a karját.* The bullet grazed his arm. * *Egy golyó süvített el a fejem mellett.* A bullet whistled past my head. 3. **golyók** szl (herék) balls; nuts
golyóálló <mn> bulletproof
golyóscsapágy <fn> ball bearing
golyóstoll <fn> ballpoint (pen)
golyószóró <fn> (light) machine-gun
gomb <fn> 1. (ruhán) button: *felvarrja a gombot* sew/put the/a button on 2. műsz (billentyű, kapcsológomb) button; (elforgatható állítógomb) knob: *megnyomja a gombot* press the button * *megtekeri a gombot* twist the knob 3. (ajtón, fiókon) knob
gomba <fn> 1. növ (ehető) mushroom: *gombát szed* mushroom; go mushrooming 2. növ fungus (tsz: fungi v. funguses) 3. (mérges) toadstool 4. orv (élősködő) fungus (tsz: fungi v. funguses) 5. (betegség) mycosis
gombaismeret <fn> biol mycology
gombaleves <fn> mushroom soup
gombamérgezés <fn> mushroom poisoning
gombás <mn> 1. (étel) with mushrooms <csak hátravetve> 2. orv fungus-infected: *gombás fertőzés* fungus infection * *gombás megbetegedés* mycotic disease; mycosis
gombaszakértő <fn> mycologist
gombfoci <fn> ≈ button soccer
gomblyuk <fn> buttonhole
gombóc <fn> 1. (tésztából) dumpling; (húsból) meatball; (fagylaltból) scoop: *egy gombóc fagyi* a scoop of ice-cream 2. (galacsin) pellet
♦ **gombóc van a torkában** have✢/feel✢ a lump in one's throat
gombol <ige> fasten with buttons; button (up)
gombolyag <fn> ball
gombolyít <ige> wind✢: *fonalat gombolyít* wind wool
gombostű <fn> pin
gomolyfelhő <fn> cumulus
gond <fn> 1. (aggodalom) care; concern; worry; anxiety; (nehézség) trouble; bother; the matter; difficulty; problem: *gond nélkül* free from care * *Mi a gond vele?* What's the matter with him? * *Sok gond van vele.* There is a lot of concern about him. * *Pillanatnyilag a legnagyobb gondja...* His biggest worry now is... * *Sok gondja van.* She has got many cares. * *Semmi gondot nem okoz, ha...* It won't be any trouble if... 2. (gondosság) care: *vkinek a gondjaira bíz vkit* leave sy in sy's care
gondatlan <mn> 1. careless; slack 2. jog negligent
gondatlanság <fn> 1. carelessness 2. jog negligence: *vétkes gondatlanság* gross negligence
gondnok <fn> 1. (intézményé) caretaker; warden; AmE superintendent; custodian; janitor 2. jog (személyt felügyelő) guardian
gondnokság <fn> guardianship
gondol <ige> 1. (vél) think✢; find✢: *Bolondnak gondolom.* I think he is mad. * *Mit gondolsz, most mit kellene tennünk?* What do you think we should do now? * *Gondolod, hogy okos?* Do you think she is clever? 2. think✢ (**vkire/vmire** about sy/sg // of sy/sg): *Édesanyjára gondolt.* She thought of her mother 3. (törődik) care (**vkivel/vmivel** about/for sy/sg); take✢ care of sy/

sg: *Gondolnod kell öregedő szüleiddel/szüleidre.* You have to care for your elderly parents. **4.** *(képzel, hisz)* think✦ (**vmit vkiről/vmiről** sg of sy/sg): *Mit gondolsz róla?* What do you think of him? **5.** *(céloz rá)* mean✦: *Érted, mire gondolok?* Do you understand what I mean? / You know what I mean?

♦ **Hova gondolsz?** How can you think of such a thing?

gondolat <fn> thought: *titkos gondolatok* secret/inner thoughts ∗ *belső gondolatok* inward thoughts ∗ *gondolatokba merülve* lost in thought ∗ *a puszta gondolata* the mere thought of it ∗ *Az a gondolatom támadt, hogy...* The thought strikes me that... ∗ *Hirtelen támadt egy gondolatom.* I had a sudden thought. ∗ *Átvillant az agyán a gondolat.* The thought flashed through his mind. ∗ *Mindig te jársz a gondolataimban.* You are always in my thoughts. ∗ *Még a gondolatától is borzadok.* I shudder at the very thought of it.

♦ **eljátszik a gondolattal** toy/dally with the idea ♦ **összeszedi a gondolatait** collect one's thoughts; get✦ one's thoughts together ♦ **gondolataiba merült** be✦ plunged/sunk in thought

gondolatátvitel <fn> telepathy; thought-transference
gondolatjel <fn> dash
gondolatmenet <fn> chain/order/sequence of ideas; train of thought
gondolatszegény <mn> lacking ideas <csak hátravetve>
gondolatvilág <fn> thoughts <tsz>; ideas <tsz>
gondolkodás <fn> **1.** *(értelmi tevékenység)* thinking; thought: *Sok gondolkodás után úgy döntöttek, hogy építenek egy új házat.* After a lot of thought they decided to build a new house. **2.** *(gondolkodásmód)* way of thinking; cast/turn of mind; thought: *Hasonló gondolkodásúak.* They are of like mind
gondolkodásmód <fn> way of thinking; thought; cast of mind; turn of mind; mentality
gondolkodik <ige> **1.** think✦: *Álljunk meg és gondolkodjunk, mielőtt bármi mást csinálnánk!* Let's stop and think before we do anything else. **2.** *(fontolgat)* think✦ (**vmin** about sg); ponder (**vmin** about/on/over sg); consider (**vmin** sg): *Azon gondolkodunk, hogy veszünk egy új kocsit.* We're considering buying a new car. **3.** think✦ (**vmiről** about/of sg): *Hogy gondolkodsz erről?* What do you think of this?

♦ **Először gondolkodj, azután cselekedj!** Look before you leap!

¹**gondolkodó** <mn> thinking
²**gondolkodó** <fn> thinker
gondos <mn> careful; *(lelkiismeretes, alapos)* painstaking
gondosan <hsz> carefully: *gondosan kidolgozott* carefully planned
gondoskodás <fn> care (**vkiről/vmiről** for sy/sg): *szülői gondoskodás* parental care
gondoskodik <ige> **1.** care (**vkiről** for sy); look after sy: *Gondoskodom a nagyapámról.* I care for my grandfather. **2.** *(biztosít, elintéz)* see✦ (**vmiről** to sg // that...): *Gondoskodj róla, hogy az ajtó zárva legyen!* See that the door is closed. ∗ *Gondoskodom a gyerekek reggelijéről.* I'll see to the children's breakfast.
gondosság <fn> carefulness
gondoz <ige> **1.** care (**vkit** for sy); *(beteget)* nurse (**vkit** sy); tend (**vkit** (to) sy): *Gondozom a nagyapámat.* I care for my grandfather. **2.** tend (**vmit** (to) sg); *(leápol)* groom (**vmit** sg)
gondozás <fn> attention; looking after sy; *(állami, szociális)* care: *(állami) gondozásba vesz vkit* take sy into care ∗ *Teljesen lefoglalja a gyermekek gondozása.* He is fully occupied looking after the children.
gondozatlan <mn> uncared-for; untended; neglected; *(kert)* uncultivated; wild; *(haj)* unkempt
gondozó <fn> *(betegé)* nurse; *(otthoni ápolással)* carer; AmE caregiver; *(gyermeké)* nurse; *(állaté)* keeper: *szociális gondozó* welfare worker
gondozónő <fn> nurse
¹**gondozott** <mn> *(külső)* well-kept; trim; neat; well-groomed; *(kert stb.)* trim; well-kept
²**gondozott** <fn> *(állami gondozott)* child in care
gondtalan <mn> carefree; light-hearted: *gondtalan élet* a carefree life; an easy life; a life of ease
gondterhelt <mn> worried; careworn; harassed: *gondterhelt pillantás* a worried look ∗ *gondterhelt a jövő miatt* be worried about the future
gondviselés <fn> átv providence: *isteni gondviselés* divine providence
gong <fn> gong
¹**gonosz** <mn> evil; wicked; vicious; vile; nasty: *gonosz tréfa* a dirty/nasty/shabby/mean trick
²**gonosz** <fn> evil
gonoszság <fn> **1.** *(tulajdonság)* evil; evilness; wickedness; viciousness; vice **2.** *(cselekedet)* evil/wicked act/deed
gonosztett <fn> evil/wicked act/deed; crime
gonosztevő <fn> villain; evildoer; criminal
gordonka <fn> cello; *(formálisabban)* violoncello
gordonkás <fn> cellist

gordonkázik <ige> play the cello
gorilla <fn> gorilla
goromba <mn> rude; rough: *Sajnálja, hogy goromba volt Maryvel.* He regrets that he was rude to Mary. * *Elég goromba volt.* He was rather rough.
gorombaság <fn> roughness; rudeness; surliness; *(sértés)* abuse
gorombáskodik <ige> be* rude **(vkivel** to sy)
¹gót <mn> ép Gothic
²gót <fn> Goth
gótika <fn> Gothic art
gótikus <mn> Gothic
gödör <fn> pit; *(kátyú)* pothole
gödröcske <fn> *(arcon)* dimple
gőg <fn> arrogance; pride
gőgicsél <ige> gurgle
gőgös <mn> arrogant; haughty; lofty
gömb <fn> **1.** *(test)* ball; sphere; globe **2.** mat *(felület)* sphere
gömbölyded <mn> roundish; biz chubby
gömbölyödik <ige> round
gömbölyű <mn> **1.** *(gömb alakú)* round; spherical: *A labda gömbölyű.* The ball is round. **2.** *(kövérkés)* round
gönc <fn> *(limlom)* odds and ends <tsz>; *(ruhaféle)* cast-off clothing; cast-offs <tsz>
göndör <mn> *(haj)* curly; frizzy: *Régebben göndör volt a haja.* Her hair used to be in curls.
göndörödik <ige> curl
göngyöl <ige> roll (up)
göngyöleg <fn> **1.** *(göngyölt dolog)* roll **2.** *(csomagolás)* package; wrapping
¹görbe <mn> bent; crooked
²görbe <fn> **1.** *(vonal)* curve **2.** *(grafikon)* graph
görcs <fn> **1.** *(izomé)* cramp; orv spasm; cramp: *görcsöt kap* get/have cramp; be seized with cramp; have a spasm * *Görcsöt kapott a lába.* He got a cramp in his leg. **2.** *(fában)* knot; gnarl: *Ez a fa tele van görccsel.* This wood is full of knots.
görcsöl <ige> have*/get* cramp
görcsoldó <fn> *(szer)* antispasmodic
görcsös <mn> **1.** *(görcs okozta)* convulsive; spasmodic; spastic: *görcsös rángatódzás* convulsions **2.** *(erőltetett)* forced; (con)strained: *görcsös nevetés* forced laughter
gördeszka <fn> skateboard
gördeszkázik <ige> skateboard; skate
gördeszkázás <fn> skateboarding
gördít <ige> *(nehéz tárgyat)* roll; *(kerekes tárgyat)* wheel
gördülékeny <mn> *(stílus, beszéd)* fluent; *(zökkenőmentes)* smooth: *gördülékenyen zajlik a megbeszélés* have a smooth meeting
görény <fn> polecat; AmE skunk

görget <ige> **1.** *(nehéz tárgyat)* roll **2.** infor *(szöveget képernyőn)* scroll
görgő <fn> *(nehéz tárgy görgetésére)* roller; *(bútoron)* castor; AmE caster
görkorcsolya <fn> roller skate; skate; *(egysoros)* in-line skate; rollerblade
görkorcsolyázik <ige> roller-skate; skate
görkori biz → **görkorcsolya**
görnyed(ezik) <ige> bend*; bow; stoop
görnyedt <mn> bent; bowed; stooping
görög <mn> Greek: *a görög ábécé* the Greek alphabet * *az ókori görög kultúra* the ancient Greek culture * *görög mitológia* Greek mythology
²görög <fn> **1.** *(személy)* Greek: *a görögök* the Greeks * *a régi/az ókori görögök* the ancient Greeks **2.** *(nyelv)* Greek: *Görögül van/íródott.* It is written in Greek * *Tud görögül.* He speaks Greek.
görögdinnye <fn> watermelon: *görögdinnyét termeszt* grow watermelon
görögkeleti <mn> (Greek) Orthodox: *a görögkeleti egyház* the Eastern Orthodox Church; the Orthodox Church
görögtűz <fn> Greek fire
Görögország <fn> Greece
göröngy <fn> clod
göröngyös <mn> *(út)* bumpy; *(talaj)* rugged
gőz <fn> steam
♦ **halvány gőze sincs vmiről** not have* the faintest/remotest/slightest idea; not have* a clue ♦ **Kár a gőzért.** It isn't worth the bother/trouble. / Save your breath! ♦ **teljes gőzzel** at full speed/steam
gőzerő <fn> műsz steam power
♦ **gőzerővel halad** steam ahead; be* in full swing
gőzfürdő <fn> Turkish bath
gőzgép <fn> steam engine
gőzhajó <fn> steamship; steamer
gőzmozdony <fn> steam engine/locomotive
gőzölög <ige> steam: *gőzölgő kávé* steaming coffee * *Gőzölög a leves.* The soup is steaming.
gőzös <fn> **1.** *(gőzmozdony)* steam engine/locomotive **2.** *(gőzhajó)* steamship; steamer
GPS [= műholdas helymeghatározó rendszer] GPS (= global positioning (satellite) system)
graffiti <fn> graffiti
grafika <fn> **1.** *(képzőművészeti ág)* graphic arts; graphics <tsz> **2.** *(műalkotás)* graphic; *(kiadványé)* artwork **3.** infor (computer) graphics <tsz>
grafikai <mn> graphic
grafikon <fn> graph; chart
¹grafikus <mn> graphic

²grafikus \<fn\> graphic artist
grafit \<fn\> *(anyag)* graphite; *(ceruzában)* lead
grafológia \<fn\> graphology
grafológus \<fn\> graphologist
gramm \<fn\> gram; BrE gramme
gránát \<fn\> **1.** *(kézi)* grenade **2.** *(tüzérségi)* shell
gránit \<fn\> granite
gratuláció \<fn\> congratulations \<tsz\>
gratulál \<ige\> congratulate (**vkinek vmihez** sy on sg): *Gratulálok!* Congratulations!
graviroz \<ige\> engrave
gravitáció \<fn\> gravity; gravitation: *a gravitáció törvényei* laws of gravity
grépfrút \<fn\> grapefruit
grill \<fn\> grill
grillázs \<fn\> brittle
grillcsirke \<fn\> grilled chicken; AmE broiled chicken
grillez \<ige\> grill; AmE broil
grillsütő \<fn\> **1.** *(konyhai)* grill; AmE broiler **2.** *(szabadtéri)* barbecue; BrE grill
grimasz \<fn\> grimace; (facial) contortion: *grimaszokat vág* grimace; make/pull faces
gríz \<fn\> semolina
gróf \<fn\> *(Európában)* count; BrE earl: *Roddington gróf* the Earl of Rodington
grófné \<fn\> countess
grófnő \<fn\> countess
groteszk \<mn\> grotesque; freakish
Grönland \<fn\> Greenland
¹grúz \<mn\> Georgian
²grúz \<fn\> Georgian
Grúzia \<fn\> Georgia
gubanc \<fn\> **1.** *(csomó)* tangle **2.** biz *(gond)* screw-up: *gubanca van* be in a stew
gubbaszt \<ige\> huddle; crouch; cower; *(madár)* perch
guberál \<ige\> scavenge
gubó \<fn\> **1.** *(rovaré)* cocoon **2.** *(len, mák termése)* capsule
guggol \<ige\> squat; crouch
guggolás \<fn\> squat(ting); crouch(ing)
gúla \<fn\> **1.** *(alakzat)* pyramid **2.** *(test)* pyramid: *szabályos gúla* regular pyramid
gulya \<fn\> herd (of cattle)

gulyás \<fn\> **1.** *(pásztor)* herdsman (tsz: herdsmen); cowherd; AmE cowhand; cowboy **2.** *(étel)* goulash
gulyásleves \<fn\> goulash soup
gumi \<fn\> **1.** *(anyag)* rubber **2.** *(gumiabroncs)* tyre; AmE tire: *lapos gumi* flat tyre **3.** *(szalag)* elastic; *(befőttesgumi)* rubber band **4.** *(óvszer)* sheath; condom
gumiabroncs \<fn\> tyre; AmE tire
gumibot \<fn\> baton; truncheon; AmE nightstick
gumibugyi \<fn\> rubber panties/pants \<tsz\>
gumicsizma \<fn\> wellington (boot); AmE rubber boot; *(bokáig érő)* anklington
gumicsónak \<fn\> (rubber/inflatable) dinghy; inflatable boat
gumikesztyű \<fn\> rubber gloves \<tsz\>
gumimatrac \<fn\> lilo (tsz: lilos); AmE air mattress
gumiszalag \<fn\> *(ruhába)* elastic; *(iratcsomó stb. összefogásához)* elastic/rubber band
gumó \<fn\> tuber; bulb
gúny \<fn\> ridicule; *(finom)* irony: *gúnyt űz vkiből* make fun/sport of sy; poke fun at sy; ridicule sy
gúnynév \<fn\> nickname
gúnyol \<ige\> mock; ridicule; flout
gúnyos \<mn\> derisive; biting; mocking; *(ironikus)* ironic(al); *(metszően)* satirical
gúnyrajz \<fn\> caricature; cartoon
gurít \<ige\> roll; *(kerekeken)* wheel: *labdát gurít a földön* roll a ball along the ground
gurul \<ige\> **1.** roll: *A labda a zongora alá gurult.* The ball rolled under the piano. **2.** *(repülőgép)* taxi
gusztus \<fn\> taste: *vmi nem a gusztusára való* it's not to my taste/liking
  ♦ **gusztusa van/támad vmire** feel✧ like (doing) sg *Gusztusom támadt egy kis sétára.* I'd feel like taking a walk.
gusztusos \<mn\> **1.** *(étel)* mouth-watering; appetizing **2.** *(vonzó dolog)* inviting; tempting; *(főleg nő férfi szemmel)* attractive
gusztustalan \<mn\> disgusting; unsavoury; vile
gutaütés \<fn\> stroke: *gutaütés éri* have a stroke
gürcöl \<ige\> toil; plug away (**vmivel/vmin** at sg)

Gy, gy

gyakori <mn> frequent; common; regular; *(elterjedt)* prevalent: *Ott eléggé gyakoriak a balesetek.* Accidents are quite common there. * *gyakori jelenség* a regular occurrence * *gyakori hiányzás munkahelyről/iskolából* being frequently absent from work/school; absenteeism * *nem gyakori* not/less frequent

gyakoriság <fn> frequency

gyakorlás <fn> practice: *Zongorázik, ezért sok gyakorlásra van szüksége.* She plays the piano so she needs lots of practice.

gyakorlat <fn> **1.** *(jártasság)* experience; routine; skill; technique: *nagy gyakorlata van vmiben* have great experience in/of sg * *kijött a gyakorlatból* be✣/get✣ out of practice * *nem esik ki a gyakorlatból* keep one's hand in **2.** *(elmélet ellentéte)* practice: *átültet a gyakorlatba* put✣ into practice * *általánosan elfogadott gyakorlat* standard practice * *a szokásos gyakorlat* the usual practice **3.** *(szakmai képzésben)* practice; training: *ügyvédi gyakorlatot folytat* practise law **4.** *(kiképzési)* exercise; drill: *katonai gyakorlaton vesz részt* do military exercises/drill **5.** *(feladat)* exercise; practice: *Készítsd el a 42. oldal A gyakorlatát!* Do exercise A on page 42. * *leckéit a gyakorlatokkal kezdi* begin one's lessons with the exercises * *kiejtési gyakorlat* phonetic exercise **6.** sp exercise: *szabadon választott gyakorlat* optional exercises * *Néhány gyakorlat nem fog megártani.* Doing some exercise won't harm you.

♦ **Gyakorlat teszi a mestert.** Practice makes perfect.

gyakorlati <mn> practical; pragmatic: *gyakorlati módszer* a practical method * *gyakorlati tapasztalat* hands-on experience * *gyakorlati idő* probation

gyakorlatias <mn> practical; pragmatic; businesslike; hard-headed: *Gyakorlatias ember.* He is a practical/businesslike person.

gyakorlatilag <hsz> practically; virtually; in practice; in effect: *A házi feladatom gyakorlatilag elkészült.* My homework is practically ready. * *kiterjed gyakorlatilag minden problematikus kérdés(kör)re* provide coverage of practically all problematic issues

gyakorlatlan <mn> inexperienced; unskilled; untrained

gyakorlatozik <ige> drill; do✣ exercises; train

gyakorló <mn> **1.** *(szakmáját)* practising: *gyakorló orvos* medical practitioner * *gyakorló tanárjelölt* teacher trainee; student teacher; AmE training teacher * *gyakorló ügyvéd* practising lawyer **2.** *(gyakorlásra való)* practice: *gyakorló lőszer* practice ammunition

gyakorlóiskola <fn> training school/college

gyakorlott <mn> practised (**vmiben** in sg); experienced (**vmiben** in sg); skilled (**vmiben** in sg): *gyakorlott buszvezető* a bus-driver of great skill

gyakornok <fn> trainee; apprentice; junior

gyakorol <ige> **1.** practise; AmE practice: *zongorán gyakorol* practise the piano * *gyakorol a zongoravizsgára* be practising for his/her piano exam * *angol nyelvtudását gyakorolja vkivel* practise one's English on sy * *Addig gyakoroltuk a táncot, amíg tökéletes nem lett.* We practised the dance until it was perfect. **2.** *(foglalkozásként)* practise: *Már nem gyakorolhatja a mesterségét.* He is no longer allowed to practise his trade. **3.** *(vmilyen hatást)* exert: *nyomást gyakorol vkire* exert/put pressure on sy * *Gyakorolja a hatalmát.* He exerts his authority. * *hatást gyakorol vkire vki/vmi* be impressed by sy/sg; have an effect of sy

gyakran <hsz> often; frequently: *Gyakran kártyázik a barátaival.* She often plays cards with her friends. * *Milyen gyakran mész síelni?* How often do you go skiing? * *elég gyakran* as often as not * *igen gyakran* more often than not * *Gyakran találkozom vele.* I often see him.

gyaláz <ige> abuse; revile; slander

gyalázat <fn> shame; slur; outrage: *Micsoda gyalázat!* (What a) shame! * *Szégyen, gyalázat!* For shame!

gyalázatos <mn> **1.** *(szégyenletes)* disgraceful; dishonourable; infamous; shameful: *gyalázatos cselekedet* infamous deed **2.** pej *(aljas)* outrageous; disreputable; miserable; wretched: *gyalázatos viselkedés* outrageous behaviour **3.** biz *(pocsék)* foul; frightful; miserable; outrageous; rotten; wretched: *gyalázatos idő* rotten weather

¹gyalog <fn> *(sakkfigura)* pawn

²gyalog <hsz> on foot: *gyalog megy* go on foot; walk * *Odamehetsz kocsival, vagy gyalog.* You can go by car or you can go on foot.

gyalogátkelő(hely) <fn> pedestrian/zebra crossing; AmE crosswalk

gyaloglás <fn> **1.** *(tevékenység)* walking; *(fárasztó)* tramp **2.** sp walking: *10 km-es gyaloglás* 10 km walking
gyalogol <ige> **1.** walk; *(kóborol)* tramp; *(vándorol)* trek: *egy mérföldet gyalogol* walk for a mile * *Ez a talaj durva ahhoz, hogy mezítláb gyalogoljunk rajta.* This is a rough ground to walk on without shoes. **2.** sp walk: *tizenhárom kilométert gyalogol* walk thirteen kilometres
gyalogos <fn> **1.** pedestrian; walker: *Három gyalogost ütött el az autó.* Three pedestrians were hit by the car. **2.** kat foot soldier
gyalogos-felüljáró <fn> footbridge
gyalogság <fn> kat infantry <esz + esz/tsz ige>
gyalogtúra <fn> hike; *(napokon át tartó)* trek: *gyalogtúrára megy* go hiking
gyalogút <fn> **1.** *(út gyalogosoknak)* footpath; *(ösvény)* footpath; trail **2.** *(gyalog megtett út)* walk: *ötórás/ötórai gyalogút* five hours' walk
gyalu <fn> **1.** *(kéziszerszám)* plane **2.** *(konyhai eszköz)* cutter; shredder; slicer
gyalul <ige> **1.** *(fát)* plane: *simára gyalulja a deszkát* plane the board smooth **2.** *(zöldséget)* slice; shred: *káposztát gyalul* slice cabbages * *zöldséget gyalul* shred vegetables
gyám <fn> guardian
gyámhatóság <fn> court of guardians
gyámkodik <ige> *(gyám)* act as a guardian
gyámolít <mn> help; support
gyámoltalan <mn> helpless
gyámság <fn> guardianship: *gyámság alá helyez* place under the care of a guardian * *gyámság alá helyezett gyerek* ward
gyanakodik <ige> **1.** suspect; become*/get* suspicious: *A rendőrség gyanakodott, hogy köze volt a rabláshoz.* Police suspected that she had some connection with the robbery. * *A munkatársak akkor kezdtek gyanakodni, amikor furcsán kezdett viselkedni.* Colleagues became suspicious when he started acting strangely. **2.** *(vkire/vmire)* be* suspicious about/of sg/sy: *Gyanakodni kezdtek a viselkedésére, és értesítették a rendőrséget.* They became suspicious of his behaviour and contacted the police.
gyanakszik → **gyanakodik**
gyanakvás <fn> suspicion; mistrust; distrust: *a gyanakvás légköre* an atmosphere of suspicion
gyanakvó <mn> suspicious (**vkivel/vmivel szemben** of/about sy/sg); mistrustful (**vkivel/vmivel szemben** of sy/sg): *gyanakvó pillantás* a suspicious glance
gyanánt <nu> by way of
gyanít <ige> suspect; presume: *A rendőrség gyanította, hogy van valami kapcsolata az emberrablóval.* Police suspected that she had some connection with the kidnapper. * *„Elment?" „Gyanítom, hogy igen."* 'Has he gone?' 'I presume so.'
gyanta <fn> *(fenyőé)* resin; *(vonóé)* rosin; colophony; *(kozmetikában)* (depilatory) wax
gyantáz <ige> **1.** *(vonót)* rosin: *gyantázza a vonót* rosin one's bow; rub the bow with rosin **2.** *(kozmetikában)* wax
gyanú <fn> suspicion; biz hunch: *van egy olyan gyanúja hogy...* have a suspicion that... * *szörnyű gyanúja támadt* have a terrible suspicion * *minden gyanú felett áll* be above suspicion * *gyanúba kever* incriminate * *gyanúba keverés* incrimination * *gyanúba keveredik* be suspected of sg; fall under suspicion * *a gyanúnak még az árnyéka sem* not the ghost of a suspicion
gyanús <mn> suspicious; suspect; dubious; obscure; *(alak)* shifty; biz *(ügy)* fishy; shady; BrE dodgy: *valami gyanúsat vesz észre a viselkedésében* notice sg suspicious in sy's behaviour * *gyanús körülmények* suspicious circumstances
gyanúsít <ige> suspect (**vkit vmivel** sy of (doing) sg): *A rendőrség őt gyanúsította az autólopással.* The police suspected him of stealing the car. * *Kit gyanúsít (a bűncselekménnyel)?* Whom does he suspect (of the crime)?
[1]**gyanúsított** <mn> suspected
[2]**gyanúsított** <fn> suspect: *A rendőrség két lövést adott le a gyanúsítottra.* The police fired two shots at the suspect.
gyanútlan <mn> unsuspecting
gyapjas <mn> **1.** *(gyapjúval borított)* woolly; fleecy; AmE wooly **2.** *(gyapjúra emlékeztető)* woolly; AmE wooly: *gyapjas haj* woolly hair
gyapjú <fn> **1.** *(állaton)* wool; fleece **2.** *(anyag)* wool: *tiszta gyapjú* pure wool * *Ez a pulóver gyapjúból készült.* This jumper is made out of wool. **3.** woollen; woolly; AmE wooly; *(gyapjúból készült)* made of wool <csak hátravetve>: *gyapjú pulóver* a woolly/woollen jumper; a jumper made of wool
gyapjúfonal <fn> woollen yarn; wool thread; knitting wool
gyapjúpulóver <fn> woollen jumper; AmE woolen sweater
gyapjúszövet <fn> woollen cloth/material; AmE woolen cloth/material: *skótkockás gyapjúszövet* tartan
gyapot <fn> cotton
gyapotültetvény <fn> cotton-plantation
gyár <fn> factory; mill; plant: *A gyárak szennyezik a környezetünket.* Factories pollute our environment. * *A gyár termelési eredménye lassan csökken.* The output of the factory is falling slowly.

gyarapít <ige> multiply; increase: *gyarapítja vagyonát* thrive
gyarapodik <ige> 1. *(növekszik)* grow✧; gain in sg; increase; enlarge: *Vagyona gyarapodik.* His fortune increases. ∗ *tudásban gyarapodik* enlarge one's knowledge ∗ *súlyban gyarapodik* put on weight 2. *(gazdagszik)* thrive
gyárépület <fn> factory building; works <tsz>
gyári <mn> factory/machine-made: *gyári munkás* factory worker ∗ *gyári ár* factory/cost price
gyárigazgató <fn> factory manager; manager (of a factory)
gyáriparos <fn> industrialist
gyárkémény <fn> smokestack
gyárlátogatás <fn> visit to a factory
gyarmat <fn> colony
gyarmati <mn> colonial: *gyarmati uralom* colonial rule ∗ *gyarmati élet/rendszer* colonialism
gyarmatosít <ige> colonize
gyarmatosítás <fn> *(gyarmattá tétel)* colonization; *(mint rendszer)* colonialism
¹**gyarmatosító** <mn> colonialist; colonizer; colonist
²**gyarmatosító** <fn> colonialist; colonizer; colonist
gyáros <fn> industrialist
gyárt <ige> produce; make✧; manufacture: *tömegesen gyárt* produce on the line
gyártás <fn> production; making; manufacture
gyártási volumen <fn> ipar production volume
gyártásvezető <fn> producer
gyártelep <fn> (manufacturing) plant
gyártmány <fn> product; production; make: *magyar gyártmány* made in Hungary; Hungarian make; *(élelmiszer)* Produce of Hungary; Hungarian produce ∗ *Milyen gyártmány az új autód?* What make is your new car?
gyártó <fn> maker; manufacturer
gyász <fn> 1. *(fájdalom)* mourning; grief; *(gyászeset)* bereavement: *gyászban van* be in mourning ∗ *nagy gyász érte* have a great bereavement ∗ *mély gyász* deep mourning 2. *(időtartam)* mourning: *Letelt a gyász.* Mourning is over. 3. *(ruha)* mourning: *leveti a gyászt* go/come out of mourning 4. *(rovat újságban)* obituary
gyászbeszéd <fn> funeral oration
gyászinduló <fn> funeral march
gyászjelentés <fn> *(partecédula)* death notice; *(újságban)* obituary
gyászkíséret <fn> funeral procession; the mourners <tsz>
gyászmenet → **gyászkíséret**
gyászmise <fn> mass for the dead; requiem (mass)
gyásznap <fn> day of mourning
gyászol <ige> mourn; be✧ in mourning (**vkit/vmit** for sy/sg); grieve (**vkit/vmit** for/over sy/sg): *Gyászolja a férjét.* She's in mourning for her husband. ∗ *Még mindig gyászolják az édesanyjukat.* They are still grieving for their dead mother.
gyászos <mn> 1. *(fájdalmas, gyászt kifejező)* mournful; funereal: *gyászos esemény* a mournful event ∗ *gyászos hangulat* funereal atmosphere 2. ált pej *(sikertelen, szerencsétlen, siralmas)* miserable: *gyászos szereplés* ill-starred performance ∗ *gyászos helyzet* miserable situation ∗ *gyászos véget ér* come to a bad end
gyászrovat <fn> *(újságban)* obituary
gyászruha <fn> mourning (dress)
gyászszertartás <fn> funeral service
gyatra <mn> pej miserable; flimsy; scanty; mediocre; *(érvelés)* lame
gyáva <mn> pej coward; cowardly; faint-heared
gyávaság <fn> cowardice
gyed <fn> *(gyermekgondozási díj, 2 éves korig)* ≈ maternity benefit/grant
gyékény <fn> 1. *(növény)* bulrush 2. *(szőnyeg)* mat(ting)
♦ *egy gyékényen árulnak* be✧ hand in glove with sy ♦ *kirántja/kihúzza alóla a gyékényt* cut✧ the ground from under sy's feet
gyémánt <fn> diamond
gyémántlakodalom <fn> diamond wedding
¹**gyenge** <mn> 1. *(fizikailag)* weak; faint; flimsy; frail; fragile; *(beteges)* bad✧; delicate; feeble; infirm; puny: *gyengének érzi magát* feel faint ∗ *gyenge egészségi állapotban van* be/feel poorly; one's health is fragile; be frail ∗ *a gyengébb nem* the gentle(r) sex 2. *(terhelésben)* weak; delicate; puny; wonky; *(izom)* flabby; *(beteges)* bad✧: *gyenge a szíve* have a weak heart ∗ *gyengék az idegei* be weak-nerved 3. *(erélytelen)* weak; faint; feeble; flimsy, mild; *(érvelés)* lame: *gyenge ellenállás* a faint show of resistance ∗ *gyenge kifogás* a feeble/flimsy excuse/lame ∗ *gyenge jellem* infirm character ∗ *gyenge jellemű* weak-kneed ∗ *gyenge jellemű ember* a person with a weak character; wimp; a weed 4. *(silány)* weak; poor; slight: *gyenge minőségű ruha* a dress of poor quality ∗ *Elég gyenge játékos.* She is an indifferent player. 5. *(teljesítményben)* weak; inefficient: *gyenge matekos* be weak in/at maths ∗ *gyenge teljesítményt nyújt* put up a poor show; one's output is poor ∗ *a tanulók erős és gyenge pontjai* the students' strengths and weaknesses ∗ *tisztában van gyenge pontjaival* be aware of one's own failings ∗ *vkinek a gyenge oldala* sy's weak spot 6. *(konyhai jelentés)* weak; mild; gentle:

gyenge kávé mild coffee * *gyenge tűzön süt* cook in a gentle oven **7.** *(kisfokú, kismértékű)* weak; feeble; gentle; mild; *(forgalom)* light: *gyenge fény* a feeble light * *gyenge szellő* a gentle breeze * *A forgalom ma gyenge.* The traffic is light today. **8.** nyelvt weak: *gyenge (kiejtésű) alak* weak form

²**gyenge** <fn> *(aminek nem tud ellenállni)* weakness (for sg): *gyengéje a csoki* chocolate is his weakness

gyengeáramú <mn> weak-current

gyengéd <mn> **1.** *(kíméletes)* gentle; milky: *gyengéd érintés* gentle touch **2.** *(szeretetet kifejező)* affectionate; fond; tender: *gyengéd édesanya* a fond mother * *gyengéd érzelmeket táplál vki iránt* have a soft spot for sy * *Gyengéd pillantást vetett rám.* He looked at me with a tender look.

gyengédség <fn> delicacy; endearment; gentleness; tenderness

gyengeelméjű <mn> feeble-minded; half-witted; imbecile

gyengélkedik <ige> be✚/feel✚ unwell; be✚ indisposed; be✚/feel✚ off colour

gyengeség <fn> **1.** *(erőtlenség)* weakness; failing; debility; faintness; *(törékenység)* delicacy; infirmity **2.** *(teljesítményben)* weakness; failing: *a kormány gyengesége* the weakness of the government * *az oktatási rendszer gyengeségei* the failings of the educational system * *vminek az erősségei és gyengeségei* the strenghts and weaknesses of sg **3.** *(jellembeli)* weakness; failing: *a gyengeség jele* a sign of weakness * *Gyengeségei ellenére mindig jól bánt a gyermekeivel.* He may have his failings, but he has always treated his children well.

gyengít <ige> weaken; slack; dilute

gyengül <ige> **1.** weaken; slack; lose✚ strength; flag; fail **2.** *(csökken)* dwindle **3.** *(hanyatlik)* decline **4.** *(egészségileg)* fade away

gyep <fn> lawn; grass; green

gyeplő <fn> reins <tsz>

♦ *elengedi a gyeplőt* drop the reins ♦ *az ő kezében van a gyeplő* have✚/keep✚ the whip hand ♦ *nekiereszti a gyeplőt* ride✚ with a loose rein

gyeptégla <fn> sod; turf (tsz: turfs v. BrE turves)

gyér <mn> **1.** *(ritka)* sparse; thin: *gyér haj* thin hair * *gyér növényzet* thinly sown/straggling plants **2.** *(kisszámú)* scant; scanty; scarce; skimpy; sparse: *gyér részvétel* low attendance * *gyéren lakott ország* sparsely populated country **3.** *(gyenge)* thin; scant; scanty: *gyér fény* faint/feeble light

gyerek <fn> **1.** *(nem felnőtt)* child (tsz: children); biz kid; *(pici)* baby; biz tot; biz mite: *huncut gyerek* a mischievous child * *hat éves vagy annál nagyobb gyerekek* children aged six and above * *gyerekre vigyáz* babysit * *rengeteg gyerek* a great many children * *nehezen kezelhető gyerek* a difficult child * *körülbelül hatvan gyerek* some sixty children * *gyerekekkel szembeni erőszak* child abuse * *Gyerekektől távol tartandó!* Keep away from the reach of children! **2.** *(utód)* baby; child: *gyereket vár* expect a baby * *gyerekét egyedül nevelő anya/apa* single parent * *örökbe fogadott gyerek* adopted child * *Gyerekük született.* They have a child. * *Ő egyetlen gyerek.* She is an only child. * *Minden gyerekével ugyanúgy bánik.* She treats all her children alike. * *6 órára megyek a gyerekeimért.* I will collect my children at 6 o'clock. * *Nem boldogul a gyerekeivel.* She can't cope with her children.

♦ **a fürdővízzel együtt a gyereket is kiönti** throw✚ the baby out with the bathwater

gyerekágy <fn> cot; AmE crib

gyerekbetegség → **gyermekbetegség**

gyerekcipő <fn> children's shoes <tsz>

♦ *vmi gyerekcipőben jár* be✚ still in its infancy

gyerekes <mn> **1.** *(éretlen)* childish; infantile; babyish; juvenile: *Gyerekesen viselkedett.* He acted like a child. * *gyerekes viselkedés* juvenile behaviour **2.** *(gyermekekre jellemző)* childish: *gyerekes írás* childish writing * *gyerekes beszéd* childish talk

gyerekeskedik <fn> **1.** behave childishly; behave in a childish way **2.** *(gyermekkorát tölti)* have✚/spend✚ one's childhood

gyerekjáték <fn> biz *(könnyen elvégezhető dolog)* cinch; pushover: *Az egész gyerekjáték!* That's child's play! / There's nothing to it! / It is as easy/simple as ABC. * *Ez nem gyerekjáték!* That's no picnic.

gyerekjegy <fn> children's ticket

gyerekkocsi <fn> pram; pushchair; AmE baby carriage/buggy; stroller

gyerekkor → **gyermekkor**

gyerekszoba <fn> children's room; nursery

gyermek → **gyerek**

gyermekbarát <mn> child-friendly

gyermekbénulás <fn> orv polio

gyermekbetegség <fn> children's disease

gyermekcipő → **gyerekcipő**

gyermekes <mn> *((több) gyermeke van)* with... children <csak hátravetve>: *kétgyermekes családanya* mother of two (children)

gyermekgondozónő <fn> nurse

gyermekgyógyász <fn> paediatrician; AmE pediatrician

gyermekgyógyászat <fn> paediatrics
gyermekhalandóság <fn> infant mortality
gyermeki <mn> childlike
gyermekjáték <fn> 1. *(pl. fogócska)* children's game 2. *(játékszer)* toy
gyermekkor <fn> childhood; infancy; *(fiúé)* boyhood: *gyermekkora óta* from childhood; since he was a child * *gyermekkorom óta mindig* ever since I was a child * *gyermekkori emlékei* the recollections of one's childhood * *Édesapám rengeteg történetet mesél a gyermekkoráról.* My father tells us hundreds of stories about his childhood. * *Gyermekkorát vidéken töltötte.* He lived in the county as a child. / He spent his childhood in the country. * *Ezt az imá(dságo)t gyermekkoromban tanultam.* I learned this prayer when I was a child.
gyermekkórház <fn> children's hospital
gyermekláncfű <fn> dandelion
gyermekmegőrző <fn> crèche
gyermeknap <fn> Children's Day
gyermeknevelés <fn> bringing up children: *Az én szerepem/feladatom a gyermeknevelés.* My role is to grow up my children.
gyermekorvos <fn> paediatrician
gyermekotthon <fn> children's home
gyermekruha <fn> children's wear
gyermekszerető <mn> child-loving; fond of children <csak hátravetve>
gyermekszoba <fn> children's room; nursery
gyermektartás <fn> (child) maintenance: *gyermektartást fizet a volt feleségének* pay maintenance to one's ex-wife
gyermektelen <mn> childless; without children <csak hátravetve>: *gyermektelen házaspár* a married couple with no children/without children
gyermekülés <fn> child seat
gyermekvédelem <fn> protection of children
gyertya <fn> 1. *(világítóeszköz)* candle 2. *(tornában)* candle
 ♦ **két végén égeti a gyertyát** burn✧ the candle at both ends
gyertyafény <fn> candlelight: *gyertyafénynél* by candlelight
gyertyatartó <fn> candlestick
gyes <fn> *(gyermekgondozási segély, 3 éves korig)* ≈ maternity benefit/grant
GYIK [= gyakran ismételt kérdések] <fn> gazd FAQ (= frequently asked questions)
gyík <fn> lizard
gyilkol <ige> kill; murder; slay✧
¹**gyilkos** <mn> 1. *(halált okozó)* murderous; bloody; homicidal; savage: *gyilkos szándék* murderous intention * *gyilkos támadás* murderous/savage attack * *gyilkos gonosztevő* murderous villain 2. biz *(megerőltető)* killing: *gyilkos iram* killing pace 3. *(túlzó, rosszindulatú)* scathing; savage; murderous: *gyilkos gúny* scathing sarcasm * *gyilkos pillantás/megjegyzés* withering look/remark
²**gyilkos** <fn> murderer; killer: *A gyilkos az erdőbe vitte a holttestet.* The murderer took the body to the forest. * *A gyilkost bíróság elé állították.* The murderer was brought to justice.
gyilkosság <fn> murder; killing: *gyilkosságot követ el* commit murder * *letartóztatják gyilkosság gyanújával* be arrested on suspicion of murder
gyilkossági <mn> homicidal: *gyilkossági kísérlet* attempted murder * *gyilkossági eset/ügy* a murder case
gyógyforrás <fn> mineral spring
gyógyfű <fn> herb
gyógyfürdő <fn> 1. *(fürdőhely)* spa 2. *(víz)* medicinal/thermal bath
gyógyhatás <fn> curative effect
gyógyhatású medicinal; curative: *gyógyhatású készítmény* medicinal product
gyógyintézet <fn> *(kórház)* hospital; *(szanatórium)* sanatorium (tsz: sanatoriums v. sanatoria); AmE sanitarium
gyógyít <ige> 1. *(beteget)* cure (**vkit vmiből** sy of sg); heal (**vkit vmiből** sy of sg): *betegségből gyógyít vkit* cure sy of a disease * *beteget gyógyít* cure a patient 2. *(betegséget)* cure: *betegséget orvossággal gyógyít* cure an illness with medicine * *Ezt a betegséget nemigen lehet gyógyítani.* This disease is almost impossible to cure.
gyógyíthatatlan <mn> incurable: *gyógyíthatatlan betegség* an incurable disease/illness * *Ez a betegség gyógyíthatatlan.* This disease can't be cured.
gyógyítható <mn> curable: *Ez a betegség gyógyítható, ha idejében elkezdik kezelni.* This disease is curable if treated early. * *A tbc súlyos, de gyógyítható betegség.* TB is a serious illness, but it can be cured.
gyógykezelés <fn> medical treatment
gyógymód <fn> therapy; cure; treatment: *A náthának nincs gyógymódja.* There is no cure for the cold. * *lelki gyógymód* psychotherapy
gyógynövény <fn> herb
gyógynövény-szaküzlet <fn> herb store
gyógypedagógia <fn> special (needs) education
gyógypedagógiai iskola <fn> special school
gyógypedagógus <fn> special (needs) teacher
gyógyszálló <fn> health hotel; *(gyógyvízzel)* spa/thermal hotel

gyógyszer <fn> medicine; drug: *napi háromszor veszi be a gyógyszert* take the medicine three times a day * *gyógyszert felír* prescribe a medicine * *Kaptam egy gyógyszert a betegség ellen.* I got a medicine against the disease. * *Az orvos új gyógyszert adott a gyomromra.* The doctor gave me a new drug for my stomach. * *új gyógyszerek kifejlesztése* the development of new drugs

gyógyszeres <mn> medication: *gyógyszeres kezelés* medication; medicinal treatment * *gyógyszeres kezelést kap* be on medication

gyógyszerész <fn> pharmacist; dispensing chemist; chemist; AmE druggist

gyógyszergyár <fn> pharmaceutical factory/works

gyógyszeripar <fn> pharmaceutical industry

gyógyszermérgezés <fn> drug-intoxication

gyógyszertár <fn> pharmacy; pharmacist's; *(illatszerbolt is)* chemist; chemist's; AmE drugstore

gyógytea <fn> herbal tea

gyógytorna <fn> physiotherapy; biz physio; AmE physical therapy

gyógytornász <fn> physiotherapist; biz physio; AmE physical therapist

gyógyturizmus <fn> medicinal/spa tourism

gyógyul <ige> **1.** *(vki betegségből, műtét után stb.)* be✧ convalescing; be✧ recovering/recuperating (**vmiből** from sg): *gyorsan gyógyul* make a quick recovery **2.** *(seb)* heal (up): *lassan gyógyult a seb* the wound took a long time to heal

gyógyulás <fn> recovery; convalescence; recuperation: *látványos gyógyulás* a spectacular recovery * *a pihenés és gyógyulás időszaka* a period of rest and recuperation

gyógyvíz <fn> medicinal/spa waters <tsz>

gyom <fn> weed

gyomirtó <fn> weedkiller

gyomlál <ige> weed

gyomnövény <fn> weed

gyomor <fn> stomach: *üres/teli gyomorra iszik* drink on an empty/on a full stomach * *fáj a gyomra* have a stomachache * *elrontja a gyomrát* have an upset stomach; have a stomach upset * *Korog a gyomra.* His stomach is rumbling.
♦ **jó gyomor kell hozzá** you need a strong stomach; it's hard to stomach

gyomorbaj <fn> gastric/stomach complaint/disease

gyomorbeteg <mn> suffering from a gastric complaint <csak hátravetve>: *gyomorbeteg férfi* a man having/suffering from a gastric complaint

gyomorégés <fn> heartburn

gyomorfájás <fn> stomachache

gyomorfekély <fn> orv stomach ulcer

gyomorgörcs <fn> stomach cramp; *(főleg gyereknél)* colic

gyomorkeserű <fn> bitters

gyomormosás <fn> orv gastric lavage

gyomorműtét <fn> gastric operation

gyomorrontás <fn> upset stomach; stomach upset: *gyomorrontása van* have an upset stomach; one's stomach is upset; have indigestion

gyomorsav <fn> orv gastric acid

gyomorszáj <fn> orv *(nyílás)* cardia
♦ **gyomorszájon vág** hit✧ sy in the stomach

gyomorvérzés <fn> orv gastric haemorrhage

gyón <ige> vall confess

gyónás <fn> vall confession

gyóntat <ige> confess; hear sy's confession

gyóntatószék <fn> confessional

gyóntató <fn> *(pap)* confessor

¹**gyors** <mn> quick; fast; rapid; speedy; swift; *(fürge)* deft; prompt; *(ész)* sharp; *(váratlan)* sudden; *(sietős)* hasty: *Gyors döntés volt.* That was a quick decision. * *gyors autó* a fast car * *Gyors látogatást tettünk a nagymamámnál.* We had a rapid visit to my grandmother. * *gyors felépülés* a speedy recovery * *gyors egymásutánban* in quick succession * *Gyors számolást hajtott végre.* She did a quick count.

²**gyors** <fn> **1.** *(vonat)* express; express/fast train: *a reggeli gyors* the morning express **2.** *(úszás)* crawl; freestyle (swimming): *győz a kétszáz méteres gyorsban/gyorson* come in first in the 200-meter freestyle

gyorsan <hsz> quickly; fast, rapidly; speedily; swiftly; *(sietősen)* hastily; hurriedly; *(élénken)* briskly: *gyorsan dolgozik* work fast; be a quick worker * *gyorsan beszél* speak fast * *Ne olyan gyorsan!* Not so fast! * *gyorsan kapcsol* have a ready wit * *amilyen gyorsan csak lehet* as soon as possible

gyorsaság <fn> quickness; rapidity; rapidness; speed; speediness; swiftness; *(sietség)* haste

gyorsbüfé <fn> snack bar

gyors- és gépírónő <fn> shorthand typist; steno typist; AmE stenographer

gyorsétel <fn> fast food; quick meal

gyorsétterem <fn> fast-food restaurant

gyorsforgalmi út <fn> clearway; AmE freeway; expressway

gyorshajtás <fn> speeding: *gyorshajtásért megbüntetik* be booked/fined for speeding * *A baleset a gyorshajtásnak köszönhető.* The accident was due to fast driving. * *A gyorshajtás az életébe került.* Speeding cost him his life.

gyorsírás <fn> shorthand

gyorsíró <fn> shorthand writer; AmE stenographer

gyorsít <ige> **1.** *(gyorsabbá tesz)* accelerate; quicken: *gyorsítja a fejlődési folyamatot* accelerate the development process **2.** *(járművel)* accelerate; quicken; increase the speed: *Az autó gyorsított, hogy megelőzzön.* The car accelerated to overtake me.

gyorskorcsolyázás <fn> speed skating

gyorsul <ige> accelerate; pick up speed; quicken; speed✦ up

gyorsulás <fn> acceleration

gyorsúszás <fn> crawl; freestyle (swimming): *gyorsúszásban úszik* do the crawl ✻ *50 méteres gyorsúszás* 50 metre freestyle

gyorsvasút <fn> rapid transit railway/system; express line; fast railway line

gyorsvonat <fn> express (train)

gyök <fn> mat root: *gyököt von* extract a root

gyökér <fn> **1.** *(növényé)* root: *Ennek a növénynek a gyökerei mélyen a föld alatt vannak.* The roots of this plant are deep under the ground. **2.** *(fogé, hajé)* root **3.** *(kezdet, eredet)* root: *a probléma gyökeréhez megy vissza* go back to the root of the problem

♦ **gyökeret ereszt vhol** dig✦ oneself in swhere/sg

gyökeres <mn> **1.** *(növény)* rooted; having roots <csak hátravetve>: *gyökerestül kitép* root out **2.** átv *(alapos, mélyreható)* radical; sweeping: *gyökeres változások* sweeping changes ✻ *gyökeres reformok* sweeping reforms

gyökerezik <ige> **1.** *(növény)* root; strike✦/take✦ root: *mélyen gyökerezik a földben* take root deep in the ground **2.** *(ered, alapszik)* be✦ rooted: *Gondjai mélyen gyermekkori élményeiben gyökereznek.* His problems are deeply rooted in his childhood experiences.

♦ **földbe gyökerezik a lába** stand✦ rooted to the ground/spot

gyökérkezelés <fn> orv root(-canal) treatment

gyökérzet <fn> root

gyökjel <fn> mat radical (sign), root-sign

gyökvonás <fn> mat extraction of root

gyömbér <fn> ginger: *A bors, a fahéj és a gyömbér fűszerek.* Pepper, cinnamon and ginger are spices.

gyömöszöl <ige> cram; jam: *Az összes nadrágját belegyömöszölte a hátizsákjába.* He crammed all his trousers into his rucksack. ✻ *Egy kis táskába gyömöszöltem a pulóveremet.* I jammed my jumper into a small bag.

gyöngy <fn> **1.** pearl; bead: *gyöngyöt fűz* thread beads ✻ *Fel kell fűzni a gyöngyöket.* The pearls have to be strung. **2.** biz *(kiválóság)* gem; jewel: *a szakácsnők gyöngye* the gem of a cook

gyöngyház <fn> mother-of-pearl

gyöngyözik <ige> **1.** *(vízcseppektől csillog)* glisten; glitter: *Gyöngyözik a homloka.* His brow is beaded with sweat. **2.** *(ital)* bubble; sparkle: *Gyöngyözik a bor.* The wine is sparkling.

gyöngysor <fn> beads <tsz>; string of pearls

gyöngyszem <fn> **1.** pearl; bead; gem: *felfűzi a gyöngyszemeket* string beads **2.** *(kiváló dolog, ember)* gem: *Az épület valóságos gyöngyszem.* The building is a real gem.

gyöngytyúk <fn> guinea fowl

gyöngyvirág <fn> lily of the valley

gyönyör <fn> bliss; rapture; delight

gyönyörködik <ige> take✦ pleasure/delight (**vmiben/vkiben** in sg/sy); feast (one's) eyes (**vmiben/vkiben** on sg/sy); admire; enjoy (**vmiben/vkiben** sg/sy)

gyönyörű <mn> beautiful; lovely; wonderful: *gyönyörű szép kislány* a beautiful little girl ✻ *gyönyörű vidék* a lovely countryside ✻ *Gyönyörű látvány volt.* It was a lovely vision.

gyönyörűség <fn> pleasure; delight: *gyönyörűségét leli vmiben* take/have pleasure in (doing) sg; take (great) delight in (doing) sg

gyötör <ige> **1.** *(kínoz, főleg szellemileg)* torment; *(főleg fizikailag)* torture: *halálra gyötör vkit* torture sy to death ✻ *bánat gyötri* be tormented with grief **2.** *(zaklat)* persecute; plague (**vkit/vmit vmivel** sy/sg with sg); worry (**vkit vmivel** sy with sg): *kérdésekkel gyötör vkit* plague sy with questions

gyötrelem <fn> anguish; torment; agony; distress: *gyötrelem forrása* torment ✻ *a háború gyötrelmei* the agonies of war

gyötrelmes <mn> agonizing; excruciating; *(tekintet stb.)* agonized

gyötrődik <ige> agonize (**vmi miatt** over sg); fret (**vmi miatt** about/over sg); be✦ worried about sg

győz <ige> **1.** *(küzdelemben)* win✦; overcome✦; *(nehézségek ellenére)* win✦ out/through; *(győzedelmeskedik)* triumph (**vki/vmi fölött** over sy/sg); *(sportban)* win✦; come✦ in first: *orrhosszal győz* win by a short head ✻ *győz a csatában* gain a victory; win; be victorious ✻ *fölényesen/nagy gólaránnyal győz* win hands down ✻ *győz a választáson* win the election ✻ *A demokrata párt győzött.* The Democrats won the election. / The Democrats are in. **2.** *(bír)* manage (to do) sg; cope with sg: *nem győzi* he just can't cope; it is too much for him ✻ *Hogy győződ kocsi nélkül?* How do you manage without a car?

győzelem <fn> victory; triumph; sp win: *erkölcsi győzelem* moral victory ✻ *totális győzelem* an outright victory * *elsöprő győzelem* an overwhelming victory

♦ **győzelmet arat** gain a victory

győzköd <ige> persuade (**vkit** sy)

¹győztes <mn> winning: *a győztes jelölt* the winning candidate * *a győztes csapat* the winning team

²győztes <fn> winner: *az egyértelmű győztes* the outright winner

gyufa <fn> match: *egy doboz gyufa* a box of matches * *gyufát gyújt* light/strike a match

gyufásdoboz <fn> matchbox

gyufaszál <fn> match(-stick)

♦ **egy gyufaszálat se tesz odébb** biz not do✲ a stroke (of work)

gyújt <ige> **1.** *(gyufát, tüzet stb.)* light✲: *gyufát gyújt* strike a light; light/strike a match * *gyertyát/tüzet gyújt* light a candle/fire * *cigarettára gyújt* light up; light a cigarette **2.** *(fényforrást)* switch sg on: *villanyt gyújt* switch on the light **3.** műsz *(motor)* fire; spark: *Nem gyújt a motor.* The engine is misfiring/missing.

gyújtás <fn> gk ignition: *ráadja a gyújtást* switch/turn on the ignition; switch the engine on * *leveszi a gyújtást* switch/turn off the ignition

gyújtáskapcsoló <fn> műsz, gk ignition (switch)

gyújtogatás <fn> arson

gyújtogató <fn> arsonist

gyújtógyertya <fn> gk spark(ing) plug

gyújtópont <fn> *(lencséé, tüköré, görbéé)* focus (tsz: focuses v. foci); focal point

gyújtós <fn> matchwood; kindling; *(vegyi anyag)* firelighter

gyújtózsinór <fn> fuse

gyúlékony <mn> flammable; inflammable; combustible: *A papír gyúlékony.* Paper is inflammable. * *nem gyúlékony* nonflammable

gyulladás <fn> **1.** *(égés)* burning; combustion **2.** orv inflammation: *gyulladást okoz* inflame

gyulladt <mn> *(szem)* inflamed; *(bevérzett)* bloodshot

gyúr <ige> **1.** *(dagaszt)* knead **2.** *(masszíroz)* knead; massage

gyurma <fn> Plasticine®; kneading and modelling paste

gyúró <fn> masseur

gyúródeszka <fn> pastry-board

gyűjt <ige> **1.** *(összeszed)* collect; gather; glean; *(összeterel)* herd; *(adatokat)* collect: *gyűjt pár száraz gallyat* collect some dry sticks * *gyűjt egy kis fát a tűzre* gather some wood for the fire * *aláírásokat gyűjt* canvass/collect signatures **2.** *(mint gyűjtő)* collect: *képeslapokat gyűjt* collect postcards **3. erőt gyűjt** collect strength **4.** *(anyagi javakat)* save (up) (**vmire** for sg): *Egy új órára gyűjtök.* I am saving to buy a new watch. * *Új kocsira gyűjtünk/spórolunk.* We are now saving (up) for a new car. * *Most mire gyűjtesz?* What are you saving up for now?

gyűjtemény <fn> *(dolgoké, tárgyaké)* collection; *(műveké)* compilation

gyűjtés <fn> **1.** *(dolgoké, tárgyaké)* collection; *(információké)* gathering; *(népdaloké)* collecting (folk songs); collection (of folk songs): *Bartók gyűjtése* Bartók's collection of folk songs **2.** *(pénzé)* collection, fundraising (**vmely célra** for sg): *gyűjtést indít/rendez vmilyen célra* collect money; raise funds for sg

¹gyűjtő <fn> collector; gatherer

²gyűjtő <mn> collecting; gathering

gyűjtőfogalom <fn> collective/generic term

gyűjtöget <ige> keep✲ collecting/gathering

gyűjtőhely <fn> collecting station; depot centre

gyűjtőnév <fn> collective noun

gyülekezet <fn> vall *(vmely egyházközség tagsága)* congregation <+ esz/tsz ige>: *a gyülekezet minden tagja* all the members of the congregation

gyülekezik <ige> gather (together); assemble; get✲ together

gyülekezőhely <fn> meeting place

gyűlés <fn> meeting; *(nagyobb, intézményes)* assembly: *gyűlésen vesz részt* attend a meeting * *gyűlésen elnököl* chair a meeting

gyűlésezik <ige> hold✲ a meeting

gyűlik <ige> **1.** *(tömeg)* gather (**vki/vmi köré** around/round sy/sg): *Mindannyian a tévé köré gyűltek.* They were all gathered round the TV. * *Az orvosok izgatottan gyűltek az ágya köré.* The doctors clustered anxiously around his bed. **2.** *(halmozódik)* be✲ accumulating, be✲ piling up

gyűlöl <ige> hate; loathe; abhor: *gyűlöli a kegyetlenséget* loathe cruelty

gyűlölet <fn> hatred; hate (**vki iránt** towards sy): *Nem érzek gyűlöletet iránta.* I don't feel any hate towards him.

gyűlölködés <fn> hatred; animosity; bad blood

gyűlölt <mn> hated; abhorred

gyümölcs <fn> **1.** *(termés)* fruit: *gyümölcsöt terem* bear fruit * *aszalt gyümölcs* dried fruit * *friss gyümölcs* fresh fruit * *a gyümölcsök nagy választéka* a big choice of fruits * *Minden gyümölcsöt szeret, főleg az epret.* She loves all fruits, especially strawberries. * *Melyik gyümölcsöt szereted?* Which fruit do you like? **2.** *(eredmény)* fruit: *meghozza a gyümölcsét* bear fruit

gyümölcsfa <fn> fruit tree

gyümölcsfagylalt <fn> fruit ice cream

gyümölcshéj <fn> peel

gyümölcsjoghurt <fn> fruit yogurt
gyümölcslé <fn> (fruit) juice: *Kérek négy pohár gyümölcslét.* Four fruit juices, please.
gyümölcsleves <fn> fruit soup
gyümölcsöskert <fn> fruit-garden
gyümölcsöstál <fn> fruit-dish
gyümölcsöző <mn> fruitful; profitable
gyümölcssaláta <fn> fruit salad
gyümölcstorta <fn> fruit cake
gyűr <ige> crease; crumple: *vmibe gyűr vmit* stuff/cram sg into sg
gyűrődés <fn> *(ruhán)* crease; wrinkle; fold
 ♦ **Nem bírom a gyűrődést.** I can hardly put up with difficulties and problems. / This is too much for me to put up with. / I can hardly bear it.
gyűrődik <ige> wrinkle; crease; crumple
gyűrött <mn> wrinkled; creased; crumpled
gyűrű <fn> **1.** *(ékszer)* ring: *A barátomtól kaptam egy szép gyűrűt.* I got a nice ring from my friend. **2.** *(alakzat)* ring: *emberek gyűrűje* a ring of people **3.** *(tornaszer)* rings <tsz>
gyűrűgyakorlat <fn> exercise(s) on the rings
gyűrűsujj <fn> ring finger
gyűszű <fn> thimble
gyűszűnyi <hsz> thimbleful

H, h

H, h <fn> 1. *(betű)* H; h 2. zene *(hang)* B: *H-dúr* B major * *h-moll* B minor

ha <ksz> 1. *(föltéve, csak ha)* if: *ha semmi nem jön közbe* if nothing intervenes * *ha nem tévedek* if I'm not mistaken * *ha nincs ellene kifogásod* if you don't mind * *ha nem ellenzed* if you don't object * *Ha akarnád, ő jönne.* She would come if you wanted. 2. *(amikor)* if; when: *ha legközelebb arra járok* when next I am that way * *Az iskolabusz akkor is közlekedik, ha esik a hó.* The school bus runs even if it is snowing. * *Ha egy szöveget fordítasz, a szótáradhoz fordulhatsz.* You can refer to your dictionary when translating a text. * *Hívlak, ha kész leszek!* I'll call you when I'm ready. * *A vonat akkor indul, ha az összes ajtó becsukódik.* The train moves off when all the doors shut. 3. *(jóllehet, bár, noha)* even if/though: *Szeretem akkor is, ha néha elviselhetetlen.* I like her, even though she can be annoying at times. 4. *(páros kötőszóként)* whether...or...: *Ha akarod, ha nem, meglátogatlak!* Whether you want it or not I will visit you. * *ha tetszik, ha nem* whether you like it or not 5. *(óhajtás kifejezésére)* if only

hab <fn> 1. *(folyadékon)* foam; froth; scum; *(söré)* froth; head: *A kis tavat hab borította.* The pond was covered with (a) scum. 2. *(nyál)* foam; froth; lather 3. *(tojásból)* beaten white (of egg); *(tejszínből)* whipped cream 4. *(desszert)* mousse 5. *(oltóanyag)* foam 6. *(borotvahab)* shaving foam

habár <ksz> although; though; even though/if: *Kiment, habár havazott.* She went out (even) though it was snowing.

habarcs <fn> mortar

habfürdő <fn> bubble bath; foam bath

háborgat <ige> disturb; bother; trouble; pester

háborítatlan <mn> undisturbed

háborog <ige> *(zúgolódik)* be✥ discontented; grumble

háború <fn> war: *háborúban áll vkivel* be at war with sy * *háborút indít vki ellen* go to war against sy; make war on/against sy * *megnyeri a háborút* win the war

háborúellenes <mn> anti-war; *(pacifista)* pacifist: *háborúellenes tüntetés* a demonstration against the war

háborús <mn> war; *(háború alatti)* wartime: *háborús bűn* war crime * *háborús bűnös* war criminal

háborúskodik <ige> be✥ at war (**vkivel** with sy)

habos <mn> foamy

habozás <fn> hesitation

habozik <ige> hesitate; vacillate; waver: *Habozott elmenni.* He hesitated about going away. / He hesitated to go away.

habszivacs <fn> foam (rubber): *habszivacs matrac* foam mattress

habverő <fn> beater; whisk: *elektromos habverő* electric whisk

habzik <ige> foam; froth; bubble: *habzik a szája* be frothing at the mouth * *A sör habzott a pohárban.* The beer foamed in the glass.

habzóbor <fn> sparkling wine

habzsol <ige> gobble

hacker <fn> hacker

hacsak <ksz> unless: *Hacsak nem javul a munkája, el fogja veszíteni az állását.* Unless his work improves, he will lose his job.

had <fn> 1. *(sereg)* army; troops <tsz>: *a vesztes had* the defeated army 2. *(nagy csoport)* flock; crowd; band; pack: *a darazsak hada* a swarm of wasps 3. *(háború)* war: *hadba száll vkivel* go to war against sy

hadar <ige> gabble; jabber

hadbíróság <fn> military tribunal; court martial (tsz: court martials v. hiv courts martial): *Hadbíróság elé állították szökés miatt.* He was court-martialled for desertion.

hadd <hsz> *(segítség felajánlása, kérésben)* let✥: *hadd lássam fent me see* * *Hadd tartsam az esernyődet!* Let me hold your umbrella. * *Hadd aludjak rá egyet, és holnap válaszoljak rá!* Let me sleep on it and give you an answer tomorrow.

haderő <fn> armed forces <tsz>

hadgyakorlat <fn> manoeuvres <tsz>; AmE maneuvers <tsz>; military exercises <tsz>

hadiállapot <fn> state of war: *hadiállapotban van (vkivel)* be at war (with sy)

hadiflotta <fn> naval force; (battle) fleet

hadifogoly <fn> prisoner of war; POW

hadifogolytábor <fn> prison camp

hadifogság <fn> captivity: *hadifogságból hazaengedik* be released from captivity/prison camp

hadihajó <fn> warship

hadirokkant <fn> disabled soldier; war invalid
haditámaszpont <fn> army base
haditengerészet <fn> navy
haditerv <fn> **1.** kat operational plan **2.** (társadalmi, politikai) strategy: *haditervet dolgoz ki* develop a strategy
hadititok <fn> military secret
haditörvényszék <fn> court martial (tsz: court martials v. hiv courts martial)
haditudósító <fn> war correspondent
hadjárat <fn> **1.** kat campaign: *a burmai hadjárat a második világháborúban* the Burma campaign in the Second World War **2.** (kampány) campaign: *hadjárat a dohányzás ellen* a campaign against smoking
hadkötelezettség <fn> compulsory military service
hadművelet <fn> kat (military) operation
hadnagy <fn> kat second lieutenant; AmE lieutenant
hadonászik <ige> gesticulate; flourish; (fenyegetőleg) brandish
hadosztály <fn> kat division: *páncélos hadosztály* armoured division
hadsereg <fn> army <+ esz/tsz ige>: *a hadseregben szolgál* serve in the army ∗ *állandó hadsereg* standing army ∗ *szárazföldi hadsereg* land forces
hadszíntér <fn> theatre of war
hadtudomány <fn> military science
hadügy <fn> military affairs <tsz>
hadüzenet <fn> declaration of war
hadvezér <fn> commander; general
hadviselő <mn> belligerent: *hadviselő felek* the belligerents; the powers at war ∗ *a hadviselő nemzetek* the belligerent nations
hágó <fn> pass: *Januárban nem tudtunk átjutni a Brenner-hágón.* We couldn't get through the Brenner Pass in January.
hagy <ige> **1.** (nem visz magával, ottfelejt) leave✢ (**vmit vhol** sg swhere): *Otthon hagyta az esernyőjét.* He left his umbrella at home. ∗ *Az asztalon hagyta a kulcsot.* He left the key on the table ∗ *Bizonyára a boltban hagytam az esernyőmet.* I must have left my umbrella in the shop **2.** (enged) let✢: *Hagyom aludni.* I let him sleep. **3.** (állapotán nem változtat) leave✢: *nyitva hagyja az ajtót* leave the door open ∗ *nyitva hagyja a gázt* leave the gas on **4.** (nem fogyaszt el, nem fejez be) leave✢: *Hagyj nekem egy almát!* Leave an apple for me. **5.** (üzenetet stb.) leave✢: *üzenetet hagy vkinek* leave a message/note for sy
hagyaték <fn> inheritance; legacy
hagyatkozik <ige> rely on (**vkire** sy): *Rád hagyatkozom.* I'm relying on you.
hagyma <fn> **1.** (vöröshagyma) onion; (fokhagyma) garlic **2.** (virágé) bulb
hagyomány <fn> tradition: *Szakítania kellett a hagyományaival.* She needed a break with her traditions. ∗ *A britekről köztudott, hogy őrzik a hagyományt.* British people are said to preserve tradition.
hagyományos <mn> traditional: *visszatérés a hagyományos értékekhez* a return to traditional values
hahó <msz> biz hey
haj <fn> hair: *hosszú vörös haj* long red hair ∗ *rövid, egyenes haj* short straight hair ∗ *zsíros haj* greasy hair
 ♦ **égnek áll a haja tőle** biz make✢ sy's hair stand on end ♦ **hajba kap vkivel** biz quarrel with sy; have✢ a row with sy
háj <fn> **1.** (emberen) fat **2.** (állaton) fat; (leaf) lard
 ♦ **minden hájjal megkent** biz be✢ a knowing card; know✢ a thing or two
hajadon <mn> maiden; (családi állapota, űrlapon) single; unmarried
hajadonfőtt <hsz> bareheaded
hajápolás <fn> hair care
hájas <mn> biz, pej porky; fat; orv obese
hajcsár <fn> **1.** (állaté) drover **2.** pej (munkavezető) slave-driver
hajcsat <fn> hairgrip; AmE bobby pin
hajcsavaró <fn> curler; roller
hajfesték <fn> hair-dye
hajfestés <fn> (hair) dyeing
hajfixáló <fn> (hab) styling mousse; (zselé) styling gel
hajfürt <fn> lock; (göndör) curl
hajhullás <fn> loss of hair; losing one's hair; hair loss
hajít <ige> throw✢; hurl; fling✢; sling✢: *Milyen messzire tudod hajítani ezt a kavicsot?* How far can you throw this stone?
hajkefe <fn> hairbrush
hajkondicionáló <fn> (hair) conditioner
hajlakk <fn> hairspray
hajlam <fn> **1.** (képesség, hajlandóság) inclination (**vmire** // **vminek a megtételére** towards/for sg // to do sg); leaning (**vmi iránt** // **vmire** toward(s) sg); aptitude (**vmire** for sg); disposition (**vmire** to/towards sg): *hajlama van/hajlamot érez vmire/vmi iránt* show an aptitude for sg; show an inclination to do sg ∗ *művészi hajlam* a leaning towards the arts **2.** (betegségre) susceptibility (**vmire** to sg): *megfázásra való hajlam* susceptibility to cold
hajlamos <mn> be✢ apt/inclined/liable/prone/subject/susceptible (**vmire** to (do) sg): *depresszióra hajlamos* be prone to depression ∗ *Haj-*

lamos vagyok elkésni. I am inclined to be late. * *Hajlamos hibákat elkövetni.* He is liable to make mistakes.

hajlandó <mn> be✣ ready/prepared/willing/inclined (**vmire** to (do) sg): *hajlandó vmit elfogadni* be willing to accept sg * *Sohasem hajlandó tanulni.* She is never ready to learn.

hajlandóság <fn> inclination (**vmire // vminek a megtételére** towards/for sg // to do sg); willingness (**vmire** to do sg); leaning (**vmi iránt // vmire** toward(s) sg): *Hajlandóságot érzek arra, hogy elfogadjam meghívását.* I am inclined to accept his invitation.

hajlékony <mn> flexible; pliable

¹hajléktalan <mn> homeless

²hajléktalan <fn> **a hajléktalanok** the homeless

hajléktalanszálló <fn> shelter; hostel (for the homeless)

hajlik <ige> **1.** bend✣; lean✣: *jobbra hajlik* bend/lean to the right **2.** *(hajlamos)* incline (**vmire** to(wards) sg); be✣ apt (**vmit megtenni** to do sg)

hajlít <ige> **1.** *(anyagot)* bend✣; bow; twist; curve: *vasrudat hajlít* bend an iron bar **2.** *(testrészt)* bend✣: *Hajlítsd a karodat!* Bend your arm.

hajlong <ige> pej bow and scrape; kowtow (**vki előtt** to sy)

hajlott <mn> *(orr)* crooked; *(hát)* bent

hajmeresztő <mn> hair-raising

hajmosás <fn> shampoo

hajnal <fn> dawn; daybreak: *hajnalban* at dawn

hajnalodik <ige> dawn: *Hajnalodott, amikor…* Dawn was breaking when…

hajnövesztő <fn> hair restorer

hajó <fn> ship; *(kisebb)* boat: *a hajó fedélzetén* on board * *a hajó kapitánya* the captain of the ship; the ship's master * *hajón/hajóval* by sea * *hajóval utazik/hajón megy* travel by sea/ship/boat * *partra húzza a hajót* beach the boat onto the shore * *hajóra száll (beszáll)* embark; go aboard (the ship); get/go on board
♦ **egy hajóban eveznek** be✣ in the same boat

hajóállomás <fn> landing place

hajócsavar <fn> propeller; screw

hajógyár <fn> shipyard; dockyard

hajóhíd <fn> **1.** *(hajón)* bridge **2.** *(hajóról partra)* gangway **3.** *(folyón)* pontoon/floating/boat bridge

hajójárat <fn> (shipping) line; boat service

hajójegy <fn> boat ticket; ticket for passage

hajókirándulás <fn> boat trip

hajol <ige> lean✣; bend✣

hajónapló <fn> log(book)

hajóorr <fn> prow; bow; stem

hajópadló <fn> strip/jointed/deal floor

hajórakomány <fn> shipment; shipload; cargo

hajóroncs <fn> shipwreck: *egy öreg/régi hajóroncs a parton* an old shipwreck on the shore

hajós <fn> sailor; seaman (tsz: seamen)

hajósinas <fn> ship's boy

hajóskapitány <fn> captain; *(kisebb hajóé)* skipper

hajótörés <fn> shipwreck: *hajótörést szenved* suffer shipwreck; be shipwrecked

hajótörött <fn> shipwrecked

hajóút <fn> **1.** *(utazás)* voyage; cruise: *A hajóút Angliából Amerikába régebben hetekig tartott.* The voyage from England to America used to take several weeks. **2.** *(útvonal)* shipping lane/route

hajóvezető <fn> captain

hajózás <fn> **1.** *(hajón való közlekedés)* sailing; cruising **2.** *(navigáció)* navigation

hajózik <ige> sail; cruise: *A part felé hajóztunk.* We are sailing towards the coast.

hajózótiszt <fn> navigator

hájpacni <fn> biz, pej fatso

hajpakolás <fn> hair mask

hajpánt <fn> headband; hairband

hajrá <fn> **1.** sp finish: *Szoros hajrá volt.* It was a close finish. **2.** *(munkában)* rush; spurt: *hajrába kezd* make a spurt; put on a spurt

hajrázik <ige> spurt; make✣ a spurt; put✣ on a spurt

hajrögzítő <fn> *(hab)* styling mousse; *(zselé)* styling gel

hajsza <fn> **1.** *(üldözés)* hunt (**vki/vmi után** after/for sy/sg); pursuit (**vki/vmi után** of sy/sg): *a terroristák elleni hajsza* the hunt for terrorists **2.** biz *(rosszindulatú támadás)* persecution (**vki ellen** of sy) **3.** biz, pej *(munka)* rush: *nagy hajszában van* be✣ in a tearing rush

hajszál <fn> hair: *Van egy hajszál a levesedben.* There is a hair in your soup.
♦ **egy hajszálon függ/múlik vmi** biz be✣ a close shave/call

hajszálpontos <mn> pinpoint

hajszálpontosan <hsz> with pinpoint accuracy; *(idő tekintetében)* on the dot: *hajszálpontosan meghatároz/megjelöl vmit* pinpoint sg

hajszálrepedés <fn> **1.** műsz hair crack **2.** orv hairline fracture

hajszárító <fn> hairdryer; hairdrier: *Megjavítanád a hajszárítómat?* Can you repair my hairdryer?

hajszín <fn> (the) colour of (one's) hair; hair colour: *Megváltoztatta a hajszínét.* She has changed the colour of her hair.

hajszol <ige> **1.** *(üldöz)* pursue; chase (after): *a tolvajt hajszolja* chase after the thief **2.** *(egyre* *nagyobb erőkifejtésre ösztökél)* drive✧; hurry **3. hajszolja magát** overwork oneself

¹hajt <ige> **1.** *(járművel)* drive✧: *veszélyes sebességgel hajt* drive at a dangerous rate ✻ *A repülőtérre hajtott.* He drove to the airport. **2.** *(állatot)* beat✧; drive✧; urge: *marhacsordát hajt át az úton* drive a herd of cattle across the road ✻ *hajtja a lovát* urge a horse forward **3.** *(működtet)* drive✧; power; propel: *A motor hajtja a kerekeket.* The engine drives the wheels. ✻ *A hajót dízelmotor hajtja.* The boat is propelled by a diesel engine. **4.** *(késztet)* drive✧; propel; impel (**vkit vmire** sy to do sg) **5.** biz *(igyekszik)* work hard: *nem hajtja agyon magát* doesn't work too hard

²hajt <ige> *(dönt)* bend✧

³hajt <ige> *(növény)* shoot✧; sprout

¹hajtás <fn> *(munka)* rush

²hajtás <fn> *(papíron)* fold

³hajtás <fn> *(növényé)* shoot; sprout

hajthatatlan <mn> unyielding; unbending; determined

hajtó <fn> **1.** *(ügetőversenyen, fogathajtásban)* driver **2.** *(vadászaton)* beater

hajtogat <ige> **1.** *(anyagot, holmit)* fold **2.** *(ismételten mondogat)* keep✧ repeating (**vmit** sg); keep✧ talking about (**vmit** sg); go✧ on about (**vmit** sg)

hajtógáz <fn> propellant

hajtókar <fn> *(biciklié)* pedal crank; *(motoré)* connecting/driving rod

hajtómű <fn> driving mechanism/gear; *(motor)* engine

hajtóvadászat <fn> **1.** *(vadra)* drive **2.** *(ember ellen)* manhunt

hajtűkanyar <fn> hairpin; hairpin bend; AmE hairpin turn; hairpin curve

hajvágás <fn> haircut

hajviselet <fn> hairstyle: *Ez az új hajviselet tényleg jól áll neked!* This new hairstyle really suits you.

¹hal <ige> die: *éhen hal* die of hunger/starvation ✻ *szomjan hal* die of thirst

²hal <fn> fish (tsz: fish v. fishes): *füstölt hal* smoked fish ✻ *Mennyi halat fogtál?* How many fish have you caught?

♦ **mint a partra vetett hal** like a fish out of water

Halak <fn> asztrol Pisces

hála <fn> **1.** *(érzés)* gratitude **2.** *(köszönet)* thankfulness; gratefulness; thanks <tsz>

♦ **Hála Istennek!** Thank God/heavens/goodness!

hálaadás <fn> AmE thanksgiving

halad <ige> **1.** *(megy)* go✧; head (**vmerre** for sg); *(jármű)* proceed; move **2.** *(előbbre jut)* advance; proceed **3.** *(folyamat)* progress; go✧; be✧ under way: *jól halad* go well ✻ *Hogy halad a projekt?* How's the project going? ✻ *Halad a projekt, de még öt év, mire befejeződik.* The project is under way but it will take five years to finish it. **4.** *(fejlődik)* advance; progress; improve; make✧ an advance

haladás <fn> **1.** *(térben)* progress **2.** *(fejlődés)* progress; advancement; improvement: *gátolja a haladást* bar the way to progress; block progress ✻ *haladást ér el (vmiben)* make progress (in sg)

haladék <fn> grace: *haladékot ad* give grace ✻ *még egy hét fizetési haladékot ad vkinek* give sy another week's grace ✻ *Egy hónap haladékot kaptunk.* We got a month's grace.

haladéktalan <mn> prompt; immediate

haladéktalanul <hsz> without delay/fail; right away

¹haladó <mn> isk *(nem kezdő)* advanced: *haladó tanfolyam* an advanced course

²haladó <fn> *(tanuló)* advanced student

halál <fn> death: *a halál oka* cause of death ✻ *halálra ítél vkit* sentence/condemn sy to death ✻ *Halálra ítélték.* He was condemned to death. ✻ *nem természetes halál* an unnatural death ✻ *halálakor* at his death

♦ **halálán van** be✧ dying; be✧ at the point of death ♦ **halálra unja magát** biz be✧ bored to death ♦ **halálra rémít vkit** biz scare sy out of his mind/wits; scare the hell out of sy ♦ **halálra dolgozza magát** biz keep✧ one's nose to the grindstone; work oneself to death ♦ **az a halálom, ha...** biz it is my pet abomination/aversion

halálbüntetés <fn> death penalty; capital punishment: *A halálbüntetést eltörölték.* The death penalty has been abolished.

haláleset <fn> death; *(balesetnél)* casualty: *halálesetet bejelent* notify death ✻ *Nem történt haláleset.* There were no casualties. / No one was killed (in the accident).

halálfej <fn> *(életveszély jele)* skull and crossbones

halálfélelem <fn> fear of death: *halálfélelem gyötri* be obsessed by the fear of death

halálhír <fn> news of sy's death: *halálhírt közöl* publish notice of death

hálálkodik <ige> express one's gratitude

halálos <mn> **1.** *(halált okozó)* deadly; fatal; lethal: *halálos vírus* a deadly virus ✻ *halálos betegség* fatal disease ✻ *halálos baleset* fatal accident ✻ *halálos adag* lethal dose **2.** biz *(fokozásként)* deadly; deathly; mortal: *halálos csend* deathly hush ✻ *halálos bűn* mortal sin ✻ *halálos ellenség* mortal enemy

halálsápadt <mn> deathly pale

haláltábor <fn> concentration/death/extermination camp

¹**halandó** <mn> mortal

²**halandó** <fn> mortal

halandzsa <fn> double Dutch; gibberish

halandzsázik <ige> talk double Dutch; talk gibberish

halánték <fn> temple

hálás <mn> **1.** *(hálát érző)* grateful (**vkinek vmiért** to sy for sg); indebted (**vkinek vmiért** to sy for sg); thankful (**vmiért** for sg); glad (**vmiért** of sg): *Nagyon hálás vagyok, hogy segítettél.* I am greatly indebted to you for your help. **2.** *(eredménnyel kecsegtető)* rewarding: *hálás feladat* rewarding job ∗ *hálás téma* rewarding subject

halastó <fn> fish pond

halász <fn> fisherman (tsz: fishermen)

halászat <fn> fishing

halászcsárda <fn> fish restaurant

halászfalu <fn> fishing village

halászhajó <fn> fishing boat

halászik <ige> fish; *(hálóval)* net

halászlé <fn> fish soup

halaszt <ige> postpone (**vmeddig** to/till/until sg); put✢ off (**vmeddig** to/till/until sg): *későbbre halaszt* leave over

halasztás <fn> postponement; delay; putting-off

halaszthatatlan <mn> pressing; urgent; cannot be postponed <csak hátravetve>

hálátlan <mn> **1.** *(hálát nem érző)* ungrateful **2.** *(kevés sikerrel járó)* thankless

haldoklik <ige> be✢ dying

haldokló <fn> dying person; dying man (tsz: dying men)

halétel <fn> (dish of) fish; seafood

halhatatlan <mn> *(örökkévaló, maradandó)* immortal; undying

halhatatlanság <fn> immortality

halk <mn> **1.** quiet; low; soft: *halk hang* a quiet voice **2.** *(zajtalan)* quiet: *halk léptek* quiet steps

halkul <ige> become✢ faint

¹**hall** <ige> **1.** *(hangot)* hear✢: *lépteket hall* hear footsteps ∗ *Nem hallottad, amit mondtam?* Didn't you hear what I said? ∗ *Halljuk!* Hear! Hear! **2.** *(meghallgat)* hear✢: *Több előadást hallunk majd.* We'll hear several lectures. ∗ *Remek hangja van – hallanod kellene őt énekelni!* He's got a great voice – you should hear him sing. **3.** *(értesül)* hear✢: *Úgy hallom, hogy…* I hear that… ∗ *Hallottál Jim bulijáról?* Did you hear about Jim's party? ∗ *Hazajöttem, amint hallottam, mi történt.* I came home as soon as I heard what happened. ∗ *Hallottad már a legfrissebb híreket?* Have you already heard the latest news?

²**hall** <fn> **1.** *(szállodában stb.)* lounge; lobby; foyer **2.** *(színházban)* foyer

hallás <fn> **1.** *(érzékelés)* hearing: *csökkent hallás* impaired hearing ∗ *jó/éles hallás* acute hearing ∗ *A hallása nem túl jó.* His hearing isn't very good. **2.** *(zenei)* ear: *nincs hallása* have no ear ∗ *hallás után játszik vmit* play sg by ear

hallatlan <mn> *(elképesztő)* astonishing; shocking

hallatszik <ige> be✢ heard

hallgat <ige> **1.** listen to (**vkit/vmit** sy/sg): *Figyelmesen hallgattam őt.* I listened carefully to her. ∗ *zenét hallgat* listen to music ∗ *hallgatja a rádiót* listen to the radio **2.** *(tanácsát megfogadja)* listen to (**vkire/vmire** sy/sg): *Folyton figyelmeztet, de én sosem hallgatok rá.* She keeps warning me, but I never listen to her. ∗ *hallgat a józan észre* listen to reason **3.** *(csendben van)* keep✢/remain/stay silent: *bölcsen hallgat* keep one's own counsel **4.** *(nem beszél róla)* be✢ silent on/about sg; keep✢ quiet about sg: *Miért hallgatsz erről a témáról?* Why are you so silent on this subject? **5.** *(egyetemen tárgyat)* study, read✢; *(előadást)* attend: *jogot hallgat* read law ∗ *előadásokat hallgat* attend lectures

hallgatag <mn> silent; quiet; tongue-tied; *(visszafogott, zárkózott)* reserved; *(szűkszavú)* uncommunicative

hallgatás <fn> silence

♦ **A hallgatás beleegyezés.** Silence gives consent.

hallgató <fn> **1.** *(rádióé, előadásé)* listener **2.** *(egyetemi, főiskolai)* student; undergraduate: *egyetemi hallgató* university student

hallgatólagos <mn> implicit; tacit: *hallgatólagos megállapodás* tacit agreement

hallgatóság <fn> audience; *(színházban)* house: *magával ragadja a hallgatóságot* grip the audience ∗ *beszédét a hallgatóságához igazítja* suit his speech to his audience

hallgatózik <ige> eavesdrop

halló <msz> **1.** *(telefonáláskor)* hello: *Halló, itt Tom beszél.* Hello, this is Tom speaking. **2.** biz *(figyelemfelhíváskor)* hey

hallókészülék <fn> hearing aid: *hallókészüléket hord* wear/have a hearing aid

hallomásból <hsz> at second-hand: *hallomásból tud vmit* hear about sg at second-hand

hallucináció <fn> hallucination

hallucinál <ige> hallucinate; have✢ hallucinations

halmaz <fn> **1.** heap; mass; pile: *könyvek halmaza* a pile of books **2.** mat set

halmazállapot <fn> state; physical condition: *halmazállapot-változás* change of physical condition

halmoz <ige> accumulate; amass; pile (up): *Mindent az asztalra halmoz.* He piles everything on the table. * *Hibát hibára halmoztam.* I piled mistake upon mistake. / I made one mistake after another.

halmozódik <ige> pile

halmozott <mn> cumulative; accumulated; piled up

¹háló <fn> **1.** *(szövedék)* mesh; *(eszköz)* net **2.** sp the net: *A fiú a hálóba rúgta a labdát.* The boy kicked the ball into the net. **3.** *(póké)* web: *A pók hálót sző.* The spider is spinning a web. **4.** infor *(világháló)* the Net; the Web

²háló <fn> *(szoba)* bedroom

hálófülke <fn> **1.** *(lakásban)* sleeping area/space **2.** *(vonaton)* sleeping compartment; *(hajón)* cabin

halogat <ige> keep✢ postponing/delaying

halogénlámpa <fn> halogen lamp/light

hálóing <fn> *(női)* nightdress; biz nightie; *(férfi)* nightshirt

hálókocsi <fn> sleeping car; sleeper: *hálókocsit foglal a vonaton* book a sleeper on the train

halom <fn> **1.** *(kis domb)* hillock **2.** *(rakás)* pile; heap; stack; *(kőé stb.)* hill: *egy halom könyv* a pile of books **3.** biz *(nagy mennyiség)* stack

hálószoba <fn> bedroom

hálóterem <fn> dormitory

¹halott <mn> *(ember)* dead: *Halott.* He is dead.

²halott <fn> dead person; *(az elhunyt)* the deceased

halottasház <fn> **1.** *(ravatalozó)* morgue, mortuary; AmE funeral parlor **2.** *(kórházban)* mortuary

halottaskocsi <fn> hearse

halotti <mn> death-; funeral: *halotti anyakönyvi kivonat* death certificate * *halotti beszéd* funeral oration

hálózat <fn> **1.** *(összefüggő rendszer)* network **2.** *(áramot, energiát szolgáltató)* the mains <tsz>: *A ház rá van kötve a gázhálózatra.* The house is connected to the mains gas.

hálózsák <fn> sleeping bag

halszálka <fn> fish bone

halvány <mn> **1.** *(sápadt)* pale **2.** *(fakó)* pale; light **3.** *(gyenge)* faint: *halvány fény* a faint light **4.** *(homályos, elmosódott)* dim **5.** *(csekély)* faint; slight: *halvány esély* slim chance * *Halvány sejtelmem sincs.* I haven't the remotest idea.

halványkék <mn> pale/light blue

halványzöld <mn> pale/light green

hályog <fn> orv cataract

hamar <hsz> soon: *Hamarabb itt lesznek, mint gondolnád.* They'll be here sooner than you think.

hamarosan <hsz> soon; shortly; in a little while; before long: *Hamarosan beköszönt az ősz.* Autumn is coming soon. * *Hamarosan esedékes az előrelépése.* He's due for promotion soon.

hamis <mn> **1.** *(nem valódi)* false; fake; counterfeit: *hamis útlevél* a false/fake passport * *hamis pénz* counterfeit money **2.** *(álnok)* false: *hamis tanú* false witness **3.** *(téves)* false; untrue; unjust: *hamis színben/beállításban tüntet fel vmit* put a false colour/complexion on sg; give a false colour to sg * *A hír hamisnak bizonyult.* the news proved false. **4.** *(zenében)* flat; off-key; false: *hamis hang* false note * *hamisan énekel* sing off/out of key

hamisít <ige> fake; counterfeit; falsify; forge

hamisítás <fn> falsification; forgery

hamisítatlan <mn> genuine

hamisító <fn> counterfeiter; falsifier; forger

hamisítvány <fn> fake; forgery; counterfeit: *A kép hamisítvány volt.* The painting was a fake/forgery.

hamiskártyás <fn> card sharp

hámlik <ige> peel; flake (off): *Hámlik a bőröm.* My skin is peeling.

hámoz <ige> peel: *krumplit hámoz* peel potatoes

hamu <fn> ash: *vulkáni hamu* volcanic ash

Hamupipőke <fn> Cinderella

hamuszürke <mn> ashen

hamutartó <fn> ashtray

hamvaszt <ige> *(halottat)* cremate

hamvasztás <fn> cremation

hamvazószerda <fn> vall Ash Wednesday

háncs <fn> phloem; raffia

hanem <ksz> but

hang <fn> **1.** *(hangrezgés)* sound **2.** *(emberé)* voice: *mély hang* a deep voice * *női hang* female voice * *telt/öblös hang* full voice **3.** *(állaté)* cry **4.** *(hangszeré)* tune, tone **5.** *(énekhang)* voice **6.** *(zenei)* note **7.** nyelvt *(beszédhang)* (speech) sound **8.** *(TV, rádió, film)* sound **9.** biz *(mukkanás)* sound: *Egyetlen hangot se halljak!* Don't let me hear a sound!
  ♦ **hangot ad vminek** give✢ mouth/voice to sg ♦ **helyes hangot üt meg** touch the right key

hangár <fn> hangar

hangerő <fn> volume; *(tévéé, rádióé)* volume; sound: *Csavard fel a hangerőt!* Turn up the sound/volume! / Turn the sound/volume up! * *Vedd le(jjebb) a hangerőt!* Turn down the sound/volume! / Turn the sound/volume down!

hangfal <fn> speaker

hangfelvétel <fn> *(hangrögzítés)* (sound) recording; *(magnóra)* tape-recording; audio recording; *(vki/vmi hangját rögzítő hanglemez stb.)* voice/sound/ recording; tape (recording): *hangfelvételről közvetít* broadcast a recording

hanghiba <fn> *(tévéadásban)* (sound) fault

hanghordozás <fn> accent; intonation; tone

hanghordozó <fn> sound medium

hanghullám <fn> sound wave

hangjáték <fn> radio play

hangjegy <fn> zene note

hangkártya <fn> infor sound card

hanglejtés <fn> intonation

hanglemez <fn> record

hangmagasság <fn> pitch

hangmérnök <fn> sound engineer; *(stúdióban)* sound editor

hangnem <fn> **1.** zene key; mode: *dúr hangnem* major key/mode ∗ *moll hangnem* minor key/mode **2.** *(beszédmód, stílus)* tone; tone of voice: *közömbös hangnemben mond vmit* say sg in a casual tone of voice **3.** *(légkör)* tone; note: *A találkozó hangneme optimista volt.* The tone of the meeting was optimistic.

hangol <ige> **1.** *(hangszert)* tune; tune up; key (up): *hangol a zenekar* the orchestra is tuning up **2.** *(rádiót, tévét)* tune (in) (**vmit vmire** sg in to sg) **3. vkit vki ellen hangol** turn sy against sy

hangos <mn> **1.** *(erős hangzású)* loud: *hangos zene* loud music ∗ *hangos beszéd* loud talk **2.** *(zajos)* noisy

hangosan <hsz> **1.** *(erős hangon)* loudly: *hangos(abb)an beszél* speak up **2.** *(zajosan)* noisily

hangosbemondó <fn> loudspeaker

hangosbeszélő <fn> *(kézi)* loudhailer

hangoskodik <ige> talk too loud

hangoztat <ige> emphasize; stress

hangposta <fn> voicemail

hangsebesség <fn> the speed of sound

hangsor <fn> zene scale

hangsúly <fn> **1.** nyelvt stress; accent: *a hangsúlyt az első szótagra teszi* put the stress on the first syllable **2.** *(nyomaték)* emphasis; stress; accent: *A hangsúly a munkán van.* The accent is on work.

hangsúlyos <mn> **1.** nyelvt stressed **2.** *(nyomatékos)* emphatic

hangsúlyoz <ige> **1.** nyelvt stress: *a második szótagot hangsúlyozza* stress the second syllable **2.** *(kiemel)* stress; lay✣ stress on/upon sg; accent; emphasize: *vminek a fontosságát hangsúlyozza* stress the importance of sg

hangsúlytalan <mn> nyelvt unstressed

hangszál <fn> vocal cords <tsz>

hangszalag <fn> **1.** *(hangszál)* vocal cords <tsz> **2.** *(magnóé)* (audio/magnetic) tape

hangszer <fn> (musical) instrument: *fúvós hangszer* wind instrument ∗ *billentyűs hangszerek* keyboard instruments ∗ *vonós/húros hangszerek* stringed instruments ∗ *hangszeren játszik* play an instrument

hangszerkereskedés <fn> music shop

hangszigetelés <fn> soundproofing; sound insulation

hangszigetelt <mn> soundproof

hangszóró <fn> speaker

hangtalan <mn> silent; *(szótlan)* speechless

hangtompító <fn> *(fegyveré)* silencer

hangulat <fn> **1.** *(érzelmi állapot)* mood; temper: *Sírós hangulatban vagyok.* I am in crying mood. ∗ *rossz hangulatban van* be in a bad temper; feel blue **2.** *(kedv)* mood: *Nincs hozzá hangulatom.* I'm not in the mood for it. **3.** *(közhangulat, közvélemény)* mood; atmosphere; general/public feeling

hangulatos <mn> having a friendly atmosphere <csak hátravetve>

hangulatvilágítás <fn> subdued light(ing)

hangutánzó <mn> onomatopoeic: *hangutánzó szó* onomatopoeic word

hangverseny <fn> concert: *hangversenyre jár (rendszeresen)* go to concerts ∗ *hangversenyt ad* give a concert

hangversenymester <fn> leader; AmE concert master

hangversenyzenekar <fn> orchestra

hangversenyzongora <fn> concert grand

hangvétel <fn> tone: *optimista hangvételű* optimistic in tone

hangvilla <fn> tuning fork

hangzás <fn> sound; tone

hangzat <fn> zene chord

hangzavar <fn> cacophony; *(egyszerre beszélők miatt)* babble; babel (of voices): *A hangzavartól csengett a fülem.* The loud noise made my ears ring.

hangzik <ige> **1.** *(vhogyan)* sound **2.** *(tűnik vmilyennek)* sound; ring✣: *különösen/igaznak hangzik* sounds strange/true ∗ *valószínűtlennek hangzik* sound very far-fetched ∗ *Az ötleted csakugyan jónak hangzik.* Your idea sounds a really good one. ∗ *Nem hangzott őszintének.* It didn't ring true. **3.** *(szöveg)* go✣; read✣; run✣: *így/a következőképpen hangzik* it reads/runs as follows

hangya <fn> ant

hangyaboly <fn> anthill

¹hány <ige> **1.** *(dobál, szór)* throw✣; cast✣; fling✣; toss **2.** *(gyomorból)* vomit; biz throw✣ up: *Hánynom kellett.* I was going to vomit.

²**hány** <kérd névm> how many; how much: *Hányan jártok az osztályotokba?* How many are there in your class?
hányad <fn> proportion; fraction; percentage
hányadik <kérd névm> which: *hányadik oldal?* which page? * *Hányadikán érkezik?* (On) which day is he arriving?
hányados <fn> mat quotient
hanyag <mn> **1.** *(gondatlan)* negligent; neglectful; careless **2.** *(felületes)* careless; slack; slipshod; sloppy: *hanyag munka* slipshod work * *hanyagul végzi munkáját* be slack at one's work **3.** *(könnyed)* nonchalant; casual
hanyagság <fn> negligence; carelessness
hányan <kérd névm> how many people; how many of them
hányas <kérd névm> **1.** *(méretben)* what size **2.** which: *hányas vonat? (mikor induló, érkező)* which train?
hányás <fn> **1.** *(cselekvés)* vomiting **2.** *(hányadék)* vomit
hanyatlás <fn> decline; decay: *hanyatlásnak indul* be in decline; be on the decline
hanyatlik <ige> *(visszaesik, visszafejlődik)* decline; decay; be✦ in decline; be✦ on the decline
hányféle <kérd névm> how many kinds/sorts (of)
hányinger <fn> nausea: *hányingere van* feel sick; be nauseated
hánykolódik <ige> **1.** *(fektében)* toss and turn: *hánykolódik az ágyában* toss and turn in bed **2.** *(vízen)* pitch up and down
hányszor <kérd névm> how many times; how often: *Hányszor mondtam neked, hogy ne tedd ezt?* How many times have I told you not to do this?
hánytató <fn> emetic
hapci <isz> atishoo!; AmE achoo!
hápog <ige> **1.** *(kacsa)* quack **2.** biz *(hebeg)* gasp; stammer
harácsol <ige> grab; fleece
harag <fn> anger; *(rövid ideig tartó)* temper; *(vad)* rage: *növekvő harag* growing anger * *leküzdi a haragját* keep down one's anger * *éktelen haragra gerjed* fly into a rage/temper * *Nincs harag!* No hard feelings.
¹**haragos** <mn> angry; glowering; wrathful
²**haragos** <fn> enemy
haragszik <ige> be✦ angry (**vkire vmiért** with/at sy about/for sg): *Ne haragudj!* Don't be angry!
haragtartó <mn> unforgiving
harang <fn> bell: *a templom harangja* the bell of the church * *Szólnak a harangok.* The (church) bells are ringing.
harangoz(ik) <ige> ring✦/toll the (church) bells

harangszó <fn> chime; toll
harangtorony <fn> *(templom része)* bell tower; belfry; *(különálló)* campanile
harangvirág <fn> bluebell; harebell
¹**haránt** <hsz> crosswise; diagonally; obliquely; transversely
²**haránt** <mn> transversal; cross
harántcsíkos <mn> cross-striped
harap <ige> **1.** bite✦: *harap vmiből* bite sg off **2.** *(hal)* bite✦; rise✦ to the bait: *Ma nem harapnak a halak.* The fish just aren't biting today. **3.** biz *(vmire)* leap✦/jump at sg
harapás <fn> **1.** *(cselekvés)* biting; bite **2.** *(seb)* bite **3.** *(falat)* bite; mouthful: *Ettem egy harapást az őszibarackomból.* I took a bite of my peach.
harapdál <ige> keep✦ on biting; *(rágcsál)* nibble: *ajkát harapdálja* bite one's lips
harapnivaló <fn> snack; nibbles; sg to eat: *Itt egy kis harapnivaló!* Have a snack!
harapófogó <fn> pincers <tsz>
harapós <mn> **1.** *(állat)* vicious: *Harapós kutya!* Mind the dog! / Beware of the dog! **2.** *(ingerlékeny)* snappy; snappish
harc <fn> **1.** fight; fighting; battle; combat: *függetlenségi harc* fight for freedom * *állandó/véget nem érő harc* a running fight/battle **2.** *(küzdelem)* struggle (**vmiért // vmi ellen** for sg // against sg); fight (**vmiért // vmi ellen** for sg // against sg): *harc a túlélésért* fight for survival
harci <mn> battle-; of battle <csak hátravetve>; war-; of war <csak hátravetve>; martial: *harci zene* martial music * *teljes harci díszben* armed to the teeth
harcias <mn> bellicose; warlike; aggressive: *harcias nemzet* a bellicose/warlike nation
harcképes <mn> fit/able to fight <csak hátravetve>
harcképtelen <mn> disabled; unfit for fighting <csak hátravetve>
harckocsi <fn> tank
harcol <ige> **1.** *(fegyverrel)* fight✦ (**vki ellen // vkivel** against sy // with sy): *az ellenség ellen harcol* fight against the enemy **2.** *(küzd)* fight✦ (**vmiért // vmi ellen** for sg // against sg); struggle (**vmiért // vmi ellen** for sg // against sg): *harcol a rasszizmus ellen* fight against racism
¹**harcos** <mn> fighting; combative
²**harcos** <fn> **1.** *(katona)* warrior; fighter; soldier **2.** *(vmely ügyé)* activist
harctér <fn> the front; the field
harcsa <fn> catfish
hardver <fn> infor hardware
hárfa <fn> harp
hárfázik <ige> play the harp
harisnya <fn> *(női)* stocking
harisnyanadrág <fn> tights <tsz>

hárít <ige> **1.** *(kivéd)* fend/ward off **2.** *(felelősséget)* shift (**vkire** onto sy)
harkály <fn> woodpecker
¹harmad <törtszn> third
²harmad <fn> **1.** *(rész)* third **2.** sp *(játékidő)* period
¹harmadéves <fn> third-year student
²harmadéves <mn> third-year
¹harmadik <sorszn> third: *a harmadik szótag* the third syllable
²harmadik <fn> *(osztály)* third class/form: *harmadikba jár* be in the third class/form
harmadikos <fn> third-former; AmE third-grader
harmadosztályú <mn> third-class
harmadrész <fn> a third; third part
harmadszor <hsz> for the third time; thirdly
hárman <hsz> three (of): *Hárman voltunk/voltatok/voltak.* There were three of us/you/them.
¹hármas <mn> **1.** three **2.** *(hármassal jelölt)* (number) three: *a hármas busz* the bus number three; the number three bus
²hármas <fn> **1.** *(számjegy)* (the number) three **2.** *(osztályzat)* satisfactory/C (mark); fair
hármasugrás <fn> sp triple jump
harmat <fn> dew
harmatos <mn> dewy
harminc <tőszn> thirty
harmincadik <sorszn> thirtieth
¹harmincas <mn> **1.** thirty **2.** *(harmincassal jelölt)* (number) thirty
²harmincas <fn> *(számjegy)* (the number) thirty
harmincéves <mn> thirty-year-old; thirty years old <csak hátravetve>
harmónia <fn> **1.** harmony **2.** zene harmony
harmonika <fn> accordion
harmonikus <mn> harmonious; harmonic
harmonizál <ige> harmonize (**vmivel** with sg)
három <tőszn> three
háromágyas szoba <fn> triple (bed)room
háromcsillagos szálloda <fn> three-star hotel
háromdimenziós <mn> three-dimensional
háromévés <mn> **1.** *(életkor)* three-year-old; three years old <csak hátravetve>: *Háromévés. She is three years old.* * *háromévés kislány* a three-year-old girl **2.** *(három évre szóló)* three-year; three years'; of three years <csak hátravetve>
háromévi <mn> three-year; three years'; of three years <csak hátravetve>; lasting three years <csak hátravetve>
háromféle <mn> three kinds of; three sorts of
háromhavi <mn> three-month; three months'; of three months <csak hátravetve>; lasting three months <csak hátravetve>

háromhetes <mn> **1.** *(életkor)* three-week-old; three weeks old <csak hátravetve> **2.** *(három hétre szóló)* three-week; three weeks'; of three weeks <csak hátravetve>
háromheti <mn> three-week; three weeks'; of three weeks <csak hátravetve>
háromjegyű <mn> three-figure/digit: *háromjegyű szám* three-figure/digit number
háromnapi <mn> three-day; three days'; of three days <csak hátravetve>
háromnapos <mn> **1.** *(életkor)* three-day-old; three days old <csak hátravetve> **2.** *(három napra szóló)* three-day; three days'; of three days <csak hátravetve>
háromnegyed <törtszn> three-quarters <tsz>
háromórás <mn> **1.** *(életkor)* three-hour-old; three hours old <csak hátravetve> **2.** *(három órára szóló)* three-hour; three hours'; of three hours <csak hátravetve>; lasting three hours <csak hátravetve>
háromrészes <mn> *(film)* three-part; *(ruha)* three-piece
háromszor <hsz> three times: *napi háromszor* three times a day * *Ez a doboz háromszor olyan nehéz, mint amaz.* This box is three times as heavy as that one. * *Háromszor eszik naponta.* She eats three meals a day.
háromszori <mn> three; three times repeated <csak hátravetve>: *háromszori felszólítás* three warnings
háromszoros <mn> triple; threefold; triplex: *háromszorosára nő* increase threefold
háromszög <fn> triangle: *derékszögű háromszög* a right-angled triangle * *hegyesszögű háromszög* acute triangle * *elakadásjelző háromszög* warning triangle
háromtagú <mn> having three members <csak hátravetve>: *háromtagú együttes* a group of three; a group consisting of three members
hárs <fn> lime; linden
harsány <mn> loud; shrill
hársfa <fn> lime (tree); linden (tree)
hársfatea <fn> lime-blossom tea
harsog <ige> **1.** roar; blare; howl **2.** roar (out) (**vmit** sg); blare (out) (**vmit** sg)
harsona <fn> trombone
hártya <fn> **1.** *(élő szervezetben)* membrane **2.** *(folyadék felszínén)* skin **3.** *(vékony réteg)* film
has <fn> stomach; biz belly: *Fáj a hasam.* I've got a stomachache. * *hason fekszik* lie on one's stomach
♦ **a hasát fogja a nevetéstől** biz double up with laughter; split*/burst* one's sides with laughter ♦ **imádja a hasát** biz make* a god of his belly

hasáb <fn> **1.** *(tűzifa)* log **2.** *(nyomdai, szótári)* column **3.** mat prism
hasábburgonya <fn> fried potato; chips <tsz>; AmE French fries <tsz>
hasad <ige> **1.** *(kettéválik)* burst✢; crack **2.** *(textil)* tear✢
hasadék <fn> **1.** *(nyílás)* crack; *(sziklában)* cleft; rift; *(falban)* cranny **2.** *(keskeny völgy)* rift valley
hasal <ige> lie✢ on one's stomach
hascsikarás <fn> colic
hasfájás <fn> stomachache; biz bellyache: *Elmúlt a hasfájásom.* My stomachache has gone.
hashajtó <fn> laxative; purgative
hasi <mn> orv abdominal
hasis <fn> hashish
hasít <ige> **1.** cleave✢; slash **2.** *(textil)* tear✢; slit✢; slash **3.** *(atommagot)* fission **4.** *(fájdalom)* shoot✢
hasíték <fn> slash; slit; *(ruhán)* slit
hasizom <fn> stomach/abdominal muscle
hasizomgyakorlat <fn> sit-up
hasmenés <fn> diarrhoea
hasnyálmirigy <fn> orv pancreas
hasogat <ige> **1.** cut✢ up into pieces **2.** *(fájdalom)* have✢ shooting pains; kill: *Hasogat a hátam.* I have a shooting pain in my back. / My back is killing me.
hasonlat <fn> simile
hasonlít <ige> **1.** resemble (**vkire/vmire** sy/sg); look like (**vkire/vmire** sy/sg); take✢ after (**vkire** sy): *A lányom rám hasonlít.* My daughter takes after me. ✱ *Úgy hasonlítanak egymásra, mint két tojás.* They are as like as two peas. **2.** compare (**vkit/vmit vkihez/vmihez** sy/sg to sy/sg)
hasonló <mn> similar (**vkihez/vmihez vmiben** to sy/sg in sg): *színben hasonló* be similar in colour ✱ *Nagyon hasonlóak.* They look/are very similar. ✱ *Ez a ház hasonló a miénkhez.* This house is similar to ours.
hasonlóság <fn> similarity (**vkivel/vmivel vmiben** to sy/sg in sg); *(külsőre)* resemblance (**vmihez** to sg)
hasonmás <fn> **1.** *(kép)* image; portrait **2.** *(emberé)* double: *John a bátyja hasonmása.* John is double of his brother.
hastánc <fn> belly dance
hastáncosnő <fn> belly dancer
használ <ige> **1.** *(gyakorlatban alkalmaz)* use (**vmit** sg): *Pont a helyes szót használtad!* You used just the right word. ✱ *Elmondta, hogy kell használni ezt a gépet.* He told me how to use this machine. **2.** *(meghatározott célra alkalmaz)* use (**vmit vmire** sg for sg); *(eszközt, módszert, erőt)* employ: *Mire használható ez a tárgy?* What can we use this thing for? **3.** *(igénybe vesz)* use (**vmit vmihez** sg to sg); apply (**vmit vmihez/vmire** sg to sg): *Ezt a szerszámot használd a doboz kinyitásához!* Use this tool to open the box. **4.** use (**vmit vminek** sg as sg): *Ebédlőnek használja a konyhát.* She uses the kitchen as a dining room. **5.** *(segít, használatára van)* be✢ of use (**vkinek** to sy); be✢ useful (**vkinek** to sy)
használat <fn> use; *(ruháé)* wear: *mindennapos használatra* for everyday wear ✱ *vminek a használatára tanít vkit* instruct sy in the use of sg ✱ *használatba jön* come into use ✱ *használatban van* be in use ✱ *nincs használatban* be out of use ✱ *A bicikli használatának díja 450 Ft.* There is a charge of 450 Ft for the use of the bike.
használati <mn> of use <csak hátravetve>: *használati utasítás* instruction (manual); user guide; instructions/directions for use
használatlan <mn> unused
használatos <mn> usual; current; used
használhatatlan <mn> useless
használható <mn> usable; serviceable; *(járható)* practicable; *(kivitelezhető)* viable: *használható terv* a practicable plan ✱ *alig használható gép* a barely serviceable machine ✱ *Mire használható ez a tárgy?* What can we use this thing for? ✱ *Ez a telefonszám szükség esetén használható.* This telephone number is for use in emergencies.
használó <fn> user
használt <mn> used; *(másodkézből való)* second-hand: *használt autó* a used car ✱ *használt ruha* second-hand clothes ✱ *használt törülköző* a used towel
hasznavehető <mn> useful (**vmire** for sg // to do sg)
hasznavehetetlen <mn> useless
hasznos <mn> **1.** *(hasznavehető)* useful (**vmire** for sg): *néhány hasznos információ* some useful information **2.** *(célravezető)* practicable **3.** *(hasznot hajtó)* profitable; advantageous; beneficial
hasznosít <ige> utilize; *(felhasználatlan területet)* develop; *(energiát)* harness
haszon <fn> **1.** *(nyereség)* profit; gain: *hasznot húz vmiből* turn sg to profit; make a profit out of sg ✱ *Mi haszna belőle?* What's the profit in doing that? **2.** *(előny)* use; advantage; benefit
haszonélvező <fn> beneficiary; usufructuary
haszonkulcs <fn> mark-up
haszonleső <mn> greedy; self-seeking
haszontalan <mn> **1.** *(hasznavehetetlen)* useless: *haszontalan vki számára* be of no use to sy **2.** *(ember)* good-for-nothing **3.** *(gyerek)* naughty

hasztalan <mn> futile; vain

¹hat <ige> **1.** *(hatással van)* have✣ an effect (**vkire/vmire** on sy/sg); affect (**vkire/vmire** sy/sg); impress (**vkire/vmire** sy/sg); *(befolyással bír)* influence (**vkire** sy); exercise an influence on (**vkire** sy): *A döntés nem hat a munkánkra.* The decision will not affect our work. **2.** *(gyógyszer)* act (**vmire** on sg): *A fájdalomcsillapító gyorsan hat.* The painkiller acts quickly. **3.** *(tűnik)* give✣ the impression of (**vmilyennek** sg)

²hat <tőszn> six

¹hát <fn> **1.** *(testrész)* back: *a hátán alszik* sleep on one's back **2.** *(vminek a hátsó része)* back **3.** *(úszás)* backstroke

♦ **tartja a hátát** carry the baby; face the music

²hát <hsz> **1.** *(bevezetésként)* well: *hát akkor* well then **2.** *(rosszallás kifejezésére)* well **3.** *(bizonytalanság kifejezésére)* well: *Hát, nem tudom.* Well, I don't know.

hatalmas <mn> **1.** *(óriási)* mighty; huge; enormous; gigantic; vast: *hatalmas mennyiség* a huge amount **2.** *(nagy erejű)* tremendous; massive: *hatalmas robbanás* a tremendous/massive explosion **3.** *(nagy hatalmú)* powerful

hatalmi <mn> of power <csak hátravetve>: *hatalmi egyensúly* the balance of power

hatalom <fn> **1.** *(befolyás)* power: *hatalmában van megtenni vmit* have the power to do sg **2.** *(politikai)* power: *hatalomra jut* come into power ∗ *hatalomra kerül* rise to power ∗ *hatalmon van* be in power **3.** *(hivatali)* authority: *hivatali hatalommal való visszaélés* abuse of authority **4.** *(jelentős állam)* power: *ellenséges hatalom* an enemy power

hatalomátvétel <fn> takeover

hatály <fn> effect; operation; power; force: *hatályba lép* come into effect; take effect; come into operation ∗ *hatályban van* be in effect

hatálybalépés <fn> coming into force/effect

hatályos <mn> effective; valid: *hatályos jogszabályok* current laws

határ <fn> **1.** *(területé)* boundary; *(országé)* border; frontier: *átlépi a határt* cross the border ∗ *a francia–olasz határ* Franco-Italian border **2.** *(választóvonal)* boundary; border **3.** *(képességé)* limit

♦ **Mindennek van határa!** Enough is enough!

határállomás <fn> border/frontier station

határátkelő(hely) <fn> (border) crossing point; (border) checkpoint

határátlépés <fn> border/frontier crossing

határérték <fn> mat limit

határeset <fn> borderline case

határfolyó <fn> boundary river

határforgalom <fn> cross-border traffic; frontier traffic

határidő <fn> *(időpont)* deadline; time limit; closing date/day: *határidő előtt* before deadline ∗ *határidőt betart* meet deadlines ∗ *határidőt szab* set a deadline; fix the time limit

határidőnapló <fn> (engagement) diary

határkő <fn> landmark; boundary-stone

határol <ige> border

határos <mn> **1.** *(közös határa van)* adjacent (**vmivel** to sg); border (**vmivel** (on) sg): *Ausztria határos Magyarországgal.* Austria borders (on) Hungary. **2.** *(érintkezik, súrolja vminek a határát)* verge on (**vmivel** sg)

határoz <ige> decide (**vmiről** on/upon (doing) sg // to sg); come✣ to a decision; determine; resolve

határozat <fn> decision; *(bíróságé)* decision; ruling; *(testületi döntés)* decision; resolution; *(esküdtszéké)* verdict: *többségi határozat* majority decision ∗ *fellebbez a határozat ellen* appeal against the ruling ∗ *ENSZ-határozat* UN resolution ∗ *határozatot hoz* pass a resolution

határozatlan <mn> **1.** *(meg nem határozott)* indefinite: *határozatlan időre* indefinitely **2.** *(határozni nem képes)* indecisive; infirm: *határozatlan személy* an indecisive person **3.** *(bizonytalan)* hesitant; vague: *határozatlan mosoly* a hesitant smile **4.** nyelvt indefinite: *határozatlan névelő* indefinite article ∗ *határozatlan névmás* indefinite pronoun

határozó <fn> nyelvt adverbial complement/phrase

határozószó <fn> adverb

határozott <mn> **1.** *(gondosan megjelölt)* definite; precise; exact **2.** *(magabiztos)* determined; decisive; resolute; assured; *(hang, mozgás)* firm; *(erélyes)* strong-minded: *határozott léptekkel jár* walk with firm steps **3.** *(egyértelmű)* definite; decided; distinct: *határozott vélemény* decided opinion ∗ *határozott javulás* distinct/definite improvement **4.** nyelvt definite: *határozott névelő* definite article

határőr <fn> border/frontier guard

határőrség <fn> border/frontier-guards <tsz>

határsértés <fn> violation of the frontier

határtalan <mn> **1.** *(térben)* infinite; boundless; unlimited **2.** *(nagyon nagy)* infinite; boundless; unlimited: *határtalan energia és lelkesedés* boundless energy and enthusiasm

határterület <fn> frontier (zone); borderland

határvidék <fn> frontier (zone); borderland

hatás <fn> **1.** effect (**vkire/vmire** on sy/sg); *(erőteljes)* impact (**vkire/vmire** on/upon sy/sg); *(befolyás)* influence (**vkire/vmire** on/upon sy/sg):

hatást gyakorol vmire/vkire have an effect on sg/sy ∗ *káros hatással van vmire* have an adverse effect on sg ∗ *alkohol hatása alatt* under the influence of alcohol ∗ *érzi vminek a hatását* feel the effects of sg **2.** *(vegyi)* action

hatásfok <fn> efficiency: *kellő/nagy hatásfokkal* (very) efficiently

hatáskör <fn> authority; powers <tsz>: *átruház hatáskört* delegate powers ∗ *túllépi a hatáskörét* go beyond one's powers

hatásos <mn> **1.** effective; effectual: *Kísérletek bizonyítják, hogy hatásos.* Tests show that it is effective. **2.** *(megjelenés)* impressive **3.** *(művészileg)* impressive **4.** *(erőteljes, szigorú)* drastic **5.** *(beszéd)* powerful; moving **6.** *(orvosság stb.)* potent

hatástalan <mn> ineffective; ineffectual: *hatástalan módszer* ineffective method

hatástalanít <ige> **1.** *(vegyileg)* neutralize; counteract **2.** *(robbanószerkezetet)* defuse

hatásvadász(ó) <mn> sensationalist

hátborzongató <mn> *(furcsa)* weird; uncanny; eerie; *(iszonytató)* gruesome

hátcsigolya <fn> vertebra (tsz: vertebrae)

hatékony <mn> effective; efficient; powerful: *hatékony tanítási módszerek* effective teaching methods

hatékonyság <fn> efficiency; effectiveness

hátfájás <fn> backache

hátgerinc <fn> spine; backbone

hátgerincferdülés <fn> scoliosis; curvature of the spine

hátha <hsz> supposing; suppose; maybe; perhaps

hathatós <mn> effective; efficacious; effectual

hátitáska <fn> *(iskolai)* school bag

hátizsák <fn> rucksack; AmE backpack

hátlap <fn> **1.** back; *(lapé)* back; *(könyvé)* back; back page: *a hátlapon* at the back; on the back page **2.** *(készüléké, bútoré)* back panel

hatóanyag <fn> agent; active ingredient

¹hatod <törtszn> sixth

²hatod <fn> sixth

¹hatodik <sorszn> sixth: *a hatodik szótag* the sixth syllable

²hatodik <fn> *(osztály)* sixth class/form: *hatodikba jár* be in the sixth class/form

hatodikos <fn> sixth-former; AmE sixth-grader

hatodszor <hsz> for the sixth time

hatóerő <fn> (active) force; efficiency

hatol <ige> penetrate (**vmibe** into sg)

hátoldal <fn> reverse (side); back: *az érem hátoldala* the reverse (side) of the coin ∗ *a hátoldalon* on the back ∗ *lásd a hátoldalon* see overleaf

hátország <fn> hinterland

¹hatos <mn> **1.** six **2.** *(hatossal jelölt)* (number) six: *a hatos busz* the bus number six; the number six bus

²hatos <fn> *(számjegy)* (the number) six

hatóság <fn> authority: *a hatóságok* the authorities

hatósági <mn> official

hatótávolság <fn> range; reach

hátra <hsz> back; backwards

hátrább <hsz> further/farther back

hátradől <ige> lean⁺ back; recline; *(semmit tevően)* lie⁺ back; sit⁺ back

hátradönt <ige> lean⁺ back(wards); tilt back(wards)

hátrafelé <hsz> back; backwards

hátrafésül <ige> comb back

hátrafordul <ige> turn around/round

hátrahagy <ige> leave⁺ behind

hátrahajt <ige> **1.** *(testrészt)* bend⁺/lean⁺ back: *a fejét hátrahajtja* lean one's head back **2.** *(embereket, állatokat stb.)* drive⁺/turn back

hátrahúz <ige> draw⁺/pull⁺ back

hátrál <ige> back; recede; retreat; pull back (**vmitől** from sg); back away (**vkitől/vmitől** from sy/sg)

hátralék <fn> **1.** *(tartozásé)* arrears <tsz> **2.** *(munkáé)* backlog

hátralép <ige> step back

hátralevő <mn> remaining

hátráltat <ige> *(vkit/vmit)* hold⁺ sy/sg back; hinder; set⁺ sy/sg back

hátramarad <ige> fall⁺ behind

hátramegy <ige> go⁺ back

hátramenet <fn> reverse: *Kapcsolj hátramenetbe!* Put your car into reverse.

hátranéz <ige> look back(wards)

hátrány <fn> **1.** disadvantage; drawback; *(kár)* detriment: *előnyök és hátrányok* advantages and disadvantages ∗ *vki hátrányára/kárára* to sy's disadvantage **2.** sp *(versenyben adott, kapott)* handicap

hátrányos <mn> disadvantageous; *(káros)* detrimental; damaging; harmful: *hátrányos helyzetű* disadvantaged

hátravan <ige> **1.** *(csak eztán következik)* be⁺ still to come; be⁺ still left: *A java még hátravan!* The best is yet to come. **2.** *(időből vmennyi)* be⁺ left: *Még öt perc hátravan.* There are five more minutes left.

hátsó <mn> back; rear: *az autó hátsó ülése* the back seat of the car ∗ *az épület hátsó bejárata* the rear entrance of the building ∗ *hátsó kerék* back wheel

hátszél <fn> tail wind

hátszín <fn> sirloin

hatszor <hsz> six times
hatszoros <mn> sixfold; sextuple
hatszög <fn> hexagon
háttámla <fn> back
háttér <fn> **1.** *(képé)* background: *a kép hátterében* in the background of the picture **2.** *(környezet)* background **3.** *(rejtett összefüggések)* background
 ♦ **háttérbe szorít vkit/vmit** put✱/throw✱/cast✱ sy/sg into the shade ♦ **a háttérben marad** remain in the background
hátul <hsz> at the back; behind: *Van egy háza hátul kerttel.* She has a house with a garden behind.
hátulnézet <fn> back/rear elevation
hátulról <hsz> from behind
hátulsó <mn> back; rear: *a hátulsó sorban* in the back row
hátulütő <fn> downside: *Annak, hogy itt lakunk az a hátulütője, hogy messze van Londontól.* The downside of living here is that it's far from London.
hátúszás <fn> backstroke
hatvan <tőszn> sixty: *hatvan perc* sixty minutes
hatvanadik <sorszn> sixtieth
¹**hatvanas** <mn> **1.** sixty **2.** *(hatvanassal jelölt)* (number) sixty: *a hatvanas busz* the bus number sixty; the number sixty bus
²**hatvanas** <fn> *(számjegy)* (the number) sixty
hatvány <fn> mat power: *negyedik hatványra emel egy számot* raise a number to the fourth power
hatványozódik <ige> be✱ increased/multiplied
hátvéd <fn> sp back; fullback
hattyú <fn> swan
havas <mn> snowy: *havas idő* snowy weather
havasi <mn> alpine
havazás <fn> snowfall: *erős havazás* a heavy snowfall
havazik <ige> snow: *Erősen havazik.* It is snowing hard. ✱ *Egész nap havazott.* It was snowing all day.
haver <fn> biz pal; AmE bud; buddy: *Hé haver!* Hey buddy! ✱ *Ide figyelj, haver!* Listen, buddy!
havi <mn> **1.** *(adott hónapra vonatkozó)* monthly **2.** *(havonta ismétlődő)* monthly: *havi részletekben fizet vmit* pay for sg in/by monthly instalments
havibérlet <fn> monthly season ticket
havivérzés <fn> period; menstruation
havonként <hsz> monthly; a/per/every month: *havonként négyszer* four times a month ✱ *négy havonként* every four month
havonta → **havonként**

ház <fn> **1.** *(épület)* house: *ötszobás családi ház* a house with five bedrooms; a five-bedroomed house **2.** *(otthon, lakás)* house **3.** *(uralkodóház)* dynasty **4.** *(képviselőház)* House **5.** *(színház nézőtere)* house: *Telt ház volt a koncerten.* There was a full house at the concert. **6.** *(csigáé)* shell
¹**haza** <fn> **1.** *(emberé)* (mother) country; native land **2.** *(származási hely)* home
²**haza** <hsz> home: *hazamegy* go home ✱ *Elindult haza.* He left for home. ✱ *Mikor kerültél haza tegnap este?* When did you get home last night?
hazaárulás <fn> treason
hazaáruló <fn> traitor
hazaenged <ige> let✱ home
hazafelé <hsz> homewards; on the way home: *Útban vagyok hazafelé.* I am on my way home.
hazafi <fn> patriot
hazahoz <ige> bring✱ home
hazai <mn> **1.** *(hazához tartozó, belföldi)* home; domestic: *hazai termékek* home products **2.** sp home: *a hazai csapat* the home team ✱ *mérkőzés hazai pályán* home match
hazajön <ige> come✱ home; return: *Egy héttel ezelőtt jöttünk haza a Balatonról.* We returned from Lake Balaton a week ago. ✱ *Mikor jön haza a munkából?* When does he return from work?
hazakísér <ige> *(vkit)* see✱/take✱ sy home: *Sértetlenül hazakísérte a gyermeket.* He saw the child safe home.
hazaküld <ige> send✱ home; dismiss: *Az óra végén a tanár hazaküldte az osztályt.* After the end of the lesson the teacher dismissed the class.
házal <ige> **1.** *(kereskedik)* peddle **2.** *(aláírásokat gyűjt)* canvass
házaló <fn> peddler
hazamegy <ige> go✱ home: *Haza akarok menni!* I want to go home.
hazárdjátékos <ige> gambler
¹**házas** <mn> married: *Mióta házas?* How long has he been married? ✱ *Ez a gyűrű jelzi, hogy házasok vagyunk.* This ring shows that we are married.
²**házas** <fn> **1. házasok** husband and wife; married couple **2. fiatal házasok** young marrieds
házasélet <fn> *(házastársak együttélése)* married life: *házaséletet élnek* live a normal married life
házasodik <ige> marry: *Későn házasodott.* He married late.
házaspár <fn> married couple

házasság <fn> marriage: *vegyes házasság* mixed marriage * *hosszú, boldog házasság* a long and happy marriage * *ötévi házasság után* after five years of marriage * *a házasság felbomlása* the breakup of the marriage

házassági <mn> marriage-; matrimonial: *házassági anyakönyvi kivonat* marriage certificate * *40. házassági évforduló* 40th wedding anniversary * *házassági szerződés* marriage settlement * *házassági tanácsadás* marriage guidance

házasságkötés <fn> marriage: *Múlt héten volt a házasságkötésük.* Their marriage took place last week.

házasságközvetítő <fn> matchmaker; marriage broker

házasságtörés <fn> adultery

házastárs <fn> spouse

hazaszeretet <fn> patriotism

hazatér <ige> arrive/come/return home

hazautazás <fn> return journey/trip

hazautazik <ige> travel home; return

hazavisz <ige> (*vkit/vmit*) take sy/sg home; (*járművel vkit*) drive sy home: *autóval hazavisz vkit* take sy home by car

házfelügyelő <fn> caretaker; AmE janitor

házi <mn> (*otthoni, családi*) home; (*otthon készített*) home-made

háziállat <fn> domestic animal

házias <mn> domestic

háziasszony <fn> **1.** (*háztartást vezető*) housewife (tsz: housewives) **2.** (*vendéglátó*) hostess **3.** (*rendezvényé*) hostess **4.** (*lakástulajdonosé*) landlady

házibuli <fn> party; biz bash: *házibulit rendez* have/give a party

házigazda <fn> **1.** host **2.** (*rendezvényé*) host **3.** (*lakástulajdonos*) landlord

házimunka <fn> housework

házi nyúl <fn> domestic rabbit

háziorvos <fn> family doctor; general practitioner; GP: *A háziorvosom gégészhez utalt.* My GP sent me to a laryngologist.

házirend <fn> rules of the house <tsz>

házkutatás <fn> house search

házőrző <fn> **házőrző (kutya)** guard dog; AmE watchdog

házszám <fn> (street) number

háztartás <fn> **1.** household **2.** (*tevékenység*) housekeeping

háztartásbeli <fn> housewife (tsz: housewives)

háztartási <mn> domestic; household: *háztartási cikkek* household commodities/goods * *háztartási gépek* domestic/household appliances * *háztartási kiadások* household expenses * *háztartási robotgép* food processor * *háztartási munka* household/domestic chores

háztető <fn> roof

háztömb <fn> block: *megkerüli a háztömböt* drive round the block

háztulajdonos <fn> house owner

hazudik <ige> tell a lie; lie (**vkinek vmiről** to sy about sg): *hazudik vkinek* tell sy a lie * *szemérmetlenül hazudik* lie in/through one's teeth * *Folyamatosan hazudik.* He is constantly lying.

hazug <mn> **1.** (*hazudós*) lying; telling lies <csak hátravetve>: *hazug ember* liar **2.** (*valótlan*) untrue

hazugság <fn> lie: *ártatlan hazugság* white lie * *arcátlan hazugság* a brazen lie * *hazugságon kap vkit* catch sy lying

hazulról <hsz> from home: *elmegy hazulról* leave home

házvezetőnő <fn> housekeeper

házsártos <mn> quarrelsome

hebeg <ige> stammer; stutter

hébe-hóba <hsz> once in a while; every now and then

[1]héber <mn> Hebrew

[2]héber <fn> Hebrew

hecc <fn> prank; bang; joke; fun: *remek hecc volt* it was a great joke * *csak úgy heccből csinál vmit* do sg for the fun of it * *a hecc kedvéért* for the fun of it

heccel <ige> (*ugrat*) tease; kid; pull the leg of sy

heg <fn> scar

heged <ige> (*seb*) heal up; scar/skin over

hegedű <fn> violin

hegedül <ige> play the violin

hegedűművész <fn> violinist

hegedűs <fn> violinist

hegedűtok <fn> violin case

hegeszt <ige> weld

hegesztő <fn> **1.** (*szakmunkás*) welder **2.** (*gép*) welding machine

hegesztőkészülék <fn> welding machine

[1]hegy <fn> mountain: *a hegy lába* the foot of the mountain * *hegyet mászik* go climbing; climb mountains

[2]hegy <fn> (*ceruzáé, késé, tűé*) point; (*ujjé, nyelvé, nyílé*) tip

hegycsúcs <fn> (mountain) peak; summit; mountaintop

[1]hegyes <mn> (*ahol hegyek vannak*) mountainous

[2]hegyes <mn> **1.** (*csúcsban, hegyben végződő*) pointed; sharp: *hegyes orr* pointed nose * *hegyes tű* a sharp needle **2.** mat (*szög*) acute

hegyesszög <fn> acute angle

hegyez <ige> sharpen: *ceruzát (ki)hegyez* sharpen a pencil

hegyező <fn> (*ceruzahegyező*) pencil sharpener

hegygerinc <fn> (mountain) ridge

hegyi <mn> mountain-: *hegyi patak* a mountain stream ∗ *hegyi ösvény* mountain track

hegyikerékpár <fn> mountain bike

hegylánc <fn> mountain range; mountain chain; range of mountains

hegymászás <fn> mountaineering; alpinism

hegymászó <fn> mountaineer; (mountain) climber; alpinist: *tapasztalt hegymászó* an experienced mountaineer

hegyoldal <fn> mountainside

hegység <fn> mountains <tsz>

hegytető <fn> mountaintop; peak: *a hegytetőn* at the top of the mountain

hegyvidék <fn> mountainous area/region; mountains <tsz>

héj <fn> **1.** *(gyümölcsé, zöldségé)* skin **2.** *(narancsé, citromé stb.)* peel; rind **3.** *(csonthéjasoké)* husk; *(tojásé is)* shell **4.** *(kenyéré)* crust **5.** *(sajté stb.)* rind; *(penészes sajtoké)* crust

héja <fn> **1.** *(madár)* hawk **2.** *(háborúpárti politikus)* hawk

hektár <fn> hectare

helikopter <fn> helicopter; biz chopper

helló <msz> hello; hi

hely <fn> **1.** place: *nyugodt/csendes hely* a peaceful place ∗ *Ez a kis asztal a legjobb hely a tv számára.* This small table is the best place for the television. ∗ *Tedd azt vissza a helyére!* Put that back in its place. **2.** *(vmely célt szolgáló)* place: *találkozási hely* meeting place **3.** *(ülőhely)* place; seat: *Vonattal kellett utaznunk, de nem volt (ülő)helyünk.* We had to travel by train but there were no places left to sit on. ∗ *helyet foglal* take a seat ∗ *hellyel kínál vkit* ask sy to take a seat; offer a seat to sy **4.** *(férőhely)* room; space: *(rengeteg) helyet foglal el* take up (a lot of) space ∗ *Ez az ágy túl sok helyet foglal.* This bed takes up too much room. ∗ *Zongora számára nincs elég hely ebben a szobában.* There isn't enough room for a piano in this room. ∗ *Van itt hely egy karosszék számára?* Is there space for an armchair here? **5.** *(szövegben, zeneműben)* place: *az említett/a hivatkozott hely* the place referred to **6.** *(állás)* position; post; place **7.** *(testületben)* seat: *parlamenti hely* a seat in Parliament **8.** *(helyzet, állapot)* place; position: *ha az ő helyében lennék* if I were in his place ∗ *Képzeld magadat a helyembe.* Put yourself in my position. **9.** *(rangsorban)* place; position: *első helyen áll a versenyben* be in the first position in the competition; stand in first place in the competition

¹helybeli <mn> local: *a helybeli piacon vásárol* do one's shopping in the local market ∗ *helybeli lakosság* resident population

²helybeli <fn> local: *a helybeliek* the locals; the local population, the local residents

helybenhagy <ige> **1.** *(jóváhagy)* affirm; approve **2.** biz *(elver)* beat✻ up: *jól helybenhagy vkit* beat/knock the hell out of sy

helycsere <fn> change of place

helyenként <hsz> in some places; here and there

helyénvaló <mn> appropriate; proper; suitable

helyes <mn> **1.** *(hibátlan)* right; correct: *a helyes válasz* the correct answer **2.** *(helyénvaló)* right; proper: *Nem helyes, hogy azt csinálod.* It is not right to do that. ∗ *Tégy, ahogy helyesnek tartod.* Do as you think proper. **3.** *(megfelelő)* right: *Pont a helyes szót használtad!* You used just the right word. **4.** *(csinos, kedves)* nice; lovely

helyesbít <ige> *(helyreigazít)* correct; rectify; put✻ right

helyesbítés <fn> correction; rectification

helyesel <ige> *(egyetért)* approve (**vmit** of sg); agree (**vmit** on sg): *Nem helyesli a cigarettázást.* He doesn't approve of smoking. ∗ *Teljes mértékben helyeslem.* I fully/quite agree.

helyesen <hsz> rightly; correctly; properly

helyesírás <fn> spelling; tud orthography: *rossz helyesírással ír vmit* misspell sg; spell (a word) wrongly

helyesírási <mn> spelling; orthographic(al): *helyesírási hiba* spelling mistake; misspelling

helyeslés <fn> approval

helyett <nu> **1.** instead of; in place of: *Tévénézés helyett dolgoznod kellett volna!* You should have been working instead of watching television. ∗ *Vita helyett megbeszélést javaslunk.* We advise discussion in place of argument. **2.** *(nevében)* for sy; on behalf of sy; on sy's behalf

¹helyettes <mn> assistant; deputy: *helyettes igazgató (iskolában)* assistant headmaster; *(vállalatnál)* assistant manager

²helyettes <fn> *(vezető alatti rang)* deputy; *(alkalmi)* substitute

helyettesít <ige> **1.** substitute (**vkit** for sy); *(magasabb beosztású személyt)* stand✻ in (**vkit** for sy) **2.** *(képvisel vkit)* act for sy; act on behalf of sy

helyez <ige> **1.** place (**vmit vhova** sg swhere); put✻ (**vmit vhova** sg swhere); *(fektetve)* lay✻ (**vmit vhova** sg swhere): *Helyezd a füzeteidet az asztalra!* Lay your exercise books on the table. **2.** appoint (**vkit vhova** sy to swhere); place (**vkit vhova** sy swhere); *(kihelyez, állomásoztat)* station; transfer: *Ausztriába helyezték.* She was transferred to Austria.

helyezés <fn> sp place: *Harmadik helyezést ért el.* He took third place. / He finished in third place.

helyezett <fn> sp place winner: *első helyezett* winner ∗ *második helyezett* placed second

helyezkedik <ige> 1. take✥ up a place (**vhol** swhere) 2. *(ügyeskedik)* jockey: *ügyesen helyezkedik* jockey for position

helyfoglalás <fn> reservation; (advance) booking: *intézi a helyfoglalást jó előre* make (seat) reservations well in advance

helyhatározó <fn> adverb of place

helyhatóság <fn> local authority

helyhatósági <mn> municipal: *helyhatósági választások* municipal elections

helyi <mn> local: *a helyi pékség* the local bakery ∗ *helyi hívás* local call ∗ *helyi idő* local time ∗ *helyi érzéstelenítő* local anaesthetic

helyiség <fn> room; place; *(üzleti, intézményi)* premises <tsz>

helyismeret <fn> local knowledge

helyjegy <fn> reserved seat (ticket): *helyjegyet vált* book a (reserved) seat; make a reservation

helynév <fn> place name

helyreáll <ige> 1. *(egészség stb.)* recover 2. *(rend stb.)* be✥ restored

helyreállít <ige> 1. *(rendbe hoz, kijavít, megjavít)* repair; *(tataroz)* renovate; *(újjáépít)* rebuild✥; reconstruct 2. *(restaurál, eredeti állapotba hoz)* restore 3. *(rendet stb.)* restore: *helyreállítja a rendet* restore order

helyreállítás <fn> 1. *(rendbehozatal; tatarozás)* reconstruction 2. *(eredeti állapoté)* restoration

helyrehoz <ige> 1. *(megjavít)* repair 2. *(jóvátesz vmit)* put✥ sg right; make✥ amends for sg 3. *(épületet)* restore

helyrehozhatatlan <mn> irreparable

helyreigazít <ige> 1. *(visszaigazít vmit)* put✥/set✥ sg right 2. *(helyesbít)* rectify; correct

helyreigazítás <fn> *(helyesbítés)* rectification; correction

helyretesz <ige> 1. *(visszatesz)* replace; put✥ sg back in its place; return sg to its place 2. *(rendreutasít vkit)* put✥ sy in his/her (proper) place 3. *(kificamodott testrészt)* reduce

helység <fn> place

helységnév <fn> place name

helyszín <fn> 1. *(eseményé)* site; scene: *a találkozó helyszíne* the site of the meeting ∗ *megérkezik a baleset helyszínére* arrive at the scene of the accident ∗ *a helyszínen van* be on the scene 2. *(rendezvényé, konferenciáé stb.)* venue: *Budapestet javasolta a konferencia helyszínének.* He suggested Budapest as the venue for the conference. 3. *(színpadi)* scene

helyszíni közvetítés <fn> running commentary

helytáll <ige> 1. *(kitart)* hold✥ on; hold✥/stand✥ one's ground 2. *(megállja a helyét)* cope with (**vmiben** sg) 3. *(állítás)* be✥ valid: *Kijelentései még mindig helytállnak.* His statements are still valid.

helytálló <mn> *(elfogadható)* acceptable; *(érv)* sound

helytartó <fn> governor; (vice-)regent

helytelen <mn> 1. *(hibás)* incorrect; false; wrong: *helytelen fordítás* incorrect translation 2. *(elítélendő)* inappropriate; improper

helytelenít <ige> disapprove (**vmit** of sg): *Helytelenítem a dohányzást.* I disapprove of smoking.

helyzet <fn> 1. *(térbeli)* position; *(testé)* position; posture: *kényelmetlen helyzetben fekszik* lay in an uncomfortable position ∗ *ülő helyzet* sitting position/posture ∗ *a bolygók Naphoz viszonyított helyzete* the position of the planets compared to the Sun 2. *(körülmények)* situation; position: *nehéz helyzet* difficult situation ∗ *a jelenlegi politikai helyzet* the present political situation ∗ *felméri a helyzetet* assess the situation 3. *(rang, pozíció)* status; position: *társadalmi helyzet* social status 4. sp *(gólhelyzet)* chance to score

helyzetjelentés <fn> progress report: *helyzetjelentést ad* report on progress

hempereg <ige> roll about

hemzseg <ige> 1. *(nyüzsög)* swarm (**vmitől** with sg) 2. *(tömegesen van jelen)* abound (**vmitől** with/in sg): *Ebben a tóban hemzsegnek a halak.* Fish abound in this lake.

henceg <ige> boast (**vmivel** about/of sg)

henger <fn> 1. mat cylinder 2. *(írógépé)* platen 3. műsz *(amivel hengerelést végeznek)* roller 4. *(motoré)* cylinder 5. *(festéshez)* (paint) roller

hengerel <ige> roll (down): *füvet hengerel* roll the lawn

hentes <fn> 1. *(személy)* butcher 2. *(üzlet)* the butcher's: *Elmentem a henteshez.* I went to the butcher's.

hentesüzlet <fn> the butcher's; butcher's shop

henyél <ige> idle; laze (about/around); lounge (about/around)

hepehupás <mn> bumpy: *hepehupás út* bumpy road

herceg <fn> 1. *(angol királyi)* prince; *(angol nem királyi)* duke: *a walesi herceg* (= *az uralkodó legidősebb fia*) the Prince of Wales ∗ *az edinburgh-i herceg* (= *Erzsébet királynő férje*) the Duke of Edinburgh 2. *(mesebeli)* prince

hercegnő <fn> (királyi) princess; (nem királyi) duchess
hercehurca <fn> bother; fuss
¹here <fn> (ivarmirigy) testicle: *herék* testicles; biz balls
²here <fn> növ clover
³here <fn> **1.** áll (nem dolgozó hím méh) drone **2.** (naplopó) drone
herezacskó <fn> scrotum (tsz: scrotums v. hiv scrota)
hergel <ige> (ugrat) tease; chaff; kid
hering <fn> herring: *pácolt hering* pickled herrings
hermetikus <mn> hermetic: *hermetikusan lezárt* hermetically sealed
hernyó <fn> caterpillar
heroin <fn> heroin: *Túladagolta a heroint.* He overdosed on heroin
heroinfüggő <mn> heroin addict
herpesz <fn> herpes; cold sore
hervad <ige> wither; fade
hervadt <mn> withered; faded
hess <msz> shoo
¹hét <tőszn> seven
²hét <fn> (hétfővel kezdődő 7 nap) week: *egy héttel ezelőtt* a week ago * *múlt héten* last week * *jövő héten* next week * *ezen a héten* this week * *mához egy hétre* a week from now * *holnaphoz egy hétre* a week tomorrow * *keddhez egy hétre* a week Tuesday * *ma egy hete* a week ago today * *A tanfolyam három hétig tart.* The course lasts three weeks.
hétalvó <fn> sleepyhead
¹heted <törtszn> seventh
²heted <fn> seventh
¹hetedik <sorszn> seventh: *a hetedik szótag* the seventh syllable
²hetedik <fn> (osztály) seventh class/form: *hetedikbe jár* be in the seventh class/form
hetedikes <fn> seventh-form/class pupil; AmE seventh-grader
hetedszer <hsz> for the seventh time
hetenként <hsz> weekly; a/per week: *hetenként egyszer* once a week * *Hetenként 300 fontot keres.* He earns £300 a week. * *Körülbelül 7 liter tejet iszunk hetenként.* We drink about 7 litres of milk per week.
hetente <hsz> weekly; a week: *Mennyi pénzt tudsz megtakarítani hetente?* How much money can you save a week?
¹hetes <mn> **1.** seven **2.** (hetessel jelölt) (number) seven: *a hetes busz* the bus number seven; the number seven bus * *Nyomja meg a hetes gombot.* Push the button number 7.
²hetes <fn> (számjegy) (the number) seven
³hetes <fn> (iskolában) monitor

hétfő <fn> Monday: *hétfőn* on Monday * *hétfőnként* on Mondays * *hétfőre* by Monday * *múlt hétfőn* last Monday
hétfői <mn> Monday's; of Monday <csak hátravetve>: *a hétfői újságban* in Monday's paper * *A hétfői postával megkaptam az értesítést.* I received his communication in Monday's post.
heti <mn> weekly: *heti bér* weekly wage * *heti magazin* a weekly magazine * *heti rendszerességgel/rendszerben* on a weekly basis
hetijegy <fn> weekly season ticket
hetilap <fn> weekly (paper)
¹hétköznap <fn> weekday
²hétköznap <hsz> (on) weekdays: *nyitva hétköznap(okon) 9–18 óráig* open weekdays from 9 a.m. to 6 p.m.
hétköznapi <mn> everyday; ordinary: *hétköznapi ruha* everyday/ordinary/casual clothes
hétszer <hsz> seven times
hétszeres <mn> sevenfold
hétvége <fn> weekend: *hétvégén (a mostanin)* this weekend * *vkivel tölti a hétvégét* spend the weekend with sy * *hétvégére elmegy* go away for the weekend * *hétvégenként* at weekends; AmE on weekends
hétvégi <mn> weekend: *hétvégi ház* weekend cottage
hetven <tőszn> seventy
hetvenedik <sorszn> seventieth
¹hetvenes <mn> **1.** seventy **2.** (hetvenessel jelölt) (number) seventy
²hetvenes <fn> (számjegy) (the number) seventy
hév <fn> **1.** (forróság) heat: *a nap heve* the heat of the sun **2.** (szenvedélyesség) heat; fire; zeal: *a pillanat hevében* in the heat of the moment
HÉV <fn> suburban railway
heveder <fn> **1.** (vastag rögzítőszalag) band; strap **2.** műsz (gépen) belt **3.** (lószerszám része) girth
heveny <mn> acute
hever <ige> lie✧: *Tegnap mindenki a napon hevert.* Everybody lay in the sun yesterday.
heverészik <ige> lie✧; lie✧ about
heverő <fn> divan (bed)
heves <mn> **1.** (indulatos) fiery; intense: *heves természet* fiery temper; intense nature **2.** (erőteljes) violent; vehement **3.** (vita) heated; fiery; furious **4.** (szél, vihar) fierce; violent
hevít <ige> **1.** (forróvá tesz) heat **2.** (lelkesít) fire
hézag <fn> **1.** (üres rész) gap: *hézag a kerítésen* a gap in the fence **2.** (hiányosság) deficiency; shortcoming
hézagos <mn> **1.** (nem folytonos) discontinuous **2.** (hiányos) imperfect; defective

hezitál <ige> hesitate; waver (**vmi és vmi között // vmin** between sg and sg // on/over sg)

¹**hiába** <hsz> (*eredmény, ok nélkül*) in vain; vainly; to no effect: *Minden hiába.* All is in vain. / *It is no use.* ∗ *Hiába kereste a kincset.* He searched vainly for the treasure.

²**hiába** <isz> well; after all: *Hiába, nem gyerek már!* Well, he is not a child any more.

hiábavaló <mn> vain; futile; useless; of no avail <csak hátravetve>: *hiábavaló kísérlet* a futile/vain attempt ∗ *Erőfeszítései hiábavalónak bizonyultak.* Her efforts were of no avail.

hiány <fn> **1.** lack; absence; shortage: *időhiány* lack of time ∗ *mozgás hiánya* lack of exercise ∗ *bizonyíték hiányában* for lack of evidence **2.** (*pénzügyi*) deficit **3.** (*hiányosság*) gap: *hiányt pótol* bridge/close/fill/stop a gap

hiánycikk <fn> goods in short supply; scarce goods

hiányjel <fn> **1.** nyelvt (*szótag kiesését jelölő írásjel*) apostrophe **2.** (*kimaradt szó jelölésére*) caret; insertion mark

hiányol <ige> miss (**vkit/vmit** sy/sg)

hiányos <mn> **1.** (*nem teljes*) incomplete **2.** (*fogyatékos, szegényes*) imperfect; incomplete; insufficient **3.** (*öltözék*) scanty: *hiányos öltözet* scanty clothing

hiányosság <fn> **1.** gap (**vmiben** in/of sg); deficiency (**vmiben** in/of sg): *hiányosságok a matematikai tudásában* gaps in his knowledge of mathematics **2.** (*hiba, tökéletlenség*) shortcoming; fault; defect; deficiency

hiánytalan <mn> complete; full: *Hiánytalan a csapat.* The team is complete.

hiányzás <fn> absence

hiányzik <ige> **1.** (*nincs meg*) be* lacking: *Hiányzik a pénz egy új autóra.* Money is lacking for a new car. **2.** (*nincs jelen*) be* absent: *hiányzik az iskolából* be absent from school **3.** (*jelenléte*) miss: *Mark, hiányozni fogsz nekünk!* Mark, we'll miss you. ∗ *Annyira hiányzik!* I miss him so much. **4.** (*nincs meg benne vmi*) be* lacking in sg; be* wanting in sg: *Teljesen hiányzik belőle az önbizalom.* He's totally lacking in confidence.

◆ **Már csak ez hiányzott!** That puts the lid on it! / That's all we needed! / That was the last straw!

¹**hiányzó** <mn> (*személy*) absent; (*tárgy*) missing: *hiányzó láncszem* missing link

²**hiányzó** <fn> (*iskolában*) **a hiányzók** those absent; absent pupils

hiba <fn> **1.** error; mistake; slip; fault: *hibát követ el* commit an error/a fault; make a mistake/slip ∗ *súlyos hiba* grave error/mistake ∗ *Az ő hibája volt.* It was his fault. ∗ *elköveti azt a hibát, hogy…* make the mistake of doing sg **2.** (*szabályt sértő, nyelvtani stb.*) mistake; error: *helyesírási hiba* spelling mistake; misspelling ∗ *nyelvtani hiba* grammatical error ∗ *Sok hiba volt a házi feladatomban.* There were several mistakes in my homework. **3.** (*rendellenesség*) fault; defect; flaw: *elektromos hiba* an electrical fault **4.** (*fogyatékosság*) fault; defect; shortcoming: *minden hibája ellenére* in spite of all his faults ∗ *testi hiba* physical defect

hibabejelentő <fn> fault repair service

hibaforrás <fn> source of error

hibapont <fn> penalty (point)

hibás <mn> **1.** (*helytelen, téves*) false; incorrect: *hibás rajt* false start **2.** (*fogyatékos*) faulty; defective **3.** (*sérült*) faulty: *hibás gép* faulty machine **4.** (*vétkes*) guilty; at fault <csak hátravetve>

hibátlan <mn> faultless; impeccable; flawless: *hibátlanul beszél angolul* speak faultless/perfect English

hibaüzenet <fn> infor error message

hibázik <ige> make* a mistake; (*melléfog*) blunder

hibáztat <ige> blame (**vkit vmiért** sy for sg): *Csak önmagát hibáztathatja.* She has only herself to blame. ∗ *Nem a mi ötletünk volt, úgyhogy ne hibáztass minket!* It wasn't our idea, so don't blame us.

hibbant <mn> biz crazy; cracked

¹**hibrid** <mn> biol hybrid

²**hibrid** <fn> biol hybrid

hibridautó <fn> hybrid car

híd <fn> **1.** bridge: *átmegy a hídon* go over the bridge ∗ *A híd köti össze két várost.* The bridge links the two towns. **2.** (*fogászati*) bridge **3.** sp bridge

◆ **minden hidat féléget maga mögött** burn* your bridges behind you

¹**hideg** <mn> **1.** (*alacsony hőfokú*) cold: *hideg víz* cold water **2.** (*kékes, fehéres*) cold **3.** (*érzelmileg*) cold

²**hideg** <fn> cold

hidegbüfé <fn> cold buffet

hidegfront <fn> cold front

hidegháború <fn> cold war

hideghullám <fn> cold wave/snap/spell

hidegkonyha <fn> buffet/snack meals <tsz>

hidegrázás <fn> shivers <tsz>

hidegtál <fn> cold dish/plate

hidegtűrő <mn> cold tolerant

hidegvér <fn> (*higgadtság*) coolness; balance

hidegvérű <mn> **1.** biol cold-blooded **2.** (*gátlástalan*) cold-blooded

hídfő <fn> (*híd része*) (bridge) abutment

hídfőállás <fn> kat bridgehead
hídpillér <fn> pier
hidratáló (krém) <fn> *(kozmetikum)* moisturizer
hidrogén <fn> hydrogen
hidrogénbomba <fn> hydrogen bomb; H-bomb
hiedelem <fn> belief: *a hiedelemmel ellentéthen* contrary to popular belief
hiéna <fn> hyena
hierarchia <fn> hierarchy
hierarchikus <mn> hierarchical
hifitorony <fn> hi-fi (system)
híg <mn> thin; weak; *(étel, ital)* watery: *Túl híg volt a leves.* The soup was too thin. ∗ *híg kávé* a weak coffee
higany <fn> mercury
higgadt <mn> level-headed; cool; *(összeszedett, fegyelmezett)* composed; collected; *(józan)* sober
higiénia <fn> hygiene
higiénikus <mn> hygienic; sanitary: *Nem igazán higiénikusak itt a viszonyok.* The conditions here are not really sanitary.
hígít <ige> dilute; thin; weaken
hígító <fn> thinner
hihetetlen <mn> **1.** *(nem hihető)* unbelievable; incredible: *hihetetlen történet* an incredible story **2.** *(elképesztő)* unbelievable; incredible; *(felfoghatatlan)* inconceivable: *hihetetlenül sok pénz* an incredible amount of money
hihető <mn> credible; believable; *(valószínű)* likely
hím <fn> male; *(szarvasé, nyúlé)* buck; *(madáré)* cock
himbál <ige> **1.** *(lóbál)* swing✦ **2.** *(ide-oda mozgat)* swing✦; rock
himbáló(d)zik <ige> **1.** *(leng)* swing✦ **2.** *(ring)* swing✦; rock
hímez <ige> embroider
himlő <fn> smallpox
himlőoltás <fn> vaccination against smallpox
hímnem <fn> **1.** biol male sex **2.** nyelvt masculine (gender)
hímnemű <mn> **1.** biol male: *hímnemű pók* a male spider **2.** nyelvt masculine
himnusz <fn> **1.** *(ünnepélyes jelentőségű dal)* anthem: *Magyarország (nemzeti) himnusza* the national anthem of Hungary **2.** *(Istent magasztaló ének)* hymn
hímvessző <fn> penis; *(eufemisztikus használatban)* member
hímzés <fn> embroidery
hínár <fn> weed; seaweed; *(tavakban)* pondweed
hindi <mn> *(nyelv)* Hindi
hindu <mn> *(személy)* Hindu

hint <ige> sprinkle (**vmit vmire** sg on/onto/over sg); scatter (**vmit vmire** sg on/over/around sg); *(meghint)* dust (**vmit vmivel** sg with sg)
hinta <fn> swing
hintaló <fn> rocking horse
hintaszék <fn> rocking chair
hintázik <ige> swing✦: *egy kötélen hintázik* swing on a rope
hintáztat <ige> swing✦
hintó <fn> (horse-drawn) carriage; equipage
hintőpor <fn> talcum powder; biz talc; *(babának)* baby powder
hipnotizál <ige> hypnotize
hipnózis <fn> hypnosis
hipotézis <fn> hypothesis (tsz: hypotheses)
hippi <fn> hippie; hippy
hír <fn> **1.** *(értesülés)* news <esz>; *(szóbeszéd, rémhír)* rumour; AmE rumor: *lesújtó hír* devastating news ∗ *jó/rossz hír vki számára* be good/bad news for sy ∗ *egy hír* a piece of news ∗ *Van valami hír a barátodról?* Is there any news about your friend? ∗ *Rosszindulatú hírek keringenek róla.* Some malicious rumours are circulating about him. **2.** **hírek** *(híradó)* the news <esz>: *Hallottál a választásokról a hírekben?* Have you heard about the elections on the news? ∗ *hallgatja/nézi a kilencórás híreket* listen to/watch the nine o'clock news **3.** *(hírnév)* reputation: *Ennek a szállodának jó híre van külföldön.* This hotel has a good reputation abroad.

♦ **se híre, se hamva** it's vanished into thin air; there is no trace of it ♦ **rossz hírét kelti vkinek** speak✦ evil of sy ♦ **hírbe hoz vkit** get✦ sy talked about ♦ **hírből ismer vkit/vmit** know✦ sy by mere report
híradás <fn> **1.** *(tájékoztatás)* information; message **2.** *(sajtóban)* news <esz>; AmE newscast
híradástechnika <fn> telecommunications <tsz>; communications <tsz>
híradó <fn> the news <esz>: *nézi a 6 órás híradót* watch the 6 o'clock news ∗ *a híradóban* on the news
hirdet <ige> **1.** *(bejelent)* announce; proclaim; declare **2.** *(újságban)* advertise **3.** *(tant, eszmét nyilvánosan vall)* profess; propagate; advocate: *tévtanokat hirdet* propagate false doctrines
hirdetés <fn> advertisement; BrE biz ad: *hirdetést tesz közzé az újságban* put an advertisement in a newspaper
hirdetmény <fn> announcement; *(kifüggesztett)* bill
hirdetőoszlop <fn> advertising pillar
hirdetőtábla <fn> *(kisebb, házon belül)* noticeboard; AmE bulletin board; *(nagyobb, utcán, palánk)* hoarding; AmE billboard

híres <mn> famous (**vmiről** for sg); famed (**vmiről** for sg); noted (**vmiről** for sg); renowned (**vmiről** for sg)
híresség <fn> celebrity
híresztel <ige> rumour; AmE rumor
híresztelés <fn> rumour; AmE rumor
hírforrás <fn> source
hírhedt <mn> notorious (**vmiről** for sg); infamous (**vmiről** for sg)
hírközlés <fn> (*rádióban, tévében*) news service; (*tágabb értelemben*) communication: *a hírközlés eszközei* the means of communication
hírlap <fn> newspaper; paper
hírműsor <fn> the news <esz>
hírnév <fn> (*jó hír*) reputation; fame; renown: *árt a hírnevének* injure one's reputation ∗ *kockára teszi a hírnevét azzal, hogy…* stake one's reputation on doing sg ∗ *jó hírnévnek örvend* have a good reputation
hírneves <mn> famous; renowned
hírolvasó bemondó <fn> newsreader; AmE newscaster
hírszerkesztő <fn> news editor
hírszerzés <fn> intelligence
¹**hírszerző** <mn> **hírszerző szolgálat** intelligence service/agency
²**hírszerző** <fn> intelligence agent
hírszolgálat <fn> news service/programme; AmE newscast
¹**hirtelen** <mn> **1.** sudden; abrupt: *hirtelen mozdulat* a sudden movement **2.** (*természet*) hasty
²**hirtelen** <hsz> suddenly; all of a sudden; all at once: *Hirtelen beindult a gép.* The machine suddenly started up. ∗ *Állapota hirtelen megromlott.* Her condition suddenly deteriorated.
hírügynökség <fn> news agency
hírverés <fn> publicity; propaganda
hírzárlat <fn> news blackout
¹**hisz** <ige> **1.** (*igaznak tekint*) believe (**vmit** sg): *Akár hiszed, akár nem!* Believe it or not! ∗ *Nem hiszem.* I can't believe it. **2.** (*elhisz*) believe (**vkinek vmit** sy sg): *Egy szót se higgy belőle* Don't believe a word of it. **3.** believe (**vkiben/vmiben** in sy/sg): *hisz Istenben* believe in God ∗ *Nem hiszek a csodákban.* I don't believe in miracles. **4.** (*képzel, vél*) believe; think❖: *Okosnak hiszi magát.* He thinks he is clever ∗ *Azt hiszem, ez jó lesz.* I think that'll be good.
hiszékeny <mn> gullible; credulous; naive
hiszen <ksz> as; since; for; because: *Mindig kockáztatja az életét, hiszen tűzoltó.* He always risks his life as he is a fireman.
hisztéria <fn> hysteria
hisztérikus <mn> hysterical

hit <fn> **1.** (*meggyőződés*) belief; faith; conviction: *megrendül a hite vmiben* one's faith in sg is shaken **2.** vall faith; belief: *Istenben való hit* belief in God
hiteget <ige> feed❖ with promises/hopes
hitel <fn> **1.** (*kölcsön*) credit: *hitelt nyújt vkinek* give/grant/offer credit to sy ∗ *hitelt kap* obtain credit **2.** (*fizetési halasztás*) credit: *hitelre vesz vmit* buy sg on credit ∗ *hitelre/hitelbe ad el vmit* sell sg on credit **3.** (*hihetőség*) credit; credence: *hitelt ad vminek* give credit to sg; give/attach credence to sg ∗ *hitelét veszti* be discredited
hiteles <mn> **1.** (*megbízható*) authentic; trustworthy; genuine **2.** (*hitelesített*) authenticated; attested; certified; verified
hiteles másolat <fn> jog certified copy
hitelesít <ige> **1.** (*iratot*) authenticate; certify; verify **2.** (*mérőműszert*) calibrate
hitelez <ige> **1.** (*hitelbe ad*) give❖ on credit **2.** (*hitelt nyújt*) offer/grant credit (**vkinek** to sy)
hitelintézet <fn> credit bank/institution
hitelkártya <fn> credit card: *hitelkártyával fizet* pay by credit card
hitelképes <mn> creditworthy
hitelnyújtás <fn> granting of credit
hitelrontás <fn> discredit; libel
hiteltúllépés <fn> overdraft
hitetlen <mn> **1.** (*kétkedő*) incredulous **2.** (*nem hívő*) faithless
hitetlenkedik <ige> refuse to believe; be❖ sceptical/incredulous
hitközség <fn> religious community: *zsidó hitközség* Jewish community
hitoktatás <fn> religious education
hitoktató <fn> teacher of religious education; (an) RE teacher
hittan <fn> **1.** (*hitigazságok rendszere*) theology; divinity **2.** (*tantárgyként*) religious education/instruction; (*hittanóra*) RE/RI class/lesson
hittanóra <fn> religious education/instruction (class/lesson); RE/RI class/lesson
hittérítő <fn> missionary
hittudomány <fn> theology; divinity: *a hittudományok doktora* a Doctor of Divinity
hitvallás <fn> **1.** vall creed: *az Apostoli Hitvallás* the Apostles' Creed **2.** (*meggyőződés*) creed: *politikai hitvallás* political creed
hitvány <mn> **1.** (*rossz minőségű*) shoddy **2.** pej (*alávaló*) vile; low
hiú <mn> **1.** vain: *Mindig is túl hiú volt.* She has always been too vain. **2.** (*hiábavaló*) vain; illusory: *abban a hiú reményben, hogy…* in the fond/vain hope that…
hiúság <fn> vanity

hiúz <fn> lynx
HIV [= emberi immunhiányt okozó vírus] HIV (= human immunodeficiency virus)
¹hív <ige> **1.** (érte szól) call: *Orvost kellett hívnunk.* We had to call a doctor. **2.** (szólít) call **3.** (meghív) invite: *Ebédre hívott minket.* She invited us to lunch. **4.** (telefonon) call; phone: *Felvette a telefont és hívta a barátját.* She picked up the telephone and called her friend. * *Ha valaki hív…* If somebody phones… * *taxit hív (telefonon)* call a taxi **5.** (nevén) call: *Marynek hívják.* She is called Mary. **6.** (kártyában) lead✥
²hív <fn> **1.** (követő) follower: *az egészséges életmód híve* a follower of healthy lifestyle * *vkinek a híve* follower of sy **2.** vall believer
hivalkodik <ige> flaunt (**vmivel** sg)
hivalkodó <mn> ostentatious
hívás <fn> **1.** (szólítás) call(ing): *Az orvosnak tíz hívásra kell ma kimennie.* The doctor has ten calls to make today. **2.** (telefonon) call: *helyi hívás* local call * *távolsági hívás* long-distance call * *nemzetközi hívás* international call * *fogadott hívás* received call * *nem fogadott hívás* missed call
hívásátirányítás <fn> call forwarding
híváslista <fn> calls list
hívat <ige> (vkit) send✥ for sy; get✥ sy in: *orvost hívat* send for a doctor
hivatal <fn> **1.** (intézmény) office; agency: *bevándorlási hivatal* immigration office * *anyakönyvi hivatal* registry office **2.** (tisztség) office; post: *elfoglalja a hivatalát* take up one's post
hivatali <mn> official: *hivatali titok* official secret
hivatalnok <fn> official; clerk
hivatalos <mn> **1.** (hivatallal kapcsolatos) official: *hivatalos közlemény* official announcement * *hivatalos levél* official letter * *nem hivatalos* unofficial; informal * *hivatalos úton* through the official channels **2.** (személytelen, formális) formal **3.** (meghívott) be✥ invited
hivatás <fn> **1.** (elhivatottság) calling **2.** (foglalkozás) vocation; (szakma) profession; occupation
hivatásos <mn> professional: *Hivatásos ökölvívó.* He is a professional boxer. * *nem hivatásos* non-professional
hivatkozás <fn> **1.** reference (**vmire** to sg): *hivatkozással levelére* with reference to your letter **2.** (utalás) reference: *A hivatkozások a 360–380. oldalakon találhatók.* References are on pp 360–380.
hivatkozik <ige> refer (**vkire/vmire** to sy/sg); cite (**vkire/vmire** sy/sg): *Hivatkozom az idézett részletre.* I refer to the passage quoted. * *egy könyvre hivatkozik* cite a book
hívatlan <mn> uninvited: *hívatlan vendégek* uninvited guests
hivatott <mn> qualified (**vmire** for sg) <csak hátravetve>
híven <hsz> **vmihez híven** true to sg; in accordance with sg
¹hívó <mn> calling: *hívó fél* caller
²hívó <fn> caller: *A hívó letette a kagylót.* The caller hung up.
hívólift <fn> automatic lift
hívószám <fn> (telephone/phone) number: *körzeti hívószám* BrE dialling code; AmE area code
¹hívő <mn> believing: *hívő ember* believer; a Christian
²hívő <fn> believer; a Christian
hízás <fn> putting on weight
hízeleg <ige> flatter (**vkinek** sy)
hízelgő <mn> **1.** (hízelkedő) flattering **2.** (kedvező) complimentary: *hízelgő megjegyzések* complimentary remarks
hízik <ige> put✥ on weight; gain weight: *Sokat hízott az utóbbi időben.* He has gained a lot of weight recently. * *Öt kilót hízott.* He has put on five kilos.
hizlal <ige> **1.** (állatot) fatten: *pulykát hizlal* fatten a turkey **2.** (étel vkit) make✥ sy fat; sg is fattening sy
¹hó <fn> (csapadék) snow: *hó borít vmit* be covered in snow * *Esik a hó.* It is snowing. * *Szakad a hó.* Snow is falling heavily.
²hó <fn> month: *folyó hó* current/this month
hóakadály <fn> snowdrift
hobbi <fn> hobby; interest: *Hobbija a kötés.* Knitting is her hobby. * *Egyik legfőbb hobbija a bélyeggyűjtés.* Collecting stamps is one of his main interests.
hóbort <fn> (múló) fad: *a legújabb hóbort* the latest fad
hóbortos <mn> cranky; crazy; faddish; biz batty
hócipő <fn> overshoes <tsz>
 ♦ **tele van a hócipője vmivel/vkivel** be✥ fed up with sg/sy
hócsata <fn> snowball fight
hód <fn> beaver
hódeszka <fn> snowboard
hódít <ige> (országot) conquer
hódítás <fn> tört conquest: *a normann hódítás* the Norman Conquest
hódító <fn> conqueror
hódoló <fn> **1.** (rajongó, csodáló) admirer **2.** (udvarló) admirer
hóeke <fn> snowplough
hóember <fn> snowman

hóesés <fn> snowfall: *nagy hóesés* heavy fall of snow

hófehér <mn> snowy: *hófehér haj* snowy hair

hófúvás <fn> 1. snowstorm; blizzard 2. *(hóakadály)* snowdrift

hógolyó <fn> snowball

hógolyózik <ige> have✢ a snowball fight

¹hogy <hsz> 1. *(kérdésben)* how: *Hogy írod a neved?* How do you spell your name? ✱ *Hogy van a bátyád?* How is your brother? 2. *(felkiáltásban)* how: *De még hogy!* And how!

²hogy <ksz> 1. that: *Meglepett, hogy időben érkezett.* I was surprised that he had arrived on time. ✱ *Azt mondta, hogy boldog.* He said that he was happy. ✱ *Örülök, hogy el tudtál jönni.* I am glad that you could come. 2. *(vajon)* if; whether: *Megkérdeztem tőle, hogy eljön-e.* I asked him whether he would come. 3. *(célhatározó)* so that; in order to: *Nyisd ki az ajtót, hogy be tudjak menni!* Open the door so that I can get in.

hogyha <ksz> if; supposing; when; presuming

hogyhogy <hsz> how come; what do you mean

hogyisne <msz> certainly not

hogylét <fn> condition; state of health

hogyne <msz> *(nyomatékos igenlő válasz)* certainly; of course; sure; absolutely; yes indeed: *Kölcsönadnád a biciklidet? Hogyne!* Will you lend me your bike? Certainly!

hóhatár <fn> snow line

hóhér <fn> executioner; *(aki akaszt)* hangman (tsz: hangmen)

hójelentés <fn> snow report

hokedli <fn> kitchen stool

hoki <fn> *(jégkorong)* (ice) hockey

hokiütő <fn> (hockey) stick

hol <hsz> *(kérdő)* where: *Hol laksz?* Where do you live?

hólánc <fn> snow chain

hólapát <fn> snow shovel

¹hold <fn> 1. *(a Hold)* the moon: *Egy rakétát küldtek a Holdra.* A rocket was sent to the moon. ✱ *holdra szállás* moon landing 2. *(más bolygóé)* moon: *a Jupiter holdjai* the moons of Jupiter

²hold <fn> *(területmérték)* ≈ Hungarian acre

holdfény <fn> moonlight

holdfogyatkozás <fn> eclipse of the moon; lunar eclipse

holdkóros <fn> sleepwalker

holdtölte <fn> full moon

holdvilág <fn> moonlight

holdvilágos <mn> moonlit

¹holland <mn> Dutch

²holland <fn> 1. *(személy)* Dutchman (tsz: Dutchmen); *(nő)* Dutchwoman (tsz: Dutchwomen): *a hollandok* the Dutch 2. *(nyelv)* Dutch

Hollandia <fn> the Netherlands; Holland

holló <fn> raven

hollófekete <mn> jet-black

¹holmi <fn> *(személyes tárgyak, ruha)* things <tsz>; belongings <tsz>; biz stuff: *Bepakolom a holmijaimat.* I'll pack my things.

²holmi <htl névm> sort of; some: *holmi apróság* sort of oddments

¹holnap <hsz> tomorrow: *Hívj (fel) holnap!* Phone me tomorrow. ✱ *holnaphoz egy hétre* a week tomorrow ✱ *Kérlek, csináld meg holnapig!* Please do it by tomorrow.

²holnap <fn> tomorrow

holnapi <mn> tomorrow's: *a holnapi lapokban* in tomorrow's newspapers

holnapután <hsz> the day after tomorrow

holokauszt <fn> the Holocaust

holott <ksz> although; whereas

¹holt <mn> 1. *(halott)* dead 2. *(szervetlen)* dead 3. *(nem használt)* dead: *holt nyelv* dead language

²holt <fn> **a holtak** the dead

holtág <fn> backwater

holtbiztos <mn> dead certain

holtfáradt <mn> dog-tired; dead tired; worn out

holtpont <fn> *(megoldhatatlannak tűnő helyzet)* deadlock; stalemate: *holtpontra jut* end in (a) deadlock/stalemate ✱ *A tárgyalások holtpontra jutottak.* The talks ended in (a) deadlock.

holttest <fn> (dead) body; corpse

holtverseny <fn> tie; draw; dead heat: *Két fiú holtversenyben végzett.* Two boys tied for first place.

hólyag <fn> 1. *(szerv)* bladder; *(tüdőé)* vesicle 2. *(bőrön)* blister; orv vesicle 3. *(anyagban)* blister; air/blow-hole; bubble 4. biz *(ostoba)* fool; idiot; blockhead; bubblehead

homály <fn> 1. *(szürkületkor)* twilight; dusk 2. *(rejtély)* obscurity; haze

homályos <mn> 1. *(kissé sötét)* dim 2. *(nem átlátszó)* opaque 3. *(életlen)* blurred 4. *(bizonytalan)* dim; vague; misty; fuzzy 5. *(nehezen érthető)* obscure

homár <fn> lobster

homlok <fn> forehead; brow: *homlokát ráncolja* knit one's brow

homlokzat <fn> facade; front: *a ház homlokzata* the front of the building

homok <fn> 1. sand: *finom homok* fine sand ✱ *durva homok* coarse sand 2. *(tengerparton)* sands <tsz>

homokóra <fn> sandglass; *(egy órán át pergő)* hourglass

¹homokos <mn> sandy: *homokos part* a sandy beach
²homokos <mn> biz *(homoszexuális)* gay
³homokos <mn> biz *(homoszexuális)* gay
homokozik <ige> play in the sand
homokozó <fn> sandpit; AmE sandbox
homokzsák <fn> sandbag
homorú <mn> concave; hollow
¹homoszexuális <mn> homosexual
²homoszexuális <fn> homosexual
homoszexualitás <fn> homosexuality
hónalj <fn> armpit
hónap <fn> month: *ebben a hónapban* this month ∗ *három hónappal ezelőtt* three months ago ∗ *a hónap végén* at the end of the month ∗ *mához egy hónapra* a month from today ∗ *A múlt hónapban beteg volt.* Last month she was ill. ∗ *Hónapok óta nem láttuk egymást.* We haven't seen each other for months.
hónapos <mn> **1.** *(ilyen korú)* ...months old <csak hátravetve>; ...-month-old: *két hónapos csecsemő* a two-month-old baby **2.** *(ennyi ideig tartó)* of...months <csak hátravetve>; ...-month: *öt hónapos távollét* an absence of five months; a five-months absence
honfitárs <fn> fellow countryman; compatriot
honfoglalás <fn> conquest: *a magyarság honfoglalása / a Honfoglalás* tört the Hungarian Conquest
honlap <fn> infor home page; website: *Látogassa meg a honlapunkat!* Please visit our website.
honnan <hsz> **1.** *(mely helyről)* where...from: *Honnan jött ez a levél?* Where did this letter come from? ∗ *Honnan jöttél?* Where do you come from? **2.** *(mely okból, forrásból)* where... from: *Honnan veszi azokat a buta ötleteket?* Where does he get those stupid ideas from?
honorárium <fn> fee; *(szerzői)* royalty
honos <mn> native **(vhol** to swhere**)**; indigenous **(vhol** to swhere**)**
honosít <ige> **1.** *(állampolgárrá fogad)* naturalize **(vkit** sy**)** **2.** *(állat- vagy növényfajt)* naturalize (a plant or animal) **3.** *(oklevelet stb.)* have✥ (a diploma etc.) accepted/registered
honosítás <fn> **1.** *(külföldié)* naturalization: *honosításért folyamodik* apply for naturalization **2.** *(okiraté)* registration
¹hontalan <mn> homeless
²hontalan <fn> displaced person
honvágy <fn> homesickness: *honvágya van* be/feel homesick
honvéd <fn> ≈ (Hungarian) soldier
honvédelem <fn> defence; AmE defense
honvédelmi <mn> of national defence <csak hátravetve>; AmE of national defense <csak hátravetve>: *Honvédelmi Minisztérium* BrE Ministry of Defence; AmE Department of Defense
honvédség <fn> ≈ the Hungarian Army
hóolvadás <fn> thaw
hópehely <fn> snowflake
hoppá <msz> oops; whoops
hord <ige> **1.** *(visel)* wear✥; *(bizonyos méretű ruhát, cipőt)* take✥: *szemüveget hord* wear spectacles ∗ *Milyen méretű cipőt hord?* What size shoes do you take? ∗ *iskolai egyenruhát hord* wear school uniform **2.** *(visz)* carry: *fegyvert hord* carry guns ∗ *magával/magánál hord vmit* carry sg about/around
horda <fn> horde
hordágy <fn> stretcher
hordalék <fn> alluvium; alluvial/river deposits <tsz>
hordár <fn> porter
hordó <fn> barrel; *(kisebb, fa)* cask
hordoz <ige> **1.** *(huzamosabb ideig magával visz)* carry **2.** *(magában hord)* carry: *A rovarok betegségeket hordozhatnak.* Insects can carry diseases. **3.** *(terhet)* carry; bear✥; support
hordozható <mn> portable: *hordozható töltő* a portable charger; *hordozható hangszóró* a portable speaker
hóréteg <fn> snow-sheet; coat/layer of snow: *a hóréteg vastagsága* the depth of snow
horgas <mn> crooked; hooked: *horgas orr* a crooked nose
horgász <fn> angler
horgászat <fn> angling; fishing
horgászbot <fn> (fishing) rod; AmE (fishing) pole
horgászik <ige> angle; fish: *horgászni megy* go angling
horgol <ige> crochet
horgolótű <fn> crochet hook
horgony <fn> anchor: *horgonyt vet* drop anchor
horgonyoz <ige> lie✥ at anchor
hórihorgas <mn> lanky
horizont <fn> **1.** *(láthatár)* horizon **2.** *(látókör)* horizons <tsz>: *szélesíti horizontját* broaden one's horizons
horkol <ige> snore
hormon <fn> hormone
horog <fn> **1.** *(eszköz)* hook; *(horgászathoz)* fish hook **2.** sp *(ütés)* hook: *bal horog az állcsúcsra* left hook to the jaw
horoszkóp <fn> horoscope; stars <tsz>
horpadás <fn> dent
horpadt <mn> dented
horribilis <mn> exorbitant: *horribilis összeg* exorbitant price
horror <fn> horror
horrorfilm <fn> horror film

hortyog <ige> snore
¹horvát <mn> Croatian
²horvát <fn> **1.** *(személy)* Croatian; Croat **2.** *(nyelv)* Croatian; Croat
Horvátország <fn> Croatia
horzsol <ige> graze; bruise: *horzsolja a falat* graze the wall * *A golyó horzsolta az arcát.* The bullet grazed her cheek.
horzsolás <fn> *(sérülés)* graze
hossz <fn> **1.** *(térbeli)* length: *megméri vminek a hosszát* measure the length of sg **2.** *(időbeli)* length: *a film hossza* the length of a film **3.** sp *(medencéé)* length; AmE lap: *Egy hosszt 40 másodperc alatt úszik le.* He can swim a length in 40 seconds. **4.** sp *(versenyben)* length: *A ló két hosszal nyert.* The horse won by two lengths.
hosszában <hsz> *(hosszúsága irányában)* lengthways; lengthwise
hosszabbít <ige> **1.** lengthen; extend; prolong **2.** sp extend the time
hosszabbítás <fn> sp BrE *(döntetlen eredmény miatti)* extra time; AmE overtime; *(ápolási szünetek stb. miatti)* stoppage time
hosszabbító <fn> el extension lead; AmE extension cord
hosszabbodik <ige> lengthen; *(napok)* draw⁎ out: *Hosszabbodnak a napok.* The days are drawing out.
hosszadalmas <mn> *(sokáig tartó)* lengthy: *hosszadalmasan* at (great) length
hosszan <hsz> long: *hosszan tartó* long-lasting
hosszas <mn> lengthy
hosszmérték <fn> linear measure
hosszú <mn> **1.** *(térben)* long: *hosszú vörös haj* long red hair * *Hosszú az út a tóig.* It is a long way to the lake. **2.** *(emberről)* tall **3.** *(időben)* long: *hosszú vakáció* a long vacation * *Hosszú időbe telt, mire eljutottunk a színházba.* It was a long time to get to the theatre. **4.** *(terjedelmében)* long
hosszúnadrág <fn> trousers <tsz>; AmE pants <tsz>
hosszúság <fn> **1.** *(térbeli)* length **2.** *(időbeli)* length **3.** *(földrajzi)* longitude
hosszúsági kör <fn> line of longitude
hosszútávfutó <fn> long-distance runner
hosztesz <fn> hostess
hótakaró <fn> blanket of snow
hotel <fn> hotel
hova <hsz> where: *Hova fogsz állni?* Where will you stand?
hovatartozás <fn> affiliation
hóvihar <fn> snowstorm; blizzard
hóvirág <fn> snowdrop
hoz <ige> **1.** bring⁎ (**vkit/vmit vhova** sy/sg to swhere) **2.** *(érte megy)* fetch (**vkinek vmit** sy sg); bring⁎ (**vkinek vmit** sy sg): *Hozz nekem egy pohár vizet.* Bring me a glass of water. **3.** *(eredményez, okoz)* bring⁎: *változásokat hoz* brings changes **4.** *(jövedelmez)* bring⁎ (**vkinek/vminek vmit** sy/sg sg // sg to sy/sg) **5.** *(terem)* bear⁎; yield: *Az idén sok almát hozott ez a fa.* This tree has yielded a lot of apples this year.
hozadék <fn> proceeds <tsz>; returns <tsz>; earnings <tsz>
hozam <fn> **1.** *(mezőgazdasági)* yield **2.** *(nyereség)* yield: *évi 5%-os hozama van* have an annual yield of 5%
hózápor <fn> flurry (of snow); snow flurry
hozomány <fn> dowry
hozzá <hsz> **1.** to/towards sy: *Most megyek hozzá.* I am going to him. **2.** *(vmivel együtt, kiegészítésül)* *Vett egy táskát, és egy kalapot is hozzá.* She bought a bag and a hat to match.
hozzáad <ige> **1.** add (**vmit vmihez** sg to sg): *Add hozzá a liszthez a cukorhoz.* Add the flour to sugar. **2.** *(számot)* add (**vmit vmihez** sg to sg): *háromhoz hozzáad kettőt* add two to three **3.** *(feleségül)* marry (**vkit vkihez** sy to sy)
hozzáállás <fn> attitude (**vmihez** to/towards sg): *barátságtalan hozzáállás* unfriendly attitude
hozzácsatol <ige> fasten (**vmit vmihez** sg to sg); attach (**vmit vmihez** sg to sg)
hozzáépít <ige> *(házhoz)* build⁎ an extension (to/on one's house)
hozzáépítés <fn> extension
hozzáér <ige> touch (**vmihez** sg)
hozzáértés <fn> competence; *(szakértői szintű)* expertise: *a hozzáértés hiánya* incompetence
hozzáértő <mn> competent; skilled (**vmiben** at/in sg): *nem hozzáértő* incompetent
hozzáfér <ige> **1.** *(térben)* reach (**vmihez** sg) **2.** *(hozzájut)* get⁎/have⁎ access (**vmihez** to sg)
hozzáférés <fn> access: *internet-hozzáférés* Internet access * *Van internet-hozzáférésed?* Do you have access to the Internet?
hozzáférhető <mn> accessible; available
hozzáfog <ige> begin⁎; get⁎ (**vmihez** to do sg); go⁎ about (**vmihez** doing sg); set⁎ about (**vmihez** doing sg)
hozzáfűz <ige> *(kiegészítésül megjegyez)* add (**vmit vmihez** sg to sg): *Ehhez nincs mit hozzáfűznöm.* I've nothing to add. / No comment.
hozzáigazít <ige> adjust (**vmit vmihez** sg to sg); tailor (**vmit vkihez/vmihez** sg to sy/sg)
hozzáilleszt <ige> apply/fit (**vmit vmihez** sg to sg)
hozzáillő <mn> matching: *Vegyél egy hozzáillő kalapot.* Buy a hat to match.
hozzájárul <ige> **1.** contribute to (**vmihez** sg): *a síkos út állítólag hozzájárult a balesethez.* The slippery road was said to have contributed to the accident. **2.** *(adománnyal, javaslattal)*

contribute (**vmivel vmihez** sg to/towards sg): *hozzájárul a cég sikeréhez* contribute to the success of the company **3.** *(beleegyezik)* agree (**vmihez** to sg); hiv approve (**vmihez** sg); hiv assent (**vmihez** to sg): *Hozzájárultak a tervhez.* They agreed to the plan. / The plan has been approved.
hozzájárulás <fn> **1.** *(pénzbeli)* contribution **2.** *(beleegyezés)* consent; assent: *Először apám hozzájárulását kell kérnem.* I have to get my father's consent first.
hozzájut <ige> **1.** *(kap)* come✢ by (**vmihez** sg); obtain (**vmihez** sg); get✢ hold of (**vmihez** sg) **2.** *(időt, módot talál)* get✢ round (**vmire** to sg)
hozzákezd <ige> proceed (**vmihez** to do sg)
hozzálát <ige> *(hozzáfog)* set✢ about (**vmihez** doing sg): *Tessék hozzálátni!* Help yourself!
hozzámegy <ige> *(vkihez feleségül megy)* marry (**vkihez** sy); get✢ married (**vkihez** to sy)
hozzányúl <ige> **1.** *(megérint)* touch; handle: *Ne nyúlj hozzá a kerítéshez, mert a festék még nem száradt meg!* Don't touch the fence because the paint isn't dry yet. **2.** *(felhasznál)* dip into (**vmihez** sg): *hozzányúl a félretett pénzéhez* dip into one's savings
hozzáolvas <ige> *(vmely témához)* read✢ up on sg
hozzáragad <ige> stick✢ to (**vmihez** sg); get✢ stuck to (**vmihez** sg)
hozzásegít <ige> *(vkit vmihez)* help sy to sg
hozzásimul <ige> **1.** *(odabújik vkihez)* press close to/against sy; cuddle up to sy; cling✢ close to sy **2.** *(vmi odatapad vmihez/vkihez)* fit sg/sy close/well
hozzászokik <ige> become✢/get✢ accustomed to (**vmihez** sg); get✢ used to (**vmihez** (doing) sg): *Nem szoktam még hozzá ehhez az új rendszerhez.* I haven't got used to the new system yet.
hozzászoktat <ige> accustom (**vkit vmihez** sy to sg)
hozzászól <ige> comment (**vmihez** on sg)
hozzászólás <fn> comment; remarks <tsz>
hozzátartozik <ige> *(vmihez)* belong to sg; be✢ (a) part of sg
hozzátartozó <fn> relative; relation: *a legközelebbi hozzátartozóim* my family and relatives
hozzátesz <ige> **1.** *(hozzáad)* add (**vmit vmihez** sg to sg) **2.** *(mond)* add: *…tette hozzá …*he added ✻ *Szeretném hozzátenni, hogy…* I would like to add that… ✻ *Semmi hozzátenni valóm nincs.* I have nothing to add.
hozzávág <ige> *(odacsap vkihez/vmihez vmit)* throw✢ sg at sy/sg; hurl sg at sy/sg
hozzávaló <fn> ingredient: *Ennek a sütinek a legfontosabb hozzávalói a liszt, a cukor és a vaj.* The main ingredients of this cake are flour, sugar and butter.

hozzávetőleg <hsz> approximately; roughly: *Meg tudnád mondani hozzávetőleg, hogy mennyibe fog kerülni?* Can you tell me roughly how much it will cost?
hozzávetőleges <mn> approximate; rough: *hozzávetőleges ár* an approximate price ✻ *hozzávetőleges becslés* a rough estimate
hő <fn> heat
hőálló <mn> heatproof; heat-resistant
hőemelkedés <fn> (slight) fever/temperature: *hőemelkedése van* have a temperature
hőenergia <fn> thermal energy; heat energy
hőerőmű <fn> (thermal) power station
hőfok <fn> temperature
hőfokszabályzó <fn> thermostat
hőforrás <fn> **1.** *(energiaforrás)* source of heat/warmth **2.** *(hévíz forrása)* hot/thermal spring
hőhullám <fn> heat wave
hőlégballon <fn> (hot-air) balloon
hölgy <fn> lady: *idős hölgy* an elderly lady ✻ *Hölgyeim és uraim!* Ladies and Gentlemen!
hőmérő <fn> thermometer: *A hőmérő plusz 3 fokot mutat.* The thermometer reads 3 degrees above zero.
hőmérséklet <fn> temperature: *magas/alacsony hőmérséklet* high/low temperature ✻ *változatlan hőmérséklet* constant temperature ✻ *Nyáron a hőmérséklet elérheti akár a 40 °C-ot is.* The temperature can reach even 40°C in the summer. ✻ *A hőmérséklet mínusz 15 fok.* The temperature is 15 degrees below zero.
hömpölyög <ige> **1.** *(víztömeg)* roll on; roll along **2.** *(embertömeg)* billow; flow; surge (forward)
hörcsög <fn> hamster
hörgés <fn> rattle
hörghurut <fn> bronchitis
hörgő <fn> bronchial tube
hörög <ige> rattle
hős <fn> **1.** *(kiemelkedő személy)* hero: *nemzeti hős* national hero ✻ *Hősként üdvözölték/fogadták.* He was hailed as a hero. **2.** *(főszereplő)* hero
hőség <fn> heat; *(kánikula)* dog days <tsz>: *Nem tudom elviselni a hőséget.* I can't stand the heat.
hősi <mn> heroic
hősies <mn> heroic; *(bátor, merész)* valiant
hőskor <fn> heroic age
hősködik <ige> play the hero; brag
hősnő <fn> heroine
hőstett <fn> heroic/brave feat/deed
hősugárzó <fn> heater
hőszigetelés <fn> heat insulation
húg <fn> (little) sister
húgy <fn> urine

húgyhólyag <fn> bladder
huhog <ige> *(bagoly)* hoot
huligán <fn> hooligan
hull <ige> 1. *(esik)* fall✲: *Esőcseppek hullanak az égből.* Raindrops fall from the sky. 2. *(tömegesen pusztul)* die off
hulla <fn> (dead) body; corpse
hulladék <fn> waste; refuse; AmE garbage: *ipari hulladék* industrial waste
hulladékgyűjtés <fn> waste/refuse collection; AmE garbage collection: *szelektív hulladékgyűjtés* waste separation
hullafáradt <mn> dead tired; dog-tired
hullaház <fn> morgue, mortuary
hullám <fn> 1. *(vízen)* wave: *A hullámok nyaldosták a lábamat.* The waves washed my feet. 2. *(hajban)* wave: *Természetes hullámai vannak.* She has natural waves. 3. *(folyamaté)* wave: *rablási hullám* a wave of robberies ✲ *Hullámokban jön a fájdalom.* The pain comes in waves. 4. fiz wave
hullámfürdő <fn> wave pool/bath
hullámhossz <fn> wavelength
hullámlemez <fn> corrugated iron
hullámlovaglás <fn> surfing
hullámos <mn> wavy: *hullámos haj* wavy hair
hullámpapír <fn> corrugated cardboard
hullámsáv <fn> (wave)band; frequency band
hullámvasút <fn> roller coaster
hullámvölgy <fn> 1. trough: *A hajó hullámvölgybe került.* The boat went down into a trough. 2. *(hanyatlás)* depression
hullámzás <fn> 1. *(vízé)* wash; waves <tsz> 2. *(változás)* fluctuation: *a munkaerő hullámzása* fluctuation of manpower
hullámzik <ige> *(víz)* ripple
hullámzó <mn> 1. *(víz)* rippling 2. *(ingadozó)* uneven: *hullámzó teljesítmény* uneven performance
hullarészeg <mn> blind drunk
hullaszállító <fn> *(kocsi)* hearse
hullat <ige> drop; let✲ fall; *(könnyet, levelet stb.)* shed✲
hullik → **hull**
hullócsillag <fn> shooting star
humanista <fn> humanist
humanitárius <mn> humanitarian
humanizmus <fn> humanism
humánus <mn> humane
humbug <fn> humbug
humor <fn> humour; AmE humor: *fanyar humor* acid humour ✲ *jó humor* good humour
humorérzék <fn> sense of humour
humorista <fn> humorist
humoros <mn> humorous; funny
¹**hun** <mn> Hun

²**hun** <fn> Hun
huncut <mn> mischievous; biz wicked: *huncut gyerek* a mischievous child ✲ *huncut mosoly* a mischievous smile
hunyorít <ige> blink
húr <fn> 1. *(hangszeré)* string 2. *(teniszütőé)* string 3. *(íjé)* bowstring 4. mat chord
♦ **más húrokat penget** sing✲ a different tune
hurcol <ige> drag; haul
hurka <fn> 1. *(étel)* ≈ sausage: *véres hurka* black pudding ✲ *májas hurka* white pudding 2. *(hason)* roll (of fat)
hurok <fn> 1. *(kötélen, madzagon stb.)* loop 2. *(állatok fogására)* snare 3. *(kanyarulat)* loop
húros <mn> **húros hangszer** string(ed) instrument
húroz <ige> string
hurrá <isz> hooray; hurray; hurrah
hurut <fn> orv catarrh
hús <fn> 1. *(testen)* flesh 2. *(táplálék)* meat: *fagyasztott hús* frozen meat ✲ *nyers hús* raw meat ✲ *romlott hús* bad meat ✲ *sovány hús* lean meat ✲ *egy szelet hús* a slice of meat 3. *(gyümölcsé)* flesh
húsáng <fn> cudgel; club; crabstick
húsbolt <fn> butcher's (shop); the butcher's
húsdaráló <fn> mincer; AmE meat grinder
húsétel <fn> meat dish
húsevő <fn> áll carnivore
húsgombóc <fn> meatball
húshagyókedd <fn> Shrove Tuesday; BrE biz Pancake Day
húsleves <fn> meat soup; *(erőleves)* clear soup; consommé; *(sűrű)* broth
húsos <mn> 1. meat-; meaty: *húsos palacsinta* meat pancake; savoury pancake 2. *(kövérkés)* fleshy
húsvét <fn> Easter: *Húsvétkor* at Easter
húsvéti <mn> Easter: *húsvéti nyúl* Easter Bunny ✲ *húsvéti tojás* Easter egg ✲ *húsvéti szünet* Easter holidays
húsz <tőszn> twenty: *húsz embert hív meg a bulira* invite twenty people to the party
huszadik <sorszn> twentieth: *a huszadik század* the twentieth century
huszár <fn> hussar
¹**húszas** <mn> 1. twenty 2. *(hússzal jelölt)* (number) twenty: *a húszas busz* the bus number twenty; the number twenty bus ✲ *Nyomja meg a húszas gombot!* Push the button number 20. ✲ *Fáradjon, kérem, a húszas kapuhoz!* Go to gate 20 please.
²**húszas** <fn> *(számjegy)* (the number) twenty
huszonéves <mn> twenty-something

húz <ige> **1.** pull; draw✧ (**vkit/vmit vhova** sy/sg to swhere): *közelebb húz vmit vmihez* draw sg closer/nearer to sg **2.** *(felvesz ruhadarabot)* put✧ sg on: *ruhát/cipőt húz* put on one's clothes/shoes; put one's clothes/shoes on **3.** *(kártyában)* draw✧ **4.** *(rajzol)* draw✧: *húz egy vonalat* draw a line **5.** *(gyorsul)* pull: *Jól húz a motor.* The engine is pulling well. **6.** biz *(bosszant)* kid; pull sy's leg: *Csak húztalak!* I was just kidding (you). **7.** *(szövegből töröl)* cut✧
huzal <fn> wire; AmE cord
húzás <fn> **1.** *(mozgatás)* pull; draw; pulling, drawing; haul **2.** *(sorsolás)* drawing **3.** biz *(tett)* trick; *(manőverezés)* manoeuvre **4.** *(törlés)* cut
¹**huzat** <fn> *(ágyneműé, bútoré)* case; cover; slip
²**huzat** <fn> *(léghuzat)* draught; AmE draft
huzatos <mn> draughty; AmE drafty
huzavona <fn> wrangling; delays <tsz>
húzódás <fn> *(sérülés)* strain
húzódik <ige> **1.** *(térben)* extend as far as (**vmeddig** swhere) **2.** *(elterül)* run✧: *észak-déli irányban húzódik* run north and south **3.** *(időben)* drag (on)
húzódozik <ige> hang✧ back (**vmitől** from sg); shrink from (**vmitől** sg)
húzogat <ige> *(rángat vmit)* pluck at sg
¹**hű** <mn> **1.** faithful (**vkihez/vmihez** to sy/sg); loyal (**vkihez/vmihez** to sy/sg); true (**vkihez/vmihez** to sy/sg): *hű az elveihez* be true to one's principles * *hű marad vkihez* remain faithful to sy **2.** *(házastárshoz, kedveshez)* faithful (**vkihez** to sy) **3.** *(pontos, valós)* true; exact: *hű fordítás* an exact translation
²**hű** <isz> wow; oh; AmE gee: *Hű, milyen erős vagy!* Oh, how strong you are!
hűhó <fn> fuss: *minden hűhó nélkül* without any fuss

♦ **sok hűhó semmiért** much ado about nothing

hűl <ige> cool; get✧ cool; grow✧ cool; cool down

hüllő <fn> reptile
¹**hülye** <mn> stupid; idiotic: *hülye kérdés* a stupid question
²**hülye** <fn> idiot: *Te hülye!* You idiot! * *tiszta hülye* a perfect idiot
hülyeség <fn> **1.** *(tulajdonság, viselkedés)* stupidity; idiocy; bullshit: *Megdöbbentett a hülyesége.* I was amazed at her stupidity. **2.** *(dolog)* nonsense; rubbish
hülyéskedik <ige> fool about/around; act foolishly; act/play the fool
hűs <mn> cool; fresh; refreshing
hűség <fn> **1.** *(ragaszkodás)* loyalty **2.** *(házastárshoz, kedveshez)* faithfulness
hűséges <mn> **1.** faithful; true; unfailing: *hűséges barát* a faithful friend **2.** *(házastárs, kedves)* faithful
hűsít <ige> cool
hűsöl <ige> rest in the shade
hűt <ige> cool; chill
hűtlen <mn> **1.** faithless **2.** *(házastárs, kedves)* unfaithful; faithless
hűtő <fn> **1.** *(autóé)* radiator **2.** *(hűtőszekrény)* fridge; refrigerator: *Van valami a hűtőben?* Is there anything in the fridge?
hűtőház <fn> cold store
hűtőláda <fn> chest freezer
hűtőszekrény <fn> refrigerator; fridge: *A sajtot tedd a hűtőszekrénybe!* Put the cheese in the refrigerator.
hűtőtáska <fn> cool bag/box; AmE cooler
hűtött <mn> *(étel, ital)* chilled
hűtővíz <fn> cooling water
hüvely <fn> **1.** *(tok)* sheath **2.** *(termés burka)* pod **3.** *(vagina)* vagina
hüvelykujj <fn> thumb
hűvös <mn> **1.** *(hűs)* cool; chilly: *hűvös idő* cool weather * *Estefelé egyre hűvösebb lett.* Towards evening, the day became cooler and cooler. **2.** *(kissé elutasító)* cool; chilly: *Hűvös fogadtatásban volt része.* She was given a cool/chilly welcome.

I, i, Í, í

I, i <fn> *(betű)* I; i
ibolya <fn> violet
ibolyántúli <mn> ultraviolet: *ibolyántúli sugarak* ultraviolet rays
icipici <mn> tiny; biz teeny (weeny)
id. [= *idősebb*] Sr.; Snr. (= Senior)
idáig <hsz> **1.** *(térben)* as far as here; this far: *idáig eljut* come this far **2.** *(időben)* till now; so far; up to now; up to the present
ide <hsz> here: *Ide nem ülhetünk.* We can't sit here.
idead <ige> give✣; pass; hand over: *Add ide a vajat, légy szíves!* Pass me the butter, please.
ideál <fn> ideal
ideális <mn> ideal
¹**idealista** <mn> idealistic
²**idealista** <fn> idealist
idealizmus <fn> idealism
ideáll <ige> stand✣ here; come✣ over (here)
ideát <hsz> over here
idébb <hsz> further this way; further here
idebenn <hsz> inside; in here
idefelé <hsz> on the way here
idefigyel <ige> listen; pay✣ attention
ideg <fn> nerve: *az idegeire megy vki/vmi* sy/sg gets on sy's nerves
idegbeteg <mn> neurotic
¹**idegen** <mn> **1.** *(ismeretlen, szokatlan)* strange; foreign; unknown; unfamiliar: *idegen tőlem a gondolat* the notion is foreign to me **2.** *(külföldi)* foreign; alien
²**idegen** <fn> **1.** *(ismeretlen)* stranger; outsider: *teljesen idegen vki számára* be a complete stranger to sy **2.** *(külföldi)* foreigner; alien
idegenforgalom <fn> tourism; tourist industry/trade
idegengyűlölet <fn> xenophobia
idegengyűlölő <fn> xenophobe
idegenkedik <ige> be✣ averse (**vmitől** to sg); have✣ an aversion (**vkitől/vmitől** to sy/sg); dislike (**vkitől/vmitől** sy/sg)
idegenlégió <fn> Foreign Legion
idegennyelv-oktatás <fn> language teaching; teaching of foreign languages
idegenszerű <mn> strange; unfamiliar; peculiar; unusual
idegenvezető <fn> guide
ideges <mn> **1.** nervous; edgy; worried; upset **2.** *(nyugtalan)* restless; fidgety

idegesít <ige> *(vkit)* make✣ sy nervous; get✣ on sy's nerves; irritate: *Ez a hang idegesít.* This sound gets on my nerves.
idegesítő <mn> nerve-racking; nerve-wracking; tiresome; irritating
idegeskedés <fn> nervousness
idegeskedik <ige> be✣ nervous
idegesség <fn> nervousness
idegorvos <fn> neurologist
idegosztály <fn> neurological ward
ideg-összeroppanás <fn> nervous breakdown
idegőrlő <mn> nerve-racking; nerve-wracking
idegrendszer <fn> nervous system: *a központi idegrendszer* the central nervous system
idegroham <fn> fit of nerves
idegroncs <fn> nervous wreck
idegsebész <fn> neurosurgeon
idegsebészet <fn> neurosurgery
idegtépő <mn> nerve-racking; nerve-wracking
idegzet <fn> nervous system; nerves <tsz>
idehaza <hsz> at home: *Nincs idehaza.* He's not at home.
idehív <ige> call here
idehoz <ige> bring✣ here; fetch
idei <mn> this year's; of this year <csak hátravetve>
ideiglenes <mn> **1.** *(átmeneti)* provisional; temporary; interim: *ideiglenes kormány* provisional government ✱ *Ideiglenes munkája van jelenleg.* He has a temporary job now. **2.** *(pillanatnyi)* momentary **3.** *(rögtönzött)* makeshift: *ideiglenes tábor* makeshift camp
ideig-óráig <hsz> for a short time
idejében <hsz> in time; in good time
idejétmúlt <mn> out-of-date; outdated; old-fashioned
idejön <ige> come✣ here
idejövet <hsz> on the way here
idekinn <hsz> out here; outside
ideküld <ige> send✣ here
idelenn <hsz> down here
idén <hsz> this year: *Idén emelkedtek az árak.* Prices have increased this year. ✱ *idén nyáron* this summer
idenéz <ige> look here; look this way
identitás <fn> identity
idény <fn> season
idénymunka <fn> seasonal employment; seasonal work

ide-oda <hsz> here and there; *(előre-hátra)* to and fro; back and forth
ideológia <fn> ideology
ideológiai <mn> ideological
idetartozik <ige> belong here; *(hozzánk)* belong to us
idétlen <mn> **1.** *(ügyetlen)* clumsy; awkward; ungainly **2.** *(megjegyzés, viselkedés)* foolish; silly; stupid **3.** *(alak)* misshapen; shapeless
idétlenkedik <ige> goof around; fool around/about
ideül <ige> sit* here
idevágó <mn> relevant; pertinent
idevaló <mn> **1.** *(itteni)* local **2.** *(ideillő)* suitable; appropriate; apt; relevant
idevalósi <fn> local: *Idevalósi vagyok.* I belong/come from here. * *Nem vagyok idevalósi.* I am a stranger here.
idéz <ige> **1.** *(szöveget)* cite; quote: *Kazinczyt idézi* quote (from) Kazinczy **2.** *(hatóság elé)* summon
idézés <fn> jog subpoena; summons
idézet <fn> quotation; biz quote: *Shakespeare-idézet* a quotation from Shakespeare
idézőjel <fn> quotation marks <tsz>; inverted commas <tsz>; biz quotes <tsz>
idill <fn> idyll
idilli <mn> idyllic
¹idióta <mn> idiotic
²idióta <fn> idiot
idom <fn> **1.** mat figure **2.** *(női)* figure; form
idomár <fn> trainer; tamer
idomít <ige> *(állatot)* train; *(vadállatot)* tame
idomító <fn> trainer, tamer
idő <fn> **1.** time: *Az idő pénz.* Time is money. * *Az idő gyorsan szalad.* Time goes by quickly. * *van elég ideje* have plenty of time * *vmivel tölti az idejét* spend one's time doing sg **2.** *(időtartam)* (length of) time; period; term: *az egész idő alatt* all the time * *egy időre* for a while/time * *meghatározott időre* for a set period **3.** *(időpont)* time; date: *ettől az időtől kezdve* from this time on * *Mennyi az idő?* What time is it? * *holnap ebben az időben* this time tomorrow * *kellő időben* in good time **4.** *(kor)* time; age; period: *annak idején* at that time * *az ő idejében* in his/her time * *nagy/történelmi idők* historic times **5.** *(időszámítás)* time: *közép-európai idő* Central European Time * *helyi idő* local time **6.** *(időjárás)* weather: *Milyen idő van?* What's the weather like? * *kellemes idő* nice weather * *Az idő egyre hidegebb.* The weather is turning/becoming colder. **7.** nyelvt tense: *múlt idő* past tense
időbeosztás <fn> schedule; timetable
időfecsérlés <fn> waste of time

időhatározó <fn> adverb of time
időhiány <fn> lack of time
időhúzás <fn> playing for time
időigényes <mn> time-consuming
időjárás <fn> weather
időjárás-jelentés <fn> weather forecast; weather report
időköz <fn> interval; space of time: *rendszeres időközönként* at regular intervals
időközben <hsz> (in the) meantime; meanwhile
időnként <hsz> from time to time; every now and then; occasionally
időpocsékolás <fn> waste of time: *Teljes/Tökéletes időpocsékolás.* It is an utter waste of time.
időpont <fn> date; time; *(megbeszélt)* appointment: *későbbi időpontban* at a later date * *kitűzi a találkozó időpontját* set a date for the meeting * *születési időpont* date of birth * *meghatározott időpontban* at a stated time * *megállapodik egy időpontban vkivel* make an appointment with sy
idős <mn> old; aged; elderly: *Négy évvel idősebb nálam.* She is four years older than me. * *idős hölgy* an elderly lady
időszak <fn> period; term: *Nehéz időszakon megy keresztül.* He is going through a difficult period. * *Négyéves időszakra választották meg.* He was elected for a four-year term.
időszakos <mn> periodic
időszámítás <fn> **1.** time: *helyi időszámítás* local time * *nyári időszámítás* summer time **2. időszámításunk előtt** B.C. (= Before Christ) **3. időszámításunk szerint** A.D. (= (latin) Anno Domini = in the year of Lord)
időszerű <mn> timely; topical
időszerűtlen <mn> untimely; ill-timed
időtartam <fn> period; duration: *5 évi időtartamra* for a period of five years
időtöltés <fn> pastime; hobby: *Kedvenc időtöltésem az olvasás.* Reading is my favourite pastime.
időváltozás <fn> break in the weather
időveszteség <fn> loss of time; lost time
időzavar <fn> **időzavarban van** be* pressed for time
időzik <ige> **1.** *(vmely helyen)* stay **2.** *(témánál, tárgynál)* dwell* on sg
időzít <ige> time: *Csodálatosan időzítette az érkezését.* She timed her arrival beautifully.
időzítés <fn> timing
időzített <mn> timed: *jól időzített* well-timed
időzített bomba <fn> time bomb; delayed-action bomb

idült <mn> chronic
i.e. [= időszámításunk előtt(i)] BC; B.C. (= before Christ)
ifi <fn> sp junior
ificsapat <fn> sp junior team
ifj. [= ifjabb] Jr.; Jnr. (= Junior)
¹ifjú <mn> young: *az ifjú pár* the young couple; the newly-weds
²ifjú <fn> young man (tsz: young men); lad; youngster
ifjúkor <fn> youth
ifjúság <fn> **1.** *(kor)* youth **2.** *(fiatalok)* young people <tsz>; the young <tsz>
ifjúsági <mn> youth; junior; juvenile: *ifjúsági szálló* youth hostel * *ifjúsági válogatott* junior team * *ifjúsági irodalom* juvenile literature
¹igaz <mn> **1.** *(való)* true; real; genuine; authentic: *igaznak bizonyul* prove true **2.** *(hű)* loyal **3.** *(becsületes)* true; honest; straight
²igaz <fn> truth: *az igazat megvallva* to tell the truth
igazán <hsz> **1.** really; truly; indeed: *„Jól vagy?" „Nem, nem igazán."* 'Are you all right?' 'No, not really.' * *Igazán zavarban vagyok.* I am really confused. * *Igazán nem!* No indeed! **2.** *(kérdve)* really; indeed
igazgat <ige> *(vállalatot, intézményt stb.)* manage; direct; conduct; administer
igazgatás <fn> *(vállalaté, intézményé stb.)* management; direction; administration
igazgató <fn> **1.** manager; head; director; governor: *a cég igazgatója* the manager of the firm * *a bank igazgatója* the governor of the bank **2.** *(iskoláé)* director; head; headteacher; headmaster; *(nő)* headmistress
igazgatóhelyettes <fn> **1.** deputy manager; assistant manager **2.** *(iskoláé)* deputy headmaster; *(nő)* deputy headmistress
igazgatónő <fn> **1.** director **2.** *(iskoláé)* head; headmistress
igazgatóság <fn> **1.** *(testület)* management; board of directors **2.** *(helyiség)* manager's office; director's office **3.** *(állás)* managership; directorship
igazgatótanács <fn> board of directors
igazgyöngy <fn> genuine pearl
igazi <mn> true; real; genuine; authentic: *megtalálja az igazi szerelmet* find true love * *Ez az igazi neve?* Is it his real name? * *Igazi úriember.* He is a real gentleman.
igazít <ige> **1.** *(beállít)* adjust; set✧ **2.** *(órát)* set✧ **3.** *(hajat)* trim **4.** *(ruhát)* adjust
igazodik <ige> follow (**vkihez/vmihez** sy/sg); go✧ by (**vkihez/vmihez** sy/sg): *igazodik a szabályokhoz* go by the rules
igazol <ige> **1.** *(bizonyít)* prove✧; verify; demonstrate: *Igazolni tudom, hogy tegnap este otthon volt.* I can prove that he was at home last night. **2.** *(cselekedetet)* justify; give✧ reason for sg **3.** *(gyanúsítottat)* clear **4.** *(írásban, hivatalosan)* certify; certificate: *Ezennel igazoljuk, hogy...* This is to certify that... **5.** *(mulasztást)* excuse **6. igazolja magát** prove one's identity
igazolás <fn> **1.** *(bizonyítás)* verification **2.** *(cselekedeté)* justification **3.** *(írásban, hivatalosan)* certification; *(igazoló irat)* certificate: *igazolást ad vkinek vmiről* give a certificate to sy about sg * *orvosi igazolás* medical certificate
igazolt <mn> justified; authorized; verified; certified
igazoltat <ige> ask to see sy's papers
igazoltatás <fn> identity check
igazolvány <fn> **1.** certificate; *(engedély)* pass **2. személyi igazolvány** identity card
igazolványkép <fn> passport photo
igazság <fn> truth: *elmondja az igazságot* tell the truth * *igazság szerint* to tell the truth * *a teljes igazság* the absolute truth
igazságos <mn> fair; just: *Ez nem igazságos.* It is not fair. * *Igazságos büntetést kapott.* His punishment was just.
igazságszolgáltatás <fn> administration of justice; jurisdiction
igazságtalan <mn> unfair; unjust
igazságtalanság <fn> injustice; unfairness: *küzd az igazságtalanság ellen* struggle against injustice
igazságügy <fn> judicature
igazságügy-miniszter <fn> Minister of Justice
ige <fn> **1.** nyelvt verb: *Az „ül", az „áll" vagy a „megy" igék.* 'Sit', 'stand' or 'go' are all verbs. **2.** vall the Word: *Isten igéje* the Word of God
igealak <fn> verb(al) form
igei <mn> verb; verbal: *igei személyragok* verbal inflexions
igeidő <fn> tense: *folyamatos igeidő* the progressive tense
igekötő <fn> verb prefix
igemód <fn> mood
¹igen <hsz> very; greatly; highly; quite; *(igével)* very much: *igen alacsony a születési arány* the birth rate is very low * *igen mulatságos* highly amusing * *igen szeret vmit* love sg very much
²igen <msz> yes: *„Látod őt?" „Igen."* 'Do you see her?' 'Yes, I do.'
³igen <fn> yes: *igent mond vmire* say yes to sg
igenlő <mn> affirmative; positive: *igenlő választ ad vkinek* give sy a positive answer
igény <fn> **1.** *(jog)* claim; title: *jogos igény vmire* a rightful claim to sg * *igényt tart vmire* lay claim to sg **2.** *(elvárás)* demand; expecta-

igényel <ige> **1.** *(jogot formál)* claim (**vmire** sg); lay❖ claim (**vmire** to sg) **2.** *(szükségessé tesz)* require; demand: *ügyességet igényel* demand skill

igényes <mn> **1.** *(minőség dolgában)* fastidious; discerning; exacting **2.** *(színvonalas)* of a high standard <csak hátravetve>

igénylő <fn> claimant; applicant

igénytelen <mn> **1.** *(szerény)* modest; unassuming **2.** *(egyszerű)* simple; plain: *igénytelen ruhákat hord* wear simple dresses

ígér <ige> **1.** promise (**vkinek vmit** sy sg) **2.** *(kínál)* bid❖; offer

igeragozás <fn> conjugation

ígéret <fn> promise; word; *(ünnepélyes fogadalom)* pledge: *megtartja az ígéretét* keep one's word * *megszegi az ígéretét* break one's promise

ígéretes <mn> promising; bright

¹így <hsz> so; (in) this way; in this manner; thus: *Mi volt az oka, hogy így elkéstél?* What was the reason for you being so late? * *Így csináld!* Do it this way!

²így <ksz> so; therefore; consequently: *Te megütöttél, így én visszaütöttem.* You hit me so I hit you back.

igyekezet <fn> effort; exertion; endeavour; AmE endeavor

igyekszik <ige> **1.** endeavour (**vmit tenni** to do sg); make❖ an effort (**vmit tenni** to do sg); do❖ one's best (**vmit tenni** to do sg) **2.** *(szorgalmas)* work hard; exert oneself **3.** head (**vmerre** for swhere): *a folyó felé igyekszik* head for the river

igyekvő <mn> ambitious; hard-working

iható <mn> drinkable: *A víz iható?* Is the water drinkable?

¹ihlet <ige> inspire: *Az esős idő ihletett festésre.* The rainy weather inspired me to paint.

²ihlet <fn> inspiration: *ihletet merít vmiből* draw inspiration from sg

íj <fn> bow

íjász <fn> archer

íjászat <fn> archery

ijedős <mn> shy; jumpy; panicky; easily frightened <csak hátravetve>

ijedt <mn> frightened; scared; terrified; horrified: *halálra ijedt* be scared to death

ijedtség <fn> fright; fear; terror

ijesztget <ige> keep❖ frightening (**vkit vmivel** sy with sg)

ijesztő <mn> frightful; frightening; scary; terrifying: *ijesztő történet* a scary story

iker <fn> twin: *Ikreknek adott életet.* She gave birth to twins. * *egypetéjű ikrek* identical twins

ikerház <fn> semi-detached house

ikerpár <fn> twins <tsz>

ikertestvér <fn> *(fiú)* twin brother; *(lány)* twin sister

ikon <fn> **1.** *(festmény)* icon; ikon **2.** infor icon: *Ha nyomtatni kívánsz, klikkelj a fenti ikonra!* If you want to print just click on the icon above

ikra <fn> roe

Ikrek <fn> asztrol Gemini

iktat <ige> **1.** *(hivatalban)* file; enter; register **2.** *(törvénybe)* enact; codify

iktatószám <fn> reference (number)

illat <fn> fragrance; smell; scent: *a virágok illata* the fragrance of flowers * *kellemes illata van* have a pleasant smell/scent

illatos <mn> fragrant

illatosít <ige> scent; perfume

illatozik <ige> be❖ fragrant; smell❖ sweet

illatszer <fn> scent; perfume

illatszerbolt <fn> chemist's; AmE drugstore

illedelmes <mn> polite; well-behaved; demure

illegális <mn> **1.** illegal **2.** pol underground

illegalitás <fn> **1.** illegality **2.** pol underground: *illegalitásba vonul* go underground

illem <fn> decency; good manners <tsz>

illemhely <fn> toilet; lavatory; AmE *(nagyobb épületben)* restroom

illemszabály <fn> etiquette; convention: *Nem törődik a (társadalmi) illemszabályokkal.* He doesn't care about conventions.

illendő <mn> decent; proper: *Illendő lenne bocsánatot kérnünk.* It would be proper for us to apologize. * *illendően viselkedik* behave properly

illeszkedik <ige> fit (**vmibe** in(to) sg)

illeszt <ige> **1.** *(tárgyat)* fit; join **2.** *(szövegbe)* insert

illeték <fn> duty; tax; fee: *örökösödési illeték* inheritance tax

illetékes <mn> competent; authorized: *illetékes szerv* competent authority

illetékesség <fn> competence

illetéktelen <mn> unauthorized

illetlen <mn> improper; indecent; unseemly

illető <fn> person (tsz: people v. hiv persons); man (tsz: men): *Egy illető keres.* There's a man wanting to see you.

illetőleg <ksz> **1.** *(helyesebben)* or rather **2.** *(illetve)* respectively: *a kamat 8, illetőleg 10%* the interest is 8 and 10 per cent respectively

illetve → **illetőleg**

illik <ige> **1.** fit (**vmibe/vhova** (into) sg): *A kulcs nem illett a zárba.* The key didn't fit the lock.

illóolaj

2. *(vmihez)* go✧ (well) with sg: *A nadrágod illik a kalapodhoz.* Your trousers go with your hat. **3.** suit **(vkihez sy)**: *Ez nem illik hozzá.* It doesn't suit him/her.

illóolaj <fn> essential oil

illő <mn> proper; suitable; fitting: *az alkalomhoz illő* be suitable to the occasion ✶ *illő módon* properly; in a proper manner

illusztráció <fn> illustration: *egész oldalas illusztráció* full-page illustration

illusztrál <ige> illustrate: *Az új könyvemet képekkel illusztrálták.* My new book is illustrated with pictures.

illúzió <fn> illusion: *nincsenek illúziói vmit illetően* have no illusions about sg

¹ilyen <mut névm> such; of this kind <csak hátravetve>; of this sort <csak hátravetve>: *Léteznek ilyen dolgok?* Do such things exist? ✶ *Ilyen dolgok kerülendők tisztességes társaságban.* Such things are taboo in decent society. ✶ *az egyet-*

(i) **Igeidők • Tenses**

Az angol igeidőrendszer egészen más, sokkal összetettebb, mint a magyar. Ezért csak megközelítőleg beszélhetünk „jelen", „múlt" és „jövő" időről, és csupán áttekintést adhatunk róluk, használatukra itt nem áll módunkban kitérni.

1. A *jelen idő* körébe az alábbi igeidők (**present tenses**) sorolhatók:

present simple *(egyszerű jelen)*
Példák:
Julia **lives** in Birmingham. *Julia Birminghamben él.* ✶ I often **phone** my grandmother in Glasgow. *Gyakran felhívom a nagymamámat Glasgowban.*

present continuous *(folyamatos jelen)*
Példák:
My mother **is cooking** the dinner now. *Édesanyám most főzi a vacsorát.* ✶ My father **is working** at home today. *Édesapám ma otthon dolgozik.*

present perfect *(befejezett jelen)*
Ezt az igeidőt azért soroljuk a „jelen" kategóriájába, mert **olyan múltbeli cselekvésről vagy történésről** szól, amelynek eredményét, hatását a **jelenben** tapasztaljuk, illetve amely a (közel) múltban kezdődött, és átível a jelenbe. A **present perfect** tehát **viszonyított igeidő**.
Példák:
How long **has** Ann **lived** here? *Mióta lakik/él itt Ann?* **She has been** here since April. *Április óta lakik/él itt.* ✶ I'll write to you as soon as **I have heard** from Peter. *Azonnal írok, mihelyt hallok/hallottam Péterről.*
(Amint láthatjuk, a magyarban gyakran jelen idővel fordítjuk.)

present perfect continuous *(befejezett folyamatos jelen)*
Példák:
She's been crying, that's why her eyes are red. *Sírt, azért pirosak a szemei.* ✶ I **have been**

working hard all day. *Egész nap keményen dolgoztam.*

2. A *múlt idő* körébe az alábbi igeidők (**past tenses**) tartoznak:

past simple *(egyszerű múlt)*
Példák:
Where **did** you **live** in England? *Hol laktál/lakott Angliában?* ✶ I **lived** in Brighton. *Brightonban laktam.*

past continuous *(folyamatos múlt)*
Példa:
I **was working** upstairs when the accident happened. *Fent dolgoztam (az emeleten), amikor a baleset történt.*

past perfect *(befejezett múlt)*
Ez szintén **viszonyított igeidő**. Két múltbeli esemény közül az, amelyik korábban zajlott le, **'past perfect'**-ben áll.
Példák:
I thought you **had** already **done** this. If you haven't, never mind! *Azt hittem, hogy ezt már megcsináltad. Ha még nem, ne foglalkozz vele!* ✶ I apologized because **I had forgotten** my book. *Elnézést kértem, mert otthon felejtettem a könyvemet.* ✶ **I had heard** it was a good film so we decided to go and see it. *(Korábban)* **hallottam**, *hogy jó a film, úgyhogy elhatároztuk, hogy megnézzük.*

past perfect continuous *(befejezett folyamatos múlt)*
Példa:
It was getting late. I **had been waiting** there since 3 o'clock. *Későre járt. Három óra óta vártam.*

3. *Jövő idő* (**future tense**)
A jövő időt az angol a **will** segédigével vagy a **be going to** szerkezettel fejezi ki.

len ilyen jellegű étterem the only restaurant of its kind

²**ilyen** <hsz> so; such; this; that: *Elment az esze, hogy ilyen gyorsan vezet.* She is out of her mind to drive so fast.

ilyenkor <hsz> **1.** *(ilyen időben)* at such a time; at such times **2.** *(ilyen esetben)* in such a case; in these circumstances

ilyesmi <mut névm> such a thing; a thing like this

ima <fn> prayer: *Ezt az imát gyerekkoromban tanultam.* I learned this prayer when I was a child.

imád <ige> adore; love; worship: *Imád táncolni.* She adores dancing.

imádkozik <ige> pray: *Imádkozz értem!* Pray for me!

imakönyv <fn> prayer book

imázs <fn> image

íme <msz> there; there you are

---

a) A **will**-t akkor használja az angol, ha a jövő idejű cselekvés **a külső körülményektől függ**, nem pedig a cselekvő szándékától.
Példák:
Mark **will arrange** it. *Mark el fogja intézni* (→ *ti. ha a körülmények engedik*). ∗ The weather tomorrow **will be** warm and sunny. *Holnap meleg és napos idő lesz.* ∗ You **will be** late, if you don't hurry. *El fogsz késni, ha nem sietsz.*

Ha azonban **konkrét, biztosan bekövetkező eseményekről, tényekről** van szó, inkább a **be going to** szerkezetet használja az angol.
Példák:
It **is going to rain**. *Esni fog.* (→ *Mert látom a fekete felhőket.*) ∗ I **am going to be** late. *El fogok késni.* (→ *Öt percem van, biztos nem érek oda, s még van három megálló!*)

Ha a jövő idő egyúttal **szándékot** fejez ki, mindkét forma használatos.
Példák:
I **will ring** you tonight. *Este felhívlak.* ∗ Sharon **is going to spend** his vacation in Ireland. *Sharon Írországban fogja tölteni a vakációját.* ∗ I'm **going to** stay at home today. *Ma otthon maradok.*

(Arra vonatkozóan, hogy a magyar is sokszor a jelen idővel fejezi ki a jövőt, lásd a következő pontot.)

Egyébként a **be going to** szerkezet **szándékot, elhatározást** fejez ki, vagyis azt, hogy előre elhatároztuk, hogy a jövőben megcselekszünk valamit.
Példa:
We **were going to** go for a walk, but the weather made us change our minds. *Sétálni akartunk, de az idő miatt meggondoltuk magunkat.*

b) Jelen időt (**present simple**) használ az angol (miként a magyar is sokszor) a jövő idő kifejezésére, ha például **naptárról (időpontokról), napirendről** vagy **menetrendről** van szó.
Példák:
My last train **leaves** Budapest at 19.00. *Az utolsó vonatom 19 órakor indul Budapestről.* ∗ Our next lesson **is** on Monday. *A következő óránk hétfőn van.* ∗ We **set off** early tomorrow morning. *Holnap reggel korán indulunk.*

A jövőre vonatkozó **tervek, intézkedések** is többnyire **jelen időben** (**present continuous**-ben) állnak.
Példák:
I **am meeting** John next week. *Jövő héten találkozom Johnnal.* ∗ I **am writing** a letter to Jim in the afternoon. *Délután írok Jimnek.*

c) Továbbá, olyan igékkel kapcsolatban, mint **hope, expect, intend, want** stb. jelen idő áll.
Példák:
We **hope** to see you soon. *Reméljük, hamarosan találkozunk.* ∗ I **hope** you enjoy your holiday. *Remélem, élvezed/élvezni fogod a szabadságodat.*

A **future perfect tense**-t, vagyis a **befejezett jövő időt** (**will have + past participle**) olyan jövőbeli cselekvés esetében használja az angol, amely **a jövő egy adott pillanatában már megtörtént, befejeződött**.
Példák:
I'm sure they **will have arrived** home by now. *Biztos vagyok benne, hogy mostanra már hazaérkeztek.* ∗ By the end of the year, ten projects **will have been completed**. *Az év végére tíz beruházás készül el.*

imént <hsz> just now
immunis <mn> immune (**vmivel szemben** to sg)
immunitás <fn> immunity
immunrendszer <fn> immune system
imponál <ige> make❖ a great impression (**vkinek** on sy); impress (**vkinek** sy)
import <fn> **1.** *(termék, szolgáltatás)* import(s) <ált. tsz> **2.** *(tevékenység)* import
importál <ige> import
importáru <fn> gazd imported goods <tsz>
impotencia <fn> impotence
impotens <mn> impotent
impozáns <mn> imposing: *impozáns épület* an imposing building
improvizáció <fn> improvisation
improvizál <ige> improvise
impulzus <fn> impulse
ín <fn> sinew; tendon
 ♦ *inába száll a bátorsága* get❖ cold feet
¹inas <mn> tendinous; sinewy
²inas <fn> **1.** *(szolga)* valet; servant; footman (tsz: footmen) **2.** *(ipari tanuló)* apprentice
incidens <fn> incident
index <fn> **1.** *(irányjelző)* indicator; AmE turn signal **2.** *(matematikában, statisztikában)* index (tsz: indexes v. indices) **3.** *(névmutató)* index (tsz: indexes v. indices) **4.** *(leckekönyv)* credit book
indexel <ige> indicate
India <fn> India
¹indiai <mn> Indian
²indiai <fn> Indian
¹indián <mn> Indian
²indián <fn> Indian; Native American
indigó <fn> carbon paper
indirekt <mn> indirect
indiszkrét <mn> indiscreet
indít <ige> **1.** *(gépet)* start; get❖ going **2.** *(rakétát)* launch **3.** infor *(rendszert)* boot **4.** sp *(jeladással)* start; give❖ the starting signal **5.** *(vállalkozást, tevékenységet stb.)* start; launch: *magazint indít* start a magazine ∗ *gyűjtést indít* start a fund **6.** *(pert)* bring❖: *pert indít vki ellen* bring an action against sy
indíték <fn> motive; reason: *a támadás indítéka* the motive for attack
indító <fn> *(versenyen)* starter
indítókulcs <fn> ignition key
indítvány <fn> motion; proposal; proposition; suggestion: *indítványt tesz* make a proposal ∗ *Beadtam a cég vezetőjének az indítványomat.* I've put my proposition to the company director.
indítványoz <ige> propose; suggest; move; put❖ sg forward
individuális <mn> individual

indok <fn> motive; reason; ground
indoklás <fn> motivation; reason; explanation: *indoklás nélkül* without an explanation
indokol <ige> give❖/offer reasons (**vmit** for sg); give❖/offer grounds (**vmit** for sg); account (**vmit** for sg)
indokolatlan <mn> unjustified
indul <ige> **1.** *(útnak indul)* set❖ off; set❖ out; *(elmegy)* go❖; start; leave❖: *Most kell indulnunk.* We have to go now. ∗ *Induljunk!* Let's go! ∗ *Mikor indulunk holnap?* What time are we starting tomorrow? **2.** *(busz, vonat)* depart; leave❖; *(hajó)* sail; *(repülőgép)* take❖ off: *A vonat az 5. vágányról indul.* The train departs from platform 5. ∗ *A következő vonat öt perc múlva indul.* The next train leaves in five minutes. ∗ *A komp két percen belül indul.* The ferry-boat sails in two minutes. **3.** sp *(versenyen)* enter; take❖ part: *Indulsz a teniszversenyen?* Will you enter the tennis competition? **4.** *(gép)* start **5.** infor *(rendszer)* boot
indulás <fn> **1.** *(buszé, vonaté)* departure; *(hajóé)* sailing; *(repülőgépé)* take-off **2.** *(kiírás pályaudvaron, repülőtéren)* departures *(útnak indulás)* setting out; *(elindulás)* start; leaving: *korai indulást tervez* plan an early start ∗ *Indulás előtt fél órát kellett pihennünk.* We had to rest for half an hour before leaving. **4.** *(gépé)* start **5.** sp start
indulat <fn> temper; passion; emotion: *indulatba jön* lose one's temper ∗ *Nem tudott úrrá lenni az indulatain.* She lost control of her emotions.
indulatos <mn> short-tempered; testy
indulatszó <fn> nyelvt interjection
induló <fn> **1.** zene march **2.** sp competitor; starter; entrant
infarktus <fn> infarction; infarct
infláció <fn> inflation: *Az infláció több, mint 5%.* Inflation is above 5%.
influenza <fn> influenza; biz flu: *influenzával ágyban fekszik* be in bed with flu
influenzajárvány <fn> influenza epidemic
influenzás <mn> have❖ the flu: *Influenzás vagyok.* I have the flu.
információ <fn> **1.** information: *hasznos információ* a useful piece/bit of information ∗ *még néhány információ* some more information ∗ *téves információ* false information ∗ *bizalmas információ* inside information **2.** *(adatok)* particulars <tsz> **3.** *(referencia)* reference: *információt kér vkiről* ask for references **4.** *(kiírás)* information; inquiries <tsz>
információcsere <fn> exchange of information

információs <mn> information: *információs iroda* information bureau; information centre * *információs pult* information desk

információs szupersztráda <fn> infor information superhighway

informál <ige> inform (**vkit vmiről** sy of sg); give✢ sy information (**vmiről** on/about sg): *tévesen informál vkit* misinform sy

informális <mn> informal

informálódik <ige> make✢ inquiries (**vmiről** about sg/sy); inquire/ask (**vmiről** about sg)

informatika <fn> information science; informatics <esz>

informatikus <fn> information scientist/specialist

informátor <fn> informant

infrastruktúra <fn> infrastructure

infravörös <mn> infrared

infúzió <fn> (intravenous) drip: *Infúzión volt a baleset után.* He was on a drip after the accident.

ing <fn> shirt: *Fehér ing volt rajta, kék nyakkendővel.* He wore a white shirt with a blue tie.
 ♦ **Akinek nem inge, ne vegye magára.** If the cap fits, (wear it).; AmE If the shoe fits, (wear it).

inga <fn> pendulum

ingadozás <fn> **1.** *(mennyiségé)* fluctuation **2.** *(tétovázás)* hesitation; vacillation

ingadozik <ige> **1.** *(ár, mennyiség stb.)* fluctuate **2.** *(tétovázik)* vacillate; hesitate; waver

ingajárat <fn> shuttle (service)

ingaóra <fn> grandfather clock

ingatag <mn> **1.** unstable; unsteady; wobbly **2.** *(tétova)* vacillating; hesitant

ingatlan <fn> property; real estate

ingatlaniroda <fn> real estate agent

ingázik <ige> commute

ingázó <fn> commuter

inger <fn> stimulus (tsz: stimuli)

ingerel <ige> **1.** *(bosszant)* irritate; annoy; provoke; vex **2.** *(érzékszervet)* stimulate; excite; irritate

ingerlékeny <mn> irritable; ill-tempered

ingerült <mn> irritated; exasperated

inggallér <fn> shirt collar

ingóságok <fn> (personal) effects; personal/movable property <esz>

ingovány <fn> bog; swamp; marsh

ingoványos <mn> swampy; marshy

ingujj <fn> shirt-sleeve

ingyen <hsz> free; free of charge; gratis; for nothing: *ingyen utazik* travel free

ingyenélő <fn> sponger; parasite

ingyenes <mn> free; gratuitous: *A belépés ingyenes.* Admission is free. * *ingyenes tanács* gratuitous advice

ingyenjegy <fn> free ticket

inhalál <ige> orv inhale

injekció <fn> injection: *injekciót ad vkinek* give sy an injection

inkább <hsz> instead; sooner; rather: *Ha te nem akarod megtartani, inkább elteszem én.* If you don't want to keep it, I'll take it instead. * *Inkább ülnék, mint állnék.* I would sooner sit than stand. * *inkább mint* rather than * *Inkább várok.* I'd rather wait.

inkognitó <fn> incognito

inkubátor <fn> orv incubator

¹**innen** <hsz> from here; from this place: *Lenyűgöző a kilátás innen.* The view from here is stunning. * *egy mérföld innen* a mile from here

²**innen** <nu> **vmin innen** (on) this side of sg

innivaló <fn> drink

inog <ige> be✢ unsteady; wobble; shake✢; sway

ínség <fn> distress; misery; poverty

ínséges <mn> poverty-stricken; poor

int <ige> **1.** *(kézzel)* wave; beckon; motion; *(fejjel)* nod; beckon; *(szemmel)* wink: *int a pincérnek és kéri a számlát* wave to the waiter and ask for the bill * *Intett nekem.* He beckoned to me. * *Intett neki, hogy üljön le.* He motioned him to sit down. **2.** warn (**vkit vmire** sy to do sg) **3.** warn (**vkit vmitől** sy against sg); caution (**vkit vmitől** sy against sg): *óva int vkit vmitől* warn/caution sy against sg

intarzia <fn> marquetry; inlay

integet <ige> wave: *Köszönésképpen integetett.* She waved (her hand) to say goodbye.

integráció <fn> integration

integrál <ige> integrate: *Két kisebb egyetemet integráltak egy nagy egyetemmé.* Two smaller universities were integrated into one large one.

intellektuális <mn> intellectual

intelligencia <fn> **1.** *(értelem)* intelligence **2.** *(értelmiségiek)* the intelligentsia; the intellectuals <tsz>

intelligenciahányados <fn> intelligence quotient

intelligens <mn> intelligent; bright

intenzitás <fn> intensity

intenzív <mn> intensive: *intenzív tanfolyam* intensive course * *intenzív osztály (kórházban)* intensive care (unit)

interaktív tábla <fn> infor interactive whiteboard

interjú <fn> interview: *interjút ad vkinek* give an interview to sy

internál <ige> intern

internálótábor <fn> internment camp

internet <fn> the Internet; biz the Net: *keres/böngészik az interneten* be browsing the Inter-

net * *minden információja az internetről származik* get all one's information from the Internet
internetes áruház <fn> gazd online shop
internetes árusítás <fn> gazd online selling
internetes kereskedelem <fn> gazd electronic commerce; e-commerce
internet-szolgáltató <fn> infor Internet (service) provider
interpelláció <fn> interpellation
interpellál <ige> interpellate
intervenció <fn> intervention
intéz <ige> **1.** *(ügyet)* manage; conduct; handle **2.** *(elrendez)* arrange **3.** *(vmit vkihez)* address sg to sy
intézet <fn> institute
intézkedés <fn> step; measure; arrangement: *megteszi a szükséges intézkedéseket* take the necessary steps
intézkedik <ige> **1.** take✣ measures/steps; make✣ arrangements **2.** *(törvény)* provide: *A törvény úgy intézkedik, hogy…* The law provides that…
intézmény <fn> institution; establishment; institute: *kórházak és egyéb intézmények* hospitals and other institutions
intim <mn> intimate; private; personal
intimbetét <fn> sanitary towel; AmE sanitary napkin
intolerancia <fn> intolerance
intoleráns <mn> intolerant
intonáció <fn> intonation
¹intő <mn> warning
²intő <fn> isk ≈ warning
intrika <fn> intrigue
intrikál <ige> intrigue (**vki ellen** against sy)
intuíció <fn> intuition
invázió <fn> invasion
invesztál <ige> invest (**vmibe** in sg)
inzulin <fn> insulin: *inzulint ad be magának* inject himself with insulin
íny <fn> gum
 ♦ **ínyére van** be✣ to sy's taste
ínyenc <fn> gourmet
iparág <fn> **1.** industry: *szórakoztató ipar* the entertainment industry **2.** *(mesterség)* trade: *vmilyen ipart űz* be engaged in a trade
iparcikk <fn> (industrial) product; manufactured goods <tsz>
iparengedély <fn> trade licence; AmE trade license
ipari <mn> industrial: *ipari városok* industrial cities * *ipari hulladék* industrial waste * *ipari forradalom* industrial revolution
iparművészet <fn> arts and crafts <tsz>
iparos <fn> craftsman (tsz: craftsmen)
iparosít <ige> industrialize

iparosítás <fn> industrialization
ipartelep <fn> industrial estate
iparvidék <fn> industrial area; industrial region
IQ [= intelligenciahányados] IQ (= intelligence qoutient)
¹ír <ige> **1.** write✣: *írni tanul az iskolában* learn to write at school * *könyvet ír vmiről* write a book on sg * *levelet ír vkinek* write a letter to sy * *verset ír* write a poem **2.** *(géppel)* type
²ír <mn> Irish: *ír zene* Irish music * *ír kávé* Irish coffee
³ír <fn> **1.** *(férfi)* Irishman (tsz: Irishmen); *(nő)* Irishwoman (tsz: Irishwomen): *az írek* the Irish **2.** *(nyelv)* Irish; Gaelic
Irak <fn> Iraq
¹iraki <mn> Iraqi
²iraki <fn> *(személy)* Iraqi
iram <fn> pace; speed: *iramot diktál* set the pace * *Nem győzi az iramot.* She can't stand the pace.
Irán <fn> Iran
¹iráni <mn> Iranian
²iráni <fn> *(személy)* Iranian
iránt <nu> towards; to: *Nyitott a kritika iránt.* She is open to criticism.
iránta <hsz> towards sy: *Nem érzek gyűlöletet iránta.* I don't feel any hate towards him.
irány <fn> course; direction: *irányt változtat* change course; change direction * *vmilyen irányban* in the direction of sg
irányít <ige> **1.** direct (**vhova** to sg); guide (**vhova** to sg): *Egy hivatalba irányítottak.* I was directed to an office. **2.** refer (**vkit vkihez** sy to sy) **3.** *(intézményt stb.)* direct; manage; run✣ **4.** *(forgalmat)* direct: *Rendőr irányította a forgalmat.* A policeman was directing the traffic. **5.** *(hajót, repülőgépet)* navigate; pilot; *(hajót, járművet)* steer
irányítószám <fn> postcode; postal code; AmE zip code
irányítótorony <fn> control tower
irányjelző <fn> indicator
iránytű <fn> compass
irányul <ige> *(vkire/vmire)* be✣ aimed at sy/sg; be✣ directed towards sy/sg: *A média figyelme a külföldi eseményekre irányul.* The media's attention has been directed towards events abroad.
irányváltoztatás <fn> change of direction
irányvonal <fn> policy; line
irányzat <fn> trend: *a legújabb irányzatokat követi* follow the latest trends
irányzék <fn> *(fegyveren)* sights <tsz>
írás <fn> **1.** writing: *olvasás és írás* reading and writing **2.** *(kézírás)* (hand)writing: *Nem tud-*

tam olvasni az írását. I couldn't read his writing. **3.** *(írásrendszer)* script; alphabet: *latin/cirill betűs írás* Roman/Cyrillic script ∗ *fonetikus írás* phonetic alphabet

¹írásbeli <mn> written: *írásbeli vizsga* written examination

²írásbeli <fn> *(dolgozat)* composition; essay; paper

írásbelizik <ige> take❖ a written examination

írásjel <fn> punctuation mark: *írásjelekkel ellát* punctuate

írásszakértő <fn> handwriting expert
írástudatlan <mn> illiterate
írástudatlanság <fn> illiteracy
írástudó <mn> literate
írásvetítő <fn> overhead projector
iratgyűjtő <fn> folder
iratok <fn> *(hivatalos stb.)* papers; documents
irattartó <fn> clip folder
irgalmas <mn> merciful; compassionate
irgalmatlan <mn> merciless
irgalmaz <ige> be❖ merciful (**vkinek** to sy)
irgalom <fn> mercy; pity
irigy <mn> envious (**vkire/vmire** of sy/sg): *irigy pillantás* an envious look
irigyel <ige> envy (**vkit/vmit** sy/sg): *Irigyelt engem.* She envied me.
irigykedik <ige> be❖ envious (**vkire/vmire** of sy/sg)
irigylésre méltó <mn> enviable
irigység <fn> envy
  ♦ **sárga az irigységtől** green with envy
irkafirka <fn> scribble; doodle
író <fn> author; writer: *a ma írói* the writers of today
íróasztal <fn> (writing) desk

→ Lásd a Tartalomjegyzékben a Tematikus rajzokat!

iroda <fn> office; bureau (tsz: bureaux v. AmE bureaus): *utazási iroda* tourist office ∗ *jegyiroda* ticket office
irodaház <fn> office block; office building
irodai <mn> office: *irodai dolgozó* office worker ∗ *irodai berendezés* office equipment
irodalmár <fn> man of letters (tsz: men of letters)
irodalmi <mn> literary: *irodalmi nyelv* literary language
irodalom <fn> **1.** literature: *a francia irodalom* French literature **2.** *(felhasznált)* bibliography; references <tsz>
irodalomtörténet <fn> history of literature
irodalomtudomány <fn> (study of) literature; literary studies <tsz>

irodaszer <fn> stationery
írógép <fn> typewriter
írói álnév <fn> pen-name
irónia <fn> irony
ironikus <mn> ironic(al): *ironikus mosoly* an ironic smile
írónő <fn> woman writer
Írország <fn> Ireland; Eire: *Észak-Írország* Northern Ireland

→ Lásd a Tartalomjegyzékben a Tematikus rajzokat!

írószer <fn> stationery
írószerbolt <fn> stationer's (shop)
irracionális <mn> irrational
irreális <mn> unrealistic
irritál <ige> irritate
irt <ige> **1.** *(élősdit)* destroy; *(gyomot)* kill; get❖ rid of sg **2.** *(tömegesen gyilkol)* slaughter; massacre; butcher
irtó <hsz> biz *(szörnyen)* awfully; terribly
irtózatos <mn> horrible; horrific; dreadful; awful
is <ksz> also; too: *Én is ott leszek.* I shall also be there. ∗ *Londonban is voltam.* I have been in London, too. ∗ *Kedves is, okos is.* He is both nice and clever.
iskola <fn> **1.** *(intézmény, épület)* school: *iskolába jár* go to school **2.** *(irányzat)* school
iskolai <mn> school-: *iskolai értesítő* school report ∗ *iskolai egyenruha* school uniform
iskolaigazgató <fn> head; head teacher; AmE principal
iskolakerülő <fn> truant
iskolaköteles kor <fn> school age
iskolakötelezettség <fn> compulsory education
iskolarendszer <fn> educational system
iskolás <fn> pupil; schoolchild (tsz: schoolchildren); *(fiú)* schoolboy; *(lány)* schoolgirl
iskoláskor <fn> school age
iskolatárs <fn> schoolmate
iskolatáska <fn> school bag
iskolázatlan <mn> uneducated
iskolázott <mn> educated
ismer <ige> **1.** know❖ (**vkit/vmit** sy/sg); be❖ acquainted (**vkit/vmit** with sy/sg): *ismeri a várost* know the town ∗ *Húsz éve ismer engem.* He has known me for twenty years. **2.** *(jártas vmiben)* be❖ familiar with sg: *Nem ismerem a költészetét.* I'm not familiar with his poetry.
ismeret <fn> knowledge: *a tények ismeretében* with full knowledge of the facts
ismeretes <mn> well-known; known

¹**ismeretlen** <mn> unknown; unfamiliar; *(azonosítatlan)* unidentified: *ismeretlen okokból kifolyólag* for some unknown reason
²**ismeretlen** <fn> mat unknown (quantity)
ismeretség <fn> acquaintance: *felújítja az ismeretséget vkivel* renew one's acquaintance with sy * *ismeretségben van vkivel* be acquainted with sy
ismeretterjesztő <mn> educational
ismerkedik <ige> **1.** make* acquaintances (**vkivel** with sy) **2.** familiarize oneself (**vmivel** with sg)
¹**ismerős** <mn> familiar: *ismerős arc* a familiar face * *nem ismerős ezen a vidéken* be a stranger in these parts
²**ismerős** <fn> acquaintance; *(kapcsolat)* contact: *Számos ismerősöm van az egyetemen.* I have several contacts at the university.
ismert <mn> well-known: *ismert színész* be a well-known actor
ismertet <ige> **1.** *(ismertté tesz vmit)* make* sg known; *(vázlatosan)* outline; *(részletesen)* expound **2.** *(könyvet)* review; write* a review
ismertető <fn> **1.** *(nyomtatvány)* brochure **2.** *(útmutató; tájékoztató)* guide: *fényképészeti ismertető* a guide to photography **3.** *(könyvé)* reviewer
ismertetőjel <fn> distinctive feature; characteristic: *különös ismertetőjel* distinguishing mark
ismét <hsz> again; once again: *Három évvel később ismét találkoztam vele.* I met her again three years later.
ismétel <ige> **1.** repeat: *Állandóan önmagát ismétli.* He keeps repeating himself. **2.** *(vizsgára)* revise; do* revision **3.** *(összefoglalva)* recapitulate; recap
ismétlés <fn> **1.** repetition **2.** *(tévéközvetítésben)* replay **3.** isk revision
ismétlődik <ige> recur; repeat itself
istálló <fn> shed; *(ló)* stable
isten <fn> god; God: *Hiszek Istenben.* I believe in God. * *Isten igéje* the Word (of God)
 ♦ **Isten veled/veletek!** goodbye ♦ **Isten hozta/hozott!** welcome ♦ **Isten ments/őrizz!** God/Heaven forbid (that…)! ♦ **Te jó Isten!** My goodness! / Goodness gracious! ♦ **Hála Istennek!** Thank God/heavens/goodness! ♦ **Ember tervez, Isten végez.** Man proposes, God disposes. ♦ **az Isten szerelmére** for God's sake; for goodness' sake
istenhit <fn> belief in God
isteni <mn> **1.** divine; of God <csak hátravetve> **2.** *(pompás)* superb; excellent
istenít <ige> worship; idolize
istenkáromlás <fn> blasphemy

istennő <fn> goddess
istenség <fn> deity; divinity
istentagadás <fn> atheism
istentisztelet <fn> service: *az esti istentisztelet* the evening service
i.sz. [= *időszámításunk szerint(i)*] AD; A.D. (= (latin) Anno Domini = in the year of Lord)
iszákos <fn> drunkard; drunk; alcoholic
iszap <fn> mud; sludge; ooze
iszapfürdő <fn> mud bath
iszapos <mn> muddy
iszik <ige> **1.** drink*: *egy csésze kávét iszik* drink a cup of coffee * *vkinek az egészségére iszik* drink to sy **2.** *(iszákos)* drink*; be* a drunkard: *Annyit ivott, hogy a felesége elvált tőle.* He drank so much that his wife divorced him.
iszlám <fn> Islam
iszony <fn> horror; terror; dread
iszonyú <mn> horrible; horrific; terrible; dreadful
IT [= információtechnológia] IT (= information technology)
ital <fn> drink: *szeszes ital* alcoholic drink * *alkoholmentes ital* soft drink
italautomata <fn> drinks machine
Itália <fn> Italy
italozás <fn> drinking
itat <ige> **1.** *(vkivel vmit)* give* sy sg to drink; make* sy drink sg: *Itattam vele egy kávét.* I gave him a cup of coffee to drink. **2.** *(állatokat)* water
ítél <ige> **1.** convict; sentence; *(pénzbüntetésre)* fine: *A gyilkost 15 év börtönre ítélte a bíróság.* The judge sentenced the murderer to 15 years in prison. * *Halálra ítélték.* He was sentenced to death. **2.** *(tart, tekint)* consider; think*; deem: *szükségtelennek ítél vmit* consider sg unnecessary **3.** *(odaítél)* award (**vkinek vmit** sy sg): *Neki ítélték az első díjat.* They awarded her first prize.
ítélet <fn> **1.** *(bírói)* judgement; decision; *(büntető)* sentence: *jogerős ítélet* final judgement * *életfogytiglani ítélet* life sentence * *ítéletet végrehajt* execute a sentence **2.** *(vélemény)* opinion; judgement: *ítéletet mond vmiről* form one's own opinion about sg
ítélethirdetés <fn> delivery of judgement
ítéletidő <fn> stormy weather
ítélkezik <ige> judge; pass sentence
ítélőképesség <fn> (power of) judgement
itt <hsz> here; in this place: *Itt jön az édesapám.* Here comes my father. * *Tessék, itt van!* Here you are. * *Évek óta itt élek.* I have been living here for ages.
ittas <mn> drunk; tipsy; intoxicated

itthon <hsz> at home: *Itthon van.* He is at home.
itt-ott <hsz> here and there
ív <fn> **1.** *(boltozat)* arch **2.** mat arc **3.** *(papírlap)* sheet **4.** *(vonal)* curve
ivadék <fn> offspring
ivarérett <mn> sexually mature
ivarszerv <fn> sexual organ; *(külső)* genitals <tsz>; genitalia <tsz>
ivás <fn> drinking
ível <ige> arch; vault; bend✣
ívik <ige> spawn
ivó <fn> **1.** *(kocsma)* bar **2.** *(ember)* drinker
ivólé <fn> juice
ivóvíz <fn> drinking water
íz <fn> **1.** *(ételé)* taste; flavour; AmE flavor: *Ennek az ételnek egyáltalán nincs íze.* This food has no taste at all. **2.** *(lekvár)* jam; AmE jelly
♦ **se íze, se bűze** *(unalmas)* be✣ (as) dull as ditchwater
ízelítő <fn> sample; taste
ízesít <ige> season; flavour; AmE flavor
ízesítő <fn> seasoning; flavouring; AmE flavoring; condiment
ízetlen <mn> **1.** *(étel)* tasteless; watery; flavourless; AmE flavorless **2.** *(száraz)* dull; flat **3.** *(ízléstelen)* tasteless
izgalmas <mn> exciting; thrilling
izgalom <fn> excitement; thrill
izgat <ige> **1.** *(aggaszt, bosszant)* worry; upset; disturb; make✣ anxious: *izgatja magát vmi miatt* worry oneself about sg ∗ *Ne izgasd magad!* Don't worry about it! **2.** *(tömeget)* stir; provoke; incite **3.** *(szemet, bőrt stb.)* irritate
izgató <mn> exciting; stirring
izgatott <mn> excited; agitated
izgatottság <fn> excitement

izgul <ige> **1.** *(aggódik)* worry; be✣ excited; be✣ anxious: *Ne izgulj!* Don't worry! / Don't get excited! **2.** *(drukkol)* keep✣ one's fingers crossed
ízig-vérig <hsz> out-and-out; every inch; to the core: *ízig-vérig sportember* every inch a sportsman
Izland <fn> Iceland
¹**izlandi** <mn> Icelandic; of Iceland <csak hátravetve>
²**izlandi** <fn> **1.** *(személy)* Icelander **2.** *(nyelv)* Icelandic
ízlel <ige> taste
ízlés <fn> taste: *tégy hozzá sót ízlés szerint* add salt to taste ∗ *Nincs jó ízlése a ruhákat illetően.* She doesn't have good taste in clothes.
ízléses <mn> tasteful; stylish
ízléstelen <mn> tasteless
ízletes <mn> tasty
ízlik <ige> taste good: *Nagyon ízlik.* It tastes very good. / I like it very much.
izmos <mn> muscular; brawny
izom <fn> muscle
izomláz <fn> stiffness: *izomláza van* feel stiff
Izrael <fn> Israel
¹**izraeli** <mn> Israeli
²**izraeli** <fn> *(személy)* Israeli
ízület <fn> joint: *komolyan igénybe veszi az ízületeket* put a lot of stress on one's joints
izzad <ige> sweat; be✣ in a sweat; perspire
izzadság <fn> sweat; perspiration
izzadt <mn> sweaty
izzasztó <mn> *(meleg)* sweltering
izzik <ige> glow
izzít <ige> heat
¹**izzó** <mn> **1.** glowing; burning **2.** átv ardent; fervent; passionate
²**izzó** <fn> (light) bulb

J, j

J, j <fn> *(betű)* J; j
ja <msz> **1.** oh, ah: *Ja, értem!* Oh, I see! **2.** biz *(igen)* yeah; yep
jacht <fn> yacht
jácint <fn> növ hyacinth
jaguár <fn> jaguar
jaj <isz> **1.** *(fájdalom)* ouch; oh; ah: *Jaj de fáj!* Ouch, it hurts! **2.** *(meglepetés)* oh no, oh dear: *Jaj ne, már megint el fogok késni!* Oh, no! I will be late again.
jajgat <ige> wail; moan
jámbor <mn> **1.** *(ember)* humble; meek **2.** *(állat)* tame
jan. [= január] Jan. (= January)
január <fn> January
januári <mn> January; in/of January <csak hátravetve>: *januári időjárás* January weather
Japán <fn> Japan
¹japán <mn> Japanese
²japán <fn> **1.** *(személy)* Japanese: *a japánok* the Japanese **2.** *(nyelv)* Japanese
jár <ige> **1.** *(megy)* go✧; walk: *gyalog jár* go on foot; walk ∗ *sokat jár színházba* go to the theatre a lot ∗ *lóversenyre jár* go to the races **2.** *(jármű)* go✧; run✧: *Nem jár a metró.* The metro is not running. **3.** *(gép, szerkezet)* work; run✧; be✧ in operation **4.** *(vmilyen ruhában)* wear✧ (**vmiben** sg); be✧ dressed (**vmiben** in sg): *feketében jár* wear black **5.** *(megillet, kijár)* sg is✧ due (**vkinek** to sy): *10 dollár jár még neki.* 10 dollars are still due to her. **6.** *(vmely következménnyel)* involve (**vmivel** sg); lead✧ (**vmivel** to sg); entail (**vmivel** sg): *Súlyos következményekkel járt.* It involved serious consequences. ∗ *kockázattal jár* entail some risk **7.** *(keres)* look (**vmi után** for sg): *állás után jár* be looking for a job **8.** go✧ out (**vkivel** with sy); AmE date (**vkivel** sy): *Mióta jársz vele?* How long have you been going out with her?
járadék <fn> allowance; *(évi)* annuity: *özvegyi járadék* widow's allowance
járás <fn> **1.** *(menés)* going; walking **2.** *(járásmód)* walk; way of walking; gait: *Felismertem vicces járását.* I recognized her funny walk/gait. **3.** *(szerkezeté)* movement; running **4.** *(csillagoké)* course **5.** *(távolság)* walk: *20 perc járás* a twenty-minute walk
¹járat <ige> **1.** *(működtet)* run✧; operate: *Két órán keresztül járattuk a motort.* We left the engine running for two hours. **2.** *(előfizet)* subscribe: *magazinokat járat* subscribe to magazines
²járat <fn> *(repülő)* flight; *(hajó)* line; *(busz)* service: *közvetlen járat Londonba* a direct flight to London ∗ *belföldi járat* internal flight ∗ *nemzetközi járat* international flight ∗ *éjszakai járat* night service
járatlan <mn> **1.** *(tapasztalatlan)* inexperienced (**vmiben** in sg); unfamiliar (**vmiben** with sg) **2.** *(út)* untrodden; unbeaten
járda <fn> pavement; AmE sidewalk
járdaszegély <fn> kerb; AmE curb
járdasziget <fn> (traffic) island
járhatatlan <mn> **1.** *(út)* impassable: *Sok út járhatatlanná vált.* Many of the roads became impassable. **2.** átv impracticable
járható <mn> **1.** *(út)* passable **2.** átv practicable
járkál <ige> walk about; stroll about
jármű <fn> vehicle
járművezető <fn> driver
járóbeteg-rendelő <fn> outpatient department
járógipsz <fn> walking plaster cast
járóka <fn> playpen
járókelő <fn> passer-by
járőr <fn> patrol
járőrkocsi <fn> patrol car
járőröz <ige> patrol
jártas <mn> experienced (**vmiben** in sg); skilled (**vmiben** at/in sg); familiar (**vmiben** with sg): *Nem vagyok jártas a költészetében.* I'm not familiar with his poetry.
járvány <fn> epidemic
jászol <fn> crib
játék <fn> **1.** sp play; game: *Fél órán belül megkezdődik a játék.* The play will start in half an hour. ∗ *Mi a kedvenc játékod?* What is your favourite game? ∗ *számítógépes játék* computer game **2.** *(játékszer)* toy **3.** *(szerencsejáték)* gambling; gaming **4.** *(színészi)* acting; playing **5.** *(szórakozás)* fun; play; sport: *játékból* for fun
játékautomata <fn> fruit machine; slot machine; gaming machine
játékbolt <fn> toyshop
játékfilm <fn> feature (film)
¹játékos <mn> playful

²**játékos** <fn> **1.** sp player: *minden idők legjobb játékosa* the all-time best player **2.** *(szerencsejátékban)* gambler
játékszabály <fn> laws/rules of the game <tsz>
játékszer <fn> toy
játékterem <fn> amusement arcade
játékvezető <fn> **1.** referee; biz ref; *(tenisz, krikett, baseball)* umpire: *Sárga lapot kapott, mert vitatkozott a játékvezetővel.* He got a yellow card for arguing with the referee. **2.** *(vetélkedőben)* quizmaster
játszik <fn> **1.** sp is play: *Szeretnék a bátyámmal játszani.* I would like to play with my brother. * *játszik egy sakkpartit* play a game of chess * *Milyen poszton játszik?* What position does he play? * *A csapat nem játszik valami jól.* The team is/are not playing well. **2.** *(színész szerepet)* perform; play; act: *Rómeó szerepét játszotta.* He played the part of Romeo. * *Ki játszsza este Júliát?* Who is acting Juliet tonight? **3.** *(előadóművész)* play; perform: *orgonán játszik* play the organ * *Ma a kedvenc együttesem játszik.* My favourite group is playing today. **4.** *(szerencsejátékban)* gamble
játszma <fn> *(sakk, kártya stb.)* game; *(tenisz)* set: *a játszma elveszett* the game is up
játszmalabda <fn> set point
játszódik <ige> be* set; take* place; happen: *A regény Skóciában játszódik a hatvanas években.* The novel is set in Scotland in the 60s.
játszótárs <fn> playmate
játszótér <fn> playground
játszva <hsz> *(könnyen)* easily; with ease: *játszva nyeri a versenyt* win the race with ease
javak <fn> goods <tsz>; possessions <tsz>
javára <nu> for the good/benefit of; to the advantage/benefit of; to sy's advantage: *az ország javára* for the good of the country * *a közösség javára* for the benefit of the community
javaslat <fn> proposal; suggestion; proposition; recommendation; *(ülésen)* motion: *javaslatot tesz* make a proposal/suggestion * *Egyetértesz azzal a javaslatommal, hogy biciklivel menjünk?* Do you agree with my suggestion that we should go by bike? * *javaslatot elfogad* adopt a motion
javasol <ige> propose; suggest; recommend; put* forward a proposal/suggestion; *(ülésen)* move: *Most mit javasolsz?* What do you propose now? * *új tervet javasol* suggest a new plan * *Javaslom az új szállodát. Nagyon szép.* I recommend the new hotel. It's very nice.
javít <ige> **1.** *(tárgyat)* repair; mend; fix **2.** *(hibát, tévedést)* correct **3.** *(épületet stb.)* restore **4.** *(tanár)* mark; AmE grade: *dolgozatot javít* mark papers/essays **5.** *(rekordot)* break* **6.** *(csiszol, tökéletesít)* better; improve; refine
javítás <fn> **1.** *(tárgyé)* repair(ing); mending; fixing: *javítás alatt van/áll* be under repair **2.** *(hibáé)* correcting; correction **3.** *(dolgozaté)* marking; AmE grading **4.** *(tökéletesítés)* improvement; betterment
javíthatatlan <mn> **1.** *(tárgy)* irreparable **2.** *(ember)* incorrigible; incurable
javítóintézet <fn> young offenders' institution
javítóműhely <fn> workshop; *(autójavító)* garage
jávorszarvas <fn> moose
javul <ige> **1.** improve; get* better; progress **2.** *(egészség)* get* better; get* well; improve in health
javulás <fn> improvement; advance; upturn
jé <isz> wow; gosh; gee
jég <fn> **1.** ice: *A tavat jég borítja.* Ice covers the lake. **2.** *(eső)* hail
jégcsap <fn> icicle
jegel <ige> **1.** *(vmit)* put* sg on ice **2.** *(borogat)* put* on an ice pack
jegenyefa <fn> poplar
jeges <mn> **1.** icy; iced; frosty: *jeges utak* icy roads * *jeges szél* an icy wind **2.** *(fogadtatás)* chilly; frosty; icy
jegeskávé <fn> iced coffee
jegesmedve <fn> polar bear
jégeső <fn> hail: *Jégeső esik.* It is hailing.
jegestea <fn> iced tea
jéghegy <fn> iceberg
 ♦ **a jéghegy csúcsa** the tip of the iceberg
jéghideg <mn> **1.** ice-cold; icy; as cold as ice <csak hátravetve>: *Jéghideg a kezed.* Your hands are icy. **2.** átv chilly; frosty; icy
jégkár <fn> damage caused by hail
jégkocka <fn> ice cube
jégkorong <fn> **1.** *(játék)* ice hockey **2.** *(korong)* puck
jégkorongozó <fn> ice hockey player
jégkorszak <fn> ice age; glacial period
jégkrém <fn> ice cream; *(pálcikás)* ice lolly
jégpálya <fn> skating rink; *(fedett)* ice rink
jégtábla <fn> ice floe; sheet of ice
jégtelenít <ige> *(autót stb.)* de-ice; *(hűtőszekrényt)* defrost
jégtörő <fn> *(hajó)* ice-breaker
jégverés <fn> hail(storm)
jegy <fn> **1.** *(közlekedési, színház- stb.)* ticket: *egyszeri utazásra szóló jegy* single ticket * *menettérti jegy* return ticket * *első osztályú jegy* a first-class ticket * *másodosztályú jegy* a second-class ticket **2.** isk mark: *Nagyon jó jegyet kaptam az angol vizsgámon.* I got a very good mark on my English exam.

jegyautomata <fn> ticket machine
jegybank <fn> central bank
jegyelővétel <fn> advance booking
jegyes <fn> (vőlegény) fiancé; (menyasszony) fiancée
jegyespár <fn> engaged couple; (esküvőn) the bride and groom
jegyez <ige> **1.** (ír) make✢ notes; take✢ notes; write✢ sg down **2.** (regisztrál) register; record
jegygyűrű <fn> (esküvő előtt) engagement ring; (esküvő után) wedding ring
jegyiroda <fn> ticket office
jegypénztár <fn> ticket office; (színházban, moziban) box office
jegyüzér <fn> tout; AmE scalper
jegyzék <fn> list; (névsor) roll; (nyilvántartás) register; record: elolvasandó könyvek jegyzéke reading list ✶ felvesz egy személyt a hivatalos jegyzékbe put a man on the rolls
jegyzet <fn> **1.** (feljegyzés) note: jegyzetet készít vmiről take notes of sg **2.** (könyvben) note; (lapalji) footnote **3.** (magyarázó) annotation
jegyzetel <ige> take✢ notes: Nincs tankönyv, úgyhogy jegyzetelned kell. There is no textbook, so you have to take notes.
jegyzetfüzet <fn> notebook

jegyzettömb <fn> notepad
jegyzőkönyv <fn> **1.** (ülésen) the minutes <tsz> **2.** (bírósági, rendőrségi) record
jel <fn> **1.** sign; mark; stamp **2.** (bizonyíték) token; mark: vmi jeléül as a token of sg **3.** (betegségé) symptom **4.** mat symbol; sign: plusz jel a plus sign **5.** (figyelmeztető) sign; signal: jelt ad give a signal **6.** (vmire utaló) indication: Minden jel arra utal, hogy… There is every indication that…
jeladás <fn> signal
jelbeszéd <fn> (süketnémáké) sign language
¹**jelen** <mn> present: a jelen esetben in the present case ✶ jelen idő the present tense
²**jelen** <fn> **1.** the present; today **2.** nyelvt present tense
³**jelen** <hsz> **jelen van** be✢ present: Mindenki jelen volt. They were all present.
jelenet <fn> scene: A színészek a darab utolsó jelenetét próbálták. The actors were rehearsing the last scene of the play.
♦ **jelenetet rendez** throw✢ a fit
jelenkor <fn> the present (time); our age
jelenleg <hsz> now; currently; presently; for the moment; for the time being: Ideiglenes munkája van jelenleg. He has a temporary job now. ✶ Jelenleg levelet ír. He is presently writing a letter.

Body • *A test*

1	face	*arc*
2	mouth	*száj*
3	chin	*áll*
4	chest	*mell; mellkas*
5	stomach; belly	*has*
6	waist	*derék*
7	hip	*csípő*
8	backside	*fenék*
9	heel	*sarok*
10	ankle	*boka*
11	foot (tsz: feet)	*lábfej*
12	toe	*lábujj*
13	leg	*láb*
14	thigh	*comb*
15	knee	*térd*
16	breast	*mell; kebel*
17	neck	*nyak*
18	nose	*orr*
19	eye	*szem*
20	forehead	*homlok*
21	cheek	*orca*
22	ear	*fül*
23	nape of the neck	*tarkó*
24	arm	*kar*
25	elbow	*könyök*
26	hand	*kéz*
27	finger	*ujj(ak)*
28	back	*hát*
29	shoulder	*váll*
30	hair	*haj*
31	head	*fej*

875

jelenlegi <mn> **1.** present: *Mi a jelenlegi lakcíme?* What is her present address? **2.** *(mai)* present-day

jelenlét <fn> presence; attendance: *vkinek a jelenlétében* in the presence of sy ∗ *Megtisztelt minket a jelenlétével.* She obliged us with her attendance.

jelenlevő <fn> person present: *a jelenlevők* those present; the people present

jelenség <fn> phenomenon (tsz: phenomena)

jelent <ige> **1.** mean✧; denote; signify; indicate: *Ez mit jelent ez a szó?* What does this word mean? ∗ *Ez azt jelenti, hogy…* It means that… ∗ *Senki nem tudja, hogy a jelek ezen a kövön mit jelentenek.* Nobody knows what the marks on these stones signify. **2.** *(közöl)* report; notify: *A bankrablást 2 órakor jelentették.* The bank robbery was reported at 2 o'clock. **3.** *(eredményez)* represent: *Ezek az eredmények hatalmas áttörést jelentenek.* These results represent a major breakthrough.

jelentékeny <mn> significant; important; considerable: *jelentékeny összeg* considerable amount

jelentéktelen <mn> insignificant; unimportant; irrelevant: *jelentéktelen összeg* an insignificant sum of money

jelentés <fn> **1.** *(közlés)* report; account; *(hivatalos)* official report; official statement; official announcement: *Adj részletes jelentést a balesetről!* Give a full account of the accident. **2.** *(szóé)* meaning; sense: *Ennek a szónak több jelentése van.* This word has several senses.

jelentkezési lap <fn> application form
jelentkezési határidő <fn> closing date
jelentkezik <ige> **1.** report; present oneself **2.** *(pályázatra, állásra stb.)* apply for sg: *állásra jelentkezik* apply for a job **3.** *(bűnöző a rendőrségen)* give✧ oneself up **4.** *(repülőtéren)* check in **5.** *(betegség)* manifest itself; break✧ out **6.** *(nehézség stb.)* arise✧; develop: *Problémák jelentkeznek.* Trouble is developing. **7.** *(beiratkozik)* register; enroll: *jelentkezik egy kurzusra* register for a course **8.** *(iskolában)* raise one's hand **9.** *(versenyre, vizsgára)* enter: *vizsgára jelentkezik* enter for an exam

jelentkező <fn> applicant; candidate
jelentős <mn> significant; considerable; important
jelentőség <fn> significance; importance: *felfújja vminek a jelentőségét* inflate the significance of sg

¹jeles <mn> **1.** isk excellent; very good **2.** *(nevezetes, nagyhírű)* illustrious; famous; excellent

²jeles <fn> *(osztályzat)* A: *A legjobb tanulók jeles osztályzatot kaptak.* The best students were graded A.

jelez <ige> **1.** *(jelt ad)* signal; give✧ a signal: *jelez a pincérnek, hogy kéri a számlát* signal to the waiter for the bill **2.** *(mutat)* indicate; show✧ **3.** *(előre)* prognosticate: *A felhők vihart jeleznek.* The clouds prognosticate a storm. **4.** *(műszer stb.)* register; indicate: *A lázmérő 38 fokot jelez.* The thermometer registers 38°C.

jelige <fn> motto; catchword; slogan
jelkép <fn> symbol; emblem
jelképes <mn> symbolic; token: *jelképes fizetés* token payment
jelképez <ige> symbolize: *Mit jelképez a gyűrű?* What does the ring symbolize?

jelleg <fn> character; nature; type; style: *megváltoztatja vmi jellegét* change the character of sg
jellegzetes <mn> characteristic; typical
jellegzetesség <fn> characteristic
jellem <fn> character; personality
jellemez <ige> **1.** characterize; describe **2.** *(író)* portray
jellemtelen <mn> dishonest; unscrupulous
jellemvonás <fn> characteristic; trait; feature
jellemzés <fn> characterization; description of character
jellemző <mn> characteristic (**vkire** of sy); typical (**vkire/vmire** of sy/sg); peculiar (**vkire/vmire** to sy/sg): *Ez jellemző rá!* It's typical of him!

jelmagyarázat <fn> key; legend
jelmez <fn> costume; *(jelmezbálon)* fancy dress; costume
jelmezbál <fn> fancy dress ball
jelmezkölcsönző <fn> fancy dress hire
jelmondat <fn> slogan; motto; catchword
jelöl <ige> **1.** mark (**vmit vmivel** sg with sg) **2.** *(jelez)* indicate; show✧ **3.** *(állásra, tisztségre stb.)* nominate; propose
jelölés <fn> **1.** marking **2.** *(a jel)* mark **3.** *(jelrendszer)* notation **4.** *(állásra, tisztségre stb.)* nomination; proposal
jelölt <fn> candidate; nominee: *a legesélyesebb jelölt a munkára* the most likely candidate for the job ∗ *A konzervatív jelöltre szavaztunk.* We voted for the conservative candidate.

jelszó <fn> **1.** *(jelmondat)* slogan; motto; catchword **2.** *(titkos)* password
jelvény <fn> badge
jelzálog <fn> mortgage
jelzés <fn> **1.** *(megjelölés)* marking; labelling **2.** *(figyelmeztető)* warning **3.** *(a jel)* mark **4.** gazd brand; label **5.** *(turista)* blaze
jelző <fn> nyelvt attribute

jelzőlámpa <fn> traffic light
jelzőtábla <fn> **1.** *(közúti)* (road) sign; (traffic) sign **2.** *(veszélyt jelző)* warning sign **3.** *(tájékoztatást adó)* information sign
Jézus <fn> Jesus: *Jézus Krisztus* Jesus Christ * *Jézus követője* a follower of Jesus
¹jó <mn> **1.** good: *Ez mire jó?* What is it good for? * *jó vmiben* be good at sg * *jó ötlet* a good idea * *jó minőségű* good quality **2.** *(alkalmas, megfelelő)* suitable; fit; proper **3.** *(ember)* honest; good; *(tanuló)* diligent: *Ő jó ember.* He is a good man. **4.** *(föld)* fertile **5.** *(levegő)* fresh **6.** *(kellemes)* nice **7.** *(érvényes)* valid
²jó <fn> **1.** good: *jót tesz vkinek* do sy good * *Ez a leves jót fog tenni neked.* This soup will do you good. * *jóban van vkivel* be on good terms with sy **2.** *(osztályzat)* B: *jóra felel* get a B
³jó <msz> OK; okay; all right: *„Jössz velem moziba?" „Jó, megyek!"* 'Will you come with me to the cinema?' 'OK, I will.'
jóakarat <fn> goodwill; benevolence
jóakaró <fn> well-wisher; patron
¹jobb <mn> **1.** *(jobb oldali)* right; right-hand: *A jobb lábam eltörött.* My right leg is broken. * *Az út jobb oldalán közlekedünk.* We drive on the right side of the road. **2.** *(a jó középfoka)* better: *jobbra fordul* change for the better * *jobb volna* it would be better
²jobb <fn> right; right-hand side: *jobbra kanyarodik* turn right * *jobbról* from the right
jobbágy <fn> serf
jobban <hsz> **1.** better: *Mára sokkal jobban van.* He's a lot better today. **2.** *(erősebben)* more; harder: *Jobban koncentrálj a munkádra!* Concentrate more on your work. **3.** *(inkább)* more; better: *Jobban szeretem a narancsot, mint a grapefruitot.* I like orange more than grapefruit.
jobbhátvéd <fn> sp right back
jobbkezes <mn> right-handed
jobbkéz-szabály <fn> priority on the right
jobboldal <fn> pol the right
¹jobboldali <mn> rightist; right-wing; conservative
²jobboldali <fn> rightist; right-winger
jobbszárny <fn> right wing
jobbszélső <fn> sp outside right
jód <fn> iodine
jóformán <hsz> practically; virtually; so to speak
jog <fn> **1.** *(jogrend)* law **2.** *(tudomány)* law; jurisprudence: *jogot hallgat* study law **3.** right (**vmihez** to sg); title (**vmihez** to sg): *Joga van bejönni, ha akar.* She has the right to come in if she wants to. * *emberi jogok* human rights * *minden jog fenntartva* all rights reserved
jóga <fn> yoga
jogállam <fn> constitutional state
jogar <fn> sceptre; AmE scepter
jogász <fn> **1.** *(ügyvéd)* lawyer: *jogászként kezdi a pályáját* start out as a lawyer **2.** *(joghallgató)* law student
jógázik <ige> practise yoga
jogcím <fn> (legal) title
jogdíj <fn> royalty
jogellenes <mn> unlawful; illegal
joghallgató <fn> law student
joghurt <fn> yoghurt; yogurt
jogi <mn> legal: *jogi tanácsadó* legal adviser * *jogi kar* faculty/department of law
jogos <mn> legitimate lawful; rightful; legal: *jogos igény vmire* a rightful claim to sg
jogosít <ige> entitle (**vmire** to sg); authorize (**vmire** to sg)
jogosítvány <fn> **1.** licence; AmE license **2.** *(vezetői)* driving licence; AmE driver's license: *megvonják a jogosítványát* forfeit one's driving licence
jogosulatlan <mn> unauthorized
jogosult <mn> authorized; qualified; be✳ entitled; be✳ authorized: *választásra jogosult* be entitled to vote
jogsértés <fn> violation of the law; legal offence; wrongdoing
jogszabály <fn> law; rule: *Kötik a helyi jogszabályok.* He is subject to local laws.
jogszerű <mn> lawful; legal
jogtalan <mn> unlawful; illegitimate; illegal
jogtanácsos <fn> legal adviser; counsel
jogtudomány <fn> law; jurisprudence
jogutód <fn> legal successor
jogviszony <fn> legal relation(s); legal relationship
jogvita <fn> legal dispute; legal debate
jóhiszemű <mn> **1.** *(személy)* well-meaning; honest **2.** *(cselekedet)* well-meant; well-intentioned
jóindulat <fn> goodwill; benevolence
jóindulatú <mn> **1.** *(személy)* well-meaning; benevolent **2.** *(daganat, betegség)* benign
jóízű <mn> tasty; delicious
jókedv <fn> high spirits <tsz>; cheerfulness; cheer; merriment
jókedvű <mn> cheerful; jolly; chirpy; in high spirits <csak hátravetve>: *Anna jókedvű.* Anna is in high spirits.
jóképű <mn> handsome; good-looking
jókívánság <fn> greetings <tsz>; best wishes <tsz>: *születésnapi jókívánságok* birthday greetings * *jókívánságait küldi valakinek* send sy one's best wishes
jókor <hsz> in time: *épp jókor* just in time; in the nick of time

jól <hsz> **1.** well: *jól érzi magát* feel well ∗ *nem érzi jól magát* feel/be unwell ∗ *jól viselkedik* behave well ∗ *jól áll (anyagilag)* be well off **2.** *(helyesen)* properly; *(hibátlanul)* without a mistake; correctly: *Jól ejtettem ki a neved?* Have I pronounced your name correctly?

jólelkű <mn> kind-hearted; kind; good-natured

jólesik <ige> be✢ pleased (**vmi** by sg); be✢ gratified (**vmi** by sg): *Nem tudom elmondani, hogy mennyire jólesik a leveled.* I cannot express how much I am gratified by your letter.

jóleső <mn> pleasant; pleasing; agreeable

jólét <fn> welfare; well-being; *(bőség)* wealth; prosperity

jóléti <mn> welfare: *jóléti állam* welfare state

jóllakik <ige> have✢ enough: *Köszönöm, jóllaktam!* I have had enough, thank you.

jóllehet <ksz> although; though; even though: *Jóllehet eltört a lába, felment a hegyre.* Although her leg was broken, she went up to the hill.

jómód <fn> welfare; well-being; *(bőség)* wealth; prosperity

jómódú <mn> well-off; well-to-do; wealthy; affluent

jópofa <mn> funny; jolly; witty

jórészt <hsz> mostly; mainly; chiefly

jós <fn> fortune teller; seer; prophet; oracle

jóság <fn> goodness; kindness

jóslat <fn> prophecy; prediction

jósnő <fn> fortune teller; prophetess; sibyl

jósol <ige> foretell✢; predict; *(tenyeréből)* read✢ sy's palm

jószág <fn> cattle <tsz>; domestic animal

jószívű <mn> kind-hearted; charitable

jótáll <ige> **1.** stand✢/go✢ security (**vkiért** for sy) **2.** guarantee (**vmiért** sg)

jótállás <fn> warranty; guarantee: *A tévéért három év jótállást vállaltak.* The television has a three-year guarantee.

jótékony <mn> **1.** *(bőkezű)* generous **2.** *(kedvező, előnyös)* beneficial; beneficent: *jótékony hatás* beneficial result

jótékonyság <fn> charity

jótett <fn> good deed; good turn
  ♦ **Jótett helyébe jót várj.** One good turn deserves another.

jótevő <fn> benefactor

jóvágású <mn> good-looking

jóváhagy <ige> approve (**vmit** sg); endorse (**vmit** sg); agree to (**vmit** sg): *A tervet jóváhagyták.* The plan has been approved.

jóváhagyás <fn> approval; endorsement: *jóváhagyásától függően* subject to his approval

jóváír <ige> credit: *vkinek a számláján jóváír egy összeget* credit a sum to sy; credit sy with a sum

jóváírás <fn> crediting; credit entry

jóval <hsz> well; much; far; a lot: *Jóval előtted érkeztem.* I arrived well before he got there. ∗ *jóval idősebb* much older ∗ *jóval több a kelleténél* far too many ∗ *A ház jóval többe kerül, mint képzeltük.* The house will cost a lot more than we imagined.

jóvátesz <ige> **1.** *(hibát)* remedy; repair; redeem; *(sérelmet)* make✢ amends **2.** *(veszteséget)* compensate; make✢ up for sg

jóvoltából <hsz> **vkinek a jóvoltából** thanks to sy

józan <mn> **1.** *(nem részeg)* sober **2.** *(higgadt)* sober; temperate; restrained

jön <ige> **1.** come✢; *(érkezik)* arrive: *Jövő csütörtökön jön.* He will come next Thursday. ∗ *Vigyázz! Jön egy autó!* Mind! A car is coming! ∗ *Azt hiszem, vonattal jön.* I think he is coming by train. **2.** *(származik)* come✢ from (**vhonnan** swhere): *Honnan jön?* Where do you come from?

jövedelem <fn> income; earnings <tsz>; *(vállalaté stb.)* receipts <tsz>: *bruttó/nettó jövedelem* gross/net income ∗ *nemzeti jövedelem* national income

jövedelemadó <fn> income tax

jövedelmez <ige> yield

jövedelmező <mn> profitable

jövés-menés <fn> comings and goings <tsz>

¹**jövő** <mn> coming; future; next: *A jövő hétfő már karácsony.* This coming Monday is Christmas. ∗ *jövő héten* next week ∗ *jövő évben* next year ∗ *Jövő hétfőn találkozunk!* We'll see you next Monday.

²**jövő** <fn> **1.** the future: *a távoli jövőben* in the far future ∗ *A jövője bizonytalan.* His future is uncertain. **2.** nyelvt future tense

jövőbeli <mn> future; prospective

jövőre <hsz> next year; in the coming year: *Jövőre kell elkezdenie az iskolát.* She is due to start school next year.

jubileum <fn> jubilee; anniversary

juh <fn> **1.** sheep (tsz: sheep); *(nőstény)* ewe **2.** *(húsa)* mutton

juharfa <fn> **1.** maple (tree) **2.** *(anyag)* maple (wood)

juhász <fn> shepherd

juhászkutya <fn> sheepdog

juhnyáj <fn> flock of sheep

júl. [= július] Jul. (= July)

július <fn> July: *Júliusban született.* He was born in July.

júliusi <mn> July; of/in July <csak hátravetve>

jún. [= június] Jun. (= June)
június <fn> June: *Júniusban született.* He was born in June.
júniusi <mn> June; of/in June <csak hátravetve>: *júniusi meleg* the heat of June
jut <ige> **1.** *(eljut)* come✧ (**vhova** to swhere); get✧ (**vhova** to swhere); arrive (**vhova** at swhere) **2.** *(állapotba)* become✧ **3.** *(kap)* get✧: *Az autó neki jutott.* He got the car. **4.** *(megszerez, hozzájut)* get✧ at (**vmihez** sg); come✧ by (**vmihez** sg); obtain (**vmihez** sg): *álláshoz jut* come by a job ∗ *pénzhez jut* get/obtain money
jutalmaz <ige> reward; award

jutalom <fn> **1.** reward; award; prize: *Jutalmat kapott, mert megtalált egy pénztárcát.* He got a reward for finding a purse. ∗ *Bátorságáért jutalomban részesült.* She was given an award for her bravery. **2.** *(munkáért)* bonus; premium: *újévi jutalom* a Christmas bonus
jutányos <mn> reasonable
juttat <ige> **1.** bring✧ (**vkit vhova** sy swhere); get✧ (**vkit vhova** sy swhere) **2.** *(kiutal)* allocate (**vmit vkinek** sg to sy) **3.** *(segít)* get✧: *álláshoz juttat vkit* get sy a job ∗ *lakáshoz juttat vkit* get sy a flat
juttatás <mn> **1.** allotment; allocation **2.** *(béren felül)* allowance; bonus; premium

K, k

K, k <fn> *(betű)* K; k
K [= kelet] E (= East; (the) East)
kabala <fn> **1.** *(tárgy)* mascot **2.** *(babona)* superstition
kabaré <fn> **1.** *(műsor)* cabaret **2.** *(színház)* cabaret
kabát <fn> coat; *(rövidebb)* jacket: *bélelt kabát* a lined coat ∗ *begombolja a kabátját* fasten up one's coat; do up one's jacket ∗ *Hideg volt, úgyhogy felvettem a kabátomat.* It was cold so I put on my coat. ∗ *Vedd le a kabátodat!* Take your coat off!
kábel <fn> cable
kábeltelevízió <fn> cable (television)
kabin <fn> **1.** *(strandon)* (changing) cubicle; beach hut **2.** *(hajón)* cabin; stateroom **3.** *(űrhajón)* capsule
kabinet <fn> pol *(kormány)* Cabinet; government
kábítószer <fn> drug; narcotic: *kábítószert fogyaszt/szed* take drugs
kábítószerfüggő <fn> drug addict
kábítószer-kereskedelem <fn> drug traffic
kábult <mn> dazed; dopey; stupefied
kacag <ige> laugh (**vkin/vmin** at sy/sg)
kacat <fn> junk; jumble
kacérkodik <ige> **1.** flirt (**vkivel** with sy) **2.** *(tervvel, gondolattal)* flirt with sg: *Azzal a gondolattal kacérkodom, hogy kiveszek egy év szabadságot.* I'm flirting with the idea of taking a year off.
kacsa <fn> **1.** *(szárnyas, hús is)* duck **2.** *(álhír)* hoax; canard; false report
kacsasült <fn> roast duck
kacsint <ige> wink (**vkire** at sy)
kád <fn> bath; AmE bathtub
kagyló <fn> **1.** *(állat)* shellfish; mollusc; AmE mollusk; mussel; cockle **2.** *(héja)* shell: *tengeri kagyló* seashell **3.** *(telefoné)* receiver; handset: *felveszi a kagylót* lift the receiver **4.** *(mosdóé)* washbasin; AmE sink
kaja <fn> biz grub
kajak <fn> kayak
kajakozik <ige> kayak
kajszibarack <fn> apricot
kakaó <fn> **1.** *(növény)* cacao **2.** *(por)* cocoa **3.** *(ital)* cocoa; (hot) chocolate: *egy csésze forró kakaó* a cup of cocoa; a cup of hot chocolate
kakaóvaj <fn> cocoa butter
kakas <fn> **1.** *(szárnyas)* cock; AmE rooster: *A kakas kukorékolt reggel.* The cock was crowing in the morning. **2.** *(lőfegyveren)* cock
kaktusz <fn> növ cactus (tsz: cacti v. cactuses)
kakukk <fn> cuckoo
kakukkfű <fn> növ thyme
kakukkos óra <fn> cuckoo clock
kaland <fn> **1.** adventure **2.** *(szerelmi)* (love) affair
kalandor <fn> pej adventurer
kalandos <mn> **1.** *(kalanddal teli)* adventurous **2.** *(merész)* adventurous
kalap <fn> hat: *Kalap volt a fején.* He wore a hat on his head.
 ♦ **egy kalap alá vesz vmit** lump sg together ♦ **kalapot emel vki előtt** take* one's hat off to sy ♦ **Megeszem a kalapom, ha...** biz I will eat my hat if...
kalapács <fn> **1.** *(szerszám)* hammer: *A kalapácsnak vasból van a feje.* The hammer has an iron head. **2.** *(elnöki)* gavel
 ♦ **kalapács alá kerül** *(árverésen)* come* under the hammer
kalapácsvetés <fn> sp throwing the hammer
kalapácsvető <fn> sp hammer thrower
kalapál <ige> **1.** *(kalapáccsal)* hammer **2.** *(szív)* thump; pound: *Kalapált a szívem.* My heart was thumping.
kalász <fn> ear
kalauz <fn> **1.** *(járművön)* conductor; ticket collector; ticket inspector **2.** *(útikönyv)* guidebook; guide
kalauzol <ige> guide
kalcium <fn> calcium
kalitka <fn> cage
kalória <fn> calorie
kalóriaszegény <mn> low in calories <csak hátravetve>
kalóz <fn> pirate
kalózhajó <fn> pirate
kalózkiadás <fn> pirate(d) edition
kalózrádió <fn> pirate radio
kályha <fn> stove; fire
kamara <fn> **1.** *(parlamentben)* chamber **2.** *(érdekvédelmi)* chamber: *Kereskedelmi Kamara* Chamber of Commerce
kamaraszínház <fn> studio theatre
kamarazene <fn> chamber music
kamarazenekar <fn> chamber orchestra

kamasz <fn> adolescent
kamaszkor <fn> adolescence
kamat <fn> interest: *kamatos kamat* compound interest * *9% kamatra* at 9% interest * *kamatot fizet* pay interest * *15% kamatot kap a pénzére* get 15% interest on one's money * *kamatostul fizeti vissza a kölcsönt* repay the loan with interest
kamatmentes <mn> interest-free: *kamatmentes kölcsön* interest-free loan
kamatozik <ige> yield interest
kamera <fn> camera: *biztonsági kamera* security camera * *digitális kamera* a digital camera
kamilla <fn> camomile
kamillatea <fn> camomile tea
kamion <fn> (articulated) lorry; AmE truck
kamionsofőr <fn> lorry driver; AmE truck driver
kampány <fn> campaign: *választási kampány* election campaign * *kampányt indít vmi mellett/ellen* campaign for/against sg
kampó <fn> hook; crook
kamra <fn> 1. *(éléskamra)* pantry; larder 2. *(szívé)* ventricle
kamu felhasználó <fn> szl catfish (tsz: catfish)
kan <fn> 1. *(hím)* male 2. *(disznó)* boar
Kanada <fn> Canada: *Kanada valamennyi tartományát meglátogatja.* He is going to visit all the provinces of Canada.
¹kanadai <mn> Canadian: *kanadai angol* Canadian English
²kanadai <fn> *(személy)* Canadian: *három kanadai* three Canadians
kanál <fn> spoon; *(szedni, mérni)* scoop: *kanállal összekever vmit* stir sg with a spoon * *egy kanál fagyi* a scoop of ice-cream
kanalaz <ige> spoon
kanapé <fn> sofa; couch; settee: *Rátelepedett a kanapéra a nappaliban.* He planted himself on the sofa in the living room.
kanári <fn> *(madár)* canary
Kanári-szigetek <fn> Canary Islands
kanca <fn> mare
kancellár <fn> chancellor
kancsal <mn> squint-eyed; cross-eyed
kancsó <fn> jug; pitcher: *a kancsó csőre* the lip of the jug * *Ne önts túl sok tejet a kancsóba, mert kiömlik!* Don't pour too much milk into the jug because it will overflow.
kandalló <fn> fireplace: *a kandalló mellett ül* sit by the fireside
kandúr <fn> tomcat
kánikula <fn> heat wave
kanna <fn> 1. *(teás)* pot; *(teavíz forralásához)* kettle: *Van tea a kannában?* Is there any tea in the pot? 2. *(tartály)* can

kannibál <fn> cannibal
kanóc <fn> *(gyertyáé)* wick
kánon <fn> 1. zene canon 2. *(egyházi)* canon
kantár <fn> *(lószerszám)* bridle
kanyar <fn> bend; turn; curve: *váratlan kanyar az úton* a sudden bend in the road * *éles kanyar* a sharp bend/turn
kanyargós <mn> winding; twisting
kanyaró <fn> measles <esz>: *kanyarója van* be down with measles
kanyarodik <ige> turn; bend✲: *Az út jobbra kanyarodik.* The road turns to the right.
kanyarog <ige> wind✲; meander: *Egy ösvény kanyarog az erdőn keresztül a patak mentén.* A path winds through the forest along the steam.
kanyarulat <fn> curve; bend
káosz <fn> chaos
kaotikus <fn> chaotic
kap <ige> 1. *(adnak neki)* get✲; receive; be✲ given: *állami támogatást kap* get a grant from the state * *Kaptam egy könyvet.* I got a book. * *levelet kap* get/receive a letter * *üzenetet kap vkitől* receive a message from sy 2. *(beszerez, megszerez)* obtain; get✲; have✲: *hitelt kap* obtain credit 3. *(betegséget)* get✲; catch✲: *bárányhimlőt kap* get the chicken-pox * *Légcsőhurutot kaptam.* I caught a cold on my chest. 4. *(hirtelen vhova nyúl)* clutch: *fejéhez kap* clutch one's head 5. *(hirtelen megfog)* grasp; snatch; grab
kapa <fn> hoe
kapacitás <fn> 1. *(térfogat)* capacity 2. *(befogadóképesség)* capacity 3. *(teljesítőképesség)* capacity
kapál <ige> hoe
kapar <ige> scratch; scrape
kapásból <hsz> off the cuff; offhand; right away; extempore: *Nem emlékszem a történetre így kapásból.* I can't remember the story offhand.
kapaszkodik <ige> hang✲ on; hold✲ on; cling✲; grasp: *Kapaszkodj belém!* Hold on to me!
kapaszkodósáv <fn> crawler lane
kapcsol <ige> 1. join; connect; *(tűz)* clip: *Levelét a könyvhöz kapcsolta.* He clipped his letter to the book. 2. *(telefonon vkit)* put✲ sy through: *Kapcsolná a 117-et?* Can you put me through to 117? 3. *(sebességbe)* shift: *harmadikba kapcsol* shift into third gear 4. biz *(reagál)* catch✲ on; latch on
kapcsolás <fn> *(telefonon)* connection: *téves kapcsolás* wrong connection/number
kapcsolat <fn> 1. *(viszony)* relationship; relation(s): *tartós kapcsolat* a steady relationship * *próbára teszi a kapcsolatot* strain the relationship * *Jó a kapcsolatod a szomszédoddal?* Do you have a good relationship with

your next-door neighbour? * *diplomáciai kapcsolatok* diplomatic relations * *nemzetközi kapcsolatok* international relations **2.** *(összefüggés)* connection; relation(s); link; relationship: *vmivel kapcsolatban* in connection with sg * *Kapcsolat van a levegőszennyezés és a rák között.* There is a link between air pollution and cancer. **3.** *(összeköttetés)* contact; connection; relation(s): *kapcsolatot teremt vkivel* make contacts with sy * *közvetlen kapcsolatban van vkivel* be in direct contact with sy * *A rendőrség gyanította, hogy van valami kapcsolata az emberrablóval.* Police suspected that she had some connection with the kidnapper. * *kapcsolatba lép vkivel* enter into relations with sy * *elvágja/megszünteti a kapcsolatokat vkivel* sever relations with sy **4.** *(ismeretség)* contact: *Számos kapcsolatom van az egyetemen.* I have several contacts at the university. **5.** el *(érintkezés)* contact: *A két vezeték között elektromos kapcsolat áll fenn.* There is an electric contact between the two wires. **6.** infor link: *Az iroda közvetlen számítógépes kapcsolatban van több mint 120 céggel.* The office has direct computer links to over 120 firms.

kapcsoló <fn> switch

kapcsolódik <ige> be✧ connected (**vmihez** with sg); be✧ joined (**vmihez** with sg); be✧ linked (**vmihez** with sg)

kapható <mn> available; obtainable: *csak receptre kapható* available only on prescription * *nem kapható* unavailable

¹**kapitalista** <mn> capitalistic; capitalist
²**kapitalista** <fn> capitalist
kapitalizmus <fn> capitalism
kapitány <fn> **1.** *(hajóé, repülőgépé stb.)* captain: *a hajó kapitánya* the captain of the ship * *A kapitány felelős a hajóért.* The captain is in charge of the ship. **2.** sp captain
kapitulál <ige> capitulate; surrender
kapkod <ige> **1.** keep✧ catching (**vmi után** at sg); keep✧ grabbing (**vmi után** at sg) **2.** *(zavarában)* be✧ in a flurry/fluster
kapkodás <fn> flurry; fluster
kapocs <fn> **1.** *(papírnak)* clip **2.** *(ruhán)* hook; hook and eye; fastener; *(táskán, nyakláncon stb.)* clasp; *(csat)* buckle; *(patent)* press stud; snap (fastener) **3.** *(jelenségek, dolgok között)* bond; link; tie; connection: *összekötő kapocs* connecting link
kápolna <fn> chapel
kapor <fn> dill
káposzta <fn> cabbage: *vörös káposzta* red cabbage
kapribogyó <fn> caper
kapszula <fn> orv capsule

kaptár <fn> beehive; hive
kapu <fn> **1.** *(kerti)* gate; *(házé)* door: *A kapu szélesre volt tárva.* The gate was wide open. **2.** sp goal: *berúgja a labdát a kapuba* kick the ball to the goal * *Az a rúgás a kapu közepébe érkezett.* That shot went to the middle of the goal. **3.** *(repülőgéphez)* gate: *A B51-es járathoz fáradjon a hármas kapuhoz!* Go to gate 3 for flight B51.
kapualj <fn> doorway; gateway: *egy kapualjban keres menedéket a vihar elől* shelter oneself from the storm under a gateway
kapucni <fn> hood: *kék kapucnis piros pulóver* a red jumper with a blue hood
kapucnis pulóver <fn> biz hoody (tsz: hoodies); hoodie
kapufa <fn> sp goalpost: *kapufát lő* hit the goalpost
kapus <fn> **1.** *(bejáratnál)* porter **2.** sp goalkeeper; biz goalie
kaputelefon <fn> Entryphone®
kapzsi <mn> greedy; avaricious
kapzsiság <fn> greed; avarice
¹**kar** <fn> **1.** *(testrész)* arm: *eltöri a karját* break one's arm * *A kisbabáját a karjaiban tartotta.* She took her baby in her arms. **2.** *(gépen)* lever
²**kar** <fn> **1.** *(egyetemi)* faculty; school: *bölcsészettudományi kar* Faculty/School of Arts **2.** *(testület)* staff: *tanári kar* school/teaching staff * *oktatói kar* academic staff **3.** *(énekkar)* choir; chorus
kár <fn> **1.** damage; loss; detriment; harm: *kárt okoz vkinek/vminek* cause/do damage to sy/sg * *helyrehozza a károkat* repair the damage * *a kár nagysága* extent of the damage * *tűz okozta kár* damage caused by fire * *kárt megállapít* ascertain/establish the loss/damage * *minden kár nélkül* without detriment * *kárt tesz vkiben/vmiben* cause sy/sg harm **2.** *(sajnálatos dolog)* pity: *Kár, hogy...* It's a pity that... * *Milyen/De kár!* What a pity!
karácsony <fn> Christmas: *karácsonykor* at Christmas * *Boldog karácsonyt (kívánok)!* Merry Christmas! * *Mit szeretnél karácsonyra?* What would you like for Christmas?
karácsonyeste <fn> Christmas Eve
karácsonyfa <fn> Christmas tree: *üveggömbökkel díszíti fel a karácsonyfát* decorate the Christmas tree with glass balls
karácsonyfadísz <fn> Christmas tree ornament; Christmas tree decoration
karácsonyi <mn> Christmas: *karácsonyi ajándék* Christmas present * *karácsonyi üdvözlőlap* Christmas card * *karácsonyi ének* Christmas carol * *karácsonyi ünnepek* Christmas celebrations
karakter <fn> **1.** *(jellem)* character **2.** *(jelleg)* character **3.** infor character

karalábé <fn> kohlrabi; turnip cabbage
karám <fn> pen; fold
karambol <fn> collision; (road) accident; crash: *A karambol a gyorshajtás eredménye volt.* The collision was the result of speeding.
karambolozik <ige> collide; have* an accident; crash
karamell <fn> caramel
karantén <fn> quarantine
karate <fn> sp karate
karaván <fn> caravan
karbantart <fn> maintain; service; keep* in good repair: *Ezt a biciklit megfelelően karban kell tartani.* This bike should be properly maintained.
karbantartás <fn> maintenance; servicing
karburátor <fn> gk carburettor; AmE carburetor
karcol <ige> scratch; scrape
karcolás <fn> scratch; scrape
karcsú <mn> slender; slim: *karcsú derék* a slim waist
kard <fn> sword: *a kard éle* the edge of the sword * *kardot ránt* draw one's sword
kardigán <fn> cardigan; *(hosszú)* coatigan
kardiológus <fn> cardiologist
kardvívás <fn> fencing
karfa <fn> arm; armrest: *a szék karfája* the arm of the chair
karfiol <fn> cauliflower
kárigény <fn> claim for damages
karika <fn> **1.** ring **2.** *(rajzolt)* circle **3.** *(sportszer, játékszer)* hoop **4.** *(szelet)* slice: *egy karika szalámi* a slice of salami
karikacsapás <fn>
 ♦ **(úgy) megy, mint a karikacsapás** biz run*/go* like clockwork
karikagyűrű <fn> wedding ring
karikatúra <fn> caricature; cartoon
karikaturista <fn> caricaturist; cartoonist
karima <fn> edge; border; rim; *(kalapé)* brim
karkötő <fn> bracelet: *ezüst karkötő* a silver bracelet * *drágakővel kirakott karkötő* a bracelet set with diamonds
karmester <fn> conductor: *A kórust egy fiatal karmester vezényelte.* The choir is conducted by a young conductor.
karmol <ige> claw
karnevál <fn> carnival
karó <fn> stake; pale; post; stick; *(sátoré)* peg
káró <fn> *(kártyában)* diamond
károg <ige> *(madár)* croak; caw
karom <fn> claw; *(ragadozó madáré)* talon
káromkodás <fn> **1.** *(cselekedet)* swearing; cursing **2.** *(szitok)* curse; swear word
káromkodik <ige> swear*; curse; use foul language

karonfogva <hsz> arm in arm
karóra <fn> wristwatch; watch
káros <mn> harmful; injurious; damaging: *káros szenvedély* harmful habit
károsodás <fn> damage; loss; *(testi)* injury
karosszék <fn> armchair; easy chair: *belesüpped egy karosszékbe* sink into an armchair
karosszéria <fn> gk bodywork; (car) body
Kárpát-medence <fn> Carpathian Basin
Kárpátok <fn> the Carpathians
karperec <fn> bangle; bracelet
kárpitos <fn> upholsterer
kárpitozás <fn> upholstery
kárpótlás <fn> compensation; recompense; indemnity: *kárpótlásul* by way of compensation
kárpótol <ige> compensate (**vkit vmiért** sy for sg); indemnify (**vkit vmiért** sy for sg); make* amends (**vkit vmiért** to sy for sg)
karrier <fn> career: *ragyogó karrier* a glittering career * *karrierje csúcsán van* be at the top of one's career
karrierista <fn> careerist
karszalag <fn> armband
kártékony <mn> harmful; damaging; detrimental; noxious
kártérítés <fn> compensation; indemnity; damages <tsz>: *Kaptál valami kártérítést a munka közben szerzett sérüléseidért?* Did you receive any compensation for your injuries at work? * *kártérítésért beperel vkit* sue sy for damages
kártevő <fn> pest: *Megszabadítják a házat a kártevőktől.* They rid the house of pests.
karton <fn> **1.** *(papír)* cardboard: *kartonból kivágott szép formák* nice shapes cut out from cardboard **2.** *(doboz)* carton: *egy karton tej* a carton of milk
kartondoboz <fn> cardboard box
kartonpapír <fn> cardboard
kartörés <fn> fracture of the arm
kártya <fn> **1.** *(játékeszköz)* card; playing card: *egy pakli kártya* a pack/deck of cards * *kiosztja a kártyákat* deal out the cards **2.** *(kártyázás)* cards <tsz>: *Mindig nyer a kártyában.* She always wins at cards. **3.** *(bankkártya)* card: *Fizethetek kártyával?* Can I pay by card? **4.** *(telefonkártya)* (phone) card
 ♦ **mindent egy kártyára tesz fel** put* all one's eggs in one basket ♦ **nyílt kártyával játszik** put*/lay* one's cards on the table
kártyázik <ige> play cards: *Gyakran kártyázik a barátaival.* She often plays cards with her friends.
karzat <fn> **1.** *(színházban)* gallery: *a karzatnak játszik* play to the gallery **2.** *(templomban)* choir; gallery

kastély <fn> *(várkastély)* castle; *(palota)* palace; *(kisebb)* mansion; manor
kasza <fn> scythe
kaszál <ige> **1.** *(levág)* mow; cut✥ down; scythe **2.** biz *(keres)* make✥ a killing
kaszinó <fn> casino
kaszkadőr <fn> *(férfi)* stunt man (tsz: stunt men); *(nő)* stunt woman (tsz: stunt women)
kassza <fn> **1.** *(színházban, moziban)* box office **2.** *(bevásárlóközpontban)* checkout; cash desk; *(pénztárgép)* cash register; till
kasszasiker <fn> box-office hit; blockbuster
kasztrál <ige> *(hímet)* castrate
katalizátor <fn> **1.** gk catalytic converter **2.** kém catalyst
katalógus <fn> catalogue; AmE catalog
katapultál <ige> eject
katasztrófa <fn> catastrophe; disaster
katasztrofális <mn> catastrophic; disastrous
katedrális <fn> cathedral
kategória <fn> category; class
kategorikus <mn> categorical: *kategorikusan tagad* deny sg categorically
katéter <fn> catheter
katicabogár <fn> ladybird; AmE ladybug
¹katolikus <mn> Catholic: *a katolikus egyház tagja* a member of the Catholic Church
²katolikus <fn> Catholic
katona <fn> soldier; serviceman (tsz: servicemen): *bevonul katonának* join the army
katonai <mn> military: *katonai főiskola* military academy ✱ *katonai diktatúra* military dictatorship ✱ *katonai közigazgatás/kormány* military government ✱ *katonai rendőrség* military police ✱ *katonai különítmény* a military detachment ✱ *katonai állomáshelyek* military stations ✱ *Felmentették a katonai szolgálat alól.* He was exempted from military service.
katonaság <fn> the army; the military; armed forces <tsz>: *a katonaságnál szolgál* serve in the army ✱ *megszökik a katonaságtól* desert from the army
katonaszökevény <fn> deserter
katonatiszt <fn> (army) officer
kátrány <fn> tar
kattan <ige> click
kattint <ige> infor click: *Kattints az OK gombra!* Click the OK button.
kattog <ige> clack; rattle
kátyú <fn> pothole
kaucsuk <fn> caoutchouc; rubber
kavar <ige> stir
kavarodás <fn> stir; upheaval
kavarog <ige> whirl; swirl; eddy
kávé <fn> coffee; *(eszpresszókávé)* espresso: *megdarálja a kávét* grind the coffee ✱ *kávét főz* make coffee ✱ *Kávét vagy teát kér(sz)?* Would you like coffee or tea?
kávédaráló <fn> coffee grinder; coffee mill
kávéfőző <fn> coffee maker/machine; percolator
kávéház <fn> café; coffee house
kávéscsésze <fn> coffee cup
kávézó <fn> café; coffee shop; coffee bar
kaviár <fn> caviar
kavics <fn> pebble; *(murva)* gravel; *(tengerparton)* shingle
kazán <fn> boiler
kazetta <fn> **1.** *(magnó-, video-)* cassette **2.** *(ékszeres)* casket
kb. [= körülbelül] approx. (= approximately); *(dátum előtt)* c.; ca. (= circa): *kb. 2008-ban* c. 2008
kebel <fn> bosom; breast
kecses <mn> graceful; dainty; charming
kecske <fn> goat; *(bak)* he-goat; *(nőstény)* she-goat
 ♦ **a kecske is jóllakik, a káposzta is megmarad** have✥ one's cake and eat it
 ♦ **kecskére bízza a káposztát** set✥ the fox to watch the geese
kecskegida <fn> kid
kecskeszakáll <fn> goatee
kedd <fn> Tuesday: *kedden* on Tuesday ✱ *múlt kedden* last Tuesday ✱ *jövő kedden* next Tuesday ✱ *kedden este* Tuesday evening
keddi <mn> Tuesday; Tuesday's; of Tuesday <csak hátravetve>: *a jövő keddi óra* next Tuesday's lesson
kedély <fn> humour; AmE humor; temperament; mood; spirit: *jó kedély* good humour; high spirits
 ♦ **lecsillapítja a kedélyeket** pour oil on troubled waters
kedélyállapot <fn> mood; frame/state of mind
kedv <fn> **1.** *(hangulat)* mood; temper: *Beszédes kedvében van.* He is in a conversational mood. ✱ *jó kedve van* be in a good mood **2.** *(öröm, tetszés)* liking; pleasure: *kedvére való* be to sy's liking ✱ *kedvét leli vmiben* find pleasure in sg **3. kedve van vmit tenni** feel✥ like doing sg: *Nincs kedvem dolgozni.* I don't feel like working.
 ♦ **vkinek a kedvéért** for the sake of sy; for sy's sake ♦ **vminek a kedvéért** for the sake of sg
kedvel <ige> like; be✥ fond of sy/sg: *Kedvelem az új matektanárunkat.* I like our new maths teacher. ✱ *A magas sarkú cipőket kedveli.* She likes shoes with high heels.
kedvelt <mn> popular; fashionable
¹kedvenc <mn> favourite; AmE favorite: *kedvenc szín* favourite colour ✱ *a kedvenc filmem* my favourite film

²kedvenc <fn> favourite; AmE favorite: *Melyik a kedvenced?* Which one's your favourite? * *a közönség kedvence* a favourite with the audience

kedves <mn> **1.** kind; nice; friendly; sweet: *kedves vkihez* be kind/nice to sy * *Mindig kedves velünk.* She is always kind to us. * *Nagyon kedves tőled!* That's really kind/nice of you! * *Nagyon kedves tőled, hogy jössz.* It is very nice of you to come. * *kedves a természete* have a sweet nature **2.** *(szeretett)* dear: *(az én) kedves barátom* my dear friend **3.** *(bájos)* pretty; charming; lovely **4.** *(levélben)* dear: *Kedves Sam!* Dear Sam,... * *Kedves Asszonyom!* Dear Madam,...

kedvetlen <mn> moody; dispirited; listless

kedvez <ige> favour (**vkinek/vminek** sy/sg)

kedvezmény <fn> **1.** *(engedmény)* allowance; discount; reduction **2.** *(előny)* advantage

kedvezményes <mn> preferential; reduced: *kedvezményes (vám)tarifa* preferential tariff * *kedvezményes ár* reduced price

kedvező <mn> advantageous; favourable; AmE favorable: *kedvező időjárás* favourable weather conditions * *kedvező feltételek mellett* under favourable conditions

kedvezőtlen <mn> disadvantageous; adverse; unfavourable; AmE unfavorable: *kedvezőtlen körülmények* adverse/unfavourable conditions

kefe <fn> brush

kefél <ige> **1.** brush **2.** vulg *(közösül)* fuck; screw; bonk

kefir <fn> kefir

kegyelem <fn> **1.** mercy; quarter; *(büntetés enyhítése)* clemency; *(büntetés elengedése)* pardon; *(halálraítéltnek)* reprieve: *A királynő nem mutatott kegyelmet.* The queen showed no mercy. * *kegyelmet kér* ask for mercy **2.** vall grace: *Isten kegyelmében bízok.* I believe in the grace of God.

kegyetlen <mn> cruel; brutal; merciless; vicious; ruthless; ferocious: *kegyetlen diktátor* a cruel dictator * *Kegyetlen a kutyájával.* He is cruel to his dog. * *kegyetlen támadás* a vicious attack * *kegyetlen háború* ferocious war

kegyetlenség <fn> cruelty; inhumanity; brutality: *gyűlöli a kegyetlenséget* loathe cruelty * *indokolatlan kegyetlenség* gratuitous cruelty

¹kék <mn> blue: *Kék az ég.* The sky is blue. * *Kék szeme van.* She has got blue eyes.

²kék <fn> blue: *kékbe öltözött* be dressed in blue * *A kék fokozatosan átmegy zöldbe, ha sárgát adunk hozzá.* Blue grades into green as yellow is added.

kékes <mn> bluish

keksz <fn> biscuit; AmE cookie; *(sós)* cracker: *egy csomag keksz* a packet of biscuits * *ropogós keksz* crisp biscuit

kel <ige> **1.** *(alvásból, ágyból)* get✢ up; rise✢: *Soha nem kel korán.* He never gets up early. **2.** *(égitest)* rise✢: *Ma reggel mikor kel a nap?* When will the sun rise this morning? **3.** *(növény)* sprout; shoot✢ **4.** *(tojásból)* hatch **5.** *(tészta)* rise✢; swell✢

kelbimbó <fn> Brussels sprout; sprout

kelepce <fn> pitfall; trap; snare: *kelepcébe csal* lure into a trap

kelés <fn> *(bőrön)* abscess; boil

kelet <fn> **1.** *(égtáj)* east; East: *Skóciától keletre* to the east of Scotland * *Keletről fúj a szél.* The wind is blowing from the east. **2.** *(vidék)* the (far) East; the Orient

Kelet-Európa <fn> Eastern Europe

kelet-európai <mn> East European

keleti <mn> east; eastern; easterly; orient; oriental: *a keleti part* the east coast * *keleti szél* an east/easterly wind * *az egykori keleti blokk* the former Eastern bloc * *keleti szokás* an eastern custom * *keleti irány* easterly direction

keletkezés <fn> genesis; origin; beginning; rise

keletkezik <ige> **1.** *(létrejön)* come✢ into existence; come✢ into being; originate (**vmiből** from/in sg); arise✢ (**vmiből** from sg) **2.** *(támad)* break✢ out

kelkáposzta <fn> savoy cabbage

kell <ige> **1.** *(szükség van rá)* need; want; be✢ needed: *Kell nekünk vízum az USA-ba?* Do we need a visa for the USA? * *Kell vagy nem kell?* Do you need/want it or not? * *Mi fog kelleni?* What will be needed? **2.** *(szükséges vmit tenni)* must; have✢ to; have✢ got to: *Be kell fejeznem ezt hét órára.* I must finish it by seven o'clock. * *Indulnunk kell.* We have to go now. * *Be kell ismernem, (hogy...)* I have to admit (that...) * *Nem kell egyenruhát hordanunk.* We don't have to wear uniforms. **3.** *(bizonyosság)* must: *Mostanra már ott kell lenniük.* They must be there by now.

kellék <fn> **1.** *(tartozék, felszerelés)* accessory **2.** *(főzéshez)* ingredient **3.** szính prop

kellemes <mn> pleasant; nice; pleasing; agreeable; *(szórakoztató)* enjoyable: *kellemes érzés* a pleasant sensation/feeling * *kellemes idő* nice weather

kellemetlen <mn> **1.** unpleasant; disagreeable: *kellemetlen hír* unpleasant news **2.** *(kínos)* embarrassing; awkward; annoying: *kellemetlen helyzetben van* be in an embarrassing situation * *Kellemetlenül éreztük magunkat.* We felt awkward. **3.** *(szag)* bad; offensive

kellemetlenség \<fn> trouble; bother; nuisance: *Sok kellemetlenségem volt.* I had a lot of trouble.
kelletlen \<mn> reluctant; unwilling; half-hearted
kellő \<mn> right; proper; due; adequate: *kellő időben* at the right/proper time
¹**kelt** \<ige> **1.** *(ébreszt)* wake✢ (up) **2.** *(előidéz)* create; produce; arouse; cause; give✢ rise to sg: *szánalmat kelt* arouse pity ✶ *nagy izgalmat kelt* cause great excitement; give rise to great excitement
²**kelt** \<mn> **kelt tészta** leavened dough; raised dough
¹**kelta** \<mn> Celtic
²**kelta** \<fn> **1.** *(személy)* Celt **2.** *(nyelv)* Celtic
keltez \<ige> date
keltezés \<fn> date
kém \<fn> spy
kémcső \<fn> test tube
kemence \<fn> **1.** *(sütésre)* oven **2.** *(olvasztó)* furnace **3.** *(téglaégető, porcelánégető)* kiln
kemény \<mn> **1.** hard; stiff **2.** *(elhatározott)* resolute; unyielding **3.** *(szigorú)* hard; harsh: *kemény szavak* harsh words **4.** *(fáradságos)* hard: *Kemény munka volt.* It was a hard work. **5.** *(nehéz)* hard; tough; rough **6.** *(tojás)* hard-boiled **7.** *(zord)* severe; rough: *kemény tél* severe winter
kémény \<fn> **1.** chimney: *Füstöl a kémény.* The chimney is smoking. **2.** *(hajón, mozdonyon)* funnel
keményítő \<fn> starch
keménység \<fn> **1.** *(tárgyé)* hardness; stiffness **2.** *(bánásmódé)* harshness; severity
kéményseprő \<fn> chimney sweep; biz sweep
kémia \<fn> chemistry: *szerves kémia* organic chemistry ✶ *szervetlen kémia* inorganic chemistry
kémikus \<fn> chemist
kémkedés \<fn> spying; espionage
kémkedik \<ige> spy **(vkinek // vki után** for sy // on sy**)**
kemoterápia \<fn> chemotherapy
kemping \<fn> campsite; camping site; camping ground; AmE campground
kempingező \<fn> camper
kempingszék \<fn> camp chair
ken \<ige> **1.** spread✢ **(vmit vmire // vmit vmivel** sg on/over sg // sg with sg**)**; smear **(vmit vmire // vmit vmivel** sg on/over sg // sg with sg**)**: *vajat ken a zsömlére* spread butter on the roll **2.** *(gépet)* lubricate; grease **3.** biz *(veszteget)* bribe
kén \<fn> sulphur; AmE sulfur
kender \<fn> hemp
kendő \<fn> **1.** scarf (tsz: scarves v. scarfs); *(fejre, vállra)* shawl **2.** *(karfelkötő)* sling
kenguru \<fn> **1.** kangaroo **2.** *(gyermekhordó)* baby carrier

kengyel \<fn> *(lovagláshoz)* stirrup
kenőanyag \<fn> lubricant; grease
kenőcs \<fn> ointment; cream
kenőpénz \<fn> bribe; backhander; kickback
kenu \<fn> sp canoe
kenuzik \<ige> sp canoe
kényelem \<fn> comfort; convenience; ease: *Az a szálloda teljes kényelmet nyújt.* That hotel has all modern comforts/every modern comfort. ✶ *a kényelem érdekében* for convenience
kényelmes \<mn> **1.** *(kényelmet nyújtó)* comfortable; *(lakályos)* snug; cosy; AmE cozy: *kényelmes cipő* a pair of comfortable shoes ✶ *kényelmes, puha karosszék* a comfortable soft armchair ✶ *kényelmes kis ház* a snug little house **2.** *(alkalmas)* convenient **3.** pej *(lusta)* easy-going; nonchalant
kényelmetlen \<mn> **1.** *(nem kényelmes)* uncomfortable: *kényelmetlen testtartásban ül* sit in an uncomfortable position ✶ *Ez a szék annyira kényelmetlen!* This chair is so uncomfortable. **2.** *(alkalmatlan)* inconvenient **3.** *(kellemetlen)* awkward: *kényelmetlenül érzi magát* feel awkward
kenyér \<fn> bread; *(egész)* loaf (tsz: loaves): *fehér kenyér* white bread ✶ *teljes kiőrlésű kenyér* wholemeal bread ✶ *ropogós kenyér* crusty bread ✶ *egy szelet kenyér* a slice of bread ✶ *Levágott két szeletet a kenyérből.* She cut two slices from the loaf.
kenyérhéj \<fn> crust
kenyérmorzsa \<fn> breadcrumb
kenyérpirító \<fn> toaster
kenyértartó \<fn> bread bin
kényes \<mn> **1.** *(nem ellenálló)* tender; delicate; fragile **2.** *(igényes)* fastidious; critical; *(finynyás)* be✢ particular **3.** *(érzékeny)* be✢ sensitive **(vmire** to sg**)**
kényeztet \<ige> pamper
kényszer \<fn> compulsion; constraint; pressure; force: *enged a kényszernek* yield to pressure/force
kényszeredett \<mn> constrained
kényszeres \<mn> compulsive
kényszerhelyzet \<fn> necessity; emergency; difficult situation
kényszerít \<ige> compel **(vkit vmire** sy to do sg**)**; force **(vkit vmire** sy to do sg**)**; press **(vkit vmire** sy to do sg**)**
kényszerleszállás \<fn> emergency landing; forced landing; *(balesettel)* crash-landing
kényszerzubbony \<fn> straitjacket
kényszerül \<ige> be✢ constrained **(vminek a megtételére** to do sg**)**; be✢ forced **(vminek a megtételére** to do sg**)**

kénytelen <mn> be❖ forced (**vmit tenni** to do sg); be❖ compelled (**vmit tenni** to do sg): *Kénytelen vagyok...* I am compelled/forced to...

kép <fn> **1.** picture; *(arckép)* portrait; picture; *(festmény)* painting; picture: *a képen* in the picture ∗ *a kép hátterében* in the background of the picture ∗ *rajzol egy képet vkiről* draw a picture of sy **2.** *(fotó)* photograph; photo; fény *(papír)* print: *színes kép* colour print **3.** *(képernyőn)* picture **4.** *(látvány)* picture; sight; view **5.** *(benyomás)* image; picture: *Az emberekben az a kép él Mexikóról, hogy meleg és napos.* People have an image of Mexico as warm and sunny. **6.** *(könyvben illusztráció)* illustration; picture **7.** biz *(arc)* face **8.** szính scene
♦ **jó képet vág vmihez** biz grin and bear❖ it

képernyő <fn> screen; infor monitor; el, infor display: *a képernyőn* on screen

¹képes <mn> illustrated: *képes könyv* an illustrated book

²képes <mn> *(meg tudja tenni)* able (**vmire** to do sg); capable (**vmire** of (doing) sg): *Biztos vagyok benne, hogy képes vagy magasabbra ugrani, ha megpróbálod.* I'm sure you are capable of jumping higher if you try.

képesítés <fn> qualification: *képesítés nélküli* unqualified ∗ *képesítést szerez vmire* qualify for sg

képeskönyv <fn> picture book

képeslap <fn> **1.** *(üdvözlőlap)* postcard: *elküldi a képeslapot* send the postcard ∗ *képeslapokat gyűjt* collect postcards **2.** biz *(képes folyóirat)* magazine

képesség <fn> ability; capability; faculty; aptitude; *(különleges)* talent; gift: *képessége van vmire* have the ability to do sg; have a talent/gift for sg ∗ *szellemi képesség* mental ability ∗ *legjobb képessége szerint* to the best of one's ability ∗ *értelmi képesség* intellectual capacity ∗ *nagy képességekkel megáldott ember* a man of great talent

képez <ige> **1.** *(tanít)* train; teach❖ **2.** *(alkot)* compose; constitute; form: *vminek az alapját képezi* constitute the basis of sg **3.** nyelvt form

képkeret <fn> (picture) frame

képlékeny <mn> plastic; pliable

képlet <fn> mat, kém formula (tsz: formulas v. formulae)

képletes <mn> figurative; metaphorical

képmás <fn> picture; image; likeness; *(arckép)* portrait

¹képmutató <mn> hypocritical

²képmutató <fn> hypocrite

képregény <fn> comic; comic strip; cartoon strip; strip cartoon

képtár <fn> gallery; art gallery; picture gallery

képtelen <mn> **1.** *(nem képes)* unable (**vmire** to do sg); incapable (**vmire** of (doing) sg): *Képtelen hazudni.* She is incapable of lying. ∗ *Képtelen ölni.* He is incapable of murder. **2.** *(lehetetlen)* absurd; impossible: *képtelen állítás* absurd assertion

képtelenség <fn> **1.** inability (**vmire** to sg); incapability (**vmire** to sg); incapacity (**vmire** for sg) **2.** *(lehetetlenség)* absurdity; impossibility

képvisel <ige> **1.** represent: *Én képviselem az országunkat a találkozón.* I will represent our country at the meeting. ∗ *Elvárják, hogy te képviseld cégünket a konferencián.* You are required to represent your company at the conference. **2.** *(eljár)* act (**vki nevében** on behalf of sy // for sy)

képviselet <fn> **1.** *(képviselés)* representation **2.** *(intézmény)* agency

képviselő <fn> **1.** representative; *(küldött)* delegate: *A cégünk egyik képviselőjét Japánba küldték.* A representative of our company has been sent to Japan. **2.** *(országgyűlési)* Member of Parliament; representative: *Képviselőket választottunk.* We elected representatives.

képviselőjelölt <fn> candidate (for Parliament)

képzel <ige> imagine; fancy; suppose: *Képzeld, mi történt ma!* Just imagine what happened today! ∗ *Azt képzeltem, hogy láttam valamit a sötétben megmozdulni.* I fancied (that) I saw something moving in the dark. ∗ *Nem képzeled, hogy lopni fog, ugye?* You don't suppose that he's going to steal money, do you?

képzelet <fn> imagination; fantasy; fancy: *minden képzeletet felülmúlva* beyond imagination ∗ *a képzelet világa* the world of fancy

képzeletbeli <mn> imaginary; fictitious

képzelőerő <fn> imaginative power; creative power

képzés <fn> **1.** *(oktatás)* training, teaching **2.** nyelvt formation; derivation

képzetlen <mn> unskilled; untrained; unqualified

képzett <mn> skilled; trained; educated; qualified: *magasan képzett* highly educated ∗ *megfelelően képzett orvosok* suitably qualified doctors

képzettség <fn> qualification; education

képzőművész <fn> artist

képzőművészet <fn> the fine arts <tsz>

ker. [= kerület] district

kér <ige> **1.** ask for (**vmit** sg); request (**vmit** sg): *fizetésemelést kér* ask for a rise **2.** ask (**vkitől vmit** sy for sg); request (**vkitől vmit** of sy): *kölcsönt kér vkitől* ask sy for a loan ∗ *Pénzt kért tőlem.* He asked me for money. **3.** ask (**vkit vmire** sy to do sg); request (**vkit vmire** sy to do sg):

Kérte, hogy menjek el vele a boltba. She asked me to go with her to the shop. **4.** *(venni szeretne)* want (**vmit** sg): *Kérsz egy darab csokit?* Do you want a piece of chocolate? ✱ *Kérsz kávét? – Igen, kérek.* 'Would you like coffee?' 'Yes, please.' ✱ *Köszönöm, nem kérek többet!* No more thank you. **5.** *(felszámít)* ask; want; charge: *Mit kér ezért?* How much do you ask/want/charge for it? ✱ *Nem kérek érte semmit.* You may have it free of charge. **6.** *(kérvényez)* apply for (**vmit** sg) **7. kérem** *(köszönömre adott válaszban)* don't mention it; forget (about) it; you're welcome **8. kérem?** *(nem értem)* (I beg your) pardon?; what did you say?; sorry? **9. kérem** *(mint megszólítás)* excuse me

kerámia <fn> pottery; ceramics <tsz>: *Egy szép kerámiát kaptam születésnapomra.* I was given a fine piece of pottery for my birthday.

keramikus <fn> potter

kérdés <fn> **1.** *(feleletre váró)* question; query: *kérdést tesz fel vkinek* ask sy a question; put a question to sy ✱ *Válaszolj, kérlek, a kérdésemre!* Answer my question, please. **2.** *(probléma)* question; issue; problem; matter: *felvet egy kérdést* raise an issue ✱ *politikai kérdések* political issues ✱ *faji kérdés* race problem ✱ *nagyon fontos kérdés* a very important matter

kérdez <ige> **1.** *(kérdést tesz fel)* ask: *Kérdezhetek valamit?* Can I ask you a question? ✱ *Kérdezte tőlem, hol élek.* She asked me where I lived. **2.** *(vizsgán)* examine

kérdő <mn> nyelvt interrogative: *kérdő mondat* an interrogative sentence

kérdőív <fn> questionnaire: *kérdőívet kitölt* complete/fill in a questionnaire

kérdőjel <fn> question mark

kérdőszó <fn> nyelvt interrogative

kéreg <fn> **1.** *(fáé)* bark **2.** *(földé)* crust

kéreget <ige> beg

kerek <mn> **1.** *(kör alakú)* round; rounded; circular: *Az étkezőben van egy kerek asztalunk.* We have got a round table in the dining room. **2.** *(nyílt)* flat: *kerek elutasítás* flat refusal **3.** *(szám, összeg)* round: *szép kerek összeg* good round sum

kerék <fn> **1.** *(járműé)* wheel **2.** *(alkatrész)* wheel ♦ **hiányzik egy kereke** biz have✢ a screw loose ♦ **kereket old** biz take✢ to one's heels

kerékabroncs <fn> tyre; AmE tire

kerekasztal-beszélgetés <fn> round-table talks <tsz>

kerékbilincs <fn> wheel clamp; AmE (Denver) boot: *Kerékbilincset tettek a kocsira.* My car has been clamped.

kereken <hsz> *(nyíltan)* flatly; bluntly; explicitly: *kereken visszautasít* flatly refuse sg

kerekít <ige> **1.** *(tárgyat)* round sg off **2.** *(számot felfelé)* round sg up (**vmire** to sg); *(lefelé)* round sg down (**vmire** to sg)

keréknyom <fn> tyre tracks <tsz>; AmE tire tracks <tsz>

kerékpár <fn> bicycle; bike; cycle: *háromkerekű kerékpár* tricycle

→ Lásd a Tartalomjegyzékben a Tematikus rajzokat!

kerékpáros <fn> cyclist; rider: *A bukósisak kötelező a kerékpárosoknak.* Crash helmets are mandatory for cyclists.

kerékpározik <ige> cycle; ride✢; bike: *megtanul kerékpározni* learn to ride a bike

kerékpárút <fn> cycle lane/path

kerékpárverseny <fn> cycle race; cycling race

kérelem <fn> request; plea; *(kérvény)* application; petition: *kérelmet benyújt* hand in an application

kérelmez <ige> request (**vmit** sg); *(kérvénnyel)* apply (**vmit** for sg)

kérelmező <fn> applicant

keres <ige> **1.** *((meg)találni igyekszik vkit/vmit)* look for sy/sg; seek✢ sy/sg; *(kutat)* search for sg; hunt for sy/sg: *Mit keresel?* What are you looking for? ✱ *menedéket keres vkinél* seek

---

ⓘ Utókérdések, simuló kérdések • Question tags

a) Everbody was present, **weren't they?** *Mindenki jelen volt, ugye?* ✱ She's very nice, **isn't she?** *Nagyon szép, ugye?* ✱ Liz is coming tomorrow, **isn't she?** *Liz jön holnap, ugye?* ✱ Someone will answer this email, **won't they?** *Ugye valaki fog válaszolni erre az e-mailre?*

(Tehát: **állító** mondat után **tagadó** az utókérdés az angolban.)

b) It doesn't work, **does it?** *Ugye nem működik?* ✱ You won't tell anyone else, **will you?** *Ugye nem mondod el senkinek?* ✱ You're not leaving, **are you?** *Ugye nem mész el(, vagy igen)?*

(Tehát: **tagadó** mondat után **állító** az utókérdés.)

sanctuary with sy * *Két hete keresem azt a csomagot.* I've been searching for that bag for two weeks. * *Még mindig keresik az eltűnt gyereket.* They are still hunting for the missing child. **2.** *(jövedelmet)* earn **3.** *(állást)* look for sg; seek✧

kérés <fn> request: *kérésre* on request * *kérést teljesít* grant a request

kereset <fn> **1.** *(jövedelem)* income; salary; earnings <tsz>; *(munkabér)* wages <tsz>: *Havi keresete százezer forint.* Her monthly salary is 100,000 forints. **2.** jog (legal) action; lawsuit; suit; petition: *házasság felbontása iránti kereset* divorce suit; petition for divorce

keresett <mn> *(felkapott)* popular; fashionable

kereskedelem <fn> commerce; trade: *elektronikus/internetes kereskedelem* e-commerce * *tengerentúli kereskedelem* overseas trade * *Magyarország és a külföldi országok közötti kereskedelem* trade between Hungary and foreign countries

kereskedelmi <mn> commercial; trade; business: *kereskedelmi bank* commercial bank * *kereskedelmi tévécsatorna* a commercial TV channel

kereskedelmi mérleg <fn> gazd balance

kereskedés <fn> **1.** *(folyamat)* trade; trading; business **2.** *(üzlet)* shop

kereskedik <ige> trade (**vkivel // vmivel** with sy // in sg); deal✧ (**vkivel // vmivel** with sy // in sg): *Főleg paradicsommal kereskednek.* They trade mainly in tomatoes.

kereskedő <fn> **1.** *(boltos)* tradesman (tsz: tradesmen); shopkeeper; AmE storekeeper **2.** *(üzletember)* trader; dealer; businessman (tsz: businessmen)

kereslet <fn> demand: *kínálat és kereslet* supply and demand * *Az új házak iránti kereslet csökkent.* Demand for new houses has fallen.

kereszt <fn> **1.** *(jel, alakzat)* cross: *Egy kereszt látható a fán, amely útba igazít.* You can see a cross on the tree which shows where to go. **2.** *(keresztény jelkép)* cross; *(feszület)* crucifix: *Kereszt látható a templom tetején.* There is a cross on the top of the church. * *aranykeresztet visel a nyakában* wear a gold cross/crucifix round her neck **3.** zene *(módosítójel)* sharp (sign)

keresztanya <fn> godmother
keresztapa <fn> godfather
keresztbe <hsz> across; crosswise
keresztben <hsz> across; crosswise
keresztel <ige> christen; baptize
keresztelő <fn> baptism; christening ceremony

¹**keresztény** <mn> Christian: *a keresztény vallás* the Christian faith
²**keresztény** <fn> Christian
kereszténység <fn> **1.** *(hit)* Christianity; Christian faith: *A kereszténység a világ egyik legjelentősebb vallása.* Christianity is one of the greatest religions of the world. **2.** *(hívek)* Christianity; the Christians <tsz>

keresztes <fn> tört crusader
keresztes hadjárat <fn> tört crusade
keresztes lovag <fn> tört crusader
keresztez <ige> **1.** *(metsz)* cross: *Ennél a körforgalomnál négy út keresztezi egymást.* Four roads cross each other at this roundabout. **2.** *(akadályoz, meghiúsít)* cross; thwart: *keresztezi vkinek a terveit* cross sy's plans **3.** biol cross; crossbreed: *A két növényt keresztezték.* The two plants have been crossed.

kereszteződés <fn> crossing; intersection: *három út kereszteződésénél* at the intersection of three roads

keresztfiú <fn> godson
keresztlány <fn> goddaughter
keresztmetszet <fn> cross-section
keresztnév <fn> first name; Christian name; AmE given name
keresztrejtvény <fn> crossword (puzzle): *keresztrejtvényt fejt* solve a crossword puzzle
keresztszülő <fn> godparent
keresztút <fn> **1.** közl crossroad **2.** vall the stations of the Cross
keresztutca <fn> cross street
keresztül <nu> **1.** *(térben)* across; through; over: *a réten keresztül* across the fields **2.** *(utazásnál)* via: *Londonon keresztül* via London **3.** *(időben)* for; through(out); during: *Két órán keresztül járattuk a motort.* We left the engine running for two hours. **4.** *(általa, segítségével)* through; by means of sg: *Egy bankon keresztül történt a pénzmosás.* The money was laundered through a bank.

keresztülmegy <ige> **1.** *(halad)* pass (through); cross **2.** *(kellemetlenségen)* go✧ through sg; come✧ through sg: *Sok mindenen ment keresztül.* He has gone through a lot. * *Nehéz időszakon megy keresztül.* He is going through a difficult period. **3.** *(átél)* undergo✧; go✧ through: *változásokon megy keresztül* undergo changes **4.** *(vizsgán)* pass

keret <fn> **1.** *(foglalat)* frame; *(szemüvegé)* frames <tsz> **2.** *(pénzügyi)* budget **3.** sp squad: *az olimpiai keret* the Olympic squad **4.** *(váz)* framework **5.** *(határ)* range; limits <pl>: *szűk keretek között* within a narrow range

kéret <ige> *(vkit)* ask sy to come; send✧ for sy
kergemarhakór <fn> mad cow disease; BSE

kérges <mn> *(kéz)* horny

kerget <ige> **1.** *(üldöz)* chase; pursue; hunt **2.** *(vmilyen állapotba)* drive✦: *őrületbe kerget vkit* drive sy mad ∗ *halálba kerget vkit* drive sy to death

kering <ige> **1.** *(égitest)* revolve (**vmi körül** round sg): *A föld a nap körül kering.* The earth revolves round the sun. **2.** *(vmi a levegőben)* circle; *(űrhajó)* orbit **3.** *(folyadék, gáz)* circulate: *Vér kering a testünkben.* Blood circulates through the body. **4.** *(hír stb. terjed)* circulate; go✦ round

keringés <fn> orv circulation

keringő <fn> waltz

keringőzik <ige> waltz

kerítés <fn> fence; fencing: *átugorja a kerítést* jump over the fence ∗ *A kertet kerítés veszi körül.* There is a fence around the garden.

kérkedik <ige> brag (**vmivel** about sg); boast (**vmivel** about sg); flaunt (**vmivel** sg)

kérlel <ige> implore

kérő <fn> suitor

kérődzik <ige> ruminate

kérődző <fn> ruminant

kert <fn> garden: *botanikus kert* botanical garden(s) ∗ *A gyerekek kint vannak a kertben.* Children are out in the garden.

kertel <ige> biz beat✦ about the bush

kertész <fn> gardener

kertészkedik <ige> garden

kertészmérnök <fn> horticulturist

kerthelyiség <fn> garden

kerti <mn> garden: *kerti bútor* garden furniture ∗ *kerti fogadás/parti* garden party ∗ *kerti szerszámok* garden tools

kertmozi <fn> open-air cinema

kertváros <fn> garden city; garden suburb

kertvendéglő <fn> garden restaurant

kerül <ige> **1.** *(kerülőt tesz)* go✦ round **2.** *(elkerül)* avoid (**vkit/vmit** sy/sg); keep✦ away (**vkit/vmit** from sy/sg): *kerüli az embereket* avoid people **3.** *(vmely helyre)* get✦ (**vhova** swhere): *Hogy került ide ez a szoknya?* How did this skirt get here? **4.** *(időbe)* take✦; require: *A csirke előkészítése egy órámba került.* The preparation of the chicken took me an hour. **5.** *(összegbe)* cost✦: *sok pénzbe kerül* cost a lot of money ∗ *Ez mennyibe kerül?* How much does this cost? **6.** *(áldozatot, erőfeszítést követel)* cost✦ (**vkinek vmibe** sy sg); take✦ (**vkinek vmibe** sy sg): *A gyorshajtás az életébe került.* Speeding cost him his life. ∗ *Kerül, amibe kerül.* Cost what it may.

kerület <fn> **1.** mat circumference **2.** *(városi, közigazgatási)* district: *kerületünk kulturális élete* the cultural life of our district ∗ *a XV. kerület* the 15th district

kerülget <ige> *(beszédben vmit)* skirt (round) sg; talk round sg: *Úgy éreztem, hogy csak kerülgeti a témát.* I felt that he just talked round the subject.

kerülő <fn> detour: *kerülőt tesz, hogy a nagy forgalmat elkerülje* make a detour to avoid the traffic

kérvény <fn> application; request; petition: *kérvényt benyújt* submit an application; file a petition

kérvényez <ige> apply (**vmit** for sg); submit an application (**vmit** for sg)

kés <fn> knife (tsz: knives): *kenyérvágó kés* bread knife ∗ *éles kés* a sharp knife ∗ *tompa/életlen kés* a dull knife

késedelem <fn> delay: *késedelem nélkül* without delay

keselyű <fn> vulture

kesereg <ige> grieve (**vmin** for/over sg); lament (**vmin** over sg)

kesernyés <mn> bitterish

keserű <mn> **1.** *(íz)* bitter: *A grapefruit keserű szájízt hagy.* Grapefruit leaves a bitter taste in the mouth. **2.** *(fájó)* bitter

keserves <mn> **1.** *(nehéz)* hard; troublesome; laborious **2.** *(fájó)* painful; bitter: *keserves csalódás* bitter disappointment

késés <fn> delay; late arrival: *harminc perces késés* thirty-minute delay ∗ *Elnézést a késésért!* I apologize for my late arrival.

késik <ige> **1.** be✦ late; be✦ overdue: *Késik a válasz.* The answer is overdue. **2.** *(ember)* be✦ late: *Nem jellemző Johnra, hogy késik.* It's unlike John to be late. ∗ *Három órát késett.* She was three hours late. **3.** *(jármű)* be✦ late; be✦ delayed: *köd miatt késik (repülőgép)* be delayed by fog **4.** *(óra)* be✦ slow; lose✦: *Az órám tíz percet késik* My watch is ten minutes slow.

keskeny <mn> narrow: *keskeny híd* a narrow bridge

késlekedik <ige> fall✦ behind (**vmivel** with sg)

késleltet <ige> delay; retard; hold✦ up

¹**késő** <mn> late: *Későre jár.* It's getting late.

²**késő** <hsz> late: *késő este* late in the evening

később <hsz> later; later on; afterwards: *évekkel később* years later ∗ *Három évvel később ismét találkoztam vele.* I met her again three years later.

későbbi <mn> later; subsequent; following; *(jövőbeli)* future: *későbbi időpontban* at a later date ∗ *A későbbi kihallgatásokon mindent tagadott.* In subsequent hearings he denied everything.

kész <mn> **1.** *(befejezett, befejezte)* ready; finished; done: *Majdnem kész a reggeli.* Breakfast is almost ready. ∗ *Két perc múlva kész vagyok!* I'll be ready in 2 minutes. * *Majdnem kész vagyok.* I'm almost finished. **2.** *(készen kapható)* ready-made **3.** *(felkészült)* ready (**vmire** for sg) **4.** *(hajlandó)* ready (**vmire // vmit csinálni** to do sg); willing (**vmire // vmit csinálni** to do sg): *Kész vagyok veled jönni!* I am ready to come with you. **5.** *(teljes)* right; perfect; complete: *kész bolond* a right idiot

keszeg <fn> bream

készétel <fn> convenience food; ready-to-eat food

készít <ige> **1.** *(létrehoz, csinál)* make✣; do✣; prepare: *fénymásolatot készít vmiről* make a copy of sg * *cipőt készít* make shoes **2.** *(előállít)* produce; make✣; *(gyárt)* manufacture **3.** *(ételt)* prepare; cook: *Az anyukám az ebédet készíti.* My mum is preparing the lunch. **4.** *(fényképet)* take✣: *fényképet készít vmiről* take photos of sg

készítmény <fn> **1.** product **2.** *(gyógyszer)* specific

készlet <fn> **1.** *(áru)* stock; store: *Vásároljon, amíg a készlet tart!* Buy while stocks last! **2.** *(többrészes)* set; kit; *(étkészlet)* service **3.** *(tartalék)* supply; reserve: *Készleteink kezdtek kifogyni.* Our supplies are running out

készpénz <fn> cash: *készpénzzel fizet* pay in cash * *Nincs nálam készpénz.* I have no cash with/on me.
♦ **készpénznek vesz vmit** take✣ sg for granted

készpénz-automata <fn> gazd cash dispenser/machine

készruha <fn> ready-to-wear clothes <tsz>; off-the-peg clothes <tsz>

készség <fn> **1.** *(tudás)* skill **2.** *(hajlandóság)* willingness; readiness

készséges <mn> willing; ready; helpful; forthcoming: *készséges partner* a willing partner * *Nem volt túlságosan készséges.* He wasn't very forthcoming.

késztet <ige> make✣ (**vkit vmire** sy do sg); urge (**vkit vmire** sy to do sg); prompt (**vkit vmire** sy to do sg): *Mi késztet nevetésre?* What makes you laugh?

kesztyű <fn> glove(s): *egy pár új kesztyű* a new pair of gloves * *kesztyűt húz* put on gloves

kesztyűtartó <fn> glove compartment

készül <ige> **1.** *(gyártott)* be✣ made (**vmiből** of/from sg): *fából/fémből készült* was made of wood/metal **2.** *(javítás alatt)* be✣ under repair **3.** *(előkészületeket tesz)* make✣ preparations (**vmire** for sg); make✣ arrangements (**vmire** for sg): *készül az útra* make preparations for the journey **4.** *(diák)* prepare (**vmire** for sg): *A diákok kemény munkával készülnek a vizsgákra.* Students are preparing hard for the exams. **5.** *(szándékozik vmit tenni)* be✣ going to do sg; be✣ about to do sg: *Indulni készül.* She is about to leave. **6.** *(vmi rossz)* threaten: *Vihar készül.* A storm is threatening.

készülék <fn> apparatus; appliance; machine; *(tévé)* (television) set: *elektromos készülékek* electrical appliances

készülődik <ige> prepare (**vmire** for sg); get✣ ready (**vmire** for sg)

készültség <fn> **1.** *(készenlét)* preparedness; readiness; standby: *készültségben van* be on standby **2.** *(alakulat)* squad (on standby)

két <tőszn> two: *Két teát kérek.* Two teas, please.

kétágyas szoba <fn> double bedroom

kétbalkezes <mn> ham-fisted; clumsy; AmE ham-handed

ketchup <fn> ketchup

kételkedik <ige> doubt: *Kételkedem abban, hogy kész van-e.* I doubt if she is ready.

kétéltű <fn> **1.** áll amphibian **2.** *(jármű)* amphibian

kétely <fn> doubt

kétértelmű <mn> ambiguous

kétes <mn> **1.** doubtful; dubious **2.** *(bizonytalan)* uncertain **3.** *(vitás)* disputed **4.** *(gyanús)* shady; suspicious

kétévenként <hsz> every two years; biennially

kétfejű <mn> two-headed

kétfelé <hsz> **1.** *(két irányba)* in opposite directions **2.** *(két részre)* in two; in half

kétharmad <törtszn> two-thirds

kétnyelvű <mn> bilingual

kétoldalt <hsz> on both sides; on either/each side

kétoldalú <mn> bilateral: *kétoldalú megállapodás* bilateral agreement

ketrec <fn> cage; *(baromfinak)* coop; *(nyúlé)* hutch: *A papagáj kirepült a ketrecéből.* The parrot is out of its cage.

kétrészes <mn> two-piece: *kétrészes fürdőruha* two-piece bathing suit; bikini

kétség <fn> doubt: *Ehhez kétség nem fér.* There is no doubt about it. * *a kétség árnyéka sem* not a shadow of doubt * *kétségbe von vmit* cast doubt on sg; doubt sg * *Kevés kétség volt bennem.* There was little doubt in my mind.

kétségbeejtő <mn> desperate; hopeless: *kétségbeejtő anyagi helyzethen van* be in desperate financial straits

kétségbeesés <fn> despair; distress; desperation

kétségbeesett <mn> desperate; frantic: *kétségbeesett próbálkozás* a desperate attempt

kétségbeesik <ige> despair: *Ne ess kétségbe!* Don't despair!
kétséges <mn> doubtful; dubious; uncertain
kétségkívül <hsz> undoubtedly; no doubt; without doubt; beyond doubt
kétségtelen <mn> unquestionable; certain; sure
kétszer <hsz> twice: *naponta kétszer* twice a day * *kétszer akkora, mint...* twice as big as... * *Már kétszer voltam ott.* I have been there twice.
kétszeres <mn> double: *Az ő fizetése az én fizetésem kétszerese.* His pay is double my pay.
kétszínű <mn> 1. two-coloured; AmE two-colored 2. pej *(hamis)* two-faced; hypocritical
kétszobás <mn> two-room(ed)
ketten <hsz> two (of); *(együtt)* together: *ők ketten* the two of them
¹**kettes** <mn> 1. two 2. *(kettessel jelölt)* (number) two
²**kettes** <fn> 1. *(számjegy)* (the number) two 2. gk *(sebességfokozat)* second (gear): *kettesbe teszi az autót* put the car in second (gear) 3. *(osztályzat)* E
kettesben <hsz> *(együtt)* together; in private
kettészakít <ige> tear✧ in half/two; rip in half/two
kettétörik <ige> break✧ in half/two; snap
kettévág <ige> cut✧ in half/two
kettő <tőszn> two: *mínusz kettő* minus two * *háromhoz hozzáad kettőt* add two to three * *Háromnegyed kettő van.* It's a quarter to two. * *Ezt az almát kettőnk között fogjuk elosztani.* We'll share this apple between two of us. * *(Le)foglaltam egy szobát kettőnknek a szállodában.* I have reserved a room for two of us at the hotel.
¹**kettős** <mn> 1. *(kétszeres)* double: *kettős sorköz* double spacing 2. *(kettő vmiből)* double: *kettős hiba (teniszben)* double fault
²**kettős** <fn> zene is duet
kettőspont <fn> colon
ketyeg <ige> tick: *Hallod, hogy ketyeg az óra?* Can you hear the clock ticking? * *Az órád hangosan ketyeg.* Your clock ticks loudly.
kéve <fn> sheaf (tsz: sheaves); bundle
kever <ige> 1. *(főzéskor)* stir: *a rántást a levesbe keveri* stir the roux into the soup 2. *(összekever)* mix 3. *(kártyát)* shuffle 4. *(vkit vmibe)* get✧ sy into sg: *bajba kever vkit* get sy into trouble
keveredik <ige> 1. *(több egybe)* mix; blend 2. *(vegyileg)* combine 3. *(vki vmibe)* get✧ into sg; get✧ involved in sg: *verekedésbe keveredik* get into a fight * *bajba keveredik* get into mischief * *balesetbe keveredik* get involved in an accident
keverék <fn> 1. mixture; blend; combination 2. *(állat)* hybrid; crossbreed

kevés <mn> few; little; small; *(valamennyi)* some; *(idő)* short: *Kevés diák látogatja ezt az előadást.* Few students attend this lecture. * *kevés pénze maradt* have little money left * *Kevés remény van rá.* There is very little prospect of it. * *Kevés a reményünk.* We have small hope. * *még egy keveset* some more * *Szeretnék egy kevés tejet, de nincs.* I want some milk but there isn't any. * *kevéssel ezelőtt* a short time ago
kevésbé <hsz> less: *még kevésbé* still less * *egyre kevésbé* less and less
kéz <fn> hand: *bal kéz* left hand * *kezet fog vkivel* shake hands with sy * *kézen fog vkit* take sy by the hand * *kezet mos* wash one's hands * *A kezében volt egy könyv.* He had a book in his hand. * *Fel a kezekkel!* Hands up!
   ♦ **kézben tart vmit** keep✧ one's hands on sg ♦ **első kézből** (straight) from the horse's mouth ♦ **szabad kezet ad vkinek** give✧ sy a free hand
kézbesít <ige> deliver; hand: *A postás egy levelet kézbesített.* The postman delivered a letter.
kézbesítő <fn> 1. *(postás)* postman (tsz: postmen) 2. *(vállalaté stb.)* messenger
kezd <ige> begin✧; start: *énekelni kezd* begin to sing; start singing * *a gyakorlatokkal kezdi leckéit* begin one's lessons with the exercises * *Kezdett kitisztulni az idő.* It was beginning to brighten up. * *kezd elavulni* begin to date * *Havazni kezdett.* It started snowing. * *új életet kezd* start a new life
kezdeményez <ige> initiate; take✧ the initiative: *Tárgyalásokat kezdeményezett.* He initiated talks.
kezdeményezés <fn> initiative: *saját kezdeményezésére* on his own initiative * *magához ragadja a kezdeményezést* take the initiative
kezdet <fn> 1. beginning; start; opening; outset: *vminek a kezdetén* at the beginning of sg * *kezdettől fogva* right from the start * *a film kezdete* the opening of the film 2. *(eredet)* origin; source
kezdeti <mn> initial; early: *a kezdeti tárgyalások* the initial talks * *kezdeti stádium* initial/early stage
kezdetleges <mn> primitive; elementary
¹**kezdő** <mn> 1. *(kezdeti)* starting; initial: *kezdő fizetés* starting/initial salary 2. *(tapasztalatlan)* inexperienced
²**kezdő** <fn> beginner; biz greenhorn; biz newbie; biz noob: *teljes/abszolút kezdő* an absolute beginner
kezdőbetű <fn> initial (letter): *Tom Smith nevének kezdőbetűi:* T. S. T. S. are Tom Smith's initials.

kezdődik <ige> *(kezdetét veszi)* begin✣; start: *A koncert tízkor kezdődik.* The concert begins at ten. ∗ *A film este 8 órakor kezdődik.* The film starts at 8 o'clock.
kezdőrúgás <fn> *(futballban)* kickoff
kezel <ige> **1.** *(beteget, betegséget)* treat (**vkit vmivel // vmit vmivel** sy for sg // sg with sg): *Az orvos napszúrással kezelte.* The doctor treated him for sunstroke. ∗ *A legsúlyosabb eseteket kórházban kezelték.* The most serious cases were treated in the hospital. **2.** *(gépet)* handle; operate; *(karbantart)* maintain; service **3.** *(ügyeket)* manage **4.** *(jegyet)* inspect; check; control **5.** *(pénzt, értéket)* administer; handle **6.** *(bánik)* treat; handle; deal✣ with sy: *Felnőttként kezeli a gyerekeit.* He treats his children as adults. ∗ *Tiltakozom az ellen, hogy gyerekként kezeljenek!* I object to being treated like a child. **7.** *(nehéz helyzetet)* control
kezelés <fn> **1.** *(betegé, betegségé)* treatment; therapy: *kórházi/orvosi kezelés* hospital/medical treatment ∗ *reagál a kezelésre* respond to the treatment **2.** *(gépé)* handling; operation **3.** *(jegyé)* check; control **4.** *(ügyéké)* administration; management
kezelőorvos <fn> consultant
kézenállás <fn> handstand
kézenfekvő <mn> obvious; clear; evident
¹**kezes** <mn> *(szelíd)* tame; meek
²**kezes** <fn> guarantor
kezeskedik <ige> **1.** *(felelősséget vállal)* vouch (**vkiért/vmiért** for sy/sg); guarantee (**vmiért** sg) **2.** *(biztosít)* guarantee (**vmiről** sg)
kezeslábas <fn> **1.** *(munkához)* overalls <tsz>; boiler suit; AmE coveralls <tsz> **2.** *(gyermeké)* rompers <tsz>; AmE romper suit
kezesség <fn> guarantee; security
kézfej <fn> hand
kézfogás <fn> handshake: *erőteljes kézfogás* a firm handshake
kézhezvétel <fn> receipt
kézi <mn> **1.** *(kézzel végzett)* manual: *kézi munka* manual work **2.** *(kézzel készített)* handmade
kézifék <fn> handbrake; AmE emergency brake: *Be van húzva a kézifék.* The handbrake is on.
kézigránát <fn> (hand) grenade
kézikönyv <fn> handbook; manual; reference book
kézilabda <fn> handball
kézilabdázik <ige> play handball
kézimunka <fn> *(hímzés, horgolás stb.)* needlework; *(főleg hímzés)* embroidery
kézimunkázik <ige> do✣ needlework
kézipoggyász <fn> hand luggage
kézírás <fn> handwriting: *egyenetlen kézírás* irregular handwriting ∗ *reszkető kézírás* shaky handwriting

kézirat <fn> manuscript: *egy könyv kézirata* the manuscript of a book
kézjegy <fn> initials <tsz>
kéziszótár <fn> concise dictionary
kézitáska <fn> handbag; AmE purse
kézmosás <fn> hand-wash
kézmozdulat <fn> movement of the hand; gesture
kézműves <fn> craftsman (tsz: craftsmen); artisan
kézművesség <fn> (handi)craft; craftsmanship
kéztörlő <fn> (hand) towel; flannel
kézügyesség <fn> manual skill; (manual) dexterity
kézzelfogható <mn> evident; tangible; obvious
kft. [= korlátolt felelősségű társaság] Ltd (= limited liability company)
¹**ki** <kérd névm> who: *Ki az?* Who is it/that? ∗ *Ki tette ezt?* Who did that? ∗ *Ki játssza este Júliát?* Who is acting Juliet tonight? ∗ *Kit vár?* Who are you waiting for? ∗ *Kiért?* For whom? ∗ *Kitől?* From whom?
²**ki** <hsz> *(irány)* out; *(vmin kívülre)* outside; *(kifelé)* outwards: *Ki innen!* Get out!
kiabál <ige> shout; cry; bawl; yell: *Nem kiabált – még csak nem is sírt.* He didn't shout – he didn't even cry. ∗ *Rémülten kiabált.* He cried with alarm.
kiabálás <fn> shouting; crying; yelling: *Ne hagyd abba a kiabálást, amíg valaki nem válaszol!* Keep shouting until someone answers you. ∗ *Kiabálása megijesztett.* His crying scared me.
kiábrándít <ige> disappoint
kiábrándul <ige> be✣ disappointed (**vmiből/vkiből** in sg/sy)
kiad <ige> **1.** *(kifelé nyújtva vmit)* give✣ sg out **2.** *(jegyet, útlevelet stb.)* issue **3.** *(kiszolgáltat)* deliver; hand✣ over; surrender; *(bűnözőt)* extradite **4.** *(pénzt)* spend✣: *Kiadta minden pénzét.* She has spent all his money. **5.** *(bérbe vmit)* let✣ sg (out); AmE rent sg (out) **6.** *(megjelentet)* publish; issue: *Az első kiadást 2010-ben adták ki.* The first edition was published in 2010. **7.** *(parancsot)* give✣; issue; *(rendeletet)* publish; issue **8.** *(hangot)* emit; let✣ sg out **9.** *(kihány vmit)* bring✣ sg up; vomit **10. kiadja magát** pass oneself off (**vminek** as sg)
kiadás <fn> **1.** *(sajtóterméké)* publication; issue; *(könyvé)* edition **2.** *(útlevélé, jegyé stb.)* issue **3.** *(költségek)* expenses <tsz>; *(kormányé stb.)* expenditure: *háztartási kiadások* household expenses ∗ *Kiadása meghaladja bevételét.* His expenditure exceeds his income.

¹kiadó <mn> *(bérbe vehető)* to (be) let <csak hátravetve>; AmE for rent <csak hátravetve>; vacant: *Nincs kiadó szobánk.* We don't have any rooms to let.

²kiadó <fn> *(vállalat)* publishing house; publisher

kiadós <mn> abundant; plentiful; substantial: *kiadós ebéd* a substantial lunch

kiadvány <fn> publication: *A könyvkiállításon megnéztem az új kiadványokat.* I looked at the new publications in the book exhibition.

kialakít <ige> form; shape

kialakul <ige> **1.** form; develop; evolve: *Tömeg alakult ki a baleset helyszínén.* A crowd formed around the accident. **2.** *(elrendeződik)* be✧ settled; be✧ sorted out

kiáll <ige> **1.** *(vmely helyre)* stand✧ out; go✧ out **2.** *(kilép)* step out; step forward **3.** *(kiemelkedik)* protrude; project; stick✧ out **4.** *(kibír)* bear✧; endure; stand✧; tolerate: *kiállja a próbát* stand the test **5.** *(fájás megszűnik)* cease; stop **6.** *(vmi érdekében)* fight✧ for sg; defend sg

kiállhatatlan <mn> intolerable; insufferable; unbearable

kiállít <ige> **1.** *(vmit)* put✧ out; place sg out **2.** *(kiállításon)* exhibit; *(bemutat)* display; show✧ **3.** *(iratot, számlát stb.)* make✧ sg out; write✧ (**vkinek vmit** sy sg): *Kiállított nekem egy csekket a teljes összegről.* He wrote me a cheque for the full amount. **4.** sp *(játékost)* exclude; send✧ sy off

kiállítás <fn> **1.** exhibition; show: *képzőművészeti kiállítás* art exhibition ✱ *kiállítást szervez* mount an exhibition **2.** sp exclusion; send-off **3.** *(iraté)* issue: *kiállítás napja* date of issue

kiállítási csarnok <fn> gazd exhibition hall

kiállító <fn> *(kiállításon)* exhibitor

kialszik <ige> **1.** *(megszűnik égni)* go✧ out: *Este kialudt a tűz.* The fire went out in the evening. ✱ *Tegnap este sötét volt otthon, mert kialudtak a lámpák.* It was dark at home yesterday evening because the light had gone out. **2.** átv die away; fade **3.** *(alvással kipihen vmit)* sleep✧ sg off **4. kialussza magát** have✧ a good night's rest

kiált <ige> cry (out); shout; bawl; call (out): *„Menj innen!" – kiáltotta.* 'Go away,' he shouted. ✱ *Segítségért kiáltott.* He cried/shouted/bawled/ called for help.

kiáltás <fn> cry; shout; call: *éles/metsző kiáltást hallat* give a sharp cry ✱ *A hegy kiáltásainktól visszhangzott/zengett.* The hills echoed with our cries. ✱ *ujjongó/diadalittas kiáltás* a triumphant shout

kiáltvány <fn> proclamation; manifesto; appeal: *kiáltványt tesz közzé* issue a proclamation

kialvatlan <mn> needing/lacking sleep <csak hátravetve>

kiapad <ige> *(kiszárad)* dry up; run✧ dry

kiárad <ige> *(folyó)* flood; overflow

kiárusítás <fn> sale; clearance sale

kiás <ige> *(felszínre hoz vmit)* dig✧ sg out; dig✧ sg up; excavate

kibékít <ige> reconcile (**vkit vkivel** sy with sy)

kibékíthetetlen <mn> **1.** *(békülésre nem hajlandó)* unforgiving **2.** *(ellentétek)* irreconcilable; antagonistic

kibékül <ige> **1.** make✧ (it) up (**vkivel** with sy); make✧ peace (**vkivel** with sy); be✧ reconciled (**vkivel** with sy): *Vitatkoztam a barátommal, de végül kibékültünk.* I had an argument with my friend but we've finally made up. **2.** resign oneself (**vmivel** to sg)

kibérel <ige> rent; hire (out); lease: *Az építkezésünk idejére kibéreltünk egy lakást.* While our house was being built we rented a flat.

kibetűz <ige> decipher; make✧ sg out

kibicsaklik <ige> *(testrész)* be✧ sprained/dislocated

kibír <ige> *(elvisel)* bear✧; stand✧; endure

kibírhatatlan <mn> unbearable; intolerable

kibogoz <ige> **1.** *(kibont)* untie; unravel; undo **2.** *(megfejt)* puzzle sg out; solve; unravel

kibomlik <ige> **1.** *(meglazul)* come✧/get✧ loose; come✧ undone **2.** *(kinyílik)* unfold

kibont <ige> **1.** *(felnyit)* open **2.** *(kicsomagol)* unwrap; unpack **3.** *(összegöngyölt dolgot)* unfold **4.** *(csomót stb.)* undo✧; untie **5.** *(levelet)* open **6.** *(hajat)* take✧ down; let✧ down

kibontakozik <ige> **1.** *(kifejlődik)* develop **2.** *(ködből)* emerge

kiborít <ige> **1.** overturn; upset✧; *(folyadékot)* spill✧ **2.** biz *(felidegesít)* upset✧: *Megjegyzései kiborítottak bennünket.* We were upset by his remarks.

kiborul <ige> **1.** be✧ upset; be✧ overturned; be✧ spilt **2.** biz *(feldühödik)* get✧ upset; be✧ upset **3.** biz *(idegileg)* break✧ down

kibővít <ige> **1.** widen; make✧ wider; enlarge **2.** átv extend; expand

kibővül <ige> **1.** widen; become✧ wider; get✧ wider **2.** *(gyarapodik)* increase

kibújik <ige> **1.** creep✧ out (**vhonnan** of sg); crawl out (**vhonnan** of sg) **2.** biz *(kitér vmi elől)* get✧ out of sg; wriggle out of sg: *kibújik a felelősség alól* wriggle out of responsibility

kibúvó <fn> **1.** loophole: *kibúvót keres* try to find a loophole **2.** *(mentség)* excuse

kicsal <ige> **1.** *(kint lévő helyre vkit)* coax sy into coming out **2.** *(pénzt stb.)* swindle (**vkitől vmit**

kiegyezik

sy out of sg); cheat (**vkitől vmit** sy out of sg) **3.** *(vkiből titkot, igazságot stb.)* get✧ sg out of sy

kicsap <ige> **1.** *(medréből)* overflow **2.** *(iskolából)* expel (**vhonnan** from swhere): *16 éves korában kicsapták az iskolából.* She was expelled from school when she was 16.

kicsapódik <ige> *(ajtó, ablak)* fly✧ open

kicsapongó <mn> loose; dissolute: *kicsapongó életmód* loose life

kicsavar <ige> **1.** *(csavart)* unscrew **2.** *(gyümölcsöt)* squeeze: *kicsavar egy narancsot* squeeze an orange **3.** *(vizes holmit)* wring✧ sg (out) **4.** *(kitép)* wrest (**vmit vkinek a kezéből** sg from/out of sy's hands); wrench (**vmit vkinek a kezéből** sg from/out of sy's hands): *kicsavarja a levelet vkinek a kezéből* wrest the letter from sy's hands

kicselez <ige> dodge; elude

kicsempész <ige> smuggle out

kicsempéz <ige> tile: *kicsempézi a fürdőszobát* tile the bathroom

kicsenget <ige> **kicsengettek** isk the bell went

kicserél <ige> **1.** exchange (**vmit vmire** sg for sg) **2.** *(újjal)* replace (**vmit vmire** sg with/by sg): *Az új napszemüvegem hirtelen eltört, úgyhogy ki kellett cserélnem.* My new sunglasses have suddenly broken so I had to replace it. **3.** *(kocsit stb. árbeszámítással újra)* trade sg in (**vmire** for sg) **4.** *(nézeteket stb.)* exchange

¹kicsi <mn> **1.** small; little; *(nagyon kicsi)* tiny: *egy kicsi nyaraló* a small summer-house ✲ *kicsi doboz* a little box **2.** *(termetre)* short **3.** *(életkorban)* small; little: *édes kicsi lány* a lovely little girl **4.** *(jelentéktelen)* trifling; petty; puny

²kicsi <fn> baby; little one; *(lány)* little girl; *(fiú)* little boy: *vigyáz a kicsire* mind the baby ✲ *Túl késő van a kicsiknek.* It's too late for the little ones.

kicsikar <ige> extort (**vmit vkitől** sg from sy); coax (**vmit vkitől** sg out of sy); get✧ sg out of sy: *kicsikarja az információt vkitől* coax the information out of sy

kicsinosít <ige> **1.** *(helyiséget)* do✧ sg out **2. kicsinosítja magát** spruce oneself up

kicsiny <fn> **1.** *(gyermek)* little one: *a kicsinyek* the little ones; the children **2.** *(állaté)* cub: *kicsinyei vannak* have cubs

kicsinyes <mn> pej fussy; pedantic; *(szűkmarkú)* mean; niggardly

kicsinyít <ige> make✧ smaller; diminish; reduce

kicsírázik <ige> sprout; bud

kicsoda <kérd névm> who; whoever

kicsomagol <ige> **1.** *(kibont ajándékot stb.)* unwrap **2.** *(bőröndöt stb.)* unpack

kicsorbul <ige> chip

kicsordul <ige> overflow; spill✧; run✧ over

kicsúfol <ige> mock; make✧ fun of sy

kicsúszik <ige> slip (**vhonnan // vmiből** from sg // out of sg): *A könyv kicsúszott a kezemből.* The book slipped out of my hand.

kiderít <ige> *(vmit)* find✧ sg out; bring✧ sg to light; *(tényt stb.)* ascertain; *(rejtélyt)* unravel; clear sg up: *kideríti az igazságot* ascertain the truth

kiderül <ige> **1.** *(idő, ég)* get✧ brighter; clear; clear up **2.** *(kitudódik)* come✧ out; turn out; come✧ to light: *Kiderült, hogy egy gyilkos.* It turned out that he was a murderer.

kidob <ige> **1.** *(kívülre vmit)* throw✧ sg out **2.** *(szeméthe vmit)* throw✧ sg out; throw✧ sg away: *Pazarlás kidobni ezeket a zsömléket.* It is a waste to throw away these rolls. **3.** biz *(helyiségből vkit)* throw✧ sy out (**vhonnan** of swhere) **4.** biz *(állásból)* sack: *Kidobták, mert késett.* They sacked her for being late. **5.** pej *(pénzt)* lay✧ sg out

kidobóember <fn> bouncer

kidolgoz <ige> **1.** *(részleteiben)* elaborate; work sg out **2.** *(kikészít)* process; finish

kidől <ige> **1.** *(fa)* fall✧ **2.** *(kiömlik)* be✧ spilt

kidönt <ige> **1.** *(fát)* fell; *(falat)* pull down; knock down **2.** *(kiborít)* spill✧; overturn; upset✧

kidug <ige> *(vmit)* stick✧ sg out: *kidugja a nyelvét* stick out one's tongue

kidurran <ige> burst✧; blow✧ out

kidülled <ige> bulge

kiég <ige> burn✧ out

kiegészít <ige> **1.** supplement; complement; complete; make✧ sg complete: *gyümölcsökkel kiegészített diéta* a diet supplemented with fruits ✲ *énekléssel egészíti ki a jövedelmét* supplement his income by singing **2. kiegészítik egymást** complement each other

¹kiegészítő <mn> additional; supplementary; complementary

²kiegészítő <fn> *(ruhához)* accessories <tsz>

kiéget <ige> **1.** *(vmit)* burn✧ sg (out) **2.** *(téglát, cserepet)* fire

kiegyenesít <ige> straighten; make✧ straight: *kiegyenesíti a nyakkendőjét* straighten one's tie

kiegyenlít <ige> **1.** *(egyenlővé tesz)* equalize; level; level sg off; even sg out/up **2.** *(tartozást)* pay✧ sg (off); clear; settle: *kiegyenlíti a tartozását* pay off a debt ✲ *számlát kiegyenlít* settle the invoice **3.** sp equalize

kiegyensúlyozott <mn> balanced; well-balanced

kiegyezés <fn> compromise; conciliation

kiegyezik <ige> reach an agreement; compromise (**vkivel vmiben** with sy on sg)

kiejt <ige> 1. *(elejt)* drop; let❖ sg fall 2. *(kimond)* pronounce; sound

kiejtés <fn> pronunciation: *A kiejtése kiváló.* Her pronunciation is excellent.

kiél <ige> indulge: *kiéli magát vmiben* indulge in sg ∗ *kiéli horgászszenvedélyét* indulge one's passion for fishing

kielégít <ige> 1. satisfy: *minden igényt kielégít* satisfy every demand 2. *(óhajt stb.)* fulfil; comply with sg

kielégül <ige> 1. find❖ satisfaction (**vmiben** in sg) 2. *(vágy)* be❖ gratified; be❖ appeased 3. *(nemileg)* reach orgasm

kiélez <ige> *(ellentétet)* sharpen; deepen; *(helyzetet)* increase the tension

kiélvez <ige> *(vmit)* make❖ the most of sg

kiemel <ige> 1. take❖ sg out (**vmiből** of sg); lift sg out (**vmiből** of sg); *(sok közül)* pick (out) 2. *(mint fontosat)* highlight 3. *(hangsúlyoz)* emphasize; stress: *kiemeli vminek a fontosságát* stress the importance of sg

kiemelkedik <ige> 1. *(kiugrik)* rise❖ (**vhonnan** from swhere); emerge (**vhonnan** from swhere) 2. *(kitűnik)* excel (**vmiben** in/at sg // **vmiként** in/at sg // as sg): *Kiemelkedett matekban/fociban.* He excelled in maths/at football.

kiemelkedő <mn> 1. *(kiugró)* prominent 2. *(kiváló)* outstanding; excellent; prominent; eminent

kienged <ige> 1. *(menni vkit)* let❖ sy out 2. *(levegőt)* deflate 3. *(elenged)* release: *A tolvajt kiengedték a börtönből.* The thief was released from the prison. 4. *(behúzott féket)* release: *kiengedi a féket* release the brake

kiengesztel <ige> conciliate

kiépít <ige> build❖ up; develop

kiérdemel <ige> merit; earn; deserve

kierőszakol <ige> force (**vmit vkitől** sg from sy); extort (**vmit vkitől** sg from sy)

kiértékel <ige> evaluate; appraise; size sg up: *kiértékeli a helyzetet* evaluate the situation

kiesés <fn> 1. *(megszakítás)* break; interruption 2. sp *(versenyből)* elimination

kiesik <ige> 1. *(kizuhan)* fall❖ out (**vhonnan** of sg); drop out (**vhonnan** of sg) 2. sp *(versenyből)* drop out (**vmiből** of sg); be❖ eliminated (**vmiből** from sg)

kietlen <mn> bleak; desolate

kifacsar <ige> 1. *(gyümölcsöt)* squeeze 2. *(ruhát stb.)* wring❖ sg (out)

kifaggat <ige> question; interrogate

kifakít <ige> fade: *A nap kifakította a függönyöket.* The sun has faded the curtains.

kifakul <ige> fade: *A függönyök kifakultak a naptól.* The curtains had faded in the sun.

kifehéredik <ige> whiten

kifehérít <ige> whiten

kifejez <ige> 1. *(szavakkal)* express; voice: *reményét fejezi ki, hogy...* express the hope that... 2. **kifejezi magát** express oneself

kifejezés <fn> 1. *(kinyilvánítás)* expression; utterance 2. *(szókapcsolat)* expression; phrase: *szleng kifejezés* slang expression ∗ *Ez nem egy elterjedt kifejezés.* This expression is not in current use.

kifejezett <mn> *(határozott)* explicit; express

kifejező <mn> expressive; suggestive

kifejeződik <ige> manifest itself

kifejleszt <ige> develop; *(képességet stb.)* cultivate; improve

kifejlődik <ige> develop; grow❖

kifejt <ige> 1. *(hüvelyest)* shell 2. *(szavakban)* expound; *(magyaráz)* explain; make❖ clear; *(véleményt)* state; express: *kifejti nézeteit* expound/state one's views ∗ *kifejti az álláspontját* state one's case

kifelé <hsz> 1. *(irány)* outward(s); out: *Az ablak kifelé nyílik.* The window opens outwards. 2. *(külsőleg)* seemingly; outwardly

kifelejt <ige> *(vkit/vmit)* leave❖ sy/sg out

kifényesít <ige> polish; shine❖: *kifényesíti a cipőjét* shine one's shoes

kifest <ige> 1. *(helyiséget)* paint; decorate: *Egészen kifestettük a házat.* We painted the house throughout. 2. *(kiszínez)* colour; AmE color 3. *(arcot)* make❖ up 4. **kifesti magát** make❖ oneself up; put❖ on make-up

kifestőkönyv <fn> colouring book; AmE coloring book

kifeszít <ige> 1. *(feszessé tesz)* stretch (out); tighten; make❖ tight 2. *(felfeszít)* break❖ open; prise open; AmE prize open

kificamít <ige> sprain; dislocate: *Kificamítja a bokáját.* She sprained her ankle.

kificamodik <ige> be❖ sprained; be❖ dislocated

kifinomult <mn> refined

kifizet <ige> *(megfizet vmit)* pay❖ sg (out); *(adósságot)* pay❖ sg off; settle: *kifizeti a bírságot* pay a fine ∗ *a teljes összeget kifizeti* pay the full amount ∗ *havi részletekben kell kifizetni vmit* pay for sg in/by monthly instalments ∗ *Előre kifizettük a jegyeket.* We paid for the tickets in advance.

kifizetetlen <mn> unpaid: *kifizetetlen számlák* unpaid bills

kifizetődik <ige> pay❖; pay❖ off: *Nem fizetődik ki.* It doesn't pay.

kifizetődő <mn> profitable; remunerative

kifli <fn> ≈ croissant

kifog <ige> 1. *(vízből vmit)* take❖ sg out; *(halat)* catch❖; land 2. *(lovat)* unharness 3. **Ezt jól kifogtuk!** *(jót)* We're in luck.; *(rosszat)* It's

kifogás <fn> **1.** *(ürügy, mentség)* excuse; pretext: *gyenge kifogás* a feeble/sorry/flimsy excuse ∗ *elfogadható kifogást hoz fel* offer a reasonable excuse **2.** *(ellenvetés, helytelenítés)* objection; disapproval; complaint; plea: *kifogást emel* raise an objection ∗ *Ha nincs ellene kifogása.* If you have no objections.

kifogásol <ige> object (**vmit** to sg); protest (**vmit** against sg); raise objections (**vmit** to sg); disapprove (**vmit** of sg); find* fault (**vmit** with sg): *Kifogásolták a válaszaidat.* We objected to your answers. ∗ *Kifogásolod, ha én most elmegyek?* Do you object if I leave right now?

kifogástalan <mn> perfect; faultless; correct; excellent

kifogy <ige> *(teljesen elfogy)* come* to an end; run* short of sg; be* short of sg; *(készlet)* give* out; run* out: *Készleteink/Tartalékaink kezdtek kifogyni.* Our supplies were running out.

kifolyik <ige> flow out; run* out

kifordít <ige> **1.** *(vmit)* turn sg inside out: *Teljesen kifordítottam a pulcsimat.* I have turned my jumper inside out. **2.** *(értelmet)* twist

kifordítva <hsz> inside out

kiforgat <ige> **1.** *(kifordít vmit)* turn sg inside out **2.** *(vkit vmiből)* do* sy out of sg; cheat sy out of sg: *Kiforgatták vagyonából.* She was done out of his money. **3.** *(értelmét)* distort; twist

kiforrott <mn> mature; settled

kifoszt <ige> **1.** rob; biz skin; fleece **2.** *(háborúban)* plunder **3.** *(várost, falut)* sack

kifőz <ige> **1.** *(tésztát stb.)* boil; cook **2.** *(fertőtlenít vmit)* sterilize sg by boiling **3.** biz, pej *(kitervel)* brew; plot; concoct; cook sg up

kifröccsen <ige> spurt; splash

kifúj <ige> *(vmit)* blow* sg (out): *kifújja az orrát* blow one's nose

kifullad <ige> get* out of breath; biz run* out of steam: *kifulladt* be out of breath

kifúr <ige> *(kilyukaszt)* drill; bore; pierce

kifut <ige> **1.** *(futva kimegy)* run* out **2.** *(hajó)* sail **3.** *(folyadék)* boil over

kifutó <fn> *(divatbemutatón)* catwalk

kifutópálya <fn> runway

kifüggeszt <ige> hang* sg out; display; *(hirdetményt)* put* sg up: *A professzor kifüggesztett egy közleményt a vizsgáról.* The professor put up a notice about the exam.

kifütyül <ige> boo; catcall; whistle down

kigombol <ige> unbutton

kigondol <ige> conceive; think* sg up; invent; *(tervet)* think* sg out

kigúnyol <ige> ridicule; mock; make* fun of sy

kígyó <fn> snake: *A kígyók minden évben vedlenek.* Snakes cast their skins every year.

kigyógyít <ige> cure (**vkit vmiből** sy of sg): *kigyógyít vkit betegségéből* cure sy of a disease

kigyógyul <ige> recover; be* cured

kígyómarás <fn> snake bite

kígyóméreg <fn> snake poison; snake venom

kigyomlál <ige> *(vmit)* weed sg (out)

kígyózik <ige> wind*; twist and turn; coil

kigyullad <ige> **1.** *(égni kezd)* burst* into flames; catch* fire **2.** *(fényforrás)* light* up; be* lit

kihagy <ige> **1.** *(mellőz vmit)* leave* sg out; omit; *(elhagy, töröl)* omit **2.** *(kifelejt vmit)* leave* sg out: *Kihagyott egy szót.* She has left out a word. **3.** *(elszalaszt)* miss: *Miért hagytad ki azt a jó előadást tegnap?* Why did you miss that good performance yesterday? ∗ *Kihagytam a ma reggeli órát.* I missed my class this morning.

kihajol <ige> lean* out

kihajt <ige> **1.** *(állatot)* drive* out **2.** *(járművel)* drive* out **3.** *(növény)* sprout; *(rügyezik)* bud

kihal <ige> **1.** *(állatfaj)* become* extinct; die out **2.** *(megszűnik)* die (out); vanish: *A régi szokások kihalnak.* The old customs are dying. **3.** *(vidék elnéptelenedik)* become* deserted; become* depopulated

kihalász <ige> fish sg out (**vhonnan** of sg); *(halat)* catch*

kihallgat <ige> **1.** *(kikérdez)* interrogate; question **2.** *(titokban)* eavesdrop (**vmit** on sg); *(véletlenül)* overhear* (**vkit/vmit** sy/sg)

kihallgatás <fn> **1.** *(hatósági)* examination; hearing; questioning; interrogation: *A későbbi kihallgatásokon mindent tagadott.* In subsequent hearings he denied everything. **2.** *(magas rangú személyiségnél)* audience (**vkinél** with sy)

kihalt <mn> **1.** *(kipusztult)* extinct; died out: *A mamutok kihaltak.* Mammoths became extinct. **2.** *(üres)* dead; desolate: *Az utcák éjszaka kihaltak.* The streets are dead at night.

kihasznál <ige> **1.** utilize; exploit; take* advantage of sg; *(kimerít)* exhaust; use up: *kihasználja az alkalmat* take advantage of the opportunity **2.** pej *(tisztességtelenül vkit)* take* advantage of sy; exploit **3.** *(energiaforrást)* harness

kihasználatlan <mn> unexploited; unutilized; unused

kihat <ige> affect (**vkire/vmire** sy/sg); influence (**vkire/vmire** sy/sg); have* an impact (**vkire/vmire** on sy/sg); have* an effect (**vkire/vmire** on sy/sg)

kihatás <fn> effect; influence; impact; *(következmény)* consequence; *(eredmény)* result: *kihatással van vmire* have an effect/impact on sg

kihegyez <ige> sharpen: *ceruzát kihegyez* sharpen a pencil

kiherél <ige> castrate

kihever <ige> **1.** *(bajt stb.)* get* over sg; *(csapást)* survive: *Ne aggódj miattam – ki fogom heverni!* Don't worry about me – I'll survive. **2.** *(betegséget)* recover from sg

kihirdet <ige> announce; proclaim; pronounce: *Az edző kihirdette a síverseny győztesét.* The trainer announced the winner of the skiing competition. ∗ *kihirdeti az ítéletet* pronounce sentence

kihív <ige> **1.** *(vkit)* call sy (out): *kihívja a rendőrséget* call out the police **2.** *(küzdelemre stb.)* challenge: *A lányok kihívták a fiúkat egy focimeccsre.* The girls challenged the boys to a football match.

kihívás <fn> challenge: *eleget tesz/megfelel a kihívásnak* be equal to the challenge

¹kihívó <mn> provocative; provoking: *kihívó viselkedés* provocative behaviour

²kihívó <fn> challenger

kihord <ige> **1.** *(vmit)* carry sg out; take* sg out **2.** *(kézbesít)* deliver; distribute **3.** *(gyermeket)* bear*

kihoz <ige> **1.** *(vmit)* bring* sg out; take* sg out **2.** *(megjelentet vmit)* bring* sg out; release **3.** biz *(eredményt)* produce

kihull <ige> fall* out

kihúz <ige> **1.** *(vmit)* pull sg out; draw* sg out **2.** *(áthúz, töröl vmit)* cross sg out; strike* sg out; erase; delete **3.** *(fogat)* extract **4.** *(sorsjegyet)* draw* **5.** biz *(információt vkiből)* extract sg from sy; drag sg out of sy: *kihúzza az információt vkiből* extract the information from sy **6. kihúzza magát** *(egyenesre)* straighten up **7. kihúzza magát** *(kivonja magát)* evade (**vmi alól** (doing) sg); wriggle out of sg: *kihúzza magát a kötelesség alól* evade a duty

kihűl <ige> cool; get* cold

kiír <ige> **1.** *(kimásol vmit)* copy sg out **2.** *(teljes egészében vmit)* write* sg out in full **3.** *(pályázatot stb. meghirdet)* announce **4.** *(képernyőn)* display **5.** *(betegállományba vkit)* put* sy on sickness benefit; send* sy on sick leave **6. választásokat kiír** call an election; call elections

kiírás <fn> *(felirat)* notice; inscription

kiirt <ige> **1.** *(gyökerestől vmit)* destroy sg root and branch; root sg out; *(megsemmisít)* annihilate; destroy **2.** *(embereket tömegét)* exterminate **3.** *(állatfajt)* kill sg (off) **4.** *(vminek az emlékét)* blot sg out

kiismer <ige> **1.** *(megismer vkit/vmit)* come* to know sy/sg **2.** *(átlát vkin/vmin)* see* through sy/sg **3. kiismeri magát vhol** find*/know* one's way around sg

kiismerhetetlen <mn> inscrutable

kiiszik <ige> *(vmit)* drink* sg (up); gulp sg down

kijár <ige> **1.** *(nem marad benne)* come* off; come* out **2.** *(megszerez)* manage to obtain/get (**vmit vkinek** sg for sy) **3.** *(iskolát elvégez)* finish one's studies; complete one's studies **4.** *(jogosult)* be* due (**vkinek** to sy)

kijárat <fn> **1.** *(épületé)* exit **2.** *(autópályáé)* exit; *(repülőgéphez)* gate: *A B51-es járathoz fáradjon a hármas kijárathoz!* Go to gate 3 for flight B51.

kijátszik <ige> **1.** *(kártyalapot)* lead* **2.** *(rászed vkit)* take* sy in; cheat **3. kijátssza a törvényt** evade the law

kijavít <ige> **1.** *(hibát, dolgozatot)* correct; *(szöveget)* revise; correct **2.** *(gépet)* repair; mend; AmE fix

kijelent <ige> pronounce; declare; state; *(nyilvánosan, hivatalosan)* proclaim: *kijelenti, hogy a beteg túl van a veszélyen* pronounce the patient out of danger

kijelentés <fn> statement; declaration: *Kijelentése nem egyezik meg a tényekkel.* Your statement does not relate well with the facts.

kijelentkezik <ige> **1.** *(szállodából)* check out; book out; sign out **2.** infor log off/out

kijelentő mondat <fn> declarative sentence

kijelző <fn> el, infor display

kijjebb <hsz> further out; further away

kijózanít <ige> **1.** *(részegségből vkit)* sober sy up **2.** *(ábrándból)* disillusion; sober

kijózanodik <ige> **1.** *(részeg)* sober up; become* sober **2.** *(észre tér)* sober

kijön <fn> **1.** *(kint levő helyre)* come* out **2.** *(járművel)* drive* out **3.** *(folt stb. eltávolítható)* wash out; come* out: *Ezek a foltok nem jönnek ki.* These stains will not wash out. **4.** *(megjelenik)* be* out: *Kijöttek a kiütések.* The rash is out. **5.** *(könyv, rendelet stb.)* come* out **6.** *(eredményként)* work out (**vmire** at sg) **7.** *(személlyel)* get* on well (**vkivel** with sy): *Jól kijönnek egymással.* They get on very well. ∗ *Jól kijövök a barátaimmal.* I get on well with my friends.

kijut <ige> **1.** *(kint levő helyre)* get* out (**vhonnan** of sg) **2.** find* one's way (**vhova** to sg); reach (**vhova** sg)

kikap <ige> **1.** *(kivesz vmit)* snatch sg out (**vhonnan** of sg): *Kikapta a leveleket a kezemből.* He snatched the letters out of my hand. **2.** *(megszidják)* be* told off **3.** *(vereséget szenved)* be* defeated; be* beaten: *Kikaptak 4:2-re.* They were beaten 4:2. **4.** *(megkap)* get*; receive; obtain

kikapcsol <ige> **1.** *(ruhát stb.)* unfasten; undo❖ **2.** *(készüléket, gépet)* switch sg off; turn sg off: *Lennél szíves kikapcsolni a rádiót?* Would you please switch off the radio? **3.** *(közüzemi szolgáltatást)* disconnect; cut❖ sg off: *Kikapcsolta az áramot.* He cut off the electricity.

kikapcsolódás <fn> relaxation: *egy kis kikapcsolódás* a bit of relaxation

kikapcsolódik <ige> **1.** *(kinyílik)* come❖ undone/unfastened **2.** *(készülék)* be❖ switched off **3.** *(pihen)* relax; wind❖ down

kikefél <ige> brush; give❖ sg a brush

kikel <ige> **1.** *(ágyból)* rise❖ **2.** *(tojásból)* hatch **3.** *(növény)* spring❖; sprout **4. kikel magából** lose❖ one's temper

kiképez <ige> **1.** *(betanít)* train; teach❖; instruct: *Pilótának képeztek ki.* I was trained as a pilot. **2.** kat drill; train **3.** *(kimunkál)* shape; form

kikér <ige> **1.** *(vmit)* ask for sg **2. kikér magának vmit** object strongly to sg

kikérdez <ige> **1.** *(kihallgat)* interrogate; question; cross-question: *Megvizsgálták és kikérdezték.* He was searched and questioned. **2.** isk hear❖: *kikérdezi a leckét* hear the lesson ∗ *kikérdezi a leckét a gyerektől* hear a child's lesson

kikeres <ige> **1.** *(kiválogat)* choose❖; select **2.** *(szót)* look up sg

kikerget <ige> *(vkit)* drive❖ sy out

kikerül <ige> **1.** *(térben vmit)* go❖ round sg; walk round sg **2.** *(kellemetlenséget stb.)* avoid; evade; sidestep: *kikerüli a nehézségeket* avoid/evade the difficulties **3.** come❖ out **(vmiből** of sg); emerge **(vmiből** from sg) **4.** *(megúszik)* escape

kikészít <ige> **1.** *(előkészít)* arrange; prepare; set❖ sg out **2.** biz *(kifáraszt vkit)* do❖ sy in **3.** biz *(idegileg vkit)* get❖ sy down **4. kikészíti magát** make❖ oneself up; make❖ up one's face

kikészül <ige> **1.** *(kifárad)* be❖ washed-out **2.** *(idegileg)* snap

kikezd <ige> **1.** *(rozsda)* corrode **2.** *(beleköt)* pick a quarrel **(vkivel** with sy) **3.** *(viszonyt kezd)* mess about/around **(vkivel** with sy)

kikezel <ige> cure

kikiált <ige> **1.** *(kihirdet)* proclaim **2.** *(méltóságra emel)* proclaim **(vkit vmivé** sy sg): *királlyá kikiált vkit* proclaim sy king **3.** *(eredményt)* announce; publish

kikísér <ige> *(vkit)* see❖ sy out; show❖ sy out; show❖ sy to the door; *(állomásra)* see❖ sy off: *kikísér vkit az állomásra* see sy to the station

kikosaraz <ige> *(vkit)* turn sy down

kiköltözik <ige> *(lakásból stb.)* move (out)

kiköt <ige> **1.** *(megköt)* bind❖; tie; fasten **2.** *(állatot)* tether; *(hajót)* moor: *Két hajót kötöttek ki.* Two boats were moored. **3.** *(partot ér)* call at sg **4.** biz *(befejez)* wind❖ up; end up: *kórházban köt ki* wind up in hospital **5.** *(feltételhez köt)* stipulate: *A szerződés kiköti, hogy...* The contract stipulates that...

kikötés <fn> *(feltétel)* stipulation; condition: *Azzal a kikötéssel, hogy...* On the stipulation that...

kikötő <fn> *(tengeri)* port; harbour, AmE harbor; *(kisebb)* pier; jetty: *a kikötőbe kormányozza a hajót* steer the boat into the harbour ∗ *kikötőbe ér* fetch up at a port

kikötőváros <fn> port; seaport: *Anglia összes nagyobb kikötővárosát meglátogattuk.* We visited all the major ports of England.

kiközösít <ige> **1.** *(közösségből)* expel; ostracize; exclude **2.** *(egyházból)* excommunicate

kiküld <ige> **1.** send❖ out **(vhonnan** of sg) **2.** send out **(vhova** to sg) **3.** *(megbízással)* delegate; depute; commission

kiküszöböl <ige> eliminate; get❖ rid of sg: *kiküszöböli a hibákat* get rid of the errors

kilakoltat <ige> evict **(vkit vhonnan** sy from sg)

kilát <ige> see❖ (out): *kilát az ablakon* see out of the window

kilátás <fn> **1.** *(látvány)* view; panorama: *szoba tengerparti kilátással* a room with a sea view **2.** *(esetőség, lehetőség)* outlook; prospect; possibility; chance: *kilátása van vmire* have sg in prospect

kilátástalan <mn> hopeless; bleak; dim: *kilátástalan jövő* a bleak future

kilátótorony <fn> lookout (tower)

kilátszik <ige> be❖ visible; show❖

kilélegzik <ige> breathe out; exhale

kilenc <tőszn> nine

kilencedik <sorszn> ninth: *az év kilencedik hónapjában* in the ninth month of the year

¹**kilences** <mn> **1.** nine **2.** *(kilencessel jelölt)* (number) nine

²**kilences** <fn> *(számjegy)* (the number) nine

kilencszer <hsz> nine times

kilencven <tőszn> ninety

¹**kilencvenes** <mn> **1.** ninety **2.** *(kilencvenessel jelölt)* (number) ninety

²**kilencvenes** <fn> *(számjegy)* (the number) ninety

kileng <ige> swing❖; oscillate

kilép <ige> **1.** step out **2.** *(szervezetből stb.)* leave❖; quit❖: *kilép a vállalattól* leave the company **3.** *(siet)* walk quickly; quicken one's pace **4.** infor *(kijelentkezik)* log off/out

kilincs <fn> door handle; *(kerek)* door knob

kiló <fn> kilo; kilogram; kilogramme: *másfél kiló alma* one and a half kilos of apple ✢ *Ő 58 kiló.* She weighs 58 kilos.

kiloccsan <ige> spill✢; splash

kilóg <ige> **1.** hang✢ out; stick✢ out **2.** *(látszik)* show✢; be✢ visible **3. kilóg a sorból** be✢ the odd one out

kilogramm <fn> kilogram; kilogramme: *40 kilogrammra becsültem a súlyát.* I made his weight 40 kilograms. ✢ *Az a doboz tíz kilogramm hagymát tartalmaz.* That box holds ten kilograms of onions.

kilométer <fn> kilometre; AmE kilometer: *tizenhárom kilométert gyalogol* walk thirteen kilometres ✢ *5 kilométernyi távolságra* 5 kilometres away

kilométeróra <fn> mil(e)ometer

kilop <ige> *(vmit)* steal✢ sg out (**vhonnan** of sg)

kilopódzik <ige> creep✢ out

kilök <ige> push out; thrust✢ out

kilyukaszt <ige> perforate; make✢ a hole in sg; punch; pierce: *Kilyukasztott egy papírdarabot.* She punched a piece of paper. ✢ *Nincs kilyukasztva a fülem.* My ears aren't pierced.

kimagaslik <ige> **1.** *(kiemelkedik)* stand✢ out; rise✢ **2.** átv be✢ eminent; be✢ distinguished

kimagasló <ige> outstanding; eminent; prominent; distinguished: *kimagasló tanuló* an outstanding student

kimagoz <ige> stone; AmE pit: *kimagozza a cseresznyét* stone the cherries

kimar <ige> *(rozsda)* corrode; *(sav)* erode; eat✢ into sg

kimarad <ige> **1.** *(kihagyják)* be✢ left out; be✢ omitted **2.** *(iskolából)* drop out **3.** *(nem alszik otthon)* sleep✢ out **4.** *(tevékenységből)* miss out on sg; drop out (**vmiből** of sg): *Minden poénból kimaradt.* He missed out on all the fun.

kimásol <ige> copy out

kimegy <ige> **1.** *(kint levő helyre)* go✢ out **2.** *(járművel)* drive✢ out **3.** *(külföldre)* go✢ (out): *Kiment Angliába.* She went to Britain.

kímél <ige> *(vmit)* take✢ care of sg; be✢ careful of sg

kimelegedik <ige> get✢ hot

kiment <ige> **1.** save; rescue: *kiment vkit a vízből* save/rescue sy from drowning ✢ *Kimentettük a kutyát az égő házból.* We rescued the dog from the burning house. **2.** infor save **3. kimenti magát vmiért** give✢ an excuse for sg

kimerít <fn> **1.** *(tartalékot)* exhaust **2.** *(feldolgoz)* exhaust: *Kimerítettük a témát.* We've exhausted that topic. **3.** *(kifáraszt vkit)* tire sy out; wear✢ sy out; exhaust

kimeríthetetlen <mn> inexhaustible

kimerítő <mn> **1.** *(alapos)* exhaustive; detailed **2.** *(fárasztó)* exhausting; tiring; wearying

kimerül <ige> **1.** *(elfogy)* be✢ used up; be✢ exhausted; give✢ out **2.** *(elfárad)* get✢ exhausted

kimerült <mn> exhausted; tired; weary; run-down

kimerültség <fn> exhaustion; weariness; fatigue: *szellemi kimerültség* mental fatigue

kimeszel <ige> whitewash

kimond <ige> **1.** *(kiejt)* pronounce; utter; say✢ **2.** *(kijelent)* state; declare: *a rendelet kimondja, hogy…* the regulation states that… **3.** *(véleményt stb.)* express; voice **4.** *(ítéletet)* pronounce

kimondhatatlan <mn> unspeakable; unutterable: *kimondhatatlan kegyetlensége* her unspeakable cruelty

kimos <ige> **1.** *(ruhát)* wash **2.** *(üveget)* rinse

kimutat <ige> **1.** *(láttat)* show✢; display; exhibit **2.** *(bebizonyít)* prove; demonstrate

kimutatás <fn> *(jelentés)* statement; report: *éves kimutatás* yearly statement

kín <fn> torment; pain; torture

Kína <fn> China

¹**kínai** <mn> Chinese: *a kínai (nagy) fal* the Great Wall of China

²**kínai** <fn> **1.** *(személy)* Chinese **2.** *(nyelv)* Chinese

kínál <ige> **1.** *(megkínál)* offer (**vkit vmivel** sy sg): *Egy darab csokival kínáltam.* I offered him a piece of chocolate. **2.** *(eladásra)* offer; put✢ up for sale: *eladásra kínál vmit* offer sg for sale **3.** *(áruért)* offer; bid✢ **4.** *(lehetőséget)* offer: *Állást kínáltak neki.* They have offered him a job.

kínálat <fn> supply: *kínálat és kereslet* supply and demand

kincs <fn> **1.** treasure: *Kincsekre bukkantak a pince alatt.* They found treasure under the cellar. **2.** *(értékes, fontos dolog)* treasure: *Ő valóságos kincs a számunkra.* She is a real treasure for us.

kincsesbánya <fn> goldmine; treasury

kincstár <fn> treasury

kinevet <ige> laugh (**vkit/vmit** at sy/sg); *(kigúnyol)* ridicule; make✢ fun of sy: *Ne sértsd meg az önérzetét azzal, hogy kineveted!* Don't hurt her pride by laughing at him.

kinevez <ige> appoint (**vkit vmivé/vminek** sy sg // sy to be sg): *A bank kinevezte az új igazgatót.* The bank appointed the new manager. ✢ *Kinevezték elnöknek.* She was appointed as a chair(-woman).

kinevezés <fn> appointment; nomination

kinéz <ige> **1.** *(kint levő helyre néz)* look out: *kinéz az ablakon* look out of the window **2.** *(kimegy)* go✽ out **3.** *(vhogyan)* look: *jól néz ki* look well **4.** *(kiválaszt)* choose✽; pick out; look out; select

kinn <hsz> **1.** outside; out; outdoors: *kinn marad* stay outside **2.** *(külföldön)* abroad

kínos <mn> **1.** *(kellemetlen)* awkward; embarrassing; unpleasant: *kínos csönd* an awkward silence ✶ *Kínos helyzetben van.* He is in an awkward situation. ✶ *kínosan érzi magát* feel embarrassed **2.** *(fájdalmas)* painful **3.** *(túlzott)* meticulous; scrupulous: *kínos pontossággal* with meticulous care

kínoz <ige> **1.** *(gyötör)* torment; torture: *éhség kínozza* be tormented by hunger **2.** *(bosszant)* plague; harass

kinő <ige> **1.** *(földből)* grow✽ **2.** *(haj, köröm)* grow✽; *(pattanás stb.)* erupt **3.** *(ruhát)* outgrow✽; grow✽ out of sg: *Kinőtte a szoknyáját.* She has grown out of her skirt. **4.** *(viselkedést, szokást stb.)* outgrow✽

kínszenvedés <fn> torture; torment

kint <hsz> **1.** outside; out; outdoors: *Hideg lehet kint.* It can be cold outside. ✶ *Kint áll.* He is staying outside. ✶ *A gyerekek kint vannak a kertben.* Children are out in the garden. ✶ *kint eszik* eat outdoors **2.** *(külföldön)* abroad

kínzás <fn> torture

kínzó <mn> torturing; tormenting

kinyilvánít <ige> express

kinyír <ige> biz *(vkit)* do✽ sy in; zap: *kinyírja az ellenséget* zap the enemy

kinyit <ige> **1.** *(nyílászárót)* open: *kinyitja az ablakot* open the window **2.** *(zárat)* unlock **3.** *(csapot, gázt, vizet)* turn sg on: *kinyitja a csapot* turn the tap on **4.** *(testrészt)* open: *Nyisd ki a szemed!* Open your eyes! **5.** *(összecsukott tárgyat)* open; undo✽; unfold: *Nyissátok ki a könyveteket a 38. oldalon!* Open your books on page 38. ✶ *kinyitja az újságát* unfold one's newspaper **6.** *(ügyfelek számára vmit)* open sg (up) **7.** *(esernyőt)* put✽ up

kinyom <ige> **1.** *(kiszorít)* press out; push out **2.** *(levet stb.)* squeeze (out); press (out)

kinyomoz trace; track; track sy/sg down: *A rendőrség még nem nyomozta ki az ellopott festmény ügyét.* The police haven't traced the stolen painting yet.

kinyomtat <ige> **1.** *(nyomdai úton)* print **2.** *(nyomtatóval vmit)* print sg out

kinyújt <ige> **1.** *(kiad vmit)* hand sg out **2.** *(testrészt)* stretch out; reach out: *kinyújtja a kezét vmi után* stretch out one's hand to catch sg **3.** *(meghosszabbít)* lengthen; draw✽ out; pull out **4.** *(tésztát)* roll (out)

kinyújtózik <ige> stretch (out)

kiolvas <ige> finish (reading) a book; read✽ sg through: *Az elejétől a végéig kiolvastam a könyvet.* I read the book from the beginning to the end.

kioszt <ige> **1.** *(szétoszt vmit)* distribute; give✽ sg out; hand sg out; share sg out **2.** *(szerepet)* assign; cast✽ **3.** *(díjat)* award; give✽; present **4.** biz *(leszid vkit)* give✽ sy a dressing down **5.** *(felszolgál vmit)* serve sg out

kiöblít <ige> rinse (out); wash out

kiöltözik <ige> dress up

kiömlik <ige> run✽ out; spill✽ out

kiönt <ige> **1.** *(folyadékot stb.)* spill✽; pour sg out; empty **2.** *(folyó)* overflow **3.** *(szívet, bánatot)* pour sg out: *kiönti a szívét* pour one's heart out **4.** *(szobrot)* cast✽

kiöntő <fn> *(konyhában)* sink

kipakol <ige> *(csomagot)* unpack

kipattan <ige> **1.** *(rügy)* burst✽ **2.** *(szikra)* fly✽ out **3.** *(titok, hír)* leak out

kipihen <ige> **kipiheni magát** have✽ a rest

kipipál <ige> tick

kipirul <ige> flush

kiprésel <ige> **1.** *(kicsavar)* press; squeeze: *citromot kiprésel* press the juice from a lemon **2.** *(kikényszerít)* squeeze (**vmit vkiből/vmiből** sg from/out of sy/sg); extort sg from sy: *pénzt/információt présel ki vkiből* squeeze money/information out of sy

kipróbál <ige> try sg out; try; test: *Kipróbáltad ezt az új sampont?* Have you tried this new shampoo? ✶ *kipróbálja az új autót* test a new car

kipufogó <fn> exhaust (pipe)

kipukkad <ige> burst✽; *(gumi)* puncture; be✽ punctured

kipukkaszt <ige> burst✽

kipusztít <ige> exterminate; eradicate; destroy

kirabol <ige> rob; *(házat)* burgle: *Négy ismeretlen személy kirabolta a bankot, és megölt két embert.* Four unknown persons robbed the bank and killed two people.

kiradíroz <ige> *(vmit)* rub sg out; erase

kiragad <ige> *(kivesz vmit)* snatch sg (out): *A majom hirtelen kiragadta a kezemből a banánt.* The monkey snatched the banana out of my hand.

kiragaszt <ige> post (up); stick✽ (up)

kirajzolódik <ige> take✽ shape; become✽ distinct

kirak <ige> **1.** *(vmit)* put✽ sg out; lay✽ sg out; *(megtekintésre)* display **2.** *(árut kipakol)* unload **3.** biz *(elbocsát)* turn out; dismiss

kirakat <fn> (shop) window: *kirakatot rendez* dress a shop window

kirakatrendező <fn> window dresser
kirakodik <ige> 1. *(rakományt kirak)* unload 2. *(piacon árut)* put*; sg out
kirakodóvásár <fn> open-air market
kirakójáték <fn> jigsaw (puzzle)
király <fn> 1. *(uralkodó)* king: *V. György király* King Georg V * *királlyá koronázzák* become king 2. *(sakkban)* king 3. *(kártyában)* king
királyfi <fn> prince
királyi <mn> royal; *(királyhoz méltó)* regal: *a királyi család* the royal family * *a királyi lakosztály* the Royal Apartment * *a brit királyi légierő* the Royal Air Force * *királyi pompa* regal magnificence
királykisasszony <fn> princess
királyné <fn> queen
királynő <fn> 1. *(uralkodó)* queen: *Erzsébet királynő* Queen Elizabeth * *a királynő uralkodása alatt* in the reign of Queen 2. *(sakkban)* queen
királyság <ige> 1. *(államforma)* kingdom; monarchy 2. *(birodalom)* kingdom
kirándul <ige> go* on an excursion; go* on an outing; take* a trip
kirándulás <fn> excursion; outing; trip: *egynapos kirándulás* a day's excursion; day trip * *tanulmányi kirándulás* field trip
kiránduló <fn> tripper; tourist
¹kiránt <ige> *(vmit)* pull sg out (**vhonnan** of sg)
²kiránt <ige> *(ételt)* fry sg in breadcrumbs
kiráz <ige> 1. *(megtisztít, kiürít vmit)* shake* (out) 2. **kirázza a hideg** shiver with cold
kirendeltség <fn> *(intézményé)* local office; branch office
kirepül <ige> *(madár)* fly* away; leave* the nest
kirívó <mn> striking; flagrant; glaring
kiró <ige> *(adót, vámot stb.)* impose (**vmit vkire/vmire** sg on/upon sy/sg)
kirobban <ige> burst*; break* out
kirohan <ige> 1. *(kifut)* run* out; rush out 2. lash out (**vki ellen** at sy) 3. kat break* out
kirúg <ige> 1. *(vmit)* kick sg out 2. biz *(állásból elbocsát)* fire; sack; *(iskolából)* expel (**vhonnan** from swhere): *ki van rúgva* be fired * *Kirúgták.* He was sacked.
kis <mn> 1. *(méretben)* little; small: *egy kis nyaraló* a small summer-house 2. *(nem magas)* short 3. *(mennyiségben)* a little; some: *Szükségem van egy kis cukorra.* I need a little sugar. * *vesz egy kis tejet* buy some milk 4. *(időben rövid)* little; short: *egy kis ideig* (for) a little time/while 5. *(fiatal)* little
kiságy <fn> cot; AmE crib
kisajátít <ige> *(hatóság)* expropriate
kisasszony <fn> miss: *Kedves Jones kisasszony!…* Dear Miss Jones,…

kisbaba <fn> baby; infant: *Kisbabát vár.* She is expecting a baby. * *segít világra hozni a kisbabát* deliver sy's/a/the baby
kisbetű <fn> small letter
kiscica <fn> kitten
kisebbít <ige> reduce; make* smaller
kisebbség <fn> minority: *etnikai/politikai kisebbség* an ethnic/political minority * *A vallási kisebbségeket üldözték.* Religious minorities were persecuted. * *kisebbségben van* be in the minority
kisebbségi <mn> minority: *kisebbségi kormány* minority government
kísér <ige> 1. accompany; go* with sy 2. *(fedezettel)* escort 3. *(hangszeren)* accompany: *Tanára zongorán kísérte.* His teacher accompanied him on the piano. 4. *(együtt jár vele)* accompany: *Az esőt rendszerint erős szél kíséri.* Rain is usually accompanied by strong wind.
kíséret <fn> 1. *(rendőri stb.)* escort; *(testőrség)* guard 2. *(zenei)* accompaniment
kísérlet <fn> 1. *(tudományos)* experiment; test: *kémiai kísérletek* chemical experiments * *kísérletet végez/lefolytat* conduct/carry out/do/perform an experiment * *Kísérletek bizonyítják, hogy hatásos.* Tests show that it is effective. 2. *(próbálkozás)* attempt; try: *hiábavaló kísérlet* a futile attempt * *kísérletet tesz vmire* make an attempt to do sg
kísérletezik <ige> 1. *(tudományosan)* make* experiments; experiment (**vmin/vmivel** on sg // with sg) 2. *(próbálkozik)* attempt
kísérő <fn> 1. *(társ)* companion 2. zene accompanist
kísért <ige> 1. *(szellem)* haunt 2. *(megkísért)* tempt
kísértés <fn> temptation: *ellenállhatatlan kísértés* a temptation strong to be resisted * *enged a kísértésnek* yield to temptation
kísértet <fn> ghost; spirit; phantom: *Itt kísértetek járnak.* This place is haunted.
kisétál <ige> walk out
kisfiú <fn> (little) boy: *talpraesett kisfiú* a smart little boy * *különösen okos kisfiú* a specially clever boy
kisgyermek <fn> small/little child (tsz: small/little children)
kishitű <mn> faint-hearted
kisiklik <ige> go* off the rails; get* derailed
kisiparos <fn> craftsman (tsz: craftsmen)
kisír <ige> **jól kisírja magát** have* a good cry
kiskanál <fn> teaspoon: *ezüst kiskanál* a silver teaspoon * *egy kiskanál só* one teaspoon of salt
kiskereskedelem <fn> retail

kiskereskedő <fn> retailer
¹kiskorú <mn> under age <csak hátravetve>
²kiskorú <fn> minor
kislány <fn> (little) girl: *gyönyörű szép kislány* a beautiful little girl ∗ *komoly kislány* a serious girl
kismama <fn> mother-to-be (tsz: mothers-to-be)
kisminkel <ige> **1.** *(embert)* make✢ up sy **2. kisminkeli magát** make✢ oneself up
kismutató <fn> hour hand
kispárna <fn> cushion; *(alváshoz)* pillow
kisportolt <mn> athletic; muscular: *Nagyon kisportolt vagy.* You look very athletic.
kisregény <fn> short novel
kissé <hsz> slightly; a little (bit); a bit: *Kissé aggódom érted.* I'm slightly worried about you. ∗ *A cipő egy kissé nagy rám.* These shoes are a little (bit) big for me.
kistányér <fn> dessert plate; side plate
kisugároz <ige> emit; radiate
kisujj <fn> little finger
◆ **a kisujjában van vmi** biz have✢ sg at one's fingertips ◆ **a kisujját sem mozdítja vmiért** biz not lift a finger to do sg
kisúrol <ige> scrub
kisurran <ige> slip out; steal✢ out
kisváros <fn> small town
kisvasút <fn> narrow-gauge railway
kiszab <ige> **1.** *(anyagot)* cut✢ sg out **2.** *(határidőt stb.)* set✢; fix **3.** *(kiró)* impose (**vmit vkire** sg on sy)
kiszabadít <ige> **1.** *(rabot)* release; set✢ free; liberate **2.** *(veszedelemből)* save; rescue
kiszabadul <ige> get✢ out/away; be✢ set free; be✢ released
kiszakad <ige> tear✢; rip; get✢ torn
kiszakít <ige> tear✢; rip
kiszalad <ige> run✢ out
kiszáll <ige> **1.** *(kirepül)* fly✢ out **2.** *(kilép)* get✢ out (**vmiből** of sg) **3.** *(járműből)* get✢ off; *(hajóról)* land; go✢ ashore: *Megállt a vonat, és mindnyájan kiszálltunk.* The train stopped and we all got off. **4.** biz *(abbahagy)* pull out (**vmiből** of sg); opt out (**vmiből** of sg); get✢ out of sg: *A legutolsó pillanatban szállt ki.* She pulled out at the very last minute.
kiszámít <ige> calculate; count; work sg out; compute: *kiszámítja a költségeket* count the cost
kiszámíthatatlan <mn> unpredictable; erratic
kiszámítható <mn> **1.** *(költség, mennyiség stb.)* calculable **2.** *(előre látható)* predictable
kiszámol <ige> **1.** calculate; count; work sg out; compute **2.** sp *(bokszolót)* count out

kiszárad <ige> **1.** dry up; run✢ dry; go✢ dry **2.** *(növény)* wither; shrivel; *(élő fa)* die
kiszed <ige> **1.** *(elővesz vmit)* take✢ sg out **2.** *(válogatva vmit)* sort sg out **3.** biz *(titkot, információt vkiből)* drag sg out of sy; get✢ sg out of sy
kiszélesedik <ige> broaden out; widen out; *(nadrág stb. alja)* flare
kiszélesít <ige> broaden; widen
kiszellőztet <ige> air: *Szellőztesd ki a konyhát!* Air the kitchen. ∗ *Ki kell szellőztetni ezt a helyiséget.* This place needs airing.
kiszemel <ige> **1.** choose✢ (**vkit vmire** sy for sg); select (**vkit vmire** sy for sg); pick (**vkit vmire** sy for sg) **2.** look out (**vmit vkinek** sg for sy); pick out (**vmit vkinek** sg for sy)
kiszínez <ige> **1.** *(rajzot, képet)* colour sg in; AmE color sg in **2.** *(megszépít)* embellish; embroider
kiszív <ige> **1.** suck (out) **2.** *(kifakít)* fade: *A nap kiszívta a függönyöket.* The sun has faded the curtains.
kiszivárog <ige> **1.** leak (out) **2.** *(kitudódik)* leak out
kiszivattyúz <ige> *(vmit)* pump sg out (**vmiből** of sg)
kiszolgál <ige> **1.** *(vmely személyt)* serve; attend; look after sy **2.** *(üzletben)* serve; *(étteremben)* wait on sy; serve: *Köszönöm, már kiszolgálnak!* I am being served, thank you. **3. szolgáld ki magad** help yourself
kiszolgálás <fn> service; serving: *kiszolgálással együtt* service included ∗ *Ebben a boltban lassú a kiszolgálás.* The service in this shop is slow.
kiszolgáltat <ige> **1.** *(átad)* deliver; hand sg over **2.** *(bűnöst)* extradite
kiszorít <ige> **1.** *(térben vkit/vmit)* squeeze✢ sy/sg out; push sy/sg out **2.** oust (**vkit vhonnan/vmiből** sy from sg)
kiszúr <ige> **1.** *(kilyukaszt)* pierce; prick **2.** *(észrevesz, kiszemel)* pick sy/sg out; spot **3.** biz *(kitol vkivel)* pick on sy
kitagad <ige> disown; *(örökségből)* disinherit
kitágít <ige> **1.** *(kinyújt)* stretch; expand; *(lyukat)* enlarge **2.** *(látókört)* widen; broaden
kitágul <ige> dilate; expand; stretch; *(nyílás)* widen; broaden
kitakar <ige> uncover
kitakarít <ige> *(vmit)* clean sg (up); do✢ the room; tidy up: *kitakarítja a fürdőszobát* clean the bathroom
kitalál <ige> **1.** *(rájön, eltalál)* guess; find✢ out; hit✢ (upon): *Kitaláltad, hány éves vagyok?* Can you guess my age? **2.** *(kigondol)* invent; devise; make✢ sg up; *(regény, film történetét)* plot:

kitalál egy történetet invent a story **3.** *(kivezető úton)* find⁺ one's way out
kitapasztal <ige> learn⁺ by experience
kitapétáz <ige> paper; wallpaper
kitapos <ige> *(utat)* tread⁺
kitár <ige> *(tágra nyit)* throw⁺ open; open
kitart <ige> **1.** *(kinyújtott kézben vmit)* hold⁺ sg out **2.** *(hű marad)* insist **(vmi mellett** on/upon (doing) sg); persist **(vmi mellett** in sg): *Kitartok amellett, hogy ártatlan vagy.* I insist that you are innocent. * **kitart a véleménye mellett** persist in one's opinion **3.** *(hű marad vkihez)* stand⁺ by sy; remain loyal to sy: *Mindig kitartok melletted!* I will always stand by you. **4.** *(helytáll)* endure: *Ki kell tartanod a végsőkig.* You must endure to the end. **5.** pej *(eltart)* keep⁺ **6.** *(elegendő)* last; hold out
kitartás <fn> persistence; steadfastness
kitartó <mn> persistent; steady; firm; steadfast; *(hű)* loyal
kitárul <ige> **1.** *(kinyílik)* open (out) **2.** *(feltárul)* open
kitelepít <ige> *(személyeket, családokat)* deport
kitelik <ige> **1.** *(futja vmire)* be⁺ enough for sg **2.** *(képes rá)* be⁺ capable of sg
kitép <ige> **1.** *(vmit)* tear⁺ sg out; *(gyökerestől)* uproot: *Kitéptem egy képet a könyvemből.* I tore a picture out of my book. **2.** *(kiragad)* snatch **(vmit vhonnan // vkitől** sg from swhere // sy); wrest **(vmit vhonnan // vkitől** sg from swhere // sy): *kitép vmit vkinek a kezéből* wrest sg from sy's hands
kitér <ige> **1.** *(útból)* get⁺ out of the way; *(helyet adva)* make⁺ way **2.** *(elkerül vmilyen kellemetlenséget)* avoid **(vmi elől** sg); evade **(vmi elől** sg); dodge **(vmi elől** sg): *Kitért kérdéseink megválaszolása elől.* He avoided answering our questions. * **kitér egy kérdés elől** evade/dodge a question **3.** *(vki elől)* shun sy; avoid sy **4.** *(megemlít vmit)* touch on/upon sg; mention
kitereget <ige> *(vmit)* hang⁺ sg out
kiterít <ige> *(vmit)* spread⁺ sg out; lay⁺ sg out: *kiteríti a térképet az asztalon* spread the map out on the table
kiterjed <ige> **1.** *(terület)* extend **(vmeddig** as far as sg) **2.** *(vmely dologra)* cover; comprise; include: *a biztosítás ezekre kiterjed* the insurance covers these
kiterjedt <mn> extensive; wide; vast; wide-spread
kitermel <ige> **1.** *(természeti kincset)* exploit **2.** *(terméket)* produce
kitérő <fn> **1.** *(kerülő út)* detour **2.** *(más témára)* digression
kitervel <ige> biz invent; devise; make⁺ up
kitesz <ige> **1.** *(külső helyre vmit)* put⁺ sg out; *(kiakaszt vmit)* hang⁺ sg out **2.** *(hirdetményt)* post sg up; stick⁺ sg up **3.** biz *(távozni kényszerít vkit)* turn sy out; evict **4.** *(vmilyen hatásnak, kellemetlen helyzetnek)* expose **(vminek** to sg): *veszélynek tesz ki vkit* expose sy to danger **5.** *(vmennyit)* amount to sg; add up to sg; total **6.** biz *(állásból)* fire; sack
kitilt <ige> expel **(vkit vhonnan** sy from swhere); banish **(vkit vhonnan** sy from swhere)
kitisztít <ige> *(vmit)* clean sg (out); *(kifényesít)* polish; shine⁺: *Kitisztította a cipőmet.* He polished my shoes.
kitisztul <ige> **1.** *(tiszta lesz)* become⁺ clean **2.** *(kiderül)* brighten up; clear up: *Kezdett kitisztulni az idő.* It was beginning to brighten up.
kitol <ige> **1.** *(kint levő helyre vmit)* push sg out **2.** *(időpontot)* postpone; put⁺ sg off **3.** biz *(vkivel)* do⁺ the dirty on sy
kitoloncol <ige> deport
kitölt <ige> **1.** *(folyadékot)* pour sg out **2.** *(űrlapot)* complete; fill sg in; AmE fill sg out: *kérdőívet kitölt* complete a questionnaire; fill in a questionnaire * *kitölti az űrlapot* fill in the form
kitöm <ige> **1.** *(pad)* stuff **2.** *(állatot)* stuff: *Kitömték az oroszlánt.* They stuffed the lion.
kitör <ige> **1.** *(ablakot stb.)* break⁺; smash **2.** *(testrészt)* break⁺; fracture: *Kitörte a karját.* She broke her arm. **3.** *(tűzhányó)* erupt **4.** *(háború, tűz, vihar stb.)* break⁺ out: *Kitör a háború.* War breaks out. **5.** *(nevetésben, sírásban)* burst⁺ out laughing/crying
kitörés <fn> **1.** *(betegségé, háborúé stb.)* outbreak **2.** *(érzelmi)* outburst **3.** *(tűzhányóé)* eruption
kitöröl <ige> **1.** *(megtisztít vmit)* wipe sg (out) **2.** *(emlékezethől)* wipe **3.** *(írást)* erase; rub sg out
kitudódik <ige> come⁺ out; become⁺ known; get⁺ known
¹**kitűnő** <mn> excellent; splendid; superb; prominent
²**kitűnő** <fn> isk *(osztályzat)* A
kitüntet <ige> reward **(vkit vmivel** sy with sg); honour **(vkit vmivel** sy with sg); AmE honor **(vkit vmivel** sy with sg); award **(vkit vmivel** sy sg)
kitüntetés <fn> medal; decoration; award; honour; AmE honor: *kitüntetést kap vmiért* receive an award for sg
kitűz <ige> **1.** *(jelvényt)* put⁺ sg on; pin sg on; *(zászlót)* fly⁺; hoist: *lobogót kitűz* fly a flag **2.** *(időpontot)* set⁺; appoint; fix: *kitűzi a találkozó időpontját* set a date for the meeting * *határidőt kitűz* fix the time limit **3.** *(célt)* set⁺
kitűző <fn> **1.** badge **2.** *(női ruhára)* brooch
kiugrik <ige> **1.** jump out; leap⁺ out: *kiugrik az ágyból* leap/jump out of bed **2.** *(szakít)* break⁺

kiugró <mn> 1. *(térben)* protruding; projecting; jutting 2. átv outstanding; excellent

kiút <fn> way out

kiutal <ige> allocate (**vmit vkinek** sg to sy); assign (**vmit vkinek** sg to sy); *(pénzt)* remit (**vmit vkinek** sg to sy)

kiutasít <ige> expel; banish

kiürít <ige> 1. empty; clear out: *Kiürítenéd a zsebeidet?* Would you mind emptying your pockets? 2. *(poharat)* drain; empty 3. *(helyiséget)* vacate; *(várost)* evacuate

kiürül <ige> empty; become✢ empty

kiüt <ige> 1. *(tűz, járvány stb.)* break✢ out 2. sp *(bokszban vkit)* knock sy out

kiütés <fn> 1. *(bőrön)* rash; spot; eruption: *Kijöttek a kiütések.* The rash is out. ✱ *testét kiütések borítják* sy's body is covered in spots 2. *(bokszban)* knockout; KO: *kiütéssel győz* win by a knockout

kivág <ige> 1. *(ollóval, késsel stb. vmit)* cut✢ sg out 2. *(fát)* fell✢; cut✢ sg down 3. biz *(kihajít, kidob vmit)* throw✢ sg away; throw✢ sg out 4. biz *(elküld vkit)* throw✢ sy out; turn sy out 5. *(szél az ablakot stb.)* fling✢ open; burst✢ open 6. *(rögtönöz)* improvise 7. **kivágja magát** *(szóban)* give✢ a smart answer

kivágás <fn> *(ruhán)* neckline; decolletage

kiváj <ige> excavate; bore; dig✢ sg out

kiválaszt <ige> 1. *(több közül)* select; choose✢; pick sy/sg out: *kiválasztja a legjobbat* choose the best 2. biol secrete: *A máj választja ki az epét.* The liver secretes bile.

kiválasztás <fn> 1. *(több közül)* selection; choice 2. biol secretion

kiválik <ige> 1. *(kilép)* leave✢; quit 2. *(kitűnik)* excel; be✢ prominent; be✢ outstanding

kiváló <mn> excellent; outstanding; brilliant; prominent; eminent: *A kiejtése kiváló.* Her pronunciation is excellent. ✱ *A munkád kiváló.* Your work is outstanding. ✱ *kiváló fiatal orvos* a brilliant young doctor

kiválogat <ige> *(vmit)* pick sg out; sort sg out; select

kivált <ige> 1. *(zálogot)* redeem 2. *(foglyot)* ransom; bail sy out 3. *(okmányt)* take✢ sg out 4. *(okoz, kelt)* provoke; produce; evoke; bring✢ sg about; *(betegséget stb.)* trigger: *felháborodást vált ki* provoke an outcry 5. *(helyettesít)* replace

kiváltképp <hsz> especially; in particular

kiváltság <fn> privilege; prerogative: *Különleges kiváltságokat élveznek.* They enjoy special privileges.

kiváltságos <mn> privileged

kivan <ige> biz be✢ dog-tired; be✢ exhausted

kíván <ige> 1. wish (**vmit** sg); want (**vmit** sg); *(vágyódik)* desire (**vmi után** sg); long (**vmi után** for sg) 2. wish (**vkinek vmit** sy sg): *boldog nyugdíjas életet kíván vkinek* wish sy a happy retirement ✱ *Kellemes karácsonyi ünnepeket kívánok!* I wish you a Merry Christmas! 3. *(megkövetel)* demand (**vmit vkitől** sg of sy); expect (**vmit vkitől** sg of sy): *Mit kívánsz tőlük?* What do you expect of them? 4. *(vmely dolog igényel vmit)* require; demand: *koncentrációt kíván* require/demand concentration

kívánatos <mn> desirable; wanted

kíváncsi <mn> curious (**vmire/vkire** about sg/sy); inquisitive (**vmire/vkire** about sg/sy): *Mindenre kíváncsiak, ami körülveszi őket.* They are curious about everything around them.

kíváncsiság <fn> curiosity: *kíváncsiságból* out of curiosity

kíváncsiskodik <ige> be✢ inquisitive

kivándorló <fn> emigrant

kivándorol <ige> emigrate

kívánság <fn> wish; request; desire: *teljesíti a kívánságomat* comply with my wishes ✱ *vki kívánságára* at sy's request

kivasal <ige> 1. *(ruhát)* iron; press: *Az inget kivasalták.* The shirt has been ironed. 2. extort (**vkiből vmit** sg from sy)

kivéd <ige> 1. *(vkit/vmit)* fend sy/sg off; ward sy/sg off 2. **lövést kivéd** sp save a shot

kivégez <ige> execute

kivégzés <fn> execution

kivehető <mn> 1. *(tárgy)* removable 2. *(szemmel)* visible; perceivable; *(füllel)* audible

kivesz <ige> 1. *(vmit)* take✢ sg out; remove: *kivesz egy tollat a fiókból* take out a pen from the drawer ✱ *Kivettem a táskámból egy zsebkendőt.* I took a hanky out of my bag. 2. *(pénzt)* draw✢ sg (out); withdraw✢: *pénzt vesz ki a bankszámláról* withdraw money from one's bank account 3. *(foltot, szálkát stb. eltávolít)* remove; take✢ sg out 4. *(könyvtárból)* borrow 5. *(lakást kibérel)* rent 6. *(lát vmit)* make✢ sg out; discern 7. *(következtet)* gather; infer: *Leveledből azt veszem ki, hogy…* What I gather from your letter is…

kivet <ige> 1. *(kidob)* cast✢: *Kivetette a hálóját a tengerbe.* He cast his net into the sea. 2. *(idegen anyagot)* reject 3. *(kiró)* impose (**vmit vkire/vmire** sg on sy/sg): *adót vet ki a cigarettára* impose tax on cigarettes

kivétel <fn> exception: *kivétel nélkül* without exception * *Jim kivételével* with the exception of Jim * *kivételt tesz* make an exception * *kivétel a szabály alól* the exception to the rule
♦ **A kivétel erősíti a szabályt.** The exception proves the rule.

kivételes <mn> exceptional; unique: *Kivételes atléta.* He is an exceptional athlete.

kivételez <ige> (vkivel) favour sy; AmE favor sy

kivéve <hsz> except; apart/aside from sg; but: *Mind itt vannak, kivéve őt.* They are all here except him. * *Minden gyümölcsöt szeretek, kivéve az almát.* I like all the fruits apart from the apple. * *Mindenki ott volt, kivéve őt.* Everyone was there but him.

kivezet <ige> **1.** (kívül levő helyre vkit) lead♦ sy out; see♦ sy out; show♦ sy the way out **2.** (út) lead♦ (**vhova** swhere)

¹**kivi** <fn> (madár) kiwi

²**kivi** <fn> (gyümölcs) kiwi

kivilágít <fn> illuminate: *Esténként kivilágítják a hidat.* The bridge is illuminated at night.

kivisz <ige> **1.** (vmit) take♦ sg out; carry sg out **2.** (szállít) transport; (külföldre) export **3.** (eltávolít) remove **4.** (kivezet) lead♦ out: *Ez az út kivisz a faluból.* This road leads out of the village.

kivitel <fn> **1.** (külföldre) export **2.** (export összessége) exports <tsz>: *Cégünknek növelnie kell a kivitelt.* Our company has to boost exports. **3.** (kivitelezés) workmanship; execution; finish

kivitelez <ige> execute; finish; carry out

kivitelezés <fn> workmanship; execution; finish

kiviteli engedély <fn> gazd export licence

kivív <ige> achieve; reach; obtain

kivizsgál <ige> **1.** (esetet stb.) examine; investigate; inquire into sg; look into sg: *A rendőrség kivizsgálja az ügyet.* The police are inquiring into the matter. **2.** (beteget) examine

kivon <ige> **1.** (kihúz vmit) draw♦ sg out; pull sg out **2.** kat (visszavon) withdraw♦ (**vmit vhonnan** sg from sg); pull♦ sy/sg out (**vhonnan** of sg): *katonaságot kivon vhonnan* withdraw troops from swhere **3.** (használatból) withdraw♦ (**vmit vhonnan** sg from sg): *kivon a forgalomból* withdraw from circulation **4.** (anyagból) extract (**vmit vhonnan** sg from sg): *olajat von ki a növényből* extract oil from the plant **5.** mat subtract (**vmit vmiből** sg from sg) **6. kivonja magát vmi alól** evade sg; avoid sg

kivonás <fn> mat subtraction: *összeadás és kivonás* addition and subtraction

kivonat <fn> **1.** (könyvé, cikké stb.) abridgement; summary; abstract **2.** (irat) certificate: *házassági anyakönyvi kivonat* marriage certificate * *születési anyakönyvi kivonat* birth certificate **3.** vegy essence; extract

kivonul <ige> **1.** (távozik) walk out: *A küldöttség kivonult a teremből.* The delegation walked out of the room. **2.** kat (elvonul) pull out (**vhonnan** of sg)

¹**kívül** <hsz> outside; outdoors; out of doors; out: *A ház kívül gyönyörű.* The house looks beautiful outside. * *kívül marad* stay outside

²**kívül** <nu> **1.** (térben) outside (of) sg; out of sg: *A házon kívül van egy kis kert.* There is a small garden outside the house. **2.** (kivételével) except; apart/aside from sg: *rajtam kívül* apart from me **3.** (felül) beside(s); beyond; outside (of) sg; in addition to sg: *A Temzén kívül sok folyó van még Angliában.* There are many rivers in England besides the Thames. * *ezenkívül* beyond that * *vki felelősségi körén kívül esik* be outside one's area of responsibility

kívülálló <fn> outsider

kívülről <hsz> **1.** (térben) from outside **2.** (fejből) by heart: *kívülről tud vmit* know sg by heart

kizár <ige> **1.** (helyiségből vkit) lock sy out; shut♦ sy out **2.** (egyesületből, intézményből stb.) exclude; expel **3.** (versenyből) disqualify **4.** (vminek a lehetőségét) rule sg out

kizárás <fn> (versenyből) disqualification

kizárólag <hsz> exclusively; solely; alone: *kizárólag ő felel vmiért* be solely responsible for sg * *Kizárólag te tudod megírni azt a levelet.* You alone can write that letter.

kizárólagos <mn> exclusive; sole: *vki kizárólagos használatára* for one's exclusive use * *kizárólagos jogok* sole rights * *kizárólagos képviselő* sole agent

kizöldül <ige> (növény) come♦ into leaf

kizsákmányol <ige> exploit

kizsákmányolás <fn> exploitation

klarinét <fn> clarinet

¹**klasszikus** <mn> **1.** classical: *klasszikus zene* classical music * *klasszikus szerzők* the classical writers **2.** (tipikus) classic: *Azt a klasszikus hibát követte el, hogy...* She made the classic mistake... * *Ez a csalás klasszikus esete.* It is a classic example of cheating.

²**klasszikus** <fn> classic: *az angol klasszikusok* the English classics

klaviatúra <fn> keyboard

kliens <fn> client

klikk <fn> pej clique

klíma <fn> **1.** (éghajlat) climate: *szárazföldi klíma* continental climate **2.** (berendezés) air-conditioner

klímaberendezés <fn> air-conditioner

klimaktérium <fn> orv climacteric
klímaváltozás <fn> climate change
klinika <fn> clinic
klinikai <mn> clinical: *klinikai kipróbálás (gyógyszeré)* clinical trial
klip <fn> clip
klisé <fn> *(közhely)* cliché; stereotyped phrase
klón <fn> biol clone
klónoz <ige> biol clone
klór <fn> chlorine
klotyó <fn> biz loo
klub <fn> club; society: *ifjúsági klub* youth club
klubtag <fn> member (of a club)
KO [= knock out] *(bokszban)* KO
koalíció <fn> pol coalition: *koalíciót alakít* form a coalition
kóborol <ige> roam about; wander about; stray; ramble
koca <fn> sow
koccint <ige> clink (glasses)
kocka <fn> **1.** mat *(test)* cube: *egy kocka oldalai* the sides of a cube **2.** *(forma)* cube: *Vágd kockára az uborkát!* Cut the cucumber into cubes. **3.** *(dobókocka)* dice (tsz: dice): *dob a kockával* throw the dice ∗ *A kockának hat oldala van.* The dice has six sides. **4.** *(minta)* check; square
♦ **kockán forog** be⋄ at stake ♦ **kockára tesz vmit** risk/hazard sg ♦ **a kocka el van vetve** the die is cast ♦ **fordult a kocka** the tables are turned
kockacukor <fn> sugar cube/lump; *(egy darab)* a lump of sugar: *két kockacukor* two lumps of sugar
kockafej <fn> geek; nerd
kockajáték <fn> dice (tsz: dice)
kockás <mn> checked; chequered; AmE checkered
kockázat <fn> risk; hazard; chance; venture: *kockázatot vállal* run a risk ∗ *tudatos kockázat* calculated risk ∗ *foglalkozással járó kockázat* occupational risk/hazard
kockázati besorolás <fn> gazd rating
kockázatos <mn> risky; hazardous; biz chancy
kockázik <ige> play dice; dice
kockáztat <ige> risk; chance; venture: *kockáztatja az életét* risk one's life
kocog <ige> jog: *kocogni megy* go for a jog
kócos <mn> tousled; dishevelled
kocsi <fn> **1.** *(lófogatú)* carriage; cart; *(hintó)* coach: *lovas kocsi* a horse-drawn carriage **2.** *(autó)* car; *(zárt, szállító)* van: *kocsival megy* go by car **3.** *(közlekedési eszköz)* vehicle **4.** *(vasúti, metró)* carriage; AmE car; *(villamos)* tram; car; *(busz)* bus; *(távolsági)* coach: *vasúti kocsi* railway carriage ∗ *A nyolcadik kocsiban ül, a vonat végében.* He is sitting in the eighth carriage at the back of the train. **5.** *(repülőtéren stb. poggyásznak)* trolley **6.** *(gyermekkocsi)* pram; *(összehajtható)* pushchair; AmE stroller
kocsifelhajtó <fn> drive(way)
kocsikulcs <fn> car key
kocsimosó <fn> car wash
kocsis <fn> driver
kocsisor <fn> *(dugóban)* tailback: *Az M7-esen óriási kocsisor alakult ki.* There was a huge tailback on the M7.
kocsiszín <fn> depot; garage
kocsma <fn> pub
kocsmáros <fn> landlord
kód <fn> code; *(jelszó)* password: *azonosító kód* code number
kódex <fn> codex (tsz: codices)
kódol <ige> code; encode: *kódolt üzenet* coded message ∗ *Az üzenetet kódolták.* The message was written in code.
koffein <fn> caffeine
koffeinmentes <mn> decaffeinated
kohász <fn> metalworker; foundry worker
kohászat <fn> metallurgy
kohó <fn> furnace
koholmány <fn> fiction; fabrication
kokain <fn> cocaine
kokárda <fn> cockade; rosette
koksz <fn> coke
koktél <fn> cocktail: *kever egy koktélt* mix a cocktail
kókuszdió <fn> coconut
kókuszpálma <fn> coconut palm
kóla <fn> biz Coke
kolbász <fn> ≈ sausage: *két pár kolbász* four sausages
koldul <ige> beg
koldus <fn> beggar
kolera <fn> cholera
koleszterin <fn> cholesterol
koleszterinszint <fn> level of cholesterol
kolléga <fn> colleague
kollégnő <fn> colleague
kollegiális <mn> friendly; fraternal
kollégium <fn> **1.** hall (of residence); student hostel; AmE dormitory; biz dorm: *Kollégiumban laksz vagy albérletben?* Do you live in hall or in lodgings? **2.** *(testület)* college; board: *A nemzetközi Kardiológiai Kollégium tagja.* He is a member of the International College of Cardiology.
kollekció <fn> collection: *az új őszi kollekció* the new autumn collection
kollektív <mn> collective: *kollektív szerződés* collective agreement ∗ *kollektív felelősség* collective responsibility
kolónia <fn> colony; community

kolonc <fn> *(hátráltató)* nuisance; burden
kolostor <fn> monastery; cloister; *(apácakolostor)* convent; nunnery
kolosszális <mn> colossal
kóma <fn> coma
kombájn <fn> combine (harvester)
kombi <fn> estate (car); AmE station wagon
kombináció <fn> **1.** *(egyesítés)* combination **2.** *(elgondolás, feltevés)* conjecture; hypothesis (tsz: hypotheses) **3.** *(számoké)* combination
kombinál <ige> **1.** *(egyesít)* combine (**vmit vmivel** sg with sg) **2.** *(következtet)* conclude; infer
kombinált fogó <fn> pliers <tsz>
kombiné <fn> slip
komédia <fn> comedy
komfort <fn> comfort; ease; convenience
komfortos <mn> comfortable
komika <fn> *(színésznő)* comedienne
¹komikus <mn> comic(al); humorous; funny: *komikus karcolat* a comic sketch
²komikus <fn> comedian
komló <fn> **1.** *(növény)* hop **2.** *(termés)* hops <tsz>
kommandó <fn> commando
kommandós <fn> commando
kommentál <ige> comment (**vmit** on sg); make* a comment (**vmit** on sg)
kommentár <fn> **1.** *(magyarázat)* comment; commentary: *politikai kommentár* political commentary * *kommentárt fűz vmihez* comment on sg **2.** *(megjegyzés)* comment
kommentátor <fn> commentator
kommersz <mn> pej *(tömegben gyártott)* mass-produced
kommunális <mn> communal
kommuna <fn> commune <+ esz/tsz ige>
kommunikáció <fn> communication
kommunikál <ige> communicate (**vkivel** with sy): *E-mailen kommunikálunk.* We communicate by e-mail.
¹kommunista <mn> communist: *kommunista párt* communist party * *Az az ország kommunista uralom alatt áll.* That country is under Communist rule.
²kommunista <fn> *(személy)* communist
kommunizmus <fn> communism
komoly <mn> **1.** *(megfontolt)* serious; earnest; solemn: *komoly (kis)lány* a serious girl * *Ez komoly?* Are you serious? * *(túl) komoly diák* an earnest student **2.** *(jelentős)* serious; considerable; great: *Az ellopott autója komoly veszteség.* His stolen car is a serious loss. * *A gyermekőrző komoly segítség számára.* The baby-sitter is a great help to her. **3.** *(súlyos)* serious; bad*; severe; heavy: *komoly fejsérülések* serious head injuries
komolyság <fn> seriousness; earnestness

komolytalan <mn> **1.** *(felelőtlen, megbízhatatlan)* unreliable; immature; irresponsible; *(viselkedés)* frivolous; flippant **2.** *(jelentéktelen)* inconsiderable; insignificant
komolyzene <fn> classical music
komor <mn> gloomy; sombre; AmE somber; morose; dreary; sullen
komp <fn> ferry(boat): *komppal utazik* go by the ferry * *A komp két percen belül indul.* The ferryboat sails in two minutes.
kompatibilis <mn> infor compatible
kompenzál <ige> compensate (**vmit vmivel** sg for sg)
komplett <mn> **1.** *(teljes)* complete; entire; whole; full **2.** biz *(tiszta)* proper: *Komplett bolond.* He's a proper fool.
komplex <mn> complex
komplexum <fn> complex; *(épületegyüttes)* (building) complex
komplexus <fn> pszich complex: *kisebbrendűségi komplexus* inferiority complex
komplikáció <fn> orv is complication
komponál <ige> compose
komponens <fn> component; constituent
komposzt <fn> compost
kompót <fn> compote; *(eltett)* preserved fruit; bottled fruit
kompromisszum <fn> compromise: *kompromisszumot köt* reach a compromise * *kompromisszumra jut vmiben* compromise on sg
kompromittál <ige> **1.** compromise **2. kompromittálja magát** compromise oneself
komputer <fn> computer
koncentráció <fn> concentration
koncentrációs tábor <fn> tört concentration camp
koncentrál <ige> concentrate (**vmire** on sg): *Jobban koncentrálj a munkádra!* Concentrate more on your work.
koncepció <fn> **1.** *(felfogás)* conception; idea **2.** *(elgondolás)* plan
koncepciós per <fn> show trial; biz frame-up
koncert <fn> concert: *jótékonysági koncert* a charity concert * *élő koncert* a live concert
koncertez(ik) <ige> give* a concert
koncertkörút <fn> concert tour
koncesszió <fn> pol, gazd concession
kondíció <fn> **1.** *(erőnlét)* (physical) condition; fitness; form: *jó kondícióban van* be in good condition/form **2.** gazd *(feltétel)* condition; terms <tsz>
kondom <fn> condom
konferál <ige> announce; introduce; compere; AmE emcee
konferanszié <fn> master of ceremonies; host; compere; AmE emcee

konferencia <fn> conference; meeting: *Egy nemzetközi orvoskonferencián vett részt.* He attended an international doctors' conference. * *Elvárják, hogy te képviseld cégünket a konferencián.* You are required to represent our company at the conference.
konfirmáció <fn> vall confirmation
konfliktus <fn> conflict
konföderáció <fn> confederation
kongat <ige> *(harangot)* sound; toll; ring◆
kongresszus <fn> **1.** *(tudományos tanácskozás)* congress **2.** pol AmE *(törvényhozó testület)* Congress
konjunktúra <fn> gazd *(fellendülés, virágzás)* prosperity; boom: *konjunktúrája van vminek* there is a boom in sg
konkáv <mn> fiz *(lencse, tükör)* concave
konkrét <mn> concrete; particular; specific: *konkrét bizonyíték* concrete evidence * *ebben a konkrét esetben* in this particular case * *Kifejeznéd magad egy kicsit konkrétabban?* Could you be a bit specific?
konkrétum <fn> fact
konkurál <ige> compete (**vkivel** with sy)
konkurencia <fn> competition; rivalry
¹**konkurens** <mn> competing; rivalling; AmE rivaling
²**konkurens** <fn> competitor; rival
konnektor <fn> *(aljzat)* socket; power point; AmE outlet: *bedugja a (villás)dugót a konnektorba* put the plug into the socket
konok <mn> headstrong; stubborn; obstinate
konspiráció <fn> conspiracy; plot
konstrukció <fn> construction; *(szerkezet)* structure
konstruktív <mn> constructive: *konstruktív kritika* constructive criticism
konszenzus <fn> consensus: *konszenzusra jut* reach a consensus
konszern <fn> concern
konszolidáció <fn> consolidation; stabilization
konszolidál <ige> consolidate
konszolidálódik <ige> become◆ consolidated/stabilized
kontaktlencse <fn> contact lens
kontaktus <fn> contact
¹**kontár** <mn> pej bungling; bungled; amateurish
²**kontár** <fn> pej bungler; biz cowboy
kontárkodik <ige> bungle
konténer <fn> container; *(üvegek gyűjtésére)* bottle bank
kontextus <fn> **1.** nyelvt context **2.** *(összefüggés)* context

kontinens <fn> continent: *Afrika hatalmas kontinens.* Africa is a vast continent. * *az európai kontinens (Nagy-Britannia nélkül)* the Continent
kontinentális <mn> continental
kontraszt <fn> contrast
kontroll <fn> check; checking; control
kontúr <fn> contour; outline
konty <fn> bun
konvektor <fn> convector
konvenció <fn> **1.** *(megállapodás)* convention **2.** *(szokás)* convention; formality
konvertál <ige> convert
konvertibilis <mn> gazd convertible: *konvertibilis valuta* convertible currency
konvex <mn> fiz *(lencse, tükör)* convex
konvoj <fn> convoy
konzerv <fn> **1.** *(étel)* tinned food; AmE canned food **2.** *(konzervdoboz)* tin; AmE can: *Megpróbálom kinyitni ezt a konzervet.* I'll try to open this tin.
konzervál <ige> **1.** *(tartósít)* preserve; conserve **2.** *(megóv)* preserve; conserve
¹**konzervatív** <mn> **1.** conservative; old-fashioned: *konzervatív nézetek* conservative views **2.** pol conservative: *a Konzervatív Párt tagja* member of the Conservative Party * *A konzervatív jelöltre szavaztunk.* We voted for the conservative candidate.
²**konzervatív** <fn> conservative
konzervatórium <fn> conservatory; conservatoire
konzervdoboz <fn> tin; AmE can
konzervgyár <fn> cannery; canning factory
konzervnyitó <fn> tin opener; AmE can opener
konzul <fn> consul
konzulátus <fn> consulate
konzultáció <fn> consultation
konzultál <ige> consult (**vkivel vmiről** sy about sg): *a többi érdekelt féllel konzultál* consult the other interested parties
konyak <fn> cognac; brandy
konyha <fn> **1.** *(helyiség)* kitchen: *bemegy a konyhába* go into the kitchen **2.** *(főzésmód)* cuisine; cooking: *francia konyha* French cuisine * *olasz konyha* Italian cooking

→ Lásd a Tartalomjegyzékben a Tematikus rajzokat!

konyhabútor <fn> kitchen furniture
konyhafőnök <fn> chef
konyhakert <fn> kitchen garden; vegetable garden
konyhakész <mn> oven-ready; ready-to-cook
konyhaművészet <fn> cookery; art of cooking

konyhapénz <fn> housekeeping money
konyharuha <fn> tea towel; tea cloth; AmE dishtowel
konyhasó <fn> (table) salt
konyhaszekrény <fn> (kitchen) cupboard
kooperáció <fn> cooperation
koordináció <fn> coordination
koordinál <ige> coordinate
koordináta <fn> coordinate
kopár <mn> 1. bare; barren; naked; stark: *kopár dombolddal* a naked hillside 2. *(fa)* leafless
kopás <fn> wear and tear
kopasz <mn> bald; hairless
kopaszodik <ige> go✢ bald; become✢ bald
kópia <fn> 1. copy 2. *(utánzat)* imitation; copy
kopik <ige> wear✢ away/out; *(szövet)* become✢ threadbare
koplal <ige> 1. *(nincs mit ennie)* starve 2. *(szándékosan)* fast
kopó <fn> *(vadászkutya)* hound
kopog <ige> 1. *(ajtón)* knock (vmin at/on sg); *(máson)* tap (vmin at/on sg); rap (vmin at/on sg): *kopog az ajtón* knock at/on the door * *Folyton kopogott az ujjaival az asztalon.* She kept tapping her fingers on the table. 2. *(eső)* patter: *Hallottuk, ahogy az eső kopogott az ablakon.* We heard the rain patter on the window. 3. gk *(motor)* pink; knock
kopogtat <ige> 1. tap (vmin at/on sg); rap (vmin at/on sg) 2. *(ajtón)* knock (vmin at/on sg)
kopoltyú <fn> gill
koponya <fn> 1. skull 2. átv head; brain
koporsó <fn> coffin; AmE casket
kopott <mn> *(ruha)* shabby; ragged; threadbare
koppan <ige> knock; thud; *(csepp)* patter
kor <fn> 1. *(korszak)* age; epoch; era; period; time: *a mai kor* our age/time * *Érdekes könyvet olvasok a viktoriánus korról.* I read an interesting book on the Victorian period. * *Volt ott épület a római korban?* Was there a building here in Roman times? 2. *(életkor)* age: *18 éves kor(á)ban* at the age of 18 * *korához képest magas* be tall for one's age
kór <fn> disease; illness
kora <fn> early: *kora reggel* early morning * *kora délután* early in the afternoon
korábban <hsz> 1. *(régebben)* before; previously; formerly 2. *(előbb)* earlier; sooner: *A vonatom korábban fog beérkezni.* My train will get in earlier.
korábbi <mn> former; previous; earlier; preceding
koraérett <mn> *(gyermek)* precocious
korai <mn> early; *(idő előtti)* premature; untimely: *korai munkái* his early works * *korai ebéd* an early lunch * *korai volna még vmit csinálni* it would be premature to do sg
korall <fn> coral
korallzátony <fn> coral reef: *korallzátonnyal körülvéve* encircled by a coral reef
korán <hsz> early: *amilyen korán csak lehet* as early as possible * *korán reggel* early in the morning * *Elnézést – tudom, hogy korán érkeztem!* Sorry – I know I'm early.
koraszülött <fn> premature baby
koravén <mn> *(gyerek)* precocious
korbács <fn> whip; lash
kórboncnok <fn> pathologist
kórbonctan <fn> pathology
korcs <fn> *(állat)* crossbred; *(kutya)* mongrel
korcsolya <fn> skate
korcsolyapálya <fn> (skating/ice) rink
korcsolyázik <ige> skate: *korcsolyázni megy* go skating
korcsoport <fn> age group
kordbársony <fn> corduroy
kordnadrág <fn> corduroys <tsz>; cords <tsz>
kordon <fn> cordon
Korea <fn> Korea
¹koreai <mn> Korean
²koreai <fn> 1. *(személy)* Korean 2. *(nyelv)* Korean
koreográfia <fn> choreography
koreográfus <fn> choreographer
korhadt <mn> rotten; rotting; decayed
korhatár <fn> age limit: *alsó korhatár* lower age limit * *felső korhatár* upper age limit
kórház <fn> hospital: *kórházba szállít vkit* take sy to hospital
kórházi <mn> hospital: *kórházi kezelés* hospital treatment * *kórházi vizitáción van* do a hospital round
korkülönbség <fn> age difference
korlát <fn> 1. *(védő)* barrier; bar; railing; *(lépcső mellett, erkélyen)* handrail; banister 2. *(gátló körülmény)* limit; barrier; bounds <tsz> 3. sp *(tornaszer)* parallel bars <tsz>
korlátlan <mn> boundless; unlimited; unrestricted; *(hatalom)* absolute: *korlátlan lehetőségek* unlimited possibilities
korlátolt <mn> 1. *(korlátozott)* limited; restricted 2. pej narrow-minded; dull; stupid
korlátoz <ige> limit; restrict; confine; restrain: *a szeszfogyasztást korlátozza* restrict the consumption of alcohol
korlátozás <fn> limitation; restriction; restraint
korlátozódik <ige> be✢ limited/confined (vmire to sg)
kormány <fn> 1. *(gépjárműben)* (steering) wheel; *(kerékpáré)* handlebars <tsz>; *(hajón)* (steer-

ing) wheel; helm: *a kormánynál* at the wheel **2.** pol *(szerv)* government <+ esz/tsz ige>; cabinet <+ esz/tsz ige>; AmE administration: *koalíciós kormány* coalition government * *kormányt alakít* form a government * *A kormány lemondott.* The Government has resigned. * *a Bush kormány* the Bush administration

kormányfő <fn> prime minister
kormánykerék <fn> steering wheel
kormányos <fn> **1.** helmsman (tsz: helmsmen) **2.** sp *(versenycsónakban)* cox
kormányoz <ige> **1.** *(járművet)* steer: *a kikötőbe kormányozza a hajót* steer the boat into the harbour **2.** *(államot)* govern; rule: *Az országot a miniszterelnök kormányozza.* The Prime Minister governs the country.
kormánypárt <fn> governing party
kormányprogram <fn> government programme; AmE government program
kormányszóvivő <fn> government spokesperson; government spokesman (tsz: government spokesmen)
kormányülés <fn> government/cabinet meeting
kormányválság <fn> government/cabinet crisis (tsz: government/cabinet crises)
kormányzás <fn> **1.** *(járműé)* steering **2.** *(államé)* governing; ruling
kormányzat <fn> government; AmE administration: *a Bush kormányzat* the Bush administration
kormos <mn> sooty
korog <ige> rumble: *Korog a gyomrom.* My stomach is rumbling.
kórokozó <fn> pathogen
korom <fn> soot
koromfekete <mn> pitch-black; jet-black
korona <fn> **1.** *(uralkodói)* crown **2.** *(fogpótlás)* crown **3.** *(pénz)* crown **4.** *(fakorona)* crown
♦ **feltesz a koronát vmire** biz crown it all
koronáz <ige> crown: *vkit királlyá koronáz* crown sy king
koronázás <fn> coronation; crowning
korong <fn> **1.** *(lapos tárgy)* disc; AmE disk **2.** sp *(jégkorongban)* puck
koros <mn> elderly; aged
kóros <mn> pathological; abnormal, diseased: *kóros elváltozás* pathological change
korosztály <fn> age group
korpa <fn> **1.** *(gabonáé)* bran **2.** *(fejbőrön)* dandruff; scurf
korpás <mn> *(haj, fejbőr)* scurfy
korrekt <mn> fair; correct; straight: *korrekt bánásmód* a fair deal * *politikailag korrekt* politically correct

korrektor <fn> concealer
korrigál <ige> *(helyesbít)* correct
korrózió <fn> corrosion
korrupció <fn> corruption
korrupt <mn> corrupt
korsó <fn> mug; jug; AmE pitcher: *egy korsó sör* a mug of beer
korszak <fn> epoch; period; era; time
korszerű <mn> modern; up-to-date
korszerűsít <ige> modernize; update; bring⁺ up-to-date: *korszerűsíti a rendszert* bring the system up-to-date
korszerűtlen <mn> out-of-date
¹**kortárs** <mn> contemporary: *kortárs művészet* contemporary art
²**kortárs** <fn> contemporary
kórterem <fn> ward
korty <fn> sip; gulp; swallow; draught: *egy korty tea* a sip of tea * *egy kortyra* at a draught
kortyol <ige> sip: *kortyolja a teáját* be sipping one's tea
kórus <fn> *(énekkar)* choir <+ esz/tsz ige>; chorus <+ esz/tsz ige>: *vegyes kórus* mixed choir * *A kórust egy fiatal karmester vezényelte.* The Choir was conducted by a young conductor. * *a templomi kórus* the church choir
korzó <fn> promenade; biz prom
Kos <fn> asztrol *(csillagjegy)* Aries
kos <fn> ram
kosár <fn> **1.** basket: *szennyes kosár* a clothes basket * *bevásárló kosár* a shopping basket **2.** sp *(palánkon)* basket **3.** sp *(találat)* basket
♦ **kosarat ad vkinek** turn sy down ♦ **kosarat kap** be⁺ turned down
kosárlabda <fn> **1.** *(sportág)* basketball: *A baseball különbözik a kosárlabdától.* Baseball is different from basketball. **2.** *(sporteszköz)* basketball
kosárlabdázik <ige> play basketball
kosárlabdázó <fn> basketball player
kóstol <ige> taste; sample; try
kóstoló <fn> *(ételből)* a bit/taste (**vmiből** of sg)
kosz <fn> dirt
kószál <ige> stroll; ramble; roam; range
koszorú <fn> wreath
koszorúslány <fn> bridesmaid
koszorúzás <fn> wreath-laying (ceremony)
koszos <mn> dirty
koszt <fn> **1.** *(élelem)* food; *(étkezés)* meal **2.** *(rendszeres)* board
kosztüm <fn> **1.** *(női)* suit; ensemble: *Szép kosztüm volt rajta.* She had a nice suit on. **2.** szính costume
kosztümkabát <fn> jacket
kotkodácsol <ige> cackle; cluck
kotlik <ige> *(madár)* brood

koton <fn> biz condom; sheath; rubber
kotorászik <ige> biz rummage; delve: *kotorászik a zsebeiben* rummage in one's pockets ∗ *A zsebében kotorászott, hogy megtalálja a kulcsokat.* She delved into her pocket to find the keys.
kotrógép <fn> excavator
kotta <fn> (sheet) music: *kottát olvas* read music ∗ *kotta nélkül csellózik* play the violoncello without any/the music
kotyog <ige> 1. biz *(fecseg)* chatter 2. *(víz)* gurgle 3. *(motor stb.)* knock
kotyvalék <fn> ált pej concoction
kotyvaszt <ige> biz concoct
kovács <fn> (black)smith
kovácsműhely <fn> forge; smithy
kovácsol <ige> forge
kozmetika <fn> 1. *(szépségápolás)* cosmetology; *(kezelés)* beauty treatment 2. *(üzlet)* beauty salon; beauty parlour
kozmetikai <mn> cosmetic: *kozmetikai műtét* cosmetic surgery
kozmetikum <fn> cosmetic; beauty product
kozmetikus <fn> 1. *(személy)* beautician; cosmetologist; beauty specialist 2. *(üzlet)* beauty salon; beauty parlour
kozmikus <mn> cosmic: *kozmikus sugárzás* cosmic radiation
kozmopolita <fn> vál cosmopolitan
kozmosz <fn> the cosmos
kő <fn> 1. stone; AmE rock: *Az autóra dobott egy követ.* He slung/threw a stone at the car. 2. *(drágakő)* precious stone 3. *(epében, vesében)* stone
♦ **minden követ megmozgat** leave✝ no stone unturned ♦ **nagy/nehéz kő esik le a szívéről** a load/weight off one's mind
kőbánya <fn> quarry
köbcentiméter <fn> cubic centimetre; AmE cubic centimeter
köbméter <fn> cubic metre; AmE cubic meter
köcsög <fn> 1. jug; AmE pitcher 2. szl *(szitoksző)* sucker
köd <fn> *(sűrű)* fog; *(ritka)* mist; haze: *sűrű köd* dense fog
ködlámpa <fn> fog lamp; fog light
ködös <mn> 1. foggy; *(párás)* misty; hazy: *ködös idő* foggy weather 2. *(homályos)* obscure; vague; hazy
kőfal <fn> stonewall
kőfaragó <fn> stonemason; mason
köhög <ige> cough: *Köhögött, ez a betegség biztos jele.* He was coughing, a sure sign that he was ill. ∗ *Csúnyán köhög.* She has a bad cough.
köhögés <fn> cough: *Egy ideges kis köhögést hallatott.* He gave a little nervous cough. ∗ *köhögés elleni cukorka* cough drop/sweet

kőkorszak <fn> the Stone Age
kölcsön <fn> (bank) loan: *kamatmentes kölcsön* interest-free loan ∗ *kamatostul fizeti vissza a kölcsönt* repay the loan with interest ∗ *A bank kölcsönt adott, hogy felépítsük a házunkat.* The bank gave us a loan to build our house.
kölcsönad <ige> lend✝ (**vmit vkinek** sg to sy // sy sg): *Kölcsönadta a biciklijét.* He lent me his bike. ∗ *Visszafizetnéd a pénzt, amit kölcsönadtam?* Can you repay me the money I have lent you?
kölcsönhatás <fn> interaction
kölcsönkér <ige> borrow (**vmit vkitől** sg from sy): *pénzt kér kölcsön vkitől* borrow money from sy ∗ *Kölcsönkérhetem a biciklidet?* Might I borrow your bike?
kölcsönös <mn> mutual: *kölcsönös megértés* mutual understanding ∗ *kölcsönös utálat* mutual dislike
kölcsönöz <ige> 1. *(kölcsönad)* lend✝ (**vmit vkinek** sg to sy // sy sg) 2. *(kölcsönvesz)* borrow (**vmit vkitől** sg from sy); *(kölcsönzővállalattól rövidebb időre)* hire; *(hosszabb időre)* rent: *autót kölcsönöz* hire a car
kölcsönvesz <ige> borrow (**vmit vkitől** sg from sy)
kölcsönző <fn> 1. *(kölcsönadó)* lender 2. *(autó)* car rental (firm) 3. *(kölcsönvevő)* borrower
köldök <fn> navel; biz belly button
köldökzsinór <fn> umbilical cord
¹**költ** <ige> *(pénzt)* spend✝ (**vmire** on sg): *nagy pénzösszegeket költ reklámozásra* spend large sums of money on advertising ∗ *Minden pénzemet születésnapi ajándékokra költöttem.* I have spent all my money on birthday presents.
²**költ** <ige> *(madár)* brood; *(fiókákat)* hatch
³**költ** <ige> *(verset)* compose; write✝
költemény <fn> poem; piece of poetry
költészet <fn> poetry: *Nem vagyok jártas a költészetében.* I'm not familiar with his poetry.
költő <fn> poet: *híres skót költő* a well-known Scots poet ∗ *született költő* a natural poet ∗ *koszorús költő* poet laureate
költői <mn> poetic(al): *költői leírás* poetic description
költőnő <fn> poetess
költőpénz <fn> pocket money; spending money
költözés <fn> 1. move; removal 2. *(vándorlás)* migration
költözik <ige> 1. move; remove 2. *(vándorol)* migrate
költözködés <fn> moving; removal
költöző madár <fn> migratory bird; bird of passage
költség <fn> cost; expense; expenditure: *megélhetési költségek* cost of living ∗ *saját költségemre* at my own expense

költséges <mn> expensive; costly; dear
költségvetés <fn> 1. estimate (of the cost); calculation 2. *(állami, vállalati stb.)* budget: *a kormány költségvetése* the government's budget
kölykezik <ige> litter; *(kutya)* pup; *(macska)* kitten
kölyök <fn> 1. *(állat)* young <tsz>; *(kutya)* puppy; pup; *(macska)* kitten 2. biz *(gyerek)* kid
kömény <fn> caraway (seed)
köménymag <fn> caraway seed
kőműves <fn> bricklayer; builder
köntörfalaz <ige> biz beat✶ about the bush
köntös <fn> dressing gown; AmE bathrobe
könny <fn> tear: *könnyekre fakad* burst into tears
könnycsepp <fn> teardrop
könnyed <mn> 1. *(fáradozás nélküli)* easy; light; effortless 2. *(modor, stílus)* free (and easy); unaffected
könnyedén <hsz> easily; lightly; without effort; with ease
könnyelmű <mn> rash; careless; light-headed; thoughtless; *(pénzügyileg)* wasteful
könnyelműség <fn> rashness; thoughtlessness
könnyes <mn> tearful; watery: *könnyes szemek* watery eyes
könnyezik <ige> shed✶ tears; weep✶; *(naptól stb.)* water: *A naptól könnyezett a szemem.* The sun made my eyes water.
könnygáz <fn> tear gas
könnyít <ige> 1. *(terhen)* lighten 2. *(problémán, fájdalmon stb.)* ease (**vmin** sg); alleviate (**vmin** sg); relieve (**vmin** sg)
könnyű <mn> 1. *(súlyra)* light: *Tíz kilóval könnyebb.* He's ten kilos lighter. 2. *(anyag)* thin; *(vékony)* lightweight: *könnyű kabát* a lightweight jacket 3. *(étel, ital)* light: *könnyű reggeli* a light breakfast 4. *(egyszerű)* simple; easy: *Ennek a nyelvnek viszonylag könnyű a nyelvtana.* This language has a relatively easy grammar. 5. *(nehézségek nélküli)* easy; light; effortless: *könnyű munka* an easy job; light work 6. *(csekély mértékű)* slight; minor; mild: *könnyű sérülés* slight/minor injury 7. *(csak szórakoztató)* light: *Tegnap könnyű olvasmányt olvastam.* I had a light reading yesterday.
könnyűbúvár <fn> skin-diver
könnyűipar <fn> light industry
könnyűsúly <fn> sp lightweight
könnyűzene <fn> light music
könyök <fn> elbow: *Hirtelen meglökte a könyökömet.* Suddenly he jogged my elbow.
♦ **a könyökén jön ki vmi** biz be✶ fed up with sg
könyököl <ige> lean✶ on one's elbows
könyörög <ige> 1. beg (**vmiért** for sg): *Mindig pénzért kellett könyörögnie.* He always had to beg for money. 2. *(imádkozik)* pray (**vkihez vkiért/vmiért** to sy for sy/sg): *Esőért könyörögtem Istenhez.* I prayed to God for rain. 3. beg (**vkihez** sy); beseech✶ (**vkihez** sy); implore (**vkihez** sy)
könyörtelen <mn> merciless; ruthless; unmerciful; pitiless: *könyörtelen kritika* merciless criticism
könyörület <fn> mercy; pity; compassion: *A királynő nem mutatott könyörületet.* The queen showed no mercy.
könyv <fn> book: *könyvet olvas* read a book ✶ *Miről szól a könyv?* What is the book about? ✶ *Jób könyve (Bibliában)* the book of Job
könyvborító <fn> cover (of a book)
könyvel <ige> *(könyvelést végez)* keep✶ the books; *(foglalkozása)* do✶ the bookkeeping
könyvelő <fn> bookkeeper; accountant
könyvesbolt <fn> bookshop; AmE bookstore
könyvespolc <fn> bookshelf (tsz: bookshelves); *(ált. zárt)* bookcase
könyvjelző <fn> bookmark
könyvismertetés <fn> book review
könyvkereskedő <fn> bookseller
könyvkiadás <fn> publishing (of books)
könyvkiadó <fn> publisher; publishing house
könyvkötő <fn> bookbinder; binder
könyvmoly <fn> biz bookworm
könyvnyomtatás <fn> printing (of books)
könyvszekrény <fn> bookcase
könyvtár <fn> 1. library: *mozgó könyvtár* mobile library ✶ *a könyvtár vezetője* the head of the library 2. infor directory
könyvtáros <fn> librarian
könyvvásár <fn> book fair
könyvvizsgáló <fn> auditor; accountant
kőolaj <fn> oil; petroleum
kőolaj-finomító <fn> oil refinery; petroleum refinery
kőolajvezeték <fn> oil pipeline
köp <ige> 1. spit✶ 2. biz *(nem törődik vele)* not give✶ a damn about sy/sg 3. *(vkit bemárt)* grass on sy
köpcös <mn> stocky; dumpy
köpeny <fn> 1. *(ruhadarab)* gown; cloak 2. *(köntös)* dressing gown; AmE bathrobe 3. *(munkaköpeny)* white coat 4. *(autógumi)* tyre; AmE tire
köpköd <ige> spit✶
köpönyegforgató <fn> pej turncoat
kör <fn> 1. circle: *egy kört rajzol* draw a circle ✶ *a kör közepe* the centre of the circle 2. *(emberekből stb. álló)* ring: *körben ülve* sitting in a ring 3. *(céltáblán)* ring 4. *(társaság)* circle; club: *baráti kör* circle of friends ✶ *a mi köreinkben* in our circles 5. *(versenypályán)* lap

6. *(terület)* sphere; range: *működési kör* sphere of activity/action ∗ *érdeklődési kör* sphere of interest ∗ *tevékenységi kör* range of activity

kőr <fn> heart: *kőr dáma* queen of hearts ∗ *kőr ász* ace of hearts

körbead <ige> *(vmit)* pass sg round; hand sg round: *körbeadja az üveget* pass round the bottle

körben <hsz> around; round: *körben jár* go around

körbenéz <ige> look around

¹köré <nu> around; round: *Sálat tett a nyaka köré.* She put a scarf around/round her neck. ∗ *A család a fa köré gyűlt.* The family gathered around the tree.

²köré <hsz> around; round

köret <fn> trimmings <tsz>; *(külön tálon felszolgált)* side dish

körforgalom <fn> közl roundabout: *Ennél a körforgalomnál négy út keresztezi egymást.* Four roads cross each other at this roundabout.

körforgás <fn> circulation; rotation; *(égitesté)* revolution; *(jelenségeké)* recurrence; cycle

körgyűrű <fn> *(forgalmi)* ring road; AmE beltway

körhinta <fn> roundabout; merry-go-round; AmE carousel: *ül a körhintán* sit on the roundabout

körív <fn> **1.** arch **2.** mat arc

körkép <fn> **1.** *(festmény)* panorama **2.** *(áttekintés)* panorama

körkörös <mn> circular; concentric

körlevél <fn> circular (letter)

körmenet <fn> procession

körmönfont <mn> **1.** *(bonyolult)* complicated; subtle **2.** *(ravasz)* wily; artful; cunning

környék <fn> environs <tsz>; vicinity; neighbourhood; AmE neighborhood: *a város környéke* the environs of the town ∗ *A környéken majdnem mindenkit ismerek.* I know nearly everyone in the neighbourhood.

környezet <fn> **1.** *(természeti)* environment: *A gyárak szennyezik a környezetünket.* Factories pollute our environment. **2.** *(külső tényezők összessége)* environment; surroundings <tsz>: *Megszokta az új környezetét.* He became accustomed to his new surroundings. **3.** *(személyi)* milieu; surroundings <tsz>

környezetbarát <mn> eco-friendly; environmentally friendly

környezetkímélő <mn> environmentally friendly

környezetszennyezés <fn> environmental pollution; pollution of the environment: *A tanulmány összefüggést mutatott ki a rák és a környezetszennyezés között.* The study showed a link between cancer and environmental pollution.

környezetvédelem <fn> environmental protection; protection of the environment

környezetvédő <fn> environmentalist

környező <mn> surrounding; nearby, neighbouring

köröm <fn> **1.** *(emberé)* nail; *(kézen)* fingernail; *(lábujjakon)* toenail: *rágja a körmét* chew one's nails **2.** *(karom)* claw

körömcipő <fn> court shoe; AmE pump

körömlakk <fn> nail polish; nail varnish

körömolló <fn> nail scissors <tsz>

körömreszelő <fn> nail file

körös-körül <hsz> all round; around: *A cicák körös-körül szaladgáltak a kertben.* The cats ran around the garden.

köröz <ige> **1.** *(kört tesz meg)* circle **2.** *(nyomoz vki után)* issue a warrant for the arrest of sy **3.** *(körbead vmit)* send⁕ sg round; pass sg round; circulate

körözés <fn> *(nyomozás)* warrant (for sy's arrest)

körséta <fn> tour: *Városi körsétára vitt bennünket.* He took us on a tour of the city.

körszakáll <fn> full beard

körtánc <fn> round dance

körte <fn> **1.** *(gyümölcs)* pear **2.** *(égő)* (light) bulb

körtefa <fn> pear tree: *a körtefa virágzik* the pear tree is in blossom

körút <fn> **1.** *(utca)* boulevard **2.** *(utazás)* tour; trip **3.** *(szolgálati)* round; beat: *Mikor kezdi a postás a körútját?* When does the postman start his round?

körutazás <fn> tour; trip: *Tavaly olaszországi körutazásra mentünk.* Last year we went on a tour of Italy.

¹körül <nu> **1.** *(térben)* around; round: *A tűz körül ültünk.* We sat around the fire. ∗ *A Föld a Nap körül kering.* The earth revolves round the sun. **2.** *(időben)* (at) about; round: *3 óra körül érkeztem.* I arrived at about 3 o'clock. **3.** *(megközelítőleg)* about; near: *Az ára 1000 Ft körül lehet.* It costs about 1000 forints.

²körül <hsz> around; round

körüláll <ige> surround; encircle

körülbelül <hsz> approximately; about; roughly; some: *Körülbelül 40 éves.* He is about 40 years old. ∗ *körülbelül hatvan gyerek* some sixty children

körülfog <ige> surround; enclose; encircle

körülír <ige> paraphrase

körülírás <fn> paraphrase

körüljár <ige> go⁕ round; walk round

körülmény <fn> circumstance; condition: *ezen körülmények között* in/under these circumstances * *jó anyagi körülmények között él* be in good circumstances * *kedvezőtlen/mostoha körülmények* adverse conditions

körülményes <mn> complicated; circuitous

körülmetél <ige> circumcise

körülnéz <ige> look (a)round; have* a look round

körülötte <hsz> (a)round sy/sg; about sy/sg

körültekintő <mn> circumspect; cautious; prudent; wary

körülvesz <ige> surround; encircle; enclose

körülzár <ige> **1.** surround; encircle; enclose **2.** kat hem sy in; blockade

körvonal <fn> outline; contour: *Először a fej körvonalát rajzolta meg.* She drew the outline of the head first.

körvonalaz <ige> átv outline; sketch

körzet <fn> **1.** *(igazgatási)* district; zone **2.** *(terület)* area

körző <fn> compasses <tsz>: *egy körző* a pair of compasses

kőszikla <fn> rock; cliff

köszön <ige> **1.** *(megköszön)* thank (**vkinek vmit** sy for sg); say* thank you (**vkinek vmit** to sy for sg): *Nagyon szépen köszönöm!* Thank you very much. * *Köszönöm, hogy megmentetted az életemet!* Thank you for saving my life. * *előre is köszönöm* thanks in advance **2.** *(üdvözölve)* greet (**vkinek** sy)

köszönés <fn> greeting

köszönet <fn> thanks <tsz>: *Hálás köszönet a segítségedért!* Many thanks for your help! * *Semmi köszönetet nem várok azért, mert segítettem a családodnak!* I don't expect any thanks for helping your family.

köszönetnyilvánítás <fn> acknowledgements <tsz>

köszönőlevél <fn> letter of thanks

köszönt <ige> **1.** *(üdvözöl)* greet; welcome; salute: *Mosollyal köszöntött.* He greeted me with a smile. * *Amikor hazaértem, a családom köszöntött engem.* I was welcomed by my family when I got home. **2.** *(beszéddel)* address

köszörű <fn> grinder

köszörül <ige> *(élesít)* grind*; sharpen

köt <ige> **1.** *(megköt)* tie; bind* **2.** tie (**vkit/vmit vmihez** sy/sg to sg); fasten (**vmit vmihez** sg to sg); attach (**vmit vmihez** sg to sg): *A fához kötöttem a kutyámat.* I tied my dog to the tree. **3.** *(könyvet)* bind* **4.** *(kötőtűvel)* knit* **5.** *(megszilárdul)* set*

köteg <fn> bundle; bunch; packet; parcel

kötekedik <ige> provoke; pick a quarrel

kötél <fn> rope; cord; *(hajókötél)* cable; rope; *(vontató)* towline: *megragadja a kötelet* grasp the rope * *kötéllel rögzíti a csónakot* secure the boat with a rope

♦ **kötélből vannak az idegei** biz have* nerves of steel ♦ **ha minden kötél szakad** biz if the worst comes to the worst ♦ **kötélnek áll** biz accept sg

kötelék <fn> **1.** vál *(kapcsolat)* bond; ties <tsz>: *családi kötelékek* family ties **2.** kat unit

köteles <mn> *(vmit tenni)* be* bound to do sg; be* obliged to do sg; be* supposed to do sg: *Köteles levizsgázni.* He is bound to pass his exams.

kötelesség <fn> duty; obligation; task: *teljesíti/megteszi a kötelességét* do one's duty; fulfil/meet one's obligation * *kihúzza magát a kötelesség alól* evade a duty * *erkölcsi kötelesség* moral obligation

kötelességtudó <mn> dutiful: *kötelességtudó férj* a dutiful husband

kötelez <ige> **1.** bind*; oblige; compel: *Az ígéretem kötelez.* I'm bound by my promise. **2. kötelezi magát vmire** commit oneself to do sg

kötelezettség <fn> obligation; duty; liability; engagement: *kötelezettség nélkül* without obligation/liability/engagement * *kötelezettséget vállalt minek a megtételére* be under an obligation to do sg * *házastársi kötelezettség* conjugal duty

kötelező <mn> obligatory; compulsory: *kötelező tantárgy* compulsory subject * *A matek minden gyermek számára kötelező.* Maths is compulsory for all children.

kötélmászás <fn> rope climbing

kötélpálya <fn> cable railway

kötéltáncos <fn> tightrope walker

kötény <fn> apron

kötés <fn> **1.** *(sebre)* bandage; dressing: *letekeri a kötést a bokájáról* unwind the bandage from one's ankle * *kötést cserél* change/replace a bandage **2.** *(könyvé)* binding; cover **3.** *(kézimunka)* knitting: *Hobbija a kötés.* Knitting is her hobby. **4.** *(sílécen)* bindings <tsz>

kötet <fn> volume: *egy további kötet* a further volume * *Nem találom a lexikon hetedik kötetét.* I can't find volume 7 of the encyclopedia.

kötetlen <mn> informal

kötődés <fn> attachment: *erős kötődése édesanyjához* her strong attachment to her mother

kötődik <ige> be* attached (**vkihez/vmihez** to sy/sg)

kötőhártya-gyulladás <fn> conjunctivitis

kötőjel <fn> hyphen

kötőmód <fn> nyelvt subjunctive

kötőszó <fn> nyelvt conjunction

kötőszövet <fn> connective tissue
kötött <mn> **1.** *(kézimunka)* knitted: *kötött ruha* knitted dress **2.** *(kiadvány)* bound **3.** *(megszabott)* set; fixed: *kötött ár* fixed price
kötöttáru <fn> knitwear
kötöttség <fn> restriction; constraint
kötőtű <fn> knitting needle
kötöz <ige> **1.** *(megköt)* tie; bind✢; fasten **2.** *(sebet)* dress; bandage
kötszer <fn> bandage; dressing
kötvény <fn> gazd bond; security
kövér <mn> **1.** *(túlsúlyos)* fat; stout; corpulent; *(telt)* plump: *Sue kövér, de Claire még kövérebb.* Sue is fat but Claire is even fatter. **2.** *(zsíros)* fat: *kövér szalonna* fat bacon **3.** *(föld)* rich; fertile
kövérít <ige> *(vkit)* make✢ sy look fat/plump
kövérkés <mn> plump
kövérség <fn> fatness, corpulence; obesity
köves <mn> stony
¹követ <ige> **1.** *(utána megy)* follow; go✢ after: *A cica követte.* The cat followed her. **2.** *(irányt)* follow: *Kövesse az utat a kórházig, utána forduljon jobbra.* Follow this road until you get to the hospital, then turn right. **3.** *(utasítást stb.)* obey; observe; follow: *követi a tanácsát* follow sy's advice **4.** *(sorrendben)* succeed; follow; come✢ after: *követ vkit a trónon* succeed sy to the throne **5.** *(ért)* follow
²követ <fn> ambassador; minister
követel <ige> **1.** *(kér)* demand; claim **2.** *(szükségessé tesz)* require; necessitate
követelés <fn> demand; claim
követelmény <fn> requirement; demand: *megfelel a követelményeknek* meet all requirements/demands ✶ *Melyek a felvételi vizsga minimális követelményei?* What are the minimum entrance requirements?
követési távolság <fn> közl safety gap
következésképpen <ksz> consequently; therefore; in consequence; as a consequence
következetes <mn> consistent
következetlen <mn> inconsistent
következik <ige> **1.** *(sorrendben)* come✢; come✢ next; follow; succeed; be✢ next: *Ki következik?* Who is/comes next? **2.** *(következményként)* follow; result; ensue: *Ebből nem következik az, hogy...* It does not follow that...
következmény <fn> consequence; result; outcome: *szörnyű következmények* dire consequences ✶ *viseli a következményeket* take the consequences ✶ *Halála közvetett módon korábbi balesete következménye volt.* His death was an indirect result of his earlier accident.
¹következő <mn> **1.** *(időben)* next; following: *a következő reggelen* the next morning ✶ *a következő évben* in the following year **2.** *(térben)* next: *A következő utcánál fordulj balra!* Turn left at the next street. **3.** *(sorrendben)* next: *a következő fejezet* the next chapter
²következő <fn> **1.** *(személy)* the next: *Én leszek a következő, aki elmegy.* I will be the next to leave. **2.** *(közlendő)* the following: *a következőkben* in the following
következtében <nu> **vmi(nek) következtében** in consequence of sg; as a consequence of sg; because of sg; due to sg
következtet <ige> deduce (**vmire vmiből** sg from sg); infer (**vmire vmiből** sg from sg); conclude (**vmiből** sg from sg): *egy tényből vmire következtet* deduce sg from a fact
következtetés <fn> conclusion; deduction; inference: *következtetést von le vmiből* draw a conclusion from sg ✶ *elhamarkodott következtetéseket von le* jump/rush to conclusions ✶ *Arra a következtetésre jutottam, hogy...* I came to the conclusion that...
követő <fn> follower: *Jézus követője* a follower of Jesus
követség <fn> **1.** *(nagykövetség)* embassy; *(hivatal)* legation **2.** *(küldöttség)* mission
¹köz <fn> **1.** *(tér)* space; distance **2.** *(idő)* interval; pause; break **3.** *(kis utca)* lane; alley; passage; close
²köz <fn> *(közösség)* community; public
közadakozás <fn> public subscription; public contributions <tsz>
közalkalmazott <fn> civil servant
közbeavatkozik <ige> intervene; interfere
közbeeső <mn> **1.** *(időben)* intervening: *a közbeeső hónapokban* in the intervening months **2.** *(térben)* intermediate
közbejön <ige> intervene; come✢ up; occur; happen: *ha semmi nem jön közbe* if nothing intervenes ✶ *Közbejött valami.* Something has come up.
közbelép <ige> intervene; interfere; biz step in
¹közben <hsz> **1.** *(egyidejűleg)* meanwhile; in the meantime **2.** *(két időpont között)* between: *Reggeliztem és vacsoráztam, de közben nem ettem semmit.* I ate breakfast and dinner but nothing in between. **3.** *(térben)* in between
²közben <nu> during; while: *Van egy rossz szokása: mindig dolgozik ebéd közben.* He has a habit of working during lunch. ✶ *írás közben* while writing
közbeszól <ige> interrupt; cut✢ in; biz chime in; biz butt in
közbeszólás <fn> interruption
közbevág <ige> interrupt; cut✢ in; biz chime in; biz butt in
közbiztonság <fn> public security

közé <nu> **1.** *(térben)* (in) between: *a két ajtó közé tesz vmit* put sg between the two doors **2.** *(személyek, dolgok csoportjába)* among; amongst: *gyerekek közé megy* go among children * *a legjobbak közé tartozik* rank among the best **3.** *(időben)* between: *két munka közé beprésel egy teaszünetet* slot in a tea-break between two jobs

közeg <fn> **1.** fiz medium (tsz: media v. mediums); *(reagens)* agent: *Szerinted mi az a közeg, amely a hangot viszi?* What do you think the medium is through which sound is carried? **2.** biz *(rendőr)* cop

¹közel <hsz> **1.** *(térben)* near; close; not far off: *A parthoz közel horgonyoztak le.* They anchored (the boat) near the shore. * *Egészen közel laknak az iskolához.* They live close to the school. **2.** *(időben)* near; towards; around: *Minden órával közelebb kerültünk az esküvőnkhöz.* Every hour brought us nearer our marriage. **3.** *(csaknem)* nearly; about
♦ **közel áll vkihez** *(érzelmileg)* be✣ on intimate terms with sy ♦ **közel jár/van vmihez** *(nem sok választja el)* be✣ near (to) sg

²közel <fn> vicinity; neighbourhood; AmE neighborhood: *a közelben* in the vicinity

közeledik <ige> **1.** *(térben)* approach; near; come✣ nearer/closer: *Amikor a belvároshoz közeledsz, majd meglátsz egy kicsi zöld épületet egy tér közepén.* When you approach the city, you will see a small green building in the middle of a square. * *Bizonyára közeledik hazafelé.* He must be nearing home. **2.** *(időben)* approach; near; draw✣ near: *Közeledik a születésnapom.* My birthday is approaching.

közélet <fn> public life

közéleti <mn> public: *közéleti személyiség* public figure

közeli <mn> **1.** *(térben)* near; close; nearby; immediate; neighbouring; AmE neighboring: *a legközelebbi park* the nearest park * *Egy közeli moziban találkoztunk.* We met in a nearby cinema. **2.** *(időben)* near; immediate: *a közeli napokban* in the near future **3.** *(kapcsolat)* near; close: *közeli rokonok* they are close/near relatives * *közeli barát* a close friend **4.** *(veszély)* imminent

közelít <ige> approach (**vmihez** sg); near (**vmihez** sg); come✣/draw✣ near (**vmihez** to sg)

közeljövő <fn> immediate future; near future: *a közeljövőben* in the immediate future; before long

Közel-Kelet <fn> the Middle East

közelmúlt <fn> recent past: *a közelmúltban* in the recent past; recently

közelség <fn> nearness; closeness; proximity

közép <fn> **1.** *(térben)* centre; AmE center; middle; heart: *a kör közepe* the centre of the circle * *a konyha közepén* in the middle of the kitchen * *vmi kellős közepén* in the heart of sg **2.** *(időben)* middle; deep: *az éjszaka közepén* in the middle of the night; in the deep of the night * *június közepén* in the middle of June **3.** mat mean **4.** pol centre; AmE center

középcsatár <fn> sp centre forward; striker

középdöntő <fn> sp semifinal: *Bejutott a középdöntőbe.* He qualified for the semifinal.

¹közepes <mn> mean; average; medium; moderate; biz middling; so-so: *közepes minőség* medium quality; of moderate quality * *Közepes magasságú.* She is of average/medium height.

²közepes <fn> isk *(osztályzat)* C

Közép-Európa <fn> Central Europe

középfok <fn> **1.** nyelvt comparative: *A „good" középfoka a „better".* The comparative of 'good' is 'better'. **2.** *(tudásszint)* upper intermediate level

középhullám <fn> *(rádiónál)* medium wave

középiskola <fn> *(11 és 16–18 éves gyermekeknek)* secondary school; comprehensive (school); AmE high school

középkor <fn> the Middle Ages <tsz>

középkori <mn> medieval: *középkori zene* medieval music

középkorú <mn> middle-aged

középosztály <fn> the middle class

középpályás <fn> sp midfield player

középpárt <fn> pol centre; AmE center

középpont <fn> middle; centre; AmE center: *az érdeklődés középpontja* the centre of interest

középső <mn> middle; central; centre; AmE center: *középső ujj* middle finger * *középső sáv* middle lane

középsúly <fn> sp middleweight

középszerű <mn> average; mediocre; biz middling

középút <fn> átv middle course
♦ **arany középút** the golden mean

középület <fn> public building

közérdek <fn> general interest; public interest

közerkölcs <fn> public morality

közérthető <mn> clear

közérzet <fn> general state of health: *Jó a közérzetem.* I feel well. * *Rossz a közérzetem.* I feel unwell.

kőzet <fn> rock: *vulkáni kőzet* volcanic rock

közfelfogás <fn> public opinion

közgazdaságtan <fn> economics <esz>

közgazdász <fn> economist

közgyűlés <fn> general assembly

közhely <fn> commonplace; platitude; cliché
közhivatal <fn> public office
közigazgatás <fn> civil service; (public) administration
közintézmény <fn> public institution
közismert <mn> well-known; widely known: *közismert dolog, hogy…* it is a well-known fact that…
közjegyző <fn> notary (public)
közkedvelt <mn> popular
közkegyelem <fn> (general) amnesty; (general) pardon
közkívánatra <hsz> by popular/public request
közlekedés <fn> traffic; transport; transportation; *(járat)* service: *egyirányú közlekedés* one-way traffic * *vasúti közlekedés* train service
közlekedési <mn> traffic; transport; service: *közlekedési dugó* traffic jam * *rossz közlekedési viszonyok* bad traffic conditions * *közlekedési eszköz* means of transport
közlekedik <ige> **1.** *(jármű)* go◆; be◆ on the road; *(gyalogos)* walk **2.** *(menetrendszerűen)* run◆: *Az iskolabusz akkor is közlekedik, ha esik a hó.* The school bus runs even if it is snowing.
közlékeny <mn> communicative; talkative
közlemény <fn> announcement; notice; communication; *(hivatalos)* communiqué; statement; *(újságban stb.)* article; news item: *Az igazgató közleményt tett közzé a kollégái körében.* The headmaster had an announcement for his colleges. * *A professzor kifüggesztett egy közleményt a vizsgáról.* The professor put up a notice about the exam. * *Ez a közlemény nem vonatkozik rád.* This notice doesn't concern you. * *hivatalos közlemény* official statement
közlöny <fn> journal; bulletin; *(kormányé)* gazette
közmondás <fn> proverb
közmunka <fn> community service
közművek <fn> public utilities <tsz>; public services <tsz>
köznév <fn> nyelvt common noun
közokirat <fn> official document
közokirat-hamisítás <fn> forgery of (official) document
közoktatás <fn> general education; public education
közöl <ige> **1.** *(hírt stb.)* tell◆; announce, report; make◆ known: *közölték, hogy…* it was announced that… **2.** *(közzétesz)* publish: *cikket közöl* publish an article
közömbös <mn> **1.** indifferent; uninterested: *Közömbös vagy a szenvedésével szemben* You are indifferent to his suffering. **2.** vegy neutral; inert
közönség <fn> *(nagyközönség)* the public; *(színházban stb.)* audience; public: *A kiállítás a közönség számára nyitva áll.* The exhibition is open to the public. * *Az újságok tudják, mire van szüksége a közönségüknek.* Newspapers know what their public wants. * *A közönség felállt és tapsolt.* The audience stood and clapped.
közönséges <mn> **1.** common; ordinary; everyday; general; usual: *A közönséges cukor nem drága.* Ordinary sugar is not expensive. **2.** pej vulgar; coarse; low: *közönséges beszéd* low language
közönségsiker <fn> great success; *(film stb.)* box-office hit; *(könyv)* bestseller
közöny <fn> indifference: *mélységes közöny* profound indifference
közönyös <mn> indifferent; uninterested
közös <mn> common; joint; collective; public; *(kölcsönös)* mutual; *(közösen használt)* communal: *közös megegyezés alapján* by common assent * *közösek vmiben* they have sg in common * *közös nevező* mat common denominator * *közös szülinapi buli* a joint birthday party * *közös vállalat* joint venture * *közös tulajdon(-jog)* collective/joint ownership
közösség <fn> community: *a brightoni indiai közösség* the Indian community in Brighton
közösségi <mn> communal
közösségi háló <fn> social network
közösségi média <fn> social media <tsz>
közösül <ige> have◆ sexual intercourse (**vkivel** with sy); biz have◆ sex (**vkivel** with sy)
közösülés <fn> (sexual) intercourse; biz sex
között <nu> **1.** *(térben kettő)* between; *(több mint kettő)* among: *Anna és Péter között* between Anna and Peter * *A fa a virágok között áll.* The tree stands among the flowers. **2.** *(időben)* between: *7 és 8 óra között* between 7 and 8 o'clock
közötti <mn> between <csak hátravetve>: *a kettő közötti különbség* the difference between them
közpénz <fn> public money: *közpénzeket elpazarol* waste public money
központ <fn> **1.** *(középpont)* middle; centre; AmE center **2.** *(hivatal)* central office; centre; AmE center; headquarters <tsz + esz/tsz ige>
központi <mn> central: *központi fűtés* central heating * *központi idegrendszer* central nervous system
központosít <ige> centralize
központosítás <fn> centralization
központozás <fn> nyelvt punctuation

közrefog <ige> surround
közreműködés <fn> collaboration; contribution; co-operation; assistance
közreműködik <ige> *(részt vesz)* participate (**vmiben** in sg); take✲ part (**vmiben** in sg); contribute (**vmiben** to sg)
közrend <fn> law and order; public order
község <fn> village
közszolgálat <fn> public service
köztársaság <fn> republic: *a Magyar Köztársaság* the Republic of Hungary ✲ *a Cseh Köztársaság* the Czech Republic
köztársasági <mn> **1.** of the republic <csak hátravetve>: *köztársasági elnök* president of the republic **2.** *(köztársaságpárti)* republican
közte <hsz> between: *köztem és közted* between you and me
köztisztviselő <fn> civil servant; public servant; official; government official
köztudat <fn> common knowledge
köztulajdon <fn> public property
közút <fn> public road
közúti <mn> road: *közúti baleset* road accident ✲ *közúti jelzőtábla* road/traffic sign
közügy <fn> public affair; public matter
közül <nu> from (among); among, one of; (out) of: *Melyik a kettő közül?* Which of the two?
közvélemény <fn> public opinion
közvélemény-kutatás <fn> (public opinion) poll: *közvélemény-kutatást végez* carry out/conduct a poll
közveszélyes <mn> dangerous
közvetett <mn> indirect: *a háború közvetett hatásai* the indirect effects of the war
közvetít <ige> **1.** *(vmely ügyben)* mediate (**vkik között** between sy) **2.** *(sugároz)* broadcast✲; *(tévén)* broadcast✲; televise: *élőben közvetít vmit* broadcast sg live **3.** *(átad)* communicate (**vmit vkinek** sg to sy)
közvetítés <fn> *(rádió, televízió)* broadcast: *élő közvetítés* a live broadcast
közvetítő <fn> mediator; go-between; intermediary
közvetlen <mn> **1.** direct: *közvetlen kapcsolatban van vkivel* be in direct contact with sy **2.** *(legközelebbi)* immediate: *közvetlen környezetünk* our immediate surroundings **3.** *(nyílt, bizalmas)* informal; free and easy **4.** *(átszállás nélküli)* direct; through: *közvetlen járat Londonba* a direct flight to London ✲ *Van közvetlen vonat Bristolba?* Is there a through train to Bristol, please?
közvilágítás <fn> public lighting
közzétesz <ige> publish: *cikket tesz közzé* publish an article

krákog <ige> clear one's throat
kráter <fn> crater: *a kráter széle/pereme* the lip of a crater
Kr.e. [= Krisztus előtt(i)] BC; B.C. (= before Christ)
kreáció <fn> creation; production
kreatív <mn> creative
kreativitás <fn> creativity
krém <fn> **1.** *(étel)* cream: *Lassú tűznél gyengén keverd meg a krémet!* Stir the cream gently over a low heat. **2.** *(kozmetikum)* cream; lotion: *antiszeptikus/fertőzésgátló krém* an antiseptic cream
krémes <mn> creamy
krémsajt <fn> cream cheese
KRESZ <fn> the Highway Code
Kréta <fn> Crete
kréta <fn> chalk; *(zsírkréta)* crayon: *egy darab kréta* a piece of chalk ✲ *egy doboz kréta* a box of chalks
krimi <fn> crime story; thriller; biz whodunit
kripta <fn> burial vault; tomb; *(templomi)* crypt
kristály <fn> **1.** *(anyag)* crystal **2.** *(üveg)* crystal
kristálycukor <fn> granulated sugar
kristálytiszta <mn> crystal-clear; pure/clear as crystal <csak hátravetve>: *Ennek a hegyi forrásnak a vize kristálytiszta.* The water of this mountain spring is as pure as crystal.
kristályvíz <fn> mineral water
Krisztus <fn> Christ: *az Úr Jézus Krisztus* the Lord Jesus Christ
kritérium <fn> vál criterion (tsz: criteria)
kritika <fn> **1.** *(bírálat)* criticism: *konstruktív kritika* constructive criticism ✲ *rossz néven veszi a kritikát* resent criticism **2.** *(írásban)* review; *(hosszabb, tudományos)* critique: *Ez a darab kiváló kritikát kapott.* This play got an excellent review.
¹kritikus <mn> **1.** *(szigorúan értékelő)* critical: *Igen kritikus szemlélője volt az iskolai munkájának.* He was really critical of her school work. **2.** *(döntő)* crucial
²kritikus <fn> critic; reviewer: *A filmet lehúzták a kritikusok.* The film was damned by the critics.
kritizál <ige> criticize
krízis <fn> crisis (tsz: crises)
¹krokett <fn> *(étel)* croquette
²krokett <fn> *(játék)* croquet
krokodil <fn> crocodile
króm <fn> chrome
kromoszóma <fn> biol chromosome
krónika <fn> chronicle
krónikás <fn> chronicler
krónikus <mn> orv chronic
kronológia <fn> chronology

Kr.u. [= Krisztus után(i)] AD; A.D. (= (latin) anno domini = in the year of Lord)
krumpli <fn> potato; BrE biz spud: *krumplit hámoz* peel potatoes/spuds
krumplipüré <fn> mashed potatoes
krt. [= körút] Blvd. (= boulevard)
Kuba <fn> Cuba
¹kubai <mn> Cuban
²kubai <fn> Cuban
kuckó <fn> biz recess; nook
kucsma <fn> fur cap
kudarc <fn> failure; defeat; fiasco; setback: *Minden próbálkozásom kudarcba fulladt.* All my efforts ended in failure.
kuka <fn> dustbin; rubbish bin; AmE garbage can; AmE trash can
kukac <fn> **1.** worm: *Kukacok másztak az almafán.* Worms were crawling across the apple tree. **2.** infor *(e-mail-címben)* at: *john@yahoo.com (kimondva)* john at yahoo dot com
kukacos <mn> wormy
kukorékol <ige> crow: *A kakas kukorékolt reggel.* The cock was crowing in the morning.
kukorica <fn> maize; Indian corn; AmE corn; *(csemegekukorica)* sweet corn: *pattogatott kukorica* popcorn
kukoricapehely <fn> cornflakes <tsz>
kukta <fn> **1.** *(segéd)* kitchen boy **2.** *(fazék)* pressure cooker
kulacs <fn> flask; canteen
kulcs <fn> **1.** *(záré)* key: *behelyezi a kulcsot a zárba* insert the key into the lock * *Fordítsd el a kulcsot és nyisd ki az ajtót!* Turn the key and open the door! **2.** *(rugó felhúzására)* key **3.** *(megoldás)* key **4.** *(vminek a nyitja)* key; clue: *a siker kulcsa* the key to success **5.** zene clef **6.** *(húros hangszeren)* tuning peg/pin
 ♦ **beadja a kulcsot** biz *(meghal)* kick the bucket
kulcscsomó <fn> bunch of keys
kulcscsont <fn> collarbone
kulcsfigura <fn> key figure
kulcsfontosságú <mn> key
kulcskarika <fn> key ring
kulcskérdés <fn> key issue
kulcslyuk <fn> keyhole: *bekukucskál a kulcslyukon* peep through the keyhole
kulcsmásolás <fn> key cutting
kulcstartó <fn> key case
kulissza <fn> the wings <tsz>
 ♦ **a kulisszák mögött** behind the scenes; backstage
kullancs <fn> tick
kultúra <fn> culture; civilization: *az ókori görög kultúra* the ancient Greek culture * *a római kultúra* the Roman civilization

kulturálatlan <mn> uncultured; uncivilized
kulturális <mn> cultural: *kulturális különbségek* cultural differences * *kulturális örökség* cultural heritage
kulturált <mn> cultured; civilized; cultivated; educated
kultúrtörténet <fn> cultural history
kultusz <fn> cult
kultuszfilm <fn> cult movie
kultuszminiszter <fn> Minister of Education
kuncog <ige> chuckle; titter; giggle: *kuncog magában* chuckle to oneself
kunyerál <ige> biz cadge (**vmit vkitől** sg from/off sy); scrounge (**vmit vkitől** sg from/off sy)
kunyhó <fn> hut; shack; hovel
kúp <fn> **1.** mat cone **2.** *(forma)* cone **3.** orv suppository
kupa <fn> **1.** *(ivóedény)* cup; goblet **2.** *(díj)* cup: *Nyert egy kupát futásban.* He won a cup for running. **3.** *(bajnokság)* cup
kupac <fn> pile; heap: *a szemetet egy kupacba söpri* sweep the dust into a pile
kupadöntő <fn> cup final
kupagyőztes <fn> cup winner
kupak <fn> cap; top: *Tedd az üvegre a kupakot!* Put the cap on the bottle!
kupamérkőzés <fn> cup tie
kuplung <fn> clutch: *felengedi a kuplungot* let in/up the clutch
kupola <fn> dome; cupola
kupon <fn> coupon
kuporog <ige> crouch
kúra <fn> treatment; cure
kúrál <ige> treat; cure
kuruzsló <fn> pej charlatan
kuruttyol <ige> *(béka)* croak
kurva <fn> vulg whore
kusza <mn> **1.** *(rendezetlen)* (en)tangled; *(haj)* tousled, disheveled; AmE disheveled **2.** *(zavaros)* confused; incoherent
kúszik <ige> crawl; creep◆
kúszónövény <fn> climber; creeper
kút <fn> **1.** well: *kutat fúr* sink a well **2.** *(benzintöltő állomás)* filling station; AmE gas station
 ♦ **kútba esik** biz *(meghiúsul)* come◆ to nothing
kutat <ige> *(tudományosan)* research; do◆ research (**vmilyen témakörben** on sg): *Doktor Brown egész életében a rák okait kutatta.* Doctor Brown spent all his life researching the causes of cancer.
kutatás <fn> *(tudományos)* research: *kutatásokat folytat* carry out research
kutató <fn> *(tudományos)* researcher
kutatóintézet <fn> research institute

kutya <fn> dog: *kóbor kutya* a stray dog ∗ *Vigyázat, harapós kutya!* Mind the dog! / Beware of the dog! ∗ *házőrző kutya* watchdog ∗ *vakvezető kutya* guide dog
♦ **amelyik kutya ugat, az nem harap** his bark is worse than his bite
kutyaeledel <fn> dog food
kutyafuttában <hsz> biz in a hurry; hurriedly; in haste; hastily
kutyaól <fn> kennel; AmE doghouse
kutyaugatás <fn> bark(ing)
külalak <fn> outward form; external appearance; isk neatness
küld <ige> **1.** (**vkinek vmit** sy sg // sg to sy): *faxot küld vkinek* send sy a fax **2.** *(irányít)* send✧ (**vkit/vmit vhova** sy/sg swhere); refer sy/sg to sy/sg: *Angliába küldte.* He sent her to England. ∗ *A titkárhoz küldtem.* I referred him to the secretary. **3.** *(pénzt)* remit
küldemény <fn> consignment; parcel; *(pénz)* remittance
küldetés <fn> mission: *Küldetésének tekintette.* He regarded it as his mission.
küldönc <fn> messenger; runner; *(kifutó)* dispatch rider
küldött <fn> delegate
küldöttség <fn> delegation <+ esz/tsz ige>
külföld <fn> foreign countries <tsz>: *külföldre megy* go abroad ∗ *külföldön él* live abroad ∗ *külföldről* from abroad
¹**külföldi** <mn> foreign; overseas: *külföldi diák* a foreign student ∗ *külföldi fizetőeszköz* foreign currency ∗ *külföldi tudósító* a foreign correspondent
²**külföldi** <fn> foreigner: *külföldiek* foreigners
külképviselet <fn> foreign representation
külkereskedelem <fn> foreign/export trade
küllő <fn> *(keréken)* spoke
¹**külön** <mn> **1.** separate; different: *külön darabokha vág vmit* cut sg into separate pieces **2.** *(saját)* private: *külön bejáratú szoba* room with a private entrance
²**külön** <hsz> **1.** *(elválasztva)* separately; separated; apart: *külön élnek* live separately/apart **2.** *(kizárólag)* specially; especially; particularly: *külön erre az alkalomra készített süti* a cake specially made for this occasion ∗ *Külön neked szedtem!* I picked it specially for you. **3.** *(magában)* by itself; on one's/its own
különálló <mn> **1.** *(független)* independent **2.** *(elkülönített)* separate; separated; isolated
különben <hsz> *(másként)* otherwise; or else: *Pontosan kell érkezned, különben mindent megeszünk.* You have to arrive on time, otherwise we'll eat everything.

különbözet <fn> difference
különbözik <ige> differ (**vkitől/vmitől** from sy/sg); *(eltér)* diverge (**vmitől** from sg): *különbözik a többiektől* differ from others ∗ *Az a két ceruza árban különbözik egymástól.* Those two pencils have different prices.
különböző <mn> **1.** *(eltérő)* different: *különböző helyről érkeztek* they arrived from different places **2.** *(különféle)* various; diverse: *Különböző méretű cipők kaphatók ebben az üzletben.* There are shoes of various sizes in this shop.
különbség <fn> difference: *alapvető különbség* fundamental difference
különc <fn> eccentric; odd person; biz oddball
különdíj <fn> **1.** *(jutalom)* special prize **2.** *(költségek)* extra charges <tsz>
különféle <mn> various; several; diverse: *különféle politikai rendszerek* several political systems ∗ *különféle érdekek* diverse interests
különféleképpen <hsz> in different/various ways
különír <ige> *(vmit)* write✧ sg as two words
különjárat <fn> **1.** *(busz)* special bus/coach service **2.** *(bérelt repülőgépé)* charter flight
különkiadás <fn> special (edition)
külön-külön <hsz> separately; one by one
különleges <mn> special; particular: *különleges alkalom* a special occasion ∗ *különleges gonddal végez vmit* take particular care over doing sg
különlegesség <fn> *(készítmény)* speciality; AmE specialty
különóra <fn> private lesson
különös <mn> **1.** *(furcsa)* strange; peculiar; unusual; *(személy)* odd; strange: *különös módon* in a strange manner **2.** *(különleges)* special: *különös gondot fordít vmire* take special care over sg ∗ *különös tekintettel vmire* with special regard to sg
különösen <hsz> **1.** *(főként)* especially; particularly; in particular **2.** *(furcsán)* oddly; strangely; peculiarly
különszám <fn> special edition
különválaszt <ige> separate; isolate
különvonat <fn> special (train)
külpolitika <fn> foreign policy; foreign affairs <tsz>
¹**külső** <mn> **1.** *(kívül levő)* exterior; external; outer; outside: *a ház egy külső fala* an exterior wall of the house ∗ *külső ajtó* the outside door **2.** *(kívülről jövő)* external: *külső vizsgáztató* external examiner **3.** *(kívülről látható)* outward: *a betegség külső jelei* outward signs of the illness ∗ *külső megjelenés* outward appearance
²**külső** <fn> **1.** *(megjelenés)* (outward) appearance; looks <tsz>; *(tárgyé)* exterior; surface:

csinos külső good looks ∗ *a külső alapján ítél* judge by looks ∗ *Ez az új kalap megváltoztatta a külsejét.* This new hat changed his appearance. **2.** *(keréken)* tyre; AmE tire **3.** *(lábé)* cover

külső akkumulátor <fn> power bank; portable charger

külsőség <fn> **1.** *(külső megjelenés)* (outward) appearance; externals <tsz>: *Ne ítélj a külsőségek alapján!* Don't judge by appearances. **2.** *(formaságok)* formalities <tsz>

külterület <fn> the outskirts <tsz>; outer area

külügyek <fn> foreign affairs <tsz>

külügyminiszter <fn> Minister of Foreign Affairs; Foreign Secretary; *(az Amerikai Egyesült Államokban)* Secretary of State

külügyminisztérium <fn> Ministry of Foreign Affairs; Foreign Office; *(az Amerikai Egyesült Államokban)* State Department

külváros <fn> suburb; the outskirts <tsz>: *a külvárosban él* live in the suburbs ∗ *Brighton külvárosában él.* He lives on the outskirts of Brighton.

külvárosi <mn> suburban

külvilág <fn> the outside world

kürt <fn> **1.** zene horn: *A barátom egy híres zenekarban kürtön játszik.* My friend plays the horn in a famous orchestra. **2.** kat bugle

küszködik <ige> **1.** *(küzd)* struggle; strive✧ **2.** *(bajlódik, vesződik)* struggle **(vmivel** with sg); wrestle **(vmivel** with sg): *küszködik a házi feladatával* struggle with one's homework

küszöb <fn> threshold; doorstep: *átlépi a küszöböt* cross/pass the threshold

kütyü <fn> biz widget; gadget

küzd <ige> **1.** *(harcol)* fight✧ **(vki/vmi ellen** against sy/sg); battle **(vki/vmi ellen** against sy/sg); combat **(vki/vmi ellen** against sy/sg) **2.** *(vmi eléréséért)* struggle **(vmiért** for sg); fight✧ **(vmiért** for sg); strive✧ **(vmiért** for sg) **3.** sp fight✧ **(vmiért** for sg); compete **(vmiért** for sg) **4.** *(ügyért)* battle **(vmiért** for sg); stand✧ up **(vmiért** for sg): *jogaiért küzd* stand up for one's rights

küzdelem <fn> **1.** struggle; fight; battle; combat: *az igazságtalanság ellen vívott küzdelem* the struggle against injustice ∗ *a bűnözés elleni küzdelem* fight against crime **2.** sp fight

küzdelmes <mn> hard; strenuous

küzdősport <fn> martial art

kvarc <fn> quartz

kvartett <fn> quartet

kvitt <mn> biz **kvittek vagyunk** we are quits; we are even

kvíz <fn> quiz

kvóta <fn> quota

kvóta rendszer <fn> quota system

L, l

L, l <fn> (betű) L; l
láb <fn> 1. (emberé, állaté) leg: *egyik lábára sántít* be lame in one leg ∗ *elzsibbadt a lába* have pins and needles in one's leg ∗ *eltöri a lábát* break one's leg ∗ *Fáj a lábam.* My leg is sore. 2. (lábfej) foot (tsz: feet) 3. (bútoré) leg 4. (építményé) leg; rest; stand; support; (oszlopé) pedestal; (hídé) pillar; pier 5. (magaslaté) foot (tsz: feet): *a hegy lábánál* at the foot of the mountain 6. (hosszmérték) foot (tsz: feet): *30 000 láb magasan repül* fly at 30,000 feet 7. (vonós hangszereké) bridge
♦ **eltesz vkit láb alól** biz do✢/make✢ away with sy; biz bump sy off ♦ **láb alatt van** be✢ under sy's feet; be✢ underfoot; be✢ in one's way ♦ **lejárja a lábát vmiért** run✢ off one's legs for sg ♦ **bal lábbal kelt fel** get✢ out of the bed on the wrong side ♦ **a maga/saját lábára áll** find✢ one's feet; fend for oneself ♦ **alig áll a lábán** be✢ ready/fit to drop ♦ **fél lábbal a sírban van** have✢ one foot in the grave ♦ **nagy lábon él** live in great style; live in state ♦ **elveszti a lába alól a talajt** lose✢ his footing ♦ **megáll a maga/saját lábán** stand✢ on one's own feet
lábadozik <ige> convalesce; be✢ recovering
lábápolás <fn> pedicure
lábas <fn> pan; saucepan; pot
lábbeli <fn> footwear
labda <fn> ball
labdarúgás <fn> football; soccer
labdarúgó <fn> soccer player; footballer
labdarúgócsapat <fn> football team; soccer team
labdarúgó-mérkőzés <fn> football/soccer match
labdarúgópálya <fn> football/soccer pitch
labdarúgó-világbajnokság <fn> World Cup
labdázik <ige> play (at/with) ball; throw✢ the ball about
lábfej <fn> foot (tsz: feet)
labilis <mn> 1. (térben) unstable 2. (bizonytalan) unstable
labirintus <fn> maze
lábjegyzet <fn> footnote
lábnyom <fn> footprint; footstep: *friss lábnyomok* fresh footprints
labor <fn> biz lab: *nyelvi labor* language lab

laboráns <fn> laboratory assistant/technician
laboratórium <fn> laboratory
laborlelet <fn> laboratory results <tsz>
laborvizsgálat <fn> laboratory test/analysis
lábszár <fn> leg
lábtartó <fn> footrest
lábtörés <fn> fracture of a leg; broken leg
lábtörlő <fn> doormat
lábujj <fn> toe: *a lábujját beüti vmibe* stub one's toe against/on sg
lábujjhegy <fn> tiptoe: *lábujjhegyen* on tiptoe
láda <fn> chest; (doboz) box; (rekesz gyümölcs stb. szállítására) crate
lagúna <fn> lagoon
lágy <mn> 1. (puha) soft 2. (kellemesen ható, gyenge hatású) soft; mellow; mild; light; gentle 3. (víz) soft 4. (erélytelen) soft; mild; tender: *lágy szíve van* have a soft/tender heart; be soft/tender-hearted
lágyék <fn> groin
lágyéksérv <fn> inguinal hernia
lagymatag <mn> half-hearted; tepid; wishy-washy
lágyszívű <mn> soft-hearted
lágyul <ige> soften
¹**laikus** <mn> lay
²**laikus** <fn> 1. (nem szakember) layperson; (férfi) layman (tsz: laymen); (nő) laywoman (tsz: laywomen) 2. vall (világi személy, férfi) layman (tsz: laymen); (nő) laywoman (tsz: laywomen)
lajhár <fn> 1. (állat) sloth 2. biz, pej (ember) sluggard; lazybones <tsz>
lakályos <mn> cosy; snug: *lakályos kis ház* a snug little house
lakás <fn> flat; AmE apartment; (otthon) home: *saját lakásba költözik* set up home/house (for oneself) ∗ *Lakást cserélt.* He has changed his address. / He has moved house/home. ∗ *átalakításokat végez a lakásában* make some improvements to his home ∗ *összkomfortos lakás* a flat with all mod cons ∗ *kiadó lakás* flat/apartment to let ∗ *Kis lakást bérlünk.* We rent a small flat.
lakásavató <fn> house-warming
lakáscsere <fn> change of flats
lakásépítés <fn> building of flats/houses; home-building

lakáshiány <fn> housing shortage
lakáshirdetés <fn> (classified) advertisement of flats/apartments/rooms/lodgings
lakástulajdonos <fn> owner of the flat/apartment; owner-occupier
lakat <fn> padlock
lakatlan <mn> **1.** (sziget) uninhabited **2.** (ház) unoccupied **3.** (hely) deserted; derelict
lakatos <fn> locksmith; (karosszérialakatos) panel beater; (épületlakatos) fitter
lakbér <fn> rent: *kifizetetlen lakbér* back rent ∗ *A lakbér november elején lesz esedékes.* Our rent will be due at the beginning of November.
lakberendezés <fn> **1.** (tevékenység) interior decorating/decoration **2.** (berendezési tárgyak) furnishings <tsz>
lakberendező <fn> interior decorator
lakcím <fn> address: *állandó lakcím* permanent address ∗ *Mi a jelenlegi lakcíme?* What is her present address?
lakcímváltozás <fn> change of address
lakhatatlan <mn> uninhabitable
lakhely → **lakóhely**
lakik <ige> **1.** live (**vhol** swhere); hiv reside (**vhol** at/in swhere); hiv dwell: *Magyarországon lakom.* I live in Hungary. ∗ *Egy szigeten lakik.* He dwells on an island. ∗ *Nem tudom, hol lakik.* I don't know where he lives. ∗ *Már nem lakik itt.* She doesn't live here any more. ∗ *Ki lakik a szomszédban?* Who lives next door? **2.** inhabit (**vmit** sg): *Ezt a házat egy idős hölgy lakja.* This house is inhabited by an elderly lady.
lakk <fn> lacquer; (színtelen) varnish
lakkoz <ige> lacquer; (színtelen lakkal) varnish
lakkozás <fn> lacquering
lakó <fn> (házban stb.) occupant; hiv occupier; (bérházé) tenant; (tulajdonos) owner-occupier
-lakó <fn> -dweller: *városlakó* city/town dweller
lakóautó <fn> camper (van); AmE motor home; recreational vehicle
lakodalom <fn> wedding; wedding celebrations <tsz>
lakóház <fn> house; jog dwelling house; (nagyobb, többlakásos) block of flats; AmE apartment house; AmE building block
lakóhely <fn> **1.** (helység) dwelling; domicile **2.** (épület) dwelling; place of residence; abode: *állandó lakóhelye vkinek* sy's permanent address/home ∗ *nincs állandó lakóhelye* be of no fixed address/abode ∗ *lakóhelyet változtat* change one's address/residence ∗ *Kérjük, értesítsen, ha megváltoztatta lakóhelyét!* Please inform us of any change of address.
lakóhelyváltozás <fn> change of address

lakókocsi <fn> (főleg üdülésre használt) caravan; AmE camper; (lakóhelyül tartósan is használt) mobile home; AmE trailer: *lakókocsival megy kempingezni* go caravanning; be on a caravan(ning) holiday
lakoma <fn> (ünnepi) feast; biz spread: *nagy lakomát csap vki tiszteletére* kill the fatted calf; give/throw a big dinner
lakópark <fn> residential park
lakos <fn> resident; inhabitant: *helyi lakosok* local residents
lakosság <fn> **1.** (népesség) population: *felnőtt lakosság* adult population ∗ *Az ország lakossága 10 millió fő.* The population of the country is 10 million. ∗ *helybeli lakosság* resident population **2.** (a közemberek, a „nép") the people; the populace
lakosztály <fn> **1.** (szállodában) suite: *lakosztály nászutasoknak* honeymoon/bridal suite **2.** (kastélyban) apartments <tsz>
lakótárs <fn> (egy lakásban lakó) flatmate; AmE room-mate; (egy házban lakó) housemate
lakótelep <fn> BrE housing estate; AmE housing development
lakott <mn> inhabited: *lakott terület* residential area; (közlekedési szempontból) a built-up area ∗ *lakott területen kívül* in open country ∗ *sűrűn lakott* densely populated
laktanya <fn> barracks <+ esz/tsz ige>: *A laktanya 1957-ben épült.* The barracks was/were built in 1957.
laktató <mn> filling; satisfying; (kiadós, bőséges) substantial
lám <msz> well; you see: *Na lám!* There you are!
¹láma <fn> vall lama
²láma <fn> (állat) llama
lámpa <fn> **1.** (világítóeszköz) lamp; light: *felkapcsolja/leoltja a lámpákat* turn/switch the lights on/off ∗ *Ég a lámpa.* The light is on. ∗ *Minden lámpa ég/világít.* All the lights are burning. **2.** (utcai) street light; street lamp **3.** (járművön) light: *Az autója mindössze egy lámpával közlekedik.* Her car is travelling with just one light. **4.** (közlekedési) (traffic) light(s): *Fordulj jobbra a lámpánál!* Turn right at the lights.
lámpafény <fn> lamplight
lámpaláz <fn> stage fright
lámpaoszlop <fn> lamp post
lampion <fn> Chinese lantern
lánc <fn> **1.** chain **2.** (ékszer) chain **3.** (emberek összefogódzva) (human) chain **4.** (gazdasági életben) chain
láncdohányos <fn> chain smoker
láncfűrész <fn> chainsaw

láncol <ige> **1.** *(lánccal odaköt vmit/vkit)* chain sg/sy (**vmihez/vkihez** to sg/sy): *Biciklijét a kapuhoz láncolta.* He chained his bike to the gate. **2. magához láncol** vkit bind*/link/tie sy to oneself

láncreakció <fn> chain reaction

láncszem <fn> **1.** *(lánc szeme)* link **2.** átv link: *a hiányzó láncszem* the missing link

lánctalp <fn> *(terepjáró járműé)* caterpillar track

landol <ige> land

lándzsa <fn> spear
♦ **lándzsát tör** vki/vmi **mellett** stand* up for sy/sg; take* up the cudgels for/on behalf of sy/sg

láng <fn> flame: *lángokban áll* be in flames * *lángra lobban* burst into flames; catch fire * *nyílt láng* naked flame

lángész <fn> genius (tsz: geniuses)

lángol <ige> **1.** be* in flames **2.** *(tűz, szenvedély)* flame

langyos <mn> átv is lukewarm; tepid: *langyos víz* lukewarm/tepid water * *langyos fogadtatás* lukewarm reception

lankad <ige> flag: *A verseny felénél lankadni kezdett.* Halfway through the race he began to flag.

lant <fn> zene lute
♦ **leteszi a lantot** call it a day; knock off; shut* up shop

lány <fn> **1.** *(gyermek)* girl; *(gyermeke vkinek)* daughter: *a legfiatalabb lány az osztályban* the youngest girl in the class * *van egy lánya* have a daughter * *Ő nagyon kedves/helyes lány.* She is a very nice girl. **2.** biz, néha pej *(fiatal nő)* girl **3.** *(szobalány)* maid

lanyha <mn> **1.** *(enyhe)* mild; lukewarm: *lanyha szellő* a mild breeze **2.** *(gyenge, lendület nélküli)* slack; depressed; weak: *Újabban lanyha az üzleti forgalom.* Business has been slack lately. * *a tőzsde lanyha állapota* the depressed state of the stock market

lányos <mn> girlish

lánytestvér <fn> sister: *Lánytestvérek vagyunk.* We are sisters.

lap <fn> **1.** *(felület)* flat; *(flat)* surface; plane **2.** mat *(test felülete)* face: *A kockának hat lapja van.* The cube has six faces. **3.** *(kemény anyagból)* sheet **4.** *(papírlap)* sheet **5.** *(könyv, füzet oldala)* page; *(könyvben egy papírlap)* leaf (tsz: leaves): *a lap tetején/alján* at the top/foot of the page **6.** *(újság)* paper; *(folyóirat)* journal: *Már elolvastam a reggeli lapot.* I have already read the morning paper. * *orvosi lap* medical journal **7.** *(levelezőlap)* (post)card **8.** *(kártyalap)* card: *jól járt a lapja* the cards were stacked in one's favour
♦ **piros/sárga lap** red/yellow card ♦ **mindent egy lapra tesz fel** put* all one's eggs in one basket ♦ **veszi a lapot** get* the message; get* the picture

lapát <fn> **1.** *(kerti szerszám)* shovel **2.** *(vízikeréké)* paddle; *(turbináé, vízikeréké)* blade **3.** *(evezőé)* oar; *(kajakhoz, kenuhoz)* paddle

lapátol <ige> **1.** *(kerti szerszámmal)* shovel **2.** *(evez)* paddle

lapít <ige> **1.** *(formál)* make* flat; flat; flatten **2.** biz *(rejtőzködik, lapul)* lie* low; *(alvást színlelve)* play possum

lapocka <fn> **1.** *(csont)* shoulder blade **2.** *(tőkehús)* shoulder

lapos <mn> **1.** *(sík)* flat; plain: *lapos tető* flat roof * *lapos gumi* flat tyre * *Lapos az alja.* It has a flat base. **2.** *(alacsony, kevésbé domború)* flat; low: *lapos sarkú cipő* low-heeled shoes **3.** pej *(érdektelen)* insipid; flat; dull: *lapos előadás* an insipid performance

lapostányér <fn> dinner plate

lapoz <ige> *(könyvben egyet)* turn a/the page; *(könyvben többet)* turn over/the pages; leaf through sg; *(gyorsan)* thumb through sg: *Lapozz a 10. oldalra!* Turn to page 10.

lappang <ige> **1.** *(meglapulva rejtőzködik)* lurk; be*/lie* hidden **2.** *(gyaníthatóan ott van)* be* latent **3.** *(rejtetten fejlődik)* incubate

lappangó <mn> latent; dormant: *lappangó bárányhimlő* latent chickenpox

lapszemle <fn> press review

laptop <fn> laptop

lapul <ige> **1.** *(lapossá válik)* become* flat **2.** *(szorosan hozzásimul)* crouch: *a falhoz lapul* stand back against the wall **3.** *(rejtőzködik)* lurk; skulk; biz lie* low

lapzárta <fn> deadline

lárma <fn> **1.** noise; din; clamour; AmE clamor; biz racket: *nagy lármát csap* make a racket/fuss; make a great noise; kick up a fuss/racket **2.** *(zajos veszekedés)* row; brawl(ing)

lármázik <ige> **1.** *(zajong)* make* a noise **2.** biz *(veszekszik)* row (**vkivel** with sy)

lárva <fn> larva (tsz: larvae)

lásd <ige> see: *lásd a 6. lapon* see page 6

lassan <hsz> slowly: *lassan csinál vmit* do sg slowly; be slow in doing sg
♦ **Lassan a testtel!** Take it easy!

lassanként <hsz> little by little

lassít <ige> **1.** slow (**vmit** sg): *lassítja a folyamatot* slow the progress **2.** *(járművel)* slow: *Az autó lassított.* The car slowed.

lassú <mn> **1.** *(kis sebességű)* slow: *lassú vonat* a slow train; a stopping train * *lassan készít el vmit* be slow at doing sg; be slow to do sg

* *lassan megy* go at a slow speed **2.** *(fokozatos, kis hatásfokú)* slow: *lassú fejlődés* a slow development **3.** *(nehézkes)* slow: *A beszéde lassú.* His speech is slow. * *lassú felfogású* be slow on the uptake
♦ **Lassú víz partot mos.** Still waters run deep.

lassul <ige> slow (down/up); become* slow(er): *Az infláció jelentősen lassult.* Inflation slowed significantly.

lasszó <fn> lasso

lat <fn>
♦ *sokat nyom a latban* be* of great weight; weigh a lot in the scale

lát <ige> **1.** *(szemét használja)* see*: *Nem látta őt a tömegben.* He couldn't see her in the crowd. * *Láttam, hogy sír.* I could see (that) she was crying. * *Láttad, mi történt?* Did you see what happened? * *Látok ott egy nyulat.* I can see a rabbit over there. * *Ha becsukod a szemed, nem látsz.* You can't see if you close your eyes. **2.** *(találkozik vkivel)* see*: *Találd ki, kit láttam tegnap este a színházban!* Guess who I saw at the theatre last night! **3.** *(megnéz)* see*: *Tegnap este láttam egy filmet.* I saw a film last night. * *Láttad a filmet?* Have you seen the film? **4.** *(felismer, ismer, tud)* see*: *látja a nehézségeket* see the difficulties * *tisztán látja a helyzetet* see clearly **5.** *(vminek/vmilyennek tart/vél/gondol)* see*; think*: *jónak lát vmit* think sg proper/fit * *nem látom értelmét* I don't see the meaning/sense/point of it * *ahogy én látom* in my view/opinion **6.** *(cselekvésbe kezd)* set* to do sg; see* about (doing) sg: *munkához lát* set to work; get down to business
♦ *látni sem bír vkit/vmit* can't bear even the sight of sy/sg ♦ **Azt szeretném én látni!** That I'd like to see! ♦ **Csillagokat lát.** See stars.

látás <fn> **1.** *(mint tény)* sight: *szerelem első látásra* love at first sight * *látásból ismer vkit* know sy by sight **2.** *(képesség)* vision; eyesight; sight: *jó/rossz a látása* have good/poor vision/eyesight * *elveszti a látását* lose one's sight * *kifinomult szaglóérzék és éles látás* keen sense of smell and keen eyesight
♦ *látástól vakulásig* day in, day out

látási viszonyok <fn> visibility

látásmód <fn> way of seeing things; way of looking at things; *(megközelítés)* approach

látásvizsgálat <fn> sight test

látatlanban <hsz> unseen; unexamined: *látatlanban vesz meg vmit* buy sg sight unseen

látcső <fn> binoculars <tsz>; *(színházi)* opera glasses <tsz>

láthatás <fn> jog visitation (**vkinél** with sy); visitation rights <tsz>

láthatatlan <mn> invisible

látható <mn> **1.** *(szemmel)* visible; *(igével kifejezve)* (that) can be seen: *amint a 4. ábrán látható* as can be seen in Fig.4; as shown in Fig.4 **2.** *(nyilvánvaló)* apparent

¹**latin** <mn> Latin: *latin betűs írás* Roman script

²**latin** <fn> **1.** *(nyelv)* Latin **2.** *(tantárgy)* Latin

Latin-Amerika <fn> Latin America

látkép <fn> panorama

látlelet <fn> medical statement/report

látnivaló <fn> *(nevezetességek)* sight; place of interest: *megnézi/megtekinti a látnivalókat* (go to) see the sights; go sightseeing * *megmutatja vkinek a látnivalókat* show sy the sights

látnok <fn> seer; visionary

látogat <ige> **1.** *(felkeres)* visit (**vkit** sy) **2.** *(rendszeresen jár vhova)* attend (**vmit** sg): *előadásokat látogat (egyetemen, főiskolán)* attend lectures **3.** *(ellátogat)* visit (**vhova** sg)

látogatás <fn> **1.** visit; *(rövid)* call: *Látogatást tettünk a nagybátyáméknál.* We went on a visit to my uncle's. * *udvariassági látogatás* formal call * *Rövid látogatást tettek Péternél.* They paid/made a call on Peter. **2.** *(megjelenés)* attendance: *Az előadás látogatása nem kötelező.* Attendance at the lecture is not compulsory. **3.** *(gyógyintézetben)* visiting times/hours <tsz>: *Vasárnap van látogatás.* Visitors are allowed into the hospital on Sundays.

látogató <fn> visitor: *Százával jönnek a látogatók a múzeumba.* Hundreds of visitors are coming to the museum.

látóhatár <fn> horizon: *Egy hajót látok a látóhatáron.* I can see a ship on the horizon.

látóideg <fn> optic/visual nerve

látókör <fn> horizons <tsz>: *kiterjeszti a látókörét* expand one's horizons

latolgat <ige> ponder (**vmit** sg)

látomás <fn> vision: *Látomásban jelent meg neki az Úr.* God appeared to him in a vision.

látótávolság <fn> sight: *látótávolságon kívül* out of sight * *látótávolságon belül* in sight

látszat <fn> appearance; *(külszín)* facade: *látszatra* to/by/from all appearances * *a látszat után ítél* judge by the appearance
♦ **A látszat csal.** Appearances are deceptive.

látszerész <fn> optician

látszik <ige> **1.** *(látható)* can* be seen; be* seen/visible/noticeable; show* up: *(már) látszik* be in sight * *nem látszik* be out of sight **2.** *(megmutatkozik rajta)* show*: *Boldogság látszott az arcán.* Happiness showed in her face.

3. *(tűnik)* seem **(vmilyennek** (to be) sg); appear **(vmilyennek** (to be) sg); look **(vmilyennek** sg): *Úgy látszik.* So it seems. * *Boldognak látszik.* She appears (to be) happy. * *betegnek látszik* look ill * *Úgy látszott, mintha…* It seemed as though… * *Úgy látszik, elfelejtette a születésnapomat.* He seems to have forgotten about my birthday. * *Úgy látszik, szereti az új iskoláját.* She seems to like her new school.

látszólag <hsz> seemingly; outwardly; apparently

látszólagos <mn> seeming; virtual

látvány <fn> **1.** sight: *borzalmas látvány* a terrible sight **2.** *(táj)* view; scenery: *Élveztük a csoda szép látványt a hegyekben.* We enjoyed the beautiful scenery in the mountains. **3.** *(jelenet)* scene

látványos <mn> spectacular: *látványos előadás* a spectacular performance

látványosság <fn> spectacle; sight; *(idegenforgalmi)* attraction: *a látványosságok megtekintése* sightseeing

latyak <fn> slush

latyakos <mn> slushy

láva <fn> lava

lavina <fn> átv is avalanche

♦ **elindítja a lavinát** set⁕ off an avalanche

lavór <fn> basin; bowl

láz <fn> **1.** *(betegé)* fever: *magas láz* high fever * *Magas láza van.* He has a high fever. **2.** *(izgalom)* fever

laza <mn> **1.** *(nem feszes)* loose; *(kötél, izom stb.)* slack; *(lazán lógó)* floppy **2.** *(állagában)* loose: *laza talaj* loose soil **3.** *(nem szilárd)* loose **4.** *(szabados)* lax; loose: *laza életmódot folytat* be on the loose **5.** *(fesztelen)* relaxed; biz *(könnyed)* laid-back

lazac <fn> salmon

lázad <ige> **1.** rebel **(vki/vmi ellen** against sy/sg); revolt **(vki/vmi ellen** against sy/sg) **2.** *(lázadozik)* rebel **(vki/vmi ellen** against sy/sg); revolt **(vki/vmi ellen** against sy/sg)

lázadás <fn> *(politikai)* rebellion; revolt; *(tengerészeké, katonáké)* mutiny

¹**lázadó** <mn> rebellious: *lázadó tizenévesek* rebellious teenagers

²**lázadó** <fn> rebel

lázálom <fn> nightmare

lázas <mn> **1.** *(beteg)* feverish: *Lázas volt.* She was feverish. * *Lázas beteg.* He has a (high) fever.; *(kisebb lázzal)* He has a temperature. **2.** *(lázzal járó)* feverish **3.** *(élénk)* feverish: *lázas tevékenység* a feverish activity * *lázas izgalom fogja el* be in a fever of excitement

lázcsillapító <fn> antipyretic; febrifuge

lazít <ige> **1.** loosen **2.** *(izmot)* loosen sg up **3.** *(sportoló)* loosen up **4.** *(pihen, kikapcsolódik)* relax; wind⁕ down; ease up/off: *Lazíts (egy kicsit)!* Ease up!

lázít <ige> incite to riot/revolt/rebel(lion)

lazítás <fn> relaxation

¹**lázító** <mn> inciting; seditious

²**lázító** <fn> inciter; subversive

lázmentes <mn> free from fever <csak hátravetve>

lázmérő <fn> thermometer: *lerázza a lázmérőt* shake down the thermometer * *A lázmérő 38 fokot mutat/jelez.* The thermometer shows/registers 38°C.

lazul <ige> **1.** *(lazábbá válik)* loosen; slacken; *(izom)* relax; loosen **2.** *(alábbhagy)* slacken

lazsál <ige> idle (at work); go⁕ slow; hack around; lie down on the job

le <hsz> down; downwards; *(hegyről)* downhill

lé <fn> **1.** *(gyümölcs, zöldség)* juice **2.** *(főzéskor)* liquid; *(húsé)* juice **3.** *(folyadék)* liquid **4.** biz *(pénz)* brass; bread; dosh; dough

lead <ige> **1.** *(fentről, odaad vmit)* give⁕/hand sg down **2.** *(megőrzésre)* deposit **3.** sp *(továbbít)* pass: *leadja a labdát* pass the ball **4.** *(szavazatot)* cast: *szavazatot lead* cast a vote **5.** fire: *lead egy lövést* fire a shot * *díszlövést lead* fire a salute

leakaszt <ige> *(szegről stb.)* take⁕ down/off

lealacsonyodik <ige> debase/degrade/lower oneself; make⁕ oneself cheap

lealkuszik <ige> beat⁕ sy/sg down; biz knock sy/sg down **(vmennyiről vmennyire** from sg to sg): *Az árat lealkudták 3 dollárra.* The price was knocked down to 3 dollars. * *10 000 dollárt kért a kocsiért, de én lealkudtam 9000-re.* He wanted 10,000 dollars for the car but I beat him down to 9,000. * *Lealkudtam 9000 dollárra az árat.* I beat down the price to 9,000.

leáll <ige> **1.** *(megáll)* stop; halt **2.** *(működését rendellenesen abbahagyja)* come⁕ to a standstill; stall; fail; break⁕ down

leállít <ige> **1.** *(letesz vmit)* let⁕ sg stand on the floor; place/put⁕/stand⁕ sg on the floor **2.** *(feltartóztat)* stop: *leállítja az autót a sarkon* stop the car at the corner * *leállítja a forgalmat* stop the traffic **3.** *(kikapcsol vmit)* shut⁕ sg off **4.** *(beszüntet)* stop; bring⁕ to a standstill/stop; *(programot)* wind⁕ sg down

leállósáv <fn> hard shoulder; AmE breakdown lane

leánycserkész <fn> guide; AmE girl scout

leánygyermek <fn> female child

leánykereskedelem <fn> white slave trade/traffic; white slavery

leányvállalat <fn> daughter company; subsidiary

learat <ige> *(termést)* reap: *learat két hold zabot* reap two acres of oat
- **learatja a sikert/dicsőséget** walk away/off with sg; reap the laurels; steal✲ the show

leáraz <ige> *(vmit)* mark sg down

leázik <ige> soak/wash off

leáztat <ige> *(vmit)* soak/wash sg off; take✲ sg off by soaking

lebarnul <ige> tan; get✲ tanned/sunburnt: *Könnyen lebarnulsz?* Do you tan easily?

lebecsül <ige> underestimate

lebeg <ige> float; drift; suspend; *(vízben, levegőben)* float; be✲ afloat; *(madár, helikopter)* hover; *(zászló)* flutter

lebegtet <ige> átv float

lebélyegez <ige> stamp: *lebélyegezteti az útlevelét* have one's passport stamped

lebeszél <ige> *(vkit vmiről)* talk sy out of sg; argue sy out of doing sg; discourage sy from (doing) sg

lebilincselő <mn> captivating; absorbing

leblokkol <ige> have✲ a brainstorm; have✲ a complete mental block

lebombáz <ige> bomb: *A háborúban az egész várost lebombázták.* The whole city was bombed in the war.

lebont <ige> **1.** *(építményt)* demolish; knock sg down; pull sg down **2.** biol *(vegyületet)* break✲ sg down

lebonyolít <ige> arrange; *(üzletet)* transact

lebonyolódik <ige> take✲ place; get✲ settled; pass off

leborotvál <ige> shave off

leborul <ige> **1.** *(hódolat jeléül)* fall✲ on one's knees (**vki előtt** before sy) **2.** *(ledől)* tumble down (**vhonnan** from swhere)

lebuj <fn> low/rough pub/tavern; AmE szl joint

lebukik <ige> **1.** *(leesik)* tumble down **2.** *(vmi alá/mögé húzódik)* plunge; dive **3.** biz *(rendőrkézre kerül)* be✲ caught/collared/nabbed/arrested; get✲ busted

léc <fn> **1.** batten; slat **2.** *(síléc)* ski **3.** *(magasugró)* bar
- **könnyen átviszi a lécet (egy vizsgán)** romp through (an exam)

lecke <fn> **1.** *(házi feladat)* homework **2.** *(tankönyvben)* lesson; *(nyelvkönyvben)* unit: *5. lecke* lesson/unit 5 **3.** *(tanulságul szolgáló)* lesson: *kemény lecke mindannyiunk számára* a sharp lesson for all of us * *jó lecke vkinek* teach/give sy a lesson
- **feladja a leckét vkinek** have✲ one's work cut out for one

lecsap <ige> **1.** *(ledob vmit)* slam/slap sg down: *Lecsapta a lapjait.* He slapped down his cards. * *lecsapja a telefont* slam down the phone **2.** *(lecsuk vmit)* slam sg down **3.** biz *(leüt, levág)* strike✲/cut✲ off **4.** *(madár)* swoop down (**vmire** on sg): *A bagoly lecsapott a zsákmányára.* The owl swooped down on its prey. **5.** *(támad)* swoop (**vkire/vmire** on sy/sg); bear✲ down (**vkire/vmire** on sy/sg); *(hatóság)* crack down (**vkire** on sy): *lecsap az ellenségre* bear down on the enemy **6.** *(hírre, könyvre stb.)* pounce (**vmire** on/upon sg); seize (**vmire** on/upon sg)

lecsapódik <ige> **1.** *(lecsukódik)* come✲ down with a bang **2.** *(gőz, pára)* condense

lecsapol <ige> **1.** *(testből folyadékot)* drain; draw✲ off; tap **2.** *(területet)* drain; reclaim

lecsatol <ige> *(leold)* unbuckle; undo✲

lecsavar <ige> **1.** *(leteker)* unscrew **2.** *(lejjebb vesz, pl. hangot)* turn sg down

lecsepeg <ige> drip down; fall✲ down in drops

lecseppen <ige> drop down

lecserél <ige> **1.** replace **2.** sp *(játékost)* substitute

lecsillapít <ige> calm; calm sy down

lecsillapodik <ige> **1.** *(megnyugszik)* calm down; settle down; cool down/off; simmer down **2.** *(megszűnik)* subside

lecsiszol <ige> **1.** *(simává tesz vmit)* rub sg down; smooth **2.** *(eltávolít vmit)* rub sg off; scrape sg off/away

lecsökken <ige> decrease

lecsökkent <ige> decrease

lecsuk <ige> **1.** *(ajtót, fedelet)* close sg (down); shut✲ sg (down): *lecsukja a szemét* close one's eyes **2.** *(bebörtönöz)* lock up; imprison

lecsukódik <ige> close (down); shut✲ (down): *Szeme lecsukódott.* Her eyes closed.

lecsúszik <ige> **1.** *(sílécen)* glide/slide✲/slip/slither down; *(szánkón)* coast down **2.** *(leesik)* slip off/down **3.** biz *(társadalmilag)* come✲ down (in the world); fail; go✲ under; *(csapat)* go✲ off: *Teljesen lecsúszott.* He has completely gone under. **4.** biz *(lemarad vmiről)* fail to reach sg; miss sg

LED [= fénykibocsátó dióda] LED (= light emitting diode) *LED-lámpa* LED lamp

ledarál <ige> mince

ledob <ige> **1.** throw✲; *(ló lovasát)* throw✲; unseat: *Ledobta a ló.* He was thrown. **2.** *(levet vmit)* slip sg off

ledolgoz <ige> **1.** *(munkaidőt)* work; do✲: *ledolgozza a tizenkét órát* work/do one's 12 hours **2.** *(törleszt vmit)* work sg off

ledől <ige> **1.** *(építmény)* come✲/tumble/topple down; collapse **2.** biz *(lefekszik)* take✲ a nap/siesta; have✲ forty winks

ledönt <ige> **1.** *(földre vmit)* knock/pull/bring* sg down **2.** biz *(italt)* knock sg back/down

ledörzsöl <ige> rub sg off

leég <ige> **1.** *(megsemmisül)* burn* down; be* burnt down **2.** *(étel)* be*/get* burnt **3.** *(naptól)* become* sunburnt; get* sunburn **4.** biz *(elfogy a pénze)* go* broke; be* hard up: *teljesen le van égve* be stony broke **5.** *(vki előtt)* fail; come* a cropper; lose* face

leégés <fn> **1.** *(napozástól)* sunburn; burning **2.** biz *(kudarc)* flop; wash-out

leéget <ige> **1.** burn*/singe off (**vmit vhonnan/vmiről** sg from swhere/sg) **2.** *(ételt)* burn* **3.** *(nap)* burn* **4.** biz *(vkit)* make* sy feel cheap; put* sy to shame; turn the tables on sy; take* sy down a peg

leegyszerűsít <ige> simplify

leejt <ige> drop: *Leejtettem a poharat, és összetört.* I dropped the glass and it broke.

leemel <ige> **1.** *(levesz vmit)* lift sg down: *Leemeltem a táskámat a polcról.* I lifted my bag down from the shelf. **2.** *(pénzt saját számlájáról kivesz)* withdraw* (money from one's bank account); *(más számlájára ír át)* charge; transfer

leendő <mn> would-be; prospective: *leendő orvos* a would-be doctor ∗ *leendő vevő* prospective buyer

leenged <ige> **1.** let* down **2.** *(folyadékot)* let* out **3.** *(lefelé mozgat)* lower: *Az ünnepség után leengedték a zászlókat.* Flags have been lowered after the celebration. **4.** *(ruhadarabot)* let* down **5.** *(árat)* reduce; lower

leépít <ige> *(állásából elbocsát vkit)* lay* sy off; give* sy the chop/axe/sack: *Leépítették.* He got the axe.

leépítés <fn> downsizing; the axe

leépül <ige> biz go* loony/crazy

leér <ige> **1.** *(leérkezik)* get*/come* down **2.** *(alacsonyabb szintig)* come*/reach down (**vmeddig** to swhere); *(földig)* touch the ground

leereszkedik <ige> **1.** *(lemegy)* descend; *(vmiről lemászik)* climb down sg: *lemegy a lépcsőn* descend the stairs ∗ *A repülő elkezdett leereszkedni.* The plane started to descend. **2.** *(lefelé mozog)* let* oneself down **3.** *(fölényesen)* condescend (**vkihez** to sy)

leereszt <ige> **1.** *(lefelé mozgat vmit)* let* sg down; lower **2.** *(gumit, léggömböt stb.)* deflate **3.** *(autógumi)* get* a flat (tyre); AmE get* a flat (tire)

leérettségizik <ige> ≈ sit*/do*/take* one's final examination (at a secondary school); sit*/do*/take* one's school-leaving examination (at a secondary school); AmE ≈ graduate (from high school)

leértékel <ige> gazd depreciate

leesik <ige> **1.** fall*; fall* down; *(bicikliről, lóról)* come* off: *leesik a földre* fall onto the floor ∗ *leesik a lépcsőről* fall down the stairs **2.** *(csapadék)* fall* **3.** *(lecsökken)* fall*: *Leestek az árak.* Prices fell.
♦ **leesik az álla** one' jaw drops (a mile)
♦ **Leesett a húszfilléres!** It has clicked for me.

lefagy <ige> **1.** *(virág, termés)* be* nipped/withered (by frost) **2.** *(testrész)* be* frozen/frostbitten: *lefagyott az ujja* have a frozen finger **3.** infor crash; freeze*

lefarag <ige> **1.** whittle down; chisel off; cut* away/off **2.** *(költséget stb.)* cut* back on sg; cut* down on sg; cut* sg back

lefed <ige> **1.** *(fedővel elzár vmit)* cover; put* a cover/lid on/over sg **2.** *(felölel)* comprise; cover; include

lefegyverez <ige> **1.** disarm **2.** *(vonakodását megszünteti)* disarm

lefejez <ige> cut* sy's head off; decapitate; behead

lefékez <ige> **1.** *(járművet)* brake **2.** *(lelassít)* slow down; hold* back

lefekszik <ige> **1.** lie* down **2.** *(aludni)* go* to bed; turn in **3.** biz *(ágyba bújik vkivel)* sleep* with sy; go* to bed with sy; have* sex with sy

lefektet <ige> **1.** lay*/put* down **2.** *(gyereket)* put* sy down **3.** *(férfi nőt)* sleep* with sy **4.** *(írásban rögzít, leír)* record; vál lay* down; put* into writing

lefekvés <fn> **1.** *(ágyra stb.)* lying down **2.** *(aludni térés)* going to bed: *korai/késői lefekvés* an early/late night ∗ *lefekvés ideje* bedtime

lefelé <hsz> downwards; down: *fejjel lefelé fog vmit* hold sg upside down ∗ *lefelé halad* move down ∗ *dombról lefelé fut* run downhill ∗ *lépcsőn lefelé* downstairs ∗ *folyón lefelé* downstream

lefényképez <ige> photograph (**vkit/vmit** sy/sg); take* a photograph (**vkit/vmit** of sy/sg); biz snap (**vkit/vmit** sy/sg): *Lefényképeztem a gyerekeket.* I photographed/snapped the children.

lefénymásol <ige> xerox; photocopy; make* a photocopy of sg

lefest <ige> **1.** *(megfest)* paint: *Ezt a fát túl nehéz lefesteni.* This tree is too difficult to paint. **2.** *(lemázol)* paint: *A régi kerítést feketére kell lefestenem.* I have to paint the old fence black. **3.** *(szavakkal ábrázol)* picture (**vkit/vmit vminek/vmilyennek** sy/sg as sg); portray (**vkit/vmit vminek/vmilyennek** sy/sg as sg); vál depict (**vkit/vmit vminek/vmilyennek** sy/sg as sg)

lefetyel <ige> lap: *A cica a tejet lefetyelte.* The cat lapped the milk.

lefizet <ige> biz *(vkit)* pay sy off

lefoglal <ige> 1. *(előzetesen)* book: *lefoglal egy helyet (repülőgépen stb.)* book a seat 2. *(leköt)* occupy 3. *(leterhel vkit)* tie✢ sy up 4. *(hatóságilag)* seize: *lefoglalja az ellopott autót* seize the stolen car

lefogy <ige> lose✢ weight; grow✢ thinner

lefokoz <ige> *(katonát)* demote

lefolyás <fn> 1. *(folyadéké)* flow(ing); outflow 2. *(lezajlás)* course; process: *Megvan a szabályos lefolyása a láznak.* The fever is running/runs its course.

lefolyik <ige> 1. *(folyadék)* flow; run✢ 2. *(esemény)* pass off; go✢ off; run✢/take✢ its course: *Hogy folyt le a vita?* How did the discussion go?

lefolyó <fn> 1. *(nyílás)* plughole; outlet; AmE drain 2. *(lefolyócső)* waste pipe; outlet pipe

lefordít <ige> 1. *(felső részt alulra)* turn sg (upside) down 2. *(szöveget)* translate (**vmiről vmire** from sg into sg): *egy mondatot magyarról angolra fordít* translate a sentence from Hungarian into English

leforráz <ige> 1. *(ételt)* scald; pour boiling water over sg; *(teafüvet)* infuse 2. *(megéget)* scald: *Leforrázta a karját forró vízzel.* She scalded her arm with boiling water.

lefröcsköl <ige> splash

lefúj <ige> 1. blow✢ off: *lefújja a port a könyvről* blow the dust off the book 2. *(lefest)* spray 3. biz *(részvételt)* cry off: *Az utolsó pillanatban lefújta.* He cried off at the last moment. 4. sp *(mérkőzést stb.)* call sg off

lefullad <ige> *(motor)* stall

lefut <ige> 1. *(lenti helyre fut)* run✢ down 2. *(távolságot)* run✢; cover a distance 3. *(lekerül a napirendről)* be✢ over

lég <fn> air

legalább <hsz> at least

legalábbis <hsz> at least

legális <mn> legal

legalizál <ige> legalize; BrE legalise

legalul <hsz> down below; lowest down

légáramlat <fn> air current/flow; breeze

légcső <fn> windpipe

legel <ige> graze: *A tehenek kint legelnek.* Cattle are grazing outside.

legeleje <fn> *(térben)* front/foremost part (**vminek** of sg); the very front (**vminek** of sg)

légellenállás <fn> fiz drag

legelő <fn> pasture

legelöl <hsz> in the very front: *a sorban legelöl* first in the row/queue

legelőször <hsz> first

legeltet <ige> graze: *legelteti az állatokat* graze the animals

legenda <fn> legend: *a legenda szerint* as the legend has it; according to the legend

legendás <mn> legendary

legény <fn> biz lad/young man

legénybúcsú <fn> stag night/party; AmE bachelor party

legénység <fn> 1. *(hajóé, repülőgépé)* crew <+ esz/tsz ige>; *(repülőgépé)* aircrew <+ esz/tsz ige> 2. kat the rank and file; men <tsz>; soldiers <tsz>; troops <tsz>

legeslegjobb <mn> very best

legfeljebb <hsz> 1. *(maximum)* at (the) most; at the very most; at the (very) outside; not more than: *legfeljebb tíz napig* for not more than ten days; for ten days at the very most * *Legfeljebb tíz percünkbe fog kerülni.* It will take us ten minutes at the most. 2. *(legrosszabb esetben)* at (the) worst: *Legfeljebb sírni fog.* She might cry, that's all.

legfelül <hsz> uppermost; topmost; at the top of sg

legfőképpen <hsz> mostly; most of all; above all; mainly

léggömb <fn> 1. *(légi jármű)* (hot-air) balloon: *léggömbön felszáll* go up in a balloon 2. *(játékszer)* balloon: *A fiam kidurrantott egy nagy léggömböt.* My son burst a big balloon. * *500 léggömböt enged fel* release 500 balloons

leghátul <hsz> farthest back/behind; right back/behind; at the very back of sg

légi <mn> aerial; air(-): *légi felvétel* aerial photograph * *légi úton* by air * *légi folyosó* air corridor

légicsapás <fn> air strike

légierő <fn> air force <+ esz/tsz ige>: *a brit királyi légierő* the Royal Air Force

légikikötő <fn> airport

légikisasszony <fn> air hostess; stewardess

leginkább <hsz> 1. *(legnagyobb mértékben)* mostly; most of all 2. *(legszívesebben)* mainly; above all 3. *(legnagyobb valószínűséggel)* mostly; for the most part; especially; principally

légiposta <fn> airmail: *légipostával* by airmail

légiriadó <fn> air-raid warning

légitámadás <fn> air raid

légitársaság <fn> airline <+ esz/tsz ige>

légi utas <fn> air passenger

légiutas-kísérő <fn> flight attendant; *(nő)* stewardess; *(férfi)* steward

legjobb <mn> best: *a legjobb barátom* my best friend * *a legjobb tanulók* the best students * *a lehető legjobb* the best possible * *a legjobb emlékezetem szerint* to the best of my recollection * *legjobb képessége/tudása szerint* to the best of his/her ability * *minden idők legjobb játékosa* the all-time best player * *a nyelvtanulás legjobb módszere* the best way of learning languages * *legjobb tudomásom szerint* to the best of my knowledge/belief

légkalapács <fn> pneumatic hammer
legkésőbb <hsz> at the latest
legkevésbé <hsz> (the) least; least of all: *Feltűnik, amikor legkevésbé számítasz rá.* He turns up when you least expect him. ∗ *a legkevésbé sem* not in the slightest/least; the least of all ∗ *Amit a legkevésbé szeretnék: másokat megbántani.* The last thing I want is to hurt anyone.
légkondicionálás <fn> air conditioning
légkondicionáló berendezés <fn> air conditioner
légkondicionált <mn> air-conditioned: *A kocsi légkondicionált.* The car is air-conditioned.
légkör <fn> **1.** *(égitest körül)* atmosphere **2.** *(hangulat)* atmosphere: *feszült légkör* a strained atmosphere ∗ *Otthon mindig derűs a légkör.* The atmosphere at home is always happy.
legközelebb <hsz> **1.** *(térben)* nearest (**vmihez** to sg); next (**vmihez** to sg) **2.** *(időben)* next (time): *ha legközelebb arra járok* when next I am (going) that way ∗ *Nem tudom, mi fog történni legközelebb.* I don't know what will happen next.
legközelebbi <mn> **1.** *(térben)* nearest; next: *a legközelebbi város* the next town ∗ *A legközelebbi szabad asztalhoz ültem le.* I sat down at the nearest unoccupied table. **2.** *(időben)* next: *a legközelebbi alkalommal* (the) next time **3.** *(rokoni kapcsolatban)* next: *a legközelebbi hozzátartozó* the next of kin
légmentes <mn> airtight: *légmentes tartály* an airtight container
légnemű <mn> gaseous
légnyomás <fn> air pressure
légnyomásmérő <fn> barometer
legombol <ige> **1.** *(kigombol)* unbutton **2.** biz *(pénzt vkiről)* screw sg out of sy: *minden forintot legombol vkiről* screw every forint out of sy
légópince <fn> air-raid shelter
legördül <ige> roll down: *könnyek gördülnek le az arcán* tears roll down her cheeks
légörvény <fn> turbulence
légpuska <fn> air gun
légszennyezés <fn> air pollution
légszomj <fn> laboured breathing/respiration; dyspnoea; AmE labored breathing/respiration; AmE dyspnea
légtér <fn> airspace
légtornász <fn> acrobat
legtöbbször <hsz> *(legtöbb alkalommal, többnyire)* most of the time
leguggol <ige> crouch
legurít <ige> roll down

legurul <ige> **1.** roll down **2.** *(biciklivel, járművel, motor nélkül)* coast (down)
légutak <fn> orv airway
legutóbb <hsz> lately; recently; the other day
legutóbbi <mn> last; latest; recent: *a legutóbbi felfedezések* the latest discoveries ∗ *Nem láttam a legutóbbi folytatást.* I haven't seen the last instalment. ∗ *Megváltoztál legutóbbi találkozásunk óta.* You have changed since we last met.
légüres <mn> airless: *légüres tér* vacuum
légvárak <fn> castles in the air
♦ **légvárakat épít** build✶ castles in the air
légvédelem <fn> air-defence; anti-aircraft defence; AmE air-defense; anti-aircraft defense
legvége <fn> the extreme/very end (of sg): *vminek a legvégén* at the far end of sg; at the bottom/foot of sg ∗ *a legvégén* at the last
legvégső <mn> ultimate; final; very last; extreme
légzés <fn> breathing; orv hiv respiration
légzőkészülék <fn> *(tűzoltóké stb.)* self-contained breathing apparatus; *(könnyűbúváré)* aqualung
légzőszervek <fn> breathing/respiratory organs
légzsák <fn> **1.** *(autóban)* airbag **2.** rep air pocket
¹**légy** <fn> fly
♦ **a légynek sem ártana** wouldn't harm/hurt a fly ♦ **a légynek sem tudna ártani** can't✶ say boo to a goose ♦ **két legyet üt egy csapásra** kill two birds with the one stone ♦ **tudja, mitől döglik a légy** know✶ what's what; know✶ a thing or two
²**légy** <ige> be✶: *Légy irgalmas!* Have a heart! ∗ *Légy résen!* Be prepared!
legyengít <ige> weaken
legyengül <ige> weaken: *Legyengült.* He has weakened.
legyez <ige> fan: *legyezi magát* fan oneself
legyező <fn> fan
legyint <ige> **1.** *(lemondóan)* wave one's hand (in resignation) **2.** *(könnyed mozdulattal megüt)* flick; slap
legyőz <ige> **1.** *(harcban)* defeat; conquer; overcome✶: *Sikerült legyőzni a nehézségeket.* We managed to overcome the problems. **2.** *(versenyben, játékban)* defeat; beat✶ **3.** *(érzelmet)* subdue; overpower; overcome✶
léha <ige> frivolous
lehagy <ige> **1.** *(versenyben)* outdistance; outstrip; *(leköröz)* lap; *(megelőz)* overtake✶ **2.** *(írásjelet)* leave✶ sg out/off

lehajlik <ige> bend*/bow down
lehajol <ige> stoop (down); bend* down: *lehajol, hogy beszéljen a gyerekkel* stoop down to talk to the child * *Lehajoltam és felvettem a kulcsomat.* I bent down and picked up my key.
¹lehajt <ige> 1. *(járművel útról)* pull off; *(lenti helyre hajt)* drive* down 2. *(állatot)* drive* sg down
²lehajt <ige> 1. *(lefelé fordít vmit)* bend* sg down 2. *(szélénél fogva vmit)* turn sg down 3. biz *(megiszik)* gulp down sg; knock sg back
lehalkít <ige> *(rádiót, televíziót)* turn sg down
lehallgat <ige> 1. *(hangfelvételt)* play sg back 2. *(telefont)* tap sy's phone
lehallgatókészülék <fn> bug
lehámlik <ige> flake (off); peel off: *lehámlott a festék* the paint had flaked off
lehangoló <mn> depressing; gloomy; dismal
lehány <ige> 1. biz *(hanyagul ledob)* dump: *A gyermekeim mindig lehányják a ruháikat a szoba közepén.* My children always dump their clothes in the middle of the room. * *lehányja magáról a ruhát* throw off one's clothes 2. *(hányadékkal bepiszkít vmit)* vomit on sg
leharap <ige> bite* off: *(majd) leharapja vkinek a fejét (mérgében)* bite sy's head off
lehasal <ige> lie* down flat on one's stomach
lehel <ige> breathe
lehelet <fn> breath
  ♦ *utolsó leheletig* to one's dying breath; to the last breath
leheletfinom <mn> wispy
lehet <ige> 1. *(lehetséges, megtörténhet)* may*/can* be; be* possible: *Lehet, hogy esni fog.* It may rain. * *Lehet, hogy beteg vagy.* You may be ill. * *Hideg lehet kint.* It can be cold outside. * *Holnap lehet, hogy szeles idő lesz.* It could be windy tomorrow. * *Lehet, hogy orvost kell hívnunk.* Maybe we should call a doctor. * *Lehet, hogy elmentek.* Perhaps they've moved away. * *Holnap lehet, hogy meglátogatom.* I may visit her tomorrow. 2. *(vmit csinálni)* can*: *Ma már lehet repülni Bristolba.* One can fly to Bristol today. 3. *(szabad)* sy can*/may* do sg: *Itt nem lehet játszani!* You may not play here!
lehetetlen <mn> 1. *(nem megvalósítható)* impossible: *Lehetetlen volt megtalálni az utat.* It was impossible to find the way. 2. *(elképzelhetetlen)* impossible 3. biz, ált pej *(elviselhetetlen)* impossible
lehetőleg <hsz> if possible; as far as possible; possibly; preferably

lehetőség <fn> 1. *(eshetőség)* possibility 2. *(alkalom)* opportunity; chance: *Még nem volt lehetőségem válaszolni a levelére.* I haven't had the opportunity to answer his letter. * *Ez nagy lehetőség!* It's a great opportunity! * *Ez volt a legutolsó lehetőség arra, hogy megírja a levelet.* It was his very last chance to write the letter. 3. *(mód)* possibility; opportunity: *lehetőséget szerint* as far as possible * *lehetőséget ad/nyújt/teremt vmire* open the door to sg * *Nincs lehetőség arra, hogy odamenjek.* There is no possibility of my going there. 4. *(körülmény)* facility: *főzési lehetőség* cooking facilities * *sportolási lehetőség* sports facilities
lehetséges <mn> 1. *(megvalósítható)* possible 2. *(elképzelhető)* possible; probable: *Ez a színház az ünnepség lehetséges színhelye.* This theatre is a possible place for the celebration. 3. *(szóba jöhető)* potential: *lehetséges vásárlók* potential customers
lehiggad <ige> 1. *(lenyugszik)* calm down; settle down; sober (down) 2. biz *(megkomolyodik)* mellow
lehív <ige> 1. *(lenti helyre hív vkit)* call sy down 2. *(pénzt)* draw* out of/from one's account 3. ját *(kártyalapot)* play (a card) 4. infor *(adatokat a számítógépről)* retrieve
lehord <ige> 1. *(levisz vmit)* carry*/bring* sg down 2. biz *(leszid vkit)* tell* sy off; haul/drag sy over the coals; tear* sy off a strip; tear* a strip off sy: *Lehordja a gyerekeket.* She told the children off.
lehorgonyoz <ige> 1. drop anchor (**vhol** swhere) 2. anchor (**vmit** sg)
lehorzsol <ige> graze; skin: *Lehorzsoltam a térdemet.* I grazed/skinned my knee.
lehoz <ige> 1. *(vmit)* bring*/fetch sg down 2. *(repülőgépet)* bring* sg down 3. biz *(leközöl)* publish; print
lehull <ige> drop; fall* down
lehuny <ige> *(becsuk)* close: *lehunyja a szemét* close one's eyes
lehúz <ige> 1. *(fentről vmit)* pull sg down: *lehúzza a rolót* pull down the blind 2. *(eltávolít)* pull (**vmit vmiről** sg off/from sg); *(ágyneműt)* strip (**vmit vmiről** sg off/from sg): *Lehúztam az összes ágyneműt.* I stripped all the beds. 3. biz *(kritikus)* slam; damn; *(főleg újságban)* slate: *A filmet lehúzták a kritikusok.* The film was damned by the critics. 4. biz *(időt)* do*: *Egy évet húzott le a seregben.* He did a year/one-year stint in the army. 5. *(elektronikus kártyát)* swipe
lehűl <ige> cool down; get*/grow* cold; *(kedély)* cool down/off
lehűlés <fn> cooling down

lehűt <ige> **1.** cool (down); chill **2.** *(lelkesedést)* cool
leigáz <ige> subjugate; subdue
leint <ige> **1.** *(megállít vkit/vmit)* flag sy/sg down; hail: *leint egy taxit* hail a taxi ∗ *leint egy rendőrautót* flag down a police car **2.** *(visszafog vkit)* warn sy not to do sg
leír <ige> **1.** *(lejegyez vmit)* write*/take*/get* sg down; transcribe **2.** *(eseményt, vki külsejét stb.)* describe; define; depict **3.** *(szavakkal)* describe **4.** *(veszteségként)* write* sg off: *Leírták a kocsit.* The car is a write-off.
leírás <fn> description; *(beszámoló, elbeszélés)* narrative; *(másolat, átirat)* transcript: *pontos leírás* an accurate description ∗ *részletes/rövid/általános leírás* a detailed/brief/general description
leírhatatlan <mn> indescribable
leissza magát <ige> get* drunk: *leissza magát a sárga földig* get (as) drunk as a lord; get drunk right and proper
leitat <ige> *(vkit)* make* sy drunk
lejár <ige> **1.** *(lenti helyre jár)* go*/come* down: *Gyakran lejár falura.* He often goes down to the country. **2.** *(elkoptat)* tread*/trample down **3.** *(szerkezet)* run* down; stop **4.** *(letelik)* elapse; expire: *Lejárt az idő.* Time is up. **5.** *(útlevél, vízum, jogosítvány stb.)* expire; run* out; be* no longer valid; *(szerződés, megállapodás)* run* out; terminate: *útlevele lejárt* sy's passport is invalid; sy's passport has expired ∗ *A jogosítványom lejárt a múlt hónapban.* My driving licence expired last month. **6.** *(könnyen leválik)* be* detachable/removable **7.** *(legyalogol)* walk off: *lejárja a nagy ebédet* walk off the heavy meal
¹lejárat <ige> **1.** *(rossz hírét kelti vkinek)* discredit sy **2. lejáratja magát** make* oneself cheap; lose* face
²lejárat <fn> **1.** *(vhová levezető út)* exit/passage/way (leading down) **2.** *(időben)* expiry; expiration: *lejárat napja* expiry date; AmE expiration date
lejárta <fn> expiry: *szavatossági idő lejárta* expiry date
lejátszik <ige> **1.** *(végigjátszik)* play **2.** *(készüléken)* play; *(visszajátszik vmit)* play sg back
lejátszódik <ige> take* place
lejegyez <ige> *(vmit)* take*/get*/note sg down; make*/take* a note of sg; mark sg down; biz *(lefirkant vmit)* jot sg down
lejjebb <hsz> **1.** *(alacsonyabbra)* lower (down); down; to a lower level: *lejjebb megy* move down ∗ *lejjebb veszi a hangerőt* turn the volume down ∗ *Kicsit lejjebb veszem a fűtést.* I'll turn the heating down a bit. **2.** *(alacsonyabban)* lower (down); below; deeper; on a lower level
lejön <ige> **1.** *(lenti helyre)* come* down **2.** *(leválik)* come* away; come* off **3.** *(összegből levonandó)* come* off
lejt <ige> slope; hiv incline
lejtő <fn> slope; hiv incline: *enyhe lejtő* a gentle slope ∗ *lejtőn le(felé)* downhill ∗ *lesétál a lejtőn* walk down the slope
lejtős <mn> sloping; inclining; downhill: *lejtős út* a downhill path/road
lék <fn> **1.** *(hajón, tartályon)* leak: *léket kap (hajó)* spring a leak **2.** *(jégen)* ice hole
lekanyarodik <ige> turn; turn down/off
lekapar <ige> scrape (**vmiről/vhonnan** from sg/swhere)
lekapcsol <ige> **1.** *(kikapcsol vmit)* switch/turn sg off; *(villanyt)* switch sg off **2.** *(lecsatol)* unbuckle (**vmit vmiről** sg from sg) **3.** biz *(letartóztat vkit)* nab sy; run* sy in
lekaszál <ige> scythe
lekefél <ige> brush
lekésik <ige> miss (**vmiről/vmit** sg): *Le fogja késni a vonatot.* He'll miss the train.
lekezel <ige> pej *(vkit)* treat sy in an off-hand manner; biz look down one's nose at sy/sg
lekicsinyel <ige> play sg down; minimize
lekopik <ige> **1.** *(festék stb.)* wear* down/off **2. Kopj le!** vulg Shove off! / Get lost!
leköp <ige> spit (**vkit/vmit** at/on sy/sg): *le se köp vkit* biz treat sy like a piece of dirt
leköröz <ige> **1.** lap **2.** átv *(vkit)* run* rings (a)round sy
leköszön <ige> resign
leköt <ige> **1.** *(megkötve rögzít)* tie/fasten (down); bind* **2.** *(elzár)* tie; bind*; *(eret)* ligate; tie; *(sebet)* dress **3.** *(pénzt)* make* a deposit; *(árut szerződésileg)* contract; tie up **4.** *(lefoglal)* occupy; tie; *(figyelmet)* arrest; hold*; engage: *Ez a munka két évre leköti őt.* This work will occupy her for two years. ∗ *Hivatali kötelességeim a nap legnagyobb részében lekötnek.* My professional duties tie me for the greater part of the day. **5. leköti magát** *(elkötelezi magát vmire)* commit oneself to (doing) sg; pledge oneself to (do) sg **6.** *(pl. szobát lefoglal)* book: *utat/szobát leköt* book a tour/room **7.** kém absorb; neutralize **8.** *(szemeket hurkol)* knit*
lektor <fn> **1.** *(kézirat elbírálója)* (publisher') reader; consultant editor; *(szótáré)* contributing editor **2.** *(egyetemen)* visiting lecturer
lektorál <ige> read*; *(nyelvileg vmit)* check sg for language: *lektorálta...* consultant/contributing editor...

lektorátus 1. *(könyvkiadónál)* readers' department **2.** *(egyetemi, főiskolai)* modern languages department; language centre

lektűr <fn> *(szórakoztató olvasmány)* light reading; pop fiction

leküld <ige> **1.** send✢ down **2.** sp *(pályáról vkit)* send✢ sy off

leküzd <ige> **1.** *(érzelmet)* keep✢ sg down: *leküzdi a haragját* keep down one's anger **2.** *(nehézséget)* overcome✢; get✢ over sg: *Sikerült leküzdeni a nehézségeket.* We managed to overcome the problems.

leküzdhetetlen <ige> insuperable; insurmountable

lekvár <fn> jam; preserve; *(narancs)* marmalade

lekvárosüveg <fn> jam jar/pot

lel <ige> *(talál vmit)* find✢; come✢ across/upon sg

lelassít <ige> **1.** *(jármű sebességét)* slow down: *Az autó lelassított, amint a kereszteződéshez ért.* The car slowed down as it approached the junction. **2.** *(tempót)* slacken: *Kissé lelassította a lépteit.* He slackened his pace a little.

lelassul <ige> slow down

lelátó <fn> stand; grandstand

lélegeztetőgép <fn> respirator; life-support machine/system: *lélegeztetőgépre teszik* be put on a respirator/a life-support machine

lélegzet <fn> breath: *lélegzetet vesz* take a breath; breathe * *mély lélegzetet vesz* take a deep breath * *visszatartja a lélegzetét* hold one's breath * *eláll a lélegzete* catch one's breath

lélegzetelállító <mn> breathtaking

lélegzik <ige> breathe: *mélyen lélegzik* breathe deep * *nehezen lélegzik* breathe hard

lélek <fn> **1.** vall soul; spirit: *Lelkünk örökké él.* Our spirit lives forever. **2.** *(belső világ)* soul; psyche **3.** *(ember)* soul: *egy lélek sem* not a soul **4.** *(irányító, mozgató)* soul: *Ő a társaság lelke.* He is the life and soul of the company.
♦ **a lelkére köt vkinek vmit** urge sg on/upon sy ♦ **az ő lelkén szárad** be✢ on one's own head; have✢ sg on one's conscience
♦ **lelket önt vkibe** put✢ heart into sy

lélekjelenlét <fn> presence of mind; composure: *megőrzi a lélekjelenlétét* keep one's composure

lélekszám <fn> number of inhabitants; population

lélektan <fn> psychology

lélektani <mn> psychological

leleményes <mn> resourceful; ingenious; inventive

lelép <ige> **1.** *(alacsonyabb helyre)* step✢ down/off **2.** biz *(eltűnik)* clear off; *(feltűnés nélkül távozik)* take✢ French leave: *csendben lelép az összejövetelről* slip out of the meeting **3.** *(ellop)* make✢ off **(vmivel** with sg) **4.** *(lépéseivel lemér)* pace (out) **5.** sp *(legyőz vkit)* walk over sy

leleplez <ige> **1.** *(felavat)* unveil **2.** *(felfed)* uncover; unmask; *(feltár)* disclose; reveal: *összeesküvést leleplez* uncover a plot

lelet <fn> **1.** *(régészeti)* find **2.** *(orvosi)* report: *(labor)leletek* laboratory findings/results

lelkendez(ik) <ige> rave **(vkiről/vmiről** about sy/sg); be✢ enthusiastic **(vkiről/vmiről** about sy/sg)

lelkes <mn> fervent; ardent; eager; keen: *lelkes támogató* a fervent supporter * *lelkesen folytat/csinál vmit* biz be zealous in doing sg * *lelkes éljenzés* wild cheers

lelkesedés <fn> enthusiasm **(vmiért** for sg): *lankadó lelkesedés* flagging enthusiasm

lelkesedik <ige> be✢ enthusiastic **(vmiért** about sg); be✢ sold on **(vmiért** on sg); enthuse **(vmiért/vkiért** about/over sg/sy)

lelkesít <ige> hearten; fire

lelkész <fn> *(anglikán)* parson; vicar; rector; *(katolikus)* (parish) priest; *(protestáns)* minister; pastor

lelki <mn> **1.** hiv *(lélekkel, pszichikummal, érzelmi világgal kapcsolatos)* psychic; mental: *lelki folyamat* mental process * *Lelki szemeimmel látom.* I can see it in my mind's eye. * *lelki béke* inward peace **2.** vall spiritual: *lelki élmény* a spiritual experience * *lelki vigasz* consolation; (spiritual) comfort; solace

lelkiállapot <fn> state of mind; frame of mind; spirits <tsz>

lelkierő <fn> spirit

lelkiismeret <fn> conscience: *rossz lelkiismeret* guilty conscience * *tiszta lelkiismeret* clear conscience

lelkiismeretes <mn> conscientious; *(alapos)* thorough

lelkiismeret-furdalás <fn> remorse **(vmi miatt** for sg); scruples **(vmi miatt** about sg) <tsz>: *lelkiismeret-furdalást érez vmi miatt* feel remorse for sg; be filled with remorse for sg * *nincs lelkiismeret-furdalása vmit illetően* have no scruples about doing sg

lelkiismereti <mn> of conscience <csak hátravetve>: *lelkiismereti kérdést csinál vmiből* make sg a matter of conscience

lelkiismeretlen <mn> unscrupulous

lelkipásztor <fn> *(protestáns)* minister; *(ritkábban)* pastor

lelkivilág <fn> frame of mind; mentality

lelóg <ige> hang✢ down

lelohad <ige> **1.** *(duzzanat)* go✢ down; subside **2.** *(alábbhagy, lecsökken)* cool down/off

lelő <ige> shoot✢; shoot✢ sy/sg down; *(agyonlő vkit)* shoot✢ sy dead: *Lelőtt egy rókát.* He shot

a fox. * *Lelőttek három embert.* Three people were shot dead.
lelőhely <fn> **1.** place of occurrence **2.** *(eredet)* source; provenance **3.** áll, növ home
lelök <ige> *(vmit)* knock sg down/over
leltár <fn> **1.** *(kimutatás)* inventory: *leltárba vesz vmit* make an inventory of sg **2.** *(leltározás)* taking an inventory; stock-taking
leltároz <ige> make✣/take✣ an inventory; take✣ stock
lemar <ige> **1.** *(vegyi anyag)* eat✣ away/off; remove by corrosion **2.** biz *(leszid vkit)* tell✣ sy off
lemarad <ige> **1.** *(nem megy tovább)* lag **(vkitől/vki mögött** behind sy/sg); tail off/away; fall✣ back **2.** *(gyengébb eredményt ér el)* be✣/fall✣ behind **(vmiben/vmivel** with/in sg); get✣ behind **(vmivel** with sg): *lemaradt a munkájával* be behind in his work * *le van maradva* be behind (the times) **3.** *(lekésik)* miss **(vmiről** sg): *Késése következtében lemaradt a vonatról.* As a result of being late he missed the train.
lemásol <ige> *(másolatot készít)* copy; make✣ a copy
lemászik <ige> climb down
lemegy <ige> **1.** *(lenti helyre)* go✣ down; vál, hiv descend: *lemegy a lépcsőn* go downstairs; go down the stairs **2.** *(eltávozik)* leave✣: *lemegy a pályáról* leave the field **3.** *(leválik, lekopik)* come✣ off: *lement róla a festék* the paint has come off **4.** *(lenyugszik)* set✣: *A nap 8 órakor megy le.* The sun sets at 8 o'clock in the evening. **5.** *(csökken, alacsonyabb (szintű, fokú) lesz)* come✣ down: *Lementek az árak.* Prices have come down. **6.** *(lezajlik)* pass off: *Az összejövetel sikeresen lement.* The meeting passed off well.
lemér <ige> **1.** *(mennyiségre)* measure **2.** *(hosszra vmit)* measure sg off **3.** *(súlyra)* weigh **4.** *(hosszúságot, távolságot)* measure; mark sg off: *leméri a szobát* measure the room **5.** *(vminek a fokát)* gauge; assess: *leméri vki tudását* gauge sy's knowledge
lemerül <ige> **1.** *(víz alá)* go✣ under; be✣ immersed **(vmibe** in sg) **2.** *(akku)* run✣ down; go✣ flat: *lemerült az akku* the battery has run down; the battery has gone flat
lemészárol <ige> slaughter; massacre
lemez <fn> **1.** plate; *(vékonyabb)* sheet **2.** *(hanglemez)* record **3.** infor disk; BrE disc **4.** *(kompaktlemez, CD)* CD; disc; AmE disk: *A felvétel lemezen és/vagy kazettán kapható.* This recording is available on disc and/or cassette.
lemezjátszó <fn> record player
lemond <ige> **1.** *(nem tart rá igényt)* surrender **(vmiről** sg); hiv relinquish **(vmiről** sg); hiv renounce **(vmiről** sg); give✣ up **(vmiről** sg) **2.** *(feladja)* surrender **(vmiről** sg); give✣ up **(vmiről** sg); hiv relinquish **(vmiről** sg); hiv renounce **(vmiről** sg): *Nem fogok minden hobbymról lemondani miattad!* I won't give up all my hobbies for you. * *Le kell mondanod a dohányzásról/cigarettáról!* You'll have to give up smoking/cigarettes. **3.** *(tisztségről)* resign **(vmiről** from/as sg); *(trónról)* abdicate (the throne) **(vki javára** in favour of sy): *lemondott a kormány* the Cabinet has resigned * *A király lemondott a trónról a lánya javára.* The king abdicated (the throne) in favour of his daughter. * *Ha ismét megkritizálja a munkámat, lemondok.* If he criticizes my work again I'll resign. * *Lemondott az igazgatói tisztségről.* He resigned as manager. * *Lemondott bizottsági tagságáról.* He resigned from the board. **4.** *(koncertet, találkozót stb.)* cancel; call sg off: *lemondja a koncertet* cancel the concert * *Lemondta a találkozót.* He cancelled the appointment. * *Lemondták a bulit.* The party's been called off. **5.** *(megbízást, szolgáltatást)* cancel: *lemondja az előfizetést* cancel the subscription
lemondás <fn> **1.** *(örömökről, élvezetekről)* renunciation **(vmiről** of sg) **2.** *(tisztségről)* resignation **(vmiről** from sg); *(trónról)* abdication **3.** *(meghívásé, programé, szolgáltatásé stb.)* cancellation
lemos <ige> **1.** *(mosva eltávolít vmit)* wash sg away/off: *lemossa a festéket* wash the paint off **2.** *(megmos vmit)* wash; wash sg down: *lemossa az ajtót* wash the door down **3.** sp biz *(ellenfelet)* wipe the floor with sy
len <fn> flax
lencse <fn> **1.** növ lentil **2.** *(optikai)* lens: *nagylátószögű lencse* wide-angle lens
♦ *eladja az örökségét egy tál lencséért* kill the goose that lays the golden egg
lencseleves <fn> lentil soup
lendít <ige> swing✣ **(vmit vhova** sg swhere): *a vállára lendíti a terhet* swing the load onto one's shoulder
lendület <fn> **1.** *(mozgásban)* swing; impetus; momentum **2.** *(tevékenységben)* impulse; impetus; momentum; energy; vigour: *új lendületet ad a gazdaságnak* give an impulse to the economy * *lendületbe jön* gather/gain momentum * *teljes lendülettel* in full cry * *Van benne lendület és kezdeményező kedv.* He has drive and initiative. **3.** *(megnyilatkozásban)* dynamism
lendületes <mn> dynamic
lenéz <ige> **1.** look down **2.** *(lopva lemásol)* copy **3.** *(megvet)* look down **(vkit** on sy); disdain; scorn
lenéző <mn> contemptuous; scornful; disdainful: *lenéző pillantás* a scornful look

leng <ige> **1.** *(ide-oda mozog)* swing✣ **2.** *(lebeg)* fly✣; flutter; stream; swing✣: *leng a szélben* swing in the wind ∗ *Haja lengett a szélben.* Her hair streamed out in the wind.

lenge <mn> *(könnyed)* (very) light; *(légies)* ethereal

lengéscsillapító <fn> gk, rep shock absorber

lenget <ige> wave; swing✣

lengőajtó <fn> swing door

¹lengyel <mn> Polish

²lengyel <fn> **1.** *(személy)* Pole **2.** *(nyelv)* Polish

Lengyelország <fn> Poland

lenn <hsz> **1.** *(térben)* down; below; down below; beneath; underneath; *(a földszinten)* downstairs: *Tom nincs lenn – még fenn van.* Tom is not down yet – he is still upstairs. **2.** *(délen)* down: *lenn van a Balatonon* be (down) at Lake Balaton

lent → **lenn**

lenti <mn> lower; *(házban)* downstairs: *a lenti szobák* downstairs rooms ∗ *lásd a lenti idézetet* see the quotation below

lenvászon <fn> linen

lény <fn> **1.** *(élő, képzelt)* being **2.** *(egyéniség)* being: *vkinek egész lénye* the whole of sy's being; sy's whole being

lényeg <fn> **1.** *(meghatározó tartalom)* essence; gist; substance **2.** *(fő dolog)* point: *A lényeg az, hogy…* The main thing/point is that… ∗ *Nem ez a lényeg.* That's not the point. ∗ *a lényegre tér* come/get (straight) to the point ∗ *Ez nem tartozik a lényeghez.* That's beside/off the point.

lényeges <mn> essential; relevant; substantial; important: *lényeges különbség* fundamental difference ∗ *Nem lényeges.* It is not of primary importance. / It is not essential.

lényegi <mn> of substance <csak hátravetve>: *lényegi ellentmondás* contradiction of substance

lényegtelen <mn> irrelevant; unimportant; of no importance <csak hátravetve>; be✣ off/beside the point: *Tett néhány lényegtelen megjegyzést.* He made a few remarks which were rather off the point.

lenyel <ige> **1.** *(gyomrába)* swallow: *lenyeli a gyógyszert* swallow the medicine **2.** biz *(eltűr)* swallow: *Ezt nem tudom lenyelni.* I can't stomach it. **3.** *(magába fojt)* swallow; choke back/down

lenyír <ige> **1.** *(hajat stb.)* cut✣; trim **2.** *(gyepet)* mow✣ (the lawn) **3.** *(birkát)* shear✣

lenyom <ige> **1.** press (down); *(billentyűt számítógépen)* press: *lenyomja a kilincset* press the (door) handle **2.** *(víz alá)* duck (sy in the water) **3.** *(csökkent vmit)* force sg down: *Lenyomták a béreket.* Wages have been forced down. **4.** *(munkaidőt stb. eltölt)* get✣ sg done **5.** *(nagy nehezen lenyel vmit)* force sg down

lenyomat <fn> **1.** *(rajzolat)* imprint: *a bélyegző lenyomata* the imprint of the stamp **2.** *(utánnyomás)* impression **3.** *(hatás)* imprint

lenyúlik <ige> reach down; stretch

lenyúz <ige> *(bőrt állatról)* skin

lenyűgöz <ige> fascinate; overwhelm; captivate; biz knock sy out: *Szépsége teljesen lenyűgözte.* Her beauty completely overwhelmed him.

leold <ige> unfasten

leolt <ige> switch off: *leoltja a villanyt* switch off the lights; turn out the lights

leolvas <ige> **1.** *(mérőműszert)* read✣: *leolvassa a gázórát* read the gas meter **2.** *(arcról vmit felismer, kikövetkeztet)* read✣/see✣ sg in sy's eyes **3.** infor *(letapogat)* scan

leolvaszt <ige> defrost: *leolvasztja a hűtőgépet* defrost the fridge

leopárd <fn> leopard

leosztályoz <ige> mark; AmE grade: *80 vizsgadolgozatot kell leosztályoznom.* I have 80 exam papers to mark.

leöblít <ige> **1.** *(megtisztít)* rinse: *kezeit leöblíti* rinse one's hands **2.** *(vécét)* flush (the toilet) **3.** *(evés után vmit)* wash sg down: *leöblíti a pizzát egy sörrel* wash the pizza down with a beer

leönt <ige> *(vmit)* pour sg (down): *A vizet leöntöttem a csatornába.* I poured the water down the drain.

¹lép <ige> **1.** step: *Ne lépj a sárba!* Don't step/tread in the mud. **2.** step/tread✣ (**vmire** on sg): *lábára lép vkinek* tread on sy's foot **3.** *(táblajátékban)* move

²lép <fn> *(szerv)* spleen

³lép <fn> *(méheké)* (honey)comb

leparkol <ige> park

lepattogzik <ige> peel (off); flake (off); chip off; crack off

lépcső <fn> stairs <tsz>: *lemegy a lépcsőn* go down the stairs; go downstairs ∗ *felmegy a lépcsőn* go upstairs ∗ *felszalad a lépcsőn* run up the stairs ∗ *Vigyázat, lépcső!* Mind the step!

lépcsőfok <fn> step; stair

lépcsőforduló <fn> landing

lépcsőház <fn> stairwell

lepecsétel <ige> **1.** *(pecséttel)* stamp: *lepecsételi a borítékot* stamp the envelope **2.** *(lezár vmit)* seal sg (down/up)

lepedék <fn> plaque

lepedő <fn> **1.** *(ágynemű)* sheet: *tiszta lepedőt húz* change the sheets **2.** AmE szl, biz *(ezer dollár)* grand

lépeget <ige> trot; pace; amble (along/about); stroll

lepény <fn> flan; tart; pie

lepereg <ige> **1.** *(film stb.)* be✢ shown; be✢ reeled off **2.** *(szemenként, apró darabokban)* run✢ down **3.** *(cseppekben lefolyik)* run✢/trickle down/off **4.** *(esemény)* pass (away/off); go✢/slip by; elapse: *Lepergett az életem anélkül, hogy élveztem volna.* Life has passed me by.

♦ **lepereg róla** (it's) like water off a duck's back

lépés <fn> **1.** *(járáskor)* step: *tesz tíz lépést előre* take ten steps forward **2.** *(lépéssel megtehető távolság)* step: *négy lépést tesz előre* take four paces/steps forward **3.** *(cselekedet, eljárás)* step: *lépéseket tesz vminek a megelőzése érdekében* take steps to prevent sg ∗ *értelmes/ostoba lépés* it's a sensible/foolish step to take **4.** *(játékban)* move

♦ **lépésről lépésre** step by step ♦ **megtartja a három lépés távolságot** keep✢ sy at arm's length; keep✢ one's distance

lepihen <ige> have✢ a rest

lepipál <ige> *(vkit)* go✢ one better than sy; biz run✢ rings round/around sy; beat✢ sy hollow

lepke <fn> butterfly

lépked <ige> tread✢; step; *(hosszú léptekkel)* stride (along): *óvatosan lépked* pick one's step/way

lepkeháló <fn> butterfly-net

lepkesúly <fn> sp flyweight

leplez <ige> mask; cover; disguise: *leplezi az érzéseit* mask one's feelings ∗ *Kiabált, hogy leplezze félelmét.* He cried out to cover his fears.

leplezetlen <mn> open; plain; *(ellenszenv)* outright: *leplezetlen igazság* naked truth

leplombál <ige> seal

leporol <ige> dust: *leporolja a bútorokat* dust the furniture

lepra <fn> leprosy

¹leprás <mn> leprous

²leprás <fn> leper

leprésel <ige> *(virágot stb.)* press

lépték <fn> *(műszaki rajzon)* scale: *a lépték: 1:25000* a scale of 1:25000

lépten-nyomon <hsz> at every step/moment/turn

lepusztul <ige> **1.** *(épület stb.)* go✢ to seed; go✢ to rack and ruin; be✢ run-down **2.** földr erode; undergo erosion

lepusztult <mn> run-down; disrepair: *lepusztult állapotban van* be run-down; be in a run-down state

leragad <ige> **1.** *(felülethez)* stick✢ **2.** *(ragadós anyagba süpped)* get✢ stuck down

leragaszt <ige> **1.** stick✢ down **2.** *(borítékot)* seal

lerajzol <ige> draw✢; draw✢ a picture (**vmit** of sg)

lerak <ige> **1.** *(vmit)* put✢ sg down; place sg down; deposit: *Táskáját lerakta a székre.* She put her bag down on the chair. **2.** *(járműről)* unload; *(kiborít, kiönt)* dump: *szemetet lerak* dump rubbish **3.** *(petét, tojást)* lay✢ (an egg); lay✢ (eggs) **4.** *(üledéket)* deposit; lay✢ down **5.** *(iratokat)* file

lerakat <fn> depot; store; warehouse

lerakódás <fn> deposit: *folyami lerakódás* river deposits

lerakodik <ige> *(járműről)* unload

lerakódik <ige> be✢ deposited

leránt <ige> **1.** *(lefelé ránt)* pull/tear✢/strip/whip off **2.** biz *(megbírál vkit)* run✢ sy down; tear✢ sy off a strip

leráz <ige> **1.** *(rázással)* shake✢ down **2.** biz *(üldözőt)* shake✢ sy off

lerendez <ige> biz *(vmit)* sort sg out: *Majd lerendezem valahogy.* I'll sort it out.

lerészegedik <ige> get✢ drunk/intoxicated

lereszel <ige> file (down/off)

leró <ige> **1.** *(tartozást, kötelezettséget kiegyenlít)* discharge; pay✢ sg off; settle; fulfil: *lerója az illetéket* pay off duty/tax **2. lerója kegyeletét vki iránt** pay✢ tribute to sy

lerobban <ige> **1.** biz *(jármű)* break✢ down; have✢ a breakdown; go✢ wrong: *a mosógép lerobbant* the washing machine's broken down **2.** biz *(anyagilag)* be✢/get✢ cleaned out; break✢ down; feel✢ the pinch **3.** *(lepusztul)* go✢ down: *Ez a város meglehetősen lerobbant az elmúlt negyven év alatt.* This town has gone down in the last forty years.

lerogy <ige> *(székre stb.)* flop down (into a chair)

lerohan <ige> **1.** run✢/rush down **2.** *(elfoglal)* invade; overrun✢: *Az országot kétszer is lerohanta az ellenség.* The country was twice overrun by the enemy. ∗ *A háború alatt lerohanták Szlovákiát.* They invaded Slovakia during the war.

lerombol <ige> **1.** *(ledönt)* destroy: *Az épületet lerombolták.* The building was destroyed. ∗ *földig lerombol* raze to the ground **2.** *(társadalmi jelenséget)* ruin; demolish; destroy

leromlik <ige> **1.** *(betegség miatt)* be✢ in poor/weak health/shape **2.** *(minőség)* deteriorate **3.** *(értéktelenné válik)* fall✢/decline in value; depreciate

leront <ige> degrade

lerövidít <ige> shorten; *(cikket)* cut✢

¹les <ige> watch; eye: *lesi az alkalmat* watch for one's opportunity

²les <fn> sp offside: *lesen van (játékos)* be offside

leselkedik <ige> **1.** *(elrejtőzve figyel)* be✛ on the watch (**vki után** for sy); look out (**vki után** for sy); lie✛ in wait (**vki után** for sy); spy (**vki után** upon sy) **2.** *(pusztító erő)* lurk

lesiklás <fn> sp downhill

lesiklik <ige> slide down

lesiklópálya <fn> downhill course

lesoványodik <ige> grow✛ thin; lose✛ weight

lesöpör <ige> **1.** *(vmit)* sweep✛ sg away/off/down **2.** *(ellenfelet)* argue sy down; brush sy off; walk all over sy **3.** *(érvet, kifogást)* sweep✛ sg aside; brush sg away/off; knock sg down

lespriccel <ige> sprinkle (**vkit vmivel** sy with sg)

lesújt <ige> **1.** *(csapást mér vkire, vmire)* knock/strike✛ down **2.** *(villám)* strike✛ down **3.** *(lelkileg megrendít (vminek a híre))* be✛ badly shaken by (the news of sg) **4.** *(büntetést mér vkire)* come✛ down on sy

lesül <ige> have✛/get✛ a suntan: *szépen le van sülve* have a nice tan

lesüllyed <ige> **1.** *(szintben)* sink✛; drop; *(vízben elmerül)* dip **2.** *(hőmérséklet, légnyomás stb. csökken)* fall✛; drop: *A hőmérséklet le fog süllyedni mínusz 3 fokra.* The temperature will drop to minus 3. **3.** *(erkölcsileg)* come✛ down; degenerate: *Lesüllyedt.* He has come down in the world.

lesz <ige> **1.** *(a van ige jövő idejeként)* will be: *Holnap lesz két éve, hogy meghalt.* It will be two years tomorrow that he died. ✱ *Két percen belül ott leszünk.* We'll be there in two minutes. ✱ *Sajnos balesetek mindig (is) lesznek.* Unfortunately accidents will happen. ✱ *Mi lesz a tévében ma este?* What's on TV tonight? **2.** *(keletkezik, létrejön)* will be **3.** *(válik vmivé)* will be; become✛: *Jó tanár lesz belőle.* He will make a good teacher. **4.** *(vmilyen helyzetbe, állapotba kerül)* will be: *Ha nem eszik az ember, éhes lesz.* If you don't eat, you will be hungry. **5.** *(vminek a birtokába jut)* come✛ by; obtain; get✛: *Lett autója!* He has got a car.

leszakad <ige> **1.** *(leválik)* break✛ off; come✛ off **2.** *(elmarad)* break✛ away (**vkitől** from sy); *(hátramarad)* drop behind/back **3.** *(leomlik, pl. építmény)* come✛ down; collapse; fall✛ in

leszakít <ige> **1.** tear✛ down; pluck; pick **2.** tear✛ (**vmit vmiről** sg from/off sg); rip (**vmit vmiről** sg off sg) **3.** biz *(pénzt)* rake in; pull in

leszalad <ige> run✛ down: *Leszaladnak a hegyről.* They are running down the hill.

leszáll <ige> **1.** *(repülőgép)* land; touch down; *(űrhajó tengerre)* splash down **2.** *(madár)* land; settle **3.** *(lelép, lejön, lemegy)* come✛ down (**vmiről** sg); get✛ off (**vmiről** sg) **4.** *(kiszáll)* get✛ off (**vmiről** sg): *leszáll a buszról* get off the bus **5.** *(motorról, lóról)* dismount (**vmiről** from sg); get✛ off: *leszáll a motorról/lóról* get off the motorcycle/horse **6.** biz *(nem háborgat tovább)* lay✛ off (**vkiről** sy); *(témáról)* get✛ off (**vmiről** sg): *nem száll le vkiről* keep on at sy ✱ *Szállj le rólam!* Get/Keep/Stay off my back! ✱ *Szállj le a témáról!* Come off it! ✱ *le nem száll a témáról* ride sg hard

leszállás <fn> **1.** rep landing: *sima/zavartalan leszállás* smooth landing ✱ *Késett a gép a leszállással.* The plane's landing was delayed. **2.** *(járműről)* getting off; alighting

leszállít <ige> **1.** *(járműről vkit)* make✛/order/force sy to get down/off **2.** *(rendelt árut)* deliver **3.** *(csökkent)* reduce; lower; *(követelményt, igényt)* lower; *(színvonalat)* level down **4.** *(árakat)* reduce; mark sg down; bring✛ sg down; send✛ sg down

leszállópálya <fn> runway

leszámít <ige> deduct

leszámol <ige> **1.** *(pénzt)* count sg out **2.** *(vkivel)* settle an account with sy

leszámolás <fn> *(véres)* gangland killing

leszármazott <fn> descendant

leszavaz <ige> outvote

¹leszbikus <mn> lesbian

²leszbikus <fn> lesbian

leszed <ige> **1.** take✛/pick/get✛ (**vmit vmiről** sg off sg); remove (**vmit vmiről** sg from sg): *leszedi a képeket a falról* take pictures off the wall ✱ *leszedi az asztalt* clear the table **2.** *(termést)* harvest; *(virágot, gyümölcsöt)* pick; pluck **3.** *(vminek a felszínét)* skim: *leszedi a zsírt a szaftról* skim the fat off the gravy

leszerel <ige> **1.** *(vmit)* take✛ sg down/off; remove **2.** *(sorkatonát)* demobilize; discharge: *Leszerelték.* He was demobilized/discharged. **3.** *(fegyverzetet, haderőt)* disarm **4.** sp *(játékost)* tackle **5.** *(taktikával vkit)* get✛ round sy; put✛ off sy

leszerelés <fn> **1.** *(sorkatonáé)* discharge **2.** *(fegyveres erőké)* disarmament

leszerepel <ige> cut✛ a poor/sorry figure

leszerződik <ige> **1.** sign on/up **2.** szính sign a contract (with a theatre)

leszerződtet <ige> *(vkit)* sign sy on/up

leszid <ige> biz come✛ down (**vkit** on sy); biz pitch into (**vkit** sy); biz have✛ a go at sy

leszokik <ige> *(vmiről)* give✛ up (doing) sg; get✛ out of the habit; AmE kick the habit: *leszokik az alkoholról* go dry

leszoktat <ige> *(vkit vmiről)* make✛ sy give up sg

leszól <ige> **1.** *(lent lévő személynek)* shout down **2.** *(vkit)* run✛ sy down

leszólít <ige> *(utcán stb.)* accost; biz *(barátságosan, ismerkedés céljából vkit)* chat sy up

leszorít <ige> **1.** *(odaszorít)* pin down **2.** *(kijjebb és lejjebb kényszerít vkit/vmit)* push/force sy/sg off **3.** *(csökkent vmit)* keep✳/bring✳/beat✳ sg down; AmE roll sg back: *leszorítja a költségeket* keep costs down

leszorul <ige> be✳ pushed/forced off

leszögez <ige> **1.** *(szöggel rögzít vmit)* nail sg down **2.** *(megállapít vmit)* lay✳ sg down; make✳ sg clear: *elvként leszögez vmit* lay sg down as a principle ✻ *Le kell szögeznünk, hogy…* We must make it (absolutely) clear that…

leszúr <ige> **1.** *(vkit)* stab sy; *(úgy, hogy meg is öli)* stab sy to death **2.** *(állatot)* stick✳: *disznót leszúr* stick a pig **3.** *(földbe szúr)* stick✳ **4.** biz *(lehord)* give✳ sy a rap on/over the knuckles **5.** biz *(összeget (kelletlenül) leszurkol)* cough up

leszűr <ige> **1.** *(szűrővel)* strain; filter: *leszűri a kávét* strain the coffee **2.** átv draw✳ the conclusion: *leszűri a tanulságot vmiből* draw the conclusion from sg

lét <fn> *(létezés)* being; existence; *(filozófiában)* existence

letáboroz <ige> pitch/set✳ up camp; pitch one's tent

letagad <ige> deny

letakar <ige> cover (**vmit vmivel** sg with sg); blanket (**vmit vmivel** sg with sg)

letakarít <ige> clear away

letapos <ige> *(rálépve vmit)* tread✳/trample/stamp sg down

letartóztat <ige> arrest: *letartóztatják gyilkosság gyanújával* be arrested on suspicion of murder

letartóztatás <fn> arrest; detention: *letartóztatásban van* be under arrest

letaszít <ige> push✳/throw✳ down/off

leteker <ige> **1.** *(föltekert dolgot)* unwind✳: *letekeri a kötést a bokájáról* unwind the bandage from one's ankle **2.** *(lecsavar)* unroll **3.** *(kocsiablakot)* wind✳ sg down

letelepedik <ige> **1.** *(lakosként)* settle (down): *külföldön telepedik le* settle abroad **2.** *(leül)* settle down

letelepít <ige> settle (**vkit vhol** sy swhere)

letelik <ige> **1.** *(idő(szak))* expire; come✳ to an end **2.** *(megbízatás stb. végéhez ér)* elapse; come✳ to an end

letép <ige> *(vmit)* tear✳ sg down: *virágot letép* pick a flower

leteper <ige> *(vkit)* get✳ sy down; lay✳ sy low; floor sy; throw✳/pin sy to the ground

letér <ige> go✳ off (**vhonnan** sg)

letérdel <ige> kneel✳ down: *letérdel imádkozni* kneel down to pray

leterít <ige> **1.** spread✳ (**vhova vmit** sg (out) on/over sg) **2.** *(letakar)* cover (**vmivel vmit** sg with sg) **3.** *(leüt vkit)* knock sy down **4.** *(lelő)* kill; bring✳ down

létesít <ige> establish; *(intézményt)* found

létesítmény <fn> *(intézmény)* establishment; *(nagyobb beruházás)* (major) project

létesül <ige> be✳ established

letesz <ige> **1.** *(kezéből vmit)* put✳ sg down; deposit; set✳; set✳/lay✳ sg down: *letesz vmit az ágyra* put sg down to the bed ✻ *Táskáját letette a székre.* She deposited her bag on the chair. **2.** *(nem használ tovább vmit)* lay✳ sg down: *leteszi a fegyvert* lay down arms **3.** *(járműből vkit)* drop; drop sy off **4.** *(befizet, letétbe helyez)* deposit; shell out; AmE biz dig down **5.** *(repülőgépet)* land; let✳ down: *A pilóta biztonságosan fogja letenni a gépet.* The pilot will land the plane safely. **6.** isk pass; get✳ through sg: *leteszi a vizsgáit* pass one's examinations; get through one's exams **7.** *(lemond szándékról, tervről)* give✳ up; abandon; drop; renounce

letét <fn> jog *(biztosítékként elhelyezett pénzösszeg)* deposit

létezés <fn> existence; being

létezik <ige> exist; be✳; be✳ in existence: *ilyesmi nem létezik* no such thing exists ✻ *Létezik ilyen?* Are there things like that?

létfenntartás <fn> existence; *(szűkös megélhetés)* subsistence: *a létfenntartás költségei* the cost of living ✻ *megkeresi a létfenntartáshoz szükséges pénzt* earn one's keep

létfontosságú <mn> vital; of vital importance <csak hátravetve>

letilt <ige> **1.** *(munkabért)* stop: *Letiltották a fizetésemet.* My salary has been stopped. **2.** *(bankkártyát)* cancel

letisztít <ige> *(vmit)* clean; make✳ sg clean

létjogosultság <fn> reason for the existence (of sg)

létkérdés <fn> a matter/question of life and death

létminimum <fn> *(életszínvonal)* subsistence level; *(kereset)* subsistence wage: *a létminimum alatt él* live below (the) subsistence level

letol <ige> biz *(leszid vkit)* tell✳ sy off; dress sy down; get✳ at sy; tear✳ sy off a strip

letölt <ige> **1.** *(szolgálatot, büntetést)* serve out sg **2.** infor download

letör <ige> **1.** *(leválaszt vmit)* break✳ sg off/away/down **2.** *(lever felkelést, lázadást)* crush; put✳ sg down **3.** *(szigorú intézkedéssel megszüntet vmit)* put✳ sg down **4.** *(elszomorít, lever vkit)* bring✳ sy down; depress; discourage; dispirit

letörik <ige> **1.** *(tárgy része)* break off/down; snap off **2.** *(lelkileg)* lose◆ heart/courage; despair

letöröl <ige> **1.** wipe (**vmit vhonnan/vmiről** sg from/off sg) **2.** *(tisztít)* wipe: *letörli az asztalt* wipe the table

letört <mn> in despair <csak hátravetve>

létra <fn> ladder: *összecsukható létra* folding ladder

létrehoz <ige> **1.** *(megteremt, elkészít)* create **2.** *(intézményt)* establish; *(szervezetet, együttest)* form

létrejön <ige> come◆ into being/existence

létszám <fn> number: *Gyere velünk, hogy növeld a létszámot!* Join us in order to swell the numbers.

létszámcsökkentés <fn> downsizing

¹**lett** <mn> Latvian

²**lett** <fn> **1.** *(személy)* Latvian **2.** *(nyelv)* Latvian

Lettország <fn> Latvia

letud <ige> **1.** *(teljesít vmit)* get◆ sg over/through; get◆ over sg; get◆ through sg; get◆ through with sg; get◆ done with sg **2.** *(kiegyenlít)* work off

letusol → **lezuhanyoz**

letűr <ige> turn/roll down

leugrik <ige> **1.** *(lenti helyre ugrik)* jump down/off **2.** *(lesiet, leutazik)* make◆ a journey down; take◆ a trip down

leukémia <fn> orv leukaemia; AmE leukemia

leül <ige> **1.** sit◆ (down); take◆ a seat: *Átjött és leült a karosszékbe.* He came over and sat on the armchair. **2.** biz *(büntetést)* serve (out) (one's) time; serve one's sentence **3.** *(leáll, nem folytatódik)* grind◆ to a halt/standstill; be◆ brought to a standstill; come◆ to a standstill

leülepedik <ige> sink◆ to the bottom

leültet <ige> **1.** sit◆ (**vhova** swhere); seat (**vhova** swhere) **2.** biz *(lecsuk vkit)* lock sy up; put◆ sy behind bars

leüt <ige> **1.** *(letaszít, lelök)* knock/strike◆ down **2.** *(leterít vkit)* knock sy down **3.** *(billentyűt)* strike◆ (a note) **4.** *(sakkfigurát, bábut)* take◆ **5.** sp *(teniszlabdát)* smash

leütés <fn> **1.** knocking down; striking/knocking off **2.** *(írógépé)* stroke; *(számítógépen)* character **3.** sp smash

levág <ige> **1.** *(vágással leválaszt vmit)* cut◆; cut◆ sg down; cut◆ sg away; cut◆ sg off; *(lehasít, leszel, lecsap vmit)* chop sg off; *(szeletet)* slice sg off: *Levágott két szeletet a kenyérből.* She cut two slices from the loaf. ∗ *Levágtunk egy faágat.* We cut a branch off the tree. **2.** *(amputál)* amputate **3.** *(lenyír hajat)* cut◆; clip; *(lenyír füvet)* mow◆: *Levágtam a haját.* I clipped her hair short. ∗ *Levágattam a hajam.* I had my hair cut. **4.** *(állatot)* slaughter; butcher **5.** *(hajít)* slam **6. levágja magát** throw◆/fling◆ oneself down **7.** *(utat)* take◆ a short cut: *levágja a kanyart* cut corners

leválaszt <ige> **1.** *(eltávolít)* detach (**vmit vhonnan** sg from sg) **2.** *(épületrészt)* detach

leválik <ige> come◆ away (**vhonnan** from sg); *(ragasztás stb.)* become◆ unstuck

levált <ige> **1.** *(ügyeletnél)* relieve: *Délután 6-kor váltanak le.* I'll be relieved at 6 p.m. **2.** *(állásából elbocsát)* replace; relieve (sy of one's job/office/position); dismiss

levegő <fn> **1.** air: *elhasznált levegő* bad/stale air ∗ *friss levegő* fresh air ∗ *friss levegőt szív* get some fresh air ∗ *levegő után kapkod* gasp for breath **2.** átv atmosphere
  ♦ **a levegőbe repít vmit** send◆ sg up ♦ **a levegőbe repül vmi** go◆ up ♦ **valami van a levegőben** there is something brewing ♦ **levegőnek néz vkit** look through sy ♦ **Minden rendben, tiszta a levegő!** All clear! / The coast is clear. ♦ **levegőt se vesz(, annyit beszél)** talk a mile a minute

levegős <mn> airy

levegőszennyezés <fn> air pollution

levegőtlen <mn> airless; *(rossz levegőjű)* stuffy: *levegőtlen szoba* an airless room

levegőváltozás <fn> change of air

levegőzik <ige> take◆ the air

levél <fn> **1.** *(növényé)* leaf (tsz: leaves) **2.** *(írott)* letter: *levelet kap* get a letter ∗ *levelet felad* post a letter ∗ *válaszol a levélre* answer the letter ∗ *hivatalos levél* official letter ∗ *nem hivatalos levél* informal letter **3.** *(gyógyszerből stb.)* strip: *egy levél aszpirin* a strip of aspirin

levélbomba <fn> letter-bomb

levelez <ige> hiv correspond (**vkivel** with sy): *Levelezünk egymással.* We write to each other. / We keep up with each other.

levelezés <fn> correspondence: *levelezésbe kezd vkivel* enter into correspondence with sy

levelező <fn> correspondent

levelező hallgató <fn> correspondence student

levelező oktatás <fn> correspondence course

levelezőlap <fn> postcard

levelezőpartner <fn> pen pal; BrE pen friend

levelezőtárs → **levelezőpartner**

levelibéka <fn> tree-frog

levélpapír <fn> writing paper; notepaper; stationery

levélszekrény <fn> **1.** *(nyilvános)* postbox; letter box; AmE mailbox **2.** *(otthoni)* letter box; AmE mailbox

levéltár <fn> archives <tsz>

levéltáros <fn> archivist
levéltetű <fn> aphid; greenfly; plant louse (tsz: plant lice)
levéltitok <fn> privacy of letters; secrecy/privacy of correspondence; secrecy of the mails
levélváltás <fn> exchange of letters
levendula <fn> lavender
lever <ige> 1. *(ütésekkel)* knock down/off 2. biz *(lelök)* knock down/off: *Leverte a poharat.* He knocked down the glass. 3. *(elfojt)* crush; put✢ sg down; suppress: *A forradalmat brutálisan leverték.* The revolution was brutally suppressed. 4. *((fegyveres küzdelemben) legyőz)* beat✢; defeat 5. *(talajba)* drive✢ **(vmit vmibe** sg into sg) 6. *(szomorúvá tesz)* depress; dispirit: *Nagyon leverte az eset.* She was cast down by what happened.
levert <mn> depressed; despondent; downcast: *levertnek látszik* feel/look blue; be down in the mouth; be sick at heart
levertség <fn> depression; dejection; low spirits <tsz>
leves <fn> soup: *Túl híg volt a leves.* The soup was too thin. ∗ *egy tál leves* a bowl of soup ∗ *még egy kis leves* some more soup ∗ *Gőzölög a leves.* The soup is steaming.
♦ **beleköp vki levesébe** put✢ a spoke in sy's wheel
levesestál <fn> soup bowl
levesestányér <fn> soup plate
leveshús <fn> meat for soup
leveskocka <fn> stock cube
levesz <ige> 1. *(fenti helyről vmit)* get✢/take✢ sg down; remove: *levesz egy könyvet a polcról* take down a book from the shelf 2. *(leemel vmit)* take✢ sg off; remove: *leveszi a lábost a tűzhelyről* take the pot off the cooker 3. *(levet vmit)* take✢ sg off: *leveszi a kalapját/kabátját* take off one's hat/coat 4. *(eltávolít vágással, mechanikai eljárással)* take✢: *leveszi a vért* take a sample of sy's blood 5. *(töröl, elhagy)* take✢ off: *A „My Fair Lady"-t levették a műsorról.* 'My Fair Lady' was taken off. 6. sp *(labdát)* bring✢ sg down; trap 7. biz *(lefényképez)* photograph; take✢ a picture/photo(graph) **(vkit/vmit** of sy/sg)
levet <ige> 1. *(lehúz, levesz vmit)* take✢ sg off: *leveti a cipőjét* take one's shoes off 2. *(állat ledob)* throw✢ **(vkit/vmit** sy/sg): *A lovam le akart vetni.* My horse wanted to throw me. 3. *(állat a bőrét)* shed✢; cast✢ 4. **leveti magát** throw✢ oneself: *leveti magát a földre* throw oneself down
levetkőzik <ige> take✢ one's clothes off; undress; strip: *levetkőzik meztelenre* strip to the skin ∗ *Mindenki levetkőzött, és berohant a vízbe.* Everybody stripped and ran into the water.
levetkőztet <ige> strip; undress: *levetkőztet vkit meztelenre* strip sy naked
levezet <ige> 1. *(lenti helyre vkit)* lead✢ sy down 2. *(út)* lead✢ down **(vhova** to/into swhere) 3. *(indulatot)* work sg off; channel: *levezeti a mérgét* work off one's anger 4. mat deduce **(vmit vmiből** sg from sg)
levisz <ige> 1. *(lenti helyre vmit)* carry/take✢ sg down 2. *(út stb. levezet)* lead✢ down 3. *(levegő lesodor vmit)* blow✢ sg off
levizsgázik <ige> pass an exam: *Mindenből levizsgáztál?* Did you pass all your exams? ∗ *sikeresen levizsgázik* sail through an examination
levizsgáztat <ige> examine **(vkit vmiből** sy in sg)
levon <ige> 1. *(leszámít)* deduct **(vmit vmiből** sg from sg) 2. *(értékét csökkenti)* detract **(vmiből** from sg): *Ez nem von le semmit sem az ő érdeméből.* That doesn't detract from his merit.
levonás <fn> deduction
levonul <ige> 1. *(lenti helyre vonul)* go✢/come✢ down; march down 2. sp leave✢: *Levonult a csapat a pályáról.* The team has left the field.
lexikális <mn> *(adatszerű)* encyclopedic; encyclopaedic
lexikográfia <fn> lexicography
lexikon <fn> encyclopedia; encyclopaedia: *Nem találom a lexikon hetedik kötetét.* I can't find volume 7 of the encyclopedia
lezajlik <ige> *(esemény)* take✢ place; go✢ off: *Az ülés jól zajlott le.* The meeting went off well.
lezár <ige> 1. *(nyílást)* close 2. *(kulccsal vmit)* lock; lock sg up 3. *(utat, területet)* close: *lezárja a városba vezető utat* put up a road block outside the city 4. *(befejez)* settle; seal up: *Ezzel a dolog le van zárva!* That settles it!
lezárul <ige> 1. *(ajtó, ablak, fedél)* shut✢ down 2. *(befejeződik)* close; be✢ concluded; end; terminate
lézeng <ige> *(teng-leng, ténfereg)* air one's heels; hang✢ about/around; loaf about/around
lézer <fn> laser
lézernyomtató <fn> infor laser printer
lézersugár <fn> laser beam
lezúdul <ige> 1. *(eső)* pour; rain down; come✢ down in torrents; *(víztömeg)* cascade down; rush down 2. *(lavina)* crash down
lezuhan <ige> 1. fall✢ down; *(repülőgép)* crash 2. *(csökken)* fall✢; drop; plummet
lezuhanyozik <ige> have✢ a shower; AmE take✢ a shower; shower
lezüllik <ige> biz go✢ to the dogs; go✢ down/under; come✢ down in the world

lezser <mn> **1.** *(kényelmes)* loose-fitting **2.** *(fesztelen)* relaxed

liba <fn> *(állat)* goose (tsz: geese): *libát tart* keep geese

libabőrös <mn> **libabőrös lesz vmitől** biz sg gives sy the creeps; sg makes one's flesh creep

libacomb <fn> goose leg

libamáj <fn> goose-liver

libasorban <hsz> in single file

libeg <ige> **1.** *(lebeg)* hang✢; loose; dangle **2.** *(ide-oda hajladozik)* flap; float; flutter **3.** *(láng stb.)* flicker; waver

libegő <fn> chairlift

liberális <mn> **1.** *(engedékeny)* liberal **2.** *(szabadelvű)* liberal

liberalizmus <fn> liberalism

licenc <fn> licence; AmE license

licit <fn> **1.** *(árverés)* bid **2.** *(ajánlat)* bid **3.** *(kártyában)* bidding; bid; call; declaration

licitál <ige> **1.** *(árverésen)* bid **2.** *(kártyában)* bid; call; declare (the bid)

Liechtenstein <fn> Liechtenstein

lift <fn> lift; AmE elevator: *lifttel megy* take the lift

liga <fn> **1.** *(szövetség)* league **2.** sp *(osztály)* league

liget <fn> grove; park

liheg <ige> pant; biz puff

likőr <fn> liqueur

likvid tőke <fn> gazd liquid assets <tsz>

lila <mn> lilac; purple

liliom <fn> lily

limlom <fn> junk

limonádé <fn> **1.** *(ital)* lemonade **2.** biz, pej *(érzelgős mű)* drivel; sob stuff

limuzin <fn> gk *(luxusautó)* limousine

¹**link** <mn> fishy; shifty; iffy: *link alak* good-for-nothing; layabout

²**link** <fn> infor link

líra <fn> irod lyric poetry

lírai <mn> **1.** *(műfajilag)* lyric: *lírai költő* lyric poet * *lírai költészet* lyric poetry **2.** *(bensőséges érzelmekben gazdag)* lyrical

lírikus <fn> *(lírai költő)* lyric poet

lista <fn> list: *listát készít vmiről* make a list of sg

liszt <fn> flour: *teljes kiőrlésű liszt* wholemeal flour

liter <fn> litre; AmE liter: *két liter tej* two litres of milk

¹**litván** <mn> Lithuanian

²**litván** <fn> Lithuanian

Litvánia <fn> Lithuania

lízing <fn> gazd leasing

lízingel <ige> gazd **1.** *(lízingbérletbe vesz)* lease (**vkitől vmit** sg from sy) **2.** *(lízingbérletbe ad)* lease (**vkinek vmit** sg (out) to sy)

ló <fn> **1.** *(állat)* horse: *elszabadult/megvadult ló* a runaway horse * *lóra ül* mount one's horse * *A ló két hosszal nyert.* The horse won by two lengths. **2.** *(sakkfigura)* knight **3.** *(tornaszer)* (vaulting) horse

lóbál <ige> swing✢; dangle: *Lóbálta a karját futás közben.* He swung his arms as he ran. * *Lóbálta a lábát.* He dangled his feet.

lobban <ige> **1.** **lángra lobban** burst✢ into flames; blaze up **2.** **szerelemre lobban vki iránt** fall✢ in love with sy

lobbanékony <mn> átv explosive; fiery; inflammable: *lobbanékony természet* an explosive/a fiery/a quick temper

lobbi <fn> lobby <+ esz/tsz ige>

lobbizik <ige> lobby (**vkinél vmiért/vmi ellen** sy for/against sg)

lobog <ige> **1.** *(tűz)* flame **2.** *(zászló)* wave

lobogó <fn> flag: *lobogót kitűz* fly a flag * *nemzeti lobogó* national flag

locsog <ige> *(fecseg)* chatter/prattle (away/on); wag one's tongue

locsol <ige> water; sprinkle

lódít <ige> **1.** *(vmit)* give✢ sg a push/toss **2.** *(füllent)* tell✢ stories; tell✢ a fib/lie

lóerő <fn> horsepower

lófarok <fn> *(hajviselet, frizura)* ponytail: *Lófarokban viseli/hordja a haját.* She wears her hair in a ponytail.

lófrál <ige> loiter/loaf/laze about

lóg <ige> **1.** *(függ)* hang✢: *Fehér függönyök lógnak az ablakokban.* White curtains hang at the windows. **2.** biz *(csavarog, kószál)* hang✢/loaf/slop about/around; *(nincs semmi dolga)* be✢ at a loose end; AmE be✢ at loose ends **3.** biz *(iskolából)* play truant; AmE play hooky **4.** biz *(járművön)* be✢ a fare-dodger **5.** biz *(tartozik)* owe (**vkinek vmivel** sy sg)

logika <fn> logic

logikátlan <mn> illogical

logikus <mn> logical

logisztika <fn> gazd logistics

logó <fn> logo

logopédia <fn> speech therapy

logopédus <fn> speech therapist

lógós <mn> *(munkakerülő)* shirker; skiver; AmE goldbrick

lóháton <hsz> on horseback

lóhere <fn> clover

lohol <ige> hurry/pant (along): *lohol vki/vmi után* chase after sy/sg

lólengés <fn> pommel horse exercises <tsz>

lom <fn> junk; lumber; odds and ends <tsz>
lomb <fn> *(levelek összessége)* foliage; *(leveles ág)* leaves <tsz>
lombfűrész <fn> fretsaw
lombhullató <mn> növ deciduous
lombik <fn> flask
lombikbébi <fn> test-tube baby
lombos <mn> leafy
lomha <mn> sluggish; AmE poky
lomtalanít <ige> remove/throw✣ the junk out
lomtalanítás <fn> junk/house-clearance
londiner <fn> boy; page; porter; AmE bellboy; bellhop
¹londoni <mn> of London <csak hátravetve>
²londoni <fn> Londoner
lop <ige> steal✣ (**vmit vkitől** sg from sy); *(csen)* pinch (**vmit vkitől** sg from sy)
lopakodik <ige> creep✣; sneak; steal✣; *(ártó szándékkal)* stalk
lopás <fn> theft; stealing: *lopással vádol vkit* accuse sy of stealing/theft ∗ *lopással vádolják* be accused of stealing/theft; be charged with stealing/theft
lopva <hsz> stealthily; furtively: *lopva megnéz vmit/vkit* steal a glance at sg/sy
lótenyésztés <fn> horse-breeding
lottó <fn> lottery
lottószelvény <fn> lottery ticket
lottózik <ige> do✣ the lottery; play the lottery
lovag <fn> **1.** tört knight **2.** átv, tréf *(udvarló)* sy's boyfriend
lovagias <mn> chivalrous; gallant
lovaglás <fn> riding; *(olimpiai szám)* equestrian events
lovaglócsizma <fn> riding boots <tsz>
lovaglónadrág <fn> riding breeches <tsz>
lovagol <ige> ride: *Tudsz lovagolni?* Can you ride?
  ♦ **semmiségeken/apróságokon lovagol** strain at a/every gnat; be✣ a stickler for sg
  ♦ **mindig ugyanazon a témán lovagol** harp on the same string
lovarda <fn> riding-school/hall
¹lovas <mn> mounted, on horseback <csak hátravetve>
²lovas <fn> **1.** *(lovon ülő személy)* rider; *(férfi)* horseman (tsz: horsemen); *(nő)* horsewoman (tsz: horsewomen) **2.** *(aki vhogyan tud lovagolni)* horseman (tsz: horsemen); *(nő)* horsewoman (tsz: horsewomen): *kitűnő lovas* a good horseman/horsewoman; he/she rides well
lovasság <fn> tört cavalry <esz + esz/tsz ige>
lovassport <fn> equestrian sport; (horse) riding

lovász <fn> groom; *(istállófiú)* stable boy; *(lány)* stable girl
lóverseny <fn> horse race; the races <tsz>: *lóversenyre jár* go to the races
lő <ige> **1.** *(fegyverrel)* shoot✣; fire: *a tömegbe lő* fire on the crowd **2.** *(ejti)* shoot✣: *Lőtt egy rókát.* He shot a fox. **3.** sp *(labdát)* shoot✣: *gólt lő* shoot/score a goal
  ♦ **annak már lőttek** it's all up; the game is up; be✣ on the skids
lőállás <fn> shooting-stand
lőfegyver <fn> firearm
lök <ige> push; shove
lökdös <ige> keep✣ pushing; *(könyökkel, tömegben)* elbow; jostle
lökdösődik <ige> *(tömegben)* jostle
lökés <fn> **1.** push; shove; *(durva)* toss **2.** *(ösztönzés)* impulse: *új lökést ad a gazdaságnak* give an impulse to the economy **3.** sp *(súlyemelésben)* clean and jerk **4.** *(biliárdban)* shot
lökhárító <fn> gk bumper
lőpor <fn> gunpowder
lőszer <fn> ammunition
lőtávolság <fn> range: *közvetlen lőtávolság* point-blank range
lőtér <fn> (shooting) range; rifle range
lövedék <fn> projectile; bullet; shot
löveg <fn> gun
lövés <fn> **1.** *(fegyverrel)* shot: *lövést ad le az épületre* fire a shot at the building **2.** *(lőfegyver hangja)* shot: *lövést hall* hear a shot **3.** *(lövedék)* shot **4.** sp *(labdával, koronggal)* shot **5.** sp *(labda, korong)* shot
lövész <fn> rifleman (tsz: riflemen)
lövészárok <fn> trench
lövészet <fn> **1.** *(lőgyakorlat)* target-practice **2.** sp shooting
lövöldöz <ige> blaze away; fire away
lövöldözés <fn> shooting; *(tűzharc)* gunfight
lubickol <ige> splash (around)
lucerna <fn> lucerne; alfalfa
lucfenyő <fn> spruce
lúd <fn> goose (tsz: geese)
lúdtalp <fn> flat feet <tsz>
lúdtalpas <mn> flat-footed
lúdtalpbetét <fn> arch-support
lufi <fn> biz balloon
lúg <fn> lye; alkali
lugas <fn> bower; *(csak rács)* trellis
lumbágó <fn> lumbago
lusta <mn> lazy
lustálkodik <ige> laze (about/around); idle; *(őgyeleg)* lounge (about/around)

lustaság <fn> *(tulajdonság)* laziness: *A lustaság megtestesítője.* She is a byword for laziness.
luxus <fn> luxury: *luxusban él* live in luxury
luxusautó <fn> luxury car
luxuscikk <fn> luxury: *Ilyen luxuscikkeket nem engedhetek meg magamnak.* I can't afford such luxuries. ∗ *luxuscikkek* luxury goods

luxuslakás <fn> luxury flat
luxusszálloda <fn> luxury hotel; de luxe hotel
lüktet <ige> **1.** *(ér, szív)* pulse; beat❖; *(vér)* throb; pulse **2.** *(testrész fájdalomtól)* throb (with pain): *Az ujjam lüktet.* My finger is throbbing. **3.** átv pulsate; throb

Ly, ly

lyuk <fn> **1.** *(nyílás)* leak; hole; vent; leakage; *(tűé)* eye; *(lyuksor)* perforation: *lyuk a nadrág térdén* a hole in the knee of the trousers * *Nagy lyuk van a zoknim orrán.* There is a big hole in the toe of my sock. **2.** *(üreg)* hole; *(biliárdasztalon)* pocket; *(golfban)* hole; *(sajté)* hole; eye: *A lyuk 3 cm mély.* The hole is 3 cm in depth. **3.** *(állaté)* burrow; hole **4.** biz, pej *(helyiség)* hole; hovel: *Nem fogom ebben a lyukban felnevelni a gyerekeimet!* I am not going to bring up my children in this hole. **5.** orv *(fogszuvasodás)* cavity **6.** zene *(fuvolán)* stop

♦ **lyukat beszél vkinek a hasába** biz talk the hind legs off a donkey/mule; talk sy's head off

lyukacsos <mn> porous

lyukas <mn> **1.** *(csónak, cipő stb.)* leaky **2.** *(fog)* decayed **3.** *(autógumi)* flat; punctured

lyukasóra <fn> an hour off; break; free hour

lyukaszt <ige> punch; pierce

lyukasztó <fn> **1.** *(irodai eszköz)* punch **2.** *(kalauzé)* ticket punch **3.** *(buszon, villamoson)* punch

M, m

M, m <fn> *(betű)* M; m
ma <hsz> **1.** *(e napon)* today; *(napszak előtt)* this: *Ma hétfő van.* Today is Monday. * *ma egy hete* a week ago today * *mára (a mai napra)* for today * *ma reggel/délelőtt* this morning * *ma délután* this afternoon * *ma este* this evening; tonight **2.** *(mostanában)* nowadays; these days
 ♦ **máról holnapra 1.** *(nehezen él)* live* (from) hand to mouth **2.** *(hirtelen)* overnight
mackó <fn> **1.** biz *(állat)* bear: *Ennek a mackónak bozontos a bundája.* This bear has a shaggy coat. **2.** *(játék)* teddy (bear)
macska <fn> cat: *A macska megfogott egy egeret.* The cat caught a mouse. * *A macska megkarmolta a karomat.* The cat scratched my hand.
macskaeledel <fn> cat food
macskaköröm <fn> biz inverted commas <tsz>; quotation marks <tsz>; quotes <tsz>
macskakő <fn> cobble; cobblestone
macskaszem <fn> **1.** *(járművön)* reflector **2.** *(úttesten)* Catseye®
madár <fn> bird: *ragadozó madár* bird of prey
 ♦ **madarat tolláról(, embert barátjáról)** birds of a feather (flock together)
madáretető <fn> bird table
madárfészek <fn> (bird's) nest
madárfióka <fn> *(fészekben)* nestling
madárijesztő <fn> átv is scarecrow
madárinfluenza <fn> bird/chicken flu
madártávlat <fn> bird's eye view
madzag <fn> string
maffia <fn> mafia
mafla <mn> biz, pej thick; stupid
mag <fn> **1.** *(növényé)* seed; *(almáé, körtéé, narancsé)* pip; *(szőlőé)* seed; *(csonthéjasé)* pit; stone **2.** *(atommag)* nucleus **3.** *(lényeg)* core; heart
 ♦ **a kemény mag** the hard core
¹maga <vh névm> oneself: *a maga számára* for oneself * *magában beszél* talk to oneself * *árt vmivel magának* do oneself harm by doing sg * *Ez a kirakatüveg olyan tiszta, hogy az ember megláthatja magát benne.* This shop window is so clear that one can see oneself in it. * *Megvágta magát.* He cut himself. / She cut herself.
 ♦ **maga alatt van** be* down in the dumps
 ♦ **magához tér** become* conscious ♦ **magánál van** be* conscious ♦ **nincs(en) magánál** be* unconscious ♦ **magán kívül van** be* beside oneself ♦ **magára vállal vmit** take* sg on ♦ **magától értetődik vmi** it goes without saying ♦ **magából kikelve** in a rage/fury ♦ **uralkodik magán** keep* one's temper
²maga <szem névm> **1.** *(ön)* you: *Ezt magának hoztam.* I brought this for you. * *Megkérném magát, hogy...* I'd like to ask you... **2.** *(öné)* your: *Ez a maga autója?* Is that your car?
³maga <hsz> alone; (all) by himself/herself
magabiztos <mn> self-confident; confident; self-assured
magánbeszélgetés <fn> private talk; private conversation
magáncég <fn> (private) firm
magánélet <fn> privacy; private/personal life
magánember <fn> (private) individual; private person
magánérdek <fn> private interest
magánhangzó <fn> nyelvt vowel
magániskola <fn> private school
magánjellegű <mn> private
magánkéz <fn> **magánkézben van** be* privately owned; be* in private hands
magánnyomozó <fn> private detective
magánóra <fn> private lesson: *magánórákat ad* give private lessons
magánpraxis <fn> private practice
magántanuló <fn> private pupil
magánterület <fn> private property; *(kiírásként)* Private
magánügy <fn> private/personal affair; private/personal matter
magánvállalkozás <fn> private enterprise; private business
magány <fn> loneliness; solitude
magányos <mn> **1.** *(elhagyatott)* lonely; solitary **2.** *(különálló)* isolated **3.** *(félreeső)* secluded; isolated
magas <mn> **1.** *(térben)* tall; high: *magas épület* a tall/high building * *magas hullámok* high waves **2.** *(termetre)* tall: *magas férfi* a tall man **3.** *(hangzás)* high: *a magas hangok* high notes **4.** *(mennyiségileg)* high: *magas árak* high prices * *magas fizetés* high salary **5.** *(szint, színvonal)* high
 ♦ **vmi (túl) magas vkinek** be* beyond sy

magaslat <fn> height; elevation
magasság <fn> **1.** (térbeli) altitude; height; (vízé) depth: *nagy magasságban* at high altitude **2.** (testmagasság) height: *Nincs összefüggés az életkor és a magasság között.* There is no relation between your age and your height. **3.** (tengerszint feletti) elevation: *3500 méter tengerszint feletti magasságon* at an elevation of 3500 meters
magasugrás <fn> the high jump
magasugró <fn> high jumper
magatartás <fn> **1.** (viselkedés) conduct; behaviour; AmE behavior **2.** isk conduct
magatehetetlen <fn> helpless
magazin <fn> (folyóirat) magazine: *női magazinok* women's magazines ∗ *heti magazin* a weekly magazine
magház <fn> (almaféléké) core
mágia <fn> magic: *fekete mágia* black magic/art
máglya <fn> **1.** (farakás) bonfire **2.** tört (vesztőhely) the stake
mágnes <fn> magnet
mágneses <mn> magnetic: *mágneses mező* magnetic field ∗ *mágneses vonzás* magnetic attraction
magnó <fn> tape recorder: *kazettás magnó* cassette recorder
magnókazetta <fn> cassette
magol <ige> biz swot; cram; mug: *A vizsgáira magol pillanatnyilag.* She is swotting for her exams at the moment.
magömlés <fn> ejaculation
magtár <fn> granary; barn
mágus <fn> magus (tsz: magi)
magzat <fn> biol (embrió) embryo
¹magyar <mn> Hungarian: *magyar nyelvtan* Hungarian grammar ∗ *magyar útlevéllel rendelkezik* hold a Hungarian passport ∗ *Magyar Tudományos Akadémia* Hungarian Academy (of Sciences)
²magyar <fn> **1.** (személy) Hungarian: *a magyarok* the Hungarians **2.** (nyelv) Hungarian: *A magyar az anyanyelvem.* Hungarian is my mother tongue.
magyaráz <ige> **1.** explain (**vmit vkinek** sg to sy): *érthetően magyaráz* explain simply **2.** (értelmez) interpret (**vmit vhogyan** sg as sg) **3.** (eseményt, szöveget stb.) comment (**vmit on** sg) **4.** (vmit indokol) account for sg: *A hiányzásodat tudod magyarázni?* Can you account for your absence?
magyarázat <fn> **1.** explanation: *átfogó magyarázat* a comprehensive explanation ∗ *valószínűtlen magyarázat vmire* an unlikely explanation for sg **2.** (értelmezve) interpretation **3.** (eseményhez, szöveghez stb.) comment; commentary **4.** (indok, ok) reason; motive
magyarázkodik <ige> (mentegetőzve) apologize
Magyarország <fn> Hungary: *Magyarországon élek/lakom.* I live in Hungary. ∗ *Ausztria határos Magyarországgal.* Austria borders Hungary.
magyaros <mn> (typically/characteristically) Hungarian: *magyaros étel* Hungarian dish
magyarság <fn> **1.** (nyelvi) Hungarian **2.** (magyarok) Hungarians <tsz>; the Hungarian nation
magyartanár <fn> teacher of Hungarian; Hungarian teacher
mahagóni <fn> mahogany
maholnap <hsz> before long; sooner or later
mai <mn> **1.** (e napi) today's; of today <csak hátravetve>: *a mai újság* today's paper **2.** (jelenkori, jelenlegi) present-day; current; of today <csak hátravetve>: *a mai divat* the current fashion ∗ *a mai fiatalok* the young people of today **3.** (kortárs) contemporary **4.** (korszerű) modern; up-to-date
máj <fn> (szerv és étel) liver: *A máj választja ki az epét.* The liver secretes bile.
máj. [= május] May
majális <fn> May Day Festival
majd <hsz> **1.** (valamikor) sometime; someday **2.** (később, aztán) then; later; later on **3.** (majdnem) nearly; almost
majdnem <hsz> almost; nearly: *Majdnem kész a reggeli.* Breakfast is almost ready. ∗ *Már majdnem végeztek.* They have nearly finished.
májgombóc <fn> liver dumpling
májkrém <fn> pâté; liver paste
majom <fn> monkey; (emberszabású) ape
majonéz <fn> mayonnaise
májpástétom <fn> pâté; liver paste
majszol <ige> biz nibble; munch (**vmit** on/at sg)
május <fn> May: *május elseje (mint ünnep)* May Day ∗ *május végén* at the end of May
májusi <mn> May; of/in May <csak hátravetve>
mák <fn> **1.** (növény) poppy **2.** (étkezési) poppy seed
makacs <mn> **1.** (ember) stubborn; obstinate; headstrong **2.** (nehezen múló) persistent
makett <fn> model; mock-up
makk <fn> **1.** (termés) acorn **2.** (magyar kártyajátékban) club: *Makkot hívtam.* I played a club.
mákos bejgli <fn> ≈ poppy seed roll
mákos tészta <fn> ≈ poppy seed pasta
¹malac <fn> **1.** (állat) piglet **2.** biz, pej (emberről) pig
²malac <mn> biz, pej (illetlen) obscene; foul-mouthed; dirty: *malac vicc* dirty story

malacsült <fn> roast pig
malária <fn> malaria
maláta <fn> malt
mállik <ige> crumble
malmozik <fn> *(játszik)* play nine-men's morris
málna <fn> raspberry
malom <fn> **1.** *(épület)* mill **2.** *(játék)* nine-men's morris
malomkerék <fn> mill wheel
malomkő <fn> millstone
Málta <fn> Malta
¹máltai <mn> Maltese
²máltai <fn> **1.** *(személy)* Maltese **2.** *(nyelv)* Maltese
malter <fn> mortar
mályva <fn> mallow
mama <fn> biz **1.** *(anya)* mum; mummy; ma; AmE mom; AmE mommy: *Ha nem tévedek, ő a mamád.* If I am not mistaken, she is your mum. **2.** *(nagymama)* granny; grandma
mámor <fn> **1.** *(bódulat)* intoxication **2.** *(szesztől)* drunkenness; intoxication **3.** *(elragadtatás)* rapture; ecstasy
mámorító <mn> intoxicating
mamut <fn> mammoth: *A mamutok kihaltak.* Mammoths became extinct.
manapság <hsz> nowadays; these days: *Manapság nehéz dolog állást szerezni.* It's difficult to get a job nowadays.
mancs <fn> *(állaté)* paw
mandarin <fn> *(gyümölcs)* tangerine; mandarin (orange)
mandátum <fn> **1.** *(képviselői megbízatás)* mandate **2.** *(képviselői hely)* seat: *mandátumot nyer/veszít* win/lose a seat
mandula <fn> **1.** *(termés)* almond **2.** *(szerv)* tonsil
mandulagyulladás <fn> tonsillitis
mánia <fn> mania: *üldözési mánia* persecution mania; paranoia * *a mániája vmi* have a mania for sg
manikűr <fn> manicure
manikűrös <fn> manicurist
mankó <fn> crutch: *mankóval jár* be/walk on crutches
manó <fn> goblin; hobgoblin; imp
manöken <fn> model
manőver <fn> **1.** *(ügyeskedés)* manoeuvre; AmE maneuver **2.** *(járművel)* manoeuvre; AmE maneuver **3.** kat manoeuvre; AmE maneuver
manőverez <ige> **1.** *(ügyeskedik)* manoeuvre; AmE maneuver **2.** *(járművel)* manoeuvre; AmE maneuver
manuális <mn> manual

mappa <fn> **1.** *(irattartó)* folder **2.** infor *(fájloké)* folder
mar <ige> **1.** *(foggal, fullánkkal)* bite✧ **2.** *(éget, csíp)* burn✧ **3.** *(vegyileg roncsol)* bite✧; *(rozsda)* corrode; fret
már <hsz> already; *(kérdésben)* yet; already; *(valaha, egyáltalán)* ever; *(tagadásban)* any more; any longer: *Ő már megette az ebédjét.* He had already eaten his lunch. * *Jött már a postás?* Has the postman come yet? * *Láttál már elefántot?* Have you ever seen an elephant? * *Már nem dolgozom.* I don't work any more.
marad <ige> **1.** *(vhol)* stay; remain; stop; keep✧: *ágyban marad* stay in bed * *otthon marad* stay/remain at home * *távol marad* remain away * *sokáig marad a szállodában* stop long at the hotel **2.** *(vmilyen állapotban, helyzetben)* stay; remain; keep✧: *egyedülálló marad* stay single * *ébren marad* stay awake * *csendben marad* remain silent; keep quiet * *hű marad vmihez* remain faithful/loyal to sg **3.** *(felhasználás után)* remain; be✧ left (over): *semmi sem maradt* nothing remained; nothing was left **4.** *(kivonásnál)* leave✧: *ha 4-ből elveszünk 2-t, marad 2* four minus two leaves two; two from four leaves two
maradandó <mn> lasting; permanent; enduring
maradék <fn> **1.** remainder; remains <tsz>; the rest <esz + esz/tsz ige>; *(kevés)* remnant; *(étel)* leftovers <tsz>; remains <tsz>; scraps <tsz>: *a kutyának adja a maradékot* give the scraps to the dog **2.** mat *(kivonásnál, osztásnál)* remainder
maradéktalanul <mn> entirely; fully
maradi <mn> old-fashioned
maradvány <fn> **1.** *(pusztulás után)* remains <tsz> **2.** *(vki földi maradványai)* mortal remains of sy
marakodik <ige> **1.** *(állat)* fight✧ **2.** *(veszekedik)* quarrel
marás <fn> *(seb)* bite
marasztal <ige> *(vkit)* ask sy to stay (longer)
maratoni futás <fn> marathon
márc. [= március] Mar. (= March)
marcipán <fn> marzipan
március <fn> March: *Márciusban született.* He was born in March. * *Március után április következik.* April comes after March.
márciusi <mn> March; in/of March <csak hátravetve>: *a márciusi szám* the March issue
marék <mn> *(mennyiség)* handful: *egy marék érme* a handful of coins
margaréta <fn> daisy

margarin <fn> margarine: *egy doboz margarin* a tub of margarine

margó <fn> margin: *a margón* in the margin * *Megjegyzéseimet a margóra írtam.* I wrote my comments in the margin.

¹marha <fn> **1.** *(állat)* cattle <tsz>: *A marhák kint vannak a legelőn.* The cattle are in the meadow. **2.** biz, pej *(ember)* blockhead; idiot

²marha <mn> biz, pej *(emberről)* idiotic; stupid

marhahús <fn> beef: *egybesült marhahús* a joint of beef

marhapörkölt <fn> beef stew

marhaság <fn> biz, pej bullshit; rubbish; nonsense

marhasült <fn> roast beef: *Kedvenc étele a marhasült sült krumplival és kelbimbóval.* His favourite meal is roast beef with roast potato and sprouts.

marihuána <fn> marijuana

máris <hsz> **1.** *(azonnal)* immediately; at once; right away; straight away **2.** *(már most)* already: *Máris mész?* Are you leaving already?

márka <fn> **1.** *(védjegy)* trademark **2.** *(gyártmány)* brand; make: *ismert márka* a well known brand * *Milyen márkájú az autód?* What make is your car? **3.** *(pénz)* mark

márkakép <fn> gazd brand image

márkanév <fn> gazd brand name

márkás <mn> quality: *márkás termékek* quality products

marketing <fn> gazd marketing: *Ő a marketingért felel.* He is in charge of marketing.

markol <ige> grasp; grip; clutch

markolat <fn> *(kardé, késé)* hilt

mármint <ksz> *(tudniillik)* namely

maró <mn> *(megjegyzés stb.)* scathing; biting; cutting

marok <fn> **1.** *(kéz)* hand **2.** *(mennyiség)* a handful/fistful (**vmiből** of sg)

Marokkó <fn> Morocco

¹marokkói <mn> Moroccan

²marokkói <fn> *(személy)* Moroccan

márpedig <ksz> **1.** *(ellenkezés kifejezésére)* but **2.** *(megokolás)* and

Mars <fn> Mars

márt <ige> dunk (**vmit vmibe** sg in sg); dip (**vmit vmibe** sg in(to) sg); plunge (**vmit vmibe** sg into sg): *kekszet márt a teába* dunk a biscuit in the tea

mártás <fn> *(húshoz)* sauce; gravy: *felhígítja a mártást* thin the sauce * *A mártás friss fűszerekkel van ízesítve.* The sauce is flavoured with fresh herbs.

mártír <fn> martyr

mártogat <ige> dunk (**vmit vmibe** sg in sg)

márvány <fn> marble: *márványból készült* made of marble

más <htl névm> other; else; another: *mások* others; other people * *Mindenki másnál jobban szeretlek.* I prefer you to all others. * *Van még más kérdés?* Are there any other questions? * *mindenki más* everybody else * *senki más* no one else * *semmi más* nothing else

másfél <törtszn> one and a half: *másfél kiló alma* one and a half kilos of apple

másfelé <hsz> **1.** *(más irányba)* elsewhere **2.** *(máshol)* elsewhere

másfelől <hsz> **1.** *(más irányból)* from another direction; from a different direction **2.** *(másrészt)* on the other hand

máshogy(an) <hsz> differently; in another manner/way

máshol <hsz> elsewhere; somewhere else: *Menj és játssz máshol!* Go and play elsewhere.

máshonnan <hsz> from elsewhere; from somewhere else

máshova <hsz> elsewhere; somewhere else: *Menj máshova!* Go elsewhere. * *Valahova máshova tettem.* I put it somewhere else.

másik <htl névm> another; other: *átkapcsol másik programra* switch over to another programme * *egyik a másik után* one after the other * *az út másik oldala* the other side of the road * *Másik buszra kellett átszállnom Coventryben.* I had to change buses at Coventry.

másként <hsz> **1.** *(más módon)* differently; in another manner/way; otherwise **2.** *(különben)* otherwise

máskor <hsz> another time; on another occasion; at some other time

másnap <hsz> the following day; the next day: *másnap reggel* the following/next morning * *minden másnap* every other day

másnapos <mn> biz hung-over

masni <fn> bow; ribbon

másodállás <fn> secondary job

másodéves <fn> *(egyetemista)* second-year student; AmE sophomore

másodfokú <mn> second-degree: *másodfokú égés* second-degree burn

¹második <sorszn> second: *a második emeleten lakik* live on the second floor * *A második óra 9-kor kezdődik.* The second lesson begins at 9 o'clock.

²második <fn> *(időben, sorrendben)* second; *(kettő közül)* the latter: *Másodikként érkezett.* He was the second to arrive. * *Két megoldást mutatott be. A második sokkal jobbnak tűnik.* He presented two solutions. The latter seems much better.

másodikos <fn> second-form student; AmE second-grader
másodkézből <hsz> second-hand: *másodkézből vesz vmit* buy sg second-hand ∗ *másodkézből hall vmiről* hear about sg second-hand
másodlagos <mn> vál secondary; subsidiary
másodosztályú <mn> second-class; second-rate: *másodosztályú jegy* a second-class ticket ∗ *másodosztályú étterem* second-rate restaurant
másodperc <fn> **1.** *(időmérték)* second: *Egy hosszt 40 másodperc alatt úszik le.* He can swim a length in 40 seconds. **2.** biz *(rövid idő)* second: *Van egy másodperced?* Have you got a second?
másodpercmutató <fn> second hand
másodrendű <mn> second-class; second-rate; second-best: *másodrendű állampolgár* a second-class citizen
másodsorban <hsz> second; secondly; in the second place: *Elsősorban anya, másodsorban tanár.* She is a mother first and a teacher second.
másodszor <hsz> **1.** *(második alkalommal)* (for) the second time **2.** *(felsorolásban)* second; secondly; in the second place
másol <ige> **1.** *(szöveget)* copy; make✢ a copy of sg **2.** *(kazettát)* copy
másolat <fn> **1.** copy; duplicate: *pontos másolat* an exact copy **2.** infor backup
másrészt <hsz> on the other hand
mássalhangzó <fn> nyelvt consonant: *dentális mássalhangzó* dental consonant
másvalaki <htl névm> somebody else; someone else
másvalami <htl névm> something else
maszatos <mn> dirty; stained; smudged
mászik <ige> **1.** *(vízszintes felületen)* crawl; creep✢: *A kisbaba az édesanyjához mászott.* The baby crawled towards his mother. **2.** *(felfelé)* climb: *fára mászik* climb a tree
maszk <fn> **1.** *(álarc)* mask: *Fekete maszkot viseltek.* They wore black masks. **2.** *(védőálarc)* mask
mászkál <ige> ramble; stroll; roam
mászóka <fn> climbing frame
masszázs <fn> massage: *masszázzsal kezel vmit* treat sg by massage ∗ *masszázst ad vkinek* give sy a massage
masszíroz <ige> massage
masszív <mn> massive; sturdy: *masszív bútor* sturdy furniture
masszőr <fn> masseur; *(nő)* masseuse
maszturbál <ige> masturbate
matat <ige> rummage: *matat a fiókban* rummage in a drawer

matek <fn> biz maths; AmE math: *Az egész osztály imádja a matekot.* The whole class loves maths. ∗ *Rossz osztályzatokat/jegyeket kaptam matekból.* I got bad grades in maths.
matematika <fn> mathematics <esz>: *alkalmazott matematika* applied mathematics ∗ *elméleti matematika* pure mathematics ∗ *matematikából tart előadásokat* lecture on mathematics
matematikai <mn> mathematical
matematikus <fn> mathematician
matrac <fn> mattress: *habszivacs matrac* a foam mattress
matrica <fn> sticker
matróz <fn> sailor; seaman (tsz: seamen)
¹**matt** <mn> **1.** matt; AmE matte **2.** *(bútor)* unvarnished **3.** *(szín)* dull; flat
²**matt** <fn> *(sakkban)* checkmate: *mattot ad vkinek* checkmate sy
max. [= maximum] max. (= maximum)
maximális <mn> maximum; top: *maximális sebességgel* at maximum/top speed
¹**maximum** <fn> maximum (tsz: maxima v. maximums): *Ez a maximum, amit elő tudunk állítani.* This is the maximum we can produce. ∗ *Az augusztusi maximum 35 °C volt.* The August maximum was 35°C.
²**maximum** <hsz> at the outside; at (the) most
máz <fn> **1.** *(kerámián stb.)* glaze; enamel **2.** *(süteményen)* glaze; *(cukormáz)* icing; AmE frosting
mázli <fn> biz fluke
mazochista <fn> masochist
mázol <ige> paint
mázsa <fn> 100 kilos
mazsola <fn> raisin; sultana
mecénás <fn> patron
mechanika <fn> **1.** *(tudomány)* mechanics <esz>: *mechanikát tanul az egyetemen* study mechanics at the university **2.** *(szerkezet)* mechanism
mechanikus <mn> **1.** fiz mechanical **2.** *(gépies)* mechanical
mechanizmus <fn> mechanism
meccs <fn> match: *elveszíti a meccset* lose the match ∗ *A meccs döntetlenre végződött.* The match ended in a draw.
meccslabda <fn> sp *(teniszben)* match point
mecset <fn> mosque
medál <fn> medallion; pendant
meddig <hsz> **1.** *(térben)* how far **2.** *(mely időpontig)* till when; until when **3.** *(mennyi időn át)* (for) how long: *Meddig állunk itt?* How long do we stop here? ∗ *Mit tervezel, meddig maradsz nálunk?* How long are you planning to say with us?

meddő <mn> **1.** *(nemileg)* sterile; infertile **2.** *(eredménytelen)* ineffective; fruitless; vain; unproductive

meddőség <fn> sterility; infertility

medence <fn> **1.** *(vizes)* (swimming) pool: *bemártja lábujját a medencébe.* dip her toe into the pool * *Peter beugrott a medencébe.* Peter dived into the pool. **2.** geol basin **3.** *(testrész)* pelvis

meder <fn> *(folyóé)* bed

média <fn> the (mass) media <+ esz/tsz ige>: *A médiát főleg a politika érdekli.* The media are/is interested mainly in politics. * *A média figyelme a külföldi eseményekre irányul.* The media's attention has been directed towards events abroad.

meditál <ige> meditate

mediterrán <mn> Mediterranean: *a mediterrán országok* the Mediterranean countries

medúza <fn> jellyfish (tsz: jellyfish)

medve <fn> bear

meg <ksz> **1.** *(és)* and **2.** *(összeadásban)* and; plus: *Kettő meg kettő az négy.* 2 and 2 makes 4. * *Négy meg négy az nyolc.* Four plus four equals eight.

még <hsz> **1.** *(időben)* still; *(tagadó mondatban)* yet: *Még mindig várok rád.* I'm still waiting for you. * *Még mindig esik az eső.* It is still raining. * *Még nem kelt fel.* He hasn't got up yet. * *Még nem kell mennünk!* We don't have to go yet. **2.** *(ezenkívül)* else; more: *még valamit mond ebben a témában* say something else on this subject * *Még mit tehetünk?* What else can we do? * *még több hibát követ el* make more mistakes * *még néhány információ* some more information **3.** *(fokozás erősítésére)* still; even; yet: *még kevésbé* still less * *még inkább* still more * *Az még jobb.* That's even better. * *még rettenetesebb élmény* yet more terrible experience

megad <ige> **1.** *(nyújt)* give✢ **2.** *(visszafizet)* repay✢; pay✢ back **3.** *(engedélyez)* give✢; grant: *megadja az engedélyt vkinek vmi megtételére* give/grant sy permission to do sg **4.** *(adatokat stb.)* give✢; supply **5.** *(árat stb. közöl)* state **6. megadja magát** surrender; yield; give✢ in: *Sohasem adja meg magát!* He will never surrender. * *Végül a zár megadta magát.* At last the lock yielded.

megadóztat <ige> tax

megágyaz <ige> make✢ the bed: *Szeretnék megágyazni.* I would like to make my bed.

megajándékoz <ige> present (**vkit vmivel** sy with sg): *Egy szép karkötővel ajándékozott meg.* He presented me with a nice bracelet.

megakad <ige> **1.** *(nem mozdul)* jam; stick✢: *Az ajtó megakadt mögöttem.* The door jammed behind me. **2.** *(sárban)* get✢ stuck **3.** *(szerkezet)* stop **4.** *(beszélő)* falter **5.** *(folyamat)* come✢ to a halt

megakadályoz <ige> prevent (**vkit vmiben** sy from (doing) sg)

megalakít <ige> form; organize; set✢ up; establish

megalakul <ige> be✢ formed; be✢ established; be✢ set up

megalapít <ige> establish; found; set✢ up

megalapoz <ige> establish

megaláz <ige> humiliate; humble

megaláztatás <fn> humiliation

megáld <ige> bless✢

megalkot <ige> create

megalkuszik <ige> **1.** *(megegyezik)* come✢ to an agreement (**vkivel vmiben** with sy about sg) **2.** *(beletörődik vmibe)* come✢ to terms with sg

megáll <ige> **1.** *(mozgásban)* stop; halt; pause; *(vonat stb. állomáson)* stop (at); call at; *(jármű pl. ház előtt)* pull up; draw✢ up: *minden állomáson megáll* stop at every station * *Állj meg!* Stop! **2.** *(működésben)* stop; stall; *(meghibásodik)* break✢ down **3.** *(cselekvésben)* pause; stop; halt **4. nem tudja megállni, hogy ne...** can't✢ help doing sg: *Sajnos, nem tudtam megállni, hogy ne nevessek.* Unfortunately I couldn't help laughing. **5.** *(igaznak bizonyul)* stand✢ up

megállapít <ige> **1.** *(kiderít)* establish; ascertain: *A rendőrség megállapította, hogy bűnös.* The police established that he was guilty. **2.** *(betegséget)* diagnose **3.** *(kimutat)* find✢; show✢; point out **4.** *(kijelent)* state **5.** *(megszab, meghatároz)* determine; fix; settle; decide; *(árat)* fix; settle; *(időpontot)* fix; assign; set✢ **6.** *(kárt)* assess

megállapítás <fn> **1.** *(kijelentés)* statement **2.** *(tudományos műben)* findings <tsz>

megállapodás <fn> **1.** *(két fél között)* agreement; understanding; *(államok közötti)* convention; treaty: *szóbeli megállapodás* verbal/gentlemen's agreement * *megállapodást köt vkivel* conclude/make an agreement with sy **2.** *(szerződés)* contract

megállapodik <ige> **1.** *(megegyezik)* agree (**vkivel vmiben** with sy about/on sg); make✢ an agreement (**vkivel vmiben** with sy about/on sg) **2.** átv settle down

megállapodott <mn> settled; fixed

megállás <fn> stop; stopping; stoppage; halt; standstill: *megállás nélkül* without a stop; without stopping * *megállás nélkül továbbhajt* go past without stopping

megállít <ige> **1.** stop; bring✢ sg to a stop; *(járművet)* stop: *gyorshajtásért megállítják* be stopped for speeding * *megállítja a vérzést* stop the bleeding **2.** *(beszédben)* interrupt

megálló <fn> stop: *Ebben a megállóban szállj le!* Get off at this stop.

megállóhely <fn> stop

megalszik <ige> *(tej)* curdle

megalvad <ige> *(vér)* clot

megárad <ige> swell✢; rise✢; flood

megárt <ige> be✢ harmful/injurious (**vkinek/vminek** to sy/sg); do✢ sy/sg harm

megátkoz <ige> damn; curse

megavasodik <ige> go✢/become✢ rancid

megázik <ige> get✢ wet; *(bőrig)* get✢ soaked to the skin

megbabonáz <ige> **1.** *(varázsló)* bewitch **2.** átv fascinate; enchant; charm

megbámul <ige> stare (**vkit/vmit** at sy/sg); gaze (**vkit/vmit** at sy/sg)

megbán <ige> **1.** *(hibát stb.)* regret **2.** *(bűnt)* repent

megbánt <ige> hurt✢; hurt✢ sy's feelings; offend: *Nem akartalak megbántani.* I didn't mean to hurt you.

megbarátkozik <ige> **1.** *(személlyel)* become✢ friends **2.** *(dologgal, helyzettel)* familiarize oneself with sg

megbecsül <ige> **1.** *(értékel)* appreciate; esteem; value: *Az édesapja nem becsüli meg.* His father doesn't appreciate him. **2.** *(felbecsül)* estimate; value; *(kárt)* assess

megbecsülés <fn> *(elismerés)* appreciation; esteem

megbélyegez <ige> **1.** *(jellel)* brand **2.** *(elítél)* condemn

megbénít <ige> **1.** *(fizikailag)* paralyse; AmE paralyze **2.** *(cselekvésben stb.)* paralyse; AmE paralyze **3.** *(forgalmat stb.)* bring✢ to a standstill

megbénul <ige> átv is become✢ paralysed; AmE become✢ paralyzed

megbeszél <ige> **1.** *(vmit)* talk sg over; *(megtárgyal, megvitat)* discuss; debate: *Ezt megbeszéljük a hétvégén.* We'll discuss it over the weekend. **2.** *(egyeztet)* arrange

megbeszélés <fn> **1.** discussion; talk; *(értekezlet)* meeting: *fontos megbeszélés* a serious discussion * *Megbeszélésen van.* He is at/in a meeting. **2.** *(találkozó)* appointment

megbetegedés <fn> illness; disease

megbetegszik <ige> fall✢ ill; become✢ ill; be✢ taken ill: *Influenzában megbetegedett.* She fell ill with influenza.

megbilincsel <ige> *(kezén)* handcuff; biz cuff

megbirkózik <ige> cope (**vmivel** with sg); manage (**vmivel** sg // to do sg): *Megbirkóztál a házi feladatoddal?* Did you manage to write/do your homework?

megbíz <ige> entrust (**vkit vmivel** sy with sg); charge (**vkit vmivel** sy with sg); commission (**vkit vmivel** sy to do sg): *vkit feladattal bíz meg* entrust sy with a task

megbízás <fn> commission; charge; assignment: *megbízás portréfestésre* a commission to paint portrait * *megbízást kap vmire* be charged with sg

megbízható <mn> reliable; trustworthy; dependable: *A férjem megbízható ember.* My husband is a reliable man. * *Mindig is megbízható és pontos volt.* She's always been reliable and punctual.

megbízik <ige> rely (**vkiben/vmiben** on/upon sy/sg); depend (**vkiben/vmiben** on/upon sy/sg); trust (**vkiben/vmiben** sy/sg): *Mindig megtartom az ígéreteimet, úgyhogy megbízhatsz bennem.* I always keep my promises so you can rely on me. * *Kölcsönadom neki az autómat, mert megbízom benne.* I lend him my car because I trust him.

megbizonyosodik <ige> *(vmi felől)* make✢ certain of sg; make✢ sure of sg

megbízott <fn> representative; jog delegate

megbocsát <ige> forgive✢ (**vkinek vmit** sy sg // sy for doing sg); pardon (**vkinek vmit** sy sg // sy for sg); excuse (**vkinek vmit** sy for sg // sy for doing sg): *Soha nem bocsátom meg neki, hogy úgy viselkedett.* I'll never forgive him for behaving like that. * *bocsásson meg, hogy félbeszakítom* forgive me for interrupting

megbocsáthatatlan <mn> unforgivable; inexcusable; unpardonable

megbokrosodik <ige> *(ló)* bolt; shy

megboldogul <ige> go✢ mad; go✢ crazy

megborotvál <ige> shave

megborotválkozik <ige> shave

megbosszul <ige> revenge; avenge

megbotlik <ige> stumble (**vmiben** over sg); trip (**vmiben** over sg): *megbotlik egy kidőlt fában* stumble over a fallen tree * *Megbotlottam, és leestem a lépcsőn.* I tripped and fell down the stairs. * *Megbotlott a szőnyegben.* He tripped over the carpet.

megbotránkozik <ige> be✢ shocked (**vmin** at/by sg); be✢ scandalized (**vmin** at/by sg); be✢ outraged (**vmin** at/by sg)

megbotránkoztat <ige> shock; scandalize; outrage

megbukik <ige> **1.** *(vizsgán)* fail **2.** *(produkció)* fail; be✢ a failure; biz flop: *A színdarab megbukott.* The play was a failure. * *Az első könyve megbukott.* His first book flopped. **3.** *(vállalkozás stb.)* fail; fall✢ through **4.** *(hatalmát veszti)* fall✢: *A kormány megbukott.* The government fell.

megbuktat <ige> **1.** *(iskolában)* fail: *A vizsgáztatók megbuktatták.* The examiners failed him. **2.** *(meghiúsít)* wreck **3.** *(hatalomból)* overthrow✧: *A kormányt megbuktatták.* The government has been overthrown.
megbüntet <ige> **1.** punish (**vkit vmiért** sy for sg) **2.** *(pénzbírsággal)* fine
megcáfol <ige> **1.** refute; disprove **2.** *(tagad)* deny
megcéloz <ige> *(célba vesz)* aim (**vkit/vmit** at sy/sg)
megcímez <ige> address
megcsal <ige> **1.** deceive; cheat **2.** *(kapcsolatban)* be✧ cheating (**vkit** on sy)
megcsap <ige> *(ostorral stb.)* whip; lash
megcsappan <ige> diminish; decrease
megcsiklandoz <ige> tickle: *Megcsiklandozta a lábamat.* He tickled my feet.
megcsinál <ige> **1.** *(elkészít)* do✧; get✧ sg ready; *(ételt)* prepare; cook; make✧ **2.** *(elvégez)* do✧; carry sg out; finish sg *(off)*: *Csináld meg a munkádat!* Carry out your work! **3.** *(megjavít)* mend; repair; fix
megcsíp <ige> **1.** pinch: *Megcsípte a bátyját, hogy felébressze.* He pinched his brother to wake him up. * *megcsípi vki karját* give sy a pinch on the arm **2.** *(rovar)* bite✧; sting✧: *Apró rovarok csíptek meg minket.* We were bitten by small insects. * *megcsípték a szúnyogok* be stung by mosquitoes **3.** *(fagy)* bite✧
megcsodál <ige> admire
megcsókol <ige> kiss; give✧ sy a kiss: *megcsókolják egymást* kiss each other * *Megcsókolt.* He gave me a kiss.
megcsömörlik <ige> *(vmitől)* grow✧ sick of sg
megcsúszik <ige> **1.** slip: *megcsúszik a jégen* slip on the ice * *Megcsúszott a kés, és az ujjamat vágta el.* The knife slipped and cut my finger. **2.** *(jármű)* skid
megdagad <ige> swell✧ *(up)*: *Ha repülök, megdagad a bokám.* My ankles swell when I travel by air.
megdarál <ige> *(őröl)* grind✧; mill: *megdarálja a kávét* grind the coffee
megdermed <ige> **1.** *(hidegtől)* be✧ numb (**vmitől** with sg) **2.** *(rémülettől)* become✧ paralysed/numb (**vmitől** with sg)
megdicsér <ige> praise (**vkit vmiért** sy for sg)
megdob <ige> throw✧ (**vkit vmivel** sg at sy): *megdob vkit egy kővel* throw a stone at sy
megdorgál <ige> reprimand (**vkit vmiért** sy for sg); rebuke (**vkit vmiért** sy for sg); reprove (**vkit vmiért** sy for sg)
megdöbben <ige> be✧ shocked/appalled: *megdöbbenve hallja, hogy…* be shocked to hear that…

¹**megdöbbent** <ige> shock; stun; appal; AmE appall: *megdöbbenti a hír* be stunned by the news
²**megdöbbent** <mn> shocked; appalled; stunned
megdöglik <ige> die; perish
megdől <ige> **1.** *(oldalra)* tilt; lean✧ to one side **2.** *(hatalom)* collapse; be✧ overthrown **3.** *(elmélet stb.)* prove false **4.** sp *(csúcs)* be✧ broken
megdönt <ige> **1.** *(oldalra)* tilt **2.** *(hatalmat)* overthrow✧ **3.** *(elméletet stb.)* refute; disprove **4.** sp *(csúcsot)* break✧; beat✧: *megdönti a csúcsot* break the record
megdörzsöl <ige> rub
megdrágul <ige> become✧ more expensive
megdupláz <ige> double
megduplázódik <ige> double: *Az ár megduplázódott.* The price has doubled.
megduzzad <ige> swell✧ *(up)*
megédesít <ige> **1.** *(ételt, italt)* sweeten; sugar **2.** *(kellemesebbé tesz)* sweeten
megedz <ige> **1.** *(vasat, acélt)* harden **2.** átv *(vkit)* toughen sy *(up)*; harden
megedződik <ige> become✧ hardened; toughen up
megég <ige> burn✧; get✧ burnt
megéget <ige> burn✧
megegyezés <fn> **1.** *(egyetértés)* agreement; harmony; concord **2.** *(megállapodás)* contract; agreement: *szóbeli megegyezés* an oral agreement
megegyezik <ige> **1.** *(megállapodik)* agree (**vkivel vmiben** with sy about/on sg); come✧ to an agreement (**vkivel vmiben** with sy about/on sg): *Meg tudtatok egyezni egy árban?* Could you agree about a price? **2.** *(azonos)* correspond (**vmivel** to/with sg); accord (**vmivel** with sg); agree (**vmivel** with sg)
megéhezik <ige> get✧ hungry; feel✧ hungry
megél <ige> **1.** *(eleget keres)* earn/make✧ a living (**vmiből** from sg); live on (**vmiből** sg) **2.** *(átél)* experience; live sg through
megelégedés <fn> satisfaction; contentment; content: *megelégedésemre* to my satisfaction
megelégel <ige> *(vmit)* have✧ enough of sg
megelégszik <ige> be✧ satisfied (**vmivel** with sg); be✧ content(ed) (**vmivel** with sg): *Nem vagyok vele megelégedve.* I am not satisfied with it.
megélesít <ige> sharpen: *kést megélesít* sharpen a knife
megélhetés <fn> living: *megkeresi a megélhetéshez szükségeset* earn one's living * *bizonytalan a megélhetése* make a precarious living
megelőz <ige> **1.** *(haladás közben)* overtake✧; AmE pass: *Egy bicikli megelőzött.* A bike overtook me. **2.** *(sorrendben)* precede **3.** *(elejét*

megelőzés 954

veszi) prevent; ward sg off; avert: *betegséget megelőz* prevent illness **4.** *(fölülmúl)* surpass; outdo **5.** *(cselekvésben)* anticipate; pre-empt
megelőzés <fn> *(baleseté, veszélyé stb.)* prevention
megelőző <mn> **1.** *(korábbi)* former; previous; preceding **2.** *(előzetes)* preliminary **3.** *(elhárító)* preventive
megemel <ige> raise; lift; *(emelővel)* lever
megemészt <ige> **1.** *(táplálékot)* digest **2.** átv digest
megemlékezés <fn> commemoration; remembrance: *évenkénti ünnepélyes megemlékezés* annual festival of remembrance
megemlékezik <ige> commemorate (**vkiről/vmiről** sy/sg)
megemlít <ige> mention: *megemlítem továbbá* I may further mention * *Megemlítsem neki az ünnepséget?* Shall I mention the celebration to him?
megenged <ige> **1.** *(engedélyez)* allow (**vkinek vmit** sy (to do) sg); permit (**vkinek vmit** sy (to do) sg); give sy permission (**vmit** to do sg): *Engedje meg, kérem, hogy...* Please allow me to... * *Megengedte, hogy bejöjjek.* She allowed me to come in. **2.** *(lehetővé tesz)* permit; allow: *ha az időjárás megengedi* weather permitting **3. nem engedhet meg magának vmit** can't afford (to do) sg
megengedett <mn> **1.** allowable; permissible **2.** *(törvényes)* legitimate; lawful
megépít <ige> build
megépül <ige> be built
¹megér <ige> *(időt, eseményt)* live to see sg
²megér <ige> *(értéket)* be worth: *Megéri?* Is it worth it?
megérdemel <ige> deserve
megérez <ige> **1.** feel; become conscious (**vmit** of sg); *(előre)* have a presentiment (**vmit** of sg); *(ösztönösen)* sense; scent; smell **2.** *(szagot)* can smell sg; *(ízt)* can taste sg **3.** *(vminek hatását)* be affected by sg; be influenced by sg
megérik <ige> become ripe; ripen
megérint <ige> touch: *Megérintette a vállamat.* He touched me on the shoulder.
megerjed <ige> ferment
megérkezik <ige> arrive; come: *Néhány perc múlva megérkezem.* I'll arrive in a few minutes. * *Megérkezett már a csomag.* The parcel has already come.
megerőltet <ige> **1.** strain: *megerőlteti a szemét* strain one's eyes **2. megerőlteti magát** overtax oneself
megerőltető <mn> exhausting; demanding; strenuous

megerősít <ige> **1.** *(erősebbé tesz)* strengthen; reinforce **2.** *(szorosabban rögzít)* fix; fasten **3.** *(bizonyossá tesz)* confirm: *vki gyanúját megerősíti* confirm sy's suspicions
megerősödik <ige> strengthen; become/grow stronger: *Megerősödött a szél.* The wind strengthened.
megerőszakol <ige> rape
megért <ige> understand; comprehend: *könnyű megérteni* be easy to understand * *Megértette?* Do you understand?
megértés <fn> *(érzelmi)* understanding: *egy kis megértésre van szüksége* need a little understanding
megértő <mn> understanding; sympathetic
megérzés <fn> intuition
megesik <ige> *(megtörténik)* happen; occur; take place
megesket <ige> **1.** *(vkit)* make sy swear/vow **2.** *(házasulókat)* marry
megesküszik <ige> **1.** *(esküvel fogad)* swear; take/swear an oath: *Megesküszik, hogy...* She swears that... **2.** *(házasságot köt)* get married
megeszik <ige> eat sg (up); biz finish sg off: *megeszik egy egész ananászt* eat a whole pineapple * *Teljesen megette az ebédjét.* He ate all his lunch up.
megetet <ige> *(ennivalóval)* feed: *megeteti a macskát* feed the cat
megfagy <ige> **1.** *(folyadék)* freeze **2.** *(élőlény)* freeze to death **3.** *(testrész)* freeze
megfájdul <ige> begin to hurt/ache
megfázás <fn> cold
megfázik <ige> *(meghűl)* catch/get a cold
megfej <ige> **1.** *(állatot)* milk: *megfeji a tehenet* milk the cow **2.** biz *(pénzt stb. csal ki)* milk
megfejt <ige> **1.** *(megold)* solve **2.** *(kódot stb.)* decipher; decode; break: *titkosírást megfejt* break a code **3.** el, infor decode **4.** *(titkot stb.)* unravel: *vminek a rejtélyét megfejti* unravel the mystery of sg
megfejtés <fn> **1.** solution **2.** *(könyv végén)* key
megfeledkezik <ige> **1.** forget (**vkiről/vmiről** sy/sg) **2. megfeledkezik magáról** forget oneself
megfelel <ige> **1.** *(alkalmas)* be suitable (**vmilyen célra** for sg); suit (**vkinek** sy): *Akkor megy dolgozni, amikor neki megfelel.* He goes to work when it suits him. * *Ez az autó nagyon megfelel nekem.* This car suits me very well. **2.** *(egyenlő)* correspond (**vminek** to sg); equal (**vminek** sg) **3.** *(válaszol)* answer (**vkinek** sy); reply (**vkinek** to sy); give sy an answer
¹megfelelő <mn> **1.** *(megkívánt)* required; appropriate; proper **2.** *(alkalmas)* suitable; ad-

equate; convenient: *megfelelő szállást talál* find suitable accommodation ∗ *megfelelő ruházat/öltözet* adequate clothing

²**megfelelő** <fn> equivalent: *Ennek a szónak nincs angol megfelelője.* This word has no equivalent in English.

megfelelően <nu> **vminek megfelelően** according to sg; in accordance/compliance with sg: *utasításainak megfelelően* according to his instructions ∗ *Ígéreteinek megfelelően cselekszik.* He acts according to his promises.

megfélemlít <ige> intimidate; frighten

megfelez <ige> halve; cut✢ in half; divide in(to) two

megfellebbez <ige> (*ítéletet*) appeal against sg

megfenyeget <ige> threaten

megfertőz <ige> **1.** (*betegséggel*) infect (**vkit vmivel** sy with sg): *Beteg volt és még mindig megfertőzhet másokat.* He was ill and he can still infect others. **2.** (*beszennyez*) pollute; poison

megfésül <ige> comb

megfésülködik <ige> comb one's hair: *Megfésülködtél már?* Have you already combed your hair?

megfeszít <ige> **1.** (*húrt, kötelet*) tighten **2.** (*izmot*) tense; flex

megfeszül <ige> **1.** (*anyag*) tighten; stretch (out) **2.** (*izom*) tense

megfiatalít <ige> rejuvenate

megfiatalodik <ige> grow✢ younger; be✢ rejuvenated

megfigyel <ige> **1.** observe; watch **2.** (*titkosan*) shadow; tail; keep✢ under surveillance **3.** (*orvosilag*) observe; keep✢ under observation

megfizet <ige> **1.** (*kifizet*) pay✢ (**vmit vkinek** sg to sy); (*kölcsönt*) pay✢ sg back; (*számlát*) settle **2.** pay✢ (**vmit/vmiért** for sg) **3.** (*bűnhődik*) pay✢ (**vmiért** for sg): *keményen megfizet vmiért* pay dearly for sg

megfizethetetlen <mn> **1.** (*drága*) exorbitant **2.** (*felbecsülhetetlen*) priceless; inestimable

megfog <ige> **1.** take✢; seize; catch✢; (*megragad*) grip; grasp: *Fogd meg a kezem, és sétálj velem!* Just take my hand and walk with me. **2.** (*elkap*) catch✢: *A macska megfogott egy egeret.* The cat caught a mouse. **3.** (*elfog*) catch✢; collar; stop **4.** (*elszínez*) stain

megfogad <ige> **1.** (*megesküszik, elhatároz*) vow; make✢/take✢ a vow **2.** (*követ*) take✢: *megfogadja vkinek a tanácsát* take sy's advice

megfojt <ige> strangle; suffocate; (*vízben*) drown

megfoltoz <ige> patch; mend

megfontol <ige> (*vmit*) think✢ sg over; weigh sg (up); ponder; consider

megfontolt <mn> deliberate; judicious; thoughtful

megfordít <ige> **1.** (*másik oldalára vmit*) turn sg (over) **2.** (*ellenkező irányba vmit*) turn sg (over) **3.** (*ellenkezőjére*) reverse

megfordul <ige> **1.** (*tengelye körül*) turn (round); (*visszafordul*) turn back: *Fordulj meg!* Turn round. **2.** (*jármű*) turn (back/round); make✢ a U-turn **3.** (*utat megjár*) be✢ back: *Egy óra alatt megfordulok.* I'll be back in an hour. **4.** (*társaságban előfordul*) mix

megforgat <ige> turn; rotate

megformál <ige> shape; form: *Tálat formáltam meg agyagból.* I shaped a bowl out of the clay.

megforraszt <ige> solder

megfoszt <ige> **1.** deprive (**vkit/vmit vmitől** sy/sg of sg); rob (**vkit/vmit vmitől** sy/sg of sg): *A balszerencse megfosztotta a győzelemtől.* Bad luck robbed him of victory. **2.** (*állástól*) remove; dismiss

megfő <ige> cook; boil

megfőz <ige> **1.** (*ételt*) cook; boil; (*ebédet, vacsorát*) make✢; prepare; cook: *Ők maguk fogják megfőzni az ebédet.* They will cook the lunch themselves. ∗ *Lábasba tettem a krumplit és megfőztem.* I put the potatoes in a pot and boiled them. **2.** biz (*rábeszél vkit*) talk sy round; talk sy into sg

megfúj <ige> **1.** (*ételt*) blow✢ **2.** (*belefúj*) blow✢; sound: *Megfújta a sípját.* She blew a whistle. **3.** biz (*ellop*) nick

megfullad <ige> suffocate; stifle; (*vízben*) drown; be✢ drowned; (*torkán akadt dologtól*) choke

megfúr <ige> **1.** (*fúróval*) drill; bore **2.** biz (*meghiúsít*) torpedo

megfürdet <ige> bath; AmE bathe: *megfürdeti a kisbabát* bath the baby

megfürdik <ige> (*tisztálkodik*) have✢ a bath

megfüstöl <ige> smoke

meggátol <ige> hinder (**vkit vmiben** sy in (doing) sg); prevent (**vkit vmiben** sy from doing sg)

meggazdagodik <ige> become✢ rich; make✢ one's fortune: *Máról holnapra meggazdagodtak.* They became rich overnight.

meggondol <ige> **1.** (*megfontol vmit*) think✢ sg over; consider: *Jól gondold meg!* Think it over! **2. meggondolja magát** change one's mind

meggondolatlan <mn> irresponsible; thoughtless; hasty

meggörbít <ige> bend✢

meggörbül <ige> bend✢

meggörnyed <ige> stoop

meggyaláz <ige> **1.** (*személyt*) disgrace; dishonour; AmE dishonor **2.** (*tárgyat*) desecrate

meggyanúsít <ige> accuse (**vkit vmivel** sy of (doing) sg)

meggyengít <ige> weaken
meggyengül <ige> become✽ weak(er); lose✽ one's strength
meggyilkol <ige> murder; assassinate
meggyógyít <ige> cure
meggyógyul <ige> **1.** recover; be✽ cured: *A beteg meggyógyult.* The patient recovered. **2.** *(sérülés)* heal
meggyón <ige> confess
meggyorsít <ige> quicken; accelerate; speed✽ up
meggyötör <ige> torture; torment
meggyőz <ige> convince (**vkit vmiről** sy of sg); persuade (**vkit vmiről** sy of sg): *Meg vagyok győződve arról, hogy…* I am convinced that… * *Meg vagyok győződve a becsületességéről.* I am persuaded of his honesty.
meggyőződés <fn> conviction; persuasion; belief: *meggyőződésem ellenére* against my conviction * *Meggyőződésem, hogy nincs igaza.* It's my conviction that he isn't right.
meggyőződik <ige> make✽ certain; make✽ sure; *(ellenőrizve)* check: *Győződjék meg róla, hogy…* Make sure/certain that… * *Esik az eső, győződj meg arról, hogy az ablakaid be vannak-e zárva.* It is raining, check that your windows are closed.
meggyújt <ige> **1.** *(tüzet)* light✽ **2.** biz *(felkapcsol)* turn on; switch on
meggyullad <ige> light✽; catch✽ fire; *(lángra kap)* burst✽ into flames: *Sehogy se akart meggyulladni a fa.* The wood just wouldn't light.
meggyűlöl <ige> begin✽ to hate
meghagy <ige> **1.** *(utasít)* order; charge **2.** *(vmely állapotban)* leave✽; keep✽ **3.** *(hátrahagy vmit)* have✽ sg left over
meghajlás <fn> bow
meghajlik <ige> **1.** bend✽; become✽ bent **2.** bow (**vki/vmi előtt** before sy/sg)
meghajlít <ige> bend✽; bow
meghajol <ige> bow (**vki/vmi előtt** to sy/sg)
meghajtás <fn> gk drive: *elsőkerék-meghajtás* front wheel drive
meghajtó <fn> infor drive
meghal <ige> die (**vmiben** of/from sg): *Nem tudják elfogadni, hogy az édesapjuk meghalt.* They can't accept that their father died.
meghalad <ige> **1.** exceed: *Kiadása meghaladja bevételét.* His expenditure exceeds his income. **2.** *(erőben, képességben stb.)* surpass; go✽ beyond sy/sg; be✽ beyond sy/sg: *Ez a munka meghaladja képességeimet.* This work is beyond me.
meghálál <ige> repay✽ (**vkinek vmit** sy for sg)
meghall <ige> **1.** *(hangot)* hear✽: *Nagy megkönnyebbülést éreztünk, amikor meghallottuk a léptei a folyosón.* We felt great relief when we heard his footsteps on the corridor. **2.** *(véletlenül)* overhear✽ **3.** *(tudomást szerez)* hear✽ (**vmiről** about sg)
meghallgat <ige> **1.** listen to (**vkit/vmit** sy/sg): *Hallgasson meg!* Listen to me. **2.** *(vmely ügyben)* hear✽ **3.** *(belső szervet)* sound
meghallgatás <fn> **1.** *(vmely ügyben)* hearing; audience **2.** *(színészé, énekesé stb.)* audition
meghamisít <ige> falsify; forge
meghámoz <ige> peel: *meghámozza az almát* peel the apple
megharagít <ige> *(vkit)* make✽ sy angry
megharagszik <ige> get✽ angry (**vkire** with sy)
megharap <ige> bite✽: *Megharapta a kutyám.* He was bitten by my dog.
megháromszoroz <ige> triple
meghat <ige> affect; move; touch: *Mélyen meghatotta a film.* She was deeply moved by the film. * *Meghat a nagylelkűsége.* I am touched by his generosity.
meghatalmaz <ige> authorize (**vkit vmire** sy to do sg)
meghatalmazás <fn> authorization
meghatároz <ige> **1.** *(megállapít)* determine; specify **2.** *(kijelöl)* fix; settle; appoint **3.** *(fogalmat)* define **4.** *(azonosít)* identify **5.** orv diagnose
meghatározás <fn> *(fogalomé)* definition
meghatározott <mn> definite; well-defined; specific; set; *(megjelölt)* given; stated; fixed; appointed: *meghatározott időre* for a set period * *meghatározott időpontban* at a stated time
megható <mn> moving; touching; affecting
meghatódik <ige> be✽ moved; be✽ touched; be✽ affected
meghatottság <fn> emotion
meghátrál <ige> move back; step back; back away
megházasodik <ige> marry; get✽ married
meghibásodik <ige> go✽ wrong; break✽ down
meghirdet <ige> **1.** *(bejelent)* announce **2.** *(megvételre)* advertise: *Házunkat úgy tudnánk eladni, ha meghirdetnénk néhány napilapban.* We could sell our house by advertising it in some newspapers.
meghitt <mn> intimate; familiar
meghiúsít <ige> upset✽; foil; prevent; baffle; *(reményeket)* blight; frustrate: *meghiúsítja vkinek a terveit* upset sy's plans
meghiúsul <ige> fall✽ through; fail: *A terveink meghiúsultak.* Our plans fell through. * *Reményeink meghiúsultak.* Our hopes failed.
meghív <ige> invite: *húsz embert hív meg a bulira* invite twenty people to the party * *meghív vkit vacsorára* invite sy to dinner

meghívás <fn> invitation: *elfogadja a meghívást* accept the invitation * *X. Y. meghívására* at the invitation of XY

meghívó <fn> invitation (card): *belépés csak írásos meghívóval* admission by written invitation only * *esküvői meghívó* a wedding invitation

meghívólevél <fn> letter of invitation

meghízik <ige> put* on weight

meghódít <ige> *(területet)* conquer

meghonosít <ige> **1.** *(növényt, állatot)* naturalize **2.** *(elterjeszt divatot stb.)* introduce; bring sg into fashion

meghonosodik <ige> **1.** *(növény, állat)* naturalize **2.** *(elterjed)* catch* on; come* into fashion

meghosszabbít <ige> **1.** *(térben)* lengthen; elongate; make* longer **2.** *(időben)* prolong; extend: *meghosszabbíttatja a vízumot* have one's visa prolonged/extended * *Hosszabbítsd meg látogatásodat négy nappal!* Extend your visit by four days. **3.** *(könyvtárban)* renew: *meghosszabbítja egy könyvtári könyv kölcsönzési idejét* renew a library book

meghosszabbodik <ige> get* longer; become* longer

meghoz <ige> **1.** *(leszállít)* bring*; deliver **2.** *(ítéletet)* pass

méghozzá <ksz> besides; moreover; in addition

meghúz <ige> **1.** *(megránt)* pull **2.** *(szerkezetet)* pull: *meghúzza a ravaszt* pull the trigger * *meghúzza a féket* pull the brake **3.** *(csavart)* drive* sg in; tighten **4.** *(megrándít)* strain: *meghúzza a karját* strain one's arm **5.** *(vonalat)* draw*; trace **6.** *(megrövidít)* shorten; abridge; cut* **7. meghúzza magát** *(meghúzódik vhol)* crouch/huddle somewhere **8. meghúzza magát** *(szerényen, alázatosan viselkedik)* keep* a low profile

meghűl <ige> catch* a cold: *Meghűltem.* I have caught a cold.

meghűlés <fn> (common) cold

megígér <ige> promise: *Megígérem neked, hogy eljövök.* I promise you I'll come.

megihlet <ige> vál inspire

megijed <ige> become*/get* frightened

megijeszt <ige> scare; frighten; terrify: *Kiabálása megijesztett.* His crying scared me. * *A bátyám megijesztett, ahogy kipukkasztott mögöttem egy lufit.* My brother frightened me as he popped a balloon behind me.

megilletődik <ige> be* moved; be* touched

megindít <ige> **1.** *(mozgásba, működésbe hoz)* start; set* sg in motion **2.** *(elkezd)* institute; begin*; start: *eljárást megindít vki ellen* institute legal proceedings against sy **3.** *(érzelmileg)* move; touch; affect

megindokol <ige> give* reasons (**vmit** for sg)

megindul <ige> **1.** *(gép, jármű)* start; get* moving **2.** *(elkezdődik)* begin*

¹**megint** <ige> warn

²**megint** <hsz> again; once more: *már megint* yet again * *Megint jól érzed majd magad.* You'll feel well again.

meginterjúvol <ige> interview

megír <ige> **1.** *(írásba foglal)* write* **2.** *(elkészít)* write*: *A barátnőm és én megírtuk a házi feladatunkat.* My friend and I have written our homework. **3.** *(tudat)* write* (**vkinek vmit** sy about sg)

megirigyel <ige> become* envious (**vkit/vmit** of sy/sg)

mégis <hsz> still; yet; nevertheless; notwithstanding: *Most sötét a haja, mégis megismertem.* Her hair is now dark. Still, I recognized her. * *Fáradtan és betegen, mégis boldogan értem haza.* I arrived home tired and ill, yet happy.

mégiscsak <hsz> after all

megismer <ige> **1.** *(megismerkedik)* become*/get* acquainted (**vkivel** with sy); come*/get* to know (**vkivel** sy) **2.** *(felismer)* recognize; know*: *Levágattam a hajam, úgyhogy senki sem ismert meg.* I have had my hair cut so nobody recognized me. * *Megismered őt a pulóveréről.* You will know him by his jumper.

megismerkedik <ige> **1.** *(személlyel)* become*/get* acquainted (**vkivel** with sy); make* sy's acquaintance **2.** *(dologgal)* make* oneself familiar (**vmivel** with sg); become*/get* acquainted (**vmivel** with sg)

megismétel <ige> repeat: *Bocsánat, ezt nem értettem, megismételné?* Sorry, I missed that, could you repeat it please? * *Kényszerített, hogy megismételjem az egész történetet.* He made me repeat the whole story.

megiszik <ige> drink*: *Megivott egy pint tejet.* She drank a pint of milk.

megítél <ige> **1.** *(elbírál)* judge: *Meg tudod ítélni, melyik rajz a legjobb?* Can you judge which drawing is the best? **2.** adjudge; *(kártérítést stb.)* award (**vkinek vmit** sg to sy); *(bíróság 3 millió feletti kártérítést ítélt meg vkinek* the court awarded damages of over 3 million to sy

megítélés <fn> **1.** judgement: *megítélésem szerint* in my opinion/judgement **2.** *(bírói)* awarding; adjudication

megizzad <ige> sweat

megizzaszt <ige> sweat; make* sy sweat

megjár <ige> 1. (*utat*) do; cover: *5 nap alatt megjárta.* She did it in 5 days. 2. **megjárja** biz (*tűrhető*) not (so) bad

megjátszik <ige> 1. (*színlel*) pretend; feign 2. **megjátssza magát** put on airs 3. (*szerepet*) play; act

megjavít <ige> 1. (*megcsinál*) repair; mend; fix: *Megjavítanád a hajszárítómat?* Can you repair my hairdryer? * *Megpróbáltam megjavítani a nadrágomon lévő szakadást.* I tried to mend the tear in my trousers. * *Most fizettem ki 500 eurót, hogy ezt a gépet megjavítsák.* I've just paid out €500 on getting this machine fixed. 2. (*jobbá tesz*) improve; better; make sg better 3. (*rekordot megdönt*) break

megjavul <ige> 1. (*jobb lesz*) improve; get/become better 2. (*motor stb.*) be running again

megjegyez <ige> 1. (*emlékezetében*) remember; memorize; note: *Jegyezd meg, kérlek, hogy a tanítás 8 órakor kezdődik!* Please note that lessons start at 8 o'clock. 2. (*hozzáfűz*) remark; observe: *Megjegyezte, hogy a kalapom túl nagy rám.* He remarked that my hat was too big for me. * *„Udvarias" – jegyezte meg.* 'He is polite' she observed.

megjegyzés <fn> remark; observation; comment; note: *Mindig megjegyzéseket tesz a ruhámra.* He always makes remarks about my dress. * *találó megjegyzés* an apt remark * *Nincs semmi megjegyzésem!* No comment!

megjelenés <fn> 1. (*kiadás*) publication 2. (*kinézet*) appearance; look: *külső megjelenés* outward appearance * *Impozáns megjelenése van.* She has a commanding appearance. 3. (*jelenlét*) appearance; presence: *A születésnapi bulin való megjelenése meglepő volt.* His appearance at the birthday party was surprising.

megjelenik <ige> 1. (*feltűnik*) appear: *Megjelent a nap az égen.* The sun appeared in the sky. 2. (*személy*) appear; turn up; biz show up: *megjelenik a bíróságon* appear in court * *Nyolc órakor jelent meg.* She showed up at 8 o'clock. 3. (*nyomtatásban*) come out; be published

megjelentet <ige> (*könyvet*) publish

megjelöl <ige> 1. (*jellel*) mark; flag: *Az iskolát megjelölik a térképen.* The school is marked on this map. 2. (*megnevez*) name; assign; appoint: *Jelölje meg az árat!* Name a price.

megjósol <ige> predict; foretell: *Ahogy felnézett az égre, megjósolta, hogy esni fog.* As she looked at the sky, she predicted that it would rain.

megjön <ige> 1. (*megérkezik*) arrive; come: *Megjött már?* Has she arrived yet? 2. (*visszatér*) get home/back; return; be back

megjutalmaz <ige> reward: *Egy új biciklivel jutalmazták meg.* She was rewarded with a new bicycle.

megkap <ige> 1. receive; get: *A hétfői postával megkaptam az értesítését.* I received his communication in Monday's post. * *Amint megkapom az engedélyt, kezdek.* I will start as soon as I get the go-ahead. 2. (*visszakap kölcsönt stb.*) get back 3. (*elnyer*) win; obtain 4. (*betegséget*) catch; get; contract; develop 5. (*lenyűgöz vkit*) affect sy deeply

megkaparint <ige> biz grab; snatch: *állást megkaparint* grab a job

megkapaszkodik <ige> (*vmely dologban*) clutch at sg; cling to sg

megkarcol <ige> scratch; scrape: *A kerítés megkarcolta az autóm oldalát.* The fence scratched the side of my car.

megkarmol <ige> scratch; claw: *A macska megkarmolta a karomat.* The cat scratched my hand.

megkárosít <ige> (*anyagilag*) cause loss/damage (**vkit** to sy); damage (**vkit** sy)

megkedvel <ige> (*személyt, dolgot*) take to sy/sg

megkefél <ige> 1. (*megtisztítva*) brush; clean sg with a brush 2. (*hajat*) brush 3. vulg screw; fuck

megkegyelmez <ige> pardon (**vkinek** sy)

megkel <ige> (*tészta*) rise

megkeményedik <ige> harden; set; become hard/solid

megken <ige> 1. spread (**vmit vmivel** sg with sg): *megkeni a kenyeret vajjal* spread a piece of bread with butter 2. (*gépet*) lubricate; grease 3. biz (*lefizet*) bribe; grease sy's palm

megkér <ige> 1. ask; request: *Megkértem, lenne szíves hazavinni.* I asked him if he would drive me home. * *Megkértem, hogy vegyen nekem egy almát.* I asked him to buy me an apple. 2. **megkéri vki kezét** propose to sy

megkérdez <ige> ask: *Megkérdezte a nevemet.* He asked (me) my name. * *Megkérdezte tőlem, hol a posta.* He asked me where the post office was.

megkeres <ige> 1. (*vkit/vmit*) look for sy/sg; try to find sy/sg 2. (*kapcsolatba lép*) contact 3. (*vkihez fordul*) apply/turn to sy 4. (*szót a szótárban*) look sg up 5. (*pénzt*) earn: *megkeresi a megélhetéshez szükségeset* earn one's living

megkeresztel <ige> christen; vall baptize: *megkeresztelik* be christened/baptized

megkeresztelkedik <ige> be baptized

megkésel <ige> knife

megkétszereződik <ige> double: *A gyermekek száma megkétszereződött a családjukban.* The

number of children in their family has doubled.
megkettőz <ige> double
megkever <ige> 1. *(ételt stb.)* stir: *Lassú tűznél gyengén keverd meg a krémet!* Stir the cream gently over a low heat. 2. *(kártyát)* shuffle
megkezd <ige> 1. *(nekifog)* start; begin✦: *megkezdi a munkát* start work 2. *(ülést, vitát stb.)* open 3. *(felbont)* open 4. *(felvág)* cut✦
megkezdődik <ige> start; begin✦: *Fél órán belül megkezdődik a játék.* The play will start in half an hour.
megkímél <ige> save (vkit vmitől sy sg); spare (vkit vmitől sy sg // sy from sg)
megkínál <ige> offer (vkit vmivel sy sg): *Megkínálhatom egy csésze kávéval?* Can I offer you a cup of coffee?
megkínoz <ige> torment; torture
megkísérel <ige> attempt; make✦ an attempt; try
megkíván <ige> 1. desire; want 2. *(szexuálisan vkit)* lust after sy 3. *(megkövetel)* require: *Ez a munka igen magas fokú intelligenciát kíván meg.* This job requires high intelligence.
megkockáztat <ige> risk; chance: *Meg kell kockáztatnunk az ütközetet.* We must risk a battle.
megkopaszt <ige> 1. *(baromfit)* pluck 2. biz *(kifoszt)* skin; fleece
megkopogtat <ige> 1. *(megütöget)* knock; tap; rap 2. orv sound
megkoronáz <ige> 1. crown: *Erzsébet királynőt 1953-ban koronázták meg.* Queen Elizabeth was crowned in 1953. 2. *(betetőz)* crown (vmit vmivel sg with sg)
megkóstol <ige> taste: *Kóstold meg ezt a tejet és mondd meg, hogy savanyú-e!* Taste this milk and tell me whether it is sour.
megkoszorúz <ige> *(sírt, emlékművet)* lay✦ a wreath on sg
megkönnyebbül <ige> feel✦ relief/relieved
megkönnyebbülés <fn> relief: *megkönnyebbüléssel sóhajt* sigh with relief ✱ *Nagy megkönnyebbülést éreztünk, amikor meghallottuk a lépteit a folyosón.* We felt great relief when we heard his footsteps on the corridor.
megköszön <ige> thank (vkinek vmit sy for sg): *Meg kell köszönnöm neki a csokit.* I must thank her for the chocolate.
megköszörül <ige> *(kést)* sharpen; grind✦
megköt <ige> 1. *(csomóra)* tie; knot: *megköti a cipőfűzőjét* tie one's shoelaces ✱ *megköti a nyakkendőjét* knot one's tie 2. *(fonalból)* knit✦ 3. *(beton stb. megszilárdul)* set✦
megkötöz <ige> bind✦

megkövetel <ige> 1. require; demand: *Megkövetelem, hogy engedelmeskedjél nekem.* I require you to obey me. 2. *(igényel)* require; demand: *a körülmények megkövetelik* the circumstances demand it
megközelít <ige> 1. *(térben)* approach; near; come✦ near; come✦ close: *Nagyon lassan közelítettem meg a nyulat.* I approached the rabbit very quietly. 2. *(majdnem elér)* approximate: *megközelíti az ötezret* approximate 5000 3. *(kérdést)* approach
megközelíthetetlen <mn> 1. *(térben)* inaccessible 2. *(személy)* unapproachable
megközelíthető <mn> 1. *(térben)* accessible; approachable: *Háza autóval nem megközelíthető.* His house is not accessible by car. 2. *(személy)* approachable
megközelítőleg <hsz> about; approximately
megkülönböztet <ige> distinguish (vkit/vmit vkitől/vmitől sy/sg from sy/sg); differentiate (vkit/vmit vkitől/vmitől sy/sg from sy/sg); discriminate (vkit/vmit vkitől/vmitől sy/sg from sy/sg)
megkülönböztetés <fn> distinction; differentiation
megküzd <ige> 1. fight✦ (vkivel with sy) 2. fight✦ (vmiért for sg); struggle (vmiért for sg) 3. *(nehézségekkel)* tackle; fight✦
meglágyít <ige> soften
meglágyul <ige> soften: *Meglágyult a hangja.* His voice softened.
meglát <ige> 1. *(megpillant vmit)* catch✦ sight of sg 2. *(észrevesz)* notice
meglátogat <ige> visit (vkit sy); call (in) on (vkit sy): *Hétvégén meglátogattam a nagymamámat.* I visited my grandmother at the weekend.
meglazít <ige> loosen; slacken
meglazul <ige> loosen; slacken; come✦/get✦ loose: *Meglazult a kötél.* The rope slacked.
meglehetősen <hsz> rather; quite; pretty; fairly; reasonably: *meglehetősen megbízhatatlan alak* rather a slippery character ✱ *meglehetősen gyakran* quite/pretty often ✱ *Most meglehetősen elfoglalt.* She is quite busy now. ✱ *meglehetősen jól beszél angolul* speak English fairly well
meglep <ige> 1. *(meglepetést okoz)* surprise; *(megdöbbent)* astonish: *Mérges hangja meglepett.* Her angry voice surprised me. ✱ *Lelkesedése meglepett.* I was astonished by his enthusiasm. 2. surprise (vkit vmivel sy with sg)
meglepetés <fn> 1. *(meglepődöttség)* surprise; *(megdöbbenés)* amazement; astonishment: *Arca meglepetést árult el.* Her face registered surprise. ✱ *meglepetésemre* to my amazement 2. *(esemény)* surprise: *kellemes meglepetés* be a pleasant surprise 3. *(ajándék)* present; gift

meglepő <mn> surprising; astonishing; amazing: *Egyáltalán nem meglepő.* It's hardly surprising. * *Meglepő ez a hír!* This news is surprising.
meglepődik <ige> be✧ surprised (**vmin** at sg); be✧ astonished (**vmin** at sg)
meglincsel <ige> lynch
meglocsol <ige> *(kertet, növényt)* water
meglóg <ige> biz **1.** decamp; skip off; slip away **2.** *(vmely dologgal)* make✧ off with sg
meglő <ige> shoot✧
megmagyaráz <ige> explain (**vmit vkinek** sg to sy)
megmagyarázhatatlan <mn> inexplicable; unexplainable
megmarad <ige> **1.** *(vhol)* stay; remain **2.** *(vmely állapotban)* remain **3.** *(fennmarad)* last; endure **4.** *(nem fogy el)* remain; be✧ left **5.** *(kitart)* adhere to (**vminél** sg) **6.** *(életben)* survive
megmarkol <ige> grip; seize; grasp
megmászik <ige> climb: *Megmásztuk a hegyet.* We climbed the hill.
megmasszíroz <ige> massage
megmelegít <ige> *(vmit)* warm sg (up); heat sg (up): *A levest megmelegítettem a tűzhelyen.* I heated the soup on the cooker.
megmenekül <ige> **1.** *(veszélyből stb.)* escape (**vhonnan/vmiből** from sg); make✧ one's escape (**vhonnan/vmiből** from sg) **2.** *(dologtól)* escape (**vmitől/vmi elől** sg); evade (**vmitől/vmi elől** sg); avoid (**vmitől/vmi elől** sg)
megment <ige> save; rescue: *megmenti vkinek az életét* save sy's life
megmér <ige> measure; take✧; *(súlyát)* weigh: *megméri a lázát* measure/take one's temperature * *megméri vminek a hossz(úság)át* measure the length of sg * *megméri vkinek a pulzusát* take sy's pulse * *Megmérte a vérnyomásom.* He took my blood pressure. * *megméri a krumplit a mérlegen* weigh the potato on the scales
megméredzkedik <ige> weigh oneself
megmerevedik <ige> **1.** stiffen; grow✧ stiff **2.** *(folyékony anyag)* set✧; become✧ firm; solidify
megmérgez <ige> **1.** poison **2. megmérgezi magát** poison oneself **3.** *(tönkretesz)* poison
megmetsz <ige> prune
megmond <ige> **1.** *(közöl, utasít)* tell✧: *Megmondom neki, hol lakom.* I will tell him where I live. **2.** *(megjósol)* tell✧; predict **3.** *(kijelent)* tell✧ **4.** *(beárul vkit)* tell✧ on sy
megmos <ige> wash: *szappannal és vízzel megmos vmit* wash sg with soap and water * *Meg kell mosni a hajadat.* Your hair needs to be washed.

megmosakodik <ige> wash (oneself): *gyorsan megmosakodik és felöltözik* wash and dress quickly
megmotoz <ige> frisk; search: *Mindenkit megmotoztak.* We were all frisked.
megmozdít <ige> move; stir; shift
megmozdul <ige> move; stir; shift: *Azt képzeltem, hogy láttam valamit a sötétben megmozdulni.* I fancied (that) I saw something moving in the dark. * *A függöny kissé megmozdult a szellőtől.* The curtain stirred gently in the breeze.
megmozdulás <fn> *(tüntetésszerű)* demonstration; *(mozgalom)* movement; *(akció)* action: *forradalmi megmozdulás* revolutionary action
megmozgat <ige> move; stir; set✧ sg in motion
megmutat <ige> **1.** show✧ (**vkinek vmit** sy sg // sg to sy): *megmutatja vkinek a látnivalókat* show sy the sights * *Ha meglátogatnál, megmutatnám a képeimet.* If you visited us, I could show you my pictures. **2.** *(rámutat)* point (**vmire/vkire** to sg/sy) **3.** *(szemléltetve)* show✧ (**vkinek vmit** sy sg): *megmutatja vkinek, hogy hogy kell csinálni vmit* show sy how to do sg **4.** *(kimutat)* show✧; prove✧
megmutatkozik <ige> manifest itself; appear
megműt <ige> operate (**vkit** on sy); perform an operation (**vkit** on sy)
megművel <ige> *(földet)* cultivate
megnagyobbít <ige> extend; enlarge; make✧ sg larger
megnagyobbodik <ige> enlarge; grow✧ larger
megnedvesít <ige> moisten; wet; dampen
megnehezít <ige> *(vmit)* make✧ sg more difficult
megnevettet <ige> *(vkit)* make✧ sy laugh
megnevez <ige> **1.** name: *Nevezze meg a jelenlévőket!* Name those present! **2.** *(közelebbről)* specify: *megnevez kétfajta hibát* specify two types of mistake **3.** *(időpontot stb.)* fix; set✧; appoint
megnéz <ige> **1.** *(személyt, dolgot)* look at sy/sg; have✧ a look at sy/sg: *megnézi magát a tükörben* look at oneself in the mirror **2.** *(tévében)* watch; *(előadást stb.)* go✧ to see; see✧: *Egészen a végéig megnézzük a filmet.* We are watching the film right to the end. * *Tegnap este megnéztünk egy videokazettát.* Last night we watched a video. * *megnézi a nevezetességeket* (go to) see the sights **3.** *(utánanéz vminek)* look sg up: *Ne felejtsd el megnézni a Budapestre induló vonatokat a menetrendben!* Don't forget to look up the trains to Budapest in the timetable. * *megnézi a szótárban* look it up in the dictionary

megnő <ige> **1.** *(személy)* grow* up **2.** *(növény)* grow*
megnősül <ige> get* married
megnövel <ige> **1.** *(terjedelemben)* enlarge **2.** *(hatásfokban)* increase
megnyal <ige> lick
megnyer <ige> **1.** win*: *megnyeri a versenyt* win the race * *megnyeri a választást* win an election **2.** *(meggyőz vkit)* win* sy over/round (**vmire** to sg)
megnyerő <mn> winning; engaging; attractive: *megnyerő mosoly* a winning smile
megnyílik <ige> open
megnyilvánul <ige> manifest itself
megnyír <ige> **1.** *(hajat)* cut* **2.** *(rövidre)* clip; trim **3.** *(birkát stb.)* shear*
megnyit <ige> **1.** open **2.** *(elkezd)* open: *megnyitja az értekezletet* open the meeting
megnyitó <fn> *(ünnepély)* opening; opening ceremony: *az új tornaterem hivatalos megnyitója* the official opening of the new gymnasium
megnyitóbeszéd <fn> *(konferencián stb.)* opening speech/address; keynote address
megnyom <fn> press; push: *megnyomja a gombot* press/push the button * *Megnyomta a csengőt és bejött.* He pressed the doorbell and came in.
megnyugszik <ige> calm down; relax: *Ne aggódj – nyugodj meg!* Don't worry – just relax.
megnyugtat <ige> **1.** *(vkit)* calm sy (down); soothe: *megnyugtatja a síró gyereket* calm the screaming child **2.** reassure (**vkit vmi felől** sy about sg)
megnyúlik <ige> stretch; lengthen
megnyúz <ige> skin; flay: *megnyúzza a nyulat* skin the rabbit
megolajoz <ige> *(gépet)* oil; lubricate
megold <ige> **1.** *(csomót)* untie; undo*; loosen **2.** *(kérdést stb.)* solve; settle: *megoldja a problémát* solve the problem **3.** mat solve: *egyenletet megold* solve an equation **4.** *(rejtélyt)* solve; clear up
megoldás <fn> **1.** solution; *(példáé, rejtvényé stb.)* solution; answer: *alternatív megoldás* alternative solution * *azonnali megoldások* instant solutions * *megoldás a problémára* the solution to the problem * *Rossz a megoldás.* The answer is wrong. **2.** *(könyv végén)* key
megoldatlan <mn> unsolved
megoldhatatlan <mn> insoluble; unsolvable
megoldódik <ige> *(probléma, rejtély)* be* solved; work out
megolvad <ige> melt; thaw
megolvaszt <ige> melt

megoperál <ige> operate (**vkit vmivel** on sy for sg)
megoszlás <fn> distribution; division
megoszlik <ige> **1.** be* distributed **2.** *(eltér)* be* divided; vary: *Megoszlanak a vélemények.* Opinions are divided.
megoszt <ige> **1.** *(több személy közt)* divide (**vmit vkik között** sg among/between sy) **2.** *(közöl)* share (**vmit vkivel** sg with sy) **3.** *(közösséget)* divide
megóv <ige> **1.** *(megvéd)* protect (**vkit/vmit vmitől** sy/sg against/from sg); preserve (**vmit vmitől** sg from sg) **2.** *(biztonságossá tesz)* secure (**vmitől/vmi ellen** against/from sg)
megöl <ige> **1.** *(személyt)* kill; murder: *puszta kézzel megöl vkit* kill sy with one's bare hands **2.** *(állatot)* kill; slaughter **3. megöli magát** kill oneself; commit suicide
megölel <ige> embrace; hug: *Megölelték egymást.* They embraced (each other). * *Megölelt.* He hugged me.
megöntöz <ige> water: *megöntözi a növényeket* water the plants
megöregedik <ige> become*/grow* old
megőriz <ige> **1.** *(tárgyat)* preserve; protect; keep* **2.** *(megtart)* retain; hold; keep*
megőrjít <ige> biz madden; drive* sy crazy/mad
megörökít <ige> **1.** *(rögzít)* record **2.** *(lefényképez)* photograph
megőröl <ige> grind*; mill
megőrül <ige> biz **1.** go* mad/crazy **2.** *(bolondul vmiért)* be* mad about/on sg: *Megőrül a számítógépes játékokért.* He's mad on computer games.
megőszül <ige> turn/go* grey; AmE turn/go* gray: *Haja megőszült.* Her hair has gone grey.
megpályáz <ige> apply (**vmit** for sg): *Az állást meg fogom pályázni.* I will apply for the job.
megparancsol <ige> order
megpaskol <ige> pat
megpatkol <ige> shoe*
mégpedig <ksz> namely; to be more precise: *Küldd ki az osztály két legmagasabb gyerekét, mégpedig Susant és Annt.* Send out the two tallest children of the class, namely Susan and Ann.
megpenészesedik <ige> go*/get* mouldy; AmE go*/get* moldy
megperzsel <ige> singe; scorch
megpihen <ige> rest; have* a rest; relax
megpillant <ige> *(vmit)* catch* a glimpse of sg; glimpse; catch* sight of sg
megpirít <ige> **1.** *(ételt)* brown: *megpirítja a húst* brown the meat **2.** *(kenyérpirítóban)* toast
megpofoz <ige> *(vkit)* slap sy's face
megpróbál <ige> **1.** try: *Megpróbálja megoldani a feladatot.* He is trying to solve the problem.

* *Megpróbált elfutni.* He tried to run away. **2.** *(megkísérel)* attempt; make✱ an attempt **3.** *(kipróbál)* test; give✱ sg a try
megpróbáltatás <fn> ordeal; trial
megpuhít <ige> **1.** soften **2.** biz *(személyt)* soften sy up
megpuhul <ige> **1.** soften; grow✱ soft: *Megpuhult az alma.* The apple softened. **2.** biz *(személy)* soften
megrág <ige> **1.** *(ételt)* chew **2.** biz *(megfontol vmit)* chew sg over
megragad <ige> **1.** *(megfog)* grasp; grab; grip; seize: *megragadja a kötelet* grasp the rope * *megragadja vki kezét* grab sy's hand * *Hirtelen megragadta a kezem.* He suddenly gripped my hand. * *megragad vkit a gallérjánál fogva* seize sy by the collar * *Megragadta a könyvet és elrohant vele.* He seized the book and ran off with it. **2.** *(kihasznál)* take✱; seize; grasp: *megragadja az alkalmat* take/seize the opportunity **3.** *(magával ragad)* captivate; fascinate
megrágalmaz <ige> *(szóban)* slander; *(írásban)* libel
megragaszt <ige> glue; stick✱
megrajzol <ige> **1.** draw✱ **2.** átv *(leír)* describe
megrak <ige> **1.** *(kocsit, hajót stb.)* load sg (up) (**vmivel** with sg) **2.** biz *(elver vkit)* tan sy's hide
megrándít <ige> *(ízületet)* strain
megránt <ige> pull; jerk
megráz <ige> **1.** shake✱: *megrázza vkinek a kezét* shake hands with sy **2.** *(áram vkit)* get✱ a(n electric) shock **3.** *(megrendít vkit)* shake✱ sy (up); shock: *A rossz hírek megráztak.* The bad news shook me up.
megrázkódtatás <fn> shock; *(társadalmi, politikai)* convulsion: *hirtelen megrázkódtatás* rude shock
megrázó <mn> shocking; harrowing; upsetting
megrémít <ige> frighten; terrify; scare
megrémül <ige> be✱ frightened; be✱ terrified; be✱ scared
megrendel <ige> **1.** *(árut stb.)* order; place an order (**vmit** for sg) **2.** *(szobát, jegyet stb.)* book: *előre megrendel vmit* book sg in advance
megrendelés <fn> order: *orvosi műszerekre vonatkozó megrendelés* an order for medical instruments
megrendelő <fn> gazd customer
megrendelőlap <fn> order form/sheet/blank: *megrendelőlapot kitölt* fill in the order form
megrendít <ige> **1.** *(megingat)* shake✱; shatter: *megrendíti vkinek a hitét* shake sy's faith **2.** *(lesújt)* shake✱; shock; stagger: *Megrendítette a baleset.* He was shaken by the accident. * *Halála megrendítette az egész családot.* His death shook the entire family.

megrendül <ige> *(lelkileg)* be✱ shaken; be✱ shocked
megreped <ige> crack; split✱
megró <ige> reprimand (**vkit vmiért** sy for sg); rebuke (**vkit vmiért** sy for sg); reprove (**vkit vmiért** sy for sg)
megrohamoz <ige> **1.** *(katonaság)* attack; storm; make✱/launch an assault (**vkit/vmit** on s/sg): *megrohamozza a várat* storm the castle **2.** *(tömeg)* mob; storm
megromlik <ige> **1.** *(étel stb.)* go✱ off; go✱ bad; spoil✱: *A hús megromlott.* The meat has gone bad. **2.** *(egészség)* deteriorate; become✱ worse: *Állapota hirtelen megromlott.* Her condition suddenly deteriorated. **3.** *(helyzet)* worsen; deteriorate
megrongál <ige> damage
megrongálódik <ige> be✱/get✱ damaged: *Az autó nagyon megrongálódott a karambolban.* The car was badly damaged by the crash.
megrothad <ige> rot; become✱ rotten: *A gyümölcsök megrothadtak a fa alatt.* The fruits have rotted under the tree.
megrovás <ige> rebuke; reprimand; censure
megrozsdásodik <ige> rust; get✱ rusty
megrögzött <mn> confirmed; habitual: *megrögzött agglegény* a confirmed bachelor * *megrögzött hazudozó* a habitual liar
megröntgenez <ige> X-ray: *Az orvos megröntgenezte a jobb karomat, hogy megnézze, eltörött-e.* The doctor X-rayed my left arm to see if it was broken.
megrövidít <ige> **1.** shorten; make✱ sg shorter **2.** *(cikket)* cut✱ **3.** *(becsap)* defraud
megrúg <ige> kick: *Jimmy megrúgott!* Jimmy kicked me!
megsajnál <ige> pity; feel✱ pity/sorry (**vkit** for sy)
megsárgul <ige> yellow; become✱/turn yellow
megsavanyodik <ige> sour; go✱/turn sour: *Megsavanyodott a tej.* The milk has gone sour.
megsebesül <ige> be✱ injured; be✱ wounded
megsebez <ige> injure; wound
megsemmisít <ige> **1.** *(elpusztít)* annihilate **2.** jog declare sg null and void; *(ítéletet)* quash; *(szerződést stb.)* cancel; annul
megsemmisül <ige> be✱ destroyed/annihilated
megsért <ige> **1.** *(testileg)* injure; hurt✱: *Megsértette a fejét.* She injured her head. * *Megsértettem a kezemet.* I hurt my hand. **2.** *(tárgyat)* damage **3.** *(megbánt)* offend; insult; hurt✱ **4.** *(törvényt)* infringe; break✱; violate
megsértődik <ige> be✱/feel✱ offended (**vmi miatt** at/by/with sg)
megsérül <ige> **1.** *(testileg)* be✱ injured: *súlyosan megsérült* be seriously/badly injured * *Szőr-*

megsimogat <ige> stroke; caress

megsokszoroz <ige> multiply

megsokszorozódik <ige> be✱ multiplied; increase/grow✱ in number: *Ha nem lépünk gyorsan, a balesetek megsokszorozódnak.* Unless we move quickly, accidents will be multiplied.

megsóz <ige> salt

megsüketül <ige> go✱/become✱ deaf

megsüt <ige> 1. *(főleg húst)* roast 2. *(tésztafélét)* bake

megszab <ige> set✱; fix; prescribe; determine

megszabadít <ige> free (**vkit/vmit vkitől/vmitől** sy/sg of/from sy/sg); liberate (**vkit/vmit vkitől/vmitől** sy/sg from sy/sg); set✱ sy/sg free (**vkitől/vmitől** from sy/sg): *A rendőrség meg akarja szabadítani a várost az erőszakos bűncselekményektől.* The police want to free the town of violent crime.

megszabadul <ige> get✱ rid of (**vkitől/vmitől** sy/sg)

megszagol <ige> smell✱: *Gyere ide, és szagold meg a rózsákat!* Come and smell the roses.

megszakít <ige> 1. break✱; interrupt: *Londonban megszakítottam az utamat.* I've broken my journey at London. 2. *(beszélgetést)* interrupt 3. *(szétkapcsol vmit)* cut✱ sg off; disconnect: *Megszakította az áramot.* He cut off the electricity.

megszakítás <fn> 1. *(folyamaté)* break; interruption 2. *(szünet)* pause; break: *megszakítás nélkül* without a break

megszáll <ige> 1. *(elfoglal)* invade; occupy: *A fővárost katonák ezrei szállták meg.* Hundreds of soldiers have occupied the capital. 2. *(megalszik)* stay

megszállás <fn> kat occupation: *a megszállás alatt* during the occupation

¹**megszállott** <mn> obsessive; obsessed; possessed

²**megszállott** <fn> fanatic; maniac

megszámlálhatatlan <mn> 1. countless; innumerable 2. nyelvt uncountable: *megszámlálhatatlan főnév* uncountable noun

megszámol <ige> count

megszámoz <ige> number

megszárad <ige> dry; become✱ dry: *Meg fog száradni a napon.* It'll dry in the sun.

megszárít <ige> dry

megszavaz <ige> vote; pass; carry: *Az országgyűlés jelentékeny összegeket szavazott meg.* Parliament voted considerable sums.

megszédül <ige> be✱/become✱ dizzy

megszeg <ige> 1. *(esküt stb.)* break✱: *megszegi az ígéretét* break one's promise 2. *(törvényt)* break✱; violate: *megszegi a törvényt* break/violate the law 3. *(késsel)* cut✱

megszégyenít <ige> shame; put✱ sy to shame; humiliate

megszelídít <ige> *(állatot)* tame; domesticate

megszeret <ige> come✱ to like; take✱ to sy/sg: *Megszerette őt.* She came to like him.

megszerez <ige> get✱; obtain; acquire: *megszerez egy címet* obtain an address

megszerkeszt <ige> 1. *(kéziratot, könyvet)* edit; *(szótárt)* compile; edit 2. *(szöveget)* draw✱ sg up; write✱ 3. *(gépet)* design; construct

megszervez <ige> organize; arrange: *megszervez egy ausztriai utat* organize a trip to Austria ✱ *Megszervezte, hogy találkozzam velük.* He has arranged to meet them.

megszid <ige> scold (**vkit vmiért** sy for sg); rebuke (**vkit vmiért** sy for sg); reprimand (**vkit vmiért** sy for sg)

megszigorít <ige> tighten up (**vmit** on sg)

megszilárdul <ige> 1. *(anyag)* set✱; solidify 2. *(megerősödik)* become✱ consolidated

megszimatol <ige> 1. *(állat)* scent; sniff 2. biz *(megsejt)* scent; smell✱; suspect

megszokás <fn> habit; custom: *megszokásból* out of habit

megszokik <ige> 1. *(vmit)* get✱/become✱ used to sg; get✱/become✱ accustomed to sg: *Kezdi megszokni.* He is getting used to it. ✱ *Megszokta az új környezetét.* He became accustomed to his new surroundings. 2. *(idegen helyen)* adapt to sg; get✱ used to sg; acclimatize; AmE acclimatise

megszokott <mn> common; habitual; regular; usual; everyday: *Ott eléggé megszokottak a balesetek.* Accidents are quite common there. ✱ *Ő nem az én megszokott orvosom.* He is not my regular doctor. ✱ *Ezen a hangversenyen felcseréltük a dalok megszokott sorrendjét.* We reversed the usual order of the songs at this concert.

megszólal <ige> 1. *(beszélni kezd)* start speaking; begin✱ to speak 2. *(telefon stb.)* ring✱: *Ahogy megszólalt a telefon, kiugrott az ágyból.* She jumped out of the bed as the phone rang.

megszólít <ige> address; speak✱ to sy

megszomjazik <ige> become✱/get✱ thirsty

megszoptat <ige> nurse; breastfeed✱

megszór <ige> sprinkle (**vmit vmivel** sg with sg)

megszorít <ige> 1. *(szorosabbra)* tighten: *Meg kell szorítani a fedőt.* This lid should be tightened. 2. *(korlátoz)* restrict; limit; restrain

megszorítás <fn> *(korlátozás)* restriction; restraint

megszoroz <ige> mat multiply (**vmit vmennyivel** sg by sg): *hármat kettővel megszoroz* multiply three by two * *Szorozd meg a 10-et 2-vel!* Multiply 10 by 2.

megszökik <ige> **1.** escape (**vhonnan** from sg); flee✢ (**vhonnan** from sg); break✢ away (**vhonnan** from sg) **2.** *(börtönből)* escape (**vhonnan** from sg); break✢ out (**vhonnan** of sg): *Megszökött a börtönből.* He escaped from prison. **3.** *(folyadék, gáz)* escape **4.** *(vkinek a partnerével)* go✢ off with sy; run✢ off with sy **5.** *(dezertál)* desert: *megszökik a katonaságtól* desert from the army

megszöktet <ige> *(vkit)* help sy to escape

megszúr <ige> **1.** *(késsel)* stab **2.** *(darázs)* sting✢ **3.** *(tövis)* prick

megszül <ige> *(kisbabát)* give✢ birth to sy

megszületik <ige> **1.** *(világra jön)* be✢ born: *Ebben a házban élek, amióta megszülettem.* I have lived in this house since I was born. **2.** *(létrejön)* come✢ into being/existence

megszűnik <ige> **1.** *(véget ér)* stop; come✢ to an end **2.** *(gyár stb.)* close down

megszüntet <ige> **1.** stop; end; cease; put✢ an end to sg **2.** *(korlátozást, tilalmat)* lift **3.** *(fájdalmat)* ease; relieve

megszűr <ige> *(folyadékot)* filter; strain

megtagad <ige> **1.** deny (**vkitől vmit** sy sg); refuse (**vkitől vmit** sy sg): *Soha semmit nem tagad meg a gyerekeitől.* She never refuses her children anything. **2.** *(nem teljesít)* refuse (**vmit** sg // to do sg); deny (**vmit** sg): *megtagadja az engedelmességet* refuse to obey

megtakarít <ige> **1.** *(pénzt)* save: *Mennyi pénzt tudsz megtakarítani hetente?* How much money can you save a week? **2.** *(időt, energiát)* save; spare: *fáradságot megtakarít* save trouble

megtakarítás <fn> *(összeg)* savings <tsz>

megtalál <ige> **1.** find✢: *megtalálja a megoldást a problémára* find an answer for a problem * *megtalál vmit a térképen* find sg on the map **2.** *(véletlenül vmit)* come✢ across sg

megtaláló <fn> finder

megtámad <ige> **1.** *(fizikailag)* attack; assault: *Megtámadták.* She was attacked. **2.** kat attack; make✢/launch an assault (**vkit** on sy) **3.** *(országot)* invade; attack: *A katonaság megtámadta az országot.* The army attacked the country. **4.** *(véleményt)* challenge **5.** *(megfellebbez)* contest **6.** *(betegség)* attack; affect: *Növényeimet egy különös betegség támadta meg.* A strange disease attacked my plants.

megtanít <ige> teach✢ (**vkit vmire** sy sg / sy (how) to do sg): *megtanít vkit a számítógép használatára* teach sy how to use the computer * *Megtanítottuk a kutyát, hogy visszahozza a labdát.* We taught our dog to retrieve a ball.

megtanul <ige> **1.** learn✢: *Húsz új szót kell megtanulnom.* I have to learn twenty new words. * *Nagyon nehéz megtanulni azt a nyelvet.* It is very difficult to learn that language. **2.** *(könyv nélkül)* learn✢ by heart

megtapad <ige> stick✢; adhere

megtapasztal <ige> experience

megtapogat <ige> feel✢; touch

megtapsol <ige> applaud; clap

megtárgyal <ige> discuss; talk sg over

megtart <ige> **1.** *(elbír)* hold✢; take✢ **2.** *(magánál)* keep✢; retain: *Megtarthatod a tollamat, nekem már nem kell.* You can keep my pen; I don't want it any more. **3.** *(előadást)* present; give✢; deliver; *(értekezletet)* hold✢ **4.** *(ünnepet, szokást)* keep✢; observe **5.** *(megőriz emlékezetében vmit/vkit)* keep✢/bear✢ sg/sy in mind; remember sg/sy **6.** *(törvényt)* observe **7. megtartja az ígéretét** keep✢ one's promise/word

megtekint <ige> **1.** inspect; view; examine **2.** *(kiállítást)* visit

megtelik <ige> be✢/become✢ full; fill (up) (**vmivel** with sg)

megtér <ige> vall be✢ converted

megteremt <ige> **1.** *(létrehoz)* create; produce **2.** *(Isten)* create

megterhel <ige> **1.** *(súllyal)* weight **2.** átv trouble (**vkit vmivel** sy with sg); burden (**vkit vmivel** sy with sg) **3.** *(számlát)* charge; debit: *megterheli vki számláját* debit sy's account

megterít <ige> lay✢ the table

megtérít <ige> **1.** *(pénzt)* refund **2.** *(megfizet)* pay✢ (**vmit** for sg) **3.** vall convert (**vkit vmire** sy to sg)

megtermékenyít <ige> **1.** biol fertilize **2.** növ pollinate

megtermékenyítés <fn> **1.** biol fertilization: *mesterséges megtermékenyítés* in-vitro fertilization **2.** növ pollination

megtermel <ige> produce

megtervez <ige> **1.** plan **2.** *(épületet stb.)* design

megtestesít <ige> embody; personify

megtesz <ige> **1.** *(megcsinál)* do✢: *kéretlenül megtesz vmit* do sg unasked * *Megteszem neked!* I will do that for you! * *megtesz minden tőle telhetőt* do one's best **2.** *(végrehajt)* take✢; do✢; *(teljesít)* perform; achieve; accomplish: *megteszi a szükséges lépéseket* take the necessary measures * *megteszi a szükséges intézkedéseket* take the necessary steps * *megteszi a kötelességét* do one's duty **3.** *(kinevez)* appoint (**vkit vminek** sy (to) sg) **4.** *(utat)* cover; do✢: *Megtettünk 20 kilométert.* We covered 20 kilome-

tres. **5. megteszi** biz *(jó lesz)* do✝: *Az is megteszi.* That'll do.
megtetszik <ige> *(vkinek)* grow✝ on sy
megtéveszt <ige> deceive
megtilt <ige> prohibit (**vkinek vmit** sy from doing sg); forbid✝ (**vkinek vmit** sy sg // sy to do sg)
megtisztel <ige> honour (**vkit vmivel** sy with sg); AmE honor (**vkit vmivel** sy with sg)
megtiszteltetés <fn> privilege; honour; AmE honor: *Megtiszteltetés volt őt beszélni hallani.* It was a privilege to hear him speak.
megtisztít <ige> **1.** *(tisztává tesz)* clean; cleanse: *megtisztítja az ezüstöt* clean the silver **2.** *(főzéshez)* clean; *(zöldséget)* peel; pare; clean **3.** *(megszabadít)* cleanse
megtizedel <fn> átv is decimate
megtol <ige> push; give✝ sg a push
megtorlás <fn> retaliation; revenge; reprisal: *megtorlásul* in retaliation
megtorol <ige> avenge; revenge; retaliate: *Megesküdött hogy megtorolja a sértést.* He swore to avenge the insult.
megtölt <ige> **1.** *(teletölt)* fill (up) (**vmit vmivel** sg with sg): *vízzel megtölt vmit* fill sg with water ∗ *megtölti a tartályt olajjal* fill up the tank with oil **2.** *(töltelékkel)* stuff (**vmit vmivel** sg with sg): *zöldségekkel tölti meg a csirkét* stuff the chicken with vegetables **3.** *(puskát)* charge; load: *megtölti a puskát* load a gun
megtöm <ige> stuff: *megtömi gyümölccsel a hűtőt* stuff the fridge with fruit
megtör <ige> **1.** *(összetör)* break✝; crush; *(borsot)* grind✝ **2.** *(diót feltör)* crack **3.** *(csendet)* break✝: *A csendet megtörte egy autó zaja.* The silence was broken by the sound of a car. **4.** *(ellenállást stb.)* crush **5.** *(fizikailag vkit)* wear✝ sy down; *(lelkileg)* crush
megtöröl <ige> **1.** wipe; *(nedveset)* dry **2.** *(portalanít)* dust
megtörölközik <ige> dry oneself (with a towel)
megtört <mn> broken: *megtört ember* a broken man
megtörténik <ige> happen; take✝ place; come✝ about; occur
megtréfál <ige> play a joke/trick (**vkit** on sy)
megtud <ige> come✝/get✝ to know; learn✝; hear✝
megtudakol <ige> inquire (**vmit** about sg); make✝ inquiries (**vmit** about sg); ask (**vmit** after sg)
megtűr <ige> tolerate; bear✝; endure
megtűzdel <ige> lard (**vmit vmivel** sg with sg)
megugat <ige> bark (**vkit/vmit** at sy/sg)
megújít <ige> **1.** *(meghosszabbít)* renew **2.** *(átalakít)* renovate
megújul <ige> **1.** be✝ renewed/refreshed **2.** *(természet stb.)* revive

megun <ige> get✝/be✝ bored (**vkit/vmit** with sy/sg)
megundorodik <ige> become✝/be✝ disgusted (**vmitől** with sg)
megutál <ige> take✝ a dislike/loathing (**vkit/vmit** to sy/sg)
megünnepel <ige> *(évfordulót)* celebrate; *(megemlékezik)* commemorate: *A kertben fogjuk megünnepelni a szülinapodat, feltéve, hogy az idő elég meleg.* We shall celebrate your birthday in the garden provided that the weather is warm enough.
megüt <ige> **1.** hit✝; strike✝: *Te megütöttél, így én visszaütöttem.* You hit me so I hit you back. **2.** *(testrészét)* knock; bump: *megüti a fejét* bump one's head
megütközik <ige> **1.** *(ellenséggel)* encounter **2.** *(megbotránkozik)* be✝ shocked (**vmin** by/at sg)
megvádol <ige> accuse (**vkit vmivel** sy of sg); charge (**vkit vmivel** sy with sg)
megvadul <ige> **1.** get✝/become✝ wild **2.** *(ló)* bolt; shy
megvág <ige> **1.** cut✝ **2. megvágja magát** cut✝ oneself: *Megvágta magát.* She cut herself. / He cut himself. **3.** biz *(anyagilag vkit)* rip sy off; fleece
megvakar <ige> scratch
megvakul <ige> go✝ blind: *Megvakult.* He has gone blind. ∗ *jobb szemére megvakul* go blind in the right eye
megválaszol <ige> answer: *Mielőtt nehéz kérdésedet megválaszolnám, szükségem van egy napra, hogy töprengjek rajta.* I need a day to reflect before answering your difficult question.
megválaszolatlan <mn> unanswered
megválaszt <ige> **1.** elect (**vkit vminek** sy to/as sg): *Megválasztották elnöknek.* He has been elected as President. **2.** *(kiválaszt)* choose✝; select
megválik <ige> *(vmitől)* part with sg
megvall <ige> **1.** *(elismer)* admit; acknowledge **2.** *(bűnöket)* confess
megválogat <ige> choose✝; select
megvalósít <ige> accomplish; carry sg out/through; realize
megvált <ige> **1.** *(megvesz)* buy✝; *(előre)* book: *megváltja a jegyét* buy/book one's ticket **2.** vall redeem
megváltás <fn> redemption
megváltó <fn> vall the Saviour; our Saviour; the Redeemer
megváltozik <ige> change; alter: *Az életük örökre megváltozott.* Their lives changed forever. ∗ *Megváltoztál legutóbbi találkozásunk óta.* You have altered since we last met.
megváltoztat <ige> change; alter: *megváltoztatja a lakóhelyét* change one's residence ∗ *Megváltoztatta a tervét.* He's altered his plan.

megvámol <ige> impose a duty (**vmit** on sg)
megvan <ige> **1.** *(létezik)* exist✢; be✢ **2.** *(készen van)* be✢ ready; be✢ finished; be✢ done: *Egy óra alatt megvan.* It will be ready in an hour. **3.** *(rendelkezésre áll)* have✢ (got): *Ez a könyv nekem megvan.* I have (got) this book. **4.** *(lezajlik, véghemegy)* take✢ place **5.** *(kijön)* get✢ along/on (**vkivel** with sy) **6. megvan vmi nélkül** do✢/go✢ without sg; *(can✢)* manage without sg
megvár <ige> wait (**vkit/vmit** for sy/sg): *Elkezdjük a reggelit vagy megvárjuk őt?* Should we start the breakfast or should we wait for him?
megvárakoztat <ige> make✢ sy wait; keep✢ sy waiting

megvarr <ige> sew✢
megvásárol <ige> **1.** buy✢; purchase: *Egy új házat fognak megvásárolni.* They will purchase a new house. **2.** *(megveszteget vkit)* buy✢ sy off
megvéd <ige> **1.** defend (**vkit/vmit vkitől/vmitől** sy/sg against/from sy/sg); protect (**vkit/vmit vkitől/vmitől** sy/sg from/against sy/sg); *(megelőzve)* safeguard (**vkit/vmit vmivel szemben** sy/sg against sg): *megvéd az ellenségtől* protect from the enemy ✱ *Mindig meg foglak védeni a veszélytől.* I will always protect you from danger. **2.** *(kiáll vki mellett)* stand✢ up for sy **3.** *(disszertációt)* defend **4.** sp *(megőriz)* defend: *megvédi a címét* defend one's title

---

(i) Melléknévfokozás (középfok és felsőfok) • Comparison of adjectives (comparatives and superlatives)

1. Az egyszótagú és néhány kétszótagú melléknév és határozószó közép- és felsőfoka '**-er**', illetve '**-est**' toldalékolásával történik.
Példák:
cheap – cheap**er** – cheap**est** = *olcsó – olcsóbb – legolcsóbb / olcsó – olcsóbban – legolcsóbban*
safe – saf**er** – saf**est** = *biztonságos – biztonságosabb – legbiztonságosabb* (*Vigyázat, a szó végi **e** beolvad az* -**er**, *illetve* -**est**-*be!*)
big – big**ger** – big**gest** = *nagy – nagyobb – legnagyobb* (*Vigyázzunk a szó végi mássalhangzó kettőzésére!*)
busy – bus**ier** – bus**iest** = *elfoglalt – elfoglaltabb – legelfoglaltabb* (*Vigyázzunk: az* **y** *i-re változik!*)
Mondatban:
This CD is cheap**er than** the other one. *Ez a CD olcsóbb, mint a másik.* ✱ **The** smaller it is, **the** cheaper it is to post. *Minél kisebb, annál olcsóbb feladni a postán.*

2. A legtöbb két- és valamennyi többtagú melléknév és határozószó esetében az ún. „körülírt fokozást" alkalmazzák:
more + melléknév/határozószó a **középfok**, illetve **most** + melléknév/határozószó a **felsőfok** képzésére.
Példák:
careful – **more** careful – **most** careful = *gondos – gondosabb – leggondosabb*
carefully – **more** carefully – **most** carefully = *gondosan – gondosabban – leggondosabban*
beautiful(ly) – **more** beautiful(ly) – **most** beautiful(ly) = *szép(en) – szebb(en) – legszebb(en)*
Mondatban:
Be **more** careful next time! *Máskor légy óvatosabb!* ✱ That was the **most** interesting book I've ever read. *Ez volt a legizgalmasabb könyv, amit valaha olvastam.*
Kivételek: néhány kétszótagú melléknévnél mindkét fokozás lehetséges.
Példák:
clever – cleverer v. **more** clever – cleverest v. **most** clever = *okos – okosabb – legokosabb*
továbbá: common (*gyakori*), gentle (*szelíd*), handsome (*jóképű*), polite (*udvarias*), simple (*egyszerű*) stb.
Mondatban:
It was **more** pleasant outside. *Kint kellemesebb volt.* ✱ It was quie**ter** inside. *Bent csendesebb volt.* ✱ She was the **most** clever girl in the class. *Ő volt a legokosabb lány az osztályban.*

3. Végül vannak **rendhagyó fokozású** melléknevek, illetve határozószók.
good/well – better – best = *jó – jobb – legjobb*
bad/badly – worse – worst = *rossz – rosszabb – legrosszabb*
far – farther/further – farthest/furthest = *messze – messzebb – legmesszebb*
old – older/elder – oldest/eldest = *öreg – öregebb – legöregebb*
little – less – least = *kevés – kevesebb – legkevesebb*
many/much – more – most = *sok – több – legtöbb*
Példák:
It was by far the **worst** film I had ever seen. *Ez messze a legrosszabb film volt, amit valaha láttam.* ✱ My desk is near the **furthest** window. *Az íróasztalom a legtávolabbi ablaknál van.* ✱ Peter is **older than** Anna. *Peter idősebb, mint Anna.* ✱ Our **eldest** daughter couldn't come. *A legidősebb lányunk nem tudott eljönni.*

megver <ige> **1.** *(bántalmaz vkit)* beat✻ sy (up) **2.** *(ellenséget)* defeat; overcome✻ **3.** *(legyőz)* defeat; beat✻: *Sakkban mindig megver.* He always beats me at chess.

megvesz <ige> **1.** buy✻; purchase: *Megvetted már a jegyedet?* Have you already bought your ticket? **2.** *(megveszteget vkit)* buy✻ sy off

megveszik <ige> **1.** *(állat)* get✻ rabid **2.** biz *(bolondul)* be✻ mad (**vkiért/vmiért** about sy/sg)

megveszteget <ige> bribe; buy✻ sy off: *megveszteget egy tanút* bribe a witness

megvet <ige> despise; scorn; hold✻ sy in contempt

megvetemedik <ige> warp

megvetés <fn> disdain; contempt; scorn: *megvetéssel* with contempt

megvétóz <ige> veto

megvető <mn> disdainful; contemptuous; scornful: *megvető pillantás* a scornful look

megvigasztal <ige> comfort; console; soothe

megvigasztalódik <ige> be✻ consoled/comforted; cheer up

megvilágít <ige> **1.** *(szobát stb.)* light✻ sg (up); illuminate: *gyengén megvilágított* poorly lit ✻ *A konyhát egy sárga lámpa világítja meg.* The kitchen is lit by a yellow lamp. **2.** *(megértet)* illuminate; clarify; shed✻ light on sg; illustrate

megvisel <ige> *(vkit)* wear✻ sy out

megviselt <mn> **1.** *(kimerült)* run-down: *Kicsit megviseltnek tűnsz.* You look a bit run-down. **2.** *(kopott)* worn-out

megvitat <ige> discuss; debate; talk sg over

megvizsgál <ige> **1.** examine; investigate; inquire/look into sg; consider **2.** *(orvos)* examine; test: *Az orvos megvizsgálta a reflexeimet.* The doctor tested my reflexes.

megzabál <ige> *(vmit)* wolf sg (down)

megzavar <ige> **1.** disturb: *Semmi sem tudta megzavarni az alvókat.* Nothing occurred to disturb the sleepers. **2.** *(munkát, forgalmat stb.)* disrupt **3.** *(összezavar)* confuse; baffle

megzenésít <ige> put✻/set✻ to music

megzörget <ige> rattle; clatter

megzsarol <ige> blackmail; AmE biz shake✻ sy down

megy <ige> **1.** go✻; walk: *gyalog megy* go on foot; walk ✻ *külföldre megy* go abroad ✻ *moziba megy* go to the cinema ✻ *boltba megy* go to the shop ✻ *mennem kell* I must go ✻ *lassan megy* walk slowly **2.** *(járművel)* travel; go✻: *repülővel/autóval/hajóval megy* travel by air/car/sea ✻ *Régebben autóval ment dolgozni.* She used to travel to work by car. ✻ *busszal megy iskolába* go to school by bus **3.** *(vonat, kocsi stb.)* travel; go✻ **4.** *(visszavonul)* retire **5.** *(működik, jár)* work; run✻: *megy a motor* the motor is working ✻ *dízelolajjal megy* run on diesel **6.** *(alakul)* go✻: *Hogy megy sorod?* How goes it? / How is it going? ✻ *Hogy megy a projekt?* How's the project going? **7.** *(műsoron van)* be✻ on: *Mi megy a tévében?* What's on the television? **8.** *(illik vmihez)* go✻ with sg; match: *A nadrágod megy a kalapodhoz.* Your trousers go with your hat.

megye <fn> county

meggy <fn> sour cherry

¹méh <fn> *(rovar)* bee

²méh <fn> *(testrész)* womb; uterus (tsz: uteri v. uteruses)

méhész <fn> beekeeper

mekeg <ige> bleat

mekkora <kérd névm> **1.** how large/big; what size **2.** *(felkiáltó mondatokban)* what a(n): *Mekkora rendetlenség!* What a mess! ✻ *Mekkora rumli!* What a shambles!

¹meleg <mn> **1.** *(magas hőfokú)* warm; hot: *meleg nyári nap* a warm summer day ✻ *Ez a meleg tea jót fog tenni neked.* This warm tea will do you good. ✻ *meleg víz* hot water **2.** *(hidegtől védő)* warm; thermal: *egy meleg pulcsi* a warm jumper ✻ *meleg alsónemű* thermal underwear **3.** *(szívélyes)* warm: *meleg mosoly* a warm smile ✻ *meleg fogadtatásban részesít vkit* give sy a warm welcome **4.** *(szín)* warm; mellow: *meleg színek* warm colours ✻ *meleg színárnyalatok* warm tones **5.** *(homoszexuális)* gay

²meleg <fn> **1.** *(meleg időszak)* warm weather; heat: *a nagy melegben* in the heat **2.** *(homoszexuális)* gay

melegedik <ige> *(idő)* get✻/become✻ warm(er)

melegfront <fn> warm front

melegház <fn> greenhouse; glasshouse; hothouse

melegít <ige> *(ételt stb.)* warm sg (up); heat sg (up): *egy kis levest melegít ebédre* warm up some soup for lunch

melegítő <fn> **1.** *(ruha)* tracksuit: *Melegítőt viselsz?* Do you wear a tracksuit? **2.** *(készülék)* heater

melegség <fn> átv is warmth

melegszívű <mn> warm-hearted

melíroz <ige> *(hajat)* frost; highlight

mell <fn> **1.** *(mellkas)* chest **2.** *(női)* breast; bosom **3.** *(csirkemell)* breast **4.** *(úszás)* breaststroke
♦ *mellre szív vmit* take✻ sg too seriously

mellbimbó <fn> nipple

mellbőség <fn> *(nőknél)* bust; *(férfiaknál)* chest

mellé <nu> beside; next to: *A jó válaszok mellé tegyél egy kis piros pipát!* Put a small red tick next to the right answers.

melléfog <ige> biz *(hibázik)* blunder; make✥ a blunder
mellélfogás <fn> blunder
mellékág <fn> *(folyóé)* branch
mellékállás <fn> part-time job
mellékállomás <fn> *(telefoné)* extension
mellékel <ige> *(csatol iratot stb.)* enclose; attach: *mellékelve megküldjük* enclosed please find; please find enclosed
melléképület <fn> outhouse; outbuilding
mellékes <mn> subsidiary; secondary; subordinate
mellékesen <hsz> *(közbevetőleg)* by the way
mellékhatás <fn> side effect
mellékhelyiség <fn> *(illemhely)* lavatory
melléklet <fn> **1.** *(küldeményhez)* enclosure **2.** *(újságé stb.)* supplement **3.** infor attachment
mellékmondat <fn> nyelvt clause
melléknév <fn> nyelvt adjective: *állítmányként használt melléknév* predicative adjective
melléknévi igenév <fn> nyelvt participle
mellékszerep <fn> subordinate part/role; *(filmben, színházban)* supporting role
mellékszereplő <fn> *(filmben, színházban)* supporting actor; *(nő)* supporting actress
melléktermék <fn> **1.** by-product **2.** *(vegyi)* derivative
mellékutca <fn> side street

Melléknévi igenév • Participles

1. Szótári alak

a) „Rendes" ('**regular**', tehát nem rendhagyó, azaz 'irregular') igék:

i) az **alapalak** (the '**base form**'), amely azonos a 'to' nélküli **főnévi igenévvel** ('**infinitive**'), illetve az ige **egyszerű jelen idejű** (the '**present simple**') alakjával. Az egyes szám harmadik személyű alakot **-s** hozzáadásával képezzük.
Példák:
makes *(csinál)*, thinks *(gondolkozik)*
A szótár feltünteti ezt az alakot, amennyiben a tővégi y i-re változik.
Példák:
marries *(megházasodik)*, worries *(aggódik)*

ii) az **-ing-es alak** (the '**-ing form**'), más néven a **jelen idejű melléknévi igenév** (the '**present participle**').
Példák:
meeting *(találkozik)*, thinking *(gondolkozik)*
A szótár feltünteti ezt az alakot, ha a tővégi mássalhangzó megduplázódik.
Példák:
admitting *(beismer)*, sitting *(ül)*

iii) az **-ed alak** (the '**-ed form**'), amely az ige **egyszerű múlt idejű** (the '**past simple**') alakja, valamint **a múlt idejű melléknévi igenév** (the '**past participle**') is egyszersmind.
Példák:
acted *(cselekedett)*, talked *(beszélt)*
A szótár feltünteti ezt az alakot, ha a tővégi mássalhangzó megduplázódik, vagy az y i-re változik.
Példák:
admitted *(beismert)*, worried *(aggódott)*

b) A „rendhagyó" igéknek ('**irregular verbs**') **past tense** és a **past participle** alakjait rendhagyó módon képezzük. Ezt a két alakot a szótár feltünteti.
Példák:
think *(gondolkozik)* (thought, thought)
read *(olvas)* (read, read)
write *(ír)* (wrote, written)

c) Néhány – egyébként „rendes" – ige két („rendes", illetve „rendhagyó") **past participle** alakkal rendelkezik.
Példák:
prove *(bebizonyít)* (proved, proved/proven)
show *(megmutat)* (showed, showed/shown)

2. Mire használjuk a két 'participle'-t?

a) Az **ing-es alakot** (a jelen idejű melléknévi igenevet, vagyis a **present participle**-t) a **folyamatos igeidőkben** használjuk, és önállóan melléknévként:
Példák:
This country is developing quickly. *Ez az ország gyorsan fejlődik.* ✶ Yes, it is a developing country. *Igen, ez egy fejlődő ország.*

b) Az **-ed-es alakot** (a múlt idejű melléknévi igenevet, vagyis a **past participle**-t) a **különféle összetett igeidőkben** használjuk, úgymint a **present perfect**, a **past perfect**, a **future perfect**, valamint a szenvedő szerkezetben (**the passive**).
Példák:
Have you **written** your homework? *Megírtad a házi feladatodat?* ✶ John's homework **had been written** before you arrived. *John házi feladata elkészült, mielőtt megérkeztél.* ✶ The club **was founded** in 1997. *A klubbot 1997-ben alapították.*

mellémegy <ige> *(töltéskor)* spill✣
mellény <fn> waistcoat; AmE vest
mellesleg <hsz> incidentally; by the way; besides: *Megyünk haza. Mellesleg tudod-e, hogy az igazgató látogat meg minket?* We are going home. Incidentally, do you know that the headmaster is visiting us?
mellett <nu> **1.** *(térben)* next to; beside; by; by the side of: *Mellettem ült.* She sat next to me. ∗ *a tó mellett* beside the lake ∗ *a kandalló mellett ül* sit by the fireside ∗ *a tenger mellett bérel házat* rent a house by the sea **2.** *(vmin felül)* in addition to
mellette <hsz> by sy/sg; beside sy/sg; near sy/sg
mellkas <fn> chest
mellőz <ige> **1.** *(cselekvést)* omit; biz skip **2.** *(háttérbe szorít)* ignore; neglect **3.** *(nem vesz figyelembe)* ignore; disregard **4.** *(kihagy vkit/vmit)* leave✣ sy/sg out; skip
mellrák <fn> breast cancer
mellső <mn> front-; fore-: *mellső lábak* forelegs
mellszobor <fn> bust
melltartó <fn> bra; brassiere
mellúszás <fn> breaststroke
méltán <hsz> *(joggal)* deservedly; justly; rightly
méltányol <ige> appreciate
méltányos <mn> **1.** *(ár)* reasonable **2.** *(elbánás)* fair; just; equitable
méltánytalan <mn> unfair; unjust; inequitable
méltatlan <mn> **1.** *(méltánytalan)* unfair; unjust: *méltatlanul bánik vkivel* treat sy unfairly **2.** *(nem érdemli meg)* unworthy (**vmire** of sg)
méltó <mn> **1.** *(megérdemelt)* just; deserved: *méltó büntetés* just/deserved punishment **2.** *(megérdemli)* worthy (**vmire** of sg): *csodálatra méltó* worthy of admiration ∗ *méltó vkinek az elismerésére* worthy of sy's respect
méltóképpen <hsz> worthily; deservedly
méltóság <fn> **1.** dignity; honour; AmE honor: *méltóságán alulinak tart vmit* think it beneath one's dignity to do sg **2.** *(személy)* dignitary
¹**mely** <kérd névm> → **melyik**
²**mely** <von névm> → **amely**
¹**mély** <mn> **1.** deep; *(alacsonyan fekvő)* low: *mély víz* deep water **2.** átv profound **3.** *(ruhán kivágás)* low: *mély kivágás* a low neckline **4.** *(intenzív)* deep: *mély álomba merül* sink into a deep sleep ∗ *Szeretete igen mély.* His love is quite deep. **5.** *(hang)* deep: *mély hang* a deep voice **6.** *(szín)* deep
²**mély** <fn> the deep; the depth(s)
mélyedés <fn> dent; cavity
mélyhűtő <fn> **1.** *(szekrény)* deep freeze; freezer **2.** *(rekesz)* freezing compartment
mélyhűtött <mn> frozen: *mélyhűtött élelmiszer(ek)* frozen food

melyik <kérd névm> which (one); *(csak személy)* who: *Melyik iskolába jársz?* Which school do you attend/go to? ∗ *melyikőtök?* which of you? ∗ *A két kutya közül melyiket szereted jobban?* Which of the two dogs do you like better?
mélység <fn> átv is the deep; the depth(s): *tudása mélysége* the depth of one's knowledge
mélytányér <fn> soup plate
mélyül <ige> **1.** *(térben)* deepen **2.** *(hang)* deepen **3.** *(erősödik)* deepen
membrán <fn> biol membrane
memória <fn> **1.** *(emlékezet)* memory: *nagyon jó a memóriája* have got a very good memory **2.** infor memory: *Ennek a számítógépnek 6 gigabyte memóriája van.* This computer has 6 gigabytes of memory.
mén <fn> stallion
mendemonda <fn> hearsay; rumour; AmE rumor
menedék <fn> **1.** shelter; refuge: *menedéket talál éjszakára* find shelter for the night ∗ *A fa némi menedéket nyújt az eső ellen.* The tree affords some shelter from the rain. ∗ *ágakból épít átmeneti menedéket* build a temporary shelter out of branches **2.** *(menedékjog)* asylum: *politikai menedéket ad vkinek* grant sy political asylum
menedékház <fn> *(kunyhó)* shelter
menedékjog <fn> asylum: *politikai menedékjogot kér/kap* seek/grant political asylum
menedékkérő <fn> asylum seeker
menedzsel <ige> manage; *(pénzügyileg fenntart)* sponsor; support; finance
menedzser <fn> gazd manager
menekül <ige> flee✣; run✣ away; escape (**vhonnan/vmi elől** from sg)
menekülés <fn> escape; flight
menekült <fn> refugee: *a határon átszivárgó menekültek* refugees trickling over the frontier
ménes <fn> stud
meneszt <ige> **1.** *(küld)* send✣ (**vkit vhova** sy swhere). **2.** *(elbocsát)* dismiss; biz fire; sack
¹**menet** <fn> **1.** *(vonulás)* march; procession: *Egyórás menet volt a tértől a Parlamentig.* It was an hour's march from the square to the Houses of Parliament. **2.** *(vonulók)* procession **3.** *(lefolyás)* course **4.** sp round **5.** *(csavaré)* thread
♦ **menet közben** on the way
²**menet** <hsz> on the way: *hazafelé menet* on the way home
menetel <ige> march: *Katonák menetelnek az úton.* Soldiers are marching along the road. ∗ *A katonák a város felé meneteltek.* The soldiers marched on the town.
menetelés <fn> march; marching
menetdíj <fn> fare

menetidő <fn> journey time; *(repülőgépé)* flight time
menetirány <fn> direction; course
menetjegy <fn> ticket
menetrend <fn> timetable; AmE schedule: *Ne felejtsd el megnézni a Budapestre induló vonatokat a menetrendben!* Don't forget to look up the trains to Budapest in the timetable. * *menetrend szerint érkezett* arrived on/according to schedule * *menetrend szerinti repülőjárat* scheduled flight
menettérti jegy <fn> return (ticket)
menő <mn> biz trendy; chic
menstruáció <fn> menstruation; period: *Augusztus óta nincs menstruációja – terhes.* She has not had her period since August – she is pregnant.
menstruál <ige> menstruate; have✢ one's period
ment <ige> **1.** save; rescue: *életet ment* save sy's life **2.** infor save
menta <fn> mint
mentalitás <fn> mentality; disposition
mentegetőzik <ige> make✢ apologies/excuses; apologize
mentén <nu> along: *Lassan bandukoltunk az út mentén.* We walked slowly along the road. * *Egy ösvény kanyarog az erdőn keresztül a patak mentén.* A path winds through the forest along the stream.
mentes <mn> **1.** *(nincs)* free (**vmitől** from/of sg); devoid (**vmitől** of sg) **2.** *(mentesült)* exempt (**vmi alól** from sg)
mentesít <ige> exempt (**vkit vmi alól** sy from sg): *katonai szolgálattól mentesít* exempt sy from military service
mentesül <ige> be✢ exempted (**vmi alól** from sg)
menthetetlen <mn> **1.** lost; irretrievable **2.** *(megbocsáthatatlan)* inexcusable; unpardonable
mentol <fn> menthol
mentő <fn> **1.** *(mentőszolgálat)* ambulance (service) **2.** *(mentőautó)* ambulance: *Hívj mentőt!* Call an ambulance!
mentőállomás <fn> ambulance station
mentőautó <fn> ambulance
mentőcsónak <fn> lifeboat
mentőmellény <fn> life jacket
mentőorvos <fn> ambulance doctor
mentőöv <fn> life belt
mentős <fn> *(férfi)* ambulanceman (tsz: ambulancemen); *(nő)* ambulancewoman (tsz: ambulancewomen)
mentség <fn> excuse: *vminek a mentségére* in excuse of sg * *Nincs mentség arra, hogy…* There is no excuse for… * *mentségül* by way of excuses

menü <fn> **1.** set meal/menu **2.** infor menu
menza <fn> canteen
meny <fn> daughter-in-law (tsz: daughters-in--law)
menyasszony <fn> fiancée; *(esküvő napján)* bride
menyét <fn> weasel
menny <fn> vall heaven
mennybemenetel <fn> vall (the) Ascension
mennydörgés <fn> thunder
mennyei <mn> heavenly; celestial
mennyezet <fn> **1.** ceiling **2.** *(ágyé stb.)* canopy
mennyi <kérd névm> how much; *(megszámlálható mennyiség)* how many: *Mennyi pénz van nálad?* How much money have you got on you? * *Mennyibe kerül ez a toll?* How much does this pen cost? * *Mennyien vannak?* How many are there?
mennyiség <fn> quantity; amount: *kis mennyiségben* in small quantity * *nagy mennyiségben vásárol* buy goods in large quantities * *hatalmas mennyiség* a huge amount
mennyország <fn> vall heaven
¹**mer** <ige> *(merészel)* dare (**vmit megtenni** to do sg): *Nem mertem neked elmondani az igazságot.* I didn't dare to tell you the truth. * *Mukkanni/Pisszenni sem mertem.* I didn't dare to stir.
²**mer** <ige> *(szed)* draw✢; scoop
mér <ige> **1.** measure **2.** *(időt, sebességet)* clock; time **3.** *(súlyt)* weigh
mérce <fn> measure; scale
meredek <mn> **1.** steep: *meredek hegy* steep hill **2.** biz *(húzós)* steep
méreg <fn> **1.** poison; *(kígyóé, skorpióé)* venom **2.** *(harag)* anger; *(bosszúság)* bother: *sápadt a méregtől* be white with anger * *Nem láttam a méregtől.* I was filled with anger.
méregdrága <mn> biz very steep/expensive
merénylet <fn> attempt: *merénylet vki élete ellen* an attempt on sy's life
merénylő <fn> assailant
merész <mn> brave; daring; bold; audacious
merészel <ige> dare (**vmit megtenni** to do sg)
méret <fn> **1.** *(térbeli)* measurement; dimension; size: *a szoba méretei* the measurements of the room **2.** *(ruháé)* size: *36-os méret* size 36
merev <mn> **1.** *(anyag, test)* stiff; rigid **2.** *(testrész)* stiff; numb; benumbed **3.** *(tekintet)* fixed **4.** átv rigorous; inflexible; stiff
merevedik <ige> grow✢ stiff, stiffen; get✢ rigid
merevlemez <fn> infor hard drive; hard disk: *külső merevlemez* an external hard drive
mérföld <fn> mile: *egy mérföldet gyalogol* walk for a mile * *3 mérföldnyi távolságra (van)* at a distance of 3 miles
mérföldkő <fn> átv is milestone

mérgelődik <ige> be✧ angry (**vmi miatt** at/about sg)
mérges <mn> **1.** poisonous; venomous **2.** *(dühös)* angry; mad: *mérges vkire* be angry with sy ✱ *Mérges volt, mert elkéstél.* He was angry because you were late.
mérgez <ige> poison
mérgezés <fn> poisoning
mérgező <mn> poisonous; toxic: *mérgező anyag* poisonous substance ✱ *mérgező gázok* toxic fumes
merít <ige> **1.** dip (**vmit vmibe** sg into sg) **2.** draw✧ (**vmit vmiből** sg from sg) **3.** átv take✧ (**vmit vmiből** sg from sg); derive (**vmit vmiből** sg from sg)
mérkőzés <fn> sp match: *barátságos mérkőzés* a friendly match ✱ *mérkőzés hazai pályán* home match ✱ *A mérkőzés döntetlenre végződött.* The match was drawn.
Mérleg <fn> asztrol Libra
mérleg <fn> **1.** *(eszköz)* a pair of scales; scales <tsz>; balance: *konyhai mérleg* kitchen scales ✱ *megméri a krumplit a mérlegen* weigh the potato on the scales **2.** gazd *(anyagi helyzetről)* balance; balance sheet: *tartozik mérleg* (the) balance due ✱ *fizetési mérleg* balance of payments
mérlegel <ige> weigh; weigh sg up; consider: *minden tényt mérlegel* weigh all the facts ✱ *mérlegel minden előnyt és hátrányt* weigh up all the pluses and minuses
mérleghinta <fn> seesaw
mérnök <fn> engineer
merő <mn> mere; sheer; pure: *Merő formalitás volt (az egész).* It was just a mere formality. ✱ *merő véletlenségből* by sheer coincidence ✱ *merő rosszindulatból* out of pure spite
mérőedény <fn> measuring dish
merőkanál <fn> ladle
merőleges <mn> perpendicular
mérőszalag <fn> tape measure
merre <kérd hsz> **1.** *(melyik irányba)* in which direction; which way **2.** *(hol)* where
merről <kérd hsz> where…from; from where; from which direction: *Merről jössz?* Where do you come from?
mérsékel <ige> **1.** moderate **2.** *(árat)* reduce **3.** *(fájdalmat, büntetést)* mitigate **4.** *(rendelkezést stb.)* relax
mérsékelt <mn> **1.** *(nem nagy)* moderate; reasonable: *mérsékelt árak* moderate prices **2.** földr *(éghajlat)* temperate **3.** pol moderate
mert <ksz> because; since; for; as: *Mérges volt, mert elkéstél.* He was angry because you were late. ✱ *Neked adom, mert szeretlek!* I give it to you since I love you. ✱ *Jutalmat kapott, mert megtalált egy pénztárcát.* He got a reward for finding a purse. ✱ *Ma nem ment iskolába, mert beteg.* She is not at school today as she is ill.
mértan <fn> geometry
mértani <mn> geometric(al): *mértani arány* geometrical ratio
mérték <fn> **1.** *(mérés egysége)* measure; measurement **2.** *(nagyság)* measurement(s): *mértéket vesz vkiről* take sy's measurements **3.** *(térképen)* scale **4.** *(fok, szint)* degree; extent: *a legcsekélyebb mértékben sem* not in the slightest degree ✱ *Milyen mértékben bízhatunk benne?* To what extent can we trust him? ✱ *egy bizonyos mértékben* to some extent
mértékegység <fn> measure; unit: *a hosszúság mértékegysége* the measure of length ✱ *A méter a hosszúság mértékegysége.* A metre is a unit of length.
mértékletes <mn> temperate; sober
merül <ige> *(vízbe)* dive; dip; submerge; plunge
mese <fn> **1.** tale; story; *(tanmese)* fable: *esti mese* bedtime story ✱ *mesét olvas a gyerekeknek* read a story to the children **2.** biz *(kitalált történet)* story; yarn; tale
mesekönyv <fn> story book
mesél <ige> **1.** *(mesét mond)* tell✧ a tale/story **2.** *(elmond)* tell✧; relate; narrate: *viccet mesél vkinek* tell sy a joke ✱ *Nem mesélt semmit az esküvőről.* She told me nothing about the wedding.
mesés <mn> fabulous
mester <fn> **1.** *(iparos)* craftsman (tsz: craftsmen) **2.** *(művész)* master: *régi nagy mester* an old master **3.** *(vmiben kiemelkedő)* master
mesterlövész <fn> sharpshooter; marksman (tsz: marksmen)
mesterség <fn> craft; trade; profession: *Tudja az ékszerkészítés mesterségét.* He knows the craft of making jewellery. ✱ *Mesterségére nézve asztalos.* He's a carpenter by trade.
mesterséges <mn> artificial; man-made: *mesterséges fény* artificial light ✱ *mesterséges édesítőszer* an artificial sweetener ✱ *mesterséges intelligencia* infor artificial intelligence
mész <fn> **1.** lime **2.** *(meszeléshez)* whitewash
♦ **Nem ettem meszet.** I wasn't born yesterday.
mészárlás <fn> slaughter; massacre
mészáros <fn> butcher
meszel <ige> whitewash
mészkő <fn> limestone
¹messze <mn> distant; remote; far✧; faraway
²messze <hsz> **1.** far✧: *messze él a hazájától* live far from one's native land ✱ *nincs messze innen* it is not far from here **2.** *(kimagaslóan)* by far; by far and away: *messze a legjobb diákok* by far the best students **3.** *(nyomatékként)* way: *A versenyben messze a többi futó előtt ért célba.* He finished the race way ahead of the other runners.

messzemenő <mn> far-reaching
messzeség <fn> distance
messzire <hsz> far◆; a long way: *Milyen messzire tudod hajítani ezt a kavicsot?* How far can you throw this stone? * *messzire megy* go far
metafora <fn> metaphor
metélőhagyma <fn> chives <tsz>
meteorológus <fn> meteorologist
méter <fn> metre; AmE meter: *100 méter előnyt kap* get a start of 100 metres
méteráru <fn> drapery
metró <fn> underground; AmE subway; biz *(Londonban)* the tube; *(Európában több országban)* metro: *metróval utazik* travel by underground * *metróval megy* take the tube
metróállomás <fn> underground station; AmE subway station
metsz <ige> 1. *(vág)* cut◆ 2. *(fát stb.)* prune 3. mat intersect
metszés <fn> 1. *(növényé)* pruning 2. *(orv)* incision 3. mat *(metszéspont)* intersection
metszéspont <fn> (point of) intersection
metszet <fn> 1. *(szelet)* segment; cut 2. műv engraving
metsző <mn> 1. *(fájdalom)* sharp: *metsző fájdalmat érez* feel a sharp pain 2. *(szél stb.)* biting; bitter: *metsző hideg* bitter cold
metszőfog <fn> incisor
mettől <kérd hsz> 1. *(térben)* from where 2. *(időben)* from what time; since when
Mexikó <fn> Mexico: *Az emberekben az a kép él Mexikóról, hogy meleg és napos.* People have an image of Mexico as warm and sunny.
¹mexikói <mn> Mexican
²mexikói <fn> *(személy)* Mexican
mez <fn> sp strip; jersey; kit
méz <fn> honey: *édes, mint a méz* as sweet as honey
mezei nyúl <fn> hare
mezei virág <fn> wild flower
mézeshetek <fn> honeymoon <esz>
mézesmázos <mn> honeyed
mezítláb <hsz> barefoot: *mezítláb jár* go barefoot
mezítlábas <mn> barefoot
mező <fn> 1. *(füves terület)* field; meadow: *a mezőn* in the fields 2. fiz field: *mágneses mező* magnetic field
mezőgazdaság <fn> agriculture: *a mezőgazdaság szerkezete* the structure of agriculture
mezőgazdasági <mn> agricultural: *mezőgazdasági termények* agricultural produce
mezőny <fn> sp 1. *(futballban)* midfield 2. *(verseny résztvevői)* field: *vezeti a mezőnyt* lead the field

meztelen <mn> naked; nude; bare: *meztelen váll* naked shoulders * *meztelenre vetkőztet vkit* strip sy naked
¹mi <szem névm> 1. we: *Mi busszal érkeztünk.* We came here by bus. 2. *(birtokos jelzőként)* our: *a mi házunk* our house
²mi <kérd névm> what: *Mi ez?* What is this? * *Mi a neved?* What's your name? * *Mi történt?* What happened? * *Miről beszél?* What is he talking about?
mialatt <hsz> while: *Mialatt külföldön voltam, ő vigyázott a kutyámra.* While I was abroad she took care of my dog.
miatt <nu> 1. *(vmi)* because of sg; owing to sg; in consequence of sg; on account of sg: *Az eső miatt jött vissza.* He came back because of the rain. * *A nagy esőzés miatt sok út járhatatlanná vált.* Owing to the heavy rainfall many of the roads became impassable. 2. *(vki)* for the sake of sy; for sy's sake
miatta <hsz> because of sy/sg
miatyánk <fn> vall the Lord's Prayer
¹micsoda <kérd névm> 1. *(kérdés)* what 2. *(méltatlankodáskor)* what: *Micsoda! Azt gondolod, ott voltam?* What! You mean I was there? 3. *(felkiáltásban)* what a(n): *Micsoda meglepetés!* What a surprise!
²micsoda <fn> biz stuff
mielőbb <hsz> as soon as possible
mielőtt <ksz> before: *Üzenetet hagyott, mielőtt elment.* She had left a message before she went away. * *Mielőtt elmész, vizsgáld át az autódat.* Check your car before you go!
mienk <birt névm> ours: *A ti házatok ugyanolyan szép, mint a mienk.* Your house is as nice as ours.
miért <kérd névm> why: *Miért szomorú?* Why is he sad?
míg → **amíg**
migráns <fn> pol migrant
migrén <fn> migraine
¹mikor <kérd hsz> when; what time: *Mikor jössz?* When will you come? * *Mikor indulunk holnap?* What time are we starting tomorrow?
²mikor <von hsz> when
mikró <fn> biz microwave
mikrofon <fn> microphone; biz mike
mikrohullámú sütő <fn> microwave (oven)
mikroszkóp <fn> microscope
Milánó <fn> Milan
millennium <fn> millennium (tsz: millennia v. millenniums)
milliárd <fn> billion
milligramm <fn> milligram(me)
milliméter <fn> millimetre; AmE millimeter

millió <tőszn> million: *négy millió ember* four million people

milliomos <fn> millionaire

milyen <kérd névm> **1.** *(kérdésben)* how; what; what kind/sort of; what is...like: *Milyen hosszú ez a film?* How long is this film? ∗ *Milyen gyakran jársz moziba?* How often do you go to the cinema? ∗ *Milyen színű?* What colour is it? ∗ *Milyen zenét szeret?* What kind of music does he like? ∗ *Milyen az idő?* What is the weather like? **2.** *(felkiáltásban)* how; what a(n): *Milyen kedves tőled!* How sweet of you! ∗ *Milyen bosszantó!* What a bother!

mín. 1. [= minimum] min. (= minimum) **2.** [= miniszter] minister **3.** [= miniszteri] ministerial

minap <hsz> lately; recently; the other day

¹mind <ált névm> all; every; each: *mind a tíz ember* all ten men ∗ *Ez mind a tiéd.* This is all yours.

²mind <ksz> both... and...: *Mind John, mind Mary ott lesz.* Both John and Mary will be there. ∗ *Reklámozd mind a termékedet, mind a szolgáltatásaidat!* Advertise both your product and your services.

mindannyian <ált névm> all (of us/you/them): *Ez az étel nem elegendő mindannyiunk számára.* This food is inadequate for all of us. ∗ *Mindannyian sajnáltunk.* We all pitied you.

mindaz <mut névm> all; all that/those: *mindazok, akik eljöttek...* all those who came...

mindegyik <ált névm> each; every: *Mindegyik tanuló jelen volt.* Each student was present.

„Mind, minden, mindegyik" • az „all, every" és „each" determinánsok ⓘ

All-nak és **every**-nek nagyjából azonos a jelentése: *mind, minden, valamennyi; egész, összes.*
Each jelentése kissé más: *mindegyik, minden (egyes).* Használatuk azonban nagyon is különbözik.

1. Az **all**-lal alkotott szerkezetek:

a) **All** + tsz főnév.
Példák:
all children *valamennyi/minden/az összes gyermek* ∗ **All** children need love. *Minden gyermek szeretetre vágyik.* **All** cities are noisy. *Minden nagyváros zajos.*

b) **All** (of) + determináns + tsz főnév.
Példák:
all (of) the guests *minden egyes / az összes vendég* ∗ Please switch off **all** (of) the lights. *Légy szíves, olts le minden lámpát!* ∗ I've written to **all** (of) my friends. *Az összes/Valamennyi/Minden barátomnak írtam.*

c) **All** of it/us/you/them.
Példa:
Mr Wilson has invited **all** of us. *Wilson úr mindannyiunkat meghívott.*

2. Az **every**-vel alkotott szerkezet:
Every + esz főnév. Tehát **every** után egyes számú főnév áll!
Példák:
every pupil *minden tanuló* ∗ **Every** city is noisy. *Minden nagyváros zajos.* ∗ I've written to **every** friend. *Az összes/Valamennyi barátomnak írtam.*

3. Az **each**-csel alkotott szerkezetek:

a) **Each** + esz főnév.
Példák:
each child *mindegyik / minden egyes gyermek (külön-külön)* ∗ One pupil from **each** class gets a prize. *Mindegyik osztályból egy-egy tanuló jutalmat kap.*

b) **Each** of + tsz főnév.
Példák:
each of the children *mindegyik / minden egyes gyermek (külön-külön)* ∗ **Each** of the boys got a present. *Mindegyik / Minden egyes fiú kapott ajándékot.*

c) Az **each** speciális jelentése **véghelyzetben** (azaz a mondat vagy mondatrész végén): *egyenként.*
Példák:
The children **each** got a present. *Minden egyes / Egyenként minden gyermek kapott ajándékot.* ∗ These pens cost 60p **each**. *Ezek a tollak egyenként 60 pennybe kerülnek.*

Az **each** és **every** tehát (alaphelyzetben) egyaránt **egyes számú főnevet vonz**, jelentésük is ugyanaz: *minden, összes.* A különbség az, hogy ha az **each**-et használjuk: egy **bizonyos létszámú csoport** tagjai jelennek meg előttünk gondolatban, **egyenként**, míg az **every** esetében az **emberek és dolgok összességére** gondolunk.

minden

* *mindegyik válasz* each of the answers * *mindegyikünk* every one of us

minden <ált névm> each; every; all: *minden válasz* each of the answers * *minden másnap* every other day * *minden barátom* all of my friends * *Minden gyerek meglátogatott minket.* All children came to visit us.

mindenáron <hsz> at any price; at all costs

mindenekelőtt <hsz> first of all; first and foremost; above all; in the first place

mindenesetre <hsz> in any case; at all events; by all means

mindenfelé <hsz> **1.** *(minden irányba)* in every direction; in all direction **2.** *(mindenhol)* everywhere

mindenféle <ált névm> all sorts/kinds of: *mindenféle dolog* all kinds of things

Mindenható <fn> vall the Almighty

mindenhol <hsz> everywhere: *Mindenhol kerestem a tollamat.* I've looked everywhere for my pen.

mindenhonnan <hsz> from everywhere; from every direction

mindenhova <hsz> everywhere; in/to all directions

mindenképp(en) <hsz> in any case; whatever happens; anyway

mindenki <ált névm> **1.** everybody; everyone; all: *mindenki más* everybody else * *mindenki csodálatára/bámulatára* to everyone's amazement * *Mindenki eljött a bulimra.* All of them came to my party. **2.** *(bárki)* anyone; whoever

mindennap <hsz> every day; daily

mindennapi <mn> **1.** *(naponkénti)* daily: *mindennapi kenyerünk* our daily bread **2.** *(szokványos)* everyday: *a mindennapi életben* in everyday life * *a számítógép hatása a mindennapi életre* the impact of computers on everyday life

mindennapos <mn> **1.** *(naponkénti)* daily **2.** *(szokványos)* everyday; ordinary: *mindennapos esemény* everyday occurrence * *mindennapos dolog* an ordinary thing

mindenszentek <fn> All Saints' Day

mindenütt <hsz> everywhere; all over: *Amikor beléptem a kertbe, mindenütt lábnyomokat találtam.* When I came into the garden I found footprints everywhere.

mindez <ált névm> all this

mindhárom <tőszn> all three (of): *mindhárom generáció* all three generations

mindig <hsz> always; ever; at all times: *Mindig mindent leírok.* I always write everything down. * *Mindig számíthatsz rám!* You can always count on me. * *gyerekkorom óta mindig* ever since I was a child

mindjárt <hsz> **1.** *(időben)* immediately; instantly; right away; at once **2.** *(térben)* right; immediately

mindkét <tőszn> both; either: *mindkét nem* both sexes * *a papírlap mindkét oldalán* on both sides of the paper * *mindkét oldalon* on either side * *Mindkét kezével tud írni.* He can write with either hand.

mindkettő <tőszn> both (of): *Mindketten Londonban élnek.* They both live in London. * *Elég erős ez a szék ahhoz, hogy mindkettőnket elbírjon?* Is this chair strong enough to support both of us?

mindnyájan <ált névm> all (of): *Megállt a vonat, és mindnyájan kiszálltunk.* The train stopped and we all got off.

mindössze <hsz> altogether; all in all

minek <hsz> why; what…for; for what purpose: *Minek ez?* What is this for?

mini <fn> mini; miniskirt

minimálbér <fn> minimum wage

minimális <mn> minimum; minimal: *a minimális hőmérséklet* the minimum temperature * *a minimális követelmények* the minimum requirements

minimum <fn> minimum: *a minimumra csökkent vmit* reduce sg to a minimum

miniszoknya <fn> mini; miniskirt

miniszter <fn> Minister; Secretary; Secretary of State: *oktatási miniszter* the Minister of Education * *védelmi miniszter* Secretary of State for Defence

miniszterelnök <fn> Prime Minister; Premier; PM: *a volt miniszterelnök* the late Prime Minister * *Az országot a miniszterelnök kormányozza.* The Prime Minister governs the country.

minisztérium <fn> ministry; department: *Oktatási Minisztérium* Ministry of Education; Department of Education * *Honvédelmi Minisztérium* Ministry of Defence

minket → **mi**

minőség <fn> **1.** quality; class; variety; kind: *közepes minőség* medium quality **2.** *(szerep)* capacity: *jogászi minőségében* in his capacity as a lawyer * *Milyen minőségben?* In what capacity?

minőségi <mn> **1.** *(minőséggel kapcsolatos)* qualitative **2.** *(kiváló minőségű)* quality

minősít <ige> **1.** qualify (**vmit vmlyennek** sg as sg) **2.** *(osztályoz)* classify; grade; rate

minősítés <fn> qualification; classification

mint <ksz> **1.** *(hasonlításban)* like: *mint az őrült* like mad * *Ne viselkedj úgy, mint egy gyerek!* Stop behaving like children. **2.** *(szembeállításban)* than: *Magasabb, mint én.* He is taller than me. * *Én jobban tudom, mint te.* I know

better than you do. **3.** *(vmiként)* as: *Végül megtalálta helyét, mint színész.* He finally found his niche as an actor.
minta <fn> **1.** *(modell)* model; pattern **2.** *(dísz)* pattern; design: *virágos minta* a floral design **3.** *(kis mennyiség)* sample; specimen: *mintát vesz vmiből* take a sample of sg * *ingyenes minta* free sample
mintadarab <fn> sample; model
mintakép <fn> model; pattern
mintás <mn> patterned: *mintás tapéta* patterned wallpaper
mintaszerű <mn> model; exemplary
mintegy <hsz> *(körülbelül)* about; some; approximately: *A háború mintegy 60 évvel ezelőtt ért véget.* The war ended about 60 years ago. * *Mintegy negyven munkás dolgozik az irányítása alatt.* He has about forty workers under him.
mintha <ksz> as if; as though; like: *Úgy tűnik, mintha…* It seems/sounds as if… * *Úgy viselkedik, mintha övé lenne a ház.* She behaves like she owns the house.
¹mínusz <mn> **1.** *(nullánál kisebb)* minus: *mínusz szám* a minus number * *mínusz kettő* minus two * *A hőmérséklet ma mínusz öt fok.* The temperature is minus five degrees today. **2.** *(kivonásban)* minus: *10 mínusz 5 az 5* ten minus five leaves/is five
²mínusz <fn> *(hiány)* deficit
mióta <kérd hsz> **1.** since when; how long: *Mióta lakik itt?* Since when have you been living here? * *Mióta tanul(sz) franciául?* How long have you been studying French? **2.** *(amióta)* since
mire <von hsz> **1.** *(amikorra)* by the time: *mire hazaérek…* by the time I get home… **2.** *(és erre)* thereupon
mirigy <fn> gland
mise <fn> mass: *misére megy* go to Mass * *misét mond* say a mass
misszió <fn> **1.** *(küldetés)* mission **2.** *(küldöttség)* mission **3.** vall *(hittérítés)* mission
misszionárius <fn> missionary
mitesszer <fn> blackhead
mitológia <fn> mythology: *Az egyetemen görög mitológiát tanul.* He is studying Greek mythology at the university.
mítosz <fn> myth; legend
miután <ksz> **1.** after; when: *Miután futottam egy órát, hazamentem.* After running an hour I went home. * *Hívlak, miután beszéltem Péterrel.* I'll call you after I've spoken to Peter. * *Hívj, miután megcsináltad!* Call me when you have done it. **2.** *(mivel)* as; since; because
MMS <fn> MMS (= Multimedia Messaging Service): *MMS-t küld* send an MMS

mobil <fn> biz mobile (phone); AmE cellphone
mobiltelefon <fn> mobile phone; AmE cellphone
mobiltöltő <fn> mobile charger; *(hordozható)* portable charger
moccan <ige> budge; stir; move: *Ne moccanj!* Don't stir/move!
mocsár <fn> marsh; swamp; bog
mocskos <mn> **1.** biz *(piszkos)* dirty; filthy; sordid; mucky **2.** pej *(trágár)* dirty
mocsok <fn> biz dirt; filth
mód <fn> **1.** *(eljárásé)* manner; mode; way; method; procedure: *különös módon* in a strange manner * *ily(en) módon* in this manner/way * *civilizált módon* in a civilized manner * *a szállítás módja* mode of transport * *a matematikatanulás legjobb módja* the best way to learn mathematics **2.** *(lehetőség)* possibility **3.** nyelvt mood: *felszólító mód* the imperative mood; the imperative
módbeli segédige <fn> modal auxiliary
modell <fn> **1.** *(minta)* model **2.** *(típus)* model: *Ez a BMW legújabb modellje.* This is the latest model of the BMW. **3.** *(kicsinyített)* mock-up; model **4.** *(festőé stb.)* model; sitter **5.** *(manöken)* model
modem <fn> infor modem
modern <mn> **1.** *(korszerű)* modern; up-to-date; new: *A modern bútorokat kedveli.* He prefers modern furniture. **2.** *(jelenlegi)* modern: *modern művészet* modern art
modernizál <ige> modernize; bring up-to-date; update
modor <fn> **1.** *(magatartás)* manners <tsz>: *rossz modor* bad manners * *jó modor* good manners **2.** *(stílus)* manner
modoros <mn> affected
módosít <ige> **1.** modify; alter; change **2.** *(javaslatot)* amend
módosítás <fn> modification; alteration; change: *módosítást hajt végre* make a modification * *szerkezeti módosítások* structural alterations
módszer <fn> method: *hatékony tanítási módszerek* effective teaching methods * *biztos módszer* a sure method
mogorva <mn> sullen; morose; gruff; surly: *mogorva öregasszony* a gruff old woman
mogyoró <fn> **1.** *(földimogyoró)* peanut: *Próbáld feltörni a mogyorót az ujjaid közt!* Try to crack the peanuts between your fingers. **2.** *(bokron termő)* hazelnut
moha <fn> moss
mohó <mn> greedy; eager; avid
mohóság <fn> greed(iness); eagerness
móka <fn> fun; joke
mókás <mn> funny

mokaszin <fn> moccasin
mókázik <fn> joke; jest; make✦ fun
mokkáscsésze <fn> coffee cup
mokkáskanál <fn> coffee spoon
mókus <fn> squirrel
molekula <fn> molecule
molesztál <ige> molest
moll <fn> zene minor: *a-moll* A minor ∗ *f-moll szimfónia* a symphony in F minor
molnár <fn> miller
móló <fn> pier; jetty; mole: *A mólónál kötöttünk ki.* We moored alongside the pier.
moly <fn> moth
monarchia <fn> monarchy: *alkotmányos monarchia* constitutional monarchy
mond <ige> **1.** say✦: *Amikor elmész, mondd, hogy „viszontlátásra"!* Say 'goodbye' when you leave. ∗ *Hogy mondják ezt angolul?* How do you say it in English? **2.** *(közöl)* tell✦ (**vmit vkivel** sy sg): *furcsa dolgokat mond vkinek vkiről* tell sy some strange things about sy ∗ *igazat mond* tell the truth **3.** *(említ)* mention; say✦ **4.** *(szöveg stb. kifejez)* express (**vmit** sg)
♦ **jobban mondva** to be more precise ♦ **Na, ne mondd!** biz Really!
monda <fn> legend
mondanivaló <fn> *(alkotásé)* message: *a film (eszmei) mondanivalója* the message of the film
mondás <fn> saying
mondat <fn> sentence: *kérdő mondat* interrogative sentence ∗ *tagadó mondat* negative sentence ∗ *összetett mondat* compound sentence
mondattan <fn> nyelvt syntax
monitor <fn> monitor; infor VDU; AmE VDT

monogram <fn> monogram; initials <tsz>: *Tom Smith (nevének) monogramja: T. S.* T. S. are Tom Smith's initials.
monokli <fn> *(ökölcsapástól stb.)* black eye
monológ <fn> monologue; soliloquy
monopólium <fn> monopoly (**vmiben** on/in sg)
monoton <mn> monotonous
montázs <fn> montage
morál <fn> morality; ethics <tsz>; morals <tsz>
morális <mn> moral
morbid <mn> morbid
morcos <mn> sullen; surly; morose; gruff
morfium <fn> morphine
mormog <ige> *(mond)* mumble; murmur
mormota <fn> marmot
morog <ige> **1.** *(állat)* growl; snarl **2.** *(zsörtölődik)* grumble (**vmi miatt** about/at/over sg)
morzejel <fn> Morse signal
morzsa <fn> crumb; morsel
mos <ige> **1.** *(tisztít)* wash: *ablakot mos* wash the windows ∗ *autót mos* wash the car **2.** *(testrészt)* wash: *kezet mos* wash one's hands
mosakodik <ige> wash (oneself): *A macska mosakodott.* The cat was washing itself.
mosás <fn> wash; washing: *sötét mosást csinál* do a dark wash ∗ *vasalás és mosás* ironing and washing
mosatlan <mn> unwashed
mosdó <fn> **1.** *(kagyló)* washbasin; basin: *Kihúztam a dugót a mosdóból.* I took the plug out of the basin. **2.** *(helyiség)* toilet; lavatory; AmE restroom: *Hol találom a női mosdót?* Where can I find the ladies' toilet?
mosdókagyló <fn> washbasin; basin

Classroom • *Az osztályterem*

1 teacher	*tanár*		13 exercise book; AmE notebook	*füzet*
2 blackboard	*tábla*		14 desk	*iskolapad*
3 sponge	*szivacs*		15 pupil; (fől. középiskolás) student	*tanuló; diák*
4 chalk	*kréta*		16 chair	*szék*
5 projector	*projektor*		17 wastepaper basket; AmE waste basket	*papírkosár*
6 interactive whiteboard	*interaktív tábla*		18 pencil	*ceruza*
7 laptop	*laptop*		19 attendance book; AmE gradebook	*osztálynapló*
8 pen	*toll*		20 book(s)	*könyv(ek)*
9 workbook	*munkafüzet*			
10 dictionary	*szótár*			
11 pencil case	*tolltartó*			
12 book	*tankönyv*			

977

moslék <fn> **1.** *(disznóé)* pigswill; slop; AmE swill **2.** biz, pej *(pocsék étel)* slop

mosnivaló <fn> laundry

mosoda <fn> laundry

mosogat <ige> wash up; do✧ the washing-up: *segít főzni és mosogatni* help to cook and wash up

mosogató <fn> **1.** *(konyhában)* sink **2.** *(személy)* dishwasher

mosogatógép <fn> dishwasher

mosogatószer <fn> washing-up liquid

mosógép <fn> washing machine: *beteszi a szennyest a mosógépbe* put the washing in the washing machine ✶ *automata mosógép* automatic washing machine

mosoly <fn> smile: *mosoly jelenik meg az arcán* have a smile on sy's face ✶ *Ráfagyott az arcára a mosoly.* The smile froze on her lips. ✶ *csupa mosoly* be all smiles

mosolyog <ige> smile: *Mosolygott, amikor meglátott.* He smiled when he saw me. ✶ *Min mosolyogsz?* What are you smiling at? ✶ *Mindig mosolyogj!* Keep smiling!

mosópor <fn> detergent; washing powder

mosószer <fn> detergent

most <hsz> now; at present: *éppen most* right/just now ✶ *Mehetünk most a boltba?* Can we go to the shop now? ✶ *Ez most a divat.* It's all the go now.

mostanában <hsz> **1.** *(manapság)* nowadays **2.** *(nemrég)* lately; recently; not long ago: *Találkoztál vele mostanában?* Have you met her lately?

mostanáig <hsz> until now; up to now; by now; up to the present

mostani <mn> present; present-day

¹**mostoha** <mn> harsh; hostile; cruel

²**mostoha** <fn> *(anya)* stepmother; *(apa)* stepfather

mostohaanya <fn> stepmother

mostohaapa <fn> stepfather

mostohagyerek <fn> stepchild (tsz: stepchildren)

mostohaszülők <fn> stepparents

mostohatestvér <fn> *(fiú)* stepbrother; *(lány)* stepsister

moszat <fn> seaweed

Moszkva <fn> Moscow

motivál <ige> motivate

motívum <fn> **1.** vál *(indíték)* motive; *(ösztönzés)* incentive **2.** *(művészetben)* motif; pattern

motor <fn> **1.** engine; motor: *bekapcsolja/kikapcsolja a motort* switch the engine on/off ✶ *Szervizbe vittem az autómat – a motorja nem működik.* I took my car to the service – its motor doesn't work. **2.** biz *(motorkerékpár)* bike

motorcsónak <fn> motorboat; powerboat

motorháztető <fn> bonnet; AmE hood

motorhiba <fn> engine failure

motorkerékpár <fn> motorcycle; motorbike

motorkerékpáros <fn> motorcyclist

motoros <fn> motorcyclist

motorozik <ige> ride✧ a motorcycle/motorbike

motoz <ige> search

motozás <fn> search

mottó <fn> motto

motyog <ige> mutter; mumble

mozaik <fn> mosaic

mozdít <ige> move; stir

mozdony <fn> locomotive; engine

mozdonyvezető <fn> engine driver; AmE engineer

mozdul <ige> move; budge; stir

mozdulat <fn> movement; move; motion: *a művész mozdulatai* the artist's movements

mozdulatlan <mn> motionless; still; immobile; unmoved

mozgalmas <mn> *(eseménydús)* eventful; busy: *mozgalmas hét* a busy week

mozgalom <fn> movement; campaign; drive: *politikai mozgalomhoz csatlakozik* join a political movement ✶ *a feminista mozgalom* the feminist movement

mozgás <fn> **1.** motion; movement; move: *mozgásba hoz* put/set in motion ✶ *Az autó mozgásban van.* The car is in motion. ✶ *Mozgás volt kint.* There was a movement outside. **2.** *(testmozgás)* exercise: *mozgás hiánya* lack of exercise

mozgásképtelen <mn> disabled; crippled

mozgássérült <mn> disabled; (physically) handicapped: *A baleset következtében mozgássérült lett.* The accident left her disabled.

mozgat <ige> move

mozgólépcső <fn> escalator

mozgósít <ige> **1.** *(tevékenységre)* mobilize **2.** *(katonákat)* mobilize

mozi <fn> cinema; AmE the movies <tsz>: *moziba megy* go to the cinema/movies ✶ *Mit játszanak a mozik?* What's playing at the movies?

mozijegy <fn> cinema ticket; AmE movie ticket: *Valahol elvesztettem a mozijegyemet.* I have lost my cinema ticket somewhere.

moziműsor <fn> cinema programme

mozog <fn> **1.** move: *Ne mozogj annyit!* Don't move so much! **2.** *(edz)* exercise **3.** *(váltakozik)* range

mozsár <fn> mortar

¹**mögé** <nu> **1.** *(térben)* behind: *A ház mögé bújtak.* They hid behind the house. **2.** *(sorrendben)* behind

²**mögé** <hsz> behind
mögött <nu> **1.** *(térben)* behind: *A hűtő mögött van egy csatlakozó(dugó).* There is a jack behind the fridge. **2.** *(sorrendben)* behind
mögül <nu> from behind sy/sg: *A hold felbukkant a felhők mögül.* The moon emerged from behind the clouds.
mp3-lejátszó <fn> MP3 player
MTA [= Magyar Tudományos Akadémia] HAS (= Hungarian Academy of Sciences)
MTI [= Magyar Távirati Iroda] Hungarian News Agency
mulandó <mn> fleeting; transitory; short-lived; ephemeral
mulaszt <ige> **1.** *(elszalaszt)* miss: *Nem sokat mulasztottál!* You didn't miss much. **2.** *(távol marad)* be✧ absent
mulasztás <fn> *(távolmaradás)* absence
mulat <ige> **1.** *(szórakozik)* have✧ a good time; enjoy oneself; have✧ fun **2.** *(nevet)* laugh (vkin/vmin at sy/sg)
mulató <fn> nightclub; bar
mulatság <fn> amusement; entertainment; fun
mulatságos <mn> amusing; funny; humorous: *igen mulatságos* highly amusing
mulattat <ige> amuse; entertain
múlékony <mn> passing; ephemeral; momentary
múlik <ige> **1.** *(szűnik)* stop; cease **2.** *(telik)* pass; elapse; progress: *Egyre melegebb lett ma, ahogy múlt az idő.* As the day progressed the weather became warmer and warmer. **3.** *(függ)* depend (vkin/vmin on sy/sg)
¹**múlt** <mn> **1.** last: *múlt pénteken* last Friday ✳ *múlt héten* last week ✳ *múlt alkalommal* last time **2.** nyelvt past: *múlt idő* past tense
²**múlt** <fn> **1.** *(az elmúlt idő)* the past: *a múlt emlékei* relics of the past **2.** *(előélet)* past: *Ennek az embernek múltja van.* He is a man with a past. **3.** nyelvt *(idő)* the past (tense)
multikulturális <mn> multicultural
multimédia <fn> multimedia
multinacionális <mn> multinational: *multinacionális cég* multinational company
múltkor <hsz> the other day; not long ago
múlva <nu> in: *Fél óra múlva visszajövök.* I will be back in half an hour. ✳ *3 hét múlva* in three weeks
múmia <fn> mummy
mumpsz <fn> orv mumps <esz>
munka <fn> **1.** work: *nehéz testi munka* hard physical work ✳ *jó munkát végez* do good work **2.** *(állás)* job; work; employment: *munkát keres* look for a job ✳ *munka nélkül van* be out of work **3.** *(feladat, tennivaló)* task; job: *Minden munkát elvégez a kertben.* She does all the jobs in the garden. **4.** *(erőfeszítés)* effort; toil **5.** *(mű)* (piece of) work
munkaadó <fn> employer: *A munkaadója emelte a bérét.* His employer has increased his wages.
munkabér <fn> wage; pay: *A munkabérek nem emelkedtek idén.* Wages haven't gone up this year.
munkaebéd <fn> working/business lunch
munkaerő <fn> **1.** *(munkások)* workforce; manpower; labour force; AmE labor force **2.** *(fizikai munkavállaló)* worker; workman (tsz: workmen): *szakképzetlen munkaerő* an unskilled worker
munkafüzet <fn> isk workbook
munkahely <fn> **1.** *(állás)* job; employment; work: *munkahelyet teremt* create jobs ✳ *munkahelyet változtat* change one's job **2.** *(munkavégzés helye)* workplace; place of work
munkaképes <mn> able to work <csak hátravetve>; fit for/to work <csak hátravetve>
munkaképtelen <mn> **1.** unable to work <csak hátravetve>; unfit for/to work <csak hátravetve> **2.** *(rokkant)* disabled
munkaközvetítő <fn> employment agency; jobcentre
munkálat <fn> work: *építési munkálatok* building works ✳ *felújítási munkálatok* repair works
munkáltató <fn> employer
munkamódszer <fn> working method
munkanap <fn> working day; workday
¹**munkanélküli** <mn> unemployed; jobless: *Már egy éve munkanélküli.* He has been unemployed for a year.
²**munkanélküli** <fn> **a munkanélküliek** the unemployed; the jobless
munkanélküliség <fn> unemployment: *tartós munkanélküliség* chronic unemployment
munkanélküli-segély <fn> Jobseeker's Allowance; AmE unemployment (compensation); biz the dole: *munkanélküli-segélyen él* be on the dole
munkaruha <fn> working clothes <tsz>; overalls <tsz>
munkás <fn> worker; workman (tsz: workmen): *gyári munkás* factory worker ✳ *kétkezi munkás* manual worker ✳ *alkalmi munkás* casual worker
munkásság <fn> **1.** *(mint osztály)* working class **2.** *(tevékenység eredménye)* work
munkaszerződés <fn> contract of employment; employment contract
munkatábor <fn> labour camp
munkatárs <fn> colleague: *A munkába való visszatérésem alkalmából munkatársaim megünnepeltek.* On my return to work my colleagues celebrated me.

munkaterület <fn> area/field of work; scope of activities
munkavacsora <fn> working dinner
munkavállalási engedély <fn> gazd work permit
munkavállaló <fn> employee: *A munkavállalók szakszervezetbe tömörülnek.* Employees join a union.
murva <fn> *(kő)* gravel
musical <fn> musical
muskátli <fn> geranium
must <fn> must
mustár <fn> mustard: *A mustár csípi a nyelvemet.* This mustard burns my tongue
muszáj <ige> must✧; have✧ (got) to
mutat <ige> **1.** show✧ (**vmit vkinek** sg to sy // sy sg): *Az 5. táblázat mutatja a kísérletek eredményeit.* Table 5 shows the results of the experiments. **2.** *(rámutat)* point (**vkire/vmire** at/to sy/sg): *A tanár rád mutat.* The teacher is pointing at you. **3.** *(irányba)* point (**vmerre** towards sg): *A tábla a falu irányába mutatott.* The sign pointed towards the village. **4.** *(műszer)* read✧; register; show✧: *A hőmérő plusz 3 fokot mutat.* The thermometer reads 3 degrees above zero. ∗ *A lázmérő 38 fokot mutat.* The thermometer registers 38°C. **5.** *(jelez, bizonyít)* show✧; indicate: *A víz színe mutatta, hogy jön a vihar.* The colour of the water indicated that storm was coming. **6.** *(kifejez érzést stb.)* show✧; express **7.** *(kinéz, fest)* look; seem; appear
mutató <fn> **1.** *(mérőműszeré)* pointer **2.** *(óráé)* hand **3.** *(könyv végén)* index (tsz: indices/indexes)
mutatóujj <fn> forefinger; index finger
múzeum <fn> museum: *Magyar Nemzeti Múzeum* the Hungarian National Museum ∗ *Voltál a londoni Természettudományi Múzeumban?* Have you been to the Science Museum in London?
muzikális <mn> musical
mű <fn> *(alkotás)* work; *(irodalmi)* (literary) work; writing; zene opus; composition; work: *odaadja vkinek a művét* give one's work to sy ∗ *Leonardo da Vinci művei* the works of Leonardo da Vinci
műalkotás <fn> work of art
műanyag <fn> plastic: *műanyag zacskó* a plastic bag
műbőr <fn> imitation leather; leatherette
műbútorasztalos <fn> cabinet maker
műemlék <fn> ancient/historic monument
műemlékvédelem <fn> protection of monuments
műértő <mn> connoisseur; art expert
műfaj <fn> genre

műfogsor <fn> denture; (set of) false teeth <tsz>
műfordító <fn> (literary) translator
műgyűjtő <fn> art collector
műhely <fn> **1.** *(helyiség)* workshop; *(autójavító)* garage **2.** *(szellemi)* workshop
műhiba <fn> **orvosi műhiba** (medical) malpractice
műhold <fn> satellite: *távközlési műhold* communications satellite ∗ *A hangverseny műholdon keresztül élőben jött Amerikából.* The concert came live by satellite from America.
műjégpálya <fn> (ice) rink
műkereskedés <fn> art dealer's shop; art shop
műkereskedő <fn> art dealer
műkincs <fn> art treasure
műkorcsolyázás <fn> figure skating
műkorcsolyázó <fn> figure skater
működés <fn> **1.** function(ing) **2.** *(emberé)* activity **3.** *(gépé)* operation; working: *a mosógép működése* the operation of the washing machine
működik <ige> **1.** *(szerkezet, gép)* work; operate; run✧; go✧; function: *Nem értem, hogy működik ez a gép.* I don't understand how that machine works. ∗ *Ez az óra nem működik.* This clock isn't working. ∗ *Tudod, hogy működik ez a gép?* Do you know how this machine operates? ∗ *A gép jól működik.* The machine is running correctly. **2.** *(ember)* work **3.** *(szerv)* function
működtet <ige> operate
műlesiklás <fn> sp slalom; downhill (run)
műsor <fn> **1.** programme; AmE program; show: *változatossá teszi a műsort* vary the programme **2.** *(füzet, lap)* programme; AmE program: *Meg tudnád mutatni a műsort a koncert előtt?* Can you show me the programme before the concert?
műsorfüzet <fn> programme; AmE program
műsorvezető <fn> presenter; broadcaster
műszak <fn> shift: *éjjeli műszak* night shift ∗ *Nappali műszakban dolgozik.* He works the day shift.
műszaki <mn> technical; technological: *Műszaki főiskolára járt.* He attended a technical college.
műszál <fn> synthetic fibre; AmE synthetic fiber
műszer <fn> instrument: *orvosi műszerek* medical/surgical instruments ∗ *optikai műszerek* optical instruments
műszerész <fn> mechanic; technician
műszerfal <fn> **1.** *(repülőgépé)* instrument panel/board **2.** gk dashboard

műtárgy <fn> work of art
műterem <fn> studio; atelier
műtét <fn> operation; surgery: *műtéten esik át* come through an operation * *Sürgős műtétet kell végrehajtani.* An urgent operation has to be performed.
műtéti <mn> operative; surgical: *műtéti beavatkozás* surgical intervention
műtő <fn> operating theatre; operating room
műtőasztal <fn> operating table
műtrágya <fn> fertilizer
műugrás <fn> springboard diving
művel <ige> **1.** *(földet)* cultivate **2.** biz *(tesz)* do*: *Mit művelsz?* What are you doing?
művelet <fn> **1.** operation **2.** gazd transaction
műveletlen <mn> uneducated; uncivilized
művelődés <fn> education; culture
művelődési <mn> cultural

művelődéstörténet <fn> history of culture; cultural history
művelt <mn> educated; cultured; cultivated
műveltség <fn> education
művese <fn> kidney machine
művész <fn> artist: *szabadúszó művész* a freelance artist
művészet <fn> art: *kortárs művészet* contemporary art * *modern művészet* modern art * *a művészetek kedvelője* friend of arts
művészeti <mn> artistic; összet art: *művészeti iskola* art school; school of fine arts
művészettörténész <fn> art historian
művészettörténet <fn> history of art
művészi <mn> artistic
művésznő <fn> artist
művirág <fn> artificial flower
müzli <fn> muesli

N, n

N, n <fn> *(betű)* N; n
na <isz> **1.** *(kérdőleg)* well: *Na? Ki a felelős ezért?* Well, who is responsible for this? **2.** *(biztatás)* go on **3.** *(figyelmeztetés)* take care: *Na na!* Take care!
¹náci <mn> biz, pej Nazi
²náci <fn> biz, pej Nazi
¹nacionalista <mn> nationalist; pej nationalistic
²nacionalista <fn> nationalist
nacionalizmus <fn> nationalism
nád <fn> **1.** *(közönséges nád)* reed **2.** *(bambusz, cukornád levágott szára)* cane **3.** zene *(fúvós hangszeré)* reed
nádas <fn> reeds <tsz>
nadrág <fn> trousers <tsz>; AmE pants <tsz>: *bő nadrág* wide trousers ∗ *Fekete nadrág és fehér blúz volt rajtam az értekezleten.* I was dressed in black trousers and a white blouse for the meeting. ∗ *a nadrág szabása* the cut of the trousers
nadrágkosztüm <fn> trouser suit; AmE pantsuit
nadrágszár <fn> trouser leg; leg (of trousers)
nadrágszíj <fn> belt
 ♦ **összehúzza a nadrágszíjat** tighten one's belt; tighten one's purse strings
nadrágszoknya <fn> culottes <tsz>
nadrágtartó <fn> braces <tsz>; AmE suspenders <tsz>
¹nagy <mn> **1.** *(méretben)* big; large; great; huge; *(magasságban)* tall: *nagy ház* a big/large house ∗ *nagy vkinek vmi* sg is too big for sy ∗ *nagy fa* big/huge tree ∗ *Nagyobb, mint egy táska.* It's bigger than a bag. **2.** *(mennyiségben)* great; big; large; vast: *nagy tömeg* big/great/vast crowd ∗ *a nagy többség* the vast majority ∗ *nagy összegbe kerül* cost a large sum of money ∗ *Nagy embertömeg verődött össze.* A big crowd of people gathered. **3.** *(időben hosszú)* long: *Öt év nagy idő.* Five years is quite a long time. **4.** *(nagyfokú)* big; great: *nagy vihar* a big/great storm ∗ *nagy érdeklődéssel figyel* listen with great interest **5.** *(nagyon jó, kiváló)* big; great; brilliant: *nagy költő* a great poet ∗ *Nagy jövő áll előtte.* He has a brilliant future before him. **6.** *(jelentős)* big; major; great: *nagy siker* a great success ∗ *nem nagy ügy* no big deal **7.** *(lelkes, buzgó, szenvedélyes)* big; great; keen: *nagy horgász* a keen angler

²nagy <fn> **a nagyok** the grown-ups
nagyágyú <fn> **1.** *(döntő érv, bizonyíték)* great/big gun: *jön a nagyágyúval* bring out/up one's big guns **2.** *(akinek döntő szava van)* big gun
nagyanya <fn> grandmother
nagyapa <fn> grandfather
nagyarányú <mn> large-scale
nagybácsi <fn> uncle: *a nagybácsim* my uncle
nagyban <hsz> **1.** *(nagy mennyiségben, tételben)* in bulk; (at) wholesale: *nagyban vásárol* buy sg wholesale **2.** *(nagymértékben)* in large measure; to a great extent
nagybani <mn> wholesale; large-scale: *nagybani termelés* large-scale production ∗ *nagybani ár* wholesale price
nagybetű <fn> **1.** *(nagy kezdőbetű)* capital (letter) **2.** *(nyomtatott nagybetűk)* block capitals/letters <tsz>: *nagybetűkkel ír vmit* write sg in block letters
nagybirtokos <fn> big landowner
nagybőgő <fn> zene double bass
nagybőgős <fn> zene double-bass player; contrabassist
nagyböjt <fn> Lent
Nagy-Britannia <fn> Great Britain
nagycsalád <fn> large family
nagycsütörtök <fn> Maundy Thursday
nagydarab <mn> beefy
nagydob <fn> zene bass drum
nagyfokú <mn> intense
nagygyűlés <fn> rally
nagyhatalom <fn> great/major power: *gazdasági nagyhatalom* an economic power
nagyhét <fn> Holy Week
nagyi <fn> biz granny
nagyít <ige> **1.** *(optikai eszköz)* magnify **2.** *(fényképet, másolatot)* enlarge; blow✝ sg up **3.** *(felnagyít, eltúloz)* magnify; exaggerate
nagyítás <fn> **1.** *(optikai eszköz)* magnifying **2.** fényk *(nagyított kép)* enlargement; blow-up: *Adj nekem egy nagyítást!* Give me an enlargement. **3.** *(túlzás)* magnification; exaggeration
nagyító <fn> magnifying glass
nagyjából <hsz> *(nagy általánosságban)* broadly (speaking); *(hozzávetőleg, durván)* roughly (speaking): *Meg tudnád mondani nagyjából, hogy mennyibe fog kerülni?* Can you tell me roughly how much it will cost?

nagyképű <mn> bumptious
nagykereskedelem <fn> wholesale trade
nagykereskedő <fn> wholesaler
nagykorú <mn> of age <csak hátravetve>: *nagykorúvá válik* come of age * *Nagykorú lett.* He reached his majority.
nagykövet <fn> ambassador: *a budapesti/magyarországi brit nagykövet* the British ambassador in Budapest/to Hungary * *a magyar nagykövet és amerikai kollégája* the Hungarian Ambassador and his American counterpart
nagykövetség <fn> embassy
nagykutya <fn> biz big cheese; bigwig; big gun; top dog; AmE big shot
nagylelkű <mn> generous; magnanimous; noble: *Igazán nagylelkű voltál, hogy…* It was really generous of you to… * *nagylelkű gesztus* magnanimous gesture
nagymama <fn> grandmother; biz granny; grandma
nagy méretű <mn> large-size(d); large; vast; enormous; large-scale; of great size <csak hátravetve>
nagymutató <fn> minute hand
nagynéni <fn> aunt
nagyobb <mn> bigger; larger; greater; *(magasabb)* taller
nagyobbrészt <hsz> mostly; largely; for the most/greater part
nagyon <hsz> very; highly; greatly; quite; very much; *(rendkívül)* extremely; intensely; *(igazán)* really: *Nagyon szépen köszönöm!* Thank you very much! * *Ő nagyon kedves lány.* She is a very nice girl. * *nagyon vár vmit* look forward sg * *Nagyon értelmes.* He is highly intelligent. * *Nagyon jól áll rajtad a ruha.* Your dress fits very well. * *Nagyon kedves tőled, hogy jössz.* It is very nice of you to come. * *Nagyon sokáig fog tartani?* Will it take very long?
nagyothall <ige> be❖ hard of hearing; be❖ partially deaf
nagyothalló <mn> hard of hearing <csak hátravetve>
nagypapa <fn> grandfather; biz grandpa
nagypéntek <fn> Good Friday
nagyravágyás <fn> ambition; ambitiousness
nagyravágyó <mn> ambitious; high-flying
nagyrészt <hsz> **1.** *(nagyobb részben)* largely; mostly; for the most part **2.** *(rendszerint)* mostly; usually, as a rule
nagyság <fn> **1.** *(nagy volta vminek)* greatness; largeness **2.** *(térbeli méret)* size: *könyveket nagyság szerint rendez* range books according to size **3.** *(magasság)* height **4.** *(fontosság, jelentőség)* magnitude: *a probléma nagysága* the size/magnitude of the problem **5.** *(szellemi, erkölcsi)* greatness **6.** *(jelentős személyiség)* notability
nagyságrend <fn> order of magnitude
nagyszabású <mn> large-scale
nagyszájú <mn> loud-mouthed
nagyszámú <mn> numerous
nagyszerű <mn> **1.** *(tulajdonság)* splendid; phenomenal; fine; great: *nagyszerű vmiben* be great at sg **2.** *(felkiáltásban)* great; lovely: *Nagyszerű!* That's great! * *Nagyszerű, hogy újra találkozunk!* It's lovely to meet you again.
nagyszombat <fn> Holy Saturday; Easter Eve
nagyszótár <fn> comprehensive/unabridged dictionary
nagyszülő <fn> grandparent
nagytakarítás <fn> big cleaning; housecleaning
nagyujj <fn> *(kézen)* thumb; *(lábon)* big toe
nagyvad <fn> big game: *Lőttünk egy nagyvadat.* We shot a big game.
nagyvállalat <fn> big/large company/enterprise
nagyváros <fn> city
nagyvárosi <mn> city-: *nagyvárosi élet* city life
nagyvonalú <mn> **1.** *(személy)* generous; open-handed **2.** *(terv)* grandiose
nagyzol <ige> show❖ off; ride❖ a/one's high horse
naiv <mn> naive; innocent
nála <hsz> **1.** *(a jelzett személynél, dolognál, a környezetében)* with sy/sg **2.** *(hozzá hasonlítva)* than sy: *Fiatalabb vagyok nála.* I'm younger than he is. / I'm younger than him. **3.** *(birtokában)* on sy: *Mennyi pénz van nálad?* How much money have you got on you?
nap <fn> **1.** *(égitest)* the sun: *Süt a nap.* The sun is shining. * *Ma 5 órakor kelt fel a nap.* The sun rose at 5 o'clock today. **2.** *(napfény, napsütés)* sunshine **3.** *(naptári)* day: *minden nap* every day * *napról napra* day by day; from day to day * *egész nap* all day (long) * *egy-két nap alatt/múlva* in a day or two * *két nap egymás után* two days in succession * *nap nap után* day after day * *bármelyik nap* any day * *egyik nap* one day * *néhány napon belül* in a few days * *Egész nap a televízió előtt ül.* She sits in front of the television all day long. * *Három napig marad.* He's going to stay three days.
nap-éj egyenlőség <fn> equinox
napelem <fn> solar panel
napellenző <fn> **1.** *(épületen)* sunshade; *(homlokzatra szerelt ponyva)* awning **2.** *(sapkán)*

peak; AmE bill; visor; *(a fejre helyezhető önálló)* visor **3.** gk *(lehajtható)* sun visor

napenergia <fn> **1.** *(a nap által sugárzott energia)* solar energy **2.** *(ennek hasznosított formája)* solar power: *napenergiával működő/meghajtott* solar-powered

napernyő <fn> parasol; sunshade

napfény <fn> sunlight: *bágyadt napfény* watery sunlight * *elvakítja a napfény* be blinded by the sun * *a napfény bőrre gyakorolt káros hatása* the harmful action of sunlight on the skin

napfogyatkozás <fn> eclipse of the sun; solar eclipse: *részleges/teljes napfogyatkozás* partial/total eclipse

naphosszat <hsz> all day long

napi <mn> daily; a/the day's: *a napi bevétel* daily income * *a napi program* the day's schedule * *a napi megszokott munka* the daily routine * *Napi 50 dollárt keres.* He earns 50 a day.

napi árfolyam <fn> **1.** gazd current rate/price **2.** gazd market price

napijegy <fn> day ticket; *(menettérti)* day return

napilap <fn> daily (paper)

napirend <fn> **1.** *(ülésé)* agenda; *(parlamentben)* order of the day: *napirenden van* be on the agenda **2.** *(időbeosztás)* schedule

napkelte <fn> sunrise: *napkeltekor* at sunrise

napközben <hsz> in (the) daytime; during the day; during (the) daytime

napközi <fn> day care centre

napközis <fn> day-care boy/girl

naplemente <fn> sunset: *naplementekor* at sunset

napló <fn> *(írásmű)* diary; journal: *naplót vezet* keep a diary

naplopó <fn> idler; lounger; layabout

napolaj <fn> suntan oil

Nápoly <fn> Naples

¹nápolyi <mn> Neapolitan; of Naples <csak hátravetve>

²nápolyi <fn> Neapolitan

³nápolyi <fn> *(édesség)* (creamy) wafer biscuit

naponként <hsz> daily; a/per day; every day: *személyenként és naponként* per person and per day * *naponként kétszer* twice a day

naponta → **naponként**

napóra <fn> sundial

¹napos <mn> *(napsütötte, napsütéses)* sunny: *az utca napos oldala* the sunny side of the street * *napos idő* sunny weather

²napos <mn> **1.** *(ilyen korú)* ...days old <csak hátravetve>; ...-day-old: *háromnapos baba* a baby 3 days old; a 3-day-old baby **2.** *(ennyi ideig tartó)* ...-day; lasting...days <csak hátravetve>: *tíznapos üdülés* a ten-day holiday

³napos <fn> person on duty

napozik <ige> sunbathe; sun; sit✧ in the sun

¹nappal <fn> day; daylight

²nappal <hsz> by day; during the day

¹nappali <mn> day-; of the day <csak hátravetve>

²nappali <fn> living room

napraforgó <fn> sunflower

naprakész <mn> up to date; up-to-the-minute: *naprakész állapotba hoz vmit* bring sg up to date

naprendszer <fn> solar system

napsugár <fn> sunbeam

napsütés <fn> sunshine: *verőfényes napsütésben* in bright sunshine

napsütéses <mn> sunny: *ragyogó napsütéses nap* a bright, sunny day

napsütötte <mn> sunny; sunlit

napszak <fn> part of the day

napszámos <fn> day labourer; hand

napszemüveg <fn> sunglasses <tsz>

napszúrás <fn> sunstroke: *napszúrást kap* get sunstroke * *Az orvos napszúrással kezelte.* The doctor treated him for sunstroke

naptár <fn> *(lap, tömb)* calendar

napvilág <fn> sunlight; daylight

 ♦ **napvilágra kerül** come✧ to light

narancs <fn> orange: *kifacsar egy narancsot* squeeze an orange

narancshéj <fn> orange peel

narancslé <fn> orange juice

narancssárga <mn> orange: *narancssárga szoknya* an orange skirt

nárcisz <fn> daffodil

narkós <fn> biz junkie

narkózis <fn> narcosis

nassol <ige> eat✧ titbits; snack; AmE eat✧ tidbits

nászajándék <fn> wedding present

nászéjszaka <fn> wedding night

násznép <fn> the wedding guests <tsz>

nászút <fn> honeymoon: *nászúton van(nak)* be on one's honeymoon

nátha <fn> cold: *náthát kap* catch a cold

náthás <mn> having a cold <csak hátravetve>: *Nagyon náthás vagyok.* I have got a bad cold.

NATO [= Észak-atlanti Szerződés Szervezete] <fn> NATO (= North Atlantic Treaty Organization)

ne <tagadószó> **1.** *(tiltás, tagadó kérdés/kívánság kifejezésére)* don't; no: *Ne mondd!* You don't say so! * *Ne gyere vissza!* Don't come back! * *Meg ne sértődj rám!* Don't be hurt at me! * *Ne aggódj – nyugodj meg!* Don't worry – just relax. * *Légy szíves, ne feledkezz meg a kulcsról!* Please don't forget the key. **2.** *(töprengő,* *bizonytalan kérdés kifejezésére*) don't; not: *Ne üljünk le?* Why don't we sit down. * *Miért ne?* Why not? **3.** *(feltételes módú igével)* not: *Bár ne mennél el!* I wish you weren't going away.

necc <fn> net

nedv <fn> **1.** *(növényben)* sap **2.** *(ember, állat testében)* fluid **3.** *(gyümölcsben, húsban)* juice **4.** orv *(gyomorban)* gastric juices <tsz>

nedves <mn> **1.** *(folyadékkal átitatott)* wet; *(talaj, szövet stb.)* moist; *(nyirkos)* soggy; damp; humid: *nedves rongy* a damp cloth **2.** *(csapadékos)* wet

nedvesség <fn> **1.** *(nedves volta vminek)* wetness; dampness; humidity; moistness **2.** *(nedv)* moisture; damp; water: *A nap két perc alatt felszárítja a nedvességet.* The sun will dry the moisture in two minutes.

nedvszívó <mn> hygroscopic

nefelejcs <fn> forget-me-not

¹negatív <mn> **1.** *(nemleges)* negative; *(hátrányos)* negative **2.** orv negative: *Terhességi tesztje negatív volt.* Her pregnancy test was negative. **3.** fiz, kém negative: *negatív pólus* negative pole

²negatív <fn> *(fényképé)* negative

¹néger <fn> **1.** black; tört negro; vulg nigger **2.** *(amerikai)* African American; Afro-American

²néger <mn> black: *néger férfi* a black man

négy <tőszn> four: *négy angol ember* four English men * *A balesetben négy ember sérült meg.* Four people were injured in the accident. * *Tízből négy az hat.* Ten minus four is six. * *Négy szorozva néggyel az tizenhat.* Four multiplied by four is sixteen. * *négy egész két tized* four point two * *Négy hálószobás háza van.* He has a house with four bedrooms.

¹negyed <törtszn> **1.** (a) quarter (of): *negyed liter* quarter of a litre **2.** *(15 perc)* quarter: *negyed (öt)* a quarter past (four); AmE a quarter after (four) * *negyedkor* at a quarter past; AmE at a quarter after

²negyed <fn> **1.** *(rész)* quarter; AmE fourth: *Negyedekre vágom a zsömlét.* I will cut the roll into quarters. **2.** *(városrész)* quarter; district **3.** sp *(játékidő)* quarter; *(vízilabdánál)* period **4.** *(hangjegy)* crotchet; AmE quarter note

negyeddöntő <fn> quarter-final

negyedév <fn> **1.** *(üzleti)* quarter **2.** isk *(év negyede)* quarter **3.** *(negyedik évfolyam)* fourth year

negyedéves <fn> fourth-year student

¹negyedik <sorszn> fourth: *A hálaadás napja november negyedik csütörtöke.* Thanksgiving Day is the fourth Thursday in November.

²negyedik <fn> isk *(IV. osztály)* the fourth class/form

negyedikes <fn> fourth-form pupil; fourth-former; AmE fourth-grader

negyedóra <fn> a quarter of an hour

negyedszer <hsz> **1.** *(negyedik alkalommal)* for the fourth time **2.** *(felsorolásban)* fourthly

négyen <hsz> four (of): *mi négyen* four of us

¹négyes <mn> **1.** four **2.** *(számmal jelölt)* (number) four: *a négyes szoba* Room No. 4 * *a négyes villamos* tram number 4; the number 4 tram

²négyes <fn> **1.** *(számjegy)* (the number) four **2.** *(osztályzat)* mark four; good **3.** sp *(evezésben)* four

négyesével <hsz> in fours

négyéves <mn> *(gyermek)* four-year-old; four years old <csak hátravetve>: *négyéves kislány* a four-year-old girl

négykerekű <mn> four-wheeled; four-wheel

négykezes <fn> zene piece for four hands; four-handed piece: *négykezest játszanak a zongorán* play four-hands on the piano

négykézláb <hsz> on all fours

négylábú <mn> four-legged; áll quadruped

négyméteres <fn> *(büntető vízilabdában)* penalty throw

négysávos <mn> *(autóút)* four-lane

négyszemközt <hsz> privately; in private; between ourselves

négyszer <hsz> *(négy alkalommal)* four times; on four occasions: *négyszer egymás után* four times over * *négyszer áll meg az út folyamán* make four stops on the journey

négyszeres <mn> fourfold; quadruple

négyszög <fn> mat quadrangle; quadrilateral

négyszögletes <mn> square; mat quadrangular: *négyszögletes asztal* a square table

négyütemű <mn> műsz four-stroke

negyven <tőszn> forty: *Túl van a negyvenen.* She is over forty.

negyvenedik <sorszn> fortieth

¹negyvenes <mn> **1.** forty **2.** *(számmal jelölt)* (number) forty: *a negyvenes busszal utazik* travel by the number 40 bus

²negyvenes <fn> *(a negyvenes számjegy)* (the number) forty

négyzet <fn> **1.** mat *(alakzat)* square **2.** mat *(második hatvány)* square: *A 3 négyzete 9.* The square of 3 is 9.

négyzetcentiméter <fn> square centimetre; AmE square centimeter

négyzetkilométer <fn> square kilometre; AmE square kilometer

négyzetméter <fn> square metre; AmE square meter

néha <hsz> sometimes: *Néha meglátogatjuk.* We sometimes visit her.

néhány <htl névm> a few; some; a couple of; a number of; several; one or two: *Van néhány kérdésem.* I have a few questions. * *néhány hagyma* some onions * *néhány hétig* for a couple of weeks * *még néhány információ* some more information * *néhány jelentéktelen kis hiba* a few small mistakes * *néhány kisebb változtatás* some minor changes * *néhány hasznos tanács* some useful information * *néhány évig* for a few years * *Van néhány jó hírem a számodra.* I've got some good news for you.

néhányan <htl névm> some/a few (of): *néhányan úgy gondolják, hogy…* Some people think that…

néhányszor <hsz> several times; again and again

nehéz <mn> **1.** *(nagy súlyú)* heavy: *Milyen nehéz a táskád?* How heavy is your bag? **2.** *(étel)* rich: *Ez a süti túl nehéz nekem.* This cake is too rich for me. **3.** *(bonyolult, fáradságos)* hard; difficult; stiff; tough; tiring; laborious: *A kémia nehezebb, mint a matek?* Is chemistry harder than maths? * *Nagyon nehéz megtanulni azt a nyelvet.* It is very difficult to learn that language. * *nehéz vizsga* a stiff examination * *A verseny nehéz lesz.* The competition will be tough. * *nehéz feladat* a difficult/hard/tough/stiff/laborious task * *Nehéz időszakon megy keresztül.* He is going through a difficult period. * *Nehéz volt, de végigcsináltuk.* It was difficult but we stuck it out. * *Hozzászoktam az ilyen nehéz munkához.* I am used to such hard work. **4.** *(kényes, kellemetlen)* hard; rough; though: *igazán nehéz időszakot él át* have a really rough time **5.** *(jellem)* difficult: *nehéz ember* be a difficult person

nehezedik <ige> **1.** *(nehezebbé válik)* become✢ harder; become✢ more difficult **2.** *(vkire/vmire)* lie✢/press/weigh heavily on sy/sg

nehezék <fn> **1.** *(mérlegé)* (balance) weight; counterweight **2.** *(hajón, léggömbön)* ballast

nehézipar <fn> heavy industry

nehezít <ige> *(vmit)* make✢ sg harder; make✢ sg more difficult

nehézkes <mn> clumsy; sticky; stodgy

nehezményez <ige> **1.** *(helytelenít, kifogásol vmit)* disapprove of sg; object to sg **2.** *(rossz néven vesz vmit)* take✢ exception to sg; take✢ offence at sg; be✢ offended by sg

nehézség <fn> **1.** *(bonyolultság)* difficulty **2.** *(gond)* difficulty; trouble; problem: *nehézségeket támaszt* make/raise difficulties * *Pénzügyi nehézségeink vannak.* We have money troubles/problems.

nehézségi <mn> **nehézségi erő** gravity; gravitational force

nehézsúly <fn> heavyweight

neheztel <ige> grudge (**vkire vmiért** against sy for sg); bear✢/have✢ a grudge (**vkire vmiért** against sy for sg)

"Néhány" • a **"some"** és **"any"** determinánsok

a) **Some**-ot (= *néhány; egy kis/kevés; némi*) általában **állító mondatokban** használjuk.
Példák:
I've got **some** money. *Van valamennyi / egy kis pénzem.* * There are **some** oranges at the shop. *Van (néhány) narancs a boltban.*
Amint láthatjuk, a **some** megszámlálhatatlan [U] főnevekkel és megszámolható [C] főnevek többes számú alakjával egyaránt használható. De használjuk a **some**-ot kérdésekben is, ha igenlő választ várunk.
Példák:
Would you like **some** tea? – Yes, please. *Kérsz (egy kis) teát? – Igen, kérek.* * Can I have **some** bananas, please? – Yes, of course. *Kaphatok néhány / egy kevés banánt? – Igen, természetesen.*

b) **Any**-t (= *valami; semmi; egy kevés; néhány*) általában **kérdésekben** és **tagadó mondatokban** használjuk.

Példák:
I haven't got **any** money. *Nincs semmi pénzem.* * Have you got **any** water? *Van egy kis vized?* * I can't find **any** pens. *Egy tollat sem találok.* * There aren't **any** apples at the shop. *Nincs alma / Egy alma sincs a boltban.* * Have you got **any** questions? *Van kérdésed?*

Az **any**-t állító, illetve **feltételes mondatban** is használják, jelentése: *akármelyik; bármelyik.*
Példák:
any book *akármelyik/bármelyik könyv* * Which pen may I borrow? * **Any** pen you like. *Melyik tollat kérhetem kölcsön? * Bármelyiket.* * If you want **any** help, let me know. *Ha segítségre van szükséged, szólj!*

Miként a **some**, az **any** is állhat megszámolható [C] és megszámlálhatatlan [U] főnevekkel egyaránt.

nehogy <ksz> **1.** so that…not; lest; for fear of (doing) sg; for fear that…: *Korán kelt, nehogy elkéssen.* He got up early, lest he be late. / He got up early for fear of being late. ∗ *Biztatott, nehogy feladjam.* He encouraged me not to give up. ∗ *Aggódott, nehogy megsérüljön a gyermek.* He worried for fear that the child would be hurt. **2.** *(intés, óvás kifejezésére)* don't: *Nehogy elkéss!* Don't be late! ∗ *Nehogy megcsináld!* Don't do it!

néhol <hsz> here and there; in some places
nejlon <fn> nylon
nejlonharisnya <fn> nylons <tsz>
nejlonzacskó <fn> plastic bag/carrier
neked → **te**
nekem → **én**
neki → **ő**
nekiáll <ige> *(vminek)* set✲ about (doing) sg; start doing sg; get✲ down to (doing) sg
nekidől <ige> lean✲ (**vminek** against sg)
nekiesik <ige> **1.** *(ütődik vminek)* fall✲ against sg **2.** *(rátámad vkire)* fall✲/turn on sy; attack sy; set✲ about sy
nekifog → **nekiáll**
nekifut <ige> **1.** *(ütközik)* run✲ into (**vkinek/vminek** sy/sg) **2.** *(futással lendületet vesz)* take✲ a run at (**vminek** sg); run✲ up to (**vminek** sg)
nekifutás <fn> run-up
 ♦ **egyszeri nekifutással** at/in one fell swoop ♦ **első nekifutásra** first go; offhand
nekilát <ige> *(vminek)* set✲ about (doing) sg; get✲ down to sg; start on sg: *nekilát a munkának* get down to business
nekik → **ők**
nekimegy <ige> **1.** *(ütközik)* knock/run✲ against/into (**vkinek/vminek** sy/sg); bump into (**vkinek/vminek** sy/sg) **2.** *(megtámad vkit)* go✲ at sy; attack sy
nekiront <ige> **1.** *(rárohan)* dash into/against (**vkire/vmire** sy/sg) **2.** *(hevesen nekitámad vkinek)* pitch into sy; fall✲ on sy; charge at sy
nekitámaszkodik <ige> lean✲/rest against (**vminek** sg)
nekrológ <fn> obituary
nektár <fn> nectar
nektek → **ti**
nekünk → **¹mi**
nélkül <nu> without: *autó nélkül* without a car ∗ *megállás nélkül továbbhajt* go past without stopping ∗ *munka nélkül van* be out of work ∗ *megszakítás nélkül* without a break ∗ *példa nélkül álló* without precedent
nélküle <hsz> without sy/sg: *nélkülük* without them
nélküli <mn> without; -less: *állás nélküli* jobless ∗ *megszakítás nélküli utazás* non-stop journey

nélkülöz <ige> **1.** *(szegénységben él)* live/be✲ in want/privation **2.** vál *(híján van, nincs vmije)* be✲ in want of sg **3.** *(megvan nélküle)* go✲ without sg; do✲ without sg
nélkülözés <fn> want; privation
nélkülözhetetlen <mn> indispensable (**vmihez** to sg); necessary (**vki számára // vmihez** for sy // to sg); essential (**vmihez** to/for sg): *A gyümölcs és a zöldség nélkülözhetetlen a jó egészséghez.* Fruit and vegetables are essential for good health.
¹nem <tagadószó> no; not: *Nem tudnál adni egy egyenes választ? Igen vagy nem?* Can't you give me a straight yes or no? ∗ *„Eljössz ma?" „Nem, nem megyek."* 'Are you coming today?' 'No, I'm not going.' ∗ *Nem vagyok álmos.* I'm not sleepy. ∗ *„Még egy kávét?" „Köszönöm, nem!"* 'Another coffee?' 'No, thanks.' ∗ *„Beteg?" „Remélem, nem."* 'Is he ill?' 'I hope not.'
²nem <fn> **1.** *(biológiai)* sex: *neme (űrlapon)* sex ∗ *a gyengébb nem* the gentler sex ∗ *Milyen nemű a cicád?* What sex is your cat? **2.** *(nyelvtani)* gender **3.** biol *(faj)* genus (tsz: genera) **4.** *(fajta)* kind; sort: *Kitűnő tankönyv a maga nemében!* It is an excellent textbook of its kind. / It is an excellent textbook as far as it goes.
néma <mn> **1.** *(beszédképtelen)* dumb **2.** *(szótlan)* silent **3.** *(hang nélküli)* silent; mute; speechless
némafilm <fn> silent film
nemcsak <ksz> not only: *nemcsak…hanem…is* not only…(but) also… ∗ *Nemcsak olvasta a könyvet, hanem emlékszik is arra, mit olvasott.* He not only read the book, but also remembered what he read.
¹nemdohányzó <mn> non-smoking: *dohányzó vagy nemdohányzó szakasz* smoking of non-smoking area
²nemdohányzó <fn> *(személy)* non-smoker
nemegyszer <hsz> more than once
némely <htl névm> some; certain: *némely ember* some people ∗ *némelyek* some, some people
némelyik <htl névm> **1.** *(némely)* some **2.** *(a jelzett személyek, dolgok közül némely)* some of sy/sg: *némelyikünk* some of us
¹nemes <mn> **1.** *(származást tekintve)* noble **2.** vál *(erkölcsileg)* noble; high/noble-minded: *nemes lelkű* high/noble-minded
²nemes <fn> noble
nemesfém <fn> precious metal
nemesi <mn> nobiliary; noble; of nobility <csak hátravetve>: *Nemesi származású ember.* He is a man of noble birth. / He is of noble ancestry.
nemesít <ige> **1.** *(szőlőt, baromfit stb.)* improve (by breeding) **2.** *(lelkileg)* ennoble; refine
nemesség <fn> the nobility <esz + esz/tsz ige>

¹német <mn> German: *a német nyelv* the German language * *német tanszék* German Department
²német <fn> **1.** *(személy)* German: *a németek* the Germans **2.** *(nyelv)* German
németóra <fn> German class
Németország <fn> Germany
némettanár <fn> German teacher; teacher of German
nemez <fn> felt
nemi <mn> sexual: *nemi szervek* genitals
nemigen <hsz> hardly: *Nemigen fogod elhinni.* You'll hardly believe it.
nemiség <fn> sexuality
nemleges <mn> negative
némítógomb <fn> *(elektronikai berendezéseken)* mute
nemrég(en) <hsz> recently: *Nemrég Olaszországban volt.* He has been to Italy recently.
nemsokára <hsz> soon; in a little while; before long; shortly: *Nemsokára visszajövök.* I will be back soon.
nemtetszés <fn> disapproval; displeasure; dissatisfaction: *nemtetszését fejezi ki* show one's disapproval
nemzedék <fn> generation: *mindhárom nemzedék* all three generations * *a jövő nemzedéke* future generations
nemzet <fn> nation
nemzetállam <fn> nation state
nemzetbiztonság <fn> national security
nemzetgazdaság <fn> national economy
nemzetgyűlés <fn> national assembly
nemzeti <mn> national: *nemzeti lobogó* national flag * *nemzeti park* national park * *Magyar Nemzeti Múzeum* Hungarian National Museum * *Nemzeti Színház* National Theatre
nemzeti jövedelem <fn> gazd national income: *nemzeti jövedelem újraelosztása* redistribution of the national income
nemzetiség <fn> **1.** *(kisebbség)* (ethnic) minority **2.** *(nemzeti hovatartozás)* nationality
nemzetiségi <mn> nationality-; ethnic; minority-; of nationalities <csak hátravetve>
nemzetközi <mn> international: *nemzetközi jog* international law * *nemzetközi kapcsolatok* international relations * *nemzetközi (repülő)járat* an international flight * *nemzetközi hívás* international call
nemzetség <fn> **1.** *(ősközösségi)* clan; family **2.** biol *(növényeknél)* genus (tsz: genera)
néni <fn> **1.** *(nagynéni)* aunt **2.** *(idősebb nő)* aunt: *Helen néni* Aunt Helen
neoncső <fn> neon tube
nép <fn> **1.** *(közösség, nemzet)* people <esz>: *a volt Jugoszlávia népei* the peoples of former Yugoslavia **2.** *(lakosság)* the people <tsz> **3.** biz *(sokaság)* the people <tsz>
népbetegség <fn> widespread/endemic disease
népcsoport <fn> ethnic group
népdal <fn> folk-song
népes <mn> **1.** *(ahol sok személy van)* populous **2.** *(sok személyből álló)* populous
népesség <fn> population: *felnőtt népesség* adult population
népességcsökkenés <fn> population decrease
népességnövekedés <fn> population increase
népfelkelés <fn> insurrection, uprising
népies <mn> **1.** *(a nép hagyományait utánzó)* folksy **2.** *(paraszti)* rustic; popular
népirtás <fn> genocide
népköltészet <fn> folk poetry
népmese <fn> folk tale
népművészet <fn> folk art
népnyelv <fn> vernacular
néprajz <fn> ethnography
néprajzkutató <fn> ethnographer
népség <fn> crowd; mob; plebs; rabble
népsűrűség <fn> density of population
népszámlálás <fn> census
népszavazás <fn> referendum (tsz: referendums v. hiv referenda); plebiscite
népszerű <mn> popular: *népszerű énekes* a popular singer * *Ez a játék főként a fiúk körében népszerű.* This game is especially popular with boys.
népszerűség <fn> popularity
népszerűsít <ige> popularize; propagate
népszerűtlen <mn> unpopular
népszokás <fn> folk/national custom
néptánc <fn> folk dance
néptelen <mn> underpopulated
néptörzs <fn> tribe
népünnepély <fn> mass entertainment
népvándorlás <fn> migration of nations
népviselet <fn> national costume/dress
népzene <fn> folk music
nercbunda <fn> mink coat
nesz <fn> rustle; slight noise
neszesszer <fn> sponge bag
neszkávé <fn> instant coffee
netán <hsz> by (any) chance
netikett <fn> biz netiquette
¹nettó <mn> net: *nettó jövedelem* net income * *nettó súly* net weight * *Meg tudnád mondani a nettó jövedelmedet?* Can you tell me your net income?
²nettó <hsz> **1.** *(áru súlya csomagolás nélkül)* net **2.** *(levonásokkal)* net
neurológia <fn> neurology
neurotikus <mn> neurotic
neurózis <fn> neurosis (tsz: neuroses)

név <fn> **1.** *(elnevezés)* name: *Mi a neved?* What's your name? * *betűzi a nevét* spell one's name * *Elfelejtettem a nevét.* I forgot her name. * *név szerint* by name * *vkinek a nevében* in the name of sy; in sy's name * *nevét adja vmihez* lend one's name to sg **2.** *(hírnév)* name

nevel <ige> **1.** *(felnevel)* bring✧ up; rear; AmE raise **2.** *(oktatva nevel)* educate/train (**vkit vmire/vmivé** sy for sg); bring✧ up (**vkit vmire/vmivé** sy to (do) sg); *(iskoláztat)* school (**vkit vmire/vmivé** sy in sg): *tanárnak neveli a lányát* her daughter is being brought up to be a teacher **3.** *(állatot, növényt)* breed✧; raise

nevelés <fn> **1.** *(felnevelés)* upbringing; bringing up; AmE raising **2.** *(testi, szellemi fejlődés irányítása)* education: *jó nevelése van* have a good education **3.** *(állaté)* breeding; rearing; keeping; *(növényé)* cultivation; growing

neveletlen <mn> ill-bred/mannered; lacking good manners <csak hátravetve>; *(komisz gyermekről)* naughty

¹nevelő <fn> educator

²nevelő <mn> educational; instructive

névelő <fn> article: *határozott névelő* definite article * *határozatlan névelő* indefinite article

nevelőanya <fn> foster mother

nevelőapa <fn> foster father

nevelőintézet <fn> *(javítóintézet)* young offenders' institution

---

Névelők • Articles

1. the (= the definite article: *határozott névelő*) *a, az*

Használata nagyjából megegyezik a magyaréval. Van azért néhány jelentős különbség.

a) Minden köznév előtt *állhat* **the**.
Példák:
Have you received **the letter**? *Megkaptad a levelet?* * **The girls** were not at home. *A lányok nem voltak otthon.*

b) Tulajdonnevek, úgymint személynevek, földrészek, országok, városok nevei, utcanevek stb. előtt általában *nem áll* **the**.
Példák:
Mark has been living here since August. *Mark augusztus óta lakik itt.* * Have you ever been to **London**? *Jártál már Londonban?*

c) Elvont fogalmak (főnevek) (= abstract nouns) előtt *nem állhat* **the**.
Példák:
Life isn't easy. *Az élet nem könnyű.* * We talked for hours about **freedom**. *Órákon át beszélgettünk a szabadságról.*

d) *Kiteszi* azonban az angol a **the**-t intézménynevek és bizonyos földrajzi helymegjelölések előtt:
Példák:
Have you seen **the Houses of Parliament** in London? *Láttad Londonban a Parlamentet?* * I am going to stay in **the United Kingdom** for a month. *Egy hónapig leszek Nagy-Britanniában.*

e) *Kiteszi* továbbá főnévként használt melléknevek esetében, amikor bizonyos embercsoportokra történik utalás: **the** old *(az öregek)*, **the** rich *(a gazdagok)* stb., valamint népnevek, népcsoportok megjelölésénél: **the** British *(a britek)*, **the** Americans *(az amerikaiak)*, **the** Hungarians *(a magyarok)* stb.

2. a, an (= the indefinite article: *határozatlan névelő*) *egy*
Itt már nagy a különbség az angol és a magyar használat között.

a) Általános szabály: az angol minden megszámlálható, egyes számban álló főnév (count nouns) előtt *kiteszi* az **a**-t (mássalhangzó előtt), vagy az **an**-t (magánhangzó előtt).
Példák:
My brother is **a lawyer**. *Testvérem ügyvéd.* * He was eating **an apple**. *Almát evett.*

b) *Kiteszi* némely számnév és mennyiségnév előtt: **a** hundred *(száz)*, **a** thousand *(ezer)*, **a** half *(fél)*, **a** kilo *(kiló)*, és még: **a** dollar *(dollár)*, **a** euro *(euró)* stb.

c) *Nem teszi ki* megszámlálhatatlan főnevek (uncount nouns), valamint többes számú megszámlálható főnevek előtt.
Példák:
I am fond of **classical music**. *Szeretem a klasszikus zenét.* * Can you give me **advice/information** on laptops? *Tud nekem tanácsot/információt adni a laptopokkal kapcsolatban? De:* **a piece** of advice/information *(egy tanács/információ)* stb.

nevelőnő <fn> governess
nevelőszülők <fn> foster parents
neveltetés <fn> upbringing; education; *(iskoláztatás)* schooling
neves <mn> famous; well-known
nevet <ige> **1.** laugh: *hangosan nevet* laugh loudly ∗ *jót nevet* have a good laugh **2.** laugh (**vkin/vmin** at sy/sg)
♦ **Az nevet a legjobban, aki utoljára nevet.** He who laughs last laughs longest.
nevetés <fn> laughter; laugh: *harsogó nevetésben tör ki* burst into laughter
nevetséges <mn> ridiculous; laughable; funny: *nevetségessé tesz vkit* make sy ridiculous
nevez <ige> **1.** *(elnevez)* name (**vkit/vmit vminek** sy/sg sg); call (**vkit/vmit vminek** sy/sg sg): *Maryneknevezik.* She is called Mary. **2.** *(minősít)* call (**vkit/vmit vminek** sy/sg sg) **3.** sp enter (**vkit vmire** sy in/for sg): *versenyre nevez vkit* enter sy in/for a competition
♦ **Ezt nevezem!** That's something like it!
nevezetes <mn> **1.** *(jelentős)* noteworthy; notable; remarkable **2.** *(ismert)* noted/famous/known (**vmiről** for sg): *nevezetes vmiről* be known for sg
nevezetesség <fn> *(látnivaló)* sight: *a város nevezetességei* the sights of the town
nevező <fn> mat *(törtben)* denominator: *közös nevező* common denominator
névjegy <fn> card; business card
névjegyzék <fn> roll: *választói névjegyzék* electoral roll
névmás <fn> nyelvt pronoun: *birtokos névmás* possessive pronoun ∗ *személyes névmás* personal pronoun ∗ *határozatlan névmás* indefinite pronoun ∗ *kérdő névmás* interrogative pronoun
névmutató <fn> index (tsz: indices v. indexes)
névnap <fn> name day
névrokon <fn> namesake
névsor <fn> list: *a névsor elején áll* top a list
névsorolvasás <fn> roll call
névszó <fn> nominal
névszóragozás <fn> declension
névtábla <fn> nameplate
névtelen <mn> **1.** *(név nélküli)* nameless **2.** *(ismeretlen)* anonymous; nameless **3.** *(névvel el nem látott)* anonymous **4.** *(meg nem nevezett)* anonymous; nameless; unnamed
névutó <fn> postposition
néz <ige> **1.** watch (**vkit/vmit** sy/sg); look at (**vkit/vkire/vmit/vmire** sy/sg): *tévét néz* watch television ∗ *Nézz rám!* Look at me. ∗ *a másik irányba néz* be looking the other way ∗ *Először nézz balra, majd jobbra, mielőtt átmész az úttesten!* Look first left than right before crossing the road. **2.** *(tekint vkit/vmit vkinek/vminek)* consider sy/sg (as) sg; take✥ sy/sg for sy/sg; put✥ sy/sg down as sy/sg; look (up)on sy/sg as sy/sg: *Minek nézel engem?* What do you take me for? ∗ *Farkasnak nézte a kutyát.* He took the dog to be a wolf. **3.** *(vásárolni, szerezni próbál vmit)* look for sg: *szoknyát néz magának* look for a skirt for oneself ∗ *állás után néz* look for a job **4.** *(épület, helyiség)* face (**vmerre/vmire** swhere/sg); overlook (**vmerre/vmire** swhere/sg): *A terasz északra néz.* The terrace faces north. ∗ *Az ablakunk a szomszéd kertjére néz.* Our window overlooks the neighbour's garden.
nézelődik <ige> look around
nézet <fn> *(vélemény)* view; opinion: *nézetem szerint* in my view
nézeteltérés <fn> disagreement; difference
nézettség <fn> *(bizonyos műsor nézettsége)* ratings <tsz>
néző <fn> *(tévéé)* viewer; *(sporteseményé)* spectator: *Ez a műsor a nézők ezreit vonzotta.* This programme attracted thousands of viewers.
nézőközönség <fn> audience; public; *(sporteseményé)* spectators <tsz>
nézőpont <fn> point of view
nézőtér <fn> auditorium (tsz: auditoriums v. auditoria)
nézve <nu> by; as to: *Mesterségére nézve tanár.* He's a teacher by trade. ∗ *Foglalkozását nézve orvos.* He is a doctor by profession.
nikkel <fn> nickel
nikotin <fn> nicotine
Nílus <fn> Nile
nincs(en) <ige> **1.** *(nem létezik)* there is no(t): *nincs párja vminek* there is nothing like sg ∗ *nincs belőle több* there is no more left **2.** *(a jelzett helyen nem található)* *Nincs itthon.* He isn't at home. ∗ *Nincs ember az utcán.* There are no people on the street. ∗ *Senki nincs a múzeumban.* There is no one in the museum. ∗ *Pillanatnyilag nincs itt.* She isn't here at the moment. ∗ *A főnök nincs bent.* The manager is out. **3.** *(birtokviszony tagadása)* *nincs pénze* have no money ∗ *Nincsenek gyerekei.* He has no children/family. **4.** *(nem kapható)* be✥ out of stock
nincstelen <mn> penniless
nitrogén <fn> nitrogen
Nobel-díj <fn> Nobel prize
Nobel-díjas <fn> Nobel laureate; Nobel prize winner; winner of the Nobel prize
nocsak <msz> well, well
nógat <ige> prod; egg sy on: *Nógatnom kell.* I must give her a prod.
nokedli <fn> (small) dumplings <tsz>

¹nomád <mn> nomad; nomadic
²nomád <fn> nomad
nonprofit <mn> non-profit(-making): *nonprofit alapon működik* be run on a non-profit basis
norma <fn> **1.** *(együttélési szabályok)* norms <tsz>; standards <tsz>: *erkölcsi norma* moral standards **2.** *(munkában)* norm: *teljesíti a normát* fulfil/achieve one's norm * *normán alul teljesít* fall below norm
normálbenzin <fn> regular petrol
normális <mn> **1.** *(szokásos)* normal: *Februárban az a normális, hogy hideg van.* Cold weather is normal in February. * *visszatér a normális kerékvágásba* get back to normal **2.** *(egészséges)* normal
normalizál <ige> normalize
normalizálódik <ige> normalize
¹norvég <mn> Norwegian
²norvég <fn> **1.** *(személy)* Norwegian **2.** *(nyelv)* Norwegian
Norvégia <fn> Norway
nos <msz> well; now: *Nos, mint már említettem…* Well, as I was saying… * *Nos, akkor beszéljünk arról a dologról!* Now, let's talk about that matter. * *Nos hát!* Well then! * *Nos, nem értek egyet Önnel!* Well, I don't agree with you.
nosztalgia <fn> nostalgia
nóta <fn> *(dal)* song; melody
♦ **A régi nóta.** It's the same old story.
notesz <fn> notebook
nov. [= november] Nov. (= November)
novella <fn> short story
november <fn> November: *Novemberben született.* He was born in November.
novemberi <mn> November; in/of November <csak hátravetve>: *novemberi időjárás* November weather
¹nő <ige> **1.** *(élőlény és növény)* grow✧: *Gyorsan nő.* He is growing quickly. **2.** *(hosszabb lesz)* grow✧ **3.** *(terem)* grow✧ **4.** *(emelkedik)* grow✧; increase; mount: *Nőnek az árak.* Prices are mounting.
²nő <fn> woman (tsz: women); *(udvariasabban)* lady; hiv female: *Ez az a nő, akinek odaadtam.* This is the woman to whom I gave it. * *Mindkét nő angol volt.* Both (of the) women were English.
nőcsábász <fn> lady-killer; Don Juan
nőgyógyász <fn> gynaecologist; AmE gynecologist
nőgyógyászat <fn> gynaecology; AmE gynecology
női <mn> **1.** *(nőkkel kapcsolatos)* female: *női hang* female voice **2.** *(nőknek való)* ladies'; women's: *női divat* ladies' fashion * *női magazinok* women's magazines * *női divatáru/ruha* women's/ladies' wear; AmE womenswear **3.** *(nők számára dolgozó)* ladies': *női szabó* ladies' tailor **4.** *(nőkből álló)* woman; female; women's: *női zenekar* female orchestra * *női szervezet* women's organization * *női egyes* women's singles **5.** *(nők közül való)* woman; female: *női munkaerő* woman/female worker
nőies <mn> feminine: *nőiesnek néz ki* look feminine
nőnap <fn> **Nemzetközi Nőnap** International Women's Day
nőnem <fn> nyelvt feminine
nőnemű <mn> **1.** female **2.** nyelvt feminine
nős <mn> married
nőstény <fn> **1.** *(állat)* female **2.** *(jelzőként)* female; she-: *nőstény kecske* nanny-goat * *nőstény macska* she-cat * *Ez a kiskutya hímnemű vagy nőstény?* Is this little dog a he or a she?
nősül <ige> marry; get✧ married
nőszemély <fn> woman (tsz: women); pej female
nőtlen <mn> single; unmarried
nőügy <fn> biz affair: *nőügye van* have an affair with a woman
növekedés <fn> growth; increase: *gazdasági növekedés* economic growth
növekedik <ige> grow✧; increase
növel <ige> **1.** increase; augment; *(fellendít)* boost: *A munkaadója növelte a bérét.* His employer has increased his wages. * *Cégünknek növelnie kell a kivitelt.* Our company has to boost exports. **2.** *(sokszorosít, megsokszoroz)* multiply **3.** *(megnövel)* enlarge; extend; expand
növendék <fn> *(tanuló)* pupil; student
növény <fn> plant: *sok vizet igénylő növény* plant requiring plenty of water * *kerti növények* garden plants
¹növényevő <fn> plant-eater; tud herbivore
²növényevő <mn> plant-eating; tud herbivorous
növényi <mn> vegetable: *növényi zsiradék* vegetable fat * *növényi rostban gazdag* high in fibre
növénytan <fn> botany
növénytermesztés <fn> cultivation of plants
növényvédelem <fn> plant protection
növényvédő szer <fn> plant protection chemical; insecticide
növényvilág <fn> plant/vegetable kingdom; flora; plant life
növényzet <fn> vegetation; flora: *trópusi növényzet* tropical vegetation

nővér <fn> **1.** *(testvér)* (big) sister: *apám nővére* my father's sister ∗ *Nővérek vagyunk.* We are sisters. **2.** *(ápolónő)* nurse; sister: *nővérként dolgozik* work as a nurse ∗ *az éjszakás nővér* the night sister ∗ *Nővér(ke)!* Sister! **3.** *(apáca)* sister: *Anna nővér ebben a zárdában él.* Sister Anne lives in this convent.
növés <fn> **1.** *(növekedés)* growth **2.** *(emberi termet)* build; figure
növeszt <ige> grow❖: *A férjem sohasem növesztene bajszot.* My husband would never grow a moustache.
nudistastrand <fn> nudist beach
nudizmus <fn> nudism

nugát <fn> nougat
nukleáris <mn> nuclear: *nukleáris fegyver* nuclear weapon ∗ *nukleáris energia* nuclear energy
null → ²**nulla**
¹**nulla** <tőszn> **1.** zero; BrE nought **2.** sp nil: *Magyarország–Dánia: 3:0* Hungary beat Denmark three nil / Hungary beat Denmark by three goals to nil
²**nulla** <fn> pej lightweight: *Ő egy nagy nulla.* He is a mere cipher.
nullapont <fn> zero point
nullszaldó <fn> gazd breakeven (point): *nullszaldót csinál* break even; reach breakeven (point)

Ny, ny

Ny, ny <fn> (betű) Ny; ny
Ny [= nyugat] W (= West; (the) West)
nyafog <ige> biz whine; whimper
nyaggat <ige> bother; nag; trouble: *Ne nyaggass!* Don't bother me!
nyáj <fn> flock
nyak <fn> 1. *(testrész)* neck 2. *(ruháé)* neck 3. *(tárgyé)* neck: *Ennek az üvegnek zöld a nyaka.* The neck of this bottle is green.
 ♦ **vkinek a nyakába varr vmit** lumber sy with sg ♦ **nyakig van a munkában** be* swamped with work; be* up to one's neck in/with work ♦ **nyakon csíp vkit** collar sy
nyakas <mn> obstinate; stubborn; headstrong
nyakbőség <fn> collar size
nyakék <fn> (necklace with a) pendant
nyakkendő <fn> tie; AmE necktie: *Fehér ing volt rajta, kék nyakkendővel.* He wore a white shirt with a blue tie.
nyaklánc <fn> necklace
nyakörv <fn> collar
nyakszirt <fn> nape (of the neck)
nyal <ige> 1. lick 2. *(főnökének stb.)* lick sy's boots
nyál <fn> saliva; spittle; slaver
nyaláb <fn> bundle
nyalánk <mn> have* a sweet tooth
nyalánkság <fn> titbit; AmE tidbit
nyálas <mn> 1. slobbery 2. biz *(mézes-mázos)* mushy; soppy; oily
nyálka <fn> biol mucus
nyálkahártya <fn> mucous membrane
nyálkás <mn> slimy
nyalogat <ige> lick: *A kutya a pofáját nyalogatta.* The dog was licking its chops.
nyalóka <fn> lollipop; biz lolly
nyár <fn> summer: *nyáron* in (the) summer ∗ *idén nyáron* this summer ∗ *a múlt nyáron* last summer ∗ *jövő nyáron* next summer
nyaral <ige> spend* one's summer holiday (**vhol** swhere)
nyaralás <fn> summer holiday; AmE vacation
nyaraló <fn> 1. *(személy)* holidaymaker; AmE vacationer 2. *(ház)* holiday home; summer cottage
nyaralóhely <fn> summer/holiday resort
nyárfa <fn> poplar
nyári <mn> summer: *meleg nyári este* a warm summer evening ∗ *nyári időszámítás* summer time

nyárias <mn> summery: *nyárias idő* summery weather
nyárs <fn> spit
nyavalyog <ige> biz, pej *(siránkozik)* snivel; whine; wail
nyávog <ige> mew; meow; miaow
nyel <ige> 1. swallow 2. biz *(eltűr)* swallow
nyél <fn> 1. *(szerszámé stb.)* handle; shaft 2. *(zászlóé)* (flag)staff 3. *(seprűé)* stick; handle 4. növ *(levélnyél)* stem
 ♦ **nyélbe üt vmit** carry sg through
nyelőcső <fn> gullet; oesophagus (tsz: oesophagi v. oesophaguses); AmE esophagus
nyelv <fn> 1. *(szerv)* tongue: *Az orvos megnézte a nyelvemet.* The doctor looked at my tongue. 2. *(társadalmi érintkezés eszköze)* language; hiv, vál tongue: *élő nyelvek* modern languages ∗ *holt nyelv* dead language ∗ *idegen nyelv* foreign language 3. *(írásműé stb.)* style 4. *(mérlegé)* pointer 5. *(fúvós hangszeré)* reed; tongue 6. *(cipőé)* tongue 7. *(étel)* tongue: *füstölt nyelv* smoked tongue
 ♦ **a nyelve hegyén van vmi** have* sg on the tip of one's tongue ♦ **lóg a nyelve** *(fáradtságtól)* be* dead tired
nyelvbotlás <fn> slip of the tongue
nyelvcsalád <fn> family of languages; language family
nyelvérzék <fn> gift for languages
nyelvész <fn> linguist
nyelvészet <fn> linguistics <esz>: *összehasonlító nyelvészet* comparative linguistics
nyelvgyakorlat <fn> language drill; language practice
nyelvhasználat <fn> usage: *mindennapi nyelvhasználatban* in everyday usage
nyelviskola <fn> language school
nyelvjárás <fn> dialect
nyelvkönyv <fn> coursebook; textbook: *A nyelvkönyvhöz videokazetta is tartozik.* The coursebook is accompanied by a video cassette.
nyelvoktatás <fn> language teaching
nyelvóra <fn> language lesson
nyelvtan <fn> grammar: *leíró nyelvtan* descriptive grammar
nyelvtanár <fn> language teacher
nyelvtanfolyam <fn> (language) course
nyelvtanítás <fn> language teaching
nyelvtanulás <fn> language learning

nyelvterület <fn> language area
nyelvtörő <fn> tongue-twister
nyelvtörténet <fn> history of language
nyelvtudomány <fn> linguistics <esz>
nyelvvizsga <fn> language exam(ination): *alapfokú angol nyelvvizsga* lower examination in English ∗ *középfokú angol nyelvvizsga* intermediate examination in English
nyer <ige> **1.** *(játékban, fogadásban)* win✵: *kártyában nyer* win at cards **2.** *(küzdelmet, versenyt)* win✵: *megnyeri a háborút* win the war ∗ *megnyeri a választást* win an election **3.** *(üzletben stb.)* win✵; gain **4.** *(megkap, szerez)* get✵; obtain **5.** *(haszna van)* profit **(vmiből** from/by sg); gain **(vmiből** from/by sg): *nyer az üzleten* profit by a transaction
nyereg <fn> **1.** *(lovon)* saddle **2.** *(ülés)* saddle **3.** *(orré)* bridge
nyeremény <fn> **1.** *(sorsjátékban)* prize **2.** *(pénz)* winnings <tsz>
nyereség <fn> **1.** *(üzleti)* profit; gain; proceeds <tsz> **2.** *(haszon)* gain; benefit; advantage
nyereséges <mn> profitable
nyerít <ige> neigh
nyers <mn> **1.** *(élelmiszer)* raw; uncooked: *nyers hús* raw meat **2.** *(anyag, termék)* raw; crude **3.** *(nem végleges)* raw **4.** *(durva)* rough: *nyers bánásmód* rough treatment
nyertes <fn> winner
nyes <ige> *(metsz)* prune; trim
nyest <fn> *(beech)* marten
nyikorog <ige> *(fából készült tárgy)* creak; *(fémből készült tárgy)* squeak: *Nyikorog a szék.* The chair is creaking.
nyíl <fn> **1.** *(vessző)* arrow **2.** *(jel)* arrow **3.** infor *(kurzor)* pointer
nyilallik <ige> *(fájdalom)* shoot✵
Nyilas <fn> asztrol Sagittarius
nyílás <fn> **1.** opening **2.** *(pénzérmének)* slot **3.** *(hézag)* gap
nyilatkozat <fn> **1.** declaration; statement: *Függetlenségi nyilatkozat* the Declaration of Independence ∗ *hivatalos nyilatkozat* official statement **2.** *(kiáltvány)* proclamation
nyilatkozik <ige> make✵ a declaration/statement
nyílik <ige> **1.** *(kinyílik)* open: *Az ablak kifelé nyílik.* The window opens outwards. ∗ *itt nyílik* open here **2.** overlook **(vhova** sg): *Az ablakok a kertre nyílnak.* The windows overlook the garden. **3.** *(virágzik)* open; bloom **4.** *(intézmény stb.)* open
nyílt <mn> **1.** *(nyitva levő)* open: *nyílt seb* open wound **2.** *(körül nem zárt)* open: *a nyílt tenger* the open sea **3.** *(nyilvános)* open **4.** *(jellem)* open; direct; straight **5.** *(őszinte)* frank **6.** *(szókimondó)* outspoken; straightforward **7.** *(eldöntetlen)* open
nyilván <hsz> obviously; evidently; clearly
nyilvános <mn> public; open: *nyilvánosan* in public
nyilvánosság <fn> *(közönség)* public
nyilvántart <ige> *(vmit)* keep✵ a record of sg
nyilvántartás <fn> records <tsz>; register
nyilvánvaló <mn> evident; obvious; clear
nyílvessző <fn> arrow; bolt
nyír <ige> **1.** *(hajat)* cut✵; trim **2.** *(sövényt)* trim; cut✵ **3.** *(füvet)* mow✵; cut✵ **4.** *(birkát)* shear✵
nyírfa <fn> **1.** *(növény)* birch (tree) **2.** *(anyag)* birch (wood)
nyirkos <mn> **1.** *(ház, pince)* damp **2.** *(idő)* damp **3.** *(testrész)* wet **4.** *(éghajlat)* humid
nyirokcsomó <fn> lymphatic gland
nyit <ige> **1.** *(kinyit)* open; *(csengetésre ajtót)* answer **2.** *(közönség számára)* open **3.** *(boltot, intézményt adott napon)* open: *Ez a bolt reggel 6-kor nyit.* This shop opens at 6 o'clock in the morning. **4.** *(boltot, intézményt első ízben)* open: *A múzeum hivatalosan holnap nyit.* The museum will be officially opened tomorrow. **5.** *(számlát)* open
nyitány <fn> zene overture
nyitott <mn> **1.** *(nyitva levő)* open **2.** *(érdeklődő)* open **(vmi iránt** to sg) **3.** *(fedetlen)* open **4.** *(résztvevők számára)* open **5.** *(eldöntetlen)* open: *nyitott kérdés* an open question
nyolc <tőszn> eight
¹**nyolcad** <törtszn> eighth
²**nyolcad** <fn> *(hangjegy)* quaver; AmE eighth note
¹**nyolcadik** <sorszn> eighth: *a nyolcadik század* the eighth century
²**nyolcadik** <fn> eighth
nyolcadikos <fn> eighth-form pupil/student; AmE eighth-grader
nyolcan <hsz> eight (of)
¹**nyolcas** <mn> **1.** eight **2.** *(személyt, dolgot jelölő szám)* (number) eight: *a nyolcas villamos* the number eight tram
²**nyolcas** <fn> **1.** *(számjegy)* (the number) eight **2.** *(számmal jelölt személy, dolog)* the number eight **3.** zene octet **4.** *(evezésben)* eight
nyolcszor <hsz> eight times
nyolcszoros <mn> eightfold
nyolcvan <tőszn> eighty
¹**nyolcvanas** <mn> **1.** eighty **2.** *(személyt, dolgot jelölő szám)* (number) eighty
²**nyolcvanas** <fn> **1.** *(számjegy)* (the number) eighty **2.** *(számmal jelölt személy, dolog)* the number eighty
¹**nyom** <ige> **1.** *(kezével)* press **2.** *(elnyom)* oppress **(vkit** sy) **3.** *(súlyra)* weigh: *Ez a csomag*

két kilót nyom. This parcel weighs two kilograms. **4.** *(nyomtat)* print **5.** *(ábrát, feliratot)* imprint (**vmit vmire** sg on sg)

²**nyom** <fn> trail; trace; track; mark; *(lábé)* footprint: *követi a nyomot* follow the trail * *nyoma sincs* there is no trace of it * *hamis nyomon van* be on the wrong track

nyomás <fn> **1.** pressure **2.** fiz pressure **3.** *(kényszer)* pressure: *enged a nyomásnak* yield to pressure **4.** *(terhelés)* pressure; strain: *Nem bírja a nagy nyomást, ami a munkája során ránehezedik.* He can't stand the big pressure of his job. * *állandó nyomás alatt áll az iskolában* be under constant strain at school

nyomaszt <ige> distress
nyomasztó <mn> oppressive; depressing
nyomat <fn> print
nyomaték <fn> **1.** *(hangsúly)* emphasis; stress **2.** fiz moment
nyomatékos <mn> emphatic; stressed
nyomban <hsz> at once; immediately; instantly
nyomda <fn> printing house/office
nyomdahiba <fn> misprint
nyomdász <fn> printer: *A nagybátyám nyomdász.* My uncle works as a printer.
nyomógomb <fn> (push) button
nyomor <fn> distress; misery
nyomornegyed <fn> slum
nyomortanya <fn> hovel
nyomorult <mn> **1.** *(szerencsétlen)* wretched; miserable **2.** pej *(hitvány)* villainous
nyomorúság <fn> misery
nyomorúságos <mn> **1.** miserable; wretched **2.** *(városnegyed)* poverty-stricken
nyomott <mn> **1.** *(lelkiállapot)* depressed; downcast; dejected **2.** *(levegő)* close
nyomoz <ige> investigate
nyomozás <fn> investigation
nyomozó <fn> detective
nyomtat <ige> print: *Hol nyomtatták ezt a könyvet?* Where was this book printed?
nyomtató <fn> printer
nyomtatott <mn> printed
nyomtatvány <fn> **1.** *(nyomdatermék)* print; printed publication **2.** *(postai küldeményként)* printed matter **3.** *(űrlap)* form; blank **4.** *(pályázathoz stb.)* application form
nyög <ige> moan; groan
nyugágy <fn> deckchair
nyugállomány <fn> retirement
nyugalmas <mn> quiet; tranquil; calm; peaceful
nyugalom <fn> **1.** *(békesség)* quiet(ness); tranquillity; peace(fulness); calmness **2.** *(önuralom)* composure **3.** *(pihenés)* rest

nyugat <fn> west: *nyugaton* in the west * *nyugat felől* from the west * *a nyugat* the West
Nyugat-Európa <fn> Western Europe
nyugati <mn> western; west; westerly: *Nyugati szél fúj.* There is a westerly wind.
nyugdíj <fn> **1.** *(nyugellátás)* pension: *nyugdíjból él* live on a pension **2.** *(nyugállomány)* retirement
nyugdíjas <fn> pensioner
nyugdíjaz <ige> *(vkit)* pension sy off; retire
nyugdíjbiztosítás <fn> gazd pension insurance
nyugdíjpénztár <fn> gazd pension fund
nyughatatlan <mn> restless
nyugodt <mn> **1.** tranquil; quiet; calm; peaceful **2.** *(mozdulatlan)* calm; still: *A tenger nyugodt volt.* The sea was calm. **3.** *(ember)* calm; imperturbable **4.** *(lelkiismeret)* undisturbed; easy
nyugszik <ige> **1.** *(égitest lemegy)* set✧ **2.** *(pihen)* lie✧; rest
nyugta <fn> receipt: *nyugtát ad vmiről* give a receipt for sg
nyugtalan <mn> **1.** *(nem nyugodt)* restless **2.** *(életmód)* unsettled; hectic **3.** *(izgő-mozgó)* fidgety **4.** *(aggódó)* worried; uneasy; anxious
nyugtalanít <ige> concern; trouble; worry: *Ez nyugtalanít engem.* It concerns me.
nyugtat <ige> **1.** *(vkit)* calm sy (down) **2.** *(vigasztal)* comfort
nyugtató <fn> sedative; tranquillizer
nyújt <ige> **1.** *(terjedelemben)* stretch; extend; expand **2.** *(hosszában)* lengthen **3.** *(odanyújt)* pass; hand **4.** *(kölcsönt)* grant **5.** *(ad)* give✧ (**vmit vkinek** sy sg); offer (**vmit vkinek** sy sg); provide (**vmit vkinek** sg for sy): *Brown doktor nyújtja a legjobb orvosi ellátást.* Doctor Brown provides the best medical care. **6.** *(szolgáltatást)* provide; supply **7.** *(menedéket)* give✧; afford: *A fa némi menedéket nyújt az eső ellen.* The tree affords some shelter from the rain. **8.** *(tésztát)* roll sg (out)
nyújtó <fn> *(tornaszer)* horizontal bar
nyújtózkodik <ige> stretch (oneself)
¹**nyúl** <ige> **1.** touch (**vkihez/vmihez** sy/sg) **2.** *(vmihez folyamodik)* resort to
²**nyúl** <fn> **1.** *(házi)* rabbit **2.** *(mezei)* hare
nyúlik <ige> **1.** stretch; expand; extend **2.** *(vmeddig)* reach as far as sg
nyuszi <fn> bunny (rabbit)
nyűgös <mn> grumpy; grouchy
nyüszít <ige> whimper; whine
nyüzsgés <fn> *(nagyvárosé)* (hustle and) bustle
nyüzsög <ige> **1.** *(sürgölődik)* bustle **2.** *(tömeg)* mill about/around **3.** swarm (**vmitől** with sg); teem (**vmitől** with sg)

O, o, Ó, ó

O, o, Ó, ó <fn> (betű) O; o; Ó; ó
ó <isz> oh: *Ó, igen!* Oh yes! ∗ *Ó jaj!* Oh dear! ∗ *Ó, jaj, nem akarok menni!* Oh no, I don't want to go!
oázis <fn> oasis (tsz: oases)
¹objektív <mn> **1.** *(tárgyilagos)* objective **2.** *(elfogulatlan)* impartial; unbiassed
²objektív <fn> fényk lens
oboa <fn> *(hangszer)* oboe
obszcén <mn> obscene
obszervatórium <fn> observatory
óceán <fn> ocean: *az óceán feneke* the ocean floor
ócska <mn> **1.** *(elhasznált)* shabby; threadbare: *ócska ruha* shabby clothes **2.** *(öreg)* old **3.** *(értéktelen, silány)* shoddy; worthless
ócskapiac <fn> flea market
ócskaság <fn> trash; rubbish; junk
ócskavas <fn> scrap
ocsmány <mn> **1.** *(visszataszító)* ugly; foul; nasty **2.** *(trágár)* foul; filthy
oda <hsz> there: *Ne menj oda!* Don't go there. ∗ *oda és vissza* there and back
óda <fn> ode
odaad <ige> give✣ (**vmit vkinek** sg to sy // sy sg); pass (**vmit vkinek** sg to sy // sy sg); hand (**vmit vkinek** sg to sy // sy sg)
odaadás <fn> **1.** *(vonzalom)* devotion **2.** *(buzgalom)* dedication
odaáll <ige> stand✣ (**vhova** swhere): *odaáll az ajtóhoz* stand next to the door
odaát <hsz> over there; on the other side
odább <hsz> farther/further (away/on)
odabent <hsz> inside; in there; within
odabújik <ige> snuggle (**vkihez** up to sy); cuddle (**vkihez** up to sy)
odadob <ige> throw✣ (**vmit vkinek** sg to sy)
odaég <ige> *(étel)* get✣ burnt
odaér <ige> **1.** *(odaérkezik)* get✣ there; arrive there: *Mikor érünk oda?* When do we get there? **2.** touch (**vmihez** sg)
odafelé <hsz> on the way there
odafent <hsz> up there; *(emeleten)* upstairs
odafigyel <ige> listen to (**vmire** sy); pay✣ attention to (**vmire** sy)
odahúz <ige> *(vmit)* pull sg there; drag sg there
odáig <hsz> as far as sg: *egészen odáig megy* go as far as sg

odaír <ige> *(vmit)* write✣ sg on/there: *odaírja a nevét a levélre* write one's name on the letter
odaítél <ige> award: *Neki ítélték oda az első díjat.* They awarded her first prize.
odakint <hsz> **1.** outside; outdoors; out there: *„Ki van odakint?" „Én (vagyok)."* 'Who is out there?' 'Me.' **2.** *(külföldön)* abroad
odaköltözik <ige> move (**vhova** swhere)
odaköt <ige> tie (**vmit vmihez** sg to sg); bind✣ (**vmit vmihez** sg to sg); fasten (**vmit vmihez** sg to sg): *Odakötöttem a kutyámat a fához.* I tied my dog to the tree.
odaláncol <ige> chain (**vmit vmihez** sg to sg)
odalent <hsz> down there; *(épületben)* downstairs
odamegy <ige> **1.** *(személyhez)* go✣ up (**vkihez** to sy); come✣ up (**vkihez** to sy) **2.** *(dologhoz)* go✣ (**vhova** to sg)
odamenet <hsz> on the way there
odanéz <ige> look at (**vkire/vmire** sy/sg)
odaragad <ige> stick✣ (**vmihez** to sg); get✣ stuck (**vmihez** to sg)
odaszalad <ige> **1.** *(személyhez)* run✣ up (**vkihez** to sy) **2.** *(dologhoz)* run✣ (**vhova** to sg)
odatalál <ige> find✣ one's way (**vhova** swhere)
odatesz <ige> **1.** *(helyez)* put✣ (**vmit vhova** sg swhere) **2.** *(állítva)* stand✣ (**vmit vhova** sg swhere) **3.** *(fektetve)* lay✣ (**vmit vhova** sg swhere)
odaül <ige> sit✣ there
¹odavesz <ige> take✣
²odavesz <ige> *(odalesz)* be✣ lost
odavet <ige> *(vmit)* throw✣ sg there; fling✣ sg there
odavezet <ige> lead✣ (**vkit vhova** sy to sg); guide (**vkit vhova** sy to sg)
oda-vissza <hsz> there and back
odú <fn> **1.** *(üreg)* hollow; cavity **2.** *(állaté)* den; lair; hole
odvas <mn> hollow
offenzíva <fn> offensive
óhaj <fn> wish; desire
óhajt <ige> desire; want (**vmit tenni** to do sg)
óhajtó mód <fn> optative (mood)
ok <fn> **1.** cause; reason: *halálának oka* the cause of her death **2.** *(indíték)* motive; reason: *ok nélkül* for no reason
okirat <fn> document

okirat-hamisítás <fn> forgery; forging (of documents)
oklevél <fn> **1.** *(okirat)* charter; document; deed **2.** *(egyetemi, főiskolai diploma)* diploma; degree **3.** *(szakképesítést igazoló)* certificate
okmány <fn> **1.** *(okirat)* document; certificate **2.** *(személyi)* papers <tsz>
okol <ige> blame (**vkit vmiért** sy for sg): *Csak önmagát okolhatja.* She has only herself to blame.
ókor <fn> antiquity; ancient times <tsz>
ókori <mn> ancient: *az ókori görögök* the ancient Greeks ∗ *az ókori görög kultúra* the ancient Greek culture
okos <mn> clever; bright; intelligent; *(bölcs, tapasztalt)* wise
okosóra <fn> smartwatch
okostelefon <fn> smartphone
okoz <ige> cause; bring✧ sg about; give✧ rise to sg; hiv, vál induce: *Égő cigaretta okozta a tüzet.* The fire was caused by a burning cigarette.
okt. [= október] Oct. (= October)
oktánszám <fn> octane number/rating
oktat <ige> educate; teach✧; *(egyetemen, főiskolán)* lecture
oktatás <fn> education: *elemi/általános iskolai oktatás* primary/elementary education
oktató <fn> **1.** teacher; *(magán)* tutor **2.** *(felsőoktatásban)* lecturer; reader: *egyetemi oktató* university lecturer **3.** *(gépjárművezetésben stb.)* instructor **4.** *(sportban)* trainer; coach
oktáv <fn> zene octave
október <fn> October
októberi <mn> October; in/of October <csak hátravetve>
okul <ige> learn✧ (**vmiből** from sg): *okul a tapasztalatokból* learn from experience
ól <fn> *(kutyáé)* kennel; AmE doghouse; *(disznóé)* pigsty; AmE pigpen; *(baromfié)* coop
olaj <fn> **1.** *(növényi eredetű)* oil **2.** *(étolaj)* oil: *olajban süti a krumplit* fry the potatoes in oil **3.** *(ásványolaj)* oil **4.** *(fűtőolaj)* oil **5.** *(kenőolaj)* oil; grease **6.** *(olajfesték)* oil (colour/paint): *olajjal fest* paint in oil
olajbogyó <fn> olive
olajcsere <fn> oil change: *olajcserét végez* do an oil change
olajfa <fn> olive (tree)
olajfesték <fn> oil paint; oil colour; AmE oil color
olajfestmény <fn> oil painting
olajfinomító <fn> oil refinery
olajkályha <fn> oil stove
olajos <mn> oily; greasy
olajoz <ige> oil; grease; lubricate
olajszűrő <fn> oil filter
olajvezeték <fn> pipeline

ólálkodik <ige> lurk; prowl
¹olasz <mn> Italian
²olasz <fn> **1.** *(személy)* Italian: *az olaszok* the Italians **2.** *(nyelv)* Italian: *olaszul tanul* learn Italian
Olaszország <fn> Italy
olcsó <mn> cheap; inexpensive
old <ige> **1.** *(folyadék)* dissolve; melt **2.** *(csomót, köteléket)* undo✧; untie; unfasten; loosen
oldal <fn> **1.** *(térben)* side: *az úttest bal oldala* the left-hand side of the road **2.** *(emberé, állaté, tárgyé)* side **3.** mat *(oldallap)* side: *egy kocka oldalai* the sides of a cube **4.** *(felület)* side **5.** *(írott, nyomtatott)* page: *Nyissátok ki a könyveket az 5. oldalon!* Open your books on page 5. **6.** *(tulajdonság)* side; point; aspect: *a jó oldala vminek* the bright side of sg ∗ *vkinek a gyenge oldala* sy's weak point
oldalas <fn> *(hús)* side (of pork)
oldalnézet <fn> profile: *oldalnézetben* in profile
oldalszám <fn> page number
oldalt <hsz> sidewards; aside: *oldalt fordul* turn aside
oldat <fn> solution
oldódik <ige> dissolve; melt
oldószer <fn> solvent
oldott <mn> *(hangulat stb.)* relaxed
olimpia <fn> the Olympic Games <tsz>; the Olympics <tsz>: *téli olimpia* Winter Olympic Games
olimpiai <mn> Olympic: *olimpiai csapat* Olympic team ∗ *olimpiai csúcs* Olympic record
olívaolaj <fn> olive oil
olló <fn> **1.** *(eszköz)* a pair of scissors; scissors <tsz> **2.** *(állaté)* claw; pincers <tsz>
ólom <fn> lead
ólomkatona <fn> tin soldier
ólommentes <mn> unleaded; lead-free: *ólommentes benzin* unleaded petrol
¹olt <ige> *(tüzet elolt)* put✧ sg out; extinguish
²olt <ige> **1.** *(növényt)* graft **2.** *(élőlényt)* vaccinate; inoculate
oltár <fn> altar: *oltár elé vezet (menyasszonyt)* lead to the altar
oltás <fn> orv vaccination; inoculation
oltóanyag <fn> vaccine; serum (tsz: serums v. sera)
olvad <ige> **1.** melt; liquefy; dissolve **2.** *(hó, jég)* thaw✧
olvadáspont <fn> melting point
olvas <ige> **1.** *(szöveget)* read✧: *Mit olvasol?* What are you reading? ∗ *mesét olvas a gyerekeknek* read a story to the children **2.** *(pénzt)* count **3.** *(jeleket)* read✧
olvasás <fn> reading: *olvasást, írást és számolást tanít* teach reading, writing and arithmetic

olvashatatlan <mn> **1.** *(kibetűzhetetlen)* illegible; unreadable **2.** *(élvezhetetlen)* unreadable

olvasható <mn> **1.** *(külalakra)* legible; readable **2.** *(tartalmilag)* readable

olvasmány <fn> reading

olvasnivaló <fn> reading matter

olvasó <fn> reader

olvasójegy <fn> *(könyvtári)* library ticket; reader's ticket

olvasókönyv <fn> reader

olvasott <mn> **1.** *(könyv, újság)* widely read **2.** *(tájékozott)* well-read

olvaszt <ige> melt

olyan <mut névm> **1.** so; such; that; like: *olyan édes* so sweet * *Olyan, mint a méz.* It's like honey. **2.** *(annyira)* so: *Olyan boldog!* She's so happy!

olyasmi <mut névm> something (like); something of the kind/sort

olykor <hsz> vál sometimes; occasionally; now and then/again

omlett <fn> omelet(te)

omlik <ige> crumble

ón <fn> tin

ondó <fn> semen; sperm

onkológia <fn> oncology

onkológus <fn> oncologist

onnan <hsz> from there; from that place

ónos eső <fn> sleet

opera <fn> **1.** *(drámai mű)* opera: *Tegnap este csodálatos operát láttunk.* We saw a wonderful opera last night. **2.** *(műfaj)* opera **3.** *(épület)* opera: *Majdnem minden hónapban megyünk az operába.* We go to the opera nearly every month.

operáció <fn> operation

operaénekes <fn> opera singer

operaház <fn> opera house

operál <ige> operate **(vkit vmivel** on sy for sg): *Dr. Smith pillanatnyilag operál.* Dr Smith is operating at the moment. * *Vakbéllel operálta.* He operated on her for appendicitis.

operatőr <fn> cameraman (tsz: cameramen)

operett <fn> operetta

optika <fn> **1.** optics <esz> **2.** *(fényképezőgépé)* lens

optikai <mn> optical: *optikai csalódás* optical illusion

optikus <fn> optician

optimális <mn> optimum; best

¹**optimista** <mn> optimistic

²**optimista** <fn> optimist

optimizmus <fn> optimism

óra <fn> **1.** *(fali, álló, asztali)* clock; *(karóra)* watch: *előreállítja az órát* put/set the clock ahead/forward * *Az óra siet.* The clock is fast. * *Az óra öt percet késik.* The clock is five minutes slow. **2.** *(időegység)* hour: *minden órában* every hour **3.** *(tanítási)* class; lesson: *A második óra 9-kor kezdődik.* The second lesson begins at 9 o'clock. **4.** *(fogyasztásmérő)* meter

óramutató <fn> hand: *nagy óramutató* minute hand * *kis óramutató* hour hand

óránként <hsz> **1.** *(minden órában)* every hour: *háromóránként* every three hours **2.** *(átlagban)* hourly

órarend <fn> timetable; AmE schedule: *Két történelemóra szerepel az órarendben.* There are two History classes listed in the timetable.

órás <fn> watchmaker; clockmaker

óraszíj <fn> watchstrap; AmE watchband

orchidea <fn> orchid

ordít <ige> **1.** *(állat)* roar; howl **2.** *(ember üvölt)* shout; roar; howl; bawl: *ordít a fájdalomtól* shout with pain * *Ordított velem, hogy csukjam be az ajtót.* He shouted at me to lock the door.

organizmus <fn> organism

orgazda <fn> receiver

orgazmus <fn> orgasm; climax

orgia <fn> orgy

¹**orgona** <fn> *(hangszer)* organ: *orgonán játszik* play the organ

²**orgona** <fn> *(növény)* lilac

orgonál <ige> play the organ

orgonasíp <fn> (organ) pipe

orgonista <fn> organist

óriás <fn> giant

óriási <mn> **1.** *(rendkívül nagy)* giant; gigantic; huge; enormous: *óriási tömeg* huge crowd **2.** biz *(remek)* great; fantastic

óriáskerék <fn> big wheel; AmE Ferris wheel

óriáskígyó <fn> boa (constrictor)

ormány <fn> trunk: *Az elefánt felemelte az ormányát.* The elephant raised its trunk.

orom <fn> **1.** *(hegyé)* peak; summit **2.** *(építményé)* gable

¹**orosz** <mn> Russian

²**orosz** <fn> **1.** *(személy)* Russian **2.** *(nyelv)* Russian

Oroszlán <fn> asztrol Leo

oroszlán <fn> lion

Oroszország <fn> Russia

orr <fn> **1.** *(szaglószerv)* nose: *hegyes orr* a pointed nose * *pisze orr* a snub nose **2.** *(állaté)* snout; muzzle **3.** *(hajóé)* bow; prow **4.** *(cipőé)* toe
♦ **fennhordja az orrát** be✲ haughty

orrcsepp <fn> nasal drops <tsz>

orrlyuk <fn> nostril

orrszarvú <fn> rhinoceros

orrvérzés <fn> nosebleed

orsó <fn> **1.** *(cérnának, filmnek stb.)* reel **2.** *(horgászeszköz)* reel
ország <fn> country
országgyűlés <fn> parliament
országgyűlési <mn> parliamentary
országhatár <fn> border; frontier
országház <fn> Parliament
országjelentés <fn> gazd country report
országos <mn> nationwide; national: *országos mozgalom* nationwide movement * *országos csúcs* national record
országút <fn> highway; main road
  ♦ **öreg, mint az országút** be✣ (as) old as the hills
orvlövész <fn> sniper
orvos <fn> doctor; *(általános/körzeti)* general practitioner; GP: *elmegy az orvoshoz* go to the doctor * *Foglalkozását nézve orvos.* He is a doctor by profession. * *Új gyógyszert írt fel nekem az orvos.* The doctor prescribed me a new medicine.
orvosi <mn> medical: *orvosi kezelés* medical treatment * *orvosi vizsgálat* medical examination * *orvosi felügyelet* medical supervision
orvosság <fn> **1.** *(gyógyszer)* medicine; drug: *napi háromszor veszi be az orvosságot* take the medicine three times a day **2.** átv *(gyógyír)* remedy
orvostanhallgató <fn> medical student
orvvadász <fn> poacher
oson <ige> slip; sneak; steal✣: *Csöndben a szobába osont.* He stole quietly into the room.
ostoba <mn> stupid; silly; brainless; foolish: *ostoba kérdés* a stupid question
ostobaság <fn> **1.** stupidity; silliness; foolishness; folly **2.** *(megnyilatkozás)* nonsense; rubbish: *ostobaságokat beszél* talk nonsense/rubbish
ostor <fn> whip; lash
ostrom <fn> siege: *ostrom alá vesz vmit* lay siege to sg
ostromol <ige> besiege
ostya <fn> **1.** wafer **2.** vall wafer; the host
oszlik <ige> **1.** *(részekre)* divide (**vmire** into sg): *Két részre oszlik.* It divides into two parts. **2.** *(tömeg)* disperse; scatter **3.** *(felhő)* break✣ up; *(köd)* disperse
oszlop <fn> **1.** *(építészeti)* column; *(pillér)* pillar; post **2.** *(távvezetéké)* pylon **3.** *(függőleges sor)* column **4.** *(embereké, járműveké)* column
Ószövetség <fn> the Old Testament
oszt <ige> **1.** *(részekre)* divide (**vmit vmire** sg (up) into sg) **2.** mat divide: *hárommal oszt* divide by 3 **3.** *(kioszt)* distribute; dispense **4.** *(kártyában)* deal✣ **5.** *(parancsot)* issue; give✣ **6.** *(véleményt)* share

osztalék <fn> dividend
osztály <fn> **1.** *(társadalmi)* class **2.** biol class **3.** isk class <+ esz/tsz ige>; *(évfolyam)* form; AmE grade: *Két új fiú érkezett az osztályunkba.* There are two new boys in our class. * *Ötödik osztályba jár.* She is in the fifth form/grade. **4.** *(tanterem)* classroom **5.** *(részleg)* department **6.** *(kórházi)* ward; department **7.** *(kategória)* section; class; category **8.** *(vasúton stb.)* class: *első osztályon utazik* travel first--class
osztálykirándulás <fn> school outing
osztálynapló <fn> ≈ (class) register
osztályoz <ige> **1.** *(osztályokba sorol)* classify (**vmit vmi szerint** sg by/according to sg); grade (**vmit vmi szerint** sg by/according to sg): *Azokat az almákat méret szerint osztályozták.* Those apples have been graded by size. **2.** *(dolgozatokat)* mark; AmE grade
osztálytalálkozó <fn> class reunion
osztálytárs <fn> classmate
osztályterem <fn> classroom

→ Lásd a Tartalomjegyzékben a Tematikus rajzokat!

osztályvezető <fn> head/chief of a department
osztályzat <fn> mark; AmE grade: *rossz osztályzat* bad mark
osztás <fn> **1.** mat division **2.** *(kártyában)* deal
osztható <mn> divisible: *öttel osztható szám* a number divisible by five
osztó <fn> **1.** mat divisor **2.** *(kártyában)* dealer
osztozik <ige> share (**vmin vkivel** sg with sy): *Osztoznunk kell a szobán.* We'll have to share the room.
¹osztrák <mn> Austrian
²osztrák <fn> Austrian
osztriga <fn> oyster
óta <nu> *(időpont)* since; *(tartam)* for: *hétfő óta* since Monday * *Hónapok óta nem láttuk egymást.* We haven't seen each other for months.
ott <hsz> there: *Ő is ott volt.* She was there also. * *Senki nem volt ott.* There wasn't anybody there. * *Voltam már ott.* I have (already) been there. * *Úgy érezte, mintha már járt volna ott.* He felt as if he had been there before.
ottfelejt <ige> *(vmit)* leave✣ sg (behind); forget sg
otthagy <ige> **1.** biz *(munkahelyet)* quit✣; leave✣: *otthagyja az állását* quit one's job **2.** *(ottfelejt vmit)* leave✣ sg (behind); forget sg **3.** *(elhagy)* leave✣; abandon
¹otthon <fn> **1.** *(családi)* home **2.** *(intézmény)* home: *idősek otthona* old people's home

²otthon <hsz> at home: *Nincs otthon.* She isn't at home. * *otthon marad* stay at home
otthoni <mn> home; domestic
otthonos <mn> cosy; AmE cozy; homely; AmE homey
óv <ige> **1.** *(figyelmeztetve)* warn (**vkit vmitől** sy against sg); caution (**vkit vmitől** sy against sg) **2.** *(megvédve)* protect (**vkit/vmit vmitől** sy/sg from/against sg); guard (**vkit/vmit vmitől** sy/sg from/against sg)
óvakodik <ige> **1.** beware (**vkitől/vmitől** of sy/sg): *Óvakodjunk a zsebtolvajoktól!* Beware of pickpockets! **2.** *(tartózkodik)* refrain (**vmitől** from sg // from doing sg)
ovális <mn> oval
óváros <fn> old town/city
óvás <fn> protest: *óvást emel* make a protest
óvatos <mn> careful; cautious: *Légy óvatos!* Be careful!
óvatosság <fn> caution; cautiousness; carefulness; care: *fokozott óvatosság* extreme caution
overall <fn> *(munkához)* boiler suit; overalls <tsz>; AmE coveralls <tsz>
óvintézkedés <fn> precaution: *megteszi a szükséges óvintézkedéseket* take the necessary precautions
óvoda <fn> ≈ nursery school; kindergarten
óvóhely <fn> air-raid shelter
óvónő <fn> nursery school teacher; kindergarten teacher
óvszer <fn> condom; BrE sheath
oxigén <fn> oxygen
ózon <fn> ozone
ózonlyuk <fn> ozone hole

Ö, ö, Ő, ő

Ö, ö, Ő, ő <fn> *(betű)* Ö; ö; Ő; ő
ő <szem névm> **1.** *(hímnem)* he; *(nőnem)* she; *(dologra, állatra vonatkozóan)* it: *Ő a bátyám.* He is my brother. * *Ő az édesanyám.* She is my mother. **2.** *(birtokos jelzőként hímnem)* his; *(nőnem)* her; *(dologra, állatra vonatkozóan)* its; *(többes)* their: *az ő autója* his/her car * *az ő könyvei* his/her books * *az ő tollaik* their pens
öblít <ige> **1.** *(edényt, testüreget)* rinse **2.** *(ruhaneműt)* rinse
öblöget <ige> **1.** *(ruhát, edényt stb.)* rinse **2.** *(gargarizál)* gargle
öböl <fn> bay; *(nagyobb)* gulf: *Az öbölben hajók voltak.* There were ships in the bay. * *a Mexikói-öböl* the Gulf of Mexico
öcs <fn> (little) brother
őfelsége <fn> *(cím, megszólítás)* His/Her Majesty: *Őfelsége a Királynő* Her Majesty the Queen
ők <szem névm> they: *Ők már nem laknak itt.* They don't live here any more.
öklendezik <ige> retch
ökológia <fn> ecology
ökológiai <mn> ecological: *ökológiai egyensúly* ecological balance
ököl <fn> fist: *ökölbe szorítja a kezét* clench one's fists
ökölpacsi <fn> biz fist bump: *ökölpacsit ad* do/give a fist bump
ökölvívás <fn> boxing
ökölvívó <fn> boxer: *Hivatásos ökölvívó.* He is a professional boxer.
ökölvívó-mérkőzés <fn> boxing match
ökör <fn> **1.** *(állat)* ox (tsz: oxen) **2.** biz *(szitokszó)* fool; idiot
ökumenikus <mn> ecumenical
¹öl <ige> **1.** *(gyilkol)* kill; slay✣; *(lemészárol)* butcher **2.** *(pénzt stb. vmibe)* sink✣ sg into sg: *Ebbe őt minden pénzét.* She sank all her money into it.
²öl <fn> *(testrész)* lap: *Az ölébe ültette a gyereket, és olvasni kezdett.* She sat the child on her lap and began to read.
♦ **nem nézhetjük ölbe tett kézzel** we cannot✣ just sit there doing nothing
ölel <ige> hug; embrace; put✣ one's arms round sy
ölelés <fn> hug; embrace
öltés <fn> stitch
öltöny <fn> suit: *sötétszürke öltöny fehér inggel és fekete nyakkendővel* a dark grey suit with a white shirt and a black tie
öltözet <fn> clothing; clothes <tsz>: *megfelelő öltözet* adequate clothing * *hiányos öltözet* scanty clothing
öltözik <ige> **1.** *(felöltözik)* dress; get✣ dressed **2.** *(öltözködik)* dress; *jól öltözik* dress well
öltözködik <ige> dress; get✣ dressed
öltöző <fn> dressing room; changing room; *(uszodai kabin)* cubicle
öltöztet <ige> **1.** dress **2.** *(ruház)* clothe
ömlik <ige> **1.** *(folyadék)* flow; run✣; stream; gush **2.** biz *(eső)* bucket down
ön <szem névm> **1.** you: *csak ön után* after you * *az ön iránt érzett tiszteletből* out of respect for you **2.** *(birtokos jelzőként)* your: *Ez az ön(ök) tolla.* This is your pen.
önálló <mn> **1.** independent; self-supporting **2.** *(állam stb.)* independent; autonomous **3.** *(vállalkozó, önállóan dolgozó)* self-employed **4.** *(szabadúszó)* freelance
önállóság <fn> independence
önállósít <ige> **önállósítja magát** make✣ oneself independent; stand✣ on one's own (two) feet
önállósul <ige> become✣ independent
önarckép <fn> self-portrait
önbecsülés <fn> self-respect
önbírálat <fn> self-criticism
önbizalom <fn> confidence; self-confidence: *Tele van önbizalommal.* She is full of confidence. * *Teljesen hiányzik belőle az önbizalom.* He's totally lacking in confidence.
önelégült <mn> pej self-satisfied; self-contented; complacent; smug
önéletrajz <fn> **1.** autobiography **2.** *(szakmai)* curriculum vitae (tsz: curriculum vitaes v. curricula vitae); CV
önérdek <fn> self-interest
önérzet <fn> self-esteem; self-respect
önérzetes <mn> confident; self-confident
önfegyelem <fn> self-discipline; self-control
önfejű <mn> obstinate; headstrong; stubborn
öngól <fn> sp own goal
öngyilkos <fn> suicide
öngyilkosság <fn> suicide: *öngyilkosságot követ el* commit suicide
öngyújtó <fn> lighter

önhatalmú <mn> arbitrary
önindító <fn> gk (automatic) starter
önismeret <fn> self-knowledge
önként <hsz> voluntarily; of one's own free will; willingly
¹önkéntes <mn> voluntary: *önkéntes munkát végez* do voluntary work
²önkéntes <fn> volunteer
önkény <fn> absolutism
önkényes <mn> arbitrary: *önkényes döntés* an arbitrary decision
önkényuralom <fn> absolutism; autocracy
önképzés <fn> self-education
önkielégítés <fn> masturbation
önkiszolgáló <mn> self-service: *önkiszolgáló étterem* self-service restaurant
önkormányzat <fn> **helyi önkormányzat** local government/authority
önkritika <fn> self-criticism
önmaga <vh névm> *(hímnem)* himself; *(nőnem)* herself; *(semleges)* itself: *ez önmagáért beszél* it speaks for itself
önmegtartóztatás <fn> self-restraint
önműködő <mn> automatic
önrendelkezés <fn> self-determination
önsajnálat <fn> self-pity
önszántából <hsz> voluntarily; of one's own free will; willingly
önt <ige> pour: *Önthetek tejet a csészédbe?* Can I pour milk into your cup?
öntapadó <mn> self-adhesive
öntelt <mn> pej conceited; self-important; self-satisfied
öntet <fn> dressing
öntöde <fn> foundry
öntöttvas <fn> cast iron
öntöz <ige> water; sprinkle: *vízzel öntözi a virágokat* sprinkle the flowers with water
öntözőkanna <fn> watering can
öntudat <fn> *(eszmélet)* consciousness: *visszanyeri az öntudatát* regain consciousness
öntudatlan <mn> **1.** *(eszméletlen)* unconscious **2.** *(tett)* unintentional; spontaneous
öntvény <fn> cast(ing); mould(ing); AmE mold(-ing)
önuralom <fn> self-control; self-restraint: *Az önuralom példaképe.* He's a model of self-control.
önvédelem <fn> self-defence; AmE self-defense: *önvédelemből cselekszik* act in self-defence
önzés <fn> selfishness; egoism
önzetlen <mn> unselfish; selfless
önző <mn> self-centred; egoistic; selfish
őr <fn> **1.** guard; watchman (tsz: watchmen); keeper: *fegyveres őrök* armed guards **2.** *(börtönben)* warder **3.** kat sentry

őrangyal <fn> guardian angel
ördög <fn> devil: *megszállta az ördög* be possessed by the devil
♦ **Az ördögbe (is)!** Damn it! ♦ **szegény ördög** *(szerencsétlen ember)* poor devil
ördögi devilish
¹öreg <mn> old: *öreg épület* an old building ∗ *Elég öreg.* He is quite old.
²öreg <fn> old man (tsz: old men)
öregasszony <fn> old woman (tsz: old women): *mogorva öregasszony* a gruff old woman
öregember <fn> old man (tsz: old men): *erőtlen/beteges öregember* a feeble old man
öregkor <fn> old age
őrhely <fn> post; lookout
őriz <ige> **1.** *(szemmel tart vkit/vmit)* guard; watch; take* care of sy/sg; keep* an eye on sy/sg: *Katonák őrzik az épületet.* Soldiers are guarding the building. ∗ *őrzi a babát, amíg a mamája vásárol* keep an eye on the baby while her mother is shopping **2.** *(megtart)* keep*; preserve
őrizet <fn> **1.** *(rendőri)* custody: *őrizetbe vesz vkit* take sy into custody ∗ *Őrizetbe vették.* He is (kept) in custody. **2.** *(kíséret stb.)* escort
őrizetlen <mn> unattended: *őrizetlenül hagy vmit* leave sg unattended
őrjárat <fn> patrol
őrjítő <mn> maddening
őrmester <fn> sergeant
őrnagy <fn> kat major
örök <mn> **1.** eternal; everlasting: *örök élet* eternal life; life everlasting ∗ *örök kárhozat* eternal damnation **2.** biz *(folytonos)* perpetual; endless; unending; continual
örökbefogadás <fn> adoption
örökké <hsz> **1.** eternally; forever: *Lelkünk örökké él.* Our spirit lives forever. **2.** biz *(folytonosan)* perpetually; endlessly; continually
örökkévalóság <fn> **1.** eternity **2.** biz *(hosszú idő)* eternity: *Egy örökkévalóságig várakozott.* He waited for an eternity.
örökletes <mn> hereditary: *örökletes betegség* a hereditary disease
öröklődik <ige> *(betegség, tulajdonság)* be* hereditary
örököl <ige> **1.** *(hagyatékot)* inherit; be* heir to sg; come* into sg **2.** *(tulajdonságot)* inherit
¹örökös <mn> perpetual; continual; unending; endless
²örökös <fn> heir; inheritor
örökre <hsz> forever: *Az életük örökre megváltozott.* Their lives changed forever. ∗ *Örökre barátok maradunk.* We will stay friends forever.

örökség <fn> 1. *(hagyaték)* inheritance: *Mire költöd az örökségedet?* What will you spend your inheritance on? 2. *(szellemi, kulturális)* heritage: *kulturális örökség* cultural heritage

örökzöld <mn> 1. *(növény)* evergreen 2. *(mindig időszerű)* evergreen

őröl <ige> grind*; mill: *Lisztté őröljük a búzát.* Wheat is ground into flour.

öröm <fn> joy; pleasure; delight; gladness; happiness: *az anyaság örömei* the joys of motherhood * *Nagy örömömre szolgált, hogy segítettem neked.* It was a great pleasure for me to help you.

örömhír <fn> good news

örömkönny <fn> tear of joy: *Örömkönnyek szöktek a szemébe.* Tears of joy came in her eyes.

örömlány <fn> prostitute

örömtelen <mn> joyless

örömteli <mn> joyful

őrség <fn> watch; guard: *Egész éjjel őrségben volt.* He took the watch during the night. * *leváltja az őrséget* change guard

őrségváltás <fn> changing of the guard

őrszem <fn> sentry

őrtorony <fn> watchtower; lookout

örül <ige> rejoice (**vminek** at/over sg); be* glad; be* delighted; be* pleased: *Örülök, hogy láthatom.* I am glad/pleased to see you. * *örül, hogy* be delighted/pleased that…

őrület <fn> madness; insanity

őrületes <mn> be terrific; incredible

¹őrült <mn> 1. mad; insane; deranged; crazy 2. *(cselekedet)* foolish; stupid; senseless

²őrült <fn> madman (tsz: madmen); maniac

őrültség <fn> madness; insanity

örvény <fn> whirlpool; eddy

ős <fn> ancestor; forefather: *távoli ősök* remote ancestors

ősbemutató <fn> world premiere

ősember <fn> caveman (tsz: cavemen)

őserdő <fn> jungle; virgin forest

őshonos <mn> native

ősi <mn> *(nagyon régi)* ancient; *(ősök idejéből származó)* ancestral

őskor <fn> prehistory; prehistoric age

őskori <mn> prehistoric; ancient

őslakó <fn> native

ősrégi <mn> ancient; age-old

őstermelő <fn> gazd small-scale agricultural producer

ösvény <fn> path: *kanyargó ösvény* a twisting path * *ösvényt tapos* tread a path

¹ősz <mn> grey; AmE gray

²ősz <fn> autumn; AmE fall: *őszre* by autumn * *ősszel* in autumn * *tavaly ősszel* last autumn/fall * *jövő ősszel* next autumn/fall

őszi <mn> autumnal; autumn; of autumn <csak hátravetve>: *szép őszi nap* a nice autumn day * *az új őszi kollekció* the new autumn collection

őszibarack <fn> peach: *Ettem egy harapást az őszibarackomból.* I took a bite of my peach.

őszinte <mn> frank; sincere; candid; straightforward: *Őszinte leszek veled.* I'm going to be frank with you.

őszinteség <fn> frankness; sincerity

összbenyomás <fn> overall impression; general impression

összead <ige> 1. *(számokat)* add sg (up): *Add össze ezeket a számokat.* Add these numbers up. 2. *(házasulókat)* marry; wed: *A pap összeadta őket.* The priest married them.

összeadás <fn> addition: *összeadás és kivonás* addition and subtraction * *Összeadásban jó.* She is good at addition.

összeállít <ige> 1. *(részeket)* assemble; put* sg together 2. *(írásművet, bibliográfiát stb.)* compile 3. *(listát)* draw* sg up 4. *(kormányt)* form

összebarátkozik <ige> become* friends; make* friends (**vkivel** with sy)

összecsap <ige> 1. *(kezet)* clap 2. *(összecsuk)* shut* with a bang 3. biz *(felületesen végez vmit)* knock sg together/up; cobble sg together; throw* sg together 4. *(ellenféllel)* clash (**vkivel** with sy)

összecsapás <fn> clash; collision

összecserél <ige> confuse (**vmit vmivel** sg with sg); mix up (**vmit vmivel** sg with sg); mistake* (**vkit vkivel** sy for sy)

összecsomagol <ige> pack up

összecsuk <ige> 1. *(becsuk)* close; shut* 2. *(összehajt vmit)* fold sg (up)

összecsukható <mn> folding; collapsible: *összecsukható ágy* folding bed * *összecsukható létra* folding ladder

összedől <ige> *(ház, fal)* collapse; tumble down; crumble

összeegyeztet <ige> 1. *(adatokat)* compare; collate 2. reconcile (**vmit vmivel** sg with sg); square (**vmit vmivel** sg with sg)

összeegyeztethetetlen <mn> incompatible (**vmivel** with sg); inconsistent (**vmivel** with sg)

összeesik <ige> 1. *(összerogy)* drop; collapse: *Majdnem összeesett a meglepetéstől.* He almost dropped with surprise. 2. *(testileg)* get* thinner; lose* weight 3. *(lelkileg)* break* down 4. *(egybeesik)* clash (**vmivel** with sg): *Esküvője összeesett a vizsgámmal.* Her wedding clashed with my examination.

összeesküszik <ige> conspire (**vmi/vki ellen** against sg/sy): *Minden összeesküdött ellenem.* Everything was conspiring against me.

összeesküvés <fn> conspiracy
összeesküvő <fn> conspirator
összefog <ige> 1. *(vmit)* hold* sg together/up 2. unite (**vkivel** with sy); join forces (**vkivel** with sy)
összefoglal <ige> *(vmit)* summarize; sum sg up; give* a summary of sg
összefoglalás <fn> summary: *rövid összefoglalás* a short summary * *Olvastam beszédének összefoglalását az újságban.* I read a summary of his speech in the newspaper.
összeforr <ige> 1. *(törött csont)* knit*; set* 2. *(seb)* heal (over)
összefut <ige> 1. bump into (**vkivel** sy); run* into (**vkivel** sy) 2. *(két autó)* collide 3. *(egyesül)* converge
összefügg <ige> be* connected (**vmivel** with sg)
összefüggés <fn> 1. relation; connection: *Nincs összefüggés az életkor és a magasság között.* There is no relation between your age and your height. * *összefüggés a dohányzás és a rák közt* a connection between smoking and cancer * *ebben az összefüggésben* in this connection 2. *(beszédben)* coherence
összeg <fn> 1. *(mennyiség)* amount; sum 2. *(pénz)* amount; sum: *tetemes összeg* a considerable amount * *a teljes összeget kifizeti* pay the full amount * *teljes összeg* total amount; aggregate sum 3. *(számolásban)* sum: *annak a négy számnak az összege* the sum of those four numbers
összegez <ige> 1. *(összead vmit)* add sg up 2. *(összefoglal vmit)* summarize; sum sg up
összegyúr <ige> *(tésztát)* knead
összegyűjt <ige> 1. *(több dolgot)* gather sg (together/up); collect: *Az összes papírt összegyűjtöttem.* I gathered up all the papers. 2. *(gyűjteménybe)* collect 3. *(összehív)* assemble; round sy up
összegyűlik <ige> 1. *(több ember)* assemble; gather; come* together 2. *(felhalmozódik)* accumulate
összehajt <ige> *(vmit)* fold sg (up); roll sg up
összehangol <ige> coordinate; harmonize
összehasonlít <ige> compare: *összehasonlítva vmivel* as compared to sg
összeházasodik <ige> marry; get* married: *17 évvel ezelőtt házasodtunk össze.* We got/were married 17 years ago. * *Jövő nyáron házasodunk össze.* We are getting married next summer.
összehív <ige> summon; convene: *találkozót hívtak össze* a meeting was summoned
összehord <ige> *(felhalmoz vmit)* collect; heap sg up; pile sg up
összeilleszt <ige> join; assemble

összeillik <ige> fit; suit; match; go* together
összejön <ige> 1. *(összegyűlik társaság stb.)* gather; get* together; come* together 2. *(találkozik)* meet* up 3. *(felgyülemlik)* pile up; heap up; accumulate 4. biz *(sikerül)* work out: *Ez nem jött össze.* It didn't work out. 5. biz *(viszonya lesz)* pair off (**vkivel** with sy)
összejövetel <fn> meeting; gathering; *(régi barátoké stb.)* reunion
összekever <ige> 1. *(elegyít)* mix; blend: *összekeveri a vajat és a tojást* mix the butter and the egg * *összekeveri a lisztet és a tojást* blend the flour and the eggs together 2. *(felcserél, összetéveszt)* confuse (**vkit/vmit vkivel/vmivel** sy/sg with sy/sg): *Összekeverem az ikreket.* I confuse the twins.
összeköltözik <ige> *(vkivel)* move in with sy
összeköt <ige> 1. *(madzaggal stb. vmit)* bind* sg (together); tie sg (up) 2. *(egybekapcsol)* link; connect; join: *A híd köti össze a két várost.* The bridge links the two towns. * *Ez a híd összeköti a két várost.* This bridge joins the two towns. 3. átv combine; connect: *összeköti a kellemest a hasznossal* combine work with pleasure
összeköttetés <fn> 1. *(kapcsolat)* connection; contact 2. *(közlekedés)* communications <tsz> 3. *(protekció)* connections <tsz> 4. *(személyi)* relations <tsz>; contact
összemaszatol <ige> smudge; smear
összemegy <ige> 1. *(mosásban)* shrink*: *A ruha összemegy a forró vízben.* The dress will shrink in hot water. 2. *(összehúzódik)* contract: *A fém összemegy, ha lehűl.* Metal contracts as it cools.
összenő <ige> 1. grow* together 2. *(törött csont)* knit*; set* 3. *(seb)* heal (up)
összeomlás <fn> 1. *(építményé)* collapse 2. *(bukás)* collapse; downfall; *(anyagi)* crash; ruin
összeomlik <ige> 1. *(építmény)* collapse; fall* down: *Hirtelen összeomlottak a falak.* Suddenly the walls collapsed. 2. *(rendszer)* crash 3. *(vállalat)* go* bankrupt
összepakol <ige> *(bőröndbe)* pack
összepiszkol <ige> soil; dirty; make* sg dirty
összeragad <ige> stick* (together)
összeragaszt <ige> *(vmit)* stick* sg (together): *Nem tudtam összeragasztani a két darabot.* I couldn't stick the two pieces together.
összeráz <ige> shake*
összerogy <ige> drop; collapse
összes <mn> 1. *(minden)* all; every: *az összes iskola* all the schools; every school * *Ne edd meg az összes gyümölcsöt!* Don't eat all the fruit! * *a világ összes országa* every country of the

world; all the countries in the world **2.** *(teljes)* total: *az összes kiadás* total expenditure

összesen <hsz> altogether; in all; *(számoszlop végén)* sum total: *összesen 40 ember* altogether 40 people; 40 people altogether

összesöpör <ige> *(vmit)* sweep✢ sg (up)

összeszámol <ige> *(vmit)* count sg (up)

összeszed <ige> **1.** *(egy helyre)* collect; gather; get✢ sg together; *(felszed)* pick up **2.** biz *(betegséget)* contract **3. összeszedi magát** *(lelkileg)* pull oneself together; collect oneself; compose oneself

összeszerel <ige> assemble; put✢ sg together

összeszűkül <ige> narrow

összetapad <ige> stick✢ together

összetapos <ige> *(vmit)* tread✢ sg down

összetart <ige> **1.** *(összefog vmit)* hold✢ sg together **2.** *(csoportot)* keep✢ sg together **3.** *(több személy)* pull together; hang✢ together; biz stick✢ together **4.** mat converge

összetartozik <ige> belong together

összeteker <ige> *(vmit)* roll sg up

összetép <ige> *(vmit)* tear✢ sg (up); tear sg to pieces

összetétel <fn> **1.** composition; make-up **2.** *(anyagé)* composition: *a vegyszer összetétele* the composition of the chemical **3.** nyelvt compound

összetett <mn> **1.** *(bonyolult)* complex; complicated: *Az eljárás működése meglehetősen összetett.* The mechanics of the process are quite complex. **2.** nyelvt **összetett szó** compound

összetéveszt <ige> mistake✢ (**vkit/vmit vkivel/vmivel** sy/sg for sy/sg); confuse (**vkit/vmit vkivel/vmivel** sy/sg and/with sy/sg); mix sy/sg up (**vkit/vmit vmivel** with sy/sg): *Mindig összetéveszt a húgommal.* She always mistakes me for my sister. ✴ *Ne tévezd össze azokat a szavakat!* Don't confuse those words.

összetevő <fn> component; constituent

összetevődik <ige> be✢ made up (**vmiből** of sg)

összetör <ige> break✢; break✢ to pieces; *(autót)* crash

összetörik <ige> break✢: *Sajnos leejtettem a poharat, és összetört.* I dropped the glass and it broke.

¹**összetűz** <ige> *(tűvel)* pin together; *(kapoccsal)* clip together

²**összetűz** <ige> *(összekap)* fall✢ out (**vkivel** with sy)

összevág <ige> *(vmit)* cut✢ sg (up) into pieces; chop sg up

összevarr <ige> stitch together; sew✢ together: *két darabot összevarr* stitch two pieces together

összever <ige> biz *(megver vkit)* beat✢ sy up: *csúnyán összeverték* be badly beaten up

összevesz <ige> fall✢ out (**vkivel** with sy); have✢ a quarrel (**vkivel** with sy)

összevissza <hsz> **1.** *(válogatás nélkül)* at random; randomly **2.** *(összesen)* altogether; in all

összevisszaság <fn> mess; chaos; disorder: *A garázsban nagy az összevisszaság.* There is a huge mess in the garage.

összevon <ige> **1.** *(összehúz)* contract; pull together; draw✢ together **2.** *(intézményeket)* amalgamate; merge

összezavar <ige> confuse; perplex: *összezavarja vkinek a fejét* confuse sy

összezavarodik <ige> get✢ confused

összezsúfol <ige> pack in; pack tightly together

összezsugorodik <ige> **1.** *(levél stb.)* shrivel **2.** *(textil)* shrink✢

összhang <fn> **1.** zene harmony **2.** *(dolgok közötti)* harmony; agreement: *összhangban vmivel* in harmony with sg ✴ *Három generáció tökéletes összhangban él együtt.* Three generations live together in perfect harmony.

összhatás <fn> general impression; overall impression

összkép <fn> overall picture; overall view

összkomfortos <mn> with/having all the modern conveniences <csak hátravetve>: *összkomfortos ház* a house with all modern conveniences

összköltség <fn> total expenditure; total cost

összpontosít <ige> **1.** *(koncentrál)* concentrate (**vmire** on sg); focus (**vmire** on sg) **2.** *(központosít)* centralize

összpontosítás <fn> **1.** concentration: *Nagy összpontosítással olvas.* He reads with great concentration. **2.** *(központosítás)* centralization

ösztön <fn> **1.** *(késztetés)* instinct; drive: *a túlélés ösztöne* survival instinct **2.** *(megérzés)* instinct: *az ösztöneire hallgat* trust one's instincts

ösztöndíj <fn> scholarship: *ösztöndíjat kap* win a scholarship

ösztöndíjas <fn> scholar; holder of a scholarship

ösztönös <mn> instinctive; intuitive; spontaneous

ösztönöz <ige> inspire (**vkit vmire** sy to do sg); stimulate (**vkit vmire** sy to do sg); encourage (**vkit vmire** sy to do sg): *A tanár keményebb munkára ösztönözte.* The teacher inspired him to work harder.

őszül <ige> go✢/turn grey

öszvér <fn> mule

♦ **csökönyös, mint az öszvér** as stubborn as a mule

öt <tőszn> five: *Hat meg öt az tizenegy.* Six and five is/make eleven.
ötlet <fn> idea; thought: *De jó ötlet!* What a good idea! * *Nem támogatom az ötletet.* I don't favour the idea. * *Hirtelen támadt egy ötletem.* I had a sudden thought.
ötletes <mn> ingenious; inventive; clever: *ötletes terv* an ingenious plan
¹ötöd <törtszn> fifth
²ötöd <fn> fifth
ötödéves <fn> fifth-year student
¹ötödik <sorszn> fifth
²ötödik <fn> fifth
ötödikes <fn> fifth-form pupil/student; AmE fifth-grader
¹ötös <mn> **1.** five **2.** *(ötös számmal jelölt)* (number) five: *ötös busz* the number five bus; bus number five
²ötös <fn> **1.** *(számjegy)* (the number) five **2.** *(osztályzat)* A; excellent **3.** zene quintet(te)
ötszáz <tőszn> five hundred
ötszög <fn> pentagon
ötször <hsz> five times
ötszörös <mn> fivefold
öttusa <fn> (modern) pentathlon
öttusázó <fn> (modern) pentathlete
ötven <tőszn> fifty: *Ötven ember áll sorba kenyérért.* Fifty people are queuing for bread.
¹ötvenedik <sorszn> fiftieth
²ötvenedik <fn> fiftieth
¹ötvenes <mn> **1.** fifty **2.** *(ötvenes számmal jelölt)* (number) fifty
²ötvenes <fn> *(számjegy)* (the number) fifty
ötvös <fn> goldsmith
ötvözet <fn> alloy
öv <fn> **1.** *(szíj)* belt: *biztonsági öv* safety/seat belt **2.** *(égöv)* zone
övé <birt névm> *(hímnem)* his; *(nőnem)* hers: *Ez az autó az övé?* Is that car his? * *Ez a könyv az övé?* Is that book hers?
övék <birt névm> theirs: *A mi autónk kisebb, mint az övék.* Our car is smaller than theirs.
övezet <fn> zone; area: *hadi övezet* war zone * *katasztrófasújtott övezet* disaster area
övtáska <fn> bumbag; AmE fanny pack
őz <fn> **1.** deer (tsz: deer) **2.** *(húsa)* venison
őzgida <fn> fawn
özön <fn> deluge; flood; stream; torrent: *levelek özöne* a deluge of letters
özönlik <ige> **1.** *(folyadék)* flow; stream; rush **2.** *(tömeg)* flock (**vhova** swhere); throng (**vhova** swhere)
özönvíz <fn> **1.** deluge **2.** *(bibliai)* the Flood
özvegy <fn> *(nő)* widow; *(férfi)* widower
özvegyasszony <fn> widow
özvegyember <fn> widower

P, p

P, p <fn> *(betű)* P; p
pác <fn> **1.** *(lé)* pickle **2.** *(fára)* stain
  ♦ **pácban van** be✣ in hot water; be✣ in a pickle ♦ **pácban hagy vkit** leave✣ sy in the lurch
paca <fn> (ink) blot
pacal <fn> tripe
páciens <fn> patient
pacifista <fn> pacifist
packázik <ige> *(vkivel)* trifle with sy
pácol <ige> **1.** *(bútort)* stain **2.** *(ételt)* pickle; cure
pacsirta <fn> (sky)lark
pad <fn> **1.** *(bútor)* bench **2.** *(iskolai)* desk
padka <fn> (hard) shoulder
padlás <fn> loft; attic
padlásszoba <fn> attic
padlizsán <fn> aubergine; AmE eggplant
padló <fn> floor: *a padlót tisztára súrolja/sikálja* scrub the floor clean
padlódeszka <fn> floorboard
padlófűtés <fn> underfloor heating
padlószőnyeg <fn> wall-to-wall carpet
padsor <fn> **1.** row/line of seats **2.** *(templomban)* pew **3.** *(képviselőházban)* bench
páfrány <fn> fern
páholy <fn> szinh box
pajta <fn> shed; barn
pajtás <fn> friend; biz mate; biz pal
pajzs <fn> shield
pajzsmirigy <fn> thyroid gland
pakol <ige> *(csomagol)* pack
pala <fn> slate: *palával fed vmit* cover sg with slates
palack <fn> bottle
palacsinta <fn> pancake
palánta <fn> seedling
palástol <ige> *(érzelmet stb.)* disguise
pálca <fn> **1.** stick; rod **2.** *(karmesteri)* baton
¹palesztin <mn> Palestinian
²palesztin <fn> Palestinian
Palesztina <fn> Palestine
paletta <fn> palette
palló <fn> plank; board
pálma <fn> palm
pálmafa <fn> palm (tree)
palota <fn> palace: *a palota keleti szárnya* the east wing of the palace
pálya <fn> **1.** course; path **2.** *(égitesté, űrhajóé)* orbit **3.** *(vasúti)* (railway) track; railway line **4.** sp (sports) ground; field; *(futballban)* field; pitch; *(futó)* track; *(teniszben, fallabdában)* court; *(sí)* course; *(autóversenyzésben)* circuit; *(úszómedence stb. sávja)* lane **5.** *(foglalkozás)* career; profession; occupation: *pályát választ* choose a profession
pályafutás <fn> career: *sikeres pályafutás* successful career
pályakezdő <fn> trainee
pályaudvar <fn> station: *vasúti pályaudvar* railway station
pályázat <fn> *(állásra, tisztségre stb.)* application: *pályázatot benyújt* submit an application
pályázó <fn> *(állásra, tisztségre)* applicant; candidate
pamacs <fn> brush
pamut <fn> cotton
panasz <fn> **1.** complaint (**vkire/vmire** about sy/sg): *panaszt tesz* make a complaint * *panasza van vkire* complain about sy **2.** *(betegségből eredő)* complaint: *Mi a panasza?* What is your complaint? **3.** jog complaint: *panaszt emel* lodge a complaint
panaszkodik <ige> complain (**vkire/vmire** about/of sy/sg)
¹panaszos <mn> plaintive; sorrowful
²panaszos <fn> jog complainant; plaintiff
páncél <fn> **1.** *(öltözet)* armour; AmE armor **2.** *(állaté)* shell; carapace: *A teknősbékánk behúzta a fejét a páncéljába.* Our tortoise pulled its head into its shell.
páncélszekrény <fn> safe; strongbox
pancsol <ige> *(vízben)* splash (about/around)
pangás <fn> stagnation; depression; recession
pánik <fn> panic: *Hirtelen pánik kerített hatalmába.* A sudden panic overtook me. * *Csak semmi pánik!* Don't panic!
pánikkeltés <fn> panic-mongering
paníroz <ige> *(vmit)* coat sg with/in breadcrumbs
panoráma <fn> panorama
pánt <fn> **1.** band **2.** *(ruháé)* strap **3.** *(ajtóé, ablaké)* hinge
pantomim <fn> pantomime; mime
panzió <fn> boarding house; guesthouse; pension
pap <fn> priest; *(főleg református)* minister: *A pap összeadta őket.* The priest married them.
papa <fn> biz dad; AmE pop

pápa <fn> Pope
papagáj <fn> parrot
pápai <mn> papal
papír <fn> **1.** *(anyag)* paper: *Papírból készült.* It is made of paper. **2.** *(személyi)* papers <tsz>
papírkosár <fn> waste-paper basket; AmE wastebasket
papírlap <fn> sheet/piece of paper
papírpénz <fn> paper money; (bank)note
papírpohár <fn> paper cup
papírszalvéta <fn> paper napkin
papírtörlő <fn> *(háztartási)* kitchen paper; AmE paper towel
papírzacskó <fn> paper bag
paplan <fn> duvet; continental quilt; AmE comforter
paprika <fn> **1.** *(növény és termése, zöldpaprika)* green pepper; *(piros)* red pepper **2.** *(fűszer)* paprika
papucs <fn> slipper; *(lábujjak között futó pánttal ellátott)* flip-flop
papucsférj <fn> henpecked husband
¹pár <fn> **1.** *(két összetartozó dolog)* pair: *egy pár cipő* a pair of shoes * *egy pár kesztyű* a pair of gloves **2.** *(házaspár, szerelmespár)* couple <+ esz/tsz ige>: *egy fiatal pár* a young couple **3.** *(vkié)* partner; companion **4.** *(egyenértékű)* match: *nincs párja* have no match
²pár <htl szn> some; a couple of; a few: *pár ember* some people
pára <fn> steam; vapour; AmE vapor
parabolaantenna <fn> satellite dish
parádé <fn> *(felvonulás)* parade
¹paradicsom <fn> **1.** *(édenkert)* Paradise; the Garden of Eden **2.** vall *(mennyország)* Paradise **3.** *(kedvező hely)* paradise: *trópusi paradicsom* a tropical paradise
²paradicsom <fn> **1.** *(növény)* tomato **2.** *(termés)* tomato
paradicsomlé <fn> tomato juice
parafa <fn> cork: *egy darab parafa* a piece of cork
paragrafus <fn> **1.** *(szakasz)* section; paragraph **2.** *(törvénycikk)* article; section
paraj <fn> spinach
parancs <fn> **1.** command; order: *Minden parancsát teljesítik.* All his commands are obeyed. * *parancsokat osztogat a beosztottainak* give orders to one's subordinates * *engedelmeskedik az ezredes parancsainak* obey the orders of the colonel **2.** infor command
parancsnok <fn> **1.** commander; commanding officer **2.** *(repülőgépé, hajóé stb.)* captain
parancsol <ige> command (**vkinek vmit** sy to do sg); order (**vkinek vmit** sy to do sg): *Azt parancsolom, hogy menj haza!* I command you to go home.

parancsolat <fn> commandment
parányi <mn> minute; tiny
párás <mn> *(levegő)* humid; misty; hazy
paraszt <fn> **1.** peasant **2.** *(sakkban)* pawn **3.** pej *(faragatlan ember)* boor
paraszti <mn> rustic
páratartalom <fn> humidity
páratlan <mn> **1.** mat odd: *páratlan számok* odd numbers **2.** *(példátlan, egyedülálló)* unrivalled; matchless; unique; unequalled: *páratlan szépség* matchless beauty * *páratlan alkalom* a unique opportunity
parazita <fn> parasite
parázs <fn> ember
parázslik <ige> glow; smoulder; AmE smolder
párbaj <fn> duel
párbajozik <ige> duel; fight* a duel
párbajtőr <fn> épée
párbeszéd <fn> dialogue; AmE dialog
pardon <fn> vál pardon; forgiveness
párduc <fn> leopard; *(fekete)* panther
parfüm <fn> perfume; scent
párhuzam <fn> parallel
¹párhuzamos <mn> parallel (**vmivel** with/to sg): *párhuzamos vonalak* parallel lines
²párhuzamos <fn> mat parallel
park <fn> park; garden: *nemzeti park* national park * *A parkba gépjárművel behajtani tilos!* Vehicles are not allowed in this park.
párkány <fn> (window)sill; window ledge
parketta <fn> parquet
parkol <ige> park (**vhova/vhol** swhere): *Parkolni tilos!* No parking! * *Itt szabad parkolni.* We are permitted to park here.
parkoló <fn> car park; AmE parking lot: *föld alatti parkoló* an underground car park
parkolóház <fn> multi-storey (car park); AmE parking garage
parkolóhely <fn> **1.** *(terület)* car park; AmE parking lot **2.** *(férőhely)* parking space
parkolóóra <fn> parking meter
parlament <fn> **1.** *(testület)* parliament: *A parlament két új törvényt fogadott el.* The parliament has passed two new laws. **2.** *(épület)* the Houses of Parliament; parliamentary building(s)
parlamentáris <fn> parliamentary
parlamenti <mn> parliamentary
párna <fn> *(ágyban)* pillow; *(széken, díványon)* cushion
párnahuzat <fn> pillowcase; pillowslip
paródia <fn> parody
parodizál <ige> parody
paróka <fn> wig
parókia <fn> **1.** rectory; *(anglikán)* vicarage; *(katolikus)* presbytery **2.** *(egyházközség)* parish

párol <ige> *(gőz fölött)* steam; *(lassan főzve)* stew

párolog <ige> evaporate; vapour; AmE vapor

párologtat <ige> evaporate; vaporize

¹páros <mn> mat even: *páros számok* even numbers

²páros <fn> sp doubles: *férfi páros* men's doubles ∗ *vegyes páros* mixed doubles

párosít <ige> **1.** pair **2.** *(összeköt)* combine; join; unite: *párosítja a kellemest a hasznossal* combine business with pleasure

part <fn> **1.** *(tóé, tengeré)* shore; *(csak tengeré)* coast; *(homokos)* beach: *partra száll* go on shore ∗ *A keleti parton van.* It is on the east coast. **2.** *(folyóé)* bank; riverside

párt <fn> pol party <+ esz/tsz ige>: *politikai pártba belép* join a political party ∗ *Egy politikai párt tagja.* She is a member of a political party.

pártatlan <mn> impartial; unbias(s)ed: *pártatlan bíró* an impartial judge

pártfogó <fn> **1.** patron; protector **2.** *(támogató)* benefactor; supporter

parti <fn> **1.** *(játszma)* game: *egy parti sakk* a game of chess **2.** *(összejövetel)* party: *születésnapi parti* a birthday party

partjelző <fn> sp linesman (tsz: linesmen); referee's assistant

pártkongresszus <fn> party congress

partner <fn> **1.** *(tevékenységben)* partner **2.** *(párkapcsolatban)* partner

partnerség <fn> partnership

pártol <ige> **1.** *(támogat)* back; support **2.** *(véd)* protect

pártonkívüli <mn> non-party; independent

partraszállás <fn> **a normandiai partraszállás** D-day

partra szállás <fn> landing; disembarkation

párttag <fn> party member

partvidék <fn> maritime/coastal region

párzik <ige> mate; copulate

pasas <fn> biz bloke; fellow; chap

pástétom <fn> pâté

pasziánsz <fn> patience; AmE solitaire

passz <fn> sp pass

passzív <mn> **1.** passive; inactive **2.** nyelvt passive

¹passzol <ige> pass (**vmit vkinek** sg to sy)

²passzol <ige> **1.** *(ráillik méretben)* fit; *(színben, stílusban)* match: *A szoknyád színben nem passzol a kabátodhoz.* Your skirt doesn't match your coat in colour. **2.** *(beleillik)* fit: *A kulcs nem passzolt a zárba.* The key didn't fit the lock.

paszta <fn> *(kenőcs)* polish

pasztell <fn> pastel

pásztor <fn> shepherd

pata <fn> hoof (tsz: hooves v. hoofs)

patak <fn> stream; brook; AmE creek: *hegyi patak* a mountain stream

patent <fn> press stud; AmE snap

patika <fn> pharmacy

patkány <fn> **1.** rat **2.** pej *(ember)* rat

patkó <fn> (horse)shoe

patron <fn> *(töltőtollba)* cartridge

pattan <ige> **1.** *(ostor)* crack **2.** *(ugrik)* spring✲; jump

pattanás <fn> pimple; spot

pattanásos <mn> pimply; pimpled; spotty

pattog <ige> **1.** *(tűz)* crackle **2.** *(labda)* bounce

pattogatott kukorica <fn> popcorn

páva <fn> peacock

pavilon <fn> pavilion

pazar <mn> **1.** *(fényűző)* luxurious **2.** *(pompás)* brilliant; splendid

pazarlás <fn> waste: *Pazarlás kidobni azokat a zsömléket.* It is a waste to throw away these rolls.

pazarol <ige> waste (**vmit vmire/vkire** sg on sg/sy): *Ne pazarold az idődet azzal, hogy rá vársz!* Don't waste your time on waiting for him.

pázsit <fn> lawn

PC [= *személyi számítógép*] PC (= personal computer)

pech <fn> bad luck; hard luck

peches <mn> unlucky; unfortunate: *Annyira peches vagyok – sohasem nyerek kártyajátékokban.* I am so unlucky – I never win at card games.

pecsenye <fn> roast

pecsét <fn> **1.** *(vmely anyagból)* seal: *pecsétet rányom vmire* put a seal to sg **2.** *(lebélyegzés)* stamp **3.** *(eszköz)* stamp **4.** *(folt)* stain: *pecsétet kivesz* remove a stain

pecsétel <ige> stamp (**vmit vmire** sg on sg)

pecsétes <mn> *(foltos)* stained

pedagógus <fn> teacher

pedál <fn> pedal

pedig <hsz> **1.** *(noha)* although; though: *Nem jött el, pedig megígérte.* He didn't come, although he promised he would. **2.** *(viszont)* while; and: *Ez sárga, az pedig kék.* This is yellow, while that one is blue. **3.** *(azonban)* but; however: *ő pedig nem hiszi* but she won't believe it

pedikűr <fn> chiropody; pedicure

pehely <fn> **1.** *(pehelytoll)* down **2.** *(madár testén)* fluff **3.** *(hóé)* flake

pehelypaplan <fn> duvet; continental quilt; AmE comforter

pehelysúly <fn> sp featherweight

pehelytoll <fn> down

pék <fn> baker: *A pék házhoz szállítja a kenyeret a furgonjával.* The baker brings bread to our house in his van.

pékség <fn> *(üzem)* bakery: *A helyi pékség lát el bennünket kenyérrel.* The local bakery supplies us with bread.

példa <fn> **1.** example; instance; case; precedent: *mint például...* for example... * *példákkal illusztrál vmit* illustrate sg with examples * *Tudsz példát mondani az udvariatlan viselkedésére?* Can you tell me an instance of his impolite behaviour? **2.** *(matematikai)* problem: *példát megold* solve a problem

példakép <fn> model; pattern; ideal: *Az önuralom példaképe.* He's a model of self-control.

példamutató <mn> exemplary

példány <fn> **1.** *(nyomdaterméké stb.)* copy: *a „The Times" egy példánya* a copy of 'The Times' * *Legyen kedves/szíves egy példányt nekem visszaküldeni!* Kindly return one copy to me. **2.** *(minta)* sample; specimen

példás <mn> exemplary

például <hsz> for example; for instance

pelenka <fn> nappy; AmE diaper: *eldobható pelenka* disposable nappies

pelenkáz <ige> change the baby's nappy/diaper

pendrive <fn> infor pen drive

penész <fn> mould; AmE mold

penészes <mn> mouldy; AmE moldy: *penészes kenyér* mouldy bread

penge <fn> blade

penget <ige> *(hangszert)* pluck; strum

pénisz <fn> penis

péntek <fn> Friday: *vasárnaptól péntekig van nyitva* open Sunday to Friday * *péntek délután* Friday afternoon * *múlt pénteken* last Friday

pénteki <mn> Friday; of Friday <csak hátravetve>

pénz <fn> money: *nincs pénze* have no money; be out of money * *pénzt kér kölcsön vkitől* borrow money from sy * *pénzt takarít meg* save money * *sok pénzbe kerül* cost a lot of money * *Mennyi pénz van nálad?* How much money have you got on you? * *Elfogyott a pénzem.* I ran out of money.

pénzadomány <fn> donation

pénzbüntetés <fn> fine; penalty: *pénzbüntetésre ítél vkit* impose a fine on sy

pénzérme <fn> coin

pénzhamisítás <fn> counterfeiting

pénzhiány <fn> lack/shortage of money/funds

pénznem <fn> gazd currency: *külföldi pénznem* foreign currency

pénzsóvár <mn> money-grubbing

pénztár <fn> **1.** *(üzletben stb.)* cash desk; *(bevásárlóközpontban)* checkout: *A pénztárnál tessék fizetni!* Please pay at the cash desk. **2.** *(jegypénztár)* ticket office; *(színházban, moziban)* box office

pénztárca <fn> wallet; AmE billfold; *(női)* purse

pénztárgép <fn> cash register; till; AmE register

pénztáros <fn> cashier

pénzügyek <fn> finances <tsz>

pénzügyi <mn> financial: *pénzügyi tanácsokat ad* give financial advice * *pénzügyi év* financial year

pénzügyi tanácsadás <fn> gazd financial counselling

pénzügyminiszter <fn> Minister of Finance; *(brit)* Chancellor of the Exchequer; *(amerikai)* Secretary of the Treasury

pénzügyminisztérium <fn> Ministry of Finance; *(brit)* the Treasury; *(amerikai)* Department of the Treasury

pénzváltás <fn> exchange

pénzváltó automata <fn> gazd change machine

pép <fn> pulp

per <fn> (law)suit; (legal) action; (legal) proceedings <tsz>: *megnyeri/elveszti a perét* win/lose one's suit * *pert indít vki ellen* take legal proceedings/action against sy

perc <fn> **1.** minute: *hatvan perc* sixty minutes * *harminc perces késés* a thirty-minute delay * *néhány perce* a few minutes ago * *tíz perc múlva hét* ten minutes to seven **2.** *(igen rövid idő)* minute; moment; second: *Van egy perced?* Have you got a minute? * *Várj egy percet!* Wait a minute! * *csak egy percre* just for a moment * *egy perc alatt* in a second

percmutató <fn> minute hand

perec <fn> pretzel

perel <ige> sue (**vkit vmiért** sy for sg); take⁕ legal action (**vkit** against sy)

perem <fn> **1.** edge; border; margin **2.** *(poháré, edényé, kalapé stb.)* brim; rim

perfekt <mn> perfect

periféria <fn> periphery

periódus <fn> period

perköltség <fn> jog legal charge; cost of the proceedings

permetez <ige> **1.** *(folyadékot)* sprinkle; spray **2.** *(növényt betegség ellen)* spray: *permetezi a rózsákat* spray the roses

peron <fn> *(pályaudvari)* platform: *Rengeteg ember várakozott a peronon.* A lot of people were waiting on the platform.

persely <fn> *(gyereké)* piggy bank

perspektíva <fn> **1.** *(távlat)* perspective **2.** *(jövőbeni kilátás)* outlook; prospect

persze <hsz> of course; certainly: *persze hogy nem* of course not; certainly not

¹perzsa <mn> Persian
²perzsa <fn> **1.** *(személy)* Persian **2.** *(nyelv)* Persian
perzsel <ige> scorch; singe
pestis <fn> plague
¹pesszimista <mn> pessimistic
²pesszimista <fn> pessimist
pesszimizmus <fn> pessimism
petárda <fn> firecracker; banger
pete <fn> biol egg; ovum (tsz: ova)
petefészek <fn> ovary
petesejt <fn> biol ovum (tsz: ova); egg
petrezselyem <fn> parsley
petty <fn> **1.** spot **2.** *(minta)* (polka) dot
pettyes <mn> **1.** spotted; spotty **2.** *(minta)* dotted; polka-dot: *pettyes ing* polka-dot shirt
pezseg <ige> *(folyadék)* fizz; bubble
pezsgő <fn> champagne
pezsgőfürdő <fn> bubble bath
pezsgőtabletta <fn> effervescent tablet
Pf. [= postafiók] PO Box (= Post Office Box)
pfuj <isz> *(undor)* pooh; ugh; yuck
pfujol <ige> boo
pia <fn> biz booze
piac <fn> **1.** *(vásár)* market: *Megyek a piacra.* I am going to the market. **2.** *(áruforgalom)* market: *belföldi piac* home market ∗ *piacra dob* put on the market
piacgazdaság <fn> market economy
piaci <mn> market: *piaci ár* market price ∗ *piaci bódé* market stalls
piaci ár <fn> gazd current price; current rate; market price
piactér <fn> marketplace
piál <ige> biz booze
pici <mn> tiny; minute
pihen <ige> rest; relax: *Indulás előtt fél órát kellett pihennünk.* We had to rest for half an hour before leaving. ∗ *Most a tv előtt pihen.* He is relaxing now in front of the TV.
pihenés <fn> rest
pihenő <fn> **1.** *(pihenés)* rest; *(munka közben)* break **2.** *(lépcsőházban)* landing
pihenőhely <fn> *(autós)* lay-by; AmE rest area; rest stop
pihentet <ige> rest; relax
pikáns <mn> **1.** *(sikamlós)* naughty; spicy **2.** *(fűszeres)* spicy; piquant
pikk <fn> *(kártyában)* spade: *pikk dáma* the queen of spades
pikkely <fn> scale
pikkelyes <mn> scaly
piknik <fn> picnic
piknikezik <ige> picnic; have∗ a picnic
pillanat <fn> moment; instant; second: *Egy pillanatra láttam őt.* I saw her for a moment. ∗ *egy pillanatra abbahagyja a sírást* stop crying for an instant ∗ *bármely pillanatban* at any moment
pillanatnyi <mn> momentary; temporary
pillanatnyilag <hsz> at/for the moment; just/right now: *Pillanatnyilag nincs itt.* She isn't here at the moment. ∗ *Ne zavard – pillanatnyilag pihen!* Don't bother her – she is resting at the moment.
pillanatragasztó <fn> superglue
pillangó <fn> butterfly
pillangóúszás <fn> butterfly (stroke)
pillant <ige> glance (**vkire/vmire** at sy/sg)
pillantás <fn> glance; look; glimpse: *első pillantásra* at first glance ∗ *megvető pillantás* a scornful look
pillér <fn> pillar; column; post
pilóta <fn> pilot
pilótafülke <fn> flight deck; cockpit
pimasz <mn> impertinent; impudent; insolent; cheeky
PIN [= személyazonosító szám] PIN (= personal identification number)
pince <fn> cellar
pincér <fn> waiter
pincérnő <fn> waitress
pingpong <fn> table tennis; biz ping-pong
pingpongozik <ige> play table tennis
pingpongütő <fn> (table tennis) bat
pingvin <fn> penguin
pióca <fn> **1.** leech **2.** *(ember)* leech
pipa <fn> **1.** *(dohányzáshoz)* pipe: *Meggyújtottam a pipámat.* I lit my pipe. **2.** *(könnyűbúváré)* snorkel **3.** *(írásban)* tick; AmE check: *A jó válaszok mellé tegyél egy kis piros pipát!* Put a small red tick next to the right answers.
pipacs <fn> poppy
pipázik <ige> smoke a pipe
piperetáska <fn> sponge bag; toilet bag
piramis <fn> pyramid
pirít <ige> *(húst stb.)* sauté; *(kenyeret)* toast
pirítós <fn> toast: *Kérsz pirítóst és teát reggelire?* Do you want toast and tea for breakfast?
¹piros <mn> red: *piros pulóver* a red jumper
²piros <fn> **1.** *(szín)* red **2.** *(tilos jelzés)* red light
pirula <fn> pill: *bevesz egy pirulát* take a pill
pisil <ige> biz pee; piddle; *(gyermeknyelvben)* wee
piskóta <fn> **1.** *(sütemény)* sponge cake **2.** *(rudacska)* sponge finger
pislog <ige> blink; wink
piszkál <ige> **1.** *(tüzet)* poke **2.** biz tease (**vkit** sy) **3.** biz *(hozzányúl vmihez)* tamper with sg
piszkos <mn> **1.** *(koszos)* dirty; filthy: *Tiszta vagy piszkos?* Is it clean or dirty? **2.** *(trágár)* dirty; foul; filthy: *piszkos beszéd* foul language
piszkozat <fn> (first) draft; rough

piszok <fn> dirt; filth
pisztácia <fn> pistachio
pisztoly <fn> pistol: *A pisztoly nem sült el.* The pistol failed to fire.
pisztráng <fn> trout
pite <fn> pie; tart: *almás pite* apple pie
pitypang <fn> dandelion
pizza <fn> pizza: *pizzát eszik* have a pizza
pizzéria <fn> pizzeria
pizsama <fn> pyjamas <tsz>; AmE pajamas <tsz>
pl. [= például] e.g.; eg (= (latin) exempli gratia = for example)
plafon <fn> ceiling
plakát <fn> bill; poster; placard
plasztik <fn> plastic
plasztikai sebészet <fn> plastic surgery
platform <fn> platform
platina <fn> platinum
pláza <fn> shopping centre; AmE mall
plazmatévé <fn> plasma TV
plébánia <fn> 1. *(egyházközség)* parish 2. *(épület)* rectory; *(anglikán)* vicarage; *(katolikus)* presbytery
plébános <fn> parish priest; *(anglikán)* vicar
pléd <fn> rug
pléh <fn> tin
pletyka <fn> gossip
pletykál <ige> gossip
¹plusz <mn> *(nullánál nagyobb)* plus: *A hőmérséklet nem haladja meg a plusz 2 fokot.* The temperature is no more than plus two.
²plusz <fn> 1. *(jel)* plus (sign) 2. biz *(többlet)* excess; surplus
³plusz <hsz> 1. *(összeadásban)* plus: *Négy plusz négy az nyolc.* Four plus four equals eight. 2. biz *(azonfelül)* plus; in addition
pluszjel <fn> plus (sign)
pluszmunka <fn> additional/extra work
pocak <fn> paunch; pot(belly)
pocsék <mn> 1. lousy; awful; wretched; miserable: *pocsék idő* awful weather 2. *(vacak)* worthless
pocsolya <fn> puddle
pódium <fn> stage; podium; platform: *Az elnök felment a pódiumra.* The president went up to the platform.
poén <fn> punchline
pofa <fn> 1. biz *(állaté)* chops <tsz> 2. pej *(ember arca)* mug 3. biz *(pasas)* bloke; fellow; guy; chap
pofacsont <fn> cheekbone
pofon <fn> slap; smack
pogácsa <fn> ≈ scone
¹pogány <mn> pagan
²pogány <fn> pagan
poggyász <fn> luggage; AmE baggage
poggyászmegőrző <fn> left-luggage office; AmE baggage room
pohár <fn> glass: *egy pohár tej* a glass of milk * *Szomjas vagyok, kérek egy pohár vizet!* I am thirsty – give me a glass of water!
pók <fn> spider
póker <fn> poker
pókerezik <ige> play poker
pókháló <fn> (spider's) web; cobweb
pokol <fn> 1. *(kárhozottak helye)* hell 2. *(gyötrelmes helyzet)* hell: *Pokollá tették az életét.* They made his life hell.
pokoli <mn> hellish
pokróc <fn> blanket
polc <fn> shelf (tsz: shelves)
polémia <fn> polemic
polgár <fn> 1. *(lakos)* citizen: *Budapest polgárai* the citizens of Budapest 2. *(állampolgár)* citizen 3. *(nem katona)* civilian
polgárháború <fn> civil war
polgári <mn> civil; civilian: *polgári per* civil action/case * *polgári bíróság* civil court * *polgári repülés* civil aviation * *a polgári életben* in civilian life
polgárjog <fn> **polgárjogok** civil rights <tsz>
polgármester <fn> mayor
polip <fn> octopus
politika <fn> 1. *(tudomány és rendszer)* politics <esz> 2. *(gyakorlat és vki politikai nézetei)* politics <tsz> 3. *(vezérelv, irányvonal)* policy: *a kormány politikája* the policy of the government
politikai <mn> political: *politikai párt* political party * *a jelenlegi politikai helyzet* the present political situation * *politikai menedékjog* political asylum
politikus <fn> politician
politizál <ige> *(politikáról beszél)* talk/discuss politics
politológia <fn> politology
politológus <fn> political scientist
pollen <fn> pollen
póló <fn> *(rövid ujjú)* T-shirt; tee shirt; *(hosszú ujjú)* sweatshirt: *Vettem nyárra egy rózsaszín pólót.* I bought a pink T-shirt for the summer.
poloska <fn> 1. *(rovar)* bedbug 2. *(lehallgatókészülék)* bug
pólus <fn> 1. *(földrajzi)* pole 2. fiz pole: *pozitív/negatív pólus* positive/negative pole
pólya <fn> *(kötszer)* bandage
pólyás <fn> infant; babe in arms
pompa <fn> pomp; pageantry
pompás <mn> 1. *(fényűző)* luxurious 2. *(kitűnő)* excellent; splendid; brilliant: *Ez pompás!* That's excellent/splendid! * *pompás ötlet* a brilliant idea

pongyola <fn> dressing gown; AmE bathrobe
póni <fn> pony
¹pont <fn> **1.** *(időben, térben)* point: *Tettünk egy hosszú sétát, este pedig visszatértünk ahhoz a ponthoz, ahol reggel találkoztunk.* We made a long walk and in the evening we came back to the point where we had met in the morning. * *Egy ponton azt gondoltam, hogy hazudik.* At one point I thought he was lying. **2.** mat point **3.** *(petty)* dot; *(kisebb folt)* spot **4.** *(mondat végén)* full stop; AmE period; *(ékezet)* dot **5.** *(mérték)* point; stage; extent; degree: *egy bizonyos pontig* to a certain extent/degree **6.** ját, sp *(értékelésben)* point; score; mark: *pontot szerez* score a point **7.** *(részlet, szakasz)* point; paragraph; article **8.** infor *(e-mail-címben stb.)* dot: *john@yahoo.com (kimondva)* john at yahoo dot com
²pont <hsz> just; exactly; precisely; right: *Pont húszéves – ma van a születésnapja.* He is just twenty – his birthday is today. * *Az új házunk pont a kert közepén áll.* Our new house is right in the middle of the garden.
pontatlan <mn> **1.** *(időben)* late; unpunctual **2.** *(nem precíz)* inaccurate; imprecise; inexact: *pontatlan fordítás* inaccurate translation
pontos <mn> **1.** *(időben)* punctual: *Mindig is megbízható és pontos volt.* She's always been reliable and punctual. **2.** *(precíz)* accurate; precise; exact: *pontos leírás* an accurate description * *pontos másolat* an exact copy **3.** *(szerkezet)* accurate: *Pontos az órám.* My watch is accurate.
pontosít <ige> specify
pontosvessző <fn> semicolon
pontszám <fn> score
ponty <fn> carp
ponyva <fn> **1.** *(durva szövésű vászon)* canvas **2.** *(utcai napellenző)* awning; AmE sunshade
ponyvaregény <fn> pulp fiction
pop-corn <fn> popcorn
popsi <fn> bum
popzene <fn> pop music
por <fn> **1.** *(szemcse)* dust **2.** *(porított dolog)* powder: *porrá tör vmit* reduce sg to powder **3.** *(gyógyszer)* powder
póráz <fn> lead; AmE leash
porc <fn> cartilage
porcelán <fn> china; porcelain
porckorong <fn> disc
porcukor <fn> caster sugar
póréhagyma <fn> leek
porfelhő <fn> cloud of dust; dust cloud
porhó <fn> powder snow
porlasztó <fn> gk carburettor; AmE carburetor

poroltó <fn> fire extinguisher
porond <fn> ring; arena: *A bohóc a porond közepén állt.* The clown was standing in the middle of the ring.
poros <mn> dusty
porrongy <fn> duster
porszívó <fn> vacuum cleaner; hoover
porszívóz <ige> vacuum; hoover
porta <fn> *(szállodai)* reception (desk)
portás <fn> *(szállodai)* receptionist
portói <fn> *(bor)* port
portörlő <fn> duster
portré <fn> portrait
¹portugál <mn> Portuguese
²portugál <fn> **1.** *(személy)* Portuguese **2.** *(nyelv)* Portuguese
Portugália <fn> Portugal
pórus <fn> pore
posta <fn> **1.** *(intézmény)* post **2.** *(épület)* post office; post **3.** *(küldemény)* post; mail
postabélyegző <fn> postmark
postafiók <fn> post office box; PO Box
postafordultával <hsz> by return (of post): *postafordultával válaszol* answer by return (of post)
postagalamb <fn> carrier pigeon
postahivatal <fn> post office
postai <mn> postal: *postai díjszabás* postal tariff
postaköltség <fn> postage
postaláda <fn> **1.** *(nyilvános helyen)* postbox; letterbox; pillar-box; AmE mailbox **2.** *(lakás bejáratánál)* letterbox; AmE mailbox **3.** infor mailbox
postás <fn> postman (tsz: postmen); AmE mailman (tsz: mailmen): *Jött már a postás?* Has the postman come yet?
postautalvány <fn> money order; postal order
postáz <ige> post; AmE mail: *Mikor postáztad a levelet?* When did you post the letter?
poszt <fn> *(tisztség)* position; post
poszter <fn> poster: *posztereket ragaszt a falra* stick posters on the wall
posztol <ige> *(interneten)* post
pótágy <fn> spare bed
pótdíj <fn> surcharge; additional/extra charge
potencia <fn> potency
potenciál <fn> potential
potenciális <mn> potential; possible
pótjegy <fn> excess fare
pótkerék <fn> spare tyre; AmE spare tire
pótkocsi <fn> gk trailer
pótkulcs <fn> spare key
pótlék <fn> *(juttatás)* allowance; benefit: *családi pótlék* child benefit
pótmama <fn> babysitter

pótol <ige> **1.** *(helyettesít)* replace (**vmit vmivel** sg by/with sg); substitute (**vmit vmivel** sg for sg) **2.** *(kiegészít)* add (**vmit vmivel** sg to sg) **3.** *(elmulasztott dolgot)* make✢ up for sg: *pótolja az elveszett időt* make up for lost time **4.** *(veszteséget, kárt)* refund; compensate

pótolhatatlan <mn> *(személy, dolog)* irreplaceable

potroh <fn> áll abdomen

pótvizsga <fn> retake; resit

potyautas <fn> fare dodger; *(hajón, repülőn)* stowaway

potyog <ige> plop; drop

póz <fn> pose; attitude

pozíció <fn> **1.** *(helyzet)* position **2.** *(állás)* position; rank: *magas pozícióban* in a high position

pozitív <mn> **1.** *(előnyös)* positive **2.** *(igenlő)* positive **3.** mat positive: *pozitív számok* positive numbers **4.** orv positive

pózna <fn> pole; post

pökhendi <mn> arrogant

pörget <ige> **1.** *(forgat)* spin✢; whirl; rotate **2.** sp *(labdát)* spin

pörköl <ige> *(kávét stb.)* roast

pörkölt <fn> ≈ stew

pörög <ige> spin✢; twirl

pösze <mn> lisping

PR [= közönségkapcsolat] PR (= public relations)

praktikus <mn> practical; *(hasznos)* useful

praktizál <ige> practise; AmE practice

praxis <fn> **1.** *(gyakorlat)* practice; practical experience **2.** *(orvosi, ügyvédi működés)* practice: *Dr. Brownnak praxisa van Brightonban.* Dr Brown has a practice in Brighton.

precíz <mn> precise; exact; accurate

precizitás <fn> precision; exactness; accuracy

préda <fn> **1.** *(zsákmány)* prey; quarry **2.** átv *(áldozat)* victim

prédikáció <fn> sermon; preaching

prédikál <ige> **1.** *(templomban)* preach (**vkinek vmiről** to sy about/on sg); preach/deliver a sermon (**vmiről** on/about sg) **2.** *(kioktat)* preach (**vkit vmiről** at/to sy about sg)

prém <fn> fur

premier <fn> premiere; first/opening night

prémium <fn> bonus

prés <fn> press; wine-press

présel <ige> press; squeeze

presszó <fn> bar

presszókávé <fn> espresso

presztízs <fn> prestige: *presztízs elvesztése* loss of prestige

príma <mn> excellent; first-class; first-rate

primitív <mn> primitive

privát <mn> **1.** private; personal **2.** *(bizalmas)* confidential

privatizáció <fn> privatization

privatizál <ige> privatize

privilégium <fn> privilege

prizma <fn> prism

próba <fn> **1.** *(kísérlet)* trial; test; experiment: *kibírja a próbát* stand the trial ✱ *terhelési próba* load test **2.** *(próbálkozás)* try: *Tegyünk egy próbát!* Let's have a try. **3.** *(előadásé)* rehearsal: *Mindenkinek el kell jönnie a próbára, aki a darabban játszik.* Everybody in the play has to come to the rehearsal. **4.** *(áruból)* sample

próbafülke <fn> fitting room

próbaidő <fn> probation

próbál <ige> **1.** try (**vmit tenni** to do sg) **2.** *(kipróbál)* try; test; try sg out **3.** *(ruhát)* try sg on **4.** *(színpadi művet)* rehearse: *A színészek a darab utolsó jelenetét próbálták.* The actors were rehearsing the last scene of the play. **5.** *(merészel)* dare: *Ne próbálj...* Don't you dare...

próbálkozás <fn> attempt; go; try: *bátor próbálkozás* brave attempt ✱ *első próbálkozásra* at the first attempt/try ✱ *Első próbálkozásra levizsgázott.* He passed the test at his first go.

probléma <fn> problem: *az egyik fő probléma* one of the major problems ✱ *világméretű probléma* a global problem ✱ *Mi a tényleges probléma?* What is the real problem?

problematikus <mn> problematic(al); *(kérdéses)* questionable

producer <fn> producer: *a film producere* the producer of the film

produkál <ige> produce

produkció <fn> production; performance: *Az iskolai produkciónk nagy siker volt.* Our production at school was a great success.

produktív <mn> productive

prof. [= professzor] Prof. (= professor)

professzor <fn> professor

próféta <fn> prophet: *Ismerek néhányat az ószövetségi próféták közül.* I know some of the Old Testament prophets.

profi <fn> biz *(hivatásos)* pro

profil <fn> *(oldalnézet)* profile

profit <fn> profit

profitál <ige> profit (**vmiből** from/by sg): *profitál az üzletből* profit by a transaction

prognózis <fn> **1.** prognosis; forecast **2.** *(időjárási)* weather forecast

program <fn> **1.** *(elfoglaltság)* engagement: *programja van* have an engagement **2.** *(célkitűzések)* programme; AmE program **3.** *(napirend)* programme; AmE program **4.** *(műsor)* pro-

gramme; AmE program **5.** infor program: *szövegszerkesztő program* word-processing program
programoz <ige> *(számítógépet)* program
programozó <fn> programmer
projekt <fn> project: *Egy nagyobb projekten dolgozunk.* We are working on a major project.
projektor <fn> infor projector
propeller <fn> propeller
prospektus <fn> brochure; leaflet
prostituált <fn> prostitute
prostitúció <fn> prostitution
¹protestáns <mn> Protestant
²protestáns <fn> Protestant
protézis <fn> prosthesis (tsz: prostheses)
protokoll <fn> protocol
provokáció <fn> provocation
provokál <ige> provoke
próza <fn> prose
prózai <mn> **1.** *(nem verses)* (written) in prose <csak hátravetve> **2.** *(hétköznapi)* prosaic; ordinary
prűd <mn> prudish
prüszköl <ige> sneeze
pszichiáter <fn> psychiatrist
pszichiátria <fn> psychiatry
pszichikai <mn> psychic
pszichoanalízis <fn> psychoanalysis
pszichológia <fn> psychology
pszichológus <fn> psychologist
pu. [= pályaudvar] railway station
pubertás <fn> puberty
publicista <fn> publicist
publikáció <fn> publication
publikál <ige> *(közzétesz, megjelentet)* publish: *cikket publikál* publish an article
publikum <fn> audience
pucér <mn> (stark) naked
pucol <ige> **1.** *(ablakot stb.)* clean **2.** *(cipőt)* polish **3.** *(krumplit)* peel
puccs <fn> coup; putsch
púder <fn> (face) powder
puding <fn> ≈ blancmange
puffan <ige> thump; thud
puffanás <fn> thump; thud: *puffanással esik* fall with a thump
pufók <mn> chubby

puha <mn> **1.** *(selymes)* soft: *a baba puha bőre* the baby's soft skin **2.** *(nem kemény)* soft; *(hús, zöldség)* tender: *puha banán* soft banana ∗ *Ez a hús elég puha.* This meat is quite tender.
puhatestű <fn> áll mollusc; AmE mollusk
puhít <ige> **1.** soften **2.** biz *(vkit)* soften sy up
pulóver <fn> sweater; jumper; pullover: *V nyakú pulóver* a V-neck jumper ∗ *kék kapucnis piros pulóver* a red jumper with a blue hood
pult <fn> **1.** *(üzletben, bankban stb.)* counter **2.** *(bárban stb.)* bar; bar counter
pulzus <fn> pulse: *megméri vkinek a pulzusát* take sy's pulse
pulyka <fn> turkey: *Vacsorára pulykát ettünk.* We had turkey for dinner.
pulykakakas <fn> turkeycock
puma <fn> puma; AmE cougar
pumpa <fn> pump
pumpál <ige> pump
puncs <fn> punch
punk <fn> punk
púp <fn> **1.** *(emberen)* hump **2.** *(tevén)* hump
pupilla <fn> pupil
púpos <mn> humpbacked
puska <fn> **1.** *(fegyver)* rifle; gun **2.** biz *(iskolában)* crib
puskapor <fn> gunpowder
puskázik <ige> crib; use a crib
puszi <fn> peck; kiss
¹puszta <mn> **1.** *(elhagyott)* deserted; abandoned; uninhabited **2.** *(kopár)* bare; bleak **3.** *(nyomósításként)* sheer; pure; bare; mere: *puszta szerencse* sheer luck ∗ *Puszta véletlen volt.* It was a pure accident. ∗ *a puszta tények* the bare facts ∗ *puszta kézzel megöl vkit* kill sy with bare hands ∗ *a puszta gondolata* the mere thought of it
²puszta <fn> *(síkság)* ≈ Hungarian plain
pusztít <ige> devastate; destroy, ravage
pusztítás <fn> devastation; destruction
puzzle <fn> jigsaw (puzzle)
püföl <ige> beat*; pummel; thrash
pünkösd <fn> Whitsun
püré <fn> purée
püspök <fn> bishop
püspökkenyér <fn> ≈ fruit cake

Q, q

Q, q <fn> *(betű)* Q; q

R, r

R, r \<fn\> (betű) R; r
rá \<hsz\> **1.** (vmely helyre, felületre) on; upon; onto **2.** (a megjelölt idővel később) after; later: *egy évre rá* a year later/after; after a year **3.** (vonzatként) of; for: *vigyáz rá* take care of sy/sg; look after sy/sg ∗ *méltó rá* be worthy/deserving of sg **4.** (neki, számára) for sy
ráad \<ige\> (ruhadarabot vkire) put* sg on sy
ráadás \<fn\> **1.** plus; extra **2.** (koncert végén) encore: *Az énekes adott két ráadást.* The singer gave two encores.
ráadásul \<hsz\> moreover; furthermore; too; (and) what is more; besides: *Fiatal, csinos és ráadásul okos is.* She is young, pretty, and clever too.
ráakad \<ige\> **1.** (vmiben megakadva rajta marad) get* caught on sg **2.** (véletlenül megtalálja) come* across/on/upon sy/sg; stumble across/on sy/sg; tumble on/upon sy/sg
ráakaszkodik \<ige\> (vkire) impose/thrust* oneself on/upon sy; throw* oneself at sy
ráakaszt \<ige\> hook sg up (**vmire** to sg); hang* sg (**vmire** on sg)
rááll \<ige\> **1.** (rálép vmire) stand* on sg **2.** (beleegyezik) agree (**vmibe** to sg)
rab \<fn\> **1.** (börtönben) prisoner: *A rab kegyelmet kért.* The prisoner asked for mercy. **2.** átv slave: *rabja vminek* be a slave to sg; be addicted to sg
 ♦ **rabul ejt vkit** (lenyűgöz) captivate sy; charm sy; put* a spell on sy
rabbi \<fn\> vall rabbi
rábeszél \<ige\> persuade (**vkit vmire** sy into sg // sy to do sg); coax (**vkit vmire** sy into sg // sy to do sg): *Rábeszélt minket, hogy töltsük a nyarat Londonban.* He persuaded us into spending the summer in London.
rábír \<ige\> (vkit vmire) induce sy to do sg; bring* sy to do sg; lead* sy to sg
rábíz \<ige\> entrust (**vkit/vmit vkire** sy/sg to sy); trust (**vkire vkit/vmit** sy with sy/sg); leave* sg to/for sy: *Rám bízhatod a fiadat!* You can trust me with your son. ∗ *Ezt rád bízom.* I leave it to you.
rábizonyít \<ige\> (vkire vmit) convict sy of sg
rablás \<fn\> robbery: *Bebörtönözték rablásért.* He was jailed for robbery. ∗ *A rablás büntetést von maga után.* The robbery carries punishment.

rabló \<fn\> robber; thief (tsz: thieves): *fegyveres rabló* armed robber ∗ *A bíró két év börtönbüntetést szabott ki a rablóra.* The judge sent the robber to the prison for two years.
rablógazdálkodás \<fn\> ruthless/ruinous exploitation
rablógyilkos \<fn\> robber and murderer
rablótámadás \<fn\> robbery: *fegyveres rablótámadás* armed robbery
rabol \<ige\> **1.** rob; commit robbery **2.** (embert) kidnap
ráborít \<ige\> **1.** (ráönt vmit vmire) spill* sg on sg **2.** (ráterít vmit vmire) lay*/spread* sg over sg
rabszolga \<fn\> **1.** tört slave **2.** átv slave; drudge
rabszolgaság \<fn\> tört slavery
rábukkan \<ige\> (vkire/vmire) find* sy/sg; come* across sg
racionális \<mn\> rational
racionalizál \<ige\> rationalize
rács \<fn\> grid; bar; grating; (rostély) grate; grill
 ♦ **rács mögé juttat vkit** biz put* sy behind bars; put* sy away ♦ **rács mögött van** biz be* (put) behind bars
rácsavar \<ige\> (vmit vmire/vmihez) screw sg on/to sg
rácsos \<mn\> (ablak stb.) lattice(d)
radar \<fn\> radar
radarellenőrzés \<fn\> radar speed check
radiátor \<fn\> radiator
radikális \<mn\> (gyökeres) radical: *radikális változások* radical changes
rádió \<fn\> **1.** (intézmény és műsorszórás) radio: *hallgatja a rádiót* listen to the radio ∗ *a rádiónál dolgozik* work for/in the radio **2.** (készülék) radio: *hordozható rádió* a portable radio ∗ *sztereó rádió* stereo radio ∗ *be-/kikapcsolja a rádiót* turn/switch the radio on/off ∗ *Lennél szíves kikapcsolni a rádiót?* Would you please switch off the radio?
rádióadó \<fn\> radio station
radioaktív \<mn\> radioactive: *Radioaktív anyagokat bocsát ki a gyár.* Radioactive waste is discharged from the factory.
radioaktivitás \<fn\> radioactivity
rádióbemondó \<fn\> announcer
rádióhallgató \<fn\> listener
rádiójáték \<fn\> radio play
rádiókészülék \<fn\> radio
rádióműsor \<fn\> (radio) programme

¹rádiós <mn> radio
²rádiós <fn> *(a rádió kezelője hajón, repülőn stb.)* radio officer
rádiótelefon <fn> radio-telephone
radír <fn> eraser; BrE rubber: *Otthon felejtette a radírját.* He forgot his rubber at home.
rádöbben <ige> *(vmire)* realize sg suddenly; wake✢ up to sg
rádől <ige> **1.** *(ráesik vkire/vmire)* fall✢/tumble down on sy/sg **2.** *(rátámaszkodik vkire/vmire)* lean✢/rest on/against sy/sg
ráér <ige> have✢ (plenty of) time: *nem ér rá vmire* have no time for sg/to do sg ✱ *Nem érek rá!* I'm (rather) busy.
ráerőltet <ige> *(vmit vkire)* force/press sg on/upon sy; press sg on/upon sy
ráesik <ige> *(vminek a tetejére)* fall✢ (down) (**vmire** on sg)
ráeszmél <ige> *(vmire)* realize sg; become✢ conscious/aware of sg; wake✢ up to sg
ráfekszik <ige> lie✢ down (**vmire** on sg)
ráfér <ige> **1.** *(felfér vmire, elfér vmin)* have✢/find✢ room for sg; there is room for sg/sy: *A padra négyen férnek rá.* There is room for four on the bench. **2.** *(vkire vmi)* be✢ badly in need of sg
rafia <fn> raffia
rafinált <mn> artful; cunning; wily
ráfizet <ige> **1.** *(összeget)* pay✢ the difference **2.** biz *(vmire)* pay✢ for sg, come off a loser (in sg), lose✢ out on sg; *(vállalkozásra)* lose✢ money on/by sg; make✢ a loss on sg
ráfog <ige> **1.** *(fegyvert vkire)* point sg at sy; level sg at sy: *puskát ráfog vkire* point a gun at sy **2.** biz, pej *(hibát, felelősséget stb. vkire)* accuse sy of (doing) sg; charge sy with sg
ráfordítás <fn> expense; expenditure; out-goings <tsz>
ráförmed <ige> *(vkire)* bawl sy out; jump down sy's throat; round on sy
rag <fn> nyelvt *(inflectional)* ending
rág <ige> **1.** *(megrág)* chew✢ **2.** *(rágcsál)* gnaw
ragacsos <mn> sticky; gluey; biz gooey; biz tacky
ragad <ige> **1.** *(más tárgyhoz tapad)* stick✢; adhere (**vmihez** to sg); *(ragadós)* be✢ sticky/gluey: *Ezek a címkék nem ragadnak túl jól.* These labels don't stick very well. ✱ *ragad a piszoktól* be perfectly foul/filthy; be thick with dirt **2.** *(magához ragad)* take✢; seize: *magához ragadja a kezdeményezést* take the initiative ✱ *magához ragadja a hatalmat* seize power **3.** *(hirtelen kezébe vesz)* seize; grasp **4. magával ragad** *(elragad, hatása alá kerít)* enchant; captivate; grip: *magával ragadja a hallgatóságot* grip the audience
ragadós <mn> sticky; gluey

¹ragadozó <fn> predator; beast of prey
²ragadozó <mn> predatory: *ragadozó madár* bird of prey
rágalmaz <ige> slander; defame; *(írásban)* libel
rágalmazás <fn> slander; defamation; *(írásban)* libel
rágalom <fn> slander; *(írásban)* libel
ragaszkodik <ige> **1.** *(vkihez)* be✢ attached to sy: *A gyermekeink nagyon ragaszkodnak hozzánk.* Our children are very attached to us. **2.** *(vmihez)* stick✢/cling✢/adhere to sg; insist on/upon (doing) sg: *A barátom ragaszkodik ahhoz, hogy egyetemre menjen.* My friend insists on going to the university. ✱ *Ragaszkodom az elveimhez.* I stick to my principles.
ragaszt <ige> stick✢; glue (**vmit vmihez** sg to sg): *posztereket ragaszt a falra* stick posters on the wall
ragasztó <fn> glue; adhesive: *egy tubus ragasztó* a tube of glue
ragasztópisztoly <fn> glue gun
ragasztószalag <fn> adhesive tape
rágcsál <ige> gnaw; nibble
rágcsáló <fn> *(állat)* rodent
rágódik <ige> *(töpreng, gyötrődik vmin)* mull sg over; ruminate/brood/speculate on/over sg; chew sg over
rágógumi <fn> (chewing) gum; bubble gum
rágós <mn> tough; stringy: *Rágós ez a hús.* This meat is tough.
ragoz <ige> nyelvt *(igét)* conjugate; *(főnevet)* decline
ragozás <fn> nyelvt inflection; *(igéé)* conjugation; *(főnévé)* declination
ragtapasz <fn> adhesive/sticking plaster
ragu <fn> stew; ragout; *(tűzálló tálban)* casserole
ragyog <ige> **1.** *(fénylik)* glisten; gleam; glitter; shine✢; glare: *A tó ragyogott a napfényben.* The lake shone in the sunshine. **2.** *(arc)* glow; beam: *Arca ragyogott a büszkeségtől.* His face glowed with pride.
ragyogás <fn> glitter; shine
ragyogó <mn> **1.** *(csillogó)* glittering; glaring; sparkling; shiny; brilliant: *ragyogó ékszerek* glittering jewels **2.** *(napos)* bright; brilliant: *ragyogó napsütés* brilliant sunshine ✱ *ragyogó napsütéses nap* a bright, sunny day **3.** *(örömteli)* bright; radiant **4.** *(nagyszerű)* gorgeous; splendid; brilliant; glittering; glorious: *Ragyogó könyv, és egyszerűen páratlan a maga nemében.* It's a brilliant book and simply it doesn't compare. ✱ *Ragyogó jövő előtt áll.* His prospects are brilliant.
rágyújt <ige> light✢ sg up; light✢ a cigarette
ráhagy <ige> **1.** *(örökségül)* bequeath (**vmit vkire** sg to sy); leave✢ (**vmit vkire** sg to sy) **2.** *(gondo-*

zásra vkit) put sy in sy's charge/care **3.** *(megenged vmit)* agree to sg

ráhajol <ige> *(vkire)* lean over sy; *(vmire)* bend over sg

¹ráhajt <ige> **1.** *(járművel)* drive on/onto (**vmire** sg) **2.** biz *(fokozza a munkatempót)* work flat out

²ráhajt <ige> *(ráféktet vmit vmire)* lay/put sg on sg

ráharap <ige> **1.** *(fogával)* bite on (**vmire** sg) **2.** *(hal)* take the bait

ráhúz <ige> **1.** *(vmit vmire)* draw/pull/put sg on/over sg **2.** *(ruhadarabot)* slip sg over sg **3.** *(megüt vkit)* slap sy; give sy a slap

ráijeszt <ige> alarm; frighten: *Nem akartam ráijeszteni.* I didn't want to alarm him.

ráirányít <ige> **1.** *(fegyvert, látcsövet stb.)* level sg at sy/sg **2.** *(figyelmet, érdeklődést stb.)* draw: *a figyelmét ráirányítja vmire* draw sy's attention to sg

ráírat <ige> **1.** *(szöveget vmire)* have sg written on sg **2.** *(ingatlant stb. vkire)* make/sign sg over to sy

ráismer <ige> recognize (**vkire/vmire vmiből/vmiről** sy/sg by sg): *Ráismertem.* I recognized him. * *Ráismertem nehézkes járására.* I recognized his heavy tread.

raj <fn> **1.** *(rovaroké, madaraké)* swarm; flock **2.** kat squad

Rajna <fn> Rhine

rajong <ige> *(vmiért)* be enthusiastic about/over sg; have a passion for sg: *rajong a moziért* be a movie fan

rajongó <fn> fan; enthusiast; admirer

rajongótábor <fn> following

rájön <ige> **1.** *(vkire vmi)* be overcome by sg; be taken with sg: *rájön a köhögés* have a fit of coughing * *rájön a nevetés* be taken with a fit of laughing **2.** *(vmire)* realize sg; find sg out: *Amikor (össze)találkoztunk, rájöttem, hogy egyáltalán nem boldog.* When I met him I realized that he wasn't happy at all.

rajt <fn> start: *hibás rajt* false start * *Elkészülni, vigyázz, rajt!* sp On your marks, get set, go! * *rajthoz áll* line up (for the start)

¹rajta <hsz> on sy/sg; upon sy/sg; over sy/sg: *Kabát van rajta.* He has a coat on. / He is wearing a coat. * *Ott az asztal, könyvek vannak rajta.* There is the table, there are books on it.

²rajta <msz> sp start; go; away: *Csak rajta!* Just go ahead!

rajtakap <ige> *(vkit vmin)* catch sy doing sg; catch sy in the (very) act (of doing sg); biz catch sy red-handed

rajtaütés <fn> raid; *(rendőrségé)* swoop

rajtkő <fn> sp starting block

rajtol <ige> sp start

rajtszám <fn> starting/entry number

rajz <fn> drawing: *A tolvajról készült egy vázlatos rajz.* A rough drawing has been made of the thief. * *Meg tudod ítélni, melyik rajz a legjobb?* Can you judge which drawing is the best?

rajzfilm <fn> cartoon: *animációs rajzfilm* animated cartoon

rajzik <ige> *(méh, embertömeg)* swarm

rajzlap <fn> (sheet of) drawing paper

rajzol <ige> draw: *egy kört rajzol* draw a circle/round * *rajzol egy képet vkiről* draw a picture of sy * *egyenes vonalakat rajzol* draw straight lines

rajzoló <fn> designer; illustrator

rajzszeg <fn> drawing pin; AmE thumbtack

rajztábla <fn> drawing board

rajztömb <fn> drawing block; sketch pad/block

rak <ige> **1.** *(elhelyez)* lay: *tojást/petét rak* lay eggs **2.** *(tesz vmire, vmibe, vhova)* put; set; place; *(fektet)* lay; *(dug)* stick: *Hova raktad a kabátomat?* Where did you put my coat? **3.** *(szállítóeszközt stb. megtölt)* load: *A kocsiba rakták a csomagot.* They loaded the luggage into the car. **4.** *(készít, épít)* build: *fészket rak* build a nest

Rák <fn> *(csillagjegy)* Cancer

¹rák <fn> *(folyami)* crayfish (tsz: crayfish); *(tengeri)* crab

²rák <fn> *(betegség)* cancer: *rákban hal meg* die of cancer * *a rák elleni harc* the war against cancer

rákacsint <ige> *(vkire)* give sy a wink; wink at sy

rákapcsol <ige> **1.** *(összekapcsol)* couple (**vmit vmire** sg (on) to sg): *Rákapcsoltak egy hálókocsit a szerelvényre Bécsben.* A sleeping car was coupled on at Vienna. **2.** biz *(tempót fokoz)* move into top gear

rakás <fn> *(halom, nagy mennyiség)* heap; pile; stack: *egy rakásban felhalmozva* in a heap * *egy rakás kibontatlan boríték* a stack of unopened envelopes

rákattint <ige> infor click on

rákbeteg <fn> cancer patient

ráken <ige> **1.** *(vminek a felületére ken)* smear (**vmit vmire** sg on/over sg); *(kenhető ételt)* spread (**vmit vmire** sg on/over sg): *rákeni a sarat a falra* smear mud on the walls * *rákeni a vajat a pirítósra* spread butter on pieces of toast **2.** biz *(ráfog vmit vkire)* lay/put the blame on sy for sg

rákényszerít <ige> *(vmit vkire)* impose/force/press sg on/upon sy

rakéta <fn> **1.** *(űrrakéta)* rocket: *Egy rakétát küldtek a Holdra.* A rocket was sent to the moon. **2.** *(fegyver)* rocket; missile **3.** *(tűzijátékban)* rocket; firework

rákezd <ige> begin✢; start: *Megint rákezdte a szél.* The wind began to blow again.

rákiált <ige> shout at (**vkire** sy)

rákkeltő <mn> orv carcinogenic: *rákkeltő anyag* carcinogen

rákkutatás <fn> cancer research

rakodik <ige> load

rakomány <fn> load; freight; *(hajón, repülőn)* cargo

rákos <mn> orv cancerous: *rákos daganat* cancerous tumour; cancer; AmE cancerous tumor; cancer ✽ *rákos lesz* develop cancer ✽ *rákos beteg* cancer patient

ráköt <ige> fasten (**vmit vmire** sg to sg); tie (**vmit vmire** sg to sg)

rakpart <fn> quay; wharf

raktár <fn> **1.** store; warehouse; AmE storehouse; *(bolté)* stockroom **2.** *(készlet)* stock: *nincs raktáron* be out of stock

raktáráruház <fn> warehouse; AmE storehouse

raktárépület <fn> warehouse; AmE storehouse

raktáros <fn> stockkeeper; stock clerk; warehouseman (tsz: warehousemen)

raktároz <ige> store

raktér <fn> *(hajón, repülőn)* hold

Ráktérítő <fn> tropic of Cancer

rálát <ige> *(vmire)* overlook sg; have✢ a view of sg

rálehel <ige> *(vmire)* breathe on sg

rálép <ige> *(vmire)* step on sg

rali <fn> sp rally

rámegy <ige> **1.** *(rálép vmire)* step on sg **2.** *(ruhadarab)* fit **3.** biz *(idő)* pass **4.** biz *(pénz vmire)* be✢ spent on sg: *Minden pénzem rámet.* My whole fortune was spent on it.

rámenős <mn> brash; pushy

rámosolyog <ige> smile at sy/sg; smile on sy/sg: *Rád mosolyog a szerencse.* Luck smiles on you. ✽ *rámosolyog vkire* give sy a smile

rámpa <fn> ramp

rámutat <ige> **1.** *(ujjával)* point at (**vkire/vmire** sy/sg); indicate (**vkire/vmire** sy/sg): *Rámutatott a házra.* She indicated the house. **2.** *(figyelmet felhív vmire)* point sg out: *Rámutatott, hogy több pénzre lenne szükségünk.* He pointed out that we needed more money.

ránc <fn> **1.** *(gyűrődés)* crease; crinkle; fold **2.** *(arcon)* wrinkle

ráncigál <ige> **1.** *(rángat vmit)* tug/pull at sg **2.** *(zaklat vkit)* bother sy; pester sy

ráncol <ige> furrow one's brow

ráncos <mn> *(arc)* wrinkled; *(gyűrött)* crinkly

randalíroz <ige> brawl

randevú <fn> date; rendezvous (tsz: rendezvous)

randevúzik <ige> have✢ a date (**vkivel** with sy); date (**vkivel** sy)

randi <fn> biz date

randizik <ige> biz have✢ a date (**vkivel** with sy); date (**vkivel** with sy)

rándulás <fn> **1.** jerk; twitch **2.** *(meghúzódás, ficam)* sprain

ránehezedik <ige> **1.** *(súly vmire)* weigh on sg **2.** *(gond vkire)* weigh (heavily) on sy; weigh sy down: *Ránehezednek a kötelezettségei.* The responsibilities weigh heavily on him.

ránevet <ige> *(vkire)* smile at sy

ránéz <ige> *(vkire)* look at sy; glance at sy

rang <fn> rank; position; title: *magas rangra emelkedik* rise to high rank ✽ *magas rangban* in a high position

rangadó <fn> sp match; (local) derby

rángat <ige> **1.** *(többször megránt vmit)* tug/pull at sg **2.** *(folyton zaklat vkit)* bother sy; pester sy

rángató(d)zik <ige> twitch; *(görcsösen)* jerk

rangidős <fn> senior: *rangidős tiszt* senior officer

rangjelzés <fn> chevron; stripes <tsz>

ranglétra <fn> **1.** *(hivatali)* hierarchy **2.** *(társadalmi)* social scale/ladder

rangsor <fn> **1.** *(hivatali rang szerinti sorrend)* hierarchy; order (of rank) **2.** *(társadalmi)* social hierarchy **3.** sp ranking list; the rankings <tsz>

¹**ránt** <ige> *(hirtelen megragadva)* pluck; pull; give✢ sg a pull; jerk

²**ránt** <ige> *(húst stb.)* fry (sg in breadcrumbs): *rántani való csirke* broiler (chicken); frying chicken

¹**rántás** <fn> *(leveshez stb.)* roux; thickening

²**rántás** <fn> *(cselekvés, mozdulat)* jerk; pull

rántott <mn> fried in breadcrumbs <csak hátravetve>: *rántott csirke* chicken fried in breadcrumbs

rántotta <fn> scrambled eggs <tsz>

rányom <ige> *(vmit vmire)* (im)print/(im)press sg on sg: *Az orvos rányomta a bélyegzőjét a receptre.* The doctor pressed his stamp on the prescription.

ráordít <ige> *(vkire)* shout/brawl at sy

ráönt <ige> *(vmit vmire)* pour sg on/over sg; spill✢ sg on sg

rápillant <ige> *(vkire/vmire)* cast/shoot✢ a glance at sy/sg; glance at sy/sg

ráragad <ige> *(ragadva rátapad vmire)* adhere to sg; stick✢ on/to sg

ráragaszt <ige> stick✢ (**vmit vmire** sg on sg); glue (**vmit vmire** sg on sg); affix (**vmit vmire** sg to sg)

rárak <ige> put✢; place; *(fektetve)* lay✢ (**vmit vmire** sg on sg)

ráront <ige> *(rátámad vkire)* charge/rush at sy; attack/assault sy; break in on/upon sy: *ráront az ellenségre* break in upon the enemy

rásóz <ige> biz **1.** *(rátukmál vmit vkire)* impose sg on/upon sy; foist sg on/onto sy; palm/fob off sg on sy **2.** *(megüt)* slap (**vkit** sy); give✢ sy a whack

ráspoly <fn> file

rászáll <ige> **1.** *(rárepül)* alight (**vmire** on sg); fly✢ on sg: *A pillangó rászállt a kerítésre.* The butterfly alighted on the fence. **2.** biz *(vkire)* descend on/upon sy

rászán <ige> **1.** *(összeget ráfordít)* assign (**vmit vmire** sg to sg) **2.** **rászánja magát vmire** decide to do sg; make✢ up one's mind to do sg

rászed <ige> deceive; fool; trick; swindle; take✢ sy in

rászokik <ige> *(vmire)* take✢ to sg; become✢/get✢ accustomed to sg; fall✢/get✢ into the habit of sg

rászól <ige> *(vkire)* rebuke sy; tell✢ sy off (**vmiért** for (doing) sg)

rászolgál <ige> deserve: *Rászolgáltam a segítségedre.* I deserve your help.

rászorul <ige> *(vmire)* be✢ in need of sg

rászorult <fn> **a rászorultak** the poor/needy

¹**rasszista** <mn> racist

²**rasszista** <fn> racist

rasszizmus <fn> racism: *a rasszizmus ellen harcol* fight against racism

rátalál <ige> *(vkire/vmire)* find✢ sy/sg; come✢ across sg

rátámad <ige> **1.** *(vkire/vmire)* attack sy/sg; fall✢/set✢ on/upon sy/sg: *Rám támadt egy oroszlán.* I was set upon by a lion. **2.** *(vkire bírálva)* lash out at sy

rátapad <ige> *(vmire)* rivet on sg; adhere/cling/stick✢ to sg; be✢ glued to sg: *Az ing rátapadt a hátára.* The shirt adhered to his back. ✱ *Szemei rátapadtak a tévére.* His eyes were riveted on the television.

rátapos <ige> *(vmire)* stamp/trample on sg: *rátapos a virágokra* trample on the flowers

ráter <ige> **1.** *(rámegy vmire)* step✢/go✢ on sg **2.** *(beszédben vmire)* come✢ on to sg: *rátér a tárgyra/konkrétumokra/lényegre* come to the point ✱ *Mindjárt rátérek a levegőszennyezés kérdésére.* I want to come on to the question of pollution in a minute.

ráterít <ige> *(vmit vmire)* spread✢/lay✢ sg over sg; cover sg with sg

rátermett <mn> able; suited/suitable (**vmire** for sg): *Rátermett erre a munkára.* He is suited for this job.

rátesz <ige> put✢; place; *(fektetve)* lay✢ (**vmit vmire** sg on sg)

rátör <ige> **1.** *(rátámad vkire)* burst✢ in on sy; attack sy; rush/dash at sy; break✢ in on sy: *Rátört a főnökére.* She broke in on her boss. **2.** *(érzés)* overcome✢: *Rátörtek az érzelmei.* She was overcome with emotion.

ráugrik <ige> *(vkire/vmire)* jump/spring✢ on/upon/at sy/sg

ráül <ige> *(vmire)* sit✢ (down) on sg

ráüt <ige> *(vkire/vmire)* hit✢/strike✢/slap sy/sg; strike✢ at sy/sg

rávág <ige> *(vkire/vmire)* strike✢ at sy/sg

rávarr <fn> *(varrással vmit)* sew✢ sg on

¹**ravasz** <mn> cunning; foxy; canny; sly; tricky; *(furfangos)* artful; *(agyafúrt)* wily

²**ravasz** <fn> trigger: *meghúzza a ravaszt* pull the trigger

ravatal <fn> catafalque; bier

ravatalozó <fn> morgue; mortuary; funeral parlour; AmE funeral parlor/home

ráver <ige> **1.** *(vkire)* smack/hit✢/strike✢/slap sy **2.** *(játékban, versenyben legyőz; megelőz)* beat✢; defeat; win✢ against: *Öt métert vert rá az ellenfelére.* He beat his opponent by five metres.

rávesz <ige> **1.** *(ruhadarabot)* put✢ sg on **2.** *(rábeszél; rábír vkit vmire)* get✢ sy to do sg; persuade sy into (doing) sg; persuade sy to do sg: *Rávettem a barátomat, hogy segítsen nekem.* I got my friend to help me.

rávilágít <ige> **1.** *(fénnyel vkire/vmire)* illuminate sy/sg **2.** *(megmagyarázva vmire)* illustrate/illuminate sg; throw✢/shed✢ light (up)on sg: *E történet egyértelműen rávilágít a kedvességére.* This story illustrates her kindness clearly.

ráz <ige> **1.** shake✢: *kezet ráz vkivel* shake hands with sy ✱ *rázza a fejét* shake his head ✱ *rázza az öklét vkire* shake one's fist at sy **2.** *(jármű)* shake✢; jolt **3.** *(áram, vezeték)* be✢ live

rázkódik <ige> *(vmitől)* shake✢ with sg

rázós <mn> **1.** *(út)* rough; bumpy **2.** biz *(kellemetlen)* touchy: *rázós dolog/ügy* a touchy business

razzia <fn> police raid; swoop

reagál <ige> *(vmire)* react/respond to sg: *reagál a kezelésre* respond to the treatment

reakció <fn> reaction; response: *allergiás reakció vmire* allergic reaction to sg ✱ *Meglepett a reakciója.* I was surprised by his reaction.

reális <mn> *(valóságos)* real; actual; true

¹**realista** <mn> realistic

²**realista** <fn> realist

realitás <fn> reality

realizmus <fn> realism

¹**rebellis** <mn> rebellious

²**rebellis** <fn> rebel

recehártya <fn> retina
recenzió <fn> review
recepció <fn> reception (desk): *Menj a recepcióra a szobakulcsodért!* Go to the reception for your room key. * *Hagyd a kulcsodat a recepción!* Leave your key at the reception.
recept <fn> **1.** *(orvosi)* prescription: *csak receptre kapható* available only on prescription * *A receptet a gyógyszertárba vittem kiváltani.* I took the prescription to the chemist's. **2.** *(ételé, italé)* recipe **3.** *(eljárási mód)* recipe
recesszió <fn> gazd recession
recseg <ige> creak; crackle
redő <fn> **1.** *(ruhán)* crinkle; pleat; fold **2.** *(bőrön)* wrinkle
redőny <fn> shutter: *felhúzza/lehúzza a redőnyt* open/close the shutters
referátum <fn> presentation; report
referencia <fn> reference: *A tanárom jó referenciát adott rólam, amikor egy középiskolát kerestem.* My teacher gave me a good reference when I was looking for a secondary school.
referens <fn> executive (officer); official in charge of sg
reflektor <fn> floodlight; searchlight; gk headlight; szính projector
reflektorfény <fn> floodlight
reflex <fn> reflex: *A pilóták reflexének gyorsnak kell lennie.* Pilots need fast reflexes. * *gyors/lassú reflexek* quick/slow reflexes
reform <fn> reform: *társadalmi reform* social reforms * *gazdasági reformok* economic reforms * *választási reformok* electoral reforms
reformáció <fn> tört, vall the Reformation
reformál <ige> reform
¹**református** <fn> Calvinist; Reformed: *református egyház* the Reformed Church
²**református** <fn> Calvinist: *reformátusok* members of the Reformed Church; Calvinists
reformer <fn> reformer
refrén <fn> refrain
rég(en) <hsz> long ago; a long time ago; a long while ago; formerly: *Régen nem láttam.* I haven't seen him for a long time.
regenerálódik <ige> regenerate
regény <fn> novel: *rövid részlet a regényből* a short extract from the novel * *A regény Skóciában játszódik a hatvanas években.* The novel is set in Scotland in the 60s. * *Még nem olvastam ezt a regényt.* I haven't read this novel yet.
regényalak <fn> character
regényíró <fn> novelist
régész <fn> archaeologist; AmE archeologist
régészet <fn> archaeology; AmE archeology
régészeti <mn> archaeological; AmE archeological

¹**reggel** <hsz> in the morning: *korán reggel* early in the morning * *ma reggel* this morning * *minden reggel* every morning * *hétfő reggel* Monday morning
²**reggel** <fn> morning: *reggeltől estig* from morning till night * *Jó reggelt!* Good morning! * *Reggel óta egy falatot sem evett.* She hasn't had a bite to eat since morning.
¹**reggeli** <mn> morning: *reggeli kiadás* morning edition * *friss reggeli levegő* fresh morning air * *a reggeli vonattal megy* go by the morning train * *Már elolvastam a reggeli újságot.* I have already read the morning paper.
²**reggeli** <fn> breakfast: *könnyű reggeli* a light breakfast * *angol reggeli* English breakfast * *sima reggeli* continental breakfast * *Kávét, vagy teát iszol reggelire?* Do you have coffee or tea for breakfast? * *Kérsz pirítóst és teát reggelire?* Do you want toast and tea for breakfast?
reggelizik <ige> have✧ (one's) breakfast: *Reggeliztem és vacsoráztam, de közben nem ettem semmit.* I had breakfast and dinner but nothing in between.
régi <mn> **1.** *(régóta meglévő)* old: *egy régi jó barátom* an old friend of mine **2.** *(múltbéli)* early; past; old-time; old; ancient: *régi hangszerek* early musical instruments **3.** *(előbbi, korábbi)* old; back; former; late: *a régi mosógépem* my old washing machine * *újság régi számai* back numbers/issues of a paper
♦ **már nem a régi vmiben** be✧ past it; be✧ losing one's grip of sg
régies <mn> archaic
régimódi <mn> old-fashioned
régió <fn> region
regionális <mn> regional
régiség <fn> antique: *régiségeket gyűjt* collect antiques
régiségkereskedő <fn> antique dealer
regiszter <fn> **1.** *(könyv végén)* (author and subject) index (tsz: indices v. indexes) **2.** *(könyv szélén)* thumb-index **3.** *(nyilvántartás)* register; record **4.** zene register
regisztrál <ige> register; record
régóta <hsz> a long time ago; long; long ago; for a long time; for ages; for a long while: *Régóta nagyon jó barátok vagyunk.* We have been great friends for ages.
rehabilitál <ige> jog, orv rehabilitate
rejlik <ige> *(ott van, lappang vmiben)* be✧/lie✧ in/behind sg; be✧/lie✧ hidden in sg; be✧ implied/inherent in sg: *Mi rejlik e mögött?* What is behind it? * *A lényeg abban rejlik, hogy...* The main point lies in the fact that...

rejt <ige> **1.** *(eldug)* hide✲: *A fiókba rejtette a levelet.* She hid the letter to the drawer. ∗ *A jövő rejtve van előttünk.* The future is hidden from us. **2.** *(leplez, titkol)* conceal **3.** vál *(elzárva magában foglal)* hide✲; contain: *A boríték pár régi fényképet rejt.* The envelope contains a few old photographs.

rejtekhely <fn> hiding place; biz hideaway

rejtély <fn> mystery; secret; *(talány)* puzzle; riddle: *vminek a rejtélyét megfejti* unravel the mystery of sg ∗ *Rejtély számomra, hogy hogy tudtad letenni a vizsgádat.* How you passed your exam is a mystery to me. ∗ *Rejtély számomra.* It's a puzzle to me.

rejtélyes <mn> mysterious; secret: *rejtélyes körülmények között* in mysterious circumstances

rejtett <mn> **1.** *(titkos)* secret: *rejtett üzelmek* secret machinations **2.** *(eldugott)* hidden; *(felfedezetlen)* undiscovered; *(jól eltakart)* indirect; concealed; hidden, secret: *rejtett tartalék* hidden reserves ∗ *rejtett zug* a secret corner **3.** *(lappangó, nehezen észrevehető)* potential; implicit

rejtjel <fn> code

rejtőzik <ige> hide✲; *(rossz idő, veszély elől)* shelter: *az ágy alá rejtőzik* hide underneath the bed

rejtőzködik <ige> hide✲; be✲ in hiding

rejtvény <fn> riddle; puzzle

rekedt <mn> hoarse; husky

rekesz <fn> **1.** *(nyitott rész)* compartment **2.** *(levelek, papírok tárolására)* pigeonhole **3.** *(poggyásznak)* bay **4.** *(istállóban)* stall; box **5.** *(üvegeknek)* bin **6.** fény stop; diaphragm

rekeszizom <fn> diaphragm

reklám <fn> **1.** *(reklámozás)* advertising; publicity **2.** *(maga a reklám)* advertisement; biz ad; *(rádióban, tévében)* commercial

reklamáció <fn> complaint

reklamál <ige> **1.** *(sérelmez)* make✲ a complaint (**vmit** // **vmi miatt** about sg); complain (**vmit** // **vmi miatt** about sg) **2.** *(követel)* demand; claim

reklámár <fn> special/reduced/bargain price

reklámcég <fn> advertising company

reklámfilm <fn> commercial

reklámhordozó <fn> gazd advertising media

reklámoz <ige> advertise; promote; publicize: *Reklámozd mind a termékedet, mind a szolgáltatásaidat!* Advertise both your product and your services.

reklámszatyor <fn> plastic bag

reklámügynökség <fn> advertising agency

rekonstruál <ige> reconstruct

rekord <fn> **1.** sp record: *új rekordot állít fel* set a new record ∗ *tartja a rekordot* hold the record ∗ *megdönt/megjavít egy rekordot* smash a record **2.** infor record

rekordidő <fn> record time: *rekordidő alatt* in record time

rekordkísérlet <fn> record attempt

rektor <fn> *(magyar egyetemen)* rector; BrE vice-chancellor

relatív <mn> relative

relatíve <hsz> relatively

reluxa <fn> Venetian blind

¹rém <fn> ghost; phantom; spectre; AmE specter

²rém biz → **rendkívül**

rémálom <fn> nightmare: *Jeges úton autózni rémálom.* Going by car on an icy road is a nightmare.

remeg <ige> **1.** *(rázkódik)* quiver (**vmitől** with sg); tremble (**vmitől** with sg); shake✲ (**vmitől** with sg); shudder (**vmitől** with sg): *egész testében remeg* be shaking/trembling all over **2.** *(retteg)* shake✲; quake (**vmitől** with sg): *remeg a félelemtől* shake with fear ∗ *Remegett a hangja, amikor…* Her voice shook when…

remek <mn> fine; lovely; *(ragyogó)* superb; terrific; great: *Remek, hogy újra találkozunk!* It's lovely to meet you again. ∗ *Remekül néz ki!* You look terrific! ∗ *Micsoda remek ötlet!* What a grand idea! ∗ *Remek!* That's great! ∗ *Remek lenne!* It would be great!

remekel <ige> excel (**vmiben** in/at sg): *Remekelt matekban/fociban.* He excelled in maths/at football.

remekmű <fn> masterpiece; classic

remél <ige> **1.** hope (**vmit** for sg): *Reméljük a legjobbakat.* Let's hope for the best. ∗ *Remélem, hogy eljön* I hope he will come. ∗ *Remélem(, igen).* I hope so. ∗ *Remélem, nem (következik be)!* I hope not! ∗ *Remélem, hogy találkozunk ma este.* I hope to meet you tonight. **2.** *(vár)* look forward to (**vmit** doing sg // sg); expect (**vmit** sg)

remélhetőleg <hsz> hopefully: *Remélhetőleg hamarosan megérkezik.* Hopefully, she will arrive soon. ∗ *Remélhetőleg nem jön korábban a baba.* Hopefully the baby won't arrive earlier.

remény <fn> hope; *(kilátás)* prospect; promise: *reményét fejezi ki, hogy…* express the hope that… ∗ *feladja a reményt* give up hope ∗ *Ő az én egyedüli reményem.* He is my only hope. ∗ *Kevés remény van rá.* There is very little prospect of it. ∗ *szép reményekkel kecsegtet* show great promise ∗ *meghiúsítja vki reményeit* dash/destroy sy's hopes ∗ *Mik a jövőbeni reményeid?* What are your hopes for the future?

reménykedik <ige> hope (**vmiben** for sg): *Abban reménykedik, hogy…* He cherishes the hope that…

reménység <fn> 1. *(remény)* hope: *Ez volt az utolsó reménységem.* That was my last hope. 2. *(személy)* hope: *Ő az én egyedüli reménységem.* He is my only hope.
reménysugár <fn> ray of hope
reménytelen <mn> hopeless; desperate; past/beyond hope <csak hátravetve>: *Reménytelen állapotban van.* His condition is hopeless. * *Matekból reménytelen vagyok.* I am hopeless at maths.
reményteljes <mn> hopeful; promising
rémes <mn> dreadful; terrible; ugly; frightful; shocking: *rémes idő* dreadful weather * *rémes állapotban van* be in a terrible state
remete <fn> hermit
rémhír <fn> rumour; AmE rumor
rémisztő <mn> scary; daunting; grim
rémlik <ige> *(vkinek)* appear/seem to sy
rémség <fn> horror; terror; atrocity
rémtörténet <fn> scary story
rémület <fn> horror; terror; fright; scare: *legnagyobb rémületemre* to my horror
rend <fn> 1. *(tárgyak állapota)* order: *A lakásomban szeretem a rendet.* I like order in my flat. * *rendbe tesz vmit* put/place/set sg in order; tidy sg 2. *(cselekvés, történés megszokott alakulása)* order: *az élet rendje* the order/way of life 3. *(szabályos, törvényes állapot)* order: *helyreállítja a rendet* set things right; restore order * *fenntartja a rendet* keep/maintain order 4. *(sor)* line; array; row 5. *(társadalmi osztály)* class/order (of society); social order
♦ **Rendben (van)!** All right!
rendbontás <fn> disturbance; disorder
rendbontó <fn> troublemaker; disturber of the piece
rendel <ige> 1. *(hozat)* order; give✢ sy an order (**vmit** for sg): *kabátot rendel* order a coat * *taxit rendel* order a taxi 2. *(étteremben)* order: *Egy csésze teát rendeltem.* I ordered a cup of tea. * *ebédet rendel* order lunch 3. *(leköt, lefoglal)* reserve; book: *szállodai szobát rendel* book a room * *Két színházjegyet rendeltem.* I booked two seats at the theatre. 4. *(gyógymódot, orvosságot)* prescribe (**vmit vmire/vmi ellen** sg for sg) 5. *(orvos rendelést tart)* have✢/hold✢ one's surgery: *rendel: du. 2–4-ig* surgery hours 2 p.m. to 4 p.m.
rendelés <fn> 1. *(megrendelés)* order: *rendelést felvesz* take an order * *rendelésre készült* made-to-order * *rendeléseket gyűjt* call for orders * *Itt a pincér, úgyhogy leadhatjuk neki a rendelésünket.* Here is the waiter so we can give him our order. * *Lemondom a rendelésemet.* I will cancel my order. 2. *(orvosé)* surgery: *A rendelés du 4-től 6-ig tart.* Surgery is from 4 p.m. to 6 p.m.

rendelet <fn> decree; order
rendelkezés <fn> 1. *(utasítás)* command; order; direction: *újabb rendelkezések* further orders 2. *(vmire való lehetőség)* disposal: *vkinek a rendelkezésére áll* be at sy's disposal * *rendelkezésre álló* available
rendelkezik <ige> 1. *(vmi felett)* dispose of/over sg; have✢ sg at one's disposal: *szabadon rendelkezik az idejével* dispose of one's time 2. *(elrendel)* give✢ orders; order 3. *(birtokol)* hold✢ (**vmit** sg); have✢ (**vmit** sg); be✢ in possession of sg; possess (**vmit** sg): *magyar útlevéllel rendelkezik* hold a Hungarian passport * *elsőbbséggel rendelkezik vkivel szemben* have priority over sy * *Óriási pénzösszeggel rendelkezik.* He has a massive amount of money.
rendellenes <mn> abnormal
rendellenesség <fn> abnormality; *(vmi működésében)* disturbance; *(emberi szervezetben)* disorder
rendelő <fn> surgery; consulting room; AmE office
rendelőintézet <fn> clinic
rendeltetés <fn> 1. *(funkció)* function 2. *(cél)* purpose; designation
rendeltetési hely <fn> destination
rendeltetésszerű használat <fn> proper use
rendes <mn> 1. *(rendet szerető)* tidy; neat 2. *(rendben tartott)* tidy; neat; orderly: *Micsoda rendes szoba!* What a tidy room! * *A házuk mindig rendes.* Their house is always neat. 3. biz *(megfelelő)* decent: *rendes munka* a decent job 4. *(derék, illedelmes, tisztességes)* decent; straight; upright; nice: *rendes ember* a decent fellow * *Rendes dolog volt tőled.* It was decent of you. 5. *(megszokott)* ordinary; usual; normal: *rendes körülmények között* in the ordinary way * *rendes időben* at the usual time 6. *(szabályos, tervszerű)* set; planned; ordinary: *rendes ülés* ordinary meeting
rendész <fn> security guard
rendetlen <mn> untidy; disorderly; messy; *(ápolatlan)* unkempt: *rendetlen külalak* untidy presentation * *rendetlen szoba* disorderly/untidy room
rendetlenség <fn> disorder; mess: *rendetlenséget csinál* make a mess * *Micsoda rendetlenség!* What a terrible mess!
rendez <ige> 1. *(rendbe rak)* put✢ in order; order; *(selejtezve)* sort out 2. *(csoportosít, elrendez)* order; arrange; organize; place/put✢ in order: *ábécérendbe rendez vmit* order sg alphabetically; arrange sg in alphabetical order * *különös rendszer szerint rendez vmit* organize sg according to a special system 3. *(megold)* settle: *rendezi a (vitás) kérdést* settle a matter

4. (*pénzügyet stb.*) settle: *rendezi a számlát* settle an account; settle the bill * *adósságát rendezi* settle one's debts **5.** (*lebonyolít*) hold*; organize; arrange: *bulit rendez* arrange a party **6.** (*filmet, darabot*) direct: *rendezte…* directed by…

rendezés <fn> **1.** (*tisztázás, elrendezés*) settlement **2.** (*filmé, darabé*) direction **3.** (*megszervezés*) organization

rendezett <mn> settled; orderly; straight; well--arranged: *rendezett életmód* a settled way of life

rendező <fn> **1.** (*szervező*) organizer: *A koncert sikere a rendezők dicséretére válik.* The success of the concert is a tribute to the organizers. **2.** (*filmé, darabé*) director

rendeződik <ige> normalize

rendezvény <fn> function; programme; AmE program; sp meeting: *zárt körű rendezvény* private function * *esküvők és egyéb rendezvények* weddings and other functions

rendfokozat <fn> kat rank

rendhagyó <mn> nyelvt irregular: *rendhagyó ige* irregular verb * *rendhagyó alakok* irregular forms

rendíthetetlen <mn> unshak(e)able; firm

rendkívül <hsz> extremely; exceptionally; exceedingly; most; remarkably: *rendkívül hasznos* extremely useful * *Rendkívül kedves volt tőled, hogy időben érkeztél.* It was most kind of you to arrive on time.

rendkívüli <mn> **1.** (*kivételes*) extraordinary; exceptional; special; remarkable; extreme: *rendkívüli fájdalom* extreme pain * *rendkívüli óvatosság* extreme caution * *rendkívüli tehetség* a great talent; an exceptional talent **2.** (*soron kívüli*) extra: *Rendkívüli iskolai szünetet adtak nekünk.* We were granted an extra holiday from school.

rendőr <fn> police officer; (*férfi*) policeman (tsz: policemen); BrE (police) constable; BrE biz bobby: *Elkapta egy rendőr.* He was caught by a policeman. * *Rendőr irányította a forgalmat.* A policeman was directing the traffic.

rendőrautó <fn> police car: *leint egy rendőrautót* flag down a police car * *A rendőrautó óriási sebességgel száguldott el mellettünk.* The police car drove past at a terrific speed.

rendőri <mn> police: *rendőri nyilvántartás(ok)* police registers * *rendőri felügyelet alá helyez* place under police supervision/surveillance

rendőrnő <fn> policewoman (tsz: policewomen)

rendőrőrs <fn> police station

rendőrség <fn> **1.** police force; police <tsz>: *A rendőrség kivizsgálja az ügyet.* The police are inquiring into the matter. * *be-/feljelent vkit a rendőrségen* report sy to the police * *Őrizetbe vette a rendőrség.* He has been detained by the police. * *A rendőrség keresi a gyilkost.* The police are looking for the murderer. * *Hívd (ki) a rendőrséget!* Call the police! **2.** (*épület*) police station

rendreutasít <ige> reprimand (**vkit vmiért** sy for sg); rebuke (**vkit vmiért** sy for sg)

rendszabály <fn> regulation

rendszám <fn> registration number

rendszámtábla <fn> number plate; AmE license plate

rendszer <fn> **1.** (*rendezett egész*) system: *tökéletesen működő rendszer* a perfectly efficient system **2.** (*társadalmi forma*) system; structure: *különféle politikai rendszerek* several political systems * *az ország politikai rendszere* the political structure of the country * *Nem tehetsz semmit a rendszer ellen.* You can't beat the system. **3.** (*rend, rendezettség*) system; order; (*szisztéma*) scheme; method; (*gazdaságé, intézményé stb.*) set-up: *nyilvántartási rendszer* record system * *különös rendszer szerint rendez vmit* organize sg according to a special system * *A tesztedben semmi rendszert nem látok.* I can't see any order in your test.

rendszeres <mn> **1.** (*rendszerezett*) systematic; methodical **2.** (*állandó jellegű*) regular; constant; permanent: *rendszeres testmozgás/torna* regular exercise * *Rendszeresen ellátogatok az öregek otthonába.* I have regular visits to the old-age home. * *rendszeres időközönként* at regular intervals * *Rendszeresen étkezel?* Do you have regular meals? **3.** (*megszokott*) habitual; regular

rendszerez <ige> systematize

rendszergazda <fn> infor system administrator

rendszerint <hsz> usually; normally; generally; as a rule: *Rendszerint 6 órakor kelek.* I usually/normally get up at 6 o'clock in the morning. * *Rendszerint busszal megyünk iskolába.* We usually go to school by bus.

rendszertelen <mn> (*nem összehangolt*) uncoordinated

rendszervált(oz)ás <fn> tört changeover

rendzavarás <fn> disturbance

reneszánsz <fn> **1.** tört the Renaissance **2.** vál (*újjáéledés*) renaissance; revival

reng <ige> quake; rock; quiver; shudder: *Rengett a föld a lábai alatt.* The ground quaked under his feet. * *A ház rengett a lökéstől.* The house was rocking with the shock.

rengeteg <mn> a good/great deal (of); a lot of; lots of; plenty of; biz loads of; biz dozens of: *rengeteg munka* a great deal of work * *rengeteg*

könyv lots of books * *rengeteg pénz* a lot of money * *rengeteg pénzt keres* earn loads of money * *rengeteg új kifejezés* a lot of new expressions * *rengeteg tojás* plenty of eggs * *Rengeteg időnk maradt.* We have got plenty of time left.
renovál <ige> renovate
rénszarvas <fn> reindeer (tsz: reindeer)
répa <fn> *(sárga)* carrot; *(fehér)* turnip
repce <fn> rape; colza
repdes <ige> fly✢ about; flit; flutter
reped <ige> crack
repedés <fn> crack; split: *repedés a poháron* a crack on the glass
repertoár <fn> repertoire
repeta <fn> biz seconds <tsz>
repked <ige> fly✢ about: *A madár ágról ágra repked.* The bird is flying from branch to branch.
repkény <fn> ground ivy
reprezentatív <mn> 1. *(jellegzetes)* representative: *reprezentatív angol művészeti kiállítás* exhibition representative of English art 2. *(mutatós)* impressive; imposing: *reprezentatív épület* imposing building
reprodukció <fn> reproduction
repül <ige> 1. *(száll)* fly✢: *A repülőgép egyenesen észak felé repült.* The plane was flying due north. * *30 000 láb magasan repül* fly at 30,000 feet 2. *(utazik)* fly✢; (travel/go) by air: *Berlinbe repül* fly to Berlin * *belföldi járattal repül* fly by a domestic flight 3. *(pilóta)* fly✢ 4. *(tárgy)* fly✢ 5. biz *(siet)* fly✢ 6. *(múlik)* fly✢ (by/past): *repül az idő* time flies
repülés <fn> 1. flight; flying: *repülés közben* in flight * *a repüléstől való félelem* fear of flying * *műszeres repülés* unmanned flying 2. *(repüléstan, repüléstechnika)* aviation
repülésirányító <fn> air-traffic controller
repülő <fn> (aero)plane: *ablak melletti ülés a repülőn* a window seat on the plane * *A repülő elkezdte a leszállást.* The plane started to descend. / The plane began its descent. * *repülővel utazik* travel by air
repülőgép <fn> (aero)plane; aircraft (tsz: aircraft); AmE airplane: *A repülőgép tíz perccel ezelőtt földet ért.* The aeroplane landed ten minutes ago. * *teherszállító repülőgép* cargo plane * *repülőgéppel megy* go by air * *A repülőgépnek 12 órára kell megérkeznie.* The plane is due at 12 o'clock. * *A repülőgép egyenesen észak felé repült.* The plane was flying due north.
repülőgép-hordozó <fn> aircraft carrier
repülőjárat <fn> flight: *menetrend szerinti repülőjárat* scheduled flight * *interkontinentális repülőjáratok* intercontinental flights * *nemzetközi repülőjárat* an international flight
repülőjegy <fn> air ticket
repülőtér <fn> airport: *autóval elvisz vkit a repülőtérig* give sy a lift to the airport
repülőút <fn> flight: *Ez volt az első repülőutam.* It was my first flight.
rés <fn> slit; gap; *(nyílás)* opening; *(repedés)* split; crack: *fogak közti rés* a gap between teeth * *egy kis rés a tetőn* a small opening in the roof
♦ **résen van** be✢ on one's guard
respektál <ige> *(tiszteletben tart vkit)* respect sy; have✢ respect/regard for sy
restaurál <ige> vál restore
restell <ige> 1. *(szégyell)* **restelli magát vmi miatt** be✢ ashamed of sg; be✢ sorry that… 2. *(lusta vmit tenni)* be✢ loath to do sg: *nem restelli a fáradságot* spare no pains
rész <fn> 1. *(vmely egészé)* part; section; *(irodalmi, zenei műben)* passage: *Az ország melyik részéről származol?* Which part of the country do you come from? * *Ennek a könyvnek csak egy(etlen) részét élveztem.* I enjoyed just one part of this book. * *A nap egy részét az irodában töltöm.* I spend part of the day in the office. * *dohányzó vagy nemdohányzó rész (étteremben)* smoking or non-smoking section 2. *(osztályrész)* share: *kiveszi a részét vmiből* take a share in sg * *Kivettem a részemet a munkából.* I did my share of the work.
részben <hsz> part; partly; in part; in a/some measure; to some degree; to a certain extent; *(részlegesen)* partially; *(félig)* half: *Részben angol, részben francia.* She is part English, part French.
részecske <fn> particle: *elemi részecske* elementary particle
¹**részeg** <mn> drunk; drunken; *(ittas)* intoxicated; szl pissed
²**részeg** <fn> drunk
részeges <mn> biz, pej drunken; drunk: *részeges és garázda* jog drunk and disorderly * *részeges ember* drunkard; drunk
részegség <fn> drunkenness
reszel <ige> 1. *(sajtot stb.)* grate 2. *(reszelővel, ráspollyal munkadarabot)* file; rasp: *körmöt reszel* file one's nails 3. *(irritál)* irritate: *vmi reszeli a torkát vkinek* sg is irritating one's throat
reszelék <fn> filings <tsz>
reszelő <fn> 1. *(konyhai)* grater 2. *(szerszám)* file; *(ráspoly)* rasp
reszelt <mn> *(alma, sajt stb.)* grated
részesedés <fn> 1. share (**vmiből/vmiben** of/in sg) 2. *(üzleti)* share (**vmiben** in sg)
részesedik <ige> share (**vmiből** in sg)

részeshatározó <fn> nyelvt dative
részesít <ige> grant; give✶: *elsősegélyben részesít* give first aid ✶ *meleg fogadtatásban részesít* give sy a warm welcome ✶ *előnyben részesít vkit vkivel szemben* give sy preference over sy; prefer sy (to sy) ✶ *előnyben részesít vmit* give sg preference; prefer sg ✶ *anyagi támogatásban részesít vkit* support sy
részint <hsz> partly
reszket <ige> 1. *(remeg)* shiver (**vmitől** with sg); tremble (**vmitől** with sg); shake✶ (**vmitől** with sg); quake (**vmitől** with sg): *reszket a félelemtől* be shivering with fear ✶ *reszket a hidegtől* be shivering with cold ✶ *reszket a dühtől* tremble with anger 2. *(aggódik)* tremble/fear (**vkiért** for sy); be✶ anxious/worried (**vkiért** about sy)
részleg <fn> department; section; division; unit; part
részleges <mn> partial: *részleges napfogyatkozás* a partial eclipse (of the sun)
részlet <fn> 1. *(mozzanat)* detail: *elhanyagolható részlet* a trivial detail ✶ *részleteiben megvizsgálja a problémát* study the problem in detail ✶ *részletekbe bocsátkozik* go into details 2. *(műalkotásé stb.)* excerpt; extract; passage: *rövid részlet a regényből* a short extract from the novel ✶ *Utalok/Hivatkozom az idézett részletre.* I refer to the passage quoted. 3. *(fizetési)* instalment; payment; AmE installment: *havi részletekben fizet* pay for sg in/by monthly instalments
részletes <mn> detailed: *részletes leírás* a detailed description
részletez <ige> vál elaborate (**vmit** on/upon sg); detail (**vmit** sg); give✶ (full) details (**vmit** of/about sg): *részletezi az őrizetbe vétel körülményeit* elaborate on the circumstances of the arrest
részletfizetés <fn> hire purchase; AmE installment plan: *részletfizetésre vásárol* buy sg on hire purchase; AmE buy sg on an installment plan
részletfizetési hitel <fn> instalment credit
részletkérdés <fn> a matter/question of detail
részmunkaidő <fn> **részmunkaidőben dolgozik** work part-time
részrehajló <mn> biased; partial (**vki/vmi iránt** to/towards sy/sg); one-sided
résztulajdonos <fn> part-owner
résztvevő <fn> participant; attendant; *(vizsgán, pályázaton stb.)* entrant; sp entrant; competitor: *résztvevők* participants; attendance
részvény <fn> share; stock: *részvényt jegyez* subscribe for shares ✶ *részvénye van egy vállalatban* have/hold shares in a company
részvényes <fn> shareholder; AmE stockholder

részvénytársaság <fn> ≈ public (limited) company; joint-stock company
részvét <fn> *(együttérzés)* sympathy; compassion; *(részvétnyilvánítás)* condolence; sympathy: *Őszinte részvétünket fejezzük ki édesapátok elhunyta alkalmából.* May we offer our deepest sympathies on the death of your father. ✶ *Őszinte részvétem.* Please accept my condolences. ✶ *részvétét fejezi ki vkinek* express one's sympathy to sy; offer one's condolences to sy
részvétel <fn> participation; *(jelenlét)* attendance: *cselekvő részvétel* active participation
rét <fn> meadow; field: *a réten* in the meadow
réteg <fn> 1. *(anyagé)* layer; streak; *(külső)* coat(ing) 2. *(társadalmi)* layer; stratum (tsz: strata) 3. földr stratum (tsz: strata) 4. *(falemezben)* veneer
retek <fn> radish
rétes <fn> strudel: *almás rétes* apple strudel
retesz <fn> bolt; latch; fastener: *ráhúzza a reteszt* shoot the bolts
retikül <fn> handbag; AmE purse
retteg <ige> *(vmitől/vkitől)* be✶ dead scared of sg/sy; be✶ in dread of sg/sy; dread/fear sg/sy: *retteg a jövőtől* have fears for the future
rettegés <fn> dread; fear; terror; horror
rettenetes <mn> *(szörnyű)* dreadful; fearful; terrible; horrible; frightful; horrid; horrific: *még rettenetesebb élmény* yet more terrible experience ✶ *Mi ez a rettenetes zaj?* What is this terrible noise? ✶ *rettenetes baleset* a horrible accident; an awful accident ✶ *rettenetes gyilkosság* a horrid murder
retúrjegy <fn> return (ticket): *napi retúrjegy* day return
reuma <fn> rheumatism
reumás <mn> rheumatic
reumatikus → **reumás**
révén <nu> through: *vkinek a révén* through sy ✶ *vminek a révén* through sg
révész <fn> ferryman (tsz: ferrymen)
revizor <fn> auditor
révkalauz <fn> (licensed) pilot
revolver <fn> revolver; AmE gun
revü <fn> revue; variety show
réz <fn> *(vörös)* copper; *(sárga)* brass
rezeg <ige> vibrate; quiver; shake✶; tremble; *(hang)* quaver
rezervátum <fn> 1. *(védett terület)* reserve; reservation; AmE preserve 2. *(őslakosoké)* reservation
rezgés <fn> quiver(ing); vibration
rezidencia <fn> residence
rézkarc <fn> etching; etched engraving; copperplate

rezsi <fn> overheads <tsz>; overhead costs/expenses <tsz>
rezsim <fn> regime
rezsó <fn> *(gázrezső)* gas cooker/ring; *(villanyrezső)* hot plate
riadó <fn> alarm; alert
  ♦ **riadót fúj** blow*/sound the alarm; alert the troops
riadókészültség <fn> alert
riadt <mn> terrified
riaszt <ige> alert; alarm; give*/raise the alarm
riasztás <fn> alarm
riasztó <fn> alarm: *Van az autójának riasztója?* Does his car have an alarm? * *Beindult/Megszólalt a riasztóm (a kocsiban).* My car alarm went off.
riasztóberendezés <fn> (burglar) alarm
ribanc <fn> bitch
ribiszke → **ribizli**
ribizli <fn> currant; redcurrant
ricsaj <fn> biz racket; noise
ricsajozik <ige> biz make* a racket
rideg <mn> 1. *(érzelmileg)* cold; unfriendly 2. *(hely, vidék)* inhospitable; severe; bleak
rigó <fn> thrush; *(feketerigó)* blackbird: *énekes rigó* song thrush
rikácsol <ige> 1. pej *(indulatosan)* screech; scream; shriek 2. *(madár)* cry
rikító <mn> garish; gaudy; loud
rikoltozik <ige> cry; shriek out
rím <fn> rhyme
rimánkodik <ige> implore (**vkinek vmiért** sy for sg)
rímel <ige> rhyme (**vmivel** with sg): *Ezek a szavak nem rímelnek.* This word doesn't rhyme with that one.
¹**ring** <ige> sway; rock; roll
²**ring** <fn> sp *(szorító)* ring
ringat <ige> rock; *(bölcsőben)* cradle: *Régebben addig ringattam a lányomat, amíg el nem aludt.* I used to rock my daughter until she fell asleep. * *álomba ringat* cradle to sleep
  ♦ **abban (a hitben) ringatja magát, hogy...** cherish the hope/illusion that...; flatter oneself that...
ringató(d)zik <ige> roll along; rock; swing*
riport <fn> interview
riporter <fn> reporter; sp commentator
ritka <mn> 1. *(gyér)* thin; scanty; sparse 2. *(kis számú)* rare: *Ez az állat nagyon ritka nálunk.* This animal is extremely rare in this country. 3. *(kevésszer előforduló)* rare; uncommon; infrequent: *Ritka, hogy nyulat lássunk a kertünkben.* It is quite rare to see rabbits in our garden.
ritkaság <fn> 1. *(ritka előfordulás)* rarity; rareness; scarceness; scarcity: *Ritkaság, hogy...* It is rare that... 2. *(ritkán előforduló jelenség)* rarity 3. *(ritkán előforduló tárgy)* rarity; curiosity: *sok történelmi ritkaság* many historical curiosities
ritkít <ige> thin (out)
ritmikus <mn> rhythmic
ritmus <fn> rhythm: *légzésének egyenletes ritmusa* the steady rhythm of one's breathing
ritmusos <mn> rhythmic
rituálé <fn> ritual
rítus <fn> ritual; rite
rivalda <fn> the front of the stage
rivaldafény <fn> footlights <tsz>; limelight: *rivaldafényben áll* be in the limelight
rivális <fn> rival
rivalizál <ige> *(vetélkedik vkivel)* rival sy (**vmiben** in sg); compete with sy (**vmiért** for sg // to get sg)
rizikó <fn> risk; hazard
rizikófaktor <fn> risk factor
rizs <fn> rice: *fényezett rizs* polished rice * *egy zacskó rizs* a bag of rice * *Ebédre húst ettünk rizzsel.* We had meat with rice for lunch.
robaj <fn> crash; loud noise; din
robban <ige> explode; detonate; blow* up: *Bomba robbant.* A bomb exploded.
robbanás <fn> explosion; detonation; blast: *Megvakult a robbanás következtében.* She was blinded in the explosion. * *A robbanás megrázta az épületet.* The explosion shook the building.
robbanékony <mn> explosive
robbanóanyag <fn> explosive
robbant <ige> 1. *(robbanással)* detonate; explode; blow* up 2. *(terrorista bombát)* bomb
robbantás <fn> *(merénylet)* bombing
robogó <fn> (motor) scooter
¹**robot** <fn> 1. tört socage; forced labour 2. *(kényszerből végzett, lélekölő munka)* toil; drudgery: *a mindennapi robot* the daily grind * *Állandó robot az életem!* My life is a perpetual drudgery.
²**robot** <fn> *(ember, gép)* robot
robotgép <fn> *(konyhai)* (electric food) mixer; food processor
robotol <ige> biz drudge; slave (away)
rock <fn> *(zene)* rock
rockzene <fn> rock music
rockzenész <fn> rocker; rock musician
rogy <ige> fall*/drop down: *A karosszékbe rogyott.* She dropped into the armchair.
rohad <ige> rot
rohadt <mn> 1. *(rothadt)* rotten: *rohadt alma* rotten apple 2. vulg *(hitvány, aljas)* wretched; shoddy; BrE bloody
roham <fn> 1. *(támadó)* assault; attack; charge: *rohamot indít vki ellen* make an assault on sy

* *A rohamot a hegyről indították.* The charge was led down the hill. **2.** *(betegségé)* attack; bout; fit; *(hirtelen, heves)* seizure: *epilepsziás roham* an epileptic fit * *köhögési roham* a bout/fit of coughing * *rájön a roham* have/throw a fit **3.** *(érzelmi)* pang; surge: *féltékenységi roham* a pang of jealousy

rohamos <mn> rapid; speedy; fast: *rohamos javulás* a speedy recovery

rohamoz <ige> **1.** *(rohammal támad vmit)* assault; attack; charge **2.** sp *(lendületesen támad)* attack **3.** átv *(megrohan)* besiege (**vkit/vmit vmivel** sy/sg with sg)

rohan <ige> rush; dash; run✢; *(gyors léptekkel)* scurry: *Mindenki az ablakhoz rohant.* Everybody was rushing to the window. * *Rohannom kell, különben elkések.* I have to dash or I will be late. * *Egy gyors reggeli után rohantam dolgozni.* I had a very quick breakfast and then I ran to work.

rohanás <fn> rush; dash: *Miért vagy mindig rohanásban?* Why are you always in a rush?

rojt <fn> fringe

róka <fn> fox

¹**rokkant** <mn> disabled; handicapped

²**rokkant** <fn> disabled person: *a rokkantak* the disabled

¹**rokon** <mn> **1.** *(rokonságban lévő)* related (**vkivel** to sy) <csak hátravetve> **2.** *(rendszertanilag, sajátosságában, lényegileg hasonló)* related: *rokon nyelvek* related languages * *rokon (kutatási) területek* related fields (of research)

²**rokon** <fn> relative; relation: *a rokonai* his relatives * *távoli rokon* distant relative * *közeli rokonaim* my near relatives * *házasság útján rokon* a relation by marriage * *Régebben közös nyaralónk volt a rokonainkkal.* We used to share our summer house with our relations.

rokonság <fn> **1.** *(viszony)* relationship: *Milyen rokonságban állsz azzal a fiúval?* What is your relationship to that boy? **2.** *(rokonok)* relatives <tsz>; relations <tsz>: *az egész rokonságom* all my relatives

rokonszenv <fn> sympathy: *rokonszenvek és ellenszenvek* likes and dislikes

rokonszenves <mn> sympathetic; congenial: *rokonszenves regényalak* sympathetic character

róla <hsz> **1.** *(térben)* from sy/sg; off sy/sg: *Húzd le róla a kabátot!* Pull the coat off him! **2.** *(vkiről)* about/of sy: *Sokat tudok róla.* I know a lot about him. * *Rossz véleménnyel vagyok róla.* I have a poor opinion of her. * *Azt mondják róla, hogy okos.* He is said to be clever.

roller <fn> scooter

rollerezik <ige> ride✢ a scooter

roló <fn> blind; shutter; AmE window shade: *lehúzza a rolót* pull down the blind(s)

rom <fn> **1.** *(építményé)* ruin: *Csak az épület romjait láthattuk.* We could see just the ruins of the building. * *romokban hever* be/lie in ruins * *romba dönt* ruin **2.** *(törmelék)* debris <tsz>

¹**roma** <fn> **1.** *(személy)* Gypsy **2.** *(nyelv)* Romany

²**roma** <mn> Romany; Gypsy: *roma nép/emberek* Romany people

Róma <fn> Rome

¹**római** <mn> Roman: *a Római Birodalom bukása* the fall of the Roman Empire * *a római kultúra/civilizáció* the Roman civilization * *római számok* Roman numerals * *A történet a római korig nyúlik vissza.* The story goes back to Roman times.

²**római** <fn> **1.** *(mai Rómával kapcsolatos)* Roman **2.** tört *(ókori)* Roman **3.** vall **római katolikus** (Roman) Catholic **4. római számok** Roman/roman numerals

¹**román** <mn> Romanian

²**román** <fn> **1.** *(személy)* Romanian **2.** *(nyelv)* Romanian

³**román** <mn> **1.** nyelvt Romance: *román nyelvek* Romance languages **2.** *(művészetben)* Romanesque: *román stílus* Romanesque style

Románia <fn> Romania

¹**romániai** <mn> Romanian

²**romániai** <fn> Romanian

romantika <fn> **1.** *(művészetben)* Romanticism **2.** *(érzelmi telítettség)* romance; romantics

romantikus <mn> **1.** *(művészetben)* Romantic **2.** *(érzelmes)* romantic **3.** *(hangulatában)* romantic: *romantikus regény* romantic fiction

rombol <ige> destroy

rombusz <fn> mat rhombus (tsz: rhombuses v. rhombi)

romhalmaz <fn> biz shambles; heap of ruins: *A ház (egy) romhalmaz volt.* The house was a shambles.

romlandó <mn> perishable

romlás <fn> **1.** *(minőségben, értékben)* decline; deterioration; *(anyagé)* perishing; decomposition: *az egészség romlása* decline in health **2.** *(erkölcsi)* corruption

romlik <ige> **1.** *(használhatóságából veszít)* deteriorate; decompose; spoil✢; *(étel)* go✢ off **2.** *(rossz irányban változik)* deteriorate; worsen; fail: *Romlik a látásom* My eyesight is failing. **3.** *(minőségi)* deteriorate

romlott <mn> **1.** *(étel)* bad✢; rotten: *romlott hús* bad meat **2.** *(erkölcsileg)* corrupt(ed) **3.** *(fog)* decayed

roncs <fn> wreck; wreckage: *roncs a tengerfenéken* a wreck on the sea-bottom

roncstelep <fn> junk yard
ronda <mn> 1. *(látvány)* ugly: *ronda ruha* an ugly dress 2. *(kellemetlen)* horrid; nasty; wretched: *ronda idő* nasty weather
rongál <ige> damage; *(épületet, parkot stb.)* vandalize
rongy <fn> 1. *(háztartási)* cloth; rag: *nedves rongy* a damp cloth * *olajos rongy* an oily rag 2. *(szakadt ruha)* rag
rongyos <mn> *(ruha)* ragged; shabby; tattered
ront <ige> 1. *(rongál)* damage; spoil✢: *Az erős fény rontja a szemet.* Glare spoils the eyes. 2. *(kényeztet)* spoil✢ 3. sp, isk be✢ below one's best 4. *(erkölcsileg bomlaszt)* be✢ morally harmful/corrupting; be✢ harmful to morals; demoralize 5. *(rátámad, rátör)* attack (**vkire** sy); rush at (**vkire** sy)
ropi <fn> cracker (sticks)
ropog <ige> 1. *(recseg, pattog)* crackle; crack; make✢ a cracking sound; *(hó)* crunch: *Lába alatt ropogott a hó.* The snow crunched under his feet. 2. *(anyag)* crunch: *A kis kavicsok ropogtak a bicikli kereke alatt.* The small stones crunched under the bike tyres. 3. *(égő fa kandallóban)* crackle 4. *(fegyver)* rattle
ropogós <mn> crunchy; crisp: *ropogós keksz* crisp biscuit * *ropogósra süti az (angol)szalonnát* grill the bacon until crisp
ropogtat <ige> 1. *(rág)* crunch: *Diót ropogtatott.* He was crunching nuts. 2. *(tárgyat, ujjat stb.)* crack: *Ne ropogtasd az ízületeidet!* Stop cracking your knuckles!
¹roppant <mn> enormous; huge; vast
²roppant <hsz> *(módfelett, nagyon)* extremely; awfully; exceedingly: *Ez roppant érdekes volt!* It was exceedingly interesting. * *Roppant sajnálom...* I'm awfully sorry...
³roppant <ige> crackle; snap
roskad <ige> sink✢; drop; fall✢: *az ágyra roskad* drop on the bed * *magába roskad* sink in(to) oneself * *a földre roskad* sink/fall to the ground; fall down
¹rost <fn> fibre; AmE fiber: *növényi rostban gazdag* high in fibre
²rost <fn> *(sütéshez)* grill; *(szabadban)* barbecue: *roston süt* grill; barbecue
rosta <fn> riddle; sieve
rostál <ige> 1. riddle; sift 2. átv select; sift; screen
rostély <fn> 1. *(rács)* grate; grating; grid 2. *(sütéshez)* grill; *(szabadban)* barbecue
rostélyos <fn> *(pecsenye)* braised steak: *hagymás rostélyos* braised steak with fried onions
rossz <mn> 1. *(minőségileg)* bad✢; poor; *(tönkrement)* broken; be✢ broken down; out of order <csak hátravetve>: *rossz spanyolból* bad at Spanish * *rossz osztályzat* bad mark * *Rossz az autóm.* My car has broken down. 2. *(nem megfelelő)* bad✢; poor; wrong; inadequate; unsuitable: *rossz termés* poor crop/harvest * *rossz a látása* have poor eyesight * *rossz számot tárcsáz* dial the wrong number 3. *(kedvezőtlen)* bad✢: *Készülj fel a rossz hírekre.* Brace yourself for some bad news. 4. *(kellemetlen)* bad✢; unpleasant: *rossz időjárás* bad weather * *rossz szag* bad/unpleasant smell 5. *(egészségileg)* bad✢; ill; poor: *rossz a szíve* have a bad heart * *Rossz bőrben van.* His is in poor health. * *rossz egészségi állapotban van* be in poor health 6. *(elítélendő)* bad✢; ill; wicked; vicious; *(gonosz)* evil; *(csintalan)* naughty: *rossz társaság* bad company * *rossz ember* bad/evil/wicked man * *rossz gyerek* naughty child * *rossz híre van* have a bad name * *Rossz voltál, ezért büntetésből nem jöhetsz velünk moziba.* You can't come to the cinema with us as a punishment for being naughty.
rosszabbodik <ige> worsen; get✢/grow✢/become✢ worse: *egyre rosszabbodik* get worse and worse * *Állapota rosszabbodott.* His condition has worsened.
rosszakaratú <mn> malicious; malevolent; ill-willed/intentioned
rosszalkodik <ige> 1. *(gyerek)* play up; act up; misbehave 2. *(készülék)* play up; act up; misbehave
rosszall <ige> disapprove (**vmit** of sg)
rosszallás <fn> disapproval
rosszcsont <fn> biz monkey: *Rosszcsont vagy!* You are a naughty boy.
rosszindulat <fn> ill will; spite; malice; unkindness: *Nem viseltetek rosszindulattal vele szemben.* I don't bear him any ill will. / I don't bear him malice. * *(merő) rosszindulatból* from spite; out of (pure) spite
rosszindulatú <mn> 1. *(gonosz)* spiteful; malicious; hostile; malevolent: *rosszindulatú vkivel szemben* bear sy malice; bear malice against/towards sy 2. orv *(betegség)* malignant: *rosszindulatú daganat* a malignant tumour
rosszkedv <fn> low spirits <tsz>; depression
rosszkedvű <mn> moody; bad-tempered
rosszkor <hsz> at the wrong time
rosszul <hsz> *(nem jól)* badly; poorly; ill; *(helytelenül)* wrongly; *(nem rendesen)* out of order: *(elég) rosszul van* be in bad/poor shape * *rosszul érzi magát* feel unwell/bad * *rosszul néz ki* look bad * *rosszul sikerül* go wrong
rosszullét <fn> indisposition; *(émelygés)* nausea
rothad <ige> rot; decay

rothadás <fn> rot; rotting; decay
rothadt <mn> rotten
router <fn> infor router
rovar <fn> insect: *több különböző fajtájú rovar* several different kinds of insects ∗ *Apró rovarok csíptek meg minket.* We were bitten by small insects. ∗ *A rovarok betegségeket hordozhatnak.* Insects can carry diseases.
rovarcsípés <fn> insect bite: *vakarja a rovarcsípéseket* scratch insect bites ∗ *A rovarcsípéstől feldagadt a karom.* The insect bite made my arm swell.
rovás <fn> *(bevágás)* notch
  ♦ **vkinek a rovására** at sy's expense
  ♦ **vminek a rovására** at the expense of sg
  ♦ **sok van a rovásán** have✥ much to answer for ♦ **vki rovására ír vmit** lay✥ sg to sy's charge
rovat <fn> **1.** *(újságban)* column: *Rendszeresen megjelenő rovata van abban a magazinban.* Her column appears regularly in that magazine. **2.** *(rubrika)* column
rovátka <fn> nick
rozmár <fn> walrus
rozmaring <fn> rosemary
rozoga <mn> **1.** *(épület)* dilapidated; shaky; decrepit; *(bútor)* rickety; shaky: *rozoga asztal* a rickety table ∗ *rozoga szék* a shaky chair **2.** biz *(beteges)* decrepit; delicate; frail; weak
rozzant <mn> dilapidated; decrepit
rozs <fn> rye
rózsa <fn> **1.** *(virág)* rose: *egy csokor rózsa* a bunch of roses **2.** *(elosztó fej)* rose **3.** *(gázégő)* burner
  ♦ **Nincsen rózsa tövis nélkül.** No gains without pains.
rózsahimlő <fn> rubella; German measles <esz>
rózsás <mn> **1.** *(szín)* rosy **2.** *(biztató)* rosy: *A pénzügyi helyzetünk rózsás.* Our financial position is/looks rosy.
rózsaszín(ű) <mn> pink; rosy: *rózsaszín labdák* pink balls ∗ *csinos rózsaszín ruha* a lovely pink dress
rozsda <fn> **1.** *(fémen)* rust; corrosion: *letisztítja a rozsdát* rub the rust off **2.** növ *(növénybetegség)* rust; smut
rozsdamentes <mn> rustproof; stainless: *rozsdamentes acél* stainless steel
rozsdás <mn> rusty
rozsdásodik <ige> rust; corrode
rozskenyér <fn> rye bread
röfög <ige> *(disznó)* grunt
rögbi <fn> rugby (football)
rögeszme <fn> obsession
rögtön <hsz> **1.** *(időben)* immediately; instantly; promptly; at once; right away/now: *Rögtön megcsinálom!* I'll do that right away. **2.** *(térben)* immediately: *rögtön utána* immediately after
rögtönöz <ige> improvise
rögtönzés <fn> improvisation
rögzít <ige> **1.** fasten; secure; fix (**vmit vmihez** sg to/on sg): *kötéllel rögzíti a csónakot* secure the boat with a rope **2.** *(megszab árat, bért)* peg; fix; set✥: *rögzített fizetések* pegged salaries **3.** *(felvételt, másolatot, nagyítást)* fix **4.** *(időpontot, feltételeket megállapít)* fix; set✥
röntgen <fn> **1.** *(készülék)* X-ray (machine/equipment) **2.** *(felvétel)* X-ray **3.** *(vizsgálat)* X-ray: *Eltörtem a lábam, úgyhogy megyek a kórházba röntgenre.* I have broken my leg so I am going to the hospital for an X-ray.
röntgenez <ige> X-ray
röntgensugár <fn> X-ray
röpcédula <fn> leaflet; flyer
röpdolgozat <fn> test
röplabda <fn> sp volleyball: *Kedvenc sportága a röplabda.* His favourite sport is volleyball.
röplabdázik <ige> play volleyball
röppálya <fn> trajectory
röv. [= rövidítés] abbr. (= abbreviation)
rövid <mn> **1.** *(térben)* short: *rövid cérnaszál* a short thread ∗ *rövid ujjú ruha* a dress with short sleeves ∗ *Rövid az út a folyóig.* It's a short way to the riverside. **2.** *(időben)* short: *rövid szabadság* a short vacation ∗ *rövid idővel ezelőtt* a short time ago **3.** *(terjedelemben)* short; brief; concise: *rövid összefoglalás* a short summary ∗ *rövid leírás* a brief description ∗ *rövid hírek* news in brief ∗ *röviden* in brief
  ♦ **rövid és velős** short and to the point
  ♦ **rövidre fog vmit** cut✥ sg short ♦ **a rövidebbet húzza** biz come✥ off badly; come✥ off second best
rövidáru <fn> haberdashery; AmE notions <tsz>
rövidesen <hsz> shortly; soon; before long: *Rövidesen elkezdődnek a karácsonyi előkészületek.* Christmas preparations are coming soon.
rövidhullám <fn> fiz, távk short wave
rövidít <ige> **1.** *(térben)* shorten **2.** *(időben)* shorten **3.** *(terjedelmében)* shorten; cut✥; abridge **4.** *(szót)* abbreviate: *A „Szent"-et általában Szt.-nek rövidítjük.* 'Saint' is usually abbreviated to St. ∗ *rövidített alak* abbreviated form
rövidital <fn> short
rövidítés <fn> **1.** abbreviation **2.** *(könyvé, filmé stb.)* abridgement
rövidített <mn> **1.** *(betűkkel)* abbreviated: *rövidített alak* abbreviated form **2.** *(könyv, film stb.)* abridged: *rövidített változat* abridged version
rövidlátó <mn> **1.** *(közellátó)* short-sighted; AmE near-sighted **2.** *(korlátolt)* short-sighted

rövidnadrág <fn> shorts <tsz>
rövidség <fn> **1.** *(időé)* shortness; briefness **2.** *(térben)* shortness
rövidül <ige> **1.** become✧ shorter **2.** *(napok)* draw✧ in: *Rövidülnek a napok.* The days are drawing in.
rövidzárlat <fn> **1.** el short circuit; biz short **2.** biz *(emlékezetkihagyás)* black-out
rőzse <fn> brushwood; sticks <tsz>; twigs <tsz>
rubeola <fn> German measles <esz>; rubella
rubrika <fn> box
rúd <fn> **1.** *(fából, fémből)* bar; pole; rod; beam; *(árbóc, pózna)* mast **2.** *(arany, ezüst)* bar **3.** sp *(vaulting)* pole
♦ **rájár a rúd vkire** biz be✧ out of luck
rúdugrás <fn> sp the pole vault
rúg <ige> **1.** kick **2.** sp kick; shoot✧: *A fiú a hálóba rúgta a labdát.* The boy kicked the ball into the net. ∗ *gólt rúg* score a goal **3.** *(vmennyit kitesz)* total; *(összegre)* (a)mount/come✧ to sg; come✧ out at sg; run✧ (in)to sg; run✧ up to sg
♦ **az utolsókat rúgja** biz be✧ on one's/its last leg
rugalmas <mn> **1.** *(hajlékony)* flexible; elastic **2.** *(alkalmazkodó)* flexible; elastic: *rugalmas munkaidő* flexitime
rugalmasság <fn> flexibility; elasticity
rúgás <fn> **1.** kick(ing) **2.** sp shot; kick: *Az a rúgás a kapu közepébe érkezett.* That shot went to the middle of the goal. **3.** *(puskáé)* kick; recoil
rugdaló(d)zik <ige> kick
rugdalódzó <fn> sleepsuit

rugó <fn> spring
rugózik <ige> spring✧/fly✧ back; recoil: *Jól rugózik.* It has fine springs.
ruha <fn> **1.** clothing; clothes <tsz>: *használt ruha* second-hand clothes ∗ *utcai/hétköznapi ruha* casual clothes **2.** *(férfiöltöny)* suit **3.** *(női)* dress: *Kék ruhát visel.* She is wearing a blue dress. **4.** *(mosnivaló, mosott)* washing **5.** *(tisztításhoz)* cloth; duster
♦ **Nem a ruha teszi az embert.** It is not the coat that makes the gentleman.
ruhaakasztó <fn> (clothes) hanger
ruhadarab <fn> garment
ruhafogas <fn> peg; *(előszobai)* hallstand
ruhásszekrény <fn> wardrobe
ruhaszárító <fn> clothes horse
ruhatár <fn> **1.** *(épületben)* cloakroom; AmE checkroom **2.** *(ruhakészlet, gardrób)* wardrobe
ruhatáros(nő) <fn> cloakroom attendant
ruházat <fn> clothing; clothes <tsz>; outfit: *megfelelő ruházat* adequate clothing
rulett <fn> roulette
rulettezik <ige> play roulette
rum <fn> rum
rút <mn> ugly
rutin <fn> routine; skill
rutinos <mn> experienced; accomplished (**vmiben** in sg): *rutinos buszvezető* a bus-driver of great skill
rúzs <fn> lipstick
rügy <fn> bud
rügyezik <ige> bud
¹S, s <fn> *(betű)* S; s
²s <ksz> and

S, s

sablon <fn> **1.** *(minta)* pattern; model **2.** ált pej *(kifejezés stb.)* commonplace; cliché
saccol <ige> guess
saját <mn> own; private: *A lányomnak saját szobája van.* My daughter has her own room. ∗ *A saját szememmel láttam őt.* I saw her with my own eyes.
sajátos <mn> particular; peculiar; individual: *sajátos öltözködési stílus* an individual style of dress
sajátosság <fn> feature; characteristic; characteristic/specific feature
sajnál <ige> **1.** *(szán)* pity (**vkit** sy); be✣/feel✣ sorry (**vkit** for sy): *Mindannyian sajnáltunk.* We all pitied you. **2.** *(bán)* regret (**vmit** sg); be✣/feel✣ sorry (**vmit** about sg): *Sajnálja, hogy goromba volt Maryvel.* He regrets that he was rude to Mary. ∗ *Sajnálja, hogy elvesztette az esernyőjét.* He was sorry that he'd lost his umbrella. ∗ *Sajnálom, hogy elkéstél.* I'm sorry that you were late.
sajnálat <fn> **1.** *(szánalom)* pity **2.** *(bánkódás)* regret: *legnagyobb sajnálatomra* much to my regret
sajnos <hsz> unfortunately; sadly: *Sajnos egyáltalán nem lehet benne megbízni.* Unfortunately she is not to be trusted at all. ∗ *Sajnos nem tudtak eljönni.* Sadly, they couldn't come.
sajt <fn> cheese: *egy darab/szelet sajt* a piece/slice of cheese
sajtó <fn> the press <+ esz/tsz ige>: *a sajtónak dolgozik* work for the press ∗ *a sajtó útján* through the press ∗ *A sajtót nem engedték be a kormányülésre.* The press wasn't/weren't allowed to go into the cabinet meeting.
sajtóhiba <fn> misprint
sajtókonferencia <fn> press conference
sajtol <ige> press; squeeze
sajtószabadság <fn> freedom of the press
sajtótájékoztató <fn> press conference
sakk <fn> **1.** *(játék)* chess **2.** *(állás)* check: *sakkban van (király a sakktáblán)* be in check ∗ *sakkot ad vkinek* give check to sy
sakkfigura <fn> chessman (tsz: chessmen); *(chess)* piece
sakkjátszma <fn> game of chess
sakkozik <ige> play (a game of) chess
sakktábla <fn> chessboard
sál <fn> scarf (tsz: scarves v. scarfs)

saláta <fn> **1.** *(étel)* salad: *Halat vacsorázunk salátával.* We are having fish with salad for dinner. **2.** *(növény)* lettuce
salátaöntet <fn> (salad) dressing
sampon <fn> shampoo
sánta <mn> lame; limping
sántikál <ige> limp; walk with a limp
♦ **vmiben/vmi rosszban sántikál** be✣ up to sg
sántít <ige> limp; walk with a limp
sápadt <mn> pale; wan; pallid
sapka <fn> cap: *Vedd fel a sapkádat!* Put your cap on.
sár <fn> mud: *Tiszta sár.* He is covered in mud.
¹sárga <mn> yellow: *A tojásnak sárga a közepe.* Eggs have a yellow centre.
²sárga <fn> **1.** yellow: *élénk sárga* bright yellow **2.** *(jelzőlámpán)* amber; AmE yellow **3.** *(tojássárgája)* (egg) yolk
sárgabarack <fn> apricot
sárgadinnye <fn> honeydew (melon); cantaloup(e)
sárgarépa <fn> carrot: *A sárgarépa és a krumpli zöldségek.* Carrots and potatoes are vegetables.
sárgaréz <fn> brass
sárgarigó <fn> golden oriole
sárgás <mn> yellowish; yellowy
sárgaság <fn> jaundice
sárhányó <fn> mudguard; AmE fender
sarj <fn> **1.** *(növényé)* shoot; sprout **2.** vál *(leszármazott)* offspring; descendant
sarjad <ige> shoot✣; sprout; bud
sark <fn> földr pole
sarkall <ige> stimulate (**vkit vmire** sy to do sg); encourage (**vkit vmire** sy to do sg); spur (**vkit vmire** sy on to sg)
sarkantyú <fn> spur
sárkány <fn> **1.** *(mesebeli)* dragon **2.** *(játék)* kite: *sárkányt ereget* fly a kite **3.** biz, pej *(zsémbes nő)* dragon
sárkányrepülő <fn> hang-glider
sarkkör <fn> polar circle
sarkvidék <fn> polar region; *(északi)* Arctic region; *(déli)* Antarctic region
sarló <fn> sickle
sarok <fn> **1.** *(testrész)* heel: *A jobb sarkamon van egy seb.* I have a wound on my right heel. **2.** *(cipőn)* heel **3.** *(felületé, téré)* corner: *árnyékos*

sarok a shadowy corner * *A szék a szoba sarkában áll.* The chair is in the corner of the room. **4.** (*utcáé*) corner: *a sarkon túl* round the corner * *Az iskola a sarkon van.* The school is on the corner of the street. **5.** el pole: *negatív/pozitív sarok* negative/positive pole
♦ **vkinek a sarkában van** biz be* hard/hot on sy's heels
sáros <mn> muddy
sas <fn> eagle
sás <fn> sedge
sáska <fn> locust
sátán <fn> Satan
sátor <fn> tent: *sátrat ver/állít fel* put up a tent
sátoroz(ik) <ige> camp
satu <fn> vice; AmE vise
sav <fn> acid
sáv <fn> **1.** (*felületen*) stripe; streak; band: *A magyar zászlón piros, fehér és zöld sávok láthatók.* The Hungarian flag has bands of red, white and green. **2.** (*forgalmi*) lane: *külső/középső/belső sáv* inside/middle/outside lane * *sávot vált* change lanes **3.** el (*hullámsáv*) waveband
savanyú <mn> **1.** (*íz*) sour; tart; acid: *A citrom savanyú.* The lemon is sour. * *Kóstold meg ezt a tejet és mondd meg, hogy savanyú-e!* Taste this milk and tell me whether it is sour. **2.** (*savanyított*) pickled **3.** (*kedvetlen*) sour; wry; bitter: *savanyú képet vág* make a wry face
savanyúság <fn> pickle
savas <mn> kém acid: *a savas esőzések hatása az erdőkre* the effects of acid rain on the forests
se <ksz> **1.** nor; neither; not either: *Nem ehet halat, és én se.* He can't eat fish, nor can I. * *Ő nem szeret futni, és én se.* She doesn't like running and neither do I. * *ő se ment* she didn't go either **2.** (*páros használatban*) neither...nor...; not either...or...: *Ma se Susan, se én nem mentünk iskolába.* Neither Susan nor I went to school today. * *Nem mondott se igent, se nemet.* She didn't say either yes or no.
seavaj <fn> shea butter
seb <fn> wound: *bekötözi a sebeket* bandage wounds * *nyílt seb* open wound
sebes <mn> (*gyors*) fast; quick; rapid; swift; speedy
sebesség <fn> **1.** speed: *a megengedett legnagyobb sebesség* the maximum speed * *nagy/kis sebesség* high/low speed * *legnagyobb sebességgel* at full/top speed * *nagyon kis sebességgel megy* travel at a very low speed **2.** műsz velocity **3.** (*tempó*) rate; pace: *veszélyes sebességgel hajt* drive at a dangerous rate **4.** (*fokozat*) gear: *sebességet vált* change gear * *második sebességre vált* change into second gear * *Első/Második sebességben van.* He is in first/second gear.
sebességkorlátozás <fn> speed limit
sebességmérő <fn> speedometer
sebességváltó <fn> **1.** (*szerkezet*) gearbox: *ötfokozatú/-sebességes sebességváltó* five-speed gearbox **2.** (*kar*) gear lever; gear stick
sebesülés <fn> wound; injury
sebesült <fn> **a sebesültek** the wounded; the injured
sebész <fn> surgeon: *A sebész megoperálja a gyomromat.* The surgeon will operate on my stomach. * *Egy sebésznek jó szeme kell, hogy legyen.* A surgeon needs a good eye.
sebészet <fn> **1.** (*tudomány*) surgery: *plasztikai sebészet* plastic surgery **2.** (*osztály*) surgical department; surgery
sebészeti <mn> surgical
sebezhető <mn> **1.** vulnerable **2.** (*érzékeny*) vulnerable; sensitive: *Az a sebezhető pontja.* That is his vulnerable spot.
sebhely <fn> scar: *A jobb füle alatt van egy sebhely.* He has a scar under his right ear.
sebtapasz <fn> (sticking) plaster; AmE Band-Aid: *Ragassz egy sebtapaszt a sebedre!* Put a plaster on your cut.
segéd <fn> assistant
segédeszköz <fn> aid: *A szótár segédeszköz a nyelvtanulásban.* The dictionary is an aid to learning languages.
segédige <fn> nyelvt auxiliary verb
segédmunkás <fn> unskilled worker; hand
segély <fn> **1.** (*segítség*) aid; help **2.** (*anyagi támogatás*) grant; financial support; (*rendszeres*) allowance; benefit: *gyermekgondozási segély* child benefit * *anyasági segély* maternity benefit * *A kormány minden tanulót segélyben részesít.* The government gives a grant to every student. **3.** (*vmely országnak*) relief
segélyakció <fn> fundraising campaign
segélyhívó telefon <mn> emergency telephone
segélykiáltás <fn> call/cry for help
segélyszervezet <fn> relief organization
segg <fn> vulg arse; AmE ass
♦ **segget nyal** vulg (*hízeleg*) kiss sy's arse
seggfej <fn> vulg arsehole; AmE asshole
segít <ige> **1.** help (**vkinek vmiben** sy with sg // sy (to) do sg); assist (**vkinek vmiben** sy in doing sg // sy to do sg): *Segítent a bátyjának a házi feladatnál.* She helped his brother with his homework. * *Légy szíves, segíts felemelni ezt a széket!* Please help me to lift this chair! * *Szabad segítenem?* May I help you? **2.** (*használ*) help: *Ez nem sokat segít.* That doesn't help much. * *Ez a gyógyszer majd segít.* This medicine will

help. **3.** *(támogat)* support; aid: *A vakokat segítette.* He aided the blind.
segítőkész <mn> helpful; willing
segítő(társ) <fn> helper
segítség <fn> **1.** help; aid; assistance; *(támogatás)* support: *vki segítségével* with the help of sy * *A gyermekőrző komoly segítség számára.* The baby-sitter is a great help to her. * *Segítség! Hívják a rendőrséget!* Help! Call the police! * *Köszönöm a családod segítségét!* Thank you for your family's support. **2.** *(segítő)* help; *(bejárónő stb.)* home help: *Nincs semmi segítsége. (háztartásban stb.)* She hasn't got a help. **3.** *(eszköz)* help; aid: *vminek a segítségével* with the help/aid of sg * *bot segítségével jár* walk with the aid of a stick
sehogy <hsz> in no way; by no means
sehol <hsz> nowhere; not anywhere: *Ez Afrikában található, sehol máshol.* It is found in Africa, and nowhere else. * *Sehol sem találjuk a könyvünket.* We can't find our book anywhere.
sehova <hsz> nowhere; not anywhere: *„Hova mész ma este?" „Különösebben sehova."* 'Where are you going tonight?' 'Nowhere special.' * *Sehova máshova nem lehet ezt rakni.* There is nowhere else to put it. * *Sehova nem mentünk.* We didn't go anywhere.
¹sejt <ige> suspect: *Sejtette, hogy a barátjának fáj a feje.* She suspected that her friend had a headache. * *Nem sejtett semmit.* He didn't suspect anything.
²sejt <fn> cell
sekély <mn> shallow
sekélyes <mn> pej shallow
sekrestye <fn> vestry; sacristy
sekrestyés <fn> sacristan
selejt <fn> *(áru, termék)* (manufacturer's) reject
selejtez <ige> *(vmit)* sort sg out; weed sg out
sellő <fn> mermaid
selyem <fn> silk: *selyemből készült* made of silk * *áttetsző selyem* sheer silk
selyemhernyó <fn> silkworm
selyempapír <fn> tissue (paper): *A selyempapírt főleg csomagolásra használjuk.* Tissue is mainly used for wrapping things.
selymes <mn> silky
selypít <ige> lisp
sem <ksz> **1.** neither; nor; not…either: *Ő nem szeret futni, és én sem.* She doesn't like running and neither do I. * *Nem ehet halat, és én sem.* He can't eat fish, nor can I. * *Nem szeretem a mézet, és a diót sem.* I don't like honey and I don't like nuts either. **2.** *(páros használatban)* neither…nor…; not either…or…: *Ma sem Susan, sem én nem mentünk iskolába.* Neither Susan nor I went to school today. * *Sem meleg, sem hideg.* It is neither hot nor cold. * *Nem mondott sem igent, sem nemet.* She didn't say either yes or no.
semerre <hsz> **1.** *(sehova)* nowhere **2.** *(sehol)* nowhere
semleges <mn> **1.** *(pártatlan)* neutral; impartial: *egy teljesen semleges szervezet* a strictly neutral organization **2.** *(politikailag)* neutral **3.** *(közömbös)* indifferent
semlegesnem <fn> nyelvt neuter
semlegesnemű <mn> nyelvt neuter
semlegesség <fn> neutrality
¹semmi <ált névm> nothing; no; none; *(tagadásban)* anything; not…any: *Semmi nincs a hűtőben.* There is nothing in the fridge. * *nincs semmije* have nothing at all * *A doboz üres – nem maradt semmi cukor.* The box is empty – there is no sugar left. * *Nincs nálam semmi pénz.* I don't have any money with me.
²semmi <fn> **1.** *(teniszben)* love: *negyven semmi* forty-love **2.** *(űr)* space

♦ **semmibe vesz vkit/vmit** ignore/disregard sy/sg ♦ **Nem tesz semmit!** biz Never mind. / It doesn't matter.
semmiféle <ált névm> no; not…any: *Semmiféle bajra nem számít.* She's not anticipating any trouble. * *Nincs nála semmiféle személyazonosító igazolvány.* She hasn't got any identification.
semmiképp(en) <hsz> by no means; in no way
semmikor <hsz> never
semmilyen <ált névm> no; not…any: *Semmilyen könyvhöz ne nyúljatok!* Don't touch any of the books at all.
semmirekellő <fn> biz good-for-nothing
semmis <mn> jog (null and) void: *semmisnek nyilvánít vmit* declare sg (null and) void
semmiség <fn> (a mere) nothing; trifle: *Ez csak egy kis semmiség.* It's a mere trifle.
semmitmondó <mn> meaningless; empty: *semmitmondó frázisok* empty phrases
senki <ált névm> nobody; no one; none: *Senki sincs a konyhában.* There is nobody in the kitchen. * *Senki más nem tudott meglátogatni.* Nobody else could come to visit me. * *Senki nincs a múzeumban.* There is no one in the museum.
seprű <fn> broom
serdülőkor <fn> puberty; adolescence
sereg <fn> **1.** kat army **2.** *(madár)* flock
seregély <fn> starling
serleg <fn> **1.** *(díj)* cup: *Nyert egy serleget futásban.* He won a cup for running. **2.** *(ivóedény)* goblet

serpenyő <fn> frying pan; AmE skillet
sért <ige> **1.** *(testileg)* hurt✧ **2.** *(érzelmileg)* insult; offend; hurt✧: *Mélyen sértve érzi magát.* She feels deeply insulted. **3.** *(érzékszervet)* jar; hurt✧: *Az élénk színek sértették a szemet.* The harsh colours jarred the eye. **4.** *(jogot, törvényt)* violate; break✧
sertés <fn> **1.** pig **2.** *(hús)* pork
sértés <fn> *(becsületbeli)* insult; affront; offence; AmE offense
sertéshús <fn> pork
sértetlen <mn> **1.** *(testileg)* unharmed; unhurt; uninjured **2.** átv intact
sértő <mn> offensive; insulting
sértődékeny <mn> touchy; be✧ easily offended
sérülés <fn> **1.** *(személyi)* injury: *súlyos sérülés* severe injury * *belső sérülések* internal injuries * *Könnyebb sérüléseket szenvedett.* He had minor injuries. **2.** *(tárgyé)* damage
¹sérült <mn> **1.** *(személy)* injured: *a sérült gyermek* the injured child **2.** *(tárgy)* damaged
²sérült <fn> **a sérültek** the injured
sérv <fn> hernia (tsz: hernias v. herniae)
séta <fn> walk; stroll: *sétát tesz* take a walk * *ötperces séta* a five-minute walk
sétál <ige> walk; stroll; take✧ a walk: *Sétálj velem a buszmegállóig!* Walk with me to the bus stop.
sétálóutca <fn> pedestrian precinct; AmE pedestrian mall
sétáltat <ige> take✧ (out) for a walk; *(állatot)* walk: *sétáltatja a kutyát* walk the dog
show <fn> show
sí <fn> **1.** *(síléc)* ski: *új sí* a new pair of skis **2.** *(sízés)* skiing
síbot <fn> ski pole; ski stick
síel <ige> ski: *síelni megy* go skiing * *Egyáltalán nem tud síelni.* He can't ski at all.
síelés <fn> skiing: *a síelés fő szezonja* the main season for skiing * *Nem engedhetjük meg magunknak a síelést idén.* We can't afford to go skiing this year.
siet <ige> **1.** hurry; *(nem ér rá)* be✧ in a hurry **2.** *(gyorsan megy)* fly✧; hurry: *Későre jár, sietnünk kell.* It is getting late, we must fly. * *Tovább siettünk.* We hurried onwards. **3.** *(gyorsan csinál)* hurry; hasten: *siet vmit megtenni* hasten to do sg **4.** *(óra)* gain; be✧ fast: *Az órám három percet sietett.* My watch gained three minutes. * *Az órám biztosan siet.* My watch must be fast.
sietős <mn> *(sürgős)* urgent
sietség <fn> hurry; haste
sífelvonó <fn> ski lift
sífutás <fn> cross-country skiing

¹sík <mn> **1.** *(egyenletes)* even: *sík felület* even surface **2.** *(vízszintes)* level **3.** *(lapos)* flat **4.** *(sima)* smooth
²sík <fn> mat plane
sikál <ige> scrub: *tisztára sikálja a padlót* scrub the floor clean
siker <fn> success: *nagy sikert ér el* achieve great success * *a siker kulcsa/záloga/titka* the key to success * *nagy sikere van* be a great success
sikeres <mn> successful: *sikeres üzletember* a successful businessman * *sikeres a pályafutása* have a successful career * *sikeres vmiben* be successful in (doing) sg
sikerkönyv <fn> bestseller
sikertelen <mn> unsuccessful: *sikertelen kísérlet a megegyezésre* an unsuccessful attempt to reach agreement
sikerül <ige> succeed (**vmi** in (doing) sg); manage (**vmit tenni** to do sg): *Sikerült a tervem!* My plan succeeded. * *Sikerült rávennie, hogy menjen el.* She succeeded in persuading him to go away. * *Sikerült pontosan megérkeznünk.* We managed to arrive on time.
sikít <ige> scream; shriek
sikkaszt <ige> embezzle
sikkasztás <fn> embezzlement
siklik <ige> glide; slide✧; slip
sikló <fn> **1.** *(állat)* grass snake **2.** *(jármű)* funicular (railway); cable car
sikolt <ige> scream; shriek
sikoly <fn> scream; shriek
síkos <mn> slippery: *Állítólag a síkos út járult hozzá a balesethez.* The slippery road was said to have contributed to the accident.
síkság <fn> plain; lowland
síléc <fn> ski: *új síléc* a new pair of skis
sílift <fn> ski lift
sima <mn> **1.** *(felület stb.)* smooth; *(egyenletes)* even: *sima bőr* smooth skin * *sima felület* even surface **2.** *(egyszerű)* simple; plain
simogat <ige> stroke; caress
sín <fn> **1.** *(járműé)* track; rail: *vasúti sínek* railroad tracks **2.** orv splint
sintér <fn> dogcatcher
síoktató <fn> skiing instructor
síp <fn> **1.** whistle: *belefúj a sípjába* blow one's whistle **2.** *(orgonáé)* pipe: *Az orgonának sok sípja van.* An organ has many pipes.
sípálya <fn> ski run/slope
sípcsont <fn> shinbone; orv tibia (tsz: tibiae)
sípol <ige> blow✧ one's whistle; whistle
sípszó <fn> whistle
¹sír <ige> cry; weep✧; be✧ in tears; *(zokogva)* sob: *Álomba sírta magát.* She was crying herself to sleep. * *Ő olyan gyerek, aki mindig sír.*

He is the kind of child who is always crying. * *örömében sír* weep for/with joy

²**sír** <fn> grave; *(sírbolt)* tomb
♦ **fél lábbal a sírban van** have✶ one foot in the grave ♦ **forog a sírjában** turn in one's grave ♦ **saját sírját ássa** dig✶ one's own grave

sirály <fn> (sea)gull

siránkozik <ige> lament (**vmi miatt/felett** for/over sg)

sírás <fn> crying

sírásó <fn> gravedigger

sirat <ige> mourn (**vkit** (for) sy)

sírbolt <fn> vault; tomb; *(templomi)* crypt: *családi sírbolt* family vault

sírkő <fn> headstone; gravestone; tombstone

síruha <fn> ski suit

sisak <fn> helmet

sítalp <fn> ski

síugrás <fn> ski jump

síugró <fn> ski jumper

sivár <mn> **1.** *(kietlen)* bleak; desolate; barren: *sivár táj* a bleak landscape **2.** *(élet)* dreary

sivatag <fn> desert

sivít <ige> screech; scream

sízés <fn> skiing

sízik <ige> ski

síző <fn> skier

skála <fn> **1.** zene is scale **2.** *(beosztás)* scale: *A hőmérő skálája –20 foktól +40 fokig terjed.* The scale of the thermometer ranges from –20 to +40 degrees centigrade. * *A földrengés a Richter-skálán 4,5-öt mutatott.* The earthquake measured 4.5 on the Richter scale.

¹**skandináv** <mn> Scandinavian: *skandináv nyelvek* Scandinavian languages

²**skandináv** <fn> *(személy)* Scandinavian

Skandinávia <fn> Scandinavia

¹**skarlát** <fn> *(szín)* scarlet

²**skarlát** <fn> *(betegség)* scarlet fever

skatulya <fn> box

Skócia <fn> Scotland

→ Lásd a Tartalomjegyzékben a Tematikus rajzokat!

Skorpió <fn> asztrol Scorpio

skorpió <fn> scorpion

¹**skót** <mn> Scottish; Scots; *(szövet, whisky stb.)* Scotch: *skót akcentus* a Scots accent * *skót nemzeti viselet* Scottish national dress * *a skót felvidék* the Scottish Highlands * *régi/ősi skót család* an old Scots family * *híres skót költő* a well-known Scots poet

²**skót** <fn> **1.** *(személy)* Scot; *(férfi)* Scotsman (tsz: Scotsmen); *(nő)* Scotswoman (tsz: Scotswomen): *a skótok* the Scots **2.** *(nyelvjárás)* Scots

sláger <fn> **1.** *(zenei)* hit **2.** *(áru stb.)* hit

slicc <fn> *(nadrágon)* fly: *A slicce le volt húzódva.* His fly was undone.

slusszkulcs <fn> ignition key

smink <fn> make-up: *főltegy egy kis sminket* put on some make-up * *smink nélkül(i)* without make-up

sminkel <ige> **1.** make✶ up **2.** *(vkit)* make✶ sy up

SMS [= rövidüzenet-szolgáltatás] **1.** SMS (= short message service) **2.** *(üzenet)* text (message); SMS

snowboard <fn> snowboard

só <fn> salt: *Tégy hozzá egy csipetnyi sót!* Add a pinch of salt.

¹**sodor** <ige> **1.** *(csavar)* twist; twine **2.** *(cigarettát, tésztát)* roll

²**sodor** <fn> *(folyóé)* current
♦ **kijön a sodrából** lose✶ one's temper

sodrás <fn> *(folyóé)* current

sodródik <ige> **1.** *(vízben)* drift: *A csónak lefelé sodródott a folyón.* The boat drifted down the river. **2.** *(vmibe keveredik)* get✶ involved with/in sg

sodrófa <fn> rolling pin

sofőr <fn> driver: *A sofőr villogtatott nekünk.* The driver flashed his lights at us.

sógor <fn> brother-in-law (tsz: brothers-in-law)

sógornő <fn> sister-in-law (tsz: sisters-in-law)

soha <hsz> never: *Soha nem kel korán.* He never gets up early. * *Soha többé nem csinálom ezt.* I will never do that again. * *soha az életben* never in one's life

sóhaj <fn> sigh: *megkönnyebbült sóhaj* a sigh of relief

sóhajt <ige> sigh: *elégedetten/megkönnyebbüléssel sóhajt* sigh with satisfaction/relief * *nagyot sóhajt* sigh deeply

sóhajtás <fn> sigh

sohase(m) <hsz> never: *Azelőtt sohasem láttam ezt a filmet.* I have never seen this film before.

sok <tőszn> many; much; a lot of; lots of; a large number of; plenty of: *Sok barátod van?* Do you have many friends? * *Sokan szavaztak rá.* Many voted for him. * *túl sok édességet eszik* eat too many sweet things * *Sokat el kell még végezni.* Much remains to be done. * *sok alma* a lot of apples * *sok pénze van* have a lot of money * *sok ember* many people; lots of people
♦ **sokra tart vkit** have✶ a high opinion of sy

sokall <ige> find✶ sg too much; *(árat)* find✶ sg too high: *Sokallja a munkát.* He finds the work too much.

sokaság <fn> *(tömeg)* crowd
sokfelé <hsz> **1.** *(irányba)* in many directions **2.** *(helyen)* in many/different places
sokféle <mn> many kinds of; all sorts of; of all kinds <csak hátravetve>
sokféleség <fn> diversity
sokk <fn> **1.** *(megrázkódtatás)* shock **2.** orv shock: *Az ütközés után sokkot kapott.* He was suffering from shock after the crash.
sokoldalú <mn> *(tudásban, érdeklődésben)* versatile; all-round; many-sided
sokrétű <mn> **1.** *(összetett)* complex **2.** *(sokoldalú)* versatile; many-sided
sokszínű <mn> colourful; AmE colorful
sokszor <hsz> often; many times; frequently: *Sokszor ebédelünk csirkét.* We often have chicken for lunch.
sokszoros <mn> multiple
sokszorosít <ige> **1.** duplicate; copy **2.** *(fénymásol)* photocopy; xerox
sokszög <fn> polygon
sólyom <fn> falcon
sonka <fn> ham
sor <fn> **1.** *(emberekből, tárgyakból)* row; line: *emberek hosszú sora* a long line of people **2.** *(várakozóké)* queue; AmE line: *sorban áll* stand in a queue/line ∗ *beáll a sorba* join the queue ∗ *előretolakszik a sorban* jump the queue **3.** *(ülőhelyeké)* row: *Próbálj meg az első sorban helyet foglalni!* Try to sit down in the first/front row. **4.** *(szövegé)* line: *elolvassa az utolsó sort* read the last line **5.** *(sors)* fate **6.** *(sorozat)* series: *események hosszú sora* a long series of events **7.** mat progression: *számtani sor* arithmetic progression
♦ **a sorok között olvas** read✥ between the lines ♦ **alacsony sorból küzdi fel magát** rise✥ from the ranks; come✥ up from/through the rank
sorakozik <ige> line up
sorház <fn> terraced house; AmE row house
sorkatona <fn> conscript; soldier
sorköz <fn> spacing; space: *egyes/kettős sorköz* single/double spacing
sorol <ige> **1.** rank (**vkit vhova** sy among/with sy): *a legjobbak közé sorolja a növendéket* rank the pupil with the best **2.** rank (**vmit vhova** sg among sg); count (**vmit vhova** sg among sg) **3.** *(felsorol)* list
sorompó <fn> barrier; gate
sorozás <fn> conscription; AmE draft
sorozat <fn> **1.** series (tsz: series) **2.** *(dolgok egymásutánja)* sequence; succession **3.** *(tévében, rádióban)* series (tsz: series): *tízrészes sorozat* a ten-part series **4.** *(kiadványoké)* series (tsz: series) **5.** *(tárgyaké)* set

sorrend <fn> order; sequence: *fontossági sorrendben* in order of importance
sors <fn> destiny; fate
♦ **sorsára hagy vkit** leave✥ sy to his/her fate
sorscsapás <fn> calamity
sorsdöntő <mn> **1.** decisive; crucial **2.** *(esemény)* historic: *sorsdöntő találkozó* a historic meeting
sorsjáték <fn> lottery
sorsjegy <fn> lottery ticket
sorszám <fn> number
sorszámnév <fn> nyelvt ordinal number
sort <fn> shorts <tsz>
sós <mn> salty; salted: *sós víz* salt water
sósav <fn> hydrochloric acid
sóska <fn> sorrel
sószóró <fn> salt cellar; AmE saltshaker
sovány <mn> **1.** *(ember, állat)* thin; lean; skinny: *Sovány vagy – többet kellene enned!* You are thin – you should eat more. ∗ *sovány ember* a lean man **2.** *(hús)* lean: *sovány hús* lean meat **3.** *(tej)* low-fat; *(lefölözött)* skimmed **4.** *(fizetés)* meagre; AmE meager
soviniszta <fn> pej chauvinist
sovinizmus <fn> pej chauvinism
sóz <ige> salt
sózott <mn> salted
söpör <ige> sweep✥: *a szemetet egy kupacba söpri* sweep the dust into a pile
söprögető <fn> sp biz sweeper
sör <fn> beer: *egy pohár sör* a glass of beer
söralátét <fn> beer mat
sörény <fn> mane
sörét <fn> shot
sörfőzde <fn> brewery
sörkert <fn> beer garden
sörnyitó <fn> bottle opener
söröshordó <fn> beer barrel
söröspohár <fn> beer glass
sörösüveg <fn> beer bottle
söröző <fn> pub
sőt <ksz> even; besides; moreover: *Nem kiabált – sőt nem is sírt.* He didn't shout – he didn't even cry.
¹**sötét** <mn> **1.** *(fény nélküli)* dark: *sötét, dohos szoba* a dark, fusty room **2.** *(színben)* dark: *sötét bőr* dark skin **3.** *(komor)* dark; gloomy: *a sötét oldaláról nézi a dolgokat* see the dark side of things ∗ *sötét gondolatok* gloomy thoughts **4.** biz *(gyanús, kétes)* dark; shady: *sötét szándék* dark purpose ∗ *sötét ügy* shady business **5.** biz *(buta)* dull; thick
²**sötét** <fn> **1.** the dark; darkness: *A macska szeme világít a sötétben.* Cat's eyes shine in the dark. **2.** *(sakkban)* black

sötétedés <fn> dusk; twilight; nightfall
sötétedik <ige> get*/grow* dark: *Egyre jobban sötétedik.* It is growing darker and darker.
sötétkamra <fn> *(fotózásban)* darkroom
sötétség <fn> darkness; dark: *sötétségben* in the dark
sövény <fn> hedge
spagetti <fn> spaghetti
spájz <fn> pantry
spaletta <fn> shutter
¹spanyol <mn> Spanish
²spanyol <fn> **1.** *(személy)* Spaniard **2.** *(nyelv)* Spanish
Spanyolország <fn> Spain
¹spárga <fn> **1.** *(madzag)* string; cord **2.** *(balettban)* the splits <tsz>: *spárgát csinál* do the splits
²spárga <fn> *(növény)* asparagus
speciális <mn> special: *speciális szerszám/felszerelés* a special tool/equipment
specialista <fn> **1.** specialist **2.** *(szakorvos)* specialist; consultant
specialitás <fn> *(termék)* speciality; BrE specialty: *Ez a süti az ő specialitása.* This cake is her speciality.
specializálódik <ige> specialize; BrE specialise
spekuláció <fn> **1.** *(találgatás)* speculation **2.** gazd speculation
spekulál <ige> **1.** *(találgat)* speculate **2.** gazd speculate
spenót <fn> spinach
sperma <fn> biol sperm
spermabank <fn> sperm bank
spicces <mn> tipsy
spirál <fn> **1.** spiral **2.** orv *(fogamzásgátló)* intrauterine device; IUD; biz coil
spirálvágó <fn> *(konyhai eszköz)* spiralizer
spontán <mn> spontaneous
spóra <fn> növ spore
spórol <ige> save (up) (**vmire** for sg): *Spórolunk, hogy vehessünk egy új házat.* We are saving (money) to be able to buy a new house. * *Új kocsira spórolunk.* We are saving (up) for a new car.
sport <fn> **1.** *(sportolás)* sport; sports <tsz>: *Jó a sportban.* He is good at sports. **2.** *(sportág)* sport: *Mindenfajta sportot nagyon szeret.* He is keen on sport of all kinds. * *téli/vízi sportok* winter/aquatic sports * *Kedvenc sportom a vitorlázás.* My favourite sport is sailing.
sportág <fn> sport: *Az úszás és a vízilabda a kedvenc sportágaim.* Swimming and water polo are my favourite sports.
sportcsarnok <fn> sports hall
sportegyesület <fn> (sports) club

sporteszköz <fn> sports equipment
sportkocsi <fn> **1.** *(gépkocsi)* sports car **2.** *(babakocsi)* pushchair; AmE stroller
sportoló <fn> athlete; *(férfi)* sportsman (tsz: sportsmen); *(nő)* sportswoman (tsz: sportswomen)
sportos <mn> sporty
sportpálya <fn> sports ground/field
sportszerű <mn> sportsmanlike; fair: *sportszerűen* in a sportsmanlike way
sportszerűtlen <mn> unfair: *sportszerűtlen játék* unfair play
sportverseny <fn> match; contest; race; tournament; competition
spray <fn> spray: *rovarirtó spray* insect spray
spriccel <ige> spurt; squirt; spray: *Vér spriccelt a sebből.* Blood spurted from the wound.
squash <fn> sp squash
srác <fn> biz kid
stáb <fn> *(filmé stb.)* crew; staff
stabil <mn> stable; steady
stabilizáció <fn> stabilization
stabilizál <ige> stabilize; BrE stabilise
stabilizálódik <ige> stabilize; BrE stabilise
stadion <fn> stadium (tsz: stadiums v. stadia): *Óriás tv-kivetítőket helyeztek el a stadion két végén.* Large TV screens were positioned at either end of the stadium.
stádium <fn> **1.** *(fokozat)* stage; phase: *átmeneti/közbülső stádium* intermediate stage **2.** *(állapot)* state
stagnál <ige> vál stagnate
standard <fn> standard
start <fn> start: *A futók a startnál gyülekeznek.* The runners are gathering at the start.
startol <ige> start
statiszta <fn> film extra
statisztika <fn> **1.** *(tudományág)* statistics <esz> **2.** *(adatok)* statistics <tsz>
statisztikai <mn> statistical: *statisztikai adatok* statistical data; statistics
stb. [= s a többi] etc. (= (latin) et cetera = and so on)
stég <fn> landing stage; jetty
steril <mn> **1.** *(csíramentes)* sterile **2.** *(terméketlen)* sterile
sterilizál <ige> **1.** *(csírátlanít)* sterilize; BrE sterilise **2.** orv *(embert, állatot)* sterilize; BrE sterilise
steward <fn> steward; flight attendant
stewardess <fn> stewardess; flight attendant; air hostess
stiláris <mn> stylistic: *stiláris különbségek ezen írások között* stylistic differences between these writings
stilisztika <fn> stylistics <esz>

stílus <fn> 1. style: *tanítási stílus* teaching style 2. *(nyelvi)* style; language 3. *(művészeti)* style; manner: *különféle építészeti stílusok* different styles of architecture
stop <msz> stop; halt
stopper(óra) <fn> stopwatch
¹**stoppol** <ige> *(ruhát)* darn; mend
²**stoppol** <ige> *(autót)* hitch; thumb a lift
stoptábla <fn> stop sign
strand <fn> *(mesterséges)* open-air swimming pool; *(természetes)* beach: *a strandon tölti a napot* spend the day at the beach
strandcipő <fn> *(műanyag)* jelly shoe
strapabíró <mn> heavy-duty; hard-wearing
stratégia <fn> strategy: *vmi csökkentésére irányuló stratégia* a strategy to reduce sg ∗ *sikeres nyelvtanulási stratégiák* succesful language-learning strategies
stréber <fn> pej swot
stressz <fn> stress: *Fejfájását stressz okozza.* Her headache is caused by stress.
strófa <fn> stanza
strucc <fn> ostrich
strucctojás <fn> ostrich egg
strucctoll <fn> ostrich feather
struktúra <fn> structure
strukturális <mn> structural: *strukturális változtatások* structural alterations
stúdió <fn> 1. *(tévében, rádióban)* studio 2. *(zenei)* studio
súg <ige> 1. whisper (**vmit vkinek** sg to sy) 2. *(iskolában, színházban)* prompt
sugall <ige> suggest (**vmit vkinek** sg to sy)
sugár <fn> 1. *(fényé)* ray; beam 2. *(vízé/gőzé)* jet 3. mat radius (tsz: radii v. radiuses) 4. fiz ray
sugárfertőzés <fn> radioactive contamination
sugárhajtású repülőgép <fn> jet
sugárkezelés <fn> orv radiation therapy/treatment; radiotherapy
sugároz <ige> 1. radiate; beam 2. *(közvetít)* transmit; broadcast✢: *élőben sugároz* broadcast live
sugárszennyezés <fn> radioactive contamination
sugárvédelem <fn> radiation protection
sugárzás <fn> radiation: *kozmikus sugárzás* cosmic radiation
sugárzik <ige> 1. *(anyag)* radiate 2. *(érzéstől)* glow; beam: *Arca sugárzott a büszkeségtől.* His face glowed with pride. ∗ *Sugárzott az arca.* Her face beamed.
súgó <fn> 1. szính prompter 2. infor help
sújt <ige> 1. strike✢; hit✢: *Öklével arcába sújtott.* He hit him in the face with his fist. 2. *(betegség, katasztrófa)* afflict
súly <fn> 1. *(mérhető)* weight: *a csomag súlya* the weight of the luggage ∗ *A kisbaba súlya három kiló.* The baby's weight is 3 kilos. ∗ *tiszta/nettó súly* net weight 2. *(méréshez)* weight: *kétkilós súly* a two-kilo(gram) weight 3. *(súlylökésben)* shot; *(súlyemelésben)* weight: *súlyt emel, hogy növelje izmait* lift weights to develop muscles 4. *(jelentőség)* importance; weight: *nagy súlyt helyez vmire* attach great importance to sg ∗ *Véleményének súlya van.* His opinion carries weight.
súlycsoport <fn> weight division
súlyemelés <fn> sp weightlifting
súlyemelő <fn> sp weightlifter
súlylökés <fn> sp shot put
súlylökő <fn> sp shot putter
súlyos <mn> 1. *(súlyra)* heavy; weighty 2. *(komoly, nagymértékű)* heavy; acute; bad✢; severe; serious: *Súlyos orvoshiány van.* There is an acute shortage of doctors. ∗ *súlyos sérülés* severe injury ∗ *súlyos baleset* a serious/bad accident ∗ *súlyos betegség* a serious illness
súlytalan <mn> weightless
súlytalanság <fn> weightlessness
súlyzó <fn> dumbbell; weight: *súlyzókat emel, hogy növelje izmait* lift weights to develop muscles
sunyi <mn> pej shifty; sly
súrlódás <fn> 1. *(nézeteltérés)* disagreement; friction 2. fiz friction
súrol <ige> 1. scrub; *(edényt)* scour sg (out); clean: *a padlót tisztára súrolja* scrub the floor clean 2. *(érint)* graze: *A golyó (épp csak) súrolta a karját.* The bullet grazed his arm.
súrolókefe <fn> scrubbing brush; AmE scrub brush
surran <ige> slip; slide✢; scuttle
suszter <fn> shoemaker; cobbler
suttog <ige> whisper
sügér <fn> perch
¹**süket** <mn> deaf: *fél fülére süket* deaf in one ear
²**süket** <fn> deaf person: *a süketek* the deaf
¹**süketnéma** <mn> deaf-mute
²**süketnéma** <fn> deaf-mute
sül <ige> *(tésztaféle)* bake; *(húsféle)* roast; brown; *(olajban, zsírban)* fry: *sül a kenyér* the bread is baking
sült <fn> roast; *(csontos)* joint
süllyed <ige> 1. *(lesüllyed)* sink✢ 2. *(vízi jármű)* sink✢: *Süllyed a hajó.* The ship is sinking. ∗ *A Titanic a tenger fenekére süllyedt.* Titanic sank to the bottom of the sea. 3. *(hőmérséklet stb.)* fall✢; drop: *A hőmérséklet le fog süllyedni mínusz 3 fokra.* The temperature will drop to minus 3.
sün <fn> hedgehog
sündisznó <fn> hedgehog

süpped <ige> sink✻; subside
sürgés-forgás <fn> (hustle and) bustle
sürget <ige> hurry; push; rush: *Az (édes)anyja sürgeti, hogy menjen férjhez hozzá.* Her mother is pushing her to marry him.
sürgős <mn> urgent: *sürgős levél* an urgent letter
sűrítmény <fn> concentrate
¹**sűrű** <mn> **1.** thick; dense: *Ez egy szép sűrű erdő.* This is a fine thick forest. ✻ *Sűrű haja van.* Her hair is thick. ✻ *sűrű köd* dense fog **2.** *(gyakori)* frequent
²**sűrű** <fn> thicket
sűrűség <fn> **1.** thickness; denseness **2.** fiz is density
sűrűsödik <ige> thicken; become✻ thick
süt <ige> **1.** *(tésztafélét)* bake; *(húsfélét)* roast; *(olajban, zsírban)* fry; *(roston)* grill: *almás pitét süt* bake apple pie ✻ *kenyeret süt* bake bread ✻ *Sütöttem egy kis disznóhúst vacsorára.* I roasted some pork for dinner. **2.** *(égitest)* shine✻: *Süt a nap.* The sun is shining.

sütemény <fn> cake; pastry: *cukorral meghintett sütemény* cake dusted with sugar ✻ *Kérsz egy süteményt?* Would you like a piece of cake? ✻ *A születésnapjára kétfajta süteményt készítettem.* I made two kinds of pastry for his birthday.
sütő <fn> oven: *Tedd be a csirkét a sütőbe!* Put the chicken into the oven.
sütőforma <fn> cake tin
sütőpor <fn> baking powder
süvít <ige> *(szél)* howl; whistle; *(lövedék stb.)* whistle; whizz; AmE whiz: *Egy golyó süvített el a fejem mellett.* A bullet whistled past my head.
Svájc <fn> Switzerland
¹**svájci** <mn> Swiss
²**svájci** <fn> Swiss: *a svájciak* the Swiss
¹**svéd** <mn> Swedish
²**svéd** <fn> **1.** *(személy)* Swede **2.** *(nyelv)* Swedish
svédasztal <fn> buffet lunch/meal
Svédország <fn> Sweden

Sz, sz

szab <ige> **1.** *(ruhát)* tailor; cut✢ **2.** *(meghatároz)* set✢: *határidőt szab* set a deadline

¹szabad <mn> **1.** *(független)* free; independent **2.** *(nincs fogságban)* free **3.** *(nem korlátozott)* free: *szabad választások* free elections **4.** *(nem foglalt)* free; unoccupied; vacant: *Ez a hely szabad.* This seat is free. ✽ *Szabad ez az asztal?* Is this table free? **5.** *(nyitott)* open: *szabad ég alatt* in the open air

²szabad <fn> **1. a szabadban** outside; outdoors; in the open (air): *A gyerekek a szabadban játszanak.* The children are playing out in the open. **2. a szabadba** outside; outdoors; into the open

³szabad <ige> can✢; could; may✢; be✢ permitted; be✢ allowed: *Szabad bejönnöm?* Can/May I come in? ✽ *Szabad segítenem?* May I help you? ✽ *Itt nem szabad dohányozni.* Smoking isn't allowed/permitted here.

szabadalmaz <ige> patent
szabadalom <fn> patent
szabadfogású birkózás <fn> freestyle wrestling
szabadidő <fn> free time; spare time: *kevés a szabadideje* have little free time ✽ *Szabadidejét a családjának szenteli.* He devotes his spare time to his family.
szabadidőruha <fn> leisure wear
szabadjegy <fn> free pass; free ticket
szabadkőműves <fn> Freemason; Mason
szabadlábra <hsz> **szabadlábra helyez** set✢ sy free; release
szabadnap <fn> day off
szabadrúgás <fn> sp free kick
szabadság <fn> **1.** *(állapot)* liberty; freedom **2.** *(pihenőidő)* leave; holiday; AmE vacation: *fizetett/fizetetlen szabadság* paid/unpaid leave ✽ *szülési szabadság* maternity leave ✽ *szabadságra megy* go on holiday/vacation
szabadságharc <fn> war of independence
szabadságvesztés <fn> imprisonment
szabadtéri <mn> open-air: *szabadtéri színpad* open-air theatre
szabadul <ige> **1.** *(börtönből)* be✢ released; be✢ set free; be✢ freed **2.** get✢ rid of (**vkitől/vmitől** sy/sg)
szabadúszó <fn> freelance: *szabadúszó fotós* a freelance photographer
szabály <fn> rule; law: *megszegi/betartja a szabályokat* break/obey the rules

szabályos <mn> **1.** *(előírásos)* standard; normal; proper **2.** *(alak, elrendezés stb.)* regular; symmetrical: *szabályos fogak* regular teeth
szabályoz <ige> **1.** *(intézkedéssel)* regulate; control **2.** *(szerkezetet)* control; adjust; set✢ **3.** *(folyóvizet)* control; regulate
szabályozó <fn> *(szerkezet)* regulator; controller
szabálysértés <fn> contravention; offence; AmE offense: *szabálysértést követ el* commit an offence
szabályszerű <mn> regular; normal
szabálytalan <mn> irregular; abnormal
szabálytalankodik <ige> sp foul
szabálytalanság <fn> sp foul
szabályzat <fn> rules <tsz>; regulations <tsz>
szabás <fn> cut: *a nadrág szabása* the cut of the trousers
szabásminta <fn> pattern
szabó <fn> tailor
szabotál <ige> sabotage
szabotázs <fn> sabotage
szabvány <fn> standard; norm
¹szadista <mn> sadistic
²szadista <fn> sadist
szafari <fn> safari
szaft <fn> dripping; juice
szag <fn> **1.** smell; odour; AmE odor: *émelyítő szag* sickly smell **2.** *(illatszeré, virágé)* scent
szaggat <ige> **1.** tear✢ sg to pieces **2.** *(pogácsát stb.)* cut✢ sg (out)
szaggatott <mn> broken: *szaggatott vonal* a broken line
szaglás <fn> (sense of) smell; *(állaté)* nose; scent
szaglász(ik) <ige> **1.** *(szimatol)* sniff; scent **2.** biz, pej *(kutat)* nose about/around (**vhol** swhere); snoop about/around (**vhol** sg)
szaglószerv <fn> organ of smell
szagol <ige> smell✢
szagtalan <mn> odourless; AmE odorless
száguld <ige> speed; race; fly✢
száj <fn> **1.** *(emberé)* mouth **2.** *(állaté)* mouth; muzzle **3.** *(nyílás)* mouth; opening: *barlang szája* the mouth of a cave
szájfény <fn> lip gloss
szájharmonika <fn> harmonica; mouth organ
szájíz <fn> taste (in the mouth): *keserű szájízt hagy* leave a bad taste in one's mouth
szájkontúrceruza <fn> lip liner

szájkosár <fn> muzzle
szájpadlás <fn> palate
szájüreg <fn> mouth cavity
szájvíz <fn> mouthwash
szak <fn> **1.** *(képesítés)* profession **2.** *(egyetemen stb.)* subject **3.** *(időé)* period; age; era
szakács <fn> cook
szakácskönyv <fn> cookbook; cookery book
szakácsnő <fn> cook
szakad <ige> **1.** *(ruha)* tear❋; rip **2.** *(eső)* pour; pelt (down): *Szakad az eső.* It's pelting down (with rain).
szakadás <fn> *(ruhán stb.)* tear; rip
szakadatlan <mn> unceasing; ceaseless; endless
szakadék <fn> **1.** precipice; chasm; vál abyss **2.** *(ellentét)* gap; gulf
szakadt <mn> **1.** *(elszakadt)* torn **2.** *(rongyos)* shabby; ragged
szakáll <fn> beard
szakállas <mn> bearded
szakasz <fn> **1.** *(úté, pályáé)* section **2.** *(rész)* part **3.** *(könyvben stb.)* passage; paragraph **4.** jog article; section; clause **5.** *(időbeli)* stage; phase; period: *az utazás utolsó szakasza* the last stage of the journey **6.** *(vasúti fülke)* compartment **7.** *(katonai)* platoon
szakavatott <mn> expert
szakdolgozat <fn> thesis (tsz: theses); dissertation
szakember <fn> expert; specialist
szakértelem <fn> expertise
¹**szakértő** <mn> expert
²**szakértő** <fn> expert; authority; specialist: *jogi szakértő* legal expert
szakirodalom <fn> literature; *(jegyzék)* bibliography
szakismeret <fn> expertise
szakít <ige> **1.** *(részekre)* tear❋; rip **2.** *(vmivel)* break❋ with sg **3.** *(kapcsolatban)* break❋ up (**vkivel** with sy)
szakképzetlen <mn> unskilled
szakképzett <mn> skilled: *szakképzett munkaerő* skilled labour
szakkifejezés <fn> term: *orvosi szakkifejezés* medical term
szakközépiskola <fn> vocational school; trade school
szakma <fn> **1.** trade; profession **2.** *(pálya)* career
szakmunkás <fn> skilled worker
szakmunkásképző <fn> vocational school; trade school
szaknyelv <fn> terminology
szakorvos <fn> specialist
szakosodik <ige> specialize (**vmire** in sg); BrE specialise (**vmire** in sg)
szakszervezet <fn> (trade) union

szakterület <fn> (special) field; speciality; AmE specialty
szaktudás <fn> expertise
szakvélemény <fn> (expert) opinion
szál <fn> **1.** *(hajé, szőré)* strand **2.** *(fonal)* thread **3.** *(rost)* fibre; AmE fiber
szalad <ige> run❋: *Nem fogjuk elérni a vonatot, hacsak nem szaladunk.* We won't catch the train unless we run.
szalag <fn> **1.** *(díszítésre, kötözésre)* ribbon; band: *A hosszú hajadat fogd össze ezzel a szalaggal!* Tie your long hair back with this ribbon. **2.** *(kazettában)* tape **3.** *(futószalag)* conveyor (belt); production line **4.** orv ligament
szalámi <fn> salami
szálka <fn> **1.** *(fáé)* splinter: *Szálka ment az ujjába.* She has got a splinter in her finger. **2.** *(halé)* bone: *Ebben a halban rengeteg a szálka.* This fish has a lot of bones in it.
száll <ige> **1.** *(repül)* fly❋: *nagyon alacsonyan száll* be flying very low **2.** *(járműre)* take❋; *(beszáll)* get❋ on sg: *buszra száll* take a bus ❋ *Azt hiszem rossz buszra szálltunk.* I think we got on the wrong bus.
szállás <fn> accommodation: *megfelelő szállást talál* find suitable accommodation
szállít <ige> **1.** transport; carry: *Az árut repülővel szállítják.* The goods will by transported by air. ❋ *Sárga villamosok szállítják az embereket a térre.* Yellow trams carry you to the square. **2.** *(kézbesít)* deliver
szállítás <fn> **1.** transport; AmE transportation: *közúti szállítás* road transport **2.** *(kézbesítés)* delivery; shipping; shipment: *azonnali szállítás* prompt delivery ❋ *szállításkor fizet az áruért* pay for goods on delivery
szállítmány <fn> **1.** consignment; shipment **2.** *(rakomány)* cargo; freight
szállítmányozó <fn> shipper; carrier
szállító <fn> **1.** carrier **2.** *(rendszeresen ellátó)* supplier
szállítóeszköz <fn> means of transportation
szálloda <fn> hotel: *négycsillagos szálloda* a four-star hotel
szállodaipar <fn> hotel and catering trade
szállóige <fn> saying
szalma <fn> straw
szalmakalap <fn> straw hat
szalmaözvegy <fn> *(nő)* grass widow; *(férfi)* grass widower
szalmaszál <fn> straw: *Van egy szalmaszál a hajadban.* There is a straw in your hair.
szalmonella <fn> salmonella
szalon <fn> **1.** *(szoba)* drawing room **2.** *(üzlet)* salon; parlour; AmE parlor: *kozmetikai szalon* beauty salon/parlor

szalonképes <mn> presentable
szalonna <fn> bacon: *füstölt szalonna* smoked bacon ∗ *Tipikus angol reggelit ettünk: sült szalonnát tojással, pirítóst és teát.* We had a typical English breakfast – bacon and eggs, toast, and tea.
szaltó <fn> somersault
szalvéta <fn> napkin
szám <fn> **1.** number **2.** *(számjegy)* number; figure; numeral: *páratlan szám* odd number ∗ *páros szám* even number ∗ *arab szám* Arabic numeral ∗ *római szám* Roman numeral **3.** *(megjelölés)* number **4.** *(telefonszám)* number: *rossz számot tárcsáz* dial the wrong number **5.** *(méret)* size: *két számmal nagyobb* two sizes larger **6.** *(műsorszám)* item; number **7.** *(sporteseményen)* event **8.** *(CD-n, kazettán)* track **9.** *(folyóiraté, újságé)* number; copy; issue: *a múlt heti szám* last week's issue **10.** nyelvt number
számadás <fn> account
szamár <fn> **1.** *(állat)* donkey **2.** *(ostoba személy)* ass; fool; idiot
számára <nu> for sy/sg: *könyv németül tanulók számára* a book for learners of German ∗ *számomra* for me ∗ *Ez az étel nem elegendő mindannyiunk számára.* This food is not enough for all of us. ∗ *Ez a kis asztal a legjobb hely a tévé számára.* This small table is the best place for the television.
számít <ige> **1.** count; calculate; reckon **2.** *(felszámít)* charge **3.** *(sorol)* count (**vkit/vmit vkik/vmik közé** sy/sg among sy/sg) **4.** depend on (**vmire/vkire** sg/sy); rely on (**vmire/vkire** sg/sy); count on (**vkire** sy): *Mindig számíthatsz rám!* You can always count on me. **5.** *(vár)* expect: *Mire számítasz?* What do you expect? **6.** *(fontos)* count; matter: *Nem számít a véleménye.* His opinion doesn't count. ∗ *Nem számít, hogy elkésett.* It doesn't matter that he was late.
számítástechnika <fn> computer science; information technology
számítógép <fn> computer: *személyi számítógép* personal computer

> → Lásd a Tartalomjegyzékben a Tematikus rajzokat!

számjegy <fn> figure; digit
számla <fn> **1.** gazd bill; invoice; *(éttermi)* bill; AmE check: *kéri a számlát* ask for the bill ∗ *rendezi a számlát* settle the bill **2.** *(pénztári blokk)* receipt; AmE sales slip **3.** *(folyószámla)* account: *számlát nyit* open an account ∗ *számlát megterhel* charge an account
számlakivonat <fn> statement (of account)
számlap <fn> dial; face
számlaszám <fn> account number
számlatulajdonos <fn> account holder
számnév <fn> numeral
szamóca <fn> (wild) strawberry
számol <ige> **1.** count **2.** *(tekintetbe vesz)* reckon with (**vkivel/vmivel** sy/sg); take✢ sy/sg into consideration **3.** *(vmiért)* account for sg; give✢ an account of sg
számológép <fn> calculator
számos <htl szn> numerous; many
számoz <ige> number
számozás <fn> numbering
számszerű <mn> numerical
számtalan <htl szn> countless; innumerable
számtan <fn> arithmetic
száműz <ige> exile (**vhonnan** from swhere); banish (**vhonnan** from swhere); send✢ sy into exile: *száműzik az országból* be banished from the country
száműzetés <fn> exile: *száműzetésbe vonul* go into exile
száműzött <fn> exile
számvevőszék <fn> audit office
számzár <fn> combination lock
¹**szán** <ige> **1.** *(sajnál)* pity; be✢/feel✢ sorry for sy/sg **2.** mean✢ (**vmit vkinek** sg for sy); intend (**vmit vkinek** sg for sy): *Ezt neked szántam.* I intended it for you.
²**szán** <fn> sledge; AmE sled; *(lovas)* sleigh
szánalmas <mn> miserable; pathetic; sorry; poor; pitiful: *szánalmas látvány* a sorry sight
szánalom <fn> pity: *szánalmat érez vki iránt* feel pity for sy
szanatórium <fn> sanatorium (tsz: sanatoriums v. sanatoria); AmE sanitarium (tsz: sanitariums v. sanitaria)
szandál <fn> sandal: *egy új szandál* a new pair of sandals
szándék <fn> intention; purpose; intent: *Azzal a szándékkal mentem oda, hogy elmondjam az igazat.* I went there with the purpose of telling the truth.
szándékos <mn> intentional; deliberate
szándékozik <ige> intend (**vmit tenni** to do sg); plan (**vmit tenni** to do sg); aim (**vmit tenni** to do sg): *Jövőre németet szándékozom tanulni.* I intend to learn German next year. ∗ *Jövőre külföldre szándékozik menni.* She aims to go abroad next year.
szánkó <fn> sledge; AmE sled
szánkózik <ige> sledge: *szánkózni megy* go sledging
szánt <ige> plough; AmE plow
szaporodik <ige> **1.** *(élőlény)* propagate; reproduce **2.** *(mennyiségileg)* increase; grow✢

szappan <fn> soap: *egy darab szappan* a bar of soap * *szappannal és vízzel megmos vmit* wash sg with soap and water

szappanopera <fn> soap opera

szappantartó <fn> soap holder

szar <fn> vulg **1.** *(ürülék)* shit; crap; muck **2.** átv shit; crap; muck

szár <fn> **1.** *(növényé)* stem; stalk **2.** *(nadrágé)* leg: *Találtam egy nagy lyukat a nadrágom szárán.* I found a big hole in the leg of my trousers. **3.** *(csizmáé)* leg

szárad <ige> dry: *kiakasztja a kimosott ruhát száradni* hang the washing out to dry

száraz <mn> **1.** *(nedvesség nélküli)* dry **2.** *(csapadéktalan)* dry **3.** *(kiszáradt)* dry **4.** *(nem édes)* dry: *A száraz vörösbort szeretem.* I like dry red wine. **5.** *(unalmas)* dry; dull; flat

szárazföld <fn> land; continent: *egy hosszú hajóút után szárazföldre érkezik* arrive on land after a long boat journey

szárazság <fn> *(aszály)* drought

szardínia <fn> sardine

szárít <ige> dry; *(hajszárítóval)* blow-dry

szarka <fn> magpie

származás <fn> **1.** *(személyé)* descent; origin **2.** *(dologé, fogalomé stb.)* origin

származik <ige> **1.** *(születése szerint)* come✣ from sg **2.** *(ered vmiből)* derive from sg; spring✣ from sg; come✣ from sg **3.** *(nyelvi elem)* derive from sg **4.** *(időben)* date back to sg; date from sg: *A híd a XVIII. századból származik.* The bridge dates back to the 18th century. **5.** *(következik)* result: *Sok baj származott ebből.* Much harm resulted from this.

szárny <fn> **1.** *(madáré stb.)* wing: *A madár kiterjesztette a szárnyait.* The bird spread its wings. **2.** *(repülőgépé)* wing **3.** pol wing **4.** *(épületé)* wing; annexe; AmE annex: *a palota keleti szárnya* the east wing of the palace **5.** *(csapaté, csoporté)* wing

♦ *szárnya alá vesz vkit* take✣ sy under one's wing

szárnyas <fn> **1.** *(élő)* poultry <tsz> **2.** *(étel)* poultry <esz>

szárnyashajó <fn> hydrofoil

szaru <fn> horn

szaruhártya <fn> orv cornea

szarv <fn> *(állaté)* horn

szarvas <fn> deer (tsz: deer)

szarvashús <fn> venison

szarvasmarha <fn> cattle <tsz>

¹**szász** <mn> Saxon

²**szász** <fn> Saxon: *a szászok* the Saxons

szatíra <fn> satire

szatirikus <mn> satirical

szatyor <fn> carrier bag; carrier; shopping bag

szauna <fn> sauna

szaval <ige> recite poetry; read✣ poetry

szavatol <ige> **1.** *(szavatosságot vállal)* guarantee **2.** *(felelősséget vállal vmiért/vkiért)* answer for sg/sy; vouch for sg/sy

szavaz <ige> vote (**vkire/vmire** // **vki/vmi ellen** for sy/sg // against sy/sg): *A konzervatív jelöltre szavaztunk.* We voted for the conservative candidate.

szavazás <fn> vote: *titkos szavazás* secret vote * *szavazást tart* take a vote

szavazat <fn> vote: *leadja a szavazatát vkire* give one's vote for sy

szavazó <fn> voter

szavazócédula <fn> ballot; ballot paper: *számlálja a szavazócédulákat* count the ballots

szavazófülke <fn> polling booth

szavazóhelyiség <fn> polling station

szavazólap <fn> ballot; ballot paper

szavazóurna <fn> ballot box

szaxofon <fn> saxophone

¹**száz** <tőszn> hundred

²**száz** <fn> hundred

¹**század** <törtszn> hundredth

²**század** <fn> century: *a huszadik század* the twentieth century

³**század** <fn> kat company

századforduló <fn> turn of the century

századik <sorszn> hundredth

százados <fn> captain

századrész <fn> hundredth (part)

százalék <fn> per cent; percentage; AmE per cent: *száz százalék* a hundred per cent * *a népesség 90 százaléka* 90 per cent of the population

¹**százas** <mn> *(százas számú)* number one hundred: *a százas szoba* room number 100

²**százas** <fn> *(szám)* hundred

százezer <tőszn> a/one hundred thousand

százlábú <fn> centipede

százszor <hsz> a hundred times

százszoros <mn> hundredfold

százszorszép <fn> daisy

szed <ige> **1.** *(gyűjt)* gather; collect; *(gyümölcsöt, virágot stb.)* pick: *virágot szed* pick flowers **2.** biz help oneself **3.** *(fizetnivalót)* collect **4.** biz *(szerez)* get✣ **5.** *(bevesz)* take✣: *kábítószert szed* take drugs

szeder <fn> blackberry

szédül <ige> be✣/feel✣ dizzy; be✣/feel✣ giddy

szédületes <mn> stunning; staggering

széf <fn> safe

szeg <fn> nail: *szöget ver be a falba* drive a nail into the wall

♦ *fején találja a szöget* hit✣ the nail on the head

szegély <fn> 1. border; edge 2. *(ruhaneműn)* hem 3. *(járdáé)* kerb; AmE curb

¹szegény <fn> 1. *(anyagilag)* poor; needy: *Ez a család csakugyan szegény.* This family is really poor. 2. *(szerencsétlen)* poor: *Te szegény teremtés!* You poor thing!

²szegény <fn> **a szegények** the poor

szegénység <fn> poverty

szegez <ige> nail (**vmihez** on/to sg)

szegfű <fn> carnation

szegfűszeg <fn> clove

szeglet <fn> corner: *emberek a világ minden szegletéből* people from all the corners of the world

szegy <fn> brisket

szegycsont <fn> breastbone

szégyell <ige> be✢/feel✢ ashamed (**vmit** of (doing) sg): *szégyelli magát* be ashamed of oneself

szégyen <fn> 1. shame: *szégyent hoz vkire* bring shame on sy ✱ *elpirul szégyenében* blush with shame 2. *(szégyenteljes dolog)* disgrace; shame: *Micsoda szégyen!* What a shame!

szégyenkezik <ige> be✢/feel✢ ashamed (**vmi miatt** of sg)

szégyenletes <mn> shameful; disgraceful

szégyenlős <mn> shy; bashful: *szégyenlős kislány* a shy girl

szégyentelen <mn> shameless; impudent

szék <fn> chair; *(támla nélküli)* stool; *(ülés)* seat: *a szék karfája* the arm of the chair ✱ *A szék a szoba sarkában áll.* The chair is in the corner of the room.

♦ **két szék közt a pad alá esik** fall✢ between two stools

szekció <fn> section

szekér <fn> wag(g)on; cart

székesegyház <fn> cathedral

székház <fn> headquarters (tsz: headquarters) <+ esz/tsz ige>

székhely <fn> 1. seat; base; head office; headquarters (tsz: headquarters): *A cég székhelye Budapesten található.* The company's base is in Budapest. ✱ *a vállalat székhelye* the head office of the company 2. *(megyéé)* county town

széklet <fn> stool; faeces <tsz>; AmE feces <tsz>

székrekedés <fn> constipation

szekrény <fn> 1. *(ruhás)* wardrobe; AmE closet: *beépített szekrény* built-in wardrobe 2. *(fali)* cupboard: *A tányérokat tedd a szekrénybe!* Put the plates into the cupboard. 3. *(öltözőszekrény)* locker

szekta <fn> ált pej *(egyháztól, felekezettől elszakadt)* sect

szel <ige> slice; cut✢; *(húst)* carve

¹szél <fn> 1. *(légmozgás)* wind; *(gyenge)* breeze; *(erős tengeri)* gale: *keleti szél* an easterly wind ✱ *Fúj a szél.* The wind is blowing. 2. *(belekben)* wind; flatulence; AmE gas

♦ **tudja, honnan fúj a szél** know✢ which way the wind blows

²szél <fn> 1. *(tárgyé, területé)* edge; verge: *az asztal széle* the edge of the table ✱ *egy kis ház a falu szélén* a small house on the edge of the village 2. *(városé)* fringe; the outskirts <tsz> 3. *(kalapé, poháré)* brim; *(edényé, poháré)* rim

szélcsend <fn> calm

széldzseki <fn> windbreaker

szelep <fn> valve

szeles <mn> windy: *Holnap lehet, hogy szeles idő lesz.* It could be windy tomorrow.

széles <mn> 1. *(térben)* wide; broad: *Ez az út 4 méter széles.* This road is 4 metres wide. ✱ *széles utca* a broad street ✱ *széles vállak* broad shoulders 2. *(létszámban, mennyiségben stb.)* wide; broad: *szőnyegek széles választéka* a wide selection of carpets

szélesség <fn> 1. *(kiterjedés)* width; breadth 2. *(földrajzi)* latitude

szelet <fn> slice; piece: *egy szelet kenyér/hús* a slice of bread/meat ✱ *Levágott két szeletet a kenyérből.* She cut two slices from the loaf. ✱ *egy szelet sajt* a piece of cheese

szelfi <fn> selfie

szelfibot <fn> selfie stick

szélhámos <fn> fraud; swindler; trickster; con man (tsz: con men)

szelíd <mn> 1. *(ember)* gentle; meek; mild: *szelíd ember* a mild man 2. *(állat)* tame; domesticated 3. *(kellemesen ható)* mild; soft; gentle

szélkakas <fn> weather vane; *(kakas alakú)* weathercock

szellem <fn> 1. *(kísértet)* spirit; ghost 2. *(elme)* mind; intellect 3. *(személy)* genius; mind; brain 4. *(felfogás)* spirit; mentality; attitude: *vminek a szellemében* in the spirit of sg 5. *(szellemesség)* wit: *csupa szellem* full of wit

szellemes <mn> witty

szellemesség <fn> wit

szellemi <mn> mental; intellectual; spiritual: *szellemi fogyatékosság* mental deficiency ✱ *szellemi képességek* mental faculties ✱ *szellemi fejlődés* spiritual development

szellemvasút <fn> ghost train

szellő <fn> breeze

széllökés <fn> gust (of wind); blast of wind

szellős <mn> 1. *(helyiség)* airy 2. *(ruházat)* airy

szellőztet <ige> air; ventilate

szélmalom <fn> windmill

szélső <fn> sp winger

szélsőbaloldali <mn> extreme/far left

szélsőjobboldali <mn> extreme/far right
szélsőség <fn> extreme; extremity
szélsőséges <mn> extreme; extremist: *szélsőséges nézeteket vall* hold extreme views/opinions
szélütés <fn> stroke
szélvédő <fn> windscreen; AmE windshield
szelvény <fn> 1. *(ellenőrző)* counterfoil; AmE stub 2. *(totó-, lottószelvény)* ticket 3. műsz section; profile 4. áll *(gyűrűsféregé, ízeltlábúé)* segment
szélvihar <fn> gale
szem <fn> 1. *(látószerv)* eye: *Csukd be a szemed!* Close your eyes. * *Zöld a szeme.* She has green eyes. 2. *(gabonáé)* grain 3. *(kötött, horgolt)* stitch 4. *(lánc)* link 5. *(homok)* grain (of sand); *(por)* speck (of dust)
♦ **van szeme vmihez** have* an eye for sg ♦ **mindenki szeme láttára** publicly ♦ **szemet huny vmi felett** turn a blind eye to sg; close/shut* one's eyes to sg ♦ **vkinek a szeme elé kerül** come* before sy ♦ **szem elől téveszt vkit/vmit** lose* sight of sy/sg ♦ **szemmel tart vkit/vmit** keep* an eye on sy/sg ♦ **nyitva tartja a szemét** keep* an eye open ♦ **szemet szemért** an eye for an eye; tit for tat ♦ **szemet szúr vkinek** catch* one's eye ♦ **szeme fénye** apple of sy's eye
szembeállít <ige> 1. *(vkit vkivel ellenségesen)* set* sy against sy 2. *(összehasonlít)* contrast (**vmit vmivel** sg with sg); compare (**vmit vmivel** sg with sg); set* sg against sg
szembekerül <ige> 1. find* oneself face to face (**vkivel** with sy) 2. *(ellentétbe kerül)* come* into conflict (**vkivel** with sy) 3. *(vmivel)* encounter; come* up against sg: *nehézségekkel kerül szembe* encounter difficulties
¹**szemben** <hsz> opposite: *A házunk épp a bolttal szemben van.* Our house is just opposite the shop.
²**szemben** <nu> 1. *(térben)* opposite; facing; in front of sg 2. *(vkivel kapcsolatban)* with respect/regard to sy; towards sy 3. *(ellentétben vmivel)* contrary to sg; in contrast to sg; as opposed to sg: *anyám félelmeivel szemben...* contrary to my mother's fears...
szembenállás <fn> opposition
szembenéz <ige> face: *szembenéz a valósággal* face reality
szembesít <ige> 1. confront (**vkit vkivel** sy with sy) 2. *(vkit vmivel)* confront sy with sg
szemceruza <fn> eyeliner
szemcse <fn> grain; granule; speck
szemcsepp <fn> eye drops <tsz>
személy <fn> 1. *(ember)* person (tsz: people); *(egyén)* individual: *eltűnt személy* missing person * *személyenként és naponként* per person per day * *70 euróba kerül két személy részére.* It costs €70 for two people. 2. nyelvt person: *első személyben* in the first person * *egyes szám első személy* first person singular
személyautó <fn> car
személyazonosság <fn> identity: *személyazonosságát igazolja* prove one's identity
személyes <mn> personal; *(egyéni)* individual: *személyes vonzereje* her personal magnetism * *személyes szabadság* personal/individual freedom/liberty
személygépkocsi <fn> car
személyi <mn> personal; private; individual: *személyi biztonság* personal safety
személyiség <fn> personality: *erős személyiség* a strong personality
személyzet <fn> 1. *(vállalaté, szervezeté)* personnel <tsz>; staff <+ esz/tsz ige>: *műszaki személyzet* technical personnel 2. *(hajóé, repülőgépé)* crew <+ esz/tsz ige>
szeméremsértő <mn> obscene
szemerkél <ige> drizzle: *Egész nap szemerkél.* It's been drizzling all day.
szemérmes <mn> bashful; shy
szemérmetlen <mn> 1. *(nem szemérmes)* shameless; indecent 2. *(arcátlan)* impudent; barefaced; shameless
szemész <fn> ophthalmologist
szemeszter <fn> semester
szemét <fn> 1. *(hulladék)* rubbish; refuse; AmE garbage; *(utcán heverő)* litter 2. *(piszok)* dirt; filth 3. biz, pej *(értéktelen holmi)* junk; trash 4. pej *(ember)* rat; louse (tsz: lice)
szemétdomb <fn> rubbish heap; refuse dump
szemetel <ige> 1. *(piszkít)* scatter rubbish/litter 2. *(eső)* drizzle
szemetes <fn> 1. *(ember)* dustman (tsz: dustmen); AmE garbageman (tsz: garbagemen) 2. *(szemét tárolására)* dustbin; AmE garbage/trash can
szemeteskuka <fn> dustbin; AmE garbage/trash can
szemeteszsák <fn> litterbag
szemétkosár <fn> wastepaper basket; AmE wastebasket
szemétszállítás <fn> refuse collection
szemfesték <fn> eye shadow
szemfog <fn> eyetooth (tsz: eyeteeth); canine (tooth) (tsz: canines v. canine teeth)
szemgolyó <fn> eyeball
szemhéj <fn> (eye)lid
szemhéjfesték <fn> eyeshadow
szeminárium <fn> *(egyetemi)* seminar
szemle <fn> 1. *(ellenőrzés, vizsgálat)* inspection; review; survey 2. *(folyóirat)* review
szemlél <ige> contemplate; watch

szemlélet \<fn> view; attitude; approach
szemléletes \<mn> graphic; clear: *szemléletes leírás* a graphic description
szemléltet \<ige> demonstrate; illustrate: *E grafikon szemlélteti, mire gondolok.* This diagram illustrates what I mean.
szemölcs \<fn> wart
szemöldök \<fn> eyebrow
szempilla \<fn> (eye)lash
szempillafesték \<fn> mascara
szempont \<fn> point of view; viewpoint; angle; aspect: *ebből a szempontból* from this point of view ∗ *sokféle szempontból* from many different angles
szemrehányás \<fn> reproach; reproof
szemszög \<fn> point of view; angle; aspect; standpoint
szemtanú \<fn> (eye)witness: *baleset szemtanúja* a witness to the accident
szemtelen \<mn> impertinent; impudent; insolent
szemtelenség \<fn> impertinence; impudence; insolence
szemüveg \<fn> glasses \<tsz>; AmE eyeglasses \<tsz>; biz specs \<tsz>: *szemüveget hord* wear glasses
szemüvegkeret \<fn> frames \<tsz>
szemüvegtok \<fn> glasses case
szén \<fn> 1. *(fűtőanyag)* coal: *egy darab szén* a lump of coal 2. kém carbon
széna \<fn> hay
szénanátha \<fn> hay fever
szenátor \<fn> senator
szenátus \<fn> senate
szén-dioxid \<fn> carbon dioxide
szendvics \<fn> sandwich: *sonkás szendvics* ham sandwich ∗ *A szendvicsembe paradicsomszeleteket tettem.* I put sliced tomatoes in my sandwich.
szendvicssütő \<fn> sandwich maker

szénhidrát \<fn> carbohydrate
szenilis \<mn> senile
szénsav \<fn> carbonic acid
szénsavas \<mn> carbonated; sparkling; fizzy: *szénsavas ásványvíz* sparkling mineral water
szénsavmentes \<mn> still: *szénsavmentes víz* still water
¹szent \<mn> vall holy; sacred
²szent \<fn> saint: *Szent János* Saint John
szentatya \<fn> vall the Holy Father
szentel \<ige> 1. vall consecrate; dedicate 2. devote (**vmit vkinek/vminek** sg to sy/sg); dedicate (**vmit vkinek/vminek** sg to sy/sg): *Szabadidejét a családjának szenteli.* He devotes his spare time to his family.
szenteltvíz \<fn> holy/consecrated water
szentély \<fn> sanctuary; shrine
szenteste \<fn> Christmas Eve
szentimentális \<mn> sentimental: *szentimentális film* a sentimental film
szentírás \<fn> vall **a Szentírás** the Holy Scripture; the Scriptures \<tsz>; the Bible
szentmise \<fn> (holy) mass
szentségtörés \<fn> sacrilege
szenved \<ige> 1. suffer 2. *(betegségben)* suffer (**vmiben** from sg): *szívelégtelenségben szenved* suffer from heart failure 3. suffer (**vmitől** from sg): *éhségtől szenved* suffer from hunger 4. suffer (**vmit** sg): *vereséget szenved* suffer defeat ∗ *óriási veszteségeket szenved* suffer enormous losses
szenvedély \<fn> 1. *(érzelem)* passion 2. *(kedvtelés)* hobby 3. *(káros)* addiction
szenvedélyes \<mn> 1. *(jellem)* passionate 2. *(vita)* heated
szenvedés \<fn> suffering
szenvedő \<mn> 1. suffering 2. nyelvt passive
szenzáció \<fn> sensation: *a hét szenzációja* the sensation of the week
szenzációs \<mn> sensational

> ⓘ **A szenvedő szerkezet • The passive**
>
> A szenvedő alakot a magyarban ritkán használják. Az angolban viszont rendkívül gyakori és fontos.
>
> Képzése: a '**be**' megfelelő alakja + a '**past participle**' (a 3. szótári alak).
> **Példák:**
> the book **will be sent** *a könyvet el fogják küldeni* ∗ the letter **was written** *a levelet megírták*
>
> Fontos az is, hogy csak tárgyas igék „tehetők" 'passive'-be.
>
> **Példák:**
> The books you ordered **will be sent** to you. *A megrendelt könyveket elküldjük Önnek.* ∗ The gate **is locked** at 8 o'clock every day. *A kaput minden nap 8 órakor bezárják.*
>
> A '**be**' helyett néha a '**get**' „használatos" (azaz: a '**get**'-et használja az angol).
> **Példák:**
> My purse **got lost**. *Elveszett a pénztárcám.* ∗ They **got married** in May. *Májusban házasodtak össze.*

szenny <fn> dirt; filth
¹szennyes <mn> dirty; filthy
²szennyes <fn> laundry
szennyez <ige> *(vizet, levegőt stb.)* pollute; *(vizet)* contaminate: *A gyárak szennyezik a környezetünket.* Factories pollute our environment.
szennyvíz <fn> sewage
szennyvízcsatorna <fn> drainpipe
szept. [= szeptember] Sep.; Sept. (= September)
szép <mn> **1.** beautiful; nice; lovely; *(nő)* beautiful; pretty; attractive; good-looking; *(férfi)* handsome; good-looking: *Egy szép dalt énekelt.* He sang a beautiful song. * *Az egy szép ruha!* That's a nice dress. * *Szép házuk van a hegytetőn.* They have a nice house at the top of the hill. * *gyönyörű szép kislány* a beautiful little girl **2.** *(idő)* fine; nice; lovely: *szép őszi nap* a fine autumn day **3.** *(kedves)* nice: *Szép tőled, hogy eljössz.* It's nice of you to come. **4.** *(jókora, tetemes)* handsome; fair **5.** *(kellemes)* nice: *Szép karácsonyunk volt.* We had a nice Christmas.
szépirodalom <fn> literature
szeplő <fn> freckle
szeplős <mn> freckled; freckly: *szeplős arc* a freckled face
szépség <fn> beauty: *a költészet szépsége* the beauty of poetry
szépségápolás <fn> beauty treatment; beauty care
szépségkirálynő <fn> beauty queen: *a magyar szépségkirálynő* Miss Hungary
szépségverseny <fn> beauty contest
szeptember <fn> September: *szeptemberben* in September
szeptemberi <mn> September; in/of September <csak hátravetve>
szer <fn> **1.** *(vegyszer)* (chemical) agent **2.** *(orvosság)* remedy; medicine; drug **3.** *(tornaszer)* apparatus (tsz: apparatus v. apparatuses)
♦ **szert tesz vmire** get✧ sg; obtain sg; acquire sg
¹szerb <mn> Serbian
²szerb <fn> **1.** *(férfi)* Serb; Serbian **2.** *(nyelv)* Serbian
Szerbia <fn> Serbia
szerda <fn> Wednesday: *múlt szerdán* last Wednesday * *jövő szerdán* next Wednesday * *szerdánként* on Wednesdays
szerdai <mn> Wednesday; of Wednesday <csak hátravetve>
szerecsendió <fn> nutmeg
szerel <ige> **1.** *(javít)* mend; repair; fix **2.** *(összeállít)* assemble; put✧ sg together **3.** sp *(játékost)* tackle

szerelem <fn> **1.** *(vki iránti)* love: *szerelem első látásra* love at first sight **2.** *(személy)* love: *Ki volt az első szerelmed?* Who was your first love? **3.** *(dolog)* love: *A zene a nagy szerelme.* His great love is music.
szerelés <fn> **1.** sp tackle: *Ez egy csodálatos szerelés volt.* That was a wonderful tackle. **2.** biz *(öltözék)* gear
szerelmes <mn> **1. szerelmes lesz vkibe** fall✧ in love with vki **2. szerelmes vkibe** be✧ in love with sy; love sy: *szerelmesek egymásba* they are in love with each other; they love each other
szerelmespár <fn> lovers <tsz>
szerelő <fn> *(mechanikus gépeké, járműveké)* mechanic; *(elektromos készülékeké)* engineer; *(vízszerelő)* plumber; *(villanyszerelő)* electrician
szerencse <fn> luck: *szerencsét hoz* bring luck * *tiszta szerencse* sheer luck
szerencsejáték <fn> game of chance
szerencsés <mn> lucky; fortunate: *szerencsés vmiben* be✧ lucky/fortunate in sg
szerencsétlen <mn> **1.** unlucky; unfortunate **2.** *(sajnálatra méltó)* miserable **3.** *(esemény, dolog)* disastrous; fatal
szerencsétlenség <fn> **1.** *(balszerencse)* misfortune; bad luck **2.** *(baleset)* accident; *(katasztrófa)* disaster; catastrophe: *közúti szerencsétlenség* road accident * *légi szerencsétlenség* air disaster
szerény <mn> **1.** modest; humble **2.** *(félénk, visszahúzódó)* shy; diffident; timid **3.** *(igényeiben)* unassuming; modest **4.** *(egyszerű)* simple; plain
szerep <fn> **1.** role; part: *Rómeó szerepét játszotta.* He played (the part of) Romeo. **2.** *(színész által elmondott szöveg)* part; lines <tsz> **3.** *(feladat, funkció)* role; part; function: *döntő szerepe van vmiben* play a crucial role in sg
szerepel <ige> **1.** *(fellép)* perform; appear; play: *Szerepel a Hamletben.* He is performing in Hamlet. **2.** *(jelen van)* figure; be✧ included; appear: *A telefonszáma nem szerepel a listán.* His phone number doesn't figure in the list.
szereplő <fn> **1.** *(filmben, színdarabban)* cast **2.** *(alak irodalmi műben stb.)* character: *A regényben az összes szereplő kitalált.* The characters in the novel are fictitious.
szereposztás <fn> cast
szeret <ige> **1.** *(szeretettel)* love; like; be✧ fond of sy: *Szereti a gyermekeinket.* He loves our children. **2.** *(szerelemmel)* love: *Szeretlek.* I love you. **3.** *(kedvel)* love; like; be✧ fond of sg: *Szeretem a munkámat.* I love my job. * *Szereti a csokit.* He likes chocolate. **4.** *(vmit tenni)* love doing sg; főleg AmE love to do sg: *Szeret*

szörfözni. He loves surfing. * *Szeretsz futni?* Do you like running?
szeretet <fn> love; affection: *atyai szeretet* paternal love * *Szeretete igen mély.* His love is quite deep.
szeretkezik <ige> make✧ love (**vkivel** to sy)
¹szerető <mn> loving; affectionate: *szerető család* loving family
²szerető <fn> lover; *(nő)* mistress
szerez <ige> **1.** get✧; obtain; acquire: *Manapság nehéz dolog állást szerezni.* It's difficult to get a job nowadays. * *Az információt az internetről szereztem.* I got the information from the Net. **2.** *(eszmei értéket stb.)* gain: *tapasztalatot szerez* gain experience **3.** get✧ (**vkinek vmit** sg for sy); find✧ (**vkinek vmit** sg for sy) **4. barátokat szerez** make✧ friends **5.** *(pontot)* score **6.** *(zenét)* compose
szerint <nu> **1.** *(vminek megfelelően)* according to sg; in accordance with sg: *terv szerint* according to plan * *e könyv szerint* according to this book **2.** *(vmit tekintve)* according to; by: *nagyság szerint* according to size **3. véleménye szerint** in his/her opinion/view
szerkeszt <ige> **1.** *(kiadványt)* edit **2.** *(tervez)* design **3.** *(alakzatot)* construct **4.** *(nyelvileg)* construct: *mondatokat szerkeszt* construct sentences **5.** *(szótárt, lexikont)* compile; make✧
szerkesztő <fn> editor

szerkesztőség <fn> **1.** *(személyzet)* editorial staff **2.** *(iroda)* editorial office
szerkezet <fn> **1.** structure; construction **2.** *(gép)* machine; apparatus **3.** *(óráé stb.)* works <tsz> **4.** *(felépítés)* structure: *az agy szerkezete* the structure of the brain **5.** nyelvt construction; structure **6.** *(irodalmi műé)* structure
szerszám <fn> tool: *kerti szerszámok* garden tools * *hasznos szerszám* a useful tool
szerszámosláda <fn> tool box
szertartás <fn> **1.** ceremony: *esküvői szertartás* marriage ceremony **2.** vall (religious) ceremony; rite; *(istentisztelet)* service: *Vallási szertartás keretében ünnepeltük meg az évfordulót.* We had a religious ceremony to celebrate the anniversary.
szertelen <mn> uncontrolled; unrestrained; unbridled
szertorna <fn> gymnastics on apparatus
szerv <fn> **1.** *(élőlényé)* organ **2.** *(állami stb.)* organ
szerva <fn> sp service
szervál <ige> sp serve
szervátültetés <fn> transplant (operation/surgery): *szervátültetést végez* perform a transplant
szerver <fn> infor server
szerves <mn> **1.** kém organic: *szerves vegyület* organic compound **2.** vál organic

---

The British Isles • *A brit szigetek*

Rebuplic of Ireland	*Ír Köztársaság*
Great Britain	*Nagy-Britannia*
United Kingdom	*Egyesült Királyság*
Constituent areas:	*Országrészek:*
Northern Ireland	*Észak-Írország*
Scotland	*Skócia*
England	*Anglia*
Wales	*Wales*

United Kingdom • *Egyesült Királyság*

Autójele: GB

Form of state: Constitutional Monarchy
Államforma: alkotmányos monarchia

Area: 244 820 km²
Terület: 244 820 km²

Population: 62 million
Népesség: 62 millió fő

Density: 246/km²
Népsűrűség: 246 fő/km²

Capital: London
Főváros: London

Official language: English
Hivatalos nyelv: Angol

Currency: Pound sterling (GBP)
Hivatalos pénznem: Angol font

Legend

- Ireland
- United Kingdom
- England
- Scotland
- Wales
- Northern Ireland

Map Labels

Shetland Islands
Orkney Islands
Hebrides
North Atlantic Ocean
Loch Ness
Scotland
John Lennon
Edinburgh
Glasgow
Northern Ireland
Londonderry
Lough Neagh
Belfast
Isle of Man
Newcastle
Ireland
Irish Sea
Liverpool
Dublin
Manchester
England
Oscar Wilde
Cork
North Sea
William Shakespeare
Wales
Cardiff
Oxford
Cambridge
Thames
London
Dover
Calais
Charles Dickens
Agatha Christie
Celtic Sea
English Channel
France

1052

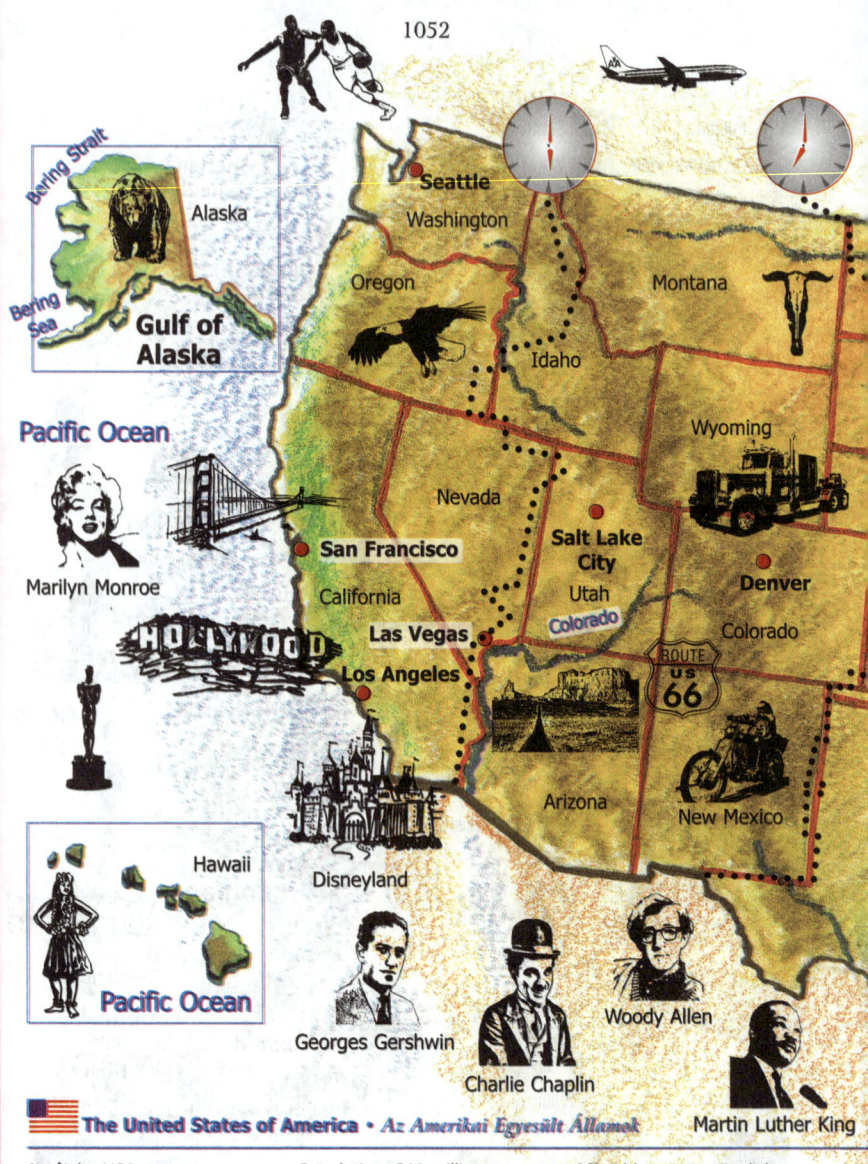

Map labels

- Bering Strait
- Bering Sea
- Alaska
- Gulf of Alaska
- Pacific Ocean
- Seattle — Washington
- Oregon
- Montana
- Idaho
- Wyoming
- Nevada
- Salt Lake City — Utah
- San Francisco
- California
- Colorado
- Las Vegas
- Denver — Colorado
- Los Angeles
- ROUTE US 66
- Arizona
- New Mexico
- Hawaii
- Pacific Ocean
- Disneyland
- HOLLYWOOD
- Marilyn Monroe
- Georges Gershwin
- Charlie Chaplin
- Woody Allen
- Martin Luther King

The United States of America • Az Amerikai Egyesült Államok

Autójele: USA

Form of state: Federal Republic
Államforma: szövetségi köztársaság

Area: 9 631 418 km²
Terület: 9 631 418 km²

Population: 311 million
Népesség: 311 millió fő

Density: 30/km²
Népsűrűség: 30 fő/km²

Capital: Washington, D.C.
Főváros: Washington

Official language: English
Hivatalos nyelv: Angol

Currency: Dollar (USD)
Hivatalos pénznem: dollár

1053

Michael Jackson

Niagara Falls

Maine
North Dakota
Minnesota
Lake Superior
The Great Lakes
Lake Huron
South Dakota
Wisconsin
Michigan
Lake Ontario
New York
VT
NH
MA
Boston
Minneapolis
Detroit
Lake Erie
RI
CT
Lake Michigan
Chicago
Pennsylvania
NJ
New York City
Nebraska
Iowa
Illionis
Ohio
MD
DE
Indiana
West Virginia
Washington D. C.
Kansas City
Missouri
Kentucky
Virginia
Kansas
Mississippi
Tennessee
North Carolina
Oklahoma
Missouri
Arkansas
South Carolina
Dallas
Missisipi
Alabama
Atlanta
Georgia
Houston
Louisiana
Arthur Miller
New Orleans
Florida
Elvis Presley
Gulf of Mexico
Miami
Louis Armstrong
Ernest Hemingway
Edgar Allan Poe
Atlantic Ocean

The Great Lakes	*A Nagy-Tavak*	CT	Connecticut	NH	New Hampshire
Lake Superior	*Felső-tó*	DE	Delaware	NJ	New Jersey
Lake Michigan	*Michigan-tó*	MD	Maryland	RI	Rhode Island
Lake Huron	*Huron-tó*	MA	Massachusetts	VT	Vermont
Lake Erie	*Erie-tó*				
Lake Ontario	*Ontario-tó*				
Niagara Falls	*Niagara vízesés*				

Australia • *Ausztrália*

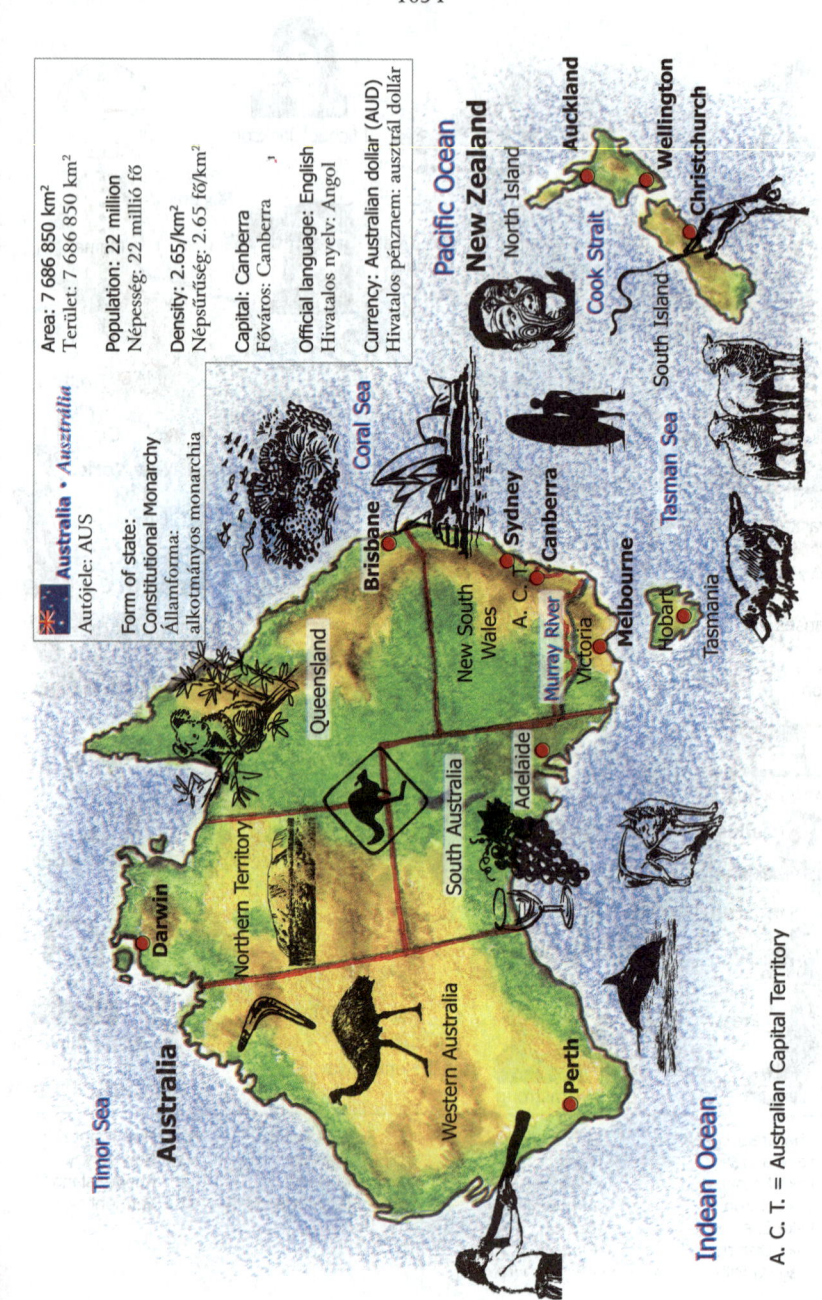

Autójele: AUS

Form of state: Constitutional Monarchy
Államforma: alkotmányos monarchia

Area: 7 686 850 km²
Terület: 7 686 850 km²

Population: 22 million
Népesség: 22 millió fő

Density: 2.65/km²
Népsűrűség: 2.65 fő/km²

Capital: Canberra
Főváros: Canberra

Official language: English
Hivatalos nyelv: Angol

Currency: Australian dollar (AUD)
Hivatalos pénznem: ausztrál dollár

Timor Sea • Australia • Coral Sea • Pacific Ocean • New Zealand • Tasman Sea • Indean Ocean

Darwin • Perth • Adelaide • Brisbane • Sydney • Canberra • Melbourne • Hobart

Northern Territory • Western Australia • South Australia • Queensland • New South Wales • Victoria • Tasmania • A. C. T. • Murray River

North Island • South Island • Cook Strait • Auckland • Wellington • Christchurch

A. C. T. = Australian Capital Territory

szervetlen <mn> kém inorganic: *szervetlen kémia* inorganic chemistry

szervez <ige> organize; arrange; BrE organise: *bulit szervez* organize a party

szervezés <fn> organization; BrE organisation

szervezet <fn> **1.** *(élő)* organism **2.** *(alkat)* constitution **3.** *(csoport)* organization; BrE organisation: *jótékonysági szervezet* charitable organization * *nemzetközi szervezet* an international organization

szervezett <mn> organized: *szervezett bűnözés* organized crime

szervező <fn> organizer; BrE organiser

szervi <mn> organic: *szervi rendellenesség* organic disorder

¹szerviz <fn> *(étkészlet)* service; set

²szerviz <fn> **1.** *(autójavító)* garage **2.** *(karbantartás)* service; servicing: *Már rég esedékes a szerviz.* The car is really overdue for a service.

szerzetes <fn> monk; friar

szerző <fn> **1.** *(írásműé)* author; writer **2.** *(zeneműé)* composer

szerződés <fn> **1.** agreement; contract: *kereskedelmi szerződés* trade agreement * *szerződést köt vkivel* conclude/make an agreement with sy * *szerződést szeg* break an agreement * *határozatlan idejű szerződés* open-ended contract * *szerződést felbont* terminate a contract * *szerződést ír alá vkivel* sign a contract with sy **2.** *(államközi, nemzetközi stb.)* treaty; pact; agreement

szerződik <ige> contract (**vkivel** with sy)

szesz <fn> alcohol; spirit

szeszély <fn> whim

szeszélyes <mn> **1.** whimsical **2.** *(időjárás)* changeable

szétesik <ige> **1.** disintegrate; fall✢ apart; fall✢ to pieces; come✢ to pieces **2.** *(felbomlik)* dissolve; break✢ up

széthull <ige> fall✢ apart; fall✢ to pieces; come✢ to pieces

széthúz <ige> pull sg apart; draw✢ sg apart

szétkerget <ige> scatter; disperse

szétmegy <ige> **1.** *(személyek)* drift apart; split✢ up; separate **2.** *(tárgy)* come✢ apart; fall✢ apart

szétnéz <ige> look round

szétoszlat <ige> disperse; scatter

szétoszlik <ige> **1.** scatter; disperse: *Szétoszlott a tömeg.* The crowd scattered. **2.** *(köd)* lift

szétpukkad <ige> burst✢

szétrág <ige> **1.** chew **2.** *(rozsda)* corrode

szétreped <ige> burst✢; split✢; crack: *Szétrepedt a gumi.* The tyre burst.

szétszed <ige> **1.** *(darabjaira)* take✢ sg apart; take✢ sg to pieces **2.** *(gépet)* dismantle

szétszerel <ige> *(gépet)* dismantle

¹szett <fn> *(készlet)* set

²szett <fn> sp set

széttár <ige> open; open sg wide

széttép <ige> tear✢ sg to pieces; *(kétté)* tear✢ sg in two/half

széttör <ige> break✢; shatter; break✢ sg into pieces

szétvág <ige> cut✢ sg up

szétválaszt <ige> **1.** separate; divide **2.** *(verekedőket)* separate; part **3.** *(megkülönböztet)* distinguish

szex <fn> sex: *biztonságos szex* safe sex

szexuális <mn> sexual; sex: *szexuális irányultság* sexual orientation * *szexuális felvilágosítás* sex education

szezon <fn> season

szezonvégi kiárusítás <fn> gazd end-of-season sale

szféra <fn> sphere

szia <msz> biz **1.** *(köszönéskor)* hello; hi: *Szia, Eve! Hogy vagy?* Hi, Eve! How are you? **2.** *(búcsúzáskor)* bye; bye-bye; see you: *Akkor szia(sztok)!* Bye for now!

szid <ige> reprimand; give✢ sy a dressing-down; scold

sziget <fn> island; *(földrajzi névben)* isle: *lakatlan sziget* desert island * *egy szigeten lakik* dwell on an island * *Man-sziget* the Isle of Man * *a brit szigetek* the British Isles

szigetel <ige> *(elektromosság, hő, hang ellen)* insulate

Australia and New Zealand • *Ausztrália és Új-Zéland*

Australia	*Ausztrália*	New South Wales	*Új-Dél-Wales*
Northern Territory	*Északi terület*	Tasman Sea	*Tasman-tenger*
Queensland	*Queensland*	New Zealand	*Új-Zéland*
South Australia	*Dél-Ausztrália*	North Island	*Északi-sziget*
Western Australia	*Nyugat-Ausztrália*	South Island	*Déli-sziget*

szigetelés <fn> insulation
szigetelőszalag <fn> insulating tape
szigony <fn> harpoon
szigorít <ige> tighten sg up
szigorú <mn> **1.** strict; rigorous; severe; stern; hard: *szigorú anya* a strict mother * *szigorú szabályok* strict rules * *szigorú diétán van* be on a strict diet * *szigorú vkivel* be strict with sy; be hard on sy **2.** *(követelményekben)* exacting; demanding **3.** *(elrettentő, kegyetlen)* severe: *szigorú büntetésben részesül* receive severe punishment **4.** *(bírálat)* severe; harsh
szíj <fn> **1.** strap; thong; belt **2.** *(nadrághoz)* belt
szike <fn> scalpel
szikla <fn> rock
sziklafal <fn> rock face
sziklakert <fn> rockery; AmE rock garden
szikra <fn> spark: *Szikrát csiholt a kőből.* He struck sparks from the stone.
szikrázik <ige> spark
szilánk <fn> splinter
szilárd <mn> **1.** *(kemény)* solid; firm; massive **2.** *(erős)* strong: *szilárd jellem* strong character **3.** *(állhatatos)* firm; steady
szilva <fn> plum; *(aszalt)* prune
szilvalekvár <fn> plum jam
szilveszter <fn> New Year's Eve: *szilveszterkor* on New Year's Eve
szilveszterezik <ige> celebrate the New Year; have* a New-Year's Eve party
szimat <fn> **1.** scent; nose; (sense of) smell **2.** *(érzék)* nose; foresight
szimatol <ige> **1.** sniff **2.** *(sejt, gyanít)* scent: *bajt szimatol* scent trouble
szimbolikus <mn> symbolic(al): *szimbolikusan* symbolically
szimbolizál <ige> symbolize; BrE symbolise
szimbólum <fn> symbol
szimfónia <fn> zene symphony
szimmetria <fn> symmetry
szimmetrikus <mn> symmetric(al)
szimpátia <fn> sympathy
szimpatikus <mn> nice; likeable; AmE likable
szimpatizáns <fn> sympathizer
szimulál <ige> **1.** *(tettet, színlel)* feign; pretend; simulate; *(betegséget)* malinger **2.** *(modellez)* simulate
szimuláns <fn> malingerer
¹**szín** <fn> **1.** colour; AmE color: *meleg színek* warm colours * *Milyen színű a hajad?* What colour is your hair? **2.** *(kártyában)* suit: *színre színt tesz* follow suit **3.** *(arcszín)* complexion **4.** *(felszín)* surface; level
♦ **semmi szín alatt** by no means ♦ **színt vall** put*/lay* one's cards on the table
♦ **vkinek a színe előtt** in the presence of sy
²**szín** <fn> **1.** *(színpad)* stage **2.** *(színdarab része)* scene
színdarab <fn> play: *történelmi színdarab* historical play * *A színdarab megbukott.* The play was a failure.
színes <mn> **1.** coloured; AmE colored; colour; AmE color: *színes ceruza* coloured pencil * *színes televízió* colour television * *színes (papír)kép* colour print **2.** *(sokszínű)* colourful; AmE colorful **3.** *(változatos)* colourful; AmE colorful
színesfém <fn> non-ferrous metal
színész <fn> actor; player: *jól ismert/jó nevű színész* a well-known actor * *A színészek a darab utolsó jelenetét próbálták.* The actors were rehearsing the last scene of the play.
színészkedik <ige> **1.** *(színészi pályán van)* be* an actor/actress **2.** átv play-act
színésznő <fn> actress
színez <ige> colour; AmE color
színezet <fn> **1.** *(szín)* colour(ing); AmE color(ing) **2.** *(kinézet)* appearance; look
színfal <fn> scenery
♦ **a színfalak mögött** behind the scenes
színház <fn> theatre; AmE theater: *Este színházba megyünk.* We are going to the theatre tonight. * *Mit játszanak/adnak a színházban?* What is on at the theatre?
színházi <mn> theatrical
színházjegy <fn> theatre ticket; AmE theater ticket
színhely <fn> **1.** *(eseményé)* scene; place; spot **2.** *(konferenciáé stb.)* venue **3.** szinh scene
színjáték <fn> play; drama
szinkronizál <ige> *(filmet)* dub: *A filmet magyarra szinkronizálták.* The film was dubbed into Hungarian.
színlel <ige> feign; pretend; simulate; sham
színmű <fn> drama; play
szinonim <mn> synonymous
szinonima <fn> synonym
színpad <fn> stage: *színpadra lép* come on the stage * *színpadra alkalmaz* adapt for the stage
szint <fn> **1.** *(magasság)* level: *A kert az utcával egy szinten van.* The garden is on the same level as the street. **2.** *(színvonal)* level **3.** *(emelet)* level; storey; AmE story
színtartó <mn> *(textília)* colourfast; AmE colorfast
szintaxis <fn> syntax
szinte <hsz> almost; practically; all but; nearly: *szinte soha.* almost never. * *Szinte lehetetlen.* It's all but impossible.

színtelen <mn> **1.** colourless; AmE colorless **2.** *(jellegtelen)* colourless; AmE colorless; flat; dull **3.** *(arc)* pale

szintén <ksz> as well; also; too; similarly

szintetikus <mn> synthetic

színtiszta <mn> **1.** *(anyag)* pure **2.** *(merő, csupa)* pure

színültig <hsz> to the brim

színvak <mn> colour-blind; AmE color-blind

színvonal <fn> level; standard: *vkinek a színvonalára emelkedik* rise to the level of sy ♦ *eléri a kívánt színvonalat* reach the required standard

sziréna <fn> siren

szirom <fn> petal

szirt <fn> cliff; rock

szirup <fn> syrup

sziszeg <ige> hiss

szít <ige> **1.** *(tüzet)* kindle; fan **2.** *(kivált)* inflame; excite; incite: *gyűlöletet szít* inflame hatred

szita <fn> sieve

szitakötő <fn> dragonfly

szitál <ige> **1.** sieve; sift **2.** *(eső)* drizzle

szitkozódik <ige> curse; swear✣

szitok <fn> curse; abuse

szituáció <fn> situation

¹**szív** <ige> **1.** *(légnemű anyagot)* draw✣; inhale; breathe **2.** *(folyadékot)* suck; draw✣ **3.** *(dohányárut)* smoke **4. magába szív** *(folyadékot)* absorb

²**szív** <fn> **1.** *(szerv)* heart: *A szíve most gyorsan ver.* His heart is beating fast now. **2.** *(ábra, tárgy)* heart **3.** *(vminek a közepe, központja)* heart; centre; AmE center

♦ *ami a szívén, az a száján* speak✣ one's mind ♦ *összetöri vkinek a szívét* break✣ sy's heart ♦ *vkinek a szíve mélyéből* from the (bottom of one's) heart ♦ **aranyból van a szíve** have✣ a heart of gold ♦ **kiönti a szívét (vkinek)** pour one's heart out (to sy)

szivacs <fn> sponge

szivar <fn> cigar

szivárog <ige> **1.** *(folyadék)* ooze; leak **2.** *(tartály)* leak **3.** *(gáz)* escape

szivarozik <ige> smoke a cigar

szivárvány <fn> rainbow: *El tudod nekem mondani a szivárvány összes színét?* Can you tell me all the colours of the rainbow?

szívató <fn> choke

szivattyú <fn> pump

szivattyúz <ige> pump

szívbillentyű <fn> heart valve

szívdobogás <fn> heartbeat

szívelégtelenség <fn> heart failure: *szívelégtelenségben szenved* suffer from heart failure

szívélyes <mn> hearty; cordial; warm: *szívélyesen üdvözöl vkit* give sy a warm welcome

szíves <mn> kind; friendly; hearty: *Köszönöm a szíves vendéglátást!* Many thanks for your kind hospitality. ✱ *Legyen/Légy szíves…!* Be so kind as to…

szívesen <hsz> **1.** *(készséggel)* willingly; readily; gladly; with pleasure: *nem szívesen* unwillingly **2.** *(örömmel)* with pleasure **3.** *(kedvesen)* kindly **4. Szívesen!** *(köszönömre válaszként)* You're welcome.

szívesség <fn> favour; AmE favor: *szívességet kér vkitől* ask sy a favour; ask a favour of sy ✱ *szívességet tesz vkinek* do sy a favour ✱ *Kérhetek tőled egy szívességet?* Can I ask you a favour?

szívinfarktus <fn> coronary (thrombosis)

szívós <mn> **1.** *(anyag)* tough **2.** *(tartós)* durable **3.** *(kitartó)* persistent; stubborn

szívószál <fn> straw

szívritmus-szabályozó <fn> pacemaker

szívroham <fn> heart attack: *Szívrohama volt.* He had a heart attack.

szívtelen <mn> heartless

szívverés <fn> heartbeat

szkenner <fn> infor scanner

szkeptikus <mn> sceptical (**vmivel kapcsolatban** about/of sg)

szlalom <fn> slalom

szleng <fn> slang: *szleng kifejezés* slang expression

¹**szlovák** <mn> Slovak; Slovakian

²**szlovák** <fn> **1.** *(személy)* Slovak **2.** *(nyelv)* Slovak

Szlovákia <fn> Slovakia

¹**szlovén** <mn> Slovenian; Slovene

²**szlovén** <fn> **1.** *(személy)* Slovene; Slovenian **2.** *(nyelv)* Slovene; Slovenian

Szlovénia <fn> Slovenia

szmog <fn> smog

szmoking <fn> dinner jacket; AmE tuxedo

¹**sznob** <mn> snobbish

²**sznob** <fn> snob

szó <fn> **1.** *(nyelvi egység)* word: *idegen szó* foreign word ✱ *egy szó jelentése* the meaning of a word ✱ *Mit jelent ez a szó?* What does this word mean? **2.** *(megnyilatkozás)* word

♦ **szavát adja** give✣ one's word ♦ **állja/megtartja a szavát** keep✣ one's word ♦ **megszegi a szavát** go✣ back on one's word ♦ **szót kér** ask permission to speak ♦ **szól egy jó szót vkinek az érdekében** put✣ in a (good) word for sy ♦ **szóba áll vkivel** speak✣ to sy ♦ **vkinek a szavába vág** interrupt sy ♦ **szóba kerül** crop up; come✣ up ♦ **ad vkinek a szavára** listen to sy ♦ **szó nélkül** without saying a word

szoba

♦ **se szó, se beszéd** suddenly ♦ **szóra sem érdemes** it's not worth mentioning ♦ **szóról szóra** word for word ♦ **szót fogad vkinek** obey sy

szoba <fn> room: *Lent három szobánk van.* We have got three rooms downstairs. ∗ *A szék a szoba sarkában áll.* The chair is in the corner of the room.

→ Lásd a Tartalomjegyzékben a Tematikus rajzokat!

szobafestő <fn> painter; decorator
szobalány <fn> **1.** *(magánházban)* (house)maid **2.** *(szállodában)* chambermaid
szobatiszta <mn> **1.** *(gyerek)* potty-trained; toilet-trained **2.** *(állat)* house-trained; AmE housebroken
szóbeli <mn> oral; verbal: *szóbeli vizsga* an oral examination ∗ *szóbeli megállapodás* a verbal agreement
szobor <fn> statue
szobrász <fn> sculptor
szobrászat <fn> sculpture
szociáldemokrácia <fn> social democracy
¹**szociáldemokrata** <mn> social democratic
²**szociáldemokrata** <fn> social democrat
szociális <mn> social: *szociális munkás* social worker
¹**szocialista** <mn> socialist
²**szocialista** <fn> socialist
szocializmus <fn> socialism
szociológia <fn> sociology
szociológiai <mn> sociological
szociológus <fn> sociologist
szóda <fn> **1.** sodium carbonate **2.** *(víz)* soda (water); AmE club soda
szódavíz <fn> soda (water); AmE club soda
szófaj <fn> nyelvt part of speech; word class
szófogadatlan <mn> disobedient
szófogadó <mn> obedient; dutiful
szoftver <fn> infor software
szójabab <fn> soya bean; AmE soybean
szójáték <fn> wordplay; pun
szokás <fn> **1.** *(közösségi)* custom: *feléleszt egy régi szokást* revive an old custom **2.** *(társadalmi)* convention **3.** *(egyéni)* habit: *a szokás hatalma* force of habit ∗ *rossz szokást elhagy* outgrow a bad habit **4.** *(gyakorlat)* practice: *szokásba veszi, hogy megtesz vmit* make a practice of doing sg
szokásos <mn> usual; ordinary; normal; habitual; customary: *a szokásos gyakorlat* the usual practice ∗ *a szokásos módon* in the usual/customary way ∗ *a szokásos útvonalon megy haza* go home by the usual route

szokatlan <mn> unusual; uncommon; unnatural; unaccustomed: *vmi szokatlant vesz észre* notice something unusual ∗ *szokatlan csönd* an unnatural silence
szokik <ige> *(vmihez)* get✦ used to sg; become✦/be✦ accustomed to sg: *Ehhez nem vagyok szokva.* I am not used/accustomed to it.
szókincs <fn> vocabulary: *Egész nagy a szókincsed!* You have quite a large vocabulary.
szoknya <fn> skirt
szokott <mn> *(szokásos)* usual; habitual; customary
szóköz <fn> space: *egy kis szóköz két szó között* a small space between two words
szól <ige> **1.** *(beszél)* speak✦ **2.** say✦ (**vmit** sg) **3.** speak✦ (**vkihez** to sy) **4.** *(könyv, cikk stb.)* be✦ about (**vmiről** sg); deal✦ with (**vmiről** sg): *Miről szól a könyv?* What is the book about? **5.** *(írás)* be✦ addressed (**vkinek** to sy) **6.** *(hív)* call (**vkinek** sy): *Szóljon neki!* Call him, please. **7.** *(csengő stb.)* ring✦; *(hang, hangszer stb.)* sound: *Szól a telefon.* The telephone is ringing. **8.** *(érvényes)* be✦ valid **9.** count against (**vki/vmi ellen** sy/sg)

♦ **köztünk/magunk közt szólva** between you and me ♦ **nem is szólva vkiről/vmiről** not to mention sy/sg ♦ **őszintén szólva** frankly speaking

szólam <fn> **1.** zene part **2.** *(közhely)* commonplace
szolárium <fn> solarium (tsz: solariums v. solaria)
szólás <fn> saying
szólásszabadság <fn> freedom of speech
szolga <fn> servant
szolgál <ige> **1.** serve: *a hadseregben/katonaságnál szolgál* serve in the army **2.** *(javára van)* serve **3.** serve (**vmiül/vmiként** as sg): *tanulságul szolgál* serve as a lesson **4.** serve (**vmire** for sg); be✦ used (**vmire** for sg)
szolgálat <fn> **1.** service: *20 év szolgálat után nyugdíjba ment.* After 20 years of service he retired. **2.** *(ügyelet, készenlét)* duty: *szolgálatban* on duty ∗ *szolgálaton kívül* off duty **3.** kat service: *Felmentették a katonai szolgálat alól.* He was exempted from military service.
szolgáltat <ige> supply; provide
szolgáltatás <fn> service; supply: *postai szolgáltatás* mail service
szolgáltató <fn> gazd provider
szolgáltatóipar <fn> service industry
szolid <mn> **1.** *(egyszerű)* sober: *szolid szoknya* a sober skirt **2.** *(ár)* reasonable; fair **3.** *(erős, szilárd)* solid
szólista <fn> soloist

szólít <ige> **1.** call (**vkit vhova** sy swhere) **2.** address (**vkit vminek/vhogyan** sy as sg)

szóló <fn> zene solo

szólóban <hsz> **1.** (szólistaként) solo **2.** (társ nélkül) solo

szombat <fn> Saturday: *Ma 2012. szeptember 8-a, szombat van.* Today is Saturday, 8(th) September 2012. * *Mit szoktál szombatonként csinálni?* What do you do on Saturdays?

szombati <mn> Saturday; of Saturday <csak hátravetve>

szomjas <mn> thirsty: *Szomjas vagyok, kérek egy pohár vizet!* I am thirsty – give me a glass of water! * *Rettenetesen szomjas vagyok.* I am terribly thirsty.

szomjúság <fn> thirst

szomorú <mn> **1.** sad; sorrowful: *szomorú szemek* sad eyes * *szomorú vmi miatt* be sad about sg **2.** (elszomorító) sad: *szomorú film* a sad film * *A szomorú valóság az, hogy…* The sad truth is that… **3.** (esemény) tragic

szomorúfűz <fn> weeping willow

¹szomszéd <mn> next; neighbouring; AmE neighboring: *a szomszéd ház* the next house

²szomszéd <fn> **1.** (személy) neighbour; AmE neighbor: *közvetlen szomszéd* next-door neighbour * *Az ablakunk a szomszéd kertjére néz.* Our window overlooks the neighbour's garden. **2.** (szomszédság) vicinity; neighbourhood; AmE neighborhood

szomszédasszony <fn> neighbour; AmE neighbor

szomszédos <mn> neighbouring; AmE neighboring; next-door; next: *szomszédos országok* neighbouring countries * *a szomszédos ház* the next-door house

szomszédság <fn> vicinity; neighbourhood; AmE neighborhood

szonáta <fn> zene sonata

szonda <fn> **1.** orv probe **2.** (űrszonda) space probe **3.** (alkoholszonda) breathalyser

szónok <fn> speaker

szónoklat <fn> speech

szóösszetétel <fn> nyelvt compound

szopik <ige> suck; suckle: *Szopik a baba.* The baby is sucking at its mother's breast.

szopogat <ige> suck (**vmit** sg // at/on sg): *cukrot szopogat* suck a sweet

szoprán <fn> **1.** (hang) soprano **2.** (énekesnő) soprano

szoptat <ige> breastfeed✣; suckle; nurse

szór <ige> **1.** sprinkle; scatter **2.** biz (pénzt) splash out sg (**vmire** on/for sg)

szórakozás <fn> entertainment; amusement: *saját szórakozásomra* for my own entertainment * *szórakozásból csinál vmit* do sg for amusement

szórakozik <ige> **1.** amuse oneself; enjoy oneself; have✣ fun: *Jól szórakoztál?* Did you enjoy yourself? **2.** (mulat, nevet rajta) be✣ amused (**vmin** at/by sg)

szórakozott <mn> absent-minded

szórakoztat <ige> amuse; entertain

szórakoztató <mn> amusing; entertaining

szórakoztatóipar <fn> show business; entertainment industry; biz showbiz

szórend <fn> nyelvt word order

szorgalmas <mn> hard-working; diligent; industrious: *szorgalmas tanuló* a diligent student

szorgalom <fn> diligence; industry

szorít <ige> **1.** (kézben) grasp; grip; (ujjaival) pinch **2.** (nyomva) press **3.** (cipő) pinch; (cipő, ruha) be✣ too tight: *Az új cipőm sajnos nagyon szorít.* Unfortunately my new shoes pinch very much. **4.** biz (szurkol vkinek) keep✣ one's fingers crossed for sy **5. kezet szorít** shake✣ hands (**vkivel** with sy)

szorítkozik <ige> confine oneself (**vmire** to sg)

szorító <fn> **1.** (ring) ring: *Két bokszoló küzd ma este a szorítóban.* Two boxers will fight tonight in the ring. **2.** (fogó) clamp

szórólap <fn> leaflet

szorong <ige> **1.** be✣ squashed/pressed together **2.** (fél) be✣ anxious; be✣ tense; worry

szorongás <fn> (félelem) fear; anxiety: *Arca szorongást tükrözött.* Her face was showing anxiety.

szorongat <ige> (kezével) clutch; grasp

¹szoros <mn> **1.** tight; close: *Ki tudnád bogozni ezt a szoros csomót?* Can you undo this tight knot? * *szorosan hozzásimul vkihez* press close to sy **2.** (szűk) tight; tight-fitting: *szoros ruha* tight-fitting dress **3.** (bensőséges) close: *Szoros barátság fűzi össze őket.* They are bound together by a close friendship. **4.** (különbség) close; narrow: *Nagyon szoros volt a verseny.* The race was very close.

²szoros <fn> **1.** (hegyszoros) pass; defile **2.** (tengerszoros) strait

szoroz <ige> mat multiply: *Négy szorozva néggyel az tizenhat.* Four multiplied by four is sixteen.

szortíroz <ige> sort: *Párokba szortíroztam a zoknikat.* I sorted the socks into pairs.

szorul <ige> **1.** (akad) be✣ stuck; be✣ jammed **2.** (szüksége van) be✣ dependent (**vkire/vmire** on sy/sg)

szorulás <fn> orv constipation: *szorulása van* be constipated

szórványos <mn> sporadic; sparse; scattered: *szórványos záporok* scattered showers

szorzás <fn> mat multiplication
szorzótábla <fn> multiplication table
szósz <fn> (mártás) sauce; (húslé) gravy
szószék <fn> pulpit
szótag <fn> syllable: *a második szótagot hangsúlyozza* stress the second syllable * *A hangsúly a harmadik szótagon van.* The accent is on the third syllable.
szótár <fn> dictionary; (latin, görög, héber) lexicon: *20 000 címszó van abban a szótárban.* There are 20,000 headwords in that dictionary. * *A szótár jó segédeszköz a nyelvtanulásban.* The dictionary is an aid to learning languages.
szótlan <mn> silent; taciturn
szóváltás <fn> argument (**vmiről vkivel** about/over sg with sy)
szóvivő <fn> spokesperson (tsz: spokespersons v. spokespeople); (férfi) spokesman (tsz: spokesmen); (nő) spokeswoman (tsz: spokeswomen)
szózat <fn> (nyilatkozat) appeal; proclamation
sző <ige> **1.** weave*: *anyagot sző* weave cloth **2.** (rovar) spin*: *A pók hálót sző.* The spider is spinning a web. **3.** vál (kieszel) weave*; hatch: *terveket sző* weave plans * *összeesküvést sző vki ellen* weave a plot against sy
szöcske <fn> grasshopper
¹szög <fn> (rögzítésre) nail: *szöget ver be a falba* drive a nail into the wall * *a szög feje* the head of a nail
  ♦ **fején találja a szöget** hit* the nail on the head
²szög <fn> mat angle: *45°-os szög* 45° angle; an angle of 45°
szögesdrót <fn> barbed wire
szöglet <fn> sp corner
szögletes <mn> **1.** (alak) angular; square: *szögletes áll* a square chin **2.** (esetlen) awkward; clumsy
szögmérő <fn> protractor
szökdécsel <ige> skip; hop; caper; gambol
szőke <mn> blond; fair; (személy) fair-haired; (ált. nő) blonde: *vékony szálú szőke haj* fine blond hair * *szőke fiú* a blond boy * *szőke bombázó* a blonde bombshell
szökés <fn> **1.** (menekülés) flight; escape **2.** (börtönből) breakout; escape **3.** kat desertion
szökevény <fn> **1.** fugitive; runaway; escapee **2.** kat deserter
szökik <ige> **1.** (menekül) escape; flee*; run* away: *külföldre szökik* flee the country **2.** (gáz, folyadék) escape
szökőár <fn> tidal wave; tsunami
szökőév <fn> leap year
szökőkút <fn> fountain

szőlő <fn> **1.** (cserje, tő) vine; grapevine **2.** (termés) grape: *egy fürt szőlő* a bunch/cluster of grapes * *a bort szőlőből készítik* wine is made from grapes **3.** (terület) vineyard
szőlőcukor <fn> grape sugar
szőlőfürt <fn> bunch of grapes
szőlőlé <fn> grape juice
szőlőtőke <fn> vine; grapevine
szőnyeg <fn> carpet; (kisebb) rug: *faltól-falig szőnyeg* fitted/wall-to-wall carpet * *Felcsavartuk a szőnyeget.* We rolled (up) the carpet.
  ♦ **a szőnyeg alá söpör vmit** biz sweep* sg under the carpet
szőnyegpadló <fn> (wall-to-wall) carpet; fitted carpet
szőr <fn> **1.** (emberé) hair **2.** (állaté) hair; fur: *Az egész kabátom tele van a macska szőrével.* My coat is covered with cat hairs.
szörf <fn> **1.** (eszköz) windsurfer; sailboard **2.** (sportág) windsurfing
szörfdeszka <fn> surfboard
szörföl <ige> infor (keresgél) surf: *szörföl a neten/az interneten* surf the Net
szörfölés <fn> (interneten) net surfing
szörfözés <fn> surfing
szörfözik <ige> surf; windsurf; go* windsurfing
szörföző <fn> windsurfer
szőrme <fn> fur
szörny <fn> monster
szörnyeteg <fn> **1.** (képzeletbeli) monster **2.** pej (kegyetlen ember) monster: *Ez az ember egy szörnyeteg.* This man is a monster.
szörnyű <mn> **1.** (irtózatot keltő) horrible; terrible; dreadful; frightful **2.** biz (rendkívüli) terrible; awful; horrible: *szörnyű fejfájás* an awful headache
szőrös <mn> hairy: *Szőrös a karja.* He has hairy arms.
szőrszál <fn> hair
szőrzet <fn> hair; (állati) fur; coat; hair
szösz <fn> fluff
szöveg <fn> **1.** text: *szöveget kivág és beilleszt* cut and paste text * *Ha egy szöveget fordítasz, a szótáradhoz fordulhatsz.* You can refer to your dictionary when translating a text. **2.** (dalé) lyrics <tsz>; words <tsz>: *visszaemlékezik egy dal szövegére* recall the words of a song **3.** (filmé, színdarabé) script
szövegkiemelő <fn> highlighter; marker (pen)
szövegkörnyezet <fn> nyelvt context
szövegszerkesztés <fn> infor word processing
szövegszerkesztő <fn> infor word processor
szövet <fn> **1.** (textil) cloth; textile; fabric; material: *egy vég szövet* a bolt of cloth **2.** biol tissue

szövetkezet <fn> cooperative
szövetkezik <ige> ally (**vkivel** with sy); form an alliance (**vkivel** with sy)
szövetség <fn> **1.** pol alliance; union; league; federation; confederacy: *politikai szövetség* political alliance ∗ *szövetségre lép vkivel* enter into an alliance with sy **2.** *(egyesület)* association
¹**szövetséges** <mn> allied: *a szövetséges erők* the allied forces
²**szövetséges** <fn> ally: *politikai szövetségesei* his political allies ∗ *Anglia és Franciaország szövetségesek voltak a háborúban.* England and France were allies in the war.
szövődmény <fn> orv complication
szponzor <fn> sponsor
szponzorál <ige> gazd sponsor
Szt. [= Szent] St (= Saint): *A „Szent"-et általában Szt.-nek rövidítjük.* 'Saint' is usually abbreviated to St.
sztár <fn> star: *a csapat sztárja* the star of the team ∗ *Sztár lett belőle.* She was made into a star.
sztereotip <mn> vál stereotyped
sztrájk <fn> strike: *sztrájkba lép* go (out) on strike; come out on strike
sztrájkol <ige> strike❖; be❖ (out) on strike (**vmiért** for sg)
szú <fn> woodworm
szubjektív <mn> subjective
szubvenció <fn> gazd subsidy
szuka <fn> bitch
szundikál <ige> doze; nap
szúnyog <fn> mosquito; gnat: *megcsípték a szúnyogok* be stung by mosquitoes
szúnyogcsípés <fn> mosquito bite
szuper <mn> biz super; excellent; cool: *szuper új ruha* a super new dress ∗ *De szuper ez a kalap!* What a cool hat it is!
szuperhatalom <fn> pol superpower
szupermarket <fn> supermarket
szúr <ige> **1.** *(tű stb.)* prick **2.** *(fegyverrel)* stab❖ **3.** *(rovar)* sting❖; bite❖
szurdok <fn> ravine; gorge
szurkol <ige> support (**vkinek** sy); root for sy; cheer for sy: *szurkol egy csapatnak* support a team
szurkoló <fn> fan; supporter
szurok <fn> tar; pitch
szuszog <ige> pant; puff
szuvasodik <ige> *(fog)* decay
szűcs <fn> furrier
szűk <mn> **1.** *(keskeny)* narrow: *szűk utcák* narrow streets **2.** *(ruhadarab)* tight; tight-fitting: *Túl szűk a cipőm.* My shoes are too tight. ∗ *Nem tudja hordani a szűk nadrágját.* She can't wear her tight trousers. **3.** *(hely)* cramped

szükség <fn> need; necessity: *nincs szükség vmire / vmi megtételére* there is no need for sg / to do sg ∗ *Nincs szükség arra, hogy új házat vegyünk.* We have no need to buy a new house.
♦ **szüksége van vkire/vmire** need sy/sg *Szükségem van rád!* I need you. ♦ **szükség esetén** in an emergency; in case of emergency ♦ **szükség szerint** as required
szükségállapot <fn> emergency; state of emergency
szükséges <mn> necessary; needed; required: *megteszi a szükséges lépéseket* take the necessary steps ∗ *Nem szükséges elmenned!* It is not necessary for you to go. ∗ *a szükséges összeg* the money needed/required
szükséglet <fn> needs <tsz>; wants <tsz>; demand: *alapvető szükségletek* basic needs
szükségszerű <mn> inevitable
szükségtelen <mn> unnecessary; needless
szűkszavú <mn> taciturn; reticent; uncommunicative
szül <ige> bear❖; give❖ birth to sy; have❖: *Az anyukánk három gyermeket szült.* Our mum has had three children. ∗ *gyermeket szül* have a baby
szül. [= született] b. (= born): *Shelley, szül. 1792* Shelley, b. 1792
szülés <fn> childbirth; delivery; *(vajúdás)* labour; AmE labor <tsz: midwives>: *könnyű szülés* an easy delivery ∗ *szülést (mesterséges úton) megindít* orv induce labour
szülész <fn> obstetrician
szülészet <fn> **1.** *(tudomány)* obstetrics <esz> **2.** *(osztály)* maternity ward
szülésznő <fn> midwife <tsz: midwives>
születés <fn> birth: *egy gyermek születése* the birth of a child ∗ *bejegyzi a születés időpontját* record the date of the birth
születési anyakönyvi kivonat <fn> birth certificate
születési év <fn> year of birth
születési hely <fn> birthplace; place of birth
születésnap <fn> birthday: *Boldog születésnapot!* Happy birthday (to you)! ∗ *Születésnapjára új hátizsákot kapott.* He got a new rucksack for his birthday. ∗ *Októberben van a születésnapom.* My birthday is in October.
születésszabályozás <fn> birth control
született <mn> **1.** *(lánynevének megadásakor)* née **2.** *(vminek született)* born: *Született vezető.* He's a born leader.
születik <ige> *(világra jön)* be❖ born: *Áprilisban született.* He was born in April.
szülő <fn> parent: *elnéző szülő* an indulgent parent ∗ *gyermekét/gyermekeit egyedül nevelő szülő* a single parent

szülőföld <fn> homeland; mother country; native country: *Földi maradványait visszahozták szülőföldjére.* His remains were returned to his homeland.
szülőhely <fn> birthplace
szülői <mn> parental
szülőszoba <fn> delivery room
szünet <fn> **1.** break; pause: *szünetet tart* take/have a break **2.** isk break; playtime; AmE recess **3.** *(szünidő)* holiday; vacation: *karácsonyi/téli szünet* Christmas holiday ∗ *Hol töltitek a nyári szünetet?* Where will you spend your summer holiday/vacation? **4.** *(színházban stb.)* interval; AmE intermission: *Három szünet lesz.* There will be three intervals. **5.** *(munkában)* break; rest
szünidő <fn> holiday; vacation
szünnap <fn> holiday
szüntelen <mn> ceaseless; unceasing; incessant

szűr <ige> **1.** *(folyadékot)* filter; strain **2.** *(tisztítva)* purify
szürcsöl <ige> slurp
szűrés <fn> orv screening
szüret <fn> **1.** *(szőlőé)* vintage; grape harvest **2.** *(gyümölcsé)* gathering; picking
szüretel <ige> harvest; vintage
szürke <mn> **1.** *(szín)* grey; AmE gray **2.** *(unalmas)* dull; flat; grey; AmE gray **3.** *(borongós)* grey
szürkül <ige> **1.** *(szürkévé válik)* turn grey; go grey **2.** *(sötétedik)* it is growing dark
szürkület <fn> twilight; half-light; *(hajnali)* dawn; *(esti)* dusk; nightfall
szűrő <fn> **1.** filter **2.** *(konyhai)* strainer
szűrővizsgálat <fn> orv screening
Szűz <fn> asztrol Virgo
¹szűz <mn> virgin
²szűz <fn> virgin
szüzesség <fn> virginity
szűzhártya <fn> hymen

T, t

T, t <fn> (betű) T; t
tabella <fn> sp is table; list; chart
tábla <fn> **1.** board **2.** (iskolai) blackboard **3.** (hirdetőtábla) noticeboard; AmE bulletin board **4.** (könyvben, nyomtatott) table **5.** (egységnyi áru) bar; slab: *egy tábla csokoládé* a bar/slab of chocolate **6.** (hó, jég stb.) sheet
táblagép <fn> infor tablet
táblázat <fn> table; chart: *Az 5. táblázat mutatja a kísérletek eredményeit.* Table 5 shows the results of the experiments.
tablet <fn> infor tablet
tabletta <fn> **1.** pill; tablet: *bevesz egy tablettát* take a pill **2.** biz (fogamzásgátló) the pill: *tablettát szed* be on the pill
tábor <fn> camp: *tábort üt* pitch/set up camp ∗ *tábort bont* break camp
tábornok <fn> kat general: *Smith tábornok (úr)* General Smith
táborozik <ige> camp; be✽ in camp
tábortűz <fn> campfire
tabu <fn> taboo
tabulátor <fn> tabulator; tab key
tacskó <fn> basset (hound)
tag <fn> **1.** (testé) limb; (body) part; member **2.** (egyesületé stb.) member: *alapító tag* founder member ∗ *rendes tag* full member ∗ *Az iskolai kosárlabdacsapat tagja.* He is a member of the school basketball team. **3.** (cégé) member; partner **4.** (tudományos, művészeti társaságban) fellow; associate **5.** (egész része) part
tág <mn> **1.** (laza, bő) wide; loose **2.** (tágas) large; spacious; roomy **3.** (széles nyílású) wide: *tágra nyit vmit* open sg wide **4.** (értelmileg) broad; vague: *a legtágabb értelemben* in the broadest sense ∗ *tág fogalom* a vague concept
tagad <ige> deny: *Tagadta, hogy ő lopta el a biciklit.* He denied that he had stolen the bike.
tagadás <fn> **1.** denial; denying **2.** nyelvt negation
tagadó <mn> negative: *tagadó mondat* negative sentence
tágas <mn> spacious; roomy; large
tagdíj <fn> subscription; membership fee
taggyűlés <fn> (cégnél) members' meeting
tagmondat <fn> nyelvt clause
tagol <ige> (részekre oszt) divide

tagozat <fn> **1.** (részleg) section; branch **2.** (iskolai) course: *levelező tagozat* correspondence course
tagság <fn> **1.** (viszony) membership **2.** (tagok) membership <+ esz/tsz ige>
tagsági igazolvány <fn> membership card
tágul <ige> **1.** become✽ larger/wider; enlarge; expand **2.** (pupilla) dilate **3.** (szélesedik) widen; broaden: *tágul a látóköre* his/her horizons broaden
táj <fn> region; country; land
tájban <nu> towards
tájékozatlan <mn> ignorant; uninformed
tájékozódás <fn> **1.** (térben) orientation **2.** vál (érdeklődés) inquiry; enquiry
tájékozódik <ige> **1.** (térben) orientate; orient oneself **2.** (érdeklődik) inquire (**vmiről** about/into sg); enquire (**vmiről** about/into sg)
tájékozott <mn> familiar (**vmiben** with sg); knowledgeable (**vmiben** about sg)
tájékoztat <ige> inform (**vkit vmiről** sy of/about sg): *vkit folyamatosan tájékoztat vmiről* keep sy informed of/about sg
tájékoztatás <fn> (felvilágosítás) information
tájékoztató <fn> (írásos) guide; brochure; (használati) instructions <tsz>; manual
tájszólás <fn> dialect
takács <fn> weaver
takar <ige> **1.** (fed) cover **2.** (leplez) hide✽
takarékos <mn> economical; sparing
takarékoskodik <ige> save (**vmivel** on sg); economize (**vmivel** on sg); BrE economise (**vmivel** on sg)
takarékpénztár <fn> savings bank
takarít <ige> clean sg up; tidy sg (up); do✽ the cleaning
takarítónő <fn> cleaner
takaró <fn> (pokróc) blanket; (paplan) quilt; duvet

♦ **addig nyújtózkodik, ameddig a takarója ér** cut✽ one's coat according to one's cloth

taktika <fn> tactics <tsz>: *Meglátjuk milyen taktikát követünk.* We'll see what our tactics will be.
taktikai <mn> tactical
taktikázik <ige> manoeuvre
tál <fn> dish; (kisebb) bowl; (tűzálló) casserole; (nagy lapos) platter: *egy tál leves* a bowl of

soup * *egy tál müzli tejjel* a bowl of muesli with milk

talaj <fn> **1.** ground; land **2.** *(föld)* soil; earth: *homokos talaj* sandy soil * *A kertünk nem alkalmas zöldségtermesztésre – silány a talaj.* Our garden is not good for growing vegetables – the soil is poor. **3.** *(alap)* ground

talajtorna <fn> floor exercise

talajvíz <fn> ground water

talál <ige> **1.** find*: *talál ülőhelyet a buszban* find a seat in the bus * *munkát talál* find work **2.** *(ítél vmilyennek)* find*; consider; think*: *Milyennek találja ezt a bort?* How do you find this wine? * *furcsának talál vmit* find sg strange * *bűnösnek talál vkit* find sy guilty **3.** *(vhogyan)* find*: *Zárva találta az ajtót.* She found the door closed. **4.** *(dobás, lövés)* hit*

tálal <ige> **1.** *(ételt)* serve: *A reggeli tálalva van az ebédlőben.* Breakfast has been served in the dining-room. **2.** átv present

találat <fn> hit

találékony <mn> inventive; ingenious; resourceful

találgat <ige> guess (**vmit** at sg)

találgatás <fn> guess; guesswork

találka <fn> date; rendezvous (tsz: rendezvous)

találkozás <fn> meeting; *(véletlen)* encounter; *(megbeszélt)* appointment: *a legelső találkozásunk* our very first meeting

találkozik <ige> **1.** *(véletlenül)* encounter (**vkivel** sy); meet* (**vkivel** sy); run* into sy: *félúton találkozik vkivel* meet sy halfway * *Tegnap találkoztam vele.* I met him yesterday. **2.** *(megbeszélés szerint)* meet* (**vkivel** sy): *Találkozzunk este a sarkon!* Let's meet at the corner tonight. **3.** *(utak stb.)* meet*; join

találkozó <fn> **1.** meeting; appointment: *történelmi/sorsdöntő találkozó* a historic meeting * *kitűzi a találkozó időpontját* set a date for the meeting * *találkozót beszél meg vkivel* make an appointment with sy **2.** sp encounter; meeting; meet; match

találkozóhely <fn> meeting place

találmány <fn> invention

találó <mn> apt; proper; right: *találó megjegyzés* an apt remark

tálaló <fn> *(szekrény)* sideboard

találomra <hsz> at random

talán <hsz> perhaps; maybe: *Talán otthon van.* Perhaps she is at home. * *Elkésett az iskolából – talán nem tudott felkelni reggel.* He was late from school – perhaps he couldn't get up in the morning. * *Talán eljön, talán nem.* Maybe she'll come, and maybe she won't. * *„Szerinted tényleg szeret?" „Talán."* 'Do you think he really loves me?' 'Maybe'.

talapzat <fn> pedestal; base

talár <fn> gown; robe

tálca <fn> tray

talicska <fn> (wheel)barrow

talizmán <fn> talisman

talp <fn> **1.** *(emberé)* sole **2.** *(cipőé)* sole **3.** *(tárgyé)* base; bottom

♦ **talpra áll** biz *(betegségből)* get* over an illness

talpnyaló <fn> pej toady

támad <ige> **1.** *(keletkezik)* arise*; spring* up; crop up **2.** *(ellenség stb.)* attack (**vkire** // **vkit/vmit** sy/sg)

támadás <fn> attack; offensive: *az elnök elleni támadás* attack on the president * *A várost az éjjel támadás érte.* The town came under attack at night. * *támadást indít vki ellen* take the offensive against sy

¹**támadó** <mn> offensive; aggressive: *támadó fegyver* an offensive weapon

²**támadó** <fn> attacker; aggressor

támadójátékos <fn> sp striker; forward

támasz <fn> **1.** *(tárgy)* support; stay; prop; brace **2.** *(segítség)* mainstay; pillar; support

támaszkodik <ige> **1.** *(testével vminek)* lean* against sg; lean* on sg **2.** *(számít vkire)* depend on sy; rely on/upon sy; lean* on sy: *Támaszkodhatsz rám!* You can rely on me.

támaszpont <fn> kat base

támla <fn> back

támogat <ige> **1.** *(fizikailag)* support **2.** *(erkölcsileg, anyagilag)* aid; help; back (up); support; *(társaságot stb. pénzzel)* sponsor: *A vakokat támogatta.* He aided the blind. * *A bank nem hajlandó tovább támogatni a tervünket.* The bank refused to back our plan. * *támogatja a barátját a vitában* support one's friend in the argument

támogatás <fn> support; aid; *(anyagi)* backing; grant: *Köszönöm a családod támogatását!* Thank you for your family's support. * *A mozgássérültek támogatására gyűjt.* She is collecting money in aid of the disabled. * *pénzügyi támogatás* financial backing * *állami támogatást kap* get a grant from the state

támolyog <ige> stagger; totter; reel

tampon <fn> tampon

tanács <fn> **1.** advice; suggestion; tip; hint: *vki tanácsa(i) szerint cselekszik* act on sy's advice * *vki tanácsára* on sy's advice; at sy's suggestion * *megfogadja vki tanácsát* take sy's advice * *Adnék neked egy jó tanácsot.* Let me give you a piece of advice. / Let me give you some advice. * *Kövesd orvosod tanácsát.* Follow your doctor's advice. * *Adj pár hasznos tanácsot a kertészkedéssel kapcsolatban!* Give me some useful tips on gardening. * *hasznos tanácsok* helpful hints **2.** *(testület)* council; board: *A városi tanács új autópálya építését tervezi.* The town council plans to construct a new motorway.

tanácsadás <fn> guidance; consultation: *pályaválasztási tanácsadás* careers guidance

tanácsadó <fn> *(személy)* adviser; advisor; consultant; counsellor; AmE counselor: *befektetési tanácsadó* investment adviser/consultant * *jogi tanácsadó* legal adviser

tanácsadó cég <fn> consultancy

tanácskozás <fn> conference; meeting; consultation

tanácskozik <ige> consult (**vkivel vmiről** with sy about sg); confer (**vkivel vmiről** with sy on/about sg)

tanácsol <ige> advise (**vkinek vmit** sy to do sg): *Azt tanácsoltuk, hogy hagyja abba az ivást.* We advised him to stop drinking.

tanácsos <mn> advisable; expedient; wise

tanácstalan <mn> helpless; at a loss <csak hátravetve>

tananyag <fn> syllabus (tsz: syllabuses v. syllabi)

tanár <fn> teacher

tanári kar <fn> teaching staff

tanárnő <fn> teacher

tánc <fn> **1.** dance **2.** *(rendezvény)* dance; ball

tánciskola <fn> dancing school

táncol <ige> dance: *táncolni megy* go dancing

táncos <fn> dancer

táncosnő <fn> dancer; ballerina

tandíj <fn> school fees <tsz>; *(főiskolán, egyetemen)* tuition fees <tsz>: *egyetemi tandíj* university fees

tanév <fn> school year; *(egyetemi)* session; academic year

tanfolyam <fn> course: *haladó tanfolyam* an advanced course * *beiratkozik egy tanfolyamra* enrol on a course * *Könyvelői tanfolyamon vettem részt.* I was taking a course in bookkeeping.

tanít <ige> **1.** *(személyt)* teach✻ **2.** *(tantárgyat)* teach✻; *(egyetemen, főiskolán)* lecture (**vmit** in/on sg): *biológiát tanít* teach biology **3.** *(megtanít)* teach✻ (**vkit vmire** sy (to do) sg); instruct (**vkit vmire** sy in sg): *zongorázni tanít vkit* teach sy to play the piano * *Ki tanított síelni?* Who taught you to ski?

tanítás <fn> **1.** teaching **2.** *(tanóra)* lesson

tanító <fn> schoolteacher

tanítónő <fn> schoolteacher

tanítvány <fn> **1.** *(tanuló)* pupil; student **2.** *(eszmei)* disciple; follower

tank <fn> **1.** *(harckocsi)* tank: *Bejöttek a tankok, és Budapest ostroma elkezdődött.* Tanks rolled in and the siege of Budapest started. **2.** *(tartály)* tank

tankhajó <fn> tanker

tankol <ige> fill up

tankönyv <fn> textbook; coursebook: *Nincs tankönyv, úgyhogy jegyzetelned kell.* There is no textbook, so you have to take notes.

tanóra <fn> lesson

tanszék <fn> department: *történettudományi tanszék* the History Department * *német tanszék* the German Department

tantárgy <fn> subject: *kötelező tantárgy* compulsory subject * *szabadon választható tantárgy* optional subject * *Mi a kedvenc tantárgyad?* What is your favourite subject?

tanterem <fn> classroom; *(főiskolán, egyetemen)* lecture room; *(kisebb)* seminar room

tantestület <fn> teaching staff

tántorog <ige> stagger; totter; reel

tanú <fn> **1.** witness **2.** jog witness: *a vád/védelem tanúja* witness for the prosecution/defence

tanul <ige> **1.** learn✻; *(tanulmányokat folytat)* study; *(egyetemen)* study; read✻: *szorgalmasan tanul* study hard * *az egyetemen kémiát tanul* study chemistry at university * *jogot tanul* read law; study law * *a vizsgáira tanul* study for one's exams **2.** learn✻ (**vmit vkitől** sg from sy): *úszni tanul* learn how to swim * *Édesanyámtól tanulok angolul.* I am learning English from my mother. **3.** *(okul)* learn✻

tanulás <fn> learning; study(ing)

tanulmány <fn> **1.** *(tanulás)* study **2.** *(értekezés)* study; essay; paper: *A tanulmány összefüggést mutatott ki a rák és a környezetszennyezés között.* The study showed a link between the cancer and the environmental pollution.

tanulmányoz <ige> examine; study

tanuló <fn> schoolchild (tsz: schoolchildren); pupil; student: *Hány tanuló jár az osztályotokba?* How many pupils are there in your class?

tanulság <fn> moral; lesson: *egy regény tanulsága* the moral of a novel * *Szolgáljon ez neked tanulságul.* Let that be a lesson to you.

tanulságos <mn> instructive; edifying; salutary

tanult <mn> learned; educated

tanúsít <ige> **1.** *(igazol)* certify; attest; witness **2.** *(mutat)* show✻; give✻ proof/evidence of sg

tanúskodik <ige> **1.** *(eljárás során)* give✻ evidence (**vki mellett/ellen** for/against sy) **2.** *(igazol)* bear✻ witness to sg

tanúvallomás <fn> evidence; testimony; statement: *tanúvallomást tesz vki mellett/ellen* give evidence for/against sy

tanya <fn> **1.** *(vidéken)* small farm; homestead **2.** *(állaté)* lair; den; nest

tányér <fn> plate
tapad <ige> **1.** *(összeragad)* stick✢ **2.** stick✢ **(vmihez** to sg); adhere **(vmihez** to sg); cling✢ **(vmihez** to sg)
tápanyag <fn> nutrient
tapasz <fn> (sticking) plaster
tapasztal <ige> experience
tapasztalat <fn> experience: *sokéves tanítási tapasztalat* many years' teaching experience ✲ *okul a tapasztalatokból* learn from experience ✲ *tapasztalatból tudja* know from experience
tapasztalatlan <mn> inexperienced
tapasztalt <mn> experienced: *tapasztalt hegymászó* an experienced climber
tápérték <fn> nutritive value
tapéta <fn> wallpaper: *mintás tapéta* patterned wallpaper
tapétáz <ige> (wall)paper; decorate
tapint <ige> touch; feel✢; finger
tapintat <fn> discretion; tact
tapintatlan <mn> indiscreet; tactless; rude
tapintatlanság <fn> indiscretion; tactlessness
tapintatos <mn> discreet; tactful
táplál <ige> **1.** feed✢; nourish: *táplálja a növényt* feed the plants **2.** *(szoptat)* nurse; breastfeed✢ **3.** vál *(vmilyen érzelmet)* nourish; nurse **4.** *(gépet)* feed✢
táplálék <fn> **1.** *(emberi)* food; nourishment **2.** *(állati)* feed
táplálkozás <fn> nutrition
táplálkozik <ige> eat✢
tápláló <mn> nourishing; nutritious
tapogat <ige> feel✢
tapos <ige> **1.** *(lábával)* tread✢; trample **2.** *(utat)* tread✢: *ösvényt tapos* tread a path
táppénz <fn> sickness benefit; sick pay
taps <fn> applause; clap: *viharos/tomboló taps* wild applause
tapsol <ige> applaud; clap
tár <fn> **1.** *(fegyveren)* magazine **2.** infor storage; memory
taraj <fn> *(madáré)* comb; crest
tárca <fn> *(tartó)* wallet
tárcsa <fn> **1.** disc **2.** *(régi telefonokon)* dial
tárcsáz <ige> *(telefonon)* dial: *rossz számot tárcsáz* dial the wrong number
tárcsahang <fn> (dialling) tone
tárgy <fn> **1.** *(konkrét)* object; thing: *az a kis barna tárgy* that small brown object ✲ *Mi az a szép narancssárga tárgy ott?* What's that nice orange thing over there? ✲ *Mire használható ez a tárgy?* What can we use this thing for? **2.** *(írásműé, képé stb.)* subject; theme: *a könyv tárgya* the subject of the book **3.** *(beszélgetésé stb.)* topic; subject; object: *a vita tárgya* the subject of the debate **4.** nyelvt object **5.** isk subject
tárgyal <ige> **1.** negotiate **(vkivel** with sy); confer **(vkivel** with sy) **2.** jog *(bírósági ügyet)* hear✢; try: *Az ügyét holnap tárgyalják.* His case will be heard tomorrow. ✲ *Ügyét a kerületi bíróság tárgyalta.* His case was tried by the district court. **3.** *(kérdést, problémát)* discuss; treat; deal✢ with sg: *realista módon tárgyal egy témát* treat a theme realistically
tárgyalás <fn> **1.** negotiation; discussion; talks <tsz>: *a tárgyalások félbeszakadtak* talks broke down **2.** jog *(bírósági)* hearing; trial; proceedings <tsz>: *bírósági tárgyalás* court hearing ✲ *Múlt héten volt a tárgyalás.* The trial was held last week.
tárgyalóterem <fn> *(bírósági)* courtroom
tárgyas <mn> nyelvt transitive: *tárgyas ige* transitive verb
tárgyatlan <mn> nyelvt intransitive: *tárgyatlan ige* intransitive verb
tárgyeset <fn> nyelvt accusative (case)
tárgyilagos <mn> objective; unbias(s)ed; detached
tárgykör <fn> field; domain
tárgymutató <fn> index (tsz: indices v. indexes)
tarifa <fn> tariff: *kedvezményes (vám)tarifa* preferential tariff
tarisznya <fn> satchel; bag
tarka <mn> **1.** *(sokszínű)* colourful; AmE colorful **2.** *(változatos)* colourful; AmE colorful
tarkó <fn> nape; back of the head/neck
tárlat <fn> (art) exhibition
tárol <ige> **1.** store; stock; keep✢: *a gyümölcsöt a pincében tárolja* store the fruit in a cellar **2.** infor store
társ <fn> **1.** companion; partner; mate **2.** *(hivatalban)* colleague **3.** *(üzleti vállalkozásban)* (business) partner
társadalmi <mn> social: *társadalmi problémák* social problems ✲ *társadalmi reform* social reforms
társadalom <fn> society; community: *modern nyugati társadalmak* modern western societies ✲ *napjaink társadalmának problémái* the problems of today's society ✲ *az egész társadalom* the whole community
társadalombiztosítás <fn> social insurance/security; BrE National Health Service
társadalomtudomány <fn> social science
társalgás <fn> conversation; talk
társalgó <fn> *(helyiség)* lounge
társalog <ige> converse; talk
társaság <fn> **1.** *(emberek együtt)* society; company: *rossz társaságba keveredik* get into bad

company **2.** *(együttlét)* society; companionship; company: *Élvezem a fiatalok társaságát.* I enjoy the companionship of young people. **3.** *(egyesület)* society; association: *az egyetemi zenekedvelők társasága* the university music society **4.** *(gazdasági)* company; corporation; firm

társasági adó <fn> gazd corporation tax

társasjáték <fn> board game

társul <ige> *(vállalkozásban)* enter into partnership **(vkivel** with sy)

társulat <fn> szính (theatre) company

tart <ige> **1.** *(fog)* hold✢: *Egy könyvet tartok a kezemben.* I am holding a book in my hand. **2.** *(megtart)* carry; hold✢: *A falak tartják a tetőt.* The walls carry the roof. **3.** *(tárol)* keep✢: *egy doboz csokit tart a konyhaszekrényben* keep a box of chocolate in the cupboard ✶ *biztonságos helyen tartja a pénzét* keep one's money in a safe place **4.** *(maraszt, tartóztat)* hold✢ **(vkit vhol** sy swhere): *túszként tart fogva* hold sy hostage **5.** *(nem változtat)* hold✢; keep✢ to sg **6.** *(vmilyen állapotban)* keep✢: *hidegen tartja a tejet* keep the milk cold **7.** *(vkivel)* accompany sy; go✢ with sy **8.** *(állatot)* keep✢: *Két disznót tart.* He keeps two pigs. **9.** *(foglalkoztat)* employ **10.** *(vél)* consider; think✢; regard; hold✢: *gazdagnak tartják* be considered rich ✶ *Jó orvosnak tartom.* I consider him to be a good doctor. ✶ *bűnnek tart vmit* regard sg as a crime ✶ *Mindannyian hősnek tartjuk őt.* We all regard him as a hero. **11.** *(vmilyen irányba)* head for sg; keep✢ to sg; make✢ for sg: *Merre tartasz?* Where are you heading? ✶ *jobbra tart (forgalom stb.)* keep to the right **12.** *(vmely ideig, időpontig)* last: *Az utunk két hétig tartott.* Our journey lasted for two weeks. ✶ *A koncert egész éjszaka tartott.* The concert lasted all night. **13.** *(fél)* fear **(vkitől/vmitől** sy/sg); be✢ afraid **(vkitől/vmitől** of sy/sg): *a legrosszabbtól tart* fear the worst ✶ *attól tartok, hogy…* I am afraid that…

tartalék <fn> **1.** reserve **2.** sp reserve

tartalmas <mn> **1.** *(tápláló)* substantial **2.** *(írás stb.)* meaty

tartalmaz <ige> hold✢; contain; *(magában foglal)* include; comprise: *Az a doboz tíz kilogramm hagymát tartalmaz.* That box holds ten kilograms of onions. ✶ *A lista közel 400 halfajtát tartalmaz.* The list contains nearly 400 types of fish. ✶ *Az ár tartalmazza az áfát is.* The price includes VAT as well.

tartalom <fn> **1.** *(dologé)* contents <tsz>: *a táskám tartalma* the contents of the bag **2.** *(írásműé stb.)* content: *a cikk tartalma* the content of the article **3.** *(tartalomjegyzék)* contents <tsz>; table of contents **4.** *(összetevő)* content

tartalomjegyzék <fn> table of contents; contents <tsz>

tartály <fn> container; *(folyadéknak)* tank: *légmentes tartály* an airtight container

tartályhajó <fn> tanker

tartálykocsi <fn> tanker

tartam <fn> duration; period; term

tartásdíj <fn> maintenance

tartó <fn> **1.** *(tok)* case; holder **2.** *(támasztásra)* support; prop; stay

tartomány <fn> **1.** province: *Kanada valamennyi tartományát meglátogatja.* He is going to visit all the provinces of Canada. **2.** infor domain

tartós <mn> **1.** *(hosszan tartó)* lasting; long-lasting; permanent: *tartós béke* lasting peace **2.** *(ellenálló)* durable; *(ruha, anyag stb.)* hard-wearing

tartós munkanélküliség <fn> gazd long-term unemployment

tartósít <ige> *(élelmiszert)* preserve; process

tartósítószer <fn> preservative

tartozás <fn> debt: *kiegyenlíti a tartozását* pay off a debt

tartozék <fn> attachment; accessory; fixture: *tartozékok e szerszámhoz* attachments for this tool

tartozik <ige> **1.** belong **(vkihez/vmihez** to sy/sg): *Ezek a szigetek Görögországhoz tartoznak.* These islands belong to Greece. **2.** *(anyagilag)* owe **(vkinek vmivel** sy sg): *A barátom kölcsönadott egy kis pénzt, úgyhogy én tartozom neki azzal az összeggel.* My friend lent me some money so I owe him that sum. **3.** concern **(vkire** sy) **4.** *(tagja, része)* fall✢ under/within sg; be✢ classed among sg **5.** *(erkölcsileg)* owe **(vkinek vmivel** sy sg)

tartózkodás <fn> **1.** *(vhol ideiglenesen)* stay; *(vhol tartósan)* residence: *nagyon élvezi budapesti tartózkodását* enjoy one's stay in Budapest **2.** *(visszafogottság)* reserve; restraint **3.** *(szavazásnál)* abstention

tartózkodási engedély <fn> residence permit

tartózkodási hely <fn> residence: *állandó tartózkodási hely* permanent residence

tartózkodik <ige> **1.** *(vhol ideiglenesen)* stay; *(hosszabb időre)* reside; dwell✢: *külföldön tartózkodik* stay abroad **2.** abstain **(vmitől** from sg); refrain **(vmitől** from sg): *Kérem, tartózkodjanak a dohányzástól!* Please refrain from smoking. **3.** *(szavazásnál)* abstain

tartózkodó <mn> reserved; aloof

tasak <fn> bag

táska <fn> bag; AmE purse: *A táska nagyon tele van, nem tudom becipzározni.* This bag's too full, I can't zip it. * *Mindig visz magával egy táskát.* She's always carrying a purse.
taszít <ige> **1.** *(lök)* push; thrust✢ **2.** *(undorít)* repel
tataroz <ige> *(házat)* renovate
táv <fn> sp distance
tavaly <hsz> last year: *Az árak tavaly csökkentek.* Prices dropped last year. * *Tavaly vették föl az egyetemre.* She entered the university last year.
tavalyi <mn> last year's; of last year <csak hátravetve>
tavasz <fn> spring: *Végre megjött a tavasz.* At last spring has arrived. * *tavasszal* in (the) spring
tavaszi <mn> spring: *tavaszi virágok* spring flowers
tavaszodik <ige> spring is coming
távcső <fn> binoculars <tsz>; *(egycsövű)* telescope
távirányító <fn> remote control: *Nem találom a távirányítót.* I can't find the remote control.
távirat <fn> telegram; wire: *táviratot küld* send a telegram
távközlés <fn> telecommunications <tsz>
távlat <fn> **1.** *(térbeliséget szemléltető)* perspective **2.** *(kilátás)* prospect; outlook: *új távlatokat nyit meg vki előtt* open up a new prospect to sy
távmunka <fn> teleworking; homeworking
távoktatás <fn> distance learning; BrE the Open University
¹távol <hsz> far (away); away; off: *közel s távol* near and far * *távol esik vmitől* be far away from sg * *távol marad* stay away * *Két hétig volt távol.* She was away for two weeks. * *távol a parttól* off the shore
²távol <fn> distance; remoteness: *egy homályos alak a távolban* a vague shape in the distance * *a messze távolban* far away in the distance
távoli <mn> **1.** *(térben)* distant; remote; faraway: *a világ távoli részeibe utazik* travel to distant parts of the world * *távoli ország* remote country **2.** *(időben)* far; *távoli jövőben* in the far future **3.** *(kapcsolat)* distant; remote: *távoli rokon* distant relative * *távoli ősök* remote ancestors
Távol-Kelet <fn> the Far East
távollátó <mn> long-sighted; AmE far-sighted
távollét <fn> absence: *Távollétében én veszem át az ő munkáját.* In her absence I am doing her job.
távolodik <ige> move away; draw✢ away

távolság <fn> **1.** *(térbeli)* distance: *látási távolság* visual distance **2.** *(időbeli)* interval **3.** *(máshoz való)* distance
távolságtartó <mn> distant; remote; aloof
távolugrás <fn> sp the long jump; AmE the broad jump
távozás <fn> departure; leaving
távozik <ige> leave✢; *(szállodából)* check out: *távozik az asztaltól* leave the table
távvezérlés <fn> remote control
taxi <fn> taxi; cab: *taxival megy* take a taxi * *taxit hív (telefonon)* call a taxi * *leint egy taxit* hail a taxi
taxisofőr <fn> taxi driver; biz cabbie
tbc [= tuberkulózis] <fn> TB (= tuberculosis)
te <szem névm> **1.** you: *Te vagy a legjobb barátom.* You are my best friend. * *Te rosszcsont!* You naughty boy! * *Te saját magad nem tudod megcsinálni.* You yourself can't do it. **2.** *(birtokos)* your: *a te könyved* your book
tea <fn> **1.** *(növény)* tea **2.** *(szárított levelek)* tea: *filteres tea* tea bags **3.** *(ital)* tea: *Kér(sz) még egy csésze teát?* Would you like another cup of tea? * *Kávét vagy teát kér(sz)?* Would you like coffee or tea? * *Szeretnék egy csésze teát.* I would like a cup of tea. **4.** *(teadélután)* tea: *Az összes barátomat meghívtam teára.* I invited all my friends to tea.
teafőző <fn> kettle: *A teafőző sípol.* The kettle is whistling.
teáscsésze <fn> teacup
teáskanna <fn> teapot
teasütemény <fn> teacake
teaszűrő <fn> tea strainer
teázik <ige> drink✢/have✢ tea
technika <fn> **1.** *(tudomány)* technology **2.** *(módszer, eljárás)* technique
technológia <fn> technology: *Ez volt a modern technológia egyik legnagyobb diadala.* That was one of the greatest triumphs of modern technology.
teendő <fn> task; work (to do); duty
téged → **te**
tegez <ige> use the familiar pronoun; address sy familiarly
tégla <fn> **1.** brick **2.** *(besúgó)* mole
téglalap <fn> rectangle
tegnap <hsz> yesterday: *tegnap reggel* yesterday morning * *tegnap éjjel* last night * *Tegnap az állatkertbe mentem.* Yesterday I went to the zoo. * *Tegnap találkoztam vele.* I met him yesterday.
tegnapelőtt <hsz> the day before yesterday
tegnapi <mn> yesterday's; of yesterday <csak hátravetve>: *a tegnapi újság* yesterday's paper

tehát <ksz> **1.** *(következésképpen)* consequently; thus; so: *Ma van a tizenhetedik születésnapja, jövőre lesz tehát a tizennyolcadik.* Today is his seventeenth birthday, so next year will be his eighteenth. **2.** *(úgyhogy)* so
tehén <fn> cow
teher <fn> **1.** burden; weight; load **2.** *(rakomány)* freight; cargo **3.** *(nehézség)* burden; load: *terhére van vkinek* be a burden to sy **4. teherbe esik** get✧/become✧ pregnant
teherautó <fn> lorry; AmE truck; *(kisteherautó)* van: *A teherautók óriási zajjal robogtak végig az úton.* The trucks made a lot of noise as they went along the road. ✶ *Az utat egy nagy teherautó torlaszolja el.* The road is obstructed by a big lorry.
teherhajó <fn> cargo boat; freighter
teherkocsi <fn> *(zárt vasúti)* covered goods wag(g)on; AmE boxcar
tehetetlen <mn> helpless
tehetős <mn> well-to-do
tehetség <fn> **1.** *(tulajdonság)* talent; gift; ability: *tehetsége van vmihez* have talent/gift for sg ✶ *tehetsége van a nyelvekhez* have a talent for languages ✶ *Van némi zenei tehetsége.* He has some musical ability. **2.** *(személy)* talented person; talent
tehetséges <mn> talented; gifted
tej <fn> milk: *vesz egy kis tejet* buy some milk ✶ *egy pohár tej* a glass of milk ✶ *Megsavanyodott a tej.* The milk has gone sour.
tejbedara <fn> ≈ semolina pudding
tejberizs <fn> ≈ rice pudding
tejcsokoládé <fn> milk chocolate
tejeskávé <fn> white coffee
tejfog <fn> milk tooth (tsz: milk teeth)
tejföl <fn> sour cream
tejszín <fn> cream
tejszínhab <fn> whipped cream
tejtermék <fn> dairy produce
tejút <fn> The Milky Way
tejüzem <fn> dairy
teke <fn> **1.** *(golyó)* bowl; ball **2.** *(játék)* bowling
tekebáb <fn> pin
tekepálya <fn> bowling alley
teker <ige> **1.** *(körben)* wind✧; twist: *sálat teker a nyaka köré* wind a scarf round one's neck **2.** *(beburkol)* wind✧; twist **3.** biz *(biciklizik)* pedal
tekercs <fn> **1.** roll; reel: *egy tekercs film* a roll of film **2.** el coil
tekint <ige> **1.** *(néz)* look (**vkire/vmire** at sy/sg); *(pillant)* glance (**vkire/vmire** at sy/sg) **2.** *(tart)* regard (**vminek** as sg); consider (**vminek** as sg): *bűnnek tekint vmit* regard sg as a crime **3.** *(számításba vesz vmit)* take✧ sg into account/consideration; consider
tekintély <fn> prestige; authority; *(befolyás)* influence: *tekintély elvesztése* loss of prestige ✶ *tekintélye van vki előtt* have authority over sy
tekintélyes <mn> **1.** *(személy)* (highly) respected **2.** *(megbecsült)* prestigious; reputable **3.** *(mennyiség)* considerable; siz(e)able; respectable: *tekintélyes fizetés* respectable salary
tekintet <fn> **1.** *(pillantás)* look; glance **2.** *(figyelembevétel)* regard; respect; consideration: *Mindig úgy humorizál, hogy nincs tekintettel az érzéseinkre.* He always tells his jokes without regard for our feelings. ✶ *vmire való tekintet nélkül* without respect to sg ✶ *tekintetbe vesz vmit* take sg into consideration
tekintve <hsz> considering; regarding; as for; with regard to
teknő <fn> *(teknősbékáé)* shell
teknősbéka <fn> tortoise; *(tengeri)* turtle: *A teknősbékánk behúzta a fejét a páncéljába.* Our tortoise pulled its head into its shell.
tel. [= telefon] tel. (= telephone)
tél <fn> winter: *télen* in winter ✶ *ezen a télen* this winter ✶ *tavaly télen* last winter
¹tele <hsz> full (**vmivel** of sg); filled (**vmivel** with sg): *tele van reménnyel* be full of hope ✶ *Tele vagyok.* I'm full (up). ✶ *csordultig tele* full to the brim
²tele <mn> full
telefon <fn> telephone; phone; *(kagyló)* receiver: *Csöng a telefon.* The telephone/phone is ringing. ✶ *Kérlek, vedd fel a telefont!* Answer the telephone/phone, please. ✶ *Telefonon beszéltem vele.* I spoke to him by telephone. ✶ *Légy szíves, vedd fel a telefont!* Will you please lift the receiver.
telefonál <ige> telephone (**vkinek** sy); call (**vkinek** sy); phone sy (up); ring✧ sy (up): *Most telefonálni fogok neki.* I am going to telephone him now.
telefonbeszélgetés <fn> (telephone) call
telefonfülke <fn> (tele)phone box; call box
telefonhálózat <fn> telephone network
telefonhívás <fn> (telephone) call: *bejövő telefonhívások* incoming telephone calls
telefonkagyló <fn> receiver: *Légy szíves, vedd fel a telefonkagylót!* Will you please lift the receiver.
telefonkártya <fn> phonecard
telefonkészülék <fn> (tele)phone
telefonkönyv <fn> (telephone) directory; (tele)phone book
telefonközpont <fn> telephone exchange; *(intézményé)* switchboard

telefonszám <fn> (tele)phone number: *öt számjegyű telefonszám* a five-digit telephone number * *A telefonszáma 98 22 37.* His telephone number is nine eight double two three seven.

telefonszámla <fn> (tele)phone bill: *Elnézést kérünk a telefonszámla kései kifizetéséért!* We are sorry for late payment of the phone bill.

telefontöltő <fn> mobile charger; *(hordozható)* portable charger

telek <fn> 1. building plot/site 2. *(hétvégi)* plot; *(veteményes)* allotment

telekommunikáció <fn> telecommunications <tsz>

telemarketing <fn> gazd telemarketing

teleobjektív <fn> telephoto lens

teleönt <ige> fill sg (up)

telep <fn> 1. *(település)* settlement; colony 2. *(ipari stb.)* works <+ esz/tsz ige> 3. vill *(elem)* battery

telepátia <fn> telepathy

telepes <fn> settler

telepít <ige> 1. *(növényt)* plant 2. infor *(programot)* install

település <fn> settlement

teleszkóp <fn> telescope

teletölt <ige> *(vmit)* fill sg (up)

televízió <fn> 1. *(készülék)* television (set); TV (set): *Kapcsold be/ki a televíziót!* Turn on/off the television. 2. *(műsor)* television; TV 3. *(intézmény)* television

telhetetlen <mn> insatiable

téli <mn> winter: *a hosszú téli hónapok* the long winter months

télies <mn> wintry

telihold <fn> full moon: *Ma este telihold van.* There is full moon tonight.

telik <ige> 1. *(tele lesz)* become✧ full 2. *(idő)* go✧; go✧ by; pass; elapse: *Ez az év lassan telt.* This year has gone slowly. 3. *(vmennyi időbe)* take✧: *Sok időbe telik.* It takes a long time.

télikabát <fn> winter coat

telitalálat <fn> *(szerencsejátékban)* jackpot

teljes <mn> 1. *(egész)* complete; full; entire; whole; total: *Teljes a csapat.* The team is complete. * *teljes ellátás* full board * *teljes név* full name * *egy teljes hét* a whole week 2. *(legnagyobb mértékű)* complete; absolute; total: *a teljes igazság* the absolute truth * *teljes kezdő* an absolute beginner * *Most teljes csönd van a házban.* There is now total silence in the house.

teljesít <ige> 1. *(feladatot)* carry sg out; perform; complete: *Teljesítsd a munkádat!* Carry out your work! 2. *(megbízatást)* discharge; perform 3. *(kötelességet)* do✧; fulfil: *teljesíti kötelességét* do one's duty 4. *(parancsot)* follow; carry sg out; execute; discharge

teljesítmény <fn> 1. achievement; performance; accomplishment 2. *(üzemé, gépé stb.)* output; performance: *Növelnünk kell a teljesítményt.* We have to improve the performance.

telt <mn> 1. *(megtelt)* full: *Telt ház volt.* There was a full house. 2. *(alak)* plump 3. *(hang)* rich; full; biz fruity

teltkarcsú <mn> buxom

téma <fn> 1. *(beszédé, írásműé)* topic; theme; subject (matter): *Mi a beszélgetés témája?* What is the topic of the conversation? * *Mi a regény témája?* What is the theme of the novel? * *a könyv témája* the subject of the book * *még valamit mond ebben a témában* say something else on this subject 2. *(zenei)* theme 3. *(kutatási)* project: *Egy nagyobb kutatási témán dolgozunk.* We are working on a major project.

témakör <fn> topic; subject; field

temet <ige> bury

temetés <fn> funeral; burial

temető <fn> cemetery; *(templom körül)* churchyard

temperamentum <fn> temperament

templom <fn> church: *a templom harangja* the bell of the church * *Kereszt látható a templom tetején.* There is a cross on the top of the church.

templomtorony <fn> church tower; steeple

tempó <fn> 1. *(mozgásé)* speed; rate; pace: *kényelmes tempóban* at a gentle pace * *diktálja a tempót* set the pace 2. *(cselekvésé)* pace; tempo 3. zene tempo 4. *(úszásban)* stroke

Temze <fn> Thames

tendencia <fn> tendency

tender <fn> gazd tender

tengely <fn> 1. *(keréké)* axle; shaft 2. mat, fiz axis (tsz: axes)

tengelykapcsoló <fn> clutch

tenger <fn> sea: *úszik a tengerben* swim in the sea * *a tenger mellett bérel házat* rent a house by the sea * *a Földközi-tenger* the Mediterranean Sea * *a nyílt tenger* the open sea

tengeralattjáró <fn> submarine: *nézi, ahogy a tengeralattjáró elmerül/alámerül* watch the submarine submerging

tengerentúl <fn> overseas countries: *a tengerentúlra megy* go overseas * *a tengerentúlon* overseas

tengerész <fn> sailor; seaman (tsz: seamen): *Ha tengerész akarsz lenni, edzettnek kell lenned.* You must be tough if you want to be a sailor.

tengerfenék <fn> sea bed
tengeribeteg <mn> seasick
tengerimalac <fn> guinea pig
tengerpart <fn> *(partvidék)* coast; *(strand)* beach; *(üdülési szempontból)* seaside
tengerszint <fn> sea level: *1200 méterrel a tengerszint felett* 1200 metres above sea level
tengerszoros <fn> strait
tengervíz <fn> sea water
tenisz <fn> tennis
teniszezik <ige> play tennis
teniszező <fn> tennis player
teniszpálya <fn> tennis court
teniszütő <fn> (tennis) racket
tennivaló <fn> task; work (to do); duty: *Akárki jön hozzám, rengeteg tennivalója lesz a kertben.* Whoever comes to me will have a lot of work to do in the garden.
tenor <fn> **1.** *(hang)* tenor **2.** *(szólam)* tenor **3.** *(énekes)* tenor
tény <fn> *(valóság)* fact: *Ez tény.* It's a fact. * *Általánosan elfogadott tény.* It is an accepted fact.
tenyér <fn> palm: *tenyeréből jósol vkinek* read sy's palm
tenyészt <ige> raise; rear; breed✥: *Marhát tenyészt.* He raises cattle. * *Ezeket a lovakat Magyarországon tenyésztették.* These horses were bred in Hungary.
tényező <fn> **1.** factor: *fejlődést kialakító tényező* factor of evolution * *Politikájukat négy tényező irányítja.* Their policy is governed by four factors. **2.** mat factor
tényleg <hsz> indeed; really; truly: *Tényleg nagyon köszönöm!* Thank you very much indeed. * *Ez az ital tényleg nagyon hideg.* This drink is very cold indeed. * *Te tényleg élvezed ezt az unalmas filmet?* Do you really enjoy this boring film? * *„Felvették az egyetemre." „Tényleg?"* 'She was accepted by the university.' 'Really?' * *Tényleg zavarban vagyok.* Truly I am puzzled.
tényleges <mn> real; actual; true: *Mi a tényleges probléma?* What is the real problem?
teológia <fn> theology; divinity
tép <ige> tear✥; rip: *Darabokra téptem a rajzot.* I tore the drawing to pieces. * *cafatokra tép vmit* tear sg to shreds
tépelődik <ige> brood; ruminate
tépőzár <fn> Velcro
tepsi <fn> roasting tin; baking tin; cake tin
¹**tér** <ige> *(vmilyen irányba)* turn: *jobbra tér* turn right
²**tér** <fn> **1.** *(városban)* square: *a Deák téren találkoznak* meet at Deák Square * *Ez a tér zsúfolásig van emberekkel.* This square is overflowing with people. **2.** *(férőhely)* space; room: *Nagy teret foglal el.* It takes up a lot of space/room. **3.** *(szakmai)* field; line
terápia <fn> therapy
terasz <fn> terrace: *A terasz északra néz.* The terrace faces north.
térbeli <mn> spatial
térd <fn> knee: *térdre borul* go down on one's knees
térdel <ige> kneel✥; be✥ on one's knees
térdkalács <fn> kneecap
tereget <ige> *(ruhát)* hang✥ out/up (to dry)
¹**terem** <ige> *(növény)* yield; produce; bear✥: *Az idén sok almát termett ez a fa.* This tree has yielded a lot of apples this year. * *gyümölcsöt terem* bear fruit
²**terem** <fn> *(kisebb)* room; *(nagyobb)* hall; chamber: *A terem kétszáz ember befogadására alkalmas.* The hall can accommodate two hundred people.
teremőr <fn> attendant
teremt <ige> create; produce; make✥: *munkahelyeket teremt* create jobs * *kapcsolatot teremt vkivel* make contacts with sy
teremtés <fn> **1.** *(alkotás)* creation **2.** *(személy)* thing; creature: *Te szegény teremtés!* You poor thing!
teremtmény <fn> creature
¹**teremtő** <mn> creative
²**teremtő** <fn> **a Teremtő** the Creator
terep <fn> terrain; land; ground
terepjáró <fn> jeep
térfél <fn> sp half (tsz: halves); end
térfogat <fn> volume; capacity: *Mekkora a térfogata ennek a tartálynak?* What is the capacity of this tank?
terhel <ige> **1.** burden; load **2.** *(terhére van)* trouble; bother
terhelés <fn> **1.** *(teher)* burden; load **2.** *(lelki, szellemi, fizikai)* stress
terhes <mn> **1.** *(állapotos)* pregnant; expectant: *Az unokatestvérem terhes.* My cousin is pregnant. * *terhes anya* an expectant mother **2.** *(vki számára)* irksome; trying; burdensome
terhesség <fn> pregnancy
terhességmegszakítás <fn> abortion
tériszony <fn> agoraphobia
terít <ige> **1.** spread✥ (**vmit vhova** sg on/over sg): *abroszt terít a fűre* spread a tablecloth on the grass **2.** *(asztalt)* lay✥ the table
térít <ige> **1.** *(más irányba)* turn; direct **2.** *(vmely hitre)* convert
terítő <fn> tablecloth; cover
terjed <ige> **1.** spread✥; expand; increase **2.** *(hír)* spread✥; circulate; go✥ round; get✥ about/round: *A jó hír gyorsan terjed.* Good news

spreads quickly. **3.** *(fény, hang)* travel **4.** *(terület)* stretch; extend
terjedelem <fn> **1.** *(kiterjedés)* size; extent **2.** *(térfogat)* volume **3.** *(szövegé)* length **4.** *(könyvé)* size
terjedelmes <mn> **1.** big; large; extensive; spacious **2.** *(hosszú)* long
terjeszkedik <ige> spread* (out); expand: *Terjeszkedik a cég.* The firm is spreading out.
terjeszt <ige> **1.** *(betegséget)* spread*: *A macskák egy komoly betegséget terjesztenek.* Cats spread a serious disease. **2.** *(gondolatokat stb.)* spread*; diffuse; disseminate **3.** *(hírt)* spread* about/around; circulate **4.** *(sajtóterméket)* distribute; sell* **5.** hiv submit (**vmit vki elé** sg to sy); present (**vmit vki elé** sg to sy)
terjesztés <fn> *(lapé, könyvé stb.)* distribution
térkép <fn> map: *megtalál vmit a térképen* find sg on the map * *Ez egy 1:20 000 méretarányú térkép.* This map has a scale of 1:20000.
termálfürdő <fn> thermal baths <tsz>
termék <fn> product; *(mezőgazdasági)* produce: *Egy új terméket találhatunk a piacon.* We can find a new product on the market. * *bruttó hazai termék* gross domestic product (GDP) * *bruttó nemzeti termék* gross national product (GNP) * *mezőgazdasági termékek* agricultural/farm produce
termékeny <mn> **1.** *(föld, növény)* fertile **2.** *(állat)* fertile; prolific **3.** *(eredményes)* productive; fruitful **4.** *(író stb.)* prolific: *termékeny dalszerző* a prolific songwriter
termékeltlen <mn> **1.** *(föld, növény)* infertile; barren **2.** *(nemileg)* infertile **3.** *(eredménytelen)* unproductive
termel <ige> **1.** *(gyárt)* produce **2.** *(termeszt)* produce; grow* **3.** biol *(szervezet)* secrete
termelés <fn> production: *Próbáljátok meg növelni a termelést!* Try to increase your production.
termelési eljárás <fn> ipar production technology
termelő <fn> **1.** producer; maker **2.** mezőg grower; farmer
termés <fn> **1.** crop; yield: *gyenge termés* poor crop **2.** *(gyümölcs)* fruit
természet <fn> **1.** nature: *Nézd a természet szépségét!* Look at the beauty of nature. **2.** *(alkat)* nature; character; temper; temperament; disposition: *Vidám természetű fiú.* This boy has a happy nature. * *rossz természetű* have a bad temper **3.** *(jelleg)* nature; character
természetbarát <fn> nature lover
természetellenes <mn> unnatural
természetes <mn> **1.** natural **2.** *(viselkedés)* natural; unaffected; simple

természettudomány <fn> science: *Mind a természettudomány, mind a nyelvek terén igen jó.* He is very good at both science and at languages.
természetvédelem <fn> (nature) conservation; environmental protection
természetvédelmi terület <fn> nature reserve; conservation area
természetvédő <fn> conservationist; environmentalist
termeszt <ige> grow*; produce: *görögdinnyét termeszt* grow water melons * *Ennek az almának két különböző fajtáját termesztik ebben a kertben.* They grow two different varieties of this apple in this garden.
terminológia <fn> terminology
termosz <fn> thermos (flask); vacuum flask; AmE vacuum bottle
termosztát <fn> thermostat
termőföld <fn> arable land; agricultural land
terpeszkedik <ige> biz stretch; sprawl
terrárium <fn> terrarium (tsz: terrariums v. terraria)
terror <fn> terror; terrorism
terrorcselekmény <fn> (act of) terrorism
terrorista <fn> terrorist
terrorizál <ige> terrorize; BrE terrorise
terrorizmus <fn> terrorism
terrortámadás <fn> terrorist attack
térség <fn> area; region: *ebben a térségben* in this area
terület <fn> **1.** area; region; territory; land: *e(zen a) területen* in this area * *Az ország északi területei sokkal szelesebbek.* The northern regions of the country are much more windy. **2.** mat surface; area **3.** *(tevékenységé)* field; sphere; scope; domain: *a zene területén híres* famous in the field of music * *kutatási terület* field of research
terv <fn> **1.** plan; scheme; *(szándék)* intention; purpose; *(ütemterv)* schedule: *terv szerint* according to plan * *Mik a terveid hétvégére?* What are your plans for this weekend? **2.** *(tervrajz)* plans <tsz>; design: *Itt vannak az új házunk tervei.* Here are the plans of our new house.
tervez <ige> **1.** *(tervbe vesz)* plan; think* (of sg); consider; *(szándékozik)* intend: *A családom azt tervezi, hogy új autót vásárol.* My family plans to buy a new car. * *Azt tervezem, hogy elmegyek úszni.* I think I'll go for a swim. **2.** *(épületet)* plan; design: *Maga tervezte a nyaralóját.* He planned his summer house himself. **3.** *(ruhát)* design
tervezet <fn> draft
tervező <fn> *(építész)* designing architect; *(ruhatervező)* (dress) designer

tervrajz <fn> plan; blueprint; *(vázlat)* draft
tessék <msz> **1.** *(kopogtatásra válasz)* come in **2.** *(szíveskedjék)* please: *Erre tessék!* This way, please! ∗ *Tessék helyet foglalni!* Please, sit down. **3.** *(visszakérdezésként)* sorry; pardon; (I) beg your pardon: *Tessék? Mit mondtál?* Sorry? What did you say? **4.** *(átnyújtva vmit)* here you are **5.** *(asztalnál)* help yourself
test <fn> **1.** body: *az emberi test* the human body ∗ *idegen test* foreign body **2.** fiz body **3.** mat solid: *mértani test* geometric solid
♦ **Csak lassan a testtel!** biz Take it easy.

→ Lásd a Tartalomjegyzékben a Tematikus rajzokat!

testalkat <fn> build; frame; physique: *erős testalkatú* have a strong frame
testápolás <fn> personal hygiene; body care
testápoló <fn> body lotion
testépítés <fn> body building
testes <mn> stout; corpulent; portly
testi <mn> corporal; physical; bodily: *testi fenyítés* corporal punishment ∗ *testi erő* physical strength ∗ *testi hiba/fogyatékosság* physical defect/handicap ∗ *súlyos testi sértés* grievous bodily harm
testmagasság <fn> body height
testnevelés <fn> physical education; PE
testőr <fn> bodyguard
testradír <fn> body scrub
testrész <fn> part of the body
testsúly <fn> body weight
testtartás <fn> posture
testület <fn> body; board; staff; corporation: *tanácsadó testület* advisory board ∗ *a testület tagja* a member of the staff
testvaj <fn> body butter
testvér <fn> **1.** *(fiú)* brother; *(lány)* sister: *testvérek* brothers and sisters ∗ *Testvérek vagyunk.* We are sisters. **2.** *(embertárs)* brother
testvéri <mn> fraternal; brotherly; sisterly
testvérpár <fn> brother and sister <tsz>
testvérváros <fn> twin town/city
tesz <ige> **1.** *(cselekszik)* do✣: *Mit tegyek?* What shall I do? **2.** *(végrehajt)* make✣: *kísérletet tesz vmire* make an attempt to do sg ∗ *kerülőt tesz, hogy a nagy forgalmat elkerülje* make a detour to avoid the traffic **3.** *(vmilyenné, vmivé)* make✣; render; turn: *Ez a hang idegessé tesz.* This sound makes me nervous. ∗ *A futás fitté tesz.* Running makes you fit. **4.** *(helyez)* put✣; place; *(állít)* stand✣; *(fektet)* lay✣: *Az asztalra tettem a csomagomat.* I put my bag on the table. ∗ *A tányérokat tedd a szekrénybe!* Put the plates into the cupboard. ∗ *Hova tetted a kulcsot?* Where did you put the key? ∗ *rendbe tesz* place in order **5.** *(írásjelet)* put✣: *idézőjelbe tesz vmit* put sg in inverted commas ∗ *a szó mellé tesz egy csillagot* put an asterisk by the word **6.** *(rangban, fontosságban stb.)* place: *első helyre teszik* be placed first **7.** *(fogad)* stake (**vmire** on sg); lay✣ (**vmire** on sg); put✣ (**vmire** on sg) **8.** *(színlel)* pretend: *úgy tesz, mintha nem hallaná* pretend not to hear it
teszt <fn> test: *Holnap tesztet írunk matekból.* We are going to have a maths test tomorrow.
tészta <fn> **1.** *(száraz, kifőtt)* pasta **2.** *(sült)* cake; pastry; pie **3.** *(massza)* dough
tesztel <ige> test: *tesztelj az új autót* test a new car
tét <fn> stake: *emeli a tétet* raise the stake
tétel <fn> **1.** *(állítás)* proposition **2.** *(vizsgatétel)* exam(ination) topic **3.** zene movement: *a hegedűverseny lassú tétele* the slow movement of the violin concerto **4.** mat theorem **5.** gazd *(áru)* item **6.** *(felsorolásban)* item
tetem <fn> **1.** *(emberi)* corpse; (dead) body **2.** *(állaté)* carcass
tetemes <mn> considerable; siz(e)able; large: *tetemes összeg* a considerable amount
tétlen <mn> idle; inactive; passive: *tétlenül áll* stand idle
tétova <mn> hesitant
tetovál <ige> tattoo
tetoválás <fn> tattoo
tétovázik <ige> hesitate; waver
tető <fn> **1.** *(házé)* roof: *lapos tető* flat roof ∗ *A házunknak piros a teteje.* Our house has a red roof. **2.** *(felnyitható, levehető)* cap **3.** *(járműé)* roof; top **4.** *(legfelső rész)* top: *a lépcső tetején* at the top of the stairs ∗ *a lap tetején* at the top of the page **5.** *(hegyé)* peak

♦ **tető alá hoz vmit** complete sg ♦ **tetőtől talpig** from top to toe; from head to foot
♦ **Ez mindennek a teteje!** biz It's the last straw. ♦ **Ennek nincs semmi teteje.** biz There is no sense in it.
tetőcserép <fn> (roof) tile
tetőcsomagtartó <fn> roof rack
tetőpont <fn> highest point; peak; top; height; summit: *pályájának tetőpontja* the peak of his career
tetőtér <fn> attic; loft
tetszetős <mn> attractive
tetszik <ige> **1.** like; appeal; please: *ahogy tetszik* as you like it ∗ *akár tetszik, akár nem* like it or not ∗ *Hogy tetszik?* How do you like it? ∗ *Az új játék tetszett a fiamnak.* The new toy

appealed to my son. * *Azt az ajtót használod, amelyik tetszik.* Use whichever door you please. **2.** *(látszik)* seem; look; appear

tett <fn> **1.** *(cselekedet)* act; action; deed: *bolond tett a foolish act* * *Eljött a tettek ideje!* It is time for action. * *bátor tett* a brave deed **2.** *(bűntett)* crime; criminal act
♦ **a tettek embere** a man of action ♦ **tetten ér vkit** catch* sy in the act of sg; catch* sy red-handed

tettes <fn> perpetrator; culprit

tettestárs <fn> accomplice

tettet <ige> pretend; feign; sham: *betegnek tetteti magát* pretend to be ill * *halottnak tetteti magát* feign death

tetthely <fn> scene of the crime

tettlegesség <fn> assault; battery; violence

tetű <fn> louse (tsz: lice)

teve <fn> camel

tévé <fn> **1.** *(készülék)* television (set); TV (set): *Kapcsold be/ki a tévét!* Turn on/off the television. * *Húzd ki a tévé zsinórját, mielőtt lefekszel.* Unplug the TV before you go to bed. **2.** *(műsor)* television; TV: *Mi lesz a tévében ma este?* What's on TV tonight? **3.** *(intézmény)* television

téved <ige> **1.** *(hibázik)* be* mistaken; be* wrong; make* a mistake; err: *Elnézést kérek, tévedtem!* I am sorry but I was mistaken. * *Ha nem tévedek, ő a mamád.* If I am not mistaken, she is your mum. * *Javíts ki, ha tévedek.* Correct me if I'm wrong. **2.** *(irányt tévesztve)* go*/get* swhere by mistake

tévedés <fn> mistake; error; fault: *Tévedésből csináltam.* I did it in error.

tévedhetetlen <mn> infallible

tevékeny <mn> active: *Osztályunk tevékeny tagja.* She is an active member of our class.

tevékenykedik <ige> be* busy; be* active

tevékenység <fn> activity; work; function: *lázas tevékenység* a feverish activity

tévékészülék <fn> television (set); TV (set); biz telly

tévéközvetítés <fn> television/TV broadcast

tévéműsor <fn> television/TV programme; AmE television/TV program

tévénéző <fn> viewer

téves <mn> mistaken; false; wrong; erroneous: *téves információ* false information * *téves kapcsolás* wrong number

téveszt <ige> miss: *célt téveszt* miss the target * *pályát téveszt* miss one's vocation

tévézik <ige> watch television/TV

textil <fn> textile

tézis <fn> thesis (tsz: theses); proposition

ti <szem névm> **1.** you: *Ti nyeritek ezt a versenyt.* You'll win this competition. **2.** *(birtokos)* your: *a ti házatok* your house

tied <birt névm> yours: *ez a tied* this is yours * *Ez az enyém, nem a tied.* This is mine, not yours. * *Itt a tied.* Yours is here.

tietek <birt névm> yours: *ez a tietek* this is yours

tigris <fn> tiger

tilalom <fn> prohibition; ban

¹**tilos** <mn> forbidden; prohibited: *Tilos a dohányzás!* Smoking is forbidden/prohibited.

²**tilos** <fn> **tilosban jár** trespass

tilt <ige> forbid*; prohibit

tiltakozás <fn> protest: *bejelenti a tiltakozását* set up a protest

tiltakozik <ige> protest (**vmi ellen** against sg); object (**vmi ellen** to (doing) sg): *Az új törvény ellen tiltakoztunk.* We protested against the new law. * *Tiltakozom az ellen, hogy gyerekként kezeljenek!* I object to being treated like a child.

tiltott <mn> forbidden; prohibited; illegal; illicit; unlawful: *tiltott parkolás* illegal parking

tincs <fn> lock; curl

tinédzser <fn> teenager: *A 13 és 19 évesek közti korosztályt nevezzük tinédzsereknek.* Boys and girls from 13 to 19 are called teenagers.

tinta <fn> ink: *fekete tinta* black ink * *tintával ír* write in ink

tintahal <fn> squid (tsz: squid v. squids)

tipeg <ige> waddle; *(gyerek)* toddle

tipikus <mn> typical; characteristic: *Tipikus angol reggelit ettünk: sült szalonnát tojással, pirítóst és teát.* We had a typical English breakfast – bacon and eggs, toast, and tea.

tipli <fn> **1.** *(falba)* plug **2.** biz *(dudor)* bump; lump

tipp <fn> biz *(tanács)* tip; hint: *Adj pár hasznos tippet a kertészkedéssel kapcsolatban!* Give me some useful tips on gardening.

tippel <ige> biz guess: *Mire tippelsz?* What is your guess?

típus <fn> type

Tirol <fn> Tyrol

tiszt <fn> officer: *hivatásos tiszt* regular officer * *rangidős tiszt* senior officer

tiszta <mn> **1.** *(nem piszkos)* clean: *Tiszta vagy piszkos?* Is it clean or dirty? * *Ma tiszta a levegő.* The air is clean today. **2.** *(más anyagtól mentes)* pure: *Semmi mást nem hordok, mint tiszta pamutot.* I never wear anything but pure cotton. **3.** *(világos)* clear **4.** *(erkölcsileg stb.)* clear; pure; innocent: *tiszta lelkiismeret* clear conscience * *Ő testben és lélekben tiszta.* She is pure in body and mind. **5.** *(merő, csupa)* pure; sheer; simple: *tiszta szerencse* sheer luck * *a tiszta igazság* the simple truth **6.** *(érthető)* clear **7.** gazd *(súly, ár stb.)* net: *tiszta súly* net weight **8.** *(idő stb.)* clear; fine; fair; bright: *tiszta ég* clear sky * *tiszta idő* a bright day **9.** biz *(fokozásként)* perfect; total: *tiszta hülye* a perfect idiot

tisztálkodik <ige> wash
tisztás <fn> clearing
tisztaság <fn> **1.** *(rendesség)* cleanliness **2.** *(érthetőség)* clarity **3.** *(erkölcsi)* purity
tisztáz <ige> **1.** clarify; clear sg up **2.** *(megvilágít)* elucidate; make* clear; clarify **3.** *(vkit vmi alól)* clear sy of sg
tisztázódik <ige> *(ügy)* be* cleared up
tisztel <ige> respect; esteem: *Mindannyian tiszteljük a tanárunkat.* All of us respect our teacher.
tiszteleg <ige> kat salute (**vkinek** sy)
tisztelet <fn> respect; esteem: *Sokkal több tisztelettel bánj a szüleiddel!* Treat your parents with much more respect. * *tiszteletre méltó* respectable
tiszteletbeli <mn> honorary: *tiszteletbeli tudományos fokozat* honorary degree * *tiszteletbeli tag* honorary member
tiszteletdíj <fn> fee; royalty: *szerzői tiszteletdíj* author's fee
tiszteletlen <mn> disrespectful
tiszteletpéldány <fn> free copy; complimentary copy
tisztelt <mn> *(levélben)* dear: *Tisztelt Uram/Uraim!* Dear Sir/Sirs
tisztesség <fn> *(becsületesség)* honesty; decency
tisztességes <mn> **1.** *(becsületes)* honest; decent **2.** *(elfogadható)* decent
tisztességes kereskedelem <fn> gazd fair trade; fair trading
tisztességtelen <mn> dishonest; indecent; unfair: *tisztességtelen úton* by unfair means
tisztességtelen verseny <fn> gazd unfair competition
tisztít <ige> **1.** *(szennyeződéstől)* clean; cleanse **2.** *(ruhát)* clean; *(vegyszeresen)* dry clean **3.** *(zöldséget)* clean **4.** *(fogat)* brush; clean
tisztító <fn> cleaner's
tisztítószer <fn> detergent
tisztítótűz <fn> vall purgatory
tisztség <fn> position; office: *tisztséget betölt* hold/occupy a position
tisztségviselő <fn> official
tisztul <ige> **1.** become* clean; (become*) clear **2.** *(idő)* clear up
tisztviselő <fn> clerk; official; officer; *(állami)* civil servant: *Beszéltem az Oktatási Minisztérium egy tisztviselőjével.* I talked to an official in the Department of Education.
titeket → ti

titkár <fn> secretary: *A titkárhoz küldtem.* I referred him to the secretary.
titkárnő <fn> secretary: *Titkárnőként alkalmazzák.* She is engaged as a secretary.
titkárság <fn> secretariat
titkol <ige> hide*; conceal
titkos <mn> secret: *titkos helyre tesz vmit* put sg in a secret place * *titkos szavazás* secret vote
titkosírás <fn> code; cipher: *titkosírást megfejt* break a code
titkosrendőrség <fn> secret police <tsz>
titok <fn> secret: *titkot (meg)tart* keep the secret * *nyílt titok* open secret * *nem csinál titkot vmiből* make no secret of sg
titoktartás <fn> secrecy: *titoktartást fogadott* be under a pledge of secrecy
titokzatos <mn> mysterious: *titokzatos fények* mysterious lights
tíz <tőszn> ten: *tíz percen belül* within ten minutes * *mind a tíz ember* all ten men
¹tized <törtszn> tenth
²tized <fn> tenth
tizedel <ige> decimate
¹tizedes <fn> mat decimal
²tizedes <fn> kat corporal
tizedesvessző <fn> decimal point
¹tizedik <sorszn> tenth
²tizedik <fn> *(időben, sorrendben)* tenth
tizedrész <fn> tenth (part)
tizedszer <hsz> **1.** *(tizedik alkalommal)* for the tenth time **2.** *(felsorolásban)* tenthly
tizenegy <tőszn> eleven: *tizenegy gyertya* eleven candles * *Tizenegykor kelt fel.* She got up at eleven (o'clock). * *tizenegyen* eleven of us
¹tizenegyes <mn> **1.** eleven **2.** *(11-gyel jelölt)* (number) eleven
²tizenegyes <fn> **1.** *(számjegy)* (the number) eleven **2.** *(futballban)* penalty (kick)
tizenéves <fn> teenager
tizenhárom <tőszn> thirteen: *tizenhárom kilométert gyalogol* walk thirteen kilometres
tizenhat <tőszn> sixteen
tizenhét <tőszn> seventeen
tizenkét <tőszn> twelve
tizenkettő <tőszn> twelve: *Az óra tizenkettőt ütött.* The clock struck twelve.
tizenkilenc <tőszn> nineteen
tizennégy <tőszn> fourteen
tizennyolc <tőszn> eighteen: *tizennyolc ceruza* eighteen pencils * *tizennyolcan* eighteen of us
tizenöt <tőszn> fifteen: *tizenöt egyenlő/mind (teniszben)* fifteen all
¹tízes <mn> **1.** ten **2.** *(10-zel jelölt)* (number) ten: *a tízes szoba* room (number) ten **3.** mat

(tízes alapú) decimal: *tízes számrendszer* decimal system
²**tízes** <fn> *(számjegy)* (the number) ten
tízparancsolat <fn> vall Ten Commandments <tsz>
tízpróba <fn> sp decathlon
tízszer <hsz> ten times
tízszeres <mn> tenfold
tó <fn> lake; *(kisebb, ált mesterséges)* pond: *a tó déli partja* the south side of the lake ∗ *a tó mellett* beside the lake ∗ *A ház a tó partján áll.* The house stands by the lake.
toalett <fn> toilet; lavatory
toboroz <ige> recruit
toboz <fn> cone
tócsa <fn> puddle; pool
tojás <fn> **1.** *(madáré, hüllőé)* egg: *a tojás héja* the shell of the egg **2.** *(étel)* egg: *pirított szalonna tojással* bacon and eggs ∗ *keménytojás* hard-boiled egg
 ♦ **Úgy hasonlítanak egymásra, mint egyik tojás a másikra.** They are as like as two peas (in a pod).
tojásfehérje <fn> egg white
tojáshéj <fn> eggshell
tojássárgája <fn> egg yolk
tojástartó <fn> *(csésze alakú)* egg cup
tojik <ige> lay✧: *tojást tojik* lay eggs
tojó <fn> hen
tok <fn> **1.** *(tárgyé)* case; box: *A kamerádat tartsd a tokjában!* Keep your camera in its case! **2.** *(könyvé)* slipcase **3.** növ *(magé, termésé)* pod; husk
toka <fn> *(emberé)* double chin
tol <ige> push: *A szoba közepére toltam az asztalt.* I pushed the table into the middle of the room. ∗ *Told az ajtót, hogy kinyíljon!* You have to push the door to open.
tolakodik <ige> push; shove; jostle
tolakodó <mn> pushy
tolat <ige> *(autóval)* reverse; back: *Itt nem tudok előre menni, (úgyhogy) tolatnom kell.* I can't drive forwards here so I have to reverse.
toldalék <fn> nyelvt affix
tolerancia <fn> vál tolerance: *zéró tolerancia* zero tolerance
toleráns <mn> vál tolerant
toll <fn> **1.** *(madáré)* feather **2.** *(íróeszköz)* pen: *zöld toll* a green pen ∗ *Ez az a toll, amelyiket szeretted volna!* This is the pen (which) you wanted. **3.** *(evezőé)* blade
tollaslabda <fn> **1.** *(játék)* badminton **2.** *(a labda)* shuttlecock
tollasozik <fn> play badminton
tollazat <fn> plumage
tollbamondás <fn> dictation
tolltartó <fn> pencil case
tolmács <fn> interpreter
tolmácsnő <fn> interpreter
tolmácsol <ige> **1.** *(más nyelvre)* interpret (**vki számára** for sy) **2.** *(átad)* convey: *Kérem, tolmácsolja őszinte elismerésemet édesapjának!* Please convey my appreciation to your father.
tolong <ige> throng; crowd; swarm: *A diákok a tanáruk körül tolongtak.* The pupils crowded round their teacher.
tolószék <fn> wheelchair
tolótető <fn> *(autón)* sunroof
tolvaj <fn> thief (tsz: thieves): *A tolvaj elmenekült a pénztárcámmal.* The thief got away with my purse.
tombol <ige> **1.** *(vmely érzéstől)* rage; fume **2.** *(járvány, vihar, harc stb.)* rage
tombola <fn> tombola
tompa <mn> **1.** *(életlen)* blunt; dull: *tompa kés* a dull knife **2.** *(hangzás)* dull; hollow **3.** *(fénytelen)* dull **4.** *(érzés)* dull: *Tompa fájdalmat éreztem a gyomromban.* I felt a dull pain in my stomach. **5.** *(fásult)* dull; dim; obtuse
tompaszög <fn> obtuse angle
tompít <ige> **1.** *(élt)* blunt; make✧ sg blunt **2.** *(fájdalmat)* dull; alleviate **3.** *(fényt)* soften; subdue
tonhal <fn> tuna (tsz: tuna v. tunas)
tonik <fn> tonic
tonna <fn> (metric) ton; tonne
tónus <fn> **1.** *(hangnem)* tone **2.** *(színárnyalat)* tone; tint
Torino <fn> Turin
torkolat <fn> **1.** *(folyóé)* estuary; mouth: *a Temze-torkolat* the Thames estuary ∗ *a folyó torkolata* the mouth of the river **2.** *(lőfegyveré)* muzzle
torkos <mn> *(falánk)* gluttonous
torlasz <fn> *(akadály)* barricade
torlódás <fn> jam: *forgalmi torlódás* traffic jam; traffic congestion
torlódik <ige> **1.** *(jármű, tömeg)* become✧ congested **2.** *(teendő stb.)* accumulate; pile up
torma <fn> horseradish
torna <fn> **1.** *(sportág)* gymnastics <esz>: *Kedvenc sportága a torna.* Her favourite sport is gymnastics. **2.** *(testgyakorlás)* exercise: *rendszeres torna* regular exercise **3.** sp *(mérkőzéssorozat)* tournament **4.** tört *(lovagi)* tournament
tornacipő <fn> trainer; training shoe; AmE sneaker
tornacsarnok <fn> gymnasium; gym
tornádó <fn> tornado
tornaóra <fn> physical education; PE
tornász <fn> gymnast

tornatanár <fn> physical instructor; physical education teacher
tornaterem <fn> gymnasium; gym: *az új tornaterem hivatalos megnyitója* the official opening of the new gymnasium
tornyosul <ige> 1. *(magaslik)* tower 2. *(gyűlik)* pile up
torok <fn> 1. throat: *Fáj a torkom.* I have got a sore throat. 2. *(barlangé)* mouth 3. *(lőfegyveré)* muzzle
  ♦ **torkig van vmivel** biz be✲ fed up with sg
torokgyulladás <fn> inflammation of the throat; pharyngitis
torony <fn> tower; *(templomé)* steeple
toronyház <fn> tower block; high-rise (building)
toronyóra <fn> church clock
torpedó <fn> torpedo
torta <fn> cake; gateau (tsz: gateaux): *születésnapi torta* birthday cake
torz <mn> deformed
torzít <ige> 1. *(elcsúfít)* deform; disfigure 2. *(tényeket, képet, hangot stb.)* distort
torzszülött <fn> freak; monster
tószt <fn> *(köszöntő)* toast
totó <fn> the pools <tsz>; BrE football pools <tsz>
totózik <ige> do✲ the pools
totyog <ige> *(kisgyerek)* toddle
tovább <hsz> 1. *(térben)* further; onward(s); on: *Nem tudok tovább gyalogolni.* I can't walk further. ✲ *Tovább siettünk.* We hurried onwards. ✲ *tovább visz vmit* carry sg further/on 2. *(időben)* (any) longer; more; on: *Nem tűröm tovább.* I won't stand for it any longer. 3. *(folytatva)* on: *Olvass tovább!* Go on reading!
továbbá <hsz> further(more); moreover; besides: *Megemlítem továbbá...* I may further mention...
továbbad <ige> 1. *(tárgyat)* hand sg on (**vkinek** to sy); pass sg on (**vkinek** to sy) 2. *(megvett tárgyat elad)* resell✲ 3. *(labdát)* pass
továbbáll <ige> make✲ off
további <mn> 1. further: *egy további kötet* a further volume ✲ *további értesítésig* until further notice 2. *(egyéb)* other: *néhány további kérdés* a few other questions 3. *(újabb)* additional
  ♦ **minden további nélkül** without further ado
továbbjut <ige> sp *(versenyben)* qualify: *Csapatunk továbbjutott a döntőbe.* Our team qualified for the finals.
továbbtanul <ige> continue one's studies
tő <fn> 1. *(növényé)* stem; stock 2. nyelvt *(szóé)* root

  ♦ **tövéről hegyére ismer vmit** know✲ sg inside out
több <htl szn> 1. *(néhány)* several; some; a few: *többen közülünk* several of us ✲ *Több barátom van az iskolában.* I have several friends at school. 2. *(összehasonlításban)* more: *Több virág van a kertjében, mint nekünk.* He has got more flowers in his garden than we have.
többé <hsz> (no) more; (no) longer: *soha többé* never more; never again ✲ *többé már nem* no more/longer
többé-kevésbé <hsz> more or less
többféle <mn> various; of many (different) kinds <csak hátravetve>: *többféle okból* for various reasons ✲ *többféle tervezet a kórházak fejlesztésére* various schemes for improving the hospitals
többi <mn> other: *Megelőzi/Túlszárnyalja a többi diákot.* He is ahead of the other students. ✲ *a többi érdekelt féllel konzultál* consult the other interested parties
többlet <fn> surplus; excess
többnyire <hsz> mostly; usually; generally
többség <fn> 1. *(nagyobb rész)* majority: *többségben vannak* be in the/a majority ✲ *az esetek többségében* in the majority of cases ✲ *a nagy többség* the vast majority ✲ *Az emberek többsége elítéli az abortuszt.* The majority of people condemn abortion. 2. *(szavazati)* majority: *nagy többséggel* by a large majority ✲ *csekély többség* narrow/slender/bare majority ✲ *abszolút többség* absolute/clear majority
többször <hsz> several times
többszöri <mn> repeated; frequent
¹**többszörös** <mn> multiple; manifold
²**többszörös** <fn> mat multiple: *legkisebb közös többszörös* lowest common multiple
¹**tök** <fn> 1. *(növény)* marrow; AmE squash; *(sütőtök)* pumpkin 2. *(kártya)* diamond 3. vulg *(here)* balls <tsz>
²**tök** <hsz> biz dead: *Tök jó volt!* It was dead good!
tőke <fn> capital: *kezdő tőke* starting capital ✲ *a külföldi tőke beruházásai* foreign capital investments
  ♦ **tőkét kovácsol vmiből** make✲ capital out of sg
tökéletes <mn> 1. *(hibátlan)* perfect; faultless; excellent: *Tökéletes a kiejtésed.* Your pronunciation is perfect. 2. *(legnagyobb mértékű)* complete; absolute: *tökéletes meglepetés* a complete surprise
tökéletesít <ige> perfect; improve; bring✲ sg to perfection: *Tökéletesíti a főzéstudományát.* She is improving her cooking.
tőkehal <fn> cod (tsz: cod)

tökély <fn> perfection
tőkés <fn> capitalist
tökfej <fn> pej blockhead; idiot
tökmag <fn> 1. *(növényé)* pumpkin seed 2. biz *(gyerek)* mite 3. *(személy)* shrimp
tökrészeg <mn> dead drunk
töksötét <mn> dead dark
tölcsér <fn> 1. *(eszköz)* funnel 2. *(fagylaltos)* cone; cornet 3. *(tűzhányóé, bombáé)* crater
tőle <hsz> from sy/sg; of sy/sg: *Ez nem szép tőle.* That is not nice of her.
tölgyfa <fn> 1. *(növény)* oak (tree): *három tölgyfa* three oaks ∗ *Egy kidőlt tölgyfa eltorlaszolta az utat.* A fallen oak tree blocked the road. 2. *(anyag)* oak (wood): *fényezett tölgyfa* polished oak ∗ *Ez a szekrény tölgyfából készült.* This cupboard is made of oak.
tölt <ige> 1. *(folyadékot stb.)* pour 2. *(levegővel, gázzal stb.)* fill (up) 3. *(italt)* pour: *Tölthetek tejet a csészédbe?* Can I pour milk into your cup? 4. *(ételt töltelékkel)* stuff 5. *(fegyvert)* load 6. *(akkut)* charge 7. *(időt)* spend✧; pass: *vkivel tölti a hétvégét* spend the weekend with sy ∗ *vmivel tölti az idejét* spend one's time doing sg ∗ *a strandon tölti a napot* spend the day at the beach ∗ *Énekléssel töltöttem az időt.* I passed the time by singing.
töltelék <fn> stuffing; filling
töltény <fn> cartridge
töltés <fn> 1. *(elektromos)* charge: *a pozitív/negatív töltés* the positive/negative charge 2. *(földből stb. emelt)* bank; embankment
töltőtoll <fn> fountain pen
töltött <mn> stuffed: *töltött csirke* stuffed chicken
töm <ige> 1. cram (**vmit vmibe** sg into sg); stuff (**vmit vmibe** sg in/into sg): *Ételt tömött a szájába.* He crammed food into his mouth. 2. *(fogat)* fill 3. **tömi magát** biz stuff oneself
tömb <fn> 1. *(anyagdarabok)* block 2. *(háztömb)* block 3. *(politikai, gazdasági)* bloc
tömeg <fn> 1. *(anyag; terjedelem)* bulk 2. *(emberek)* crowd: *Hatalmas tömeg várt a vonatra.* A large crowd was waiting for the train. ∗ *Tömegek voltak a futballmérkőzésen.* There were crowds of people at the football-match. 3. fiz mass: *a szikla tömege* the mass of the rock
tömeges <mn> mass
tömegfogyasztás <fn> gazd mass consumption
tömeggyártás <fn> ipar mass/serial production
tömeggyilkosság <fn> mass murder
tömegközlekedés <fn> public transport
tömény <mn> concentrated
töménység <fn> concentration

tömés <fn> *(fogban)* filling
tömlő <fn> 1. *(cső)* hose(pipe) 2. *(gumibelső)* inner tube
tömör <mn> 1. *(anyag)* solid; massive 2. *(rövid)* concise; short; terse: *tömör összefoglalás* a short summary
tömörít <ige> 1. compress; condense 2. *(mondanivalót, szöveget)* condense; summarize; BrE summarise 3. infor compress
tömzsi <mn> stocky; thickset, dumpy
tönk <fn> *(fa)* stump
tönkretesz <ige> 1. *(tárgyat, dolgot)* spoil✧; ruin; damage 2. *(anyagilag stb.)* ruin: *Pazarlása tette tönkre anyagilag.* He was ruined by his extravagance.
töpörtyű <fn> crackling
töpreng <ige> reflect (**vmin** on/upon sg); brood (**vmin** over/about sg); meditate (**vmin** on sg): *Mielőtt kérdésedet megválaszolnám, szükségem van egy napra, hogy töprengjek rajta.* I need a day to reflect before answering your question.
tör <ige> 1. break✧; smash; crush: *darabokra tör vmit* break/smash/crush sg to pieces 2. *(diót stb.)* crack 3. *(csontját)* break✧ 4. *(támad)* attack (**vkire** sy); assault (**vkire** sy)
tőr <fn> 1. *(fegyver)* dagger 2. sp *(vívótőr)* foil
töredék <fn> fragment
törékeny <mn> 1. *(anyag)* fragile 2. *(testalkat)* frail
törekszik <ige> strive✧ (**vmire** after/for sg // to do sg); *(igyekszik)* endeavour (**vmire** to do sg); AmE endeavor (**vmire** to do sg)
törekvés <fn> ambition; endeavour; AmE endeavor
törekvő <mn> ambitious
törés <fn> *(csonté)* fracture; break: *Nincs törés a lábamban.* There is no fracture in my leg.
töréskár <fn> *(gépkocsin)* collision damage
törhetetlen <mn> unbreakable
törik <ige> break✧: *darabokra törik* break into pieces
törleszt <ige> *(kölcsönt stb.)* pay✧ sg off
törlőrongy <fn> 1. *(portörlő)* duster 2. *(konyhai)* tea towel; tea cloth; AmE dishtowel
törmelék <fn> debris; rubble
törődés <fn> care
törődik <ige> care (**vkivel/vmivel** about/for sy/sg); take✧ care of sy/sg; look after sy: *Törődik az állataival.* He cares for his animals. ∗ *Nem törődik a (társadalmi) illemszabályokkal.* He doesn't care about convention.
¹török <mn> Turkish: *török kávé* Turkish coffee
²török <fn> 1. *(személy)* Turk 2. *(nyelv)* Turkish: *törökül beszél* speak Turkish

Törökország <fn> Turkey: *Idén nyáron Törökországba utazunk.* We are travelling to Turkey this summer.
törökülés <fn> sitting cross-legged
töröl <ige> **1.** wipe; *(port)* dust; *(szárazra)* dry: *lábat töröl* wipe one's feet **2.** *(írást)* delete; cut❖ **3.** *(kihúz vmit)* cross sg out **4.** *(magnó- stb. felvételt)* erase **5.** *(megszüntet)* cancel: *törli a koncertet* cancel the concert **6.** *(rendelkezést)* annul
törölget <ige> *(edényt)* dry; *(port)* dust
törpe <fn> dwarf (tsz: dwarfs v. dwarves)
¹tört <mn> **1.** *(eltört)* broken **2.** *(gyenge)* broken: *tört angolsággal* in broken English
²tört <fn> mat fraction: *közönséges tört* vulgar fraction
történelem <fn> **1.** history **2.** *(tudomány, tantárgy)* history: *újkori történelem* modern history ∗ *Kedvenc tantárgyam a történelem.* My favourite subject is history.
történelemkönyv <fn> history book
történelmi <mn> **1.** historical: *történelmi színdarab* a historical play ∗ *történelmi források* historical sources ∗ *sok történelmi érdekesség/ritkaság* many historical curiosities **2.** *(sorsdöntő)* historic: *történelmi találkozó* a historic meeting
történész <fn> historian
történet <fn> **1.** *(elbeszélés)* story; tale: *Édesapám rengeteg történetet mesél a gyerekkoráról.* My father tells us hundreds of stories about his childhood. ∗ *a történet rövid vázlata* a brief outline of the story **2.** biz *(esemény)* story: *hihetetlen történet* an incredible story
történeti <mn> historical
történik <ige> **1.** *(esemény)* occur; happen: *Ma reggel váratlan esemény történt.* An unexpected event occurred this morning. ∗ *A baleset a múzeum előtt történt.* The accident happened in front of the museum. **2.** happen **(vkivel** to sy): *Mi történt veled tegnap?* What happened to you yesterday?
törtető <fn> pej pushy
törtszám <fn> mat fraction
törülközik <ige> dry (oneself)
törülköző <fn> towel: *Töröld meg a kezedet ezzel a törülközővel.* Dry your hands with this towel.
törvény <fn> **1.** law; act: *megszegi a törvényt* break the law ∗ *betartja a törvényt* obey the law ∗ *Törvény van a gyilkosság ellen.* There is a law against murder. ∗ *A Parlament elfogadott egy törvényt.* Parliament has passed an Act. **2.** *(igazságszolgáltatás)* law; court: *törvény elé idéz vkit* summon sy before the court **3.** *(természeti, társadalmi)* law: *a gravitáció törvényei* the laws of gravity

törvényellenes <mn> illegal; unlawful
törvényes <mn> legal; lawful; legitimate
törvényhozás <fn> legislation
törvényjavaslat <fn> bill: *az új oktatási törvényjavaslat* the new education bill
törvényszerű <mn> legal; lawful; legitimate
törvénytelen <mn> illegal; unlawful; illegitimate
törvénytervezet <fn> bill
tőrvívás <fn> foil fencing
törzs <fn> **1.** *(test része)* trunk **2.** *(fáé)* trunk: *Milyen vastag a törzse ennek a fának?* How thick is the trunk of this tree? **3.** *(repülőgépé)* fuselage; *(hajóé)* hull **4.** *(népcsoport)* tribe: *barbár törzsek* savage tribes **5.** biol phylum (tsz: phyla)
törzsfőnök <fn> chieftain; chief
törzshely <fn> haunt: *Ez egy kedvenc törzshelyem.* This is a favourite haunt of mine.
törzsvendég <fn> regular (customer)
tőszámnév <fn> nyelvt cardinal number
tövis <fn> thorn
tövises <mn> thorny
tőzeg <fn> peat
tőzsde <fn> stock exchange
tőzsdeügynök <fn> stockbroker: *londoni tőzsdeügynök* a City stockbroker
tradíció <fn> tradition
trafik <fn> tobacconist's
trágár <mn> obscene; dirty; nasty: *trágár beszéd* obscene language
tragédia <fn> **1.** *(dráma)* tragedy: *Láttál már Shakespeare-tragédiát?* Have you seen any of Shakespeare's tragedies? **2.** *(esemény)* tragedy
tragikum <fn> tragedy
tragikus <mn> **1.** *(műfajilag)* tragic: *tragikus színész* tragic actor **2.** *(megrázó)* tragic
trágya <fn> dung; manure
trágyadomb <fn> dunghill
traktor <fn> tractor: *hernyótalpas traktor* caterpillar tractor ∗ *Tudsz traktort vezetni?* Can you drive a tractor?
transz <fn> trance: *transzba esik* fall into a trance
transzformátor <fn> fiz transformer
transzfúzió <fn> orv transfusion
transzplantáció <fn> orv transplantation
transzvesztita <fn> transvestite
tranzakció <fn> transaction
trapéz <fn> **1.** mat trapezium (tsz: trapeziums v. trapezia); AmE trapezoid **2.** *(cirkuszi)* trapeze
trauma <fn> orv trauma
tréfa <fn> fun; joke: *tréfából* in fun ∗ *érti a tréfát* get the joke
  ♦ **tréfát űz vkiből** pull sy's leg

tréfál <ige> joke
tréfás <mn> funny; humorous
trend <fn> trend: *a legújabb trendeket követi* follow the latest trends
tréning <fn> sp training
tréningruha <fn> tracksuit
trikó <fn> **1.** *(alsóruha)* vest; AmE undershirt **2.** *(rövid ujjú)* T-shirt
trió <fn> **1.** *(zenekar)* trio **2.** *(zenemű)* trio **3.** *(háromtagú csoport)* trio
triviális <mn> trivial
trófea <fn> **1.** *(vadászé)* trophy **2.** *(győzelmi jelvény)* trophy **3.** *(sportversenyen)* trophy
troli <fn> trolleybus
trolibusz <fn> trolleybus
trombita <fn> trumpet
trombitál <ige> play/blow✣ the trumpet
trombitás <fn> trumpeter
trón <fn> throne
 ♦ **trónra lép/jut/kerül** ascend the throne
trónörökös <fn> heir apparent to the throne; *(férfi)* crown prince; *(nő)* crown princess
trópus(ok) <fn> the tropics <tsz>
trópusi <mn> tropical: *trópusi betegségek* tropical diseases ✻ *trópusi növényzet* tropical vegetation
trükk <fn> trick; device
tubus <fn> tube: *Egy tubus fogkrémet kell vennem.* I have to buy a tube of toothpaste. ✻ *Van egy tubus ragasztód?* Have you got a tube of glue?
tucat <fn> dozen (tsz: dozen): *fél tucat* half a dozen ✻ *vesz egy tucat tojást* buy a dozen eggs
tud <ige> **1.** know✣: *Tudjuk, hogy…* We know that… ✻ *amennyire én tudom* as far as I know ✻ *Nem tudja a nevemet.* He doesn't know my name. ✻ *Honnan tudja?* How do you know? ✻ *Nem tudom.* I don't know. **2.** *(képes vmire)* can✣ do sg; be✣ able to do sg: *Tudsz főzni?* Can you cook? ✻ *Tud úszni.* He is able to swim. **3.** *(lehetősége van rá)* can✣: *Nem tudott eljönni.* He couldn't come. **4.** *(tudomása van vmiről)* be✣ aware of sg
tudakozódik <ige> inquire (**vmi felől/után** about sg); enquire (**vmi felől/után** about sg); ask (**vmi felől/után** about sg)
tudás <fn> **1.** knowledge: *széleskörű tudás* wide knowledge ✻ *felületes tudás* superficial knowledge **2.** *(jártasság)* skill
¹**tudat** <ige> *(vkivel vmit)* let✣ sy know sg; inform sy of sg
²**tudat** <fn> consciousness: *tudatában van vminek* be conscious of sg ✻ *tudat alatt* subconsciously
tudatalatti <fn> pszich subconscious
tudatlan <mn> ignorant

tudatlanság <fn> ignorance
tudatos <mn> **1.** *(értelmileg)* conscious: *nem tudatos* unconscious **2.** *(szándékos)* deliberate
tudniillik <ksz> **1.** *(mégpedig)* namely **2.** *(ugyanis)* for; because **3.** *(jobban mondva)* or rather; to be more precise; that is to say
tudomány <fn> science: *a tudomány alapigazságai* the ultimate truths of science
tudományos <mn> *(főleg természettudományok)* scientific; *(pl. elméleti, humán)* academic; *(humán)* scholarly: *tudományos módszerek* scientific methods ✻ *Számtalan tudományos kísérletet végez otthon.* She carries out a lot of scientific experiments at home. ✻ *tudományos fokozat* academic degree ✻ *tudományos vita* a scholarly discussion
tudós <fn> *(ált. humán)* scholar; *(ált. természettudós)* scientist: *híres tudós* a noted scholar
tudósít <ige> **1.** inform (**vkit vmiről** sy of/about sg); let✣ sy know sg **2.** *(újságnak stb.)* report; cover
tudósítás <fn> report; dispatch; coverage: *Minden tudósítást elolvastam az árvízről.* I have read all the reports about the floods.
tudósító <fn> correspondent: *külföldi tudósító* foreign correspondent
¹**túl** <nu> **1.** *(térben)* beyond; across; over: *a hegyeken túl* beyond the mountains ✻ *a tengeren túl* across the sea **2.** *(időben)* beyond; after; over: *nyolc órán túl* after eight o'clock
²**túl** <hsz> too: *Ez a cipő túl nagy neked!* These shoes are too big for you. ✻ *Attól tartok, nem érzi túl jól magát.* I'm afraid she is not feeling too well. ✻ *Ez az ágy túl sok helyet foglal.* This bed takes up too much room. ✻ *Túl édes ez a kávé.* This coffee is too sweet. ✻ *Túl komolyan veszi a dolgokat.* He takes things too seriously.
túlad <ige> *(vkin/vmin)* dispose of sy/sg; get✣ rid of sy/sg
túladagolás <fn> overdose; biz OD
tulajdon <fn> property: *Ez a tévé az én tulajdonom.* This television is my property.
tulajdonít <ige> assign (**vmit vkinek/vminek** sg to sy/sg); attribute (**vmit vkinek/vminek** sg to sy/sg): *Sikerét a kemény munkának tulajdonították.* They attributed his success to hard work. ✻ *A szonátát Bachnak tulajdonítják.* This sonata is attributed to Bach.
tulajdonjog <fn> ownership
tulajdonképpen <hsz> **1.** actually; really; in (actual) fact; as a matter of fact: *Mit is mondott tulajdonképpen?* Well, what did she actually say? ✻ *Tulajdonképpen mit akarsz?* What do you really want? **2.** *(eredetileg)* originally
tulajdonnév <fn> proper name/noun

tulajdonos <fn> owner: *a ház tulajdonosa* the owner of the house * *az eredeti tulajdonos* the original owner
tulajdonság <fn> attribute; quality; feature: *emberi tulajdonság* a human quality * *Csak két jó tulajdonsága van.* He has just two good qualities.
túlbecsül <ige> overestimate
túlél <ige> **1.** survive (**vmit** sg) **2.** survive (**vkit** sy); outlive (**vkit** sy): *Felesége tíz évvel túlélte őt.* His wife survived him by another ten years.
túlélő <fn> survivor
túlerőltet <ige> overwork
túlértékel <ige> overestimate
túlérzékeny <mn> hypersensitive
túlfolyó <fn> overflow (pipe)
tulipán <fn> tulip
túljut <ige> *(leküzd vmit)* get✜ over sg
túlkiabál <ige> (**vkit**) shout sy down
túllép <ige> **1.** *(áthág)* exceed **2.** *(meghalad)* exceed
túllicitál <ige> outbid✜ (**vkit** sy)
túlméretezett <mn> oversize(d)
túlnépesedés <fn> overpopulation
túlnyomó <mn> predominant
túlnyomórészt <hsz> predominantly
túloldal <fn> **1. a túloldalon** *(lapon, könyvben, újságban)* overleaf: *lásd a túloldalon* see overleaf **2.** *(térben)* (the) other side: *az utca túloldalán* on the other side of the street; across the street
túlóra <fn> overtime
túlórázik <ige> work overtime
túloz <ige> exaggerate
túlságosan <hsz> too: *Ez a cipő túlságosan nagy neked!* These shoes are too big for you. * *Túlságosan nehéz.* It is too heavy.
túlsó <mn> opposite; far✜: *a város túlsó végében* on the opposite side of the town * *Menj az út túlsó oldalára!* Go to the opposite side of the road. * *a túlsó oldal* the far side
túlsúly <fn> **1.** *(súlytöbblet)* overweight; excess weight; *(csomagé)* excess baggage **2.** *(fölény)* predominance
túlterhel <ige> overload; overburden
túltesz <ige> **1.** surpass (**vkin** sy); outdo✜ (**vkin** sy) **2. túlteszi magát vmin** get✜ over sg
túlvilág <fn> the next/other world
túlzás <fn> exaggeration; *(nyilatkozatban)* overstatement: *túlzás nélkül* without exaggeration * *Túlzás nélkül elmondható, hogy…* It is not an overstatement to say…
túlzsúfolt <mn> overcrowded: *túlzsúfolt vonat* an overcrowded train
tumor <fn> tumour
tumultus <fn> tumult

túr <ige> *(földet)* dig✜
túra <fn> tour; trip; *(rövid, kisebb ált csoportos)* outing; excursion; *(gyalog)* hike; walk; *(kerékpáron)* ride: *túrára megy* go hiking
túrabakancs <fn> hiking/walking boots
túrázik <ige> go✜ on a tour/trip; *(gyalog)* hike; walk
turbán <fn> turban
turbékol <ige> coo
turbina <fn> turbine
turista <fn> *(utazó)* tourist; *(városnéző)* sightseer: *A világ minden részéről érkeznek turisták.* Tourists come from all parts of the world.
turistacsoport <fn> group of tourists
turistatérkép <fn> tourist map
turistaút <fn> footpath; path
turizmus <fn> tourism
turkál <ige> rummage: *turkál a zsebeiben* rummage in one's pockets
turmix <fn> shake; milkshake
turmixgép <fn> blender; liquidizer
turné <fn> tour
turnézik <ige> tour; be✜ on tour: *Az együttes Amerikában turnézik.* The band is on tour in America.
túró <fn> cottage cheese
¹tus <fn> *(festék)* Indian ink; AmE India ink
²tus <fn> *zene* flourish
³tus <fn> *(zuhanyé)* shower
⁴tus <fn> sp **1.** *(vívásban)* hit **2.** *(birkózásban)* fall
tusfürdő <fn> shower gel/cream; body wash
tuskó <fn> *(fa)* stump; log
tusol <ige> have✜ a shower
túsz <fn> hostage: *túszként tart fogva vkit* hold sy hostage * *túszul esik* be taken hostage
tutaj <fn> raft
tuti <mn> (dead) cert: *Az tuti(, hogy…)* It's a dead cert (that…)
tű <fn> **1.** *(varráshoz)* needle; *(gombostű)* pin: *hegyes tű* a sharp needle **2.** *(fecskendőé)* needle **3.** *(lemezjátszóé)* stylus (tsz: styluses v. styli) **4.** *(mérőműszeren)* needle **5.** *(tűlevél)* needle
♦ **tűkön ül** biz be✜ on tenterhooks
tücsök <fn> cricket
tüdő <fn> lung
♦ **kikiabálja a tüdejét** biz shout oneself hoarse
tüdőgyulladás <fn> pneumonia
tüdőrák <fn> lung cancer
tükör <fn> mirror: *A tükörben megláttam a saját arcomat/képemet.* I saw the image of my face in the mirror.
tükörkép <fn> reflection
tükörtojás <fn> fried egg
tükröz <ige> mirror; reflect
tűlevél <fn> (pine) needle

tündér <fn> fairy: *A tündér teljesítette a herceg három kívánságát.* The fairy granted the prince three wishes.
tünet <fn> symptom
tűnik <ige> **1.** *(eltűnik)* disappear; vanish **2.** *(vmilyennek látszik)* look; seem; appear: *Fáradtnak tűnnek.* They look tired. ∗ *Nekem úgy tűnik, hogy...* It seems to me that... ∗ *Kedvesnek tűnik.* He seems kind. **3.** *(hangzik)* sound: *Jó ötletnek tűnik.* That sounds like a good idea. **4.** *(ízre)* taste **5.** *(szaglásra)* smell
tűnődik <ige> ponder (**vmin** about/on/over sg); muse (**vmin** about/on sg); reflect (**vmin** on sg)
tüntet <ige> demonstrate (**vki/vmi ellen** against sy/sg): *tüntet a kormány ellen* demonstrate against the government
tüntetés <fn> demonstration: *háborúellenes tüntetés* a demonstration against the war
tüntető <fn> demonstrator
tűr <ige> tolerate; bear✧; stand✧
türelem <fn> patience: *A türelem nem erénye.* Patience is not one of her virtues.
türelmes <mn> patient
türelmetlen <mn> impatient: *türelmetlenül vár vmit* be impatient to do sg; be impatient for sg
türelmetlenség <fn> impatience
tűrhetetlen <mn> **1.** *(fájdalom)* unbearable **2.** *(viselkedés stb.)* intolerable
tűrhető <mn> tolerable; passable; fair
tüske <fn> **1.** *(növényé)* thorn; spine; prickle **2.** *(állaté)* spine; prickle
tüsszent <ige> sneeze
¹**tűz** <ige> **1.** *(tűvel)* pin; *(öltéssel)* stitch **2.** *(odaerősít)* fix **3.** *(égetően süt)* glare; blaze (down): *Tűz a nap.* The sun is blazing down.
²**tűz** <fn> **1.** fire: *eloltja a tüzet* put out the fire ∗ *tüzet rak* build a fire ∗ *tüzet fog* catch fire **2.** *(cigarettához)* light: *tüzet ad vkinek* give sy a light ∗ *Van tüze?* Have you got a light? **3.** *(fegyveres)* fire: *tüzet nyit* open fire ∗ *Tüzet szüntess!* Cease fire!
♦ **két tűz között van** be✧ between the devil and the deep blue sea
tűzálló <mn> fireproof; fire-resistant; *(edény stb.)* heatproof; ovenproof
tüzel <ige> **1.** *(lő)* fire; shoot✧ **2.** *(fűt)* heat✧ **3.** *(állat)* be✧ on heat; AmE be✧ in heat
tüzelőanyag <fn> fuel
tüzérség <fn> kat artillery
tüzes <mn> **1.** *(szenvedélyes)* ardent; fiery; passionate **2.** *(erős)* fiery **3.** vál *(ragyogó)* fiery
tüzetes <mn> detailed; precise
tűzhányó <fn> volcano: *működő tűzhányó* active volcano ∗ *kialudt tűzhányó* extinct volcano
tűzhely <fn> cooker; AmE stove: *A levest megmelegítettem a tűzhelyen.* I heated the soup on the cooker. ∗ *négy gázégős tűzhely* four-burner stove
tűzifa <fn> firewood
tűzijáték <fn> fireworks <tsz>
tűzkár <fn> damage caused by fire
tűzkő <fn> flint
tűzoltó <fn> firefighter; fireman (tsz: firemen): *Mindig kockáztatja az életét, hiszen tűzoltó.* He always risks his life as he is a fireman.
tűzoltóállomás <fn> fire station
tűzoltóautó <fn> fire engine; AmE fire truck
tűzoltóság <fn> fire brigade; AmE fire department
tűzriadó <fn> fire alarm
tűzvész <fn> fire; blaze
tűzveszélyes <mn> inflammable; flammable
twitterezik <ige> *(interneten)* twitter; tweet

Ty, ty

Ty, ty <fn> *(betű)* Ty; ty
tyúk <fn> **1.** *(baromfi)* hen **2.** *(hús)* chicken **3.** biz *(nő)* chick; AmE broad
 ♦ **a tyúkokkal kel** rise✲ with the lark
 ♦ **a tyúkokkal fekszik** go✲ to bed with the sun/lamb

tyúkhús <fn> chicken (meat)
tyúkhúsleves <fn> chicken soup
tyúkszem <fn> orv corn: *tyúkszemet kivág* remove a corn
tyúktojás <fn> (hen's) egg

U, u, Ú, ú

U, u, Ú, ú <fn> *(betű)* U; u; Ú; ú
u. [= utca] St; st; St.; st. (= Street)
uborka <fn> cucumber: *ecetes uborka* pickled cucumber
uborkaszezon <fn> biz *(közélethen)* the silly season; *(turizmusban)* low season
udvar <fn> **1.** *(házé)* court; courtyard; BrE yard; *(négyszögletű zárt belső)* quadrangle **2.** *(uralkodó lakhelye)* court **3.** *(uralkodó személyi környezete)* the court
udvarias <mn> polite; courteous: *Mindenkivel udvariasaknak kell lennünk!* We should be polite to everyone.
udvariasság <fn> politeness; courtesy: *puszta udvariasságból* out of courtesy
udvariatlan <mn> impolite; *(tapintatlan)* rude: *Nem lehetsz udvariatlan senkihez!* You mustn't be rude to anybody.
udvarló <fn> boyfriend
udvarol <ige> **1.** *(házasság céljából)* court **2.** *(kedvében igyekszik járni)* pay❖ court to sy
ufó <fn> UFO; ufo
ugat <ige> bark: *A kutya egész éjjel ugatott.* The dog was barking all night long.
ugrál <ige> *(fel-le)* bounce; jump (up and down); *(előre haladva)* skip; BrE *(ugrókötéllel)* skip; *(egy lábon)* hop; *(labda)* bounce: *ugrál az ágyon* bounce on the bed ∗ *Egy kenguru ugrált az úton.* A kangaroo skipped along the road.
ugrándozik <ige> jig; gambol; frisk; jump (about); *(előre haladva)* skip: *Kérlek, ne ugrándozz!* Please stop jigging around.
ugrás <fn> **1.** *(térben)* jump(ing); bound; spring; *(magasról, messzire)* leap: *Egyetlen ugrással átjutottam a kapun.* With one jump I was over the gate. **2.** *(hirtelen változás)* leap
ugrásszerű <mn> sudden
ugrat <ige> **1.** *(ugrásra késztet)* jump: *(árkot stb.) ugrat a lovával* jump one's horse (over sg) **2.** *(heccel vkit)* have❖ sy on; kid; pull sy's leg; lead❖ sy on; AmE put❖ sy on
ugrik <ige> **1.** jump; spring❖; bound; *(magasról, messzire)* leap❖: *vízbe ugrik* jump into the water **2.** sp jump (**vmit** sg); vault (**vmit** sg) **3.** *(tárgy)* spring❖ **4.** *(témát vált)* skip (**vmiről vmire** from sg to sg) **5.** *(részt, mozzanatot kihagy)* skip
ugró <fn> jumper

ugródeszka <fn> **1.** *(dobbantó)* springboard; *(műugráshoz)* diving-board **2.** *(cél eléréséhez)* springboard
ugrókötél <fn> BrE skipping rope; AmE jump rope
úgy <hsz> **1.** *(vmilyen módon)* so; as; in that manner/way; like that: *Tégy úgy, ahogy kedved tartja!* Do as you please. ∗ *Vidd el, úgy, hogy ne lássam!* Take it away, so that I can't see it. ∗ *Úgy hagytam, ahogy volt.* I left it as it was. ∗ *Tégy úgy, ahogy a szüleid mondták!* Do as your parents told you. **2.** *(annyira)* so much; so…that; to such an extent; to such a degree: *Úgy örülök!* I am so happy! ∗ *Úgy szeretlek!* I love you so much! ∗ *Úgy fáj a szívem, ha rágondolok!* It breaks my heart so much to think of him. **3.** *(körülbelül)* (just) about: *úgy öt óra tájban* at about five o'clock **4.** *(érzékelést, értelmi működést jelentő igék mellett)* *Úgy tűnik, mintha…* It seems/sounds as if/though… ∗ *Úgy hallom, megjött az édesanyám.* That sounds like my mother. ∗ *Úgy tűnik, elvesztettem a pénztárcámat.* I seem to have lost my purse.
úgy-ahogy <hsz> biz so-so
¹ugyan <hsz> *(tanácstalanság kifejezésére)* *Ugyan ki fogja ezt megvenni?* I wonder who will buy it. / Who ever will buy it? ∗ *Ugyan mit olvas(hat)?* What on earth is he reading? / I wonder what he is reading.
²ugyan <ksz> *(bár, noha)* though: *Nem szép ugyan, de nagyon kedves.* Though she is not pretty she is very kind.
ugyanakkor <hsz> **1.** *(ugyanabban az időben)* at the same time **2.** *(másrészt, másfelől)* at the same time; on the other hand; then again
ugyanakkora <mut névm> of/just the same size
ugyanannyi <mut névm> just as much/many (as); of/just the same quantity/amount
ugyanaz <mut névm> same; identical: *teljesen ugyanaz* the very same; just the same ∗ *nagyjából ugyanaz* pretty much the same ∗ *majdnem ugyanaz, mint…* almost the same as…; next door to… ∗ *ugyanazon a napon* the same day

ugyanekkor → **ugyanakkor**
ugyanekkora → **ugyanakkora**
ugyanennyi → **ugyanannyi**
ugyanez → **ugyanaz**

ugyanide <hsz> to the same place
ugyanígy <hsz> in the same manner/way; likewise; just as
ugyanilyen <mut névm> just like; similar (kind of); identical; of the same kind/sort
ugyanis <hsz> since; as; namely; that is (to say)
ugyanitt <hsz> in the same place; just here
ugyanoda <hsz> to the same place; just there
ugyanolyan <mut névm> same; identical; of the same kind: *körülbelül/nagyjából ugyanolyan* (it's) much the same * *A kabátod ugyanolyan, mint az enyém.* Your coat is the same as mine. * *Ugyanolyan magas, mint én.* She is the same height as me.
ugyanott <hsz> at/in the same place; *(könyvben utalás)* ibid.
ugyanúgy <hsz> in the same way; alike; likewise; same; just as: *ugyanúgy, mint...* same as... * *Mindegyik gyerekével ugyanúgy bánik.* She treats all her children alike.
úgyhogy <ksz> so: *Hideg volt, úgyhogy felvettem a kabátomat.* It was cold so I put on my coat. * *Nem tudta megoldani egyedül, úgyhogy segítenem kellett neki.* He couldn't manage it on his own so I had to help him.
úgyis <hsz> anyway; in any case
úgymint <ksz> such as; namely; that is (to say)
úgynevezett <mn> so-called
úgyszintén <hsz> also; too; as well
úgyszólván <hsz> so to speak/say; practically; virtually
ui. [= ugyanis] i.e. (= (latin) id est = that is)
Ui. [= utóirat] P.S. (= postscript)
új <mn> new: *új autó* a new car * *legújabb divat* newest fashion
újabban <hsz> lately; recently: *Újabban lanyha az üzleti forgalom.* Business has been slack lately.
újból <hsz> anew; again; once again/more
újburgonya <fn> new potatoes <tsz>
újdonság <fn> novelty
újdonsült <mn> fresh; new; young
újév <fn> new year; New Year: *újév napja* New Year's Day
újfajta <mn> novel; a new kind of; of a new type <csak hátravetve>
újgazdag <fn> upstart; nouveau riche
újhagyma <fn> spring onion; AmE green onion
újhold <fn> new moon
újítás <fn> innovation
¹ujj <fn> *(kézen)* finger; *(lábon)* toe: *középső ujj* middle/second finger
²ujj <fn> *(ruhadarabé)* arm; sleeve: *rövid/hosszú ujjú ruha* a dress with short/long sleeves

újjáéleszt <ige> revive; revitalize
újjáépít <ige> rebuild*; reconstruct
újjáépítés <fn> reconstruction
ujjatlan <mn> *(ruhadarab)* sleeveless
ujjbegy <fn> finger pad
ujjhegy <fn> fingertip
ujjlenyomat <fn> fingerprint
ujjnyi <mn> inch: *ujjnyi vastag* inch thick * *ujjnyi hosszú* inch long * *ujjnyi széles* inch broad
ujjong <ige> rejoice (**vmi miatt** at/in/over sg); exult (**vmi miatt** at/in sg)
ujjongás <fn> rejoicing; jubilation; exultation
ujjperc <fn> knuckle
újkor <fn> modern age/period/era
újonc <fn> **1.** kat recruit; *(besorozott)* conscript; AmE draftee **2.** *(kezdő)* beginner; biz greenhorn; biz newbie; *(munkahelyen)* recruit
újonnan <hsz> newly
újra <hsz> again; afresh; anew; once more; over again: *újra meg újra* again and again; over and over again; time after time; time and time again * *újra átismétli a leckét* go over the lesson again * *Nem akarlak újra látni!* I won't see you again. * *Újra támad a betegség.* The disease strikes again. * *Örülök, hogy újra látlak!* I'm glad to see you again.
újraegyesítés <fn> *(szervezeté, intézményé stb.)* reunion; *(országoké)* reunification
újraéleszt <ige> resuscitate; revive
újrahasznosít <ige> recycle; reclaim: *újrahasznosított papír* recycled paper
újrahasznosítás <fn> recycling
újraindít <ige> *(számítógépet)* restart
újrakezd <ige> resume; recommence; start/begin* again; AmE start over
újrakezdés <fn> resumption; recommencement
újraválaszt <ige> re-elect
újság <fn> **1.** *(hírlap)* (news)paper: *előfizet egy újságra* take out a subscription to a newspaper * *a mai újság* today's paper **2.** *(új hír)* news <esz>: *Mi újság?* What's the news?
újságárus <fn> **1.** *(személy)* newsagent; AmE newsdealer **2.** *(üzlet)* newsagent's
újságcikk <fn> article
újsághír <fn> (news) item; a piece of news; notice
újsághirdetés <fn> (newspaper) advertisement; biz ad
újságíró <fn> journalist
újságosbódé <fn> newsagent's (shop); newsstand
újságpapír <fn> newsprint
újszerű <mn> novel; new; *(módszer)* unorthodox
újszerűség <fn> novelty

Újszövetség <fn> vall the New Testament
¹újszülött <mn> newborn
²újszülött <fn> newborn baby
Új-Zéland <fn> New Zealand

→ Lásd a Tartalomjegyzékben a Tematikus rajzokat!

¹új-zélandi <mn> New Zealand
²új-zélandi <fn> New Zealander
Ukrajna <fn> Ukraine
¹ukrán <mn> Ukrainian
²ukrán <fn> 1. *(személy)* Ukrainian 2. *(nyelv)* Ukrainian
ultimátum <fn> ultimatum (tsz: ultimatums v. ultimata)
ultrahang <fn> ultrasound: *ultrahangos vizsgálat* ultrasound scan
ultrarövidhullám <fn> ultra-short wave
úm. [= úgymint] i.e.; ie (= (latin) id est= that is)
un <ige> 1. be✧ bored (**vmit** with/by (doing) sg); be✧ bored (**vkit** with sy); be✧ sick/tired of (doing) sg: *Unom hallgatni a panaszaidat!* I'm sick of listening to your complaints. ∗ *Halálra unlak benneteket!* I'm sick to death of all of you! 2. **unja magát** be✧ bored: *unom magam* I'm bored
ún. [= úgynevezett] so-called
unalmas <mn> boring; dull: *unalmas könyv* a boring book ∗ *végigül egy unalmas órát* sit through a boring class ∗ *unalmas film* a dull film
unalom <fn> boredom
unatkozik <ige> be✧ bored
uncia <fn> ounce; oz
undok <mn> nasty (**vkivel** to sy)
undor <fn> disgust: *legyőzi az undorát* fight down one's disgust ∗ *undort kelt benne vmi* be disgusted at/with sg
undorít <ige> (fill sy with) disgust; repel; revolt
undorító <mn> disgusting; repulsive; revolting; foul; mucky; repellent; sickening: *Micsoda undorító szaga van!* What a disgusting smell it has got!
undorodik <ige> be✧ disgusted (**vmitől/vkitől** at/by/with sy/sg); have✧/take✧ an aversion to sy/sg
unió <fn> union: *az Európai Unió* the European Union
uniós <mn> pol *(Európai Uniós)* uniós árak/bérek EU prices/wages ∗ *uniós csatlakozás* EU accession ∗ *uniós tagállam* EU member; member state of the EU ∗ *uniós tagság* EU membership
univerzális <mn> universal
univerzum <fn> the universe

unoka <fn> grandchild (tsz: grandchildren); *(fiú)* grandson; *(lány)* granddaughter
unokabátya <fn> (elder) cousin
unokafivér <fn> cousin
unokahúg <fn> 1. *(testvér lánya)* niece 2. *(unokatestvér)* (younger) cousin
unokanővér <fn> cousin
unokaöcs <fn> 1. *(testvér fia)* nephew 2. *(unokatestvér)* (younger) cousin
unokatestvér <fn> cousin: *elsőfokú unokatestvér* first/full cousin
unott <mn> bored
unszol <ige> urge (**vkit vmire** sy to (do) sg): *Unszolt, hogy menjek vele.* He urged me to go with him.
untat <ige> bore: *Untatsz.* You are boring me.
úr <fn> 1. *(férfi)* gentleman (tsz: gentlemen): *Két úr érkezett.* Two gentlemen have arrived. 2. *(megszólításban)* Mister; *(leírva)* Mr; Mr.; *(név megadása nélkül)* Sir: *Smith úr* Mr Smith ∗ *Uram!* Sir! ∗ *Igen, uram!* Yes, sir! ∗ *Professzor úr (kérem)!* (Please) Sir/Professor! ∗ *Hölgyeim és uraim!* Ladies and Gentlemen! 3. *(levélben)* Mr; Mr.; *(név megadása nélkül)* Sir: *Kedves Smith Úr!...* Dear Mr Smith,... ∗ *Kedves Uram!...* Dear Sir,... 4. *(parancsoló)* master 5. *(tulajdonos)* master 6. vall *(Isten, Jézus Krisztus)* the Lord: *az Úr Jézus Krisztus* the Lord Jesus Christ

♦ **úrrá lesz vmin** get✧/bring✧ sg under control; get✧ control over sg ♦ **a maga ura** be✧ one's own master ♦ **ura önmagának** be✧ self-possessed; have✧ self-control ♦ **ura a helyzetnek** be✧/remain master of the situation; have✧/keep✧ the situation under control

ural <ige> 1. *(hatalmában tart)* control 2. *(kimagaslik, központi helyet foglal el)* dominate: *A folyó uralja a völgyet.* The valley is dominated by the river.
uralkodás <fn> reign: *Viktória királynő uralkodása alatt* in the reign of Queen Victoria
uralkodik <ige> 1. *(hatalmat gyakorol)* reign (**vki/vmi felett** // **vkin/vmin** over sy/sg); rule (**vki/vmi felett** // **vkin/vmin** over sy/sg): *Ebben az országban a király uralkodik.* This country is ruled by the king. 2. *(akaratot érvényesít)* control (**vkin/vmin** sy/sg); dominate (**vkin/vmin** sy/sg); have✧ control/domination (**vkin/vmin** over sy/sg) 3. *(féken tart)* control (**vmin** sg) 4. *(jelenség)* prevail: *Halotti csend uralkodott.* Dead silence prevailed. 5. **uralkodik magán** command/control/contain/check oneself
¹uralkodó <mn> 1. *(általánosan elterjedt)* prevailing; prevalent; (pre)dominant: *uralkodó szelek* prevailing winds ∗ *uralkodó divat* prevailing

fashion **2.** *(fejedelmi méltóságot viselő)* ruling; reigning
²**uralkodó** <fn> ruler; sovereign; *(egyeduralkodó)* monarch; *(fejedelem)* prince
uralkodónő <fn> queen; sovereign
uralom <fn> **1.** *(uralkodás)* rule (**vki/vmi felett** over sy/sg); reign (**vki/vmi felett** over sy/sg): *Az az ország kommunista uralom alatt áll.* That country is under Communist rule. **2.** *(vminek erős befolyása)* domination; dominion: *a pénz uralma* dominion/rule of wealth **3.** *(kontroll)* control (**vki/vmi feletti** of/over sg): *Elvesztette uralmát a kocsi fölött.* He lost control of/over the car. ∗ *uralma alatt tart vmit* be in control of sg
uralomvágy <fn> desire for power
urán <fn> uranium
URH [= ultrarövid hullám] FM (= frequency modulation)
úriember <fn> gentleman (tsz: gentlemen): *úriemberként viselkedik* behave like a gentleman ∗ *Igazi úriember.* He is a real gentleman.
urna <fn> **1.** *(szavazási)* ballot box **2.** *(halotti)* (cinerary) urn
úrnapja <fn> vall Corpus Christi
urológia <fn> urology
urológus <fn> urologist
úrvacsora <fn> (Holy) Communion: *úrvacsorát vesz* take/receive communion
USA [= (the) United States of America] USA: *Kell nekünk vízum az USA-ba?* Do we need a visa for the USA? ∗ *USA dollár* the US dollar ∗ *Az USA állampolgára lett.* He became a US citizen

→ Lásd a Tartalomjegyzékben a Tematikus rajzokat!

USB [= univerzális soros busz] infor USB (= universal serial bus)
USB-kulcs <fn> USB drive; memory stick; flash drive
USB-port <fn> infor USB port
uszály <fn> barge
úszás <fn> swimming: *rövid úszás* a short swim ∗ *Az úszás és a vízilabda a kedvenc sportágaim.* Swimming and water polo are my favourite sports. ∗ *Túl hideg van az úszáshoz.* It is too cold to have a swim.
úszik <ige> **1.** swim✢: *partra úszik* swim to the shore ∗ *úszik a tóban* swim in the lake ∗ *úszik egy hosszt* swim a length ∗ *úszni tanul* learn to swim ∗ *úszni megy* go swimming; go for a swim; have a swim ∗ *úszik egyet* go for a swim; have/ a swim **2.** *(levegőben, vízen)* float; drift **3.** *(folyadéktól körülvéve)* swim✢ (**vmiben** in/with sg) **4.** *(bővelkedik vmiben)* abound in sg; be✢ full of sg: *úszik a boldogságban* be full of happiness
uszít <ige> **1.** incite (**vmire** to sg) **2.** *(vki ellen, egymásnak)* set✢ sy against sy
uszítás <fn> incitement
uszkár <fn> poodle
úszó <fn> **1.** *(sportoló)* swimmer **2.** *(horgászzsinóron)* float
uszoda <fn> swimming pool: *fedett uszoda* indoor swimming pool ∗ *nyitott/szabadtéri uszoda* open-air/outdoor swimming pool
úszógumi <fn> rubber ring; life belt
úszóhártya <fn> web
úszómedence <fn> (swimming) pool
úszómester <fn> lifeguard
úszónő <fn> (woman) swimmer
uszony <fn> **1.** *(mozgásszerv)* fin **2.** *(búváré)* flipper
úszósapka <fn> swimming cap
úszószemüveg <fn> underwater/swimming goggles <tsz>
út <fn> **1.** way; *(kiépített)* road: *átmegy az úton* walk across the road; cross the road ∗ *Az út itt elágazik.* The road branches here. ∗ *Ez az út vezet a strandra.* This road leads to the beach. **2.** *(településen belül, utak nevében)* Road; Way; *(néha)* Street: *Rákóczi út* Rákóczi Street ∗ *A levelezőtársam a Kenton út 156. alatt lakik.* My penfriend lives at 156 Kenton Road. **3.** *(irány)* way: *a postához vezető út* the way to the post office ∗ *Úthan vagyok hazafelé.* I am on my way home. **4.** *(útvonal)* route: *a legrövidebb út* the shortest route **5.** *(megteendő)* way: *Hosszú az út a tóig.* It is a long way to the lake. **6.** *(utazás)* journey; *(rövidebb)* trip; *(repülőgéppel)* flight; *(hajóval)* voyage: *világ körüli út* a journey round the world ∗ *üzleti út* a business trip **7.** *(mód)* way: *az egyetlen járható út* the one way to do it

♦ **út(já)ban van/áll vkinek** stand✢ in sy's path; be✢ in sy's way ♦ **útra kel** hit✢ the road; set✢ forth/off ♦ **egyengeti vkinek/vminek az útját** make✢ things smooth for sy/sg; pave the way for sy/sg; smooth sy's path ♦ **eltesz/félreállít vkit az útból** put✢ sy out of the way; remove sy ♦ **kitér vkinek az útjából** get✢/go✢ out of sy's way; steer clear of sy
utal <ige> **1.** *(hivatkozik)* allude (**vmire** to sg); *(könyvben stb.)* refer (**vmire** to sg); point (**vmire** to sg): *Utalok az idézett részletre.* I refer to the passage quoted. **2.** *(sejtet, mutat)* suggest (**vmire** sg); indicate (**vmire** sg); be✢ indicative (**vmire** of sg): *Minden bizonyíték arra utal, hogy…* All the evidence suggests that… **3.** *(intéz-*

ménybe beutal) refer (**vkit vkihez/vhova** sy to sy/sg) **4.** *(pénzt)* transfer

utál <ige> hate; loathe; detest; biz be✧ sick of: *Utálom a hideg időt.* I hate cold weather. * *Utálok este vezetni.* I hate driving at night * *Utálok úszni.* I loathe swimming

utalás <fn> **1.** reference (**vkire/vmire** to sy/sg): *Van valami utalás a leveledben az új munkádra?* Is there any reference in your letter to your new job? **2.** *(szövegben)* reference (**vmire** to sg); cross-reference (**vmire** to sg) **3.** *(célzás)* allusion (**vmire** to sg)

utálat <fn> disgust; dislike; distaste; hatred; loathing: *kölcsönös utálat* mutual dislike

utálatos <mn> **1.** *(undok)* mean: *Ez nagyon utálatos dolog volt tőled.* It was mean of you. **2.** *(visszataszító)* hateful; loathsome; distasteful; horrid

utalvány <fn> **1.** *(postautalvány)* (money) order; BrE postal order **2.** *(vásárlásra jogosító)* token: *könyvutalvány* book token * *vásárlási utalvány* gift token/voucher

után <nu> **1.** *(térben)* after: *csak ön után* after you * *Csukd be az ajtót magad után.* Close the door after you. **2.** *(időben)* after: *Ebéd után érkezett.* She arrived after lunch. **3.** *(sorrendben)* after: *Az ő neve a tiéd után jön.* Her name comes after yours. **4.** *(vmi/vki felől)* about sy/sg; after sy/sg: *vki után érdeklődik* ask after sy

utána <hsz> **1.** *(térben)* after **2.** *(időben)* after; *(azután)* after that; afterwards; then; thereafter: *röviddel utána* soon after * *jóval utána* long after **3.** *(sorrendben)* after: *vki után* after sy

utánajár <ige> inquire/enquire about (**vkinek/vminek** sy/sg); make✧ inquiries/enquiries about (**vkinek/vminek** sy/sg); go✧ after (**vkinek/vminek** sy/sg); see✧ about (**vkinek/vminek** sy/sg)

utánamegy <ige> go✧ after (**vkinek/vminek** sy/sg)

utánanéz <ige> **1.** *(intézkedik)* see✧ to/about sg; attend to sg: *Majd én utánanézek!* I'll attend to it. **2.** *(gondoskodik vkiről/vmiről)* look after sy/sg **3.** *(ellenőriz vmit)* check sg; check up on sg; see✧: *Utánanéznél, hogy minden rendben van-e?* Would you see if everything is ready? **4.** *(könyvben vmit)* look sg up

utánaszámol <ige> count sg over again; check

utánatölt <ige> refill

utánfutó <fn> trailer: *Utánfutóval vihetjük ezeket a csomagokat.* We can carry these suitcases in a trailer.

utáni <mn> after: *a jövő hét utáni hét* the week after next * *Hiszek a halál utáni életben.* I believe in life after death.

utánoz <ige> **1.** *(viselkedésben)* copy; imitate: *A fiam utánozta az apja cselekedeteit.* My son copied his father's actions. **2.** *(lemásol)* imitate; copy; *(viccesen)* take✧ sy off; impersonate; *(kifigurázva)* mock; ape

utánpótlás <fn> **1.** kat reserves <tsz>; reinforcements <tsz> **2.** *(szakmai)* young talents <tsz> **3.** *(raktári készleté stb.)* supply; new supplies <tsz> **4.** sp juniors <tsz>

utánzás <fn> **1.** imitation **2.** *(kifigurázás)* mockery

utánzat <fn> imitation; copy

utas <fn> **1.** *(utazó)* traveller; AmE traveler **2.** *(járműé)* passenger; *(taxié)* fare: *Hány utas fér el benne?* How many passengers can it take? **3.** *(tömegközlekedési eszközé)* passenger

utasít <ige> **1.** order (**vkit vmire** sy to do sg); instruct (**vkit vmire** sy to (do) sg); direct (**vkit vmire** sy to do sg): *Utasítottak, hogy adjam át az útlevelemet.* I was ordered to surrender my passport. * *Utasítottak, hogy fordítsak le egy levelet.* I was instructed to translate a letter. **2.** *(irányít, küld)* refer (**vkit/vmit vkihez/vmihez** sy/sg to sy/sg)

utasítás <fn> **1.** order; instruction: *követi az utasításokat* follow the instructions * *utasításainak megfelelően* according to one's instructions * *utasítás szerint* as directed **2.** *(útmutató)* instructions <tsz>; directions <tsz>: *használati utasítás* instructions/directions for use * *használati/kezelési utasítás* a book of instructions **3.** infor instruction

utaskísérő <fn> *(hajón, repülőn, férfi)* steward; *(nő)* stewardess; *(repülőn)* flight attendant; *(repülőn, nő)* air hostess

utastér <fn> *(autóban)* passenger compartment; *(repülőn)* cabin

utazás <fn> **1.** *(turisztikai célból)* travel; journey; tour; *(tengeren, űrben)* voyage; *(járművön)* ride: *légi utazás* air travel * *utazás vonattal* rail travel * *megszakítás nélküli utazás* non-stop journey * *az utazás utolsó szakasza* the last stage of the journey **2.** *(munkával együtt járó)* travelling: *Az új állás sok utazással jár.* The new job involves travelling a lot.

utazási <mn> travel(ling); AmE travel(ing): *utazási iroda* travel agency * *utazási csekk* traveller's cheque; AmE traveler's cheque

utazik <ige> travel; *(repülővel)* fly✧: *hajóval/repülővel/busszal/metróval utazik* travel by ship/air/coach/underground * *ingyen utazik* travel free * *Sokat utazik.* He travels a lot. * *Berlinbe utazik (repülővel)* fly to Berlin * *Mikor utazol?* When are you leaving? * *Hová utazol?* Where are you going?

utazó <fn> traveller; AmE traveler

útba igazít <ige> direct; show✧ the way

útburkolat <fn> road surface; AmE pavement

utca <fn> street: *az utcán* in the street * *átmegy az utca túlsó oldalára* cross the street * *egyirányú utca* a one-way street * *Az utca végén fordulj jobbra!* Turn left at the end of the street.
utcalány <fn> streetwalker; street girl; prostitute
utcasarok <fn> (street) corner
utcaseprő <fn> road/street sweeper; *(gép)* sweeper
útépítés <fn> road construction
úthálózat <fn> road network/system
útikalauz <fn> guide(book)
útiköltség <fn> fare; travel expenses <tsz>
útikönyv <fn> guide(book): *londoni útikönyv* a guide to London
útirány <fn> course; direction; route
útitárs <fn> travelling companion; fellow traveller; AmE traveling companion; AmE fellow traveler
útjavítás <fn> roadworks <tsz>; AmE roadwork
útjelző <fn> road sign/mark
útkereszteződés <fn> intersection; crossing; crossroads <tsz>; BrE junction
útközben <hsz> on the way; en route
útlevél <fn> passport
útlevélvizsgálat <fn> passport control: *átmegy az útlevél- és vámvizsgálaton* go through customs and passport control
útmutatás <fn> guidance
¹utóbbi <mn> **1.** *(időben)* last: *az utóbbi időben* lately; recently **2.** *(térben)* latter
²utóbbi <fn> the latter
utód <fn> **1.** *(leszármazott)* descendant **2.** *(munkában, tisztségben)* successor
utódlás <fn> succession
utóhatás <fn> **1.** *(gyógyszeré stb.)* after-effect **2.** *(eseményé)* aftermath
utóidény <fn> off season
utóirat <fn> postscript
utóíz <fn> aftertaste
utójáték <fn> afterpiece
utókezelés <fn> follow-up care
utókor <fn> posterity
utólag <hsz> subsequently; later
utólagos <mn> subsequent; posterior
utolér <ige> **1.** catch✢ up (**vkit** with sy); come✢ up (**vkit/vmit** with sy/sg); get✢ up (**vmit/vkit** with sg/sy); BrE catch✢ sy up; BrE gain on sy/sg **2.** *(minőségben vmit)* get✢ up to sg
utoljára <hsz> **1.** *(utolsóként)* last **2.** *(utolsó ízben)* last; (the) last time: *Mikor láttad utoljára a legjobb barátodat?* When did you last see your best friend?
¹utolsó <mn> **1.** *(sorrendben)* last; final: *Ki tudja megoldani az utolsó kérdést?* Who can do the last question? * *az utolsó pillanatban* at the last moment * *Elérte az utolsó buszt.* He caught the last bus. * *utolsó felszólítás* the last warning; a final warning * *az utolsó fejezet* the final chapter * *utolsó előtti* next to last; last but one **2.** *(még meglévő)* last
²utolsó <fn> the last
utolsósorban <hsz> at last; finally; at the end: *végül, de nem utolsósorban* last but least
utónév <fn> first name; forename; Christian name; AmE given name
utópia <fn> utopia
utópisztikus <mn> utopian
utószezon <fn> off season
utószó <fn> epilogue; AmE epilog
utóvizsga <fn> resit; retake
utóvizsgázik <ige> retake✢/resit✢ an exam(ination)
útpadka <fn> hard shoulder; AmE shoulder; breakdown lane
útravaló <fn> **1.** *(úti élelem)* food; provisions (for the journey) <tsz> **2.** *(emlék, tanács stb.)* send-off; a piece of advice for the journey
útszakasz <fn> road section; section of a/the road: *rossz útszakasz* a stretch of bad road
úttest <fn> road(way): *Először nézz balra, majd jobbra, mielőtt átmész az úttesten!* Look left than right before crossing the road.
¹úttörő <mn> pioneering
²úttörő <fn> **1.** *(előharcos)* pioneer **2.** tört *(ifjúsági szervezetben)* pioneer
útviszonyok <fn> road conditions
útvonal <fn> route: *a szokásos útvonalon megy haza* go home by the usual route * *legrövidebb útvonal* the shortest route
uzsonna <fn> (afternoon) tea
uzsonnázik <ige> have✢ tea
uzsora <fn> usury
uzsorás <fn> loan shark

Ü, ü, Ű, ű

üde <mn> fresh; healthy; youthful
¹üdítő <mn> refreshing
²üdítő <fn> soft drink; non-alcoholic drink
üdítőital <fn> soft drink; non-alcoholic drink
üdül <ige> *(szabadságát tölti)* be✧ on holiday
üdülő <fn> **1.** *(épület)* holiday home **2.** *(személy)* holidaymaker; AmE vacationer
üdülőhely <fn> resort: *tengerparti üdülőhely* seaside resort
üdülőtelep <fn> holiday camp
üdvözlés <fn> **1.** greeting **2.** *(érkezéskor)* welcome
üdvözlet <fn> greetings <tsz>; regards <tsz>: *Üdvözletemet küldöm a nagybátyádnak!* Give my regards to your uncle. ✳ *Add át neki szívélyes üdvözletemet!* Give her my best regards.
üdvözlőlap <fn> greetings card
üdvözöl <ige> **1.** *(köszönt)* greet: *biccentéssel üdvözöl vkit* greet sy with a nod **2.** *(megérkezéskor)* welcome; greet: *Amikor hazaértem, a családom üdvözölt engem.* I was welcomed by my family when I got home. **3.** *(gratulál)* congratulate **4.** *(üdvözletét küldi)* give✧ sy one's (best) regards **5.** *(konferenciát stb.)* address
üget <ige> trot
ügetés <fn> trot
ügetőpálya <fn> trotting racecourse
ügy <fn> **1.** *(dolog)* business; affair; matter: *sötét ügy* shady business ✳ *nagyon fontos ügy* a very important matter ✳ *egész más ügy* an entirely different matter **2.** *(kérdés)* issue: *politikai ügyek* political issues **3.** jog case: *válási ügy* a divorce case ✳ *bírósági ügy* court case **4.** *(eszméé)* cause: *Egy ügyért harcolnak.* They are fighting for the same cause.
ügyel <ige> **1.** *(vkire/vmire)* take✧ care of sy/sg; watch over sy/sg **2.** *(figyelembe vesz)* mind; note; take✧ notice of sg **3.** biz *(ügyeletet tart)* be✧ on call; be✧ on duty
ügyelet <fn> duty: *éjszakai ügyelet* night duty
ügyes <mn> clever; able; capable; skilful; AmE skillful: *Ügyes kisfiú vagy!* You are a clever boy!
ügyész <fn> (public) prosecutor
ügyetlen <mn> clumsy; inept; ham-fisted; AmE ham-handed
ügyfél <fn> **1.** client **2.** *(vevő, vendég)* customer
ügyfélfogadás <fn> office/business hours <tsz>
ügyfélszolgálat <fn> customer services <tsz>

ügyintéző <fn> administrator
ügyirat <fn> document; file
ügynök <fn> **1.** gazd sales representative; agent; biz sales rep **2.** pol agent
ügynökség <fn> agency
ügyvéd <fn> lawyer; AmE attorney; *(polgári ügyekben)* solicitor: *ügyvédet fogad* retain a lawyer/solicitor
ügyvezető <fn> manager; executive; director
ügyvezető igazgató <fn> managing director
ül <ige> **1.** sit✧: *a szobában ül* sit in the room ✳ *vki mellé ül* sit next to sy ✳ *a buszon/vonaton/repülőn ül* sit on the bus/train/plane **2.** *(madár ágon)* perch
üldöz <ige> **1.** *(kerget)* pursue; chase **2.** *(zaklat)* harass; hound **3.** *(üldöztetésben részesít)* persecute: *A vallási kisebbségeket üldözték.* Religious minorities were persecuted.
üledék <fn> deposit; sediment
ülés <fn> **1.** *(hely)* seat: *hátsó/első ülés* back/front seat ✳ *az autó hátsó ülése* the back seat of the car **2.** *(testületé stb.)* meeting; session; sitting: *részt vesz az ülésen* attend the meeting ✳ *vezeti az ülést* chair the meeting ✳ *az ülést megnyitja* open the meeting
ülésezik <ige> sit✧; have✧ a meeting; be✧ in session: *A Parlament mostantól június végéig ülésezik.* The parliament sits from now until the end of June.
üllő <fn> anvil
ülőhely <fn> seat: *talál ülőhelyet a buszban* find a seat in the bus ✳ *Azok az ülőhelyek nem foglaltak.* Those seats are unreserved.
ültet <ige> plant; *(cserépbe)* pot: *fát ültet* plant a tree
ültetvény <fn> plantation
ünnep <fn> **1.** holiday; *(munkaszüneti nap)* public holiday; bank holiday **2.** vall festival **3.** *(ünnepség)* celebration; ceremony
ünnepel <ige> celebrate: *Nagy örömömre szolgál, hogy veled ünnepelhetek.* It's a great pleasure for me to celebrate with you.
ünnepély <fn> celebration; ceremony
ünnepélyes <mn> **1.** solemn **2.** *(szertartásos)* ceremonial
ünnepi <mn> festive; ceremonial: *ünnepi asztal* festive board
ünnepnap <fn> holiday
ünneprontó <fn> spoilsport

ünnepség <fn> celebration; ceremony: *születésnapi ünnepség* a birthday celebration ∗ *Az ünnepségen a színház megnyitásának 50. évfordulójáról emlékeztek meg.* The ceremony marked the fiftieth anniversary of the opening of the theatre.

űr <fn> **1.** *(világűr)* (outer) space **2.** átv void; gap: *kitölti az űrt* fill the void

űrállomás <fn> space station

üreg <fn> hollow; cavity; hole; *(földben)* pit

üreges <mn> hollow

üres <mn> **1.** empty: *A doboz üres – nem maradt semmi cukor.* The box is empty – there is no sugar left. **2.** *(ház, szoba, állás stb.)* vacant **3.** *(nem foglalt)* free; unoccupied

üresjárat <fn> gk idle (speed/running)

üresség <fn> emptiness

űrhajó <fn> spacecraft; spaceship; space vehicle

űrhajós <fn> astronaut; spaceman (tsz: spacemen); cosmonaut

ürít <ige> **1.** empty **2.** biol evacuate

űrkutatás <fn> space research

űrlap <fn> form: *kitölti az űrlapot* fill in the form

űrrepülőgép <fn> space shuttle

űrtartalom <fn> volume: *Nem tudom pontosan, mekkora ennek az üvegnek az űrtartalma.* I don't exactly know the volume of this bottle.

ürügy <fn> excuse; pretext: *Az idő jó ürügy arra, hogy ne menjünk el a buliba.* The weather is a good excuse for not going to the party. ∗ *azzal az ürüggyel, hogy…* on the pretext of…

ürülék <fn> excrement; excreta; faeces <tsz>; AmE feces

üst <fn> cauldron; AmE caldron

üstdob <fn> zene kettledrum; timpani <tsz>

üstökös <fn> comet

üt <ige> **1.** strike✧; hit✧; *(ver)* beat✧; *(erősen)* pound; batter **2.** *(labdát)* hit✧; strike✧ **3.** *(óra)* strike✧: *Az óra tizenegyet ütött.* The clock struck eleven. **4.** *(hasonlít vkire)* take✧ after sy

ütem <fn> **1.** *(ritmus)* rhythm; *(ritmus egysége)* time; beat; measure **2.** *(taktus)* bar **3.** *(sebesség)* pace; rate; tempo: *gyors ütemben* at a rapid/quick pace

ütemes <mn> rhythmic(al)

ütemterv <fn> schedule; timing

ütés <fn> **1.** hit; blow: *Jó ütés volt!* That was a good hit. **2.** *(teniszben, asztaliteniszben stb.)* stroke; shot **3.** *(óráé)* stroke

ütközés <fn> **1.** collision: *frontális ütközés* a head-on collision **2.** *(időben)* coincidence

ütközet <fn> battle; combat

ütközik <ige> **1.** *(tárgy vmibe)* knock against sg; bang against sg **2.** *(autó)* collide **3.** *(időben)* clash (**vmivel** with sg); coincide (**vmivel** with sg):

A hangverseny ütközött az angolórámmal. The concert clashed with my English lesson.

ütköző <fn> buffer

ütő <fn> *(tenisz)* racket; *(asztalitenisz)* bat; *(jégkorong)* stick; *(golf)* club: *Vidd magaddal az ütődet, ha teniszezni mész!* Take your racket with you when you are going to play tennis.

ütőér <fn> orv artery

ütőhangszer <fn> zene percussion instrument

ütött-kopott <mn> battered; shabby

üveg <fn> **1.** glass: *Azok a tárgyak üvegből készültek.* Those objects are made of glass. **2.** *(ablaké)* (window) pane **3.** *(lekváros)* jar **4.** *(palack)* bottle; flask: *Tedd az üvegre a kupakot!* Put the cap on the bottle!

¹**üveges** <mn> **1.** *(palackozott)* bottled **2.** *(szem, tekintet)* glassy; glazed

²**üveges** <fn> glazier

üveggolyó <fn> marble

üvegház <fn> glasshouse; greenhouse

üvegházhatás <fn> greenhouse effect

üvegszál <fn> glass fibre; fibreglass

üvegtábla <fn> (glass) pane

üvölt <ige> howl; roar; yell; bawl; bellow

űz <ige> **1.** *(hajt)* drive✧; chase; hunt; pursue **2.** *(mesterséget)* pursue; practise; AmE practice: *foglalkozást űz* pursue an occupation

üzem <fn> **1.** factory; plant; works <+ esz/tsz ige> **2.** *(működés)* operation; running; working; functioning: *üzembe helyez vmit* put sg into operation

üzemanyag <fn> fuel

üzemel <ige> operate; work; run✧

üzemeltet <ige> operate; run✧

üzemzavar <fn> breakdown

üzen <ige> send✧ a message (**vkinek** to sy)

üzenet <fn> message: *üzenetet kap vkitől* receive a message from sy ∗ *üzenetet hagy vkinek* leave a message for sy ∗ *Nincs itt – hagyhatok üzenetet?* He is not here – can I take a message?

üzenetrögzítő <fn> answerphone; answering machine

üzlet <fn> **1.** *(helyiség)* shop; AmE store: *Az üzlet 4 óráig van ma nyitva.* The shop is open till 4 o'clock today. ∗ *Ez az üzlet vasárnap is nyitva van.* This shop is open on Sundays as well. **2.** *(kereskedés)* business **3.** *(ügylet)* (business) deal; transaction: *üzletet köt vkivel* make a deal with sy **4.** *(cég)* business: *saját üzletet alapít* start his own business

üzletasszony <fn> businesswoman (tsz: businesswomen)

üzletember <fn> businessman (tsz: businessmen): *sikeres üzletember* a successful businessman

üzlethelyiség <fn> shop; AmE store
üzletkötő <fn> gazd sales representative; salesperson; salesman; saleswoman
üzletlánc <fn> gazd chain store
üzlettárs <fn> (business) partner
üzletvezető <fn> manager

V, v

V, v <fn> *(betű)* V; v
¹vacak <mn> *(silány)* worthless; rubbishy; trashy
²vacak <fn> rubbish; trash
vacakol <ige> mess about/around; potter about/around; muck about/around
vacog <ige> shiver; tremble; shake*: *vacog a hidegtől* shiver with cold
vacsora <fn> dinner; supper; evening meal: *Vacsorára sült krumplit ettünk salátával.* We had chips and salad for dinner.
vacsorázik <ige> have* dinner; dine; have* supper
¹vad <mn> **1.** *(állat)* wild; untamed; undomesticated **2.** növ wild **3.** *(műveletlen)* uncivilized; savage **4.** *(kegyetlen)* ferocious; fierce **5.** *(vihar, szél stb.)* violent; wild; raging
²vad <fn> **1.** *(vadon élő állatok)* game; wildlife **2.** *(ember)* savage
vád <fn> jog **1.** accusation; charge: *vádat emel vki ellen* bring a charge against sy **2.** *(vádhatóság)* the prosecution: *a vád tanúja* witness for the prosecution
vadállat <fn> **1.** wild animal; (wild) beast: *A vadász nem akarta szabadon engedni a vadállatokat.* The hunter didn't want to release the wild animals. **2.** átv brute
vadaspark <fn> game park; wildlife park
vadász <fn> hunter
vadászat <fn> hunt(ing)
vadászengedély <fn> game licence; AmE game license
vadászik <ige> **1.** *(vadra)* shoot*; hunt; go* hunting **2.** átv hunt (**vkire/vmire** for sy/sg); fish (**vmire** for sg): *információkra vadászott* fish for information
vadászkutya <fn> gun dog
vadászfegyver <fn> shotgun; sporting gun
vadászrepülőgép <fn> fighter (plane)
vaddisznó <fn> wild boar
vadgesztenye <fn> horse chestnut
vadhús <fn> *(étel)* game; *(őzé, szarvasé)* venison
vadidegen <fn> perfect stranger; complete stranger
vadkacsa <fn> mallard; wild duck
vadkan <fn> (wild) boar
vádli <fn> calf (tsz: calves)
¹vádló <mn> accusing; accusatory: *vádló pillantás* an accusing look
²vádló <fn> plaintiff; accuser
vádlott <fn> *(bíróságon)* the accused; defendant
vádol <ige> accuse (**vkit vmivel** sy of sg); charge (**vkit vmivel** sy with sg): *A rendőrség lopással vádolta.* The police accused her of stealing. ∗ *Három személyt vádolnak megvesztegetéssel.* Three persons have been charged with bribery.
vadon <fn> wilderness; wild: *a vadonban* in the wild
vadonatúj <mn> brand new
vadorzó <fn> poacher
vadőr <fn> gamekeeper; game warden
vádpont <fn> count; charge
vág <ige> **1.** cut*: *külön darabokba vág vmit* cut sg into separate pieces ∗ *körmöt vág* cut one's nails **2.** *(dob)* throw*: *falhoz vág vmit* throw sg against the wall **3.** *(üt)* strike*; hit*: *fejbe vág vkit* hit sy on the head **4.** *(ruha szűk)* be* too tight **5.** *(állatot)* slaughter; kill **6.** *(fát)* chop **7.** *(sövényt stb.)* trim
vágány <fn> **1.** *(peron)* platform: *Melyik vágányról indul a vonatod?* Which platform does your train leave from? **2.** *(sínpár)* track: *vasúti vágányok* railroad tracks
vágás <fn> **1.** *(cselekmény)* cutting; *(nyoma)* cut: *vágás a kezemen* a cut on my hand **2.** *(műtétnél)* incision **3.** *(ölés)* slaughter **4.** *(ütés)* stroke; blow **5.** *(filmé)* cutting; editing
vagdalt <fn> minced meat; mince
vágódeszka <fn> chopping board
vágóhíd <fn> slaughterhouse; abattoir
vagon <fn> **1.** *(személy)* carriage; coach; AmE car **2.** *(teher)* wag(g)on; AmE freight car
vágta <fn> gallop: *vágtában* at a gallop
vágtat <ige> gallop
¹vagy <ksz> or: *Kávét vagy teát kér(sz)?* Would you like coffee or tea? ∗ *A kéket vagy a pirosat kéred?* Would you like the blue one or the red one? ∗ *Velem jössz, vagy itt maradsz?* Will you come with me or will you stay here?
²vagy <hsz> *(körülbelül)* about; some: *vagy háromszázan* some three hundred people
vágy <fn> desire; wish; longing: *ellenállhatatlan vágy vminek a megtételére* an overwhelming desire to do sg ∗ *Mindig is az volt a vágyam, hogy legyenek gyerekeim.* It has always been my wish to have children.

vágyakozik <ige> long (**vmi után** for sg); yearn (**vmi után** for sg)

vágyálom <fn> pipe dream; wishful thinking

vágyik <ige> desire (**vmire** sg); have✣ a desire (**vmire** for sg); long (**vmire** for sg); yearn (**vmire** for sg): *Egy új autóra vágyik.* He is longing for a new car.

vagyis <ksz> that is (to say); in other words; I mean

vágyódás <fn> longing

vágyódik <ige> long (**vmi után** for sg); yearn (**vmi után** for sg)

vagyon <fn> **1.** wealth; fortune; riches <tsz>: *nemzeti vagyon* national wealth ∗ *óriási/hatalmas vagyon* fabulous wealth ∗ *egy vagyonba kerül* cost a fortune **2.** *(tulajdon)* property; possessions <tsz>: *Minden vagyonukat elvesztették a második világháborúban.* They lost all their possessions in the Second World War.

vagyoni kimutatás <fn> gazd financial statement

vagyonnyilatkozat <fn> gazd financial statement

vagyonos <mn> wealthy; well-to-do

vaj <fn> butter: *vajat ken a zsömlére* spread butter on the roll
♦ **Akinek vaj van a fején, ne menjen a napra!** People who live in glass houses should not throw stones.

váj <ige> **1.** hollow; scoop **2.** *(mélyít)* deepen

vajas kenyér <fn> bread and butter

vájat <fn> groove; channel

vajaz <ige> butter

vajon <hsz> if; whether: *Nem tudod, vajon otthon van-e?* Do you know if he is at home? ∗ *Megkérdezte, vajon tudok-e úszni.* He asked me whether I could swim.

¹**vak** <mn> blind: *fél szemére vak* be blind in one eye

²**vak** <fn> blind person: *a vakok* the blind
♦ **vak vezet világtalant** the blind leading the blind

vakáció <fn> holiday; AmE vacation

vakar <ige> scratch; scrape: *vakarja a rovarcsípéseket* scratch insect bites

vakaró(d)zik <ige> scratch oneself

vakbél <fn> *(féregnyúlvány)* appendix (tsz: appendixes)

vakbélgyulladás <fn> orv appendicitis

vakít <ige> blind; dazzle

vakító <mn> blinding; dazzling

vaklárma <fn> false alarm

vakmerő <mn> daring; audacious; fearless; bold

vakol <ige> plaster

vakolat <fn> plaster: *Az új házunk fehér vakolatot kap.* Our new house will have white plaster.

vakolókanál <fn> trowel

vakond <fn> mole

vakondtúrás <fn> molehill

vaktában <hsz> **1.** *(meggondolatlanul)* blindly; rashly **2.** *(találomra)* at random

vaktöltény <fn> blank (cartridge)

vaku <fn> flash

vákuum <fn> vacuum

vakvezető kutya <fn> guide dog: *A vakok vakvezető kutyákat használnak.* The blind use guide dogs.

váladék <fn> discharge; secretion; mucus

valahányszor <ksz> whenever; every time: *Valahányszor találkoznak, veszekednek.* They are quarrelling whenever they meet.

valahogy(an) <hsz> somehow; somehow or other; someway; anyhow: *Ez az asztal valahogy nem vízszintes.* This table is somehow not level. ∗ *Valahogy majdcsak megleszünk.* We will manage somehow.

valahol <hsz> somewhere; anywhere: *Valahol Magyarországon élnek.* They live somewhere in Hungary. ∗ *Valahol elvesztettem a jegyemet.* I have lost my ticket somewhere.

valahonnan <hsz> **1.** from somewhere **2.** *(bárhonnan)* from anywhere

valahova <hsz> somewhere; anywhere: *Valahova máshova tettem.* I put it somewhere else. ∗ *Megy valahova a családod jövőre?* Is your family going anywhere next year?

valaki <htl névm> somebody; someone; one; anybody; anyone: *valaki más* somebody else ∗ *Valaki itt felejtette ezt a dobozt.* Somebody has left this box here. ∗ *Van ott valaki?* Is there anybody there? ∗ *Látta valaki a könyvemet?* Has anybody seen my book?

valameddig <hsz> **1.** *(időben)* for some time; for a time **2.** *(távolság)* for a certain distance

valamelyik <htl névm> **1.** *(kettő közül)* either (of them) **2.** *(több közül)* one (of them)

¹**valamennyi** <htl névm> *(valami kevés)* some; a little

²**valamennyi** <ált névm> *(minden, mindegyik)* all; every; all of them: *Kanada valamennyi tartományát meglátogatja.* He is going to visit all the provinces of Canada. ∗ *valamennyien* all of us/them

valamerre <hsz> somewhere

valami <htl névm> **1.** something: *eszik valamit* eat something ∗ *valami más* something else ∗ *Valami fontosat kell neked mondanom.* I have something important to tell you. **2.** *(kérdésben)* anything: *Szeretnél valamit enni?* Do you want anything to eat? * *Még valamit?* Anything else? **3.** *(egy kevés)* some; a little; *(kérdésben)* any: *Van nálad valami pénz?* Have you got any money? **4.** *(kevéssé, pontatlanul ismert)* some: *Van valami fiú a kertben.* There is some boy in the garden. **5.** *(körülbelül)* about; some: *valami háromszázan* some three hundred people

valaminképp(en) <hsz> somehow

valamikor <hsz> **1.** *(a múltban)* sometime; once (upon a time): *(Még) valamikor tavaly látogattak meg minket.* They visited us sometime last year. **2.** *(a jövőben)* sometime; someday: *(Majd) valamikor a jövő héten jön.* She'll come sometime next week. **3.** *(valaha)* ever: *Jártál ott valamikor?* Have you ever been there?

valamilyen <htl névm> some kind/sort of; some

valamint <ksz> and: *John és Mary énekelt, valamint táncolt.* John and Mary were singing and dancing.

válás <fn> jog divorce

válasz <fn> answer; reply: *a helyes válasz* the correct answer * *Nem adott választ.* He gave me no answer. * *Feltettem neki egy kérdést, de nem hallottam a válaszát.* I asked him a question but I couldn't hear his reply.

válaszfal <fn> partition

válaszol <ige> answer; reply; respond: *Válaszolj a kérdéseimre, légy szíves!* Answer my questions, please! * *Válaszoltál már a levelére?* Have you already replied to his letter? * *Válaszolt a nehéz kérdésedre?* Did he respond to your difficult question?

választ <ige> **1.** *(több közül)* choose◆; pick; select; make◆ a choice: *két állás közül választ* choose between the two jobs **2.** *(képviselőt stb.)* elect (**vkit vminek** sy to/as sg): *Négyéves időszakra választották meg.* He was elected for a four-year period.

választás <fn> **1.** *(több közül)* choice; selection; choosing: *Nem volt sok választásom.* I didn't have much choice. * *Nem volt más választása, mint elmondani az igazat.* He had no choice but to tell the truth. **2.** pol election: *időközi választás* by-election * *szabad választások* free elections * *választásokat kiír* call an election * *választást elveszít/megnyer* lose/win an election

választási <mn> electoral; elective; election: *választási reformok* electoral reforms * *választási kampány* election campaign

választék <fn> **1.** *(több közül)* choice; selection; variety: *a gyümölcsök nagy választéka* a big choice of fruits * *szőnyegek széles választéka* a wide selection of carpets * *Ebben az üzletben áruk széles választéka található.* This shop has a wide selection. **2.** *(hajban)* parting; AmE part

választékos <mn> polished; refined

választó <fn> voter; constituent

választójog <fn> the vote; suffrage; the franchise

választókerület <fn> constituency; AmE electoral district

választópolgár <fn> voter; constituent

választóvonal <fn> dividing line; boundary

válik <ige> **1.** *(házastárstól)* divorce: *Válik a feleségétől.* He is divorcing his wife. **2.** become◆ (**vmivé** sg); turn (**vmivé** (into) sg): *nyilvánvalóvá válik (vki számára)* become apparent (to sy)

vall <ige> **1.** *(bíróságon stb.)* confess; admit; own up **2.** *(nézetet, hitet stb.)* profess: *a keresztény hitet vallja* profess oneself Christian

váll <fn> shoulder: *a vállát vonogatja* shrug one's shoulder * *megütögeti vkinek a vállát* tap sy on the shoulder

vállal <ige> **1.** undertake◆; take◆ sg on: *Egy helyi cég vállalta az építkezést.* A local firm undertook the building. **2.** *(felelősséget)* take◆; accept: *vállalja a felelősséget vmiért* take/accept responsibility for sg **3.** *(megbízást stb.)* accept

---

Rövid válaszok • Short answers

Rövid válaszok adhatók a következő formában.
Példák:
Does Bob want to come? – **Yes, he does.** *El akar jönni Bob? – Igen.* * Are you married? – **Yes, I am.** *Ön házas? – Igen.* * You don't live in London, do you? – **No, I don't.** *Nem Londonban élsz, vagy igen? – Nem, én nem.* * You haven't been to London, have you? – **Yes, I have.** *Ugye nem jártál Londonban? – De igen.*

Egyéb „reagálások" (igenlő vagy tagadó)
Példák:
I am tired. – **So am I.** *Fáradt vagyok. – Én is.* * I haven't written to Jim yet. – **Nor have I.** *Még nem írtam Jimnek. – Én sem.* * I can't type. – **Nor can I.** *Nem tudok gépelni. – Én sem.* * Will there be any tickets left? – **I expect so.** *Marad még valamennyi jegy? – Remélem.* * Do you think it'll take very long? – **I don't think so.** *Gondolod, hogy nagyon sokáig tart? – Nem gondolom/hiszem.*

vállalat <fn> company; firm; enterprise: *multinacionális vállalat* multinational company
vállalatvezető <fn> manager; managing director
vállalkozás <fn> undertaking; venture; enterprise; business: *üzleti vállalkozás* business enterprise
vállalkozik <ige> undertake✢ (**vmire/vminek a megtételére** to sg // to do sg)
vállalkozó <fn> entrepreneur
vallás <fn> religion; faith: *gyakorolja a vallását* practise one's religion ∗ *a keresztény vallás* the Christian faith
vallási <mn> religious: *vallási szertartás* religious ceremony
vallásos <mn> religious; pious
vallásszabadság <fn> freedom of religion
vállfa <fn> hanger
vallomás <fn> statement; evidence; *(beismerő)* confession: *vallomást tesz (tanú)* give evidence ∗ *Vallomást tett. (vádlott)* He made a full confession.
válltömés <fn> shoulder pad
¹**való** <mn> **1.** *(valóságos, igaz)* real; true: *a való életben* in real life **2.** *(alkalmas)* be✢ suited (**vmire** for sg); be✢ suitable (**vmire** for sg); be✢ fit (**vmire** for sg): *nem való vkinek/vminek* be not suitable for sy/sg **3.** *(készült)* be✢ made (**vmiből** of sg): *fából való* be made of wood **4.** *(illő)* proper; fit; suitable; appropriate
²**való** <fn> **1.** *(valóság)* reality; truth **2.** **valóra válik** come✢ true; be✢ realized: *Legrosszabb álmai váltak valóra.* His worst fears were realized.
valóban <hsz> really; truly; indeed: *Valóban alkalmas ennek az állásnak a betöltésére?* Is he really qualified to do this job?
valódi <mn> real; true; genuine: *Ez a karkötő valódi aranyból készült.* This bracelet is made of real gold.
válogat <ige> **1.** *(kiválaszt)* choose✢; select; pick **2.** *(finnyás)* be✢ particular; biz be✢ choosy **3.** *(csoportosít; szortíroz)* sort
válogatós <mn> particular; choos(e)y; finicky; picky
¹**válogatott** <mn> chosen; select(ed); choice
²**válogatott** <fn> *(csapat)* national team
valójában <hsz> actually; in fact; in reality: *Azt mondta, iskolába megy, valójában azonban moziba ment.* He said he was going to the school but actually he went to the cinema.
váróper <fn> divorce suit/case; divorce proceedings <tsz>: *válópert indít* sue for divorce
valóság <fn> reality; *(igazság)* truth; *(tény)* fact: *szembenéz a valósággal* face reality ∗ *ráébred a valóságra* awake to reality ∗ *A szomorú valóság az, hogy...* The sad truth is that... ∗ *A történet megegyezik a valósággal* The story squares with the facts.
valóságos <mn> real; true: *Ő valóságos kincs a számunkra.* She is a real treasure for us.
valószínű <mn> probable; likely: *Valószínű, hogy idén nyáron külföldre utazunk.* It's probable that we are going abroad this summer. ∗ *Legvalószínűbb, hogy pénteken érkezik.* He is most likely to arrive on Friday.
valószínűleg <hsz> probably; likely: *Valószínűleg időben itt lesz.* He will probably be here on time. ∗ *Valószínűleg esni fog.* It is likely to rain.
valószínűség <fn> probability; likelihood: *minden valószínűség szerint* in all probability
valószínűtlen <mn> improbable; unlikely: *Nagyon valószínűtlen, hogy késnénk.* It is highly unlikely that we'll be late.
valótlan <mn> untrue; false
válság <fn> crisis (tsz: crises); critical stage/period: *gazdasági válság* economic crisis
válságos <mn> critical: *válságos állapotban van* be in a critical condition
vált <ige> **1.** *(változtat, cserél)* change: *sebességet vált* change gear ∗ *ágyneműt vált* change the bed linen **2.** *(jegyet)* buy✢; *(foglal)* book: *jegyet vált* buy a ticket **3.** *(pénzt)* change: *pénzt vált* change money
váltakozás <fn> alternation
váltakozik <ige> **1.** *(következik egymás után)* alternate **2.** *(két szélső érték között)* range; vary: *tizenöt és húsz fok között váltakozó hőmérsékleti értékek* temperatures ranging from fifteen to twenty degrees
váltó <fn> **1.** gazd bill (of exchange); draft **2.** sp relay (race)
váltópénz <fn> small change
változás <fn> change: *változáson megy át* undergo a change
változat <fn> **1.** version; variant; variety: *rövidített változat* abridged version **2.** zene variation: *változatok egy témára* variations on a theme
változatlan <mn> unchanged; unaltered; unchanging; constant; unvarying: *változatlan hőmérséklet* constant temperature
változatos <mn> varied; diverse; mixed
változatosság <fn> variety; diversity: *Új munkájában rengeteg változatosság van.* There is a great deal of variety in her new job.
változékony <mn> changeable; changing; variable
változik <ige> change; alter: *Nem változott semmi.* Nothing has changed. ∗ *A béka királyfivá változott.* The frog turned into a prince.
¹**változó** <mn> changing; varying; altering

²**változó** <fn> mat variable
változtat <ige> **1.** change; alter: *irányt változtat* change course ∗ *hangnemet változtat* change one's note **2.** transform (**vmit vmivé** sg into sg); turn (**vmit vmivé** sg into sg); change (**vmit vmivé** sg into sg)
változtatás <fn> change; changing; alternation; *(módosítás)* modification: *néhány kisebb változtatás* some minor changes ∗ *változtatást hajt végre* make a modification
váltságdíj <fn> ransom: *váltságdíjat fizet* pay ransom
valuta <fn> currency
vályú <fn> trough
vám <fn> **1.** *(hely)* customs <tsz>: *átjut a vámon* go through customs **2.** *(fizetendő)* (customs) duty: *behozatali vám* import duty ∗ *vámot fizet vmiért* pay duty on sg
vámhivatal <fn> customs <tsz>
vámkezelés <fn> (customs) clearance
vámköteles <mn> gazd customable; dutiable; taxable; liable to duty <csak hátravetve>
vámmentes <mn> gazd duty-free; tax-free
vámnyilatkozat <fn> customs declaration
vámpír <fn> vampire
vámtiszt <fn> customs officer
vámvizsgálat <fn> customs clearance; customs inspection; customs <tsz>: *átmegy az útlevél- és vámvizsgálaton* go through customs and passport control
van <ige> **1.** be❖; exist: *Hol van?* Where is it? ∗ *Itt van.* It is here. ∗ *Van itt valaki?* Is anybody here? ∗ *Van még?* Is there any left? ∗ *Négy alma van az asztalon.* There are 4 apples on the table. ∗ *Hogy van?* How are you? ∗ *Jobban van.* He is (feeling) better. ∗ *Rosszul van.* She is unwell. ∗ *Hideg van.* It is cold. ∗ *Na, mi van?* What is up? ∗ *Brown vagyok.* My name is Brown. ∗ *volt egyszer egy király* once upon a time there was a king ∗ *Én vagyok.* It's me. ∗ *Már voltam ott.* I have been there before. ∗ *Soha nem voltam Spanyolországban.* I've never been to Spain. **2.** *(van neki)* have❖; have❖ got; possess; own: *Van egy kicsi nyaralónk.* We have a small summer house. ∗ *van egy ötlete* have an idea ∗ *Barna haja van.* She has brown hair. ∗ *Van tollad?* Have you got a pen? ∗ *Van pénzed?* Have you got any money? ∗ *Van egy cicám.* I have got a cat.
vandál <fn> vandal
vándor <fn> wanderer
vándormadár <fn> átv is migrant; bird of passage
vándorol <ige> **1.** wander; roam; rove **2.** *(állat)* migrate

vanília <fn> vanilla
var <fn> scab
¹**vár** <ige> **1.** wait (**vkire/vmire** for sy/sg): *buszra vár* wait for a bus ∗ *Várj(on) egy percet!* Wait a minute! **2.** *(számít)* expect (**vkire/vmire** sy/sg): *Levelet várunk.* We expect a letter. **3.** *(elvár)* expect (**vkitől vmit** sg of sy) **4.** *(állomáson stb.)* meet❖: *Megkérhetlek arra, hogy várj az állomáson?* May I ask you to meet me at the station. **5.** *(kisbabát)* expect: *Kisbabát vár.* She is expecting a baby.
²**vár** <fn> castle: *királyi vár* royal castle
várakozás <fn> **1.** *(várás)* wait(ing) **2.** *(remény)* expectation(s): *minden várakozás ellenére* contrary to all expectations ∗ *Minden várakozást felülmúl.* It is beyond all expectations.
várakozik <ige> **1.** wait (**vkire/vmire** for sy/sg) **2.** *(autó)* park: *Várakozni tilos!* No parking.
váratlan <mn> unexpected; unforeseen; surprising: *váratlan esemény* unexpected event
varázs <fn> **1.** *(varázslat)* magic **2.** *(vonzás)* fascination; charm; appeal
varázserő <fn> magic power
varázsige <fn> magic word; spell; charm
varázslat <fn> magic; witchcraft
varázslatos <mn> magic(al); enchanting
varázsló <fn> wizard; magician; sorcerer; enchanter
varázsol <ige> practise magic; conjure
varázspálca <fn> (magic) wand
varázsszó <fn> magic word; spell; charm
várható <mn> prospective; probable; to be expected <csak hátravetve>: *várható látogatás* prospective visit ∗ *Ez várható.* It's to be expected.
variáció <fn> variation
variál <ige> vary
varjú <fn> crow
várólista <fn> waiting list
város <fn> *(kisebb)* town; *(nagyobb)* city: *bemegy a városba* go into town ∗ *ipari városok* industrial cities
városháza <fn> town hall; AmE city hall
városias <mn> urban
városközpont <fn> town centre; city centre; AmE town center; city center: *busszal megy a városközpontba* go into the town centre by bus
városnegyed <fn> quarter; district
városnézés <fn> sightseeing: *városnézésre megy* go sightseeing
városrész <fn> quarter; district
várostérkép <fn> street map
várószoba <fn> waiting room
váróterem <fn> **1.** waiting room **2.** *(repülőtéren stb.)* lounge

varr <ige> sew*; do* sewing: *A nagymamám varrt egy foltot a bátyám nadrágjára.* My grandmother sewed a patch on my brother's trousers.
varrás <fn> **1.** sewing; needlework **2.** *(varrat)* scam: *varrás nélküli* seamless
varrat <fn> **1.** orv suture **2.** *(varrás)* seam
varrógép <fn> sewing machine
varrónő <fn> dressmaker
vas <fn> **1.** *(fém)* iron: *Vasból készült.* It is made of iron. **2.** *(gyógyszer)* iron: *vasat szed* take iron
♦ **több vasat tart a tűzben** have* too many irons in the fire ♦ **addig üsd a vasat, amíg meleg** strike* while the iron is hot
vasal <ige> iron; press: *Nem vasaltam ki a szoknyámat.* I didn't press my skirt.
vasaló <fn> iron: *gőzölős vasaló* steam iron
vasalódeszka <fn> ironing board
vásár <fn> **1.** market **2.** *(kiállítással együtt)* fair: *nemzetközi vásár* international trade fair **3.** *(kiárusítás, leértékelés)* sale: *nyári vásár* summer sale **4.** *(üzlet)* bargain: *jó vásárt csinál* make a good bargain
vásárcsarnok <fn> market hall
vásárlási utalvány <fn> gazd coupon; voucher
vásárló <fn> shopper; customer
vásárlóerő <fn> spending power
vasárnap <fn> Sunday
vasárnapi <mn> Sunday: *vasárnapi újság* Sunday paper
vásárol <ige> **1.** buy*; purchase: *új autót vásárol* buy a new car **2.** *(üzleteket jár)* shop; go* shopping; do* the shopping: *Hetente kétszer vásárol.* He does the shopping twice a week.
vasbeton <fn> ferroconcrete; reinforced concrete
vasérc <fn> iron ore
vasfüggöny <fn> **1.** pol the Iron Curtain **2.** *(színházi)* safety curtain
vaskor <fn> the Iron Age
vasrács <fn> **1.** *(vmi körül)* railings <tsz> **2.** *(ablakon stb.)* grille; iron bars <tsz> **3.** *(sütéshez)* grill
vastag <mn> **1.** thick: *A ház falai elég vastagok.* The walls of this house are quite thick. * *Van télre vastag kabátod?* Have you got a thick coat for the winter? **2.** *(személy)* fat; stout
vastagbél <fn> large intestine; colon
vastagság <fn> thickness
vasút <fn> railway; AmE railroad: *Látod azt a szép kis hidat a vasút felett?* Can you see that lovely bridge over the railway?
vasútállomás <fn> railway station: *A vasútállomáson van.* He is at the railway station.

vasutas <fn> railwayman (tsz: railwaymen); railway employee
vasúthálózat <fn> railway network; railway system
vasúti <mn> railway: *vasúti kocsi* railway carriage * *vasúti híd* railway bridge * *vasúti díjszabás* railway rates
vasútvonal <fn> railway line: *Városunknak számos vasútvonala van.* There are several railway lines running through our town.
vászon <fn> **1.** *(anyag)* linen **2.** *(festőé)* canvas
vatta <fn> cotton wool; AmE cotton
vattacukor <fn> candyfloss; AmE cotton candy
vattacsomó <fn> wad of cotton
váz <fn> frame(work)
váza <fn> vase: *vázába teszi a rózsákat* put the roses in the vase
vázlat <fn> **1.** sketch: *durva vázlatot készít vmiről* make a rough sketch of sg **2.** *(írásműé stb. előzetes)* draft; sketch **3.** *(kivonat)* outline; summary: *a történet rövid vázlata* a brief outline of the story **4.** *(festőé)* draft; sketch
vázlatos <mn> **1.** *(nem pontos)* rough; sketchy: *A tolvajról készült egy vázlatos rajz.* A rough drawing has been made of the thief. **2.** *(rövid)* brief; sketchy
vázol <ige> outline; sketch; draft
vécé <fn> toilet; lavatory; restroom; biz loo: *Hol találom a női vécét?* Where can I find the ladies' toilet?
vécékagyló <fn> toilet bowl
vécépapír <fn> toilet paper
véd <ige> **1.** defend (**vkitől/vmitől** from/against sy/sg); protect (**vmitől** from/against sg): *Magas kerítés védi a házunkat.* Our house is protected by a tall fence. **2.** jog defend: *véd vkit a bíróságon* defend sy in court **3.** sp save: *Ma este fantasztikusan védett a kapus.* The keeper saved brilliantly tonight. **4.** *(eső ellen)* shelter
védekezés <fn> **1.** protection; defence; AmE defense **2.** *(vádlotté)* plea(ding); defence; AmE defense

♦ **Legjobb védekezés a támadás.** Attack is the best form of defence.

védekezik <ige> **1.** defend oneself (**vmi ellen** from/against sg); protect oneself (**vmi ellen** from/against sg): *a hideg ellen védekezik* protect oneself from the cold **2.** *(terhesség ellen)* use contraceptives **3.** sp defend
védekező <mn> defensive; protective
védelem <fn> **1.** protection; defence; AmE defense: *vki védelme alatt* under sy's protection * *hazája védelmében harcol* fight in defence of one's country **2.** jog defence; AmE defense: *a védelem tanúja* witness for the defence * *A védelem azt állítja, hogy a férfi hazudott.*

The defence claim/claims that the man was lying.
védenc <fn> **1.** protégé **2.** *(ügyvédé)* client
védés <fn> sp save
védett <mn> protected; defended
védjegy <fn> brand; trademark
védnök <fn> patron; protector
védő <fn> **1.** *(álláspontté, ügyé)* supporter **2.** jog counsel for the defence **3.** sp defender
védőoltás <fn> **1.** *(folyamat)* vaccination **2.** *(anyaga)* vaccine; serum (tsz: serums v. sera)
védőszent <fn> patron saint
védőügyvéd <fn> jog counsel for the defence
védővámrendszer <fn> gazd protectionism
védtelen <mn> **1.** unprotected; defenceless **2.** *(fegyvertelen)* unarmed
vég <fn> **1.** *(befejezés)* end: *elejétől a végéig* from beginning to end * *véget ér* come to an end * *augusztus végén* at the end of August * *vég nélkül* without end * *vége (filmnek)* The End **2.** *(tárgyé stb.)* end; tip: *az utca végén* at the end of the street * *a túlsó vége vminek* the far end of sg **3.** *(cél)* end; object; aim **4.** *(szóé)* suffix; ending **5.** *(halál)* end
végakarat <fn> last will and testament
végállomás <fn> terminus (tsz: terminuses v. termini)
végbél <fn> rectum (tsz: rectums v. recta)
végbélkúp <fn> orv suppository
végbélnyílás <fn> anus
végbemegy <ige> take*place; happen; go* off
végcél <fn> ultimate aim; ultimate object; final goal
végeredmény <fn> **1.** final result; final outcome **2.** sp final score: *A végeredmény 2 : 1 volt Liverpool javára.* The final score was 2–1 to Liverpool.
végérvényes <mn> definitive
véges <mn> limited; restricted; finite
vegetáció <fn> vegetation
¹**vegetáriánus** <mn> vegetarian
²**vegetáriánus** <fn> vegetarian
végez <ige> **1.** do*; perform; carry sg out: *olajcserét végez* do an oil change * *Végeznek itt szemvizsgálatot?* Do you do eye tests here? * *Nehéz munkát végez.* He performs a difficult job. * *felmérést végez vmiről* carry out a survey of sg **2.** *(befejez)* finish; complete: *Már majdnem végeztek.* They have nearly finished. **3.** *(eredményt elérve)* accomplish; achieve: *Nem sok mindent végeztem ma.* I haven't achieved much today. **4.** *(tanulmányokat folytat)* study; *(tanulmányait befejezi)* finish; complete; graduate: *Főiskolát végez.* He is studying at a college. * *Jogot végzett.* He graduated in law. **5.** *(kiköt)* end up: *Börtönben fogja végezni.* He'll end up in prison. **6.** *(versenyen)* finish: *második helyen végez* finish second

véghez visz <ige> *(vmit)* carry sg out; carry sg through; perform; accomplish; achieve: *véghez viszi szándékát* accomplish/achieve one's purpose
végigcsinál <ige> *(vmit)* carry sg through; see* sg through; follow sg through
végigfut <ige> **1.** *(utcán stb.)* run* along (**vmin** sg) **2.** *(átnéz vmit)* look through sg; run* through sg; skim through sg: *Végigfutottam néhány könyvet.* I've looked through some books.
végiggondol <ige> *(vmit)* think* sg over; reflect on sg
végigmegy <ige> **1.** walk along (**vmi mentén** sg); go* along (**vmi mentén** sg) **2.** *(átismétel vmit)* go* through sg
végigolvas <ige> *(vmit)* read* sg through; read* sg all the way through: *Nem tudtam végigolvasni a könyvet, mivel túl unalmas volt.* I couldn't read the book all the way through as it was too boring.
végigszalad <ige> **1.** *(utcán stb.)* run* along (**vmi mentén** sg) **2.** *(átnéz vmit)* go* through sg; look through sg; skim through sg
végkiárusítás <fn> closing-down sale
végleges <mn> **1.** definitive; final **2.** *(állás)* permanent
véglet <fn> extreme: *egyik véglethől a másikba esik* go from one extreme to the other
végösszeg <fn> (sum) total: *A végösszeg 1000 dollárra rúgott.* The total came to 1000 dollars.
végrehajt <ige> **1.** *(megvalósít)* execute; carry sg out; fulfil; AmE fulfill **2.** *(parancsot)* carry sg out; execute **3.** *(feladatot, megbízást stb.)* perform: *Sürgős műtétet kell végrehajtani.* An urgent operation has to be performed. **4.** *(törvényt)* put* sg into effect
végrendelet <fn> will; last will and testament: *végrendeletet készít* make one's will
végső <mn> final; last: *a végsőkig* to the very last * *végső esetben* in the last resort; as a last resort
végtag <fn> limb
végtelen <mn> **1.** *(vég nélküli)* endless; infinite **2.** *(időtlen)* timeless
végtermék <fn> end product
végül <hsz> finally; in the end: *Végül sikerült bejutnom a házba.* I finally managed to get into the house. * *Végül felfedték tetteit.* His activities were finally uncovered.
végzet <fn> destiny; fate
végzetes <mn> **1.** fatal; disastrous **2.** *(halálos)* mortal; fatal

végzettség <fn> qualification: *Milyen végzettségre van szükség ehhez az álláshoz?* What qualification do you need for this job?
végződés <fn> 1. *(befejezés)* end; ending 2. nyelvt ending; suffix
végződik <ige> end; finish: *A meccs döntetlenre végződött.* The match ended in a draw.
végzős <fn> school-leaver; AmE senior
vegyes <mn> 1. mixed; assorted: *vegyes kórus* mixed choir * *vegyes érzelmek* mixed feelings 2. *(mindenféle)* miscellaneous: *vegyes áruk* miscellaneous goods
vegyész <fn> chemist
vegyészet <fn> chemistry
vegyészmérnök <fn> chemical engineer
vegyi <mn> chemical
vegyipar <fn> chemical industry
vegyszer <fn> chemical: *a vegyszer összetétele* the composition of the chemical
vegyül <ige> 1. mix; mingle: *a tömegbe vegyül* mingle with the crowd 2. vegy combine
vegyület <fn> compound; combination: *szerves vegyület* organic compound
vékony <mn> 1. thin: *A ház falai vékonyak.* The walls of the house are thin. * *vékony szelet kenyér* a thin slice of bread 2. *(ember)* slim; thin
vékonybél <fn> small intestine
vél <ige> think*; believe; reckon: *úgy vélem, hogy...* I think/reckon that...
vele <hsz> with sy/sg: *Unszolt, hogy menjek vele.* He urged me to go with him. * *Nem vagyok vele megelégedve.* I am not satisfied with it.
vélekedés <fn> opinion; belief; view
vélekedik <ige> think*; judge; have* an opinion; hold* an opinion: *másképp vélekedik vmiről* have a different opinion on/about sg
vélemény <fn> opinion; view: *Mi a véleményed erről a helyzetről?* What's your opinion of this situation? * *Véleményem szerint nincs igaza.* In my opinion she is not right. * *jó véleménnyel van vkiről* have a high opinion of sy * *véleményt mond vmiről* give an opinion on sg * *Elmondta a témával kapcsolatos véleményét.* He told me his view(s) on the subject.
Velence <fn> Venice
veleszületett <mn> 1. orv congenital 2. *(tulajdonság stb.)* inborn; innate; inherent
¹**véletlen** <mn> accidental; chance; fortuitous; unintentional: *véletlen találkozás* chance/accidental meeting
²**véletlen** <fn> chance; luck; coincidence: *semmit sem bíz a véletlenre* leave nothing to chance * *puszta véletlen* mere chance/coincidence
velő <fn> 1. *(csonté)* marrow 2. *(agyvelő)* brain
velúr <fn> 1. *(textil)* velour(s) 2. *(bőr)* suede

vén <mn> old; aged
véna <fn> vein
vendég <fn> 1. guest: *vendégeket hív* invite guests * *A vendégek ittak a pár egészségére.* The guests toasted the couple. 2. *(látogató)* visitor 3. *(kliens)* customer; client
vendégház <fn> guesthouse
vendégjáték <fn> guest performance
vendégkönyv <fn> visitors' book
vendéglátó <fn> host; *(nő)* hostess
vendéglátóipar <fn> catering industry/trade
vendéglő <fn> restaurant
vendéglős <fn> restaurateur
vendégszerető <mn> hospitable
vendégszoba <fn> 1. *(szállodában)* (guest) room 2. *(magánházban)* spare bedroom
vénkisasszony <fn> old maid; spinster
ventilátor <fn> ventilator; fan
vény <fn> prescription
ver <ige> 1. beat*; *(megüt)* strike*; hit*: *laposra ver vkit* beat sy to a pulp 2. *(folyamatosan üt)* bang: *öklével veri az asztalt* bang one's fist on the table 3. *(ellenfelet)* beat*; defeat 4. *(szív)* beat*: *A szíve most gyorsan ver.* His heart is beating fast now. 5. drive* (**vmit vmibe** sg into sg): *szöget ver be a falba* drive a nail into the wall 6. *(pénzt)* mint
vér <fn> blood: *alvadt vér* coagulated blood * *sok vért veszt* lose a lot of blood * *vért ad* give blood * *vért kap* receive blood
♦ *megfagy ereiben a vér* one's blood runs cold ♦ **A vér nem válik vízzé.** Blood is thicker than water. ♦ *vérig sért vkit* cut* sy to the quick ♦ **vért izzad** sweat blood
véradás <fn> giving blood
véraláfutás <fn> bruise
véralkoholszint <fn> blood alcohol level
veranda <fn> veranda(h); AmE porch
vérátömlesztés <fn> blood transfusion
vércukor <fn> blood sugar
vércsoport <fn> blood group; blood type
veréb <fn> sparrow
♦ **Jobb ma egy veréb, mint holnap egy túzok.** A bird in the hand is worth two in the bush.
véredény <fn> blood vessel
verejték <fn> sweat; perspiration
verejtékezik <ige> sweat; perspire
verekedés <fn> fight; scuffle; brawl; fracas: *verekedés tört ki* a fight broke out * *verekedésbe keveredik* get into a fight
verekedik <ige> fight*; brawl
verem <fn> 1. pit; hole 2. *(állaté)* den; cave
vérengzés <fn> butchery; massacre; carnage
véres <mn> 1. *(vérző)* bleeding 2. *(vérrel borított)* bloodstained: *véres ing* a bloodstained

shirt **3.** *(szem)* bloodshot **4.** *(sok áldozatot követelő)* bloody: *véres csata* a bloody battle
vereség <fn> defeat: *vereséget szenved* suffer defeat; be defeated ∗ *megsemmisítő vereség* a crushing defeat
veretlen <mn> sp unbeaten; undefeated
vérfertőzés <fn> incest
vérfürdő <fn> *(öldöklés)* massacre; carnage
verhetetlen <mn> unbeatable; invincible: *verhetetlen árak* unbeatable prices
vérkép <fn> orv blood count
vérkeringés <fn> orv (blood) circulation
vérmérgezés <fn> orv blood poisoning; septicaemia; AmE septicemia
vérmérséklet <fn> temperament
vérnyomás <fn> blood pressure: *Megmérte a vérnyomásom.* He took my blood pressure.
vérontás <fn> bloodshed
verőér <fn> artery
vérrög <fn> orv (blood) clot
vers <fn> poem; verse; piece of poetry
vérsejt <fn> orv blood cell: *fehérvérsejt* white blood cell
verseng <ige> contend (**vmiért** for sg); compete (**vmiért** for sg)
verseny <fn> **1.** competition; contest: *versenyre kel vkivel* enter into competition with sy **2.** sp meeting; competition; *(gyorsasági)* race; *(sakk, tenisz)* tournament **3.** *(üzleti)* competition: *tisztességtelen verseny* unfair competition
versenyautó <fn> racing car
versenybíró <fn> **1.** sp umpire; referee **2.** *(zsűritag)* member of the jury
versenyez <ige> **1.** sp compete; race; take✧ part in a competition/contest/race/tournament **2.** *(összehasonlításban)* compare (**vmivel/vkivel** with sg/sy) **3.** *(verseng)* contend (**vmiért** for sg); compete (**vmiért** for sg)
versenyfutás <fn> race
versenyképes <mn> competitive
versenyló <fn> racehorse
versenymű <fn> concerto
versenysport <fn> competitive sport
versenyszám <fn> event: *ifjúsági versenyszám* junior event
versenytárs <fn> competitor; *(rivális)* rival
versenyző <fn> competitor; contestant
versszak <fn> verse; stanza
verstan <fn> prosody; metrics <esz>
vérszegény <mn> anaemic; AmE anemic
vérszomjas <mn> bloodthirsty
vért <fn> armour; AmE armor
vértanú <fn> martyr
vérveszteség <fn> loss of blood
vérvizsgálat <fn> blood test

vérzés <fn> bleeding; orv haemorrhage; AmE hemorrhage
vérzik <ige> bleed✧
verzió <fn> version
vés <ige> chisel
vese <fn> biol kidney
vesekő <fn> kidney stone
véső <fn> chisel
vesz <ige> **1.** *(megfogva)* take✧: *Vedd ezt a könyvet és tartsd!* Take that book and hold it. **2.** *(szerez)* get✧; take✧ **3.** *(vásárol)* buy✧; purchase; get✧: *hitelre vesz vmit* buy sg on credit ∗ *vesz egy kis tejet* buy some milk **4.** *(ruhát magára)* put✧ sg on: *kabátot vesz magára* put one's coat on **5.** *(rádión)* receive; pick up **6.** *(vmilyennek tekint)* take✧: *komolyan vesz vmit/vkit* take sg/sy seriously ∗ *rossz néven vesz vmit* take sg amiss **7.** *(órákat)* take✧: *angolórákat vesz* take English lessons
veszedelmes <mn> dangerous
veszekedés <fn> quarrel; row; dispute
veszekedik <ige> quarrel; wrangle: *Mindig apróságokon veszekednek.* They are always quarrelling over little things. ∗ *Veszekedtem a fiammal.* I've quarrelled with my son.
veszekedős <mn> quarrelsome
veszély <fn> danger: *veszélyben van* be in danger ∗ *veszélynek tesz ki vkit* expose sy to danger ∗ *veszély esetén* in danger
veszélyes <mn> dangerous: *Itt veszélyes átkelni az úton.* It is dangerous to cross the road here.
veszélyeztet <ige> endanger; imperil; jeopardize
veszélytelen <mn> safe; secure
veszett <mn> orv rabid
veszettség <fn> orv rabies
vészfék <fn> emergency brake
vészhelyzet <fn> emergency: *Vészhelyzetben leállhatunk a leállósávban.* In an emergency you can stop on the hard shoulder.
veszít <ige> lose✧: *egy vagyont veszít* lose a fortune ∗ *súlyából veszít* lose weight
vészkijárat <fn> emergency exit
vesződik <ige> bother (**vmivel** with/about sg): *Ne vesződj vele!* Don't bother with/about it.
vesződség <fn> bother; trouble
vessző <fn> **1.** *(vékony ág)* twig **2.** *(fenyítéshez)* cane **3.** *(írásjel)* comma **4.** *(ékezet)* accent
vesztegel <ige> *(nem tud tovább jutni)* be✧ stranded; *(időjárás miatt)* be✧ delayed by bad weather
veszteget <ige> **1.** *(fecsérel)* squander; fritter sg away **2.** *(időt)* waste **3.** *(lepénzel)* bribe
vesztegetés <fn> bribery
vesztegzár <fn> quarantine
¹vesztes <mn> *(legyőzött)* beaten; defeated

²vesztes <fn> loser
veszteség <fn> 1. loss: *óriási veszteségeket szenved* suffer enormous losses 2. *(kár)* damage 3. *(háború alatt emberéletben)* casualty: *Súlyos veszteségeket szenvedtek (el) a háborúban.* They had suffered heavy casualties in the war. 4. *(üzletben)* loss; deficit: *veszteséggel ad el* sell at a loss
vet <ige> 1. *(magot)* sow✽: *búzát vet* sow wheat 2. *(dob)* throw✽; fling✽; cast✽
vét <ige> 1. *(hibázik)* make✽ a mistake; commit an error 2. do✽ harm (**vki ellen** to sy) 3. offend (**vmi ellen** against sg)
vétek <fn> *(bűn)* sin: *halálos vétek volna* it would be a sin
vetekedik <ige> rival (**vkivel/vmivel vmiben** sy/sg in sg)
vetél <ige> miscarry; abort
vétel <fn> 1. *(vásárlás)* purchase; buying 2. *(rádió, tévé)* reception
vételár <fn> (purchase) price: *a vételár 10 százalékát leszámítva* 10 per cent off purchase price
vetélés <fn> miscarriage; abortion
vetélkedik <ige> compete
vetélkedő <fn> quiz (programme/show): *vetélkedőt néz a tévében* watch a quiz programme on television
vetélytárs <fn> rival; competitor
veteményeskert <fn> kitchen garden
vetít <ige> project: *képet vetít a vászonra* project a picture on the screen
vetítő(gép) <fn> projector
vetítővászon <fn> screen
¹vétkes <mn> guilty: *vétkesnek mond ki vkit* find sy guilty
²vétkes <fn> sinner; transgressor
vétkezik <ige> sin
vetkőzik <ige> undress; take✽ off one's clothes
vétlen <mn> blameless; innocent
vétó <fn> veto: *vétót emel vmi ellen* veto sg
vetőmag <fn> seed grain
vétség <fn> offence; AmE offense
vevő <fn> 1. purchaser; buyer; customer 2. *(készülék)* receiver
vevőkészülék <fn> receiver
vezényel <ige> 1. *(karmester)* conduct 2. *(vezényszót ad)* command
vezényszó <fn> command
vezér <fn> 1. leader; chief(tain); head 2. *(sakkban)* queen
vezéralak <fn> leading figure
vezércikk <fn> leader; leading article; AmE editorial
vezérel <ige> guide; lead✽; direct; conduct: *egy gondolat vezérli* be guided by an idea

vezérigazgató <fn> director general; general manager; managing director; chief executive officer
vezérkar <fn> (general) staff
vezet <ige> 1. lead✽ (**vkit vhova** sy to swhere); guide (**vkit vhova** sy to swhere); conduct (**vkit vhova** sy to swhere): *oltár elé vezet (menyasszonyt)* lead to the altar ✽ *helyére vezet vkit* guide sy to his/her seat ✽ *A tanár vezette az egész csoportot.* The teacher led the whole group. 2. *(autót)* drive✽; *(repülőgépet)* pilot; *(hajót)* pilot; steer: *gyorsan vezet* drive fast 3. *(irányít)* direct; control; run✽; manage: *Ő vezeti az egész céget.* He controls the whole company. ✽ *A barátom édességboltot vezet.* A friend of mine runs a sweet shop. 4. *(elektromosságot, hőt)* conduct 5. *(út stb. visz)* lead✽ (**vhova** to swhere): *Ez az út egyenesen a tengerpartra vezet.* This road leads directly to the beach. 6. *(élen halad)* lead✽; be✽ in the lead: *öt méterrel vezet* lead by five metres 7. *(mérkőzést)* referee; umpire 8. *(múzeumban stb.)* conduct 9. *(ülést stb.)* chair 10. *(műsort)* present; host 11. lead✽ (**vmire/vmihez** to sg); result (**vmire/vmihez** in sg): *nagyobb bizonytalansághoz vezet* lead to (a) greater instability 12. *(írásban)* keep✽: *naplót vezet* keep a diary
vezeték <fn> 1. *(huzal)* wire; line 2. *(cső)* pipe; tube
vezeték nélküli <mn> wireless: *vezeték nélküli hangszóró* a wireless speaker
vezetéknév <fn> surname; family name
vezetés <fn> 1. *(vezetők)* leadership; management 2. *(járműé)* driving 3. *(múzeumban stb.)* guided tour 4. sp lead: *átveszi a vezetést* take (over) the lead
¹vezető <mn> leading: *vezető szakértő* leading expert
²vezető <fn> 1. leader: *erős vezető* a strong leader 2. *(járműé)* driver 3. *(vállalaté stb.)* manager; (managing) director; head: *a könyvtár vezetője* the head of the library 4. *(idegenvezető)* guide 5. el, fiz *(áramé stb.)* conductor
vezetőség <fn> leadership; management; board (of directors): *A vezetőség a bolt bezárását fontolgatja.* The management is considering closing the shop.
vézna <mn> thin; puny; scrawny
viadukt <fn> viaduct
viasz <fn> wax
vibrál <ige> vibrate
vicc <fn> 1. joke: *elsüt egy viccet* crack a joke ✽ *illetlen vicc* a rude joke 2. *(viccelődés)* fun; trick: *viccből* for fun

viccel <ige> joke; kid: *Bizonyára viccelsz!* You must be kidding. * *Csak vicceltem.* I was only kidding.

vicces <mn> funny: *egy vicces történet* a funny story

vicsorít <ige> snarl

vidám <mn> cheerful; joyful; jolly; joyous: *vidám mosoly* a jolly smile

vidámpark <fn> funfair; theme park; AmE amusement park

vidámság <fn> merriment; fun; joyfulness

vidék <fn> 1. country(side); the provinces <tsz>: *Vidéken töltöm a nyári szabadságomat.* I spend my summer holidays in the country. * *Élvezzük a vidék nyugalmát.* We enjoy the peace of the countryside. 2. *(terület)* region; country; part: *nem ismerős ezen a vidéken* be a stranger in these parts

vidéki <mn> provincial; rural; country: *vidéki színház* provincial theatre * *vidéki élet* country life

videó <fn> video (cassette) recorder; video; VCR: *videóra vesz fel vmit* record sg on video

videokazetta <fn> video cassette; video: *Tegnap este megnéztünk egy videokazettát.* Last night we watched a video.

videoklip <fn> video; music video; video clip

videomagnó <fn> video (cassette) recorder; video; VCR

videózik <ige> 1. *(néz)* watch a video 2. *(filmez)* video

vidra <fn> otter

Vietnam <fn> Vietnam

¹vietnami <mn> Vietnamese

²vietnami <fn> 1. *(személy)* Vietnamese 2. *(nyelv)* Vietnamese

vigasz <fn> comfort; consolation; solace: *Nagy vigaszt jelent neki.* She is a great comfort to him.

vigaszdíj <fn> consolation prize

vigasztal <ige> comfort; console

vígjáték <fn> comedy

vigyáz <ige> 1. look after (vkire/vmire sy/sg); take* care (vkire/vmire of sy/sg): *vigyáz a gyerekekre* look after the children * *Amíg külföldön voltam, ő vigyázott a kutyámra.* While I was abroad she took care of my dog. 2. *(vmi veszélyre)* look out; take* care; watch (out); beware; be* careful; mind: *Vigyázz! A kutya harap.* Beware of the dog! * *Vigyázz!* Look out! / Take care! / Be careful! * *Vigyázz, éles a kés!* Watch the knife! It is sharp! * *Vigyázz, lépcső!* Mind the step! 3. *(odafigyel)* pay* attention (vkire/vmire to sy/sg)

vigyázat <fn> 1. *(óvatosság)* caution; care; watchfulness; attention 2. *(elővigyázat)* precaution 3. **Vigyázat!** Beware!; Take care!; Be careful!; Caution!; Mind!: *Vigyázat, harapós kutya!* Beware of the dog! * *Vigyázat, lépcső!* Mind the step!

vigyorog <ige> grin; smirk

vihar <fn> storm: *vihar mennydörgéssel és villámlással* a storm with thunder and lightning * *rettenetes vihar* a fierce storm
♦ **vihar egy pohár vízben** storm in a teacup

viharjelzés <fn> storm signal

viharos <mn> stormy: *viharos idő(járás)* stormy weather

vihog <ige> giggle; snigger; AmE snicker

világ <fn> 1. world; earth; globe: *az egész világon* all over the world * *a világ összes országa* every country in the world * *a világ végéig* to the end of the world * *a harmadik világ* the Third World 2. *(mindenség)* universe: *a világ közepe* the hub of the universe 3. *(társadalom)* people; society; everybody 4. *(az élet egy területe)* world; realm: *a film világa* the film world
♦ **éli világát** lead*/live the life of Riley
♦ **a világért sem** not for (all) the world

világbajnok <fn> world champion

világbajnokság <fn> world championship; *(atlétika, labdarúgás stb.)* World Cup

Világbank <fn> gazd World Bank

világcsúcs <fn> world record

világegyetem <fn> universe; cosmos

világgazdaság <fn> world economy

Világgazdasági Fórum <fn> World Economic Forum

világháború <fn> world war: *a második világháborúban* in the Second World War

világháló <fn> the World Wide Web; the Web; the Net; WWW

világhír <fn> international fame

világhírű <mn> world-famous: *világhírű festő* a world-famous painter

világi <mn> 1. *(földi)* earthly; worldly: *világi örömök* worldly pleasures 2. *(nem vallásos)* secular; lay; worldly: *világi iskola* secular school

világirodalom <fn> world literature

világít <ige> *(fényt ad)* light*; shine*; give* light

világítás <fn> lighting; *(fényforrás)* light(s): *bekapcsolja a világítást* turn on the lights

világítótorony <fn> lighthouse

világméretű <mn> worldwide

világmindenség <fn> universe

világnézet <fn> ideology; Weltanschauung; world view

világnyelv <fn> world language

¹világos <mn> **1.** *(könnyen érthető)* clear; obvious; manifest; distinct; *(egyszerű)* plain; simple: *világos, mint a nap* as clear/plain as day ∗ *Világos, hogy...* It is obvious that... **2.** *(tiszta, ragyogó)* clear; bright **3.** *(nem sötét)* bright; light: *világos szoba* bright room **4.** *(sakkfigura)* white **5.** *(bőr)* fair

²világos <fn> *(sakkfigura)* white

világoskék <mn> pale blue: *világoskék ing* a pale blue shirt

világosodik <ige> lighten; become✛ light

világosság <fn> **1.** *(fény)* light; daylight; brightness: *Az ajtó alatt világosság látható.* Light is showing under the door. **2.** *(érthetőség)* clarity; clearness

világpiac <fn> world market; international market

világpolgár <fn> cosmopolitan

világrekord <fn> world record: *Mi a magasugrás világrekordja?* What is the world record for the high jump?

világrész <fn> *(földrész)* continent

világsiker <fn> worldwide success

világszerte <hsz> throughout the world; all over the world

világtérkép <fn> world map; world atlas

világtörténelem <fn> history of the world

világűr <fn> (outer) space

világváros <fn> metropolis

világzene <fn> world music

¹villa <fn> **1.** *(evőeszköz)* fork **2.** *(kerti)* fork

²villa <fn> *(ház)* villa

villám <fn> lightning: *Belecsapott a villám a fába.* The tree was struck by lightning.

villámcsapás <fn> thunderbolt; bolt
♦ *derült égből villámcsapás* a bolt from/out of the blue

villámhárító <fn> lightning conductor; AmE lightning rod

villámlik <ige> it is lightning

¹villamos <mn> electric; electrical: *villamos energia* electric power ∗ *villamos áram* electric current

²villamos <fn> tram; AmE streetcar; trolley: *felszáll a kettes villamosra* take tram number two

villamosmérnök <fn> electrical engineer

villamosság <fn> electricity

villamosszék <fn> electric chair

villan <ige> flash; glint; blink

villany <fn> **1.** *(villanyvilágítás, lámpa)* (electric) light: *felkapcsolja a villanyt* switch the light on **2.** *(villamosság)* electricity

villanyborotva <fn> shaver; electric razor

villanykapcsoló <fn> (light) switch

villanykörte <fn> (light) bulb: *60 wattos villanykörte* a 60-watt bulb

villanyóra <fn> *(árammérő)* (electricity) meter

villanyoszlop <fn> pole; pylon

villanyszámla <fn> electricity bill

villanyszerelő <fn> electrician

villanytűzhely <fn> electric cooker

villog <ige> flash; gleam; blink; shine✛

violinkulcs <fn> treble clef; G clef

VIP [= *nagyon fontos személy*] VIP (= very important person)

vipera <fn> viper; adder

virág <fn> flower; *(gyümölcsfán)* blossom: *egy csokor virág* a bunch of flowers ∗ *virágot szed* pick flowers

virágcserép <fn> flowerpot

virágcsokor <fn> bunch of flower; bouquet

virágméz <fn> honey

virágos <mn> flowery; flowered: *virágos anyag* a flowery/flowered material

virágpor <fn> pollen

virágzik <ige> **1.** flower; be✛ in flower; bloom; *(gyümölcsfa)* blossom **2.** átv flourish; prosper

virágzó <mn> **1.** flowering; blossoming; blooming **2.** átv flourishing; prosperous; prospering

virrad <ige> *(hajnalodik)* dawn; the day is breaking

virradat <fn> dawn; daybreak: *virradatkor* at dawn

virsli <fn> wienerwurst; frankfurter

virtuóz <mn> zene virtuoso

vírus <fn> virus: *elkap egy vírust* catch a virus

vírusos <mn> viral: *vírusos fertőzés* a viral infection

visel <ige> **1.** *(öltözéket)* wear✛: *egyenruhát visel* wear a uniform **2.** *(elvisel; eltűr)* bear✛: *bátran viseli a fájdalmat* bear the pain bravely

viselet <fn> costume; dress: *skót nemzeti viselet* Scottish national dress

viselkedés <fn> behaviour; AmE behavior; conduct; attitude: *valami gyanúsat vesz észre a viselkedésében* notice sg suspicious in his behaviour

viselkedik <ige> behave; conduct oneself: *jól viselkedik* behave well ∗ *Ne viselkedj úgy, mint egy gyerek!* Stop behaving like children.

visít <ige> scream; shriek; shrill; squeal

viskó <fn> hut; shack

visz <ige> **1.** *(szállít)* take✛; transport; carry **2.** *(irányít)* direct; manage: *viszi az ügyeit* manage sy's affairs **3.** *(terhet)* bear✛ **4.** *(vezet)* lead✛: *Ez az út a városba visz.* This road leads to the city.

viszket <ige> itch: *Viszket a bőröm.* My skin is itching.

viszketés <fn> itch

viszonoz <ige> return; repay✥; requite: *szívességet viszonoz* return a kindness ∗ *Viszonozni szeretném a segítségét.* I would like to repay him for his help.
viszontlát <ige> (vkit/vmit) see✥ sy/sg again
viszontlátásra <msz> see you (later); (good-)bye
viszony <fn> **1.** *(kapcsolat)* relation; relationship: *az árak és bérek viszonya* the relationship between wages and prices **2.** *(szexuális kapcsolat)* affair: *Viszonya van egy másik asszonynyal.* He is having an affair with another woman.
viszonyít <ige> compare (**vmihez** to/with sg)
viszonylag <hsz> relatively; comparatively: *Ennek a nyelvnek viszonylag könnyű a nyelvtana.* The grammar of this language is relatively easy.
viszonylagos <mn> relative; comparative
vissza <hsz> back; backwards
visszaad <ige> **1.** *(vmit)* give✥ sg back; hand sg back; return: *Add vissza nekem.* Give it back to me. ∗ *Kölcsönkérte a biciklimet, de soha nem adta vissza.* She borrowed my bike but never returned it. **2.** *(pénzt)* repay✥; refund; pay✥ back **3.** *(viszonoz)* return **4.** *(fordításnál stb.)* render: *Hogy lehet ezt magyarul visszaadni?* How can it be rendered into Hungarian?
visszaállít <ige> **1.** *(vmit)* put✥ sg back: *Az órákat vissza kell állítani ma este.* The clocks must be put back tonight. **2.** *(helyreállít)* restore
visszabeszél <ige> answer back; talk back
visszacsinál <ige> undo✥
visszadob <ige> *(vmit)* throw✥ sg back
visszaél <ige> abuse; misuse: *Visszaélt a hatalmával.* He abused his power.
visszaélés <fn> abuse; misuse: *hivatali hatalommal való visszaélés* abuse/misuse of authority
visszaemlékezés <fn> **1.** recollection; remembrance; memory **2.** *(emlékirat)* memoir(s)
visszaemlékezik <ige> remember; recall; recollect: *Vissza tudsz emlékezni a nevére?* Can you recollect his name?
visszaesés <fn> **1.** orv relapse; setback **2.** *(bűnözőé stb.)* relapse **3.** *(gazdasági)* recession **4.** *(kudarc, balsiker)* setback
visszaesik <ige> **1.** fall✥ back; drop back **2.** orv have✥ a relapse; relapse: *A beteg visszaesett.* The patient has had a relapse. **3.** *(bűnbe)* relapse
visszafelé <hsz> backwards; back; in the opposite direction
visszafizet <ige> repay✥; refund; pay✥ back: *Visszafizetnéd a pénzt, amit kölcsönadtam?* Can you repay me the money I have lent you? ∗ *A pénzt nem tudjuk visszafizetni, azonban kicserélheti a cipőt.* We can't refund the money but you can change your pair of shoes.
visszafojt <ige> *(vmit)* hold✥ sg back; restrain
visszafordul <ige> turn back; turn round
visszagondol <ige> remember; recall
visszahív <ige> **1.** *(vkit)* call sy back **2.** *(telefonon vkit)* call sy back; ring✥ sy back: *Hívj vissza, kérlek!* Call me back, please! **3.** *(visszarendel)* recall: *visszahívják külföldről* be recalled from abroad
visszahoz <ige> *(vkit/vmit)* bring✥ sy/sg back
visszahúz <ige> *(vkit/vmit)* draw✥ sy/sg back; pull sy/sg back
visszahúzódik <ige> withdraw✥; draw✥ back; back away: *visszahúzódik a póktól* back away from the spider
visszaigazol <ige> acknowledge: *Visszaigazolta a levelemet.* He acknowledged my letter.
visszaigazolás <fn> acknowledg(e)ment
visszajáró <fn> change
visszajelzés <fn> feedback: *jó visszajelzéseket kap vkitől* have positive feedback from sy
visszajön <ige> come✥ back; be✥ back; return: *Hamarosan visszajövök.* I'll come back soon. ∗ *Fél órán belül visszajövök.* I will be back in half an hour. ∗ *Egy héttel ezelőtt jöttünk vissza a Balatonról.* We returned from Lake Balaton a week ago.
visszakap <ige> *(vmit)* get✥ sg back; receive sg back
visszakövetel <ige> *(vmit)* claim sg back; demand sg back; reclaim
visszaküld <ige> *(vmit)* send✥ sg back; return: *Legyen kedves egy példányt nekem visszaküldeni!* Kindly return one copy to me.
visszalép <ige> **1.** *(hátralép)* step back; stand✥ back **2.** *(cselekedettől)* pull out (**vmitől** of sg); back out (**vmitől** of sg); withdraw✥ (**vmitől** from sg): *visszalép a versenytől* withdraw from the competition
visszamegy <ige> **1.** go✥ back; return: *Nem mehetek vissza.* I can't go back. **2.** *(visszanyúlik)* date back (**vmeddig** to sg); go✥ back (**vmeddig** to sg)
visszanéz <ige> look back (**vmire** on sg): *elfut anélkül, hogy visszanézne* run away without looking back
visszanyer <ige> recover; regain; get✥ back: *visszanyeri az eszméletét* recover/regain consciousness
visszanyúlik <ige> *(időben)* date back (**vmeddig** to sg); go✥ back (**vmeddig** to sg): *A történet a római korig nyúlik vissza.* The story goes back to Roman times.
visszapillantó tükör <fn> rear-view mirror

visszarendel <ige> (vkit) call sy back; recall
visszaszámlálás <fn> countdown
visszaszerez <ige> (vmit) get✧ sg back; win✧ sg back; regain; recover
visszatart <ige> **1.** (vkit/vmit) hold sy/sg back; keep sy/sg back **2.** (visszafojt) repress; suppress
visszataszító <mn> repulsive; repellent; distasteful
visszatekint <ige> look back (**vmire** on sg)
visszatér <ige> **1.** return; go✧ back; get✧ back **2.** (témára) come✧ back: *Erre még visszatérünk.* We'll come back to that later.
visszatérít <ige> refund; repay
visszatesz <ige> (vmit) put✧ sg back; replace: *Tedd vissza a könyvet a polcra!* Replace the book on the shelf.
visszaút <fn> return journey
visszautasít <ige> refuse; reject; decline; turn sg down: *Meghívtam ebédre, de visszautasította.* I invited him for lunch but he refused. ✶ *Nem akartam visszautasítani a segítségét, bár egyedül is meg tudtam csinálni.* I didn't want to reject his help though I could do it alone.
visszautazik <ige> return; go✧ back
visszaüt <ige> **1.** hit✧ sy back: *Te megütöttél, így én visszaütöttem.* You hit me so I hit you back. **2.** (labdát) return
visszavágó <fn> return match
visszavágyódik <ige> long to be back
visszaváltható <mn> returnable: *visszaváltható üveg* a returnable bottle
visszaver <ige> **1.** (támadást, ellenséget stb.) beat✧ off; force back; repel **2.** (fényt) reflect
visszavisz <ige> (vmit) take✧ sg back; return
visszavon <ige> **1.** withdraw✧; cancel **2.** (állítást stb.) retract **3.** (csapatokat) withdraw✧ **4.** (rendeletet) withdraw✧; repeal; revoke; rescind
visszavonul <ige> **1.** withdraw✧; retire; retreat: *visszavonul a szobájába* retire to his/her room **2.** kat retreat; withdraw✧: *Visszavonultak a csapatok.* Troops have withdrawn. **3.** (nyugdíjba megy) retire
visszér <fn> **1.** (gyűjtőér, véna) vein **2.** (visszértágulás) varicose vein: *visszere van* have varicose veins
visszhang <fn> **1.** echo **2.** (eseményé) response; reaction: *kedvező visszhangra talál* meet with a warm response
visszhangzik <ige> echo; resound: *A hegy kiáltásainktól visszhangzott.* The hills echoed with our shouts.
vita <fn> **1.** debate; discussion; dispute: *heves vita* heated debate ✶ *a vita tárgya* the subject of the debate ✶ *a vita (vég)eredménye* the outcome of the discussion **2.** (szóváltás) argument; quarrel; row; dispute: *vita volt köztük vmi miatt* they had an argument about sg
vitamin <fn> vitamin: *C-vitamin* vitamin C
vitaminhiány <fn> vitamin deficiency
vitás <mn> **1.** disputed; debated; controversial **2.** (kétes) doubtful; uncertain
vitat <ige> (kétségbe von) dispute; contest; challenge
vitathatatlan <mn> indisputable; beyond dispute <csak hátravetve>
vitatkozik <ige> debate; discuss; dispute; argue: *Ne vitatkozz velem!* Don't argue with me.
vitorla <fn> sail
vitorlás <fn> sailing boat; AmE sailboat
vitorlázik <ige> **1.** (vízen) sail **2.** (repül) glide
vitrin <fn> showcase
vív <ige> sp fence
vívás <fn> sp fencing
vívó <fn> sp fencer
vívókard <fn> (fencing) sword
vívőtőr <fn> foil
víz <fn> water: *egy pohár víz* a glass of water ✶ *folyó víz* running water ✶ *víz alatt* under water
   ♦ **felkapja a vizet** fly✧ off the handle
   ♦ **Lassú víz partot mos.** Still waters run deep. ♦ **vizet hord a Dunába** carry/take✧ coals to Newcastle
vízágyú <fn> water cannon
vízállás <fn> water level; water line
vízálló <mn> waterproof
vízcsap <fn> tap; AmE faucet: *kinyitja a vízcsapot* turn on the tap ✶ *elzárja a vízcsapot* turn off the tap
vizel <ige> pass water; urinate
vizelet <fn> urine
vizes <mn> **1.** wet; watery **2.** (nedves) moist; damp
vízesés <fn> waterfall
vízfesték <fn> watercolour; AmE watercolor
vízfestmény <fn> watercolour; AmE watercolor
vízforraló <fn> kettle
vízhatlan <mn> waterproof; watertight
vízhólyag <fn> (bőrön) blister
vízilabda <fn> water polo
vízilabdázik <ige> play water polo
víziló <fn> hippopotamus (tsz: hippopotamuses v. hippopotami); biz hippo
vízió <fn> vision
vízisí <fn> water ski
vízisikló <fn> grass snake
vízjel <fn> (papíron) watermark
vízkereszt <fn> (január 6.) Epiphany; (előestéje) Twelfth Night

vízkő <fn> scale; limescale
vízművek <fn> waterworks <tsz>
vízóra <fn> water meter
Vízöntő <fn> asztrol Aquarius
vízözön <fn> vall the Flood
vízszint <fn> water level
vízszintes <mn> horizontal; level
víztorony <fn> water tower
vizuális <mn> visual
vízum <fn> visa: *vízumot kér* apply for a visa * *vízumot kap* be granted a visa * *Kell nekünk vízum az USA-ba?* Do we need a visa for the USA?
vízumkényszer <fn> obligatory visa system
vízvezeték <fn> water pipe
vízvezeték-szerelő <fn> plumber
vizsga <fn> examination; biz exam: *szóbeli vizsga* an oral examination * *írásbeli vizsga* a written examination * *felvételi vizsga* entrance examination * *átmegy/megbukik a vizsgán* pass/fail an exam
vizsgaidőszak <fn> examination period
vizsgál <ige> **1.** examine; *(alaposan)* scrutinize; study **2.** *(beteget)* examine
vizsgálat <fn> **1.** examination; inquiry **2.** *(nyomozás)* investigation: *Vizsgálatot folytatnak ellene.* She is under investigation. **3.** *(orvosi)* medical examination **4.** *(kutatás)* research
vizsgázik <ige> sit✥ (for) an exam(ination); take✥ an exam(ination)
vizsgázó <fn> examinee; candidate
vizsgáztat <ige> examine; test
vizsgáztató <fn> examiner: *külső vizsgáztató* external examiner
vodka <fn> vodka
volán <fn> (steering) wheel: *a volánnál* at the wheel
¹**volt** <mn> ex-; former; late: *a volt férje* her ex-husband
²**volt** <fn> el volt
vonal <fn> **1.** line: *egyenes vonalakat rajzol* draw straight lines * *szaggatott vonal* a broken line **2.** *(közlekedési)* line; route **3.** *(telefon)* line: *A vonal foglalt.* The line is engaged. * *Tartsa a vonalat!* Hold the line!
vonalas <mn> lined: *vonalas papír* lined paper
vonalkód <fn> bar code
vonalzó <fn> ruler
vonás <fn> **1.** *(jellegzetesség)* feature; line; trait; characteristic: *családi vonás* family trait/characteristic **2.** *(vonal)* line; stroke
vonat <fn> train: *vonattal* by train * *elcsípi a vonatot* catch the train * *lekési a vonatot* miss the train * *A budapesti vonat a négyes vágányról indult.* The train to Budapest left from platform 4.

vonatkozik <ige> refer (**vkire/vmire** to sy/sg); relate (**vkire/vmire** to sy/sg); concern (**vkire/vmire** sy/sg); apply (**vkire/vmire** to sy/sg): *Mire vonatkozik ez a mondat?* What does this sentence refer to? * *Az iskolai szabályok minden gyerekre vonatkoznak.* The school rules apply to all children.
vonatkozó <mn> **1.** relevant: *a vonatkozó iratok* the relevant documents **2.** nyelvt relative: *vonatkozó névmás* relative pronoun
vonít <ige> howl
vonó <fn> *(hangszeré)* bow
¹**vonós** <mn> string; stringed: *vonós hangszer* string(ed) instrument
²**vonós** <fn> **a vonósok** the strings
vonósnégyes <fn> string quartet
vonszol <ige> drag; lug; pull: *egy nehéz hagymászsákot vonszol* drag a heavy sack of onions
vontat <ige> tow; pull; tug
vonul <ige> **1.** proceed; go✥; pass **2.** *(menetel)* march
vonz <ige> **1.** attract; draw✥: *Ez a műsor a nézők ezreit vonzotta.* This programme attracted thousands of viewers. **2.** *(érdekel)* interest (**vkit** sy); appeal (**vkit** to sy) **3.** nyelvt govern: *részes(határozó) esetet vonz* govern the dative
vonzalom <fn> attraction; attachment; affection: *Nagy vonzalmat érez iránta.* He has great affection for her.
vonzat <fn> nyelvt government
vonzerő <fn> appeal; charm: *Sohasem vesztette el a vonzerejét.* She has never lost her appeal.
vonzó <mn> charming; attractive; appealing; alluring
vonzódás <fn> attraction; affection
vonzódik <ige> feel✥ attracted (**vkihez** to sy)
vö. [= vesd össze] cf.; cf (= compare)
vő <fn> son-in-law (tsz: sons-in-law)
vödör <fn> bucket
vőlegény <fn> fiancé; *(az esküvő napján)* bridegroom; groom
völgy <fn> valley: *Házuk a völgy lábánál található.* Their house is at the bottom of the valley.
vörös <mn> red: *hosszú vörös haj* long red hair
vörösbor <fn> red wine: *A száraz vörösbort szeretem.* I like dry red wine.
vöröses <mn> reddish; ruddy
vörösfenyő <fn> larch
vöröshagyma <fn> onion
Vöröskereszt <fn> *(intézmény)* Red Cross
vörösréz <fn> copper
vörösvértest <fn> red blood cell
vulgáris <mn> vulgar
vulkán <fn> volcano

W, w

W, w <fn> *(betű)* W; w
Wales <fn> Wales

→ Lásd a Tartalomjegyzékben a Tematikus rajzokat!

¹walesi <mn> Welsh; of Wales <csak hátravetve>: *a walesi herceg* the Prince of Wales
²walesi <fn> **1.** *(személy)* Welsh: *a walesiek* the Welsh **2.** *(nyelv)* Welsh
walkman® <fn> *(a Sony Corporation bejegyzett védjegye)* Walkman® (tsz: Walkmans)
WAP WAP (= wireless application protocol)
watt <fn> watt
wattos <mn> *60 wattos villanykörte* a 60-watt bulb
WC <fn> toilet; lavatory; biz loo: *Ez egy nyilvános WC. This toilet is for general use.* ∗ *férfi WC* men's room/toilet ∗ *női WC* women's/ladies' toilet; powder room
WC-kagyló <fn> toilet bowl
WC-papír <fn> toilet paper
WC-ülőke <fn> toilet seat
weboldal <fn> infor web page
westernfilm <fn> western (film/movie)
whisky <fn> whisky; AmE whiskey: *Kérek két whiskyt tisztán.* Two neat whiskies, please. ∗ *skót whisky* Scotch
winchester <fn> infor hard disk
WWW [= világháló] infor WWW (= world wide web)

X, x

X, x <fn> *(betű)* X; x
x-edik <sorszn> **1.** mat nth: *x-edik hatvány* the nth power **2.** biz *(sokadik)* umpteenth: *x-edik alkalommal* for the umpteenth time

xilofon <fn> xylophone
x-láb <fn> knock-knee
x-lábú <mn> *(személy)* knock-kneed

Y, y

Y, y <fn> *(betű)* Y; y: *y tengely* y-axis

yuppie <fn> biz, pej yuppie

Z, z

Z, z \<fn> *(betű)* Z; z
zab \<fn> oats \<tsz>: *A lovak a zabot szeretik.* Horses like oats.
zabál \<ige> 1. *(állat)* eat✧; feed✧ 2. vulg *(ember)* guzzle; stuff oneself; stuff one's face
zabla \<fn> bit
zabpehely \<fn> oatmeal
zabszem \<fn> oat-grain
  ♦ **benne van a zabszem** have✧ itchy feet
  ♦ **zabszem van a fenekében** biz have✧ ants in one's pants
zacc \<fn> grounds \<tsz>
zacskó \<fn> sachet; bag: *műanyag zacskó* a plastic bag * *egy zacskó rizs* a bag of rice
zacskós \<mn> *zacskós leves* packet soup * *zacskós tej* milk in a plastic bag
zafír \<fn> sapphire
zagyva \<mn> confused; muddled; nonsensical; pej woolly
zagyvaság \<fn> pej hotchpotch
zaj \<fn> 1. *(lárma)* noise; row; clamour; din; rattle: *folyamatos zaj* incessant noise * *zajt csap* make a row * *pokoli zajt csap* raise the roof * *Mi ez a rettenetes zaj?* What is this terrible noise? 2. *(zörej)* noise; sound: *Zaj ragadta meg a figyelmét.* A noise arrested her attention.
zajártalom \<fn> noise pollution
zajlik \<ige> 1. *(esemény)* go✧ (on); move on; mill about/around 2. *(folyó)* break✧ up; drift: *Zajlik a folyó.* The ice on the river is breaking up.
zajong \<ige> make✧ (a) noise; be✧ noisy; clamour
zajos \<mn> noisy; clamorous; stand-up: *zajos gyerekek* noisy children * *Állandóan zajos partikat rendeznek.* They are forever having noisy parties. * *zajos vita* stand-up argument
zajszint \<fn> noise level
zakatol \<ige> clack; clatter; rattle
zaklat \<ige> intrude (**vkit** on/upon sy); trouble (**vkit vmivel** sy with sg); worry (**vkit vmivel** sy with sg); harass; biz keep✧ on at sy: *szexuálisan zaklat vkit* harass sy sexually
zaklatás \<fn> worrying; troubling; bothering; *(szexuális)* harassment: *szexuális zaklatás* sexual harassment
zaklatott \<mn> 1. *(feldúlt)* worried; troubled; tormented; upset (**vmi miatt** about sg): *Miért vagy ennyire zaklatott?* Why are you so upset? 2. *(nyugtalan, hányatott)* unsettled: *zaklatott élet* unsettled life
zakó \<fn> jacket
zálog \<fn> 1. pawn; *(játékban)* forfeit: *zálogba tesz* pawn 2. *(biztosíték)* pledge; token: *szerelmünk záloga* pledge of our love
zálogcédula \<fn> pawn-ticket
zálogház \<fn> pawnshop
zamat \<fn> flavour; savour; spice; aroma
zamatos \<mn> luscious; succulent; *(bor)* mellow; *(gyümölcsízű)* fruity
zápfog \<fn> molar (tooth) (tsz: molars v. molar teeth)
zápor \<fn> 1. *(záporeső)* shower; downpour: *szórványos záporok* scattered showers * *futó zápor* passing/sudden shower 2. *(vminek gyors egymásutánja)* shower; hail; volley: *ütések zápora* a shower of blows * *könnyek zápora* flood of tears
záptojás \<fn> addled/bad/rotten egg
¹**zár** \<ige> 1. *(ajtót, fedelet, fiókot)* close; shut✧; *(kulcsra)* lock: *kulcsra zárja a kaput* lock the gate 2. *(el-/bezár embert, állatot, tárgyat)* close; shut✧ (up) in; confine; lock away/up: *börtönbe zár vkit* imprison sy; put/throw sy in prison; lock up sy 3. *(záródik)* close; shut✧ 4. *(intézmény, üzlet stb.)* close; shut✧: *Mikor zár ez a bolt?* What time does this shop close/shut? * *Mikor zártok?* When will you close? 5. *(befejez vmit)* close sg (down): *zárom soraimat/levelemet* I close for now 6. *(kulcs, retesz stb.)* close; shut✧
²**zár** \<fn> lock; catch; fastener; *(táskáé, nyakláncé stb.)* clasp; snap; lock; *(fényképezőgépen stb.)* shutter; *(tolózár, retesz, kallantyú)* latch: *Végül a zár megadta magát.* At last the lock yielded.
záradék \<fn> jog clause
zarándok \<fn> pilgrim
zarándokhely \<fn> place of pilgrimage
zarándoklat \<fn> pilgrimage
zarándokol \<ige> go✧ on a pilgrimage
zárda \<fn> convent
zárjegy \<fn> tax label
zárka \<fn> cell
zárkózik \<ige> 1. lock/shut✧ oneself up 2. **magába zárkózik** go✧ (back) into one's shell
zárkózott \<mn> reserved; aloof; remote; withdrawn

zárlat <fn> 1. *(korlátozás)* blackout 2. vill blackout; short circuit; biz short 3. **egészségügyi zárlat** quarantine

záródik <ige> 1. *(csukódik, zárttá válik)* close; shut✢; lock: *Ez az ajtó nem záródik.* This door doesn't lock. 2. *(zárni lehet vhogyan)* close; lock 3. *(végződik)* close: *nyereséggel záródik* close with a profit

zárójel <fn> *(kerek)* parenthesis (tsz: parentheses); bracket <ált. tsz>: *zárójelben* in brackets/parenthesis ✱ *zárójelbe tesz* put into brackets/parentheses

zárójelentés <fn> final report/communiqué: *kórházi zárójelentés* final hospital report

zárol <ige> sequester; sequestrate; *(árut)* embargo; lay✢/put✢ an embargo on sg

záróra <fn> closing time

zárótétel <fn> zene last/final movement; finale

záróvizsga <fn> final exam(ination); finals <tsz>

záróvonal <fn> *(Magyarországon)* continuous white line; *(a Brit-szigeteken és az USA-ban)* double white line

zárszó <fn> closing/concluding remarks <tsz>; *(könyv végén)* epilogue; postscript

zárt <mn> 1. shut; closed; locked: *zárt kikötő* closed harbour 2. *(nem nyilvános)* closed; private 3. nyelvt close: *zárt magánhangzó* close vowel

zárthelyi <fn> written examination; (examination) paper

zárt körű <mn> private; exclusive; select: *zárt körű előadás* private performance ✱ *zárt körű rendezvény* private function

zárul <ige> 1. *(záródik)* close; shut✢ 2. *(eredménnyel)* close (with); result in: *nyereséggel zárul* close with a profit; show a profit

zárva <hsz> 1. *(csukva)* shut; closed: *Ez az ablak zárva van.* This window is shut. ✱ *Gondoskodj róla, hogy az ajtó zárva legyen!* See that the door is closed. 2. *(ügyfelek számára)* shut; closed: *Vasárnap zárva vannak a boltok.* Shops are closed/shut on Sundays. ✱ *Az üzletek ma zárva tartanak.* The shops are closed today.

zászló <fn> flag; standard
zászlóalj <fn> kat battalion
zászlófelvonás <fn> flag hoisting
zászlórúd <fn> flagpole
zászlóshajó <fn> flagship

zátony <fn> reef; sandbank; shoal; shallow: *zátonyra fut (hajó)* go/run aground
♦ **zátonyra fut** *(házasság stb.)* break✢ down *Zátonyra futott a házassága.* Her marriage was/went on the rocks.

¹zavar <ige> 1. *(személyt)* disturb; bother; trouble; intrude: *Ne haragudj, hogy zavarlak!* I'm sorry to bother you! ✱ *Elnézést kérek, amiért sok munkája közepette zavarom!* I am sorry to trouble you when you are so busy. ✱ *Zavarunk?* Are we intruding? 2. *(dolgot, eseményt)* disturb; trouble; upset: *zavarja vkinek az álmát* disturb sy's sleep ✱ *zavarja vkinek a nyugalmát* disturb sy's rest ✱ *zavarja a kilátást* obstruct the view 3. *(nem tetszik)* disturb; bother 4. biz *(kerget)* harass; *(állatot)* drive✢; urge forward; *(vadat)* pursue; *(madarat)* drive✢ away

²zavar <fn> 1. *(működési)* disorder; disturbance; malfunction: *elmeállapotbeli zavar* mental disorder ✱ *emésztési zavarok* digestive troubles; disorder of the digestive organs ✱ *működési zavarok* troubles/faults in working/functioning 2. *(lelkiállapot)* confusion; embarrassment; perplexity; puzzle; unease: *zavarban van* be at a loss ✱ *zavarba hoz vkit* confuse sy; embarrass sy; throw sy off (his) balance ✱ *nem akar zavarba hozni vkit* spare sy's blushes 3. *(nehézség)* difficulty; trouble; embarrassment

zavarás <fn> disturbance; disturbing

zavargás <fn> disorder; riot; trouble; disturbance: *Utcai zavargás robbant ki.* Disorder broke out on the streets. ✱ *A zavargások idején külföldön voltam.* I was abroad during the time of the troubles.

zavarodott <mn> perplexed; confused; disturbed; embarrassed

zavaros <mn> 1. *(nem átlátszó)* cloudy; murky; muddy; turbid; *(elmosódott, homályos)* fuzzy 2. *(kusza)* perplexed; obscure; confused; confusing; muddled; *(írás, beszéd)* rambling; loose; confused; chaotic 3. *(zűrös helyzet, probléma stb.)* messy

zavart <mn> puzzled; embarrassed; confused; troubled; *(figyelmetlen, zaklatott)* distracted: *zavart mosoly* an embarrassed smile

zavartalan <mn> uninterrupted; undisturbed; untroubled; smooth: *zavartalan leszállás* a smooth landing

zebra <fn> 1. *(állat)* zebra (tsz: zebra v. zebras) 2. közl *(gyalogátkelőhely)* pedestrian/zebra crossing; AmE crosswalk: *átkel a zebrán* go/walk across the zebra ✱ *A zebránál meg kell állni.* You must stop at the zebra crossing.

zegzugos <mn> zigzag; *(épület)* rambling
zeller <fn> celery
¹zendülő <fn> rioter; rebel
²zendülő <mn> rioting; rebellious

zene <fn> music: *zenét hallgat* listen to music ✱ *klasszikus zene* classical music ✱ *egyházi zene* sacred music ✱ *zenéjét szerezte...* music by...
♦ **Zene füleimnek!** That's music to my ears.

zeneakadémia <fn> Academy of Music

zenebarát <fn> music lover
zenebona <fn> biz hurly-burly
zenedarab <fn> piece of music; piece
zenei <mn> musical: *az év legnagyobb zenei eseménye* the biggest musical event of the year * *Van némi zenei tehetsége.* He has some musical ability.
zeneigazgató <fn> music director
zeneiskola <fn> school of music
zenekar <fn> **1.** orchestra: *megadja a zenekarnak a hangot* give the orchestra the pitch * *A barátom egy híres zenekarban kürtön játszik.* My friend plays the horn in a famous orchestra. **2.** *(könnyűzenei)* band
zenekari <mn> orchestral: *zenekari árok* (orchestra) pit * *zenekari kíséret* orchestral accompaniment
zenekedvelő <fn> music lover; biz music fan
zenél <ige> make✝ music; play (an instrument): *tisztán zenél* be in tune * *hamisan zenél* be out of tune
zenemű <fn> composition; piece of music
zeneoktatás <fn> teaching of music
zenés <mn> musical: *zenés játék* musical
zenész <fn> musician; *(zeneműelőadója)* player
zeneszám <fn> piece (of music)
zeneszerző <fn> composer
zenetanár <fn> music teacher
zenetudomány <fn> musicology
zeng <ige> **1.** *(hangzik)* resound (**vmitől** with sg); ring✝ (**vmitől** with sg); echo (**vmitől** with sg): *zeng belé a ház* the house rings with it * *A hegy kiáltásainktól zengett.* The hills echoed with our cries. **2.** *(énekel, dalol)* sing✝: *dalt zeng* sing a song
♦ **dicshimnuszokat zeng vkiről** sing✝ sy's praises; praise sy to the skies
zerge <fn> chamois
zihál <ige> gasp; heave; pant: *zihálva elmond vmit* gasp out sg
zilált <mn> **1.** *(kusza)* confused; disordered; in disorder/disarray/confusion <csak hátravetve> **2.** *(rendetlen, elhanyagolt)* in disarray <csak hátravetve>; dishevelled; AmE disheveled; *(haj)* tousled: *zilált haj* tousled hair **3.** *(zavaros)* embarrassed; confused
zivatar <fn> *(záporeső)* shower; *(mennydörgéssel, villámlással)* thunderstorm
zizeg <ige> rustle; swish
zokni <fn> sock <ált. tsz>: *egy pár zokni* a pair of socks * *két fél pár zokni* two odd socks
zokog <ige> sob
zokogás <fn> sob
zokon <hsz>
♦ **zokon vesz vmit** take✝ sg amiss; take✝ offence at sg; be✝ hurt by sg

zománc <fn> enamel; glaze; *(festék)* gloss paint
zóna <fn> **1.** *(övezet)* zone; belt; BrE precinct: *hadi zóna* war zone * *a város ipari zónájában él* live in the town's industrial belt * *gyalogos zóna* a pedestrian precinct **2.** *(díjövezet)* tariff zone
zongora <fn> piano; *(hangversenyzongora)* grand piano: *lejátszik vmit a zongorán* play sg on the piano * *zongorán kíséri…* accompanied on the piano by… * *a zongoránál…* with… at the piano * *Egy zongora számára nincs elég hely ebben a szobában.* There isn't enough room for a piano in this room.
zongoraest <fn> piano recital
zongorajáték <fn> piano-playing; (sy's) technique
zongorakíséret <fn> piano accompaniment
zongoraművész <fn> pianist
zongoraóra <fn> piano lesson
zongoratanár <fn> piano-teacher
zongoraverseny <fn> **1.** *(zenemű)* piano concerto **2.** *(verseny zongoraművészek számára)* piano competition
zongorázik <ige> play the piano: *Zongorázik, ezért sok gyakorlásra van szüksége.* She plays the piano so she needs lots of practice.
zongorista <fn> pianist: *Reméli, hogy sikeres zongorista lesz.* He hopes to succeed as a pianist.
zoológia <fn> zoology
zoológus <fn> zoologist
zord <mn> **1.** *(szigorú)* stern; grim; severe; morose: *Kissé zord ma a főnök.* The boss looks a bit grim today. **2.** *(sivár)* inhospitable; grim; bleak; dismal **3.** *(időjárás)* bleak; rough; severe; raw; rigorous; *(szél, hideg)* bitter: *Ma túlságosan zord az idő.* The weather is too rough today.
zökkenő <fn> **1.** jar; jolt; sock **2.** *(úton)* bump
zökkenőmentes <fn> smooth: *zökkenőmentesen* smoothly; without a hitch
¹**zöld** <mn> **1.** green: *zöld toll* a green pen * *zöld színűre festi a falakat* decorate the walls green * *Zöld a szeme.* She has green eyes. **2.** *(éretlen)* green: *zöld banán* green bananas **3.** pol green: *zöld párt* a green political party
♦ **zöld utat enged vkinek** give✝ sy the green light ♦ **zöld utat ad vkinek vmire** give✝ sy the go-ahead for sg
²**zöld** <fn> **1.** *(szín)* green: *Zöldbe öltözött.* She is dressed in green. **2.** *(szabad jelzés)* green **3.** *(zöld terület)* green; the country; the open air; nature **4.** *(kártyában)* green **5.** pol green: *a zöldek* the Greens
♦ **zöldeket beszél** talk nonsense/rot
zöldbab <fn> green beans <tsz>; AmE string beans <tsz>

zöldborsó <fn> green peas <tsz>
zöldell <ige> vál green; become✢/grow✢ green
zöldes <mn> greenish
zöldfülű <fn> biz greenhorn
zöldövezet <fn> green belt
zöldpaprika <fn> green pepper/paprika; sweet pepper
zöldség <fn> **1.** vegetable; greens <tsz>; biz veggie: *párolt zöldségek* steamed vegetables ∗ *A sárgarépa és a krumpli zöldségek.* Carrots and potatoes are vegetables. ∗ *A legtöbb zöldséget szeretem.* I like most vegetables. **2.** *(ostobaság)* rubbish; nonsense; foolishness
zöldséges <fn> **1.** *(személy)* greengrocer **2.** *(üzlet)* greengrocer's
zöldségféle <fn> greens <tsz>; vegetables <tsz>
zöld terület <fn> green; green space; nature; the country; the open air
zöldül <ige> green; become✢/grow✢/turn green
zömök <mn> squat; stocky
zöngés <mn> nyelvt voiced: *zöngés mássalhangzó* voiced consonant
zöngétlen <mn> nyelvt unvoiced; voiceless: *zöngétlen mássalhangzó* voiceless consonant
zörej <fn> sound; rattle
zörgés <fn> rattle; clatter(ing)
zörget <ige> **1.** rattle; rustle; clatter: *A szél zörgeti az ablakot.* The wind is rattling the window. **2.** *(ajtón, ablakon)* rattle; clatter: *Ki zörget az ablakon?* Who is rattling the door?
zörög <ige> rattle; rustle; clatter
zötyög <ige> biz jolt; bump
zubog <ige> bubble; boil; seethe
zúdít <ige> **1.** *(önt, dob)* pour **2.** *(bajt, szitkot)* heap (**vmit vkire** sg on sy); shower (**vmit vkire** sg on sy)
zúdul <ige> **1.** *(folyadék)* come✢ pouring (**vhova** into sg); pour; rush **2.** *(tömeg)* throng
zug <fn> **1.** *(szeglet)* corner; nook **2.** *(eldugott hely)* recess; nook; hollow
zúg <ige> **1.** *(halkan)* drone; purr; hum; murmur **2.** *(hangosan)* roar; boom: *Zúgtak a fegyverek.* The guns boomed. **3.** *(testrész)* *Zúg a fülem.* My ears are buzzing.
zugárus <fn> black marketeer

zúgolódik <ige> grumble (**vmi miatt** about/at/over sg); murmur (**vki/vmi miatt** at/againsg sy/sg); clamour (**vmi vmiatt** against sg); rail (**vmi ellen** against/at sg)
zúgó <fn> rapids <tsz>: *átkel a zúgón* shoot the rapids
zugügyvéd <fn> pej pettifogger; AmE shyster
zuhan <ige> **1.** *(nagy erővel esik)* dive; fall✢ (down); come✢ down; plunge; tumble; plummet **2.** *(csökken)* plunge; dive; gazd slump; collapse: *A nyereség hirtelen 10 millió font alá zuhant.* Profits slumped to under £10million.
zuhanórepülés <fn> nosedive
zuhany <fn> **1.** *(berendezés)* shower **2.** *(fürdés)* shower: *Nem szeretem a hideg zuhanyt.* I hate cold shower.
zuhanyfüggöny <fn> shower curtain
zuhanyfülke <fn> shower cubicle
zuhanykabin → **zuhanyfülke**
zuhanyozik <ige> have✢ a shower; shower; AmE take✢ a shower
zuhanyrózsa <fn> rose
zuhanyzó <fn> shower(-bath)
zuhatag <fn> **1.** *(vízesés)* waterfall **2.** *(özön)* torrent
zuhog <ige> *(eső)* pour; pelt; bucket down; BrE piss down: *Zuhog az eső.* It's pouring with rain. / It's raining hard. / It's raining cats and dogs. ∗ *Zuhogó esőben kellett vezetnem.* I had to drive through pelting rain.
zúz <ige> pound: *darabokra zúz vmit* pound sg to pieces
zúza <fn> gizzard
zúzmara <fn> hoar frost
zuzmó <fn> lichen
zúzódás <fn> bruise; orv contusion
züllik <ige> become✢ depraved; go✢ downhill
züllött <mn> depraved; debauched
zümmög <ige> **1.** *(rovar)* buzz; hum **2.** biz hum
zűr <fn> **1.** *(összevisszaság)* mess; confusion; muddle; mix-up **2.** biz *(slamasztika)* trouble; difficulty
zűrös <mn> biz messy; confused; chaotic
zűrzavar <fn> chaos; confusion; disorder
zűrzavaros <mn> chaotic; confused; disorderly

Zs, zs

Zs, zs <fn> *(betű)* Zs; zs
zsák <fn> sack; *(kisebb)* bag: *zsákba rak* put in a sack/bag
zsákbamacska <fn> pig in a poke
zsákmány <fn> **1.** *(rablott)* plunder; loot **2.** *(állaté)* prey: *A bagoly lecsapott a zsákmányára.* The owl swooped down on its prey. **3.** *(vadászé)* quarry **4.** *(halászé)* catch; haul
zsákmányol <ige> **1.** take✻; seize; capture **2.** *(fosztogat)* plunder; loot
zsákutca <fn> **1.** cul-de-sac; dead end; blind alley **2.** *átv* dead end; blind alley; deadlock: *zsákutcába jut* end in deadlock
zsalu <fn> shutters <tsz>
zsálya <fn> sage
zsargon <fn> jargon
zsarnok <fn> tyrant; dictator
zsarnoki <mn> tyrannical; dictatorial; autocratic
zsarnokoskodik <ige> tyrannize (**vki fölött** over sy); play the tyrant (**vki fölött** over sy)
zsarnokság <fn> tyranny; dictatorship; autocracy
zsarol <ige> **1.** blackmail **2.** *(kicsikar)* extort (**vmit vkitől** sg from sy); exact (**vmit vkitől** sg from sy)
zsarolás <fn> blackmail
zsaroló <fn> blackmailer
zsaru <fn> *biz* cop; copper; bobby
zseb <fn> pocket: *belső zseb* inside pocket ✻ *zsebre dugott kézzel* with one's hands in one's pockets ✻ *zsebre tesz vmit* pocket sg
zsebkendő <fn> handkerchief (tsz: handkerchiefs v. BrE handkerchieves); *biz* hankie; *biz* hanky
zsebkés <fn> pocket knife (tsz: pocket knives); penknife (tsz: penknives)
zsebkönyv <fn> **1.** *(feljegyzésekhez)* notebook **2.** *(évkönyv)* almanac
zseblámpa <fn> torch; AmE flashlight
zsebnaptár <fn> pocket diary
zsebóra <fn> watch
zsebpénz <fn> pocket money; AmE allowance
zsebszámológép <fn> (pocket) calculator
zsebtolvaj <fn> pickpocket: *Óvakodjunk a zsebtolvajoktól!* Beware of pickpockets!
zselatin <fn> gelatine
zselé <fn> **1.** *(étel)* jelly **2.** *(hajra)* (styling) gel
zsemle <fn> roll: *sonkás zsemle* ham roll
zsemlemorzsa <fn> breadcrumbs <tsz>

zseni <fn> genius (tsz: geniuses)
zseniális <mn> brilliant; splendid
zseton <fn> counter; chip; token
zsibbad <ige> become✻/go✻ numb; become✻/go✻ stiff
zsibbadt <mn> numb; stiff
zsibvásár <fn> **1.** flea market **2.** *biz (összevisszaság)* mess **3.** *biz (ricsaj)* hubbub
¹zsidó <mn> Jewish
²zsidó <fn> Jew
zsidóság <fn> the Jews <tsz>
zsidóüldözés <fn> persecution of Jews; *(véres)* pogrom
zsilettpenge <fn> razor blade
zsilip <fn> sluice
zsinagóga <fn> synagogue
zsinat <fn> *vall* **1.** *(katolikus)* council **2.** *(protestáns)* synod
zsineg <fn> string
zsinór <fn> **1.** string; cord; twine **2.** *el* flex; AmE cord
 ♦ **zsinórban** *biz* in succession; in a row
zsír <fn> **1.** fat; *(olvasztott)* grease **2.** *(disznóé)* lard **3.** *(pecsenyéé)* dripping
zsiradék <fn> fat; grease
zsiráf <fn> giraffe
zsírfolt <fn> fat/grease stain
zsírkréta <fn> crayon
zsíros <mn> **1.** fatty; fat; greasy: *zsíros hús* fatty/greasy meat ✻ *zsírosan főz* cook with too much fat **2.** *(haj, bőr)* oily; greasy
zsíroz <ige> grease; lubricate
zsírpapír <fn> greaseproof paper
zsírszegény <mn> low-fat: *zsírszegény sajt* low-fat cheese
zsírszövet <fn> adipose tissue
zsírtartalom <fn> fat content
zsivaj <fn> noise; din; uproar
zsoké <fn> jockey
zsoldos <fn> *(katona)* mercenary
zsoldoshadsereg <fn> mercenary army
zsoltár <fn> psalm: *Zsoltárok könyve* Book of Psalms
zsong <ige> hum; murmur
zsonglőr <fn> juggler
zsörtölődik <ige> grumble; grouch; nag
zsúfol <ige> cram; stuff; pack; press: *a vonat zsúfolva van* the train is packed
zsúfolt <mn> jam-packed; packed

¹zsugori <mn> mean; miserly; penny-pinching; biz stingy; biz tight-fisted
²zsugori <fn> miser; niggard
zsugoriság <fn> miserliness
zsűri <fn> jury; panel (of judges)
zsűritag <fn> member of the jury; juror

FÜGGELÉK

GEOGRAPHICAL NAMES • *FÖLDRAJZI NEVEK*

Name	Név	Adjective/Noun	Melléknév/Főnév
Afghanistan	Afganisztán	Afghan person: Afghanistani, Afghan	afgán
Africa	Afrika	African	afrikai
Alaska	Alaszka	Alaskan	alaszkai
Albania	Albánia	Albanian	albán
Algeria	Algéria	Algerian	algériai
America	Amerika	American	amerikai
Andorra	Andorra	Andorran	andorrai
Angola	Angola	Angolan	angolai
Antarctic	Antarktisz	Antarctic	antarktiszi
Arctic	Északi-sark	Arctic	északi-sarki
Argentina	Argentína	Argentine, Argentinian	argentin
Armenia	Örményország	Armenian	örmény
Asia	Ázsia	Asian	ázsiai
Atlantic	Atlanti-óceán	Atlantic	atlanti(-óceáni)
Australia	Ausztrália	Australian	ausztrál(iai)
Austria	Ausztria	Austrian	osztrák
Azerbaijan	Azerbajdzsán	Azerbaijani	azerbajdzsáni
Bahama Islands	Bahama-szigetek	Bahamian	Bahama-szigeteki
Bangladesh	Banglades	Bangladesh person: Bangladeshi	bangladesi
Belarus	Fehéroroszország, Belarusz	Belarussian	fehéroroszgági, belorusz
Belgium	Belgium	Belgian	belga
Bolivia	Bolívia	Bolivian	bolíviai
Bosnia-Herzegovina	Bosznia-Hercegovina	Bosnian	bosznia-hercegovinai
Brazil	Brazília	Brazilian	brazil
Bulgaria	Bulgária	Bulgarian	bolgár
Cambodia	Kambodzsa	Cambodian	kambodzsai
Canada	Kanada	Canadian	kanadai
Chile	Chile	Chilean	chilei
China	Kína	Chinese	kínai
Colombia	Kolumbia	Colombian	kolumbiai
Congo	Kongó	Congolese	kongói
Costa Rica	Costa Rica	Costa Rican	Costa Rica-i
Croatia	Horvátország	Croatian	horvát
Cuba	Kuba	Cuban	kubai

Földrajzi nevek

Name	Név	Adjective/Noun	Melléknév/Főnév
Cyprus	Ciprus	Cypriot	ciprusi
Czech Republic	Cseh Köztársaság	Czech	cseh
Denmark	Dánia	Danish person: a Dane	dán
Dominica	Dominika	Dominican	dominikai
Ecuador	Ecuador	Ecuadorian	ecuadori
Egypt	Egyiptom	Egyptian	egyiptomi
El Salvador	Salvador	Salvadorean	salvadori
England	Anglia	English person: an Englishman (tsz: Englishmen) an Englishwoman (tsz: Englishwomen) people: the English	angol angol férfi angol nő az angolok
Estonia	Észtország	Estonian	észt
Ethiopia	Etiópia	Ethiopian	etióp
Europe	Európa	European	európai
Fiji	Fidzsi-szigetek	Fijian	Fidzsi-szigeteki
Finland	Finnország	Finnish, person: a Finn	finn
France	Franciaország	French person: a Frenchman (tsz: Frenchmen) a Frenchwoman (tsz: Frenchwomen) people: the French	francia francia férfi francia nő a franciák
Georgia	Grúzia	Georgian	grúz(iai)
Germany	Németország	German	német
Ghana	Ghána	Ghanaian	ghánai
Gibraltar	Gibraltár	Gibraltarian	gibraltári
Great Britain	Nagy-Britannia	British person: a Briton	brit
Greece	Görögország	Greek	görög
Greenland	Grönland	Greenlandic person: Greenlander	grönlandi
Guatemala	Guatemala	Guatemalan	guatemalai
Guinea	Guinea	Guinean	guineai
Guyana	Guyana	Guyanese	guyanai
Holland → the Netherlands			
Hungary	Magyarország	Hungarian	magyar

Földrajzi nevek

Name	Név	Adjective/Noun	Melléknév/Főnév
Iceland	*Izland*	Icelandic *person:* an Icelander	*izlandi*
India	*India*	Indian	*indiai*
Indonesia	*Indonézia*	Indonesian	*indonéz(iai)*
Iran	*Irán*	Iranian	*iráni*
Iraq	*Irak*	Iraqi	*iraki*

Ireland	*Írország*	Irish
		person: an Irishman
		  (tsz: Irishmen)
		an Irishwoman
		  (tsz: Irishwomen)
		people: the Irish
			ír
			ír férfi
			
			ír nő
			
			az írek

Israel	*Izrael*	Israeli	*izraeli*
Italy	*Olaszország*	Italian	*olasz*
the Ivory Coast	*Elefántcsontpart*	Ivorian	*elefántcsontparti*
Jamaica	*Jamaica*	Jamaican	*jamaicai*
Japan	*Japán*	Japanese	*japán*
Jordan	*Jordánia*	Jordanian	*jordániai*
Kenya	*Kenya*	Kenyan	*kenyai*
South Korea	*Dél-Korea*	South Korean	*dél-koreai*
North Korea	*Észak-Korea*	North Korean	*észak-koreai*
Kuwait	*Kuvait*	Kuwaiti	*kuvaiti*
Laos	*Laosz*	Laotian	*laoszi*
Latvia	*Lettország*	Latvian	*lett*
Lebanon	*Libanon*	Lebanese	*libanoni*
Libya	*Líbia*	Libyan	*líbiai*
Liechtenstein	*Liechtenstein*	Liechtenstein *person:* a Liechtensteiner	*liechtensteini*
Lithuania	*Litvánia*	Lithuanian	*litván*
Luxemb(o)urg	*Luxemburg*	Luxemb(o)urg *person:* a Luxemb(o)urger	*luxemburgi*
Macedonia	*Macedónia*	Macedonian	*macedón(iai)*
Madagascar	*Madagaszkár*	Madagascan, a Malagasy	*madagaszkári*
Malaysia	*Malajzia*	Malaysian	*malajziai*
the Maldive Islands	*Maldív-szigetek*	Maldivian	*maldív-szigeteki*
Malta	*Málta*	Maltese	*máltai*
Mauritius	*Mauritius*	Mauritian	*mauritiusi*
Mexico	*Mexikó*	Mexican	*mexikói*

Földrajzi nevek

Name	Név	Adjective/Noun	Melléknév/Főnév
Monaco	*Monaco*	Monegasque, Monacan	*monacói*
Mongolia	*Mongólia*	Mongolian *person:* a Mongolian / a Mongol	*mongol*
Montenegro	*Montenegró*	Montenegrin	*montenegrói*
Morocco	*Marokkó*	Moroccan	*marokkói*
Mozambique	*Mozambik*	Mozambiquan, Mozambican	*mozambiki*
Nepal	*Nepál*	Nepalese	*nepáli*
the Netherlands	*Hollandia*	Dutch *person:* a Dutchman (tsz: Dutchmen) a Dutchwoman (tsz: Dutchwomen) *people:* the Dutch	*holland* *holland férfi* *holland nő* *a hollandok*
New Zealand	*Új-Zéland*	New Zealand *person:* a New Zealander	*új-zélandi*
Nicaragua	*Nicaragua*	Nicaraguan	*nicaraguai*
Nigeria	*Nigéria*	Nigerian	*nigériai*
Norway	*Norvégia*	Norwegian	*norvég*
Pakistan	*Pakisztán*	Pakistani	*pakisztáni*
Palestine	*Palesztina*	Palestinian	*palesztin*
Panama	*Panama*	Panamanian	*panamai*
Paraguay	*Paraguay*	Paraguayan	*paraguayi*
Peru	*Peru*	Peruvian	*perui*
Poland	*Lengyelország*	Polish *person:* a Pole	*lengyel*
Portugal	*Portugália*	Portuguese	*portugál*
Puerto Rico	*Puerto Rico*	Puerto Rican	*Puerto Ricó-i*
Romania	*Románia*	Romanian	*román*
Russia	*Oroszország*	Russian	*orosz*
Saudi Arabia	*Szaúd-Arábia*	Saudi, Saudi Arabian	*szaúdi, Szaúd-arábiai*
Scandinavia	*Skandinávia*	Scandinavian	*skandináv*
Scotland	*Skócia*	Scottish v. Scots *person:* a Scot v. a Scotsman (tsz: Scotsmen) a Scotswoman (tsz: Scotswomen) *people:* the Scots	*skót* *skót férfi* *skót nő* *a skótok*

Földrajzi nevek

Name	Név	Adjective/Noun	Melléknév/Főnév
Serbia	*Szerbia*	Serbian	*szerb*
Singapore	*Szingapúr*	Singaporean	*szingapúri*
Slovakia	*Szlovákia*	Slovakian, Slovak	*szlovák*
Slovenia	*Szlovénia*	Slovene *person:* a Slovenian	*szlovén*
South Africa	*Dél-Afrika*	South African	*dél-afrikai*
Spain	*Spanyolország*	Spanish *person:* a Spaniard	*spanyol*
Sri Lanka	*Srí Lanka*	Sri Lankan	*Srí Lanka-i*
Sudan	*Szudán*	Sudanese	*szudáni*
Sweden	*Svédország*	Swedish *person:* a Swede	*svéd*
Switzerland	*Svájc*	Swiss	*svájci*
Syria	*Szíria*	Syrian	*szír(iai)*
Taiwan	*Tajvan*	Taiwanese	*tajvani*
Thailand	*Thaiföld*	Thai	*thai(földi)*
Tibet	*Tibet*	Tibetan	*tibeti*
Tunisia	*Tunézia*	Tunisian	*tunéziai*
Turkey	*Törökország*	Turkish *person:* a Turk	*török*
Ukraine	*Ukrajna*	Ukrainian	*ukrán*
United Kingdom	*Egyesült Királyság*	British *person:* a Briton, AmE Britisher *people:* the British	*brit, angol* *brit, angol* *a britek, az angolok*
United States of America	*Amerikai Egyesült Államok*	American	*amerikai*
Uruguay	*Uruguay*	Uruguayan	*uruguayi*
Uzbekistan	*Üzbegisztán*	Uzbek	*üzbég*
Vatican City	*Vatikán(város)*	Vatican	*vatikáni*
Venezuela	*Venezuela*	Venezuelan	*venezuelai*
Vietnam	*Vietnam*	Vietnamese	*vietnami*
Wales	*Wales*	Welsh *person:* a Welshman (tsz: Welshmen) a Welshwoman (tsz: Welshwomen) *people:* the Welsh	*walesi* *walesi férfi* *walesi nő* *a walesiek*
Zimbabwe	*Zimbabwe*	Zimbabwean	*zimbabwei*

NUMBERS · *SZÁMOK*

Numerals *Számjegyek*	Cardinal numbers *Tőszámnevek*	Ordinal numbers *Sorszámnevek*	
0	zero/nought		
1	one	1st	first
2	two	2nd	second
3	three	3rd	third
4	four	4th	fourth
5	five	5th	fifth
6	six	6th	sixth
7	seven	7th	seventh
8	eight	8th	eighth
9	nine	9th	ninth
10	ten	10th	tenth
11	eleven	11th	eleventh
12	twelve	12th	twelfth
13	thirteen	13th	thirteenth
14	fourteen	14th	fourteenth
15	fifteen	15th	fifteenth
16	sixteen	16th	sixteenth
17	seventeen	17th	seventeenth
18	eighteen	18th	eighteenth
19	nineteen	19th	nineteenth
20	twenty	20th	twentieth
21	twenty-one	21st	twenty-first
22	twenty-two	22nd	twenty-second
23	twenty-three	23rd	twenty-third
24	twenty-four	24th	twenty-fourth
30	thirty	30th	thirtieth
40	forty	40th	fortieth
50	fifty	50th	fiftieth
60	sixty	60th	sixtieth
70	seventy	70th	seventieth
80	eighty	80th	eightieth
90	ninety	90th	ninetieth
99	ninety-nine	99th	ninety-ninth
100	a/one hundred	100th	a/one hundredth

Számok

Numerals Számjegyek	Cardinal numbers Tőszámnevek	Ordinal numbers Sorszámnevek	
101	a hundred and one	101st	hundred and first
102	a hundred and two	102nd	hundred and second
110	a hundred and ten	110th	hundred and tenth
135	a hundred and thirty-five	135th	hundred and thirty-fifth
200	two hundred	200th	two hundredth
201	two hundred and one	201st	two hundred and first
300	three hundred	300th	three hundredth
400	four hundred	400th	four hundredth
500	five hundred	500th	five hundredth
600	six hundred	600th	six hundredth
700	seven hundred	700th	seven hundredth
800	eight hundred	800th	eight hundredth
900	nine hundred	900th	nine hundredth
1,000	a/one thousand	1,000th	a/one thousandth
1,001	a thousand and one	1,001st	thousand and first
2,000	two thousand	2,000th	two thousandth
10,000	ten thousand	10,000th	ten thousandth
100,000	a/one hundred thousand	100,000th	hundred thousandth
1,000,000	a/one million	1,000,000th	millionth
2,000,000	two million	2,000,000th	two millionth
1,000,000,000	a/one billion (= *milliárd!*)	1,000,000,000th	billionth

MEASURES · *MÉRTÉKEGYSÉGEK*

Units of weight · *Súlymértékek*

British and American units of weight · *Brit és amerikai súlymértékek*

1 dram			=	1,77 gramm
1 ounce (oz)	=	16 drams	=	28,35 gramm
1 pound (lb)	=	16 ounces	=	0,453 kilogramm
1 stone	=	14 pounds	=	6,35 kilogramm
1 long hundred-weight (cwt)	=	112 pounds	=	50,80 kilogramm
1 short hundred-weight (cwt)	=	100 pounds	=	45,36 kilogramm
1 long ton	=	20 long cwt	=	1016,05 kilogramm
1 short ton	=	20 short cwt	=	907,18 kilogramm

Amerikában a short ton *és* hundred-weight *mértékegységek használata az elterjedtebb.*

Metric units of weight · *Metrikus súlymértékek*

1 gramm			= 0,564 dram
1 kilogramm	=	564,38 drams	= 2,204 pounds
1 tonna		= 2204,62 pounds	= 0,984 long ton

Units of capacity · *Űrmértékek*

British units of capacity · *Brit űrmértékek*

1 pint		= 0,568 liter
1 quart	= 2 pints	= 1,136 liter
1 gallon	= 4 quarts	= 4,546 liter

American units of capacity · *Amerikai űrmértékek*

1 pint		= 0,473 liter
1 quart	= 2 pints	= 0,946 liter
1 gallon	= 4 quarts	= 3,785 liter

Metric units of capacity · *Metrikus űrmértékek*

1 liter	= 1,75 pints
1 hektoliter	= 22 gallons

Mértékegységek

Square measures • *Területmértékek*

British and American units of length • *Brit és amerikai hosszmértékek*

1 inch (in)		=	2,54 *centiméter*
1 foot (ft)	= 12 inches	=	*0,305 méter*
1 yard (yd)	= 3 feet	=	*0,914 méter*
1 pole/perch/rod	= 5½ yards	=	*5,03 méter*
1 furlong	= 40 poles	=	*201,17 méter*
1 statute mile	= 8 furlongs = 1760 yards	=	*1609,33 méter*
1 nautical mile	= 2026 yards	=	*1852 méter*

Metric units of length • *Metrikus hosszmértékek*

1 méter	= 39,371 inches	= 1,094 yards
1 kilométer	= 1093,6 yards	= 0,621 mile

Square measures • *Területmértékek*

British and American square measures • *Brit és amerikai területmértékek*

1 square inch		=	*6,45 cm²*
1 square foot	= 144 sq. inches	=	*929,03 cm²*
1 square yard	= 9 sq. feet	=	*0,836 m²*
1 acre	= 4840 sq. yards	=	*0,41 hektár* = *0,703 kat. hold* = *4046,78 m²*
1 square mile	= 640 acres	=	*58,99 hektár* = *450 kat. hold* = *2,59 km²*

Cubic measures • *Köbmértékek*

British and American cubic measures • *Brit és amerikai köbmértékek*

1 cubic inch		=	*16,38 cm³*
1 cubic foot	= 1728 c. inches	=	*28 316 cm³*
1 cubic yard	= 27 c. feet	=	*0,764 m³*

Mértékegységek 1128

Temperature • *Hőmérséklet*

100 °Celsius = 212 °Fahrenheit	100 °Fahrenheit = *38 °Celsius*
0 °Celsius = 32 °Fahrenheit	0 °Fahrenheit = *–18 °Celsius*
–15 °Celsius = 5 °Fahrenheit	–15 °Fahrenheit = *–26 °Celsius*

Conversion • *Átszámítás*

$$°C = (°F - 32) \cdot 5/9$$
$$°F = (9/5 \cdot °C) + 32$$

IRREGULAR VERBS · *RENDHAGYÓ IGÉK*

Infinitive	Past Tense	Past Participle	Magyar megfelelő
abide [ə'baɪd]	abided [ə'baɪdɪd]	abided [ə'baɪdɪd]	*elvisel*
	abode [ə'bəʊd]	abode [ə'bəʊd]	*lakik, tartózkodik*
arise [ə'raɪz]	arose [ə'rəʊz]	arisen [ə'rɪzn]	*keletkezik*
awake [ə'weɪk]	awoke [ə'wəʊk]	awoken [ə'wəʊkən]	*felébreszt, felébred*
be (am, is, are) [biː, æm, ɪz, ɑː]	was, were [wəz, wɜː]	been [biːn]	*van*
bear [beə]	bore [bɔː]	borne [bɔːn]	*(el)visel; szül*
beat [biːt]	beat [biːt]	beaten ['biːtn]	*üt*
become [bɪ'kʌm]	became [bɪ'keɪm]	become [bɪ'kʌm]	*válik vmivé*
begin [bɪ'gɪn]	began [bɪ'gæn]	begun [bɪ'gʌn]	*kezd, kezdődik*
bend [bend]	bent [bent]	bent [bent]	*hajlít, hajlik*
beseech [bɪ'siːtʃ]	besought [bɪ'sɔːt]	besought [bɪ'sɔːt]	*könyörög*
bet [bet]	bet [bet] v. betted ['betɪd]	bet [bet] v. betted ['betɪd]	*fogad*
bid [bɪd]	bid [bɪd]	bid [bɪd]	*ígér, ajánl*
bind [baɪnd]	bound [baʊnd]	bound [baʊnd]	*köt*
bite [baɪt]	bit [bɪt]	bitten ['bɪtn]	*harap*
bleed [bliːd]	bled [bled]	bled [bled]	*vérzik*
bless [bles]	blessed/blest [blest]	blessed/blest [blest]	*áld*
blow [bləʊ]	blew [bluː]	blown [bləʊn]	*fúj*
break [breɪk]	broke [brəʊk]	broken ['brəʊkən]	*tör*
breastfeed ['brestfiːd]	breastfed ['brestfed]	breastfed ['brestfed]	*szoptat*
breed [briːd]	bred [bred]	bred [bred]	*párzik; tenyészt*
bring [brɪŋ]	brought [brɔːt]	brought [brɔːt]	*hoz*
broadcast ['brɔːdkɑːst]	broadcast ['brɔːdkɑːst]	broadcast ['brɔːdkɑːst]	*közvetít, sugároz*
browbeat [braʊbiːt]	browbeat [braʊbiːt]	browbeaten [braʊbiːtn]	*belekényszerít*
build [bɪld]	built [bɪlt]	built [bɪlt]	*épít*
burn [bɜːn]	burnt [bɜːnt]/ burned [bɜːnd]	burnt [bɜːnt]/ burned [bɜːnd]	*ég*
burst [bɜːst]	burst [bɜːst]	burst [bɜːst]	*szétrepeszt, szétreped*
bust [bʌst]	bust [bʌst]/ busted ['bʌstɪd]	bust [bʌst]/ busted ['bʌstɪd]	*széttör*
buy [baɪ]	bought [bɔːt]	bought [bɔːt]	*(meg)vásárol*
cast [kɑːst]	cast [kɑːst]	cast [kɑːst]	*dob*

Rendhagyó igék

Infinitive	Past Tense	Past Participle	Magyar megfelelő
catch [kætʃ]	caught [kɔːt]	caught [kɔːt]	megfog
choose [tʃuːz]	chose [tʃəʊz]	chosen ['tʃəʊzn]	választ
cleave [kliːv]	cleaved/cleft/clove [kliːvd/kleft/kləʊv]	cleaved/cleft/cloven [kliːvd/kleft/'kləʊvn]	hasít
cling [klɪŋ]	clung [klʌŋ]	clung [klʌŋ]	ragaszkodik
come [kʌm]	came [keɪm]	come [kʌm]	jön
cost [kɒst]	cost [kɒst]	cost [kɒst]	kerül vmibe
creep [kriːp]	crept [krept]	crept [krept]	kúszik
cut [kʌt]	cut [kʌt]	cut [kʌt]	vág
deal [diːl]	dealt [delt]	dealt [delt]	kereskedik
dig [dɪg]	dug [dʌg]	dug [dʌg]	ás
dive [daɪv]	dived [daɪvd]/ AmE dove [dəʊv]	dived [daɪvd]	fejest ugrik; lemerül
do [duː]	did [dɪd]	done [dʌn]	tesz
draw [drɔː]	drew [druː]	drawn [drɔːn]	(le)rajzol; húz
dream [driːm]	dreamt [dremt]/ dreamed [driːmd]	dreamt [dremt]/ dreamed [driːmd]	álmodik
drink [drɪŋk]	drank [dræŋk]	drunk [drʌŋk]	iszik
drive [draɪv]	drove [drəʊv]	driven ['drɪvn]	vezet
dwell [dwel]	dwelt [dwelt]/ dwelled [dweld]	dwelt [dwelt]/ dwelled [dweld]	lakik
eat [iːt]	ate [et/AmE eɪt]	eaten ['iːtn]	eszik
fall [fɔːl]	fell [fel]	fallen ['fɔːlən]	esik
feed [fiːd]	fed [fed]	fed [fed]	táplál; (meg)etet
feel [fiːl]	felt [felt]	felt [felt]	érez
fight [faɪt]	fought [fɔːt]	fought [fɔːt]	harcol
find [faɪnd]	found [faʊnd]	found [faʊnd]	talál
flee [fliː]	fled [fled]	fled [fled]	menekül
fling [flɪŋ]	flung [flʌŋ]	flung [flʌŋ]	hajít
fly [flaɪ]	flew [fluː]	flown [fləʊn]	repül
forbid [fə'bɪd]	forbade [fə'beɪd]	forbidden [fə'bɪdn]	megtilt
forecast ['fɔːkɑːst]	forecast ['fɔːkɑːst]	forecast ['fɔːkɑːst]	megjósol
foresee [fɔː'siː]	foresaw [fɔː'sɔː]	foreseen [fɔː'siːn]	előre lát
forget [fə'get]	forgot [fə'gɒt]	forgotten [fə'gɒtn]	elfelejt
forgive [fə'gɪv]	forgave [fə'geɪv]	forgiven [fə'gɪvn]	megbocsát
freeze [friːz]	froze [frəʊz]	frozen ['frəʊzn]	fagy
get [get]	got [gɒt]	got [gɒt]/ AmE gotten [gɒtn]	kap
give [gɪv]	gave [geɪv]	given ['gɪvn]	ad

Rendhagyó igék

Infinitive	Past Tense	Past Participle	Magyar megfelelő
go [gəʊ]	went [went]	gone [gɒn]	*megy*
grind [graɪnd]	ground [graʊnd]	ground [graʊnd]	*őröl*
grow [grəʊ]	grew [gruː]	grown [grəʊn]	*nő*
hang [hæŋ]	hung [hʌŋ] / hanged [hæŋd]	hung [hʌŋ] / hanged [hæŋd]	*akaszt, lóg / felakaszt*
have (has) [həv/ hangsúlyos hæv (həz/hangsúlyos hæz)]	had [hæd]	had [hæd]	*van vmije*
hear [hɪə]	heard [hɜːd]	heard [hɜːd]	*hall*
hide [haɪd]	hid [hɪd]	hidden ['hɪdn]	*(el)rejt*
hit [hɪt]	hit [hɪt]	hit [hɪt]	*üt*
hold [həʊld]	held [held]	held [held]	*tart*
hurt [hɜːt]	hurt [hɜːt]	hurt [hɜːt]	*megsért*
input ['ɪnpʊt]	input ['ɪnpʊt] / inputted ['ɪnpʊtɪd]	input ['ɪnpʊt] / inputted ['ɪnpʊtɪd]	*betáplál*
keep [kiːp]	kept [kept]	kept [kept]	*tart*
kneel [niːl]	knelt [nelt] / AmE kneeled [niːld]	knelt [nelt] / AmE kneeled [niːld]	*térdel*
knit [nɪt]	knitted ['nɪtɪd] / knit [nɪt]	knitted ['nɪtɪd] / knit [nɪt]	*köt egyesül; összefűz*
know [nəʊ]	knew [njuː]	known [nəʊn]	*tud; ismer*
lay [leɪ]	laid [leɪd]	laid [leɪd]	*fektet*
lead [liːd]	led [led]	led [led]	*vezet*
lean [liːn]	leaned [liːnd] / BrE leant [lent]	leaned [liːnd] / BrE leant [lent]	*hajol*
leap [liːp]	leapt [lept] / leaped [liːpt]	leapt [lept] / leaped [liːpt]	*ugrik*
learn [lɜːn]	learnt [lɜːnt] / learned [lɜːnd]	learnt [lɜːnt] / learned [lɜːnd]	*tanul*
leave [liːv]	left [left]	left [left]	*hagy*
lend [lend]	lent [lent]	lent [lent]	*kölcsönöz*
let [let]	let [let]	let [let]	*hagy*
¹lie [laɪ]	lied [laɪd]	lied [laɪd]	*hazudik*
²lie [laɪ]	lay [leɪ]	lain [leɪn]	*fekszik*
light [laɪt]	lit [lɪt] / lighted ['laɪtɪd]	lit [lɪt] / lighted ['laɪtɪd]	*meggyújt*
lose [luːz]	lost [lɒst]	lost [lɒst]	*elveszít*
make [meɪk]	made [meɪd]	made [meɪd]	*csinál*
mean [miːn]	meant [ment]	meant [ment]	*jelent*
meet [miːt]	met [met]	met [met]	*találkozik*

Rendhagyó igék

Infinitive	Past Tense	Past Participle	Magyar megfelelő
mislay [ˌmɪsˈleɪ]	mislaid [ˌmɪsˈleɪd]	mislaid [ˌmɪsˈleɪd]	*rossz helyre tesz*
mislead [ˌmɪsˈliːd]	misled [ˌmɪsˈled]	misled [ˌmɪsˈled]	*félrevezet*
misread [ˌmɪsˈriːd]	misread [ˌmɪsˈred]	misread [ˌmɪsˈred]	*rosszul olvas (vmit)*
misspell [ˌmɪsˈspel]	misspelled [ˌmɪsˈspeld]/ misspellt [ˌmɪsˈspelt]	misspelled [ˌmɪsˈspeld]/ misspellt [ˌmɪsˈspelt]	*rosszul ír (le)*
mistake [mɪˈsteɪk]	mistook [mɪˈstʊk]	mistaken [mɪˈsteɪkən]	*eltéveszt*
misunderstand [ˌmɪsʌndəˈstænd]	misunderstood [ˌmɪsʌndəˈstʊd]	misunderstood [ˌmɪsʌndəˈstʊd]	*félreért*
mow [məʊ]	mowed [məʊd]	mown [məʊn]/ mowed [məʊd]	*lenyír, lekaszál*
offset [ˈɒfset]	offset [ˈɒfset]	offset [ˈɒfset]	*kiegyenlít, ellensúlyoz*
outbid [ˌaʊtˈbɪd]	outbid [ˌaʊtˈbɪd]	outbid [ˌaʊtˈbɪd]	*túllicitál*
outdo [ˌaʊtˈduː]	outdid [ˌaʊtˈdɪd]	outdone [ˌaʊtˈdʌn]	*felülmúl*
outgrow [ˌaʊtˈgrəʊ]	outgrew [ˌaʊtˈgruː]	outgrown [ˌaʊtˈgrəʊn]	*kinő*
overcome [ˌəʊvəˈkʌm]	overcame [ˌəʊvəˈkeɪm]	overcome [ˌəʊvəˈkʌm]	*(le)győz*
overdo [ˌəʊvəˈduː]	overdid [ˌəʊvəˈdɪd]	overdone [ˌəʊvəˈdʌn]	*eltúloz*
overdraw [ˌəʊvəˈdrɔː]	overdrew [ˌəʊvəˈdruː]	overdrawn [ˌəʊvəˈdrɔːn]	*eltúloz*
overhear [ˌəʊvəˈhɪə]	overheard [ˌəʊvəˈhɜːd]	overheard [ˌəʊvəˈhɜːd]	*(véletlenül) meghall*
overpay [ˌəʊvəˈpeɪ]	overpaid [ˌəʊvəˈpeɪd]	overpaid [ˌəʊvəˈpeɪd]	*túlfizet*
override [ˌəʊvəˈraɪd]	overrode [ˌəʊvəˈrəʊd]	overridden [ˌəʊvəˈrɪdn]	*felülbírál*
oversee [ˌəʊvəˈsiː]	oversaw [ˌəʊvəˈsɔː]	overseen [ˌəʊvəˈsiːn]	*ellenőriz*
oversleep [ˌəʊvəˈsliːp]	overslept [ˌəʊvəˈslept]	overslept [ˌəʊvəˈslept]	*elalszik*
overtake [ˌəʊvəˈteɪk]	overtook [ˌəʊvəˈtʊk]	overtaken [ˌəʊvəˈteɪkən]	*(meg)előz*
overthrow [ˌəʊvəˈθrəʊ]	overthrew [ˌəʊvəˈθruː]	overthrown [ˌəʊvəˈθrəʊn]	*megdönt*
pay [peɪ]	paid [peɪd]	paid [peɪd]	*fizet*
plead [pliːd]	pleaded [ˈpliːdɪd]/ AmE pled [pled]	pleaded [ˈpliːdɪd]/ AmE pled [pled]	*könyörög*
prove [pruːv]	proved [pruːvd]	proved [pruːvd]/ proven [ˈpruːvn]	*bizonyít*
put [pʊt]	put [pʊt]	put [pʊt]	*tesz*
quit [kwɪt]	quit [kwɪt]/ BrE quitted [ˈkwɪtɪd]	quit [kwɪt]/ BrE quitted [ˈkwɪtɪd]	*otthagy*

Rendhagyó igék

Infinitive	Past Tense	Past Participle	Magyar megfelelő
read [ri:d]	read [red]	read [red]	olvas
rebuild [ˌriː'bɪld]	rebuilt [ˌriː'bɪlt]	rebuilt [ˌriː'bɪlt]	újjáépít
redo [ˌriː'duː]	redid [ˌriː'dɪd]	redone [ˌriː'dʌn]	átalakít
repay [rɪ'peɪ]	repaid [rɪ'peɪd]	repaid [rɪ'peɪd]	visszafizet
rethink [ˌriː'θɪŋk]	rethought [ˌriː'θɔːt]	rethought [ˌriː'θɔːt]	újra átgondol
rewrite [ˌriː'raɪt]	rewrote [ˌriː'rəʊt]	rewritten [ˌriː'rɪtn]	átír
rid [rɪd]	rid [rɪd]	rid [rɪd]	megszabadít
ride [raɪd]	rode [rəʊd]	ridden ['rɪdn]	lovagol
ring [rɪŋ]	rang [ræŋ]	rung [rʌŋ]	cseng
rise [raɪz]	rose [rəʊz]	risen ['rɪzn]	felkel
run [rʌn]	ran [ræn]	run [rʌn]	fut
saw [sɔː]	sawed [sɔːd]	sawn [sɔːn]/ AmE sawed [sɔːd]	fűrészel
say [seɪ]	said [sed]	said [sed]	mond
see [siː]	saw [sɔː]	seen [siːn]	lát
seek [siːk]	sought [sɔːt]	sought [sɔːt]	keres
sell [sel]	sold [səʊld]	sold [səʊld]	elad
send [send]	sent [sent]	sent [sent]	küld
set [set]	set [set]	set [set]	letesz, (el)helyez
sew [səʊ]	sewed [səʊd]	sewed [səʊd]/ sewn [səʊn]	varr
shake [ʃeɪk]	shook [ʃʊk]	shaken ['ʃeɪkən]	ráz
shear [ʃɪə]	sheared [ʃɪəd]	shorn [ʃɔːn]/ sheared [ʃɪəd]	nyír
shed [ʃed]	shed [ʃed]	shed [ʃed]	(el)hullat
shine [ʃaɪn]	shone [ʃɒn]	shone [ʃɒn]	ragyog
	shined [ʃaɪnd]	shined [ʃaɪnd]	(cipőt) fényesít
shit [ʃɪt]	shit [ʃɪt]/shat [ʃæt]/ BrE shitted ['ʃɪtɪd]	shit [ʃɪt]/shat [ʃæt]/ BrE shitted ['ʃɪtɪd]	kakál
shoot [ʃuːt]	shot [ʃɒt]	shot [ʃɒt]	lő
show [ʃəʊ]	showed [ʃəʊd]	shown [ʃəʊn]/ showed [ʃəʊd]	mutat
shrink [ʃrɪŋk]	shrank [ʃræŋk]/ shrunk [ʃrʌŋk]	shrunk [ʃrʌŋk]	összemegy
shut [ʃʌt]	shut [ʃʌt]	shut [ʃʌt]	becsuk
sing [sɪŋ]	sang [sæŋ]	sung [sʌŋ]	énekel
sink [sɪŋk]	sank [sæŋk]	sunk [sʌŋk]	süllyed
sit [sɪt]	sat [sæt]	sat [sæt]	ül
slay [sleɪ]	slew [sluː]	slain [sleɪn]	öl
sleep [sliːp]	slept [slept]	slept [slept]	alszik

Rendhagyó igék

Infinitive	Past Tense	Past Participle	Magyar megfelelő
slide [slaɪd]	slid [slɪd]	slid [slɪd]	csúszik
sling [slɪŋ]	slung [slʌŋ]	slung [slʌŋ]	felakaszt; hajít
slit [slɪt]	slit [slɪt]	slit [slɪt]	felvág
smell [smel]	smelt [smelt]/ smelled [smeld]	smelt [smelt]/ smelled [smeld]	megszagol
sow [səʊ]	sowed [səʊd]	sown [səʊn]/ sowed [səʊd]	vet
speak [spi:k]	spoke [spəʊk]	spoken ['spəʊkən]	beszél
speed [spi:d]	sped [sped]/speeded ['spi:dɪd]	sped [sped]/ speeded ['spi:dɪd]	száguld, gyorsan hajt
spell [spel]	spelt [spelt]/ spelled [speld]	spelt [spelt]/ spelled [speld]	betűz (betűket)
spend [spend]	spent [spent]	spent [spent]	költ
spill [spɪl]	spilt [spɪlt]/ spilled [spɪld]	spilt [spɪlt]/ spilled [spɪld]	kiönt
spin [spɪn]	spun [spʌn]	spun [spʌn]	fon
spit [spɪt]	spat [spæt]	spat [spæt]	köp
split [splɪt]	split [splɪt]	split [splɪt]	hasít
spoil [spɔɪl]	spoilt [spɔɪlt]/ spoiled [spɔɪld]	spoilt [spɔɪlt]/ spoiled [spɔɪld]	elront
spoonfeed ['spu:nfi:d]	spoonfed ['spu:nfed]	spoonfed ['spu:nfed]	kanállal etet
spread [spred]	spread [spred]	spread [spred]	terjeszt, terjed
spring [sprɪŋ]	sprang [spræŋ]	sprung [sprʌŋ]	ugrik
stand [stænd]	stood [stʊd]	stood [stʊd]	áll
steal [sti:l]	stole [stəʊl]	stolen ['stəʊlən]	lop
stick [stɪk]	stuck [stʌk]	stuck [stʌk]	ragaszt
sting [stɪŋ]	stung [stʌŋ]	stung [stʌŋ]	megszúr
stink [stɪŋk]	stank [stæŋk]/ stunk [stʌŋk]	stunk [stʌŋk]	bűzlik
stride [straɪd]	strode [strəʊd]	stridden ['strɪdn]	lépked
strike [straɪk]	struck [strʌk]	struck [strʌk]	üt
string [strɪŋ]	strung [strʌŋ]	strung [strʌŋ]	megköt; felfűz
strive [straɪv]	strove [strəʊv]	striven ['strɪvn]	igyekszik
swear [sweə]	swore [swɔ:]	sworn [swɔ:n]	megesküszik
sweep [swi:p]	swept [swept]	swept [swept]	söpör
swell [swel]	swelled [sweld]	swollen ['swəʊlən]/ swelled [sweld]	dagad
swim [swɪm]	swam [swæm]	swum [swʌm]	úszik

Rendhagyó igék

Infinitive	Past Tense	Past Participle	Magyar megfelelő
swing [swɪŋ]	swung [swʌŋ]	swung [swʌŋ]	*leng, lenget*
take [teɪk]	took [tʊk]	taken ['teɪkən]	*fog, vesz*
teach [tiːtʃ]	taught [tɔːt]	taught [tɔːt]	*tanít*
tear [teə]	tore [tɔː]	torn [tɔːn]	*szakít*
tell [tel]	told [təʊld]	told [təʊld]	*(el)mond*
think [θɪŋk]	thought [θɔːt]	thought [θɔːt]	*gondol(kodik)*
thrive [θraɪv]	thrived [θraɪvd]/ throve [θrəʊv]	thrived [θraɪvd]	*gyarapodik*
throw [θrəʊ]	threw [θruː]	thrown [θrəʊn]	*dob*
thrust [θrʌst]	thrust [θrʌst]	thrust [θrʌst]	*döf*
tread [tred]	trod [trɒd]	trodden ['trɒdn]	*tapos*
unbind [ˌʌn'baɪnd]	unbound [ˌʌn'baʊnd]	unbound [ˌʌn'baʊnd]	*kiold*
undergo [ˌʌndə'gəʊ]	underwent [ˌʌndə'went]	undergone [ˌʌndə'gɒn]	*átél vmit*
underlie [ˌʌndə'laɪ]	underlay [ˌʌndə'leɪ]	underlain [ˌʌndə'leɪn]	*alapjául szolgál*
underpay [ˌʌndə'peɪ]	underpaid [ˌʌndə'peɪd]	underpaid [ˌʌndə'peɪd]	*alulfizet*
understand [ˌʌndə'stænd]	understood [ˌʌndə'stʊd]	understood [ˌʌndə'stʊd]	*(meg)ért*
undertake [ˌʌndə'teɪk]	undertook [ˌʌndə'tʊk]	undertaken [ˌʌndə'teɪkən]	*(el)vállal*
undo [ˌʌn'duː]	undid [ˌʌn'dɪd]	undone [ˌʌn'dʌn]	*kibont; visszacsinál*
unwind [ˌʌn'waɪnd]	unwound [ˌʌn'waʊnd]	unwound [ˌʌn'waʊnd]	*leteker*
upset [ˌʌp'set]	upset [ˌʌp'set]	upset [ˌʌp'set]	*kiborít vkit; felborít*
wake [weɪk]	woke [wəʊk]	woken ['wəʊkən]	*felébreszt, felébred*
wear [weə]	wore [wɔː]	worn [wɔːn]	*visel*
weave [wiːv]	wove [wəʊv]	woven ['wəʊvn]	*sző*
wed [wed]	wedded ['wedɪd]/ wed [wed]	wedded ['wedɪd]/ wed [wed]	*összeházasodik*
weep [wiːp]	wept [wept]	wept [wept]	*sír*
wet [wet]	wet [wet]/ wetted ['wetɪd]	wet [wet]/ wetted ['wetɪd]	*benedvesít*
win [wɪn]	won [wʌn]	won [wʌn]	*nyer*
wind [waɪnd]	wound [waʊnd]	wound [waʊnd]	*teker, tekeredik*
withdraw [wɪð'drɔː]	withdrew [wɪð'druː]	withdrawn [wɪð'drɔːn]	*visszavon*
withhold [wɪð'həʊld]	withheld [wɪð'held]	withheld [wɪð'held]	*visszatart*
withstand [wɪð'stænd]	withstood [wɪð'stʊd]	withstood [wɪð'stʊd]	*ellenáll*
wring [rɪŋ]	wrung [rʌŋ]	wrung [rʌŋ]	*kicsavar*
write [raɪt]	wrote [rəʊt]	written ['rɪtn]	*ír*

GRIMM
ONLINE SZÓTÁRI RENDSZER

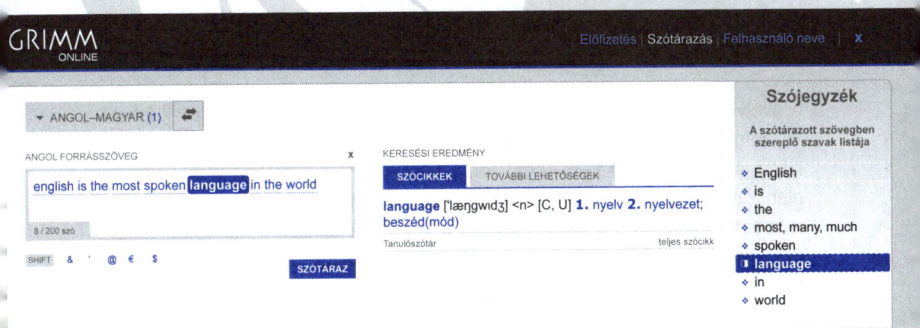

Regisztráció és előfizetési lehetőség
a szótárak online verziójára
az **Online Szótári Rendszerben**!

www.grimmonlineszotar.hu

Szókártyák

A nyelvi szókártyák **mozgalmasabb, érdekesebb** gyakorlást tesznek lehetővé, mint a hagyományos szótárak és szószedetek. A szókártyákkal való tanulással szert tehet **19 témakör**, ezen belül jó néhány beszélt nyelvi fordulat alapszintű ismeretére. A kártyákon a **példamondat a címszó kihagyásával** is megtalálható: a szókincsfejlesztés a kihagyott címszó behelyettesítésével még hatékonyabbá válik. Így ellenőrizni tudja, valóban rögzült-e az újonnan tanult szó. A **különböző színű fejlécek** megkönnyítik a kártyák téma szerinti csoportosítását, és segítenek egy-egy szócikk megtalálásában. Minden doboz **800-800 szókártyát** tartalmaz.

A szókártyákkal való gyakorlás által szert tehet **10 témakör** – ezen belül jó néhány beszélt nyelvi fordulat – megbízható ismeretére, így az idegen nyelvi beszéd és szövegértés sem jelenthet majd problémát. A címszavak mellett megtalálja azok **kiejtését** is. Gyakoroljon naponta 10 percet, ismételjen a kártyákon található **példamondatok** és azok magyar fordítása segítségével akár utazás vagy várakozás közben is!

A doboz 400 kártyát tartalmaz kezdő, és további **400 kártyát** haladó szinten.

Angol–magyar és Magyar–angol
EGYETEMES KÉZISZÓTÁR

- Kéziszótárainkat haladó nyelvtanulóknak ajánljuk a közép- és a felsőfokú tanulmányokhoz, emelt szintű érettségihez, felvételihez és felsőfokú nyelvvizsgához (B2, C1).
- Az alapszókincsen kívül politikai, gazdasági és kereskedelmi szókincset, továbbá magyar és idegen nyelvű kiegészítő információkat tartalmaznak.
- A kötetekben mintegy 84 000–89 000 címszó, több mint 183 000–186 000 ekvivalens és 36 000–38 000 példa és fordítás található.
- A címszavakat **kék** színnel emeltük ki, ezáltal a felépítés könnyen áttekinthető. A gazdag szókincs az élő, mindennapi beszédet tükröző példaanyagból, a tudomány és a technika területéről (informatika, telekommunikáció, ökológia) származó, a sajtóban leggyakrabban előforduló szavakból áll.

Angol–magyar, Magyar–angol
GYEREKSZÓTÁR

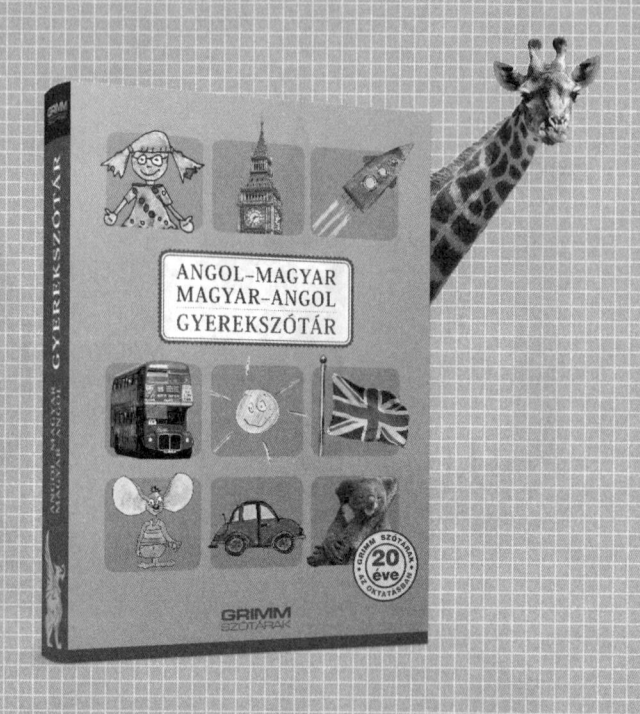

- 7–12 éves, kezdő nyelvtanulóknak
- **hivatalos tankönyvvé nyilvánítva**
- irányonként több mint 3000 címszó és több mint 5000 példa és kifejezés
- **kék címszavak és ekvivalensek:** könnyebb keresés és áttekinthetőség
- **tematikus rajzok** magyar–angol szójegyzékkel és több mint **500 szemléltető rajz**
- **fényképes országismereti ablakok**
- **beszédszituációk és játékos nyelvtan**